S0-CXX-383

TRAITÉ DE NÉGOCIATION COLLECTIVE

Gérard Hébert

TRAITÉ DE NÉGOCIATION COLLECTIVE

gaëtan morin
éditeur

Données de catalogage avant publication (Canada)

Hébert, Gérard, 1921-

Traité de négociation collective

ISBN 2-89105-433-4

1. Négociations collectives – Québec (Province). 2. Conventions collectives – Québec (Province). 3. Travail – Conflits – Québec (Province). 4. Négociations collectives. 5. Griefs (Relations industrielles) – Québec (Province). 6. Arbitrage (Droit du travail) – Québec (Province). I. Titre.

HD6529.Q8H42 1992 331.89'09714 C92-096409-5

gaëtan morin éditeur
C.P. 180, BOUCHERVILLE, QUÉBEC, CANADA
J4B 5E6 TÉL. : (514) 449-2369 TÉLÉC. : (514) 449-1096

Dépôt légal 3e trimestre 1992
Bibliothèque nationale du Québec
Bibliothèque nationale du Canada

1 2 3 4 5 6 7 8 9 0 G M E 9 2 1 0 9 8 7 6 5 4 3 2

AVANT-PROPOS

Ce traité s'adresse à tous ceux qui s'intéressent à la négociation collective, praticiens, professeurs et étudiants. Tous n'y chercheront pas les mêmes renseignements; l'auteur espère qu'ils y trouveront tous quelque chose, soit une meilleure connaissance d'un point de la négociation, soit l'occasion d'une réflexion pour en approfondir les éléments fondamentaux.

L'auteur conçoit un traité comme la somme des connaissances sur un sujet donné. Ces connaissances sont présentées les unes à la suite des autres, au bénéfice de ceux qui voudront bien les utiliser. Aucun aspect n'est analysé jusqu'au bout, dans tous ses replis, mais le texte s'efforce de présenter le plus clairement et le plus simplement possible toutes les questions d'importance que soulève tel ou tel aspect de la négociation collective.

À cause de l'ampleur de la matière, le professeur qui voudrait utiliser ce traité à des fins pédagogiques devrait guider ses étudiants vers les chapitres ou les parties de chapitres qu'il considère les plus importants, selon leur préparation antérieure. L'auteur s'est efforcé d'expliquer tous les concepts et toute la réalité qui se cache derrière certains d'entre eux, pour que l'ouvrage soit accessible à tout étudiant sérieux et non seulement à ceux qui sont déjà spécialisés. L'auteur s'excuse auprès des spécialistes pour les explications élémentaires qu'ils pourront trouver fastidieuses; il s'excuse également auprès des étudiants pour certaines discussions qui leur paraîtront peut-être superflues pour comprendre les fondements de la matière.

Quelques observations sur le contenu s'imposent. Comme la rédaction d'un tel ouvrage demande un temps très long, l'information factuelle qu'il contient s'arrête en 1989, 1990 ou 1991 selon les cas. Les données statistiques les plus récentes qui étaient disponibles au moment de la rédaction des premiers chapitres étaient celles de 1989. En cours de rédaction, il a été possible d'inclure certaines informations plus récentes. Aucun chapitre ne cherche à inclure des données au-delà du 31 décembre 1991.

La nature du traité en fait sans doute davantage un ouvrage de référence qu'un simple manuel ou livre de lecture. Aussi la table des matières et l'index ont-ils été préparés avec grand soin. Certains sujets auraient pu être abordés à plus d'un endroit. Pour éviter des répétitions, nous avons utilisé un mode de présentation à trois chiffres, qui facilite les renvois; ainsi, la mention (section 32.3.1) renvoie le lecteur à la 1re section de la 3e division du chapitre 32. L'auteur présume que peu d'usagers liront ce traité d'une couverture à l'autre: il s'est donc permis de brefs rappels, pour éviter à la fois la lourdeur des répétitions et l'ennui de toujours aller voir ailleurs. Pour ceux qui voudraient approfondir un point, une bibliographie accompagne chaque chapitre. Aucune ne se limite aux ouvrages récents sur tel ou tel point particulier: l'histoire est une dimension essentielle à la compréhension des relations industrielles d'aujourd'hui.

Certains s'offenseront peut-être de quelques prises de positions introduites ici et là. L'auteur ne veut surtout pas imposer ses propres jugements de valeur à qui que ce soit. Par contre, les étudiants et les spécialistes en relations industrielles sont de plus en plus conscients de la nécessité d'une éthique de la négociation collective. Le traité ne cherche pas à construire une telle éthique. L'auteur souhaite que les lecteurs et les usagers du traité se posent de telles questions partout où elles surgissent spontanément. Au lieu de soulever ces questions de façon théorique, l'auteur a choisi de prendre position sur certains problèmes de fond, non pas pour attirer l'attention sur son propre point de vue, mais pour stimuler la réflexion des lecteurs. Si après avoir mûrement considéré le problème, le lecteur arrive à une conclusion opposée à celle de l'auteur, celui-ci se considérera heureux d'avoir provoqué une telle réflexion. Chacun a droit à ses propres jugements de valeur, mais le plus important est d'être conscient qu'on adopte telle ou telle solution pour telle ou telle raison idéologique. La plus grande confusion existe, avec de graves conséquences possibles, quand on mélange la connaissance des faits, l'usage des techniques et la poursuite d'une idéologie, fondée sur des jugements de valeur philosophiques ou même théologiques.

La concrétisation de cet ouvrage a été rendue possible grâce à quelques subventions provenant en partie de l'Université de Montréal mais surtout du CRSMT, l'organisme de recherche du ministère du Travail du Québec, qui a, de plus, gracieusement fourni la grande majorité des données mécanographiques utilisées dans les chapitres 3 à 15.

Enfin, l'auteur tient à remercier tous ceux et celles qui ont collaboré, de près ou de loin, à la réalisation de cet ouvrage. L'énumération complète serait trop longue, mais il faut remercier nommément les personnes suivantes. Merci à Me Daniel Rochefort, de l'étude Heenan, Blaikie et Associés, qui a préparé la première version du chapitre 8; merci à MM. Patrice Jalette et Carol Bélanger, étudiants au doctorat en relations industrielles, qui en ont fait autant, le premier pour les chapitres 22 et 29, le second pour le chapitre 30. Merci à Mme Normande Lewis, agente de recherche au CRSMT, qui a servi d'agent de liaison avec l'auteur et qui a répondu avec soin, compétence et amabilité à ses innombrables questions.

Merci à MM. François Delorme, Félix Quinet, Gilles Trudeau, Daniel Rochefort et Émile Boudreau, qui ont lu le manuscrit, en tout ou en partie, et ont bien voulu présenter leurs commentaires. Merci à Marie-Hélène Jetté, Sylvain Perrier et Sylvio Plouffe, qui, à différents moments, ont agi comme assistants de recherche. Merci à Mme Geneviève Péladeau-Robichaud, qui, avec diligence et bonne humeur, a recopié le texte des trois versions successives, quand ce n'était pas davantage, de chacun des chapitres. Merci à ma famille de m'avoir accordé pratiquement deux ans d'absence, dans mon recoin, pour rédiger cet ouvrage. Selon la formule consacrée, toute erreur contenue dans ce traité demeure ma responsabilité.

Gérard Hébert, Ph. D.

TABLE DES CHAPITRES

TABLE DES MATIÈRES

LISTE DES TABLEAUX, FIGURES ET DOCUMENTS

LISTE DES ABRÉVIATIONS

A

A.C.	Appeal Cases (Conseil privé de Londres)
ACAQ	Association des centres d'accueil du Québec
ACAS	Arbitration and Conciliation Advisory Service, G.-B.
ACHAP	Association des centres hospitaliers et d'accueil privés
ACIAS	Association des cadres intermédiaires des affaires sociales
ACPUM	Association des cadres et professionnels de l'Université de Montréal
ACRI	Association canadienne des relations industrielles
ACSSQ	Association des centres de services sociaux du Québec
AECQ	Association des entrepreneurs en construction du Québec
aff.	affilié
AFGE	American Federation of Government Employees, É.-U.
AFL (ou A.F. of L.)	American Federation of Labor, É.-U.
AFL-CIO	American Federation of Labor – Congress of Industrial Organizations, É.-U.
AH(P)Q	Association des hôpitaux (de la province) de Québec
A.M.	Arrêté ministériel
art.	article
ASE	Amalgamated Society of Engineers, G.-B.
ass.	assurance
ass. ou assoc.	association
ass.-mal. comp.	assurance-maladie complémentaire
av. soc.	avantages sociaux

B

Bas-St.-L.	Bas-Saint-Laurent (région)
B.C.C.A.	British Columbia Court of Appeals
BDA	Bund Deutschen Arbeitgeber, Allemagne (employeurs)
BFS	Bureau fédéral de la statistique, appelé aujourd'hui Statistique Canada
BI	Biologistes, employés par le gouvernement du Canada
BIS	Bulletin d'informations sociales, Genève
BIT	Bureau international du travail, Genève
BLS	Bureau of Labor Statistics, É.-U.
BNA (Inc.)	Bureau of National Affairs, Washington
B.R.	Cour du Banc de la Reine (Cour d'appel)

C

c.	chapitre (dans les références à la législation) comité conflit congé contre (dans les causes)
C.	Canada
C.A.	Cour d'appel
Cal.	Californie
Can.	Canada ou canadien
C.A.O.	Conception assistée par ordinateur
CAW	Canadian Automobile Workers (TCA)
CBI	Confederation of British Industries, G.-B.
c.c.	convention collective
CCH	Commerce Clearing House, Toronto et Chicago
CCQ	Commission de la construction du Québec
CCRT	Conseil canadien des relations du travail
C.C.S.M.	Continuing Consolidation of the Statutes of Manitoba

C.c.t.	Code canadien du travail
CCT	Congrès canadien du travail
CCTM	Conseil consultatif du travail et de la main-d'œuvre, Québec
CEIC	Commission de l'emploi et de l'immigration du Canada
CEQ	Centrale de l'enseignement du Québec
Cert.	certificat (d'accréditation syndicale)
CFDT	Confédération française démocratique du travail
CFTC	Confédération française des travailleurs chrétiens
CGB	Christian Gewerkschaftsbund, Allemagne
CGC	Confédération générale des cadres, France
CGIL	Confederazione generale italiana dei lavoratori, Italie (démocrates chrétiens)
CGPF	Confédération générale de la production française (employeurs)
CGT	Confédération générale du travail, France
ch.	chapitre
CIA	Chemical Industries Association, G.-B.
CIC	Commission de l'industrie de la construction
CIC	Corporation des instituteurs et institutrices catholiques du Québec
CIO	Congress (Committee) of Industrial Organizations, É.-U.
Cie ou Co.	Compagnie ou Company
CIP	Compagnie (canadienne) internationale de papier
CISL	Confederazione italiana sindicati lavoratori, Italie (socialistes)
C.L.A.S.	Canadian Labour Arbitration Summaries
CLC	Canadian Labour Congress (CTC)
C.L.F.	Charte de la langue française
C.L.L.C.	Canadian Labour Law Cases (CCH)
CLSC	Centre local de services communautaires
CMTC	Congrès des métiers et du travail du Canada
CN	Canadien National (chemin de fer)
CNPF	Conseil national du patronat français
coll.	collection
conc.	conciliation ou conciliateur
Confindustria	Confederazione generale dell' industria italiana (employeurs)
cong.	congés
Conn.	Connecticut
conv.	convention
Corp.	corporation
CP	Conseil privé: arrêté en conseil du cabinet des ministres fédéraux ou Conseil privé de la reine
CPCT	Congrès pancanadien du travail
CPNC	Comité patronal de négociation des collèges
CPNCC	Comité patronal de négociation des commissions scolaires pour catholiques
CPNCP	Comité patronal de négociation des commissions scolaires pour protestants
CPNSSS	Comité patronal de négociation de la santé et des services sociaux
CPQMC	Conseil provincial du Québec des métiers de la construction
C.R.C.	Codification des règlements du Canada
CRI	Conseiller en relations industrielles
CRO	Commission des relations ouvrières
CRSMT	Centre de recherche et de statistiques sur le marché du travail, Québec
CRSSS	Conseil régional de la santé et des services sociaux
CRT	Commission des relations du travail
CRTFP	Commission des relations de travail dans la Fonction publique, Canada
C.S.	Cour supérieure
CSC	Confédération des syndicats canadiens
CSC	Confédération des syndicats chrétiens, Belgique
CSD	Centrale des syndicats démocratiques

CSN	Confédération des syndicats nationaux
CSR	Commission scolaire régionale
CSS	Centre de services sociaux
CSST	Commission de la santé et de la sécurité du travail
C.t.	Code du travail du Québec
C.T.	Conseil du trésor
CTC	Congrès du travail du Canada
CTCC	Confédération des travailleurs catholiques du Canada
CUM	Communauté urbaine de Montréal
CWS	Cooperative Wage Study (ECS)

D

D.	Décret
DAG	Deutsche Angestelten-Gewerkschaft, Allemagne (employés)
DBB	Deutscher Beamtenbund, Allemagne (fonctionnaires)
D.B.C.E.	Décisions du bureau du commissaire-enquêteur, Québec
D.C.	District of Columbia
DGB	Deutscher Gewerkschafts-Bund, Allemagne (Confédération des syndicats allemands)
diff.	différends
D.L.R.	Dominion Law Reports
D.O.R.S.	Décrets, ordonnances et règlements statutaires, Canada
D.T.E.	Droit du travail Express

E

ECS	Étude conjointe des salaires (CWS)
EEC	European Economic Community
EEF	Engineering and Allied Employers' Federation, G.-B.
EIC	Emploi et immigration Canada
empl.	employés ou employeurs
enq.	enquête
entr.	entrepreneur
E.O.	Executive Order, É.-U.
ESOP	Employee Stock Ownership Plan (actionnariat ouvrier)
et al.	*et alii*: et autres (auteurs)
É.-U.	États-Unis
ex.	exemple

F

FAO	Fabrication assistée par ordinateur
FAT	Fédération américaine du travail (AFL)
FAT-COI	Fédération américaine du travail – Congrès des organisations industrielles (AFL-CIO)
FCLSCQ	Fédération des centres locaux de services communautaires du Québec
FCT	Fédération canadienne du travail
FEB	Fédération des employeurs de Belgique
FGTB	Fédération générale des travailleurs de Belgique
Féd.	Fédéral (ou *Federal*)
fér.	jours fériés
FIIQ	Fédération des infirmières et infirmiers du Québec
FMOQ	Fédération des médecins omnipraticiens du Québec
FMSQ	Fédération des médecins spécialistes du Québec
FNEEQ	Fédération nationale des enseignantes et enseignants du Québec (CSN)
FO	Force ouvrière, France
FPTQ	Fédération provinciale des travailleurs du Québec
Frat. can. empl. c. fer	Fraternité canadienne des employés de chemin de fer
FTPF	Fédération des travailleurs du papier et de la forêt (CSN)
FTQ	Fédération des travailleurs du Québec
FUIQ	Fédération des unions industrielles du Québec
GATT	General Agreement on Tariffs and Trade, international
G.-B.	Grande-Bretagne (Royaume-Uni)
GE	General Electric
GM	General Motors
G.O.	Gazette officielle du Québec

gouv. gouvernement
GRH Gestion des ressources humaines
GSA Groupe semi-autonome de production

H

h heure ou heures de travail
H.M.S.O. Her Majesty's Stationery Office, G.-B.
H norm. Heures normales
H.R. House of Representatives, É.-U.

I

Ia Iowa
IAM International Association of Machinists
Ibid. *Ibidem*, c'est-à-dire au même endroit que dans la référence précédente
Idem Le(s) même(s) auteur(s) que dans la référence ou la note précédente
IGA Independent Grocers Association
Ill. Illinois
inc. Incorporée (entreprise ou institution)
INCO International Nickel Company
ind. indépendantes (organisations)
ind. industrie
int. internationales (unions)
IPC Indice des prix à la consommation
I.R.A. Industrial Relations Act
IRAT Institut de recherche appliquée sur le travail
IRC Industrial Relations Centre
IRIR Institut de recherches et d'information sur la rémunération
IRRA Industrial Relations Research Association, É.-U.
IUE International Union of Electrical Workers
IVC Indemnité de vie chère

J

j. jour ou jours
J.E. Jurisprudence Express
JIC Joint Industrial Council, G.-B.
j.-p. Jours personnes perdus (par les grèves)

L

L.A.C. Labour Arbitration Cases, Canada
L.D.C.C. Loi sur les décrets de convention collective
L.F.P. Loi sur la fonction publique
lic. licenciement
L.M.R.A. Labor-Management Relations Act, É.-U.
L.N.T. Loi sur les normes du travail
LO Lands Organisasjonen, Suède (centrale syndicale)
loc. section locale (syndicat)
L.Q. Lois du Québec
L.R.A. Labour Relations Act
L.R.C. Labour Relations Code, Alberta
L.R.C. Lois refondues du Canada
L.R.N. Loi sur le régime de négociation des conventions collectives dans les secteurs public et parapublic
L.R.O. Loi des relations ouvrières (1944-1964)
L.R.Q. Lois refondues du Québec
L.R.R.M. Labor Relations Reference Manual, BNA, É.-U.
LRTIC Loi sur les relations du travail dans l'industrie de la construction
L.S.P. Loi sur les syndicats professionnels
L.S.S.T. Loi sur la santé et la sécurité du travail
ltée (Compagnie à responsabilité) limitée

M

Mass. Massachusetts
max. maximum
méd. médiation
MEQ Ministère de l'Éducation du Québec
MESS Ministère de l'Enseignement supérieur et de la Science
Mgr Monseigneur
Mich. Michigan
min minute
Minn. Minnesota

MIT	Massachusetts Institute of Technology
MLW	Montreal Locomotive Works, achetée par Bombardier
MMA	Régime médical majeur assuré, ou régime d'indemnités majeures (Croix bleue)
MTMOQ	Ministère du Travail ct dc la Main-d'œuvre du Québec

N

NABET	National Association of Broadcasting Employees and Technicians
nat.	national ou nationaux
NBPI	National Board for Prices and Incomes, G.-B.
N.-É.	Nouvelle-Écosse
nég. coll.	négociation collective
négo.	négociation
NEMA	National Electrical Manufacturers' Association
NIRA	National Industrial Recovery Act, É.-U.
N.J.	New Jersey
NLRA	National Labor Relations Act, É.-U.
NLRB	National Labor Relations Board, É.-U.
n°	numéro
NTEU	National Treasury Employees Union, É.-U.
N.Y.	New York

O

OCDE	Organisation de coopération et de développement économiques
OCQ	Office de la construction du Québec
Oh.	Ohio
OIT	Organisation internationale du travail, Genève
OLRB	Ontario Labour Relations Board
Ont.	Ontario
op. cit.	*Opere citato*, c'est-à-dire dans l'ouvrage déjà cité
Org. loc.	Organisations locales
ouv.	(jours) ouvrables

P

p.	page ou pages
PACT	Provincial Association of Catholic Teachers
PAO	Planification assistée par ordinateur
PAPT	Provincial Association of Protestant Teachers
passim	«ça et là»; l'information citée se trouve à différents endroits dans l'ouvrage auquel on se réfère
patr.	patronal
p.-d.g.	président-directeur général
PERB	Public Employment Relations Board, É.-U.
Ph.D	*Philosophiae Doctor* (doctorat)
P.l.	Projet de loi
plus.	plusieurs
PM	Administrateur de programmes (Program Manager)
prod.	production
profess.	professionnels
PSAC	Prestations supplémentaires d'assurance-chômage (SUB)
PSAC	Public Service Alliance of Canada
PSV	Pensions de la sécurité de la vieillesse

Q

Qc	Québec
QVT	Qualité de vie au travail
QWL	Quality of Working Life

R

RAMQ	Régie de l'assurance-maladie du Québec
RAPA	Régime d'assurance-vie et de pension Alcan
RCID	Régime de conversion industrielle Domtar
R.C.S.	Rapports de la Cour suprême du Canada

R.D.C.D.	Recueil des décisions sur les conflits de droit, 1965-1969
RECQ	Régie des entreprises de construction du Québec
REER	Régime enregistré d'épargne-retraite
rég.	régimes
rég.	régulier
Rel. ind.	Relations industrielles
rém.	rémunération
rév.	révisé(e)
R.H.	Ressources humaines
RI	Relations industrielles
RIO	Régie des installations olympiques
R.J.Q.	Recueil de jurisprudence du Québec
RREGOP	Régime de retraite des employés du gouvernement et des organismes publics
R.N.T.	Règlements sur les normes du travail
R.R.O.	Revised Regulations of Ontario
RRQ	Régie des rentes du Québec
R.R.Q.	Règlements refondus du Québec
R.S.B.C.	Revised Statutes of British Columbia
R.S.M.	Revised Statutes of Manitoba
R.S.N.B.	Revised Statutes of New Brunswick
R.S.N.S.	Revised Statutes of Nova Scotia
R.S.O.	Revised Statutes of Ontario
R.S.P.E.I.	Revised Statutes of Prince Edward Island
R.S.S.	Revised Statutes of Saskatchewan
RT	Relations du travail
R.-U.	Royaume-Uni (Grande-Bretagne)

S

s.	*section*, ou article de loi (en anglais)
s.	section locale
s	et suivant(e)
S.A.	Statutes of Alberta
S. adm	Service administratif
SAF	Svenska Arbetsgivareforeningen, Suède (employeurs)
S.A.G.	Sentences arbitrales-griefs, Québec
sal.	salarié
SAQ	Société des alcools du Québec
S.B.C.	Statutes of British Columbia
S.C.	Statuts du Canada
SCCN	Syndicat de la construction de la Côte-Nord
SCFP	Syndicat canadien de la Fonction publique
S. Ct.	Supreme Court, É.-U.
SCTP	Syndicat canadien des travailleurs du papier
SDBJ	Société de développement de la Baie James
Séc. soc.	Sécurité sociale
sem. ou s.	semaine
serv. ess.	services essentiels
SEUQAM	Syndicat des employés de l'UQAM
S. fin.	Service des finances
SFPQ	Syndicat des fonctionnaires provinciaux du Québec
SICG	Syndicat international des communications graphiques
SIDA	Syndrome d'immunodéficience acquise
SIU	Seafarers' International Union
S.M.	Statutes of Manitoba
S.Nfld.	Statutes of Newfoundland
S.N.S.	Statutes of Nova Scotia
S.O.	Statutes of Ontario
SPEQ	Syndicat des professeurs de l'État du Québec
SPGQ	Syndicat des professionnelles et professionnels du gouvernement du Québec
SPIDR	Society of Professionals in Dispute Resolution, É.-U.
SPSSS	Service de placement du secteur de la santé et des services sociaux
S.Q.	Statuts du Québec
S.R.C.	Statuts révisés du Canada
S.r.h.	Service des ressources humaines
S.R.Q.	Statuts refondus de Québec
ss	et suivant(e)s
S.S.	Statutes of Saskatchewan
STCC	Syndicat des travailleurs en communication du Canada
STCUM	Société de transport de la Communauté urbaine de Montréal

STRSM	Société de transport de la Rive-Sud de Montréal
SUB	Supplementary Unemployment Benefits (PSAC)
synd. ou s.	syndiqué, syndical, syndicat ou syndicalisme

T

T.A.	Tribunal d'arbitrage
TCA	Travailleurs canadiens de l'automobile (CAW)
TGWU	Transport and General Workers' Union, G.-B.
TLCC	Trades and Labour Congress of Canada
TPS	Taxe sur les produits et les services, Canada
tr. ou trav.	travail ou travailleurs
T.t.	Tribunal du travail
TUA	Travailleurs unis de l'automobile, É.-U. (UAW)
TUAC	Travailleurs unis de l'alimentation et du commerce
TUC	Trade Union Congress, G.-B.

U

U.	Union
UAW	United Automobile Workers, É.-U. (TUA)
UE	United Electrical Workers of America, É.-U.
UIL	Unione italiana dei lavoratori, Italie (républicains)
UQAM	Université du Québec à Montréal
UQTR	Université du Québec à Trois-Rivières
UMMSW	United Mine, Mill and Smelter Workers
UMW	United Mines Workers
UPA	Union des producteurs agricoles
URW	United Rubber Workers
U.S. (ou U.S.A.)	United States of America
U.S.C.A.	United States Code Annotated, É.-U.

V

v.	*versus* (dans les causes judiciaires rapportées en anglais)
Va	Virginia
vol.	volume
v.-p.	vice-président
Vt	Vermont

W

Wis.	Wisconsin

AVERTISSEMENT

Dans cet ouvrage, le masculin est utilisé comme représentant des deux sexes, sans discrimination à l'égard des hommes et des femmes et dans le seul but d'alléger le texte.

Préliminaires

Introduction

La négociation est devenue l'instrument qui sert à régler tous les conflits, entre les pays, les nations, les races, les groupes, les personnes. On cherche ainsi à résoudre les différends politiques, militaires, raciaux, sociaux, familiaux et conjugaux. Nous négocions, à tout moment, tout et n'importe quoi: les conditions d'une reddition, comme l'heure de rentrée d'un adolescent le soir. Si on emploie le même mot et que l'exercice comporte certaines similitudes, il y a tout un monde de différences entre les innombrables formes de négociation.

Objet de l'ouvrage

Le présent ouvrage ne traite que d'une forme de négociation, celle qui vise à établir, par discussion entre les parties intéressées, les conditions de travail. Le terme habituellement réservé à ce genre de négociation est celui de «négociation collective». Au sens strict et restreint, propre à cet ouvrage, il s'agit du processus par lequel l'employeur et ses salariés, par l'intermédiaire de leurs représentants, établissent les conditions de travail et les règles qui vont régir leurs rapports mutuels pendant une période plus ou moins longue.

L'ouvrage comporte d'autres limites, par exemple sur le plan géographique. Il vise d'abord la négociation collective telle qu'elle se pratique au Québec. Mais les acteurs en cause ne sont pas isolés: les employeurs sont souvent de grandes entreprises multinationales et plusieurs syndicats œuvrent au-delà de la frontière québécoise ou canadienne. Aussi la négociation qui se pratique au Québec n'est pas complètement compréhensible sans de multiples références à un contexte plus large. Concrètement cela veut dire qu'il faudra souvent parler de la négociation collective au Canada et aux États-Unis, parce que plusieurs éléments constitutifs du régime québécois ont leur source dans les entreprises, dans les syndicats et dans les lois canadiennes et américaines. Cependant, selon les règles fondamentales de la fédération canadienne, plus de 90 % des conventions collectives et des salariés régis par convention relèvent de la compétence des provinces; d'où l'importance accordée à la situation au Québec. Occasionnellement il faudra élargir l'horizon davantage, car la mondialisation des marchés a une répercussion directe et quasi immédiate sur la négociation collective.

Approche multidisciplinaire

L'étude et la compréhension de la négociation collective exigent une approche multidisciplinaire. Le phénomène est à la fois économique, social, politique, psychologique, juridique et même philosophique. Il comporte des références, implicites ou explicites, à une morale et à une éthique des affaires, des relations du travail et de la vie en société. Sans nous astreindre à discuter de tous ces aspects pour chacun des éléments de la négociation, nous nous efforcerons de souligner, dans chaque chapitre, la dimension la plus appropriée à l'étude de tel ou tel problème. Mais l'analyse du phénomène, qu'elle soit de nature économique ou psychologique, exige certains préalables, en particulier une connaissance adéquate des institutions en cause, qu'il s'agisse d'institutions juridiques, économiques, sociales ou politiques. L'ouvrage comporte donc un grand nombre d'éléments que plusieurs qualifient d'institutionnels; cela nous semble nécessaire à toute discussion du phénomène tel qu'il est vécu. Par ailleurs, la compréhension des situations et des comportements suppose qu'on aille au-delà de la simple description. En ce sens, l'optique de l'ouvrage est à la fois institutionnelle et analytique.

Une dernière caractéristique à mentionner concerne l'aspect dynamique du phénomène. En parlant des limites géographiques, nous avons directement souligné le caractère incarné et localisé du phénomène. Tout aussi importante est l'observation de son évolution. La négociation collective qui se pratique en 1990 est bien différente de celle que l'on connaissait en 1960, encore plus de celle qui existait en 1930. Toutefois, la négociation d'aujourd'hui serait incompréhensible sans référence aux événements qui l'ont fait évoluer depuis son apparition. En ce sens, l'histoire est également une discipline essentielle à une intelligence adéquate de la négociation collective dans un pays ou une province donnés.

Évaluation positive

Le jugement général qu'on porte sur la négociation collective est le plus souvent favorable. Même si tous sont conscients d'un certain nombre de faiblesses dans le régime – chacun ne retient pas les mêmes faiblesses, compte tenu de ses propres objectifs – on ne remet habituellement pas en question l'utilité d'une telle méthode pour déterminer les conditions de travail. L'usage généralisé de la négociation montre l'estime dont elle jouit dans l'ensemble.

L'acceptation de la méthode s'est faite progressivement; son usage s'est répandu à compter des années 1940, grâce à l'entrée en vigueur de certaines lois, mais aussi à la suite de l'adoption par l'Organisation internationale du travail, en 1940, de la Convention n° 98 concernant le droit d'organisation et de négociation collective et, deux ans plus tard, de la Recommandation n° 91 sur les conventions collectives. La volonté de promouvoir la négociation comme instrument de détermination des conditions de travail a été clairement exprimée dans l'article 4 de la Convention 98.

> Des mesures appropriées aux conditions nationales doivent, si nécessaire, être prises pour encourager et promouvoir le développement et l'utilisation les plus larges de procédures et de négociation volontaire de conventions collectives entre les employeurs et les organisations d'employeurs, d'une part, et les organisations de travailleurs, d'autre part, en vue de régler par ce moyen les conditions d'emploi.

Plan de l'ouvrage

L'ouvrage comportera trois parties. Après deux chapitres d'introduction, qui traitent respectivement de la nature et de l'histoire de la négociation collective, nous aborderons, dans la première partie, l'étude de l'objet de la négociation, c'est-à-dire les principales clauses qu'on trouve dans les conventions collectives et qui expriment les ententes intervenues entre les parties. La deuxième partie est consacrée à l'étude du processus de la négociation collective: comment la négociation et les parties qui y sont impliquées sont-elles structurées? comment chaque partie s'y prend-elle pour atteindre ses objectifs? comment peut-on résoudre les impasses quand il s'en produit? La troisième partie aborde des questions d'ordre général, comme les principales théories de la négociation, l'étude de quelques systèmes européens et diverses expériences tentées en Amérique du Nord pour améliorer le régime.

Il serait sans doute plus logique de commencer par l'analyse du processus, pour ensuite étudier le contenu, puis les résultats. Toutefois, il semble plus pédagogique d'étudier les sujets que l'on négocie – la matière négociable – avant d'aborder le processus; celui-ci se comprendra mieux si l'on connaît l'objet des échanges qui s'y poursuivent.

Les deux premiers chapitres ont un caractère introductif. Le premier pourrait également servir de conclusion, puisqu'il est plus facile de discuter de la nature de la négociation collective et des objectifs poursuivis par celle-ci, après avoir analysé le contenu et le processus. Par contre, les considérations d'ordre fondamental que nous y présenterons permettent une meilleure compréhension de l'ensemble. Les quelques éléments d'histoire présentés dans le deuxième chapitre visent évidemment à faire mieux comprendre la situation présente. En fournissant le cadre d'ensemble, ils permettent aussi de situer les éléments d'histoire exposés dans les chapitres sur chaque sujet particulier.

Chapitre

1

Nature et objectifs de la négociation collective

PLAN

1.1 Nature de la négociation collective

1.2 Objectifs sociaux de la négociation collective

1.3 Objectifs économiques et politiques

1.4 Objectifs controversés

La définition de la négociation collective varie selon l'idée qu'on se fait de sa nature et les objectifs qu'on lui attribue. Nous essaierons d'abord de dégager les éléments généralement reconnus comme caractéristiques du phénomène. À mesure que nous tenterons de préciser le concept, les réponses deviendront controversées et sujettes à interprétation. Outre l'opposition fondamentale entre les multiples objectifs poursuivis par chacune des parties, les analystes eux-mêmes voient souvent le phénomène de manière différente, sinon contradictoire.

Nous discuterons d'abord de la nature de la négociation, puis des objectifs qu'on lui attribue communément.

1.1 Nature de la négociation collective

Avant d'aborder les éléments constitutifs et les postulats de base, il convient de s'arrêter au mot lui-même et aux expressions qui s'y rapportent.

1.1.1 Terminologie

Sauf quelques exemples isolés, l'expression négociation collective, d'abord utilisée en anglais, est tout juste centenaire. Ce sont les Britanniques Sidney et Beatrice Webb qui, les premiers, ont employé le terme de façon systématique, vers la fin du XIXe siècle. Une commission d'enquête américaine l'a utilisé en 1898[1]. En français, le mot commença d'être utilisé couramment d'abord au Québec entre les deux guerres mondiales. En France, l'expression convention collective a été popularisée avant celle de négociation collective, d'abord par la loi de 1919, surtout par celle du 24 juin 1936, enfin par celle du 11 février 1950.

Au sens strict, la négociation collective ne vise qu'un type des nombreux rapports entre les employeurs, les syndicats et les salariés. Ces rapports incluent le contrat individuel, constaté ou non par écrit, la discussion, la conclusion et l'application d'ententes collectives, ainsi que les comités mixtes de toute nature (de caractère collectif). C'est l'ensemble de ces rapports qu'on désigne le plus souvent par l'expression relations du travail. On y rattache également tout ce qui a trait au travail et aux rapports sociaux qui en découlent, y compris les modes d'organisation du travail, les changements technologiques, et le reste. La négociation collective ne constitue qu'un élément de cet ensemble.

Même limitée à ses éléments essentiels, la négociation collective a plusieurs significations. Dans son sens le plus strict, elle désigne le processus par lequel les parties en viennent à un accord; il s'agit alors d'une réalité relativement bien définie dans le temps, qui commence le plus souvent par l'échange des demandes syndicales et des contrepropositions patronales, et qui s'achève par la signature de la convention collective. Il arrive cependant qu'on élargisse le sens du terme pour l'appliquer à l'ensemble des rapports qui découlent de ce processus; il inclut, en ce cas, tout ce qui touche à la convention collective et à son application. Sauf exceptions, que le contexte permettra d'établir, la première partie du présent ouvrage répond davantage à ce second sens, plus étendu, alors que la deuxième partie s'attarde au processus lui-même, tel que l'évoque le premier sens du terme. Il faut enfin souligner la différence entre la négociation et le marchandage. Le mot négociation se rapporte davantage à l'ensemble du processus; il suggère le cadre général, juridique autant qu'économique, dans lequel l'événement se déroule. Le mot marchandage quant à lui se rapporte plutôt aux compromis, aux concessions nécessaires pour en arriver à une entente[2].

---

1. U.S. Congress, The Industrial Commission, 1898. Cité dans NEIL W. CHAMBERLAIN et JAMES W. KUHN, *Collective Bargaining*, 2e édition, New York, McGraw-Hill, 1965, p. 1.

2. La distinction paraît moins claire entre les termes anglais *negotiation* et *bargaining*; bien qu'on puisse rapprocher *bargaining* de marchandage, les deux mots, en anglais, sont souvent synonymes. Quand on les distingue, *negotiation* se rapporte très directement au processus. HAROLD S. ROBERTS, *Roberts' Dictionary of Industrial Relations*, Washington, D.C., BNA Inc., 1966, p. 58. Divers auteurs, cependant, reconnaissent, à l'inverse du français, un sens plus large au mot *bargaining* (tout échange ou transaction): il inclurait même l'application de la convention collective et tout ce qui s'y rapporte. NEIL W. CHAMBERLAIN, *A General Theory of Economic Process*, New York, Harper and Brothers, 1955, p. 92 et CARL M. STEVENS, *Strategy and Collective Bargaining Negotiation*, New York, McGraw-Hill, 1963, p. 1-4.

On peut se demander quel rapport existe entre la négociation collective et la gestion des ressources humaines. Certains ont tendance à considérer la négociation comme un des éléments de la gestion des ressources humaines. Le plus souvent, le service des ressources humaines d'une entreprise coordonne l'application de la convention collective et en assure le respect quotidien. Mais la négociation vue comme le mode d'établissement conjoint des conditions de travail dépasse la gestion proprement dite. En effet, la négociation décide des normes qui devront s'appliquer. En ce sens, le rôle du syndicat devient celui d'un collaborateur nécessaire, puisqu'il n'y a pas de négociation collective sans l'intermédiaire d'un agent qui représente les travailleurs concernés, alors que la gestion des ressources humaines est une responsabilité patronale.

Ces dernières observations nous amènent à la question des éléments constitutifs de la négociation.

1.1.2 Éléments constitutifs

Le système général de relations industrielles, d'abord proposé par Dunlop et repris par bien d'autres[3], permet de regrouper les éléments constitutifs de la négociation collective autour de trois aspects ou trois éléments principaux : les acteurs, le cadre dans lequel ils évoluent et les règles qu'ils établissent. Quelques précisions s'imposent.

Le premier acteur – en un sens le principal – est le syndicat. Pas de négociation sans syndicat, c'est-à-dire sans un groupe constitué, et le plus souvent officiellement reconnu par un certificat d'accréditation, pour représenter le groupe de salariés visés et pour négocier en leur nom. Comme un seul syndicat peut obtenir cette reconnaissance pour un groupe donné, on est toujours en présence d'un monopole syndical, dans chaque unité de regroupement des salariés. Depuis l'introduction de cette reconnaissance, aux États-Unis en 1935, l'objectif a toujours été d'obliger chaque employeur visé à négocier collectivement les conditions de travail des employés en cause avec le représentant ainsi accrédité de ses salariés. Dans la négociation, le syndicat local peut agir seul ou avec d'autres associations locales, selon les circonstances et la volonté des parties, comme nous le verrons dans le chapitre sur les structures de négociation.

Plus souvent qu'autrement, le second acteur n'intervient qu'en réaction aux démarches du premier. Avant 1935 aux États-Unis et 1944 au Canada, les employeurs étaient libres, du moins aux yeux de la loi, de répondre ou non à la demande de négociation faite par un syndicat. Aujourd'hui, cette liberté n'existe plus : la loi oblige l'employeur dont les salariés se sont réunis en un syndicat accrédité à négocier les conditions de travail qui s'appliqueront aux salariés en cause. L'employeur peut s'acquitter lui-même de cette obligation ou le faire par l'intermédiaire de ses représentants à la table de négociation.

L'État est un troisième acteur, qui intervient souvent dans le processus. Même si cela se produit de plusieurs manières, son rôle principal est plutôt d'établir des normes et des règles qui vont encadrer le processus de la négociation et ses conséquences.

Le cadre, ou le contexte, dans lequel se déroule la négociation est multiple. Les deux cadres les plus contraignants sont le cadre légal, imposé par l'État, et le contexte économique, qui est souvent déterminant. Ce n'est pas ici le lieu de développer cet aspect ; mentionnons seulement que la récession du début des années 1980 a modifié profondément le mode et même les caractéristiques de la négociation collective en Amérique du Nord.

Quant aux règles qui découlent de la négociation, elles font l'objet de toute la première partie de l'ouvrage, du fait qu'elles sont presque toutes contenues

3. JOHN T. DUNLOP, *Industrial Relations Systems*, New York, Henry Holt, 1958, ch. 1 : « An Industrial Relations System », p. 1-32 ; voir aussi ALTON W.J. CRAIG, *The System of Industrial Relations in Canada*, Scarborough, Prentice-Hall Canada Inc., 1983, ch. 1 : « A Framework for the Analysis of Industrial Relations System », p. 1-16 ; ALTON W.J. CRAIG, « Les relations industrielles au Canada : aspects principaux », dans *L'état de la discipline en relations industrielles au Canada*, sous la direction de GÉRARD HÉBERT, HEM C. JAIN et NOAH M. MELTZ. Université de Montréal, École de relations industrielles (Monographie nº 19), 1988, p. 13-54.

dans les clauses de la convention collective qui se signe à la fin de la période de négociation. On peut exprimer la même réalité autrement, en considérant la négociation comme l'ensemble des mécanismes par lesquels les parties en cause transforment leurs objectifs (*inputs*) en clauses de convention collective (*outputs*), dans les limites imposées par les contextes environnants.

1.1.3 Postulats de base

Dunlop note dans son livre sur les systèmes de relations industrielles que, même s'ils ont des intérêts divergents, les acteurs doivent reconnaître, sinon partager, un certain nombre de principes ou postulats de base. Autrement le système ne fonctionnerait pas.

Les parties doivent d'abord accepter le principe de la «libre concurrence», tant sur le marché des produits que sur celui de la main-d'œuvre ou du travail. Cette libre concurrence peut coexister avec une importante réglementation. Celle-ci vise tantôt l'ensemble de l'économie, comme le salaire minimum ou d'autres normes du travail, tantôt des industries particulières plus fortement réglementées. En d'autres mots, les parties doivent accepter le jeu du marché et les principales conséquences qui en découlent[4]. Effectivement, la libre concurrence domine tous les marchés du monde occidental; les deux dernières décennies ont même connu un développement incroyable de la mondialisation des marchés.

En contrepartie de la liberté du commerce, les sociétés industrialisées de l'Ouest reconnaissent la «liberté d'association». Celle-ci assure aux syndicats de travailleurs la possibilité de se former et de se développer, pour défendre efficacement les droits de leurs membres. Au XIXe siècle, la liberté du commerce a été invoquée pour interdire la formation d'unions ouvrières. Peu à peu, unions et syndicats ont obtenu droit de cité. Au moment de la Deuxième Guerre mondiale, le principe du droit de libre association était acquis dans tous les pays de l'Ouest. Aujourd'hui, les chartes des droits reconnaissent explicitement comme un droit fondamental de la personne celui de s'associer à d'autres personnes pour promouvoir leurs intérêts légitimes. De sérieuses questions se posent sur l'étendue de ce droit: implique-t-il le droit de libre négociation et le droit de grève? Pour certains, cela va de soi; pour d'autres, des conflits entre les droits fondamentaux peuvent exister et permettre l'imposition de certaines limites aux droits de négociation et de grève[5].

La négociation collective en Amérique du Nord repose sur la «liberté des parties». Cela découle des deux premiers principes rappelés ci-dessus. Le droit de libre négociation implique normalement que les parties en cause sont libres, juridiquement et pratiquement, d'accepter ou de rejeter, en tout ou en partie, les clauses de la future convention collective. La libre négociation peut être restreinte, dans certains cas particuliers, pour des raisons spécifiques, qui ont généralement trait à la sécurité et à la santé publiques. Une résolution fut adoptée par la Conférence internationale du travail, en 1947, concernant le droit de grève et ses limites dans certains cas[6].

> Étant entendu que le droit de lock-out et le droit de grève s'appliquent dans les transports internes aussi bien que dans les autres industries, des garanties effectives devraient être fournies lorsqu'un conflit surgit pendant que des restrictions temporaires sont

---

4. Une étude importante du Bureau international du travail (BIT) porte justement le titre suivant: *La négociation collective dans les pays industrialisés à économie de marché: un réexamen*, Genève, BIT, 1989, 351 p. (Mise à jour du même ouvrage d'abord paru en 1974, 459 p.)

5. Canada, *Loi constitutionnelle de 1982*, Charte canadienne des droits et libertés, art. 2; Québec, *Charte des droits et libertés de la personne*, L.R.Q., c. C-12, art. 3; *Renvoi de Public Service Employee Relations Act (Alta), Alliance de la fonction publique du Canada* c. *La Reine du chef du Canada; Syndicat des détaillants, grossistes et magasins à rayon, sections locales 544, 496, 635 et 955* c. *Gouvernement de la Saskatchewan*, Cour suprême du Canada, 9 avril 1987. (1987) 1 R.C.S. 313, 424, 460. C.L.L.C., 1987, paragr. 14021, 14022 et 14023; Université Laval, *Les Chartes des droits et les relations industrielles*, 43e Congrès des relations industrielles, 1988, Québec, Les Presses de l'Université Laval, 1988, 272 p.; voir aussi les références du chapitre sur la grève (23.3).

6. Résolution concernant les relations industrielles dans les transports internes, adoptée le 16 mai 1947 par la Commission des transports internes, art. 17.

apportées par la législation à l'exercice normal de ce droit de lock-out ou de grève, en vue du maintien des salaires et conditions d'emploi pendant que les négociations sont en cours.

Enfin, pour qu'il y ait négociation collective, il faut à la fois «une divergence et une convergence d'intérêts» chez les parties. L'aspect de divergence dans les négociations selon le modèle nord-américain a souvent été rappelé. Le type de relations collectives mis au point par le *Wagner Act* aux États-Unis et par les différentes lois de relations ouvrières au Canada a toujours été considéré comme fondé sur un régime d'opposition entre deux groupes. La direction de l'entreprise, depuis le conseil d'administration jusqu'aux contremaîtres inclusivement, constitue une sorte de bloc qui forme la partie patronale; en face de celle-ci, il y a les salariés qui exécutent les ordres reçus de la direction. Ce régime d'opposition (*adversary system*) a toujours été considéré comme une des caractéristiques fondamentales du système nord-américain des relations du travail. Nous verrons que ce caractère d'opposition et d'affrontement s'est sérieusement amenuisé au cours de la décennie de 1980. Parallèlement, on a souligné davantage la convergence d'intérêts entre les parties; sans une telle convergence minimale, aucune entente ne serait possible[7]. Ce double aspect, bien que toujours présent, se manifeste différemment selon les circonstances; ainsi le conflit sera plus évident à certaines périodes et dans certaines industries. Dans chaque négociation, on retrouve des éléments de conflit à certains moments de crise, alors que la convergence des intérêts forcera finalement à un règlement[8].

1.1.4 Caractères propres

Aux postulats de base et aux éléments constitutifs de la négociation collective, on peut ajouter un certain nombre de caractéristiques propres, moins précises et catégoriques, qui découlent des éléments déjà mentionnés.

L'exercice pratique de la libre concurrence par les deux parties exige une certaine «égalité de pouvoir» entre les deux. Cette égalité peut provenir soit de la loi qui, à une période donnée, décide de soutenir une partie plutôt que l'autre, soit de la force économique que peut avoir l'une ou l'autre partie. Le pouvoir économique dépend de plusieurs facteurs, pas nécessairement des avoirs financiers de chaque partie. L'obligation de négocier qu'imposent aux employeurs les différentes lois de relations du travail en Amérique du Nord a justement pour but de rétablir un certain équilibre des forces entre employeurs et salariés.

Le régime nord-américain de relations industrielles présente une autre caractéristique absolument fondamentale: il est centré sur les rapports collectifs qui se vivent «à la base», soit au niveau du «syndicat local», dans un «établissement particulier». Ce principe s'incarne d'abord et avant tout dans le mode d'accréditation des syndicats. L'accréditation est accordée à un syndicat en vue de représenter, en exclusivité, tel groupe d'employés dans un établissement désigné. Ce modèle, même s'il comporte des inconvénients, a l'avantage remarquable de pouvoir imposer à l'employeur immédiat des contraintes de justice et d'équité sur des points aussi fondamentaux que l'emploi, les sanctions disciplinaires et la mise à pied;

7. Alan Coddington, *Theories of the Bargaining Process*, Londres, George Allen and Unwin, 1968, p. 4-5; Myron L. Joseph, «Approaches to Collective Bargaining in Industrial Relations Theory» dans *Essays in Industrial Relations Theory*, publié sous la direction de Gerald G. Somers, Ames, Iowa State University Press, 1969, p. 59-61; C.R. Brookbank, «The Adversary System in Canadian Industrial Relations: Blight or Blessing?», *Relations industrielles*, vol. 35, nº 1, 1980, p. 20-40; Jack Barbash, «Values in Industrial Relations: The Case of the Adversary Principle» dans *Proceedings of the 33rd Annual Meeting, Industrial Relations Research Association*, Denver, 1980. Madison, Wis., IRRA, 1981, p. 1-7.

8. Denis Carrier, *La stratégie des négociations collectives*, Paris, Presses universitaires de France, 1967, chapitre III: «Stratégie de l'étape initiale des négociations directes», p. 87-121, et ch. IV: «Stratégie de l'étape finale des négociations collectives directes», p. 122-153; Carl M. Stevens, *op. cit.*, ch. II: «Conflict-Choice Model of Negotiation», p. 13-26, et ch. VI: «The Later (Predeadline) Stages of Negotiation», p. 97-121.

il permet en même temps d'instituer une sorte de régime judiciaire privé, qui donne au salarié le droit d'en appeler de toute violation des conditions agréées dans la convention collective, au moyen de la procédure et de l'arbitrage de griefs.

En ce qui a trait à la négociation elle-même, on se dispute à savoir si « marchandage » et « compromis » sont de son essence. À première vue il semblerait que oui. Comment peut-on en venir à une entente si chacun n'accepte pas de faire une partie du chemin ? La négociation n'est-elle pas, en définitive, un jeu de donnant-donnant (*a give-and-take game*) ? La commission américaine des relations du travail a confirmé cette interprétation, et les cours ont appuyé ses décisions sur le sujet[9]. Par contre, n'est-ce pas là une invitation à formuler des demandes initiales et des contrepropositions inacceptables, puisque le jeu lui-même exige des concessions réciproques ? Chacun veut se protéger en demandant plus et en offrant moins qu'il n'est prêt à accepter. Certains se demandent s'il ne vaudrait pas mieux formuler des offres et des demandes plus réalistes et rechercher une solution « objective ». Nous reprendrons cette discussion dans le chapitre consacré aux méthodes de négociation, dans la deuxième partie de l'ouvrage.

* * *

Les pages qui précèdent montrent la difficulté de définir d'une manière précise et définitive un phénomène aussi dynamique, complexe et changeant. En effet, les acteurs en cause poursuivent toujours leurs intérêts propres, utilisant les meilleurs moyens dont ils disposent, selon le milieu et les tactiques toujours renouvelées de l'autre partie. Nous pouvons quand même proposer la définition suivante, en nous appuyant sur les principaux éléments retenus jusqu'ici.

1.1.5 Définition

La négociation collective peut être considérée comme le processus de libre discussion entre deux agents économiques, en vue d'une entente collective relative aux conditions de travail. Cette détermination conjointe des conditions de travail par les représentants des employeurs et des salariés implique à la fois une situation conflictuelle et de convergence d'intérêts, qui exige un certain nombre de compromis. Les acteurs parviennent à s'entendre à la suite d'un exercice complexe, constitué d'échange d'informations, de moyens de pression, de marchandage et de nécessaires concessions.

* * *

Pourquoi la plupart des sociétés industrialisées ont-elles choisi de favoriser la négociation collective comme un des moyens privilégiés, sinon le meilleur moyen, pour déterminer démocratiquement les conditions de travail des salariés syndiqués ? Le problème soulève la question des objectifs. Quels objectifs poursuivent les sociétés qui privilégient la négociation comme moyen de déterminer les conditions de travail ? On peut les regrouper en objectifs sociaux et en objectifs économiques. Nous y ajouterons un certain nombre d'objectifs plus particuliers et, à ce titre, plus discutables et plus controversés.

1.2 Objectifs sociaux de la négociation collective

Ces objectifs ont varié selon l'époque et les circonstances. Nous tenterons de dégager les constantes qu'on peut retracer à travers le temps et les lieux.

1.2.1 Instrument de protection des travailleurs

L'objectif premier de la négociation collective a toujours été et demeure de servir d'instrument de protection pour les travailleurs individuels. Le caractère collectif du phénomène répond à cet objectif de base. Le travailleur est toujours démuni devant un employeur éventuel, comme il l'est devant l'employeur pour lequel il travaille déjà. Les risques et les inconvénients de cette situation apparaissent clairement, dans l'histoire des travailleurs, au XIXe siècle. Plus encore qu'aujourd'hui, le travailleur individuel se trouvait alors sans recours devant son employeur ; celui-ci pouvait agir à sa guise, compte tenu évidem-

9. *General Electric Co.* v. *IUE*, 150 NLRB 192 (1965, CCH, NLRB, paragr. 13651).

ment de la situation du marché et du fait que les lois du travail étaient quasi inexistantes. De fait, les employeurs se sont prévalus et, dans bien des cas, se prévalent encore, du pouvoir que leur position leur accorde, même si les lois ont introduit bien des contraintes dans le rapport employeur-salarié.

Dans une telle situation, la réaction a toujours été, pour les travailleurs, de se regrouper, d'une manière ou d'une autre. En ce sens, l'objectif social premier de la négociation collective se confond avec les objectifs fondamentaux du syndicalisme, même si, à ses débuts au XIXe siècle, le mouvement syndical n'avait pas choisi la négociation collective comme l'instrument privilégié de protection des travailleurs. Nous verrons au chapitre suivant comment la pratique syndicale a évolué et comment la négociation collective est devenue, à la fin du XIXe siècle et au début du XXe siècle, l'instrument par excellence pour la défense des droits des travailleurs.

1.2.2 Principaux droits défendus

Le premier droit qu'il fallait défendre était celui d'obtenir et de conserver des conditions de travail décentes, et en premier lieu un salaire, une rémunération raisonnable. C'était le cas au XIXe siècle; c'est encore le cas dans bien des situations à la fin du XXe siècle. La question salariale est toujours le sujet que les travailleurs surveillent de plus près quand vient le moment de voter pour ou contre l'acceptation d'une entente de principe négociée par leurs représentants. En ce sens, l'obtention de salaires jugés raisonnables constitue encore l'objectif premier du syndicalisme et de la négociation collective.

En second lieu, quoique dans certains cas cela soit tout aussi important, il y a le droit à l'emploi et à la sécurité d'emploi. Dans l'entreprise privée, aucun employé n'espère obtenir une sécurité d'emploi absolue, parce qu'aucune entreprise n'est assurée de survivre indéfiniment. Ce que le travailleur recherche alors, c'est la protection contre l'arbitraire de la direction. Quand les salaires sont jugés convenables, c'est là le motif principal de syndicalisation et de négociation d'une convention collective. La protection de l'emploi est, en un sens, plus importante que le salaire lui-même.

La protection contre l'arbitraire comprend aussi le droit et la possibilité d'avoir recours à des mécanismes de justice fondamentale (ce que les anglophones appellent *due process*). Cette justice fondamentale exige, par exemple, que les promotions, les mises à pied et surtout les congédiements soient faits selon certaines règles et critères objectifs, et non pas selon le bon plaisir et le favoritisme de la direction. Un autre élément du processus de justice naturelle est l'existence d'un mécanisme efficace de recours contre une décision qu'on croit injustifiée; en régime de négociation collective, c'est le processus de règlement des griefs qui assure une telle possibilité.

1.2.3 Limites aux objectifs sociaux

Il ne faut pas oublier, cependant, que la réalisation de ces objectifs est soumise à un préalable: la syndicalisation des travailleurs concernés. Être syndiqué ne donne pas tous les droits, ni toutes les garanties que ses droits seront respectés. Mais il s'agit d'une condition essentielle pour la négociation d'une convention collective et pour obtenir la protection qui en découle. En fait, plus de la moitié des salariés au Québec et au Canada, et davantage aux États-Unis, ne sont pas syndiqués, soit qu'ils ne le souhaitent pas, soit que les circonstances les en empêchent. Les sondages d'opinion publique montrent qu'ils ne souhaitent pas tous se syndiquer[10].

Tous les salariés – dans certains cas tous les employés, un terme beaucoup plus englobant – bénéficient de la protection de certaines lois du travail, visant, par exemple, des normes minimales quant aux conditions de travail, et des règles fondamentales en matière de santé et de sécurité au travail[11]. Ils sont

10. Jacques Rouillard, «Le syndicalisme dans l'opinion publique au Canada», *Relations industrielles*, vol. 46, nº 2, 1991, p. 277-305.

11. *Loi sur les normes du travail*, L.R.Q. c. N-1.1; *Loi sur la santé et la sécurité du travail*, L.R.Q. c. S–2.1; *Loi sur les accidents du travail et les maladies professionnelles*, L.R.Q. c. A-3.001.

également protégés sous plusieurs aspects par des lois générales, comme les chartes des droits de la personne, qui interdisent toute discrimination pour des motifs illicites dans l'embauche, les promotions et la rémunération[12]. Aucune convention collective ne saurait aller à l'encontre de ces prescriptions.

D'un autre côté, il existe des limites d'une autre nature. Par exemple, quand on a voulu transposer dans le secteur public la pratique de la négociation collective, celle-ci s'implantait dans un terrain déjà passablement réglementé, que ce soit par diverses commissions déjà en place ou par des lois particulières, comme celles qui visaient la pension des employés de l'État et d'autres questions semblables. Quand il a introduit la négociation dans le secteur public, le législateur n'a pas voulu supprimer ni remplacer des mécanismes en place depuis longtemps, et qui fonctionnaient à la satisfaction, du moins relative, de la plupart des intéressés. C'est ainsi que le droit de négociation des employés des différentes fonctions publiques a été restreint, à cause de la préexistence de plusieurs droits déjà assurés et réglementés.

1.2.4 Ordre et règle de droit

En un sens, le principal objectif de la négociation collective est d'établir un régime de justice sociale. Ce régime assure l'existence d'un certain ordre industriel; la convention collective établit la règle de droit qui s'appliquera à tous les intéressés.

La poursuite de la justice sociale représente un exercice particulièrement périlleux. Il s'agit d'un domaine où les règles sont beaucoup moins précises que celles qui régissent les rapports individuels; celles-ci reposent sur le droit de propriété et la stricte exécution des contrats. Malgré l'équivoque de plusieurs sujets, comme le niveau exact du salaire raisonnable pour telle fonction particulière, il y a bien des cas qui sont perçus par la majorité de la population visée comme comportant des injustices sociales. C'est le cas, par exemple, quand la décision de fermer une entreprise ou de la transporter ailleurs dépend plus du niveau des dividendes à retirer que des conséquences individuelles et sociales d'un tel choix. Même si la négociation collective ne peut régler tous les cas, ni répondre aux attentes de tous et de chacun, elle représente un instrument généralement utile pour la recherche et l'application d'une solution respectueuse des droits et libertés de chacun. Dans des cas de fermeture ou de transfert, la négociation est généralement impuissante parce qu'elle est le plus souvent limitée à un établissement. Aussi certains voudraient-ils en élargir l'emprise, pour qu'elle puisse mieux réaliser ses objectifs sociaux.

Même si elle est souvent difficile à définir avec précision, la justice sociale demeure un objectif valable, que les acteurs de la négociation collective doivent continuer à poursuivre. Cet objectif tiendra compte, au fur et à mesure qu'ils apparaissent, des éléments nouveaux qui s'imposent désormais à l'attention publique; on pense ici à l'environnement et aux exigences de l'écologie, au respect et à l'intégration des minorités.

1.3 Objectifs économiques et politiques

Si la partie collective de la négociation a pour objectif principal la protection des travailleurs et de leurs droits fondamentaux, la partie négociation a comme objet premier les questions économiques, tant du point de vue des travailleurs que de celui de l'entreprise.

1.3.1 Répartition des fruits de l'entreprise

Sur le plan économique, la négociation collective intervient dans le mécanisme de répartition des fruits de l'entreprise. Partant du présupposé que les lois du marché sont défavorables aux salariés agissant individuellement, la négociation collective les regroupe pour équilibrer leur pouvoir de discussion et de négociation. Théoriquement, ce mode de discussion veut assurer à tous les participants leur juste part du fruit des opérations de l'entreprise.

Sous cet aspect, l'objectif économique vient préciser un des objectifs sociaux de la négociation col-

12. *Charte des droits et libertés de la personne*, L.R.Q. c. C-12, art. 16; *Loi canadienne sur les droits de la personne*, S.R.C. 1985, c. H-6, art. 7.

lective. Il y apporte un complément nécessaire, la santé financière de l'entreprise et une prospérité raisonnable pour son avenir.

1.3.2 Progrès économique de l'entreprise

Pour que l'entreprise continue de fonctionner et d'offrir des emplois aux travailleurs, elle doit maintenir une rentabilité suffisante. Autrement, la concurrence viendra la supprimer, tôt ou tard, faisant en même temps perdre leur emploi aux salariés qui y travaillent.

Il n'est pas facile de déterminer avec exactitude à quel niveau se situe la rentabilité suffisante d'une entreprise, parce que celle-ci dépend d'une multitude de facteurs qui, de plus, varient selon qu'on envisage la question à court, à moyen ou à long terme. C'est ainsi qu'un établissement qui ne renouvelle pas ses méthodes de production à peu près au rythme de l'ensemble de l'industrie à laquelle il appartient est condamné à disparaître un jour ou l'autre. Certaines catastrophes pour telle entreprise et pour l'économie régionale qui en dépend sont irréparables, parce que les mesures nécessaires n'ont pas été prises à temps. En ce sens, l'intérêt patronal ne va pas nécessairement à l'encontre de celui des travailleurs. Il s'agit là de questions dont les négociations collectives ne se préoccupaient guère il y a trois ou quatre décennies. Aujourd'hui, aucun secteur n'est à l'abri de la concurrence mondiale, et le sujet ne saurait être oublié: les conséquences à moyen ou à long terme seraient trop graves.

S'il y a un secteur où on peut se permettre un tel oubli, c'est le secteur public. Comme les services fournis par le secteur public ne sont généralement pas sujets à une véritable concurrence et que la capacité de payer des contribuables est théoriquement indéfinie, la négociation collective dans ce secteur ne répond pas aux mêmes exigences ni aux mêmes impératifs que dans le secteur privé. Elle implique toujours des aspects sinon des objectifs politiques.

1.3.3 Objectifs politiques

Les syndicats poursuivent certains objectifs politiques. Par comparaison avec plusieurs activités politiques de grands syndicats européens, les syndicats nord-américains ont des objectifs politiques modestes: ils cherchent pour la plupart à influencer l'intervention des divers gouvernements en leur faveur, sur des matières générales ou sur des points particuliers.

Sur des problèmes de grande envergure, comme les politiques gouvernementales d'emploi et de main-d'œuvre, les syndicats agiront directement auprès de l'État et de l'opinion publique, mais ils auront aussi recours à la négociation. Une des grandes préoccupations syndicales, à la fin du XXe siècle, est la multiplication des emplois précaires, dans le secteur public comme dans le secteur privé. Aussi plusieurs négociations, autant avec les gouvernements, à tous les niveaux, qu'auprès des grandes entreprises, visent à obtenir le remplacement d'emplois occasionnels ou à temps partiel par un nombre correspondant d'emplois permanents et réguliers. C'était un des principaux objectifs des fonctionnaires fédéraux et des postiers dans leurs grèves de 1991. Il s'agit là d'un objectif à la fois économique et politique.

Certains conflits se sont déroulés sur des questions de principe et ont amené une éventuelle législation sur le sujet en cause. Dans les années 1970, plusieurs syndicats demandaient la retenue automatique des cotisations syndicales pour tous les salariés régis par la convention collective. Plusieurs employeurs refusaient, certains par principe, d'autres pour diverses raisons. La grève à la Compagnie United Aircraft de Longueuil, qui dura du 7 janvier 1974 au 28 août 1975, portait principalement sur cette question. Le problème ne se régla définitivement que par une modification au *Code du travail* en 1977 (C.t. art. 47).

Le congé de maternité était demandé dans plusieurs négociations. Il fut obtenu à la fois par législation, surtout par une modification à la *Loi sur l'assurance-chômage*, mais aussi par différentes dispositions gagnées lors des rondes de négociation du secteur public au Québec de 1970 à 1980. Plusieurs avantages sociaux, aujourd'hui imposés ou réglementés par des lois particulières, ont d'abord été obtenus par négociation. Bien souvent la négociation sert d'étape initiale dans la poursuite d'un objectif politique.

Sous un autre aspect, dans de graves conflits, il arrive que les deux parties souhaitent l'intervention de l'État, même sous forme de loi spéciale. Chaque partie peut alors revendiquer face à ses mandants sa totale intégrité et blâmer le gouvernement pour la solution imposée. C'est une façon politique, dans tous les sens du mot, de se tirer d'une mauvaise situation où l'on s'était peut-être placé soi-même.

Peu de négociations du secteur public se terminent sans manifestations de nature politique, même partisane. À l'occasion de l'affrontement, en 1972, du Front commun intersyndical et du gouvernement du Québec, on est allé plus loin; le slogan, sinon l'objectif réel, était devenu: «Il faut casser le système». Il n'est pas toujours facile de distinguer, dans le contexte des déclarations sensationnelles, ce qui résulte de l'emportement et du tape-à-l'œil, des objectifs effectivement poursuivis. Ce qui est certain, c'est que les grandes négociations incluent pratiquement toujours des objectifs politiques, reliés aux objectifs économiques ostensiblement mis de l'avant. On demande la correction d'une situation; mais on souhaite une intervention de l'État pour régler le problème une fois pour toutes.

Outre les objectifs sociaux, économiques et politiques que nous venons d'esquisser, la négociation collective peut, dans certaines sociétés, prendre sur elle ou se voir assigner la poursuite d'objectifs particuliers. On entre ici dans un terrain relativement controversé, mais qu'il faut explorer au moins brièvement.

1.4 Objectifs controversés

Nous considérerons quelques-uns des objectifs particuliers qui, à un moment ou l'autre, ont occupé une place importante dans les préoccupations des intéressés et de la société environnante. Ces préoccupations vont de la condition des travailleurs, donc des objectifs très immédiats, à des préoccupations économico-sociales de grande envergure.

1.4.1 Intérêts des travailleurs

À peu près personne ne contestera l'importance de défendre les droits des travailleurs; c'est cet objectif qui a créé le syndicalisme et, jusqu'à un certain point, la négociation collective. Les opinions commencent à diverger quand on se demande quels intérêts des travailleurs la négociation collective doit défendre; leurs intérêts immédiats ou à plus long terme, leurs intérêts restreints ou considérés dans un ensemble économico-social?

Quand un groupe a acquis un certain pouvoir, la tentation est grande de l'utiliser pour en tirer des profits considérables et immédiats. Si on pense au cas le plus important de cette nature, celui du secteur public, on peut croire que l'ensemble de la société ne se laissera pas imposer des taxes et des impôts pour permettre aux travailleurs du secteur public d'obtenir des conditions manifestement supérieures à celles des employés du secteur privé qui occupent des postes similaires. Un gouvernement qui se laisserait aller à des telles concessions à la table de négociation risquerait de perdre le pouvoir aux mains d'un parti qui serait plus préoccupé de l'intérêt général que de celui de ses propres employés. À une échelle moindre, le syndicat d'une entreprise privée qui ne permettrait pas un réinvestissement suffisant des profits en vue de réaliser des progrès techniques raisonnables signerait là son arrêt de mort et l'éventuel licenciement de tous ses membres dans un avenir plus moins rapproché.

Le choix entre les intérêts à court terme et les intérêts à plus long terme ne sera jamais facile à faire, pas plus que le choix entre les objectifs sociaux généraux et l'intérêt immédiat des membres visés. Le gain prochain est toujours plus attirant, et plus certain, que les avantages lointains. De plus chaque négociation ne vise que les membres du groupe accrédité, pas l'ensemble des salariés. Même pour les salariés visés, les intérêts divergent fréquemment. Quels intérêts défendre: ceux des jeunes ou des vieux, des ouvriers qualifiés ou des semi-qualifiés plus nombreux, ou ceux des minorités et des groupes défavorisés? Défendre les uns c'est toujours un peu laisser tomber les autres. Les choix sont déchirants. L'objectif principal à poursuivre ne sera peut-être jamais clair.

1.4.2 Stabilité et souplesse

La question du réinvestissement des profits dans les progrès techniques – avec le risque de la perte d'un certain nombre d'emplois – s'exprime souvent dans les termes suivants: la négociation collective doit-elle assurer d'abord la stabilité pour les travailleurs ou permettre une plus grande souplesse dans la direction de l'entreprise?

La stabilité présente beaucoup d'attraits. Stabilité veut dire, entre autres, maintien et sécurité de l'emploi, progrès raisonnable dans les salaires et les conditions de travail; c'est là ce que souhaitent généralement les travailleurs concernés, ce qu'ils attendent de chaque négociation collective. Leurs demandes en la matière s'expriment dans des clauses de sécurité d'emploi, de limites à la sous-traitance, de prépondérance à l'ancienneté, d'interdiction des emplois à temps partiel, etc.

En contrepartie, la direction des entreprises cherche toujours plus de souplesse: souplesse dans les horaires de travail sans hausse des salaires, dans l'introduction d'équipement nouveau, dans le recours à la sous-traitance et dans la multiplication des statuts d'emplois (à temps partiel, occasionnels...). Le but est de s'adapter ainsi aux contraintes des nouvelles méthodes de production.

La négociation doit donc tenir compte des droits fondamentaux des travailleurs ainsi que de la survie et du développement de l'entreprise. En même temps, elle doit procurer aux premiers une certaine stabilité et accorder à la seconde la souplesse nécessaire pour demeurer concurrentielle.

En d'autres mots, la stabilité s'oppose au changement, mais le changement est nécessaire à la survie. Il s'agit de deux objectifs contradictoires, que les parties à la négociation doivent poursuivre simultanément, dans un équilibre toujours délicat à déterminer, sous peine de devoir disparaître l'une et l'autre.

1.4.3 Paix sociale et paix industrielle

À une certaine époque, la poursuite de la paix industrielle a été considérée comme l'objectif premier de tout système de relations du travail, y compris de la négociation collective. Par contre, plusieurs auteurs ont souligné l'importance du droit de grève et l'illusion qu'il peut y avoir à rechercher la paix sociale et industrielle à tout prix. Le progrès social ne s'est pas toujours réalisé par des réquisitoires pacifiques, loin de là.

D'un autre côté, le conflit industriel poursuivi pour lui-même n'est pas non plus source de progrès et de mieux-être, du moins pas toujours et pas nécessairement. On en trouve une preuve indirecte dans le fait que le nombre d'arrêts de travail et de jours-personnes perdus diminuent considérablement en période de dépression ou de récession économique.

Ici encore, il faut conclure que nous sommes en présence d'objectifs contradictoires mais également nécessaires. Sans rejeter complètement le conflit industriel, quand il représente le seul moyen d'obtenir ce qui paraît juste au point de vue social et possible au point de vue économique, on ne saurait ériger en principe la théorie que le conflit industriel est, dans tous les cas, le seul instrument efficace pour la réalisation des objectifs et des intérêts des travailleurs.

1.4.4 Participation aux décisions

La participation ouvrière aux décisions des entreprises a toujours été présente dans les discussions sur la négociation collective, mais son importance est bien différente en Amérique et en Europe. Certains régimes européens en ont fait non seulement leur objectif premier, mais la pierre angulaire de tout leur système de relations de travail. Tel n'est pas le cas en Amérique du Nord.

Par contre, la décennie de 1980 a suscité un intérêt grandissant pour cette formule que plusieurs voudraient introduire, même si les plans diffèrent considérablement d'un auteur à l'autre. Une difficulté, ou contradiction fondamentale, en Amérique du Nord, vient du fait que les régimes sont relativement statiques: ils reposent sur des législations adoptées il y a une cinquantaine d'années, et ils mettent de l'avant, en tout premier lieu, le principe des droits acquis, qui comporte beaucoup plus de stabilité que de souplesse. Or, tout régime de participation aux décisions est fondamentalement et foncièrement dynamique.

Les défenseurs du système nord-américain de négociation collective font valoir qu'il existe, dans la négociation, une forme de participation qu'aucun autre régime ne réalise avec autant de force et d'intensité. Au terme de la négociation, l'acceptation et le consentement des représentants syndicaux sont requis pour qu'il y ait convention collective, et que telle ou telle modalité devienne la norme à appliquer dans l'établissement ou l'entreprise en cause. Selon les tenants de cette opinion, le régime nord-américain ne permet pas la participation à la gestion quotidienne, mais il assure la participation décisionnelle des représentants des travailleurs pour tout ce qui concerne leurs conditions de travail; ils considèrent que c'est l'essentiel.

D'un autre côté, on a tenté, depuis 10 ou 15 ans, différentes expériences de participation ouvrière. Certaines formes d'actionnariat ouvrier remontent encore bien plus loin dans le passé. C'est la participation aux décisions quotidiennes qui a connu un essor considérable au cours de la dernière décennie, même si elle n'est pas devenue, loin de là, la forme dominante du fonctionnement des entreprises. Le problème sera repris plus longuement dans la dernière partie de l'ouvrage.

* * *

Les objectifs socio-économiques de la négociation collective sont multiples et changeants, bien que certaines préoccupations demeurent fondamentales. La protection et la défense des intérêts primordiaux des travailleurs constituent la première et la principale justification de tout système de négociation collective.

Au fil des ans, bien des nuances et des modalités se sont ajoutées à cet objectif de base. La survie et le nécessaire progrès des entreprises sont devenus des préoccupations courantes, bien que cela ait pris du temps et ne soit pas encore admis partout. Dans le même sens, on se préoccupe beaucoup plus souvent aujourd'hui d'une certaine souplesse dont la direction a besoin pour garder l'entreprise prospère, et de la paix industrielle requise pour maintenir un haut niveau de productivité. Enfin on s'intéresse davantage à diverses expériences de participation, à la fois dans une perspective de productivité accrue pour l'entreprise et d'épanouissement humain des travailleurs concernés.

Bibliographie

BARBASH, JACK. *The Elements of Industrial Relations*, Madison, Wis., The University of Wisconsin Press, 1984, 153 p.

Bureau international du travail: *La négociation collective dans les pays industrialisés à économie de marché* (projet initial préparé par John P. Windmuller de l'Université Cornell), Genève, Bureau international du travail, 1974, 459 p.

Bureau international du travail: *La négociation collective dans les pays industrialisés à économie de marché: un réexamen*, Genève, Bureau international du travail, 1989, 351 p.

Bureau international du travail: *La négociation collective face à la récession dans les pays industrialisés à économie de marché*, introduction par EFREN CORDOVA et DAVID DROR; rapport sur 12 pays par différents auteurs; conclusion par THOMAS A. KOCHAN du Massachusetts Institute of Technology, Genève, Bureau international du travail, 1984, 309 p.

Bureau international du travail: *La négociation collective. Manuel d'éducation ouvrière*, 2e édition, Genève, Bureau international du travail, 1986, 112 p.

Bureau international du travail: *Problèmes actuels de la négociation collective*, Série relations professionnelles, no 72, Genève, Bureau international du travail, 1989, 125 p.

DUNLOP, JOHN T. *Industrial Relations Systems*, New York, Henry Holt, 1958, 399 p.

FISHER, ROGER et URY, WILLIAM. *Getting to Yes. Negotiating Agreement Whitout Giving In*, Boston, Houghton Mifflin, 1981, 163 p. Paru en français sous le titre: *Comment réussir une négociation*, Paris, Éditions du Seuil, 1982, 223 p.

HÉBERT, GÉRARD, JAIN, HEM C. et MELTZ, NOAH M. (publié sous la direction de). *L'état de la discipline en relations industrielles au Canada*, études réalisées sous les auspices de l'Association canadienne des relations industrielles, Montréal, École de relations industrielles, 1988, 372 p. Monographie no 19.

HÉBERT, GÉRARD. *Négociation et convention collective. Introduction*, Université de Montréal, École de relations industrielles, tiré à part no 31, 1979, 20 p.

KOCHAN, THOMAS A., KATZ, HARRY C. and MCKERSIE ROBERT B. *The Transformation of American Industrial Relations*, New York, Basic Books, 1989, 287 p.

LEWICKI, ROY J. et LITTERER, JOSEPH A. *Negotiation*, Homewood, Ill., Richard D. Irwin, 1985, 368 p.

NIERENBERG, GERARD I. *Fundamentals of Negotiating*, New York, Hawthorn Books, 1973, 306 p.

RAIFFA, HOWARD. *The Art and Science of Negotiation*, Cambridge, Mass., Harvard University Press, 1982, 373 p.

STEVENS, CARL M. *Strategy and Collective Bargaining Negotiation*, New York, McGraw-Hill, 1963, 192 p.

Chapitre

2

Histoire et contextes socio-économique et légal

PLAN

L'histoire est essentielle pour comprendre l'état de la négociation collective à diverses étapes, dans n'importe quel pays. Toute situation est le résultat et l'aboutissement de contraintes antérieures. Pour prévoir l'avenir, il faut connaître le passé.

Il faut d'abord replacer la négociation dans une perspective historique. La négociation collective n'a pas toujours existé: elle n'a guère plus de cent ans. Pendant la majeure partie du XIXe siècle, la détermination des salaires ne s'est pas faite de la façon bilatérale qu'exige la négociation, mais de manière unilatérale, comme nous le verrons au cours du présent chapitre. Si on remonte encore plus loin dans le passé, on trouve des périodes où la négociation est carrément interdite.

Ainsi, au XIVe siècle, les ouvriers britanniques se regroupaient en clubs ou sociétés secrètes – comparables aux guildes françaises – dans le but d'adresser des pétitions au Parlement, pour lui demander soit d'appliquer des règlements déjà adoptés, soit de les modifier en vue d'obtenir des augmentations de salaire. Ce fut l'objet, par exemple, des ordonnances des travailleurs de 1350 et du statut des apprentis de 1563. En France, la loi Le Chapelier, votée par l'assemblée constituante en juin 1791, bannissait toute espèce de corporation de citoyens ou d'employés d'une même profession, et interdisait «de les rétablir de fait sous quelque prétexte ou quelque forme que ce soit». La Grande-Bretagne vota des dispositions semblables dans les *Combination Acts* de 1799 et 1800[1].

Selon l'approche systémique, abondamment utilisée en relations industrielles, on considère les différents contextes – politique, économique, judiciaire – dans lesquels se déroule la négociation collective comme des déterminants du processus et des résultats qui en découlent. Dans le cadre qui régit la négociation collective, deux aspects en dominent le déroulement: l'institution syndicale et le cadre légal. Les premiers syndicats n'adoptèrent pas immédiatement la négociation collective comme leur instrument privilégié pour fixer les conditions de travail, bien au contraire. Pour esquisser l'histoire de la négociation collective, il faut d'abord rappeler les grandes dates de l'histoire du syndicalisme. Il faut également mentionner les principales lois qui ont encadré à la fois le mouvement syndical et son action. Nous ne retiendrons que les principales, celles qui ont préparé, déterminé ou réorienté la négociation collective. Ainsi, pour chaque période, nous nous arrêterons à trois aspects complémentaires: le syndicalisme, la législation, la négociation.

Il reste à mentionner un autre point d'introduction. Au Canada, il n'existe aucun ouvrage qui fasse l'histoire de la négociation collective. Le peu que nous en savons permet de conclure que l'évolution générale de la négociation collective au Canada a été relativement semblable à celle qu'on a observée aux États-Unis, avec généralement 10 ou 20 ans de retard. C'est la raison pour laquelle, avant de nous arrêter aux quatre grandes périodes que nous identifierons dans les XIXe et XXe siècles, il nous faut résumer l'histoire correspondante aux États-Unis. Les événements qui se sont produits outre-frontière ont d'ailleurs marqué profondément l'évolution au Canada, y compris par la création d'institutions affiliées à un organisme américain.

2.1 La négociation collective aux États-Unis (1800-1990)

On peut distinguer, dans l'histoire du syndicalisme et de la négociation collective aux États-Unis, quatre étapes de différente longueur. La reconnaissance des unions ouvrières et leur acceptation par la société américaine ont occupé pratiquement tout le siècle dernier; c'est la période de la reconnaissance progressive. La fondation de l'*American Federation of Labor*, d'abord en 1883 puis de façon définitive en 1886, marque la fin de cette première période et le début de la seconde. Les unions ouvrières vont ensuite consolider leurs positions et adopter de façon définitive la négociation collective comme instrument privilégié de défense des travailleurs: c'est la période

1. MARIE-LOUIS BEAULIEU, *Les conflits de droit dans les rapports collectifs du travail*, Québec, Les Presses de l'Université Laval, 1955 (541 p.), p. 6-7, 29-30, 515 et 517.

de consolidation. Elle s'étend jusqu'aux années 1930. L'adoption du *Wagner Act*, en 1935, impose la négociation collective comme un devoir, obligatoire en vertu de la loi, aux employeurs dont les salariés se sont regroupés en unions ou syndicats. L'établissement des syndicats de type industriel, au cours des années 1930, et le *Wagner Act* marquent le début d'un essor remarquable du syndicalisme. Cet essor, cependant, n'aura duré, aux États-Unis, qu'une vingtaine d'années. Depuis 1955, le syndicalisme américain ainsi que la négociation collective n'ont pas progressé. Depuis bientôt 40 ans, on assiste aux États-Unis à une stabilité ou à un déclin, selon les points de vue, du mouvement syndical et de la négociation collective.

Nous reprendrons chacune de ces quatre périodes pour y souligner à la fois les changements intervenus dans l'organisation ouvrière, dans la législation et dans la négociation collective. (Voir le tableau 2-1, qui résume la section 2.1.)

2.1.1 Reconnaissance progressive

Les 80 premières années du XIXe siècle ont vu la reconnaissance progressive non seulement de la négociation collective mais aussi du mouvement ouvrier lui-même, dans le sens où nous l'entendons aujourd'hui. Les premiers cas de regroupement en vue d'obtenir de meilleurs salaires apparaissent à la fin du XVIIIe et au début du XIXe siècle. Les journaux parlent d'une grève des charpentiers et des maçons de New York en 1795, des cordonniers et des tailleurs de Philadelphie en 1806, et ainsi de suite. À ce moment, les regroupements sont strictement locaux, et les unions ainsi formées disparaissent rapidement, selon le niveau de l'activité économique: le phénomène est intermittent[2]. Tout au long du siècle, les usines se multiplient et s'agrandissent: c'est la révolution industrielle et l'apparition, à la fin du siècle, du taylorisme, c'est-à-dire du travail parcellisé, effectué sur d'énormes machines regroupées dans d'immenses manufactures.

Pour obtenir les augmentations de salaire que leurs membres souhaitaient, les groupements ouvriers, dans la première moitié du siècle, procédaient d'une manière inconnue aujourd'hui. Les membres de l'union ou du groupe se réunissaient et déterminaient un barème de salaires, qui s'appelait une liste de prix (*price list, bill of wages*) et qui contenait les nouveaux taux à faire respecter par les employeurs. Ils inséraient la liste dans une bible, et tous juraient sur la bible qu'ils ne travailleraient pas pour un salaire moindre.

Les ouvriers obtenaient gain de cause, ou subissaient un échec, selon la situation économique environnante. Si les hommes de métier étaient rares et que les employeurs les recherchaient, ceux-ci n'avaient pas le choix: ils devaient se conformer à la liste établie par le groupe. Par contre, s'il y avait abondance de main-d'œuvre, aucun employeur n'acceptait de payer les salaires réclamés par les membres de l'union.

Il s'agissait là non pas d'une méthode bilatérale mais unilatérale de déterminer les salaires. Le groupe qui les fixait était tantôt celui des hommes de métier, en situation de pénurie de main-d'œuvre, et tantôt celui des employeurs dans le cas contraire. Cette méthode unilatérale de déterminer les salaires demeura la règle générale presque tout au long du XIXe siècle.

D'un autre côté, cette façon de procéder, par tout ou rien, n'apparaissait pas toujours à tous comme la formule idéale. Aussi trouve-t-on, à intervalles plus ou moins réguliers, mention d'une certaine forme de discussion, qui pourrait s'apparenter à la négociation collective contemporaine. C'est ainsi que, dès 1799, on rencontre un exemple d'offres et de contre-offres dans le cas des fabricants de chaussures de Philadelphie. En 1809, les typographes de New York préparent une liste de prix et mandatent un comité pour remettre aux maîtres imprimeurs de la ville de New York copie des salaires qu'ils ont établis par un vote régulier en assemblée. La lettre fut remise individuellement à un certain nombre d'imprimeurs, et

2. Neil W. Chamberlain et James W. Kuhn, *Collective Bargaining*, 2e édition, New York, McGraw-Hill, 1965, 451 p., ch. 1: «A Historical Introduction to Collective Bargaining in the United States, 1800 to 1850», p. 1-23.

TABLEAU 2-1

Les grandes dates de l'organisation ouvrière et de la négociation collective aux États-Unis – 1800-1990

Organisation ouvrière	Lois et décisions judiciaires	Négociation collective
1790-1825 ORGANISATIONS LOCALES (souvent intermittentes) typogr., cordonniers, tailleurs… Philadelphie, New York…		LISTES DE SALAIRES (*Bill of wages*) et Cas isolés de «négociation»
		1799 Philadelphie, cordonniers
	1806 Philadelphia Cordwainers	1809 New York, typographes
1825-1835 REGROUPEMENT par villes et par métiers (essais)		1833 Thompsonville (Conn.), manuf. de textile
1837 dépression chute des unions		1837 … tout à reprendre
	1842 Commonwealth (Mass.) *v.* Hunt	
1850-1886 UNIONS NAT. ET INTERNATIONALES		1850 … l'idée progresse
1857 dépression chute des unions reprise en 1863 (Guerre de sécession: 1861-1865)		1857 … retour à la méthode unilatérale 1865 … nouveaux appuis
1886 A. F. of L.		1869 New York, typographes
	1890 Sherman (Antitrust) Act	FIN DU SIÈCLE: politique définie des unions établie à divers niveaux encore numériquement peu import.
1900-1925 Campagne pour les associations locales d'employés		Associations locales d'employés: pas de véritable contrat, mais relation collective
1914-1918 Guerre mondiale: Droit d'association affirmé	1914 Clayton Act 1917 Hitchman… *v.* Mitchell	Guerre: nég. coll. encouragée droit à la nég. coll. affirmé
1920… Campagne antisyndicale (*open-shop*)	1926 Railway Labor Act 1932 Fed. Anti-Injunction Act	Nég. coll. oblig.: chemins de fer
1936… CIO	1935 WAGNER ACT	NÉG. COLL. OBLIG. avec tout syndicat accrédité
1940… Guerre et après-guerre: essor du syndicalisme		Essor de la nég. coll.
	1947 Taft-Hartley Act	

TABLEAU 2-1 (suite)

Les grandes dates de l'organisation ouvrière et de la négociation collective aux États-Unis – 1800-1990

Organisation ouvrière	Lois et décisions judiciaires	Négociation collective
1955 AFL-CIO *merger*		
1955-1965 Effectif stationnaire	1959 Landrum-Griffin Act	Nég. coll. remise en question par quelques-uns
1965… Syndicalisation des cols blancs Fusions d'unions	1962 Executive Order 10988 (fonctionnaires fédéraux)	Nég. coll. dans le secteur public

ceux-ci retournèrent leur propre liste aux typographes. Les employés typographes votèrent à nouveau; ils acceptèrent certaines des propositions des maîtres imprimeurs, mais ils maintinrent leur position sur d'autres points. De tels cas demeuraient isolés, et très éloignés l'un de l'autre, dans le temps et l'espace. En d'autres mots, ils constituaient l'exception et non pas la règle. (Voir la colonne de droite du tableau 2-1.)

Il suffisait d'ailleurs d'une période de récession ou de dépression – comme il y en eut plusieurs au cours du XIXe siècle – pour que tous les efforts précédents soient anéantis. Il fallait alors tout reprendre à zéro. Il ne faut pas oublier qu'à ce moment toutes les unions ouvrières étaient considérées comme des associations illégales, parce qu'elles s'opposaient au principe fondamental de la liberté totale du commerce et des affaires. Ce principe était reconnu par la société d'alors comme l'expression de sa conviction profonde et la source de sa prospérité économique.

Dans les pays où le gouvernement et la justice s'inspiraient des institutions britanniques, comme aux États-Unis et dans les colonies, particulièrement au Canada, le «droit commun» (*Common Law*) constituait la principale règle de droit. Ce droit se construit au fur et à mesure des décisions rendues par les différents tribunaux de justice. Aussi, aux États-Unis, ce ne sont pas les lois votées qui vont rendre les associations ouvrières illégales, mais bien des jugements de cours en ce sens. C'est ainsi que ce qu'on a appelé les procès de conspiration (*conspiracy trials*), et les décisions judiciaires qui en découlent, en 1806, ont entraîné l'illégalité des unions aux États-Unis[3], jusqu'à ce qu'une autre décision, en sens inverse, ne vienne leur restituer, en 1842, leur droit de cité[4]. (Voir la colonne centrale du tableau 2-1.)

Du point de vue de l'organisation ouvrière, il faut noter que les premiers regroupements par ville et par métier commencent vers l'année 1825. Au cours du XIXe siècle s'établissent successivement, à 25 ans d'intervalle, d'abord les organisations locales, puis les organismes régionaux et enfin les regroupements nationaux. C'est vers le milieu du XIXe siècle que commencent à se former les unions internationales, qui vont constituer l'ossature principale du mouvement ouvrier américain au tournant du siècle. L'Union internationale des typographes s'établit en 1852, avec quelques locaux du côté canadien. Les mouleurs d'acier se regroupent en 1859, les briqueteurs et les plâtriers au cours des années 1860, décennie où apparaissent également l'Union des cigariers et quatre importantes fraternités de cheminots. Tous ces groupes gagnent très rapidement des membres du côté

3. *Philadelphia Cordwainers Case*, 1806. Le juge y déclare qu'un regroupement de travailleurs, dans le but d'augmenter leurs salaires, a deux objectifs: leur procurer cet avantage et causer un préjudice à ceux qui ne deviennent pas membres de leur groupe; il conclut que la règle de droit condamne ces deux objectifs.
4. *Commonwealth (Mass.)* v. *Hunt*. Les juges y déclarent que la légalité d'une grève dépend des objectifs poursuivis et non pas du fait que l'organisme requiert l'appartenance de tous les salariés à leur groupe.

canadien. (Voir la colonne de gauche du tableau 2-1.)

Les autres métiers de la construction se regroupent au début des années 1880, ce qui permet la fondation définitive, en 1886, de la Fédération américaine du travail (AFL: *American Federation of Labor*), sous l'impulsion de Samuel Gompers. La création d'une telle fédération représentait le complément naturel de la pyramide des organismes syndicaux, du niveau local à celui de l'industrie et finalement au regroupement de toutes les unions. La FAT n'a cependant jamais représenté tous les syndiqués des États-Unis; il y a toujours eu des groupes parallèles, comme les Chevaliers du travail, dans la dernière partie du XIXe siècle. Mais ces autres groupes n'ont jamais eu l'importance des unions affiliées à la FAT.

Au moment de la fondation de la FAT, la plupart des syndicats ont déjà adopté la négociation collective comme une politique clairement exprimée et comme le moyen privilégié d'améliorer les conditions de travail. Comment cela s'est-il produit? Les cas d'échanges et de discussions, isolés au début du siècle, se sont multipliés, atteignant des groupes numériquement plus importants, comme celui des tisserands de l'usine de Thompsonville au Connecticut en 1833. Mais tous les efforts demeurent toujours susceptibles d'être annulés par une dépression économique.

L'opinion publique a également joué un rôle dans ce processus. Au milieu du siècle, le directeur fondateur d'un important journal, le *New York Tribune*, Horace Greeley, s'engagea dans une campagne de publicité en faveur de la méthode bilatérale[5]. D'un autre côté, la méthode bilatérale n'avait pas que des défenseurs, bien au contraire. De nombreux employeurs s'y refusaient, et plusieurs syndicats la rejetaient carrément, comme une forme de défaitisme devant les employeurs, alors que la méthode unilatérale de la liste de prix leur paraissait plus efficace.

Cependant, vers la fin du siècle, la grande majorité des unions s'était ralliée à l'idée d'une méthode bilatérale pour déterminer conjointement les conditions de travail. La négociation collective avait remporté la victoire, au moins du côté syndical. Mais la proportion des membres des unions demeurait relativement peu importante.

2.1.2 Consolidation

La victoire n'était pas gagnée pour autant, d'autant moins que l'idée de considérer les associations ouvrières comme une atteinte à la liberté du commerce reprenait de la vigueur, entre autres avec l'adoption d'une loi dite antitrust, le *Sherman Act*, en 1890; cette loi permettait aux tribunaux d'émettre des injonctions contre les grèves, les boycotts et toute forme d'atteinte à la liberté des affaires ou du commerce entre États.

La loi Clayton, adoptée en 1914, rappelait, à l'inverse, que le travail humain n'est pas une marchandise comme les autres. Certains crurent, à tort, que le *Clayton Act* supprimerait les injonctions et les accusations d'illégalité contre les unions ouvrières. Il fallut attendre le *Norris-La Guardia Act* de 1932 pour atteindre cet objectif.

Une autre menace au syndicalisme américain et à la négociation collective vint d'un mouvement, populaire surtout chez les employeurs, qui favorisait les associations locales d'employés. Bien que le mouvement s'étendît tout au long des 25 premières années du XXe siècle, il fut particulièrement actif durant la Grande Guerre et immédiatement après. Il s'agissait d'une sorte de gouvernement industriel, qui reposait sur une représentation des employés par usine et par département: les employés devaient choisir, parmi eux, un représentant, à chacun des différents niveaux, selon les dimensions de l'entreprise. Les caractéristiques principales de ce mode de représentation résidaient dans les éléments suivants: chaque association locale ou gouvernement industriel était limité à l'établissement dans lequel et pour lequel il existait. Les représentants élus devaient être obligatoirement des employés de l'entreprise. La décision finale sur toute

5. NEIL W. CHAMBERLAIN et JAMES W. KUHN, *op. cit.*, ch. 2: «Historical Introduction to Collective Bargaining in the United States, 1850 to the Present», p. 24-50.

condition de travail revenait toujours aux représentants de l'employeur dans chacun des comités.

L'interdiction de se regrouper au-delà des entreprises et celle d'avoir des représentants autres que des employés de l'entreprise entraînèrent une opposition catégorique de la part des unions ouvrières. À la fin de la guerre 1914-1918, le président Wilson convoqua une conférence nationale industrielle, composée de représentants des employeurs, des unions et du public, qui devait préparer une sorte de code des relations industrielles. La thèse syndicale et la thèse des associations locales s'affrontèrent, et la réunion se termina sans accord.

Vers 1925, cette forme de gouvernement industriel local comptait un million de membres. La formule était souvent présentée comme « la formule américaine » (*The American Plan*)[6]. De leur côté, les unions ouvrières comptaient environ, à ce moment, peut-être deux millions de membres. C'est dire que la formule américaine avait connu du succès. L'apport positif des associations locales fut de développer la préoccupation de rapports collectifs. Même s'il n'y avait pas de véritable négociation dans ces gouvernements industriels, il y avait quand même discussion des problèmes vécus dans l'entreprise.

Les unions affiliées à la Fédération américaine du travail et les autres unions traditionnelles continuaient à négocier de leur mieux, sans autre pouvoir que la pression économique qu'elles pouvaient utiliser auprès des employeurs en cause. Le premier appui important à provenir d'une loi vint en 1926, quand le gouvernement américain adopta la *Loi sur le travail dans les chemins de fer (Railway Labor Act)*. Cette loi reconnaissait aux salariés des chemins de fer le droit de négocier par l'entremise des représentants qu'ils avaient eux-mêmes choisis ; en contrepartie, les compagnies de chemin de fer étaient tenues de négocier les salaires et les conditions du travail applicables aux salariés visés. La loi contenait donc deux des éléments fondamentaux du système nord-américain de relations du travail, encore en vigueur aujourd'hui ; par contre, son application se limitait aux chemins de fer. Les fraternités de cheminots existaient depuis une soixantaine d'années ; l'industrie des chemins de fer occupait une place stratégique dans l'économie américaine, et les fraternités avaient développé un excellent lobby à Washington. La négociation collective était devenue obligatoire dans un secteur important de l'économie.

Malgré cet appui d'une loi qui rendait la négociation collective obligatoire dans une importante industrie, la campagne contre les ateliers syndiqués (*open shop*) et la popularité de la formule américaine avaient empêché les unions traditionnelles de grandir, malgré la prospérité des années 1920 (*roaring twenties*). Les unions ouvrières avaient toujours coutume de s'accroître dans les années de prospérité, et tout au plus de se maintenir dans les années de dépression. La grande dépression des années 1930 allait amener un recul dans le nombre de syndiqués aux États-Unis. La reprise ne se fera que très lentement à compter du milieu des années 1930.

Depuis le début du syndicalisme américain, les ouvriers s'étaient toujours regroupés par métier. C'est ainsi qu'il existait depuis longtemps des unions de typographes, de tailleurs, de charpentiers, de cheminots (par occupation), de mineurs, de machinistes, etc. Cette forme de regroupement correspondait à la situation industrielle du XIXe siècle. Elle comportait un aspect qui est moins souvent souligné, le fait que ces regroupements réunissaient des ouvriers relativement favorisés par rapport à l'ensemble des salariés. Il y eut bien quelques unions ou sociétés de journaliers ou de manœuvres, mais elles n'eurent pas beaucoup de succès, encore moins d'influence. Une véritable révolution allait se produire dans le syndicalisme au début des années 1930.

2.1.3 Essor

Depuis le début du siècle, la taille des usines avait grandi considérablement et certains secteurs industriels avaient connu une croissance particulière.

6. NEIL W. CHAMBERLAIN, *The Labor Sector. An Introduction to Labor in the American Economy*, New York, McGraw-Hill, 1965 (758 p.), ch. 7 : « Labor as a Movement : the Period since 1900 », p. 123-124.

Mentionner la création à cette époque des nouvelles usines d'automobiles, c'est tout dire. Quand s'implantèrent ces immenses établissements industriels, où travaillaient côte à côte des hommes de différents métiers ainsi que des hommes moins qualifiés, le recrutement syndical par métier devint plus difficile. L'Union des mineurs s'était déjà orientée vers une forme de syndicalisme général, ouvert à tous les travailleurs d'un établissement. Les différentes unions existantes des employés de l'acier firent de même. La Fédération américaine du travail institua, en 1935, un comité pour les organisations industrielles (CIO: *Committee for Industrial Organizations*), en vue de promouvoir ce nouveau type de syndicalisme. Les deux secteurs privilégiés furent ceux de l'acier et de l'automobile. C'est d'ailleurs en 1935 que furent fondés le syndicat des Travailleurs unis de l'automobile (UAW: *United Automobile Workers*) et le Comité d'organisation des travailleurs de l'acier (*Steel Workers' Organizing Committee*), qui allaient devenir les bases de la prochaine centrale syndicale américaine. En effet, ce nouveau mode de recrutement syndical faisait ombrage aux vieilles unions de métier. Aussi, la FAT finit par expulser, dès 1936, les syndicats rattachés au CIO. Ceux-ci se regroupèrent en une fédération distincte, qui sera connue sous le nom de CIO (*Congress of Industrial Organizations*) dès 1938. John L. Lewis, le coloré président de l'Union des mineurs, en fut le premier président[7].

La seconde source de développement du syndicalisme et de la négociation collective découla, au milieu des années 1930, de nouvelles lois ouvrières. Après une longue série de présidents républicains et trois ou quatre années de dépression économique, le démocrate Franklin Delano Roosevelt fut élu président en 1933. La situation économique épouvantable dans laquelle se trouvaient tous les pays industrialisés exigeait une action gouvernementale rapide et innovatrice. Dès sa première année de présidence, Roosevelt fit adopter la *Loi nationale de la restauration industrielle* (NIRA: *National Industrial Recovery Act*); celle-ci favorisait les employeurs qui accordaient des salaires raisonnables à leurs salariés, en leur permettant d'afficher sur leurs produits ou dans leurs vitrines la vignette de l'aigle bleu (*Blue Eagle*). Parce que la formule impliquait une intervention dans la liberté du commerce, le NIRA fut déclaré inconstitutionnel par la Cour suprême. Il fut remplacé, en 1935, par la *Loi nationale sur les relations du travail* (NLRA: *National Labor Relations Act*), mieux connue sous le nom de *Wagner Act*, du nom du sénateur Robert F. Wagner de l'État de New York, parrain du projet de loi devant le Congrès américain. La loi introduisait le système nord-américain de relations du travail encore en vigueur aujourd'hui. La loi accordait une reconnaissance au syndicat majoritaire en vue de représenter un groupe d'employés dans un établissement; elle créait un organisme, la Commission nationale des relations ouvrières (NLRB: *National Labor Relations Board*), avec mission d'accréditer les syndicats représentatifs. Parallèlement, la loi obligeait les employeurs des salariés qui avaient ainsi choisi de se regrouper en union ouvrière à négocier avec leurs représentants les conditions de travail qui seraient contenues dans une entente signée, appelée convention collective. À ce titre, l'année 1935 est l'année clé dans l'histoire de la négociation collective en Amérique du Nord[8].

C'est à compter de ce moment que le syndicalisme américain a véritablement pris son essor. Le nombre de syndiqués a doublé en cinq ans, passant d'environ quatre millions à près de neuf millions en 1940, et à quelque 15 millions en 1950. Le maximum fut atteint en 1956, avec 17,5 millions de membres.

Les faits ont démontré ce qu'avaient prévu les auteurs du *Wagner Act*. La nouvelle législation apportait un appui décisif au mouvement ouvrier; elle assurait en même temps le développement harmonieux du régime de négociation collective, devenu obligatoire dès que les salariés concernés en expriment le désir

7. Walter F. Galenson, *The CIO Challenge to the AFL*, Cambridge, Mass., Harvard University Press, 1960, 732 p.

8. Irving Bernstein, *A Caring Society: the New Deal, the Worker, and the Great Depression*, Boston, Mass., Houghton Mifflin Co., 1985, 338 p.

en se regroupant en syndicat et en réclamant leur reconnaissance officielle par l'organisme approprié.

La prospérité des unions américaines et l'infiltration communiste qui s'y est produite à la faveur de la Seconde Guerre mondiale ont amené plusieurs Américains à se demander si les unions n'étaient pas devenues trop puissantes. Le lobby des employeurs réussit à obtenir, en 1947, l'adoption d'une loi qui imposait diverses limites à la liberté d'action des syndicats, par exemple en interdisant l'atelier fermé, en réglementant l'atelier syndical et en accordant la priorité aux lois dites du droit au travail (*Right-to-Work Laws*) dans les États où de telles lois existaient. Tout cela a été réalisé par la loi Taft-Hartley, adoptée en 1947.

2.1.4 Stabilité ou déclin?

La dernière période s'ouvre par un événement acclamé par tous les intéressés comme l'aube d'une ère nouvelle – à moins que ce ne soit la fin de la période précédente –, à savoir la réunion des deux centrales syndicales rivales en une seule. En effet, en 1955, prenait fin la scission survenue à la fin des années 1930 dans le mouvement ouvrier américain. Les deux centrales – la Fédération américaine du travail et le Congrès des organisations industrielles – se regroupaient pour ne former qu'une seule centrale, dont l'appellation serait composée de leur nom respectif, réunis par un trait d'union, AFL-CIO. On avait réussi à s'entendre sur les termes principaux d'une fusion, mais pas sur un nouveau nom[9]. En fait, malgré les acclamations, la fusion n'allait pas changer grand-chose à la situation du syndicalisme et de la négociation collective aux États-Unis.

Le taux de syndicalisation a atteint le sommet de 34 % en 1954. Depuis ce moment, il n'a cessé de décroître; il se situe présentement autour de 20 %. En chiffres absolus, le nombre de syndiqués s'est élevé à 17,5 millions en 1956; il est resté sensiblement à ce niveau jusqu'en 1970. Il est monté à 20 millions autour de 1980, mais il est redescendu à 17 ou 18 millions au cours des dernières années.

La croissance numérique des années 1970 s'explique en partie par un certain développement du syndicalisme dans le secteur public, tant au niveau fédéral qu'à celui des États. Au fédéral, c'est l'ordonnance 10988 de 1962 qui a permis un certain degré d'organisation dans la fonction publique (*Executive Order 10988*). Mais la négociation du secteur public aux États-Unis n'a pas atteint, loin de là, le niveau qu'on lui connaît au Canada[10].

Deux facteurs principaux ont retardé le développement du syndicalisme et de la négociation collective aux États-Unis au cours des dernières décennies. Premièrement, la migration des industries du Nord-Est vers le sud et le sud-ouest a profondément transformé la structure géographique de l'économie américaine. Comme le Sud est beaucoup moins syndiqué que le reste du pays et que l'opinion y est moins favorable au syndicalisme, le simple déménagement d'une entreprise d'une région à l'autre a entraîné, dans bien des cas, la disparition du syndicat et de la négociation collective. L'autre facteur est celui de la récession du début des années 1980 et de ses répercussions sur les industries en cause. Plusieurs établissements ont dû fermer, alors que d'autres ont fusionné. L'effet sur le nombre de syndiqués et le nombre de négociations est direct. De plus, le contexte économique a changé considérablement les mentalités. Comme nous l'avons vu dans le chapitre précédent, un courant de coopération, à l'encontre des attitudes antérieures de confrontation, a gagné beaucoup de terrain et entraîné plusieurs expériences de toute nature. Celles-ci n'ont pas toujours été favorables au développement du syndicalisme et de la négociation collective, mais plutôt à d'autres formes de rapports collectifs et de détermination des conditions de travail. Le militantisme syndical se réveille, à l'occasion, et particulièrement dans certains secteurs du domaine public, par exemple chez les enseignants. Mais, dans l'ensemble, le

9. Arthur J. Goldberg, *AFL-CIO: Labor United*, New York, McGraw-Hill, 1956, 309 p.

10. *Public-Sector Bargaining*, sous la direction de Benjamin Aaron, Joyce M. Najita et James L. Stern, IRRA Series, Washington, Bureau of National Affairs, 1988, 334 p.

mouvement syndical et le phénomène de la négociation collective, au début des années 1990, sont nettement en perte de vitesse aux États-Unis[11].

* * *

L'histoire de la négociation collective aux États-Unis a en quelque sorte imposé un modèle semblable au Canada. Comme aux États-Unis, la méthode unilatérale avait cours au début du XIXe siècle, et elle ne fut remplacée que progressivement par une méthode bilatérale de détermination des conditions de travail. Après une période de reconnaissance progressive, pendant laquelle les unions ouvrières sont passées de l'illégalité à un état d'acceptation, on retrouve substantiellement les mêmes étapes, soit une époque de consolidation, suivie d'un véritable essor du syndicalisme et de la négociation collective. À la différence des États-Unis, la période d'essor s'est prolongée beaucoup plus longtemps au Canada, soit jusqu'à la fin des années 1970. Mais, depuis 1980, on observe au Canada une stabilisation, en termes numériques, du mouvement syndical, sans nécessairement parler de déclin dans l'ensemble.

Comme il faut développer un peu plus longuement la situation canadienne, le reste du chapitre sera subdivisé selon les quatre périodes mentionnées. Nous présenterons, dans les pages qui suivent, une synthèse de l'évolution du syndicalisme, de la législation et des caractéristiques de la négociation collective au Canada. Il faut effectuer cette synthèse à partir d'éléments épars recueillis dans les publications existantes et dans les divers fonds d'archives appropriés. L'histoire de la négociation collective au Canada reste à faire.

2.2 Reconnaissance progressive au Canada (1830-1883)

Nous verrons donc successivement, pour cette première période, ce qui concerne l'histoire du syndicalisme, de la législation et finalement de la négociation collective. Même si ces trois aspects sont interdépendants et qu'ils se recouvrent les uns les autres, il faut les analyser successivement. Dans certains cas il faudra y ajouter d'autres aspects, intimement liés à la situation qui prédomine alors.

2.2.1 Débuts du syndicalisme

On trouve les premières mentions d'un syndicat ouvrier à l'occasion de conflits de travail, rappelés dans l'un ou l'autre des journaux de l'époque. Ces premières tentatives de syndicalisation apparaissent au Canada autour de 1825, soit environ 25 ans après l'apparition des premiers syndicats américains. Il n'y a cependant probablement pas de lien – du moins pas de lien direct – entre les syndicats américains et les premiers syndicats formés au Canada[12].

On fait état d'un syndicat de tailleurs à Montréal en 1823 et d'un syndicat de typographes à Québec en 1827. Un peu plus tard, les cordonniers, les charpentiers, les boulangers, les tailleurs de pierre et d'autres corps de métier font l'objet d'une petite manchette dans les journaux.

Un peu plus tôt, des unions ouvrières s'étaient formées dans les provinces maritimes, par exemple à Saint-Jean et à Halifax en 1812. Il y en aura suffisamment pour que la législature de la Nouvelle-Écosse adopte une loi à leur sujet en 1816; c'est la première loi canadienne concernant les syndicats ouvriers: elle avait pour objet de les déclarer associations illégales et de les bannir.

En Ontario, on trouve une union de cordonniers en 1827, et une société de typographes en 1833. Vers la même époque, des associations semblables se forment à Toronto. On y parle d'une société de briqueteurs en 1831 et de charpentiers en 1833. En 1836,

11. MICHAEL GOLDFIELD, *The Decline of Organized Labor in the United States*, Chicago, University of Chicago Press, 1987, 294 p.

12. EUGENE FORSEY, *Trade Unions in Canada 1812-1902*, Toronto, University of Toronto Press, 1982, 600 p.; DESMOND MORTON et TERRY COPP, *Working People. An Illustrated History of the Canadian Labour Movement*, édition revue et corrigée, Ottawa, Deneau, 1984, 357 p.; JACQUES ROUILLARD, *Histoire du syndicalisme au Québec. Des origines à nos jours*, Montréal, Les Éditions du Boréal, 1989, 535 p.

les typographes de Toronto réclament la journée de 10 heures, un salaire de 8 $ par semaine et pas plus de deux apprentis par atelier. Les typographes ne gagnèrent rien d'autre que d'être renvoyés et remplacés.

En somme, de 1820 à 1850, les unions naissent et disparaissent, au gré des circonstances et surtout de l'économie environnante.

Des grèves mémorables ont eu lieu en 1843, à l'occasion de la construction du canal de Lachine et du canal de Beauharnois. Les ouvriers sont presque tous des Irlandais, 1300 au canal de Lachine et 2500 au canal de Beauharnois. Ils logent ensemble dans des cabanes misérables. Ils décident un jour de marcher sur Montréal, et ils obtiennent ainsi qu'on rétablisse les salaires de l'année précédente. À Saint-Timothée, près de Valleyfield, il faudra faire venir l'armée; il y eut plusieurs morts. Une autre grève importante se produisit aux chantiers maritimes de la rivière Saint-Charles à Québec, en 1840.

Jusque vers 1860, les syndicats locaux naissent et disparaissent rapidement, sauf quelques-uns, comme la Société des typographes de Toronto, fondée en 1832; elle disparaîtra de 1837 à 1844, mais elle survit ensuite de façon continue sous le nom de section locale n° 91 de l'Union internationale des typographes.

Il y eut quelques tentatives de regroupement interprofessionnel à l'échelle locale. C'est ainsi qu'on fonda, en 1833, l'Union des métiers de Montréal. Même si elle ne devait durer que deux ans, elle semble représentative des tentatives de regroupement qui ont existé sur le plan local.

Dans la plupart des cas, c'est à compter de 1860 que s'établissent des sections locales d'unions, affiliées soit à des organismes britanniques soit à des unions américaines, qui survivront au moins quelques décennies. Le premier de ces syndicats est l'*Amalgamated Society of Engineers* (ASE), qui, en 1853, regroupe un certain nombre de machinistes anglais récemment immigrés au Québec. Cette société survivra jusqu'au début du XXe siècle. L'ASE comptait des membres à Montréal, Toronto, Hamilton, Brantford et London.

L'Union nationale des mouleurs, fondée aux États-Unis, parvient à regrouper, en 1859, certains travailleurs à Montréal et dans quatre villes de l'Ontario. Quelques années plus tard, elle prend le nom d'Union internationale. L'Union internationale des cigariers s'établit à Montréal en 1865; elle y jouera un rôle important jusqu'à la fin du siècle. L'Union internationale des typographes s'établit à Montréal en 1867; les francophones s'y trouvent mal à l'aise, et ils fondent, en 1870, l'Union typographique Jacques-Cartier, qui deviendra la section locale 145 de l'Union internationale. Elle existe encore aujourd'hui, après de multiples fusions et remaniements.

Du point de vue de ses résultats, la grève peut-être la plus importante du XIXe siècle fut celle des typographes de Toronto. Commencée au mois de mars 1872, la grève fut longue et eut d'importantes répercussions politiques et législatives. Directeur du journal *The Globe* – aujourd'hui *The Globe and Mail* –, George Brown se présentait comme un libéral qui prônait l'évolution sociale. Quand ses typographes firent la grève, il organisa la résistance en regroupant tous les imprimeurs de Toronto. C'est le candidat conservateur John A. Macdonald, le père de la Confédération canadienne, qui vint à leur secours. Accusés de conspiration – comme la plupart des autres grévistes de l'époque –, Macdonald s'engagea à les défendre; il promit de faire adopter par le Parlement canadien une loi légalisant les associations ouvrières. Ce fut la première loi canadienne sur le sujet; nous l'étudierons dans la section suivante.

En même temps, s'établissait le Conseil des métiers de Toronto (*Toronto Trades Assembly*). Ce conseil allait servir de fer de lance pour l'établissement d'un regroupement canadien, qui se produisit en 1883. C'est en effet cette année-là que différents délégués de syndicats et de conseils locaux se réunirent à Toronto pour fonder le Congrès des métiers et du travail du Canada. La tentative de 1883 ne donna pas de résultat permanent, mais celle de 1886 établit définitivement le Congrès des métiers et du travail du

TABLEAU 2-2

La reconnaissance progressive du syndicalisme et de la négociation collective au Canada – 1830-1883

Organisation ouvrière	Lois et droit commun	Négociation collective
	1799-1800 Combination Acts (G.-Bretagne)	
	1816 Loi sur les coalitions ouvrières (N.-Écosse)	MÉTHODE UNILATÉRALE
1830-1860 SYNDICATS LOCAUX sans survie	Liberté du commerce et interdiction des coalitions	Cas isolés (connus) de « négociation »
1860-1880 UNIONS NAT. et INTERNATIONALES		1866 Arrimeurs de Québec 1867 Charpentiers de Montréal 1867 Charpentiers de navire (Québec)
1871 Toronto Trades Assembly		
1872 GRÈVE DES TYPOGRAPHES TORONTO	1872 LOI DES SYNDICATS OUVRIERS	
1873 National Labor U. (Can.)		
		1876 Mécaniciens du Grand Tronc
1883 CMTC (FAT)		
	1884 Acte des manufactures (Ont.) 1885 Acte des manufactures (Qc)	
1886 CMTC (FAT)		FIN DU SIÈCLE Politique des syndicats de négocier collectivement

Canada (CMTC; *Trades and Labor Congress of Canada*, TLCC). Le CMTC est l'ancêtre direct de l'actuel Congrès du travail du Canada. Il regroupait alors principalement les sections locales canadiennes des unions affiliées à la FAT aux États-Unis. (Voir la colonne de gauche du tableau 2-2.)

Il faut mentionner, avant de clore cette section sur le syndicalisme, que le Canada, à la différence des États-Unis, aura presque toujours au moins deux mouvements syndicaux parallèles. Il y a eu, aux États-Unis aussi, des mouvements syndicaux différents, à côté du courant principal; mais ils ont toujours eu relativement peu d'importance et d'influence. Ça n'a pas été le cas au Canada.

C'est ainsi que les Chevaliers du travail, nés aux États-Unis en 1869, ont commencé à former des loges au Canada en 1881. Ils fonctionnaient selon une philosophie et un système complètement différents des unions de métier d'alors. Ils regroupaient indifféremment tous les genres de travailleurs, sur une base locale plutôt que sur une base de métier. Ils eurent beaucoup de succès, en particulier au Québec, malgré qu'ils aient encouru la condamnation de l'archevêque de Québec en 1885. En 1887, ils comptent 45 assemblées au Québec, dont 29 à Montréal, et 148 en Ontario. C'est grâce à l'intervention des Chevaliers du travail que le Congrès des métiers et du travail du Canada fut fondé, à Toronto, en 1886. Les Chevaliers du travail en firent partie, jusqu'à ce qu'ils en soient exclus, en 1902, parce qu'ils faisaient concurrence aux unions de métiers. L'objectif fondamental des Chevaliers du travail n'était pas d'abord d'améliorer le sort des travailleurs qu'ils regroupaient, mais de réaliser une transformation majeure de la société, par l'abolition du salariat et la création d'une société nouvelle fondée sur la coopération et la petite propriété. L'organisation disparut aux États-Unis un peu avant l'année 1900; les groupes canadiens et québécois se joignirent à d'autres syndicats, notamment, au Québec, aux syndicats catholiques et nationaux, formés récemment à l'instigation du clergé québécois[13]. À cette date, nous sommes déjà engagés dans la seconde période que nous avons indiquée; il faut revenir en arrière pour reprendre l'évolution de la législation.

2.2.2 Législation canadienne : de l'illégalité à la légalité

Au début du XIXe siècle, c'est l'individualisme et le libéralisme économique qui dominent la pensée de l'époque, y compris par rapport à la législation concernant les travailleurs. Le libéralisme économique a reçu ses lettres de noblesse dans les publications d'Adam Smith en Angleterre. Selon lui, toute coalition pour restreindre la liberté du commerce est considérée comme un geste illégal et doit être à ce titre condamnée. C'est ainsi que l'Angleterre adoptait, en 1799 et en 1800, les *Combination Acts*, qui bannissaient tout rapport collectif et rendait illégal tout regroupement en vue d'exercer une influence sur les prix et les salaires[14]. (Voir la colonne centrale du tableau 2-2.)

Certains soutiennent que les lois anglaises s'appliquaient au Canada. C'est peu probable, directement. Par contre, les questions de cette nature étaient réglées par le droit commun (*Common Law*). Et, tout naturellement, les juges s'inspiraient de ce qui représentait l'opinion commune en Angleterre pour décider des questions qui leur étaient soumises. C'est à ce titre que plusieurs syndicats ouvriers canadiens ont été condamnés, au XIXe siècle, comme conspirations ou coalitions illégales.

En Nouvelle-Écosse, la législature adopta, en 1816, la *Loi sur les coalitions ouvrières*, qui imposait trois mois de prison à tous ceux qui tiendraient des rassemblements ou formeraient des coalitions en vue de réglementer les taux de salaires[15]. La loi fut adoptée parce que la ville d'Halifax et d'autres parties de la province comptaient de nombreux ouvriers journaliers. La Nouvelle-Écosse semble bien la seule colonie britannique d'Amérique du Nord à avoir adopté une loi semblable aux lois anticoalition d'Angleterre. Mais la règle de la *Common Law* produisait ailleurs le même effet.

En 1872, pour contrer les condamnations criminelles imposées à la suite de la grève des typographes de Toronto, le Parlement canadien adopta une loi concernant les associations ouvrières, intitulée aujourd'hui *Loi des syndicats ouvriers*[16]. L'objectif de cette loi, inspirée d'une loi semblable adoptée en 1871 par le Parlement de la Grande-Bretagne, était de reconnaître le droit d'association et de protéger les syndicats contre une accusation de coalition criminelle, du seul fait qu'ils regroupaient des membres en vue d'influencer les taux de salaires. Pour bénéficier de cette protection de la loi, un syndicat ouvrier devait s'enregistrer auprès du gouvernement. Certains ont reproché à la loi cette obligation de s'enregistrer, parce que les associations ouvrières devaient ainsi se faire connaître et se mettre à la merci des gouvernements, qui avaient toujours montré à leur égard une attitude négative. En même temps que la *Loi des syndicats ouvriers*, le Parlement en adoptait une autre pour amender le *Code criminel* relativement à la violence, aux menaces et à la molestation, de façon à éviter les poursuites en cas de grève et de piquetage[17]. La disposition principale se lisait comme suit :

13. FERNAND HARVEY, «Les Chevaliers du travail, les États-Unis et la société québécoise (1882-1902)» dans *Aspects historiques du mouvement ouvrier au Québec*, publié sous la direction de FERNAND HARVEY, Montréal, Boréal, 1973, p. 33-118.
14. MARIE-LOUIS BEAULIEU, *op. cit.*

15. *An Act to Prevent Unlawful Combinations of Master Tradesmen and also of their Workmen and Journeymen*. S.N.S. 56 George III (1816) c. 27.
16. S.C. 35 Victoria (1872) c. 30. S.R.C. 1985, c. T-14.
17. S.C. 35 Victoria (1872) c. 31, art. 1 (5).

> (...) aucune personne ne sera passible d'une punition pour la commission ou la complicité dans la commission d'aucun acte pour le motif que tel acte restreint ou tend à restreindre le libre cours du commerce, à moins que tel acte ne soit un de ceux plus haut spécifiés dans la présente section et qu'il n'ait été commis dans un but de coercition tel que ci-dessus mentionné.

Après de nombreuses transformations, le texte est devenu l'article 52 (3 et 4) du *Code criminel* du Canada actuellement en vigueur.

En 1884 et 1885, l'Ontario et le Québec adoptent chacun sa *Loi des Manufactures*. La loi impose les premières normes de travail; elle établit ainsi un âge minimum pour pouvoir travailler dans les manufactures: les garçons devront avoir au moins 12 ans et les filles au moins 14 ans. Mais cette loi ne vise pas directement la négociation collective.

2.2.3 Négociation: méthode unilatérale, puis bilatérale

Aucune pièce ne permet d'établir de façon certaine la manière dont les discussions relatives à la rémunération se poursuivaient dans la première moitié du XIXe siècle. Quelques rapports de grève dans les journaux laissent deviner assez clairement qu'il n'y avait pas de négociation, ni même aucune discussion. Le plus souvent, si les travailleurs n'obtenaient pas immédiatement l'objet de leur demande, ils recouraient aux manifestations et même à la violence, comme dans les grèves survenues lors de la construction des canaux de Lachine et de Beauharnois. De leur côté, les employeurs recouraient à la police ou à l'armée, le plus souvent en invoquant une situation d'émeute. On peut donc présumer que la situation ressemblait à la manière dont procédaient les unions locales américaines, c'est-à-dire par le moyen de listes de salaires, contenant les taux auxquels les ouvriers s'engageaient à ne pas travailler, à moins d'obtenir la rémunération qui y était spécifiée. (Voir la colonne de droite du tableau 2-2.)

Comme aux États-Unis, on observe peu à peu, dans les rapports des journaux, des cas où il semble y avoir une amorce de négociation, par exemple, en 1866, entre les arrimeurs de Québec et la Société de bienfaisance des journaliers de bord, qui réclamaient une augmentation de salaire et la paye hebdomadaire. Il y eut quelques actes de violence, parce que certains voulaient en empêcher d'autres de travailler à des salaires inférieurs à ceux qui étaient demandés. Un comité de marchands se réunit; il encourage les briseurs de grève, mais il exhorte en même temps les maîtres de navire à payer régulièrement les arrimeurs. Les maîtres de navire se réunissent à leur tour: ils acceptent de payer les arrimeurs chaque semaine, de ne pas user de représailles envers les grévistes, mais ils refusent d'accorder une hausse de salaire. L'année suivante, les charpentiers de construction de Montréal font la grève pour obtenir une augmentation de salaire. Ils font connaître leurs arguments dans les journaux, et les entrepreneurs leur répondent de la même manière. Finalement, les entrepreneurs se rendent à la requête des ouvriers.

Les cas semblables, qu'on retrouve dans les journaux, sont moins nombreux qu'aux États-Unis, mais la population du Canada est également moins nombreuse, et les syndicats y sont moins développés. Comme aux États-Unis, on voit dans les comptes rendus des grèves, publiés dans les journaux, qu'il y a de plus en plus d'échanges et de discussions, sinon de concessions mutuelles de la part des parties impliquées[18]. Comme aux États-Unis, et bien souvent parce que les regroupements au Canada sont affiliés aux unions américaines, la négociation collective devient de plus en plus fréquente entre les syndicats concernés et les employeurs. Elle apparaît, à la fin du siècle, comme la politique établie des syndicats pour déterminer, de façon bilatérale, avec les employeurs, les conditions de travail qui s'appliqueront, soit pendant une durée déterminée, soit jusqu'à modification demandée par l'une ou l'autre partie.

---

18. JEAN HAMELIN, PAUL LAROCQUE et JACQUES ROUILLARD, *Répertoire des grèves dans la province de Québec au XIXe siècle*, Montréal, Les Presses de l'École des Hautes Études Commerciales, 1970, 168 p.

2.3 Consolidation du syndicalisme et de la négociation collective (1886-1940)

La seconde période correspond à la mise en place des institutions fondamentales du syndicalisme et de la négociation, d'abord par l'action syndicale, ensuite par des lois sur le sujet. Nous aborderons donc successivement l'organisation syndicale, la législation et la négociation collective.

2.3.1 Évolution multiple du syndicalisme

Pendant les quelque 50 années de cette période, le syndicalisme cherche son orientation et ses structures. Le groupe qui domine est le Congrès des métiers et du travail du Canada (CMTC), fondé en 1886, et qui continuera d'exister sans interruption jusqu'à la fusion de 1956. Par contre, plusieurs groupes différents naissent à côté du CMTC ou en sortent, soit qu'ils en sont expulsés ou qu'ils le quittent volontairement. C'est une des caractéristiques principales du syndicalisme canadien que ce mouvement parallèle au courant principal, dont l'importance n'est pas négligeable. Nous avons déjà rappelé, dans la période précédente, l'influence capitale des Chevaliers du travail. (Voir le tableau 2-3.)

Au début du XXe siècle naissent des syndicats catholiques et nationaux dans plusieurs coins du Québec, particulièrement dans la région du Saguenay–Lac-Saint-Jean et dans celle de Québec. Les syndicats affiliés au CMTC sont trop forts dans la région de Montréal pour permettre un développement important de ce groupe dans la région métropolitaine. Ces syndicats se regrouperont en fédérations et, en 1921, ils formeront la Confédération des travailleurs catholiques du Canada (CTCC). Ce groupe constituera un secteur bien identifié du mouvement ouvrier canadien, sans interruption, jusqu'à la période actuelle, où il porte le nom de Confédération des syndicats nationaux (CSN) depuis 1960[19].

Au début, le CMTC avait ouvert ses portes à tous ceux qui voulaient s'y affilier. Peu à peu, certains regroupements, en particulier les loges des Chevaliers du travail, apparurent comme de sérieux rivaux des unions de métiers également affiliées au CMTC. Il se développa une rivalité entre les membres des unions internationales, affiliées à la FAT, et les autres groupes, Chevaliers du travail et autres. Au Congrès de 1902, tenu à Berlin – aujourd'hui Kitchener (Ontario) –, le CMTC décida d'expulser tous les groupes qui recrutaient des membres dans un métier ou une occupation où il y avait déjà une union de métier affiliée à la FAT. Les Chevaliers du travail et les autres se regroupèrent en une autre centrale; ils prirent le nom de Fédération canadienne du travail. Le groupe, ou plutôt ce qui en restait, allait constituer un des éléments fondateurs du Congrès pancanadien du travail en 1927. Entre temps, à côté des Fraternités internationales de cheminots, naquit dans les provinces maritimes, en 1908, une Fraternité canadienne des employés de chemin de fer qui allait se développer considérablement. Elle se joindra au Congrès pancanadien du travail lors de sa fondation[20].

Des groupes radicaux de l'Ouest, qui s'inspiraient beaucoup des idées socialistes et bolchéviques répandues en Europe de l'Est, décidèrent de se réunir, dans l'esprit du Manifeste communiste de Karl Marx, en une seule union de tous les travailleurs, d'abord canadiens puis du monde entier. En 1919 ils prirent le nom de *One Big Union*, et sont devenus célèbres par la grève générale qu'ils organisèrent dans la ville de Winnipeg. La grève commença le 15 mai 1919; elle dura jusqu'au 25 juin. Le samedi 21 juin, les grévistes défièrent les ordres donnés et tinrent une grande manifestation devant l'hôtel de ville. La police chargea les grévistes; il y eut deux morts, une centaine de blessés

19. JACQUES ROUILLARD, *Les syndicats nationaux au Québec de 1900 à 1930*, Québec, Les Presses de l'Université Laval, 1979, 342 p.; ROBERT PARISÉ, *Le fondateur du syndicalisme catholique au Québec, Mgr Eugène Lapointe*, Québec, Les Presses de l'Université du Québec, 1978, 80 p.; ALFRED CHARPENTIER, *Cinquante ans d'action ouvrière. Les mémoires d'Alfred Charpentier*, présentés par GÉRARD DION, Québec, Les Presses de l'Université Laval, 1971, 538 p.

20. JEAN-PIERRE DESPRÉS, *Le mouvement ouvrier canadien*, Montréal, Fides, 1946 (205 p.), p. 50-54; H.A. LOGAN, *Trade Unions in Canada*, Toronto, Macmillan, 1948 (639 p.), ch. XV-XVI, p. 370-398.

TABLEAU 2-3

Cheminement des centrales syndicales canadiennes

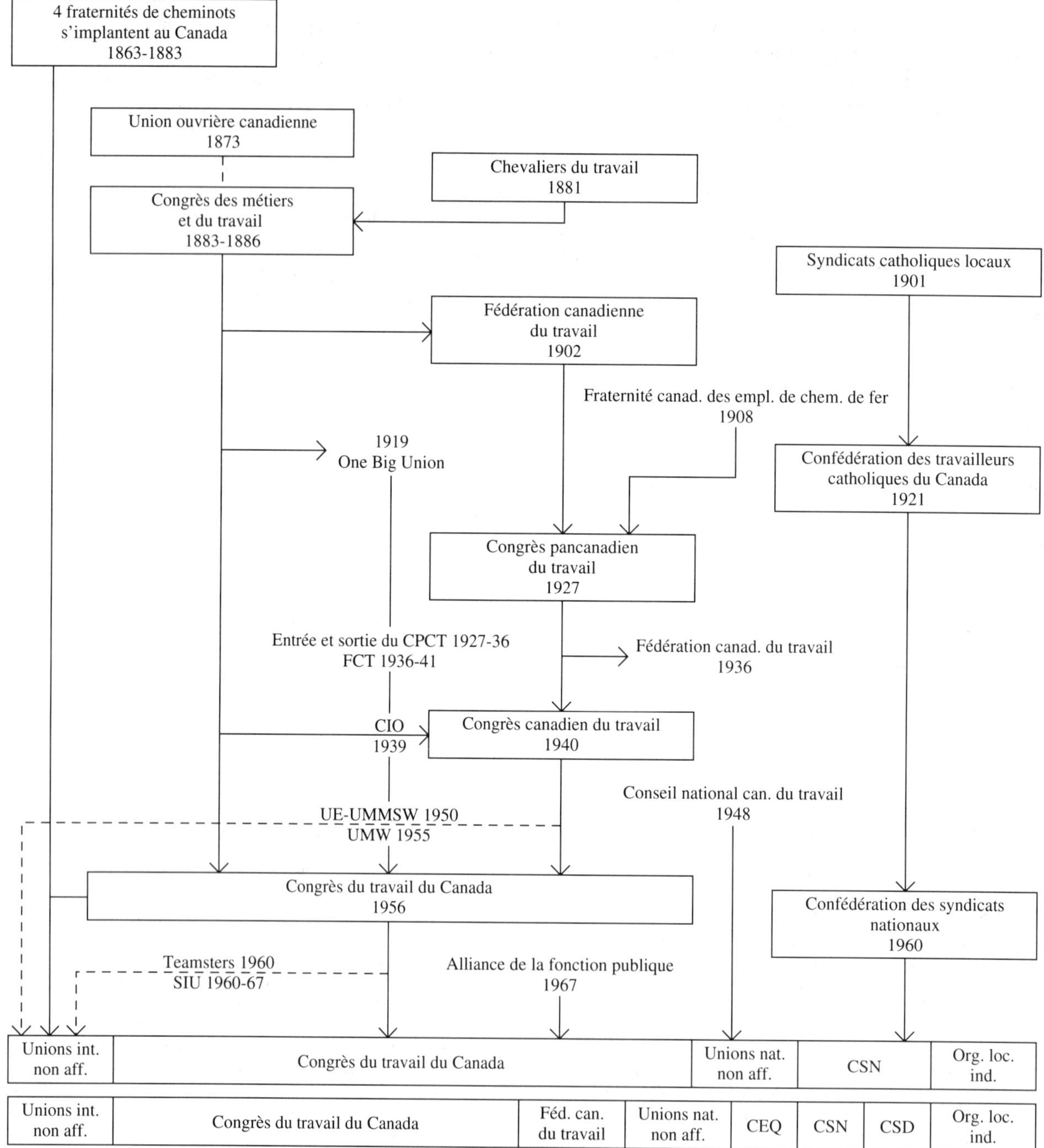

et une douzaine d'arrestations. La grève se termina quelques jours plus tard et entraîna, dans les années qui suivirent, la disparition éventuelle du *One Big Union*. Les petits groupes qui survécurent se joignirent au Congrès pancanadien du travail en 1927.

En 1927, la Fraternité canadienne des employés de chemin de fer forma, avec les groupes qui existaient encore de la Fédération canadienne du travail et du *One Big Union*, une nouvelle centrale, le Congrès pancanadien du travail. Trois ans plus tard, la centrale comptait environ 30 000 membres. Le nombre demeurait minime à côté des quelque 250 000 membres du CMTC. (Voir le tableau 2-4.)

Le seul groupe parallèle qui allait avoir une importance considérable fut celui des syndicats affiliés au CIO américain, qui se développèrent au Canada à compter de 1936. Pour regrouper ces nouveaux syndicats de type industriel on fonda le Congrès canadien du travail (CCT) en 1940. Les anciens membres du Congrès pancanadien du travail en faisaient également partie[21]. Dans son ensemble, le CCT représentait environ 200 000 membres, soit environ 50 % des 400 000 syndiqués affiliés au CMTC. Les quelque 100 000 syndiqués du début du XXe siècle étaient devenus, quarante ans plus tard, 400 000. La guerre et la prospérité qu'elle amènerait les porteraient à un million vers 1950.

2.3.2 Premières lois canadiennes de relations du travail

Comme nous l'avons vu dans la période précédente, les gouvernements se préoccupèrent d'abord de la légitimité des syndicats. Avec la croissance du mouvement ouvrier et la multiplication des grèves, ils furent amenés à intervenir sur ce sujet. En 1900, le parlement d'Ottawa adoptait une loi qui devait aider à prévenir et à régler les conflits ouvriers[22]; elle ne comportait aucune disposition obligatoire: elle ne faisait que mettre au service des parties qui voudraient s'en prévaloir des organismes de conciliation et de médiation. Dans la ville de Québec, en 1900, l'industrie de la chaussure – une des plus importantes à ce moment-là – avait été secouée par un conflit ouvrier majeur, commencé sous forme de grève mais transformé rapidement en lock-out par l'employeur. Le conflit s'était finalement réglé grâce à l'intervention de l'archevêque de Québec, Mgr Bégin. Aussi, dès 1901, le gouvernement du Québec adoptait la *Loi des différends ouvriers*, qui, comme la loi fédérale de 1900, offrait des services de conciliation, de médiation et d'arbitrage aux parties qui en feraient la demande[23].

Dans les premières années du XXe siècle, il y eut au Canada un grand nombre de conflits ouvriers, en particulier dans les chemins de fer en 1901 et parmi les mineurs de charbon en Alberta en 1905-1906. Le Parlement du Canada adopta deux lois qui visaient plus spécialement ces deux secteurs en 1903 et 1906[24]. Il reprit l'ensemble des dispositions de ces lois dans une nouvelle loi, qui allait régir les relations du travail au Canada pendant plus de 30 ans. La *Loi des enquêtes en matière de différends industriels*, mieux connue sous le nom de loi Lemieux, du nom du ministre du Travail de l'époque, s'appliquait obligatoirement dans les mines, les transports et les communications, et dans les services publics comptant 10 employés ou plus. Dans toutes les autres industries, elle était facultative, dans le sens de la loi adoptée en 1900. Assez curieusement, la loi ne traitait que du règlement des conflits; pas un mot du droit d'association, de la négociation collective, ni de la convention collective. Pourtant, en réglementant les conflits, la loi se trouvait à reconnaître indirectement la légitimité des parties négociantes et de la négociation elle-même[25]. C'est à ce titre et sous cet angle que cette loi de 1907 est fondamentale dans l'histoire de la négociation collective au Canada.

La loi Lemieux a été reconnue comme la loi des relations du travail au Canada, même dans les cas de

21. EUGENE FORSEY, «Le Congrès canadien du travail», *Relations industrielles*, vol. 4, n° 1, septembre 1948, p. 5-9.
22. S.C. 63-64 Victoria (1900), c. 24.
23. S.Q. 1 Édouard VII (1901), c. 31.
24. S.C. 3 Édouard VII (1903), c. 55 et S.R.C. 1906, c. 96.
25. S.C. 6-7 Édouard VII (1907) c. 20.

TABLEAU 2-4

Consolidation du syndicalisme et de la négociation collective au Canada – 1886-1940

Organisations ouvrières	Principales lois du travail	Négociation collective
(100 000)		
1886 CMTC	1900 F. : Acte de conciliation	*Base volontaire* (employeurs)
1901 Synd. cath. nationaux	1901 Q. : Loi des différends ouvriers	
1902 Féd. can. du travail*		
	1907 F. : Loi des enquêtes en matière de différends industriels (loi Lemieux)	
1908 Frat. can. empl. ch. fer		
(220 000)		
1919 *One Big Union* Winnipeg		
1921 CTCC		
	1924 Q. : Loi des syndicats professionnels	Les conventions collectives des syndicats incorporés ont valeur légale
	1925 F. : Décision *Snider*	
1927 CPTC		
(240 000) (30 000)		
	1934 Q. : Loi relative à l'extension des conventions collectives	Décrets de conventions collectives
1936 Synd. locaux CIO		
1940 CCT		
(400 000) (200 000)		

* La nouvelle fédération ainsi désignée compte des unions provenant ou expulsées du CMTC.
F. : loi fédérale.
Q. : loi du Québec.

conflits limités à une province, à une région ou à un établissement, jusqu'à ce que sa constitutionnalité soit attaquée par la Compagnie des tramways de Toronto. La cause s'est rendue au Conseil privé qui a décidé, en 1925, que les questions de relations du travail tombaient sous la compétence des provinces[26]. C'était rendre la loi Lemieux inconstitutionnelle pour tous les secteurs tombant sous la compétence des provinces. La décision causa un certain désarroi dans les milieux d'affaires et dans les milieux politiques préoccupés des conflits ouvriers. La loi Lemieux n'avait jamais été bien appréciée des syndicats canadiens. Beaucoup craignaient le vide qu'allait laisser la déclaration d'inconstitutionnalité dans les conflits qui ne seraient pas clairement de compétence fédérale.

26. *Toronto Electric Commissioners* v. *Snider*, Appeal Cases (Conseil privé) 1925, A.C. p. 396.

Aussi la plupart des provinces ont-elles adopté une loi d'encadrement, qui «provincialisait» en quelque sorte la loi Lemieux. C'est ainsi que la *Loi des enquêtes en matière de différends industriels* fut adoptée par la législature du Québec en 1932[27]: elle déclarait que la loi Lemieux s'appliquait et que tous les organismes qui s'y rattachaient pouvaient également intervenir, dans les conflits de compétence provinciale.

Le gouvernement du Québec avait adopté, en 1924, la *Loi des syndicats professionnels*[28]. Cette loi offrait aux syndicats, ouvriers et patronaux, qui voulaient s'en prévaloir, la possibilité d'être reconnus comme des entités légales. À ce moment, la convention collective qu'ils négociaient obtenait valeur légale complète. Les syndicats catholiques nationaux se prévalurent abondamment de ce privilège; par contre, vu leurs craintes et leur opposition à toute démarche légale ou judiciaire, aucun des syndicats locaux affiliés à des unions américaines n'eut recours à cette possibilité. L'impact de la loi s'en trouvait considérablement réduit.

En 1934, la législature provinciale, à la recherche de moyens pour remédier à la dépression qui faisait rage depuis quatre ans, adopta la *Loi de l'extension juridique des conventions collectives*, qui connut un succès remarquable[29]. La loi ne visait pas directement la négociation ni les parties à la négociation, mais la convention collective et les conditions de travail qu'elle contenait. Elle prévoyait la possibilité, moyennant certaines conditions et une procédure déterminée, que les conditions de travail contenues dans une convention collective puissent devenir obligatoires pour tous les employeurs d'un secteur industriel et professionnel, même dans les établissements non syndiqués. C'était la première loi dont les effets avaient un caractère obligatoire important. La loi demeurait facultative en ce sens que les parties pouvaient demander l'extension juridique; le gouvernement ne pouvait pas la leur imposer. Cependant, une fois l'extension juridique demandée et accordée, les conditions de travail contenues dans la convention – du moins les conditions de nature économique – devenaient obligatoires pour toute l'industrie[30]. Les autres provinces adoptèrent, plus tard, des lois qui comportaient certaines ressemblances avec la *Loi de la convention collective* – les *Industrial Standards Acts* – mais elles n'eurent pas le rayonnement et l'envergure de la loi du Québec.

27. S.Q. 22 George V (1932) c. 46.
28. S.Q. 14 George V (1924) c. 112.
29. S.Q. 24 George V (1934) c. 56.

2.3.3 Assises de la négociation collective

La période de 1886 à 1940 représente vraiment l'étape de la consolidation du syndicalisme et de la négociation collective au Canada. Avant 1880, les unions comptaient davantage sur les manifestations et les campagnes d'opinion publique pour améliorer les conditions de travail; les campagnes pour la journée de neuf heures, puis de huit heures, ont longtemps mobilisé leurs énergies. Peu à peu les chefs du mouvement ont appris que leurs meilleures chances d'obtenir de bonnes conditions de travail pour leurs membres résidaient dans l'engagement pris par les employeurs, à la suite de discussions avec eux et du recours à divers moyens de pression; l'engagement était contenu dans un document, écrit et signé, généralement bref – une page ou deux –, qu'on appelait une convention collective. À la fin du XIXe siècle, les syndicats en étaient venus à considérer la négociation collective comme l'instrument privilégié pour assurer à leurs membres des conditions raisonnables de travail, partout où ils parvenaient, par tous les moyens dont ils disposaient, à convaincre un employeur d'en établir les termes avec eux.

Les employeurs n'abdiquaient pas facilement; ils cherchaient bien souvent à se défaire de l'union qui les avait convaincus de négocier une convention collective. Aussi chaque union voulait-elle se protéger,

30. Gérard Hébert, «Le renouvellement du régime des décrets de convention collective», *Relations industrielles*, vol. 45, n° 2, 1990, p. 404-412; Jean-Louis Dubé, *Décrets et comités paritaires: l'extension juridique des conventions collectives*, Sherbrooke, Éditions Revue de droit, Université de Sherbrooke, 1990, 376 p.

tant contre le revirement d'opinion de l'employeur que contre la défection possible de ses membres. C'est à cette fin qu'on introduisit les clauses de sécurité syndicale, justement parce que les employés étaient en principe libres de joindre ou de quitter les rangs de l'union, et que l'employeur était toujours libre de négocier ou de refuser de négocier. Par la clause de sécurité syndicale, l'employeur s'engageait à obliger ses employés d'adhérer à l'union; la mesure donnait au syndicat une garantie de survie, au moins pour la durée de la convention collective. C'est la manière qu'on avait trouvée de contrer la menace de ce qu'on nommait alors les contrats de jaunes (*yellow-dog contracts*). On appelait ainsi l'engagement que plusieurs employeurs, dans les premières décennies du XXe siècle, essayaient d'obtenir de tout nouvel employé; celui-ci n'était embauché qu'à la condition de s'engager expressément à ne jamais adhérer à une union ouvrière. Le danger était toujours là qu'une union, même avec un contrat collectif, se voie délogée par de nouveaux travailleurs à qui on avait accordé l'emploi parce qu'ils avaient signé le contrat de jaune. Dans un tel contexte, la clause de reconnaissance syndicale – qu'on trouve encore aujourd'hui comme un vestige de cette époque – et la clause de sécurité syndicale étaient les garanties que l'union essayait d'obtenir pour survivre jusqu'à la prochaine négociation.

La *Loi sur les syndicats professionnels* de 1924 offrait aux syndicats qui voulaient s'incorporer sous cette loi la possibilité que leur convention collective obtienne pleine valeur légale. La plupart des syndicats catholiques se sont prévalus de ce privilège, et certains ont pu recourir aux tribunaux pour faire respecter les conditions convenues. Mais les cas sont demeurés rares. Il n'était pas pratique d'obtenir un ordre de la cour pour faire respecter une convention collective quand le contexte économique en rendait l'application impossible. La puissance économique du syndicat a toujours été beaucoup plus importante que le recours aux procédures judiciaires.

C'est avec la *Loi de l'extension juridique*, en 1934, que s'est amorcé vraiment l'essor de la négociation collective au Québec. Même les unions internationales, qui avaient violemment combattu le projet de loi avant qu'il soit adopté, y ont eu recours, presque autant que les syndicats catholiques. Au cours des cinq ou six premières années d'application de la loi, tout près d'une centaine de décrets ont été adoptés; ils visaient au moins une cinquantaine d'industries et un nombre beaucoup plus grand d'établissements: certains décrets s'appliquaient à quelques centaines d'établissements. La formule offerte par la loi était le seul appui juridique que les syndicats ouvriers pouvaient utiliser pour se faire reconnaître, au moins indirectement, et pour rendre obligatoires les conditions financières contenues dans leurs conventions collectives. Seule la *Loi des relations ouvrières* de 1944, qui allait introduire au Québec le modèle nord-américain, connaîtra un plus grand essor et favorisera davantage la négociation collective et l'application des conventions collectives.

2.4 Essor de la négociation collective (1940-1980)

Au cours de la période qui commence en 1940, le mouvement syndical et la négociation collective ont connu un essor extraordinaire. Ces 40 années sont l'âge d'or du syndicalisme et de la négociation. Nous procéderons à leur étude selon les trois divisions habituelles.

2.4.1 Essor du syndicalisme

En 1940, les principales structures syndicales sont en place. Les grands syndicats sont tous implantés au Canada, y compris les nouveaux syndicats industriels, comme ceux des Travailleurs unis de l'automobile et les Métallurgistes unis d'Amérique. Même si l'opération ne sera complétée qu'en 1960, la déconfessionnalisation de la CTCC est en bonne voie: elle se discute déjà et l'adoption du régime d'accréditation en 1944 va l'imposer à ceux qui hésitaient encore. À l'intérieur de chaque groupe, les structures intermédiaires sont établies. En 1937 a lieu la fondation de la Fédération provinciale des travailleurs du Québec (FPTQ), la branche québécoise du CMTC, qui représente les syndiqués et les syndicats locaux du

CMTC situés sur le territoire de la province de Québec.

Ce qui va dominer la scène syndicale pendant les 15 premières années de cette période, c'est la rivalité, sinon l'opposition, entre, d'une part, les unions de métiers, affiliées à la Fédération américaine du travail et au CMTC, et, d'autre part, les grandes unions de type industriel, affiliées au CIO, le Congrès des organisations industrielles. C'est le Congrès canadien du travail (CCT) qui représente ce dernier groupe sur le plan canadien. Au Québec, c'est la Fédération des unions industrielles du Québec (FUIQ) qui parle au nom des locaux québécois des unions affiliées au CIO.

L'événement majeur de la période fut la fusion des deux factions rivales en 1956. La fusion se préparait depuis plusieurs années aux États-Unis. Elle fut réalisée en même temps au Canada, par la fondation du Congrès du travail du Canada (CTC), formé à la fois des unions affiliées au CMTC et au CCT[31]. Les organismes inférieurs, comme les fédérations provinciales, devaient également fusionner. C'est ainsi que naquit la Fédération des travailleurs du Québec (FTQ) en 1957, de la fusion de la FPTQ et de la FUIQ. Vers la même époque, on parle de regroupement, sinon de fusion, entre le CTC et la CTCC. Mais le rêve ne se réalisa jamais. D'un autre côté, la CTCC termine son processus de déconfessionnalisation: en 1960, elle change de nom et devient la Confédération des syndicats nationaux (CSN). (Voir le tableau 2-5.)

La déconfessionnalisation arrivait à point nommé, au moment où les employés du secteur public s'ouvraient à la syndicalisation, grâce entre autres à la révocation de la *Loi sur les différends entre les services publics et leurs salariés*[32] et à son remplacement par le *Code du travail*[33]. Celui-ci accordait à tous les employés du secteur public non seulement le droit à l'accréditation – que la plupart avaient déjà – mais également le droit à la grève. La syndicalisation du secteur public allait faire faire un grand bond au syndicalisme au Québec. Alors que le nombre de syndiqués diminuait aux États-Unis, non seulement augmentait-il, au Canada et au Québec, mais le taux de syndicalisation montait considérablement: au cours de la décennie de 1960, il passait, au Québec, de moins de 30 % à plus de 35 %, le taux le plus élevé au Canada immédiatement après celui de la Colombie-Britannique.

Les changements dans les structures syndicales se poursuivaient: à l'occasion de la grève du Front commun, en 1972, un groupe important de syndiqués quittait les rangs de la CSN pour fonder une nouvelle centrale, la Centrale des syndicats démocratiques (CSD). Deux ans plus tard, la Corporation des instituteurs et institutrices catholiques du Québec (CIC), fondée en 1946 sous forme d'association professionnelle à laquelle les instituteurs devaient appartenir pour avoir le droit d'enseigner, décide de se transformer en organisation syndicale; elle prend le nom de Centrale des enseignants du Québec (CEQ). Depuis longtemps, la CIC agissait, dans les différentes commissions scolaires, comme agent négociateur pour ses membres. Le changement d'orientation, symbolisé par le changement de nom, fut complété en 1974. Le changement de cap lui-même s'était produit au cours des années précédentes.

C'est à cette époque que la population commença d'entendre parler régulièrement des quatre centrales du Québec, soit la FTQ, créée en 1957, la CSN, renommée en 1960 et la CEQ, renommée en 1974; la CSD se tenait délibérément à l'écart des trois autres.

À la fin des années 1970, le taux de syndicalisation pour l'ensemble du Canada atteignait 37,5 %, avec plus de trois millions de syndiqués; au Québec, il atteignait pratiquement 40 %, avec 1,1 million de membres dans les syndicats.

2.4.2 Principales lois de relations du travail

L'urgence de résoudre les problèmes de relations du travail, à cause de la situation de guerre, et l'exemple

31. Gérard Dion *et al.*, «La fusion CMTC-CCT», *Relations industrielles*, vol. 12, n°s 1-2 (1957), p. 5-176. Numéro spécial, double, consacré entièrement à ce sujet.
32. S.Q. 8 George VI (1944) c. 31.
33. S.Q. 12-13 Elizabeth II (1964) c. 45.

TABLEAU 2-5

L'essor du syndicalisme et de la négociation collective au Québec – 1940-1990

Organisations ouvrières	Principales lois du travail	Négociation collective
	1944 CP 1003, Can. 1944 Loi des relations ouvr. (Qc) 1944 Loi sur les diff. entre les services publics et leurs salariés (Qc)	1941 Gel des salaires et des prix, recours à la Commission des relations du travail en temps de guerre
1946 Fondation CIC		1946 Levée des restrictions du temps de guerre
	1948 Loi sur les rel. ind. et les enq. visant les diff. trav. (remplace CP1003)	
1950 1 000 000 synd. au Can. 250 000 synd. au Qc 1956 Fusion CTC 1957 Fusion FTQ 1960 CTCC devient CSN 1960 1 500 000 C. ; 350 000 Q.		
1960-70 Développement du synd. dans le secteur public	1961 Modification à la L.R.Q. (Qc)	1963 1re grève d'infirmières à l'hôpital Ste-Justine
	1964 *Code du travail* (Qc)	
	1965 Loi sur la fonction publique (Qc)	1966 1re ronde de négociation provinciale
	1968 Loi sur les rel. trav. dans l'ind. de la construction (Qc)	
1970 2 000 000 C. ; 600 000 Q.	1970 Code canadien du travail	
1972 Scission CSD		1972 Grève du Front commun (3e ronde)
1974 CIC devient CEQ		
	1975 Loi anti-inflation, Can. et Qc	1975-78 Contrôle des salaires
	1977 Modification au *Code du travail* (Qc)	1977-78 Grèves illégales du secteur public
1980 3 000 000 C. ; 1 100 000 Q.		

du *Wagner Act* américain, en vigueur depuis 1935, ont amené les gouvernements canadiens, fédéral et provinciaux, à adopter des lois établissant la reconnaissance des syndicats par l'accréditation et l'obligation de négocier pour les employeurs en cause. Comme le pays était en guerre, la *Loi des mesures de guerre* s'appliquait dans toutes les industries de guerre, ce qui incluait la majorité des industries:

qu'on pense aux vêtements et aux chaussures, par exemple. Le cabinet des ministres avait alors l'autorité d'adopter, par arrêté en conseil, la plupart des dispositions régissant les entreprises, y compris les relations du travail. C'est ainsi qu'en février 1944, le cabinet fédéral approuvait le CP 1003[34], en même temps que l'Assemblée législative du Québec votait une loi similaire intitulée *Loi des relations ouvrières*[35], qui visait les entreprises autres que celles des industries de guerre. L'année 1944 est ainsi la plus importante de toute l'histoire de la négociation collective au Canada, puisque c'est à ce moment qu'on a introduit le principal régime, encore en vigueur, soit l'accréditation des syndicats, après qu'ils se sont formés librement, et l'obligation correspondante de négocier pour l'employeur visé.

En même temps que la *Loi des relations ouvrières*, le gouvernement du Québec faisait adopter la *Loi sur les différends entre les services publics et leurs salariés*[36]. Comme son titre l'indique, la loi ne s'applique qu'aux services publics, mais entendus dans un sens très large, incluant par exemple le camionnage intra-provincial; elle y interdit la grève complètement et la remplace, là où un syndicat est accrédité, par l'arbitrage obligatoire et exécutoire. C'est le régime qui a eu cours au Québec, dans tous les services publics, de 1944 à 1964. (Voir la colonne centrale du tableau 2-5.)

Le Parlement fédéral remplaça le CP 1003, en 1948, par la *Loi sur les relations industrielles et les enquêtes visant les différends du travail*[37]. L'adoption de cette loi ne modifie en rien les principes généraux déjà établis par le CP 1003. Elle ne vise évidemment que les industries relevant de la compétence fédérale.

34. «Règlement des relations ouvrières en temps de guerre», promulgué par le CP 1003 du 17 février 1944. Texte reproduit dans *La Gazette du travail*, vol. 44, nº 2, février 1944, p. 146-154. (Les lettres CP renvoient au numéro de l'arrêté en conseil adopté par le Conseil privé – de la reine – ou cabinet des ministres.)
35. S.Q. 8 George VI (1944) c. 30.
36. S.Q. 8 George VI (1944) c. 31.
37. S.C. 12 George VI (1948) c. 54.

En 1961, le gouvernement du Québec adopta d'importantes modifications à la *Loi des relations ouvrières*[38]. C'est ainsi que, depuis cette date, l'arrêt de travail est interdit pendant la durée de la convention collective. En revanche, la vente ou la concession, même partielle, des activités d'une entreprise, par exemple par sous-contrat, n'invalide pas un certificat d'accréditation ou une convention collective: ceux-ci survivent à l'achat et aux transferts d'une entreprise. Enfin, il est interdit à un employeur, sans l'accord écrit du nouveau syndicat, de modifier les conditions de travail qui s'appliqueront dans son entreprise à compter du dépôt d'une requête en accréditation et jusqu'à l'obtention du droit de grève ou de lock-out.

Mais la modification la plus importante fut évidemment l'adoption du *Code du travail*[39] du Québec en 1964. Ce n'était pas, ce n'est toujours pas, un véritable code du travail, mais une loi modifiée des relations du travail. La modification principale permettait à tous les employés du secteur public, y compris les employés directs de l'État, ou fonctionnaires, de se regrouper en associations, de négocier une convention collective et même de recourir à la grève pour faire pression en vue d'obtenir certaines de leurs demandes syndicales. Une nouvelle *Loi sur la fonction publique*[40] fut adoptée en 1965, pour introduire certaines modalités devant remplacer celles du *Code du travail* qui ne pouvaient s'appliquer, par exemple en matière d'accréditation et par rapport à certaines matières contenues dans la convention collective. En 1977, d'importantes modifications au *Code du travail* furent votées par l'Assemblée nationale[41]. Les principales portent sur la retenue obligatoire des cotisations syndicales, l'arbitrage obligatoire de la première convention collective et les dispositions anti-briseurs de grève.

Mentionnons que, du côté fédéral, la loi de 1948 a été refondue et incorporée, en 1970, dans une nouvelle loi portant le titre de *Code canadien du*

38. S.Q. 9-10 Elizabeth II (1961) c. 73.
39. S.Q. 12-13 Elizabeth II (1961) c. 73.
40. S.Q. 14 Elizabeth II (1965) c. 69.
41. L.Q. 1977, c. 41.

travail[42]. Au Canada, la période de 1940 à 1980 a ainsi connu l'adoption de toutes les lois fondamentales et la mise en place du système actuel de relations du travail, en particulier de la négociation collective.

2.4.3 Essor de la négociation collective

Le lecteur devine que, par suite des lois adoptées, principalement en 1944 et 1964, les 40 années qui vont de 1940 à 1980 ont été témoins d'un développement remarquable de la négociation collective, tant au Canada qu'au Québec. C'est encore plus vrai au Québec, par suite des dispositions qu'on y rencontre visant le secteur public et qui y ont entraîné une plus forte syndicalisation que nulle part ailleurs en Amérique.

Au moment où la *Loi des relations ouvrières* du Québec et le CP 1003 du gouvernement fédéral entraient en vigueur, il existait au Canada un gel des salaires et des prix. Le gouvernement avait introduit cette mesure pour éviter la répétition de la montée en flèche des prix, qui s'était produite lors de la Première Guerre mondiale. La mesure avait été promulguée par l'arrêté en conseil 7440 du 16 décembre 1940[43]. Elle prévoyait la possibilité d'une augmentation de salaire pour répondre à la hausse du coût de la vie, si celle-ci se produisait. Le résultat fut de réglementer la négociation des salaires, mais pas celle des autres sujets de négociation.

Comme un grand nombre de syndicats se firent accréditer, à la suite de l'adoption du CP 1003 et de la *Loi des relations ouvrières*, le nombre des négociations collectives augmenta dès ce moment. Certains employés des services publics au Québec eurent recours à la *Loi des relations ouvrières* et obtinrent l'accréditation de leurs syndicats. Ceux-ci avaient, en vertu de la loi, toute autorité pour négocier avec les employeurs concernés. Ce qui leur était interdit, c'était de recourir à la grève. Tous se prévalaient du recours à l'arbitrage exécutoire, inscrit dans la loi en leur faveur[44]. Avec le temps, de vives critiques s'élevèrent contre les arbitrages rendus en vertu de la *Loi sur les différends entre les services publics et leurs salariés*, mais la négociation se poursuivait quand même dans tous ces cas.

Le début des années 1960 vit une recrudescence des activités de syndicalisation et de négociation collective. Le motif principal, du moins dans le secteur public, fut l'entrée en vigueur, le 1er janvier 1961, de la *Loi sur l'assurance hospitalisation*[45]. Les employés des hôpitaux et les syndicats qui existaient déjà dans ce secteur virent là l'occasion rêvée d'un développement majeur. C'est ce qui se produisit. En même temps, les discussions sur la modification éventuelle de la *Loi des relations ouvrières* avaient appris à tous que le gouvernement songeait à étendre le droit de grève à tous les salariés. Aussi vit-on la première grève d'infirmières, à l'hôpital Sainte-Justine de Montréal, un an avant l'adoption du *Code du travail* du Québec, même si à ce moment le recours à la grève par les employés des services publics demeurait toujours interdit par la loi[46].

Au début des années 1960, la négociation était très décentralisée, voire même parcellisée. Dans le secteur public, les regroupements ont commencé d'abord chez les employés d'hôpitaux, même avant l'adoption du *Code du travail*. En 1960, il y avait une centaine de négociations dans autant d'hôpitaux, et elles visaient 10 000 employés syndiqués. En 1964, pour 40 000 employés d'hôpitaux il n'y avait plus qu'une douzaine de négociations importantes; elles impliquaient 200 hôpitaux syndiqués. Deux ans plus tard, en 1966, une seule négociation, accompagnée d'une grève d'envergure provinciale, allait toucher 60 000 employés d'hôpitaux[47]. Cette première négociation, terminée par une grève, et la première négociation

42. S.R.C. 1970, c. L-1.
43. «La politique canadienne des salaires en temps de guerre», supplément à *La Gazette du travail* de juillet 1941, 7 p.

44. *Rapport général annuel* du ministère du Travail du Québec, 1945 à 1960.
45. S.Q. 8-9 Elizabeth II (1960) c. 78. L.R.Q. c. A-28.
46. Gérard Hébert, «La négociation du secteur public provincial: histoire et cadre institutionnel» dans *La gestion des relations du travail au Québec*, sous la direction de Noël Mallette, Montréal, McGraw-Hill, 1980, p. 547-569.
47. *Ibid.*, p. 556.

des fonctionnaires provinciaux, également en 1966, constituent la première ronde de négociations provinciale du secteur public au Québec.

La plus importante et la plus percutante fut la troisième, qui occupa pratiquement deux années, 1971 et 1972. C'est à ce moment que se créa le Front commun intersyndical et que se prirent un grand nombre de positions radicales, ce qui amena d'ailleurs la sécession de plusieurs syndicats de la CSN et la formation d'une nouvelle centrale, la CSD.

Dans le secteur privé, l'histoire de la négociation collective au Québec est moins spectaculaire. Il y eut beaucoup de grèves de 1965 à 1975 : au cours de cette période, le Canada avait le record des grèves dans le monde entier et le Québec détenait le record canadien. Les conflits portaient davantage sur des points particuliers de négociation, comme les changements technologiques dans les années 1960, la sécurité syndicale et la retenue automatique des cotisations dans le conflit célèbre à la United Aircraft[48].

Le problème qui a dominé le monde de la négociation collective au cours des années 1970 est sans contredit celui de l'inflation. Il résultait principalement du choc pétrolier de 1973. Les syndicats demandèrent la réouverture de plusieurs conventions collectives, entre autres dans le secteur de la construction, où une loi de 1968 avait introduit un régime de négociation propre à cette industrie[49]. Le problème était si grave qu'à l'automne de 1975, le gouvernement fédéral et tous les gouvernements provinciaux adoptèrent une loi anti-inflation qui imposait des limites aux augmentations salariales, à moins qu'on fasse la preuve devant une commission que des circonstances particulières exigeaient une augmentation supérieure à la norme[50]. Dès que les contrôles fédéraux furent levés, en 1978, l'inflation reprit de plus belle, alimentée à la fois par des ententes salariales beaucoup plus élevées – ententes que les deux parties souhaitaient mais n'avaient pu réaliser à cause des contraintes légales – et à cause également d'un second choc pétrolier.

À la fin des années 1970, la négociation collective avait le vent dans les voiles, mais les éléments qui allaient entraîner la récession de 1981-1982 étaient déjà inscrits dans la situation économique, même si très peu de personnes les entrevoyaient à ce moment.

2.5 Période de récession et de lente reprise (1980-1990)

Cette période, commencée beaucoup plus tôt aux États-Unis, présente d'abord les signes d'un temps d'arrêt, au cours duquel les groupes concernés, acteurs de la négociation collective et gouvernants, rajustent leurs positions respectives. Mais bientôt la récession des années 1981 et 1982 sera déterminante : elle marquera de façon permanente les rapports entre les parties à la négociation collective. (Voir le tableau 2-6.)

2.5.1 Diversification des organismes syndicaux

Malgré une apparente stabilité de l'effectif syndical, il se produit de profonds changements, dont plusieurs avaient déjà débuté au cours de la décennie précédente. En particulier, les syndicats non affiliés – qu'il s'agisse de syndicats locaux indépendants ou de grandes fédérations qui se sont désaffiliées d'une centrale – prennent une importance considérable. En 1970, ce groupe ne représentait pas 10 % de l'ensemble des syndiqués. En 1980, la proportion frôle les 20 % et elle augmente encore au cours de la décennie de 1980. Un peu dans le même sens, le nombre et la proportion de syndiqués dont le syndicat est affilié à la grande centrale canadienne, le CTC, diminuent considérablement. Le CTC, qui, à un moment donné, a représenté près de 80 % de tous les syndiqués canadiens, en regroupe maintenant moins de 60 %. Par contre, le nombre et l'importance des syndicats canadiens, sans aucune affiliation à une

48. Gérard Hébert, « La négociation collective : bilan des années 1960-1990 » dans *Perspectives sur le Québec 1960-1990*, sous la direction de Gérard Daigle, Trois-Rivières, Cégep de Trois-Rivières, 1992. Michel Pratt, *La grève de la United Aircraft*, Sillery, Les Presses de l'Université du Québec, 1980, 115 p.
49. L.Q. 1968, c. 45.
50. S.C. 1975, c. 75, et L.Q. 1975, c. 16.

TABLEAU 2-6

Période de stabilité apparente et de profonds changements dans la négociation collective au Québec – 1980-1990

Organisations ouvrières	Mise au point des lois	Négociation collective
1980 3 000 000 C.; 1 100 000 Q.		
1980 Scission au CPQMC (const.) nouvelle FTQ-construction		1981-82 Négociations de la décroissance (concessions)
982 Scission au CTC: Fédération can. du trav. (u. du bâtiment)	1982-85 Loi sur les restrictions salariales du secteur public, Can.	1982-85 Secteur public: décrets gouvernementaux remplaçant les conv. coll.
	1982-85 Loi concernant la rémunération dans secteur public (Qc)	
1985 Scission chez TUA: création des Trav. canadiens de l'automobile	1985 Loi sur le régime de négociation des c.c. dans secteurs public et parapublic (et serv. essentiels) (Qc)	1985-87 7e ronde négo. du secteur public (1re après les décrets)
Croissance des unions indépendantes (non affiliées)		
Croissance des syndicats canadiens	1987 Loi constituant la Commission des relations de travail (Qc)*	
Multiplication des synd. généraux		
	1989 Loi sur les régimes complémentaires de retraite (Qc)	1989-90 8e ronde de négo. du secteur public
		Conv. coll. à gains reportés plus nombreuses
1990 4 000 000 C.; 1 000 000 Q.		Nouveau modèle de relations de travail, plus participatif

* Cette loi n'a pas été appliquée.

union correspondante américaine, a grandi considérablement; plusieurs d'entre eux, la plupart même, sont affiliés au CTC[51].

De plus, les locaux canadiens de quelques unions internationales se sont séparés de l'union américaine pour constituer un syndicat canadien autonome. Il faut mentionner, tout particulièrement, les travailleurs du papier et, en 1985, les Travailleurs unis de l'automobile, maintenant connus sous le nom de Travailleurs canadiens de l'automobile (TCA). Par ailleurs, il y a eu scission au sein du CTC et création d'une nouvelle centrale: les locaux canadiens des unions internationales du bâtiment et de la construction, après une querelle de juridiction avec des syndicats industriels, ont quitté les rangs du CTC et ont consti-

51. Gérard Dion et Gérard Hébert, «L'avenir du syndicalisme au Canada», *Relations industrielles*, vol. 44, nº 1, 1989, p. 5-24.

tué une nouvelle centrale sous le nom, repris de 1902, de Fédération canadienne du travail[52].

En d'autres mots, l'unité du mouvement ouvrier est de moins en moins évidente. Les différents groupes se multiplient et, en conséquence, la solidarité est d'autant plus difficile. En même temps, un grand nombre de syndicats ne limitent plus leur recrutement et leurs affiliations aux secteurs industriels identifiés par le nom qu'ils portent. Pour ne donner que quelques exemples, les Travailleurs canadiens de l'automobile accueillent dans leurs rangs les pêcheurs de Terre-Neuve, les Métallos recrutent des agents de sécurité et les Machinistes des rembourreurs, la Centrale des enseignants du Québec représente divers groupes d'infirmières. En somme, plusieurs grands syndicats sont devenus des syndicats généraux. Une telle diversification entraîne, en plus du maraudage et des rivalités internes, de grandes divergences dans les méthodes et les objectifs de la négociation collective.

Quant au nombre de syndiqués, il continue d'augmenter légèrement dans l'ensemble du Canada[53], entre autres parce que la croissance syndicale dans le secteur public s'est opérée de façon beaucoup plus progressive dans les autres provinces qu'au Québec, où cette syndicalisation était pratiquement complète en 1980. Les nouvelles accréditations, au cours des années 1980, ne visent en général que de très petites unités, et cet accroissement minime du nombre de membres ne saurait contrebalancer le nombre de syndicats du secteur privé qui disparaissent, par suite de fermetures d'usines ou d'abandon du syndicat de la part des employés. Le taux global de syndicalisation au Québec dépasse 40 %, mais celui du secteur privé n'est que d'environ 30 %, malgré le fait que 100 000 travailleurs de la construction sont obligatoirement syndiqués. Pour l'ensemble du Canada, les mêmes taux sont d'environ 35 % et 25 %.

2.5.2 Mise au point de la législation

Dans la première partie de la décennie de 1980, les différents niveaux de gouvernement étaient aux prises non seulement avec la récession économique mais avec l'accumulation de déficits constants; en conséquence ils faisaient face à une dette publique dont le montant des intérêts devenait de plus en plus inquiétant. Les cinq premières rondes de négociations du secteur public, au Québec, avaient habitué les syndicats et les employés de ce secteur à entretenir des espérances considérables. Quand vint le temps de la sixième ronde, les gouvernements décidèrent de donner un grand coup.

Le parlement fédéral adopta la *Loi sur les restrictions salariales du secteur public*, qui fixait à 6 % et à 5 % l'augmentation de la rémunération dans toutes les conventions collectives relevant du gouvernement fédéral et des sociétés de la couronne de compétence fédérale[54]. Le gouvernement du Québec adopta, en 1982, la *Loi concernant la rémunération dans le secteur public*, mais celle-ci allait plus loin: les syndicats visés ayant refusé de rouvrir les conventions collectives pour leur dernière année d'application, le gouvernement décida de réduire, une fois les conventions expirées, le salaire de tous ses employés, directs et indirects, soit durant les trois premiers mois de l'année 1983[55]. Il prolongeait aussi les conventions précédentes, sans modifications importantes jusqu'au 31 décembre 1985. Ce fut la période des décrets du secteur public, dont les syndicats et les employés ont gardé un amer souvenir.

Le problème de la négociation dans les secteurs public et parapublic préoccupait la population et le gouvernement depuis plusieurs années: chaque ronde de négociations était accompagnée de trop d'arrêts de travail majeurs, affectant une part importante de la population et les règlements étaient devenus trop

52. *Répertoire des organisations de travailleurs au Canada 1985*, ministère du Travail du Canada, p. 248-250.

53. *Revue de la négociation collective,* Travail Canada, septembre 1990, p. 169.

54. S.C. 1980-81-82 c. 37, art. 9.

55. *Loi concernant la rémunération dans le secteur public* (projet de loi 70, 23 juin 1982), L.Q. 1982, c. 35; *Loi concernant les conditions de travail dans le secteur public* (projet de loi 105, 11 décembre 1982), L.Q. 1982, c. 45.

généreux. Les employés du secteur public, qui se disaient défavorisés autour de 1970, par comparaison avec le secteur privé, étaient devenus, en 1982, les mieux rémunérés de la province et du Canada. Le gel de leurs conditions de travail de 1983 à 1985 et les négociations subséquentes ont ramené celles-ci à peu près au niveau du secteur privé. En 1985, le gouvernement fit adopter une loi qui imposait d'autres restrictions aux négociations des secteurs public et parapublic[56]. Un changement de gouvernement fit en sorte que la loi ne fut jamais appliquée par le gouvernement qui l'avait votée; le nouveau gouvernement se servit de certains éléments de la loi comme monnaie d'échange. Si les deux dernières rondes de négociations, en 1985-1987 et 1989-1990, ont amené certains arrêts de travail et quelques lois spéciales particulièrement sévères[57], le souvenir que la population en garde est moins négatif que celui des années 1970. À l'été de 1991, toutes les conventions collectives du secteur public ont été, à leur expiration, prorogées de six mois, imposant ainsi un gel des conditions de travail pour la même période[58].

Vers la fin de la décennie, le gouvernement fit adopter des modifications d'ordre général, qui devaient s'appliquer à tous les syndiqués, ceux du secteur public et ceux du secteur privé. La *Loi constituant la commission des relations du travail*[59] fut adoptée en 1987, mais elle n'a pas encore été mise en application (1991), et elle pourrait bien ne jamais l'être. Par contre, en 1989, la *Loi sur les régimes complémentaires de retraite* vint remplacer une loi semblable qui n'avait pas été modifiée sérieusement depuis 1965[60]. Certaines de ses dispositions apportent des contraintes et des précisions à la négociation des régimes privés de pensions de retraite.

56. *Loi sur le régime de négociation des conventions collectives dans les secteurs public et parapublic*. L.Q. 1985, c. 12.
57. *Loi assurant le maintien des services essentiels dans le secteur de la santé et des services sociaux* (projet de loi 160, 11 novembre 1986), L.Q. 1986, c. 74; *Loi modifiant la Loi assurant le maintien des services essentiels dans le secteur de la santé et des services sociaux* (projet de loi 46, 22 juin 1988), L.Q. 1988, c. 40; *Loi assurant la continuité des services d'électricité d'Hydro-Québec* (projet de loi 58, 4 mai 1990), L.Q. 1990, c. 9.
58. *Loi sur le plafonnement provisoire de la rémunération dans le secteur public* (projet de loi 149, 10 juillet 1991), L.Q. 1991, c. 41.
59. L.Q. 1987, c. 85 (projet de loi 30).

2.5.3 Caractéristiques nouvelles de la négociation collective

Le déclin de l'activité économique en 1981 et 1982 a influencé la négociation collective, tant dans son processus que dans ses résultats, plus que n'importe quel autre événement depuis la Seconde Guerre mondiale. Le phénomène apparaissait d'abord comme un événement incroyable, totalement inattendu: on avait acquis la conviction que l'économie ne pouvait rien faire d'autre que de s'accroître indéfiniment. Les deux chocs pétroliers de 1973 et 1979, l'augmentation du service de la dette publique et l'accroissement de la concurrence internationale sont autant de facteurs qui ont contribué au déclin puis à la stagnation de l'économie au début des années 1980. Dans un tel contexte, il n'était plus possible de négocier constamment des hausses de salaires et de meilleures conditions de travail. (Voir la colonne de droite du tableau 2-6.)

En repassant les principales lois adoptées de 1980 à 1990, nous avons indiqué que le Parlement du Canada et l'Assemblée nationale du Québec ont, par des moyens différents, décidé de restreindre les augmentations de salaire de leurs employés respectifs. Certaines compensations allaient être obtenues, au Québec, vers la fin de la décennie, en particulier dans la huitième ronde de négociations du secteur public et parapublic. D'un autre côté, l'impact a peut-être été plus grand du côté du secteur privé. Aux États-Unis, plusieurs négociateurs syndicaux durent céder aux pressions des employeurs et accepter des concessions salariales importantes. Au Canada et au Québec, c'est plutôt un gel des salaires qu'on a connu. Les syndicats canadiens ont fait des concessions sur d'autres points, comme sur certaines règles de travail qui avaient pour effet de limiter le rendement et la productivité.

60. L.Q. 1989, c. 38 (projet de loi 116).

L'objectif n'était plus l'augmentation du salaire réel, mais son maintien par des augmentations correspondant à la hausse du coût de la vie. Bon an mal an, celle-ci a oscillé autour de 4 % depuis 1983. C'est aussi le niveau moyen des augmentations salariales négociées depuis ce moment. Dans un tel contexte, le niveau moyen des arrêts de travail, par grève ou lock-out, est tombé au taux le plus bas qu'on n'avait jamais enregistré depuis qu'on tient des statistiques sur le sujet. La frénésie des arrêts de travail de 1965 à 1976 s'est grandement sinon totalement apaisée.

L'aspect positif des difficultés de la décennie de 1980, c'est qu'elles ont poussé les entreprises et les syndicats à chercher un nouveau type ou un nouveau modèle de relations du travail. Depuis la fin de la récession, on discute beaucoup du modèle nouveau de négociation et de relations du travail, ou encore des négociations à caractère positif[61]. La conception antérieure de négociation-affrontement (*adversarial system*) a peu à peu cédé la place à un modèle plus participatif sinon coopératif. Une autre conséquence de la récession fut la négociation d'ententes à gains reportés (ce que les anglophones appellent *back-loaded agreements* par opposition à *front-loaded*) au lieu des ententes à gains immédiats qu'on avait toujours connues auparavant.

Le phénomène a eu pour effet, en 1989, de porter la hausse des salaires négociés à 5 % et 6 %, et de permettre ainsi une certaine augmentation du salaire réel, puisque l'indice des prix à la consommation conserve une augmentation annuelle d'environ 5 %. C'est sans doute cette lente reprise des augmentations et de l'économie qui explique un léger renouveau du militantisme syndical aux tables de négociation, à la fin de 1989 et au début de 1990. Mais il tend à disparaître, sauf dans le secteur public, avec la récession de 1990 qui se prolonge et la reprise qui se fait toujours attendre (1991).

61. *Nouveaux modèles de relations du travail*, 18e colloque de relations industrielles, Université de Montréal, 1987, 225 p.; *Positive Industrial Relations: The Search Continues*. 35th Annual Conference, Industrial Relations Centre, Université McGill, 1987, 169 p.; THOMAS A. KOCHAN, HARRY C. KATZ et ROBERT B. MCKERSIE, *The Transformation of American Industrial Relations*, New York, Basic Books, 1989, 287 p.

2.6 Situation présente de la négociation collective

La négociation collective au Québec est devenue un phénomène très important. En 1990, il y a de 7 000 à 8 000 conventions collectives, alors que 30 ans plus tôt, il y en avait environ 2 000; leur nombre a donc triplé ou quadruplé en 30 ans. Le nombre des employés régis a augmenté dans une proportion semblable. En 1960, il y avait environ 300 000 salariés régis par convention collective au Québec, alors qu'il y en a aujourd'hui un peu plus de un million.

Le phénomène le plus important des trois dernières décennies est sans aucun doute celui de la syndicalisation des employés du secteur public – qui atteint aujourd'hui presque 100 % – et la multiplication correspondante des négociations collectives dans ce secteur. La principale caractéristique de la négociation dans les secteurs public et parapublic est leur hypercentralisation. Celle-ci a comme conséquence d'éloigner considérablement les négociations de la base, c'est-à-dire des employés et des directions locales; les inconvénients d'un tel éloignement ont été compensés par des améliorations salariales et d'autres avantages financiers remarquables, du moins jusqu'en 1982.

Dans le secteur privé, les structures de négociation se sont inversées autour des années 1970. Jusque-là, les unités de négociation s'étaient agrandies progressivement. Avec la récession et le faible développement économique des années 1980, on a observé le phénomène inverse: bien des négociations qui se faisaient de façon regroupée, du moins dans le secteur privé, ont été morcelées, à cause de la situation financière différente de chaque établissement.

De façon générale, la négociation collective fait face aujourd'hui à de nombreux enjeux, à de nombreux défis. Le défi le plus fondamental est le suivant: accorder à un groupe, celui des salariés, de bonnes conditions de travail, sans mettre en péril une prospérité économique raisonnable pour l'entreprise, parce que la survie de l'entreprise et des emplois qu'elle fournit en dépend. Ici encore, la différence entre le secteur public et le secteur privé est énorme, parce que, dans le secteur privé, la rentabilité et la survie vont de pair, alors que le problème ne se pose pas avec la même urgence dans le secteur public; d'un autre côté, l'énorme dette publique réduit considérablement la marge de manœuvre des gouvernements, au point de mettre éventuellement en échec la négociation collective elle-même.

À cet enjeu fondamental de sauvegarder la rentabilité de l'entreprise et des conditions de travail décentes, il s'en ajoute bien d'autres. C'est ainsi que l'entreprise doit assurer l'équité sociale entre ses différents employés, par exemple entre ses cadres et ses employés syndiqués, entre ses ouvriers qualifiés et ses manœuvres. L'obligation d'équité doit dépasser les cadres de l'établissement et de l'entreprise. Si les changements technologiques améliorent grandement la productivité de tel ou tel secteur industriel, ses employés ne doivent pas être les seuls à en bénéficier.

Un enjeu plus large, et peut-être plus difficile, est celui de l'équité entre les employés du secteur syndiqué et ceux du secteur non syndiqué. Le secteur non syndiqué n'est pas constitué seulement des salariés les plus démunis; certains employés non syndiqués n'ont rien à envier à leurs collègues syndiqués. D'un autre côté, il faut un équilibre entre les deux secteurs; la plupart des gouvernements s'en préoccupent, par exemple en adoptant des mesures comme le salaire minimum, les normes minimales du travail et les règles de santé et de sécurité au travail.

Sur le plan mondial, l'enjeu fondamental est de respecter à la fois l'obligation d'assurer des conditions de travail raisonnables et la nécessité impérieuse de concurrencer efficacement la production qui se fait dans de moins bonnes conditions humanitaires. À une échelle moindre, plus près de la négociation collective courante, il faut relever d'autres défis, plus immédiats sinon plus importants. Un défi constant est celui d'assurer en même temps la sécurité et le progrès. Une fois qu'un groupe syndiqué a obtenu de bonnes conditions de travail, sa tendance sera toujours de vouloir en garantir la perpétuité: les employés sont généralement préoccupés de maintenir les droits qu'ils ont acquis. C'est ce que visent les luttes pour des clauses portant sur l'ancienneté, l'interdiction de la sous-traitance et le revenu sinon l'emploi garanti. Mais aucun progrès ne peut se réaliser sans changement, et le changement comporte une dose plus ou moins grande d'insécurité. Ainsi, progrès et sécurité sont des concepts qui s'opposent. Un des grands défis de la négociation est de les concilier jusqu'au point où il est possible de le faire.

En ce sens, la négociation collective consiste en un effort presque surhumain pour réconcilier l'irréconciliable. Nous revenons ainsi à l'évolution constatée récemment, soit le passage de l'affrontement à des formes de participation sinon de coopération. Même à l'intérieur de chaque négociation, on retrouve ce mouvement constant d'un pôle à l'autre. Un des défis fondamentaux, tant au niveau de chaque convention collective qu'à celui de la société, c'est le recours équilibré à des attitudes contradictoires, soit celle de l'affrontement pour obtenir ce qui est juste, et celle de la coopération pour réaliser l'entente à signer.

C'est là l'intérêt particulier de la négociation: la recherche incessante de l'équilibre, toujours fuyant, entre des objectifs essentiellement contradictoires.

* * *

L'examen de la nature de la négociation collective et l'esquisse de son évolution historique donnent une bonne idée des caractéristiques fondamentales du régime tel qu'il se vit au Québec et au Canada. Il faut maintenant en approfondir les différents aspects.

L'ouvrage se divise en trois parties. La première vise l'objet de la négociation collective, c'est-à-dire ce qui se discute le plus souvent aux tables de négociation. En d'autres mots, il s'agit du contenu habituel des conventions collectives; cette partie portera successivement, après un chapitre d'introduction, sur les différentes clauses que l'on trouve dans la plupart des conventions collectives.

La deuxième partie étudiera le processus même de la négociation: comment on négocie une convention collective; quels en sont le cadre et les structures; comment on résout les impasses qui peuvent surgir; quel est le rôle des arrêts de travail dans le processus. Cette seconde partie sera complétée par quelques chapitres consacrés à certains secteurs particuliers, où le processus revêt des caractéristiques différentes, comme dans le secteur public et parapublic.

La troisième partie sera consacrée à des questions portant sur la négociation collective en général, incluant le processus lui-même et la convention. Nous y présenterons les principales théories et les principaux modèles de négociation, trois régimes européens de négociation et certaines expériences susceptibles de modifier l'ensemble du phénomène. Il ne nous restera qu'à dégager quelques conclusions et quelques perspectives d'avenir.

Bibliographie

BEAULIEU, MARIE-LOUIS. *Les conflits de droit dans les rapports collectifs du travail*, Québec, Les Presses de l'Université Laval, 1957, 541 p.

BOUDREAU, ÉMILE et ROBACK, LÉO. *FTQ. Des tout débuts jusqu'en 1965*. Montréal, Fédération des travailleurs et travailleuses du Québec, 1987, 389 p.

CHAMBERLAIN, NEIL W. *The Labor Sector*, New York, McGraw-Hill, 1965, 758 p. 2e édition, 1971, 676 p.

CHAMBERLAIN, NEIL W. et KUHN, JAMES W., *Collective Bargaining*, New York, McGraw-Hill, 2e éd., 1965, 451 p. Ch. 1: «A Historical Introduction to Collective Bargaining in the United States, 1800 to 1850», p. 1-23; ch. 2: «A Historical Introduction to Collective Bargaining in the United States, 1850 to the Present», p. 24-50.

CHARPENTIER, ALFRED. *Cinquante ans d'action ouvrière. Les mémoires d'Alfred Charpentier*, présentés par GÉRARD DION, Québec, Les Presses de l'Université Laval, 1971, 538 p.

FORSEY, EUGENE. *Trade Unions in Canada 1812-1902*, Toronto, University of Toronto Press, 1982, 600 p.

HAMELIN, JEAN, LAROCQUE, PAUL et ROUILLARD, JACQUES. *Répertoire des grèves dans la province de Québec au XIXe siècle*, Montréal, Les Presses de l'École des Hautes Études Commerciales, 1970, 168 p.

HÉBERT, GÉRARD. «La genèse du présent Code du travail» dans *Le Code du travail du Québec (1965)*, 20e congrès des relations industrielles de l'Université Laval, Québec, Les Presses de l'Université Laval, 1965, p. 13-34.

HÉBERT, GÉRARD. «La négociation du secteur public provincial: histoire et cadre institutionnel» dans *La gestion des relations du travail au Québec*, publié sous la direction de NOËL MALETTE, Montréal, McGraw-Hill, 1980 (642 p.), p. 547-569.

HÉBERT, GÉRARD. «La négociation collective. Bilan des années 1960-1990» dans *Perspectives sur le Québec 1960-1990* (ch. 5), publié sous la direction de GÉRARD DAIGLE, Presses de l'Université de Montréal, 1992, 360 p.

KOCHAN, THOMAS A., KATZ, HARRY C. et MCKERSIE ROBERT B. *The Transformation of American Industrial Relations*, New York, Basic Books, 1989, 287 p.

LIPTON, CHARLES. *The Trade Union Movement of Canada 1825-1959*, Montréal, Canadian Social Publications Ltd., 1966, 366 p. Traduit en français sous le titre: *Histoire du syndicalisme au Canada et au Québec*, Éditions Parti pris, 1976.

LOGAN, H.A. *Trade Unions in Canada. Their Development and Functioning*, Toronto, Macmillan, 1948, 639 p.

MORTON, DESMOND et COPP, TERRY. *Working People. An Illustrated History of the Canadian Labour Movement*, édition revue et corrigée, Ottawa, Deneau, 1984, 357 p.

ROUILLARD, JACQUES. *Histoire du syndicalisme au Québec. Des origines à nos jours*, Montréal, Les Éditions du Boréal, 1989, 535 p.

Partie

I

L'objet de la négociation ou le contenu de la convention collective

Chapitre

3

La convention collective: rôle, statut et situation

PLAN

3.1 Rôle et nature de la convention collective

3.2 Statut légal de la convention collective

3.3 Situation numérique et importance relative

3.4 Annexes et additions à la convention collective

3.5 Classification des clauses

Annexe Notes techniques

La convention collective constitue le résultat de la négociation ; son texte contient et exprime les compromis et les ententes auxquels les parties en sont arrivées au terme du processus. La convention collective est à la fois l'objet de la négociation et son dénouement. À ce titre, elle a, d'une certaine façon, sa vie propre. Aussi est-il à propos de la considérer d'abord en elle-même. C'est ce que nous ferons dans cette première partie de l'ouvrage.

Le présent chapitre étudiera les aspects généraux de la convention collective : son rôle et sa nature, son statut légal, sa situation numérique – c'est-à-dire le nombre et la répartition des salariés régis par convention – les nombreuses additions et annexes qui s'y rattachent, et finalement l'organisation et la classification des clauses, de plus en plus nombreuses, qui forment la convention collective.

3.1 Rôle et nature de la convention collective

Comme elle est le résultat de la négociation, les objectifs fondamentaux de la convention ne diffèrent pas des objectifs principaux que les parties poursuivent en négociant. Par contre, du seul fait que le résultat de la négociation s'exprime dans un texte qui contient l'ensemble des règles à respecter, tant qu'elle demeurera en vigueur, la convention collective acquiert certaines caractéristiques qui diffèrent de la négociation elle-même. C'est ce que nous essaierons d'évoquer et d'analyser dans la première partie du présent chapitre.

À cette fin, nous présenterons la convention d'abord comme un instrument de justice sociale, puis comme un outil de gestion et, enfin, comme un instrument de pouvoir et de réglementation.

3.1.1 Instrument de justice sociale

En conformité avec l'objectif principal de la négociation, la convention collective est un instrument de justice sociale. Les salaires raisonnables et les conditions de travail équitables que réclament les salariés et leurs syndicats sont consignés dans la convention collective. Celle-ci devient la source des droits que les employés pourront invoquer. Elle exprime aussi l'engagement de l'employeur à en respecter les dispositions. Elle sert enfin à contrôler l'arbitraire patronal en matière de sanctions disciplinaires[1]. Les défenseurs de la convention collective y ont toujours vu, pour les salariés visés, l'expression privilégiée de la justice sociale, contenue dans un document facile à comprendre et simple à utiliser. C'est sans doute de là que vient la coutume de publier le texte de la convention collective en une petite édition de poche, que les salariés et leurs représentants peuvent constamment avoir à portée de la main.

Cet objectif fondamental de la convention collective – son essence et sa nature même – demeure encore valable et toujours reconnu. Mais l'allongement indéfini des conventions collectives – d'une page ou deux autrefois, elles atteignent aujourd'hui 100 ou 200 pages –, le caractère de plus en plus technique et juridique de leurs clauses, les modalités et précisions toujours plus nombreuses qui y sont consignées, ont fait que le texte de la convention collective est de moins en moins à la portée des travailleurs. Dans plusieurs cas, il est même difficile à comprendre pour les employeurs, encore plus pour les employés. Cette difficulté exige l'intervention de plus en plus fréquente de spécialistes toujours plus nombreux. Le texte s'éloigne ainsi de plus en plus de ceux qui en étaient, au début, les auteurs et la raison d'être.

L'évolution de la convention collective vers un document toujours plus difficile à utiliser par ceux qu'il vise directement était peut-être inévitable. Chacune des deux parties a voulu prévoir le plus grand nombre de cas possibles et la manière de procéder pour chacun ; volonté attribuable à la partie syndicale surtout, à cause de l'opinion selon laquelle tous les droits non limités dans la convention reviennent entièrement à l'employeur (voir le chapitre 5). Dès que

1. Rémi Duquette, « Aspects ouvriers de la négociation de la convention collective » dans *Techniques des relations de travail*, 4e Congrès des relations industrielles de Laval, 1949, p. 99-104 ; J. O'Connell-Maher, « Convention collective », dans *Convention collective et sécurité syndicale*, 2e Congrès des relations industrielles de Laval, 1947, p. 21-47.

l'interprétation d'une clause suscite des difficultés, on cherche à l'expliquer, à la perfectionner, et le texte s'allonge et s'alourdit inévitablement. Les formules difficiles à appliquer représentent souvent un compromis en vue de permettre à chacune des deux parties de se tirer honorablement d'une impasse. Cette situation exige un recours de plus en plus fréquent à des spécialistes du droit ou de la technique en cause. L'instrument facile à comprendre du début devient presque fatalement une source de nouveaux conflits.

La convention collective acquiert ainsi une sorte de vie propre. Même si elle est le fruit de l'entente et de l'accord des parties, elle devient vite une espèce d'être distinct, susceptible d'analyse et d'interprétation par des tiers, sur lequel les parties n'ont pratiquement plus de pouvoir, si ce n'est lors de la renégociation de leur entente mutuelle.

Les parties sont souvent elles-mêmes responsables de cette complexité accrue. Elles auraient profit à oublier cet aspect pour revenir à leurs objectifs premiers et chercher, plutôt qu'à raffiner un texte, à trouver des solutions viables aux problèmes qui les opposent.

3.1.2 Outil de gestion

La convention collective contient des règles qui visent à assurer de bonnes conditions de travail aux employés concernés et à leur garantir un processus de justice dans les différentes décisions qui seront prises à leur égard. Dans cette perspective, la convention collective contient surtout des contraintes pour l'employeur. Cependant, ces contraintes lui fournissent un instrument de gestion qu'il peut utiliser à son avantage : en respectant les règles contenues dans la convention, l'employeur se met à l'abri d'accusations et même de poursuites. La convention collective lui dicte, sur tous les points dont elle traite, la manière dont il doit procéder. En signant la convention collective, il s'est engagé à respecter les règles qu'elle contient ; mais en même temps il s'est mis à l'abri de toute contestation, s'il respecte les dispositions qui s'y trouvent. Si les salariés et leurs représentants en sont insatisfaits, ils devront attendre la prochaine ronde de négociation pour en discuter. Entre temps, c'est la convention qui fait loi, et qui doit servir non pas d'unique mais de principal outil de gestion[2].

La convention s'avère aussi un bon instrument de planification pour l'entreprise. Elle permet à l'employeur de prévoir ses coûts de main-d'œuvre pour les deux ou trois années à venir. Tout en lui laissant l'initiative des mouvements de main-d'œuvre, la convention établit les règles que l'employeur devra respecter, en effectuant les changements qu'il a planifiés.

On appelle souvent la convention collective la loi des parties, dans le sens qu'elle contient les dispositions à suivre dans la gestion des salariés visés pour la période de temps où elle s'applique. La source de l'obligation repose dans la loi qui la sanctionne et la régit, le *Code du travail*, comme nous le verrons dans une prochaine section.

3.1.3 Instrument de pouvoir ou de participation ?

Par le truchement de la loi sur laquelle elle se fonde, la convention collective confère des pouvoirs aux parties, tout particulièrement à la partie syndicale. C'est le cas pour presque toutes les dispositions, particulièrement dans tout ce qui limite la liberté ou la discrétion patronale ; mais c'est plus évident dans la procédure de règlement des griefs, où le syndicat est généralement l'instrument même de progression et d'avancement dans le déroulement du processus. Pendant qu'elle est en vigueur, le syndicat peut évidemment se servir de la convention collective comme d'un instrument de harcèlement – et indirectement de pouvoir additionnel – en suscitant des conflits sur tout et n'importe quoi. L'employeur peut également utiliser la convention comme un instrument de pouvoir, en s'y référant constamment, et en l'interprétant toujours de la manière la plus stricte et la plus rigoureuse, à

2. RONALD SIRARD et ALAIN GAZAILLE, *Comprendre et appliquer une convention collective*, Montréal, Wilson et Lafleur, 1989 (167 p.), p. 3-5 ; HECTOR CIMON, « Aspect patronal de la négociation de la convention collective » dans *Techniques des relations de travail*, 4e Congrès des relations industrielles de Laval, 1949, p. 79-90.

son avantage[3]. Mais cette attitude de part et d'autre n'est profitable qu'à court terme. Elle n'améliore jamais le climat des relations de travail ni la productivité des salariés.

D'autres voient dans la convention collective l'expression même de la coopération ouvrière en matière de gestion de l'entreprise. Par la négociation, les représentants des salariés sont associés à la détermination des conditions de travail et des règles qui doivent régir les rapports mutuels ainsi que la répartition des fruits de l'entreprise. La convention collective est l'expression d'un consensus auquel les parties sont arrivées et qui leur paraît acceptable, compte tenu de l'ensemble des circonstances et des contextes, pour la période où elle demeurera en vigueur. Au mieux, elle formule les conditions, mutuellement acceptables, d'un progrès conjoint, celui de l'entreprise et celui des salariés qui y travaillent.

3.1.4 Caractères principaux

La liste des caractéristiques de la convention collective peut être longue. Nous nous limiterons à celles qui en révèlent plus immédiatement le sens et la nature profonde[4].

Il s'agit d'abord d'un «contrat collectif». Les deux mots sont importants. L'aspect contractuel souligne la participation immédiate et essentielle de deux parties, aux intérêts opposés, qui en discutent les divers éléments comme ceux d'un véritable contrat, même s'il ne s'agit pas d'un contrat au sens des contrats ordinaires régis par le *Code civil*. Il s'agit d'un «contrat» par lequel les deux parties instituent un cadre normatif qu'elles acceptent et qui doit régir, en partie, les rapports employeur-syndicat ainsi que les rapports de l'employeur avec ses salariés. Cet aspect se reflète dans l'appellation de «loi des parties».

L'aspect «collectif» est tout aussi important. Ce ne sont pas les salariés pris individuellement qui signent la convention collective, mais leurs représentants. C'est l'association de salariés, en tant qu'association, qui est accréditée et qui reçoit, à ce titre, le droit et l'obligation de représenter exclusivement les salariés éventuellement visés par la convention collective. Du côté patronal, l'aspect collectif est peut-être moins évident. Toutefois, même dans les petites entreprises, où le propriétaire se confond souvent avec l'employeur, c'est en tant qu'employeur représentant une entreprise, plus ou moins grande, que le propriétaire ou le mandataire patronal a apposé sa signature sur l'entente, intervenue entre l'entreprise et les représentants de ses salariés syndiqués.

Nous dégagerons, dans la section suivante, les caractéristiques qui se rattachent au statut légal de la convention collective. Soulignons ici les aspects à caractère plus général, même s'ils découlent souvent des caractéristiques légales du document. Par exemple, la convention collective comporte un «caractère de rigidité» marqué, qui n'est pas obligatoire mais qui est toujours présent. L'employeur veut s'en tenir à la lettre de la convention, et le syndicat, au nom des employés, ne veut perdre aucun des avantages consignés dans le texte. Tout cela fait qu'on se réfère constamment à un texte, dont on ne veut pas s'éloigner, même dans des circonstances qui exigeraient plus de souplesse. Un texte écrit a tendance à cristalliser des positions, pour une période de temps assez longue.

Parce qu'on se réfère à un texte qui a au moins une certaine valeur légale, la tendance à la «judiciarisation» est toujours présente. Chaque partie espère gagner son point par des procédures judiciaires ou quasi judiciaires et, à cette fin, elle a recours aux avocats. Au mieux une des deux parties gagnera, mais il se peut que toutes deux en sortent perdantes. Une fois la judiciarisation commencée, il est très rare et très difficile d'en sortir.

Il y a grand risque qu'à la ronde de négociations suivante, les deux parties veuillent apporter de nou-

3. RONALD SIRARD et ALAIN GAZAILLE, *op. cit.*, p. 5-6.
4. GÉRARD HÉBERT, «Les relations du travail au Québec», *Relations industrielles*, vol. 36, nº 4, 1981, p. 715-747; voir p. 733; GÉRARD HÉBERT, «La négociation collective: bilan des années 1960-1990» dans *Perspectives sur le Québec 1960-1990*, sous la direction de GÉRARD DAIGLE, Presses de l'Université de Montréal, 1992.

velles précisions à un texte déjà long et compliqué. C'est sans doute une des raisons pour lesquelles le texte des conventions collectives a une forte tendance à s'« allonger constamment ». S'allonger veut souvent dire se compliquer et rendre l'interprétation encore plus difficile, ce qui entraîne de nouveau des recours de type judiciaire. Comme disait un vieil auteur, on est au rouet.

Voilà quelques-unes des caractéristiques actuelles des conventions collectives. D'autres s'ajouteront en considérant son statut légal.

3.2 Statut légal de la convention collective

La convention collective n'a pas acquis le statut qu'elle a présentement dès ses débuts. Pour réaliser le chemin parcouru et deviner l'évolution future possible, il faut refaire brièvement l'histoire de cette évolution.

3.2.1 Histoire

Entre 1850 et 1950, la position des tribunaux s'est complètement renversée en ce qui a trait à la reconnaissance d'un certain statut légal à la convention collective. Pendant presque tout le XIXe siècle, les unions furent considérées comme des associations illégales ; elles n'avaient donc pas le droit de signer des contrats, puisqu'elles n'avaient même pas celui d'exister. Le fait de s'associer était considéré comme un acte criminel, parce qu'il limitait l'exercice de la libre concurrence.

La *Loi sur les syndicats ouvriers*, adoptée en 1872, a supprimé le caractère criminel relié à la restriction de la liberté du commerce et permis aux unions de s'enregistrer si elles le désiraient[5]. On pense qu'aucune ne l'a jamais fait[6]. À partir de ce moment, les tribunaux se mirent à hésiter, et leurs hésitations ont duré jusqu'en 1945, tant en matière de reconnaissance syndicale que du droit de signer des accords collectifs.

La même controverse juridique existait en Angleterre, puisque la loi canadienne de 1872 avait été copiée sur une loi britannique de 1871[7]. Un arrêt rendu en Grande-Bretagne en 1901, dans l'affaire *Taff Vale*, a donné le ton pour les années qui suivirent : une association reconnue dans une loi doit être reconnue comme telle et elle a des obligations autant que des droits[8].

Au Canada, les juges décidaient dans un sens ou dans l'autre, s'appuyant sur le raisonnement contenu dans *Taff Vale* ou rappelant qu'un syndicat non enregistré n'avait aucune existence et ne possédait donc ni droits ni obligations[9]. Ceux qui niaient tout statut légal à la convention collective la considéraient comme une entente entre personnes de bonne volonté (*gentlemen's agreement*), c'est-à-dire une entente conclue volontairement entre les parties, mais dont il n'était pas possible de réclamer l'exécution devant un tribunal.

La loi Lemieux[10], adoptée en 1907, apporte un certain appui à la reconnaissance des syndicats et de leurs conventions collectives, mais sans donner de réponse définitive : elle ne contient aucune disposition sur la convention, mais seulement sur le conflit et son règlement. Les tenants de l'entente sans effet légal se référaient à la pratique même des unions et des syndicats en cause. La plupart n'avaient pas d'existence légale et considéraient que leurs ententes ne pouvaient avoir d'autre appui que des sanctions économiques et sociales, comme la grève et les démonstrations de toute sorte.

5. S.C. 35 Victoria (1872) c. 30.
6. DESMOND MORTON, *Working People. An Illustrated History of the Canadian Labour Movement*, Ottawa, Deneau, 1984 (357 p.), p. 27.
7. *The Trade Union Act*, G.-B. 34-35 Victoria (1871) c. 31.
8. *Taff Vale Railway Co.* v. *Amalgamated Society of Railway Servants*, 1901 (Chambre des Lords), Appeal Cases, p. 426 et ss.
9. Contre l'existence valable du contrat : *United Mine Workers* v. *Stratchcona Coal Co.* (1908), 8 *Western Law Review*, 649 ; *Bancroft* v. *CPR* (1920), 53 *Dominion Law Reports*, 272 ; *Young* v. *Canadian National Railway* (1931), 1 D.L.R., 45. Pour la validité du contrat : *Caven* v. *Canadian Pacific Railway* (1925), 3 D.L.R., 841 ; *Ziger* v. *Shiffer and Hillman Co. Ltd.* (1933), 2 D.L.R., 691.
10. *Loi des enquêtes en matière de différends industriels*, S.C. 6-7 Édouard VII (1907) c. 20.

Même si la tendance s'accentuait vers la reconnaissance d'un certain statut aux syndicats et à la convention collective, l'équivoque fondamentale persistait. Elle est demeurée jusqu'à ce que le CP 1003 et les lois de relations ouvrières aient en quelque sorte donné à la convention collective un statut nouveau et différent[11]. Telle était la situation dans toutes les provinces, sauf au Québec.

Au Québec, les syndicats nationaux, fondés localement et sans lien formel avec des groupes de l'extérieur, n'avaient envers la loi ni les appréhensions ni les répulsions qui animaient la quasi-totalité des syndiqués nord-américains. Ils sentaient les institutions religieuses et légales proches d'eux et conclurent qu'ils pouvaient en tirer avantage. C'est ainsi que la nouvelle CTCC réclamait, dès le début des années 1920, une reconnaissance des syndicats ouvriers, qui se concrétisa par l'adoption de la *Loi des syndicats professionnels* en 1924[12].

La *Loi des syndicats professionnels* offrait aux associations patronales et syndicales qui le souhaitaient la possibilité d'obtenir une existence légale par incorporation. Leur convention collective acquérait alors automatiquement pleine valeur légale. C'était la première fois qu'un document législatif traitait explicitement de ces ententes collectives qui se signaient déjà depuis une cinquantaine d'années[13].

> La convention collective de travail est un contrat relatif aux conditions de travail, conclu entre, d'une part, les représentants soit d'un syndicat professionnel, soit d'une union, soit d'une fédération de syndicats et, d'autre part, un ou plusieurs employeurs, ou les représentants soit d'un syndicat d'employeurs, soit d'une union, soit d'une fédération de syndicats d'employeurs. Peuvent faire l'objet d'une convention collective du travail tous les engagements concernant les conditions du travail qui ne sont pas défendus par la loi.
>
> La convention collective de travail donne ouverture à tous les droits et recours établis par la loi pour la sanction des obligations.

La convention devait être consignée par écrit, «sous peine de nullité», et elle devait être déposée par l'une des parties chez le ministre du Travail (L.S.P. art. 23). Un autre article spécifiait que l'association ainsi incorporée pouvait exercer tous les recours découlant de cette convention «en faveur de chacun de ses membres, sans avoir à justifier d'une cession de créance de l'intéressé, pourvu que celui-ci ait été averti et n'ait pas déclaré s'y opposer» (L.S.P. art. 25). La disposition fait que le syndicat n'agit pas comme mandataire de l'employé mais comme entité collective.

Il faut noter, cependant, qu'à l'adoption du *Code du travail*, en 1964, le législateur a abrogé les articles 21 à 26 de la *Loi des syndicats professionnels*. Les quelques syndicats professionnels qui existent aujourd'hui ne peuvent donc invoquer cette partie de la loi qui a disparu. À moins qu'ils ne soient incorporés autrement, leur convention collective n'a que la valeur d'une entente de bonne volonté (*gentlemen's agreement*).

Après son adoption en 1924, la plupart des syndicats catholiques et nationaux du temps se sont incorporés sous la *Loi des syndicats professionnels*. Les autres unions ne l'ont jamais fait; elles craignaient d'éventuelles poursuites et les condamnations qui pourraient en découler les obligeant à payer à même les fonds qu'elles détenaient.

En 1934, le gouvernement du Québec adoptait la *Loi relative à l'extension des conventions collectives de travail*, qui allait donner un essor considérable à la convention collective au Québec[14]. L'objectif premier de la loi était de permettre l'extension juridique de conditions de travail raisonnables, de manière à protéger la rémunération des salariés et, en même temps, à protéger les employeurs disposés à accorder de telles conditions contre la concurrence déloyale

11. «Règlement des relations ouvrières en temps de guerre», promulgué le 17 février 1944.
12. S.Q. 14 George V (1924) c. 112.
13. S.Q. 14 George V (1924), c. 112, art. 21 et 24.

14. S.Q. 24 George V (1934) c. 56.

qui se pratiquait ouvertement sur les salaires des travailleurs. La convention collective était au cœur même de la loi et des dispositifs qu'elle mettait en place pour réaliser les objectifs poursuivis. C'est ainsi que la condition essentielle pour que les parties requérantes obtiennent l'extension des conditions de travail contenues dans leur convention collective était justement «que les dispositions de la convention aient acquis une signification et une importance prépondérantes pour l'établissement des conditions de travail» (L.D.C.C. art. 6)[15].

Une fois adopté le décret d'extension de la convention collective, celle-ci acquérait un caractère normatif impérieux, reposant sur des textes de loi très clairs. Les dispositions du décret – qui incorporait celles de la convention collective – étaient déclarées d'ordre public, et toute entente sur des conditions de travail inférieures était déclarée nulle et sans valeur (L.D.C.C. art. 11 et 13).

La loi demeurait volontaire, en ce sens que les parties devaient faire la demande d'extension juridique pour que celle-ci s'applique. Par contre, après l'adoption du décret d'extension, les conditions de travail qui y étaient mentionnées devenaient impératives pour tous les employeurs et tous les salariés de l'industrie, de l'occupation et de la région en cause. Il s'agissait de la première loi vraiment contraignante en matière de convention collective.

À la différence de la *Loi des syndicats professionnels* qui accordait ce droit aux syndicats incorporés, les poursuites, dans le cas de la loi de 1934, étaient confiées à un comité paritaire, composé de représentants des employeurs et des syndicats en cause. Ce comité paritaire avait des pouvoirs de substitution encore plus grands et plus impérieux que ceux qu'accordait la *Loi des syndicats professionnels*.

> [Le comité paritaire peut] exercer les recours qui naissent du décret en faveur des salariés qui n'ont pas fait signifier de poursuites dans un délai de quinze jours de l'échéance, et ce, nonobstant toute loi à ce contraire, toute opposition ou toute renonciation expresse ou implicite du salarié, et sans être tenu de justifier d'une cession de créance par l'intéressé... (L.D.C.C., art. 20, c.)

* * *

Pendant ce temps, la jurisprudence évoluait de son côté, mais elle a longtemps oscillé. Plusieurs arrêts ont statué qu'il n'y avait pas d'autres recours en matière de convention collective que l'action économique, et particulièrement la grève. Dans d'autres cas, on s'est demandé si la convention collective donnait des droits aux travailleurs individuels et si ceux-ci devaient être signataires de la convention pour en bénéficier. Dans la pratique, cependant, on recourait beaucoup plus souvent à l'arbitrage des griefs qu'aux tribunaux, même s'il y a eu hésitation à ce sujet également et que ce n'est que peu à peu que le recours à l'arbitrage s'est imposé. Certaines dispositions des lois de relations ouvrières allaient appuyer fortement le recours à l'arbitrage et contribuer à donner un statut nouveau et différent à la convention collective.

Le CP 1003 lui-même édictait que tout désaccord qui surviendrait durant la convention collective devrait être résolu de façon finale sans arrêt de travail. Si une convention collective ne prévoyait pas de mécanismes à cet effet, le Conseil des relations ouvrières devait, sur demande, établir une procédure de cette nature[16]. La plupart des provinces ont adopté des dispositions semblables, sauf la Saskatchewan, qui n'en aura jamais, et le Québec, qui attendra jusqu'en 1961 pour le faire[17].

L'adoption d'une telle mesure allait en quelque sorte donner force de loi à la pratique qui découlait de la plupart des conventions collectives. En même

15. GÉRARD HÉBERT, «Note liminaire sur la nature et l'histoire de la *Loi de la convention collective*» dans *Décrets et comités paritaires*, Montréal, Éditions Bellarmin, 1964, p. 9-16; PIERRE-PAUL MORISSETTE, «La convention collective étendue par décret» dans *Vingt-cinq ans de pratique en relations industrielles au Québec*, sous la direction de RODRIGUE BLOUIN, Cowansville, Éditions Yvon Blais, 1990, p. 631-643.

16. CP 1003, 17 février 1944, art. 18. La même disposition sera reprise de façon définitive dans la *Loi sur les enquêtes visant les différends du travail*, S.C. 1948, c. 54, art. 19.

17. *Loi modifiant la Loi des relations ouvrières*, 9-10, Elizabeth II, c. 73, art. 6.

temps, la sanction de telles dispositions créait une nouvelle réalité juridique, destinée à un grand développement: le caractère normatif et impératif du contenu de la convention collective était implicitement affirmé et renforcé. La loi fédérale qui devait remplacer le CP 1003, en 1948, statuait explicitement que la convention collective liait le syndicat, les travailleurs et l'employeur[18]. Au Québec, l'évolution sera complétée par l'introduction, en 1964, avec l'adoption du *Code du travail*, de la disposition suivante[19]:

> [La sentence] peut être exécutée sous l'autorité d'un tribunal compétent, sur poursuite intentée par une partie, laquelle n'est pas tenue de mettre en cause la personne pour le bénéfice de laquelle elle agit.

* * *

Même si l'exécution de la convention collective se trouve assurée par une disposition de cette nature, le problème de son identité légale, de sa nature juridique n'est pas réglé pour autant. C'est la question qu'il nous faut aborder maintenant.

3.2.2 Statut légal actuel

Plusieurs voient dans la convention collective une sorte de contrat collectif. De fait, elle se négocie comme un contrat, elle comporte un échange de biens et de services, et donne accès à certains recours. Mais l'analogie s'arrête là. Ce n'est certainement pas un contrat ordinaire: l'employeur est obligé de négocier, la loi contient une liste de pratiques interdites (presque toutes destinées à protéger le syndicat, diverses interventions peuvent être imposées en cas d'impasse dans les négociations, la convention lie même les futurs salariés (C.t. art. 67), etc.[20].

La convention collective présente quelques analogies avec le contrat, certaines caractéristiques des ententes, mais ce n'est certes pas un contrat au sens du *Code civil*; c'est une entente d'une autre nature, fondée sur diverses lois du travail. La convention collective tire sa valeur juridique d'une loi, et non pas du *Code civil*, sauf pour les cas où un recours aux tribunaux ordinaires est expressément prévu.

Ce statut juridique particulier a notamment comme conséquence que le recours spécifique et exclusif en cas de violation de la convention ne relève pas du droit commun; il découle d'une loi particulière et prend la forme d'un arbitrage. La décision de l'arbitre est finale et sans appel, c'est-à-dire que les tribunaux ordinaires refuseront de reconsidérer le fond du litige: le *Code du travail* établit que «la sentence arbitrale est sans appel» (C.t. art. 101). Les intéressés pourront s'adresser aux tribunaux de droit commun uniquement pour une question de compétence, si l'arbitre a dépassé les limites de sa compétence, ou s'il a refusé de l'exercer, ou s'il a commis une erreur manifeste de droit (C.t. art. 139). Mais aucun juge ne discutera du bien-fondé de la sentence arbitrale elle-même: elle est sans appel.

On dit, rappelons-le, que la convention collective constitue la loi des parties. C'est vrai en ce sens qu'elle contient les règles que les parties elles-mêmes s'engagent à respecter pendant qu'elle est en vigueur. Ce pouvoir de réglementation lui vient des lois qui ont établi l'accréditation des syndicats et l'obligation de négocier de bonne foi; les mêmes lois ont déterminé les effets de la convention et les recours auxquels elle peut donner lieu. En d'autres mots, c'est le *Code du travail*, au Québec, qui confère aux conventions collectives le pouvoir de réglementation qu'elles ont.

On reconnaît sans difficulté l'analogie avec les contrats – on parle même souvent du contrat collectif pour désigner la convention collective – et tous admettent la portée réglementaire ou normative du document. Là où les divergences surgissent, c'est quand on cherche à expliciter les rapports et les liens entre la convention collective et le contrat individuel de travail de chaque salarié. On s'entend pour dire que

18. *Loi sur les relations industrielles et sur les enquêtes visant les différends du travail*, S.C. 1948, c. 54, art. 18.
19. *Code du travail* du Québec, 12-13, Elizabeth II, 1964, c. 45, art. 89 et 81.
20. A.W.R. Carrothers, «Labour Law through the Prism of *Paccar*», *Relations industrielles*, vol. 45, n° 3, 1990, p. 585-611; voir la section sur la nature de la convention collective, p. 593-594.

la convention collective détermine les conditions de travail qui s'appliqueront obligatoirement à tous les salariés de l'unité de négociation. Selon plusieurs, la convention collective fournit le contenu de chaque contrat individuel de travail, même implicite. Les tribunaux sont allés aussi loin que d'affirmer que « la relation individuelle entre l'employeur et l'employé n'a de sens qu'au moment de l'embauche[21] ». D'autres diront plutôt que la convention collective « saisit le contrat individuel de travail », qui demeure toujours sous-jacent, afin d'assurer à chaque salarié le bénéfice des conditions négociées dans la convention collective[22]. Si, entre deux conventions collectives, il se produit une période de vide juridique – l'ancienne est échue et la nouvelle n'est pas encore en vigueur – quelques-uns considèrent que le contrat individuel resurgit alors automatiquement ; mais selon quelles conditions de travail ? C'est là qu'on ne s'entend vraiment plus[23].

Au bout du compte, quel est le statut juridique de la convention collective ? Le texte suivant, publié comme commentaire à une décision de la Cour suprême du Canada en la matière, résume bien les principaux éléments de la réponse, discutés jusqu'ici[24].

> Une convention collective n'est pas un contrat. C'est l'expression d'un consensus d'un autre type. La convention collective n'a d'autre existence que statutaire. Parce que le consensus est de son essence, l'analogie avec le contrat apporte un certain éclairage ; l'aspect collectif correspond aux obligations et aux liens que la loi établit entre l'employeur, les employés et le syndicat.

3.2.3 Effets de nature juridique

Comme acte réglementaire, la convention collective impose des obligations. Mais à qui ? Le *Code canadien du travail* et plusieurs lois provinciales de relations ouvrières spécifient que la convention collective lie l'employeur, le syndicat signataire et tous les employés visés dans le certificat d'accréditation[25].

Le *Code du travail* du Québec ne dit pas explicitement que la convention lie le syndicat signataire et l'employeur : il le suppose puisque l'un et l'autre sont tenus de négocier et qu'ils ont effectivement signé la convention collective. Par contre, il précise que la convention lie tous les salariés de l'unité d'accréditation, actuels et futurs, et il ajoute qu'une seule convention collective peut exister à l'égard du groupe visé. Pas question pour l'employeur et le syndicat de signer deux conventions distinctes pour le même groupe de salariés visés par le certificat d'accréditation (C.t. art. 67).

Autrement dit, aucune entente individuelle n'est possible entre un employeur et un salarié, à tout le moins pour des conditions de travail inférieures à celles de la convention collective. Certaines lois du travail contiennent une mention explicite à cet effet[26]. Quant à une entente pour des conditions supérieures, la réponse est moins claire. Règle générale, les syndicats s'y opposent farouchement : ils le mettent même par écrit dans certaines conventions ; une telle pratique devient alors clairement interdite. La raison est simple : une fois établi, un syndicat tient à ce que tous les avantages ne viennent aux employés que par son entremise. Il existe quelques cas particuliers où la convention collective permet des ententes individuelles plus favorables, par exemple dans le monde des artistes, ou pour assurer le maintien de droits acquis par tel salarié ou tel groupe de salariés.

Le législateur a voulu donner au syndicat et aux salariés les moyens de contraindre l'employeur à respecter la convention collective. En d'autres mots, il

---

21. *McGavin Toastmaster Ltd.* c. *Ainscough*, (1976) 1 R.C.S., p. 724-725.
22. Fernand Morin, « Modification unilatérale des conditions de travail (commentaires sur l'arrêt *Paccar*), *Relations industrielles*, vol. 45, n° 3, 1990 (p. 566-584), p. 583.
23. *Ibid.*, p. 566-584 ; A.W.R. Carrothers, *op. cit.*, p. 585-611.
24. A.W.R. Carrothers, *op. cit.*, p. 605-606.
25. *Code canadien du travail*, S.R.C. 1985, c. L-2, art. 56. Ontario, *Labour Relations Act*, R.S.O. 1980, c. 228, art. 50. British Columbia, *Industrial Relations Act*, R.S.B.C. 1979, c. 212, art. 64.
26. *Loi sur les décrets de convention collective*, L.R.Q. c. D-2, art. 11-1, art. 11-13. *Loi sur les normes du travail*, L.R.Q. c. N-1.1, art. 93.

a voulu s'assurer de la valeur contraignante des conditions contenues dans les conventions collectives et des sentences arbitrales qui s'y rapportent. Pour ce faire, il a institué la requête à la Cour supérieure comme moyen de forcer l'application d'une sentence arbitrale, dans les cas où une des parties refuserait de s'y conformer. Le simple dépôt au bureau du protonotaire de la Cour supérieure du district où est situé l'établissement en cause suffit pour homologuer la sentence arbitrale: ce dépôt lui confère alors la même force et le même effet que s'il s'agissait d'un jugement émanant de la Cour supérieure, et son contenu devient exécutoire par le fait même (C.t. art. 101 avec renvoi à l'art. 19.1).

Le syndicat qui a signé une convention collective se voit accorder un privilège d'exclusivité, un monopole de représentation, pour la durée de la convention collective. Une requête en accréditation pour représenter un groupe de salariés déjà régis par une convention collective peut être déposée uniquement entre le 90e et le 60e jour qui précèdent la date d'expiration de ladite convention (C.t. art. 22, d). La loi interdit même le changement d'affiliation et les démarches à cette fin, sauf dans les derniers mois de la convention. Elle veut ainsi assurer la stabilité des conditions et des relations du travail.

> Nulle association accréditée ayant conclu une convention collective, nul groupe de salariés régis par une telle convention [...] ne fera de démarches en vue de devenir membre d'une autre association ou de s'y affilier, sauf dans les quatre-vingt-dix jours précédant la date d'expiration ou de renouvellement de la convention (C.t. art. 73).

Non seulement tout autre syndicat est-il exclu tant que la convention n'est pas sur le point d'expirer, mais même les employés régis par la convention ne peuvent agir que par l'entremise de leur syndicat. Tous les recours s'exercent par lui, en particulier dans la procédure de règlement des griefs.

Une conséquence de ce statut particulier de la convention collective, c'est qu'un employé ne peut recourir aux tribunaux en leur demandant d'interpréter la convention collective et de rendre une décision sur une question qui le concerne. Même dans le cas où un syndicat refuse de défendre un grief présenté par un des salariés visés, celui-ci n'a aucun recours, à moins qu'il s'agisse d'une mesure disciplinaire et que le salarié puisse prouver la mauvaise foi et le défaut de représentation du syndicat à son égard. C'est alors contre son syndicat qu'il doit déposer une plainte auprès du ministre du Travail (C.t. art. 47.3 et 47.4).

Le non-respect d'une sentence homologuée par la Cour supérieure peut, naturellement, donner lieu à des recours civils. Sauf dans ces cas particuliers, et généralement marginaux, le salarié individuel n'a d'autre recours pour faire respecter la convention collective que la voie du règlement et de l'arbitrage des griefs. C'est la contrepartie du statut légal particulier que le droit statutaire a accordé à la convention collective.

La convention collective est même assurée d'une certaine survie. Elle survit à sa date d'échéance, jusqu'à l'acquisition du droit de grève ou de lock-out par les parties (C.t. art. 59, 2e alinéa), à moins que la convention elle-même ne prévoie qu'elle sera prolongée jusqu'à la signature de la nouvelle convention. Elle survit même à un changement de propriétaire, et donc à la disparition de l'employeur signataire. Si l'entreprise disparaît complètement, par fermeture, incendie ou autrement, la convention collective ne lui survivra pas, sauf pour ce qui est des indemnités qui y seraient prévues. Mais elle survivra à un changement de propriétaire, autant qu'à une subdivision des activités par sous-traitance ou concession. La convention collective, tout comme l'accréditation dont elle dépend, est reliée à l'entreprise, et non à son propriétaire. Tout acheteur de l'entreprise – ou de l'établissement – achète en même temps le certificat d'accréditation et la convention collective[27]. Toutes

27. *Syndicat national des employés de la CSR de l'Outaouais* c. *Union des employés de service, local 298*, Cour suprême du Canada, 22 décembre 1988, (1988) 2 R.C.S. p. 1048-1127 C.L.L.C. paragr. 14045; Marc Brière, Robert P. Gagnon et Catherine Saint-Germain, *La transmission d'entreprise en droit du travail*, Cowansville, Éditions Yvon Blais, 1982, 169 p.; Gaston Nadeau et Jacques Chevrier, «La transmission d'entreprise et les rapports collectifs de travail. Aperçu juridique des règles s'appliquant en Ontario et au fédéral», *Le marché du travail*, vol. 10, nº 11, novembre 1989, p. 6-8 et 73-80.

les lois canadiennes de relations du travail contiennent une disposition à cet effet, semblable à celle-ci tirée du *Code du travail* du Québec :

> L'aliénation ou la concession totale ou partielle d'une entreprise autrement que par vente en justice n'invalide aucune accréditation accordée en vertu du présent code, aucune convention collective, ni aucune procédure en vue de l'obtention d'une accréditation ou de la conclusion ou de l'exécution d'une convention collective.
>
> Sans égard à la division, à la fusion ou au changement de structure juridique de l'entreprise, le nouvel employeur est lié par l'accréditation ou la convention collective comme s'il y était nommé et devient par le fait même partie à toute procédure s'y rapportant, aux lieu et place de l'employeur précédent. (C.t. art. 45).

3.2.4 Conditions de validité

La première condition pour qu'une convention collective soit reconnue au Québec, c'est qu'elle soit négociée et signée par une association accréditée. Il en est ainsi depuis 1969 seulement. Auparavant, les conventions collectives signées sur une base volontaire par un employeur et une association reconnue par lui répondaient tout autant à la définition du *Code* ou de la *Loi des relations ouvrières*. La définition du *Code canadien du travail* inclut encore la convention collective d'une association reconnue. D'un autre côté, toutes les lois qui admettent les associations reconnues et leurs conventions collectives affirment cependant la préséance de la convention négociée et signée par une association accréditée, à tel point qu'une telle convention supplante de plein droit celle d'une association simplement reconnue par l'employeur. Le *Code du travail* du Québec déclare même qu'une association nouvellement accréditée en supplante une autre s'il y a lieu – normalement en fin de convention – dans tous ses droits et obligations.

> « Convention collective » – Une entente écrite relative aux conditions de travail conclue entre une ou plusieurs associations *accréditées* et un ou plusieurs employeurs ou associations d'employeurs. (C.t. Québec, art. 1, d)
>
> « Convention collective » – Convention écrite convenue entre un employeur et un agent négociateur et renfermant des dispositions relatives aux conditions d'emploi et à des questions connexes. (C.c.t. art. 3, paragr. 1)
>
> Une association accréditée est subrogée de plein droit dans tous les droits et obligations résultant d'une convention collective en vigueur conclue par une autre association ; cependant elle peut y mettre fin ou la déclarer non avenue par avis écrit transmis à l'employeur et au commissaire général du travail. (C.t. art. 61)

Une exigence supplémentaire vise la ratification par les employés de l'unité visée. Le Code impose un vote au scrutin secret parmi les membres de l'association accréditée en question.

> La signature d'une convention collective ne peut avoir lieu qu'après avoir été autorisée au scrutin secret par un vote majoritaire des membres de l'association accréditée qui sont compris dans l'unité de négociation et qui exercent leur droit de vote. (C.t. art. 20.3)

La loi accorde donc le droit d'accepter ou de rejeter une convention collective non pas à tous les salariés qui seront régis par elle mais seulement à ceux qui sont membres de l'association accréditée et qui exercent leur droit de vote lors de l'assemblée de ratification. De plus, l'article 20.4 du Code déclare que seul un membre de l'association accréditée et le procureur général ont droit à des recours, en tant que parties intéressées. Ces recours ne sont que d'ordre pénal. On doit en conclure que le vote de ratification ne constitue pas une condition de validité. Les tribunaux ne considèrent pas une obligation de ce genre comme d'ordre public, mais simplement comme prohibitive : sans le vote prescrit, il est interdit de signer la convention collective. D'un autre côté, un groupe de salariés peut obtenir une injonction pour forcer la convocation d'une assemblée en vue de tenir le scrutin de ratification si le syndicat refuse de le faire[28].

---

28. Disposition prohibitive : voir *Girard* c. *Veronneau*, (1980) C.A. 543. L'arrêt portait sur une autre loi, mais le principe s'applique également au vote de ratification. Injonction pour forcer la tenue d'une assemblée : *Marinier* c. *Fraternité interprovinciale des ouvriers en électricité*, (1988) R.J.Q. 495 (C.S.).

Du point de vue de la forme, le Code impose plusieurs conditions, sous peine d'invalidité. D'abord, la convention collective doit être écrite. Cette obligation remonte à l'adoption des lois fondamentales en matière de relations ouvrières, soit au décret CP 1003 et aux autres lois de 1944. La loi entérinait alors la pratique courante. En effet, c'est depuis le début que les conventions collectives sont rédigées; pour qu'elles soient un instrument de justice auquel on puisse se référer, l'écriture constitue une condition essentielle. On aura noté, dans les définitions citées plus haut, que le mot «écrit» apparaît partout.

La convention collective doit également être déposée auprès d'un organisme public, et cela depuis 1944, tant en vertu des lois fédérales que provinciales. L'exigence du dépôt était clairement mentionnée, mais elle n'a pas toujours été appliquée à tous les niveaux de gouvernement. Au Québec, on en a fait une condition de validité en 1969. La sanction introduite à ce moment prévoyait qu'à défaut d'un tel dépôt dans les 60 jours suivant la signature de la convention, le droit à l'accréditation était acquis à un autre groupe qui en ferait alors la demande (C.t. art. 72, 13e alinéa). La question demeure de savoir à quel moment la convention collective entre en vigueur, même si le texte dit clairement que c'est uniquement à compter du dépôt. D'un autre côté, on a ajouté, en 1977, qu'il y avait effet rétroactif à la date prévue dans la convention collective. Selon le *Code canadien du travail*, dans les cas de compétence fédérale, l'obligation se limite au dépôt d'une copie de la convention collective auprès du ministre «dès la signature de celle-ci», sans mention d'aucune sanction (C.c.t. art. 115).

Au Québec, une autre obligation de forme s'ajoute, à savoir que le texte officiel de la convention collective doit être rédigé en langue française, sous peine de nullité. La *Charte de la langue française* comporte un article qui porte expressément sur le sujet[29]:

> Les conventions collectives et leurs annexes doivent être rédigées dans la langue officielle, y compris celles qui doivent être déposées en vertu de l'article 72 du *Code du travail*. (C.L.F. art. 43)

Enfin, quant à leur validité, les différentes clauses de la convention collective sont considérées comme divisibles. Une ou plusieurs clauses peuvent être déclarées invalides; le reste de la convention ne conserve pas moins sa pleine valeur légale. L'article 64 du *Code du travail* déclare expressément qu'«une convention collective n'est pas invalidée par la nullité d'une ou plusieurs de ses clauses».

Telles sont les principales conditions de validité des conventions collectives en vigueur au Québec.

3.2.5 Étendue de l'application

La question de l'étendue de l'application peut être envisagée sous plusieurs aspects. Nous considérerons successivement l'objet de la convention et les sujets de son application.

Un terme capital des définitions de la convention collective est l'expression «conditions de travail» ou, selon les mots du *Code canadien du travail*, les «conditions d'emploi». L'expression exclut évidemment tout ce qui n'aurait absolument rien à voir avec les conditions de travail ou d'emploi. Mais l'interprétation s'est faite de plus en plus large, conformément à la thèse qu'il ne s'agit pas d'un contrat civil et que le syndicat n'est pas un simple mandataire de ses membres à titre individuel; il est lui-même une personne morale qui contracte des droits et des obligations. Parmi les droits que le syndicat acquiert figurent principalement les clauses dites de sécurité syndicale, que nous étudierons en détail dans le chapitre suivant. Il faut noter ici la controverse qui a existé à ce sujet et qui a finalement été tranchée par les tribunaux. Ceux-ci n'ont pas été unanimes, puisque la Cour supérieure et la Cour d'appel ont d'abord déclaré que la cotisation obligatoire pour tous les salariés régis par la convention collective ne pouvait constituer une condition de travail. Ensuite, la Cour suprême du Canada a finalement décidé, avec dissidence de certains de ses membres, que l'obli-

29. Un article de la même loi l'établit explicitement: «Sont nuls (...) les actes juridiques, décisions et autres documents non conformes au présent chapitre.» (*Charte de la langue française*, L.R.Q., c. C-11, art. 48.)

gation de payer l'équivalent de la cotisation syndicale constituait une condition de travail[30]. La décision comportait des conséquences nombreuses et allait dans le sens de l'élargissement de la définition des conditions de travail. La controverse sur la priorité à donner aux droits individuels ou aux droits collectifs risque de reprendre compte tenu des chartes des droits de la personne, adoptées au cours des dernières décennies[31].

La loi ne met explicitement aucune limite à l'interprétation de l'expression «conditions de travail», si ce n'est d'interdire ce qui serait «contraire à l'ordre public ou prohibé par la loi» (C.t. art. 62). Une des limites vient, par exemple, de la *Loi sur les normes du travail*; comme la loi est déclarée d'ordre public, une convention collective ne pourrait pas contenir de mesures qui contrediraient une disposition de cette loi (L.N.T. art. 93-94). Hormis ces limites, les parties ont toute liberté de considérer les dispositions qui les concernent comme faisant partie des conditions de travail susceptibles d'entrer dans la convention collective.

Quant aux salariés qui seront visés par la convention collective, ils sont déterminés dans le certificat d'accréditation : ils incluent tous les employés qui répondent à la définition du certificat, qu'ils soient membres ou non du syndicat en cause. Le *Code du travail* précise que la convention lie tous les salariés actuels ou futurs visés par l'accréditation (C.t. art. 67). La définition de l'unité visée dans le certificat dépend à la fois de la volonté des parties, de certaines règles fondamentales, que nous considérerons dans le chapitre 16, et du contexte social. Pour ne donner qu'un exemple, la situation des employés à temps partiel a évolué considérablement au cours des dernières années. Il y a 10 ou 15 ans, ils n'étaient que très rarement inclus dans l'unité de négociation; aujourd'hui il est beaucoup plus fréquent que les employés à temps partiel bénéficient d'un certain nombre de clauses, généralement restreint, comme nous le verrons en traitant de la règle de l'ancienneté.

* * *

Fondamentalement, la convention collective jouit d'un régime juridique défini par la loi : elle tire son pouvoir de la loi qui la régit. Pour déterminer les conditions de travail des salariés qu'elle vise, elle se substitue aux ententes individuelles. Il n'y a pas une liberté individuelle mais une liberté collective à négocier; et, sur bien des points, il reste des imprécisions, sinon des conflits, entre les droits des salariés en tant que personnes individuelles et en tant que salariés, membres de l'unité de négociation.

Après avoir présenté le rôle et la nature de la convention collective, ainsi que son statut juridique, il nous reste à en voir la situation numérique et l'importance relative.

3.3 Situation numérique et importance relative

Combien de salariés, au Québec et au Canada, sont régis par une convention collective? Quelle proportion représentent-ils par rapport à l'ensemble des salariés rémunérés, le secteur agricole mis à part[32]? La question est simple; la réponse l'est beaucoup moins. Même le nombre d'employés effectivement régis par une convention collective n'est pas facile à établir : trop de facteurs font que tel ou tel groupe peut être compté et que tel autre ne devrait pas l'être. Quant à la proportion d'employés régis par convention collective, elle dépend également du groupe de référence (dénominateur) que l'on choisit. Cette proportion

30. *Syndicat catholique des employés de magasin de Québec* c. *La Compagnie Paquet ltée* (1959) R.C.S. 206.
31. Alain Barré, «Le régime des rapports collectifs et les chartes» dans *Les Chartes des droits et les relations industrielles*, 43e Congrès des relations industrielles de l'Université Laval, 1988, Québec, Les Presses de l'Université Laval, 1988, p. 136-156.
32. On exclut généralement le secteur agricole du groupe de référence auquel on compare le nombre de syndiqués ou de salariés régis par convention collective. On procède ainsi parce que le secteur agricole compte une forte proportion de travailleurs indépendants, propriétaires de leurs fermes. Cette situation est trop différente du reste de l'économie.

varie aussi énormément selon qu'on considère l'ensemble de l'économie ou seulement tel ou tel secteur.

Nous verrons d'abord les nombres et les proportions globales, après quoi nous analyserons les données selon, premièrement, les grands secteurs, puis selon d'autres variables, comme la taille de l'entreprise, l'affiliation syndicale et la région. Ces subdivisions nous donneront une idée de l'infinie diversité des situations. Nous terminerons par une question particulière: quel rapport y a-t-il entre le nombre de syndiqués et le nombre d'employés régis par convention collective?

3.3.1 Nombre total et proportion de salariés régis

Le relevé des conventions collectives en vigueur et du nombre de salariés qu'elles régissent comporte de nombreuses difficultés[33]. Aussi devons-nous nous satisfaire de chiffres approximatifs, parfois même d'estimations. Ces difficultés expliquent également les divergences qui peuvent exister entre différentes séries statistiques qui devraient être identiques et qui ne le sont pas.

On estime qu'il existe présentement au Québec tout près de 10 000 conventions collectives en vigueur, et qu'elles régissent environ un million de salariés, parmi les quelque 2,7 millions de travailleurs rémunérés. Cela représente un peu moins de 40 % des travailleurs rémunérés, excluant le secteur agricole. Ces chiffres ne comprennent pas non plus les entreprises de compétence fédérale.

Au Canada, on peut estimer à environ 30 000 le nombre de conventions collectives et à près de 4 millions le nombre de salariés qu'elles régissent. (Voir le tableau 3-1.) Le plus grand nombre de conventions collectives et de salariés régis se trouve évidemment en Ontario et au Québec. Les provinces de l'Ouest viennent ensuite, suivies des provinces maritimes. Cette répartition s'explique à la fois par l'importance démographique des différentes provinces, mais aussi par la structure économique de chacune. Le taux, ou la proportion, des salariés régis par convention collective est plus élevé au Québec que dans n'importe quelle autre province; il y a deux raisons à ce fait: la présence d'un système d'extension juridique des conventions collectives, qui n'existe pas ailleurs et dont il sera question dans le chapitre 28, et l'obligation d'adhérer à un syndicat faite à tous et chacun des travailleurs de la construction. En tenant compte de la population de chaque province, les taux les plus élevés reviennent ensuite à la Colombie-Britannique et à Terre-Neuve; dans un cas comme dans l'autre, il semble bien que des facteurs culturels et idéologiques expliquent le développement plus grand du mouvement syndical dans ces provinces; le type d'industries qu'on y trouve joue également un rôle. Peut-être en raison même de sa prospérité, la proportion d'employés régis par convention collective dans la province de l'Ontario est bien inférieure à la moyenne canadienne.

Une différence majeure dans la répartition des conventions collectives vient de la taille des unités où elles s'appliquent. Le tableau 3-2 révèle les données essentielles selon cette variable fondamentale, dans le cas du Québec, en 1984 et 1989. Les chiffres montrent que les deux tiers des conventions collectives en vigueur au Québec – et il en est ainsi dans à peu près toutes les provinces, compte tenu de la structure industrielle de chacune – s'appliquent dans des entreprises de moins de 50 salariés. Ces quelque 4500 conventions collectives, d'un autre côté, visent à peine 10 % de l'ensemble des salariés régis par convention collective. C'est tout naturel, puisqu'il s'agit de conventions qui s'appliquent dans des établissements de petite taille. L'importance numérique de ces petites conventions est énorme, même si elles ne visent qu'un faible pourcentage de tous les salariés régis par convention. Tout au long de l'étude, nous ferons la distinction entre les conventions collectives régissant moins de 50 salariés et celles qui régissent 50 salariés et plus.

Si l'on passe de la vision globale à une répartition selon les différents secteurs de l'économie, et selon d'autres variables, les affirmations d'ensemble

33. Les principales difficultés de ce relevé sont expliquées dans la première note technique, à la fin du présent chapitre.

TABLEAU 3-1

Nombre et proportion des salariés régis par convention collective selon les provinces canadiennes – 1984 et 1989

Provinces[1]	1984[2]			1989		
	C.c.	Salariés régis	% des trav.	C.c.	Salariés régis	% des trav.
Ontario	10 000	1 397 200	37,6	n.d.	1 509 000	33,3
Québec	8 000	1 161 700	49,7	n.d.	1 254 600	44,4
Colombie-Britannique	4 000	463 700	46,4	n.d.	540 000	41,5
Alberta	2 400	305 000	33,4	n.d.	329 400	31,9
Manitoba	1 800	163 800	41,9	n.d.	155 000	38,0
Saskatchewan	1 000	130 400	41,9	n.d.	106 700	38,2
Nouvelle-Écosse	1 000	120 900	42,5	n.d.	130 600	37,4
Nouveau-Brunswick	980	83 700	40,9	n.d.	90 400	32,9
Terre-Neuve	600	64 900	46,3	n.d.	86 000	40,0
Île-du-Prince-Édouard	200	12 800	35,2	n.d.	13 800	30,0
CANADA[3]	29 600	3 904 100	41,9	n.d.	4 216 400	36,5

n.d. : Les données ne sont pas disponibles.

1. La répartition selon les provinces inclut, de façon proportionnelle à la taille de chaque province, près d'un demi-million (450 000) de travailleurs régis par des conventions collectives qui s'appliquent dans plus d'une province, par exemple aux employés du transport aérien et ferroviaire.
2. Le choix des années 1984 et 1989 est expliqué dans la note technique à la fin du chapitre.
3. Les chiffres pour le Canada peuvent ne pas correspondre à la somme des chiffres des provinces parce que, entre autres, plusieurs chiffres ont été arrondis.

Sources : Pour le nombre de salariés régis par convention collective en 1984 et le pourcentage correspondant, voir PRADEEP KUMAR, *Estimates of Unionism and Collective Bargaining Coverage*, Kingston, Queen's Papers in Industrial Relations 1988-2, 39 p. Pour le reste il s'agit d'estimations de l'auteur fondées entre autres sur : Travail Canada, *Dispositions des conventions collectives au Canada* et *Répertoire des organisations de travailleurs et de travailleuses au Canada*.

devront être nuancées profondément. C'et ce que nous allons voir immédiatement.

3.3.2 Répartition selon les grands secteurs

Compte tenu du développement du syndicalisme et de la négociation collective dans le secteur public au cours des 20 dernières années, il faut d'abord considérer cette distinction fondamentale. Pour circonscrire le secteur public, nous adoptons la définition généralement utilisée au Québec : on y inclut d'abord les employés directs de l'État et de ses principaux organismes (le secteur public proprement dit), ensuite les employés des deux secteurs de l'éducation et des affaires sociales (incluant les services de santé, les services sociaux et les services d'accueil de caractère public), qu'on appelle généralement le « secteur parapublic ». (Voir le tableau 3-3.)

La première partie du tableau 3-3 rappelle les observations générales faites plus haut, à savoir que les deux tiers des conventions collectives s'appliquent dans des établissements qui comptent moins de 50 salariés régis : ceux-ci représentent environ 10 % de tous les salariés régis par convention collective. En considérant toujours ces deux seules catégories,

TABLEAU 3-2

Répartition des conventions collectives et des salariés au Québec selon le nombre de salariés régis par convention – 1984 et 1989

Conventions collectives régissant	Conventions collectives en vigueur en 1984				1989			
	C.c.	%	Salariés	%	C.c.	%	Salariés	%
1 à 19 salariés	2 386	39,3	22 988	3,0	3 007	37,8	28 896	2,8
20 à 49	1 694	27,9	53 928	7,1	2 377	29,8	73 949	7,2
50 à 99	922	15,2	63 765	8,3	1 258	15,8	85 287	8,3
100 à 199	573	9,4	79 169	10,4	702	8,8	93 918	9,2
200 à 499	323	5,3	97 948	12,8	423	5,3	124 233	12,1
500 à 999	85	1,4	56 816	7,4	103	1,3	71 670	7,0
1 000 à 4 999	65	1,1	147 664	19,3	70	0,9	161 187	15,7
5 000 à 9 999	11	0,2	75 952	9,9	15	0,2	108 305	10,6
10 000 et plus	5	0,1	165 673	21,7	10	0,1	276 240	27,0
TOTAL[1]	6 064	100,0	763 903	100,0	7 965	100,0	1 023 685	100,0

1. La différence entre les nombres de salariés mentionnés ici et ceux du tableau 3-1 pour le Québec s'explique de plusieurs manières. La principale est que les chiffres du tableau 3-2 n'incluent ni les conventions ni les salariés qui relèvent de la compétence fédérale.

Source: Données mécanographiques du Centre de recherche et de statistiques sur le marché du travail (CRSMT), janvier et mars 1991.

chaque petite convention collective vise une moyenne de 17,5 salariés, alors que chaque grande convention régit en moyenne près de 400 salariés. La moyenne globale est d'environ 125 salariés par convention collective, moyenne qui est demeurée relativement stable au cours des 10 dernières années.

Si on fait la distinction entre le secteur privé et le secteur public, tel que défini plus haut, la situation change totalement. La proportion des petites conventions collectives augmente encore davantage, dans le secteur privé, pour atteindre 70 % des conventions régissant 15 % des salariés; à l'inverse 30 % des grandes conventions régissent 85 % des salariés, toujours dans le secteur privé. Dans le même secteur, la moyenne des salariés régis par chacune des conventions collectives oscille autour de 75 personnes. Dans le secteur public et parapublic, le nombre de conventions collectives régissant moins de 50 salariés demeure encore relativement élevé; mais les grandes unités ont un poids tel que la moyenne globale se rapproche considérablement des 1000 salariés par convention collective. Pourtant, il faut souligner que plusieurs catégories d'emploi ne visent qu'un nombre limité de salariés; qu'on pense par exemple à des professions particulières, comme les inhalothérapeutes ou les archivistes médicaux. Les petites conventions collectives du secteur public régissent environ 1 % des salariés en cause, alors que les grandes s'appliquent à 99 % d'entre eux. Dans ce dernier cas, la moyenne des salariés régis par une même convention collective atteint environ 2400 salariés[34]. Il n'y a pas à se surprendre du phénomène,

34. La même convention peut se répéter en plusieurs endroits. Par exemple, la convention des employés généraux d'hôpitaux est la même partout au Québec; mais elle se multiplie en

TABLEAU 3-3

Répartition des conventions collectives et des salariés au Québec selon le nombre de salariés régis et le secteur – 1984 et 1989

Conventions collectives régissant	Conventions collectives en vigueur en 1984[1]				1989			
	C.c.	%	Salariés	%	C.c.	%	Salariés	%
Moins de 50 salariés	4 177	68,8	73 610	9,6	5 384	67,6	102 845	10,0
50 salariés et plus	1 897	31,2	690 293	90,4	2 581	32,4	920 840	90,0
TOTAL	6 074	100,0	763 903	100,0	7 965	100,0	1 023 685	100,0
	Moy. : 125 salariés par convention				Moy. : 129 salariés par convention			
SECTEUR PRIVÉ[2]								
Moins de 50 salariés	3 980	69,2	70 097	15,5	5 055	67,9	96 897	17,6
50 salariés et plus	1 775	30,8	381 206	84,5	2 390	32,1	452 540	82,4
TOTAL	5 755	100,0	451 303	100,0	7 445	100,0	549 437	100,0
SECTEUR PUBLIC ET PARAPUBLIC	Moy. : 78 salariés par convention				Moy. : 74 salariés par convention			
Moins de 50 salariés	197	61,8	3 513	1,1	329	63,3	5 948	1,3
50 salariés et plus	122	38,2	309 087	98,9	191	36,7	468 300	98,7
TOTAL	319	100,0	312 600	100,0	520	100,0	474 248	100,0
	Moy. : 980 salariés par convention				Moy. : 912 salariés par convention			

1. Les chiffres de 1984 sont quelque peu sous-estimés. (Voir la note technique à la fin du chapitre.)
2. Par déduction : les chiffres totaux moins ceux du secteur public et parapublic. Se trouvent inclus dans le secteur privé les données du secteur péripublic (Hydro-Québec, SAQ...).

Source : Données mécanographiques du CRSMT du 9 août 1990 (1984) et du 16 janvier 1991.

puisque c'est la loi elle-même qui a favorisé les grands regroupements du secteur parapublic, en imposant en même temps, dans la plupart des cas, une obligation financière sinon morale, d'appartenir au syndicat en cause.

Entre le secteur privé et le secteur public, la différence dans la taille des conventions collectives est telle qu'on se demande si l'on est en présence du même phénomène ou de deux phénomènes différents, qui comportent plusieurs termes similaires, avec des sens parfois semblables et parfois différents. Nous consacrerons le chapitre 26 à l'étude de la négociation et des conventions collectives du secteur public et parapublic. Certains soutiennent que, dans ce secteur, il ne s'agit plus de négociation collective mais d'affrontement politique.

Même si les différences sont moins spectaculaires qu'entre le secteur public et le secteur privé, celles qu'on peut observer entre les grands secteurs industriels de l'économie demeurent très significatives. Elles découlent à la fois, dans chaque secteur, de l'histoire du syndicalisme, des caractéristiques fondamentales de l'industrie et des occupations princi-

autant de conventions identiques qu'il y a d'hôpitaux où les employés généraux se sont syndiqués et ont obtenu leur certificat d'accréditation (par hôpital).

pales qu'on y retrouve. (Voir les tableaux 3-4 et 3-5.) Le syndicalisme a commencé dans les industries primaires et secondaires, en particulier dans les mines et dans les industries manufacturières à forte composante ouvrière, comme le textile, la métallurgie et l'automobile. Dans le secteur privé, les industries primaires et secondaires, déjà fortement syndiquées, demeurent le bastion principal du syndicalisme et de la convention collective. À cause du grand nombre d'industries manufacturières à moindre concentration et à plus grande concurrence, le taux de présence des conventions collectives y demeure d'environ 50 %.

Dans le domaine des services, il faut subdiviser: les sous-secteurs y sont trop différents. Par exemple, dans celui des transports, des communications et des services d'utilité publique (électricité, gaz, téléphone) – où la plupart des établissements sont de forte taille –, le syndicalisme et la convention collective ont acquis une emprise certaine, atteignant près de 60 % de tous les salariés de ce sous-secteur[35]. Par contre, dans les services comme tels – mis à part évidemment le secteur public et parapublic –, le taux de syndicalisation est beaucoup plus faible. Dans le commerce, où des progrès sensibles ont été réalisés depuis une quinzaine d'années, le taux de représentation n'atteint pas encore 20 %; dans le commerce de gros, il oscille plutôt autour de 10 %. Dans les services proprement dits, il est encore beaucoup plus faible, de l'ordre de 7 % à 8 %. Dans le domaine public, un secteur en progression est celui des municipalités, dont le taux de représentation dépasse légèrement 50 %. Les tableaux 3-4 et 3-5 révèlent également la concentration des petites et des grandes conventions collectives. Près de 20 % de toutes les petites conventions collectives se retrouvent dans les secteurs du commerce et des services privés.

Si on compare les chiffres des tableaux 3-4 et 3-5, on constate que la proportion des salariés régis par convention collective a, dans l'ensemble, légèrement fléchi de 1984 à 1989, sauf dans le secteur public. Le recul dans le secteur privé s'explique autant par les fermetures de quelques usines importantes que par l'apparition de petites entreprises souvent dans des secteurs non syndiqués, comme dans la production d'instruments reliés à l'usage de l'informatique et dans certains services connexes. En comparant les années 1984 et 1989, on voit que le nombre de salariés régis par des conventions collectives visant moins de 50 personnes a augmenté dans tous les secteurs; d'un autre côté, le nombre de salariés visés par les grandes conventions collectives (50 salariés et plus) a augmenté dans toutes les subdivisions du secteur tertiaire, mais il est demeuré stable dans les industries traditionnelles.

La répartition des conventions collectives et des salariés régis à l'intérieur de chacun des grands secteurs varie également de façon considérable[36]. Dans le secteur primaire, par exemple, les mines sont fortement syndiquées, suivies d'assez près par le travail en forêt; dans toutes les autres subdivisions du secteur primaire, comme la chasse et la pêche, le piégeage et l'extraction du pétrole, la proportion des syndiqués est très faible. Dans le secteur secondaire, on trouve des disparités analogues. Le taux de présence syndicale y varie de 20 % dans la bonneterie (fabrication de vêtements en tricot ou tissus à mailles) à 80 % dans les usines de papier, et même davantage dans certaines subdivisions de la fabrication des produits minéraux. Le secteur des transports, des communications et des services d'utilité publique a toujours connu un taux de syndicalisation et de convention collective relativement élevé, autour de 60 %; il atteindrait peut-être 80 % si on excluait le transport par camionnage, dont les très nombreuses petites entreprises ne sont généralement pas syndiquées. Enfin, dans le secteur des services, si on exclut l'édu-

35. La description reflète la situation de 1989, la dernière disponible au moment de la rédaction, présentée dans le tableau 3-5.

36. GILLES FLEURY, «La carte syndicale au Québec en 1985», *Le marché du travail*, vol. 6, nº 12, décembre 1985, p. 87; FRANCE RACINE, «Les relations du travail en 1989», supplément au *Marché du travail*, décembre 1989, p. 20. Depuis janvier 1985, *Le marché du travail* publie une revue des relations du travail au cours de l'année précédente; celle-ci contient, entre autres, les taux de présence syndicale par industrie.

TABLEAU 3-4

Répartition des conventions collectives et des salariés régis selon les grands secteurs industriels au Québec – 1984

Grands secteurs industriels	Conventions collectives régissant												proportion sal. régis[2]
	moins de 50 salariés				50 salariés et plus				tous les salariés (TOTAL)				
	C.c.	%	Salariés	%	C.c.	%	Salariés	%	C.c.	%	Salariés	%	%
Industries primaires	95	2,3	1 920	2,6	98	5,2	24 614	3,6	193	3,2	26 534	3,5	51,0
Ind. secondaires[1]	1 426	34,1	29 805	40,5	1 086	57,2	215 325	31,2	2 512	41,4	245 130	32,1	59,3
Transp., communic. et services d'utilité publique	337	8,1	5 221	7,1	108	5,7	41 424	6,0	445	7,3	46 645	6,1	49,4
Commerce	885	21,2	14 457	19,6	169	8,9	35 500	5,1	1 054	17,4	49 957	6,6	13,5
Services privés	835	20,0	12 408	16,9	204	10,8	34 958	5,1	1 039	17,1	47 366	6,2	10,0
Secteur public et parapublic	197	4,7	3 513	4,8	122	6,4	309 087	44,8	319	5,3	312 600	41,0	60,0
Secteur municipal	402	9,6	6 286	8,5	110	5,8	29 385	4,3	512	8,4	35 671	4,7	50,0
TOTAL	4 177	100,0	73 610	100,0	1 897	100,0	690 293	100,0	6 074	100,0	763 903	100,0	44,0

1. Moins la construction proprement dite. Quelques employés non régis par le décret de la construction sont inclus dans la présente compilation (comme syndiqués et régis par convention collective).
2. La proportion de salariés régis a été établie à partir de l'article de GILLES FLEURY, «La carte syndicale au Québec», *Le marché du travail*, vol. 6, nº 12, décembre 1985 (p. 78-89), p. 87.

Source: Données mécanographiques du CRSMT (9 août 1990) regroupées par l'auteur.

TABLEAU 3-5

Répartition des conventions collectives et des salariés régis selon les grands secteurs industriels au Québec – 1989

Grands secteurs industriels	Conventions collectives régissant												proportion sal. régis[2]
	moins de 50 salariés				50 salariés et plus				tous les salariés (TOTAL)				
	C.c.	%	Salariés	%	C.c.	%	Salariés	%	C.c.	%	Salariés	%	%
Industries primaires	125	2,3	2 528	2,5	94	3,6	18 478	2,0	219	2,8	21 006	2,1	44,2
Ind. secondaires[1]	1 795	33,3	38 553	37,5	1 417	54,9	275 853	30,0	3 212	40,3	314 406	30,7	57,3
Transp., communic. et services d'utilité publique	416	7,7	7 104	6,9	98	3,8	24 300	2,6	514	6,5	31 404	3,1	53,3
Commerce	1 215	22,5	24 196	23,5	400	15,5	56 040	6,1	1 615	20,3	80 236	7,8	17,7
Services privés	1 027	19,1	17 200	16,7	264	10,2	48 922	5,3	1 291	16,2	66 122	6,5	12,0
Secteur public et parapublic	329	6,1	5 948	5,8	191	7,4	468 300	50,9	520	6,5	474 248	46,3	83,2
Secteur municipal	477	8,9	7 316	7,1	117	4,5	28 947	3,1	594	7,5	36 263	3,5	54,9
TOTAL	5 384	100,0	102 845	100,0	2 581	100,0	920 840	100,0	7 965	100,0	1 023 685	100,0	41,8

1. Moins la construction, c'est-à-dire le secteur régi par le décret de la construction.
2. La proportion de salariés régis a été établie à partir de l'article de France Racine, «La syndicalisation au Québec en 1989», dans *Les relations du travail en 1989*, supplément au *Marché du travail*, vol. 10, n° 12, décembre 1989 (76 p.), p. 20.

Source: Données mécanographiques du CRSMT du 16 janvier 1991.

cation et les services médicaux et sociaux, la moyenne demeure partout très faible; le secteur de l'hébergement et de la restauration a cependant connu un certain progrès au cours de la dernière décennie.

En résumé, la détermination des conditions de travail par convention collective va de près de 100 % dans la plupart des secteurs du domaine public, à environ 5 % dans les services de la finance, de l'assurance et de l'immobilier. Quand on parle de la pénétration du syndicalisme et de la convention collective dans l'économie canadienne ou québécoise, il faut toujours avoir à l'esprit ces nuances capitales. C'est en observant de telles différences qu'on peut comprendre combien une moyenne globale peut être trompeuse.

3.3.3 Répartition selon d'autres variables

La loi du Québec permet aux parties de signer des conventions collectives d'une durée de un an à trois ans; pas moins, pas plus. La durée constitue une des caractéristiques de la convention les plus sensibles aux fluctuations de l'économie. En période d'instabilité économique – récession ou inflation – ni l'une ni l'autre des parties ne veut prendre d'engagements, particulièrement d'engagements financiers, pour une longue période. Sous un autre aspect, il faut noter que les conventions collectives ont rarement une durée exacte de un an, deux ans ou trois ans; pour s'y retrouver, il faut effectuer des regroupements et considérer les conventions collectives en vigueur de 6 à 17 mois (1 an), de 18 à 29 mois (2 ans), et enfin de 30 mois et plus (3 ans). (Voir les tableaux 3-6 et 3-7.)

Il faut d'abord noter qu'une très faible proportion des conventions collectives – moins de 5 % à 10 % – sont signées pour une année seulement. Sans doute que le coût même de la négociation amène syndicats et employeurs à s'entendre pour une plus longue période. C'est ainsi qu'en 1989 les deux tiers des conventions collectives, petites et grandes, avaient une durée de trois ans. Par contre, les effets de la récession de 1982 se faisaient encore sentir en 1984, et la proportion des conventions collectives de deux ans était alors importante (près de 50 %). Pour ce qui est des grandes conventions, celles qui régissent plus de 50 salariés, l'impact de la récession semble avoir été même plus considérable: encore en 1984, il y avait presque autant de conventions de deux ans que de trois ans, mais avec une grosse différence dans le nombre de salariés régis. En 1989, c'est plus de 70 % des grandes conventions collectives, régissant une plus faible proportion des salariés, qui avaient une durée d'environ trois ans.

La durée des conventions des secteurs primaire et secondaire se rapproche sensiblement des moyennes et des orientations générales mentionnées dans le paragraphe précédent[37]. Le secteur du commerce est beaucoup plus sensible aux variations: en 1984, seulement 25 % des grandes conventions collectives avaient une durée de trois ans, alors qu'en 1989, c'est près de 70 % qui ont la durée maximale. La situation est semblable dans les services privés. Le secteur public échappe évidemment à cette règle, puisque les conventions collectives y ont toujours été signées pour trois ans, souvent même l'équivalent de quatre ans, si on y inclut la période de rétroactivité.

Par rapport au nombre de salariés régis, les tendances sont moins claires. La raison en est probablement que les échéances des très grandes conventions collectives ne varient pas régulièrement d'une année à l'autre, et que les tendances y apparaissent moins clairement.

Selon l'affiliation à l'une ou l'autre des principales centrales, la répartition des conventions collectives varie à la fois quant au nombre de conventions et au nombre de salariés régis. (Voir les tableaux 3-8 et 3-9.) En arrondissant les chiffres, on peut dire que les syndicats affiliés à la FTQ négocient environ 40 % des conventions collectives qui se signent au Québec, les syndicats affiliés à la CSN 20 %, et les syndicats affiliés à la CSD 10 %; cela vaut autant pour les conventions qui visent moins de 50 salariés que celles qui touchent 50 personnes et plus. Comme la présence

37. D'après des données mécanographiques du CRSMT du 9 août 1990, non incluses dans les tableaux publiés, mais fournies à l'auteur.

TABLEAU 3-6

Répartition des conventions collectives et des salariés régis selon la durée de la convention collective au Québec – 1984

Durée de la convention collective	Conventions collectives régissant moins de 50 salariés				50 salariés et plus				tous les salariés (TOTAL)			
	C.c.	%	Salariés	%	C.c.	%	Salariés	%	C.c.	%	Salariés	%
Moins de 6 mois	2	0,1	12	—	0	—	0	—	2	—	12	—
6 à 11 mois	22	0,5	295	0,4	7	0,4	1 020	0,2	29	0,5	1 315	0,2
12 mois	174	4,2	2 554	3,5	34	1,8	10 125	1,5	208	3,4	12 679	1,7
13 à 17 mois	199	4,8	3 216	4,4	67	3,5	16 043	2,3	266	4,4	19 259	2,5
UN AN	397	9,6	6 077	8,3	108	5,7	27 188	4,0	505	8,3	33 265	4,4
18 mois	85	2,0	1 558	2,1	27	1,4	5 721	0,8	112	1,8	7 279	1,0
19 à 23 mois	468	11,2	8 593	11,7	198	10,4	34 418	5,0	666	11,0	43 011	5,6
24 mois	1 355	32,4	22 379	30,4	503	26,5	96 411	14,0	1 858	30,6	118 790	15,6
25 à 29 mois	210	5,0	3 719	5,1	109	5,8	37 442	5,4	319	5,3	41 161	5,4
DEUX ANS	2 118	50,6	36 249	49,3	837	44,1	173 992	25,2	2 955	48,6	210 241	27,5
30 mois	110	2,6	1 812	2,5	45	2,4	5 440	0,8	155	2,6	7 252	0,9
31 à 35 mois	447	10,7	9 031	12,3	242	12,8	56 433	8,2	689	11,3	65 464	8,6
36 mois	1 087	26,0	20 136	27,4	660	34,8	424 297	61,5	1 747	28,8	444 433	58,2
37 mois et plus	18	0,4	305	0,4	5	0,3	2 943	0,4	23	0,4	3 248	0,4
TROIS ANS	1 662	39,7	31 284	42,6	925	50,3	489 113	70,9	2 614	43,0	520 397	68,1
TOTAL	4 177	100,0	73 610	100,0	1 897	100,0	690 293	100,0	6 074	100,0	763 903	100,0

Source: Données mécanographiques du CRSMT, 9 août 1990.

TABLEAU 3-7

Répartition des conventions collectives et des salariés régis selon la durée de la convention collective au Québec – 1989

Durée de la convention collective	Conventions collectives régissant moins de 50 salariés[1]				50 salariés et plus				tous les salariés (TOTAL)			
	C.c.	%	Salariés	%	C.c.	%	Salariés	%	C.c.	%	Salariés	%
Moins de 6 mois	5	0,1	15	—	1	—	100	—	6	0,1	115	—
6 à 11 mois	25	0,5	390	0,4	10	0,4	1 008	0,1	35	0,4	1 398	0,1
12 mois	206	3,9	3 221	3,1	39	1,5	10 918	1,2	245	3,0	14 139	1,4
13 à 17 mois	231	4,3	4 065	4,0	42	1,6	28 470	3,1	273	3,4	32 535	3,2
UN AN	467	8,7	7 691	7,5	92	3,5	40 496	4,4	559	6,9	48 187	4,7
18 mois	98	1,8	1 963	1,9	34	1,3	27 953	3,0	132	1,7	29 916	2,9
19 à 23 mois	557	10,3	11 013	10,7	179	6,9	274 192	29,8	736	9,2	285 205	27,9
24 mois	1 547	28,8	27 651	26,9	275	10,7	84 807	9,2	1 822	22,9	112 458	11,0
25 à 29 mois	312	5,8	5 885	5,7	189	7,3	119 695	13,0	501	6,3	125 580	12,3
DEUX ANS	2 514	46,7	46 512	45,2	677	26,2	506 647	55,0	3 191	40,1	553 159	54,1
30 mois	142	2,7	2 714	2,6	93	3,6	13 649	1,5	235	3,0	16 363	1,6
31 à 35 mois	654	12,1	14 176	13,7	548	21,2	104 584	11,4	1 202	15,1	118 760	11,6
36 mois	1 586	29,4	31 342	30,6	1 158	44,9	253 213	27,5	2 744	34,5	284 555	27,8
37 mois et plus	21	0,4	410	0,4	13	0,5	2 251	0,2	34	0,4	2 661	0,3
TROIS ANS	2 403	44,6	48 642	47,4	1 812	70,2	373 697	40,6	4 215	53,0	422 339	41,3
TOTAL	5 384	100,0	102 845	100,0	2 581	100,0	920 840	100,0	7 965	100,0	1 023 685	100,0

1. Les chiffres indiqués sont approximatifs : ils résultent d'une extrapolation. Voir l'annexe B du présent chapitre.

Source: Données mécanographiques du CRSMT, 16 janvier 1991.

TABLEAU 3-8

Répartition des conventions collectives et des salariés régis selon la centrale syndicale au Québec – 1984

Affiliation	Conventions collectives régissant moins de 50 salariés				Conventions collectives régissant 50 salariés et plus				Conventions collectives régissant tous les salariés (TOTAL)			
	C.c.	%	Salariés	%	C.c.	%	Salariés	%	C.c.	%	Salariés	%
Centrale de l'enseign. CEQ	32	0,7	402	0,6	13	0,7	69 871	10,1	45	0,7	70 273	9,2
Centrale des synd. dém. CSD	329	7,9	5 886	8,0	181	9,5	32 389	4,7	510	8,4	38 275	5,0
Conféd. des synd. nat. CSN	831	19,9	13 999	19,0	374	19,7	163 152	23,6	1 205	19,8	177 151	23,2
Féd. des trav. du Québec FTQ	1 666	39,9	30 291	41,2	844	44,5	228 905	33,2	2 510	41,3	259 196	33,9
Synd. indép. internationaux	470	11,3	7 880	10,7	97	5,1	13 736	2,0	567	9,3	21 616	2,8
Synd. indép. provinciaux	229	5,5	3 641	5,0	71	3,7	115 541	16,7	300	4,9	119 182	15,6
Synd. indép. locaux	421	10,1	7 588	10,3	189	10,0	41 021	5,9	610	10,0	48 609	6,4
Autres[1]	199	4,8	3 923	5,3	128	3,1	25 678	3,7	327	5,4	29 601	3,9
TOTAL	4 177	100,0	73 610	100,0	1 897	100,0	690 293	100,0	6 074	100,0	763 903	100,0

1. Comprend les syndicats affiliés uniquement au Congrès du travail du Canada (CTC), à la Confédération des syndicats canadiens (CSC), à la Fédération canadienne du travail (FCT), à la Fédération américaine (FAT-COI), à l'Union des producteurs agricoles (UPA) et à quelques syndicats nationaux indépendants.

Source: Données mécanographiques du CRSMT, 9 août 1990.

TABLEAU 3-9

Répartition des conventions collectives et des salariés régis selon la centrale syndicale au Québec – 1989

Affiliation	Conventions collectives régissant moins de 50 salariés				50 salariés et plus				tous les salariés (TOTAL)			
	C.c.	%	Salariés	%	C.c.	%	Salariés	%	C.c.	%	Salariés	%
Centrale de l'enseign. CEQ	70	1,3	1 029	1,0	24	0,9	89 320	9,7	94	1,2	90 349	8,8
Centrale des synd. dém. CSD	426	7,9	8 559	8,3	214	8,3	36 552	4,0	640	8,0	45 111	4,4
Conféd. des synd. nat. CSN	1 024	19,0	19 717	19,2	474	18,4	214 410	23,3	1 498	18,8	234 127	22,9
Féd. des trav. du Québec FTQ	2 227	41,4	43 893	42,7	1 227	47,5	325 631	35,4	3 454	43,4	369 524	36,1
Synd. indép. internationaux	529	9,8	9 333	9,1	143	5,5	19 531	2,1	672	8,4	28 864	2,8
Synd. indép. provinciaux	247	4,6	4 335	4,2	111	4,3	167 922	18,2	358	4,5	172 257	16,8
Synd. indép. locaux	652	12,1	11 890	11,6	294	11,4	46 456	5,0	946	11,9	58 346	5,7
Autres[1]	209	3,9	4 089	4,0	94	3,6	21 018	2,3	303	3,8	25 107	2,5
TOTAL	5 384	100,0	102 845	100,0	2 581	100,0	920 840	100,0	7 965	100,0	1 023 685	100,0

1. Comprend les syndicats affiliés uniquement au Congrès du travail du Canada (CTC), à la Confédération des syndicats canadiens (CSC), à la Fédération canadienne du travail (FCT), à la Fédération américaine (FAT-COI), à l'Union des producteurs agricoles (UPA) et à quelques syndicats nationaux non affiliés ou indépendants.

Source: Données mécanographiques du CRSMT, 16 janvier 1991.

de chaque centrale diffère selon les secteurs, on retrouve une variation correspondante dans le nombre de conventions collectives : la proportion des conventions FTQ est plus grande dans les secteurs primaire et secondaire, ainsi que dans le commerce et les services privés ; mais ce sont les conventions CSN qui dominent dans le secteur public ; le partage est plus égal dans les transports, les communications et les services d'utilité publique[38].

La répartition des salariés selon l'affiliation à une centrale est légèrement différente, à cause de la présence de la Centrale de l'enseignement du Québec (CEQ), qui recrute pratiquement tous ses membres dans le secteur public, et à cause d'un syndicat provincial indépendant, celui des fonctionnaires provinciaux du Québec. Dans les grandes unités (50 salariés et plus), les proportions sont les suivantes : 35 % des salariés régis appartiennent à un syndicat affilié à la FTQ, 25 % à un syndicat affilié à la CSN, et 5 % à un syndicat affilié à la CSD ; 10 % appartiennent à un syndicat de la CEQ, et 15 % à des syndicats provinciaux indépendants. La répartition des salariés des petites unités (moins de 50 salariés) ressemble davantage à celles des conventions collectives : 40 % à la FTQ, 20 % à la CSN et 8 % à la CSD. Les différences sont plus marquées au niveau de chaque grand secteur. Les salariés appartenant à un syndicat affilié à la FTQ sont prépondérants dans les secteurs primaire et secondaire, ainsi que dans les transports et le commerce, de 50 % à 65 %. Par contre, dans le secteur public, ce sont les syndicats CSN qui regroupent le plus grand nombre de salariés régis. Les différences sont moins importantes dans les petites unités de négociation.

Environ la moitié des conventions collectives, tant les petites que les grandes, comportent des dispositions touchant les employés à temps partiel. La formule la plus fréquente (40 %) prévoit que certaines dispositions seulement de la convention s'appliquent aussi dans leur cas ; selon l'autre modèle, moins répandu (10 %), toutes les clauses de la convention s'appliquent à eux, avec les adaptations voulues. La proportion d'employés régis par des conventions collectives comportant de telles clauses est assez semblable. Entre 1984 et 1989 on a noté une diminution relative (de 53 % à 39 %) des salariés régis par de grandes conventions collectives comportant des dispositions visant les employés à temps partiel. En contrepartie, le nombre a augmenté des salariés régis par de grandes conventions qui ne comportent aucune disposition concernant les employés à temps partiel (de 27 % à 42 %).

La répartition géographique – entre les régions du Québec – des conventions collectives et des salariés dont elles régissent les conditions de travail est très inégale, tout comme la répartition de la population à travers le territoire. (Voir le tableau 3-10.) La région de Montréal compte plus de la moitié des salariés régis par convention collective ; celle de Québec entre 15 % et 20 %[39]. Deux autres régions seulement représentent chacune 7 % du total, la Mauricie–Bois-Francs et le Saguenay–Lac-Saint-Jean. Ces deux régions comptent toutes les deux quelques grandes entreprises, où les salariés sont syndiqués et régis par convention collective depuis longtemps.

Nous terminerons cette section sur la situation numérique des conventions collectives et des employés qui y sont assujettis en discutant d'un point particulier, qui fait souvent difficulté dans les analyses de ce genre.

3.3.4 Syndiqués et salariés régis par convention collective

Comme les travailleurs se regroupent en syndicats pour, règle générale, négocier une convention collective qui régira leurs conditions de travail, on pourrait croire que le nombre de syndiqués et le nombre de salariés régis par convention collective sont iden-

38. Données mécanographiques non publiées du CRSMT, 9 août 1990.

39. Nous avons distribué entre les diverses régions, tel qu'indiqué dans la note du tableau 3-10, les 375 000 salariés régis par des conventions collectives interrégionales. Mettre de côté un tel nombre (45 % du total) introduirait de trop grandes distortions dans les proportions propres à chaque région.

TABLEAU 3-10

Répartition des salariés régis par conventions collectives selon les régions administratives du Québec – 1984

Régions	Salariés régis par conventions collectives			
	sans redistribution des salariés régis par des c.c. interrégionales		après redistribution[1] des salariés régis par des c.c. interrégionales	
	Salariés	%	Salariés	%
Bas-St-L.–Gaspésie	11 680	1,4	21 009	2,5
Saguenay–Lac-St-Jean	29 659	3,6	53 916	6,5
Québec	64 151	7,7	116 396	14,0
Mauricie–Bois-Francs	32 887	4,0	59 756	7,2
Estrie	20 321	2,4	36 741	4,4
Montréal	264 689	31,8	480 013	57,7
Outaouais–Hull	10 766	1,3	19 349	2,3
Nord-Ouest	11 099	1,3	20 055	2,4
Côte-Nord	12 808	1,5	23 256	2,8
Nouveau-Québec	937	0,1	1 683	0,2
Autres[2]	373 178	44,9	—	—
TOTAL	832 175	100,0	832 175	100,0

1. La redistribution est proportionnelle à la répartition des autres salariés dans les diverses régions. À cause de la concentration de tels salariés dans les régions de Montréal et de Québec, les chiffres pour ces deux régions sont vraisemblablement sous-estimés et surestimés pour les autres régions. (Calculs de l'auteur.)
2. Comprend principalement des conventions interrégionales: intermunicipales, provinciales et interprovinciales.

N.B. La répartition selon les régions n'est pas publiée chaque année. Celle de 1984 est la dernière à l'avoir été.

Source: Réjean Courchesne et Denis Gagnon, Johanne Pes et Rita R. Pothier, «Les relations du travail en 1984», *Le marché du travail*, vol. 6, nº 1, janvier 1985, p. 71.

tiques. Tel n'est pas le cas, loint de là. Nous verrons d'abord les raisons qui expliquent cette disparité ; nous considérerons ensuite l'importance de l'écart.

La raison principale de cet écart découle de la caractéristique de base du régime nord-américain de négociation collective : la convention régit l'ensemble des salariés désignés dans le certificat d'accréditation, qu'ils soient membres du syndicat ou non. Comme la loi n'exige que la majorité absolue – 50 % des salariés visés plus un –, il est théoriquement possible que le nombre de salariés régis par la convention collective atteigne presque le double du nombre de syndiqués. C'est rarement le cas. On estime que, dans l'ensemble, plus de 80 % des salariés désignés dans les certificats d'accréditation adhèrent au syndicat. Un syndicat ne risquerait pas de demander l'accréditation s'il n'était pas assuré d'avoir la majorité absolue, donc s'il regroupait moins de 60 % à 70 % des salariés éventuellement inclus dans l'unité d'accréditation. En pratique, plusieurs adhéreront une fois l'accréditation obtenue et la première convention collective signée.

D'ailleurs, comme nous le verrons dans le chapitre suivant, plusieurs conventions collectives obligent les salariés à adhérer au syndicat; c'est le cas quand l'employeur a accepté d'inclure dans la convention une clause d'atelier fermé ou d'atelier syndical parfait. Même dans les cas d'atelier syndical imparfait, la très grande majorité – dans plusieurs cas la totalité – des salariés régis sont également membres, puisque, de toute manière, ils seront obligés de payer l'équivalent de la cotisation syndicale. C'est pourquoi, en pratique, l'écart varie généralement de 5 % à 10 %.

Le régime d'extension juridique des conventions collectives, qui existe au Québec, fait également qu'un certain nombre de salariés non syndiqués sont régis indirectement par une convention collective. Comme nous le verrons dans le chapitre 28, le gouvernement peut, moyennant certaines conditions, adopter un décret qui rend obligatoires, dans un secteur donné, les clauses à caractère financier d'une convention collective dûment négociée. Le décret oblige alors même les employeurs dont les salariés ne sont pas syndiqués à leur accorder les conditions pécuniaires de travail contenues dans le décret issu de la convention source. Il s'agit là d'un autre groupe de salariés, régis par un décret de convention collective, et qui ne sont pas syndiqués. Le nombre de ce groupe se situe entre 50 000 et 100 000 salariés; il se retrouve dans des industries fortement concurrentielles, comme la fabrication de certains vêtements, les services de l'automobile et quelques autres industries du même genre.

À l'inverse, et si étrange que cela puisse paraître de prime abord, il y a un certain nombre de syndiqués qui ne sont pas régis par une convention collective. Le groupe n'est certainement pas très nombreux, mais il n'est pas négligeable non plus. Par exemple, les salariés qui viennent d'adhérer à un syndicat, pour que celui-ci obtienne son accréditation et négocie éventuellement une convention collective en leur nom, sont déjà membres d'un syndicat, sans pour autant être régis par une convention. Comme, à l'heure actuelle, la plupart des accréditations sont accordées à de petites unités, le nombre de salariés dans cette situation est probablement peu élevé. Par contre, comme il y a de 1500 à 2000 requêtes en accréditation chaque année, et un nombre semblable de décisions rendues, on peut tout de même estimer que le nombre de ces syndiqués, non encore régis par une convention collective, est de 20 000 à 30 000[40].

Une dernière catégorie, beaucoup moins importante, est constituée par d'anciens syndiqués, membres d'unions de métier, qui gardent leurs cartes de membres, même s'ils ne font plus partie de l'unité d'accréditation, par exemple parce qu'ils ont été promus contremaîtres ou gérants, ou qu'ils sont à la retraite. Le cas se produit dans la construction et dans l'imprimerie, où les unions de métier sont encore fortes et où la cotisation syndicale inclut souvent la prime pour une petite assurance. Un certain nombre de ces ex-salariés, par principe ou pour conserver leurs droits à l'assurance, conservent ainsi leur carte de membre, même une fois sortis de l'unité d'accréditation.

Le premier groupe, celui des non-syndiqués régis par convention collective, est d'emblée plus considérable que le second. Si on calcule le taux de syndicalisation proprement dit et si on le compare au taux de salariés régis par convention collective – que plusieurs désignent maintenant sous le nom de taux de présence syndicale[41] – l'écart se situe autour de 5 %.

Le tableau 3-11 résume les conclusions d'une étude sur cet écart, effectuée en 1987 et 1988 à travers le Canada. Selon cette étude, l'écart est de 3 % à 4 % dans toutes les provinces canadiennes, sauf au Québec où il est de près de 6 %. Le tableau 3-12 fournit l'information équivalente pour le Québec, en 1984 et 1989. On y remarquera que l'écart est différent selon le secteur industriel; en effet, les clauses d'atelier fermé et d'atelier syndical ne sont pas également

40. CCTM, *Synthèse des activités du Bureau du commissaire général du travail. Du 1er avril 1972 au 31 mars 1989*, étude du Conseil consultatif du travail et de la main-d'œuvre, Québec, CCTM, 1989, 143 p.

41. L'auteur préférerait une autre expression, par exemple le taux d'influence syndicale. La distinction ne paraît pas assez claire entre le «taux de syndicalisation» et le «taux de présence syndicale». Cependant, plusieurs utilisent, même dans les publications du ministère du Travail du Québec, l'expression «taux de présence syndicale» pour désigner la proportion d'employés régis par convention collective.

TABLEAU 3-11

Nombre et proportion de syndiqués et de salariés régis par une convention collective au Canada selon les provinces – 1984

Provinces	Nombre de salariés régis par c.c.			Taux de	
	Syndiqués	Non synd.	TOTAL	syndicalisation	salariés régis
Ontario	1 252 600	144 600	1 397 200	33,7	37,2
Québec	1 012 300	149 400	1 161 700	43,4	49,7
Colombie-Britannique	429 300	34 400	463 700	42,9	46,4
Alberta	260 500	44 500	305 000	28,5	33,4
Manitoba	146 600	17 200	163 800	37,5	41,9
Saskatchewan	116 000	14 400	130 400	37,3	41,9
Nouvelle-Écosse	108 200	12 700	120 900	38,1	42,5
Nouveau-Brunswick	76 500	7 200	83 700	37,4	40,9
Terre-Neuve	60 500	4 400	64 900	43,2	46,3
Île-du-Prince-Édouard	11 400	1 400	12 800	31,2	35,2
CANADA	3 473 800	430 300	3 904 100	37,2	41,8

N.B. Le total pour le Canada peut ne pas correspondre exactement à la somme des provinces à cause des chiffres arrondis.

Source: Pradeep Kumar, *Estimates of Unionism and Collective Bargaining Coverage in Canada*, Kingston, Queen's Papers in Industrial Relations, 1988-2 (39 p.), p. 21-24.

réparties entre les divers grands secteurs, et surtout, l'extension juridique de conventions collectives se limite à certaines industries manufacturières et à certains services bien déterminés.

La distinction doit être établie, croyons-nous, comme nous venons de le faire. Mais il faudra toujours se référer au contexte pour voir si chaque auteur fait la distinction entre le nombre de syndiqués et le nombre d'employés régis par convention collective. Bien souvent, même dans les publications officielles du Québec, les deux expressions sont utilisées comme des synonymes.

3.4 Annexes et additions à la convention collective

Oublions un moment les salariés régis par la convention collective pour tourner notre attention vers celle-ci, plus précisément vers l'inventaire des pièces qui s'y rattachent, pièces dont on se demande souvent si elles en font véritablement partie. Leur nombre a grandement augmenté depuis une ou deux décennies et leur variété s'est elle aussi considérablement accrue. Nous étudierons les principales d'entre elles : les annexes proprement dites, les lettres et mémoires d'entente ou d'intention et les protocoles de retour au travail.

3.4.1 Annexes proprement dites

Rares sont les conventions collectives qui ne comptent pas au moins quelques annexes. La plus fréquente contient les dispositions les plus importantes et les plus souvent consultées des conventions collectives : elle présente le barème ou l'échelle des salaires. En effet, bon nombre de conventions collectives reportent en annexe, à cause de la complexité de présentation des taux de salaires, la liste des différentes classes d'emploi que les parties reconnaissent et les salaires qu'elles attribuent à chacune. Il va sans dire que cette

TABLEAU 3-12

Proportion des salariés régis par convention collective selon les grands secteurs industriels au Québec – 1984 et 1989

Grands secteurs industriels	Salariés régis par c.c.	Employés rémunérés (estimation)	Proportion sal. régis %	Taux de synd. (estimation) %
1984				
Ind. primaires	25 349	49 700	51,0	50
Ind. secondaires	345 792	583 465	59,3	50
Transp., communic. et services d'utilité publique[1]	99 809	202 000	49,4	46
Commerce	56 639	418 500	13,5	10
Services privés	47 066	470 000	10,0	9
Secteur public et parapublic	309 087	515 000	60,0	60
Secteur municipal	35 671	71 500	50,0	45
TOTAL	919 413	2 310 165	40,0	36
1989				
Ind. primaires	21 006	47 500	44,2	36
Ind. secondaires	314 406	544 620	57,7	45
Transp., communic. et services d'utilité publique[1]	115 491	206 460	55,9	50
Commerce	80 236	452 760	17,7	11
Services privés	66 122	550 000	12,0	6
Secteur public et parapublic	474 248	570 000	83,2	74
Secteur municipal	36 263	66 000	54,9	48
TOTAL	1 107 772	2 437 340	45,4	36

1. Inclut une forte proportion de salariés relevant de la compétence fédérale, ce qui explique l'importante différence avec le chiffre correspondant du tableau 3-5.

Sources: GILLES FLEURY, «La carte syndicale au Québec en 1985», *Le marché du travail*, vol. 6, nº 12, décembre 1985, p. 87. Données mécanographiques du CRSMT, 16 janvier 1991. Statistique Canada, *La population active* (71-001), décembre 1989, p. C-21 et C-22. «Les relations du travail en 1989», supplément au *Marché du travail*, décembre 1989, p. 20.

annexe, là où elle existe, fait partie intégrante de la convention et en a la pleine valeur, à condition qu'elle soit déposée, conformément à l'article 72 du *Code du travail*. La liste d'ancienneté des salariés de l'unité est souvent jointe à la convention en annexe[42]. Bon nombre de parties contractantes mentionnent explicitement que l'ensemble des annexes, ou telle annexe en particulier, doit être considéré comme faisant partie intégrante de la convention collective elle-même. En ces cas, il n'existe pas de difficulté légale sur le statut et sur l'application de telles annexes, si elles ont été déposées.

Même si on les trouve souvent dans la convention collective elle-même, on peut également trouver en annexe la méthode de calculer l'indexation des salaires, les horaires spéciaux de travail, les lignes d'avancement ou d'ancienneté, et des questions aussi particulières que celles qui concernent la cafétéria ou le stationnement des véhicules privés. Pour éviter tout doute sur le caractère légal et coercitif des dispositions contenues dans de telles annexes, il est préférable de mentionner qu'elles font partie intégrante de la convention collective, à condition évidemment que telle soit bien l'intention des parties. Et il ne faut pas oublier d'en faire le dépôt.

3.4.2 Lettres d'entente

On trouve également, en annexe de plusieurs conventions collectives, ce que plusieurs appellent des lettres d'entente. Ces accords peuvent viser tous les salariés ou seulement quelques-uns d'entre eux ; ils peuvent avoir une importance majeure ou accessoire. La lettre d'entente peut se rapporter à l'impression de la convention collective, que l'une ou l'autre des parties s'engage à assumer au nom des deux. Une autre peut traiter de certains horaires particuliers de travail, soit qu'ils soient propres à tel ou tel établissement ou catégorie d'employés, soit qu'il s'agisse d'une expérience en cours ou qu'on veut tenter en vue d'un réaménagement du temps de travail. La liste des sujets est infinie.

La valeur légale des lettres d'entente varie selon leur contenu et la décision que les parties elles-mêmes consignent quelque part à ce sujet. À l'origine, il semble que les lettres d'entente sont apparues pour y rapporter certains accords, acceptés par les deux parties, mais auxquels l'une ou l'autre ne voulait pas conférer l'autorité ou la permanence qui découle de l'inclusion dans la convention collective elle-même. En somme, il s'agit d'accords entre les parties que celles-ci n'ont pas voulu intégrer dans la convention, soit à cause d'un sujet moins important, soit par suite d'une certaine hésitation sur l'opportunité d'une telle mesure. Il est plus facile d'annuler une lettre d'entente que de retirer une disposition contenue dans une clause de la convention, quand vient le temps de renouveler celle-ci.

Quant au caractère légal de la disposition contenue dans la lettre d'entente, elle dépend de ce que les parties elles-mêmes ont pu déterminer à son sujet, mais bien davantage de son dépôt suivant l'article 72 du *Code du travail*. Même si l'article ne parle pas explicitement des lettres d'entente, il mentionne que le dépôt de cinq copies au greffe du Bureau du commissaire général du travail est tout aussi nécessaire pour « toute modification qui est apportée par la suite à cette convention collective ». Que la lettre d'entente soit signée en même temps que la convention collective ou ultérieurement, le dépôt auprès du commissaire général constitue le geste qui lui donne sa valeur légale.

Il ne faut pas confondre la lettre d'entente, qui ressemble singulièrement à une annexe à la convention collective, ni avec le mémoire d'entente, ni avec la lettre d'intention.

3.4.3 Mémoires d'entente

Même si certains donnent le même sens aux expressions lettre d'entente et mémoire d'entente, il semble préférable de les distinguer. Le mémoire d'entente répond alors plus précisément à ce que suggère le

42. Une liste d'ancienneté non déposée en vertu de l'article 72 n'est pas admissible en preuve. *Québec (procureur général)* c. *Ferland*, D.T.E. 90T-1280 (C.S.).

terme «mémoire». Il s'agit d'un document, rédigé de façon rapide et peut-être même schématique, où l'on a consigné les points sur lesquels les parties se sont entendues, généralement à la fin d'une négociation, parfois pénible et difficile. Le mémoire d'entente, en ce sens, suppose qu'il sera repris plus tard pour rédaction finale sous forme d'articles de la convention collective. On recourt généralement au mémoire d'entente pour hâter le retour au travail, quand la négociation s'est prolongée et a peut-être été l'objet d'une grève ou d'un lock-out.

Essentiellement, il s'agit d'un document temporaire, qui sera remplacé par un texte définitif, que des personnes déléguées par les parties contractantes rédigeront par la suite en détail, en y mettant le temps requis.

3.4.4 Lettres d'intention

La lettre d'intention n'a pas la valeur contraignante de tous les documents mentionnés jusqu'ici. Elle est évidemment plus impérieuse si elle est signée par les deux parties. Mais, comme l'indique son nom, elle formule simplement une politique, une intention de procéder de telle ou telle manière, sans constituer un engagement formel en ce sens. C'est pourquoi d'ailleurs il arrive qu'elle ne soit signée que par l'une des deux parties, généralement celle qui songe à prendre un engagement formel sur le point en discussion. L'employeur pourra, dans une telle lettre, démontrer le sérieux de son intention de mettre à l'essai telle condition de travail, telle formule ou telle façon de faire.

Règle générale, le mémoire d'entente et la lettre d'intention n'engagent que les parties concernées, excluant les salariés normalement visés par la convention collective. Il s'agit donc d'ententes entre les parties qui négocient et non pas, du moins pas encore, d'une clause ou d'un article proprement dit de la convention collective.

3.4.5 Protocoles de retour au travail

Comme son nom l'indique, le document que l'on désigne ainsi porte sur les conditions de reprise du travail à la suite d'une grève ou d'un lock-out[43]. Au moins trois sortes de questions peuvent s'y retrouver: l'application de certaines conditions de travail, contenues dans l'ancienne ou la nouvelle convention collective, le retrait ou la poursuite de mesures disciplinaires et d'actions judiciaires prises durant l'arrêt de travail et, enfin, les modalités proprement dites du retour au travail, c'est-à-dire de la reprise du travail.

Les deux derniers points s'ajoutent normalement aux questions discutées et contenues dans la convention collective, mais le premier peut compléter ou modifier, du moins momentanément, une disposition déjà négociée. En ce sens, le protocole de retour peut constituer une sorte d'ajout à la convention collective. Pour qu'il ait pleine valeur légale, il doit être déposé, comme toute autre annexe à la convention, au greffe du Bureau du commissaire général du travail, toujours selon l'article 72 du *Code du travail*.

Dans la mesure où le protocole de retour au travail vise certaines conditions de travail, et s'il a été déposé tel que prescrit, il peut donner lieu à un grief. S'il traite d'une autre question, comme les modalités et le rythme du rappel au travail, le droit de faire un grief sur ce point est moins assuré et peut être lui-même sujet à litige, à moins que le droit du plaignant ne découle de l'article 110.1 du *Code du travail*; en ce cas, son droit transcende toute disposition de la convention collective. Mais le droit du salarié de recouvrer son emploi n'est exigible que dans la mesure où l'emploi existe encore[44]. Pour éviter toute ambiguïté, il est utile que les parties prévoient explicitement et consignent par écrit leur volonté sur la

43. Le mot protocole employé ici ne correspond pas au sens français du terme. Il est probablement inspiré de *protocol*, en anglais, dont le sens est beaucoup plus étendu que celui du mot français.

44. Le droit selon 110.1 transcende la convention collective: *Compagnie de volailles Maxi ltée* c. *Union des employés de commerce, local 501*, (1987) T.A. 422, D.T.E. 87T-617. Le droit n'est exigible que si l'emploi existe encore: *Johns-Manville Canada inc.* c. *Syndicat démocratique des techniciens en fibre et employés de bureau de J.-M. C.*, (1982) T.A. 768, D.T.E. 82T-329.

question, et qu'ils déposent copie du protocole de retour au travail selon l'article 72.

Mentionnons que certains protocoles de retour au travail ont été signés aussi loin dans le passé qu'en 1955; mais la pratique de rédiger semblables documents s'est vraiment répandue à partir de 1975[45].

3.5 Classification des clauses

Avant d'aborder une à une l'étude des principales clauses des conventions collectives, il y a lieu d'en présenter une certaine classification. En fait, il en existe plusieurs. C'est ainsi que bon nombre de praticiens parlent des clauses normatives ou mécaniques, et des clauses pécuniaires. Le vocabulaire paraît mal choisi, mais il est couramment utilisé. En fait, ce qu'on veut généralement opposer, ce sont les clauses à incidence pécuniaire, directe ou indirecte, et les clauses non pécuniaires. La seule classification vraiment logique serait celle-ci: clauses pécuniaires et clauses non pécuniaires[46]. Nous verrons que, règle générale, les parties préfèrent négocier d'abord les clauses non pécuniaires – qu'elles appellent normatives ou mécaniques – et négocier ensuite les clauses pécuniaires, quitte à ce que certaines clauses chevauchent les deux étapes de la négociation.

Une autre classification nous servira de façon plus immédiate. Certaines clauses, que nous appellerons contractuelles, visent soit les parties elles-mêmes, soit la convention ou l'entente proprement dite. Ces clauses ne visent les salariés que de façon indirecte. À l'inverse, d'autres clauses – sans doute les plus importantes puisqu'elles correspondent à l'objectif même des conventions collectives – visent directement les salariés et déterminent leurs principales conditions de travail; nous les appellerons normatives, au sens le plus strict du mot, à savoir qu'elles établissent des normes, pour le bénéfice des salariés visés. Certains les appellent clauses substantielles, un peu dans le sens du mot anglais *substantive*. (Voir le tableau 3-13.)

3.5.1 Clauses contractuelles

Les premières clauses que nous étudierons visent respectivement chacune des deux parties contractantes, mais leurs ressemblances s'arrêtent là. La clause de sécurité syndicale accorde au syndicat en tant que tel – c'est-à-dire comme représentant des salariés, mais constituant une entité distincte d'eux – certains droits et avantages qui lui assurent à la fois une sécurité de représentation et une sécurité financière. Quant à la clause des droits de gérance, elle n'est qu'une clause déclaratoire: elle ne crée pas de nouveaux droits ni de nouvelles obligations, mais elle constitue une reconnaissance de la part du syndicat que la direction a, venant d'autres sources, le droit de gérer et d'administrer l'entreprise, en respectant évidemment les lois existantes et les conditions de travail déterminées dans la convention collective elle-même.

La clause de durée et de renouvellement de la convention est également une clause contractuelle, puisqu'elle vise la convention collective elle-même. Certaines de ses dispositions ont tout de même un impact direct sur les salariés, comme l'obligation de la rétroactivité qu'on peut y trouver. La clause détermine le début et la fin de la convention et, dans plusieurs cas, la façon de procéder pour négocier son éventuel renouvellement.

D'autres clauses, en apparence moins importantes, peuvent aussi être considérées comme des clauses contractuelles. C'est ainsi que le préambule à la convention et la reconnaissance de la partie syndicale par l'employeur ne visent pas directement les salariés mais les parties elle-mêmes. Certaines dispositions qui établissent des rapports, ou même une forme de collaboration patronale-syndicale, se rattachent évidement aux clauses contractuelles et non pas aux clauses normatives ou substantielles.

45. On trouvera une liste historique d'une série de protocoles de retour au travail dans CLAUDE D'AOUST et LOUIS LECLERC, *Les protocoles de retour au travail: une analyse juridique*, Université de Montréal, École de relations industrielles, monographie nº 6, 1980 (81 p.), p. 77-81.

46. EDWIN F. BEAL, EDWARD C. WICKERSHAM et PHILIP K. KIENAST, *The Practice of Collective Bargaining*, 5e édition, Homewood, Ill., Richard D. Irwin, 1976, 690 p., chapitre 8: «The Nature of the Labor Agreement».

TABLEAU 3-13

Classification des principales clauses des conventions collectives

	Clauses	**But et objet**	**Formes**
	1. Préambule	Établir la portée de la convention collective	Buts poursuivis Juridiction (à qui elle s'applique) Définitions
	2. Sécurité syndicale	Assurer la vie et les finances du syndicat (et une certaine liberté d'action)	Atelier fermé ou syndical Maintien d'adhésion Formule Rand Retenue volontaire et révocable
	3. Droits de la gérance	Assurer les droits de l'employeur: gestion des affaires, de la production et du personnel	Clause brève et générale Clause longue et détaillée (Droits résiduels)[1]
	4. Collaboration patronale-ouvrière	Assurer des relations harmonieuses entre les parties (hors des négociations)	Comité de relations de travail Comité mixte de production Autres comités ou initiatives
	5. Durée et renouvellement de la convention	Déterminer le début et la fin de la convention, et le mode de renouvellement s'il y a lieu	Un, deux ou trois ans (Rétroactivité) (Mode de dénonciation)
	6. Règlement des griefs	Assurer le respect de la convention	Étapes de la procédure Arbitrage
	7. Ancienneté	Assurer la sécurité de l'emploi: éviter l'arbitraire dans les promotions et les mises à pied	Ancienneté c. compétence Unité: usine, département...
	8. Contenu et évaluation des tâches	Par rapport au contenu des emplois, fixer la manière de les déterminer, de les classifier et de les évaluer	Système unilatéral Comité mixte (*Cooperative Wage Study*)
	9. Durée du travail	Établir la journée, la semaine et l'année normales de travail	Heures normales Primes d'équipe, d'heures supplémentaires Congés et vacances payés
	10. Salaires	Établir le système de rémunération: liste des taux, modalités de paiement...	Sal. au temps et/ou rendement Sal. de base et primes diverses Barèmes et augmentations statutaires
	11. Avantages sociaux	Établir certains suppléments de salaires: salaire différé et autres avantages	Pensions et assurances Garanties et compléments de salaires (Congés et vacances payés) Avantages divers

1. Les parenthèses indiquent un aspect particulier important plutôt qu'un type de clause.

Une dernière clause contractuelle présente un caractère particulier ; elle est le plus souvent invoquée d'abord par les salariés à titre individuel, même si le processus doit être ensuite assumé par le syndicat. C'est celle qui établit le mode de règlement des griefs. La clause a pour but d'assurer le respect de la convention collective ; nous verrons, dans les chapitres 6 et 7, que ce sont les parties contractantes qui en ont véritablement la propriété, non pas les salariés. Cependant, ceux-ci y ont recours dans le but de faire redresser une situation qui, selon eux, violerait l'une ou l'autre des dispositions de la convention qui les favorisent. Le règlement des griefs n'est réalisé que par le concours actif des parties contractantes ; mais il a pour but d'assurer le respect des normes établies à l'intention des travailleurs.

3.5.2 Clauses normatives

Les clauses normatives établissent les droits accordés aux salariés en matière de rémunération, du travail à fournir et de l'équité à respecter dans les mouvements, les déplacements et les sanctions du personnel (ce que les anglophones appellent *due process*).

C'est ainsi que les salariés seront protégés par une clause d'ancienneté, qui s'appliquera quand il y aura promotions ou mises à pied, transferts et autres mouvements de personnel. Une autre clause établira la manière de procéder en matière de contenu et d'évaluation des tâches. Un élément important en matière de travail, c'est la durée de la journée et de la semaine normales de travail. Finalement, la rémunération est constituée principalement du salaire et des avantages sociaux, ou « bénéfices marginaux ».

Telles sont les principales clauses que l'on trouve dans la plupart des conventions collectives et que nous étudierons, une à une, dans la première partie de cet ouvrage, soit dans les chapitres 4 à 15 inclusivement.

* * *

Il est temps d'aborder l'étude de ces documents, destinés à assurer des droits aux travailleurs face à leur employeur, et auxquels les différents législateurs ont donné, peu à peu, une valeur et un statut légaux. Nous omettons la question des préambules, qu'on trouve dans certaines conventions et qui s'expliquent par eux-mêmes. Nous abordons immédiatement la première clause substantielle, celle qui donne aux syndicats ses éléments de sécurité et de survie, la clause de sécurité syndicale.

Annexe – Notes techniques

A. L'analyse et la codification officielle des clauses de convention collective

Travaux du gouvernement canadien Au début de la période d'essor des négociations collectives, vers la fin des années 1940, les différents gouvernements canadiens, fédéral et provinciaux, ont commencé à compiler les conventions collectives qui leur étaient envoyées (voir la section 3.2.4) et à les analyser. Un article occasionnel paraissait sur le sujet dans *La Gazette du travail*. Vers 1960, le Service de recherche du ministère fédéral du Travail – aujourd'hui connu sous le nom de Travail Canada – faisait de la codification des conditions de travail contenues dans les grandes conventions collectives l'un de ses programmes importants. Son analyse se limitait alors aux conventions visant 500 salariés et plus. Le résultat de cet effort accru fut la publication, en 1963, du premier rapport sur les *Clauses de conventions collectives de grands établissements manufacturiers.*

Une quinzaine d'années plus tard, Travail Canada poursuivait toujours le même genre d'analyse. Chaque publication portait sur un grand secteur industriel, qui changeait d'une année à l'autre: *Dispositions de grandes conventions collectives concernant...* l'industrie minière, les transports et les communications, l'industrie manufacturière, les employés d'hôpitaux, les employés municipaux.

En 1980, Travail Canada fondait ces différentes publications en une seule intitulée: *Dispositions des conventions collectives au Canada groupant 200 employés ou plus.* Quatre ans plus tard, il revenait à son minimum de 500 employés, et en 1985 il publiait ce relevé pour la dernière fois. Aujourd'hui, on peut obtenir de Travail Canada, sur demande, ce genre d'informations, sous forme de données mécanographiques. Mais elles ne sont pas publiées comme telles.

Il faut mentionner le travail considérable effectué par le Bureau de recherche sur les traitements. Fondé en 1957 et relevant alors de la Commission du service civil[1] (Commission de la fonction publique), il fut transféré, à l'occasion de l'adoption de la *Loi sur les relations de travail dans la Fonction publique*[2], sous l'autorité de la nouvelle Commission des relations de travail dans la Fonction publique. À la suite d'enquêtes auprès des entreprises, le Bureau fournit aux deux parties, le gouvernement fédéral et les différents syndicats de fonctionnaires, les données pertinentes à la négociation collective. Pour l'orientation de ses travaux, le Bureau reçoit l'avis du Comité consultatif de recherches sur les traitements, constitué de représentants du Conseil du trésor et des syndicats de fonctionnaires[3].

> Le Bureau a pour rôle premier de recueillir des renseignements sur les taux de rémunération, les conditions de travail et des questions connexes, tant à l'intérieur qu'à l'extérieur de la fonction publique. Ces données servent avant tout à la négociation collective (y compris à la conciliation et à l'arbitrage exécutoire), mais elles sont également utilisées par le Conseil national mixte, ainsi que par l'employeur dans le cas de groupes professionnels non représentés par un agent négociateur ou exclus de la négociation collective.

À l'intention de sa clientèle statutaire, mais aussi du public spécialisé et intéressé, le Bureau a publié d'excellents rapports, par exemple, chaque année, une *Analyse des conventions collectives dans la fonction publique fédérale* et une étude sur les *Fréquence et caractéristiques des avantages sociaux* pour l'ensemble du Canada. Le Bureau a bénéficié des orientations d'un même directeur de la recherche de 1969 à 1986, M. Félix Quinet. À la suite des restrictions budgétaires du milieu des années 1980, le Bureau a dû restreindre ses activités.

---

1. JACOB FINKELMAN et SHIRLEY B. GOLDENBERG, *Collective Bargaining in the Public Service*, Ottawa, Institute for Research on Public Policy, 1983 (824 p.), p. 681-684.
2. S.C. 1966-1967, c. 72. S.R.C. 1985, C. P-35.
3. Commission des relations de travail dans la fonction publique, *Vingt-troisième rapport annuel 1989-1990,* Ottawa, CRTFP, 1990, p. 57.

Premières analyses au Québec En 1978, le gouvernement du Québec s'engageait à son tour dans une codification des principales clauses de conventions collectives. Cette codification allait être, pendant cinq ou six ans, la meilleure en Amérique du Nord. En effet, le Service de la recherche du ministère du Travail connu sous le nom de Centre de recherche et de statistiques sur le marché du travail (CRSMT) analysait et codifiait les clauses – à l'exclusion des salaires pour le moment – de toutes les conventions collectives reçues au Bureau du commissaire général du travail. Nous avons vu que le dépôt des conventions collectives est obligatoire au Québec, sous peine de nullité, depuis 1969. Il s'agit donc d'une analyse en profondeur de l'ensemble des conventions collectives. L'analyse se fait selon 200 variables, établies dans le but d'identifier les 15 ou 20 aspects principaux de chacune des 15 clauses fondamentales.

La première publication portait le titre de *Conditions de travail contenues dans les conventions collectives au Québec, 1979*. Elle se présentait sous la forme d'une demi-douzaine de cahiers différents, le premier contenant les données pour l'ensemble des secteurs et les suivants portant sur chaque grand secteur de l'économie. Pour cette année 1979, la codification de toutes les conventions collectives en vigueur n'avait pas été complétée et le rapport ne se rapportait qu'à 1409 conventions collectives régissant 137 078 employés. L'année suivante, la population recensée était à peu près complète et les résultats de plus en plus significatifs, et ce jusqu'en 1984 inclusivement.

Limites de la codification Il ne faut pas croire, cependant, que toutes les conventions collectives en vigueur le 31 décembre d'une année donnée étaient nécessairement incluses dans le rapport publié annuellement. C'est que le processus a toujours été soumis à des contraintes majeures. Pendant plusieurs années, la date d'échéance de la convention collective marquait sa dernière journée dans la banque des données. Par la suite, et encore aujourd'hui, le retrait ne s'effectue qu'au moment de son remplacement par une nouvelle convention, ou encore au moment où les responsables du régime apprennent la disparition d'une convention, par suite d'une fermeture par exemple.

Avant que la nouvelle convention ne se retrouve dans le fichier informatique, il peut s'écouler une période assez longue. Il faut d'abord qu'une nouvelle convention collective soit négociée. Une fois signée, il faut la déposer au Bureau du commissaire général du travail. Celui-ci en envoie copie au CRSMT, qui procède alors à l'analyse de la convention et qui verse au fichier informatisé les nouvelles données qu'elle contient. La période qui s'écoule entre le moment où une nouvelle convention collective entre en vigueur et le moment où elle est intégrée au fichier peut être assez longue. C'est ainsi qu'il y a toujours un certain retard dans les données qu'on tire du fichier informatisé du CRSMT.

Modification majeure en 1985 Une modification majeure s'est produite en 1985. Pour des raisons de coupures budgétaires, il a été décidé que les conventions visant moins de 50 salariés ne seraient pas toutes analysées, mais qu'on procéderait par échantillonnage. À ce moment, on a gardé les conventions de cette catégorie qui avaient déjà été analysées depuis le début de l'année courante, tout en s'assurant qu'on y trouvait une représentation des différentes variables : secteur, taille, région, centrale syndicale et durée. L'objectif était de réaliser un échantillon d'environ 10 % de ces conventions collectives, dont on sait qu'elles regroupent plus de 65 % de la population totale. Mais il n'y a pas eu de suivi dans la gestion de ces conventions de moins de 50 salariés, et l'échantillon est aujourd'hui tombé à 6 % ou 7 % de la population totale. Personne ne peut savoir non plus quel est le degré véritable de représentativité des quelque 350 conventions incluses dans le fichier par rapport aux 5000 conventions de cette taille qui doivent exister à l'heure actuelle au Québec. Comme le présent traité utilise abondamment les données mécanographiques du CRSMT, nous préciserons davantage, plus loin, cette question des conventions collectives qui régissent moins de 50 salariés.

Le rapport annuel intitulé *Conditions de travail contenues dans les conventions collectives au Québec*, que publie le CRSMT, présente les conditions en vigueur le 31 décembre, ainsi que les conditions négociées du 1er septembre de l'année précédente au 31 août de l'année courante.

Données sur les États-Unis Durant de nombreuses années, le Bureau des statistiques du Secrétariat d'État américain au travail a publié des analyses de clauses de conventions collectives[4]. Il a même publié une série d'une vingtaine de brochures dont chacune analysait une clause particulière[5]. Mais il a cessé de publier ce genre d'études en 1981.

Une université américaine, la Cleveland State University, a repris la publication sommaire à compter du 1er janvier 1988, sans s'engager à produire un rapport annuel. Elle a publié l'analyse des conventions du secteur privé en 1988 et celle des conventions du secteur public en 1990. Elle a reporté à plus tard une nouvelle édition de l'analyse des conventions collectives du secteur privé, parce qu'il y a eu très peu de changements dans la répartition des différents types de clauses depuis la publication des données établies le 1er janvier 1988.

B. Les données statistiques utilisées dans le présent traité

La majorité des tableaux statistiques de ce traité s'appuie sur des données mécanographiques provenant du fichier des conventions collectives du CRSMT. Pour ces tableaux, nous avons choisi les années 1984 et 1989: 1984, afin d'avoir un point de référence solide, au moment où toute la population des conventions était analysée, et 1989, pour connaître les données les plus récentes disponibles au moment de rédiger le traité.

4. U.S. Department of Labor, Bureau of Labor Statistics, *Characteristics of Major Collective Bargaining Agreements, January 1st, 1980*, bulletin 2095, Washington, D.C., U.S. Government Printing Office, BLS, 1981, 119 p.
5. U.S. Department of Labor, Bureau of Labor Statistics, *Major Collective Agreements*, bulletin 1425-1 à 1425-20, BLS 1970-1972.

Pour nous fournir ces données, un fichier spécial a été établi. Il utilise les mêmes 200 variables et les mêmes dispositions que celles du CRSMT et du *Rapport annuel*. Comme le fichier de 1984 contenait, en principe, toute la population des conventions collectives, il ne posait pas de difficulté, sauf peut-être pour les décrets tenant lieu de convention collective dans le secteur public. Il faut préciser les critères appliqués pour 1989.

Le fichier contenait toutes les conventions collectives qui ont été en vigueur à un moment ou l'autre au cours de l'année 1989, tout en éliminant le double compte, c'est-à-dire les cas d'une convention collective échue au début de l'année et réintégrée dans la banque de données au cours de la même année 1989; seule la dernière convention était alors retenue. Malgré tout, certaines conventions importantes ont échappé à la constitution du fichier, parce qu'elles étaient échues avant le 1er janvier 1989 et qu'elles n'avaient pas encore été renouvelées à la fin de décembre 1989. Nous avons ajouté les conventions les plus importantes qui tombaient dans cette catégorie. Autrement, les données numériques concernant les salariés régis auraient été complètement faussées et n'auraient plus été vraiment représentatives de la situation d'ensemble au Québec.

Pour ce qui est de la distinction entre les conventions qui régissent moins de 50 salariés et 50 salariés et plus, tous les tableaux du présent ouvrage, ou presque, présentent séparément les données relatives à chaque groupe, ainsi que le total correspondant. Pour les plus de 50, les chiffres indiqués proviennent directement des données mécanographiques fournies par le CRSMT. Pour les moins de 50, tout chiffre avancé ne peut être qu'une approximation. Aussi avons-nous opté pour une extrapolation, parce que celle-ci permet de voir directement l'ordre de grandeur de chaque disposition et de se rapprocher ainsi le plus possible de la réalité.

Nous avons combiné deux facteurs d'extrapolation, un premier, avec un moindre poids (0,2), qui reflète la répartition des données selon les conventions de 1989 présentes dans le fichier, un second, avec un poids plus considérable (0,8), qui correspond à la répartition, plus fiable, des chiffres de 1984. L'hypothèse qui sous-tend ce calcul – plus précisément le poids accordé à chaque facteur – c'est qu'en cinq ans, la répartition des conventions selon les dispositions retenues ne devrait pas changer substantiellement. La marge d'erreur de ce côté est moins grande que du côté de la représentation incertaine des «petites» conventions de 1989 dans le fichier informatisé.

C. Sources d'information courante sur les négociations

Publications canadiennes Travail Canada publie chaque mois la *Revue de la négociation collective*. Chaque numéro contient à la fois la liste des conventions qui viennent à échéance dans les mois suivants et le résumé des principales ententes conclues au cours du mois écoulé. La publication est complétée par une analyse des augmentations salariales et des ententes conclues, ainsi que des arrêts de travail les plus importants. La publication ne vise que des unités de grande taille (500 salariés et plus), dans l'ensemble des provinces canadiennes ainsi que dans les secteurs de compétence fédérale.

Une autre publication analyse en profondeur, à tous les trimestres, les *Grands règlements salariaux*.

Quant à l'analyse des autres clauses, Travail Canada la poursuit régulièrement, pour les conventions de 500 salariés et plus qui lui sont acheminées; les résultats de cette analyse sont disponibles sous forme mécanographique. Il n'y a pas de publication proprement dite.

Le Bureau de recherche sur les traitements a publié, pendant une vingtaine d'années, de fréquents rapports sur l'état des conventions collectives au Canada, comme une excellente *Analyse des conventions collectives dans la fonction publique fédérale* et une étude fouillée des *Avantages sociaux*.

Publications du Québec Nous avons présenté, dans la première note technique, la publication du CRSMT sur les *Conditions de travail contenues dans les conventions collectives au Québec*, une publication annuelle depuis 1979. Pendant deux ou trois ans, le CRSMT a publié non seulement un rapport sur l'ensemble des secteurs mais aussi une brochure pour chacun des grands secteurs économiques. Aujourd'hui, seule la publication concernant l'ensemble paraît encore. Mais les détails désirés sont disponibles sur demande, moyennant le paiement de certains frais.

Chaque mois, la revue du CRSMT, intitulée *Le marché du travail*, publie la liste des conventions collectives qui viennent à échéance ainsi que les principaux règlements intervenus au cours du mois écoulé. C'est un peu l'équivalent de la *Revue de la négociation collective*, limitée aux frontières du Québec.

États-Unis La revue *Monthly Labor Review* du gouvernement américain publie, au début de chaque année, un article qui résume les ententes intervenues au cours de l'année précédente. Elle publie également un autre article qui analyse les principales négociations à venir au cours de l'année qui commence.

Une publication mensuelle, *Current Wage Developments*, analyse dans le détail les ententes salariales conclues, les arrêts de travail et l'évolution de la rémunération dans les grandes entreprises syndiquées aux États-Unis.

D. Sources d'information sur les clauses de convention collective

Pour qui recherche non plus des compilations statistiques mais le texte même des clauses qui ont été négociées, il existe d'importants services autorelieurs qui fournissent cette documentation pour les États-Unis (feuilles mobiles regroupées selon les clauses et envoyées aux abonnés).

Deux grandes firmes américaines publient chacune les principales clauses négociées au cours de chaque année. Le Bureau of National Affairs (BNA) publie *Collective Bargaining Negotiations and Contracts*; il s'agit de deux forts volumes autorelieurs contenant les clauses récemment négociées. Le BNA publie également chaque année un résumé, sous forme de livre, *Basic Patterns in Union Contracts*.

Commerce Clearing House Ltd. (CCH) publie, de son côté, *Labor Law Reporter : Union Contracts and Arbitrations*. Cet organisme vend ce service d'information sur les clauses actuellement négociées aux États-Unis : elles tiennent dans un fort volume autorelieur. Une compilation paraît occasionnellement en volume sous le titre *Union Contract Clauses*.

Au Canada, le Bureau de recherche sur les traitements publiait ce qu'il appelait la partie B de son *Analyse des conventions collectives dans la fonction publique fédérale*. La partie A, mentionnée dans la note précédente, contenait plutôt des analyses statistiques. La partie B contenait une analyse terminologique : elle fournissait des exemples de formulation, tirés de conventions collectives en vigueur au Canada.

Le CRSMT effectue occasionnellement des études approfondies sur les principaux contenus de telle ou telle clause au Québec. Il a ainsi publié une étude, avec des exemples nombreux de clauses spécifiques, sur les changements technologiques (1985) et une autre analysant les multiples aspects des avantages sociaux (1989).

Bibliographie

Statut légal de la convention collective

ADELL, B.L. *The Legal Status of Collective Agreements in England, the United States and Canada*, Kingston, Queen's University, Industrial Relations Centre, 1970, 240 p.

BEAULIEU, MARIE-LOUIS. *Les conflits de droit dans les rapports collectifs du travail*, Québec, Les Presses de l'Université Laval, 1955, 540 p.

CARROTHERS, A.W.R. *Collective Bargaining Law in Canada*, Toronto, Butterworths, 1965, 553 p., 2e éd., 1986.

Conditions de travail contenues dans les conventions collectives au Québec, Publication annuelle du Centre de recherche et de statistiques sur le marché du travail depuis 1979.

CURTIS, C.H. *The Development and Enforcement of the Collective Agreement*, Kingston, Queen's University, Industrial Relations Centre, 1966, 115 p.

GAGNON, ROBERT P., LEBEL, LOUIS et VERGE, PIERRE. *Droit du travail*, 2e édition, Les Presses de l'Université Laval, 1987 (933 p.), p. 441-474.

MORIN, FERNAND. *Rapports collectifs du travail au Québec*, Montréal, Les Éditions Thémis, 1978, 348 p. Section 2-4 sur la convention collective, p. 176-188.

VAILLANCOURT, GÉRARD. *Les lois ouvrières de la province de Québec en rapport avec les relations ouvrières patronales*, Montréal, Wilson et Lafleur, 1957, 700 p.

Situation numérique et importance relative

COURCHESNE, RÉJEAN, GAGNON, DENIS, PES, JOHANNE et POTHIER, RITA R. « Les relations du travail en 1984 », *Le marché du travail*, vol. 6, no 1, janvier 1985, p. 64-86.

FLEURY, GILLES. « La carte syndicale au Québec en 1985 », *Le marché du travail*, vol. 6, no 12, décembre 1985, p. 78-79.

KUMAR, PRADEEP. *Estimates of Unionism and Collective Bargaining Coverage in Canada*, Kingston, Queen's Papers in Industrial Relations, 1988-2 (39 p.), p. 19-22.

RACINE, FRANCE. « Les relations du travail en 1989 », supplément au *Marché du travail*, décembre 1989, p. 15-21.

Annexes et additions à la convention collective

D'AOUST, CLAUDE et LECLERC, LOUIS. *Les protocoles de retour au travail : une analyse juridique*, Université de Montréal, École de relations industrielles, monographie no 6, 1980, 81 p.

DION, GÉRARD. *Dictionnaire canadien des relations du travail*, 2e édition, Québec, Les Presses de l'Université Laval, 1986, 993 p.

Chapitre

4

Reconnaissance et sécurité syndicale

PLAN

Les conventions collectives débutent le plus souvent par la reconnaissance mutuelle de chacune des parties, celle du syndicat par l'employeur étant plus élaborée. Elle prend généralement la forme d'une clause qu'il est convenu d'appeler clause de sécurité syndicale, soit la sécurité accordée par l'entreprise à l'organisme syndical lui-même. Selon les définitions établies précédemment, il s'agit d'une clause contractuelle, puisqu'elle vise directement une des parties contractantes et qu'elle n'affecte les salariés que d'une façon indirecte.

La sécurité syndicale revêt deux aspects: d'abord l'assurance que le syndicat conservera une majorité de membres parmi les salariés visés et désignés dans le certificat d'accréditation, ensuite la garantie de revenus réguliers d'un niveau donné. La première forme oblige les travailleurs concernés, tous ou certains d'entre eux, à adhérer au syndicat en place; on parle alors d'une clause d'appartenance syndicale ou simplement du régime syndical. La seconde impose généralement la retenue à la source des cotisations syndicales ou de leur équivalent, c'est-à-dire leur déduction de l'enveloppe de paye des employés visés. On désigne cette pratique par les expressions retenue des cotisations syndicales ou précompte syndical. À ces deux aspects fondamentaux s'ajoute souvent une clause explicite de reconnaissance du syndicat par l'employeur.

Avant de préciser davantage les types de clauses qu'on peut trouver sous chacun de ces aspects, il faut évoquer l'histoire de la sécurité syndicale. C'est peut-être le point sur lequel le contexte a le plus profondément changé, à tel point que la clause peut sembler aujourd'hui inutile ou redondante: la question des cotisations a été réglée par législation; les lois ont également établi des contraintes quant aux modalités d'appartenance syndicale qui sont permises. L'existence des clauses de sécurité syndicale ne se comprend vraiment que dans une perspective historique.

4.1 Origine et raison d'être de la clause

L'idée fondamentale de la clause, soit l'obligation d'appartenir à un syndicat et son corollaire négatif, le refus de travailler avec des non-membres, n'est pas récente, loin de là. Elle est même antérieure au syndicalisme, puisqu'elle remonte aux corporations de métiers du Moyen Âge[1]. Pour résumer la longue évolution du phénomène, nous nous arrêterons à trois périodes: celle où les syndicats étaient considérés comme des organisations illégales, celle des débuts de la négociation collective et, enfin, la période de reconnaissance contemporaine.

4.1.1 Période de l'illégalité des syndicats

Quand les membres des premières unions ouvrières juraient sur la bible de ne pas travailler pour un salaire inférieur à celui de la liste insérée dans celle-ci, ils s'engageaient en même temps à refuser de travailler avec des employés payés à moindre salaire, ou encore avec des employés qui n'étaient pas membres de leur union. Ils renouaient en cela avec la tradition des corporations des siècles précédents. En effet, une des préoccupations fondamentales de ces corporations était de limiter l'accès des nouveaux venus dans la profession. On rejoignait ainsi le passé lointain, par-delà la philosophie individualiste du XVIIIe siècle, en cherchant à recréer l'hégémonie des corps de métiers.

Il allait de soi que les membres de ces nouveaux groupes cherchaient à protéger leurs salaires et leurs emplois en écartant toute concurrence de la part d'autres travailleurs, qualifiés ou non. La mainmise sur le marché, que certaines unions ont pu réaliser à divers moments, comportait l'imposition unilatérale des salaires et le contrôle de l'offre de la main-d'œuvre. En un sens, c'était une situation de tout ou rien: on réussissait à imposer un marché totalement fermé, dominé par l'union en cause, ou on se trouvait, à l'inverse, dans une situation de marché complètement ouvert: tout dépendait de la situation économique environnante.

1. CHARLES HANSON, SHEILA JACKSON et DOUGLAS MILLER, *The Closed Shop. A Comparative Study in Public Policy and Trade Union Security in Britain, the U.S.A. and West Germany*, New York, St. Martin's Press, 1982, 264 p.; M.G. MITCHNICK, *Union Security and the Charter*, Toronto, Butterworths, 1987, 193 p., ch. 1: «Britain» et ch. 4: «United States of America».

On peut résumer l'histoire des relations du travail au XIXe siècle comme un conflit permanent entre la philosophie individualiste nouvelle et les efforts vers un retour aux corporations fermées d'autrefois. Dans un tel contexte, la sécurité syndicale, sous sa forme la plus stricte de l'atelier fermé, n'était pas un ornement à rechercher mais une condition essentielle de survie.

4.1.2 Reconnaissance volontaire de la négociation

Quand les unions ouvrières commencèrent à négocier et à signer des convention collectives, il était tout naturel que leur première préoccupation fût de se faire reconnaître par l'employeur qui avait ainsi accepté de discuter de conditions de travail. Les unions en cause n'avaient alors aucune autre protection ou point d'appui; elles devaient assurer elles-mêmes leur survie, dans un milieu encore hostile au syndicalisme et à la négociation. Il était essentiel pour chaque union d'obtenir de l'employeur qu'il la reconnaisse comme représentant les travailleurs concernés, à l'exclusion de tout autre groupe, au moins aussi longtemps qu'il respecterait les engagements qu'il avait pris à leur égard. C'est là l'origine de la clause de reconnaissance syndicale, qu'on trouve encore aujourd'hui dans plusieurs conventions comme une sorte de vestige de cette époque lointaine et difficile.

En général, cette reconnaissance ne s'obtenait pas facilement; dans bien des cas, elle était le résultat d'une épreuve de force. À la fin du XIXe siècle et au début du XXe siècle, les grèves de reconnaissance syndicale étaient au moins tout aussi nombreuses que les grèves visant l'amélioration des conditions de travail. L'autre difficulté découlait de l'équivoque qui pouvait exister quant aux employés à qui la convention collective s'appliquerait. En effet, il n'y avait pas de loi, à cette époque, qui déterminait ce qu'on appelle aujourd'hui l'unité de négociation et le groupe obligatoirement régi par la convention collective. En ce sens, la reconnaissance syndicale et la définition de l'unité visée étaient les deux premiers objets de négociation. Les parties devaient s'entendre sur ces deux points avant toute autre question.

C'est ainsi que sont nées les premières clauses d'appartenance syndicale. Fréquemment, la convention collective ne s'appliquait qu'aux membres du syndicat et à aucun autre employé. Il n'était pas question de retenue des cotisations syndicales: le paiement de la cotisation se faisait de main à main et constituait le signe tangible de la volonté des travailleurs concernés d'appartenir à l'union. Mais il fallait se protéger contre les négligents et contre les tentatives de l'employeur de décimer les rangs du syndicat. Un moyen de le faire était d'obtenir de l'employeur lui-même qu'il s'engage à n'embaucher et à ne garder à son service que des membres de l'union en cause. La sécurité syndicale était alors nécessaire au maintien d'une présence syndicale efficace. Pas de sécurité syndicale signifiait bien souvent pas de convention du tout ou, peut-être pire encore, une convention que l'employeur ne respectait pas.

Tant que les principaux syndicats demeurèrent des syndicats de métiers, la forme privilégiée a toujours été celle de l'atelier fermé (*closed chop*). Par réaction au mouvement syndical qui commençait à s'imposer par la force économique, des groupes d'employeurs se sont engagés dans des campagnes d'atelier ouvert (*open shop*), dont la formule des associations locales, dite formule américaine, a constitué à la fois le symbole et le sommet au cours des années 1920. Pour contrer les progrès du syndicalisme, plusieurs employeurs obligeaient même leurs employés à s'engager par écrit à ne jamais joindre les rangs d'une union ouvrière. C'est ce qu'on a appelé le contrat de jaune (*yellow dog contract*). On avait donc alors deux situations opposées: celle de l'atelier fermé et celle de l'atelier ouvert.

4.1.3 Reconnaissance légale des syndicats

Avec l'adoption du *Wagner Act* aux États-Unis en 1935 et celle des lois de relations ouvrières au Canada en 1944, le problème de la reconnaissance du syndicat par l'employeur était en quelque sorte supprimé. Le syndicat devait être officiellement reconnu par un organisme institué à cet effet, la commission des relations de travail; les employeurs ne pouvaient plus s'y opposer. Une seule condition: le groupe en cause devait compter parmi ses membres la majorité absolue des salariés éventuellement visés par le syndicat et régis par la convention collective. C'est le régime bien connu aujourd'hui de l'accréditation. Il avait pour effet de supprimer complètement, ou presque, la grève de reconnaissance syndicale. En fait, ce genre de grève était désormais prohibé et interdit par les lois.

En même temps, il s'est développé un phénomène nouveau, celui des syndicats de type industriel, qui répondaient au développement des grandes manufactures et aux concentrations considérables de travailleurs en un même lieu. Cette situation allait entraîner d'importantes modifications dans les clauses de sécurité syndicale, particulièrement en introduisant la clause d'atelier syndical, qui prendrait même plus d'importance que la clause d'atelier fermé, seule connue jusqu'alors.

Les nouvelles lois qui reconnaissaient aux syndicats le droit à l'existence et qui établissaient des mécanismes officiels à cet effet comportaient des dispositions, permissives ou restrictives, par rapport aux clauses de sécurité syndicale. Quelques années plus tard, les législateurs introduiront des dispositions concernant le précompte ou la retenue des cotisations syndicales. Tous ces aspects légaux sont encore en vigueur; ils feront l'objet de la section 4.3 ci-dessous. Il faut d'abord décrire les principaux types de clauses que l'on rencontre en matière de sécurité syndicale.

4.2 Typologie des clauses de sécurité syndicale

Nous verrons successivement les différentes clauses qui ont trait à chacun des deux aspects fondamentaux de la sécurité syndicale, d'abord celui de l'appartenance aux syndicats, puis celui de leur sécurité financière. Auparavant, il faut dire quelques mots d'une clause moins fréquente mais qui s'y rattache, celle de la reconnaissance syndicale[2].

4.2.1 Clauses de reconnaissance syndicale

Même si la reconnaissance officielle du syndicat se fait, au Québec, par l'agent d'accréditation ou le commissaire du travail, et ailleurs au Canada par les commissions de relations du travail, certaines parties contractantes tiennent à inclure dans leur convention la reconnaissance explicite du syndicat comme représentant exclusif des salariés visés par la convention collective. Le plus souvent la clause est formulée à peu près de la manière suivante:

> La compagnie reconnaît le syndicat comme étant l'agent négociateur unique et exclusif pour tous les employés de la compagnie à ses établissements de Tracy, sauf les employés de bureau, les gardiens [...] les chimistes diplômés, les contremaîtres et toute autre personne au-dessus du rang de contremaître.
>
> (Tioxide Canada et Métallos 6319, art. 2.01.)

Certaines conventions expliquent le sens des mots «agent négociateur unique et exclusif». C'est ainsi qu'on pourra trouver les précisions suivantes:

> La compagnie s'engage à ne négocier qu'avec le syndicat et à maintenir le principe d'égalité de traitement pour tous les employés de l'usine.
>
> (Papier Rolland Inc. et Syndicat canadien des travailleurs du papier, 454, art. 3.02.)

Une telle clause a une valeur déclaratoire et, possiblement, psychologique et pédagogique. Les parties l'ont écrite et signée. Pour ce qui est de son contenu, il est déjà prévu par certains articles du *Code du travail*, particulièrement par les suivants:

> Le droit à l'accréditation existe à l'égard de la totalité des salariés de l'employeur ou de chaque groupe desdits salariés qui forme un groupe distinct aux fins du présent code. (C.t. art. 21, 3e alinéa.)
>
> L'accréditation d'une association de salariés annule de plein droit l'accréditation de toute autre associa-

2. GÉRARD DION, «Clauses de sécurité syndicale: définitions et aspect moral» dans *Convention collective. Sécurité syndicale*, 2e Congrès des relations industrielles de Laval, 14-15 avril 1947. Québec, Université Laval, Département des relations industrielles, 1947, p. 77-123; NOËL MALETTE, «La sécurité syndicale» dans *La gestion des relations du travail au Québec*, Montréal, McGraw-Hill, 1980 (642 p.), p. 221-239.

tion pour le groupe visé par la nouvelle accréditation. (C.t. art. 43.)

La convention collective lie tous les salariés actuels ou futurs visés par l'accréditation. (C.t. art. 67.)

Avec l'article consacré à la reconnaissance syndicale, plusieurs parties contractantes veulent formuler les objectifs qu'elles poursuivent dans l'entente réalisée. L'objectif le plus souvent mentionné est celui d'assurer des relations harmonieuses entre les deux parties. On y ajoute parfois des objectifs plus particuliers.

Les parties désirent maintenir des relations harmonieuses entre la compagnie et ses employés, régler à l'amiable tous les différends de la façon prévue dans cette convention, travailler ensemble à promouvoir la sécurité et la santé des employés et assurer le rendement maximum de l'usine.

(Emballages Domtar et Syndicat canadien des travailleurs du papier 205, art. 1.01.)

Parmi les objectifs mentionnés, les employeurs veulent généralement inclure les buts propres à l'entreprise, comme d'assurer une exploitation plus économique et plus rentable, un rythme d'opération constant, à l'abri de toute difficulté pouvant surgir pendant que la convention collective est en vigueur. De leur côté, les syndicats tiennent à mettre l'accent sur les meilleures conditions de travail possibles, pour prévenir l'interprétation que les procureurs patronaux invoquent fréquemment, soit le principe selon lequel, dans le doute, un contrat s'interprète en faveur de celui qui a contracté l'obligation (*Code civil* art. 1019).

Finalement, même si on peut conclure que les articles relatifs à la reconnaissance syndicale et aux objectifs de la convention collective ne sont pas nécessaires, on ne peut dire qu'ils sont inutiles. Ils ont au moins une valeur éducative, du fait qu'ils rappellent aux parties leurs droits et leurs obligations respectives, ainsi que les objectifs fondamentaux du processus; les parties ont d'ailleurs volontairement – même si c'est à la suite de quelques contraintes – apposé leur signature sur la convention collective qui en a résulté.

4.2.2 Clauses d'appartenance syndicale

Compte tenu de la nature de la convention collective, on peut définir la clause d'appartenance ou d'adhésion syndicale comme une entente selon laquelle l'employeur impose à tous ses salariés, ou à une partie d'entre eux, l'obligation d'être, de devenir ou de demeurer membres du syndicat signataire de la convention collective. Bon nombre de conventions ne contiennent pas de clause d'adhésion syndicale, peut-être 20 % de l'ensemble. Mais la plupart contiennent une telle disposition. Celle-ci peut prendre plusieurs formes: l'obligation peut être très contraignante, comme dans le cas de l'atelier fermé, ou minimale, comme dans le cas du maintien d'adhésion. On peut établir comme suit, selon un ordre décroissant de rigueur, les différentes clauses d'appartenance syndicale: l'atelier fermé, l'atelier syndical parfait, l'atelier syndical imparfait et le maintien d'adhésion. Nous présenterons successivement chacune de ces clauses.

La clause la plus contraignante est celle de l'«atelier fermé». Par cette clause, l'employeur accepte non seulement d'obliger tous ses salariés à être membres du syndicat, mais il s'engage même à n'embaucher que des travailleurs qui en sont déjà membres. L'appartenance syndicale précède alors l'embauche par l'employeur. Le corollaire obligé de cette disposition, sur le plan pratique, c'est que l'employeur s'adressera à un bureau d'embauche syndical pour obtenir les travailleurs qu'il désire. Ce bureau d'embauche (*hiring hall*) s'engage généralement à fournir à l'employeur les travailleurs qualifiés dont il a besoin. En effet, la clause ne s'applique le plus souvent qu'à des hommes de métier ou à des groupes particuliers d'employés, comme les musiciens et les artistes. C'est ainsi qu'on trouve cette clause principalement dans les secteurs de la construction, du vêtement et de l'imprimerie, parce que c'est là qu'existent les plus fortes et les plus vieilles unions de métier. Les paragraphes suivants sont tirés d'une convention collective en vigueur dans une grande imprimerie.

L'employeur convient de n'employer que les membres en règle du syndicat, pour exécuter tout le travail inclus dans la juridiction du syndicat.

(...)

Le syndicat s'engage à fournir, selon ses disponibilités, les salariés compétents nécessaires pour satisfaire aux besoins de l'employeur.

Lorsque l'employeur décide de combler un poste, (...) il avisera par écrit le secrétaire du syndicat et le syndicat enverra selon ses disponibilités, jusqu'à un maximum de cinq candidats par poste à combler dans les trente jours suivant la demande écrite. Le contremaître devra faire son choix parmi les candidats soumis dans les dix jours de la réception de cette liste. Si ceux-ci n'étaient pas acceptables au contremaître, celui-ci devra donner par écrit les raisons qui motivent son refus dans les cinq jours suivants. Lors d'une telle éventualité, le syndicat pourra contester cette décision conformément à l'article 9 de la présente convention collective. Si le syndicat est dans l'impossibilité de fournir le personnel nécessaire, l'employeur pourra embaucher les salariés de son choix sujet à l'article 2.03 de la présente convention collective (obligation de devenir membre en règle).

Au cas où du personnel temporaire additionnel serait requis pour satisfaire aux besoins de l'article 22 quant à l'effectif minimum requis aux presses et à l'entretien, le syndicat s'engage à lui fournir le personnel compétent requis dans les 12 heures qui suivent la demande de l'employeur. Toutefois, si le syndicat est dans l'impossibilité de remplir les exigences de l'employeur avec des substituts à taux régulier, les salariés réguliers pourront faire ce travail au taux prévu à la convention collective.

(Imprimerie Dumont et Syndicat des communications graphiques, local 41 M, art. 2.02, 2A.01 et 2A.02.)

L'industrie où l'atelier fermé est le plus important et le plus répandu est sans contredit celle de la construction, sauf au Québec où un régime bien particulier a été introduit en 1969. Nous verrons ce régime spécial, propre au Québec, au chapitre 28. Il faut noter que, partout en Amérique du Nord, très peu de syndicats de la construction sont accrédités; employeurs et syndicats y fonctionnent le plus souvent sur la base d'ententes volontaires (*gentlemen's agreement*). Voici quelques clauses de sécurité syndicale tirées de conventions collectives de la construction d'autres provinces canadiennes.

Seuls les membres du local 625 de la Fraternité internationale des ouvriers en électricité (IBEW) seront embauchés comme électriciens. Si plus d'électriciens sont requis que le local 625 ne peut en fournir, les membres d'une section extérieure (à la Nouvelle-Écosse) pourront être embauchés, pourvu qu'ils déposent leur carte d'union les autorisant à travailler hors de leur lieu de résidence auprès du local 625, conformément à la constitution de l'IBEW.

(Agreement between Electrical Contractors Association of Nova Scotia and International Brotherhood of Electrical Workers, Local 625, art. 13. Traduction de l'auteur.)

L'employeur s'engage à n'embaucher que des membres de l'union pour exécuter du travail qui tombe sous la juridiction de l'union. De plus, l'union sera la seule agence qui pourra fournir des employés à l'employeur. Celui-ci aura le privilège, quand il accroît sa main-d'œuvre, de réembaucher des travailleurs en chômage qui ont déjà été à son emploi au cours des six mois précédents, pourvu qu'ils soient membres en règle de l'union. Si l'union était incapable de fournir le nombre d'employés requis dans les 48 heures de la demande, l'employeur pourra embaucher d'autres salariés, qui, avant de se rapporter à l'ouvrage devront obtenir l'autorisation et la formule requises par l'union à cet effet.

Un employé qui ne serait pas en règle avec l'union pourra être renvoyé du chantier par un représentant de l'union, après en avoir avisé l'employeur ou son représentant.

(Trade Agreement between United Brotherhood of Carpenters, local 494, and Windsor Construction Association, art. 5. Traduction de l'auteur.)

Le nombre et la proportion des clauses d'atelier fermé sont stables ou légèrement à la baisse, parce qu'elles ne s'appliquent que dans des cas d'employés de métiers spécialisés. Comme les métiers de l'imprimerie sont en voie de disparition – sauf peut-être celui des pressiers – et que ceux du vêtement connaissent un déclin prononcé, par suite du libre-échange, de l'absence de quotas d'importation et de l'introduction des ordinateurs dans ces deux inustries, la proportion des clauses de convention collective de cette nature décroît en conséquence. D'ailleurs, ce genre d'exclusivité et de contrôle de la main-d'œuvre s'accordait mieux à la situation de l'emploi au XIXe siècle qu'à la grande entreprise et aux emplois de cols blancs de la fin du XXe siècle. Le contrôle de la main-d'œuvre par le bureau syndical d'embauche a également soulevé des problèmes de droit et d'éthique, que nous discuterons dans les sections 4.3 et 4.4 du présent chapitre. Il nous faut plutôt aborder la clause d'appartenance syndicale la plus souvent rencontrée, celle de l'atelier syndical.

Les clauses d'« atelier syndical » (*union shop*) sont apparues en même temps que les unions industrielles. Comme les vastes entreprises qui se sont développées dans la première moitié du XXe siècle exigeaient l'embauche d'un très grand nombre de salariés non qualifiés ou semi-qualifiés, il devenait impossible aux unions qui souhaitaient les regrouper d'exercer un contrôle rigoureux sur cette main-d'œuvre, encore moins de fournir aux employeurs tous les salariés que ceux-ci voulaient recruter. Les unions en cause ont dont choisi de laisser aux employeurs la responsabilité de l'embauche, mais ont exigé en retour qu'ils obligent les travailleurs ainsi engagés à devenir membres de l'union, dans un délai relativement court, généralement à peu près 30 jours. Dans une clause d'atelier syndical, l'employeur s'engage donc à obliger les salariés de l'unité de négociation, du moins les nouveaux, à devenir et à demeurer membres du syndicat pour la durée de la convention collective. Comme il est probable que la clause sera renouvelée dans la convention suivante, l'obligation se prolonge d'habitude aussi longtemps qu'il y a une convention collective.

Selon que la clause est formulée de manière à imposer l'adhésion de tous les salariés sans exception, ou qu'elle laisse le choix à certains d'entre eux, on dira qu'il s'agit d'un atelier syndical parfait ou imparfait. L'exception la plus fréquente vise les anciens salariés qui ont refusé de devenir membres. Règle générale, au moment où la clause est introduite pour la première fois, on respecte la liberté de ceux qui refusent d'adhérer volontairement. Cette exception s'exprime habituellement par omission, en ce sens que la clause dira que tous ceux qui sont membres au moment de la signature devront le demeurer et que tous les nouveaux salariés devront obligatoirement devenir membres. On ne dit rien des employés actuels qui ne sont pas membres, ce qui implique qu'on ne les oblige pas à adhérer. Une clause d'atelier syndical imparfait peut, avec le temps et en pratique, se transformer en une clause d'atelier syndical parfait : un jour viendra où tous seront syndiqués, parce que ceux qui avaient refusé de l'être au début auront tous quitté l'entreprise pour une raison ou pour une autre. Une bonne moitié des conventions collectives en vigueur au Québec contiennent une clause d'atelier syndical parfait, obligeant tous les salariés visés par le certificat d'accréditation à être membres du syndicat, sans aucune exception. On peut noter que les syndicats ont tendance à négocier des clauses d'atelier syndical parfait surtout dans les petites entreprises, et à accepter une clause d'atelier syndical imparfait dans les grandes entreprises, comme nous le verrons dans les statistiques mentionnées plus loin.

Concrètement, les employeurs et les syndicats s'entendent généralement pour procéder de la façon suivante. Au moment de l'embauche, l'employeur informe le nouveau salarié de la situation syndicale dans l'entreprise. Dans certains cas, il lui fera signer lui-même les documents nécessaires ; dans d'autres, il s'assurera que le nouvel employé rencontre le représentant syndical de son unité de travail. Comme nous le verrons plus loin, un des documents à signer à ce moment est la formule autorisant la retenue de la cotisation sur le salaire de l'employé. Auparavant, il nous faut donner quelques exemples de clauses d'atelier syndical parfait et, ensuite, d'atelier syndical imparfait.

> Tout salarié occupant un poste régi par la présente convention doit comme condition du maintien de son emploi être membre en règle du syndicat et le demeurer jusqu'à la fin de la présente convention ;
>
> Tout nouveau salarié doit au moment de son embauche devenir membre du syndicat dès que le syndicat le jugera à propos et le demeurer jusqu'à la fin de la présente convention ;
>
> (Emballages Mitchel-Lincoln et le Syndicat canadien des travailleurs du papier 648, art. 5.01.)

La clause suivante est typique d'un «atelier syndicat imparfait» *(modified union shop)*, l'exception consistant justement dans les anciens salariés, au moment où la clause est entrée en vigueur pour la première fois. Ceux-ci étaient alors libres de devenir membres s'ils le voulaient, mais ils n'étaient pas tenus de le faire.

> Tout salarié, membre en règle du syndicat au moment de la signature de la présente convention et tous ceux qui le deviendront par la suite, doivent maintenir leur adhésion au syndicat, pour la durée de la convention, comme condition du maintien de leur emploi.
>
> Tout nouveau salarié doit devenir membre du syndicat dans les dix jours de calendrier à compter de son premier jour de travail comme condition du maintien de son emploi. À l'embauche l'employeur informe le salarié de cette disposition.
>
> (Comité patronal de négociation du secteur de la santé et des services sociaux et la Fédération des affaires sociales CSN, art. 6.01 et 6.02.)

On aura remarqué l'insistance exprimée dans l'incise «comme condition du maintien de leur emploi». C'est là la contrainte majeure de ce genre de clause et la source des principales difficultés qu'elle soulève, comme nous le verrons dans la section 4.4.

Finalement, la clause d'appartenance syndicale qui comporte l'obligation minimale est dite du «maintien d'adhésion» (*maintenance of membership*). Sa raison d'être est la suivante. En exigeant que ceux qui sont membres du syndicat au moment de la signature de la convention le demeurent pendant toute sa durée, toujours comme condition du maintien de leur emploi, le syndicat est assuré de conserver la majorité qu'il possède au moment de la négociation et de la signature de la convention. Il ne perdrait sa majorité que dans l'hypothèse où le nombre d'employés augmenterait considérablement pendant que la convention est en vigueur; il demeurerait quand même le représentant syndical des salariés en cause, parce que la vérification de l'effectif ne peut se faire que dans la période précédant l'expiration de la convention collective (C.t. art. 41). Voici deux exemples de clauses de maintien d'adhésion ou d'affiliation. (Même si ce dernier mot a un autre sens, on l'emploie souvent comme synonyme de maintien d'adhésion.)

> Tout employé peut devenir membre du syndicat et lorsqu'il l'est, il ne peut en démissionner que dans les délais prévus au Code canadien du travail.
>
> (Télé-Métropole Inc. et Syndicat canadien de la fonction publique 687, art. 8.01.)
>
> Les parties acceptent que tout employé de la compagnie couvert par cette convention puisse choisir d'adhérer ou non au syndicat. Tout employé qui choisit de devenir membre en bonne et due forme du syndicat demeure membre pour la durée de la présente convention, sauf qu'il peut révoquer son adhésion volontaire dans les quinze jours précédant l'expiration de la présente convention.
>
> (Shell Canada, Montréal-Est et Travailleurs unis du pétrole 1, art. 4.01.)

Si la convention collective ne comporte aucune des clauses mentionnées ci-dessus, on dira qu'il s'agit d'un «atelier ouvert» (*open shop*). Ceci ne veut pas dire que la proportion d'employés syndiqués y est inférieure à celle qu'on trouve par exemple dans certains ateliers syndicaux imparfaits. En effet, nous verrons, au point 4.2.3, que plusieurs conventions collectives ne contiennent aucune clause d'appartenance syndicale, mais seulement des dispositions en matière de paiement des cotisations. En pratique, cela amène souvent un grand nombre, sinon la totalité des employés, à adhérer au syndicat. Mais ils le font alors librement, tandis que là où il y a une clause d'appartenance syndicale, c'est l'employeur qui oblige ses employés à être membres du syndicat avec lequel il a signé la convention collective alors en vigueur.

Le tableau 4-1 donne une idée générale de l'importance relative des différents types de clauses d'appartenance ou d'adhésion syndicale[3]. Les clauses d'atelier fermé représentent en général moins de 5 % de l'ensemble des conventions collectives et une

3. Les différentes sources utilisées pour construire le tableau 4-1 comportent trop de différences pour qu'on puisse en tirer des conclusions rigoureuses. Les chiffres ne nous donnent que des ordres de grandeur.

TABLEAU 4-1

Répartition des conventions collectives et des salariés selon la clause d'appartenance syndicale au Québec et au Canada – 1980, 1985 et 1990

AU QUÉBEC	En vigueur le 31 décembre 1980				En vigueur le 31 décembre 1985				En vigueur le 31 décembre 1989			
	C.c.	%	Salariés	%	C.c.	%	Salariés	%	C.c.	%	Salariés	%
Atelier fermé	183	5,8	9 153	1,8	158	4,0	11 682	2,0	65	2,9	17 248	3,1
Atelier syndical parfait	1 453	46,2	116 254	22,5	2 127	53,2	176 504	30,6	1 269	56,2	188 512	34,0
Atelier syndical imparfait	869	27,6	227 012	43,9	1 112	27,8	191 254	33,2	552	24,5	210 757	38,0
Maintien d'adhésion	153	4,9	24 421	4,7	132	3,3	10 649	1,9	97	4,3	18 449	3,3
Autre disposition	8	0,3	1 063	0,2	50	1,3	69 475	12,1	—	—	—	—
Aucune disposition	481	15,3	139 630	27,0	416	10,4	115 597	20,0	274	12,1	120 280	21,6
TOTAL	3 147	100,0	517 533	100,0	3 995	100,0	575 161	100,0	2 257	100,0	555 246	100,0
AU CANADA[1]	**mars 1981**				**juillet 1985**				**août 1990**			
Atelier fermé	77	3,5	78 025	3,2	27	2,8	41 595	2,0	94	8,6	177 715	7,6
Atelier syndical parfait	557	25,5	447 777	18,1	219	22,8	319 720	15,7	226	20,7	348 734	14,9
Atelier syndical imparfait	463	21,2	589 170	23,8	184	19,2	563 565	27,7	202	18,5	518 608	22,1
Maintien d'adhésion	112	5,1	97 997	4,0	42	4,4	71 990	3,5	36	3,3	104 605	4,5
Autre disposition	7	0,3	2 645	0,2	1	—	815	—	432[2]	39,5	921 951	39,3
Aucune disposition	965	44,3	1 255 715	50,8	487	50,7	1 036 930	51,0	104	9,5	275 182	11,7
TOTAL	2 181	100,0	2 471 329	100,0	960	100,0	2 034 615	100,0	1 094	100,0	2 346 795	100,0

1. Les chiffres de 1981 pour le Canada incluaient les conventions visant 200 travailleurs et plus, d'où leur plus grand nombre. Ceux de 1985 et 1990 visent les 500 travailleurs et plus.
2. Les chiffres de 1990 incluent une nouvelle division (non définie), celle de la formule Rand, d'où la répartition différente. La comparaison entre 1985 et 1990 laisse croire que ces conventions étaient auparavant comptées comme ne comportant aucune disposition d'appartenance, ce qui coïnciderait avec nos propres définitions.

Sources: Québec: *Conditions de travail contenues dans les conventions collectives au Québec, 1980, 1985 et 1988*. CRSMT.
Canada: *Dispositions des grandes conventions collectives au Canada* (500 empl. et plus), 1981, 1985 et 1990.

proportion moindre quant au nombre de travailleurs visés. Le nombre et la proportion des conventions collectives contenant une clause d'atelier syndical parfait est très élevé: environ la moitié des conventions collectives au Québec, mais celles-ci ne visent que 25 % à 30 % des salariés. C'est presque l'inverse pour les clauses d'atelier syndical imparfait: 25 % des conventions collectives et 35 % à 40 % des salariés. La situation semble bien différente pour l'ensemble du Canada, mais la raison tient probablement au fait que les chiffres canadiens ne visent que les grandes conventions collectives (200 travailleurs et plus en 1980, 500 et plus depuis). Nous avons déjà noté que les grands établissements ont moins tendance à imposer l'atelier syndical parfait. Le syndicat sent peut-être davantage le besoin d'assurer sa sécurité dans les petites et moyennes entreprises. Par ailleurs, bon nombre des grandes conventions collectives ont été introduites autour des années 1950, alors qu'on était plus enclin à tenir compte de l'opinion de ceux qui s'opposaient à l'appartenance syndicale obligatoire. Finalement, en ce qui concerne la clause de maintien d'adhésion ou d'affiliation, on la trouve dans environ 5 % des cas, et elle s'applique à une proportion encore plus faible de salariés.

Le tableau 4-2 présente des données ventilées pour le Québec en 1984 et 1989: elles distinguent les conventions qui visent moins de 50 salariés de celles qui régissent 50 salariés et plus. La répartition ainsi réalisée confirme les observations du paragraphe précédent, surtout en ce qui concerne la taille des unités et sa relation avec le type de clause. Dans les unités de moins de 50 salariés, l'atelier syndical parfait se retrouve deux fois plus souvent que l'atelier syndical imparfait; dans les unités de 50 et plus, il y a plus de salariés en régime d'atelier imparfait que parfait. La répartition est aussi très différente selon les industries; elle reflète la taille moyenne des établissements dans chaque secteur. Dans les industries primaires et secondaires, dans le commerce et les services, c'est l'atelier syndical parfait qui domine; dans les transports et les communications, ainsi que dans les services publics, c'est l'inverse.

L'observation peut-être la plus importante porte sur les conventions qui ne contiennent aucune disposition d'appartenance syndicale, c'est-à-dire que ces conventions n'obligent pas les salariés à être membres. Environ 25 % des salariés régis par convention collective sont dans cette situation; par contre, la très grande majorité d'entre eux (de 80 % à 90 %) sont effectivement membres du syndicat. Au Québec, de 10 % à 15 % des conventions n'ont pas de clause d'appartenance; mais ces conventions touchent de 20 % à 30 % des salariés. Les chiffres canadiens sont encore plus éloquents: la moitié des ententes ne contiennent pas de clause d'appartenance syndicale[4]. Comme la loi impose à tous l'obligation de payer la cotisation syndicale ou son équivalent, tous, membres ou non, doivent payer la même somme. C'est peut-être la raison pour laquelle plusieurs employeurs refusent de forcer leurs salariés à devenir membres, et que bon nombre de syndicats acceptent une formule de cette nature.

4.2.3 Clauses de précompte syndical

L'obligation d'appartenir à un syndicat implique l'obligation d'en payer la cotisation. Celle-ci peut être considérée comme le signe nécessaire et suffisant de l'appartenance au groupe. Jusque dans les années 1930 et 1940, payer sa cotisation syndicale signifiait remettre le montant de cette cotisation au délégué syndical responsable des ouvriers en cause. Certains se souviennent d'avoir vu des clauses où l'employeur permettait au représentant syndical de s'installer à la porte de l'usine, une fois par mois, avec une petite

4. Les compilations récentes de Travail Canada comportent un nouveau titre dans les différentes formes d'adhésion syndicale, celui de la «formule Rand». Comme nous le verrons, au sens strict, la formule Rand n'impose d'elle-même aucune obligation d'appartenir. En tenant compte de ce fait, la proportion de conventions n'imposant pas l'appartenance s'approche de 50 %, en 1990 comme auparavant. Par contre, il faut noter que l'obligation de payer entraîne souvent, en pratique, l'adhésion volontaire au syndicat en place. Dans certaines grandes entreprises québécoises, on estime que 95 % des salariés sont de fait membres du syndicat, même si la convention ne contient aucune obligation d'appartenir.

TABLEAU 4-2

Répartition des conventions collectives et des salariés selon la clause d'appartenance syndicale au Québec – 1984 et 1989

Clauses d'appartenance syndicale	Conventions collectives régissant moins de 50 salariés				50 salariés et plus				tous les salariés (TOTAL)			
	C.c.	%	Salariés	%	C.c.	%	Salariés	%	C.c.	%	Salariés	%
1984												
Atelier fermé	163	3,9	2 915	4,0	86	4,5	14 555	2,1	249	4,1	17 470	2,3
Atelier syndical parfait	2 386	57,6	40 859	55,8	862	45,5	205 793	29,8	3 248	53,8	246 652	32,3
Atelier syndical imparfait	1 022	24,7	19 008	26,0	551	29,0	207 901	30,1	1 573	26,1	226 909	29,7
Maintien d'adhésion	132	3,2	2 222	3,0	85	4,5	23 667	3,4	217	3,6	25 889	3,4
Autre disposition	58	1,4	1 015	1,4	44	2,3	75 960	11,0	102	1,7	76 975	10,1
Aucune disposition	380	9,2	7 155	9,7	269	14,1	162 417	23,5	649	10,7	169 572	22,2
TOTAL	4 141	100,0	73 174	100,0	1 897	100,0	690 293	100,0	6 038	100,0	763 467	100,0
1989												
Atelier fermé	204	3,8	4 019	3,9	66	2,6	22 968	2,5	270	3,4	26 987	2,6
Atelier syndical parfait	3 106	57,7	58 299	56,7	1 388	53,9	233 196	25,3	4 494	56,4	291 495	28,5
Atelier syndical imparfait	1 360	25,3	26 957	26,2	683	26,5	320 382	34,8	2 043	25,7	347 339	34,0
Maintien d'adhésion	174	3,2	3 097	3,0	103	4,0	20 123	2,2	277	3,5	23 220	2,3
Autre disposition	63	1,2	1 186	1,2	4	0,2	85 638	9,3	67	0,8	86 824	8,5
Aucune disposition	477	8,8	9 287	9,0	333	13,0	237 900	26,0	810	10,0	247 187	24,0
TOTAL	5 384	100,0	102 845	100,0	2 577	100,0	920 207	100,0	7 961	100,0	1 023 052	100,0

N.B. Les chiffres diffèrent de ceux du Québec dans le tableau 4-1 à cause du critère d'inclusion dans la population étudiée: «en vigueur le 31 décembre» dans le tableau 4-1, et en vigueur au cours de l'année dans le présent tableau. (Voir la note technique B, à la fin du chapitre 3.)

Source: Données mécanographiques du CRSMT, 27 mars 1991. (Variable B-1.)

table, pour percevoir la cotisation syndicale des ouvriers qui entraient ou qui sortaient.

Au cours de la Deuxième Guerre mondiale, une pratique s'est répandue qui a rapidement remplacé la cotisation directe, plus expressive mais remplie de difficultés pratiques: il s'agit de la retenue par l'employeur du montant de la cotisation syndicale sur le salaire des ouvriers concernés. Même s'il est difficile d'en faire la preuve par documents, il semble bien que ce genre de clause se soit répandu pendant les années de la guerre 1939-1945. C'était l'époque où les unions ouvrières cherchaient à tout prix à obtenir l'atelier syndical et l'obligation d'appartenir pour tous les salariés visés. De leur côté les employeurs s'y opposaient, entre autres, pour une question de principe: moralement, selon eux, ils n'avaient pas le droit de forcer leurs employés à adhérer à un syndicat.

La clause de maintien d'adhésion ou d'affiliation avait fourni, dans plusieurs cas, le compromis qui avait dénoué l'impasse entre représentants patronaux et syndicaux. Les employeurs ne voulant pas forcer leurs salariés à devenir membres de l'union, comme le réclamaient les syndicats, ils avaient accepté cette disposition minimale selon laquelle leurs employés ne pouvaient pas retirer leur adhésion pendant la durée de la convention collective. La retenue des cotisations syndicales constitue un compromis du même genre: les employeurs n'acceptent pas d'imposer l'obligation d'appartenir, mais, pour ne pas tout refuser aux représentants syndicaux, ils retiendront la cotisation syndicale sur le salaire de ceux qui les autoriseront à le faire.

À cette époque, la clause pouvait prévoir une retenue «volontaire» ou «obligatoire». La seule forme permise aux États-Unis, encore aujourd'hui, est celle d'une retenue volontaire, comme nous le verrons plus loin. Mais la retenue obligatoire, avec ou sans mandat écrit de la part de chaque salarié, a toujours été permise au Canada.

Un deuxième aspect concerne le fait que la retenue soit «révocable» ou «irrévocable». Ici encore, la loi américaine est restrictive et ne permet les clauses de retenue irrévocable que pour une période de temps limitée, jamais au-delà de la durée de la convention collective en cause.

La «formule Rand», répandue aujourd'hui partout au Canada, comporte un élément additionnel d'importance: la retenue obligatoire ne vise pas seulement les cotisations de ceux qui sont membres du syndicat; elle s'applique aussi, pour une somme équivalente, à tous ceux qui ont décidé de ne pas être membres. La formule a été introduite à l'occasion d'une sentence arbitrale rendue par le juge Ivan C. Rand le 29 janvier 1946. Elle ne visait alors qu'un cas particulier, mais elle a été reprise par la suite presque à l'infini. Il faut d'abord rappeler les principaux événements entourant cette décision[5].

Le 12 septembre 1945, 9500 ouvriers, membres des Travailleurs unis de l'automobile (TUA), déclenchent la grève à la compagnie Ford Motor du Canada, à Windsor en Ontario. La grève durera jusqu'au 20 décembre. Elle provoqua divers affrontements avec plusieurs corps policiers, ainsi qu'une grève de sympathie de la part des 8500 ouvriers des usines Chrysler à Windsor. Même si la guerre de 1939-1945 était terminée, la *Loi des mesures de guerre* n'avait pas encore été levée, et le gouvernement canadien, dont relevait alors l'industrie de l'automobile, décida d'intervenir; il proposa aux parties un arbitrage exécutoire par le juge Ivan C. Rand de la Cour suprême du Canada, ce qui fut accepté. Au cœur du litige se trouvait la demande d'un atelier syndical. Le juge Rand développa, à cette occasion, une philosophie des relations du travail qui exigeait la participation de tous les travailleurs visés ainsi que de leur syndicat, mais d'une façon particulière. Voici les extraits les plus percutants de sa décision:

> Ce que le syndicat demande, c'est un atelier syndical avec retenue des cotisations (...)
>
> En m'appuyant sur ce que je crois être l'opinion fortement majoritaire des Canadiens, je suis incapable dans les circonstances présentes, d'imposer un

5. Gérard Dion, «L'origine de la formule Rand», *Relations industrielles*, vol. 30, n° 4, 1975, p. 747-760. Voir aussi dans *Travail-Québec*, vol. 12, n° 2, avril 1976, p. 26-33.

atelier syndical (...) Cela enlèverait à des citoyens canadiens le droit de choisir où ils travailleront, indépendamment de toute association à quelque groupe organisé que ce soit. Ils seraient en même temps exposés aux dangers d'actions arbitraires et leur vie économique serait à la merci de menaces sinon d'actions de divers groupes de pression (...)

D'un autre côté, tous les employés bénéficient de l'activité syndicale, et je me demande s'il n'y a rien qui engendre plus de ressentiment dans un établissement de travail que le fait que les non-membres du syndicat profitent des avantages obtenus par l'action des syndiqués (...)

Je considère donc tout à fait équitable que tous les employés aient à supporter leur part du fardeau financier que représentent la négociation et l'administration de la loi des parties, le contrat collectif de travail. Ils doivent en payer le coût tout comme ils en tirent des bénéfices (...)

Ma décision est donc d'imposer une retenue obligatoire du montant de la cotisation syndicale à tous les employés qui font partie de l'unité de négociation à laquelle la convention collective s'applique. Elle demeurera en vigueur aussi longtemps que la convention collective (...)

Je devrais ajouter immédiatement que je ne suggère pas du tout qu'il s'agit là d'une mesure applicable de façon générale. Son but propre est de permettre au syndicat de fonctionner adéquatement. Dans toute situation ouvrière il faut tenir compte des caractéristiques et des circonstances propres à chacune.

En plus de toutes les autres dispositions contenues dans la convention, la retenue obligatoire des cotisations sera sujette aux autres conditions suivantes:

1. Le syndicat ne déclarera aucune grève, générale ou partielle, avant qu'un vote au scrutin secret soit pris, sous la surveillance d'un officier du ministère du Travail; ce vote se tiendra parmi tous les employés auxquels la convention collective s'applique, et une majorité de ceux qui auront voté sera requise pour qu'une telle grève soit autorisée dans les deux mois du vote.

2. Le syndicat répudiera toute grève ou autre cessation concertée de travail par quelque groupe d'employés que ce soit, sauf dans le cas d'une décision du syndicat après l'autorisation ci-dessus; le syndicat reconnaît également que toute ligne de piquetage élevée en relation avec un tel arrêt de travail est illégale et n'entraîne aucune obligation pour aucun membre du syndicat.

3. Tout employé participant à une grève non autorisée sera passible d'une amende de $3.00 par jour et de la perte d'une année d'ancienneté pour chaque semaine ou partie de semaine d'absence continue de cette nature.

4. Si le syndicat lui-même viole cette disposition, il sera passible d'arrêt de la retenue automatique des cotisations syndicales[6].

En résumé, le juge Rand maintient à la fois la liberté d'adhésion des salariés, mais aussi leur obligation de participer au moins financièrement aux activités syndicales reliées à la négociation dont ils bénéficient. Sa décision attira l'attention; elle fut largement et rapidement imitée en bien des endroits. Ce qu'on a vite oublié, cependant, ce sont les deux conditions que le juge a posées pour rendre la retenue des cotisations syndicales obligatoire pour tous, à savoir d'abord la tenue d'un vote de grève au scrutin secret, sous surveillance gouvernementale, parmi tous les salariés de l'unité de négociation, et ensuite l'introduction de pénalités sévères pour tout défaut de respecter l'engagement de ne faire aucun arrêt de travail qui ne respecte pas les conditions mentionnées.

La formule Rand a connu un tel succès qu'un nombre considérable d'entreprises, surtout parmi les plus grandes, l'ont adoptée rapidement et l'ont maintenue jusqu'à ce jour. Voici, à titre d'exemple, la clause de sécurité syndicale qu'on trouve dans les différentes conventions collectives en vigueur entre Hydro-Québec et la majorité de ses employés, membres du Syndicat canadien de la fonction publique (SCFP). On notera l'à-propos de la distinction entre

6. Le texte original a été publié dans *The Labour Gazette*, en janvier 1946. *La Gazette du travail*, vol. 46, nº 1, janvier 1946, p. 126-133 en a donné une mauvaise traduction. Une traduction plus rigoureuse, effectuée par André Roy, a paru dans *Relations industrielles*, vol. 30, nº 4, 1975, p. 761-771. (Traduction de l'auteur.)

le document que doivent signer les membres pour mandater l'employeur de payer leur cotisation en leur nom, et la formule des non-membres qui autorise la déduction d'une somme équivalant à la cotisation syndicale.

> 8.01 La Direction et le Syndicat conviennent d'adopter la méthode de retenue obligatoire sur les salaires des employés régis par la présente convention pour le paiement de la cotisation syndicale calculée sous forme d'un pourcentage uniforme du salaire de base de chaque employé.
>
> 8.02 Tout employé qui est ou devient membre du Syndicat peut en tout temps donner à la Direction une procuration à l'effet de prélever sur son salaire la cotisation du Syndicat et de la remettre à celui-ci. La procuration précitée est rédigée comme suit:
>
> Je, soussigné, par la présente, autorise et mande mon employeur, à déduire de mon salaire, à titre de cotisation syndicale régulière, le pourcentage uniforme qui lui sera indiqué (...)
>
> 8.03 A) Tout employé assujetti à la présente convention qui n'a pas remis à la Direction la procuration prévue plus haut ou qui l'a révoquée doit, comme condition du maintien de son emploi, autoriser la Direction par écrit, dans les soixante (60) jours de la date de la signature des présentes, à prélever sur son salaire un montant égal à la cotisation syndicale courante et à remettre cette somme au syndicat.
>
> B) De plus, comme condition d'emploi, la Direction s'engage à faire signer cette autorisation par toute personne qu'elle embauche et assigne à un emploi assujetti aux présentes.
>
> C) L'autorisation précitée est rédigée comme suit:
>
> Je, soussigné, par la présente, autorise la Direction à prélever sur mon salaire, dès la première période de paie, en vingt-six (26) versements, à raison d'un (1) par période de paie, un montant égal à la cotisation syndicale courante de la section locale du Syndicat canadien de la fonction publique qui est accréditée pour me représenter aux fins de négociations collectives de travail avec la Direction.
>
> (Hydro-Québec et S.C.F.P. 1500, art. 8.01 à 8.03.)

Les clauses de retenue syndicale qu'on trouve dans la quasi-totalité des conventions collectives contiennent les précisions requises pour une application expéditive et efficace. Il faut d'abord déterminer à quelles cotisations la retenue s'applique exactement; on respecte généralement les distinctions suivantes: la déduction vise toujours la cotisation courante et régulière, assez fréquemment les droits d'entrée ou d'admission, très rarement les cotisations spéciales et occasionnelles. Des questions de principe et de commodité administrative expliquent et justifient ces dispositions, qu'on trouve le plus souvent dans les conventions collectives.

Les clauses de retenue automatique renferment aussi, habituellement, des précisions supplémentaires, par exemple l'obligation pour le syndicat de faire connaître le montant de la cotisation, accompagné de la résolution adoptée à cette fin, le moment et la fréquence de la remise des montants avec la liste des noms, une disposition par laquelle le syndicat dégage la direction de toute responsabilité en cas de réclamation concernant la retenue des cotisations, à moins que celle-ci n'ait pas été effectuée correctement par l'employeur.

Nous discuterons plus loin de la pratique courante selon laquelle chaque employé doit remplir un formulaire d'autorisation de retenue des cotisations syndicales. (Voir la section 4.4.4.) Il nous faut voir maintenant les différentes dispositions contenues dans les lois au sujet de ce genre de clauses. Avec le temps, ces clauses ont été de plus en plus réglementées par les lois de relations ouvrières ou les codes du travail.

4.3 Cadre légal: limites et contraintes

La législation qui encadre la sécurité syndicale diffère profondément au Canada et aux États-Unis. Il est important de voir l'une et l'autre, parce qu'on se réfère souvent à la situation chez nos voisins du Sud. Nous verrons d'abord la législation canadienne, surtout celle du Québec, en ce qui concerne les clauses d'appartenance et les clauses de retenue des cotisations. Nous verrons ensuite la situation américaine, ce qui nous permettra de souligner les solutions différentes, mais aussi les questions semblables soulevées par les clauses de cette nature, et auxquelles les diverses législations essaient de répondre d'une manière ou d'une autre.

4.3.1 Dispositions visant l'appartenance syndicale

À l'origine, les lois de relations ouvrières ne traitaient pas explicitement des clauses de sécurité syndicale. Cependant, par l'interdiction de certaines pratiques, elles se trouvaient à permettre sinon à encourager de telles clauses. Dans la *Loi des relations ouvrières* du Québec, dès 1944, on pouvait lire l'article suivant:

> Aucun employeur, ni aucune personne agissant pour un employeur ou une association d'employeurs ne doit refuser d'employer une personne parce qu'elle est membre ou officier d'une association, ni chercher par intimidation, menace de renvoi ou autre menace, ou par l'imposition d'une peine ou par quelque autre moyen, à contraindre un salarié à s'abstenir de devenir membre ou à cesser d'être membre ou officier d'une association. (L.R.O. 1944, art. 21.)

Il faut noter que l'interdiction ne vise que les moyens pris en vue d'empêcher quelqu'un d'être membre d'une association ouvrière; aucune mention des pressions qu'on pourrait exercer en vue d'imposer l'appartenance. Aussi faut-il conclure que la loi n'interdit pas de telles pressions, comme l'obligation imposée par l'employeur d'adhérer à tel syndicat déterminé.

Sur le plan canadien, on trouve la même disposition dans le CP 1003 de 1944 (art. 19, paragraphe 2) et dans la loi de 1948, qui a remplacé le CP 1003 (art. 4, paragr. 3, d).

La loi fédérale de 1948 contenait un paragraphe permettant de façon explicite les clauses de sécurité syndicale; un second paragraphe avait pour but d'assurer quand même une certaine liberté d'adhésion et surtout le passage éventuel d'un syndicat à un autre. L'article se lisait alors comme suit:

> Rien dans la présente loi n'interdit aux parties à une convention collective d'insérer dans ladite convention une disposition stipulant, comme condition d'emploi, la qualité de membre d'un syndicat ouvrier spécifié, ou accordant une préférence d'emploi aux membres d'un syndicat ouvrier spécifié.
>
> Est invalide toute stipulation de convention collective astreignant un employeur à congédier un employé parce que celui-ci est ou demeure membre d'un syndicat autre qu'un syndicat ouvrier spécifié, ou se livre à une activité au nom d'un syndicat autre qu'un syndicat ouvrier spécifié.
>
> (*Loi sur les relations industrielles et sur les enquêtes visant les différends du travail*, 1948, ch. 54, art. 6.)

Le premier paragraphe est devenu successivement l'article 112, puis 161, et enfin 68 du *Code canadien du travail*. Le deuxième paragraphe est disparu. Il a été remplacé par l'affirmation générale du droit d'adhérer au syndicat de son choix et de participer à ses activités licites (C.c.t. art. 8).

Au Québec, au moment de l'adoption du *Code du travail*, en 1964, le législateur a introduit un article très général sur le contenu de la convention collective. L'article est toujours en vigueur et toujours formulé dans les mêmes termes.

> La convention collective peut contenir toute disposition relative aux conditions de travail qui n'est pas contraire à l'ordre public ni prohibé par la loi. (C.t., 1964, art. 50, L.R.Q., 1977, art. 62.)

La plupart des lois de relations ouvrières des autres provinces canadiennes reconnaissent explicitement, comme le *Code canadien du travail*, le droit d'introduire une clause de sécurité syndicale dans les conventions collectives[7].

On aura noté, tant dans les conventions collectives que dans les textes de loi, qu'on parle de l'obligation d'appartenir à tel syndicat comme une «condition du maintien d'emploi». La principale difficulté des clauses d'appartenance syndicale vient de ce fait. Le fait de détenir un emploi ne ressemble en rien à l'appartenance à un club de pêche. Le droit de gagner sa vie est inscrit parmi les droits fondamentaux de la

7. Ontario *Labour Relations Act*, R.S.O. 1980, c. 228, art. 46(1); British Columbia *Industrial Relations Act*, R.S.B.C. 1979, c. 212, art. 9.

Charte canadienne des droits et libertés (art. 6, al. 2, b). Les différents législateurs ont introduit un certain nombre de dispositions qui visent à protéger les salariés en la matière. La loi établit le plus souvent que l'employeur ne sera pas tenu de renvoyer un salarié pour la seule raison que le syndicat lui aura refusé l'accès ou l'aura expulsé de ses rangs; certains gouvernements, comme le Québec, ont inséré quelques exceptions, où la clause de sécurité syndicale peut avoir son plein effet et obliger un employeur à congédier un salarié[8].

> Un employeur ne peut être tenu, en vertu d'une disposition de la convention collective, de renvoyer un salarié pour la seule raison que l'association accréditée a refusé ou différé d'admettre ce salarié comme un membre ou l'a suspendu ou exclu de ses rangs, sauf dans les cas suivants:
>
> a) le salarié a été embauché à l'encontre d'une disposition de la convention collective;
>
> b) le salarié a participé, à l'instigation ou avec l'aide directe ou indirecte de son employeur ou d'une personne agissant pour ce dernier, à une activité contre l'association accréditée[9].

Presque toutes les autres provinces canadiennes ont une disposition semblable, sauf qu'elle est généralement plus sévère. C'est ainsi que la loi de l'Ontario interdit à tout syndicat de demander le renvoi d'un employé, même si celui-ci s'est opposé ouvertement au syndicat en cause, même s'il a refusé de payer des frais d'admission ou de cotisations «qui seraient déraisonnables»; la loi ne précise évidemment pas le sens de cette expression. La loi de la Colombie-Britannique contient la même disposition, mais avec moins de détails[10].

Nous verrons plus loin, dans l'étude de la jurisprudence, que l'appartenance syndicale, à l'exemple de ce qui se passe aux États-Unis, a été définie tout simplement comme l'obligation de payer la cotisation. Le refus de payer la cotisation ou son équivalent – sauf pour des raisons de conscience ou de conviction politique – peut seul constituer maintenant une cause valable de renvoi en vertu d'une clause de sécurité syndicale. Dans la pratique, c'est vraiment réduire l'appartenance à sa plus simple expression: c'est supprimer en quelque sorte la distinction entre appartenir et accepter la retenue automatique de la cotisation syndicale ou d'une somme équivalente.

Dans le cas de l'atelier fermé, une des difficultés vient de l'obligation qu'a l'employeur de recourir exclusivement au bureau de placement syndical pour obtenir les salariés dont il a besoin. Bien des accusations d'abus ont été portées contre ce régime: favoritisme, pots-de-vin, listes noires... La formule comporte pourtant beaucoup d'avantages pratiques: un simple appel, et l'employeur a la main-d'œuvre dont il a besoin, souvent dès le lendemain. Aussi le gouvernement fédéral a-t-il décidé non pas d'interdire mais d'encadrer cette pratique. Il a inclus dans le *Code canadien du travail* plusieurs règles concernant les bureaux d'embauche syndicaux.

> (1) Lorsque, conformément à une convention collective, un syndicat s'occupe de la présentation à un employeur de personnes en quête d'un emploi, il doit appliquer de façon juste et sans discrimination les règles qu'il a établies à ce sujet.
>
> (2) À l'intérieur des locaux du syndicat où se réunissent habituellement les personnes qui désirent être présentées à un employeur doivent être affichées d'une manière visible les règles que le syndicat applique en vertu du paragraphe (1).

---

8. Le refus de se conformer à une décision du syndicat peut entraîner l'exclusion du syndicat, mais ne justifie pas le congédiement de l'emploi: *Coopérative agro-alimentaire de Granby* c. *Syndicat des travailleurs des produits laitiers de Notre-Dame-du-Bon-Conseil*, (1986) T.A. 536, D.T.E. 86T-620. Par contre, le refus de signer la carte d'adhésion syndicale là où existe un atelier syndical parfait peut constituer une cause de congédiement: *Miranda* c. *Louis Ethan Limited*, (1976) T.T. 118.
9. *Loi modifiant le Code du travail et la Loi du ministère du Travail et de la Main-d'œuvre* (projet de loi n° 45), L.Q. 1977, c. 41, art. 39 modifiant l'article 50 du *Code du travail*. Cet article est devenu l'article 63 lors de la refonte de 1977.
10. Ontario, *Labour Relations Act*, R.S.O. 1980, c. 228, art. 46 (2); Colombie-Britannique, *Industrial Relations Act*, S.B.C. 1987, c. 24, art. 9 (2).

(3) Le syndicat doit établir, sans délai après la mise en vigueur du présent article, les règles visées au paragraphe (1) dans le cas où elles n'ont pas été établies avant cette date.

(4) Dans le présent article «présentation» comprend l'affectation, la désignation, l'inscription et la sélection[11].

L'article reconnaît la légitimité des bureaux syndicaux d'embauchage, puisqu'il leur impose comme seule obligation de se donner des règles de justice et d'équité, et de les respecter.

4.3.2 Dispositions visant la retenue des cotisations

La législation concernant la retenue des cotisations syndicales est venue plus tardivement. La première mention qu'on en trouve est dans le *Code du travail* du Québec, adopté le 31 juillet 1964. La disposition ne vise alors que la cotisation des membres et ne s'applique qu'avec l'autorisation du salarié.

> Un employeur est tenu d'honorer l'autorisation écrite volontaire et révocable donnée par tout salarié, membre d'une association accréditée, de retenir mensuellement un montant spécifié comme cotisation à prélever sur son salaire au bénéfice de cette dernière.
>
> L'employeur est tenu de remettre mensuellement à l'association accréditée les montants ainsi retenus avec un état indiquant le montant prélevé de chaque salarié et le nom de celui-ci.
>
> S'il reçoit une révocation, il doit en remettre une copie à l'association. (C.t., 1964, c. 45, art. 38.)

L'article est demeuré inchangé pendant une douzaine d'années. Entre 1965 et 1975, des grèves longues et difficiles en vue d'obtenir la formule Rand se sont produites en plus d'un endroit au Québec (voir section 2.4.3). Aussi le gouvernement élu à la fin de 1976 a-t-il changé profondément les dispositions de l'ancien article 38. En fait il l'a remplacé par une règle nouvelle, qui rendait obligatoire pour tous la retenue automatique des cotisations syndicales ou de leur équivalent, sans même que le syndicat ait à négocier une telle clause avec l'employeur. Encore aujourd'hui, la loi oblige un tel précompte et le rend obligatoire dès que l'association a été dûment accréditée.

> Un employeur doit retenir sur le salaire de tout salarié qui est membre d'une association accréditée le montant spécifié par cette association à titre de cotisation.
>
> L'employeur doit, de plus, retenir sur le salaire de tout autre salarié faisant partie de l'unité de négociation pour laquelle cette association a été accréditée, un montant égal à celui prévu au premier alinéa.
>
> L'employeur est tenu de remettre éventuellement à l'association accréditée les montants ainsi retenus avec un état indiquant le montant prélevé de chaque salarié et le nom de celui-ci[12].

En contrepartie, le législateur imposait aux syndicats différentes obligations, comme de divulguer à leurs membres leurs états financiers à chaque année, de ne pas agir de mauvaise foi ou de manière arbitraire, discriminatoire ou négligente à l'endroit des non-membres. De plus, la loi permettait, dans certains cas, de porter plainte au ministre et éventuellement au Tribunal du travail, contre un syndicat accrédité, avec possibilité de renvoi à un arbitre pour décision finale[13].

Le *Code canadien du travail* a suivi sensiblement la même démarche, mais avec quelques années de retard. En 1972, un amendement permet à des employés représentés par un agent négociateur accré-

---

11. *Loi modifiant le Code canadien du travail, partie V*, S.C. 1977-1978, c. 27, art. 58, ajoutant l'article 161.1 au *Code canadien du travail*. Dans la refonte de 1985, l'article 161.1 a été considérablement remanié mais son contenu n'a pas été substantiellement changé; il constitue maintenant l'art. 69 de la partie I.

12. *Loi modifiant le Code du travail et la Loi du ministère du Travail et de la Main-d'œuvre* (projet de loi 45), L.Q. 1977, c. 41, nouvel article 38 du *Code du travail*. Le même article existe toujours; il porte aujourd'hui le numéro 47, à la suite de la refonte de 1977.

13. *Ibid*., art. 28 introduisant les articles 38 a) à 38 f), dans le *Code du travail*. Ces articles portent maintenant les numéros 47.1 à 47.6 depuis la refonte de 1977.

dité d'autoriser leur employeur à retenir leur cotisation syndicale ou une somme équivalente; l'employeur était alors tenu de verser cette somme conformément aux règles mentionnées dans l'autorisation. Un employé pouvait évidemment révoquer cette autorisation. Par contre, s'il existait dans la convention collective une disposition de retenue des cotisations sur les salaires, celle-ci avait préséance sur l'autorisation d'un employé individuel[14]. Deux ans plus tard, le législateur fédéral étendait l'obligation à la déduction pour tous les salariés, membres ou non du syndicat en place, mais à une condition importante: le syndicat en cause devait en faire la demande. En d'autres mots, la clause de retenue automatique et obligatoire pour tous n'était plus négociable: dès que le syndicat en fait la demande, l'employeur est tenu de l'inclure dans la convention collective.

> À la demande du syndicat qui est l'agent négociateur des employés d'une unité de négociation, il doit être inclus dans la convention collective conclue entre le syndicat et l'employeur une disposition obligeant l'employeur à déduire du salaire de chaque employé de l'unité visée par la convention collective, que l'employé soit ou non membre du syndicat, le montant de la cotisation syndicale normale et l'obligeant à remettre la somme au syndicat sans délai[15].

En même temps, le législateur canadien introduisait dans le Code canadien ce qu'on appelle habituellement l'objection de conscience: une personne qui, à cause de ses croyances religieuses, refuse de faire partie d'un syndicat et d'en verser la cotisation peut en être dispensée, si elle fait la preuve de cette exigence religieuse. Par contre, sans doute pour éviter des abus, l'employé en question doit verser le montant de la cotisation syndicale à un organisme de charité, enregistré sous la *Loi de l'impôt* et désigné conjointement par l'employé et le syndicat.

> Lorsque le Conseil (Conseil canadien des relations du travail) est convaincu qu'un employé, à cause de ses convictions ou croyances religieuses, refuse de faire partie d'un syndicat ou de verser la cotisation syndicale normale à un syndicat, le Conseil peut ordonner que la disposition d'une convention collective exigeant:
>
> a) comme condition d'emploi, soit l'appartenance à un syndicat,
>
> b) soit le versement de la cotisation syndicale normale à un syndicat,
>
> soit inapplicable à cet employé, si un montant équivalent à la cotisation syndicale normale est versée par celui-ci, soit directement soit au moyen d'une déduction de son salaire, à un organisme de charité enregistré, au sens de la *Loi de l'impôt sur le revenu*, désigné conjointement par l'employé et le syndicat[16].

Le Code ajoute que si l'employé et le syndicat ne s'entendent pas sur l'organisme à désigner, le Conseil lui-même peut et doit le faire. L'article définit également le sens de cotisation syndicale, c'est-à-dire la cotisation syndicale régulière, en excluant toute prestation supplémentaire en vue d'un régime de retraite ou de sécurité sociale, administré directement par le syndicat pour ses membres exclusivement. (C.c.t., art. 70 (3) et (4).)

La plupart des provinces canadiennes ont des dispositions semblables sur la retenue de la cotisation syndicale ou de son équivalent, avec l'exception prévue pour l'objection de conscience. Si les principes sont sensiblement les mêmes, les modalités diffèrent souvent. C'est ainsi que l'Ontario impose l'obligation d'inclure dans la convention la clause de retenue automatique générale, à la demande du syndicat, et que la Colombie-Britannique exige seulement que les

---

14. *Loi modifiant le Code canadien du travail, partie V*, S.C. 1972, c. 18, art. 1, introduisant l'article 162 dans la refonte, alors en cours, des lois qui allaient constituer le *Code canadien du travail*.
15. *Loi modifiant le Code canadien du travail, partie V*, S.C. 1984, c. 39, art. 31, modifiant l'article 162 du *Code canadien du travail*. Avec quelques légères différences de formulation, l'article constitue maintenant l'article 70 (1) du *Code canadien du travail*, suite à la refonte de 1985: S.R.C. 1985, c. L-2, art. 70.
16. *Ibid.*, art. 162 (2), devenu 70 (2), C.c.t.

employeurs se conforment aux demandes de retenue provenant des salariés[17].

Nous verrons plus loin (section 4.4) comment les tribunaux canadiens ont résolu plusieurs questions soulevées par diverses dispositions législatives sur la sécurité syndicale.

4.3.3 Dispositions des lois américaines

Alors que les lois canadiennes ont été, au cours des années, de plus en plus favorables au mouvement syndical, l'évolution inverse s'est produite aux États-Unis. Le *Wagner Act* de 1935 accordait le plein droit de libre organisation aux syndicats et permettait explicitement les clauses d'atelier syndical et d'atelier fermé[18]. Toute discrimination dans l'emploi, pour encourager ou décourager l'appartenance syndicale, était déclarée illégale, mais employeurs et syndicats conservaient le droit d'inclure une clause d'atelier syndical ou d'atelier fermé dans leur convention collective. L'adoption du *Wagner Act* est sans aucun doute la cause principale du progrès des unions ouvrières américaines à cette époque: le nombre des membres est passé de 4 millions en 1935 à 15 millions en 1947[19].

Le pouvoir syndical s'est accru en proportion. La fin de la guerre a vu d'importantes grèves, dont plusieurs ont impressionné fortement l'opinion publique. D'un autre côté, à l'occasion de la guerre et de l'alliance avec l'URSS, le Parti communiste international avait noyauté un certain nombre d'unions ouvrières. Tout cela amena le gouvernement américain à imposer des restrictions sévères au mouvement ouvrier[20]. En 1947, le Congrès adopta le *Labor-Management Relations Act*, mieux connu sous le nom de loi Taft-Hartley. Celle-ci restreignait l'action syndicale sur plusieurs points, en particulier en matière de négociation des clauses de sécurité syndicale. Le début de l'article suivant se trouvait dans le *Wagner Act*; la fin vient de Taft-Hartley:

> Les employés ont le droit de libre association, celui de former des associations ouvrières, d'en joindre les rangs et de participer à leurs activités, celui de négocier collectivement par l'entremise de représentants de leur choix, celui d'entreprendre des actions collectives dans le but de négocier ou d'établir d'autres façons de s'aider ou de se protéger mutuellement.
>
> Ils ont également le droit de s'abstenir de toutes ces activités, sauf dans la mesure où ce droit peut être affecté par une entente exigeant l'appartenance à une association ouvrière comme condition d'emploi, telle que permise par l'article 8 (a) (3). (*Labor-Management Relations Act*, art. 7.)

L'article 8 (a) (3) affirmait le principe de la non-discrimination dans l'embauche, tout en permettant, à certaines conditions, l'inclusion dans une convention collective d'une clause d'atelier syndical. La plus importante et la plus onéreuse de ces conditions imposait un vote dans lequel la majorité des employés de l'unité de négociation devait se déclarer favorable à une telle clause d'atelier syndical pour que celle-ci soit autorisée. Quatre ans après l'adoption de Taft-Hartley, la Commission nationale des relations du travail avait tenu 46 000 votes de ce genre et 97 % d'entre eux avaient permis la clause d'atelier syndical. On modifia alors la loi pour admettre la clause sans autre préalable. D'un autre côté, si 30 % des employés le demandaient, ils pouvaient obtenir que se tienne un vote de remise en question d'une telle clause. Vers 1980, il y avait plus d'une centaine de votes de cette nature chaque année, et dans plus de la moitié des

17. Ontario *Labour Relations Act*, R.S.O. 1980, c. 228, art. 43; British Columbia *Industrial Relations Act*, S.B.C. 1987, c. 24, art. 10.
18. *National Labor Relations Act*, 1935, art. 7 et art. 8 (a) (3). L'article 7 affirme le droit d'association et d'organisation et l'article 8 (a) énumère cinq pratiques déloyales de la part des employeurs.
19. Gordon F. Bloom et Herbert R. Northrup, *Economics of Labor Relations*, 6e édition, Homewood, Ill., 1969 (751 p.), p. 614.
20. Neil W. Chamberlain et Donald E. Cullen, *The Labor Sector*, 2e édition, New York, McGraw-Hill, 1971 (676 p.), p. 116, 144-145.

cas on rejetait l'atelier syndical; par contre le phénomène est plus fréquent dans les petites que dans les grandes unités[21].

D'autres restrictions s'ajoutaient dans l'application de la clause d'atelier syndical. Ainsi, un employeur n'était pas tenu de renvoyer un salarié s'il avait des raisons de croire que l'admission au syndicat lui avait été refusée; de plus, le seul geste requis comme preuve d'appartenance syndicale était de payer les droits d'entrée et la cotisation courante: l'appartenance syndicale était définie, dans la loi, par le seul fait de payer sa cotisation. Enfin, toute clause d'atelier fermé était interdite.

On estime que cinq millions de travailleurs américains étaient, en 1947, régis par une clause d'atelier fermé. En pratique, les entreprises et les unions qui avaient des clauses d'atelier fermé les ont maintenues; certaines ont modifié les termes de leur convention pour se conformer à la loi, mais elles n'ont pas modifié leur façon d'agir. D'ailleurs la loi ne prévoyait aucune pénalité pour le non-respect de cette disposition. Le seul recours pour un employé était de déposer une plainte de pratique illégale. La Commission nationale des relations du travail a mis une dizaine d'années avant de commencer à faire respecter cet article.

Entre temps, un adoucissement avait été apporté concernant l'industrie du bâtiment et de la construction en 1959: le recours au représentant syndical pour demander de la main-d'œuvre était permis, et l'employé avait l'obligation d'adhérer à l'union dans les sept jours suivant son embauche. En pratique, la disposition a été considérée comme la légalisation de l'atelier fermé dans la construction. Cependant, la clause demeurait bannie dans les autres secteurs où elle était répandue, par exemple sur les quais et pour la cueillette des fruits, en somme dans les cas où une main-d'œuvre abondante et peu qualifiée était requise à des moment précis et pour des périodes de courte durée[22].

Mais c'est une autre disposition de la loi Taft-Hartley qui eut le plus d'impact sur le mouvement syndical. Même s'il s'agissait d'une loi fédérale, celle-ci déclarait que là où il y avait une loi d'État interdisant les clauses d'appartenance syndicale, ces lois d'États avaient préséance sur la loi fédérale.

> Rien dans la présente loi ne doit s'interpréter comme permettant la réalisation ou l'application d'ententes qui exigeraient l'appartenance à un syndicat ouvrier comme condition d'emploi dans tout État ou territoire dans lequel de telles ententes sont interdites par la loi de l'État ou du territoire[23].

Une vingtaine d'États, la plupart situés dans la partie sud des États-Unis, ont adopté de telles lois, dites lois du droit au travail (*Right-to-Work Laws*). La première remonterait à 1944. À titre d'exemple, voici un paragraphe tiré de la Constitution de la Floride, qui établit le principe du droit au travail:

> Le droit de chaque personne de rechercher et d'obtenir un travail ne doit être ni dénié ni limité à cause de son appartenance ou de sa non-appartenance à un syndicat ou organisation ouvrière. Le droit des employés de négocier collectivement par l'entremise d'une organisation ouvrière ne doit pas non plus être dénié ou limité. Les employés du secteur public ont le droit de faire la grève.
>
> (Florida Constitution, rev. 1968, s. 6, 1.)

Le texte, on le voit, se contente d'affirmer que l'appartenance ou la non-appartenance ne doivent pas influencer le droit d'une personne à obtenir un emploi. Mais il a pour effet d'interdire l'obligation d'appartenir à un syndicat. En fait, toutes les clauses d'atelier

---

21. James B. Dworkin et Marian M. Extejt, «The Union Shop Deauthorization Poll: a New Look after 20 Years», *Monthly Labor Review*, vol. 102, nº 11, novembre 1979, p. 36-40.

22. *Labor Management Reporting and Disclosure Act* (Landrum-Griffin), Public Law 86-257, 1959, art. 705 (a), ajoutant le paragraphe (f) à l'article 8 du *Labor-Management Relations Act*.

23. *Labor-Management Relations Act* (Taft-Hartley), Public Law nº 101, 80th Congress of the United States, ch. 120, First Session, H.R. 3020, art. 14 (b). Il faut noter que la loi Taft-Hartley a été adoptée par le Congrès américain malgré le veto du président Truman.

syndical se trouvent bannies. On voit la différence entre le texte cité et celui de la *Loi des relations ouvrières* du Québec, alors en vigueur: «Aucun employeur (...) ne doit refuser d'employer une personne parce qu'elle est membre (...) d'une association, ni chercher (...) à contraindre un salarié à s'abstenir de devenir membre ou à cesser d'être membre (...)» (L.R.O. art. 21). La présence des deux termes – appartenance ou non-appartenance – dans la loi américaine fait toute la différence avec la loi du Québec.

Depuis leur apparition, la controverse a toujours fait rage autour des lois américaines du droit au travail[24]. Leurs défenseurs soutiennent que la loi a pour but d'accorder une chance égale à tous et de respecter complètement la liberté de chacun; leurs adversaires affirment, au contraire, qu'il s'agit de mesures visant directement à faire disparaître les unions ouvrières (*union busting*).

La loi Taft-Hartley interdisait aussi toute disposition imposant une retenue des cotisations syndicales qui soit obligatoire et irrévocable. La stipulation est rattachée au principe qu'aucun employeur ne doit ni financer ni chercher à financer d'aucune façon une association ouvrière. La loi précise ce qui suit:

> (c) Les dispositions de la présente section ne s'appliquent pas (...)
>
> (4) aux sommes d'argent qui pourraient être retenues des salaires des employés pour le paiement de la cotisation à une organisation syndicale, pourvu que l'employeur ait reçu de chaque employé pour lequel la déduction est faite un mandat écrit à cette fin, qui ne doit pas être irrévocable pour une période de plus de un an ou au-delà de la date d'expiration de la convention collective, selon la première des deux échéances[25].

Pour respecter la liberté d'appartenance, que la loi Taft-Hartley veut protéger, et éviter en même temps le problème des parasites (*free-riders*), c'est-à-dire ceux qui bénéficient des effets de la négociation collective sans en payer les frais, les syndicats américains ont inventé une autre formule, qu'ils ont appelée l'*Agency shop*. L'*Agency shop* américaine ressemble à la formule Rand canadienne. En vertu d'une clause d'*Agency shop*, aucun employé n'est tenu de devenir membre de l'union, mais il est obligé de payer l'équivalent de la cotisation syndicale, généralement par retenue sur son salaire, comme une sorte de taxe imposée par l'employeur et le syndicat, pour défrayer les coûts de la négociation et de l'administration de la convention collective dont tous bénéficient. Aux États-Unis, l'*Agency shop* est considérée comme une clause de sécurité syndicale au sens strict, et non pas comme une clause de retenue syndicale. Cette définition a comme conséquence que l'*Agency shop* est interdite dans les États qui ont une loi de droit au travail. Parce que la formule est acceptée comme conforme à l'article 8 (a) (3), elle est également soumise à l'article 14 (b) qui accorde la primauté aux lois des États sur Taft-Hartley[26].

La controverse est loin d'être terminée sur ce qu'il faut inclure dans la définition des frais de négociation et d'application de la négociation collective. Certains soutiennent que pas plus de 20 % des cotisations syndicales vont aux frais de négociation et d'administration de la convention collective, alors que d'autres affirment que c'est 80 % qui sont affectés à cette opération, et que seulement 20 % vont à l'organisation syndicale et aux activités politiques. Mais le principe vient d'être clairement réaffirmé que, en vertu d'une clause d'*Agency shop*, seuls les frais de négociation et d'application de la convention peuvent être imposés à ceux qui ne sont pas membres de l'union[27].

---

24. JEROME L. TONER, «Right-to-Work Laws and Union Security Contracts», *Labor Law Journal*, vol. 28, nº 4, avril 1977, p. 240-243.
25. *Labor-Management Relations Act* (Taft-Hartley), 1947, art. 302 (c) (4).
26. CHARLES HANSON, SHEILA JACKSON et DOUGLAS MILLER, *op. cit.*, p. 147-148.
27. *Communications Workers of America* c. *Peck*, 108 Supreme Court of U.S.A., 2641 (1988). Voir KENNETH G. DAU-SCHMIDT, «Union Security Agreements under the National Labor Relations Act: the Statute, the Constitution and the

Le tableau 4-3 donne une idée à la fois de l'évolution des différentes clauses de sécurité syndicale aux États-Unis et de leur comparaison avec la situation canadienne. On y voit par exemple que 33 % des conventions collectives américaines en vigueur avant l'adoption de Taft-Hartley contenaient une clause d'atelier fermé, et que 10 ans plus tard, ce type de clause avait disparu du texte des conventions, sinon de la pratique courante. Au Canada, la proportion des clauses d'atelier fermé est toujours demeurée entre 5 % et 10 %[28]. On trouve des clauses d'atelier syndical dans environ 60 % des conventions des deux côtés de la frontière ; cependant, elles sont en progrès au Canada alors que leur nombre diminue aux États-Unis. Il faut noter la proportion très différente entre les clauses d'atelier syndical imparfait au Canada et modifié aux États-Unis. Il s'agit, dans les deux cas, de la liberté laissée aux salariés plus anciens de ne pas adhérer à l'union. Aux États-Unis, comme Taft-Hartley permet d'imposer l'obligation à tous – même si cette obligation se limite à celle de payer la cotisation syndicale – il semble que les unions américaines aient tenu à inscrire dans les conventions collectives de plus en plus de clauses de ce type, ce qui explique la disparition progressive des ateliers syndicaux modifiés. Une différence majeure et fondamentale entre les États-Unis et le Canada est la proportion de conventions collectives sans aucune clause d'appartenance syndicale, qui augmente aux États-Unis, alors qu'elle diminue au Canada.

À propos de la retenue des cotisations rendue obligatoire pour tous, la formule Rand est beaucoup plus répandue au Canada que ne l'est l'*Agency Shop* aux États-Unis. L'explication tient sans doute, d'abord, à l'existence des lois du droit au travail adoptées par une vingtaine d'États, et aussi à la controverse qui entoure les sommes que le syndicat peut percevoir des non-membres. D'un autre côté, la différence entre le Canada et les États-Unis est beaucoup plus faible dans le cas des conventions qui n'ont aucune forme de retenue syndicale que dans celui des conventions sans clause de sécurité syndicale proprement dite.

Il faut bien noter, cependant, que les données du tableau 4-3 sont fondées sur les grandes conventions collectives, et que ce sont souvent les grands employeurs qui hésitent à imposer l'appartenance syndicale. Ceci explique la forte différence entre les chiffres des tableaux 4-1 et 4-3. De plus, la répartition des types de clauses varie énormément entre le secteur privé et le secteur public, surtout aux États-Unis. Les chiffres du tableau 4-3 reflètent l'ensemble de la situation. En réalité le secteur public est beaucoup moins syndiqué aux États-Unis qu'au Canada. De plus, seulement 10 % des salariés régis par convention collective dans le secteur public américain sont assujettis à une clause d'atelier syndical parfait. D'un autre côté, le maintien d'affiliation et l'*Agency shop* sont les deux types de sécurité syndicale les plus répandus dans le secteur public américain. On note l'hésitation des employeurs publics à imposer l'appartenance syndicale : ils n'admettent encore que les clauses les moins contraignantes dans ce domaine. Ici aussi, la différence avec le Canada, et surtout avec le Québec, est très prononcée.

La comparaison que nous avons esquissée entre le cadre légal canadien et le cadre légal américain en matière de sécurité syndicale constitue un bon exemple de solutions foncièrement différentes apportées à des questions et à des problèmes semblables. Il nous reste à considérer plus spécifiquement les principaux problèmes que soulèvent la signature et l'application des clauses de sécurité syndicale. Nous le ferons, entre autres, en rappelant les principales décisions judiciaires rendues à ce sujet au cours des années.

4.4 Les problèmes principaux

En présentant les différents types de clauses de sécurité syndicale et les multiples dispositions légales qui s'y rapportent, nous avons soulevé quelques-unes des

---

Court's Opinion in *Peck*», *Harvard Journal on Legislation*, vol. 27, nº 1, hiver 1990, p. 51-141.

28. Sur une période de temps aussi longue que celle que représente le tableau 4-3, il y a d'inévitables variantes dans les définitions, ce qui oblige à n'utiliser le tableau que pour dégager des tendances générales, sans pouvoir comparer strictement chacun des chiffres qu'il contient.

TABLEAU 4-3

Proportion de salariés[1] touchés par des clauses de sécurité syndicale dans les grandes conventions collectives[2] – États-Unis et Canada – 1946-1990

Clauses	États-Unis				Canada			
	Toutes ind. 1946	Toutes ind.[3] 1958-59	Toutes ind.[3] 1980	Toutes ind.[3] 1988-90	Ind. manuf. 1962	Ind. manuf. 1974	Toutes ind.[4] 1982	Toutes ind.[4] 1990
Appartenance syndicale								
Atelier fermé	33	2	—	—	1	10	4	12
Atelier syndical	17	74	71	60	44	56	43	61
At. synd. parfait		(58)[5]	(64)	(57)	(19)	(35)	(18)	(25)
At. synd. imparfait ou modifié		(16)	(7)	(3)	(25)	(21)	(25)	(36)
Maintien d'adhésion	25	7	4	7	10	6	3	7
Représentation exclus.[6] (États-Unis)	25	19	25	5				
Autre type de clause				2				
Autre clause d'appartenance syndicale				26	45	28	50	20
Retenue syndicale								
«Agency shop» (É.-U.)	24[7]	10	21	16				
Formule Rand (Canada)					31	33	66	40
Autres formes de retenue syndicale[8]	17	67	63	70	58	66	28	49
Aucune clause de retenue syndicale	59	23	16	14	11	2	6	11

1. Il s'agit des travailleurs hors bureau, ou employés à la production, sauf pour les années récentes (la décennie de 1980).
2. Conventions collectives touchant 1000 travailleurs et plus aux États-Unis (500 et plus pour 1988-1990). Au Canada, conventions collectives visant 500 travailleurs et plus (200 en 1982).
3. Sauf les chemins de fer, les lignes aériennes et les administrations publiques. Ces dernières sont incluses en 1990.
4. L'analyse porte sur un choix des groupes les plus importants dans tous les grands secteurs industriels.
5. Les parenthèses indiquent une subdivision de l'inscription précédente.
6. Les statistiques américaines récentes incluent les clauses d'*Agency shop* avec les clauses d'appartenance syndicale. Nous les considérons plutôt comme des clauses de retenue syndicale. Nous avons compté les conventions collectives contenant seulement une clause d'*Agency shop* (21 % en 1980 et 16 % en 1990) avec le cas minimal de représentation exclusive, qu'on ne considère pas comme une véritable clause de sécurité syndicale au Canada parce que la disposition est déjà assurée par la loi.
7. En 1946, le terme *Agency shop* n'était pas répandu. Les 24 % mentionnés cette année-là étaient régis par une disposition qui prévoyait une retenue automatique; les autres 17 %, une retenue volontaire.
8. Ces autres formes sont principalement la retenue volontaire (révocable ou non) et la retenue obligatoire pour les employés syndiqués (seulement).

Sources: *États-Unis: Monthly Labor Review*, vol. 64, n° 5, mai 1947, p. 765-769; vol. 82, n° 12, décembre 1959, p. 1348-1356; vol. 83, n° 1, janvier 1960, p. 26-31. U.S. Department of Labor, Bureau of Labor Statistics: *Characteristics of Major Collective Bargaining Agreements, Jan. 1st, 1980*. BLS, bulletin n° 2095, Washington, D.C., U.S. Government Printing Office, 1981, 119 p., p. 23-26; Cleveland State University, 1989 et 1990.
Canada: Canada, ministère du Travail, Direction de l'économique et des recherches. *Clauses de conventions collectives de grands établissements manufacturiers 1963*, «Recherches sur les relations ouvrières-patronales», rapport n° 5, Ottawa, Imprimeur de la reine, 1964, 68 p., p. 5-6; *Dispositions de grandes conventions collectives dans l'industrie manufacturière au Canada*, (1974), 100 p., p. 4-5; *Dispositions des grandes conventions collectives, avril 1982*, 182 p., p. 4-7. Pour 1990: données mécanographiques de Travail Canada.

questions de fond qui se posent à propos ou à l'occasion de l'application de ces clauses. Il importe de les reprendre pour les examiner plus en détail. Nous verrons d'abord les raisons d'être de la sécurité syndicale, ou le conflit entre les droits individuels et les droits collectifs. Ensuite, nous étudierons successivement les problèmes que posent l'appartenance obligatoire et le droit à l'emploi, l'appartenance obligatoire et l'objection de conscience et, finalement, la libre utilisation des cotisations perçues.

4.4.1 Raisons d'être de la sécurité syndicale

Ce n'est pas d'hier qu'on discute de la légitimité des clauses de sécurité syndicale et des raisons qui permettent une telle brèche à la liberté individuelle des travailleurs concernés[29]. On considère que les clauses de sécurité syndicale apportent des avantages non seulement au syndicat mais aussi à l'employeur et aux salariés; on invoque à ce sujet les raisons suivantes. La sécurité que le syndicat obtient de cette manière lui évite d'avoir à effectuer un recrutement permanent et constant. Quand un syndicat doit «se vendre» sans arrêt à ses membres, il lui faut constamment prouver son efficacité, en promettant toujours de nouveaux avantages et en faisant tout en son pouvoir pour les obtenir. Cette situation n'est pas propice à un climat de paix et de stabilité.

Le fait que tous les salariés doivent être membres du syndicat et lui apporter leur concours, à tout le moins par le paiement de leurs cotisations, crée aussi de meilleurs rapports entre les salariés eux-mêmes. Rien n'est plus propre à engendrer la jalousie et les mauvais sentiments que de constater que les efforts de tel groupe de personnes profitent à d'autres, qui refusent de participer à leur réalisation. En ce sens, l'obligation d'adhérer et de payer ce qu'il en coûte assure plus de justice et plus d'équité entre tous les travailleurs visés.

Pour l'employeur, la sécurité syndicale implantée dans son établissement lui enlève le moyen le plus propice de recourir à des pratiques déloyales. Généralement, quand un employeur cherche à se défaire d'un syndicat, il favorise les employés qu'il trouve fidèles à sa cause, à l'encontre de ceux qui défendent le syndicat. Si tous en sont membres, une telle conduite lui devient à toute fin pratique inutile, sinon impossible.

C'est sur la base de ces raisons de modération, de sérieux et d'équité que l'on justifie la contrainte imposée à la liberté personnelle. Car, en définitive, il s'agit d'un conflit entre un droit collectif et un droit individuel. Cherchant une base philosophique à leur point de vue, certains ont soutenu que chaque travailleur avait le droit d'obtenir un emploi, mais qu'il n'avait pas celui d'être embauché par tel ou tel employeur[30]. Quelques théologiens ont même écrit:

> L'atelier fermé (...) est une condition en soi bien facile et généralement, pour ne pas dire toujours, très avantageuse, celle de se grouper en association syndicale. (...) S'ils refusent de le faire, ils n'ont qu'à s'en prendre à eux-mêmes de toutes leurs mésaventures; leur incurie ne leur donne pas le droit de blâmer ni les syndicats, ni les patrons, ni le régime d'atelier fermé[31].

Pour que le raisonnement soit valide, il suppose que les rangs de l'association ouvrière ne sont pas eux-mêmes fermés. D'où la phrase qui a souvent été répétée: «atelier fermé, mais syndicat ouvert». Comme les syndicats cherchent généralement à contrôler le marché de la main-d'œuvre, chacun d'eux aura souvent tendance à limiter l'entrée dans ses rangs. Le problème n'est pas résolu par l'exhortation des théologiens. Nous sommes vraiment en présence d'un conflit entre les avantages que peut chercher une collectivité et les droits inaliénables que possèdent

29. *Convention collective – sécurité syndicale*, 2e Congrès des relations industrielles de Laval, 1947, Québec, Université Laval, Département des relations industrielles, 1947, 192 p.; MARIE-LOUIS BEAULIEU, *Les conflits de droit dans les rapports collectifs du travail*, Québec, Les Presses de l'Université Laval, 1957, 541 p., 5e partie, «La sécurité syndicale», p. 413-450.

30. MARIE-LOUIS BEAULIEU, *op. cit.*, p. 434.

31. *L'atelier fermé et la doctrine sociale de l'Église*, Québec, L'Action catholique, 1938, p. 5.

les individus. Peut-être n'y a-t-il pas d'autre solution que de chercher constamment un équilibre acceptable entre les deux. Nous approfondirons quelques aspects de ce problème de base, qui a souvent été soumis aux tribunaux, sans que ceux-ci aient jamais complètement vidé la question.

4.4.2 Appartenance obligatoire et impact sur l'emploi

Le problème principal et fondamental que posent les clauses de sécurité syndicale découle du fait que l'appartenance ou le paiement de la cotisation deviennent une condition d'emploi. Or le droit de demander et de conserver un emploi, hors le cas de juste licenciement ou congédiement, est un des plus fondamentaux de la vie sociale et économique de tout citoyen. Même si les chartes des droits n'affirment pas explicitement l'existence d'un tel droit, elles le reconnaissent indirectement. Ainsi, la *Charte canadienne des droits et libertés* déclare que «tout citoyen canadien et toute personne ayant le statut de résident permanent au Canada ont le droit de se déplacer (...) et de gagner leur vie dans toute province[32]». Pour leur part, la Charte québécoise et la *Loi canadienne sur les droits de la personne* interdisent toute discrimination dans l'embauche et dans tous les aspects de la vie au travail[33]. C'est affirmer implicitement que le droit d'accès à l'emploi est essentiel et inaliénable.

Depuis qu'on signe des clauses de sécurité syndicale, ce genre de clause est attaqué devant les tribunaux comme portant atteinte à la liberté individuelle et au droit que chacun possède de se trouver un travail où gagner sa vie. Les clauses d'atelier fermé et d'atelier syndical ont été tout particulièrement la cible de telles poursuites. Les tribunaux ont le plus souvent évité de se prononcer sur le fond de la question; ils ont plutôt décidé de chaque cas selon les circonstances. À titre d'exemples, nous n'évoquerons que quelques-uns de ceux qui se sont rendus en Cour suprême du Canada.

Un ouvrier de Colombie-Britannique, Myron Kuzych, travaillait comme soudeur à la North Vancouver Ship Repairs Ltd., où il était membre d'une union depuis avril 1943. Il s'opposait au principe de l'atelier fermé et faisait ouvertement campagne contre cette formule. En mars 1945, il fut expulsé du syndicat et l'employeur dut par la suite le renvoyer. Il fit appel aux tribunaux de Colombie-Britannique. En mai 1950, la Cour d'appel de cette province a décidé en faveur de M. Kuzych. L'union en appela au Conseil privé de Londres, qui renversa la décision précédente, parce que le plaignant n'avait pas épuisé tous les recours prévus par le syndicat[34]. Quelques années plus tard, la Cour suprême du Canada – l'appel au Conseil privé avait alors été supprimé – donna gain de cause à un camionneur du Manitoba du nom de Tunney, même si celui-ci n'avait pas utilisé tous les recours à sa disposition; le tribunal jugea que le recours au congrès triennal des Teamsters en Floride était théorique et illusoire pour un camionneur[35]. Dix ans plus tard, la Cour suprême donnait de nouveau raison à un travailleur en renversant une sentence arbitrale de renvoi, prononcée par un arbitre de grief; le motif de la Cour était que l'intéressé n'avait pas été entendu[36].

Peut-être à cause des dispositions explicites de la plupart des lois canadiennes sur le sujet, les tribunaux n'ont pas voulu se prononcer contre les clauses d'appartenance obligatoire à un syndicat. La controverse a repris, au cours des années 1980, à la suite de l'adoption des chartes des droits et libertés. La tradition des cours de niveau supérieur à ce chapitre est relativement courte, puisque la *Charte des droits et libertés de la personne* du Québec date de juin 1975,

32. *Charte canadienne des droits et libertés. Loi constitutionnelle de 1982*, art. 6 (2) (a et b).
33. *Charte des droits et libertés de la personne*, L.R.Q., c. C-12, art. 16; *Loi canadienne sur les droits de la personne*, S.C. 1976-1977, c. 33 et S.R.C. 1985, c. H-6, art. 7 et ss.
34. *Kuzych* v. *White* (représentant de l'union), (1951) 3 D.L.R. 641. Voir *La Gazette du travail*, vol. 51, nº 9, septembre 1951, p. 1236-1238. À ce moment le dernier recours judiciaire se faisait encore auprès du Conseil privé à Londres.
35. *Orchard (Teamsters)* v. *Tunney*, (1957) R.C.S. 436.
36. *Hoogendoorn* v. *Greening Metal Products and Screening Equipment Co.* (1968) R.C.S., p. 30.

la *Loi canadienne sur les droits et libertés de la personne* de 1977 et la *Charte canadienne des droits* de 1982[37]. Les tribunaux s'efforcent encore de résoudre les cas sans discuter, si elles le peuvent, de la constitutionnalité même de la clause.

Deux techniciens en projection cinématographique de Colombie-Britannique ne pouvaient se trouver d'emploi parce que l'union qui les regroupe refusait de les admettre dans ses rangs et que la plupart des cinémas avaient avec cette union un contrat d'atelier fermé. La Cour d'appel de Colombie-Britannique a rejeté leur demande, en se fondant sur le principe que la Charte s'applique aux différents gouvernements du Canada (art. 32); la Cour décide qu'une convention collective constitue une entente entre des parties privées et qu'elle échappe ainsi à l'emprise de la Charte canadienne des droits[38]. En Ontario, une décision de la Commission des relations ouvrières de 1986 va dans le même sens. Les employés de la Compagnie des cartes de souhaits Carlton ont changé de syndicat au cours de l'année 1985. L'année suivante, le nouveau syndicat, le Syndicat canadien des travailleurs du papier, signait avec l'employeur une convention collective contenant une clause d'atelier syndical. Un certain nombre d'anciens employés ont refusé de devenir membres, et le syndicat a porté leur cas en arbitrage; l'employeur a dû congédier les employés en cause. La Commission des relations de travail a soutenu la décision de l'employeur parce que, dit-elle, une clause de convention collective dans le secteur privé ne relève pas de la Charte canadienne des droits[39].

D'un autre côté, les tribunaux, malgré leur penchant à respecter les accords privés entre employeurs et syndicats, n'ont pas ignoré les restrictions concernant le renvoi de certains employés. Ils ont évidemment tenu compte de ces dispositions statutaires et, en général, les ont interprétées en faveur des salariés à titre individuel. Par exemple, deux employés de l'industrie touristique en Alberta ont été expulsés de l'Union internationale des employés d'hôtels et de restaurants; l'union a exigé que l'employeur les renvoie. L'article 153 de la *Loi des syndicats ouvriers* de l'Alberta stipule qu'un syndicat ne peut exiger d'un employeur le renvoi d'un employé expulsé de ses rangs, à moins que celui-ci refuse de payer le droit d'entrée ou la cotisation habituelle, ce qui n'était pas le cas. Les deux employés ont eu recours à la Commission des relations industrielles de l'Alberta, qui a ordonné à l'employeur de les reprendre à son service. Cette décision a été confirmée par les deux niveaux de la Cour suprême de l'Alberta, en première instance et en appel[40].

Dans une autre cause, survenue en Saskatchewan, un certain nombre d'employés s'opposaient à l'application de l'article 36 de la *Loi des syndicats ouvriers*; cet article accorde à un syndicat accrédité le droit d'obliger un employeur à mettre immédiatement en application une clause d'atelier syndical imparfait, selon les termes d'une clause formulée textuellement dans la loi elle-même. Comme la loi contient le texte même de la disposition, la Commission des relations ouvrières de la Saskatchewan a considéré que la Charte canadienne des droits s'appliquait: l'imposition d'une telle clause constitue une action du gouvernement; elle ne résulte pas simplement d'une entente entre deux parties privées. La commission a déclaré en même temps que la liberté d'association devait inclure la liberté de non-association, mais que la disposition en cause constituait

37. *Charte des droits et libertés de la personne*, L.Q. 1975, c. 6 et L.R.Q. c. C-12; *Loi canadienne sur les droits de la personne*, S.C. 1976-1977, c. 33; *Charte canadienne des droits et libertés, Loi constitutionnelle de 1982*.

38. *Bhindi and London* v. *British Columbia Projectionists' Local 348 of the International Alliance of Picture Machine Operators of the United States and Canada*. 348 (1985) 20 D.L.R. (4th) (386) et C.C.H. 86 C.L.L.C., paragraphe n° 14052. Le 6 novembre 1986 la Cour suprême du Canada a refusé d'entendre la cause Bhindi en appel.

39. *Manders* v. *Carlton Cards Ltd. et al*. Ontario Labour Relations Board, 3 décembre 1986. C.C.H., 87 C.L.L.C., paragraphe n° 16009, p. 14070-14075.

40. *Hotel and Restaurant Employees and Bartenders International Union Local 47* v. *Board of Industrial Relations and Evergreen Services Ltd.*, Cour suprême de l'Alberta, 30 octobre 1978 et 12 septembre 1979. C.C.H. 79 C.L.L.C., paragraphes n°s 14195 et 14225.

une limite acceptable à cette liberté, en vue d'assurer les bienfaits de la négociation collective et de la paix industrielle qui en découlait[41].

Cette idée que le droit de libre association inclut le droit de ne pas s'associer, ou le droit de non-association, allait faire son chemin. On la retrouve dans une cause d'importance majeure sur le paiement des cotisations syndicales[42]. Nous y reviendrons au point suivant. La Cour conclut cependant que l'obligation de payer une cotisation ne contrevient pas au droit de ne pas adhérer à un syndicat. Ces dernières décisions rejoignent en quelque sorte la jurisprudence et la loi américaine qui ont défini l'appartenance syndicale comme l'obligation de payer la cotisation et le droit d'entrée, sans plus: payez, sans dire mot, et on ne vous en demandera pas plus[43].

4.4.3 Retenue et utilisation des cotisations syndicales

La retenue à la source des cotisations syndicales soulève les mêmes questions fondamentales sur la liberté individuelle que les clauses d'appartenance syndicale. Parce que le lien est peut-être plus direct, en tout cas plus apparent, avec l'usage que fait le syndicat de l'argent recueilli, les objections soulevées se présentent souvent sous un angle particulier, par exemple sous la forme de l'objection de conscience ou du libre choix des options politiques. Mais avant de traiter de cet aspect, il faut voir comment s'est établie la légitimité de la retenue automatique des cotisations syndicales, pour tous les salariés de l'unité d'accréditation, membres ou non du syndicat en cause.

La première décision majeure sur cette question a été rendue par la Cour suprême du Canada à la suite d'un litige survenu entre le Syndicat catholique des employés de magasins de Québec et la Compagnie Paquet. Le syndicat avait signé une convention collective contenant une clause de formule Rand le 24 mars 1955. Environ 40 % des salariés visés protestèrent; ils signèrent une déclaration comme quoi ils refusaient d'autoriser la Compagnie Paquet à retenir sur leurs salaires la somme de 50 ¢ en application de la formule Rand. Un autre groupe d'environ 40 %, membres du syndicat, avait autorisé la déduction, et le reste des employés ne s'était pas prononcé. Le syndicat intenta une action en Cour supérieure pour réclamer de la Compagnie la somme perçue. La Cour supérieure décida que la retenue obligatoire était nulle et de nul effet, ce qui fut confirmé par une décision unanime de la Cour d'appel. En Cour suprême, les sept juges conclurent, dans une proportion de quatre contre trois, que la formule Rand était légale: elle constituait une condition de travail au sens de la *Loi des relations ouvrières*[44]. L'arrêt *Paquet* a déterminé une fois pour toutes que la formule Rand était une condition de travail légale et légitime.

Les tribunaux ont confirmé cette opinion à plusieurs reprises[45]. La Commission de relations ouvrières de l'Ontario a précisé que le paiement d'une somme globale par l'employeur au syndicat, sans autre précision, ne remplissait pas l'obligation imposée par la loi: l'employeur devait fournir en même temps la liste des salariés avec le nom de chacun de ceux pour qui la déduction était effectuée[46].

---

41. *Saskatchewan Joint Board, Retail Wholesale and Department Store Union* v. *Remai Investment Co. Ltd.* Saskatchewan Labour Relations Board, 27 août 1987. C.C.H., 87 C.L.L.C., paragraphe n° 16052.
42. *Ontario Public Service Employees Union* c. *Lavigne*. Cour d'appel de l'Ontario, 30 janvier 1989. C.C.H., 89 C.L.L.C., paragraphe n° 14011, p. 12068-12088, à la page 12081.
43. M.G. Mitchnick, *Union Security and the Charter*, Toronto, Butterworths, 1987, 193 p., chapitre 4: «United States of America», p. 95-121, aux pages 103-108.
44. *Syndicat catholique des employés de magasins de Québec* c. *La Compagnie Paquet ltée*. (1959) 1 R.C.S. 206. Voir aussi *Relations industrielles*, vol. 14, n° 2, avril 1959, p. 280-298.
45. *Montreal Children's Hospital* c. *Syndicat national des employés de Montreal Children's Hospital*, (1969) B.R. 341; voir *Relations industrielles*, vol. 24, n° 4, décembre 1969, p. 789; *Retail, Wholesale and Department Store Union Local 496* v. *Pineland Cooperative Association Ltd et al.*, Saskatchewan Labour Relations Board, 21 décembre 1987. C.C.H., 88 C.L.L.C., paragraphe n° 16012.
46. *International Brotherhood of Teamsters, Chauffeurs, Warehousemen and Helpers of America, local 419* v. *K-Mart Canada Ltd.* Ontario Labour Relations Board, 30 juin 1982. C.C.H., 82 C.L.L.C., paragraphe n° 16186.

Cependant, les litiges les plus fréquents ont porté sur l'objection de conscience en rapport avec la retenue automatique des cotisations. Les commissions de relations du travail et les tribunaux ont généralement répondu favorablement aux requêtes en ce sens[47]. La commission ou le tribunal impose alors de verser une somme équivalant à la cotisation syndicale à une œuvre de charité reconnue par la *Loi de l'impôt* et sur laquelle les parties intéressées s'entendent. Les commissions et les tribunaux vérifient si l'objection est bien fondée sur une croyance religieuse, c'est-à-dire en rapport avec une foi en l'Être suprême, et rejettent tous les cas qui laissent croire à une façon d'éviter le paiement de la cotisation syndicale[48].

L'autre point largement débattu est de savoir si la déduction automatique et généralisée des cotisations syndicales impose au syndicat en cause des limites quant à l'usage des fonds ainsi recueillis. Concrètement, plusieurs salariés se sont objectés aux sommes que plusieurs syndicats ont versées à des partis politiques; ces dons constitueraient autant d'atteintes à leur liberté d'expression ou d'association. Plusieurs textes de loi disent explicitement que la retenue sur le salaire comprend d'abord la cotisation régulière, ensuite, dans certains cas, le droit d'entrée ou d'admission et beaucoup plus rarement d'autres frais imposés à l'occasion de circonstances particulières. Les commissions et les tribunaux ont suivi rigoureusement cette ligne de conduite. Selon ce principe, les sommes déduites du salaire de ceux qui ne sont pas membres doivent normalement servir aux frais reliés à la négociation collective. La Commission des relations du travail de Colombie-Britannique a décidé, par exemple, que l'imposition additionnelle d'une taxe aux non-membres pour constituer un meilleur fonds de grève n'était pas permise par la loi[49]. Un autre employé a protesté, devant la Cour suprême de Colombie-Britannique, contre le fait qu'une partie de ses cotisations syndicales servait à d'autres fins que la négociation collective et qu'une telle pratique contrevenait à la liberté de pensée, de conscience, d'expression et d'association que lui garantissait la nouvelle Charte canadienne des droits. La Cour a rejeté le motif de sa requête: la Charte n'a aucune valeur contraignante pour les organismes privés et l'utilisation qu'un syndicat peut faire des biens qui lui appartiennent n'a rien à voir avec une action gouvernementale; il s'agit d'une organisation privée, à laquelle la Charte ne s'applique pas[50].

Le cas le plus connu et le plus percutant est celui d'un Monsieur Lavigne, professeur dans un collège du Nord-Est de l'Ontario. Ce professeur a contesté la validité des dispositions visant la retenue automatique et obligatoire des cotisations syndicales, parce que cette pratique allait contre la liberté d'association et d'expression. Il s'appuyait sur la Charte canadienne des droits; il soutenait que son employeur, le Conseil des régents des collèges communautaires, était un organisme gouvernemental au sens de la loi. La Cour suprême (supérieure) de l'Ontario lui a d'abord donné raison, mais la décision a été nuancée par la suite par l'arrêt de la Cour d'appel de l'Ontario[51]. La Cour

47. *Barker* c. *Teamsters Union, local 938*, Conseil canadien des relations du travail, 26 mai 1986. C.C.H., 86 C.L.L.C., paragraphe n° 16031. *Van der Meulen et al.* c. *Manitoba Labour Board et al.*, Cour du banc de la Reine du Manitoba, 11 février 1988. C.C.H., 88 C.L.L.C., paragraphe n° 14031; *Guertin* c. *Canadian Post Masters and Assistants Association*, Conseil canadien des relations du travail, 1986. C.C.H., 87 C.L.L.C., paragraphe n° 16037.

48. *Butler* c. *Order of Governors of York University et al.*, Cour suprême de l'Ontario, 30 novembre 1983. C.C.H., 84 C.L.L.C., paragraphe n° 14010: confirme une décision antérieure de la Commission des relations ouvrières de l'Ontario; *Nusden* c. *United Steelworkers of America, local 6166*, Manitoba Labour Board, 10 octobre 1986. C.C.H., 86 C.L.L.C., paragraphe n° 16053; *Olsen* c. *Birch Hills and District Nursing Home Inc.*, Saskatchewan Labour Relations Board, 16 octobre 1986. C.C.H., 87 C.L.L.C., paragraphe n° 16003.

49. *Corporation of the District of West Vancouver* v. *West Vancouver Municipal Employees Association, local 395*. British Columbia Labour Relations Board, October 21, 1982. C.C.H., 83 C.L.L.C., paragraphe n° 16004.

50. *Baldwin* c. *British Columbia Government Employees Union*, Cour suprême de la Colombie-Britannique, 7 mai 1986.

51. *Lavigne* c. *Ontario Public Service Employees Union et al.*, Cour suprême de l'Ontario, 4 juillet 1986. C.C.H., 86 C.L.L.C., paragraphe n° 14039, p. 12201-12237; *Ontario Public Service Employees Union* c. *Lavigne*, Cour d'appel de l'Ontario, 30 janvier 1989. C.C.H., 89 C.L.L.C., paragraphe n° 14011, p. 12068-12088.

suprême du Canada, pour sa part, a statué que la Charte canadienne des droits s'applique au cas soumis, parce que le collège est un organisme gouvernemental et qu'il exige le paiement de la cotisation syndicale. Par contre, une telle exigence ne constitue pas une violation ni de la liberté d'expression (opinion unanime des juges) ni de la liberté d'association (opinion majoritaire: 4 contre 3). Même si c'était le cas, l'exigence serait justifiée au sens de l'article 1 de la charte. D'ailleurs l'obligation de payer n'implique pas celle d'appartenir: selon la clause de la convention collective, le professeur n'était pas obligé de faire partie de l'association ni de participer à ses activités, mais seulement de payer. Les notes des juges, en Cour d'appel et en Cour suprême du Canada, retiennent l'attention parce qu'ils y soutiennent que le droit d'association inclut le droit de non-association, c'est-à-dire celui de ne pas appartenir à l'association en cause[52].

La jurisprudence américaine a suivi sensiblement la même évolution que les décisions canadiennes, si elle ne les a pas précédées. Dès 1947, la Cour suprême de Californie reconnaissait à un syndicat le droit de prendre une position qui pouvait contredire l'opinion d'une minorité de ses membres[53], sans violer le premier ni le cinquième amendement de la Constitution américaine[54]. La Cour suprême des États-Unis a confirmé cette position dès 1956 en condamnant explicitement le phénomène des parasites ou *free riders*[55]. Par la suite, en 1961, elle réaffirmait son interprétation de la *Loi sur les relations patronales-ouvrières* et de la *Loi sur les chemins de fer*, à savoir que ces deux lois obligeaient tous les bénéficiaires de la négociation collective à en payer les frais[56]. En 1977, la Cour suprême eut à trancher la même question, mais cette fois pour des enseignants, employés par un organisme gouvernemental; sa réponse fut la même: tous doivent payer, malgré leurs divergences de vue; cependant, les juges reconnaissent explicitement la valeur de l'argumentation du plaignant, à savoir que les contributions, surtout celles des non-membres, devaient servir essentiellement à financer la négociation collective, non pas à promouvoir des objectifs idéologiques ou politiques[57]. Enfin, en 1988, la Cour suprême est allée un peu plus loin et a conclu que les deux lois en question – la *Loi nationale sur les relations patronales-ouvrières* et la *Loi sur les chemins de fer* – ne permettaient au syndicat de percevoir qu'une contribution couvrant les frais nécessaires pour remplir ses obligations d'agent négociateur, et de représentant syndical dans l'application de la convention collective. Les employés qui le désirent pourront donc refuser de payer la pleine cotisation syndicale; il restera à déterminer la proportion de la remise ou de la réduction à leur attribuer: on a parlé de 20 % à 80 % de la cotisation normale[58]. La Cour suprême du Canada n'a pas voulu s'engager dans de telles précisions: les cotisations appartiennent au groupe, qui décide de leur utilisation.

4.4.4 Autorisation de la retenue syndicale

Parmi les problèmes que soulèvent les clauses de sécurité syndicale, il nous reste à traiter d'une question particulière: pourquoi la majorité des conventions collectives obligent-elles les salariés à signer une formule dans laquelle ils autorisent leur

52. *Lavigne* c. *Ontario Public Service Employees Union*, Cour suprême du Canada, 27 juin 1991. 91 C.L.L.C., paragraphe 14029. (Voir aux pages 12263, 12290 et 12307, et en Cour d'appel de l'Ontario, aux pages 12082-12084.)

53. *DeMille* v. *American Federation of Radio Artists* (1947) Calif. 187 P. 2d 769, 333 U.S., 876 denied.

54. Le premier amendement de la Constitution américaine interdit toute atteinte à la liberté de parole, de la presse et du droit de manifestation pacifique; le cinquième amendement assure que personne ne sera privé de sa vie, de sa liberté ou de sa propriété sans un recours adéquat à une procédure de justice et de droit (*without due process of law*).

55. *Railway Employees Department* v. *Hanson* (1956) 351, U.S., 225, 76 S. Ct. 714.

56. *International Association of Machinists* v. *Street* (1961) 367 U.S., 81A, S. Ct. 1784.

57. *Abood* v. *Detroit Board of Education* (1977) 431, U.S., 209, 97A S.Ct. 1782.

58. *Communications Workers of America* v. *Peck* (1988) U.S., 108. S.Ct. 2614. Voir Kenneth G. Dau-Schmidt, «Union Security Agreements under the National Labor Relations Act: the Statute, the Constitution and the Courts Opinion in *Peck*», *Harvard Journal on Legislation*, vol. 27, no 1, hiver 1990, p. 51-141.

employeur à retenir sur leur salaire le montant de la cotisation syndicale (ou une somme équivalente s'ils ne veulent pas être membres et que cela est possible)? À première vue, la disposition paraît superflue: l'article 47 du *Code du travail* du Québec impose la retenue automatique pour tous les salariés, l'article 70 du *Code canadien du travail* oblige tout employeur à accorder une clause de cette nature sur simple demande du syndicat et les lois des autres provinces contiennent des dispositions semblables. De plus, la formule Rand est acceptée comme une clause légitime depuis 1946 et sa légalité a été reconnue par la Cour suprême du Canada en 1959.

Les raisons du maintien – et de la multiplication – des formules d'autorisation sont sans doute nombreuses. Avant 1977, le *Code du travail* du Québec exigeait une telle autorisation pour que l'employeur soit tenu de faire le précompte des cotisations syndicales. En fait, c'est durant cette période (1964-1977) que ce genre d'obligation s'est répandu au Québec. Une fois une clause insérée dans une convention collective, même si cette clause est devenue inutile (réellement ou apparemment), il est bien difficile de l'en faire sortir. C'est le phénomène de l'inertie.

Les employeurs et les syndicats peuvent également craindre les décisions judiciaires, surtout depuis l'adoption de la Charte canadienne des droits. Même si cela est peu probable, les tribunaux pourraient peut-être, un jour, déclarer de telles dispositions nulles et sans valeur, comme contraires aux dispositions fondamentales de la Charte. Comme cela demeure possible, des parties peuvent vouloir se protéger complètement contre une telle éventualité.

Les employeurs peuvent entretenir des craintes au sujet d'un tel processus. Le *Code du travail* du Québec et toutes les autres lois de relations ouvrières canadiennes interdisent formellement à tout employeur de «financer la formation ou les activités d'une association de salariés» (C.t. art. 12). Recueillir les cotisations syndicales – à la place des représentants syndicaux –, n'est-ce pas une façon d'aider au financement sinon de financer une association ouvrière? Avec un mandat en bonne et due forme, dûment signé par chaque employé visé, l'employeur est certainement dans une position plus rassurante à ce chapitre.

L'exigence de la formule d'autorisation de la retenue syndicale pourrait aussi résulter de l'influence des unions américaines au Canada et au Québec. Comme la retenue obligatoire et irrévocable est interdite par la loi Taft-Hartley dans toutes les entreprises américaines de juridiction fédérale – et bien davantage dans les États où existent des lois du droit au travail –, les syndicats américains doivent mettre dans leurs conventions collectives une clause de cette nature et exiger l'application stricte de l'autorisation individuelle, si elles veulent se conformer aux dispositions de Taft-Hartley et se protéger contre des recours possibles. Toutes les unions ont tendance à exiger le plus d'uniformité possible entre les différentes conventions collectives qu'elles signent dans les entreprises où elles négocient. Parce que la disposition est nécessaire aux États-Unis, il est tout naturel qu'on la trouve dans les conventions de ces mêmes unions au Canada. L'effet d'entraînement aidant, c'est peut-être là une raison qui explique le fait qu'on trouve une telle disposition dans pratiquement toutes les conventions collectives au Canada. Le plus souvent, le texte même de la formule autorisant la retenue est reproduit dans une annexe de la convention collective.

Une telle autorisation est peut-être, finalement, nécessaire, même au Canada, au moins quand il faut procéder à des réclamations. Si un employeur ne respecte par l'article 47 du *Code du travail*, le syndicat n'a de recours que d'ordre pénal (C.t. art. 144). De plus, une requête en injonction interlocutoire ne peut être obtenue à la même fin, parce que ce n'est pas un recours approprié pour le paiement d'une somme d'argent[59]. Par contre, une clause de retenue syndicale dans la convention collective permet au syndicat de déposer un grief sur le sujet, de le soumettre à l'arbitrage s'il y a lieu, et d'en obtenir, si la demande est bien fondée, le redressement et les remboursements souhaités (C.t. art. 100.12). Au besoin, les

59. *Syndicat québécois de l'imprimerie et des communications, section locale 145* c. *Presses lithographiques inc.*, D.T.E. 86T-196 (C.S.).

autorisations dûment signées pourraient donner lieu à des poursuites civiles.

* * *

À la fin de cette longue discussion sur la légitimité des clauses de sécurité et de retenue syndicale, on peut retenir la présence de deux tendances opposées dans le débat: celle qui favorise les droits collectifs et celle qui favorise les droits individuels. Les deux courants de pensée sont très présents dans la société actuelle. Par contre, la jurisprudence, peut-être influencée par l'adoption relativement récente des chartes des droits, semble plutôt s'orienter du côté des droits individuels. L'obligation minimale de payer pour les avantages de la négociation et de la convention collective est réaffirmée avec force par les tribunaux; mais les mêmes tribunaux accentuent les limites et les restrictions à l'utilisation des sommes recueillies de façon obligatoire auprès de ceux qui s'y objectent. Il est difficile de prévoir l'équilibre qui s'établira entre les deux tendances.

4.5 Autres aspects de la sécurité syndicale

Les syndicats recourent à diverses autres mesures pour se protéger, tant sur le marché du travail que sur celui des produits que les entreprises syndiquées fabriquent. Nous retiendrons trois de ces pratiques; les deux premières s'appliquent plus souvent aux syndicats de métiers, la troisième est présente dans pratiquement toutes les conventions collectives.

4.5.1 Étiquette syndicale

L'étiquette syndicale est un instrument de publicité en vue de promouvoir dans le public l'utilisation de produits fabriqués par des employés syndiqués, de préférence aux autres. Si une clause de la convention collective est consacrée à ce sujet, elle mentionne généralement les conditions requises pour que l'employeur puisse utiliser une telle étiquette sur les produits de son entreprise. Les principaux syndicats qui utilisent l'étiquette syndicale sont ceux des métiers du vêtement et de l'imprimerie. Voici un exemple tiré de la convention collective intervenue entre le Conseil patronal de l'imprimerie du Canada et cinq sections locales du Syndicat international des communications graphiques (SICG):

> L'étiquette syndicale est la propriété exclusive du SICG et son utilisation n'est autorisée que sur directive et consentement exprès du SICG, après acceptation et signature de l'entente autorisant l'utilisation de l'étiquette syndicale (art. 9).

Avec le développement de l'industrie du vêtement dans la région du Sud-Est asiatique, le maintien du principe de l'étiquette syndicale sur les vêtements vendus au Canada et aux États-Unis est devenu de plus en plus difficile. Les syndicats et les unions en cause ont dû accepter des compromis. Ainsi, ils autoriseront la présence de l'étiquette syndicale sur le vêtement en question pourvu qu'au moins une opération ait été effectuée par des ouvriers syndiqués. À l'origine, chaque syndicat cherchait, par ce moyen, à protéger ses propres membres; à cette fin, la rigueur était de règle. Au cours des dernières décennies, plusieurs syndicats ont dû se faire plus conciliants pour sauver ce qui restait des emplois syndiqués dans le secteur.

4.5.2 Protection relative aux mesures de sympathie

Il s'agit ici de mesures utilisées par certains syndicats, surtout dans les métiers, pour appuyer d'autres membres du même syndicat, ou d'autres syndiqués, en conflit industriel avec leur employeur. Les principaux moyens sont le refus de franchir la ligne de piquetage d'un autre groupe, le refus de manipuler des produits ou des objets provenant d'une entreprise en conflit industriel (*hot cargo*) ou le boycottage de ces produits. Quand une convention collective traite de ces aspects, elle vise à protéger les salariés en cause contre d'éventuelles mesures disciplinaires de la part de leur employeur, s'ils posent des gestes ou refusent d'effectuer des travaux pour manifester leur appui à des collègues en conflit. Selon le cas, la protection ne s'applique qu'aux conflits d'autres sections locales du même syndicat ou à tout conflit ouvrier. Les deux exemples suivants correspondent, le premier au cas général, le second à la protection limitée aux conflits du syndicat en cause.

> Aucun salarié ne peut subir de préjudice pour son refus de franchir une ligne de piquetage, là où il existe une grève, pourvu que ce refus soit immédiatement rapporté à l'employeur.
>
> (Whissell inc. et Syndicat des employés de Whissell, CSN, art. 26.02)
>
> Nonobstant toute autre disposition de la présente convention, l'abstention ou le refus d'un employé régi par cette convention de franchir une ligne de piquetage légale du SICG établie à l'occasion d'une grève légale du SICG par les employés de l'atelier où se fait le piquetage, dans le but de faire un travail tombant sous la juridiction du SICG, ne constituera pas une violation de cette convention. Les compagnies ne pourront ni congédier cet employé ni lui imposer une mesure disciplinaire, ni, par ailleurs, exercer de la discrimination à son endroit.
>
> (Conseil patronal de l'imprimerie du Canada et SICG, art. 7)

Le refus de manutentionner certains produits, ce qui constitue une sorte de boycottage secondaire – on le dit secondaire parce qu'il vise un conflit qui a lieu ailleurs qu'à l'endroit où on boycotte le produit –, s'exerce par exemple par le refus d'utiliser du papier, ou de l'encre, ou du tissu provenant d'une entreprise où sévit un conflit de travail. Les tableaux 4-4 et 4-5 nous révèlent que des dispositions de cette nature sont relativement rares dans les conventions collectives au Québec. Elles sont concentrées principalement dans les industries manufacturières, surtout dans l'imprimerie et le vêtement. Elles se retrouvent le plus souvent dans des conventions qui régissent un nombre relativement restreint de salariés. Les tableaux montrent que moins de 10 % des conventions régissant moins de 5 % des salariés contiennent une disposition de cette nature (trois premières lignes des deux tableaux). Par contre, deux fois plus de conventions interdisent des actions de cette nature. En d'autres mots, quelques employeurs seulement acceptent de telles clauses, alors que d'autres les interdisent, et obtiennent que le syndicat endosse cette interdiction dans la convention collective. Cependant, la grande majorité des conventions collectives – environ 80 % qui régissent 90 % des salariés – ne contiennent aucune disposition sur le sujet: elles n'en traitent pas.

Pour l'ensemble du Canada, les renseignements comparables ne sont pas publiés. Aux États-Unis, le respect des lignes de piquetage est autorisé dans 28 % des grandes conventions collectives, moyennant plusieurs conditions, comme au lieu même du travail uniquement, dans le cas d'une grève légale, par des salariés du même syndicat. La clause est plus fréquente dans le commerce que dans les entreprises manufacturières. Les clauses relatives au boycott sont beaucoup moins fréquentes[60]. Le pourcentage plus élevé de telles clauses aux États-Unis peut s'expliquer par le fait que le déroulement des conflits y est moins réglementé qu'au Canada: les parties doivent s'en préoccuper davantage.

4.5.3 Libérations pour activités syndicales

Les conventions collectives prévoient pour la plupart la possibilité que certains salariés puissent être libérés de leur travail habituel, avec ou sans rémunération, pour différentes activités syndicales. Ces activités peuvent être de toute nature, depuis la procédure de règlement des griefs jusqu'à des séjours plus ou moins longs à l'extérieur de l'entreprise.

Environ la moitié des conventions collectives en vigueur au Québec prévoient la libération de certains salariés pour occuper des postes syndicaux électifs, mais ces conventions collectives visent 80 % des salariés régis par une convention. En d'autres mots, l'autre moitié des conventions collectives, qui est muette sur la question, ne vise que 20 % des salariés[61]. Le nombre de salariés qui peuvent ainsi être libérés est, dans la plupart des cas, limité à une personne. Les personnes libérées ont généralement le droit de cumuler de l'ancienneté dans leur unité de négociation pendant cette absence pour remplir des postes électifs;

60. *Basic Patterns in Union Contracts*, 11e édition, Washington, D.C., The Bureau of National Affairs, 1986 (136 p.), p. 98-99.

61. *Conditions de travail contenues dans les conventions collectives au Québec*, Québec, CRSMT, 1990, p. 50-52. Variables B-05 à B-08.

TABLEAU 4-4

Droit de refuser de franchir une ligne de piquetage ou de manipuler certains produits[1] – 1984

Dispositions des conventions collectives	Conventions collectives régissant moins de 50 salariés				50 salariés et plus				tous les salariés (TOTAL)			
	C.c.	%	Salariés	%	C.c.	%	Salariés	%	C.c.	%	Salariés	%
Droit de refuser chez l'employeur et chez un tiers (boycottage secondaire)	285	6,9	4 833	6,6	84	4,4	12 287	1,8	369	6,1	17 120	2,2
Droit de refuser chez l'employeur seulement	36	0,9	515	0,7	7	0,4	660	0,1	43	0,7	1 175	0,2
Droit au boycottage secondaire seulement	134	3,2	2 798	3,8	49	2,6	6 952	1,0	192	3,2	9 750	1,3
Piquetage interdit	289	7,0	5 250	7,2	151	8,0	41 040	5,9	440	7,3	46 290	6,1
Piquetage et boycottage secondaire interdits	123	3,0	2 756	3,8	61	3,2	20 449	3,0	184	3,0	23 205	3,0
Autre disposition	50	1,2	847	1,2	19	1,0	2 683	0,4	69	1,4	3 530	0,5
Aucune disposition	3 215	77,8	56 175	76,8	1 526	80,4	606 222	87,8	4 741	78,5	662 397	86,8
TOTAL	4 141	100,0	73 174	100,0	1 897	100,0	690 293	100,0	6 038	100,0	763 467	100,0

1. Reliés à des conflits de travail (boycottage).

Source: Données mécanographiques du CRSMT, 27 mars 1991. (Variable B-3.)

TABLEAU 4-5

Droit de refuser de franchir une ligne de piquetage ou de manipuler certains produits[1] – 1989

Dispositions des conventions collectives	Conventions collectives régissant moins de 50 salariés				50 salariés et plus				tous les salariés (TOTAL)			
	C.c.	%	Salariés	%	C.c.	%	Salariés	%	C.c.	%	Salariés	%
Droit de refuser chez l'employeur et chez un tiers (boycottage secondaire)	347	6,4	6 450	6,3	109	4,2	21 404	2,3	456	5,7	27 854	2,7
Droit de refuser chez l'employeur seulement	47	0,9	723	0,7	7	0,3	1 345	0,1	54	0,7	2 068	0,2
Droit au boycottage secondaire seulement	192	3,6	3 880	3,8	72	2,8	10 120	1,1	264	3,3	14 000	1,4
Piquetage interdit	382	7,1	7 719	7,5	189	7,3	59 785	6,5	571	7,2	67 504	6,6
Piquetage et boycottage secondaire interdits	185	3,4	4 773	4,6	187	7,3	31 894	3,5	372	4,7	36 667	3,6
Autre disposition	71	1,3	1 109	1,1	31	1,2	4 388	0,5	102	1,3	5 497	0,5
Aucune disposition	4 160	77,3	78 191	76,0	1 982	76,9	791 271	86,0	6 142	77,1	869 462	85,0
TOTAL	5 384	100,0	102 845	100,0	2 577	100,0	920 207	100,0	7 961	100,0	1 023 052	100,0

1. Reliés à des conflits de travail (boycottage).

Source: Données mécanographiques du CRSMT, 27 mars 1991. (Variable B-3.)

quant aux régimes d'avantages sociaux, ils peuvent généralement en bénéficier, mais tous les frais sont à leur charge ou à celle du syndicat qui rembourse l'employeur.

Des clauses relatives à la participation à des activités syndicales hors de l'entreprise, comme la présence à des journées d'étude ou à des semaines de formation, apparaissent dans un grand nombre de conventions collectives, comme le démontrent les tableaux 4-6 et 4-7. Près de 90 % des conventions contiennent une telle disposition et, dans certains cas, rares cependant, les frais du congé sont même défrayés par l'employeur[62]. Dans la majorité des cas, la convention contient une limite quant au nombre de personnes qui peuvent ainsi s'absenter en même temps de l'entreprise.

Les trois quarts des conventions collectives contiennent une disposition relative à la participation des salariés aux séances de négociation de la future convention collective. Dans la majorité des cas, l'absence du travail se fait sans perte de salaire; la participation des membres du comité syndical aux séances de négociation est rémunérée par l'employeur, sauf que les primes diverses, pour les heures supplémentaire ou autres, sont généralement exclues: les employés qui participent à la négociation de la convention collective reçoivent leur salaire régulier. Le nombre de salariés qui peuvent se prévaloir de ce privilège est généralement spécifié dans la convention collective; le nombre le plus souvent mentionné est de trois personnes, mais il est assez fréquemment de deux ou de quatre personnes, selon la taille de l'entreprise[63].

Les clauses de libération pour le règlement des griefs sont, d'une certaine façon, plus généreuses mais aussi plus spécifiques. Règle générale, les conventions collectives précisent si le plaignant, le délégué syndical et les témoins peuvent être libérés sans perte de salaire. Le cas le plus fréquent prévoit que le représentant syndical est libéré pour préparer et présenter le cas, sans limite de temps. Ensuite, c'est le plaignant et le représentant syndical qui sont libérés conjointement sans limite de temps spécifiée[64].

Aux États-Unis, 75 % des grandes conventions collectives traitent des libérations syndicales à long terme, mais seulement 54 % indiquent que le représentant syndical sera payé pour le temps où il s'occupe des griefs[65]. La pratique peut différer du texte des conventions.

4.6 Conclusion sur la sécurité syndicale

La clause de sécurité syndicale a pour objectif premier d'assurer la survie de l'organisation, tant par rapport au nombre de ses membres qu'à sa situation financière. La clause n'apporte directement aucun avantage aux salariés visés, si ce n'est celui des libérations pour ceux qui peuvent en bénéficier à l'occasion. Au contraire, elle leur impose des obligations.

Elle cause même de sérieuses difficultés à l'exercice de la liberté syndicale, du moins en ce qui regarde les salariés à titre individuel. En ce sens, l'accumulation des clauses de sécurité syndicale à travers l'économie d'une région ou d'un pays rend même la clause fondamentale du *Code du travail* jusqu'à un certain point illusoire.

> Tout salarié a droit d'appartenir à une association de salariés de son choix et de participer à la formation de cette association, à ses activités et à son administration (C.t. art. 3).

Quand un travailleur est embauché dans un établissement où se trouve déjà un syndicat qui a obtenu une clause contraignante de sécurité syndicale, ce nouveau salarié n'a pas d'autre choix que d'adhérer à l'union ou au syndicat en place et d'en payer la cotisation. Le droit d'appartenir à l'association de son choix est, pour lui, tout à fait inopérant. C'est que nous sommes ici en présence d'un droit collectif. Le

62. *Ibid.*, Variable B-09.
63. *Ibid.*, Variables B-13 à B-15.
64. *Ibid.*, Variable B-16.
65. *Basic Patterns in Union Contracts*, voir *supra*, note 60, p. 36, 73-74.

TABLEAU 4-6

Quelques dispositions concernant les libérations syndicales – 1984

Dispositions des conventions collectives	Conventions collectives régissant moins de 50 salariés				50 salariés et plus				tous les salariés (TOTAL)			
	C.c.	%	Salariés	%	C.c.	%	Salariés	%	C.c.	%	Salariés	%
A. Rémunération des congés pour activités syndicales hors de l'entreprise												
Congé défrayé par l'employeur	508	12,3	7 848	10,7	114	6,0	33 445	4,8	622	10,3	41 293	5,4
Congé partiellement défrayé par l'employeur	346	8,4	5 699	7,8	162	8,5	159 924	23,2	508	8,4	165 623	21,7
Congé non défrayé par l'employeur	2 371	57,3	43 297	59,0	1 172	61,8	392 784	56,9	3 543	58,7	436 081	57,1
Autre disposition[1]	305	7,4	5 504	7,5	161	8,5	47 400	6,9	466	7,7	52 904	6,9
Sans objet, aucune disposition sur le congé	611	14,7	10 826	14,8	288	15,2	56 740	8,2	899	14,9	67 566	8,8
TOTAL	4 141	100,0	73 174	100,0	1 897	100,0	690 293	100,0	6 038	100,0	763 467	100,0
B. Normes relatives au nombre de salariés libérés simultanément												
Avec norme limitative	2 630	63,5	49 139	67,1	1 230	64,8	254 703	36,9	3 860	63,9	303 842	39,8
Aucune précision quant au nombre de pers. libérées[2]	900	21,7	13 209	18,0	379	20,0	378 850	54,9	1 279	21,2	392 059	51,3
Sans objet, aucune disposition sur le congé	611	14,7	10 826	14,8	288	15,2	56 740	8,2	899	14,9	67 566	8,8
TOTAL	4 141	100,0	73 174	100,0	1 897	100,0	690 293	100,0	6 038	100,0	763 467	100,0

1. Autre disposition inclut: aucune précision quant à la rémunération du congé, congé défrayé ou non par l'employeur selon l'activité syndicale.
2. Aucune précision inclut: aucune norme limitative, aucune précision quant au nombre de personnes ainsi libérées.

Source: Données mécanographiques du CRSMT, 27 mars 1991. (Variables B-10 et B-11.)

TABLEAU 4-7

Quelques dispositions concernant les libérations syndicales – 1989

Dispositions des conventions collectives	Conventions collectives régissant moins de 50 salariés				50 salariés et plus				tous les salariés (TOTAL)			
	C.c.	%	Salariés	%	C.c.	%	Salariés	%	C.c.	%	Salariés	%
A. Rémunération des congés pour activités syndicales hors de l'entreprise												
Congé défrayé par l'employeur	654	12,1	10 934	10,6	117	4,5	38 765	4,2	771	9,7	49 699	4,9
Congé partiellement défrayé par l'employeur	520	9,7	9 007	8,8	297	11,5	192 585	20,9	817	10,3	201 592	19,7
Congé non défrayé par l'employeur	3 042	56,6	60 610	58,9	1 661	64,5	451 659	49,1	4 703	59,1	512 269	50,1
Autre disposition[1]	369	6,8	7 096	6,9	191	7,4	175 763	19,1	560	7,0	182 859	17,9
Sans objet, aucune disposition sur le congé	799	14,8	15 198	14,8	311	12,1	61 435	6,7	1 110	13,9	76 633	7,5
TOTAL	5 384	100,0	102 845	100,0	2 577	100,0	920 207	100,0	7 961	100,0	1 023 052	100,0
B. Normes relatives au nombre de salariés libérés simultanément												
Avec norme limitative	2 740	50,9	55 289	53,8	1	—	3 614	0,4	2 741	34,4	58 903	5,8
Aucune précision quant au nombre de pers. libérées[2]	1 845	34,3	32 358	31,5	2 265	87,9	855 158	92,9	4 110	51,6	887 516	86,7
Sans objet, aucune disposition sur le congé	799	14,8	15 198	14,8	311	12,1	61 435	6,7	1 110	13,9	76 633	7,5
TOTAL	5 384	100,0	102 845	100,0	2 577	100,0	920 207	100,0	7 961	100,0	1 023 052	100,0

1. Autre disposition inclut: aucune précision quant à la rémunération du congé, congé défrayé ou non par l'employeur selon l'activité syndicale.
2. Aucune précision inclut: aucune norme limitative, aucune précision quant au nombre de personnes ainsi libérées.

Source: Données mécanographiques du CRSMT, 27 mars 1991. (Variables B-10 et B-11.)

législateur, au nom de la société dans laquelle nous vivons, a choisi de favoriser l'organisme syndical en lui garantissant la reconnaissance, moyennant certaines conditions, par le biais de l'accréditation, et par une série d'autres protections, la plupart exprimées dans ce qu'on appelle les pratiques interdites (C.t. art. 12-17).

La liberté syndicale ne s'exerce véritablement qu'au moment de la formation d'un syndicat. Par la suite, elle peut s'exercer dans les derniers mois qui précèdent l'échéance d'une convention collective. Mais les avantages de l'association en place sont tels qu'il est la plupart du temps bien difficile de la remplacer, à moins qu'elle n'ait fait preuve de négligence très grave dans l'exercice de son rôle et de ses fonctions; il devient alors possible soit à un groupe d'employés dissidents soit à un organisme concurrent qui veut «marauder» l'endroit d'obtenir une nouvelle accréditation qui remplacera la précédente. Le régime des relations du travail choisi par les différents gouvernements d'Amérique du Nord est ainsi fait: il comporte ses avantages et ses inconvénients. Quelle que soit l'opinion de chacun sur les avantages et les inconvénients des autres systèmes, les intéressés doivent vivre avec le système qui existe chez nous.

D'un autre côté, la sécurité assurée à l'organisme syndical par une clause de sécurité syndicale comporte de grands avantages. Les fonds dont il dispose lui permettent de maintenir une représentation adéquate des salariés à tous les niveaux des structures syndicale et industrielle. Ils rendent également possibles des activités de formation et d'organisation. Le syndicat peut aussi recourir aux services d'experts – économistes, actuaires, juristes, ingénieurs – pour préparer les prochaines négociations, les poursuivre avec sérieux et les mener à bon terme. Enfin, la sécurité financière du groupe syndical contribue à améliorer l'équilibre du pouvoir de négociation entre les parties.

Bibliographie

ADAMS, GEORGE W. *Canadian Labour Law. A Comprehensive Text*, Aurora, Canada Law Book, 1985, 983 p. «Types of Union Security Clauses and Their Regulation», p. 779-798.

BAIRD, CHARLES W. «The Varieties of Right-to-Work», *Government Union Review*, vol. 9, n° 2, printemps 1988, p. 1-22.

BOYER, J. PATRICK «The Legal Status of Union Political Contributions in Canada Today», *Business Quarterly*, London, Ont., vol. 44, 1978, n° 1, p. 67-76; n° 2, p. 20-35.

BROTMAN, BILLIE ANN et MCDONNAGH, THOMAS J. «Union Security Clauses as Viewed by The National Labor Relations Board», *Labor Law Journal*, vol. 37, n° 2, février 1986, p. 104-114.

CHRISTENSEN, SANDRA et MAKI, DENNIS. «The Wage Effect of Compulsary Union Membership», *Industrial and Labor Relations Review*, vol. 36, n° 2, janvier 1983, p. 230-238.

COLLINS, R. DOUGLAS. «Agency Shop in Public Employment», *Public Personnel Management* (International Personnel Management Association, Alexandria, Va., vol. 15, n° 2, été 1986, p. 171-179.

CORDOVA, EFREN et OZAKI, M. «Les clauses de sécurité syndicale: étude internationale», *Revue internationale du travail*, vol. 119, n° 1, 1980, p. 21-40.

DAU-SCHMIDT, KENNETH G. «Union Security Agreements under the National Labor Relations Act: the Statute, the Constitution and the Court's Opinion in *Peck*», *Harvard Journal on Legislation*, vol. 27, n° 1, hiver 1990, p. 51-141.

DION, GÉRARD «L'origine de la formule Rand», *Relations industrielles*, vol. 30, n° 4, 1975, p. 747-760.

DWORKIN, JAMES B. et EXTEJT, MARIAN M. «The Union-Shop Deauthorization Poll: A New Look After Twenty Years», *Monthly Labor Review*, vol. 102, n° 11, novembre 1979, p. 36-40.

EWING, K.D. «Freedom of Association in Canada», *Alberta Law Review*, vol. 25, n° 3, 1987, p. 437-460.

GALL, GILBERT J. *The Politics of Right-to-Work: The Labor Federations as Special Interests 1943-1979*, New York, Greenwood Publishing Group, 1988, 264 p.

HAGGARD, THOMAS R. «Union Security and the Right-to-Work: A Comprehensive Bibliography», *Journal of Labor Research*, vol. 11, n° 1, hiver 1990, p. 81-106.

HANSON, CHARLES, JACKSON, SHEILA et MILLER, DOUGLAS. *The Closed Shop. A Comparative Study in Public Policy in Trade Union Security in Britain, the U.S.A. and West Germany*, New York, St. Martin's Press, 1982, 264 p.

LASCELLES, MICHAEL. *Revue des dispositions législatives sur le précompte syndical et autres formes de retenue de cotisation*, Travail Canada, octobre 1980, 41 p.

MITCHNICK, M.G. *Union Security and the Charter*, Toronto, Butterworths, 1987, 193 p.

PELLETIER, PAUL. «Union Security and the Religious Objector, Section 39 of the Labour Relations Act», *Queen's Law Journal*, vol. 4, n° 2, 1978, p. 256-289.

REHMUS, CHARLES M. et KERNER, BENJAMIN A. «The Agency Shop after *Abood*: No Free Ride, but What's the Fare?», *Industrial and Labor Relations Review*, vol. 34, n° 1, octobre 1980, p. 90-100.

REID, JOSEPH D. et KURTH, MICHAEL M. «The Contribution of Exclusive Representation to Union Strength», *Journal of Labor Research*, vol. 5, n° 4, automne 1984, p. 391-412.

SWIDINSKY, ROBERT. «Bargaining Power under Compulsary Unionism», *Industrial Relations*, vol. 21, n° 1, hiver 1982, p. 62-72.

TONER, JEROME L. «Right-to-Work Laws and Union Security Contract», *Labor Law Journal*, vol. 28, n° 4, avril 1977, p. 240-243.

Université Laval. *Convention collective. Sécurité syndicale*, 2e Congrès des relations industrielles de Laval, 1947, Québec, Département des relations industrielles de l'Université Laval, 1947, 192 p.

U.S. Bureau of Labor Statistics. *Major Collective Bargaining Agreements: Union Security and Dues Checkoff Provisions*, Washington, Bureau of Labor Statistics Bulletin, 1425-21, 1982, 75 p.

WANCZYNCKI, JAN. «Union Dues and Political Contributions: Great Britain, United States and Canada. A Comparison», *Relations industrielles*, vol. 21, n° 2, avril 1966, p. 143-205.

ZIPP, GLENN A. «Rights and Responsibilities of Parties to a Union Security Agreement», *Labor Law Journal*, vol. 33, n° 4, avril 1982, p. 202-217.

Chapitre

5

Droits de gérance

PLAN

À première vue, la clause des droits de gérance* apparaît comme la contrepartie de la sécurité syndicale. En apparence seulement. En réalité, la clause des droits de gérance occupe une place à part dans la convention collective. Elle ne ressemble à aucune autre clause. Il faut noter d'abord la différence fondamentale entre cette clause et le reste de la convention.

Toutes les autres clauses de la convention, ou presque, créent des droits en faveur des employés ou de leur syndicat et, par le fait même, imposent des obligations à l'employeur. La clause des droits de gérance affirme quant à elle l'existence de droits appartenant à la direction de l'entreprise. Mais elle ne crée pas ces droits; elle ne fait que les exprimer, les déclarer. Les droits que confère la gérance ne viennent pas de la clause mais d'autres sources. Cette clause peut être invoquée en arbitrage, mais n'a cependant pas la même portée que les autres clauses: c'est toujours sur le texte d'une de ces autres clauses que reposent les droits réclamés par la partie qui dépose un grief; la clause des droits de gérance n'a pour sa part qu'une valeur déclaratoire.

Cette différence fondamentale nous oblige à traiter d'abord des droits de gérance comme tels. C'est ensuite seulement que nous pourrons aborder la clause des droits de gérance. La première partie du chapitre sera donc consacrée aux questions soulevées par les droits eux-mêmes et la deuxième partie étudiera la clause proprement dite. Il faut cependant noter que les droits de gérance sont susceptibles de s'appliquer à propos de tous les problèmes qui se présentent dans une entreprise; en ce sens, rien n'échappe aux droits de l'employeur. Aussi les invoque-t-on pour des questions aussi diverses que les horaires de travail, les sous-contrats, le rôle des contremaîtres – qui font normalement partie de la direction – et les tests que l'employeur peut vouloir imposer à ses employés. Ces trois questions feront l'objet des trois dernières sections du chapitre. D'autres droits de gérance seront discutés ailleurs, comme le droit d'imposer des mesures disciplinaires, d'introduire de nouvelles méthodes de production – la question des changements technologiques –, de décider de la fermeture et de la réorganisation des usines. On voit par cette simple énumération l'ampleur que peut prendre la question des droits de gérance.

* Certains soutiennent qu'il faudrait parler des «droits de la direction». Nous utilisons droits de gérance pour trois raisons: c'est le mot le plus souvent entendu; ensuite il s'agit bien des droits reliés à la gestion de l'entreprise; enfin l'usage du mot direction entraînerait une sérieuse équivoque que nous évoquerons à la section 5.1.2.

5.1 Droits de gérance

Les problèmes reliés aux droits de gérance se discutent depuis qu'existent des relations entre employeurs et employés, même si le débat s'exprime de façon plus articulée depuis que les lois imposent la négociation collective aux employeurs. Nous esquisserons donc l'histoire des droits de gérance, après quoi nous nous arrêterons brièvement à leur objet – ce qui nous permettra de proposer une certaine classification de ces droits – pour finalement aborder les deux questions principales: celle du fondement des droits de gérance, puis celle des principales théories qui inspirent des applications de nature différente.

5.1.1 Historique des droits de gérance

L'affirmation et la contestation des droits de l'employeur sont nées au moment où est apparu le trait peut-être le plus fondamental du travail moderne: le rapport, ou la dyade, autorité-dépendance. Aussi l'histoire des relations du travail est souvent présentée, non sans raison, comme un long conflit, au cours duquel les employés et leurs représentants ont empiété constamment, et de plus en plus, sur les droits que la direction considérait comme lui appartenant en propre[1]. Dès 1850, on trouve des éditoriaux qui se portent à la défense des employeurs faisant face aux

1. NEIL W. CHAMBERLAIN, *The Labor Sector. An Introduction to Labor in the American Economy*, 1re édition, New York, McGraw-Hill, 1965, 758 p., ch. 16: «Union Impact on the Management Function», p. 340-353.

demandes «exagérées» que formulent les unions ouvrières relativement à la direction des entreprises[2].

Bien des volumes qui traitent des relations du travail en Amérique traduisent cette interprétation dans leur titre même: le défi des syndicats au contrôle de la direction (1948); droits de gérance et intérêts des syndicats (1964); les droits de l'employeur et la négociation collective peuvent-ils aller de pair (1966)[3]. La théorie célèbre de Harbison, où il présente l'évolution des relations du travail et de la négociation collective en trois étapes – la trêve armée, l'harmonie active et la collaboration étroite – est entièrement fondée sur les droits de gérance: selon lui, la négociation est d'abord un instrument de contestation des droits de l'employeur, qui se transforme peu à peu en un instrument de collaboration avec lui[4].

En un sens, on peut concevoir que le monde du travail est caractérisé par une situation où la direction des entreprises avait d'abord tous les pouvoirs; les restrictions et les limites ont été introduites peu à peu, d'abord par la contestation syndicale, puis par l'adoption de lois sociales. La *Loi des manufactures* de 1885 et la *Loi sur les enquêtes en matière de différends industriels* de 1907 avaient l'une et l'autre pour effet de restreindre la liberté d'action des employeurs. Les lois introduites un peu partout au cours des années 1930 pour lutter contre la dépression économique avaient le même effet et ont été perçues de la même manière; les porte-parole patronaux, comme l'Association canadienne des manufacturiers, s'y sont opposés fortement, moins sur le principe que sur les modalités d'application[5].

La controverse avait pris assez d'ampleur au cours de la Deuxième Guerre mondiale pour que le président Harry Truman, des États-Unis, convoque une conférence patronale-syndicale afin de discuter de cette question; il fallait entre autres préparer le passage d'une économie de guerre à une économie de paix. Les représentants patronaux ont voulu définir les droits exclusifs des employeurs, ceux qui ne pourraient jamais être soumis à la négociation collective. Les représentants syndicaux se sont opposés catégoriquement à une telle détermination et c'est cette divergence qui a entraîné l'échec de la conférence[6]. Le paragraphe suivant, tiré du rapport du comité syndical, est souvent cité; il est devenu, en quelque sorte, le résumé de la position syndicale sur la question[7].

> À cause de la complexité des rapports patronaux-syndicaux, les membres syndicaux du comité considèrent qu'il ne serait pas sage de spécifier et de classifier les fonctions et les responsabilités de la direction. À cause de l'insistance des représentants patronaux pour établir une telle liste, le comité a été incapable de s'entendre sur un rapport conjoint. Une telle façon de procéder réduirait la souplesse nécessaire à des rapports et à des opérations efficaces.
>
> Il serait imprudent et absolument pas sage d'élever un mur entre les droits et responsabilités de la direction d'un côté et les syndicats de l'autre. L'expérience

2. *Journal of Commerce* (New York), 7 février 1851, cité dans CHAMBERLAIN, *op. cit.*, p. 341.
3. NEIL W. CHAMBERLAIN, *The Union Challenge to Management Control*, New York, Harper and Brothers, 1948, 338 p.; MARGARET K. CHANDLER, *Management Rights and Union Interests.* New York et Toronto, McGraw-Hill, 1964, 329 p.; DONALD E. CULLEN et MARCIA L. GREENBAUM, *Management Rights and the Collective Bargaining: Can Both Survive?* Ithaca, N.Y., Cornell University, New York State School of Industrial and Labor Relations, bulletin n° 58, août 1966, 63 p.
4. FREDERIC H. HARBISON et JOHN R. COLEMAN, *Goals and Strategy in Collective Bargaining*, New York, Harper, 1951, 172 p. Traduit par ROGER CHARTIER, *La négociation collective, objectifs, tactiques*, Québec, Les Presses de l'Université Laval, 1952, 208 p.
5. Voir par exemple: MARK COX, «The Limits of Reform: Industrial Relations and the Management Rights in Ontario, 1930-1937», *Canadian Historical Review*, vol. 68, n° 4, 1987, p. 552-575.
6. *The President's National Labor – Management Conference, November 5-30, 1945. Committee on Management's Right to Manage.* Le rapport des deux comités, patronal et syndical, est reproduit dans *Sourcebook on Labor*, sous la direction de NEIL W. CHAMBERLAIN, New York, McGraw-Hill, 1958 (1140 p.), p. 593-598.
7. *Ibid.*, p. 597. Ce texte est reproduit, par exemple, dans DONALD E. CULLEN et MARCIA L. GREENBAUM, *op. cit.*, p. 13, et dans EDWIN F. BEAL, EDWARD D. WICKERSHAM et PHILIP K. KIENAST, *The Practice of Collective Bargaining*, 5e éd., Homewood, Ill., Richard D. Irwin, 1976 (690 p.), p. 274.

de plusieurs années démontre qu'avec la croissance d'une compréhension mutuelle, les responsabilités d'une des parties aujourd'hui peuvent fort bien devenir une responsabilité conjointe demain.

Les représentants patronaux et syndicaux quittèrent la conférence convaincus que la lutte se poursuivrait longtemps pour faire reculer le mur des droits de gérance, dans une direction ou dans l'autre, suivant les aspirations de chaque groupe. Les uns et les autres espéraient que la loi viendrait appuyer leurs positions. En fait, comme toujours dans l'histoire américaine, l'orientation est venue des tribunaux. Le 20 juin 1960, la Cour suprême des États-Unis rendait jugement dans trois causes impliquant les Métallurgistes unis d'Amérique. Ces trois décisions, connues sous le nom de «Trilogie», renvoyaient à l'arbitrage trois questions que les employeurs et les cours inférieures avaient considérées comme non arbitrables[8]. La Cour suprême s'appuyait principalement sur le fait que l'arbitrabilité pouvait elle-même être soumise à un arbitre. Les employeurs prirent panique: ils crurent qu'ils venaient de perdre une bonne partie de leurs droits exclusifs[9].

En fait, les trois jugements ne limitaient pas les droits de l'employeur; ils proclamaient plutôt la primauté de la convention collective et du règlement des conflits qui en découlent par un système d'arbitrage de griefs. Les employeurs ont continué de diriger leurs entreprises, alors que la discussion autour des droits de gérance se poursuit toujours. Depuis une vingtaine d'années, elle porte plutôt sur des questions particulières que sur son principe même. La direction a-t-elle le droit exclusif de décider d'accorder des sous-contrats? A-t-elle le droit de décider unilatéralement de changer ses méthodes de production et d'introduire de nouvelles machines? A-t-elle le droit de changer, sans consultation, le contenu des tâches? Plus récemment, l'adoption des différentes chartes des droits de la personne a-t-elle limité la liberté d'action des employeurs dans leurs droits d'exiger des tests et des examens médicaux, par exemple en ce qui a trait au sida?

Les ouvrages et les publications récentes reflètent cette tendance de discuter des droits de gérance sur la base de points particuliers[10]. Mais la question fondamentale demeure, et elle se traduit par deux attitudes opposées. Un certain nombre d'employeurs cherchent à rétablir une gestion où ils auraient les coudées franches, sans aucune restriction. C'est ainsi qu'on voit se multiplier les méthodes pour se libérer de la présence des syndicats[11]. L'autre courant va presque en sens inverse; on le désigne souvent par les expressions nouvelle gestion des ressources humaines ou nouveaux modèles de relations du travail[12]. Selon ces nouveaux modèles, le management cherche à intégrer le plus possible les cadres et les employés de l'entreprise dans son fonctionnement en vue d'augmenter son efficacité. Certains syndicats

---

8. Les trois cas à l'origine de la controverse étaient les suivants: le non-réengagement d'un accidenté du travail, la sous-traitance d'un travail d'entretien et l'application de la convention collective après sa date d'échéance. L'union avait porté les trois cas en arbitrage; les employeurs en contestaient l'arbitrabilité. Les cas sont: *United Steel Workers of America* v. *American Manufacturing Co.*, 46 L.R.R.M. 2414; *United Steel Workers of America* v. *Warrior and Gulf Navigation*, 46 L.R.R.M. 2416; *United Steel Workers of America* v. *Enterprise Wheel and Car*, 46 L.R.R.M., 2423. Ne pas confondre cette trilogie américaine avec la trilogie de la Cour suprême du Canada sur la charte des droits (voir *supra*, ch. 1, note 5).
9. George W. Torrence, *Management's Right to Manage, Operations Manual*, édition revue et corrigée, Washington, BNA Books, 1968 (130 p.), ch. 3: «What Has Happened to Management Rights in General?», p. 7-26.
10. Donald E. Cullen et Marcia L. Greenbaum, *op. cit.*, partie IV: «What Are Management Rights in Practice?», p. 33-57; Marvin Hill, Jr. et Anthony V. Sinicropi, *Management Rights. A Legal and Arbitral Analysis*, Washington, Bureau of National Affairs, 1989, 560 p., chapitres 3 à 17, p. 65-525.
11. Roger J. Bédard, *Mieux que la présence des syndicats*, Montréal, Éditions du chef d'entreprise, 1980, 173 p.; *Id.*, *Comment sauvegarder ou rétablir un milieu non syndical*, Montréal, Éditions du chef d'entreprise, 1982, 210 p. (épuisé); *Employers' Handbook on How to Preserve or Attain a Union-Free Status*, Tallahassee, Fla., Associated Industries of Florida Service Corp., 1982, 93 p.
12. *Nouveaux modèles de relations du travail*, 18e Colloque de relations industrielles, 1987, Montréal, Université de Montréal, École de relations industrielles, 1988, 225 p.

ont emboîté le pas ; d'autres ont refusé de s'embarquer de crainte d'être absorbés par la direction[13].

Quoi qu'il en soit de ces grandes tendances dans la vie courante des relations de travail, le problème des droits de gérance continue à se poser de façon traditionnelle. Pour bien en saisir la situation et les implications, on doit considérer d'abord le contenu des droits de gérance, leur fondement et les principales théories qui s'y rapportent. Ce sont là les sujets des sections suivantes.

5.1.2 Objet et classification des droits de gérance

Il faut d'abord s'arrêter aux deux éléments de l'expression. La forme la plus généralement utilisée est celle que nous avons employée jusqu'ici : les « droits » de gérance. Mais plusieurs – peut-être davantage chez les auteurs de langue anglaise – parlent aussi des « prérogatives ». Le mot prérogative évoque, en français, des privilèges. Le mot « privilège » désigne un avantage obtenu en dehors de la loi commune, comme une sorte de faveur, alors qu'une prérogative vise plutôt un avantage propre à un rang, à un groupe, à un corps particulier, auquel elle s'applique comme quelque chose qui lui appartient. Les trois mots peuvent être ici considérés comme synonymes. Prérogatives et privilèges évoquent davantage un droit particulier, exclusif. D'un autre côté, un « droit » entraîne une « responsabilité » correspondante[14]. Dans le présent contexte, le mot droit est sans doute le plus pertinent ; alors que prérogative et privilège évoqueraient davantage l'aspect exclusif, non partageable, que les employeurs ont longtemps réclamé, avec un succès mitigé.

Le deuxième terme de l'expression, « gérance », doit être mis en perspective. On dit souvent, comme synonyme, droits de la « direction ». La rigueur exige qu'on place ces termes dans un contexte précis qui comprend, dans l'ordre : l'administration, la direction et la gestion (ou gérance). Même si ces mots sont souvent employés l'un pour l'autre, il faut bien établir quelques définitions pour s'y retrouver. L'administration consiste à faire valoir les biens et les ressources d'une entreprise en vue de réaliser les objectifs qu'elle s'est donnés ; c'est en ce sens qu'on parle du conseil d'administration. C'est lui qui donne les grandes orientations et approuve les décisions dont l'impact sur l'entreprise est considérable. La direction, qui se compose des cadres supérieurs d'une entreprise, voit à traduire les décisions et les objectifs déterminés par le conseil d'administration en établissant et en surveillant les responsabilités et les fonctions propres de chacune des grandes divisions de l'entreprise. La gestion, dont est responsable la gérance d'une entreprise, vise les activités individuelles et quotidiennes des employés de l'entreprise. Concrètement elle est composée de l'ensemble des cadres, du p.-d.g. aux divers contremaîtres, qui se partagent la direction des salariés. Sa responsabilité est de diriger, surveiller et contrôler les opérations courantes qui s'effectuent dans un établissement ou une entreprise. C'est vraiment à ce niveau d'application que se situent les droits de gérance, même s'il arrive que la partie syndicale cherche à influer sur les orientations et les décisions qui se prennent à des niveaux plus élevés.

Les différents aspects visés par la gérance ou la direction sont susceptibles de plusieurs classifications. Le comité patronal de la Conférence présidentielle de 1945 identifiait deux groupes distincts de droits de gérance. Dans le premier groupe, il plaçait toutes les décisions relatives au produit et à la production ; ces décisions relevaient exclusivement de la responsabilité patronale. Le deuxième groupe visait davantage le travail ; les décisions en cette matière pouvaient être soit négociées soit soumises à la décision finale d'un arbitre extérieur[15]. Il nous semble utile de subdiviser

13. Anil Verma et Robert B. McKersie, « Employee Involvement : the Implications of Noninvolvement by Unions », *Industrial and Labor Relations Review*, vol. 40, n° 4, juillet 1987, p. 552-568.

14. Plusieurs textes traitant de droits de gérance, entre autres et en particulier les documents du comité présidentiel de Truman, en 1945, parlent toujours de droits et de responsabilités, ou de fonctions et de responsabilités de la gérance. *The President's National Labor – Management Conference*, voir *supra*, note 6.

15. Statement of Management Members, *The President's National*

la première catégorie et de distinguer un triple objet aux droits de gérance.

Il y aurait d'abord la « direction des affaires », dont relèveraient les décisions de nature strictement économique, par exemple le choix des produits à manufacturer ou des services à offrir au public. À cette décision fondamentale se rattachent certaines précisions, comme la localisation des différents établissements, la décision d'en ouvrir de nouveaux ou d'en fermer certains. En somme, cette première catégorie inclut toutes les décisions majeures relatives à la détermination des produits et services, et du lieu de fabrication ou de mise en œuvre. La direction des affaires inclut aussi un autre aspect, celui des décisions financières: les politiques et les modes de financement, les investissements, les prix à établir, les marchés à pénétrer, les profits à réaliser, à réinvestir ou à distribuer. Voilà les principaux sujets que peut comprendre le terme de direction des affaires. Ils font partie de la gestion ou de la gérance, dans la mesure où certaines de ces décisions sont prises au jour le jour, en fonction des grands objectifs déterminés par les niveaux supérieurs.

Une deuxième catégorie de décisions vise la « direction de la production ». Il s'agit ici de décisions touchant le mode de production; ceci inclut tout ce qui concerne les machines à utiliser ou à changer, donc ce qui touche les changements technologiques. La décision de tout produire soi-même ou de confier une partie de la production à des sous-traitants fait également partie intégrante de cette catégorie de décisions.

Finalement, en troisième lieu, il y a la « direction du travail ». Ce dernier aspect rejoint tout ce qui concerne la main-d'œuvre: le nombre d'employés, la détermination et la description des tâches, la sélection du personnel, son assignation aux différents postes, la supervision et la discipline à maintenir par des règlements d'atelier ou d'autres moyens pertinents. Il y a également les décisions relatives aux promotions, aux mutations et aux mises à pied, ainsi que l'exercice du pouvoir disciplinaire par l'imposition de sanctions appropriées.

Cette classification des droits de gérance en trois catégories sert souvent aux parties pour déterminer lesquels seront partagés. C'est ainsi que, le plus souvent, les syndicats ne seront pas intéressés par la direction des affaires – à moins que des emplois soient en jeu – alors qu'ils voudront toujours imposer des limites à l'employeur en matière de direction du travail. Généralement, la partie syndicale souhaitera que les décisions de la gérance, limitées par certaines clauses de la convention collective, puissent être contestées au moyen de griefs et éventuellement soumises à l'arbitrage. Quant à la direction de la production, les syndicats voudront intervenir à ce niveau lorsqu'ils auront perçu que des décisions de cette nature risquent d'avoir des conséquences considérables sur les travailleurs de l'entreprise.

Il est peut-être utile de préciser à quelle étape des droits de gérance les syndicats veulent et peuvent intervenir. Dans l'exercice des droits de gérance, on peut distinguer trois phases: celle où ils sont établis ou limités, surtout lors de la négociation collective; celle où ils sont appliqués; et enfin celle où ils sont contestés et où on peut en appeler devant un tribunal d'arbitrage[16]. À la première phase, les syndicats peuvent toujours introduire des demandes concernant des dispositions relatives à l'exercice de la gestion, tout comme l'employeur peut accepter ou refuser ces demandes; à cette étape, les droits sont en voie d'être formulés et le syndicat peut évidemment vouloir les mettre sur la table et en discuter. La contestation, la troisième phase, est un recours qui permet aux parties de faire respecter des règles existantes; la partie patronale et la partie syndicale sont alors liées par les

Labor – Management Conference, voir *supra*, note 6, p. 594-595.

16. Roger Chartier, « Efficacité, sciences, participation à la gestion et droits de gérance » dans *Droits de gérance et changements technologiques*, 15e Congrès des relations industrielles de l'Université Laval, 1960, Québec, Les Presses de l'Université Laval, p. 74-76.

ententes qu'elles ont conclues relativement au processus de règlement des griefs et aucune partie n'a plus de pouvoir que l'autre. Tout le problème et toute la controverse se situent à l'étape intermédiaire, c'est-à-dire à l'étape de l'application des droits de gérance.

La discussion du problème exige de considérer ici le fondement des droits de gérance. Il s'agit d'une question philosophique, mais d'une importance majeure. Et il n'y a pas une mais plusieurs réponses à la question: sur quoi se fondent les droits de gérance?

5.1.3 Fondement des droits de gérance

Au moins deux thèses différentes sont invoquées pour établir les droits de gérance: le droit de propriété et la fonction ou le rôle social de l'entreprise.

Le droit de propriété constitue la justification la plus ancienne et peut-être la plus répandue des droits que peut avoir la direction des entreprises. Le droit civil français comme la *Common Law* britannique reconnaissent au propriétaire d'un bien le droit d'en disposer selon sa libre volonté: *jus utendi et abutendi*, selon le vieil axiome romain (le droit d'user et de disposer librement). Comme, à l'origine, le propriétaire de l'entreprise en assumait la direction, on a conclu qu'il avait le droit – et peut-être la responsabilité – de diriger son entreprise de manière à ce qu'elle lui profite, à lui et à ses collaborateurs.

Avec le temps, surtout depuis le début du XXe siècle, une distinction de plus en plus fréquente s'est établie entre le propriétaire et la direction des entreprises. N'empêche que le principe du droit de propriété peut toujours être invoqué. En effet, les directeurs d'une entreprise administrent celle-ci en tant que mandataires des actionnaires, c'est-à-dire de ceux qui en sont les propriétaires. Les cadres supérieurs devront rendre compte à l'assemblée des actionnaires et, s'ils n'ont pas réalisé un profit, ou le profit escompté, ils risquent d'en subir la conséquence directe, c'est-à-dire d'être relevés de leurs fonctions, par cette assemblée des actionnaires-propriétaires ou par le conseil d'administration agissant en leur nom.

On a soulevé plusieurs difficultés à propos de cette interprétation[17]. Une première observation vise l'objet de la propriété: l'actionnaire, ou même le propriétaire-gérant, a la propriété du capital qu'il a investi; il n'a pas, évidemment, la propriété des personnes qui travaillent dans l'entreprise. Dans le cas de l'actionnaire, il est même difficile de voir en lui un véritable propriétaire de l'entreprise. Un juriste français a fait remarquer, il y a déjà longtemps, qu'il est difficile de considérer l'actionnaire comme un propriétaire[18].

> C'est justement parce qu'il y a une véritable propriété des actions qu'il ne peut y avoir une co-propriété de l'entreprise. L'actionnaire a un droit *contre* la société et non un droit *dans* la société.

Il est donc difficile de justifier l'autorité dans l'entreprise – c'est, finalement, ce dont il est question – en faisant appel au droit de propriété. En effet, le droit de propriété est un droit réel, qui porte sur des choses. Il ne peut expliquer pleinement un droit personnel, qui s'exerce à l'égard des personnes. Par contre, ultimement, au sens juridique, c'est le droit de propriété qui explique le pouvoir de la direction à l'endroit de l'entreprise: installations, technologies, etc.

Cela n'équivaut nullement à nier l'autorité dans l'entreprise. Même en régime socialiste, il faut que quelqu'un coordonne l'activité des différents facteurs de production pour qu'au moins l'entreprise fasse ses frais et, encore mieux, qu'elle soit profitable. Si l'on cherche à tout prix un fondement juridique à l'autorité

---

17. Gérard Dion, «Propriété, responsabilité et droits de gérance» dans *Droits de gérance et changements technologiques*, 15e Congrès des relations industrielles de l'Université Laval, 1960, Québec, Les Presses de l'Université Laval, 1960, p. 30-55; Neil W. Chamberlain, *The Union Challenge..., supra*, note 3, chapitre 2: «The Legal Position of Management», p. 11-20; Donald D. Cullen et Marcia L. Greenbaum, *op. cit.*, chapitre I: «The Parties View the Rights Issue», p. 1-5; Neil W. Chamberlain, *The Labor Sector..., supra*, note 1.
18. Georges Ripert, *Aspects juridiques du capitalisme moderne*, Paris, Librairie générale de droit et de jurisprudence, 1946, 348 p.

patronale, on peut le trouver dans le contrat de travail. Par ce contrat, le salarié met sa force de travail à la disposition de l'employeur, qui l'utilise et qui est ainsi fondé à donner au travailleur des consignes et des ordres en vue de la bonne marche de l'entreprise[19]. D'autres croient qu'il n'est même pas nécessaire de recourir au contrat individuel de travail. Il suffit d'invoquer les responsabilités du chef d'entreprise : celui-ci doit en assurer la bonne marche, de manière à ce qu'elle réalise les objectifs pour lesquels elle existe.

> Aussi, les prérogatives du chef d'entreprise sont-elles inhérentes à sa qualité et n'ont-elles pas à être expressément reconnues par un statut[20].

> Le fondement des prérogatives patronales ne se trouve plus dans le contrat de travail mais plutôt dans les responsabilités sociales qui incombent aux chefs d'entreprise (...) Il doit nécessairement disposer des pouvoirs permettant d'accomplir cette mission[21].

Quelle que soit la thèse que l'on soutienne, la direction possède et conserve le droit et la responsabilité de diriger l'entreprise, de manière à ce que celle-ci réalise ses objectifs. Il faut souligner que ces droits existent, qu'il y ait ou non une clause de droits de gérance. En d'autres mots, la source des droits n'est pas la convention collective. C'est soit le droit de propriété, soit l'efficacité fonctionnelle et le rôle social de l'entreprise.

Avant de passer à la clause proprement dite, il reste à discuter d'une autre question. Le présent ouvrage se situe dans l'hypothèse où il existe une convention collective. Comment celle-ci sera-t-elle interprétée en fonction des droits de gérance ? De façon large ou restreinte ? Tout dépendra de la théorie à laquelle on se réfère, surtout quand le problème est porté en arbitrage.

19. A. Brun et H. Galland, *Droit du travail*, 2e édition, Paris, Sirey, 1978, p. 212-213.
20. T. Durand et R. Jaussaut, *Traité du droit du travail*, Paris, Dalloz, 1947, tome I, p. 422.
21. Claude D'Aoust et Gilles Trudeau, *L'obligation d'obéir et ses limites dans la jurisprudence arbitrale québécoise*, monographie no 4, Université de Montréal, École de relations industrielles, 1979 (62 p.), p. 16.

5.1.4 Théories sur la portée des droits de la gérance

Deux théories s'affrontent en matière d'interprétation des droits de gérance. La discussion est loin d'être théorique. Nous verrons qu'adopter une théorie plutôt que l'autre entraîne des conséquences très sérieuses, surtout quand l'interprétation s'effectue par un arbitre.

Selon la thèse dominante, celle des *droits résiduaires*, l'employeur possède tous les droits reliés à la direction de l'entreprise, sous réserve seulement de ceux qu'il a cédés dans la négociation collective et dont les limites sont expressément consignées dans la convention collective en vigueur[22]. Cette théorie se fonde sur le droit des contrats privés : on interprète la convention collective selon l'article 1019 du *Code civil*, c'est-à-dire contre celui qui a stipulé (le syndicat) et en faveur de celui qui a contracté l'obligation (l'employeur). De plus, toujours selon le *Code civil* (art. 1020), le contrat doit s'interpréter strictement, conformément aux termes énoncés dans le texte du contrat. Dans un contexte de relations de travail, on appuie cette théorie sur le fait que la convention appartient aux parties signataires et que personne, ni l'arbitre de griefs ni aucun autre, ne doit y ajouter quoi que ce soit. Le texte suivant, tiré d'une sentence arbitrale prononcée en 1957, exprime bien l'approche adoptée par la théorie des droits résiduaires.

> La compagnie a le droit de diriger son entreprise au meilleur de ses connaissances à tous points de vue, sauf dans la mesure où certains de ses droits ont été volontairement abrogés ou limités dans le contrat intervenu entre elle et le syndicat. La clause qui se trouve dans la plupart des conventions n'est rien d'autre qu'une reconnaissance gratuite par le syndicat de ce droit fondamental. Si le tribunal d'arbitrage ne trouve rien dans la convention entre les parties qui retire à l'entreprise l'un ou l'autre de ses droits de gérer son entreprise, alors il n'a pas à se préoccuper de l'action prise par la compagnie ni de ses

22. En anglais, on parle de *reserved rights theory*. Voir Marvin Hill et Anthony V. Sinicropi, *op. cit.*, p. 6-7 ; George W. Torrence, *op. cit.*, p. 26 ; Margaret K. Chandler, *op. cit.*, p. 205.

effets possibles, par exemple de la perte d'emploi pour certains employés, que l'action en cause ait été posée à l'intérieur des murs de l'établissement ou en dehors[23].

Une autre thèse, minoritaire cependant, a toujours existé en opposition à celle des droits résiduaires. Selon la théorie des *limitations implicites*, dès qu'une association syndicale a été accréditée et que la négociation collective est engagée dans une entreprise ou un établissement, il s'y est produit, de ce fait, un changement de nature – et non seulement un changement de degré – dans les rapports de travail. Ce changement de nature correspond à ce que plusieurs appellent l'introduction de la démocratie industrielle, c'est-à-dire que l'employeur n'a plus seul le droit de tout décider dans son établissement. Un autre collaborateur, représentant un important facteur de production, s'est constitué en un groupe identifié; il a par le fait même imposé des limites au pouvoir de l'employeur. Ces limites font que celui-ci ne peut plus prendre de décisions majeures sans le consulter, sinon sans obtenir son assentiment explicite. L'énoncé le plus célèbre de cette position a été présenté, il y a déjà fort longtemps, par un arbitre qui allait devenir plus tard juge en chef de la Cour suprême du Canada, Bora Laskin[24].

> Selon l'opinion du présent tribunal, c'est une généralisation superficielle que de prétendre qu'une convention collective doit être interprétée comme limitant les prérogatives antérieures de l'employeur seulement dans la mesure où ces limites sont expressément stipulées dans l'entente elle-même. Une telle interprétation ignore complètement le climat des relations patronales-syndicales en régime de convention collective. Le passage de rapports individuels à une telle situation constitue un changement de nature et non pas simplement de degré. L'introduction d'un régime de négociation implique l'acceptation par les parties de certains postulats qui sont complètement étrangers à la période de négociation individuelle. De ce fait, tout effort pour mesurer les droits et les devoirs des parties, dans les relations patronales-syndicales, en se référant aux normes d'avant la négociation constitue une tentative de retourner dans un monde qui a complètement cessé d'exister. Tout comme la période de négociation individuelle avait sa *common law* qui s'est développée au cours de nombreuses années, ainsi un régime de négociation collective a-t-il sa propre *common law* qu'il peut invoquer pour interpréter correctement la convention collective qui établit ce régime.

Malgré le prestige incontestable de Bora Laskin, cette seconde théorie, également défendue aux États-Unis[25], n'a jamais eu grand succès. La principale raison tient sans doute au fait que les arbitres hésitent à décider d'un problème d'une façon qui équivaudrait à modifier la convention ou à ajouter quelque chose à son contenu. Ils n'en ont d'ailleurs pas le droit, puisque leur rôle est d'interpréter la convention collective. Interpréter peut avoir un sens plus ou moins étendu, selon les circonstances et les personnes. Certaines décisions de la Cour suprême du Canada ont rendu les arbitres prudents: des arbitres ont été blâmés pour avoir modifié une sanction disciplinaire, en remplaçant un congédiement par une suspension[26], ou pour avoir entendu un grief malgré un avis tardif de recours à l'arbitrage[27]. Les arbitres croyaient avoir de bonnes raisons d'agir comme ils l'ont fait. La Cour suprême du Canada a rappelé l'importance prépondérante du texte de la convention collective. C'était indirectement apporter un appui majeur à la thèse des

23. Re *U.A.W. Local 456* v. *Electric Auto-Lite Ltd*, D.C. Thomas, 31 octobre 1957, *Labour Arbitration Cases*, 7 (1957), p. 333.
24. *United Electrical Radio and Machine Workers of America Local 527* v. *Peterboro Lock Mfg. Co. Ltd.*, *Labour Arbitration Cases*, 4 (1954), p. 1499-1506, à la page 1502.
25. Paul Prasow, «The Theory of Management Reserved Rights – Revisited» dans *Industrial Relations Research Association. Proceedings of the Twenty-Sixth Annual Winter Meeting, New York, December 1973*, Madison, Wis., University of Wisconsin, IRRA, 1974, p. 74-84; Donald E. Cullen et Marcia L. Greenbaum, *op. cit.*, p. 14-17; Marvin Hill et Anthony V. Sinicropi, *op. cit.*, p. 13-14.
26. *R.* c. *Arthurs et al. ex parte Port Arthur Shipbuilding Company*, Cour suprême du Canada, 1er octobre 1968, (1969) R.C.S. 85, 68 C.L.L.C., paragraphe 14136.
27. *R.* c. *Weiler et al. ex parte Union Carbide Canada Limited*, Cour suprême du Canada, 1er octobre 1968, (1968) R.C.S. 966. 68 C.L.L.C., paragraphe 14137.

droits résiduaires contre celle des limitations implicites.

5.1.5 Limites statutaires

Quels que soient les fondements sur lesquels on s'appuie, quelles que soient les théories que l'on invoque, les lois du travail ont très sérieusement limité les droits de gérance depuis plus de cent ans. En effet, dès l'adoption de la *Loi des manufactures*, les employeurs ne pouvaient plus embaucher les femmes et les enfants à leur guise; ils devaient également respecter des maximums d'heures de travail[28]. D'autres normes se sont ajoutées, dans les décennies suivantes, limitant encore davantage la liberté des employeurs: l'imposition d'un salaire minimum, de primes particulières pour les heures supplémentaires, de congés et de vacances annuelles et le reste[29].

Puis vinrent les limites imposées aux employeurs en matière de relations collectives. L'employeur n'était plus libre de reconnaître ou non le syndicat formé par ses employés pour agir comme leur représentant et leur agent de négociation; ce droit de reconnaissance était transféré à un organisme gouvernemental qui impose sa décision à l'employeur concerné. La même loi contenait également une liste de ce qu'on appelle les pratiques interdites: il est interdit à un employeur de s'ingérer dans la formation et les activités d'une association d'employés, de chercher à influencer ses employés dans un sens ou dans l'autre, de leur imposer des sanctions ou des mesures vexatoires à cause de leur appartenance au syndicat existant ou en formation. En cas de mesures disciplinaires, la loi crée même une présomption contre l'employeur dès que le salarié en cause a participé à la formation ou aux activités d'un syndicat[30]. La même loi, remplacée par le *Code du travail* actuel, obligeait et oblige encore les employeurs à négocier lorsqu'un syndicat a été accrédité dans leur établissement. L'employeur est également obligé de se soumettre à l'arbitrage lorsque survient une mésentente concernant l'application ou l'interprétation de la convention collective pendant que celle-ci est en vigueur. En cas de grève de la part de ses employés, les mesures anti-briseurs de grève limitent sérieusement la liberté d'action de l'employeur.

Des lois d'une nature autre, comme la *Loi sur la santé et la sécurité du travail* et les *Chartes des droits et libertés de la personne*, imposent également des contraintes à l'employeur dans la gestion de son entreprise et de ses employés. Si un employeur refuse d'embaucher ou renvoie une femme enceinte, s'il ne veut pas reprendre un employé accidenté, et dans bien d'autres cas, l'employé a des recours contre l'employeur, qui vont jusqu'à forcer ce dernier à le reprendre à son service[31]. Si un employé a travaillé un certain nombre d'années pour le même employeur, celui-ci ne peut le congédier sans cause juste et suffisante; sans quoi il pourra être forcé de le réintégrer dans son emploi[32].

Ce ne sont là que quelques exemples des limites et restrictions que les différentes lois du travail imposent aux employeurs. L'histoire des entreprises et de l'intervention gouvernementale pourrait se résumer en disant qu'il s'agit d'un long conflit où les gouvernements ont peu à peu retiré aux employeurs des droits importants, que ceux-ci considéraient autrefois comme essentiels à la bonne gestion de leurs entreprises.

Voilà donc, dans ses grandes lignes, l'histoire des droits de gérance, et celle des limites qui ont été imposées au cours des dernières décennies. Nous avons aussi rappelé les fondements sur lesquels on

28. *Acte des manufactures de Québec*, 48 Victoria (1885) c. 32, éventuellement complété et remplacé par la *Loi sur les établissements industriels et commerciaux*.
29. *Loi des salaires raisonnables*, 1 George VI (1937) c. 50, remplacée en 1940 par la *Loi du salaire minimum* et éventuellement, en 1979, par la *Loi sur les normes du travail*.
30. La *Loi des relations ouvrières*, 8 George VI (1944) c. 30, remplacée en 1964 par le *Code du travail* du Québec. Voir, par exemple, les articles 12 et 17.
31. *Loi sur la santé et la sécurité du travail*, L.Q. 1979, c. 63. L.R.Q. c. S-2.1; *Charte des droits et libertés de la personne*, L.Q. 1975, c. 6, art. 10 et 16. L.R.Q. c. C-12.
32. *Loi sur les normes du travail*, L.Q. 1979, c. 45, art. 124. L.R.Q. c. N-1.1.

cherche à faire reposer ces droits. Toute cette discussion s'est effectuée sans référence à la clause des droits de gérance puisque ce n'est pas d'elle que proviennent ces droits. Il faut maintenant en aborder l'étude.

5.2 Clause des droits de gérance

Compte tenu du fondement des droits de gérance, on peut se demander pourquoi certaines parties ont voulu tout de même inclure une clause sur le sujet dans leur convention collective ; ce sera l'objet de la première partie de la présente section. Nous étudierons ensuite les principaux types de clauses que l'on rencontre et leur importance respective. Comme les dispositions légales visent les droits et non pas la clause, nous omettrons cet aspect. Nous considérerons plutôt les principales questions qui sont susceptibles d'être soulevées à propos de la clause des droits de gérance ou de son application.

5.2.1 Raison d'être et caractère particulier

S'il est vrai que la clause des droits de gérance n'a qu'un caractère déclaratoire, on peut se demander quelle est sa raison d'être et même son utilité. On trouve une sorte de confirmation *a posteriori* du statut purement déclaratoire de la clause dans le fait qu'une proportion, non pas majoritaire mais importante, de conventions collectives ne contient pas de clause de cette nature. Personne ne prétendra que la gérance, dans ces entreprises, n'a aucun droit ; en fait, les tribunaux discutent des droits de ces employeurs comme de n'importe quel autre, sans aucune différence.

Il semble que ce soit dans l'industrie manufacturière qu'on ait rencontré les premières clauses des droits de gérance ; c'est aussi dans ce secteur qu'on trouve encore la plus grande proportion de conventions collectives avec une telle clause, soit entre 80 % et 90 %. À l'inverse, dans les secteurs où l'on trouve des clauses d'atelier fermé, il n'y a généralement pas de clause des droits de gérance ; peut-être que les obligations de chaque partie y sont suffisamment détaillées pour ne pas sentir le besoin d'exprimer, dans un article distinct, les droits et privilèges de la direction. Le tableau 5-1 révèle la progression lente mais constante de ce genre de clause dans l'ensemble des conventions collectives aux États-Unis. La proportion s'est accrue, au cours des 25 dernières années, d'environ 60 % à 85 % dans l'industrie manufacturière, mais elle a plus que doublé dans les autres industries. Dans le secteur public, pour lequel on n'a des chiffres que depuis 1988, la proportion se situe à peu près à mi-chemin entre le secteur manufacturier et les autres secteurs. Au Canada, on ne publie pas ce genre d'information, du moins pas depuis une quinzaine d'années[33]. Vers 1970, la proportion des conventions collectives avec clause de droits de gérance était d'environ 85 %. Rien ne laisse croire que la proportion a beaucoup augmenté depuis[34].

Il se pourrait bien que la raison principale de la présence d'une telle clause soit d'ordre psychologique. L'employeur, ayant concédé selon lui à peu près tout ce qui lui a été demandé, exige en retour que le syndicat lui reconnaisse au moins le droit de gérer son entreprise. Le syndicat ne lui concède vraiment rien ; mais l'employeur se sent réconforté, sinon rassuré, de voir son droit de gérance reconnu par écrit et « confirmé » par la signature des représentants syndicaux au bas de la convention.

La clause peut avoir également une valeur éducative : les employés liront leur convention collective où l'on affirme que l'employeur a le droit, malgré la présence du syndicat, de gérer son entreprise. Selon le type de clause choisi, l'affirmation sera plus ou moins détaillée, comme nous le verrons plus loin. La déclaration peut aussi, dans certains cas, éclaircir une autre clause qui paraîtrait équivoque ; elle pourrait alors s'avérer utile en cas d'arbitrage. Nous reviendrons sur ce point en discutant des problèmes soulevés par la clause.

---

33. *Clauses de conventions collectives de grands établissements manufacturiers*, Canada, ministère du Travail, Direction de l'économie et des recherches, Ottawa, Imprimeur de la Reine, 1964 à 1974.
34. La source principale au Québec ne contient pas, elle non plus, d'information sur la clause des droits de gérance : *Conditions de travail contenues dans les conventions collectives au Québec*, Québec, CRSMT, 1979 à 1990.

TABLEAU 5-1

Proportion des conventions collectives[1] ayant une clause de droits de gérance et des salariés régis par ces conventions aux États-Unis – 1964-1988

Secteurs	1964		1974		1980		1988	
	C.c.[2]	Sal.[2]	C.c.	Sal.	C.c.	Sal.	C.c.	Sal.
Industries manufacturières	63	68	73	74	76	79	83	83
Industries non manufacturières	25	18	43	42	48	45	60	61
Ensemble[3] (Total)	47	49	58	58	62	60	71	71
Secteur public[4] (1988)							76	63

1. Conventions collectives régissant 1000 travailleurs ou plus.
2. Les colonnes marquées «C.c.» indiquent le pourcentage de conventions collectives qui, dans l'ensemble des conventions collectives étudiées, ont une clause relative aux droits de gérance. Les colonnes désignées par «Sal.» (salariés) indiquent le pourcentage des employés régis par une convention collective ayant une telle clause par rapport à l'ensemble des employés régis par toutes les conventions collectives étudiées.
3. À l'exception des chemins de fer, du transport aérien et des administrations publiques.
4. Comprend les administrations publiques et les organismes publics (écoles, hôpitaux, etc.).

Sources: U.S. Department of Labor, Bureau of Labor Statistics, *Major Collective Bargaining Agreements – Management Rights and Union-Management Cooperation*, B.L.S., Bulletin n° 1425-5, 68 p., Washington, D.C., U.S. Government Printing Office; *Collective Bargaining Agreements 1988*, Private Sector (1988); Public Sector (1990), Cleveland State University, Industrial Relations Center, 85 p., 147 p.

5.2.2 Typologie des clauses de droits de gérance

À cause de la complexité du sujet, la classification des clauses est beaucoup moins rigoureuse que dans le cas des clauses de sécurité syndicale. On peut dénombrer plusieurs types de clauses selon la portée de leur contenu. Nous insisterons sur trois types particuliers de clauses: les clauses générales, les clauses détaillées et les clauses dites résiduelles. La distinction n'est pas absolue, certains aspects de ces clauses pouvant se chevaucher.

Certaines parties préfèrent que la reconnaissance des droits de gérance soit énoncée en termes généraux. C'est ce qu'on appelle la «clause générale». La logique est simple. Ceux qui adoptent cette façon de faire considèrent qu'un énoncé général est plus englobant qu'une énumération détaillée et comporte moins de risque d'erreur ou d'oubli.

Si la clause des droits de gérance consiste essentiellement dans une reconnaissance par la partie syndicale du droit de la direction de gérer l'entreprise, elle doit aussi contenir une réserve, à savoir que l'employeur en exerçant ses droits devra respecter toutes les autres dispositions de la convention. Le syndicat exige normalement l'inclusion de cette réserve; autrement, tous ses efforts de négociation quant aux autres clauses, qui généralement les avantagent, lui et les employés, risqueraient de devenir inutiles. L'exemple suivant est tiré d'une convention collective qui régit tout près de 100 000 employés dans le secteur de la santé et des services sociaux:

> Le syndicat reconnaît le droit de l'employeur à l'exercice de ses fonctions de direction, d'administration et de gestion de façon compatible avec les dispositions de la présente convention.
>
> (Comité patronal de négociation du secteur de la santé et des services sociaux, sous-comité patronal des centres hospitaliers publics, et la Fédération des affaires sociales, CSN, art. 4.)

Les mots direction, administration et gestion utilisés dans cette clause peuvent soulever des interrogations. Dans l'ordre où ils sont placés, ils laissent entendre que la direction se rapporte aux grandes orientations de l'établissement, l'administration à leur application par les cadres supérieurs et la gestion aux opérations et aux décisions quotidiennes. Quoi qu'il en soit, il semble clair que les trois mots ont une portée très vaste et que c'est là l'objectif d'une clause aussi courte et générale.

Comme l'expression l'indique, la «clause détaillée» identifie et énumère les droits que la direction veut se faire reconnaître par le syndicat. Ici encore, une réserve est absolument nécessaire, mais d'une autre nature: la clause doit mentionner explicitement que l'énumération n'est pas limitative, qu'elle est simplement descriptive: les droits mentionnés relèvent de la direction, mais la direction peut avoir d'autres droits en plus de ceux qui sont indiqués nommément. Même la clause détaillée contient normalement la réserve dont nous avons parlé précédemment et précise que l'employeur doit respecter les engagements qu'il prend dans les autres clauses de la convention collective. Voici un exemple de clause détaillée qui comporte les deux réserves mentionnées:

Sous réserve des restrictions contenues dans cette convention, le syndicat reconnaît que les fonctions habituelles de la direction sont du ressort de la société et que ces fonctions comprennent, mais sans s'y limiter:

a) le droit de gérer les usines et d'en diriger les opérations;

b) le droit de limiter, suspendre ou cesser les opérations;

c) le droit de faire et d'appliquer les règlements concernant la production, les cédules de travail, la sécurité, l'ordre, la discipline et les règlements visant à protéger les employés, l'usine et l'équipement;

d) le droit d'embaucher et de diriger la main-d'œuvre;

e) le droit de décider et d'appliquer les décisions en matière de congédiements pour cause, suspensions ou autres mesures disciplinaires, en matière de mises à pied, réembauchages, promotions, transferts, baisses de position, de même qu'en matière d'exigences d'une tâche, de standards de travail, de qualifications, de rendement.

(Société d'électrolyse et de chimie Alcan ltée et Syndicat national des employés de l'aluminium d'Arvida inc., art. 4.1.)

Selon la classification suggérée plus haut, la clause citée mentionne d'abord les droits reliés à la production (paragraphes a, b et c en partie), puis les droits reliés à la main-d'œuvre (paragraphes c, d et e). Il est sans doute sous-entendu que tout ce qui concerne la gestion des affaires relève exclusivement de la compagnie, sans qu'il soit même besoin de le mentionner dans la convention collective.

On peut noter que la clause ne dit pas que les fonctions nommées relèvent exclusivement de la direction mais qu'elles sont de son ressort. La liste inclut les mesures disciplinaires, qui sont imposées à l'initiative de la compagnie mais qui peuvent être contestées par voie de griefs, jusqu'à l'arbitrage inclusivement.

La clause générale et la clause détaillée représentent une classification différente selon la longueur et le contenu. Il existe plusieurs autres types de clauses qui touchent d'autres aspects. Par exemple, certains employeurs exigent du syndicat qu'il reconnaisse que certains droits sont exclusifs à la compagnie de sorte qu'il soit impossible de formuler un grief à leur sujet. C'est ainsi qu'un certain nombre de conventions contiennent ce qu'on appelle une clause résiduelle.

La «clause résiduelle» mentionne explicitement que tous les droits que l'employeur n'a pas cédés ou partagés avec le syndicat lui reviennent en exclusivité. C'est en quelque sorte l'expression, dans la convention, du fait que les parties adoptent la théorie des droits résiduaires. Cette clause peut accompagner autant une clause générale qu'une clause détaillée. D'ailleurs, la division entre clause générale et clause détaillée n'est pas nécessairement catégorique et péremptoire: on peut rédiger, et on trouve effectivement, des clauses un peu plus ou un peu moins détaillées que d'autres. L'exemple suivant contient d'abord une clause détaillée en matière de main-d'œuvre et de personnel, complétée par une affirmation d'exclusivité sur ce point. Le paragraphe suivant constitue une clause résiduelle: l'employeur conserve tous les droits qui ne sont pas limités par une disposition de la convention. Enfin la clause s'achève par la réserve habituelle sur le droit de grief, exercé dans le cadre de la convention.

> 3.01 Sous réserve des dispositions de la présente convention, l'administration et la gestion du personnel, y compris l'embauchage, la suspension ou le congédiement motivé, l'avancement ou le déclassement, la réaffectation, la mutation, la promotion, la rétrogradation et le licenciement faute de travail ou pour toute autre raison valable, sont du ressort exclusif de la Compagnie.
>
> 3.02 La Compagnie conserve les droits et les pouvoirs qu'elle avait avant la signature de la présente convention, à l'exception de ceux que restreint, délègue, accorde ou modifie la convention.
>
> 3.03 Aucune des dispositions de l'article 3 ne porte atteinte aux droits de l'agent (négociateur) d'exprimer ses griefs conformément à la présente convention.
>
> (Air Canada et l'Association du personnel navigant, article 3.)

Même si la clause a pour but d'affirmer les droits de gérance, elle peut y apporter certaines limites[35]. La réserve déjà mentionnée par rapport au reste de la convention collective constitue évidemment la limite principale, qui se trouve normalement dans toutes les clauses de cette nature. Une autre limite peut permettre le recours à la procédure de règlement des griefs sur tous les points, ou sur certains d'entre eux seulement. D'autres conditions peuvent être ajoutées, selon la volonté des parties; nous verrons, par exemple, qu'avant l'octroi de contrats de sous-traitance, certaines conventions collectives prévoient une consultation obligatoire du syndicat[36].

5.2.3 Problèmes soulevés par la clause

Nous ne reprendrons pas ici les problèmes reliés aux droits de gérance en tant que tels, mais uniquement ceux qui sont posés par la clause elle-même, par sa formulation. Les problèmes déjà mentionnés quant aux limites imposées par le reste de la convention ou par une énumération incomplète sont faciles à résoudre par l'insertion d'une réserve (*saving clause*) dûment rédigée. Plus sérieuse est la question du lien avec la clause de règlement des griefs. La plus belle clause de droits de gérance pourrait s'avérer inutile, si, dans la clause de règlement des griefs, on ne retrouve pas les restrictions correspondantes; si tel était le cas, l'employeur pourrait perdre tous les droits dont il avait voulu conserver l'exclusivité. La mention d'un droit exclusif implique qu'un désaccord en la matière ne peut faire l'objet d'un grief, ou du moins qu'un tel grief ne peut être soumis à l'arbitrage ni tranché de façon définitive par un arbitre. Un tel arbitrage équivaudrait à renier le droit exclusif mentionné dans la clause de droit de gérance. Il est donc primordial de s'assurer de la cohérence la plus stricte entre les clauses d'une même convention.

La plupart des lois canadiennes ont établi que toute question et tout désaccord relatif à une matière dont traite la convention collective doit être réglé de façon définitive par la procédure de règlement des griefs, ce qui inclut l'arbitrage; en contrepartie de cette décision avantageuse pour les syndicats, le droit de grève pendant la durée de la convention a été retiré. Cela ne veut pas dire cependant que tout litige est arbitrable; seuls ceux qui se rapportent à un point de la convention le sont. Les trois décisions de la Cour suprême des États-Unis ont en quelque sorte le même effet que les lois canadiennes; on se rappellera que l'obligation de recourir à l'arbitrage exécutoire

35. Certains textes affirment, à tort évidemment, que l'objectif de la clause des droits de gérance est d'établir des limites à leur exercice par l'employeur. JOHN P. SANDERSON, *The Art of Collective Bargaining*, 2e édition, Aurora, Canada Law Book, 1989 (197 p.), p. 97.

36. *Union Contract Clauses*, Chicago, Commerce Clearing House Inc., 1954 (780 p.), p. 618.

n'existe pas aux États-Unis en vertu de la loi, mais que la « Trilogie » l'a en quelque sorte imposée[37].

Rappelons enfin qu'un des problèmes soulevés par cette clause est sa pertinence. Si les droits de gérance existent de toute manière, quel avantage y a-t-il à les inclure dans une clause de la convention collective ? Nous avons déjà rappelé les avantages psychologiques de cette clause et sa fonction d'éducation ; ajoutons ici le fait qu'on pourra y recourir lors d'un arbitrage : si la clause est rédigée clairement, elle pourra servir à interpréter des points demeurés ambigus dans le reste de la convention. La question de savoir si on peut recourir à la seule clause des droits de gérance pour établir l'arbitrabilité d'un grief est quant à elle plus difficile à résoudre.

Concrètement, dans la pratique des relations du travail, le problème des droits de gérance se pose le plus souvent par le biais de questions particulières, comme celles dont nous traitons dans les sections suivantes : la sous-traitance, le travail des contremaîtres et les tests aux employés.

5.3 Clause de sous-traitance

Les contrats de sous-traitance constituent un cas classique d'affrontement patronal-syndical en matière de droits de gérance. Plusieurs publications traitent de ces deux questions dans le même chapitre et passent insensiblement d'un sujet à l'autre[38].

La question de la sous-traitance est peut-être l'exemple le plus fréquent de remise en question du droit exclusif de l'employeur. Nous verrons successivement l'historique et la raison d'être de ces clauses, leur typologie, leur cadre légal et les problèmes particuliers qu'elles posent.

5.3.1 Historique et raison d'être

La décision d'un employeur de confier à un sous-traitant une partie de ses opérations, ou la responsabilité de l'entretien de son usine, s'appuie sur un principe fondamental énoncé par Adam Smith dès la fin du XVIIIe siècle : l'avantage de la division du travail. La règle s'applique dans presque tous les domaines, mais le problème qu'elle soulève n'a pas toujours la même importance. Une forme de sous-traitance qui ne cause à peu près jamais de difficulté vise les rénovations ou des constructions nouvelles : il est généralement admis qu'un entrepreneur en construction est mieux placé pour exécuter ce genre de travaux que les employés de l'entreprise. Mais, même là-dessus, il y a eu des contestations, par exemple chez des employés des usines de papier de Colombie-Britannique. L'entretien, les services ménagers, la surveillance sont d'autres exemples de services généralement confiés à des sous-traitants. La question devient plus délicate quand il s'agit d'une partie des opérations courantes de l'entreprise. Ce qui n'est pas un phénomène nouveau : la sous-traitance se pratique depuis toujours dans l'industrie du vêtement. Diverses étapes de la confection sont effectuées dans des ateliers spécialisés : les robes ou les habits sont transportés par piles, d'un atelier à un autre, où on exécute des opérations particulières. L'unique justification d'une telle division du travail réside dans les économies, généralement substantielles, que permet la spécialisation des tâches.

Une autre raison est venue s'ajouter, au Canada et au Québec, dans certaines industries. Au cours des années 1950, certains employeurs ont cherché par tous les moyens à se débarrasser du syndicat et de la convention collective qu'ils avaient signée, parfois par résignation. Un premier moyen utilisé consistait à vendre l'entreprise à une autre compagnie – souvent constituée des mêmes actionnaires – pour soutenir que l'accréditation et la convention collective n'avaient plus de valeur, puisque l'entreprise qui y était désignée n'existait plus. Des modifications aux lois ont été apportées pour contrecarrer cette pratique. La sous-traitance pouvait remplir un peu la même fonction : plus on confiait d'opérations à des sous-traitants, plus on rendait inopérantes des clauses ou des dispositions trop coûteuses de la convention. Les lois ont également bloqué cette façon de contourner

37. Voir *supra*, note 8.
38. Voir par exemple JOHN P. SANDERSON, *op. cit.*, p. 100 ; MARVIN HILL et ANTHONY V. SINICROPI, *op. cit.*

les principes fondamentaux des relations du travail consignés dans les lois.

Devant le phénomène de la sous-traitance, les syndicats et les unions ouvrières ont cherché à se protéger, comme ils l'avaient fait au début du siècle en matière de sécurité syndicale, par l'introduction dans les conventions de clauses appropriées. Les clauses de convention collective visant à limiter la sous-traitance sont apparues au cours des années 1950 et 1960. Quand les représentants syndicaux ont constaté que la sous-traitance pouvait vider les conventions collectives de leur substance, ils ont fait pression sur les employeurs pour que ceux-ci acceptent d'inclure dans la convention un article interdisant ou limitant l'octroi de contrats à des sous-traitants. Ils ont réussi dans certains cas, mais échoué dans nombre d'autres. Même aujourd'hui, ce ne sont pas toutes les conventions collectives qui ont une telle clause; parfois la partie syndicale ne peut l'obtenir de l'employeur, ou encore la clause ne paraît pas nécessaire compte tenu de la nature des opérations. Pour ne donner qu'un exemple, il est plus difficile à un marchand d'aliments qu'à un fabriquant de vêtements de confier une partie de ses opérations à un sous-traitant, même si cela est possible. Environ 50 % des conventions collectives, régissant 50 % des salariés visés, contiennent une clause limitant la sous-traitance ou exigeant d'importantes conditions pour que l'employeur puisse y recourir. La proportion est sensiblement la même pour l'ensemble du Canada et pour les États-Unis; mais la répartition selon les secteurs varie considérablement d'une industrie à l'autre.

Un secteur qui a vu des affrontements majeurs sur le sujet est celui des municipalités. Les services en cause étaient généralement l'enlèvement des ordures ménagères et l'enlèvement de la neige; dans certains cas il y avait aussi les loisirs et les sports. On voit qu'il s'agit de services divers, réguliers, occasionnels ou saisonniers. Les syndicats veulent à la fois protéger les emplois de leurs membres, mais aussi leur *membership*. Les municipalités argumentent sur la base de l'économie et les syndicats sur celle de la sécurité d'emploi et de l'efficacité. Nous y reviendrons.

5.3.2 Typologie des clauses de sous-traitance

La clause de sous-traitance, si elle existe, peut établir que celle-ci est totalement interdite (à moins de circonstances particulières) ou permise, avec ou sans conditions. En pratique, on trouve donc trois types de clauses: la sous-traitance est toujours permise; elle est permise moyennant certaines conditions – ou interdite sauf dans certaines circonstances, ce qui revient à peu près au même – ou elle est interdite de façon absolue.

Si la clause s'y prête, il reste à préciser les conditions requises pour octroyer un contrat de sous-traitance. La condition peut viser l'objet du contrat: la construction, l'entretien ou les opérations elles-mêmes, c'est-à-dire le travail généralement effectué par les employés compris dans l'unité de négociation. On devine que l'interdiction ou l'exigence de conditions plus ou moins contraignantes dépendra de l'objet du contrat. Mais ce ne sont pas toutes les conventions, même si elles comportent une clause de sous-traitance, qui déterminent ainsi différents types ou objets de sous-traitance.

Certaines clauses visent un autre aspect: le travail donné en sous-traitance sera-t-il fait sur les lieux mêmes, dans les locaux de l'entreprise (comme c'est parfois le cas pour l'entretien de l'équipement), ou sera-t-il exécuté à l'extérieur? Les conditions seront généralement plus limitatives si le contrat doit être exécuté sur les lieux de l'entreprise.

Les conditions peuvent également viser les effets du contrat. La condition la plus fréquente prévoit que la sous-traitance ne doit pas entraîner de mises à pied parmi les salariés de l'unité de négociation, ou qu'on ne doit pas accorder un tel contrat si des salariés de l'unité sont en mise à pied. Une autre condition vise souvent l'espace ou l'équipement requis: le syndicat aura tendance à permettre la sous-traitance si l'exécution du travail exige un investissement supplémentaire de la part de l'employeur dû au fait que celui-ci n'a pas l'espace, l'équipement ou le personnel nécessaires pour remplir un surplus de commandes à compléter obligatoirement dans un court laps de temps.

Certaines conventions collectives contiennent d'autres types de restrictions, qu'on pourrait qualifier de préventives. Par exemple, dans certains cas, le syndicat exigera d'être avisé ou consulté avant qu'aucun contrat de sous-traitance ne soit accordé; normalement on ne trouve pas de clause où l'autorisation du syndicat serait exigée: ce serait là l'équivalent d'une cogestion. La consultation préalable est souvent exigée aux États-Unis, du moins depuis la célèbre décision *Fibreboard*[39]. Une autre condition, qui semble bien avoir pour objectif de décourager l'employeur dans ses projets de donner du travail en sous-traitance, exige que le sous-traitant respecte soit l'ensemble de la convention de l'employeur, soit certaines des clauses qu'elle contient. Le respect intégral de la convention implique même que les employés utilisés pour accomplir la sous-traitance deviennent membres du syndicat principal, ou du moins en paient la cotisation, pour la durée du contrat.

En somme, les syndicats cherchent à imposer des conditions en vue de limiter ou d'interdire la sous-traitance. Ces conditions portent sur l'objet du contrat, sur l'endroit où le travail doit être effectué, sur l'impact sur les salaires ou simplement sur certaines mesures de caractère préventif.

La classification des clauses de sous-traitance n'est pas chose facile parce que chaque syndicat cherche à inclure dans sa convention collective les meilleures conditions possibles pour atteindre son objectif, tout en tenant compte du contexte où se trouve l'industrie ou l'entreprise concernée. C'est ainsi que, très souvent, les conditions se chevauchent, qu'il est difficile de les cataloguer exactement et que leur classification n'est pas toujours véritablement exclusive.

Nous avons dit plus haut qu'environ la moitié des conventions collectives contiennent une clause visant la sous-traitance. Le tableau 5-2 confirme cette affirmation. Il contient de plus des données qui semblent indiquer deux tendances différentes dans l'ensemble du Canada et au Québec. La proportion des conventions collectives qui n'ont pas de disposition sur la sous-traitance diminuerait au Québec, alors qu'elle augmenterait au Canada; cette apparente contradiction peut dépendre de la méthode de compilation des relevés: Travail Canada ne comptait qu'une partie des conventions alors que le Québec recensait toutes les conventions collectives en 1984, et que les chiffres de 1989, au Québec, reflétaient surtout le cas des conventions régissant 50 salariés et plus[40].

La subdivision des données de 1984 fournit des renseignements sur les conditions le plus souvent requises pour autoriser la sous-traitance. Plus de la moitié des conventions collectives qui contiennent une clause sur le sujet permettent la sous-traitance à la condition qu'elle n'entraîne pas de mises à pied. C'est la condition la plus souvent exigée. Le tableau montre également que plusieurs conventions collectives formulent plus d'une condition pour permettre, ou à tout le moins pour ne pas interdire, l'octroi de contrats de sous-traitance.

Le tableau 5-3 donne plus de détails pour le Québec. Ses données ne contredisent pas les observations précédentes; elles les confirment. Les petites conventions (moins de 50 salariés) traitent de la sous-traitance un peu moins souvent que les grandes. L'interdiction pure et simple est très rare, tout comme l'autorisation sans condition. La condition la plus fréquente est de ne pas entraîner de mises à pied. La condition qui autorise la sous-traitance pour pallier un manque d'équipement ou de main-d'œuvre appropriée gagne en importance. La réduction considérable des chiffres dans la catégorie résiduelle («Autre disposition»), pour les grandes conventions, peut résulter soit d'une meilleure classification sous les conditions précédentes, soit d'un regroupement réel autour de la condition majeure: ne pas entraîner de mises à pied. En 1989, cette condition enregistre, dans les

39. *Fibreboard Paper Products Co.* v. *N.L.R.B.*, 379 U.S. 203, 57 L.R.R.M. 2609 (1964).

40. Voir les notes techniques à la fin du chapitre 3. Il faut de plus noter que Travail Canada compile ses statistiques à partir des conventions collectives qui lui sont spontanément envoyées, alors qu'au Québec le dépôt des conventions au Bureau du commissaire général du travail est obligatoire.

TABLEAU 5-2

Dispositions relatives à la sous-traitance au Canada et au Québec – 1984 et 1989-1990

Les contrats de sous-traitance sont	Canada 1984[1]				Québec 1984[2]			
	C.c.	%	Salariés	%	C.c.	%	Salariés	%
Interdits	12	1,2	10 737	0,5	73	1,9	4 180	0,7
Permis s'ils n'entraînent pas de mises à pied[3]	248	25,5	533 295	25,9	726	18,6	107 004	17,8
Permis si équip. ou main-d'œuvre externe requis[4]					323	8,3	21 823	3,7
Permis si employés du s.-traitant sont syndiqués[5]	25	2,6	43 790	2,1				
Permis (Canada)	164	16,9	392 970	19,1				
Permis sans restriction (Québec)					75	1,9	10 664	1,8
Autre disposition[6]	2	0,2	5 180	0,3	651	16,6	199 707	33,3
Aucune disposition	521	53,6	1 074 514	52,1	2 068	52,8	256 956	42,8
TOTAL (1984)	972	100,0	2 060 486	100,0	3 916	100,0	600 334	100,0
	1990				1989			
Une disposition visant la s.-traitance	424	38,8	993 158	42,3	1 263	56,0	362 412	65,3
Aucune disposition	670	61,2	1 353 637	57,7	994	44,0	192 634	34,7
TOTAL (1990 et 1989)	1 094	100,0	2 346 795	100,0	2 257	100,0	555 046	100,0

1. Conventions collectives visant des unités de négociation de 500 travailleurs ou plus, à l'exclusion de l'industrie de la construction.
2. Conventions collectives visant des unités de négociation de toutes dimensions, sauf en 1989 où les 50 employés ne sont représentés qu'à environ 6 %.
3. Les chiffres pour le Québec incluent des conventions (environ 40 %) qui imposent une autre condition, en plus de celle de ne pas causer de mises à pied, comme de ne pas réduire les heures de travail ou de respecter les salaires négociés.
4. Cette catégorie n'apparaît pas dans la grille d'analyse de Travail Canada. De plus, une partie des conventions collectives relevées ici (environ 40 %) exigent aussi que la sous-traitance n'entraîne pas de mises à pied.
5. Cette catégorie n'apparaît pas dans la grille d'analyse du CRSMT.
6. Au Québec, la catégorie «autre disposition» inclut la combinaison de plusieurs conditions.

Sources: Travail Canada, *Dispositions des grandes conventions collectives*, juillet 1984 (182 p.), p. 152-153; *Conditions de travail contenues dans les conventions collectives, Québec, 1984*, Québec, Centre de recherche et de statistiques sur le marché du travail, 1985 (151 p.), p. 31 et 1989 (244 p.), p. 49. Pour 1990: données mécanographiques de Travail Canada.

conventions de 50 salariés et plus, une hausse correspondante à la baisse dans la catégorie résiduelle.

Quelques exemples de clauses montreront les difficultés qu'on peut rencontrer dans l'identification et à plus forte raison dans l'application de telles clauses.

> La compagnie convient que le travail fait par les employés n'est pas accompli à forfait par d'autres personnes, si cela a pour but de mettre à pied des employés déjà à l'emploi de la compagnie.
>
> (Kruger Inc., Emballages, LaSalle et le Syndicat des employés de Kruger, CSN, art. 30.9.)

Le début de la clause mentionne qu'elle vise le travail habituellement fait par les employés de l'unité d'accréditation. Par contre, on peut présumer que les

TABLEAU 5-3

Dispositions relatives à la sous-traitance au Québec – 1984 et 1989

Les contrats de sous-traitance sont	Conventions collectives régissant moins de 50 salariés				50 salariés et plus				tous les salariés (TOTAL)			
	C.c.	%	Salariés	%	C.c.	%	Salariés	%	C.c.	%	Salariés	%
1984												
Interdits	82	2,0	1 337	1,8	38	2,0	6 133	0,9	120	2,0	7 470	1,0
Permis s'ils n'entraînent pas de mises à pied[1]	774	18,7	14 512	19,8	329	17,3	115 313	16,7	1 103	18,3	129 825	17,0
Permis si équip. ou main-d'œuvre externe requis	306	7,4	5 269	7,2	200	10,5	53 552	7,8	506	8,4	58 821	7,7
Permis sans restriction	64	1,5	1 332	1,8	60	3,2	13 892	2,0	124	2,1	15 224	2,0
Autre disposition[2]	662	16,0	11 885	16,2	384	20,2	228 854	33,2	1 046	17,3	240 739	31,5
Aucune disposition	2 253	54,4	38 839	53,1	886	46,7	272 549	39,5	3 139	52,0	311 388	40,8
TOTAL	4 141	100,0	73 174	100,0	1 897	100,0	690 293	100,0	6 038	100,0	763 467	100,0
1989												
Interdits	108	2,0	1 789	1,7	47	1,8	9 659	1,1	155	1,9	11 448	1,1
Permis s'ils n'entraînent pas de mises à pied[1]	1 115	20,7	22 182	21,6	730	28,3	406 827	44,2	1 845	23,2	429 009	41,9
Permis si équip. ou main-d'œuvre externe requis	418	7,8	7 667	7,5	378	14,7	95 859	10,4	796	10,0	103 526	10,1
Permis sans restriction	70	1,3	1 676	1,6	99	3,8	69 196	7,5	169	2,1	70 872	6,9
Autre disposition[2]	750	13,9	14 497	14,1	226	8,8	72 391	7,9	976	12,3	86 888	8,5
Aucune disposition	2 923	54,3	55 034	53,5	1 097	42,6	266 275	28,9	4 020	50,5	321 309	31,4
TOTAL	5 384	100,0	102 845	100,0	2 577	100,0	920 207	100,0	7 961	100,0	1 023 052	100,0

1. Les chiffres pour le Québec incluent des conventions collectives (40 % environ) qui imposent une autre condition, en plus de celle de ne pas causer de mises à pied, comme de ne pas réduire les heures de travail ou de respecter les salaires négociés.
2. «Autre disposition» inclut la combinaison de plusieurs dispositions.

Source: Données mécanographiques du CRSMT, 27 mars 1991. (Variable B-4.)

parties ont voulu interdire la sous-traitance si elle avait pour «effet», plutôt que pour «but», de mettre à pied certains employés de l'unité. Selon une autre hypothèse, la formule ne serait qu'un trompe-l'œil; la convention contient une clause visant la sous-traitance, mais qui n'a aucun mordant: personne ne pourra jamais prouver que l'employeur a accordé des contrats dans le but d'effectuer des mises à pied.

La clause suivante ne fait pas mention de mise à pied pour interdire la sous-traitance. Au contraire, elle la permet explicitement, mais à deux autres conditions.

> La compagnie peut sous-traiter à une autre compagnie ou à un sous-traitant un travail qui serait normalement accompli par les employés du groupe de négociation dans les cas suivants:
>
> 1) lorsque suffisamment d'équipement ou de matériaux pour faire le travail correctement ne sont pas disponibles, ou
>
> 2) lorsque les horaires des salariés sont tels que le nombre de salariés ne suffit pas pour effectuer le travail dans les limites de temps requises.
>
> (Les industries Armstrong Canada ltée et les Métallurgistes unis d'Amérique, local 8516, art. 18.00.)

Voici enfin un exemple d'une clause élaborée et complexe. Notons d'abord qu'elle s'applique dans une usine de fabrication d'automobiles, où la chaîne de montage est au cœur de l'établissement et y détermine la marche des opérations de façon péremptoire. Nous analyserons successivement chacun des six paragraphes qui composent la clause pour en dégager les éléments et la portée. Le premier paragraphe vise principalement le travail de production, sur la chaîne de montage, mais également le travail courant de fabrication d'outils, c'est-à-dire des appareils qui doivent être constamment mis au point, dans l'usine même, par des employés réguliers de l'entreprise. Pour ce type de travaux, la sous-traitance est interdite.

> a) Les employés d'un entrepreneur de l'extérieur ne seront pas utilisés dans une usine régie par cette convention pour remplacer des employés ayant de l'ancienneté à du travail de montage, de production ou de fabrication, ou à la fabrication d'outils, de matrices, de gabarits et d'appareils, travaux habituellement et traditionnellement exécutés par eux, quand l'exécution de ces travaux impliquera l'usage des machines, des outils ou de l'équipement appartenant à la compagnie et entretenus par les employés de la compagnie.

Notons que l'expression «employés ayant de l'ancienneté» exclut simplement les employés en probation; en effet, aussitôt qu'un nouvel employé a terminé sa probation, il obtient l'ancienneté qui correspond à sa période de probation[41]. Quant au paragraphe suivant, il contient deux réserves ou restrictions. La première se rapporte aux coutumes et arrangements qui existent au moment de la signature de la convention; la clause déclare que ces arrangements demeurent en vigueur. L'autre a pour objet de permettre que les fournisseurs d'équipement puissent effectuer le travail requis pour l'installation de leurs machines et les réparations éventuelles pendant la période de garantie normale, même dans l'usine et par les employés des fabricants des machines.

> b) Les dispositions qui précèdent ne devront pas affecter les droits de la compagnie de continuer les arrangements actuellement en vigueur; elles ne devront pas non plus limiter l'accomplissement par les fournisseurs des obligations relatives aux garanties normales ni limiter le travail qu'un fournisseur doit accomplir pour mettre de l'équipement à l'épreuve.

Le paragraphe suivant vise un genre de travail complètement différent, celui de l'entretien et des constructions nouvelles. Il faut savoir qu'à chaque fois que le producteur change le modèle des automobiles qu'il fabrique, il doit modifier la chaîne d'assemblage; parfois il faut agrandir ou même ajouter une aile à l'usine et, souvent, en modifier les divisions. Les deux paragraphes suivants se rapportent à ce genre d'ouvrage. Le premier énonce une politique de la part de

41. Nous utilisons cette expression malgré l'affirmation des linguistes selon laquelle il s'agit là d'un anglicisme. Le terme s'emploie couramment et ne prête pas à confusion, alors que la «période d'essai», qu'on suggère à la place, a une autre signification chez les gens du métier, comme nous l'indiquerons dans le chapitre sur l'ancienneté.

la compagnie ; c'est le suivant qui en précisera l'application.

> c) C'est la politique de la compagnie d'utiliser pleinement ses employés ayant de l'ancienneté dans des classifications de métier d'entretien pour l'exécution des travaux d'entretien et de construction, tel qu'expliqué dans l'annexe C.

Dans le paragraphe suivant, l'employeur s'engage à aviser le syndicat de l'exécution de travaux de cette nature et à tenir avec lui des discussions à leur sujet, rien de plus. L'employeur prend l'engagement de consulter le syndicat.

> d) Dans tous les cas, sauf lorsque le temps et les circonstances l'en empêcheront, la direction locale, après avis préalable écrit, tiendra des discussions préalables avec le président du comité syndical d'usine et le ou les délégués de zone dont les zones comprennent les travaux d'entretien, avant de conclure un contrat pour l'exécution de travaux d'entretien et de construction. Durant de telles discussions, la direction sera censée faire une revue de ses plans ou projets pour conclure un contrat donné. L'avis écrit énoncera la nature, la portée et les dates approximatives des travaux devant être exécutés ainsi que des raisons (équipement, main-d'œuvre, etc.) pour lesquelles la direction projette de faire accomplir le travail par un entrepreneur de l'extérieur. De plus, cet avis indiquera le type et la durée des travaux sur garantie. En même temps, les représentants de la direction locale donneront aux représentants du syndicat local l'occasion de commenter les projets de la direction et ils tiendront compte de façon appropriée de ces commentaires à la lumière de toutes les circonstances pertinentes.

Le paragraphe suivant, inclu également sous la lettre d), vise un groupe d'employés particulier déjà mentionné dans le paragraphe a) : les outilleurs et autres employés des services d'ingénierie. Il faut noter, cependant, qu'à la fin du paragraphe, on mentionne qu'il s'agit de travaux importants de construction de matrices ou d'outillages ; le travail courant a déjà été exclu dans le paragraphe a).

> Lorsque des hommes de métier préposés aux matrices, des outilleurs ou des employés des services d'ingénierie sont en mise à pied ou sont mis à pied par suite de la décision de l'usine de donner à contrat du travail qu'ils effectuent normalement, la direction locale, sauf lorsque le temps et les circonstances l'en empêcheront, tiendra de telles discussions préalables relativement au contrat visant l'exécution de travaux importants de construction de matrices ou de programmes importants de construction d'outillage du type normalement exécuté par lesdits employés.

Enfin, le dernier paragraphe affirme que la mise à pied d'aucun employé ne pourra être la conséquence directe et immédiate du travail effectué dans l'usine par un entrepreneur de l'extérieur.

> e) En aucun cas, un employé ayant de l'ancienneté qui exécute habituellement le travail en question ne pourra être mis à pied comme résultat direct et immédiat du fait que le travail est accompli sur place, à l'usine, par un entrepreneur de l'extérieur.
>
> (General Motors du Canada ltée et le Syndicat canadien des travailleurs de l'automobile, CAW, sections locales 27, 199, 222, 303, 636, 1163, 1973.)

La longue clause qu'on vient de lire inclut des distinctions sur la nature du travail, les types de travailleurs visés et les conditions à respecter dans les cas où la sous-traitance n'est pas carrément interdite. Il y a loin entre une telle clause, aussi détaillée, et l'affirmation contenue dans d'autres clauses, qui tiennent en trois lignes, où il est dit que la sous-traitance est interdite (ou permise, selon le cas) à moins (ou pourvu) qu'aucun employé régulier ne soit mis à pied, ou demeure en mise à pied, comme résultat des contrats en question.

5.3.3 Cadre légal

Les lois canadiennes en général, et le *Code du travail* du Québec en particulier, ne traitent pas directement de la clause de sous-traitance, laissant aux parties la liberté complète de négocier les conditions qui leur paraissent justes et adéquates dans les circonstances concrètes où se trouvent les entreprises en cause. Par contre, les lois interviennent pour assurer la stabilité des syndicats accrédités et de leurs conventions collectives lors d'un transfert de propriété ou d'un changement de direction, en tout ou en partie. C'est ce qu'on appelle communément les droits de succession du syndicat accrédité (en anglais *successor rights*).

Pour contrer les pratiques antisyndicales que nous avons évoquées plus haut (section 5.3.1), le gouvernement modifia, en 1961, la *Loi des relations ouvrières* pour y introduire le droit de succession d'un syndicat accrédité. La mesure faisait suite principalement à une décision de la Cour d'appel, dans un cas qui impliquait également un problème de maraudage syndical. Le Syndicat national des travailleurs de la pulpe et du papier de La Tuque (CTCC) détenait un certificat de reconnaissance à l'endroit de la compagnie Brown Corporation, avec laquelle il avait signé une convention collective valable de 1954 à 1957. À la fin de 1954, Brown Corporation est achetée par la Compagnie internationale de papier (CIP). La Commission des relations ouvrières (CRO) change le nom de l'employeur sur le certificat, et le syndicat croit que l'affaire est classée. Or, la CIP avait des conventions collectives, dans d'autres papeteries, avec la Fraternité internationale des ouvriers de la pulpe, du sulfite et des moulins à papier; celle-ci veut remplacer le syndicat affilié à la CTCC et demande à la CRO que l'accréditation antérieure soit annulée. La CRO, après enquête et audition, révise sa décision précédente et accrédite la Fraternité. Le Syndicat national demande et obtient un bref de prohibition. Le bref sera annulé par la Cour supérieure, décision qui sera confirmée par la Cour d'appel. La Fraternité internationale remplace définitivement le Syndicat national antérieur[42]. Le verdict de la Cour d'appel était partagé: trois juges sur sept étaient d'avis que le certificat de reconnaissance syndicale et la convention collective se poursuivaient après la vente de l'entreprise, mais la majorité, c'est-à-dire les quatre autres juges, décidèrent que la vente avait annulé le certificat de reconnaissance précédent.

Cette décision a amené le gouvernement, en 1961, à rattacher l'accréditation et la convention collective à l'entreprise plutôt qu'à un employeur ou un propriétaire particulier. Par la *Loi modifiant la loi des relations ouvrières*, le législateur introduisit un nouvel article, l'article 10a, qui a été repris tel quel, sauf quelques changements de concordance, dans le *Code du travail*; les trois paragraphes suivants forment aujourd'hui les articles 45 et 46 du Code[43]:

> L'aliénation ou la concession totale ou partielle d'une entreprise autrement que par vente en justice n'invalide aucun certificat accordé par la Commission, aucune convention collective, ni aucune procédure en vue de l'obtention d'une accréditation ou de la conclusion ou de l'exécution d'une convention collective.
>
> Sans égard à la division, à la fusion ou au changement de structure juridique de l'entreprise, le nouvel employeur est lié par le certificat ou la convention collective comme s'il y était nommé et devient par le fait même partie à toute procédure s'y rapportant, aux lieu et place de l'employeur précédent.
>
> La Commission peut rendre toute ordonnance jugée nécessaire pour constater la transmission de droits et d'obligations visée au présent article et régler toute difficulté découlant de l'application du présent article.

En décembre 1990, Québec apportait quelques précisions au dernier paragraphe en introduisant une nouvelle formulation de l'article 46 (L.Q. 1990, c. 69).

> Il appartient au commissaire du travail, sur requête d'une partie intéressée, de trancher toute question relative à l'application de l'article 45.
>
> À cette fin, il peut en déterminer l'applicabilité et rendre toute ordonnance jugée nécessaire pour assurer la transmission des droits ou des obligations visée

42. *Syndicat national des travailleurs de la pulpe et du papier de La Tuque inc.* c. *Commission de relations ouvrières de la province de Québec* et *Fraternité internationale des ouvriers de la pulpe et du papier, local La Tuque n° 530* et *CIP. Rapports judiciaires du Québec*, B.R. (Cour du banc de la Reine), 1958, p. 1-53. L'histoire de ce cas, et de quelques autres, est rapportée dans ROGER CHARTIER, «Évolution de la législation québécoise du travail – 1961», *Relations industrielles*, vol. 16, n° 4, octobre 1961, p. 381-390.

43. *Loi modifiant la Loi des relations ouvrières*, 9-10 Elizabeth II (1961), c. 73, article 1 ajoutant l'article 10 a). *Code du travail*, art. 45 et 46.

à cet article. Il peut aussi régler toute difficulté découlant de l'application de cet article.

Reprenons, pour les expliquer, les principaux termes de la disposition. L'aliénation vise la vente; on dit qu'il y a aliénation totale si toute l'entreprise est vendue, mais aliénation partielle si, par exemple, l'employeur vend à un traiteur le service de la cafétéria qu'il assumait lui-même auparavant. Dans le texte de l'article, le mot «concession» évoque toute forme de cession par une personne, physique ou morale, à une autre: la prise en charge d'un établissement par une autre compagnie, qui en deviendrait la compagnie mère, peut constituer une concession totale; l'octroi d'une partie des opérations à un sous-traitant répondrait à l'expression «concession partielle». Notons bien que la loi n'interdit pas la sous-traitance; elle assure seulement que, dans toute aliénation ou concession, le certificat d'accréditation et la convention collective gardent leur pleine valeur.

La position, d'abord contestée, que la disposition visait bien la sous-traitance fut confirmée par la Cour suprême du Canada dans une cause qui impliquait un employeur en construction de Chicoutimi, J.R. Théberge ltée, et la compagnie Alcan d'Arvida, plus exactement le Syndicat national des employés de l'aluminium d'Arvida[44]. La compagnie Alcan avait engagé un entrepreneur en construction pour déplacer des montagnes de résidus minéraux sur son terrain. Le Syndicat national des employés de l'aluminium soutenait qu'il s'agissait d'une concession partielle au sens de la loi et que sa convention collective s'appliquait. Invoquant l'article 10a, il eut gain de cause, et les ouvriers de J.R. Théberge durent lui payer la cotisation syndicale pour la période qu'avait duré la construction; car, l'ouvrage était terminé depuis longtemps quand le jugement de la Cour suprême fut rendu. L'effet de l'article 45 est bien de rendre toute la convention collective obligatoire, y compris la clause de sécurité syndicale. En ce sens, le conflit à Arvida impliquait bien plus le Syndicat des travailleurs de la construction et le Syndicat des employés de l'aluminium que l'un ou l'autre des employeurs. En définitive, il s'agit toujours de savoir par quel groupe d'employés le travail sera fait et à quel syndicat ils devront payer leurs cotisations.

Au fil des années, la principale question de droit qui se posait portait sur la nécessité ou non d'un lien juridique entre les deux employeurs qui se succèdent. En 1988, la Cour suprême du Canada a décidé qu'il devait exister un lien juridique pour qu'il y ait transmission des droits d'accréditation et de convention collective[45]. Le cas concernait deux compagnies qui faisaient de l'entretien ménager pour la Commission scolaire régionale de l'Outaouais. Le deuxième employeur avait remplacé le premier à la suite d'un appel d'offres de la Commission scolaire; il n'avait donc aucun lien direct avec l'employeur précédent. Ses employés avaient d'ailleurs leur propre syndicat et leur propre convention collective. La cour a décidé qu'il n'y avait pas de succession au sens de la loi ni de transmission d'obligations. Elle tranchait par le fait même une controverse qui durait depuis longtemps: pour qu'il y ait transmission de droits et d'obligations, il doit y avoir un lien juridique entre les deux employeurs.

La discussion impliquait aussi une certaine conception de l'entreprise. Pour qu'il y ait transfert de droits et d'obligations, il doit y avoir continuité d'entreprise. Mais qu'est-ce qui définit une entreprise? Selon certains, c'est la spécificité, sinon l'identité, des fonctions qu'on y remplit (entreprise fonctionnelle); d'autres vont plus loin et considèrent l'identité des salariés eux-mêmes (entreprise de travail). Si la majorité des salariés sont les mêmes et remplissent substantiellement les mêmes fonctions, il y aurait alors continuité d'entreprise. Ces définitions se confondent pratiquement avec le certificat d'accréditation. Elles comportent l'inconvénient de ne pas permettre

44. *J.R. Théberge ltée* c. *Syndicat national des employés de l'aluminium d'Arvida*, (1966) R.C.S. 378.

45. *Le Syndicat national des employés de la Commission scolaire régionale de l'Outaouais* c. *Union des employés de service local 298*. Cour suprême du Canada, 22 décembre 1988. (1988) 2 R.C.S. 1048-1127, 89 C.L.L.R., paragraphe 14045. Dans ce cas également, il y avait conflit entre deux syndicats, comme en fait foi le titre de la cause devant la Cour suprême.

d'identifier séparément des entreprises semblables mais distinctes, voire concurrentes. La Cour suprême du Canada a retenu une définition plus vaste (entreprise concrète ou globale) qui inclut tous les moyens par lesquels une entité poursuit ses fins propres ; cette définition comprend donc les ressources humaines, financières, physiques et commerciales. C'est tout cela ensemble – objectifs, capitaux, instruments de travail, emplacement géographique, clientèle – qui spécifie une entreprise. Tous ces éléments n'ont pas toujours la même importance, mais toute tentative de réduire l'entreprise à un seul de ces éléments ne peut que la dénaturer.

On voit par cette discussion que l'encadrement légal n'affecte pas le contenu de la clause de sous-traitance et que les parties conservent le droit de la rédiger à leur guise. La disposition assure seulement que le certificat d'accréditation et la convention collective demeureront rattachés à l'entreprise elle-même, en tout ou en partie, et qu'ils sont ainsi assurés d'une certaine continuité, la seule exception étant lorsqu'il y a faillite et vente en justice ou fermeture complète.

Les autres lois canadiennes de relations du travail contiennent des dispositions semblables. Par exemple, le *Code canadien du travail* impose les mêmes obligations, dans une formulation un peu plus élaborée[46].

> 44. (1) Les définitions qui suivent s'appliquent au présent article et aux articles 45 et 46.
>
> « entreprise » Entreprise fédérale, y compris toute partie de celle-ci.
>
> « vente » S'entend notamment, relativement à une entreprise, de la location, du transfert et de toute forme de disposition de celle-ci.
>
> (2) Sous réserve des paragraphes 45 (1) à (3), les dispositions suivantes s'appliquent dans les cas où l'employeur vend son entreprise :
>
> a) l'agent négociateur des employés travaillant dans l'entreprise reste le même ;
>
> b) le syndicat qui, avant la date de la vente, avait présenté une demande d'accréditation pour des employés travaillant dans l'entreprise peut, sous réserve des autres dispositions de la présente partie, être accrédité par le Conseil à titre d'agent négociateur de ceux-ci ;
>
> c) toute convention collective applicable, à la date de la vente, aux employés travaillant dans l'entreprise lie l'acquéreur ;
>
> d) l'acquéreur devient partie à toute procédure engagée dans les cadres de la présente partie et en cours à la date de la vente, et touchant les employés travaillant dans l'entreprise ou leur agent négociateur.

L'article 45 détermine les dispositions à suivre si la vente entraîne l'intégration du personnel de différents établissements. Quant à l'article 46, il donne au Conseil canadien des relations du travail le pouvoir de trancher toutes questions reliées à l'application des articles 44 et 45, comme l'étendue de l'entreprise, l'identité de l'acquéreur, et le reste[47].

La loi d'une province canadienne sur le même sujet mérite une mention particulière. En effet, la *Loi sur les syndicats ouvriers* – qui est en fait une loi des relations du travail – de la Nouvelle-Écosse définit avec précision ce qu'on entend par sous-traitance. La définition comporte deux éléments principaux : il y a sous-traitance quand une « part importante » du travail qui est « habituellement fait » par les employés de l'unité de négociation est confiée à un entrepreneur.

La disposition de fond à ce sujet fait partie de l'article consacré à la transmission d'entreprise. Elle détermine que, malgré la transmission ou la sous-traitance, le certificat d'accréditation et la convention collective demeurent en vigueur. Deux éléments à remarquer : si la Commission des relations de travail constate que l'employeur a donné un ou des contrats de sous-traitance « dans le but » de se soustraire à ses obligations, il y a présomption contre l'employeur et

46. *Code canadien du travail*, S.R.C. 1985, c. L-1, art. 44. L'article fut promulgué d'abord en 1972, S.C., c. 18, art. 1.

47. GASTON NADEAU et JACQUES CHEVRIER, « La transmission d'entreprise et les rapports collectifs de travail. Aperçu juridique des règles s'appliquant en Ontario et au fédéral ». *Le marché du travail*, vol. 10, nº 11, novembre 1989, p. 6-8 et 73-77.

celui-ci a le fardeau de prouver qu'il n'a pas donné de tels contrats ou agi dans le but d'éviter la loi[48]:

> (2) Quand la Commission conclut qu'un employeur a sous-traité ou a convenu de sous-traiter du travail habituellement fait par ses employés dans le but d'éviter des obligations imposées par cette loi, la Commission peut décider que le présent article s'applique comme si l'employeur avait transféré de fait ou décidé de transférer une partie de son entreprise ou de ses opérations.
>
> (3) Aux fins du paragraphe (2), il incombera à l'employeur de prouver qu'il n'y a pas eu de sous-traitance ou d'entente relative à une sous-traitance pour confier du travail habituellement accompli par ses employés dans le but de se soustraire aux obligations établies par la présente loi.

Malgré tout, la question de la sous-traitance n'est certainement pas près d'être résolue de façon définitive.

5.3.4 Problèmes particuliers de la sous-traitance

Là où existe une clause de sous-traitance, elle est le résultat de compromis entre deux objectifs contradictoires. D'une part, les entreprises doivent utiliser des machines de plus en plus complexes et coûteuses, à cause des économies qu'elles permettent de réaliser, mais souvent elles ne peuvent les acquérir, compte tenu de leur prix trop élevé. La solution: donner cette partie du travail à des sous-traitants spécialisés. Ajoutons à cette situation la tendance actuelle à réduire la taille des entreprises et même la volonté des gouvernements de favoriser le développement des PME. Il ne reste pas d'autre solution que le recours à la sous-traitance. Pour ne donner qu'un exemple, mentionnons les imprimeries qui, autrefois, produisaient les volumes du manuscrit jusqu'à la distribution. Aujourd'hui, la composition est faite dans des ateliers de composition, l'impression à l'imprimerie elle-même et la reliure dans des ateliers spécialisés dans ce domaine. C'est la seule façon de réaliser des économies d'échelle dans le contexte actuel.

D'un autre côté, les employés et leur syndicat ont un objectif tout à fait différent: la sous-traitance constitue une menace pour les emplois et le *membership* syndical; le syndicat fera tout en son pouvoir pour limiter, sinon interdire, le recours à la sous-traitance. Les moments critiques sont évidemment ceux des transformations, quand on passe d'une production intégrée à une production fractionnée, dont certains éléments seront confiés à d'autres entreprises et donc à d'autres employés. La situation ne se présente pas toujours de façon dramatique; mais toute décision de donner une partie de la production à des sous-traitants fait toujours difficulté. L'objectif syndical fondamental se traduit dans la condition la plus souvent formulée: que la mesure n'entraîne la mise à pied d'aucun des employés actuels. Les autres conditions relèvent soit de la situation propre à l'entreprise, soit de moyens tactiques visant à dissuader tant l'employeur principal que le sous-traitant éventuel de s'engager dans la sous-traitance; c'est l'objectif poursuivi par exemple par cette condition qui veut que les salariés du sous-traitant obtiennent les mêmes conditions de travail que les salariés de l'employeur principal.

Depuis une quinzaine d'années, c'est dans le secteur public que s'est concentrée la bataille de la sous-traitance. Le cas type est celui des municipalités qui décident de confier l'enlèvement des ordures ou l'enlèvement de la neige à des entrepreneurs plutôt qu'à leurs propres employés; certaines municipalités retiennent les deux systèmes: elles comptent d'abord sur leurs employés, mais elles confient le surplus de travail à des sous-traitants. Tous les arguments ont été utilisés pour ou contre cette pratique: les employés des municipalités font du bien meilleur travail; les employés des municipalités coûtent deux ou trois fois trop cher; une municipalité ne peut courir le risque d'avoir un surplus d'employés pour la quantité de travail à accomplir dans les périodes creuses. Certains affirment même que les dirigeants municipaux veulent favoriser leurs amis du secteur privé pour s'assurer des votes. Tous les arguments sont bons pour appuyer son point de vue dans ce qui constitue, en fait, un conflit entre la sécurité d'emploi et l'efficacité économique.

48. *Nova Scotia Trade Union Act*, R.S.N.S., 1989, ch. 475, art. 31 (2) – (3).

Tant dans la rédaction de la clause que dans son interprétation en arbitrage, c'est généralement autour de l'objectivité ou de la valeur de l'argument économique que tournent les discussions et les difficultés. On met souvent en doute les arguments d'ordre économique présentés par les responsables des municipalités. Mais on peut aussi mettre en doute les objectifs et les arguments de certains représentants syndicaux. Entre l'interdiction de la sous-traitance et l'obligation d'engager de nouveaux employés – et donc d'augmenter l'effectif syndical – la marge est bien mince. Comme les négociateurs municipaux sont en position beaucoup plus faible que les négociateurs des entreprises privées – il est toujours possible d'augmenter les taxes pour satisfaire les demandes syndicales –, la négociation «objective» du problème de la sous-traitance est devenue quasi impossible. Certains syndicats sont passés de la négociation d'une clause interdisant ou limitant la sous-traitance à une autre assurant la garantie d'emploi et de *membership*, qui prend la forme d'un plancher d'emploi, ou nombre minimum d'employés, inscrit dans la convention collective. Les exemples actuels sont peu nombreux[49]; les représentants syndicaux souhaitent cependant les voir se multiplier.

Il reste à voir deux aspects de l'application des droits de gérance dont le premier, le travail des contremaîtres, présente certaines ressemblances avec la sous-traitance.

5.4 Travail des contremaîtres

Comme dans le cas de la clause de sous-traitance, celle qui restreint le travail des contremaîtres et des autres dirigeants de l'entreprise n'est pas toujours placée au même endroit dans les conventions collectives. On trouve l'une et l'autre soit avec la clause de droits de gérance, soit, le plus souvent, dans les dispositions d'ordre général que l'on met au début ou à la fin de la convention. La clause visant les contremaîtres ne soulève généralement pas de difficulté sérieuse. Nous traiterons brièvement de ses objectifs et de ses principaux éléments.

5.4.1 Objectifs de la clause

L'interdiction faite aux contremaîtres, chefs d'atelier ou de service et autres cadres d'effectuer du travail normalement accompli par des salariés de l'unité de négociation, a clairement pour but de réserver aux salariés syndiqués tout le travail dont l'exécution est déterminée dans le certificat d'accréditation. En un sens, cette clause a fondamentalement le même objectif qu'une clause de sous-traitance. Elle a moins d'importance que cette dernière uniquement parce que la quantité de travail ainsi protégée est normalement beaucoup plus faible.

Des syndicats cherchent à obtenir un certain droit sur le nombre de contremaîtres et de sous-contremaîtres. Le plus souvent, le syndicat n'obtient que la possibilité d'être informé de ce nombre et des fonctions précises qui leur sont confiées. En somme, le syndicat peut être informé des changements effectués quant au nombre de contremaîtres et à leurs responsabilités.

Par ailleurs, l'interdiction faite aux cadres d'exécuter un travail de salarié ne saurait avoir un caractère absolu, puisqu'il y a des cas où ils doivent intervenir. Les deux circonstances les plus fréquentes sont les cas d'urgence et les cas de formation ou d'entraînement.

Dans certaines entreprises, les syndicats veulent exclure non seulement les cadres mais tout autre employé qui n'est pas membre de l'unité de négociation. Pour qu'une telle exclusion soit respectée et puisse faire l'objet d'un grief, il faut évidemment qu'elle soit clairement exprimée dans la convention collective et donc agréée par l'employeur.

49. À titre d'exemple, voir la convention collective entre la ville de Laval et le Syndicat canadien de la fonction publique. Dans le secteur privé aux États-Unis, les Travailleurs unis (TUA) et les «trois grands» de l'auto ont négocié une entente qui garantit un revenu sinon un emploi à un nombre donné d'employés dans chaque établissement, tant que la convention est en vigueur et que le fonds établi à cette fin n'est pas épuisé. SUE HELPER, «Subcontracting. Innovative Labor Strategies», *Labor Research Review*, n° 15, printemps 1990, p. 93-94.

5.4.2 Éléments de la clause

Là où la clause existe – soit dans environ 60 % des cas aux États-Unis[50] – elle contient généralement deux éléments : le principe de l'interdiction et les exceptions permises. Si les parties veulent y ajouter d'autres précisions, elles doivent le faire expressément. Voici la formulation la plus brève, souvent utilisée dans les conventions collectives :

> Sauf aux fins d'entraînement et en cas d'urgence, tout cadre de direction tel que contremaître, surintendant, n'accomplira pas de travaux qui sont régulièrement assignés aux employés régis par cette convention collective de travail.
>
> (Papiers Rolland inc. et le Syndicat canadien des travailleurs du papier, section locale 14, art. 4.03.)

La formule suivante exclut non seulement les cadres mais tout autre employé que ceux qui sont régis par le certificat d'accréditation et la convention collective en cause.

> Les personnes dont le travail régulier n'est pas inclus dans l'unité de négociation ne doivent pas travailler sur une occupation incluse dans l'unité de négociation, sauf pour donner la formation professionnelle requise aux membres de l'unité de négociation sur des nouvelles occupations, des nouveaux types d'équipement, ou dans les cas d'urgence lorsqu'il n'y a pas d'employés qualifiés disponibles.
>
> (Tioxide Canada inc. et les Métallurgistes unis d'Amérique, local 6319, art. 2.03.)

Dans l'exemple suivant, seuls les contremaîtres sont exclus, mais les exceptions sont plus explicites.

> Les contremaîtres ne doivent pas accomplir une tâche normalement effectuée par des employés membres de l'unité de négociation. Cependant, le règlement ne s'applique pas lorsqu'un contremaître doit accomplir le travail suivant :
>
> a) instruction ou entraînement des employés ;
>
> b) travail d'expérimentation ;
>
> c) travail essentiel dont l'urgence est hors du contrôle de la compagnie.
>
> (Emballages Domtar et le Syndicat canadien des travailleurs du papier, section locale 205, art. 2.02.)

5.4.3 Application de la clause

Comme il s'agit d'une clause qui vise les situations journalières, de nombreux griefs sont déposés qui la mettent en cause[51]. La décision relative à ces griefs est d'habitude assez simple. Après avoir vérifié les faits, il faut décider si le travail en question était ou non un travail habituellement effectué par les membres de l'unité de négociation et, si tel était le cas, vérifier si une exception prévue dans la convention collective pouvait le justifier. Certains griefs de cette nature peuvent être maintenus ou rejetés pour des raisons de simple bon sens. C'est ainsi qu'à la suite d'un grief déposé parce qu'un cadre avait livré quelques pièces à un client en dehors des heures de travail, l'arbitre a jugé que ce travail était bien interdit aux cadres mais, comme il n'avait duré que quelques minutes, qu'il n'avait causé aucun préjudice réel aux salariés de l'unité de négociation[52].

Il nous reste à traiter d'un aspect des droits de gérance dont l'importance grandit constamment : le droit des employeurs d'imposer certains tests à leurs employés.

---

50. *Basic Patterns in Union Contracts*, 11e édition, Washington, D.C., Bureau of National Affairs, 1986 (136 p.), p. 82. Les analyses de conventions collectives, au Canada et au Québec, ne donnent pas de renseignements sur la fréquence de cette clause. On la remarque cependant fréquemment dans les conventions, ce qui porte à croire que sa fréquence doit ressembler à celle qu'on rencontre aux États-Unis.

51. Chaque numéro des publications suivantes contient une longue liste de cas de cette nature : *Droits du travail express*, sous la rubrique «travail des contremaîtres», et *Canadian Labour Arbitration Summaries* (Aurora, Canada Law Book), sous «Work Assignment – Bargaining Unit Work».

52. *Syndicat canadien des travailleurs du papier, local 227* c. *Normick Perron*, D.T.E. 84 T-135, Me LOUIS B. COURTEMANCHE, arbitre, 12 janvier 1984.

5.5 Tests des employés

Les conventions collectives contiennent des dispositions concernant les examens médicaux depuis déjà longtemps; au moins depuis les années 1950. Mais, pour diverses raisons, le sujet a pris récemment une importance spéciale. Ainsi, la question du SIDA soulève bien des craintes dans le milieu du travail, comme dans le grand public. L'introduction de la drogue sur les lieux de travail est aussi une source d'inquiétude. Un autre aspect du sujet touche les questions que soulève l'utilisation du détecteur de mensonge.

La nature des tests et des examens peut varier et leur utilisation être justifiée par différentes raisons ou circonstances. En plus de l'examen médical traditionnel, il y a des tests pour évaluer l'intelligence, le comportement, l'honnêteté et la franchise. L'ensemble de ces tests, ou certains d'entre eux, selon le cas, peuvent être exigés lors de l'embauche, à la suite d'événements tel un vol ou un affrontement violent. On peut également y recourir à intervalles réguliers, ou occasionnellement, comme moyen d'évaluation.

Les droits des employeurs à ce sujet demeurent étendus; ils sont toutefois circonscrits, mais moins par les conventions collectives que par la législation. Aussi en verrons-nous d'abord le cadre légal. Nous considérerons ensuite quelques tests, et leur application, pour terminer par une brève étude de quelques clauses sur le sujet, qu'on rencontre dans certaines conventions collectives.

5.5.1 Cadre légal

Le problème principal que soulèvent les examens et les tests, c'est qu'ils peuvent venir en conflit avec les droits fondamentaux de la personne consignés dans les chartes des droits et libertés. Notons d'abord que la *Charte canadienne des droits et libertés* ne s'applique que dans le cas des employés des gouvernements, selon les termes de son article 32[53]. Par contre, on fait souvent référence à l'article 8 de ladite charte qui établit le droit suivant:

> Chacun a droit à la protection contre les fouilles, les perquisitions ou les saisies abusives.

Pour sa part, la *Charte des droits et libertés de la personne* du Québec comporte un article qui établit le droit au respect de la vie privée (ce que les anglophones appellent *privacy*)[54].

Une difficulté vient du fait qu'aucun de ces droits ne peut être appliqué de façon absolue: ils comportent tous des limites, qui doivent être raisonnables, et évaluées comme telles, compte tenu de l'ensemble des circonstances[55]. Ce caractère raisonnable s'établit peu à peu dans la jurisprudence. C'est ainsi que le droit à la vie privée peut être restreint par l'imposition de certains examens, si ceux-ci s'avèrent nécessaires pour protéger la vie de la personne en cause, celle des personnes avec qui elle travaille ou celle des clients de l'entreprise.

Certaines lois particulières contiennent des dispositions spécifiques à propos de certains tests ou examens. C'est ainsi que la *Loi sur la santé et la sécurité du travail* oblige l'employé à se soumettre aux examens de santé exigés par cette loi et ses règlements, et qu'elle oblige en même temps l'employeur à accorder les autorisations requises à cette fin. Le programme de santé d'une entreprise doit obligatoirement prévoir des examens de santé préalables à l'embauche et en cours d'emploi[56]. La *Loi sur les accidents du travail et les maladies professionnelles* traite de plusieurs examens médicaux; elle permet à l'employeur d'exiger de l'employé victime d'une lésion professionnelle qu'il se soumette à l'examen

53. Canada, la *Loi constitutionnelle de 1982*, partie I: *Charte canadienne des droits et libertés*, art. 32.

54. *Charte des droits et libertés de la personne*, L.R.Q. c. C-12, art. 5.

55. La *Charte canadienne des droits* reconnaît ce genre d'exception dans son article 1; la *Charte des droits et libertés de la personne* du Québec le fait dans son article 9.1 (L.Q. 1982, c. 61, art. 2).

56. *Loi sur la santé et la sécurité du travail*, L.Q. 1979, c. 63 et L.R.Q. c. S-2-1, art. 49, 4°, 51, 12° et 113, 6°.

du médecin choisi par l'employeur ; il doit alors, évidemment, en assumer les coûts[57].

Un point fréquemment discuté à l'heure actuelle a trait aux examens relatifs à l'alcool, aux drogues et au SIDA. Malgré leur importance, il n'y a pas de dispositions particulières qui s'appliquent à ces cas ; c'est à la règle générale des droits fondamentaux de la personne qu'il faut recourir[58].

Un autre point fort discuté, c'est celui de l'usage du détecteur de mensonge, aussi appelé polygraphe sous l'influence de l'anglais. L'Ontario est la seule province qui a introduit une disposition concernant l'usage de cet instrument ; elle l'a insérée, en 1983, dans l'*Employment Standards Act*. Après avoir défini de façon très large l'employé et l'employeur visés, la disposition principale interdit à qui que ce soit d'obliger quelqu'un à subir ce test ; l'employé peut donc refuser de s'y prêter sans subir aucunes représailles ; par contre, la personne qui y consent peut se soumettre au détecteur de mensonge[59] :

> (1) Un employé a le droit de refuser de se soumettre au test du détecteur de mensonge ; il a également droit à ce qu'on ne lui demande pas de s'y soumettre ni qu'on exige de lui de s'y soumettre.
>
> (2) Personne ne demandera, ne requerra, ne permettra ou ne suggérera, directement ou indirectement, qu'un employé subisse ou se soumette au test du détecteur de mensonge.
>
> (3) Personne ne communiquera ou ne révélera à un employeur qu'un employé a subi le test du détecteur de mensonge, ou ne communiquera ou ne révélera à un employeur les résultats du test.
>
> (...) Rien n'interdit à une personne de consentir à subir, ni de subir le test du détecteur de mensonge, appliqué par un corps de police de l'Ontario ou par un membre d'un corps de police de l'Ontario dans l'exercice de son travail d'enquête à l'occasion d'un délit.

Les États-Unis ont adopté en 1988 une loi très détaillée en vue de protéger les employés contre l'usage abusif du détecteur de mensonge[60].

Il faut enfin mentionner, compte tenu des chartes des droits, que le consentement accordé par l'employé ne libère pas l'employeur de toutes responsabilités. Comme il s'agit de droits fondamentaux, les chartes sont d'ordre public et aucune entente privée ne peut annuler les droits qu'elles reconnaissent aux citoyens. Le consentement au test du détecteur de mensonge peut constituer un cas particulier.

5.5.2 Les tests et leur application

Les tests qu'on peut utiliser sont nombreux. Nous discuterons brièvement des tests préembauche et des tests en cours d'emploi, des examens médicaux et du cas particulier du détecteur de mensonge.

Les tests préembauche ne tombent pas sous l'emprise de la négociation collective, sauf dans le cas d'atelier fermé où l'employeur s'est engagé à suivre une filière déterminée pour recruter ses nouveaux employés[61]. En dehors de ce cas, peu fréquent, l'employeur a une totale liberté d'action en matière d'embauche, dans les limites des lois en vigueur, évidemment. Celles-ci reconnaissent à l'employeur le droit de déterminer les conditions physiques et mentales qu'il considère nécessaires pour s'acquitter des tâches à remplir dans tel ou tel poste de son entreprise[62]. Il doit établir ces conditions honnêtement et de bonne foi ; les conditions qu'il pose doivent être

57. *Loi sur les accidents du travail et les maladies professionnelles*, L.Q. 1985, c. 6, L.R.Q., c. A-3.001, art. 209-212.
58. Karin Benyekhlef, «Réflexions sur la légalité des tests de dépistage de drogues dans l'emploi», *Revue du Barreau*, vol. 48, n° 2, 1988, p. 315-364; Dominique Cadieux et Claude D'Aoust, «Le sida en milieu de travail», *Revue du Barreau*, vol. 49, n° 5, 1989, p. 769-819.
59. Ajout à l'*Employment Standards Act*, S.O., 1983, c. 55, art. 2, ajoutant à la loi des articles 39 a), 39 b), 39 c) et 39 d).
60. *Employee Polygraph Protection Act of 1988*, Public Law 100-347, June 27, 1988, (1988) U.S.C.A., Title 29, paragraphs 2001-2009.
61. Anne-Marie Blanchet, «L'examen médical préembauche», *Le marché du travail*, vol. 8, n° 9, septembre 1987, p. 64-68.
62. Pierre Bosset, *La discrimination indirecte dans le domaine de l'emploi. Aspects juridiques*, Cowansville, Les Éditions Yvon Blais inc., 1989 (136 p.), p. 121 et ss.

effectivement requises pour le poste en cause, comme le permettent la charte québécoise et la loi canadienne des droits[63].

Les principes à appliquer relativement à l'examen médical sont les mêmes au moment de l'embauche et en cours d'emploi. Même si l'examen médical constitue effectivement une intrusion dans la vie privée de la personne, il peut être légitimé par la nécessité pour l'employeur de vérifier si le candidat ou l'employé a les aptitudes requises pour remplir le poste, et s'il ne représente pas un danger pour lui-même, pour ses compagnons de travail et pour le public en général, le cas échéant. La question est de savoir si l'examen médical est nécessaire au point de justifier l'intrusion dans la vie privée que constitue cet examen[64].

Certains émettent des réserves par rapport à l'examen médical parce qu'il entraîne souvent une discrimination ultérieure. L'examen peut révéler une déficience physique ou mentale qui amènera l'employeur à choisir un autre candidat. Comme la déficience peut être considérée comme un handicap, il s'agirait d'une discrimination, licite ou illicite selon le motif et les circonstances[65]. La charte québécoise et la loi canadienne interdisent d'utiliser un formulaire d'embauche qui viserait à obtenir des renseignements reliés à de possibles motifs illicites de discrimination; la loi ne mentionne rien de semblable pour l'examen médical, mais on peut établir un lien entre les deux[66]. C'est sans doute pour ces raisons que la Commission des droits de la personne du Québec suggère que l'examen médical ne soit exigé que comme vérification finale, une fois faite la sélection des candidats. Une étude de la Commission recommande[67]:

> que l'examen préembauche soit consécutif à une offre d'embauche formelle mais conditionnelle aux résultats de l'examen médical.

La confidentialité des renseignements obtenus doit être assurée. Toute divulgation, au-delà de l'objectif connu de l'examen, ne doit se faire qu'avec l'autorisation expresse, généralement écrite, de l'employé concerné. Nous avons rappelé plus haut que le programme de santé propre à l'établissement exige généralement des examens médicaux à intervalles plus ou moins réguliers, selon les circonstances. En dehors de ces cas, il semble bien que le droit à la vie privée limite ou même interdise l'imposition d'un examen médical – relié ou non à la vérification de l'usage d'alcool ou de drogue – à moins qu'il existe une raison sérieuse de le faire, par exemple après un vol ou un accident, au moment du retour au travail à la suite d'une absence pour maladie ou d'un accident, et en général quand il y a un motif d'exiger un examen de l'employé en question. Il semble donc qu'il faille écarter du lieu de travail les examens de dépistage imprévus. Des raisons de sécurité pour le travailleur lui-même, ses collègues de travail ou le public peuvent toutefois justifier des mesures imprévues de dépistage. Finalement, le problème revient toujours à trouver l'équilibre entre les objectifs poursuivis et le droit de chaque employé à sa vie privée[68].

Le cas du détecteur de mensonge contient un élément supplémentaire, celui de la controverse qui existe autour de l'efficacité de cet instrument. Nous avons vu que la loi de l'Ontario interdit non pas de

63. *Charte des droits et libertés de la personne*, art. 20; *Loi canadienne sur les droits de la personne*, S.C. 1976-1977, c. 33, S.R.C. 1985, c. H-6, art. 14 a).

64. *Centre d'accueil Sainte-Domitille* et *Union des employés de service, local 298*, (1989) T.A. 439-462. Me JEAN-PIERRE LUSSIER, arbitre, 21 avril 1989, D.T.E. 89T-453.

65. La *Loi canadienne sur les droits de la personne* (art. 20) définit la déficience de la façon suivante: «toute déficience physique ou mentale, qu'elle soit présente ou passée, y compris le défigurement ainsi que la dépendance, présente ou passée, envers l'alcool ou la drogue.»

66. *Charte des droits de la personne du Québec*, art. 18.1; *Loi canadienne sur les droits de la personne*, art. 8.

67. DANIEL CARPENTIER, *Le respect des droits fondamentaux dans le cadre des examens médicaux en emploi*, document adopté par la Commission des droits de la personne du Québec le 21 août 1987, p. 12.

68. PETER B. BENSINGER, «Drug Testing in the Workplace» dans *The Private Security Industry: Issues and Trends. Annals of the American Academy of Political and Social Sciences*. no 498, juillet 1988, p. 43-50; BRIAN HESHIZER et JAN P. MUCZYK, «Drug Testing at the Workplace: Balancing Individual, Organizational and Societal Rights», *Labor Law Journal*, vol. 39, no 6, juin 1988, p. 342-357.

l'utiliser mais de l'imposer, directement ou indirectement, à un employé. Les cours et les arbitres sont en conséquence plus réticents à en admettre l'utilisation. Par contre, un certain nombre d'arbitres ont admis, dans certains cas, la preuve par détecteur de mensonge; ils ont alors eu grand soin de démontrer que les circonstances favorisaient le recours à un tel test. Généralement, il s'agissait de cas où l'employé lui-même avait demandé à passer le test et souhaitait que les résultats soient présentés en preuve[69].

Il nous reste à dire comment certains de ces éléments se retrouvent dans quelques conventions collectives.

5.5.3 Clauses de convention collective sur les tests

Nous avons dit que de telles clauses se trouvaient déjà dans certaines conventions collectives au cours des années 1950. C'est ainsi qu'un recueil de clauses de cette époque révèle l'existence de la clause suivante[70]:

> Tous les futurs employés seront examinés par le médecin de la compagnie et jugés en état de santé adéquat avant d'être acceptés comme employés.
>
> La compagnie se réserve le droit de mettre à pied temporairement ou, si elle le croit recommandable, de renvoyer un employé dont l'examen médical révélerait qu'il souffre d'une condition physique ou mentale susceptible de rendre la poursuite de son emploi dangereuse pour lui-même ou pour ses compagnons de travail. La compagnie aura également le droit de mettre à pied ou de renvoyer tout employé trouvé porteur d'une maladie contagieuse.

La convention collective pouvait alors contenir d'autres mentions, comme le droit de l'employé de recourir à son propre médecin, le droit du syndicat de discuter des résultats de l'examen et même, éventuellement, de recourir à l'arbitrage de trois médecins: celui de la compagnie, celui de l'employé et un président impartial. Le droit du syndicat de connaître les résultats individuels des examens peut être contesté.

Aujourd'hui, aux États-Unis, la mise en application d'un programme généralisé de tests pour les employés est sujet obligatoire de négociation (voir au chapitre 16 le sens de cette expression). Un tel programme ne peut être imposé par un employeur de façon unilatérale, sans consultation[71].

Au Québec, la formule la plus simple, celle qu'on rencontre le plus souvent, ressemble à celle qui suit:

> Tout employé devra, à la demande de la compagnie, subir un examen obligatoire aux frais de la compagnie. La compagnie assumera les frais de transport au taux courant et selon la pratique actuelle.
>
> (Papiers Rolland inc. et le Syndicat canadien des travailleurs du papier, section locale 14, art. 6.13.)

Une autre convention collective traite de plusieurs aspects particuliers de l'examen médical, sans cependant mentionner l'obligation de subir l'examen médical en tant que tel; celle-ci semble bien implicite.

> Un employé qui, à la demande de la compagnie, se soumet à un examen médical par un médecin choisi et payé par la compagnie reçoit pour les heures de travail perdues son taux horaire régulier incluant toute prime d'heures supplémentaires et toute prime de relève.
>
> Si l'employé doit se déplacer à l'extérieur de la région (...) il reçoit une allocation de transport égale au coût du passage aller-retour par transport en commun.
>
> (Tioxide Canada inc. et les Métallurgistes unis d'Amérique, union locale 6319, art. 12.09 b.)

Une convention collective traite exclusivement de l'examen de l'ouïe.

---

69. Claude D'Aoust et Hélène Lévesque, *Les aspects juridiques de l'utilisation du polygraphe dans les rapports de travail*, Montréal, Wilson et Lafleur ltée, 1990, 135 p.
70. *Union Contract Clauses*, Chicago, Commerce Clearing House, 1954, p. 737.
71. *Advice Memo GC 87-5*, N.L.R.B., 1987 D.L.R. 184 D-1. *IBEW, Local 1900* v. *PEPCO*, 121 L.R.R.M. 3071 (D.C. 1986). Voir aussi J. Alan Lips et Michael C. Lueder, «An Employer's Right to Test for Substance Abuse, Infectious Disease, and Truthfulness versus An Employee's Right to Privacy», *Labor Law Journal*, vol. 39, nº 8, août 1988, p. 533.

Les employés doivent se soumettre à un examen audiométrique fourni par l'employeur. Cet examen est périodique et la fréquence varie selon que l'employé travaille ou non dans le bruit. Les résultats de l'examen sont communiqués à l'employé.

(Kruger inc. et le Syndicat des travailleurs des pâtes et du papier de Bromptonville (FTPF – CSN), art. 21.8 e.)

Une autre convention collective considère les tests à subir à l'occasion d'un changement de poste. Il s'agit cette fois de tests d'habilités ou d'aptitudes.

L'employeur peut faire usage de tests à l'occasion d'un changement de poste comportant des exigences différentes.

L'employeur prévient deux (2) jours à l'avance la personne salariée appelée à subir un test en lui indiquant la nature du test à subir.

À moins d'entente contraire, les tests sont subis au Service du personnel.

Dans les trente (30) jours de la signature de la convention collective, le syndicat désignera une (1) personne salariée du groupe bureau pour subir à titre expérimental les tests utilisés actuellement par l'employeur pour les personnes salariées du groupe bureau. Par la suite, advenant une modification des tests actuels, le syndicat désignera une personne salariée du groupe bureau pour subir à titre expérimental les tests ainsi modifiés.

Le syndicat peut formuler un grief s'il juge déraisonnable la nature du test utilisé.

Dans le cas d'un grief soumis à l'arbitrage, le coordonnateur du comité de griefs du syndicat peut consulter, en présence d'un représentant du Service du personnel, le résultat des tests d'une personne salariée.

(Université de Montréal et le Syndicat des employés de l'Université de Montréal, section locale 1244, SCFP, art. 9.15 et 9.16.)

Ces divers exemples montrent que les textes des clauses visant les tests et les examens varient considérablement. Les dispositions portent sur les tests ou les examens eux-mêmes, l'obligation de les subir, leurs modalités et la divulgation des résultats.

L'exemple suivant se rapporte exceptionnellement à l'examen médical préembauche. Il se présente d'une façon un peu particulière: dans le livret qui contient la convention collective, on trouve un avant-propos signé par la compagnie, mais que le syndicat a dû accepter, puisque le texte en est publié avec la convention. On y parle d'un examen médical préembauche. Ce n'est qu'un sujet parmi une dizaine d'autres, qui vont des règles de sécurité à la propreté, en passant par la boîte à suggestions.

Aucun favoritisme ne joue dans notre politique de recrutement. Chaque nouvel employé doit donc être examiné par notre médecin attitré. Ce dernier doit approuver l'embauchage et, à des intervalles réguliers, l'employé doit subir des examens radiographiques aux frais de la compagnie. Des affiches dans l'usine indiquent les exigences sur lesquelles nous insistons; elles s'inspirent largement du principe que chaque nouvel employé doit être en bonne condition physique, exempt de toute maladie contagieuse, de façon à protéger la santé des employés qui sont déjà à notre emploi.

(Price-Wilson et le Syndicat canadien des travailleurs du papier, local 437, avant-propos.)

Dans les entreprises où existe un programme d'aide aux employés, on trouve généralement une clause de la convention à son sujet. Le phénomène n'est pas fréquent. En 1988, seulement 4 % des conventions collectives faisaient mention d'un tel programme, mais ces conventions rejoignaient 6 % des salariés[72]. Il s'agit donc le plus souvent de grandes conventions collectives. Ces programmes d'aide visaient à l'origine les problèmes d'alcoolisme ou d'autres toxicomanies. Ils ont connu un franc succès et, le plus souvent, leur portée s'est élargie avec le temps: par exemple, après avoir réglé le problème de l'alcool, il fallait souvent aider l'employé à se tirer de la mauvaise situation économique où il s'était placé. Appliqués avec tact et respect pour les personnes, ces

72. *Conditions de travail contenues dans les conventions collectives au Québec, 1989*, édition 1991, Québec, Centre de recherche et de statistiques sur le marché du travail, 1991. Variable L-03, p. 237.

programmes donnent généralement d'excellents résultats[73].

* * *

Les cas de droits de gérance discutés dans ce chapitre sont importants, en particulier celui de la sous-traitance. Cependant, ce ne sont pas les seuls, loin de là. Tout au long de la première partie de cet ouvrage, nous étudierons d'autres cas tout aussi importants, particulièrement dans le chapitre 8 sur les mesures disciplinaires et dans le chapitre 10 sur la protection de l'emploi.

73. CLAIRE SYLVESTRE, «Programmes d'aide aux employés» dans *Nouveaux modèles de relations du travail*, 18e Colloque de relations industrielles, 1987, Université de Montréal, École de relations industrielles, 1988, p. 88-97.

Bibliographie

Droits de la direction

BEAL, EDWIN F., WICKERSHAM, EDWARD D. et KIENAST, PHILIP D. *The Practice of Collective Bargaining*, 5e éd., 1976 (690 p.), Homewood, Ill. Richard D. Irwin, p. 273-284.

CHAMBERLAIN, NEIL W. *The Labor Sector. An Introduction to Labor in the American Economy*, New York, McGraw-Hill, 1965, 758 p., ch. 16: « Union Impact on the Management Function », p. 340-353.

CHANDLER, MARGARET K. *Management Rights and Union Interests*, New York et Toronto, McGraw-Hill, 1964, 329 p.

CHARTIER, ROGER. « Efficacité, science, participation à la gestion et droits de gérance » dans *Droits de gérance et changements technologiques*, 15e Congrès des relations industrielles de Laval, 1960, Québec, Les Presses de l'Université Laval, 1960, p. 56-84.

COX, MARK. « The Limits of Reform: Industrial Regulation and Management Rights in Ontario, 1930-1937 », *Canadian Historical Review*, vol. 68, nº 4, 1987, p. 552-575.

CULLEN, DONALD E. et GREENBAUM, MARCIA L. *Management Rights and Collective Bargaining: Can Both Survive?*, Ithaca, N.Y., Cornell University, New York State School of Industrial and Labor Relations, bulletin nº 58, août 1966, 63 p.

DION, GÉRARD. « La propriété et le fondement de l'autorité dans l'entreprise », *Relations industrielles*, vol. 16, nº 1, janvier 1961, p. 48-52.

DORSEY, JAMES E. *Employee/Employer Rights: A Guide for the British Columbia Workforce*, Vancouver, Self-Counsel Series, 1988, édition revue et corrigée.

GINZBERG, ELI et BERG, IVAR E. *Democratic Values and the Rights of Management*, New York, Columbia University Press, 1963, 217 p.

HAYES, JAMES K. *Perspectives on Management Rights*, Toronto, Ontario Federation of Labour, septembre 1974, 87 p.

HILL, MARVIN JR. et SINICROPI, ANTHONY V. *Management Rights. A Legal and Arbitral Analysis*, Washington, Bureau of National Affairs, 1989, 560 p.

KILLINGSWORTH, CHARLES C. « Managements Rights Revisited » (Presidential Address) dans *Arbitration and Social Change. Proceedings of the 22nd Annual Meeting of the National Academy of Arbitrators*, janvier 1969, Gerald G. Somers éditeur, Washington, D.C., Bureau of National Affairs, 1970, p. 1-19.

MALLETTE, NOËL. « Les droits de la direction » dans *La gestion des relations du travail au Québec*, Montréal, McGraw-Hill, 1980 (642 p.), p. 241-245.

MISCIMARRA, PHILLIP A. *The N.L.R.B. and Managerial Discretion: Plant Closings, Relocations, Subcontracting and Automation*, Philadelphia, University of Pennsylvania, Wharton School, Industrial Research Unit, 1983, 368 p.

PERLINE, MARTIN M. et POYNTER, DAVID J. « Union and Management Perception of Managerial Prerogatives: Some Insight into the Future of Cooperative Bargaining in the U.S.A. », *British Journal of Industrial Relations*, vol. 28, nº 2, juillet 1990, p. 179-196.

PRASOW, PAUL. « The Theory of Management Reserved Rights – Revisited », *Industrial Relations Research Association. Proceedings of the Twenty-Sixth Annual Winter Meeting, New York, December 1973*, Madison, Wis., University of Wisconsin, IRRA, 1974, p. 74-84.

SINICROPI, ANTHONY V. « The Use and Abuse of Management Rights », *Industrial Relations Law Journal*, vol. 10, nº 1, 1988, p. 2-7.

SLICHTER, SUMNER H., HEALY, J.J. et LIVERNASH, E.R. *The Impact of Collective Bargaining on Management*, Washington, Brookings Institution, 1960, 982 p.

STOREY, JOHN. *Managerial Prerogative and the Question of Control*, Londres, Routledge and Kegan Paul, 1983, 243 p.

TORRENCE, GEORGE W. *Management's Right to Manage. Operations Manual*, édition revue et corrigée, Washington, D.C., Bureau of National Affairs, 1968, 130 p.

Sous-traitance

BRODY, BERNARD et POIRIER, ANDRÉ. « La sous-traitance dans les conventions collectives québécoises: description et analyse », *Le marché du travail*, vol. 5, nº 7, juillet 1984, p. 66-78.

CARVER, ROBERT H. «Examining the Premices of Contracting Out», *Public Productivity and Management Review*, vol. 13, nº 11, automne 1989, p. 27-40.

EPSTEIN, E. et MONAT J. «La sous-entreprise de main-d'œuvre et sa réglementation», *Revue internationale du travail*, vol. 107, nº 5, mai 1973, p. 491-512 et vol. 107, nº 6, juin 1973, p. 557-574.

LEWIS, NORMANDE et DESJARDINS, ANDRÉ. *Le travail à temps partiel, le partage du travail comme mesure de sécurité d'emploi et la sous-traitance. Recueil de clauses-types*, Québec, Centre de recherche et de statistiques sur le marché du travail, 1985 (90 p.), p. 63-87.

«Privatization and Contracting Out» (10 articles), *Labor Research Review*, vol. 9, nº 1, printemps 1990, p. 1-99.

SAUTER, ROBERT W. «Union View: Subcontracting the Work of Union Members in the Public Sector», *Labor Law Journal*, vol. 39, nº 8, 1988, p. 487-492.

La sous-traitance, Étude préparée par SECOR inc. pour la Commission consultative sur le travail (COMMISSION BEAUDRY), Québec, 1985, 80 p. et annexes.

WISEMAN, ROBERT D. et PEREZ, RAYMOND W. «Subcontracting in the Public Sector: Its Purpose and Limitations», *Labor Law Journal*, vol. 39, nº 8, août 1988, p. 493-496.

YOUNG, F. JOHN L. *The Contracting Out of Work. Canadian and U.S.A. Industrial Relations Experience*, Research Series No. 1, Kingston, Queen's University, Industrial Relations Centre, 1964 (150 p.), p. 10-16.

Tests et examens médicaux

BESINGER, PETER B. «Drug Testing in the Workplace» dans *The Private Security Industry: Issues and Trends. The Annals of the American Academy of Political and Social Sciences*, nº 498, juillet 1988, p. 43-50.

BENYEKHLEF, KARIN. «Réflexions sur la légalité des tests de dépistage de drogues dans l'emploi», *Revue du Barreau*, vol. 48, nº 2, 1988, p. 315-364.

BLANCHET, ANNE-MARIE. «L'examen médical préembauche», *Le marché du travail*, vol. 8, nº 9, septembre 1987, p. 64-68.

BOSSET, PIERRE. *La discrimination indirecte dans le domaine de l'emploi. Aspects juridiques*, Cowansville, Les Éditions Yvon Blais inc., 1989 (136 p.), p. 121 et ss.

CADIEUX, DOMINIQUE et D'AOUST, CLAUDE. «Le sida en milieu de travail», *Revue du Barreau*, vol. 49, nº 5, 1989, p. 769-819.

D'AOUST, CLAUDE et LÉVESQUE, HÉLÈNE. *Les aspects juridiques de l'utilisation du polygraphe dans les rapports du travail*, Montréal, Wilson et Lafleur, 1990, 135 p.

HESHIZER, BRIAN et MUCZYK, JAN P. «Drug Testing at the Workplace: Balancing Individual, Organizational, and Societal Rights», *Labor Law Journal*, vol. 39, nº 6, juin 1988, p. 342-357.

LIPS, ALAN J. et LUEDER, MICHAEL C. «An Employer's Right to Test for Substance Abuse, Infectious Diseases, and Truthfulness versus an Employee's Right to Privacy», *Labor Law Journal*, vol. 39, nº 8, août 1988, p. 528-534.

MOSELEY, JAMES A. *AIDS, Alcoholism and Drug Abuse: Dilemmas in the Workplace,* volume 2 de *Employers' Rights and Responsibilities*, sous la direction de IRENE A. JACOBY, Washington, National Legal Center for the Public Interest, 1988-1989.

Chapitre

6

Règlement interne des griefs

PLAN

La clause de règlement des griefs est une clause contractuelle, mais d'un caractère particulier. C'est la dernière que nous étudierons pour le moment. Une autre clause contractuelle concerne la durée et le renouvellement de la convention; elle fera l'objet du chapitre 15.

La clause de règlement des griefs est de caractère contractuel parce qu'elle détermine une procédure qui implique les deux parties contractantes; mais elle a aussi valeur de clause de fond en ce sens qu'elle donne un droit véritable aux employés concernés: celui de contester, selon une procédure définie, une décision de l'employeur qui ne semble pas respecter les dispositions de la convention. Elle crée la possibilité d'un recours; ce droit s'exerce selon des règles qui impliquent directement les deux parties signataires de la convention.

Nous consacrerons deux chapitres à l'étude du règlement des griefs parce que cette procédure comprend plusieurs étapes, dont la dernière – l'arbitrage du grief – comporte des caractéristiques très particulières. Aux premières étapes, que nous appelons internes, toute la discussion se déroule entre les parties intéressées, c'est-à-dire entre les signataires de la convention collective. S'il n'y a pas de règlement à cette étape, le problème est porté, obligatoirement ou volontairement selon les cas, devant un arbitre qui doit trancher la question. À cause des caractères propres à cette dernière étape du processus, nous en reportons l'étude au chapitre suivant. Le présent chapitre est consacré à l'analyse du règlement interne des griefs, alors que le suivant traitera de la dernière étape, soit la solution finale du problème par une tierce partie: l'arbitre.

Mais la distinction n'exclut pas les chevauchements. Certaines questions visent l'ensemble du processus. C'est le cas de la nature du régime, de la définition et des types de griefs, et du cadre légal général, ce dont traitent les trois premières sections du présent chapitre. La quatrième section analyse spécifiquement les étapes internes. Dans les dernières sections, il est principalement question des étapes internes, mais on y trouve également certaines observations qui s'appliquent à l'arbitrage. La cloison entre les deux chapitres n'est pas étanche.

La procédure de règlement des griefs fournit aux intéressés un moyen efficace d'assurer le respect de l'ensemble des clauses de fond de la convention. On qualifie parfois la clause qui la concerne de clause «chien de garde», en ce sens que cette clause établit des mécanismes qui ont pour objet d'assurer l'exécution de toutes les autres clauses, par le biais d'un recours peu coûteux, efficace et rapide – c'était du moins l'objectif initial – en vue d'obtenir le redressement de tout manquement ou de toute contravention aux dispositions de la convention collective.

Le présent chapitre étudiera donc le règlement interne, entre les parties intéressées elles-mêmes, des difficultés ou griefs qui peuvent surgir pendant que la convention collective est en vigueur.

6.1 Nature, historique et concepts

Le règlement des griefs tel qu'il se pratique en Amérique du Nord est un phénomène unique au monde. Aussi importe-t-il d'en préciser la nature, d'en rappeler l'évolution et de bien définir les concepts qui le sous-tendent avant d'aborder l'étude de la clause comme telle.

6.1.1 Nature de ce mode de règlement

La procédure de règlement des griefs est en quelque sorte un instrument de justice privée, sanctionné par la loi. La convention collective constitue la loi des parties, que les intéressés ont le loisir d'établir selon leurs préférences. Il est donc naturel que ceux-ci aient voulu y inclure un mécanisme qui permette d'en assurer le respect. Ce mécanisme constitue un régime de recours facile à comprendre et à utiliser. Il s'agit d'un élément du contrat qui en garantit l'exécution. À cette fin, le règlement des griefs doit établir une forme de justice accessible, rapide et peu coûteuse. Tel est l'idéal; avec le temps la réalité s'en est considérablement éloignée.

Sous un autre aspect, le règlement des griefs constitue une forme de contestation (*voice*), selon l'expression inventée par Hirschman et popularisée par Freeman, dans le couple fuir-ou-contester (*Exit-Voice*)[1]. Devant les difficultés qui se présentent au lieu de travail, certains préfèrent s'effacer, alors que d'autres vont tenter de redresser la situation en recourant à la procédure de règlement des griefs. Cette explication s'avérera particulièrement éclairante par rapport à certaines questions de base: pourquoi y a-t-il plus ou moins de griefs ? Pourquoi certains salariés n'en déposent jamais, alors que d'autres sont beaucoup plus enclins à le faire? Le nombre, l'identité des auteurs et l'impact des griefs découlent assez naturellement de la conception du grief comme expression de contestation et d'une volonté de redressement.

Fondamentalement, le règlement des griefs est comparable à un processus judiciaire. Les employés qui ont à se plaindre de telle ou telle décision prise à leur égard, parce qu'ils la considèrent comme une violation des règles contenues dans la convention collective, peuvent recourir à ce mécanisme pour obtenir justice et le redressement de la situation. Mais ce recours s'insère dans l'ensemble des relations employeur-syndicat-employé et, à ce titre, le geste peut revêtir une foule de significations. On peut ainsi considérer le dépôt d'un grief comme l'expression d'un sentiment d'injustice, comme un défi à l'autorité patronale, particulièrement à celle du contremaître ou comme le signe d'une difficulté éprouvée par les employés ou leur syndicat. Il peut aussi être l'indice d'un conflit politique à l'intérieur du groupe syndical ou du groupe patronal ou même d'une manœuvre à caractère stratégique ou tactique dans le cadre continu des relations patronales-syndicales sinon dans celui de la négociation collective[2].

1. ALBERT O. HIRSCHMAN, *Exit, Voice and Loyalty*, Cambridge, Mass., Harvard University Press, 1971, 162 p.; RICHARD B. FREEMAN et JAMES L. MEDOFF, *What Do Unions Do?*, New York, Basic Books, 1984, 293 p., ch. 1 et 6.
2. JEFFREY GANDZ et J. DAVID WHITEHEAD, «Grievances and their Resolution» dans *Union-Management Relations in Canada*, sous la direction de JOHN C. ANDERSON, MORLEY GUNDERSON et ALLEN PONAK, 2e édition, Don Mills, Ontario, Addison-Wesley, 1989 (498 p.), p. 235.

Ces différentes significations que peut avoir le dépôt d'un grief seront explicitées dans les pages suivantes. L'aspect fondamental demeure le redressement d'une injustice réelle ou perçue comme telle, découlant de la présumée violation d'un point de la convention collective. D'un autre côté, la signification concrète et immédiate peut varier beaucoup d'un cas à l'autre, d'une région à une autre et, davantage encore, d'une période à une autre. Aussi faut-il évoquer au moins sommairement l'historique du règlement des griefs.

6.1.2 Historique des griefs et de leur règlement

La distinction aujourd'hui très nette entre conflit de négociation et conflit d'interprétation ou d'application de la convention collective n'a pas toujours été aussi claire. Au début du syndicalisme, la reconnaissance syndicale, la négociation d'une entente collective et la contestation pour le non-respect de la convention étaient indistinctement invoqués comme cause des différents conflits industriels. Aussi ne faut-il pas s'étonner que la *Loi des différends ouvriers* du Québec, adoptée en 1901, traite sans distinction et simultanément des conflits de négociation et des conflits d'application de la convention. En fait, la loi parle tout simplement de conflits, dont elle énumère les sujets possibles: les salaires, les dommages, la mauvaise qualité de la nourriture fournie, la mauvaise ventilation ou l'état dangereux des lieux; elle mentionne également «l'exécution ou la non-exécution de toute stipulation ou convention écrite ou verbale[3]». Tout conflit pouvait être soumis à un conseil de conciliation ou à un conseil d'arbitrage, mais les parties n'étaient pas tenues d'accepter la sentence du conseil d'arbitrage, à moins qu'elles en aient convenu, d'avance et par écrit, suivant une formule déterminée[4].

D'un autre côté, les parties demeuraient libres de déterminer, si elles le voulaient, un mode de règlement interne avant d'aller devant le conseil d'arbitrage.

3. *Loi des différends ouvriers* de Québec, 1 Édouard VII (1901), c. 31, art. 4.
4. *Ibid.*, art. 26.

C'est ainsi qu'on trouve dans une convention collective de 1926 – qui tient dans une page et demie – les dispositions suivantes relatives au règlement des griefs[5]:

> Les employés ayant un grief ou une plainte, de nature spécifique ou générale, pourront présenter leur cas, pendant les heures de travail, en comité ou autrement, d'abord à leur contremaître et, faute d'entente avec lui, au surintendant du département, et finalement au gérant-général de la compagnie.

On voit que la clause ne comporte aucune mention de recours au conseil d'arbitrage, mais seulement de discussions avec les représentants de la compagnie à différents niveaux. Le recours à un conseil d'arbitrage, établi en vertu de la loi, était d'ailleurs restreint aux employeurs ayant 10 employés ou plus[6].

La situation est demeurée ainsi, libre et confuse, jusqu'à l'adoption du CP 1003 le 17 février 1944. Comme les nécessités de la production de guerre interdisaient tout arrêt de travail, le document – qui équivalait à la première loi de relations ouvrières – imposait le règlement final des griefs, par voie de discussion interne puis d'arbitrage, tel que nous le connaissons aujourd'hui[7].

Au Québec, la *Loi des relations ouvrières*, adoptée également en 1944, n'imposait aucune obligation de cette nature[8]. En fait, cette loi ne traitait directement que du droit d'association et de la négociation collective, ainsi que des questions qui s'y rapportaient directement. Pour ce qui est des conflits, la *Loi des différends ouvriers*, légèrement modifiée depuis son adoption en 1901, continuait de s'appliquer à tout genre de conflit[9]. Le droit de faire la grève à la suite d'un désaccord sur un grief demeura en vigueur au Québec jusqu'en 1961. C'est à ce moment que, imitant la plupart des autres provinces canadiennes et les lois fédérales de 1944 et de 1948, le gouvernement du Québec retira le droit de faire la grève et le remplaça par l'arbitrage obligatoire et exécutoire, pour tout grief non réglé par voie de discussions internes[10]. La plupart des conventions collectives contenaient déjà d'ailleurs une disposition de cette nature; elles s'inspiraient en cela de ce qui existait alors, et qui existe encore, aux États-Unis où l'interdiction de faire la grève pendant que la convention est en vigueur ne se trouve pas dans la loi mais dans la grande majorité des conventions collectives.

6.1.3 Concepts reliés au règlement des griefs

Avant de définir le mot grief lui-même, il faut présenter d'autres mots qui lui sont directement reliés et qui en éclairent la signification. Il s'agit d'abord des expressions conflit de droit et conflit d'intérêts. Il y a «conflit de droit» quand deux ou plusieurs personnes attribuent un sens différent au texte qui établit un droit; quand elles soutiennent que le droit en question s'applique ou non à telle ou telle situation, ou qu'il n'a pas été respecté. La source du droit peut être une loi, une convention collective ou même, dans certains cas, une coutume bien établie. Un grief est un conflit de droit puisque normalement il découle d'une clause de convention collective en vigueur. Nous verrons plus loin que certaines conventions collectives donnent un sens légèrement plus large au mot grief.

Le «conflit d'intérêts», au contraire, découle de la volonté de deux ou de plusieurs parties qui cherchent à tirer le plus grand profit possible d'une situation ou d'une négociation. Les parties en présence invoqueront des notions d'équité et de justice sociale, mais ne peuvent faire appel à un texte écrit ayant valeur péremptoire. Les parties chercheront plutôt à démontrer le bien-fondé de leurs positions. Il s'agit vraiment, au sens premier des mots eux-mêmes, d'un

5. Agreement Entered Into Between Montreal Light Heat and Power Consolidated and Their Employees, Members of Local Union Number 16571, LaSalle Gas Works, July 1926. (Traduction de l'auteur.)
6. *Loi des différends ouvriers* de Québec, art. 3.
7. Arrêté en conseil concernant les relations ouvrières en temps de guerre, CP 1003, art. 17-18. Voir *La Gazette du travail*, vol. 44, nº 2, février 1944, p. 151.
8. *Loi des relations ouvrières*, 8 George VI (1944) c. 30.
9. *Loi des différends ouvriers*, S.R.Q., 1941, c. 167.
10. *Loi modifiant la loi des relations ouvrières*, 9-10 Elizabeth II, 1961, c. 73, art. 6, modifiant l'article 24, paragraphes 4º, 5º et 6º de la L.R.O.

conflit d'intérêts entre les intervenants en cause. La situation la plus claire et la plus fréquente est celle où se trouvent les parties au moment où elles s'affrontent en vue d'établir la future convention collective. Elles ne peuvent en appeler à un droit existant; en un sens c'est leur entente qui va créer ce droit, exprimé dans les clauses de la future convention collective. D'un autre côté, même pendant que la convention collective est en vigueur, il peut surgir des conflits d'intérêts, sur une question dont ne traite pas la convention collective, par exemple à la suite de l'introduction d'une nouvelle machine pour laquelle aucun taux de salaire n'a encore été fixé.

En résumé, une négociation constitue un conflit d'intérêts, un grief un conflit de droit. Mais, dans la pratique, la nature du conflit n'apparaît pas toujours aussi clairement. Il peut surgir des conflits d'intérêts pendant que la convention collective est en vigueur, comme on peut se trouver en présence d'un conflit de droit pendant une période de négociation. Par exemple, l'employeur est-il tenu de négocier telle ou telle question, même s'il ne saurait être tenu de concéder quoi que ce soit? Par ailleurs la loi oblige les parties à négocier de bonne foi; ainsi, une accusation de mauvaise foi constitue un conflit de droit, qui sera tranché par un tribunal. Il reste qu'il s'agit toujours, dans ce dernier cas, de situations plus ou moins exceptionnelles. La règle générale est celle que nous avons énoncée au début du paragraphe.

Les trois termes suivants sont étroitement reliés à la distinction qui précède: différend, grief et mésentente. Le «différend» identifie un désaccord qui existe entre les parties au cours de la négociation d'une convention collective, de son renouvellement ou de la réouverture de ladite convention. En bref, c'est un conflit de négociation. Le «grief» désigne un désaccord entre les parties pendant qu'une convention collective est en vigueur; il se rapporte généralement à une question dont traite la convention collective, même si le sens du mot grief peut être élargi, comme nous le verrons plus loin. Enfin, la «mésentente» tient un peu des deux: elle porte sur une question dont la convention collective ne traite pas, mais elle survient pendant que celle-ci est en vigueur. Ces trois termes ont un sens légal technique bien défini dans le *Code du travail*[11].

La définition complète du grief exige d'autres précisions que nous ajouterons en présentant la classification des griefs, ou leur typologie.

6.2 Classification et typologie

Les différents griefs peuvent être regroupés selon plusieurs aspects. Nous traiterons successivement des différents types de griefs, selon la définition plus ou moins large qu'on donne à ce terme, selon les personnes qui déposent le grief, selon l'objectif qu'elles poursuivent et, finalement, selon la matière ou l'objet même du grief.

6.2.1 Grief au sens large ou restreint

En matière de règlement des griefs, le point le plus important à établir est sans contredit la définition du grief, telle qu'on la trouve dans la convention collective en cause. En d'autres mots: dans la convention collective, comment le grief est-il défini? C'est la réponse à cette question qui va décider, en grande partie, si le grief est acceptable ou non, même dans les premières étapes de la procédure.

La majorité des conventions collectives s'en tiennent à la définition que donne le *Code du travail* (art. 1, *f*):

> Dans le présent Code, à moins que le contexte ne s'y oppose les termes suivants signifient:
>
> (...)
>
> *f*) «grief» – toute mésentente relative à l'interprétation ou à l'application d'une convention collective.

La définition du Code implique que le terme est pris dans son sens restreint: selon le Code, ne constitue un grief qu'une plainte ou un désaccord qui porte sur une matière dont traite la convention collective. En effet, le texte dit bien qu'il s'agit d'une mésentente «relative à l'interprétation ou à l'application d'une convention collective». Si le désaccord porte sur un

11. *Code du travail* du Québec, art. 1 et 102.

point dont la convention ne traite pas, le désaccord ne saurait être un grief au sens du Code. On rejoint ici les principes déjà énoncés à propos de la théorie des droits résiduaires de l'employeur. La grande majorité des conventions collectives définissent ainsi le mot grief, explicitement ou implicitement, en renvoyant parfois au *Code du travail* lui-même qui détermine la portée minimale du terme grief; aucune convention ne peut aller en deçà.

Dans l'exemple suivant, même si la convention collective ne définit pas explicitement ce qu'elle entend par grief, la limite qu'elle impose correspond exactement à la description du Code. Selon cette convention, on ne peut donc soulever qu'un grief au sens strict ou restreint du terme.

> Si un employé (ou groupe d'employés) a un grief, alors un effort sincère doit être fait afin de le régler le plus tôt possible. Un grief ne peut porter que sur l'interprétation ou l'application des dispositions de la convention de travail.
>
> (Matériaux de construction Domtar et le Syndicat canadien des travailleurs du papier, section locale 658, ville LaSalle.)

En d'autres cas, les parties contractantes souhaitent donner un sens plus large au mot grief et admettre comme tels des litiges portant sur des sujets dont ne traite pas explicitement la convention collective. Ces conventions acceptent comme griefs un certain nombre plus ou moins important de mésententes au sens propre du terme. La portée du mot grief est plus ou moins étendue, selon la volonté des parties qui ont signé la convention collective. Il faut noter, de plus, que la définition du grief peut varier aux étapes internes et à l'arbitrage. Certains employeurs sont prêts à discuter de n'importe quelle plainte ou mésentente avec les représentants syndicaux – donc aux étapes internes du règlement – mais ne sont pas prêts à remettre la décision finale et exécutoire du problème à un tiers, dans la personne de l'arbitre. Dans ce cas, le grief est défini au sens large aux étapes internes et au sens strict à l'arbitrage.

Les deux extraits suivants sont des exemples de clauses qui donnent un sens plus large au mot grief. Dans le premier, l'italique identifie les termes qui confèrent au grief une plus grande portée.

> Tout employé ou ancien employé régi par cette convention qui se croit lésé par suite d'une prétendue violation ou fausse interprétation des clauses de cette convention ou d'une décision prise par la Société en relation avec les conditions de travail prévues dans cette convention ou *d'une modification par la Société d'une condition de travail non prévue dans cette convention* peut soumettre son grief pour enquête et règlement en conformité de la procédure énoncée ci-dessous.
>
> (Société d'électrolyse et de chimie Alcan ltée (Arvida) et le Syndicat national des employés de l'aluminium d'Arvida, art. 15.1.)

L'expression «ancien employé» autorise un employé congédié – qui n'est donc plus un employé au sens strict du mot – à présenter un grief relativement à son congédiement. Par ailleurs, sauf le membre de phrase en italique, tout le reste de la clause reflète la définition du *Code du travail*. Comment faut-il interpréter cet élément additionnel? Pour qu'il y ait matière à grief, il faut d'abord que le litige porte sur «une condition de travail»; ce terme, très large, n'inclut cependant pas tout; pensons par exemple à l'aide ou aux avantages que certaines compagnies accordent à un club sportif de leurs employés. De plus, il doit y avoir eu «modification» par l'employeur de cette condition de travail; celle-ci devait donc préexister à la difficulté. Les seules mésententes qui pourraient faire l'objet d'un grief, selon cette clause, seraient donc nécessairement relatives à une condition de travail préexistante au grief et modifiée par l'employeur. L'exemple suivant semble beaucoup plus large, du moins à première vue:

> C'est le ferme désir de la Société et de la Fraternité, section locale 1983, SCFP, de régler équitablement et dans le plus bref délai possible tout grief pouvant surgir entre la Société et son personnel régi par les présentes ou la Fraternité, section locale 1983, SCFP.
>
> Un grief est défini comme toute mésentente relative à l'interprétation ou à l'application de la convention collective, tout différend, désaccord, litige ou

mésentente relatifs à quelque mesure disciplinaire, aux salaires et/ou aux conditions de travail.

Tout grief est sujet à la procédure de règlement des griefs et à l'arbitrage établis au présent article et à l'article 35.

(Société de transport de la CUM et Fraternité des chauffeurs d'autobus, opérateurs de métro et employés des services connexes au transport de la STCUM, art. 34.01.)

Le paragraphe central comporte deux parties dont la première reproduit la définition du Code et dont la seconde commence par une énumération qui semble extrêmement large, mais qui est restreinte par les mots «relatifs à une mesure disciplinaire, aux salaires ou aux conditions de travail». Les mesures disciplinaires et les salaires font déjà partie de la convention collective; il reste donc qu'on pourrait présenter un grief sur tout sujet dont on pourrait prouver qu'il s'agit vraiment d'une condition de travail.

Le tableau 6-1 nous révèle le nombre fortement majoritaire des conventions collectives qui adoptent le sens strict du mot grief, soit plus de 80 % des conventions visant une proportion comparable de salariés. Les conventions collectives qui donnent un sens élargi à la notion de grief sont en général les plus importantes par le nombre de salariés régis[12]. Dans la catégorie des conventions de moins de 50 salariés, 10 % des conventions n'ont aucune disposition relative à la définition du grief; par le fait même, c'est la définition du *Code du travail* qui s'applique dans leur cas. On peut en conclure que plus de 90 % des conventions collectives s'interprètent d'après la définition stricte du mot grief. Cette observation corrobore l'importance grandissante de la théorie des droits résiduaires dans le chapitre précédent.

Notons que le grief, au sens élargi, est désigné par plusieurs expressions différentes, selon chaque convention collective ou chaque auteur. On l'appellera, par exemple, grief élargi ou grief assimilé[13].

6.2.2 Types de griefs selon leur auteur

Selon que le grief est déposé par telle personne ou tel groupe de personnes, on dira qu'il s'agit d'un grief individuel ou collectif, syndical ou patronal.

Le «grief individuel», déposé par un salarié de l'unité de négociation et poursuivi avec l'appui du syndicat, constitue la très grande majorité des cas. Aux yeux de la plupart des salariés visés par la convention collective, c'est l'instrument de redressement mis à leur disposition. Il se peut que plusieurs salariés déposent en même temps un grief à titre individuel. Supposons que 10 employés ont fait des heures supplémentaires le soir du 24 décembre. Supposons qu'ils aient tous été payés sur la base d'un taux majoré de moitié, ou même selon un taux double, mais qu'ils réclament un taux triple, parce que la convention collective prévoit le paiement de ce taux le jour de Noël. Il s'agit dans ce cas d'un «grief de groupe», qui vise une partie de la main-d'œuvre en cause; il représente en quelque sorte l'addition d'un certain nombre de griefs individuels portant exactement sur le même problème. Dans la mesure où la solution du grief repose sur l'interprétation d'une clause de la convention, susceptible d'affecter tous les salariés qui se trouveraient dans la même situation, on pourrait aussi parler de grief d'interprétation ou de «grief collectif».

12. Les données du tableau 6-1 qui visent les conventions de 50 salariés et plus en 1989 ne peuvent être comprises sans l'observation suivante. Quelques très grandes conventions, principalement dans le secteur public, donnent un sens large au mot grief; leur importance numérique est telle qu'elle affecte sérieusement l'image de la répartition globale. Les quelque 40 % de salariés qui peuvent faire un grief sur toute mésentente relative à une condition de travail sont concentrés dans le secteur public.

13. L'expression «grief assimilé» est de plus en plus utilisée dans un autre sens: l'ensemble des cas où une plainte, formulée en vertu d'une loi générale s'appliquant aux syndiqués et aux non-syndiqués, est réglée en dernier ressort par un arbitre nommé à cette fin par le ministre. Le pouvoir de l'arbitre lui vient alors de la loi, nullement de la convention collective. On trouve des exemples de tels griefs assimilés dans le Code (art. 110.1), dans la *Loi sur les normes du travail* (art. 126), etc. Voir FERNAND MORIN et RODRIGUE BLOUIN, *Arbitrage des griefs 1986*, Montréal, Éditions Yvon Blais inc., 1986 (554 p.), p. 125-144.

TABLEAU 6-1

Étendue de la définition du grief au Québec – 1984 et 1989

Définition du grief	Conventions collectives régissant moins de 50 salariés				50 salariés et plus				tous les salariés (TOTAL)			
	C.c.	%	Salariés	%	C.c.	%	Salariés	%	C.c.	%	Salariés	%
1984												
Limitée au sens strict	3 461	83,6	62 884	85,9	1 697	89,5	583 568	84,6	5 158	85,4	646 452	84,7
Incluant des mésententes	254	6,1	3 633	5,0	102	5,4	87 064	12,6	356	5,9	90 697	11,9
Aucune disposition	426	10,3	6 657	9,1	98	5,2	19 661	2,8	524	8,7	26 318	3,4
TOTAL	4 141	100,0	73 174	100,0	1 897	100,0	690 293	100,0	6 038	100,0	763 467	100,0
1989												
Limitée au sens strict	4 450	82,6	87 767	85,3	2 181	84,6	502 928	54,7	6 631	83,3	590 695	57,7
Incluant des mésententes	429	8,0	6 740	6,6	295	11,4	394 722	42,9	724	9,1	401 462	39,2
Aucune disposition	505	9,4	8 339	8,1	101	3,9	22 557	2,4	606	7,6	30 896	3,0
TOTAL	5 384	100,0	102 842	100,0	2 577	100,0	920 207	100,0	7 961	100,0	1 023 052	100,0

Source: Données mécanographiques du CRSMT, 27 mars 1991. (Variable B-25.)

Certains parleront alors d'un grief syndical, même si l'expression a normalement un sens différent. Au sens strict, le «grief syndical» est déposé par le syndicat lui-même, soit qu'il touche un point qui vise le syndicat en tant que tel, et non pas les employés, soit qu'il s'agisse d'une question de principe, comme l'interprétation de tel ou tel article, de tel ou tel paragraphe de la convention collective. Un grief syndical sur une question d'interprétation de la convention collective pourra affecter un nombre plus ou moins grand d'employés, selon les circonstances. En un sens, dans l'exemple mentionné ci-dessus, le syndicat pourrait, s'il le voulait, transformer le grief collectif en grief syndical, en demandant à l'arbitre de préciser si le taux triple prévu par la convention collective pour le jour de Noël s'applique à compter de minuit seulement ou depuis la fin du quart de travail régulier le 24 décembre. On voit la nuance qui permet de passer d'un grief de groupe à un grief collectif ou syndical.

Certaines conventions collectives prévoient explicitement le «grief patronal», c'est-à-dire le droit qu'a l'employeur de déposer un grief, s'il considère que la convention collective n'est pas respectée par le syndicat ou par un groupe important d'employés, appuyés ou non par le syndicat. Les griefs patronaux les plus fréquents portent sur différentes violations de l'obligation de fournir un travail normal, comme dans le cas de ralentissement de travail, d'arrêts de travail illégaux, de prolongements indus de la pause-café, par exemple pour tenir une assemblée syndicale. Dans de tels cas, l'employeur peut même réclamer des dommages-intérêts; nous verrons dans le chapitre suivant que la juridiction de l'arbitre lui permet d'accorder de telles réparations.

Seul le tiers des conventions collectives mentionnent le droit qu'a l'employeur de déposer un grief. Ce droit ne lui vient pas de la convention mais de la loi: le principe énoncé dans l'article 100 du *Code du travail* s'applique également aux deux parties. Les employeurs qui tiennent à inscrire ce droit dans la convention sont le plus souvent des patrons de petites et moyennes entreprises: 40 % des conventions de 50 salariés et plus ont une telle clause, mais elles ne régissent que 25 % des salariés de cette catégorie. Les grandes entreprises ont sans doute d'autres moyens de faire respecter la convention, sans compter que le droit de l'employeur de déposer un grief, nous le rappelons, ne vient pas de la convention mais de la loi. (Voir le tableau 6-2.)

6.2.3 Types de griefs selon l'objectif recherché

Le dépôt d'un grief peut viser plusieurs objectifs, mais il y en a deux types principaux. Lorsque le syndicat dépose lui-même un grief, on parlera généralement d'un «grief d'interprétation» ou d'un «grief de principe». Le syndicat veut alors clarifier une disposition de la convention qu'il considère obscure; il peut également chercher, par ce moyen, à bloquer une façon de faire ou une politique de la compagnie qu'il considère incompatible avec le texte de la convention. Certains griefs patronaux peuvent avoir le même objectif. Notons ici, comme nous le verrons plus loin, que les griefs patronaux et syndicaux sont abordés, le plus souvent, à une étape relativement avancée de la procédure interne des griefs.

La grande majorité des griefs proviennent de salariés individuels. Ces griefs cherchent à corriger une situation ou à réparer une injustice; d'où leur nom de «grief correctif». Un employé qui, par exemple, a subi une suspension prolongée comme sanction disciplinaire, demandera que celle-ci soit annulée, ou au moins diminuée, et il réclamera la rémunération correspondant à sa diminution de peine. Il peut s'agir aussi d'une prime qui ne lui a pas été payée et à laquelle il considère avoir droit; il en demandera le remboursement.

Un grief d'interprétation peut être, dans certains cas, un «grief préventif». On demande alors à l'arbitre de décider quelle conduite devrait être adoptée pour se conformer à la convention collective. Généralement, l'arbitre exigera qu'un tel grief soit soumis par les deux parties pour le considérer. Autrement, on attendra qu'un geste soit posé et, à la suite de ce geste, l'une ou l'autre des parties déposera un grief de principe ou d'interprétation; l'arbitre sera alors tenu de le considérer.

TABLEAU 6-2

Droit explicite de l'employeur de déposer un grief au Québec – 1984 et 1989

Dispositions sur le grief patronal	Conventions collectives régissant moins de 50 salariés				50 salariés et plus				tous les salariés (TOTAL)			
	C.c.	%	Salariés	%	C.c.	%	Salariés	%	C.c.	%	Salariés	%
1984												
Droit formulé explicitement	1 405	33,9	26 894	36,8	763	40,2	187 786	27,2	2 168	35,9	214 680	28,1
Aucune disposition	2 736	66,1	46 270	63,2	1 134	59,8	502 507	72,8	3 870	64,1	548 777	71,9
TOTAL	4 141	100,0	73 164	100,0	1 897	100,0	690 293	100,0	6 038	100,0	763 457	100,0
1989												
Droit formulé explicitement	1 792	33,3	37 779	36,7	1 019	39,5	214 227	23,3	2 811	35,3	252 006	24,6
Aucune disposition	3 592	66,7	65 066	63,3	1 558	60,5	705 980	76,7	5 150	64,7	771 046	75,4
TOTAL	5 384	100,0	102 845	100,0	2 577	100,0	920 207	100,0	7 961	100,0	1 023 052	100,0

Source: Données mécanographiques du CRSMT, 3 septembre 1991. (Variable B-18.)

La différence entre les types de griefs que nous venons de mentionner et ceux que nous considérerons ci-après est parfois ténue. En effet, l'objet du grief peut déterminer l'objectif recherché. C'est ainsi qu'un employé considérant que son classement n'est pas adéquat – par exemple à la suite de l'introduction d'une nouvelle machine – pourra déposer un «grief de classification».

6.2.4 Types de griefs selon l'objet

Une question qui se pose tout naturellement vise les principaux sujets sur lesquels portent les griefs déposés par les employés. Malheureusement, c'est aussi un sujet pour lequel il est difficile d'obtenir une réponse précise et, surtout, quantifiée. D'abord, il y a très peu d'études empiriques qui décrivent en détail les griefs à partir de leur première étape; cela n'a rien de surprenant, puisque leur compilation n'est faite qu'à l'intérieur de chaque établissement et de chaque syndicat. De plus, les quelques études qui existent n'ont pas toutes été effectuées à un même niveau. On devine bien, d'ailleurs, que certains types de griefs, portant par exemple sur des questions relativement secondaires, peuvent se régler rapidement, alors que d'autres, comme les congédiements, ne se régleront qu'aux dernières étapes internes de la procédure, si ce n'est devant l'arbitre lui-même.

On peut tenir pour acquis que la grande majorité des clauses des différentes conventions collectives ont fait l'objet d'un grief ou d'un autre, mais que ces différents griefs n'avaient pas tous la même importance. En s'appuyant sur différentes études, faites à différentes étapes du processus, on peut conclure avec une quasi-certitude que les mesures disciplinaires représentent le plus grand nombre de griefs déposés, au Québec, au Canada et aux États-Unis[14].

14. JEFFREY GANDZ, «Grievance Initiation and Resolution. Test of the Behavioural Theory», *Relations industrielles*, vol. 34, nº 4, 1979, p. 778-792; JEFFREY GANDZ et J. DAVID WHITEHEAD, «Grievances and Their Resolution», voir *supra*, note 2, p. 244; DAVID LEWIN et RICHARD B. PETERSON, *The Modern Grievance Procedure in the United States*, New York, Quorum Books, 1988 (289 p.), p. 140-144.

Le tableau 6-3 résume les conclusions d'une étude faite il y a une dizaine d'années qui portait sur les griefs soumis à l'arbitrage. Rien ne nous assure que les proportions étaient les mêmes au moment du dépôt des griefs. On peut regrouper les griefs analysés autour de trois sujets d'importance relativement égale. Le premier est constitué des cas impliquant des mesures disciplinaires de toutes sortes. Le second regroupe différents problèmes d'emploi, c'est-à-dire des questions de mise à pied, de promotion, d'affichage de postes, etc. Le dernier tiers comprend toutes les autres questions: rémunération, santé et sécurité au travail, vacances et congés, et le reste. En somme, les trois grandes catégories de griefs sont les mesures disciplinaires, qui constituent le bloc le plus important, les problèmes relatifs à l'emploi et les questions de rémunération, sous toutes ses formes.

Avant d'aborder les étapes du règlement interne des griefs, il reste à étudier le cadre légal dans lequel s'opère ce règlement.

6.3 Cadre légal du règlement des griefs

Outre la question fondamentale, soit l'interdiction du droit de grève pendant qu'une convention collective est en vigueur et l'imposition de la sentence arbitrale, dont nous traiterons en premier, nous considérerons trois questions légales fort importantes. Qui a la propriété du grief? Quelle est la nature et l'étendue du devoir de représentation du syndicat? Et quelle est la valeur des ententes intervenues aux étapes internes du règlement?

6.3.1 Interdiction de la grève et sentence exécutoire

L'option fondamentale qui a créé le modèle canadien de règlement des griefs a été d'interdire le recours à la grève pendant la durée de la convention collective et de le remplacer par le règlement obligatoire – terminé par la sentence exécutoire d'un arbitre – de toute question touchant à l'application, à la prétendue violation ou à l'interprétation des différentes clauses de la convention collective. Cette décision remonte au CP 1003 de 1944 pour les industries de juridiction fédérale – à ce moment, elles constituaient la majorité

TABLEAU 6-3

Répartition, selon leur objet, des griefs soumis à l'arbitrage et rapportés[1] au Québec – 1979-1981

Objet du grief	1979-1980		1980-1981	
	Nombre de griefs	%	Nombre de griefs	%
Emploi[2]	741	34,8	502	30,5
Mesures disciplinaires	702	33,0	576	35,0
Rémunération	355	16,7	341	20,7
Vacances et congés	172	8,1	106	6,4
Divers	156	7,4	123	7,5
TOTAL	2 128	100,0	1 648[3]	100,0

1. On ignore tout (nombre, nature...) des griefs soumis à l'arbitrage mais non rapportés au Bureau du commissaire général du travail selon l'article 101.6 du *Code du travail*.
2. Griefs relatifs à la classification, la promotion, la rétrogradation, etc., des employés.
3. À ce nombre il faut ajouter 883 griefs non classifiés selon leur objet au moment du relevé. Le nombre total de griefs soumis à l'arbitrage et rapportés en 1980-1981 est ainsi de 2 531.

Source: Données non publiées du Conseil consultatif du travail et de la main-d'œuvre, 1982.

à cause de la situation de guerre – et à 1961 dans les lois du Québec, comme nous l'avons rappelé en traitant de l'histoire du règlement des griefs (section 6.1.2).

C'est un choix de chaque législateur que d'interdire tout arrêt de travail pendant qu'une convention collective est en vigueur. Au Canada, la loi fédérale et les lois de toutes les provinces, sauf la Saskatchewan, contiennent une disposition de cette nature. Les articles du *Code du travail* du Québec qui établissent cette politique sont les suivants[15]:

> 107. La grève est prohibée pendant la durée d'une convention collective, à moins que celle-ci ne renferme une clause en permettant la révision par les parties et que les conditions prescrites à l'article 106 n'aient été observées.
>
> 100. Tout grief doit être soumis à l'arbitrage en la manière prévue dans la convention collective si elle y pourvoit et si l'association accréditée et l'employeur y donnent suite; sinon il est déféré à un arbitre choisi par l'association accréditée et l'employeur ou, à défaut d'accord, nommé par le ministre.
>
> 101. La sentence arbitrale est sans appel, lie les parties et, le cas échéant, tout salarié concerné. L'article 19.1 s'applique à la sentence arbitrale, *mutatis mutandis*.
>
> 102. Pendant la durée d'une convention collective, toute mésentente autre qu'un grief au sens de l'article 1 ou autre qu'un différend pouvant résulter de l'application de l'article 107, ne peut être réglée que de la façon prévue dans la convention et dans la mesure où elle y pourvoit. Si une telle mésentente est soumise à l'arbitrage, les articles 100 à 101.10 s'appliquent.

L'interdiction de la grève, formulée par l'article 107, est absolue puisque l'exception mentionnée est assimilable à une véritable négociation: les points de la convention qui font l'objet de la réouverture cesseront bientôt d'être en vigueur. Les trois autres articles visent plus directement l'arbitrage que le règlement interne des griefs. Nous les reprendrons en détail dans le chapitre suivant. L'article 102 établit

15. *Code du travail*, L.R.Q., 1977, c. C-27, art. 107, 100, 101 et 102.

en quelque sorte la primauté de la convention collective. Une question dont ne traite pas la convention collective ne peut faire l'objet de discussions obligatoires que si la convention prévoit de telles discussions; c'est le cas du grief élargi ou assimilé (en anglais *quasi-grievance*).

Les différentes lois canadiennes contiennent des dispositions qui ont sensiblement le même effet que les articles du *Code du travail* du Québec, mais elles les expriment différemment. C'est ainsi que le *Code canadien du travail* déclare que toute convention collective «doit contenir une clause de règlement définitif» des griefs; faute d'une telle clause, le mécanisme supplétif ressemble de très près à celui qu'établit le Code du Québec[16]. La loi de l'Ontario contient la même obligation, mais elle est plus explicite: si une convention collective ne contient pas une clause de règlement final des griefs, la loi en formule une, qui sera présumée faire partie de la convention. De là, les autres dispositions s'appliqueront comme si cet article venait des parties elles-mêmes[17]. La loi de la Colombie-Britannique suit sensiblement le même modèle, mais on n'y a pas rédigé la clause en détail: la loi détermine ce que les conventions sont censées contenir[18].

Aux États-Unis, on a opté pour une solution différente. La loi n'interdit pas l'arrêt de travail pendant qu'une convention collective est en vigueur et, en conséquence, n'impose pas la décision de l'arbitre aux parties concernées. Par contre, comme il arrive souvent dans la loi américaine, celle-ci déclare explicitement qu'elle favorise ce genre de solution[19]:

> Le règlement final par une méthode agréée des parties est déclaré par les présentes constituer la méthode souhaitable pour le règlement des griefs qui surviennent à propos de l'application ou de l'interprétation d'une convention collective en vigueur. Le Service (fédéral de médiation et de conciliation) n'offrira ses moyens de conciliation et de médiation pour les règlements de tels griefs que comme une mesure de dernier recours et dans des cas exceptionnels.

Par ailleurs, un autre article de la loi Taft-Hartley de 1947 permet à chaque partie de poursuivre l'autre pour violation de la convention, devant une cour de district des États-Unis ayant juridiction sur les parties en cause, quel que soit le montant de la réclamation[20]. Fidèles à la tradition américaine, les cours de justice, par une série de jugements successifs, ont rendu obligatoire le recours à l'arbitrage des griefs; elles ont également permis aux intéressés de poursuivre l'autre partie devant les tribunaux pour faire exécuter la sentence arbitrale. Les décisions clés de la Cour suprême des États-Unis en la matière ont été rendues dans *Lincoln Mills* et dans la «Trilogie», dont nous avons parlé au chapitre précédent[21]. Ces décisions ont pratiquement le même effet que les dispositions des lois canadiennes, du moins sur le plan pratique. Il y a cependant eu des exceptions, tout naturellement.

Dans les faits, près de 100 % des grandes conventions collectives américaines ont une clause de règlement des griefs et ce depuis longtemps, comme le montre le tableau 6-4. Mais toutes les conventions collectives n'ont pas une clause d'arbitrage exécutoire; certaines n'ont qu'une clause de règlement interne, sans arbitrage (de 20 % à 25 % des conventions et des travailleurs visés). Dans ce cas, il n'y a de recours que devant les tribunaux, en faisant appel à la jurisprudence s'il en existe en la matière. Certaines conventions collectives excluent explicitement certaines matières de la procédure de règlement des griefs et de l'arbitrage; ces cas d'exclusion

16. *Code canadien du travail*, L.R.C., 1985, c. L-2, art. 57.
17. *Ontario Labour Relations Act*, R.S.O., 1980, c. 228, art. 44 (1) et (2).
18. *British Columbia Industrial Relations Act*, R.S.B.C., 1979, c. 212, art. 93.
19. *The Labor Management Relations Act* (Taft-Hartley), Public Law 101, 80th Congress (1947), art. 203 (d).
20. *The Labor Management Relations Act* (1947), Public Law 101, 80th Congress, art. 301 (a).
21. Dans le cas *Lincoln*, la Cour considère que le fait que l'union ait renoncé à son droit de grève pendant que la convention collective est en vigueur lui donne en retour le droit de recourir à la procédure de règlement des griefs avec sentence exécutoire. *Textile Workers* v. *Lincoln Mills*, 353 U.S., 448 (1957), 40 L.R.R.M. 2113. Pour la «Trilogie», voir *supra*, chap. 5 note 8.

TABLEAU 6-4

Proportion des conventions collectives et des salariés selon les clauses de règlement des griefs aux États-Unis – 1961 et 1988

Dispositions et clauses	1961-1962				1988			
	Ind. manuf.		I. non man.[1]		Ind. manuf.		I. non man.[1]	
	C.c. %	Sal. %	C.c. %	Sal. %	C.c. %	Sal. %	C.c. %	Sal. %
Avec clause de règlement des griefs seulement (sans arbitrage)	4	3	7	3	23	12	23	18
Avec clause de règlement des griefs et d'arbitrage	95	97	92	96	76	87	77	82
Sans clause de règlement des griefs ni d'arbitrage	1	—[2]	1	1	—	–	—	—
Champ d'application (procédure interne)								
Interprétation, application ou violation de la conv. coll.	52	49	54	47				
Toute mésentente	47	51	45	52				
Certaines matières sont exclues de la procédure								
de griefs	7	14	3	2				
de l'arbitrage	31	39	24	25		20	9	
Un arrêt de travail est interdit quand la c.c. est en vigueur	—[3]		—[3]		83	87	71	52

1. Sauf les chemins de fer, le transport aérien et les administrations publiques.
2. Moins de 0,5 %.
3. Une fraction importante des conventions collectives (40 %) prévoient certaines circonstances où le recours à la grève est permis.

Sources: U.S. Department of Labor, Bureau of Labor Statistics: *Major Collective Bargaining Agreements – Grievance Procedures*, BLS, bulletin n° 1425-1, p. 2. Washington, D.C., U.S. Government Printing Office; *Major Collective Bargaining Agreements – Arbitration Procedures*, BLS, bulletin n° 1425-6, p. 7; *Characteristics of Major Collective Bargaining Agreements. Private Sector. Jan. 1st, 1988*, Cleveland, Oh., Cleveland State University, Industrial Relations Center, 1989, tableaux 8.1 – 8.3.

représentent de 10 % à 20 % du total des travailleurs et des conventions.

Après cette question fondamentale, nous devons examiner d'autres aspects légaux, plus particuliers.

6.3.2 Qui a la propriété du grief?

La question de la propriété du grief n'est pas que théorique: elle a des implications très concrètes. Par exemple, qui décide de laisser tomber tel grief ou de poursuivre tel autre non seulement aux étapes internes, mais jusqu'en arbitrage: est-ce le travailleur concerné, celui qui a déposé le grief en premier lieu, ou est-ce le syndicat? La controverse dure toujours et l'adoption des chartes des droits risque de la ramener à la surface. En effet, on a surtout discuté de cette question entre les années 1960 et 1975. Mais, encore une fois, malgré une solution d'ordre juridique adoptée à ce moment, le problème peut resurgir à tout moment. La raison en est que l'intérêt de l'employé et l'intérêt du syndicat, à propos d'un grief individuel, ne coïncident pas nécessairement.

Au début des années 1960, la loi ne tranchait pas la question, ni dans un sens ni dans l'autre. C'est ainsi qu'au moment de son adoption, le *Code du travail* contenait la disposition suivante[22]:

> Tout grief doit être soumis à l'arbitrage en la manière prévue dans la convention collective si elle y pourvoit et si les parties y donnent suite; sinon il est déféré à un arbitre choisi par les parties ou, à défaut d'accord, nommé par le ministre.

Cet article, tel qu'il était rédigé alors, contenait une équivoque. «Les parties» se rapportait clairement à l'employeur et au syndicat. Mais la conjonction «sinon» – si les parties n'y donnent pas suite – permettait-elle au salarié individuel d'exiger l'arbitrage de son grief? Ce n'était pas clair.

Au cours de l'année 1969, le *Code du travail* a subi deux modifications importantes, l'une en juin par le projet de loi 50 et l'autre en octobre par le projet de loi 65. Dans la modification de juin 1969, le législateur a voulu donner pleine et entière protection au salarié individuel. Il a adopté un nouvel article 88, qui se lisait comme suit[23]:

> Tout grief non satisfait doit, à la demande de l'intéressé, être soumis à l'arbitrage en la manière prévue dans la convention collective, si elle y pourvoit; sinon, il est déféré à un arbitre choisi par les parties, ou, à défaut d'accord, nommé par le ministre.
>
> Si la partie contre laquelle un grief est soulevé refuse de donner suite à la procédure de règlement des griefs prévue dans la convention collective, le grief est déféré à un arbitre nommé par le ministre.

La décision principale est donc remise entre les mains de l'intéressé. Mais l'article n'est jamais entré en vigueur; un nouvel amendement au *Code du travail* remplaça le texte de juin 1969 par l'ancien texte, adopté en 1964. Au moment de sa présentation, le projet d'amendement contenait un autre texte, moins catégorique que la version du mois de juin, mais qui faisait quand même référence à l'intéressé: il disait que si les parties ne donnaient pas suite à l'arbitrage, le grief serait déféré à l'arbitre «à la demande de l'une des parties ou du salarié intéressé». Mais ce texte de la première lecture n'a pas été retenu et c'est l'ancien texte de 1964 qui a prévalu. Il est demeuré en vigueur jusqu'à la modification de 1977.

Dans une série d'amendements au *Code du travail*, adoptés en 1977, le législateur a introduit le texte de l'article 100[24], cité plus haut, qui est encore en vigueur aujourd'hui. Non seulement le texte actuel ne mentionne aucunement le salarié intéressé, mais, au lieu de parler des parties, il désigne explicitement «l'association accréditée et l'employeur» comme ceux qui doivent donner suite au grief et le mener à l'arbitrage, s'il y a lieu[25].

Dès 1968, les commissaires de l'Équipe spécialisée en relations de travail, sous la présidence du professeur H.D. Woods, avaient envisagé le problème. Leur conclusion ne contredit pas la législation en cours ni celle qui viendra plus tard, mais elle y apporte des nuances, sinon des correctifs, qui éclairent singulièrement le problème[26].

> Autre question préoccupante: celle des droits respectifs de la collectivité et des individus à l'égard de la négociation et de l'application d'une convention collective. On saisit mieux le problème à la lumière du droit d'un syndiqué de recourir individuellement à la procédure de règlement des griefs et à l'arbitrage. D'habitude, le syndicat contrôle ce droit; il doit en être ainsi afin de ne pas affaiblir le régime de la négociation collective. Cependant, le syndicat devrait user de ce pouvoir discrétionnaire d'une manière

22. *Code du travail*, 12-13, Elizabeth II (1964), c. 45, art. 88, aujourd'hui devenu l'article 100 après modification de la loi.
23. *Loi modifiant le Code du travail*, S.Q., 1969, c. 47 (projet de loi 50), art. 36 modifiant l'article 88.
24. *Loi modifiant le Code du travail du Québec*, L.Q. 1977, c. 41, art. 48 remplaçant l'ancien article 88 du *Code du travail* alors en vigueur (aujourd'hui art. 100).
25. La volonté des parties a priorité sur celle du salarié qui a soumis le grief. *Venditelli* c. *Cité de Westmount*, (1980) C.A. 49.
26. *Les relations du travail au Canada*, rapport de l'Équipe spécialisée en relations du travail, H.D. Woods, président, Bureau du Conseil privé, Ottawa, Imprimeur de la Reine, 1969, paragraphe 329, p. 116. (Traduction de l'auteur. Le texte officiel français comporte une ambiguïté, sinon une erreur de sens grave.)

juste et impartiale, afin de ne pas exercer de contrôle arbitraire sur ses membres. Cela veut dire qu'un syndicat devrait être capable de prouver sa bonne foi lorsqu'il décide de laisser tomber la plainte d'un syndiqué ou de s'occuper d'une autre contraire aux intérêts du premier. Telles devraient être les limites du concept de représentation loyale, si l'on ne veut pas mettre en danger les prises de décision responsables au sein du syndicat et entre le syndicat et le patronat.

La Commission Woods fait appel à la responsabilité du syndicat en la matière. Cela soulève une question longuement débattue depuis, celle du devoir de juste représentation de la part du syndicat. Avant de l'aborder, notons que si la discussion légale concernant la propriété du grief s'est faite surtout en rapport avec l'arbitrage, le problème se pose également aux étapes internes du règlement, comme nous le verrons plus loin (section 6.4.3) lorsque nous analyserons qui du syndicat ou du salarié décide de poursuivre le grief ou de l'abandonner.

6.3.3 Devoir de juste représentation

Autour des années 1970, bon nombre d'auteurs en relations industrielles se préoccupaient des droits des salariés individuels face aux décisions du syndicat, tout particulièrement en matière de règlement des griefs[27]. Le problème découle du monopole syndical accordé à l'agent négociateur pour un groupe défini d'employés; l'employé qui n'obtient pas satisfaction de son syndicat n'a personne à qui s'adresser pour se défendre. C'est finalement une question d'opposition entre les droits collectifs et les droits individuels: lesquels doivent avoir priorité? Autour de 1970, on avait tendance à favoriser les droits collectifs. D'ailleurs, les individus n'auraient pas eu de droits découlant de la convention collective sans la présence du syndicat. En ce sens, les droits collectifs ont priorité sur les droits individuels.

D'un autre côté, la raison d'être du syndicalisme est justement de protéger les salariés individuels. Comme individus, ils n'ont pas le pouvoir nécessaire pour faire contrepoids au pouvoir de l'employeur. En d'autres mots, il faut trouver un équilibre entre le droit des individus et les droits collectifs. Aussi le législateur québécois a-t-il adopté, en 1977, cinq articles sur cette question. Ils constituent aujourd'hui les articles 47.1 à 47.6 du *Code du travail* du Québec[28]. Le premier de ces articles établit le principe, alors que les suivants traitent des recours accordés aux salariés en la matière[29].

> Une association accréditée ne doit pas agir de mauvaise foi ou de manière arbitraire ou discriminatoire, ni faire preuve de négligence grave à l'endroit des salariés compris dans une unité de négociation qu'elle représente, peu importe qu'ils soient ses membres ou non.

Si un salarié croit que l'association accréditée n'a pas respecté cet article, sur une question de mesure disciplinaire ou de congédiement, il peut porter plainte au ministre, qui nomme un enquêteur; celui-ci tente de régler la plainte. S'il n'obtient pas satis-

---

27. BENJAMIN AARON, «Employee Rights Under an Agreement: A Current Evaluation», *Monthly Labor Review*, vol. 94, n° 8, août 1971, p. 52-56; REUBEN M. BROMSTEIN, «Must an Individual Union Member's Rights Be Sacrificed to Protect the Group Interest?», *Relations industrielles*, vol. 25, n° 2, avril 1970, p. 325-344; ROBERT F. KORETZ et ROBERT J. RABIN, «Arbitration and Individual Rights», dans *The Future of Labor Arbitration in America*, sous la direction de VIRGINIA A. HUGHES et MORRIS STONE, New York, American Arbitration Association, 1976, (304 p.), p. 113-157; ANTHONY R. MARCHIONE, «A Case for Individual Rights Under Collective Agreements», *Labor Law Journal*, vol. 27, n° 12, décembre 1976, p. 738-747. *The Duty of Fair Representation*, sous la direction de JEAN T. MCKELVEY, Ithaca, N.Y., New York State School of Industrial Relations, Cornell University, 1977, 120 p.; ANDRÉ ROUSSEAU, «Les relations entre l'individu et le syndicat et le devoir du syndicat de représenter loyalement le membre de l'unité d'accréditation», *Gazette du travail*, vol. 74, n° 11, novembre 1974, p. 600-605.

28. ANNE-MARIE BLANCHET, «Les obligations du syndicat accrédité envers les salariés», *Le marché du travail*, vol. 12, n° 4, avril 1991, p. 9-10 et 84-89; GEORGE W. ADAMS, *Canadian Labour Law*, Aurora, Canada Law Book, 1985 (983 p.), «The Duty of Fair Representation», p. 738-752.

29. *Loi modifiant le Code du travail et la Loi du ministère du Travail et de la Main-d'œuvre*, L.Q. 1977, c. 41, art. 28 modifiant l'article 38 du Code et ajoutant les articles 38 *a* à *f*, devenus les articles 47 à 47.6 dans la numérotation actuelle. L'article cité est l'article 47.2.

faction, l'employé peut présenter une requête au Tribunal du travail.

Les lois de toutes les provinces comportent une disposition semblable, imposant à tous les syndicats un devoir de juste représentation. Un nombre important de plaintes est déposé annuellement, mais la plupart visent le refus de porter un grief en arbitrage. Dans bien des cas, le refus est déclaré justifié.

Pour clore les deux questions précédentes, il faut mentionner qu'en ce qui les concerne, la loi américaine est à la fois plus libérale et plus explicite que les lois canadiennes. Dans le cas du grief, la prépondérance est accordée au salarié individuel. La disposition se rattache à un des premiers articles de la loi, celui qui établit le monopole de représentation syndicale. La protection des droits du salarié individuel apparaît comme la contrepartie nécessaire du monopole de représentation[30]. Mais la pratique peut s'écarter de cette voie.

> Les représentants désignés ou choisis pour négocier collectivement par la majorité des employés d'une unité de négociation seront les représentants exclusifs de tous les employés de cette unité, en vue de négocier les taux de salaire, les heures de travail et les autres conditions d'emploi. *À la condition* que chaque employé individuel ou groupe d'employés ait le droit en tout temps de présenter des griefs à l'employeur et d'en obtenir le règlement, sans l'intervention du représentant négociateur, pourvu que le règlement ne vienne pas en contradiction avec les conditions de la convention collective alors en vigueur, et pourvu également que le représentant négociateur ait la possibilité d'être présent aux discussions en vue de ce règlement.

Telle est la loi aux États-Unis. Cependant, dans la quasi-totalité des cas, les griefs sont défendus par les représentants syndicaux, selon les dispositions de chacune des conventions collectives en cause. La loi a sans doute pour effet principal de rendre les représentants plus prudents.

30. *Labor Management Relations Act*, 1947, Public Law 101, 80th Congress, art. 9 (a).

Au Canada, et au Québec en particulier, à cause des contraintes que représentent les recours dont disposent les salariés, certains représentants syndicaux sont allés à l'autre extrême. De crainte d'être accusés de mal représenter les salariés, certains représentants vont décider de poursuivre jusqu'à leur terme, et donc jusqu'à l'échec, des griefs qui sont manifestement destinés à être rejetés. Il faut beaucoup de jugement et de doigté pour trouver le juste milieu dans des situations aussi difficiles que délicates.

6.3.4 Valeur légale des étapes internes

Les problèmes du cadre légal discutés jusqu'ici se rapportaient à l'ensemble du processus, y compris l'arbitrage. Dans bien des cas d'ailleurs, la législation vise l'arbitrage plus que les étapes antérieures. Nous considérerons maintenant quelques aspects légaux qui concernent les premières étapes du règlement des griefs: leur caractère obligatoire, le problème des délais et la valeur des ententes qui peuvent intervenir au cours du processus. À part quelques points particuliers auxquels la loi donne réponse, la plupart des problèmes soulevés trouvent leur solution dans le texte de chaque convention collective applicable au cas en question.

Le respect des étapes internes du règlement des griefs est-il obligatoire pour qu'un grief puisse éventuellement être porté en arbitrage ? En d'autres mots, l'arbitre acceptera-t-il ou refusera-t-il de considérer un grief qui n'a pas franchi les étapes indiquées dans la convention collective ? Seule la convention collective en cause peut apporter réponse à cette question. Si la convention n'est pas claire à ce sujet, l'article 100 du *Code du travail* supplée à toute ambiguïté ; même si les parties ne procèdent pas au choix de l'arbitre, sa nomination sera faite par le ministre[31]. Par contre, le texte de la convention collective peut être rédigé de telle sorte que les étapes internes constituent une condition nécessaire et essentielle pour permettre qu'un grief soit soumis à l'arbitrage. Ce serait

31. *Venditelli* c. *Cité de Westmount*, (1980) C.A. 49; *Union des employés de commerce, local 500* c. *Larouche*, D.T.E. 83T-66 J.E. 83-104 (C.S.).

le cas, par exemple, d'une convention qui déclarerait que « seuls les griefs qui n'ont pas été réglés au cours de la procédure mentionnée peuvent être déférés à un arbitre ». Le principe étant que les parties sont toujours libres de définir la démarche qu'elles veulent bien suivre, c'est la convention qui détermine ce qui peut faire l'objet d'un grief et ce qui peut être soumis à l'arbitrage.

En un sens, la question est relativement théorique puisqu'en pratique chacun a tout intérêt à discuter du problème avec les personnes les plus immédiatement concernées. D'ailleurs, c'est au cours de ces discussions que les preuves s'établissent, dans un sens ou dans l'autre. De plus, si les parties ont établi une structure complexe et détaillée pour les étapes internes, c'est qu'elles souhaitent que celles-ci soient respectées avant qu'un grief puisse être porté en arbitrage.

Il faut plus de nuances pour déterminer si les délais indiqués dans une convention ont ou non valeur de prescription. Le *Code du travail* fixe deux limites au dépôt d'un grief. Il stipule d'abord qu'un grief soumis dans les 15 jours suivant la date où la cause de l'action s'est produite ne peut être rejeté, même s'il était déposé hors des délais prévus par la convention collective (C.t. art. 100.0.1). En effet, rien n'empêche une convention collective de déterminer un délai plus court, ni les intéressés de s'y soumettre; mais si un grief se rend à l'arbitrage, un délai de moins de 15 jours ne peut lui être opposé pour en obtenir le rejet, malgré une disposition à cet effet dans la convention. De plus, un autre article du Code précise que les droits et recours issus d'une convention collective se prescrivent par six mois, toujours à compter du jour où la cause de l'action a pris naissance (C.t. art. 71). Aussi la grande majorité des conventions collectives fixent-elles leur délai pour le dépôt initial du grief entre ces deux extrêmes; la règle la plus fréquente, que comprennent 40 % des conventions, est de trois semaines ou 15 jours ouvrables; en importance, la règle de quatre semaines vient tout de suite après et elle vise 40 % des salariés. (Voir le tableau 6-5.) Si une difficulté survient concernant le délai, l'arbitre pourra décider si le grief est recevable ou non. Même en cas d'erreur de sa part, à moins d'une erreur déraisonnable, c'est-à-dire grossière ou sans fondement, il conserve sa juridiction sur le grief et pourra se prononcer sur le fond. Ainsi en a décidé la Cour suprême dans un cas complexe où le délai approprié pouvait se calculer en vertu de deux articles différents[32].

Une autre question qui a fait problème fut celle de la valeur légale des ententes intervenues à l'une ou l'autre des étapes internes du règlement des griefs. Est-ce que cette entente lie les parties ? Est-ce qu'elle éteint, en quelque sorte, le grief initial ? Est-il encore possible de porter le même grief à l'arbitrage ? On a discuté longuement de ces questions. Le législateur y a apporté une réponse indirecte, en 1977, par l'addition d'un article au *Code du travail*. L'article vise une entente intervenue entre les parties alors que l'arbitre est déjà saisi du grief. On peut en tirer une indication sur la valeur des ententes conclues aux étapes internes[33].

> Si l'arbitre est informé par écrit du règlement total ou partiel ou du désistement d'un grief dont il a été saisi, il en donne acte et dépose sa sentence conformément à l'article 101.6.

L'arbitre doit ainsi reconnaître un règlement que les parties lui transmettent par écrit; il doit en donner acte dans sa sentence. Si le règlement lui est transmis verbalement, il décide de sa validité[34]. Mais le règlement ainsi constaté ne doit pas violer les droits d'un salarié, par exemple par défaut de représentation loyale par le syndicat[35].

---

32. *Syndicat des professeurs du Collège de Lévis-Lauzon* c. *Cégep de Lévis-Lauzon*, Cour suprême du Canada, 23 mai 1985, (1985), 1 R.C.S. 596, C.C.H., (1985) C.L.L.C. paragraphe 14028.
33. *Loi modifiant le Code du travail et la Loi du ministère du Travail et de la Main-d'œuvre*, L.Q. 1977, c. 41, article 48 ajoutant l'article 88 *c*, devenu aujourd'hui l'article 100.3.
34. *Comterm inc* c. *Association des employés de Comterm*, (1988) T.A. 477, D.T.E. 88T-593; *Infirmières et infirmiers unis inc.* c. *Brody*, (1986) R.J.Q. 491 (C.S.)
35. *Centre hospitalier Régina* c. *le Tribunal du travail*, Cour suprême du Canada, 31 mai 1990, (1990) 1 R.C.S. 1330; JEAN-YVES BRIÈRE et JEAN-PIERRE VILESSI, «Grandeurs et misères du devoir de représentation», *Revue du Barreau*, vol. 50, nº 5, 1990, p. 1077-1087.

TABLEAU 6-5

Délai de rigueur pour présenter un grief à la première étape – 1984 et 1989

Délai de rigueur	Conventions collectives régissant moins de 50 salariés				50 salariés et plus				tous les salariés (TOTAL)			
	C.c.	%	Salariés	%	C.c.	%	Salariés	%	C.c.	%	Salariés	%
1984												
1 semaine ou moins[1]	224	5,4	4 272	5,8	69	3,6	10 626	1,5	293	4,9	14 898	1,9
2 semaines	677	16,3	12 646	17,3	333	17,6	53 472	7,7	1 010	16,7	66 118	8,7
3 semaines	1 719	41,5	31 129	42,5	795	41,9	203 876	29,5	2 514	41,6	235 005	30,8
4 semaines	714	17,2	11 613	15,9	299	15,8	279 978	40,6	1 013	16,8	291 591	38,2
1 mois et plus	338	8,2	5 064	6,9	179	9,4	90 312	13,1	517	8,6	95 376	12,5
Autre disposition	211	5,1	3 951	5,4	83	4,4	20 109	2,9	294	4,9	24 060	3,1
Aucune disposition	258	6,2	4 499	6,1	139	7,3	31 920	4,6	397	6,6	36 419	4,8
TOTAL	4 141	100,0	73 174	100,0	1 897	100,0	690 293	100,0	6 038	100,0	763 467	100,0
1989												
1 semaine ou moins[1]	258	4,8	5 234	5,1	33	1,3	3 791	0,4	291	3,7	9 025	0,9
2 semaines	771	14,3	15 960	15,5	150	5,8	23 916	2,6	921	11,6	39 876	3,9
3 semaines	2 312	42,9	45 711	44,4	1 467	56,9	290 590	31,6	3 779	47,5	336 301	32,9
5 semaines	904	16,8	16 012	15,6	335	13,0	174 052	18,9	1 239	15,6	190 064	18,6
1 mois et plus	442	8,2	6 967	6,8	191	7,4	71 701	7,8	633	7,9	78 668	7,7
Autre disposition[2]	380	7,1	7 168	7,0	282	10,9	322 289	35,0	662	8,3	329 457	32,2
Aucune disposition	317	5,9	5 793	5,6	119	4,6	33 868	3,7	436	5,5	39 661	3,9
TOTAL	5 384	100,0	102 845	100,0	2 577	100,0	920 207	100,0	7 961	100,0	1 023 052	100,0

1. Le regroupement des données brutes, exprimées en unités diverses (jours, semaines) a pour effet de sous-estimer un peu les chiffres de la première ligne et de surestimer ceux de la seconde ligne (deux semaines).
2. Quelques conventions classées sous cette rubrique, parmi les 50 salariés et plus, visent un si grand nombre de salariés que la répartition d'ensemble en est grandement affectée.

Source : Données mécanographiques du CRSMT, 27 mars 1991. (Variable B-19.)

En 1983, le législateur a ajouté un autre élément de réponse en donnant un recours à la partie lésée si l'autre partie ne respecte pas une entente intervenue à une étape interne[36].

> Lorsque les parties ont réglé un grief avant qu'il ne soit déféré à l'arbitrage et qu'une des parties refuse de donner suite au règlement intervenu, l'autre partie peut déférer le grief à l'arbitrage malgré toute entente à l'effet contraire et malgré l'expiration des délais prévus aux articles 71 et 100.0.1 ou à la convention collective.

Nous avons présenté différentes dispositions légales concernant l'arbitrage des griefs; elles ont toutes cependant un impact sur l'ensemble du processus. Il reste un certain nombre de points plus techniques sur l'arbitrage lui-même que nous verrons dans le chapitre suivant. Il faut maintenant procéder à l'étude détaillée des étapes internes en tant que telles.

6.4 Procédure interne du règlement des griefs

La présente section apparaîtra sans doute comme la plus institutionnelle du chapitre. Nous y décrirons, en les expliquant et en discutant de diverses modalités, les étapes parcourues dans le cheminement du règlement des griefs. Elles vont de l'événement lui-même à sa solution, à un stade plus ou moins avancé de la procédure, ou à son renvoi à l'étape finale, c'est-à-dire à l'arbitrage. Nous réserverons pour les deux dernières sections du chapitre les questions plus générales et plus abstraites qui se rapportent à l'ensemble du processus.

6.4.1 Début de la procédure

Le point de départ réside dans la perception d'un traitement injuste ou inéquitable: un salarié croyait avoir droit à tel poste, compte tenu de son ancienneté, mais c'est un autre qui a été choisi; un autre a été réprimandé par le contremaître, ce qui a donné lieu à un échange de gros mots qui a valu à l'employé une suspension d'une journée de travail sans salaire; un salarié reçoit son chèque de paye et il constate qu'il n'a pas reçu le complément de salaire auquel il s'attendait pour avoir remplacé le contremaître absent pendant quelques jours. Dans tous les cas, il s'agit d'un événement qui porte un salarié de l'unité de négociation à croire qu'il n'a pas été traité avec justice, plus précisément qu'on n'a pas respecté les termes de tel ou tel article de la convention collective.

Comme les délais ont beaucoup d'importance dans l'ensemble du processus, il faut préciser qu'ils commencent à courir soit à partir de l'événement lui-même, soit à compter du moment où le salarié prend connaissance de cet événement. C'est ainsi que, dans le dernier exemple, l'événement a pu se produire 10 jours avant la paye, mais ce n'est qu'au moment où il reçoit son chèque de paye que l'employé s'aperçoit qu'il n'est pas payé comme il croyait devoir l'être. Dans certains cas, le délai entre l'événement et sa connaissance peut être beaucoup plus long. La convention collective doit toujours préciser à quel moment le temps commence à courir. Les parties sont libres de le faire compter à partir de l'événement ou de sa connaissance; il faut noter que le défaut d'une mention explicite à ce sujet peut entraîner des difficultés. Même si, en toute justice pour le salarié, il semblerait préférable de faire courir le temps seulement à partir du moment où il a pu prendre connaissance de l'événement ou de l'effet qu'il veut contester, il reste que le temps écoulé depuis l'événement lui-même n'est pas sans importance. Supposons un cas où il s'écoule des mois avant que l'événement parvienne à la connaissance du salarié, par exemple à la suite d'une absence prolongée, quelle qu'en soit la raison. Le dépôt d'un grief dans de telles circonstances pourrait avoir un effet perturbateur démesuré sur l'entreprise. Il revient donc aux parties de choisir la formule qui les accommodera le mieux. Environ la moitié des conventions collectives en vigueur au Québec font courir le délai à partir de l'événement lui-même; l'autre moitié contient toutes les autres formules possibles. Il ne semble pas y avoir de différence appréciable entre les petites et les grandes

36. *Loi modifiant le Code du travail et diverses dispositions législatives*, L.Q. 1983, c. 22, art. 62, ajoutant les articles 100.0.1 et 100.0.2. C'est ce dernier article qui est cité dans le texte.

conventions. Le délai depuis la connaissance des faits a connu un sérieux recul de 1984 à 1989, au profit de clauses moins précises. (Voir le tableau 6-6.)

Une question d'une importance primordiale est de savoir à qui revient l'initiative d'entreprendre le grief. C'est déjà la question de la propriété du grief qui se pose. Revient-elle à l'employé seul, au représentant syndical seul ou aux deux ensemble? Y aurait-il une autre formule? Une autre question, reliée à la précédente, vise la distinction entre les démarches informelles et la première étape de la procédure officielle. Nous dirons d'abord un mot sur ce dernier point.

Il est normal que le processus s'engage d'abord par une discussion informelle. Même si la convention collective n'en fait pas mention, il est tout naturel que l'employé qui se sent frustré en discute immédiatement avec son contremaître. Ce sera peut-être d'ailleurs un ordre de ce dernier qui fera difficulté. Supposons qu'il s'agit d'un ordre que l'employé considère inadéquat, irréalisable ou encore dangereux. Tout naturellement il engagera la discussion avec le contremaître. Certaines conventions collectives font de cette discussion préalable une condition requise pour entamer officiellement le processus.

Dans la grande majorité des cas, les conventions collectives stipulent que la procédure est amorcée, dans le cas d'un grief individuel, par l'employé, qui peut choisir d'être accompagné du représentant syndical. Le plus grand nombre de conventions collectives laissent en effet à l'employé la liberté de se présenter seul à la première étape ou de se faire accompagner par le délégué syndical. Règle générale, l'employé demandera l'appui de son délégué et celui-ci, surtout s'il soupçonne que le grief peut devenir important, tiendra à participer à la procédure depuis le début. C'est la seule étape où il y a une telle liberté de choix. (Voir les tableaux 6-7 pour les chiffres canadiens et 6-8 pour les chiffres du Québec. La différence dans les proportions tient au fait que les données canadiennes reposent sur des conventions collectives visant 500 salariés et plus.)

À cette étape, il n'est généralement pas nécessaire que le grief soit formulé par écrit. Certaines conventions considèrent cette première discussion comme la première étape du grief; d'autres la désignent comme une démarche préliminaire ou préalable, ainsi qu'en témoignent les quelques exemples suivants:

> Un employé n'a pas de grief tant qu'il n'a pas donné au superviseur de premier niveau la chance de régler sa plainte. Le superviseur de premier niveau devra rendre une décision verbale dans un délai d'une journée suivant la réception de la plainte.
>
> Si la plainte n'est pas résolue de façon satisfaisante pour l'employé, la plainte devient un grief et celui-ci doit être soumis par écrit dans les quinze jours suivant les événements à l'origine de la plainte.
>
> (Matériaux de construction Domtar et le Syndicat canadien des travailleurs du papier, section locale 658, art. 9.02.)

La discussion entre l'employé et son superviseur est une condition nécessaire pour déposer un grief; c'est une démarche préalable au grief proprement dit. La convention collective suivante contient à peu près les mêmes dispositions, mais elle les exprime différemment. La présence du délégué syndical y semble plus fréquente:

> L'employé qui se croit lésé peut d'abord soumettre son grief, soit personnellement, soit accompagné de son représentant mandaté des employés ou d'un officier supérieur du syndicat ou par le représentant mandaté seul, à son supérieur immédiat qui doit lui rendre sa décision dans les quatre (4) jours suivants.
>
> (Société d'électrolyse et de chimie Alcan ltée et le Syndicat national des employés de l'aluminium d'Arvida, art. 11.1 a.)

Le verbe «peut», à la première ligne, n'indique pas que la démarche est facultative; il souligne plutôt que l'employé n'est pas obligé de faire un grief. En fait, la suite de la clause montre bien que cette première étape est nécessaire. Enfin, dans la convention suivante, il s'agit très clairement d'une étape préliminaire ou préalable:

> Tout employé se doit, avant de soumettre un grief, de tenter de régler son problème avec son supérieur immédiat. À défaut d'entente, l'employé peut soumettre son grief remontant à 3 mois ou moins.

TABLEAU 6-6

Point de départ du calcul du délai prescrit pour faire un grief – 1984 et 1989

Délai établi depuis	Conventions collectives régissant moins de 50 salariés				50 salariés et plus				tous les salariés (TOTAL)			
	C.c.	%	Salariés	%	C.c.	%	Salariés	%	C.c.	%	Salariés	%
1984												
la connaissance des faits	548	13,2	9 037	12,3	216	11,4	181 887	26,3	764	12,6	190 924	25,0
l'occurrence des faits	1 893	45,7	34 523	47,2	897	47,3	327 712	47,5	2 790	46,2	362 235	47,4
la connaissance ou l'occurrence	1 150	27,8	19 952	27,3	522	27,5	119 285	17,3	1 672	27,7	139 237	18,2
Autre disposition	190	4,6	3 460	4,7	73	3,8	16 556	2,4	263	4,4	20 016	2,6
Aucune disposition	360	8,7	6 202	8,5	189	10,0	44 853	6,5	549	9,1	51 055	6,7
TOTAL	4 141	100,0	73 174	100,0	1 897	100,0	690 293	100,0	6 038	100,0	763 467	100,0
1989												
la connaissance des faits	643	11,9	11 493	11,2	190	7,4	31 158	3,4	833	10,5	42 651	4,2
l'occurrence des faits	2 406	44,7	47 746	46,4	1 226	47,6	376 777	40,9	3 632	45,6	424 523	41,5
la connaissance ou l'occurrence	1 532	28,5	28 918	28,1	722	28,0	154 848	16,8	2 254	28,3	183 766	18,0
Autre disposition[1]	359	6,7	6 592	6,4	277	10,7	318 321	34,6	636	8,0	324 913	31,8
Aucune disposition	444	8,2	8 096	7,9	162	6,3	39 103	4,2	606	7,6	47 199	4,6
TOTAL	5 384	100,0	102 845	100,0	2 577	100,0	920 207	100,0	7 961	100,0	1 023 052	100,0

1. Comme dans le tableau 6-5, quelques conventions de plus de 50 salariés, dans cette catégorie, visent un très grand nombre de salariés, ce qui affecte sérieusement la répartition d'ensemble.

Source: Données mécanographiques du CRSMT, 27 mars 1991. (Variable B-20.)

TABLEAU 6-7

Proportion des conventions collectives et des salariés selon certaines dispositions des clauses de règlement des griefs au Canada[1] – 1970 et 1985

Dispositions	1962 ou 1971		1985			
	Ind. manuf.		Ind. manuf.		Toutes ind.[2]	
	C.c. %	Sal. %	C.c. %	Sal. %	C.c. %	Sal. %
La procédure est amorcée (1re étape) par	(1971)					
l'employé	8	14	3	9	10	10
le délégué syndical	5	6	7	10	6	9
l'employé avec ou sans le délégué syndical	77	70	82	74	73	70
le syndicat	2	4	4	3	5	5
le comité de griefs	5	4	3	3	4	2
autrement (ou aucune disposition)	3	2	1	1	2	4
	(1962)					
Procédure particulière en cas de congédiement[3]	56	60	70	70	58[4]	57[4]
Rémunération du temps consacré aux griefs	50	50	75	70	64[5]	72[5]

1. Conventions collectives visant 500 salariés ou plus.
2. Sauf la construction.
3. Procédure plus courte ou plus rapide.
4. La répartition selon les industries est très variable: de moins de 50 % dans les communications à près de 80 % dans les mines. Dans les industries manufacturières, la répartition est aussi très irrégulière.
5. Ici encore la répartition est très variable, mais différemment.

Sources: Canada, ministère du Travail, Direction de l'économique et des recherches: *Clauses de conventions collectives de grands établissements manufacturiers 1963*. «Recherches sur les relations ouvrières patronales», rapport nº 5. Ottawa, Imprimeur de la reine, 1964, 68 p., p. 23; *Dispositions de conventions collectives*, document mécanographique 082445, 4 août 1972; *Dispositions des grandes conventions collectives*, juillet 1985 (182 p.), p. 26-30. (Ces données n'ont pas été publiées depuis 1985.)

Le défaut de rencontre prévu au paragraphe précédent ne peut invalider le grief.

(Société de transport de la CUM et Fraternité des chauffeurs d'autobus, opérateurs de métro et employés de services connexes, SCFP, section locale 1983, art. 34.06.)

Il importe de mentionner ici une règle d'application générale qui, cependant, commence à connaître certaines exceptions. Cette règle s'exprime ainsi: «obéir d'abord, se plaindre ensuite», mieux connue dans sa forme anglaise: *obey now, grieve later*. Le principe s'applique de façon si générale et si impérieuse qu'un refus d'obéir, sans raison grave, sera considéré comme un acte d'insubordination; il pourra entraîner de sévères sanctions disciplinaires[37]. Il y a, nous l'avons dit, des exceptions: le salarié peut refuser d'obéir si le commandement reçu va contre l'ordre public ou

37. Claude D'Aoust et Gilles Trudeau, *L'obligation d'obéir et ses limites dans la jurisprudence arbitrale québécoise*, Université de Montréal, École de relations industrielles, monographie nº 4, 1979 (62 p.), p. 20-26.

TABLEAU 6-8

Personnes habilitées à déposer un grief individuel à la première étape officielle au Québec – 1984 et 1989

Peuvent loger un grief à la première étape	Conventions collectives en vigueur en 1984				1989			
	C.c.	%	Salariés	%	C.c.	%	Salariés	%
Le salarié seul	285	7,3	13 374	2,2	147	6,5	15 908	2,9
Le salarié avec ou sans le représentant syndical	991	25,3	125 876	21,0	504	22,3	135 017	24,3
Le salarié ou le rep. synd.[1]	755	19,3	98 272	16,4	465	20,6	83 350	15,0
Le salarié ou…[2]	393	10,0	128 935	21,5	276	12,2	151 518	27,3
Le salarié et le rep. synd.	430	11,0	49 897	8,3	288	12,8	47 736	8,6
Le représ. syndical seul[3]	400	10,2	112 417	18,7	201	8,9	51 901	9,4
Le représ. synd. avec ou sans le salarié	183	4,7	12 860	2,1	111	4,9	25 755	4,6
Autre disposition	327	8,4	49 650	8,3	166	7,4	25 693	4,6
Aucune disposition	152	3,9	9 053	1,5	99	4,4	18 166	3,3
TOTAL	3 916	100,0	600 334	100,0	2 257	100,0	555 046	100,0

1. Regroupe plusieurs formules: le salarié ou le représentant syndical, le syndicat ou le délégué.
2. Regroupe plusieurs possibilités: le salarié, le représentant syndical ou le syndicat, le salarié avec ou sans le représentant syndical ou le syndicat seul.
3. Le représentant syndical ou le syndicat seul.

Source: *Conditions de travail contenues dans les conventions collectives. Québec*, rapport annuel 1984 et 1989, CRSMT, p. 38 et 60. (Variable B-17.)

les bonnes mœurs, s'il est discriminatoire, déraisonnable, inapplicable ou contraire à la convention collective, ou s'il entraîne un risque pour la santé ou la sécurité de la personne, sa vie ou son intégrité[38]. Cette dernière exception est aujourd'hui consignée dans la *Loi sur la santé et la sécurité du travail* (articles 12-31). L'ordre doit venir d'un supérieur hiérarchique, mais cet ordre peut fort bien n'être qu'implicite; l'employé sait très bien qu'il doit exécuter son travail habituel, sans que le contremaître ait à le lui rappeler.

L'exception qui commence à poindre consiste à surseoir à l'application de la décision faisant l'objet du grief jusqu'à la solution définitive du litige. On désigne cette pratique par l'expression latine *statu quo ante*, qui signifie que l'on revient à la situation antérieure à la décision ayant motivé le dépôt du grief. Certains textes anglais parlent de *justice and dignity procedures*[39]. Dans les quelques conventions où l'on trouve cette disposition, elle vise le plus souvent les cas de sanctions disciplinaires. Il est évident qu'elle ne pourrait s'appliquer à tous les cas de griefs sans créer de sérieuses perturbations. Si un employé conteste la sélection de l'employeur pour une promotion, le principe de *statu quo ante* interdirait à l'employé choisi d'occuper le poste tant que la pro-

38. *Syndicat du transport de Montréal* et *Côté*, Rodrigue Blouin, arbitre, 8 avril 1991, D.T.E. 91-T705.

39. *Basic Patterns in Union Contracts*, 11e édition. Washington, D.C., Bureau of National Affairs, 1986, p. 38.

cédure de règlement des griefs n'aurait pas été épuisée. S'il s'agit d'un grief à caractère pécuniaire et qu'il est finalement rejeté, l'employé serait-il tenu de rembourser les sommes qu'il aurait reçues jusqu'alors ? Dans ce cas, une meilleure formule serait de déposer l'argent dans un compte en fidéicommis. On constate qu'une telle disposition n'est pas applicable dans tous les cas. C'est peut-être d'ailleurs ce qui explique son taux de présence très faible dans les conventions collectives. La proportion de conventions comportant une telle clause ne dépasse guère 2 % et ce ne sont pas les plus grandes conventions qui la retiennent. (Voir le tableau 6-9.) Dans les grandes conventions canadiennes (500 salariés ou plus), la proportion n'atteint pas 1 %[40]. Aux États-Unis, la proportion est également de 2 % (9 conventions dans un échantillon de 400), avec une particularité : la disposition s'accompagne d'un arbitrage accéléré[41].

6.4.2 Conditions d'accès à la procédure officielle

Pour que le grief puisse cheminer normalement, une fois la procédure officiellement engagée, il doit nécessairement être soumis par écrit. S'il est réglé verbalement à l'étape préliminaire, tant mieux ; mais s'il doit traverser les étapes prévues et éventuellement aboutir à l'arbitrage, on comprend qu'il doit être consigné tôt dans le déroulement de la procédure.

Le document écrit doit contenir d'abord un résumé des faits, c'est-à-dire de l'événement ou de l'action qui marque le point de départ de la plainte. Il peut aussi résumer les premières discussions et les conclusions qui en découlent. Il importe tout autant de savoir si l'employé a un droit et sur quelle base ce droit repose ; concrètement, cela signifie qu'il faut préciser à quelle clause de la convention collective le grief se rapporte, quelle clause invoque le plaignant comme base de son recours. Le document doit également mentionner quel correctif réclame le plaignant, ou, en son nom, le représentant syndical, pour en arriver à un règlement. Pour s'assurer que tous ces éléments sont consignés et qu'aucun n'est oublié, la plupart des syndicats ont établi une sorte de formulaire que leurs représentants et les salariés en cause sont invités à utiliser. Le document doit évidemment inclure le nom, la fonction, le matricule et les autres coordonnées de l'employé, ainsi que l'identification du premier supérieur impliqué. (Voir le document 6-1, qui reproduit un de ces formulaires.)

Le grief ainsi rédigé, dans les délais prévus (voir la section 6.3.4 et le tableau 6-5), sera déposé auprès de la personne désignée à cette fin par l'employeur. La convention collective doit dire clairement à qui le grief sera présenté en première instance. Concrètement, cela dépendra de ce qui est prescrit pour l'étape verbale, s'il y en a une. Quelle que soit cette personne, elle doit être identifiée dans la convention collective.

6.4.3 Étapes principales

La grande majorité des conventions collectives prévoient une, deux ou trois étapes pour le règlement interne des griefs. Dans quelques cas, très rares, il peut y en avoir quatre, cinq ou même six. La tendance, au Québec, est de réduire le nombre d'étapes. Dans le reste du Canada, on maintient en général trois étapes[42]. Aux États-Unis, peut-être parce que les structures hiérarchiques sont plus complexes, la règle générale semble plutôt de quatre étapes[43].

La situation varie beaucoup d'une industrie à l'autre, reflétant le mode d'organisation de chacune et le nombre de paliers d'autorité qu'on y trouve. (Voir le tableau 6-10.) Dans les industries primaires et secondaires, la formule la plus fréquente comporte deux ou trois étapes, avec une légère prédominance pour trois étapes en 1984 et pour deux étapes en 1989. Dans les transports et les communications, ainsi que dans le commerce, la règle de deux étapes prédomine. Dans les services privés, il y a un nombre sensiblement égal de cas comportant une ou deux étapes.

40. *Dispositions des conventions collectives*, Travail Canada, données mécanographiques, 13 août 1990.
41. *Basic Patterns in Union Contracts*, voir *supra*, note 39, p. 38.
42. JEFFREY GANDZ et J. DAVID WHITEHEAD, «Grievance and their Resolution», voir *supra*, note 2, p. 241-242.
43. DAVID LEWIN et RICHARD B. PETERSON, *op. cit.*, note 14, p. 24-25 et 168-170.

TABLEAU 6-9

Conventions collectives contenant une disposition de *statu quo ante* en cas de sanctions disciplinaires – 1984 et 1989

La disposition de *statu quo ante*	**Conventions collectives régissant moins de 50 salariés**				**50 salariés et plus**				**tous les salariés (TOTAL)**			
	C.c.	%	Salariés	%	C.c.	%	Salariés	%	C.c.	%	Salariés	%
1984												
existe dans la convention collective	100	2,4	1 601	2,2	32	1,7	4 672	0,7	132	2,2	6 273	0,8
n'existe pas dans la convention collective	4 041	97,6	71 573	97,8	1 865	98,5	685 621	99,3	5 906	97,8	757 194	99,2
TOTAL	4 141	100,0	73 174	100,0	1 897	100,0	690 293	100,0	6 038	100,0	763 467	100,0
1989												
existe dans la convention collective	117	2,2	2 044	2,0	54	2,1	11 400	1,2	171	2,1	13 444	1,3
n'existe pas dans la convention collective	5 267	97,8	100 801	98,0	2 523	97,9	908 807	98,8	7 790	97,9	1 009 608	98,7
TOTAL	5 384	100,0	102 845	100,0	2 577	100,0	920 207	100,0	7 961	100,0	1 023 052	100,0

Source : Données mécanographiques du CRSMT, 27 mars 1991. (Variable B-26.)

TABLEAU 6-10

Nombre d'étapes de la procédure interne pour le règlement des griefs – 1984 et 1989

Nombre d'étapes	Conventions collectives régissant moins de 50 salariés				50 salariés et plus				tous les salariés (TOTAL)			
	C.c.	%	Salariés	%	C.c.	%	Salariés	%	C.c.	%	Salariés	%
1984												
1 étape	1 506	36,4	24 025	32,8	417	22,0	307 786	44,6	1 923	31,8	331 811	43,5
2 étapes	1 968	47,5	35 435	48,5	813	42,9	197 657	28,6	2 781	46,1	233 092	30,5
3 étapes	597	14,4	12 475	17,0	583	30,7	157 686	22,8	1 180	19,5	170 161	22,3
4 étapes	28	0,7	490	0,7	55	2,9	14 190	2,1	83	1,4	14 680	1,9
5 étapes ou plus	—	—	—	—	6	0,3	4 789	0,7	6	0,1	4 789	0,6
Autre disposition	2	—	25	—	12	0,6	6 895	1,0	14	0,2	6 920	0,9
Aucune disposition	40	1,0	724	1,0	11	0,6	1 290	0,2	51	0,8	2 014	0,3
TOTAL	4 141	100,0	73 174	100,0	1 897	100,0	690 293	100,0	6 038	100,0	763 467	100,0
1989												
1 étape	2 077	38,6	36 717	35,7	697	27,0	502 757	54,6	2 774	34,8	539 474	52,7
2 étapes	2 489	46,3	48 486	47,2	1 213	47,1	241 760	26,3	3 702	46,5	290 246	28,4
3 étapes	737	13,7	16 035	15,6	621	24,1	147 577	16,0	1 358	17,1	163 612	16,0
4 étapes	33	0,6	656	0,6	36	1,4	15 929	1,7	69	0,9	16 585	1,6
5 étapes	—	—	—	—	4	0,2	997	0,1	4	—	997	0,1
Autre disposition	2	—	25	—	1	—	340	—	3	—	365	—
Aucune disposition	46	0,8	926	0,9	5	0,2	10 847	1,2	51	0,6	11 773	1,1
TOTAL	5 384	100,0	102 845	100,0	2 577	100,0	920 207	100,0	7 961	100,0	1 023 052	100,0

Source: Données mécanographiques du CRSMT, 27 mars 1991. (Variable B-21.)

DOCUMENT 6-1

Formule de grief

Syndical local nº ____________ Grief nº ____________

Adresse ______________________________ Date ____________

____

Nom de l'employé	Matricule	Département	Titre de l'occupation

Veuillez utiliser cet espace pour fournir tout autre renseignement important concernant le grief.

____

____

Nature du grief

____

____

____

____

____

____

Règlement recherché ______________________________

____

____

Violation de la convention ______________________________

____

____

Signature du plaignant

____

____

____

Signature du délégué d'atelier

____

____

____

Cas de grief n° ____________________

Réponse du contremaître ____ Date ____________________

____

____

____

____

Réponse de la compagnie à l'étape suivante ____________________ Date ____________________

____

____

____

____

Réponse de la compagnie à l'étape suivante ____________________ Date ____________________

____

____

____

____

Réponse de la compagnie à l'étape suivante ____________________ Date ____________________

____

____

____

____

Commentaires du syndicat ____

____

____

____

____

____

Signature du délégué d'atelier

FIGURE 6-1

Cheminement typique d'un grief (lire de bas en haut)

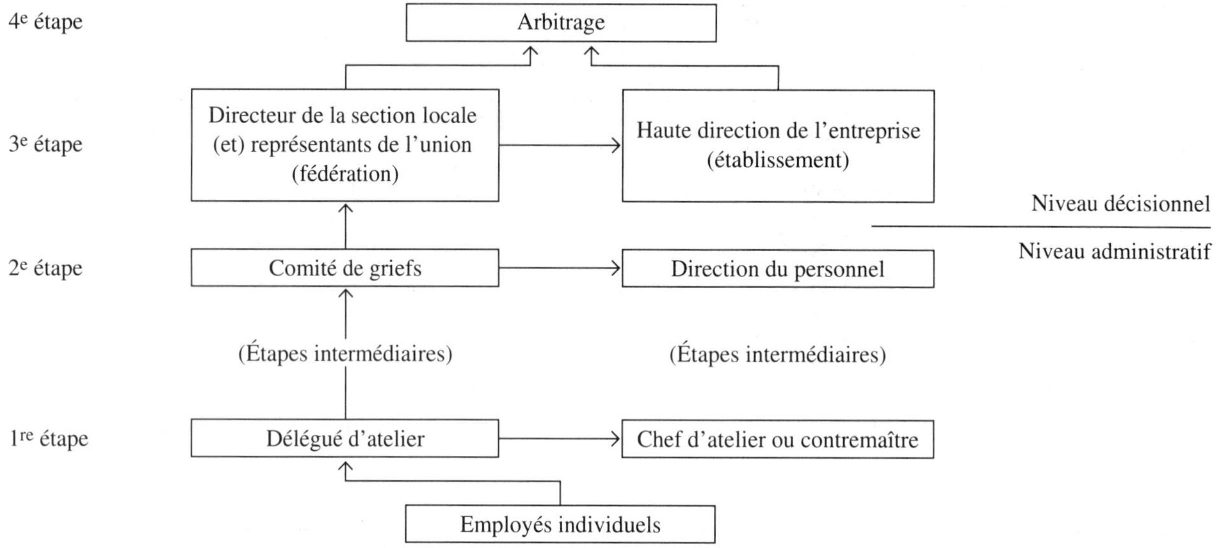

Enfin, dans le secteur public, le processus ne comporte généralement qu'une seule étape.

Dans les paragraphes qui suivent, nous décrirons un mode de règlement comportant trois étapes internes; on n'aura ensuite qu'à supprimer certaines étapes pour comprendre les procédures de règlement qui ne comptent qu'une ou deux étapes. (Voir la figure 6-1.)

La première étape est constituée d'une discussion au premier niveau, entre le délégué d'atelier et le contremaître ou le chef d'atelier. Si le problème n'est pas réglé à cette étape ou, ce qui revient au même, si l'employé et le représentant syndical ne sont pas satisfaits de la réponse donnée par le représentant patronal, ils peuvent décider de passer à la deuxième étape. La convention collective prévoit généralement les délais accordés aux parties pour répondre au grief et pour décider si celui-ci ira à l'étape suivante.

Il est important de savoir qui détermine si la réponse patronale est satisfaisante ou si le grief sera poursuivi à l'étape suivante. La réponse à cette question révèle qui a la propriété du grief. Cette propriété peut changer d'une étape à l'autre. C'est ainsi que la décision finale d'aller en arbitrage revient toujours au syndicat. Par contre, la Cour suprême du Canada a souligné que le salarié concerné devait être informé, sinon consulté, à propos du règlement de son grief[44].

À la deuxième étape, on passe à un échelon supérieur, tant du côté syndical que patronal. Du côté syndical, ce peut être un comité de griefs; si tel est le cas, le comité doit être clairement identifié dans la convention; ce peut être aussi le comité de direction local ou tout autre représentant syndical d'un échelon supérieur au délégué d'atelier. Du côté patronal, ce sera tantôt la direction locale de l'usine, représentée par le gérant ou le principal chef d'atelier, tantôt la direction du personnel de l'entreprise. Ce dernier point exige une précision, car il met en lumière la difficulté, sinon le conflit, qui peut exister, du côté

44. *Centre hospitalier Régina ltée* c. *Tribunal du travail*, Cour suprême du Canada, 31 mai 1990, (1990) 1 R.C.S. 1330. 90 C.L.L.C., paragraphe 14019, à la page 12166.

patronal, entre les cadres-autorité et les cadres-conseil. Les différentes étapes du grief peuvent ne mettre en cause que les paliers d'autorité. Mais il est rare que le service du personnel n'intervienne pas à un moment ou l'autre de la procédure. Généralement ce n'est pas à la première étape, mais plutôt à la deuxième ou à la troisième. Il faut alors concilier des objectifs parfois divergents mais également importants: ne pas diminuer l'autorité des cadres hiérarchiques (*line*) tout en profitant de l'expertise que la direction des ressources humaines ou des relations du travail peut apporter. Grâce à elle, on pourra éviter des erreurs coûteuses et assurer la nécessaire uniformité des sanctions dans l'application de la convention dans l'ensemble de l'établissement.

En somme, là où il y a une deuxième étape, elle correspond le plus souvent à l'intervention d'un groupe-conseil, tant du côté syndical (comité, dirigeants locaux, permanent) que du côté patronal (ressources humaines ou relations du travail). Tout doit être clairement indiqué dans la convention, et d'abord, qui doit présenter le grief et qui doit le recevoir. La convention doit également mentionner les trois délais à respecter: le délai pour la rencontre entre les représentants des deux parties, le délai de réponse du représentant patronal et le délai accordé à la partie syndicale pour aviser l'employeur qu'elle n'accepte pas la réponse et que le grief ira à l'étape suivante.

À la troisième étape, ce sont les représentants du plus haut niveau de direction qui vont discuter du grief. Du côté syndical, on fait généralement appel à un représentant de l'union ou de la fédération, c'est-à-dire un permanent syndical venant de l'extérieur, ou même un dirigeant élu du plus haut niveau (comme le président de la fédération). Du côté patronal, c'est la haute direction de l'établissement ou même de l'entreprise – si celle-ci compte plusieurs établissements où la décision risque d'avoir des répercussions – qui engagera les discussions pour chercher une solution au problème. De nouveau, la convention doit préciser le délai de rencontre, le délai de réponse et le délai d'acceptation ou de refus; dans ce dernier cas, la partie syndicale décide de mener le grief à l'arbitrage.

Entre ces trois étapes officielles ou principales, il peut y avoir des étapes intermédiaires dont nous parlerons plus loin (section 6.4.4). Ces étapes peuvent être assimilées à des voies de détour ou à des tentatives de règlement en dehors du cheminement officiel et normal. Par ailleurs, les parties peuvent décider de sauter la première étape et de porter directement à la deuxième ou même à la troisième étape certains griefs, comme un grief de congédiement, un grief syndical ou patronal.

La procédure comportant trois étapes ne se retrouve que dans 20 % des conventions collectives. Quand on n'a que deux étapes, on conserve la première étape à peu près telle quelle, à la base du régime, alors que la seconde correspond soit à la deuxième ou à la troisième étape décrite plus haut, soit à une combinaison des deux. Il n'y a guère qu'un seul secteur où l'on saute la première étape officielle – la discussion informelle va toujours de soi –, et c'est dans le secteur public, où la seule étape interne consiste en une rencontre entre le représentant syndical et la personne responsable du personnel (ou de son représentant) dans l'établissement en cause. À défaut d'entente à ce premier niveau, le grief passe à l'arbitrage, c'est-à-dire qu'il s'ajoute à la longue liste d'attente, tant dans le secteur de la santé que dans celui de l'éducation. Dans le secteur privé, la procédure interne à une seule étape se rencontre généralement dans de petites entreprises où la direction est toute proche de ses employés; elle intervient tout naturellement dès qu'une affaire n'a pu être réglée par le chef de service.

Voici l'exemple d'une procédure de règlement à deux ou trois étapes internes, en plus de l'étape préalable ou informelle dont nous avons déjà parlé (voir section 6.4.1).

> **Première étape** – Le représentant syndical du centre concerné, accompagné de l'employé, s'il le désire, soumet le grief par écrit au surintendant du centre concerné ou à son représentant qui doit donner une

réponse verbale dans les cinq (5) jours ouvrables suivant le dépôt du grief.

Deuxième étape – Si le grief n'est pas réglé à l'étape précédente, le directeur syndical du centre concerné ou son représentant soumet, si possible dans les vingt (20) jours ouvrables de la fin de la première étape, le grief par écrit au directeur du centre concerné ou à son représentant qui doit être à un niveau plus élevé que celui prévu à la première étape. Ce dernier doit rencontrer le directeur syndical ou son représentant dans les dix (10) jours ouvrables qui suivent immédiatement la réception par lui de la demande d'entrevue. (...) Une décision motivée par écrit doit être rendue à la Fraternité, section locale 1983 SCFP, dans les quinze (15) jours ouvrables qui suivent la dernière entrevue relative audit grief.

Troisième étape – Si le grief n'est pas réglé à l'étape précédente ou si aucune décision n'est communiquée dans le délai fixé au paragraphe précédent, un agent d'affaires de la Fraternité, section locale 1983, SCFP ou son représentant doit soumettre le grief par écrit dans les cinquante (50) jours ouvrables, à son choix, soit à l'arbitrage, soit au directeur exécutif concerné ou son représentant, prenant pour acquis qu'un grief logé à la mauvaise direction exécutive n'est pas invalidé pour autant.

Le directeur exécutif ou son représentant doit rencontrer l'agent d'affaires ou son représentant dans les dix (10) jours ouvrables qui suivent immédiatement la réception par lui de la demande d'entrevue. (...) Une décision motivée doit être rendue par écrit à la Fraternité, section locale 1983, SCFP, dans les quinze (15) jours ouvrables qui suivent la dernière entrevue relative audit grief.

(Société de transport de la CUM et la Fraternité des chauffeurs d'autobus, opérateurs de métro et employés des services connexes au transport de la STCUM, SCFP, section locale 1983, art. 34.06.)

Ce qu'on appelle le «centre concerné» dans cet exemple correspond à une division dans d'autres entreprises. Après la deuxième étape, le syndicat a le choix d'aller en arbitrage immédiatement ou de passer par une troisième étape interne, devant le directeur de la division en cause. Si cette dernière réponse n'est pas satisfaisante, le syndicat pourra toujours aller à l'arbitrage : c'est un droit qui est garanti par l'article 100 du *Code du travail*.

La décision de porter un grief au-delà de la première étape est sérieuse. Il faut que le grief soit important pour qu'on le poursuive. L'importance peut avoir différentes sources dont la nature du grief, même si c'est un grief individuel : dans certains cas il peut entraîner des conséquences qui équivaudront presque à celles d'un grief de principe. Par ailleurs, la crainte d'être accusé de faillir au devoir de représentation loyale peut, comme nous l'avons mentionné plus haut, amener un syndicat à défendre un ou des griefs auxquels il ne croit que peu ou même pas du tout. De plus, on comprend facilement que le fait d'obtenir justice pour tel salarié, même s'il demeure un objectif primordial, s'accompagne souvent de nombreuses autres motivations. Le syndicat peut voir dans tel ou tel grief une occasion pour défier l'autorité patronale. Il peut multiplier ses efforts à cause d'une lutte de pouvoir politique qu'il mène contre l'employeur. Dans certains cas, une victoire sur un grief important peut influencer la prochaine négociation et, sous un autre aspect, la prochaine élection des dirigeants syndicaux. Lorsque les dirigeants syndicaux et patronaux du plus haut niveau se réunissent pour discuter d'un grief, leur seule présence comporte des implications qui dépassent l'objet restreint du grief en cause. On comprend mieux ainsi la multiplicité des rôles de la procédure de règlement des griefs, tels que nous les avons décrits au début du présent chapitre (voir section 6.1.1).

6.4.4 Détours possibles de la procédure

Partant de l'idée qu'une démarche ne reposant que sur des étapes strictement officielles ne constitue pas toujours la meilleure manière de régler un problème, certaines conventions collectives prévoient le recours, pendant la procédure de règlement, à d'autres formules moins formalistes et légalistes, orientées davantage vers le compromis et la conciliation. De nouveau, la seule règle péremptoire est celle que les parties ont bien voulu se donner en inscrivant de telles démarches dans le texte de leur convention collective. On peut ainsi identifier deux sortes de démarches spéciales : celles qui recourent à un comité de griefs et celles qui font appel à un comité d'enquête.

Il y a plusieurs types de comité de griefs et il importe de bien les distinguer. Il y a d'abord le comité syndical, qui fait souvent partie de la procédure normale et habituelle ; dans la figure 6-1, un tel comité apparaît à la deuxième étape comme le porte-parole de la partie syndicale. Il y a aussi des comités de griefs mixtes, qui ont évidemment un caractère complètement différent. Le comité de griefs mixte peut avoir un caractère permanent ou spécial, auquel cas il est mis en place chaque fois qu'un cas particulier l'exige. Voici d'abord l'exemple d'un comité de griefs très général, presque semblable à un comité de relations de travail.

> Un comité de griefs formé de cinq membres (dont trois devront siéger) demeurera en fonction dans le but de discuter toute plainte ou autres sujets concernant cette convention de travail, avec les autorités de la compagnie, ou pour considérer toute question transmise par l'une ou l'autre des parties contractantes.
>
> Aucun changement ou rajustement de gages ou de conditions de travail ne se fera sauf par les intermédiaires désignés dans cette convention.
>
> (F.F. Soucy inc., Rivière-du-Loup, et le Syndicat canadien des travailleurs du papier, sections locales 625 et 905, art. 9.01.)

Le texte cité montre clairement qu'il s'agit d'un comité de discussion et de consultation. Dans d'autres cas, le comité, sans être décisionnel, fait des recommandations que la compagnie s'engage à considérer sinon à réaliser. Dans l'exemple suivant, il s'agit d'un comité d'enquête, constitué à la demande d'un employé ; il peut intervenir entre les deux étapes officielles de la procédure normale.

> Si la décision du contremaître ne satisfait pas l'employé, ou si une telle décision ne lui est pas connue dans les 5 jours, il peut demander par écrit, dans les 4 jours qui suivent, la formation d'un comité d'enquête à son contremaître en y annexant son grief écrit. Ce contremaître doit nommer dans les 5 prochains jours un représentant de la Société pour agir comme membre d'un comité d'enquête. Le représentant mandaté de l'employé ou son délégué doit aussi agir comme membre du comité d'enquête. Ces deux représentants doivent se rencontrer et examiner ensemble le dossier de l'employé, étudier soigneusement le cas ensemble et le discuter complètement avec le personnel de direction du département dans le but d'en arriver à une solution satisfaisante. Le comité d'enquête doit, dans les 4 jours suivant sa nomination, faire une recommandation, ou des recommandations en cas d'opinions divisées au sein du comité, sur le grief au contremaître, qui dans les 4 jours suivant la recommandation doit rendre sa décision à l'employé.
>
> (Société d'électrolyse et de chimie Alcan et le Syndicat national des employés de l'aluminium d'Arvida inc., art. 15.1 b.)

Certaines conventions collectives prévoient un mécanisme de conciliation des griefs. Même si elle n'est pas fréquente, cette démarche s'inscrit dans la logique de l'extension de la négociation collective. Comme nous l'avons déjà noté, il arrive que certains syndicats utilisent un grief pour poursuivre la discussion, avec l'employeur, sur une demande qui n'a pas été satisfaite lors de la dernière ronde de négociations. La conciliation des griefs étant toutefois plus fréquemment utilisée comme substitut ou préalable à l'arbitrage – on parle en ce sens de médiation préarbitrale –, nous en reportons l'étude au chapitre suivant.

6.5 Variables dans le règlement des griefs

Les études sur le règlement interne des griefs sont extrêmement rares, au Canada comme aux États-Unis. Alors que les volumes en matière d'arbitrage des griefs abondent, un nombre infime de livres et seulement quelques articles traitent de l'ensemble du processus de règlement des griefs. Les quelques études empiriques qui existent proposent souvent des conclusions contradictoires parce que leur analyse porte sur des groupes différents qui ne sauraient se comparer. Nous essaierons de dégager les quelques conclusions qui semblent pouvoir s'appliquer de façon générale.

6.5.1 Fréquence des griefs et leurs causes

Une très faible proportion des griefs déposés à la première étape se rend en arbitrage. Une étude qui portait sur 118 unités de négociation, comptant environ 40 000 salariés de l'Ontario, a établi que seulement 1,3 % des griefs déposés s'étaient rendus à l'arbitrage[45]. Il se peut que la moyenne générale, en particulier si l'on inclut le secteur public, soit plus élevée; mais la proportion d'ensemble demeure très faible. Le chiffre de 2 % serait probablement assez près de la réalité. Mais chaque cas particulier est différent: certaines unités n'ont presque jamais de griefs, encore moins d'arbitrages; d'autres en ont beaucoup. Toute généralisation est trompeuse.

Deux auteurs américains ont estimé qu'environ 11 millions de griefs avaient été présentés en 1986, dont 1,2 million de griefs écrits; cela équivaudrait à une moyenne, pour l'année, de une plainte pour chaque 1,5 ouvrier syndiqué et de un grief écrit pour 14 ouvriers syndiqués aux États-Unis[46]. Dans l'étude ontarienne, qui portait sur 118 unités de négociation, l'auteur a calculé le taux de fréquence annuelle des griefs déposés sur une base de 1000 employés. En matière de sanctions disciplinaires, il arrive à une moyenne de 17 griefs pour 1000 employés et, pour tous les autres sujets, la moyenne est de 108,3[47]. En tout, cela fait un taux annuel de 125 griefs pour 1000 employés. Les 40 000 employés visés par l'étude ont donc déposé 5000 griefs, soit une moyenne de un grief par année pour huit ouvriers syndiqués. Si ces 40 000 employés sont représentatifs des 4 millions de syndiqués, il y aurait eu un demi-million de griefs déposés au Canada cette année-là. En comparant la moyenne générale dans les deux pays, cela fait presque deux fois (1,75) plus de griefs par salarié au Canada qu'aux États-Unis (respectivement 1 grief pour 8 syndiqués et 1 grief pour 14 syndiqués). Un tel écart est possible compte tenu de la situation des syndicats canadiens proportionnellement plus nombreux et considérés plus militants.

Aux États-Unis, un des sujets souvent étudiés porte sur les facteurs ou variables qui influencent le nombre et la fréquence des griefs. Les facteurs étudiés vont de l'environnement aux caractéristiques personnelles des employés concernés[48]. Assez peu de conclusions se dégagent de l'ensemble de ces études. Certains ont tenté de faire le portrait du travailleur le plus enclin à faire un grief. Ce ne serait ni le travailleur situé en haut de l'échelle ni celui qui se trouve tout en bas de l'échelle; c'est plutôt le travailleur moyen, généralement technicien, ou occupant un emploi analogue, plutôt jeune et ardent syndicaliste, sans attaches personnelles par rapport à l'entreprise où il travaille[49]. Par ailleurs, le climat des relations patronales-syndicales semble être particulièrement important: là où l'employeur voit d'un bon œil la présence syndicale, la proportion des griefs est moins élevée. C'est probablement que les difficultés se résolvent de façon informelle, sans qu'un grief explicite soit déposé[50].

Le taux de fréquence des griefs varie considérablement d'une industrie à l'autre, d'une entreprise à l'autre et même d'un établissement à l'autre. Une étude signale que deux entreprises produisant le même modèle de pneus, où les employés étaient membres de la même union, et dont les établissements n'étaient distants que d'environ 16 kilomètres, avaient des taux de griefs incroyablement différents: leur taux respectif était de 9,5 et de 87,5 pour 1000 employés par année. Dans certaines mines, appartenant toutes à la même compagnie, les taux de fréquence variaient de 108 à 840. On comprend qu'avec de tels écarts il est difficile de tirer des conclusions générales[51].

6.5.2 Résultats et efficacité du régime

D'autres études se sont intéressées à l'efficacité de la procédure de règlement des griefs. Le principal auteur en la matière a choisi une mesure complexe

45. Jeffrey Gandz, «Grievance Initiation and Resolution...», voir *supra*, note 14, p. 785.
46. David Lewin et Richard B. Peterson, *op. cit.*, p. 8.
47. Jeffrey Gandz, voir *supra*, note 14, p. 785.
48. Chalmer E. Labig, Jr. et Charles R. Greer, «Grievance Initiation: A Literature Survey and Suggestions for Future Research», *Journal of Labor Research*, vol. 9, nº 11, hiver 1988, p. 1-27.
49. David Lewin et Richard B. Peterson, *op. cit.*, p. 40.
50. Jeffrey Gandz, «Grievance Initiation and Resolution...», voir *supra*, note 14.
51. Jeffrey Gandz et J. David Whitehead, «Grievance and Their Resolution», voir *supra*, note 2, p. 243.

pour établir cette efficacité. Il propose l'étude simultanée de quatre critères: le taux de fréquence des griefs – qu'il établit pour 100 employés au lieu de 1000 – le niveau ou l'étape de la procédure où le règlement a lieu, la durée de la procédure ou la rapidité du règlement, mesurée en nombre de jours depuis le dépôt du grief, et le taux d'arbitrage, c'est-à-dire la proportion, pour 100 employés, des griefs qui se rendent en arbitrage. Parce que l'auteur s'intéresse particulièrement aux aspects behavioristes, il ajoute le degré d'équité ou de justice du règlement tel que le perçoit chacune des parties[52]. Parmi les mesures d'efficacité mentionnées, notons que le niveau ou l'étape du règlement a une grande importance. En effet, on considère généralement qu'un règlement intervenu aux premières étapes de la procédure témoigne d'un plus grand succès que la poursuite du grief jusqu'aux dernières étapes, et davantage encore si le grief doit se rendre jusqu'à l'arbitrage.

La majorité des griefs se règlent à la première étape et, à cette étape, les deux tiers des règlements favorisent l'employé ou le syndicat[53]. Un autre 25 % des litiges se résout à la deuxième étape, mais cette fois il y a plus de refus que de gains pour le demandeur. La proportion des refus s'accroît encore dans les dernières étapes de la procédure. L'étude sur laquelle reposent ces chiffres n'est peut-être pas pleinement représentative étant donné qu'elle portait sur un groupe d'employés du gouvernement fédéral du Canada. Dans l'entreprise privée, il est probable que la proportion des règlements et des gains à la première étape serait encore plus élevée: l'employeur, dans le secteur privé, préférera une solution rapide et acceptable à un refus qui entraînerait des coûts considérables, surtout si le cas doit se rendre à l'arbitrage.

Un aspect important du processus est justement celui des coûts qu'il entraîne. La question des coûts est rarement étudiée à fond; on la trouve mentionnée à l'occasion. C'est ainsi qu'une entreprise déclare que chaque grief qui s'est rendu aux dernières étapes internes lui a coûté, il y a une dizaine d'années, 160 $ et que le coût moyen d'un arbitrage atteignait alors 2000 $[54]. Compte tenu de la différence des prix et du taux de change, le coût moyen d'un grief et d'un arbitrage aux États-Unis étaient à peu près les mêmes[55]. Notons qu'il s'agit là de coûts moyens; dans certains cas, le coût réel est bien supérieur. Il y a sans doute un lien entre le taux de succès aux premières étapes, mentionné plus haut, et les coûts engendrés par la poursuite d'un grief. Si l'employeur considère que le syndicat ou l'employé ont une bonne cause, il sera porté à le reconnaître dès le début. S'il ne le fait pas, c'est qu'il considère la question importante et qu'il est prêt à la débattre jusqu'au bout, et à y mettre les sommes d'argent requises. Si un grief n'a pas été reçu favorablement par l'employeur à l'une des deux premières étapes, les chances qu'il le soit par la suite diminuent de façon considérable: elles tombent de 50 % à 15 %. En d'autres mots, l'employeur dit oui tout de suite ou il maintient une réponse négative jusqu'à la toute dernière étape.

6.5.3 Impacts et conséquences des griefs

Certaines études se sont intéressées à l'effet des griefs et de leur règlement sur le personnel, les entreprises, la productivité et le type de relations patronales-syndicales qui en découlent normalement. Ici encore, les études sont relativement limitées et sommaires, mais on peut en dégager quelques conclusions qui semblent fiables.

Les employés qui déposent des griefs, et bien davantage ceux qui les perdent, sont susceptibles de présenter un taux d'absentéisme et un taux de roulement plus élevé que les autres: ils optent pour la «fuite» (*exit*). Leur rendement est aussi généralement inférieur et leurs chances de promotion sont moindres. On observe le même phénomène, du moins quant au

52. David Lewin et Richard B. Peterson, *op. cit.*, p. 17 et 62.
53. Ignace Ng et Ali Dastmalchian, «Determinants of Grievance Outcomes: A Case Study», *Industrial and Labor Relations Review*, vol. 42, nº 3, avril 1988, p. 393-403, à la page 397.

54. Jeffrey Gandz, «Grievance Initiation and Resolution...», voir *supra*, note 14, p. 790.
55. David Lewin et Richard B. Peterson, *op. cit.*, p. 30.

rendement et aux chances de promotion, chez les contremaîtres et les chefs d'atelier ou de service qui font l'objet de griefs nombreux et fréquents. Même s'ils ont bien d'autres qualités, ceux qui sont la cause de nombreuses plaintes de la part des employés ont moins de chance d'être considérés par la haute direction de l'entreprise lors des promotions[56].

Un peu dans le même sens, plusieurs études ont observé une relation inverse entre le taux de fréquence des griefs et le niveau de productivité; en d'autres mots, plus il y a de griefs, moins l'établissement est productif, du moins en général. C'est peut-être qu'un taux élevé de fréquence des griefs témoigne de l'impuissance de la direction à régler d'importants conflits, même si ceux-ci peuvent avoir de multiples causes[57]. Quant à la productivité, sa diminution peut venir du temps perdu dans la discussion des griefs; ce temps risque d'être relativement considérable. Une étude mentionne également l'effet sur le moral des employés et le climat de travail. Dans un cas comme dans l'autre, un plus grand nombre de griefs signifie une moindre productivité[58].

L'effet négatif sur la productivité de l'accroissement du nombre de griefs semble contredire l'analyse faite par Freeman et Medoff qui ont conclu qu'en permettant aux salariés d'exprimer leur contestation (*voice mechanism*), le syndicalisme diminuait le taux de roulement de la main-d'œuvre et augmentait la productivité de façon significative[59]. Les deux conclusions ne sont pas nécessairement incompatibles. En effet, les études qui concluent à une baisse de productivité portaient sur des établissements et des entreprises, alors que l'analyse de Freeman et Medoff avait une base macro-économique[60].

On ne s'étonnera pas, du moins dans les études effectuées à un niveau micro-économique, de constater que le taux élevé de fréquence des griefs correspond généralement à un climat de contestation et de relations de travail négatif. Vu les discussions qu'entraînent les nombreux griefs, il est probable que le même climat se transportera à la table de négociation lors du renouvellement de la convention collective. En fait, il est en quelque sorte normal que les relations aient tendance à être conflictuelles là où le nombre et l'importance des griefs sont considérables et l'acuité des échanges élevée[61].

D'un autre côté, il ne faudrait pas croire que la qualité des relations patronales-syndicales est nécessairement et toujours inversement proportionnelle au nombre de griefs. Tout dépend de la manière dont ces griefs sont reçus. En effet, on peut imaginer une situation où les rapports sont tellement mauvais que ni le syndicat ni les employés ne sont prêts à déposer de grief, sachant d'avance que la démarche est inutile. À l'inverse, si le climat est bon, les griefs peuvent se régler rapidement, à la satisfaction générale. Il est d'ailleurs probable que dans une situation où le climat est excellent, la plupart des problèmes se régleront à l'étape informelle, avant même qu'un grief ne soit déposé.

6.6 Problèmes particuliers du règlement des griefs

Nous avons déjà considéré, au passage, plusieurs problèmes fondamentaux du règlement des griefs, comme la définition stricte ou élargie du terme et,

56. DAVID LEWIN et RICHARD B. PETERSON, *op. cit.*, p. 183-191.
57. HARRY C. KATZ, THOMAS A. KOCHAN et KENNETH R. GOBEILLE, «Industrial Relations Performance, Economic Performance and Q.W.L. Programs: An Inter Plant Analysis», *Industrial and Labor Relations Review*, vol. 37, nº 1, octobre 1983, p. 3-17; DAVID LEWIN et RICHARD B. PETERSON, *op. cit.*, p. 47.
58. CASEY ICHNIOWSKI, «The Effect of Grievance Activity on Productivity», *Industrial and Labor Relations Review*, vol. 40, nº 1, octobre 1986, p. 75-89.
59. RICHARD B. FREEMAN et JAMES L. MEDOFF, *op. cit.*, p. 103-109.
60. DAVID LEWIN et RICHARD B. PETERSON, *op. cit.*, p. 48.
61. JEFFREY GANTZ, «Grievance Initiation and Resolution...», voir *supra*, note 14; DAVID LEWIN et RICHARD B. PETERSON, *op. cit.*, p. 48, 123-131; JEFFREY GANZ et J. DAVID WHITEHEAD, «The Relationship between Industrial Relations Climate and Grievance Initiation and Resolution» dans *Industrial Relations Research Association. Proceedings of the Thirty-Fourth Annual Meeting, Washington, 1981*, Madison Wis., IRRA, 1982, p. 320-328.

surtout, la propriété du grief. Nous ne reviendrons pas sur ces aspects. Nous en aborderons plutôt d'autres, qui se rattachent, du moins indirectement, aux propos tenus jusqu'ici. Nous envisagerons d'abord la question du marchandage des griefs, puis celle de leurs utilisations multiples, voire abusives dans certains cas. Nous terminerons par quelques considérations sur deux approches très différentes du problème des griefs: l'approche légaliste et l'approche de relations humaines.

6.6.1 Négociation ou marchandage des griefs

L'auteur américain James Kuhn est parmi les premiers à avoir attiré l'attention sur le fait que les griefs font parfois l'objet de négociation, voire même de marchandage. À preuve, l'ouvrage qu'il a publié aux Presses de l'Université Columbia en 1961[62]. Il y décrit en détail un enchevêtrement de griefs qui se sont succédé dans une usine dans l'espace d'environ un mois. Le tout commence par une plainte concernant la chaleur excessive dans un département de l'usine. Survient le bris d'une machine dont les conséquences sont beaucoup plus importantes, plusieurs employés travaillant à la pièce; comme ils reçoivent une rémunération variable, pouvant aller jusqu'à 90 % de leurs gains, ils perdent gros durant une période d'arrêt. Quelques jours plus tard une altercation se produit entre un contremaître et un employé; des insultes sont échangées et il faut imposer une sanction à l'employé insoumis. Dans un autre secteur, les chargeurs voudraient bien une augmentation de salaire: ils soutiennent que leur tâche a été augmentée.

Le contremaître et le délégué d'atelier sont ainsi confrontés à une série de griefs. À cela il faut ajouter qu'une élection au poste de délégué syndical doit avoir lieu bientôt. Comme l'actuel délégué veut garder son poste, il doit obtenir satisfaction pour les chargeurs qui constituent un groupe influent qui détermine souvent le résultat des élections. Pour sa part, le contremaître a besoin de rétablir une meilleure productivité dans son département particulièrement parce que le temps perdu pour les griefs s'est accru outre mesure au cours des derniers temps. Le délégué lui promet son appui s'il lui accorde le grief des chargeurs. De plus, il laisse tomber le cas d'insubordination, même si l'employé a été renvoyé: celui-ci ne peut plus causer de trouble. Quant au grief sur la chaleur excessive, il a traîné en longueur, parce que le délégué le considérait lui-même comme assez faible; pour sauver la face, on le laissera aller à l'arbitrage. Voilà comment on marchande des griefs. Il est impossible de savoir si les exemples de cette nature sont fréquents ou pas. Certains indices laissent croire que des cas comme celui-là ne sont pas uniques[63].

Le problème est susceptible de se poser avec encore plus d'acuité quand les griefs s'accumulent et qu'ils traînent en longueur. On a même inventé un mot pour désigner l'espèce de limbes où on laisse les griefs, même après la dernière étape interne, quand on ne tient pas à les soumettre à l'arbitrage pour obtenir une décision: le «congélateur», où de nombreux griefs risquent de traîner. Mais un jour ou l'autre, il faut bien le vider. C'est alors que la tentation de régler les cas par marchandage est considérable; des injustices peuvent facilement se glisser, même par mégarde[64]. Personne ne peut établir l'étendue du phénomène; mais personne ne peut en nier l'existence.

6.6.2 Utilisations diverses du grief

Idéalement, la procédure de règlement des griefs constitue une forme de recours judiciaire privé. À cause du contexte, différent pour chaque unité de négociation, certains peuvent utiliser les griefs à d'autres fins que le redressement des violations ou des interprétations douteuses du texte de la convention collective.

C'est ainsi que le dépôt intensif et répétitif de griefs peut devenir un instrument de négociation. Si la partie

62. James W. Kuhn, *Bargaining in Grievance Settlement. The Power of Industrial Work Groups*, New York, Columbia University Press, 1961, 206 p.

63. Paul A. Brinker, «Labor Union Coercion: the Misuse of the Grievance Procedure», *Journal of Labor Research*, vol. 5, n° 1, hiver 1984, p. 93-102.

64. *Centre hospitalier Regina* c. *Tribunal du travail*, voir *supra*, note 44.

syndicale prévoit que la prochaine négociation sera difficile, elle peut utiliser ce moyen de pression dans les mois qui précèdent la période de négociation proprement dite. L'accumulation d'un grand nombre de griefs aura plusieurs effets. Elle manifestera d'abord le mécontentement des employés et, en même temps, leur appui à leurs représentants syndicaux. Elle pourra servir aussi à la négociation de la façon suivante: le représentant syndical, à la table de négociation, pourra exiger le règlement de tous ces griefs, ou de la plupart d'entre eux, avant même d'aborder les discussions en vue du renouvellement de la convention collective. En somme, l'accumulation de griefs peut devenir un important instrument de négociation.

La multiplication des griefs peut aussi servir d'instrument de harcèlement contre l'employeur. Sans qu'il soit nécessaire de relier le phénomène à la négociation proprement dite, la partie syndicale peut, dans certains cas, utiliser ce moyen simplement pour faire sentir à l'employeur qu'elle désapprouve telle ou telle décision, telle ou telle manière de faire.

On peut observer, depuis une ou deux décennies, que l'utilisation abusive des griefs est moins fréquente dans le secteur privé, alors qu'elle s'intensifie dans certains groupes du secteur public. La multiplication des griefs dans quelques domaines du secteur public est devenue un problème endémique. C'est une des différences importantes qui accentuent l'écart entre le syndicalisme du secteur privé et celui du secteur public.

6.6.3 Approche légaliste ou de relations humaines

Une question majeure découle de toutes les considérations précédentes: dans quel esprit faut-il aborder le dépôt et le règlement des griefs? Faut-il privilégier l'approche légaliste ou une autre approche, qui fait appel à la discussion et à la médiation, essentiellement fondée sur les principes de l'école de relations humaines?

En soi, la clause de règlement des griefs a un caractère juridique marqué. L'objectif même de la clause est de redresser une conduite qui a dévié d'une règle contenue dans la convention collective, ou encore d'établir une interprétation définitive, qui doit guider les parties dans l'administration du contrat. Bref, il s'agit d'éclaircir ou de redresser une situation. De par sa nature, un tel problème est juridique et il serait normal de l'aborder par le biais d'une approche légaliste. D'ailleurs, cela doit correspondre à la volonté des parties dans la plupart des cas. L'employeur et le syndicat ont signé une convention collective et eux seuls peuvent la modifier. En d'autres mots, il faut interpréter ou appliquer la convention collective, non pas la réécrire.

Par contre, la discussion des griefs peut facilement s'apparenter à la poursuite des négociations sur tel ou tel point particulier. C'est plus particulièrement le cas quand le grief ou la plainte porte sur une question dont la convention ne traite pas explicitement. D'ailleurs, la nature même de la procédure interne, passant d'un échelon d'autorité à l'autre, invite en quelque sorte les parties à discuter entre elles pour trouver la meilleure solution possible au problème qui se pose. C'est la raison pour laquelle plusieurs voient dans la procédure de règlement des griefs une forme de négociation continue sur des points particuliers.

L'évolution de la législation joue un rôle dans l'approche que les parties choisiront. L'insertion dans la loi du devoir de juste représentation envers tous les salariés de l'unité de négociation, qu'ils soient membres ou non du syndicat, avec les recours qui s'y rattachent, pousse en quelque sorte les parties vers l'approche légaliste. Cette approche est évidemment à l'opposé de la négociation et surtout du marchandage des griefs. Celui qui veut agir en toute sécurité aura intérêt à traiter les griefs selon les règles du droit. L'observation rejoint ce qui a déjà été dit sur les droits de gérance et la théorie des droits résiduaires; celle-ci, d'inspiration très légaliste, est devenue la seule à avoir véritable droit de cité.

Cependant, le choix d'une approche devrait tenir compte de la nature et de l'objet du grief. Les griefs relatifs aux sanctions disciplinaires, d'emblée les plus nombreux, se prêtent mal à une approche qui ne serait pas légaliste. Dans ce genre de cas, les faits, les sources du droit et la façon d'appliquer celui-ci sont des éléments incontournables. Pour maintenir un minimum de justice, il faut aborder ces griefs de façon juridique. Par contre, les griefs qui portent sur des événements totalement ou partiellement nouveaux gagneraient sans doute à être considérés danas le cadre d'une approche plus souple et plus positive. C'est dans ces cas que la discussion et même la médiation peuvent comporter des avantages indéniables.

Ces observations valent davantage pour la procédure interne de règlement des griefs, mais elles s'appliquent également, moyennant certaines adaptations, à l'arbitrage, qui fait l'objet du chapitre suivant.

6.7 Le grief: instrument de justice ou de pouvoir?

La clause de règlement des griefs se présente comme l'instrument par excellence pour assurer à tous les intéressés que les droits consignés dans la convention collective seront reconnus et respectés. C'est cet aspect qui rend le modèle nord-américain des relations du travail tellement attrayant[65].

Pour que la clause de règlement des griefs joue véritablement son rôle de chien de garde et protège l'ensemble des droits et des obligations consignés dans la convention collective, il faut que la clause continue d'être perçue comme un instrument de justice et que les parties respectent ce caractère. Dans l'éthique des relations industrielles, il s'agit là d'une obligation fondamentale, sous peine de trahir une des plus belles institutions, un des aspects les plus nobles du régime nord-américain de relations de travail. Ce caractère d'instrument de justice ne peut survivre sans la participation active et franche des parties concernées, dans l'optique d'une véritable éthique industrielle[66].

Il reste que la procédure de règlement des griefs peut constituer un instrument de pouvoir important et il est bien probable que les parties continueront de l'utiliser comme tel. Ici encore se pose une question d'éthique. Chaque partie a le devoir de se servir des instruments de pouvoir qu'elle a à sa disposition, y compris la procédure de règlement des griefs. Il reste qu'un tel usage doit respecter des normes fondamentales. L'intérêt des personnes concernées, par exemple dans les cas de congédiement, ne doit pas céder la place à n'importe quelle considération d'ordre individuel ou collectif. On ne marchande pas un grief de congédiement pour assurer sa réélection au prochain scrutin syndical. Ceci n'interdit toutefois pas une utilisation raisonnable de la procédure de règlement des griefs comme un instrument de pouvoir.

Là-dessus, comme sur la question de la propriété du grief, les termes du rapport Woods nous reviennent à l'esprit: «le syndicat devrait user de ce pouvoir (...) d'une manière juste et impartiale»; on pourrait ajouter: en tenant compte à la fois des intérêts collectifs et des intérêts des individus en cause.

65. YVES DELAMOTTE, *Le recours ouvrier dans une entreprise américaine. Un aspect de l'action syndicale aux États-Unis: la défense des réclamations individuelles*, Paris, Armand Colin, 1966, 129 p.

66. ROBERT J. CALLAWAY, «Refurbishing the Grievance Procedure Under Collective Bargaining», *Labor Law Journal*, vol. 35, n° 8, août 1984, p. 481-491.

Bibliographie

AARON, BENJAMIN. «Employee Rights Under an Agreement: A Current Evaluation», *Monthly Labor Review*, vol. 94, nº 8, août 1971, p. 52-56.

BRINKER, PAUL A. «Labor Union Coercion: the Misuse of the Grievance Procedure», *Journal of Labor Research*, vol. 5, nº 1, hiver 1984, p. 93-102.

CALLAWAY, ROBERT J. «Refurbishing the Grievance Procedure Under Collective Bargaining», *Labor Law Journal*, vol. 35, nº 8, août 1984, p. 481-491.

D'AOUST, CLAUDE et TRUDEAU, GILLES. *L'obligation d'obéir et ses limites dans la jurisprudence arbitrale québécoise*, Montréal, Université de Montréal, École de relations industrielles, monographie nº 4, 1979, 62 p.

DELAMOTTE, YVES. *Le recours ouvrier dans une entreprise américaine. Un aspect de l'action syndicale aux États-Unis: la défense des réclamations individuelles*, Paris, Armand Colin, 1966, 129 p.

DELAMOTTE, YVES. «Le recours ouvrier: réflexions sur la signification psycho-sociologique des règles juridiques», *Sociologie du travail*, vol. 3, nº 2, avril-juin 1961, p. 113-123.

FREEMAN, RICHARD B. et MEDOFF JAMES L. *What Do Unions Do?*, New York, Basic Books, 1984 (293 p.), p. 103-109.

GANDZ, JEFFREY. «Grievance Initiation and Resolution: A Test of the Behavioral Theory», *Relations industrielles*, vol. 34, nº 4, 1979, p. 778-792.

GANDZ, JEFFREY et WHITEHEAD, J. DAVID. «Grievances and their Resolution» dans *Union-Management Relations in Canada*, sous la direction de JOHN C. ANDERSON, MORLEY GUNDERSON et ALLEN PONAK, 2e édition, Don Mills, Ontario, Addison-Wesley, 1989 (498 p.), p. 235-244.

GANDZ, JEFFREY et WHITEHEAD, J. DAVID. «The Relationship Between Industrial Relations Climate and Grievance Initiation and Resolution» dans *Industrial Relations Research Association. Proceedings of the Thirty-Fourth Annual Meeting, Washington 1981*, Madison, Wis., IRRA, 1982, p. 320-328.

GORDON, MICHAEL E. «Grievance Systems and Workplace Justice: Tests of Behavioral Propositions About Procedural and Distributive Justice» dans *Industrial Relations Research Association. Proceedings of the Fortieth Annual Meeting, Chicago, 1987*, Madison, Wis., IRRA, 1988, p. 390-397. Suivent trois autres articles sur la procédure de règlement des griefs, p. 398-430.

ICHNIOWSKI, CASEY. «The Effects of Grievance Activity on Productivity», *Industrial and Labor Relations Review*, vol. 40, nº 1, octobre 1986, p. 75-89.

KNIGHT, THOMAS R. «Correlates of Informal Grievance Resolution Among First-Line Supervisors», *Relations industrielles*, vol. 41, nº 2, 1986, p. 281-298.

KUHN, JAMES W. *Bargaining in Grievance Settlement*. The Power of Industrial Work Groups, New York, Columbia University Press, 1961, 206 p.

LABIG, CHALMER E. JR. et GREER, CHARLES R. «Grievance Initiation: A Literature Survey and Suggestions for Future Researchs», *Journal of Labor Research*, vol. 9, nº 1, hiver 1988, p. 1-27.

LEWIN, DAVID et PETERSON, RICHARD B. *The Modern Grievance Procedure in the United States*, New York, Quorum Books, 1988, 289 p.

MCKELVEY, JEAN T. (sous la direction de). *The Duty of Fair Representation*, Ithaca, N.Y., New York State School of Industrial Relations, Cornell University, 1977, 120 p.

MORIN, FERNAND et BLOUIN, RODRIGUE. *Arbitrage des griefs 1986*, Montréal, Les Éditions Yvon Blais inc., 1986, 554 p., titre V, chapitre I: «La procédure préalable au renvoi en arbitrage», p. 217-231.

NG, IGNACE et DASTMALCHIAN, ALI. «Determinants of Grievance Outcomes: A Case Study», *Industrial and Labor Relations Review*, vol. 42, nº 3, avril 1989, p. 393-403.

PETERSON, RICHARD B. et LEWIN, DAVID. «A Model for Research and Analysis of the Grievance Process» dans *Industrial Relations Research Association. Proceedings of the Thirty-Fourth Annual Meeting*, Washington, 1981, Madison, Wis., IRRA, 1982, p. 303-312. (Suivent deux autres articles sur les griefs, p. 313-336.)

Université Laval, Département des relations industrielles. *Le règlement des conflits de droit*, 19e Congrès des relations industrielles de Laval, Québec, Les Presses universitaires de Laval, 1954, 137 p.

Chapitre

7

Arbitrage des griefs

PLAN

L'arbitrage constitue l'étape finale de la procédure de règlement des griefs; sur l'ensemble des griefs déposés, seule une faible proportion se rend à cette étape. Contrairement à la phase interne de la procédure, l'arbitrage est l'objet de nombreuses publications qui, pour la plupart, ont un caractère juridique. Sans négliger cet aspect, le présent chapitre cherchera à expliquer ce qu'est l'arbitrage, sa raison d'être, son déroulement, son efficacité.

La plupart des concepts et des aspects philosophiques étudiés dans le chapitre précédent, comme la nature et la propriété du grief, s'appliquent également ici. Nous n'approfondirons, dans ce chapitre-ci, que les éléments propres à l'arbitrage en tant que tel. Après avoir relevé les principes qui encadrent le processus, nous reprendrons un à un les éléments constitutifs du régime: la personne de l'arbitre, les étapes de l'arbitrage et la sentence. Parce que le régime d'arbitrage entraîne des problèmes sérieux, en particulier par rapport aux délais et aux coûts qu'il comporte, nous étudierons quelques formules de remplacement utilisées en divers endroits. Nous terminerons ce chapitre par la considération de quelques problèmes fondamentaux.

7.1 Nature et concepts

Il importe avant tout de définir certaines notions d'usage courant dont l'arbitrage lui-même, le tribunal d'arbitrage, le rôle des assesseurs et le grief arbitrable.

7.1.1 Arbitrage

L'arbitrage est une formule de règlement des conflits de travail qui implique l'intervention d'une tierce partie, neutre et distincte des deux parties contractantes. Ce mode de règlement peut cependant avoir plusieurs formes. Les principales sont, outre l'arbitrage, la conciliation et la médiation. Dans ces deux derniers cas, l'objectif premier du tiers qui intervient est d'obtenir le rapprochement des parties, sans nécessairement se préoccuper du contenu de l'accord qu'elles concluent.

À l'inverse, l'arbitrage constitue un mode de règlement où la personne appelée à intervenir doit fournir une solution. L'arbitre doit trancher, parmi des opinions différentes et généralement opposées, le point qui lui est soumis. Bref, il doit rendre un jugement sur le problème en cause. C'est là sa fonction propre et essentielle. Aussi qualifie-t-on souvent l'arbitrage d'intervention quasi judiciaire. L'arbitre n'est pas un juge, en ce sens qu'il est rarement un membre de la magistrature officielle; mais il remplit une fonction comparable à celle d'un juge.

7.1.2 Tribunal d'arbitrage

De 1977 à 1983, une section du chapitre 4 du *Code du travail* portait le titre «Du tribunal d'arbitrage». Même si l'expression est disparue du Code – nous verrons pourquoi – l'expression est encore fréquemment utilisée. Elle rappelle le caractère quasi judiciaire de ce mode de règlement des griefs. (Les anglophones parlent d'*arbitration board* ou conseil d'arbitrage.)

Le terme tribunal était alors commode, sinon nécessaire, puisqu'il s'appliquait aux deux formules prévues par la loi: le conseil d'arbitrage, généralement constitué de trois membres, et le tribunal composé d'un arbitre unique[1]. Dans le cas du conseil d'arbitrage, chaque partie désignait son représentant au conseil et ces deux membres «partiaux» choisissaient un troisième membre, qui agissait comme président. Officiellement, c'est le ministre du Travail qui nommait les trois membres du conseil d'arbitrage. Quelques conventions collectives prévoient encore l'intervention du conseil d'arbitrage au lieu de l'arbitre unique. En dehors du Québec, les conseils d'arbitrage sont fréquents, au moins aussi fréquents que l'arbitre unique.

La décision ou sentence arbitrale était celle du conseil. Dans environ la moitié des cas, la décision était unanime (voir plus loin les tableaux 7-3 et 7-11). Autrement, le président faisait pencher la balance, du côté patronal ou syndical. Enfin, dans les rares cas où chacun présentait une opinion dif-

1. *Code du travail* du Québec, L.Q. 1977, c. 41, art. 47-48 modifiant l'article 88 du *Code du travail*.

férente et qu'on se retrouvait avec trois rapports, c'est le rapport du président qui constituait la sentence du conseil[2].

Le rôle des représentants des parties dépassait la seule représentation. Dans la discussion préalable à la décision, ou délibéré, ils faisaient évidemment valoir le point de vue de la partie qui les avait désignés. Mais leur tâche allait plus loin: chacun devait rendre une décision; et c'est ce qui expliquait les décisions majoritaires. Pour leur assurer une certaine crédibilité, on les choisissait généralement dans un secteur autre que celui où se situait le litige, mais évidemment parmi des personnes identifiées aux intérêts de l'une ou l'autre des parties. C'est ainsi que, du côté syndical, on pouvait choisir le représentant ou l'agent d'affaires d'un autre syndicat et, du côté patronal, un employeur ou un membre d'une association patronale d'un autre secteur industriel. On peut voir une sorte de preuve de leur relative impartialité dans la proportion importante de décisions unanimes provenant des conseils d'arbitrage à cette époque.

7.1.3 Assesseurs

La décision du gouvernement du Québec de retirer du *Code du travail*, en 1983, le recours au conseil d'arbitrage a entraîné la multiplication des assesseurs. La nouvelle disposition du Code, sans la rendre obligatoire, a rendu pour ainsi dire normale leur présence dans les arbitrages de différends (non pas de griefs)[3].

> L'arbitre procède à l'arbitrage avec assesseurs à moins que, dans les 15 jours de sa nomination, il n'y ait entente à l'effet contraire entre les parties.
>
> Chaque partie désigne, dans les 15 jours de la nomination de l'arbitre, un assesseur pour assister ce dernier et la représenter au cours de l'audition du différend et du délibéré. Si une partie ne désigne pas un assesseur dans ce délai, l'arbitre peut procéder en l'absence de l'assesseur de cette partie.
>
> Il peut procéder en l'absence d'un assesseur lorsque celui-ci ne se présente pas après avoir été régulièrement convoqué.

On voit par ce texte qu'un assesseur joue le même rôle que l'arbitre partial dans le conseil d'arbitrage, sans toutefois rendre de décision. L'assesseur assiste normalement à l'audition et prend part au délibéré, c'est-à-dire à l'examen que fait l'arbitre des arguments présentés par les parties. Quand il n'y a pas d'assesseur, l'arbitre doit examiner seul les témoignages et évaluer les arguments qui lui ont été soumis.

Le *Code du travail* prévoit également la présence d'assesseurs dans les arbitrages de griefs[4].

> L'arbitre procède à l'arbitrage avec assesseurs si, dans les 15 jours de sa nomination, il y a entente à cet effet entre les parties.
>
> En cas d'entente, chaque partie désigne, dans le délai prévu au premier alinéa, un assesseur pour assister l'arbitre et la représenter au cours de l'audition du grief et du délibéré. Si une partie refuse de donner suite à l'entente dans ce délai, l'arbitre peut procéder en l'absence de l'assesseur de cette partie.
>
> Il peut procéder en l'absence d'un assesseur lorsque celui-ci ne se présente pas après avoir été régulièrement convoqué.

Dans le cas d'arbitrage de griefs, il est rare qu'on fasse appel à des assesseurs. Cela se produit quand le grief comporte des aspects techniques difficiles et que l'arbitre lui-même désire avoir l'opinion d'experts au moment de préparer sa décision.

7.1.4 Griefs arbitrables

Sur le plan pratique, la définition la plus importante est certainement celle du grief, telle que formulée dans la convention collective. Dans la majorité des cas, la convention ne donne qu'une seule définition, restreinte ou large, et elle vaut autant pour l'arbitrage que pour les étapes de règlement internes. Mais tel

2. *Idem*, art. 50 ajoutant l'article 89*a* au *Code du travail*.
3. *Loi modifiant le Code du travail et diverses dispositions législatives*, L.Q. 1983, c. 22, art. 34 modifiant l'article 78 du *Code du travail*.
4. *Ibid*., art. 64 ajoutant l'article 100.1.1 au *Code du travail*.

n'est pas toujours le cas. Certaines conventions collectives contiennent une définition plus restrictive du grief pouvant être soumis à l'arbitrage. Une disposition de cette nature s'explique par le fait que les parties, plus spécialement l'employeur, peuvent être prêtes à discuter de n'importe quelle plainte relative aux conditions de travail tant qu'une solution ne risque pas de leur être imposée par une tierce partie, soit l'arbitre. Tel est le sens de la disposition qu'on trouve dans l'exemple suivant:

> 27.01 Tout point en litige, grief, plainte ou mésentente (ci-après appelé «grief») qu'un employé ou un groupe d'employés pourraient désirer discuter avec la gérance de l'usine, sera traité comme suit.
>
> 27.02 Le grief devra être rapporté verbalement ou par écrit (...)
>
> 27.05 Tout grief, concernant l'interprétation ou la violation alléguée de cette convention, peut être référé à l'arbitrage par l'une ou l'autre des parties, de la manière ci-après établie (...)
>
> (Stone Consolidated Inc. – Belgo – et le Syndicat canadien des travailleurs du papier, succursales locales 139, 216, 222, 1256 et 1455.)

Même si la formulation est bien différente, il semble que les parties contractantes à la convention suivante ont voulu appliquer le même principe (C'est nous qui soulignons):

> 8.01 Lorsqu'un employé soumet seul un grief ou mésentente, l'employé a le droit de se faire accompagner à toutes les étapes par un représentant du syndicat.
>
> 8.02 (...) Troisième étape: À la suite de la rencontre prévue à l'étape précédente, si la décision du directeur du service des ressources humaines n'est pas rendue dans les 15 jours qui suivent la première assemblée régulière du conseil municipal tenue après la deuxième étape, ou si elle est jugée insatisfaisante, le syndicat peut soumettre le grief à l'arbitrage, dans les 30 jours suivants.
>
> (Ville de Boucherville et le Syndicat canadien de la fonction publique, section locale 1640.)

En somme, le plus souvent, le grief arbitrable est celui que définit le *Code du travail*, de façon stricte et restreinte. Ce qui ne veut pas dire qu'il n'y a pas d'exceptions. Quoi qu'il en soit, la définition du grief arbitrable est capitale: c'est elle qui, le plus souvent, permet de décider si l'arbitre a juridiction pour entendre tel ou tel grief qu'on veut lui soumettre.

7.2 Cadre légal: les principes

Nous avons exposé, dans le chapitre précédent, l'origine et la raison d'être du règlement final des griefs par arbitrage quand une convention collective est en vigueur: le législateur a accordé l'arbitrage obligatoire et exécutoire comme compensation pour le retrait du droit de grève. Nous ne reviendrons pas sur cet aspect fondamental. Nous apporterons cependant quelques précisions sur la nature et les modalités d'application de l'arbitrage, ainsi que sur l'exécution de la sentence, car il s'agit d'éléments importants de ce régime. Nous traiterons des autres aspects, de moindre importance, au fur et à mesure des sections suivantes.

7.2.1 Nature du tribunal

L'obligation de se soumettre à cet exercice quasi judiciaire, ainsi que l'encadrement juridique détaillé qui lui est donné, font que l'arbitrage des griefs n'est pas tout à fait un événement privé. C'est à tout le moins une institution quasi publique. Son caractère public ou privé est plus ou moins prononcé selon les circonstances.

Certains arbitrages de griefs se déroulent presque sans qu'on se réfère au *Code du travail*. Sans doute l'arbitre est-il tenu de respecter les dispositions contenues dans la vingtaine d'articles du Code (art. 100-102 et leurs subdivisions) ainsi que les principes de la justice naturelle; pour le reste, tout se passe selon la convention collective et la volonté des parties. C'est ainsi qu'un certain nombre d'arbitrages de griefs au Québec s'effectuent encore par un conseil de trois arbitres, alors que ce n'est plus explicitement permis; mais rien ne l'interdit. Dans ce cas, l'arbitre est choisi par les parties. Il peut s'agir d'un arbitre permanent à qui l'on verse des arrhes (*retainer*) pour s'assurer de ses services au besoin. Le caractère public de l'arbitrage est beaucoup plus marqué si l'arbitre a été nommé par le ministre, selon les règles contenues dans le *Code du travail*.

Le caractère public ou privé est moins clair dans certains cas où les parties s'entendent pour demander elles-mêmes l'intervention de telle ou telle personne. La menace de recourir au ministre pour lui demander de nommer l'arbitre peut même servir de moyen de pression pour amener l'autre partie à accepter un candidat qu'elle souhaiterait peut-être écarter. Dans le cas de nomination par le ministre, en théorie, ni l'une ni l'autre des parties ne sait d'avance qui sera nommé; en pratique, plusieurs interviennent auprès du ministre pour lui faire savoir que tel ou tel candidat serait indésirable. Entre un risque connu et un risque inconnu, certains préféreront opter pour le risque connu. En d'autres mots, certaines nominations volontaires par les deux parties peuvent avoir été effectuées sous la menace d'une nomination par le ministre; habituellement la menace ne vient pas du ministre mais de l'autre partie.

7.2.2 Modalités d'application et historique

Nous avons rappelé, dans le chapitre prédédent, l'évolution de l'article 88 du *Code du travail*, devenu aujourd'hui l'article 100. Toute la section du Code alors intitulée «De l'arbitre des griefs» comptait exactement trois petits articles. Le premier imposait le recours obligatoire à l'arbitrage; le second déclarait la sentence finale et exécutoire: elle liait les parties; et le troisième précisait qu'une mésentente (au sens strict) ne pouvait être réglée que de la façon et dans la mesure prévue par la convention collective. Les principes n'ont pas changé. Mais des précisions se sont ajoutées. Les détails seront repris tout au long du chapitre. Pour l'instant, rappelons seulement que les additions se sont faites en deux étapes.

Depuis longtemps, les arbitres et les parties contractantes souhaitaient que des précisions soient apportées sur l'arbitrage des griefs. L'arbitre lui-même n'était pas protégé contre des poursuites éventuelles et ses pouvoirs avaient été considérablement limités par l'arrêt *Port-Arthur Shipbuilding* de la Cour suprême du Canada en 1969. L'arrêt avait coupé court à la pratique des arbitres qui, régulièrement, modifiaient des sanctions disciplinaires qui leur paraissaient trop sévères[5]. Aussi le Conseil consultatif du travail et de la main-d'œuvre avait-il préparé des recommandations unanimes sur bon nombre de points à inscrire dans le Code pour mieux asseoir la pratique de l'arbitrage et la valeur des décisions. Au printemps de 1974, le ministre du Travail, M. Jean Cournoyer, présentait le projet de loi 24 qui proposait de nombreuses modifications au *Code du travail*, notamment aux chapitres du droit d'association, de l'accréditation, de la convention collective, du règlement des différends, du tribunal du travail, de l'usage du français dans les relations du travail – la *Charte de la langue française* ne sera adoptée que trois ans plus tard, le 26 août 1977 – et de nombreuses précisions relatives à l'arbitrage de griefs[6].

Le projet de loi devait susciter beaucoup de discussions. Aussi ne sera-t-il finalement adopté, après plusieurs modifications, que le 22 décembre 1977, sous le nom de projet de loi 45[7]. Entre temps, le gouvernement avait changé. Mais les dispositions suggérées quant à l'arbitrage des griefs sont demeurées sensiblement les mêmes. Les nouveaux articles déterminent de manière précise les pouvoirs dont disposent désormais, en vertu du Code lui-même, les arbitres de griefs.

La modification apportée au *Code du travail* en 1983 avait pour objet principal de remplacer le conseil d'arbitrage, surtout dans les cas de différend, mais également dans les cas de grief, par le recours à un arbitre unique[8]. L'objectif d'une telle décision était de raccourcir les longs délais dont souffraient les arbi-

5. *Port-Arthur Shipbuilding* v. *Arthurs*, (1969) R.C.S. 85.
6. *Loi modifiant le Code du travail et d'autres dispositions législatives*. Projet de loi nº 24, première lecture, deuxième session de la trentième législature. Le projet de loi contenait 76 articles.
7. *Loi modifiant le Code du travail et la loi du ministère du Travail et de la Main-d'œuvre*, L.Q. 1977, c. 41, art. 48-51 ajoutant une vingtaine d'articles au *Code du travail*.
8. *Loi modifiant le Code du travail et diverses dispositions législatives*, L.Q. 1983, c. 22, art. 30-85 modifiant les articles 74-101.0 du *Code du travail*. Voir Gaston Nadeau, «Les récents amendements au Code du travail», *Le marché du travail*, vol. 4, nº 10, octobre 1983, p. 53-61.

trages, au Québec comme ailleurs. Il appert cependant que la majorité des conseils d'arbitrage se retrouvaient dans le secteur public et non pas dans le secteur privé, ce qui, entre autres, expliquerait que la mesure ne semble pas avoir eu beaucoup d'effet, comme nous le verrons plus loin. En fait elle n'a servi qu'à restreindre le choix des parties; contrairement à ce qui se fait dans toutes les autres provinces canadiennes, ainsi que dans les entreprises de compétence fédérale, les parties ne peuvent plus choisir la méthode qu'elles préfèrent parmi un éventail de possibilités, incluant le conseil d'arbitrage (à moins de procéder à un arbitrage privé, sans référence au Code). La modification de 1983 a également regroupé les pouvoirs de l'arbitre dans un seul article, l'article 100.12.

7.2.3 Sentence et exécution

Depuis 1961, la sentence arbitrale d'un grief est finale et exécutoire: elle lie les parties et l'employé concerné. Si la partie visée ne se conforme pas à la décision de l'arbitre, la partie adverse peut recourir à un tribunal pour obtenir l'exécution forcée de la sentence. Au cours des années, la formulation a quelque peu changé, mais le principe fondamental est demeuré le même[9].

> 101 La sentence arbitrale est sans appel, lie les parties et, le cas échéant, tout salarié concerné. L'article 19.1 s'applique à la sentence arbitrale *mutatis mutandis*.
>
> 19.1 (...) Le salarié peut déposer une copie conforme de la décision (...) au bureau du protonotaire de la Cour supérieure du district où est situé l'établissement de l'employeur en cause. Ce dépôt doit être opéré dans les six mois (...)
>
> Le dépôt de la décision lui confère alors la même force et le même effet que s'il s'agissait d'un jugement émanant de la Cour supérieure et est exécutoire comme tel.

La sentence arbitrale acquiert ainsi pleine valeur légale. On peut en obtenir l'exécution forcée, si nécessaire, par une démarche simple qui lui donne la force d'un ordre de la Cour supérieure. Cette disposition met ainsi fin à la controverse qui pouvait survenir s'il devait y avoir homologation de la sentence arbitrale par la Cour supérieure pour imposer son exécution, par exemple, à un employeur récalcitrant.

* * *

Il nous faut maintenant reprendre, étape par étape, l'ensemble du processus d'arbitrage en examinant, dans l'ordre, les règles qui s'appliquent à l'arbitre lui-même, l'enquête et l'audition et, finalement, la décision ou la sentence arbitrale. Tel sera l'objet des trois prochaines sections du chapitre.

7.3 Règles concernant l'arbitre de griefs

En ce qui a trait à l'arbitre de griefs, nous verrons successivement la façon dont il est nommé, les mesures de protection dont il jouit, ses principaux pouvoirs et les règles de conduite qu'il doit suivre.

7.3.1 Nomination de l'arbitre

Nous avons vu qu'il y a deux manières principales de choisir une personne et de lui demander d'agir en tant qu'arbitre de griefs: elle peut être choisie par les parties ou nommée par le ministre. Les parties peuvent choisir l'arbitre pour chaque cas particulier, surtout lorsque les arbitrages de griefs sont rares; mais elles peuvent aussi inscrire le nom d'un ou de plusieurs arbitres dans la convention collective, pour qu'ils agissent de façon permanente, à tour de rôle si la convention contient plus d'un nom. Quant aux arbitres nommés par le ministre, celui-ci les choisit dans une liste qu'il établit lui-même chaque année, à la suite de recommandations faites par le Conseil consultatif du travail et de la main-d'œuvre (C.t. art. 77 et 100); le Conseil publie cette liste. Avant d'aborder les devoirs et les pouvoirs de l'arbitre, il faut donner une idée de leur nombre et du nombre de sentences qu'ils rendent annuellement.

Depuis une dizaine d'années, de 130 à 140 arbitres ont rendu environ 2500 décisions par année, ce qui fait une moyenne de 17 décisions chacun. Mais la répartition est très inégale. Un tout petit nombre (7 %

9. *Code du travail* du Québec, L.R.Q., c. C-27, art. 101, avec renvoi à l'article 19.1.

TABLEAU 7-1

Nombre d'arbitres et nombre de décisions rendues par catégorie d'arbitres – (selon le nombre de décisions rendues par chacun) – 1980-1989

Décisions / Années	10 et moins		11 à 25		26 à 50		51 à 75		76 et plus		TOTAL	
	Arb.	Déc.	Arb.	Déc.	Arb.	Déc.	Arb.	Déc.	Arb.	Déc.	Arb.	Déc.
1980-1981	77	266	30	535	16	563	7	447	7	679	137	2 490
1981-1982	68	270	31	518	25	868	7	403	9	881	140	2 940
1982-1983	70	317	26	438	25	952	13	791	8	865	142	3 363
1983-1984	57	196	40	647	28	1 025	8	511	7	665	140	3 044
1984-1985	68	315	33	600	27	905	9	531	6	536	143	2 887
1985-1986	61	305	37	623	25	924	8	481	3	321	134	2 654
1986-1987	62	327	43	690	19	693	7	443	4	323	135	2 476
1987-1988	60	285	41	697	18	655	11	681	—	—	130	2 318
1988-1989	61	251	41	710	21	742	9	545	—	—	132	2 248

Source: *L'arbitrage des griefs. Faits saillants*, Québec, CCTM, septembre 1989, tableaux 4 et 5.

à 9 %) a rendu 25 % de toutes les décisions (de 50 à 75 chacun), alors que la moitié des arbitres (47 %) n'a prononcé que 11 % des sentences, soit une moyenne de 4 par année. Entre ces deux extrêmes, un autre groupe représentant aussi près de la moitié des arbitres (47 %) a produit les deux tiers des décisions (65 %), ce qui fait dans leur cas une moyenne de 23 décisions par année. (Voir le tableau 7-1.) Quelques arbitres exercent la profession à plein temps, mais la grande majorité l'exerce à temps partiel, la plupart des arbitres ayant une autre occupation permanente, que ce soit comme professeur d'université, comme professionnel dans un bureau d'avocats ou d'ingénieurs.

La très grande majorité des arbitres, soit 70 % d'entre eux, se rattachent au domaine du droit. Un autre groupe (15 %) est issu des relations industrielles et un troisième (10 %) du génie industriel. Le reste des arbitres (5 %) provient de différents secteurs dont, principalement, l'administration[10]. La carrière d'arbitre demeure une carrière masculine: des quelque 130 arbitres dont le nom figure sur la liste pour 1989-1990, il n'y avait que sept femmes, mais leur nombre et leur proportion augmente; deux ans plus tôt elles n'étaient que quatre[11].

Comment les arbitres sont-ils nommés? En gros, la moitié est nommée par les parties pour chaque cas et un petit nombre (10 %) est désigné nommément dans les conventions collectives. Parmi ceux qui restent, la moitié est nommée par le ministre et on ignore le mode de nomination de l'autre moitié. (Voir le tableau 7-2.)

Bien que le conseil d'arbitrage ait été rayé du *Code du travail* en 1983, cette formule, qui représentait auparavant le tiers des cas d'arbitrage de griefs, n'a pas complètement disparu, même en 1990. En effet, si les parties préfèrent cette méthode d'arbitrage, elles peuvent y recourir car elle n'est pas interdite. Le tableau 7-3 montre la diminution du nombre de

10. *L'arbitrage des griefs. Faits saillants*, étude du Conseil consultatif du travail et de la main-d'œuvre (CCTM), septembre 1989, miméographiée, 25 tableaux.

11. *Liste annotée d'arbitres de griefs*, 19e édition, présentée par le Conseil consultatif du travail et de la main-d'œuvre, Québec, CCTM, 1989-1990.

TABLEAU 7-2

Nombre et proportion des décisions rendues selon le mode de nomination de l'arbitre – 1986-1989

Année ou secteur	Nommé par les parties		Désigné à la c.c.		Nommé par le ministre		Source non identifiée		TOTAL
	Nbre	%	Nbre	%	Nbre	%	Nbre	%	(100 %)
1986-1987	1 258	50,8	263	10,6	425	17,2	530	21,4	2 476
1987-1988	1 095	47,2	246	10,6	397	17,1	580	25,0	2 318
1988-1989	1 014	45,1	226	10,1	403	17,9	605	26,9	2 248
Secteur privé	582	47,4	160	13,0	272	22,1	215	17,5	1 229
Secteur public	432	42,5	65	6,4	131	12,9	389	38,2	1 017

Source : *L'arbitrage des griefs. Faits saillants*, Québec, CCTM, septembre 1989, tableaux 15 et 16.

TABLEAU 7-3

Nombre et proportion de décisions rendues par un arbitre unique et par un conseil d'arbitrage et, dans ce cas, proportion de décisions unanimes au Québec – 1978-1989

Année	Arbitre unique		Conseil d'arbitrage		
	Nbre de déc.	%	Nbre de déc.	%	% de décisions unan.
1978-1979	1 563	65,6	820	34,4	43,9
1979-1980	1 631	68,0	769	32,0	40,4
1980-1981	1 855	74,6	633	25,4	44,1
1981-1982	2 247	76,5	692	23,5	41,5
1982-1983	2 629	78,2	733	21,8	40,4
1983-1984	2 353	77,3	691	22,7	38,5
1984-1985	2 239	77,6	648	22,4	40,6
1985-1986	2 189	82,5	463	17,5	43,2
1986-1987	2 112	85,3	364	14,7	39,5
1987-1988	2 051	88,5	267	11,5	37,5
1988-1989	2 094	93,1	154	6,9	57,8

Source : *L'arbitrage des griefs. Faits saillants*, Québec, CCTM, septembre 1989, tableau 14.

conseils d'arbitrage depuis une dizaine d'années ; la chute s'est accentuée au cours des cinq dernières années, la proportion étant tombée sous les 10 % en 1989. Le mouvement s'est amorcé beaucoup plus tôt dans le secteur privé où, vers 1980, de 85 % à 90 % des arbitrages de griefs étaient entendus par un arbitre unique, peut-être simplement pour en diminuer les coûts. On notera également que la proportion des sentences unanimes est demeurée autour de 40 % dans l'ensemble. (Voir le tableau 7-3.)

Dans les autres provinces canadiennes, la loi n'a pas été modifiée et la proportion des conseils d'arbitrage, qui était très élevée il y a 25 ans, s'est stabilisée autour du tiers des cas (voir les chiffres de 1985 dans le tableau 7-4). La formule qui a pris de l'importance est celle où les parties établissent une liste d'arbitres qui entendent les griefs à tour de rôle, au fur et à mesure qu'ils sont inscrits à l'arbitrage. Même si la formule présente de nombreux avantages, comme d'assurer la familiarité de l'arbitre avec le contexte où le grief est survenu, il arrive qu'elle donne lieu à des manœuvres politiques. Les tendances de chaque arbitre dont le nom apparaît sur la liste sont connues des parties. Si le syndicat souhaite que tel grief, auquel il attache beaucoup d'importance, soit entendu par tel arbitre plutôt que par tel autre, il modifiera au besoin l'ordre de dépôt des griefs et il inscrira le grief en question juste au bon moment pour qu'il soit entendu par l'arbitre de son choix. Il faut aussi compter avec la possibilité qu'un arbitre se désiste au moment où on lui demande de siéger. Si bien que les avantages attribués à l'application de cette formule ne sont pas toujours garantis.

Mais il y a plus important que le mode de nomination des arbitres: il faut assurer à ces derniers une véritable protection, ou immunité, dans l'exercice de leur fonction.

7.3.2 Immunité de l'arbitre

Un arbitre ne doit pas entendre un cas dans lequel il aurait un intérêt quelconque, ni même une apparence d'intérêt. Le *Code du travail* est muet à ce sujet dans la section concernant l'arbitre de grief. On applique alors, par analogie, le principe énoncé au sujet de l'arbitre de différend (C.t. art. 76); il s'agit d'ailleurs d'une règle de justice naturelle, qui vaut pour tout organisme quasi judiciaire:

> Un arbitre ne doit avoir aucun intérêt pécuniaire dans le différend qui lui est soumis ni avoir agi dans ce différend à titre d'agent d'affaires, de procureur, de conseiller ou de représentant d'une partie.

En 1975, un article semblable, mais visant explicitement l'arbitre de grief, avait été introduit dans la *Loi sur les relations du travail dans l'industrie de la construction*[12].

> L'arbitre ne doit avoir aucun intérêt dans un grief qui lui est soumis, ni avoir agi à titre d'agent d'affaires, de procureur, de conseiller ou de représentant des parties dans la négociation de la convention collective donnant ouverture au grief, dans l'application de cette convention ou dans la négociation de son renouvellement.

Un autre aspect donnait aux arbitres des craintes plus considérables: le fait de n'être nullement protégés, personnellement, dans l'exercice de leurs fonctions. Le tribunal d'arbitrage, en tant qu'institution, était à l'abri des recours judiciaires, sur le fond des litiges, en vertu de l'ancien article 121 (aujourd'hui C.t. art. 139); mais aucun texte n'accordait à l'arbitre l'immunité par ailleurs assurée aux commissaires du travail et aux juges du tribunal du travail (C.t. art. 24*f* et 104*c*, aujourd'hui C.t. art. 33 et 122). Le législateur a remédié à cette lacune par un tout petit article qu'il a inséré dans le *Code du travail* en 1977[13].

> Aucun membre du tribunal d'arbitrage ne peut être poursuivi en justice en raison d'actes accomplis de bonne foi dans l'exercice de ses fonctions.

Depuis 1983, avec la disparition du conseil d'arbitrage, l'article débute maintenant de la manière suivante: «L'arbitre ne peut être poursuivi...» L'article accorde aux arbitres une immunité totale pour tout acte accompli de bonne foi dans l'exercice de leurs fonctions. Ils ne peuvent être poursuivis personnellement, ni en dommages-intérêts ni au pénal, en raison de gestes posés comme arbitres ou par suite de leurs

---

12. *Loi constituant l'Office de la construction du Québec et modifiant de nouveau la loi sur les relations du travail dans l'industrie de la construction*, L.Q. 1975, c. 51 (projet de loi 47), art. 12 modifiant l'article 31 de la L.R.T.I.C., aujourd'hui l'article 63 de la même loi, maintenant appelée *Loi sur les relations du travail, la formation professionnelle et la gestion de la main-d'œuvre dans l'industrie de la construction*, L.R.Q., c. R-20, art. 63.
13. *Loi modifiant le Code du travail et la loi du ministère du Travail et de la Main-d'œuvre*, L.Q. 1977, c. 41, art. 48 ajoutant l'article 88*a* au *Code du travail* devenu l'article 100.1 dans la refonte de 1977.

TABLEAU 7-4

Proportion des conventions collectives et des salariés selon certaines dispositions des clauses d'arbitrage au Canada – 1962-1985

Dispositions	Industrie manufacturière						I. non man.[1]	
	1962		1965-66		1985		1985	
	C.c. %	Sal. %	C.c. %	Sal. %	C.c. %	Sal. %	C.c. %	Sal. %
Juridiction de l'arbitre:								
Interpr., application ou violation de la conv. coll.	88	87	82	83	—[2]		—[2]	
Juridiction plus étendue	1	3	6	5				
Imprécise ou autre	11	10	12	12				
Nombre d'arbitres:								
Arbitre unique	14	20[3]	21	30	44[5]	57	27[5]	29
Conseil d'arbitrage	79	72	69	62	37	29	31	31
Autre formule[4]	7	8	10	8	18	14	33	41
Aucune disposition	0	0	1	5	—	—	5	6

1. Sauf la construction. Incluent les administrations publiques et le secteur parapublic (hôpitaux, écoles, etc.). Conventions visant 500 travailleurs et plus.
2. Les données de cette nature ne sont plus compilées.
3. Les pourcentages correspondants (arbitre unique) étaient, aux États-Unis, à la même époque, de 58 % et 67 %. (BLS, bulletin n° 1425-6.)
4. Inclut les cas qui prévoient le choix entre un arbitre unique et le conseil d'arbitrage. (En 1985, cette formule représente la quasi-totalité des «autres formules».)
5. La moitié des cas d'arbitre unique prévoient une liste d'arbitres permanents.

Sources: Canada, ministère du Travail, Direction de l'économique et des recherches: *Clauses de conventions collectives de grands établissements manufacturiers 1963*, «Recherches sur les relations ouvrières-patronales», rapport n° 5, Ottawa, Imprimeur de la Reine, 1964 (68 p.), p. 24; *Forty-Two Provisions in Major Collective Agreements Covering Employees in Canadian Manufacturing Industries (1967)*, p. 19; *Dispositions des grandes conventions collectives*, juillet 1985, Travail Canada, p. 33-34. (Ces données ne sont plus publiées depuis 1985.)

décisions[14]. Par contre, toute décision arbitrale peut être contestée si l'arbitre a excédé sa juridiction. Les articles 139 et 139.1 débutent ainsi: «Sauf sur une question de compétence...»; la clause privative des recours exceptionnels (évocation, injonction) ne s'applique pas à un tel cas: la contestation judiciaire est possible si l'arbitre a outrepassé sa compétence ou ne l'a pas exercée.

7.3.3 Pouvoirs de l'arbitre

Le *Code du travail* et la jurisprudence accordent aujourd'hui à l'arbitre de griefs plusieurs pouvoirs. Dans le Code, les principaux pouvoirs ont été inscrits explicitement en 1977; certains ont été reformulés en 1983. Nous reviendrons sur plusieurs de ces pouvoirs

14. L.Q. 1982, c. 16, art. 5-6 et 1983, c. 22, art. 63. *Asselin* c. *Les industries Abex ltée*, (1985) C.A. 72. Voir aussi FERNAND MORIN et RODRIGUE BLOUIN, *Arbitrage des griefs 1986*, Montréal, Les Éditions Yvon Blais inc., 1986 (554 p.), p. 207-208.

particuliers dans la section suivante, consacrée à la procédure d'arbitrage. Pour l'instant, il nous paraît nécessaire de souligner trois des principaux pouvoirs conférés à l'arbitre pour mener à bien la tâche qui lui est confiée.

On reconnaît que l'arbitre est «maître de la procédure» et du mode de preuve. Ce droit lui a été confirmé par un article introduit dans le Code en 1977[15]:

> L'arbitre doit procéder en toute diligence à l'instruction du grief et, sauf disposition contraire de la convention collective, selon la procédure et le mode de preuve qu'il juge appropriés.

Notons au passage que la loi donne préséance à toute disposition de la convention collective qui précise la procédure à suivre. L'arbitre doit assurer le bon déroulement de l'arbitrage. Il n'est pas tenu de s'astreindre aux règles strictes généralement observées dans les cours de justice. Par contre, il doit s'assurer que chacune des deux parties a le loisir de faire la preuve qu'elle souhaite faire, dans les limites raisonnables de temps exigées par la nature du sujet. Il doit respecter le principe fondamental de justice naturelle selon lequel chaque partie peut répondre aux allégations de l'autre, comme l'indique l'axiome bien connu: *audi alteram partem*. Règle générale, les arbitres cherchent à suivre les règles de procédure habituelles, dépouillées de leurs aspects formalistes.

Dans la même veine, on reconnaît à l'arbitre le droit de questionner autant les représentants des parties que les témoins. Généralement, il n'usera de ce droit que vers la fin de l'audition, pour laisser aux parties toute liberté quant au choix de la preuve qu'elles veulent faire et quant à la manière de la présenter. Il est courant cependant que l'arbitre pose immédiatement les questions auxquelles il souhaite une réponse rapide, comme dans le cas où un témoin ne se serait pas identifié clairement.

15. *Loi modifiant le Code du travail et la loi du ministère du Travail et de la Main-d'œuvre*, L.Q. 1977, c. 41, art. 48 introduisant le nouvel article 48*b*, aujourd'hui l'article 100.2; L.R.Q., c. C-27, art. 100.2.

Une question plus délicate est celle du vice de forme. Un article du Code, introduit en 1983, déclare formellement ce qui suit[16]:

> Aucun grief ne doit être considéré comme nul ou rejeté pour vice de forme ou irrégularité de procédure.

Il faut comprendre les mots «vice de forme ou irrégularité de procédure» dans leur sens strict. Il s'agit alors de questions de procédure proprement dite et non pas de modalités reliées au droit lui-même. Ainsi, toute irrégularité en ce qui concerne la nomination de l'arbitre, l'objet du grief ou de la mésentente et le délai de renvoi en arbitrage constitue non pas un vice de forme mais un vice de fond. L'arbitre devra décider si telle ou telle disposition de la convention collective doit être considérée comme une condition essentielle – par exemple un délai de prescription – ou comme une simple indication que les parties devraient suivre sans y être vraiment tenues. Il n'y a que la convention collective elle-même qui peut permettre à l'arbitre de décider s'il s'agit d'un vice de fond, de nature essentielle, ou d'un pur vice de forme ou de procédure. L'exemple suivant ne laisse aucun doute quant à l'interprétation du délai mentionné:

> Nul grief ne sera recevable si plus de soixante (60) jours se sont écoulés depuis l'origine du grief. Cependant les limites de temps établies dans ce paragraphe peuvent être prolongées par entente écrite entre l'employeur et le syndicat.
>
> (RJR-Macdonald Inc. et le Syndicat international des travailleurs et travailleuses de la boulangerie, confiserie et du tabac, section locale 235T, art. 36, paragr. 7.)

S'il est toujours vrai que l'arbitre est maître de la procédure, il ne l'est que dans les limites que lui imposent la convention collective et, sur plusieurs points, le *Code du travail* lui-même. À ce sujet, rappelons seulement le délai obligatoire de 15 jours et la prescription de six mois, relatifs au dépôt du grief,

16. *Loi modifiant le Code du travail et diverses dispositions législatives*, L.Q. 1983, c. 22, art. 66 ajoutant au *Code du travail* l'actuel article 100.2.1.

qu'on trouve aux articles 71 et 100.0.1 du *Code du travail*. (Voir section 6.3.4.)

Une deuxième question relative aux pouvoirs généraux de l'arbitre visait «l'interprétation d'une loi». On a longtemps discuté du pouvoir de l'arbitre de griefs de rendre une décision concernant l'application d'une loi dans le cas qui lui était soumis et de l'influence que la loi en question pouvait avoir sur sa décision. Un ajout au *Code du travail* a tranché la question en 1977; la formulation en a été modifiée en 1983. La disposition se lit maintenant comme suit[17]:

> Dans l'exercice de ses fonctions l'arbitre peut
>
> *a*) interpréter et appliquer une loi ou un règlement dans la mesure où il est nécessaire de le faire pour décider d'un grief.

Pour pouvoir décider d'un grief, il arrive que l'arbitre doive déterminer, par exemple, si l'employé est bien un salarié au sens du Code – ce qui relève normalement du commissaire du travail –, si l'employé n'a pas un autre recours en invoquant la *Loi sur les normes du travail* ou la *Charte des droits et libertés de la personne*. Il interprète ainsi les lois dans une foule d'autres cas où le grief lui-même est relié d'une certaine manière à l'une d'entre elles. Autrefois, on considérait plutôt que les autres tribunaux administratifs et les tribunaux judiciaires devaient se prononcer avant que l'arbitre ne puisse entendre le grief[18]. Du moins au Québec, l'article cité a réglé la question. Mais l'arbitre ne possède alors le droit d'interpréter et d'appliquer une loi ou un règlement que «dans la mesure où il est nécessaire de le faire pour décider (du) grief». Si l'arbitre allait au-delà de cette limite, ou s'il se prononçait sur une loi ou un règlement sans cette nécessité, il usurperait un pouvoir qui appartient à un autre organisme ou à un magistrat, ce que la loi ne l'autorise pas à faire. Il pourrait alors être accusé d'avoir agi sans la compétence requise, et sa décision serait nulle et de nul effet.

Le pouvoir des arbitres a longtemps présenté une troisième difficulté, relative celle-là aux sanctions disciplinaires. Depuis toujours, les arbitres avaient pris l'habitude, quand ils le jugeaient à propos, de réduire, donc de modifier, la sanction imposée par l'employeur. En 1969, la Cour suprême est venue rappeler aux arbitres qu'ils n'avaient pas ce pouvoir s'il ne leur était pas explicitement attribué par la convention collective en cause[19]. Ce pouvoir, le *Code du travail* l'a lui-même accordé aux arbitres en 1977[20]; il fait maintenant partie de la liste des attributs de l'arbitre contenus dans l'article 100.12:

> Dans l'exercice de ses fonctions l'arbitre peut:
>
> *f*) en matière disciplinaire, confirmer, *modifier* ou annuler la décision de l'employeur et, le cas échéant, y substituer la décision qui lui paraît juste et raisonnable, compte tenu de toutes les circonstances de l'affaire. Toutefois, lorsque la convention collective prévoit une sanction déterminée pour la faute reprochée au salarié dans le cas soumis à l'arbitrage, l'arbitre ne peut que confirmer ou annuler la décision de l'employeur ou, le cas échéant, la modifier pour la rendre conforme à la sanction prévue à la convention collective.

La modification a eu pour effet de sanctionner et de légitimer une pratique déjà courante, le plus souvent appuyée par une disposition à cet effet dans la convention collective elle-même.

7.3.4 Règles de conduite

La loi, quelques règlements et un code de déontologie établi par le Conseil consultatif du travail et de la main-d'œuvre encadrent le comportement de l'arbitre

17. *Loi modifiant le Code du travail et diverses dispositions législatives*, L.Q. 1983, c. 22, art. 74 modifiant l'article 100.12 du *Code du travail*.
18. *McLeod* v. *Egan*, (1975) 1 R.C.S. 517.
19. *Port-Arthur Shipbuilding Co.* v. *Arthurs*, (1969) R.C.S., 85.
20. *Loi modifiant le Code du travail et la loi du ministère du Travail et de la Main-d'œuvre*, L.Q. 1977, c. 41, art. 48, ajoutant l'article 88*m*, devenu le paragraphe *f* de l'article 100.12 en vertu de la *Loi modifiant le Code du travail et diverses dispositions législatives*, L.Q. 1983, c. 22, art. 74, modifiant l'article 100.12 du *Code du travail*.

dans l'exercice de ses fonctions[21]. Nous relèverons ici les obligations générales qui lui incombent, alors que nous nous arrêterons à certains points particuliers dans la section suivante.

La loi oblige d'abord l'arbitre à « procéder en toute diligence à l'instruction du grief » (C.t. art. 100.2). Plus loin, le *Code du travail* lui impose un délai pour rendre la sentence[22] :

> À défaut d'un délai fixé à la convention collective, l'arbitre doit rendre sa sentence dans les 90 jours de sa nomination, à moins que les parties ne consentent par écrit, avant l'expiration du délai, à accorder un délai supplémentaire d'un nombre de jours précis.

Il est un peu étonnant de voir ce délai maximum de 90 jours, quand on sait que le délai réel « moyen » dépasse 200 jours depuis au moins cinq ans[23]. Nous étudierons plus loin ce grave problème des délais en arbitrage (voir la section 7.4.3). Notons seulement ici que la responsabilité principale de ces délais incombe davantage aux parties qu'aux arbitres ; en effet le délai s'accroît sérieusement dans la période qui va de la nomination de l'arbitre à l'audition de la cause, alors qu'il décroît légèrement entre le moment de l'audition et celui de la décision. (Voir la figure 7-1.)

Par la suite, le *Code du travail* oblige l'arbitre à déposer deux exemplaires de sa sentence au bureau du commissaire général du travail et à en remettre copie à chacune des parties (C.t. art. 101.6). L'article suivant permet au Tribunal du travail d'émettre l'ordonnance qu'il juge nécessaire si la sentence n'a pas été rendue, déposée et transmise dans le délai mentionné à l'article 101.5. La mesure est inefficace puisque le Tribunal n'a aucun pouvoir réel : il ne peut que presser l'arbitre d'exécuter l'obligation qu'il a assumée. Il serait impensable de transférer le dossier à un autre arbitre, ce qui obligerait les parties à reprendre le processus à zéro et les exposerait à se retrouver en face du même problème plusieurs mois plus tard. L'article 101.8 constitue sans doute un stimulant plus efficace : l'arbitre ne peut exiger ses honoraires ni ses frais s'il ne rend pas sa sentence dans le délai prescrit à l'article 101.5. Il ne faut toutefois pas oublier que l'article 101.5 prévoit l'octroi « volontaire » d'un délai supplémentaire par les parties ; c'est ce qui se produit pratiquement toujours.

Deux règlements ont été adoptés conformément aux dispositions de l'article 103 du *Code du travail* ; l'un porte sur le dépôt des sentences arbitrales, l'autre sur la rémunération des arbitres[24]. Le premier énumère les renseignements qui doivent accompagner le dépôt de la sentence arbitrale, comme le nom et l'adresse des parties, le mode de nomination de l'arbitre et le reste[25].

Le décret sur la rémunération fixe à 80 $ le tarif horaire que les arbitres peuvent exiger[26]. L'arbitre peut réclamer cette somme pour le nombre d'heures consacrées à l'enquête, à l'audition, au délibéré et à la rédaction de la sentence. Toutefois, pour le délibéré et la rédaction de la sentence, il ne peut facturer plus de 10 heures de travail. Un certain nombre d'arbitres, parmi les plus actifs, ont choisi de se désengager par rapport à la règle de la rémunération ; ils suivent les autres règles d'éthique applicables aux arbitres, mais pas celle qui concerne les honoraires. Les arbitres qui se sont ainsi « désengagés » demandent généralement de 100 $ à 150 $ de l'heure. Les tarifs en Ontario semblent légèrement plus élevés puisqu'on parle d'environ 1500 $ pour un arbitrage comportant une journée d'audition et la rédaction de la sentence ; il y a deux ou trois ans, en Ontario, le coût d'un arbitrage variait de 800 $ à 1800 $. On dit que les tarifs de l'Alberta sont encore plus élevés, de 1500 $ à 2500 $

21. Un arbitre peut choisir de se désengager quant aux normes de rémunération. Il est libre alors, s'il est choisi par les parties, de se négocier des honoraires au-delà des normes. Une cinquantaine des quelque 120 arbitres inscrits dans la liste officielle se sont ainsi désengagés.
22. *Loi modifiant le Code du travail et la loi du ministère du Travail et de la Main-d'œuvre*, L.Q. 1977, c. 41, art. 50 ajoutant l'article 89*e* au *Code du travail*, L.R.Q., c. C-27, art. 101.5.
23. *Liste annotée d'arbitres de griefs*, 19e édition, présentée par le Conseil consultatif du travail et de la main-d'œuvre, 1989-1990, p. 105.
24. *Code du travail*, R.R.Q., 1981, c. C-27, r. 2 et r. 5.
25. Décret 493-85 (1985) 117 G.O. 2, p. 1747.
26. Décret 975-90 (1990) 122 G.O. 2, p. 2566.

FIGURE 7-1

Délais moyens, en nombre de jours, selon les étapes de l'arbitrage

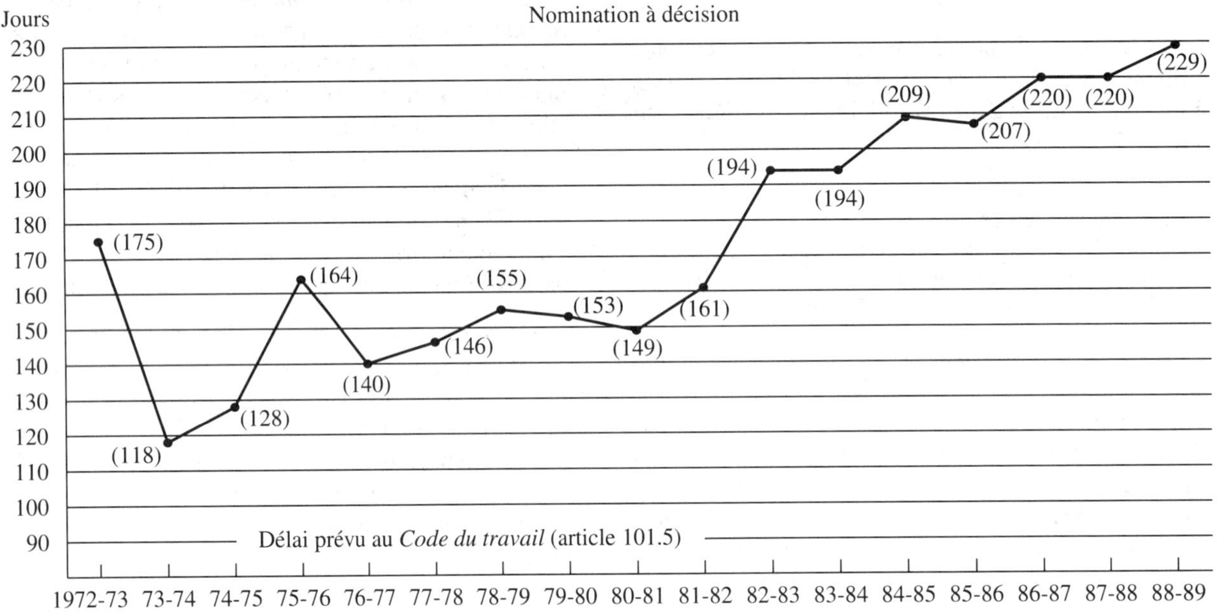

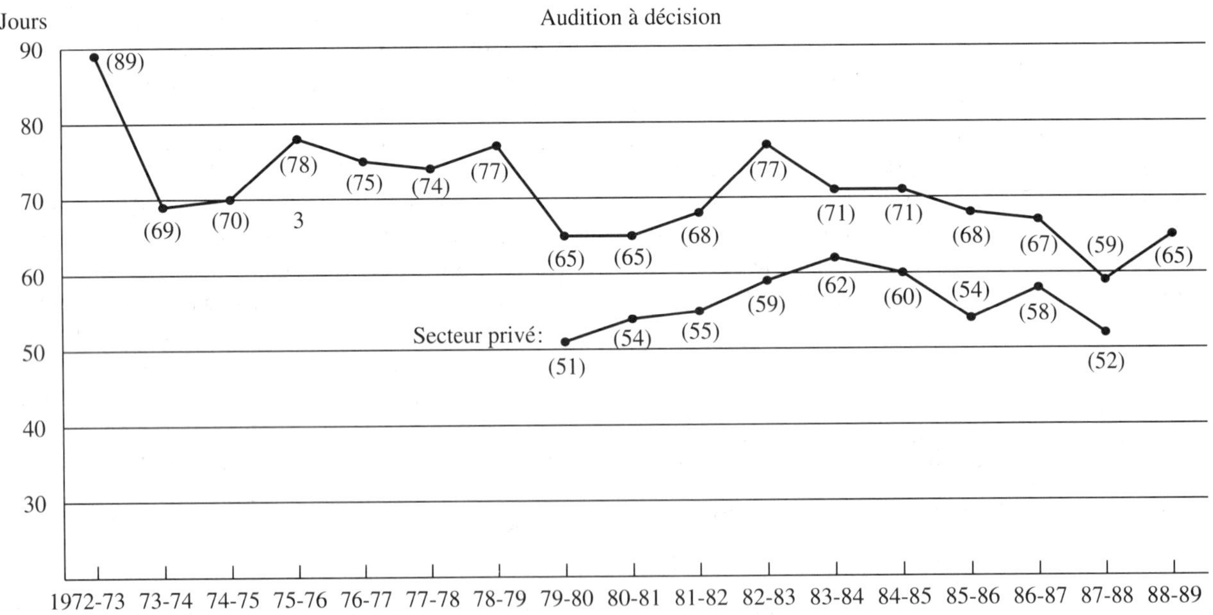

Source: Conseil consultatif du travail et de la main-d'œuvre.

pour une audition d'une journée et la rédaction de la sentence[27].

Notons enfin que, dans la plupart des cas, le paiement des honoraires de l'arbitre et des frais est généralement divisé en deux parties égales: le tableau 7-5 confirme que la très grande majorité des conventions collectives prévoit que le coût des arbitrages doit être assumé également par les parties à la convention. Quelques conventions seulement (3 %), surtout parmi celles régissant moins de 50 salariés, stipulent que les frais et les honoraires sont à la charge de la partie perdante.

Les quelque 200 conventions collectives qui stipulent que l'employeur doit assumer à lui seul tous les frais et honoraires sont toutes des conventions collectives du secteur public. Notons la disproportion entre le pourcentage que ces conventions collectives représentent dans l'ensemble des conventions (environ 3 %) et le pourcentage des salariés visés par ces conventions (près de 40 %); il s'agit donc des plus grandes conventions collectives. Nous verrons plus loin que cette générosité de l'État envers ses syndiqués a entraîné des situations particulièrement difficiles: il n'y a plus guère d'hésitation dans le dépôt des griefs; les délais sont beaucoup plus longs qu'ailleurs et le nombre des griefs non résolus est incroyable.

Ajoutons que les frais et honoraires de l'arbitre ne représentent même pas la moitié des dépenses occasionnées par l'arbitrage d'un grief. La majorité des coûts est constituée par les dépenses qu'entraînent les honoraires du procureur, la préparation du dossier et des pièces, ainsi que les frais occasionnés par le déplacement des témoins[28]. Il va de soi que chaque partie assume ses propres frais pour les dépenses de cette nature.

Voilà terminée la présentation sommaire de l'arbitre de griefs et de sa rémunération. La section suivante ajoutera quelques précisions, dans la mesure où celles-ci se rattachent directement à la procédure à suivre.

7.4 Procédure d'arbitrage

L'élément principal de la procédure réside dans l'audition des parties, où chacune présente à l'arbitre la preuve qu'elle a préparée. Cette preuve peut être précédée d'objections préliminaires, le plus souvent pour contester la compétence de l'arbitre. Nous examinerons donc successivement les objections préliminaires, surtout en matière d'arbitrabilité, puis la preuve et la plaidoirie et, enfin, le délibéré et la décision. (Voir le tableau 7-6.)

Auparavant, il faut noter qu'une proportion de plus en plus grande de cas se règle avant l'audition, après que l'arbitre a été officiellement sollicité et nommé. C'est un peu plus de 40 % des griefs soumis à l'arbitrage qui se règlent ainsi sans intervention de l'arbitre, par entente entre les parties, avec ou sans l'aide d'un médiateur. (Voir le tableau 7-7.)

7.4.1 Objections préliminaires

L'audition s'ouvre habituellement par la présentation des parties et la présentation du grief (voir le tableau 7-6). Dans bien des cas, surtout quand les parties ont développé des relations empreintes de maturité, on se présente devant l'arbitre pour avoir une réponse sur un point ou sur quelques points précis. Pour tout le reste, les parties se sont déjà entendues, soit par compromis, soit tout simplement parce que les deux reconnaissent les faits tels qu'ils se sont produits. Dans ce cas, les parties présentent à l'arbitre la liste des points que les deux admettent déjà et que l'arbitre doit considérer comme acquis. C'est ce qu'on appelle les admissions.

S'il y a des objections préliminaires, elles sont présentées dès le début. Dans environ 10 % des cas, une des parties – le plus souvent la partie patronale –

27. Jeffrey Gandz et J. David Whitehead, «Grievances and Their Resolution» dans *Union-Management Relations in Canada*, sous la direction de John C. Anderson, Morley Gunderson et Allen Ponak, 2e édition, Don Mills, Ont., Addison-Wesley, 1989 (498 p.), p. 248; Joseph B. Rose, «Statutory Expedited Grievance Arbitration: The Case of Ontario», *The Arbitration Journal*, vol. 41, no 4, décembre 1986, p. 33.

28. Jeffrey Gandz et J. David Whitehead, *op. cit.*, p. 248; Joseph B. Rose, *op. cit.*, p. 33.

TABLEAU 7-5

Répartition des frais et des honoraires de l'arbitre au Québec – 1984 et 1989

Frais et honoraires	Conventions collectives régissant moins de 50 salariés				Conventions collectives régissant 50 salariés et plus				Conventions collectives régissant tous les salariés (TOTAL)			
	C.c.	%	Salariés	%	C.c.	%	Salariés	%	C.c.	%	Salariés	%
1984												
Partagés également : syndicat – employeur	3 468	83,7	62 621	85,6	1 659	87,4	422 072	61,1	5 127	84,9	484 693	63,5
Employeur seul	38	0,9	698	1,0	58	3,1	240 082	34,8	96	1,6	240 780	31,5
Partie perdante seule	152	3,7	2 341	3,2	30	1,6	3 481	0,5	182	3,0	5 822	0,8
Autre disposition	48	1,2	663	0,9	15	0,8	2 217	0,3	63	1,0	2 880	0,4
Aucune disposition	435	10,5	6 851	9,4	135	7,1	22 441	3,3	570	9,4	29 292	3,8
TOTAL	4 141	100,0	73 174	100,0	1 987	100,0	690 293	100,0	6 038	100,0	763 467	100,0
1989												
Partagés également : syndicat – employeur	4 455	82,7	87 435	85,0	2 281	88,5	506 607	55,0	6 736	84,6	594 042	58,1
Employeur seul	133	2,5	2 419	2,4	102	4,0	384 568	41,8	235	3,0	386 987	37,8
Partie perdante seule	195	3,6	3 264	3,2	33	1,3	4 996	0,5	228	2,9	8 260	0,8
Autre disposition	60	1,1	839	0,8	14	0,5	1 866	0,2	74	0,9	2 705	0,3
Aucune disposition	541	10,0	8 888	8,6	147	5,7	22 170	2,4	688	8,6	31 058	3,0
TOTAL	5 384	100,0	102 845	100,0	2 577	100,0	920 207	100,0	7 961	100,0	1 023 052	100,0

Source : Données mécanographiques du CRSMT, 27 mars 1991. (Variable B-29.)

TABLEAU 7-6

Déroulement de l'audition

Étapes	**Personnage clé**	**Éléments principaux**	**Intervenants**
1. Introduction	L'arbitre	a. Présentation des parties b. Présentation du grief et du plaignant c. Admissions	Les deux parties
2. Objections préliminaires (s'il y a lieu)	Le procureur patronal	a. Énoncé des objections b. Preuve sur les objections c. Réplique du proc. synd. d. Décision, immédiate ou reportée	Le procureur syndical
3. La preuve	Le procureur syndical	a. Dépôt de documents par chaque partie b. Preuve par l'interrogation des témoins Contre-interrogatoire c. Preuve adverse : interrog. des témoins adverses Contre-interrogatoire d. Réplique du proc. synd.	Les témoins Le procureur patronal
4. La plaidoirie	Le procureur syndical	a. Plaidoyer du proc. synd. b. Plaidoyer du proc. patr. c. Réplique du proc. synd.	Le procureur patronal
5. La décision	L'arbitre	a. Le délibéré b. La décision ou sentence c. Son exécution	Les assesseurs (le cas échéant) Le protonotaire de la Cour supérieure (si nécessaire)

N.B. Ce tableau décrit la dernière étape de la procédure présentée dans la figure 6-1.

s'objecte à la discussion du grief devant l'arbitre parce que selon elle il ne serait pas arbitrable. (Voir le tableau 7-8.)

L'objection préliminaire revient à soutenir que l'arbitre n'a pas compétence pour entendre le grief. Il peut y avoir plusieurs raisons pour plaider la non-arbitrabilité : la nature du grief, l'instance choisie, le non-respect des délais de prescription, etc. Une des raisons souvent invoquée a trait à la définition du grief. Il s'agit du problème des mésententes au sens strict : si le grief soulève une question dont la convention collective ne traite pas explicitement et que celle-ci définit le grief arbitrable de façon restrictive, le représentant patronal soutiendra que le grief n'est pas

TABLEAU 7-7

Nombre et proportion des griefs soumis à l'arbitrage qui sont réglés hors cours, et nombre et proportion de ceux qui sont jugés sur le fond au Québec – 1978-1989

Année	Nombre de griefs soumis à l'arbitrage[1]	Règlements hors cour		Décisions sur le fond	
		Nombre	%	Nombre	%
1978-1979	2 907	524	18,0	2 383	82,0
1979-1980	3 143	743	23,6	2 400	76,4
1980-1981	3 521	1 033	29,3	2 488	70,7
1981-1982	4 546	1 607	35,3	2 939	64,7
1982-1983	5 118	1 757	34,3	3 362	65,7
1983-1984	4 823	1 779	36,9	3 044	63,1
1984-1985	4 595	1 708	37,2	2 887	62,8
1985-1986	4 478	1 826	40,8	2 652	59,2
1986-1987	4 100	1 624	39,6	2 476	60,4
1987-1988	4 110	1 792	43,6	2 318	56,4
1988-1989	4 065	1 817	44,7	2 248	55,3

1. Les chiffres ne comprennent pas les griefs rejetés à la suite d'objections préliminaires. Sont cependant inclus les cas où les objections n'ont pas été retenues par l'arbitre et qui, par conséquent, ont été entendus sur le fond.

Source: *L'arbitrage des griefs. Faits saillants*, Québec, CCTM, septembre 1989, tableaux 1 et 3.

arbitrable, ni en vertu du Code, ni en vertu de la convention collective.

Sur cette question fondamentale de l'arbitrabilité, l'arbitre doit considérer les objections qu'on lui présente, entendre les preuves sur lesquelles elles reposent et donner à l'autre partie l'occasion de répondre aux objections soulevées. La question est cruciale: l'arbitre a-t-il le pouvoir d'entendre le grief et de rendre une décision à son sujet? C'est pourquoi, du moins en théorie, il doit d'abord répondre à cette objection préliminaire. Comme il est généralement difficile de réunir les représentants des parties et les témoins à plusieurs reprises, il recourt parfois à la formule suivante: il décide d'entendre la preuve sur le fond «sous réserve» de la décision qu'il rendra sur l'objection préliminaire. En d'autres mots, après l'audition, il délibérera d'abord sur l'objection et il en viendra à une conclusion à ce sujet. S'il conclut qu'il n'a pas compétence, il n'ira pas plus loin et il informera les parties de sa décision. S'il conclut qu'il a compétence, il examinera alors la preuve sur le fond soumise par les parties et il rendra sa décision sur le grief en même temps qu'il fera connaître sa décision sur l'arbitrabilité du litige.

Les arbitres procèdent de la même manière pour toute objection préliminaire, par exemple sur une question de délai. Il doit alors évaluer, à l'aide des plaidoyers soumis, si le délai en question a ou non valeur de prescription, s'il a ou non été respecté, etc.

7.4.2 Preuve et plaidoirie

Vient ensuite la partie la plus importante de l'audition, soit l'énoncé de la preuve du grief. Compte tenu de la nature de l'exercice, c'est le procureur syndical qui est le plus souvent le principal artisan de cette partie

TABLEAU 7-8

Nombre et proportion de décisions selon la présence d'objections préliminaires – 1981-1988

Année	Nombre total de décisions[1]	Sans objection préliminaire		Objection rejetée		Objection accueillie disposant du grief	
		Nombre	%	Nombre	%	Nombre	%
1981-1982	3 017	2 366	78,4	99	3,3	166	5,3
1982-1983	3 611	3 221	89,2	90	2,5	94	2,6
1983-1984	3 308	2 933	88,7	117	3,5	97	2,9
1984-1985	3 125	2 790	89,3	114	3,6	95	3,0
1985-1986	2 835	2 584	91,1	77	2,7	68	2,4
1986-1987	2 631	2 423	92,1	72	2,7	53	2,0
1987-1988	2 423	2 260	93,3	55	2,3	52	2,1

1. Les chiffres n'incluent pas les règlements survenus sans l'intervention de l'arbitre. Par contre, ils incluent un certain nombre de cas (2 % à 4 %) qui n'entrent pas dans les trois catégories retenues. C'est pourquoi le total des trois colonnes ne correspond pas au nombre total de décisions.

Source : *L'arbitrage en 1987-1988. Les faits saillants*, CCTM, tableau 8. (L'édition de septembre 1989 ne contient pas de données sur cet aspect.)

de l'audition. Le procureur peut être un avocat, un représentant syndical ou parfois le salarié lui-même. Si des témoins sont entendus, l'arbitre peut exiger qu'ils prêtent serment ou fassent l'affirmation solennelle qu'ils diront la vérité (C.t. art. 100.6).

Fondamentalement, l'arbitre doit s'assurer que les parties puissent présenter la preuve qu'elles veulent lui soumettre. Il est ainsi très important que tous les intéressés puissent être entendus[29].

> L'arbitre doit donner à l'association accréditée, à l'employeur et au salarié intéressé l'occasion d'être entendus.
>
> Si un intéressé ci-dessus dûment convoqué par un avis écrit d'au moins 5 jours francs de la date, de l'heure et du lieu où il pourra se faire entendre ne se présente pas ou refuse de se faire entendre, l'arbitre peut procéder à l'audition de l'affaire et aucun recours judiciaire ne peut être fondé sur le fait qu'il a ainsi procédé en l'absence de cet intéressé.

29. *Code du travail* du Québec, L.R.Q., c. C-27, art. 100.5.

On aura noté que le *Code du travail* précise que le salarié doit avoir l'occasion de se faire entendre si, évidemment, il le désire. Bien des auditions se déroulent en l'absence du salarié qui a déposé le grief. L'arbitre demande alors si on a offert au salarié d'être entendu ; au besoin il exigera même une preuve en ce sens. Non pas que le grief appartienne au salarié, mais parce que l'article 100.5 lui reconnaît explicitement le droit d'être entendu s'il le désire. Le principe peut aussi s'appliquer à un salarié autre que l'auteur du grief, par exemple quand il y a contestation d'une promotion : le salarié dont la promotion est contestée a également le droit d'être entendu.

Le plus souvent, l'arbitre procède de la manière suivante. Le procureur syndical établit sa preuve en déposant les documents pertinents, s'il y a lieu, et en interrogeant les témoins qu'il a convoqués. Le représentant patronal peut contre-interroger les témoins de la partie syndicale. Quand la preuve syndicale est terminée, le procureur patronal présente sa propre preuve ; il procède de la même manière. Par la suite, l'arbitre donne généralement au procureur syndical la possibilité d'ajouter un complément de preuve, s'il le désire, ou à tout le moins de contre-interroger les témoins de l'employeur. (Il va de soi que, s'il s'agit d'un grief patronal, l'ordre mentionné ci-dessus est inversé.)

L'audition proprement dite se termine par les plaidoyers: celui du procureur syndical d'abord, puis celui du procureur patronal, suivi d'une possibilité de réplique par le procureur syndical. Chacun développe les arguments qu'il a présentés afin de convaincre l'arbitre du bien-fondé de sa preuve. Cette preuve est particulièrement importante, puisque c'est en se fondant sur son contenu que l'arbitre devra rendre sa sentence, comme l'exige l'article 100.11 du *Code du travail*.

L'arbitre a également d'autres pouvoirs qu'il est bon de rappeler. Les séances d'arbitrage sont en principe publiques, mais l'arbitre peut ordonner le huis clos s'il le juge opportun (C.t. art. 100.4). L'arbitre peut, de son propre chef, assigner des témoins, ce qu'il ne fait que très rarement puisqu'en principe il revient aux procureurs de décider de la preuve à faire (art. 100.6). L'arbitre peut également interroger lui-même les témoins, ce que plusieurs font assez régulièrement (art. 100.7). Enfin, l'arbitre peut demander de visiter les lieux où se sont déroulés les événements qui ont donné lieu au grief. Il est évident que les parties peuvent aussi prendre l'initiative de convier l'arbitre à une telle visite des lieux (C.t. art. 100.9). Il est alors essentiel que l'arbitre demande aux deux parties de l'accompagner. L'arbitre serait malvenu de faire une telle visite des lieux accompagné du représentant d'une des deux parties seulement.

7.4.3 Délibéré et décision

Après l'audition, l'arbitre n'a plus qu'à délibérer et à rendre sa décision. Si les parties ont choisi un arbitrage avec assesseurs, comme l'article 100.1.1 du Code le leur permet, l'arbitre doit évidemment convoquer les assesseurs pour procéder au délibéré. S'il n'y a pas d'assesseurs, il considère seul toutes les pièces déposées et tous les arguments invoqués, soit d'après les notes prises par le greffier, s'il y en avait un, soit d'après ses notes personnelles. L'arbitre peut évidemment utiliser les connaissances qu'il a du monde des relations du travail pour mieux comprendre la preuve qui lui a été présentée; mais il ne doit pas chercher d'autres preuves que celles qui lui ont été soumises. Par contre, s'il arrivait à la conclusion que l'article de la convention collective mis en cause allait à l'encontre d'une disposition légale, de la *Loi sur les normes du travail* par exemple, il devrait en tenir compte dans sa décision. Mais essentiellement, les parties l'ont nommé pour qu'il réponde à une question et c'est ce à quoi il doit s'en tenir. Si les parties ont bien préparé la cause, la question est claire; dans certains cas cependant, elle peut être relativement difficile à circonscrire.

Si les parties désirent qu'il y ait des assesseurs, l'arbitre doit en être prévenu dans les quinze jours qui suivent sa nomination et ceux-ci doivent être choisis dans le même délai (C.t. art. 100.1.1). Au cours de l'audition, ils peuvent interroger les témoins et les procureurs, comme l'arbitre, en vue de mieux comprendre le problème et les faits; ils ne doivent toutefois pas agir comme un procureur le ferait pour défendre la partie qu'il représente. Le rôle des assesseurs est particulièrement important dans le délibéré. En toute objectivité, ils aident l'arbitre à comprendre la position de la partie qui les a désignés. Ils deviennent indispensables si le cas comporte des aspects techniques qui dépassent la compétence de l'arbitre, pour l'aider à bien saisir tous les aspects particuliers de la question. Les assesseurs ne participent pas à la décision comme telle, mais ils assistent l'arbitre dans sa compréhension et son évaluation du problème en cause.

Quant à la sentence elle-même, elle doit être rendue par écrit, motivée et signée par l'arbitre (C.t. art. 101.2). L'arbitre et les assesseurs sont tenus au secret du délibéré jusqu'à la date de la sentence (C.t. art. 101.3). L'arbitre doit déposer deux copies de la sentence au greffe du Bureau du commissaire général du travail, et remettre en même temps une copie à chacune des deux parties (C.t. art. 101.6). Il doit conserver le dossier de l'arbitrage pendant deux ans à compter du dépôt de la sentence (C.t. art. 101.9).

Par rapport au contenu de la sentence, nous avons déjà souligné que la loi donne à l'arbitre, en matière disciplinaire, le pouvoir de confirmer, d'annuler ou même de modifier la sanction imposée par l'employeur (C.t. art. 100.12 *f*). Les autres pouvoirs mentionnés dans le même article visent surtout les cas où la décision implique le remboursement d'une somme d'argent. Si c'est le salarié qui doit rembourser une somme versée en trop par l'employeur, l'arbitre fixe lui-même les modalités de ce remboursement (C.t. art. 100.12 *b*). Le cas inverse est beaucoup plus fréquent. Il arrive souvent alors que l'arbitre laisse aux parties le soin de déterminer le montant du remboursement qui découle de sa décision. Le cas se produit, par exemple, quand les parties ont admis plusieurs points, au départ, et ont posé une question précise pour qu'on leur indique si telle prime s'applique ou non, ou encore la nature de la prime qui doit être attribuée dans le cas soumis. Cependant, l'arbitre mettra souvent dans sa décision qu'il conserve sa juridiction pour déterminer la somme précise, si les parties n'y parvenaient pas par elles-mêmes. Dès qu'une partie le lui demande, il a le pouvoir de fixer la somme qui est due par suite de la décision qu'il a rendue (C.t. art. 100.12 *d*). Non seulement il peut, mais il doit ajouter à cette somme un intérêt calculé selon le taux qu'utilise le ministère du Revenu (C.t. art. 112 *c*).

Finalement, l'arbitre peut, même après avoir rendu sa décision, la corriger s'il découvre qu'elle était entachée d'une erreur de calcul, d'écriture, ou de quelque autre erreur matérielle (C.t. art. 100.12 *e*).

Enfin, il y a la question des délais. Comme nous l'avons mentionné plus haut, la loi demande à l'arbitre de rendre sa décision dans les 90 jours suivant sa nomination (C.t. art. 101.5). Comme chacun considère généralement que son grief est le plus important jamais soumis et que les parties souhaitent obtenir la meilleure décision possible, elles sont souvent disposées à attendre le meilleur arbitre, celui que toutes deux veulent avoir, même si cela signifie qu'elles doivent lui accorder un délai de six mois ou davantage. Les statistiques confirment que, dans la période qui s'écoule entre la nomination d'un arbitre et la décision qu'il rendra, les deux tiers du temps se situent entre la nomination et l'audition. De plus, alors que le temps entre la nomination et l'audition a presque doublé depuis 10 ans, celui qui va de l'audition à la décision a légèrement diminué depuis sept ou huit ans. (Voir le tableau 7-9. Voir aussi la section 7.3.4, figure 7-1.)

Il faut aussi noter l'écart très important qui existe entre le secteur privé et le secteur public où les délais sont dans l'ensemble environ 30 % plus longs. Proportionnellement, le délai qui va de l'audition à la décision est beaucoup plus long encore dans le secteur public. (Voir le tableau 7-10.)

On a bien l'impression, à regarder les chiffres, que le remplacement des conseils d'arbitrage par des arbitres uniques, qui visait surtout le secteur public, n'a pas donné les résultats escomptés. C'est ce qu'on observe en comparant la situation actuelle (tableau 7-10) à celle d'il y a 10 ans (tableau 7-11).

7.5 Sentence arbitrale

La principale caractéristique de la sentence arbitrale est d'être finale ; de plus son exécution peut être forcée en recourant au système judiciaire. Il est impossible d'en appeler sur le fond, mais on peut contester d'autres aspects; c'est ce qu'on appelle la révision judiciaire. Après l'étude de ces questions, nous terminerons cette section par un examen du sort fait à l'ensemble des griefs: nous verrons entre autres dans quelle proportion ils sont gagnés ou perdus.

7.5.1 Caractère final et exécution

Depuis son introduction en 1961, l'arbitrage obligatoire a comme caractéristique principale que la sentence rendue est exécutoire. Ayant décidé qu'il n'y aurait pas d'arrêt de travail pendant qu'une convention collective est en vigueur, le législateur a voulu que la décision de l'arbitre soit finale et sans appel. Il y a là un choix. C'est comme si la société disait: il est préférable d'avoir une solution certaine rapidement, même si cette rapidité nous impose le risque d'avoir une décision un peu moins exacte. En relations du travail, on considère qu'une décision définitive est essentielle dans les meilleurs délais: l'employé qui a

TABLEAU 7-9

Délais moyens, en nombre de jours, selon les étapes de l'arbitrage – 1978-1989

Année	Nomination à audition	Audition à décision	Nomination à décision (TOTAL)
1978-1979	78,9	76,1	155,1
1979-1980	87,6	64,4	152,9
1980-1981	86,2	62,5	149,5
1981-1982	91,5	67,0	160,2
1982-1983	114,7	77,0	193,3
1983-1984	111,6	71,3	193,6
1984-1985	126,0	71,0	209,4
1985-1986	128,2	68,1	206,5
1986-1987	133,2	67,5	219,6
1987-1988	147,2	59,8	220,0
1988-1989	147,7	64,9	229,0

Source: *L'arbitrage des griefs. Faits saillants*, Québec CCTM, septembre 1989, tableau 23.

TABLEAU 7-10

Délais moyens, en nombre de jours, selon les secteurs – 1981-1988

Année	Nomination à audition			Audition à décision			Nomination à décision		
	S. privé	S. public	Moy. combinée	S. privé	S. public	Moy. combinée	S. privé	S. public	Moy. combinée
1981-1982	90,0	94,7	91,5	55,1	85,4	67,0	151,0	178,6	160,2
1982-1983	95,2	145,7	114,7	59,2	100,4	77,0	163,0	239,8	193,3
1983-1984	106,7	120,6	111,6	61,7	87,0	71,3	180,2	218,2	193,6
1984-1985	117,3	139,5	126,0	60,1	86,0	71,1	191,6	237,1	209,4
1985-1986	120,8	141,1	128,2	54,2	88,9	68,1	185,5	242,5	206,5
1986-1987	120,0	155,7	133,2	57,8	82,2	67,5	197,1	257,2	219,6
1987-1988	132,3	174,1	147,0	51,8	71,5	59,7	198,7	258,9	220,5
1988-1989[1]			147,7			64,9			229,0

1. Les tableaux publiés en septembre 1989 ne contiennent pas la ventilation selon les secteurs privé et public, mais seulement les chiffres moyens d'ensemble.

Source: *L'arbitrage en 1987-1988. Les faits saillants*, Québec, CCTM, tableau 15.

TABLEAU 7-11

Répartition des cas d'arbitrage selon diverses modalités au Québec – 1979-1980

Modalités	Arbitre unique		Conseil d'arb.		Total	
	Nombre	%	Nombre	%	Nombre	%
Nombre de griefs[1]	**1 665**	**65**	**890**	**35**	**2 555**	**100**
Décisions unanimes			**404**	**45[2]**		
Avec dissidence			**486**	**55[2]**		
Sect. primaire:						
Forêts, mines et pétrole	67		28		95	
Sect. secondaire:						
Aliments, boissons	80		15		95	
Pâtes et papier	68		34		102	
Métal primaire	86		10		96	
Matériel de transport	68		0		68	
Appareils électriques	44		14		58	
Autres ind. manuf.	303		26		329	
Construction	3		0		3	
Serv. d'utilité publ.	58		0		58	
Autres industries	82		11		93	
Sect. tertiaire:						
Commerce	117		1		118	
Inst. financières	13		0		13	
Services divers	26		4		30	
SECTEUR PRIVÉ (TOTAL)	1 015	88	143	12	1 158	51[2]
Éducation	81		327		408	
Santé, aff. sociales	150		253		403	
Adm. publique	292		0		292	
SECTEUR PUBLIC (TOTAL)	523	47	580	53	1 103	49[2]
Délais moyens[3]						
Nomination à audition	84 jours		108 jours		88 jours	
Audition à décision	54 jours		106 jours		65 jours	
	138 jours		214 jours		153 jours	

1. Nombre de griefs entendus et terminés par une sentence arbitrale. Il y eut 741 griefs réglés par les parties après avoir été soumis à l'arbitrage mais avant la sentence, pour un total de 3296 griefs soumis du 1er avril 1979 au 31 mars 1980. Dans la répartition selon les industries, 294 n'ont pu être classifiés (total: 2261). Quant au «sort fait aux griefs», 776 ont été accueillis (31 %), 336 modifiés (13 %) et 1419 rejetés (56 %), pour un total de 2531.
2. Dans ces cas, les pourcentages s'additionnent verticalement. Dans les autres cas, ils expriment l'importance respective des cas d'arbitre unique et de conseil d'arbitrage et ils s'additionnent horizontalement.
3. Au cours des quatre années précédentes, le délai total moyen avait été respectivement de 164, 140, 146 et 154 jours. Si l'on excepte l'année 1975-1976, le délai s'est allongé de 27 jours depuis cinq ans. (En 1980-1981 le délai moyen est de 148 jours.)

Source: *Liste annotée d'arbitres de griefs, en vigueur du 1er avril 1981 au 31 mars 1982*, Montréal, CCTM, p. 206-219. (Les mêmes données ne sont pas disponibles depuis cette publication.)

perdu son emploi veut savoir s'il sera réintégré ; l'employeur veut également savoir s'il sera obligé de reprendre cet employé et il ne veut pas risquer d'avoir à lui verser un an de salaire, ou même davantage, si jamais un tribunal le lui ordonnait à la suite d'un long processus. Le principe est aujourd'hui contenu dans l'article 101 du *Code du travail*:

> La sentence arbitrale est sans appel, lie les parties et, le cas échéant, tout salarié concerné. L'article 19.1 s'applique à la sentence arbitrale, *mutatis mutandis*.

Le renvoi à l'article 19.1 établit le mécanisme qui assure l'exécution de la sentence. Dans cet article, en effet, le législateur a établi une façon d'assurer, si nécessaire, l'application d'une décision rendue par un commissaire du travail dans le cas, par exemple, d'un congédiement pour activités syndicales. La même procédure s'applique à la décision d'un arbitre. Faute d'exécution par la partie concernée, il suffit de déposer la sentence auprès du protonotaire de la Cour supérieure et elle acquiert la force juridique d'un jugement prononcé par la Cour supérieure. Tout défaut de se soumettre à un tel jugement équivaut à un outrage au tribunal (C.t., art. 19.1.).

> Le dépôt de la décision lui confère alors la même force et le même effet que s'il s'agissait d'un jugement émanant de la Cour supérieure et est exécutoire comme tel.

Les tribunaux ont toujours compris la disposition fondamentale, à savoir que la décision est finale et sans appel, dans le sens que le législateur leur retire le droit de se prononcer sur le fond même du grief. Mais, en même temps, les tribunaux ont toujours soutenu qu'ils avaient non seulement le droit mais aussi le devoir de vérifier la compétence de l'arbitre. Si, pour une raison ou pour une autre, un arbitre n'avait pas compétence pour entendre un grief, les cours sont toujours intervenues pour annuler la décision qu'il avait rendue. Les tribunaux interviennent également pour vérifier si l'arbitre a bien respecté les principes fondamentaux de la justice naturelle et de l'équité procédurale (en anglais le principe de *due process*). L'ensemble des interventions des tribunaux dans les décisions arbitrales, comme pour les décisions d'autres organismes quasi judiciaires, a reçu le nom de révision judiciaire.

7.5.2 Révision judiciaire

Le *Code du travail* lui-même limite aux questions de compétence le recours possible contre la décision d'un arbitre[30]:

> 139. Sauf sur une question de compétence, aucun des recours extraordinaires prévus aux articles 834 à 850 du Code de procédure civile ne peut être exercé ni aucune injonction accordée contre un arbitre, le Conseil des services essentiels, un agent d'accréditation, un commissaire du travail ou le tribunal agissant en leur qualité officielle.
>
> 139.1 Sauf sur une question de compétence, l'article 33 du Code de procédure civile ne s'applique pas aux personnes ni aux organismes visés à l'article 139 agissant en leur qualité officielle.

Dans un cas qui s'est prolongé de 1980 à 1985, la Cour suprême du Canada a finalement confirmé la compétence d'un arbitre pour décider de toutes questions relatives à la convention collective, y compris les problèmes de délai et de prescription des griefs. Les cours inférieures avaient renversé la décision de l'arbitre, parce qu'elles considéraient qu'il avait erré sur la question préliminaire invoquant un défaut de compétence pour raison de délai. La Cour suprême a décidé, au contraire, que cette question du délai relevait de la compétence exclusive de l'arbitre, parce qu'il s'agissait, somme toute, d'une question d'interprétation de la convention collective. Elle a, pour cette raison, rétabli la décision que l'arbitre avait rendue, à ce sujet, cinq ans plus tôt[31].

Dans le même sens, la Cour suprême a également posé que si l'arbitre commet une erreur de droit ou de faits, à l'intérieur de sa compétence, les cours ne doivent contredire sa décision que dans le cas où l'erreur en question leur semble « déraisonnable »[32].

30. *Code du travail*, L.R.Q. c. C-27, art. 139-139.1.
31. *Syndicat des professeurs du Collège Lévis-Lauzon* c. *Cégep de Lévis-Lauzon*, 1985, 1 R.C.S., 596.
32. *Métallurgistes unis d'Amérique, local 4589* c. *Bombardier MLW ltée*, 1980, R.C.S., 905.

Concrètement, le recours qui permet de remettre en question la compétence d'un arbitre s'effectue par une requête en évocation qu'on présente à la Cour supérieure. Si celle-ci accorde l'évocation, l'exécution de la sentence arbitrale sera suspendue jusqu'à ce qu'une décision finale soit rendue par les tribunaux, c'est-à-dire, possiblement, jusqu'à un arrêt de la Cour suprême du Canada, si l'affaire se rend jusque-là.

Cette question du contrôle judiciaire des décisions arbitrales n'a pas fini de faire l'objet de discussions devant les tribunaux, malgré la clause privative de l'article 139 cité plus haut et malgré les décisions déjà rendues par la Cour suprême[33]. Les retards que la révision judiciaire peut engendrer dans l'exécution des décisions arbitrales en préoccupent plus d'un.

7.5.3 Sort des griefs

Après toutes ces précisions de caractère juridique, il n'est pas sans intérêt de se demander ce qui arrive aux griefs: dans la majorité des cas, sont-ils gagnés ou perdus? La réponse à cette question a beaucoup évolué depuis les 50 ans que le régime existe. Au début, la plupart des griefs étaient gagnés. Sans doute à cause de leur manque d'expérience, les représentants patronaux avaient tendance à rejeter toutes les plaintes ou demandes de correction qui leur étaient soumises. Il est facile de dire: si tu n'es pas content, dépose un grief. Dans les 15 ou 20 premières années du régime, la majorité des griefs étaient gagnés. Mais les employeurs se sont ravisés et la proportion s'est en quelque sorte renversée.

Le tableau 7-12 nous révèle que, depuis 10 ans, la proportion des griefs gagnés est de l'ordre de 30 % à 35 %. Les griefs rejetés représentent autour de 55 % de toutes les décisions rendues. Enfin, dans 10 % à 15 % des cas, la demande a été modifiée en cours de route. Selon les chiffres de la dernière année, le nombre des décisions est divisé presque en parts égales entre le secteur privé et le secteur public; il y en a un peu plus dans le secteur privé. La proportion des griefs gagnés ou rejetés est sensiblement la même dans les deux secteurs. Seuls les griefs modifiés en cours de route sont plus nombreux dans le secteur privé que dans le secteur public. Sans doute que la souplesse ne caractérise pas – et ne peut peut-être pas caractériser – le secteur public.

Notons à nouveau que, dans le secteur public, les retards sont incommensurables. En 1990, le greffe de l'éducation connaissait un arriéré de 6000 à 8000 griefs; celui des affaires sociales était également très élevé, mais il avait commencé à baisser un peu. Il faut se rappeler, cependant, que chacun de ces deux secteurs compte des centaines, voire près d'un millier, de syndicats locaux.

7.6 Clauses d'arbitrage

Il nous reste à étudier quelques clauses de convention collective portant sur l'arbitrage. L'exposé qui précède montre à quel point le régime est fortement encadré par le *Code du travail*. Il reste cependant plusieurs points que les parties doivent décider par elles-mêmes. Généralement, une clause d'arbitrage contient les deux aspects – les dispositions légales et les précisions des parties – dans un même article qui, le plus souvent, suit l'ordre du déroulement de l'arbitrage.

7.6.1 Éléments spécifiques de la loi

La clause d'arbitrage des griefs peut se présenter soit à la fin de l'article qui établit les étapes internes de la procédure, soit dans un article distinct étant donné les caractéristiques propres de cette étape finale du règlement.

La clause doit préciser si la définition du grief change à l'étape de l'arbitrage. À défaut d'indication en ce sens, on présumera que la définition donnée au début de la clause de règlement des griefs – ou dans un article qui donne les définitions des termes génériques – s'applique également à l'arbitrage du grief. Il reste que c'est toujours le premier point à vérifier. Toutes les conventions collectives précisent les délais

33. Juge DENIS LÉVESQUE, «L'arbitrage des griefs et l'intervention des tribunaux supérieurs» dans *Le point sur l'arbitrage des griefs*, 21e Colloque de relations industrielles, 1990, Université de Montréal, École de relations industrielles, 1991 (260 p.), p. 179-197.

TABLEAU 7-12

Nombre et proportion de décisions rendues selon le sort fait au grief – 1979-1989

Année	Nombre total de décisions	Grief maintenu		Grief rejeté		Demande modifiée	
		Nombre	%	Nombre	%	Nombre	%
1979-1980	2 400	790	32,9	1 354	56,4	256	10,7
1980-1981	2 490	770	30,9	1 394	56,0	326	13,1
1981-1982	2 940	918	31,2	1 647	56,0	375	12,8
1982-1983	3 363	1 040	30,9	1 953	58,1	370	11,0
1983-1984	3 044	962	31,6	1 813	59,6	269	8,8
1984-1985	2 887	981	34,0	1 678	58,1	228	7,9
1985-1986	2 654	880	33,2	1 569	59,1	205	7,7
1986-1987	2 476	864	34,9	1 388	56,1	224	9,0
1987-1988	2 318	787	34,0	1 340	57,8	191	8,2
1988-1989	2 248	707	31,5	1 285	57,2	256	11,4
Sect. privé	1 229	373	30,3	688	56,0	168	13,7
Sect. public	1 017	333	32,7	596	58,6	88	8,7

Source: *L'arbitrage des griefs. Faits saillants*, Québec, CCTM, septembre 1989, tableaux 18 et 19.

que les parties conviennent de respecter. Elles établissent aussi la répartition du paiement des honoraires de l'arbitre et des frais reliés à l'arbitrage. La question des libérations syndicales est généralement traitée à part; nous ferons de même. Voici un exemple de clause d'arbitrage des griefs relativement simple. On trouve l'équivalent dans beaucoup de conventions collectives; s'y ajoute, parfois, le recours à un conseil d'arbitrage. Nous indiquons, dans la marge, le mot clé ou l'objet du paragraphe et la référence au *Code du travail*, qu'elle soit exprimée ou non dans le texte de la convention.

30 j.

9.01 Si le grief n'est pas réglé en vertu des étapes de l'article 8, l'une ou l'autre des parties peut soumettre ce litige à l'arbitrage dans les 30 jours ouvrables qui suivront la réponse à l'article 8.01, 3e étape.

Avis à l'autre partie

9.02 La partie désirant faire appel à l'arbitrage fera parvenir à l'autre un avis de son intention de faire appel à l'arbitrage.

9.03 a) Le grief est référé à un arbitre unique, ou si l'une des parties le désire, à un conseil d'arbitrage.

C.t. 100
Choix arb.
10 j.

b) Si le grief est soumis à un arbitre unique, les parties doivent s'entendre dans les dix (10) jours suivant l'expiration du délai fixé à l'article 9.01. Si un accord n'intervient pas sur le choix d'un arbitre, celui-ci est nommé par le ministre du Travail de la province de Québec.

10 j. et 5 j.

c) Si le grief est soumis à un conseil d'arbitrage, chaque partie nomme son arbitre dans les dix (10) jours suivant l'expiration du délai fixé à l'article 9.01. Les arbitres nommés par les parties doivent s'entendre, dans les cinq (5) jours de leur nomination, sur la nomination d'un troisième membre qui agit comme président du conseil d'arbitrage. Si pareil accord n'intervient pas entre les deux arbitres sur le choix d'un président dans les cinq (5) jours qui suivent, celui-ci est nommé par le ministre du Travail de la province de Québec.

C.t. 100.2
C.t. 101
Audition

9.04 La Compagnie et le Syndicat se font un devoir d'accélérer les procédures d'arbitrage. La décision de l'arbitre unique ou de la majorité du tribunal d'arbitrage est finale et lie les deux parties. Cependant, le tribunal d'arbitrage ou l'arbitre unique n'ont aucune autorité pour prendre toute décision ou recommandation non conforme aux dispositions de cette convention, d'altérer, de modifier ou d'amender toutes parties de cette convention, ni faire de changement général, tels que des changements de taux de salaire, ni de traiter de toutes questions non couvertes par cette convention. Toutefois dans un cas de congédiement ou de mesures disciplinaires résultant en perte de salaire, l'arbitre unique ou le conseil d'arbitrage a le pouvoir de maintenir, d'annuler ou de modifier la décision de la Compagnie.

Aucun chang. à la c.c.

C.t. 101
Décision

9.05 La décision rendue par l'arbitre ou par la majorité des membres du conseil d'arbitrage sur la question litigieuse sera finale et liera les deux parties mais en aucun cas le conseil d'arbitrage ou l'arbitre n'auront le droit d'ajouter, soustraire, changer ou amender d'une façon quelconque cette convention.

Aucun chang. à la c.c.

Frais partagés à part égale

9.06 Chaque partie devra défrayer ses propres frais et les frais et dépenses des témoins auxquels elle aurait fait appel ainsi que ceux de ses représentants. Chaque partie assumera à part égale les frais et dépenses du président du conseil ou de l'arbitre unique, selon le cas.

(Emballages Domtar [carton ondulé] et le Syndicat canadien des travailleurs du papier, section locale 205.)

Tout le contexte de cette clause laisse croire que le grief doit être entendu au sens strict du *Code du travail*. Au début de l'article 8.1 de la même convention, on dit qu'un employé qui désire porter plainte peut en discuter immédiatement avec son contremaître, accompagné de son délégué d'atelier. Mais tout de suite après ce paragraphe d'introduction, le mot grief, qui n'est pas défini, semble bien s'entendre au sens restreint du *Code du travail*. L'usage de ce mot au début de 9.01 laisse supposer la même interprétation. L'insistance avec laquelle, par deux fois, on rappelle à l'arbitre qu'il ne doit rien changer à la convention collective va dans le même sens. L'article rappelle aussi plusieurs points fondamentaux du *Code du travail*. Ce qui est propre à cette convention, c'est la détermination des délais, à chaque étape de la procédure, et le rappel, comme dans la quasi-totalité des conventions, que les frais seront divisés moitié-moitié entre la partie patronale et la partie syndicale. L'exemple suivant contient plus de particularités sur lesquelles nous reviendrons en analysant le texte.

C.t. 100

15.5 Tout grief qui n'a pas été réglé en conformité de la procédure s'y rattachant peut être référé à l'arbitrage privé par la Société ou le syndicat en observant les conditions stipulées ci-après :

Avis 10 j.

a) la partie qui soumet un grief à l'arbitrage doit en donner avis par écrit à l'autre partie dans les dix (10) jours de l'épuisement de la procédure des griefs s'y rattachant. Cet avis doit contenir un exposé sommaire du grief et copie de cet avis doit être transmise à l'arbitre choisi ;

Deux catég. :
– confl. d'int.
– confl. de droit

b) les griefs soumis à l'arbitrage doivent être divisés en conflits d'intérêt et en conflits de droits. Les parties doivent tenter de s'entendre auparavant sur la nature du grief, à savoir si le grief est arbitrable et s'il s'agit d'un conflit de droits ou d'un conflit d'intérêts. S'il y a entente, le grief doit être soumis à l'arbitre ayant juridiction qui doit procéder au mérite. À défaut d'entente, dans les sept (7) jours de la réception de l'avis par l'autre partie, le grief doit être soumis à l'arbitre des conflits de droits lequel doit décider, en premier lieu, de l'« arbitrabilité » du grief et/ou de la juridiction. Advenant qu'il juge que le grief ne relève pas de sa compétence, il doit transmettre le dossier à l'arbitre des conflits d'intérêts et aviser simultanément les deux parties dans les sept (7) jours de sa décision ;

Arb. diff. selon la nature du grief

c) un grief ayant trait essentiellement à un conflit de droits, ou à une description ou à une évaluation de tâche doit être soumis à l'arbitre des conflits de droits; un grief ayant trait essentiellement à une charge de travail ou à un boni de production doit être soumis à l'arbitre des conflits d'intérêts;

C.t. 100

d) tous les griefs soulevés en vertu de la présente convention doivent être entendus par un arbitre choisi par les parties;

Nomination des assesseurs: 5 j.

e) les parties peuvent désigner des assesseurs dont le rôle est d'aviser l'arbitre qui doit décider d'un grief, et de délibérer avec lui. Un seul assesseur de chaque partie sera présent avec l'arbitre. Ce dernier doit aviser les parties de lui communiquer dans les cinq (5) jours où il est saisi d'un grief les noms des assesseurs qui doivent agir;

C.t. 100.1.1 Audition

f) l'arbitre doit fixer sans délai la date de la première séance d'arbitrage. Si l'un ou l'autre des assesseurs est absent, ou si les deux assesseurs sont absents, l'arbitre doit procéder quand même à l'arbitrage. Les assesseurs peuvent n'assister qu'au délibéré s'ils le jugent à propos. L'arbitre doit rendre seul la sentence arbitrale sur le mérite du grief dans les trente (30) jours de la date où la preuve est terminée;

C.t. 101.6 Sentence arbitr.

g) toute sentence arbitrale doit être communiquée par écrit à chacune des parties;

C.t. 101

Aucun chang. à la c.c.

h) la sentence arbitrale est finale et lie les parties, mais la juridiction de l'arbitre est limitée à décider des griefs soumis suivant les dispositions et l'esprit de cette convention. L'arbitre n'a autorité, dans aucun cas, pour ajouter, soustraire, modifier ou amender quoi que ce soit dans cette convention; cependant, les parties lui reconnaissent le privilège de modifier les sanctions qui ont trait aux mesures disciplinaires, s'il le juge approprié;

Frais partagés à part égale

i) chacune des parties concernées doit défrayer les frais, honoraires et dépenses de son assesseur, de ses témoins et représentants, et doit défrayer, à part égale, les honoraires et les dépenses de l'arbitre, ainsi que les autres dépenses communes de l'arbitrage. Les honoraires de l'arbitre seront déterminés d'avance.

Calcul des délais

15.7 Les délais mentionnés dans cette section doivent se calculer en jours de calendrier, à l'exclusion des samedis, des dimanches, des jours de repos prévus entre les changements d'équipes rotatives, des jours de congé statutaire et des vacances annuelles des employés concernés et des absences autorisées jusqu'à concurrence de cinq (5) jours de travail. Les parties à cette convention peuvent d'un commun accord, pour cause, prolonger tout délai.

(Société d'électrolyse et de chimie Alcan ltée et le Syndicat national des employés de l'aluminium d'Arvida inc.)

Les articles qui précèdent comportent de nombreuses particularités. La première établit que les parties distinguent deux catégories de griefs: les griefs représentant un conflit d'intérêts et les griefs représentant un conflit de droits. Deuxième particularité: la convention prévoit un arbitre permanent pour chacune des deux catégories; le nom n'apparaît pas dans la convention, mais les parties se sont entendues sur deux personnes bien identifiées. Troisième caractéristique (ce devrait être la première, logiquement): les parties s'entendent pour que tous les griefs soient entendus par un arbitre choisi par les parties et non pas nommé par le ministre. Finalement, le rôle des assesseurs semble très important; leur présence paraît plus fréquente que dans la plupart des autres conventions collectives. Il est possible que la nature complexe des opérations régies par la convention entraîne de nombreux griefs à caractère relativement technique. Pour le reste, ces articles reproduisent sensiblement la procédure habituelle: les délais sont précisés et ils sont relativement courts; la sentence arbitrale doit être communiquée aux parties, et l'arbitre ne doit en rien modifier le texte de la convention collective. Enfin, chaque partie défraie les dépenses reliées à sa preuve; quant aux frais et aux honoraires de l'arbitre, ils sont partagés moitié-moitié. Une mention moins fréquente: les honoraires doivent être déterminés d'avance. Comme il s'agit d'arbitres particuliers, ils font sans doute partie des arbitres dits désengagés et leurs honoraires doivent être relativement élevés.

Les deux conventions citées, malgré des différences importantes, incluent à la fois des références à des articles du *Code du travail* et des dispositions propres à l'entreprise et à l'établissement visés. C'est l'aspect principal que nous voulions souligner.

7.6.2 Arbitrages particuliers

Plusieurs conventions collectives établissent des dispositions particulières pour certains cas précis. C'est ainsi qu'un bon nombre de conventions prévoient une procédure plus rapide pour les griefs relatifs à un congédiement. Aux étapes internes, le grief est souvent discuté à compter de la deuxième ou de la troisième étape ; la convention collective peut aussi prévoir qu'à l'arbitrage, ces griefs auront préséance sur les autres. Environ le tiers des conventions collectives contiennent ainsi des dispositions particulières pour les cas de congédiement[34].

Plusieurs conventions collectives prévoient également des procédures accélérées dans d'autres cas tel un grief collectif, syndical ou patronal. Environ 30 % des conventions collectives contiennent une telle procédure, plus courte et plus rapide[35].

Quelques grandes conventions collectives établissent, parallèlement au système normal de règlement des griefs, un ou deux autres régimes d'arbitrage visant des sujets particuliers. Les deux cas les plus fréquents portent sur l'évaluation des emplois et les questions médicales. À titre d'exemples, les différentes conventions en vigueur chez Hydro-Québec contiennent ces deux types d'arbitrages particuliers. Nous reviendrons sur la question de l'évaluation des emplois, au chapitre 11, et nous étudierons alors la clause d'arbitrage établie par Hydro-Québec et ses syndicats affiliés au Syndicat canadien de la fonction publique (SCFP) à ce sujet.

Quant à l'arbitrage médical, il a pour but de résoudre les conflits mettant en cause une décision fondée sur des raisons médicales. Il s'agit par exemple du cas où, à la suite d'un examen médical, la direction d'Hydro-Québec décide de muter un employé, de lui refuser une promotion ou de lui imposer une rétrogradation. Toute autre décision affectant l'emploi d'un salarié et fondée sur le résultat d'un examen médical peut faire l'objet d'un tel grief. L'employé peut alors exiger qu'un médecin d'Hydro-Québec reçoive les représentations de son propre médecin. Si les deux médecins ne réussissent pas à s'entendre, l'employé peut formuler, par écrit, un grief médical dans les 28 jours suivant l'événement qui a donné naissance au conflit. Au cours des 14 jours suivants, le directeur concerné doit rencontrer le comité syndical de griefs et la décision résultant de cette rencontre doit être communiquée à l'employé dans les sept jours qui suivent. Si la décision n'est pas satisfaisante ou si elle n'est pas rendue dans les délais prescrits, le grief peut alors être déféré, dans un délai maximum de 35 jours suivant la dernière décision, à un médecin choisi d'un commun accord par le médecin d'Hydro-Québec et celui de l'employé ; à défaut d'entente, l'arbitre médecin sera nommé par le ministre du Travail. La convention précise le mandat de l'arbitre médecin de la manière suivante :

> 17.04 Le mandat de l'arbitre (...) est de décider si la décision prise par la direction est médicalement justifiée eu égard à l'emploi en cause ou à tout autre emploi.
>
> 17.05 L'arbitre peut décider que l'audition du grief sera tenue à huis clos.
>
> 17.06 Les honoraires et frais de l'arbitre sont payés à part égale par les deux parties.
>
> (Hydro-Québec et le Syndicat des employés de métiers, section locale 1500, SCFP)

Ces formes particulières d'arbitrage sont régies par les mêmes principes que ceux de tout autre grief. Ce qui les caractérise, c'est qu'elles portent sur des ques-

34. *Conditions de travail contenues dans les conventions collectives au Québec. 1988*, Québec, CRSMT, 1990, p. 65 (variable B-23C).

35. L'expression «procédures accélérées» utilisée dans ces cas paraît équivoque. Nous verrons dans la section suivante que le terme est mieux adapté à une formule assez particulière qui comporte bien d'autres caractéristiques que la suppression d'une ou deux étapes du processus régulier.

tions plus techniques, de nature médicale ou reliées à la tâche accomplie ; le plus souvent la procédure est abrégée. Les conventions collectives qui en traitent cherchent à créer les conditions permettant une décision qui soit la plus objective et la plus juste possible pour les employés concernés.

7.6.3 Libérations syndicales

Le droit, pour l'employé et son représentant syndical, de s'absenter du travail pour discuter du grief, tant aux étapes internes que pour préparer l'audition devant l'arbitre, le cas échéant, est un aspect important de la procédure de règlement des griefs.

Les trois quarts des conventions collectives contiennent des dispositions explicites sur le sujet. Dans les unités de petite taille, la convention accorde cette libération surtout au représentant syndical, moins souvent au plaignant, sans limite de temps. Les grandes conventions ont tendance à accorder ce privilège au représentant syndical et au plaignant. Dans certains cas, une limite de temps est imposée. Dans au moins 20 % des cas, on ignore la nature précise de la disposition ; dans 5 % à 10 % il n'y en a aucune. (Voir les tableaux 7-13 et 7-14.)

Malgré tous les aspects très positifs du régime d'arbitrage, il comporte suffisamment de difficultés pour qu'on ait cherché à lui substituer d'autres formules, qui font l'objet de la section suivante.

7.7 Autres formules

Comme les longs délais constituent depuis longtemps le plus gros problème de l'arbitrage des griefs, bien des efforts ont été tentés pour y trouver une solution. Nous nous arrêterons d'abord sur quelques essais d'arbitrage accéléré. Nous considérerons ensuite d'autres formules qui visaient à résoudre autrement, généralement plus vite, les problèmes formulés dans les griefs. Nous terminerons par quelques mots sur la manière dont on procède aux États-Unis ; la façon de faire y est très différente de la méthode canadienne.

7.7.1 Arbitrage accéléré

Il y a plusieurs formes d'arbitrage accéléré, qu'on pourrait classifier sommairement en deux groupes : les expériences privées et les expériences publiques. Les expériences privées ont connu un certain succès, encore limité cependant. Quant aux expériences publiques, surtout celle du Québec, elles n'ont guère obtenu l'adhésion des intéressés.

Parmi les expériences privées d'arbitrage accéléré, il y a celle qu'ont mise de l'avant les Métallurgistes unis d'Amérique. Elle fut d'abord tentée aux États-Unis au début des années 1970. Au Canada, l'expérience a d'abord eu lieu dans les mines de nickel de la région de Sudbury, en vertu d'une entente signée le 1er mars 1973. C'est cette tentative que nous résumerons, à cause de son importance et de son statut de pionnière au Canada.

Le représentant patronal et le représentant syndical doivent s'entendre pour soumettre tel ou tel grief à la procédure accélérée plutôt qu'à la procédure régulière. Les deux parties ont préalablement choisi un commissaire aux griefs, qui, à tous les mois, doit réserver un certain nombre de jours pour l'audition éventuelle de griefs. Les parties s'engagent à remettre d'avance à cet arbitre tous les documents pertinents : un résumé des faits, accepté ou non par chaque partie, les positions de chacun et le texte du grief lui-même, ainsi que la décision rendue par l'employeur à la deuxième ou à la troisième étape selon le cas. Les parties peuvent également ajouter de brefs commentaires écrits pour éclairer la situation. L'audition, qui a lieu à l'un des jours prévus d'avance, sert à clarifier les questions ou les faits en cause ; à moins d'en avoir obtenu l'autorisation de l'arbitre, les parties ne peuvent présenter de nouveaux faits ou de nouveaux arguments. Le commissaire aux griefs s'engage à donner sa réponse, sans justification, dans les sept jours qui suivent l'audition. À la demande des parties, il peut être tenu de présenter brièvement les motifs de sa décision. Il est entendu entre les parties qu'aucune des décisions rendues selon la procédure accélérée ne peut être invoquée comme précédent par la suite. Dans les premières années où le régime a été appliqué, environ la moitié des griefs réglés par voie d'arbitrage l'ont été par arbitrage accéléré[36]. Les principaux

36. *L'arbitrage par secteurs industriels et l'arbitrage accéléré*

TABLEAU 7-13

Libérations syndicales et rémunération accordées pour le règlement des griefs au Québec – 1984

Libérations et rémunération[1], avec ou sans limite de temps	Conventions collectives régissant moins de 50 salariés				50 salariés et plus				tous les salariés (TOTAL)			
	C.c.	%	Salariés	%	C.c.	%	Salariés	%	C.c.	%	Salariés	%
Représentant syndical (sans limite)	1 875	45,1	34 249	46,6	871	45,9	196 626	28,5	2 746	45,4	230 875	30,2
Représentant syndical (avec limite)	101	2,4	1 684	2,3	64	3,4	15 234	2,2	165	2,7	16 918	2,2
Représentant syndical et plaignant[2] (sans limite)	536	12,9	9 141	12,4	237	12,5	182 419	26,4	773	12,8	191 560	25,1
Représentant syndical et plaignant (avec limite)	18	0,4	323	0,4	16	0,8	3 165	0,5	34	0,6	3 488	0,5
Plaignant seul (sans limite)	66	1,6	1 113	1,5	21	1,1	13 999	2,0	87	1,4	15 112	2,0
Plaignant seul (avec limite)	—	—	—	—	4	0,2	1 367	0,2	4	0,1	1 367	0,2
Aucune précision sur la rémunération	423	10,2	7 699	10,5	215	11,3	36 408	5,3	638	10,5	44 107	5,8
Aucune rémunération	59	1,4	1 048	1,4	27	1,4	4 769	0,7	86	1,4	5 817	0,8
Autre disposition	519	12,5	9 249	12,6	257	13,5	193 787	28,1	776	12,8	203 036	26,6
Aucune disposition	557	13,4	8 968	12,2	186	9,8	42 574	6,2	743	12,3	51 542	6,7
TOTAL	4 154	100,0	73 474	100,0	1 898	100,0	690 348	100,0	6 052	100,0	763 822	100,0

1. Les chiffres indiqués s'appliquent simultanément aux trois possibilités suivantes: soit aux trois étapes (préparation, présentation et arbitrage), soit aux deux premières, ou à l'arbitrage seulement. (La plus grande proportion s'applique aux deux premières étapes: c'est la formule la plus souvent retenue.) Dans quelques conventions, relativement peu nombreuses, on mentionne aussi la possibilité de libération pour les témoins, soit avec le représentant ou avec le plaignant.
2. Quelques conventions, très peu nombreuses, disent: «le représentant ou le plaignant».

Source: Données mécanographiques du CRSMT, 4 septembre 1991. (Variable B-16.)

TABLEAU 7-14

Libérations syndicales et rémunération accordées pour le règlement des griefs au Québec – 1989

Libérations et rémunération[1], avec ou sans limite de temps	Conventions collectives régissant moins de 50 salariés				50 salariés et plus				tous les salariés (TOTAL)			
	C.c.	%	Salariés	%	C.c.	%	Salariés	%	C.c.	%	Salariés	%
Représentant syndical (sans limite)	2 439	45,3	48 742	47,4	1 292	50,1	234 280	25,5	3 731	46,9	283 022	27,7
Représentant syndical (avec limite)	126	2,3	2 276	2,2	81	3,1	21 502	2,3	207	2,6	23 778	2,3
Représentant syndical et plaignant[2] (sans limite)	766	14,2	14 156	13,8	452	17,5	393 774	42,8	1 218	15,3	407 930	39,9
Représentant syndical et plaignant (avec limite)	17	0,3	329	0,3	28	1,1	6 901	0,7	45	0,6	7 230	0,7
Plaignant seul (sans limite)	74	1,4	1 271	1,2	10	0,4	1 407	0,1	84	1,1	2 678	0,3
Plaignant seul (avec limite)[3]												
Aucune précision sur la rémunération	506	9,4	9 684	9,4	183	7,1	30 148	3,3	689	8,6	39 832	3,9
Aucune rémunération	77	1,4	1 538	1,5	50	1,9	12 835	1,4	127	1,6	14 373	1,4
Autre disposition	666	12,4	12 741	12,4	303	11,8	182 584	19,8	969	12,2	195 325	19,1
Aucune disposition	713	13,2	12 108	11,8	178	6,9	36 776	4,0	891	11,2	48 884	4,8
TOTAL	5 384	100,0	102 845	100,0	2 577	100,0	920 207	100,0	7 961	100,0	1 023 052	100,0

1. Les chiffres indiqués s'appliquent simultanément aux trois possibilités suivantes: soit aux trois étapes (préparation, présentation et arbitrage), soit aux deux premières, ou à l'arbitrage seulement. (La plus grande proportion s'applique aux deux premières étapes: c'est la formule la plus souvent retenue.) Dans quelques conventions, relativement peu nombreuses, on mentionne aussi la possibilité de libération pour les témoins, soit avec le représentant ou avec le plaignant.
2. Quelques conventions, très peu nombreuses, disent: «le représentant ou le plaignant».
3. La disposition n'apparaît pas dans les données de 1989.

Source: Données mécanographiques du CRSMT, 4 septembre 1991. (Variable B-16.)

griefs ainsi réglés portaient sur des cas mineurs de sanctions disciplinaires, des promotions temporaires et des réclamations de prime d'heures supplémentaires. On soumet à l'arbitrage accéléré des cas particuliers qui ne risquent pas d'entraîner des conséquences générales.

Les Métallurgistes unis d'Amérique ont transporté la clause dans plusieurs conventions collectives du Québec. Elle se lit alors comme suit:

> 1. Lorsque les parties, par entente mutuelle, décideront de référer un grief à l'arbitrage selon la procédure accélérée, elles conviennent de procéder de la façon suivante:
>
> Les parties prépareront un dossier préliminaire constitué du grief, des réponses aux différentes étapes et de toute autre pièce ou document qu'elles jugeront nécessaire d'ajouter. Ce dossier sera transmis par courrier à l'arbitre le plus tôt possible avant la date d'audition.
>
> Chaque partie préparera un bref mémoire écrit résumant sa position et exposant les arguments qu'elle entend faire valoir devant l'arbitre. Ce mémoire sera transmis par courrier à l'arbitre, avec copie à l'autre partie, pas moins de dix (10) jours avant la date d'audition.
>
> 2. L'audition aura pour but principal de permettre aux parties de clarifier les faits qui ne seraient pas admis et de développer les arguments au soutien de leur position respective. Aucune note écrite ne pourra être versée au dossier après l'audition.
>
> 3. L'arbitre pourra, s'il le juge à propos en raison de la complexité de l'affaire qui lui est soumise, demander aux parties de retourner à la procédure régulière d'arbitrage.
>
> 4. La décision de l'arbitre sera rendue dans les sept (7) jours qui suivent l'audition. Elle devra contenir un bref résumé des motifs de la décision. Si l'arbitre est en mesure de rendre une décision en présence des parties, il pourra le faire. Sa décision devra être confirmée par écrit dans le délai indiqué ci-haut.
>
> 5. La décision de l'arbitre ne s'appliquera qu'au cas dont il est saisi. Elle ne constituera pas un précédent et ne pourra être utilisée par l'une ou l'autre des parties dans d'autres cas.
>
> 6. Le mandat de l'arbitre sera le même que celui précisé à l'article 7.05 de la convention collective.
>
> 7. Les parties défraieront à part égale les honoraires de l'arbitre et les frais de location du local où ont lieu les séances d'arbitrage.
>
> (Sidbec-Dosco (Longueuil) et les Métallurgistes unis d'Amérique, section locale 8897, Annexe E.)

Vers la même époque, c'est-à-dire au début des années 1970, le Conseil consultatif du travail et de la main-d'œuvre a tenté d'introduire au Québec une formule semi-officielle d'arbitrage accéléré des griefs[37]. En 1981, le ministère du Travail a pris la responsabilité administrative de ce service. Le délai accordé à l'arbitre pour rendre sa décision est un peu plus long: il est de 30 jours après l'audition. La formule n'a pas connu de succès retentissant puisque, ces dernières années, il y avait environ une dizaine de demandes par année. Une des raisons de cet échec relatif repose possiblement sur le fait que les parties ne connaissent pas d'avance le nom de l'arbitre qui sera assigné à leur cause. Pour la plupart des intéressés, il est primordial de savoir devant qui ils se présenteront. Par contre, on dit que ceux qui ont déjà utilisé ce service y ont recours à nouveau[38].

Un résultat peut-être inattendu de la formule accélérée d'arbitrage des griefs a été d'apporter une formation toute spéciale aux intéressés. En effet, une des caractéristiques du régime est d'interdire la présence de procureurs, avocats ou autres, et de laisser la défense du grief aux intéressés eux-mêmes, en particulier aux contremaîtres et aux délégués d'atelier. Pour les contremaîtres, l'expérience a été extrêmement profitable. Un certain nombre d'entre eux

---

des griefs: des alternatives aux méthodes traditionnelles, Ottawa, Travail Canada, Service fédéral de médiation et de conciliation, 1977 (95 p.), p. 21-25.

37. *L'arbitrage des griefs. Pour une procédure sommaire d'arbitrage*. Proposition du Conseil consultatif du travail et de la main-d'œuvre, Québec, CCTM, 1974, 29 p.

38. *Rapport annuel 1987-1988*, Québec, ministère du Travail, p. 38.

avaient pris l'habitude de répondre aux plaintes des salariés dans les termes suivants: «si tu n'es pas content, dépose un grief». Mais voilà qu'avec la procédure accélérée, le contremaître était tenu de venir défendre lui-même sa position devant l'arbitre. Cette seule expérience en a rendu plusieurs beaucoup plus prudents: avant de répondre n'importe comment à une question d'un salarié, ils jugeaient désormais préférable de s'enquérir du problème et de voir s'il n'était pas possible de le régler immédiatement. La formation et la prise de conscience qui ont découlé de cette expérience ont été bénéfiques pour tous[39].

7.7.2 Médiation préarbitrale

La formule de la médiation préarbitrale a connu une certaine vogue au début des années 1980[40]. La médiation préarbitrale donne généralement des résultats positifs dans les cas où il y a eu, pour différentes raisons, accumulation de griefs. Par accumulation de griefs, on entend au moins une centaine, souvent plusieurs centaines de griefs, sinon davantage. Ils sont généralement abandonnés ou en partie oubliés. Pour que la formule ait une chance de succès, il faut une volonté de régler le problème de la part des parties.

Il faut distinguer deux cas. Là où les relations patronales-syndicales sont tendues – et c'est le cas le plus fréquent pour expliquer pareille accumulation de griefs –, il faut que la volonté des parties de régler le problème existe véritablement. Elle se manifestera, par exemple, par la formation d'un comité mixte qui aura comme première responsabilité de regrouper les griefs de même nature et d'esquisser un certain ordre de priorité; en somme il s'agit de faire un premier déblayage dans la montagne de griefs accumulés. Seules ou avec l'aide d'un médiateur-arbitre, les parties commencent à choisir les griefs qui seront soumis à la médiation préarbitrale. Le comité d'orientation – pour lui donner un nom – regroupe les griefs qu'il suggère d'envoyer à la médiation pour règlement ou pour recommandation seulement, en arbitrage accéléré ou, enfin, en arbitrage régulier. Quelle que soit la formule choisie, une entente doit évidemment être conclue pour reconnaître la décision intervenue dans tel et tel cas. Généralement, les parties reconnaissent aussi que tous ces règlements constitueront des cas d'espèce et ne pourront servir de précédent dans le règlement d'autres cas.

Si les rapports entre les deux parties ne sont pas si mauvais et que l'accumulation des griefs n'est pas trop considérable, il suffit alors de proposer un amendement à la convention collective qui permet de soumettre certains griefs à un médiateur-arbitre, choisi d'un commun accord, pour qu'il tente de les régler[41].

Faut-il répéter qu'un tel mode de règlement des griefs accumulés n'a de chance de réussir que si les parties le désirent? Elles préciseront alors en détail la procédure qu'elles veulent suivre.

7.7.3 Médiation statutaire

Deux expériences de règlement accéléré des griefs, l'une en Ontario et l'autre en Colombie-Britannique, méritent d'être mentionnées et expliquées brièvement. En 1979, le gouvernement de l'Ontario introduisait dans sa loi des relations du travail la possibilité, pour les parties à une convention collective, de délaisser le mode habituel de règlement des griefs pour en choisir un plus rapide, constitué d'une étape de médiation suivie d'un arbitrage accéléré[42]. Il s'agit d'une intervention statutaire qui remplace la formule d'arbitrage prévue dans la convention collective. La loi

39. René Doucet, «L'arbitrage accéléré des griefs» dans *La gestion des relations du travail au Québec*, sous la direction de Noël Mallette, Montréal, McGraw-Hill, 1980 (642 p.), p. 347-362.

40. Pierre N. Dufresne, Marcel Pepin *et al.*, *La médiation préarbitrale en matière de conflits de droits (griefs)*, rapport d'une journée d'étude tenue le 11 mars 1983, document de travail nº 6, Université de Montréal, École de relations industrielles, 1983, 91 p.; Pierre L'Écuyer, «La médiation préarbitrale des griefs. Aperçu des résultats obtenus», *Le marché du travail*, vol. 11, nº 4, avril 1990, p. 6-10 et 75-76.

41. Pierre N. Dufresne, Marcel Pepin *et al.*, *op. cit.*, p. 44-48.

42. *Statutes of Ontario*, 1979, c. 32, art. 1 introduisant l'article 37a dans le *Labour Relations Act*. L'article 37a est devenu, avec la révision de 1980, l'article 45; *Revised Statutes of Ontario*, c. 228, art. 45.

TABLEAU 7-15

Données de base sur l'arbitrage accéléré des griefs[1] en Ontario – 1979-1988

Année	Demandes reçues	Demandes retirées ou rejetées[2]	Règlement par l'agent de règ. des griefs	Demandes renvoyées à l'arb. acc.	Nombre de décisions rendues	% des déc. par rapport à toutes les déc. arb.
1979-1980	25	0	16	9	0	0,0
1980-1981	468	68	260	140	73	5,3
1981-1982	1 370	169	707	494	277	18,7
1982-1983	2 374	185	995	1 194	440	27,1
1983-1984	2 344	78	964	1 302	573	34,3
1984-1985	2 574	71	1 201	1 302	517	28,9
1985-1986	2 995	44	1 242	1 709	621	31,7
1986-1987	3 044	149	1 191	1 704	660	30,9
1987-1988	3 138	205	1 216	1 717	665	32,0
1988-1989	3 241	186	1 343	1 712	561	28,0

1. Sous l'article 45 de l'*Ontario Labour Relations Act*.
2. Par exemple parce que présentées après l'expiration d'un délai de prescription.

Source: *Rapport annuel*, ministère du Travail de l'Ontario; Bureau d'arbitrage, ministère du Travail de l'Ontario.

exige que le désaccord porte sur un grief au sens strict et que toutes les étapes internes aient été suivies, ou encore que 30 jours se soient écoulés depuis le dépôt du grief. Une des parties doit faire une demande officielle d'arbitrage accéléré.

Dans la majorité des cas, le ministre désigne immédiatement un agent de règlement (GSO: *Grievance Settlement Officer*). Depuis que la disposition existe, les agents de règlement ont pu résoudre de 50 %, au début, à environ 40 % maintenant, des griefs qui ont fait l'objet d'une demande d'arbitrage accéléré. (Voir le tableau 7-15.) Ce règlement par médiation doit avoir lieu au cours des trois premières semaines qui suivent le dépôt de la demande. En effet, de par la loi, l'arbitrage accéléré, étape suivant la médiation, doit débuter au plus tard 21 jours après le dépôt de la demande. On voit immédiatement l'économie de temps réalisée. De plus, tous les frais de la médiation sont assumés par le ministère; les parties n'ont rien à débourser.

Dans les cas où la médiation ne réussit pas, l'arbitre doit procéder avec rapidité, comme la loi l'y oblige[43]. Environ 1700 griefs par année se rendent ainsi devant un arbitre désigné par le ministère pour procéder à un arbitrage accéléré. Le tiers d'entre eux sont réglés par une sentence arbitrale de cette nature. Les autres cas correspondent à des désistements, à des regroupements ou à des renvois à l'arbitrage régulier. En moyenne, les arbitrages accélérés ont exigé 120 jours, depuis le dépôt de la requête jusqu'à la remise de la sentence, ce qui représente trois fois moins de temps

43. JOSEPH B. ROSE, *op. cit.*, p. 30-45; ELIZABETH RAE BUTT, *Grievance Mediation: The Ontario Experience*, Research Essay Series No. 14, Kingston, Queen's University, Industrial Relations Centre, 1988, 58 p.; GEORGE W. ADAMS, «Grievance Mediation by the OLRB: One Way to Fight Arbitration Costs in the Eighties» dans *Conflict Resolution in Today's Economic Climate*, Proceedings of the Ninth Annual Meetings, 1981, of the Society of Professionals in Dispute Resolution, Washington, D.C., 1982 (190 p.), p. 178-182.

que la durée moyenne des arbitrages ordinaires. Comme il y a, en Ontario, probablement plus de 5000 cas par année de renvoi de grief en arbitrage, on peut retenir que, dans plus de la moitié des cas, une demande d'arbitrage accéléré a été déposée auprès du ministre; que 40 % des griefs ayant été l'objet d'une telle demande ont été réglés en médiation par l'agent de règlement des griefs et que près de 40 % des autres cas ont fait l'objet d'une sentence arbitrale accélérée.

Par rapport aux quelque 2000 décisions arbitrales rendues chaque année en Ontario, environ 30 % des griefs ont été entendus en arbitrage accéléré, soit par des arbitres moins expérimentés et que les parties ne connaissent jamais à l'avance. À ce nombre s'ajoutent les quelque 1300 cas réglés par un agent de règlement des griefs lors de la médiation. C'est là une réussite digne de mention. Il est difficile d'imaginer qu'une formule semblable ait un tel succès au Québec. Les parties sont trop soucieuses de connaître d'avance l'arbitre devant lequel elles se présenteront et trop préoccupées de procéder selon les canons juridiques les plus stricts.

Quatre ans avant l'Ontario, soit en 1975, le gouvernement de la Colombie-Britannique avait inscrit dans son *Code du travail* la possibilité de recourir à un agent de la Commission des relations de travail pour tenter de résoudre un grief[44]. À la demande d'une des parties à la convention, la Commission peut désigner un de ses agents pour qu'il tente de régler le conflit avec les parties intéressées. En fait, les agents ont réussi à régler environ la moitié des cas qui leur ont été confiés[45]. Si l'agent ne réussit pas, il fait rapport à la Commission, qui peut soit retourner le grief aux parties, soit le résoudre comme bon lui semble; sa décision est alors exécutoire[46].

Il est curieux de voir le succès des formules de médiation des griefs en Ontario et en Colombie-Britannique, par comparaison avec la situation au Québec. Des efforts semblables y ont été tentés, mais ils n'ont jamais donné de résultats tangibles. Pourtant, le régime des relations du travail et le mode de règlement des griefs se ressemblent considérablement dans l'ensemble du Canada. Pourquoi l'attachement qu'on observe au Québec pour la solution la plus juridique, malgré tous les inconvénients qu'elle comporte? On ne voit pas vraiment d'autre raison qu'une différence de culture pour expliquer ce contraste étonnant. Il étonnera toutefois un peu moins si l'on considère que pour résoudre des problèmes analogues, sinon identiques, plusieurs pays d'Europe ont recours à des tribunaux du travail[47].

7.7.4 Formule américaine

Le mode de règlement des griefs aux États-Unis ressemble énormément au modèle canadien, du moins dans son fonctionnement. Par contre, il présente des différences majeures dans ses principes et ses principales institutions. Comme au Canada, on déplore les interminables délais, et plusieurs prônent la médiation comme une nouvelle voie prometteuse[48]. Mais le fondement juridique de l'arbitrage des griefs est bien différent aux États-Unis et au Canada.

Nous avons vu, dans le chapitre précédent, que l'arbitrage des griefs aux États-Unis est recommandé,

44. *Amendment to The Labour Code*. S.B.C., 1975, c. 33, art. 23, introduisant la partie 6 du *Code du travail*, aujourd'hui article 96 de l'*Industrial Relations Act*.

45. Joseph B. Rose, *op. cit.*, p. 36; Paul C. Weiler, *Reconcilable Differences. New Directions in Canadian Labour Law*, chapitre 3: «The Labour Arbitrator and the Labour Agreement», Toronto, Carswell, 1980, p. 89-119.

46. Pour la situation en Nouvelle-Écosse, voir C.H.J. Gilson et L.P. Gillis, «Grievance Arbitration in Nova Scotia», *Relations industrielles*, vol. 42, nº 2, printemps 1987, p. 256-271.

47. Benjamin Aaron (sous la direction de), *Labor Courts and Grievance Settlement in Western Europe*, Berkeley, University of California Press, 1971, 342 p.

48. Gordon A. Gregory et Robert E. Rooney Jr., «Grievance Mediation: A trend in the Cost-conscious Eighties», *Labor Law Journal*, vol. 31, nº 8, août 1980, p. 502-508; Mollie H. Bowers, Ronald L. Seeber et Lamont E. Stallworth, «Grievance Mediation: A Route to Resolution for the Cost-conscious 1980s», *Labor Law Journal*, vol. 33, nº 8, août 1982, p. 459-464.

qu'il y est pratiqué partout, mais qu'il n'est pas obligatoire en vertu de la loi. Alors que le régime d'arbitrage des griefs du Québec est fortement enraciné dans le *Code du travail* et que de plus en plus de griefs dans d'autres provinces se résolvent avec l'aide d'agents du gouvernement, la quasi-totalité des griefs se règle, aux États-Unis, par l'entremise d'un organisme privé: l'*American Arbitration Association*. Dans quelques cas, le Service fédéral de médiation intervient, mais ces cas sont rares.

L'Association américaine d'arbitrage (AAA) est un organisme privé qui offre des services d'arbitrage à ses membres. La plupart des conventions collectives américaines ont recours à l'AAA pour le règlement final de leurs griefs. L'association a des bureaux dans toutes les grandes villes américaines. Elle maintient des listes d'arbitres et fournit des locaux et un service de greffier. La façon dont les arbitres sont nommés est la même depuis fort longtemps, et elle mérite d'être décrite. Le bureau régional concerné envoie aux deux parties, suite à une demande d'arbitre, une liste d'une douzaine de noms; chaque partie doit rayer le nom des arbitres qu'elle refuse et doit numéroter ceux qui restent par ordre de préférence. C'est l'arbitre qui a le moins de points qui représente le choix le plus acceptable pour les deux parties. Si la liste revient avec tous les noms rayés, le bureau envoie une nouvelle liste, en espérant que cette fois au moins un nom sera accepté par les deux parties. D'ailleurs, si tel n'est pas le cas, l'Association désigne alors elle-même l'arbitre qui entendra le grief. L'Association a aussi un code d'éthique que tous les intéressés doivent respecter. Par exemple, l'arbitre ne doit en aucun cas rencontrer les parties en dehors de l'audition elle-même. S'il doit y avoir communication, le lien s'établit par l'entremise du bureau de l'association.

Même si ce régime privé donne satisfaction à la plupart des parties intéressées, le système ne va pas sans difficultés. Les Américains ont aussi des problèmes de délais et de coûts, qui sont peut-être moins graves que ceux du Canada, mais qui existent tout de même[49]. C'est la raison pour laquelle on cherche également des formules de médiation et d'arbitrage accéléré aux États-Unis. De plus, la révision judiciaire fait problème autant aux États-Unis qu'au Canada, sinon davantage.

7.7.5 Régimes propres à une industrie

Avant de clore cette section sur les différentes formules de rechange, il faut mentionner brièvement quelques cas de systèmes d'arbitrage propres à certaines industries particulières.

L'industrie du vêtement, par exemple, a une longue histoire d'arbitrage par un arbitre unique et permanent, désigné dans la convention collective, qui rend des décisions rapides. Le régime remonte aux années 1930 et a toujours relativement bien fonctionné. Il reproduit une formule semblable à celle qui existe aux États-Unis; cette formule a été instaurée au Canada par les mêmes unions. À Montréal, l'industrie du vêtement pour hommes a eu le même arbitre pendant près de 50 ans. L'entente prévoyait un substitut quand celui-ci ne pouvait pas siéger. L'entente ne détermine pas de délais fixes, mais les décisions sont rendues dans la semaine qui suit l'audition. Celle-ci dépasse rarement quelques heures et elle n'a rien de formaliste; les avocats n'y sont presque jamais présents. L'industrie du vêtement pour dames a un régime semblable, mais l'arbitre permanent y est nommé pour une période plus courte.

Dans l'industrie du camionnage, il existe un comité mixte d'arbitrage composé de représentants du *Motor Transport Industrial Relations Bureau of Ontario* et de représentants du Syndicat des Teamsters. Le comité entend plusieurs centaines de cas par année et il les règle le plus souvent par discussion. Les cas d'impasse ne représentent que 10 % à 20 % du nombre total de griefs. Le comité peut établir un véritable conseil d'arbitrage qui, dans ces cas, rend une décision rapide[50].

---

49. DAVID LEWIN et RICHARD B. PETERSON, *The Modern Grievance Procedure in the United States*, New York, Quorum Books, 1988 (289 p.), p. 5-7, 29-30.

50. *L'arbitrage par secteurs industriels et l'arbitrage accéléré des griefs: des alternatives aux méthodes traditionnelles*, Travail Canada, Service fédéral de médiation et de conciliation, 1977, 95 p.

Mentionnons également l'Office canadien de l'arbitrage dans l'industrie ferroviaire, l'arbitrage dans le secteur du débardage, qui fonctionne dans plusieurs provinces mais principalement en Colombie-Britannique, et, finalement, le système d'arbitres particuliers dans l'industrie de l'automobile[51].

Voilà quelques-unes des formules, les plus connues, établies pour assurer une solution permanente et relativement rapide aux problèmes qui peuvent survenir à propos des griefs, surtout dans les industries fortement concurrentielles.

7.8 Problèmes et orientations

Le règlement final des griefs par voie d'arbitrage constitue toujours un joyau du régime des conventions collectives nord-américain. Mais le joyau commence à se ternir. Il avait été conçu comme un mode de règlement bien adapté au contexte, rapide, comme il se doit en matière d'emploi, et, finalement, accessible aux salariés. Plusieurs efforts ont été tentés pour revenir à ces objectifs, mais ils n'ont pas tous été couronnés de succès. Nous essaierons de revoir rapidement les principaux problèmes et de résumer la situation présente.

7.8.1 Problèmes principaux

Il est frustrant de constater que les deux problèmes principaux en matière d'arbitrage des griefs demeurent toujours les délais et les coûts. L'intérêt du salarié pour le grief qu'il a déposé ne diminue pas avec le temps, mais l'intérêt de tous les autres, autour de lui, s'amenuise. Le coût lui-même fait qu'aucun salarié ne pourrait pousser son grief jusqu'au bout, à moins que le syndicat n'en assume tous les frais. Même si la loi le lui permettait, comme aux États-Unis, les déboursés nécessaires – 1000 $ à 1500 $ pour l'arbitre et au moins autant pour les frais d'avocat – l'en empêcheraient complètement.

Une conséquence et une cause du phénomène, c'est la bureaucratisation de l'ensemble du régime. Bien souvent, ce ne sont plus les intéressés mais des professionnels, engagés à cette fin, qui débattent des griefs. Cela éloigne encore davantage le problème des véritables intéressés.

Il est curieux de voir ce phénomène s'aggraver au moment où l'intérêt pour les chartes des droits ramène à l'avant-plan les aspects individuels de tous les problèmes. À propos des chartes, en particulier de la charte canadienne, on ne peut normalement pas l'invoquer dans les cas de conventions collectives et d'arbitrage. S'il s'agit d'une convention collective entre deux parties privées, il n'est pas possible d'invoquer la charte[52]. Par contre, si l'employeur est le gouvernement, ou un organisme gouvernemental, le recours à la charte semble généralement admis[53]. D'un autre côté, plusieurs soutiennent que la convention collective conclue par un organisme gouvernemental n'appartient pas au gouvernement comme tel mais aux deux parties contractantes, dont l'une, le syndicat, demeure une partie privée. D'autres soutiennent que le régime d'arbitrage, à cause de sa réglementation légale très étroite, imposée par les gouvernements, se trouve par le fait même soumis à la charte. La question n'est pas sans intérêt, surtout pour les arbitres qui ont à décider d'un cas dans lequel une des parties invoque la charte canadienne. Mais un tribunal d'arbitrage est-il compétent pour entendre cet aspect de la cause? La tendance qui commence à poindre s'oriente vers une réponse affirmative: dans la mesure où il doit le faire pour résoudre le cas qui lui est soumis, un tribunal administratif, y compris l'arbitre, peut et doit évaluer l'effet des chartes sur le problème en cause[54].

---

51. *Ibid.* Même s'il n'y a pas eu d'autres publications à leur sujet, ces diverses expériences se poursuivent toujours en 1991.

52. *Bhindi and London* v. *British Columbia Projectionists' Local 348 of the International Alliance of Picture Machine Operators of the United States and Canada*, 1986, C.L.L.C., paragraphe 14052 (B.C.C.A.).

53. *Lavigne* v. *Ontario Public Service Employees Union et al.*, Cour suprême du Canada, 27 juin 1991, 91 C.L.L.C., paragraphe 14029.

54. *Cuddy Chicks Ltd.* c. *Labour Relations Board (Ontario)*, Cour suprême du Canada, 6 juin 1991, (1991) R.C.S., 91 C.L.L.C., paragraphe 14024. Voir aussi DANIELLE PINARD, «Le pouvoir des tribunaux administratifs québécois de refuser de donner effet à des textes qu'ils jugent inconstitutionnels», *McGill Law*

Le légalisme et la bureaucratisation, avec les coûts que cela implique, ont grandement contribué à dépouiller le règlement des griefs, y compris l'arbitrage, des attributs principaux qu'on leur a toujours reconnus, soit d'être un instrument adapté, rapide et accessible. Avec tous ces problèmes légaux fort complexes, souvent encore sans réponse définitive, comment un salarié peut-il s'y retrouver et obtenir la justice toute simple qu'il réclame habituellement?

7.8.2 Orientations majeures

On peut déceler, à la lumière des griefs soumis à l'heure actuelle, deux tendances contradictoires. D'une part, dans la perspective des problèmes soulevés précédemment, le régime s'éloigne non seulement des employés individuels mais également des parties contractantes elles-mêmes. On ne saurait éliminer l'hypothèse que c'est là, dans plusieurs cas, une des raisons qui expliquent l'accumulation d'un nombre incroyable de griefs, surtout dans le secteur public. Il ne faut cependant pas oublier que les deux parties peuvent poursuivre des manœuvres politiques et mener un jeu de pouvoir en laissant traîner ce grand nombre de griefs et de réclamations diverses. Pour toutes ces raisons, on peut douter que le mode canadien (et américain) de règlement des griefs représente toujours une forme de justice adaptée, rapide et accessible.

À l'opposé de cette tendance, il faut voir les cas où les parties utilisent le règlement des griefs pour obtenir une juste interprétation et pour en arriver à une application intègre des dispositions de la convention collective. En matière d'arbitrage, certaines parties contractantes ne recourent à cette dernière étape qu'après avoir fait leur propre travail; concrètement, cela veut dire après s'être mises d'accord sur les faits et même, dans certains cas, sur plusieurs points de droit. Les parties s'adressent ensuite à l'arbitre pour faire trancher un point sur lequel elles n'ont pu s'entendre. Il va de soi qu'à ce moment-là, l'audition est brève et la réponse généralement plus facile, moins exigeante en termes de jurisprudence et de preuves juridiques. Le règlement de tels griefs se rapproche bien davantage de la conception idéale du régime.

Finalement, il faut conclure par une observation que ne renierait pas le bon vieux La Palice: le régime d'arbitrage fonctionne, à la condition que les parties le veuillent bien.

Journal, vol. 33, nº 1, 1987, p. 170-193; MICHEL COUTU, «L'application des chartes à l'arbitrage des griefs» dans *Le point sur l'arbitrage des griefs*, 21e Colloque de relations industrielles, 1990, Université de Montréal, École de relations industrielles, 1991, p. 74-116; DONALD D. CARTER, *Grievance Arbitration and the Charter: The Emerging Issues*, Queen's Papers in Industrial Relations, 1988-11, 21 p.

Bibliographie

Forme traditionnelle

AARON, BENJAMIN. «The Impact of Public Employment Grievance Settlement on the Labor Arbitration Process» dans *The Future of Labor Arbitration in America*, sous la direction de JOY CORREGE, VIRGINIA A. HUGHES et MORRIS STONE, New York, American Arbitration Association, 1976, 304 p.

AARON, BENJAMIN (sous la direction de). *Labor Courts and Grievance Settlement in Western Europe*, Berkeley, University of California Press, 1971, 342 p.

ADAMS, GEORGE W. «Grievance Arbitration: A Private or Public Process?», *Canadian Industrial Relations and Personnel Development*, mars 1978, p. 6395-6408. (Allocution présentée à l'Université McGill le 13 octobre 1977.)

BOHLANDER, GEORGE W. «Public Sector Independent Grievance Systems: Methods and Procedure», *Public Personnel Management*, vol. 18, nº 3, automne 1989, p. 339-354.

CARROTHERS, A.W.R. *Labour Arbitration in Canada*. Toronto, Butterworths, 1961, 204 p.

CARTER, DONALD D. *Grievance Arbitration and the Charter: The Emerging Issues*, Queen's Papers in Industrial Relations, 1988-11, 21 p.

D'AOUST, CLAUDE, DELORME, FRANÇOIS et ROUSSEAU, ANDRÉ. «Considérations sur le degré de preuve requis devant l'arbitre de griefs», *McGill Law Journal*, vol. 22, nº 1, 1976, p. 71-93. Reproduit dans le tiré à part nº 14, École de relations industrielles, Université de Montréal, 1976, 24 p.

ELKOURI, FRANK et ELKOURI, EDNA ASPER. *How Arbitration Works*, 4e éd., Washington, D.C., Bureau of National Affairs, 1985, 873 p. *1985-1987 Supplement*, Washington, B.N.A., 1988, 185 p.

FOISY, CLAUDE H. *Les systèmes d'arbitrage*, étude préparée pour la Commission consultative sur le travail (Commission Beaudry), 1985.

GANDZ, JEFFREY et WARRIAN, PETER J. «Does It Matter Who Arbitrates? A Statistical Analysis of Arbitration Awards in Ontario», *The Labour Gazette*, vol. 77, nº 2, février 1977, p. 65-66.

GANDZ, JEFFREY et WHITEHEAD, J. DAVID: «Grievances and Their Resolution» dans *Union Management Relations in Canada*, sous la direction de JOHN C. ANDERSON, MORLEY GUNDERSON et ALLEN PONAK, 2e édition, Don Mills, Ontario, Addison-Wesley, 1989 (498 p.), p. 245-260.

GILSON, C.H.J. «Changes in the Nature of Grievance Issues Over the Last Ten Years: Labour Management Relations and the "Frontier of Control"», *Relations industrielles*, vol. 40, nº 4, 1985, p. 856-864.

GILSON, C.H.J. et GILLIS, L.P. «Grievance Arbitration in Nova Scotia», *Relations industrielles*, vol. 42, nº 2, 1987, p. 256-271.

GREEN, WILLIAM CRAWFORD et RUTLEDGE, WILEY S. «The Federal Courts as Super-Arbitration Tribunals: Judicial Review of Non-Reviewable Railroad Labor Grievance Awards», *Labor Law Journal*, vol. 37, nº 7, July 1986, p. 387-402.

KAPLAN, WILLIAM, GUNDERSON, MORLEY et SACK, JEFFREY (sous la direction de). *Labour Arbitration Yearbook 1991*, vol. I et II, Markham, Ont., Butterworths, 1991, 400 p. (À paraître annuellement.)

KING, MARY LOUISE. *Employment Relations in the Unionized Labor Movement*, Research Essay Series No. 33, Kingston, Queen's University, Industrial Relations Centre, 1990, 117 p.

MEYER, DAVID et COOKE, WILLIAM. «Economic and Political Factors in Formal Grievance Resolution», *Industrial Relations* (Berkeley), vol. 27, nº 3, automne 1988, p. 318-335.

MORIN, FERNAND et BLOUIN, RODRIGUE. *Arbitrage des griefs 1986*, Montréal, Éditions Yvon Blais inc., 1986, 554 p.

NORTHRUP, HERBERT R. *Compulsory Arbitration and Goverment Intervention in Labor Disputes*, Washington, Labor Policy Association Inc., 1966, 449 p. Ch. 10: «Regulating Grievance or "Rights" Disputes», p. 165-176.

PALMER, EARL E. et PALMER, BRUCE M. *Collective Agreement Arbitration in Canada*, 3e édition, Markham, Ont., Butterworths, 1991, 928 p.

PINARD, DANIELLE. «Le pouvoir des tribunaux administratifs québécois de refuser de donner effet à des textes qu'ils jugent inconstitutionnels», *McGill Law Journal*, vol. 33, nº 1, 1987, p. 170-193.

Université de Montréal. *Le point sur l'arbitrage des griefs*, 21e Colloque de relations industrielles, 1990, Université de Montréal, École de relations industrielles, 1991, 260 p.

Université Laval. *Le règlement des conflits de droit*, 9e Congrès des relations industrielles de Laval, 1954, Québec, Les Presses de l'Université Laval, 1954, 137 p.

WEILER, PAUL C. *Labour Arbitration and Industrial Change*, étude ne 6 de l'Équipe spécialisée en relations du travail, Bureau du Conseil privé, Ottawa, imprimeur de la Reine, 1968, 146 p.

WEILER, PAUL C. *Reconcilable Differences. New Directions in Canadian Labour Law*, Toronto, Carswell, 1980, 335 p. Ch. 3: «The Labour Arbitrator and the Labour Agreement», p. 89-119.

Formes nouvelles

ADAMS, GEORGE W. «Grievance Mediation by the OLRB: One Way to Fight Arbitration Costs in the Eighties» dans *Conflict Resolution in Today's Economic Climate*, Proceedings of the Ninth Annual Meeting, 1981, of the Society of Professionals in Dispute Resolution, Washington, D.C., 1982, p. 178-182.

BLAIS, MICHEL. «Une décision du CCTM: pour une justice expéditive dans le domaine du travail», *Québec-Travail*, vol. 3, no 3, mars 1972, p. 113-114.

BOWERS, MOLLIE H., SEEBER, RONALD L. et STALLWORTH, LAMONT E. «Grievance Mediation: A Route to Resolution for the Cost-conscious 1980s», *Labor Law Journal*, vol. 33, no 8, août 1982, p. 459-464.

BRETT, JEANNE M. et GOLDBERG, STEPHEN B. «Grievance Mediation in the Coal Industry: A Field Experiment», *Industrial and Labor Relations Review*, vol. 37, no 1, octobre 1983, p. 49-69.

BUTT, ELIZABETH RAE. *Grievance Mediation: The Ontario Experience*, Kingston, Research Essay Series No. 14, Queen's University, Industrial Relations Centre, 1988, 58 p.

BUTTON, A.E. (TONY). *The Canadian Railway Office of Arbitration Alternatives. A Comparison of Models of Grievance Arbitration*, Research Essay Series No. 29, Kingston, Queen's University, Industrial Relations Centre, 1990, 57 p.

Conseil consultatif du travail et de la main-d'œuvre. *L'arbitrage des griefs. Pour une procédure sommaire d'arbitrage*, proposition du CCTM, Québec, CCTM, 1974, 29 p.

DOUCET, RENÉ. «L'arbitrage accéléré des griefs» dans *La gestion des relations du travail au Québec*, sous la direction de NOËL MALLETTE, Montréal, McGraw-Hill, 1980 (642 p.), p. 347-362.

HOELLERING, MICHAEL F. «Expedited Grievance Arbitration: The First Steps», *Industrial Relations Research Association, Proceedings of the Twenty-Seventh Annual Winter Meeting, San Francisco*, 28 et 29 décembre 1974, Madison, Wis., IRRA, 1975, p. 324-331.

LABERGE, ROY. «The Advantages of Expedited Arbitration», *The Labour Gazette*, vol. 78, no 1, janvier 1978, p. 21-25. (Congrès tenu à l'Université McGill.)

L'arbitrage par secteurs industriels et l'arbitrage accéléré des griefs: des alternatives aux méthodes traditionnelles, Ottawa, Travail Canada, Service fédéral de médiation et de conciliation, 1977, 95 p.

L'ÉCUYER, PIERRE. «La médiation préarbitrale des griefs. Aperçu des résultats obtenus à ce jour», *Le marché du travail*, vol. 11, no 4, avril 1990, p. 6-10 et 75-76.

ROSE, JOSEPH B. «Statutory Expedited Grievance Arbitration: The Case of Ontario», *The Arbitration Journal*, vol. 41, no 4, décembre 1986, p. 30-45.

SILBERMAN, ALLAN D. «Breaking the Mold of Grievance Resolution: A Pilot Program in Mediation», *The Arbitration Journal*, vol. 44, no 4, décembre 1989, p. 40-45. (Expérience menée entre Southwestern Bell Telephone Co. et Communications Workers of America, District 6.)

Annexe à la bibliographie

Recueils de sentences arbitrales

Les références suivantes permettent de retracer les sentences arbitrales selon la période et le secteur. Les titres sont regroupés selon la géographie: le Québec, le Canada et les États-Unis.

Québec

Recueil des décisions sur les conflits de droit

Publié par Ministère du Travail du Québec.
Parution Mensuel
Contenu Reproduit *in extenso* un choix de sentences arbitrales rendues au Québec en vertu du *Code du travail*.
Référence R.D.C.D.
Période De 1965 à 1969. La publication a été remplacée par la suivante.

Sentences arbitrales. Griefs

Publié par Ministère du Travail du Québec.
Parution Mensuel
Contenu Reproduit *in extenso* un choix de sentences arbitrales rendues au Québec en vertu du *Code du travail*.
Référence S.A.G.
Période De 1970 à 1981. La publication a cessé de paraître.

Décisions du tribunal d'arbitrage

Publié par Société québécoise d'information juridique (Soquij), Montréal.
Parution Bimestriel
Contenu Publie *in extenso* un choix d'environ 150 décisions arbitrales par année.
Référence T.A.
Période Depuis 1982.

Droit du travail express

Publié par Société québécoise d'information juridique (Soquij), Montréal.
Parution Hebdomadaire
Contenu Publie de longs résumés de sentences arbitrales (près de 1000 par année), quelques centaines de décisions des commissaires du travail et des jugements des tribunaux. Regroupés par sujet.
Référence D.T.E.
Période Depuis 1982.

Recueil des sentences de l'éducation

Publié par Le greffe des tribunaux d'arbitrage du secteur de l'éducation, Québec.
Période Depuis 1974.

Sentences arbitrales des affaires sociales

Publié par Association des hôpitaux de la province de Québec (AHPQ), Montréal.
Période De 1970 à 1982.

Résumé des sentences arbitrales du réseau des affaires sociales

Publié par Association des hôpitaux du Québec (AHQ), Montréal.
Parution Hebdomadaire
Période Depuis 1983.

Canada

Labour Arbitration Cases

Publié par Canada Law Book, Aurora, Ontario
Parution Plusieurs volumes par année.
Contenu Reproduit *in extenso* les sentences arbitrales importantes rendues au Canada au cours de l'année.
Référence L.A.C.
Période 1re série: 1948-1972. 2e série: 1973-1981. 3e série: 1983-1988. 4e série: depuis 1989.

Canadian Labour Arbitration Summaries

Publié par	Canada Law Book, Aurora, Ontario.
Parution	Hebdomadaire
Contenu	Rapporte près de 80 résumés de sentences arbitrales, chaque semaine, regroupés par sujet. Avec renvoi aux sentences publiées dans L.A.C.
Référence	C.L.A.S.
Période	Depuis juillet 1986.

États-Unis

Labor Arbitration Reports

Publié par	Bureau of National Affairs Inc. (BNA), Washington, D.C.
Parution	2 volumes par année.
Contenu	Reproduit *in extenso* un choix de sentences arbitrales et rapports de commissions d'enquête. Jusqu'en 1980, incluait aussi des textes de lois, sous forme abrégée, et des décisions judiciaires sur l'arbitrage des griefs.
Référence	L.A.
Période	Depuis 1946. (1990: vol. 94.)

Labor Arbitration and Dispute Settlement – Labor Relations Reporter (Binder 3)

Publié par	Bureau of National Affairs Inc. (BNA), Washington, D.C.
Parution	Hebdomadaire
Contenu	Chaque envoi contient le texte de 10 à 12 décisions arbitrales. L'ensemble de ces textes est publié sous forme de volume à la fin de l'année.
Référence	95 L.A. (1991)

Chapitre

8

Mesures disciplinaires

PLAN

La clause portant sur les mesures disciplinaires présente des affinités avec celles des droits de gérance et de l'arbitrage des griefs. C'est pourquoi nous en traitons immédiatement après les chapitres qui ont abordé ces deux questions[1].

Cette clause n'est pas contractuelle; il s'agit bien d'une clause de fond: elle a pour but de protéger les salariés contre l'abus de sanctions disciplinaires et contre un recours arbitraire à ce genre de mesures. Les conventions collectives qui contiennent une telle clause veulent en effet assurer aux salariés que des mesures disciplinaires ne leur seront imposées que pour une cause juste et suffisante, dans le respect de certaines règles d'équité. Leur objectif est donc d'établir les droits des salariés par rapport à la question délicate, mais qu'on ne peut ignorer, des sanctions disciplinaires.

Le problème des mesures disciplinaires déborde la clause qui les régit. Aussi, nous essaierons d'abord de cerner la nature de ces mesures et de préciser les concepts qui s'y rapportent. Nous dégagerons ensuite les principaux critères qui guident l'action de ceux qui, par leurs fonctions, doivent y recourir. Pour assurer l'application de ces critères de base, il faut également suivre une procédure qui s'est établie peu à peu pour en garantir le respect intégral. Nous examinerons cette procédure dans la troisième section du chapitre. Enfin nous présenterons quelques exemples de clauses sur ce sujet.

8.1 Nature et concepts

Un peu comme dans le cas des droits de gérance, tout le monde reconnaît aux directions d'entreprise le droit d'imposer des sanctions disciplinaires; mais on ne s'entend pas sur l'origine et le fondement de ce droit. Après un bref rappel de ce problème, nous préciserons quelles sont les principales mesures ou sanctions disciplinaires. Il sera important d'établir la distinction entre les mesures disciplinaires et les mesures non disciplinaires ou administratives.

8.1.1 Historique et fondement

En régime de liberté totale du commerce, au XIXe siècle, l'employeur avait tous les droits d'imposer des sanctions, comme celui de congédier le salarié à sa guise. Puis les lois et les conventions collectives ont commencé à lui imposer des restrictions, surtout en matière de conditions de travail. Le contrôle des sanctions disciplinaires est venu plus tard, principalement par l'intervention des arbitres de griefs. Ceux-ci ont commencé à évaluer le bien-fondé des sanctions imposées par les employeurs: ils les ont approuvées, annulées ou modifiées selon l'esprit et la lettre des conventions collectives qu'ils devaient interpréter. En 1969, la Cour suprême du Canada, dans l'arrêt *Port-Arthur Shipbuilding*, déclara qu'un tribunal d'arbitrage n'avait pas le pouvoir de modifier une sanction disciplinaire, à moins que la convention collective ne lui en accorde explicitement le droit. La décision ranima la discussion sur la nature et le fondement des mesures disciplinaires: pourquoi un arbitre peut-il annuler, mais non pas modifier, une telle décision[2]?

Au début, on a invoqué le contrat de travail pour tenter de trouver un fondement au droit d'imposer des mesures disciplinaires. À moins que ce droit n'ait été explicitement inscrit dans le contrat de travail lui-même, le seul argument que l'employeur pouvait invoquer était son droit de mettre fin au contrat de travail, c'est-à-dire de congédier un salarié. Il pouvait par ailleurs prétendre que l'employé lui-même n'avait pas respecté les termes du contrat et qu'ainsi, il y avait déjà mis fin de son propre chef.

Cette thèse, fondée sur le contrat de travail et dite thèse contractuelle, ne pouvait expliquer la pratique moderne en matière de mesures disciplinaires. Aussi a-t-on mis de l'avant une thèse qui s'apparente à celle de la nécessaire coordination des opérations de l'entreprise et qui découle des droits de gérance. La direction aurait l'obligation d'établir une discipline

1. Le chapitre a été préparé par Me Daniel Rochefort, avocat chez Heenan, Blaikie et Associés.

2. CLAUDE D'AOUST, LOUIS LECLERC et GILLES TRUDEAU, *Les mesures disciplinaires: étude jurisprudentielle et doctrinale*, monographie no 13, Université de Montréal, École de relations industrielles, 1982 (484 p.), p. 51-58.

industrielle qui permet à l'entreprise d'atteindre ses objectifs; elle aurait alors, en même temps, la possibilité d'en assurer l'application au moyen de sanctions appropriées. Certains appellent cette théorie la thèse institutionnelle: le pouvoir disciplinaire découle des responsabilités de la direction de l'entreprise.

Quel que soit le motif philosophique sur lequel on fait reposer le droit et l'obligation d'assurer la discipline, on ne s'objecte guère à la réalité pratique qui veut que, dans certains cas, les employeurs doivent imposer des sanctions. Les conventions collectives ne leur nieront pas ce pouvoir, mais voudront l'encadrer pour obliger les employeurs à respecter à la fois les principes fondamentaux de justice et une procédure équitable. Avant d'aborder la question, il reste à préciser certains termes et à donner quelques définitions essentielles.

8.1.2 Définition et exemples

Une mesure disciplinaire est une sanction, ou peine, imposée par l'employeur à la suite d'une faute commise par l'employé. Deux éléments de cette définition doivent être analysés: ce qu'on entend par faute et la nature des peines pouvant être imposées.

La faute peut être plus ou moins grave, plus ou moins volontaire et commise consciemment ou non; de plus, elle implique des effets négatifs pour l'entreprise, les autres employés ou les clients. L'employé fautif peut avoir enfreint un règlement, négligé de remplir une obligation ou désobéi à un ordre donné. En pratique, le nombre des fautes possibles est presque infini. Pour ne donner que quelques exemples, voici une liste relativement brève: des absences sans motif et non précédées de l'avis requis, des retards fréquents également sans motif valable, un travail fait volontairement avec négligence, une insubordination ou un refus d'obéir non justifié, la violation d'un règlement de l'usine telle que l'usage d'alcool ou de drogue, des gestes criminels comme un vol de matériel ou un assaut sur un contremaître ou un autre supérieur; la liste pourrait s'allonger indéfiniment[3].

Alors que les mesures disciplinaires impliquent une faute de la part de l'employé, les mesures non disciplinaires ou administratives sont prises à cause d'une incapacité à rencontrer les exigences d'un poste, sans qu'aucune faute intervienne. Nous apporterons plus de détails sur cette distinction dans une prochaine section. Retenons seulement que la conduite qui entraîne une mesure disciplinaire doit être fautive. Conséquemment, la sanction aura généralement un double caractère punitif et correctif. L'aspect punitif ne doit pas découler d'un esprit de vengeance; il doit viser à corriger une situation, à servir d'exemple pour empêcher qu'elle se répète. En d'autres mots, la mesure doit être corrective tout autant, sinon plus, que punitive.

La liste suivante mentionne d'abord les sanctions disciplinaires les plus fréquentes, suivies de celles qu'on applique moins souvent:

Réprimande verbale
Avis disciplinaire écrit
Suspension de courte durée
Suspension de longue durée
Congédiement

Amende
Rétrogradation
Perte d'ancienneté

Si la faute est très grave, l'employeur pourra décider d'imposer le congédiement immédiatement. Cependant, dans la plupart des cas, comme nous le verrons plus loin, l'employeur suivra une certaine progression. Il interviendra d'abord par un avis verbal grâce auquel il cherchera, avec le salarié, les moyens d'éviter la répétition du geste fautif. S'il y a récidive, il inscrira un avis disciplinaire au dossier de l'employé. À l'étape suivante, il lui imposera une suspension de courte durée, puis au besoin, une suspension de longue durée. Le congédiement motivé (*dismissal for cause*) constitue la sanction disciplinaire la plus grave

3. RONALD SIRARD et ALAIN GAZAILLE, *Comprendre et appliquer une convention collective*, Montréal, Wilson et Lafleur, 1989 (167 p.), p. 145-154; *Basic Patterns in Union Contracts*. 11e édition, Washington, D.C., Bureau of National Affairs, 1986 (136 p.), p. 7-9.

et, sauf circonstances spéciales, l'employeur ne l'impose pas à la première faute[4].

Les trois autres sanctions sont rarement utilisées. Aussi, un employeur qui a l'intention d'y recourir ferait bien d'en prévenir les salariés soit dans la convention collective, soit dans un règlement d'usine connu et rappelé régulièrement à la mémoire des employés. On n'a recours à la perte d'ancienneté que très rarement, à l'amende et à la rétrogradation occasionnellement. La rétrogradation semble plus adaptée aux mesures non disciplinaires dont nous parlerons plus loin.

Certaines démissions, exigées ou suggérées, peuvent équivaloir à un congédiement. Pour qu'une démission soit reconnue comme valide, on exige habituellement qu'elle ait été donnée librement, volontairement et en toute connaissance de cause. Dès que le consentement a été vicié de quelque manière, même par l'état d'ébriété du salarié lui-même, les arbitres ont tendance à considérer cette démission comme non éclairée et invalide. Par contre, une fois déclarée valide, une démission entraîne immédiatement tous ses effets: elle est irrévocable et le salarié n'a plus de recours par voie de grief, puisqu'il n'est plus un salarié à compter du moment où sa démission entre en vigueur[5].

Le cas de ce qu'on appelle la démission implicite est moins clair. Un salarié absent, qui ne se présente pas au travail au moment prévu, est souvent considéré par l'employeur comme ayant abandonné volontairement son emploi, c'est-à-dire comme ayant démissionné. Normalement, une démission doit être exprimée par un acte positif, comme une déclaration verbale ou la signature d'un écrit. Dès qu'il y a doute, on aura tendance à maintenir le lien d'emploi en faveur du salarié plutôt que d'admettre la démission implicite. Par contre, le refus d'accepter une mutation et le départ subit des lieux du travail, sans explication rapide de la part de l'employé, peuvent être considérés comme un geste de démission. La démission implicite ou forcée – par exemple lorsqu'un employé se voit imposer le choix entre la démission et une poursuite éventuelle par l'employeur – est généralement considérée avec une certaine suspicion par les arbitres.

4. Ronald Sirard et Alain Gazaille, *op. cit.*, p. 136-138.
5. Claude D'Aoust, Louis Leclerc et Gilles Trudeau, *op. cit.*, p. 143-154; Ronald Sirard et Alain Gazaille, *op. cit.*, p. 155-156.

8.1.3 Droit d'imposer des mesures disciplinaires

Le droit qu'a l'employeur d'imposer des sanctions disciplinaires ne lui vient directement ni de la loi ni de la convention collective. D'ailleurs, ce ne sont pas toutes les conventions qui contiennent des dispositions en la matière. Ce droit découle plutôt de l'obligation sociale de l'employeur d'établir une discipline industrielle dans son entreprise de manière à permettre aux différentes personnes qui y travaillent d'atteindre les objectifs fixés et ainsi de recevoir la rémunération qui leur revient.

La plupart des lois de relations du travail au Canada traitent des sanctions disciplinaires non pas en rapport avec l'employeur mais en fonction du rôle de l'arbitre. Nous avons vu, au chapitre précédent, que les mesures disciplinaires infligées aux salariés constituent environ le tiers des griefs soumis à l'arbitrage. C'est à la suite de la décision de la Cour suprême du Canada dans l'arrêt *Port-Arthur Shipbuilding*[6] que les différentes lois des relations du travail ont été modifiées pour accorder explicitement à l'arbitre le pouvoir de modifier une sanction disciplinaire imposée par un employeur et de la remplacer par une autre, généralement moins sévère[7].

Si l'arbitre se voit attribuer par la loi le pouvoir de modifier une sanction imposée par l'employeur, c'est que, implicitement, l'employeur avait lui-même

6. *Port-Arthur Shipbuilding* c. *Arthurs*, (1969) R.C.S. 85.
7. *Loi modifiant le Code du travail et la loi du ministère du Travail et de la Main-d'œuvre*, L.Q. 1977, c. 41, art. 48 ajoutant l'article 88*m*, qui est devenu, dans L.R.Q., c. C-27, l'article 100.12*f*. Ontario *Labour Relations Act*, R.S.O. 1970, c. 232, art. 37 (8), devenu, dans R.S.O, 1980, c. 228, l'article 44 (9). Selon la loi de l'Ontario, l'arbitre a cette discrétion uniquement si la convention collective ne précise pas une peine particulière pour l'infraction en cause; autrement, l'arbitre ne peut que confirmer le texte de la convention collective.

le pouvoir de l'imposer. L'arbitre a d'ailleurs le devoir de la confirmer s'il juge qu'elle a été imposée pour une cause juste et qu'elle est raisonnable.

L'employeur a-t-il le droit d'imposer une sanction disciplinaire pour des actions dont le salarié se serait rendu coupable en dehors du lieu et des heures de travail? En principe non, parce que l'employeur ne saurait avoir de droits sur la vie privée et personnelle de ses employés. Par contre, il peut exister des liens entre la vie privée et le travail d'un employé. Si les actions du salarié ont porté préjudice à l'employeur, à la bonne marche de l'entreprise ou à la réputation de la compagnie ou de ses produits, l'employeur pourra être justifié d'imposer une sanction, qui devra cependant être proportionnelle aux effets sur l'entreprise. Le lien avec le travail peut se produire autrement: si le comportement du salarié le rend incapable d'accomplir son travail de façon satisfaisante, il peut évidemment se voir imposer une sanction parce qu'il ne fait pas son travail comme il le devrait, que ce soit à cause d'une surconsommation d'alcool ou d'efforts démesurés dans un second emploi. Si la conduite de l'employé rend la vie de ses compagnons de travail intenable, elle peut aussi justifier une mesure disciplinaire. Le cas d'un salarié incarcéré suite à une faute criminelle, commise en dehors de son travail, est légèrement différent. Ce n'est pas son action que l'employeur peut lui reprocher, mais son absence du travail. Les deux parties auraient alors intérêt à trouver une solution autre que le congédiement, par exemple un congé sans solde pour la durée de la sentence[8].

Un autre problème se pose actuellement, surtout aux États-Unis, autour de ceux qui dénoncent une situation (*whistleblowing*). Que ce soit pour une question de sécurité au travail, d'écologie ou de propagande syndicale, certains appels à l'opinion publique ont le don d'exaspérer quelques employeurs et de les pousser à sévir contre ceux qui crient ainsi au loup ou au feu quand, selon eux, il n'y a pas de raison de le faire. Les chartes des droits ont garanti la liberté d'opinion et d'expression, sans pour autant légitimer la diffamation. L'équilibre à trouver n'est pas facile à déterminer. Dans un arbitrage qui impliquait une déclaration invitant d'autres employés à ne pas dire la vérité lors d'un arbitrage, le juge René Lippé a écrit ce qui suit[9]:

> Il faut user de beaucoup de prudence et de beaucoup de compréhension avant de censurer (...) l'expression des opinions des employés, mais (...) il ne peut être toléré que l'expression des employés soit préjudiciable aux relations patronales-ouvrières d'une entreprise. Il n'est pas facile de déterminer ce qui constitue la liberté de parole et l'abus de cette liberté. Chaque cas en est un d'espèce. Dans le cas particulier qui nous occupe, le test est de déterminer si l'écrit en litige était préjudiciable aux rapports normaux de la compagnie avec ses employés.

Dans le cas de ceux qui attirent l'attention sur des risques ou même des injustices dans une entreprise, il est aussi difficile d'évaluer la véracité des affirmations que leur impact sur l'entreprise et sur les relations du travail. Il est encore plus difficile de déterminer l'intention réelle de ceux qui recourent à ce moyen utile mais dangereux.

8.1.4 Mesures disciplinaires et mesures non disciplinaires

Jusqu'ici nous avons traité des mesures disciplinaires proprement dites. Il y a une distinction capitale entre celles-ci et un autre type d'interventions de l'employeur, dont nous avons brièvement parlé: la sanction non disciplinaire. Une fois cette distinction établie, on verra que les conséquences de chacune de ces mesures sont très différentes.[10]

---

8. Claude D'Aoust, Louis Leclerc et Gilles Trudeau, *op. cit.*, p. 378-388; Ronald Sirard et Alain Gazaille, *op. cit.*, p. 154-155.

9. *Atlas Asbestos Company* c. *Union industrielle des ouvriers de l'amiante, local 273,* (1973) S.A.G. 52. Juge René Lippé, arbitre.

10. Claude D'Aoust, Louis Leclerc et Gilles Trudeau, *op. cit.*, p. 66-101; *Mesures disciplinaires et non disciplinaires, 1982-1990. Jurisprudence, doctrine, commentaires,* Montréal, Société québécoise d'information juridique, 1990, 306 p. (Coll. «Atout maître», n° 2).

Nous avons souligné, dès le début, qu'une sanction disciplinaire n'est imposée qu'à la suite d'une faute de la part du salarié. Mais un employé peut être renvoyé pour d'autres causes, par exemple parce qu'il ne parvient pas à fournir un rendement normal par comparaison à la majorité des autres salariés. Ces cas où l'employeur doit intervenir sans qu'il y ait aucune faute de la part de l'employé sont relativement nombreux et ce sont ceux-là qui font l'objet de mesures non disciplinaires, souvent appelées mesures administratives.

Deux cas d'absentéisme nous permettront d'illustrer la distinction entre ces deux types de sanctions. Quelqu'un peut s'absenter du travail par sa faute, par paresse, par goût exagéré de l'alcool ou à la suite de nuits consacrées au divertissement. Son employeur l'avertira, lui infligera quelques suspensions et, si l'employé persiste dans son attitude, l'employeur pourra recourir au congédiement comme sanction disciplinaire finale. Par contre, quelqu'un peut s'absenter fréquemment et longuement de son travail pour cause de maladie. Si les soins médicaux ordinaires ne parviennent pas à lui redonner une santé raisonnable pour effectuer son travail, l'employeur lui recommandera un congé de maladie, une rente d'invalidité ou, si de tels avantages n'existent pas, il pourra finalement être obligé de lui signifier son licenciement. Dans ce deuxième cas, il s'agit d'une mesure administrative, même si, finalement, le résultat est le même pour les deux employés.

Les conséquences des mesures patronales dans chacune de ces deux situations sont très différentes. Les différences sont particulièrement importantes dans les recours par voie de grief, particulièrement en ce qui a trait à l'arbitrage. Dans un cas de mesure disciplinaire, même si la convention collective est muette sur ce sujet, le *Code du travail* confère à l'arbitre le droit de confirmer, de modifier ou d'annuler la sanction imposée par l'employeur (C.t. art. 100.12*f*). S'il s'agit d'une mesure administrative, à moins que la convention collective ne lui accorde des pouvoirs particuliers, l'arbitre ne pourra pas se prononcer sur le bien-fondé de la décision puisqu'il s'agit d'un droit exclusif de la direction (par hypothèse il n'y a aucune restriction dans la convention collective). Si le grief lui est soumis, l'arbitre a l'obligation de vérifier si la décision patronale n'était pas abusive, discriminatoire ou déraisonnable ; la jurisprudence lui accorde ce droit et l'oblige même à vérifier si la mesure a été prise selon les normes ordinaires de la justice naturelle. Si l'arbitre considère que la décision a été prise d'une manière raisonnable et normale, il ne peut s'interroger sur l'opportunité de la décision prise par l'employeur: il dépasserait alors, comme arbitre, les limites de sa compétence. Quant à la nature de la preuve, l'arbitre doit vérifier la présence d'une juste cause dans un cas de mesure disciplinaire ; pour une mesure administrative, il incombe au syndicat de prouver son caractère déraisonnable pour justifier l'intervention de l'arbitre qui, de plus, ne pourra que la maintenir ou l'annuler le cas échéant.

Une des difficultés les plus sérieuses soulevées par ce genre de distinction vient du fait que les tribunaux ne l'admettent pas tous également. Dès 1978, la Cour suprême du Canada reconnaissait que les mêmes règles ne s'appliquaient pas dans les deux cas. Il s'agissait d'un fonctionnaire renvoyé avant la fin de sa période de probation, en février 1974. L'employé et le syndicat soutenaient qu'il s'agissait d'un congédiement arbitrable en vertu de l'article 91 (1, d) de la *Loi sur les relations de travail dans la fonction publique*. L'arbitre, nommé par la Commission des relations de travail de la fonction publique, considéra qu'il s'agissait bien d'une mesure disciplinaire et que la conduite de l'employé ne justifiait pas le congédiement. La Cour fédérale d'appel et la Cour suprême du Canada jugèrent, au contraire, que les motifs invoqués par l'employeur correspondaient à des décisions administratives qui considéraient le candidat impropre à remplir l'emploi qu'il postulait. Une décision administrative ne relevant pas de la compétence de l'arbitre, sa décision fut annulée[11]. Il ne semble pas que la Cour suprême du Canada se soit prononcée

11. *Jacmain* c. *Procureur général du Canada et Commission des relations du travail de la fonction publique*, Cour suprême du Canada, 30 septembre 1977, (1978) 2 R.C.S. 15, 78 C.L.L.C., paragraphe 14117.

à nouveau sur cette question. La Cour d'appel du Québec l'a fait à plusieurs reprises et a rendu des jugements apparemment contradictoires.

Par deux fois, au moins, la Cour d'appel a reconnu la distinction entre les deux types de mesures[12]. Bien plus souvent, la Cour d'appel l'a rejetée. Dans au moins un cas, le juge de la Cour d'appel déclare que le fait d'invoquer la distinction entre mesures disciplinaires et non disciplinaires était une erreur de la part de l'arbitre ; il confirme néanmoins sa décision de rejeter le grief parce que, disait-il, la convention collective lui en donnait le droit et qu'il avait jugé raisonnablement du cas qui lui était soumis, abstraction faite de sa discussion sur la distinction entre les deux types de mesures[13].

Un aspect particulier, dans le cas de sanctions imposées par l'employeur, et qui peut s'avérer important dans certains cas, concerne la possibilité d'invoquer des faits postérieurs à l'action visée par la sanction et au grief lui-même. Dans l'affaire *Air Canada*, mentionnée plus haut, la Cour d'appel a déclaré que la mise en preuve de faits postérieurs aux événements et relatifs à la réhabilitation d'un salarié alcoolique n'était pas admissible ; par contre, ces faits ont servi à établir un aspect accessoire de la cause : le renvoi du salarié était un congédiement pour cause de maladie et non pas une pure mesure disciplinaire. Cette distinction permettait par ailleurs au juge de ne pas contredire une décision antérieure qui précisait, à propos d'un cas similaire mettant en cause la CTCUM, qu'il s'agissait clairement d'une mesure disciplinaire visant un fait précis : en l'occurrence, l'alcoolisme du salarié ne changeait rien à sa conduite au cours des événements invoqués ni à la sanction imposée.

Il est difficile de prévoir si la décision récente dans l'affaire *Air Canada*, qui rejoint celle de l'*hôpital Notre-Dame*, rendue huit ans plus tôt, laisse prévoir une réorientation de la Cour d'appel du Québec sur la distinction entre mesures disciplinaires et non disciplinaires. Chose certaine, les parties devraient être extrêmement prudentes dans la formulation des clauses relatives aux mesures disciplinaires dans la convention collective. On ne peut manquer de souligner que dans la cause de l'*hôpital Notre-Dame*, l'article pertinent de la convention collective commençait ainsi : « Dans tous les cas de mesures disciplinaires... », alors que dans le cas *Artopex* la clause commençait par : « Dans un cas de suspension ou de congédiement... ». Les parties doivent être prudentes dans la formulation qu'elles adoptent pour chaque type de mesures visées ; elles se protègent alors contre d'éventuelles surprises à l'arbitrage ou lors d'une requête en évocation de sentence.

En pratique, la distinction n'est pas toujours très nette entre une mesure disciplinaire et une décision administrative. Pour reprendre l'exemple de l'absentéisme, quelle qu'en soit la raison, maladie ou négligence de l'employé, il peut être difficile de décider de la véritable nature de la sanction. Tant du côté patronal que syndical, il est préférable de vérifier toutes les possibilités.

* * *

À moins d'indication contraire, le reste du chapitre portera essentiellement sur les sanctions disciplinaires.

8.2 Critères principaux

La pratique et la jurisprudence ont permis d'établir les règles fondamentales que tout employeur doit respecter dans l'application de mesures disciplinaires.

12. *Syndicat des travailleurs de l'hôpital Notre-Dame* c. *Hôpital Notre-Dame*, juge Malouf, (1983) C.A. 122; *Syndicat canadien de la fonction publique, division du transport aérien* c. *Air Canada inc.*, jugement rendu à Montréal le 13 août 1991, J.E. 91-1360.

13. *Métallurgistes unis d'Amérique, section locale 7443 et al.* c. *Artopex Inc.*, juge Owen, 25 janvier 1985, 85 C.L.L.C., paragraphe 14026. Parmi les autres causes qui rejettent la distinction, on peut mentionner: *Syndicat national des employés de l'hôpital pour enfants* c. *Hôpital de Montréal pour enfants*, (1983) C.A. 118; *Carterchem* c. *Lebœuf*, C.A. Montréal, D.T.E. 84T-453; *Syndicat national des employés de l'hôpital Reine-ELizabeth* c. *Hôpital Reine-Elizabeth*, C.A. Montréal, D.T.E. 85T-395; *Fraternité des chauffeurs d'autobus, opérateurs de métro et employés des services connexes au transport de la CTCUM* c. *Tremblay*, (1981) C.A. 157.

La partie syndicale se réfère aux mêmes principes pour contester, s'il y a lieu, telle ou telle sanction prise par un employeur.

Le critère fondamental est celui d'une cause juste et suffisante, dont nous traiterons en premier lieu. Des précisions se sont ajoutées à cette règle de base: la proportion et la progression dans la sanction. Enfin, comme une sorte de corollaire, on mentionne la prohibition de la double sanction et la possibilité de circonstances atténuantes ou aggravantes. C'est l'ensemble de ces principes qu'on désigne parfois par l'expression discipline industrielle.

8.2.1 Cause juste et suffisante

Les trois mots de l'expression sont importants. Pour imposer une mesure disciplinaire à un employé, le représentant de l'employeur doit avoir une cause véritable, un vrai motif, et non seulement un prétexte. Cette cause doit être juste, c'est-à-dire proportionnée à la peine ou à la sanction infligée; nous reviendrons sur cet aspect de la proportionnalité dans la section suivante. Enfin, une cause peut être juste sans être suffisante, par exemple dans le cas d'une sanction exagérée ou disproportionnée par rapport à la faute; de nouveau on revient au concept de proportionnalité. Le *Dictionnaire canadien des relations du travail* définit la cause juste et suffisante de la manière suivante[14]:

> Événement (...) qui a amené l'employeur à imposer une mesure à un employé, proportionnée dans ses effets tant pour l'entreprise que pour celui qui la subit.
>
> Une cause peut être juste sans être suffisante, mais la suffisance présuppose toujours la justesse: l'une et l'autre doivent être interprétées dans leur contexte.

Le concept même de cause juste et suffisante fait appel à un ensemble de circonstances qui fait de chaque situation un cas particulier et différent. Malgré tout, il faut donner quelques indices qui permettent d'orienter le lecteur dans sa compréhension des mesures disciplinaires et le praticien dans ses activités courantes[15]. Dans son travail quotidien, l'employé a une obligation de diligence raisonnable; une négligence sérieuse et répétée exigera une mesure disciplinaire, mais la progression est ici primordiale; à moins que le travail ne soit tellement mal fait qu'il équivaille à du sabotage, ce qui pourrait justifier un congédiement immédiat[16]. Les absences et les retards seront considérés selon leur fréquence et exigent, eux aussi, des mesures disciplinaires progressives. Un départ hâtif et sans autorisation peut être très grave, comme lorsque l'unique pompier d'une station hydro-électrique quitte son travail avant l'heure prescrite[17].

Une menace à un supérieur entraîne normalement une mesure disciplinaire; compte tenu des circonstances, comme la présence de témoins et le statut du salarié en cause, elle pourrait même justifier un congédiement. Il en va de même, évidemment, de tout acte de violence physique, même s'il faut toujours tenir compte des circonstances, par exemple quand le geste est posé sous l'effet de l'alcool. On applique les mêmes principes, mais avec un peu moins de rigueur, s'il s'agit d'un langage injurieux. Les manquements au règlement de l'usine sont évalués selon leur gravité. Par exemple, l'interdiction de fumer dans certains endroits dangereux, surtout si elle est rappelée par d'énormes panneaux indicateurs dont la taille suggère l'ampleur du risque d'incendie ou d'explosion, peut être très grave et justifier jusqu'à un congédiement immédiat. Dans ce cas, la sanction sera généralement inscrite avec précision dans le règlement lui-même ou encore dans la convention collective. Tout règlement, de quelque nature que ce soit, doit être connu et rappelé aux salariés à intervalles réguliers.

14. GÉRARD DION, *Dictionnaire canadien des relations du travail*, 2e édition, Québec, Les Presses de l'Université Laval, 1986 (993 p.), p. 69.

15. CLAUDE D'AOUST, LOUIS LECLERC et GILLES TRUDEAU, *op. cit.*, p. 308-400.

16. *Goodyear Cotton Company of Canada, Saint-Hyacinthe* c. *Syndicat national du textile inc.*, R.D.C.D. 350-1, L. LALANDE, président du tribunal d'arbitrage, 4 novembre 1960.

17. *Syndicat national de la construction de Hauterive, section Hydro-Québec, Manicouagan* c. *Hydro-Québec*, R.D.C.D. 524-4, J. COURNOYER, arbitre, 2 septembre 1965.

La difficulté principale en ce qui a trait à la cause juste et suffisante est de savoir si l'arbitre doit s'y référer quand la convention collective est muette sur le sujet. Si la convention collective mentionne explicitement que les mesures disciplinaires doivent être imposées pour une cause juste et suffisante, l'arbitre a compétence pour juger si la mesure a été imposée pour un motif valable et non sur la base d'un simple prétexte; il a même le devoir de procéder à cette évaluation puisqu'il doit vérifier l'application de la convention collective. Peut-il le faire si la convention ne traite pas des mesures disciplinaires? Deux opinions s'affrontent à ce sujet.

Certains soutiennent que le principe des droits résiduaires s'applique alors comme pour tout autre sujet et que l'arbitre n'a pas compétence pour entendre un grief sur ce point. La Cour d'appel a explicitement reconnu cette thèse[18]. Depuis longtemps par contre, bien des arbitres se sont montrés réticents à pousser jusqu'à ce point l'application de la théorie des droits résiduaires. Leur position a été en quelque sorte cautionnée par un jugement de la Cour suprême du Canada en 1973[19]. Une employée d'un magasin Zeller's de Yorkton, en Saskatchewan, avait été renvoyée pour différentes raisons dont son attitude vindicative et contrariante à l'égard de son supérieur, le défaut de payer certaines sommes sur son compte personnel au magasin et plusieurs absences non autorisées pour s'occuper d'affaires syndicales. Un arbitre avait ordonné sa réintégration, estimant que la cause n'était pas suffisante pour justifier un renvoi. L'employeur plaida que l'arbitre n'avait pas compétence pour entendre le grief parce qu'un article de la convention collective lui permettait de renvoyer tout employé à la condition de lui donner un avis d'une semaine. La cause se rendit jusqu'en Cour suprême. La sentence arbitrale avait été cassée par la cour de premier niveau, mais rétablie par la Cour d'appel de la Saskatchewan; la Cour suprême a confirmé l'opinion de la Cour d'appel.

Le motif qui a conduit au maintien de la compétence de l'arbitre était que l'article de la convention collective accordant à l'employeur le droit de renvoyer un employé, moyennant une semaine d'avis ou de salaire, ne visait que les cas de mise à pied ou de licenciement (*lay-off or discharge*). Les juges considérèrent que ce renvoi constituait un congédiement motivé (*dismissal for cause*) et non pas un licenciement. Conséquemment, l'arbitre avait compétence pour vérifier s'il y avait vraiment cause juste et suffisante de congédiement. La Cour suprême conclut qu'il ne lui appartient pas de réviser une décision qu'un tribunal d'arbitrage a prise avec compétence et sans erreur ou déni de justice manifeste. En d'autres mots, la Cour suprême reconnaissait le pouvoir du tribunal d'arbitrage d'évaluer une mesure disciplinaire, malgré une clause générale de droit de gérance qui donnait à l'employeur le droit d'imposer une sanction disciplinaire pouvant aller jusqu'au renvoi (*discipline or discharge*).

Une autre cause concernant une sanction disciplinaire modifiée par un arbitre s'est également rendue en Cour suprême du Canada. Elle concernait un vendeur de publicité non syndiqué qui avait été congédié entre autres pour avoir accepté, d'un client, des billets d'avion. L'employé en appela du renvoi devant la Commission des normes du travail, en invoquant l'article 124 de la *Loi sur les normes du travail* qui prévoit, comme dernière étape de la procédure pour ce genre de litige, l'arbitrage du conflit. L'arbitre trouva la mesure exagérée et remplaça le congédiement par une suspension de quatre mois, sans salaire. L'employeur demanda à la Cour supérieure un bref d'évocation contre cette décision, bref que la cour lui refusa. L'employeur en appela devant la Cour d'appel qui considéra déraisonnable la décision de l'arbitre. La Cour suprême du Canada en arriva à la conclusion contraire: elle restaura la décision arbitrale rendue deux ans plus tôt[20].

18. *Aluminum Company of Canada Ltd.* c. *Syndicat national des employés de l'aluminium d'Arvida*, (1966) B.R. 641.

19. *Zeller's (Western) Ltd.* c. *Retail, Wholesale and Department Store Union, Local 955 and Bonsal*, Cour suprême du Canada, 24 octobre 1973, (1975) 1 R.C.S. 376, 73 C.L.L.C., paragraphe 14194.

20. *Blanchard* c. *Control Data Canada Ltd.*, Cour suprême du Canada, 22 novembre 1984, (1984) 2 R.C.S. 476, 84 C.L.L.C., paragraphe 14070.

Une question pertinente à la présente discussion découle de l'article 100.12 du *Code du travail*, qui accorde explicitement à l'arbitre le droit de confirmer, de modifier ou de casser une décision de l'employeur (C.t. art. 100.12*f*). Cette disposition du Code donne-t-elle à l'arbitre compétence en matière disciplinaire, que la convention collective en traite ou non ? Certains répondent par l'affirmative, alors que d'autres soutiennent que la disposition ne s'applique que si la convention reconnaît la compétence de l'arbitre pour considérer le grief en cause. En d'autres mots, l'article 100.12 n'élargirait pas d'emblée la juridiction de l'arbitre aux mesures disciplinaires : il lui permettrait de modifier la sanction seulement si la convention reconnaît explicitement le droit de l'arbitre d'évaluer les sanctions disciplinaires.

En pratique, il suffit que la convention collective contienne certaines règles concernant l'application des mesures disciplinaires pour que l'arbitre ait le droit de considérer leur application par l'employeur et qu'il puisse, en vertu de l'article 100.12, modifier la sanction selon la preuve qui lui est soumise et les précisions contenues dans la convention collective qu'il doit interpréter. Ce qui est en cause, c'est le pouvoir de l'arbitre et non le principe fondamental selon lequel l'employeur ne doit imposer de mesures disciplinaires que pour une cause juste et suffisante.

8.2.2 Proportion de la sanction

La proportion entre le geste et la sanction est le principal critère utilisé pour décider si l'employeur avait une cause juste et suffisante pour imposer la peine qu'il a ordonnée. C'est ainsi, par exemple, qu'un vol vaudra à son auteur une sanction plus sévère que quelques retards.

La proportionnalité de la sanction s'évalue principalement en comparant le geste qui a entraîné la peine et la peine elle-même. Elle suppose également qu'on tienne compte des circonstances, atténuantes ou aggravantes, comme la nature des fonctions du salarié, la provocation possible par un supérieur ou, à l'inverse, la préméditation du geste. Le principe de l'incident culminant peut aussi justifier une mesure disciplinaire plus sévère que celle que l'action elle-même ne suggérerait normalement ; il s'applique aux cas de récidive.

Parce qu'il y a eu d'autres fautes, commises antérieurement par le même employé, la faute actuelle peut devenir l'incident culminant – la goutte qui fait déborder le vase – justifiant l'employeur d'imposer une sanction plus sévère. L'incident lui-même doit être suffisamment grave pour justifier une sanction, de même que les manquements antérieurs doivent normalement avoir fait l'objet d'une mesure disciplinaire, à tout le moins d'un avis verbal sinon écrit.

Certaines conventions collectives déterminent des sanctions spécifiques pour tel ou tel genre de faute. Il va de soi que l'employeur et l'arbitre sont alors tenus de se conformer à la disposition contenue dans la convention collective. Par contre, d'autres contiennent une formulation générale qui laisse à l'employeur et à l'arbitre le soin de juger de la gravité de chaque faute. C'est le cas, par exemple, de la disposition suivante :

> La réprimande, la suspension et le congédiement sont les mesures disciplinaires susceptibles d'être imposées pour cause juste et suffisante, suivant la gravité et la fréquence de l'offense reprochée.
>
> (Coopérative des consommateurs de Rimouski et le Syndicat des travailleuses et travailleurs de Cooprix-IGA Rimouski, article 10.10.)

Quand la convention collective précise certaines sanctions, le texte doit être clair. Autrement, chacun pourra l'interpréter dans le sens qui lui convient. Le cas suivant, qui comportait une équivoque de cette nature, s'est rendu jusqu'en Cour suprême du Canada. Dans la convention collective en cause, les employés s'engageaient à observer les règles contenues dans un manuel de travail qui ne faisait pas partie intégrante de la convention. Le manuel n'établissait pas de lien entre chaque faute et chaque sanction. Dans le cas visé, trois employés de la compagnie Brink's transportaient de l'argent dans un camion blindé. Une partie de l'argent a disparu au cours du trajet entre Dryden, dans le nord-ouest de l'Ontario, et Winnipeg. Les deux premiers employés furent suspendus, respectivement pour une semaine et deux semaines. Le troisième refusa de se soumettre au détecteur de mensonge et fut congédié. L'arbitre considéra que le congédiement avait été imposé à cause du refus de se soumettre au détecteur de mensonge et il lui substitua une suspension comparable à celle des deux autres employés. L'employeur obtint que la décision soit annulée et, après confirmation par la Cour d'appel du Manitoba, le syndicat en appela à la Cour suprême. La Cour suprême établit qu'il ne pouvait être question, dans ce cas, d'imposer une sanction spécifique, puisque l'employeur avait le choix parmi une variété de sanctions pour différentes infractions[21]. L'arbitre, qui avait rendu sa décision en vertu du *Code canadien du travail*, avait donc, selon la Cour suprême du Canada, le droit de remplacer la sanction par une autre. L'article en question est le suivant:

> Dans le cas de congédiement ou de mesures disciplinaires justifiées, et en l'absence, dans la convention collective, de sanction particulière pour la faute reprochée à l'employé en cause, l'arbitre ou le conseil d'arbitrage a en outre le pouvoir de substituer à la décision de l'employeur toute autre sanction qui lui paraît juste et raisonnable dans les circonstances.
>
> (C.c.t. art. 60, 2.)

En résumé, à moins que la convention collective ne précise qu'il faut appliquer telle mesure disciplinaire pour telle faute, l'arbitre pourra réviser la décision de l'employeur.

8.2.3 Progression de la sanction

La discipline industrielle établit que la sanction doit avant tout être corrective, et non punitive. La mesure doit principalement chercher à améliorer la conduite du salarié. De ce principe découle la gradation ou la progressivité des sanctions, qui est généralement reconnue tant dans la doctrine que dans la jurisprudence. Sous réserve des exceptions que nous mentionnerons plus loin, la gradation dans les sanctions implique que l'employeur impose une sanction moins sévère pour une première faute que pour toute récidive. Chaque répétition de la faute constitue une faute plus grave et exige une sanction également plus sévère. Il n'existe pas d'échelle fixe dans la progression des sanctions, parce que celles-ci dépendent autant des circonstances que de la faute elle-même. Cependant, on reconnaît généralement la progression suivante: un avis verbal, un avis écrit, une suspension de courte durée, une ou plusieurs suspensions de plus longue durée et, finalement, le congédiement. Ce dernier, comme mesure disciplinaire ultime, ne peut évidemment pas tenir compte du principe de correction mentionné plus haut. Par contre, la crainte du congédiement peut avoir l'effet correctif recherché.

Dans certains cas on a voulu consigner dans la convention collective une progression rigoureuse à laquelle l'employeur sera tenu de se conformer strictement:

> Lorsqu'il est établi que des mesures disciplinaires sont justifiées, l'application progressive de ces mesures disciplinaires sera faite de la façon suivante à moins qu'il ne s'agisse d'une faute grave où l'Employeur peut suspendre ou congédier immédiatement.
>
> a) Lors d'une première offense, une discussion constructive sera tenue avec le salarié pour l'informer de son offense et pour trouver un moyen d'éviter une répétition. La discussion sera tenue en présence d'un représentant de l'Association et une mention en sera inscrite à son dossier personnel.
>
> b) Lors d'une deuxième offense, le salarié sera réprimandé par écrit.
>
> c) Lors d'une troisième offense, le salarié sera suspendu pour une période de deux (2) jours non payés.
>
> d) Lors d'une quatrième offense, le salarié est passible d'une mesure disciplinaire pouvant aller d'une suspension de trois (3) jours jusqu'au congédiement.
>
> Dans tous les cas, la Compagnie remet un avis écrit au salarié lui spécifiant la nature de la mesure disciplinaire et une copie conforme est remise au représentant de l'Association.
>
> (R & M Métal inc. et l'Association des employés de R & M Métal inc., article 8.02.)

---

21. *General Drivers Warehousemen and Helpers Union, section locale 979* c. *Brink's Canada Ltd.*, Cour suprême du Canada, 26 avril 1983, (1983) R.C.S. 382, 83 C.L.L.C., paragraphe 14035.

Des dispositions ausi claires ne laissent aucun choix à l'employeur, à moins qu'il ne s'agisse d'une faute très sérieuse et qu'il n'opte immédiatement pour une sanction plus sévère, suspension prolongée ou congédiement. D'autres conventions collectives laissent un peu plus de liberté d'action à l'employeur, quitte à ce que le syndicat conteste la décision patronale s'il juge qu'elle ne répond pas aux critères fondamentaux de la discipline industrielle. Dans le cas d'une clause aussi détaillée que celle qui précède, l'arbitre est également lié par la progression stricte inscrite dans la convention collective. Il ne lui reste qu'à évaluer si l'employeur avait une cause juste et suffisante pour appliquer telle sanction. L'objectif d'une telle clause est d'éliminer toute décision arbitraire; elle impose en même temps des interventions rigoureusement définies, sans aucune souplesse permettant de tenir compte des circonstances.

Il y a cependant des exceptions à la règle de la progression dans les sanctions. La faute commise peut être si grave qu'elle rompe immédiatement le lien de confiance entre l'employeur et son salarié, et justifie un congédiement immédiat. Tel serait le cas, par exemple, d'un employé occupant un poste de confiance qui aurait falsifié des documents. L'employeur ne peut pratiquement pas laisser cette personne continuer d'occuper un emploi où un rapport de confiance mutuelle est essentiel. Dans une telle situation, pas question de gradation dans la sanction. Même si leur évaluation peut différer d'un cas à l'autre, les arbitres reconnaissent le droit de l'employeur d'imposer immédiatement le congédiement pour une faute très grave, dès qu'il a constaté un tel manque de fidélité à l'entreprise.

8.2.4 Prohibition de la double sanction

Une règle généralement appliquée en matière de discipline industrielle interdit de punir une seconde fois un employé, en raison des mêmes faits, ou même d'accroître la sévérité d'une mesure déjà imposée. Il y va de l'intérêt général que la sanction donnée soit considérée comme définitive, à la fois par l'employeur et par le salarié. Les parties savent alors à partir de quel moment s'écoule le délai au cours duquel on peut contester la mesure de l'employeur, ce qui permet à ce dernier d'invoquer la prescription s'il y a lieu. De plus, la possibilité de modifier une sanction risquerait de compromettre la stabilité des relations de travail et l'efficacité de la procédure de règlement des griefs.

Toutefois, la prohibition de la double sanction ne constitue qu'un principe d'équité; elle n'a pas force de loi. Si un arbitre décide d'y recourir, il peut le faire s'il le juge à propos; il n'y est cependant pas tenu.

Pour que le principe interdisant la double sanction s'applique, il faut être en présence d'une seule infraction à laquelle on veut appliquer une seconde sanction. Ainsi, deux employés qui s'étaient bagarrés avaient reçu, chacun, une suspension de cinq jours; plus tard, l'employeur voulut leur imposer, en plus, une rétrogradation disciplinaire: l'arbitre a jugé qu'il ne pouvait pas le faire, parce qu'il s'agissait vraiment de deux sanctions pour la même faute[22]. Des sanctions successives ne constituent pas nécessairement une double sanction. Par exemple, si un employé commet la même faute deux ou plusieurs fois, l'employeur lui infligera une sanction disciplinaire à chaque fois, et, parce qu'il s'agit d'une récidive, il pourra imposer une mesure à chaque fois plus sévère. Tout comme dans le cas de l'incident culminant, ce n'est pas la même infraction qui est sanctionnée, mais une nouvelle; et la sanction tient compte de la conduite antérieure de l'employé, non pas pour l'excuser, mais bien pour lui faire sentir la gravité de plus en plus grande des incidents qui se répètent.

La sanction peut aussi revêtir un caractère temporaire. Pendant une enquête qui vise à évaluer exactement la gravité d'une infraction, il arrive souvent que l'employeur juge préférable de suspendre provisoirement l'employé pour en faciliter le déroulement. La sanction qui lui sera imposée après coup ne constitue pas une deuxième sanction, mais la sanction définitive, qui fait suite à la suspension qui n'était que provisoire. On se trouve dans une situation ana-

22. *Ville de Joliette* c. *Syndicat canadien de la fonction publique*, D.T.E. 89T-67, Francine Gauthier-Montplaisir, arbitre.

logue quand un sanction doit être prise ou confirmée à différents niveaux d'autorité. Pour bien faire comprendre ce dernier cas, on peut penser, même s'il ne s'agit pas ici d'un salarié au sens du *Code du travail*, à la sanction qu'un directeur des services municipaux peut imposer à un cadre, en attendant une décision définitive de la part du conseil municipal. Enfin, la même sanction peut avoir plus d'un effet: une suspension disciplinaire s'accompagne nécessairement d'un arrêt de la rémunération; il ne s'agit pas là de deux sanctions distinctes[23].

En dehors de ces cas exceptionnels, la prohibition de la double sanction constitue une règle à ce point admise qu'un arbitre peut annuler une sanction additionnelle imposée à un salarié pour la même infraction, à moins que l'employeur ne puisse démontrer l'existence de faits nouveaux, survenus ou découverts après l'adoption de la première mesure.

8.2.5 Circonstances atténuantes ou aggravantes

Dans l'imposition d'une sanction disciplinaire, l'employeur tiendra compte des circonstances qui, selon le cas, peuvent être atténuantes ou aggravantes. De la même manière, si l'arbitre doit évaluer une sanction disciplinaire, il pourra aussi tenir compte de telles circonstances[24]. Les circonstances qui peuvent être considérées sont très variées; il peut s'agir des caractéristiques personnelles du salarié: son âge, son degré d'instruction ou son état de santé physique et morale. On peut tenir compte aussi du milieu environnant: les fonctions du salarié, le climat de travail dans l'entreprise et l'atteinte faite par l'infraction à la réputation de la compagnie. On peut même considérer, dans certains cas, le milieu familial: difficultés matrimoniales, divorce, maladie ou autres situations exceptionnelles. Certains arbitres ont même tenu compte de la conjoncture économique et des problèmes de chômage dans leur évaluation de la sévérité de la sanction imposée; une telle considération est particulièrement importante quand l'employeur en cause est le seul dans une région. D'un autre côté, cette approche peut facilement donner prise à la critique.

La considération la plus fréquente est celle qui a trait au dossier disciplinaire du salarié et à son ancienneté. L'employeur peut tenir compte d'un dossier lourd de sanctions pour invoquer l'incident culminant et imposer une mesure draconienne. D'un autre côté, l'absence d'antécédents disciplinaires et de nombreuses années de loyaux services, constituent une circonstance atténuante souvent décisive[25]. Ce dernier point peut être problématique si la convention collective stipule qu'on doit retirer toute mention disciplinaire du dossier d'un employé après un certain temps. C'est ainsi qu'un arbitre a limité la preuve de bonne conduite aux deux années précédant le congédiement, toute faute disciplinaire devant être retirée du dossier après ce délai. Le syndicat invoquait la bonne conduite antérieure, mais l'employeur n'avait aucun moyen de réfuter cette preuve au-delà des deux années en question; il n'était que juste, selon l'arbitre, de ne pas l'admettre au-delà de cette limite[26].

Les circonstances aggravantes peuvent aussi varier. Les deux plus fréquentes sont le caractère répété d'une infraction et sa préméditation: ces deux aspects peuvent valoir une peine beaucoup plus sévère à l'employé fautif. S'il s'agit d'un salarié qui exerce des fonctions mettant en cause la santé et la sécurité du public, toute négligence sérieuse de sa part sera considérée avec une sévérité particulière[27]. On a même considéré comme circonstance aggravante le fait

---

23. *Syndicat des postiers du Canada* c. *Société canadienne des postes*, (1988) T.A. 515, Rodrigue Blouin, arbitre.
24. Claude D'Aoust, Louis Leclerc et Gilles Trudeau, *op. cit.*, p. 259-269; D. Brown et D.M. Beatty, *Canadian Labour Arbitration*, 3e édition, Aurora, Canada Law Book Ltd., 1990, section 7: 4314, 7: 4400.
25. *Fraternité des chauffeurs d'autobus, opérateurs de métro et employés des services connexes au transport de la STCUM* c. *Société des transports de la communauté urbaine de Montréal*, D.T.E. 88T-1050, Pierre Cloutier, arbitre.
26. *Syndicat des travailleurs et travailleuses en communication et en électricité du Canada (CTCC)* et *Bell Canada*, D.T.E. 89T-867, André Rousseau, arbitre.
27. *Fraternité des chauffeurs d'autobus, opérateurs de métro et employés des services connexes au transport de la STCUM* c. *Société des transports de la communauté urbaine de Montréal*, D.T.E. 88T-1050, Pierre Cloutier, arbitre.

qu'un employé ne semblait éprouver aucun remords à la suite de sa faute et ne manifestait aucun désir de s'amender[28].

On reconnaît également à l'employeur le droit d'être plus sévère s'il est aux prises avec un problème chronique ou particulièrement répandu dans l'entreprise, comme une épidémie de vols. Il pourra alors recourir à des sanctions exemplaires et l'arbitre pourra tenir compte de la situation pour confirmer des sanctions autrement jugées trop sévères[29].

Tels sont les principaux critères que les employeurs utilisent généralement en matière de mesures disciplinaires, et auxquels les arbitres se réfèrent pour évaluer les griefs de cette nature qui leur sont soumis. Finalement, tout tourne autour de la cause juste et suffisante comme fondement de la sanction. Il y a toutefois d'autres aspects qui ont une certaine importance, même s'ils relèvent plutôt de la manière de procéder. C'est ce que nous allons voir dans la section suivante.

8.3 Procédure habituelle

Pour qu'un employé puisse être tenu d'observer certaines règles, il doit en avoir pris connaissance. Il incombe à l'employeur de prendre les moyens appropriés pour que ses employés connaissent les règles auxquelles ils doivent obéir. L'employeur doit également respecter certaines étapes quand il impose une sanction. C'est ce que nous allons voir dans la présente section. Nous expliquerons successivement comment l'avis de sanction doit être transmis, après enquête s'il y a lieu, combien de temps la mention de l'avis ou de la sanction demeure au dossier et quel est le droit des salariés quant à la consultation de leur dossier disciplinaire.

Plus encore que dans le cas des critères fondamentaux, la source et le fondement de la procédure à suivre en matière de discipline sont sujets à controverse. Si la convention collective en traite, ce sont évidemment ses dispositions qui s'appliquent et qu'il faut respecter. Par contre, quand la convention collective est muette sur tel ou tel aspect de la procédure ou sur toute procédure, les arbitres peuvent faire appel à l'équité et à l'obligation de justice naturelle dont un employeur doit toujours se préoccuper quand il impose une sanction disciplinaire.

8.3.1 Démarches préalables

Il arrive qu'avant même d'imposer une sanction disciplinaire, il faille procéder à certaines démarches. L'obligation peut venir soit de la convention collective, soit des circonstances elles-mêmes : l'employeur ne peut imposer une sanction sans bien connaître l'événement ou l'ensemble des gestes qui justifient son intervention. Les circonstances peuvent exiger soit une enquête de sa part, soit à tout le moins, une rencontre préalable.

Il est normal et prudent que le ou les représentants de l'employeur entendent les personnes concernées avant de prendre une décision ; l'expérience montre que l'employé aura tendance à donner une même version des faits à l'employeur et à l'arbitre, pour autant qu'il dépose un grief et que celui-ci se rend jusqu'en arbitrage. Même à l'étape de l'enquête, il est conseillé de s'assurer de la présence d'un représentant patronal et d'un représentant syndical pour qu'ils puissent comprendre l'événement et, si jamais il y a grief et arbitrage, témoigner de ce qu'ils ont vu et entendu.

Si l'acte reproché au salarié est grave, il arrive qu'il soit préférable de le relever de ses fonctions pour la durée de l'enquête ; comme ce geste équivaut à une suspension, il faut décider s'il doit s'accompagner ou non d'une suspension de salaire. Certaines conventions collectives contiennent des dispositions à ce sujet.

Toutes les sanctions disciplinaires n'exigent pas une enquête interne en bonne et due forme. Une simple

---

28. *Syndicat des travailleurs et travailleuses en communication et en électricité du Canada (STCC)* et *Bell Canada*, D.T.E. 89T-867, André Rousseau, arbitre.
29. *Québec, ministère des Transports* et *Syndicat des fonctionnaires provinciaux du Québec*, D.T.E. 89T-1134, Pierre Jasmin, arbitre.

rencontre entre les personnes concernées suffit souvent à éclaircir suffisamment la situation pour que l'employeur puisse prendre une décision en toute connaissance de cause. Le cas échéant, le représentant de l'employeur doit convoquer les personnes intéressées, ce qui inclut normalement le représentant syndical, avec ou sans le consentement du salarié: certaines conventions disent que le salarié peut se faire accompagner, d'autres précisent que le représentant syndical doit être présent. Au moment de la convocation, le salarié doit être informé du sujet de la rencontre et de l'événement ou des gestes qui feront l'objet de la décision afin de pouvoir préparer une défense raisonnable. Les renseignements donnés à ce moment n'enlèvent pas au salarié le droit d'obtenir des renseignements supplémentaires par la suite, s'il le juge nécessaire. Toutes ces démarches se situent normalement avant qu'une sanction soit imposée.

8.3.2 Avis de sanction disciplinaire

Si, à la suite de son enquête, l'employeur conclut qu'il doit imposer au salarié une sanction disciplinaire, il doit l'en informer d'une manière officielle. Il peut le faire lors d'une deuxième rencontre, qui n'a plus le caractère exploratoire de la première, où il transmettra au salarié un avis écrit précisant la nature de la sanction disciplinaire qu'il lui impose, les motifs qui justifient sa décision et le moment où elle entrera en vigueur.

Si la convention collective stipule qu'un employeur doit faire connaître le motif et les faits qui fondent la sanction, l'employeur ajoutera à l'avis, outre le motif ou la raison qui est la cause de sa décision – et qui découle de son interprétation des événements –, un exposé des faits sur lesquels repose cette décision et que l'on reproche à l'employé[30]. L'exposé des motifs de la sanction, surtout s'il s'agit d'une mesure disciplinaire sévère, a une très grande importance. Si le conflit doit être porté en arbitrage, ou encore devant les tribunaux, l'employeur ne pourra invoquer d'autres motifs que ceux qu'il a remis à l'employé dans son avis disciplinaire. Il pourra ajouter des faits, qu'il connaissait au moment de sa décision ou dont il a eu connaissance par la suite, mais il ne pourra pas invoquer d'autres motifs que ceux qui apparaissent dans l'avis de sanction disciplinaire. Règle générale, l'avis doit être transmis au salarié en présence du délégué ou d'un autre représentant syndical et une copie est remise au syndicat.

L'avis disciplinaire doit être donné dans un délai raisonnable depuis la date du manquement reproché à l'employé ou à partir du moment où l'employeur en a eu connaissance. La convention collective peut préciser la durée de ce délai. Mentionnons, à titre d'information, que des délais de deux ou trois ans entre le moment où une faute a été commise et la décision de la sanctionner ont été jugés déraisonnables et ont amené soit le tribunal, soit l'arbitre, à accueillir le grief et à annuler un congédiement[31].

Enfin, l'employeur demande souvent au salarié visé de signer l'avis disciplinaire qu'il reçoit. La signature de l'employé ne constitue alors qu'un accusé de réception et ne peut jamais être utilisée comme un aveu de culpabilité. Certaines conventions collectives mentionnent cette distinction capitale. Mais même si la convention est muette à ce sujet, une telle signature ne peut être présentée comme un aveu de l'employé.

8.3.3 Amnistie ou pardon des sanctions

La plupart des conventions collectives stipulent le retrait d'une mention disciplinaire du dossier du salarié moyennant certaines conditions, la plus fréquente étant l'expiration d'une période négociée par les parties[32].

Une première question vise l'objet de l'amnistie ou du pardon: quels sont les éléments qui doivent être

30. *Guay* c. *Cité de Shawinigan*, opinion du juge BERNIER, (1979) C.A. 315. CLAUDE D'AOUST, LOUIS LECLERC et GILLES TRUDEAU, *op. cit.*, p. 231.

31. *Ville de Joliette* et *Fraternité des policiers de Joliette*, (1988) T.A. 696. *Domtar inc.* et *Syndicat canadien des travailleurs du papier*, D.T.E. 87T-798.

32. CLAUDE D'AOUST, «L'amnistie des fautes disciplinaires», *Relations industrielles*, vol. 43, n° 4, 1988, p. 909-942.

retirés du dossier? Généralement, il s'agit de toutes les mesures disciplinaires, y compris les simples avis. Quelques conventions vont plus loin et exigent le retrait de tout rapport défavorable. Une autre manière de procéder consiste à établir, dans la convention collective, la liste des documents qui apparaissent au dossier de chaque employé. Seuls les documents mentionnés peuvent s'y trouver; le texte de la convention dit alors que le dossier peut contenir la copie d'un avis ou d'une sanction disciplinaire, mais pour une durée maximale de six mois ou de un an selon le cas. On pourrait imaginer que le retrait soit assujetti à d'autres conditions, mais on n'en trouve guère d'autres que la fin de la période établie par les parties. (Voir les tableaux 8-1 et 8-2.)

Les données des tableaux 8-1 et 8-2 montrent que la plupart des conventions collectives exigent le retrait du dossier du salarié de toute mention d'une mesure disciplinaire au-delà de un an, plus précisément après une période de 7 à 12 mois suivant la sanction. C'est dans cette catégorie qu'on trouve 40 % des conventions collectives et 60 % des salariés. Dans quelques conventions, le délai est un peu plus long s'il y a récidive. Le retrait d'une sanction du dossier implique qu'il n'est plus possible de l'invoquer contre le salarié.

Mais, comme toute mesure, celle-ci a ses inconvénients. Un arbitre l'exprimait dans les termes suivants[33]:

> La clause limitant la durée du passé disciplinaire subsistant au dossier est toujours à double tranchant. Elle impose d'apprécier le comportement d'un salarié dans le cadre de la durée convenue, soit une année dans le cas présent, et donc d'ignorer tant les incidents qui ont pu survenir auparavant que l'excellence du dossier antérieur. Or il est certains gestes qui peuvent être excusés lorsqu'ils sont uniques dans une longue carrière mais qui ne peuvent l'être lorsqu'une seule année est considérée. Un passé si court ne peut être garant d'un aussi bref avenir.

8.3.4 Droit de consulter son dossier

Pour éviter des surprises de part et d'autre à l'étape de l'arbitrage, il peut être utile aux deux parties de permettre à l'employé de consulter son dossier disciplinaire. Il pourra y voir, en toutes lettres, ce que son employeur lui reproche. Dans bien des cas, il pourra même en obtenir une copie soit pour s'amender, soit pour préparer sa défense éventuelle.

Selon les conventions collectives, cette consultation doit respecter plusieurs dispositions. Dans certains cas, ce droit est accordé sur demande verbale et la consultation peut se faire immédiatement. Dans d'autres cas, l'employeur exige une demande écrite et le salarié est avisé du moment où il pourra se présenter au Service des ressources humaines. Certaines conventions profitent de cette clause pour déterminer ce que peut ou ce que doit contenir le dossier de l'employé.

Dans les cas où la convention collective est muette sur le droit de consultation, l'employé ne peut faire appel qu'à la justice naturelle et à la pratique courante dans les différentes entreprises. Règle générale, les employeurs considèrent qu'il y va de leur propre image, de la transparence de leur organisation et de leur administration, de permettre aux employés une telle consultation et même de fournir une copie des documents pour lesquels un salarié peut avoir un intérêt particulier.

8.4 Exemples de clauses

On devine, par l'exposé qui précède, l'infinie variété des clauses relatives aux mesures disciplinaires. La grande majorité des conventions traite du sujet, soit environ 80 % des conventions visant 85 % des salariés (voir les tableaux 8-1 et 8-2). Selon les circonstances, la clause peut être courte ou relativement complexe. Dans les deux exemples suivants, on retrouvera un certain nombre des principes énoncés dans les pages qui précèdent.

8.4.1 Clause succincte

Règle générale, une clause sur les mesures disciplinaires impose à l'employeur un cadre à l'intérieur

33. *Hôpital Saint-Charles-Borromée* c. *Syndicat des travailleurs (euses) du Centre hospitalier Saint-Charles-Borromée*, Association des hôpitaux du Québec, dossier 328-03-07, LOUIS B. COURTEMANCHE, arbitre.

duquel il doit procéder pour imposer des mesures disciplinaires. La procédure sera empreinte d'équité : elle imposera des délais, des formalités, des règles d'exonération ou de pardon. La clause évoquera aussi des principes fondamentaux comme la progression dans les sanctions. Le premier exemple contient beaucoup d'éléments en quelques lignes, depuis le principe fondamental de la cause juste et suffisante jusqu'à une disposition sur la suspension en cas d'enquête préalable à la sanction.

> Toute mesure disciplinaire est imposée pour cause juste et suffisante et confirmée par écrit au salarié au moment de son imposition. Cet écrit doit, à titre indicatif, comporter un énoncé sommaire des motifs justifiant la mesure. L'employeur en remet une copie au syndicat. Advenant que le salarié soit suspendu pour fin d'enquête avant l'imposition d'une mesure disciplinaire, l'employeur en informe le délégué concerné ou un membre de l'exécutif syndical dans les meilleurs délais.
>
> (Duchesne et Fils et le Syndicat des travailleurs de l'énergie et de la chimie, local 160, article 11.01.)

8.4.2 Clause détaillée

Le second exemple contient de très nombreuses précisions sur différents aspects de la procédure. La rétrogradation y est interdite pour raison disciplinaire. La présence d'un responsable syndical est exigée, à moins que l'employé ne s'y objecte. La clause est longue, mais ne touche pas aux principes fondamentaux, comme la cause juste et suffisante et la progression dans les sanctions. Vu le caractère détaillé de la clause, on peut en déduire que les règles fondamentales de la justice naturelle y sont contenues implicitement.

Accès au dossier

> 11.01 Le salarié concerné, ainsi que le représentant syndical qu'il a autorisé par écrit, a accès en tout temps à son dossier disciplinaire individuel.

Délai 10 j. ouvr.

> 11.02 Aucune plainte ou mesure disciplinaire ne peut être utilisée contre un employé à moins qu'une copie ne soit remise à l'employé et au Syndicat dans les dix (10) jours ouvrables de l'événement ou de sa connaissance.

Sens de signat. de l'employé

> 11.03 Si un employé signe un document impliqué dans un cas disciplinaire, il le fait seulement pour reconnaître le fait qu'il en est ainsi informé.

Retrait apr. 3 m. (avis disc.)

> 11.04 Tout avis disciplinaire est retiré du dossier disciplinaire d'un salarié après trois (3) mois si aucune mesure disciplinaire n'est versée au dossier pendant cette période.

Ret. apr. 6 m. (susp. moins de 5 j.), apr. 12 m. (susp. 5 j. et plus)

> Un avis de suspension est retiré du dossier disciplinaire d'un salarié après six (6) mois (un an s'il s'agit d'une suspension de cinq (5) jours ou plus) si aucune autre mesure disciplinaire ou suspension n'est versée au dossier du salarié pendant cette période.
>
> Une mesure disciplinaire ou suspension qui a été retirée du dossier ne peut être invoquée contre le salarié par la suite.

Présence repr. syndical

> 11.05 Sauf si l'employé s'y objecte, un représentant du Syndicat sera présent à toute entrevue entre l'Employeur et un employé.

Discussion avec le synd.

> 11.06 L'Employeur convient qu'il aura normalement intérêt à discuter avec le président du Syndicat, ou en son absence, avec un autre membre du comité syndical, avant de procéder au congédiement d'un salarié ; cette procédure ne s'applique pas, cependant, dans les cas où l'Employeur estime que le congédiement doit être immédiat.
>
> Il est entendu que les discussions entre l'Employeur et le représentant du Syndicat, ne lient en aucune façon ces deux parties ; de plus, aucune objection ne pourra être faite relativement à de telles discussions ou à l'absence de telles discussions préalablement à un congédiement.

En cas de congédiement

> 11.07 Dans un cas de congédiement et de suspension, le grief sera soumis à la deuxième (2e) étape de la procédure de grief par le comité syndical. S'il n'y a pas d'entente, les parties conviennent de faire procéder à l'audition de ce grief par l'arbitre

TABLEAU 8-1

Retrait obligatoire du dossier du salarié des mentions se rapportant aux mesures disciplinaires – 1984

Délai pour le retrait obligatoire	Conventions collectives régissant moins de 50 salariés				50 salariés et plus				tous les salariés (TOTAL)			
	C.c.	%	Salariés	%	C.c.	%	Salariés	%	C.c.	%	Salariés	%
Sans mention concernant la récidive												
1 à 6 mois	734	17,7	13 185	17,9	305	16,1	57 119	8,3	1 039	17,2	70 304	9,2
7 à 12 mois	1 670	40,2	29 943	40,7	771	40,6	425 869	61,7	2 441	40,3	455 812	59,7
1 à 2 ans	196	4,7	3 591	4,9	87	4,6	27 377	4,0	283	4,7	30 968	4,0
2 ans et plus	22	0,5	425	0,6	12	0,6	5 319	0,8	34	0,6	5 744	0,8
Tenant compte des récidives[1]												
1 à 6 mois	40	1,0	877	1,2	38	2,0	5 454	0,8	78	1,3	6 331	0,8
7 à 12 mois	70	1,7	1 131	1,5	61	3,2	36 789	5,3	131	2,2	37 920	5,0
1 à 2 ans	1	—	14	—	2	0,1	1 254	0,2	3	—	1 268	0,2
Autre disposition[2]	331	8,0	6 134	8,3	204	10,7	51 888	7,5	535	8,8	58 022	7,6
Aucune disposition	1 090	26,2	18 174	24,7	418	22,0	79 279	11,5	1 508	24,9	97 453	12,8
TOTAL	4 154	100,0	73 474	100,0	1 898	100,0	690 348	100,0	6 052	100,0	763 822	100,0

1. Délai plus long en cas de récidive: le délai dans la majorité des cas se situe alors entre 1 et 2 ans.
2. «Autre disposition» inclut principalement les cas où le délai pour le retrait varie selon la cause de la mesure disciplinaire.

Source: Données mécanographiques du CRSMT, 5 septembre 1991. (Variable B-27.)

TABLEAU 8-2

Retrait obligatoire du dossier du salarié des mentions se rapportant aux mesures disciplinaires – 1989

Délai pour le retrait obligatoire	Conventions collectives régissant moins de 50 salariés				50 salariés et plus				tous les salariés (TOTAL)			
	C.c.	%	Salariés	%	C.c.	%	Salariés	%	C.c.	%	Salariés	%
Sans mention concernant la récidive												
1 à 6 mois	931	17,3	17 708	17,2	413	16,0	63 392	6,9	1 344	16,9	81 100	7,9
7 à 12 mois	2 260	42,0	44 339	43,1	1 218	47,3	551 096	59,9	3 478	43,7	595 435	58,2
1 à 2 ans	263	4,9	5 313	5,2	141	5,5	38 859	4,2	404	5,1	44 172	4,3
2 ans et plus	33	0,6	689	0,7	12	0,5	5 629	0,6	45	0,6	6 318	0,6
Tenant compte des récidives[1]												
1 à 6 mois	68	1,3	1 398	1,4	70	2,7	9 760	1,1	138	1,7	11 158	1,1
7 à 12 mois	109	2,0	1 845	1,8	93	3,6	37 553	4,1	202	2,5	39 398	3,8
1 à 2 ans	1	—	16	—	3	0,1	417	—	4	0,1	433	—
Autre disposition[2]	400	7,4	8 262	8,0	304	11,8	65 021	7,1	704	8,8	73 283	7,2
Aucune disposition	1 319	24,5	23 275	22,6	323	12,5	148 480	16,1	1 642	20,6	171 755	16,8
TOTAL	5 384	100,0	102 845	100,0	2 577	100,0	920 207	100,0	7 961	100,0	1 023 052	100,0

1. Délai plus long en cas de récidive: le délai dans la majorité des cas se situe alors entre 1 et 2 ans.
2. «Autre disposition» inclut principalement les cas où le délai pour le retrait varie selon la cause de la mesure disciplinaire.

Source: Données mécanographiques du CRSMT, 5 septembre 1991. (Variable B-27.)

désigné conformément à l'article 7.07 des présentes avant tout autre grief déjà référé à l'arbitrage.

Possib. de grief et d'arb. 11.08 Les avis disciplinaires, suspensions et congédiements peuvent faire l'objet d'un grief arbitrable et le fardeau de la preuve incombe à l'Employeur.

Rétrogr. interd. 11.09 Aucune rétrogradation pour raison disciplinaire n'aura lieu pendant la durée de cette convention.

(Quimpex ltée et les Travailleurs canadiens de l'automobile, local 104.)

Ce ne sont là que deux exemples de clauses; nous en avons d'ailleurs reproduit quelques autres dans les sections précédentes. La question des mesures disciplinaires constitue peut-être le sujet sur lequel les clauses de convention collective offrent la plus grande variété de dispositions. L'imagination des parties semble particulièrement fertile sur le sujet.

8.5 Conclusion

Le fait d'imposer des mesures disciplinaires met en cause plusieurs droits fondamentaux des parties dont le droit de gérance de l'employeur de faire respecter la discipline industrielle et le droit au respect du salarié quand l'employeur juge nécessaire de lui imposer certaines sanctions.

Du fait que le droit d'imposer des sanctions disciplinaires ne découle pas de la convention collective mais du droit de gérance, la clause visant les mesures disciplinaires présente certaines ressemblances avec la clause des droits de gérance. Par contre, son optique est fondamentalement différente: la clause des droits de gérance a pour but d'affirmer ces droits et de les faire reconnaître par la partie syndicale, alors qu'une clause de mesures disciplinaires est là pour encadrer l'exercice du droit de l'employeur en la matière.

Théoriquement, la question des mesures administratives exigerait un développement semblable. Rappelons seulement les ressemblances et les différences entre les deux. Les différences sont relativement grandes et ne sont pas négligeables: le courant de pensée principal pousse les arbitres à considérer qu'ils n'ont pas de compétence pour évaluer les décisions patronales en matière de mesures administratives, tout au plus leur pouvoir se limite à vérifier si ces mesures ont été prises de façon régulière ou non. La principale ressemblance est que toutes les mesures doivent être appliquées avec équité, d'autant que, par définition, le salarié visé par une mesure administrative n'a commis aucune faute. Il paraît donc souhaitable qu'il soit d'abord avisé, pour qu'il puisse s'améliorer, s'il le peut, et qu'on lui fournisse les moyens d'acquérir les habiletés requises si celles-ci lui font défaut. Nous rejoignons là un des aspects qui seront traités dans le chapitre 10 portant sur la protection de l'emploi.

Bibliographie

AUDET, GEORGES et BONHOMME, ROBERT. *Le congédiement en droit québécois*, Cowansville, Les Éditions Yvon Blais inc., 1988, 510 p.

BROWN, D. et BEATTY, D.M. *Canadian Labour Arbitration*, 3e édition, Aurora, Canada Law Book Ltd., 1990.

D'AOUST, CLAUDE. «L'amnistie des fautes disciplinaires», *Relations industrielles*, vol. 43, no 4, 1988, p. 909-942.

D'AOUST, CLAUDE, LECLERC, LOUIS et TRUDEAU, GILLES. *Les mesures disciplinaires: étude jurisprudentielle et doctrinale*, monographie no 13, Université de Montréal, École de relations industrielles, 1982, 484 p.

D'AOUST, CLAUDE et TRUDEAU, GILLES. «La distinction entre mesures disciplinaires et non disciplinaires (administratives) en jurisprudence arbitrale québécoise», *Revue du Barreau*, vol. 41, no 4, 1981, p. 514-564.

HILL, MARVIN JR. et SINICROPI, ANTHONY V. *Management Rights. A Legal and Arbitral Analysis*, Washington, D.C., Bureau of National Affairs, 1989, 560 p., ch. 4: «Discipline and Discharge», p. 82-133.

LUCIER, JACQUES. «La discipline industrielle: essai de synthèse», *Relations industrielles*, vol. 15, no 3, juillet 1960, p. 350-360.

Mesures disciplinaires et non disciplinaires. 1982-1990. Jurisprudence, doctrine, commentaires, collection «A tout maître», no 2, Montréal, Société québécoise d'information juridique, 1990, 306 p.

MORIN, FERNAND et BLOUIN, RODRIGUE. *Arbitrage des griefs. 1986*, Montréal, Les Éditions Yvon Blais inc., 1987 (554 p.), p. 402-426.

PALMER, E.E. et PALMER, B.M. *Collective Agreement Arbitration in Canada*, 3e édition, Toronto, Butterworths, 1991, 767 p.

SIRARD, RONALD et GAZAILLE, ALAIN. *Comprendre et appliquer une convention collective*, Montréal, Wilson et Lafleur, 1989 (167 p.), p. 135-157.

Chapitre

9

Ancienneté, promotions et mises à pied

PLAN

Avec le présent chapitre, nous poursuivons l'étude des clauses de fond de la convention collective, celles qui confèrent des droits aux travailleurs. Ces droits visent principalement l'emploi et la rémunération. Ce chapitre traite du recours à l'ancienneté comme mesure pour protéger l'emploi de certains salariés et leur garantir divers avantages.

L'ancienneté a plusieurs fonctions: elle détermine entre autres la durée des vacances, le choix des quarts de travail et le droit aux heures supplémentaires. Mais surtout, elle garantit une préférence d'emploi à certains salariés au moment des promotions et des mises à pied. L'ancienneté résout alors un problème non pas entre l'employeur et le syndicat mais entre les employés eux-mêmes: dans les cas de promotions ou de mises à pied, l'ancienneté détermine quels salariés jouiront ou souffriront, selon le cas, de la décision patronale. Au sens premier du mot, c'est un instrument de discrimination: parce qu'elle favorise certains salariés, elle en défavorise d'autres.

Les problèmes soulevés par l'ancienneté sont complexes. Après avoir examiné la nature et les fondements de l'ancienneté, il faudra nous arrêter à un aspect secondaire, mais d'une grande importance pour les intéressés: le calcul de l'ancienneté. Avec la typologie multiple des clauses d'ancienneté, nous aborderons les deux problèmes principaux de leur application: leur rôle en matière de promotions d'une part, et de mises à pied d'autre part. Il restera à considérer quelques aspects particuliers de l'ancienneté, très différents mais tout aussi importants les uns que les autres, ainsi que les implications et les orientations de la clause qui la régit.

9.1 Nature, fondement et concepts

Il faut d'abord expliquer en quoi consiste l'ancienneté et ce à quoi on l'applique généralement. Ce premier point est plutôt descriptif. Mais il y a lieu de se demander aussi sur quoi repose le principe de l'ancienneté. La convention collective est-elle la seule source des droits qui en découlent? Finalement, plusieurs concepts reliés à l'ancienneté doivent être définis avant d'aborder l'étude approfondie du sujet.

9.1.1 Nature et objets

Commençons par décrire l'ancienneté; nous en chercherons ensuite les fondements. L'ancienneté est l'instrument dont on se sert pour régler une foule de problèmes, très importants ou très terre-à-terre. Qui obtiendra telle promotion? Qui faudra-t-il mettre à pied? À qui accordera-t-on les heures supplémentaires à effectuer? Qui devrait avoir le premier choix dans la répartition des périodes de vacances? À qui réserver les quelques places de stationnement disponibles? Toutes ces questions trouvent une réponse commode dans le nombre d'années de service de chaque employé.

On a donné diverses explications philosophiques du phénomène. Mais la principale raison justifiant l'utilisation généralisée de l'ancienneté est probablement beaucoup plus simple: l'ancienneté constitue un critère simple, qui n'entraîne pas de discussions. Si on cherche à déterminer l'employé dont la fidélité à l'entreprise est la plus grande, ou l'employé le plus compétent pour remplir tel poste, on fait toujours face à des contestations: la fidélité et la compétence sont des facteurs qu'on ne peut pas vraiment quantifier. L'ancienneté, elle, s'exprime par un chiffre: le nombre d'années, de mois et de jours passés au service de l'entreprise. Il n'y a qu'à invoquer l'ancienneté des salariés en cause, et au besoin à en faire la preuve à l'aide des documents pertinents, et il n'y a plus de discussions possibles. Le problème est réglé, tant pour l'employeur que pour le représentant syndical.

Toujours en termes d'objectifs poursuivis, une autre qualité exceptionnelle du critère d'ancienneté est d'éliminer toute forme de favoritisme, patronal ou syndical. Bien des syndicats se sont formés pour contrecarrer le favoritisme de l'employeur ou des contremaîtres. Comme la plupart des autres critères comportent des éléments subjectifs, il était tout naturel de vouloir empêcher le favoritisme par une règle simple et irréfutable: l'ancienneté.

Jusqu'ici l'ancienneté apparaît comme la réponse aux choix à effectuer parmi des employés susceptibles de réclamer le même avantage. L'ancienneté sert alors de solution à un problème de concurrence. Le problème n'existe pas seulement en matière de promotions et de mises à pied; il se pose aussi à l'occasion de nombreux choix à effectuer: quarts de travail, itinéraires dans le secteur du transport, périodes de vacances, heures supplémentaires, remplacement temporaire à des postes plus attrayants, etc. Dans tous ces cas on parle d'ancienneté-concurrence.

L'ancienneté sert également à déterminer le niveau de certains avantages consentis par l'entreprise à ses salariés. Selon les cas, on pourra avoir droit à trois semaines de congé annuel après deux, trois ou cinq ans de service. L'ancienneté peut aussi donner droit à une pension plus élevée au moment de la retraite, à un congé plus long en cas de maladie, à des avantages supérieurs en matière de formation ou à une prime de licenciement plus importante. Il s'agit là de différentes formes d'ancienneté-bénéfice[1].

On voit déjà le nombre d'objets auxquels l'ancienneté s'applique, soit pour assurer aux salariés de meilleures conditions, soit pour établir un ordre de priorité dans la répartition de certains avantages ou inconvénients. En ce sens, l'ancienneté apparaît comme le moyen privilégié d'assurer une distribution équitable des inconvénients et des avantages dans un lieu de travail donné.

Pour simplifier, nous ne retiendrons que deux types d'objets visés par la règle de l'ancienneté. D'abord, l'emploi lui-même; c'est l'aspect le plus important. Comme critère unique ou avec d'autres facteurs, l'ancienneté détermine les mouvements de personnel dans l'unité de négociation: l'ordre des mises à pied, le droit de supplanter un autre employé, le rang sur la liste de rappel et le choix des salariés à qui accorder une promotion, pourvu que la personne ait les qualités requises pour remplir le poste. C'est en cette matière que l'ancienneté-concurrence a sa principale raison d'être, et à laquelle s'applique cette formule, souvent citée: «dernier entré, premier sorti» (*last in, first out*).

L'autre catégorie d'applications de l'ancienneté vise quant à elle les multiples avantages qui touchent à la rémunération ou aux conditions de travail. Dans ce groupe d'avantages, il y a d'abord les formes d'ancienneté-bénéfice, comme la durée des vacances, le montant de la pension ou la longueur du congé de maladie. Mais il y a aussi des avantages reliés à la rémunération qui engendrent une concurrence entre les employés: le choix des quarts de travail, des itinéraires dans le secteur du transport et de la période de vacances. Dans tous ces cas, ce n'est pas l'emploi qui est en jeu, mais d'autres avantages.

L'ancienneté, ou la durée du service continu, apparaît donc comme une manière d'assurer l'équité, sinon la justice, dans la répartition des avantages et des inconvénients entre les salariés. Mais sur quoi de telles règles se fondent-elles?

9.1.2 Historique et fondements

Certains font remonter le concept d'ancienneté aux plus vieilles civilisations de l'humanité, où les anciens avaient droit à un traitement spécial et à des égards particuliers. La longue période d'apprentissage obligatoire qu'on trouve dans les corporations de métier constitue une autre application du principe d'ancienneté. Mais le libéralisme économique du XIXe siècle est venu changer bien des choses. Dans les grandes manufactures, les travailleurs étaient alors souvent engagés et payés à la journée, sans aucune assurance de retrouver du travail le lendemain. Pas question, dans un tel contexte, de quoi que ce soit qui ressemble à des années de service ou à de l'ancienneté: on n'était même pas sûr de travailler le jour suivant[2].

1. La distinction est présentée dans l'ouvrage monumental de SUMNER H. SLICHTER, JAMES J. HEALY et E. ROBERT LIVERNASH, *The Impact of Collective Bargaining on Management*, Washington, The Brookings Institution, 1960 (982 p.), ch. 5: «Basic Concepts of Seniority», p. 104-141.

2. CARL GERSUNY, «Origins of Seniority Provisions in Collective Bargaining», *Labor Law Journal*, vol. 33, n° 8, août 1982, p. 518-524; CLÉMENT GODBOUT, RICHARD L'ÉCUYER et JACQUES E. OUELLET, «Les règles d'ancienneté sont-elles encore fonctionnelles?» dans *Entreprises et syndicats face à la transformation du travail et de la main-d'œuvre*, 16e Colloque de relations industrielles, 1985, Université de Montréal, École de relations industrielles, 1986 (233 p.), p. 134-136.

Pour contrer les abus de l'industrialisation, les unions s'engagèrent dans d'importantes campagnes pour faire reconnaître l'ancienneté. Cependant, toutes ne procédèrent pas de la même manière. Les cas les plus anciens de reconnaissance de l'ancienneté se rencontrent chez les employés de chemins de fer. L'importance du choix des itinéraires – et donc des heures et des jours de travail – constituait une invitation constante au favoritisme. En ce sens, il n'est pas étonnant de constater que les premières dispositions concernant l'ancienneté soient apparues dans ce secteur.

Chez les employés de métiers, la question de l'ancienneté a été abordée différemment. Les corporations de métier ont toujours insisté sur l'apprentissage, sur sa durée et ses conditions. Comme la majorité des unions, à la fin du XIXe siècle et au début du XXe, étaient en fait des corporations, c'est ce genre d'ancienneté qui dominait alors. Aux États-Unis, l'Union des typographes mena de grandes campagnes pour obtenir une formule d'ancienneté qui garantirait l'emploi de ses membres qui avaient le plus grand nombre d'années d'expérience[3].

Dans l'industrie manufacturière, on trouve quelques conventions collectives contenant des droits d'ancienneté dès les années 1920. Mais c'est vraiment avec le développement du syndicalisme industriel, un peu avant et pendant la Deuxième Guerre mondiale, que se sont élaborées les principales règles d'ancienneté et que s'est répandue la pratique d'appliquer l'ancienneté non plus aux seuls hommes de métier, mais, sauf exceptions, à l'ensemble des salariés d'un établissement. Les nouvelles unions affiliées au Congrès des organisations industrielles (CIO) ont mené des batailles épiques pour assurer à leurs membres autant la protection de la règle d'ancienneté que de meilleures conditions de travail. Les grandes réalisations dans ce domaine se situent principalement entre 1935 et 1950.

3. *The Typographical Journal*, septembre 1891, novembre 1892 et mars 1912.

L'argument le plus souvent invoqué à l'appui de l'ancienneté était qu'elle faisait obstacle au favoritisme patronal et, particulièrement sans doute, à celui des contremaîtres, souvent responsables de l'emploi et du licenciement. Outre cet argument fondamental – le plus souvent utilisé sur le terrain –, des analystes ont voulu chercher d'autres fondements à la clause d'ancienneté, plus spécifiques au principe lui-même qui est d'assurer certaines protections et certains égards aux travailleurs ayant de longs états de service dans une entreprise. On peut dégager trois éléments sur lesquels se fondent les droits reliés à l'ancienneté : le droit naturel, la loi, la convention collective.

Au début des années 1960, plusieurs auteurs ont mis de l'avant ce qu'on pourrait appeler la théorie des « droits inhérents » ou du « droit naturel » à une certaine forme de propriété de l'emploi qu'un travailleur occupe depuis longtemps[4]. C'était en quelque sorte la contrepartie du droit de propriété alors reconnu. Certains parlent d'une nouvelle forme de propriété : la propriété traditionnelle portait sur des objets, des choses, alors qu'on voit apparaître une propriété sur des droits, comme des permis ou des licences autorisant le détenteur à pratiquer tel ou tel commerce ou le droit à des allocations d'aide sociale. Alors pourquoi pas un certain droit sur l'emploi qu'on occupe depuis de nombreuses années ? En ce sens, on a parlé de « propriété nouvelle »[5]. Malgré l'intérêt que peut présenter cette théorie sur le plan philosophique, elle n'a jamais eu de conséquences concrètes

4. Benjamin Aaron, « Reflections on the Legal Nature and Enforceability of Seniority Rights », *Harvard Law Review*, vol. 75, n° 8, juin 1962, p. 1532-1564; Solomon Barkin, « Labor Unions and Workers' Rights in Jobs » dans *Industrial Conflict*, sous la direction de Arthur Kornhauser, Robert Dubin et Arthur M. Ross, New York, McGraw-Hill, 1954 (551 p.), p. 121-131; O. Kahn-Freund, *Labour Law: Old Traditions and New Developments*, Toronto, Clarke, Irwin and Co. Ltd., 1968, p. 37-40; Frederic Meyers, « The Analytic Meaning of Seniority » dans *Industrial Relations Research Association, Proceedings of the Eighteenth Annual Winter Meeting*, New York, décembre 1965, Madison, Wis., IRRA, 1966, p. 194-202; Simon Rottenberg, « Property in Work », *Industrial and Labor Relations Review*, vol. 15, n° 3, avril 1962, p. 402-405.

5. Charles Reich, « The New Property », *Yale Law Journal*, vol. 73, 1964, p. 733.

dans la pratique, en particulier devant les tribunaux. Ceux-ci ont d'ailleurs limité les sources de droit de l'ancienneté à la loi et aux conventions collectives.

Cette théorie des droits inhérents se rapproche d'un autre concept établi plus récemment et appelé contrat implicite[6]. Le contrat implicite reposerait sur une forme de stratégie de carrière adoptée par l'entreprise. Ainsi, l'employé accepterait un salaire moindre au début de son emploi pour s'assurer une perspective de carrière et des gains à plus long terme. En retour, l'entreprise s'engagerait à favoriser les employés comptant le plus d'années de service, considérant que leur expérience profiterait à la compagnie; une formule qui s'apparente à l'emploi à vie qu'on trouve dans certaines usines japonaises.

L'«ancienneté institutionnelle», ainsi appelée parce qu'elle repose sur diverses dispositions légales, occupe une place de plus en plus grande dans les rapports de travail quotidiens. Les lois du travail d'application générale représentent en effet une seconde source de droit pour l'ancienneté puisqu'elles commencent à reconnaître les années de service dans certaines de leurs dispositions. C'est ainsi que, dans la *Loi sur les normes du travail*, la durée du service continu entraîne, pour l'employeur, des obligations différentes en matière de vacances annuelles, d'avis de licenciement et, surtout, de congédiement[7]. Le *Code canadien du travail* contient des dispositions analogues sur les mêmes sujets[8]. Ce commencement de reconnaissance de l'ancienneté dans certains articles de lois demeure cependant limité: ces dispositions ne s'appliquent strictement qu'aux cas déterminés et inscrits dans la loi.

Tout compte fait, le seul élément solide qu'on peut invoquer comme assise de l'ancienneté est la convention collective. Une cour américaine a déclaré ce qui suit[9]:

> Pour appuyer l'affirmation que l'ancienneté constitue un droit inhérent au salarié, il n'existe aucun support ni appui dans la doctrine, dans la logique ou dans le contexte socio-économique des relations patronales-ouvrières. L'ancienneté est complètement et totalement une création de la convention collective; elle n'existe pas autrement. Ainsi les caractéristiques de l'ancienneté peuvent être changées ou modifiées par des amendements à la convention collective.

Alors que tous les autres fondements proposés prêtent aux discussions, l'«ancienneté conventionnelle» ou «contractuelle» est reconnue et admise partout, du moins là où s'applique une convention collective qui reconnaît un tel principe. La convention constitue la seule base solide de l'ancienneté, comme source de bénéfices ou comme instrument de discrimination des salariés.

On peut relever d'autres sources de moindre importance. La théorie du marché du travail interne s'apparente à l'ancienneté conventionnelle[10]. Cette théorie soutient que l'ancienneté est utilisée pour minimiser les conflits entre la bureaucratie patronale et la bureaucratie syndicale, et pour assurer une répartition relativement équitable des avantages et des inconvénients à l'intérieur de l'établissement. Certains ont également invoqué la théorie du capital humain selon laquelle l'ancienneté assure à l'entreprise des employés qui ont plus d'expérience et qui seront vraisemblablement plus productifs, comme au Japon.

Mais en pratique, la seule base solide et concrète des droits reliés à l'ancienneté demeure leur expression formelle dans une convention collective.

6. Daniel B. Cornfield, «Seniority, Human Capital and Layoffs: A Case Study», *Industrial Relations*, (Berkeley) vol. 21, nº 3, automne 1982, p. 352-363.
7. *Loi sur les normes du travail*, L.R.Q. 1977, c. N-1.1, art. 67-68-69, 82, 124. *Loi modifiant la Loi sur les normes du travail et d'autres dispositions législatives*, L.Q. 1990, c. 73, art. 59 modifiant l'art. 124 de la L.N.T.
8. *Code canadien du travail*, L.R.C. 1985, c. L-2, art. 124, 235 et 240.
9. *Local 1251 United Automobile Workers* v. *Robertshaw Controls Co. Federal Reporter*, (U.S.) 405 F. 2d 29 (2d Circuit, June 1968).
10. Daniel B. Cornfield, *op. cit.*

9.1.3 Concepts reliés à l'ancienneté

Il importe de définir un certain nombre de concepts qui se rattachent à l'ancienneté. Auparavant, il faut toutefois préciser qu'il existe de multiples formes d'ancienneté.

Un même salarié a généralement «plusieurs anciennetés», selon qu'il a travaillé plus ou moins longtemps dans tel établissement, tel département et tel métier. Le jour de son embauchage – ou plus précisément au moment où se termine sa période de probation –, l'employé acquiert une ancienneté d'entreprise, qui commence habituellement à courir, de manière rétroactive, à compter de sa première journée de travail. Si l'entreprise est constituée de plusieurs établissements et qu'après trois ans au service de la compagnie il change d'établissement, il conservera ses trois années d'ancienneté d'entreprise; mais son ancienneté d'établissement tombera à zéro. Certaines conventions collectives prévoient aussi une ancienneté de département. Si, après deux années dans sa nouvelle usine, ce même employé change de département, son ancienneté départementale retombe à zéro. Un an plus tard, cet employé cumulera les trois anciennetés suivantes: 6 ans d'entreprise, 3 ans d'établissement et 1 an de département. Si, avec les années, il a acquis un métier, il pourra également bénéficier d'une ancienneté propre à ce métier.

Chacune de ces quatre anciennetés, possiblement toutes différentes quant à la durée, lui servira à diverses fins. Règle générale, son ancienneté d'entreprise déterminera la durée de ses vacances, le montant de sa pension de retraite et d'autres avantages de ce genre. S'il possède un métier, son ancienneté de métier pourra déterminer ses possibilités d'avancement. Autrement, il devra recourir à son ancienneté de département ou d'établissement, selon la disposition de la convention collective qui s'appliquera alors. Toujours selon la règle établie par la convention, il pourra peut-être recourir à son ancienneté d'usine ou d'établissement pour se protéger contre une mise à pied; pour ce faire, il pourra même supplanter un employé comptant moins d'ancienneté que lui. Force est de constater que l'ancienneté est une réalité complexe.

Les exemples ci-dessus illustrent bien la notion fondamentale d'«unité d'ancienneté». En effet, les limites «territoriales» à l'intérieur desquelles un employé peut invoquer ses années d'ancienneté doivent être déterminées avec précision, et elles varient considérablement d'une convention à une autre et même d'un groupe d'employés à un autre. La notion d'unité d'ancienneté ressemble à celle d'unité de négociation. Dans bien des cas, les deux se confondent; une unité de négociation peut toutefois comprendre plusieurs unités d'ancienneté. S'il s'agit d'obtenir un poste qui exige la connaissance d'un métier, les années d'ancienneté accumulées dans une fonction d'ouvrier spécialisé ne sauraient constituer une base appropriée pour l'obtenir. Aussi, dans le cas des postes occupés par des travailleurs qualifiés, l'unité d'ancienneté est généralement définie par le métier lui-même et non pas par une sorte de territoire géographique particulier dans l'usine. Toute discussion de l'ancienneté et des droits qu'elle comporte doit se référer à un lieu d'application donné, qu'il s'agisse soit d'un «territoire», soit d'une occupation ou d'une fonction. Ce lieu constitue l'unité d'ancienneté.

Les expressions ancienneté et «durée du service» (ou années de service) sont souvent synonymes; mais elles peuvent aussi avoir des sens différents[11]. Avant l'adoption de la *Loi sur les normes du travail*, il existait une hésitation entre les différentes définitions possibles de la durée du service, sans même qu'il soit question d'ancienneté. Certains considéraient que le terme service impliquait qu'un travail avait été effectivement accompli, moyennant rémunération. L'adoption de la *Loi sur les normes du travail*, le 22 juin 1979, a mis fin à cette controverse en définissant comme suit l'expression «service continu»[12]:

11. Claude D'Aoust et François Meunier, *La jurisprudence arbitrale québécoise en matière d'ancienneté*, monographie nº 9, Université de Montréal, École de relations industrielles, 1980 (147 p.), p. 19-25.

12. *Loi sur les normes du travail*, L.R.Q., c. N-1.1, art. 1, paragraphe 12, modifié (dernière partie sur les contrats à durée déterminée), L.Q. 1990, c. 73, art. 1.

> «Service continu»: la durée ininterrompue pendant laquelle le salarié est lié à l'employeur par un contrat de travail, même si l'exécution du travail a été interrompue sans qu'il y ait résiliation du contrat, et la période pendant laquelle se succèdent des contrats à durée déterminée sans une interruption qui, dans les circonstances, permette de conclure à un non-renouvellement de contrat.

Il est clair maintenant que le critère déterminant du concept n'est pas le travail réellement effectué par un employé mais l'existence du lien d'emploi avec son employeur. Bien des problèmes concrets demeurent dont le calcul de l'ancienneté dans des circonstances particulières. Mais la controverse opposant travail et lien d'emploi est définitivement réglée. Aussi plusieurs conventions collectives ont-elles adopté et intégré la définition de la *Loi sur les normes du travail* dans leur propre texte.

> L'ancienneté signifie la durée du service continu, les années, les mois et les jours pendant lesquels un salarié a été au service de l'employeur.
>
> (Provigo Distribution inc. et les Travailleurs unis de l'alimentation et du commerce, local 501, art. 6.01.)

Le mot «continu» dans l'expression service continu peut être précisé par la convention collective. En fait, il veut habituellement exclure le cas d'un ancien employé qui, après une absence prolongée, pendant laquelle le lien d'emploi a été rompu, redevient employé régulier. Pour éviter toute équivoque, certaines conventions précisent qu'il s'agit du service accompli «depuis la dernière date d'engagement». Il devient clair alors que les années de service accumulées lors d'un premier engagement sont effacées par la perte du statut d'employé. Le mot continu pourrait aussi exclure les employés à temps partiel; ils constituent un cas spécial, sur lequel nous reviendrons plus loin (section 9.4.3).

Malgré la quasi-équivalence qui semble se dégager de la définition de la loi sur les normes entre ancienneté et années de service, il reste qu'on les distingue fréquemment dans la pratique, surtout par rapport à l'objet de leur application. Ainsi, on utilisera davantage le mot ancienneté quand il s'agira du critère servant à appuyer une demande d'avancement, une protection contre une mise à pied ou un droit de supplantation. Par contre, on parlera des années de service continu à propos des avantages à caractère pécuniaire comme les congés de maladie, les vacances annuelles, etc.

Tout comme la liste d'ancienneté détermine quels seront les salariés qui devront être mis à pied dans un cas de réduction du nombre d'employés, elle déterminera l'ordre de leur rappel au travail, le cas échéant: les employés doivent être rappelés dans l'ordre inverse de leur mise à pied. Le «droit de rappel» constitue en quelque sorte la contrepartie de la mise à pied, mais il est régi par les mêmes principes d'ancienneté. On applique alors la règle du «dernier parti, premier rappelé».

Finalement, le terme supplantation (*bumping*) complète la liste des principaux concepts qu'on utilise, en rapport avec la liste d'ancienneté, dans les discussions relatives aux mises à pied. Le «droit de supplantation» est corollaire aux principes de l'ancienneté: le recours à l'ancienneté, pour se protéger contre une mise à pied, implique le droit de prendre la place d'un employé qui a moins d'ancienneté que soi. Mais il ne s'ensuit pas nécessairement que l'employé ainsi supplanté a le droit d'en faire autant, à cause des multiples mouvements de personnel qui pourraient en résulter. Il est souhaitable que la convention collective détermine explicitement les possibilités de supplantation et leurs limites. L'application des droits de supplantation implique toujours des problèmes difficiles.

* * *

Pour faire suite à l'examen des concepts, nous aborderons en premier un aspect plus technique de la question: le calcul de l'ancienneté. Nous verrons ensuite les principaux problèmes que pose son application, en particulier en matière de promotions et de mises à pied.

9.2 Calcul de l'ancienneté

Il faut examiner ici des questions d'apparence mineure mais en fait très importantes pour les travailleurs concernés ; il s'agit de tout ce qui se rapporte au calcul ou, si l'on veut, à l'arithmétique de l'ancienneté. À ce sujet, il faut considérer les conditions qui déterminent l'acquisition, la conservation, l'accumulation et la perte de l'ancienneté. Fait à noter, les notions de conservation ou de perte d'ancienneté n'interviennent que dans les cas d'absences, plus ou moins longues, de l'établissement ou, plus précisément, de l'unité de négociation.

9.2.1 Acquisition de l'ancienneté

Comme l'employeur a besoin d'un certain laps de temps pour évaluer les capacités d'un nouvel employé, la plupart des conventions collectives reconnaissent que celui-ci n'acquiert pas d'ancienneté avant que ne s'achève sa période de probation. Une fois celle-ci terminée cependant, l'usage veut que l'ancienneté soit calculée, rétroactivement, depuis la date de l'embauche ou de la première journée de travail. Ainsi, si la probation est de trois mois – et si la convention le prévoit explicitement –, le nouvel employé n'accumule pas d'ancienneté pendant ces trois mois. Mais dès le premier jour du quatrième mois, il acquiert immédiatement trois mois d'ancienneté, qui correspondent à la durée du stage probatoire. Pour empêcher que les employés en probation puissent bénéficier de certaines dispositions de la convention collective – pour qu'ils n'aient pas le droit de déposer un grief, par exemple –, de nombreuses conventions utilisent, dans les clauses visées, la formule «tout employé ayant de l'ancienneté». Cela a pour effet d'écarter d'emblée les employés en probation.

Malgré la simplicité du principe, son application soulève plusieurs questions. Ainsi la période de probation doit-elle être calculée en semaines et en mois de calendrier ou plutôt en jours effectivement travaillés ? Cette dernière formule devient nécessaire quand le travail est intermittent. Dans ce cas, la durée de l'interruption devrait-elle avoir un effet ? Si, par exemple, après trois semaines de travail régulier, l'employé est mis à pied et n'est rappelé qu'après six mois, ces trois premières semaines devraient-elles compter ? Faut-il plutôt établir une période maximale d'interruption au-delà de laquelle il faut recommencer la période de probation ? Près du quart des conventions collectives déterminent ainsi une limite de temps à l'intérieur de laquelle le nombre de jours de probation doit être accompli.

Une autre question vise la durée normale de la période probatoire. Une durée assez fréquente est d'environ trois mois de calendrier, ou l'équivalent en jours ouvrables. (Voir les tableaux 9-1 et 9-2.) Mais l'écart va de un mois à un an, et même davantage. Un certain nombre de conventions, les plus importantes, prévoient des périodes probatoires plus ou moins longues selon les catégories d'employés. Le problème de la longueur de la probation est particulièrement délicat dans certaines industries saisonnières : les employés réguliers ne veulent pas courir le risque qu'une probation trop courte amène trop de temporaires ou d'occasionnels à devenir permanents et à leur faire concurrence sur le plan de l'emploi[13]. Dans l'ensemble du Canada et aux États-Unis, la durée de la période probatoire est sensiblement la même qu'au Québec.

La clause suivante est à peu près typique – sauf peut-être pour ce qui est de la durée de la probation – de la plupart des clauses relatives à l'acquisition de l'ancienneté.

> Il est convenu que les trente premiers jours travaillés ou 240 heures travaillées de tous les salariés doivent être considérés comme une période de probation et que durant cette période, l'employeur peut renvoyer lesdits salariés sans avis ni recours au grief. Une fois la période de probation terminée, le salarié acquiert un droit d'ancienneté et la date correspond à celle de son embauche.
>
> (Provigo Distribution inc. et les Travailleurs unis de l'alimentation et du commerce, local 501, art. 6.03.)

Il s'agit d'une clause relativement simple, qui ne contient aucune autre précision que la durée de la probation, exprimée en jours et en heures de travail.

---

13. SUMNER H. SLICHTER, JAMES J. HEALY et E. ROBERT LIVERNASH, *op. cit.*, p. 124.

L'employeur, ici, doit être d'autant plus attentif dans son évaluation des nouveaux employés que la période de probation est relativement courte (6 semaines). À la fin de cette période, l'employé acquiert tous les droits d'un employé régulier.

Un détail: si deux employés ont été embauchés le même jour, certaines conventions précisent que leur ordre d'ancienneté dépendra de l'ordre alphabétique de leur nom de famille. Une autre règle se fonde sur l'heure de la signature des formules d'embauche, si celle-ci est indiquée sur chaque formulaire. Quel que soit le critère utilisé, l'important est de ne pas laisser le problème sans solution, surtout s'il arrive que l'entreprise embauche plusieurs employés le même jour.

9.2.2 Conservation et accumulation

Il est important de savoir si, pendant une absence, un employé conserve l'ancienneté qu'il avait et si elle continue à s'accumuler. Pour répondre à la question, il faut procéder en examinant les différentes causes d'absence: les règles d'application varient d'un cas à l'autre.

La loi elle-même détermine qu'il y aura conservation et accumulation d'ancienneté dans deux cas: pour toute absence reliée à une lésion professionnelle, due à un accident ou à une maladie professionnelle, et pour toute absence résultant d'un congé parental ou de maternité[14].

En plus de cette première catégorie d'absences, protégées de façon spéciale par la loi, on peut identifier plusieurs autres causes dont une mise à pied, la maladie, un arrêt de travail, l'exercice d'une fonction syndicale ou un congé-éducation.

Dans les cas de mises à pied, règle générale, l'ancienneté cesse de s'accumuler, mais le salarié conserve son ancienneté, quoique pour une période limitée seulement. Le plus souvent, après une année ou deux de mise en disponibilité, le salarié perd son ancienneté et son droit de rappel: le lien d'emploi est alors rompu. L'employé conserve son ancienneté plus ou moins longtemps selon la taille des unités de négociation et, souvent, selon les années de service qu'il a accumulées. (Voir le tableau 9-3.)

Si le salarié est absent pour cause de maladie personnelle (non reliée à son emploi), la disposition la plus fréquente (40 % des cas) prévoit que le salarié conserve son ancienneté tout le temps de sa maladie. La jurisprudence va dans le même sens, sauf dans les cas où la convention stipule autre chose. Certaines conventions (10 %) imposent une limite de temps, un an ou deux le plus souvent, après quoi le lien d'emploi est rompu. Dans 25 % des conventions, pour 25 % des salariés, il n'y a aucune disposition sur la conservation de l'ancienneté en cas de maladie. (Voir le tableau 9-4.)

Une question plus complexe est celle de l'arrêt de travail. Faute de disposition dans la convention collective, plusieurs arbitres considèrent que l'ancienneté s'accumule, du moins pendant une période de grève légale: le *Code du travail* déclare en effet qu'un salarié en grève ne cesse pas d'être un salarié pour autant (C.t. art. 110). Mais la conclusion n'est pas du tout certaine et, à la fin d'un arrêt de travail, les parties ont tout intérêt à disposer elles-mêmes de cette question dans un protocole de retour au travail. Quand ils en traitent, les protocoles admettent généralement l'accumulation d'ancienneté pendant l'arrêt de travail, sauf peut-être pour certaines catégories d'employés, particulièrement les employés en probation. En effet, la période de probation étant accordée pour permettre à l'employeur de juger des aptitudes du candidat, on conçoit que cette évaluation ne saurait se poursuivre pendant un arrêt de travail[15].

---

14. *Loi sur les accidents du travail et les maladies professionnelles*, L.R.Q., c. A-3.001, art. 235 et *Loi modifiant la Loi sur les normes du travail et d'autres dispositions législatives*, L.Q. 1990, c. 73, art. 34 ajoutant l'article 81.16 à la L.N.T.

15. Claude D'Aoust et Louis Leclerc, *Les protocoles de retour au travail: une analyse juridique*, monographie n° 6, Université de Montréal, École de relations industrielles, 1980 (81 p.), p. 27-33; Gaston Nadeau, *Le statut juridique du salarié-gréviste en droit québécois*, Québec, Les Presses de l'Université Laval, 1981 (186 p.), p. 120-126.

TABLEAU 9-1

La durée de la période de probation – 1984

Durée de la probation[1]	Conventions collectives régissant moins de 50 salariés				Conventions collectives régissant 50 salariés et plus				Conventions collectives régissant tous les salariés (TOTAL)			
	C.c.	%	Salariés	%	C.c.	%	Salariés	%	C.c.	%	Salariés	%
1 mois	517	12,4	9 953	13,5	262	13,8	67 817	9,8	779	12,8	77 770	10,2
2 mois	433	10,4	8 696	11,8	237	12,5	35 524	5,1	670	11,0	44 220	5,8
3 mois	1 250	30,0	21 807	29,7	488	25,7	106 740	15,5	1 738	28,7	128 547	16,8
Plus de 3 mois	361	8,7	5 437	7,4	113	6,0	16 983	2,4	474	7,8	22 420	2,9
6 mois	230	5,5	3 310	4,5	88	4,6	41 844	6,1	318	5,2	45 154	5,9
Plus de 6 mois	59	1,4	908	1,2	25	1,3	74 339	10,8	84	1,4	75 247	9,9
Minimum de temps à l'intérieur d'une période définie	706	16,9	13 082	17,8	380	20,0	78 488	11,4	1 086	17,9	91 570	12,0
Varie selon les catégories d'employés	311	7,5	5 803	7,9	187	9,9	167 430	24,2	498	8,2	173 233	22,7
Autre disposition	188	4,5	2 768	3,8	74	3,9	40 714	5,9	262	4,3	43 482	5,7
Aucune disposition	112	2,7	1 710	2,3	43	2,3	60 469	8,8	155	2,6	62 179	8,1
TOTAL	4 167	100,0	73 474	100,0	1 897	100,0	690 348	100,0	6 064	100,0	763 822	100,0

1. Les périodes indiquées sont approximatives: la formulation varie selon la convention collective.

Source: Données mécanographiques du CRSMT, 5 septembre 1991. (Variable C-02.)

TABLEAU 9-2

La durée de la période de probation – 1989

Durée de la probation[1]	Conventions collectives régissant											
	moins de 50 salariés				50 salariés et plus				tous les salariés (TOTAL)			
	C.c.	%	Salariés	%	C.c.	%	Salariés	%	C.c.	%	Salariés	%
1 mois	631	11,7	13 141	12,8	326	12,6	57 085	6,2	957	12,0	70 226	6,9
2 mois	550	10,2	12 199	11,9	338	13,1	48 112	5,2	888	11,1	60 311	5,9
3 mois	1 619	30,1	30 433	29,6	638	24,8	136 945	14,9	2 257	28,3	167 378	16,4
Plus de 3 mois	463	8,6	7 560	7,3	165	6,4	29 126	3,2	628	7,9	36 686	3,6
6 mois	281	5,2	4 313	4,2	87	3,4	27 908	3,0	368	4,6	32 221	3,1
Plus de 6 mois	102	1,9	1 783	1,7	32	1,2	9 781	1,1	134	1,7	11 564	1,1
Minimum de temps à l'intérieur d'une période définie	966	17,9	19 382	18,8	634	24,6	195 781	21,3	1 600	20,1	215 163	21,0
Varie selon les catégories d'employés	395	7,3	7 717	7,5	248	9,6	238 286	25,9	643	8,1	246 003	24,0
Autre disposition	222	4,1	3 657	3,6	34	1,3	16 838	1,8	256	3,2	20 495	2,0
Aucune disposition	155	2,9	2 660	2,6	75	2,9	160 345	17,4	230	2,9	163 005	15,9
TOTAL	5 384	100,0	102 845	100,0	2 577	100,0	920 207	100,0	7 961	100,0	1 023 052	100,0

1. Les périodes indiquées sont approximatives: la formulation varie selon la convention collective.

Source: Données mécanographiques du CRSMT, 5 septembre 1991. (Variable C-02.)

TABLEAU 9-3

La conservation des droits d'ancienneté lors des mises à pied – 1984 et 1989

Durée du maintien des droits	Conventions collectives régissant moins de 50 salariés				50 salariés et plus				tous les salariés (TOTAL)			
	C.c.	%	Salariés	%	C.c.	%	Salariés	%	C.c.	%	Salariés	%
1984												
Jusqu'à 12 mois inclusivement	1 485	35,9	25 994	35,6	430	22,7	76 377	11,1	1 915	31,7	102 371	13,4
Plus de 12 mois	833	20,1	14 976	20,5	418	22,0	176 701	25,6	1 251	20,7	191 677	25,1
Graduée selon la durée du service	1 154	27,9	21 938	30,0	798	42,1	301 002	43,6	1 952	32,3	322 940	42,3
Autre disposition[1]	156	3,8	2 582	3,5	62	3,3	26 263	3,8	218	3,6	28 845	3,8
Aucune disposition	511	12,3	7 617	10,4	188	9,9	109 888	15,9	699	11,6	117 505	15,4
TOTAL	4 139	100,0	73 107	100,0	1 896	100,0	690 231	100,0	6 035	100,0	763 338	100,0
1989												
Jusqu'à 12 mois inclusivement	1 807	33,6	34 453	33,5	545	21,1	84 000	9,1	2 352	29,5	118 453	11,6
Plus de 12 mois	1 151	21,4	21 532	20,9	523	20,3	200 818	21,8	1 674	21,0	222 350	21,7
Gradués selon la durée du service	1 586	29,5	33 079	32,2	1 273	49,4	496 993	54,0	2 859	35,9	530 072	51,8
Autre disposition[1]	191	3,5	3 422	3,3	50	1,9	19 654	2,1	241	3,0	23 076	2,3
Aucune disposition	649	12,0	10 359	10,1	186	7,2	118 742	12,9	835	10,5	129 101	12,6
TOTAL	5 384	100,0	102 845	100,0	2 577	100,0	920 207	100,0	7 961	100,0	1 023 052	100,0

1. Inclut un certain nombre de conventions collectives où il y a conservation de l'ancienneté pendant la durée de la mise à pied.

Source : Données mécanographiques du CRSMT, 27 mars 1991. (Variable C-09.)

TABLEAU 9-4

La conservation des droits d'ancienneté en cas de maladie – 1984 et 1989

Durée du maintien des droits	Conventions collectives régissant moins de 50 salariés				50 salariés et plus				tous les salariés (TOTAL)			
	C.c.	%	Salariés	%	C.c.	%	Salariés	%	C.c.	%	Salariés	%
1984												
Jusqu'à 12 mois inclusivement	116	2,8	2 171	3,0	41	2,2	4 605	0,7	157	2,6	6 776	0,9
Plus de 12 mois[1]	334	8,1	5 727	7,8	151	8,0	28 817	4,2	485	8,0	34 544	4,5
Variable selon la cause de la maladie	210	5,1	4 062	5,6	113	6,0	17 534	2,5	323	5,3	21 596	2,8
Pour la durée de la maladie	1 655	40,0	29 386	40,2	674	35,5	250 979	36,4	2 329	38,6	280 365	36,7
Autre disposition	821	19,8	14 789	20,2	476	25,1	211 216	30,6	1 297	21,5	226 005	29,6
Aucune disposition	1 005	24,5	17 039	23,3	442	23,3	177 142	25,7	1 447	24,0	194 181	25,4
TOTAL	4 141	100,0	73 174	100,0	1 897	100,0	690 293	100,0	6 038	100,0	763 467	100,0
1989												
Jusqu'à 12 mois inclusivement	129	2,4	2 624	2,6	38	1,5	3 680	0,4	167	2,1	6 304	0,6
Plus de 12 mois[1]	437	8,1	8 041	7,8	186	7,2	32 194	3,5	623	7,8	40 235	3,9
Variable selon la cause de la maladie	269	5,0	5 602	5,4	129	5,0	22 078	2,4	398	5,0	27 680	2,7
Pour la durée de la maladie	2 218	41,2	43 462	42,3	1 013	39,3	428 548	46,6	3 231	40,6	472 010	46,1
Autre disposition	1 041	19,3	19 811	19,3	651	25,3	195 860	21,3	1 692	21,3	215 671	21,1
Aucune disposition	1 290	24,0	23 305	22,7	560	21,7	237 847	25,8	1 850	23,2	261 152	25,5
TOTAL	5 384	100,0	102 845	100,0	2 577	100,0	920 207	100,0	7 691	100,0	1 023 052	100,0

1. Un certain nombre de conventions fixe la durée autour de 24 mois.

Source : Données mécanographiques du CRSMT, 27 mars 1991. (Variable C-13.)

Un autre cas particulier est celui des libérations syndicales. Le plus souvent, quand la convention collective contient une disposition permettant à des salariés d'occuper des postes syndicaux auxquels ils ont été élus, il y a, sauf exceptions, accumulation ou du moins maintien de l'ancienneté[16].

Les conventions collectives prévoient souvent un congé, avec ou sans accumulation d'ancienneté, pour occuper des postes à caractère public, comme les fonctions de juré ou de député, qui peuvent exiger de longues absences du travail.

Il reste un autre cas, qui présente certaines difficultés et pour lequel il existe une jurisprudence relativement abondante: les mutations hors de l'unité d'ancienneté. Théoriquement, il y a deux cas possibles: il peut y avoir mutation hors de l'unité d'ancienneté sans que l'employé quitte l'unité de négociation; mais c'est un cas relativement rare: on est alors en présence d'unités d'ancienneté morcelées. Généralement, il s'agit plutôt d'un salarié qui accepte un poste de direction, le plus souvent comme contremaître, qui l'amène obligatoirement à quitter l'unité d'accréditation puisqu'il devient cadre et représentant de la direction[17]. Le conflit risque d'être d'autant plus important que les divergences d'intérêts entre les parties, peut-être plus émotives que rationnelles, sont grandes. L'employé qui accepte un tel poste souhaite généralement garder la possibilité de revenir à son ancien emploi si, par hasard, les choses tournaient mal. Par contre, l'opposition traditionnelle entre le syndicat et la direction pousse les représentants syndicaux à restreindre le plus possible la période pendant laquelle la convention collective permet à cet employé de revenir dans l'unité de négociation. Une proportion importante de conventions (20 %) impose la perte d'ancienneté dès la promotion. Une faible proportion (10 %) permet le maintien ou l'accumulation d'ancienneté sans limite de temps. Une autre disposition relativement fréquente (20 %) consiste à maintenir le droit de retour pendant une période de temps déterminée. Le plus grand nombre de conventions (40 %) ne prévoit aucune disposition sur le sujet. (Voir les tableaux 9-5 et 9-6.)

Un cas digne de mention s'est produit en 1985. Quelques employés bénéficiaires d'une promotion ont voulu réintégrer l'unité de négociation où ils travaillaient auparavant. Entre le moment de leur promotion et celui de leur retour, le syndicat avait obtenu une modification à la convention collective. Selon l'ancienne convention, ils avaient droit de retour; selon la nouvelle, ils ne l'avaient plus. Les intéressés ont donc demandé un jugement déclaratoire de la Cour supérieure pour trancher la question. La Cour supérieure, confirmée en cela par la Cour d'appel, a décidé que c'était la convention collective en vigueur au moment de leur départ qui s'appliquait: ils avaient donc droit de retour dans l'unité d'accréditation. Un commentateur de l'arrêt s'en prend à cette décision: il y voit un accroc à toute l'économie du droit du travail et à la notion même de convention collective, qui appartient aux parties[18]. On a affaire ici à une forme du conflit entre les droits individuels et les droits collectifs.

Le plus souvent, les absences qui s'accompagnent du maintien ou de l'accumulation d'ancienneté ne sont pas mentionnées explicitement dans la convention mais se déduisent clairement des dispositions relatives à la perte des droits d'ancienneté. Un exemple de cette nature sera donné dans la section suivante. On trouve cependant quelques cas où la convention traite de ce type d'absences permises, comme dans le cas suivant où, sauf exceptions, l'accumulation et le maintien ne valent que pour un an.

> Les salariés devront maintenir et accumuler leur ancienneté lorsqu'ils sont absents de leur travail conformément avec les conditions ci-après énoncées:

---

16. *Conditions de travail contenues dans les conventions collectives au Québec, 1989*, Québec, Centre de recherche et de statistiques sur le marché du travail, 1991, p. 50-51. (Variable B-06.)
17. Claude D'Aoust et François Meunier, *op. cit.*, p. 52-56.
18. *Syndicat national de l'amiante d'Asbestos inc.* c. *Nadeau et al.*, (1985) C.A. 62; Fernand Morin, «La survie de droits subjectifs à la convention collective», *Relations industrielles*, vol. 40, n° 4, 1985, p. 847-855.

a) s'il est absent pour une période indéfinie à cause d'une blessure résultant d'un accident de travail;

b) s'il est absent pour cause de maladie ou en raison d'un accident autre qu'un accident de travail pour une période d'un an;

c) durant une mise à pied d'une période de temps n'excédant pas un an, pour les employés possédant plus de deux années d'ancienneté et pour une période de temps n'excédant pas six mois pour les employés ayant moins de deux années d'ancienneté;

d) durant un congé sans solde accordé par la compagnie, lorsque cette dernière le spécifiera.

(Gestion Place Victoria inc. et le Syndicat canadien des officiers de marine marchande, art. 16.03, visant les employés d'entretien et les mécaniciens de machines fixes.)

9.2.3 Perte de l'ancienneté

L'employé perd son ancienneté au moment où est rompue la relation d'emploi entre lui et son employeur. Cela se produit à l'occasion d'un congédiement, d'un départ volontaire ou encore dans les cas prévus dans la sous-section précédente: quand la mise à pied dépasse une durée déterminée dans la convention collective, quand la maladie, le cas échéant, se prolonge au-delà d'une période également déterminée ou à la suite d'une mutation hors de l'unité de négociation après une période qui est aussi indiquée dans la convention.

L'extrait de convention collective suivant contient l'essentiel des clauses de cette nature, qu'on trouve dans la quasi-totalité des conventions. En fait, il y manque la disposition relative à l'absence prolongée pour cause de maladie, parce que cette convention prévoit ailleurs une assurance-invalidité à long terme.

L'employé perd son ancienneté et son emploi dans les cas suivants:

a) départ volontaire;

b) congédiement pour juste cause;

c) mise à pied pour manque de travail pour un terme excédant douze mois;

d) ne se présente pas au travail dans les cinq jours ouvrables suivant la date de la réception d'un avis écrit de rappel au travail. Cet avis sera envoyé par courrier certifié au dernier domicile connu de l'employé avec copie au syndicat;

e) muté en dehors de l'unité de négociation pour une période supérieure à trois mois. Après cette période, il perd son ancienneté.

(Société nationale de fiducie et le Syndicat des employées et employés professionnels-les et de bureau, section locale 57, art. 13.05.)

Voilà les principaux points relatifs au calcul de l'ancienneté. Beaucoup d'autres cas peuvent se présenter. Il suffit de dire que, sauf les dispositions contenues dans les lois du travail et qui ont naturellement préséance sur les conventions collectives, c'est toujours le texte de la convention qui, en matière d'ancienneté, établit les droits et les obligations des employés et des employeurs. La jurisprudence, rendant des décisions sur des cas particuliers, établit peu à peu certaines tendances, comme de considérer qu'un arrêt de travail légal, grève ou lock-out, n'interrompt pas la durée du service. Mais c'est toujours le texte de la convention collective qui a le dernier mot.

9.3 Typologie: les modes d'application

Les préalables que constituent les définitions et le calcul de l'ancienneté étant acquis, il faut maintenant examiner certains aspects plus importants de la question, ceux qui ont trait à l'application des règles d'ancienneté aux décisions relatives à l'emploi. L'application de ces règles repose sur deux éléments entraînant chacun une typologie différente. Nous traiterons d'abord des unités d'ancienneté qui sont, nous l'avons déjà mentionné, les zones à l'intérieur desquelles un employé peut faire valoir ses droits d'ancienneté. Nous nous attarderons ensuite aux types d'ancienneté proprement dits qui, outre les années de service, font intervenir différents critères lorsqu'il faut prendre une décision en matière d'emploi.

9.3.1 Unités d'ancienneté

Les différentes unités d'ancienneté dont nous avons déjà parlé brièvement, qu'elles soient définies par le

TABLEAU 9-5

La conservation et l'accumulation de l'ancienneté lors d'une mutation hors de l'unité de négociation – 1984

Accumulation ou maintien de l'ancienneté	Conventions collectives régissant moins de 50 salariés				Conventions collectives régissant 50 salariés et plus				Conventions collectives régissant tous les salariés (TOTAL)			
	C.c.	%	Salariés	%	C.c.	%	Salariés	%	C.c.	%	Salariés	%
Accumulation sans limite de temps	252	6,1	4 634	6,3	122	6,4	119 089	17,2	374	6,2	123 723	16,2
Accumulation pendant une période déterminée et maintien illimité par la suite	169	4,1	3 515	4,8	111	5,8	24 332	3,5	280	4,6	27 847	3,6
Accumulation pendant une période déterminée	515	12,4	9 601	13,1	248	13,1	112 899	16,4	763	12,6	122 500	16,1
Maintien sans limite de temps	184	4,4	3 733	5,1	130	6,9	38 854	5,6	314	5,2	42 587	5,6
Maintien pendant une période déterminée	321	7,8	6 461	8,8	192	10,1	58 754	8,5	513	8,5	65 215	8,5
Perte de l'ancienneté dès le début	774	18,7	14 195	19,4	388	20,4	66 809	9,7	1 162	19,2	81 004	10,6
Autre disposition	59	1,4	1 307	1,8	89	4,7	27 076	3,9	148	2,5	28 383	3,7
Aucune disposition	1 867	45,1	29 728	40,6	617	32,6	242 480	35,1	2 484	41,1	272 208	35,7
TOTAL	4 141	100,0	73 174	100,0	1 897	100,0	690 293	100,0	6 038	100,0	763 467	100,0

Source : Données mécanographiques du CRSMT, 27 mars 1991. (Variable C-03.)

TABLEAU 9-6

La conservation et l'accumulation de l'ancienneté lors d'une mutation hors de l'unité de négociation – 1989

Accumulation ou maintien de l'ancienneté	Conventions collectives régissant moins de 50 salariés				50 salariés et plus				tous les salariés (TOTAL)			
	C.c.	%	Salariés	%	C.c.	%	Salariés	%	C.c.	%	Salariés	%
Accumulation sans limite de temps	362	6,7	6 729	6,5	210	8,1	346 227	37,6	572	7,2	352 956	34,5
Accumulation pendant une période déterminée et maintien illimité par la suite	221	4,1	4 723	4,6	196	7,6	38 411	4,2	417	5,2	43 134	4,2
Accumulation pendant une période déterminée	648	12,0	13 239	12,9	362	14,0	63 801	6,9	1 010	12,7	77 040	7,5
Maintien sans limite de temps	226	4,2	5 048	4,9	166	6,4	46 734	5,1	392	4,9	51 782	5,1
Maintien pendant une période déterminée	386	7,2	8 078	7,9	147	5,7	26 765	2,9	533	6,7	34 843	3,4
Perte de l'ancienneté dès le début	1 085	20,2	21 991	21,4	782	30,3	129 870	14,1	1 867	23,4	151 861	14,8
Autre disposition	82	1,5	1 926	1,9	40	1,6	14 091	1,5	122	1,5	16 017	1,6
Aucune disposition	2 374	44,1	41 111	39,9	674	26,2	254 308	27,6	3 048	38,3	295 419	28,9
TOTAL	5 384	100,0	102 845	100,0	2 577	100,0	920 207	100,0	7 961	100,0	1 023 052	100,0

Source: Données mécanographiques du CRSMT, 27 mars 1991. (Variable C-03.)

métier des salariés ou encore par le département ou l'établissement où ils travaillent, exigent d'être approfondies.

Même si les cas sont proportionnellement moins nombreux, les «unités de métier», ou de profession, constituent encore un phénomène important. Ces hommes de métier ou ces professionnels représentent un groupe non négligeable d'employés. Ils forment soit un groupe minoritaire, à côté d'autres unités d'ancienneté, soit l'unité principale dans certains secteurs comme l'enseignement. L'ancienneté de métier est une des plus vieilles formes de l'histoire: elle remonte au moins aux guildes du Moyen Âge. Elle occupe une place privilégiée parmi les unités d'accréditation en Ontario: la loi mentionne explicitement qu'un groupe de salariés pratiquant un des métiers traditionnels constitue une unité appropriée (L.R.A. s. 6, paragr. 3). Là où l'unité de métier existe, surtout dans les professions, elle présente des caractéristiques particulières.

Dans certains cas, l'unité d'ancienneté professionnelle s'applique à la profession tout entière. C'est ainsi que, dans l'enseignement public, les années d'expérience déterminent le salaire des professeurs, quel que soit leur employeur immédiat, qu'ils passent d'une commission scolaire à une autre ou qu'ils soient employés directement par l'État. Comme tous les autres salariés, ils auront alors plusieurs anciennetés: leur ancienneté de profession déterminera leur salaire; leur ancienneté dans la commission scolaire décidera de leur assignation à telle ou telle école; leur ancienneté dans l'école, de même que dans leur domaine particulier d'enseignement, leur assurera certains privilèges dans le choix des cours à donner.

Quant aux membres des professions libérales traditionnelles qui sont salariés de l'État, fédéral ou provincial, leur unité d'ancienneté (professionnelle) se confond généralement avec leur unité de négociation: les médecins sont regroupés avec d'autres médecins, les avocats avec d'autres avocats, et ainsi de suite. Toutefois, la majorité des professionnels à l'emploi de l'État du Québec appartiennent aux professions nouvelles et sont regroupés dans une même unité constituée par le Syndicat des professionnels du gouvernement du Québec (SPGQ); cependant, les aires d'ancienneté doivent respecter les compétences professionnelles.

Dans le cas des métiers manuels, la situation se présente différemment et elle évolue très rapidement. En effet, des métiers aussi importants autrefois que celui des typographes sont pratiquement disparus. Le groupe le plus important, et toujours vigoureux, est celui des unions et des syndicats des métiers du bâtiment et de la construction. Au Québec, les relations du travail dans cette industrie sont régies par une loi particulière dont nous traiterons au chapitre 28. Malgré la différence fondamentale qui existe entre la structure de négociation dans la construction au Québec et ailleurs, il n'est pas sans intérêt de consigner ici les observations suivantes. Les unions de métiers, surtout dans la construction, cherchent à protéger l'emploi de leurs membres non pas par des clauses d'ancienneté – il n'y en a pratiquement pas dans la construction –, mais par la protection du marché lui-même, par le truchement des clauses d'atelier fermé, ainsi que par le contrôle de l'accès au métier et par une réglementation sévère de son apprentissage.

On peut trouver des unités de métier ou de profession regroupant un petit nombre d'employés à l'intérieur de certaines grandes industries. Ils constituent alors une sorte d'enclave dans le grand milieu syndical de l'établissement. C'est ainsi qu'on trouve des unités d'ingénieurs ou de scientifiques dans certaines entreprises de haute technologie et des unités particulières regroupant les physiothérapeutes, les infirmières ou d'autres employés paramédicaux dans la majorité des grands hôpitaux du continent nord-américain. Il s'agit là d'unités de métier; mêmes les conventions collectives qui les régissent correspondent à l'unité de négociation définie par la pratique de la profession. Il va de soi que le droit de recourir à l'argument de l'ancienneté se limite aux frontières de ces unités. Mais la situation demeure avantageuse en ce sens que le marché est ainsi relativement fermé, tout candidat éventuel ne pouvant y pénétrer que par la porte d'accès habituelle, prévue dans la loi ou dans la convention collective.

Pour importantes qu'elles soient, les unités de métier ou de profession ne sont certes pas les plus nombreuses. Comme l'industrie manufacturière comporte de grands regroupements de salariés, occupant des fonctions et des postes divers, il ne faut pas se surprendre que l'unité d'ancienneté la plus importante et la plus fréquente y soit l'unité de négociation elle-même, englobant ainsi la majorité des salariés d'une usine, par exemple tous les salariés affectés à la production et à des fonctions connexes. On en écarte habituellement tous les cas particuliers que sont les personnes responsables de la qualité, de la vente, parfois de la livraison, et, généralement, celles qui occupent des fonctions administratives ou font du travail de bureau. On parle le plus souvent de l'«unité d'établissement» ou d'usine, qui correspond, rappelons-le, à l'unité de négociation définie par le certificat d'accréditation. Mais bien souvent, la convention collective elle-même prévoit, à l'intérieur de cette grande unité, des subdivisions qui correspondent soit à des familles d'emploi, soit à des regroupements de départements comme la réception et l'expédition, l'outillage et l'entretien, la production proprement dite, etc. On parle alors d'«unité d'ancienneté départementale».

Certaines industries sont allées plus loin dans le découpage des unités d'ancienneté et ont déterminé ce qu'elles appellent des «lignes de promotion» ou d'avancement. Une ligne de promotion, ou de progression, est constituée d'une série de postes comportant chacun des responsabilités de plus en plus grandes; normalement, les salariés progressent dans cette ligne d'avancement échelon par échelon. La porte d'entrée est toujours la fonction située au bas de cette échelle. (Un exemple est présenté plus loin, dans la figure 9-1.) Les lignes de promotion se rencontrent principalement dans les usines de pâtes et papiers. Tous les postes de l'établissement ne sont pas compris dans les quatre ou cinq principales lignes de progression; pour les postes qui en sont exclus, on applique les principes de sélection des employés habituellement utilisés en matière de promotions et de mises à pied, soit dans l'unité d'établissement (à l'exclusion des échelles de progression), soit dans les unités départementales qui auraient pu être déterminées dans la convention.

Poussant plus loin l'application du concept d'unité d'ancienneté, certaines conventions collectives ont établi des unités de promotion et de rétrogradation selon l'ancienneté. L'unité dite «promotionnelle» est celle dans laquelle le salarié peut exercer ses droits d'ancienneté pour obtenir de l'avancement, une promotion, comme le suggère le nom lui-même. De la même façon, l'employé peut utiliser ses droits d'ancienneté pour se protéger contre une mise à pied à l'intérieur de ce qu'on appelle l'unité dite «démotionnelle»; c'est généralement en acceptant une certaine rétrogradation que les employés plus anciens peuvent se protéger contre une mise à pied.

Quant à l'«unité d'entreprise» – quand il s'agit d'une compagnie comptant plusieurs établissements –, il est extrêmement rare qu'un employé puisse y recourir pour autre chose que l'établissement de la durée de ses vacances, du niveau de sa pension de retraite ou pour d'autres bénéfices du même genre. En pratique, quand l'entreprise compte plusieurs établissements, l'unité d'ancienneté en matière de promotions ou de mises à pied ne dépasse jamais l'unité de négociation de l'un ou l'autre des établissements; cela implique qu'elle est plus restreinte.

On a pu remarquer, au cours des dernières décennies, une certaine évolution: les unités d'ancienneté départementale semblent faire place à une unité plus vaste qui tend à englober toute l'unité de négociation. Les représentants patronaux s'inquiètent de cette évolution, parce qu'elle risque d'entraîner une diminution de la qualification des employés[19]. Il ne faut pas négliger, dans ce contexte, l'évolution inverse qu'on observe dans les industries elles-mêmes: la taille a tendance à diminuer et chaque emploi comporte des exigences professionnelles de plus en plus grandes.

19. Jacques E. Ouellet, «Les règles d'ancienneté sont-elles encore praticables?» dans *Entreprises et syndicats face à la transformation du travail et de la main-d'œuvre*. 16e Colloque de relations industrielles, 1985, Université de Montréal, École de relations industrielles, 1986 (233 p.), p. 140-141.

La nature même du travail à effectuer dans l'avenir aura probablement pour effet de rendre impossible l'application de l'ancienneté à l'échelle des grandes unités de négociation.

Cette délimitation du champ d'application de l'ancienneté nous amène à considérer l'aspect le plus complexe du problème, soit les facteurs dont il faut tenir compte pour faire un choix, autant dans les cas de mises à pied que de promotions. En d'autres mots il s'agit de la question des critères de décision.

9.3.2 Poids relatif des critères de décision

Généralement, l'ancienneté n'est qu'un critère parmi d'autres pour choisir les candidats qui seront promus ou, malheureusement, mis à pied. L'autre critère le plus souvent considéré est celui des qualifications, que l'on peut mesurer soit par la compétence, soit par le rendement. Nous considérerons comme synonymes les trois mots utilisés en la matière, sauf sous l'aspect suivant: compétence et qualifications renvoient davantage à des connaissances, souvent garanties par un diplôme ou un certificat, alors que le mot aptitudes est plus général et désigne l'habileté à remplir une fonction.

En considérant l'ancienneté comme critère de décision, il faut distinguer l'ancienneté stricte de l'ancienneté modifiée et des diverses variantes de cette dernière.

L'«ancienneté stricte» est le critère qui ne tient compte que des années de service lors de l'attribution du poste à combler ou de la désignation de l'employé à mettre à pied. On devine qu'un tel principe ne s'applique qu'assez rarement, sauf dans des circonstances particulières. Même dans un cas de mise à pied, il faut que l'employé plus ancien, qui veut éviter la mise à pied, puisse remplir la fonction de l'employé qu'il pourra supplanter. Il faut donc, règle générale, un minimum d'aptitudes et de qualifications.

Le critère de décision variera naturellement avec l'étendue et la nature de l'unité d'ancienneté visée. Théoriquement, si tous les employés d'un département sont interchangeables, on peut s'en tenir au seul critère de l'ancienneté. Le cas peut se produire, mais il est rare.

Dans le cas de mises à pied, la règle de l'ancienneté stricte est souvent appropriée. On la retrouve dans plus du tiers des conventions collectives, affectant près des deux tiers des salariés. Cependant les déplacements occasionnés par les mises à pied peuvent exiger un minimum de qualifications de la part des employés qui souhaitent combler les postes qui restent. Aussi, un nombre plus important de conventions, mais visant moins de salariés, exige en plus un minimum de qualifications, en l'occurrence des qualifications suffisantes pour le nouvel emploi. L'ancienneté stricte et la clause de qualifications suffisantes représentent, ensemble, par rapport aux mises à pied, plus de 80 % des conventions collectives et des salariés régis. (Voir le tableau 9-7.)

Ces critères minimaux s'appliquent, dans une même proportion, dans des unités d'établissement et dans des unités d'ancienneté plus petites; ces plus petites unités comptent proportionnellement plus de la moitié des salariés visés. Les unités d'ancienneté départementale ou de poste ne représentent chacune que 5 % à 10 % de l'ensemble. (Voir le tableau 9-8[20].)

Une règle beaucoup plus fréquente que celle de l'ancienneté stricte est celle de l'«ancienneté modifiée». L'expression signifie simplement que d'autres critères que les années de service interviennent dans le choix de tel ou tel salarié. Parmi ces autres critères, celui des aptitudes et des qualifications est évidemment le plus important; mais il peut y en avoir d'autres, que ce soit le lieu de résidence – quand, par exemple, l'employeur est une municipalité –, l'âge

20. Comme plusieurs autres tableaux dans les chapitres consacrés aux clauses de convention collective, ceux-ci présentent plus d'une difficulté d'interprétation. Une des catégories choisies pour la codification n'est pas assez clairement définie: «l'aire de calcul de l'ancienneté, dit-on dans le *Manuel de codification*, n'est pas égale à l'aire d'application.» Or la proportion des conventions collectives qui y sont classées s'approche de 40 % et celle des salariés de 60 %. Nous présumons, sans en être sûr, que l'aire d'application est plus petite que l'aire de calcul, généralement identique à l'unité d'accréditation.

TABLEAU 9-7

L'importance accordée à l'ancienneté lors de mises à pied – 1984 et 1989

Critères de mise à pied	Conventions collectives régissant moins de 50 salariés				50 salariés et plus				tous les salariés (TOTAL)			
	C.c.	%	Salariés	%	C.c.	%	Salariés	%	C.c.	%	Salariés	%
1984												
Ancienneté seulement	1 436	34,7	25 470	34,8	692	36,5	360 136	52,2	2 128	35,2	385 606	50,5
L'ancienneté prime à qual. suffisantes	1 930	46,6	34 572	47,2	853	45,0	184 045	26,7	2 783	46,1	218 617	28,6
L'ancienneté prime à qual. équivalentes	242	5,8	4 466	6,1	119	6,3	22 851	3,3	361	6,0	27 317	3,6
L'ancienneté est un facteur parmi d'autres	67	1,6	1 394	1,9	18	0,9	2 396	0,3	85	1,4	3 790	0,5
Autre disposition	79	1,9	1 647	2,2	81	4,3	30 702	4,4	160	2,6	32 349	4,3
Aucune disposition	387	9,3	5 625	7,7	134	7,1	90 163	13,1	521	8,6	95 788	12,5
TOTAL	4 141	100,0	73 174	100,0	1 897	100,0	690 293	100,0	6 038	100,0	763 467	100,0
1989												
Ancienneté seulement	1 913	35,5	36 606	35,6	1 030	40,0	615 342	66,9	2 943	37,0	651 948	63,7
L'ancienneté prime à qual. suffisantes	2 438	45,3	46 881	45,6	1 063	41,2	179 570	19,5	3 501	44,0	226 451	22,1
L'ancienneté prime à qual. équivalentes	305	5,7	6 160	6,0	133	5,2	21 089	2,3	438	5,5	27 249	2,7
L'ancienneté est un facteur parmi d'autres	80	1,5	1 607	1,6	27	1,0	4 044	0,4	107	1,3	5 651	0,5
Autre disposition	87	1,6	1 975	1,9	13	0,5	4 322	0,5	100	1,3	6 297	0,6
Aucune disposition	561	10,4	9 616	9,3	311	12,1	95 840	10,4	872	10,9	105 456	10,3
TOTAL	5 384	100,0	102 845	100,0	2 577	100,0	920 207	100,0	7 961	100,0	1 023 052	100,0

Source: Données mécanographiques du CRSMT, 27 mars 1991. (Variable C-07.)

TABLEAU 9-8

L'unité d'ancienneté pour les mises à pied – 1984 et 1989

Types d'unités d'ancienneté	Conventions collectives régissant moins de 50 salariés				50 salariés et plus				tous les salariés (TOTAL)			
	C.c.	%	Salariés	%	C.c.	%	Salariés	%	C.c.	%	Salariés	%
1984												
Ancienneté d'établissement	2 013	48,6	33 953	46,4	656	34,6	100 376	14,5	2 669	44,2	134 329	17,6
Ancienneté départementale	280	6,8	6 154	8,4	156	8,2	27 028	3,9	436	7,2	33 182	4,3
Ancienneté professionnelle ou de poste	89	2,1	1 765	2,4	73	3,8	28 883	4,2	162	2,7	30 648	4,0
Aire de calcul différente de l'aire d'application	1 254	30,3	23 151	31,6	718	37,8	399 205	57,8	1 972	32,7	422 356	55,3
Autre disposition	118	2,8	2 526	3,4	160	8,4	44 638	6,5	278	4,6	47 164	6,2
Aucune disposition	387	9,3	5 625	7,7	134	7,1	90 163	13,1	521	8,6	95 788	12,5
TOTAL	4 141	100,0	73 174	100,0	1 897	100,0	690 293	100,0	6 038	100,0	763 467	100,0
1989												
Ancienneté d'établissement	2 516	46,7	45 030	43,8	772	30,0	103 884	11,3	3 288	41,3	148 914	14,6
Ancienneté départementale	368	6,8	8 613	8,4	273	10,6	41 260	4,5	641	8,0	49 873	4,9
Ancienneté professionnelle ou de poste	151	2,8	3 212	3,1	172	6,7	47 842	5,2	323	4,1	51 054	5,0
Aire de calcul différente de l'aire d'application	1 640	30,5	32 931	32,0	940	36,5	581 055	63,1	2 580	32,4	613 986	60,0
Autre disposition	148	2,7	3 443	3,3	109	4,2	50 326	5,5	257	3,2	53 769	5,3
Aucune disposition	561	10,4	9 616	9,3	311	12,1	95 840	10,4	872	11,0	105 456	10,3
TOTAL	5 384	100,0	102 845	100,0	2 577	100,0	920 207	100,0	7 961	100,0	1 023 052	100,0

Source : Données mécanographiques du CRSMT, 27 mars 1991. (Variable C-06.)

du candidat si l'entreprise a une politique en la matière, ou même le lien de parenté avec des personnes déjà au service de l'entreprise, comme cela se produit pour l'embauche d'étudiants durant les vacances des employés réguliers.

Nous nous limiterons, dans la suite de l'exposé, à deux de ces critères: les années de service et les qualifications. Quand ces deux critères sont utilisés simultanément dans une décision, il faut normalement que l'un prime sur l'autre. Dans le cas où la priorité est accordée à l'ancienneté, on dira qu'«à aptitudes suffisantes, l'ancienneté prime». L'expression signifie qu'on regarde d'abord l'ancienneté. Si le candidat le plus ancien a les «aptitudes suffisantes», on ne se pose pas d'autre question: c'est lui qui occupera l'emploi, qu'il s'agisse d'une promotion ou d'un déplacement lui évitant d'être mis à pied. La condition requise, dans ce cas, pour justifier un choix qui ne correspondrait pas à l'ancienneté stricte, c'est que le candidat le plus ancien soit clairement incapable de remplir le poste à occuper. Le second critère, celui des aptitudes suffisantes, est alors déterminant et justifie la décision de passer au candidat suivant sur la liste d'ancienneté. Dans les conventions collectives, tout cela s'exprime généralement comme suit: le poste sera accordé au candidat le plus ancien «à la condition qu'il ait les aptitudes suffisantes pour remplir le poste».

Même si elle est moins fréquente, on rencontre aussi la situation inverse. On dit alors: «à aptitudes équivalentes, l'ancienneté prime». L'expression signifie qu'on considère en premier lieu les aptitudes des candidats et que l'ancienneté ne sert qu'à choisir parmi deux ou plusieurs candidats ayant sensiblement les mêmes aptitudes. La priorité est alors clairement accordée aux aptitudes et l'ancienneté n'est considérée qu'en second lieu. La formule est généralement retenue pour les postes ou les départements qui ont une importance capitale dans l'entreprise. L'employeur conserve alors le droit de choisir le candidat le plus compétent, le plus apte à remplir le poste. On peut trouver, dans une même entreprise, des règles différentes selon les groupes d'employés visés, des règles propres à chacune des différentes unités d'ancienneté. Une telle situation risque cependant de susciter de l'animosité chez les employés étant donné que tous ne sont pas soumis aux mêmes critères. C'est une des raisons qui explique la tendance actuelle à accorder une importance de plus en plus grande à l'ancienneté, à l'encontre des aptitudes et des qualifications. Les représentants patronaux s'en plaignent, mais il faut bien noter que ce sont souvent les mêmes représentants patronaux qui ont accepté la clause au moment de la négociation de la convention collective. Aucune situation n'est parfaite et les clauses de la convention collective reflètent toujours des compromis entre différentes tendances, également valables, mais dont l'une est préférable selon le point de vue où l'on se place.

9.3.3 Lien entre les deux typologies

Dans la pratique, les deux aspects, celui de l'importance des critères de décision et celui de l'unité où le principe s'applique, sont étroitement reliés. Dans le cas des unités de métier, le problème est facile à régler, sinon inexistant. Si tous les salariés de l'unité doivent avoir sensiblement la même compétence, il est possible et logique que l'ancienneté stricte soit le seul critère utilisé. Dans le cas des lignes d'avancement très strictement délimitées, la situation est sensiblement la même. La progression d'un échelon à l'autre se fera selon le critère d'ancienneté, à moins qu'un salarié ne manifeste des signes évidents d'un manque d'aptitudes flagrant.

Dans les grandes unités, on note que les promotions et les mises à pied ne sont pas l'objet des mêmes critères. Pour les promotions, on insistera davantage sur les aptitudes, surtout si l'unité d'ancienneté est large et si elle regroupe des postes exigeant des qualifications diverses. Dans une situation de réduction du nombre d'employés, l'entreprise voudra conserver le plus possible ses anciens employés, comptant qu'ils seront plus loyaux sinon plus compétents; on trouvera alors dans la convention une unité d'ancienneté souvent plus étendue qu'en d'autres cas. Le texte des conventions dit souvent que des efforts sérieux seront faits pour conserver les employés ayant de l'ancienneté, en leur offrant au besoin des possibilités de formation et d'amélioration de leurs qualifications. Même si le principe d'élargir l'unité en vue de garder ses employés présente beaucoup d'attraits pour l'entreprise, son application peut comporter des difficultés, en particulier en ce qui a trait aux supplantations et aux déplacements qui pourraient s'ensuivre. Aussi, les conventions collectives prévoient souvent des limites à la possibilité des déplacements en chaîne.

On voit, par ces quelques exemples, les liens étroits qui existent entre les deux aspects des différents types d'ancienneté, ceux qui se rattachent à l'aire d'application et ceux qui se rapportent aux critères de sélection. Quant aux exemples concrets de clauses en la matière, nous y reviendrons dans les deux sections suivantes, consacrées respectivement aux promotions et aux mises à pied.

9.4 Ancienneté et promotions

On pourrait définir la promotion comme l'affectation permanente d'un salarié à un poste qui représente – ou est perçu comme représentant – une amélioration par rapport à son poste précédent. L'amélioration tient au fait qu'il y a plus de responsabilité ou de pouvoir, plus de prestige, généralement un salaire plus élevé et, peut-être, des conditions de travail plus attrayantes. Nous nous intéresserons d'abord à la promotion en tant que telle et, par la suite, aux critères qu'on utilise pour le choix des candidats, soit l'ancienneté et les aptitudes.

Notons que les conventions collectives prévoient souvent deux procédures: une pour les postes permanents, l'autre pour les postes temporaires. Certaines conventions distinguent même les postes temporaires de courte durée et ceux de longue durée; ces derniers incluent des postes à combler pour trois mois, six mois, ou davantage. Le présent exposé vise les postes permanents; les mêmes principes s'appliquent, avec les adaptations nécessaires, aux postes temporairement vacants.

9.4.1 Affichage des postes vacants

Le droit de créer des postes et de les combler en choisissant les employés appropriés a toujours été considéré comme faisant partie des droits de gérance. Faute de règles explicites dans la convention collective, il n'y a guère d'appel possible contre une décision de l'employeur en la matière, à moins qu'elle ne viole une disposition légale quelconque. Cependant, la plupart des conventions collectives contiennent des normes que l'employeur a accepté de respecter quand il comble un poste, qu'il s'agisse d'un nouveau poste ou d'une vacance due au départ d'un employé.

Un système de promotion comporte de nombreux éléments. Le premier est l'obligation d'afficher les postes vacants, pour une période généralement brève – de trois à cinq jours par exemple –, pour permettre aux salariés intéressés de poser leur candidature.

L'affichage suscite de nombreuses interrogations. La première est de savoir si le poste est réellement nouveau ou s'il s'agit d'une simple modification. Dans ce dernier cas, il ne sera pas nécessairement obligatoire de l'afficher. Le changement de désignation et la reclassification d'un poste ne constituent pas une création de poste, et n'entraînent pas l'obligation de l'afficher. L'employé concerné peut avoir d'autres recours, mais il ne peut obliger l'employeur à se conformer à la procédure inscrite dans la convention collective pour une création de poste. Dans le même sens, on considère que la nomination d'un chef d'équipe, si elle ne change pas substantiellement le contenu habituel de la tâche de son titulaire, ne constitue pas une création de poste et l'affichage n'est donc pas obligatoire. Tous ces points ont fait l'objet de discussions devant les arbitres, qui ne peuvent que se reporter au texte de la convention collective pour trouver une solution au problème soulevé.

Une seconde question vise l'affichage proprement dit et l'endroit où il doit être effectué. Normalement, l'avis d'un poste à combler doit être donné de manière à ce que les employés qui auraient le droit de poser leur candidature puissent prendre connaissance de la création de ce poste. Si la convention prévoit que seuls les employés du département concerné peuvent postuler, il suffit alors que l'affichage soit fait de manière à permettre aux employés de ce département d'en prendre connaissance. Si l'unité d'ancienneté et de promotion correspond à l'unité de négociation, l'affichage doit alors rejoindre tous les salariés de l'unité de négociation.

La durée de l'affichage est généralement brève, le plus souvent limitée à quelques jours. Certaines conventions collectives (10 %) prévoient une période de deux semaines ; quelques-unes, très rares mais touchant 25 % des salariés, exigent un affichage plus long. (Voir le tableau 9-9.) Certaines conventions tiennent compte des employés absents pour cause de maladie ou en vacances. Lorsqu'un poste est affiché, la convention peut exiger qu'ils soient prévenus par lettre ou autrement, ou qu'ils bénéficient d'un délai supplémentaire. De plus, le syndicat exige généralement qu'une copie de chaque affichage lui soit transmise.

Conformément à ses droits de gérance, l'employeur peut, même après affichage, décider de ne pas combler un poste, à moins qu'une disposition de la convention collective ne l'oblige explicitement à le faire. Il peut aussi décider d'abolir un poste.

Même si la formule est beaucoup moins utilisée, il arrive que l'affichage des postes soit remplacé par un système de candidatures permanentes, par lequel tout employé qui désire changer d'emploi peut présenter une demande en ce sens au moment de son choix[21]. Généralement, on lui permet de manifester sa disponibilité pour trois ou quatre postes pour lesquels il estime être compétent. Lorsqu'il y a un poste à combler, l'employeur choisit parmi les candidatures qu'il a reçues. Cette formule permet d'éviter la congestion causée par l'afflux de demandes consécutif à un affichage, sans que tous les candidats aient vraiment le désir de changer d'emploi. La possibilité de poser sa candidature à tout moment réduit cette congestion. Les modalités de cette autre formule doivent également être déterminées par la convention collective, de la même manière que l'affichage des postes.

9.4.2 Modalités de la promotion

Généralement, lorsqu'un employé change de poste, on lui accorde une période d'essai, de probation, d'entraînement ou de formation. Les quatre termes sont utilisés, ainsi que quelques autres dont période d'études et de recyclage. Nous ne retiendrons que deux formules, la période d'essai et de probation d'une part et, d'autre part, la période de formation.

Il est rare qu'une convention collective ne contienne pas quelques brèves indications sur le sujet. Dans le cas contraire, si un grief se rend en arbitrage, l'arbitre ne disposera pas des éléments nécessaires pour régler le litige. Il ne pourra se référer qu'aux exigences du poste et aux qualifications requises pour l'occuper. Mais ces dispositions n'impliquent pas nécessairement l'octroi d'une période d'essai, même s'il est évident que personne ne s'attend à ce qu'un salarié produise autant que le meilleur employé de la chaîne de production dès son entrée en fonction.

Si la convention collective parle d'entraînement, d'initiation, de recyclage ou de formation, l'obligation de l'employeur est évidemment beaucoup plus grande et plus précise. L'employeur s'engage alors à fournir au salarié choisi des moyens particuliers, comme l'entraînement par un ouvrier occupant déjà le poste, qui lui permettront d'acquérir à la fois les connaissances et l'habileté requises pour occuper le poste de manière satisfaisante.

Que la convention parle d'une période d'essai ou d'une période de formation, il est nécessaire que la durée en soit déterminée. Les conventions stipulent habituellement, par la même occasion, que l'employé qui ne fait pas l'affaire peut réintégrer le poste qu'il occupait antérieurement. Si le délai permettant à l'employeur d'évaluer le candidat n'est pas explicitement mentionné dans la convention collective, on risque de se retrouver avec un grief difficile à résoudre, le cas échéant. Un arbitre a déjà décidé qu'une période de six semaines constituait certaine-

21. SUMNER H. SLICHTER, JAMES J. HEALY et E. ROBERT LIVERNASH, *op. cit.*, ch. 7: «Promotion Policies and Procedures» (p. 178-210), p. 191-192.

TABLEAU 9-9

La durée minimale de l'affichage des postes vacants – 1984 et 1989

Durée de l'affichage	Conventions collectives régissant moins de 50 salariés				50 salariés et plus				tous les salariés (TOTAL)			
	C.c.	%	Salariés	%	C.c.	%	Salariés	%	C.c.	%	Salariés	%
1984												
1 semaine[1]	2 266	54,7	43 470	59,4	1 233	65,0	221 925	32,1	3 499	58,0	265 395	34,8
2 semaines[1]	386	9,3	6 803	9,3	212	11,2	68 929	10,0	598	9,9	75 732	9,9
Durée plus longue	183	4,4	3 054	4,2	75	4,0	151 193	21,9	258	4,3	154 247	20,2
Affichage à date fixe	4	0,1	77	0,1	4	0,2	1 144	0,2	8	0,1	1 221	0,2
Période non précisée	311	7,5	5 241	7,2	103	5,4	110 142	16,0	414	6,9	115 383	15,1
Autre disposition	19	0,5	490	0,7	35	1,8	16 738	2,4	54	0,9	17 228	2,3
Aucune disposition	972	23,5	14 039	19,2	234	12,3	120 160	17,4	1 206	20,0	134 199	17,6
TOTAL	4 141	100,0	73 174	100,0	1 896	100,0	690 231	100,0	6 037	100,0	763 405	100,0
1989												
1 semaine[1]	2 904	53,9	60 649	59,0	1 699	66,0	272 583	29,6	4 603	57,8	333 232	32,6
2 semaines[1]	533	9,9	10 209	9,9	313	12,1	95 904	10,4	846	10,6	106 113	10,4
Durée plus longue	295	5,5	5 001	4,9	133	5,2	254 925	27,7	428	5,4	259 926	25,4
Affichage à date fixe	4	—	82	—	4	0,2	3 839	0,4	8	0,1	3 921	0,4
Période non précisée	431	8,0	7 572	7,4	146	5,7	51 013	5,5	577	7,2	58 585	5,7
Autre disposition	30	0,6	750	0,7	18	0,7	37 550	4,1	48	0,6	38 300	3,7
Aucune disposition	1 187	22,0	18 582	18,1	264	10,2	204 393	22,2	1 451	18,2	222 975	21,8
TOTAL	5 384	100,0	102 845	100,0	2 577	100,0	920 207	100,0	7 961	100,0	1 023 052	100,0

1. Les données sont approximatives: elles résultent de regroupements (jours de calendrier, jours ouvrables, etc.). La formulation varie beaucoup selon les conventions collectives.

Source: Données mécanographiques du CRSMT, 27 mars 1991. (Variable C-14.)

ment un délai raisonnable[22]. Ce qui signifie que l'employeur doit, avant la fin de cette période, constater si le candidat a ou non les aptitudes requises pour occuper le poste pour lequel il a posé sa candidature.

9.4.3 Critères utilisés et leur application

Les critères que les employeurs utilisent pour choisir les candidats qu'ils veulent retenir doivent être précisés dans la convention collective. Fondamentalement, ils se rapportent aux deux catégories déjà mentionnées: l'ancienneté et les qualifications ou aptitudes. La portée de l'ancienneté se limite toujours à l'unité déterminée dans la convention. Quant aux critères, l'importance accordée à chacun varie selon les circonstances.

En matière de promotion, le critère des qualifications est beaucoup plus important que dans le cas des mises à pied. C'est ainsi que les conventions collectives prévoyant l'ancienneté stricte comme critère de promotion sont rares, leur proportion étant d'environ 3 %. (Voir le tableau 9-10.) Les cas de cette nature correspondent généralement à une situation où l'ensemble des salariés de l'unité sont pratiquement interchangeables, soit à cause de connaissances approfondies que tous doivent posséder, soit, au contraire, parce que les exigences du poste sont minimales; dans un cas comme dans l'autre, il n'est pas vraiment nécessaire de considérer la compétence des candidats: ils sont tous également compétents.

Les conventions collectives qui donnent priorité aux qualifications pour les promotions (l'ancienneté n'intervenant que si les qualifications sont vraiment équivalentes), même si elles ne représentent pas la majorité, bien loin de là (environ 20 %), sont tout de même proportionnellement beaucoup plus nombreuses que dans le cas des mises à pied (5 %). (Comparez les tableaux 9-7 et 9-10.) Il reste que les cas les plus fréquents sont ceux où l'ancienneté prime, à condition que les qualifications soient suffisantes pour occuper le poste à combler: 60 % des conventions visant 45 % des salariés. La forte proportion des clauses où l'ancienneté domine s'explique principalement par l'insistance syndicale à exiger des clauses où l'ancienneté a une importance de plus en plus grande, prépondérante dans la majorité des cas. La taille des unités ne semble pas un facteur significatif.

Les plus grosses conventions collectives se situent dans une catégorie marginale intitulée « Autre disposition »: 5 % des conventions régissant 20 % des salariés. Il s'agit probablement de conventions du secteur public où les promotions obéissent à d'autres règles. C'est la même chose pour les conventions collectives qui ne contiennent pas de dispositions de cette nature (10 % et 20 %): les promotions des fonctionnaires sont régies par des règles propres à la fonction publique et non par la convention collective.

Quant à l'aire d'application de l'ancienneté, la majorité des conventions collectives prévoit une unité d'ancienneté équivalant à l'unité d'accréditation; concrètement cela correspond à l'ancienneté d'établissement. Le grand nombre des petites unités de cette catégorie explique la proportion considérable des cas d'ancienneté d'établissement. On observe aussi que les conventions collectives régissant les plus grands nombres de salariés se retrouvent soit dans la catégorie marginale, soit parmi celles qui ne contiennent pas de disposition relative à l'unité d'ancienneté. (Voir le tableau 9-11.)

Il faut ajouter deux observations sur des aspects particuliers du problème. Quand les employés à temps partiel peuvent accumuler de l'ancienneté, ils sont généralement regroupés entre eux, de sorte qu'il y a alors deux listes d'ancienneté: une pour les employés à temps complet, l'autre pour les employés à temps partiel. Dans ces cas, le plus souvent, l'ancienneté des travailleurs à temps partiel s'applique pour les mises à pied, le rappel au travail, le choix de la période de vacances; en d'autres mots, tout cela se décide

22. *Viau ltée* c. *Syndicat national de la biscuiterie de Montréal, Recueil des décisions sur les conflits de droit dans les relations du travail*, n° 915-3, 17 octobre 1969, H. LANDE, arbitre; *National Grocers Co. Ltd. (Loblaws)* v. *Retail, Wholesale and Departmental Stores Union*, Local 579, 21 décembre 1990, Ontario, MARCOTTE, arbitre, 21 C.L.A.S. 46.

TABLEAU 9-10

L'importance accordée à l'ancienneté lors de promotions – 1984 et 1989

Critères de promotions	Conventions collectives régissant moins de 50 salariés				Conventions collectives régissant 50 salariés et plus				Conventions collectives régissant tous les salariés (TOTAL)			
	C.c.	%	Salariés	%	C.c.	%	Salariés	%	C.c.	%	Salariés	%
1984												
Ancienneté seulement	133	3,2	2 405	3,3	75	3,9	20 623	3,0	208	3,4	23 028	3,0
L'ancienneté prime à qual. suffisantes	2 292	55,3	41 375	56,5	1 100	58,0	234 083	33,9	3 392	56,2	275 458	36,1
L'ancienneté prime à qual. équivalentes	796	19,2	14 644	20,0	409	21,6	111 696	16,2	1 205	20,0	126 340	16,5
L'ancienneté est un facteur parmi d'autres	170	4,1	3 483	4,8	70	3,7	11 266	1,6	240	4,0	14 749	1,9
Autre disposition	224	5,4	4 045	5,5	119	6,3	200 843	29,1	343	5,7	204 888	26,8
Aucune disposition	526	12,7	7 222	9,9	124	6,5	111 782	16,2	650	10,8	119 004	15,6
TOTAL	4 141	100,0	73 174	100,0	1 897	100,0	690 293	100,0	6 038	100,0	763 467	100,0
1989												
Ancienneté seulement	154	2,9	3 062	3,0	77	3,0	15 140	1,6	231	2,9	18 202	1,8
L'ancienneté prime à qual. suffisantes	3 045	56,6	59 606	58,0	1 735	67,3	383 517	41,7	4 780	60,0	443 123	43,3
L'ancienneté prime à qual. équivalentes	1 071	19,9	21 128	20,5	416	16,1	105 401	11,4	1 487	18,7	126 529	12,4
L'ancienneté est un facteur parmi d'autres	202	3,7	4 213	4,1	99	3,8	20 872	2,3	301	3,8	25 085	2,4
Autre disposition	271	5,0	5 072	4,9	90	3,5	194 615	21,1	361	4,5	199 687	19,5
Aucune disposition	641	11,9	9 764	9,5	160	6,2	200 662	21,8	801	10,1	210 426	20,6
TOTAL	5 384	100,0	102 845	100,0	2 577	100,0	920 207	100,0	7 961	100,0	1 023 052	100,0

Source: Données mécanographiques du CRSMT, 27 mars 1991. (Variable C-05.)

TABLEAU 9-11

L'unité d'ancienneté pour les promotions – 1984 et 1989

Types d'unités d'ancienneté	Conventions collectives régissant moins de 50 salariés				50 salariés et plus				tous les salariés (TOTAL)			
	C.c.	%	Salariés	%	C.c.	%	Salariés	%	C.c.	%	Salariés	%
1984												
Ancienneté d'établissement	2 849	68,8	50 164	68,6	1 127	59,4	296 471	42,9	3 976	65,8	346 635	45,4
Ancienneté départementale	227	5,5	5 274	7,2	202	10,6	34 558	5,0	429	7,1	39 832	5,2
Ancienneté professionnelle ou de poste	49	1,2	977	1,3	77	4,1	34 511	5,0	126	2,1	35 488	4,6
Aire de calcul différente de l'aire d'application	347	8,4	6 583	9,0	218	11,5	79 329	11,5	565	9,4	85 912	11,2
Autre disposition	145	3,5	2 965	4,0	149	7,9	133 642	19,4	294	4,9	136 607	17,9
Aucune disposition	524	12,6	7 211	9,9	124	6,5	111 782	16,2	648	10,7	118 993	15,6
TOTAL	4 141	100,0	73 174	100,0	1 897	100,0	690 293	100,0	6 038	100,0	763 467	100,0
1989												
Ancienneté d'établissement	3 702	68,8	70 227	68,3	1 562	60,6	242 337	26,3	5 264	66,1	312 564	30,5
Ancienneté départementale	320	5,9	7 846	7,6	307	11,9	50 498	5,5	627	7,9	58 344	5,7
Ancienneté professionnelle ou de poste	77	1,4	1 683	1,6	144	5,6	50 203	5,5	221	2,8	51 886	5,1
Aire de calcul différente de l'aire d'application	398	7,4	8 119	7,9	126	4,9	30 167	3,3	524	6,6	38 286	3,7
Autre disposition	250	4,7	5 206	5,1	278	10,8	346 340	37,6	528	6,6	351 546	34,4
Aucune disposition	637	11,8	9 764	9,5	160	6,2	200 662	21,8	797	10,0	210 426	20,6
TOTAL	5 384	100,0	102 845	100,0	2 577	100,0	920 207	100,0	7 961	100,0	1 023 052	100,0

Source: Données mécanographiques du CRSMT, 27 mars 1991. (Variable C-04.)

pour eux, selon des règles qui leur sont propres et qui s'appliquent à eux seulement, pas aux employés permanents[23]. Il est souvent utile, sinon nécessaire, de faire une distinction entre les salariés à temps partiel réguliers et les salariés à temps partiel non réguliers, qu'on pourrait qualifier de réservistes. Il arrive que l'ancienneté des salariés à temps partiel réguliers soit intégrée à la liste générale d'ancienneté; il est évident alors que les employés à temps plein accumulent, dans un même laps de temps, beaucoup plus d'ancienneté que les employés à temps partiel. La possibilité de devenir employé à temps plein est souvent reliée à l'ancienneté accumulée par le travail à temps partiel. Toutefois, la majorité des travailleurs à temps partiel ont un statut de «réservistes» si bien que le recours à deux listes d'ancienneté distinctes est la formule la plus fréquemment utilisée.

En discutant d'ancienneté et de promotion, il importe de signaler que l'attitude des salariés par rapport à l'ancienneté, comme critère d'avancement, ne correspond pas toujours à la position syndicale sur le sujet. Plus les salariés ont de qualifications professionnelles, plus ils s'opposent, peut-on remarquer, au critère d'ancienneté stricte. En d'autres mots, les professionnels et les travailleurs qualifiés attachent généralement plus d'importance à la compétence qu'à l'ancienneté. Un aspect de l'histoire syndicale en fournit une preuve éloquente. Dans les années 1960, beaucoup de syndicats d'infirmières étaient affiliés à la CSN. La CSN est une centrale reconnue pour ses batailles en faveur de l'ancienneté, d'une ancienneté pure et dure, avec une aire d'application la plus étendue possible. Malgré les représentations des infirmières, leur fédération et la confédération n'ont pas changé de position à ce sujet; ce sont les syndicats d'infirmières de la région de Montréal qui, en très grand nombre, ont changé d'affiliation. Ils ont quitté la CSN pour se joindre à une fédération où la compétence professionnelle avait plus d'importance que l'ancienneté[24].

9.4.4 Évaluation des aptitudes en arbitrage

Il faut revenir sur la notion d'aptitude pour l'examiner dans le contexte de la procédure de règlement des griefs et, plus particulièrement, de l'arbitrage. En effet, comme toute autre disposition de la convention collective, l'évaluation des qualifications faite par l'employeur, pour attribuer un poste vacant, peut être contestée par voie de grief. Sans être l'objet le plus fréquent des griefs déposés, la contestation des décisions patronales en la matière se produit assez souvent. Et il arrive que de tels griefs se rendent en arbitrage.

Une question importante se pose alors: l'arbitre peut-il, ou même doit-il, évaluer les qualifications des employés en présence – puisque généralement c'est un employé qui n'a pas eu la promotion qui dépose le grief – et ainsi substituer son jugement à celui de l'employeur pour confirmer ou renverser sa décision? L'opinion généralement admise comporte deux éléments: l'arbitre doit vérifier et évaluer la manière dont l'employeur a effectué son choix parmi les candidats, mais il ne doit pas substituer sa propre évaluation à celle de l'employeur. Donc, l'arbitre ne cassera la décision de l'employeur que s'il arrive à la conclusion que le choix a été fait d'une manière manifestement injuste, arbitraire ou discriminatoire.

Le principe de ne pas substituer le jugement de l'arbitre à celui de l'employeur, sauf pour un motif valable, a été énoncé il y a déjà bien longtemps. Un arbitre rendait la décision suivante en 1948[25]:

> Dans tous les cas où il y a place pour une honnête différence d'opinion, s'il paraît clair que l'employeur a agi honnêtement, nous ne croyons pas qu'un conseil d'arbitrage soit justifié d'intervenir en renversant la décision de l'employeur; agir ainsi ferait en sorte

23. NORMANDE LEWIS et ANDRÉ DESJARDINS, *Le travail à temps partiel, le partage du travail comme mesure de sécurité d'emploi et la sous-traitance. Recueil de clauses types*, Québec, Centre de recherche et de statistiques sur le marché du travail, 1985 (90 p.), p. 7-14.

24. PIERRE DUPONT et GISÈLE TREMBLAY, *Les syndicats en crise*, Montréal, Éditions Quinze, 1976 (152 p.), p. 55-57.

25. *United Mine Workers of America, local 13031* c. *Canadian Industries Ltd, Nober Works*, (1948) *Labour Arbitration Cases*, p. 237, JUSTICE ROACH, arbitre.

que la direction de l'entreprise serait faite par les arbitres plutôt que par l'employeur lui-même. Dans tous les cas où il est établi qu'un employeur honnête, agissant de façon raisonnable, pouvait en venir à la décision qu'il a prise, aucun conseil d'arbitrage ne devrait alors intervenir.

Plus récemment, un arbitre du Québec a repris le même principe, y apportant quelques précisions qui se sont ajoutées au cours des années[26].

Le rôle de l'arbitre consiste à apprécier la preuve et à décider si, dans l'exercice de ses droits de gérance, la compagnie a brimé les droits reconnus au plaignant par la convention collective. Il ne lui appartient pas de substituer son jugement à celui de l'employeur quant à l'évaluation des tests, sauf s'il est convaincu que celle-ci a été faite d'une façon manifestement injuste, arbitraire ou discriminatoire.

Il reste que, dans la pratique, le problème ne se présente pas toujours de façon aussi claire.

9.4.5 Clauses de sélection

Il nous reste à voir quelques exemples de clauses de promotion et à en identifier les principaux éléments, dispersés dans un texte généralement long. Le premier exemple est tiré d'une convention collective qui régit des employés de bureau; le second s'applique à une papeterie, où on trouve, comme il se doit, des lignes d'avancement. Des notes guides sont inscrites en marge pour attirer l'attention sur les éléments importants de la clause.

14.01 Affichage:

Affich.: 5 j. ouvr.

Copie à empl. en congé de maladie

1. Tout poste vacant que l'employeur désire combler, tout poste nouvellement créé et couvert par la présente convention collective est affiché durant une période d'au moins cinq (5) jours ouvrables et une copie dudit affichage est remise au Syndicat. L'Employeur en fait également parvenir une copie à tout employé en congé de maladie lorsque l'employé bénéficie de prestations de l'assurance-salaire dont la date de retour au travail est prévisible et se situe à l'intérieur d'un délai de quatre (4) mois.

Contenu

2. L'avis d'affichage doit indiquer, entre autres, le titre, la classe, la nature de la fonction, les exigences normales de la fonction, l'unité administrative, l'échelle de salaire, le statut rattaché au poste, le quart de travail et la période d'affichage.

(...)

14.02 Candidature:

Toute l'unité de négociation

1. Tout employé a le droit, durant la période d'affichage, de présenter sa candidature par écrit au directeur du personnel ou à son représentant.

Employée en congé de mat.

2. Avant de partir en congé de maternité, une employée peut par anticipation, poser sa candidature à une ou plusieurs fonctions. L'employée sera informée de tout affichage dans les cas suivants:

a) s'il s'agit d'un poste permanent;

b) s'il s'agit d'une promotion.

L'employée devra pouvoir se présenter pour les tests appropriés dans des délais raisonnables en fonction du poste à combler. Si le poste lui est accordé, un employé temporaire la remplacera jusqu'à son entrée en fonction et elle ne pourra appliquer sur un autre poste avant son retour au travail. La procédure et les délais de nomination sont suspendus selon les besoins.

Employés en vac.

3. Avant de partir en vacances, un employé peut poser sa candidature à une ou plusieurs fonctions, en autant que le poste affiché soit permanent et lui procure une promotion, et à la condition que les délais totaux ne soient pas extensionnés pour plus de dix (10) jours ouvrables.

14.03 Nomination:

Qualif. normales

1. L'employeur accorde le poste à l'employé qui satisfait aux conditions apparaissant au document intitulé «Exigences

---

26. *Ciments Canada Lafarge ltée* c. *Le Syndicat des travailleurs unis du ciment, de la chaux et du gypse, local 215, Sentences arbitrales – griefs* (S.A.G.), juillet 1976, p. 983, Claude Lauzon, arbitre.

Normales de Fonction» que l'Employeur s'engage à ne pas modifier pour la durée de la présente convention.

Dactylo: exigences normales à la fin pér. essai

Dans les postes qui requièrent une rapidité de dactylo énoncée aux «Exigences de Fonction», le candidat choisi devra, en autant qu'il corresponde aux exigences de base en la matière, atteindre cette rapidité à la fin de la période d'essai.

Priorité: anc. à qual. égales

Dans le cas où deux (2) ou plusieurs employés satisfont de façon relativement égale aux exigences normales du poste, l'Employeur choisit le candidat ayant le plus d'ancienneté.

Ancienn. d'abord

Si l'Employeur choisit parmi les candidats un employé ayant moins d'ancienneté qu'un autre employé candidat et que ce dernier en conteste la décision, l'Employeur s'engage à assumer le fardeau de la preuve de sa décision.

Qualif. pertin. au poste

2. a) Les exigences normales doivent être conformes à celles existant au moment de la signature de la présente convention et apparaissant au document intitulé «Exigences Normales de Fonction».

Nouv. fonct. qualif. pertin.

b) Dans le cas de création d'une nouvelle fonction, les exigences normales devront être pertinentes, en relation et en proportion du poste à combler. À cet effet les exigences seront proportionnelles à celles existantes conformément au paragraphe précédent.

Avis de 10 j. au synd.

L'Employeur s'engage à remettre au Syndicat, au moins dix (10) jours ouvrables avant l'affichage relié à cette nouvelle fonction, les exigences normales ainsi que la description de la fonction à être affichée.

Grief possible: fardeau de preuve à employeur

Si le Syndicat considère que les exigences ne respectent pas la présente clause, il pourra soumettre le cas à la procédure de grief et d'arbitrage. L'Employeur s'engage alors à établir le bien-fondé de ces exigences.

Nomin.: 15 j. ouvr. sinon nullité

3. La nomination sera faite dans les quinze (15) jours ouvrables suivant la fin de l'affichage, sinon l'affichage du poste sera considéré comme annulé et il devra y avoir un nouvel affichage avant nomination.

Réponse à intér., 15 j. ouvr.

4. L'Employeur donne une réponse écrite à chaque candidat, avec copie au Syndicat, dans les quinze (15) jours ouvrables suivant la fin de la période d'affichage.

Si la date d'entrée en fonction du candidat est différente de celle prévue à l'affichage, l'Employeur communique aussi la nouvelle date au Syndicat.

Nouv. salaire à l'entrée ou 2 sem. apr. nominat.

5. Dans le cas où l'entrée en fonction du candidat dépasse de deux (2) semaines sa nomination, les mécanismes salariaux attachés à sa promotion prendront effet dès la fin de ce délai sans toutefois affecter le début de sa période d'essai, à moins que l'avis d'affichage ne mentionne une autre date pour le début de son travail.

Aucune pénalité

6. Le défaut de demander ou le fait de refuser une promotion n'affecte en rien le droit de l'employé à une promotion ultérieure.

Consult. tests et examens

7. L'employé peut, sur demande, consulter au service des Ressources Humaines ses tests et examens qu'il a subis lors d'une candidature à un poste.

Restrict. poste temp.

8. Un employé occupant un poste en affectation temporaire ne peut poser sa candidature sur un autre poste ouvert pour affectation temporaire.

14.04 Période d'essai:

Bureau: entraîn.: 10 j. essai: 30 j. trav.

1. a) Dans le cas d'une nomination dans un poste du groupe «B» (: bureau), le candidat auquel le poste est attribué a droit à une période d'entraînement d'une durée de dix (10) jours à l'intérieur d'une période d'essai d'une durée maximale de trente (30) jours travaillés.

Trav. prof.: entraîn.: 20 j. essai: 60 j. trav.

b) Dans le cas d'une nomination dans un poste du groupe «TP» (: travail professionnel), le candidat auquel le poste est attribué a droit à une période d'entraînement d'une durée de vingt (20) jours à l'intérieur d'une période d'essai d'une durée maximale de soixante (60) jours travaillés.

Droit retour vol. ancien poste en pér. d'essai

2. En tout temps pendant cette période l'employé peut renoncer à la mutation et réintégrer son ancien poste sans préjudice à tous ses droits. Dans le cas où son poste a été aboli, l'employé à temps complet ou à temps partiel sera réintégré à un poste équivalent.

Droit de réintégration

3. Dans le cas où l'Employeur n'est pas satisfait de l'employé, il devra retourner celui-ci à son ancien poste à l'intérieur de cette même période d'essai après la période d'entraînement.

Fardeau preuve à employeur

4. L'Employeur accepte le fardeau de la preuve advenant un grief sur la décision de retourner un employé à son ancien poste durant la période d'essai.

(Société nationale de fiducie et le Syndicat des employées et employés professionnels-les et de bureau, section locale 57.)

L'article d'où est tiré cet exemple, l'article 14, s'intitule «Mutations», sans doute pour éviter d'en restreindre l'application aux seules promotions. En effet, l'article 3 de cette convention définit la promotion comme une mutation «à une classification prévoyant une échelle de salaires plus élevée que celle du poste que (l'employé) occupe avant sa promotion». Deux autres définitions, celles du transfert et de la rétrogadation (art. 3.06-3.07), portent à penser que l'article 14 s'applique à tout genre de mutations, sans restriction. Tout le contexte ainsi que le texte du paragraphe 14.02 laissent de plus croire que l'unité d'ancienneté correspond à l'unité de négociation qui, dans ce cas, correspond à l'ensemble de l'établissement.

L'importance relative des différents critères utilisés pour la sélection des candidats est nuancée. Les principes sont consignés dans la première partie du paragraphe 14.03. Le premier énoncé indique une exigence minimale de qualifications, contenue dans les termes «exigences normales du poste». Par contre, le paragraphe suivant se lit à peu près comme dans les conventions qui donnent préséance aux qualifications sur l'ancienneté. Il est cependant difficile de soutenir cette interprétation compte tenu du contexte. Dans le deuxième paragraphe, les parties ont voulu prévoir le cas où quelques employés auraient des qualifications «relativement égales»; l'ancienneté serait alors déterminante. Le troisième paragraphe manifeste clairement l'intention des parties, puisqu'il impose à l'employeur de justifier son choix si, de deux candidats, il retient celui qui a le moins d'ancienneté: si le candidat écarté conteste cette décision, la convention stipule que l'employeur a alors le fardeau de prouver que celui-ci n'a pas vraiment les qualifications requises «normales».

La succession de ces trois paragraphes souligne l'importance que les parties accordent «aux exigences normales du poste». Il faut rappeler que la convention collective s'applique à des emplois assez différents. L'unité de négociation comprend des travailleurs professionnels, comme des comptables et des programmeurs, et un groupe d'employés de bureau, du commis à la secrétaire de direction. Les «exigences normales» de chacun de ces postes sont très différentes de l'un à l'autre, ce qui crée des catégories naturelles dans l'ensemble.

L'exemple suivant est tiré de la convention collective en vigueur dans une papeterie. Nous y rencontrerons le cas typique des lignes d'avancement.

26.01 Il y aura trois (3) genres d'ancienneté pour les travailleurs réguliers:

3 anciennetés

a) ancienneté d'occupation;

b) ancienneté de département;

c) ancienneté d'usine.

26.02 L'ancienneté d'occupation est définie comme étant la première date d'entrée sur une occupation régulière.

(...)

Unité générale (sauf lignes d'avanc.)

27.04 a) Tout emploi régulier qui devient vacant à l'échelon inférieur d'une ligne d'avancement, tout emploi hors d'une ligne d'avancement, tout emploi au salaire de base (...) sera affiché au tableau d'affichage des départements. Les ouvertures doivent être affichées le plus tôt possible et demeurer aux tableaux durant dix (10) jours ouvrables. Il est entendu que l'Employeur doit choisir, pour remplir les emplois à l'échelon inférieur d'une ligne d'avancement, des travailleurs ayant les qualifications requises pour avancer dans cette ligne. (...)

Affich.: 10 j. ouvr.

Qualif. requises

b) Pendant la période d'essai de quinze (15) jours travaillés, les candidats éligibles qui ne pourront se qualifier, auront le privilège de retourner à leur ancienne occupation sans perte de leur ancienneté d'occupation et de département, de leurs droits et privilèges. La Compagnie ne sera pas liée à un deuxième affichage et choisira un autre candidat parmi les postulants de l'affichage précédent et ce, selon les mêmes règles que lors du premier affichage.

Essai: 15 j. trav.

Droit de réintégr.

Pas de 2e affich.

À la fin de la période d'essai, ceux qui se qualifieront sur des postes affichés perdront leur ancienneté d'occupation et de département, leurs droits et privilèges sur leur ancienne occupation.

Perte anc. antér.

Acquis. de la nouvelle

27.05 S'il n'y a aucune demande acceptable dans les dossiers lorsqu'un tel poste est vacant pour une occupation au bas de l'échelle, il sera alors rempli par un nouveau travailleur.

Embauche à l'ext.

27.06 Advenant une promotion d'un degré quelconque à un degré immédiatement supérieur dans une ligne d'avancement, l'Employeur choisira parmi les travailleurs possédant la compétence normale requise, le travailleur ayant la plus longue ancienneté dans l'ordre suivant: ancienneté d'occupation, ancienneté départementale, ancienneté d'usine. Les travailleurs en tête de liste de l'échelon précédent recevront une période d'entraînement, payée à leur taux régulier, au moment jugé opportun par leurs supérieurs qui en détermineront la nature et la durée.

Ligne d'avanc.: compét. normale, et anc. d'occup. de départ. et d'usine

Entraîn. (durée à déterm.)

27.07 (...) un employé ne peut refuser une promotion temporaire ou régulière dans sa ligne d'avancement. D'autre part, la compagnie considérera les demandes de refus de promotion pour des raisons de santé.

Refus de promot.: interdit sauf raison santé

(Kruger inc. et le Syndicat canadien des travailleurs du papier, sections locales 136 et 234.)

On aura noté l'affirmation explicite des trois aires d'ancienneté: l'occupation, le département et l'usine. On trouve une application directe de l'ancienneté d'occupation à la fin du paragraphe 27.04, où l'on indique qu'une fois la période d'essai terminée, l'employé à qui on attribue un nouveau poste perd son ancienneté antérieure, dans son ancien poste, et acquiert une nouvelle ancienneté, qui recommence avec le début de son travail dans son nouveau poste. Il s'agit clairement d'une ancienneté d'occupation.

La distinction entre l'application de l'ancienneté dans les lignes d'avancement (27.06) et dans le reste de l'usine (27.04) apparaît aussi très clairement. Il y a une ancienneté d'usine qui s'applique à tous les emplois non compris dans les lignes d'avancement et au poste d'entrée qui permet de s'intégrer dans une ligne d'avancement; le texte parle alors de «l'échelon inférieur d'une ligne d'avancement». Pour accéder à cet échelon inférieur de la ligne d'avancement, c'est l'ancienneté générale de l'usine, expliquée dans 27.04, qui s'applique. Il faut bien noter cependant que, s'il se porte candidat au premier échelon d'une ligne d'avancement, le salarié doit avoir «les qualifications requises pour avancer dans cette ligne», et non seulement pour occuper le premier poste de la ligne. (Voir un exemple de ligne d'avancement à la figure 9-1.)

Par conséquent, pour progresser dans chaque ligne d'avancement, l'ancienneté devient presque le facteur unique et automatique. L'employé doit évidemment posséder «la compétence normale requise», mais compte tenu de la condition imposée pour accéder à une ligne d'avancement, il est probable que tous les employés d'une même ligne ont déjà les qualifications nécessaires. Le critère de sélection devient alors l'une

FIGURE 9-1

Exemple de ligne d'avancement dans une papeterie – Secteur de la pâte mécanique

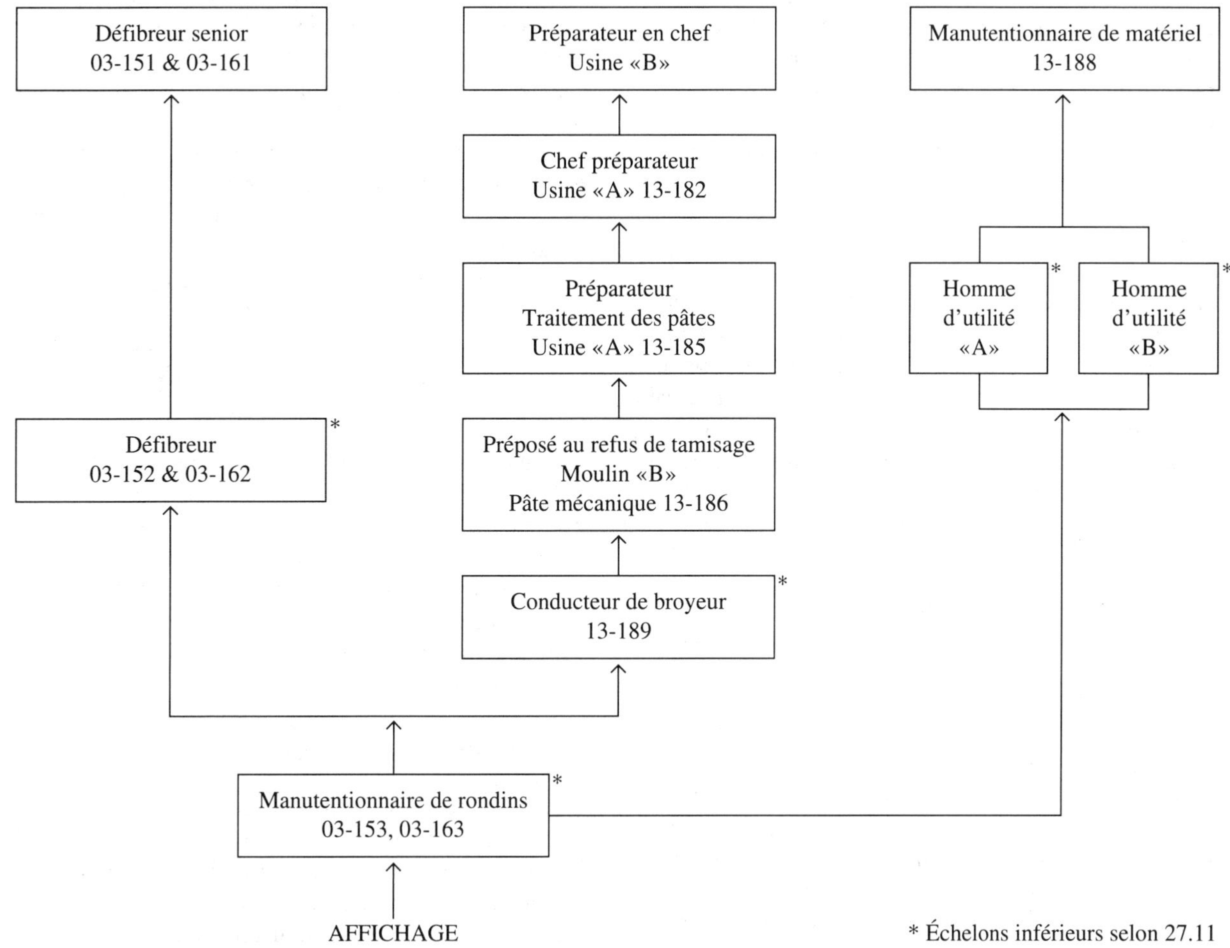

Source: Convention de travail entre Kruger inc. et le Syndicat canadien des travailleurs du papier, sections locales 136 et 234.

des trois anciennetés, dans l'ordre indiqué au paragraphe 27.06: d'abord l'ancienneté d'occupation; si celle-ci est identique pour plusieurs employés, c'est l'ancienneté de département qui les départage. Finalement, si nécessaire, l'ancienneté d'usine permet de prendre une décision quand plusieurs employés ont une ancienneté de département équivalente. L'employé ainsi promu a droit à une période d'entraînement – on ne dit pas de formation – dont la durée et la nature sont déterminées par ses supérieurs. Le texte semble bien donner toute liberté à l'employeur en la matière, quoiqu'une décision déraisonnable puisse faire l'objet d'un grief.

Il faut ajouter que chaque ligne d'avancement constitue en quelque sorte une unité d'ancienneté distincte. Les annexes de la convention collective d'où est tiré l'exemple en contiennent six: la cour à bois, les divisions de la pâte mécanique, de la pâte thermomécanique et de la bisulfite, la coucheuse (c'est-à-dire la grosse machine à papier; cette ligne d'avancement se subdivise elle-même en trois lignes distinctes) et, finalement, la chaufferie. À ces différentes lignes d'avancement s'ajoute l'unité d'ancienneté d'établissement dont il est question au début de l'article 27.04.

9.5 Ancienneté et mises à pied

Les mises à pied soulèvent les mêmes questions que les promotions mais, compte tenu de l'impact très différent sur les salariés et même sur l'entreprise, elles se présentent différemment et les réponses ne sont pas toujours les mêmes. Un peu comme l'affichage des promotions par exemple, il doit y avoir un avis préalable de mise à pied. Il y a cependant un problème bien particulier aux mises à pied, celui de la supplantation (*bumping*).

La réduction de l'effectif, qui entraîne une ou plusieurs mises à pied, peut être temporaire ou permanente; elle peut aussi être subite ou planifiée. Généralement, les conventions collectives prévoient un processus légèrement différent en cas de réduction temporaire de personnel, mais dans l'ensemble, il repose sur les mêmes principes que le mécanisme de réduction permanente[27]. Dans les pages qui suivent, nous aborderons les réductions de personnel de façon générale, sans distinguer toujours entre les réductions temporaires et les réductions permanentes.

9.5.1 Avis de mise à pied

La *Loi sur les normes du travail* impose un préavis pour les licenciements, ou les mises à pied de six mois et plus. La règle contenue dans la loi représente un minimum que toutes les conventions collectives doivent respecter. Cet avis varie de une à huit semaines selon l'ancienneté du salarié[28]. Tous les salariés y ont droit, qu'ils soient syndiqués ou non. Pour les salariés syndiqués, les conventions collectives contiennent généralement des règles de préavis plus avantageuses: elles s'appliquent à toutes les mises à pied, indépendamment de leur durée. Il faut noter cependant que 25 % des conventions collectives ne contiennent pas de disposition particulière à ce sujet: c'est alors le minimum imposé par la loi qui s'applique. Quant à la durée de l'avis, elle est parfois un peu plus longue que ce que prévoit la loi, le minimum étant de deux semaines au lieu d'une seule; mais dans bien des cas, cette durée varie selon l'ancienneté du salarié ou la durée de la mise à pied. (Voir le tableau 9-12.)

Plusieurs conventions collectives ne traitent pas du préavis à remettre au salarié mais stipulent qu'il doit être envoyé au syndicat (5 % des conventions visant 17 % des salariés), généralement environ deux semaines avant la mise à pied, ou dans un délai plus court, par exemple lors d'un déplacement dû à une supplantation. Souvent, l'avis doit être envoyé au salarié et au syndicat.

9.5.2 Modalités d'application

Les modalités d'application varient considérablement d'une entreprise à l'autre, et même d'un établissement à l'autre, selon la nature des opérations qui y sont effectuées, c'est-à-dire selon la complexité ou la simplicité de la structure organisationnelle.

Dans les usines qui emploient un nombre important de salariés, il arrive souvent qu'il faille procéder par secteur, selon les différentes divisions qui composent l'établissement ou l'institution. Le salarié visé par une suppression ou une suspension de poste pourra réclamer la place d'un employé ayant moins d'an-

27. Une réduction permanente de l'effectif implique généralement des licenciements et non seulement des mises à pied, ce terme désignant une perte de travail temporaire. Pour ne pas compliquer la présentation de formules déjà complexes, nous utiliserons ici l'expression «mises à pied» pour toutes coupures de postes, aussi bien permanentes que temporaires.

28. *Loi sur les normes du travail*, L.R.Q. 1977, c. N-1.1, art. 82 et *Loi modifiant la Loi sur les normes du travail et d'autres dispositions législatives*, L.Q. 1990, c. 73, art. 36 modifiant l'article 82 et suivants de la L.N.T.

TABLEAU 9-12

Le préavis de mise à pied – 1984 et 1989

Longueur du préavis	Conventions collectives régissant moins de 50 salariés				50 salariés et plus				tous les salariés (TOTAL)			
	C.c.	%	Salariés	%	C.c.	%	Salariés	%	C.c.	%	Salariés	%
1984												
1 semaine[1]	1 007	24,3	19 918	27,2	597	31,5	97 908	14,2	1 604	26,6	117 826	15,4
2 semaines[1]	257	6,2	4 053	5,5	108	5,7	141 841	20,6	365	6,9	145 894	19,1
Durée plus longue	356	8,6	5 532	7,6	89	4,7	34 113	4,9	445	7,4	39 645	5,2
Varie selon l'ancienneté	533	12,9	9 464	12,9	227	12,0	58 816	8,5	760	12,6	68 280	8,9
Varie selon la durée de la mise à pied	238	5,7	4 623	6,3	127	6,7	22 326	3,2	365	6,0	26 949	3,5
Sans objet, préavis remis au syndicat	183	4,4	3 381	4,6	108	5,7	42 328	6,1	291	4,8	45 709	6,0
Autre disposition	120	2,9	2 490	3,4	65	3,4	42 708	6,2	185	3,1	45 198	5,9
Aucune disposition	1 447	34,9	23 713	32,4	576	30,4	250 253	36,3	2 023	33,5	273 966	35,9
TOTAL	4 141	100,0	73 174	100,0	1 897	100,0	690 293	100,0	6 038	100,0	763 467	100,0
1989												
1 semaine[1]	1 290	24,0	27 334	26,6	743	28,8	113 946	12,4	2 033	25,5	141 280	13,8
2 semaines[1]	389	7,2	6 690	6,5	177	6,9	270 742	29,4	566	7,1	277 432	27,1
Durée plus longue	470	8,7	7 665	7,4	113	4,4	43 198	4,7	583	7,3	50 863	5,0
Varie selon l'ancienneté	730	13,6	14 841	14,4	469	18,2	87 783	9,5	1 199	15,1	102 624	10,0
Varie selon la durée de la mise à pied	342	6,4	7 183	7,0	322	12,5	63 817	6,9	664	8,3	71 000	6,9
Sans objet, préavis remis au syndicat	223	4,1	4 281	4,2	125	4,8	167 734	18,2	348	4,4	172 015	16,8
Autre disposition	125	2,3	2 797	2,7	35	1,4	15 271	1,7	160	2,0	18 068	1,8
Aucune disposition	1 815	33,7	32 054	31,2	593	23,0	157 716	17,1	2 408	30,2	189 770	18,5
TOTAL	5 384	100,0	102 845	100,0	2 577	100,0	920 207	100,0	7 961	100,0	1 023 052	100,0

1. Les données sont approximatives: elles résultent de regroupements (jours de calendrier, jours ouvrables, etc.). La formulation varie beaucoup selon les conventions collectives.

Source: Données mécanographiques du CRSMT, 27 mars 1991. (Variable C-08.)

cienneté que lui, d'abord dans la même occupation ou classification, puis à l'intérieur de son secteur et enfin dans toute l'unité de négociation. L'objectif est évidemment de causer le moins de perturbation possible dans le groupe de travail.

Par contre, la plupart des syndicats cherchent à obtenir pour leurs membres le plus de protection possible contre d'éventuels licenciements ou mises à pied. C'est la raison pour laquelle la zone démotionnelle d'ancienneté que prévoient les conventions collectives est souvent plus étendue que la zone promotionnelle. On veut donner à l'employé touché le plus de chances possibles de demeurer à l'emploi de l'entreprise, en y trouvant une occupation qu'il soit capable de remplir. Comme son nouveau poste peut exiger des qualifications différentes de celles qu'il possède, il n'est pas sûr que cet employé peut d'emblée remplir efficacement les tâches attribuées au poste qu'il réclame. C'est pourquoi la clause de mise à pied prévoit souvent une période d'essai ou même d'entraînement, tout comme dans les cas de promotion. Pour éviter des difficultés, il importe que la convention collective soit claire sur ces différents points.

9.5.3 Critères de décision

L'ancienneté est le facteur que privilégie la grande majorité des conventions collectives pour protéger les salariés contre les licenciements et les mises à pied. (Voir section 9.3.2, tableau 9-7.)

Plus du tiers des conventions, régissant près de deux tiers des salariés, reconnaissent l'ancienneté stricte comme seul critère de licenciement ou de mise à pied. Ces proportions nous indiquent qu'il s'agit des conventions collectives les plus importantes, incluant sans doute un bon nombre de conventions du secteur public. La règle des qualifications minimales – c'est-à-dire que l'ancienneté prime si le salarié possède les qualifications suffisantes – s'applique dans une proportion encore plus considérable de conventions collectives, soit 44 %, alors que la proportion des salariés visés dans ce cas est d'environ 25 %. Quelque 5 % des conventions collectives donnent la priorité aux qualifications et environ 10 % ne contiennent pas de disposition sur la question. On voit que l'importance relative des différents critères de décision n'est pas du tout la même que dans le cas des promotions (présenté au tableau 9-10).

Pour ce qui est de l'unité d'ancienneté à l'intérieur de laquelle se font les mises à pied, la répartition des conventions collectives et des salariés ressemble davantage à celle des données sur les promotions. Quant à l'aire d'ancienneté, la formule la plus fréquente est l'ancienneté d'établissement, suivie par l'ancienneté de département. (Voir section 9.3.2, tableau 9-8.)

9.5.4 Droit de supplantation

Le droit de prendre la place d'un employé ayant moins d'ancienneté pour préserver son emploi découle de la protection accordée par l'ancienneté en cas de réduction de l'effectif. Autrement, la notion d'ancienneté n'aurait pas d'effet pratique. Mais l'employé supplanté a-t-il le droit d'en déplacer un autre ? Pourquoi pas ? Généralement, les employeurs souhaitent cependant éviter les bouleversements considérables qui découleraient d'une succession de supplantations. C'est pourquoi certaines conventions collectives limitent à deux le nombre de supplantations qui peuvent faire suite à l'annonce d'une mise à pied.

Quelques conventions collectives ajoutent certaines conditions supplémentaires. La moitié des conventions n'exige rien d'autre que d'avoir terminé la période de probation. C'est-à-dire que les employés en probation ne peuvent jouir du droit de supplantation. Quelques rares conventions imposent d'avoir accumulé un ou deux ans de service continu ; l'exigence va de 2 à 37 mois selon les conventions. Par ailleurs, 45 % des conventions, régissant 23 % des salariés, ne contiennent aucune disposition relative à la supplantation. (Voir le tableau 9-13.)

La supplantation évoque le déplacement d'un salarié occupant un poste ou une classification égale ou inférieure à celle du salarié qui le supplante. En ce sens, elle implique généralement soit une mutation au même niveau de classification, soit un déplacement à un niveau inférieur. Cependant, certaines conven-

TABLEAU 9-13

L'ancienneté requise pour exercer un droit de supplantation – 1984 et 1989

Conditions requises	Conventions collectives régissant moins de 50 salariés				50 salariés et plus				tous les salariés (TOTAL)			
	C.c.	%	Salariés	%	C.c.	%	Salariés	%	C.c.	%	Salariés	%
1984												
Période de probation complétée	1 611	38,9	31 999	43,7	1 142	60,2	412 930	59,8	2 753	45,6	444 929	58,3
Anc. (variable) requise[1]	21	0,5	367	0,5	16	0,8	7 133	1,0	37	0,6	7 500	1,0
Aucun min. requis	21	0,5	273	0,4	4	0,2	490	0,1	25	0,4	763	0,1
Aucune précision quant à la période	67	1,6	1 280	1,7	44	2,3	70 579	10,2	111	1,8	71 859	9,4
Autre disposition	25	0,6	488	0,7	23	1,2	8 794	1,3	48	0,8	9 282	1,2
Aucune disposition	2 396	57,9	38 767	53,0	668	35,2	190 367	27,6	3 064	50,7	229 134	30,0
TOTAL	4 141	100,0	73 174	100,0	1 897	100,0	690 293	100,0	6 038	100,0	763 467	100,0
1989												
Période de probation complétée	2 210	41,0	47 397	46,1	1 667	64,7	603 078	65,5	3 877	48,7	650 475	63,6
Anc. (variable) requise[1]	27	0,5	522	0,5	16	0,6	11 927	1,3	43	0,5	12 449	1,2
Aucun min. requis	22	0,4	329	0,3	3	0,1	351	—	25	0,3	680	0,1
Aucune précision quant à la période	141	2,6	3 341	3,2	271	10,5	115 119	12,5	412	5,2	118 460	11,6
Autre disposition	26	0,5	576	0,6	15	0,6	7 865	0,9	41	0,5	8 441	0,8
Aucune disposition	2 958	55,0	50 680	49,3	605	23,5	181 867	19,8	3 563	44,8	232 547	22,7
TOTAL	5 384	100,0	102 845	100,0	2 577	100,0	920 207	100,0	7 961	100,0	1 023 052	100,0

1. L'ancienneté minimale va de quelques jours (1 à 44 jours) jusqu'à 37 mois, et plus; un certain nombre de conventions en fixe la longueur autour de 12 et un autre groupe autour de 37 mois.

Source : Données mécanographiques du CRSMT, 27 mars 1991. (Variable C-11.)

tions collectives prévoient la possibilité d'un déplacement à un niveau hiérarchique légèrement plus élevé (*bumping up*). Cette possibilité de supplantation ascendante, là où elle existe, est généralement assortie de conditions; entre autres, l'employé doit être apte à remplir la fonction convenablement et normalement sans préparation supplémentaire. Dans un cas où les tâches sont classifiées selon un système d'évaluation reposant sur plusieurs facteurs, l'emploi réclamé ne doit être supérieur à l'emploi occupé que par rapport à un ou deux des trois facteurs de base du régime en question. Il y a cependant des exceptions: quand un employé a déjà occupé un poste plus élevé, par exemple à l'occasion d'un remplacement temporaire, qu'il l'a fait de façon satisfaisante et que ce remplacement a eu lieu au cours des deux années précédentes, sa demande de supplantation ascendante devrait être accordée automatiquement[29].

La présentation d'exemples de clauses de réduction de personnel permettra d'apporter quelques précisions sur le droit de supplantation.

9.5.5 Clauses de réduction de l'effectif

Nous reproduisons deux clauses de ce type; la première est relativement simple alors que la seconde est plus compliquée parce que le contexte de travail est plus complexe. Dans le premier cas, on constatera que les mêmes principes, sauf peut-être sur un point, s'appliquent à la fois aux promotions et aux mises à pied.

Aptitudes d'abord

6.02 Dans tous les cas de promotion, rétrogadation, permutation, mise-à-pied et rappel, la Compagnie considérera les facteurs suivants et lorsque, selon son opinion, les facteurs (b) et (c) seront relativement égaux chez deux ou plusieurs employés, l'ancienneté (facteur (a)) prévaudra.

(a) ancienneté

(b) habileté à faire le travail

(c) aptitude physique

Raison fournie au synd.

La Compagnie fournira au Syndicat local la raison des choix de promotion, rétrogradation, permutation, mise à pied et rappel.

Exception

Nonobstant les dispositions précédentes, un poste protégé sera ouvert aux employés qui ont déjà rempli ce poste d'une façon satisfaisante.

(Matériaux de construction Domtar et le Syndicat canadien des travailleurs du papier, section locale 658.)

Le premier paragraphe cité affirme clairement que les aptitudes priment sur l'ancienneté et que celle-ci ne servira qu'à départager les candidats ayant des aptitudes comparables, que ce soit dans les cas de promotion, de mutation ou de mise à pied. C'est la mise en application du principe «à aptitudes égales, l'ancienneté prime». Par contre, dès le paragraphe suivant, quand il s'agit d'une mise à pied, la préoccupation change: l'employé qui est déjà en poste peut exercer son droit de supplantation à la condition de démontrer son aptitude à accomplir la tâche dans un délai de deux jours de familiarisation. Quelques paragraphes plus loin, on ajoute que l'employeur fera un effort particulier pour garder à son emploi les travailleurs qui ont une certaine ancienneté.

Le point le plus important de la clause demeure la définition de l'unité d'ancienneté. Il s'agit d'une ancienneté d'usine ou d'établissement: l'employé menacé de mise à pied pourra réclamer tous les postes, sauf un certain nombre de postes dits «protégés» qu'on énumère explicitement. Il s'agit en l'occurence de métiers et de tâches spécialisées, qui constituent une sorte d'enclave d'où sont exclus tous les employés généraux. La seule exception est mentionnée à la fin de l'article: un employé qui a déjà rempli un de ces postes de façon satisfaisante peut demander d'y être affecté. Il faut supposer, faute de précision dans le texte, que, pour chacun de ces postes, c'est l'ancienneté de métier ou d'occupation qui s'applique et non l'ancienneté d'usine pourtant établie au début du paragraphe 6.03. L'employeur veut sans

29. Convention collective entre la Société d'électrolyse et de chimie Alcan (Arvida) et le Syndicat national des employés de l'aluminium d'Arvida, art. 5.10.

doute s'assurer que des ouvriers vraiment qualifiés occupent ces postes.

Ancienn. d'établ. sauf... (aptit. requises)

6.03 (a) Un employé mis à pied aura donc le choix à tous les postes, sauf les postes «protégés» ci-après mentionnés, pourvu qu'il puisse se qualifier selon les termes du paragraphe 6.02 ci-dessus et démontrer qu'il peut accomplir la tâche dans un maximum de seize (16) heures de familiarisation.

À l'essai: premiers mis à pied

(b) Les employés à l'essai seront les premiers mis à pied pourvu que ceux qui restent puissent accomplir le travail requis selon les termes des paragraphes 6.02 et 6.03 (a) ci-dessus.

Rappel au travail

(c) Les employés mis à pied seront rappelés dans l'ordre inverse de leur mise à pied, sujet aux termes des paragraphes 6.02 et 6.03 (a) ci-dessus et pourvu que ces employés se rapportent au travail quand leurs services seront requis.

Ancienn. de métier: postes «protégés»

(d) Postes «protégés»

opérateur malaxeur de résine
opérateur imprégnateurs 1, 2, 4, 5, 6
opérateur de presses 3, 4, 6
meneur feuilles décoratives
chef monteur des presses 3, 4, 6
monteur n° 1 presses 4, 6
opérateur de couteau
technicien de contrôle de la qualité
meneur à l'entretien
instrumentiste
machiniste
mécanicien équipement mobile
électricien
mécanicien
meneur polissage des plaques
meneur à l'échantillonnage
opérateur ponçeuse à courroie
opérateur de polisseuse
meneur à l'expédition
chauffeur chariot élévateur à la réception

Réduct. possible postes protégés
Ultime effort

(e) Toutefois, s'il devait se produire une mise à pied et que le nombre d'employés, ayant le moins d'ancienneté dans les postes non protégés, soit insuffisant pour répondre aux nécessités du moment, après consultation avec le Syndicat, la Compagnie reconsidérera la liste des postes «protégés» dans un ultime effort pour retenir à son emploi les employés ayant le plus d'ancienneté d'usine pourvu qu'ils puissent se qualifier selon les termes des paragraphes 6.02 et 6.03 (a) ci-dessus.

(Matériaux de construction Domtar et le Syndicat canadien des travailleurs du papier, section locale 658.)

Dans l'exemple suivant, tiré du domaine de la distribution alimentaire, l'unité de négociation est composée de trois secteurs: l'entrepôt, le bureau et ce qu'on appelle le libre-service, qui regroupe les employés responsables du fonctionnement d'un magasin à libre-service. Il faut savoir également qu'un salarié «classifié» est un salarié qui travaille de façon permanente dans une classification: chacun des secteurs nommés précédemment est composé respectivement de six, de quatre et de trois classes. Chaque classe comprend une ou plusieurs classifications ou postes, auxquels certains salariés sont affectés en permanence. Ce sont là les salariés dits classifiés. La clause établit également une distinction entre les réductions de personnel temporaires et permanentes.

6.06 *Réduction temporaire des effectifs – secteur entrepôt*

Exigences normales

A) L'ancienneté des salariés prévaudra dans tous les cas de réduction des effectifs, pour autant que le salarié satisfasse aux exigences normales de la tâche.

Salarié classif. supplante non class.

B) Dans le cas de réduction temporaire des effectifs, lorsqu'un poste est occupé par un salarié permanent, le salarié classifié a préséance sur un salarié non classifié. Par conséquent, le salarié non classifié est toujours le premier salarié visé par la réduction dans la classification concernée.

C) *Réduction temporaire des effectifs : salarié non classifié*

Retour d'un non classifié à son ancien poste

1. Salarié non classifié (à l'exception de la classe III Entrepôt : chariot élévateur)

Lorsqu'une réduction temporaire des effectifs touche un salarié non classifié, ce dernier retourne à son poste dans sa classification sans déplacer un autre salarié permanent.

Classe III de l'entrepôt : unité à part

2. Salarié non classifié classe III – entrepôt

Lorsqu'une réduction temporaire des effectifs touche un salarié non classifié, ce dernier utilise son ancienneté pour déplacer le plus jeune salarié non classifié dans l'une ou l'autre des autres classifications de son choix de la classe III et ce plus jeune salarié non classifié applique s'il y a lieu la même procédure. S'il ne peut exercer son droit de déplacement il retourne à son poste dans sa classification sans déplacer un autre salarié permanent.

Unité d'ancienn. : la classe

D) *Réduction temporaire des effectifs : salarié classifié*

Ordre de supplant. : non classifié puis classifié

Lorsqu'une réduction temporaire des effectifs touche un salarié classifié, celui-ci déplace dans la classification de son choix, de sa classe, le plus jeune salarié non classifié de ladite classification. Si aucun salarié non classifié occupe la classification choisie le salarié touché par la réduction déplace le plus jeune salarié classifié de ladite classification.

S'étend aux classes inférieures

S'il ne peut déplacer dans l'une ou l'autre des classifications de sa classe, il déplace dans une classification de son choix de classe inférieure le plus jeune salarié non classifié. S'il n'y a pas de salarié non classifié, il déplace alors le plus jeune salarié classifié.

(...)

Note
1. Lors du chevauchement d'équipe, le salarié classifié a préséance sur le salarié non classifié.

Définit. du salarié classifié

2. Un salarié classifié est un salarié qui travaille de façon permanente dans une classification.

3. À l'exception des dispositions prévues à l'article 6.24 de la convention collective, un salarié qui travaille de façon temporaire dans une classification autre que la sienne n'est pas classifié dans cette classification.

6.07 *Réduction permanente des effectifs* :

Dans le cas de réduction permanente des effectifs au sein d'une classification, le salarié visé utilise son ancienneté et a le choix suivant :

Unité d'ancienn : le secteur
Exig. de base
Entraîn. : 15 j. trav.

A) 1. Le choix de déplacer tout autre salarié dans son secteur de travail, pour autant qu'il satisfasse aux exigences de base pour accomplir la tâche qu'il a choisie. Si nécessaire, l'Employeur donnera une période d'entraînement d'une durée maximale de quinze (15) jours travaillés selon la classification choisie par le salarié.

S'étend à la classe de base des autres sect.
Entraîn. 15 j. trav.

2. Advenant que le salarié n'a pas d'ancienneté pour déplacer selon le paragraphe ci-haut, il déplacera le salarié ayant le moins d'ancienneté dans la classe de base de l'un ou l'autre des secteurs de travail en autant qu'il satisfasse aux exigences de base pour accomplir la tâche où il exerce son droit de déplacement. Si nécessaire, l'Employeur donnera une période d'entraînement d'une durée maximale de quinze (15) jours travaillés selon la classification choisie par le salarié.

Définit. des classes de base

Pour fin d'interprétation du paragraphe précédent, classe de base signifie classe I et II pour l'entrepôt, classe I pour le bureau, classe I et II pour les libres-services.

Déplacer encore ou déposer un grief

Après la période d'entraînement prévue aux paragraphes précédents, si l'Employeur juge le salarié incapable de s'acquitter de sa nouvelle fonction, ce salarié devra continuer l'exercice de déplacement tel que prévu à la clause 6.07. Cependant, le salarié visé pourra utiliser la procédure de griefs pour contester, s'il y a lieu, la décision de l'Employeur.

Poste à temps partiel et droit de rappel

B) Le choix d'être mis à pied en acceptant un poste de statut de temps partiel dans son secteur, il est dès lors régi par les conditions de travail des salariés à temps partiel de son secteur tout en conservant son droit de rappel de salarié permanent.

Mise à pied

C) Le choix d'être mis à pied sans accepter un poste de statut à temps partiel.

Déplac. se continue (en chaîne)

6.08 Tout salarié touché par l'exercice des droits d'ancienneté d'un salarié visé par une réduction permanente des effectifs utilise la procédure prévue à 6.07.

Retour à son ancien poste (si disponible) sans affichage

6.09 Nonobstant ce qui est prévu à la clause 7.01, un salarié touché par un déplacement ou une mise à pied suite à une réduction permanente des effectifs pourra s'il le désire et si son ancienneté lui permet dans le cas d'une mise à pied, réintégrer son horaire, son poste et son site de travail dès que son horaire, son poste et son site de travail redeviendront disponibles de façon permanente et ce, sans affichage.

Le dit salarié touchera le salaire prévu à la classification concernée.

Ce privilège est accordé à ce salarié pour une période de rappel limitée à vingt-quatre (24) mois à compter de son déplacement ou de sa mise à pied.

6.10 Après la période prévue au paragraphe 6.04 D) un salarié qui a accepté un poste de statut de salarié à temps partiel selon l'article 6.07 et qui redevient salarié permanent se voit créditer à titre d'ancienneté:

Calcul de l'anc. lors d'un retour au poste perm.

1. l'ancienneté de salarié permanent qu'il avait au moment de la mise à pied, plus;

2. la durée équivalente à la période prévue à l'article 6.04 D), plus;

3. les heures régulières travaillées après la période prévue à l'article 6.04 D);

6.11 Si d'autres postes demeurent disponibles, l'Employeur affichera ces postes selon 7.01.

Rappel au travail

6.12 A) L'Employeur convient de rappeler au travail par ordre d'ancienneté les salariés en mise à pied en autant qu'ils satisfassent aux exigences normales de la tâche, le tout conformément aux dispositions de la présente convention collective.

Entraîn.: 15 j. trav.

Nonobstant ce qui précède un salarié possédant les exigences de base pour accomplir la tâche disponible se verra offrir une période d'entraînement d'un maximum de quinze (15) jours travaillés.

Grief possible

Cependant, le salarié visé pourra utiliser la procédure de griefs pour contester, s'il y a lieu, la décision de l'Employeur.

Rappels affichés: copie au syndicat

B) Tous ces rappels au travail sont soumis aux représentations que peut faire l'Union. L'Employeur affichera le nom du salarié, avec la date effective du poste, le titre du poste, le service, l'horaire de travail, le salaire et la prime rattachés à cette fonction où le salarié est réinstallé. Copie de cet affichage est remise aux délégués et à l'Union.

(Provigo Distribution inc. et les Travailleurs unis de l'alimentation et du commerce, section locale, 501.)

On voit, à la lecture de cet article, que le salarié classifié a préséance d'emploi sur le salarié non classifié. Pour les réductions de personnel temporaires, le droit de supplantation est d'abord limité à la classe à laquelle l'employé appartient. S'il n'obtient pas un poste de cette façon, il peut exercer son droit dans une classe inférieure, mais toujours dans le même secteur. Par contre, s'il s'agit d'une réduction permanente de l'effectif, la supplantation peut se faire immédiatement à l'échelle du secteur; si l'employé ne peut être replacé dans son secteur, il peut viser un poste appartenant à la classe inférieure, la moins rémunérée, d'un autre secteur. Une autre possibilité lui est offerte: prendre un emploi à temps partiel. Il ne semble toutefois pas obligé de le faire puisqu'on lui laisse le choix d'accepter une mise à pied (paragraphe 6.07 C). Par ailleurs, rien ne semble interdire les déplacements en chaîne (article 6.08). Finalement, si le poste aboli en raison d'une réduction de l'effectif est à nouveau disponible, l'employé mis à pied peut réobtenir son poste, sans aucun affichage, pourvu que cela se produise dans les deux années suivant la mise à pied.

On constate, par ces exemples, combien le contexte et la structure d'une entreprise peuvent en quelque sorte façonner le régime d'ancienneté et de supplantation qui y est appliqué. Dans ce cas également, les droits n'existent que dans la mesure où la convention collective les précise. L'interprétation des clauses d'ancienneté, de promotion et de mise à pied est une des plus difficiles.

9.6 Aspects particuliers de l'ancienneté

Nous regroupons ici quelques aspects relativement importants de l'ancienneté, dont il n'a pas été question plus haut, et qui touchent à des points particuliers comme certains privilèges accordés aux représentants syndicaux, les difficultés découlant de l'ancienneté dans l'application des lois qui prohibent la discrimination, les problèmes reliés aux fusions d'entreprises et la question insoluble du transfert de l'ancienneté.

9.6.1 Ancienneté privilégiée

L'application stricte des principes d'ancienneté peut entraîner la mise à pied ou le licenciement de représentants syndicaux sur lesquels le syndicat et les employés comptent beaucoup; la même situation peut se présenter dans le cas de certains employés qui jouent un rôle clé dans l'entreprise.

Pour prévenir de tels événements, patrons et syndicats se sont entendus sur une sorte de fiction juridique qui accorde une ancienneté suprême tant à des représentants syndicaux qu'à des employés occupant des fonctions stratégiques dans l'usine. On parle alors d'ancienneté privilégiée ou préférentielle, ainsi que de surancienneté (de l'anglais *superseniority*). Le texte de la convention est alors rédigé de telle sorte que le délégué d'atelier, par exemple, et les quelques employés auxquels l'employeur tient absolument sont considérés comme ayant plus d'ancienneté que l'employé le plus ancien du département ou du secteur en cause. Voici deux exemples d'ancienneté privilégiée accordée à deux représentants syndicaux, dans le premier cas, et à certains employés jugés essentiels dans le second.

> À condition d'avoir cinq ans et plus d'ancienneté, le président et un autre officier du local 206, désigné par le local 206, sont, en cas de mise à pied, les derniers à être mis à pied.
>
> (Domglass ltée et les Ouvriers unis du verre et de la céramique de l'Amérique du Nord, section locale 206, art. 11.14.)
>
> Les dispositions du présent alinéa – déterminant les modalités de mises à pied – pourront être modifiées dans la mesure voulue pour garder au travail le genre d'employés possédant la spécialisation et le degré de compétence nécessaire pour assurer le fonctionnement efficace de l'usine.
>
> (Compagnie de papier Québec-Ontario ltée, Baie Comeau, et le Syndicat canadien des travailleurs du papier, section locale 352, art. 5.07 d.)

La grande majorité des conventions collectives, environ 70 %, régissant près de 80 % des salariés, ne contiennent aucune disposition de cette nature. Celles qui contiennent une disposition de ce genre accordent l'ancienneté privilégiée surtout aux délégués syndicaux. Environ 1 % seulement des conventions collectives contiennent une disposition concernant certains salariés dont les fonctions sont considérées essentielles en tout temps. (Voir le tableau 9-14.)

9.6.2 Ancienneté inversée

Les exemples de clauses de cette nature, du moins au sens strict, sont quasi inexistants au Canada et à peine plus fréquents aux États-Unis. La formule a pour objectif de protéger les employés plus jeunes contre les mises à pied et, davantage encore, les personnes faisant partie des minorités, qui se trouvent presque toutes au bas de la liste d'ancienneté et qui

TABLEAU 9-14

La clause d'ancienneté privilégiée – 1984 et 1989

Groupes jouissant de l'ancienneté privilégiée	Conventions collectives régissant moins de 50 salariés				50 salariés et plus				tous les salariés (TOTAL)			
	C.c.	%	Salariés	%	C.c.	%	Salariés	%	C.c.	%	Salariés	%
1984												
Les délégués syndicaux	966	23,3	19 669	26,9	606	32,0	126 753	18,4	1 572	26,0	146 422	19,2
Certains salariés jugés essentiels	30	0,7	588	0,8	19	1,0	6 012	0,9	49	0,8	6 600	0,9
Délégués synd. et salariés essentiels	46	1,1	722	1,0	31	1,6	8 962	1,3	77	1,3	9 684	1,3
Autre disposition	8	0,2	182	0,2	5	0,3	737	0,1	13	0,2	919	0,1
Aucune disposition	3 091	74,6	52 013	71,0	1 236	65,2	547 829	79,4	4 327	71,7	599 842	78,6
TOTAL	4 141	100,0	73 174	100,0	1 897	100,0	690 293	100,0	6 038	100,0	763 467	100,0
1989												
Les délégués syndicaux	211	22,5	27 085	26,3	883	34,3	183 662	20,0	2 094	26,3	210 747	20,6
Certains salariés jugés essentiels	38	0,7	915	0,9	20	0,8	4 148	0,5	58	0,7	5 063	0,5
Délégués synd. et salariés essentiels	47	0,9	823	0,8	28	1,1	5 413	0,6	75	0,9	6 236	0,6
Autre disposition	9	0,2	165	0,2	1	—	60	—	10	0,1	225	—
Aucune disposition	4 079	75,7	73 857	71,8	1 645	63,8	726 924	79,0	5 724	71,9	800 781	78,3
TOTAL	5 384	100,0	102 845	100,0	2 577	100,0	920 207	100,0	7 961	100,0	1 023 052	100,0

Source: Données mécanographiques du CRSMT, 27 mars 1991. (Variable C-12.)

sont par conséquent les plus susceptibles de perdre leur emploi aux premiers indices de récession économique. Le phénomène cause d'ailleurs de sérieux problèmes dès qu'on veut appliquer des mesures d'action positive. Pour l'instant, nous nous en tiendrons à la présentation d'une formule utilisée dans quelques très grandes entreprises américaines et qui remonte à environ 15 ou 20 ans. Le développement très restreint qu'elle a connu montre la précarité d'une telle mesure.

La formule consiste essentiellement, lors d'une réduction de personnel, à proposer aux employés les plus anciens d'être mis à pied et d'obtenir, en retour, une compensation financière. C'est presque des vacances qui leur sont offertes, mais avec une rémunération réduite. Cette rémunération peut provenir d'un régime étatique. La participation de l'État n'est possible que dans la mesure où un groupe relativement important de salariés est touché et qu'un accord explicite est conclu avec, par exemple, la Commission d'assurance-chômage. Quelques compagnies ont établi un fonds à cette fin ou ont négocié la possibilité de puiser dans le fonds destiné aux prestations supplémentaires d'assurance-chômage. Cette pratique est appelée ancienneté inversée parce que les mises à pied sont attribuées aux salariés ayant le plus d'ancienneté, si, évidemment, ils acceptent.

Les Travailleurs canadiens de l'automobile ont conclu, en 1991, un accord avec les trois grands de l'auto au Canada, qui s'inscrit dans la même perspective que l'ancienneté inversée[30]. Les employés qui acceptent de prendre leur retraite – c'est là la différence essentielle d'avec l'ancienneté inversée – sont en fait mis à pied; plutôt que de toucher immédiatement leur pension, ils recevront des prestations d'assurance-chômage ainsi qu'un supplément puisé dans les fonds du régime des prestations supplémentaires d'assurance-chômage (PSAC). Ces prestations supplémentaires seront éventuellement considérées comme constituant leur indemnité de départ. La Commission de l'emploi et de l'immigration du Canada a déclaré qu'une telle formule va à l'encontre des règles établies qui interdisent de toucher en même temps des prestations d'assurance-chômage et une indemnité de départ; la question n'est pas encore résolue.

Le financement ne constitue qu'une des difficultés que comporte le régime d'ancienneté inversée. Il n'est pas sûr que les employés les plus anciens vont accepter une telle forme de vacances et la rémunération réduite qu'elle implique. Il n'y a pas eu suffisamment d'expériences de cette nature pour que l'on puisse tirer des conclusions certaines. Mais l'idée ne manque pas d'originalité et, si elle était appliquée, elle comporterait des avantages indéniables pour les salariés les plus jeunes, qu'ils appartiennent ou non à des minorités visibles.

Une formule différente, qui présente certaines analogies, a été utilisée au Canada au début des années 1980: le travail partagé. Pour éviter des mises à pied, certaines entreprises ont conclu une entente avec la Commission d'assurance-chômage pour réduire la semaine de travail plutôt que l'emploi. Au lieu de diminuer de 20 % le nombre des employés, une entreprise pouvait décider de faire travailler tous ses salariés seulement quatre jours par semaine au lieu de cinq. La cinquième journée étant considérée comme une journée de chômage, les employés recevaient, pour cette journée, des prestations égales à la proportion correspondante des prestations d'assurance-chômage, c'est-à-dire 60 % de leur salaire normal. Là où il y avait un syndicat, la demande devait être faite conjointement. En effet, plusieurs syndicats se sont opposés à cette formule, parce qu'elle violerait, selon eux, plusieurs articles de la convention collective dont la durée de la semaine normale de travail et les règles d'ancienneté (en faisant supporter la réduction du travail à tous les salariés plutôt qu'aux moins anciens). L'attrait de cette formule est évidemment plus grand en période de récession.

9.6.3 Ancienneté et action positive

Un grand sujet de discussion depuis le début des années 1980 touche à la manière de réconcilier le

30. «Extension of SUB Plan by Union Ruled Invalid by CEIC», *Canadian Industrial Relations and Personnel Developments*, nº 10, 6 mars 1991, p. 579-580.

principe de l'ancienneté avec les différentes mesures adoptées par plusieurs gouvernements pour assurer l'équité en matière d'emploi[31]. Toute disposition légale sur l'équité dans l'emploi vise à corriger une situation où le législateur considère qu'il y a eu discrimination systémique. La plupart des mesures correctives utilisées au Canada ont un caractère incitatif. La mesure coercitive la plus sévère consiste à imposer des pourcentages d'embauche pour telle ou telle minorité. Aux États-Unis, le groupe dont on a le plus parlé est évidemment celui des Noirs. Plusieurs mesures d'action positive (*affirmative action*) ont été adoptées à son égard.

Très rapidement, les mesures d'action positive, constituées principalement de quotas à respecter dans l'embauche, sont venues en conflit avec les règles d'ancienneté. Aux États-Unis, la législation remonte à 1964, année de l'adoption du *Civil Rights Act*. Le titre VII de cette loi traite précisément des mesures à appliquer ou à respecter; l'article 703 (h) reconnaît l'obligation de respecter les règles d'ancienneté établies dans une convention collective, à condition que ces règles n'aient pas été établies avec l'intention de pratiquer une forme de discrimination. Puis, la jurisprudence a établi le concept de discrimination systémique, qui peut se manifester sans qu'aucune intention de discrimination intervienne. On en est venu à distinguer les systèmes d'ancienneté constitués de bonne foi de ceux qui ne le sont pas. Depuis ce moment, les tribunaux américains tentent de préciser, sans grand succès, ce qu'est un système d'ancienneté de bonne foi.

Le principal problème dans ce domaine surgit aussitôt que survient une récession ou un ralentissement économique. Comme les mesures d'action positive sont relativement récentes, dès qu'il faut effectuer un nombre de mises à pied le moindrement important, toutes les personnes embauchées conformément aux normes d'équité perdent rapidement leur emploi puisque la plupart d'entre elles se trouvent au bas des listes d'ancienneté: elles sont les premières à être licenciées ou mises à pied.

Même si les mesures d'action positive sont relativement rares au Canada, la préoccupation existe quand même[32]. Certains commencent à proposer diverses solutions, comme les mises à pied proportionnelles, pour ne pas rendre inopérantes ces lois relativement récentes. D'autres ont voulu accorder une ancienneté privilégiée inconditionnelle aux personnes embauchées dans le cadre de mesures d'action positive. Il va de soi que les syndicats s'opposent farouchement à de telles mesures: la clause d'ancienneté est un des acquis majeurs de la négociation collective au XXe siècle; ils ne la laisseront pas torpiller sans résister. Le dilemme est profond. Car si l'on veut que soient respectés les principes contenus dans les lois visant à assurer l'équité dans l'emploi, il faudra bien accepter quelques compromis.

9.6.4 Fusions et intégration des listes

L'intégration de listes d'ancienneté est un autre problème difficile même s'il ne met pas en cause des principes fondamentaux. Le phénomène a pris de l'ampleur avec la multiplication des fusions d'entreprises. Un cas particulièrement éloquent, même s'il date du milieu des années 1960, est la fusion de douze compagnies et de trente coopératives qui a conduit à la création d'Hydro-Québec. Le problème avait une telle ampleur qu'on a en quelque sorte recommencé à neuf, en faisant voter tous les employés concernés à l'échelle de la province.

Les problèmes habituellement rencontrés, même s'ils impliquent généralement moins d'entreprises et un nombre moindre de salariés, sont quand même

31. COLLEEN SHEPPARD, «Affirmative Action in Times of Recession: The Dilemma of Seniority-Based Layoffs», *University of Toronto Faculty of Law Review*, vol. 42, n° 1, 1984, p. 1-25; M.J. FOX JR. et ALLEN R. NELSON, «Defining A "Bona Fide" Seniority System Under Title VII of the Civil Rights Act of 1964», *Journal of Collective Negotiations*, vol. 14, n° 2, 1985, p. 111-125; PAUL N. KEATON et BETH LARSON, «Age Discrimination in Employment: Case Law and Implications for Employers», *Labor Law Journal*, vol. 40, n° 9, septembre 1989, p. 575-581.

32. CLÉMENT GODBOUT, RICHARD L'ÉCUYER et JACQUES E. OUELLET, *op. cit.*, p. 143; COLLEEN SHEPPARD, *op. cit.*, p. 18-25.

importants. Dans bien des cas, il est possible de continuer à utiliser les listes d'ancienneté antérieures, surtout si tous les employés ne sont pas regroupés dans un même lieu; on peut juger qu'il est plus simple de ne pas fusionner des unités de production ou de distribution pour ne pas avoir à intégrer les listes d'ancienneté.

Quand il faut intégrer des listes d'ancienneté, on fait face à des problèmes quasi insurmontables, du moins sur le plan psychologique, si on veut respecter la fierté des employés concernés. Si l'intégration vise deux entreprises de taille semblable et des employés qui ont une ancienneté comparable, la solution est facile. Mais c'est rarement le cas. Prenons un exemple connu, quoique peut-être oublié. Quand fut fondée la Société de transport de la Rive-Sud de Montréal (STRSM), on regroupait en une seule organisation trois compagnies dont le nombre d'employés variait de 30, environ, à 300. Dans une entreprise, la majorité des salariés avait 20 ans de service; dans une autre, tous n'avaient que quelques années d'ancienneté.

Aux fins de la présentation, nous nous limiterons à l'hypothèse suivante: la fusion de deux listes d'ancienneté, l'une comportant 10 noms de personnes ayant toutes une ancienneté très élevée, l'autre contenant 20 noms d'employés dont l'ancienneté est relativement faible, parce que l'entreprise a été fondée récemment. Fondamentalement, il y a trois manières principales d'intégrer ces listes[33]. On peut décider de respecter l'ancienneté réelle des employés dans chacune des entreprises. Dans ce cas, tous les employés de la première entreprise occuperont le haut de la liste et tous les employés de la deuxième entreprise se retrouveront au bas de la liste (voir la formule A dans la figure 9-2). Le problème, avec cette méthode, est que les employés qui étaient en tête de liste dans la deuxième entreprise se retrouvent tous environ au milieu de la nouvelle liste, à partir de la onzième position. Ceux qui occupaient les toutes premières positions seront particulièrement mécontents de se retrouver en onzième, douzième et treizième position.

Pour éviter cet inconvénient, on peut procéder à une intégration des deux listes. Il y a alors deux façons de faire. On peut d'abord les intégrer selon un principe d'alternance: le premier salarié sur la liste de la première entreprise, le plus ancien, reste le premier; le premier sur la liste de la deuxième entreprise devient le deuxième dans l'entreprise fusionnée. Le deuxième de la première entreprise devient le troisième dans la nouvelle entreprise, et le deuxième de la deuxième liste devient le quatrième, et ainsi de suite (voir la formule B de la figure 9-2). Dans ce cas, ce sont les derniers salariés de la première entreprise qui seront mécontents: de la neuvième et dixième position, selon leur ancienne liste, ils passent respectivement au dix-septième et au dix-neuvième rang de la nouvelle liste intégrée. La seconde moitié des salariés de la deuxième entreprise se trouvent repoussés complètement au bas de cette liste; ils peuvent en être frustrés. C'est pourquoi d'autres proposent un second mode d'intégration, strictement proportionnel. Comme la deuxième entreprise compte deux fois plus de salariés que la première, on prend d'abord le premier employé de la première entreprise, qui conserve son rang dans la nouvelle liste intégrée, puis le premier et le deuxième de la deuxième entreprise qui deviennent deuxième et troisième dans la liste intégrée, et ainsi de suite (voir la formule C de la figure 9-2). Avec une telle méthode, ce sont tous les salariés de la première entreprise qui s'estiment défavorisés; d'autant que, selon l'hypothèse de départ, tous comptent de longues années de service. Quel est le sentiment, par exemple, du huitième employé de la première entreprise, qui se retrouve au vingt-deuxième rang de la nouvelle liste d'ancienneté?

La fusion des listes d'ancienneté, quand il s'agit d'entreprises dont la main-d'œuvre diffère en nombre et en âge, ne peut se réaliser sans de profonds mécontentements. Dans l'exemple donné, ce sont les jeunes qui sont mécontents de la formule A, alors que les aînés sont irrités par l'application des formules B et C, mais surtout par cette dernière.

33. Edwin F. Beal, Edward D. Wickersham et Philip D. Kienast, *The Practice of Collective Bargaining*, 5e édition, Homewood, Ill., Richard D. Irwin, 1976 (690 p.), p. 387-388.

FIGURE 9-2

Fusion de listes d'ancienneté – Trois formules

———— = employés de la première entreprise (10 salariés ayant au moins 15 ans d'ancienneté chacun)
— — = employés de la deuxième entreprise (20 salariés dont le plus ancien compte six ans de service continu)

Formule A Ancienneté réelle	**Formule B** Fusion par alternance	**Formule C** Fusion proportionnelle
————	————	————
————	— —	— —
————	————	— —
————	— —	————
————	————	— —
————	— —	— —
————	————	————
————	— —	— —
————	————	— —
————	— —	————
— —	————	— —
— —	— —	— —
— —	————	————
— —	— —	— —
— —	————	— —
— —	— —	————
— —	————	— —
— —	— —	— —
— —	————	————
— —	— —	— —
— —	— —	— —
— —	— —	————
— —	— —	— —
— —	— —	— —
— —	— —	————
— —	— —	— —
— —	— —	— —
— —	— —	————
— —	— —	— —
— —	— —	— —

9.6.5 Transfert d'ancienneté

Vers 1970, on discutait beaucoup de la possibilité de transférer l'ancienneté d'un emploi à un autre. Quelques essais ont même été tentés. Mais l'effort n'a pas connu de succès. On en parle beaucoup moins, au début des années 1990, même si le problème se pose toujours.

Comme il existe de très nombreuses formes d'ancienneté, on comprend que certaines sont et ont toujours été transférables. L'ancienneté de métier ou de profession en est un bon exemple. Dans l'industrie de la construction, celui qui a terminé son apprentissage est un compagnon de plein droit et on n'a plus, normalement, à tenir compte de ses années de service.

C'est un compagnon électricien, plombier ou menuisier; c'est un ouvrier chevronné, un point c'est tout. C'est par cette pratique qu'on explique l'absence de clause d'ancienneté dans le secteur du bâtiment et de la construction. Il faut également considérer la situation de l'emploi dans cette industrie où l'ouvrier passe constamment d'un employeur à un autre; il est impossible d'accumuler de l'ancienneté dans une proportion utile.

De leur côté, les enseignants du secteur public conservent leur ancienneté de profession, peu importe où ils exercent leurs fonctions. Il existe une seule grille de salaires, qui s'applique à toutes les commissions scolaires. Ce sont les années d'enseignement, avec le niveau de scolarité, qui déterminent la rémunération de tous les enseignants. Quant aux professionnels salariés, ils n'ont pas d'ancienneté au sens strict; mais quand ils changent d'employeur, ils peuvent souvent se négocier des avantages correspondants ou équivalents à ceux consentis par l'employeur précédent. Ils le font cependant sur une base individuelle et non collective.

Pour les employés du secteur public, il existe des ententes qui permettent de transférer les régimes de pension, mais pas les années d'ancienneté. En fait, sauf les quelques exemples mentionnés plus haut, on ne conserve pas son ancienneté quand on change d'employeur. La raison de cette impossibilité n'est pas imputable à la mesquinerie des employeurs, mais plutôt à la volonté des salariés de défendre leurs propres emplois. Un salarié qui a accumulé ne serait-ce que quelques années d'ancienneté dans un établissement n'accepte pas qu'un employé d'un autre établissement, même s'il travaille pour le même employeur, vienne lui enlever ses privilèges en obtenant de le devancer dans la liste d'ancienneté. Cette préoccupation de l'emploi qu'on veut conserver n'est pas un phénomène nouveau: une des toutes premières théories du mouvement ouvrier était fondée sur ce concept (*job-consciousness*[34]).

Cette théorie est en quelque sorte confirmée par une tentative avortée de transfert d'ancienneté: en 1965, une grande entreprise québécoise, qui faisait affaire avec plusieurs syndicats et négociait des dizaines de conventions collectives, a tenté de réaliser, avec les représentants syndicaux du plus haut niveau, un accord d'ancienneté transférable. À ce niveau très élevé, les parties avaient accepté les modalités suivantes. Une partie seulement de l'ancienneté serait transférable, soit une année pour chaque tranche de cinq ans de service continu au sein de la compagnie. De plus, une seule année pourrait être utilisée à la fois. En d'autres mots, un employé ayant 20 ans d'ancienneté dans une usine pourrait éventuellement réclamer quatre ans d'ancienneté dans un autre établissement de la compagnie, mais à raison d'une seule année de son ancienneté antérieure chaque année. C'est ainsi qu'au moment du transfert, l'employé arriverait avec un an d'ancienneté et que, l'année suivante, il compterait trois ans de service, c'est-à-dire l'année écoulée depuis son transfert plus une troisième année, puisée dans sa réserve.

L'échec du projet repose sur la condition suivante: le projet était offert à toutes les sections locales des syndicats établis dans les divers établissements de l'entreprise et, pour entrer en vigueur, il devait être accepté localement par chaque syndicat. Après une dizaine d'années, seules les sections locales de petite dimension avaient entériné le projet; elles représentaient environ 20 % des employés théoriquement admissibles. On a donc limité encore davantage la portée du régime. On ajouta qu'il fallait avoir au moins cinq ans de service pour être admissible et que l'ancienneté transférable ne serait que d'une année. Malgré tout, peu de sections locales ont adhéré au projet, si bien que depuis 1985 il est tombé dans l'oubli. On l'avait conçu en particulier pour protéger les salariés licenciés en raison de la fermeture ou de la transformation d'usines. Un autre régime établi par le même employeur a connu plus de succès: un régime de conversion industrielle. Celui-ci offre différentes possibilités de recyclage et de reclassement en cas de difficulté d'emploi. Mais ce régime de conversion industrielle ne comporte plus aucun transfert d'ancienneté. Cette dernière idée a fait long feu.

34. SELIG PERLMAN, *A Theory of the Labor Movement*, New York, Macmillan, 1928.

Les quelque 25 années d'efforts consacrées à l'élaboration et à la mise sur pied de ce projet d'ancienneté transférable montrent bien l'énorme difficulté, sinon l'impossibilité, de transférer l'ancienneté. On ne peut que répéter l'observation déjà faite au cours de ce chapitre: fondamentalement, le problème de l'ancienneté ne résulte pas d'un conflit patronal-syndical, mais d'un conflit entre employés et, souvent, entre syndicats[35].

9.7 Implications et orientations

Pour conclure, nous reviendrons d'abord sur la question fondamentale qui a trait à la nature et aux objectifs de la clause d'ancienneté: sont-ils toujours les mêmes ou ont-ils tendance à évoluer? Nous nous interrogerons également sur les principales implications économiques et sociales que soulèvent les clauses de cette nature.

9.7.1 Nature et objectifs de la clause

Même si certains défendent encore la thèse du droit de propriété d'un travailleur sur l'emploi qu'il occupe depuis longtemps, le seul fondement solide et pratique auquel un salarié peut recourir pour faire valoir son droit, c'est une clause d'ancienneté claire et précise. C'est là la seule base sur laquelle peuvent reposer des réclamations concrètes et qui permet d'espérer obtenir gain de cause. Dans cette perspective, on a clairement affaire à un mécanisme de concurrence qui permet à chaque travailleur de se protéger contre d'autres travailleurs dans la distribution inévitable d'inconvénients et d'avantages sur les lieux de travail. Historiquement, la principale raison qui a amené l'introduction de cette clause a été la volonté de mettre un frein au favoritisme que pratiquaient les employeurs et, au moins aussi souvent, les contremaîtres. Cette lutte au favoritisme patronal demeure la principale justification de la présence de clauses d'ancienneté dans les conventions collectives, avec la nécessité de répartir équitablement les avantages et les inconvénients du travail dans un lieu donné.

Mais certains se demandent si la clause d'ancienneté n'impose pas elle-même une autre forme de favoritisme qui profite au travailleur âgé, au détriment du travailleur qui a moins d'années d'expérience. Les difficultés soulevées dans l'application des lois sur l'équité en matière d'emploi en sont une preuve manifeste.

Vers quoi nous conduit ce conflit entre deux principes généralement admis dans notre société contemporaine: la légitimité d'un régime d'ancienneté dans un établissement et l'équité dans l'emploi? Au cours des dernières années, la lutte s'est faite plus intense contre les petites unités d'ancienneté, qu'on a souvent qualifiées de chasses gardées contre ceux qui réclamaient le libre accès à certaines fonctions ou positions. Sans accepter l'argument comme nécessairement valide – il peut y avoir de bonnes raisons d'établir des unités d'ancienneté restreintes –, il faut constater qu'il y a là une pression supplémentaire en faveur de l'élargissement des unités d'ancienneté et, en même temps, en faveur d'une prépondérance de plus en plus grande du critère d'ancienneté lui-même sur les aptitudes, les qualifications. Rien ne nous garantit cependant qu'un mouvement inverse ne se dessinera pas chez certains groupes d'employés aux qualifications supérieures. Nous avons mentionné l'exemple des infirmières; il faudrait ajouter le cas des Travailleurs unis de l'automobile, un syndicat qui regroupe des hommes de métier et des ouvriers spécialisés; le syndicat a failli éclater parce que les ouvriers qualifiés se sentaient défavorisés dans cette immense unité de négociation où l'ancienneté avait de plus en plus de poids. Le retour du balancier n'est pas nécessairement pour demain, mais les groupes défavorisés par les grandes unités d'ancienneté réagiront tôt ou tard. Le problème est d'ailleurs relié à la question des impacts économiques et sociaux de l'ancienneté.

9.7.2 Implications économiques et sociales

La clause d'ancienneté a des implications très sérieuses. Les employeurs soulignent volontiers que

35. Leonard R. Sayles, «Seniority: An Internal Union Problem», *Harvard Business Review*, vol. 30, n° 1, janvier-février 1952, p. 55-61.

la rigidité des régimes d'ancienneté, surtout en matière de promotion, pose des barrières sérieuses au progrès technique. À cause des changements technologiques, dont le rythme s'accélère, le patronat a tendance à exiger de plus en plus de souplesse et de mobilité, ce à quoi s'opposent clairement les clauses d'ancienneté. Il est évidemment possible de gérer un régime d'ancienneté et d'y intégrer des périodes de recyclage et de formation de manière à permettre aux employés de s'ajuster à la transformation technologique de l'entreprise. Mais une telle gestion ne va pas sans effort ni sans planification.

Les implications sociales sont en quelque sorte inverses. Les clauses d'ancienneté assurent, d'abord et avant tout, la sécurité des travailleurs en place. Pour ne pas nuire à l'efficacité et au progrès de l'entreprise – et indirectement à la sécurité d'emploi à long terme –, il faut céder un peu aux exigences du changement. À la limite, la sécurité totale empêche tout changement et donc tout progrès; et l'efficacité totale cause des troubles sociaux également très graves.

En d'autres mots, devant le dilemme que représente l'opposition progrès et sécurité, surtout pour les travailleurs plus âgés, il n'y a pas de réponse facile, peut-être même pas de réponse du tout; on ne peut que continuer à viser un équilibre entre ces objectifs foncièrement contradictoires. On peut en dire autant de l'équilibre à rechercher entre le favoritisme patronal et le favoritisme syndical.

On n'a pas encore trouvé la méthode idéale pour régler les problèmes soulevés par les promotions et les mises à pied, surtout si l'on veut satisfaire en même temps aux exigences du respect des aînés et de l'équité dans l'emploi. Les jeunes spécialistes en relations industrielles n'ont pas à s'inquiéter: ils auront encore bien des problèmes à régler quand ils occuperont les postes de commande de la société.

Bibliographie

Aspects traditionnels

Administration of Seniority, BLS Bulletin No. 1425-14, Washington, D.C., U.S. Department of Labor, Bureau of Labor Statistics, 1972, 59 p.

CHAYKOWSKI, R.P. et SLOTSVE, G.A. «Union Seniority Rules as a Determinant of Intra-Firm Job Changes», *Relations industrielles*, vol. 41, nº 4, 1986, p. 720-737.

CORNFIELD, DANIEL B. «Seniority, Human Capital, and Layoffs: A Case Study», *Industrial Relations* (Berkeley), vol. 21, nº 3, automne 1982, p. 352-363.

D'AOUST, CLAUDE et MEUNIER, FRANÇOIS. *La jurisprudence arbitrale québécoise en matière d'ancienneté*, monographie nº 9, Montréal, École de relations industrielles, Université de Montréal, 1980, 147 p.

GERSUNY, CARL. «Origins of Seniority Provisions in Collective Bargaining» IRRA Spring Meeting, 1982, *Labor Law Journal*, vol. 33, nº 8, août 1982, p. 518-524.

GODBOUT, CLÉMENT, L'ÉCUYER, RICHARD et OUELLET, JACQUES E. «Les règles d'ancienneté sont-elles encore fonctionnelles» dans *Entreprises et syndicats face à la transformation du travail et de la main-d'œuvre*, 16e Colloque de relations industrielles, 1985, Université de Montréal, École de relations industrielles, 1986 (233 p.), p. 134-144.

Major Collective Bargaining Agreements – Seniority in Promotion and Transfer Provisions, BLS Bulletin No. 1425-11, Washington, D.C., U.S. Department of Labor, Bureau of Labor Statistics, mars 1970, 81 p.

MCDERMOTT, THOMAS J. «Types of Seniority Provisions and the Measurement of Ability», *The Arbitration Journal*, vol. 25, nº 2, 1970, p. 101-124.

MILLS, D. QUINN. «Seniority versus Ability in Promotion Decisions», *Industrial and Labor Relations Review*, vol. 38, nº 3, avril 1985, p. 421-425.

MORIN, FERNAND. «La survie de droits subjectifs à la convention collective», *Relations industrielles*, vol. 40, nº 4, 1985, p. 847-855.

QUINET, FÉLIX. «Les conventions collectives et leurs clauses d'ancienneté», *Relations industrielles*, vol. 26, nº 4, octobre 1971, p. 890-901.

SAYLES, LEONARD R. «Seniority: An Internal Union Problem», *Harvard Business Review*, vol. 30, nº 1, janvier-février 1952, p. 55-61.

Seniority – Problems Arising in the Administration of Seniority Regulations, bulletin nº 12, Kingston, Queen's University, Department of Industrial Relations, 1948, 36 p.

SLICHTER, SUMNER H., HEALY, JAMES J. et LIVERNASH, E. ROBERT. *The Impact of Collective Bargaining on Management*, Washington, D.C., The Brookings Institution, 1960, 982 p., ch. 5, 6 et 7, p. 104-210.

VÉZINA, CLAUDE. *Les clauses d'ancienneté et l'arbitrage de griefs*, Ottawa, Éditions de l'Université d'Ottawa, 1979, 125 p. (Collection des travaux de la faculté de droit de l'Université d'Ottawa.)

Questions nouvelles

BLOCK, RICHARD N. «The Impact of Seniority Provisions on the Manufacturing Quit Rate», *Industrial and Labor Relations Review*, vol. 31, nº 4, juillet 1978, p. 474-488.

BRIGGS, STEVEN. «Allocating Available Work in a Union Environment: Layoffs vs. Work Sharing», *Labor Law Journal*, vol. 38, nº 10, octobre 1987, p. 650-657.

FOX, M.J. JR. et NELSON, ALLEN R. «Defining a "Bona Fide" Seniority System Under Title VII of the Civil Rights Act of 1964», *Journal of Collective Negotiations*, vol. 14, nº 2, 1985, p. 111-125.

FRIEDMAN, SHELDON *et al.* «Inverse Seniority as an Aid to Disadvantaged Groups», *Monthly Labor Review*, vol. 99, nº 5, mai 1976, p. 36-37.

FRIEDMAN, SHELDON, BUMSTEAD, DENNIS C. et LUND, ROBERT T. «The Potential of Inverse Seniority as an Approach to the Conflict Between Seniority and Equal Employment Opportunity» dans *Industrial Relations Research Association, Proceedings of the 28th Annual Winter Meeting*, Dallas, décembre 1975, Madison, Wis., IRRA, 1976, p. 67-74.

KAHN, MARK L. «Seniority Problems in Business Mergers», *Industrial and Labor Relations Review*, vol. 8, nº 3, avril 1955, p. 361-378.

KEATON, PAUL N. et LARSON, BETH. «Age Discrimination in Employment: Case Law and Implications for Employers», *Labor Law Journal*, vol. 40, nº 9, septembre 1989, p. 575-581.

Chapitre

10

Protection de l'emploi

PLAN

L'ancienneté, analysée dans le chapitre précédent, vise à protéger l'emploi des salariés en proportion de leurs années de service. Mais, à elle seule, elle ne permet pas au mouvement syndical d'assurer une plus grande sécurité d'emploi au plus grand nombre possible de travailleurs. D'autres clauses poursuivent cet objectif. Nous étudierons trois types de clauses qui se rapportent à la protection ou à la sécurité d'emploi.

Nous traiterons d'abord de la sécurité ou de la garantie d'emploi qui peut entre autres prendre la forme d'une garantie de revenu. Une importante menace à l'emploi provient des changements technologiques; la façon dont la convention collective cherche à protéger les travailleurs contre cette menace fera l'objet de la deuxième section. Le facteur de protection de l'emploi le plus puissant, et dont on parle beaucoup, a trait à la formation professionnelle: la troisième section abordera les clauses de conventions collectives qui s'y rapportent.

10.1 Garantie d'emploi ou de revenu

La garantie d'emploi ou de revenu est l'objet de discussions depuis au moins 40 ans. Le fougueux président des Travailleurs unis de l'automobile, aux États-Unis, Walter Reuther, en était un ardent propagandiste. Nous verrons, dans l'historique relatif à cette question, comment le concept a évolué au cours des dernières décennies. Ensuite, nous étudierons quelques exemples d'efforts visant à en appliquer les principes. Les résultats diffèrent profondément du secteur public au secteur privé. Il faudra traiter des deux séparément. Dans le secteur privé, il s'agit surtout de protection de l'emploi contre des risques particuliers et non d'une garantie «d'emploi à vie».

10.1.1 Nature et historique

L'expression sécurité d'emploi peut s'entendre de plusieurs façons; chacun des mots de l'expression peut traduire différentes réalités. Le mot emploi peut se rapporter au poste même, à la fonction particulière qu'un salarié occupe; mais il peut aussi signifier simplement le fait d'occuper un poste, n'importe quel poste, dans une entreprise donnée, ou même dans une entreprise quelconque. Quant à la sécurité, elle peut être plus ou moins grande: il peut s'agir d'une garantie absolue contre tout déplacement ou d'une protection plus restreinte, comme celle qu'accordent les années d'ancienneté.

On peut donner à l'expression elle-même les trois ou quatre sens suivants. Au sens strict, elle signifie qu'une personne est assurée de conserver la fonction qu'elle occupe aussi longtemps qu'elle le voudra[1]. Un second sens désigne le maintien dans un poste de même catégorie ou de même genre. Un troisième sens, celui que nous retiendrons, implique que le salarié garde un emploi dans la même entreprise, mais qu'il peut être appelé à changer de fonction ou de poste. En élargissant encore la portée du terme, la sécurité d'emploi pourrait s'appliquer au fait d'avoir un poste dans une entreprise quelle qu'elle soit[2].

Comme les entreprises, surtout les entreprises privées, ne peuvent garantir à leurs employés un emploi, et encore moins un poste, à vie, la demande syndicale de garantie ou de sécurité d'emploi ne s'est jamais traduite autrement que par une forme de sécurité ou de garantie de revenu. C'est tout ce qu'une entreprise privée peut promettre, puisque aucune n'est assurée de sa propre survie. La garantie de revenu, là où elle existe, ne peut d'ailleurs être que conditionnelle à la vie même de l'entreprise. Une autre condition essentielle au maintien d'une telle garantie est que la clause qui l'établit soit renouvelée; en effet, l'engagement pris par les deux parties relativement à n'importe quelle clause de la convention collective n'a qu'une durée déterminée, comme la convention elle-même. (Le problème de la durée de la convention collective sera discuté au chapitre 15.)

La garantie d'emploi, au sens strict, impliquerait que l'employeur s'engage à fournir du travail à tous

1. Noah M. Meltz, «Job Security in Canada», *Relations industrielles*, vol. 44, n° 1, hiver 1989, p. 151.
2. Les anglophones ont deux expressions différentes: le sens de la première est plus limité que celui de la seconde. *Job security* peut s'appliquer aux trois premiers sens définis dans le paragraphe, mais plus particulièrement aux deux premiers. *Employment security* ne vise que le troisième ou le quatrième sens.

les salariés visés. Comme la somme de travail à accomplir varie inévitablement, l'engagement par lequel l'employeur garantit un emploi revient, en fait, à garantir une rémunération. La garantie d'emploi ou de rémunération vise à contrer une réduction de travail ou de revenu. Celle-ci peut être causée par plusieurs facteurs très différents: le climat, le caractère saisonnier de l'entreprise, le cycle économique ou toute autre cause subite ou inattendue, régulière ou récurrente. Le cas particulier d'un arrêt de travail pour des raisons personnelles, pour cause de maladie, en raison d'un conflit ou pour tout autre motif est exclu. La garantie d'emploi dont on parle ici vise à protéger l'emploi contre des contingences de nature économique, comme la baisse de la demande ou l'augmentation de la productivité. Ce sont ces cas, et ceux-là seulement, que visent les formules que nous avons retenues et qu'on désigne par l'expression garantie d'emploi ou de revenu.

Les premières tentatives de salaire annuel garanti, aux États-Unis, remontent à la fin des années 1930; elles furent appliquées pour permettre aux employeurs de bénéficier d'avantages offerts par la loi américaine de sécurité sociale (*Social Security Act*, 1935). Celle-ci coordonnait les lois d'assurance-chômage qui existaient déjà dans certains États et offrait divers avantages: les États pouvaient réduire la cotisation à l'assurance-chômage pour les employeurs qui donnaient une garantie annuelle d'emploi[3]. Mais, pendant 20 ans, les expériences demeurèrent limitées.

Mil neuf cent cinquante-quatre est une date importante dans l'histoire du salaire annuel garanti. En mars de cette année, les Travailleurs unis de l'automobile, réunis en congrès, adoptèrent le salaire annuel garanti comme principal objectif des prochaines négociations collectives. Le but du syndicat était non seulement d'assurer un revenu régulier à ses membres, mais aussi de changer la nature de leur salaire, de modifier le statut de l'ouvrier salarié. En effet, on présentait la formule du salaire annuel garanti comme la reconnaissance du fait que les travailleurs constituent un facteur de production aussi important que le capital et que la direction des entreprises: les travailleurs ont toujours été embauchés et payés à l'heure, alors que le capital est emprunté et utilisé à très long terme et que les employés de direction sont engagés et payés sur une base annuelle. Les employeurs s'opposèrent fortement à cette demande et au principe qu'elle impliquait. Ils redoutaient des coûts supplémentaires importants et, surtout, ils rejetaient l'idée de payer des employés qui ne travailleraient pas. La bataille fut menée principalement par les Travailleurs unis de l'automobile, mais ceux de l'acier poursuivaient les mêmes objectifs; ils obtinrent sensiblement les mêmes résultats.

En fait, la négociation de 1954-1955 n'a pas donné lieu à un accord sur le salaire annuel garanti, mais sur des prestations supplémentaires d'assurance-chômage (PSAC ou *SUB: Supplemental Unemployment Benefits*). Le résultat de la négociation fut annoncé conjointement par les représentants patronaux et syndicaux. La négociation s'était faite avec la compagnie Ford; les deux autres grands de l'auto signèrent peu après un contrat semblable. Le représentant de Ford présenta le nouveau régime de PSAC comme un simple supplément à l'assurance-chômage: selon lui, cela ne constituait nullement une révolution. Le représentant syndical soutint pour sa part qu'il s'agissait là d'un premier pas vers une formule de salaire annuel garanti. Sa prédiction ne s'est réalisé qu'en de très rares occasions et pour quelques catégories d'employés seulement, comme nous le verrons plus loin[4].

3. *Union Contract Clauses*, Chicago, Commerce Clearing House Inc. 1954 (780 p.), p. 373-381.

4. Jack Chernick, *A Guide to the Guaranteed Wage*, bulletin n° 4, New Brunswick, N.J., Rutgers University, Institute of Management and the Labor Relations, 1955; J.W. Garbarino, *Guaranteed Wages*, Berkeley, University of California, Institute of Industrial Relations, 1954; Henri C. Thole et Charles C. Gibbons, *Prerequisites for a Guaranteed Annual Wage*, Kalamazoo, Mich., Upjohn Institute of Community Research, 1956; Neil W. Chamberlain, *The Labor Sector*, 2e édition, New York, McGraw-Hill, 1965 (758 p.), p. 575-577; Gordon F. Bloom et Herbert R. Northrup, *Economics of Labor Relations*, 6e édition, Homewood, Ill., Richard D. Irwin, 1969 (751 p.), p. 551-557.

Au Canada, les prestations supplémentaires d'assurance-chômage (PSAC) se sont répandues dans plusieurs industries. Mais d'autres formules de protection du salaire se sont également développées. Pour n'en mentionner qu'une, l'assurance-salaire fait maintenant partie de plusieurs conventions collectives au Québec et au Canada. Nous en verrons les modalités dans le chapitre 14, consacré aux avantages sociaux.

Les conventions collectives qui garantissent le salaire le font généralement sur une base hebdomadaire plutôt qu'annuelle; et ces conventions ne représentent que 5 % à 10 % de toutes les conventions collectives en vigueur au Québec, ce qui est sensiblement la même proportion qu'aux États-Unis. Il y a cependant une distinction importante à faire entre le secteur public et le secteur privé: la garantie d'emploi et de revenu est répandue dans le secteur public, mais quasi inexistante dans le secteur privé. Il faut examiner les deux situations séparément.

10.1.2 Secteur public et parapublic

Les employés de l'État bénéficient d'une sécurité d'emploi depuis bien plus longtemps qu'ils ne sont syndiqués. Les «fonctionnaires» de l'État, au fédéral et au provincial, ont longtemps été victimes de l'arbitraire des élus: dès qu'un nouveau parti prenait le pouvoir, ceux qui avaient contribué à son élection réclamaient immédiatement un signe tangible de reconnaissance de la part de leur candidat, par exemple un emploi de facteur ou de commis à la Commission des liqueurs (SAQ)[5]. Cette forme de patronage allait disparaître, officiellement du moins, avec l'adoption, au fédéral, de la *Loi du service civil*, en 1918, et avec l'entrée en vigueur de lois similaires dans les différentes provinces au cours des années 1920[6]. Par la suite, les fonctionnaires des gouvernements fédéral et provinciaux ont connu une remarquable sécurité d'emploi. Dans la sagesse populaire, cet avantage justifiait les salaires modestes et, dans certains cas, les mauvaises conditions de travail qu'ils devaient subir. L'objectivité dans les promotions et les mouvements de personnel était assurée, en principe, du fait que l'embauche et l'évaluation des fonctionnaires se faisaient non plus par les hommes politiques, mais par ce qui s'appelait alors la Commission du service civil, qui allait devenir la Commission de la fonction publique. Même les municipalités d'une certaine importance appliquent les mêmes principes ou, du moins, utilisent les mêmes structures d'organisation.

La négociation des conditions de travail entre le gouvernement du Québec et le Syndicat des fonctionnaires provinciaux a été établie par la *Loi de la fonction publique* de 1965[7]. La première convention collective ne traitait pas de la sécurité d'emploi, déjà garantie par les mécanismes en place. Mais dès 1968, le Syndicat des fonctionnaires provinciaux du Québec a négocié avec le gouvernement une clause formelle de sécurité d'emploi (art. 39). La clause fut renforcée dans les rondes de négociations suivantes. Depuis 1978, par exemple, l'employeur doit replacer le fonctionnaire en disponibilité d'abord dans la région immédiate, puis dans une localité située à moins de 50 kilomètres et, en dernier ressort seulement, dans une localité plus éloignée. La clause qui traite de ce sujet est reproduite ci-après. On notera le caractère général et péremptoire de l'affirmation contenue dans la dernière phrase du premier paragraphe: «... aucun employé permanent ne sera mis à pied (...) pour la seule raison qu'il y a manque de travail». On comprend la préférence de l'État à embaucher des contractuels plutôt que des employés permanents.

Droits de gérance

Le Syndicat reconnaît qu'il appartient à l'employeur de diriger, maintenir et améliorer l'efficacité de ses opérations et de prendre les mesures nécessaires pour assurer à ses employés permanents la sécurité

5. Robert Rumilly, *Histoire de la province de Québec*, Montréal, Les Éditions Chanteclerc, 1953, vol. XXVI *Rayonnement de Québec* (287 p.), p. 208-209.

6. *Loi du service civil* (Canada), 8-9 George V., c. 12; *Loi concernant les officiers et les employés de la province* (Québec), 16 George V, c. 14, 24 mars 1926; *Loi instituant une commission du service civil* (Québec), 7 George VI, c. 9, 23 juin 1943. Voir James Iain Gow, *Histoire de l'administration publique québécoise*, Montréal, Presses de l'Université de Montréal, 1986, 437 p.

7. S.Q. 1965, c. 14.

d'emploi. À cette fin, il a le droit, entre autres, de faire des changements technologiques ou administratifs ou tout autre changement dans ses méthodes d'opération. Sous réserve du droit de l'employeur de destituer ou révoquer un employé ou de le mettre à la retraite, il est entendu qu'aucun employé permanent ne sera mis à pied ou remercié de ses services pour la seule raison qu'il y a manque de travail.

Pas de mise à pied des employés perman.

21.02 Le Syndicat convient, que pour assurer la sécurité d'emploi mentionnée au paragraphe précédent, l'employeur peut prendre toutes les mesures qu'il croit nécessaires. Sans restreindre la portée générale de ce qui précède et nonobstant toute autre disposition de la présente convention collective, l'employeur peut, quand il y a un manque de travail, affecter ou muter les employés visés à d'autres emplois dans la fonction publique compris ou non dans l'unité de négociation, voir à les réadapter ou les former à ses frais, pendant une période de temps qu'il déterminera, pour accomplir d'autres tâches. Dans un tel cas, l'employeur convient:

Droit de muter

Obligat. de former

Informer le synd.

a) d'informer le Syndicat au préalable des mesures qu'il entend utiliser pour assurer la sécurité d'emploi, de façon à permettre au Syndicat de formuler des représentations à ce sujet;

Comité conjoint

b) de réunir au besoin un comité «ad hoc», composé de six (6) membres dont trois (3) personnes désignées par l'employeur et trois (3) employés permanents désignés par le Syndicat, dont le rôle sera d'aviser l'employeur, sur les mesures que celui-ci entend utiliser.

Mutation

21.03 Lorsque l'employeur doit, conformément au paragraphe 21.02, procéder à l'affectation ou à la mutation de l'employé pour lui assurer la sécurité d'emploi, il prend les mesures nécessaires pour l'affecter ou le muter:

Dans la localité

a) soit à un emploi vacant de sa classe d'emploi dans la localité où se trouvait l'unité administrative;

à moins de 50 km

b) soit à un emploi de sa classe d'emploi dans une localité située à moins de cinquante kilomètres (trente milles) de la localité où se trouvait l'unité administrative;

Autre localité

c) soit à un emploi vacant de sa classe d'emploi dans une autre localité située à plus de cinquante kilomètres (trente milles) de la localité où se trouvait l'unité administrative.

Refus de mutation: abandon

21.04 Si un employé permanent refuse une mesure que l'employeur prend à son endroit pour lui assurer sa sécurité d'emploi, il est considéré avoir abandonné son emploi et sujet à des mesures pouvant aller jusqu'à la destitution, à moins qu'il ne prouve que l'employeur a agi de façon contraire à l'article 4 de la présente convention collective [dans lequel toute pratique discriminatoire est interdite].

Traitement de base maintenu jusqu'à reclassif.

21.05 L'employé visé par l'une ou l'autre des mesures prises en vertu du paragraphe 21.02 ne subit aucune modification du traitement de base qu'il recevait au moment de la mesure prise à son endroit (à l'exclusion de toute prime, allocation ou supplément de traitement), tant et aussi longtemps qu'il n'a pas été reclassé de façon conforme à ses nouvelles attributions.

Traitement de base non réduit

Le traitement de base que cet employé recevait au moment de son changement d'affectation n'est pas réduit à l'occasion de son reclassement.

(Gouvernement du Québec et le Syndicat des fonctionnaires provinciaux du Québec.)

La sécurité d'emploi ainsi garantie aux fonctionnaires existait déjà dans les faits depuis les années 1940. Ce n'était pas du tout le cas dans le secteur parapublic, c'est-à-dire dans l'éducation et les services de santé, en particulier dans les hôpitaux.

Au début des années 1960, la négociation dans les hôpitaux déjà syndiqués se faisait par unité de négociation, c'est-à-dire pour chaque groupe syndiqué (infirmières, employés généraux...), dans chaque hôpital. La centralisation des négociations à l'échelle provinciale a eu lieu en 1966, comme nous l'expliquerons au chapitre 26. La première convention collective provinciale des hôpitaux entra en vigueur le 4 août 1966. Elle contenait un article sur l'ancienneté assez semblable à ceux que nous avons étudiés au chapitre précédent. La seule disposition de sécurité d'emploi visait un cas particulier: la mise sur pied, par un certain nombre d'hôpitaux, d'un service central où seraient regroupées certaines tâches jusqu'alors accomplies par les salariés de chaque hôpital; on peut penser à la mise en service d'une buanderie commune à tous les hôpitaux d'une région. En ce cas, la convention collective stipulait que «l'institution concernée ne pouvait procéder ni directement ni indirectement à aucune mise à pied découlant de l'installation d'un (tel) service communautaire»[8].

C'est dans la convention collective de 1969 que fut introduite une véritable clause de sécurité d'emploi; elle apparaissait à la suite des dispositions concernant l'ancienneté. La sécurité totale d'emploi fut alors accordée à tout salarié ayant deux ans et plus d'ancienneté. Ce salarié ne saurait être mis à pied «tant qu'il n'a pas été replacé dans un emploi comparable quant au salaire dans une autre institution hospitalière, ou encore dans la fonction publique ou parapublique et, en autant que faire se peut, accessible audit salarié dans la même localité ou dans une localité voisine»[9]. On voit que la question de la localité où le salarié peut être replacé est déjà évoquée.

C'est dans la négociation houleuse de 1971-1972 que seront précisées les modalités, encore en vigueur aujourd'hui – sauf la question des 50 kilomètres –, relatives à la sécurité d'emploi des salariés des secteurs public et parapublic. C'est à ce moment également qu'est créé un service provincial de placement des affaires sociales et, en même temps, un service de placement intersectoriel[10]. Dans la ronde de négociation de 1979, on ajouta que le salarié n'était pas tenu d'accepter un poste que lui offrait le Service provincial de placement si ce poste était situé à plus de 50 kilomètres de sa propre localité. Le service de placement intersectoriel est disparu vers 1980.

Les dispositions fondamentales du régime de sécurité d'emploi dans le secteur parapublic peuvent se résumer dans les propositions suivantes. Le régime s'applique aux salariés qui ont deux ans d'ancienneté et plus. Ceux qui ont de un an à deux ans de service et qui détenaient un poste reçoivent une aide semblable pour être replacés, mais ils ne perçoivent pas d'indemnité. Le salarié «mis en disponibilité», selon l'expression couramment utilisée, reçoit son salaire habituel tant qu'il n'a pas été replacé et il continue d'accumuler de l'ancienneté comme s'il était au travail. Il ne perd sa garantie de salaire, ainsi que son droit de rappel et son titre d'employé, que s'il refuse une offre raisonnable du Service de placement. Il peut d'ailleurs en appeler de toute décision du Service de placement, d'abord devant le comité paritaire, qui agit en quelque sorte comme le conseil d'administration du service, et, dans certains cas, devant un arbitre spécialement désigné pour entendre l'appel du salarié. Voici les principales dispositions de ce très long article qui se trouve, avec quelques modifications mineures, dans toutes les conventions collectives du secteur de la santé et des services sociaux.

Mise à pied

15.01 La personne salariée visée au paragraphe 15.02 ou 15.03 qui subit une mise à pied suite à l'application de la procédure de supplantation et/ou de mise à pied ou suite à la fermeture totale de son établissement ou destruction totale de son établissement par le feu ou autrement bénéficie des dispositions prévues au présent article.

[15.02: un an à deux ans de service]

8. Convention collective de travail entre le gouvernement du Québec et la Fédération nationale des services, à l'usage du personnel hospitalier du Québec, 1966-1968, art. 12.16, paragraphe 4.
9. Convention collective intervenue entre le Comité patronal de négociations, représentant un groupe d'hôpitaux du Québec, et la Fédération nationale des services (CSN), 5 décembre 1969 – 30 juin 1971.
10. Convention collective de travail entre le Comité patronal de négociations, AHPQ, et la Fédération nationale des services (CSN), 1972-1975, art. 14.25 – 14.26 et annexe «L».

Service de placement

15.03 La personne salariée ayant deux (2) ans et plus d'ancienneté et qui est mise à pied est inscrite au S.P.S.S.S. et bénéficie du régime de sécurité d'emploi tant qu'elle n'aura pas été replacée dans un autre emploi dans le secteur de la Santé et des Services sociaux suivant les procédures prévues au présent article.

Avantages maintenus

Le régime de sécurité d'emploi comprend exclusivement les bénéfices suivants:

1- une indemnité de mise à pied;

2- la continuité des avantages suivants:

a) régime uniforme d'assurance-vie;

b) régime de base d'assurance-maladie;

c) régime d'assurance-salaire;

d) régime de retraite;

e) accumulation de l'ancienneté selon les termes de la présente convention collective et du présent article;

f) régime de vacances;

g) transfert, le cas échéant, de sa banque de congés-maladie et des jours de vacances accumulés au moment de son replacement chez le nouvel employeur moins les jours utilisés pendant sa période d'attente;

h) droits parentaux contenus aux paragraphes 22.01 à 22.30 E.

La cotisation syndicale continue d'être déduite.

Salaire garanti

L'indemnité de mise à pied doit être équivalente au salaire prévu au titre d'emploi de la personne salariée ou à son salaire hors échelle, s'il y a lieu, au moment de sa mise à pied. Les primes de soir, de nuit, d'heures brisées, d'ancienneté, de responsabilité et d'inconvénients non subis sont exclues de la base de calcul de l'indemnité de mise à pied.

Moins l'assurance-chômage s'il y a lieu

Advenant qu'une entente intervienne avec Emploi et Immigration Canada, l'indemnité de mise à pied sera équivalente à la différence entre le salaire prévu pour le titre d'emploi de la personne salariée, ou à son salaire hors échelle, s'il y a lieu, au moment de sa mise à pied et les prestations versées par Emploi et Immigration Canada et/ou tout autre organisme semblable.

Dans ce cas, la personne salariée devrait faire personnellement une demande de prestation d'assurance-chômage et remplir toute formule en usage auprès d'Emploi et Immigration Canada et le Service de placement du secteur de la Santé et des Services sociaux.

Augment. statutaires

L'indemnité est ajustée à la date d'augmentation statutaire et à la date de changement d'échelle.

(...)

15.05 *Procédure de replacement*

Replacement selon l'ancienneté

Le replacement se fait en tenant compte de l'ancienneté, laquelle s'applique dans la localité, dans un poste pour lequel la personne salariée rencontre les exigences normales de la tâche. Les exigences doivent être pertinentes et en relation avec la nature des fonctions. Le replacement se fait selon la procédure suivante:

(...)

Localité

La personne salariée bénéficiant du paragraphe 15.03 est tenue d'accepter tout poste disponible et comparable qui lui est offert dans la localité.

50 kilomètres

Aux fins d'application de cet article, on entend généralement par localité: une aire géographique délimitée par un rayon de cinquante (50) kilomètres par voie routière (étant l'itinéraire normal) en prenant comme centre, l'établissement où travaille la personne salariée ou son domicile.

(...)

15.13 *Service de placement du secteur de la Santé et des Services sociaux*

Service de placement

1. Le Service de placement du secteur de la Santé et des Services sociaux (S.P.S.S.S.) actuellement existant continue d'opérer le service de placement.

2. Ce service de placement est composé de: une (1) personne désignée par le M.S.S.S. et six (6) personnes désignées par les associations suivantes: A.C.A.Q., A.C.S.S.Q., A.H.Q., F.C.L.S.C.Q. et A.C.H.A.P.

3. Le S.P.S.S.S. a comme fin spécifique le replacement des personnes salariées mises à pied bénéficiant du paragraphe 15.02 ou 15.03, le tout en conformité avec les dispositions du présent article.

(...)

15.16 *Règlement des litiges*

À défaut d'unanimité au niveau du comité paritaire ou si le comité paritaire ne s'est pas réuni dans les délais prévus au paragraphe 15.15-5, la personne salariée non satisfaite de la décision rendue par le S.P.S.S.S. peut en appeler devant un arbitre.

Avis au direct. général du SPSSS

La personne salariée devra se prévaloir de ce droit d'appel de la décision prise à son sujet par le S.P.S.S.S. dans les dix (10) jours de l'avis par le directeur général lui indiquant les conclusions de l'étude de son cas au niveau du comité paritaire sur la sécurité d'emploi, en envoyant à cet effet un avis écrit au directeur général du S.P.S.S.S.

Arbitrage

Sur réception de cet avis, le directeur général du S.P.S.S.S. communique avec la partie syndicale afin de s'entendre sur le choix d'un arbitre. À défaut d'entente, il est choisi à même la liste des arbitres du greffe.

(Le Comité patronal de négociation du secteur de la santé et des services sociaux, le sous-comité patronal de négociation des centres hospitaliers publics et la Fédération des affaires sociales (CSN), 27 avril 1990 – 31 décembre 1991.)

L'article dans son entier est beaucoup plus long. Il compte de nombreuses précisions sur la procédure à suivre ainsi que sur la définition des termes utilisés: poste disponible, poste comparable, établissement et localité.

Dans le secteur de l'éducation, les conventions collectives contiennent des clauses comparables, compte tenu des particularités du secteur.

Quelques municipalités ont accordé des garanties d'emploi ou de revenu, qui n'ont cependant pas la même portée que les dispositions qu'on trouve dans les conventions du secteur public et parapublic. Dans plusieurs cas, il s'agit de garanties hebdomadaires: la semaine de travail ne sera pas réduite. Certaines conventions de municipalités contiennent aussi des garanties d'emploi en cas de changements technologiques; nous les mentionnons ici pour souligner le lien qui existe entre les deux aspects, même si nous en traitons de façon plus détaillée dans la section suivante.

9.01 La Ville s'engage à ne pas diviser le travail entre ses employés de façon à réduire la semaine normale de travail.

9.02 Aucun employé permanent au service de la Ville ne peut être congédié, mis à pied, ni subir de baisse de salaire par suite ou à l'occasion d'améliorations techniques ou technologiques ou de transformations ou de modifications quelconques dans la structure administrative de la Ville, ainsi que dans les procédés de travail, l'attribution d'ouvrage à contrat ou pour des raisons de surplus de personnel.

(Ville de Verdun et le Syndicat canadien de la fonction publique, section locale 302.)

Quelques municipalités sont allées plus loin et ont accordé à certains de leurs employés une garantie annuelle d'emploi ou de salaire. La clause suivante vise les pompiers d'une municipalité de la région métropolitaine. Donner à des pompiers une garantie annuelle de salaire comporte évidemment moins de risques que de le faire pour d'autres salariés, comme les cols bleus.

> 26.02 Les employés réguliers jouissent de la garantie d'emploi et de salaire de cinquante-deux (52) semaines par année.
>
> (Ville de Saint-Laurent et le Syndicat des pompiers du Québec, section locale Saint-Laurent.)

Les syndicats d'employés municipaux ont aussi cherché à protéger leurs membres contre les pertes d'emploi causées par l'annexion ou la fusion de villes. L'article 45 du *Code du travail* assure que, le cas échéant, la convention collective et les conditions de travail vont survivre; il n'en va pas nécessairement de même pour les emplois. Ce sont justement les emplois que veulent protéger les clauses sur les fusions ou les annexions; c'est le cas dans les deux exemples suivants, même si la formulation diffère: la première convention parle de maintenir l'emploi, la seconde de reconnaître l'ancienneté.

> 26.01 Dans tous les cas de fusion, régionalisation, intégration, annexion ou autre opération similaire, la Ville s'engage à maintenir l'emploi et toutes les autres conditions de travail des employés couverts par la convention collective.
>
> (Ville de Saint-Laurent et le Syndicat des pompiers du Québec, section locale de Saint-Laurent.)
>
> 10.02 La Ville s'engage, lors de toute éventualité d'annexion ou de fusion dont elle fait partie, d'exiger que l'ancienneté et toutes les autres conditions de travail de ses employés à la date de ladite fusion ou annexion soient reconnues par la nouvelle ville ainsi créée.
>
> (Ville de Sainte-Marthe-sur-le-lac et le Syndicat canadien de la fonction publique, section locale 2804.)

Au début des années 1980, les syndicats ont craint des coupures de postes dans les municipalités et ont demandé des planchers d'emploi, c'est-à-dire l'engagement de la municipalité de maintenir un nombre minimum d'employés dans l'unité de négociation. Quelques municipalités ont accordé un tel plancher. Cela implique que les départs d'employés, à la retraite ou pour toute autre raison, sont comblés par autant d'embauchages. En fait, il s'agit là plutôt d'une garantie de *membership* pour le syndicat que d'une garantie d'emploi pour les salariés; on invoquait, bien sûr, le niveau des services offerts à la population. Plusieurs de ces clauses n'ont pas été renouvelées par la suite. Le plus souvent, ce genre de clauses vise à protéger les salariés en emploi au moment de la signature de la convention plutôt que les salariés futurs.

Quelques sociétés d'État ont également concédé des planchers d'emplois. C'est ce que fit, par exemple, la division anglaise de Radio-Canada en faveur de l'Association nationale des employés et techniciens en radiodiffusion (NABET). La disposition était reliée à la question de la sous-traitance; dans le secteur de la radio et de la télévision, on recourt beaucoup aux sous-traitants. Voici le texte de cette clause, qui n'a toutefois pas été reconduite en 1989. Des clauses semblables existent encore cependant dans quelques entreprises de télécommunication.

> L'employeur n'effectuera aucune mise à pied ni aucun licenciement par suite de l'utilisation de sources extérieures pour assurer la programmation de la Société. Le nombre minimum d'employés dans l'unité de négociation des techniciens sera de 2103.
>
> En cas de restrictions financières imposées de l'extérieur, il n'y aura ni mise à pied ni licenciement des membres de l'unité de négociation lorsque des programmes seront produits pour la Société Radio-Canada par du personnel et de l'équipement extérieur à la société.
>
> (Canadian Broadcasting Corp. and National Association of Broadcasting Employees and Technicians, 1980-1983, art. 35.6.)

La sécurité financière, au moins relative, des gouvernements et des sociétés d'État qui en dépendent leur permet de garantir emploi et revenu à leurs salariés. Ce n'est pas le cas des entreprises privées. Pourtant, quelques-unes se sont engagées dans cette voie; c'est ce que nous allons voir maintenant.

10.1.3 Sécurité d'emploi à vie

Les quelques cas de garantie d'emploi à vie s'adressent principalement aux salariés les plus menacés par l'introduction de changements technologiques. Nous en traitons ici plutôt que dans la section suivante, vu la nature des solutions apportées. Nous prendrons deux exemples, l'un aux États-Unis, à cause de son caractère tout à fait spectaculaire, l'autre au Canada, très important même s'il est plus modeste. Le premier cas se rapporte aux typographes, un métier pratiquement disparu, l'autre aux employés de chemins de fer, une industrie qui connaît un sérieux déclin.

L'emploi des typographes est menacé dans les grands quotidiens depuis une bonne trentaine d'années. L'utilisation des ordinateurs pour la composition typographique a rendu peu à peu leur métier complètement désuet[11]. Au milieu des années 1960, une grève des typographes de Toronto a frappé les trois grands quotidiens de cette ville; la lutte fut particulièrement longue et difficile au *Telegram*. Elle ne s'est d'ailleurs jamais vraiment terminée: le journal a fermé ses portes alors que le conflit durait encore en 1970[12]. Des difficultés semblables existaient dans les grands quotidiens américains. Un règlement assez extraordinaire est intervenu entre la section locale nº 6 de l'Union internationale des typographes et les grands journaux de New York le 23 mai 1974.

L'entente de 1974 accordait à la direction une liberté totale pour introduire, dans la salle de composition typographique, les instruments les plus perfectionnés, y compris les ordinateurs; en retour, la direction assurait à tous les typographes, au service de ces journaux le 23 mai 1974, une garantie d'emploi à vie.

> Le but de cette entente spéciale est de permettre à l'éditeur d'introduire et d'utiliser l'automation, y compris tous les ordinateurs et tout l'équipement technologique perfectionné généralement désigné par le mot automation, ainsi que toutes les nouvelles méthodes, tel qu'indiqué dans cette même entente spéciale.
>
> 1 (B) 1- Les employés garantis sont ceux qui détenaient un poste régulier le 23 mai 1974, date de signature de l'entente, tel qu'indiqué dans la liste ci-jointe. (...)
>
> 2- Un employé garanti ne sera pas affecté par une diminution de la main-d'œuvre. Cette garantie survivra à cette entente spéciale et au contrat. (...)
>
> 14 (A) La garantie d'emploi individuelle des employés garantis, y compris l'interdiction de mises à pied pour réduire la main-d'œuvre (...) demeurera en vigueur aussi longtemps que l'employé sera à l'emploi de l'éditeur (survivant ainsi à l'échéance de l'entente spéciale et du contrat). Par contre, l'éditeur est autorisé à introduire et à utiliser l'automation, y compris tous les ordinateurs et l'équipement technologique nouveau qu'on désigne généralement par le mot automation, ainsi que toutes nouvelles méthodes ou instruments appropriés.
>
> 14 (B) L'entente spéciale fait partie du contrat entre les parties et demeurera en vigueur jusqu'au 30 mars 1984, à moins qu'elle ne soit terminée ou modifiée en vertu des dispositions de l'article 51 du contrat. En cas d'une telle échéance, les garanties d'emploi accordées aux employés garantis demeureront en vigueur et auront effet tel qu'indiqué dans l'article 14 (A). S'il y avait conflit entre les dispositions du contrat et les dispositions de cette entente spéciale sur des matières déterminées par l'entente spéciale, les dispositions de l'entente spéciale prévaudront.
>
> (Contract and Scale of Prices, New York Typographical Union No. 6, the New York Times Co. and the New York News Inc., commencing March 31, 1973.)

Il s'agissait donc d'une entente qui devait durer 11 ans[13]. L'entente a été renouvelée et est toujours en vigueur. Elle a bien failli devenir caduque, du moins pour les employés du *New York News*, parce que ce journal a frôlé la faillite, vers la fin des années 1980. Si le journal avait fait faillite, il est bien évident que l'obligation de payer, à vie, le salaire des typographes de 1974 n'aurait pas constitué une priorité dans le règlement de la faillite. L'événement souligne

11. GÉRARD HÉBERT *et al.*, *Les relations du travail dans l'industrie des quotidiens*, volume 5 des recherches de la Commission royale sur les quotidiens, TOM KENT, président, Ottawa, Approvisionnements et services Canada, 1981, 216 p. (Des imprécisions dans le texte français rendent l'édition anglaise de cet ouvrage beaucoup plus intelligible.)
12. Travail Canada, *Grèves et lock-out au Canada*, 1970, p. 77.

13. «Printers Okay Automation in 11-Year Pact», *Monthly Labor Review*, vol. 97, nº 8, août 1974, p. 88-89.

les limites de telles ententes dans le secteur privé: les entreprises n'étant pas assurées de leur survie, elles peuvent difficilement prendre des engagements qui les lieraient à long terme aux employés qu'elles ont au moment de l'entente. C'est la difficulté fondamentale qu'on rencontre partout dans le secteur privé.

Dans le cas des employés des chemins de fer nationaux du Canada (CN), les nombreux syndicats d'employés non itinérants se sont regroupés pour signer une entente collective spéciale qui vise la question des changements technologiques. L'entente a d'abord été signée le 2 novembre 1962 puis a été plusieurs fois renouvelée depuis; elle est toujours en vigueur. Pour que ces employés puissent jouir de la garantie d'emploi à vie, l'entente impose deux conditions: ils doivent compter huit années de service continu et ils doivent exercer leurs droits d'ancienneté pour se replacer normalement dans un poste occupé par un employé ayant moins d'ancienneté. Pour les employés qui ont moins de huit ans d'ancienneté, l'entente prévoit un régime d'indemnité hebdomadaire de licenciement ainsi qu'une indemnité de cessation d'emploi. Elle contient également des dispositions favorisant la retraite anticipée, par le moyen de différentes allocations. L'article concernant la garantie d'emploi est rédigé dans les termes suivants:

Condition: 8 ans d'ancienneté

> 7.1 Sous réserve des dispositions du présent article et pour l'application du paragraphe 8.1 du présent régime, l'employé bénéficie de la garantie d'emploi après 8 années de service cumulatif rémunéré à la Compagnie. L'employé qui est en situation de licenciement le 18 juin 1985 ne bénéficie pas de la garantie d'emploi en vertu des dispositions du présent article tant qu'il n'est pas rappelé au travail.

Pas de licenciement

> 7.2 L'employé qui bénéficie de la garantie d'emploi en vertu des dispositions du présent article ne peut pas être licencié du fait d'un changement effectué en application du paragraphe 8.1 du présent régime. [Changements technologiques.]

Obligation de supplanter

> 7.3 L'employé qui bénéficie de la garantie d'emploi en vertu des dispositions du présent article et qui est touché par un avis de changement donné en vertu du paragraphe 8.1 du présent régime est tenu d'exercer tous les droits d'ancienneté qu'il détient à son lieu de travail, dans le secteur ou dans la Région, conformément aux dispositions de la convention collective qui le régit.
>
> (Entente relative à la garantie d'emploi et de revenu conclue entre la Compagnie des chemins de fer nationaux du Canada et les Syndicats associés des services ferroviaires non itinérants, art. 7.)

Ces deux cas ne sont pas les seuls où l'on trouve une garantie d'emploi à vie. Mais les exemples sont très rares. La raison est simple: aucune entreprise privée n'est assurée de sa survie. Cependant, plusieurs conventions collectives contiennent différentes formules d'une autre nature.

10.1.4 Formules de nature autre

Quelques conventions collectives du secteur privé contiennent des formes de sécurité d'emploi qui, à première vue, rappellent les garanties mentionnées dans les pages précédentes. Mais il faut y regarder de plus près. D'abord, l'engagement ne va pas au-delà de l'échéance de la convention en vigueur. De plus, le contexte de chaque entreprise donne son vrai sens à chaque disposition de cette nature, comme dans le cas suivant.

> En cas de réduction du personnel due à une réorganisation de l'entreprise ou à d'autres raisons d'ordre économique, les employés qui en date du 15 septembre 1990 étaient en poste et étaient classifiés comme «réguliers» conserveront leur statut d'employé régulier à moins qu'ils ne refusent un déplacement. L'Employeur fournira au Syndicat la liste des employés classifiés comme «réguliers» en date de la ratification. Dans le cas de fermeture de magasins, l'article 5.04 s'applique [mise à pied selon l'ancienneté].
>
> (Les Magasins M inc. et les Travailleurs et travailleuses unis de l'alimentation et du commerce, TUAC, local 502; Lettre d'entente n° 2 sur la sécurité d'emploi.)

La disposition ci-dessus ne vise pas l'emploi ni le revenu, mais le statut d'employé régulier. Comme il s'agit de magasins de détail, les employés à temps partiel sont nombreux et ils sont les premiers à subir le contrecoup d'une réduction de personnel, ce qui assure d'une certaine façon la protection des employés réguliers. Cependant ceux-ci peuvent aussi être mis à pied en vertu des règles contenues dans l'article 5.04.

Les dispositions qui établissent une garantie de travail ou de salaire varient selon les conventions collectives, comme le montre le tableau 10-1: garantie horaire, journalière, hebdomadaire ou annuelle; la garantie mensuelle ne se rencontre pratiquement plus. Il faut noter, en tout premier lieu, que ces cas sont rares, voire rarissimes. Ils se retrouvent dans un peu moins de 10 % des conventions et ils visent à peine plus de 10 % des salariés régis par convention collective. C'est donc dire que 90 % des conventions collectives ne contiennent aucune disposition de cette nature.

De plus, dans les conventions où l'on rencontre une telle clause, seuls les cas de garantie de salaire hebdomadaire ont un certain poids numérique. Les autres ne s'appliquent qu'à des nombres minimes de conventions et de salariés. La garantie horaire soulève une question: quel sens exact donner à une telle garantie? Il faut comprendre que rares sont les entreprises qui ne paieront pas entièrement une heure de travail si la production doit être subitement interrompue.

La garantie hebdomadaire est donc la plus fréquente. On la trouve surtout dans le secteur manufacturier, ainsi que dans le transport et les communications, un peu dans le commerce, mais pratiquement pas dans les autres secteurs.

Quant à la garantie d'emploi assurée aux employés réguliers du secteur public et parapublic, elle ne semble pas considérée dans le tableau 10-1. Elle est probablement incluse dans la catégorie «aucune disposition» (à cause de l'écart entre le pourcentage des conventions et celui des salariés): la codification des données utilisées dans ces tableaux se fait d'après le texte des conventions collectives; or les conventions du secteur parapublic ne parlent pas de garantie d'emploi ou de revenu, mais simplement d'indemnité de mise à pied (voir la convention citée dans la section 10.1.2). Mais il s'agit bien d'une forme de garantie d'emploi ou de revenu.

Même si les entreprises du secteur privé ne peuvent pas donner de garantie prolongée de travail ou de salaire, les employeurs et les syndicats se sont préoccupés du problème. Ils ont cherché à remplacer la garantie d'emploi que recherchent tous les salariés par des formules acceptables, et surtout fiables, indépendamment de la situation dans laquelle se trouve chaque entreprise privée. Les deux principales formules utilisées sont l'assurance-salaire et les prestations supplémentaires d'assurance-chômage. Nous étudierons l'une et l'autre dans le chapitre 14, consacré aux avantages sociaux. Notons simplement qu'on trouve un régime d'assurance-salaire dans à peu près le tiers des conventions collectives, visant 30 % des salariés, et un régime de prestations supplémentaires d'assurance-chômage seulement dans environ 5 % des cas[14].

Quelques conventions collectives prévoient une garantie de salaire dans des circonstances particulières, par exemple lors d'un bris d'équipement ou en cas de mauvais temps. (Voir le tableau 10-2.) Les conventions ayant de telles dispositions ne dépassent pas 10 % de l'ensemble. Dans le cas de bris d'équipement, la rémunération est garantie à 100 % dans la majorité des cas, mais généralement pour une période limitée; le plus souvent, la convention dira que l'employé sera payé pour les heures qui lui restaient à faire dans la journée. Dans certains cas, la rémunération est garantie sans limite de temps, mais cela est relativement rare[15]. Près de 10 % également des conventions collectives contiennent une disposition qui tient compte des tempêtes qui empêchent les salariés de se rendre au travail; la disposition ne garantit pas nécessairement de salaire.

---

14. *Conditions de travail contenues dans les conventions collectives. Québec. 1989*, Québec, Centre de recherche et de statistiques sur le marché du travail, édition 1991, p. 199 et 108 (variables H-06 et D-20).
15. *Ibid.*, p. 95 (variable D-05).

TABLEAU 10-1

Garantie de travail ou salaire assuré – 1984 et 1989

Dispositions	Conventions collectives régissant moins de 50 salariés				50 salariés et plus				tous les salariés (TOTAL)			
	C.c.	%	Salariés	%	C.c.	%	Salariés	%	C.c.	%	Salariés	%
1984												
Garantie horaire	7	0,2	237	0,3	4	0,2	600	0,1	11	0,2	837	0,1
Garantie journalière	44	1,1	545	0,7	24	1,3	10 395	1,5	68	1,1	10 940	1,4
Garantie hebdomadaire	247	6,0	4 281	5,9	82	4,3	15 878	2,3	329	5,4	20 159	2,6
Garantie annuelle	35	0,8	573	0,8	14	0,7	1 611	0,2	49	0,8	2 184	0,3
Autre disposition	130	3,1	2 442	3,3	53	2,8	7 378	1,1	183	3,0	9 820	1,3
Aucune garantie[1]	682	16,5	13 569	18,5	482	25,4	93 768	13,6	1 164	19,3	107 337	14,1
Aucune disposition	2 996	72,3	51 527	70,4	1 238	65,3	560 663	81,2	4 234	70,1	612 190	80,2
TOTAL	4 141	100,0	73 174	100,0	1 897	100,0	690 293	100,0	6 038	100,0	763 467	100,0
1989												
Garantie horaire	9	0,2	247	0,2	4	0,2	3 496	0,4	13	0,2	3 743	0,4
Garantie journalière	56	1,0	691	0,7	24	0,9	11 535	1,3	80	1,0	12 226	1,2
Garantie hebdomadaire	314	5,8	5 676	5,5	160	6,2	71 054[2]	7,7	474	5,9	76 730[2]	7,5
Garantie annuelle	43	0,8	755	0,7	20	0,8	3 303	0,4	63	0,8	4 058	0,4
Autre disposition	142	2,6	2 837	2,8	14	0,5	5 425	0,6	156	2,0	8 262	0,8
Aucune garantie[1]	868	16,1	18 957	18,4	673	26,1	120 941	13,1	1 541	19,4	139 898	13,7
Aucune disposition	3 952	73,4	73 682	71,6	1 682	65,3	704 453	76,6	5 634	70,8	778 135	76,1
TOTAL	5 384	100,0	102 845	100,0	2 577	100,0	920 207	100,0	7 961	100,0	1 023 052	100,0

1. Les conventions collectives contiennent une disposition mentionnant que l'horaire de travail ne constitue pas une garantie de travail.

Source : Données mécanographiques du CRSMT, 2 avril 1991. (Variable D-03.)

TABLEAU 10-2

Garantie de salaire lors de circonstances particulières – 1984 et 1989

Circonstances particulières[1]	Conventions collectives régissant moins de 50 salariés				50 salariés et plus				tous les salariés (TOTAL)			
	C.c.	%	Salariés	%	C.c.	%	Salariés	%	C.c.	%	Salariés	%
1984												
Bris d'équipement	254	6,1	5 103	7,0	210	11,1	42 622	6,2	464	7,7	47 725	6,3
Mauvais temps[2]	34	0,8	510	0,7	18	0,9	4 831	0,7	52	0,9	5 341	0,7
Tempête[3]	457	11,0	8 119	11,1	147	7,7	50 776	7,4	604	10,0	58 895	7,7
TOTAL	4 141	100,0	73 174	100,0	1 897	100,0	690 293	100,0	6 038	100,0	763 467	100,0
1989												
Bris d'équipement	332	6,2	7 070	6,9	256	9,9	56 681	6,2	588	7,4	63 751	6,2
Mauvais temps[2]	43	0,8	633	0,6	31	1,2	6 706	0,7	74	0,9	7 339	0,7
Tempête[3]	576	10,7	11 270	11,0	220	8,5	72 161	7,8	796	10,0	83 431	8,2
TOTAL	5 384	100,0	102 845	100,0	2 577	100,0	920 207	100,0	7 961	100,0	1 023 052	100,0

1. Les chiffres indiquent les conventions et les salariés touchés par une disposition relative à la circonstance mentionnée. La disposition assure la rémunération avec ou sans limite de temps. Les chiffres ne s'additionnent pas; ils révèlent la rareté des dispositions relatives à telle ou telle circonstance par rapport au total des conventions en vigueur et des salariés régis.
2. Les salariés visés ici travaillent en plein air.
3. Tempête rendant impossible l'accès au lieu de travail (arrêt du transport en commun).

Source: Données mécanographiques du CRSMT, 2 avril 1991. (Variables D-05, D-06 et D-07.)

En résumé, les garanties de salaire que donnent les conventions collectives du secteur privé sont restreintes. Il ne peut en être autrement, puisque la source de revenu des entreprises est justement la production réalisée par les travailleurs. Par ailleurs, on accorde souvent aux employés une certaine protection contre l'impact négatif des changements technologiques sur l'emploi.

10.2 Changements technologiques

Nous étudierons au chapitre 31 les changements technologiques et leur impact global sur la négociation collective. Dans le présent chapitre, consacré à la protection de l'emploi, nous nous en tenons aux principales clauses de convention collective qui traitent des changements technologiques. La plupart de ces clauses tendent à minimiser l'effet négatif que ces changements peuvent avoir sur les salariés concernés. Avant d'aborder les clauses proprement dites, nous définirons les principaux concepts nécessaires pour comprendre les dispositions généralement rencontrées, et décrirons le cadre légal qui s'applique en la matière.

10.2.1 Historique et concepts

L'histoire des changements technologiques remonte, en un sens, au début de l'humanité. Cependant, leur impact sur les salariés s'est amplifié considérablement avec l'accroissement de l'industrialisation au XIXe siècle. Au début du XXe siècle, le recours aux différentes techniques déjà disponibles a donné naissance aux grandes usines de production, où le travail à la chaîne jouait un rôle capital. Vers le milieu du XXe siècle, ce sont les sources d'énergie qui ont transformé le contexte de production industrielle: l'utilisation massive de l'électricité et du pétrole a amené des changements considérables dans tous les domaines.

C'est ainsi que, dans les années 1950, le remplacement des locomotives à vapeur par les locomotives à moteur diesel a constitué, pour l'industrie ferroviaire, un changement aux conséquences énormes. Des villes complètes sont disparues qui s'étaient développées grâce au chemin de fer, pour assurer le ravitaillement en eau et en charbon des locomotives à vapeur. Ce problème des chemins de fer a entraîné, en 1964, la création d'une commission d'enquête, présidée par le juge Samuel Freedman. Le rapport de la Commission Freedman a eu des conséquences déterminantes sur la législation, les mentalités et l'évolution des relations du travail en matière de changements technologiques[16].

Le rapport Freedman a établi, en particulier, les deux points suivants: le changement technologique constitue, en soi, un droit de gérance que la direction d'une entreprise ne peut jamais céder ou abandonner; la modernisation d'une entreprise est une condition de survie. Par contre, toujours selon le juge Freedman, l'employeur est tenu de négocier avec le syndicat, c'est-à-dire avec les représentants de ses salariés, les moyens les plus appropriés pour minimiser les effets négatifs qui découleront de l'introduction de nouvelles méthodes de production ou d'opération.

D'autres événements allaient influencer la législation et les conventions collectives en matière de changements technologiques. Au mois d'octobre 1964, la compagnie Domtar annonçait un programme de modernisation de ses installations à l'usine de pâtes et papiers de Windsor, au Québec. Le projet avait reçu l'assentiment du syndicat et de la population locale: l'usine était devenue vétuste et, sans une rénovation majeure, elle ne pourrait longtemps faire face à la concurrence. Par contre, le projet impliquait le licenciement de 172 travailleurs sur un total d'environ 1000 employés. Comme l'usine était la seule entreprise de la petite ville, un tel licenciement apparaissait comme un désastre. Les ministères du Travail du Québec et du Canada décidèrent d'intervenir et proposèrent une commission quadripartite composée de la compagnie, du syndicat et d'un représentant de chacun des deux gouvernements. La commission tenterait de trouver des solutions aux difficultés qu'on appréhendait suite à cette importante conversion indus-

16. *Rapport de la Commission d'enquête industrielle chargée d'examiner la question des parcours prolongés du Canadien National*, présidée par monsieur le Juge SAMUEL FREEDMAN, Ottawa, Imprimeur de la Reine, novembre 1965, 182 p.

trielle. Elle fut formée le 22 avril 1965 et remit son rapport le 4 septembre de la même année. Un an plus tard, grâce aux travaux de la commission et à un certain nombre de départs volontaires, aucun travailleur n'avait encore été licencié. Cette commission d'étude allait servir de modèle aux comités de reclassement qui allaient être créés au cours des 10 années suivantes, au rythme de 50 à 100 par année[17].

Dans les années 1980, les changements technologiques ont revêtu une nouvelle forme et produit un impact différent. C'est le travail de bureau qui a été le plus affecté, au cours de la décennie, par le développement de l'informatique; mais l'introduction du traitement de texte ne semble pas avoir eu, sur le personnel de bureau, l'impact négatif qu'on craignait[18].

En résumé, les conclusions qui s'imposent, quant aux changements technologiques en cette fin du XXe siècle, sont les suivantes. Le changement lui-même constitue un droit de gérance strict. Les conséquences négatives sur les salariés doivent être minimisées, par voie de négociation, dans toute la mesure du possible. Entre ces deux aspects, il y a les modalités d'introduction qui impliquent un changement brusque ou progressif, des périodes de chômage ou de recyclage, selon les contraintes techniques et le climat des relations de travail. Enfin, le rythme accéléré des changements technologiques a entraîné l'adoption de certaines lois et la négociation de plusieurs clauses de convention collective sur le sujet.

17. GÉRARD DION, «L'expérience d'une Commission conjointe de recherche dans un cadre de conversion industrielle», *Relations industrielles*, vol. 21, nº 4, octobre 1966, p. 572-581; FRANÇOIS DELORME et RÉJEAN PARENT, *Les licenciements collectifs au Québec: un bilan partiel du dispositif public en vigueur*, monographie nº 12, Université de Montréal, École de relations industrielles, 1982, 106 p.

18. CARMELLE BENOIT *et al.*, *L'incidence de la machine à traitement de textes sur l'emploi et le travail*, Québec, Éditeur officiel du Québec, 1984, 195 p.; RÉAL MORISSETTE et ANDRÉ DESJARDINS, «Impact de la machine à traitement de textes sur les conditions de travail», *Le marché du travail*, vol. 7, nº 4, avril 1986, p. 60-73.

10.2.2 Cadre légal

Le premier résultat du rapport Freedman fut de faire modifier la loi fédérale sur les relations du travail, de manière à permettre, et même à forcer, la réouverture de la négociation si un problème de changements technologiques se présentait et que la convention ne contenait pas déjà une disposition sur le sujet. Comme cette question se rapporte à la négociation proprement dite, nous n'en traiterons pas ici mais plutôt au chapitre 31.

Les dispositions pertinentes de la loi, au Québec, se trouvent dans un article de la *Loi sur la formation et la qualification professionnelles de la main-d'œuvre*, adoptée en 1969[19].

Préavis obligatoire

45. a) Sauf dans le cas d'entreprises à caractère saisonnier ou intermittent, tout employeur qui, pour des raisons d'ordre technologique ou économique, prévoit devoir faire un licenciement collectif, doit en donner avis au ministre dans les délais minimaux suivants:

Durée: 2 à 4 mois

deux mois lorsque le nombre de licenciements envisagés est au moins égal à dix et inférieur à 100;

trois mois lorsque le nombre de licenciements envisagés est au moins égal à 100 et inférieur à 300;

quatre mois lorsque le nombre de licenciements envisagés est au moins égal à 300.

Force majeure

Dans un cas de force majeure ou lorsqu'un événement imprévu empêche l'employeur de respecter les délais ci-dessus, il doit aviser le ministre aussitôt qu'il est en mesure de le faire.

Comité de reclassement

b) Tout employeur doit, à la demande du ministre et en consultation avec lui, participer sans délai à la constitution d'un comité de reclassement des salariés. Ce comité doit être formé d'un nombre égal de représentants de l'association accréditée

19. L.Q. 1969, c. 51 et L.R.Q., c. F-5, art. 45, modifié par L.Q. 1980, c. 5, art. 11.

ou, à défaut de telle association, des salariés. L'employeur y contribue financièrement dans la mesure dont les parties conviennent.

Fonds de reclassement

c) L'employeur et l'association accréditée ou, à défaut de telle association, les salariés peuvent, avec l'assentiment du ministre et aux conditions qu'il détermine, constituer un fonds collectif aux fins de reclassement et d'indemnisation des salariés.

Le cas échéant, plusieurs employeurs et plusieurs associations accréditées peuvent constituer en commun un tel fonds collectif.

d) Le présent article s'applique à un employeur qui licencie tous ses salariés ou une partie des salariés de l'un ou de plusieurs de ses établissements dans une région donnée.

Employeurs visés

Il ne s'applique pas à l'employeur qui licencie des salariés pour une durée indéterminée, mais effectivement inférieure à 6 mois, ni aux établissements affectés par une grève ou un lock-out au sens du *Code du travail*.

C'est sans doute par suite d'un accident de parcours que cette disposition se retrouve dans la *Loi sur la formation et la qualification professionnelles*. La disposition se rapproche bien davantage d'une norme à respecter, même s'il y a un lien avec le sujet de la loi : en effet, on recommande fréquemment, pour minimiser les effets négatifs d'un licenciement collectif, d'encourager la formation et la qualification professionnelles. Selon la loi, l'obligation principale, et souvent unique, de l'employeur est de donner un préavis – d'une durée de deux à quatre mois selon le nombre de salariés visés – quand il compte introduire des changements qui vont entraîner des licenciements collectifs. Notons que la définition donnée par la loi inclut toute mise à pied de plus de six mois. À la suite de cet avis, le ministre peut instituer un comité de reclassement ; s'il le fait, les parties sont tenues d'y participer. Mais ce n'est pas dans tous les cas de licenciements collectifs que le ministre institue un tel comité. Enfin, la loi prévoit la possibilité de constituer un fonds de reclassement et d'indemnisation, mais cette disposition n'a jamais été utilisée depuis qu'elle existe.

Le *Code canadien du travail*, dans sa partie III consacrée aux normes, contient des dispositions analogues. Ainsi, l'employeur qui prévoit licencier 50 salariés et plus doit en aviser le ministre quatre mois à l'avance[20]. L'employeur doit alors procéder – c'est obligatoire – à la constitution d'un comité mixte de planification qui doit préparer un programme d'adaptation de la main-d'œuvre. L'employeur doit mettre en œuvre le programme adopté par le comité.

Le préavis et la création d'un comité, à la demande du ministre, représentent les principales obligations des employeurs qui entendent procéder à un licenciement collectif d'une certaine importance. Ces deux points se retrouvent souvent dans les conventions collectives, mais ils sont de toute façon obligatoires depuis leur inclusion dans la loi au début des années 1970.

10.2.3 Principales dispositions

On rencontre, dans les conventions collectives, deux types de clauses en matière de changements technologiques. Certaines sont spécifiques : elles portent essentiellement sur ce sujet ; ce sont elles que nous allons examiner. Mais certaines clauses de portée générale peuvent aussi s'appliquer dans de telles circonstances : celles qui portent sur le contenu et l'évaluation des tâches, sur l'ancienneté et sur certains avantages sociaux comme les prestations supplémentaires d'assurance-chômage et les indemnités de licenciement.

Parmi les clauses spécifiques aux changements technologiques, celle qui revient le plus souvent a trait au préavis que l'employeur doit donner au syndicat et, éventuellement, aux salariés visés. (Voir le tableau 10-3.) Le préavis au syndicat est la condition essentielle pour que soient appliqués les mécanismes et les mesures d'adaptation visant à minimiser les impacts

20. *Code canadien du travail*, L.R.C. 1985, c. L-2, art. 211-229.

TABLEAU 10-3

Dispositions des conventions collectives relatives aux changements technologiques – 1984 et 1989

Dispositions[1]	Conventions collectives régissant moins de 50 salariés				50 salariés et plus				tous les salariés (TOTAL)			
	C.c.	%	Salariés	%	C.c.	%	Salariés	%	C.c.	%	Salariés	%
1984												
Préavis[2]	1 795	43,3	33 160	45,3	1 092	57,6	342 692	49,6	2 887	47,8	375 852	49,2
Comité mixte	668	16,1	12 723	17,4	480	25,3	205 972	29,8	1 148	19,0	218 695	28,6
Formation et recyclage	503	12,1	9 121	12,5	289	15,2	90 677	13,1	792	13,1	99 798	13,1
Indemnité de déménagement	52	1,3	905	1,2	34	1,8	14 564	2,1	86	1,4	15 469	2,0
Maintien du salaire	549	13,3	10 237	14,0	427	22,5	157 905	22,9	976	16,2	168 142	22,0
TOTAL	4 141	100,0	73 174	100,0	1 897	100,0	690 293	100,0	6 038	100,0	763 467	100,0
1989												
Préavis[2]	2 432	45,2	48 772	47,4	1 747	67,8	771 836	83,9	4 179	52,4	820 608	80,2
Comité mixte	754	14,0	15 147	14,7	272	10,6	198 049	21,5	1 026	12,9	213 196	20,8
Formation et recyclage	668	12,4	12 606	12,3	330	12,8	358 751	39,0	998	12,5	371 357	36,3
Indemnité de déménagement	67	1,2	1 134	1,1	45	1,7	109 623	11,9	112	1,4	110 757	10,8
Maintien du salaire	733	13,6	14 177	13,8	562	21,8	224 930	24,4	1 295	16,3	239 107	23,4
TOTAL	5 384	100,0	102 845	100,0	2 577	100,0	920 207	100,0	7 961	100,0	1 023 052	100,0

1. Les chiffres indiqués ne s'additionnent pas puisqu'ils correspondent à des dispositions dont plusieurs peuvent apparaître dans une même convention.
2. Dans plus de la moitié des cas, les conventions collectives ne précisent pas la nature du préavis. Seule l'obligation du préavis est alors affirmée.

Source : Données mécanographiques du CRSMT, 2 avril 1991. (Variables G-05, G-07, G-08, G-09 et G-10.)

négatifs du changement. On comprend que plus de la moitié des conventions, visant 80 % des salariés, contiennent une telle disposition. De nombreuses conventions ne prévoient aucune autre mesure; mais, une fois l'avis donné, le syndicat peut intervenir auprès de l'employeur pour instaurer les mesures qui s'imposent, même si la convention n'en fait pas mention.

La durée du préavis exigé dans les conventions collectives correspond généralement à la durée imposée par la loi, soit un, deux ou trois mois. Le préavis de plus de trois mois s'applique surtout à de très grandes conventions collectives, mais on rencontre également des préavis moins longs dans leur cas. Environ 40 % des conventions collectives ne précisent pas la durée du préavis; elles s'en remettent implicitement aux dispositions de la loi. (Voir le tableau 10-4.)

Ce sont les autres dispositions qui, bien davantage, contiennent la véritable substance de ces clauses et peuvent contribuer à atténuer les effets négatifs appréhendés. Le comité mixte semble l'instrument privilégié par les parties, alors que les programmes de formation et de recyclage constituent la mesure qui a le plus de chance de donner de bons résultats. (Voir le tableau 10-3.) Approximativement, 10 % des conventions collectives prévoient un comité mixte et des programmes de formation, mais ces conventions visent plus de 20 % des salariés. La différence entre les deux pourcentages montre clairement que ce sont surtout de grandes conventions collectives qui contiennent de telles dispositions. Il faut noter l'augmentation importante du nombre de conventions, et de salariés régis, de 1984 à 1989, qui comportent des programmes de formation. S'il est possible de reclasser directement les salariés touchés par des changements technologiques, cette solution est certainement la meilleure; mais rien ne permet de croire qu'elle est toujours réalisable.

L'indemnité de déménagement – 2 % des conventions et 10 % des salariés – vient compléter les principales dispositions en assurant une aide financière aux travailleurs qui accepteront de se déplacer pour trouver un emploi. Finalement, la clause de maintien du taux de salaire compense les pertes qu'auraient subies les salariés en acceptant une rétrogradation: 20 % des conventions régissant 25 % des salariés contiennent une disposition de cette nature[21].

10.2.4 Exemple de clause

L'exemple suivant contient l'ensemble des dispositions que nous avons mentionnées jusqu'ici, à quelques détails près. Cette convention collective n'impose pas la création d'un nouveau comité, mais elle oblige néanmoins les parties à se rencontrer avant que le changement ait lieu, à plusieurs reprises si nécessaire, pour discuter et mettre en place un programme approprié. La clause pose deux conditions: que l'employé visé ait un an ou plus de service et qu'il soit déplacé de façon permanente. Le taux de salaire sera maintenu, mais pendant une période limitée seulement. L'employé pourra choisir de supplanter un autre employé ou de recevoir la formation requise pour occuper le nouveau poste. S'il ne peut être replacé, il recevra une indemnité de licenciement. Enfin, la convention prévoit la création d'un fonds pour assurer le paiement des indemnités de licenciement.

2.05 *Changements technologiques*

Définition — Aux fins de ce programme, «changement technologique» signifie l'automation des installations ou la mécanisation ou automation des tâches ou le remplacement de l'équipement ou de la machinerie, ayant pour effet de déplacer un salarié de sa tâche régulière.

Cas exclus — On ne considérera pas qu'un salarié a été déplacé de sa tâche régulière à cause d'un changement technologique si ce déplacement est relié à la stagnation des marchés, la carence des matériaux bruts, la faute du salarié, le remplacement ou recyclage de

21. Les pourcentages observés dans le tableau 10-3 concordent en gros avec ceux que contenait une étude sur le sujet faite par le CRSMT en 1985: ANDRÉ DESJARDINS, *Les changements technologiques. Recueil de clauses-types*, Québec, Centre de recherche et de statistiques sur le marché du travail, 1985 (121 p.), p. 47-48.

TABLEAU 10-4

Durée du préavis relatif aux changements technologiques – 1984 et 1989

Durée du préavis	Conventions collectives régissant											
	moins de 50 salariés				50 salariés et plus				tous les salariés (TOTAL)			
	C.c.	%	Salariés	%	C.c.	%	Salariés	%	C.c.	%	Salariés	%
1984												
1 mois ou moins[1]	174	4,2	3 091	4,2	129	6,8	24 497	3,5	303	5,0	27 588	3,6
2 mois[1]	195	4,7	3 875	5,3	150	7,9	39 380	5,7	345	5,7	43 255	5,7
3 mois[1]	70	1,7	1 296	1,8	65	3,4	15 128	2,2	135	2,2	16 424	2,1
Plus de 3 mois	41	1,0	872	1,2	45	2,4	24 311	3,5	86	1,4	25 183	3,3
Autre disposition[2]	1 315	31,8	24 026	32,8	703	37,1	239 376	34,7	2 018	33,4	263 402	34,5
Aucune disposition	2 346	56,7	40 014	54,7	805	42,4	347 601	50,4	3 151	52,2	387 615	50,8
TOTAL	4 141	100,0	73 174	100,0	1 897	100,0	690 293	100,0	6 038	100,0	763 467	100,0
1989												
1 mois ou moins[1]	256	4,7	5 019	4,9	227	8,8	63 717	6,9	483	6,1	68 736	6,7
2 mois[1]	291	5,4	5 750	5,6	266	10,3	145 126	15,8	557	7,0	150 876	14,7
3 mois[1]	84	1,6	1 805	1,7	91	3,5	31 680	3,4	175	2,2	33 485	3,3
Plus de 3 mois	62	1,2	1 302	1,3	72	2,8	177 527	19,3	134	1,7	178 829	17,5
Autre disposition[2]	1 743	32,4	34 896	33,9	1 091	42,3	353 786	38,4	2 834	35,6	388 682	38,0
Aucune disposition	2 948	54,7	54 073	52,6	830	32,2	148 371	16,1	3 778	47,5	202 444	19,8
TOTAL	5 384	100,0	102 845	100,0	2 577	100,0	920 207	100,0	7 961	100,0	1 023 052	100,0

1. Regroupements approximatifs autour de la période indiquée.
2. Inclut les cas où les conventions collectives prévoient un préavis sans en préciser la durée et les cas où la durée du préavis varie selon les effets entraînés par le changement technologique.

Source : Données mécanographiques du CRSMT, 2 avril 1991. (Variable G-06.)

la machinerie ou de l'équipement qui n'est relié directement à un changement technologique effectué dans cette machinerie ou équipement, grève, ralentissement, défectuosité, sabotage ou force majeure.

Préavis

a) *Pré-avis*

3 mois

L'employeur avisera le syndicat par écrit au moins trois (3) mois à l'avance des changements proposés et l'avis indiquera:

Contenu

1- la nature du changement;

2- la date que le changement pourrait prendre effet;

3- le nombre de salariés qui pourraient être affectés;

4- les effets possibles du changement technologique sur la sécurité d'emploi et le revenu des salariés concernés.

b) *Rencontres patronales-syndicales*

Rencontres conjointes

Objet

Sur demande, les représentants patronaux et syndicaux se rencontreront dans le but de revoir en termes généraux les effets probables d'un changement technologique auprès des salariés concernés. D'autres réunions si nécessaires se tiendront dans les plus brefs délais, avant que le changement technologique soit effectué dans le but de passer spécifiquement en revue la mise en application de ce programme pour les salariés qui y sont éligibles.

c) *Éligibilité*

Pour être éligible en vertu de ce programme, un salarié doit:

– avoir un (1) an ou plus de service et

Conditions

– être déplacé d'une façon permanente de sa tâche à cause d'un changement technologique qui est directement relié à son déplacement.

d) *Maintien du taux horaire*

Salaire maintenu

Durée

Un salarié éligible aura droit de maintenir son taux horaire au moment de son déplacement pendant une période d'une (1) semaine pour chaque deux (2) mois de service avec l'employeur, selon la liste d'ancienneté pendant une période de vingt-quatre (24) mois et il aura le choix:

Options

1. de déplacer à toute tâche selon 10.06 a) ou

2. d'être entraîné à une tâche égale ou inférieure à la sienne dans l'Annexe «A» (tâches nécessitant de l'entraînement), pourvu qu'il possède l'ancienneté, la compétence et l'habileté pour remplir les exigences normales de la tâche concernée.

Toutefois, s'il ne remplit pas les conditions exigées suite à l'entraînement, il pourra se prévaloir d'un second choix.

Supplantation

e) Tout salarié déplacé de sa tâche régulière pourra déplacer dans l'usine en appliquant la section de mise en disponibilité.

f) *Indemnité de licenciement*

Indemnité de licenciement

Si par le fait d'un changement technologique, un salarié perd son emploi avec l'employeur et pourvu qu'il soit éligible en vertu de ce programme, il aura droit à une indemnité de licenciement au moment où son emploi prend fin. Le montant de cette indemnité sera le plus élevé, tel que calculé selon les formules suivantes:

Montant

1. quinze dollars (15,00 $) pour chaque mois de service avec l'employeur, selon la liste d'ancienneté, ou

2. cinq dollars (5,00 $), multiplié par l'âge du salarié, multiplié par le nombre de ses années de service avec l'employeur, selon la liste d'ancienneté. (5,00 $ × âge × années de service.)

g) *Compte de changements technologiques*

Fonds

Maximum

L'employeur continuera à maintenir un compte de changements technologiques. À la fin de chaque période de paie l'employeur inscrira à l'actif de ce compte deux cents (0,02 $) pour chaque heure travaillée par les salariés de l'unité de négociation pendant ladite période de paie jusqu'à un crédit maximum de vingt-cinq mille dollars (25 000 $) par année. L'employeur continuera à inscrire le montant indiqué ci-dessus, sujet à un crédit maximum de cent mille dollars (100 000 $). Si celui-ci diminue, l'employeur recommencera à inscrire à l'actif de ce compte comme stipulé ci-haut.

Rapport financier — Au mois de janvier de chaque année l'employeur fera parvenir au syndicat un état financier indiquant les montants inscrits à l'actif, les montants déboursés et la valeur nette du compte de changements technologiques.

Diminution — Dans l'éventualité où les montants inscrits au compte sont insuffisants pour rencontrer à tout moment le plein montant des indemnités à débourser aux salariés qui sont éligibles, les indemnités seront diminuées au prorata ou payées suivant tout arrangement semblable convenu entre les parties.

(Tuyaux Wolverine (Canada) inc. et les Métallurgistes unis d'Amérique, unité locale 6932, art. 2.05.)

Toutes les clauses sur le sujet ne sont pas aussi détaillées, mais elles contiennent généralement des précisions concernant la définition des changements technologiques visés, l'avis à donner et la durée de cet avis, la formation d'un comité de relations de travail ou de nature autre, l'entraînement ou la formation à donner et, finalement, le droit de supplanter un autre employé selon les modalités prévues ailleurs dans la convention collective.

Telles sont les principales dispositions qu'on trouve dans les conventions collectives en ce qui concerne les changements technologiques. Elles visent à protéger l'emploi des salariés qui risquent d'être déplacés ou mis à pied par de tels changements. Outre les dispositions de la convention collective, d'autres mesures peuvent être prises; nous en discuterons dans le chapitre 31 où il est spécifiquement question de l'impact des changements technologiques sur la négociation collective.

10.3 Formation professionnelle

Un certain nombre de conventions collectives, même s'il ne s'agit que d'une minorité, traitent de la formation professionnelle sans qu'il y ait nécessairement un lien avec les changements technologiques. Ces dispositions, qui visent le recyclage ou le perfectionnement des employés, sont évidemment reliées elles aussi à la protection de l'emploi, le contenu des emplois changeant constamment. C'est presque devenu un lieu commun que de souligner la nécessité de la formation professionnelle permanente.

10.3.1 Nature et concepts

La question de la formation professionnelle comporte plusieurs facettes. Aussi faut-il faire certaines distinctions entre, par exemple, l'objet de la formation, les moyens utilisés et les aspects connexes, comme son financement.

La formation peut avoir une portée générale ou être spécifique. La formation générale vise les connaissances de base; elle fournit au travailleur des moyens généraux de se perfectionner. Dans ce genre de formation sont inclus l'alphabétisation ainsi que le parachèvement des études secondaires. Une formation spécifique se rapporte à des tâches précises: il s'agit d'apprendre à manipuler un instrument particulier, à faire fonctionner une machine. Ce genre de formation comprend également l'apprentissage des différents métiers.

Il y a lieu de définir un peu plus précisément trois termes souvent utilisés l'un pour l'autre: formation, recyclage et perfectionnement[22]. La «formation» vise l'acquisition de connaissances ou d'habiletés, générales ou particulières; elle prépare une personne à remplir un certain nombre de fonctions, à exécuter diverses tâches. Le mot formation est le plus général des trois. Le «recyclage» implique une mise à jour des connaissances et des habiletés, en vue de continuer à exercer un travail qu'un changement dans les méthodes de production a rendu plus complexe. Le «perfectionnement» évoque l'ajout de notions complémentaires aux connaissances et aux habiletés déjà acquises; cette augmentation du bagage person-

22. VIATEUR LAROUCHE, *Formation et perfectionnement en milieu organisationnel*, Saint-Nazaire, Éditions JCL, 1984, 431 p.

nel permet généralement de poursuivre une carrière déjà bien entamée.

Les principales variables en ce qui a trait aux moyens de formation sont le temps qui y est consacré et l'endroit où elle a lieu. Il y a d'abord la formation, générale ou particulière, à laquelle on se consacre «à plein temps». Généralement, l'employé fréquente alors une institution d'enseignement ou de formation. Ce mode de formation implique un «congé-éducation», plus ou moins long selon les cas[23]. Il y a alors absence du travail, ce qui soulève la question du financement. Dans certains cas, c'est l'employeur qui assume les frais de ce congé; il le fait lorsqu'il exige lui-même d'un employé qu'il suive un cours précis. Autrement c'est la société qui fournit l'argent, au moyen de programmes de perfectionnement de la main-d'œuvre. Il existe également certains cas particuliers. Par exemple, dans le monde de l'éducation, il y a le congé sabbatique, d'une durée variable mais généralement assez longue, jusqu'à une année complète; le salarié reçoit alors sa rémunération habituelle ou une fraction importante de celle-ci. En dehors du monde de l'éducation, on parlera plutôt du congé-éducation, généralement payé en totalité ou en partie par l'employeur. Si c'est l'employé qui en assume les frais, il s'agira d'un congé sans traitement. Une formule nouvelle commence à se développer, le «congé à traitement différé». En vue d'obtenir un tel congé, le salarié ne touche qu'une partie de sa rémunération pendant un certain temps. Pendant la durée du congé, l'employeur continuera à lui verser son salaire à même les sommes antérieurement reportées. Le congé est de 6 ou de 12 mois selon les cas. Il faut généralement avoir un certain nombre d'années de service continu pour bénéficier d'un tel arrangement.

Outre la formation à laquelle on se consacre à temps plein, il y a celle qu'on reçoit sur les lieux de travail, pendant les heures de travail. Le plus souvent, cette formation prend la forme d'un entraînement que dirige un employé expérimenté. Mais le perfectionnement, puisque c'est de cela qu'il s'agit, peut avoir lieu en dehors des heures de travail. Dans ce cas, il arrive que l'employeur assume une partie ou la totalité des dépenses requises pour «suivre des cours»; normalement l'employeur doit approuver à l'avance le choix des cours que l'employé veut se faire rembourser. Ce genre de démarche vise le plus souvent une formation générale, rarement orientée vers un emploi précis, à moins que l'employé ne se soit donné comme objectif d'obtenir un emploi particulier, et qu'il en assume les frais, à tout le moins en terme de temps à y consacrer.

L'apprentissage est la préparation à un métier déterminé, par exemple dans le bâtiment, le vêtement, l'imprimerie, ou dans tout autre domaine. L'apprentissage comprend généralement deux étapes: d'abord une formation théorique, acquise dans une institution d'enseignement, puis une période d'exercice du métier, sur le terrain, sous la surveillance d'un compagnon. Le plus souvent, les cours ont lieu au début de la période de formation; la pratique vient ensuite. Mais, selon le métier et le milieu, on rencontre diverses formules de répartition du temps.

Enfin, il y a la formation reliée à des objectifs particuliers comme la formation en santé-sécurité au travail, que la *Loi sur la santé et la sécurité du travail* rend obligatoire. Depuis son adoption en 1979, la loi impose à l'employeur d'informer adéquatement les travailleurs sur les risques reliés à leur travail et de leur procurer la formation, l'entraînement et l'encadrement qui leur permettent d'acquérir l'habileté et les connaissances requises pour accomplir le travail qui leur est confié de façon sécuritaire[24]. En 1988, lors de l'adoption de mesures visant les produits dangereux, appelés «produits contrôlés», le législateur a précisé plusieurs éléments du programme obligatoire d'information et de formation, tant en matière de sécurité générale que d'utilisation des produits dangereux[25].

23. *L'éducation et le travailleur canadien. Rapport de la Commission d'enquête sur le congé-éducation et la productivité*, Roy J. Adams, président, Ottawa, ministère du Travail, Direction des relations publiques, 1979, 383 p.

24. L.Q. 1979, c. 63 ou L.R.Q. c. S-2.1, art. 51, 9e paragraphe.
25. L.Q. 1988, c. 61, art. 2 ajoutant les articles 62.1 à 62.21 à la L.S.S.T. L'article cité est l'article 62.5.

Programme d'information

En outre des obligations qui lui sont faites en vertu de l'article 51, un employeur doit appliquer un programme de formation et d'information concernant les produits contrôlés dont le contenu minimum est déterminé par règlement.

Comité de santé-sécurité (décisionnel)

Le programme de formation et d'information est établi par le comité de santé et de sécurité. La procédure prévue à l'article 79 s'applique en cas de désaccord au sein du comité.

Autres pers. responsables

En l'absence de comité de santé et de sécurité, le programme de formation et d'information est établi par l'employeur, en consultation avec l'association accréditée ou, à défaut de celle-ci, avec le représentant des travailleurs au sein de l'établissement.

Mise à jour

Ce programme doit être mis à jour annuellement ou aussitôt que les circonstances le requièrent.

Programme de prévention

Il est intégré au programme de prévention lorsqu'un tel programme doit être mis en application dans l'établissement.

Un autre exemple de formation avec un objet particulier, c'est celui de la formation syndicale. On en traite généralement dans la clause des libérations syndicales, dont nous avons parlé brièvement au chapitre 4 (voir section 4.5.3).

10.3.2 Clauses de formation

Ce ne sont pas toutes les conventions collectives qui contiennent des clauses touchant la formation, le recyclage ou le perfectionnement. Seulement 30 % des conventions collectives traitent de l'un ou l'autre de ces sujets. Cependant, comme ce sont les conventions les plus importantes qui contiennent de telles dispositions, ce sont les deux tiers des employés visés qui bénéficient de dispositions de cette nature. (Voir les tableaux 10-5 et 10-6.) Par ailleurs, la répartition entre le secteur public et le secteur privé est très inégale: les conventions collectives du secteur public contiennent des clauses de formation très détaillées et qui visent tout genre de formation, surtout la formation générale. Par contre, dans le secteur privé, la proportion des conventions collectives qui traitent de formation est beaucoup moindre et les programmes se rapportent davantage à la formation spécifique. Compte tenu des coûts que représente l'application de telles mesures, il n'y a pas de quoi s'étonner d'une telle répartition[26].

Environ le tiers des conventions collectives, dans l'ensemble, contiennent une disposition concernant la formation, le recyclage ou le perfectionnement; ces conventions touchent les deux tiers des salariés régis par une convention. Quand un syndicat négocie une telle clause, il tient à garder un droit de regard sur son application: soit que la convention prévoie des rencontres entre l'employeur et le syndicat à ce sujet, soit qu'on établisse un comité chargé de l'ensemble de la question. Une telle formule apparaît dans 6 % à 7 % des conventions collectives, qui s'appliquent à plus de 40 % des salariés régis. Un bon nombre de ces comités ont même un caractère décisionnel, la plupart se trouvant dans le secteur public ou parapublic.

Les chiffres indiquent également que la question du financement de ces programmes préoccupe les parties contractantes dans une proportion assez forte. Vingt p. 100 des conventions contiennent une disposition sur le congé-éducation; elles visent 50 % des salariés. Sur ce point, comme sur la plupart des autres aspects de la formation, il y a eu une croissance importante du nombre et de la portée des clauses au cours des cinq dernières années. Dans le cas des cours suivis à la suite d'une initiative de l'employé, environ 5 % des conventions collectives prévoient le remboursement complet des frais pour à peu près la même proportion de salariés. Notons enfin que le quart des conventions, visant plus de 60 % des salariés, contiennent des dispositions qui ne sont pas clairement identifiées.

Quant à la formation en matière de santé et de sécurité, la plupart des conventions collectives qui en

26. Odette Voyer, «À l'heure de la formation. La situation des syndiqués au Québec», *Le marché du travail*, vol. 12, nº 2, février 1991, p. 6-10 et 85-91.

TABLEAU 10-5

Dispositions des conventions collectives relatives à la formation – 1984

Dispositions	Conventions collectives régissant moins de 50 salariés				50 salariés et plus				tous les salariés (TOTAL)			
	C.c.	%	Salariés	%	C.c.	%	Salariés	%	C.c.	%	Salariés	%
Formation, recyclage et perfectionnement	1 219	29,4	20 491	28,0	608	32,0	457 202	66,2	1 827	30,3	477 693	62,6
Comité conjoint:												
Comité décisionnel	62	1,5	1 101	1,5	65	3,4	153 979	22,3	127	2,1	155 080	20,3
Comité consultatif	49	1,2	1 017	1,4	71	3,7	102 064	14,8	120	2,0	103 081	13,5
Aucune précision quant au caractère du comité	21	0,5	226	0,3	13	0,7	74 297	10,8	34	0,6	74 523	9,8
Aucune disposition	4 009	96,8	70 830	96,8	1 748	92,1	359 953	52,1	5 757	95,3	430 783	56,4
Congé-éducation	615	14,9	10 845	14,8	333	17,6	362 395	52,5	948	15,7	373 240	48,9
Aide financière:												
Remboursement complet	289	7,0	4 399	6,0	104	5,5	29 773	4,3	393	6,5	34 172	4,5
Remboursement partiel	33	0,8	617	0,8	19	1,0	9 040	1,3	52	0,9	9 657	1,3
Autre disposition[1]	897	21,7	15 475	21,1	485	25,6	418 389	60,6	1 382	22,9	433 864	56,8
Aucune disposition	2 922	70,6	52 683	72,0	1 289	67,9	233 091	33,8	4 211	69,7	285 774	37,4
Formation en santé-sécurité	n.d.				n.d.				n.d.			
TOTAL	4 141	100,0	73 174	100,0	1 897	100,0	690 293	100,0	6 038	100,0	763 467	100,0

n.d.: données non disponibles.

1. Inclut les cas où la convention fait mention d'un fonds, contributoire ou non, destiné à la formation ou au perfectionnement, sans en mentionner les modalités d'utilisation, ainsi que les cas où l'on ne précise pas la nature de l'aide financière.

Source: Données mécanographiques du CRSMT, 2 avril 1991. (Variables F-28, K-10, L-7, L-8 et L-9.)

TABLEAU 10-6

Dispositions des conventions collectives relatives à la formation – 1989

Dispositions	Conventions collectives régissant moins de 50 salariés				50 salariés et plus				tous les salariés (TOTAL)			
	C.c.	%	Salariés	%	C.c.	%	Salariés	%	C.c.	%	Salariés	%
Formation, recyclage et perfectionnement	1 709	31,7	30 465	29,6	891	34,6	661 675	71,9	2 600	32,7	692 140	67,7
Comité conjoint :												
Comité décisionnel	117	2,2	2 035	2,0	118	4,6	349 150	37,9	235	2,9	351 185	34,3
Comité consultatif	79	1,5	1 687	1,6	95	3,7	86 705	9,4	174	2,2	88 392	8,6
Aucune précision quant au caractère du comité	27	0,5	408	0,4	24	0,9	19 652	2,1	51	0,6	20 060	2,0
Aucune disposition	5 161	95,8	98 715	96,0	2 340	90,8	464 700	50,5	7 501	94,2	563 415	55,1
Congé-éducation	932	17,3	20 276	19,7	681	26,4	491 994	53,5	1 613	20,3	512 270	50,1
Aide financière												
Remboursement complet	373	6,9	6 505	6,3	157	6,1	39 379	4,3	530	6,7	45 884	4,5
Remboursement partiel	37	0,7	695	0,7	34	1,3	11 688	1,3	71	0,9	12 383	1,2
Autre disposition[1]	1 303	24,2	23 183	22,5	700	27,2	610 608	66,4	2 003	25,2	633 791	62,0
Aucune disposition	3 671	68,2	72 462	70,5	1 686	65,4	258 532	28,1	5 357	67,3	330 994	32,3
Formation en santé-sécurité	n.d.				n.d.				n.d.			
TOTAL	5 384	100,0	102 845	100,0	2 577	100,0	920 207	100,0	7 961	100,0	1 023 052	100,0

n.d. : données non disponibles.

1. Inclut les cas où la convention fait mention d'un fonds, contributoire ou non, destiné à la formation ou au perfectionnement, sans en mentionner les modalités d'utilisation, ainsi que les cas où l'on ne précise pas la nature de l'aide financière.

Source : Données mécanographiques du CRSMT, 2 avril 1991. (Variables F-28, K-10, L-7, L-8 et L-9.)

traitent reprennent tout simplement les dispositions de la loi, déjà contraignantes.

10.3.3 Exemple de clause

L'exemple suivant est tiré de la convention collective entre la Ville de Montréal et le syndicat qui représente ses cols bleus. Les clauses de formation négociées avec les municipalités se situent généralement à mi-chemin entre les conditions très avantageuses du secteur public et les conditions moins généreuses qu'on rencontre dans le secteur privé, là où elles existent.

Frais remboursés à 50 %
Conditions

28.01 La Ville consent à rembourser à tout employé titulaire la moitié des frais d'inscription et de scolarité de tout cours d'études approuvé par la Ville et qui est en relation avec la nature du travail exécuté par l'employé ou qui peut lui permettre d'accéder à une fonction supérieure.

Frais remboursés à 50 %
Conditions

Cependant, la Ville accepte de défrayer la moitié des frais d'inscription et de scolarité seulement dans le cas où l'employé aura une attestation de ses présences au cours ainsi qu'une attestation établissant qu'il a obtenu sa note de réussite du cours, lesquels devront être soumis dans les douze (12) mois de la fin du cours.

Demandes de la ville: rembours. intégral

28.02 Si un cours est demandé par la Ville ou les autorités gouvernementales, les frais d'inscription et de scolarité seront complètement payés par la Ville; si ces cours ont lieu durant les heures de travail, il n'y aura pas de retenue de traitement et l'employé ne sera pas tenu de remettre en temps la période des cours, le tout sujet à entente entre la Ville et l'employé intéressé.

Comité conjoint

28.03 La Ville et le Syndicat conviennent d'établir dans les trente (30) jours de la date de la signature de la présente convention, un comité conjoint qui est composé de deux (2) représentants de la Ville et de deux (2) représentants du Syndicat. La fonction du comité consiste à étudier les besoins de programmes de perfectionnement et de recyclage des employés. Il se réunit à la demande de l'une des parties.

Recyclage obligat.

28.04 Nonobstant toute autre disposition contraire dans la présente convention, l'employé titulaire dans les fonctions d'opérateur d'appareils motorisés « A », chauffeur-opérateur d'appareils motorisés « B », opérateur d'appareils motorisés « C » et chauffeur de véhicules motorisés « C », est tenu d'accepter, à la demande de la Ville, de se recycler sur un ou des appareils, ou un ou des véhicules compris dans le cadre de sa fonction.

La Ville, quand elle demande à un employé titulaire mentionné plus haut de se recycler, tient compte de l'ancienneté occupationnelle comme titulaire dans la fonction.

Protection du salarié

L'employé titulaire qui, après avoir subi une période d'entraînement sur un ou des appareils ou un ou des véhicules, demeure inapte à les opérer ou à les conduire, conserve son ancienneté comme titulaire.

Sous réserve des dispositions de l'article 33, l'employé recyclé continue à opérer ou à conduire le ou les appareils ou le ou les véhicules qu'il opérait ou qu'il conduisait antérieurement à son recyclage tant qu'il y a du travail disponible sur son ou ses appareils, ou son ou ses véhicules.

28.05 *Congé sans solde*

Congé sans solde

a) Un employé qui désire prendre un congé sans solde pour un motif jugé valable par l'Employeur peut obtenir la permission de s'absenter sans rémunération pour une période définie. La décision de l'Employeur n'est pas sujette à la procédure de griefs.

Conditions

b) Lors d'un congé sans solde, aucun employé n'acceptera un autre emploi en qualité de salarié ou à son propre compte sans permission de l'Employeur.

Sanctions

c) S'il advient qu'un employé obtienne un congé sans solde sous de fausses représentations, la permission accordée est automatiquement annulée au moment où l'Employeur en est informé et l'employé est considéré comme ayant remis sa démission, à compter de la date du début de son

est considéré comme ayant remis sa démission, à compter de la date du début de son congé sans solde. Cette décision de l'Employeur est sujette à la procédure de griefs.

Avantages maintenus

d) L'employé conserve mais n'accumule pas les avantages et autres bénéfices prévus ou non dans la convention collective. À son retour, l'employé reçoit le traitement qu'il aurait reçu s'il était demeuré en service continu dans sa fonction.

(La Ville de Montréal et le Syndicat canadien de la fonction publique, section locale 301.)

L'employé titulaire désigne l'employé que la Ville a assigné à un emploi continu et qui reçoit le salaire hebdomadaire correspondant. On aura noté le lien qui doit exister entre les cours suivis et l'emploi, sans parler de l'approbation préalable de la Ville pour que soit remboursée la moitié des frais d'inscription et de scolarité. La Ville n'assume tous les frais que dans le cas où c'est elle qui demande à un employé de suivre un cours (art. 28.02). La convention prévoit l'établissement et le fonctionnement d'un comité conjoint pour étudier les besoins en programmes de perfectionnement et de recyclage des employés. Pour certains opérateurs d'appareils motorisés, le recyclage est obligatoire, même si la convention prévoit une protection pour le salarié qui ne parviendrait pas à maîtriser le véhicule qu'il doit apprendre à conduire. Enfin, la convention ne parle pas du congé-éducation comme tel mais signale, dans l'article consacré au perfectionnement, la possibilité d'un congé sans traitement. Cependant, des sanctions sévères sont prévues si un employé obtenait un tel congé sous de fausses représentations.

* * *

Nous venons de voir trois aspects de la convention collective qui visent tous à assurer la protection de l'emploi des travailleurs. Dans les chapitres suivants, nous aborderons le point central du contrat de travail, c'est-à-dire l'échange qui implique le travail effectué d'une part (chapitres 11 et 12) et, d'autre part, la rémunération (chapitres 13 et 14).

Bibliographie

Sécurité d'emploi et de revenu

BÉLAND, CLAUDE. «Gestion des emplois et sécurité économique des employés» dans *Le défi de la gestion des emplois*, 45e Congrès des relations industrielles de l'Université Laval, 1990, Québec, Les Presses de l'Université Laval, 1990 (150 p.), p. 7-14.

BERNIER, JEAN. *La protection du revenu dans les conventions collectives au Québec*, Québec, ministère du Travail et de la Main-d'œuvre, janvier 1974, 324 p.

ELLMAN, MICHAEL. «Eurosclerosis» dans *Unemployment: International Perspectives*, sous la direction de MORLEY GUNDERSON, NOAH M. MELTZ et SYLVIA OSTRY, Toronto, University of Toronto Press, 1987, p. 47-62.

GUTCHESS, JOCELYN F. *Employment Security in Action: Strategies That Work,* New York, Pergamon Press, 1985, 182 p. (Work in America Institute.)

LOVELL, MALCOLM R. JR. «Employment Security», *Relations industrielles*, vol. 44, no 1, hiver 1989, p. 162-173.

MELTZ, NOAH M. «Job Security in Canada», *Relations industrielles*, vol. 44, no 1, hiver 1989, p. 149-160.

Rapport de la Commission sur la stabilisation du revenu et de l'emploi des travailleurs de la construction, LAURENT PICARD et JEAN SEXTON, commissaires, Québec, ministère du Travail, 1990, 296 p.

ROSOW, JEROME M. et ZAGER, ROBERT. *Employment Security in a Free Economy*, New York, Pergamon Press, 1984, 180 p. (Work in America Institute.)

Université Laval, *La sécurité d'emploi*, 32e Congrès de relations industrielles de l'Université Laval, 1978, Québec, Les Presses de l'Université Laval, 1978, 216 p.

Université Laval, *Le défi de la gestion des emplois*, 45e Congrès de relations industrielles de l'Université Laval, 1990, Québec, Les Presses de l'Université Laval, 1990, 150 p.

Changements technologiques et sécurité d'emploi

BERNIER, JEAN. *La sécurité d'emploi en cas de changements technologiques et la convention collective*, Québec, ministère du Travail et de la Main-d'œuvre, Direction générale de la recherche, 1976, 248 p.

Bureau international du travail. *Collective Bargaining and the Challenge of New Technology*, Genève, Bureau international du travail, 1972, ch. I: «Adjustment Provisions in Collective Agreements», p. 7-50. (Cet ouvrage n'a pas paru en français.)

DESJARDINS, ANDRÉ. «Changements technologiques et conventions collectives», *Le marché du travail*, vol. 5, no 2, février 1984, p. 73-82.

DESJARDINS, ANDRÉ. *Les changements technologiques. Recueil de clauses-types*, Québec, Centre de recherche et de statistiques sur le marché du travail, 1985, 121 p.

Face à l'évolution des techniques, étude des dispositions relatives à l'évolution des techniques contenues dans les principales conventions collectives en vigueur dans l'industrie au Canada, 1967, Ottawa, ministère du Travail, Direction de l'économique et des recherches, 1967, 21 p. (Document polycopié.)

LAFLAMME, GILLES. «Changement technologique et sécurité d'emploi», *Relations industrielles*, vol. 29, no 1, 1974, p. 111-125.

PEIRCE, JONATHAN C. *Collective Bargaining Over Technological Change in Canada: A Quantitative and Historical Analysis*, document de travail no 338, Ottawa, Conseil économique du Canada, octobre 1987, 113-30 p.

QUINET, FÉLIX. *La convention collective au Canada. L'étude de son contenu et de son rôle dans un monde industriel en évolution, 1967*, série de huit exposés de FÉLIX QUINET, chef de la Division des négociations collectives, Ottawa, ministère du Travail, Direction de l'économique et des recherches, 1967, 131 p.

QUINET, FÉLIX. «The Process of Technological Change», *Industrial Relations and Personnel Developments*, CCH Canadian Ltd., 1er juin 1977, p. 6357-6363.

QUINET, FÉLIX. «Les transformations technologiques et conventions collectives de travail», *Relations industrielles*, vol. 20, no 1, janvier 1965, p. 65-72.

Rapport de la Commission d'enquête industrielle chargée d'examiner la question des parcours prolongés du Canadien National, présidée par Monsieur le Juge SAMUEL FREEDMAN, Ottawa, Imprimeur de la Reine, novembre 1965, 182 p.

ROSS, DAVID PHILLIPS. «The Economics of Privately Negotiated Technological Change Provisions» dans *Proceedings of the 20th Annual Winter Meeting, Industrial*

Relations Research Association, Washington, D.C., 28 et 29 décembre 1967, Madison, Wis., IRRA, 1968, p. 375-384.

ROSS, DAVID PHILLIPS. « An Economic Critique of Current Technological Change Displacement Techniques », *Relations industrielles*, vol. 26, n° 4, octobre 1971, p. 924-941. Résumé français p. 942.

ROY, JEAN-PIERRE. « La sécurité d'emploi en cas de changements technologiques », *Travail-Québec*, vol. 12, n° 2, avril 1976, p. 14-18.

Formation professionnelle

BETCHERMAN, GORDON. *Les besoins en main-d'œuvre qualifiée. Résultats de l'enquête sur les ressources humaines*, Ottawa, Conseil économique du Canada, 1982, 101 p.

Conseil consultatif sur l'adaptation. *S'adapter pour gagner*, rapport du Conseil consultatif sur l'adaptation, JEAN DE GRANPRÉ, président, Ottawa, ministère de l'Industrie, des Sciences et de la Technologie, mars 1989, 186 p.

Conseil économique du Canada. *Le recentrage technologique. Innovations, emplois, adaptations*, rapport synthèse du Conseil économique du Canada, Ottawa, Conseil économique du Canada, 1987, 42 p.

Conseil économique du Canada. *Recibler les priorités. 25e exposé annuel*, Ottawa, Conseil économique du Canada, 1988, 89 p.

L'éducation et le travailleur canadien. Rapport de la Commission d'enquête sur le congé-éducation et la productivité, ROY J. ADAMS, président, Ottawa, ministère du Travail, Direction des relations publiques, 1979, 383 p.

Emploi et Immigration Canada. *Le nouveau mode d'emploi. Énoncé de politique. Une stratégie de mise en valeur de la main-d'œuvre canadienne*, Ottawa, Emploi et Immigration Canada, 1989, 20 p.

LAROUCHE, VIATEUR. *Formation et perfectionnement en milieu organisationnel*, Saint-Nazaire, Éditions JCL, 1984, 431 p.

LEIGH, DUANE E. *Does Training Work for Displaced Workers ? A Survey of Existing Evidence*, Kalamazoo, Mich., W.E. Upjohn Institute for Employment Research, 1990, 120 p.

MORISSETTE, RÉAL. « Les clauses de formation dans les conventions collectives au Québec », *Le marché du travail*, vol. 2, n° 4, avril 1981, p. 53-57.

MORISSETTE, RÉAL. *Les clauses de formation dans les conventions collectives au Québec*, Québec, Centre de recherche et de statistiques sur le marché du travail, décembre 1981, 98 p.

New Developments in Worker Training : A Legacy for the 1990s, sous la direction de LOUIS A. FERMAN *et al.*, Industrial Relations Research Association Series, Madison, Wis., IRRA, 1990, 338 p. Voir aussi trois articles sur le même sujet dans « Proceedings of the 1991 Spring Meeting, Chicago », *Labor Law Journal*, vol. 42, n° 8, août 1991, p. 561-575.

VOYER, ODETTE. « À l'heure de la formation. La situation des syndiqués au Québec », *Le marché du travail*, vol. 12, n° 2, février 1991, p. 6-10 et 85-91.

Chapitre

11

Contenu et évaluation des tâches

PLAN

Le contrat de travail, individuel ou collectif, a pour objet principal de déterminer les conditions de l'échange qui implique le travail à fournir et la rémunération à accorder pour ce travail. Tout le reste n'est qu'accessoire. Chacun de ces deux éléments n'est pas développé également dans la convention collective. C'est toujours l'aspect rémunération qui occupe le plus de place. Il arrive même que l'aspect travail soit complètement absent: il constitue alors souvent une sorte de condition préalable et implicite.

Il y a bien des raisons à cette situation. La principale, c'est que le travail à accomplir est généralement diversifié et changeant. Plus les salariés sont nombreux, plus les fonctions à remplir sont différentes les unes des autres; il faudrait un gros volume pour en contenir la description et la détermination détaillées. Quelques conventions collectives incluent la description des tâches visées, mais le plus souvent sous la forme d'un simple renvoi au document pertinent. Dans la plupart des cas, la convention se contente d'établir les principes qui doivent régir le contenu des tâches et leur évaluation.

Le présent chapitre est consacré à l'étude des clauses de convention collective qui traitent du contenu et de l'évaluation des tâches. Cette dernière est établie en fonction du salaire à attribuer à chacune. Les différentes sections du chapitre répondent à la division essentielle entre contenu et évaluation des tâches. Après une section introductive, les deux suivantes traitent du contenu des tâches, et les trois dernières de leur évaluation.

11.1 Travail à accomplir

Nous étudierons d'abord le travail que les employés doivent fournir et les principaux concepts qui s'y rattachent. Nous présenterons ensuite, très sommairement, une perspective historique du phénomène et des clauses qui s'y rapportent. Finalement, nous dégagerons avec plus de précision les différents éléments à approfondir.

11.1.1 Nature et concepts

En un sens, il s'agit de l'élément le plus important du contrat de travail, c'est-à-dire l'effort que doit fournir chaque salarié, à chaque jour de travail[1]. Par contre, vu la diversité des fonctions à remplir, le contrat, individuel ou collectif, ne peut les décrire en détail. Conséquemment, les conventions collectives qui traitent du sujet ne le font qu'en termes généraux. Même en termes généraux, plusieurs vocables et concepts sont constamment utilisés, qu'il faut définir avec précision pour éviter toute confusion dans l'usage.

Il faut d'abord distinguer quatre mots souvent employés l'un pour l'autre: emploi, fonction, poste et tâche. L'«emploi» a le sens le plus général: il désigne le plus souvent le fait qu'une personne soit engagée ou employée par un employeur; c'est dans ce sens qu'on parlera du plein emploi. Mais le mot peut aussi désigner le travail ou la tâche à accomplir; on parle par exemple de l'évaluation des emplois: le terme vise alors les tâches particulières à exécuter[2]. Le mot «occupation» est souvent synonyme d'emploi dans ce dernier sens; on disait autrefois avec une pointe d'envie: ce n'est pas un travail qu'il a, c'est une occupation ou une position. On voulait par là désigner l'accomplissement de tâches plus faciles, exigeant moins d'effort physique et souvent plus gratifiantes.

Les mots «poste» et «fonction» désignent plutôt le travail précis auquel une personne en emploi est affectée. Le terme équivaut alors à la somme des tâches à accomplir. Mais chacun de ces deux mots a aussi un autre sens. Le «poste» évoque le lieu physique où une personne se trouve pour exécuter le travail qui lui est confié. À l'inverse, la «fonction» peut désigner un ensemble de postes ou de tâches qui

1. Un volume américain titre ainsi le chapitre consacré au problème que nous analysons ici: «The Wage and Effort Bargain: Pay Levels». EDWIN F. BEAL, EDWARD D. WICKERSHAM et PHILIP K. KIENAST, *The Practice of Collective Bargaining*, 5e édition, Homewood, Ill., Richard D. Irwin, 1976 (690 p.), ch. 10, p. 288-332.

2. Le Bureau international du travail donne pour titre *L'évaluation des emplois* à un manuel qui décrit les différentes méthodes utilisées pour établir la valeur de chaque poste ou fonction. (Genève, Bureau international du travail, 1984, 206 p.)

visent tous à réaliser un des objectifs de l'entreprise ; c'est dans ce sens qu'on parlera de la fonction personnel ou de la fonction de direction.

Le mot « tâche » a lui aussi deux sens possibles : il peut désigner chaque activité particulière à accomplir ou inclure l'ensemble des activités qui composent un poste ou une fonction. En ce deuxième sens, la tâche peut être considérée comme un synonyme des quatre mots précédents, du moins dans leur sens restreint[3]. Fondamentalement, tous ces termes désignent le travail qu'un salarié doit accomplir pour recevoir son salaire. Tout au long du chapitre, nous utiliserons le mot tâche, plutôt que les autres, parce qu'il évoque plus directement le travail à accomplir dans la fonction confiée à chaque salarié. Un ouvrage publié au Québec porte justement le titre *Évaluation des tâches*[4].

Contrairement aux cinq mots que nous venons de définir, qui peuvent être employés comme synonymes, les cinq mots suivants ont chacun un sens bien déterminé et il ne faut pas les confondre les uns avec les autres.

La « description » de tâches énumère les travaux particuliers qu'effectue l'employé assigné à un poste spécifique. Elle peut résulter soit d'une simple observation, soit d'une décision de l'employeur. Là où les emplois ne sont pas déjà décrits en détail, l'employeur procède généralement au moyen d'observateurs engagés à cette fin : il leur demande d'examiner attentivement ce que font les travailleurs assignés à tel poste et de mettre par écrit le résultat de leurs observations. Le fruit de cet exercice équivaut à un simple constat de ce qui existe dans l'entreprise.

La « détermination » des tâches consiste en un geste d'autorité par lequel l'employeur décide que tels ou tels travaux seront exécutés par le préposé à un poste donné. Le résultat final, écrit, peut être le même que celui de la pure description de tâches, mais il comporte alors un élément d'obligation parce qu'il émane de la direction. Si un employeur remet un document à un employé en lui disant « voici ta description de tâches », il s'agit là à la fois de la description et de la détermination de ses tâches.

Toutes les entreprises n'ont pas leur catalogue complet de descriptions de tâches. Celles qui s'engagent dans cet exercice suivent généralement un même modèle. Le document contient les éléments suivants : le nom du groupe et du sous-groupe auquel le poste se rattache, avec les numéros assignés à chaque élément s'il y a lieu, ainsi que le titre du poste en question. Suivent ensuite un résumé des tâches à accomplir et une description détaillée de chacun des éléments de chaque tâche indiquée ; cette description détaillée peut comprendre le pourcentage normal du temps à y consacrer et, s'il y a lieu, une évaluation en points. Finalement, la description mentionne les qualifications requises, c'est-à-dire les exigences fondamentales, comme les années de scolarité et la connaissance des langues, ainsi que les exigences propres à la fonction elle-même[5].

L'« assignation », ou plus exactement l'« affectation », à une tâche désigne la décision par laquelle le supérieur confie à telle personne la responsabilité d'occuper tel poste. L'affectation consiste donc à faire l'appariement entre une personne et une tâche ou une fonction. Les trois termes qui précèdent (description, détermination et affectation) se rapportent au contenu des tâches ou des fonctions. Chacun peut comporter des liens avec l'évaluation du travail à accomplir, mais, directement, ils visent le contenu de la tâche et lui seul.

Les deux termes qui restent se rapportent au deuxième élément, celui de l'évaluation, c'est-à-dire le rapport entre la tâche et le salaire qui lui sera

3. Le mot tâche semble celui qui correspond le mieux au terme anglais *job*, utilisé dans les expressions comme *job analysis* et *job evaluation*.
4. Gilbert Tarrab, *Évaluation des tâches et rémunération*, Boucherville, Éditions Vermette, 1985, 171 p.

5. Bureau international du travail, *L'évaluation des emplois*, voir *supra*, note 2, p. 26-28. Le livre donne en exemple la description du poste de sténodactylo au Conseil du trésor et dans la fonction publique du Canada en 1974. Canada, Conseil du trésor, *Comment décrire un emploi dans la fonction publique du Canada*, Ottawa, Information Canada, 1975, 35 p.

le rapport entre la tâche et le salaire qui lui sera attribué. La «classification» des tâches désigne leur regroupement par catégories, chacune occupant une place déterminée par rapport aux autres. Quant au classement, il se rapporte au fait de mettre dans une classe (de la classification) telle ou telle tâche ou poste de travail. L'ordre établi par la classification se reflète normalement dans les différents niveaux de salaire attribués à chacune desdites classes. En somme, la classification constitue une forme sommaire d'évaluation des différents postes les uns par rapport aux autres. Finalement, l'«évaluation» des tâches représente une méthode plus complexe, plus détaillée, d'établir la valeur relative de chacun des postes de travail dans un établissement donné. L'évaluation des tâches s'appuie sur quelques principes fondamentaux et elle s'effectue selon différentes méthodes, que nous résumerons plus loin.

11.1.2 Historique

L'étude du contenu des tâches et de leur évaluation est un phénomène principalement et typiquement nord-américain. Il a traversé l'Atlantique pour s'implanter dans quelques pays d'Europe à l'occasion de la Deuxième Guerre mondiale, même si on trouve mention d'un cas de cette nature dans une fabrique de chaussures en Suisse en 1918[6]. La méthode s'est développée surtout aux Pays-Bas et en Grande-Bretagne. On en trouve quelques exemples en Suède, en France et en Allemagne. Dans plusieurs pays, elle est complètement inconnue[7].

Même si on mentionne un cas d'analyse et d'évaluation des tâches en 1871[8], l'étude systématique des emplois commence véritablement avec Frederick Winslow Taylor[9]. Engagé comme apprenti dans une aciérie de l'État de Pennsylvanie, il devint rapidement ingénieur en chef de l'usine. Il cherchait non seulement à améliorer la productivité et les profits de l'entreprise, mais aussi à faciliter le travail des ouvriers. Sa méthode, par l'étude des temps et mouvements, a franchi le temps et l'espace. Son idée de découper le travail en tâches morcelées[10], pour accroître l'efficacité et la rentabilité de la production, constitue la base de presque toutes les négociations collectives qui déterminent la valeur de chaque heure de travail pour chaque poste établi et reconnu dans l'usine. En ce sens, la quasi-totalité des conventions collectives, par leur longue liste d'occupations et de salaires différents, est en quelque sorte la consécration des analyses de Taylor, faites au début du XXe siècle.

Une autre source importante de l'analyse des tâches et de son application à l'évaluation des emplois, ce fut la Commission du service civil américain, d'abord au cours de la Première Guerre mondiale, puis pendant les années 1920. La préoccupation majeure était alors d'assurer l'application du principe «à travail égal, salaire égal». Pour réaliser cet objectif, il fallait de toute nécessité comparer les emplois en cause. On procédait alors principalement par la méthode de classification des postes[11].

C'est l'implantation des unions de type industriel dans l'industrie de l'acier, au cours des années 1930, qui provoque les premières grandes réalisations d'évaluation des emplois aux États-Unis. Dès les toutes premières années de ce nouveau type de syndicalisme, plus précisément en 1936, les griefs commencent à s'accumuler contre ce que l'on considère une répartition inéquitable des salaires entre les différents postes, dans les multiples usines sidérurgiques. On mentionne, par exemple, qu'une entreprise ayant 160 000 hommes à son emploi avait 25 000 taux de salaires différents dans ses usines[12]. Il était clair qu'il n'était pas possible de régler le problème cas par cas,

6. BRYAN LIVY, *Job Evaluation. A Critical Review*, Londres, George Allen and Unwin, 1975 (192 p.), p. 13.
7. Bureau international du travail, *L'évaluation des emplois*, voir *supra*, note 2, p. 109-110.
8. BRYAN LIVY, *op. cit.*, p. 13.
9. FREDERICK W. TAYLOR, *Principles of Scientific Management*, New York, Harper, 1911.
10. GEORGES FRIEDMANN, *Le travail en miettes*, Paris, Gallimard, 1956, 348 p.
11. LAKHDAR SEKIOU, *Gestion du personnel*, Montréal, Les éditions 4 L inc., 1984 (568 p.), p. 86; Bureau international du travail, *L'évaluation des emplois*, voir *supra*, note 2, p. 1.
12. NEIL W. CHAMBERLAIN et DONALD D. CULLEN, *The Labor Sector*, 2e édition, New York, McGraw-Hill, 1971 (676 p.), p. 297-298.

mais qu'il fallait une solution d'ensemble. Les efforts se poursuivirent tout au long de la Deuxième Guerre mondiale. Ils aboutirent à une méthode d'évaluation des tâches connue sous le nom d'Étude conjointe des salaires (*Cooperative Wage Study* ou CWS). Le CWS est une des méthodes les plus répandues d'évaluation des emplois; elle a été copiée ou imitée par beaucoup d'entreprises. Négociée entre les Métallurgistes unis d'Amérique et un consortium de compagnies américaines d'acier, elle a tout naturellement traversé la frontière canadienne par l'entremise des succursales locales canadiennes des Métallos. C'est ainsi que plusieurs ententes de cette nature ont été conclues au Canada dans les années 1950[13].

À l'école du management scientifique ont succédé d'autres écoles, comme celle des relations humaines, dont on peut faire remonter les débuts aux expériences de Hawthorne dans les années 1930. Au lieu d'être centrée sur la tâche, cette école se préoccupe davantage du travailleur, de sa motivation et de sa satisfaction. Elle se fonde principalement sur une conception de l'homme et de ses besoins principaux; ceux-ci incluent l'appartenance à des groupes politiques et la participation démocratique à l'autorité. Une forme de rémunération encore peu développée s'y rattache particulièrement bien, celle de la rémunération reliée aux connaissances (*pay for knowledge*), par opposition au salaire relié à une fonction délimitée.

Quant à l'école plus récente du management stratégique, elle ne semble pas principalement préoccupée par le travailleur et sa rémunération. L'un et l'autre font partie de la meilleure stratégie à adopter pour assurer le succès de l'entreprise. Nous apporterons quelques précisions au cours des prochaines sections.

11.1.3 Éléments du problème

L'étude du contenu des tâches comporte des questions et des objectifs qui diffèrent profondément de l'évaluation des tâches. Même si l'étude du contenu des tâches peut conduire, et conduit souvent, à leur évaluation, les deux exercices répondent à des objectifs et à des moyens fort différents. Il engendrent des positions également divergentes de la part des parties.

L'étude des tâches est généralement faite à l'initiative de l'employeur. Celui-ci cherche, par ce moyen, à accroître la productivité et le profit de son usine. Aussi, le plus souvent, le syndicat y est-il opposé. Il veut exercer un contrôle sur l'opération, mais il ne veut pas y participer. Les clauses sur le sujet sont d'ailleurs peu fréquentes dans les conventions collectives.

Par contre, l'évaluation des tâches est étroitement reliée aux salaires, peut-être pas à leur niveau mais à leur répartition. C'est en effet le rapport d'évaluation entre les tâches qui détermine ce qu'on appelle la structure des salaires ou le rapport entre les taux attribués à chaque tâche ou à chaque famille d'emplois. À ce titre, le syndicat y est directement intéressé et il voudra le plus souvent y participer. Ce n'est pas à dire que l'employeur acceptera toujours.

Tels sont les deux pôles du présent chapitre. Des questions connexes se rattachent à l'un et à l'autre. En matière de contenu des tâches, le problème des normes de production et la question de savoir si c'est là strictement un droit de gérance soulèvent, en contrepartie, la question de certaines règles de travail imposées par le syndicat. Sous un autre aspect, une série d'expériences, qui ont toutes en commun de vouloir améliorer la productivité et la qualité de vie des travailleurs, ont été menées, tant aux États-Unis qu'au Canada, et méritent qu'on s'y arrête.

En rapport avec l'évaluation des tâches, celle des nouveaux postes constitue un problème connexe fondamental. S'agit-il là d'un droit de gérance, d'un pouvoir conjoint des deux parties ou seulement d'une matière sujette à l'arbitrage? Plus récemment, les discussions ont tourné autour de l'équité salariale. Une fois celle-ci reconnue comme objectif à poursuivre, il faut trouver un moyen de comparer les tâches des groupes en présence – hommes et femmes, blancs et noirs, etc. – et décider si le groupe pour lequel on invoque la discrimination remplit vraiment une tâche

13. Jean-Gérin-Lajoie, *Les Métallos 1936-1981*, Montréal, Boréal Express, 1982 (263 p.), p. 90.

égale ou de valeur égale. En ce sens, l'évaluation des tâches a pris une actualité et une importance qui dépassent l'objectif qu'on lui attribuait autrefois.

Il faut reprendre ces différents points, en commençant par l'étude du contenu des tâches.

11.2 Étude ou analyse des tâches

Sur le contenu des tâches, nous verrons successivement la nature et les objectifs de l'exercice, les principales méthodes utilisées, les positions traditionnelles des parties et les types de clauses qu'on rencontre.

11.2.1 Objectifs et méthodes

L'entreprise qui effectue une analyse des tâches (*job analysis*) le fait soit pour quelques postes, soit pour l'ensemble des fonctions de l'usine. Dans un cas comme dans l'autre, elle peut le faire pour trois raisons principales. La première a pour objectif l'évaluation des tâches: on analyse chaque poste pour établir sa valeur propre et lui attribuer un niveau de salaire correspondant. On peut également étudier une fonction pour mieux définir ou pour redéfinir son contenu; on parle alors du «design» d'un emploi actuel ou d'un emploi à créer; on peut faire cet exercice pour assurer une meilleure utilisation des ressources humaines dans l'entreprise[14]. Le troisième objectif, le plus traditionnel, s'avère le plus important: l'entreprise cherche les meilleurs moyens d'accroître sa productivité, de diminuer ses coûts et de réaliser plus de profits. Nous reviendrons sur le premier de ces trois objectifs dans l'étude de l'évaluation des tâches; le second constitue un développement nouveau, prometteur mais encore à ses débuts. Nous nous arrêterons au troisième objectif, qui demeure la préoccupation la plus fréquente des employeurs.

Sous cet aspect, la méthode des temps et mouvements, inaugurée par Taylor, jouit encore d'une grande popularité, même si des méthodes concurrentes se développent présentement. Les quelques conventions collectives qui se préoccupent du problème préconisent généralement des mesures de type tayloriste. Ils suffit de rappeler ici les éléments essentiels de cette méthode: la division du travail qui morcelle les tâches et qui amène chaque travailleur à répéter inlassablement les mêmes gestes, et l'utilisation du chronomètre pour mesurer le temps requis pour chacun de ces gestes par un employé normal dans des circonstances normales, le tout en vue d'une production accrue et d'un rendement augmenté[15].

L'ergonomie – le terme est apparu en Grande-Bretagne en 1949 – poursuit l'étude du travail en y incorporant les conditions psychologiques et environnementales. À l'objectif du rendement et de la productivité s'est ajouté celui d'une plus grande sécurité et d'une moindre fatigue pour le travailleur. À l'ergonomie des composantes – comme le bruit, le lieu de travail, les vibrations – a succédé l'ergonomie des systèmes: contrôle à distance, contrôle d'opérations complexes comme la direction d'un réseau d'autobus urbains. C'est l'ensemble homme-machine qu'on analyse maintenant[16]. On le fait en vue de corriger des situations ou de concevoir de nouveaux systèmes, ce qui nous ramène au «design» mentionné plus haut.

Cependant, les mêmes objectifs et les mêmes conflits demeurent, même si l'effort physique du travail a considérablement diminué. On poursuit toujours le rendement d'une part et la qualité de vie au travail d'autre part.

11.2.2 Positions des parties

Il n'est pas nécessaire de mentionner que les employeurs favorisent généralement les études d'er-

14. GILBERT TARRAB, *op. cit.*, p. 4-6; STEVE SPENCER, «Job Evaluation: A Modern Day "Genie" for Management Information?», *Employment Gazette*, juin 1990 (p. 306-312), p. 309-310.

15. Bureau international du travail, *Introduction à l'étude du travail*, 2e édition, Genève, BIT, 1980, 380 p.

16. *Psychologie du travail et nouveaux milieux de travail*, actes du 4e Congrès international de psychologie du travail de langue française. Québec, Presses de l'Université du Québec, 1987 (753 p.), chapitre VIII: «Ergonomie et technologies nouvelles», p. 569-642; S.L. DOLAN, R.S. SCHULER et L. CHRÉTIEN, *Gestion des ressources humaines*, Montréal, Éditions Reynald Goulet, 1988 (453 p.), p. 61-62.

gonomie, sinon de temps et de mouvements, pour améliorer la production, la qualité du produit et le rendement de l'entreprise. De son côté, le syndicat refuse à peu près toujours de prendre part à de telles études. Il refuse pour au moins deux raisons: il ne veut pas s'associer à un exercice qui a pratiquement toujours comme but principal d'améliorer le rendement et il craint que cela n'entraîne des exigences plus élevées de la part de l'employeur. Pour pallier les effets négatifs de l'étude, le syndicat cherche à imposer quelques exigences quant au choix des ouvriers qui feront l'objet de l'étude, à la garantie de certaines conditions fondamentales, comme la préservation du temps requis aux fins personnelles, et à la présence d'un représentant du syndicat tout au long de l'étude dans le but d'en assurer la plus grande objectivité possible[17].

La seconde raison qui amène les syndicats à refuser de participer aux études de tâches est qu'ils veulent préserver leur droit de contester les conclusions de ces études et les mesures concrètes qui peuvent en découler. Le droit de soumettre des griefs relativement aux modifications introduites dans le travail à accomplir leur paraît fondamental et essentiel. Et il est plus difficile de s'opposer aux conclusions d'une étude à laquelle on a soi-même participé.

11.2.3 Clauses relatives aux études de tâches

Les analyses de conventions collectives effectuées au Canada et au Québec ne comportent pas de mention concernant l'étude des tâches, probablement parce que les dispositions de cette nature sont trop rares. Par contre, elles sont relativement fréquentes aux États-Unis[18]. Dans le secteur manufacturier, 31 % des grandes conventions contiennent une disposition visant les études de temps et mouvements. Dans la moitié des contrats de certains secteurs – machines électriques, meubles, cuir, caoutchouc et textiles –, on trouve une clause de cette nature. On en trouve également dans environ le tiers des contrats dans les secteurs des métaux et de la machinerie. Elle n'existe pas dans le vêtement, le bois, le pétrole, l'imprimerie et, à l'exception d'un seul exemple, elle n'existe pas non plus dans les industries non manufacturières.

Là où on trouve une clause de cette nature, elle mentionne le plus souvent que l'employé soumis à cette étude doit être un employé moyen ou normal, qu'il doit être prévenu que l'on mesure son temps de travail et qu'on doit tenir compte de la fatigue et des périodes requises pour les besoins personnels. Par ailleurs, on exigera parfois que les dossiers des études effectuées soient disponibles, en cas de conflit ou en tout temps, selon les cas, pour les représentants syndicaux. Dans la moitié des cas, on prévoit une procédure spéciale pour résoudre les conflits ou les désaccords en la matière. Le plus souvent, on procède d'abord à un examen conjoint, patronal-syndical, des procédures utilisées. Dans quelques cas, il y a arbitrage par un arbitre spécialement désigné à cette fin.

Les deux exemples suivants correspondent à deux types de clauses qui se rencontrent occasionnellement. Le premier est beaucoup plus rare, puisqu'il implique la participation du délégué syndical. Le second exemple est plus fréquent et contient des dispositions généralement considérées comme typiques sur le sujet[19].

> L'étude des temps et mouvements se fera avec la participation du délégué syndical du département et d'un représentant du comité. L'étude des temps et mouvements d'un poste se poursuivra aussi longtemps que ce sera nécessaire pour établir un taux. Après cette étude, on établira une norme pour la production en cause.
>
> Le syndicat sera informé à l'avance de toute étude de temps et mouvements. Il devra y avoir accord entre le syndicat et le responsable de cette étude quant au travailleur dont on mesurera l'activité et quant

17. A. Gomberg, *A Trade Union Analysis of Time Study*, 2e édition, Englewood Cliffs, N.J., Prentice-Hall, 1956; Norris Tibbetts et Bertram Gottlieb, «Protecting the Worker on Job "Standards"», *The American Federationist*, vol. 73, n° 5, mai 1967, p. 9-11.
18. *Basic Patterns in Union Contracts*, 11e édition, Washington, Bureau of National Affairs, 1986 (136 p.), p. 123-124.
19. *Union Contract Clauses*, Chicago, Commerce Clearing House (CCH) Inc., 1954 (780 p.), p. 657.

aux conditions de l'étude; le syndicat pourra avoir un observateur pendant que l'étude se poursuit. Tout désaccord sur l'étude de temps et mouvements sera sujet à la procédure régulière de griefs.

Les problèmes que nous venons d'évoquer étaient peut-être plus fréquents autour des années 1950 et 1960. Ils peuvent toujours resurgir. Aujourd'hui, les problèmes correspondants se posent le plus souvent sous la forme de normes de production ou de règles de travail.

11.3 Normes et règles de travail

Les normes de travail à respecter proviennent le plus souvent de l'employeur. Dans certains cas, elles ont leur source dans des directives syndicales, traditionnelles, écrites ou verbales. Pour éviter l'équivoque, nous parlerons de normes de production lorsqu'elles viennent de l'employeur et de règles de travail quand elles émanent du syndicat ou des travailleurs. Ces deux aspects feront l'objet des deux prochaines sous-sections. Différentes formules, conjointes ou non, ont tenté de résoudre le problème autrement; nous y consacrerons les deux dernières parties de la présente section.

11.3.1 Description de tâches et normes de production

Déterminer le contenu des tâches, et, si nécessaire, établir les normes de production, est généralement reconnu comme une des fonctions propres à l'employeur sinon un droit de gérance exclusif. Dans l'approche traditionnelle, les normes de production ont toujours évoqué l'accélération des machines (*speed-up*) et l'atelier de pressurage (*sweatshop*). Aussi les syndicats ont-ils généralement cherché à imposer à l'employeur des limites en la matière. La clause traditionnelle ressemblait à la suivante[20]:

Le syndicat reconnaît à la compagnie le droit d'établir des normes de production et de les mettre en vigueur. Ces normes de production seront justes, raisonnables et équitables; elles seront établies sur la base de conditions normales de travail, d'aptitudes normales d'employés ayant une expérience normale, en tenant compte de la fatigue possible et du temps requis pour les besoins personnels.

Les conventions plus récentes, quand elles en traitent, reconnaissent le droit de l'employeur de fixer des normes et de définir les tâches, le tout sujet à la procédure de grief, comme nous le verrons plus loin à propos des postes nouvellement établis (section 11.5).

Le syndicat reconnaît que les normes et méthodes d'exploitation sont régies par les règlements de la Société et par toute modification qui y est apportée.

(La Société Radio-Canada et le Syndicat des techniciens du réseau français de Radio-Canada, art. 38.1.)

La Société a le droit d'établir les tâches de tout poste et, par conséquent, la responsabilité de refléter fidèlement ces tâches dans une définition de poste. L'exactitude des définitions de poste et l'évaluation qui en résulte font l'objet de formalités prévues dans les présentes.

L'employé-e peut obtenir, sur demande, une copie de sa définition de poste, avec la cote d'évaluation ou une copie de son profil de classe en s'adressant à son ou sa supérieur-e immédiat-e et/ou au syndicat (Comité d'évaluation).

(La Société Radio-Canada et le Syndicat canadien de la fonction publique, groupe des employés-es de bureau et professionnels-les, art. 36.2.)

Dans une autre convention, de juridiction provinciale, on trouve les dispositions suivantes: tout litige au sujet d'une charge de travail peut faire l'objet de discussions et même être soumis à l'arbitrage; l'arbitre devra motiver sa décision, se limiter à la preuve soumise et s'en tenir aux normes utilisées par l'employeur.

13.02 a) Les deux (2) parties reconnaissent qu'il ne sera pas exigé de façon continue et régulière plus qu'une charge normale de travail, telle que généralement reconnue par la profession des ingénieurs industriels.

20. Edwin F. Beal et Edward D. Wickersham, *The Practice of Collective Bargaining*, 3e édition, Homewood, Ill., Richard D. Irwin, 1967 (809 p.), p. 284.

b) Tout litige au sujet des charges de travail devra être l'objet de discussion normale entre le comité syndical et l'Employeur.

c) Si le comité syndical n'est pas satisfait du résultat de la rencontre prévue au sous-paragraphe b) ci-haut, il pourra dans les quinze (15) jours qui suivent, soumettre le désaccord à un arbitre choisi d'un commun accord par les parties, ou à défaut d'entente, par le Ministre du travail. Cet arbitre devra être d'une firme reconnue d'ingénieurs-conseils et être versé dans toutes questions relevant de l'étude du travail. Il devra motiver sa décision et la rendre en s'en tenant aux normes utilisées par l'Employeur et se limiter à la preuve faite devant lui.

(Quimpex ltée et les Travailleurs canadiens de l'automobile, T.C.A., art. 13.02.)

Nous verrons plus loin, plus en détail, le mécanisme de contestation par la voie de l'arbitrage des griefs.

11.3.2 Règles syndicales

Les règles de travail syndicales constituent un aspect moins connu de la question. Il n'en est généralement pas fait mention dans les conventions collectives, sauf occasionnellement depuis le début de 1980 quand, à l'occasion de la récession, les employeurs ont accepté de laisser tomber quelques-unes de leurs exigences, mais à la condition que certaines règles de travail syndicales soient elles-mêmes abandonnées. Le phénomène est généralement connu sous les termes anglais *featherbedding* ou *make-work rules*.

Le mot *featherbedding* évoque la formation d'un lit de plumes. Même s'il n'existe pas d'équivalent français, on utilise parfois les termes sinécure ou limitation du rendement. En fait, le mot désigne toute situation où une rémunération est reçue pour du travail inutile, non exécuté, ou fait en partie seulement. Ce sont là les trois types principaux de *featherbedding*[21].

Le premier consiste à limiter volontairement et indûment le travail. L'exemple classique, qui n'existe plus guère aujourd'hui, c'est celui du nombre maximum de briques qu'un briqueteur pouvait poser dans sa journée. Tout le monde en parlait, sans jamais spécifier le chiffre en question. Ce qui était certain, c'est qu'un bon briqueteur, sans effort exagéré, pouvait poser bien plus de briques que la règle syndicale ne lui permettait. Il était donc rémunéré pour une journée complète de travail, qu'il n'accomplissait pas afin de respecter cette règle non écrite, qu'il devait suivre. La pratique a vraisemblablement disparu, d'abord à cause de la diminution du nombre de murs de briques, mais aussi à cause des nouvelles méthodes d'organisation dans la construction résidentielle: il n'y a pratiquement plus de briqueteurs payés à l'heure, mais des sous-entrepreneurs qui s'engagent à faire tel mur pour tel montant, indépendamment du temps que cela prendra. Dans ce genre de contrat, les règles restrictives de travail n'ont plus de sens. Mais le principe général se retrouve en bien d'autres endroits. Combien de chefs de service ne peuvent dicter de lettre après telle heure de l'après-midi, parce que les sténodactylos n'en acceptent plus à compter de ce moment? Les restrictions de cette nature ne manquent pas, dans de nombreux secteurs.

Le deuxième exemple de *featherbedding* est d'un autre type. Il s'agit du maintien d'un poste qui a perdu sa raison d'être. L'exemple classique, ici, est celui des chauffeurs de locomotives diesel dans les convois de marchandises. Les chauffeurs de locomotives à vapeur exécutaient un travail exténuant et essentiel; mais avec l'introduction des locomotives diesel, la fonction de chauffeur, au sens originel du mot, disparaissait. Mais l'Union des chauffeurs de locomotives – une union distincte de celle des mécaniciens – ne voulait ni voir disparaître la fonction ni accepter sa propre mise à mort. Aussi a-t-elle mené une campagne inexorable contre la disparition des chauffeurs. Le deuxième homme dans la cabine de conduite d'un convoi exerçait aussi une autre fonction, essentielle à la sécurité du fonctionnement des trains: il surveillait les signaux et les problèmes possibles du côté gauche de la voie. La difficulté venait surtout du fait qu'à bord des convois de marchandises, quand le train circulait d'une place à l'autre, un autre employé devait

21. NEIL W. CHAMBERLAIN et DONALD E. CULLEN, *op. cit.*, p. 240-247.

monter dans la locomotive; il n'avait rien d'autre à faire que d'attendre le prochain arrêt. Tout naturellement, les compagnies ont voulu que ce troisième homme remplace le chauffeur et effectue la surveillance du côté gauche de la voie. C'est la solution qui, avec le temps, a prévalu. Le problème de la disparition graduelle des chauffeurs a causé plusieurs grèves majeures, en particulier au Canada. La lutte s'est faite surtout de ce côté-ci de la frontière et la solution adoptée ici a été ensuite acceptée aux États-Unis.

L'Union des chauffeurs a fini par accepter, à la suite de grèves et d'arbitrages perdus, une garantie d'emploi pour tous les chauffeurs ayant plus de deux années de service continu; les autres ont été replacés ailleurs. Comme le deuxième employé est toujours demeuré essentiel dans les trains de voyageurs, c'est à cette fonction qu'on a affecté les chauffeurs les plus anciens. L'attrition, c'est-à-dire la réduction d'effectif par le départ volontaire des employés, a fait que le poste de chauffeur, inutile dans les cours de triage et à bord des convois de marchandises, est aujourd'hui pratiquement éliminé. Il a fallu trois décennies pour réaliser cette disparition progressive d'une fonction devenue inutile par suite d'un changement technologique. Le problème du replacement des typographes dans les imprimeries des grands quotidiens présente une certaine ressemblance avec celui des chauffeurs. Leur replacement s'est opéré plus facilement dans d'autres fonctions, même si le conflit a entraîné lui aussi des affrontements majeurs. On ne peut pas ne pas penser également à la discussion sur les rames de métro complètement automatisées.

Finalement, le troisième type de *featherbedding* réside dans la rémunération touchée pour du travail qui n'a pas été accompli. Ici, l'exemple classique est celui des musiciens. La Guilde des musiciens a obtenu, d'abord à New York, puis dans toutes les grandes villes du continent nord-américain, que les musiciens de l'orchestre rattaché à une salle – comme l'Orchestre symphonique de Montréal à la Place des Arts – acquièrent une sorte de droit de propriété sur la musique qui s'y exécute. À chaque fois qu'un orchestre de l'extérieur donne un concert dans «leur salle», les musiciens doivent être payés comme s'ils avaient eux-mêmes joué. Même si peu d'unions ont des règles aussi sévères et aussi contraignantes que la Guilde des musiciens, d'autres exigent également la présence d'ouvriers qui ne sont pas strictement nécessaires. C'est le cas, par exemple, du nombre de pressiers requis pour l'impression des grands journaux. La presse ne peut être mise en marche à moins qu'un certain nombre d'ouvriers qualifiés ne soient présents (en anglais on parle de *manning*). Le caractère superflu de certains employés, dans ce cas, apparaît par exemple dans le fait que dès que le pressier requis a été avisé par téléphone et qu'il s'est mis en route, la machine peut être mise en marche, même s'il n'arrive sur place qu'une heure plus tard.

Toutes les règles syndicales de travail ont été introduites pour parer à des exigences patronales démesurées[22]. Dans la construction, on a imposé à des travailleurs des journées plus que normales. Dans les chemins de fer, les nombreuses règles en vigueur résultent du caractère exténuant de plusieurs fonctions (comme celles des chauffeurs et des serre-freins) à l'origine de l'industrie. Un fois établies, les règles ont tendance à se perpétuer, même si le contexte a changé.

Toutes ces règles ont pour but explicite et reconnu d'assurer plus de travail et d'étaler le travail disponible – *make-work rules* – ou du moins de garantir la rémunération des employés en place. Concrètement, et à long terme, elles risquent de provoquer l'effet contraire en encourageant les employeurs à introduire de nouveaux procédés techniques, qui ont pour effet principal de réduire les besoins de main-d'œuvre[23].

Les règles de travail se sont multipliées depuis la Seconde Guerre mondiale. La prospérité des années

22. ARTHUR J. GOLDBERG, «Leave Featherbedding to Collective Bargaining». Statement before the House Antitrust Subcommittee, 84th Congress, 1st Session, 1955, part 3, p. 2149-2150. Reproduit dans N.W. CHAMBERLAIN, *Sourcebook on Labor*, New York, McGraw-Hill, 1958 (1104 p.), p. 726-727.
23. SUMNER H. SLICHTER, JAMES J. HEALY et E. ROBERT LIVERNASH, *The Impact of Collective Bargaining on Management*, Washington, D.C., The Brookings Institution, 1960 (982 p.), chapitre 11: «Make-Work Rules and Policies», p. 317-341. (Voir particulièrement p. 337-339.)

1950 à 1970 leur ont permis de survivre assez facilement. Mais leur effet négatif sur la productivité est devenu particulièrement important, décisif même, au début des années 1980. À ce moment, la négociation de la décroissance, que la récession a entraînée, a fait en sorte que bien de ces règles ont été remises en question. Plutôt que de subir une diminution de salaire ou de perdre d'autres avantages, de nombreux syndicats, aux États-Unis et au Canada, ont préféré laisser tomber certaines règles de travail, souvent désuètes et improductives[24].

Pendant ce temps, d'autres approches se développaient auxquelles il faut maintenant s'arrêter.

11.3.3 Formules variées

En réaction contre la division du travail et l'émiettement des tâches, qui ont découlé de l'organisation scientifique du travail selon Taylor, divers modes de détermination des tâches ont pris naissance[25]. Les modifications introduites n'avaient pas toute la même envergure.

La première transformation, la plus simple, a été l'introduction de l'«alternance» des tâches. En demandant aux travailleurs de changer de tâche, à intervalles plus ou moins réguliers, on voulait pallier la monotonie de certains travaux et même, dans quelques cas, la charge excessive de telle ou telle fonction. La formule n'a pas eu tellement de succès. Des travailleurs et des syndicats ont cru qu'il s'agissait d'une façon habile de remettre à plus tard les changements profonds qui s'imposaient. Mais surtout, on a dû faire face à la résistance des travailleurs: quand un ouvrier a appris à effectuer une tâche et qu'il s'est habitué même à son caractère pénible, il préfère supporter les difficultés qu'il connaît plutôt que de subir de nouvelles difficultés, inconnues et peut-être plus inquiétantes.

L'«élargissement» des tâches a connu un peu plus de succès. Elle consiste à confier au même employé un plus grand nombre de tâches de même nature. Ici aussi, les risques sont grands. Si toutes les tâches à accomplir sont monotones, ce n'est pas leur multiplication qui améliorera la situation. Il y a aussi un risque plus grand d'erreurs et d'imperfections dans le produit, et d'accidents.

L'«enrichissement» des tâches offre quant à lui l'avantage d'utiliser de façon plus complète les aptitudes et les capacités du travailleur. La formule a principalement pour objectif d'éviter le travail à la chaîne, forcément très parcellisé. La diversité du travail favorise une plus grande satisfaction personnelle. Elle exige en même temps un apprentissage plus poussé, plus de dextérité et souvent plus d'attention. En conséquence, le travail peut demander plus d'effort et comporter plus de risques.

Parallèlement à ces expériences, qui visaient directement la tâche elle-même, une approche différente prenait de l'importance. Les études sur la motivation au travail, et son corollaire, la satisfaction au travail, se multipliaient[26]. L'intérêt pour ces questions ne pouvait pas ne pas influencer l'organisation du travail et le contenu des tâches. Les expériences les plus intéressantes incluaient l'intervention des travailleurs eux-mêmes sinon du syndicat en place.

11.3.4 Formules conjointes

Les efforts d'amélioration de la production engageant à la fois patrons et travailleurs remontent tout au moins à la période de la Deuxième Guerre mondiale. Le ministère du Travail du Canada avait, à cette époque, encouragé fortement la mise sur pied de «comités mixtes de production». L'objectif premier était de nature patriotique: on voulait soutenir l'effort de

24. «A Work Revolution in U.S. Industry: More Flexible Rules on the Job Are Boosting Productivity», *Business Week*, 16 mai 1983, p. 100-102. «Management and Labor Must Rewrite the Rule Book to Make Flexible Manufacturing Payoff», *Business Week*, 20 avril 1987, p. 61-66.

25. Alain Wisner, «Contenu des tâches et charge de travail», *Sociologie du travail*, vol. 16, n° 4, octobre-décembre 1974, p. 339-357.

26. Frederick Herzberg, B. Mausner et B. Snyderman, *The Motivation to Work*, New York, Wiley, 1959, 157 p.; A. Maslow, «A Theory of Human Motivation», *Psychological Review*, vol. 50, n° 4, 1943, p. 370-396.

guerre de l'industrie canadienne. Une fois la guerre terminée, plusieurs de ces comités sont disparus, mais la parution de la publication lancée à cette occasion, *Travail d'équipe dans l'industrie*, s'est poursuivie jusqu'en 1975. Au cours des dernières décennies, quelques-uns de ces comités ont connu des succès remarquables[27].

Au cours des 20 dernières années, la participation des travailleurs aux décisions relatives à leur travail a suscité beaucoup d'intérêt. Les groupes semi-autonomes de production ont fait l'objet de plusieurs expériences, certaines éphémères, d'autres extraordinairement durables[28]. Dans certains cas, le syndicat était partie prenante de l'expérience; dans d'autres, il s'est tenu ostensiblement à l'écart.

Une autre série d'expériences, somme toute pas tellement différente dans ses objectifs et ses réalisations, s'est concrétisée sous un autre nom, celui de qualité de la vie au travail (QVT). Travail Canada y a consacré un programme, qui a duré de 1978 à 1986[29]. Les expériences de QVT remontent en fait au début des années 1970. Elles se rattachent à deux courants de pensée: l'école des relations humaines en management et l'approche socio-technique popularisée par Eric Trist de Grande-Bretagne[30]. La formule a suscité tellement d'intérêt qu'on a publié une intéressante compilation des cas les plus importants observés au début des années 1980[31].

Les cercles de QVT ont peu à peu cédé la place à de nouveaux groupes connus sous l'appellation de cercles de qualité. Comme leur nom le suggère, ils s'intéressent d'abord à la qualité des produits de l'entreprise. La préoccupation est née du fait que les produits nord-américains perdaient de l'importance sur les marchés mondiaux à cause de leur qualité inférieure. Malgré ce premier objectif relié à la production, ces groupes se préoccupent généralement de la qualité de vie des travailleurs et de leur satisfaction au travail[32].

Ces différents efforts relatifs au contenu des tâches ont généralement donné de bons résultats; par contre, leur taux de survie est assez faible. C'est comme si l'aspect nouveauté constituait une condition essentielle de succès. Leur caractère éphémère a entraîné une certaine hésitation des parties contractantes quant à l'introduction de telles formules dans les conventions collectives. Tout au plus, dans certains cas, trouve-t-on mention de telles expériences dans une lettre d'entente, qui n'a ni la rigueur ni la permanence des clauses traditionnelles de la convention. Bon nombre de syndicats ont manifesté une attitude critique vis-à-vis des expériences qui se poursuivaient directement avec les employés, sans passer par le syndicat lui-même. D'ailleurs les groupes semi-autonomes de travail se sont développés plus facilement en contexte non syndiqué.

Même si leur lien avec la convention collective n'est pas toujours explicite, il importait de signaler l'existence de ces multiples efforts pour améliorer le contenu des tâches, que les travailleurs doivent accomplir jour après jour. Il ne faut pas oublier cependant que les travailleurs visés par ces expériences sont relativement peu nombreux par rapport à l'ensemble

---

27. Le comité mixte de l'usine de fabrication d'orgues Casavant, à Saint-Hyacinthe, en est un exemple digne de mention.
28. Michel Brossard et Marcel Simard, *Groupes semi-autonomes de travail et dynamique du pouvoir ouvrier. L'évolution du cas Steinberg*, Sillery, Presses de l'Université du Québec, 1990, 148 p.; Norman Halpern, «Teamwork at Shell Canada» dans *Positive Industrial Relations: The Search Continues*, 35th Annual Conference, Industrial Relations Centre, McGill University, 1987, p. 148-169.
29. «La fin du programme de la Q.V.T.», *La qualité de la vie au travail, La scène canadienne*, vol. 9, n° 1, 1986, p. 1.
30. Viateur Larouche et Johanne Trudel, «La qualité de vie au travail et l'horaire variable», *Relations industrielles*, vol. 38, n° 3, 1983, p. 568-595. (Voir particulièrement les pages 569-572.)
31. Travail Canada, *La qualité de la vie au travail. Études de cas récents*, sous la direction de Burt Cunningham et Terry White, Ottawa, Approvisionnements et Services Canada, 1984, 537 p.

---

32. Michel Brossard, «Les limites du modèle-type du fonctionnement des cercles de qualité», *Relations industrielles*, vol. 44, n° 3, 1989, p. 552-568; Michel Brossard, «La gestion des cercles de qualité» dans *Vingt-cinq ans de pratique en relations industrielles au Québec*, sous la direction de Rodrigue Blouin, Montréal, Éditions Yvon Blais inc., 1990 (1164 p.), ch. 10.3, p. 763-774.

des salariés du Québec, du Canada et de l'Amérique du Nord.

11.4 Évaluation des tâches

Après avoir considéré différents aspects de leur contenu, nous en venons à l'évaluation des tâches. C'est l'aspect le plus important. Nous aborderons d'abord la nature et les objectifs de l'exercice, puis les principales méthodes utilisées et, finalement, nous verrons quelques clauses de conventions collectives qui s'y rapportent.

11.4.1 Nature et objectifs de l'exercice

Quand une entreprise, seule ou avec le syndicat, s'engage dans une évaluation des tâches, c'est toujours pour fixer la rémunération appropriée qui s'y rattache. On évalue une tâche pour déterminer sa valeur, le salaire qui lui correspond. La complexité de l'exercice sera proportionnelle à celle de l'entreprise et des types de travail qu'on y exécute. Les méthodes utilisées seront quant à elles plus ou moins sophistiquées compte tenu de la plus ou moins grande complexité de la grille des salaires.

L'objectif n'est pas de déterminer le niveau, moyen ou élevé, des salaires en cause, mais d'établir un certain rapport entre les différentes fonctions, et conséquemment entre les salaires qui leur seront attribués. L'objectif ultime est donc d'établir le rapport entre tous les postes du barème des salaires[33]. Ce qui préoccupe avant tout, c'est la place qu'occupe telle fonction par rapport aux autres, l'évaluation qu'on en fait par rapport aux autres fonctions. Si le rapport d'évaluation entre les différents postes est établi avec précision et exprimé quantitativement, il ne sera plus nécessaire de négocier le taux de salaire attribué à chaque fonction. On ne négociera que deux choses: le taux de base et l'écart entre chaque groupe ou catégorie d'emplois dans l'ensemble des salaires. En résumé, c'est le rapport entre les différents postes qui doit être évalué pour déterminer quelle fonction mérite une rémunération plus élevée qu'une autre, et dans quelle proportion.

On voit immédiatement l'intérêt que la partie syndicale a dans l'exercice. Le syndicat cherche une répartition équitable de la rémunération entre les différents groupes de travailleurs; mais il ne veut surtout pas que les groupes les plus nombreux soient défavorisés, à cause des répercussions que cela aurait dans sa vie interne et son fonctionnement politique. La relation étroite qui existe entre l'évaluation et le salaire a comme conséquence que, contrairement à leur attitude face à l'étude du contenu, les syndicats tiennent à participer à l'évaluation des tâches.

11.4.2 Méthodes utilisées

Les méthodes utilisées pour évaluer les postes ou les tâches sont multiples. Elles vont de formules très simples jusqu'à des formules fort complexes. Nous en relèverons quelques-unes, en commençant par les plus simples.

Les petites entreprises utilisent généralement la méthode du «rangement» des fonctions. S'il n'y a qu'un petit nombre de fonctions, et si celles-ci sont relativement bien identifiées et distinctes les unes des autres, une évaluation directe et spontanée de la part de la direction de l'entreprise pourra facilement les mettre en ordre d'importance. Les salaires de chacune refléteront leur degré respectif d'importance[34].

Quand le nombre de postes se multiplie, il est généralement avantageux de les regrouper en un nombre relativement limité de classes: c'est ce qu'on appelle l'évaluation par la «classification». Une fois les postes ou fonctions regroupés en classes, il ne reste plus qu'à procéder au rangement des classes retenues, comme dans le cas précédent. Le même salaire peut être attribué à tous les postes d'une même classe, ou une subdivision peut être effectuée, avec

33. Nous utiliserons ici comme synonymes les mots échelle, grille et barème de salaires (*wage schedule*).

34. Bureau international du travail, *L'évaluation des emplois*, Genève, BIT 1984, ch. 3-5, p. 31-76; GILBERT TARRAB, *op. cit.*, ch. 3, p. 19-34; GEORGE F. THOMASON, *Personnel Manager's Guide to Job Evaluation*, Upper Woburn Place, G.B., Institute of Personnel Management, 1975 (50 p.), p. 6-13.

des salaires différents pour chaque groupe de postes. En effet, il se peut que le poste le moins difficile dans une classe supérieure soit assez semblable au poste le plus difficile de la classe qui la suit. Si on établit un écart ou une fourchette de salaires pour une classe, c'est un peu comme si on multipliait par trois ou par quatre le nombre de classes qu'on a déterminé au point de départ. C'est pour faire face à cette multiplicité de postes et de fonctions qu'on a inventé les systèmes plus complexes que nous allons voir maintenant.

La méthode la plus généralement utilisée est celle des «points». L'auteur du plan détermine un certain nombre de critères et attribue à chacun une importance relative, exprimée par un nombre maximum de points. On reconnaît généralement comme fondamentaux les quatre critères suivants:

- qualifications,
- effort,
- responsabilité,
- conditions de travail.

Un plan américain bien connu, celui des manufacturiers d'appareils électriques (NEMA), subdivise ces quatre critères en 11 sous-critères[35]. Le pointage maximal indique l'importance de chaque critère et sous-critère. Il s'agit d'un système conçu pour évaluer les tâches de travailleurs manuels.

Critères		Sous-critères	
Qualifications	250	Instruction	70
		Expérience	110
		Initiative	70
Effort	75	Physique	50
		Mental ou visuel	25
Responsabilité	100	Équipement ou opérations	25
		Matières ou produits	25
		Sécurité des autres	25
		Travail des autres	25
Conditions de travail	75	Conditions de travail	50
		Risques inévitables	25
	500		

Dans un autre exemple, qui vise des employés de bureau, on a retenu sept critères. La scolarité, l'expérience et la complexité du travail correspondant aux qualifications du système précédent. La responsabilité comporte aussi trois aspects particuliers: la valeur pécuniaire ou autre, impliquée dans les tâches effectuées, le personnel à diriger, et les contacts internes et externes. Vu la nature du travail à effectuer, on a regroupé l'effort et les conditions de travail sous un même titre. Le poids de chaque critère, établi ici en pourcentage, reflète d'abord l'importance des tâches accomplies, mais aussi les valeurs auxquelles l'entreprise accorde une plus grande considération[36].

Scolarité	15 %
Expérience	25 %
Complexité du travail	20 %
Responsabilité d'action	10 %
Responsabilité de surveillance	15 %
Contacts	10 %
Conditions de travail	5 %
	100 %

Pour faciliter les calculs, on fonctionne sur une base de 1000 points. C'est ainsi qu'on attribue 150 points à la scolarité; un cours pré-secondaire terminé vaut 50 points, le cours secondaire en vaut 90, une formation supplémentaire quelques points de plus et le cours collégial ou universitaire 150 points. Pour chaque critère, on établit ainsi un certain nombre de niveaux, allant du plus simple au plus complexe, avec possibilité de degrés intermédiaires entre chacun. Chaque poste est ainsi évalué; il reçoit le nombre de points appropriés.

35. *Job Rating Manual. Definition of the Factors Used in Evaluating Hourly Rated Jobs*, New York, National Electrical Manufacturers' Association, 1946.

36. Convention collective entre l'Université du Québec à Montréal et le Syndicat des employés de l'Université du Québec à Montréal, annexe E-2.

On décidera ensuite du nombre de classes qu'on veut établir, et chaque classe correspondra à un intervalle ou à une fourchette de points, comme dans l'exemple suivant:

Classe 1	90 – 150 points
Classe 2	151 – 225
Classe 3	226 – 300
Classe 4	301 – 375
Classe 5	376 – 450
Classe 6	451 – 525
Classe 7	526 – 600
Classe 8	601 – 675
Classe 9	676 – 750
Classe 10	751 et plus

Qu'il y ait 25 ou 200 postes, peu importe. On attribue à chacun les points appropriés selon les critères et les spécifications prévus. Le total des points établis pour chaque poste détermine à quelle classe il appartient. Rappelons que ce sont les postes qui sont évalués et non les personnes qui les occupent; l'exercice vise l'évaluation des emplois, pas celle des travailleurs.

Quand l'attribution des points pour chaque tâche a été faite selon des critères bien établis, elle devrait se refléter dans une progression régulière des salaires correspondants. La figure 11-1 montre cette évolution pour les salaires des employés de bureau de l'Université du Québec à Montréal en 1991. La plus ou moins grande longueur des lignes traduit l'écart entre le premier et le dernier échelon à l'intérieur de chaque classe. Si on trace une ligne reflétant la progression moyenne des salaires de chaque classe, on constate qu'elle est un peu plus rapide dans les classes supérieures que dans les premières classes. Cela peut traduire une politique de l'entreprise qui accorde une meilleure rémunération, proportionnellement, à ses salariés les plus qualifiés. Mais la différence est minime: la progression est à peu près constante.

Les parties peuvent convenir d'établir une différence numérique ou proportionnelle entre chacune des classes. La négociation se limite alors à s'entendre sur le taux de base; les autres taux en découlent mathématiquement.

FIGURE 11-1

Répartition des salaires horaires selon les classes d'après un plan d'évaluation des tâches

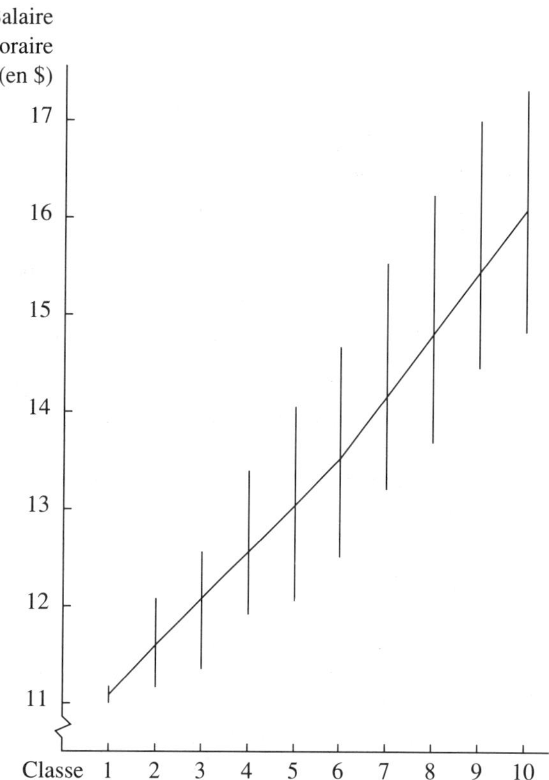

Source: Convention collective entre l'UQAM et le SEUQAM visant les employés de bureau, salaires de 1991.

La méthode de «comparaison des facteurs», mise au point autour de 1930, utilise à la fois le rangement de quelques postes repères et certains aspects de la méthode des points[37]. On commence par choisir un nombre limité de postes repères. On les considère sous quelques aspects ou critères. Les deux critères majeurs sont les exigences intellectuelles et la qualification professionnelle d'une part, et la responsa-

37. E.J. Benge, «Using Factor Methods to Measure Jobs» dans *Handbook of Wage and Salary Administration*, sous la direction de M.L. Rock, New York, McGraw-Hill, 1972, p. 42-55.

bilité, à tous les points de vue, d'autre part. On procède ensuite au classement des postes repères selon chaque critère. Comme les postes repères et les critères sont peu nombreux, le rangement peut se faire facilement. Puis on introduit le salaire établi pour chaque poste repère. À partir de ce salaire, on attribue une valeur pécuniaire à chaque critère, pour chaque poste. On obtient ainsi un nouveau classement. Si celui-ci diffère du précédent (basé sur les critères), il faut éliminer les différences ou retirer le poste de la liste des postes repères. Une fois établies la position et la valeur pécuniaire de chaque poste repère, on considère les autres postes : on leur attribue une position relative par rapport à un poste repère, pour chaque critère ; on obtient ainsi la valeur du poste en question.

Enfin, il y a le « système Hay », du nom de son auteur, Edward N. Hay, responsable d'une firme de consultants[38]. Cette méthode fut établie aux États-Unis dans les années 1950. Elle est surtout utilisée pour faire l'évaluation des postes de cadre et d'employé de direction. Elle s'attache particulièrement à trois critères : la compétence, l'initiative créatrice, ou l'aptitude à régler des problèmes, et la responsabilité à l'égard des actions à poser et de leurs conséquences. Ces trois aspects sont analysés en profondeur, par le biais d'interviews et de comparaisons entre les nombreuses entreprises qui sont les clientes des consultants Hay en la matière. Les divers salaires offerts dans chaque entreprise sont constamment utilisés pour évaluer les postes et déterminer en même temps à quel niveau chacune se situe sur le marché des salaires des grands directeurs d'entreprise.

Faut-il rappeler que toutes les analyses détaillées partent des descriptions de tâches, établies soit pour la gouverne de l'entreprise soit spécifiquement pour l'évaluation des postes en causes ? C'est sur la base d'une telle analyse détaillée des postes que se fonde leur évaluation. L'attrait des systèmes sophistiqués repose sur leur apparente objectivité. Mais faut-il rappeler que tous reflètent, finalement, une série de jugements partiellement sinon totalement subjectifs ? La multiplicité de ces jugements constitue peut-être une meilleure garantie d'objectivité que le diktat du contremaître ou du patron. Leur grand nombre peut amener l'annulation des erreurs ; mais il peut aussi causer leur accumulation. Au bout du compte, il y aura toujours une part de subjectivité.

11.4.3 Méthode ECS ou CWS

Une méthode particulière a connu un tel succès qu'il y a lieu de s'y arrêter : l'étude conjointe des salaires (ou *Cooperative Wage Study*, CWS), établie autour des années 1950 aux États-Unis par les Métallurgistes unis d'Amérique et les principales aciéries. Conçue outre-frontière, la méthode a vite été implantée au Canada, à cause de l'importance de l'union des Métallos.

Le CWS reconnaît 12 éléments d'évaluation pour tous les postes (travail manuel, de bureau ou technique) dans l'industrie de l'acier. En voici la liste, avec la valeur maximale accordée à chaque élément ; cette valeur s'exprime en points (on intitule l'évaluation en points la « classification »)[39].

1. Formation préparatoire, à l'école ou par études personnelles	0 à 1
2. Formation et expérience professionnelles : nombre de mois requis pour apprendre une tâche	0 à 4
3. Dextérité mentale : aptitude à organiser une occupation sans surveillance	0 à 3,5
4. Dextérité manuelle, dans l'exécution d'un travail	0 à 2

38. Edward N. Hay et Dales Purves, « The Profile Method of High Level Job Evaluation », *Personnel*, vol. 28, n° 2, septembre 1951, p. 162-170. Voir aussi *Handbook of Wage and Salary Administration*, voir *supra*, note 37.

39. *Étude conjointe des salaires. Manuel. Description et classification des occupations et administration des salaires.* Métallurgistes unis d'Amérique, 77 p. (Chaque catégorie d'emplois, manuels, techniques et de bureau, a sa propre grille d'évaluation.) ; United Steelworkers of America and U.S. Steel Corporation, *Job Description and Classification Manual for Hourly-Rated, Production, Maintenance and Non-Confidential Clerical Jobs*, 1er janvier 1953.

5. Responsabilité du matériel: soin pour éviter les pertes	0 à 10
6. Responsabilité des outils et de l'équipement: prévenir les dommages	0 à 4
7. Responsabilité des opérations, pour maximiser la production	0 à 6,5
8. Responsabilité de la sécurité d'autrui: éliminer les risques d'accident	0 à 2
9. Effort mental: concentration et attention	0 à 2,5
10. Effort physique exigé par l'occupation	0 à 2,5
11. Milieu de travail: conditions générales	0 à 3
12. Risques de blessures, malgré un soin raisonnable	0 à 2
	43 points (maximum)

Dans le cas des occupations techniques et du travail de bureau, les éléments d'évaluation sont au nombre de sept.

1. Formation préparatoire	0 à 2,5
2. Formation et expérience professionnelle	0 à 3
3. Dextérité mentale	0 à 4,5
4. Responsabilité quant au rendement	0 à 4
5. Responsabilité quant aux relations mutuelles	0 à 1,2
6. Conditions de travail	0 à 0,8
7. Responsabilité: direction exercée	0 à 1
	17 points (maximum)

Il faut ensuite déterminer combien il y aura de classes où seront répartis tous les postes de l'entreprise. Dans certains cas, leur nombre peut facilement s'élever à 30, ou même davantage. Une fois les fonctions regroupées par classes, il ne reste plus qu'à négocier, dans le cas d'un CWS, le taux de base et l'écart entre chacune des classes; cet écart est généralement uniforme, mais il est renégociable d'une fois à l'autre.

Nombreuses sont les entreprises qui ont pris le CWS pour modèle afin d'établir, conjointement avec le syndicat – c'est une des caractéristiques fondamentales du CWS –, le régime d'évaluation des tâches approprié à leur établissement. Pour ne mentionner qu'un exemple, vers 1955 les quelques milliers d'employés de l'usine d'aluminium à Arvida se sont inspirés du CWS pour réaliser leur propre manuel d'évaluation des tâches. L'opération, faite conjointement, a duré 10 ans, après quoi le manuel fut adopté officiellement par les parties. Dans le cas du CWS, comme dans la plupart des cas qui s'en servent comme modèle, les parties déclarent, dans la convention collective, que le manuel d'évaluation des tâches en est une partie intégrante. À ce titre, son application peut donner lieu à un grief. Mais pas le contenu du régime: celui-ci représente la règle, approuvée par les parties. Des divergences peuvent survenir à l'occasion de l'introduction de nouveaux postes; nous verrons, dans la section suivante, la procédure habituelle en ce cas.

11.4.4 Clauses de convention collective

Comme l'évaluation des tâches constitue un exercice qui se situe dans le temps, avec un début et une fin, la convention collective traduira cet aspect temporel par deux clauses bien différentes. Dans une première clause, les parties s'engagent à réaliser un tel exercice, et à le faire conjointement. Une fois l'opération terminée, les parties entérinent, avec ou sans modifications, les conclusions soumises par le comité. Le résultat final, c'est le plan d'évaluation des tâches de l'entreprise ou de l'établissement.

Il faut mentionner que ce ne sont pas tous les plans d'évaluation des tâches qui sont élaborés et adoptés conjointement. Souvent, c'est l'employeur qui fait effectuer un plan d'évaluation des tâches, généralement par une firme de consultants. Comme le syndicat n'y participe pas, il se réserve alors le droit de contester les conclusions, en vertu de la clause de griefs. Le plus souvent, il cherchera à faire introduire dans la convention collective une clause spécifique à cette fin. Comme il s'agit toujours de questions relativement techniques, il arrive souvent qu'on désigne un arbitre ayant des compétences particulières en la matière, par exemple un ingénieur industriel.

À titre d'exemple, nous présentons le plan d'évaluation des tâches des employés de bureau de l'Université du Québec à Montréal. Dans la convention collective négociée en 1971-1972, les parties se sont engagées à introduire un système de classement des emplois reposant sur des points et des facteurs. Un comité devait être établi en vue de préparer le système d'évaluation en question. Une clause de transition prévoyait que le plan de classification alors appliqué demeurerait en vigueur, avec droit de recours à la procédure de règlement des griefs tant que le nouveau régime ne serait pas implanté.

Mesures transitoires

8.27 Les employés qui sont actuellement régis par le plan de classification des tâches en vigueur à l'Université continuent d'être régis par ce plan jusqu'à ce qu'un nouveau plan remplace celui-ci, suivant les dispositions de la clause 8.32 ci-après.

Les employés qui ne sont pas régis par le plan de classification actuellement en vigueur sont classifiés suivant la procédure suivie jusqu'à ce jour pour leurs fonctions.

Dans le cas de désaccord entre l'Université et le Syndicat, cette clause est sujette aux procédures de griefs à l'exclusion de l'arbitrage.

Nouvelles tâches

8.28 Toute nouvelle tâche susceptible d'être créée ou toute tâche substantiellement modifiée pendant la durée de la présente convention doit être reclassifiée selon les termes et les modalités utilisés pour les tâches contenues aux annexes.

Dans le cas de désaccord, le mandat de l'arbitre est limité à déterminer la classification dans laquelle l'emploi se situe.

(...)

Comité d'évaluation des tâches

8.32 Dans les trente (30) jours suivant la signature de la présente convention, les parties conviennent de former un comité composé de quatre (4) représentants de chacune d'elles. Ce comité aura pour fonctions:

a) de discuter des améliorations qui peuvent être apportées au plan de classement des emplois qui est actuellement en vigueur;

b) d'établir un plan de carrière pour les employés des catégories technique et professionnelle;

c) de décrire les tâches et d'établir un système de classement des emplois qui sera à base de points et facteurs pour les employés de la catégorie bureau;

d) décrire les tâches et établir un plan d'évaluation ou un système de classement pour les employés de la catégorie ouvrier; si les parties optent pour un plan d'évaluation dans le cas de ces employés, elles utiliseront le plan Cooperative Wage Study (CWS);

e) de décrire les tâches et d'établir un système hiérarchique pour les employés des cafétérias.

Mise en vigueur des plans

La date de mise en vigueur de ces plans ou systèmes d'évaluation ou de classement mentionnés dans cette clause qui pourront être adoptés par les parties sera discutée à l'occasion du renouvellement de la présente convention.

(L'Université du Québec à Montréal et le Syndicat des employés de l'Université du Québec à Montréal, Syndicat canadien de la fonction publique, section locale 1294, années 1971-1972.)

Après sept ans de discussion, les parties ont finalement adopté un plan d'évaluation des tâches et l'ont incorporé à leur convention collective; il constitue l'annexe E-1 en 1979. L'essentiel de ce qui fut adopté à ce moment-là demeure toujours en vigueur en 1991. Voici quelques extraits des dispositions adoptées alors. Il serait trop long d'inclure tous les détails concernant la formule de description des tâches et la formule d'évaluation, ainsi que les précisions apportées pour chacun des sept facteurs utilisés. À titre d'exemple, nous incluons ce qui concerne le quatrième facteur, soit la responsabilité d'action. Les autres facteurs sont omis. Parmi les clauses qui visent l'application du système, nous reproduisons les plus importantes ; elles permettent de comprendre le fonctionnement du régime, une fois adopté. Enfin, un détail : le comité conjoint qui comprenait deux membres syndicaux à l'origine en compte trois à l'heure actuelle (1991).

Annexe E-1 – Plan d'évaluation. Groupe bureau

But

Ce plan d'évaluation par points et facteurs a été conçu afin d'établir la valeur relative des fonctions du groupe « bureau ».

Facteurs

Les facteurs du plan et leur pondération sont les suivants :

	Points	**Pourcentage**
1. Scolarité	150	15
2. Expérience	250	25
3. Complexité du travail	200	20
4. Responsabilité d'action	100	10
5. Responsabilité de surveillance	150	15
6. Contacts	100	10
7. Conditions de travail	50	5
	1000	100 %

Délimitation des classes

Classes	**Points**	(Exemples)
1	90 – 150	–
2	151 – 225	commis-magasinier
3	226 – 300	commis-relieur
4	301 – 375	commis-caissière
5	376 – 450	commis-paye
6	451 – 525	secrétaire
7	526 – 600	secrétaire de direction
8	601 – 675	commis principal
9	676 – 750	responsable
10	751 et plus	agent d'administration

Quatrième facteur : Responsabilité d'action

Degrés	Points	
(A)	10	Le travail s'effectue selon des instructions précises et/ou des procédés de travail connus.
(B)	30	Le travail est accompli à l'intérieur de procédés plus généraux et les décisions sont d'un caractère routinier.
(C)	75	Le travail comporte une liberté d'action dans les méthodes, les techniques et les procédés de travail. Les décisions sont prises à l'intérieur des limites prescrites.
(D)	100	Le travail comporte une liberté d'action dans la planification de l'organisation du travail et dans la participation à l'élaboration des méthodes et procédures. Les décisions sont prises à partir des directives et politiques du ou des service(s) de l'Employeur.

Mécanismes de fonctionnement

Droit de la direction

1.2.01 L'employeur a le droit de modifier, d'abolir ou de créer toute fonction, d'en définir le contenu de tâches et d'en déterminer les exigences normales, compte tenu des dispositions de la convention qui en régissent l'application. (...)

Comité conjoint

1.3.01 Un comité conjoint est constitué chez l'Employeur. La représentation syndicale est de trois (3) membres. (...)

1.4.01 Le comité conjoint a pour mandat de discuter, de refuser ou d'accepter tout ce qui a trait à la description, à l'évaluation des fonctions ainsi que des cas d'assignation. (...)

1.4.03 Lorsque l'Employeur modifie ou crée une fonction, il fournit en cinq (5) copies, dans les dix (10) jours, au Comité conjoint, la description, l'évaluation et, s'il y a lieu, l'assignation. (...)

Arbitrage

1.5.01 Si après avoir franchi l'étape du comité conjoint, un cas demeure litigieux, le Syndicat doit, sous peine de déchéance, faire parvenir dans les trente-cinq (35) jours du moment de la dernière séance du Comité conjoint ou de l'envoi de la réponse écrite de la partie patronale concernant le cas en litige, un avis écrit à l'arbitre (copie à l'Employeur) précisant les points sur lesquels le désaccord persiste avec mention des corrections demandées. (...)

1.5.03 Monsieur Marcel Guilbert est nommé arbitre unique pour l'application du présent article.

Pouvoirs de l'arbitre

1.5.05 La juridiction de l'arbitre est limitée à juger de la catégorisation ou de l'assignation litigieuse précisée dans l'avis d'arbitrage pour ainsi catégoriser la fonction sur la base de la description fournie par l'employeur. Il n'a aucun pouvoir pour rendre des décisions qui diminuent, augmentent ou altèrent le plan d'évaluation, de même que toutes autres dispositions des présentes.

(...)

2.1 L'application du plan d'évaluation est régie par les présentes.

Priorité au plan d'évaluation

2.2 Les taux de salaires attachés à une fonction sont déterminés par la classe où elle se situe par l'évaluation.

2.3 Toute fonction est décrite, évaluée et placée dans une classe conformément au travail accompli et selon le plan d'évaluation. Toute erreur d'écriture ou matérielle dans une description de fonction ou une erreur de calcul arithmétique dans une évaluation peut être corrigée en tout temps.

(L'Université du Québec à Montréal et le Syndicat des employés de l'Université du Québec à Montréal, Syndicat canadien de la fonction publique, section locale 1294, années 1986-1989 et suivantes.)

Lorsqu'un plan d'évaluation des tâches est établi conjointement par l'employeur et le syndicat, on retrouve toujours l'équivalent des clauses que nous avons reproduites, c'est-à-dire la constitution d'un comité qui doit faire le travail, avec les directives que les parties veulent lui donner, et, à la fin, l'adoption du plan par les parties. La convention finale peut contenir une brève mention comme celle-ci: le plan d'évaluation des tâches, établi par les parties contractantes et reproduit en annexe, fait partie intégrante de la présente convention.

On trouve également des cas où il existe deux systèmes d'évaluation selon les catégories d'employés. Par exemple, chez Hydro-Québec, les employés de métiers sont régis par un véritable système d'évaluation des emplois, alors qu'un certain nombre d'opérateurs voient leurs conditions de travail soumises à un système de rangement[40].

Il nous reste à voir l'importante question de l'évaluation des postes nouvellement créés.

11.5 Évaluation des nouveaux postes

Alors que la mise en place d'un plan d'évaluation des tâches se fait une fois pour toutes, l'évaluation des postes nouvellement créés est un problème qui survient à tout moment. C'est pourquoi une majorité de conventions collectives contiennent des dispositions à ce sujet. Plusieurs questions se posent à ce propos. Est-ce un droit strict de la gérance? Les décisions de cette nature, conjointes ou unilatérales, peuvent-elles faire l'objet d'un grief, jusqu'à l'arbitrage? Que disent les conventions collectives à ce sujet? Voilà les points que nous considérerons brièvement.

11.5.1 Méthode conjointe ou unilatérale?

La majorité des employeurs soutiennent que la création de nouveaux postes et leur évaluation constituent un droit de gérance exclusif. Quelques-uns acceptent qu'une contestation sur le sujet puisse faire l'objet d'un grief, mais l'arbitrage comporte, règle générale, des restrictions. Une clause de convention collective sur le sujet détermine généralement les limites à l'exercice des droits de gérance. Mais elle affirme le principe suivant:

40. Convention collective entre Hydro-Québec et le Syndicat canadien de la Fonction publique, section locale 1500, art. 22.

L'établissement des tâches de tout emploi et la responsabilité de refléter fidèlement ces tâches dans une description d'emploi appartiennent à la Société.

(La Société Radio-Canada et le Syndicat des employés de production du Québec et de l'Acadie, ch. 6, paragraphe 1.1.)

Un certain nombre de conventions collectives prévoient la formation d'un comité conjoint pour discuter de l'évaluation des tâches nouvelles. (Voir le tableau 11-1.) La proportion de telles conventions collectives est faible, moins de 10 %; mais les conventions en cause visent un très grand nombre de salariés: en 1989, elles touchent 33 % des salariés régis par convention collective. Certains de ces comités ont un pouvoir décisionnel; mais une proportion importante n'a qu'un rôle consultatif. Dans ce dernier cas, le syndicat doit être consulté, avant, par exemple, que l'évaluation d'un nouveau poste n'entre en vigueur. Quand le rôle du comité n'est que consultatif, le syndicat conserve généralement le droit de déposer un grief sur le sujet et de le mener jusqu'à l'arbitrage.

Même si les comités conjoints dont il est question dans le tableau 11-1 n'ont pas nécessairement de pouvoir sur ce qui touche les nouveaux postes[41], il existe certains comités qui ont une autorité décisionnelle sur les postes nouvellement créés. C'est le cas, par exemple, de la convention citée dans la section précédente; nous reprenons ici quelques articles consacrés au rôle du comité, relativement aux nouveaux postes.

Rôle du comité

1.4.01 Le comité conjoint a pour mandat de discuter ou d'accepter tout ce qui a trait à la description, à l'évaluation des fonctions ainsi que des cas d'assignation.

Modification à une tâche

1.4.02 Lorsqu'un-e salarié-e constate que sa fonction a été modifiée de telle sorte que les tâches exigées de lui, d'elle par l'Employeur ne correspondent plus à celles établies dans sa description de fonction, il, elle peut soumettre une demande écrite de révision au comité conjoint en précisant, à titre indicatif et sans préjudice, les éléments qui ne correspondent plus à la description actuelle.

Nouvelle fonction Avis au synd.

1.4.03 Lorsque l'Employeur modifie ou crée une fonction, il fournit en cinq (5) copies, dans les dix (10) jours, au comité conjoint, la description, l'évaluation et, s'il y a lieu, l'assignation.

Mise en vigueur immédiate

Cependant, rien n'empêche l'Employeur de mettre en vigueur, sans délai, le taux de salaire fondé sur la description et l'évaluation qu'il a faite de la fonction. Si un poste correspondant à la fonction modifiée ou créée est vacant, l'Employeur peut procéder à l'affichage de la façon décrite dans la convention après l'envoi prévu à l'alinéa précédent. Toutefois, il doit inscrire sur la formule d'affichage, la mention «non officielle».

Réunion du comité sur demande

1.4.04 À la demande écrite de l'une des parties, le comité conjoint doit se réunir dans un délai raisonnable. Cette demande doit préciser l'ordre du jour de la réunion.

Libérations nécessaires

1.4.05 Lorsque le comité conjoint est saisi d'un cas, un-e représentant-e syndical-e membre du comité est libéré-e, sans perte de traitement, à la demande du comité, pour vérifier la description de fonction et les assignations sur les lieux de travail, auprès du, de la ou des salarié(s)-(es) et des représentants-es de l'Employeur.

Décision sans appel

1.4.06 Toute entente au niveau du comité conjoint est sans appel et exécutoire.

L'Employeur fait parvenir au Syndicat en dix (10) copies, la description, l'évaluation et, s'il y a lieu, l'assignation finale.

Procès-verbal des réunions

1.4.07 À chaque rencontre du comité conjoint, l'Employeur rédige un procès-verbal des positions ou, s'il y a lieu, des règlements intervenus et en remet une copie au comité syndical dans les meilleurs délais.

(L'Université du Québec à Montréal et le Syndicat des employés de l'Université du Québec à Montréal, 1986...)

41. *Manuel de codification*, Québec, ministère du Travail, CRSMT, 1985, variable c-17, p. 78.

TABLEAU 11-1

Comité conjoint sur l'évaluation des emplois – 1984 et 1989

Comité conjoint	Conventions collectives régissant moins de 50 salariés				50 salariés et plus				tous les salariés (TOTAL)			
	C.c.	%	Salariés	%	C.c.	%	Salariés	%	C.c.	%	Salariés	%
1984												
Décisionnel	77	1,9	1 728	2,4	170	9,0	160 752	23,3	247	4,1	162 480	21,3
Consultatif	30	0,7	725	1,0	63	3,3	80 625	11,7	93	1,5	81 350	10,7
Non précisé	19	0,5	403	0,6	56	2,9	21 762	3,1	75	1,2	22 165	2,9
Aucune disposition	4 015	97,0	70 318	96,1	1 608	84,8	427 154	61,9	5 623	93,1	497 472	65,2
TOTAL	4 141	100,0	73 174	100,0	1 897	100,0	690 293	100,0	6 038	100,0	763 467	100,0
1989												
Décisionnel	146	2,7	2 937	2,9	144	5,6	211 876	23,0	290	3,6	214 813	21,0
Consultatif	44	0,8	1 241	1,2	84	3,3	97 306	10,6	128	1,6	98 547	9,6
Non précisé	24	0,4	540	0,5	51	2,0	15 111	1,6	75	0,9	15 651	1,5
Aucune disposition	5 170	96,1	98 127	95,4	2 298	89,2	595 914	64,8	7 468	93,8	694 041	67,8
TOTAL	5 384	100,0	102 845	100,0	2 577	100,0	920 207	100,0	7 961	100,0	1 023 052	100,0

Source: Données mécanographiques du CRSMT, 27 mars 1991. (Variable C-17.)

Il reste que, dans la majorité des cas, il revient à l'employeur d'établir la nouvelle tâche et de déterminer son évaluation, sans consultation ou après consultation avec le syndicat, selon les précisions qui se trouvent dans la convention collective. Le plus souvent, la convention mentionne que l'employeur doit respecter le plan d'évaluation des tâches, s'il y en a un. Le recours normal, dans ces cas, c'est le grief et l'arbitrage; mais l'arbitre doit également respecter le plan d'évaluation déjà décidé et agréé par les parties.

11.5.2 Matière arbitrable?

L'évaluation des nouveaux emplois est-elle matière à arbitrage? Comme pour toutes les autres questions de cette nature, la réponse dépend de l'accord intervenu entre les parties et qu'elles ont consigné dans la convention collective. Le tableau 11-2 révèle que la moitié des conventions collectives, visant 60 % des salariés régis par convention, permettent le recours à l'arbitrage à propos des postes nouvellement créés, même quand l'évaluation a été faite conjointement. Normalement, il ne s'agit pas alors d'une évaluation conjointe décisionnelle, puisqu'il serait illogique de recourir à l'arbitrage après avoir accepté une évaluation déterminée.

Il faut bien noter cependant qu'environ 10 % des conventions collectives, visant une proportion moindre de salariés, ne permettent pas le recours à l'arbitrage. C'est qu'alors l'employeur a fait reconnaître qu'il est de son droit strict d'introduire et d'évaluer tout nouveau poste jugé nécessaire dans l'entreprise.

Il ne faut pas négliger le tiers des conventions collectives, visant une même proportion de salariés, qui ne contiennent aucune disposition sur les postes nouvellement créés. Dans les services privés, c'est plus de la moitié des salariés qui sont dans cette situation. Il se peut qu'il s'agisse d'entreprises relativement stables, où le problème se pose rarement ou jamais. Il est difficile d'imaginer, cependant, que c'est le cas de toutes les conventions collectives qui n'ont pas une disposition à ce sujet. Dans de telles occasions, ce sera la théorie des droits résiduaires qui s'appliquera. Si le cas se rend devant un arbitre, celui-ci doit décider selon le principe de base: il ne peut se prononcer sur un cas dont ne traite pas la convention elle-même.

11.5.3 Types de clauses

Les conventions collectives peuvent imposer la consultation du syndicat avant que l'évaluation d'un nouveau poste soit mise en vigueur, comme elles peuvent reconnaître que c'est un droit de gérance exclusif et ensuite permettre ou non le recours au grief et à l'arbitrage. C'est ce que nous verrons dans les exemples suivants.

De nombreuses conventions collectives traitent simultanément des postes nouvellement créés et des modifications apportées aux postes existants, si celles-ci ont pour effet d'en affecter l'évaluation. La procédure est alors généralement la même. La formule la plus simple comporte trois éléments: la compagnie doit aviser le syndicat de la création d'une tâche ou d'une modification importante et en même temps fournir la nouvelle évaluation et la nouvelle description. Si le syndicat ou un employé ne sont pas satisfaits, ils peuvent demander une révision, et la compagnie doit répondre dans un délai donné. Si la réponse n'est pas satisfaisante, on peut alors recourir au grief et à l'arbitrage, selon les conditions et les modalités déterminées dans la convention.

Avis — Les évaluations et les descriptions de tâches de nouvelles classes d'occupation ainsi que tout changement apporté aux évaluations et/ou descriptions de tâches des classes d'occupation déjà existantes doivent être envoyées au Syndicat; et les employés concernés doivent être avisés par la Société.

Demande de révision — Si un ou plusieurs employés peuvent démontrer qu'après la signature de cette convention la Société a apporté à une tâche une modification qui soit susceptible d'en changer l'évaluation, ils pourront demander à la Société d'étudier les effets de cette modification sur l'évaluation de la tâche.

TABLEAU 11-2

Modes d'évaluation des postes nouvellement créés – 1984 et 1989

Modes d'évaluation	Conventions collectives régissant moins de 50 salariés				50 salariés et plus				tous les salariés (TOTAL)			
	C.c.	%	Salariés	%	C.c.	%	Salariés	%	C.c.	%	Salariés	%
1984												
Conjointe avec arbitrage	1 274	30,8	24 273	33,2	785	41,4	368 091	53,3	2 059	34,1	392 364	51,4
Unilatérale avec arbitrage	376	9,1	7 300	10,0	262	13,8	59 426	8,6	638	10,6	66 726	8,7
Conjointe sans arbitrage	331	8,0	5 730	7,8	168	8,9	40 582	5,9	499	8,3	46 312	6,1
Unilatérale sans arbitrage	38	0,9	886	1,2	19	1,0	2 488	0,4	57	0,9	3 374	0,4
Autre disposition	4	0,1	62	0,1	7	0,4	1 610	0,2	11	0,2	1 672	0,2
Aucune disposition	2 118	51,1	34 923	47,7	656	34,6	218 096	31,6	2 774	45,9	253 019	33,1
TOTAL	4 141	100,0	73 174	100,0	1 897	100,0	690 293	100,0	6 038	100,0	763 467	100,0
1989												
Conjointe avec arbitrage	1 650	30,7	33 444	32,6	789	30,6	334 602	36,4	2 439	30,6	368 046	36,0
Unilatérale avec arbitrage	611	11,3	13 389	13,0	705	27,4	227 691	24,7	1 316	16,5	241 080	23,6
Conjointe sans arbitrage	417	7,7	7 763	7,5	149	5,8	36 819	4,0	566	7,1	44 582	4,4
Unilatérale sans arbitrage	83	1,5	2 110	2,1	83	3,2	15 080	1,6	166	2,1	17 190	1,7
Autre disposition	7	0,1	128	0,1	—	—	—	—	7	0,1	128	—
Aucune disposition	2 616	48,6	46 011	44,7	851	33,0	306 015	33,3	3 467	43,5	352 026	34,4
TOTAL	5 384	100,0	102 845	100,0	2 577	100,0	920 207	100,0	7 961	100,0	1 023 052	100,0

Source: Données mécanographiques du CRSMT, 27 mars 1991. (Variable C-18.)

Réponse patronale: 30 j.

Dans les trente (30) jours de calendrier de la soumission d'une telle demande, la Société devra donner une réponse à ce ou ces employés et, lorsque la valeur d'un ou de plusieurs des facteurs de l'évaluation en sera changée, la Société devra faire une nouvelle description et une nouvelle évaluation de la tâche. Les évaluations et/ou descriptions de nouvelles classes d'occupation doivent entrer en vigueur à compter de la date à laquelle elles ont été remises au Syndicat, date qui doit être confirmée à la Société par la signature d'un accusé de réception du Syndicat et les évaluations et/ou descriptions de classes d'occupation existantes révisées à la suite d'une demande des employés doivent entrer en vigueur rétroactivement à la date de cette demande.

Entrée en vigueur

Griefs

Le ou les employés pourront soumettre pour enquête et règlement en conformité de la procédure des griefs énoncée à la section XI de cette convention, un grief contre une évaluation ou une description de tâche d'une nouvelle classe d'occupation, ou une revision de certains facteurs d'une évaluation et/ou description de classe d'occupation existante, ou le refus de la Société de réviser une évaluation et/ou description de tâche à la suite d'une telle demande, à la condition que tout grief soit soumis dans les soixante (60) jours de calendrier de la date à laquelle cette évaluation et/ou description de tâche nouvelle ou révisée a été remise au Syndicat et confirmée par ce dernier par la signature d'un accusé de réception à la Société, ou de tel refus (...)

Délai: 60 j. suivant l'avis du syndicat

(La Société d'électrolyse et de chimie Alcan ltée et le Syndicat national des employés de l'aluminium d'Arvida, inc., art. 9.6.)

L'exemple suivant contient sensiblement les mêmes dispositions – avis au syndicat et possibilité d'arbitrage –, mais il précise les modalités de rencontres, entre l'employeur et le syndicat, ainsi que les modalités de l'arbitrage qui peut s'ensuivre.

Avis

27.04 Pour tout nouvel emploi ou pour tout emploi modifié qui a pour effet d'en augmenter l'évaluation, la Ville fera parvenir, dans les vingt (20) jours ouvrables de la création ou de la modification, cinq (5) copies de la description et de l'évaluation.

Affichage

L'assignation de ce nouvel emploi ou emploi modifié sera faite en conformité avec les dispositions de la convention collective.

Réponse du syndicat

27.05 Dans les quinze (15) jours ouvrables qui suivent, le Syndicat devra faire parvenir à la Ville son acceptation, son refus ou ses demandes de renseignements supplémentaires.

Rencontres 10 j.

27.06 Après réception par la Ville de la réponse du Syndicat prévue au paragraphe .05 du présent article, la Ville s'engage à rencontrer ledit syndicat dans les dix (10) jours ouvrables qui suivent, afin de discuter les points de litige, s'il y a lieu.

Acceptation tacite

27.07 Si, dans les quinze (15) jours ouvrables de la réception de la proposition patronale, le Syndicat n'a pas contesté la description et l'évaluation, le tout est considéré comme accepté.

La Ville fait alors parvenir au Syndicat la description et l'évaluation en dix (10) copies.

Grief: 30 j. suivant la réponse

27.13 Nonobstant les dispositions des articles « Procédure de règlement des griefs et de mésententes », si le Syndicat n'est pas d'accord avec l'évaluation et/ou la description et/ou l'assignation, il peut référer à l'arbitre le ou les grief(s) dans un délai maximum de trente (30) jours ouvrables de la dernière rencontre ou de la réponse avec mention de la modification de la description des facteurs en litige ou des cas d'assignation. Le Syndicat fera parvenir à la Ville en même temps copie des documents des références à l'arbitrage.

Une erreur technique dans la soumission écrite d'un grief ne l'invalide pas.

Arbitre

27.14 Pour la durée de la convention collective, Monsieur Marcel Guilbert agit comme arbitre aux fins de l'application du présent article.

Pouvoir de description

27.15 S'il est établi lors de l'arbitrage qu'un élément d'un emploi affectant l'évaluation n'apparaît pas dans la description bien que l'employé l'accomplisse, l'arbitre aura mandat pour ordonner à la Ville d'inclure cet élément dans la description. La ou les sentence(s) sera (seront) rétroactive(s) à la date du litige.

Pouvoir d'applic.

27.16 Les pouvoirs de l'arbitre sont limités:

– à l'application du système quant aux facteurs en litige qui lui sont soumis,

– à la preuve présentée,

– à décider des griefs suivant les règles énoncées dans le «Manuel conjoint de classification des fonctions», considéré comme partie intégrante des présentes.

Pouvoir d'assignation

27.17 Les pouvoirs de l'arbitre en ce qui a trait à l'assignation d'un employé à un emploi, sont limités à l'assigner à un des emplois soumis en preuve et listés à l'Annexe «B» de la présente convention.

(La Ville de Verdun et le Syndicat canadien de la fonction publique, section locale 302, travaux publics.)

La convention collective ajoute qu'un comité d'évaluation sera formé et qu'il devra se réunir à la demande d'une des parties. Les dispositions fondamentales se retrouvent donc dans cette clause: l'employeur établit la description de la nouvelle tâche et son évaluation; il les communique au syndicat. Une certaine période est accordée à celui-ci pour faire des représentations; des rencontres s'ensuivent où l'on essaie de s'entendre. S'il n'y a pas d'entente, on passe à un arbitrage devant un arbitre spécialisé dans la matière et dont les pouvoirs comportent des limites. En particulier, il ne peut modifier le régime d'évaluation déjà établi par entente entre les parties contractantes. C'est là la façon typique de régler les problèmes reliés à l'évaluation des postes établis pendant la durée de la convention collective.

11.6 Évaluation et équité salariale

Une question abondamment discutée depuis le début des années 1980 est l'application des mesures d'équité salariale. Autrefois, on partait du principe «à travail égal, salaire égal»; on parle aujourd'hui d'un autre principe, apparemment semblable, mais foncièrement différent: «à travail de valeur égale ou comparable, salaire égal». On voit la raison d'être du recours aux diverses méthodes d'évaluation des tâches, puisqu'on parle de valeur égale ou comparable. Nous rappellerons d'abord les principes et les quelques dispositions légales qui existent présentement, pour évoquer ensuite les principaux problèmes soulevés par cette question.

11.6.1 Principes et concepts

Trois points doivent être précisés avant d'aborder l'application des méthodes d'évaluation à l'équité salariale.

La première distinction a été évoquée plus haut. À l'origine on parlait d'un salaire égal pour un travail égal. Les lois utilisaient alors les mots: travail identique ou analogue. Il fallait donc considérer deux emplois identiques, généralement avec le même titre d'emploi. Aujourd'hui on parle plutôt d'emplois équivalents ou de valeur égale. On pourrait ainsi comparer le travail d'une secrétaire dans un bureau à celui d'un magasinier dans un entrepôt. Les points de vue sont évidemment très différents et les difficultés en conséquence. C'est sous l'aspect du travail équivalent ou de la valeur comparable qu'on fait appel aux systèmes d'évaluation des tâches[42].

Par ailleurs, la discrimination directe et intentionnelle, que visaient les premières lois, a peu à peu cédé le pas à ce qu'on appelle aujourd'hui la discrimination systémique ou indirecte. Même si une personne fait preuve de la plus entière bonne foi et n'a aucune intention d'agir de façon discriminatoire, elle peut être reconnue coupable d'une discrimination dite systémique si sa conduite entraîne un résultat discriminatoire de fait. La question qu'on se pose alors est

42. MURIEL GAGNON, «Égalité de traitement pour un travail de valeur comparable» dans *Normes du travail: impacts sur la gestion des ressources humaines et sur les rapports collectifs du travail,* 15e Colloque de relations industrielles, Université de Montréal, 1985, p. 120-124.

la suivante: la façon de faire implique-t-elle comme conséquence une discrimination? À propos d'équité salariale, on discute surtout de discrimination selon le sexe, c'est-à-dire entre les hommes et les femmes, bien que le principe puisse s'appliquer à toute forme de discrimination[43].

Quant aux mesures à prendre pour réaliser les objectifs poursuivis, elles sont de différentes natures. On a d'abord parlé de mesures coercitives, qui constituent, dans bien des cas, des mesures véritablement punitives. On raisonnait comme suit: la personne a été trouvée coupable de discrimination; pour corriger la situation, il faut modifier ses méthodes de rémunération, mais il faut également, pour décourager leur répétition, imposer des mesures punitives. Au fur et à mesure qu'on a voulu étendre l'application des règles de non-discrimination, il devenait plus difficile d'user de mesures coercitives; on a cherché plutôt des mesures incitatives. La frontière entre mesures coercitives et mesures incitatives n'est pas toujours étanche; ainsi, l'imposition d'un programme d'accès à l'égalité pour qu'une entreprise puisse présenter des soumissions pour un projet gouvernemental constitue bien plus qu'une mesure incitative. Finalement, il y a un troisième groupe de mesures qu'on peut qualifier de proactives; les lois américaines sont allées très loin dans cette direction, incluant des pourcentages à atteindre en matière d'emploi et des obligations strictes en matière de salaire. Il faut noter cependant que les dispositions législatives en matière d'équité salariale sont probablement plus avancées et plus contraignantes au Canada qu'aux États-Unis, mais c'est le contraire par rapport à l'équité en emploi[44].

11.6.2 Cadre légal

La *Loi canadienne sur les justes méthodes d'emploi*, la première du genre, remonte à 1953 et la première loi sur la parité de salaire entre hommes et femmes, pour un travail identique ou analogue, fut adoptée en 1956[45]. L'article principal de cette deuxième loi était ainsi formulé:

> Aucun patron ne doit engager une employée pour du travail à un taux de rémunération moindre que celui auquel ce patron engage un employé pour un travail identique ou analogue. (C.c.t., art. 16.)

La loi de 1956 fut remplacée, en 1977, par la *Loi canadienne sur les droits de la personne* dont la portée était beaucoup plus grande. La parité salariale ne constituait qu'un des éléments de la nouvelle loi. La disposition s'y rapportant se lisait alors comme suit; il faut noter le dernier mot de la citation, qui allait provoquer bien des débats et mettre bien du temps à être appliqué, même dans le cas des employés du gouvernement fédéral lui-même[46].

> Constitue un acte discriminatoire le fait pour l'employeur d'instaurer ou de pratiquer la disparité salariale entre les hommes et les femmes qui exécutent, dans le même établissement, des fonctions équivalentes.

On aura noté l'incise «dans le même établissement». La loi, même la loi actuelle, ne cherche pas à établir des salaires équivalents au-delà des limites de chaque établissement: le contexte économique et la situation financière de chaque établissement justifient des disparités d'une usine ou d'un lieu de travail à un autre. La loi ne vise nullement une parité interétablissements ni interentreprises. La *Charte canadienne des droits* reprend l'affirmation générale du droit à l'égalité, sans discrimination fondée sur les causes habituelles; elle permet explicitement les programmes visant à améliorer la situation des groupes défavorisés[47]. En fait, les critères qui doivent servir

43. Madeleine Caron, «De la discrimination intentionnelle à la discrimination systémique: jalons en vue d'actions correctives et préventives», *Meredith Memorial Lectures*, 1988, p. 153-174.
44. Roland Thériault et Marc Chartrand, «Équité salariale au Canada et aux États-Unis» dans *Équité en matière de salaire et d'emploi*, 19e Colloque de relations industrielles, Université de Montréal, 1988, p. 117-133.
45. *Loi canadienne sur les justes méthodes d'emploi*, S.C. 1952-1953, c. 19; *Loi sur l'égalité de salaire pour les femmes*, S.C. 1956, c. 38, art. 4. En 1970, ces deux lois sont devenues respectivement les parties I et II du nouveau *Code canadien du travail*.
46. *Loi canadienne sur les droits de la personne*, S.C. 1976-1977, c. 33, S.R.C. 1985, c. H-6, art. 11 (1).
47. Canada, *Loi constitutionnelle de 1982, Charte canadienne des droits et libertés*, art. 15.

à établir l'équivalence des fonctions sont exprimés dans la *Loi canadienne sur les droits de la personne*:

> Les critères permettant d'établir l'équivalence des fonctions exécutées par des employés dans le même établissement sont les qualifications, les efforts et les responsabilités nécessaires pour leur exécution, considérés globalement, compte tenu des conditions de travail (art. 11, paragraphe 2).

On aura reconnu les quatre principaux facteurs qu'on retrouve dans la plupart des méthodes d'évaluation des tâches. Le premier test d'importance du principe de l'équivalence mettait en cause le gouvernement fédéral et l'Institut professionnel de la fonction publique du Canada. Le conflit a conduit à une entente entre le gouvernement et l'Institut, en 1985; cette entente visait plus d'une centaine de salariées employées à des travaux d'économie domestique et un certain nombre de physiothérapeutes. On a convenu que le travail de ces deux groupes d'employés féminins avait une valeur équivalant à celle de deux autres groupes, à prédominance masculine, dans les domaines de l'agriculture et de la forêt. L'entente a reçu l'approbation de la Commission canadienne des droits de la personne et a coûté 2,3 millions de dollars au Trésor fédéral[48].

Au Québec, la *Charte des droits et libertés de la personne*, adoptée en 1975, contenait déjà le même principe[49].

> Tout employeur doit, sans discrimination, accorder un traitement ou un salaire égal aux membres de son personnel qui accomplissent un travail équivalent au même endroit.
>
> Il n'y a pas de discrimination si une différence de traitement ou de salaire est fondée sur l'expérience, l'ancienneté, la durée de service, l'évaluation du mérite, la quantité de production ou le temps supplémentaire, si ces critères sont communs à tous les membres du personnel (art. 19).

48. *Canadian Industrial Relations and Personnel Developments*, 9 octobre 1985, p. 822-823.
49. *Charte des droits et libertés de la personne*, L.Q. 1975, c. 6, L.R.Q. c. C-12, art. 19.

Le joyau en matière d'équité salariale, c'est la loi de l'Ontario, le *Pay Equity Act*, adoptée en 1987 et entrée en vigueur le 1er janvier 1988[50]. L'article principal est le suivant:

> Pour les fins de la loi, l'équité salariale est réalisée quand le taux de salaire d'un poste féminin faisant l'objet d'une comparaison est au moins égal au taux de salaire d'un poste masculin dans le même établissement, dans tous les cas où le travail effectué dans les deux postes est égal ou de valeur comparable (art. 6, paragraphe 1).

La loi oblige tout employeur public et tout employeur du secteur privé qui comptent 10 employés ou plus à mettre sur pied un programme d'équité salariale. Celui-ci doit être approuvé par le syndicat, là où il y en a un, ou par la Commission de l'équité salariale dans les autres cas. La Commission a des pouvoirs étendus en vue d'assurer l'application de la loi. Aucun autre texte législatif n'est allé aussi loin. Le Manitoba, la Nouvelle-Écosse et l'Île-du-Prince-Édouard ont adopté une loi semblable, mais, dans les trois cas, elle ne s'applique qu'au secteur public et parapublic; elle ne vise nullement le secteur privé[51].

11.6.3 Problèmes principaux

Les dispositions de ces différentes lois ont entraîné un intérêt marqué pour les systèmes d'évaluation des emplois. On a tout naturellement pensé que ces méthodes pouvaient servir dans l'application des lois de cette nature[52]. Mais les difficultés n'ont pas tardé à surgir.

On s'est d'abord rendu compte que tous les systèmes n'accordent pas la même importance aux facteurs de base, même si ceux-ci, sous des noms différents, sont sensiblement les mêmes d'un régime

50. *Pay Equity Act*, S.O. 1987, c. 34.
51. S.M. 1985-1986, c. 21, entré en vigueur le 11 juillet 1985. R.S.N.S. 1989, c. 337, en vigueur le 22 février 1990. R.S.P.E.I. 1988 c. P-2, en vigueur le 29 décembre 1989.
52. Esther Déom, «La lutte à la discrimination dans le cadre de la Charte des droits et libertés de la personne au Québec» dans *Vingt-cinq ans de pratique en relations industrielles au Québec*, sous la direction de Rodrigue Blouin, Montréal, Éditions Yvon Blais inc., 1990 (1164 p.), p. 965-985.

à l'autre. La valeur relative accordée à chacun des facteurs varie énormément, comme en fait foi l'importance accordée aux deux critères principaux par les deux systèmes les plus connus.

Facteurs	NEMA	CWS
Compétence professionnelle	50 %	25 %
Responsabilité	20 %	50 %

La différence peut s'expliquer de plusieurs manières. D'abord, dans la mesure où les électriciens diplômés constituent un groupe important visé par le NEMA, on conçoit que la compétence y soit importante. De plus, selon le point de vue qu'on adopte, on peut inclure dans le terme compétence des éléments de responsabilité, et vice versa.

Le Syndicat canadien de la fonction publique et le Conseil du trésor du Québec en sont venus à une entente sur une méthode d'évaluation par facteurs qui devrait être acceptable pour l'ensemble du secteur public et parapublic. En voici les éléments principaux et leur importance relative[53]:

Facteurs	**Sous-facteurs**	**Pondération**	**Total**
Qualifications	Formation	19,0 %	
	Expérience préalable	8,0 %	
	Expérience initiative	3,5 %	
	Coordination musculaire	5,0 %	
			35,5 %
Efforts	Autonomie	6,0 %	
	Raisonnement	6,0 %	
	Jugement	6,0 %	
	Effort mental	4,0 %	
	Effort physique	4,0 %	
			26,0 %
Responsabilités	Resp. résultat	8,0 %	
	Resp. autrui	5,0 %	
	Resp. surveillance	5,0 %	
	Communications	8,5 %	
			26,5 %
Conditions de travail	Milieu de travail	4,0 %	
	Risques inhérents	4,0 %	
	Rythme	4,0 %	
			12,0 %

53. JEAN-PAUL DESCHÊNES, «L'équité salariale» dans *Vingt-cinq ans de pratique en relations industrielles au Québec*, voir *supra*, note 52, p. 989-1007.

La difficulté la plus importante dans l'application de tous ces systèmes vient du fait que les jugements de valeur et les opinions subjectives y sont omniprésents. Le choix des facteurs à considérer peut lui-même soulever des difficultés, même si on s'entend généralement sur les quatre critères de base. Mais la subjectivité apparaît infailliblement au moment de déterminer l'importance relative de chacun des facteurs. De plus, d'un groupe de salariés à l'autre – cols bleus, techniciens, employés de bureau, cadres –, on voudra donner un poids différent aux divers critères. Souvent, on utilise même des systèmes d'évaluation différents pour chaque groupe. De telles divergences subjectives se retrouvent également à l'intérieur de chaque facteur, d'abord lorsqu'on détermine l'importance respective des sous-facteurs que l'on retiendra, et ensuite dans l'attribution des points pour chacun. En d'autres mots, tout régime d'évaluation des emplois comporte une part importante de subjectivité.

Une variante du même problème, mais qui comporte des éléments très particuliers, c'est l'intervention grandissante des hommes de loi dans la détermination du prix du travail. Le marché est censé tenir compte, par l'intervention des nombreux acteurs concernés, de toutes les facettes qui contribuent à déterminer le prix d'un objet ou d'un service. Le droit n'a pas cette souplesse. Obligatoirement, il se réfère à des textes et il les interprète dans leur sens strict. Même si tous reconnaissent la nécessité de corriger des situations discriminatoires, il faut bien constater que certaines mesures correctives ont peut-être causé des perturbations aussi considérables que les gestes discriminatoires eux-mêmes.

11.7 Conclusion

Quelques réflexions s'imposent au terme de l'étude d'un des deux éléments majeurs du contrat du travail, soit le travail à effectuer ou les tâches à accomplir.

Malgré son importance primordiale, la tâche représente un aspect sous-développé du contrat de travail. C'est le cas tout spécialement dans les conventions collectives. Il faut reconnaître, cependant, que c'est un sujet qui ne se laisse pas facilement circonscrire.

L'évaluation des tâches a toujours été reconnue comme un phénomène d'abord économique. Mais l'introduction de lois sur l'équité salariale a judiciarisé le sujet. La rigueur avec laquelle le juriste applique les lois et les règles soulève l'inquiétude de l'observateur; celui-ci ne peut oublier que le recours aux différents systèmes d'évaluation des tâches implique une foule de jugements très subjectifs.

C'est justement ce caractère subjectif qui, malgré l'apparente objectivité des systèmes d'évaluation des tâches, frappe le plus. L'analyse du contenu des tâches comporte elle-même beaucoup d'éléments subjectifs: même si on parvient à s'entendre sur le choix d'un employé normal, qui travaille à un rythme normal et qui fournit une production normale, chacune des observations et des jugements dont il sera l'objet comporte une part de subjectivité où intervient entre autres le contexte socio-économique. Un effort normal en 1990 n'implique pas le même nombre d'heures de travail ni la même quantité de sueur qu'il y a 100 ans.

D'un autre côté, ce n'est pas la difficulté du sujet qui doit nous empêcher d'en poursuivre l'étude ni d'en perfectionner les différentes méthodes d'application.

Bibliographie

Contenu et étude des tâches

BROSSARD, MICHEL et SIMARD, MARCEL. *Groupes semi-autonomes de travail et dynamique du pouvoir ouvrier. L'évolution du cas Steinberg*, Québec, Les Presses de l'Université du Québec, 1990, 148 p.

BROSSARD, MICHEL. «La gestion des cercles de qualité» dans *Vingt-cinq ans de pratique en relations industrielles au Québec*, sous la direction de RODRIGUE BLOUIN, Montréal, Éditions Yvon Blais inc., 1990 (1164 p.), p. 761-774.

BROSSARD, MICHEL. «Les limites du modèle type du fonctionnement des cercles de qualité», *Relations industrielles*, vol. 44, nº 3, 1989, p. 552-568.

Bureau international du travail. *Introduction à l'étude du travail*, Genève, Bureau international du travail, 1980, 2e édition, 380 p.

Commerce Clearing House Inc. «Time Studies and Standards of Production» dans *Union Contract Clauses*, Chicago, CCH Inc., 1954, p. 655-665.

Conditions de travail. Le taylorisme en question, numéro spécial de *Sociologie du travail*, vol. 16 nº 4, octobre-décembre 1974, p. 337-425.

L'étude du travail, Paris, Association interprofessionnelle pour l'étude et la simplification du travail, Bureau des temps élémentaires, 1951, 11 volumes.

GOMBERG, A. *A Trade Union Analysis of Time Study*, 2e édition, Englewood Cliffs, N.J., Prentice-Hall, 1955.

KOCHAN, THOMAS A., LIPSKY, DAVID R. et DYER, LEE. «Collective Bargaining and the Quality of Work: The Views of Local Union Activists» dans *Industrial Relations Research Association, Proceedings of the 27th Annual Winter Meeting*, San Francisco, 28 et 29 décembre 1974, Madison, Wis., IRRA, 1975, p. 150-162.

Organisation de coopération et de développement économique. *L'analyse des tâches, instrument de productivité*, Paris, OCDE, 1964, 76 p.

PERREAULT, CHARLES. «Le travail à la chaîne à l'ère post-industrielle» dans *L'homme et le travail*, 18e Congrès international de psychologie appliquée, Montréal, 28 juillet – 2 août 1974, Québec, ministère du Travail et de la Main-d'œuvre, Travail-Québec, numéro spécial, p. 45-51.

La qualité de la vie au travail. La scène canadienne, revue trimestrielle publiée par Travail Canada, automne 1978 – avril 1986.

La qualité de la vie au travail. Études de cas récents, sous la direction de J.B. CUNNINGHAM et T.H. WHITE, Ottawa, Travail Canada, 1984, 537 p.

SEKHIOU, LAKHDAR. *Gestion du personnel*, Montréal, Les éditions 4 L inc., 1984 (568 p.), ch. 4: «L'analyse des emplois», p. 85-110.

SHEPPARD, HAROLD L. «Some Selected Issues Surrounding the Subject of the Quality of Working Life» dans *Industrial Relations Research Association, Proceedings of the 25th Anniversary Meeting*, Toronto, 28 et 29 décembre 1972, Madison, Wis., IRRA, 1973, p. 137-153.

STRAUSS, GEORGE. «Workers: Attitudes and Adjustments» dans *The Worker and the Job: Coping With Change*, sous la direction de JEROME M. ROSOW, Englewood Cliffs, N.J., The American Assembly, Columbia University, 1974, ch. 3, p. 73-98.

WISNER, ALAIN. «Contenu des tâches et charge de travail», *Sociologie du travail*, vol. 16, nº 4, octobre-décembre 1974, p. 339-357.

Règles de travail et *featherbedding*

BARKIN, S. «Work Rules: A Phase of Collective Bargaining», *Labor Law Journal*, vol. 12, nº 5, mai 1961, p. 375-379.

EDELMAN, MILTON et KOVARSKY, IRVING. «Featherbedding: Law and Arbitration», *Labor Law Journal*, vol. 10, nº 4, avril 1959, p. 233-246.

GOLDBERG, ARTHUR J. «Statement before the House Anti-trust Subcommittee», 84th Congress, 1st Session, 1955, part 3, p. 2149-2150. Reproduit dans *Sourcebook on Labor*, sous la direction de NEIL W. CHAMBERLAIN, New York, McGraw-Hill, 1958, p. 726-727.

GOMBERG, W. «The Work Rules and Work Practices Problems», *Labor Law Journal*, vol. 12, nº 7, juillet 1961, p. 143-154.

HARTMAN, PAUL T. «Union Work Rules: A Brief Theoretical Analysis and Some Empirical Results» dans *Industrial Relations Research Association, Proceedings of the Nineteenth Annual Winter Meeting*, San Francisco, 28 et 29 décembre 1966. Madison, Wis., IRRA, 1967, p. 333-342.

HOROWITZ, MORRIS A. «The Diesel-Firemen Issue – A Comparison of Treatment», *Labor Law Journal*, vol. 14, nº 8, août 1963, p. 694-699. (Proceedings of the IRRA 1963 Spring Meeting, May 6-7, 1963.)

LEITER, ROBERT D. *Featherbedding and Job Security*, New York, Twayne Publishers, 1964, 238 p.

LEITER, ROBERT D. *The Musicians and Petrillo*, New York, Bookman Associates Inc., 1953, 202 p.

Rapport de la Commission Royale sur l'emploi de chauffeurs sur les locomotives diesel du service marchandises et du service de manœuvres de la compagnie de chemin de fer canadien du Pacifique, R.L. KELLOCK, président, Ottawa, 1958, 43 p.

WEINSTEIN, PAUL A. «The Featherbedding Problem» dans *Industrial Relations Research Association, Proceedings of the Sixteenth Annual Meeting*, Boston, 27 et 28 décembre 1963. Madison, Wis., IRRA, 1964, p. 130-138.

Évaluation des tâches

BELCHER, W. DAVID. *Wage and Salary Administration*, New York, Prentice-Hall, 1974, 605 p.

BENGE, E.J., BURK, S.L.H. et HAY, E.N. *Manual of Job Evaluation*, 4e édition, New York, Harper and Brothers, 1941.

Bureau international du travail. *La qualification du travail*, études et documents nº 56, Genève, Bureau international du travail 1964, 172 p.

Bureau of National Affairs. «Setting Rates for Jobs and Job Evaluation» et «Wage Incentive Systems – Time Studies» dans *Collective Bargaining Negotiations and Contracts*, sections 93:141 et 93:381, Washington, D.C., The Bureau of National Affairs.

DESCHÊNES, JEAN-PAUL. «L'évaluation des tâches», *Relations industrielles*, vol. 16, nº 2, avril 1961, p. 145-158.

DESCHÊNES, JEAN-PAUL. «L'évaluation des emplois et la convention collective», *Relations industrielles*, vol. 37, nº 2, 1982, p. 313-326.

HAY, EDWARD N. «Characteristics of Factor Comparison Job Evaluation», *Personnel*, vol. 22, nº 6, mai 1946, p. 370-375.

HAY, EDWARD N. «Job Evaluation – A Discussion», *Personnel Journal*, vol. 28, nº 7, décembre 1949, p. 262-266.

INGERMAN, SIDNEY et LIZÉE, MICHEL. *Évaluation des tâches*, Montréal, FTQ, 177 p.

KAUFMAN, LORNA. *Job Evaluation Systems: Concepts and Issues*, Research and Current Issues Series No. 45, Kingston, Queen's University, Industrial Relations Centre, 1986, 82 p.

LIVY, BRYAN. *Job Evaluation. A Critical Review*, Londres, George Allen and Unwin, 1975, 192 p.

National Electrical Manufacturers' Association: *Guide for Use of NEMA Job Rating Manual*, New York, NEMA, 1946.

NICOLOPOULOS, L.B. *Formal Job Evaluation and Some of Its Economic Implications*, Research Report, No. 1, Montréal, McGill University, Industrial Relations Center, 1954, 43 p.

PATERSON, T.T. *Job Evaluation*, New York, Business Books Ltd., 1972, 209 p.

PATTON, JOHN A., LETTLEFIELD, C.L. et SELF, STANLEY A. *Job Evaluation. Text and Cases*, 3e édition, Homewood, Ill., Richard D. Irwin, 1964, 487 p. (The Irwin Series in Management.)

ROCK, MILTON L. *Handbook of Wage and Salary Administration*, New York, McGraw-Hill, 1972, 666 p.

SPENCER, STEVE. «Job Evaluation: A Modern Day "Genie" for Management Information?», *Employment Gazette*, juin 1990, p. 306-312.

STIEBER, JACK. *The Steel Industry Wage Structure. A Study of the Joint Union-Management Job Evaluation Program in the Basic Steel Industry*, Cambridge, Mass., Harvard University Press, 1959, p. 230-243. (Wertheim Publication in Industrial Relations.)

TARRAB, GILBERT. *Évaluation des tâches et rémunération*, Boucherville, Éditions Vermette, 1985, 171 p.

THOMASON, GEORGE F. *Personnel Manager's Guide to Job Evaluation*, Upper Woburn Place, G.B., Institute of Personnel Management, 1975, 50 p.

United Steelworkers of America and United States Steel Corporation: *Job Description and Classification Manual for Hourly-Rated, Production, Maintenance and Non-Confidential Clerical Jobs*, 1er janvier 1953. Connu sous le nom de *Cooperative Wage Study* (CWS).

Évaluation et équité salariale

DÉOM, ESTHER. «La lutte à la discrimination dans le cadre de la Charte des droits et libertés de la personne du

Québec» dans *Vingt-cinq ans de pratique en relations industrielles au Québec*, sous la direction de RODRIGUE BLOUIN, Cowansville, Éditions Yvon Blais inc., 1990 (1164 p.), p. 965-985.

DESCHÊNES, JEAN-PAUL. «L'équité salariale» dans *Vingt-cinq ans de pratique en relations industrielles au Québec*, sous la direction de RODRIGUE BLOUIN, Cowansville, Éditions Yvon Blais inc., 1990 (1164 p.), p. 989-1007.

«Equal Pay, Comparable Work, and Job Evaluation», *The Yale Law Journal*, vol. 90, janvier 1981, p. 657-680. (Sans nom d'auteur.)

JAUSSAUD, DANIELLE P. «Can Job Evaluation Systems Help Determine the Comparable Worth of Male and Female Occupations?», *Journal of Economic Issues*, vol. 18, n° 2, juin 1984, p. 473-482.

MADIGAN, ROBERT M. et HILLS, FREDERICK S. «Job Evaluation and Pay Equity», *Public Personnel Management*, vol. 17, n° 3, automne 1988, p. 323-330.

OST, EDWARD. «Compensation. Comparable Worth: A Response for the '80s», *Personnel Journal*, vol. 64, n° 2, février 1985, p. 64-69.

STEINBERG, RONNIE J. «Evaluating Jobs», *Society*, vol. 22, n° 5, juillet-août 1985, p. 44-54.

Université de Montréal: *Équité en matière de salaire et d'emploi*, 19e Colloque de relations industrielles, 1988, Montréal, Université de Montréal, École de relations industrielles, 1989, 224 p.

Chapitre

12

Heures de travail

PLAN

La négociation concernant les heures de travail s'inscrit dans la suite de la discussion du chapitre précédent: le travail à effectuer d'une part, et la rémunération d'autre part. Le temps passé au travail, généralement exprimé par les heures journalières et hebdomadaires de travail, correspond au travail à effectuer: il exprime le temps accordé à la prestation de travail. Les conventions collectives traitent d'abord des heures de travail, puis de la durée du travail en général, incluant alors les congés et les vacances.

Pour l'ensemble de la société, déterminer la durée du travail constitue un choix fondamental entre deux objets également essentiels: des biens matériels nécessaires – produits par le travail et accessibles grâce à la rémunération – et le temps disponible à d'autres fins, que nous désignerons sous le terme de loisirs. Ce choix de société entre travail et loisirs est lourd de conséquences. Il dépend aussi de multiples contraintes. Il relève en partie de décisions personnelles mais également de normes imposées de l'extérieur, dans les lois et les conventions collectives. Même si les conventions collectives ne soulèvent guère le dilemme travail-loisirs – nous ne le ferons pas davantage –, c'est lui qui est finalement au fond de chaque négociation sur les heures de travail. La réponse apportée par notre société au cours des deux derniers siècles explique le haut niveau de vie dont nous jouissons aujourd'hui. C'est comme si nos ancêtres avaient choisi le travail – peut-être n'avaient-ils pas le choix –, alors qu'à la fin du XXe siècle nous nous préoccupons davantage des loisirs. Nous profitons des fruits du labeur de nos devanciers.

Cette question philosophique de base est pour ainsi dire éclipsée par l'avalanche des problèmes concrets que soulève la question des heures de travail, comme elle se pose dans les conventions collectives et dans l'ensemble de la société. Faut-il réduire le temps de travail? Quels sont les impacts d'une telle décision? Est-ce vraiment la solution au chômage? Les entreprises exigent-elles trop d'heures supplémentaires? Le travail à temps partiel résulte-t-il des calculs intéressés des employeurs ou d'une demande réelle de la part de nouvelles catégories de travailleurs? Comment expliquer que des travailleurs aient deux ou plusieurs emplois alors qu'il y a tant de chômeurs? Autant de questions qui se posent partout dans les pays industrialisés et qui sont directement reliées aux heures de travail déterminées dans les conventions collectives.

Nous proposerons d'abord dans ce chapitre une perspective historique de la question: la situation présente ne peut se comprendre sans référence à l'évolution des 150 dernières années. Suivront les définitions des principaux concepts utilisés dans la discussion sur les heures de travail. Le cadre légal nous permettra ensuite d'évaluer la distance qu'il y a entre ce qui est obligatoire et ce que les conventions collectives accordent en matière de durée du travail. Nous aborderons aussi l'analyse des principales clauses de conventions collectives qui traitent des heures de travail. Les sections suivantes étudieront divers problèmes, généraux et particuliers, sur le sujet.

12.1 Historique et concepts

Nous rappellerons d'abord, dans une perspective historique, que les heures de travail ont toujours constitué une importante préoccupation du mouvement ouvrier et nous verrons comment celui-ci a obtenu, par différents moyens, de 1850 à 1950, une importante réduction de la durée hebdomadaire et annuelle du travail. Nous présenterons ensuite les définitions des nombreux termes qui se rapportent directement à l'étude des heures et de la durée du travail. Enfin, nous énumérerons les principales primes ou indemnités qui s'y rattachent.

12.1.1 Perspective historique

Au milieu du XIXe siècle, la semaine de travail ne ressemblait guère à celle d'aujourd'hui. On travaillait alors 12 heures par jour – de 6 heures du matin à 6 heures du soir –, six jours par semaine, c'est-à-dire 72 heures par semaine[1]. Les congés étaient beaucoup

1. Frank Reid, *Hours of Work and Overtime in Ontario: The Dimensions of the Issue. Background Report to the Ontario Task Force on Hours of Work and Overtime*, Toronto, Queen's Printer, 1987; Gérard Hébert, *Les objectifs socio-économiques d'une législation relative aux heures de travail*, Mont-

plus rares qu'ils ne le sont actuellement, presque inexistants, et ils n'étaient à peu près jamais payés. La littérature (britannique, américaine et française) nous a laissé des descriptions tragiques et émouvantes du rythme de travail à cette époque[2].

Les protestations des unions ouvrières et les réactions de l'opinion publique, sous la pression des premiers travaux des sociologues et de certains journalistes, ont contribué à la réduction de la durée hebdomadaire du travail. Quelques États américains ont imposé des limites de 10 heures par jour, du moins pour les travaux effectués pour le compte du gouvernement. Les campagnes pour la journée de 10 heures ont été suivies de campagnes pour la journée de neuf heures. Neuf heures, et bientôt huit heures. Vers 1860, il se fonde des ligues pour la journée de neuf heures. La Ligue ouvrière de Montréal et d'autres regroupements font de la journée de neuf heures leur grand cheval de bataille[3]. Sous ces différentes pressions, la semaine de travail diminue assez régulièrement, de deux ou trois heures par décennie. Le mouvement s'amorce aux États-Unis, mais il suit sans trop de retard au Canada. (Voir le tableau 12-1 et la figure 12-1.)

Les campagnes pour la réduction des heures de travail se sont poursuivies après la formation, en 1886, de la Fédération américaine du travail aux États-Unis et du Congrès des métiers et du travail au Canada. Des lois ont été adoptées vers la même époque, qui imposent quelques timides restrictions. C'était un point de départ. L'*Acte des manufactures* de 1885 et la *Loi des établissements industriels de Québec* de 1894 fixent à 12 heures par jour et à 72 heures par semaine la durée du travail. Cependant, pour les femmes, les filles et les garçons de moins de 14 ans, le maximum était de 60 heures par semaine[4]. Au tournant du siècle, la moyenne des heures hebdomadaires de travail était de 55. De 1900 à 1920, leur nombre diminue de cinq heures par semaine aux États-Unis et de trois heures environ au Canada. La crise économique de 1930 aidant, les heures de travail se fixent, au Canada et aux États-Unis, du moins dans le secteur manufacturier, autour de 40 heures. La Deuxième Guerre mondiale fera grimper le nombre d'heures jusqu'à 50 au Canada; mais, dès la fin de la guerre, on revient à 40 heures.

Après la guerre, les mêmes influences qui ont entraîné la baisse importante des heures de 1850 à 1930 continuent de s'exercer, mais avec moins d'insistance et d'effet. Les unions ouvrières sont alors plus préoccupées de négociations collectives que de campagnes d'opinion. Les ententes qu'elles négocient exercent évidemment une influence déterminante sur l'évolution de la durée du travail. La législation suit l'évolution des faits et de l'opinion. L'ordonnance n° 4, prise sous la *Loi du salaire minimum* de 1940, va régir le salaire minimum et les heures normales de travail au Québec pendant plusieurs décennies: elle fixe alors à 48 heures par semaine la durée normale du travail. Aux États-Unis, le *Fair Labor Standards Act* impose la norme de 44 heures, ainsi que le paiement d'une prime pour les heures supplémentaires[5].

Alors que la durée du travail avait diminué de façon spectaculaire au cours des trois quarts de siècle pré-

---

réal, septembre 1969, 269 p., document miméographié, non publié; FRED LAZAR, *Hours of Work and Overtime: U.S. Experience and Policies. Background Report to the Ontario Task Force on Hours of Work and Overtime*, Toronto, Queen's Printer, 1987; GORDON F. BLOOM et HERBERT R. NORTHRUP, *Economics of Labor Relations*, 6e édition, Homewood, Ill., Richard D. Irwin, 1969 (751 p.) p. 470-491, ch. 16: «The Shorter Work Week».

2. Voir, par exemple, les œuvres des Britanniques Charles Dickens et John Ruskin, de l'Américain Henry George et *Les Misérables* de Victor Hugo.
3. DESMOND MORTON, *Working People. An Illustrated History of the Canadian Labour Movement*, Ottawa, Deneau, 1980 (357 p.), p. 21-25; JACQUES ROUILLARD, *Histoire du syndicalisme au Québec. Des origines à nos jours*, Montréal, Boréal, 1989 (535 p.), p. 26-27.
4. *Acte des manufactures*, S.Q. 48 Victoria, 1885, c. 32, art. 10; *Loi des établissements industriels de Québec*, S.Q. 57 Victoria, 1894, c. 30, art. 1 modifiant les articles 3025 et 3026 des S.R.Q. de 1888.
5. *Loi du salaire minimum*, S.Q. 4 George VI, 1940, c. 39. Arrêté en conseil 805 du 2 avril 1942, *Gazette officielle du Québec*, vol. 74, n° 15, 11 avril 1942, art. 12, p. 1566; *Fair Labor Standards Act*, 1938.

TABLEAU 12-1

Évolution séculaire des heures de travail par semaine aux États-Unis et au Canada – 1850-1990

Années	États-Unis			Canada	
	Secteur privé non agricole	Secteur manufacturier		Secteur privé non agricole	Secteur manufacturier
1850	H.e. 65,7				
1860	63,3				
1870	60,0			64,0	
1880	58,8				
1890	57,1				
1900	55,9	H.e. 55,0		H.e. 56,4	
1910	50,3	52,2		53,5	
1920	45,5	H.p. 47,4		50,0	H.n. 50,3
1930	43,2	42,1		48,1	49,8
1940	41,1	38,1		47,9	H.p. 50,1
1950	38,8	40,5	H. suppl.	43,0	42,3
1960	H.p. 38,6	39,7	2,4	40,0	40,4
1970	37,1	39,8	3,0		39,7
1971	37,0	39,9	2,9		39,6
1972	37,2	40,6	3,5		40,0
1973	37,1	40,7	3,8		39,6
1974	36,6	40,0	3,2		38,9
1975	36,1	39,4	2,6		38,5
1976	36,1	40,1	3,1		38,7
1977	36,0	40,3	3,4		38,7
1978	35,8	40,4	3,6		38,8
1979	35,7	40,2	3,3		38,8
1980	35,3	39,7	2,8		38,5
1981	35,2	39,8	2,8		38,5
1982	34,8	38,9	2,3		37,7
1983	35,0	40,1	3,0		38,4
1984	35,3	40,7	3,4		38,5
1985	34,9	40,5	3,3		38,8
1986	34,8	40,7	3,4		37,9
1987	34,8	41,0	3,7		38,0
1988	34,7	41,1	3,9		38,0
1989	34,6	41,0	3,8		38,7
1990	34,5	40,8	3,6		38,6

H.e.: Heures effectuées H.p.: Heures payées H.n.: Heures normales

Sources: Bureau of Labor Statistics, *Handbook of Labor Statistics* et *Monthly Labor Review*; Statistique Canada, *Statistiques historiques du Canada* (11-516) et *Emploi, gains et durée du travail* (72-002).

FIGURE 12-1

Heures de travail dans le secteur manufacturier aux États-Unis et au Canada – 1850 à 1990

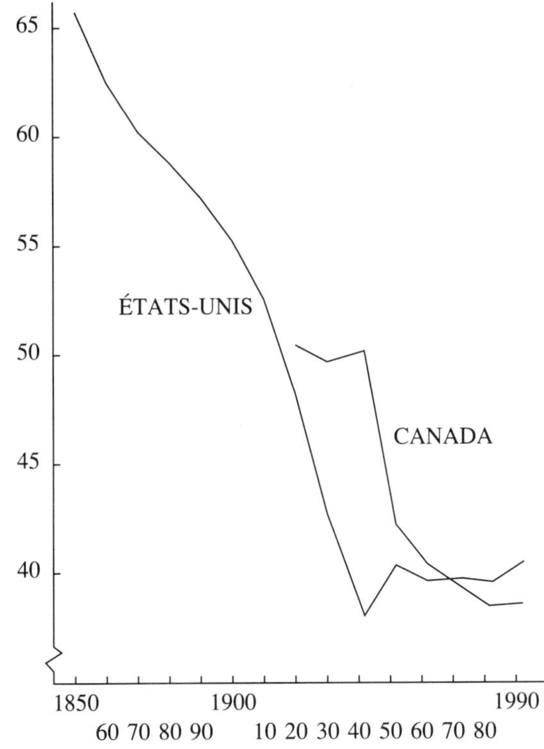

cédents, elle est, depuis le dernier demi-siècle, demeurée stable, autour de 40 heures par semaine. Après une chute régulière durant 80 ans, la stabilité s'est installée et toutes les campagnes d'opinion n'ont guère réussi à faire diminuer les heures normales de plus d'une heure ou deux, dans l'ensemble des secteurs. Dans le domaine manufacturier, la règle est toujours de 40 heures. Dans les services et le commerce, la diminution s'est poursuivie, mais très lentement. Les légères variations qu'on peut observer au cours des 50 dernières années reflètent bien davantage le mouvement des affaires, c'est-à-dire le cycle économique, qu'une tendance de longue durée. Le phénomène peut s'expliquer de plusieurs façons.

La réduction des heures de travail effectuées, de 60 à 54 heures, puis à 48 heures par semaine, au cours des 40 premières années du XXe siècle, tant en Europe qu'aux États-Unis, est un phénomène qui a été abondamment analysé et mesuré. On a pu constater que toute réduction substantielle des heures de travail, par exemple de 60 à 50 heures par semaine, avait des effets positifs à tous points de vue: chute des absences pour cause de maladie, diminution des accidents de travail, réduction des taux d'absentéisme et, en contrepartie, amélioration correspondante de l'efficacité et de la production[6]. Pour ne donner qu'un exemple, on a observé que la semaine de 60 heures comportait régulièrement 6 % d'absences-maladie et que celle de 45 heures n'entraînait que 3 % d'absences-maladie. Chaque réduction de cinq heures de travail par semaine avait pour effet d'enlever 1 % d'absences-maladie au total observé[7].

Une importante observation à retenir des études de cette période, c'est qu'il existe une sorte de courbe normale du taux d'accidents de travail, où le déroulement de la journée de travail intervient beaucoup plus que sa durée. Qu'on travaille 8 ou 10 heures dans la journée, le taux est généralement faible au début de la période de travail et s'accroît lentement jusque vers la fin de l'avant-midi. À la reprise du travail, le taux est déjà plus élevé que celui du matin et il s'accroît plus rapidement que dans l'avant-midi. (Voir la figure 12-2.) On a observé une courbe un peu semblable dans l'efficacité et le rendement des travailleurs. Leur taux est relativement bas le matin; il s'accroît peu à peu au cours de l'avant-midi; la pers-

6. J. SCHERRER *et al.*, *Physiologie du travail (ergonomie)*, Paris, Masson et Cie, 1967, 342 p.; U.S. Department of Labor, Bureau of Labor Statistics, *Hours of Work and Output*, bulletin n° 917, Washington, D.C., U.S. Government Printing Office, 1947, 160 p.

7. P. SARGANT FLORENCE, *Economics of Fatigue and Unrest and the Efficiency of Labor in English and American Industry*, Londres, George Allen and Unwin, et New York, Holt, 1924, 426 p.; MAX D. KOSSARIS, «Hours Efficiency in British Industry», *Monthly Labor Review*, vol. 52, n° 6, juin 1941, p. 1346.

FIGURE 12-2

Taux de fréquence des accidents de travail selon les heures de la journée dans certaines entreprises américaines – 1918 et 1944
(Première heure du jour = 100)

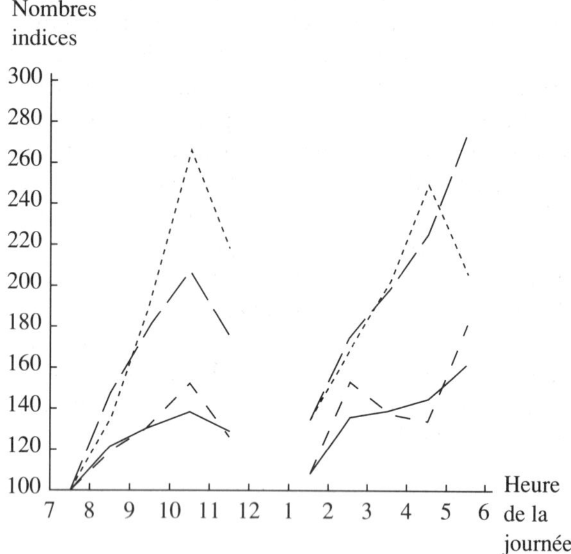

Sources: 1918: *Public Health Bulletin No. 106*: «Comparison of an Eight-Hour Plant and a Ten-Hour Plant», Report by JOSEPHINE GOLDMARK and MARY D. HOPKINS on an Investigation by PHILIP SARGANT FLORENCE and Associates under the General Direction of FREDERICK S. LEE, U.S. Public Health Service, Washington, February 1920. D'après P. SARGANT FLORENCE, *Economics of Fatigue and Unrest and the Efficiency of Labor in English and American Industry*, Londres, George Allen and Unwin, et New York, Henry Holt and Co., 1924 (426 p.), p. 351. 1944: U.S. Department of Labor, Bureau of Labor Statistics, *Hours of Work and Output*, bulletin nº 917, Washington, D.C., U.S. Government Printing Office, 1947 (160 p.), p. 40.

FIGURE 12-3

Courbe normale du rendement habituel d'un travailleur au cours d'une journée

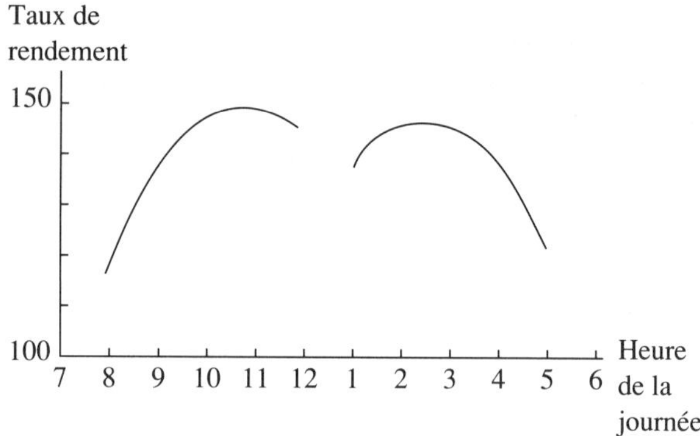

Source: Courbe-synthèse de différentes mesures. D'après GÉRARD HÉBERT, *Les objectifs socio-économiques d'une législation relative aux heures de travail*, étude préparée pour l'Équipe spécialisée sur les heures de travail (Ottawa), Université de Montréal, septembre 1969 (269 p.), document miméographié; chapitre 4: «Santé et productivité», p. 93-128.

pective de la période de repas le réduit légèrement dans la dernière heure. L'après-midi, c'est l'inverse: la montée est rapide, mais la fatigue et l'approche de la fin du travail produisent une chute plus longue. La courbe demeure sensiblement la même, quelle que soit la longueur de la journée (8 ou 10 heures). (Voir la figure 12-3.)

La réduction des heures de travail, quand la semaine est très longue – autour de 60 heures –, donne des résultats remarquables. La diminution des heures travaillées, dans ce contexte, réduit les effets négatifs et augmente la productivité, dans une proportion qui dépasse de beaucoup celle des heures retranchées. Par contre, ce n'est plus le cas une fois la semaine établie au niveau de 40 ou 45 heures. C"est comme si, alors, l'aspect fatigue, relié à la longueur des journées, cédait le pas aux autres aspects, comme l'effet du déroulement de la journée de travail. On a observé le même phénomène en passant de six jours par semaine à cinq et demi, puis à cinq; les effets positifs ne changent pas si on diminue la semaine à moins de cinq jours. Les observations précédentes laissent croire que 40 heures de travail par semaine, distribuées en cinq journées de huit heures, constituent une formule adéquate du point de vue physiologique. Ce n'est pas à dire qu'il n'y a pas d'autres raisons qui puissent militer en faveur d'une réduction additionnelle de la semaine de travail. Mais, justement, il faut invoquer d'autres raisons, parce que les motifs physiologiques d'efficacité, à tous points de vue, n'ont plus l'impact qu'ils avaient quand la semaine de travail était plus longue.

La stabilité autour de 40 heures peut aussi s'expliquer, dans une certaine mesure, par une simple question d'arithmétique. La journée de huit heures et la semaine de 40 heures s'administrent bien. Cinq jours de huit heures de travail font 40 heures par semaine. En situation de production continue, la journée de 24 heures se divise tout naturellement en trois quarts de 8 heures chacun. Aucune autre formule ne se prête aussi facilement aux contraintes de 24 heures par jour et de 7 jours par semaine.

Au cours des années 1970 et 1980, on a vu d'importantes campagnes pour la réduction du temps de travail dans plusieurs pays d'Europe. Il faut d'abord noter que le nombre normal d'heures de travail dans ces pays se situait autour de 45 et de 48 heures, alors que la norme nord-américaine était de 40 heures. De plus, dans la plupart des cas où les campagnes ont eu un résultat tangible, celui-ci s'est traduit par une diminution d'une heure ou deux par semaine, pas plus[8]. Aux États-Unis et au Canada, on a vu des campagnes semblables, mais relativement dispersées, et sans grand résultat. Dans la plupart des cas, les campagnes importantes visaient bien davantage à réduire le recours abusif aux heures supplémentaires qu'à modifier la norme hebdomadaire[9].

L'évolution des heures hebdomadaires de travail, en Amérique du Nord, se divise en deux grandes périodes et peut se résumer dans les deux observations suivantes. De 1850 à 1930, on a assisté à une chute remarquable du nombre d'heures de travail par semaine : elles sont passées de 65 à environ 40. Depuis les années 1930, sauf pour les années de guerre, leur nombre est demeuré extraordinairement stable dans le secteur manufacturier, alors qu'il diminuait légèrement dans les autres industries du secteur privé. Le nombre moyen d'heures supplémentaires dans le secteur manufacturier est aussi très stable. Entre trois et quatre heures par semaine aux États-Unis.

12.1.2 Principaux concepts

Les concepts, ou groupes de concepts, relatifs aux heures de travail sont nombreux et variés. Nous définirons les principaux, ceux qui nous serviront davantage dans le reste du chapitre.

L'expression «heures normales» est peut-être la plus utilisée de toutes. Elle l'est dans deux sens, qu'il ne faut jamais confondre. L'adjectif contient le mot «norme». Les heures normales sont donc celles qui sont déterminées par une norme; celle-ci peut être fixée par une loi, une convention collective ou la coutume. On désigne aussi comme normal ce qui se produit habituellement; en ce sens, on parlera également d'heures normales pour exprimer celles qui sont généralement accomplies par la plupart des travailleurs. Sauf indication contraire, nous utiliserons l'expression heures normales dans son premier sens plutôt que dans le second.

Tous savent bien que le nombre d'heures normales, au sens strict du mot, peut être dépassé. On parle alors d'heures supplémentaires, qu'on appelle également «temps supplémentaire» ou «surtemps». Si l'employeur veut faire exécuter du travail en heures supplémentaires, il doit ajouter – comme une sorte de sanction ou de pénalité – une prime au taux normal, c'est-à-dire au taux qui correspond à la norme. En ce sens, les heures normales sont souvent définies tout simplement par référence au taux qui est normalement payé. C'est d'ailleurs de cette manière que l'Orga-

8. Bureau international du travail, *L'organisation du temps de travail dans les pays industrialisés*, Genève, BIT, 1978, 134 p. ; J. DAVID ARROWSMITH, *Overtime : Legislative and Collective Bargaining Issues*, Research and Current Issues Series No. 52, Kingston, Queen's University, Industrial Relations Centre, 1988 (128 p.), p. 104-109.
9. On notera le dernier mot du titre du rapport suivant: *Working Times : The Report of the Ontario Task Force on Hours of Work and Overtime*. Toronto, ministère du Travail de l'Ontario, 1987, 144 p.

nisation internationale du travail a défini la «durée normale» du travail dans sa recommandation nº 116[10].

> La durée normale du travail désignera, aux fins de la présente recommandation, le nombre d'heures fixé dans chaque pays par la législation, par accord collectif, par sentence arbitrale (...) ou, à défaut d'une durée normale ainsi déterminée, le nombre d'heures au-delà duquel tout travail effectué est rémunéré au taux des heures supplémentaires ou constitue une exception aux règles ou usages admis pour l'établissement ou les travaux considérés.

Au concept de durée normale du travail s'oppose celui de «durée maximale». Au sens strict, la durée maximale exprime le nombre d'heures qu'aucun employeur ni aucun employé ne doit dépasser par jour ou par semaine. C'est ainsi que le *Code canadien du travail* prévoit 40 heures normales de travail par semaine et une durée maximale de 48 heures[11]. Malgré le mot utilisé et malgré l'intention du législateur, il arrive bien souvent que le maximum d'heures doit être dépassé. Il faut alors qu'un permis soit obtenu ou qu'un avis soit donné, comme nous le verrons plus loin dans la section portant sur le cadre légal.

Dans les statistiques relatives aux heures de travail, on parle tantôt des heures effectuées, tantôt des heures payées. Les «heures effectuées» désignent, comme le mot l'indique, celles où l'employé a effectivement fourni son travail. La distinction d'avec le terme suivant est née de l'existence du temps chômé mais payé, comme les jours fériés et les vacances annuelles. Les «heures payées» incluent le temps payé mais non travaillé. Il a fallu introduire, dans les statistiques, le concept d'heures payées parce que le relevé des heures provient généralement des relevés de la comptabilité des employeurs. En ce sens, un jour de congé ou une semaine de vacances, pour l'employeur, constituent des heures qu'il doit comptabiliser comme des heures où du travail a été accompli. Les heures effectuées et les heures payées représentent des données empiriques, contrairement aux heures normales qui correspondent à une donnée normative.

Les «heures supplémentaires» sont celles qui sont effectivement travaillées, au-delà des heures normales, et qui sont presque toujours payées à un taux majoré.

12.1.3 Primes diverses relatives au temps de travail

Les primes dont nous parlons ici correspondent à des suppléments qui sont accordés, en plus de la rémunération normale, parce que le travail est effectué dans des circonstances spéciales ou particulières.

La prime d'«heures supplémentaires» est d'emblée la plus fréquente. Elle consiste généralement dans un taux majoré – taux majoré de moitié (150 %) ou taux double (200 %) – que l'employeur doit payer pour les heures de travail effectuées au-delà des heures déterminées comme normales pour chaque jour ou pour chaque semaine de travail.

On assimile parfois aux heures supplémentaires les primes accordées pour du travail effectué le «samedi ou le dimanche», là où ces deux journées sont des jours sans travail. La prime sera le plus souvent une majoration de moitié du taux (150 %) pour le samedi, et un taux double (200 %) pour le dimanche. Les termes utilisés pour ce genre de prime ou d'indemnité varient quelque peu. Certains parlent de prime de congé, d'autres de prime pour le sixième ou le septième jour, d'autres enfin, tout simplement, de prime du samedi et du dimanche.

Là où le travail se fait de manière continue, une prime est accordée à ceux qui sont assignés à l'«équipe (ou au quart) de soir» ou à l'«équipe de nuit». La prime de nuit est généralement plus élevée que la prime de soir.

D'autres situations particulières font aussi l'objet de primes spéciales. Si les heures normales, par exemple huit heures, ne sont pas faites de manière consécutive, on accorde souvent une «prime d'heures brisées», qui s'appelle aussi «prime de fractionnement» ou encore «prime d'amplitude», parce que le travailleur

10. Recommandation (nº 116) sur la réduction de la durée de travail, 1962, paragraphe 11.
11. *Code canadien du travail*, L.R.C. 1985, c. L-2, art. 169 (1) et art. 172.

doit, chaque jour, réserver à son travail un plus grand nombre d'heures que les huit heures qu'il doit effectuer. Il y a également la «prime de disponibilité», accordée au travailleur en congé qui doit demeurer disponible pour répondre à tout appel d'urgence.

Enfin, il y a d'autres primes, qui s'ajoutent au taux horaire normal, mais qui dépendent de la nature du travail plutôt que d'un horaire particulier. C'est le cas de la prime de travail salissant, de la prime de surveillance – pour celui qui doit surveiller un certain nombre de collègues de travail –, de la prime d'éloignement.

* * *

Enfin, il faut signaler que le problème des heures de travail s'inscrit dans un ensemble beaucoup plus vaste, celui de la durée totale du travail. Même s'il est vrai que la journée et la semaine de travail n'ont pas été modifiées sensiblement depuis une cinquantaine d'années, la durée annuelle du travail pour sa part, a beaucoup changé. Les vacances annuelles, en Amérique du Nord, ont été considérablement prolongées. Le nombre des congés fériés, chômés et payés, est passé de 6 à 13 et même à 15 dans certains cas. On a vu apparaître des congés de maladie et de deuil, des congés sociaux, personnels ou mêmes libres, que l'employé peut prendre, moyennant quelques contraintes, quand il le désire. Tout cela diminue l'année de travail, mais pas nécessairement la journée ni la semaine de travail.

Avant d'aborder les dispositions des conventions collectives relatives aux heures et au temps de travail, il faut rappeler le cadre légal que les conventions collectives doivent respecter.

12.2 Cadre légal

Selon que l'activité de l'entreprise est de compétence fédérale ou provinciale, les dispositions minimales que chacune doit respecter sont contenues dans la partie III du *Code canadien du travail* ou dans la *Loi sur les normes du travail* du Québec. Celle-ci a remplacé, en 1979, l'ancienne *Loi du salaire minimum*, tout en ajoutant de nouvelles obligations. D'importantes modifications ont été apportées à la loi sur les normes en 1990[12].

12.2.1 Normes relatives aux heures de travail au Québec

Depuis l'adoption de la *Loi sur les normes du travail*, en 1979, la semaine normale de travail au Québec est de 44 heures. Auparavant, elle était de 45 heures. Avant 1972, elle était de 48 heures[13]. L'article 52 de la L.N.T. donne au gouvernement le pouvoir de fixer d'autres heures normales par voie de règlement; il l'a fait, par exemple, pour les gardiens de nuit (60 heures) – à moins que ceux-ci ne travaillent pour une compagnie qui fournit ce genre de service par contrat à d'autres entreprises –, pour les travaux exécutés dans un endroit isolé (55 heures) et pour le domestique qui réside chez son employeur (53 heures)[14].

Il faut noter que certains employés sont complètement soustraits à l'application de cette partie de la *Loi sur les normes du travail*. Ce sont, par exemple, les cadres d'une entreprise, les salariés qui travaillent en dehors de l'établissement et dont les horaires sont incontrôlables, comme les commis voyageurs, les travailleurs agricoles et certains étudiants employés par des organismes à but non lucratif comme les camps de vacances[15].

La loi ne contient pas de disposition relative à une durée normale du travail journalier. Seules des heures normales par semaine sont prescrites. Tout travail exécuté en surplus de ces heures doit comporter une prime, ou majoration, de 50 % du salaire horaire

12. *Loi modifiant la Loi sur les normes du travail et d'autres dispositions législatives*, sanctionnée le 20 décembre 1990, L.Q. 1990, c. 73, art. 16 et 17 modifiant les articles 54 et 55 de la L.N.T.
13. *Loi sur les normes du travail*, L.R.Q., c. N-1.1, art. 52. Ordonnance n° 4, 1972, de la Commission du salaire minimum, *Gazette officielle du Québec*, vol. 104, n° 30, 20 juillet 1972, p. 6252 à 6257, art. 5; Ordonnance n° 4, 1960, de la Commission du salaire minimum, art. 27, *Gazette officielle du Québec*, vol. 92, n° 12, 19 mars 1960.
14. *Règlement sur les normes du travail*, L.R.Q., c. N-1.1, règlement n° 3, art. 8 à 13.
15. *Loi sur les normes du travail*, L.R.Q., c. N-1.1, art. 54, avec les modifications de L.Q. 1990, c. 73, art. 16.

habituel de l'employé. La modification de 1990 permet, à la demande du salarié ou dans les cas prévus par convention collective, de remplacer le paiement des heures supplémentaires par un congé payé d'une durée équivalente aux heures supplémentaires effectuées, avec la majoration prescrite de 50 %[16].

La même loi contient d'autres dispositions relatives à la durée du travail, comme une indemnité de présence au travail égale à trois heures du salaire horaire habituel, huit jours fériés, chômés et payés, des congés sociaux et des vacances annuelles de deux ou trois semaines selon le nombre d'années de service continu[17].

La loi n'impose pas la période de repos, généralement connue sous le nom de pause-café. Par contre, si elle existe, elle doit être payée, puisque la loi dit que «le salarié est réputé être au travail durant la pause-café» (L.N.T. art. 59). Par contre, la période de repas est obligatoire après cinq heures consécutives de travail; elle doit être d'au moins 30 minutes, mais elle n'est pas payée, sauf si le salarié n'a pas le droit de quitter son poste de travail pendant ce temps (L.N.T. art. 79).

12.2.2 Code canadien du travail

Les dispositions du Code canadien sur la durée du travail (art. 169-177) sont très différentes des dispositions en vigueur au Québec. Le premier article établit une durée normale de travail de huit heures par jour et de 40 heures par semaine (C.c.t. art. 169, paragr. 1). Le paiement des heures supplémentaires sera donc obligatoire dès que le travailleur dépasse huit heures dans sa journée, même s'il n'atteint pas 40 heures dans sa semaine. Comme au Québec, la prime d'heures supplémentaires est constituée d'au moins la moitié de la rémunération horaire habituelle (C.c.t. art. 174).

Le calcul des heures normales, journalières ou hebdomadaires, peut, là où le travail est par nature irrégulier, se faire sur une base de plusieurs semaines (C.c.t. art. 169, paragr. 2). Des règles détaillées précisent les modes d'application de cette formule de la moyenne, qui permet l'étalement des heures à taux normal sur plusieurs semaines (*Règlement du Canada sur les normes du travail*, 1978 et 1991).

Aussitôt après avoir fixé la journée normale à huit heures et la semaine normale à 40 heures, le Code canadien «interdit à l'employeur de faire ou de laisser travailler un employé au-delà de cette durée» (C.c.t. art. 169, paragr. 1b). Il faut sous-entendre: sans lui payer la prime alors obligatoire. En effet, le Code parle plus loin d'une durée maximale de 48 heures par semaine (C.c.t. art. 171-172). De plus, le Code permet au ministre d'accorder divers permis de dérogation aux heures normales et maximales (C.c.t. art. 170 et 176) et au gouvernement d'adopter des règlements en vue d'exempter certaines catégories d'employeurs de l'obligation des heures normales et maximales (C.c.t. art. 175). À cause de la complexité de ces nombreuses dérogations, il faut en traiter séparément.

12.2.3 Permis de dérogation au Code canadien du travail

Les dérogations aux règles de 40 heures à taux normal et d'un maximum de 48 heures prennent plusieurs formes. Elles sont autorisées soit par le ministre, soit par un règlement qui vise une industrie ou un secteur[18].

La loi prévoit deux types de dérogation pour des circonstances différentes (C.c.t. art. 170 et 176). L'article 170 vise des situations possiblement permanentes, comme une formule d'horaire variable ou de semaine comprimée. Si le ministre juge que c'est dans l'intérêt du groupe visé, il peut autoriser un employeur

16. *Loi sur les normes du travail*, L.R.Q., c. N-1.1, art. 55, *Loi modifiant la L.N.T.*, L.Q. 1990, c. 73, art. 17.
17. *Loi sur les normes du travail*, L.R.Q., c. N-1.1, art. 58 et 60 modifié, 68 et 69 modifiés, et art. 80.
18. GÉRARD HÉBERT et GILLES TRUDEAU, *Les normes minimales du travail au Canada et au Québec*, Cowansville, Les Éditions Yvon Blais inc., 1987 (192 p.) «Exemptions à la règle du *Code canadien du travail*», p. 77-82.

à faire travailler ses employés au-delà de huit heures par jour et de 40 heures par semaine. Ce type de dérogation ne contient normalement pas de limite de temps; elle est cependant toujours révocable. La loi précise que la moyenne hebdomadaire de travail au taux normal ne doit pas dépasser 40 heures; le permis lui-même fixe la manière de calculer cette moyenne: il détermine en particulier le nombre de semaines sur lequel le calcul peut s'étaler (C.c.t. art. 170, paragr. 1). Dans sa demande de permis, l'employeur doit établir la raison qui motive une telle dérogation. Là où il existe une convention collective, la demande doit être faite conjointement par l'employeur et le syndicat. Là où il n'y a pas de syndicat, l'employeur doit démontrer qu'il a l'appui d'au moins 80 % des employés qui seront touchés par cette mesure et que celle-ci est dans leur intérêt (C.c.t. art. 170, paragr. 2 à 6).

Les dérogations autorisées par l'article 176 s'appliquent dans des circonstances particulières, qui peuvent cependant se prolonger, comme le travail en région éloignée ou l'entretien des voies ferrées dans des régions relativement inhabitées. Le permis doit alors préciser le dépassement autorisé par rapport aux heures maximales ou la durée du travail par jour ou par semaine. La dérogation ne peut être accordée au-delà des circonstances exceptionnelles qui la justifient. De plus, l'employeur doit faire rapport au ministre, dans les 15 jours suivant l'expiration du permis ou aux dates qui lui ont été spécifiées, généralement une fois par semaine. Ce rapport doit indiquer le nombre d'employés et le nombre d'heures fournies au-delà du maximum déterminé dans la loi ou dans un règlement pertinent.

En effet, l'exemption peut aussi prendre la forme d'un règlement, adopté en vertu de l'article 175. Il existe une dizaine de règlements de cette nature, qui touchent tantôt les employés d'un établissement particulier, tantôt certains types de travailleurs de tout un secteur industriel donné. Le plus important traite du transport routier. Le règlement distingue plusieurs catégories d'employés et un nombre d'heures propre à chacune, comme les conducteurs et les autres employés; parmi les premiers, il y a les conducteurs de véhicules pour le transport des marchandises et les conducteurs d'autobus[19].

Le règlement ne comporte pas de durée maximale du travail. Par contre, le *Code de la sécurité routière* du Québec et les règlements pertinents s'appliquent aux transporteurs routiers. La Société de l'assurance-automobile peut fixer des heures maximales de conduite; elle a aussi le pouvoir de permettre un nombre d'heures de travail supérieur aux normes. La règle générale, pour les transporteurs routiers, est de 60 heures pour sept jours et de 70 heures pour huit jours consécutifs[20].

Il y a également d'autres exemptions de type général. Ainsi, le règlement général relatif à la partie III du Code canadien permet de dépasser 40 heures par semaine au taux normal lorsqu'il existe, dans l'entreprise, une pratique établie dans ce sens, par exemple par suite de changements de quart ou de poste, ou encore conformément à la convention collective, pour faire valoir des droits d'ancienneté, ou dans le cas où un employé change de poste avec un autre employé[21].

La durée maximale du travail hebdomadaire peut aussi être dépassée dans tous les cas d'urgence, par exemple à l'occasion d'un bris de l'outillage, de dommages au matériel ou à l'usine, ou d'accidents de travail, ainsi qu'en toute autre circonstance imprévue et inévitable (C.c.t. art. 177). Dans ces cas d'urgence, un rapport doit par la suite être adressé au ministre. Un arbitre a décidé que, en cas d'urgence, un employeur pouvait toujours, même sans permis, obliger un employé à travailler au-delà des heures prescrites[22].

---

19. *Règlement sur la durée du travail des conducteurs de véhicules automobiles*, C.R.C. 1978, c. 990.
20. *Loi modifiant le Code de la sécurité routière*, L.Q. 1988, c. 68, art. 16, ajoutant l'article 519.30.1 au *Code de la sécurité routière*.
21. *Règlement du Canada sur les normes du travail*, C.R.C. 1978, c. 986, art. 7.
22. *Adams Mine Cliffs of Canada Ltd.*, (1975) 8 L.A.C. (2d), p. 204.

Le nombre élevé de dérogations générales et particulières fait en sorte que les parties contractantes à une convention collective ont presque toute liberté de fixer le nombre d'heures qu'elles veulent. Devant une demande conjointe de dérogation, avec tous les précédents qui existent, il serait difficile au ministre de refuser une telle demande. Comme il s'agit du Code canadien, inutile de rappeler que toute cette discussion ne vise que les entreprises de compétence fédérale, nullement celles qui relèvent de la compétence des provinces.

Les conventions collectives doivent respecter le cadre légal que nous venons de rappeler, c'est-à-dire les normes minimales imposées par le législateur, en matière d'heures de travail et de rémunération. Il est normal que les conventions collectives cherchent à assurer aux salariés visés par la négociation de meilleures conditions. C'est ce que nous verrons dans la prochaine section.

12.3 Clauses relatives aux heures de travail

Les clauses de convention collective relatives aux heures de travail sont tantôt courtes et simples, tantôt longues et complexes, selon la nature de l'entreprise et l'organisation du temps de travail qu'on y trouve. Il va de soi qu'il est plus facile de décider des heures de travail dans une petite usine où l'on ne travaille que cinq jours par semaine, de huit heures du matin à cinq heures de l'après-midi, que dans un supermarché où le nombre d'employés et l'achalandage varient constamment, d'une heure à l'autre et d'un jour à l'autre, ou encore dans un hôpital où des services doivent être assurés 24 heures par jour, sept jours par semaine.

Nous présenterons une vue d'ensemble du contenu des conventions collectives sur les heures de travail et quelques exemples de clauses. Nous retiendrons trois aspects principaux: premièrement, la durée normale et l'horaire de travail; deuxièmement, les heures supplémentaires et la prime obligatoire qui s'y rattache; et troisièmement, les quarts de travail, les primes et les méthodes d'assignation que l'on rencontre.

12.3.1 Durée normale et horaire de travail

La très grande majorité des conventions collectives contiennent des dispositions sur les heures normales, par jour et par semaine. La plupart d'entre elles déterminent également l'horaire de travail, c'est-à-dire à quel moment commence et se termine chaque journée de travail. Même dans le cas où les employés ont une certaine liberté quant à leurs heures de travail – ce qu'on appelle l'horaire variable –, la convention collective détermine un écart maximal (c'est-à-dire les heures autorisées pour le début et la fin de la journée) et des heures de présence obligatoire. Il doit en être ainsi s'il est vrai que les heures normales ne se définissent qu'en fonction de la prime qu'il faut accorder pour les heures travaillées en dehors des heures normales.

Il existe une différence prononcée entre le secteur manufacturier et les autres secteurs quant à la durée de la journée et de la semaine normale de travail. Dans le secteur manufacturier, où l'on trouve une forte concentration de cols bleus, la majorité des salariés, régis par 80 % des conventions collectives, ont une journée normale de huit heures et une semaine normale de 40 heures. Mais un nombre très important de salariés, dans les plus grosses entreprises, bénéficient d'une journée et d'une semaine normale plus courtes, respectivement de 7,5 heures et de 37,5 heures (Voir le tableau 12-2.) De 1984 à 1989 un changement se produit: 10 % des salariés sont passés de la journée de huit heures à la journée de 7,5 heures. Le même mouvement, pour la semaine normale, de 40 à 37,5 heures, ne vise que 6 % des salariés, parce que plusieurs bénéficiaient déjà de cet avantage, par exemple par une fin de journée hâtive le vendredi. Le nombre de salariés, même parmi les cols bleus, qui jouissent de la journée de sept heures et de la semaine de 35 heures n'est pas négligeable (4 %). Rappelons cependant qu'il s'agit là d'heures normales; dans certains secteurs, de forts groupes de salariés effectuent également des heures supplémentaires de façon régulière.

TABLEAU 12-2

Proportion des conventions collectives et des salariés cols bleus selon la durée normale du travail – 1984 et 1989

Durée du travail	Conventions collectives régissant moins de 50 salariés				50 salariés et plus				tous les salariés (TOTAL)			
	1984		1989		1984		1989		1984		1989	
	C.c. %	Sal. %	C.c. %	Sal. %	C.c. %	Sal. %	C.c. %	Sal. %	C.c. %	Sal. %	C.c. %	Sal. %
Journée normale												
7 heures ou moins	5,4	4,7	5,4	4,6	3,0	3,6	2,8	3,9	4,5	3,7	4,9	4,0
7,5 heures[1]	3,9	4,0	4,2	4,1	7,0	26,4	7,9	42,3	5,0	24,1	4,9	35,1
8 heures	79,3	80,6	78,7	80,6	84,3	67,2	84,6	52,4	81,0	68,6	80,0	57,6
Plus de 8 heures	11,4	10,6	11,6	10,7	5,7	2,8	4,7	1,5	9,4	3,6	10,2	3,2
Semaine normale (heures)												
35 heures ou moins	4,7	4,4	4,7	4,2	3,2	3,4	2,6	3,3	4,2	3,5	4,1	3,4
37,5 heures[2]	10,5	11,5	10,7	11,6	13,4	41,6	18,0	49,7	11,4	37,9	12,7	44,2
40 heures	63,3	63,6	62,6	63,5	68,1	48,6	67,1	40,8	64,8	50,4	63,8	44,0
Plus de 40 heures	21,5	20,5	22,0	20,7	15,3	6,4	12,3	6,2	19,6	8,2	19,3	8,3
Semaine normale (jours)												
Moins de 5 jours	2,3	2,4	2,7	2,6	3,1	1,3	3,1	1,2	2,6	1,5	2,8	1,4
5 jours	96,7	97,0	96,4	96,9	96,4	98,3	96,5	98,7	96,6	98,2	96,4	98,4
Plus de 5 jours	1,0	0,6	0,9	0,5	0,4	0,4	0,4	0,1	0,8	0,3	0,8	0,2

N.B. Les additions qui ne donnent pas 100 % s'expliquent par le fait que les chiffres ont été arrondis.

1. Inclut les journées de sept heures et quart et de sept heures trois quarts.
2. Inclut les semaines de plus de 35 heures et de moins 40 heures.

Source : Données mécanographiques du CRSMT, 27 mars 1991. (Variables J-01 à J-06.)

En dehors du secteur manufacturier, la répartition demeure à l'intérieur de la même fourchette (de 35 à 40 heures), mais dans des proportions très différentes. Il s'agit ici surtout de cols blancs. On pourrait dire que 75 % des cols blancs, régis par 70 % des conventions, ont une journée de sept heures et une semaine de travail de 35 heures. (Voir le tableau 12-3.) De 1984 à 1989, on note une légère augmentation des cols blancs qui travaillent huit heures par jour et 40 heures par semaine: la proportion passe de 4 % à 6 %. La raison principale de ce changement, de prime abord étonnant, c'est que la négociation s'est beaucoup développée, ces années-là, dans les secteurs du commerce et des services privés, où le nombre d'heures de travail est généralement plus élevé que dans les bureaux. En résumé, la règle la plus fréquente est celle de 8-40 pour les cols bleus, quoique cela tend à diminuer; pour les cols blancs, la formule 7-35 domine largement.

La majorité des conventions collectives contiennent des dispositions sur l'horaire journalier: l'heure à laquelle le travail débute et se termine, et le moment du repas et des périodes de repos. De telles précisions se retrouvent dans les conventions qui s'appliquent à des lieux de travail où l'horaire est simple et régulier. Si, pour une raison ou pour une autre, l'horaire est complexe, on le présente souvent dans une annexe à laquelle le texte même de la convention renvoie. Enfin, comme dans les cas de production continue, on peut établir, dans la convention, les principes qui régiront l'aménagement des horaires quotidiens et préciser que ceux-ci devront être affichés pour que tous les intéressés puissent en prendre connaissance en temps utile.

Dans le cas de la semaine normale de travail, on constate une concentration encore plus prononcée: la semaine de cinq jours représente de 97 % à 99 % de tous les cas. Chez les cols blancs, on note une très légère augmentation (moins de 1 %), au cours des cinq dernières années, de la semaine de moins de cinq jours.

Les données, pour l'ensemble du Canada et pour les États-Unis, révèlent une répartition des heures de travail sensiblement comparable à celle observée au Québec, avec une certaine accentuation des caractéristiques propres aux grandes entreprises: dans ces deux cas, l'analyse ne porte que sur des conventions collectives régissant 500 travailleurs et plus. La proportion des «autres dispositions» est également plus importante, à cause, entre autres, des horaires très spéciaux dans les secteurs du transport et des communications, de compétence fédérale.

Voici deux exemples de clauses de conventions collectives concernant les heures de travail. Le premier, plus simple, vise des employés de bureau. Le second vise des cols bleus dont les fonctions varient: la clause renvoie en annexe les détails concernant les horaires.

> 17.01 *Semaine normale de travail*:
>
> 7 h – 35 h
>
> 1. La semaine régulière de travail est de trente-cinq (35) heures réparties en cinq (5) jours de sept (7) heures de travail continu et ce, du lundi au vendredi inclusivement.
>
> 2. Les heures de travail établies comprennent les périodes de repos à l'exception de la période de repas.
>
> Horaire d'été sans perte de salaire
>
> 3. Nonobstant les dispositions du paragraphe 1 ci-haut, durant la période estivale les heures régulières de travail sont de trente-trois heures et demie (33½) par semaine et ce, sans perte de rémunération pour les employés. L'horaire d'été débute le 4e jour suivant la fin de la campagne OEQ et ce, au plus tôt le 4 juin et au plus tard le 10 juin et se termine le vendredi précédant la Fête du travail.
>
> 17.02 *Horaire de travail*:
>
> Horaire quotidien
>
> 1. L'horaire de travail de tous les employés est de 8h30 à 16h30 du lundi au vendredi inclusivement à l'exception du service de l'informatique où un employé occupant la fonction d'opérateur travaille sans rotation et sans période de repas de 16h00 à 23h00.
>
> Horaire d'été
>
> 2. En concordance avec les dispositions de la clause 17.01 paragraphe 3, l'horaire de travail des employés est, pendant la période

TABLEAU 12-3

Proportion des conventions collectives et des salariés cols blancs selon la durée normale du travail – 1984 et 1989

Durée du travail	Conventions collectives régissant moins de 50 salariés				50 salariés et plus				tous les salariés (TOTAL)			
	1984		1989		1984		1989		1984		1989	
	C.c. %	Sal. %	C.c. %	Sal. %	C.c. %	Sal. %	C.c. %	Sal. %	C.c. %	Sal. %	C.c. %	Sal. %
Journée normale												
7 heures ou moins	68,5	64,4	69,0	64,7	66,1	80,7	60,1	80,8	67,9	79,4	68,5	75,6
7,5 heures[1]	19,0	22,1	18,7	21,7	23,9	14,6	22,2	15,3	20,2	15,2	18,9	17,3
8 heures	11,3	12,0	11,1	12,2	9,4	3,7	16,9	3,2	10,8	4,4	11,4	6,1
Plus de 8 heures	1,2	1,5	1,2	1,5	0,6	1,0	0,8	0,7	1,1	1,0	1,2	1,0
Semaine normale (heures)												
35 heures ou moins	69,4	67,3	70,2	67,8	65,2	82,0	60,0	79,7	68,5	80,3	69,5	76,3
37,5 heures[2]	19,1	20,6	18,6	20,1	27,6	15,5	25,2	15,8	20,9	16,1	19,1	17,0
40 heures	9,5	10,9	9,3	10,9	6,4	2,1	13,9	4,2	8,9	3,1	9,7	6,1
Plus de 40 heures	1,9	1,2	1,9	1,2	0,8	0,4	0,9	0,3	1,7	0,5	1,8	0,6
Semaine normale (jours)												
Moins de 5 jours	3,3	3,0	3,5	3,0	2,5	0,3	3,7	0,6	3,1	0,4	3,5	1,0
5 jours	96,1	96,5	96,0	96,5	97,2	99,7	96,3	99,4	96,3	99,5	96,0	98,9
Plus de 5 jours	0,6	0,5	0,5	0,5	0,3	—	—	—	0,5	0,1	0,5	0,1

N.B. Les additions qui ne donnent pas 100 % s'expliquent par le fait que les chiffres ont été arrondis.

1. Inclut les journées de sept heures et quart et de sept heures trois quarts.
2. Inclut les semaines de plus de 35 heures et de moins 40 heures.

Source : Données mécanographiques du CRSMT, 27 mars 1991. (Variables J-01 à J-06.)

estivale, 8h30 à 16h15 du lundi au jeudi inclusivement et de 8h30 à 16h00 le vendredi. Pour la fonction d'opérateur au service de l'informatique l'horaire de travail est de 16h00 à 22h45 du lundi au jeudi inclusivement et de 15h45 à 22h15 le vendredi.

Nombre d'heures normales: 37,5

3. Nonobstant l'alinéa 1 de la présente clause, l'employé occupant la fonction de réceptionniste-téléphoniste ainsi que les aides téléphonistes pourront avoir un horaire de travail différent tel qu'il est prévu à l'Annexe «C» de la présente convention.

(La Société nationale de Fiducie et le Syndicat des employées et employés professionnels-les et de bureau, section locale 57, art. 17.01-17.02.)

Dans la convention collective suivante, la clause des heures prévoit des normes différentes pour deux catégories d'employés. Elle inclut également une garantie hebdomadaire de salaire pour la moitié des salariés réguliers de ces deux départements.

40 h et 42,5 h

9.01 La semaine régulière de travail est répartie entre le lundi et le vendredi et est de quarante (40) heures pour les préposés à l'entrepôt et de quarante-deux heures et demie (42½) pour les chauffeurs-livreurs.

On retrouve à l'Annexe B la grille horaire des différentes équipes de travail.

Garantie hebdomadaire

9.02 En tenant compte de l'ancienneté départementale, la compagnie garantit aux salariés des départements de l'Entrepôt et du Transport la semaine normale de travail soit respectivement de 40 h et 42½ h et ce, pour 50 % de ses salariés réguliers en poste dans chaque département.

(Les Services alimentaires Dellixo, division Landry, et l'Union des employés du transport local, Teamsters, Québec, loc. 931, art. 9.)

Dans cette dernière convention, l'horaire de travail est très variable. Aussi a-t-on renvoyé la description en annexe de la convention.

On peut rattacher à l'horaire quotidien de travail les dispositions relatives aux heures de repas et de repos. La dernière convention citée contient, à ce sujet, les dispositions suivantes:

Repas: une demi-heure

9.04 *Période de repas* – Une période d'une demi-heure (½) non payée par quart de travail est allouée. Les modalités suivantes devront cependant être respectées:

Personnel d'entrepôt

a) Pour le personnel d'entrepôt, la période de repas sera déterminée par la direction selon les quarts de travail. Cette période est accordée entre la troisième et la cinquième heure suivant le début du quart de travail. Le personnel doit poinçonner sa carte de temps au début et à la fin de sa période de repas.

Chauffeurs

b) Pour les chauffeurs, les périodes de repos et de repas devront être identifiées de façon précise sur le rapport journalier d'activités (manifeste de route).

2 périodes de 15 min

9.05 L'employeur accorde deux (2) périodes de repos de quinze (15) minutes chacune, sans perte de salaire, par quart de travail cédulé.

Les salariés de l'entrepôt doivent prendre leurs périodes de repos (et de repas) dans le local prévu à cet effet. Il est convenu que pendant la période estivale, un site sera aménagé à l'extérieur du bâtiment.

(Les Services alimentaires Dellixo, division Landry, et l'Union des employés du transport local, Teamsters, Québec, local 931, art. 9.)

Les dispositions relatives à la prime pour les heures supplémentaires sont généralement contenues dans un article distinct de celui qui fixe l'horaire et la durée du travail.

12.3.2 Rémunération des heures supplémentaires

La rémunération des heures supplémentaires se fait selon l'une ou l'autre des formules suivantes. La première et la plus fréquente – du moins pour les premières heures supplémentaires – est celle du taux normal majoré de moitié, qu'on appelle souvent «taux et demi», ou 150 %. Il arrive qu'après un certain nombre d'heures supplémentaires, par jour plus souvent que par semaine, la prime augmente: après deux ou quatre heures supplémentaires à un taux de 150 %, l'employé aura droit à un taux double. C'est ce que désigne, dans les tableaux 12-4 et 12-5, l'expression «taux de 150 % et plus»: après quelques heures, l'employeur doit verser au salarié plus que le taux majoré de moitié, généralement le taux double. Le taux double constitue la troisième forme d'indemnité pour les heures supplémentaires. Ce taux s'applique aux heures supplémentaires effectuées dans des circonstances particulières, par exemple le dimanche.

Environ 85 % des conventions collectives contiennent une disposition sur la rémunération des heures supplémentaires. La moitié des conventions accorde une prime de 50 % pour les heures supplémentaires quotidiennes et le quart combine le taux majoré de moitié et le taux double, en fonction du nombre d'heures supplémentaires. Quelques rares conventions imposent toujours le taux double. Les autres conventions prévoient une autre formule. (Voir le tableau 12-5.)

Quant à la rémunération des heures supplémentaires sur une base hebdomadaire, au moins le tiers des conventions collectives n'en traite pas. La question ne se pose pas quand la convention contient des dispositions concernant les heures supplémentaires pour chaque jour de travail et d'autres concernant le travail du samedi et du dimanche. Dans les conventions qui traitent des heures supplémentaires sur une base hebdomadaire, la majorité accorde le taux majoré de moitié, 5 % accordent d'abord ce taux de 150 %, puis un taux plus élevé après un certain nombre d'heures. En pratique, la question des heures supplémentaires sur une base hebdomadaire est souvent réglée par les dispositions concernant le travail exécuté le samedi et le dimanche.

Environ le tiers des conventions collectives prévoit un taux de 150 % pour le travail du samedi et la moitié accorde un taux double pour le travail du dimanche. Le tiers des conventions ne contient aucune autre disposition sur le sujet. En d'autres mots, les heures supplémentaires du samedi sont payées, dans le tiers des cas, à un taux de 150 %; dans certains cas, on accorde d'abord un taux majoré de moitié, puis un taux plus élevé. Le dimanche, c'est surtout le taux double qui est appliqué, mais il y a quand même un certain nombre de cas où l'on accorde un taux de 150 % ou une combinaison des deux.

Voici les dispositions relatives à la prime d'heures supplémentaires dans les deux conventions citées plus haut.

> 18.03 *Rémunération*:
>
> Règle générale
>
> 1. Le travail exécuté en temps supplémentaire est rémunéré à raison d'une fois et demie (1½) le salaire régulier de l'employé pour les trois (3) premières heures et à raison de deux (2) fois le salaire régulier de l'employé pour les heures subséquentes le même jour. L'expression «le même jour» doit être interprétée comme telle, même s'il y a chevauchement de journées civiles dans le cas d'une continuité de travail.
>
> Le dimanche
>
> 2. Tout travail exécuté en temps supplémentaire le dimanche est rémunéré à raison de deux (2) fois le salaire régulier de l'employé.
>
> Minimum: 3 h
>
> Dans le cas du travail exécuté le samedi ou le dimanche, le travail est d'une durée minimum de trois (3) heures.
>
> Payable en temps
>
> 3. L'employé peut, s'il le désire, convertir en temps, au taux du temps supplémentaire applicable, le travail effectué en temps supplémentaire. Ce temps disponible peut être utilisé selon la procédure prévue à la clause des congés mobiles. Un employé ne peut accumuler plus de cinq (5) jours ouvrables de cette façon.
>
> Basé sur le taux habituel
>
> 4. Il est entendu que si un employé effectue du travail en temps supplémentaire dans une classification inférieure à la sienne, le calcul de son temps supplémentaire se fera en prenant comme base son salaire régulier majoré suivant la procédure décrite ci-haut.
>
> 5. Le temps supplémentaire est calculé en arrondissant au plus proche quart d'heure.

TABLEAU 12-4

Primes d'heures supplémentaires – 1984

Dispositions	Conventions collectives régissant											
	moins de 50 salariés				50 salariés et plus				tous les salariés (TOTAL)			
	C.c.	%	Salariés	%	C.c.	%	Salariés	%	C.c.	%	Salariés	%
H. suppl. par jour												
Taux de 150 %	2 118	51,2	37 553	51,3	999	52,7	308 388	44,7	3 117	51,6	345 941	45,3
Taux de 150 % et +[1]	974	23,5	18 380	25,1	544	28,7	128 456	18,6	1 518	25,1	146 836	19,2
Taux double	28	0,7	361	0,5	13	0,7	1 988	0,3	41	0,7	2 349	0,3
Autre formule[2]	263	6,3	4 355	6,0	154	8,1	138 801	20,1	417	6,9	143 156	18,8
Aucune disposition	757	18,3	12 515	17,1	186	9,8	112 605	16,3	943	15,6	125 120	16,4
H. suppl. par semaine												
Taux de 150 %	2 226	53,8	39 678	54,2	979	51,6	302 011	43,7	3 205	53,1	341 689	44,8
Taux de 150 % et +[1]	219	5,3	3 579	4,9	91	4,8	21 186	3,1	310	5,1	24 765	3,2
Taux double	17	0,4	192	0,3	4	0,2	587	0,1	21	0,3	779	0,1
Autre formule[2]	215	5,2	3 716	5,1	101	5,3	120 267	17,4	316	5,2	123 983	16,2
Aucune disposition	1 463	35,3	25 989	35,5	722	38,1	246 242	35,7	2 185	36,2	272 231	35,7
Samedi (ou 6e jour)												
Taux de 150 %	1 132	27,3	21 165	28,9	596	31,4	248 143	35,9	1 728	28,6	269 308	35,3
Taux de 150 % et +[1]	435	10,5	8 214	11,2	301	15,9	82 846	12,0	736	12,2	91 060	11,9
Taux double	258	6,2	4 107	5,6	68	3,6	10 394	1,5	326	5,4	14 501	1,9
Autre formule[2]	209	5,0	3 390	4,6	119	6,3	30 493	4,4	328	5,4	33 883	4,4
Aucune disposition	2 107	50,9	36 298	49,6	813	42,8	318 417	46,1	2 920	48,4	354 715	46,5
Dimanche (ou 7e jour)												
Taux de 150 %	303	7,3	5 664	7,7	209	11,0	148 934	21,6	512	8,5	154 598	20,2
Taux de 150 % et +[1]	26	0,6	350	0,5	38	2,0	13 376	1,9	64	1,1	13 726	1,8
Taux double	2 530	61,1	45 718	62,5	1 185	62,5	252 579	36,6	3 715	61,5	298 297	39,1
Autre formule[2]	151	3,6	2 579	3,5	96	5,1	40 542	5,9	247	4,1	43 121	5,6
Aucune disposition	1 131	27,3	18 863	25,8	369	19,4	234 862	34,0	1 500	24,8	253 725	33,2
TOTAL[3]	4 141	100,0	73 174	100,0	1 897	100,0	690 293	100,0	6 038	100,0	763 467	100,0

1. Taux normal majoré de moitié, suivi d'un taux plus élevé.
2. Inclut les cas où les primes varient selon les catégories de salariés.
3. Le total s'applique à chacun des quatre groupes de dispositions.

Source : Données mécanographiques du CRSMT, 27 mars 1991. (Variables E-01 à E-04.)

TABLEAU 12-5

Primes d'heures supplémentaires – 1989

Dispositions	Conventions collectives régissant moins de 50 salariés				Conventions collectives régissant 50 salariés et plus				Conventions collectives régissant tous les salariés (TOTAL)			
	C.c.	%	Salariés	%	C.c.	%	Salariés	%	C.c.	%	Salariés	%
H. suppl. par jour												
Taux de 150 %	2 778	51,6	53 391	51,9	1 330	51,6	397 047	43,2	4 108	51,6	450 438	44,0
Taux de 150 % et +[1]	1 217	22,6	24 139	23,5	800	31,1	157 707	17,1	2 017	25,3	181 846	17,8
Taux double	30	0,6	411	0,4	8	0,3	1 656	0,2	38	0,5	2 067	0,2
Autre formule[2]	349	6,5	6 151	6,0	162	6,3	224 870	24,4	511	6,4	231 021	22,6
Aucune disposition	1 010	18,7	18 753	18,2	276	10,7	138 852	15,1	1 286	16,2	157 605	15,4
H. suppl. par semaine												
Taux de 150 %	2 940	54,6	56 669	55,1	1 417	55,0	397 054	43,1	4 357	54,7	453 723	44,3
Taux de 150 % et +[1]	270	5,0	4 920	4,8	115	4,5	19 057	2,1	385	4,8	23 977	2,3
Taux double	17	0,3	247	0,2	5	0,2	903	0,1	22	0,3	1 150	0,1
Autre formule[2]	310	5,7	5 633	5,5	136	5,3	220 835	24,0	446	5,6	226 468	22,1
Aucune disposition	1 847	34,3	35 376	34,4	904	35,0	282 358	30,7	2 751	34,6	317 734	31,1
Samedi (ou 6[e] jour)												
Taux de 150 %	1 508	28,0	30 579	29,7	917	35,6	346 270	37,6	2 425	30,5	376 849	36,8
Taux de 150 % et +[1]	535	9,9	10 310	10,0	418	16,2	82 741	9,0	953	12,0	93 051	9,1
Taux double	320	5,9	5 514	5,4	92	3,6	16 566	1,8	412	5,2	22 080	2,2
Autre formule[2]	260	4,8	4 538	4,4	133	5,2	108 964	11,8	393	4,9	113 502	11,1
Aucune disposition	2 761	51,3	51 904	50,5	1 017	39,4	365 666	39,7	3 778	47,4	417 570	40,8
Dimanche (ou 7[e] jour)												
Taux de 150 %	414	7,7	8 388	8,2	262	10,2	199 400	21,7	676	8,5	207 788	20,3
Taux de 150 % et +[1]	31	0,6	450	0,4	47	1,8	16 089	1,7	78	1,0	16 539	1,6
Taux double	3 240	60,2	62 477	60,7	1 655	64,2	318 028	34,6	4 895	61,5	380 505	37,2
Autre formule[2]	169	3,1	3 022	2,9	99	3,8	105 074	11,4	268	3,4	108 096	10,6
Aucune disposition	1 530	28,4	28 508	27,7	514	19,9	281 616	30,6	2 044	25,7	310 124	30,3
TOTAL[3]	5 384	100,0	102 845	100,0	2 577	100,0	920 207	100,0	7 961	100,0	1 023 052	100,0

1. Taux normal majoré de moitié, suivi d'un taux plus élevé.
2. Inclut les cas où les primes varient selon les catégories de salariés.
3. Le total s'applique à chacun des quatre groupes de dispositions.

Source : Données mécanographiques du CRSMT, 27 mars 1991. (Variables E-01 à E-04.)

Temps de repas et de repos

18.04 *Temps supplémentaire/repas-repos*:

Tout employé qui doit travailler au moins trois (3) heures en continuité se voit accorder une allocation de repas de 6,00 $ et bénéficie d'une demi-heure (½) de repos rémunéré au taux de salaire applicable.

De plus, pour chaque période subséquente de trois (3) heures l'employé bénéficie de quinze (15) minutes de repos rémunéré.

La rémunération applicable est celle prévue aux clauses 18.03 et 19.03 suivant le cas.

(La Société nationale de Fiducie et le Syndicat des employées et employés professionnels-les et de bureau, section locale 57, art. 18.03 et 18.04.)

Dans l'article 19.03, auquel renvoie le dernier paragraphe, la convention stipule que le travail exécuté un jour férié doit être rémunéré à taux double, «en plus du taux régulier». Cela fait donc, pour cette journée fériée, une rémunération égale au triple du taux normal: le salarié obtient un taux double pour son travail et le taux régulier pour le congé. De plus, il doit être rémunéré pour au moins trois heures de travail.

Dans l'autre convention collective, tout travail en heures supplémentaires est rémunéré à 150 % du salaire normal, en tout temps, même les jours de congé. La clause précise également le temps qui doit être accordé pour les pauses dans la période de travail supplémentaire.

Règle générale

11.01 Tout travail accompli en sus de la journée régulière de travail ou de la semaine normale de travail est rémunéré à temps et demi du taux régulier du salarié. Pour être reconnu, le temps supplémentaire doit préalablement être autorisé par l'Employeur.

Dimanche

11.02 Tout travail effectué le dimanche est rémunéré au taux normal majoré à 150 %. Cependant, cette majoration ne s'applique pas au salarié dont la semaine normale de travail débute le dimanche et qui commence son travail lors de son quart régulier.

Calcul de la prime

11.03 Les primes ne doivent pas être majorées lors du calcul du temps supplémentaire.

(...)

Pauses avant heures supplém.

11.06 Un salarié de l'entrepôt appelé à travailler plus d'une (1) heure, immédiatement avant ou après son quart normal de travail, se verra accorder une pause rémunérée dans les quinze (15) dernières minutes de son quart régulier de travail.

Pauses durant heures supplém.

11.07 Une pause rémunérée de quinze (15) minutes sera accordée pour tout travail effectué pour plus de deux (2) heures supplémentaires travaillées.

(Les Services alimentaires Dellixo, division Landry, et l'Union des employés du transport local, Teamsters, Québec, local 931.)

Même si les dispositions varient d'une convention à l'autre, les formules de rémunération des heures supplémentaires demeurent relativement uniformes. Nous traiterons plus loin d'une question fort importante relativement aux heures supplémentaires: les employés sont-ils tenus d'effectuer les heures supplémentaires que l'employeur leur demande d'exécuter? Disons seulement ici que la réponse dépend de ce qui a été convenu entre les parties contractantes et consigné dans leur convention collective.

12.3.3 Prime et assignation des quarts de travail

Le travail dans de nombreuses entreprises – et pas seulement dans le secteur manufacturier – s'effectue de manière continue, par équipes ou quarts de travail. Quand c'est le cas, la convention collective précise les modalités de ce genre de travail. Plusieurs points sont mentionnés: la prime de quart, la stabilité ou le roulement des équipes selon les quarts, le mode d'assignation et l'avis pertinent à donner aux salariés concernés.

Nous avons mentionné plus haut que le travail en soirée ou de nuit donne droit à une prime. La prime du quart de nuit est généralement un peu plus élevée que celle du quart de soir; cependant la différence entre les deux est généralement faible; elle dépasse rarement 0,10 $ à 0,25 $. Par contre, d'une entreprise à l'autre et d'un secteur à l'autre, les primes de quart varient de façon considérable, de 0,30 $ à plus d'un dollar dans certains cas. En 1991, cette différence semble généralement se situer le plus souvent autour de 0,50 $ et de 0,75 $ ou, dans les cas de primes élevées, autour d'un dollar. L'écart peut s'expliquer de plusieurs manières. Ainsi, comme les équipes de soir et de nuit comptent généralement moins d'employés que l'équipe de jour, il peut s'agir de travailleurs plus qualifiés et la prime n'est alors que le reflet de leur haut niveau de salaire. Par ailleurs, si les équipes de soir et de nuit ne sont constituées que d'un petit nombre de salariés, l'employeur peut être disposé à leur accorder des primes élevées, sans que le total de ses coûts d'exploitation en soit considérablement augmenté. La prime de quart est parfois exprimée en pourcentage: elle varie alors de 5 % à 10 %, selon le quart et les circonstances.

La stabilité des équipes ou leur roulement, d'un quart à l'autre, dépend du contexte et des ententes intervenues dans chaque établissement lors de la négociation. Plusieurs études ont été effectuées et publiées sur les conséquences physiologiques et psychologiques du travail en continu, mais peu d'études ont paru sur la situation de fait. Une ancienne étude révélait une multiplicité de formules et de critères[23]. Quand il y a rotation des équipes, celle-ci se fait généralement à toutes les deux semaines ou à tous les deux mois. Quand les équipes occupent leur quart de manière permanente, deux critères sont généralement retenus: la préférence des salariés pour un quart en particulier et leur ancienneté. Les deux critères sont appliqués conjointement; d'habitude, la préférence vient en premier, mais les exigences de la production peuvent permettre d'imposer tel ou tel quart de travail à des travailleurs moins anciens.

À chaque fois que des salariés doivent changer de quart de travail, et pour toute autre modification à leur horaire, les employés touchés doivent évidemment être avisés. Plusieurs conventions collectives déterminent le délai de préavis. Dans certains cas, l'employeur qui ne respecte pas ce délai s'expose à des sanctions. Cette question des modifications à l'horaire de travail est si importante que la moitié des conventions collectives en traitent; celles-ci visent 70 % des salariés régis par convention. Il s'agit le plus souvent des grandes unités. C'est d'ailleurs dans leur cas que le problème se pose. (Voir le tableau 12-6.)

Voici deux exemples de conventions collectives traitant des quarts de travail. Dans le premier, l'assignation à tel quart ne change pas; dans le deuxième, il y a roulement.

40 h — 6.01 La durée de la semaine régulière de travail est de quarante (40) heures. La semaine de travail commencera le dimanche à 0:01 heure et se terminera le samedi à 24:00 heures.

6.02 Le quart de travail régulier est de huit (8) heures par jour, cinq (5) jours par semaine, du lundi au vendredi.

Quart de jour — La première équipe correspondra à toute période de travail commençant entre 6h30 et 7h10.

Quart de soir — La deuxième équipe correspondra à toute période de travail commençant entre 14h50 et 15h50.

Quart de nuit — La troisième équipe correspondra à toute période de travail commençant entre 22h30 et 23h30.

Advenant des impératifs de production, la Compagnie se réserve le droit, après négociation avec le Syndicat, de modifier l'horaire de travail d'un employé ou d'un groupe d'employés.

Repas: une demi-heure — 6.03 Une période de repas d'une demi-heure non payée est accordée au cours de chaque quart.

Repos: 2 fois 15 min — 6.04 Deux (2) périodes de repos de quinze (15) minutes chacune doivent être allouées par la Compagnie pendant chaque quart. À

23. *Union Contract Clauses*, Chicago, Commerce Clearing House Inc., 1954 (780 p.), p. 182-190.

TABLEAU 12-6

Préavis de modification aux horaires de travail – 1984 et 1989

Disposition	Conventions collectives régissant moins de 50 salariés				50 salariés et plus				tous les salariés (TOTAL)			
	C.c.	%	Salariés	%	C.c.	%	Salariés	%	C.c.	%	Salariés	%
1984												
Préavis exigé	1 785	43,1	33 156	45,3	1 134	59,8	470 918	68,2	2 919	48,3	504 074	66,0
Aucune disposition	2 356	56,9	40 018	54,7	763	40,2	219 375	31,8	3 119	51,7	259 393	34,0
TOTAL	4 141	100,0	73 174	100,0	1 897	100,0	690 293	100,0	6 038	100,0	763 467	100,0
1989												
Préavis exigé	2 382	44,2	47 015	45,7	1 495	58,0	674 161	73,3	3 877	48,7	721 176	70,5
Aucune disposition	3 002	55,8	55 830	54,3	1 082	42,0	246 046	26,7	4 084	51,3	301 876	29,5
TOTAL	5 384	100,0	102 845	100,0	2 577	100,0	920 207	100,0	7 961	100,0	1 023 052	100,0

Source : Données mécanographiques du CRSMT, 27 mars 1991. (Variable J-13.)

la fin de sa période de repos, un employé doit être à son lieu de travail.

Aucune garantie de trav.

6.05 Les articles ci-avant déterminent les heures de travail pour le calcul de temps supplémentaire; ces articles ne doivent pas être interprétés cependant comme une garantie ou une limite des heures de travail quotidiennes ou hebdomadaires.

(...)

Sélection pour 2e et 3e quarts

6.07 La Compagnie respectera l'ancienneté quand elle sélectionnera les employés pour un deuxième ou troisième quart, après avoir sélectionné tous les employés qui avaient manifesté la préférence de travailler sur le deuxième ou troisième quart.

Dans le cas où il y aurait plus de candidats que de tâches vacantes sur le deuxième ou troisième quart, le choix final sera fait selon l'ancienneté pourvu que l'employé le plus ancien possède les exigences de base du poste.

(Smith and Nephew Inc. et le Syndicat des travailleurs de l'énergie et de la chimie, local 103, art. 6.)

Le texte de certaines conventions collectives est beaucoup plus complexe, par exemple quand la convention vise des catégories distinctes d'employés, avec des conditions de travail et des structures d'organisation du travail différentes, comme les travailleurs d'entrepôt, les travailleurs de magasin et les employés de bureau[24]. La convention suivante prévoit la rotation des équipes de travail toutes les deux semaines.

Horaire des quarts

12.02 a) Les heures normales de travail seront de 23:30 à 7:30 (quart de nuit), de 7:30 à 15:30 (quart de jour), de 15:30 à 23:30 (quart de soir).

Rotation: 2 semaines

b) La rotation des quarts de travail à toutes les deux (2) semaines sera maintenue, sauf dans les cas exceptionnels, incluant les vacances annuelles, où celle-ci se fera le plus équitablement possible.

Souplesse après entente

c) Dans les cas où les opérations nécessitent que des salariés classifiés à une tâche travaillent sur deux ou trois quarts de travail et après entente avec leur supérieur immédiat, un ou des salariés pourront convenir mutuellement de travailler régulièrement sur un ou l'autre quart avec le consentement du groupe de salariés classifiés à cette tâche.

(...)

Changement: 2 jours d'avis

12.04 a) Un avis de deux (2) jours sera donné à un salarié assigné à un quart autre que son quart normal de travail. Il est entendu qu'un salarié ne pourra être changé d'horaire plus d'une fois dans une même semaine.

Défaut d'avis: taux double

À défaut d'avis, le salarié sera payé le double (2) de son taux horaire applicable pour toutes les heures travaillées à son premier quart de travail nouvellement assigné.

b) Tout changement de quart occasionné par entente mutuelle ou par une réduction de la semaine de travail tel que convenu à la clause 10.09 sera payé au taux horaire de base.

(Tuyaux Wolverine Canada inc. et les Métallurgistes unis d'Amérique, unité locale 6932.)

Des conventions collectives contiennent d'autres précisions qui se rapportent aux heures de travail effectuées ou payées. Plusieurs conventions collectives contiennent des dispositions relatives aux situations suivantes: amplitude ou horaire brisé, présence au travail, rappel au travail, disponibilité et intérim[25]. Nous avons relevé ci-dessus les dispositions les plus fréquentes.

24. Convention collective de travail entre Provigo Distribution inc. et les Travailleurs unis de l'alimentation et du commerce, local 501, art. 11.

25. *Conditions de travail contenues dans les conventions collectives, Québec, 1989*, Québec, CRSMT, 1991, p. 127-139. (Variables E-17 à E-27.)

12.4 Heures supplémentaires et réduction du temps de travail

Nous abordons ici le premier d'une série de problèmes reliés aux heures et à la durée du travail. La réduction du temps de travail n'est pas une question nouvelle. Depuis 1850, les motifs des différentes campagnes pour la réduction des heures de travail ont changé, et les arguments utilisés aussi. Au cours de la dernière décennie, on a généralement discuté en même temps des heures supplémentaires et de la réduction du temps de travail. L'objectif était le même: réduire un taux de chômage jugé trop élevé. Le lien entre les deux questions est particulièrement bien souligné par le nom d'une importante commission d'enquête ontarienne, établie en janvier 1986 et qui a présenté son rapport en mai 1987: Groupe de travail sur les heures de travail et les heures supplémentaires[26]. Malgré le sérieux des études effectuées et l'intensité des campagnes menées, surtout en Europe, les résultats concrets n'ont pas été considérables: la durée du travail n'a pratiquement pas été réduite[27].

Nous verrons d'abord quelques points propres aux heures supplémentaires, après quoi nous aborderons la controverse reliée à la réduction du temps de travail.

12.4.1 Signification de la prime d'heures supplémentaires

La prime d'heures supplémentaires a-t-elle pour but de dissuader les employeurs de faire travailler leurs employés au-delà des heures normales et régulières, ou représente-t-elle d'abord un supplément de salaire, toujours apprécié des travailleurs? Pour répondre à la question il faudrait, en premier lieu, inventorier les raisons qui amènent les employeurs à recourir aux heures supplémentaires[28].

Les employeurs demandent à leur personnel de faire des heures supplémentaires d'abord pour répondre à une demande excédentaire, qu'ils estiment momentanée ou cyclique. Il s'agit d'un phénomène économique. Le second motif est également d'ordre économique: il résulte d'une pénurie d'ouvriers ayant une qualification précise et nécessaire pour l'entreprise. Le plus souvent, ces ouvriers sont requis par l'introduction de nouvelles méthodes de production et ce besoin devrait donc être passager. Une troisième cause économique vient du choix que l'employeur doit faire à certains moments: engager de nouveaux salariés ou augmenter les heures de travail de la main-d'œuvre déjà en place. La décision dépend du moindre coût: il est peut-être plus économique de payer la prime pour un certain nombre d'heures supplémentaires que de supporter les frais de nouveaux embauchages et la perte de productivité reliée à la période de formation qui s'ensuit. Enfin, une certaine proportion des heures supplémentaires est due aux préférences, sinon à la demande même, des travailleurs. À cause de la prime qu'elles comportent, les heures supplémentaires s'avèrent très payantes et sont recherchées par de nombreux travailleurs. Deux exemples le montrent clairement. Au cours de ce qu'on a appelé la première baie James, plusieurs travailleurs refusaient d'accepter un emploi dans ce territoire éloigné à moins qu'on ne leur garantisse du travail en heures supplémentaires: cela augmentait les revenus qu'ils allaient gagner là-bas; de plus, des heures de loisirs en pareil milieu n'ont pas beaucoup d'attrait. On dit aussi que les heures supplémentaires constituent une importante source de revenu pour les chauffeurs d'autobus des grandes villes; leur objection à l'embauche d'employés à temps partiel, pour répondre à la demande aux heures de pointe, viendrait du fait qu'ils

26. Ontario, *Working Times: The Report of the Ontario Task Force on Hours of Work and Overtime*, Toronto, ministère du Travail de l'Ontario, 1987, 144 p.

27. Bureau international du travail, *La durée du travail dans les pays industrialisés* (*Working Time Issues in Industrialized Countries*), Genève, BIT, 1989; «International Working Time Issues», *European Industrial Relations Review*, nº 193, février 1990, p. 19-20; «EEC: Limiting Overtime», *European Industrial Relations Review*, nº 8, septembre 1980, p. 14-15. «France: Bargaining on Reduced Working Time», *European Industrial Relations Review*, nº 105, octobre 1982, p. 21-23; «Sweden: The Working Time Debate», *European Industrial Relations Review*, nº 90, juillet 1981, p. 22-23; PIERRE WEISS, «De la réduction des horaires à la flexibilité du travail: tendances et interprétation pour la Suisse», *Travail et société*, vol. 12, nº 2, mai 1987, p. 409-432.

28. J. DAVID ARROWSMITH, *op. cit.*, p. 3-4.

perdraient ainsi d'importants revenus, gagnés en heures supplémentaires, en plus de la prime d'heures brisées.

Dans cette perspective, quel est le sens véritable de la prime d'heures supplémentaires? On répond généralement qu'elle a pour objectif de dissuader les employeurs d'exiger de leurs employés des journées de travail trop longues. La prime devient alors une sorte de pénalité imposée à l'employeur pour l'empêcher d'avoir recours à cette formule. Par contre, quand on voit, dans une convention collective, une réduction des heures normales assortie d'une garantie que le nombre total d'heures de travail sera le même qu'auparavant, on ne peut faire autrement que de penser que la réduction des heures normales n'est alors rien d'autre qu'une augmentation de salaire déguisée.

La répartition très inégale des employés qui font beaucoup d'heures supplémentaires, ou tout simplement de nombreuses heures par semaine, peut à la fois surprendre et suggérer quelques réponses à la question posée. C'est ainsi qu'environ 10 % de la main-d'œuvre canadienne travaille hebdomadairement 50 heures ou plus[29]. En général, les travailleurs qui font les plus longues semaines se retrouvent aux deux extrémités de l'échelle des salaires: il y a ceux qui reçoivent de très faibles salaires horaires et qui doivent travailler de nombreuses heures pour joindre les deux bouts; mais il y a aussi bon nombre de professionnels et de cadres qui travaillent de très longues heures, sans aucune prime d'heures supplémentaires: ils sont exclus de la législation sur la durée du travail. Outre les cadres et les professionnels, les pêcheurs, les fermiers, les ouvriers de la forêt et des mines travaillent habituellement de longues heures.

Le travail en heures supplémentaires est un phénomène cyclique, du moins partiellement. Il se fait plus d'heures supplémentaires en période de prospérité qu'en temps de récession. Par ailleurs, ces heures ne sont pas également réparties entre les travailleurs. Si la situation de l'Ontario est représentative de l'ensemble du Canada, il faut conclure que seulement 10 % de la main-d'œuvre accomplit des heures supplémentaires, travaillant même au-delà de 48 heures par semaine[30]. Ce 10 % de la main-d'œuvre accomplit en moyenne huit heures supplémentaires par semaine; c'est-à-dire que tous les salariés qui font des heures supplémentaires en font généralement huit heures par semaine. Répartie sur l'ensemble de la main-d'œuvre, la moyenne des heures supplémentaires ne représente que 1 % des heures effectuées, compte tenu du fait que la grande majorité des salariés n'effectue pas d'heures supplémentaires. Dans les secteurs fortement syndiqués, où il se fait beaucoup d'heures supplémentaires, il est difficile de croire que les syndicats n'ont pas tenté de ramener le travail au niveau des heures normales: c'est que plusieurs travailleurs préfèrent la rémunération additionnelle ainsi gagnée à un plus grand nombre d'heures de loisirs.

Si on regarde la distribution selon l'âge et le sexe, là aussi la répartition est très inégale. Ainsi, pour l'ensemble du Canada, en 1984, les hommes de 25 ans et plus représentaient 46,7 % des personnes ayant un emploi; ils ont cependant effectué 53,1 % de toutes les heures travaillées. Les femmes et les jeunes de 15 à 25 ans présentent des proportions inverses: 31,7 % des femmes en emploi ont effectué 27,9 % des heures et les 21,6 % des jeunes, dans la main-d'œuvre, ont effectué 19 % des heures[31]. Le travail à temps partiel joue ici un grand rôle. De plus, les chiffres indiquent que ce sont les hommes de 25 ans et plus qui effectuent les heures supplémentaires.

---

29. Danny Van Cleeff, «Personnes travaillant de longues heures» dans *La population active* (Statistique Canada 71-001), mai 1985, p. 86-94. Voir aussi *Workers with Long Hours* (Statistique Canada 71-518), Ottawa, Information Canada, 1972, 67 p. (Special Labour Force Studies, Series A, No. 9.)

30. *Working Times: The Report of the Ontario Task Force on Hours of Work and Overtime*, voir *supra*, note 26, p. 15. Pourtant, la loi de l'Ontario comporte un nombre maximum d'heures de travail: 48 heures par semaine. Mais là aussi on peut obtenir un permis pour dépassser ce nombre. *Employment Standards Act*, R.S.O. 1980, c. 137, s. 17.

31. Maryanne Webber, «Nombre total annuel des heures travaillées au Canada, 1976-1984» dans *La population active* (Statistique Canada 71-001), Statistique Canada, mars 1975, p. 95-102.

L'analyse des données statistiques ne nous permettra jamais de conclure sur la signification réelle de la prime d'heures supplémentaires. Toutes les opinions à ce sujet relèvent bien davantage d'options socio-économiques ou même philosophiques. Il faut de plus reconnaître que tous les humains n'ont pas les mêmes objectifs dans la vie, et même que chaque personne n'a pas les mêmes objectifs à tous les moments de sa vie. Ce phénomène, qui détermine la motivation face aux heures supplémentaires, nous le retrouverons plus loin, lorsque nous parlerons du second emploi ou emploi secondaire.

12.4.2 Attribution des heures supplémentaires

En vertu du droit de l'employeur d'organiser le travail, il lui revient de déterminer l'obligation pour certains employés d'effectuer du travail en heures supplémentaires. Mais de nombreux employeurs ont renoncé à ce droit dans la convention collective; ils ont accepté que l'exécution des heures supplémentaires se fasse sur une base volontaire. La proportion n'est pas la même d'une province à l'autre, ni selon la taille des entreprises. Dans l'ensemble du Canada, 70 % des grandes conventions collectives, visant la même proportion de salariés, ne contiennent aucune disposition à ce sujet; 10 % accordent le droit inconditionnel de refuser les heures supplémentaires, et 20 % accordent ce droit mais dans certaines circonstances seulement[32]. Au Québec, c'est pratiquement l'inverse: 30 % des conventions collectives ne contiennent pas de disposition à ce sujet, alors que 60 % reconnaissent que les travailleurs ont le droit individuel et personnel de refuser d'effectuer des heures supplémentaires, parfois moyennant certaines conditions. Seulement 3 % des conventions déclarent qu'il y a obligation, à moins de raison valable, d'exécuter de telles heures quand elles sont requises. (Voir les tableaux 12-7 et 12-8.)

L'exemple suivant est typique de ce genre de clause. On y affirme que les heures supplémentaires sont volontaires, sauf en cas d'urgence. Même dans les très nombreuses conventions où l'on déclare simplement que c'est volontaire, il est difficile de croire qu'en cas d'urgence on ne reconnaîtrait pas à l'employeur le droit d'assigner des travailleurs à des tâches essentielles. La clause suivante donne le droit à l'employeur d'imposer des heures supplémentaires à certains employés si le nombre de volontaires ne suffit pas.

> Article 9 – *Surtemps*
>
> (...)
>
> Minimum: 3 h
>
> (d) Quand un employé devra se rapporter pour un travail d'urgence pour des heures supplémentaires en dehors de ses heures régulières cédulées, il sera payé pour un minimum de trois (3) heures aux taux spécifiés dans cet article.
>
> Base volontaire Nombre insuff. par anc.
>
> (e) Le surtemps sera assigné sur une base volontaire sauf dans les cas prévus au paragraphe (d). Cependant, lorsqu'il n'y aura pas suffisamment d'employés pour effectuer le travail requis en surtemps, l'employeur assignera le nombre d'employés qualifiés nécessaires dans l'ordre inverse de leur ancienneté.
>
> (RJR-MacDonald inc. et le Syndicat international des travailleurs et travailleuses de la boulangerie, confiserie et du tabac, section locale 235 T, art. 9.)

Par contre, d'autres conventions collectives laissent deviner que les heures supplémentaires sont recherchées par les travailleurs et plutôt que de parler d'obligation ou de volontariat, on détermine la manière dont ces heures seront offertes aux salariés. La façon dont le texte est rédigé laisse voir qu'il s'agit d'un exercice volontaire, tellement apprécié des salariés qu'on prévoit des recours possibles en cas de contestation.

> Les heures supplémentaires en dehors de l'horaire normal d'un salarié seront distribuées par ancienneté et par rotation selon l'ordre suivant:
>
> Ordre de sélection
>
> 1) Parmi les salariés sur place à l'intérieur d'une même classification dans une même équipe;

32. Données mécanographiques sur les dispositions des grandes conventions collectives, Travail Canada, 13 août 1990, p. 12.

TABLEAU 12-7

Le droit de refuser et l'obligation d'effectuer des heures supplémentaires – 1984

L'exécution des heures supplémentaires est	Conventions collectives régissant moins de 50 salariés				Conventions collectives régissant 50 salariés et plus				Conventions collectives régissant tous les salariés (TOTAL)			
	C.c.	%	Salariés	%	C.c.	%	Salariés	%	C.c.	%	Salariés	%
Volontaire												
en toute circonstance	876	21,1	16 050	21,9	397	20,9	76 044	11,0	1 273	21,1	92 094	12,1
à la condition de trouver un remplaçant	878	21,2	17 587	24,0	438	23,1	134 652	19,5	1 316	21,8	152 239	19,9
sauf en cas d'urgence	170	4,1	3 006	4,1	63	3,3	9 757	1,4	233	3,9	12 763	1,7
après un certain nombre d'heures	94	2,3	1 808	2,5	45	2,4	8 681	1,3	139	2,3	10 489	1,4
à la condition de trouver un remplaçant sauf en cas d'urgence	5	0,1	104	0,1	10	0,5	1 702	0,2	15	0,2	1 806	0,2
après un certain nombre d'heures sauf en cas d'urgence	12	0,3	192	0,3	10	0,5	3 871	0,6	22	0,4	4 063	0,5
Obligatoire												
à moins d'une raison valable	153	3,7	2 059	2,8	58	3,1	10 545	1,5	211	3,5	12 604	1,7
de toute manière	60	1,4	943	1,3	12	0,6	915	0,1	72	1,2	1 858	0,2
Autre disposition[1]	272	6,6	5 217	7,1	201	10,6	49 086	7,1	473	7,8	54 303	7,1
Aucune disposition	1 621	39,1	26 208	35,8	663	34,9	395 040	57,2	2 284	37,8	421 248	55,2
TOTAL	4 141	100,0	73 174	100,0	1 897	100,0	690 293	100,0	6 038	100,0	763 467	100,0

1. Inclut la combinaison des dispositions suivantes: le travail supplémentaire est volontaire après un certain nombre d'heures et à la condition de trouver un remplaçant.

Source: Données mécanographiques du CRSMT, 27 mars 1991. (Variable E-7.)

TABLEAU 12-8

Le droit de refuser et l'obligation d'effectuer des heures supplémentaires – 1989

L'exécution des heures supplémentaires est	Conventions collectives régissant moins de 50 salariés				50 salariés et plus				tous les salariés (TOTAL)			
	C.c.	%	Salariés	%	C.c.	%	Salariés	%	C.c.	%	Salariés	%
Volontaire												
en toute circonstance	1 227	22,8	24 117	23,4	782	30,3	396 493	43,1	2 009	25,2	420 610	41,1
à la condition de trouver un remplaçant	1 179	21,9	25 289	24,6	775	30,1	143 130	15,6	1 954	24,5	168 419	16,5
sauf en cas d'urgence	237	4,4	4 494	4,4	91	3,5	26 887	2,9	328	4,1	31 381	3,1
après un certain nombre d'heures	121	2,2	2 578	2,5	53	2,1	8 908	1,0	174	2,2	11 486	1,1
à la condition de trouver un remplaçant sauf en cas d'urgence	4	0,1	82	0,1	11	0,4	1 749	0,2	15	0,2	1 831	0,2
après un certain nombre d'heures sauf en cas d'urgence	13	0,2	247	0,2	4	0,2	1 124	0,1	17	0,2	1 371	0,1
Obligatoire												
à moins d'une raison valable	193	3,6	3 050	3,0	95	3,7	14 761	1,6	288	3,6	17 811	1,7
de toute manière	74	1,4	1 281	1,2	17	0,7	2 591	0,3	91	1,1	3 872	0,4
Autre disposition[1]	323	6,0	6 670	6,5	199	7,7	50 191	5,4	522	6,6	56 861	5,6
Aucune disposition	2 013	37,4	35 037	34,1	550	21,3	274 373	29,8	2 563	32,2	309 410	30,2
TOTAL	5 384	100,0	102 845	100,0	2 577	100,0	920 207	100,0	7 961	100,0	1 023 052	100,0

1. Inclut la combinaison des dispositions suivantes: le travail supplémentaire est volontaire après un certain nombre d'heures et à la condition de trouver un remplaçant.

Source: Données mécanographiques du CRSMT, 27 mars 1991. (Variable E-7.)

2) Parmi les salariés à l'intérieur d'une même classification des autres équipes qui ne sont pas sur place ;

3) Parmi les salariés sur place dans une même équipe, dans toutes les classes ;

4) Parmi les salariés de toutes les classes qui ne sont pas sur place ;

5) Parmi les salariés à temps partiel sur place, par ordre d'ancienneté ;

6) Parmi les salariés à temps partiel, qui ne sont pas sur place, par ordre d'ancienneté.

Note

Minimum : 3 h

1. Pour l'application des paragraphes 2, 4 et 6, le temps supplémentaire requis devra être d'un minimum de trois (3) heures consécutives et sera attribué selon la procédure suivante :

Feuille d'inscription de disponib.

Les salariés intéressés à faire des heures supplémentaires en dehors de leur horaire normal de travail devront déclarer leur disponibilité en inscrivant sur une liste affichée, un « X » dans la case correspondant à leur disponibilité dans leur classification et/ou les autres classifications. Cette liste sera affichée du lundi au jeudi et sera utilisée à compter du dimanche suivant jusqu'au samedi suivant. Une copie de cette liste est remise aux délégués syndicaux.

2. La compilation des heures supplémentaires du vendredi, à partir de 7h00, du samedi et du dimanche toute la journée, apparaîtra pour chacune de ces journées sur une feuille distincte.

Copie des list. des h effect. au dél. synd.

Une copie de ces listes avec le nom du salarié et la classification occupée au début du temps supplémentaire, sera remise aux délégués syndicaux.

3. La pratique établie quant à l'attribution des postes en temps supplémentaire demeure en vigueur.

(...)

Recours

E) Lorsqu'un salarié régi par la présente convention collective effectue des heures supplémentaires et que la procédure de distribution de temps supplémentaire n'a pas été suivie, le salarié lésé aura droit au paiement de toutes les heures supplémentaires qui ont été travaillées par ce salarié.

(Provigo Distribution inc. et les Travailleurs unis de l'alimentation et du commerce, section locale 501, art. 14, secteur « entrepôt ».)

Plusieurs indices dans les conventions collectives laissent deviner que les heures supplémentaires représentent un bien convoité des travailleurs. Par contre, les syndicats y sont généralement opposés ; l'attitude varie selon la conjoncture économique. Quand le syndicat ne peut s'y opposer, il cherchera à en contrôler la distribution, par exemple en obligeant l'employeur à respecter l'ancienneté, pour que les heures supplémentaires soient offertes aux plus anciens ou, selon le cas, imposées aux moins anciens.

12.4.3 Controverse sur la réduction du temps de travail

Les défenseurs – il faudrait presque dire les apôtres – de la réduction du temps de travail argumentent toujours qu'une réduction des heures supplémentaires ou de la semaine normale de travail créerait nécessairement un nombre d'emplois correspondant. La perspective historique, présentée au début du chapitre, nous a montré que les arguments de santé et de sécurité, autant que ceux d'efficacité et de productivité, avaient une importance capitale au début du XXe siècle. Depuis que la semaine de travail compte autour de 40 heures, ces arguments ont beaucoup perdu de leur impact. Aussi, l'argument principal qu'on utilise depuis une vingtaine d'années, c'est la création d'emplois. En fait, l'argument est bien plus ancien : on dit que Samuel Gompers, le fondateur de la Fédération américaine du travail, avait coutume de dire qu'aussi longtemps qu'un travailleur cherchait en vain un emploi, les heures de travail des autres étaient trop longues[33].

33. JOHN R. COMMONS, *A Documentary History of American Society*, Cleveland, Clark and Co., 1910, vol. 3, p. 98.

L'argument se présente aujourd'hui dans les termes suivants. Certains lui donnent une apparence plus scientifique, avec les équations et les régressions obligées, mais, au fond, l'argument revient toujours à peu près à ce qui suit. Il y a, au Québec, au début de 1991, 3 055 000 personnes qui ont un emploi. Supposons, ce qui n'est pas très loin de la vérité, qu'elles travaillent chacune 40 heures par semaine : elles effectuent ainsi, chaque semaine, 122 200 000 heures de travail. Si on ramenait leur semaine de travail à 35 heures, on libérerait par le fait même 15 275 000 heures. En regroupant ces heures libérées en blocs de 35 heures chacun, on créerait par le fait même un peu plus de 436 000 emplois. C'est exactement le nombre de chômeurs recensés au Québec en janvier 1991[34].

Voilà donc l'argument dans toute sa simplicité et dans toute sa force. Il suffirait de prendre cinq heures à chacune des personnes qui ont un emploi présentement pour supprimer totalement le chômage au Québec. Malheureusement, dans le concret, les choses ne sont pas si simples ni, surtout, aussi souples. D'abord, lors d'une opération semblable, salariés et syndicats exigent toujours que la réduction de la semaine normale de travail – ou la disparition des heures supplémentaires – s'accompagne d'une augmentation correspondante du salaire horaire, de manière à conserver, au bout du compte, le même revenu hebdomadaire. Dans cette perspective, toute réduction des heures de travail s'accompagne d'une hausse correspondante des coûts du facteur travail. Réduire la semaine de 40 heures à 35 heures, sans perte de salaire hebdomadaire, représente une augmentation de 14,3 % des taux horaires et, donc, une augmentation correspondante du coût de production. Pour qu'une réduction des heures de travail se réalise sans diminution du salaire hebdomadaire, voici l'augmentation procentuelle requise des taux horaires si, au départ, la semaine de travail est de 40 heures :

Diminution de	Augmentation du salaire horaire
1 h	2,6 %
2 h	5,3 %
3 h	8,1 %
4 h	11,1 %
5 h	14,3 %

On voit que, simplement pour assurer le même revenu au travailleur, une réduction d'une heure ou deux par semaine a une répercussion non négligeable sur les taux de salaires et sur les coûts de production. Comme la concurrence mondiale est un des facteurs déterminants, en cette fin du XXe siècle, il est difficile d'envisager une mesure de cette nature si tous les pays du monde ne font pas la même chose en même temps, ce qui semble bien un rêve irréalisable.

Des études plus sophistiquées ont par ailleurs établi qu'une réduction de 1 % de la prime d'heures supplémentaires n'aurait qu'un effet de 0,6 % sur la réduction du nombre d'heures supplémentaires[35]. Dans la discussion sur les heures supplémentaires, une hypothèse que plusieurs utilisent est que la prime soit toujours égale au taux double, ce qui équivaudrait à une augmentation de 33 %. (Le passage du taux actuel de 150 % à 200 % correspond à une majoration du tiers.) Même avec une telle augmentation, en combinant plusieurs études sur des hypothèses semblables ou comparables, on arrive à la conclusion que l'augmentation de l'emploi ne dépasserait pas 1 % à 2 % ; un effet minime, compte tenu du taux d'augmentation requis[36]. De toute façon, une augmentation de la prime d'heures supplémentaires pourrait créer quelques emplois, mais l'effet en est grandement incertain.

Revenons à l'argumentation plus simple, et plus souvent utilisée, qui propose une réduction du temps de travail pour créer des emplois. Le calcul présenté

34. *Le marché du travail*, vol. 12, n° 3, mars 1991, p. 74-76.

35. RONALD G. EHRENBERG et PAUL L. SCHUMANN, *Longer Hours or More Jobs?*, Cornell Studies in Industrial and Labor Relations, No. 22, Ithaca, N.Y., Industrial and Labor Relations Press, 1982, 177 p.

36. *Working Times : The Report of the Ontario Task Force on Hours of Work and Overtime*, voir *supra*, note 26, ch. 12 : «Job-Creation Potential of Overtime Restrictions», p. 91-99.

plus haut contient plusieurs sophismes. Il repose sur deux postulats qui ne seront jamais réalisés. Le raisonnement mathématique en question suppose que tous les emplois sont divisibles à volonté et que tous les travailleurs sont interchangeables. Assez curieusement, les emplois qui se prêteraient le mieux à une telle opération se situent aux deux extrémités de l'échelle des occupations. Ce sont les occupations où l'employé exécute son travail seul. C'est le cas, par exemple, de l'entretien ménager et de plusieurs travaux de services mal rémunérés. Mais c'est aussi le cas de la quasi-totalité des professionnels, même si la plupart ont un bataillon d'assistants et de secrétaires à leur service. Le travail relié à des machines ne peut pas se subdiviser de cette manière. On ne peut pas enlever une heure ou deux à chaque employé d'une usine hautement mécanisée pour créer quelques nouveaux emplois. Même si une telle chirurgie du travail était possible, il existe une autre contrainte, celle du nombre d'emplois que cela implique. En retirant deux heures et demie à chaque salarié, il faudrait 15 employés pour créer un seul nouvel emploi : en effet, 16 × 37,5 h donnent 600 heures, tout comme 15 × 40 heures[37].

Faut-il souligner que, même si le chômage frappe à tous les niveaux, toutes les analyses révèlent que plus une personne est scolarisée, moins elle a de risque d'être en chômage ? Les nombreux chômeurs n'ont pas nécessairement, ni même probablement, les qualifications requises pour les emplois qu'on pourrait théoriquement ainsi créer.

Il y a également d'autres considérations, comme l'impact sur la demande de travail d'une importante augmentation du coût unitaire du facteur travail. Il se peut fort bien que, devant une telle hausse des coûts, les employeurs se tournent davantage et plus rapidement vers de nouvelles technologies, qui risquent de supprimer des emplois plutôt que d'en créer. Certaines études économiques concluent d'ailleurs qu'une telle réduction d'emplois est possible sinon certaine.

D'autres coûts que les employeurs considèrent, avant d'ouvrir de nouveaux postes, ce sont les frais occasionnés par l'embauche d'un nouvel employé : frais de sélection, d'embauchage, de formation et d'avantages sociaux. C'est sans doute la raison pour laquelle bien des employeurs préfèrent payer des heures supplémentaires, même à taux double dans certains cas, plutôt que d'engager du personnel. Ceci est particulièrement vrai, depuis quelques années, dans le secteur public, où l'on n'engage pratiquement plus de personnel régulier ; on procède plutôt par contrats à durée déterminée : il est trop coûteux d'embaucher un employé régulier permanent, compte tenu de la sécurité d'emploi à vie que confère un tel statut.

Ce n'est pas à dire qu'une réduction des heures supplémentaires ou de la semaine normale de travail ne peut pas amener la création d'un certain nombre d'emplois. Cela est possible et se produit. Mais le résultat ne sera jamais proportionnel à la réduction des heures : trop de facteurs interviennent pour diminuer, sinon contrecarrer, le lien entre la cause et l'effet recherché, entre la réduction des heures de travail et la création de nouveaux emplois.

La campagne qui s'est poursuivie en Europe pour la réduction du temps de travail doit être replacée dans son contexte. D'abord, plusieurs pays d'Europe avaient encore la semaine normale de 48 heures. Ceux qui avaient déjà réduit la semaine à 40 heures sont allés un peu plus loin, comme la France, qui a fixé, par une loi adoptée en 1982, à 39 par semaine les heures normales[38].

Après l'étude de l'aspect quantitatif, il faut nous tourner vers quelques expériences qui ont des objectifs plus qualitatifs. Mais le problème des heures de travail conserve toujours un aspect arithmétique important.

12.5 Aménagement du temps de travail

L'expression « aménagement des temps de travail » a eu beaucoup de succès au début des années 1970.

37. J. DAVID ARROWSMITH, *op. cit.*, p. 4-5.

38. « France : Bargaining on Reduced Working Time », *European Industrial Relations Review*, n° 105, octobre 1982, p. 21-23 ; J. DAVID ARROWSMITH, *op. cit.*, ch. VI : « The International Developments on the Issue of Overtime », p. 90-109.

Plusieurs colloques ont été organisés sur le sujet; plusieurs volumes ont été publiés[39]. Les deux formules qui ont connu le plus de succès – même si ce succès est mitigé – ont été la semaine comprimée et les horaires flexibles. Nous verrons successivement l'une et l'autre, et quelques autres formules moins fréquentes mais qui ne manquent pas d'intérêt.

12.5.1 Semaine comprimée

Parmi les nouvelles formules d'aménagement du temps de travail, la première découle d'une question très simple: la semaine de travail compte-t-elle nécessairement cinq jours? La question est d'autant plus pertinente que la semaine de 40 heures est fréquente. Au lieu de cinq journées de huit heures, pourquoi pas quatre journées de 10 heures, ou encore trois journées de 12 ou 13 heures, suivant le nombre d'heures hebdomadaires qu'on veut garder? La réponse implique un certain nombre de difficultés. Avant de discuter des avantages et des inconvénients, voyons un peu l'histoire de la question et quelques solutions vécues.

Les premières expériences de la semaine de quatre jours remontent vraisemblablement aux années 1960. En effet, en 1970, paraissait le premier ouvrage consacré explicitement à cette question; il s'intitulait justement: *Quatre jours et quarante heures de travail*[40], publié sous la direction de Riva Poor. Dès 1971 et 1972, les articles se multiplient dans les revues[41]. La semaine réduite ou comprimée connaît un succès rapide. L'étude de Riva Poor portait sur 27 entreprises qui l'avaient déjà adoptée. Deux ou trois ans plus tard, on estimait que 1000 entreprises et un million de travailleurs profitaient de ce régime aux États-Unis, et environ 200 entreprises au Canada[42].

La première difficulté rencontrée était d'ordre légal: là où la loi exigeait le paiement du taux majoré de moitié après huit heures de travail par jour, la formule engendrait une augmentation des coûts qui la rendait inapplicable. C'est ainsi que le gouvernement fédéral canadien, dont la loi comportait une telle disposition, a pris la question en délibéré[43]. Par la suite, et depuis lors, les parties qui souhaitent implanter un tel régime et qui relèvent de la compétence fédérale demandent au ministre un permis de dérogation à la règle générale, en vertu de l'article 29.1 (aujourd'hui l'article 170) du *Code canadien du travail*.

La formule de quatre journées de 10 heures s'applique facilement dans les cas où l'usine ou le bureau ouvre le matin et ferme le soir. Aussi plusieurs bureaux ne faisant pas affaire avec le public l'ont-ils adoptée. C'était plus difficile pour les bureaux qui offrent des services au public. Après une période d'engouement dans les années 1970, on a de moins en moins parlé de la semaine comprimée; mais elle s'est quand même propagée, au point d'être aujourd'hui reconnue dans environ 15 % des conventions collectives visant 25 % des salariés régis par convention[44]. Elle s'est grandement développée au cours des cinq dernières années. On la rencontre principalement dans les grandes entreprises et les grands organismes. (Voir le tableau 12-9.)

39. Université Laval, *L'aménagement des temps de travail: l'horaire variable et la semaine comprimée*, 39e Congrès des relations industrielles, 1974, Québec, Les Presses de l'Université Laval, 1974, 337 p.; Organisation de coopération et de développement économique, *L'aménagement du temps de travail*, Conférence internationale tenue à Paris en septembre 1972, Paris, OCDE, 1973, 187 p.; D. Maric, *L'aménagement du temps de travail*, Genève, Bureau international du travail, 1977, 72 p.; Jacques de Chalendar, *L'aménagement du temps*, Paris, Desclée de Brouwer, 1971, 171 p.
40. *Four Days, 40 Hours. Reporting a Revolution in Work and Leisure*, sous la direction de Riva Poor, Cambridge, Mass., Bursk and Poor Publishing, 1970, 175 p.
41. On trouve une liste de ces articles dans Vasile Tega, *Les horaires flexibles et la semaine réduite de travail. Bibliographie internationale*, Montréal, Guérin Éditeur, 1975 (217 p.), p. 67-77.
42. D. Maric, *op. cit.*, p. 21. «La semaine de 4 jours?», *La Gazette du travail*, vol. 73, no 4, avril 1973, p. 241.
43. «La semaine de 4 jours?», voir note 42.
44. Voir deux expériences réalisées au Québec: Paul Deamen et Jean Merrill, «La semaine comprimée: quelques expériences vécues» dans *L'aménagement des temps de travail: l'horaire variable et la semaine comprimée*, 29e Congrès des relations industrielles de l'Université Laval, 1974, Québec, Les Presses de l'Université Laval, 1974 (337 p.), p. 209-226.

TABLEAU 12-9

La semaine comprimée au Québec – 1984 et 1989

Disposition	Conventions collectives régissant											
	moins de 50 salariés				50 salariés et plus				tous les salariés (TOTAL)			
	C.c.	%	Salariés	%	C.c.	%	Salariés	%	C.c.	%	Salariés	%
1984												
Abordée dans la convention	398	9,6	7 658	10,5	266	14,0	120 950	17,5	664	11,0	128 608	16,8
Aucune disposition	3 743	90,4	65 516	89,5	1 631	86,0	569 343	82,5	5 374	89,0	634 859	83,2
TOTAL	4 141	100,0	73 174	100,0	1 897	100,0	690 293	100,0	6 038	100,0	763 467	100,0
1989												
Abordée dans la convention	560	10,4	11 833	11,5	617	23,9	250 120	27,2	1 177	14,8	261 953	25,6
Aucune disposition	4 824	89,6	91 012	88,5	1 960	76,1	670 087	72,8	6 784	85,2	761 099	74,4
TOTAL	5 384	100,0	102 845	100,0	2 577	100,0	920 207	100,0	7 961	100,0	1 023 052	100,0

Source: Données mécanographiques du CRSMT, 27 mars 1991. (Variable J-15.)

La formule ne vise pas nécessairement tous les employés régis par la convention collective. Le fait d'avoir deux formules dans la même usine, soit des groupes qui travaillent huit heures et d'autres qui travaillent 12 heures par jour, entraîne un nombre considérable de précisions à inclure dans la convention quant au calcul des heures supplémentaires, au mode de remplacement s'il y a lieu, aux périodes de repas et de repos, et le reste. Mais son application n'en est pas moins possible. Nous ne reproduisons ici que les dispositions générales d'une convention où la semaine comprimée s'applique aux opérations continues.

> 13.02 Les heures normales de travail sont celles prévues à l'Annexe F.
>
> *Annexe F. Horaires de travail* (pour les) opérations et services se poursuivant sans interruption
>
> Semaine normale de travail : moyenne de 42 heures par cycle selon l'horaire en vigueur, taux et demi après 40 heures par semaine.
>
> Relèves (ou équipes) de 12 heures : 8h00 à 20h00 ou 7h45 à 19h45, et 20h00 à 8h00 ou 19h45 à 7h45.
>
> Relèves (ou équipes) de 8 heures : 8h00 à 16h00 ou 7h45 à 15h45, 16h00 à 24h00 ou 15h45 à 23h45, et 00h00 à 8h00 ou 23h45 à 7h45.
>
> (Tioxide Canada inc. et les Métallurgistes unis d'Amérique, union locale 6319, art. 13 et Annexe F.)

Dans les usines où il y a production continue, l'implantation de la semaine comprimée implique des difficultés. Le problème est relié au nombre d'heures par jour et de jours par semaine. Il n'est pas possible d'y implanter un régime de quatre jours de 10 heures avec les 24 heures que compte une journée et les sept jours de la semaine. Il faut passer carrément de trois équipes de huit heures à deux équipes de 12 heures. Mais à 12 heures par jour, il est impossible de réaliser 40 heures par semaine à chaque semaine. Pour maintenir le nombre d'heures le plus près possible de 40, il faut recourir à des semaines de travail de quatre jours et à des semaines de trois jours. La semaine où l'employé travaille quatre jours, il fait 48 heures et, la semaine suivante, il ne travaille que trois jours ou 36 heures. Cela lui fait une moyenne de 42 heures par semaine. Chaque employé alterne ainsi : trois jours de travail et deux jours de congé, puis deux jours de travail et deux jours de congé, ce qui fait un premier cycle de neuf jours. Une fois par mois, il aura trois jours de congé au lieu de deux, pour arriver à un cycle complet de 28 jours ou quatre semaines. À cause de ce cycle de quatre semaines, il faut au moins quatre équipes, qui commencent chacune leur semaine avec un décalage d'un jour par rapport à l'équipe précédente. La rotation des équipes de jour et de nuit doit aussi être intégrée au cycle de chaque équipe de travail.

Comme chaque semaine n'a que sept jours, chaque employé en travaillera trois ou quatre et, les autres jours, il sera en congé. Le premier des deux tableaux qui suivent montre la répartition des journées de travail, de jour ou de nuit, et de congé, selon la durée de la semaine de travail (48 ou 36 heures). Le deuxième tableau présente un calendrier de quatre semaines, donc 28 jours, pour un ouvrier donné. Tous les autres ouvriers, appartenant à une autre équipe, reproduisent la même séquence, mais avec un décalage d'une journée. À chaque jour, il y a deux équipes au travail et deux équipes en congé.

	2 j. ouv.	3 j. ouv.	2 j. ouv.	
1re semaine	J	C	N	48 heures de travail
2e semaine	C	J	C	36 heures de travail
3e semaine	N	C	J	48 heures de travail
4e semaine	C	N	C	36 heures de travail

J : travail de jour N : travail de nuit C : congé

D	L	Ma	Me	J	V	S	
C	C	J	J	C	C	N	48 heures de travail
N	N	C	C	J	J	C	36 heures de travail
C	C	N	N	C	C	J	48 heures de travail
J	J	C	C	N	N	C	36 heures de travail

Quant aux avantages et aux inconvénients de la semaine comprimée, les uns et les autres sont relativement évidents. Oublions pour l'instant les situations de travail continu, et pensons aux travailleurs qui font trois jours de 12 ou 13 heures, ou bien quatre jours de 10 heures, ce qui est le cas le plus fréquent. Le premier avantage, c'est d'avoir trois (ou quatre) jours de congé par semaine. En contrepartie, les jours où les personnes sont au travail, elles ne peuvent rien faire d'autre: les 10 ou 12 heures de présence au travail, auxquelles s'ajoute la période de transport au début et à la fin de la journée, font en sorte qu'il ne reste plus que le temps nécessaire aux repas et au sommeil quotidien. Si bien que la vie de famille risque de s'en ressentir. D'un autre côté, si la famille compte de jeunes enfants et que le conjoint ou la conjointe a des heures de travail plus normales, la présence prolongée au foyer du travailleur en question peut comporter des avantages marqués. Un autre avantage, que certains considèrent important, est l'économie de temps de transport: en travaillant une journée de moins, c'est autant de temps gagné, disponible pour des loisirs ou des activités familiales[45].

Aux observations précédentes s'ajoute, dans le cas de la semaine comprimée en situation de travail continu, le problème d'adaptation à des semaines de travail toujours changeantes, au moins chaque mois. Cela implique que l'employé est, plus souvent qu'autrement, en congé lorsque tous les autres sont au travail, et vice versa. Le travail en continu est la principale cause de la non-conformité de la répartition travail-loisirs; mais la semaine comprimée vient l'aggraver. Certains s'en accommodent pourtant très bien: les temps libres qu'ils ont ainsi en abondance représentent pour eux un aspect positif; d'autres le voient autrement.

La longueur prolongée de la journée de travail risque d'entraîner une fatigue accrue, même si la semaine comprimée est généralement implantée dans des endroits où le travail comporte peu d'effort physique; mais, par exemple, même le contrôle de tableaux électroniques peut engendrer un stress qui n'est pas négligeable. Dans certains cas, l'absentéisme pour cause de maladie s'est légèrement accru, sans qu'on puisse nécessairement établir de lien entre cet accroissement et la durée plus longue de la journée de travail. Une autre question se pose, à laquelle il n'y a pas encore de réponse connue: le temps libre ainsi accordé aux salariés a-t-il contribué à accroître le phénomène du second emploi[46]?

Pour les entreprises, il est difficile d'établir avec certitude que la semaine comprimée peut accroître la productivité. Quand il s'agit d'une production effectuée par des machines que le salarié ne fait que contrôler, il est peu probable qu'une différence importante en résulte, à moins que le taux d'accident ou de bris n'en soit augmenté. Dans les entreprises où chaque changement d'équipe amène une diminution de production, la formule devrait être bénéfique, puisqu'elle supprime un changement d'équipe par jour. Mais l'aspect positif principal devrait découler de l'impact sur le moral des employés. Si les employés sont heureux de la formule, il est probable que leur rendement s'améliorera ou, à tout le moins, se maintiendra. Notons enfin que, du côté patronal, le régime peut entraîner des problèmes administratifs. Surtout dans les cas de travail continu, l'organisation du travail et des horaires correspondants, avec les remplacements inévitables qui se produisent à l'occasion,

45. FLORIAN OUELLET, «Les horaires comprimés et l'adaptation du travail à l'homme» dans *L'aménagement des temps de travail...*, voir *supra*, note 44, p. 171-207.

46. PAUL DEAMEN et JEAN MERRILL, *op. cit.*, p. 216-220.

fait que la gestion de la semaine comprimée peut présenter des difficultés considérables.

En résumé, après un engouement extraordinaire au cours des premières années d'expérimentation, l'attrait pour la semaine comprimée a connu un temps d'arrêt. Plus récemment, plusieurs s'y sont à nouveau intéressés; sans aucun bruit, elle a progressé considérablement au cours des dernières années.

12.5.2 Horaires flexibles

La semaine comprimée modifiait le nombre de jours de travail; l'horaire flexible vise pour sa part à modifier les heures quotidiennes de travail; le calcul des heures peut se faire sur une base journalière ou hebdomadaire. Certains préfèrent parler d'horaires variables; malgré que les deux expressions puissent avoir des sens différents, nous emploierons ici les deux termes l'un pour l'autre[47].

L'horaire flexible veut accorder aux employés une certaine souplesse quant au choix de leur horaire quotidien de travail. Mais cette souplesse n'est pas absolue, loin de là. Trois termes résument les règles fondamentales de cette formule. L'«amplitude» désigne les heures à l'intérieur desquelles chaque employé peut situer sa période de travail; l'amplitude correspond, s'il s'agit d'un bureau, aux heures pendant lesquelles le bureau sera ouvert, disons de 8h00 à 18h00. Dans cette fourchette d'heures, il y a toujours un bloc d'heures où tous les employés doivent être au travail, sauf pour l'heure des repas, qu'on appelle la «plage fixe»; ce peut être, par exemple, de 10h00 à 16h00. Dans cette hypothèse, il y a deux «plages mobiles», de 8h00 à 10h00 le matin et de 16h00 à 18h00 l'après-midi. Chaque employé peut choisir d'arriver au moment où il le désire dans la plage mobile du matin et il peut partir à l'heure de son choix dans la plage mobile de l'après-midi.

L'horaire flexible ou variable ne comporte pas en lui-même une réduction des heures de travail. Malgré la liberté qu'on lui accorde de les effectuer au moment de son choix, chaque employé doit fournir un nombre d'heures déterminé. Ce nombre d'heures doit être accompli chaque jour ou chaque semaine. Quand la journée sert de base de calcul, l'employé qui arrive à 9h30 ne peut quitter avant 17h30 si sa journée de travail est de huit heures. Avec la semaine ou le mois comme base de calcul, l'employé a beaucoup plus de liberté: il peut faire plus d'heures par jour pendant un certain temps et en faire moins par la suite. Selon le cas, il aura des heures excédentaires ou des heures déficitaires. Il faut alors tenir une comptabilité rigoureuse des heures de travail de chaque employé.

Une autre modalité découle du fait que certaines formules exigent un choix définitif. Pour reprendre le même exemple, un employé peut choisir de travailler de 8h00 à 16h00 ou de 10h00 à 18h00; mais, une fois son choix arrêté, il doit être au travail aux heures qu'il a choisies. D'autres formules permettent une liberté de choix quotidienne. Dans ces cas il faut toujours respecter la norme hebdomadaire ou mensuelle.

À cette forme générale d'aménagement du temps de travail, il faut ajouter des possibilités plus personnelles, souvent reconnues dans les conventions collectives. On dira par exemple que le salarié, moyennant entente avec son supérieur, pourra bénéficier d'un horaire décalé. Lorsqu'il y a plusieurs catégories d'employés dans une entreprise, comme des employés de magasin, d'entrepôt et de bureau, la convention peut permettre des arrangements à l'intérieur de chaque groupe. Bien souvent d'ailleurs, il se fait des ententes à l'amiable, qui n'apparaissent officiellement nulle part, mais qui conviennent à tous les intéressés.

Avant d'introduire un horaire flexible, les parties conviennent généralement d'établir un comité qui préparera la modification. Certaines conventions collectives reconduisent plusieurs fois la clause du comité, pratiquement sans modification, avant de réaliser le projet ou parfois même de l'abandonner. Dans l'ensemble des conventions collectives au Québec, les cas d'horaires flexibles officiellement implantés sont rela-

47. «Terminologie et technique de l'horaire variable» dans *L'aménagement des temps de travail*, voir *supra*, note 44, annexe A, préparée par l'Office de la langue française, p. 309-317.

tivement rares: 5 % seulement des conventions collectives contiennent une telle clause, mais elles visent 30 % des salariés, la grande majorité travaillant dans le secteur public. (Voir le tableau 12-10.)

Le premier avantage des horaires flexibles, c'est de donner à l'employé un choix dans une question de grande importance pour lui: l'organisation de sa vie quotidienne de travail. En ce sens, on peut parler d'un horaire personnalisé. Une conséquence, que certains considéreront comme positive ou négative, selon le cas, c'est que le concept de ponctualité disparaît; celle-ci cesse d'être le symbole du bon employé. De plus, sauf exception, l'horaire flexible supprime toutes les autorisations d'absence pour les visites chez le médecin, chez le dentiste ou pour toute autre raison: l'employé doit s'organiser selon la souplesse des horaires qu'il peut utiliser. Un autre aspect que certains perçoivent de façon négative, c'est l'obligation d'enregistrer et de comptabiliser son temps de travail[48].

Pour l'employeur, la formule a souvent pour effet de diminuer le nombre d'heures supplémentaires et lui permet de compter sur une mise en train accélérée: la personne qui arrive dans un bureau en pleine activité ne peut faire autrement que de se mettre au travail rapidement. La formule semble aussi réduire les absences, «diplomatiques» ou autres.

L'horaire flexible ne peut pas être introduit partout. Des contraintes aussi différentes que la production à la chaîne ou la nécessité de répondre aux demandes du public en réduisent considérablement la possibilité d'implantation. Les bureaux où le travail exige une communication constante entre les employés pourront eux aussi difficilement fonctionner sans savoir exactement qui est présent et à quel moment. Certains craignent que trop de liberté par rapport aux heures de travail n'entraîne une sorte d'anarchie dans la vie interne du bureau ou du département. D'autres, généralement du côté syndical, redoutent que la même liberté ne rende difficile la réclamation de certains droits, comme la prime pour les heures supplémentaires. Celles-ci doivent évidemment être calculées pour chaque personne, mais le contrôle en est d'autant plus difficile que les horaires sont irréguliers. Un patron préoccupé d'économie pourrait profiter de la fluidité de la situation pour exiger des heures supplémentaires au taux normal.

Malgré les difficultés et les risques, on note qu'il est extrêmement rare qu'après avoir introduit l'horaire variable on revienne à l'horaire fixe, ce qui laisse entendre que le régime comporte plus d'avantages que d'inconvénients[49].

12.5.3 Emploi à temps partagé

Une troisième forme d'aménagement du temps de travail, beaucoup plus rare que les deux précédentes, est l'emploi partagé. Pour différentes raisons, un employeur peut diviser un poste en deux (ou même en trois), de manière à ce que deux personnes occupent successivement le même poste, chacune, par exemple, deux jours et demi par semaine. Le partage du poste peut répondre à une exigence de l'employeur comme au désir de deux salariés qui ne souhaitent pas travailler à temps plein[50].

Il ne faut pas confondre l'emploi partagé avec le travail partagé. Il existe un programme fédéral de travail partagé qui vise à répartir le travail disponible entre tous les employés plutôt que de mettre à pied une partie des travailleurs pendant que les autres travailleraient à temps plein. On pourra ainsi remplacer, après accord avec la Commission d'assurance-chômage, la cinquième journée de travail de la semaine par des prestations d'assurance-chômage, plutôt que

48. Marie-Claire Boucher, «L'horaire variable de travail» dans *L'aménagement des temps de travail*, voir *supra*, note 44, p. 58-68.

49. D. Maric, *op. cit.*, p. 33-47; Université Laval, *L'aménagement des temps de travail*, voir *supra*, note 44, p. 45-135 (3 articles).

50. Barney Olmsted, «Un nouveau style de travail fait son apparition: le partage des emplois», *Revue internationale du travail*, vol. 118, nº 3, mai-juin 1979, p. 299-316; L. Rich, «Job Sharing: An Emerging Work Style», *Worklife*, mai 1978, p. 2-6.

TABLEAU 12-10

L'horaire flexible au Québec – 1984 et 1989

Disposition	Conventions collectives régissant moins de 50 salariés				50 salariés et plus				tous les salariés (TOTAL)			
	C.c.	%	Salariés	%	C.c.	%	Salariés	%	C.c.	%	Salariés	%
1984												
Abordé dans la convention	75	1,8	1 202	1,6	41	2,2	36 129	5,2	116	1,9	37 331	4,9
Aucune disposition	4 066	98,2	71 972	98,4	1 856	97,8	654 164	94,8	5 922	98,1	726 136	95,1
TOTAL	4 141	100,0	73 174	100,0	1 897	100,0	690 293	100,0	6 038	100,0	763 467	100,0
1989												
Abordé dans la convention	169	3,1	2 768	2,7	153	5,9	304 563	33,1	322	4,0	307 331	30,0
Aucune disposition	5 215	96,9	100 077	97,3	2 424	94,1	615 644	66,9	7 639	96,0	715 721	70,0
TOTAL	5 384	100,0	102 845	100,0	2 577	100,0	920 207	100,0	7 961	100,0	1 023 052	100,0

Source: Données mécanographiques du CRSMT, 27 mars 1991. (Variable J-14.)

de mettre à pied 20 % des salariés concernés[51]. Les cas de partage de postes sont relativement rares. Un article mentionne deux exemples en Californie[52].

Les grands syndicats sont généralement opposés à l'idée de l'emploi partagé, et même du travail partagé, parce qu'ils y voient une sorte de consécration du temps partiel. De la même manière, ils s'opposent le plus souvent à la semaine comprimée, disant que la journée de huit heures est un gain syndical dont il ne faut pas permettre qu'il soit menacé d'aucune manière. Un peu dans le même sens, ils craignent aussi que les horaires flexibles n'entraînent des prolongations indues de la journée de travail, sans la compensation habituellement requise pour les heures supplémentaires.

Du point de vue patronal, l'inconvénient du poste partagé se trouve surtout dans le fait que deux personnes différentes occupent le même emploi et remplissent les mêmes tâches. La communication de l'information entre les deux titulaires du poste n'est nullement assurée et cela peut entraîner toutes sortes de difficultés pratiques, entre autres dans les rapports avec les personnes de l'extérieur.

* * *

Il y a bien d'autres formes d'aménagement du temps de travail. Certaines de ces formes s'apparentent soit à la semaine comprimée, soit aux horaires souples et variables. Notons par exemple que tous les groupes d'employés du journal *La Presse* travaillent 32 heures par semaine – il s'agit bien d'une semaine comprimée – soit quatre jours de huit heures. Un de ces groupes a même la semaine de 28 heures, soit quatre jours de sept heures. Ce cas, qui peut s'expliquer par la nature du travail du groupe visé, soit les expéditeurs, n'est pas le premier du genre. Mais les cas de 28 heures de travail par semaine sont quand même très rares.

Une forme d'emploi partagé jamais réalisée, mais souhaitée par certains employeurs, serait le partage du travail en deux équipes successives de 30 heures. Les employeurs de l'industrie de la construction ont toujours résisté aux demandes répétées de réduction de la semaine de travail. Par contre, certains d'entre eux ont déclaré qu'ils considéreraient avec beaucoup d'intérêt une demande de réduction à 30 heures par semaine, parce qu'alors ils envisageraient la possibilité d'avoir deux équipes de 30 heures, chacune travaillant par exemple trois journées de 10 heures. Cela leur permettrait d'utiliser beaucoup plus efficacement la machinerie coûteuse dont ils ont besoin et de s'en servir 60 heures par semaine, sans avoir à payer plus que le taux normal de salaire. Les objections à ce projet viennent de différents groupes et de plusieurs milieux : on craint, vu la pénurie d'excellents hommes de métier, qu'au lieu d'avoir deux équipes distinctes de 30 heures, une forte proportion des ouvriers de la construction travaillent en fait 60 heures par semaine au taux normal. Si tel était le cas, les ouvriers se verraient accablés d'un travail payant mais démesurément long, alors que l'emploi risquerait de diminuer par suite d'une telle opération.

En d'autres mots, il n'y a aucun aménagement idéal du temps de travail. On pourra trouver de meilleures formules, mais chacune aura ses avantages et ses inconvénients.

12.6 Horaires spéciaux

Nous regroupons sous le titre d'horaires spéciaux tous les cas particuliers dont nous n'avons pu traiter dans les sections précédentes et dont l'importance exige qu'on les mentionne. Nous étudierons ainsi le travail à temps partiel, les équipes de soir et de nuit, ainsi que le double emploi.

12.6.1 Travail à temps partiel

Le travail à temps partiel représente la forme principale de ce qu'on désigne souvent d'un terme péjoratif, le travail précaire. Il faut d'abord différencier

51. André Desjardins, «Partage du travail comme mesure de sécurité d'emploi» dans *Le travail à temps partiel, le partage du travail comme clause de sécurité d'emploi et la sous-traitance. Recueil de clauses-types*, Québec, Centre de recherche et de statistiques sur le marché du travail, 1985 (90 p.), p. 45-59.

52. Jean-François Manègre et Christian Côté, «Le partage du travail», *Le marché du travail*, vol. 6, nº 5, mai 1985, p. 75-92 (voir les pages 89-90).

les types de travail à temps partiel, car tout le travail qui se fait à temps partiel ne correspond pas nécessairement à la même définition.

Il faut distinguer les travailleurs à temps partiel réguliers des autres, qui seraient des employés occasionnels, suppléants ou surnuméraires. Nous utiliserons le mot réservistes pour bien distinguer ces derniers des réguliers. Parmi les réguliers, il y a ceux qui occupent ce qu'on pourrait appeler les emplois à temps partiel «de nature» et ceux qui répondent à une demande momentanément accrue. Certaines occupations ne réclament de titulaires qu'à certains moments de la journée ou de la semaine; c'est ce qu'on désigne sous le nom de régulier à temps partiel de nature. Qu'on pense par exemple aux placiers et aux préposés des grandes salles de spectacles ou des stades. Mais il y a les employés qui sont engagés pour faire face à une demande excédentaire, revenant à intervalles réguliers, comme les soirs et les fins de semaine dans les magasins d'alimentation. Les employés à temps partiel qui occupent ces postes complémentaires font le même travail que les employés réguliers, mais ils ne le font pas à temps plein. Quant aux réservistes, on peut les considérer comme des temporaires ou des suppléants, à qui on fait appel pour faire face à des demandes imprévues, pour remplacer des salariés absents, pour répondre à un surcroît de travail. Certains de ces occasionnels peuvent exercer leur fonction de façon cyclique, ou saisonnière, par exemple au moment de la récolte de tel ou tel fruit. Quand on dit temps partiel, on pense souvent aux étudiants qui remplissent toutes sortes de tâches à temps partiel pendant leurs études; on les trouve dans les quatre catégories et sous-catégories que nous venons de mentionner, selon leur disponibilité respective[53].

La proportion des salariés à temps partiel est d'environ 15 % par rapport au nombre total d'emplois occupés au Québec. Dans l'ensemble du Canada, cette proportion est un peu plus élevée. (Voir le tableau 12-11.) Le nombre d'hommes qui font du temps partiel est plus élevé que le nombre de femmes, presque le double. Par contre, la proportion des travailleurs à temps partiel est plus faible chez les hommes – entre 7 % et 8 % – et beaucoup plus élevée chez les femmes, environ 25 %[54]. Le temps partiel est fortement concentré chez les 15-24 ans (plus de 30 %). Il est relativement faible pour les 25 à 54 ans, autour de 10 %, alors qu'il est un peu plus élevé pour les 55 ans et plus, environ 15 %. Autre caractéristique des travailleurs à temps partiel: les trois quarts, comme la population active dans son ensemble, sont mariés, mais leur nombre, bien que beaucoup plus élevé que celui des célibataires, ne représente que 10 % de l'ensemble des employés mariés; parmi les célibataires, la proportion est d'au-delà de 25 %[55]. (Voir le tableau 12-12.)

Plus de 40 % des conventions collectives ne traitent pas de la question des employés à temps partiel, soit que le problème ne se pose pas dans l'entreprise, soit qu'ils soient exclus du certificat d'accréditation et donc de la convention collective. La grande majorité des conventions collectives qui abordent le sujet déclarent explicitement que seulement certaines dispositions de la convention s'appliquent à ces employés. (Voir le tableau 12-13.) Seulement 10 % reconnaissent que la convention s'applique intégralement aux travailleurs à temps partiel. Le reste des conventions collectives prévoit, à leur intention, d'autres formules, non classifiées.

Souvent les employés à temps partiel et les employés temporaires (ou réservistes) voient leur statut et leurs conditions de travail précisés dans une annexe à la convention collective. Tel est le cas dans l'exemple suivant.

53. NORMANDE LEWIS, *Le travail à temps partiel, le partage du travail comme mesure de sécurité d'emploi et la sous-traitance. Recueil de clauses-types*, Québec, Centre de recherche et de statistiques sur le marché du travail, 1985 (90 p.), p. 8-14.

54. Bureau de la statistique du Québec, *Le travail à temps partiel: nouvelles tendances*, Québec, Les Publications du Québec, 1987, 175 p.; Statistique Canada, *La population active* (71-001).

55. Bureau de la statistique du Québec, *op. cit.*

TABLEAU 12-11

Emplois à temps plein et à temps partiel au Québec et au Canada – 1980 à 1990[1]

Année	Nombre d'emplois au Québec (en milliers)				Nombre d'emplois au Canada (en milliers)			
	Plein temps	Temps partiel	Temps partiel %	Total	Plein temps	Temps partiel	Temps partiel %	Total
1980	2 388	295	11,0	2 683	9 216	1 528	14,2	10 744
1981	2 298	318	12,2	2 616	9 281	1 571	14,5	10 852
1982	2 189	328	13,0	2 517	8 747	1 612	15,6	10 359
1983	2 249	360	13,8	2 609	8 967	1 746	16,3	10 714
1984	2 341	381	14,0	2 721	9 274	1 773	16,1	11 048
1985	2 426	423	14,8	2 849	9 572	1 856	16,2	11 427
1986	2 461	424	14,7	2 885	9 709	1 898	16,4	11 607
1987	2 544	425	14,3	2 969	10 124	1 926	16,0	12 049
1988	2 616	462	15,0	3 078	10 342	2 014	16,3	12 366
1989	2 586	450	14,8	3 036	10 448	2 036	16,3	12 485
1990	2 542	446	14,9	2 988	10 343	2 060	16,6	12 403

1. Données des mois de novembre.

Source: Statistique Canada, *La population active* (71-001), novembre 1980 à 1990 (données non désaisonnalisées).

Annexe C: *Employés temporaires*

L'employé temporaire jouit des avantages de la convention collective relativement aux clauses suivantes: les échelles de salaire, les jours fériés (...) qui coïncident avec le jour où ils auraient dû être au travail, les congés de décès prévus (...), la durée du travail (...), le temps supplémentaire.

Annexe B: *Employés à temps partiel*

Les deux parties s'entendent pour reconnaître le principe que l'employeur peut embaucher des employés à temps partiel tels que définis à la clause de la convention. L'utilisation d'employés à temps partiel ne sera pas faite en vue de causer des mises à pied parmi le personnel à temps complet ni pour empêcher la création ni pour permettre l'abolition de postes.

(La Fédération des Caisses populaires Desjardins de Montréal et de l'ouest du Québec et le local 175 affilié à la FTQ.)

Après l'énoncé de principe qu'on vient de lire, une liste d'une douzaine d'articles suit où sont précisés les droits de l'employé à temps partiel sur les points suivants: le calcul de la durée de son service, les mécanismes de mise à pied, les jours fériés, les vacances annuelles, les congés sociaux, les salaires. On mentionne explicitement que les clauses de changements technologiques, de formation et d'assurances collectives ne s'appliquent pas aux employés à temps partiel.

En général, les employés à temps partiel sont soumis au paiement de la cotisation syndicale et ils ont le droit de recourir au grief, mais seulement dans la mesure où il s'agit d'un droit qui leur est reconnu explicitement. Ils ont leur propre liste d'ancienneté ou, s'ils sont intégrés à la liste générale, ils ne le sont que selon les jours et les mois de travail qu'ils ont accumulés au prorata des heures qu'ils ont effectuées.

TABLEAU 12-12

Les caractéristiques des employés à temps partiel au Québec – 1980, 1985 et 1990

Selon le sexe	Ensemble (en milliers)			Hommes (en milliers)			Femmes (en milliers)		
	Plein temps	Temps partiel	Temps partiel %	Plein temps	Temps partiel	Temps partiel %	Plein temps	Temps partiel	Temps partiel %
1980	2 388	295	11,0	1 558	89	5,4	830	206	19,9
1985	2 426	423	14,8	1 543	125	7,5	882	298	25,3
1990	2 542	446	14,9	1 550	131	7,8	991	315	24,1

Selon l'âge	15-24 ans (en milliers)			25-44 ans (en milliers)			45-54 ans (en milliers)			55 ans et plus (en milliers)		
	Plein temps	Temps part.	Temps part. %	Plein temps	Temps part.	Temps part. %	Plein temps	Temps part.	Temps part. %	Plein temps	Temps part.	Temps part. %
1980	498	126	20,2	1 230	106	7,9	391	36	8,4	269	28	10,4
1985	381	183	32,4	1 399	166	10,6	397	38	8,7	249	36	14,5
1990	282	180	39,0	1 560	176	10,1	700	90	11,4[1]	—[1]	—	—

Selon l'état civil	Mariés (en milliers)			Célibataires (en milliers)			Autres (en milliers)		
	Plein temps	Temps partiel	Temps partiel %	Plein temps	Temps partiel	Temps partiel %	Plein temps	Temps partiel	Temps partiel %
1980	1 658	152	8,4	602	128	17,5	129	15	10,4
1985	1 749	209	10,7	528	192	26,6	149	21	12,4
1988[2]	1 858	242	11,5	569	196	25,6	189	24	11,3

1. Depuis 1988, les données relatives aux 55 ans et plus sont regroupées avec les 45-54 ans pour constituer les 45 ans et plus.
2. Les données de cette nature ne sont pas disponibles depuis 1988.

Source: Statistique Canada, *La population active* (71-001), novembre 1980 à 1990 (données non désaisonnalisées).

Ils ont droit au salaire de la convention collective, mais également selon les heures effectuées.

12.6.2 Équipes de soir et de nuit

Le travail par équipes (*shift work*) a toujours préoccupé les syndicats et les analystes du travail, et sans doute aussi les employeurs. À part la question des heures, de la rotation et des primes, les conventions collectives contiennent peu de précisions sur le sujet. Le problème soulevé par les équipes ou les quarts de travail est important pour d'autres raisons.

TABLEAU 12-13

Dispositions de conventions collectives qui s'appliquent aux employés à temps partiel – 1984 et 1989

Dispositions qui s'appliquent aux employés à temps partiel	Conventions collectives régissant moins de 50 salariés				50 salariés et plus				tous les salariés (TOTAL)			
	C.c.	%	Salariés	%	C.c.	%	Salariés	%	C.c.	%	Salariés	%
1984												
La c.c. ne vise que des employés à temps partiel	6	0,1	145	0,2	1	0,1	206	—	7	0,1	351	—
Toute la convention collective	370	8,9	5 498	7,5	115	6,1	64 448	9,3	485	8,0	69 946	9,2
Certaines dispositions	1 534	37,0	28 621	39,1	640	33,7	366 223	53,1	2 174	36,0	394 844	51,8
Aucune clause[1]	215	5,2	3 382	4,6	59	3,1	9 050	1,3	274	4,5	12 432	1,6
Autre disposition	287	6,9	4 752	6,5	125	6,6	60 427	8,8	412	6,8	65 179	8,5
Aucune disposition	1 729	41,8	30 776	42,1	957	50,4	189 939	27,5	2 686	44,5	220 715	28,9
TOTAL	4 167	100,0	73 610	100,0	1 897	100,0	690 293	100,0	6 064	100,0	763 903	100,0
1989												
La c.c. ne vise que des employés à temps partiel	10	0,2	288	0,3	7	0,3	2 128	0,2	17	0,2	2 416	0,2
Toute la convention collective	489	9,1	8 271	8,0	250	9,7	64 752	7,0	739	9,3	73 023	7,1
Certaines dispositions	2 038	37,8	40 488	39,4	854	33,1	513 498	55,8	2 893	36,3	553 986	54,2
Aucune clause[1]	240	4,5	4 177	4,1	32	1,2	3 709	0,4	272	3,4	7 886	0,8
Autre disposition	336	6,2	6 151	6,0	59	2,3	70 760	7,7	395	5,0	76 911	7,5
Aucune disposition	2 271	42,1	43 470	42,3	1 375	53,4	265 460	28,9	3 646	45,8	308 930	30,2
TOTAL	5 384	100,0	102 845	100,0	2 577	100,0	920 207	100,0	7 961	100,0	1 023 052	100,0

1. Les employés à temps partiel sont exclus d'une manière explicite.

Source : Données mécanographiques du CRSMT, 8 mars 1991. (Variable L-13.)

On estime que de 25 % à 30 % de la population active serait touchée par le travail par équipes[56]. Le travail par quarts et surtout le travail de nuit ont des conséquences sérieuses sur la santé des travailleurs. L'impact sur la vie familiale et sociale est également évident. Ce genre de travail entraîne aussi des problèmes d'organisation et de main-d'œuvre de caractère ergonomique[57].

Tous ceux qui ont étudié la question recommandent la plus grande prudence en la matière, par exemple en améliorant le plus possible les conditions mêmes de travail, en tenant compte des repos et des congés requis et en limitant au minimum le nombre d'employés assignés au travail de nuit[58]. Certains recommandent également que le problème soit davantage discuté lors de la négociation collective et que les conventions collectives comportent des précisions supplémentaires sur le sujet.

12.6.3 Emplois secondaires

Nous avons fait allusion quelques fois, au cours du chapitre, aux travailleurs qui occupent, en plus de leur emploi principal, un deuxième emploi (ce que les anglophones appellent *moonlighting*). Le phénomène existe, semble-t-il, dans tous les pays industrialisés. Il n'a pas partout la même envergure. En Amérique du Nord, la proportion des employés qui occupent un emploi secondaire, en plus de leur emploi principal, a toujours tourné autour de 5 %, depuis que l'on tient des statistiques à ce sujet, c'est-à-dire depuis le milieu des années 1960.

La principale raison pour laquelle des personnes occupent un second emploi est de nature financière: on a besoin d'un revenu supplémentaire pour joindre les deux bouts. On peut spéculer que l'éclatement de la famille joue également un certain rôle: plusieurs préféreront travailler, les soirs et les fins de semaine, plutôt que de vivre dans la solitude. Pour certains, il semble que ce soit une manière de vivre: une étude américaine révèle que près de 20 % des hommes qui occupent un second emploi le font depuis plus de 10 ans. Le nombre de ceux qui détiennent un emploi secondaire est toujours plus grand chez les hommes que chez les femmes[59]. (Voir le tableau 12-14.)

La proportion de personnes qui vivent de l'agriculture et qui occupent un deuxième emploi a toujours été plus grande que la proportion de travailleurs qui œuvrent dans les industries non agricoles. C'est encore le cas au Canada, mais aux États-Unis les proportions se sont inversées. C'est que le nombre (et la proportion) de ceux qui ont plus d'un emploi s'est accru de manière significative au cours des années 1980. Le même phénomène se rencontre également au Canada où leur proportion, au cours de la même décennie, est passée de 3,4 % à 4,7 %, son plus haut niveau depuis le début du phénomène. Au Canada comme aux États-Unis, le nombre d'hommes qui occupent deux emplois est plus élevé que le nombre de femmes, mais la proportion des femmes qui ont deux emplois est un peu plus élevée: 5 % des femmes canadiennes qui ont un emploi en ont un deuxième, pour 4,5 % chez les hommes, soit une proportion globale de 4,7 %.

Malgré une croissance importante du phénomène au cours des 10 dernières années, en proportion du nombre total d'emplois, il est remarquablement stable. Son niveau se maintient autour de 5 % à 6 %.

12.7 Conclusions

En guise de conclusion, nous évoquerons deux questions. La première a soulevé bien des discussions il

56. P.J. SLOANE, «Le travail par équipes et le travail de nuit dans les pays industrialisés à économie de marché: aspects économiques», *Revue internationale du travail*, vol. 117, nº 2, 1978, p. 143-158; COLETTE BERNIER, *Le travail par équipe*, bulletin nº 15, Montréal, Institut de recherches appliquées sur le travail, 1979 (61 p.), p. 8.
57. J. CARPENTIER et P. CAZAMIAN, *Le travail de nuit: effets sur la santé et la vie sociale du travailleur*, Genève, Bureau international du travail, 1977, 86 p.
58. Bureau international du travail, «Les problèmes sociaux du travail par équipe» dans *L'organisation du temps de travail dans les pays industrialisés*, Genève, BIT, 1978 (134 p.), p. 19-37.
59. JOHN F. STINSON JR., «Multiple Jobholding Up Sharply in the 1980's», *Monthly Labor Review*, vol. 113, nº 7, juillet 1990, p. 3-10.

TABLEAU 12-14

Le double emploi[1] au Canada et aux États-Unis – 1980 et 1989

Catégories (selon l'emploi principal s'il y a lieu)	États-Unis				Canada			
	Mai 1979		Mai 1989		1981[2]		1989[2]	
	Trav. ayant 2 emplois (en milliers)	% emploi dans la cat.	Trav. ayant 2 emplois (en milliers)	% emploi dans la cat.	Trav. ayant 2 emplois (en milliers)	% emploi dans la cat.	Trav. ayant 2 emplois (en milliers)	% emploi dans la cat.
Agriculture	203	6,1	198	5,9	27	5,6	29	6,8
Industries non agricoles	4 521	4,9	7 026	6,2	341	3,3	555	4,6
Total	4 724	4,9	7 225	6,2	368	3,4	584	4,7
Hommes	3 317	5,9	4 115	6,4	242	3,7	311	4,5
Femmes	1 407	3,5	3 109	5,9	126	2,9	273	5,0

1. Personnes ayant deux emplois dans la semaine de l'enquête.
2. Moyennes annuelles.

Sources: *Monthly Labor Review*, vol. 103, nº 5, mai 1980, p. 36-39, vol. 113, nº 7, juillet 1990, p. 3-9. *La population active*, nº 71-001, décembre 1981, p. 60 et décembre 1990. Voir aussi «Personnes ayant plus d'un emploi, selon la branche d'activité et la profession» dans *La population active*, nº 71-001, septembre 1984, p. 93-112. (Ce dernier article repose également sur les données de 1981.)

y a une vingtaine d'années; elle semble aujourd'hui oubliée. L'autre, plus pragmatique, permettra de dégager une orientation de l'évolution récente du nombre d'heures de travail, autant dans les conventions collectives que dans la vie de travail en général.

12.7.1 Vers une société de loisirs?

Il y a 20 ou 30 ans, la question à la mode n'était pas si la société se dirigeait vers un monde de loisirs, mais quand cela arriverait-il? Les rêves se sont évanouis. On continue de discuter du choix à faire entre travail et revenu d'une part, et temps disponible et loisirs d'autre part. Avec l'échec relatif de l'État-providence, l'utopie d'une vie où le travail diminuerait constamment s'est-elle aussi envolée?

Un indice de ce nouveau réalisme apparaît dans l'extraordinaire stabilité de la semaine normale de travail, dans la plupart des pays industrialisés à économie de marché. Malgré l'argumentation syndicale et les campagnes de certains réformateurs, malgré les promesses et l'optimisme des politiciens, la faible réduction de la durée du temps de travail semble bien le résultat d'un choix de société, qui ne sacrifiera pas de sitôt les biens de consommation tellement appréciés. La croissance extraordinaire du personnel féminin dans toutes les industries révèle, pour sa part, le besoin constant de revenus accrus, au prix non seulement des loisirs perdus, mais, bien souvent, de la qualité de la vie familiale elle-même. Le contraste, s'il y en a un, c'est bien d'observer les longues heures de travail que certains fournissent, tant chez les mieux nantis que chez les plus défavorisés, et le chômage endémique qui persiste, surtout au Canada[60].

Malgré l'influence marquée du cycle économique sur la moyenne d'heures effectuées dans les différents pays, on peut observer une légère diminution du nombre moyen d'heures travaillées chaque semaine. Mais cette très faible tendance n'autorise personne à

60. Danny Van Cleeff, *op. cit.*

parler de la société de loisirs pour un proche avenir, si jamais elle se réalise. Les prophètes d'il y a 20 ans nous annonçaient que ce serait bientôt le choix des privilégiés que de travailler; bien des travailleurs, en cette fin de XXe siècle, se considèrent privilégiés quand, après avoir connu le chômage, ils se sont retrouvé du travail.

12.7.2 Pour plus de souplesse

La question de l'aménagement du temps de travail, qui a retenu l'attention de bien des spécialistes de relations industrielles depuis 20 ans, a débouché sur une certaine variété de formules, maintenant disponibles tant pour les employeurs que pour les salariés; mais les uns et les autres doivent se mettre d'accord pour tenter de réaliser telle ou telle formule. On ne cherche plus tant, aujourd'hui, à réduire le temps de travail qu'à individualiser les horaires de travail, à laisser à chaque salarié la possibilité de se créer un horaire qui lui agrée. Plusieurs formules ont été mises de l'avant et on peut s'attendre à d'autres développements, peut-être par la combinaison de possibilités déjà existantes.

Un autre aspect important des discussions actuelles révèle une préoccupation de ce qu'on appelle la qualité du temps de travail. Bien sûr que certaines tâches demeurent et demeureront ennuyeuses. Mais il est possible, par l'initiative personnelle et à la condition que les circonstances ne s'y opposent pas, d'habiter de mille manières un travail même monotone[61].

Le présent chapitre a insisté sur les heures de travail; on aurait pu en faire autant sur la question de l'année de travail. Sous cet angle, l'évolution a été plus rapide: l'augmentation du nombre des congés et l'allongement des vacances annuelles ont en quelque sorte pris la relève de la diminution antérieure des heures de travail, quotidiennes ou hebdomadaires. Cette évolution également devrait conduire à une situation où le temps de travail devrait être à la fois plus souple et de meilleure qualité.

---

61. JOHN HASSARD, «Un paradigme qualitatif du temps de travail», *Revue internationale des sciences sociales*, vol. 41, n° 119, février 1989, p. 97-110. PIERRE WEISS, *op. cit.*

Bibliographie

Heures de travail

Bureau international du travail. *Le travail dans le monde*, vol. 2, Genève, Bureau international du travail, 1985 (259 p.), p. 160-192.

HASSARD, JOHN. «Un paradigme qualitatif du temps de travail», *Revue internationale des sciences sociales*, vol. 41, nº 119, février 1989, p. 97-110.

«Hours of Work: Trends and Issues», *IR Research Reports*, vol. 5, nº 4, mai 1981, p. 1-17.

LEWIS, NORMANDE. «La durée du travail au Québec», *Le marché du travail*, vol. 6, nº 4, avril 1985, p. 60-67.

MICHON, FRANÇOIS. «Temps et flexibilité: le temps de travail dans le débat sur la flexibilité», *Travail et société*, vol. 12, 1987, p. 295-339.

NEWTON, KEITH et LECKIE, NORM. «Determinants of Weekly Work Hours in Canada», *Relations industrielles*, vol. 34, nº 2, 1979, p. 257-271.

PENCAVEL, JOHN et HOLMLUND, BERTIL. «The Determination of Wages, Employment, and Work Hours in an Economy with Centralized Wage-Setting: Sweden, 1950-1983», *The Economic Journal*, vol. 98, nº 393, décembre 1988, p. 1105-1126.

TESSIER, BERNARD M. «Les répercussions sociales des horaires de travail», *Travail-Québec*, vol. 13, nº 2, mai 1977, p. 26-31.

WEBBER, MARYANNE. «Nombre total annuel des heures travaillées au Canada: 1976 à 1984», *La population active* (Statistique Canada 71-001), Statistique Canada, mars 1985, p. 85-102.

Heures supplémentaires et réduction de la durée du travail

ARROWSMITH, J. DAVID. *Overtime: Legislative and Collective Bargaining Issues*, Research and Current Issues Series No. 52, Kingston, Queen's University, Industrial Relations Centre, 1988, 128 p.

CUVILLIER, ROLANDE. *Vers la réduction du temps de travail? Incidences possibles dans les pays industrialisés à économie de marché*, Genève, Bureau international du travail, 1981, 173 p.

GUILLOTEAU, JEAN-FRANÇOIS. «La situation des heures supplémentaires au Québec», *Le marché du travail*, vol. 6, nº 7, juillet 1985, p. 70-80.

JOLIVET, THIERRY. «La réduction de la durée du travail est-elle créatrice d'emploi?», *Relations industrielles*, vol. 38, nº 1, 1983, p. 142-154.

LAUDADIO, L. et PERCY, M. «Some Evidence of the Impact of Non-Wage Labour Cost on Overtime Work and Environment», *Relations industrielles*, vol. 28, nº 2, avril 1973, p. 397-403.

MABRY, BEVARS D. «The Sources of Overtime: An Integrated Perspective», *Industrial Relations*, vol. 15, nº 2, mai 1976, p. 248-251.

Université Laval. *La réduction de la durée de travail*, compte rendu du 36e Congrès du département des relations industrielles, Québec, Les Presses de l'Université Laval, 1981, 263 p.

WEISS, PIERRE. «De la réduction des horaires à la flexibilité du travail: tendances et interprétation pour la Suisse», *Travail et société*, vol. 12, nº 2, mai 1987, p. 409-431.

WESTCOTT, DIANE N. «Trends in Overtime Hours and Pay, 1969-74», *Monthly Labor Review*, vol. 98, nº 2, février 1975, p. 45-52.

Working Times: The Report of the Ontario Task Force on Hours of Work and Overtime, Toronto, ministère du Travail de l'Ontario, 1987, 144 p.

Aménagement du temps de travail

BENMOUYAL-ACOCA, VIVIANE, BOULARD, RENÉ et TESSIER, BERNARD-M. «La semaine comprimée au Québec», *Travail-Québec*, vol. 11, nº 5, mai 1975, p. 15-21.

BOUCHER, MARIE-CLAIRE. «L'horaire variable: quelques conséquences d'ordre psychologique» dans *L'homme et le travail*, 18e Congrès international de psychologie appliquée, Montréal, 28 juillet – 2 août 1974, Québec, ministère du Travail et de la Main-d'œuvre, Travail-Québec, numéro spécial, p. 171-202.

BOULARD, RENÉ, CÔTÉ, LOUISE H., GUIMOND, SERGE et TURGEON, BERNARD. *Les répercussions de l'horaire variable sur l'individu*, Québec, ministère du Travail, Direction de la recherche, janvier 1977, 95 p.

Bureau international du travail. *L'organisation du temps de travail dans les pays industrialisés*, Genève, Bureau international du travail, 1978, 134 p.

Conference Board in Canada: *The Altered Work Week*, Symposium, Ottawa, novembre 1973, Ottawa, Conference Board in Canada, Canadian Studies: No. 34, 1974, 73 p.

CÔTÉ, LOUISE H. et LEWIS, NORMANDE. *L'horaire variable au Québec: rapport d'enquête*, Québec, ministère du Travail et de la Main-d'œuvre, Direction générale de la recherche, septembre 1976, 207 p.

«Le CTC s'oppose à la semaine de travail comprimée», *Le travailleur canadien*, vol. 17, nº 10, octobre 1972, p. 22.

DE CHALENDAR, JACQUES. *L'aménagement du temps*, Paris, Desclée de Brouwer, 1971, 171 p.

HEDGES, JANICE NEIPERT. «A Look at the 4-day Workweek», *Monthly Labor Review,* vol. 94, nº 10, octobre 1971, p. 33-37.

HEDGES, JANICE NEIPERT. «Flexible Schedules: Problems and Issues», *Monthly Labor Review,* vol. 100, nº 2, février 1977, p. 62-65. Suivi de trois rapports d'expériences dans trois secteurs différents: ordinateurs, produits pharmaceutiques, gouvernement fédéral, *ibid.*, p. 65-74.

«International Working Time Issues», *European Industrial Relations Review*, nº 193, février 1990, p. 19-20.

LAROUCHE, VIATEUR et TRUDEL, JOHANNE. «La qualité de vie au travail et l'horaire variable», *Relations industrielles*, vol. 38, nº 3, 1983, p. 568-595.

MARIC D. *L'aménagement du temps de travail*, Genève, Bureau international du travail, 1977, 72 p.

Organisation de coopération et développement économique. *L'aménagement du temps de travail*, conférence internationale tenue à Paris en septembre 1972, Paris, OCDE, 1973, 187 p.

OUELLET, FLORIAN. «Aspects ergonomiques des horaires comprimés» dans *L'homme et le travail*, 18e Congrès international de psychologie appliquée, Montréal, 28 juillet – 2 août 1974, Québec, Travail-Québec, numéro spécial, p. 159-170.

ROSA, ROGER R. et COLLIGAN, MICHAEL J. «Extended Workdays: Effects of 8-hour and 12-hour Rotating Shift Schedules on Performance, Subjective Alertness, Sleep Patterns, and Psychosocial Variables», *Work and Stress*, vol. 3, nº 1, 1989, p. 21-32.

SANDERSON, GEORGE. «La semaine de quatre jours», *La Gazette du travail*, vol. 72, nº 3, mars 1972, p. 116-125. Voir aussi *La Gazette du travail*, vol. 73, nº 4, avril 1973, p. 241.

SARTIN, PIERRETTE. «Les horaires flexibles», *Relations industrielles*, vol. 29, nº 2, 1974, p. 343-364.

TEGA, VASILE. *Les horaires flexibles et la semaine réduite de travail*, Montréal, Guérin Éditeur, 1975, 217 p.

TESSIER, BERNARD-M. «La semaine comprimée, une réalité québécoise» dans *L'homme et le travail*, 18e Congrès international de psychologie appliquée, Montréal, 28 juillet – 2 août 1974. Québec, Travail-Québec, p. 149-158.

Université Laval. *L'aménagement des temps de travail: l'horaire variable et la semaine comprimée*, 29e Congrès des relations industrielles, 1974, Québec, Les Presses de l'Université Laval, 1974, 337 p.

Horaires spéciaux

ACOCA, VIVIANE et LACHAPELLE, ROBERT. «Le travail à temps partiel au Québec: quelques aspects socio-économiques», *Le marché du travail*, vol. 1, nº 7, novembre 1980, p. 36-41.

AKYEAMPONG, ERNEST. «Personnes travaillant à temps partiel "involontairement" au Canada, 1975-1985», *La population active* (Statistique Canada 71-001), Statistique Canada, décembre 1986, p. 143-170.

BERNIER, COLETTE. *Le travail par équipes*, bulletin nº 15, Montréal, Institut de recherche appliquée sur le travail (IRAT), 1979, 61 p.

BERNIER, COLETTE. «Évolution du statut du salarié en raison des nouvelles formes d'emploi. L'exemple du travail à temps partiel au Québec» dans *Le statut de salarié en milieu de travail*, 40e Congrès des relations industrielles de l'Université Laval, 1985, Québec, Les Presses de l'Université Laval, 1985, p. 137-160. Commentaires d'ESTHER DÉOM, *ibid.*, p. 161-170.

BERNIER, COLETTE et DAVID, HÉLÈNE. *Le travail à temps partiel*, Montréal, Institut de recherche appliquée sur le travail (IRAT), bulletin nº 12, avril 1978, 87 p.

CARPENTIER, J. et CAZAMIAN, P. *Le travail de nuit: effets sur la santé et la vie sociale du travailleur*, Genève, Bureau international du travail, 1977, 86 p.

Commission d'enquête sur le travail à temps partiel. *Le travail à temps partiel au Canada. Rapport de la Commission*, JOAN WALLACE, présidente, Ottawa, Travail Canada, 1983, 224 p.

ENGLAND, GEOFFREY. *Part-time, Casual and Other Atypical Workers: A Legal View*, Kingston, Queen's University, Industrial Relations Centre, 1987, 82 p.

JAMAL, MUHAMMAD et CRAWFORD, RONALD L. «Moonlighters: A Product of Deprivation or Aspiration?», *Relations industrielles*, vol. 36, nº 2, 1981, p. 325-335.

LE LOUARN, JEAN-YVES. «Les emplois atypiques et l'efficacité de la gestion des ressources humaines» dans *Le défi de la gestion des emplois*, 45e Congrès de relations industrielles de l'Université Laval, 1990, Québec, Les Presses de l'Université Laval, 1990 (148 p.), p. 93-113.

LÉVESQUE, JEAN-MARC. «La croissance de l'emploi à temps partiel dans un cadre économique en évolution», *La population active* (Statistique Canada 71-001), Statistique Canada, mai 1947, p. 87-107.

LEWIS, NORMANDE. *Le travail à temps partiel, le partage du travail comme mesure de sécurité d'emploi et la sous-traitance. Recueil de clauses-types*, Québec, Centre de recherche et de statistiques sur le marché du travail, 1985 (90 p.), p. 1-44. Voir aussi *Le marché du travail*, vol. 4, nº 12, décembre 1983, p. 58-66.

OLMSTED, BARNEY. «Un nouveau style de travail fait son apparition: le partage des emplois», *Revue internationale du travail*, vol. 118, nº 3, mai-juin 1979, p. 299-316.

RICH, L. «Job Sharing: Another Way to Work», *Worklife*, mai 1978, p. 2-6.

Statistique Canada. *Workers with Long Hours*, nº 71-518, Ottawa, Information Canada, 1972, 67 p. (Special Labour Force Studies, Series A, No. 9.)

STINSON, JOHN F. JR. «Multiple Jobholding Up Sharply in the 1980's», *Monthly Labor Review*, vol. 113, nº 7, juillet 1990, p. 3-10.

«Sweden: The Working Time Debate», *European Industrial Relations Review*, nº 90, juillet 1981, p. 22-23.

VAN CLEEFF, DANNY. «Personnes travaillant de longues heures», *La population active* (Statistique Canada 71-001), Statistique Canada, mai 1985, article du mois, p. 87-94.

VEEVERS, RICHARD. «Note sur les personnes qui ne travaillent que quelques heures par semaine», *La population active* (Statistique Canada 71-001), Statistique Canada, janvier 1986, p. 85-92.

Chapitre

13

Salaires

PLAN

La clause des salaires est considérée par les travailleurs comme la clause la plus importante de la convention collective. Dans une assemblée d'information sur la négociation ou de ratification de la convention, les syndiqués viennent nombreux et leur intérêt se porte toujours sur les augmentations salariales. Si le syndicat considère que d'autres points sont importants, il faut en parler avant d'aborder la question salariale; une fois l'information donnée sur les futurs salaires et, s'il y a lieu, le vote pris à leur sujet, la salle se vide. Outre certaines injustices flagrantes dans l'emploi et les mouvements de personnel, c'est presque toujours des salaires jugés insuffisants qui amènent les travailleurs à se regrouper en syndicat et à vouloir négocier une convention collective.

Après quelques notes d'histoire, nous repasserons les principaux termes utilisés relativement aux salaires. Ensuite, nous évoquerons les grands systèmes salariaux, après quoi nous décrirons les nombreux types de clauses salariales et les diverses formes d'augmentations des salaires. Les modalités de l'indexation des salaires feront l'objet d'une section distincte. Viendront enfin différentes questions connexes, comme les salaires à paliers multiples et les politiques salariales. Nous nous efforcerons de comprendre le contenu des clauses salariales, laissant aux traités d'économie du travail le soin d'en expliquer le niveau et la dispersion.

13.1 Historique et terminologie

Avant de nous engager dans l'étude des termes qu'on utilise en discutant de la clause des salaires, il faut évoquer l'histoire de ce phénomène, qui est peut-être moins ancien qu'on ne l'imagine, du moins dans le sens contemporain du terme.

13.1.1 Brève histoire du salariat

Le régime salarial a précédé la naissance des unions ouvrières. Une des causes du développement syndical a été la mauvaise rémunération des ouvriers. Par contre, il ne faut pas croire que le régime salarial était d'application universelle au XVIIIe siècle ni même au XIXe siècle. L'instauration du régime salarial correspond à l'industrialisation des sociétés occidentales[1]. Tant que le travail artisanal a dominé, les artisans recevaient de leurs clients non pas un salaire mais le prix convenu de l'objet fabriqué.

Un indice du faible niveau de développement du salariat à cette époque, c'est la variété des termes utilisés pour désigner alors les diverses formes de rémunération. Pour un service personnel ou professionnel, l'usager versait des honoraires. Le militaire recevait une solde, l'employé de l'État des appointements. Le domestique percevait des gages et le financier des intérêts ou même des jetons de présence. Seul l'ouvrier qui accomplissait des tâches déterminées pour un employeur se voyait attribuer un salaire. En ce sens, au début du XIXe siècle, les salariés ne constituaient pas la majorité des travailleurs. C'est avec le développement des usines que leur nombre a graduellement augmenté[2]:

> Les salariés formaient une couche à part de la société, minorité trop peu nombreuse et trop faible pour jouer un rôle et même affirmer ses droits, distinguable à première vue et maintenue systématiquement dans une condition inférieure.

La notion de salaire a beaucoup évolué au cours du XXe siècle. L'action syndicale et la négociation collective ont suffisamment élevé le niveau des salaires pour qu'il n'y ait plus d'aspect péjoratif de rattaché au terme. Sauf les commerçants et les petits entrepreneurs, tout le monde aujourd'hui se reconnaît salarié, du président de la grande entreprise au commis du magasin du coin. C'est de tous ces salariés qu'il sera question ici, en insistant évidemment sur les salariés au sens juridique du mot (C.t. art. 1, paragr. 1).

À cause de l'importance du salaire, les différentes théories sur le sujet occupent une place privilégiée dans l'histoire de la pensée économique. La première est celle d'Adam Smith, pour qui le travail était un

1. Bureau international du travail, *Les salaires. Cours d'éducation ouvrière*, 3e édition, Genève, BIT, 1984 (182 p.), ch. 1: «Historique», p. 7-10.
2. ROBERT MOSSÉ, *Les salaires*, Paris, Librairie Marcel Rivière, 1952 (324 p.), p. 21. (Coll. «Bilans de la connaissance économique», n° 3.)

bien comme un autre et dont le prix était le salaire, lequel obéissait, comme tout autre prix, aux lois fondamentales de l'offre et de la demande[3]. D'autres théories se sont ajoutées à celle de Smith au cours des siècles suivants: la théorie de la subsistance des travailleurs (Ricardo, 1817), la théorie du fonds des salaires (John Stuart Mill, 1848), la théorie de l'exploitation (Karl Marx, 1867), la théorie de la productivité marginale (Alfred Marshall, 1890), la théorie du marchandage (Maurice Dobb, 1948) et ainsi de suite[4]. Ces différentes théories n'ont pas de lien direct avec la clause des salaires. Pourtant, dans les arguments qu'on utilise en négociant les salaires, il n'est pas rare qu'on fasse appel, même sans le savoir, à l'une ou l'autre de ces théories qui ont marqué différents aspects de l'interprétation des salaires au cours des deux derniers siècles.

* * *

Une foule de concepts se rattachent à l'étude des salaires. Nous définirons les principaux, en fonction des trois aspects suivants: les termes généraux, les termes reliés au mode de détermination et finalement, les termes qui se rapportent à la valeur du salaire gagné.

13.1.2 Salaire et rémunération

Le mot «rémunération» (*compensation*) est le plus englobant de tous. Il comprend l'ensemble des compensations pécuniaires que l'employeur verse au salarié en contrepartie du travail qu'il fournit. On parle d'ailleurs, le plus souvent, de «rémunération globale[5]».

3. ADAM SMITH, *The Wealth of Nations*, New York, The Modern Library, 1937, livre premier, chapitres VIII et X. Publié d'abord en 1776 à Londres.
4. GÉRARD HÉBERT, *Collective Bargaining and Labour's Share in National Income*, Montréal, McGill University, 1955, 150 p. (Document miméographié, non publié.); GORDON F. BLOOM et HERBERT NORTHRUP, *Economics of Labor Relations*, 6e édition, Homewood, Ill., Richard D. Irwin Inc., 1969 (751 p.), ch. 10: «The Demand for Labor», p. 282-312.
5. FRANÇOIS DELORME, *La rémunération globale, est-il possible de la mesurer?*, Québec, ministère du Travail et de la Main-d'œuvre, novembre 1977, 16 p. (Document reprographié.)

La rémunération globale est constituée principalement du salaire direct et des bénéfices qui s'y ajoutent, les avantages sociaux. Le «salaire» (*pay*) désigne la somme qui est attribuée à l'employé pour les heures ou la quantité de travail qu'il a fournies dans une période de temps donnée. L'employé ne touche à peu près jamais la totalité de son salaire: l'employeur doit procéder à une foule de déductions: pour les impôts, la cotisation syndicale, l'assurance-chômage, la régie des rentes et d'autres paiements analogues. Il est ainsi très important de distinguer le «salaire brut», qui correspond à la somme allouée à l'employé comme compensation pour le travail effectué, avant toute déduction, et le «salaire net», ou l'enveloppe de paye (*take-home pay*), qui correspond au montant réel que l'employé touche pour chaque période de salaire.

L'autre partie de la rémunération consiste en une série de bénéfices divers, dont les «avantages sociaux» représentent la plus grande part. Il y en a une foule d'autres, qui varient d'un lieu de travail à l'autre, selon le contexte: cafétéria à prix réduit, services médicaux offerts sur le lieu de travail, bourses d'études pour les enfants, sans oublier le bonus de Noël.

Outre le couple fondamental – salaire et avantages sociaux – certains proposent d'autres distinctions, comme le salaire direct et indirect, le salaire différé et le salaire spécial. Ces termes, d'usage moins courant en Amérique qu'en Europe, se définissent de la manière suivante[6]:

Salaire direct pour les heures effectuées ou travaillées;

Salaire direct pour les heures non travaillées: congés, vacances (...);

Salaire indirect: services médicaux, autres services, bourses d'études (...);

6. JEAN-CLAUDE PIERSON et ALBERT DOUILLET, *Les techniques modernes de rémunération*, Paris, Chotard et Associés éditeurs, 1972 (174 p.), p. 36-37.

Salaire différé: assurance-maladie, pension de retraite (...);

Salaire direct spécial: bonus de Noël et autres.

L'expression salaire indirect est ambiguë. Elle peut désigner, comme dans la citation précédente, des éléments appréciables de la rémunération mais assez loin du travail proprement dit. D'autres utiliseront le terme pour désigner les avantages sociaux. Le sens particulier doit être vérifié par le contexte.

13.1.3 Types de salaires selon le mode de détermination

Selon la base utilisée pour déterminer la rémunération, on parlera de salaire ou de traitement. C'est au salarié payé à l'heure (*wage earner*) que s'applique principalement le terme «salaire». À l'autre extrême, l'employé dont on exprime la rémunération sur une base annuelle, par exemple 50 000 $ par année, ne reçoit pas un salaire mais un «traitement» annuel (les anglophones parlent alors de *salaried employee*[7]). Ce qui détermine s'il s'agit d'un salaire ou d'un traitement, ce n'est pas la fréquence de la paye, mais le mode d'expression de la rémunération: tel employé gagne tant de l'heure et tel autre tant par année; il se peut fort bien que l'un et l'autre soient payés à toutes les deux semaines.

Peu d'employés, en Amérique du Nord, ont une rémunération établie au mois. Quand cela se produit, on pourra parler de traitement, parce qu'il s'agit d'une base de référence beaucoup plus longue que le salaire horaire; celui-ci est le plus souvent utilisé pour les cols bleus. Par contre, la majorité des cols blancs ont un salaire hebdomadaire. On voit que, finalement, la distinction entre salaire et traitement est très nette aux deux extrêmes et qu'elle l'est moins dans le cas de la rémunération au mois. Il faut également noter que le mot salaire sert aussi à désigner l'ensemble de tous les cas dont nous parlons ici, englobant à la fois les salaires et les traitements.

Contrairement à la pratique nord-américaine, beaucoup d'employés, en Europe et particulièrement en France, sont rémunérés sur une base mensuelle. On parle ainsi fréquemment, dans les ouvrages français, des salariés mensuels et des travailleurs mensuels. Certains avantages, et surtout un prestige certain, accompagnent le fait d'être un employé mensuel. Aussi, il y a eu des périodes où la mensualisation – ou passage au statut de mensuel – était synonyme de promotion professionnelle. On a connu, en France, un fort mouvement de mensualisation au cours des deux dernières décennies. Théoriquement, cela devait rapprocher le statut des salariés de celui des employés, le mode de rémunération de ces derniers leur conférant une certaine supériorité. Bien souvent, le rapprochement a été plus juridique que concret[8]. On ne discute guère de mensualisation en Amérique du Nord.

13.1.4 Salaire nominal et salaire réel

La distinction entre salaire nominal et salaire réel est souvent évoquée, en négociation, mais généralement en rapport avec l'indexation des salaires, à laquelle nous consacrerons plus loin une section du présent chapitre. Mais cette distinction est fondamentale pour suivre et comprendre l'évolution des salaires, surtout sur une période relativement longue. Aussi est-il nécessaire de l'expliquer ici.

Le «salaire nominal» est celui qui s'exprime en monnaie courante du pays où l'on est. Concrètement, il s'agit du salaire exprimé en dollars courants, c'est-à-dire dans une unité monétaire actuellement utilisée pour les échanges commerciaux. Si quelqu'un gagne 15 $ de l'heure, il a en main 15 $ canadiens, à leur valeur actuelle – d'où l'expression de valeur ou de salaire nominal –, et il utilisera cette somme pour

7. L'expression française «salaire et traitement» a pour équivalent anglais *wage and salary*. On notera le croisement de sens entre les mots salaire et *salary*, celui-ci équivalant au mot français traitement.

8. JEAN-CLAUDE PIERSON et ALBERT DOUILLET, *op. cit.*, p. 38-51; MONIQUE VYRON BELLAS, «La mensualisation, vers l'unification de la condition des salariés», *Projet*, nº 45, mai 1970, p. 599-602.

acheter les biens qu'il peut obtenir avec cet argent, au moment où il fait les achats en question.

Le «salaire réel» cherche à éliminer l'effet de la variation des prix sur la quantité de biens que telle somme permet d'acheter. Le salaire réel ne s'exprime pas en termes de biens – une semaine de salaire équivalant à tant de paires de souliers ou correspondant à un mois de loyer – mais en fonction de la valeur qu'avait le dollar telle année, qu'on utilise comme point de référence. Le salaire réel est un salaire fictif, exprimé en dollars constants, qu'on obtient en divisant le salaire nominal par l'indice des prix à la consommation. On ramène ainsi le salaire actuel au pouvoir d'achat qu'il aurait eu dans l'année de base, en dollars de cette année-là.

Le tableau 13-1 nous révèle ainsi l'évolution du salaire réel depuis une quarantaine d'années. On utilise quatre années de référence, soit le dollar de 1949, de 1961, de 1971 et, enfin, de 1981[9]. On voit qu'au cours de cette période les gains horaires moyens – que nous expliquerons un peu plus loin, mais que nous pouvons assimiler, pour l'instant, au salaire horaire – sont passés, en dollars courants ou nominaux, d'environ 1,00 $ de l'heure en 1949 à près de 15,00 $ de l'heure en 1990. D'un autre côté, le pouvoir d'achat ne s'est pas multiplié par 15, loin de là. Le salaire réel, exprimé en dollars de 1949, a un peu plus que doublé dans les 25 premières années de cette période, passant de 1,00 $ à 2,25 $ en 1976. Cependant, depuis 1976, le salaire réel n'a guère augmenté. En d'autres mots, cela signifie qu'au cours des 15 dernières années, les salaires moyens dans l'industrie manufacturière ont tout simplement suivi le mouvement de l'indice des prix à la consommation, et qu'ils n'ont pas augmenté en termes réels ou en dollars constants. Sur la base de 1981, les 14,90 $ de 1990 équivalent à environ 9,40 $, soit une augmentation de 0,30 $ en 10 ans. En fait, le salaire réel dans l'industrie manufacturière est à peu près stable depuis 1976.

13.1.5 Salaires et gains

Même si le taux de salaire et les gains horaires moyens d'un employé se confondent à l'occasion, les deux concepts diffèrent considérablement. D'ailleurs, dans la pratique, leur expression numérique est aussi très souvent différente.

Le taux de salaire représente une norme, c'est-à-dire la somme d'argent que l'employeur s'est engagé à verser à chaque salarié de telle catégorie pour une unité de temps donnée, par exemple une heure de travail. Les «gains» correspondent à tout ce que l'employé peut et va gagner dans une période donnée, que ce soit une heure, une journée ou une semaine; plus précisément, les gains incluent les primes de toute nature qui peuvent s'ajouter au taux de salaire normal.

Supposons un employé avec un salaire horaire de 15 $. Supposons aussi qu'il a travaillé, au cours de la semaine, 40 heures à son taux normal, quatre heures supplémentaires à taux majoré de moitié et une heure à taux double. Cette semaine-là, ses gains s'établiront comme suit:

40 heures × 15,00 $	600,00 $
4 heures × 22,50 $	90,00 $
1 heure × 30,00 $	30,00 $
	720,00 $

Cet employé, qui a fait 45 heures de travail au cours de la semaine, a gagné 720 $. Ses gains horaires moyens sont donc, cette semaine-là, de 16 $ (720 $ ÷ 45 h = 16 $). S'il a eu droit à d'autres primes, celles-ci s'ajoutent aux gains déjà indiqués, et ses gains horaires moyens seront encore un plus élevés. On voit ainsi clairement la différence entre le taux de salaire de cet employé, qui est de 15 $, et ses gains horaires moyens, qui, la semaine en question, sont de 16 $ de l'heure. Telle est la différence entre le salaire et les gains.

13.1.6 Masse salariale

Le concept de rémunération envisage le salaire, avec toutes ses composantes, du point de vue du salarié.

9. En juin 1990, Statistique Canada a adopté la base de 1986 pour toute ses séries chronologiques. Pour ne pas compliquer davantage les calculs, nous nous en tiendrons aux dollars constants de 1981.

TABLEAU 13-1

Salaires nominaux et salaires réels[1] au Canada selon diverses bases de l'indice des prix à la consommation – 1949-1990

Années	Salaire nominal[2]	Base de 1949		Base de 1961		Base de 1971		Base de 1981	
		IPC[3]	Salaire réel	IPC	Salaire réel	IPC	Salaire réel	IPC	Salaire réel
	$ courants	1949 = 100	$ de 1949	1961 = 100	$ de 1961	1971 = 100	$ de 1971	1981 = 100	$ de 1981
1949	0,99	**100**	**0,99**	(77,4)	(1,28)				
1961	1,83	129,2	1,42	**100**	**1,83**				
1971	3,28	(172,4)[4]	1,90	133,4	2,46	**100**	3,28		
1976	5,75	(256,7)	2,24	(198,7)	2,89	148,9	3,86		
1981	9,10	(408,4)	2,23	(316,1)	2,88	236,9	3,84	**100**	**9,10**
1986	12,37[5]	(541,1)	2,29	(419,4)	2,95	(313,9)	3,94	132,5	9,34
1987	12,80[5]	(564,4)	2,27	(436,8)	2,93	(327,4)	3,91	138,2	9,26
1988	13,35[5]	(587,3)	2,27	(454,6)	2,94	(340,7)	3,92	143,8	9,28
1989	14,05[5]	(616,7)	2,28	(477,3)	2,95	(357,7)	3,93	151,0	9,30
1990	14,90[5]	(641,1)	2,31	(500,1)	2,97	(374,8)	3,98	158,2	9,42

1. Le salaire «réel» (plus précisément le salaire exprimé en dollars constants de l'année de base) s'obtient en divisant le salaire nominal (indiqué dans la première colonne) par l'indice des prix approprié. Exemple: le salaire moyen dans l'industrie manufacturière en 1990 (estimation) est de 14,90 $ de l'heure; cela équivalait, en dollars de 1981, à 9,42 $ (14,90 ÷ 1,582 = 9,42 $).
2. Gains horaires moyens dans l'industrie manufacturière (moyenne annuelle pour l'ensemble du Canada). C'est la plus longue série historique qu'on peut utiliser.
3. Indice des prix à la consommation, moyenne de l'année indiquée.
4. Les parenthèses dans les différentes colonnes indiquent qu'on a cessé de publier les données sur cette base; on peut toujours les obtenir par un simple calcul (par la règle de trois).
5. Estimation pour fin de comparaison. Depuis avril 1983, les chiffres que publie Statistique Canada reflètent les données des entreprises de toutes dimensions, au lieu de celles qui avaient 20 employés et plus. Sur la nouvelle base, incluant les «petites» entreprises, les gains horaires moyens dans l'industrie manufacturière canadienne étaient en mars 1983 de 10,41 $; sur l'ancienne base, ils étaient de 10,83 $. En 1990 ils étaient de 14,30 $.

Source: Statistique Canada, *L'indice des prix à la consommation* et *Emploi, gains et durée du travail* (publications n°s 62-001 et 72-002).

L'employeur se préoccupera davantage de la «masse salariale», c'est-à-dire de la somme globale de tout ce qu'il doit verser pour l'ensemble de ses salariés:

- Rémunération au taux régulier (incluant vacances et congés);
- Rémunération additionnelle (indemnités et primes diverses);
- Cotisations à la sécurité sociale publique;
- Avantages sociaux privés.

La masse salariale d'un établissement varie d'une année à l'autre, du seul fait que la main-d'œuvre vieillit et qu'une certaine proportion des employés avance dans l'échelle salariale; s'ajoutent également d'autres facteurs dont l'augmentation salariale prévue et les nombreux changements dans la composition de la main-d'œuvre: départs, embauches, maladie, congés de perfectionnement, etc.

Un concept plus englobant que celui de la masse salariale s'exprime dans les «coûts de la main-d'œuvre». On inclut entre autres dans ces coûts, outre la masse salariale, les dépenses suivantes:

- Frais d'entretien des locaux mis à la disposition des employés;
- Frais de transport et de séjour s'il y a lieu (vendeurs);
- Frais de sélection et d'embauche;
- Coûts de la formation;
- Frais du Service des ressources humaines.

Nous reviendrons sur ces concepts, principalement dans le chapitre 22 consacré aux coûts de la convention collective.

* * *

Bien d'autres termes se rapportent à la question salariale. Nous en verrons un certain nombre dans les sections suivantes, par exemple lorsqu'il sera question de l'indexation des salaires et des différentes manières dont elle s'applique. Nous en verrons d'autres immédiatement, en considérant les régimes salariaux ou systèmes de rémunération.

13.2 Régimes salariaux

On entend tellement parler des salaires horaires ou des traitements annuels qu'on pense peut-être que toutes les rémunérations se fondent sur le temps passé au travail. Il existe bien d'autres formes ou systèmes de rémunération, plus répandus que plusieurs ne l'imaginent. Nous examinerons donc successivement les principaux régimes salariaux[10]. Après la rémunération au temps, nous considérerons brièvement le salaire au rendement, le salaire d'intéressement et une forme nouvelle de rémunération, le salaire selon les connaissances.

10. Bureau international du travail, *Les salaires*, voir *supra*, note 1, p. 5-6; Bureau international du travail, *Le travail dans le monde 1*, Genève, BIT 1984 (224 p.), p. 153-155.

13.2.1 Salaire au temps

Le salaire au temps – à l'heure, à la semaine ou à l'année – est le plus fréquent, presque le seul qu'on trouve dans les conventions collectives. Les unions ouvrières ont toujours favorisé la rémunération au temps, à cause de ses nombreux avantages: le salarié est assuré d'une rémunération régulière, à moins qu'une baisse de production n'amène des mises à pied. Le travail s'accomplit avec beaucoup moins de tension et de stress, puisque la rémunération ne sera pas affectée par le rendement. Enfin, dans bien des cas, quand le travail est très subdivisé, ou mal défini, et que le produit de chaque employé est difficilement mesurable, il n'y a pas beaucoup d'autre façon pratique de payer le salarié pour le travail qu'il accomplit.

Le «salaire horaire» représente la forme habituelle du salaire pour les hommes de métier, les travailleurs à la production et tous les autres salariés qui leur sont assimilés, par exemple les employés d'entretien. Le salaire horaire s'applique ainsi à la grande majorité des cols bleus. Normalement, l'employé payé à l'heure ne sera rémunéré que pour les heures effectuées; nous avons vu cependant, dans un chapitre précédent (voir section 10.1.4), que plusieurs conventions collectives prévoient et garantissent la rémunération d'un minimum d'heures, chaque fois que l'ouvrier se présente au travail. Dans la pratique, à moins qu'il s'agisse d'un travail irrégulier par nature, comme le commerce ou la restauration, le salarié est généralement payé pour ses heures normales de chaque semaine: cela équivaut presque à une garantie hebdomadaire de salaire.

Un salaire horaire différent est généralement prévu pour chaque catégorie de travailleurs ou même, souvent, pour chaque poste de travail. Le plus souvent, un seul taux de salaire est déterminé pour ladite catégorie, sauf pour les apprentis qui reçoivent généralement un pourcentage de ce taux selon la durée de leur apprentissage. C'est le privilège des cols bleus de se voir attribuer un taux unique pour le poste de travail ou la catégorie d'emploi qu'ils occupent. Dès qu'ils ont terminé leur période d'apprentissage, ils sont considérés comme méritant le taux fixé, et c'est lui qu'ils reçoivent, qu'ils occupent ce poste depuis un jour ou depuis 20 ans. Dans quelques cas, on commence à introduire une fourchette de quelques taux successifs, qui correspondent généralement à une période de temps: trois mois, six mois, un an; le salarié progresse ainsi dans l'«échelle de salaire» de sa catégorie. De tels barèmes dans le cas des emplois de cols bleus demeurent cependant rares.

Les employés de bureau sont le plus souvent rémunérés «à la semaine». La raison de cette situation, c'est sans doute que le travail de bureau peut s'étaler plus facilement dans le temps et, en conséquence, qu'il s'avère généralement plus régulier que le travail de production. Il comporte de ce fait une sorte de garantie implicite de la rémunération hebdomadaire. Il est aussi plus fréquent de prévoir différents taux de salaire – une échelle de salaires – pour la plupart des postes de bureau. La longueur de l'échelle variera selon l'importance du poste en cause. Ainsi, il n'y aura peut-être que deux ou trois échelons pour le commis de bureau, alors qu'il y en aura davantage, quatre ou cinq pour le commis à la paye ou aux comptes-clients.

Enfin, les cadres et professionnels sont eux aussi payés au temps, mais, d'habitude, sur la base d'un «traitement annuel». Pour les fins de la paye, on divisera le montant annuel en 26 tranches égales si, comme il arrive souvent, les employés sont payés à toutes les deux semaines. Dans leur cas, s'ils sont régis par une convention collective, ils bénéficient généralement d'une échelle de salaire, constituée d'un certain nombre d'échelons. Par contre, les cadres supérieurs sont souvent rémunérés sur une base plus personnelle, souvent discutée individuellement, et qui est censée correspondre à leur contribution au progrès et au développement de l'entreprise. Quand les traitements annuels sont déterminés dans la convention collective, ils obéissent généralement à certaines règles que nous exposerons plus loin, en présentant les types de clauses salariales.

Ces trois types de salaires au temps sont les plus fréquents, et nous y reviendrons plus en détail dans une autre partie du chapitre consacrée aux types de clauses salariales.

13.2.2 Salaire au rendement

Par salaire au rendement, on entend toute forme de rémunération qui est totalement ou partiellement reliée à la production de l'employé. Il existe de nombreux modèles de salaire au rendement. Nous les présenterons selon le lien plus ou moins grand qui existe entre la productivité de l'employé et le salaire qu'il touche. Les formules varient beaucoup selon les industries. Il faut noter que, le plus souvent, on trouve côte à côte, dans le même établissement, des employés payés au temps et d'autres, plus ou moins nombreux, payés au rendement[11].

Le cas le plus important est d'emblée celui du «travail aux pièces», généralement appelé travail ou taux à la pièce. Sur lui repose la paye complète d'une majorité d'employés dans certaines parties de l'industrie du vêtement, en particulier la confection pour hommes, la confection pour dames et la robe. Un certain nombre d'employés, aux deux bouts du processus de production, sont payés à l'heure. Ainsi, les coupeurs ont trop de responsabilité pour être payés à la pièce: un accroc d'un quart de pouce, quand ils taillent des pièces dans une épaisseur de tissus dispendieux, peut représenter une perte de quelques milliers de dollars. La concentration que leur travail exige ne permet pas de les rémunérer autrement qu'au temps; ils ont d'ailleurs de très bons salaires horaires. À l'autre bout, les personnes qui font la dernière vérification, enlèvent les fils qui dépassent ou une petite tache, ne peuvent non plus être payés autrement qu'au temps. Par contre, la plupart des employés du vêtement, particulièrement les midinettes ou «opératrices» de machines à coudre, gagnent tout leur salaire à la pièce. L'assemblage de telle robe peut leur donner deux dollars, la couture des manches de tel costume un dollar, et ainsi de suite. Cela suppose des négociations pour chaque item produit, plus précisément pour chaque opération, sur chaque pièce.

Malgré les critiques contre le régime du salaire aux pièces, la majorité des ouvrières concernées sem-

11. Bureau international du travail, *Les systèmes de rémunération liés aux résultats*, Genève, BIT, 1985, 186 p.

blent l'apprécier; à tout le moins, elles s'en accommodent bien. Les personnes les plus rapides et les plus habiles peuvent ainsi se faire un salaire convenable dans un temps plus court. Cela donne à chaque employée plus de souplesse dans ses heures de travail, surtout à la fin de la journée. Comme une forte proportion de ces employées ont des enfants à l'école, elles aiment bien faire leur travail rapidement, pour gagner ce dont elles ont besoin, et quitter l'atelier le plus tôt possible pour être à la maison quand les enfants reviennent de l'école[12].

Une autre forme de salaire au rendement comporte deux éléments: un salaire de base, par le fait même garanti, auquel s'ajoute une prime qui varie selon les emplois et selon la production effectuée. Ce régime de salaire à deux composantes – salaire de base et «prime de rendement» – est plus répandu que le salaire à la pièce, moins par rapport au nombre de salariés visés, que par rapport aux industries qui utilisent ce mode de rémunération. Une bonne moitié des occupations de production dans l'industrie textile est rémunérée de cette façon. L'importance du bonus de rendement varie considérablement selon l'opération; il représente généralement de 20 % à 30 % du salaire de base[13].

L'industrie du meuble est un autre secteur où la rémunération au rendement est répandue. Environ 20 % des employés de cette industrie, tous au niveau de la production, sont payés selon diverses formules de rémunération au rendement. Une formule relativement fréquente est celle du nombre minimal d'unités de travail requises, pour lesquelles on convient d'un salaire horaire de base. Si, par exemple, au cours de ses 40 heures de travail hebdomadaire, le salarié doit produire au moins 100 unités et qu'il en produit 120, les 20 unités supplémentaires seront traduites en heures de travail. Puisque la norme minimale est de 2,5 unités à l'heure ($40 \times 2,5 = 100$), cet employé a mérité une rémunération supplémentaire égale à 8 heures de travail; il recevra donc l'équivalent de 48 heures de salaire pour ses 40 heures de travail. Dans l'ensemble, les salariés au rendement réalisent des gains supérieurs aux salariés au temps. La différence est en moyenne de 10 % à 20 %, mais l'écart réel va de 0 % à près de 50 %[14].

Dans le secteur des services, l'exemple le plus connu est celui des salons de barbier et des salons de coiffure, où chaque employé reçoit un salaire de base, assez faible, auquel s'ajoute une commission pour chaque service fourni: coupe de cheveux, mise en plis, etc.

Il existe bien d'autres formules de salaire au rendement qu'il serait trop long d'énumérer ici[15]. De façon générale, mentionnons que près de la moitié des travailleurs attachés à la production des différentes industries manufacturières, plus précisément 44 %, sont assujettis à un régime de rémunération au rendement. Évidemment, à cause du nombre des employés de bureau et des employés des services publics, la proportion par rapport à l'ensemble des personnes qui occupent un emploi n'est que de 7 %. De plus, la répartition selon les industries est extrêmement variable[16]:

12. GÉRARD HÉBERT, *L'impact économique de l'extension juridique des conventions collectives dans l'industrie du vêtement pour dames*, août 1984, 71 p. et 33 p. (Documents miméographiés, non publiés.)
13. RICHARD BEAUPRÉ *et al.*, «Enquête salariale dans le secteur textile», *Le marché du travail*, vol. 3, nº 5, mai 1982, p. 50-56. (Voir particulièrement la page 55.); CAROLE CALVÉ, JEAN RAZA et RENÉE BOURASSA, «Enquête salariale dans le secteur textile – mise à jour», *Le marché du travail*, vol. 4, nº 4, avril 1983, p. 61-68. (Voir particulièrement le tableau 2, p. 65.)
14. NORMANDE LEWIS *et al.*, *La rémunération au rendement dans l'industrie du meuble au Québec*, Québec, Centre de recherche et de statistiques sur le marché du travail, mai 1981, 105 p. (Série Études et recherches.) (Voir particulièrement les pages 12, 16, 26 et 29.); NORMANDE LEWIS, «La rémunération au rendement dans l'industrie du meuble», *Le marché du travail*, vol. 2, nº 6, juin 1981, p. 50-55.
15. LAKHDAR SEKIOU, *Gestion du personnel*, Montréal, Les Éditions 4 L Inc., 1984 (568 p.), p. 150-151.
16. HÉLÈNE DAVID et NORMAND BENGLE, *Le salaire au rendement*, Montréal, Institut de recherche appliquée sur le travail, bulletin nº 8, décembre 1976; 2e édition, novembre 1980 (109 p.), p. 39.

PROPORTION DES EMPLOYÉS PAYÉS AU RENDEMENT DANS CERTAINES INDUSTRIES AU QUÉBEC – 1976

Vêtement	91,5 %
Textile	91,3
Matériel de transport	68,7
Meuble	65,9
Cuir	64,3
Bonneterie	60,7
Caoutchouc	59,4 %
Produits métalliques	45,4
Machinerie	42,0
Produits minéraux	37,2
Matériel électrique	34,8
Bois	18,5
Aliments et boissons	12,0 %
Métaux primaires	7,7
Papier	7,2
Tabac	7,0
Chimie	4,8
Imprimerie	0,0

Les syndicats sont généralement opposés à la rémunération au rendement, principalement à cause de la fatigue et du stress qu'elle entraîne: pour se faire un salaire plus élevé, ou parfois même simplement raisonnable, les travailleurs cherchent toujours à augmenter leur rythme de production. Une telle préoccupation est aussi source de nombreux accidents de travail[17]. Par ailleurs, d'autres études démontreraient que les régimes d'incitation améliorent la production d'environ 30 %[18]. L'analyse des conventions collectives en vigueur au Québec établit autour de 10 % la proportion des conventions qui contiennent une disposition de rémunération au rendement; ces conventions visent environ 10 % de tous les salariés régis par convention collective[19].

17. *Ibid.*, p. 38.

18. Shimon L. Dolan, Randall S. Shuler et Lise Chrétien, *Gestion des ressources humaines*, Repentigny, Éditions Reynald Goulet, 1988 (453 p.), p. 236.

19. *Conditions de travail contenues dans les conventions collectives,* Québec, CRSMT, 1991 (249 p.), p. 93. (Variable D-01.)

La convention collective elle-même peut contenir une description détaillée du système de rémunération au rendement. Par contre, dans les cas où il s'agit de taux à la pièce, la convention collective – ou le décret qui en tient lieu – établit des salaires horaires qui représentent le minimum qu'il est obligatoire de payer aux employés visés. Dans ce cas, les salaires horaires indiqués ne servent qu'à vérifier si chaque salarié payé à la pièce reçoit au moins le montant prescrit, même si toute sa rémunération est établie sur la base d'opérations payées à la pièce.

Selon une étude du Bureau international du travail, les formules traditionnelles de rémunération au rendement seraient en régression. Les nouveaux modes de production, qui découlent à la fois de techniques nouvelles et de nouvelles formes d'organisation du travail, s'adaptent moins bien à des régimes reliés au rendement individuel; ils conviennent davantage à des comportements coopératifs plus souples[20]. Nous retrouverons de tels aspects dans la sous-section suivante.

13.2.3 Formules d'intéressement

Les formules d'intéressement cherchent à créer, en plus d'une incitation à produire davantage, comme dans le cas du salaire au rendement, un lien avec l'entreprise. On rencontre trois formes principales d'intéressement: le bonus de production – qui s'apparente au salaire au rendement – la participation aux bénéfices et l'actionnariat ouvrier.

Le «bonus de production» est une prime qui s'ajoute au salaire normal; il est le fruit d'une production, celle d'un travailleur ou d'un groupe de travailleurs, qui dépasse une norme préalablement déterminée. Le bonus de groupe est davantage une formule d'intéressement que le bonus individuel: du seul fait qu'il résulte d'un meilleur travail du groupe, il encourage les liens entre les travailleurs, et avec l'entreprise elle-même, plus que le bonus pour le rendement accru d'un travailleur individuel.

20. Bureau international du travail, *Le travail dans le monde 1*, voir *supra*, note 10, p. 154.

À titre d'exemple, voici un cas particulier de bonus de production. L'entreprise Canadair éprouvait, à la fin des années 1960, de sérieuses difficultés de production, qui se manifestaient par des retards considérables dans la livraison des avions qu'elle fabriquait. Elle voulut introduire un système qui améliorerait la productivité. Le syndicat s'opposait farouchement au travail à la pièce. On finit par s'entendre sur un bonus de production qui serait versé à tous les salariés, deux fois l'an. Le bonus serait calculé d'après le raccourcissement du séjour de chaque pièce dans chacun des départements : chaque départment montrait de graves retards de livraison des pièces au département suivant. Toute amélioration de la situation amènerait le versement d'un bonus de 0,12 $ de l'heure, une somme qui fut considérablement augmentée au cours des années. Une quinzaine d'années plus tard, chaque employé touchait près de 1000 $ de bonus deux fois par année ; une somme grandement appréciée par les salariés[21].

La « participation aux bénéfices » de l'entreprise constitue une des principales formes d'intéressement. La formule la plus célèbre est celle que Joseph Scanlon, alors représentant syndical des Métallurgistes unis d'Amérique, a mise au point et établie dans une aciérie américaine. Le plan Scanlon n'est pas strictement un plan de participation aux bénéfices, mais le résultat est équivalent. Il se fonde sur le principe que toute réduction dans le coût du facteur travail doit revenir principalement, à 75 %, aux travailleurs eux-mêmes. Le calcul se fait selon le rapport, en pourcentage, entre la masse salariale de l'usine et la valeur des produits vendus : si une même valeur et quantité de produits a été fabriquée avec une masse salariale moindre, 75 % des économies réalisées doivent retourner aux employés[22].

En théorie, l'« actionnariat ouvrier » paraît être la formule la plus poussée d'intéressement. Elle amène les travailleurs à participer à la propriété de l'entreprise. Elle est souvent reliée à un régime de participation aux bénéfices, en ce sens qu'une partie des bénéfices est remise aux travailleurs sous forme d'actions ordinaires, votantes, de l'entreprise. Généralement, la proportion des actions ainsi détenues par les employés non cadres est faible, de l'ordre de 5 % à 10 % environ. Dans quelques cas, où la formule a été introduite pour relancer une entreprise en difficulté, la part des salariés sera plus élevée, surtout si les intéressés ont reçu l'appui de programmes gouvernementaux, comme le programme OSE (Opération Solidarité Économique), qui avait cours au Québec autour des années 1980. Là où il y a un syndicat, celui-ci surveille généralement de près cette forme de participation à la propriété, parce qu'il craint qu'elle ne vienne modifier les salaires et qu'elle ne remplace éventuellement les avantages sociaux traditionnels négociés[23]. Aux États-Unis, cette formule, qu'on appelle *Employee Stock Ownership Plan* (ESOP), est très populaire, peut-être davantage dans les entreprises non syndiquées. Certains soutiennent que 25 % de la main-d'œuvre profitera d'un tel régime d'ici une dizaine d'années[24]. L'actionnariat ouvrier est très développé en France où, par exemple, 80 % des employés de la régie Renault sont actionnaires de l'entreprise.

À la limite, si l'ensemble des travailleurs est propriétaire de l'entreprise, celle-ci constitue une coopérative de production.

13.2.4 Salaire selon les connaissances

Les nouvelles formes d'organisation du travail ont entraîné des changements dans le régime de rémunération. Quand une équipe est composée d'un certain

21. DAVID A. PEACH, « The Canadair – IAM Productivity Improvement Plan », *Relations industrielles*, vol. 37, nº 1, 1982, p. 177-197.
22. SUMNER H. SLICHTER, JAMES J. HEALY et E. ROBERT LIVERNASH, *The Impact of Collective Bargaining on Management*, Washington, Brookings Institution, 1960 (982 p.), p. 864-877; F.G. LESIEUR, (sous la direction de), *The Scanlon Plan : Frontier in Labor-Management Cooperation*, New York, Wiley, 1958, 173 p.
23. GÉRARD HÉBERT, « Positive Industrial Relations : Perspective and Guidelines » dans *Positive Industrial Relations*, Montréal, McGill University, Industrial Relations Centre, mai 1987 (169 p.), p. 2-15, p. 10.
24. « ESOP's Revolution or Ripoff ? », *Business Week*, 15 avril 1985, p. 102; « ESOP's : Are they Good for You ? », *Business Week*, 15 mai 1989, p. 116-125.

nombre d'employés qui peuvent tous remplir les fonctions rattachées à leur poste de travail élargi, on ne peut plus les payer des salaires différents, puisqu'ils sont normalement aptes à remplir toutes les fonctions. Afin d'établir une certaine hiérarchie, on a introduit dans ces cas le concept de «salaire selon les connaissances» (*pay for knowledge*[25]); les augmentations salariales s'appuient alors sur des examens, tenus à dates fixes ou à une date choisie par les intéressés. Le phénomène n'est pas tout à fait nouveau: les enseignants reçoivent depuis longtemps un salaire fondé sur leurs années d'études et les diplômes qu'ils ont obtenus; en un sens, ils sont payés selon leurs connaissances.

On peut assimiler à ce type de salaire une autre formule qui existe depuis longtemps mais qui revient à la mode, celle du «salaire au mérite». C'est au mérite que, depuis plus de 50 ans, les fonctionnaires sont payés, qu'ils obtiennent leurs promotions et même, avant l'introduction de la négociation, leurs augmentations de salaire. L'expression concrète de ce principe prend la forme d'examens qui sont censés établir, de façon objective, le mérite du candidat et ainsi lui valoir le salaire ou le poste convoité. Le concept contemporain de salaire au mérite s'applique d'abord aux cadres supérieurs. On prétend toujours que les salaires élevés des grands cadres correspondent à leurs réalisations, à leur «performance». On tente aujourd'hui d'étendre le concept à un plus grand nombre d'employés, y compris les professeurs d'université. Dans la nouvelle approche, on se préoccupe davantage des augmentations salariales que du salaire lui-même. Dans le cas d'une échelle salariale, on fera désormais dépendre le passage d'un échelon à l'autre des réalisations du candidat. La progression ne sera plus une simple question de temps mais dépendra de l'évaluation de chaque employé soumis au régime du salaire au mérite. Selon une formule plus sophistiquée, une fraction de l'augmentation pourra être attribuée à l'ancienneté, autrement dit au temps écoulé, l'autre au rendement du candidat. Car, finalement, le salaire au mérite n'est qu'une autre forme du salaire au rendement[26].

Mentionnons enfin qu'on parle, en quelques endroits, d'un «salaire personnalisé» ou individualisé. Quelques entreprises permettent à leurs salariés non seulement de choisir individuellement les avantages sociaux qu'ils préfèrent – nous y reviendrons au chapitre suivant –, mais même de monnayer une partie de leurs vacances annuelles: ceux qui le veulent peuvent renoncer à la moitié de leurs vacances et recevoir l'équivalent en salaire supplémentaire ou l'utiliser pour se payer un régime de soins dentaires. L'expérience en est à ses débuts. (*The Globe and Mail*, 24 juin 1991, p. B-4.)

* * *

Devant cette multiplicité de régimes salariaux, chaque entreprise doit se donner une politique salariale bien définie. Elle peut opter pour le salaire au temps sous la pression syndicale. Mais elle peut prendre l'initiative d'instaurer d'autres formes de salaires pour ses employés non syndiqués, tout spécialement pour ses cadres. Le choix de telle ou telle politique, incluant telle ou telle modalité, ne peut qu'avoir une influence considérable sur le comportement des employés, leur rendement et leur qualité de vie. La majorité des conventions collectives se réfère à une forme de salaire au temps. Cependant, plusieurs employeurs tentent aujourd'hui d'introduire de nouvelles formes de salaire au rendement ou encore, ce qui revient au même, de nouveaux systèmes de rémunération liés aux résultats[27].

25. Nina Gupta, Timothy P. Schweizer et G. Douglas Jenkins Jr., «Pay-for-Knowledge Compensation Plans: Hypotheses and Results», *Monthly Labor Review*, vol. 110, nº 10, octobre 1987, p. 40-43.

26. Donald P. Schwab et Craig A. Olson, «Merit Pay Practices: Implications for Pay-Performance Relationships», *Industrial and Labor Relations Review*, vol. 43, nº 3, février 1990 (numéro spécial), p. 237S-255S.

27. Bureau international du travail, *Les systèmes de rémunération liés aux résultats*. Voir *supra*, note 11. (Voir surtout l'annexe: «Lignes directrices pour le choix, la conception et l'administration de systèmes de rémunération appropriés», p. 179-186.)

13.3 Types de clauses salariales

La présente section a un objectif modeste mais important: dégager et expliquer les types de clauses salariales qu'on rencontre dans les conventions collectives, et plus particulièrement les barèmes[28] de salaires ou listes de fonctions avec salaires appropriés, barèmes ou listes qu'on appelle, souvent à tort, les échelles de salaires[29]. Pour les fins de cette section, nous ne tiendrons pas compte des augmentations différées, généralement prévues dans la convention collective[30]. C'est donc une image statique des clauses salariales que nous utilisons ici. L'aspect dynamique viendra dans la section suivante.

Nous verrons les différents barèmes selon leur niveau de complexité, en commençant par les cas où à chaque fonction correspond un taux unique, suivis de ceux où il y a plusieurs taux, qu'on obtient, successivement, après un certain laps de temps. Viendront ensuite les tableaux proprement dits qui comportent des classes ou catégories, avec des échelons selon le temps écoulé.

13.3.1 Salaire à taux unique par fonction

De tradition, les hommes de métier et les employés de production occupent une fonction à laquelle se rattache un taux de salaire unique. Comme on l'a mentionné plus haut, quand le salarié a terminé son apprentissage, il est censé avoir les qualifications requises par le métier ou le poste et son salaire s'exprime par un taux unique, qu'il ait un jour ou 20 ans d'expérience. Ce genre de barème de salaires correspond à l'image peut-être la plus répandue d'une clause de salaires dans les conventions collectives.

28. Un barème est constitué d'un ou plusieurs tableaux numériques qui, au sens strict, donnent le résultat de certains calculs; dans le cas présent, il exprime différents salaires pour différents groupes ou catégories de salariés.

29. Au sens strict, l'échelle de salaire contient l'ensemble des taux horaires successifs qu'un employé pourra toucher au fur et à mesure des échelons dans *son* échelle salariale.

30. Pour faciliter les comparaisons, nous donnons en exemple des taux en vigueur au cours de 1990, mais à compter de dates diverses dans l'année: les nouveaux taux s'appliquent à compter de dates différentes selon les conventions collectives.

Exemple 1

TAUX UNIQUE PAR FONCTION

	8 octobre 1990
Mécanicien de 1re classe	17,68 $
Mécanicien de machine fixe 3e classe	16,30
Mécanicien de 2e classe	15,99
Mécanicien de machine fixe 4e classe	15,49
Opérateur de chariot élévateur	14,43
Manutentionnaire	14,33
Préposé à la maintenance générale	13,59
Huileur-graisseur	13,26
Opérateur de coupeuse automatique	13,09

(Smith and Nephew Inc. et le Syndicat des travailleurs de l'énergie et de la chimie, local 103, annexe A.)

La liste complète couvre deux pages. Dans les fonctions mentionnées ici, on note que les salaires les plus élevés vont aux hommes de métier. Viennent ensuite les ouvriers spécialisés travaillant à la production ou au service de réception et d'expédition.

L'exemple suivant représente le même genre de barème de salaires. Cependant, comme les fonctions sont très nombreuses dans cette unité d'accréditation, on les a regroupées et on a numéroté les groupes de 1 à 19. Sauf pour le regroupement, il s'agit du même type de barème de salaires que dans le premier exemple.

Exemple 2

TAUX UNIQUE PAR FONCTIONS REGROUPÉES

	Groupes	**1er janvier 1990**
Gardien	1	14,14 $
Poinçonneur au déneigement	2	14,46
Préposé aux travaux généraux	3	14,78
Inspecteur de bornes-fontaines	4	15,12
Chauffeur de véhicules motorisés C	5	15,44
Aide-mécanicien	6	15,76
Préposé aux terrains de stationnement	7	16,41
Jardinier	8	17,06

	Groupes	**1er janvier 1990**
Jardinier en charge	10	17,71
Mécanicien (appareils motorisés)	12	18,35
Électricien (bâtiment)	16	19,00
Outilleur	18	19,65
Électro-technicien (télécommunications)	19	19,98

(La Ville de Montréal et le Syndicat canadien de la fonction publique, section locale 301, Annexe A.)

On aura remarqué qu'entre chaque groupe, il y a un écart très régulier de 0,32 $ ou 0,33 $, la différence provenant sans doute d'un chiffre arrondi. Le fait de regrouper des fonctions entraîne presque obligatoirement l'introduction d'une certaine régularité entre les divers taux, d'un groupe à l'autre. Tel n'était pas le cas dans le premier exemple. D'ailleurs, quand il s'agit des hommes de métier, surtout ceux qui ont un métier traditionnellement rattaché à l'industrie de la construction, leur salaire est souvent influencé sinon déterminé par la convention collective ou le décret de la construction.

L'exemple suivant offre une caractéristique particulière. Même si le barème des salaires a la même apparence extérieure que les précédents, il reflète aussi l'existence d'un plan d'évaluation des tâches dans l'entreprise.

Exemple 3

TAUX UNIQUE PAR FONCTION SELON UN PLAN D'ÉVALUATION DES TÂCHES

Postes	**Département**	**Éval. (points)**	**4 mars 1990**
Nettoyeur de filtre	Service d'entretien	8,75	17,20 $
Opérateur de pont roulant	Atelier de l'électricité	9,00	17,27
Préposé au dépôt d'outils	Général	9,50	17,42
Préposé au dépôt d'outils	Atelier d'usinage	10,50	17,70
Opérateur de pont roulant	Atelier de la forge	11,00	17,84
Préposé à l'entrepôt de la cour à bois	Menuiserie	12,00	18,12
Applicateur de revêtement protecteur	Peinture	14,75	18,90
Briqueteur	Briquetage	15,75	19,19
Charpentier	Charpenterie	17,50	19,68
Mécanicien en climatisation	Équipe volante	18,00	19,82

(La Société d'électrolyse et de chimie Alcan ltée et le Syndicat national des employés de l'aluminium d'Arvida, Appendice E.)

Les fonctions et les taux indiqués sont tirés d'une liste de salaires qui compte plusieurs pages. Nous avons vu (section 11.4.3) que la compagnie Alcan et le syndicat de ses employés ont élaboré un régime d'évaluation des tâches à partir du modèle CWS des Métallurgistes. Pour fins de salaires, ils ont retenu des points et des quarts de points. Présentement, une différence d'un quart de point dans l'évaluation correspond à une différence de 0,07 $ dans le taux horaire de salaire correspondant. Pour un point complet, la différence est de 0,28 $ ou de 0,29 $, probablement pour une raison d'arrondissement des chiffres. Les exemples donnés ci-dessus vérifient la règle parfaitement. Autrefois, certains postes comportaient une étoile ; celle-ci indiquait que le poste en question recevait un « taux personnel », c'est-à-dire qui ne correspondait pas à la règle du régime d'évaluation. Ces taux dits étoilés (*red circle*) ont disparu avec les années.

L'exemple suivant reproduit le barème de salaires d'une usine qui a établi un régime d'évaluation conjointe des salaires (CWS). Le barème de salaires reflète cette situation. Les paragraphes qui suivent précisent l'application du barème et son origine.

Exemple 4

TAUX UNIQUE PAR FONCTION
SELON LE SYSTÈME CWS

À compter du 1er février 1990, le taux de salaire horaire régulier pour les tâches de la classe 1 sera augmenté de cinquante cents (0,50 $) l'heure et s'établira à treize dollars et cinquante-quatre cents (13,54 $). L'écart entre les catégories de tâches sera dix-neuf cents et sept dixièmes (19 7/10) et l'échelle des salaires horaires réguliers sera la suivante. (Article 13.03.)

Classes	Taux horaire régulier	Classes	Taux horaire régulier	Classes	Taux horaire régulier
1	13,540	11	15,510	21	17,480
2	13,737	12	15,707	22	17,677
3	13,934	13	15,904	23	17,874
4	14,131	14	16,101	24	18,071
5	14,328	15	16,298	25	18,268
6	14,525	16	16,495	26	18,465
7	14,722	17	16,692	27	18,662
8	14,919	18	16,889	28	18,859
9	15,116	19	17,086	29	19,056
10	15,313	20	17,283		

13.04 Le taux de l'échelle de salaires horaires réguliers pour chaque classe de tâches doit être le taux horaire régulier pour toutes les tâches classifiées dans cette classe de tâches.

13.01 Le Manuel d'étude conjointe des salaires (E.C.S.) pour la description, la classification des tâches et l'administration des salaires, daté du 1er février 1967 et amendé le 15 août 1968 et le 15 octobre 1976 (ci-après désigné « Le manuel E.C.S. ») est incorporé à cette convention en Annexe « A » et ses dispositions doivent s'appliquer comme si elles étaient exposées in extenso ici.

(Sidbec-Dosco et les Métallurgistes unis d'Amérique, section locale 6586, art. 13.)

Au cours des années, les parties ont ajouté des classes à cette liste. Par exemple, en 1985, il n'y avait que 28 classes. Dix ans plus tôt il y en avait encore moins. Les augmentations au 1er février 1993 et 1994 seront de 0,25 $ l'heure pour le taux de base de la classe 1, mais l'écart entre chaque classe demeurera de dix-neuf cents et sept dixièmes (0,197 $).

Le prochain exemple vise encore des cols bleus, mais il présente une caractéristique particulière, qui annonce peut-être une nouvelle tendance, soit l'introduction d'une échelle de salaires, c'est-à-dire des augmentations automatiques après un certain nombre de mois, pour chaque fonction.

13.3.2 Marge de salaires selon la fonction et le temps

On commence à voir des barèmes de salaires pour cols bleus qui comportent une échelle, constituée de plusieurs échelons. Le plus souvent, le salarié atteint rapidement le sommet de l'échelle, par exemple en six mois, comme dans le cas mentionné ci-dessous. Par contre, selon d'autres conventions collectives, le processus est beaucoup plus long: il s'étend sur 18 mois et comprend six échelons (Provigo Distribution inc. et TUAC 501) ou, dans un autre cas, il compte six échelons de six mois chacun, c'est-à-dire près de trois années complètes (Dellixo et Teamsters 931).

Exemple 5

TAUX VARIABLES SELON LE TEMPS
PAR FONCTION

1er juin 1990	Taux à l'embauche	Taux après 3 mois	Taux après 6 mois
Chauffeurs	8,90 $	9,15 $	9,40 $
Employés d'entrepôt	6,90	7,15	7,40
Employés à la production	6,40	6,65	6,90

(Bio-Santé Canada ltée et les Travailleurs unis de l'alimentation et du commerce 501, Annexe A.)

On remarque la régularité des écarts. À tous les trois mois, chacun reçoit une augmentation de 0,25 $. Pour chaque fonction, le taux maximal est donc de 0,50 $ supérieur au taux d'embauche. Quant à la différence entre les fonctions, les chauffeurs gagnent deux dollars de plus que les employés d'entrepôt, et ceux-ci gagnent 0,50 $ de plus que les employés à la production; la différence est la même aux trois échelons de l'échelle. Il s'agit là d'un exemple de courte échelle; d'autres sont beaucoup plus longues, comptant jusqu'à six échelons. C'est peut-être une façon d'amener les cols bleus à ressembler davantage aux cols blancs. Reste à voir si la tendance se poursuivra ou si les nouveaux employés demanderont immédiatement, ou du moins le plus tôt possible, le taux maximal payé pour la fonction qu'ils occupent.

L'exemple suivant regroupe des cols bleus et des cols blancs. Il est tiré de la convention collective des employés d'hôpitaux du Québec. Les salaires y sont exprimés sur une base hebdomadaire. Il s'agit d'employés qui occupent divers postes, mais qui travaillent tous dans un centre hospitalier public. La convention collective contient environ 200 postes différents; la plupart des postes comptent plusieurs échelons, selon la nature de l'emploi. En général, les postes de cols bleus ne comptent qu'un seul échelon – il s'agit alors d'un salaire à taux unique – alors que l'échelle des professionnels peut en compter 12, 18 ou 19, selon les cas. Les cols blancs se situent quelque part entre ces deux extrêmes, selon la nature de leur travail. Le paragraphe qui suit le tableau de salaires détermine les modalités du changement d'échelon.

Exemple 6

TAUX VARIABLES OU NON SELON LE POSTE OCCUPÉ
Taux de salaires hebdomadaires en vigueur le 1er janvier 1990

Échelons	Commis senior à la comptabilité	Dactylo	Réceptionniste	Journalier
1	484,75 $	383,60 $	383,60 $	465,00 $
2	499,45	392,70	389,55	
3	515,55	402,85	396,20	
4	532,00	402,85		
5	549,15			
6	567,70			
7	583,80			

(Semaine de 35 heures, sauf pour les journaliers: 38,75 heures)

Si le nombre d'échelons de l'échelle des salaires le permet, à chaque fois qu'une personne salariée complète une année de service dans son titre d'emploi, elle est portée à l'échelon supérieur à celui qu'elle détient. (Art. 47.05.)

(Le Comité patronal de négociation du secteur de la santé et des services sociaux – centres hospitaliers publics – et la Fédération des affaires sociales CSN, art. 48.)

On aura sans doute remarqué que le journalier – le préposé aux terrains fait partie du même poste – gagne plus que la réceptionniste et la dactylo, même au sommet de leur échelle respective. Par contre, le commis senior à la comptabilité, comme on s'en doute bien, gagne plus que le journalier. Le régime de taux unique contient un compromis: l'employé commence à un taux plus élevé, mais il y reste normalement toute sa vie. Il ne faut pas oublier aussi qu'il travaille près de quatre heures de plus que les cols blancs.

13.3.3 Tableau de salaires selon la classe et l'échelon

Dans les catégories de cols blancs, y compris les employés de bureau, le salaire dépend le plus souvent à la fois d'une progression dans l'échelle – qui compte généralement plusieurs échelons – et de la classification de l'emploi occupé. Dans cette hypothèse, il faut que les différents emplois soient regroupés et classifiés en un certain nombre de classes. Dans l'exemple suivant, on a utilisé et appliqué aux emplois de bureau la formule d'évaluation conjointe des salaires (CWS). À titre d'exemple, voici la classe attribuée à huit postes particuliers:

Exemples de quelques postes et de leur classe

Réceptionniste-téléphoniste	3
Sténo-dactylo	4
Commis (service de bureau)	5
Commis vérificateur	6
Commis à la paie	7
Commis aux approvisionnements	8
Magasinier	10
Acheteur senior	12

Dans le tableau suivant, on identifie 14 classes et un nombre variable d'échelons, deux, trois ou quatre selon le niveau de difficulté du poste. Il y a une classe 0, qui sert de point de départ à la construction de tout le tableau. La classe 1 compte deux échelons. Les classes 2 à 7 ont trois échelons et les classes 8 à 14 en ont quatre. Pour plus de clarté, on a donné des noms aux échelons: l'employé commence en formation, il devient ensuite débutant, puis intermédiaire, avant d'atteindre le taux standard de sa classe. Dans les cas comptant deux ou trois échelons, il commence au taux d'intermédiaire ou de débutant, selon le cas.

Les paragraphes qui suivent le tableau de salaires précisent les conditions d'avancement d'échelon et les modalités de changement de classe.

Exemple 7

TABLEAU DE SALAIRES SELON LA CLASSE ET L'ÉCHELON
Salaires en vigueur le 1er février 1990

À compter du 1er février 1990, le taux de salaire hebdomadaire standard pour les tâches de la classe 0 sera augmenté de dix-huit dollars et treize cents (18,13 $) par semaine et s'établira à quatre cent quarante-sept dollars et trente-cinq cents (447,35 $). L'écart entre les catégories de tâche sera de treize dollars et neuf cents (13,09 $) et l'échelle des salaires hebdomadaires réguliers sera la suivante.

Classe	Formation	Débutant	Intermédiaire	Standard
0			434,26	447,35
1			447,35	460,44
2		447,35	460,44	473,53
3		460,44	473,53	486,62
4		473,53	486,62	499,71
5		486,62	499,71	512,80
6		499,71	512,80	525,89
7		512,80	525,89	538,98
8	512,80	525,89	538,98	552,07
9	525,89	538,98	552,07	565,16
10	538,98	552,07	565,16	578,25
11	552,07	565,16	578,25	591,34
12	565,16	578,25	591,34	604,43
13	578,25	591,34	604,43	617,52
14	591,34	604,43	617,52	630,61

(Semaine de 36¼ h: article 9.01.)

13.04 *Progression à l'intérieur d'une classe*

L'employé recevra le taux de formation, de débutant, d'intermédiaire ou le taux standard prévu pour sa classe selon le temps qu'il aura travaillé à cette tâche (classes 0 à 7 inclusivement, 13 semaines de travail pour chaque taux et classes 8 à 14 inclusivement, 26 semaines de travail pour chaque taux). Le changement d'un taux à l'autre entrera en vigueur à compter du début de la semaine suivant la date d'achèvement de la période de formation précédente.

13.05 *Promotion*

L'employé promu à un poste de classe supérieure recevra le taux de formation, de débutant, d'intermédiaire ou standard qui est immédiatement supérieur au salaire qu'il recevait avant sa promotion et, par la suite, les dispositions de 13.04 s'appliqueront.

(Sidbec-Dosco ltée (Montréal) et les Métallurgistes unis d'Amérique, section locale 5747. Employés de bureau.)

En examinant le tableau de salaires ci-dessus, on constate que l'écart de 13,09 $ s'applique horizontalement, pour les échelons, et verticalement, d'une classe à la suivante, au même échelon. Cela fait en sorte que le même taux s'applique à l'échelon supérieur de la classe précédente et forme une diagonale. Par exemple, le taux de 512,80 $ s'applique à l'échelon de formation dans la classe 8, à l'échelon de débutant dans la classe 7, à l'échelon intermédiaire dans la classe 6 et au dernier échelon, celui du salaire standard, dans la classe 5. On aura noté également que, en vertu de l'article 13.04, chaque employé doit, dans les sept premières classes, demeurer trois mois (13 semaines) à l'échelon d'entrée avant de passer à l'échelon suivant et, de la même manière, trois autres mois sont nécessaires pour obtenir le taux standard. Par contre, dans les classes 8 à 14, la durée de chaque échelon est de six mois ou 26 semaines de travail. Le temps requis pour avancer d'un échelon est donc deux fois plus long dans les classes supérieures que dans les sept premières classes. L'autre paragraphe cité (13.05) contient les dispositions qui s'appliquent quand un employé change de classe: il doit être situé, dans sa nouvelle classe, à l'échelon qui lui donnera le taux de salaire immédiatement supérieur à celui qu'il recevait avant sa promotion.

Le même genre de grille de salaires s'applique à d'autres catégories d'employés de bureau. Il peut aussi se présenter autrement, par exemple avec un nombre plus ou moins grand d'échelons et une durée plus ou moins longue pour chaque échelon. L'exemple suivant vise les employés de bureau de l'Université de Montréal. Il y a dans ce cas 10 classes au lieu des 14 qu'on trouvait dans l'exemple précédent. Par contre, on y compte sept échelons au lieu de quatre et il faut demeurer un an à un échelon avant d'accéder au suivant. Voici quelques exemples de postes et de leur classe.

Exemples de quelques postes et de leur classe

Opérateur de machine à polycopier	1
Sténo-dactylo, téléphoniste	2
Commis de bureau (polycopie)	3
Commis (relevés de notes)	4
Commis (frais de scolarité)	5
Secrétaire	6
Commis principal (gestion des dossiers)	7
Agent de réclamation	8
Magasinier principal	9

Les paragraphes qui suivent le tableau de salaires précisent les modalités d'avancement d'un échelon à l'autre et d'une classe à l'autre.

Exemple 8

TABLEAU DE SALAIRES
SELON LA CLASSE ET L'ÉCHELON
Échelles des salaires du groupe bureau en vigueur
le 1er décembre 1989

Classe \ Échelon	1	2	3	4	5	6	7
1						10,64	10,71
2				10,73	11,04	11,33	11,65
3			10,92	11,24	11,53	11,83	12,12
4		11,42	11,70	11,98	12,31	12,64	12,92
5	11,60	11,87	12,20	12,52	12,88	13,18	13,54
6	12,03	12,37	12,72	13,09	13,43	13,78	14,13
7	12,70	13,09	13,44	13,44	13,81	14,55	14,94
8	13,16	13,60	13,99	14,40	14,80	15,24	15,64
9	13,90	14,29	14,71	15,13	15,53	15,94	16,34
10	14,25	14,68	15,04	15,51	15,90	16,31	16,69

(Semaine de 35 heures: article 14.01)
(Durant juillet et août, la semaine est de 32 heures sans réduction de salaire: art. 14.08)

Chaque personne salariée en fonction, lors de la signature de la présente convention, conserve sa date d'augmentation d'échelon. La personne salariée embauchée après la date de la signature de la présente convention bénéficie d'une augmentation d'échelon lors de sa date anniversaire d'entrée en fonction, sans toutefois dépasser le maximum de l'échelle applicable.

Malgré toute autre disposition, l'échelon perdu au cours de la période du 1er janvier 1983 au 31 décembre 1983 ne peut en aucun cas être récupéré par la personne salariée tant qu'elle demeure à l'emploi de l'Université. (Art. 18.06.)

Lors de la promotion d'un salarié d'un poste d'une classe inférieure à un poste d'une classe supérieure, le salarié reçoit, à partir de la date de sa promotion (...) ce qui est le plus avantageux: 1. le minimum de la classe supérieure ou 2. l'échelon qui accorde une augmentation représentant au moins la différence entre les deux premiers échelons de sa nouvelle classe; si l'augmentation situe le salaire entre deux échelons, il est porté à l'échelon immédiatement supérieur. (Art. 18.02 B.)

(L'Université de Montréal et le Syndicat des employés de l'Université de Montréal, section locale 1244 du Syndicat canadien de la fonction publique. Annexe D et art. cité.)

En comparant le tableau des salaires ci-dessus au précédent, on constate qu'il contient moins de classes mais plus d'échelons. De plus, comme le passage d'un échelon à l'autre exige une année complète de travail, il faut beaucoup plus de temps pour arriver au sommet de l'échelle de sa classe. En fait, à partir de la classe 5, il faut six ans pour arriver au taux maximum d'une classe.

13.3.4 Tableau de salaires des professionnels

Les tableaux de salaires qui s'appliquent à des employés professionnels ont en commun avec les grilles de salaires des cols blancs qu'ils dépendent de deux variables. La première, celle des échelons, est relativement semblable dans les deux cas. Cependant, la seconde est généralement différente: au lieu de correspondre à des regroupements de postes, les classes sont plutôt établies en fonction du niveau de compétence. L'arithmétique se ressemble, mais les aspects qualitatifs diffèrent considérablement.

Les critères que nous venons de rappeler – compétence correspondant à diverses catégories (ou classes) et expérience exprimée dans des échelons d'une certaine durée – s'appliquaient autrefois au tableau de salaires des infirmières. Il y a une dizaine d'années, on a transformé leur tableau de sorte qu'aujourd'hui il ne comporte plus de catégories ou de grades, mais seulement 12 échelons. Autrefois, les six premiers échelons correspondaient à la première catégorie et les six autres à la deuxième. Théoriquement, le passage de l'une à l'autre n'était pas assuré: il fallait que l'infirmière démontre une compétence particulière, d'une manière ou d'une autre. Peu à peu, le passage d'une catégorie à l'autre s'est fait de façon quasi automatique et on a fini par faire une seule échelle constituée de 12 échelons.

Comme dans le cas des employés de bureau, les salaires des infirmières sont exprimés sur une base hebdomadaire.

Exemple 9

TABLEAU DE SALAIRES DES INFIRMIÈRES
Salaires en vigueur le 1er janvier 1990 dans les centres hospitaliers publics

1er échelon	508,95 $	7e échelon	609,00 $
2e échelon	524,54	8e échelon	627,13
3e échelon	540,13	9e échelon	647,06
4e échelon	556,44	10e échelon	667,00
5e échelon	573,48	11e échelon	688,75
6e échelon	590,88	12e échelon	719,93

(Article 32.01)

(Semaine de 36½ heures: art. 16.01)
Une année d'expérience en qualité d'infirmière donne droit à un échelon de l'échelle de salaire. (Art. 33.01.)

Pour la salariée qui a quitté le service hospitalier ou un autre travail depuis moins de cinq ans, une année d'expérience en qualité d'infirmière donne droit à un échelon de l'échelle de salaire.

Pour la salariée qui a quitté le service hospitalier ou un autre travail depuis plus de cinq ans, elle est classée dans l'échelle de salaire selon l'expérience en qualité d'infirmière au maximum à l'avant-dernier échelon. (Art. 33.01.)

(Comité patronal de négociation du secteur de la santé et des services sociaux – centres hospitaliers publics – et la Fédération des infirmières et infirmiers du Québec FIIQ, art. 32.01.)

L'exemple suivant se rapproche davantage des tableaux de salaires des professionnels proprement dits. Il s'agit des enseignants du secteur public, au primaire et au secondaire. Leurs salaires sont déterminés par la place qu'ils occupent dans l'une des sept catégories, qui correspondent à leurs années d'études

Exemple 10

TABLEAU DE SALAIRES DES ENSEIGNANTS
DU SECTEUR PUBLIC
Échelle de traitements annuels de l'année scolaire
1989-1990

Échelons d'expérience[1]	**CATÉGORIES**[2]						
	14 ans ou moins	**15 ans**	**16 ans**	**17 ans**	**18 ans**	**19 ans**	**20 ans**[3]
1	23 554	25 276	27 124	29 136	31 298	33 664	37 438
2	24 222	25 994	27 920	29 994	32 217	34 654	38 428
3	24 913	26 764	28 710	30 850	33 177	35 661	39 435
4	25 644	27 521	29 556	31 759	34 156	36 721	40 495
5	26 376	28 328	30 407	32 700	35 161	37 848	41 622
6	27 124	29 136	31 298	33 664	36 183	38 967	42 741
7	27 920	29 994	32 217	34 654	37 288	40 144	43 918
8	28 710	30 850	33 177	35 661	38 396	41 348	45 122
9	29 556	31 759	34 156	36 721	39 549	42 622	46 396
10	30 407	32 700	35 161	37 848	40 737	43 917	47 691
11	31 298	33 664	36 183	38 967	41 956	45 273	49 047
12	32 217	34 654	37 288	40 144	43 250	46 644	50 418
13	33 177	35 661	38 396	41 348	44 563	48 103	51 877
14	34 156	36 721	39 549	42 622	45 945	49 593	53 367
15	35 161	37 848	40 737	43 917	47 374	51 135	54 909

1. Tels qu'ils sont définis à la clause 1-1.15.
2. Telles qu'elles sont définies à la clause 1-1.05.
3. Scolarité de 19 ans ou plus avec un diplôme de 3e cycle (doctorat).

(Le Comité patronal de négociation pour les commissions scolaires et la Centrale de l'enseignement du Québec CEQ, art. 6-5.06.)

et présumément à leur compétence. Une fois classés dans une catégorie – ils peuvent évidemment se qualifier et avancer dans une catégorie plus élevée –, leur salaire dépend de leurs années d'expérience dans l'enseignement. Le tableau compte 15 échelons successifs, qui correspondent chacun à une année complète d'enseignement. Il ne s'agit plus de taux de salaire horaires ou hebdomadaires, mais d'un traitement annuel, qui s'établit d'après les deux critères mentionnés. Les enseignants bénéficient d'un autre avantage: pour la détermination de leur salaire, ils transportent leurs années d'ancienneté d'une école à l'autre, d'une commission scolaire à l'autre. En d'autres mots, le tableau de salaires suivant s'applique et il se transporte dans toutes les commissions scolaires du Québec.

D'après ce tableau de salaires, certains critiques ont observé que les enseignants du secteur public constituaient un groupe à part dans la société: ils sont payés pour les études qu'ils ont faites et non pas pour le travail qu'ils accomplissent ni pour les services qu'ils fournissent. Il faut évidemment supposer que leur formation correspond à la qualité de leur enseignement. C'est du moins sur ce principe que leur tableau de salaires est fondé.

Pour les professionnels proprement dits, nous examinerons, à titre d'exemples, les tableaux de salaires des biologistes du gouvernement fédéral et du gouvernement du Québec.

Dans la fonction publique fédérale, tous les employés sont regroupés selon leurs occupations ou professions. Celles-ci sont désignées par deux lettres qui identifient chaque groupe. Voici quelques exemples[31]:

- CR Commis aux écritures et aux règlements *(Clerical and Regulatory)*;
- EN Ingénieurs et arpenteurs *(Engineering)*;
- ES Économistes, statisticiens et sociologues *(Economics and Statistics)*;
- PM Administrateurs de programmes *(Program Managers)*;
- ST Secrétaires, sténo-dactylos *(Stenographers)*.

Chacun des quelque 75 groupes correspond à une unité d'accréditation. À l'intérieur de chaque groupe, on établit des niveaux de compétence, par exemple de PM-1 à PM-6. En reconnaissant tel niveau à un employé, la direction détermine le salaire qu'il touchera. Pour accéder à un niveau supérieur, un employé doit établir sa compétence en réussissant les examens appropriés et obtenir d'être assigné à un poste de ce niveau.

Il y a cinq niveaux de biologistes. Les deux premiers échelons du premier niveau (BI-1) servent de porte d'entrée, avec un salaire souple, qui peut aller de 20 000 $ à 34 000 $ environ. Le reste du tableau se présente comme suit. Chaque échelon correspond à une année de travail comme biologiste[32].

On aura remarqué que les écarts interéchelons augmentent avec les catégories: de 1360 $ environ en BI-1, ils montent progressivement jusqu'à 2320 $ en BI-5. De plus, le salaire du dernier échelon dans une catégorie dépasse celui du premier échelon dans la catégorie suivante. Est-ce pour consoler ceux qui ne parviennent pas à se qualifier pour un grade supérieur? Par contre, cela montre qu'on passe d'un grade à l'autre non pas selon le temps (et les échelons), mais selon la compétence et les circonstances. Les deux dernières catégories regroupent des administrateurs et des responsables de secteur; leur échelle est légèrement plus courte que celle des autres: ils atteignent le salaire maximum plus rapidement.

31. *Rapport annuel*, Commission de la Fonction publique du Canada, volume 2: Statistiques.

32. *Taux de rémunération en vigueur le 1er mai 1990 dans la fonction publique du Canada*, Ottawa, Commission des relations de travail dans la fonction publique, Bureau de recherche sur les traitements, p. 2.

Exemple 11

TABLEAU DE SALAIRES DES BIOLOGISTES
EMPLOYÉS PAR LE GOUVERNEMENT
FÉDÉRAL
Traitements annuels en vigueur du 1er mai 1990 au
30 septembre 1990

Échelons / Catég.	BI-1	BI-2	BI-3	BI-4	BI-5
1	19 674 à	38 458	45 742	54 168	61 682
2	34 431	40 108	47 740	56 263	64 002
3	35 127	41 768	49 728	58 361	66 322
4	36 487	43 419	51 719	60 455	68 563
5	37 849	45 074	53 705	62 553	
6	39 211	46 727	55 532		

Jusqu'en 1985, les barèmes de salaires des professionnels du Québec présentaient sensiblement les mêmes caractéristiques. Généralement, chaque barème comportait trois grades et chaque grade de 6 à 12 échelons, avec chevauchement à la fin du grade II et au début du grade I. (L'ordre ici est inverse: les salaires augmentaient selon les grades III, II, I.)

En 1986 on a supprimé les grades, et les salaires de chaque catégorie professionnelle sont depuis établis sur la seule base d'une longue échelle de 12 ou 18 échelons. En somme, la convention collective ne contient plus de référence à la compétence pour ce qui est de fixer les salaires. Tout ce qui concerne la compétence, comme l'obtention de la permanence et l'évaluation annuelle, relève exclusivement des directives gouvernementales (Conseil du trésor).

L'échelle de salaires des biologistes au service du gouvernement du Québec se présente comme suit pour l'année 1990[33]. Le paragraphe qui suit établit les règles pour l'avancement selon les échelons.

Exemple 12

TRAITEMENT ANNUEL DES BIOLOGISTES
EMPLOYÉS PAR LE GOUVERNEMENT DU
QUÉBEC
Année 1990

Échelons	Traitement	Échelons	Traitement
1	27 781	10	38 734
2	28 836	11	40 121
3	29 897	12	41 587
4	30 935	13	43 117
5	32 011	14	44 700
6	33 122	15	46 344
7	34 270	16	47 485
8	36 089	17	48 652
9	37 378	18	50 726

Avancement d'échelon

6-6.01 L'employée ou l'employé est admissible à l'avancement d'échelon, qui lui est accordé, sur rendement satisfaisant, suivant les règles d'avancement prévues par la Directive sur la progression salariale du personnel professionnel de la fonction publique. Malgré ce qui précède, l'employée ou l'employé doit, pour avoir droit à l'avancement d'échelon, avoir travaillé au moins trois (3) mois ou l'équivalent dans le cas d'avancement semestriel et au moins six (6) mois ou l'équivalent dans le cas d'avancement annuel.

33. Convention collective de travail entre le gouvernement du Québec et le Syndicat des professionnelles et professionnels du gouvernement du Québec, Annexe II, classe 113.

(…)

Les dates d'avancement d'échelon pour la première période de paie de mai et de novembre sont les suivantes :

19 avril 1990

1er novembre 1990

18 avril 1991

31 octobre 1991

Avancement accéléré d'échelon

6-6.02 L'avancement accéléré d'échelon s'effectue selon les dispositions suivantes :

a) l'avancement accéléré d'échelon est accordé par la ou le sous-ministre sur recommandation du comité ad hoc formé en vertu de la directive mentionnée à l'article 6-6.01 ;

b) l'avancement accéléré d'échelon à la suite d'études de perfectionnement est régi par la directive approuvée par le C.T. 156295 du 30 avril 1985. Cette directive peut être modifiée après consultation du syndicat ;

c) des critères homogènes et appropriés d'appréciation du rendement doivent être définis en vue de leur utilisation par les comités ad hoc ;

d) l'employée ou l'employé peut obtenir un avancement accéléré d'échelon plus d'une fois au cours de sa carrière.

(Gouvernement du Québec et le Syndicat de professionnelles et professionnels du gouvernement du Québec, Annexe II, classe 113 et art. 6-6.00.)

L'écart entre les échelons augmente progressivement, d'environ 1000 $ à environ 2000 $. L'avancement d'échelon se fait normalement à chaque année, à l'une des dates mentionnées dans l'article 6-6.01. Les durées minimales mentionnées dans le même article ont pour objectif d'éviter une prolongation indue dans le même échelon. Si quelqu'un a été assigné à un poste le 1er mai 1990, il n'aura pas complété une année le 18 avril 1991, la date officielle pour le changement d'échelon. Il serait odieux de le reporter à 1992. L'article établit un minimum égal à la moitié du temps normalement exigé dans un échelon, par exemple six mois dans le cas d'un avancement annuel.

Par contre, on voit par les règles formulées dans 6-6.02 qu'il est possible d'obtenir un avancement accéléré d'échelon. La disparition des grades dans les barèmes de salaires des professionnels implique-t-elle un désintéressement de l'aspect qualification ? Tout dépend de la manière dont on applique les règlements du Conseil du trésor qui s'y rapportent : comment les évaluations périodiques sont-elles faites ? Comment les avancements accélérés sont-ils accordés et comment attribue-t-on les promotions ? La seule lecture des conventions collectives ne permet pas de répondre à ces questions.

Un point qu'il faut noter c'est qu'on voit poindre, chez les professionnels de la fonction publique, un commencement de rémunération au rendement. À cette fin, on ajoute à l'échelle de salaires de certains professionnels, dans les conventions collectives du gouvernement fédéral, une catégorie supplémentaire, avec un maximum de salaire plus élevé ; cette catégorie est clairement reliée à une formule de rémunération au rendement (*performance pay*).

Au Québec, on ne trouve que de rares exemples de cette nature, pour quelques professionnels très spécialisés. On en discute pour les professeurs d'université.

13.4 Types d'augmentations salariales

L'augmentation salariale est devenue, au cours des dernières décennies, tout aussi importante que le salaire lui-même. Sans augmentation de salaire, on qualifie la situation d'un terme qui rappelle les hivers canadiens les plus rigoureux : on parle du gel des salaires. Il faut peut-être évoquer une situation semblable, qui a existé dans les années 1930, mais qui provoquait la réaction contraire.

Bien des conventions collectives d'alors se terminaient par la disposition suivante : « La convention collective se renouvelle automatiquement d'année en année, à moins qu'une des deux parties ne donne un avis contraire à l'autre partie dans le dernier mois de sa durée. » Ce renouvellement automatique signifiait la reconduction des conditions de travail, en particulier du salaire. Et c'était considéré comme un avantage important, vu la dépression, que de pouvoir conserver le même salaire. Aujourd'hui, si on en juge par les réactions, l'annonce d'un gel de salaires, peu importe leur niveau, constitue une catastrophe tant l'augmentation des salaires fait partie des attentes normales des salariés régis par convention collective.

Il faut d'abord préciser quelques notions et établir certaines distinctions, essentielles à l'étude du phénomène. Nous considérerons ensuite, deux à deux, les quatre principaux types d'augmentation que l'on rencontre. En d'autres mots, l'augmentation salariale est un phénomène complexe: dans presque tous les cas, au moins deux types d'augmentations jouent, alors qu'en d'autres cas deux autres s'ajoutent. Nous terminerons cette section par quelques précisions supplémentaires.

13.4.1 Notions et distinctions préalables

La première distinction découle du fait que l'augmentation salariale peut s'exprimer de deux façons: elle peut être nominale, en dollars et en cents, ou procentuelle, en pourcentage. Le choix d'un type d'augmentation plutôt que l'autre implique la poursuite d'objectifs différents; mais il peut aussi s'expliquer par la simple commodité des calculs.

L'« augmentation nominale » a l'avantage d'être comprise clairement par tous les employés concernés: si l'employeur annonce une augmentation de un dollar de l'heure ou de cinquante dollars par semaine, chacun sait immédiatement combien il gagnera désormais. Par contre, une augmentation nominale uniforme a un effet majeur sur les salaires relatifs, c'est-à-dire sur le rapport qui existe entre les postes les mieux payés et les postes les moins payés. Prenons le cas de deux salariés gagnant respectivement 10 $ et 15 $ de l'heure. Si les deux obtiennent une augmentation de un dollar de l'heure, le premier gagnera désormais 11 $ et le second 16 $ de l'heure. Pour le premier, cela représente une augmentation de 10 %, alors que, pour le second, cela équivaut à une hausse de seulement 6,7 % par rapport à son salaire antérieur. En termes relatifs, l'augmentation nominale uniforme favorise les bas salariés et défavorise les hauts salariés. Les syndicats qui se sont donné comme objectif de réduire l'écart salarial entre les hauts et les bas salariés favorisent l'augmentation nominale uniforme. Une telle politique, poursuivie pendant plusieurs années, peut avoir des résultats énormes, bons ou mauvais selon le point de vue que l'on adopte. Ainsi, dans l'industrie automobile américaine, cette politique a finalement soulevé la colère des hommes de métiers, membres des Travailleurs unis de l'automobile (TUA ou UAW). À un moment donné, ils étaient si fâchés de gagner moins que les hommes de métiers d'autres industries qu'ils ont menacé de quitter l'union et de se regrouper séparément pour défendre leurs intérêts d'hommes de métiers; ils se considéraient oubliés par le syndicat, qui se préoccupait tout naturellement du plus grand nombre de ses membres. Une politique prolongée d'augmentations nominales uniformes réduit les salaires relatifs des hauts salariés et peut aboutir à un tel résultat.

En revanche, l'« augmentation procentuelle » maintient les mêmes rapports entre les différents emplois dans la structure de salaires, mais favorise les hauts salariés en terme de dollars et de cents. Pour reprendre le même exemple, si le syndicat obtient 5 % d'augmentation, applicable de façon uniforme à tout le tableau des salaires, celui qui gagnait 10 $ obtiendra une augmentation de 0,50 $ comparativement à une augmentation de 0,75 $ l'heure pour celui qui gagnait 15 $. Si l'augmentation était de 8 %, le premier obtiendrait 0,80 $ d'augmentation et le second 1,20 $. L'écart nominal, en dollars et en cents, s'accroît avec des augmentations procentuelles plus élevées. En somme, il faut choisir entre des augmentations nominales identiques, qui réduisent les écarts relatifs dans un barème de salaires, et une augmentation procentuelle, qui maintient l'écart relatif mais augmente la différence nominale.

On est en présence d'un dilemme parfait: aucune solution ne peut produire les avantages des deux systèmes. C'est normal puisqu'il y a un choix à faire au départ: veut-on réduire les écarts ou les maintenir? En général, les apôtres sociaux veulent réduire l'écart, mais ils rencontrent une grave difficulté à cause du marché : le plus souvent, il y a une abondante main-d'œuvre susceptible d'occuper des postes à faible salaire et une pénurie d'employés capables de remplir les postes les mieux rémunérés. Pour garder sa main-d'œuvre qualifiée, et encore davantage pour attirer des nouveaux candidats, une entreprise ne peut faire autrement que de leur offrir de meilleurs salaires relatifs. On devine qu'en règle générale les syndicats favorisent des augmentations nominales identiques, alors que les employeurs favorisent plutôt des augmentations procentuelles. Dans certaines circonstances, les représentants syndicaux doivent reconnaître les contraintes du marché. Aussi semble-t-il y avoir une certaine tendance à favoriser les augmentations procentuelles.

Sous un autre aspect, l'augmentation peut être immédiate ou différée. L'« augmentation immédiate » s'applique généralement à la première paye qui suit la signature de la nouvelle convention collective. Si la négociation s'est prolongée, il pourra même y avoir rétroactivité : nous reviendrons sur cette question dans le chapitre 15, consacré à la durée de la convention collective. Avec l'allongement de leur durée et la fréquence des conventions de deux ou trois ans, celles-ci prévoient généralement une augmentation au moment de la signature, avec ou sans rétroactivité, et une autre augmentation à chacun des deux anniversaires de l'entrée en vigueur de la convention. C'est ce qu'on appelle des « augmentations différées ».

Jusqu'en 1980, la pratique courante était de donner une assez forte augmentation à la signature – ou rétroactivement à la date d'échéance de l'ancienne convention – et de donner deux autres augmentations, à chaque anniversaire, quand il s'agissait d'une convention collective de trois ans. Les deux augmentations différées étaient généralement inférieures à la première augmentation, la différence s'expliquant selon ce que les deux parties prévoyaient comme situation économique probable au cours des deux années suivantes. C'est ce qu'on appelait alors des « ententes à gains immédiats » (en anglais *front-loaded*). Avec la récession du début des années 1980, on a assisté au renversement de la formule. Comme tout le monde faisait preuve de bonne volonté et était relativement optimiste, chacun espérait que la situation s'améliorerait ; si on signait une convention collective de trois ans, on s'entendait le plus souvent sur une faible augmentation la première année – quand l'employeur n'obtenait pas un gel pur et simple – et une augmentation plus considérable les deux années suivantes. On parlait alors de 2-4-5, par exemple – pour désigner une augmentation de 2 % la première année, de 4 % la deuxième année et de 5 % la troisième année –, au lieu des 8-5-5 qui étaient plus fréquents au cours des années 1970. La formule des années 1980, qui reporte à plus tard les meilleures augmentations de salaires est qualifiée d'« entente à gains reportés » (*back-loaded*). Retenons surtout que les augmentations différées sont devenues une formule courante dans toutes les conventions collectives d'une durée de deux ans ou plus. L'augmentation unique immédiate n'a guère existé que durant les années de folle inflation, où aucune partie ne voulait estimer ce qu'il adviendrait de la situation économique : on ne voulait pas s'engager au-delà d'une année. C'était un peu la même attitude d'attente dans les périodes de contrôle des salaires, où il n'y avait rien d'autre à faire que de suivre les règles établies.

Un dernier terme, souvent utilisé, c'est l'« augmentation statutaire ». L'expression signifie toute augmentation prévue et consignée dans un document quelconque, par exemple dans la convention collective. En ce sens, une fois la convention signée pour trois ans, les deux augmentations différées peuvent être considérées comme des augmentations « statutaires », parce qu'il ne sera pas nécessaire de reprendre la négociation pour les obtenir ; elles sont consignées dans la convention collective et s'appliqueront automatiquement. Mais l'« augmentation statutaire » a également un autre sens, plus restreint : en vertu d'une disposition consignée dans la convention collective, il s'agit de l'augmentation salariale qui correspond à un changement d'échelon. Tel qu'indiqué dans la convention, à chaque six mois ou à chaque année, les employés qui n'ont pas atteint le sommet de leur échelle bénéficient d'une augmentation d'échelon, et cela de façon automatique ou «statutaire». C'est le sens restreint qu'on donne à ce dernier mot.

Nous abordons maintenant l'étude des quatre principaux types d'augmentations salariales. Nous les regroupons par deux et nous considérons d'abord les deux types d'augmentations particulières: il est plus facile de comprendre ces augmentations particulières d'abord, pour mieux saisir leurs implications en étudiant ensuite les augmentations générales.

13.4.2 Deux types d'augmentations particulières

Ces deux types d'augmentations correspondent à l'avancement d'échelon d'une part et au passage d'une catégorie à une autre d'autre part. Comme nous l'avons vu à propos des types de clauses salariales, plusieurs d'entre elles prévoient, pour chaque poste ou chaque classe, un salaire progressif constitué de trois ou quatre paliers, ou même davantage. On passe d'un échelon à un autre généralement à période fixe, après un an, six mois ou toute autre période indiquée dans la convention collective, tant qu'on n'a pas atteint le taux maximum de sa classe ou de son poste. C'est ce qu'on appelle l'augmentation statutaire au sens strict et restreint.

Les employés qui ont droit à une augmentation pour «changement d'échelon» la reçoivent, généralement, même quand il y a gel des salaires. C'est comme s'il s'agissait d'un droit, rattaché à la personne qui occupe tel poste et qui n'a pas atteint le taux maximum de sa classe. Souvent d'ailleurs, cette augmentation se donne à des dates autres que la date des augmentations générales dont nous parlerons plus loin. Dans bien des cas, c'est à l'anniversaire du jour où la personne a été nommée ou a effectivement occupé un poste que les augmentations d'échelon sont accordées, peu importe la date des augmentations générales. À l'occasion de la crise budgétaire de 1982, une loi a suspendu, pour les employés du secteur public, l'avancement d'échelon au cours de l'année 1983. C'est là une décision tout à fait exceptionnelle, qui ne s'est jamais répétée. On remarquera que l'autre augmentation particulière, soit le changement de catégorie ou de grade, n'était pas affectée par l'adoption de cette loi spéciale, le 23 juin 1982[34].

> Malgré (...) toute autre disposition d'une loi, d'un règlement ou d'une convention collective inconciliable, au cours de l'année 1983, aucun avancement d'échelon ni de progression salariale fondé sur l'expérience ou le rendement n'est accordé à un salarié qui y est admissible sauf s'il résulte d'un changement de grade, d'un avancement de classe, d'un reclassement, d'une promotion ou d'une reconnaissance de scolarité additionnelle en cours d'emploi.

Les augmentations mentionnées à la fin de ce texte constituent le second type d'augmentations particulières: l'augmentation pour «changement de catégorie ou de classe». À la différence de l'avancement d'échelon, qui est la plupart du temps automatique, le changement de catégorie ou de classe suppose que l'employé s'est perfectionné ou que l'employeur lui accorde une promotion, ou les deux à la fois. Par exemple, plusieurs enseignants du secteur public poursuivent leurs études parce que leur classement dans le tableau des salaires dépend du nombre d'années de scolarité qu'ils ont accomplies; et, selon leur convention, ils peuvent demander un reclassement à deux moments durant l'année (art. 6-3.01).

Compte tenu du fait que les tableaux de salaires comportent le plus souvent des catégories et des échelons, certains parlent d'avancement vertical, horizontal et en diagonale. Par exemple, si on pense au tableau salarial des enseignants du secteur public (exemple 10, section 13.3.4), un «avancement horizontal» signifie un changement de catégorie, sans changement d'échelon. Cela peut se produire, par exemple, si on reconnaît une année de scolarité de plus à un enseignant au milieu de l'année scolaire: il bénéficie à ce moment d'un avancement horizontal, c'est-à-dire de catégorie, mais pas d'échelon. L'«avancement en diagonale» implique un changement simultané de catégorie et d'échelon.

34. *Loi concernant la rémunération dans le secteur public*, L.Q. 1982, c. 35, art. 5.

La plupart des conventions collectives précisent les règles qui doivent s'appliquer quand un employé est promu et change de classe; on détermine alors de façon précise quel échelon lui sera attribué pour que sa promotion ne lui cause pas de préjudice. (Voir les exemples 7 et 8, section 13.3.3.)

Quoi qu'il en soit de la procédure, ces deux types d'augmentation – avancement d'échelon et changement de classe – se rapportent à l'employé lui-même. Les augmentations salariales qui en découlent lui sont dues à titre individuel. Elles s'ajoutent évidemment aux augmentations générales auxquelles ils peut avoir droit par ailleurs.

13.4.3 Deux types d'augmentations générales

La principale «augmentation générale» est celle qui découle de la négociation d'une nouvelle convention collective ou de son renouvellement. Normalement, cette augmentation vise tous les salariés de l'unité, le plus souvent de façon uniforme. Le montant de l'augmentation s'exprime en cents ou en pourcentage. Si l'entente comporte des augmentations différées, celles-ci s'appliqueront aux dates prévues dans la convention. Par exemple, si l'augmentation convenue est de trois fois 5 %, une première augmentation de 5 % s'appliquera à la signature, une deuxième un an plus tard et la dernière encore un an plus tard. Si les différents salaires sont exprimés dans un tableau des salaires, l'augmentation générale modifiera l'ensemble du tableau, en augmentant tous les taux de tant de cents ou d'un pourcentage donné.

Ce type d'augmentation générale, c'est là une de ses caractéristiques, porte sur toutes les composantes du tableau des salaires. Les écarts entre les échelons et entre les catégories se trouvent augmentés, en termes nominaux ou, selon le cas, en pourcentage. Si tous les chiffres du tableau de salaires sont augmentés d'une somme déterminée, les écarts entre les échelons et les catégories demeurent les mêmes, en chiffres absolus. Mais si tout est augmenté, disons de 5 %, les écarts également se trouvent augmentés de 5 %. Quand on dit augmentation générale, on pense peut-être d'abord à l'augmentation accordée à la fin de la négociation; mais les effets seront les mêmes lors de l'entrée en vigueur des augmentations différées. La seule différence, c'est que les augmentations différées arrivent automatiquement, selon les dispositions déjà négociées; elles ont ainsi un impact psychologique moindre sur la perception des intéressés.

En plus de ces augmentations générales, environ la moitié des conventions collectives contiennent un autre type de protection salariale qu'on appelle l'indexation au coût de la vie. L'«indexation des salaires» n'est au fond qu'une autre augmentation générale, mais qui dépend d'une donnée extrinsèque, le mouvement de l'indice des prix à la consommation. Le raisonnement qui justifie ce genre d'augmentation revient à peu près à ceci. Les augmentations générales consenties à la signature de la convention et les augmentations différées correspondent aux prévisions des parties négociantes, à la façon dont elles voyaient l'avenir au moment de leur entente. Pour donner aux salariés une garantie supplémentaire, on ajoute un régime d'indexation des salaires, au cas où les augmentations générales accordées ne pourraient compenser une augmentation des prix dépassant les prévisions. La formule cherche à protéger le pouvoir d'achat des salariés visés, au-delà des augmentations générales convenues, selon le mouvement de l'indice des prix à la consommation. C'est ce que nous verrons en détail dans la prochaine section.

Le salarié individuel bénéficie à la fois des augmentations générales que nous venons de mentionner et, s'il se trouve dans les conditions requises, des augmentations particulières pour avancement d'échelon ou changement de catégorie. On trouvera, en annexe à ce chapitre, un problème d'augmentation de salaire dans lequel on cherche à déterminer les différents éléments d'une augmentation globale de salaire: quelle partie provient de l'avancement d'échelon, du changement de catégorie et des augmentations générales.

13.4.4 Rattrapage ou redressement

Il y a deux expressions souvent utilisées, à propos d'augmentation salariale, qui comportent plusieurs sens et dont il faut préciser la véritable signification. Plusieurs parlent de «rattrapage salarial» ou de «redressement d'échelle» comme s'il s'agissait de synonymes d'augmentation de salaire. En fait, les deux expressions peuvent avoir deux significations bien différentes. Elles peuvent se rapporter à l'ensemble des salaires qu'on trouve dans une entreprise ou dans un établissement. Les deux expressions sont alors utilisées dans leur sens large et se réfèrent à une augmentation de l'ensemble du barème. En ce sens, cela implique que ceux qui se servent de ces termes considèrent que les salariés en cause ont subi un retard par rapport à d'autres salariés occupant des emplois semblables et qu'ils auraient alors droit à un rattrapage salarial. Pour y arriver, c'est tout le tableau des salaires qui doit être augmenté ou, selon l'expression utilisée, redressé. À ce moment, rattrapage et redressement d'échelle sont synonymes d'augmentation générale.

Mais les deux expressions peuvent avoir un autre sens, qui est, croyons-nous, leur sens strict. Dans ce second – ou plutôt ce premier – sens, il s'agit d'une modification aux salaires relatifs, c'est-à-dire à la rémunération de certaines fonctions par rapport à d'autres. Pour reprendre un exemple déjà mentionné, on peut considérer que les hommes de métier n'ont pas eu, dans tel établissement, des augmentations correspondant à ce que les hommes du même métier ont obtenu ailleurs. Ils ont droit alors à un rattrapage et, dans ce sens, ils devraient recevoir des augmentations supérieures à celles des autres employés pour retrouver leur place normale dans la structure générale des salaires. Un redressement d'échelle a le même sens, mais il vise un plus grand nombre de travailleurs: par exemple, tous les ouvriers qualifiés peuvent avoir subi un retard et il faudrait redresser l'échelle de manière à combler ce retard qui affecte une bonne partie des employés. À l'inverse, c'est peut-être les ouvriers spécialisés (ou semi-qualifiés) qui ont un rattrapage à faire et il faudra redresser tout le tableau des salaires en ce sens. C'est alors la structure même des salaires qui est en cause et non pas leur niveau moyen. Mais plusieurs continueront à parler de redressement d'échelle pour signifier simplement une augmentation générale du barème des salaires.

13.5 Indexation des salaires

Même si, parmi les clauses de la convention collective, celle qui porte sur l'indexation des salaires est une des plus étudiées, le sujet est loin d'être bien connu. Certains croient que le phénomène est très répandu, alors que ce n'est pas le cas. Dans certains secteurs, comme le secteur public, c'est presque 100 % des salariés qui bénéficient de l'indexation de leurs salaires. Mais dans le commerce et les services privés, la proportion ne dépasse guère 10 %. De plus, la proportion est très variable selon les époques. Dans les périodes de relative stabilité des prix, la clause a tendance à disparaître, ou presque, mais elle revient, surtout dans l'industrie manufacturière, dès que l'inflation reprend. Comme nous avons connu une inflation persistante depuis une vingtaine d'années, c'est peut-être de là que viennent nos préjugés concernant la clause d'indexation des salaires.

Un peu d'histoire et une bonne dose d'information sur les termes utilisés s'imposent en tout premier lieu. Nous verrons ensuite l'importance relative du phénomène et les principaux types ou genres d'indexation qu'on rencontre. Après quelques précisions sur les modalités, nous esquisserons une conclusion sur l'impact de ce genre de clause.

13.5.1 Historique et terminologie

On trouve des formules rattachant les salaires au coût de la vie, aux États-Unis, dès la Première Guerre mondiale, mais surtout dans les années 1920[35]. La dégringolade des prix au cours des années 1930 et le contrôle des prix durant la Deuxième Guerre mondiale ont en quelque sorte balayé l'intérêt pour la question. Celle-ci est réapparue au cours de la Deuxième Guerre mondiale, mais surtout pendant la reprise qui a suivi la guerre. C'est ainsi que la première clause importante d'indexation des salaires

35. HENRY LOWENSTERN, «Adjusting Wages to Living Costs: A Historical Note», *Monthly Labor Review*, vol. 97, n° 7, juillet 1974, p. 21-26; JEAN-MICHEL COUSINEAU et ROBERT LACROIX, *L'indexation des salaires*, monographie n° 10, Montréal, Université de Montréal, École de relations industrielles, 1981 (119 p.), p. 21-24 et 49-55.

apparaît en 1948, au moment où General Motors et les Travailleurs unis de l'automobile signent une convention, aux États-Unis, qui contient une telle disposition. Celle-ci a exercé une influence déterminante par la suite, mais pas sur le moment. Sauf l'inflation de 1948 et celle de la guerre de Corée en 1951, les prix sont demeurés relativement stables jusqu'au milieu des années 1960. C'est principalement au cours des années 1970 que l'intérêt pour les clauses d'indexation a repris, avec le choc pétrolier et son impact sur le mouvement des prix[36]. Avec la récession de 1981-1982, l'intérêt a diminué, mais il avait pris suffisamment d'ampleur dans les années 1970 pour demeurer comme une institution directement rattachée à la négociation collective.

Parallèlement à l'évolution de l'intérêt pour les clauses d'indexation, il faut mentionner l'évolution de la terminologie qui s'y rapporte. Le mot indexation n'est utilisé couramment que depuis une vingtaine d'années. Dans les années 1950, on parlait d'échelle mobile (*escalator clause*). L'expression voulait rappeler que l'échelle des salaires n'était plus fixe et déterminée, mais qu'elle pouvait varier, sous l'influence du mouvement des prix.

Les anglophones parlaient alors également de *sliding scale*. Au cours des années 1960, c'est l'expression «indemnité de vie chère» (IVC) qui était la plus répandue. Chez les francophones, le mot indexation s'est rapidement imposé, au point que même les anglophones l'ont adopté. Ils l'utilisent aujourd'hui couramment, mais une autre expression est peut-être encore plus fréquente: COLA, pour *cost of living allowance* (ou *adjustment*). En français, les deux termes couramment utilisés sont l'indemnité de vie chère et l'indexation des salaires. Certains donnent un sens un peu plus restreint à l'IVC, considérant que l'indexation constitue le mot le plus général, qui englobe les nombreuses formules en vigueur.

36. *Inflation, indexation et conflits sociaux*, 30e Congrès des relations industrielles de l'Université Laval, avril 1975, Québec, Les Presses de l'Université Laval, 1975, 228 p.

13.5.2 Types d'indexation

Les premières formes d'indexation impliquaient la modification du barème des salaires pour tenir compte des hausses du coût de la vie. C'était l'essence même de l'indexation: on modifiait les taux de salaires selon les changements dans les prix. On appelle cette formule «modification de l'échelle» ou «intégration à l'échelle» des salaires. (Les mots anglais alors utilisés l'expriment clairement: *sliding scale* ou *escalator clause*.)

Des dispositions de cette nature existent encore assez fréquemment, comme dans le cas suivant. La clause prévoit un ajustement égal à la différence entre le niveau indiqué (ici 5,5 %) et le pourcentage réel d'augmentation de l'indice des prix à la consommation (IPC), d'octobre 1990 à octobre 1991. Un ajustement semblable se fera en octobre 1992, égal à la portion de l'augmentation correspondante de l'IPC dépassant les 4 %.

> Un montant proportionnel, s'il y a lieu, au montant en pourcentage par lequel l'indice des prix à la consommation pour la période octobre 1990 – octobre 1991 excède cinq et demi pour cent (5,5 %) sera ajouté au taux horaire de base pour une tâche de classe 1, prendra effet et deviendra payable à la première période de paye suivant la publication par Statistique Canada de l'indice des prix à la consommation pour le mois d'octobre 1991.
>
> (Zinc Électrolytique du Canada limitée et les Métallurgistes unis d'Amérique, local 6486, art. 14.04 a.)

Comme l'augmentation de l'IPC n'a été que de 4,4 % entre octobre 1990 et octobre 1991, aucun ajustement dû au coût de la vie n'a été effectué au tableau des salaires au début de décembre 1991. Une vérification semblable, avec correction du barème s'il y a lieu, doit être faite en novembre 1992.

À cause des difficultés administratives reliées à une modification des échelles de salaires, une autre formule a été instituée, celle du «montant forfaitaire» (*lump sum*). Celui-ci est versé pour compenser, après coup, la perte de salaire réel subie au cours de la période précédente. C'est la formule que le gouvernement du Québec avait adoptée dans les conventions du secteur public; le texte suivant est tiré des conventions collectives en vigueur de 1972 à 1975.

> Pour tenir compte de l'augmentation du coût de la vie, l'employeur verse, le cas échéant, un montant forfaitaire calculé selon la formule d'indexation prévue ci-après. (...)
>
> Pour chacune des trois périodes (...) d'une année se terminant du 30 juin 1973 au 30 juin 1975 inclusivement, l'employé peut avoir droit, le cas échéant, au versement sur base forfaitaire d'un pourcentage du salaire prévu (...)
>
> Le pourcentage applicable est l'excédent, s'il en est, du pourcentage d'augmentation de la moyenne de l'indice (...) pour la période se terminant le 30 juin de l'année en cause par rapport à la moyenne pour la période de douze mois se terminant le 30 juin 1972 sur les pourcentages ci-dessous.
>
> | Période se terminant le 30 juin | Excédent par rapport à |
> |---|---|
> | 1973 | 2,80 % |
> | 1974 | 6,40 % |
> | 1975 | 10,12 % |
>
> (Le gouvernement du Québec, les commissions scolaires, les hôpitaux, les universités et les syndicats de leurs employés, 1972-1975.)

Pour s'assurer de la compréhension du texte, calculons les chiffres requis pour établir l'excédent qui déterminera le montant de l'indemnité à verser.

Période se terminant le 30 juin	% d'augmentation de la moyenne de l'IPC (12 mois)	Niveau minimum d'augmentation requis	L'excédent a été de
1973	5,79 %	2,80 %	2,99 %
1974	9,42 %	6,40 %	3,02 %
1975	11,27 %	10,12 %	1,15 %

La somme à payer pour la première année fut égale à 2,99 % du salaire gagné par chaque salarié du 1er juillet 1972 au 30 juin 1973. Les deux années suivantes, ce furent 3,02 % et 1,15 % du salaire gagné au cours des deux années correspondantes. Le fait que le montant de l'indemnité soit versé en sus du salaire, sans que celui-ci soit modifié, indique clairement qu'il s'agit d'une indexation de type forfaitaire.

De façon plus générale, on peut tirer des textes précédents et des calculs qu'ils exigent deux observations importantes. D'abord, le retard inévitable associé à toute formule d'indexation. L'ajustement ne peut se faire qu'après coup, puisque l'IPC n'est toujours connu qu'après un délai de un mois. De plus, les nécessités administratives font que le temps requis pour appliquer le correctif est encore plus considérable.

Le second point concerne une autre modalité, à savoir le lien entre la clause d'indexation et les augmentations salariales déjà consenties et consignées dans la convention collective. L'indexation est généralement considérée comme une protection contre une augmentation subite et imprévue du coût de la vie, au-delà des augmentations négociées et accordées. On appelle parfois le montant ainsi déterminé dans la convention le plancher ou le déclencheur de l'indexation. Les deux exemples donnés ci-dessus comportaient chacun un plancher ou déclencheur différent pour chaque année visée.

Les différentes conventions peuvent contenir d'autres formes d'indexation, mais l'intégration à l'échelle et le montant forfaitaire sont les deux principaux types que l'on rencontre. On peut aussi combiner les deux: le montant forfaitaire est d'abord versé aux salariés et, par la suite, par exemple à l'occasion de la négociation suivante, l'augmentation est intégrée à l'échelle. Les autres aspects constituent plutôt des modalités relatives à ces deux types principaux d'indexation[37].

37. Félix Quinet, «Les clauses d'indemnité de vie chère et

13.5.3 Modalités d'application et de calcul

Plusieurs modalités ont une importance capitale dans l'application de l'indexation. Il faut d'abord décider quel type d'indexation des salaires on veut se donner. Ensuite, il faut choisir l'indice à utiliser, le minimum et le maximum à fixer s'il y a lieu et, enfin, la fréquence des ajustements à effectuer ou des paiements des montants forfaitaires. Nous reprendrons un à un chacun de ces points.

Pour choisir le type d'indexation, il faut déterminer si l'on procédera en accordant tant de cents pour chaque point de hausse de l'indice des prix, ou si on fonctionnera de façon proportionnelle, c'est-à-dire selon les pourcentages. Dans le premier cas, il faudra déterminer combien de cents l'heure seront ajoutés – peu importe que l'intégration à l'échelle se fasse immédiatement ou qu'il s'agisse d'un montant forfaitaire – pour une variation déterminée de l'IPC. Cette variation sera mesurée en augmentation de points de l'IPC ou de dixièmes de point de l'IPC. Selon la seconde formule, la règle la plus simple est évidemment d'établir que tel pourcentage d'augmentation de l'indice, avec ou sans seuil de déclenchement, entraînera tel pourcentage, le même ou un autre, d'augmentation des taux de salaires horaires ou hebdomadaires. Deux exemples donnés plus loin montreront quelques implications de chacune de ces deux formules de base.

Les parties doivent choisir avec précision quel IPC elles veulent utiliser pour mesurer le changement dans les prix. Car l'IPC ne varie pas nécessairement de la même manière pour l'ensemble du Canada et dans chaque ville en particulier. Dans la majorité des cas, on choisit l'indice général pour l'ensemble du Canada. Certains cependant préfèrent utiliser les mouvements de l'IPC pour telle province ou pour telle ville. Un autre choix, c'est la base qu'on veut utiliser. Statistique Canada change de base environ tous les dix ans, parfois tous les cinq ans. À cause de l'utilisation généralisée des données relatives à l'IPC, quand Statistique Canada change de base, elle continue à publier les chiffres selon l'ancienne base pendant plusieurs années pour permettre aux intéressés d'ajuster les dispositions pertinentes de leur convention collective. On devine bien qu'une variation de trois dixièmes de point de l'IPC sur la base de 1986 n'a pas le même impact ni la même signification qu'une variation de trois dixièmes de point sur la base de 1981.

Deux détails fort importants: faut-il prévoir un minimum et un maximum dans le changement de l'IPC pour encadrer l'application de l'indexation? Le minimum, ou seuil, sert à déclencher l'application du mécanisme; il est toujours considéré en rapport avec les augmentations générales, immédiates ou différées, négociées et incluses dans la convention collective. Si la convention accorde 5 % d'augmentation pour chaque année d'application, le seuil de l'indexation sera généralement aussi de 5 %. Quant au maximum, les syndicats préféreraient sans doute qu'il n'y en ait pas, mais peu d'employeurs sont prêts à courir le risque de voir les salaires augmenter de 10 % ou même de 20 % pendant la durée d'application d'une convention collective, si le pays subissait tout à coup une vague d'inflation galopante. Il est certain que l'inflation des années 1974-1975 et 1979-1980 aurait pu, dans l'hypothèse où une convention collective n'aurait pas prévu de maximum à l'indexation, occasionner de sérieuses difficultés financières à l'entreprise concernée. L'écart entre le minimum et le maximum joue le plus souvent entre 1 % et 3 %. En résumé, il est important de spécifier un minimum et un maximum pour l'application des règles de l'indexation des salaires.

Une autre question d'une importance primordiale a trait à la fréquence des ajustements. Aujourd'hui, la règle la plus souvent utilisée est celle d'un ajustement annuel. Mais, à la suite des poussées inflationnistes majeures des années 1970, beaucoup de conventions collectives prévoyaient un ajustement trimestriel, c'est-à-dire quatre fois l'an. Une des concessions demandées par les employeurs durant la récession de 1981-1982 a justement été de réduire le

---

quelques-unes de leurs répercussions sur les conventions collectives» dans *Dimensions de la négociation collective canadienne*, Don Mills, CCH, 1983 (76 p.), p. 13-28.

nombre d'ajustements à l'IPC. Certains sont passés de quatre à deux et même, dans de nombreux cas, de quatre à un ajustement par année. En fait, plus l'inflation est faible, moins les salariés sentent le besoin d'un ajustement hâtif. Plusieurs aiment bien recevoir, une fois dans l'année, une somme plus substantielle pour compenser la perte de pouvoir d'achat subie au cours de l'année précédente. Il existe d'autres manières de procéder: dans certains cas, des employeurs s'engagent à verser 1 % ou 2 % d'augmentation, automatiquement, à tel moment de l'année, en prévision des ajustements que la clause d'indexation imposera. Cette façon de faire montre bien que personne ne s'attend à un arrêt de l'inflation, encore moins à une baisse de prix. Pourtant, la chose s'est produite, au cours des années 1950, et c'est une des raisons pour lesquelles bon nombre de syndicats ne voulaient pas, à ce moment, faire la bataille pour obtenir l'indexation des salaires. Dans certains cas, on a réglé le problème en inscrivant dans la convention collective que l'ajustement ne peut se faire qu'à la hausse. Par contre, d'autres conventions mentionnent que l'ajustement peut se faire à la hausse et à la baisse; ces cas sont évidemment plutôt rares.

Il faut maintenant voir de plus près comment toutes ces formes d'indexation, avec leurs différentes modalités, s'appliquent dans la pratique. Quelle est l'importance relative des conventions avec clause d'indexation? Quelles formes et quelles modalités trouve-t-on le plus souvent?

13.5.4 Importance relative de l'indexation

Il faut d'abord noter que la distribution des clauses d'indexation est très inégale selon les différentes industries[38]. (Voir les tableaux 13-2 et 13-3.) Le secteur public apparaît comme un groupe complètement à part, tout à fait différent du secteur privé. Dans le secteur public et parapublic, c'est près de 100 % des salariés qui bénéficient d'une clause d'indexation. Ceux qui n'en ont pas sont de petits groupes, plus préoccupés par d'autres questions. Cette présence massive de l'indexation dans les conventions d'un groupe aussi nombreux – près de 500 000 salariés – fausse complètement le résultat global. Quand on dit qu'environ 20 % des conventions collectives visant 60 % des salariés contiennent une clause d'indexation des salaires, ces chiffres d'ensemble sont profondément influencés par ceux du secteur public. Les proportions, pour chaque secteur industriel, sont bien différentes. C'est le secteur des transports et des services d'utilité publique qui compte la plus forte proportion de salariés régis par une telle clause, soit près de 40 %, suivi du secteur manufacturier avec 30 % et du secteur municipal avec 25 %. Les proportions les plus faibles se trouvent dans le commerce et les services privés (10 %). Il importe de noter également que la concentration des conventions collectives avec indexation des salaires se trouve dans les grandes unités de négociation.

Quant aux différentes modalités d'application, elles varient également beaucoup selon les industries. C'est ainsi que le secteur privé, à l'exception peut-être des services, semble préférer la formule d'ajustement en cents par point de l'IPC. Cela tient peut-être au fait que les syndicats présents dans ces secteurs sont plus habitués à des augmentations nominales qu'à des augmentations exprimées en pourcentage. Par contre, dans le secteur public, ainsi que dans les services privés et le secteur municipal, c'est la formule d'augmentation procentuelle qui est presque la seule utilisée. Dans l'ensemble, un plus grand nombre de salariés jouissent d'une indexation procentuelle, même si le nombre des conventions collectives qui contiennent la formule de cents par point d'indice est relativement importante. (Voir le tableau 13-4.)

Quant à la fréquence de l'ajustement, c'est l'ajustement annuel qui domine largement, dans tous les secteurs, y compris le secteur public. Une seule exception, les secteurs primaire et secondaire où l'ajustement trimestriel est encore fréquent, même plus fréquent que l'ajustement annuel. L'affirmation vaut également pour les petites et les grandes conventions:

38. Dans une perspective historique, voir GÉRARD HÉBERT, «L'impact de l'inflation sur la négociation collective» dans *Inflation, indexation et conflits sociaux*, voir *supra*, note 36, p. 49-96.

TABLEAU 13-2

Nombre et proportion de conventions collectives et de salariés visés par une indemnité de vie chère – 1984

Présence de la disposition IVC selon les industries	Conventions collectives régissant moins de 50 salariés				50 salariés et plus				tous les salariés (TOTAL)			
	C.c.	%[1]	Salariés	%[1]	C.c.	%[1]	Salariés	%[1]	C.c.	%[1]	Salariés	%[1]
Industries primaires	22	23,4	492	25,7	31	31,6	9 662	39,3	53	27,6	10 154	38,3
Industries secondaires	232	16,4	5 150	17,4	304	28,0	84 645	39,3	536	21,4	89 795	36,7
Transports, communications et services d'utilité publique	101	30,3	1 664	32,3	54	50,0	29 337	70,8	155	35,1	31 001	66,6
Commerce	150	17,0	2 012	14,0	25	14,8	5 895	16,6	175	16,7	7 907	15,9
Services privés	127	15,3	1 550	12,5	27	13,2	3 497	10,0	154	14,9	5 047	10,7
Secteur public et parapublic	56	29,6	1 073	30,5	102	83,6	307 387	99,4	158	50,8	308 460	98,7
Secteur municipal	100	24,9	1 702	27,1	36	32,7	9 921	33,8	136	26,6	11 623	32,6
Ensemble des secteurs industriels avec disposition IVC	788	19,0	13 643	18,6	579	30,5	450 344	65,2	1 367	22,6	463 987	60,8
TOTAL	4 141[2]		73 174[3]		1 897		690 293		6 038[2]		763 467[3]	

1. Les pourcentages sont calculés par rapport au total de chaque secteur industriel. Ils indiquent donc l'importance relative de l'IVC dans chaque industrie. En conséquence, l'ensemble des pourcentages de chaque colonne ne s'additionnent pas.
2. Le total inclut 26 conventions collectives de moins de 50 salariés non réparties selon les industries.
3. Le total inclut 436 salariés, régis par des conventions collectives visant moins de 50 salariés, qui n'apparaissent pas dans la répartition des secteurs industriels.

Source : Données mécanographiques du CRSMT, 28 mars 1991. (Variable D-09.)

TABLEAU 13-3

Nombre et proportion de conventions collectives et de salariés visés par une indemnité de vie chère – 1989

Présence de la disposition IVC selon les industries	Conventions collectives régissant moins de 50 salariés				50 salariés et plus				tous les salariés (TOTAL)			
	C.c.	%[1]	Salariés	%[1]	C.c.	%[1]	Salariés	%[1]	C.c.	%[1]	Salariés	%[1]
Industries primaires	23	23,7	553	30,3	22	23,4	5 976	32,3	45	23,6	6 529	32,2
Industries secondaires	269	14,4	6 447	17,3	313	22,1	90 257	32,7	582	17,8	96 704	30,9
Transports, communications, services d'utilité publique	111	32,1	2 020	30,0	40	40,8	9 317	38,3	151	34,0	11 337	36,4
Commerce	192	18,3	2 701	11,4	24	6,0	6 083	10,9	216	14,9	8 784	11,0
Services privés	174	18,8	2 452	14,8	32	12,1	4 220	8,6	206	17,3	6 672	10,2
Secteur public et parapublic	144	22,3	2 478	25,4	143	74,9	458 528	97,9	287	34,5	461 006	96,5
Secteur municipal	126	27,6	2 203	31,2	36	30,8	6 215	21,5	162	28,2	8 418	23,4
Ensemble des secteurs industriels avec disposition IVC	1 038	19,3	18 855	18,3	610	23,7	580 596	63,1	1 648	20,7	599 451	58,6
TOTAL	5 384		102 845		2 577[2]		920 207[3]		7 961[2]		1 023 052[3]	

1. Les pourcentages sont calculés par rapport au total de chaque secteur industriel. Ils indiquent donc l'importance relative de l'IVC dans chaque industrie. En conséquence, l'ensemble des pourcentages de chaque colonne ne s'additionnent pas.
2. Le total inclut 4 conventions collectives régissant 50 salariés ou plus qui ne sont pas réparties selon les secteurs industriels.
3. Le total inclut 633 salariés, régis par des conventions collectives de 50 salariés et plus, qui ne sont pas répartis dans les différents secteurs industriels.

Source: Données mécanographiques du CRSMT, 27 mars 1991. (Variable D-09.)

TABLEAU 13-4

Méthodes de calcul de l'indemnité de vie chère – 1984 et 1989

Méthodes de calcul	Conventions collectives régissant moins de 50 salariés				Conventions collectives régissant 50 salariés et plus				tous les salariés (TOTAL)			
	C.c.	%	Salariés	%	C.c.	%	Salariés	%	C.c.	%	Salariés	%
1984												
En cents par point d'IPC	321	7,8	5 617	7,7	216	11,4	59 675	8,6	537	8,9	65 292	8,6
En % avec seuil et maximum	45	1,1	781	1,1	43	2,3	7 439	1,1	88	1,5	8 220	1,1
En %, autre formule	314	7,6	5 463	7,5	260	13,7	358 397	51,9	574	9,5	363 860	47,7
Montant forfaitaire	12	0,3	224	0,3	13	0,7	6 528	0,9	25	0,4	6 752	0,9
Autre disposition	96	2,3	1 558	2,1	47	2,5	18 305	2,7	143	2,4	19 863	2,6
Aucune disposition	3 353	81,0	59 531	81,4	1 318	69,5	239 949	34,8	4 671	77,4	299 480	39,2
TOTAL	4 141[1]	100,0	73 174[2]	100,0	1 897	100,0	690 931	100,0	6 038[1]	100,0	763 467[2]	100,0
1989												
En cents par point d'IPC	375	7,0	6 771	6,6	209	8,1	60 473	6,6	584	7,3	67 244	6,6
En % avec seuil et maximum	161	3,0	2 815	2,7	203	7,9	473 743	51,5	364	4,6	476 558	46,6
En %, autre formule	380	7,1	7 050	6,9	152	5,9	36 059	3,9	532	6,7	43 109	4,2
Montant forfaitaire	13	0,2	247	0,2	11	0,4	3 817	0,4	24	0,3	4 064	0,4
Autre disposition	113	2,1	2 017	2,0	35	1,4	6 504	0,7	148	1,9	8 521	0,8
Aucune disposition	4 342	80,6	83 945	81,6	1 967	76,3	339 611	36,9	6 309	79,2	423 556	41,4
TOTAL	5 384	100,0	102 845	100,0	2 577[3]	100,0	920 207[4]	100,0	7 961[3]	100,0	1 023 052[4]	100,0

1. Le total contient 26 conventions collectives de moins de 50 salariés qui ne sont pas réparties selon les différentes méthodes de calcul.
2. Le total contient 436 salariés, régis par des conventions collectives visant moins de 50 salariés, qui ne sont pas répartis selon les différentes méthodes de calcul.
3. Le total contient 4 conventions collectives visant 50 salariés ou plus qui ne sont pas réparties selon les différentes méthodes de calcul.
4. Le total contient 633 salariés, régis par des conventions collectives visant 50 salariés et plus, qui ne sont pas répartis selon les différentes méthodes de calcul.

Source : Données mécanographiques du CRSMT, 27 mars 1991. (Variable D-10.)

sous cet aspect, il n'y a pas de différence significative. (Voir le tableau 13-5.)

Finalement, il y a la question de l'intégration de l'indemnité au barème des salaires. Même si ce n'est pas fait immédiatement ni fréquemment, dans la majorité des cas, l'indemnité de vie chère est ultérieurement intégrée au tableau des salaires. L'intégration est généralisée dans les conventions collectives du secteur public et parapublic. Elle est moins fréquente dans le secteur privé. Cela tient peut-être à la présence plus fréquente d'indexation forfaitaire et d'une méthode qui n'exige pas l'intégration ultérieure (que les anglophones appellent *fold-in*). Dans les petites unités, en dehors du secteur public, l'intégration au salaire de base est moins souvent mentionnée. (Voir le tableau 13-6.)

13.5.5 Deux clauses d'indexation

Pour illustrer les divers types et les nombreuses modalités d'indexation, voici deux exemples qui correspondent au deux principaux types que l'on rencontre.

LETTRE D'ENTENTE
INDEMNITÉ DE VIE CHÈRE

(...)

3. Une indemnité de vie chère de 0,01 $ de l'heure sera versée pour chaque augmentation de 0,3 de l'indice national des prix à la consommation tel que publié par Statistique Canada (1971: base 100) conformément aux dispositions de la présente lettre d'entente.

4. Lorsque l'indice national des prix à la consommation pour Avril 1991 sera publié, cet indice sera comparé à l'indice de Janvier 1991 et pour chaque augmentation de 0,3, une indemnité de vie chère de 0,01 $ l'heure sera versée à compter du début de la deuxième (2e) période de paie suivant la publication de l'indice d'Avril 1991.

5. De cette manière, l'indice sera révisé pour les mois respectifs mentionnés ci-dessous et l'indemnité de vie chère sera versée à compter du début de la deuxième (2e) période de paie suivant la publication de l'indice du mois de Juillet et Octobre 1991; Janvier, Avril, Juillet et Octobre 1992 et 1993 et Janvier 1994.

1.	Avril	1991	comparé à	Janvier	1991
2.	Juillet	1991	comparé à	Avril	1991
3.	Octobre	1991	comparé à	Juillet	1991
4.	Janvier	1992	comparé à	Octobre	1991
5.	Avril	1992	comparé à	Janvier	1992
6.	Juillet	1992	comparé à	Avril	1992
7.	Octobre	1992	comparé à	Juillet	1992
8.	Janvier	1993	comparé à	Octobre	1992
9.	Avril	1993	comparé à	Janvier	1993
10.	Juillet	1993	comparé à	Avril	1993
11.	Octobre	1993	comparé à	Juillet	1993
12.	Janvier	1994	comparé à	Octobre	1993

6. L'indemnité de vie chère s'applique uniquement aux heures régulières travaillées et ne peut, en aucun cas, servir au calcul des heures supplémentaires ou d'autres paiements.

7. L'indemnité de vie chère payée au cours de cette convention collective ne sera pas intégrée à l'échelle des taux de salaire qui sont en vigueur.

8. Le maintien de l'indemnité de vie chère sera subordonné à la disponibilité de l'indice des prix à la consommation publié mensuellement par Statistique Canada, sous la forme actuelle et calculé sur la même base que celle de l'indice du mois de Janvier 1991. Pendant la durée de la présente convention collective, aucun ajustement rétroactif ou autre ne sera consenti à la suite d'une correction quelconque que Statistique Canada pourra apporter à l'indice publié.

9. Durant la période de versement prévue en 5, si l'indice national des prix à la consommation subit une diminution d'un trimestre à l'autre, l'indemnité de vie chère alors accumulée sera réduite conformément à la base de calcul établi en 3.

(Sidbec-Dosco et les Métallurgistes unis d'Amérique, sections locales 6590 et 5747, 1991-1994.)

On aura noté qu'il s'agit d'une indemnité de vie chère exprimée en cents de l'heure par augmentation, en dixièmes, de l'indice canadien des prix à la consommation (paragr. 3 et 4). Sans doute pour demeurer dans les normes que les parties s'étaient déjà données, et pour ne pas avoir à reprendre les négociations à ce sujet, les parties continuent de fonctionner sur la base de l'IPC de 1971 (1971 = 100, paragr. 3). Il s'agit d'une indexation de type forfaitaire

TABLEAU 13-5

Fréquence de l'ajustement de l'indemnité de vie chère – 1984 et 1989

Fréquence de l'ajustement	Conventions collectives régissant moins de 50 salariés				50 salariés et plus				tous les salariés (TOTAL)			
	C.c.	%	Salariés	%	C.c.	%	Salariés	%	C.c.	%	Salariés	%
1984												
Ajustement trimestriel	127	3,1	2 519	3,4	134	7,1	47 190	6,8	261	4,3	49 709	6,5
Ajustement annuel	351	8,5	6 047	8,3	287	15,1	358 498	51,9	638	10,6	364 545	47,7
Ajustement une fois au cours de la convention collective	184	4,4	2 961	4,0	71	3,7	19 758	2,9	255	4,2	22 719	3,0
Autre disposition	126	3,0	2 116	2,9	87	4,6	24 898	3,6	213	3,5	27 014	3,5
Aucune disposition	3 353	81,0	59 531	81,4	1 318	69,4	239 949	34,8	4 671	77,4	299 480	39,2
TOTAL	4 141[1]	100,0	73 174[2]	100,0	1 897	100,0	690 293	100,0	6 038[1]	100,0	763 467[2]	100,0
1989												
Ajustement trimestriel	136	2,5	2 830	2,8	108	4,2	36 781	4,0	244	3,1	39 611	3,9
Ajustement annuel	433	8,0	7 975	7,8	254	9,9	371 339	40,4	687	8,6	379 314	37,1
Ajustement une fois au cours de la convention collective	328	6,1	5 371	5,2	203	7,9	164 193	17,8	531	6,7	169 564	16,6
Autre disposition	140	2,6	2 643	2,6	45	1,7	8 283	0,9	185	2,3	10 926	1,1
Aucune disposition	4 347	80,7	84 026	81,7	1 967	76,3	339 611	36,9	6 314	79,3	423 637	41,4
TOTAL	5 384	100,0	102 845	100,0	2 577[3]	100,0	920 207[4]	100,0	7 961[3]	100,0	1 023 052[4]	100,0

1. Le total inclut 26 conventions collectives visant moins de 50 salariés qui ne sont pas réparties selon la fréquence de l'ajustement.
2. Le total contient 436 salariés, régis par des conventions collectives visant moins de 50 salariés, qui ne sont pas répartis selon la fréquence de l'ajustement.
3. Le total inclut 4 conventions collectives visant 50 salariés ou plus qui ne sont pas réparties selon la fréquence de l'ajustement.
4. Le total contient 633 salariés, régis par des conventions collectives visant 50 salariés et plus, qui ne sont pas répartis selon la fréquence de l'ajustement.

Source: Données mécanographiques du CRSMT, 27 mars 1991. (Variable D-12.)

TABLEAU 13-6

Intégration de l'indemnité de vie chère à l'échelle salariale – 1984 et 1989

Intégration de l'IVC à l'échelle salariale	Conventions collectives régissant moins de 50 salariés				50 salariés et plus				tous les salariés (TOTAL)			
	C.c.	%	Salariés	%	C.c.	%	Salariés	%	C.c.	%	Salariés	%
1984												
Intégration complète	436	10,5	8 081	11,0	418	22,0	386 261	56,0	854	14,1	394 342	51,7
Intégration complète avec montant forfaitaire	34	0,8	642	0,9	30	1,6	27 135	3,9	64	1,1	2 777	3,6
Aucune intégration (montant forfaitaire)	213	5,1	3 203	4,4	85	4,5	21 821	3,2	298	4,9	25 024	3,3
Autre disposition	105	2,5	1 717	2,3	46	2,4	15 127	2,2	151	2,5	16 844	2,2
Aucune disposition	3 353	81,0	59 531	81,4	1 318	69,5	239 949	34,8	4 671	77,4	299 480	39,2
TOTAL	4 141[1]	100,0	73 174[2]	100,0	1 897	100,0	690 293	100,0	6 038[1]	100,0	763 467[2]	100,0
1989												
Intégration complète	582	10,8	11 461	11,1	396	15,4	195 588	21,3	978	12,3	207 049	20,2
Intégration complète avec montant forfaitaire	87	1,6	1 494	1,5	111	4,3	359 508	39,1	198	2,5	361 002	35,3
Aucune intégration (montant forfaitaire)	247	4,6	3 909	3,8	68	2,6	18 656	2,0	315	4,0	22 565	2,2
Autre disposition	116	2,2	1 954	1,9	35	1,4	6 844	0,7	151	1,9	8 798	0,9
Aucune disposition	4 352	80,8	84 027	81,7	1 967	76,3	339 611	36,9	6 319	79,4	423 638	41,4
TOTAL	5 384	100,0	102 845	100,0	2 577[3]	100,0	920 207[4]	100,0	7 961[3]	100,0	1 023 052[4]	100,0

1. Le total inclut 26 conventions collectives visant moins de 50 salariés qui ne sont pas réparties selon les dispositions indiquées.
2. Le total inclut 436 salariés, régis par des conventions collectives visant moins de 50 salariés, qui ne sont pas répartis selon les différentes dispositions.
3. Le total inclut 4 conventions collectives régissant 50 salariés ou plus qui ne sont pas réparties selon les différentes dispositions.
4. Le total inclut 633 salariés, régis par des conventions collectives visant 50 salariés et plus, qui ne sont pas répartis selon les différentes dispositions.

Source : Données mécanographiques du CRSMT, 27 mars 1991. (Variable D-13.)

puisque l'indemnité n'est pas intégrée à l'échelle des taux de salaires (paragr. 7). De plus, elle s'ajoute au salaire des heures normales uniquement (paragr. 6). Donnons un exemple: si, au cours du dernier trimestre, l'IPC, sur la base de 1971, a augmenté de 6 points, 20 cents seront ajoutés au taux de chaque heure normale, parce que 6 ÷ 0,3 = 20; et cela, à chaque paye, jusqu'au prochain ajustement. Mais ce montant ajouté ne sert à aucun autre calcul salarial: il n'affecte en rien le paiement des heures supplémentaires (paragr. 6). S'il y avait un mouvement à la baisse de l'IPC, le montant total ajouté jusque-là, d'un trimestre à l'autre (paragr. 5), serait réduit selon les mêmes règles qui ont servi à établir les augmentations (paragr. 9). En résumé, les augmentations dues à l'indexation sont versées à chaque paye, mais elles ne sont pas intégrées à l'échelle des taux de salaires des employés visés.

Le second exemple vient du secteur public. Nous le présentons tel qu'il apparaît dans la convention collective qui lie le gouvernement du Québec, pour les centres hospitaliers publics, et la Fédération des affaires sociales (CSN). La même clause se retrouve dans pratiquement toutes les conventions du secteur public et parapublic.

> 47.09 *Majoration des taux et échelles de salaires*
>
> (...)
>
> C) *Période du 1er janvier au 31 décembre 1991*
>
> Chaque taux et chaque échelle de salaires horaires (...) en vigueur le 31 décembre 1990 est majoré, avec effet au 1er janvier 1991, d'un pourcentage égal à 4,0 %.
>
> S'il y a lieu, le pourcentage de majoration déterminé au premier (1er) alinéa sera remplacé par un pourcentage maximum de 5,0 % calculé selon la formule suivante:
>
> Pourcentage applicable au 1er janvier 1991 =
>
> $$\left[\frac{\text{IPC de déc. 1990} - \text{IPC de déc. 1989}}{\text{IPC de déc. 1989}}\right] \times 100$$
>
> où IPC = indice des prix à la consommation pour le Canada, tel que publié par Statistique Canada.
>
> Si le pourcentage de majoration ainsi calculé est supérieur à 4,0 %, les taux et échelles résultants remplaceront, le cas échéant, ceux prévus.
>
> La majoration des taux et échelles de salaires est effectuée dans les trois (3) mois qui suivent la publication de l'IPC pour le mois de décembre 1990.
>
> (...)
>
> 47.10 *Forfaitaire au 1er juillet 1991*
>
> S'il y a lieu, s'ajoutera à chacun des taux et à chacun des échelons des échelles de salaires horaires (...) en vigueur le 1er juillet 1991 un montant forfaitaire équivalant à un maximum de 1,0 % de chaque taux et de chaque échelon correspondant. Ce pourcentage maximum de 1,0 % est établi de la façon suivante:
>
> Pourcentage maximum applicable =
>
> $$\left[\frac{\text{IPC de juin 1991} - \text{IPC de juin 1990}}{\text{IPC de juin 1990}} \times 100\right] - 5$$
>
> où IPC = indice des prix à la consommation pour le Canada, tel que publié par Statistique Canada.
>
> L'application du montant forfaitaire est effectué dans les trois (3) mois qui suivent la publication de l'IPC pour le mois de juin 1991.
>
> Le montant forfaitaire est réparti et versé à chaque période de paie, du 1er juillet 1991 au 30 juin 1992, au prorata des heures rémunérées pour la période de paie, à l'exclusion du temps supplémentaire.
>
> (Le Comité patronal de négociation du secteur de la santé et des services sociaux (centres hospitaliers publics) et la Fédération des affaires sociales (CSN), art. 47.09 et 47.10.)

La convention collective prévoit donc deux indexations, une le 1er janvier et l'autre le 1er juillet. Les deux s'expriment en pourcentage des taux de salaires, pourcentage qui est calculé à partir du pourcentage de l'augmentation annuelle de l'IPC à une date donnée. L'indexation du 1er janvier est intégrée à l'échelle salariale, celle du 1er juillet ne l'est pas: elle est présentée strictement comme une indemnité forfaitaire.

Le premier paragraphe cité établit d'abord l'augmentation générale annuelle qui est de 4,0 %. Cette augmentation générale est garantie, mais elle peut être portée à 5 %, pas plus, si l'indice des prix à la consommation a augmenté de façon correspondante dans les 12 mois précédents. En somme, il y a un seuil de 4 % et un maximum de 5 %.

Quant au montant forfaitaire, il ne peut, lui non plus, dépasser 1 %. Pour qu'il soit versé, il faut, selon la formule qui apparaît à l'article 47.10, que l'augmentation de l'IPC dépasse 5 %. Enfin, le montant forfaitaire n'est pas payé d'un seul coup, mais réparti sur l'année qui suit la période de calcul, au prorata des heures rémunérées, ce qui inclut les vacances et les congés.

13.5.6 Impact économico-social

L'effet direct et immédiat de la clause d'indexation est d'assurer, jusqu'à un certain point – jusqu'au maximum stipulé s'il y en a un –, le maintien du salaire réel des employés visés. Voilà l'effet sur les employés considérés individuellement. Au niveau général, l'effet est beaucoup moins clair et beaucoup moins certain. Quelques-uns ont craint que si l'indexation des salaires se généralisait, cela risquerait d'entraîner une inflation galopante. Le risque existe qu'une augmentation du coût de production entraîne une augmentation des prix; mais un tel impact n'est pas inéluctable: tout dépend des circonstances environnantes et, en particulier, de la demande générale, plus précisément de son caractère croissant ou décroissant. En somme, il y a tellement d'autres facteurs qu'il est impossible de tirer à ce sujet une conclusion ferme et certaine[39].

Une question plus modeste, à laquelle il est possible de répondre, présente un intérêt pour tous les intéressés: à cause des clauses d'indexation, ou indépendamment d'elles, le salaire réel a-t-il augmenté, diminué ou, encore, s'est-il maintenu sensiblement au même niveau? Nous avons esquissé une réponse à cette question au début du présent chapitre. Nous ajouterons quelques précisions relatives aux dernières décennies. Au début des années 1970, les augmentations des salaires négociés se situaient à un niveau nettement plus élevé que la progression de l'indice des prix à la consommation; il y avait donc augmentation du salaire réel. Dans les années qui ont suivi, les deux courbes ont suivi à peu près la même tendance, ce qui signifiait une stabilité du salaire réel. Au début des années 1980, l'augmentation des prix était plus élevée que celle des salaires négociées; on devine immédiatement l'effet de la récession des années 1981 et 1982, qui s'est prolongé encore une année ou deux. De 1984 à 1987, même si la tendance des deux courbes était relativement semblable, les augmentations de l'indice des prix étaient encore nettement plus élevées que les augmentations des taux de salaires négociés: le salaire réel a continué à diminuer pendant cette période. De 1988 à 1990, la situation s'est renversée et les salaires négociés ont augmenté un peu plus rapidement que l'indice des prix, ce qui implique un rattrapage par rapport aux années précédentes. Cependant, en 1991, le salaire réel a de nouveau reculé. (Voir la figure 13-1[40].)

Si on regarde une période un peu plus longue, il est clair que, depuis la guerre jusqu'au milieu des années 1970, les salaires négociés se sont accrus considérablement par rapport à l'indice des prix: ce fut la période de la croissance marquée du salaire réel. Depuis 1975, à long terme, les deux indices ont augmenté à peu près au même rythme, ce qui implique une stabilité étonnante du salaire réel. En fait, l'observation nous ramène à une question fondamentale: d'où peut venir une augmentation de salaire? Si on parle en termes nominaux, l'augmentation peut tout simplement correspondre à l'augmentation des prix, et c'est ce que nous avons vécu depuis près de 20 ans. Mais pour connaître une croissance du salaire réel, à l'échelle d'un peuple, il faut un accroissement de

39. Bureau international du travail, *L'indexation des salaires dans les pays industrialisés à économie de marché*, Genève, BIT, 1978 (90 p.), p. 66-67; Jean-Michel Cousineau et Robert Lacroix, *op. cit.*, p. 79-95.

40. Les graphiques illustrent les «changements» dans deux séries de prix à la consommation: la première, représentée par l'indice général, touche à l'ensemble des prix, et la seconde, aux prix des aliments. Ceux-ci varient beaucoup plus que l'indice général; ils présentent généralement un caractère saisonnier.

FIGURE 13-1

Variations procentuelles des salaires négociés et des prix à la consommation – 1984-1991

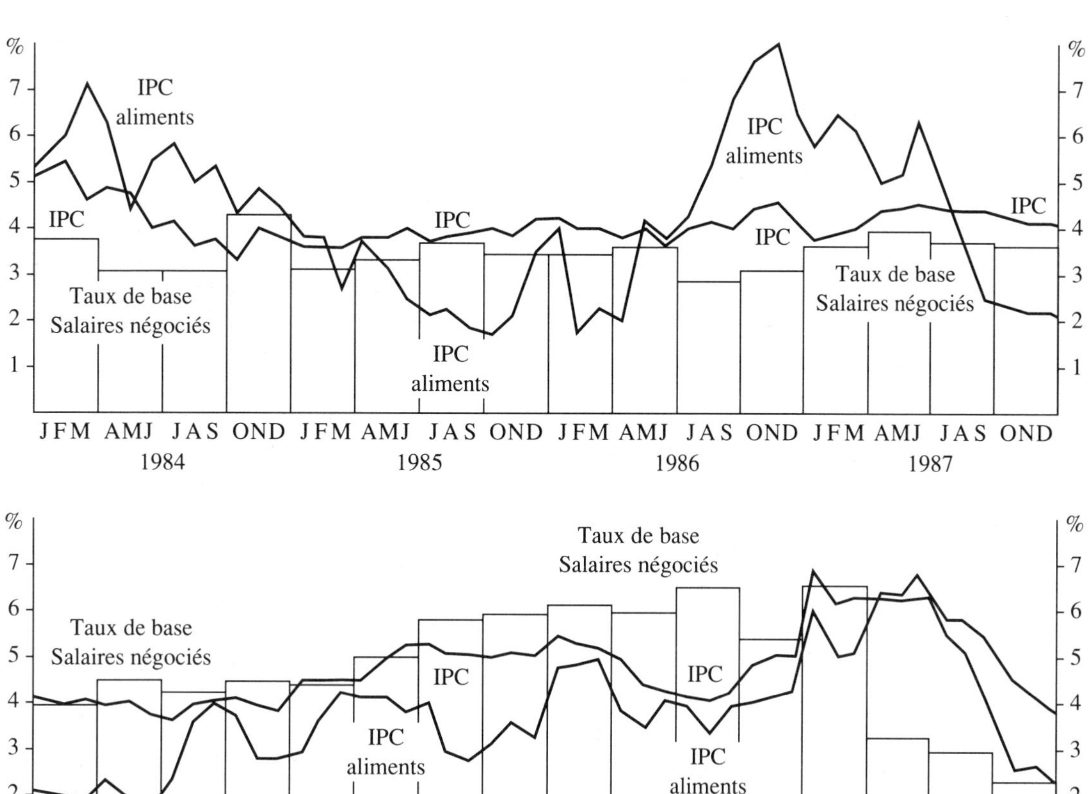

la richesse. Si cet accroissement n'existe pas, toute amélioration du sort d'une catégorie d'employés ne peut se faire qu'aux dépens d'une autre catégorie d'employés ou de citoyens.

La négociation met entre les mains des représentants des travailleurs et des employeurs un pouvoir considérable sur l'évolution de l'économie. Les acteurs en présence doivent être conscients de l'implication et de l'impact des décisions qu'ils prennent.

13.6 Quelques problèmes particuliers

Nous relèverons ici quelques points dont nous n'avons pas traité dans les pages précédentes. Il sera question des taux étoilés, de la clause grand-père et du paiement des salaires.

13.6.1 Taux étoilés

L'expression taux étoilé (*red circle*) désigne une situation où un poste est temporairement surévalué ; le taux est hors niveau, pour des raisons historiques. Par exemple, à la suite d'une évaluation rigoureuse des emplois, on en vient à la conclusion que tel poste devrait être rémunéré selon un salaire inférieur à celui qui est payé présentement. Le plus souvent, ni l'employeur ni le syndicat ne voudront que les titulaires de ce poste subissent une baisse de salaire. Leur ancien salaire est donc maintenu, jusqu'à ce que les hausses des autres salaires aient fait en sorte que l'ancien salaire corresponde à la nouvelle évaluation du poste. Pour adoucir le choc, on accordera parfois à ces employés une augmentation moindre que celle des autres, par exemple la moitié de l'augmentation générale: le temps requis pour que le salaire corresponde à l'évaluation véritable du poste sera plus long, mais la formule paraîtra moins rigoureuse et maintiendra le moral des employés concernés. En somme, les conventions collectives désignent sous forme de taux étoilé ou *red circle* tout salaire, le plus souvent surévalué, qui, temporairement, ne correspond pas aux normes établies pour le poste en cause. La situation sera corrigée, mais il y faudra du temps; c'est pendant cette période de transition qu'on parle de taux étoilé.

La situation inverse peut également se produire. Si l'on considère que l'évaluation d'un poste est de beaucoup inférieure à ce qu'elle devrait être, les parties peuvent décider qu'il est préférable de répartir le rattrapage en plusieurs étapes plutôt que d'accorder, d'un seul coup, une augmentation qui représenterait, par exemple, 25 % ou 30 % de l'ancien salaire. Il peut y avoir plusieurs raisons pour étaler l'augmentation sur une période plus longue: la comparaison avec les autres augmentations de salaires, une certaine jalousie de la part des collègues de travail. Pendant la période de rattrapage, on parlera alors de taux sous-évalués (en anglais *green circle*).

De façon générale, surtout quand il y a un système d'évaluation des emplois rigoureux, toute anomalie dans l'échelle de salaires est généralement soulignée d'une certaine manière. Le taux étoilé est la principale de ces manières. Mais il n'y a pas de règle absolue; ce sont les parties qui décident de la formule qui leur convient le mieux.

13.6.2 Clause grand-père

L'expression est utilisée pour traduire une formule introduite à l'occasion de la récession de 1981-1982. Les anglophones parlent de *two-tier wages*. Reconnaissant que les salaires versés selon la convention collective antérieure étaient peut-être trop élevés pour permettre à l'entreprise de demeurer concurrentielle, certains syndicats ont accepté d'inclure, dans une nouvelle convention, une deuxième échelle de salaires qui s'applique aux employés embauchés à compter du moment où la mesure a été acceptée. En somme, les mêmes emplois sont rémunérés selon deux niveaux de salaires différents. L'ancien salaire, qui est affecté d'un gel ou qui ne reçoit qu'une faible augmentation, s'applique aux employés qui étaient au service de l'entreprise avant telle date. Les nouveaux employés, une fois leur apprentissage terminé, reçoivent un salaire normal inférieur à celui des anciens employés. D'où l'expression «clause grand-père», pour désigner l'avantage accordé aux anciens employés. On parle aussi de salaires à double palier.

Cette formule de rémunération à double palier, ou même à multiples paliers, découle directement des difficultés financières éprouvées par plusieurs entreprises au début des années 1980. La formule a été relativement répandue aux États-Unis, moins au Canada et au Québec. Elle n'entraîne pas de difficultés au début de son application. Mais, après cinq ou six ans, qui correspondent à autant d'années d'ancienneté pour les nouveaux employés, un sentiment d'injustice risque de s'établir chez ces salariés.

La proportion des conventions collectives avec taux de salaires à double ou multiples paliers est relativement faible. Au Québec, elle est inférieure à 5 % de l'ensemble. La répartition est d'ailleurs inégale. Le cas est plus fréquent dans les grandes unités que dans les petites, pour les cols bleus que pour les cols blancs, dans le secteur manufacturier que dans tout autre secteur. Et ces différences ne sont pas minimes, elles sont majeures, souvent du simple au double, quand ce n'est pas davantage. De plus, il faut noter que le nombre d'employés touchés par la seconde échelle salariale est lui-même assez faible; on parle par exemple de moins de 20 % des salariés au service des employeurs concernés. On devine que tous les cas sont concentrés dans le secteur privé. On trouve quelques cas isolés dans le secteur municipal, visant des policiers et des pompiers ; les arguments invoqués alors sont l'équité avec les autres groupes de salariés ou encore la nécessité d'une progression qui reflète mieux la courbe d'apprentissage des salariés en cause.

Certains se demandent si la formule du double palier de rémunération est compatible avec les chartes des droits de la personne[41].

Règle générale, on ne fait pas mention de deux paliers de rémunération dans le texte de la convention. Celle-ci renvoie aux annexes, et c'est là qu'on trouve deux échelles, comme dans le cas suivant :

TAUX DE SALAIRE HORAIRE DU COMMIS « A »
APPLICABLE AUX SALARIÉS À TEMPS PARTIEL
Taux en vigueur le 10 décembre 1990

Salariés à T.P. embauchés...	Début	Après 1664 h (52 sem. × 32 h)	Après 3228 h (104 sem. × 32 h)	Après 4992 h (156 sem. × 32 h)
avant 15 décembre 1985	6,03	7,93	9,82	12,05
après 15 décembre 1985	5,25	6,35	7,65	9,43

(Provigo Distribution inc. (div. Maxi) et TUAC, local 500, 1988-1991, Annexe A.)

Quelques observations s'imposent. Dans le cas présent, la rémunération à double palier s'applique uniquement aux employés à temps partiel. Les échelles sont particulièrement longues, et cela pour tous les employés, même les réguliers : 12 échelons de 3 mois, ou 3 ans. (Le tableau ne contient que des exemples choisis dans chaque échelle.) Pour ceux qui ont été embauchés avant le 15 décembre 1985, l'échelle grand-père n'est que théorique, même au moment de la signature (1988) : ils sont tous au service de l'employeur depuis au moins trois ans ; seul le dernier taux est effectivement payé à ceux qui seraient encore commis de classe « A » (de premier niveau). Théoriquement, l'écart est de 0,75 $ à l'embauche ; il est de 2,60 $ au sommet de l'échelle. Du moins c'est la situation du commis de classe « A » ; l'écart est moindre pour d'autres postes.

13.6.3 Paiement des salaires

Les employeurs sont tenus de respecter certaines normes par rapport au paiement du salaire. Ces normes sont clairement énumérées dans la *Loi sur les normes du travail* du Québec.

Le salaire doit être payé en espèces, sous enveloppe scellée, ou par chèque ; si celui-ci n'est pas encaissable dans les deux jours ouvrables suivants, le salarié est présumé ne pas avoir été payé. Pour que le paiement puisse être fait par virement bancaire, il faut que cela soit prévu dans une convention collective ou dans un décret (L.N.T. art. 42). Le salaire doit être payé à intervalles réguliers, qui ne doivent pas dépasser 16 jours ou un mois dans le cas des cadres. Pour le salarié qui entre en fonction, l'employeur dispose de un mois pour lui remettre son premier paiement de salaire (L.N.T. art. 43.)

Le salarié doit recevoir son salaire en mains propres, sur les lieux du travail, un jour ouvrable. Si le jour habituel de la paie tombe un jour férié et chômé, le salaire doit être versé la veille. Ces précisions ne s'appliquent pas si le paiement est fait par virement bancaire ou par la poste. Le salaire peut être

41. JOHANNE PES et ANNE-MARIE BLANCHET, « La rémunération à double ou à multiples paliers dans les conventions collectives en vigueur au Québec », *Le marché du travail* vol. 9, n° 3, mars 1988, p. 79-89.

remis à un tiers, si le salarié lui-même en fait la demande par écrit (L.N.T. art. 44-45).

En même temps que son salaire, l'employé reçoit un bulletin de paye sur lequel doivent apparaître toutes les précisions requises pour qu'il puisse comprendre le montant du salaire qui lui est versé: le nombre d'heures à taux normal, le nombre d'heures supplémentaires, les déductions autorisées, etc. (L.N.T. art 46). Malgré cette disposition de la loi, pour différentes raisons, bien des chèques de paye s'avèrent difficiles à comprendre. Le *Code canadien du travail* contient des dispositions semblables, mais moins élaborées (C.c.t. art. 247).

La signature que l'employeur peut exiger au moment de la remise du salaire établit seulement que la somme versée correspond au montant du salaire net indiqué sur le bulletin de paye. Elle ne comporte aucune renonciation au paiement d'une somme qui serait due à l'employé et qui ne serait pas incluse dans l'enveloppe de paye (L.N.T. art. 47-48).

On voit par cette énumération que la loi contient beaucoup de précisions sur le paiement du salaire. Les conventions collectives reprennent le plus souvent les mêmes dispositions ou renvoient au texte de la loi. Telle ou telle convention peut ajouter un élément, par exemple dans la liste des détails que doit inclure le bulletin de paye, selon la nature particulière de l'entreprise et le genre de travail effectué.

L'exemple suivant est tiré du secteur de l'alimentation; la convention vise les conditions de travail des employés d'un groupe de supermarchés.

> a) Le salarié est payé chaque semaine le jeudi avant dix-sept heures (17h00) pour la semaine se terminant le samedi précédent.
>
> b) Sur le bordereau ou le chèque de salaire, l'Employeur inscrit le nom, le prénom, la date de la période de paye, les heures travaillées, le temps supplémentaire, la classification, les primes, les déductions effectuées, le montant net du salaire, le montant brut du salaire, le taux régulier du salaire.
>
> (Steinberg inc., supermarchés «corporatifs», et TUAC, local 500, 1988-1991, art. 12.02.)

Le texte cité contient des précisions sur la fréquence et le montant de la paye. Pour le reste, il reprend en d'autres mots les prescriptions de la loi.

* * *

Le problème des salaires soulève bien d'autres questions qu'il est impossible de considérer ici. Nous en avons évoqué quelques-unes dans d'autres chapitres, par exemple la détermination du taux de salaire pendant une mutation temporaire ou à la suite d'un changement technologique (voir section 10.2.4), et quelques-unes des multiples primes et indemnités qui peuvent s'ajouter au taux normal de salaire (voir section 12.3.3).

13.7 Politiques salariales

On voit, par le présent chapitre, que tous les aspects de la rémunération salariale comportent un nombre considérable de choix par rapport à une série de possibilités. C'est l'ensemble de ces considérations qu'on peut appeler politique salariale ou politique de rémunération, si, en plus du salaire proprement dit, on y inclut les avantages sociaux et divers autres avantages de toute nature.

La négociation des salaires représente une sorte de microcosme des relations patronales-syndicales dans l'entreprise. Comme sur tous les points stratégiques de l'entreprise – choix des produits, méthodes de production, etc. –, l'initiative en matière de régime de salaire vient d'habitude de l'employeur. C'est généralement lui qui, constatant les problèmes que pose le système en vigueur, essaie de l'améliorer ou même de le changer. Mais les syndicats en place ne manquent pas d'exercer leur influence sur le résultat final. Par rapport à des modifications envisagées à un régime de salaire, on retrouve sensiblement les mêmes attitudes que suscitent les changements technologiques.

Le plus souvent, l'initiative vient de l'employeur. Là où les relations patronales-syndicales sont bonnes, l'employeur voudra à tout le moins prévoir les réactions du syndicat et de ses employés; il voudra les informer et peut-être même engager la discussion avec eux avant d'introduire les modifications souhaitées. À la limite, celles-ci pourraient faire l'objet d'une négociation en règle.

Rappelons qu'un régime de rémunération comporte au moins quatre grands éléments[42]:

- Le niveau général ou moyen des salaires que l'entreprise choisit de maintenir par rapport à ses concurrents;
- La répartition des éléments de la rémunération globale – salaire proprement dit, avantages sociaux et autres avantages – en privilégiant peut-être l'un ou l'autre de ces éléments;
- L'éventail ou la structure des salaires appropriée à l'entreprise et à sa position stratégique parmi les autres, c'est-à-dire l'écart entre les hauts et les bas salariés, entre les différents emplois, occupations et métiers nécessaires au bon fonctionnement de l'entreprise ou de l'organisation;
- Enfin, le type de régime salarial que l'entreprise choisit pour chaque groupe de ses employés, c'est-à-dire la rémunération au temps, aux pièces, au rendement ou au mérite, ou toute autre formule qui est jugée plus appropriée à l'entreprise en cause.

Tous ces aspects, étroitement reliés les uns avec les autres, ont évidemment un impact considérable à la fois sur la vie des employés et sur la survie de l'entreprise, par le truchement de sa rentabilité.

42. DAVID B. BALKIN, «Union Influences on Pay Policy: A Survey», *Journal of Labor Research*, vol. 10, nº 3, été 1989, p. 299-310. «Do Compensation Policies Matter?», *Industrial and Labor Relations Review*, vol. 43, nº 3 (numéro spécial), février 1990, p. 1-289.

Annexe

Problème d'augmentation de salaire

Problème*

La compagnie Sidbec-Dosco a embauché un(e) réceptionniste le 23 mars 1985. La personne est demeurée au même poste jusqu'au 1er février 1988, moment où elle a été promue commis à la vérification. Sept mois plus tard, elle devenait secrétaire du directeur-gérant des ventes.

1. Combien cette personne gagnait-elle au moment de son embauche? Combien gagnait-elle le 23 mars 1988 et le 23 mars 1990 (y compris l'IVC)?

2. Comment s'explique la différence entre ses gains à la fin de mars 1988 et à la fin de mars 1990? En d'autres mots, que représente chaque type d'augmentation obtenu durant cette période?

Données du problème

Classes:	Réceptionniste	classe 2
	Commis à la vérification	classe 6
	Secrétaire de direction	classe 9

13.04 *Progression à l'intérieur d'une classe*

L'employé recevra le taux de formation, de débutant, d'intermédiaire ou le taux standard prévu pour sa classe selon le temps qu'il aura travaillé à cette tâche (classes 0 à 7 inclusivement, 13 semaines de travail pour chaque taux et classes 8 à 14 inclusivement, 26 semaines de travail pour chaque taux). Le changement d'un taux à l'autre entrera en vigueur à compter du début de la semaine suivant la date d'achèvement de la période de formation précédente.

13.05 *Promotion*

L'employé promu à un poste de classe supérieure recevra le taux de formation, de débutant, d'intermédiaire ou standard qui est immédiatement supérieur au salaire qu'il recevait avant sa promotion et, par la suite, les dispositions de 13.04 s'appliqueront.

Échelle des taux de salaire hebdomadaires pour 1985

À compter du 1er février 1985, le taux de salaire hebdomadaire régulier pour les tâches de la classe 0 sera 391,52 $ par semaine. L'écart entre les catégories de tâche sera treize dollars et neuf cents (13,09 $) par semaine et l'échelle de salaires hebdomadaires réguliers sera la suivante:

Classe	Formation	Débutant	Intermédiaire	Standard
0			378,43	391,52
1			391,52	404,61
2		391,52	404,61	417,70
3		404,61	417,70	430,79
4		417,70	430,79	443,88
5		430,79	443,88	456,97
6		443,88	456,97	470,06
7		456,97	470,06	483,15
8	456,97	470,06	483,15	496,24
9	470,06	483,15	496,24	509,33
10	483,15	496,24	509,33	522,42
11	496,24	509,33	522,42	535,51
12	509,33	522,42	535,51	548,60
13	522,42	535,51	548,60	561,69
14	535,51	548,60	561,69	574,78

Échelle des taux de salaire hebdomadaires pour 1988

À compter du 1er février 1988, le taux de salaire hebdomadaire standard pour les tâches de la classe 0 sera augmenté de trente-sept dollars et soixante-dix cents (37,70 $) par semaine (soit vingt-six dollars et quatre-vingt-deux cents (26,82 $) provenant des dispositions du paragraphe 1 a) de la Lettre d'entente Indemnité de vie chère et dix dollars et quatre-vingt-huit cents (10,88 $) additionnels) et s'établira à quatre cent vingt-neuf dollars et vingt-deux cents (429,22 $). L'écart entre les catégories de tâche sera de treize dollars et neuf cents (13,09 $) par semaine, et l'échelle des salaires hebdomadaires réguliers sera la suivante:

Classe	Formation	Débutant	Intermédiaire	Standard
0			416,13	429,22
1			429,22	442,31
2		429,22	442,31	455,40

* Ce problème est soumis, avec les données requises pour le résoudre et sa solution, à l'intention des lecteurs qui voudraient se familiariser avec les différents types d'augmentations salariales et leur mode d'application.

Classe	Formation	Débutant	Intermédiaire	Standard
3		442,31	455,40	468,49
4		455,40	468,49	481,58
5		468,49	481,58	494,67
6		481,58	494,67	507,76
7		494,67	507,76	520,85
8	494,67	507,76	520,85	533,94
9	507,76	520,85	533,94	547,03
10	520,85	533,94	547,03	560,12
11	533,94	547,03	560,12	573,21
12	547,03	560,12	573,21	586,30
13	560,12	573,21	586,30	599,39
14	573,21	586,30	599,39	612,48

Échelle des taux de salaire hebdomadaires pour 1990

Conformément aux dispositions prévues au paragraphe 1 b) de la Lettre d'entente – Indemnité de vie chère, à compter du 1er février 1990, le taux de salaire hebdomadaire standard pour les tâches de la classe 0 sera augmenté de dix-huit dollars et treize cents (18,13 $) par semaine et s'établira à quatre cent quarante-sept dollars et trente-cinq cents (447,35 $). L'écart entre les catégories de tâche sera de treize dollars et neuf cents (13,09 $) par semaine, et l'échelle des salaires hebdomadaires réguliers sera la suivante :

Classe	Formation	Débutant	Intermédiaire	Standard
0			434,26	447,35
1			447,35	460,44
2		447,35	460,44	473,53
3		460,44	473,53	486,62
4		473,53	486,62	499,71
5		486,62	499,71	512,80
6		499,71	512,80	525,89
7		512,80	525,89	538,98
8	512,80	525,89	538,98	552,07
9	525,89	538,98	552,07	565,16
10	538,98	552,07	565,16	578,25
11	552,07	565,16	578,25	591,34
12	565,16	578,25	591,34	604,43
13	578,25	591,34	604,43	617,52
14	591,34	604,43	617,52	630,61

Indemnité de vie chère (selon la lettre d'entente en annexe de la convention collective)

1. L'indemnité de vie chère de un dollar soixante-quatorze cents (1,74 $) accumulée, mais non intégrée au salaire de base en date du 31 janvier 1988, sera intégrée au salaire de base de façon progressive selon l'échéancier prévu ci-dessous.

a) À compter du 1er février 1988, une partie de cette indemnité de vie chère, équivalant à soixante-quatorze cents (0,74 $) l'heure, sera intégrée au salaire de base et l'échelle des salaires hebdomadaires réguliers, reproduite en 13.01 a), tient compte de cette intégration. La partie non intégrée au salaire de base sera maintenue comme indemnité de vie chère conformément aux dispositions du paragraphe 7 de la présente lettre d'entente jusqu'à ce qu'elle soit intégrée.

b) À compter du 1er février 1990, une autre partie de cette indemnité de vie chère, équivalant à cinquante cents (0,50 $) l'heure, sera intégrée au salaire de base et l'échelle des salaires hebdomadaires réguliers qui en résultera est reproduite en 13.01 b). La partie non intégrée au salaire de base sera maintenue comme indemnité de vie chère conformément aux dispositions du paragraphe 7 de la présente lettre d'entente jusqu'à ce qu'elle soit intégrée.

c) À compter du 1er janvier 1991, la dernière partie de cette indemnité de vie chère équivalant à cinquante cents (0,50 $) l'heure, sera intégrée au salaire de base et l'échelle des salaires hebdomadaires réguliers qui en résultera est reproduite en 13.01 c).

2. L'indemnité de vie chère de huit cents (0,08 $) l'heure accumulée et payée au cours des trois (3) derniers mois de la convention collective précédente ne sera pas intégrée au salaire de base, mais sera maintenue comme indemnité conformément aux dispositions du paragraphe 7 de la présente lettre d'entente jusqu'à la fin de la convention collective.

On trouvera la suite de cette lettre d'entente dans l'exemple donné dans la section 13.5.5.)

Indices des prix à la consommation (IPC base 1971 = 100)

Janvier 1988	333,56
Janvier 1989	347,77
Janvier 1990	366,96

Solution

Le problème sera résolu en trois étapes : 1. les augmentations sans les indemnités de vie chère; 2. les indemnités de vie chère; 3. la décomposition des augmentations obtenues en 1988 et 1990.

Augmentations sans les indemnités de vie chère (IVC)

23 mars	1985	Classe 3	Débutant	404,61
23 juin	1985	Classe 3	Intermédiaire	417,70
23 sept.	1985	Classe 3	Standard	430,79

Le 1er février 1988, la personne passe à la classe 6. En même temps, on change d'échelle; la nouvelle échelle contient une augmentation générale, et une intégration à l'échelle d'une partie de l'ancienne IVC.

1er février	1988	Classe 6	Débutant	481,58
23 mars	1988	Classe 6	Débutant	481,58
1er mai	1988	Classe 6	Intermédiaire	494,67
1er août	1988	Classe 6	Standard	507,76

Le 1er septembre, la personne passe à la classe 9. À ce moment, l'article 13.03 s'applique, c'est-à-dire qu'on choisit, dans la classe 9, l'échelon «qui est immédiatement supérieur au salaire (...) avant la promotion».

1er sept.	1988	Classe 9	Débutant	520,85

Le 1er février 1990, une nouvelle échelle entre en vigueur, qui représente, de nouveau, une augmentation générale de salaire. La personne a terminé, à cette date, les douze mois qui doivent s'écouler pour qu'elle atteigne le sommet de l'échelle.

23 mars	1990	Classe 9	Standard	565,16

Calcul de l'indemnité de vie chère (IVC)

Pour le salaire du 23 mars 1988, il n'y a aucun IVC à calculer, mais 1,00 $ à ajouter: en effet, la lettre d'entente ne s'applique qu'à compter de la publication de l'indice des prix à la consommation pour avril 1988. Or, cet indice n'est publié qu'à la fin du mois de mai. Le 1,00 $ est la partie de l'IVC non intégrée.

Il n'est pas nécessaire de faire le calcul à chaque trimestre. Les montants sont cumulatifs. Ils ne sont pas intégrés à l'échelle, mais s'ajoutent sous forme de montant forfaitaire.

Comme on veut savoir le salaire le 23 mars 1990, il suffit de comparer l'IPC disponible à ce moment avec celui de l'année 1988. Il s'agit alors des indices de janvier 1988 et de janvier 1990.

366,96 − 333,56 = 33,4
33,4 ÷ 0,3 = 111,3 cents d'augmentation par heure
111,3 × 36,25 h = 40,35 $
Salaire du 23 mars 1990 : 565,16 $ + 40,35 $ = 605,51 $
En ajoutant l'ancienne IVC non intégrée (1,00 $), le salaire à cette date est 606,61 $.

Décomposition des augmentations de mars 1988 à mars 1990

Calculons d'abord la valeur de l'augmentation d'ensemble.

606,51 $ − 481,58 $ = 124,93 $
124,93 $ par rapport à 481,58 $ représente une augmentation de 25,9 % en deux ans.

L'augmentation globale se décompose en quatre éléments : l'augmentation générale représentée par le changement d'échelle effectué le 1er février 1990, le changement de classe, l'avancement d'échelons et l'IVC.

L'augmentation générale se calcule en comparant les taux de la même classe et du même échelon dans les deux échelles (1988 et 1990). Elle peut se lire aussi directement dans le paragraphe qui coiffe l'échelle de 1990 : 18,13 $ ou 3, 8 %.

Le changement de classe se mesure en comparant le taux standard des classes 6 et 9, soit en 1988, soit en 1990.

En 1988, 547,03 $ moins 507,76 $ représente une augmentation de 39,27 $ ou 8,2 %

En 1990, 565,16 $ moins 525,89 $ représente une augmentation de 39,27 $ ou 8,2 %

La personne a gagné deux échelons dans la classe 9 (elle n'a pas commencé au premier échelon de cette classe). Comme l'écart est de 13,09 $, l'avancement d'échelons représente :

2 × 13,09 $, c'est-à-dire 26,18 $ ou 5,4 %.

Enfin, l'IVC a déjà été calculé et il représente une augmentation de 40,35 $, plus 1,00 $ de l'ancienne IVC non intégrée, ou 41,35 $.

En résumé, l'augmentation de 124,93 $, en deux ans, se subdivise comme suit:

augmentation générale (hausse de l'échelle)	18,13 $	ou	3,8 %
changement de classe	39,27 $	ou	8,2 %
avancement d'échelons	26,18 $	ou	5,4 %
IVC	41,35 $	ou	8,6 %
	124,93 $	ou	26,0 %

(La différence entre 25,9 % mentionnés plus haut et les 26,0 % additionnés ici s'explique par les arrondissements effectués dans chaque calcul.)

Bibliographie

Ouvrages généraux

BALKIN, DAVID B. «Union Influences on Pay Policy: A Survey», *Journal of Labor Resarch*, vol. 10, nº 3, été 1989, p. 299-310.

Bureau international du travail. *Les salaires. Cours d'éducation ouvrière,* 3e édition, Genève, BIT, 1984, 182 p.

Bureau international du travail. *Le travail dans le monde I*, Genève, BIT, 1984 (224 p.), p. 143-159.

DELORME, FRANÇOIS. *La rémunération globale, est-il possible de la mesurer?*, Québec, ministère du Travail et de la Main-d'œuvre, novembre 1977, 16 p. (Document reprographié.)

«Do Compensation Policies Matter?», *Industrial and Labor Relations Review*, vol. 43, nº 3, numéro spécial, février 1990, p. 1-289.

LUPTON, TOM et BOWEY, ANGELA. *Wages and Salaries*, Brookfield, Vt., Gower Publishing Co., 1983, 182 p.

MOSSÉ, ROBERT. *Les salaires*, Paris, Librairie Marcel Rivière, 1952, 324 p. (Coll. «Bilans de la connaissance économique», nº 3.)

WILTON, DAVID A. *Salaires et inflation au Canada, 1955-75*, Ottawa, Conseil économique du Canada, 1980, 156 p.

Modes de rémunération au rendement

BELLAS, MONIQUE VYRON. «La mensualisation, vers l'unification de la condition des salariés», *Projet*, nº 45, mai 1970, p. 599-602.

Bureau international du travail. *La rémunération au rendement,* Genève, 2e édition, BIT, 1961, 227 p. (Études et documents, nouvelle série, nº 27.)

Bureau international du travail. *Les systèmes de rémunération liés aux résultats*, Genève, BIT, 1985, 186 p.

DAVID, HÉLÈNE et BENGLE, NORMAND. *Le salaire au rendement*, Montréal, Institut de recherche appliquée sur le travail, bulletin nº 8, décembre 1976, 109 p.

DESCHÊNES, JEAN-PAUL. «Une critique de la rémunération selon le rendement», *Relations industrielles*, vol. 14, nos 2-3-4, avril-juillet-octobre 1959, p. 178-190, 322-331, 458-474.

LEWIS, NORMANDE *et al. La rémunération au rendement dans l'industrie du meuble au Québec*, Québec, Centre de recherche et de statistiques sur le marché du travail, mai 1981, 105 p. (Études et recherches.)

LEWIS, NORMANDE. «La rémunération au rendement dans l'industrie du meuble: étude exploratoire», *Le marché du travail*, vol. 2, nº 6, juin 1981, p. 50-55.

MILKOVICH, GEORGE T. et CAMPBELL, KEITH. «A Study of Jacques' Norms of Equitable Payment», *Industrial Relations*, vol. 11, nº 2, mai 1972, p. 267-271.

Formules d'intéressement

COATES III, EDWARD M. «Profit Sharing Today: Plans and Provisions», *Monthly Labor Review*, vol. 114, nº 4, avril 1991, p. 19-25.

Employee Stock Ownership Association: *Esop Survey*, Washington, D.C. (Publication annuelle.)

GRAY, R.B. «The Scanlon Plan: A Case Study», *British Journal of Industrial Relations*, vol. 9, novembre 1971, p. 291-313.

JOACHIM, TIMOTHY C. *Employee Stock Ownership and Related Plans: Analysis and Practice*, Westport, Conn., Quorum Books, 1982, 334 p.

KATZ, HARRY C. et MELTZ, NOAH M. «Profit Sharing and Auto Workers' Earnings. The United States vs. Canada», *Relations industrielles*, vol. 46, nº 3, 1991, p. 515-530.

LESIEUR, F.G. (sous la direction de). *The Scanlon Plan: Frontier in Labor-Management Cooperation*, New York, Wiley, 1958, 173 p.

LESIEUR, F.G. et PUCKETT, E.S. «The Scanlon Plan: Past, Present and Future», *Proceedings of the 21st Annual Winter Meeting, Industrial Relations Research Association*, Madison, Wis., IRRA, 1968, p. 71-80.

ROSEN, COREY et KLEIN, KATHERINE. «Job-Creating Performance of Employee-Owned Firms», *Monthly Labor Review*, vol. 106, nº 8, août 1983, p. 15-19.

SCANLON, J.P. «Profit Sharing under Collective Bargaining: Three Case Studies», *Industrial and Labor Relations Review*, vol. 2, nº 1, octobre 1948, p. 58-75.

WHYTE, WILLIAM F. *et al. Worker Participation and Ownership: Cooperative Strategies for Strengthening Local Economies*, Ithaca, N.Y., Industrial and Labor Relations Press, 1983, 152 p.

Indexation des salaires

ASCAH, LOUIS. «La diversité des clauses d'indemnité de vie chère dans les conventions collectives», *Relations industrielles*, vol. 35, nº 1, 1980, p. 121-127.

BARIL, JEAN et BOUCHER, LYSETTE. «L'indemnité de vie chère dans les conventions collectives», *Le marché du travail*, vol. 2, nº 12, décembre 1981, p. 58-70.

Bureau international du travail. *L'indexation des salaires dans les pays industrialisés à économie de marché*, Genève, BIT, 1978, 90 p.

COUSINEAU, JEAN-MICHEL et LACROIX, ROBERT. «L'indexation des salaires et le retour à la stabilité des prix», *Analyse de politiques*, vol. 3, nº 2, printemps 1977, p. 155-163.

COUSINEAU, JEAN-MICHEL et LACROIX, ROBERT. *L'indexation des salaires*, monographie nº 10, Université de Montréal, École de relations industrielles, 1981, 119 p.

FERGUSON, ROBERT H. *Cost-of-Living Adjustments in Union-Management Agreements*, bulletin nº 65, Ithaca, N.Y., Cornell University, New York State School of Industrial and Labor Relations, 1976, 71 p.

HÉBERT, GÉRARD. «L'impact de l'inflation sur la négociation collective» dans *Inflation, indexation et conflits sociaux*, compte rendu du 30e Congrès des relations industrielles de l'Université Laval, Québec, Les Presses de l'Université Laval, 1975, p. 49-96. (Article résumé dans *Québec-Travail*, août 1975, p. 9-12.)

HENDRICKS, WALLACE E. et KAHN, LAWRENCE M. *Wage Indexation in the United States : Cola or Uncola ?*, Cambridge, Mass., Ballanger Publishing Co., 1985, 255 p.

JACOBY, SANFORD M. «Cost-of-Living Escalators : A Brief History» dans *Industrial Relations Research Association. Proceedings of the 37th Annual Meeting. Dallas, 1984*, Madison, Wis., IRRA, 1985, p. 396-403.

LOWENSTERN, HENRY. «Adjusting Wages to Living Costs : A Historical Note», *Monthly Labor Review*, vol. 97, nº 7, juillet 1974, p. 21-26.

Université Laval, Département des relations industrielles. *Inflation, indexation et conflits sociaux*, 30e Congrès des relations industrielles, avril 1975. Québec, Les Presses de l'Université Laval, 1975, 228 p.

WILTON, DAVID, A. *An Analysis of Canadian Wage Contracts with Cost-of-Living Allowance Clauses*, document de travail nº 165, Ottawa, Conseil économique du Canada, mars 1980.

Salaires à paliers multiples

BERNSTEIN, AARON et SCHILLER, ZACHARY. «The Double Standard That Is Setting Worker against Worker», *Business Week*, nº 2889, 8 avril 1985, p. 70-71.

JACOBY, SANFORD M. et MITCHELL, DANIEL. «Management Attitude towards Two-Tier Pay Plans», *Journal of Labor Research*, vol. 7, 1986, p. 221-237.

MARTIN, JAMES et PETERSON, MELANY. «Two-Tier Wage Structures and Attitude Differences» dans *Industrial Relations Research Association. Proceedings of the 38th Annual Meeting. 1985*, Madison, Wis., IRRA, 1986, p. 72-79.

PES, JOHANNE et BLANCHET, ANNE-MARIE. «La rémunération à double ou à multiples paliers dans les conventions collectives en vigueur au Québec», *Le marché du travail*, vol. 9, nº 3, mars 1988, p. 79-89.

WALKER, JULIAN. *Two-Tier Wage Systems*, Kingston, Queen's University, Industrial Relations Centre, 1987, 24 p.

ZALUSKI, JOHN. «Recent Innovations in Negotiated Compensation» dans *Industrial Relations Research Association. Proceedings of the 1986 Spring Meeting*. Publié dans *Labor Law Journal*, vol. 37, nº 8, août 1986, p. 578-581.

Chapitre

14

Avantages sociaux

PLAN

La rémunération se limitait autrefois au salaire, du moins presque toujours. Depuis la Deuxième Guerre mondiale, des compléments de toutes sortes se sont ajoutés; ils constituent aujourd'hui une fraction importante de la rémunération globale, environ 40 % selon la situation et le caractère de l'entreprise. La négociation collective a contribué à la multiplication et à l'amélioration de ces divers compléments qui constituent les avantages sociaux et que certains appellent les bénéfices marginaux (*marginal benefits*). Le présent chapitre traite de cette importante question.

Il y a trois catégories ou groupes principaux de compléments au salaire. Il y a d'abord les assurances collectives, qu'elles visent la vie, la santé ou le salaire lui-même (les anglophones désignent ces avantages du nom de *welfare benefits*). Viennent ensuite les pensions de retraite, dont l'importance et la complexité exigent une analyse distincte. Finalement, on peut réunir, dans une catégorie résiduelle, tous les autres avantages qui s'ajoutent au salaire, depuis les congés et les vacances, les congés de maladie ou de maternité, jusqu'aux garderies subventionnées ou aux cafétérias à prix réduits.

Les avantages sociaux répondent principalement à des problèmes que les travailleurs rencontrent dans leur vie personnelle: la maladie, l'invalidité ou la vieillesse. Comme il s'agit d'une protection contre des risques à long terme, surtout dans le cas des pensions de retraite, leur gestion comporte des problèmes administratifs importants. Même si cet aspect n'est pas central dans la négociation, il faut s'en préoccuper, parce que les conséquences affectent le choix de tel régime de préférence à un autre.

Comme dans la plupart des autres chapitres, il faut commencer par un rappel historique et une définition des termes de base, essentiels à la compréhension de la matière. Par suite de la grande variété des avantages sociaux, une classification soignée est nécessaire pour s'y retrouver. La classification que nous présentons n'est pas unique, mais elle est largement utilisée et elle aide à se retrouver dans une matière complexe. Cette classification nous permettra d'établir le coût relatif des divers avantages sociaux. Puis nous traiterons des assurances collectives, des régimes de retraite et finalement de quelques autres avantages. Nous terminerons ce chapitre par un examen du rôle social et de l'impact économique des avantages sociaux.

14.1 Historique et terminologie

Selon le sens qu'on donne à l'expression avantages sociaux, on peut dire que ceux-ci sont relativement récents (1950) ou passablement anciens (1850). Nous verrons d'abord quelques points d'histoire; il sera plus facile ensuite de définir les termes actuellement utilisés dans le domaine.

14.1.1 Historique

Les premiers avantages sociaux remontent à l'époque des unions ouvrières du XIXe siècle. Ils n'avaient pas la forme d'aujourd'hui; ils se rattachaient exclusivement à l'adhésion syndicale: la cotisation incluait une petite assurance-vie, à laquelle les ouvriers tenaient beaucoup[1]. Cette forme d'assurance mutuelle servait également à entretenir l'esprit de solidarité que le mouvement ouvrier voulait créer et qu'il exprimait souvent en adoptant le nom de «fraternité» pour désigner le syndicat.

La partie de la cotisation qui allait à l'assurance avait une telle importance aux yeux des membres que, même dans les premières décennies du XXe siècle, plusieurs contremaîtres et retraités continuaient de payer leur cotisation après avoir abandonné ou perdu leur statut de syndiqué: ils ne voulaient pas perdre l'assurance à laquelle ils avaient cotisé pendant de nombreuses années. L'assurance mutuelle s'est ainsi pratiquée tout au long du XIXe siècle et pendant une bonne partie du XXe siècle. Elle subsiste encore dans quelques unions internationales de la construction et du bâtiment. Elle a cessé d'être une des caractéristiques majeures du mouvement ouvrier au moment

1. Les études sur cet aspect du syndicalisme sont à peu près inexistantes. D'un autre côté, vers 1950, les vieux représentants syndicaux en parlaient encore avec beaucoup de chaleur.

où s'est amorcé le développement du syndicalisme industriel, dans les années 1930 et 1940. Vers la même époque, les gouvernements ont en quelque sorte pris la relève en adoptant certaines mesures de sécurité sociale publique, entre autres sous l'influence des pressions exercées par le mouvement syndical[2].

La première loi concernant les pensions de vieillesse fut adoptée par le gouvernement fédéral le 4 mars 1927[3]. Elle permettait au gouvernement du Canada de faire des ententes avec les provinces qui mettraient sur pied un régime de pensions de vieillesse conforme aux normes prévues dans la loi. Le gouvernement fédéral payait la moitié des sommes requises. Une somme de 20 $ par mois était versée aux indigents, comme on disait alors, âgés de 70 ans et plus; l'application de la loi exigeait donc une enquête sur la situation financière des requérants. Rapidement, toutes les provinces canadiennes adoptèrent une loi qui permettrait d'utiliser les fonds fédéraux disponibles pour établir un régime de pensions de vieillesse pour les indigents[4].

Une autre décision du gouvernement fédéral allait donner un vigoureux coup de pouce aux régimes de pensions de retraite établis par certaines entreprises. En 1938, le Parlement fédéral modifiait la *Loi de l'impôt de guerre sur le revenu* de manière à permettre aux entreprises de déduire de leur revenu imposable les sommes versées aux fonds de pensions destinés à leurs employés[5]. Pour bénéficier de la déduction maximale, l'employeur devait contribuer à une rente viagère de l'État, établie conformément à une loi antérieure, la *Loi canadienne des rentes sur l'État*[6]. Un an plus tard, plus d'une vingtaine d'entreprises avaient déjà conclu des ententes à cet effet avec le gouvernement du Canada, ententes qui visaient quelques milliers de salariés[7]. C'était en quelque sorte le début de l'encouragement fiscal aux avantages sociaux.

Les années de la Deuxième Guerre mondiale ont contribué de façon décisive à la généralisation des avantages sociaux dans les conventions collectives. En effet, un arrêté en conseil interdisait toute augmentation de salaire qui ne pouvait se justifier par des raisons exceptionnelles, jugées telles par la Commission des relations de travail en temps de guerre[8]. Comme la plupart des contrats de guerre étaient accordés sur la base d'un pourcentage au-delà du prix de revient (*cost-plus*), les employeurs eux-mêmes considéraient avantageux de pouvoir augmenter les salaires et les coûts, et par le fait même leurs profits. Lorsqu'ils découvrirent qu'ils pouvaient payer des primes d'assurances collectives pour leurs employés et des cotisations à un régime de retraite, tout le monde y trouvait son avantage, employeurs et employés. C'était une forme d'augmentation de salaire déguisée, admissible en vertu des règlements de guerre. C'est à la faveur de cette disposition que les avantages sociaux se sont définitivement installés dans les conventions collectives.

Le régime public de pensions a été adopté en décembre 1951. Il a fallu une modification à l'*Acte de l'Amérique du Nord britannique*, avec l'accord des 10 provinces canadiennes, pour permettre au Parlement du Canada d'adopter la *Loi sur la sécurité de la vieillesse*[9]. La loi accordait à toute personne âgée

2. KENNETH BRYDEN, *Old Age Pensions and Policy-Making in Canada*, Montréal, L'Institut d'administration publique du Canada (McGill-Queen's University Press) 1974, 264 p.; JOHN BURBIDGE, *Social Security in Canada: An Economic Appraisal*, Toronto, Canadian Tax Foundation, 1987 (98 p.), p. 11-27, 35-37.
3. *Loi des pensions de vieillesse*, S.C. 17 George V, 1927, c. 156.
4. *La Gazette du travail*, vol. 38, n° 3, mars 1938, p. 310 et vol. 39, n°2, février 1939, p. 154-155.
5. *Loi modifiant la Loi de l'impôt de guerre sur le revenu*. S.C. 2 George VI, 1938, art. 5 ajoutant le paragraphe *m* à l'article 5 de la loi.
6. *Loi des rentes sur l'État* (1908) S.R.C. 1927, c. 7. Voir *La Gazette du travail*, vol. 38, n° 11, novembre 1938, p. 1266.
7. *La Gazette du travail*, vol. 38, n° 11, novembre 1938, p. 1266 et vol. 39, n° 6, juin 1939, p. 623.
8. Arrêté en Conseil, CP 7440 du 19 décembre 1940. Voir *La Gazette du travail*, vol. 41, n° 4, avril 1941, p. 433-435.
9. S.C. 15-16 George VI, 1951, c. 18. Voir aussi *La Gazette du travail*, vol. 51, n° 6, juin 1951, p. 762-763, et vol. 51, n° 7, juillet 1951, p. 913-915; *Retraite sans douleur. Rapport du Comité sénatorial spécial sur les politiques relatives à l'âge de la retraite*, Ottawa, Approvisionnements et Services Canada, 1979, p. 58-59.

de 70 ans et plus une pension de vieillesse; celle-ci était, à ce moment-là, de 40 $ par mois. Il s'agissait d'une loi d'application universelle. Toute personne âgée de 70 ans recevait alors les allocations de la sécurité de la vieillesse. Ces allocations étant considérées comme un revenu, les personnes à fort revenu en remettaient une partie importante sous forme d'impôt sur le revenu. Le régime de pensions sur la sécurité de la vieillesse (PSV) est entré en vigueur le 1er janvier 1952. Le Parlement canadien avait adopté la même année une nouvelle loi, la *Loi pourvoyant à l'assistance-vieillesse*, pour les personnes dans le besoin âgées de 65 à 69 ans; elles devaient alors prouver que leurs revenus étaient insuffisants[10].

En 1966, les règles de la PSV ont été modifiées pour abaisser l'âge d'admission de cinq ans, mais seulement une année à la fois: en 1966 il fallait avoir 69 ans, en 1967 68 ans, et ainsi de suite jusqu'à 65 ans depuis 1970[11]. En 1967, on ajoutait le supplément de revenu garanti et en 1975 l'allocation au conjoint[12].

En 1966 entrait en vigueur le second volet du régime public de pensions ou de rentes. Ottawa et Québec adoptaient simultanément la loi sur les *Pensions du Canada* et la loi sur le *Régime de rentes du Québec*[13]. Les deux régimes sont presque identiques. Ils se distinguent du régime de PSV du fait que le nouveau régime est contributoire – l'employeur et le salarié paient chacun 1,8 % du salaire comme cotisation – et les rentes sont reliées aux gains, avec un maximum peu élevé. La PSV et le RRQ constituent les deux pièces maîtresses du régime public de pensions de retraite pour les citoyens et les travailleurs résidant au Québec.

Quant aux régimes privés, le gouvernement du Québec a adopté une loi pour encadrer les nombreux régimes de pensions en vigueur dans plusieurs entreprises, surtout en vertu de dispositions incluses dans les conventions collectives[14]. Les règles édictées en 1965 ont été modifiées au cours des années et considérablement transformées par l'adoption d'une nouvelle loi en 1989[15]. Nous reviendrons abondamment sur cette dernière loi en étudiant diverses modalités des régimes de pensions privés. Mentionnons enfin que l'âge de la retraite obligatoire a été aboli au Québec, en 1982, par l'insertion dans la *Loi sur les normes du travail* d'une disposition à cet effet[16].

Après ce bref rappel des principales dates dans l'histoire des avantages sociaux, publics et privés, au Canada et au Québec, il faut s'arrêter aux définitions des termes les plus importants dans ce domaine.

14.1.2 Bénéfices marginaux ou avantages sociaux

Quand les assurances collectives et les régimes de pensions ont commencé à se développer et qu'on a voulu désigner d'un seul terme tous ces compléments au salaire, on a d'abord parlé de «bénéfices marginaux». L'expression avait l'avantage de souligner le caractère complémentaire de ces avantages, par le mot «marginaux»; le qualificatif impliquait qu'il s'agissait de quelque chose de secondaire, qui s'ajoutait à l'avantage principal, le salaire lui-même. Le mot bénéfice était pris dans un sens très large. Des linguistes ont tôt fait de relever la ressemblance avec l'expression anglaise *marginal benefits* et de conclure que l'expression «bénéfices marginaux» constituait un anglicisme à proscrire. Aujourd'hui, le terme paraît

10. *Loi sur l'assistance-vieillesse*, adoptée le 23 juin 1951, S.C. 15 George VI, 1951, c. 55.
11. *Régime de pensions du Canada*, S.C. 13-14 Elizabeth II, 1965, c. 51, partie IV modifiant la *Loi sur la sécurité de la vieillesse*, art. 122, ajoutant l'article 4A.
12. *Loi modifiant la Loi sur la sécurité de la vieillesse*, S.C. 14-15 Eliz. II, 1966, c. 65, art. 3 modifiant l'article 7 et S.C. 23-24 Eliz. II, 1975, c. 58, art. 5 ajoutant les articles 17.1 à 17.8.
13. *Régimes de pensions du Canada*, S.C. 13-14 Elizabeth II, 1965, c. 51 et *Régime de rentes du Québec*, S.Q. 1965, c. 24 et L.R.Q. 1977, c. R-9.
14. *Loi des régimes supplémentaires de rentes*, S.Q. 1965, c. 25.
15. *Loi sur les régimes complémentaires de retraite*, L.Q. 1989, c. 38 (Projet de loi no 116.)
16. *Loi sur l'abolition de la retraite obligatoire et modifiant certaines dispositions législatives*, L.Q. 1982, c. 12 (Projet de loi no 15), ajoutant les articles 84.1 et 122.1 à la *Loi sur les normes du travail*.

suspect pour une autre raison: les avantages qu'il désigne représentent souvent près de la moitié du salaire; ils ne sauraient être raisonnablement qualifiés de marginaux. Quelle que soit la raison, les linguistes ont pratiquement gagné la bataille. Certains ont mis de l'avant des termes attrayants, comme les avantages d'appoint ou complémentaires, mais sans succès[17].

L'expression «avantages sociaux» présente un double inconvénient. Le mot avantages n'implique aucune référence au salaire, aucune évocation de la rémunération. Il n'exclut pas ce sens, mais il ne le suggère pas. Le qualificatif sociaux est à la fois trop large et trop restreint. Trop large parce qu'il évoque les avantages de caractère public, provenant de l'État. Trop restreint parce que, parmi les avantages qui s'ajoutent au salaire, certains n'ont de social que le fait d'avoir été obtenus par voie de négociation collective: qu'il s'agisse d'un programme de soins dentaires ou d'une place de stationnement gratuite, l'un et l'autre visent l'individu et non pas la société. L'un et l'autre font cependant partie de ce qu'on a convenu d'appeler les avantages sociaux.

Nous parlerons donc des avantages sociaux, mais en nous rappelant qu'il s'agit de toutes les formes de compléments au salaire qu'on peut rencontrer et que l'imagination patronale ou syndicale a pu inventer. En ce sens, les avantages sociaux contiennent tout ce qui fait partie de la rémunération globale, sauf le salaire proprement dit. Une expression que nous pourrions emprunter à nos cousins de France, en adaptant le sens aux institutions nord-américaines, pourrait être le salaire indirect; mais le mot n'aura sans doute pas plus de succès que d'autres suggestions de même nature.

14.1.3 Bien-être, assurance et sécurité sociale

On désigne souvent les principaux avantages sociaux par l'expression «régime de bien-être social». Encore ici, on pourra dénoncer l'anglicisme, puisque les anglophones parlent de *welfare benefits*. L'expression évoque les assurances collectives et les régimes de retraite qu'on rencontre dans les conventions collectives. Bien qu'assez largement utilisée, l'expression ne s'est jamais imposée, peut-être parce qu'elle rappelle une réalité qu'on préfère passer sous silence, le bien-être ou l'assistance sociale. Pour éviter toute équivoque, nous n'emploierons l'expression que lorsqu'elle sera imposée par le contexte.

Deux autres termes requièrent une explication, parce que nous nous y référerons: sécurité sociale et assurance sociale. Certains utilisent ces deux mots pour désigner les avantages sociaux; mais chaque terme a un sens précis qu'il faut définir exactement.

L'«assurance sociale», comme le substantif l'indique, constitue une forme d'assurance, qui a toutes les caractéristiques de l'assurance privée, mais qui s'étend à une société, petite, moyenne ou grande. On s'assure contre un risque: un accident, le feu, le vol, ainsi de suite. Et tant mieux si on ne réclame pas de compensation: c'est que la catastrophe ne s'est pas produite. On ne s'assure pas contre une certitude: on ne s'assure pas contre la mort, mais contre une mort prématurée, hâtive, subite, pour protéger les survivants contre ce genre de risque. D'ailleurs, souvent, les prestations d'assurance-vie diminuent à compter d'un certain âge, par exemple 65 ans, pour finir avec une compensation minime. Les primes d'assurance-vie qu'on a payées ont servi à protéger des êtres chers contre le risque d'un départ inopiné, au moment des plus grosses responsabilités de la vie. Dans le cas d'une assurance sociale, c'est le même principe qui s'applique. C'est ainsi que les cotisations payées à la Commission de la santé et de la sécurité du travail (CSST) constituent essentiellement une forme d'assurance sociale. Le risque, c'est celui d'un accident de travail ou d'une maladie professionnelle; les frais sont répartis sur un grand nombre de personnes, ce qui permet d'accorder une compensation adéquate aux accidentés. Il s'agit d'une assurance sociale en ce sens que l'appartenance à la mutuelle qu'est la CSST est obligatoire. Le législateur a décidé que tous les employeurs paieraient (à la place des salariés) les cotisations en fonction du taux de risque de chaque

17. GÉRARD DION, *Dictionnaire canadien des relations du travail*, 2e édition, Québec, Les Presses de l'Université Laval, 1986 (993 p.), p. 46-47.

industrie ou établissement. Il s'agit là d'un système qui présente les caractéristiques fondamentales d'un régime d'assurance sociale.

Au sens strict, la «sécurité sociale» implique une redistribution de la richesse. Les programmes de sécurité sociale supposent que les plus riches contribuent à assurer une sécurité aux moins fortunés. Les pensions de sécurité de la vieillesse et les allocations familiales constituent deux exemples de sécurité sociale au sens strict: ce sont les taxes et les impôts de l'ensemble des citoyens qui servent à assurer un minimum de revenus aux personnes âgées et aux jeunes parents. Comme nous l'avons déjà noté, si les personnes qui reçoivent ces prestations de sécurité sociale n'en ont pas vraiment besoin, elles en remettront leur juste part par le truchement de l'impôt sur le revenu.

Un régime comme celui de l'assurance-chômage tient à la fois des deux concepts. À l'origine, c'était une mesure d'assurance sociale. Le risque contre lequel on devait s'assurer, c'était le chômage. Plus la base était étendue, plus les prestations pouvaient être élevées et les cotisations modiques. C'est pourquoi on a modifié la constitution et établi un régime pancanadien d'assurance-chômage. À l'origine, le chômage saisonnier – qui ne constitue pas un risque, mais une certitude – était exclu du régime d'assurance-chômage. En l'incluant, en 1955, pour les pêcheurs et les travailleurs de la construction, on faisait un accroc au principe de l'assurance sociale et on faisait un premier pas vers une forme de sécurité sociale. On a franchi d'autres pas en rattachant à l'assurance-chômage des prestations de maladie et des prestations de maternité: la maladie est un risque, mais qui diffère du chômage, et la maternité est un choix. On comprend que le législateur ait regroupé ces différentes prestations pour des raisons administratives, pour ne pas multiplier des organismes ayant des fonctions semblables. Mais, ce faisant, il a fait de l'assurance-chômage un autre type de régime, à moitié chemin entre la sécurité sociale et l'assurance sociale.

Quand les employeurs doivent verser des cotisations à la Commission de la santé et de la sécurité du travail et à la Régie de l'assurance-maladie, ils obéissent aux lois du pays, et ils assurent en même temps certains avantages à leurs employés. Mais dans ces deux cas, et dans plusieurs autres, ils le font pour se conformer à des exigences publiques, imposées par l'État. Il est donc important de distinguer entre les avantages sociaux publics et privés. Avant de passer à cet autre aspect, notons que l'expression sécurité sociale s'emploie également dans un sens large, selon lequel le terme comprend l'assistance sociale, l'assurance sociale et quelques autres régimes de nature semblable.

14.1.4 Avantages sociaux publics et privés

Certains avantages sociaux sont imposés par l'État; nous les qualifierons de publics. À l'inverse, tous ceux qui sont établis par convention collective, ou par décision unilatérale de l'employeur, nous les considérerons comme privés. Parmi les avantages sociaux «publics», nous mentionnerons la protection contre les accidents du travail, l'assurance-maladie, l'assurance-chômage et le régime de rentes.

Le régime de cotisations et de prestations de la CSST constitue la protection de l'État contre les risques d'accidents de travail et de maladies professionnelles. Pour sa part, l'assurance-maladie protège les travailleurs non pas en tant que travailleurs, mais en tant que citoyens; aussi le régime est-il financé principalement par les impôts, mais un certain prélèvement est aussi effectué sur la masse salariale des employeurs. Pour être complet, il faudrait ajouter la Société de l'assurance automobile, qui assure les citoyens contre les accidents de la route; mais, dans ce cas, aucun prélèvement n'est fait auprès des entreprises ou des travailleurs comme tels.

Les employeurs et les travailleurs doivent contribuer au régime canadien d'assurance-chômage. Si l'on ignore les autres aspects qui se sont greffés à l'assurance-chômage, il s'agit de protéger le travailleur contre un risque économique très grave, celui de perdre son emploi pour des raisons qui ne relèvent pas de sa responsabilité personnelle, mais du contexte économique. Enfin, les cotisations au régime de rentes du Québec (RRQ) constituent une protection contre un risque – ou une quasi-certitude –, celui de ne plus pouvoir exercer un travail rémunérateur pendant les dernières années de sa vie. Le régime est contributoire, en ce sens que les employeurs et les travailleurs doivent y verser chacun leur cotisation propre. Il assure aux travailleurs, en plus de la pension de vieillesse qu'ils recevront comme citoyens, un revenu supplémentaire modeste selon leurs contributions au régime pendant leur vie de travail. Cette contribution est obligatoire pour les employeurs et leurs salariés; elle est libre et volontaire pour les travailleurs autonomes. En plus de la rente de retraite, le régime assure des prestations d'invalidité, une rente à l'orphelin et au conjoint survivant, ainsi qu'une petite assurance-vie.

Ces quatre régimes forment la sécurité sociale au Québec, entendue dans son sens large. Ils assurent à tous les travailleurs une protection minimale par rapport aux risques les plus sérieux dans la vie d'un travailleur: accidents et maladie, chômage et vieillesse ou invalidité.

Les avantages sociaux «privés» ajoutent des indemnités ou des prestations, qui proviennent de régimes pour la plupart collectifs, aux avantages de base que fournissent les régimes publics. Qu'il s'agisse d'assurances collectives – contre la mort, la maladie ou d'autres désastres – ou encore d'un régime de pension pour le moment de la retraite, les avantages sociaux privés s'ajoutent à ceux qui viennent de l'État et qui, à ce titre, sont applicables à tous les travailleurs, syndiqués ou non. Dans la mesure où la majorité des avantages sociaux privés découlent de clauses de convention collective, il s'agit d'un avantage supplémentaire pour les syndiqués. Ce sont ces avantages reliés à la négociation collective qui font l'objet principal du présent chapitre. Les avantages sociaux publics sont étudiés en relation avec les avantages sociaux privés. Du fait qu'ils sont collectifs, ces avantages assurent à ceux qui en bénéficient une protection qu'ils ne pourraient s'offrir sur une base individuelle.

Les définitions fondamentales que nous venons de présenter ont permis de dégager un certain nombre d'avantages sociaux seulement. Il faut procéder à une classification plus systématique pour avoir un meilleur aperçu de la situation.

14.2 Classification et coût des avantages sociaux

En matière d'avantages sociaux, certains regroupements s'imposent d'eux-mêmes: régimes publics et régimes privés, assurances collectives et régimes de pensions de retraite. Cependant, dès qu'on pousse l'analyse plus avant, le classement des différents avantages peut se faire de plusieurs façons. Nous présenterons une classification qui permet de se retrouver dans la plupart des publications consacrées aux avantages sociaux et à leur coût relatif.

14.2.1 Essai de classification

Les définitions données jusqu'ici ont attiré l'attention sur les assurances collectives et les régimes de retraite, les avantages sociaux publics et privés. Il est un autre groupe d'avantages, qu'on est porté à oublier mais qui constitue peut-être l'avantage principal rattaché au salaire, c'est le temps chômé rémunéré. Nous avons ainsi les quatre catégories principales d'avantages sociaux[18].

Dans le coût du facteur travail, le temps chômé rémunéré représente l'élément le plus important. Dans ce temps payé mais non travaillé, il y a d'abord les vacances annuelles, qui comptent généralement trois ou quatre semaines par année; il y a ensuite les jours fériés, dispersés au cours de l'année. Si la convention collective prévoit 10 congés payés dans l'année – la *Loi sur les normes du travail* en impose sept, plus le congé de la fête nationale, donc huit en tout –, cela représente l'équivalent de deux semaines

18. *Rémunération globale, Étude explorative*, Ottawa, Commission des relations de travail dans la fonction publique, Bureau de recherche sur les traitements, 1975, p. 52-57; *Rémunération des salariés au Canada 1978*, Statistique Canada, n° 72-619, Ottawa, Approvisionnements et Services Canada, décembre 1980, 124 p.; François Delorme, *La rémunération globale, est-il possible de la mesurer?*, Québec, ministère du Travail et de la Main-d'œuvre, novembre 1977, 16 p. (Document reprographié.)

complètes de travail. Avec trois ou quatre semaines de vacances, cela fait, tout de suite, par rapport aux 52 semaines de l'année, de 10 % à 12 % du salaire annuel consacré à du temps payé, mais non travaillé.

Les vacances et les jours fériés n'épuisent pas la liste des congés auxquels les employés syndiqués ont droit: il y a les congés de maladie, les congés sociaux, les congés parentaux, sans parler d'autres périodes payées et non travaillées, comme les périodes de repos et de repas, et même les horaires d'été. Par rapport au salaire global, cet avantage d'appoint que sont les vacances et les congés peut facilement représenter entre 15 % et 20 % de la rémunération du temps travaillé. C'est l'aspect le plus coûteux.

C'est sans doute pour cette raison qu'on présente généralement le temps chômé rémunéré comme le premier groupe des avantages sociaux. Il y a aussi le fait qu'avec les congés de maladie et les congés parentaux, on passe insensiblement des congés normaux, pourrait-on dire, aux congés reliés à des formes d'assurance ou de sécurité sociale. Autant les regrouper tous sous le titre de temps payé non travaillé.

Avec ces définitions, on peut établir, pour les avantages sociaux, la classification suivante:

CLASSIFICATION DES AVANTAGES SOCIAUX

1. *Temps payé non travaillé*

   Jours fériés et congés mobiles
   Congés annuels

   Congés de maladie
   Congés sociaux

   Périodes de repos et de repas
   Congés parentaux
   Horaires d'été

2. *Régimes publics* (syndiqués et non-syndiqués)

   Régie des rentes du Québec (RRQ)
   Assurance-chômage

   Régie de l'assurance-maladie du Québec
   Accidents de travail (CSST)

3. *Pensions de retraite et assurances collectives (privées)*

   Régime supplémentaire de retraite
   Assurance-maladie et hospitalisation
   Assurance-vie et régimes connexes

   Assurance-salaire
   Invalidité de longue durée

   Assurance soins dentaires
   Assurance appareils optiques

   Remboursement de congés de maladie
   Prestation de congés parentaux

4. *Avantages divers*

   Indemnités de formation et de déplacement
   Indemnités de cessation d'emploi
   Gratifications («bonus»)
   Produits et services, gratuits ou à prix réduit

Il nous reste à voir les coûts relatifs de ces diverses catégories d'avantages sociaux.

14.2.2 Importance relative

Comment mesure-t-on le coût des avantages sociaux: par rapport au salaire payé pour le temps travaillé ou par rapport à la rémunération globale? Les deux méthodes sont valables et sont utilisées; tout dépend du point de vue qu'on veut faire ressortir. Nous utiliserons la première: elle fait mieux voir le coût qui s'ajoute au salaire lui-même.

Une étude sur le sujet faite par Statistique Canada, un peu avant 1970, montrait que la proportion des avantages sociaux s'établissait à un peu moins de 20 % du salaire. (Voir le tableau 14-1.) L'étude se fondait sur un échantillon d'entreprises manufacturières de 20 employés et plus. Dans l'ensemble, les entreprises de fabrication ont tendance à verser un peu plus d'avantages sociaux que, par exemple, le commerce et les services. De plus, la proportion d'entreprises manufacturières qui ont moins de 20 employés est faible. L'échantillon choisi était donc représentatif du secteur manufacturier. Notons que la moitié des frais reliés aux avantages sociaux était consacrée au paiement du temps non travaillé; tous les autres avantages réunis engendraient à peu près les mêmes coûts, soit une proportion de 9 % à 10 %. Dans les différentes formes de temps chômé, les vacances représentent la moitié de tout le temps payé

TABLEAU 14-1

Répartition du salaire et des avantages sociaux dans la rémunération globale au Canada – 1968 et 1978

Éléments de la rémunération	1968[1]			1978[2]		
	$/h	%	%	$/année	%	%
Temps travaillé						
Salaire de base				12 301	74,6	93,3
Salaire des heures supplémentaires				522	3,2	4,0
Commission et primes de rendements				263	1,6	2,0
Autres primes				99	0,6	0,8
Rémunération des heures travaillées	2,36	84,3	100,0	13 185	80,0	100,0
Temps chômé						
Vacances payées	0,12	4,3	5,1	794	4,8	6,0
Jours fériés payés	0,08	2,9	3,4	586	3,6	4,4
Congés de maladie	0,01	0,3	0,4	170	1,0	1,3
Autres congés	0,02	0,7	0,8	27	0,2	0,2
Rémunération des heures non travaillées	0,23	8,2	9,7	1 577	9,6	12,0
Régimes publics						
Accidents de travail	0,03	1,0	1,3	186	1,1	1,4
Assurance-chômage	0,02	0,7	0,8	209	1,3	1,6
Régime de pension du Canada ou RRQ	0,03	1,1	1,3	161	1,0	1,2
Régie de l'ass.-maladie du Québec	—	—	—	59	0,4	0,4
Contributions exigées par la loi[3]	0,08	2,9	3,4	615	3,8	4,7
Régimes privés						
Régimes de retraite privés	0,06	2,1	2,5	558	3,4	4,2
Rég. privés ass.-vie et ass.-maladie	0,07	2,5	3,0	203	1,2	1,5
Autres régimes de prévoyance	—	—	—	33	0,2	0,3
Régimes privés de bien-être[3]	0,13	4,6	5,5	794	4,8	6,0
Avantages divers						
Échelle mobile (forfaitaire)				61	0,4	0,5
Indemnité de cessation d'emploi				30	0,2	0,2
Gratifications (« bonus »)				51	0,3	0,4
Prestations imposables :						
assurance-maladie				82	0,5	0,6
autres avantages				57	0,4	0,4
Autres paiements	—	—	—	28	0,2	0,2
Paiements directs divers				310	1,9	2,4
Total des avantages sociaux	0,44	15,7	18,6	3 296	20,0	25,0
GRAND TOTAL	2,80	100,0	—	16 481	100,0	—

1. D'après un échantillon d'entreprises manufacturières de 20 employés. Il s'agit des travailleurs de la production. Les chiffres de la première colonne indiquent la rémunération horaire moyenne, d'après l'échantillon, et ses diverses composantes.
2. D'après un échantillon d'entreprises de 20 employés, choisies dans l'ensemble des industries. Les chiffres de la première colonne de 1978 indiquent la rémunération annuelle moyenne et ses composantes, d'après l'échantillon.
3. Les chiffres de cette section indiquent la contribution moyenne des employeurs aux régimes indiqués.

Sources : Bureau fédéral de la statistique et ministère du Travail, *Coûts de la main-d'œuvre dans l'industrie manufacturière. 1968*, (BFS n° 72-510); Statistique Canada, *Rémunération des salariés au Canada. Ensemble des industries. 1978*, n° 72-619, Ottawa, Approvisionnements et Services Canada, 1980, p. 16-19.

non travaillé, alors que les jours fériés constituent plus de la moitié du reste. Dans les régimes de bien-être, c'est le régime de pension qui est généralement le plus coûteux.

La même étude, reprise 10 ans plus tard (1978), portait également sur des entreprises de 20 employés et plus, mais choisies dans l'ensemble des industries. Cette extension de l'échantillon, en maintenant 20 employés et plus, excluait une forte proportion des entreprises dans le commerce et les services, où le nombre de salariés est plus faible que dans le secteur manufacturier et le secteur primaire. Le résultat global était que 25 % de la rémunération des heures travaillées était consacré à toutes les formes d'avantages sociaux. L'importance relative demeurait sensiblement la même: la moitié allait au temps chômé, et, parmi les régimes privés, les pensions de retraite constituaient proportionnellement la dépense la plus considérable. Statistique Canada n'a pas repris ce genre d'étude depuis 1978.

Le Centre de recherche et de statistiques sur le marché du travail (CRSMT), l'organe de recherche du ministère du travail du Québec, mène depuis 1983 une enquête annuelle sur la rémunération globale d'un certain nombre d'emplois repères[19]. Toutes les entreprises de 500 employés et plus sont recensées, et un échantillon stratifié selon les industries est établi pour les entreprises de plus de 200 employés. L'étude distingue les employés professionnels, les techniciens, les employés de bureau et le personnel d'entretien et de service. (Voir les tableaux 14-2 et 14-3.)

L'enquête du CRSMT reflète, plus encore que les chiffres de Statistique Canada, la situation dans la grande entreprise. Pas étonnant que la proportion du coût des avantages sociaux y varie de 40 % à 50 % de la rémunération du temps travaillé, selon les différentes catégories professionnelles. La proportion est plus faible pour les employés professionnels (41 %) et plus élevée pour les employés d'entretien et de service (48 %). Ces pourcentages reflètent le niveau moyen de la rémunération de chaque catégorie: plusieurs avantages sociaux publics comportent des paiements maximums, qui représentent un pourcentage plus faible dans le cas d'employés ayant des salaires plus élevés. L'étude du Québec est faite en fonction d'emplois repères, et non pas de l'ensemble des employés d'une industrie. En général, le temps chômé et payé représente la moitié des dépenses attribuées aux avantages sociaux, près de 20 % de la rémunération du temps travaillé. Les régimes publics comptent pour 8 % à 10 % et les régimes privés pour 9 % à 10 % du temps travaillé[20].

Mais ce qui frappe davantage encore, c'est la stabilité relative, de 1984 à 1990, dans la proportion du coût des avantages sociaux par rapport à la rémunération du temps travaillé. Cette proportion n'a augmenté que d'un point de pourcentage dans le groupe des techniciens, celui où l'effet de la négociation collective est probablement le plus fort. Dans deux autres groupes, la proportion a très légèrement diminué. La décomposition des coûts des différentes catégories d'avantages sociaux est encore plus révélatrice. C'est la proportion de la cotisation patronale aux régimes publics qui a le plus augmenté, de plus d'un point de pourcentage dans toutes les catégories. La proportion pour le temps chômé et payé est demeurée à peu près stable, et celle des régimes privés a diminué d'environ 1 % à 1,5 %.

En simplifiant un peu, on peut dire que la proportion du coût des avantages sociaux a augmenté considérablement de 1960 à 1980. Depuis ce moment, il y a eu stabilisation de la proportion globale et recul des régimes privés. Dans les grandes entreprises, les avantages sociaux représentent 40 % de la rémunération du temps travaillé. Quant aux régimes publics et privés de bien-être social, ils correspondent chacun à environ 10 % du même montant. En deux mots, le coût global des avantages sociaux est très important, et il a augmenté jusqu'en 1980. Depuis lors, il s'est

19. RICHARD BEAUPRÉ et LOUISE GRAVEL, «Enquête salariale sur les emplois-repères», *Le marché du travail*, vol. 5, n° 4, avril 1984, p. 56-89.

20. Si les calculs se font par rapport à la rémunération globale, plutôt que par rapport à la rémunération du temps travaillé, les proportions sont évidemment moindres.

à peu près stabilisé, sauf pour les régimes privés, qui ont eu tendance à diminuer un peu.

* * *

Il faut maintenant considérer en détail chacun des principaux groupes d'avantages sociaux. Nous n'insisterons pas sur le temps payé non travaillé: à part les coûts qu'il représente et les problèmes administratifs qu'il soulève, il n'entraîne guère d'autres difficultés; c'est presque une simple question d'arithmétique. Nous nous arrêterons successivement aux assurances collectives, aux pensions de retraite et à quelques autres avantages particuliers. Nous traiterons principalement des avantages sociaux négociés, donc privés, mais en faisant référence aux régimes publics lorsqu'il y a un lien avec l'un ou l'autre des avantages sociaux privés.

14.3 Assurances collectives

Sauf les pensions de retraite, dont nous traiterons plus loin, les régimes de bien-être établis par convention collective prennent la forme d'assurances collectives. Trois questions principales se posent. D'abord, le financement, ou qui paie pour l'assurance? Deuxièmement, quel niveau de protection est assuré? Et troisièmement, quelles conditions faut-il remplir pour bénéficier de l'assurance, et quelles en sont les modalités d'application?

Les trois types principaux d'assurances collectives sont l'assurance-vie et l'assurance-maladie auxquelles s'est ajoutée, plus récemment, l'assurance-salaire. Dans bon nombre d'entreprises, surtout de grande taille, on trouve, du moins pour les deux premiers types d'assurance, un régime de base, qui s'applique à tous les employés; s'y ajoute un régime complémentaire, facultatif, dont les cotisations sont payées par l'employeur et par l'employé qui veut en bénéficier. L'adhésion aux régimes complémentaires n'est pas obligatoire, mais, habituellement, un nombre minimal d'adhérents doit y souscrire pour qu'il s'applique[21].

14.3.1 Assurance-vie

L'assurance-vie est la plus fréquente des assurances collectives qui apparaissent dans les conventions. C'est d'ailleurs une des plus vieilles formes d'avantage social. Au XIXe siècle, elle était prise en charge par les fraternités, ou unions, qui y consacraient une petite partie de la cotisation syndicale. L'objectif était clair: conserver l'allégeance des membres. On peut spéculer sur les raisons qui ont amené un grand nombre d'employeurs à introduire, souvent de façon spontanée, des régimes d'assurance-vie pour l'ensemble de leurs employés. Certains se demandent si ce n'était pas pour éviter une syndicalisation trop rapide de leur entreprise[22].

Plus de la moitié des conventions collectives, visant 75 % des salariés régis par convention, contiennent des dispositions relatives à un régime collectif d'assurance-vie. (Voir le tableau 14-4.) Dans les grandes entreprises, la proportion est beaucoup plus élevée: selon l'enquête du Bureau de recherche sur les traitements, ce seraient 95 % des établissements qui offriraient, à tous leurs employés – cadres et professionnels, employés de bureau et employés hors bureau –, l'avantage d'une assurance-vie collective. Dans plus de la moitié des cas, la totalité de la prime est payée par l'employeur. Dans certains établissements, la prime est payée en parts égales par l'employeur et l'employé; mais cette formule ne se retrouve que dans environ 10 % des cas. Le montant de l'assurance le plus fréquent varie de 10 000 $ à 20 000 $. Quinze pour cent des salariés peuvent obtenir un régime d'assurance-vie supplémentaire. Dans quelques cas, moins fréquents, on offre une assurance

21. *Pour une meilleure qualité de vie, les avantages sociaux,* 8e Colloque de relations industrielles de l'Université de Montréal, 1977, Université de Montréal, 1978, 96 p.; *Programme d'enquêtes sur les avantages sociaux. Fréquence et caractéristiques. 1er janvier 1990*, Ottawa, Commission des relations de travail dans la fonction publique, Bureau de recherche sur les traitements, septembre 1990, 125 p.; JEAN-MICHEL COUSINEAU et ROBERT LACROIX, «La détermination des avantages sociaux au Canada», *Relations industrielles*, vol. 39, n° 1, 1984, p. 3-21.

22. PIERRE MAROIS, «L'ère des avantages sociaux» dans *Pour une meilleure qualité de vie, les avantages sociaux*, p. 22.

TABLEAU 14-2

Répartition du salaire et des avantages sociaux dans la rémunération de quatre catégories d'emplois repères[1] au Québec – 1984

Éléments de la rémunération au taux normal	Catégorie professionnelle		Catégorie technique		Catégorie bureau		Cat. entretien et services	
	$ par employé	%	$ par employé	%	$ par employé	%	$ par employé	%
Rém. du temps travaillé	27 846	82,4	21 107	81,8	16 389	81,0	16 943	80,9
Rém. du temps chômé								
Jours fériés et congés mobiles	1 608	4,8	1 241	4,8	958	4,7	985	4,7
Congés annuels	2 445	7,2	1 874	7,3	1 450	7,1	1 603	7,7
Congés de maladie	672	2,0	568	2,2	503	2,5	404	1,9
Congés sociaux	139	0,4	84	0,3	68	0,3	62	0,3
Périodes de repos et repas	1 044	3,1	894	3,4	839	4,1	928	4,4
Congés parentaux	22	0,1	17	0,1	9	—	8	—
Horaires d'été	15	1,4	22	0,1	21	0,1	7	—
Total : rém. du temps chômé	5 957	18,0	4 700	18,0	3 849	19,0	3 998	19,1
TOTAL : rém. au taux normal	33 803	100,0	25 807	100,0	20 239	100,0	20 942	100,0
Régimes publics[2]								
Régie des rentes (RRQ)	300	0,9	297	1,1	287	1,4	280	1,3
Assurance-chômage	581	1,7	570	2,2	533	2,6	535	2,6
Régie de l'ass.-maladie	1 014	3,0	774	3,0	607	3,0	628	3,0
Accidents de travail	307	0,9	291	1,1	206	1,0	453	2,1
Total : régimes universels	2 202	6,5	1 932	7,5	1 633	8,0	1 897	9,0
Régimes privés								
Régimes suppl. de retraite	2 497	7,4	1 924	7,5	1 347	6,7	1 130	5,4
Assurance-maladie suppl.	91	0,3	73	0,3	74	0,4	75	0,4
Ass.-vie et régimes connexes	183	0,5	113	0,4	89	0,4	73	0,4
Assurance-salaire	233	0,7	293	1,1	222	1,1	347	1,7
Invalidité de longue durée	109	0,3	90	0,4	63	0,3	72	0,3
Assurance soins dentaires	87	0,3	51	0,2	52	0,3	33	0,2
Assurance appareils optiques	7	—	3	—	3	—	2	—
Remb. de congés de maladie	92	0,3	124	0,5	102	0,5	465	2,2
Compens. pour congés parentaux	54	0,2	107	0,4	102	0,5	18	0,1
Total : retraite, ass. et autres	3 356	9,9	2 781	11,0	2 056	10,0	2 216	10,6
Avantages sociaux/rémunération du temps travaillé	11 515	41,4	9 413	44,6	7 538	46,0	8 111	47,9

1. Moyennes réalisées par voie de recensement (500 employés et plus, 1000 et plus dans les industries manufacturières) et d'échantillon stratifié (200 à 999 employés) des déboursés des établissements au titre des salaires et avantages sociaux, en vigueur le 1er juillet 1984, pour 45 titres d'emploi, représentant 82 emplois repères et regroupés en quatre catégories. Le relevé s'étend à toutes les industries sauf l'agriculture, la forêt, le bâtiment et les travaux publics (construction).
2. L'évaluation des coûts pour les régimes publics est le résultat d'estimations.

Source : « Enquête sur la rémunération globale des emplois repères au Québec », supplément au *Marché du travail*, vol. 6, nº 4, avril 1985, encart de 21 pages.

TABLEAU 14-3

Répartition du salaire et des avantages sociaux dans la rémunération de quatre catégories d'emplois repères[1] au Québec – 1990

Éléments de la rémunération au taux régulier	Catégorie professionnelle		Catégorie technique		Catégorie bureau		Cat. entretien et services	
	$ par employé	%	$ par employé	%	$ par employé	%	$ par employé	%
Rém. du temps travaillé	33 485	82,3	27 218	80,8	20 876	80,5	20 633	80,6
Rém. du temps chômé								
Jours fériés et congés mobiles	1 937	4,8	1 611	4,8	1 251	4,8	1 199	4,7
Congés annuels	3 003	7,4	2 587	7,7	1 898	7,3	1 962	7,7
Congés de maladie	711	1,7	532	1,6	566	2,2	383	1,5
Congés sociaux	116	0,3	129	0,4	89	0,3	95	0,4
Périodes de repos et de repas	1 382	3,4	1 557	4,7	1 218	4,7	1 338	5,2
Congés parentaux	21	—	9	—	3	—	4	—
Horaires d'été	36	0,1	27	0,1	32	0,1	9	—
Total: rém. du temps chômé	7 196	17,7	6 453	19,2	5 058	19,5	4 990	19,5
TOTAL: rém. au taux normal	40 681	100,0	33 671	100,0	25 933	100,0	25 623	100,0
Régimes publics[2]								
Régie des rentes (RRQ)	521	1,3	518	1,5	456	1,8	436	1,7
Assurance-chômage	763	1,9	724	2,2	622	2,4	611	2,4
Régie de l'ass.-maladie	1 310	3,2	1 085	3,2	835	3,2	825	3,2
Accidents de travail	488	1,2	655	2,0	350	1,4	758	3,0
Total: régimes universels	3 083	7,6	2 981	8,9	2 264	8,7	2 631	10,3
Régimes privés								
Régimes suppl. de retraite	2 597	6,4	2 025	6,0	1 408	5,4	1 247	4,9
Assurance-maladie suppl.	154	0,4	142	0,4	118	0,5	119	0,5
Ass.-vie et régimes connexes	163	0,4	140	0,4	76	0,3	96	0,4
Assurance-salaire	145	0,4	278	0,8	276	1,1	517	2,0
Invalidité de longue durée	121	0,3	93	0,3	73	0,3	75	0,3
Assurance soins dentaires	163	0,4	125	0,4	102	0,4	86	0,3
Assurance appareils optiques	11	—	8	—	6	—	5	—
Remb. de congés de maladie	81	0,2	117	0,4	99	0,4	186	0,7
Compens. pour congés parentaux	59	0,1	56	0,2	79	0,3	5	—
Total: retraite, ass. et autres	3 494	8,6	2 985	8,9	2 234	8,6	2 338	9,1
Avantages sociaux/rémunération du temps travaillé	13 773	41,1	12 419	45,6	9 556	45,8	9 959	48,3

1. Moyennes réalisées par voie de recensement (500 employés et plus, 1000 et plus dans les industries manufacturières) et d'échantillon stratifié (200 à 999 employés) des déboursés des établissements au titre des salaires et avantages sociaux, en vigueur le 1er juillet 1990, pour 45 titres d'emploi, représentant 82 emplois repères et regroupés en quatre catégories. Le relevé s'étend à toutes les industries sauf l'agriculture, la forêt, le bâtiment et les travaux publics (construction).
2. L'évaluation des coûts pour les régimes publics est le résultat d'estimations.

Source: «Enquête sur la rémunération globale des emplois repères au Québec», supplément au *Marché du travail*, vol. 11, n° 10, octobre 1990, encart de 75 pages.

TABLEAU 14-4

L'assurance-vie dans les conventions collectives – 1984 et 1989

Dispositions des conventions collectives visant l'assurance-vie[1]	Conventions collectives régissant moins de 50 salariés				50 salariés et plus				tous les salariés (TOTAL)			
	C.c.	%	Salariés	%	C.c.	%	Salariés	%	C.c.	%	Salariés	%
1984												
Ass.-vie collective	1 854	44,8	34 056	46,5	1 127	59,4	556 275	80,6	2 981	49,4	590 331	77,3
Payée par employeur	457	11,0	8 822	12,1	382	20,1	316 841	45,9	839	13,9	325 663	42,7
10 000 $ à 14 999 $	121	2,9	2 409	3,3	92	4,9	19 714	2,9	213	3,5	22 123	2,9
15 000 $ à 19 999 $	101	2,4	2 087	2,9	102	5,4	20 122	2,9	203	3,4	22 209	2,9
20 000 $ et plus	145	3,5	2 228	3,0	123	6,5	30 976	4,5	268	4,4	33 204	4,4
Ass.-vie suppl. facultative	58	1,4	1 260	1,7	72	3,8	26 567	3,9	130	2,2	27 827	3,6
TOTAL	4 141	100,0	73 174	100,0	1 897	100,0	690 293	100,0	6 038	100,0	763 467	100,0
1989												
Ass.-vie collective	2 489	46,2	47 890	46,6	1 499	58,2	744 762	80,9	3 988	50,1	792 652	77,5
Payée par employeur	668	12,4	12 920	12,6	571	22,1	543 631	59,1	1 239	15,6	556 551	54,4
10 000 $ à 14 999 $	145	2,7	3 030	3,0	75	2,9	16 285	1,8	220	2,8	19 316	1,9
15 000 $ à 19 999 $	119	2,2	2 638	2,6	69	2,7	8 712	1,0	188	2,4	11 351	1,1
20 000 $ et plus	253	4,7	5 627	5,5	267	10,4	68 615	7,5	520	6,5	74 242	7,3
Ass.-vie suppl. facultative	65	1,2	2 117	2,1	134	5,2	99 023	10,8	199	2,5	101 140	9,9
TOTAL	5 384	100,0	102 845	100,0	2 577	100,0	920 207	100,0	7 961	100,0	1 023 052	100,0

1. Les différents concepts ne s'excluent pas les uns les autres. Les chiffres de chacune des colonnes ne s'additionnent donc pas: ils révèlent l'importance relative de chaque disposition.

Source: Données mécanographiques du CRSMT, 2 avril 1991. (Variables I-06 à I-09.)

sur la vie des personnes à charge. Une proportion importante d'entreprises accordent une somme plus élevée en cas de mort accidentelle ou de mutilation grave par suite d'un accident[23].

Pourquoi la plupart des entreprises offrent-elles, généralement à leurs frais, une assurance-vie à leurs employés ? Le but est de retenir le personnel. Le régime représente un déboursé relativement faible et constitue en quelque sorte un symbole important de la considération de l'entreprise envers chacun de ses employés. Pour les personnes à la charge de l'employé, c'est une protection très appréciable. Pour l'employé lui-même, il y a l'avantage de l'admissibilité quasi automatique, d'habitude sans aucune formalité. Tout dépend des conditions que pose l'assureur avec lequel l'employeur fait affaire. Ces conditions sont consignées dans le contrat d'assurance de chaque employeur.

14.3.2 Assurance-maladie complémentaire

Les régimes collectifs d'assurance-maladie, établis par convention collective, ont toujours un caractère complémentaire. C'est qu'il existe, au Québec, depuis novembre 1970, un régime d'assurance-maladie universel et obligatoire. La première phase de ce programme remonte à 1960, année de l'entrée en vigueur de la *Loi de l'assurance-hospitalisation*. Le régime complet fut mis en application 10 ans plus tard, en 1970[24]. En vertu de ce régime public, la Régie de l'assurance-maladie du Québec fournit tous les services médicaux essentiels: hospitalisation (en salle commune), consultations médicales, opérations chirurgicales, médicaments délivrés en institution et aux personnes âgées, et le reste. Les régimes collectifs ajoutent des compléments aux services de base établis par la loi, comme le paiement d'une chambre à deux lits, les frais d'une infirmière particulière si nécessaire, le transport par ambulance, et divers autres services non payés par la Régie de l'assurance-maladie du Québec.

Environ 50 % des conventions collectives, touchant 75 % des salariés régis, contiennent une forme ou l'autre d'assurance-maladie complémentaire. La variété des régimes est considérable. Les services assurés vont des différentes formes de thérapies, physiothérapie et autres, à la chiropraxie, la podiatrie et les services psychologiques, en passant par les appareils orthopédiques, les fauteuils roulants, les membres artificiels et autres dépenses qui peuvent être occasionnées par la maladie.

La question de savoir qui paie la cotisation pour ce complément d'assurance-maladie se prête aux compilations statistiques. (Voir le tableau 14-5.) Différentes formules existent. Les plus fréquentes sont les suivantes: l'employeur et l'employé paient chacun la moitié de la cotisation, ou l'employeur la paie en entier.

Une option est souvent offerte aux employés: l'employeur s'engage à payer une assurance pour les services médicaux de base, non assurés par le régime public; en même temps, il offre à chaque employé, en vertu de la convention collective, la possibilité de choisir une couverture plus étendue, incluant les personnes à charge. Ce choix de l'employé implique généralement une contribution de sa part. Un exemple bien connu de cette formule à double palier existe dans le cas de la Croix Bleue, qui offre un régime de base et un régime d'indemnités majeures ou « Plan médical majeur ». À cause de la protection ainsi offerte aux personnes à la charge de l'employé, on voit dans le tableau 14-5 que la contribution de l'employeur « varie selon l'état civil » du salarié: 5 % des conventions collectives correspondent à cette situation, mais elles visent presque la moitié de tous les salariés régis par convention, incluant une bonne partie des employés du secteur public.

Les développements récents dans le domaine de l'assurance-maladie complémentaire visent principalement les soins dentaires et l'achat de lunettes ou de lentilles cornéennes. Dans le cas des soins dentaires, la proportion des conventions collectives

---

23. *Programme d'enquêtes sur les avantages sociaux. 1er janvier 1990*, voir *supra*, note 21, p. 19-23.
24. *Loi de l'assurance-hospitalisation*, S.Q. 1960, c. 78. *Loi de l'assurance-maladie*, S.Q. 1970, c. 37 et L.R.Q. c. A-29.

TABLEAU 14-5

L'assurance-maladie complémentaire dans les conventions collectives – 1984 et 1989

Contribution de l'employeur à l'assurance-maladie complémentaire	Conventions collectives régissant moins de 50 salariés				50 salariés et plus				tous les salariés (TOTAL)			
	C.c.	%	Salariés	%	C.c.	%	Salariés	%	C.c.	%	Salariés	%
1984												
Moins de 50 %	12	0,3	215	0,3	2	0,1	125	—	14	0,2	340	—
50 %	456	11,0	8 104	11,1	244	12,9	65 127	9,4	700	11,6	73 231	9,6
51 % à 99 %	254	6,1	4 752	6,5	90	4,7	17 157	2,5	344	5,7	21 909	2,9
100 %	369	8,9	7 065	9,7	252	13,3	49 585	7,2	621	10,3	56 650	7,4
Varie selon l'état civil	88	2,1	1 720	2,4	140	7,4	311 460	45,1	228	3,8	313 180	41,0
Aucune précision	359	8,7	6 493	8,9	199	10,5	57 583	8,3	558	9,2	64 076	8,4
Autre disposition[1]	219	5,3	4 085	5,6	162	8,5	48 902	7,1	381	6,3	52 987	7,0
Aucune disposition	2 384	57,6	40 740	55,7	808	42,6	140 354	20,3	3 192	52,9	181 094	23,7
TOTAL	4 141	100,0	73 174	100,0	1 897	100,0	690 293	100,0	6 038	100,0	763 467	100,0
1989												
Moins de 50 %	21	0,4	268	0,3	4	0,2	269	—	25	0,3	537	—
50 %	596	11,1	11 714	11,4	363	14,1	69 915	7,6	959	12,0	81 629	8,0
51 % à 99 %	325	6,0	6 182	6,0	167	6,5	31 356	3,4	492	6,2	37 538	3,7
100 %	492	9,1	9 767	9,5	362	14,1	67 779	7,4	854	10,7	77 546	7,6
Varie selon l'état civil	180	3,3	3 254	3,2	204	7,9	467 290	50,8	384	4,8	470 544	46,0
Aucune précision	470	8,7	8 836	8,6	205	8,0	44 215	4,8	675	8,5	53 051	5,2
Autre disposition[1]	264	4,9	5 269	5,1	140	5,4	51 508	5,6	404	5,1	56 777	5,5
Aucune disposition	3 036	56,4	57 555	56,0	1 132	43,9	187 875	20,4	4 168	52,3	245 430	24,0
TOTAL	5 384	100,0	102 845	100,0	2 577	100,0	920 207	100,0	7 961	100,0	1 023 052	100,0

1. Inclut: aucune contribution et autres dispositions.

Source: Données mécanographiques du CRSMT, 2 avril 1991. (Variable I-11.)

comportant une telle disposition a augmenté, de 1984 à 1989, de 15 % à 19 %. (Voir le tableau 14-6.) Le nombre de salariés qui jouissent de cet avantage est quant à lui passé de 120 000 (16 %) à 180 000 (18 %). La forme des contributions patronales varie également. Le cas qui, de peu, est le plus fréquent est celui où l'employeur assume 100 % de la contribution requise. On peut s'attendre à des développements semblables pour les prothèses auditives et déambulatoires.

Une question particulière concerne le maintien de ces assurances une fois l'employé à la retraite. Dans plusieurs cas, le transfert est prévu de l'assurance collective à un contrat individuel entre l'employé et la compagnie d'assurances. En effet, partout où il y a assurance-vie collective et assurance-maladie complémentaire, l'employeur et (ou) le syndicat, selon les modalités prévues dans la convention collective, ont procédé au choix d'un assureur particulier. L'employeur achète ainsi, pour ses employés, une police d'assurance collective, selon la demande des intéressés et les différentes possibilités offertes par les compagnies d'assurances.

14.3.3 Assurance-salaire

L'assurance-salaire vient en quelque sorte compléter l'assurance-maladie. Elle consiste en un régime qui prévoit le paiement du salaire, en tout ou en partie, au salarié qui en est privé pour une raison ou pour une autre. La principale cause ici visée est la maladie. L'employé privé de son salaire à cause d'une situation de chômage est indemnisé par l'assurance-chômage, dont nous traiterons plus loin.

La protection du salaire, pour le salarié incapable de travailler, prend plusieurs formes. La première, et la plus souvent utilisée, consiste dans les journées de maladie, prévues dans à peu près la moitié des conventions collectives visant les deux tiers des salariés. Le nombre de jours de congés de maladie est très variable. La formule la plus fréquente est celle d'un jour par mois de service, jusqu'à 12 jours par année. Selon certaines conventions, les jours de maladie non utilisés peuvent s'accumuler indéfiniment; cette disposition était relativement fréquente autrefois; elle l'est beaucoup moins aujourd'hui. Quand les congés de maladie pouvaient être accumulés, ils étaient souvent monnayables au moment du départ. Actuellement, les journées de maladie sont rarement cumulatives[25]. Aussi, de nombreux employés tiennent à les utiliser, quelle que que soit la raison.

Au-delà des congés de maladie, qu'arrive-t-il si l'employé ne peut retourner à son travail? Il s'agit alors d'une invalidité de courte durée. C'est cette situation que visent les régimes collectifs d'assurance-salaire. (Voir les tableaux 14-7 et 14-8.) Cette forme d'assurance collective est relativement répandue: environ 55 % des conventions collectives contiennent une disposition de cette nature, et elles visent 80 % de l'ensemble des salariés régis par convention. Les modes de contribution à ce régime varient considérablement, mais c'est le paiement total par l'employeur qu'on rencontre le plus souvent.

La durée des prestations est aussi très différente d'un cas à l'autre. Les formules les plus fréquentes sont de six mois, un an ou plus d'un an. Les statistiques permettent d'observer deux concentrations: la première contient des formules de courte durée, soit de 6 mois et moins; les autres ont une durée de plus d'une année. La différence entre le pourcentage des conventions collectives et celui des salariés dans ce dernier cas montre qu'il s'agit de très grandes conventions collectives, vraisemblablement celles du secteur public: 3 % des conventions visent ainsi 45 % des salariés régis par convention collective. On observe la même disproportion dans la valeur des prestations: les prestations les plus élevées, c'est-à-dire 80 % du salaire normal, se retrouvent dans 4 % des conventions et s'appliquent à 24 % des salariés. Les conditions les plus favorables sont concentrées dans les plus grandes conventions, surtout celles du secteur public.

25. *Conditions de travail contenues dans les conventions collectives, Québec 1989*, Québec, Centre de recherche et de statistiques sur le marché du travail, 1991, p. 194-199. (Variables H-01 à H-05.)

TABLEAU 14-6

Régime collectif de soins dentaires dans les conventions collectives – 1984 et 1989

Contribution de l'employeur aux soins dentaires	Conventions collectives régissant moins de 50 salariés				50 salariés et plus				tous les salariés (TOTAL)			
	C.c.	%	Salariés	%	C.c.	%	Salariés	%	C.c.	%	Salariés	%
1984												
50 %	33	0,8	569	0,8	35	1,8	5 612	1,0	68	1,1	6 181	0,8
51 % à 99 %	17	0,4	401	0,5	22	1,2	4 391	0,6	39	0,6	4 792	0,6
100 %	161	3,9	2 708	3,7	94	5,0	19 442	2,8	255	4,2	22 150	2,9
Montant fixe	137	3,3	3 291	4,5	87	4,6	25 230	3,7	224	3,7	28 521	3,7
Aucune précision	128	3,1	2 057	2,8	94	5,0	35 146	5,0	222	3,7	37 203	4,9
Autre disposition	32	0,8	663	0,9	61	3,2	23 669	3,4	93	1,5	24 332	3,2
Aucune disposition	3 633	87,7	63 485	86,8	1 504	79,3	576 803	83,6	5 137	85,1	640 288	83,9
TOTAL	4 141	100,0	73 174	100,0	1 897	100,0	690 293	100,0	6 038	100,0	763 467	100,0
1989												
50 %	68	1,3	1 308	1,3	95	3,7	13 678	1,5	163	2,0	14 986	1,5
51 % à 99 %	51	0,9	873	0,9	72	2,8	19 032	2,1	123	1,6	19 905	1,9
100 %	220	4,1	3 911	3,7	212	8,2	44 925	4,9	432	5,4	48 836	4,8
Montant fixe	165	3,1	4 235	4,1	178	6,9	25 060	2,7	343	4,3	29 295	2,9
Aucune précision	186	3,5	2 914	2,8	126	4,9	31 066	3,4	312	3,9	33 980	3,3
Autre disposition	40	0,7	830	0,8	90	3,5	29 470	3,2	130	1,6	30 300	3,0
Aucune disposition	4 654	86,5	87 774	86,3	1 804	70,0	756 976	82,3	6 458	81,1	845 750	82,7
TOTAL	5 384	100,0	102 845	100,0	2 577	100,0	920 207	100,0	7 961	100,0	1 023 052	100,0

Source : Données mécanographiques du CRSMT, 2 avril 1991. (Variable I-12.)

TABLEAU 14-7

L'assurance-salaire dans les conventions collectives – 1984

Dispositions des conventions collectives sur l'assurance-salaire[1]	Conventions collectives régissant moins de 50 salariés				Conventions collectives régissant 50 salariés et plus				Conventions collectives régissant tous les salariés (TOTAL)			
	C.c.	%	Salariés	%	C.c.	%	Salariés	%	C.c.	%	Salariés	%
Clause d'assurance-salaire	2 128	51,4	38 244	52,3	1 218	64,2	573 428	83,1	3 346	55,4	611 672	80,1
Délai de carence (4 à 7 jours)	170	4,1	3 177	4,3	120	6,3	312 189	45,2	290	4,8	315 366	41,3
Contribution de l'employeur												
50 %	517	12,5	9 073	12,4	202	10,6	36 019	5,2	719	11,9	45 092	5,9
100 %	464	11,2	8 532	11,7	291	15,3	87 902	12,7	755	12,5	96 434	12,6
Durée des prestations												
jusqu'à 6 mois	622	15,0	11 923	16,3	385	20,3	78 082	11,3	1 007	16,7	90 005	11,8
de 7 mois à 1 an	110	2,7	1 802	2,5	147	7,7	71 002	10,3	257	4,3	72 804	9,5
plus d'un an	62	1,5	807	1,1	77	4,1	299 175	43,3	139	2,3	299 982	39,3
Valeur des prestations												
66 % à 70 % du salaire	136	3,3	2 909	4,0	114	6,0	35 865	5,2	250	4,1	38 774	5,1
80 % du salaire	80	1,9	1 466	2,0	70	3,7	152 284	22,1	150	2,5	153 750	20,1
Invalidité de longue durée	885	21,4	16 482	22,5	513	27,0	156 735	22,7	1 398	23,1	173 217	22,7
TOTAL	4 141	100,0	73 174	100,0	1 897	100,0	690 293	100,0	6 038	100,0	763 467	100,0

1. Les dispositions se rapportent à différents aspects de l'assurance-salaire. Elles ne sont pas exclusives et ne peuvent donc pas s'additionner.

Source : Données mécanographiques du CRSMT, 28 mars 1991. (Variables H-6 à H-12.)

TABLEAU 14-8

L'assurance-salaire dans les conventions collectives – 1989

Dispositions des conventions collectives sur l'assurance-salaire[1]	Conventions collectives régissant moins de 50 salariés				50 salariés et plus				tous les salariés (TOTAL)			
	C.c.	%	Salariés	%	C.c.	%	Salariés	%	C.c.	%	Salariés	%
Clause d'assurance-salaire	2 842	52,8	54 097	52,6	1 685	65,4	775 363	84,3	4 527	56,9	829 460	81,1
Délai de carence (4 à 7 jours)	301	5,6	5 156	5,0	194	7,5	464 509	50,5	495	6,2	469 665	45,9
Contribution de l'employeur												
50 %	658	12,2	12 801	12,4	363	14,1	51 604	5,6	1 021	12,8	64 405	6,3
100 %	613	11,4	11 746	11,4	389	15,1	104 564	11,4	1 002	12,6	106 310	10,4
Durée des prestations												
jusqu'à 6 mois	796	14,8	16 093	15,6	572	22,2	106 781	11,6	1 368	17,2	122 874	12,0
de 7 mois à 1 an	138	2,6	2 335	2,3	152	5,9	51 191	5,6	290	3,6	53 526	5,2
plus d'un an	159	2,9	2 228	2,2	130	5,0	455 126	49,5	289	3,6	457 354	44,7
Valeur des prestations												
66 % à 70 % du salaire	162	3,0	5 357	5,2	161	6,2	49 830	5,4	323	4,1	55 187	5,4
80 % du salaire	159	2,9	4 312	4,2	136	5,3	235 784	25,6	295	3,7	240 096	23,5
Invalidité de longue durée	1 168	21,7	22 420	21,8	819	31,8	222 543	24,2	1 987	25,0	244 963	23,9
TOTAL	5 384	100,0	102 845	100,0	2 577	100,0	920 207	100,0	7 961	100,0	1 023 052	100,0

1. Les dispositions se rapportent à différents aspects de l'assurance-salaire. Elles ne sont pas exclusives et ne peuvent donc pas s'additionner.

Source : Données mécanographiques du CRSMT, 28 mars 1991. (Variables H-6 à H-12.)

Dans le tiers des conventions collectives, visant le tiers des salariés, une assurance-invalidité de longue durée complète l'assurance-salaire. Un délai de carence assez long est alors imposé, qui va jusqu'à six mois ; cette période correspond au temps où s'applique l'assurance-invalidité de courte durée. Une fois celle-ci expirée, le délai de carence est relativement court, environ une semaine. Quant aux prestations, elles sont généralement plus faibles que dans le cas de l'invalidité de courte durée. Si elles s'expriment en pourcentage, elles correspondent le plus souvent à 60 % ou 70 % du salaire ; dans plusieurs cas elles consistent dans un montant fixe. Même si, de 1984 à 1989, la proportion des salariés qui bénéficient d'une protection de longue durée a légèrement augmenté, elle demeure inférieure à 35 % des conventions collectives et des salariés régis par convention[26].

Voilà les principales formes que prennent les assurances collectives dans les conventions collectives au Québec. Mais ce ne sont pas les seules. Nous aborderons, par exemple, l'assurance-chômage et les prestations supplémentaires d'assurance-chômage[27]. Pour donner une forme plus concrète à l'exposé qui précède, voici maintenant deux exemples de clauses de cette nature.

14.3.4 Deux exemples d'assurances collectives

Le premier exemple contient un éventail de divers types d'assurances offert aux employés de la compagnie en cause. Dans certains cas, la participation est obligatoire, dans d'autres elle est volontaire.

> 18.01 La Compagnie verra à ce que sa ou ses compagnies d'assurances (qui peuvent être changées de temps à autre) fournissent aux employés participants les bénéfices suivants :
>
> *Assurance-Vie*
>
> Employés avec dépendants : 18 500 $
> 1er février 1989 : 19 500 $
> 1er février 1990 : 20 500 $
>
> (2500 $ à la retraite et à compter du 1er février 1989 : 3000 $)
>
> Employés sans dépendant : 12 500 $
> 1er février 1989 : 13 500 $
> 1er février 1990 : 14 500 $
>
> (2500 $ à la retraite et à compter du 1er février 1989 : 3000 $)
>
> *Mort Accidentelle et Perte de Membres*
>
> Couverture non occupationnelle
> Maximum : 7000 $
> 1er février 1989 : 8000 $
> 1er février 1990 : 9000 $
>
> *Régime d'indemnité hebdomadaire*
>
> Le Régime d'indemnité hebdomadaire s'établira à 66⅔ % des gains hebdomadaires de base, (40 fois le taux régulier) avec un maximum égal au maximum des prestations d'assurance-chômage (sous réserve de tout changement, tel que stipulé à la section 61 de la Loi de l'assurance-chômage), avec la participation obligatoire en vue d'obtenir l'admissibilité à la réduction intégrale de l'assurance-chômage.
>
> L'indemnité est payable à compter du premier (1er) jour d'un accident ou d'une maladie exigeant l'hospitalisation et à compter du quatrième (4e) jour d'une maladie ne nécessitant pas l'hospitalisation, pour un maximum de 52 semaines.
>
> Dans les cas des employés dont le salaire est moindre que le montant maximum prévu par la C.A.C. (section 61 de la Loi d'assurance-chômage) le pourcentage (%) des prestations sera calculé sur le revenu brut (soit la moyenne des revenus admissibles pour les vingt (20) dernières semaines), mais les prestations ne devront en aucun cas dépasser le montant maximum prévu par la C.A.C.
>
> *Assurance-Santé*
>
> Chambre et pension à l'hôpital : chambre semi-privée au complet.
>
> *Ambulance :* 25 $ maximum

26. *Conditions de travail contenues dans les conventions collectives, Québec, 1989*, voir *supra*, note 25, p. 206. (Variable H-12.). *Programme d'enquêtes sur les avantages sociaux, 1er janvier 1990*, voir *supra*, note 21, p. 57-61.
27. Voir la section 14.5.2.

Chiro: Effectif le 1er février 1989:
12 $/visite, maximum 240 $/année
25 $/rayons-x/invalidité
primes payées à 100 % par la Compagnie.

Régime à couverture étendue

La Compagnie mettra en vigueur un régime à couverture étendue, dont les points saillants sont comme suit:

Maximum – 10 000 $ avec une franchise de 25 $ par personne et de 25 $ par famille.

À compter du 1er février 1989, maximum de 12 500 $ et effectif 1er février 1990: maximum de 15 000 $.

Coassurance: 80-20 à l'exception des prescriptions, lesquelles seront défrayées à 100 %.

Partage des coûts

La Compagnie paie 100 % de la prime de cette assurance-groupe.

(...)

Les bénéfices d'assurance-groupe seront administrés selon les termes et conditions de la police d'assurance-groupe.

Maintien de l'assurance-groupe en cas de mise à pied

La Compagnie accepte de maintenir la protection d'assurance-vie, MMA et le régime à couverture étendue, au frais de l'employé mis à pied, s'il le désire. Ceci devient effectif le premier du mois suivant la mise à pied.

Régime d'assurance dentaire

19.01 La Compagnie continuera d'offrir un régime d'assurance dentaire avec participation obligatoire pour tous les employés régis par l'unité de négociation, selon la base suivante:

Module 1

Le régime fournit aux employés et à leurs personnes à charge admissibles le remboursement de 80 % du coût des frais suivants: diagnostic, thérapeutique préventive (...)

(Matériaux de construction Domtar, division Arborite (LaSalle), et le Syndicat canadien des travailleurs du papier, section locale 658, art. 18 et 19.)

Dans la clause qu'on vient de lire, les assurances collectives comprennent l'assurance-vie, avec supplément pour mort accidentelle et perte de membres (MMA), l'assurance-salaire, pour une durée de 52 semaines, ainsi qu'une assurance-maladie complémentaire de base. L'employeur assume lui-même toutes les cotisations pour ces quatre régimes. À cela s'ajoutent une assurance-maladie à couverture étendue et un régime de soins dentaires, qui implique une contribution de l'employé (20 % de la prime) et qui reste en vigueur quand celui-ci se trouve en mise à pied, s'il en fait la demande. Il s'agit là d'une protection qui se situe légèrement au-dessus de la moyenne.

Le deuxième exemple vise uniquement l'assurance-salaire. La clause est très détaillée.

Article 31 Assurance-salaire

Aux fins d'interprétation du présent article, les dispositions du présent article ont force de loi par rapport aux dispositions de toute police d'assurance-salaire intervenue entre un assureur et l'Employeur.

Régime sans contribution de l'employé

31.01 Seule la personne salariée régulière est admissible aux bénéfices du régime d'assurance-salaire. Toute prime souscrite pour garantir le risque prévu au régime d'assurance-salaire est défrayée en totalité par l'Employeur.

31.02 Le régime d'assurance-salaire comporte les bénéfices suivants:

Prestations: 85 % du salaire normal

17 semaines

a) Une personne salariée incapable de travailler en raison de maladie ou de blessure reçoit une indemnité égale à quatre-vingt-cinq pour cent (85 %) de son salaire régulier. L'indemnité devient payable à partir du deuxième (2e) jour d'absence du travail et elle est payable durant une période maximale de dix-sept (17) semaines d'incapacité. Aux fins du calcul de la prestation prévue au présent paragraphe, le salaire de la personne salariée est celui de la semaine régulière de travail de la personne salariée à la date du paiement de la prestation, excluant toute prime, allocation, rémunération additionnelle, etc. Si la date d'augmentation de salaire intervient pendant la période précitée de dix-sept (17) semaines, la personne salariée bénéficie quand même de l'augmentation de salaire à laquelle elle a droit;

L'Employeur convient de maintenir la pratique actuelle qui consiste à accorder à la personne salariée bénéficiant d'une prestation en vertu de la clause 31.02 b) une exonération de la prime d'assurance-vie;

Après 17 semaines, jusqu'à 65 ans 80 %

b) Si, après dix-sept (17) semaines, la personne salariée demeure incapable de travailler, elle reçoit, durant la continuation de son incapacité, sans toutefois excéder le dernier jour du mois pendant lequel elle atteint soixante-cinq (65) ans, une rente égale à quatre-vingts pour cent (80 %) de son salaire régulier. Aux fins du calcul de la prestation prévue au présent paragraphe, le salaire de la personne salariée est celui de la semaine régulière de travail de la personne salariée en vigueur lors de l'échéance de la période précitée de dix-sept (17) semaines excluant toute prime, allocation, rémunération additionnelle, etc. Dans le cas d'une incapacité comme celle prévue au présent paragraphe, la personne salariée membre du régime de rentes de l'Employeur bénéficie d'une exonération de sa cotisation au régime de rentes.

Exonération de la prime de rente de retraite

Après 65 ans, maximum de 17 semaines

c) La personne salariée qui décide de demeurer au travail au-delà du dernier jour du mois pendant lequel elle atteint soixante-cinq (65) ans, est admissible aux prestations du régime d'assurance-salaire pendant une période cumulative de dix-sept (17) semaines. Aucune prestation n'est payable au-delà de cette période.

Réduction si autres indemnités

31.03 a) Les prestations décrites à la clause 31.02 sont réduites, le cas échéant, du montant initial de toute prestation d'invalidité de base payable en vertu d'une loi fédérale ou provinciale, sans égard aux augmentations ultérieures des prestations de base résultant de l'indexation des prestations payables en vertu d'une loi fédérale ou provinciale. Cependant, ces réductions ne doivent pas faire en sorte que la somme des prestations mensuelles ainsi reçues par la personne salariée soit inférieure à la rente mensuelle d'incapacité qu'elle recevrait si elle n'avait toujours été indemnisée que par le présent régime d'assurance-salaire.

Informer et autoriser l'Employeur

b) Toute personne salariée bénéficiant d'une prestation d'invalidité payée en vertu d'une loi fédérale ou provinciale doit informer l'Employeur du montant de la prestation d'invalidité qui lui est payée. Elle doit également autoriser par écrit l'Employeur à obtenir les renseignements nécessaires auprès des organismes, notamment de la SAAQ ou de la RRQ, qui administrent un régime de prestations d'invalidité dont elle est bénéficiaire.

Démarches pour autres prestations

c) Toute personne salariée admissible à des prestations payables en vertu d'une loi doit entamer sans tarder les démarches nécessaires en vue de l'obtention de ces prestations.

Indexation 1er juin

31.04 Les rentes payables après dix-sept (17) semaines d'incapacité sont indexées, dès le premier (1er) juin qui suit, et, par la suite, le premier (1er) juin de chaque année, selon l'augmentation proportionnelle de l'indice des prix à la consommation de l'année qui vient de se terminer sur l'indice des prix à la consommation de l'année précédente. À cette fin, l'indice des prix à la consommation d'une année est égal à la moyenne de l'indice des prix à la consommation pour le Canada publié par Statistique Canada pour chaque mois de la période de douze (12) mois prenant fin le trente et un (31) mai de l'année. L'ajustement est limité à un maximum de cinq pour cent (5 %) par année et aucun ajustement n'est effectué si l'indice est inférieur à celui de l'année précédente.

Maximum: 5 %

(L'Université de Montréal et le Syndicat des employés de l'Université de Montréal, SCFP, section locale 1244, art. 31.)

Le régime d'assurance-salaire rapporté ci-dessus n'est pas contributif: il est payé en totalité par l'Employeur. Il équivaut à une assurance-invalidité de longue durée, puisqu'il s'applique jusqu'à l'âge normal de la retraite si le salarié demeure invalide. Il ne vise que le salarié régulier, c'est-à-dire celui qui a complété sa période de probation; il ne s'applique pas aux salariés temporaires ou surnuméraires (Annexe K de la convention), mais il s'appliquerait à un salarié régulier à temps partiel si un tel poste existait. Le paragraphe initial de l'article déclare que le texte de la convention prévaut sur celui de la police d'assurance; s'il y avait conflit, l'employeur devrait donc payer selon les dispositions de la convention.

Les prestations équivalent à 85 % du salaire normal, c'est-à-dire que les primes en sont exclues. Elles seront versées durant les 17 premières semaines d'invalidité (4 mois). Si l'invalidité perdure, la proportion tombe à 80 %. Les prestations sont indexées au coût de la vie, jusqu'à un maximum de 5 %, le 1er juin de chaque année. Si le salarié a droit à des prestations découlant d'une loi fédérale ou provinciale – par exemple en vertu de l'assurance-automobile du Québec – il doit faire les démarches pour obtenir ces prestations, qui réduiront d'autant le montant prévu par l'assurance-salaire.

Le texte cité a prévu à peu près toutes les possibilités en matière d'assurance-salaire. D'autres textes sont moins détaillés et les prestations qu'ils garantissent sont moins avantageuses.

14.4 Régimes de retraite

Les pensions de retraite constituent un des plus importants, sinon le plus important, des avantages sociaux. C'est certainement le plus complexe et celui qui soulève le plus de questions, de toute nature. Les difficultés qu'il comporte ne doivent pas faire oublier que c'est, d'une certaine manière, le plus essentiel des avantages complémentaires, puisque le vieillissement affectera un jour tous les employés qui auront eu l'avantage de ne pas être victimes d'une mort prématurée.

À propos des régimes de pension de retraite, nous verrons successivement: la typologie et la terminologie, les modes d'administration et de financement, le régime public et ses liens avec les régimes complémentaires privés, le cadre légal, le régime fiscal, la transférabilité ou la non-transférabilité, et d'autres questions particulières, comme les pensions et l'inflation, et l'âge de la retraite.

14.4.1 Typologie et terminologie

Compte tenu des différentes formules qui existent, le nombre de régimes de retraite est quasi infini. Nous nous limiterons à trois ou quatre types, auxquels les autres peuvent se rattacher, de près ou de loin.

Il y a d'abord les grands régimes de retraite, avec leur propre «caisse de retraite» (ou fonds de pension). Le plus important est celui des employés des secteurs public et parapublic, qu'on appelle communément le RREGOP, c'est-à-dire le Régime de retraite des employés du gouvernement et des organismes publics[28]. La majorité des grandes entreprises ainsi qu'un grand nombre d'organismes publics, comme les grandes villes et les principales universités, ont également leur propre régime de retraite. Tout à fait à l'autre extrémité de la liste, il y a les formules d'épargne personnelle selon lesquelles chaque personne investit en vue de ses années futures de retraite; règle générale, des avantages fiscaux appuient et encouragent ce genre d'économies: la formule des régimes enregistrés d'épargne retraite (REER) est bien connue.

Entre ces deux extrêmes, il y a d'autres formes de régimes de pension. Un employeur peut payer luimême les primes requises pour assurer une retraite aux employés de son entreprise. Les employeurs achètent alors des régimes de retraite auprès de compagnies d'assurances ou de courtiers en avantages sociaux. Ils peuvent aussi contribuer à ce qu'on

28. L.Q. 1973, c. 12 et L.R.Q. c. R-10.

appelle un REER collectif. Le Fonds de solidarité de la FTQ présente plusieurs caractéristiques de ces différents modèles. Les syndicats CSN semblent préférer les REER collectifs. On constate l'étendue de la gamme des régimes de pension, depuis le régime de retraite propre à l'entreprise jusqu'aux formules d'épargne individuelle, avec ou sans la participation de l'employeur. Dans le cas des démarches individuelles, on ne parlera évidemment pas de régime collectif ni d'avantages sociaux, puisque les employés agissent alors essentiellement de leur propre volonté. À part ce cas extrême, on trouve dans les conventions toutes les formules possibles de régimes de retraite. Plus de la moitié des conventions collectives contiennent des dispositions relatives à un régime de retraite, y compris un grand nombre de petites entreprises; ces conventions visent environ 75 % des employés régis par convention.

Sous un autre aspect, il faut distinguer les régimes publics et les régimes privés. Comme il y a deux niveaux de «régimes publics», il faut, pratiquement, reconnaître trois niveaux de pensions de retraite. Comme nous l'avons mentionné dans la section portant sur l'histoire des avantages sociaux (sous-section 14.1.1), il y a d'abord le Régime des pensions de la sécurité de la vieillesse (PSV) qui est d'application universelle, indépendamment des revenus des individus. À cette pension de base se rattache le Supplément de revenu garanti (SRG) et l'Allocation au conjoint (AC); mais ceux-ci ne constituent qu'une sorte d'appendice au régime universel de base, la PSV. Il y a un second niveau de régime public: le Régime de rentes du Québec ou le Régime de pensions du Canada. Les noms diffèrent, mais la réalité est pratiquement identique. Dans ce cas, seules les personnes qui ont occupé des emplois rémunérés – y compris les travailleurs autonomes qui ont volontairement contribué au régime – recevront une rente selon le niveau de salaire ou de revenu qu'elles avaient pendant la période où elles ont cotisé. Il s'agit donc, cette fois, d'un régime public contributif et relié à l'emploi. On s'y réfère généralement par le sigle de l'organisme qui l'administre: la Régie des rentes du Québec (RRQ).

Le troisième niveau est constitué des «régimes privés» de pension, rattachés à tel emploi particulier et établis soit volontairement par l'employeur, soit par négociation; dans ce cas il sont insérés dans la convention collective. Quel que soit le mode d'établissement du régime, il doit obéir aux règles établies par législation; mais il est privé en ce sens qu'il est mis en place volontairement par l'une ou l'autre, et le plus souvent par l'une et l'autre des parties intéressées. Si on voulait compléter la liste des sources de revenus à la retraite, il faudrait ajouter les recettes provenant de l'épargne personnelle, particulièrement les REER, qu'on les retire sous forme de rente viagère ou de prestations d'un fonds enregistré de revenu de retraite (FERR).

On rencontre principalement deux formules de régimes collectifs privés: les régimes à cotisations déterminées et les régimes à prestations déterminées. Dans le cas des régimes à «cotisations déterminées», l'employeur – ou, s'il y a lieu, l'employeur et l'employé – verse une somme préétablie et fixe, par exemple 0,50 $ par heure travaillée ou 3 % du salaire gagné. Les sommes ainsi accumulées sont confiées à un assureur qui les place pour éventuellement payer une pension aux employés au moment de leur retraite. Le montant des prestations de retraite dépend, dans ce cas, de la rente qu'il sera possible d'acheter avec les sommes accumulées. Il existe un véritable marché des rentes. En somme, dans cette première formule, la somme versée par l'employeur, ou par l'employeur et l'employé, est fixe et déterminée, mais la pension qui doit être touchée ne l'est pas: son montant dépendra du rendement des placements et de toutes autres circonstances qui détermineront l'évaluation actuarielle appropriée au moment où chaque employé prendra sa retraite. Les régimes à cotisations déterminées représentent environ 10 % des régimes en vigueur[29].

À l'inverse, les régimes à «prestations déterminées» garantissent un certain niveau à la pension

29. «Pension Plans Make Minor Modifications Through Tax Reform», *Canadian Industrial Relations and Personnel Developments*, CCH, 30 janvier 1991, p. 535.

éventuelle. Pour établir ce niveau, on utilise la formule suivante: 2 % du salaire par année de service, à partir de la moyenne des trois ou des cinq meilleures années de salaire (par exemple: 2 % × 30 ans × 40 000 $ = 24 000 $ de pension annuelle). Dans ce genre de régime, les cotisations doivent être fixées par analyse actuarielle, selon les circonstances, dans le but d'assurer la pension garantie par le régime. Les règles strictes et les multiples rapports demandés par les différents niveaux de gouvernement pour ces régimes sont si contraignants que certains se demandent si les modifications introduites en 1989 (sur lesquelles nous reviendrons dans les sections 14.4.5 et 14.4.7) ne vont pas éloigner les employeurs des régimes à prestations déterminées, parce que trop exigeants du point de vue administratif. Il semble que les rapports requis sont moindres pour les régimes à cotisation déterminées[30]. Les régimes à prestations déterminées représentent 80 % des régimes de pension et visent 92 % des salariés concernés[31]. Les petits employeurs risquent d'être plus affectés par les exigences gouvernementales et opteront peut-être davantage pour les REER collectifs. Pour eux, ceux-ci sont plus simples à administrer et leurs coûts sont bien définis.

Sous un autre aspect, certains régimes sont dits «contributifs». Le terme signifie que les employés qui bénéficient du régime de pension doivent y contribuer financièrement, généralement par une retenue automatique sur le chèque de paye. Les régimes «non contributifs» sont ceux où l'employeur paie la cotisation en entier. Cela est plus fréquent dans les cas de régimes à cotisations déterminées. Plusieurs raisons peuvent inciter un employeur à assumer lui-même la totalité des cotisations requises: l'administration du régime en est simplifiée et ses droits quant à l'administration de ce régime sont plus difficilement contestables. À l'opposé, la principale raison qui amène les employeurs à opter pour un régime contributif réside dans le coût élevé des cotisations requises pour assurer une pension convenable aux employés visés. La répartition de la cotisation entre l'employeur et l'employé varie selon les endroits et les circonstances: elle est souvent divisée en parts égales, mais l'employeur en assume parfois une plus forte proportion, par exemple les deux tiers, contre un tiers pour l'employé.

Une question qui a longtemps eu une grande importance a perdu de son acuité depuis les modifications apportées à la fin des années 1980 à la *Loi sur les régimes supplémentaires de rentes* (voir section 14.4.5). Il s'agit de la «dévolution» ou *vesting*. Le terme désigne le droit que peut avoir un employé qui quitte un emploi sur la part des cotisations versées à son intention dans la caisse de retraite par son employeur. Au moment où un employé quitte l'entreprise, il a normalement le droit – nous y reviendrons dans la section 14.4.5 – de récupérer les cotisations qu'il a lui-même versées; il n'a pas nécessairement de droit sur les contributions de l'employeur. Autrefois, la dévolution, là où elle était prévue, exigeait une dizaine d'années de contribution pour être appliquée: l'employé acquérait alors un certain droit (10 % ou un peu plus) sur les cotisations de l'employeur. Récemment, la règle de deux années est devenue plus fréquente. Nous verrons que les dispositions récentes des lois encadrant les régimes privés ont considérablement diminué l'importance de ce problème relié à la non-transférabilité des régimes de pension.

Il faut aussi distinguer différents types de régimes selon leur méthode de financement. La question a suffisamment d'importance pour que nous en traitions séparément.

14.4.2 Modes de financement

Il y a deux manières principales de financer un régime de pension: par capitalisation (en anglais *funded plan*) ou par répartition (ce que les anglophones appellent *pay-as-you-go*). Cette seconde formule est beaucoup moins fréquente, mais il faut l'expliquer, ne serait-ce que parce qu'elle permet de mieux comprendre les régimes à capitalisation complète. La préoccupation principale, dans un cas comme dans l'autre, c'est la sécurité des adhérents: tout régime de pension est

30. *Commentaires Mercer*, vol. 37, nº 11, novembre 1987, p. 2.
31. «Pension Plans Make Minor Modifications Through Tax Reform», p. 534.

fondé sur des cotisations payées au moment présent, en vue de paiements qui ne seront exigibles que beaucoup plus tard. Il faut protéger les travailleurs visés contre toutes sortes d'imprévus, comme la faillite de l'entreprise, sa fusion avec d'autres entreprises, sa division en plusieurs groupes, de mauvais placements financiers, et le reste.

Le régime de répartition (*pay-as-you-go*) se fonde sur un postulat très simple: les cotisations encaissées au cours d'une année servent à payer les prestations à verser au cours de la même année[32]. Pour que les futurs pensionnés aient la certitude de recevoir en temps opportun la pension à laquelle ils ont droit, il faut que l'entreprise soit assurée de survivre; c'est généralement le cas pour les organismes publics, mais non pour les entreprises privées. C'est pourquoi, du moins en Amérique, certains régimes du secteur public fonctionnent de cette manière et qu'à peu près aucun du secteur privé n'utilise cette formule. Certains ont soulevé la question du transfert des coûts d'une génération à l'autre: est-il équitable que la population active doive payer les prestations de retraite des personnes âgées? D'autres répondent que le système repose sur le principe de la solidarité entre les générations, chacune s'engageant à assurer le paiement des prestations à la génération suivante. D'autres difficultés surgissent si l'importance de l'entreprise ou de l'organisme fluctue: au moment où sa main-d'œuvre augmente, les revenus s'accroissent, mais l'inverse peut aussi se produire. Par ailleurs, comme les salaires suivent à peu près le mouvement des prix, le grave problème de l'inflation ne se pose pas dans le cas d'un système de répartition. Deux grands pays d'Europe fonctionnent en bonne partie sur le principe de la répartition, la République fédérale d'Allemagne et la France[33]. En Amérique, cette formule est beaucoup moins fréquente.

La «capitalisation» devrait, en théorie, donner une sécurité totale aux bénéficiaires d'un régime de pension, puisque les cotisants versent dans un fonds indépendant les sommes requises pour que les revenus de placement de cette caisse de retraite soient suffisants pour payer les pensions des employés au fur et à mesure qu'ils arrivent à l'âge de la retraite. La plupart des provinces canadiennes exigent que les régimes privés complémentaires de retraite fonctionnent de cette manière; elles prévoient mêmes des règles précises sur les marges de sécurité à maintenir selon les meilleurs principes actuariels. On devine qu'il s'agit de régimes à prestations déterminées.

La garantie, pour les employés, provient soit d'un contrat d'assurance avec une compagnie, contrat régi par des lois strictes, soit des avoirs propres de la caisse elle-même. Dans ce cas, si le rendement de la caisse correspond à peu près aux prévisions effectuées, les intéressés ont la garantie de recevoir la somme qui leur a été promise. C'est une garantie nominale. En effet, le grand point faible et le grand risque avec cette formule demeure l'inflation. Comme la plupart des régimes garantissent une pension fondée sur la rémunération moyenne de fin de carrière, l'inflation peut augmenter singulièrement le montant à payer par rapport à ce qui avait été prévu au départ. La valeur de l'actif de la caisse peut aussi diminuer en proportion de l'inflation. Il faut mentionner également les demandes d'ajustement qui seront faites par les retraités, dont le revenu réel diminuera en proportion même de l'inflation. Le mode de financement par capitalisation, malgré la sécurité apparente qu'il donne, exige de continuels ajustements, des cotisations et des prestations, pour tenir compte à la fois de l'inflation et de la variation des taux d'intérêts. Une chute des taux d'intérêt – et donc du rendement

32. Bureau international du travail, *Pensions et inflation*, Genève, BIT, 1977 (148 p.), p. 3-8 et 67-80; JACQUES FAILLE, «Les principaux régimes de retraite et leur contenu» dans *Les régimes de retraite*, 37e Congrès de relations industrielles de l'Université Laval, 1982, Québec, Les Presses de l'Université Laval, 1982 (218 p.), p. 69.

33. FRANCIS NETTER, «Les régimes de pension et l'inflation: l'expérience française» et GEORG HEUBECK, «Les régimes de pensions et l'inflation en République fédérale d'Allemagne, 1957-1976» dans *Pensions et inflation*, voir *supra*, note 32, p. 47-67.

des placements de la caisse – constitue en effet un autre risque important.

Un problème sérieux, relié au financement par capitalisation, implique l'utilisation des surplus actuariels de la caisse de retraite. Les excédents des régimes de retraite proviennent le plus souvent des revenus d'investissements qui ont été meilleurs que prévu. Quand l'administration de la caisse est faite par l'employeur, celui-ci peut vouloir s'approprier cet excédent, soit sous forme d'un emprunt sans intérêt, soit, plus souvent, en affectant l'excédent à ses propres cotisations futures, c'est-à-dire en suspendant le paiement des cotisations patronales pour une période équivalente[34]. Les syndicats et les employés ont protesté, considérant que la caisse de retraite appartenait aux futurs retraités. La réponse n'est peut-être pas aussi simple: tout dépend des dispositions de la loi et des ententes conclues au moment d'établir la caisse; ces textes peuvent être ambigus et se prêter à des conclusions contradictoires. Il faut mentionner que le problème ne se pose pas de la même manière en temps normal ou lorsqu'il s'agit de liquider une caisse de retraite; car même si la majorité des caisses se maintiennent longuement, un certain nombre disparaît et les ententes qui les ont établies prévoient généralement comment doit se faire la liquidation, s'il y a lieu[35].

Une autre conséquence de la capitalisation des régimes privés a été l'accumulation de fonds considérables dans les caisses de retraite, au point que certains ont parlé d'une transformation du régime de propriété en Amérique du Nord[36]. L'effet concret des régimes de retraite a été de réaliser une épargne forcée de très grande envergure. Le total des versements faits dans les différentes caisses de retraite en fiducie, au Canada, s'élève chaque année à environ 20 milliards de dollars. La valeur totale de l'actif de ces fonds frôle les 200 milliards de dollars. Seules les caisses des régimes publics représentent une épargne comparable[37].

14.4.3 Administration des régimes

On voit, par les considérations précédentes, que l'aspect majeur de l'administration d'un régime de retraite réside dans le placement approprié des fonds. Comme il s'agit de fonds considérables, la fonction comporte de très graves responsabilités. Des règles sont énoncées dans les lois pertinentes, et quelques principes sont généralement reconnus comme fondamentaux dans le cas de placements de cette nature. Ce n'est pas ici le lieu de s'étendre sur cet aspect.

On s'interroge souvent sur l'identité de l'administrateur du régime: est-il préférable que ce soit l'employeur, le syndicat, les deux conjointement ou un tiers, par exemple une compagnie de fiducie? Dans certains cas, le problème se résout de lui-même: s'il s'agit d'une petite entreprise qui achète un régime de rentes auprès d'un courtier, c'est évidemment celui-ci qui en assurera l'administration. La question pratique qui se pose alors c'est le choix de telle ou telle fiducie, de tel ou tel courtier. Il est arrivé que des parties se sont affrontées très sérieusement sur cette question, toujours très importante, du choix du fiduciaire.

Le problème se pose bien autrement quand il s'agit de la caisse de retraite propre aux employés de telle entreprise ou de tel groupe d'entreprises. En effet, certains employeurs ou certains syndicats se regroupent pour constituer une seule caisse de retraite. Une

34. Il y a eu plusieurs décisions des tribunaux en faveur des employés concernant les excédents actuariels des caisses de retraite, par exemple dans les cas d'Hydro-Ontario en 1989. «Court Rules in Favor of Employees on Pension Surpluses», *Canadian Industrial Relations and Personnel Developments*, 17 mai 1989, p. 659.

35. «Excédents des régimes de retraite: une controverse qui perdure», *Commentaires Mercer*, vol. 40, nº 9, septembre 1990, p. 1-2.

36. Cette conséquence a été prévue depuis longtemps: PAUL P. HARBRECHT, *Pensions Funds and Economic Power*, New York, Twentieth Century Fund, 1959, 328 p.

37. Statistique Canada, *Caisses de retraite en fiducie: statistiques financières* (catalogue nº 74-201) et *Régimes de pensions du Canada* (catalogue nº 74-401), Ottawa, Approvisionnements et Services Canada. Voir aussi («Trusteed Pensions Funds: Financial Statistics, 1986», *Canadian Industrial Relations and Personnel Developments*, 13 janvier 1988, p. 514.

condition essentielle pour établir une caisse, c'est qu'un nombre considérable d'employés y adhèrent et y versent des cotisations. De plus, comme les principes fondamentaux d'un régime se ressemblent d'une catégorie d'employés à une autre, il y a souvent des regroupements qui se font. Par exemple, une université peut compter une demi-douzaine de syndicats différents, représentant des groupes d'employés distincts, sans oublier les cadres et les administrateurs. Généralement, on n'y retrouvera qu'une seule caisse de retraite pour l'ensemble des employés, gérée par un comité où siégeront des représentants de chacun des groupes et des syndicats concernés, ainsi que des représentants de l'employeur.

Sur la question controversée de savoir si c'est l'employeur ou le syndicat qui doit administrer le régime de retraite[38], l'argument principal pour soutenir l'administration par l'employeur, c'est que la loi le rend responsable de tout déficit révélé par une évaluation actuarielle du régime; s'il est responsable du déficit, on peut croire qu'il a le droit d'administrer le régime et même de bénéficier des surplus s'il y en a. On ne saurait être en même temps écarté des avantages et obligé de supporter les inconvénients causés par d'autres personnes. Quant aux défenseurs du syndicat, ils se fondent sur l'observation que les régimes de retraite sont établis au bénéfice des salariés, et que le syndicat est leur représentant. D'autres enfin, toujours pour des raisons de principe, voudront que l'administration soit conjointe. Rappelons que la nature du régime peut, en quelque sorte, déterminer son mode d'administration. Par exemple, le régime de retraite des policiers de Montréal est administré, depuis le début, non pas par le syndicat, mais par l'Association de bienfaisance et de retraite des policiers de la Communauté urbaine de Montréal, fondée en 1892[39].

Compte tenu de la variété des situations qu'on rencontre, la controverse que nous venons de décrire semble bien plus reposer sur quelques cas particuliers que sur une situation généralisée. Si l'on considère l'ensemble des caisses de retraite au Québec et leur gestion, on peut établir la répartition approximative suivante[40]:

Fonds gérés par des sociétés de fiducie	35 %
Fonds gérés par des compagnies d'assurances	15 %
Fonds gérés par des sociétés de gestion de retraite	10 %
Fonds gérés par des comités de retraite	20 %
Fonds gérés par la Caisse de dépôts et de placements (pour le RREGOP)	20 %

Par rapport au nombre de conventions collectives et de travailleurs visés, il faut d'abord dire que, pour la moitié des cas, la codification des conventions collectives du Québec ne nous a pas permis de préciser le mode d'administration du régime. Dans les cas où ce mode d'administration est indiqué, on peut relever trois groupes d'importance relativement comparable: les cas où l'administration est faite par une compagnie d'assurances ou une société de fiducie, les cas où la gestion relève d'un comité mixte patronal-syndical et, finalement, les cas où la gestion est laissée soit à l'employeur, soit au syndicat. C'est dans un nombre relativement restreint de cas qu'on trouve une gestion patronale ou syndicale exclusive. (Voir le tableau 14-9.)

En conclusion, le choix du gestionnaire du régime de retraite dépend des objectifs poursuivis par les parties. Si l'objectif de la caisse de retraite est d'assurer aux employés concernés le meilleur revenu possible au moment de leur retraite, il faut gérer les fonds de la caisse de manière à ce qu'ils donnent le meilleur rendement financier possible. Dans certains cas, des options économico-politiques peuvent intervenir, en vue de favoriser tel ou tel genre d'investissement, de sauver des emplois. Ce sont certes des objectifs valables, mais les intéressés doivent être conscients qu'il faut parfois choisir entre de tels objectifs et le

38. Hervé Hébert, Jacques Perron et Lise Poulin-Simon, «Qui doit administrer les régimes de retraite: l'employeur ou le syndicat?» dans *Les régimes de retraite,* voir *supra*, note 32, p. 147-169.

39. *Ibid.*, p. 154.

40. *Ibid.*, p. 160.

TABLEAU 14-9

Les régimes de retraite dans les conventions collectives – 1984 et 1989

Dispositions des conventions collectives	Conventions collectives régissant moins de 50 salariés				50 salariés et plus				tous les salariés (TOTAL)			
	C.c.	%	Salariés	%	C.c.	%	Salariés	%	C.c.	%	Salariés	%
1984												
Régime de retraite[1]	1 525	36,8	27 046	37,0	941	49,6	550 919	79,8	2 466	40,8	577 965	75,7
Contributif	756	18,3	12 813	17,5	399	21,0	328 846	47,6	1 155	19,1	341 659	44,8
Indexation des prestations	7	0,2	117	0,2	6	0,3	2 683	0,4	13	0,2	2 800	0,4
Administration[2]												
Comité mixte	115	2,8	2 016	2,8	79	4,1	29 613	4,3	194	3,2	31 629	4,1
Assurance ou fiducie	72	1,7	1 450	2,0	43	2,3	12 774	1,9	115	1,9	14 224	1,9
Employeur seul	11	0,3	182	0,2	20	1,1	4 820	0,7	31	0,5	5 002	0,7
Syndicat seul	4	0,1	50	0,1	4	0,2	1 796	0,3	8	0,1	1 846	0,2
TOTAL	4 141	100,0	73 174	100,0	1 897	100,0	690 293	100,0	6 038	100,0	763 467	100,0
1989												
Régime de retraite[1]	2 058	38,2	38 249	37,2	1 408	54,6	752 460	81,8	3 466	43,5	790 709	77,3
Contributif	1 065	19,8	1 876	18,2	801	31,1	581 633	63,2	1 866	23,4	583 509	57,0
Indexation des prestations	20	0,4	277	0,3	40	1,6	27 153	3,0	60	0,8	27 430	2,7
Administration[2]												
Comité mixte	134	2,5	2 455	2,4	116	4,5	31 572	3,4	250	3,1	34 027	3,3
Assurance ou fiducie	104	2,0	2 116	2,1	106	4,1	28 489	3,1	210	2,6	20 605	3,0
Employeur seul	13	0,2	165	0,2	35	1,4	9 214	1,0				
Syndicat seul	13	0,2	397	0,4	57	2,2	9 041	1,0	70	0,9	9 438	0,9
TOTAL	5 384	100,0	102 845	100,0	2 577	100,0	920 207	100,0	7 961	100,0	1 023 052	100,0

1. Les chiffres du premier bloc représentent des dispositions différentes et non exclusives; ils ne peuvent pas s'additionner.
2. Les chiffres du deuxième bloc peuvent s'additionner. Ils représentent les cas où le type d'administration du régime est déterminé dans la convention; le plus souvent il ne l'est pas.

Source: Données mécanographiques du CRSMT, 26 avril 1991. (Variables I-02 à I-05.)

meilleur rendement pour les futurs retraités. Une étude sur le sujet s'achevait dans les termes suivants[41] :

> Un régime de rentes, quel que soit le gestionnaire, devrait toujours être transparent pour les deux parties. Cela implique la connaissance de la situation financière du régime, l'utilisation des fonds et l'efficacité de la gestion. Cela ferait disparaître beaucoup de méfiance et contribuerait à un rapprochement des esprits, du moins en ce qui regarde le régime et son administration.

14.4.4 Régimes de rentes publics

Nous avons déjà mentionné l'existence de deux niveaux de régimes publics de rentes. Il reste à préciser leur mode de financement et les prestations de chacun.

La pension de la sécurité de la vieillesse est un régime universel, qui présente un caractère important de redistribution de la richesse. Établi en 1951, le Régime de pensions de la sécurité de la vieillesse (PSV) s'applique aujourd'hui à tous les Canadiens – au sens le plus large de ce terme, incluant les immigrants reçus – et il est payé à tous ceux qui ont atteint l'âge de 65 ans. Les versements mensuels étaient, au milieu de l'année 1991, de 362,37 $, ce qui représente environ 4500 $ pour l'année. Les prestations sont indexées à tous les trois mois selon les mouvements de l'indice des prix à la consommation. Si la personne a un revenu très faible – moins de 10 000 $ – elle peut aussi recevoir, avec sa PSV, le supplément de revenu garanti, d'un montant à peu près égal, augmenté d'une soixantaine de dollars. Dans ce cas, le montant total reçu du gouvernement du Canada, en un an, dépasse légèrement 9000 $. Une allocation au conjoint qui tient compte des revenus du couple est également payable, si le conjoint est âgé de 60 à 64 ans. Il s'agit là de prestations uniformes et, du moins pour la PSV, d'un régime universel. Le régime est financé à même les recettes fiscales du Canada.

41. *Ibid.*, p. 151.

Le régime public de deuxième niveau est constitué du Régime de rentes du Québec (RRQ) et, dans les autres provinces canadiennes, du Régime de pensions du Canada. Tous les travailleurs de 18 à 65 ans doivent payer une cotisation à cette fin, qui équivaut à 2,3 % du salaire, jusqu'à un maximum assurable d'environ 30 000 $. L'employeur doit cotiser la même somme. Si le travailleur a versé des cotisations pendant le nombre requis d'années, il a droit au montant maximum déterminé par la Régie[42]. Le montant maximal en 1991 était de 588,57 $ par mois ou environ 7000 $ par année. La plupart des régimes privés complémentaires de rentes ajustent leurs prestations aux régimes publics : ils considèrent avoir rempli leur obligation si le total de la pension privée et de la RRQ (incluant parfois la PSV) correspondent aux 2 % du salaire moyen des dernières années multiplié par le nombre d'années de service. En plus de la rente de base, établie selon le niveau des gains antérieures, le régime public comprend également une rente d'invalidité, une rente au conjoint survivant et une allocation de décès.

Avant d'aborder le troisième niveau des rentes, celui des régimes privés, il faut voir le cadre légal que ces régimes complémentaires doivent respecter.

14.4.5 Cadre légal

Pour la première fois en 1965, le gouvernement du Québec a imposé des règles relativement rigides quant aux régimes privés de rentes[43]. La loi est demeurée relativement la même jusqu'à une refonte majeure effectuée en 1989[44]. Nous résumerons les règles principales contenues dans la loi de 1989, en faisant allusion à certaines dispositions antérieures, quand la perspective historique permet de mieux comprendre la situation présente.

42. *Loi sur le régime de rentes du Québec*, S.Q. 1965, c. 24 et L.R.Q. c. R-9.
43. *Loi des régimes supplémentaires de rentes*, S.Q. 1965, c. 25 et L.R.Q. c. R-17.
44. *Loi sur les régimes complémentaires de retraite*, L.Q. 1989, c. 38.

L'objectif de la loi est d'assurer la plus grande protection possible aux droits qu'ont acquis les travailleurs en participant à un régime privé de retraite. Dans ce but, la *Loi sur les régimes complémentaires de retraite* impose des règles pour l'établissement d'un régime, son fonctionnement et son administration. C'est ainsi que tout régime de retraite doit être enregistré auprès de la Régie (RRQ) ; la demande doit être faite par l'employeur ou le comité de retraite si celui-ci existe ; doivent accompagner la demande un certain nombre de renseignements essentiels pour connaître la nature du régime et les garanties qui permettent de croire à sa viabilité, ainsi qu'un rapport préparé par l'assureur s'il y a lieu (art. 44).

La loi présume que les employés réguliers seront tenus de participer au régime de retraite. Élément nouveau : les employés à temps partiel et les surnuméraires auront le droit – ou l'obligation, si le régime est obligatoire – d'y adhérer s'ils exécutent un travail similaire ou identique à celui des travailleurs pour qui le régime est établi et s'ils remplissent une des deux conditions suivantes : avoir accompli au moins 700 heures – par exemple 15 heures pendant 50 semaines – au service de l'employeur ou avoir accumulé des gains d'au moins 10 500 $ (35 % du maximum admissible de la RRQ) durant l'année de référence (art. 34). L'employeur est tenu de verser au moins l'équivalent de la cotisation de l'employé (art. 37-40 et 60). La loi stipule que le participant a droit au remboursement des cotisations qu'il a versées ; quant aux cotisations patronales, elles font partie des dispositions qui visent le transfert des droits (art. 66).

La modification la plus importante visait justement le transfert des droits relatifs à une pension de retraite. La loi précédente n'accordait aucun droit de transfert, mais garantissait une rente différée au travailleur qui avait atteint l'âge de 45 ans et avait contribué pendant une période d'au moins 10 ans au régime d'une entreprise avant de quitter l'emploi qu'il y occupait. Tout travailleur qui n'entrait pas dans cette définition de 45 ans d'âge et de 10 ans de service ne recevait rien des cotisations patronales versées en son nom quand il quittait l'entreprise ; celles-ci demeuraient dans la caisse de retraite et servaient à enrichir et à améliorer les prestations versées à ceux qui demeuraient au service de l'entreprise jusqu'à l'âge de la retraite. Avec la loi de 1989, tout travailleur qui quitte un emploi avec un régime de retraite peut transférer, dans le régime de retraite de l'entreprise qui l'embauche, les cotisations qu'il a versées dans l'autre régime et les cotisations de son ancien employeur, y compris les intérêts correspondants (art. 98). Cette demande de transfert doit s'effectuer dans les six mois suivant la date où le participant a cessé d'être actif, c'est-à-dire le moment où il a cessé de verser des contributions ; s'il ne le fait pas dans cette période, il peut le faire, pendant la période correspondante, tous les cinq ans, à partir de son changement d'emploi.

Le transfert de la part de capital à laquelle un employé a droit ne peut se faire si celui-ci a plus de 55 ans ; le texte de la loi dit que pour obtenir le transfert, l'âge du demandeur doit être « inférieur d'au moins 10 ans à l'âge normal de la retraite fixé par le régime » (art. 99). Comme la plupart des régimes fixent à 65 ans l'âge normal de la retraite, nous interprétons cet article comme s'appliquant normalement à tout travailleur qui a contribué à un régime de retraite, quelle que soit la durée de sa contribution, s'il a moins de 55 ans. S'il a plus de 55 ans, c'est la rente différée qui s'applique alors. Si le travailleur a cotisé pendant au moins deux ans, il recevra, au moment où il prendra sa retraite, une rente correspondant à la valeur de ses cotisations et de celles de son employeur, comme s'il avait versé les montants correspondants juste avant le moment de sa retraite (art. 68-69). Il peut aussi se prévaloir d'une rente anticipée et commencer immédiatement à recevoir sa rente de retraite, qui sera alors réduite selon les normes actuarielles (art. 70-72).

La nouvelle loi impose également le transfert de la rente au conjoint, en cas de décès, et elle précise que le montant de cette rente au conjoint doit être au moins égale à 60 % de la rente qu'aurait dû recevoir le participant (art. 87).

La loi n'oblige pas les régimes à indexer les prestations. D'un autre côté, elle autorise les régimes de retraite qui veulent le faire à permettre aux participants de choisir une rente indexée, mais avec modifications correspondant au montant versé au début de la retraite (art. 93).

Tout régime de retraite doit être administré par un comité de retraite, qui doit compter, parmi ses membres, au moins un ou plusieurs représentants des participants (art. 147). S'il s'agit d'un régime à prestations déterminées, la loi l'oblige à procéder par capitalisation. Elle exige également des évaluations actuarielles régulières et elle impose des règles strictes de financement et de solvabilité. Des règles nombreuses et détaillées s'appliquent aux placements permis et recommandés (art. 168-182).

Ces nombreuses règles n'amèneront probablement pas les employeurs qui ont déjà un régime à prestations déterminées à en changer. Mais il est probable qu'elles pousseront les petites et moyennes entreprises à se tourner plutôt vers des régimes de retraite garanties par un assureur (art. 9) ou vers un régime à cotisations déterminées (art. 116). Si certains régimes de retraite sont encore mal administrés dans l'avenir, ce ne sera certainement pas faute de règles et de règlements.

Un autre aspect très important du cadre légal, c'est celui des avantages fiscaux consentis aux entreprises et aux particuliers concernant les régimes de rentes et l'épargne-retraite. Cette formule remonte loin dans le passé puisqu'on la retrouve dans une loi fédérale sanctionnée le 1er juillet 1938; les modalités n'étaient pas les mêmes que dans la loi actuelle, mais le principe l'était: il y a dégrèvement d'impôts quand un employeur fait un versement au compte d'une caisse de retraite, au bénéfice de ses employés[45]. On connaît bien les déductions admissibles pour l'épargne-retraite; le calcul des sommes déductibles inclut, s'il y a lieu, la contribution de l'employé à un régime de rentes de son employeur. Le même principe s'applique aux entreprises.

La plupart des provinces canadiennes ont des dispositions semblables à celles du Québec, tant du point de vue du cadre légal des régimes privés que des avantages fiscaux en matière de cotisations à des régimes de retraite.

14.4.6 Exemples de clauses

Un régime de retraite est généralement si complexe que, habituellement, on ne trouve dans la convention collective qu'une référence aux documents officiels du régime. Les types de clauses s'adaptent aux différentes situations: caisse avec comité de retraite, achat d'une rente, versements à un REER collectif, etc. Souvent, la convention elle-même mentionne seulement que le régime de rentes est maintenu.

> 20.0. La compagnie maintiendra en vigueur les régimes suivants selon les modalités négociées:
> 1. le régime d'assurance collective;
> 2. le régime de rentes non contributif;
> 3. le régime de prestations supplémentaires de chômage.
>
> (Sidbec-Dosco inc. et les Métallurgistes unis d'Amérique, section locale 5747, art. 20 « Avantages sociaux ».)

> 22.01 L'employeur consent à contribuer au Fonds de solidarité de la FTQ soixante-dix cents (0,70 $) pour chaque équipe (:quart) de travail rémunérée de chaque employé régulier couvert par cette entente.
>
> (Bellevue Pathé Québec inc. et le Syndicat québécois de l'industrie et des communications, local 145, art. 22.01.)

Dans les deux exemples précédents, il s'agit de régimes non contributifs. Le cas suivant est très différent: plusieurs syndicats représentant plusieurs groupes participent au même régime de rentes.

> Les parties conviennent que le régime de rentes de l'employeur est maintenu pendant la durée de la présente convention collective.
>
> Les bénéfices du régime de rentes de l'employeur ne seront pas diminués pendant la durée de la présente convention.
>
> Le syndicat sera consulté avant toute modification éventuelle, quant aux dispositions du régime de rentes, avant leur mise en vigueur.
>
> (L'Université de Montréal et le Syndicat des employés de l'Université de Montréal, SCFP, section locale 1244, art. 32.01.)

45. *Loi modifiant la Loi de l'impôt de guerre sur le revenu*, S.C. 2 George VI, 1938, c. 48, art. 5 ajoutant un paragraphe à l'article 5 de la loi citée.

Dans l'exemple suivant, un article de la convention contient une référence au régime de retraite ; il renvoie à l'Annexe A qui résume les données principales du régime.

Le résumé ci-après a pour but de fournir des renseignements généraux sur les dispositions du régime de retraite et de répondre aux principales questions qui pourraient survenir concernant son application. Il reflète les dispositions du régime au 1er janvier 1988 ; ainsi, les prestations qui sont devenues payables avant cette date doivent être déterminées par l'application des dispositions du régime existantes à ce moment-là.

Le présent texte ne crée ni ne confère d'obligations contractuelles ou de droits à quiconque et les dispositions contenues dans les règlements officiels du régime ainsi que toute loi applicable prévaudront.

1. Date d'entrée en vigueur : 1er janvier 1958.

2. Participation : automatique après six (6) mois de service continu.

3. Cotisations des participants : aucune cotisation à compter du 1er janvier 1972.

4. Cotisations de la Compagnie : la Compagnie verse toutes les cotisations nécessaires à la capitalisation des prestations prévues, selon les lois applicables.

5. Acquisitions : les prestations du régime sont entièrement acquises après deux (2) années de participation en application des dispositions de la section douze (12) ci-dessous.

6. Service crédité : le nombre d'années de service qui est crédité à un participant est calculé en fonction de ses années de participation dans le régime de la Compagnie à diverses époques (...)

7. *Retraite à la date normale de retraite*

La rente mensuelle normale de base à laquelle un participant a droit à l'âge normal de la retraite (65 ans) est égale à :

A) 32 $ multiplié par le nombre d'années de service crédité (maximum de 35 années) pour les retraités en 1988.

B) 33 $ multiplié par le nombre d'années de service crédité (maximum de 35 années) pour les retraités en 1989.

C) 34 $ multiplié par le nombre d'années de service crédité (maximum de 35 années) pour les retraités de 1990.

Exemple : Un participant âgé de soixante-cinq (65) ans avec trente-cinq (35) années de service crédité reçoit une rente de :

34 $ × 35 = 1190 $ pour une retraite en 1990 ou plus tard.

8. *Retraite anticipée*

Un participant peut choisir de prendre une retraite anticipée pourvu qu'il ait atteint l'âge de cinquante-cinq (55) ans et complété dix (10) années de service. La rente à laquelle il a alors droit est égale à la rente mensuelle de base autrement payable à sa date normale de retraite (section 7) réduite de ⅓ % pour chaque mois entre sa date normale de retraite et sa date de retraite anticipée.

Exemple : Un participant se retirant en 1990 à l'âge de cinquante-huit (58) ans avec vingt-cinq (25) années de service crédité reçoit une rente calculée comme suit :

Rente mensuelle de base (34 $ × 25) = 850 $

Réduction à 58 ans (⅓ % × 84 mois = 28 %) = 238 $

Rente de retraite anticipée à 58 ans = 612 $

12. *Cessation d'emploi*

Advenant sa cessation d'emploi pour une raison autre que le décès, l'invalidité ou la retraite, le participant a droit à une rente différée payable à soixante-cinq (65) ans et égale à sa rente mensuelle de base constituée (section 7) à condition d'avoir complété deux (2) années de participation ; de plus, cette rente ne pourra avoir une valeur inférieure aux cotisations du participant accumulées avec intérêts jusqu'à la date de cessation.

Au lieu de la rente différée calculée ci-dessous, le participant peut demander que la valeur de rachat de cette rente soit transférée à un régime enregistré d'épargne-retraite immobilisé ou à un autre régime de retraite enregistré.

(La Brasserie Labatt limitée et l'Union des routiers, brasseries, liqueurs douces et ouvriers de diverses industries, local 1999, Annexe A.)

On constate qu'il s'agit d'un régime non contributif, qui rapporte environ 14 000 $ par année à l'employé qui a 35 années de service, mais qui ne rapporterait qu'un peu plus de 8000 $ à celui qui aurait 20 années de service à son crédit. L'âge normal de la retraite est 65 ans, mais un participant peut prendre une retraite anticipée à compter de 55 ans, avec une réduction de revenu relativement importante. Selon les dispositions de ce régime, un employé pourrait même prendre sa retraite avant 55 ans selon la formule des 85 points, c'est-à-dire aussitôt que la somme de son âge et de ses années de service est égale à 85; par exemple, un employé âgé de 53 ans qui compterait 33 ans de service, ce qui lui donnerait un total de 86 points, pourrait prendre sa retraite immédiatement, mais avec une réduction de pension calculée comme dans le cas d'une retraite anticipée.

L'exemple suivant est tiré de la convention collective en vigueur à la compagnie Alcan à Arvida. En plus de renvoyer au texte officiel du régime de pension, on verra que l'essentiel des paragraphes de l'article vise principalement le «comité de pension», ses obligations et ses pouvoirs.

20.1 Les parties conviennent que le Régime d'assurance-vie et de pension Alcan (RAPA) entré en vigueur le 1er janvier 1969 et modifié le 29 mars 1972 et le 14 novembre 1976 par les documents intitulés «Modifications au Régime d'Assurance-Vie et de pension Alcan (RAPA)» et modifié par la suite du consentement des parties constitue le régime d'assurance-vie et de pension auquel les employés régis par cette convention peuvent participer, de la manière et aux conditions décrites audit régime, lequel fait partie intégrante de la présente convention.

20.2 Tout nouvel employé qui devient régulier le ou après le 1er octobre 1986 devra obligatoirement devenir membre de RAPA selon les dispositions dudit régime.

20.3 Nonobstant les articles 36 et 37 du Régime d'assurance-vie et de pension Alcan (RAPA), il est convenu que la Société ne peut unilatéralement modifier ou mettre fin audit régime avant l'expiration de la présente convention.

20.4 Il sera formé un comité de pension, constitué de trois (3) représentants employés de la Société, membres du Régime d'assurance-vie et de pension Alcan (RAPA) et de l'un ou l'autre des syndicats dont les membres sont admis à participer au régime et de trois (3) représentants de la Société d'électrolyse et de chimie Alcan ltée assignés à un établissement où le régime est en vigueur.

20.5 L'actuaire de chaque partie peut aussi assister et participer à n'importe laquelle des réunions de ce comité de pension, de même qu'un actuaire indépendant qui préside ce comité et que les parties désignent conjointement dans les soixante (60) jours de la date de la signature de la présente convention.

20.6 Ce comité doit se réunir au moins quatre (4) fois pendant la durée de la présente convention afin de recevoir, examiner, se faire expliquer au besoin et discuter les documents suivants relatifs à l'administration du régime:

a) le relevé statistique des membres;

b) le relevé statistique des avantages sociaux;

c) l'état de l'actif;

d) le sommaire des transactions;

e) un exemplaire de la «Déclaration annuelle pour le maintien de l'enregistrement» soumis à la Régie des rentes du Québec;

f) la liste des crédits accumulés pour chaque membre;

g) la liste des investissements au 31 décembre de chaque année.

En outre, l'évaluation actuarielle du régime ou tout rapport supplémentaire y relatif sera soumis au comité.

20.7 Au cours de ces réunions, le comité de pension peut étudier tout aspect du Régime d'assurance-vie et de pension Alcan (RAPA) et sans restreindre la généralité de ce qui précède, il peut:

a) étudier les différents types de régime de pension;

b) analyser les grandes lignes de l'évolution des régimes de pension négociés au Canada et les tendances qui se manifestent parmi ces régimes;

c) étudier des rapports comparant les niveaux de bénéfices d'autres régimes de pension négociés au Canada;

d) discuter des hypothèses actuarielles de même que des modes de calcul des coûts de toute modification éventuelle du Régime.

20.8 Toute recommandation que le comité de pension juge à propos de faire doit être soumise à la direction de la Société au moins quatre (4) mois avant la date d'expiration de la présente convention collective de travail.

20.9 Un représentant mandaté des employés ou officier supérieur du Syndicat peut, à la demande écrite d'un employé qu'il représente, obtenir des explications concernant les prestations auxquelles cet employé a droit en vertu du régime.

(La Société d'électrolyse et de chimie Alcan et le Syndicat national des employés de l'aluminium d'Arvida, art. 20.)

À propos des régimes de retraite, il reste à mentionner un certain nombre de questions particulières que nous avons regroupées dans la section suivante.

14.4.7 Questions particulières

L'adoption de la nouvelle *Loi sur les régimes complémentaires de retraite* a pratiquement réglé une question qui avait soulevé beaucoup de discussion depuis le début des régimes de pension, celle de leur «transférabilité». Il fallait une disposition légale pour résoudre le problème: avant l'adoption de la loi, la transférabilité n'était commune que dans le secteur public; elle était pratiquement inexistante dans le secteur privé: seules deux ou trois industries avaient réalisé un minimum de transférabilité entre les entreprises importantes de l'industrie. Depuis l'adoption de la loi de 1989, chaque employé a le droit, à quelques restrictions près (dont le fait d'être âgé de plus de 55 ans, par exemple), de transférer les acquis de son régime de pension dans un autre régime collectif ou dans un placement de retraite comme un REER.

Une autre question débattue depuis déjà longtemps, et qui n'a pas été résolue par la nouvelle loi, porte sur l'«indexation des pensions». Dès 1977, le Bureau international du travail publiait une étude sur le sujet[46]. On est en présence d'un dilemme parfait. L'engagement pris par un régime de retraite est à si long terme et les risques de perte de valeur de l'argent par suite de l'inflation sont si grands que pour «garantir» des pensions indexées, il faudrait accumuler des réserves incroyables; le coût d'une telle garantie deviendrait pratiquement prohibitif. En somme, les décideurs doivent choisir entre une pension raisonnable à un coût raisonnable, avec les risques qui découlent d'une trop grande variation des prix, et une protection absolue, mais qui serait trop coûteuse pour qu'on puisse raisonnablement l'assurer.

Dans les faits, les estimations actuarielles sont généralement prudentes: elles penchent davantage du côté de la sécurité que des faux espoirs de rendements chimériques. La preuve de cette attitude généralisée, c'est l'existence d'excédents actuariels et la controverse autour de leur utilisation. Plusieurs régimes ont utilisé ces excédents pour bonifier les prestations; dans bien des cas, on a donné 50 % ou même 75 % de l'augmentation des prix. Ainsi, dans les faits, bon nombre de prestations ont été partiellement indexées, même si les cas de régimes qui prévoient expressément une indexation sont très peu nombreux (voir le tableau 14-9). À cause de l'accroissement des risques, on a estimé que, pour un taux d'inflation annuel de 4 %, le coût d'une indexation garantie des prestations de retraite serait d'environ 30 % plus élevé que celui de prestations non indexées[47]. La loi québécoise de 1989 n'a pas imposé l'indexation des régimes. En Ontario, un groupe d'étude, présidé par Martin Friedland, a recommandé que les régimes de retraite à prestations déterminées garantissent 75 % de l'aug-

46. Bureau international du travail, *Pensions et inflation*, voir *supra*, note 32.

47. «Mémoire sur la protection contre l'inflation», *Commentaires Mercer*, vol. 37, nº 6, juin 1987, p. 1.

mentation de l'indice des prix à la consommation, moins 1 %; ainsi, si l'indice des prix augmentait de 10 %, le groupe recommandait que les pensions soient augmentées de 6,5 %. Le gouvernement, qui a promis de mettre en application cette recommandation, ne l'a pas encore fait (en 1991), même si le rapport a été déposé en 1988[48]. Un des effets possibles de cette «menace» de législation serait d'éloigner les employeurs des régimes à prestations déterminées et de favoriser par le fait même les régimes à cotisations définies. L'aspect fiscal et administratif de cette dernière formule est aussi beaucoup plus simple.

Un dernier point qui mérite qu'on s'y arrête a trait à l'«âge de la retraite». Le sujet soulève généralement beaucoup d'émotions. Les syndicats considèrent l'âge normal de la retraite, généralement 65 ans, comme une des grandes victoires du syndicalisme et toute affirmation contraire est combattue avec beaucoup de vigueur, sinon d'agressivité. Cependant, les quelques employés qui souhaiteraient continuer à travailler après l'âge normal de la retraite se sentent particulièrement frustrés quand on leur interdit de le faire. Ils invoquent généralement la discrimination selon l'âge, telle qu'inscrite dans les chartes des droits et libertés de la personne. Le Québec et le Manitoba ont légiféré pour interdire la retraite obligatoire à un âge déterminé[49]. Par ailleurs, d'autres provinces, comme l'Ontario, la Colombie-Britannique, la Saskatchewan et la Nouvelle-Écosse, permettent explicitement la retraite obligatoire à 65 ans[50]. Une série de décisions de la Cour suprême du Canada, rendues le 6 décembre 1990, a suscité beaucoup d'intérêt. Dans quatre cas mettant en cause des professeurs d'université de l'Ontario et des médecins de la Colombie-Britannique, la Cour suprême a décidé, dans des jugements extrêmement longs et détaillés, que l'imposition de la retraite obligatoire ne constituait pas une discrimination selon l'âge[51].

La décision de la Cour suprême n'était pas unanime: deux juges ont inscrit leur dissidence. De plus, le jugement ne vise directement que les deux provinces concernées et la discussion n'affecte, dans les faits, qu'un nombre restreint de personnes: si l'on en juge par l'expérience des deux dernières décennies, la très grande majorité des travailleurs souhaitent prendre leur retraite au plus tard à 65 ans et même avant cet âge pour un très grand nombre.

D'un autre côté, l'âge de 65 ans a été choisi comme l'âge normal de la retraite il y a déjà plusieurs décennies, alors que l'espérance de vie était moins élevée qu'aujourd'hui. Au moment de l'adoption des premières lois sur les pensions, l'âge de la retraite était de 70 ans et une proportion beaucoup plus faible de travailleurs atteignaient cet âge. Aujourd'hui, des raisons économiques, individuelles et collectives pourraient fort bien faire reculer d'au moins quelques années l'âge normal de la retraite. Aux États-Unis, il est de plus en plus question que l'âge de 67 ans devienne la condition requise pour avoir droit à une pension de la sécurité sociale non réduite[52].

48. *Report of the Task Force on Inflation Protection for Employment Pension Plans*, MARTIN FRIEDLAND, président, Toronto, Imprimeur de la Reine, janvier 1988, 292 p. Trois gros volumes de recherches accompagnent le rapport du groupe d'étude; *Commentaires Mercer*, vol. 38, nº 2, février 1988, p. 1-4, vol. 39, nº 1, janvier 1989, p. 1 et vol. 41, nº 1, janvier 1991, p. 1.

49. *Loi sur les normes du travail*, L.R.Q. c. N-1.1, art. 84.1, introduit par la *Loi sur l'abolition de la retraite obligatoire*, L.Q. 1982, c. 12; *Manitoba Human Rights Code*, S.M. 1987, c. 44, art. 9 (2) et art. 14, selon les décisions de la Cour d'appel: *McIntire* v. *University of Manitoba et al.*, 1981 C.L.L.C. paragraphe 14099 et *Newport* v. *The Government of Manitoba*, 1981 C.L.L.C. paragraphe 14134.

50. Ontario, *Human Rights Code*, S.O. 1981, c. 53, art. 9 (a); Colombie-Britannique, *Human Rights Act*, S.B.C. 1984, c. 22, art. 1; Nouvelle-Écosse, *Human Rights Act*, R.S.N.S. 1989, c. 214, art. 14 (3); Saskatchewan, *Human Rights Code*, S.S. 1979, c. S-24.1, art. 2 (a). Dans toutes ces lois, la discrimination selon l'âge n'est interdite que jusqu'à 65 ans.

51. *Connel* v. *University of British Columbia; Douglas College* v. *Douglas-Kwantien Faculty Association; Vancouver General Hospital* v. *Stoffman, McKinney* v. *University of Guelph*, Cour suprême du Canada, 6 décembre 1990, 1991 C.L.L.C. paragraphes 17001-17004.

52. *Commentaires Mercer*, vol. 40, nº 12, décembre 1990, p. 1.

Les 10 dernières années ont vu de nombreux changements dans les régimes de retraite, surtout du point de vue légal. Il est possible que ces changements entraînent non seulement des modifications, mais une réorientation de bien des régimes privés.

14.5 Avantages divers

Parmi les avantages divers, qu'on regroupe généralement sous le titre «autres avantages sociaux», nous en retiendrons trois qui présentent un intérêt particulier, soit par leur originalité, par l'étendue de leur portée ou par leur utilité dans des moments difficiles.

14.5.1 Congé de maternité ou parental

Le congé de maternité date d'une vingtaine d'années. Il correspond à l'accroissement du nombre de femmes, et surtout de femmes mariées, sur le marché du travail. Il a été introduit par législation beaucoup plus que par négociation. Le premier congé de maternité visait les employées de la fonction publique du Canada et remonte à 1967[53]. La première loi canadienne à contenir des dispositions impératives sur le congé de maternité a été le Code du travail du Canada, en 1971[54]. Le cadre légal constitue, aujourd'hui encore, l'aspect important qu'il faut rappeler avant de présenter les clauses de convention collective à ce sujet. Cette première loi accordait un congé de 17 semaines à l'employée qui comptait au moins 12 mois de service continu chez un employeur. Les lois provinciales suivirent au cours des années 1970. En 1980, chaque province avait une législation concernant le congé de maternité, sauf l'Île-du-Prince-Édouard[55].

Au Québec, le premier règlement sur le congé de maternité fut adopté sous la forme d'une ordonnance prise en vertu de la *Loi du salaire minimum*, en 1978[56]. Pouvaient en bénéficier celles qui avaient travaillé au moins 20 semaines au cours de l'année précédant l'accouchement. Le congé accordé était de 18 semaines. L'ordonnance a été remplacée par un règlement rattaché à la *Loi sur les normes du travail*, après son adoption en 1979[57]. Le congé que l'employeur devait accorder à l'employée était un congé sans solde. La rémunération devait provenir des versements de l'assurance-chômage, formule qui, comme nous le verrons dans un moment, existe encore aujourd'hui.

En 1990, la *Loi sur les normes du travail* a été considérablement amendée. Elle contient désormais une section importante consacrée au congé de maternité et au congé parental[58]. Les modifications récentes maintiennent la durée maximale du congé de maternité à 18 semaines continues (art. 81.4). Par contre, le père et la mère d'un nouveau-né, tout comme la personne qui adopte un jeune enfant, peuvent bénéficier d'un congé parental sans salaire d'au plus 34 semaines continues (art. 81.10). Comme le congé parental s'ajoute au congé de maternité, la salariée qui le souhaite peut obtenir une année complète de congé pour s'occuper de son enfant. La loi précise la nature des certificats médicaux à présenter, des avis à donner de part et d'autre et édicte l'obligation de réintégrer le ou les parents dans leur poste habituel, avec les mêmes avantages que s'ils étaient demeurés au travail (art. 81.6 et 81.15).

Le financement du congé demeure quant à lui soumis aux règles de la *Loi sur l'assurance-chômage*[59]. En vertu de cette loi, la requérante a le droit de toucher des prestations d'assurance-chômage pendant 15 semaines, après les deux semaines sans prestation, qui constituent le délai de carence, au début de son congé. La condition principale, pour avoir droit aux

53. *Les congés de maternité au Canada*, Ottawa, Comité intergouvernemental de la main-d'œuvre féminine, février 1980 (53 p.), p. 11.
54. *Code canadien du travail*, S.R.C. c. L-1, 1971, division V.1, art. 59.2-59.5, S.R.C. 1985 c. L-2, art. 206-209.5.
55. *Les congés de maternité au Canada*, p. 11.
56. *Ordonnance n° 17 sur les congés de maternité*, décret 3500 du 2 novembre 1978; *Gazette officielle du Québec*, partie 2, vol. 110, n° 54, 15 novembre 1978, p. 6391-6394.
57. Décret 873-81 du 11 mars 1981, refondu le 1er août 1982.
58. *Loi modifiant la Loi sur les normes du travail et d'autres dispositions législatives*, L.Q. 1990, c. 73, art. 34 ajoutant à la L.N.T. les articles 81.3 à 81.17.
59. S.R.C. 1985, c. U-1 et amendements, art. 18 et 20.

prestations, est d'avoir travaillé, et cotisé au régime, pendant au moins 20 semaines dans l'année qui précède le début du congé de maternité. Des conditions semblables – deux semaines de délai de carence et 15 semaines de prestations (à 60 % du salaire assurable) – s'appliquent de la même manière au congé d'adoption ou au congé parental. La loi précise les périodes où le congé peut se situer par rapport à la date prévue pour l'accouchement (art. 81.5 à 81.11).

Les conventions collectives qui traitent du congé de maternité le font habituellement en vue d'accorder des avantages supplémentaires à la salariée, comme de la payer pendant les deux semaines du délai de carence. Environ 70 % des conventions collectives contiennent une disposition sur le congé de maternité. Mais ces dispositions vont du plus simple, c'est-à-dire les conditions minimales imposées par la loi, à des conditions remarquables, qu'on rencontre par exemple dans le secteur public.

Le premier exemple est tiré du secteur privé, plus particulièrement du secteur des services où la proportion des employés féminins est élevée. Il comporte des dispositions relativement avantageuses. Nous omettons les dispositions qui reprennent simplement le texte de la loi ou qui visent des cas particuliers, comme un accouchement prématuré ou le cas d'un enfant mort-né dans les 20 dernières semaines de la grossesse.

Admissibilité

22.01 Chaque employée a droit à un congé de maternité de dix-huit (19) semaines à la condition de produire un certificat attestant la grossesse et la date probable de l'accouchement.

(...)

Retour au travail

22.04 L'employée donne à l'Employeur un préavis de deux (2) semaines avant la fin de son congé de maternité de la date de son retour au travail. À défaut de préavis, si l'employée se présente au travail, l'Employeur n'est pas tenu de reprendre cette employée avant deux (2) semaines de la date où elle se présente au travail.

Rémunération

22.05 L'Employeur verse à toute employée qui est admissible à l'assurance-chômage, au cours des deux (2) premières semaines de son congé de maternité, un montant équivalent à quatre-vingt-quinze pour cent (95 %) de son salaire hebdomadaire régulier pour la période en cours. De plus, l'Employeur accorde à l'employée un montant forfaitaire égal à la différence entre quatre-vingt-quinze pour cent (95 %) de son salaire hebdomadaire régulier et la prestation de maternité qu'elle reçoit de la CEIC pendant les quinze (15) semaines de prestations. Ce montant forfaitaire est versé à l'employée trois (3) mois après son retour au travail.

Les montants forfaitaires prévus ci-haut sont versés à titre de supplément aux prestations d'assurance-chômage.

Assurance collective

22.06 L'employée en congé de maternité doit demeurer assujettie au régime d'assurance collective et acquitte sa part de prime mensuellement et peut maintenir, si elle le désire, sa participation au Régime supplémentaire de rentes.

Congé de paternité

22.07 L'employé dont la conjointe accouche a droit à un congé payé d'une durée maximale de trois (3) jours ouvrables. Ce congé peut être discontinu et doit se situer entre le début du processus d'accouchement et le septième (7e) jour suivant le retour de la mère ou de l'enfant à la maison.

Adoption

22.08 L'employé qui adopte légalement un enfant a droit à un congé payé d'une durée maximale de trois (3) jours ouvrables.

Maintien des conditions de travail

22.09 1. Au cours des congés prévus au présent article, l'employé accumule son ancienneté comme s'il avait été au travail.

2. Au retour des congés prévus au présent article, l'employé bénéficie, en autant qu'il y ait normalement droit, des avantages prévus à la convention collective.

3. Au retour des congés ou des prolongations prévues aux présentes, l'employé

reprend son poste. Dans l'éventualité où le poste aurait été aboli, l'employé a droit aux avantages dont il aurait bénéficié s'il avait été au travail.

22.10 L'employé qui désire un congé sans traitement, lors de l'échéance de son congé de maternité ou de son congé d'adoption, a droit à un tel congé, d'une durée maximale de douze (12) mois, incluant le congé de maternité ou d'adoption selon le cas.

(La Société nationale de fiducie et le Syndicat des employées et des employés professionnels-les et de bureau, section locale 57, art. 22.)

Le principal avantage accordé dans cette convention collective, c'est le paiement du salaire à 95 % pendant les 17 semaines du congé prévu par la *Loi sur l'assurance-chômage* (art. 22.05). La formule suppose des arrangements avec la Commission de l'emploi et de l'immigration du Canada, qui administre l'assurance-chômage, puisque la salariée en congé de maternité ne doit pas percevoir d'autre revenu que ses prestations d'assurance-chômage, lesquelles se situent normalement à 60 % du salaire. Quant à la prolongation du congé de maternité, sans salaire, jusqu'à concurrence de 12 mois, il correspond aujourd'hui à une exigence de la *Loi sur les normes du travail*, mais ce n'était pas le cas au moment où la convention collective citée a été signée. Il s'agissait donc, alors, d'un avantage supplémentaire pour les employées de cette entreprise (art. 22.10). De plus, le congé de paternité de trois jours ouvrables payés (art. 22.07) constituait une nouveauté au moment de son adoption dans cette convention collective; les modifications de 1990 à la *Loi sur les normes du travail* accordent aujourd'hui deux journées d'absence rémunérées à l'occasion de la naissance d'un enfant (art. 81.1).

Dans le secteur public et parapublic, les avantages du congé de maternité et du congé parental sont encore plus étendus. C'est ainsi que la salariée qui accouche a droit à 20 semaines de congé payées, pratiquement à plein salaire, et à deux ans de congé sans solde. La salariée à temps partiel a droit à 10 semaines de congé payées. La clause est très longue et très détaillée; nous reproduisons seulement les dispositions les plus générales, en omettant toutes les situations spéciales et tous les cas particuliers.

Congé de maternité

22.05 La salariée enceinte a droit à un congé de maternité d'une durée de vingt (20) semaines qui, sous réserve du paragraphe 22.08, doivent être consécutives.

(...)

22.08 Lorsqu'elle est suffisamment rétablie de son accouchement, et que son enfant n'est pas en mesure de quitter l'établissement de santé, la salariée peut suspendre son congé de maternité en retournant au travail.

La salariée dont l'enfant est hospitalisé dans les quinze (15) jours de sa naissance a également ce droit.

Le congé ne peut être suspendu qu'une fois. Il est complété lorsque l'enfant intègre la résidence familiale.

Cas admissibles à l'assurance-chômage

22.10 La salariée qui a accumulé vingt (20) semaines de service avant le début de son congé de maternité et qui, suite à la présentation d'une demande de prestations en vertu du régime d'assurance-chômage, est déclarée éligible à de telles prestations, a droit de recevoir durant son congé de maternité, sous réserve du paragraphe 22.13:

a) pour chacune des semaines du délai de carence prévu au régime d'assurance-chômage, une indemnité égale à 93 % de son salaire hebdomadaire de base;

b) pour chacune des semaines où elle reçoit ou pourrait recevoir des prestations d'assurance-chômage, une indemnité complémentaire égale à la différence entre 93 % de son salaire hebdomadaire de base et la prestation d'assurance-chômage qu'elle reçoit ou pourrait recevoir.

Cette indemnité complémentaire se calcule à partir des prestations d'assurance-chômage qu'une salariée a droit de recevoir sans tenir compte des montants soustraits de telles prestations en raison des remboursements de prestations, des intérêts, des pénalités et autres montants recouvrables en vertu du régime d'assurance-chômage. (...)

De plus, si EIC réduit le nombre de semaines de prestations d'assurance-chômage auquel la salariée aurait eu autrement droit si elle n'avait bénéficié de prestations d'assurance-chômage avant son congé de maternité, la salariée continue de recevoir, pour une période équivalant aux semaines soustraites par EIC, l'indemnité complémentaire prévue au présent sous-alinéa comme si elle avait, durant cette période, bénéficié de prestations d'assurance-chômage;

c) pour chacune des semaines qui suivent la période prévue au sous-alinéa b), une indemnité égale à 93 % de son salaire hebdomadaire de base, et ce jusqu'à la fin de la vingtième (20e) semaine du congé de maternité.

(...)

Cas non admissibles à l'assurance-chômage

22.11 La salariée exclue du bénéfice des prestations d'assurance-chômage ou déclarée inadmissible est également exclue du bénéfice de toute indemnité, sous réserve des dispositions prévues aux deux (2) alinéas qui suivent.

La salariée à temps complet qui a accumulé vingt (20) semaines de service avant le début de son congé de maternité a également droit à une indemnité égale à 93 % de son salaire hebdomadaire de base et ce, durant dix (10) semaines, si elle n'est pas éligible aux prestations d'assurance-chômage parce qu'elle n'a pas occupé un emploi assurable pendant au moins vingt (20) semaines au cours de sa période de référence prévue par le régime d'assurance-chômage.

La salariée à temps partiel qui a accumulé vingt (20) semaines de service avant le début de son congé de maternité a droit à une indemnité égale à 95 % de son salaire hebdomadaire de base et ce, durant dix (10) semaines, si elle n'est pas éligible aux prestations d'assurance-chômage pour l'un ou l'autre des deux motifs suivants:

i) elle n'a pas contribué au régime d'assurance-chômage; ou

ii) elle a contribué mais n'a pas occupé un emploi assurable pendant au moins vingt (20) semaines au cours de sa période de référence.

Si la salariée à temps partiel est exonérée des cotisations aux régimes de retraite et d'assurance-chômage, le pourcentage d'indemnité est fixé à 93 %.

(...)

Congé de paternité

22.21 Le salarié dont la conjointe accouche a droit à un congé payé d'une durée maximale de cinq (5) jours ouvrables. Ce congé peut être discontinu et doit se situer entre le début du processus d'accouchement et le quinzième (15e) jour suivant le retour de la mère ou de l'enfant à la maison.

Un des cinq (5) jours peut être utilisé pour le baptême ou l'enregistrement.

Congés pour adoption et congé sans solde en vue d'une adoption

22.22 La personne salariée qui adopte légalement un enfant autre qu'un enfant de son conjoint a droit à un congé d'une durée maximale de dix (10) semaines consécutives pourvu que son conjoint n'en bénéficie pas également. Ce congé doit se situer après l'ordonnance de placement de l'enfant, conformément au régime d'adoption ou à un autre moment convenu avec l'employeur.

(...)

Congé sans solde et congé partiel sans solde

22.27 Un congé sans solde d'une durée maximale de deux (2) ans est accordé à la salariée en prolongation de son congé de maternité, au salarié en prolongation de son congé de paternité et à l'un ou à l'autre en prolongation de son congé pour adoption de dix (10) semaines.

La personne salariée à temps complet qui ne se prévaut pas de ce congé sans solde a droit à un congé partiel sans solde établi sur une période maximale de deux (2) ans.

Pendant la durée de ce congé, la personne salariée est autorisée, suite à une demande écrite présentée au moins trente (30) jours à l'avance à son employeur, à une modification de son congé sans solde en un congé partiel sans solde ou l'inverse, selon le cas.

La personne salariée à temps partiel a également droit à ce congé partiel sans solde. Toutefois, en cas de désaccord de l'employeur quant au nombre de jours de travail par semaine, la personne salariée à temps partiel doit fournir une prestation de travail équivalente à deux jours et demi (2,5).

(Le Comité patronal de négociation du secteur de la santé et des services sociaux, Centres hospitaliers publics, et la Fédération des affaires sociales (CSN), art. 22.)

Le 93 % du salaire s'explique par le fait qu'on a voulu tenir compte que la salariée, en pareille situation, bénéficie d'une exonération des cotisations au régime de retraite et d'assurance-chômage, ce qui équivaut en moyenne à 7 % de son salaire. On précise également que le salaire hebdomadaire de base vise le salaire normal, incluant les majorations régulières, y compris pour formation post-secondaire, mais qu'il exclut les rémunérations additionnelles, par exemple les heures supplémentaires, même si celles-ci sont fréquentes et régulières, ou les primes de quart.

On aura noté que la seule condition requise, finalement, c'est d'avoir travaillé 20 semaines avant le début du congé de maternité ; c'est la condition requise pour obtenir les prestations d'assurance-chômage, et elle est explicitement maintenue dans les cas des salariées non admissibles à l'assurance-chômage (art. 22.11). L'employée à temps partiel a quant à elle droit à 95 % de son salaire de base durant 10 semaines, si elle n'est pas admissible à l'assurance-chômage. Le cas se produit, par exemple, pour les personnes qui travaillent généralement moins de 15 heures par semaine. Il va sans dire que la salariée conserve, durant son congé, tous les avantages, avantages sociaux, ancienneté, expérience et droit de candidature, qu'elle aurait eus si elle était demeurée au travail (art. 22.14).

Le tableau 14-10 résume les dispositions de conventions collectives concernant le congé de maternité. Le congé lui-même est mentionné dans environ 60 % des conventions qui visent plus de 80 % des salariés. La mention la plus fréquente concerne l'accumulation de l'ancienneté, qui est, d'ailleurs, imposée par la loi (L.N.T. art. 81.16). Le plus souvent, le congé dure de 19 à 25 semaines. Il est rarement rémunéré autrement que par les prestations d'assurance-chômage. La participation aux avantages sociaux est prévue par la loi et les règlements qui s'y rattachent, à la condition que la salariée paie la cotisation exigée d'elle en temps normal (L.N.T. art. 81.16 et R.N.T. art. 32).

Le congé de maternité est un des avantages sociaux qui s'est le plus développé au cours des 15 ou 20 dernières années, mais, encore une fois, plus sous l'influence de la législation que de la négociation. Au cours des cinq dernières années, il est difficile de conclure à une amélioration des conditions du congé dans les conventions collectives. Comme dans bien d'autres cas, du moins par rapport à certains aspects, il semble même y avoir eu un léger recul.

14.5.2 Prestations supplémentaires d'assurance-chômage

Dans le cas de perte de rémunération pour raison de chômage, il existe un régime public, l'assurance-chômage, que certaines conventions collectives complètent par ce qu'on appelle les Prestations supplémentaires d'assurance-chômage (PSAC). Ces prestations supplémentaires ont une longue histoire : elles remontent aux années 1950, alors qu'aux États-Unis les Travailleurs unis de l'automobile réclamaient un salaire annuel garanti et qu'ils obtinrent, à la place, un régime supplémentaire d'assurance-chômage (*Supplemental Unemployment Benefits*, SUB).

Le régime public d'assurance-chômage est d'application obligatoire. Tous les employés et tous leurs employeurs doivent y contribuer. À compter de 1991, les employés paient une cotisation égale à 2,8 % de leurs gains, alors que la part des employeurs correspond à 3,92 % de leur masse salariale. Cependant, il existe un maximum de gains imposables, qui s'élevait à 680,00 $ par semaine en 1991.

La première fois qu'il réclame des prestations, un employé doit avoir travaillé et cotisé pendant au moins

TABLEAU 14-10

Le congé de maternité dans les conventions collectives – 1984 et 1989

Dispositions des conventions collectives[1]	Conventions collectives régissant moins de 50 salariés				50 salariés et plus				tous les salariés (TOTAL)			
	C.c.	%	Salariés	%	C.c.	%	Salariés	%	C.c.	%	Salariés	%
1984												
C. de maternité	2 063	49,8	37 988	51,9	1 117	58,9	544 815	78,9	3 180	52,7	92 803	12,2
Min. serv. requis	772	18,6	11 722	16,0	346	18,2	87 256	12,6	1 118	18,5	98 978	13,0
S. requis : 13 s. +	72	1,7	1 171	1,6	64	3,4	18 209	2,6	136	2,3	19 380	2,5
Congé : 18 sem.	571	13,8	10 263	14,0	291	15,3	72 745	10,5	862	14,3	83 008	10,9
Congé : 19-25 s.	587	14,2	10 426	14,3	332	17,5	373 240	54,1	919	15,2	383 666	50,3
Rémun. pendant portion du congé	329	7,9	5 684	7,8	106	5,6	35 941	5,2	435	7,2	41 625	5,5
Congé parental	182	4,4	3 146	4,3	137	7,2	330 217	47,8	319	5,3	333 363	43,7
TOTAL	4 141	100,0	73 174	100,0	1 897	100,0	690 293	100,0	6 038	100,0	763 467	100,0
1989												
C. de maternité	2 773	51,5	55 726	54,2	1 718	66,7	773 410	84,0	4 491	56,4	829 136	81,0
Min. serv. requis	973	18,1	17 265	16,8	662	25,7	138 308	15,0	1 635	20,5	155 573	15,2
S. requis : 13 s. +	106	2,0	2 083	2,0	116	4,5	23 293	2,5	222	2,8	25 376	2,5
Congé : 18 sem.	727	13,5	14 836	14,4	478	18,5	100 808	11,0	1 205	15,1	115 644	11,3
Congé : 19-25 s.	855	15,9	16 231	15,8	487	18,9	539 504	58,6	1 342	16,9	555 735	54,3
Rémun. pendant portion du congé	412	7,7	7 499	7,3	145	5,6	39 864	4,3	557	7,0	47 363	4,6
Congé parental	336	6,2	6 041	5,9	217	8,4	468 429	50,9	553	6,9	474 470	46,4
TOTAL	5 384	100,0	102 845	100,0	2 577	100,0	920 207	100,0	7 961	100,0	1 023 052	100,0

1. Les chiffres ne peuvent s'additionner : ils reflètent différentes dispositions cumulatives, non exclusives.

Source : Données mécanographiques du CRSMT, 26 avril 1991. (Variables F-29 à F-33.)

20 semaines, au cours des 52 semaines précédant sa demande. Par la suite, on pourra lui accorder des prestations s'il a contribué de 10 à 20 semaines, selon le niveau du taux de chômage dans sa région. Les prestations représentent 60 % des gains assurables, donc un maximum de 408,00 $ par semaine en 1991. Il faut mentionner le délai de carence, c'est-à-dire que deux semaines doivent s'écouler entre le moment de la demande et celui où il commence à toucher des prestations: cette période d'attente est prévue explicitement dans la loi. La personne recevra ensuite des prestations pendant un certain nombre de semaines (17 à 50), établi selon deux critères: le temps où elle a travaillé et cotisé (de 10 à 52 semaines) et le taux de chômage dans sa région (6 % à 16 % ou plus[60]).

Un régime de prestations supplémentaires d'assurance-chômage a pour but de compléter les prestations versées par le régime public. Il peut ainsi compenser le manque à gagner de l'employé en cause pendant la période du délai de carence; par la suite, il peut accorder à l'employé une somme additionnelle qui ne devrait cependant pas dépasser la proportion de 40 % que l'employé perd en vertu du régime public. De tels compléments supposent des ententes explicites avec la Commission de l'Emploi et de l'Immigration du Canada qui administre le régime d'assurance-chômage.

On trouve des régimes de PSAC dans environ 3 % des conventions collectives visant 5 % des salariés régis par convention. (Voir le tableau 14-11.) Une telle mesure ne saurait viser les employés du secteur public qui ont une garantie d'emploi et de salaire bien supérieure à la moyenne. Comme les PSAC ont débuté aux États-Unis, il ne faut pas s'étonner que la proportion y soit plus élevée: on les retrouve dans 15 % des grandes conventions collectives, avec une forte concentration dans l'industrie de l'automobile où elles ont débuté[61].

60. *Loi sur l'assurance-chômage*, S.R.C. 1985, c. U-1, art. 11-12 et tableau 2 en annexe de la loi.

61. *Basic Patterns in Union Contracts*, 11e édition, Washington, D.C., Bureau of National Affairs, 1986 (136 p.), p. 41.

Là où le régime existe, c'est le plus souvent l'employeur qui, seul, contribue à la caisse des PSAC, caisse créée spécialement à cette fin. Comme les situations de chômage élevé correspondent habituellement aux périodes de ralentissement économique, il est préférable que les PSAC proviennent d'un fonds spécial et non directement de l'employeur, puisque celui-ci risque de connaître des difficultés financières quand des réclamations de cette nature seront faites. Le taux de contribution de l'employeur à la caisse (par exemple tant de cents par heure travaillée) est généralement déterminé dans la convention collective.

La plupart des régimes exigent une durée de service continu minimale pour que les employés aient droit aux prestations supplémentaires prévues: les deux exigences les plus fréquentes sont trois mois de service ou, beaucoup plus souvent, un an de service.

Notons enfin que plusieurs conventions regroupent les PSAC avec les assurances collectives.

14.5.3 Indemnités de fin d'emploi

L'indemnité de fin d'emploi vise à dédommager l'employé licencié, celui qui n'a pu être ni replacé ni recyclé. On lui donne une certaine somme pour l'aider à traverser la difficile période de transition qu'il devra vivre[62]. Ce genre d'indemnité se retrouve dans à peu près 20 % des conventions collectives, s'appliquant à 50 % des salariés régis. (Voir le tableau 14-12.) La condition la plus fréquente, pour avoir droit à cette indemnité, est d'avoir accumulé deux ans de service continu; mais un grand nombre de conventions accordent le droit à l'indemnité après un an de service.

Quant au montant de l'indemnité, il varie énormément d'une convention à l'autre. Une formule un peu plus fréquente que les autres accorde une semaine de salaire par année de service. D'autres conventions

62. Depuis 1985, la Commission d'assurance-chômage considère l'indemnité de fin d'emploi comme un revenu qui empêche le paiement des prestations d'assurance-chômage. Pour que l'employé puisse toucher à la fois l'indemnité et ces prestations, il faut qu'un arrangement soit conclu avec la Commission. (*Règlement sur l'assurance-chômage*, C.R.C. 1978, c. 1576 et amendements, art. 57.)

TABLEAU 14-11

Prestations supplémentaires d'assurance-chômage dans les conventions collectives – 1984 et 1989

Dispositions des conventions collectives[1]	Conventions collectives régissant moins de 50 salariés				50 salariés et plus				tous les salariés (TOTAL)			
	C.c.	%	Salariés	%	C.c.	%	Salariés	%	C.c.	%	Salariés	%
1984												
Existence de PSAC	127	3,1	2 139	3,0	67	3,5	31 366	4,5	194	3,2	33 505	4,4
Caisse constituée par l'employeur	33	0,8	570	0,8	15	0,8	3 433	0,5	48	0,8	4 003	0,5
Condition de versement des prestations :												
3 mois de service	—	—	—	—	4	0,2	1 788	0,3	4	0,1	1 788	0,2
1 an de service	56	1,4	597	0,8	9	0,5	2 427	0,4	65	1,1	3 024	0,4
TOTAL	4 141	100,0	73 174	100,0	1 897	100,0	690 293	100,0	6 038	100,0	763 467	100,0
1989												
Existence de PSAC	183	3,4	2 973	2,9	94	3,6	49 243	5,4	277	3,5	52 216	5,1
Caisse constituée par l'employeur	68	1,3	959	0,9	38	1,5	22 643	2,5	106	1,3	23 602	2,3
Condition de versement des prestations :												
3 mois de service	—	—	—	—	14	0,5	8 586	0,9	14	0,2	8 586	0,8
1 an de service	91	1,7	980	1,0	13	0,5	4 915	0,5	104	1,3	5 895	0,6
TOTAL	5 384	100,0	102 845	100,0	2 577	100,0	920 207	100,0	7 961	100,0	1 023 052	100,0

1. Les données de chaque colonne ne s'additionnent pas : les dispositions ne sont pas exclusives.

Source : Données mécanographiques du CRSMT, 2 avril 1991. (Variables D-20 à D-22.)

TABLEAU 14-12

L'indemnité de fin d'emploi dans les conventions collectives – 1984 et 1989

Dispositions des conventions collectives[1]	Conventions collectives régissant moins de 50 salariés				50 salariés et plus				tous les salariés (TOTAL)			
	C.c.	%	Salariés	%	C.c.	%	Salariés	%	C.c.	%	Salariés	%
1984												
L'indemnité existe	691	16,7	11 861	16,2	478	25,2	359 250	52,0	1 169	19,4	371 111	48,6
Cond. d'admissibil.												
1 an de service	236	5,7	3 957	5,4	119	6,3	33 294	4,8	355	5,9	37 251	4,9
2 ans de service	32	0,8	378	0,5	55	2,9	147 469	21,4	87	1,4	147 847	19,4
Montant de l'indemn.												
1 sem. par an serv.	155	3,7	2 395	3,3	98	5,2	22 992	3,3	253	4,2	25 387	3,3
forfaitaire (var.)	111	2,7	1 922	2,6	88	4,6	26 951	3,9	199	3,3	28 873	3,8
avec maximum	516	12,5	8 944	12,2	348	18,3	320 652	46,5	864	14,3	329 596	43,2
TOTAL	4 141	100,0	73 174	100,0	1 897	100,0	690 293	100,0	6 038	100,0	763 467	100,0
1989												
L'indemnité existe	996	18,5	17 448	17,0	679	26,3	545 624	59,3	1 675	21,0	563 072	55,0
Cond. d'admissibil.												
1 an de service	315	5,8	5 612	5,5	114	4,4	37 769	4,1	429	5,4	43 381	4,2
2 ans de service	112	2,1	1 553	1,5	117	4,5	367 158	39,9	229	2,9	368 711	18,0
Montant de l'indemn.												
1 sem. par an serv.	204	3,8	3 654	3,6	130	5,0	27 879	3,0	334	4,2	31 533	3,1
forfaitaire (var.)	169	3,1	2 610	2,5	157	6,1	48 505	5,3	326	4,1	51 115	2,5
avec maximum	688	12,8	12 366	12,0	413		22 790		1 101	13,8	240 276	23,5
TOTAL	5 384	100,0	102 845	100,0	2 577	100,0	920 207	100,0	7 961	100,0	1 023 052	100,0

1. Les données de chacune des colonnes ne s'additionnent pas.

Source : Données mécanographiques du CRSMT, 28 mars 1991. (Variables D-15 à D-19.)

fixent un montant forfaitaire établi en fonction du nombre d'années de service. Selon les conventions, l'indemnité maximale varie elle aussi et peut correspondre à trois mois ou à un certain pourcentage des gains annuels: plus de la moitié des conventions qui contiennent des dispositions de ce genre déterminent un maximum pour l'indemnité de fin d'emploi. Les autres n'en parlent pas; quelques-unes disent explicitement qu'il n'y a pas de maximum dans le calcul de l'indemnité.

* * *

La liste des avantages sociaux que nous avons considérée est loin d'être exhaustive. Pour ne donner que quelques exemples, de nature différente, mentionnons l'aide juridique, les hypothèques à taux préférentiel, les voyages gratuits ou à tarif réduit et le financement d'un pique-nique annuel par l'employeur. Un des éléments les plus importants dans la liste des avantages sociaux, du moins quant aux coûts impliqués, ce sont les multiples congés payés, à partir des vacances annuelles jusqu'aux congés mobiles, en passant par les congés familiaux, sans oublier les congés-éducation qui s'annoncent pour l'avenir: nous ne les avons pas étudiés en détail étant donné leur trop grande variété et le fait qu'ils ne soulèvent pas de problèmes particuliers, sinon sur le plan administratif et financier. Il nous reste à conclure par quelques considérations générales.

14.6 Rôle social et impact économique

Les avantages sociaux ont connu leur véritable envol au moment où il était profitable aux employeurs et aux employés de les introduire, pendant la Seconde Guerre mondiale. Le complément de salaire qu'ils représentent est important et apprécié. Il assure, au sens premier des mots, une véritable sécurité sociale aux employés visés. Des risques aussi graves qu'une mort prématurée ou une maladie grave, tout comme la retraite à un âge plus ou moins avancé, s'ils n'étaient pas compensés par des mesures sociales appropriées, représenteraient des drames insurmontables dans la vie de la plupart des salariés. Les différents avantages sociaux viennent à leur rescousse au moment opportun.

Les avantages sociaux privés apportent un complément appréciable à la sécurité sociale publique. Outre le fait que celle-ci est relativement récente, les montants qu'elle garantit, tant dans le vieil âge qu'en cas de maladie grave, demeurent restreints et limités. Les suppléments qu'accordent les régimes privés constituent un apport très important pour ceux qui en bénéficient.

Du point de vue financier, les avantages sociaux ne sont pas négligeables: les 30 % à 40 % de la masse salariale qu'ils représentent, et qui s'ajoutent à celle-ci, constituent un lourd fardeau, qui doit être compensé par une productivité appropriée. Autrement, les entreprises ne pourraient soutenir la concurrence mondiale, surtout celle des nombreux pays où les avantages sociaux privés sont inexistants. Est-ce cette question de compétitivité qui joue présentement ou la trop grande réglementation que les gouvernements ont introduite en la matière? Quelle que soit la raison, on constate, depuis 10 ans, une stabilité, sinon un certain recul, dans le niveau des paiements effectués pour les avantages sociaux. Dans ce domaine comme dans plusieurs autres, l'heure n'est plus à l'expansion; nous saurons d'ici quelques années si elle est à la stabilité ou au repli.

Une avenue demeure ouverte, celle des avantages sociaux à la carte (*cafeteria benefits*). Elle permet à chacun de choisir les avantages qui lui conviennent. Le jeune père de famille choisira une forte assurance-vie et peu de congés-maladie, alors que son épouse optera pour une assurance-maladie complémentaire et peut-être un futur congé-éducation. La formule n'est pas répandue, mais elle existe déjà en quelques endroits.

Bibliographie

Avantages sociaux et sécurité sociale

BERNIER, JEAN. «La convention collective et les régimes complémentaires de sécurité sociale», *Québec-Travail*, vol. 10, nº 3, décembre 1974, p. 9-13.

Bureau de recherches sur les traitements. *Programme d'enquêtes sur les avantages sociaux. Fréquence et caractéristiques. 1er janvier 1990*, Ottawa, Commission des relations de travail dans la fonction publique, Bureau de recherches sur les traitements, 1990, 125 p. (Publication bisannuelle.)

Bureau international du travail. *Le travail dans le monde I*, Genève, BIT, 1984, 224 p. Ch. 6: «La sécurité sociale dans les pays les plus industrialisés», p. 161-184.

Bureau international du travail. *Sécurité sociale: quelle méthode de financement? Une analyse internationale*, Genève, BIT, 1983, 149 p.

BURBIDGE, JOHN. *Social Security in Canada : An Economic Appraisal*, Toronto, Canadian Tax Foundation, 1987, 98 p. (Canadian Tax Paper No. 79.)

COUSINEAU, JEAN-MICHEL et LACROIX, ROBERT. La détermination des avantages sociaux au Canada», *Relations industrielles*, vol. 39, nº 1, 1984, p. 3-22.

Fréquence et caractéristiques des avantages sociaux et des conditions de travail au Québec. Édition 1989, Québec, Les Publications du Québec, 1989, 369 p. (Études et recherches du ministère du Travail.)

«Fringe Benefits and Public Policy», quatre articles dans *Industrial Relations Research Association Series. Proceedings of the Forty-first Annual Meeting. New York, 1988,* Madison, Wis., IRRA, 1989, p. 365-410.

International Foundation of Employee Benefit Plans. *Canadian Employee Benefit Plans: Information Sources*, Brookfield, Wis. IFEBP, 1981, 12 p.

LEVINE, GILBERT. «Public vs Private Sector Compensation», *Relations industrielles*, vol. 35, nº 1, 1980, p. 128-136.

NORWOOD, JANET L. «Employee Benefits: Measurement Problems» dans *Industrial Relations Research Association Series. Proceedings of the Fortieth Annual Meeting. Chicago, 1987*. Madison, Wis. IRRA, 1988, p. 220-230.

Précis sur les programmes de sécurité sociale, Ottawa, ministère de la Santé et du Bien-être social, mars 1987, 53 p.

Université de Montréal. *Pour une meilleure qualité de vie... : les avantages sociaux*, 8e Colloque de relations industrielles, 1977, Université de Montréal, École de relations industrielles, 1978, 96 p.

Université Laval, Département des relations industrielles. *Bénéfices sociaux et initiative privée*, 14e Congrès des relations industrielles de l'Université Laval, Québec, Les Presses de l'Université Laval, 1959, 180 p.

Régimes de retraite et pensions

ALLEN, DONNA. *Fringe Benefits: Wages or Social Obligation? An Analysis with Historical Perspectives from Paid Vacations*, Ithaca, N.Y., Cornell University, 1964, 273 p.

ALLEN, STEVEN G., CLARK, ROBERT L. et SUMNER, DANIEL A. «Postretirement Adjustments of Pension Benefits», *Journal of Human Resources*, vol. 21, nº 1, hiver 1986, p. 118-137.

BÉLANGER, GÉRARD. «L'avenir des régimes de retraite: un rapport du Conseil économique du Canada», *Relations industrielles*, vol. 35, nº 1, 1980, p. 137-151.

BRYDEN, KENNETH. *Old Age Pensions and Policy-Making in Canada*, Montréal, L'Institut d'administration publique du Canada (McGill-Queen's University Press), 1974, 264 p.

Bureau international du travail. *Pensions et inflation. Examen international*, Genève, BIT, 1977, 148 p.

Conseil économique du Canada. *Perspective 2030. L'avenir des régimes de retraite.* Ottawa, Approvisionnements et Services Canada, 1979, 156 p.

COWARD, LAURENCE E. *Mercer Handbook of Canadian Pension and Welfare Plans*, 8e édition, Don Mills, CCH Canadian Ltd., 1984, 382 p.

De meilleures pensions pour les Canadiens, Ottawa, Santé et Bien-être social Canada, 1983, 68 p. (Livre vert.)

DÉPATIE, RAYMOND. *Guide pratique pour l'analyse des régimes de retraite*, Montréal, Institut de recherche appliquée sur le travail, bulletin nº 9, janvier 1977, 78 p.

GUÉRARD, YVES, FRITH, DOUGLAS et POULIN, CLAUDE. «L'avenir incertain des programmes de retraite» dans *Gestion des ressources humaines et relations syndicales-patronales. Congrès scientifique de la Corporation des conseillers en relations industrielles*, 1983, Université de Montréal, École des relations industrielles, 1983 (207 p.), p. 69-135. (Document de travail n° 7.)

HARBRECHT, PAUL P. *Pension Funds and Economic Power*, New York, Twentieth Century Fund, 1959, 328 p.

LEBRASSEUR, ROLLAND. «Retirement and Scale Issues in Northern Ontario Industries», *Relations industrielles*, vol. 45, n° 2, printemps 1990, p. 268-282.

MCCARTHY, DAVID, et TURNER, JOHN A. «Sex Discrimination in Pension Compensation» dans *Industrial Relations Research Association Series. Proceedings of the Forty-second Annual Meeting. Atlanta, 1989*, Madison, Wis., IRRA, 1990, p. 129-138.

PAYETTE, MICHEL. *Les travailleurs et la gestion des fonds de leurs caisses de retraite*, Montréal, Institut de recherche appliquée sur le travail, novembre 1974, 101 p., Bulletin résumé: bulletin n° 4, août 1975, 16 p.

Préparation à la retraite. Avantages sociaux. Synthèse des revenus, Québec, ministère des Transports, direction du personnel, 1984, 35 p.

REID, FRANK. «Economic Aspects of Mandatory Retirement. The Canadian Experience», *Relations industrielles*, vol. 43, n° 1,, hiver 1988, p. 101-114.

Retraite sans douleur. Rapport du Comité sénatorial spécial sur les politiques relatives à l'âge de la retraite, Ottawa, Approvisionnements et Services Canada, 1979, 163 p.

Statistique Canada. *Régimes de pensions du Canada*, Statistique Canada, Catalogue n° 74-401. Publication biennale. (Voir aussi les pulications 74-001 et 74-201.)

Université Laval, Département des relations industrielles. *Les régimes de retraite*, 37e Congrès de relations industrielles, 1982. Québec, Les Presses de l'Université Laval, 1982, 218 p.

WISE, DAVID A. (sous la direction de). *Pensions, Labor and Individual Choice*, Chicago, University of Chicago Press, 1945, 453 p. (National Bureau of Economic Research Project Report.)

Chapitre

15

Durée et renouvellement

PLAN

Toutes les conventions collectives se terminent par une clause qui en précise la durée: à quel moment elle entre en vigueur et à quelle date elle vient à échéance. La même clause contient généralement des dispositions sur le processus de renouvellement. On pourrait croire que la date du début et de la fin d'une convention collective ne pose aucun problème. Pourtant, tel n'est pas le cas. Le présent chapitre est consacré à l'étude de toutes les questions qui tournent autour de ces deux dates et de quelques autres qui s'y rapportent.

Nous considérons successivement les aspects suivants. D'abord, pourquoi les conventions collectives ont-elles une durée déterminée? Ce n'est pas le cas dans tous les pays du monde, et la comparaison avec la Grande-Bretagne et les États-Unis nous aidera à comprendre les aspects propres à la situation canadienne, avec les avantages et les inconvénients qui en découlent. Quant au contexte d'ici, il faut d'abord en présenter le cadre légal. Nous analyserons ensuite les variations dans la durée de fait, au Canada et au Québec, et nous dégagerons quelques explications. Suivra l'étude du processus de renouvellement, avec sa série de dates critiques. Finalement, nous considérerons quelques problèmes particuliers, comme la rétroactivité, la réouverture de la convention et, un point particulier, l'«entre-deux conventions».

15.1 Sens de la durée définie

Aux États-Unis et au Canada, les conventions collectives ont toujours été signées pour un temps déterminé; elles sont considérées comme telles par le législateur et par les commissions de relations du travail. Ce n'est pas le cas dans tous les pays du monde, dont en Grande-Bretagne où l'on trouve depuis longtemps des conventions collectives sans durée définie. Nous commencerons par l'étude de cette situation.

15.1.1 Grande-Bretagne: le document vivant

Le «volontarisme» – ou le fait de fonctionner selon l'initiative des parties, sans intervention de l'État ou du système judiciaire – a toujours caractérisé les relations industrielles en Grande-Bretagne, du moins jusque dans les dernières décennies du XXe siècle. Dans cette perspective, les parties signaient les conventions collectives sans y indiquer de date d'échéance. La convention reflétait l'accord des parties sur les conditions de travail au moment de l'entente et les conditions convenues s'appliquaient normalement jusqu'à ce que l'une ou l'autre des parties s'en déclare insatisfaite. L'expression «document vivant» évoquait le fait que les conditions de travail contenues dans la convention pouvaient être modifiées à n'importe quel moment, après une demande de réouverture de la négociation par l'une ou l'autre des parties[1].

Une importante révision des relations industrielles en Grande-Bretagne a entraîné l'adoption du *British Industrial Relations Act* en 1971. La nouvelle loi faisait suite à la présentation et à la discussion du rapport Donovan[2] et à de nombreuses grèves, surtout dans les industries nationalisées, qui ont sérieusement compromis la position concurrentielle de la Grande-Bretagne sur les marchés mondiaux. La réforme proposée et la nouvelle loi contenaient plusieurs éléments d'inspiration nord-américaine. La loi n'imposait pas mais appuyait le caractère légal et obligatoire des conventions collectives. Elle statuait que les conventions collectives seraient présumées avoir valeur légale, à moins que les parties n'en décident autrement, et ce pour l'ensemble de la convention ou certaines de ses parties. La question devenait par le fait même objet de négociation. Rien ne visait directement la durée de la convention, mais l'introduction de l'obligation légale impliquait la question de la durée de la convention, à cause de ses effets contraignants: on ne s'engage pas devant la loi pour une période indéterminée[3].

1. GORDON F. BLOOM et HERBERT NORTHRUP, *Economics of Labor Relations*, 5e édition, Homewood, Ill., Richard D. Irwin, 1965 (700 p.), p. 167-171.
2. *Report of the Royal Commission on Trade Unions and Employers' Associations*, 1965-1968, LORD DONOVAN, président, Londres, Her Majesty's Stationery Office, 1968, Cmnd 3888.
3. JOSEPH W. GARBARINO, «The British Experiment with Industrial Relations Reform», *Industrial and Labor Relations Review*, vol. 26, n° 2, janvier 1973, p. 793-804; NORMAN ROBERTSON et K. IAN SAMS, «The New Legal Framework

La loi de 1971 a été abrogée en 1974, suite à un changement de gouvernement (voir section 30.1.4). Les parties ont alors retrouvé leur pleine liberté. La principale justification des réformes introduites alors était de ramener un certain ordre dans les relations du travail en Grande-Bretagne, qui avaient été passablement mauvaises au cours des deux décennies précédentes. L'idée de ramener l'ordre n'impliquait pas nécessairement d'imposer une durée déterminée aux conventions collectives mais pouvait l'inclure. De plus, comme c'était la pratique nord-américaine et que la réforme s'inspirait beaucoup de formules établies en Amérique du Nord, il était quasi normal que la convention à durée limitée soit proposée aux employeurs et aux syndicats britanniques. Elle n'a pas délogé la pratique de la convention comme document vivant, modifiable aussitôt qu'une des parties considère que des changements s'imposent. Le raisonnement qui fonde un tel principe soutient qu'il est préférable de régler les questions au fur et à mesure qu'elles surviennent et pas seulement une fois à tous les deux ou trois ans, selon la formule nord-américaine.

15.1.2 États-Unis: durée déterminée sans prolongement

Aux États-Unis, les conventions collectives ont une durée déterminée depuis l'adoption du *Wagner Act* en 1935. La pratique ne provient pas d'une stipulation dans la loi, mais de précisions apportées peu à peu par la Commission nationale des relations du travail (*National Labor Relations Board*). La durée déterminée des conventions collectives est directement reliée au monopole syndical, accordé au syndicat local accrédité, et au fait que la loi voulait quand même permettre aux employés qui le désiraient de changer d'association syndicale. Les deux objectifs n'étaient compatibles qu'à la condition de protéger le syndicat accrédité pendant une certaine période de temps et de permettre les requêtes pour changement et les nouvelles accréditations à des moments précis. À cet effet, la Commission nationale des relations du travail a établi certaines règles, comme de ne jamais permettre un vote de représentation si une convention collective existe et n'a pas deux ans d'existence (*Contract-Bar Rule, Two-Year Rule*) ni pendant l'année qui suit une accréditation afin que le syndicat accrédité puisse négocier sa première convention collective (*One-Year Rule*)[4].

C'est à la fin des conventions collectives, au moment de leur renouvellement, que la pratique américaine se distingue nettement de la règle canadienne. Aux États-Unis, la date d'échéance d'une convention collective en établit la fin véritable. Il y a bien quelques cas de prolongation, mais ceux-ci sont relativement rares et toujours de courte durée. Il existe une sorte d'axiome dans les milieux du travail: pas de contrat, pas de travail. Cela signifie que si la convention collective arrive à son terme, le syndicat qui veut faire la grève la commence généralement le lendemain du jour de son expiration. Pour ce faire, il est évident que les négociations ont dû commencer plusieurs mois avant la date d'échéance. Si les parties ont, au moment de l'échéance, l'espoir qu'un règlement intervienne dans les jours suivants, ils signeront alors une entente de prolongation, le plus souvent d'environ une semaine. La signature d'un tel accord montre bien que la convention collective précédente est véritablement échue à la date prévue. Cette pratique courante ne repose sur aucune obligation légale mais sur une tradition bien ancrée dans les milieux syndicaux et patronaux.

Du côté patronal, le même principe s'applique, mais de façon différente évidemment. Le lendemain de l'échéance d'une convention, l'employeur n'est plus lié par aucune clause de la convention échue. Certains employeurs vont même jusqu'à modifier immédiatement les conditions de travail. Le geste peut avoir pour objectif de détruire le syndicat accrédité

for Britain's Industrial Relations», *Monthly Labor Review*, vol. 95, n° 3, mars 1972, p. 48-52; T.G. WHITTINGHAM et B. TOWERS, «The British Industrial Relations Bill: An Analysis», *Relations industrielles*, vol. 26, n° 3, août 1971, p. 620-641.

4. WALTER L. DAYKIN, «The Contract As a Bar to a Representation Election», *Labor Law Journal*, vol. 10, n° 4, avril 1959, p. 219-232.

(*union busting*). Mais pas nécessairement. Il peut être un avertissement péremptoire à la partie syndicale: «Si vous avez l'intention de faire la grève, autant la faire tout de suite. Si vous ne considérez pas avoir un appui suffisant de vos membres pour les faire sortir, revenez donc à la table de négociation et faites les concessions qui s'imposent.» C'est une médecine dure, mais réaliste: il vaut mieux concéder immédiatement que de devoir le faire après une période d'hésitation et de malaises. Par cette coutume de l'échéance des conventions collectives à la date déterminée, les Américains évitent la longue période d'incertitude qui est devenue pratique courante au Canada entre deux conventions collectives.

15.1.3 Canada: prolongation et rétroactivité

Dès le début, le Canada a opté pour des conventions collectives à durée déterminée. La règle a été inscrite dans les toutes premières lois des relations du travail au Canada et au Québec. Très tôt, les conventions collectives durent avoir une durée minimale de un an et ne pouvaient s'étendre sur plus de trois ans. Il y a des exceptions, qui sont relativement rares, d'une province à l'autre. Dans les secteurs de compétence fédérale, le *Code canadien du travail* impose une durée minimale de un an, mais ne fixe pas de durée maximale. Quoi qu'il en soit, une règle est toujours respectée: la convention collective a une durée déterminée, avec une date d'entrée en vigueur et une date d'échéance. En cela, le système canadien ne diffère pas du régime américain. De plus, les objectifs poursuivis sont les mêmes: les employeurs peuvent ainsi calculer leurs coûts de production et les syndicats savent à quel moment ils peuvent tenter de déloger un syndicat rival[5].

Le Canada, toujours plus enclin que les États-Unis à légiférer sur certaines modalités d'application, a décidé assez tôt que la convention collective continuerait de s'appliquer même après sa date d'échéance. La règle la plus fréquente veut que la convention collective demeure en vigueur jusqu'à ce que les parties aient obtenu le droit de grève ou de lock-out[6]. La disposition a pour effet de protéger les travailleurs contre les employeurs qui voudraient profiter de l'échéance d'une convention collective pour modifier les conditions de travail en vigueur avant ce moment.

Mais la disposition a également un aspect négatif, celui de supprimer tout stimulant à fixer rapidement, au cours de la négociation collective, les conditions de la prochaine convention. Comme l'ancienne convention demeure obligatoirement en vigueur au moins jusqu'à l'acquisition du droit de grève ou de lock-out – souvent jusqu'à l'entrée en vigueur de la convention suivante, par accord entre les parties –, il n'y a plus aucune raison de se presser pour faire aboutir la négociation. Aussi, comme nous le verrons dans un prochain chapitre, la négociation des conventions collectives d'une certaine importance se prolonge en moyenne six mois au-delà de la date d'échéance de la convention; dans plusieurs cas, les pourparlers durent une année ou même davantage. C'est qu'il n'y a plus d'incitation véritable à régler. En fait, il n'y a que deux moments où il existe une certaine pression pour régler: dans les premiers jours de décembre, pour que les employés aient leur rétroactivité avant les Fêtes, et au mois de juin, pour qu'ils l'obtiennent avant les vacances d'été. En dehors de ces périodes, il est pratiquement assuré que les négociations vont traîner en longueur.

Avec l'habitude de prolonger les conventions collectives, la coutume s'est implantée d'accorder la pleine rétroactivité pour la différence de salaire dans l'intervalle compris entre la fin d'une convention et la ratification de la suivante. Nous verrons plus loin, plus en détail, comment s'effectue le paiement de cette rétroactivité.

---

5. *Loi des relations ouvrières*, S.Q. 8 George VI, 1944, c. 30 et S.Q. 14-15 George VI, 1950, c. 34, art. 1 modifiant l'article 15 de la L.R.O.

6. *Loi modifiant la Loi des relations ouvrières*, S.Q. 9-10 Elizabeth II, 1961, c. 73, art. 24, paragraphe 2 remplaçant l'article 24 de la L.R.O. À la suite d'autres modifications, l'article est devenu l'article 59 du *Code du travail*. Canada, *Loi sur les relations industrielles et sur les enquêtes visant les différends du travail*, S.C. 12 George VI, 1948, c. 54, art. 14 b. Après modification, cet article est devenu l'article 50 du *Code canadien du travail*.

La prolongation de la convention collective échue, avec la probabilité d'une rétroactivité complète des nouveaux salaires, fait en sorte qu'il n'y a plus d'incitation pour les parties à régler rapidement. En un sens, il peut même y avoir une désincitation à régler rapidement. L'employeur dispose du montant total de la rétroactivité tant que durent les négociations. Du côté des employés, le fait de recevoir un bon montant d'argent au moment de la signature de la nouvelle convention plaît à un très grand nombre de personnes, sinon à toutes : les employés sont heureux de recevoir d'un coup une paye très substantielle. L'employeur est pour sa part bien vu quand il verse ce montant et le syndicat est heureux d'avoir obtenu cet avantage pour ses membres. Pourtant, si le même accord était entré en vigueur à l'échéance de l'ancienne convention, les employés auraient bénéficié plus tôt des avantages acquis et les parties auraient évité les mois de piétinement qu'elles ont acceptés sinon provoqués. La prolongation imposée par la loi constitue une protection pour les salariés ; elle est devenue également la source de retards considérables dans le déroulement des négociations collectives. On est bien loin du document vivant dont s'inspiraient les *trade unions* britanniques, au début du siècle.

En résumé, les Britanniques ont le plus souvent des conventions sans durée déterminée. Les Américains ont des conventions à durée déterminée, avec échéance véritable à la date indiquée. Les Canadiens ont aussi des conventions à durée déterminée, mais avec prolongation et rétroactivité. Chaque formule a ses avantages et ses inconvénients.

Il faut maintenant voir plus en détail l'encadrement légal, au Canada et au Québec, en matière de durée et de renouvellement des conventions collectives.

15.2 Cadre légal

Nous verrons les dispositions légales qui touchent aux cinq aspects suivants : la durée de la convention, la possibilité de réouverture, le renouvellement, la prolongation et le dépôt. En même temps que le dépôt, nous considérerons la question plus complexe de l'entrée en vigueur de la convention.

15.2.1 Durée de la convention

Dès l'adoption de la première loi de relations de travail au Canada, le CP 1003, en 1944, on y trouvait une disposition sur la durée de la convention. La loi établissait alors un minimum d'un an[7].

> Nulle convention collective ne devra être conclue pour une période de moins d'une année, mais lorsque la période de validité d'une convention est de plus d'une année, la convention devra renfermer ou sera censée renfermer une disposition prévoyant sa dénonciation en tout temps après une année, sur avis de deux mois à cet effet par l'une ou l'autre partie.

On trouve une disposition comparable dans la première version de la *Loi des relations ouvrières* du Québec, adoptée également en février 1944. De nouveau, il est question d'un minimum d'une année. Mais la loi québécoise ajoute que la convention se renouvellera automatiquement par la suite, d'une année à l'autre, à moins d'un avis contraire, donné entre le soixantième et le trentième jour avant l'échéance, par l'une ou l'autre des parties concernées[8]. Quelques années plus tard, la loi du Québec était modifiée pour y inscrire explicitement qu'une convention collective pouvait avoir une durée d'un an, de deux ans ou d'au plus trois ans[9]. Depuis ce moment, la formulation a changé, mais le principe est demeuré le même : le minimum est d'un an et le maximum de trois ans[10]. Si la durée n'est pas clairement stipulée dans la convention collective, celle-ci est présumée en vigueur pour une année (C.t. art. 66).

En ce qui concerne les industries de compétence fédérale, le *Code canadien du travail* établit aussi un minimum d'un an, mais il ne fixe aucun maximum ; cela est laissé à la discrétion des parties. Si la conven-

7. *Arrêté concernant les relations ouvrières en temps de guerre*, CP 1003, 17 février 1944, art. 15. *La Gazette du travail*, vol. 44, nº 2, février 1944, p. 149.
8. *Loi des relations ouvrières*, S.Q. 8 George VI, 1944, c. 30, art. 15.
9. *Loi modifiant la Loi des relations ouvrières*, S.Q. 14-15 George VI, 1950, c. 34, art. 1 modifiant l'article 15 de la L.R.O.
10. *Code du travail*, S.Q. 12-13 Elizabeth II, 1964, c. 45, art. 53 et L.R.Q. 1977, art. 65.

tion est muette quant à sa durée, elle est présumée avoir une durée d'un an[11].

> La convention collective qui ne stipule pas sa durée ou qui est conclue pour une durée inférieure à un an est réputée avoir été établie pour une durée stipulée d'un an à compter du jour où elle entre en vigueur; les parties ne peuvent y mettre fin avant l'expiration de l'année qu'avec le consentement du Conseil ou que dans le cas prévu au paragraphe 36 (2).

L'exception mentionnée à la fin du texte vise les cas de réouverture de la convention, que nous verrons un peu plus loin. Dans les faits, très peu de conventions sont signées pour plus de trois ans, même si la loi fédérale ne l'interdit pas. Ce qu'on trouve un peu plus souvent, ce sont des conventions spéciales de longue durée, par exemple une convention qui ne porte que sur un régime de retraite ou sur les changements technologiques; certaines de ces conventions spéciales ont une durée de cinq ans.

La formule «un an à compter du jour où (la convention) entre en vigueur» comporte une équivoque importante. Nous verrons dans une section ultérieure comment la date d'entrée en vigueur d'une convention collective est souvent difficile à déterminer (section 15.4.4).

15.2.2 Réouverture ou révision

Pratiquement dès le début, les lois ont accordé aux parties le droit de rouvrir les négociations sur un point ou l'autre de la convention. Par exemple, la loi fédérale contenait, dès 1948, la disposition suivante[12]:

> Rien au présent article ne doit empêcher la révision d'une stipulation de convention collective susceptible de révision aux termes de la convention et pendant la durée de cette dernière, sauf une stipulation visant la durée de la convention collective.

Le *Code du travail* du Québec ne traite pas explicitement de cette question; mais il mentionne que les règles relatives au règlement des conflits s'appliquent à un cas de réouverture de la convention, tout comme à une négociation régulière, y compris le droit de grève[13].

> La grève est prohibée pendant la durée d'une convention collective à moins que celle-ci ne renferme une clause en permettant la révision par les parties et que les conditions prescrites à l'article 106 n'aient été observées.

Les conditions prescrites à l'article 106 visent le délai de 90 jours qui doit s'écouler entre l'avis de négocier et le déclenchement légal de la grève. En somme, la réouverture de la convention et les négociations qu'elle entraîne équivalent à une nouvelle négociation et les mêmes règles s'appliquent dans un cas comme dans l'autre.

Il faut rappeler ici un principe de fond et signaler la distinction suivante. La convention collective est la propriété des parties et, à ce titre, celles-ci peuvent toujours y apporter les changements qu'elles veulent, si elles sont d'accord pour le faire. La seule condition requise pour qu'une telle modification ait la même valeur que les clauses de la convention elle-même, c'est que le texte en soit déposé au greffe du Bureau du commissaire général du travail (C.t. art. 72).

Quand on parle d'une clause de réouverture, on parle de quelque chose de différent. Les parties se sont engagées, dans une disposition de leur convention collective, à reprendre les négociations sur tel ou tel point – les salaires le plus souvent – si l'une des parties en fait la demande. Advenant une telle demande, l'autre partie est tenue de reprendre les négociations. Une clause de réouverture a donc pour effet de permettre à l'une des deux parties d'exiger que l'autre reprenne les négociations sur tel point particulier, comme le stipule la convention. Si les deux parties le font volontairement, et même spontanément, on pourra parler de réouverture de fait, qui ne

11. *Loi modifiant le Code canadien du travail*, S.C. 21 Elizabeth II, 1972, art. 160 et S.R.C. 1985, art. 67.
12. *Loi sur les relations industrielles et sur les enquêtes visant les différends du travail*, S.C. 12 George VI, 1948, c. 54, art. 20 (2) et S.R.C. 1985, art. 67 (2).
13. *Code du travail*, S.Q. 12-13 Elizabeth II, 1964, c. 45, art. 95, et L.R.Q. 1977, art. 107.

fera pas suite à une clause de réouverture. Voici un exemple de clause de réouverture.

> Cette convention est datée du 1er février 1985 et restera en vigueur jusqu'au 31 janvier 1988 sauf en ce qui concerne l'échelle des salaires horaires réguliers (art. 13.03), laquelle restera en vigueur jusqu'au 31 octobre 1987.
>
> (...)
>
> Dans les quatre-vingt-dix (90) jours précédant l'expiration de la réouverture sur les salaires tel que prévu ci-haut, l'une ou l'autre des parties peut donner à l'autre un avis écrit si elle désire entamer les négociations pour amender les salaires.
>
> (Sidbec-Dosco et les Métallurgistes unis d'Amérique, local 6586, 1985-1988.)

Toutes les périodes ne sont pas propices à l'inclusion d'une clause de réouverture dans la convention: une telle clause indique que les parties s'attendent à d'importantes fluctuations de l'économie, à la hausse ou à la baisse.

15.2.3 Renouvellement de la convention

Dès l'adoption des premières lois de relations ouvrières, celles-ci contenaient des dispositions sur le renouvellement des conventions. Le plus souvent, on parlait alors de renouvellement automatique[14].

> Lorsqu'elle est conclue pour un an avec clause de renouvellement automatique, elle se renouvelle pour le même terme à moins que l'une des parties ne donne à l'autre, entre le soixantième et le trentième jour précédant la date d'expiration de la convention, un avis écrit l'informant qu'elle désire y mettre fin ou la modifier ou en négocier une nouvelle.

On aura noté que le délai de négociation est de 60 jours, tout comme dans l'arrêté CP 1003[15].

Le délai de 60 jours est demeuré la norme jusqu'au début des années 1970, alors que le *Code canadien du travail* a introduit le délai de trois mois ou de 90 jours[16].

> Toute partie à une convention collective peut, au cours des trois mois précédant sa date d'expiration, ou au cours de la période plus longue fixée par la convention, transmettre à l'autre partie un avis de négociation collective en vue du renouvellement ou de la révision de la convention ou de la conclusion d'une nouvelle convention.

Le *Code du travail* du Québec contient une disposition analogue, exprimée plus brièvement; le délai de 90 jours y fut introduit en 1977[17].

Cette période, à la veille de l'expiration de la convention collective, est également très importante parce que c'est à ce moment qu'un syndicat peut en remplacer un autre, en obtenant d'être accrédité à sa place; ce remplacement ne peut se faire qu'entre le quatre-vingt-dixième et le soixantième jour précédant la date d'expiration d'une convention collective ou de son renouvellement[18]. Le *Code canadien du travail* contient une disposition semblable, mais la demande peut être faite au cours des trois derniers mois de la dernière année d'application de la convention collective[19].

C'est au cours de la même période d'ailleurs qu'un employeur peut demander au commissaire du travail de vérifier si l'association existe toujours, ou si elle représente encore la majorité absolue des salariés de l'unité de négociation. S'il y a lieu, le commissaire du travail peut alors révoquer l'accréditation d'une association (C.t. art. 41 et C.c.t. art. 38-40).

En résumé, la loi précise l'intervalle dans lequel une partie peut donner à l'autre l'avis qu'elle désire

---

14. *Loi modifiant la Loi des relations ouvrières*. S.Q. 14-15 George VI, 1950, c. 34, art. 1 modifiant l'article 15 de la L.R.O.
15. *Arrêté concernant les relations ouvrières en temps de guerre*, C.P. 1003, 17 février 1944, art. 16. *La Gazette du travail*, vol. 44, nº 2, février 1944, p. 149.
16. *Loi modifiant le Code canadien du travail*, S.C. 21 Elizabeth II, 1972, c. 18, art. 147 et S.R.C. 1985, art. 49 (1).
17. *Loi modifiant le Code du travail et la Loi du ministère du Travail et de la Main-d'œuvre*, S.Q. 1977, c. 41, art. 34 modifiant l'article 40 (aujourd'hui 52) du *Code du travail*.
18. *Code du travail*, L.R.Q. 1977, art. 22 *d*.
19. *Code canadien du travail*, S.R.C. 1985, c. L-2, art. 24 (2) (d).

négocier un renouvellement de la convention collective. Cette période correspond également au moment où un syndicat peut en remplacer un autre et à celui où l'on peut réviser la pertinence de l'accréditation s'il y a lieu. La loi précise le moment, mais tout le reste du processus est laissé au libre choix des parties concernées.

15.2.4 Prolongation de la convention

La loi fédérale et la plupart des lois provinciales contiennent une disposition interdisant à un employeur de modifier les conditions de travail même après la date d'échéance de la convention tant que le droit de grève ou de lock-out n'a pas été acquis. La disposition revient en quelque sorte à prolonger l'effet de la convention collective échue jusqu'à l'acquisition du droit de grève ou de lock-out.

La disposition fut introduite dès 1948 dans la loi fédérale et en 1961 dans celle du Québec[20]. La disposition incluse dans la *Loi des relations ouvrières* du Québec a été reprise dans le *Code du travail* avec une phraséologie légèremenet modifiée, mais sans changement quant à la substance[21].

> À compter du dépôt d'une requête en accréditation ou à compter de la reconnaissance d'une association et tant que le droit au lock-out n'est pas acquis, un employeur ne doit pas, sans le consentement écrit de l'association requérante ou reconnue, ou une sentence arbitrale, modifier les conditions de travail des salariés et il est tenu, s'il est alors lié par une convention collective, de continuer à s'y conformer.

Jusqu'à ce qu'il soit modifié, le texte de cette disposition a fait problème. Le début de l'article se réfère évidemment à une demande d'accréditation en vue de négocier une première convention collective; par contre, la fin de l'article laisse entendre que l'employeur qui est déjà lié par une convention collective est tenu de la respecter. Cette formulation a suscité une controverse quant à savoir si le maintien des conditions de travail s'appliquait seulement après l'accréditation ou également à l'occasion de tout renouvellement de convention collective[22]. Le problème a été réglé par une modification apportée au *Code du travail* en 1977. On voit dans la citation suivante qu'il n'y a plus d'équivoque possible, puisque les deux situations sont explicitement prévues par le nouveau texte de loi[23].

> À compter du dépôt d'une requête en accréditation et tant que le droit au lock-out n'est pas acquis ou qu'une sentence arbitrale n'est pas intervenue, l'employeur ne doit pas modifier les conditions de travail de ses salariés sans le consentement écrit de chaque association requérante et, le cas échéant, de l'association accréditée.
>
> Il en est de même à compter de l'expiration de la convention collective et tant que le droit au lock-out n'est pas acquis ou qu'une sentence arbitrale n'est pas intervenue.

En résumé, la loi prolonge l'effet de la convention collective, au-delà de sa date d'échéance, mais pas indéfiniment: selon le Code, elle s'applique jusqu'à la date où le droit au lock-out est acquis par l'employeur, c'est-à-dire jusqu'à la date où le syndicat acquiert le droit de grève, puisque l'un et l'autre s'acquièrent au même moment et aux mêmes conditions, comme nous le verrons dans la seconde partie de l'ouvrage. À ce moment, l'ancienne convention n'existe plus et ni l'employeur, ni le syndicat, ni les salariés ne sont plus liés par elle, du moins en vertu de la loi. Il se peut que les parties aient décidé, par une clause de l'ancienne convention collective, de la prolonger encore davantage, par exemple jusqu'à l'exercice du droit de grève, ou même jusqu'à l'entrée en vigueur de la nouvelle convention collective. Mais cela ne peut se produire qu'en vertu d'un accord entre les parties et non en vertu de la loi qui précise que

20. *Loi sur les relations industrielles et sur les enquêtes visant les différends du travail*, S.C. 12 George VI, 1948, c. 152, art. 15, b; *Loi modifiant la Loi des relations ouvrières*, S.Q. 9-10 Elizabeth II, 1961, c. 73, art. 24, 2°.
21. *Code du travail*, S.Q. 12-13 Elizabeth II, 1964, c. 45, art. 47.
22. Voir par exemple ROBERT GAGNON, LOUIS LEBEL et PIERRE VERGE, *Droit du travail en vigueur au Québec*, 1re édition, Québec, Les Presses de l'Université Laval, 1971, p. 250-252.
23. *Loi modifiant le Code du travail et la Loi du ministère du Travail et de la Main-d'œuvre*, L.Q. 1977, c. 41, art. 37 modifiant l'article 47 et L.R.Q. c. C-27, art. 59.

l'ancienne convention n'est plus en vigueur non pas au moment où le droit de lock-out ou de grève est exercé, mais au moment où il est acquis.

15.2.5 Dépôt et entrée en vigueur

Depuis fort longtemps, depuis l'adoption de la *Loi des relations ouvrières* en fait, le législateur ordonnait aux parties contractantes de déposer auprès de la Commission des relations ouvrières deux exemplaires ou deux copies certifiées de la convention collective signée[24].

> Toute association reconnue en vertu de la présente loi qui a conclu une convention collective doit en transmettre, sans délai, à la Commission, à son siège social, pour dépôt dans ses archives, deux exemplaires ou deux copies certifiées. Cette convention collective ne prend effet qu'à compter de ce dépôt.

La stipulation selon laquelle la convention collective ne prenait effet qu'avec ce dépôt n'a jamais été ni respectée ni véritablement imposée. Avec l'adoption du *Code du travail*, en 1964, on a repris sensiblement la même disposition, mais en exigeant quatre exemplaires ou copies certifiées[25]. Le résultat quant à l'obligation du dépôt a été le même et l'adoption d'une modification au Code, en 1969, n'y a pas changé grand-chose[26]. Le même article est toujours en vigueur et comprend, depuis 1977, une précision relative à l'effet rétroactif de la convention[27]. De plus, depuis cette date, la mesure est respectée, parce qu'une sanction de taille y fut ajoutée: à défaut du dépôt de la convention dans les 60 jours suivant sa signature, une autre association peut demander l'accréditation et déloger le syndicat qui l'a négociée. Une telle disposition était de nature à faire agir les parties intéressées. Voici le texte actuel de cet article; il comporte plusieurs points qui exigent certaines précisions.

> Une convention collective ne prend effet qu'à compter du dépôt, au greffe du Bureau du commissaire général du travail, de cinq exemplaires ou copies conformes à l'original, de cette convention collective et d'une copie conforme de ses annexes. Il en est de même de toute modification qui est apportée par la suite à cette convention collective.
>
> Ce dépôt a un effet rétroactif à la date prévue dans la convention collective pour son entrée en vigueur ou, à défaut, à la date de la signature de la convention collective.
>
> À défaut d'un tel dépôt dans les soixante jours de la signature de la convention collective ou de ses modifications, le droit à l'accréditation est dès lors acquis, à l'égard du groupe de salariés pour lesquels cette convention collective ou ces modifications ont été conclues, en faveur de toute autre association, pourvu qu'elle en fasse la demande après l'expiration de ces soixante jours mais avant qu'un dépôt ait été fait, et pourvu que l'accréditation lui soit accordée par la suite.
>
> La partie qui fait ce dépôt doit indiquer le nombre de salariés régis par la convention collective et se conformer aux autres dispositions réglementaires établies à cet effet en vertu de l'article 138 (C.t. art. 72).

Le premier paragraphe de l'article 72 déclare que la convention collective ne prend effet qu'à compter du moment de son dépôt[28]. Mais le paragraphe suivant ajoute que ce dépôt a un effet rétroactif et que la date d'entrée en vigueur de la convention collective est celle que les parties ont choisie. Si une telle date n'apparaît pas dans la convention, c'est la date de la signature qui marque l'entrée en vigueur de ladite convention. Il faut bien réaliser qu'il s'écoule un certain temps, peut-être quelques semaines, entre la signature de la convention collective et son dépôt: il faut faire recopier les textes, les vérifier, les imprimer en nombre suffisant et les expédier pour le dépôt.

24. *Loi des relations ouvrières*, S.Q. 8 George VI, 1944, c. 30, art. 18 et S.R.Q. 1941, c. 162A, art. 18.
25. *Code du travail*, 12-13 Elizabeth II, 1964, c. 45, art. 60.
26. *Loi modifiant le Code du travail*, S.Q. 1969, c. 47, art. 32 et 1969 c. 48, art. 27.
27. *Loi modifiant le Code du travail et la Loi du ministère du Travail et de la Main-d'œuvre*, L.Q. 1977, c. 41, art. 40 modifiant l'article 60 du *Code du travail*.
28. *Syndicat national des employés de filature de Montréal* c. *J. & P. Coats (Canada) ltée*, (1979) C.S. 83.

Même si le second paragraphe de l'article 72 admet et consacre la rétroactivité, toutes les clauses ne peuvent s'appliquer rétroactivement, comme nous le noterons plus loin. Il faut conclure qu'une partie de la convention entre en vigueur à l'échéance de l'ancienne et une autre à la signature. L'équivoque peut avoir des conséquences pratiques, tant sur la durée réelle de la convention que sur la possibilité d'un changement d'accréditation.

La durée minimale d'un an et la durée maximale de trois ans doivent-elles se calculer en tenant compte de la rétroactivité ou non? Si on doit en tenir compte, bon nombre de conventions collectives du secteur public ont dépassé largement le maximum prévu par la loi. En d'autres cas, si on ne tient pas compte de la rétroactivité, il se peut qu'on n'arrive pas à la durée minimale d'une année. Le Tribunal du travail a émis des opinions à ce sujet, mais il n'a pas convaincu tout le monde[29]. Il vaut peut-être mieux comprendre la rétroactivité pour ce qu'elle est, c'est-à-dire une compensation pour le passé, établie en vertu d'une décision prise à la signature de la convention; on devrait faire l'inverse, c'est-à-dire inclure la période de rétroactivité, si c'est la durée minimale qui est en cause. Dans les deux cas, on respecterait le principe fondamental de notre régime de négociation collective, qui accorde le plus de liberté possible aux parties, dans le respect évidemment des dispositions impératives de la loi. S'il y a difficulté quant à la durée exacte d'une convention collective, le Tribunal du travail devrait rendre l'ordonnance appropriée pour sauvegarder les droits des parties selon les circonstances (C.t. art. 124).

Les lois qui encadrent la durée des conventions collectives et les questions qui s'y rattachent sont relativement simples dans leur énoncé, mais complexes dans leur application. Il reste à voir comment leurs dispositions s'appliquent concrètement aux parties contractantes et aux conventions collectives. La plupart des points relevés dans cette section-ci seront repris et discutés dans l'une ou l'autre des sections suivantes.

15.3 Situation de fait

Il nous faut voir d'abord combien de conventions collectives sont conclues pour un an, deux ans ou trois ans. Il nous faudra ensuite tenter de dégager les principaux facteurs d'explication des variations qui existent en la matière. Nous terminerons par certaines considérations sur les conventions collectives de longue durée. Quelques exemples de clauses nous feront mieux comprendre la manière concrète dont leurs dispositions s'appliquent en pratique.

15.3.1 Durée des conventions et variations selon la période

Autour des années 1930 et 1940, on signait toujours des conventions collectives d'une année: il ne serait venu à l'idée de personne de conlure des ententes plus longues. Par contre, la plupart des conventions contenaient un dispositif de renouvellement automatique, d'année en année, à moins que l'une ou l'autre des parties ne déconce l'accord et ne demande une renégociation, en vue d'en arriver à une nouvelle entente. Durant les années 1930, le renouvellement automatique d'une convention collective constituait un gain important: les conditions de travail, et particulièrement les salaires, se maintiendraient à leur niveau de l'année précédente, alors que tout déclinait autour. La situation était la même pendant la Deuxième Guerre mondiale, mais la cause était différente: cette fois, les salaires et les prix ne pouvaient être modifiés qu'après approbation du Conseil national du travail et de la Commission des prix et du commerce en temps de guerre. Le renouvellement automatique d'une année à l'autre apparaissait donc comme la solution facile et désirable.

La négociation et la signature de conventions de deux ou trois ans n'est apparue qu'à la fin des années 1940 et au début des années 1950. Ce sont les Travailleurs unis de l'automobile qui, les premiers, signè-

29. *Ambulance S.O.S. enr.* c. *Rassemblement des employés techniciens ambulanciers du Québec et Union des camionneurs de construction et approvisionnement...* Tribunal du travail, décision du 13 septembre 1984; Voir FERNAND MORIN, «Les tenants et aboutissants de la convention collective», *Relations industrielles*, vol. 40, nº 2, 1985, p. 371-378.

rent avec General Motors, en 1948, un contrat d'une durée de deux ans, et, deux ans plus tard, un autre contrat qui devait durer cinq ans; il s'agit de la convention qui introduisait les prestations supplémentaires d'assurance-chômage. Mais, en 1953, il fallut rouvrir le contrat, au nom de l'argument du document vivant, parce que le contexte économique avait trop changé, surtout à cause de l'inflation provoquée par la guerre de Corée[30]. Tout au long des années 1950, la proportion des conventions collectives d'une année a diminué et celle des conventions de deux ans ou plus a augmenté.

À la fin des années 1960, les conventions collectives de trois ans s'étaient vraiment installées dans les grands établissements américains: elles représentaient environ 75 % des conventions et des salariés régis. (Voir le tableau 15-1.) À ce moment, la quasi-totalité de ces conventions prévoyaient des augmentations différées, alors qu'un certain nombre d'entre elles admettaient des réouvertures et qu'une proportion plus faible, sauf dans les industries manufacturières, comportaient déjà des clauses d'indexation des salaires. Au Canada, l'évolution a été beaucoup moins rapide: autour de 1970, même dans les industries manufacturières, la proportion des conventions de deux ans et de trois ans était sensiblement la même, mais le nombre de salariés régis était beaucoup plus grand dans le cas des conventions de trois ans: c'est une constante que la durée de la convention est généralement proportionnelle à la taille de l'unité de négociation. Vingt ans plus tard, dans le secteur privé américain, les proportions sont sensiblement les mêmes, avec une proportion un peu plus faible des conventions de trois ans, au profit des conventions de deux ans; on retrouve beaucoup moins de clauses de réouverture et beaucoup plus de clauses d'indexation. Il y a toujours une proportion importante (au moins 5 %) d'accords établis pour une durée de quatre ans et plus.

30. Gordon F. Bloom et Herbert R. Northrup, *Economics of Labor Relations*, voir *supra*, note 1, p. 167-171.

Au Canada, les conventions des industries manufacturières ont une durée plus longue que celles des autres secteurs, notamment le commerce et les services. (Voir le tableau 15-2.) Autour de 1970, dans les industries non manufacturières, la moitié des conventions collectives, visant une même proportion des salariés régis, affichait une durée de deux ans; l'autre moitié était divisée à peu près également entre les conventions d'un an et de trois ans.

Jusqu'au milieu des années 1970, la prédominance va clairement aux conventions de trois ans dans les établissements manufacturiers et aux conventions de deux ans dans les autres industries. Le choc pétrolier et l'inflation qui s'ensuivit, tout autant que le contrôle des prix et des salaires de 1975 à 1978, ont eu pour effet de raccourcir considérablement la durée des grandes conventions collectives. En 1978, dans le secteur manufacturier, ce sont les conventions de deux ans qui dominent; dans le secteur non manufacturier, ce sont les conventions collectives d'une année. La récession du début des années 1980 laisse une dose d'incertitude et les conventions de longue durée, trois ans surtout, ne reprennent pas tout de suite l'importance qu'elles ont déjà eue. La prédominance des conventions de trois ans s'affirme à nouveau dans les industries manufacturières depuis le milieu des années 1980: c'est 80 % de ces conventions, et une même proportion des salariés, qui ont une durée de trois ans en 1990. Dans le secteur non manufacturier, les conventions de deux ans ont conservé leur importance majoritaire, mais le nombre de salariés régis est à peu près équivalent pour les conventions de deux ans et de trois ans.

Au Québec, on observe sensiblement les mêmes tendances. Le tableau 15-3 présente la distribution selon la taille de l'unité de négociation, non selon les industries. La prédominance des conventions de trois ans est très nette en 1989; cinq ans plus tôt, en 1984, on trouvait davantage de conventions de deux ans dans les petites unités et plus de conventions de trois ans dans les grandes. L'incertitude causée par la récession du début des années 1980 semblait encore exercer son influence. En 1989, la prédominance des conventions de trois ans s'impose nettement dans les

TABLEAU 15-1

Proportion des conventions collectives[1] et des salariés régis par ces conventions collectives selon la durée et les rajustements prévus – États-Unis et Canada, 1970 et 1988

Durée et rajustements	États-Unis						Canada	
	Toutes ind.[2]		Ind. manuf.		I. non manuf.[2]		Ind. manuf.	
	C.c.	Sal.	C.c.	Sal.	C.c.	Sal.	C.c.	Sal.
	1971						1969	
1 an (moins de 21 mois)[3]	2	1	2	1	2	2	5	3
2 ans (21 à 32 mois)	16	21	19	30	13	9	40	39
3 ans (33 mois et plus)	74	70	76	69	72	73	46	59
4 ans et plus	8	8	3	2	13	16		
Réouverture	32	36	26	28	37	45	7	13
Augmentations différées	93	95	90	94	95	96		
Clause d'indexation	27	37	42	58	13	14	20	34
	1er janvier 1988						1985 toutes ind.	
1 an (moins de 18 mois)[3]	3	2					31	32
2 ans (18 à 29 mois)	27	34					37	30
3 ans (30 mois et plus)	65	61					32	38
4 ans et plus	5	3					—	—
Réouverture	9	17	7	2	11	28	5	5
Augmentations différées								
Clause d'indexation	34	54	50	75	19	38	34	44

1. Les conventions retenues visent, aux États-Unis, 2000 travailleurs ou plus en 1971, 1000 ou plus en 1988; au Canada, elles régissent 500 ou plus.
2. Sauf les chemins de fer, les transports aériens et les administrations publiques.
3. Parce que les données sont présentées différemment, il a fallu procéder à certaines estimations pour rendre les comparaisons possibles. Les données relevées ici sont les dernières publiées.

Sources: *États-Unis*: U.S. Department of Labor, Bureau of Labor Statistics, *Characteristics of Agreements Covering 2000 Workers or More*, BLS, bulletin nº 1729, Washington, D.C., U.S. Government Printing Office, 1972, 78 p.; *Characteristics of Major Private Sector Collective Bargaining Agreements*, 1er janvier, 1988, Cleveland, Oh., Cleveland State University, 1989, tableaux 3.13 et 3.15. *Canada: Dispositions de grandes conventions collectives dans l'industrie manufacturière au Canada, 1969*, Ottawa, ministère du Travail, Direction de l'économique et des recherches, Division de la négociation collective, 68 p.; *Dispositions des grandes conventions collectives*, Juillet 1985, p. 2, 79 et 154.

conventions de 50 salariés et plus (pas nécessairement dans les plus grandes unités); dans les unités de moins de 50 salariés, les nombres et les proportions sont sensiblement les mêmes pour les conventions de deux ans et de trois ans. La taille de l'unité manifeste toujours son influence.

TABLEAU 15-2

Proportion et nombre de conventions collectives et de salariés régis par ces conventions selon la durée des conventions conclues au Canada[1] – 1969-1990

(Période) Conventions conclues au cours de l'année	Durée[2]	Industries manufacturières				Industries non manufacturières			
		Proportion		Nombre		Proportion		Nombre	
		C.c. %	Sal. %	C.c.	Sal.	C.c. %	Sal. %	C.c.	Sal.
1969	1 an	7	5	8	6 690	26	24	65	158 900
	2 ans	53	41	59	56 005	49	52	121	342 444
	3 ans	40	54	44	72 890	25	25	62	162 570
1973	1 an	2	1	3	1 190	23	23	50	112 680
	2 ans	51	37	83	71 485	59	57	129	280 130
	3 ans	47	62	77	121 980	19	20	41	95 380
1978	1 an	22	23	39	49 440	63	58	313	635 115
	2 ans	64	56	111	119 430	31	37	155	408 620
	3 ans	14	21	25	43 475	6	5	31	53 650
1983	1 an	16	2	15	1 445	64	56	308	711 575
	2 ans	59	80	54	67 110	23	21	112	262 865
	3 ans	25	18	23	15 150	12	24	58	300 105
1988	1 an	5	4	5	4 600	19	27	74	271 200
	2 ans	24	19	24	23 600	47	41	184	404 900
	3 ans	71	77	71	94 300	34	32	134	318 300
1990	1 an	5	3	5	3 700	13	10	48	100 950
	2 ans	16	11	16	16 000	57	45	208	432 900
	3 ans	79	86	75	125 500	30	45	110	436 700

1. Conventions de toutes les industries touchant 500 salariés et plus conclues au cours de la période indiquée, sauf la construction pour les années 1969, 1973, 1978 et 1983.
2. Les durées sont plus précisément les suivantes: 1 an: 1 à 17 mois; 2 ans: 18 à 29 mois; 3 ans: 30 mois et plus.

Source: *Évaluation des salaires. Revue annuelle, 1974*, Canada, ministère du Travail, Direction de l'économie et des recherches.

15.3.2 Facteurs expliquant la durée de la convention

L'évolution de la durée des conventions collectives au cours des quatre dernières décennies semble bien montrer que la tendance est aux conventions de longue durée. Mais c'est une variable relativement instable: les parties contractantes réagissent immédiatement à certains changements. L'incertitude par rapport à l'avenir, par suite d'une poussée d'inflation ou de contrôles économiques, auxquels on souhaite se soustraire le plus tôt possible, peut convaincre les parties d'opter pour des conventions de plus courte durée. C'est ce qui est arrivé au milieu de la décennie de 1970. Même si la tendance est moins prononcée, on la retrouve également au début des années 1980.

La taille des unités de négociation et l'industrie constituent les facteurs qui viennent immédiatement après. Les petites unités ont tendance à signer pour deux ans, plutôt que pour trois, sans doute parce qu'elles ne peuvent se payer le luxe de toutes les garanties qu'on retrouve dans les conventions de longue durée. Cependant, même dans leur cas, les

TABLEAU 15-3

Répartition des conventions collectives et des salariés régis selon la durée de la convention collective au Québec – 1984 et 1989

Année et durée de la convention collective[1]	Conventions collectives régissant moins de 50 salariés				50 salariés et plus				tous les salariés (TOTAL)			
	C.c.	%	Salariés	%	C.c.	%	Salariés	%	C.c.	%	Salariés	%
1984												
1 an	397	9,6	6 079	8,3	108	5,7	27 188	4,0	505	8,3	33 265	4,4
2 ans	2 118	50,6	36 249	49,3	837	44,1	173 992	25,2	2 955	48,6	210 241	27,5
3 ans	1 662	39,7	31 284	42,6	952	50,3	489 113	70,9	2 614	43,0	520 397	68,1
TOTAL	4 177	100,0	73 610	100,0	1 897	100,0	690 293	100,0	6 074	100,0	763 903	100,0
1989												
1 an	467	8,7	7 691	7,5	92	3,5	40 496	4,4	559	6,9	48 187	4,7
2 ans	2 514	46,7	46 512	45,2	677	26,2	506 647	55,0	3 191	40,1	553 249	54,1
3 ans	2 403	44,6	48 642	47,4	1 812	70,2	373 697	40,6	4 215	53,0	422 339	41,3
TOTAL	5 384	100,0	102 845	100,0	2 581	100,0	920 840	100,0	7 965	100,0	1 023 685	100,0

1. Les durées sont plus précisément les suivantes: 1 an: 1 à 17 mois; 2 ans: 18 à 29 mois; 3 ans: 30 mois et plus.

Source: Données mécanographiques du CRSMT, 9 août 1990 et 16 janvier 1991. (Variable A-23.)

coûts de la négociation poussent certaines entreprises et syndicats à signer des conventions de trois ans. C'est ce qui semble se dégager de l'analyse des chiffres du tableau 15-3. Les industries manufacturières ont toujours eu tendance à signer des conventions de plus longue durée que les services et le commerce. Dans ces deux derniers cas, l'avenir est généralement plus incertain que dans les industries manufacturières, le transport et les services d'utilité publique, où la planification à long terme est plus fréquente sinon essentielle.

Il va de soi que, dans les conventions de longue durée, chacune des parties cherche à obtenir une forme de protection contre des variations subites de l'économie. C'est ainsi que les conventions qui comportent une clause d'indexation sont en moyenne plus longues que celles qui n'en ont pas. Il en va de même pour les conventions qui contiennent une clause de réouverture. Mais les cas de réouverture sont vraiment rares, très rares ces dernières années. Ils ne visent généralement que les salaires, parfois aussi les autres clauses pécuniaires. (Voir le tableau 15-4.) La différence entre les nombres et les proportions de 1984 et de 1989 est significative: elle manifeste la persistance de quelques inquiétudes, en 1984, par suite de la récession encore toute proche. En 1989, le nombre des réouvertures a grandement diminué, du moins dans les grandes unités.

Une étude économétrique de la durée des conventions collectives aboutit sensiblement aux mêmes résultats[31]. Elle établit que l'incertitude par rapport à l'inflation et à la poursuite des contrôles des prix et des salaires constitue le facteur le plus important par rapport à la durée de la convention. La catégorie industrielle a également une importance non négligeable; elle présente des liens avec les structures et les coûts des négociations. Toujours selon cette étude, la taille de l'unité n'exercerait pas une influence déterminante. Nous croyons qu'elle a quand même une certaine importance, comme l'indiquent les données concernant les conventions collectives et les salariés régis au Québec. (Voir le tableau 15-3.) D'ailleurs, la nature du secteur industriel influence très sérieusement la taille des unités.

15.3.3 Conventions de longue durée

Les conventions de longue durée contiennent un certain nombre de dispositions qui leur sont propres. Ces dispositions varient selon l'époque et les circonstances où l'on se trouve. Nous présenterons celles qu'on rencontre le plus souvent. Par conventions de longue durée, nous entendons, au Québec, les conventions d'une durée de trois ans. Plusieurs des observations que nous ferons s'appliquent également aux conventions de deux ans, mais avec moins de rigidité.

Toutes les conventions collectives de deux ou trois années contiennent des augmentations de salaires différées. Chaque convention comporte généralement une première augmentation, qui entre en vigueur au moment de la signature, avec rétroactivité s'il y a lieu; mais la convention prévoit aussi, pratiquement toujours, qu'une autre augmentation s'appliquera au premier anniversaire de l'entrée en vigueur et une troisième augmentation au second anniversaire de l'entrée en vigueur. Ce sont ces augmentations, consignées dans la convention collective et que l'employeur s'engage à payer à compter des dates prévues, qu'on appelle les ajustements ou augmentations différées. L'augmentation peut s'exprimer en valeur nominale, par exemple un dollar d'augmentation à chaque année, ou en pourcentage, par exemple 3 % – 4 % – 3 %, chaque pourcentage correspondant à une année.

Il conviendrait de rappeler ici les deux types d'augmentations différées que nous avons évoqués dans le chapitre sur les salaires. Il y a les conventions à avantages immédiats (*front-loaded*), qui accordent la plus grosse augmentation dès l'entrée en vigueur de la nouvelle convention, avec ou sans rétroactivité. Les augmentations subséquentes sont alors moindres. La seconde formule est née dans les années 1980, au creux de la dépression, alors que les entreprises connaissaient de sérieuses difficultés financières et qu'elles espéraient des jours meilleurs dans les années à venir. On a alors commencé à signer des conventions

31. L.N. Christofides, *Les déterminants de la durée des conventions*, Ottawa, Travail Canada, janvier 1985, 67 p.

TABLEAU 15-4

Les clauses de réouverture dans les conventions – 1984 et 1989

Dispositions relatives à la réouverture	Conventions collectives régissant moins de 50 salariés				50 salariés et plus				tous les salariés (TOTAL)			
	C.c.	%	Salariés	%	C.c.	%	Salariés	%	C.c.	%	Salariés	%
1984												
Clauses salariales seulement	305	7,4	5 560	7,6	108	5,7	20 399	3,0	413	6,8	25 959	3,4
Clauses salariales et pécuniaires	90	2,2	1 641	2,2	45	2,4	5 912	0,9	135	2,2	7 553	1,0
Ensemble de la convention collective	5	0,1	66	0,1	3	0,2	677	0,1	8	0,1	743	0,1
Autre disposition	92	2,2	1 565	2,1	27	1,4	7 567	1,1	119	2,0	9 132	1,2
Aucune disposition	3 649	88,1	64 332	87,9	1 714	90,4	655 738	95,0	5 363	88,8	720 070	94,3
TOTAL[1]	4 141	100,0	73 174[1]	100,0	1 897	100,0	690 293	100,0	6 038	100,0	763 467[1]	100,0
1989												
Clauses salariales seulement	377	7,0	7 146	6,9	54	2,1	10 264	1,1	431	5,4	17 410	1,7
Clauses salariales et pécuniaires	100	1,9	1 902	1,8	14	0,5	3 493	0,4	114	1,4	5 395	0,5
Ensemble de la convention collective	7	0,1	121	0,1	6	0,2	1 119	0,1	13	0,2	1 240	0,1
Autre disposition	18	0,3	2 049	2,0	17	0,7	7 326	0,8	35	0,4	9 375	0,9
Aucune disposition	4 882	90,7	91 627	89,1	2 486	96,5	898 005	97,6	7 368	92,6	989 632	96,7
TOTAL	5 384	100,0	102 845	100,0	2 577	100,0	920 207	100,0	7 961	100,0	1 023 052	100,0

1. Le total inclut 10 salariés, régis par des conventions de moins de 50 salariés, qui ne sont pas répartis selon les différentes dispositions en matière de réouverture.

Source: Données mécanographiques du CRSMT, 12 juin 1991 et 16 octobre 1991. (Variable L-11.)

à avantages différés (*back-loaded*). On a vu des cas où l'entente salariale prévoyait, pour la première année, un gel des salaires, c'est-à-dire aucune augmentation, et 0,50 $ de l'heure ou davantage aux deux anniversaires. Si l'augmentation était exprimée en pourcentage, on pouvait avoir 0 % – 2 % – 4 %, si les parties espéraient vraiment une reprise importante des affaires.

L'ajustement différé représente une entente ferme, effectuée au moment de la négociation, qui aura son effet dans les années suivantes. L'employeur s'engage alors formellement à effectuer les ajustements prévus aux dates indiquées. Outre les augmentations différées, une deuxième sorte d'ajustement est rattachée au mouvement d'un autre facteur qui est soit l'indice des prix à la consommation, soit un indice de productivité. Nous avons vu les caractères particuliers de l'indexation reliée au coût de la vie – c'est-à-dire, concrètement, au mouvement des prix à la consommation – dans le chapitre des salaires. Une telle formule constitue un des ajustements privilégiés par les syndicats lorsqu'ils négocient une convention de longue durée. L'objectif est de protéger les salariés contre des mouvements trop importants des prix à la consommation pendant les années où ladite convention sera en vigueur. Ce genre d'ajustement automatique des salaires connaît des hauts et des bas selon le contexte économique. En période de forte inflation, la proportion des conventions avec clause d'indexation augmente, alors qu'elle diminue quand la poussée inflationniste a disparu.

Il n'est pas sans intérêt de noter que, dans la plupart des cas, la durée de la convention est elle-même négociée et sert de monnaie d'échange pour obtenir d'autres avantages. Règle générale, même les grands syndicats demandent, au départ, une convention de deux ans. Comme ils savent bien que l'employeur voudra conserver une convention de trois ans, ils la lui concèdent à la condition d'obtenir quelque chose en échange: une amélioration de la clause d'indexation, une augmentation importante de la contribution patronale au régime de pension ou tout autre point auquel ils tiennent vraiment. C'est en ce sens qu'on dit qu'une convention de longue durée «se négocie».

Tout au long des quarante dernières années, on retrouve, dans certaines conventions, un autre genre d'ajustement automatique des salaires, qui est cependant beaucoup moins fréquent que l'indexation au coût de la vie. Il s'agit d'une indexation à un indice quelconque de productivité (*improvement factor*). L'idée a été introduite par les Travailleurs unis de l'automobile au cours des années 1950. La demande repose généralement sur le raisonnement suivant. Non seulement les travailleurs ont le droit d'être protégés contre les soubresauts des prix à la consommation, mais ils doivent aussi bénéficier de l'amélioration de l'économie et de la productivité. Cet avantage retiré de l'accroissement de la productivité et de la richesse a pris de nombreuses formes. Il a existé, entre autres, dans l'industrie de l'automobile et dans celle de l'acier, sous la forme d'un ajustement de salaire relié à un indice de productivité, du moins jusqu'aux années de la récession de 1980. Dans des entreprises de moindre envergure, on la retrouve sous la forme d'une augmentation additionnelle, ou d'un montant forfaitaire, accordé à chaque employé explicitement à ce titre.

Il ne s'agit pas toujours d'un ajustement automatique, même si c'était l'idée des promoteurs à l'origine. L'augmentation obtenue était, selon leur approche, rattachée à un indice national de productivité pour tenir compte du fait que toutes les industries n'ont pas les mêmes possibilités d'accroître leur moyenne de production par employé. Cette amélioration de la production devrait profiter à tous les citoyens et non seulement à ceux qui s'adonnent à travailler dans des industries où la productivité peut s'accroître plus facilement. De façon caricaturale, si l'indice de productivité s'appliquait à chaque entreprise ou à chaque industrie séparément, les employés des industries de télécommunications seraient riches comme Crésus et les barbiers-coiffeurs ne recevraient encore que le salaire de 0,50 $ de l'heure qu'ils avaient dans les années 1930, puisque le développement de la technologie ne les a guère touchés depuis plus d'un demi-siècle.

Deux autres éléments des conventions de longue durée s'appliquent moins souvent. D'abord, le renouvellement automatique, qui était considéré comme un privilège dans les années 1930 et qui ne présente plus guère d'attrait depuis que l'inflation a commencé à éroder le pouvoir d'achat des sommes gagnées au travail. On le retrouve parfois, par exemple, dans les cas où le syndicat veut s'assurer que la convention collective ne deviendra pas caduque.

Enfin, le mode le plus sécuritaire de protection contre les incertitudes d'une convention de longue durée demeure la possibilité de réouverture. Mais c'est un moyen de dernier recours, puisqu'il contredit en quelque sorte l'objectif même d'une convention de longue durée. Si on signe une convention collective de trois ans, c'est à la fois pour éviter les coûts rattachés à la négociation elle-même et pour se donner un horizon temporel qui permet la prévision à moyen terme. Signer une convention collective de trois ans avec réouverture après deux années n'équivaut pas tout à fait à accepter une convention de deux ans – puisque la réouverture ne vise généralement que les salaires –, mais cela impose une négociation sur le point généralement le plus difficile, celui de la rémunération. On accepte une clause de réouverture pour des raisons, partagées et sérieuses, d'incertitude, soit par rapport à un contexte économique vraiment imprévisible, soit par rapport à une situation spéciale et particulière à l'entreprise ou à l'établissement en cause[32].

15.3.4 Clauses de durée

Les clauses de durée contiennent généralement plusieurs éléments: la durée proprement dite, le processus de renouvellement, la prolongation éventuelle de la convention et la rétroactivité dans l'application de la nouvelle convention. Nous traiterons des trois derniers points dans les sections suivantes du chapitre. Pour l'instant il faut dégager les types de clauses de durée que l'on rencontre et préciser le moment de l'entrée en vigueur de la convention collective.

32. Joseph W. Garbarino, *Wage Policy and Long-Term Contracts*, Washington, D.C., The Brookings Institution, 1962, 145 p.

Une entente ne peut normalement entrer en vigueur avant d'avoir été signée, sauf pour les cas où une rétroactivité a été négociée et est prévue dans la convention. C'est ce qu'on trouve dans les deux exemples suivants.

> La présente convention entrera en vigueur le jour de sa signature et se terminera le 1er mars 1993.
>
> (Whissel inc. et le Syndicat des employés de Whissell, CSN, 1990-1993.)

Comme la convention a été signée le 9 juillet 1990, la convention est donc en vigueur du 9 juillet 1990 au 1er mars 1993. Elle a une durée officielle de 32 mois. Cependant, le barème des salaires prévoit une première augmentation le 1er mars 1990 et une seconde à la signature de l'entente. Il y a donc rétroactivité quant aux taux de salaires. Contrairement au reste de la convention, le barème couvre une période complète de trois ans ou 36 mois. L'exemple suivant mentionne explicitement la rétroactivité.

> La présente convention collective entre en vigueur lors de la date de sa signature et elle n'a aucun effet rétroactif, sauf pour ce qui y est expressément prévu.
>
> (L'Université de Montréal et le Syndicat des employés de l'Université de Montréal, SCFP, section locale 1244, 1989-1992.)

Une longue énumération des matières sujettes à la rétroactivité suit le texte cité. Nous y reviendrons plus loin. D'autres textes semblent moins rigoureux.

> La convention collective de travail entre en vigueur le 1er janvier 1988 et restera pleinement en vigueur jusqu'au 31 décembre 1990. Certaines clauses seront rétroactives au 1er janvier 1988, tel que stipulé à l'Annexe H de la convention.
>
> (Peinture internationale Canada ltée et l'Union des employés de commerce, local 502, 1988-1990.)

Cette convention collective a été signée le 20 avril 1988. Comme on déclare qu'elle entre en vigueur le 1er janvier 1988, on affirme par le fait même, implicitement, qu'il y a rétroactivité à compter du 1er janvier 1988. Nous verrons plus loin les problèmes que peut causer une rétroactivité complète de la convention collective; certains considèrent même qu'une telle rétroactivité n'est pas possible. Avec la rétroactivité, la convention citée est de trois ans ou 36 mois; sans la rétroactivité, elle a une durée de 32 mois. L'exemple suivant présente un peu les mêmes caractéristiques.

> La présente convention collective de travail entre en vigueur le 21 septembre 1988 et reste pleinement en vigueur jusqu'au 21 septembre 1991.
>
> (...)
>
> Les dispositions de cette convention ne prennent effet qu'à compter de la signature par les parties à moins qu'une autre date ne soit prévue expressément.
>
> (Steinberg inc. et les Travailleurs unis de l'alimentation et du commerce, TUAC, local 500, 1988-1991.)

Comme cette convention fut signée le 21 octobre 1988, elle comporte une rétroactivité implicite d'un mois. Par contre, le second paragraphe cité affirme que, sauf indication contraire et explicite, les dispositions de la convention ne prennent effet qu'à compter de sa signature. Nous rediscuterons de ces apparentes contradictions dans la section suivante qui traite du processus de renouvellement de la convention.

15.4 Processus de renouvellement

Le processus de renouvellement de la convention collective implique une série de dates qui peuvent se chevaucher les unes les autres. Nous verrons successivement les plus importantes de ces dates.

15.4.1 Dénonciation

Le terme a de quoi étonner. Il désigne simplement l'avis que peuvent se donner, et que se donnent de fait, les parties pour manifester leur intention d'entreprendre les négociations en vue du renouvellement de leur convention collective. Le mot remonte loin dans le passé. Il semblait plus approprié dans les années 1930, alors que la plupart des conventions collectives étaient renouvelées automatiquement, d'année en année, et qu'il fallait, pour mettre fin à l'entente, qu'une des deux parties la dénonce pour en arrêter le renouvellement automatique.

Le *Code du travail* contient quelques dispositions sur le sujet. L'avis donné en vue d'entreprendre les négociations doit être transmis dans les 90 jours qui précèdent l'expiration de la convention, à moins qu'un autre délai ne soit prévu dans celle-ci (C.t. art. 52). De plus, le Code ajoute que si un tel avis n'est pas donné, il sera réputé avoir été donné le jour de l'expiration de la convention collective (C.t. art. 52.2). Sauf dans le secteur public, où les délais sont beaucoup plus longs, la plupart des conventions du secteur privé reprennent le délai de 90 jours inscrit dans la loi.

> Durant les quatre-vingt-dix jours précédant la date d'expiration de la convention collective, chaque partie peut informer l'autre partie par écrit qu'elle mettra fin ou modifiera ou négociera une nouvelle convention collective.
>
> (Quimpex ltée et les Travailleurs canadiens de l'automobile, local 104, 1990-1993.)

La convention reprend la même disposition que celle de la loi, qui précise elle aussi que l'avis doit être donné par écrit (C.t. art. 52).

15.4.2 Expiration et prolongation

Selon la pratique américaine, la convention collective se termine effectivement à sa date d'échéance. Au contraire, au Canada et au Québec, une disposition de la loi stipule que la convention est prolongée au-delà de cette date. La loi établit que l'employeur ne peut modifier les conditions de travail de ses salariés sans le consentement écrit de l'association qui les représente – ce qui équivaut à prolonger la convention collective antérieure –, tant que le «droit» au lock-out n'est pas acquis; la loi ajoute que les parties peuvent prévoir une prolongation allant «jusqu'à la signature d'une nouvelle convention» (C.t. art. 59). Une fraction importante des conventions collectives, environ 30 %, régissant 50 % des salariés, prévoit que l'ancienne convention s'applique jusqu'à l'entrée en vigueur de la nouvelle. (Voir le tableau 15-5.) Seulement 4 % des conventions collectives reprennent la disposition de la loi sans rien y ajouter. La proportion des «autres» dispositions est très élevée.

TABLEAU 15-5

Prolongation des effets de la convention collective après son expiration – 1984 et 1989

La convention collective est prolongée:	Conventions collectives régissant moins de 50 salariés				50 salariés et plus				tous les salariés (TOTAL)			
	C.c.	%	Salariés	%	C.c.	%	Salariés	%	C.c.	%	Salariés	%
1984												
Jusqu'à entrée vig. d'une nouvelle c.c.	1 268	30,6	20 632	28,1	427	22,5	109 995	15,9	1 695	28,0	130 627	17,1
Jusqu'à acquisition du droit de grève	178	4,3	3 563	4,9	97	5,1	11 476	1,7	275	4,6	15 039	2,0
Jusqu'à exercice du droit de grève	11	0,3	184	0,3	6	0,3	881	0,1	17	0,3	1 065	0,1
Autre disposition[1]	1 505	36,3	28 219	38,6	749	39,5	156 529	22,7	2 257	37,3	184 748	24,1
Aucune disposition	1 179	28,5	20 576	28,1	618	32,6	411 412	59,6	1 797	29,7	431 988	56,6
TOTAL	4 177[2]	100,0	73 610[3]	100,0	1 897	100,0	690 293	100,0	6 074[2]	100,0	763 903[3]	100,0
1989												
Jusqu'à entrée vig. d'une nouvelle c.c.	1 720	31,9	25 513	24,8	711	27,6	491 292	53,4	2 431	30,5	516 805	50,5
Jusqu'à acquisition du droit de grève	207	3,8	4 584	4,5	107	4,1	19 075	2,0	314	4,0	23 659	2,3
Jusqu'à exercice du droit de grève	162	3,0	3 734	3,6	413	16,0	64 329	7,0	575	7,2	68 063	6,7
Autre disposition[1]	1 865	34,6	38 615	37,5	866	33,6	166 241	18,1	2 731	34,3	204 856	20,0
Aucune disposition	1 430	26,6	30 999	30,1	480	18,6	179 270	19,5	1 910	24,0	209 669	20,5
TOTAL	5 384	100,0	102 845	100,0	2 581[2]	100,0	920 840[3]	100,0	7 965[2]	100,0	1 023 685[3]	100,0

1. «Autre disposition» inclut: terme fixe, renouvellement automatique, durée de la négociation, etc.
2. Le total des conventions inclut quelques conventions non réparties.
3. Le total des salariés inclut quelques salariés non répartis.

Source: Données mécanographiques du CRSMT, Québec, 2 avril 1991. (Variable L-12.)

Plusieurs conventions collectives apportent diverses précisions par rapport à une grève possible. Certaines conventions stipulent que la convention ne sera pas en vigueur pendant la durée d'un arrêt de travail, grève ou lock-out. D'autres établissent qu'elle demeure en vigueur jusqu'au recours à la grève ou au lock-out, donc jusqu'à l'exercice de l'arrêt de travail par l'une ou l'autre des parties. Cette condition, quasi inexistante en 1984, représente 7 % des cas en 1989. La taille des unités ne semble pas un facteur significatif en la matière. Voici d'autres exemples, comportant chacun une disposition différente.

> À son expiration, la présente convention devient une convention intérimaire jusqu'à ce qu'une nouvelle convention collective soit signée par les parties.
>
> (Stuart (Culinar inc.) et le Syndicat national des employés de Stuart ltée, CSN, art. 31.02, 1989-1992.)
>
> Durant les négociations relatives au renouvellement de la convention collective, toutes les dispositions de la présente convention demeurent en vigueur jusqu'à l'utilisation par l'une ou l'autre des parties soit du droit de grève, soit du droit de lock-out.
>
> (Peinture internationale Canada ltée et l'Union des employés de commerce, TUAC, local 502, art. 21.02, 1988-1990.)
>
> Les parties conviennent que durant les négociations relatives au renouvellement de la convention collective, toutes les dispositions de la présente convention demeurent en vigueur jusqu'à l'utilisation par l'une ou l'autre des parties soit du droit de grève ou de contre-grève.
>
> Durant la période de grève ou de lock-out, l'Assurance-Vie et l'Assurance-Santé des salariés et de leurs personnes à charge, assurés par le Régime d'assurances collectives des Employés de Commerce de Steinberg inc., seront maintenues en vigueur.
>
> Cependant, un salarié qui tombe malade durant cette période de grève ou de lock-out ne peut bénéficier de son Assurance-Salaire durant ladite période, mais devient éligible à ce bénéfice à compter du premier jour ouvrable de travail qui suit la grève ou le lock-out. À cette fin, l'Employeur s'engage à verser à la caisse les sommes requises pour acquitter les primes exigées par l'assureur pour la période de grève ou de lock-out.
>
> (Steinberg inc. et les Travailleurs unis de l'alimentation et du commerce, local 500, art. 22.02, 1988-1991.)

Voilà des parties contractantes qui ont essayé de prévoir tous les aspects de la prolongation de leur convention collective.

15.4.3 Ratification et signature

La loi régit même la signature d'une convention collective, du moins indirectement. En effet, le *Code du travail* prescrit un vote de ratification par l'assemblée générale syndicale, qui autorise ainsi ses délégués à signer en son nom l'entente intervenue.

> La signature d'une convention collective ne peut avoir lieu qu'après avoir été autorisée au scrutin secret par un vote majoritaire des membres de l'association accréditée qui sont comptés dans l'unité de négociation et qui exercent leur droit de vote (C.t. art. 20.3).

Les négociateurs à la table ne peuvent donc aller plus loin que de signer un accord de principe, qui témoigne du fait que les représentants négociateurs en sont venus à une entente. L'accord de principe doit être ratifié par l'assemblée syndicale – pourvu qu'on y ait le quorum requis par les statuts – avant que la convention collective ne puisse être officiellement signée. Si la partie patronale est constituée d'une association d'employeurs, celle-ci procède de la même manière, même si le Code n'en fait aucune mention, sauf dans un cas: une corporation scolaire peut donner, par exemple à une commission scolaire régionale, un mandat exclusif de négociation, mais elle n'a pas le droit de le retirer par la suite (C.t. art. 11 et 68). Règle générale, la question de la ratification ne se pose que pour la partie syndicale. Le plus souvent, les dernières offres patronales ont déjà été approuvées par la haute direction de l'entreprise avant même qu'elles ne soient présentées à la table de négociation.

Même si l'accord de principe a été ratifié par l'assemblée syndicale, la convention collective n'est pas nécessairement prête à être signée. Dans la plupart des cas elle l'est. Mais si la négociation a été longue et difficile et qu'on en est arrivé à une entente à la hâte, pour mettre fin à un arrêt de travail qui a trop duré, il se peut que les négociateurs n'aient pas rédigé en détail tous les points sur lesquels ils se sont entendus. Dans ce cas, il peut rester un assez long travail de rédaction, d'autant plus difficile que les détails n'ont pas été réglés à la table même. Généralement, le comité de négociation de chaque partie délègue alors un ou deux représentants pour accomplir cette tâche difficile, mais en se gardant un dernier droit de regard. Des conflits supposément réglés ont failli reprendre de plus belle dans cette sorte de période supplémentaire.

Une fois la convention ratifiée en assemblée syndicale, par scrutin secret, et le texte finalisé, si nécessaire, les parties peuvent alors se rencontrer pour la signature officielle de la convention. Ce peut être l'occasion d'une rencontre de prestige, parfois avec photographes et tout le déploiement que les parties souhaitent. Même s'il n'est généralement que de quelques jours, le délai entre l'accord de principe à la table de négociation et la signature officielle de la convention peut être passablement plus long. Il faut compter avec le temps requis pour la préparation du texte complet et final. Par la suite on le fera imprimer pour diffusion auprès des intéressés.

La grande majorité des conventions collectives contiennent trois ou quatre signatures, tant pour la partie patronale que syndicale. Par exemple, on y trouve les noms du président-directeur général, du directeur des finances et du directeur des ressources humaines du côté patronal et, du côté syndical, ceux du président et d'un ou deux autres membres de la direction du syndicat, celui du président du comité de négociation et celui du représentant de l'Union ou de la Fédération. Mais elles ne sont pas rares les conventions où l'on retrouve 10, 15 ou 20 signatures, d'un côté ou de l'autre: c'est une question de prestige, sinon d'étiquette et de bonnes manières, que tel ou tel nom apparaisse au bas de la convention.

Mais la signature ne termine pas le processus. Il reste une exigence capitale: le dépôt de la convention auprès de l'organisme officiel.

15.4.4 Dépôt et entrée en vigueur

L'article 72 du *Code du travail* fait du dépôt de la convention collective au Bureau du commissaire général du travail une condition stricte de la valeur légale de la convention elle-même. On ne peut donc invoquer une convention collective avant le moment de son dépôt, puisque celle-ci n'a pas d'effet avant ce dépôt.

Mais la convention peut entrer en vigueur à une autre date, prévue par les parties et consignée dans la convention elle-même. La loi dit clairement que le dépôt «a un effet rétroactif» à la date d'entrée en vigueur déterminée par les parties et la convention. Si la convention ne contient pas une telle date, elle entre en vigueur au moment de sa signature.

Un bon nombre de conventions collectives contiennent une disposition selon laquelle la nouvelle convention entre en vigueur le lendemain de l'échéance de l'ancienne, quelle que soit la date de la signature de la nouvelle. Sous une apparence d'ordre et de continuité, la pratique comporte des difficultés sérieuses. C'est toute la question de la rétroactivité qui est en cause. Quand il s'agit de salaires ou de toute autre question pécuniaire, y compris les congés, on comprend que ces avantages soient monnayables après coup, c'est-à-dire après la signature de la convention collective. Mais tout ce qui touche à la procédure et aux droits des personnes ne saurait rétroagir ainsi sans entraîner de sérieuses difficultés et sans causer de graves conflits. Si la nouvelle convention modifie les règles et la procédure des différents mouvements de personnel, l'employé qui a obtenu tel poste sera-t-il rétrogradé pour que le poste soit accordé à un autre employé conformément aux nouvelles règles? Un grief déposé sous l'ancienne convention collective, avant son échéance ou pendant sa période de prolongation, sera-t-il subitement soumis à de nouvelles règles et résolu d'une façon qui était imprévisible au moment où il a été déposé?

C'est un principe d'application universelle que le droit doit être rendu selon les règles qui existaient au moment où les gestes ont été posés ou, à tout le moins, au moment où la plainte a été déposée. Il est difficile de voir comment il peut y avoir effet rétroactif de telles clauses, quand elles sont modifiées. Si toutes les clauses de cette nature sont reconduites sans modification, il n'y a pas de problème.

Tout cela fait que par souci de rigueur par rapport aux termes et aux principes, il serait préférable de respecter, dans la convention, une formulation conforme aux règles établies: la convention collective entre en vigueur le jour de sa signature ou, mieux encore, le jour de son dépôt; elle a un effet rétroactif uniquement pour les clauses qui sont nommément désignées comme ayant un tel effet.

Nous poursuivons dans la section suivante la discussion sur cet aspect primordial de la rétroactivité.

15.5 Quelques problèmes particuliers

Nous traiterons ici de deux problèmes auxquels nous avons souvent fait allusion: l'effet rétroactif de certaines clauses et les problèmes reliés au vide qui peut exister entre deux conventions collectives.

15.5.1 Problèmes de rétroactivité

Nous avons mentionné dans la section précédente le problème principal de l'effet rétroactif des clauses non pécuniaires. Nous tenons pour acquis que les parties souhaitent principalement sinon exclusivement, la rétroactivité des clauses salariales et des autres clauses pécuniaires. Même alors, les difficultés ne manquent pas.

Parmi les clauses pécuniaires, toutes ont-elles un effet rétroactif ou seulement certaines d'entre elles? Par exemple, si la convention prévoit un dollar de l'heure d'augmentation aux différents taux du barème général des salaires, l'augmentation rétroactive se limite-t-elle aux heures effectivement travaillées et payées? Ou bien se répercute-t-elle sur les heures supplémentaires, sur les différentes primes et même sur les avantages sociaux, si ceux-ci sont reliés directement aux taux de salaires? Une autre série de questions se pose par rapport aux employés qui bénéficieront de l'augmentation rétroactive: sera-t-elle versée également aux employés qui ont quitté le travail ou l'emploi (licenciement ou congédiement, congé sans solde ou autres congés) depuis l'échéance de l'ancienne convention? Si l'employé n'est plus au service de l'entreprise, quelle obligation l'employeur a-t-il de le rechercher pour lui verser la rétroactivité à laquelle il aurait droit? Toutes ces questions font que certaines clauses de rétroactivité sont très longues et très détaillées, parce qu'elles veulent prévoir tous les cas possibles. L'exemple suivant répond à la plupart des questions soulevées par le problème de la rétroactivité.

> 44.01 La présente convention collective entre en vigueur lors de la date de sa signature et elle n'a aucun effet rétroactif, sauf pour ce qui y est expressément prévu.
>
> Salaires
>
> 44.02 Les taux de salaires prévus aux annexes «A», «B», «C» et «D», pour la période du 1er décembre 1989 au 30 novembre 1990, s'appliquent à partir du 1er décembre 1989.
>
> Salariés en emploi
>
> Les montants de rétroactivité résultant de l'application du présent article sont payables aux personnes salariées au service de l'Employeur au moment de la signature de la convention collective. Ces montants sont établis en tenant compte des modifications intervenues depuis le 1er décembre 1989 (promotion, avancement d'échelon, rétrogradation) au prorata des heures rémunérées au cours de la période du 1er décembre 1989 à la date de la signature de la convention collective.
>
> Modalités de paiement
>
> Le paiement des montants dus est effectué dans les trente (30) jours ouvrables de la signature des présentes. Un montant de rétroactivité inférieur à un dollar (1,00 $) n'est pas payable. Aux fins de la présente clause, l'expression «heures rémunérées» désigne:
>
> 1) les heures déjà rémunérées par l'Employeur pendant une absence du travail pour maladie;
>
> 2) les heures déjà rémunérées au taux régulier;

Objet de la rétroactivité

3) les heures travaillées un samedi faisant partie de l'horaire régulier de travail et déjà rémunérées au taux régulier majoré de vingt-cinq pour cent (25 %), en conformité avec les dispositions de l'article 19 de la convention échue;

4) les heures travaillées un dimanche faisant partie de l'horaire régulier de travail et déjà rémunérées au taux régulier majoré de cinquante pour cent (50 %), en conformité avec les dispositions de l'article 19 de la convention échue;

5) les heures effectuées en travail supplémentaire et déjà rémunérées au taux régulier majoré de cinquante pour cent (50 %);

6) les heures effectuées en travail supplémentaire et déjà rémunérées au taux régulier majoré de cent pour cent (100 %).

Salariés retraités et décédés

44.03 Malgré les paragraphes précédents, l'Employeur verse la rétroactivité à la personne salariée retraitée depuis le premier (1er) décembre 1989. Dans le cas du décès d'une personne salariée survenu depuis le premier (1er) décembre 1989, l'Employeur verse aux ayants droit le montant de rétroactivité auquel la personne salariée aurait eu droit.

Autre salariés «partis»

44.04 Malgré les paragraphes précédents, la personne salariée dont l'emploi a pris fin entre le premier (1er) décembre 1989 et la date de la signature de la convention collective est admissible au paiement d'un montant de rétroactivité.

Pour ce faire, l'Employeur communique par écrit, dans les soixante (60) jours de la signature, avec chacune des personnes salariées ayant quitté le service de l'Employeur depuis le premier (1er) décembre 1989 jusqu'à la date de la signature. La lettre est expédiée à la dernière adresse inscrite au dossier. La personne salariée doit faire parvenir sa demande écrite de rétroactivité au Service du personnel, au plus tard, dans les trente (30) jours qui suivent l'envoi de la lettre de l'Employeur. Une copie de la liste de noms des personnes visées est transmise au Syndicat. Cette liste indique l'adresse ainsi que le numéro de téléphone des personnes visées.

(L'Université de Montréal et le Syndicat des employés de l'Université de Montréal, SCFP 1244, art. 44.)

Peu de conventions collectives ont un article sur la rétroactivité qui soit aussi détaillé. Plusieurs, cependant, contiennent les précisions nécessaires à une application adéquate de la rétroactivité due au salarié.

15.5.2 L'entre-deux conventions collectives

À moins que l'ancienne convention collective ne stipule expressément qu'elle demeure en vigueur jusqu'à ce qu'une nouvelle convention la remplace, il se peut qu'il y ait une période pendant laquelle aucune convention collective n'existe juridiquement, ni l'ancienne ni la future. On est alors dans une sorte de vide juridique. Un tel vide n'affectera pas les salaires ou les autres avantages accordés aux salariés si la future convention contient une clause de rétroactivité. Mais au moment où aucune convention n'est en vigueur, l'employeur pourrait, théoriquement, modifier toutes les conditions de travail: baisser les salaires et déplacer le personnel sans égard à l'ancienneté, par exemple, et les employés n'auraient aucun recours. L'employeur qui agirait ainsi s'exposerait à de sérieuses difficultés, avant ou après la conclusion de la prochaine convention. Mais il aurait le droit strict d'agir ainsi puisque, par hypothèse, il n'y a plus de convention en vigueur. Seules les lois générales du travail (sur les normes et les autres aspects) s'appliqueraient alors.

Une importante question se pose à propos du grief. Un grief déposé pendant la période de vide juridique est-il valable? S'il se rendait en arbitrage, serait-il arbitrable? Certains arbitres ont fait une distinction entre l'existence d'un droit, par le jeu de la fiction juridique qu'est la rétroactivité, et l'exigibilité de ce droit, c'est-à-dire le titre au dépôt d'un grief que peut avoir un salarié pendant cette période d'absence de convention collective. La décision d'un tribunal d'arbitrage, présidé par Me Roland Tremblay, a répondu à cette question par la négative[33]. Il s'appuyait sur une décision antérieure du juge Turgeon.

> L'honorable Juge Turgeon précise sa pensée quant à la question de rétroactivité contenue dans une convention:
>
> «Je désire préciser ma pensée. Il ne faut pas inférer que toute rétroactivité d'une convention collective, ou d'une modification à une convention collective, est incompatible avec les dispositions de l'article (72). Le fait qu'une convention collective ne prenne effet entre les parties qu'à compter de son dépôt veut dire que les parties ne pourront pas demander sa mise à exécution avant. Cependant, la rétroactivité possible de l'existence des droits reconnus aux parties par la convention collective peut s'inférer du texte de cette convention collective. Il ne faut pas confondre l'existence d'un droit par le jeu de la fiction juridique de la rétroactivité et l'exigibilité de ce droit. Le recours à la procédure de grief n'existe qu'à compter de l'entrée en vigueur de la convention collective, ou de ses modifications, par le dépôt de l'article (72).»
>
> Les membres du conseil d'arbitrage n'entendent pas disposer autrement du litige, les parties n'avaient pas droit au recours à la procédure de grief tant que la convention n'était pas déposée selon l'article (72) et le conseil d'arbitrage doit se déclarer sans juridiction pour entendre cette affaire.
>
> CONSIDÉRANT les pièces produites et les arguments,
>
> CONSIDÉRANT que le grief est logé le 9 janvier 1980,
>
> CONSIDÉRANT que la convention n'est signée que le 24 janvier 1980 et donc déposée après,
>
> CONSIDÉRANT l'article (72) du *Code du travail*,
>
> CONSIDÉRANT que le conseil est sans juridiction pour entendre un grief logé avant le dépôt de la convention,
>
> L'OBJECTION À L'ARBITRABILITÉ DU GRIEF EST BIEN FONDÉE, LE CONSEIL D'ARBITRAGE EST SANS JURIDICTION POUR ENTENDRE CE GRIEF, CE QUI EN DISPOSE.

33. Compagnie Wilburcolt inc. et le Syndicat international des travailleurs du bois d'Amérique, local 2-505, *Sentences arbitrales – Griefs*, (S.A.G.), vol. 11, nº 5, mai 1980, p. 841.

Le tribunal d'arbitrage a donc décidé que, la convention collective n'existant pas encore au moment où le grief fut déposé, le tribunal était sans juridiction pour l'entendre: il l'a renvoyé. La jurisprudence a confirmé cette décision[34].

Certains ont soutenu que le grief peut être déposé après que la convention a cessé d'avoir effet s'il vise un droit qui avait été acquis au moment où elle était en vigueur[35]. Plus récemment ceux qui ont maintenu la valeur du grief se réfèrent à des textes qui fondent le droit de déposer un grief. Dans un cas, un protocole de retour au travail a autorisé les salariés concernés à «faire valoir leur droit selon la convention collective expirée»; dans un autre, une lettre d'entente signée en même temps que la convention implique l'inclusion des dispositions pertinentes de l'ancienne convention avec effet rétroactif, ce qui comble le vide juridique[36].

On voit que la question de l'entre-deux conventions n'est pas que théorique; elle a d'importantes implications pratiques.

15.6 Problème formaliste ou réel?

La discussion qui précède, à savoir quand exactement une convention collective entre en vigueur et quand elle cesse de produire ses effets, peut sembler teintée d'un formalisme excessif. Cependant, la préoccupation est inévitable: dès que la loi établit des règles pour que les dispositions d'une convention collective produisent leur effet, il faut en tenir compte. Si les conditions ne sont pas remplies, la convention n'est pas légalement en vigueur. Deux exemples de consé-

34. *Services ménagers Roy ltée* c. *Union des employés de service*, section locale 298, Mᵉ Georges F. Laurin, arbitre, D.T.E. 88T-145; *Breuvages Cott ltée* c. *Union des routiers*, local 1999, juge André Forget, arbitre, D.T.E., 89T-524.
35. *Désourdy Construction limitée* c. *Perreault*, 1978 C.A., 111.
36. *Travailleurs unis de l'automobile* c. *Estampages R.J.*, Pierre N. Dufresne, arbitre, (Décisions du tribunal d'arbitrage) T.A. 1982, p. 478; *Boulangerie Doyon* c. *Syndicat des travailleurs de la Boulangerie Doyon* (CSN), Mᵉ Paule Gauthier, arbitre, D.T.E. 88T-146.

quences: faute du dépôt requis, un syndicat rival peut déposer une demande en accréditation; le requérant devra prouver que sont remplies les conditions habituellement requises, mais sa demande est immédiatement recevable. Pour ce qui est de savoir si un employé peut déposer un grief, et à quel moment, la question exige une réponse claire et nette. Le problème présente un aspect formaliste, mais il est très réel.

L'autre approche possible vis-à-vis cette question, c'est l'entente volontaire entre les parties. Rien ne les empêche en effet de conclure un accord sur toute formule qui ne va pas contre la loi et les bonnes mœurs (C.t. art. 62). Les parties peuvent ainsi déterminer, en toute liberté, quand leur ancienne convention collective cesse d'avoir effet, et quand la nouvelle entre en vigueur; par le fait même, elles décident quand un grief peut être déposé et selon quelles modalités. On peut appliquer à ce problème l'axiome selon lequel une entente volontaire entre les parties vaut toujours mieux qu'une solution imposée par la loi.

Cependant, la durée même de la convention collective est considérée comme d'ordre public et, une fois déterminée dans la convention, elle ne peut plus être modifiée par les parties si une telle modification risque de porter préjudice à des tiers, par exemple à un syndicat concurrent qui voudrait déposer une demande d'accréditation[37]. La clause de durée de la convention n'est pas tout à fait une clause comme les autres.

37. *Construction and Supplies Drivers, Teamsters, local 903* c. *Les Bétonnières Meloche inc.*, 1970 C.A. 256.

Bibliographie

BLOOM, GORDON F. et NORTHRUP, HERBERT R. *Economics of Labor Relations*, Homewood, Ill., Richard D. Irwin, 6e édition, 1969 (751 p.), p. 130-131 : «Long-Term Contracts». Voir si possible la 5e édition, 1965, p. 167-171 : «Long Contracts and Living Documents».

Bureau du Conseil privé. *Les relations du travail au Canada. Rapport de l'Équipe spécialisée en relations de travail*, H.D. WOODS, président, Ottawa, Imprimeur de la Reine, 1969, nos 556-564 p. 182-184.

CHRISTOFIDES, L.N. *Les déterminants de la durée des conventions*, Ottawa, Travail Canada, janvier 1985, 67 p.

DANZIGER, LEIF. «Real Shocks, Efficient Risk Sharing, and the Duration of Labor Contracts», *Quarterly Journal of Economics*, vol. 103, no 2, mai 1988, p. 435-440.

DAYKIN, WALTER L. «The Contract As a Bar to a Representation Election», *Labor Law Journal*, vol. 10, no 4, avril 1959, p. 219-232.

EPP, DANIEL L. «The Duty to Arbitrate Public Sector Employee Grievances after Expiration of the Collective Bargaining Agreement», *Labor Law Journal*, vol. 40, no 4, avril 1989, p. 195-207.

GAGNON, ROBERT P., LEBEL, LOUIS et VERGE, PIERRE. *Droit du travail*, 2e édition, Québec, Les Presses de l'Université Laval, 1987 (933 p.), p. 467-469.

GARBARINO, JOSEPH W. *Wage Policy and Long-Term Contracts*, Washington, D.C., The Brookings Institution, 1962, 145 p.

GARBARINO, JOSEPH W. «The British Experiment with Industrial Relations Reform», *Industrial and Labor Relations Review*, vol. 26, no 2, janvier 1973, p. 793-804.

HENDRICKS, WALLACE E. et KAHN, LAWRENCE M. «Contract Length, Wage Indexation, and *Ex Ante* Variability of Real Wages», *Journal of Labor Research*, vol. 8, no 3, été 1987, p. 221-236.

LAFLAMME, GILLES. *La négociation collective et les limites du négociable*, Québec, Université Laval, Département des relations industrielles, 1975 (104 p.), ch. 5, p. 73-80, (Collection «Relations du travail», no 8.)

MORIN, FERNAND. «Les tenants et aboutissants de la convention collective», *Relations industrielles*, vol. 40, no 2, 1985, p. 371-378.

MORIN, FERNAND. «La survie de droits subjectifs à la convention collective», *Relations industrielles*, vol. 40, no 4, 1985, p. 847-855.

RIVEST, MARCEL. «Existe-t-il un "vacuum juridique" entre l'expiration de la convention collective et son renouvellement?», *McGill Law Journal*, vol. 20, no 3, 1974, p. 480-488.

ROBERTSON, NORMAN et SAMS, K. IAN. «The New Legal Framework of Britain's Industrial Relations», *Monthly Labor Review*, vol. 95, no 3, mars 1972, p. 48-52.

STIEBER, JACK. «Evaluation of Long-Term Contracts» dans *New Dimensions in Collective Bargaining*, sous la direction de H.W. DAVEY, H.S. KALTERNBORN et S.H. RUTTENBERG, New York, Harper, 1959, p. 137-153.

U.S. Department of Labor, Bureau of Labor Statistics. *Major Collective Bargaining Agreements – Deferred Wage Increase and Escalator Clauses*, BLS, bulletin no 1425-4, Washington, D.C., U.S. Government Printing Office, janvier 1966, 64 p.

VERGE, PIERRE. «L'entre-temps des conventions collectives», *Relations industrielles*, vol. 24, no 4, octobre 1969, p. 781-788.

WHITTINGHAM, T.G. et TOWERS, B. «The British Industrial Relations Bill – An Analysis», *Relations industrielles*, vol. 26, no 3, août 1971, p. 620-639 (voir particulièrement la page 629).

Chapitre

16

Tendances et orientations de la convention collective

PLAN

En conclusion à la première partie, nous dégagerons les principales tendances en matière de convention collective et nous esquisserons quelques orientations possibles. Auparavant, il faut traiter d'une question qui se rattache davantage au processus lui-même, mais qui a une incidence directe sur la convention collective: l'exigence de la bonne foi. Cette exigence a des liens avec les matières négociables. Nous rappellerons ensuite un certain nombre de contraintes, de plus en plus importantes. Nous évoquerons enfin les caractéristiques de la convention collective, avant d'en suggérer les orientations.

16.1 Bonne foi

La notion de bonne foi, dans le contexte des relations du travail, a suscité de nombreuses discussions et même provoqué bien des sourires. Pourtant, c'est un concept fondamental à tout régime de libre négociation collective. Toutes les lois sur la négociation contiennent une référence à cette obligation de caractère moral. Nous nous y arrêtons à cause de ses liens avec la convention collective; mais il faut, pour bien situer le problème, le replacer dans la perspective du processus de négociation.

16.1.1 Bonne foi et négociation

Quand les lois du travail imposent l'obligation de négocier de bonne foi, elles visent le processus, processus qui a pour objectif la conclusion d'une convention collective. Dans le *Code du travail* du Québec, cet objectif n'est pas explicitement mentionné, mais tout le contexte l'impose; c'est en toutes lettres qu'on le trouve dans le *Code canadien du travail*.

> (...)
>
> Les négociations doivent commencer et se poursuivre avec diligence et bonne foi. (...) (C.t. art. 53).
>
> Une fois l'avis de négociation collective donné (...) les règles suivantes s'appliquent:
>
> a) sans retard et, en tout état de cause, dans les vingt jours qui suivent ou dans le délai éventuellement convenu par les parties, l'agent négociateur et l'employeur doivent:
>
> (i) se rencontrer et entamer les négociations collectives de bonne foi ou charger leurs représentants autorisés de le faire en leur nom;
>
> (ii) faire tout effort raisonnable pour conclure une convention collective. (C.c.t. art. 50.)

Le principe de la négociation de bonne foi a été inscrit dans les toutes premières lois de relations ouvrières, mais pas nécessairement aux endroits où on les retrouve actuellement. Par exemple, dans la *Loi des relations ouvrières* du Québec, du 3 février 1944, la bonne foi est mentionnée dans l'article sur les pénalités.

> Tout employeur ou association d'employeurs qui, ayant reçu l'avis prescrit, fait défaut de reconnaître comme représentant de salariés à son emploi les représentants d'une association reconnue à cette fin par la Commission ou de négocier de bonne foi avec eux une convention collective de travail est passible, pour la première infraction, d'une amende de cent à cinq cents dollars. (...) (L.R.O. art. 42).

En fait, les lois canadiennes de cette nature s'inspirent toutes de la *Loi des relations patronales-syndicales* américaine, ou *Wagner Act*, adoptée en 1935, qui dit ce qui suit. On notera que l'article définissant l'obligation de négocier collectivement de bonne foi se trouve parmi les pratiques déloyales ou interdites.

> (...)
>
> 8 (a) Sont considérées comme pratiques déloyales de la part d'un employeur
>
> (...)
>
> (5) le refus de négocier collectivement avec les représentants de ses employés, sous réserve des dispositions de l'article 9 (a).
>
> (...)
>
> (d) Aux fins du présent article, négocier collectivement consiste dans l'obligation mutuelle de l'employeur et du représentant des employés de se rencontrer à des moments appropriés, de discuter de bonne foi des questions de salaires, d'heures de travail et d'autres conditions d'emploi, de négocier une entente sur toute question qui pourrait surgir à cette occasion et de s'engager dans un contrat écrit qui

incorpore toute entente entre les parties, si l'une ou l'autre d'entre elles en fait la demande. D'un autre côté, cette obligation ne force aucune partie à accepter une proposition de l'autre ni ne lui permet d'exiger d'elle telle ou telle concession. (L.M.R.A., art. 8.)

Négocier de bonne foi impose une obligation morale. Comment celle-ci s'est-elle traduite en termes juridiques? Le texte de la loi américaine indiquait déjà qu'il fallait négocier les salaires, les heures de travail et les autres conditions de travail. La jurisprudence américaine a, par la suite, établi d'autres sujets ou matières qu'il n'est pas permis de refuser de négocier sans se voir accuser de mauvaise foi. Au Canada, on s'est arrêté plutôt à la procédure elle-même pour dire que tel ou tel geste, tel ou tel refus était empreint de mauvaise foi. Par exemple, l'employeur qui refuse de reconnaître les délégués dûment désignés par l'assemblée syndicale pour négocier en son nom peut être accusé de négocier de mauvaise foi[1]. Refuser systématiquement toute date raisonnable pour se rendre négocier sera aussi reconnu comme un signe de mauvaise foi. Par contre, le défaut de se rendre à une séance de négociation peut, dans un contexte donné, être considéré comme une tactique acceptable de la part de l'une ou l'autre des parties, pourvu que le geste ne signifie pas le refus d'en arriver à conclure éventuellement une convention collective[2]. La seule obligation imposée par la loi est celle de négocier en vue d'en arriver à la signature d'une convention collective. Les différents gestes catalogués comme des signes de mauvaise foi ne constituent que des indices qui peuvent servir à prouver l'infraction elle-même, le refus de négocier.

Notons qu'au Québec, la sanction est strictement pénale (C.t. art. 141). Au fédéral et dans la plupart des provinces, les commissions de relations de travail peuvent imposer le remède qui leur paraît approprié dans les circonstances entourant le cas en question[3]. Ces commissions doivent cependant être prudentes: elles n'ont aucun pouvoir pour imposer quoi que ce soit quant au contenu de la future convention. Elles ont toute latitude pour appliquer les mesures qu'elles jugent appropriées pour remédier à la mauvaise foi, mais ne doivent pas s'immiscer dans le contenu de la négociation. La marge entre les deux est souvent bien mince.

16.1.2 Application de la convention

La règle de bonne foi inscrite dans les différentes lois de relations ouvrières vise la négociation. Mais si l'on doit négocier de bonne foi en vue d'établir une convention collective, il va de soi qu'une fois celle-ci signée, il faut aussi faire preuve de bonne foi dans son application: la simple logique l'exige, sans compter que la loi et les conventions prévoient des mécanismes pour assurer le respect des différentes dispositions qu'elle contient.

Les conventions collectives sont-elles respectées? Certains diront que la réponse à cette question demeurera toujours imprécise. On peut néanmoins tirer quelques conclusions d'ordre général. Ainsi, la quasi-totalité des clauses à caractère quantitatif – salaires, durée des vacances, congés et contributions aux avantages sociaux – sont généralement respectées, sauf dans certaines circonstances très particulières. Dans le cas contraire, il serait trop facile pour les représentants syndicaux et les employés concernés d'utiliser les recours mis à leur disposition. Sur la question des avantages sociaux, il y a bien la controverse relative aux cotisations patronales lorsque d'importants surplus actuariels sont accumulés. Il s'agit cependant de cas spéciaux, pas toujours clairs.

On sait très bien, par ailleurs, que nombre de comités mixtes prévus par les conventions collectives ne sont jamais mis sur pied. L'acceptation d'un tel comité, durant la négociation, constitue souvent un compromis honorable pour sortir d'une impasse. Au

1. *Martineau* c. *Commission scolaire régionale des Vieilles Forges*, (1975) T.T. 337.
2. *Desrochers* c. *Forum de Montréal inc.*, (1980) T.T. 462.
3. *Code canadien du travail*, S.R.C. 1985, ch. L-2, art. 99 (2); Ontario, *Labour Relations Act*, R.S.O. 1980, c. 228, s. 89 (4).

moment de parapher cette clause, les représentants avaient peut-être l'intention de mettre le comité sur pied, mais bien malin qui dira laquelle des deux parties a manifesté le plus de négligence dans sa mise en place. Plusieurs comités inscrits dans les conventions collectives fonctionnent bien et ont une vitalité remarquable. Mais un bon nombre n'a jamais vu le jour, restant à l'étape de projet.

Si des employeurs ne respectent pas leurs obligations sur tel ou tel point de la convention, les représentants syndicaux en sont aussi responsables: s'ils voulaient vraiment hâter l'application de telle clause, ils auraient des moyens de le faire. Mais la pratique leur impose parfois d'agir avec discernement: ils peuvent conclure qu'il est préférable d'oublier tel ou tel aspect secondaire pour exiger le respect total des clauses qu'ils considèrent plus importantes. De plus, les agents d'affaires ne peuvent être partout à la fois.

Le *Code du travail* offre un recours aux salariés qui se croient victimes de négligence de la part de leurs représentants à la suite d'un renvoi ou d'une sanction disciplinaire: ils peuvent porter plainte, par écrit, au ministre dans les six mois qui suivent l'événement (C.t. art. 47.3). Le ministre reçoit chaque année de 200 à 250 plaintes de cette nature[4]. Il faudrait faire l'analyse de ces plaintes et de leurs solutions, ainsi qu'une étude exhaustive sur le terrain, pour en mesurer l'importance. À première vue, le nombre paraît faible si l'on songe que plus d'un million de salariés sont régis par convention collective au Québec. Certains diront que c'est un très bon signe; d'autres soutiennent que c'est peine perdue de porter plainte contre un syndicat.

16.1.3 Bonne foi et règlement des griefs

De 4000 à 5000 sentences arbitrales sont rendues chaque année au Québec. De prime abord, on peut trouver que ce nombre est faible, si l'on considère qu'il y a plus de 7000 conventions collectives en vigueur dans le seul secteur privé et qu'une forte proportion des sentences arbitrales, peut-être la moitié, concerne le secteur public. Cela donne une moyenne d'une sentence arbitrale par deux ou trois unités de négociation à chaque année. On sait de plus que, dans certaines unités, on ne mène un grief à l'arbitrage qu'une fois tous les trois, quatre ou cinq ans. Est-ce un signe de bonne foi ou de mauvaise foi? Tout dépend des circonstances, et une évaluation du nombre seul ne permet pas de conclure dans un sens ou dans l'autre. Il faut penser d'ailleurs que pour un grief qui se rend à l'arbitrage, il y en a peut-être 50 qui sont résolus avant cette étape finale du processus. Nous avons déjà noté qu'il s'agit là d'un des aspects les moins connus de l'application de la convention collective en Amérique du Nord.

Un aspect qui soulève plus de questions, c'est la longueur des délais entre le recours à l'arbitrage et la sentence. Quand on pense que l'arbitrage des griefs a été institué pour assurer aux salariés une justice simple, efficace et rapide, on ne peut que se poser de sérieuses questions. Il s'agit moins de chercher des coupables que de comprendre ce qui s'est produit et se perpétue. Il est difficile d'accuser qui que ce soit de mauvaise foi, mais il faut constater que le régime n'est plus ni simple, ni efficace, ni rapide.

Devant l'engorgement du régime et l'accumulation inimaginable des griefs, on doit s'interroger sur un détournement possible de ses objectifs fondamentaux. Dans certains cas, et surtout dans le secteur public, on s'en est servi comme instrument de négociation et comme enjeu de pouvoir politique. Compte tenu des deux énormes bureaucraties en cause, la poursuite des objectifs fondamentaux du régime est devenue à peu près impossible. Par contre, une fois les griefs déposés et le processus engagé, on peut difficilement en interrompre le déroulement par crainte de causer de graves préjudices à des personnes qui y ont eu recours en toute bonne foi. C'est une situation pratiquement sans issue.

Dans le secteur privé, la situation est à la fois plus simple et plus complexe. Plus simple, parce qu'il est rare de trouver autant de griefs accumulés que dans le secteur public. Plus complexe, parce que la res-

4. *Rapport annuel 1988-1989*, ministère du Travail du Québec, p. 38.

ponsabilité des délais, qui existent là aussi, est beaucoup plus difficile à établir. Quelques arbitres peuvent être responsables d'une partie des délais, mais la plus grande responsabilité semble aller aux parties elles-mêmes. Pour gagner son grief, ou simplement pour le présenter devant un arbitre de prestige, on est prêt à attendre des mois, sinon des années. Qui blâmer alors ? N'est-ce pas le privilège des intéressés de décider devant qui ils préfèrent défendre leurs griefs ? Dans ce cas, il n'y a pas d'autres possibilités : il faut attendre que l'arbitre auquel on tient soit disponible. Alors, la véritable cause de ces délais, c'est la mentalité qui s'est créée de vouloir absolument choisir tel arbitre pour tel grief. On comprend que les parties ne veuillent pas accepter d'ignorer, jusqu'à l'audition, devant qui elles devront présenter et défendre leur cause. Mais il y a peut-être un moyen terme, qui serait d'utiliser des listes indiquant le nom d'un certain nombre d'arbitres parmi lesquels il faudrait accepter celui ou celle qui serait libre le jour déterminé pour l'audition ; les parties seraient libres d'établir la liste de leur choix ou d'attendre, comme actuellement.

Même si elle n'est pas mentionnée dans la loi, la bonne foi dans l'application du régime des griefs est aussi importante que dans la négociation elle-même et dans l'application de l'ensemble de la convention collective. Les griefs eux-mêmes devraient résulter d'un désaccord de bonne foi entre les parties.

16.2 Matières négociables

L'obligation de négocier de bonne foi présente des liens étroits avec les matières à négocier. La jurisprudence américaine est allée très loin en ce sens. Au Canada, on insiste sur d'autres aspects. C'est ce que nous tenterons d'expliquer dans les paragraphes qui suivent.

16.2.1 Principes de base

En principe, le contenu de la convention collective relève strictement et exclusivement des parties contractantes. Quand le Sénat américain a discuté du projet de loi qui devait devenir le *Wagner Act*, le sénateur Walsh a fait la déclaration suivante[5] :

> Quand les employés ont choisi leur syndicat, quand ils ont élu leurs représentants, le projet de loi n'a pour but que d'escorter ceux-ci jusqu'à la porte de l'employeur et de dire : « Voici les représentants légitimes de vos employés ». Ce qui se déroule ensuite derrière les portes closes, le législateur n'a pas à s'en préoccuper.

Les parties doivent se comporter de manière à conclure une convention collective. Autant les analystes que les administrateurs des lois ouvrières ont insisté sur le fait que la négociation de bonne foi visait la manière de procéder et non pas le contenu de l'entente. C'est ainsi que la Commission des relations du travail de l'Ontario a voulu cerner le problème dans la décision suivante, souvent citée[6].

> La Commission établit clairement qu'on satisfait à l'obligation de négocier de bonne foi par la manière dont les négociations se poursuivent et non pas par le contenu des propositions présentées à la table de négociation. Autrement, la Commission se trouverait dans la position d'un arbitre de conflit d'intérêts et devrait évaluer les mérites relatifs des propositions des deux parties. On doit supposer que le législateur ne souhaitait pas définir l'obligation de négocier de bonne foi par le contenu de la négociation.
>
> Négocier de bonne foi doit donc se définir d'après la manière selon laquelle les négociations collectives se poursuivent (...)
>
> Une discussion rationnelle exige des parties qu'elles communiquent entre elles ; la véritable négociation collective repose sur une communication efficace et véritable entre les parties.

Malgré toutes ces affirmations, il existe un lien étroit entre l'obligation de négocier de bonne foi et les sujets dont on doit discuter. C'est particulièrement vrai selon la jurisprudence américaine.

---

5. *Congressional Record*, 74th Cong., 1st Sess., 16 mai 1935, 7660.
6. *United Steel Workers of America, local 3704* v. *Canadian Industries Ltd, CIL*, Commission des relations du travail de l'Ontario, 7 mai 1976, 76 C.L.L.C., paragraphe 16014.

16.2.2 Jurisprudence américaine

L'obligation de négocier certains sujets, aux États-Unis, repose non seulement sur la jurisprudence mais sur la toute première loi des relations patronales-syndicales adoptée en 1935. En effet, la loi elle-même oblige les parties à discuter des salaires, des heures de travail et des autres conditions d'emploi: les trois termes font partie de la définition de la négociation collective contenue dans la loi.

Très tôt, en réponse à des plaintes de négociation de mauvaise foi portées contre des employeurs, la Commission américaine des relations du travail déclarait qu'un employeur négociait de mauvaise foi s'il refusait de discuter, par exemple, des pensions (1948), des assurances collectives (1949), du bonus de Noël (1951), de l'actionnariat ouvrier (1954) et ainsi de suite[7]. Même si l'obligation de négocier n'implique pas celle de faire des concessions, la distance entre les deux n'est pas grande: quand il faut négocier sur un point et qu'on persiste à refuser toute demande sur ce point, il faut au moins concéder quelque chose d'autre. Autrement on dira qu'on négocie de mauvaise foi.

En 1958, la Cour suprême des États-Unis établit une distinction entre les matières obligatoires et les matières non obligatoires ou non interdites en négociation[8]. À ces deux catégories, il faut ajouter les matières interdites par la loi elle-même, comme l'atelier fermé, banni par Taft-Hartley en 1947, et le boycottage secondaire (*hot cargo*), interdit depuis 1959[9]. Dès que l'une des parties le demande, les deux doivent discuter de tout sujet déclaré objet de négociation obligatoire. Aux matières déjà énumérées comme obligatoires s'ajoutèrent, avec les années, la participation aux bénéfices, l'interdiction de toute grève pendant la convention collective, la sous-traitance, la suppression d'emplois et d'autres sujets[10]. Parmi les sujets non obligatoires, c'est-à-dire ceux qu'une partie peut refuser de discuter sans encourir l'accusation de négocier de mauvaise foi et pour lesquels il est interdit de recourir à l'arrêt de travail, il y a certaines clauses de reconnaissance syndicale, le recours à l'arbitrage pour résoudre les impasses de négociation, une exigence visant un employé non inclus dans l'unité d'accréditation, etc.

À la fin des années 1980, la discussion tourne autour du transfert d'entreprises et de l'obligation du nouveau propriétaire de négocier avec le syndicat déjà accrédité dans l'établissement qu'il acquiert. Les décisions rendues sur le sujet ne sont pas uniformes: certaines considèrent le sujet comme un objet de négociation obligatoire, d'autres non. Une discussion semblable se poursuit sur l'information que l'employeur doit donner au syndicat accrédité quand cette information est reliée à la négociation[11].

16.2.3 Applications canadiennes

Au Canada, la jurisprudence n'a pas pris la même direction: elle ne s'est pas immiscée dans les matières qu'il serait obligatoire de négocier. Le législateur a plutôt décidé d'introduire lui-même certaines dispositions, minimales ou impératives, dans les conventions collectives. Il l'a fait de différentes manières. Par exemple, plusieurs lois du travail, plusieurs lois sociales et certaines lois d'intérêt général imposent des mesures que les parties ne sont pas tenues d'inclure dans les conventions collectives, mais qui n'en sont pas moins obligatoires en vertu de la loi. Nous

7. *Inland Steel Co.* v. *NLRB*, U.S. Court of Appeals, 7th Circuit, 1948, 24 LRRM 2019; *Richfield Oil Co.*, 110 NLRB 356, 1954, 37 LRRM 2327.
8. *NLRB* v. *Wooster Division of the Borg-Wagner Corporation*, (1958) 356 US 342, 42 LRRM 2034; Brian Bemmels, E.G. Fisher et Barbara Nyland, «Canadian-American Jurisprudence on "Good-Faith" Bargaining», *Relations industrielles*, vol. 41, nº 3, 1986, p. 596-621.
9. *Labor-Management Relations Act 1947* (Taft-Hartley), Public Law No. 101, 80th Congress, c. 120, H.R. 3020, passed over the President's veto; *Labor-Management Reporting and Disclosure Act of 1959* (Landrum-Griffin), Public Law 86-257, 1959.
10. *Fibreboard Paper Products* v. *NLRB*, 379 US 203, 57 LRRM 2609 (1964); *Ozark Trailers Inc.*, 161 NLRB 561, 63 LRRM 1264 (1966).
11. James B. Zimarowski, «Employer Evasion of the Collective Bargaining Agreement: Policy Directions and the Reagan NLRB», *Labor Law Journal*, vol. 37, nº 1, janvier 1986, p. 50-59.

reviendrons sur certaines de ces lois dans la section suivante. Notons seulement ici, à titre d'exemples, les chartes des droits de la personne, en matière de discrimination, et la *Charte de la langue française*, en matière de langue.

D'autres lois canadiennes ont, occasionnellement, régi au moins une partie du contenu des conventions collectives. Les contrôles économiques de 1975 à 1978, puis ceux des années 1980, dans le secteur public, constituent une restriction à la libre négociation et une intervention directe dans le contenu des conventions. Tout ce qui tombe sous l'emprise de telles lois n'est plus matière négociable pour les parties en cause. Ce n'est pas ici le lieu de discuter de la pertinence de ces lois: une telle limite à la libre négociation était-elle justifiée ou non par les circonstances? De façon générale, il n'est guère de principe qui ne souffre des exceptions, comme le reconnaît l'article premier de la *Charte canadienne des droits et libertés*[12].

Une autre intervention de l'État dans le contenu des conventions collectives accompagne souvent les lois spéciales qui ordonnent le retour au travail à l'occasion de graves conflits dans le secteur public. La loi spéciale n'impose pas toujours le contenu de la convention; souvent le législateur se contente de forcer les parties à reprendre la négociation et à s'entendre avant une date déterminée. Faute d'une telle entente, ou s'il la considère impossible dans un délai raisonnable, le législateur peut imposer sa décision sur les principaux points en litige et dicter ainsi certains éléments de la future convention collective[13].

Enfin, le gouvernement fédéral et cinq législations provinciales sont allées encore plus loin en établissant un mécanisme pour imposer tout le contenu de la convention collective dans un cas particulier, celui de la première convention là où un syndicat obtient une première accréditation. Si les parties ne réussissent pas à s'entendre, et si l'une d'elles en fait la demande, toute la première convention collective peut être imposée soit par un arbitre, soit par une décision de la Commission des relations du travail concernée[14]. On comprend pourquoi plusieurs législateurs ont décidé d'imposer le contenu de la première convention collective, mais la décision va à l'encontre de ce qui avait toujours été considéré comme un principe fondamental de la négociation collective en Amérique du Nord.

En principe, le contenu des conventions collectives relève uniquement des parties contractantes. Nous venons d'évoquer un certain nombre d'exceptions à cette règle. Il existe aussi d'autres restrictions et contraintes, que nous abordons maintenant.

16.3 Contraintes: législation et marché

Le principe que les parties sont libres d'inclure dans leur convention tous les sujets sur lesquels elles peuvent s'entendre subit d'autres contraintes. D'abord, plusieurs lois établissent des conditions minimales sur des questions de plus en plus nombreuses. De son côté, le marché, local ou mondial, impose lui aussi des contraintes auxquelles les parties ne peuvent se soustraire.

Toutes les lois en question imposent des contraintes aux conventions parce qu'elles sont d'ordre public. Conséquemment, elles ne visent pas seulement les salariés syndiqués, mais tous les travailleurs et tous les employés. Toute entente qui ne prévoit pas au moins le minimum requis par chacune de ces lois est nulle et de nul effet. La négociation peut accorder des avantages supérieurs si les parties contractantes

12. Canada, *Loi constitutionnelle de 1982*, art. 1.
13. Jean Boivin, «La dynamique des lois spéciales de retour au travail: l'expérience du Québec de 1964 à 1983» dans *Rapport du 22e Congrès annuel de l'Association canadienne de relations industrielles, Montréal, 1985*, Québec, ACRI, 1986 (2 vol.), vol. I, p. 277-297.

14. *Code du travail du Québec*, L.R.Q. c. C-27, art. 93.1 à 93.9. *Code canadien du travail*, L.R.C. 1985, c. L-2, art. 80; Ontario, *Labour Relations Act*, R.S.O. 1980, c. 228, art. 40 a; *British Columbia Industrial Relations Act*, R.S.B.C. 1979, c. 212, art. 137.5; *Manitoba Labour Relations Act*, R.S.M. 1987, c. M-10, art. 87; *Newfoundland Labour Relations Act*, S. Nfld. 1977, c. 64, art. 80.1, adopté en 1985.

s'entendent sur le sujet[15]. Nous aborderons successivement trois types de lois[16].

16.3.1 Lois du travail

Nous entendons ici non pas les lois de relations de travail, mais les lois qui imposent certaines conditions de travail, qu'il s'agisse de normes générales ou portant sur la santé et la sécurité ou sur les accidents du travail.

La *Loi sur les normes du travail*, adoptée en juin 1979 et modifiée le 20 décembre 1990, contient des dispositions sur un grand nombre de sujets contenus dans les conventions collectives, sauf évidemment ce qui concerne les rapports entre les parties contractantes. Certains ont dit de cette loi qu'elle tenait lieu de convention collective pour les non-syndiqués[17]. Les conditions qu'elle rend obligatoires sont généralement moins favorables que celles qu'on trouve dans les conventions collectives; mais la plupart s'y retrouvent, au moins sous une forme minimale. D'ailleurs, quand la loi fut adoptée en 1979, elle remplaçait l'ancienne *Loi du salaire minimum*, dont les ordonnances touchaient déjà bien plus qu'au salaire proprement dit.

Parmi les dispositions de nature économique, la loi et ses règlements contiennent des dispositions sur le salaire, la durée du travail, les jours de congé, les vacances annuelles, les périodes de repos, les congés pour événements familiaux, y compris le congé de maternité et le congé parental. Sur des questions non pécuniaires, la loi impose l'avis de cessation d'emploi ou de mise à pied et le certificat de travail; elle traite de l'uniforme, des outils, des lieux de travail et elle interdit l'imposition de la retraite obligatoire à un âge déterminé. Mais l'aspect le plus particulier de la loi est l'introduction, pour les non-syndiqués, d'un recours à l'encontre d'un congédiement fait sans cause juste et suffisante, un peu comme on en trouve depuis longtemps dans les conventions collectives. Les conditions d'application sont évidemment plus restrictives; ainsi, lors de l'adoption de la loi, la principale condition pour avoir accès à ce recours était d'avoir accompli cinq ans de service continu chez le même employeur. En 1991, l'exigence est réduite à quatre années de service continu dans la même entreprise et, à compter du 1er janvier 1992, elle ne sera plus que de trois années de service continu[18] (L.N.T. art. 124). Il faut dire cependant que la réintégration, autorisée par la loi (art. 126), est plus difficile à réaliser qu'à la suite d'un grief déposé sous une convention collective: le milieu non syndiqué n'apporte pas le support qu'on peut trouver dans un contexte syndical. Mais la mesure est quand même utile, ne serait-ce que pour inviter les employeurs à la prudence dans les congédiements qu'ils doivent effectuer.

La *Loi sur la santé et la sécurité du travail*, adoptée elle aussi en 1979[19], impose aux employeurs et aux travailleurs – non plus seulement aux seuls salariés au sens du Code – plusieurs dispositions dont un certain nombre se retrouvaient et se retrouvent encore dans les conventions collectives. Parmi ces dispositions, mentionnons le droit de refuser d'effectuer un travail dangereux (art. 12-31), le retrait préventif (art. 32-48), la formation et l'information en matière de santé et de sécurité (art. 58-62.21), l'équipement de sécurité obligatoire (art. 3, 51 11° et 78 7°) et les comités de santé et de sécurité (art. 68-86). Dans le cas présent comme dans le précédent, les dispositions de la loi sont obligatoires et ne constituent que des

15. Voir par exemple la *Loi sur les normes du travail*, L.R.Q. c. N-1.1, art. 93-94.
16. CHARLES M. REHMUS, «The Impact of Legislation on the Future of Employment Relations: New Responsibilities for the Labor Agreement Negotiators and Neutrals» dans *Dispute Resolution: Public Policy and the Practitioner. 1977*, Proceedings of the Fifth Annual Proceedings, Washington, D.C., Society of Professionals in Dispute Resolution, 1978, p. 139-144.
17. GÉRARD HÉBERT, «Les normes minimales de travail et les conventions collectives» dans *Le projet de loi n° 126 sur les normes du travail*, compte rendu d'une journée d'étude tenue le 10 mars 1979, Université de Montréal, École de relations industrielles, 1979 (73 p.), p. 11.
18. *Loi modifiant la Loi sur les normes du travail et d'autres dispositions législatives*, L.Q. 1990, c. 73, art. 59 modifiant l'article 124 de la L.N.T.
19. L.Q. 1979, c. 63 et L.R.Q. c. S-2.1.

dispositions minimales, que la convention collective peut dépasser (art. 4).

Enfin, la *Loi sur les accidents du travail et les maladies professionnelles*[20], même si elle est principalement une loi d'indemnisation, contient un certain nombre de dispositions qui s'apparentent à des normes et qui établissent des droits pour le travailleur victime d'un accident du travail ou d'une maladie professionnelle. Le travailleur a le droit de choisir son médecin et son établissement de santé (art. 192-193), il a libre accès à son dossier médical (art. 36), il a le droit à la réadaptation physique, sociale ou professionnelle (art. 145-178), il a le droit à l'assistance médicale et aux absences requises à cette fin (art. 61, 188-198) et surtout, il a le droit strict de retrouver son emploi ou un emploi équivalent s'il revient au travail dans une période de temps donné (art. 234-264). De plus, il est interdit à l'employeur de refuser d'embaucher une personne parce qu'elle a été victime d'un accident de travail ou d'une maladie professionnelle (art. 243). Même pendant son absence, le travailleur accidenté accumule de l'ancienneté et le calcul de son temps de service continu se poursuit, par exemple quant à certains droits établis dans la *Loi sur les normes du travail*; il peut aussi participer à certains avantages sociaux (art. 235).

Les parties contractantes ne peuvent évidemment ignorer les dispositions de ces diverses lois du travail. Elles peuvent décider de ne pas traiter de ces points; c'est alors la loi qui s'applique, même pour les salariés syndiqués visés par la convention collective. Mais celle-ci peut leur assurer des avantages supérieurs par des dispositions négociées à cet effet. Par ailleurs, certaines conventions reprennent le texte même de la loi sur tel ou tel point; c'est une façon d'informer les salariés de leurs droits, mais aussi d'affirmer la compétence d'un arbitre de griefs pour régler un désaccord possible sur le sujet.

16.3.2 Lois sociales et lois d'intérêt général

Que leur convention collective en traite ou non, les employeurs doivent se soumettre aux exigences des différentes lois sociales et de certaines lois générales qui s'appliquent au travail. Parmi les lois sociales, il y a la *Loi sur les accidents du travail et les maladies professionnelles*, qui établit le principe et les modalités de l'indemnisation des victimes d'accidents du travail et de maladies professionnelles. Il y a également les lois sur l'assurance-chômage et sur le Régime des rentes du Québec, et la *Loi sur les régimes complémentaires de retraite*. On peut aussi ajouter la loi qui établit le régime d'assurance-maladie du Québec. Toute convention collective qui veut améliorer, par exemple, les prestations d'assurance-chômage ou compléter les régimes publics de retraite et d'assurance-maladie doit tenir compte de ces différentes lois.

D'autres lois de portée plus générale ont aussi un impact direct sur la négociation de certaines clauses de la convention collective. La *Charte canadienne des droits et libertés*[21], la *Loi canadienne sur les droits de la personne*[22] et la *Charte des droits et libertés de la personne* du Québec[23] interdisent toutes formes de discrimination reliée à la religion, la couleur, l'ethnie ou à tout autre motif illicite. Toute discrimination en matière d'embauche, de promotion, de transfert, de mise à pied, de salaire ou d'autres conditions de travail est de ce fait illégale et proscrite. Dans certains cas, comme en matière d'équité en emploi et en matière salariale, des dispositions appropriées peuvent s'ajouter par voie de règlements ou de lois particulières[24]. Si des parties contractantes veulent préciser ou améliorer les dispositions légales dans un article de leur convention collective, cet article doit accorder au moins ce qu'on trouve dans la loi et les règlements.

D'autres lois générales s'appliquent également, dont certaines dispositions du droit civil à propos des multiples rapports dans l'entreprise: l'obligation de fidélité envers l'entreprise, l'obligation de correction

20. L.Q. 1985, c. 6 et L.R.Q. c. A-3.001.

21. *Loi constitutionnelle de 1982*, partie I.
22. S.C. 1976-1977, c. 33 et S.R.C. 1985, c. H-6.
23. L.Q. 1975, c. 6 et L.R.Q. c. C-12.
24. Canada, *Loi sur l'équité en emploi*, S.R.C. 1985 (2e suppl.) c. 23, *Règlement sur l'équité en emploi*, D.O.R.S. / 86-847; *Ontario Pay Equity Act*, S.O. 1987, c. 34.

ou de civilité envers les collègues de travail et les supérieurs, l'obligation d'obéissance envers la direction et ses représentants, etc. Les principes généraux du droit criminel s'appliquent davantage à la négociation qu'à la convention collective, comme ce qui concerne le crime ou l'infraction – par exemple à l'occasion d'un arrêt de travail –, la notion de complicité, la preuve et la procédure pénale s'il y a lieu[25]. Les principes de la procédure judiciaire, même si le *Code du travail* déclare qu'elle n'est pas obligatoire dans l'arbitrage des griefs (C.t. art. 100.2), inspirent bien des plaideurs et bien des arbitres, qui la trouvent appropriée pour assurer justice et équité aux intéressés.

Une autre contrainte majeure, imposée par une loi générale, c'est la langue dans laquelle la convention collective doit être rédigée. La *Charte de la langue française* est formelle et on ne peut plus claire sur le sujet[26]:

> Les conventions collectives et leurs annexes doivent être rédigées dans la langue officielle, y compris celles qui doivent être déposées en vertu de l'article 72 du Code du travail (c. C-27).

Avant l'adoption de la *Charte de la langue française*, la plupart des conventions étaient déjà rédigées en français. On trouvait cependant quelques cas où, malgré que la quasi-totalité des salariés soient francophones, certains employeurs exigeaient que la convention soit négociée et rédigée en anglais. La loi est allée à l'autre extrême. Même un employeur anglophone, n'ayant que des employés de langue anglaise, ne peut rédiger la convention collective en anglais; la version officielle doit être écrite en français, et c'est ce texte français qui doit être déposé pour que la convention produise ses effets légaux. Autrement, la convention n'est rien d'autre qu'un *gentleman's agreement*, sans valeur légale. Au cas où il y aurait eu encore quelque hésitation, l'article 48 de la charte de la langue vient supprimer tous les doutes possibles. Il fait en sorte, par exemple, qu'une mesure disciplinaire, pour être valide, doit être formulée en français.

> Sont nuls, sauf pour ce qui est des droits acquis des salariés et de leurs associations, les actes juridiques, décisions et autres documents non conformes au présent chapitre. L'usage d'une autre langue que celle prescrite par le présent chapitre ne peut être considérée comme un vice de forme visé par l'article 151 du Code du travail (art. 48).

L'article 151 du *Code du travail* dit précisément qu'aucun acte de procédure ne doit être rejeté ou considéré nul pour un vice de forme ou une irrégularité de procédure. La langue de la convention fait exception à cette règle, par suite d'une disposition formelle de la *Charte de la langue française*. Comme pour insister davantage, le chapitre de la loi se termine par l'affirmation suivante; en même temps, la disposition donne compétence à l'arbitre des griefs pour traiter d'une question de cette nature:

> Les articles 41 à 49 de la présente loi sont réputés faire partie intégrante de toute convention collective. Une stipulation de la convention contraire à une disposition de la présente loi est nulle (art. 50).

Voilà quelques-unes des contraintes que les lois du travail, les lois sociales et certaines lois générales imposent à la négociation, au contenu et à la rédaction des conventions collectives au Québec.

16.3.3 Marché: récession et concurrence

Malgré le nombre et l'importance des contraintes imposées à la convention collective par différentes lois, il en est une autre, qui n'est pas de même nature mais qui n'en est pas moins impérieuse: la loi du marché. Elle s'exprime principalement de deux manières, soit par le niveau de l'activité économique, récession ou prospérité, soit par l'inexorable concurrence, celle qui s'exerce localement et, bien davantage, celle qui s'impose à l'échelle internationale et mondiale. Les accords de libre-échange ne viennent que

25. Pierre Verge, «Le droit et les rapports du travail au Québec: objet et milieu d'étude» dans *L'état de la discipline en relations industrielles au Canada*, sous la direction de Gérard Hébert, Hem C. Jain et Noah N. Meltz, Université de Montréal, École de relations industrielles, 1988 (372 p.), p. 108-111.

26. *Charte de la langue française*, L.Q. 1977, c. 5, art. 43 et L.R.Q. c. C-11, art. 43.

renforcer un phénomène qui existait depuis déjà longtemps.

La récession de 1981, tout comme celle de 1991, a affecté considérablement les conventions collectives négociées à ce moment et dans les années qui ont suivi. Le niveau global de l'entente, l'augmentation salariale, la suppression de certaines règles sinon de certaines clauses, la durée même de la convention, tous les aspects ont été touchés. L'effet ne s'est pas produit nécessairement au même moment partout: des conventions de longue durée, signées juste avant les premiers signes de l'importante récession, ont continué d'avoir leur effet, sauf évidemment dans les cas où l'employeur s'est vu contraint d'en demander la réouverture, pour ne pas parler des cas où des coûts trop élevés ont causé la faillite de l'entreprise. La durée des négociations, le recours aux moyens de pression, surtout à l'arrêt de travail, sont également fortement influencés par le contexte économique général. La partie syndicale ne peut guère espérer des gains, encore moins des gains importants, quand de longues files de chômeurs se présentent à la porte des entreprises et se déclarent prêts à travailler pour des conditions de travail moins avantageuses que celles qui ont cours. La négociation et la convention collective sont profondément influencées par le contexte et peut-être davantage par les prévisions économiques. Les concessions acceptées par la partie syndicale, un peu partout en Amérique du Nord, au début des années 1980, en sont un témoignage éloquent et irrécusable[27].

La récession du début des années 1980 avait pour cause principale la concurrence mondiale. Le phénomène se poursuit. Le déséquilibre en matière de coût du travail entre les différents pays, développés et en voie de développoement, placent l'Europe et davantage encore l'Amérique du Nord, sinon tout spécialement le Canada, dans une position extrêmement difficile et vulnérable. Pour produire des biens dont le prix puisse concurrencer ceux qui proviennent des pays en voie de développement, les pays les plus industrialisés doivent avoir une production et une productivité toujours plus grande, toujours de plus en plus grande. Autrement, une part importante de l'industrie manufacturière est vouée à la disparition. C'est pourquoi, depuis 1980, la discussion autour de ce qu'on appelle les règles de travail (*work rules*) a pris tellement d'importance (voir le chapitre 11 sur le contenu des tâches). Si la tendance se poursuit, les pays industrialisés devront peut-être choisir entre le maintien de leur capacité de concurrence – et la sauvegarde des emplois dans les industries en cause – et une certaine réduction de leur niveau de vie. L'idéal social devrait être l'accroissement parallèle du niveau de vie dans les pays industrialisés et dans les pays en voie de développement; mais il est utopique de croire que ce relèvement peut se faire rapidement. Il est à peu près certain qu'il se réalisera un jour, comme en témoigne l'expérience vécue dans les pays d'Asie du Sud-Est, qui ont atteint un niveau de développement déjà relativement élevé et où les conditions de travail se sont en même temps améliorées. Mais le relèvement du niveau de vie dans l'ensemble des pays en voie de développoement ne peut se faire que lentement.

Quelle que soit la solution à long terme, la partie syndicale dans les industries qui font face à une telle concurrence ne peut refuser d'envisager sérieusement ce problème fondamental et capital. L'appel à la comparaison avec les industries naturellement protégées, surtout le secteur public, ne saurait tenir longtemps. Les salariés et les représentants des secteurs protégés doivent quant à eux tenir compte de la concurrence mondiale dans les secteurs industriels producteurs de richesse: les services améliorent la qualité de la vie d'une société; ils ne contribuent pas à accroître la richesse collective. Le niveau de vie d'une société doit s'élever de façon relativement égale pour toutes les catégories de citoyens ou il finira par s'effondrer pour tous.

27. PETER CAPPELLI *et al.*, «Concession Bargaining» (quatre articles) dans *Industrial Relations Association Research Association, Proceedings of the 35th Annual Meeting. 1982*, Madison, Wis., IRRA, 1983, p. 354-396; Université de Montréal, *Les relations de travail en période de crise économique*, 13e Colloque de relations industrielles, novembre 1982, Université de Montréal, École de relations industrielles, 1983, 185 p.

16.4 Caractéristiques de la convention collective

Nous essaierons de dégager les caractéristiques principales des conventions collectives, telles que nous les percevons au début des années 1990: leurs résultats, leur forme propre, la répartition des avantages qu'elles renferment, selon les différents secteurs, et leurs objectifs, qui doivent être constamment rajustés pour répondre aux exigences et aux contraintes d'un monde nouveau[28].

16.4.1 Les résultats

Dans l'ensemble, l'évolution des conventions collectives au cours de la dernière décennie a davantage donné lieu à des efforts de consolidation et d'ajustements qu'à la création de nouvelles dispositions. Par rapport aux clauses pécuniaires, la décennie de 1980 a commencé avec des augmentations salariales de 10 % à 12 %, consécutives à la poussée inflationniste du choc pétrolier et au rattrapage occasionné par la levée des contrôles des prix et des salaires en 1978. Mais la récession a tôt fait de ramener le niveau moyen des augmentations salariales négociées autour de 4 %. Depuis 1983, il n'a guère bougé. Il a amorcé une lente remontée avec 5 % en 1989 et 6 % en 1990. Si on considère l'ensemble de la décennie, les salaires négociés ont augmenté à peu près au même rythme que les prix à la consommation. Le salaire nominal hebdomadaire moyen a augmenté, dans les grandes entreprises, incluant les travailleurs non syndiqués, d'environ 55 % au cours des 10 dernières années, soit de janvier 1981 à janvier 1991. L'augmentation des salaires négociés est sensiblement du même ordre, soit environ 55 %, toujours en valeur nominale. En termes réels, le salaire moyen et les salaires négociés ont été relativement stables tout au long de la décennie. Nous avons mentionné, au chapitre 13, que le salaire réel avait augmenté sensiblement jusqu'en 1975 et qu'il s'est stabilisé depuis. Par rapport aux clauses salariales, les années 1980 ont donné lieu à de nombreux gels de salaire et le contexte souvent difficile a entraîné le phénomène des conventions à augmentations reportées (*back-loaded agreements*).

Pourtant, si l'on compare la situation canadienne, y compris celle du Québec, à l'évolution des salaires d'autres pays, particulièrement les États-Unis, la position du Canada semble meilleure. Alors qu'aux États-Unis les concessions salariales ont été nombreuses et les accords salariaux à double palier – les clauses grand-père – fréquents, les ententes canadiennes ont davantage pris la forme de gels de salaires ou d'adaptations mineures quant au rythme de l'indexation ou à la fréquence de certains congés. Les négociateurs syndicaux ont manifesté plus de fermeté au Canada que leurs confrères américains. Aussi, les coûts reliés à la rémunération des travailleurs de la production dans l'industrie manufacturière au Canada ont rejoint, sinon dépassé, ceux imputés aux salaires des travailleurs américains[29]. Par rapport aux pays d'Asie récemment industrialisés, la proportion est incroyable: alors qu'en Amérique le niveau horaire moyen de rémunération est de près de 15 $ US, il n'est que de 3 $ dans les pays du Sud-Est asiatique.

En ce qui a trait aux avantages sociaux, nous avons noté une stabilisation des coûts. En même temps, il y a eu diversification des avantages sociaux disponibles. La tendance semble vouloir accorder une plus grande liberté aux salariés quant au choix des avantages qu'ils préfèrent. Mais il ne faudrait pas croire que cette liberté est déjà très répandue: la grande majorité des conventions collectives contiennent toujours les clauses traditionnelles en matière d'avantages sociaux. Des modifications ont été introduites dans les régimes de retraite, mais elles résultent plus des nouvelles dispositions légales que de la négociation collective. D'un autre côté, on a apporté quelques améliorations aux avantages sociaux dans les périodes

28. Gérard Hébert, «Les relations du travail au Québec: Bilan des années 1970», *Relations industrielles*, vol. 36, nº 4, 1981, p. 715-744; Gérard Hébert, «La négociation collective: Bilan des années 1960-1990» dans *Perspectives sur le Québec 1960-1990*, sous la direction de Gérard Daigle, Trois-Rivières, UQTR, 1992.

29. Patricia Capdevielle, «International Comparisons of Hourly Compensation Costs», *Monthly Labor Review*, vol. 112, nº 6, juin 1989, p. 10-12.

les plus creuses de la décennie de 1980, en compensation des trop faibles augmentations salariales.

On a également noté une augmentation et une diversification de certains congés, plusieurs découlant de changements apportés à la législation en la matière. Certains avantages du congé de maternité et du congé parental, introduits récemment dans la loi, avaient d'abord été consignés dans quelques grandes conventions collectives.

La tendance à accentuer l'importance de l'ancienneté dans les clauses reliées aux mouvements de personnel s'est confirmée. Elle semble un peu à contre-courant, si l'on songe aux compétences de plus en plus grandes que la plupart des emplois exigent. Une explication pourrait tenir au fait que la taille des unités de négociation a une certaine tendance à diminuer, ce qui entraîne une plus grande homogénéité chez les salariés; une telle situation facilite le recours exclusif à l'ancienneté pour l'attribution des postes. On a noté aussi un léger progrès dans les clauses de formation, ce qui concorde avec la croissance des besoins de main-d'œuvre qualifiée.

16.4.2 La répartition

Si l'on regarde la répartition des conventions collectives et de leurs avantages, c'est d'emblée la disparité entre le secteur privé et le secteur public qui s'impose comme caractéristique principale. Sauf quelques cas exceptionnels, comme celui des infirmières, les conditions salariales du secteur public, qui avaient fait un bond extraordinaire dans les années 1970, ont été beaucoup plus stables au cours des années 1980. Certains soutiennent qu'il y a eu un léger recul par rapport au secteur privé[30].

Quant au contenu des différentes clauses, la disparité entre le secteur public et le secteur privé est quasi totale. Si l'on dit que 60 % des salariés visés par une convention collective bénéficient d'une clause d'indexation, il s'agit d'une illusion résultant du calcul des moyennes; en fait, pratiquement 100 % des employés du secteur public jouissent d'une telle clause, contre seulement 10 % des travailleurs du commerce et des services. La différence est sensiblement la même pour tous les grands avantages sociaux, particulièrement pour le congé de maternité et le congé parental. La perle demeure néanmoins la sécurité d'emploi: elle est totale dans le secteur public et pratiquement impossible à réaliser dans le secteur privé.

En plus de cette différence fondamentale, entre le public et le privé, il faut reconnaître qu'il existe de grandes disparités à l'intérieur même du secteur privé. La nature et la portée des clauses, dans les industries manufacturières et dans les services privés, ne sont pas du tout les mêmes. Ces différences s'expliquent par la situation économique propre à chaque industrie, sinon à chaque établissement. Le morcellement apparaît dans l'analyse des conventions; il apparaîtra bien davantage dans l'étude des unités de négociation, que nous aborderons dans le chapitre portant sur les structures de négociation.

16.4.3 La forme

Au fil des ans, deux aspects de la convention collective se sont développés au point de faire problème. En fait, ces deux caractéristiques, la longueur et la juridicisation, sont presque l'antithèse de ce que voulait être la convention collective à l'origine, alors qu'elle se présentait comme le recueil, facile à comprendre, des droits fondamentaux des salariés à leur lieu de travail. Avec le temps, les conventions sont devenues si longues et si complexes qu'il faut des spécialistes pour s'y retrouver; elles se sont éloignées des travailleurs qu'elles sont censées protéger.

La plupart des conventions collectives du secteur public atteignent ou dépassent les 500 pages. On veut tout prévoir, tout régler. Bien peu de conventions, même celles qui ne régissent qu'une dizaine d'employés, ont moins de 50 pages. Il est vrai qu'il est bien difficile de traiter de tous les aspects que nous avons analysés dans les chapitres précédents en quelques pages.

30. *Septième rapport sur les constatations de l'IRIR*, Montréal, Institut de recherche et d'information sur la rémunération, mai 1991, 102 p. (Voir la page 50.)

Comme de nombreuses clauses résultent de compromis entre deux parties qui défendaient des points de vue opposés, les textes risquent souvent d'être difficiles à interpréter. Il peut s'ensuivre de grands débats entre les avocats des parties, chacun tentant de prouver son interprétation en faisant appel à toutes les décisions qu'il a pu trouver pour soutenir son point de vue. Le résultat, c'est qu'on n'a plus affaire à une justice simple et facile à comprendre, mais à un excès de juridisme où le travailleur ne comprend même plus l'objet de la discussion: il ne reconnaît plus son grief dans le flot des arguments juridiques.

Si on voulait évaluer l'état de santé de la convention collective au Canada et au Québec, c'est probablement cet excès de juridisme qui devrait inspirer les plus grandes craintes. Pour le reste, les choses se maintiennent, et la participation des travailleurs de la base semble même s'améliorer. Bien souvent, les salariés en cause ne pourront résister à la tentation d'utiliser des moyens plus directs et plus efficaces que les recours légalistes qui n'en finissent plus de se prolonger. C'est peut-être trop dire que de parler du cancer de la convention collective, mais la menace de cancer est partout présente selon le mot du vieux La Fontaine: «Ils ne mouraient pas tous, mais tous étaient frappés[31]». En quelques mots, à l'heure actuelle, les syndicats cherchent à préserver les acquis, alors que les employeurs veulent rattraper la perte d'efficacité qu'ils croient avoir abandonnée en cours de route. Voilà les objectifs immédiats, qui risquent d'entraîner plus de conflits que de solutions harmonieuses.

D'un autre côté, la difficulté est souvent source de créativité. La crise économique du début des années 1980 a fait surgir de nouveaux modèles de relations de travail. Le caractère d'opposition qui avait toujours marqué les relations du travail en Amérique du Nord, depuis leur origine, a été remis en cause par plusieurs analystes et même par bon nombre de praticiens[32]. La médiation préventive, les cercles de qualité et d'autres techniques ont aidé à diminuer l'opposition entre les parties et ont favorisé une plus grande participation, sinon une véritable coopération. Finalement, tout dépend, en la matière, de l'approche adoptée par chacune des deux parties en cause. De plus, de telles approches sont contagieuses: il faut que l'une des parties s'y engage résolument pour y entraîner l'autre, à plus ou moins brève échéance. C'est en même temps le plus grand défi.

Mais le changement d'attitude, et même d'objectifs, ne se traduit pas rapidement dans les textes de la convention collective. Celle-ci risque de demeurer un instrument d'opposition, surtout dans les grands ensembles anonymes où les bureaucrates, de part et d'autre, ont souvent plus d'importance que les représentants directs de la direction et des salariés.

On peut approfondir cette réflexion sur les objectifs de la convention collective et se demander si elle contribue toujours à humaniser les lieux de travail. Sur le plan physique, en matière de sécurité et de santé, il y a eu des progrès sensibles. Mais ces progrès viennent-ils surtout de la volonté des parties et de la convention collective, de la loi, des changements technologiques ou de tous ces facteurs réunis? Par ailleurs, sur le plan personnel et social, les résultats diffèrent considérablement d'une industrie à l'autre, d'une entreprise à l'autre et même d'un établissement à l'autre. Tout dépend de l'attitude des personnes en place.

16.5 Orientations de la convention collective

En s'appuyant sur le tableau que nous venons d'esquisser des caractéristiques de la convention collective, est-il possible de prévoir certaines orientations? Rien ne laisse présager des changements majeurs. Les tendances observées au cours de la dernière décennie continueront probablement de s'intensifier. Aussi faut-

31. «Les animaux malades de la peste», *Fables de La Fontaine*, Munchen, Ebeling, 1983 (640 p.), livre VII, Fable I, p. 313.

32. *Les relations de travail en période de crise économique*, 13e Colloque de relations industrielles..., voir *supra*, note 27.

il faire immédiatement la distinction entre le secteur public et le secteur privé.

16.5.1 Secteur public

Il est bien probable que les disparités, pour ne pas dire le fossé, qui existent entre les deux secteurs s'accroîtront. L'affirmation suivante est controversée, mais elle n'est pas sans fondement: le pouvoir de négociation des syndicats du secteur public est en un sens plus grand que celui du gouvernement même si, à court terme, ce dernier a des recours contre lesquels le mouvement syndical est impuissant. Sur une plus longue période – du moins cela s'est-il vérifié jusqu'à présent –, les employés et les syndicats du secteur public ont énormément bénéficié de la formule actuelle, malgré toutes les difficultés qu'elle comporte. Il est vrai que les gains du secteur public ont été moins grands au cours des années 1980, mais cela fait suite à des lois restrictives et non au processus normal de négociation. Pourtant les conditions de travail y sont encore nettement plus avantageuses que dans le secteur privé. On parle de réformer le régime des rapports collectifs dans le secteur public. Le régime actuel a apporté trop d'avantages aux salariés et aux syndicats pour qu'ils acceptent de le voir modifier en profondeur. De plus, une telle réforme comporterait trop de risques pour le gouvernement qui oserait la faire. Il est utopique d'entrevoir cette réforme à court terme.

Au fond, tout le débat revient à savoir si le secteur public peut entraîner le secteur privé. Certains le soutiennent, mais la sagesse traditionnelle considère que la richesse collective vient des ressources naturelles et des industries de transformation et non des services en tant que tels.

Du point de vue des relations du travail et de la convention collective, le secteur public, surtout au Québec, est soumis à un régime hypercentralisé qu'il sera extrêmement difficile, sinon impossible, de vraiment décentraliser. Un tel régime conduit fatalement à des affrontements, dont l'importance varie selon le contexte économique et politique. Même si le public en a souffert, en plusieurs occasions, les inconvénients n'ont pas encore été assez graves pour que la population exige un changement radical.

Il y a eu des expériences de nouvelles formes de relations de travail réalisées ici et là dans le grand réseau du secteur public et parapublic. Mais elles résultent toujours d'efforts locaux, qui se font en marge du régime, quand ce n'est pas en cachette. Là où on a réussi des expériences valables, on veut les conserver et profiter de ce qu'on en retire; dans ce but, on préfère ne pas en parler.

En résumé, rien ne laisse prévoir un revirement majeur dans le secteur public. Les conventions collectives, déjà les plus favorables au Québec, continueront de s'améliorer, indépendamment de ce qui se passera dans le secteur privé. À moins que les contribuables refusent de payer toujours plus de taxes et d'impôts. Le risque le plus grand ne se trouve pas de ce côté, mais plutôt dans le mouvement syndical lui-même. Les syndiqués du secteur privé sont conscients que ce sont eux qui, avec leurs taxes et leurs impôts, paient pour les employés du secteur public, alors que leurs propres conditions de travail sont généralement moins bonnes. Il est vrai que les employés du secteur public aussi paient des impôts et des taxes, mais on se retrouve au rouet: la richesse commune vient-elle du secteur privé ou se reproduit-elle tout simplement par la circulation de l'argent à l'intérieur du seul secteur public?

Le mécontentement des syndiqués du secteur privé a failli provoquer une scission au sein de la CSN, au début des années 1980. L'opposition entre les deux groupes s'exprime peut-être aujourd'hui moins ouvertement; il serait étonnant qu'elle ait disparu, puisque les causes sont toujours là. Quelles seraient les conséquences d'une scission dans le mouvement syndical entre le secteur privé et le secteur public? L'opposition entre les deux groupes ne pourrait que s'aggraver.

16.5.2 Secteur privé

Tout semble indiquer que, dans le secteur privé, les deux objectifs principaux des parties contractantes vont prendre encore plus d'importance: la préservation des acquis par les syndicats, la recherche de l'efficacité et de la productivité par les employeurs. Compte tenu de la concurrence mondiale, il est difficile de prévoir de grandes améliorations sur le plan pécuniaire. Le maintien du pouvoir d'achat par des augmentations salariales correspondant à la croissance des prix à la consommation constitue le seul objectif réaliste dans un avenir prévisible. On cherchera à obtenir quelques avantages supplémentaires, comme l'amélioration des assurances collectives, une rémunération plus personnalisée, l'addition de quelques congés et une légère réduction de la durée de travail. Sauf dans le cas des marchés captifs, il serait trop risqué de mettre de l'avant des demandes considérables qui pourraient renverser le fragile équilibre concurrentiel entre les pays.

16.5.3 Formules prometteuses

Quelques formules mises de l'avant au cours des dernières décennies semblent porteuses de promesses pour l'avenir. Elles sont cependant loin d'être sans failles. Leur principale lacune vient peut-être du fait que toutes les expériences de cette nature semblent comporter une part importante de fugacité: l'expérience réussit bien un certain temps; elle perd de son efficacité avec les années, surtout quand on tente de répéter ailleurs l'expérience originale. Mais ce caractère éphémère ne lui enlève rien de sa valeur tant qu'elle dure.

Parmi ces formules, il y a d'abord ce qu'on a appelé les nouvelles formes de relations de travail. Le plus souvent, elles ont été inaugurées et implantées à la suite d'une crise importante, particulièrement lors de la récession du début des années 1980[33]. Le succès de tels efforts dépend bien davantage de la volonté des parties que du fait que l'entente soit consignée dans une convention collective. Les expériences de qualité de vie au travail, les groupes semi-autonomes de production et les cercles de qualité produisent leurs effets si les intéressés y croient et prennent les moyens pour qu'ils fonctionnent, que la formule se fonde sur une entente écrite ou non.

Toutes ces expériences ont en commun la volonté des entreprises de voir les travailleurs et les syndicats concernés participer réellement à la vie de l'entreprise, qu'il s'agisse de la propriété, des profits, de la direction ou même de la gestion quotidienne[34]. Chacun a ses préférences: la participation à la propriété, au profit ou à la gestion. Compte tenu que la main-d'œuvre est de plus en plus qualifiée, l'avenir est certainement de ce côté, quelle que soit la formule qu'on choisisse d'appliquer.

Les conventions collectives risquent d'être quelque peu exclues de ces expériences et des transformations qui en découleront. Tout au plus, certaines parties contractantes voudront-elles en consigner les grandes lignes dans leur convention. Le plus qu'on peut espérer, c'est que la convention collective – document légal, long, à incidence juridique prononcée – ne nuise pas aux tentatives de participation et de coopération. La convention collective comme telle a acquis une vie propre. Le document écrit qu'elle constitue a pratiquement toujours tendance à s'allonger, pour être toujours plus précis et prévoir un plus grand nombre de cas possible, avec ce que tout cela implique. Les conventions longues et la juridicisation de leur contenu semblent bien établies et vont demeurer en place encore longtemps. Les héritiers de la civilisation européenne, surtout ceux d'origine latine, continuent, consciemment ou non, à s'inspirer du droit romain,

33. GÉRARD HÉBERT, «La négociation de type coopératif» dans *L'enseignement et la recherche en relations industrielles*, rapport du 27e Congrès de l'Association canadienne des relations industrielles, Victoria, 1990, Québec, ACRI, 1991, p. 591-600.

34. GÉRARD HÉBERT, «Positive Industrial Relations: Perspective and Guidelines» dans *Positive Industrial Relations: The Search Continues*, 35th Annual Conference, Industrial Relations Centre, McGill University, 1987, Montréal, McGill University, Industrial Relations Centre, 1987 (169 p.), p. 2-15; EDWARD M. COATES III, «Profit Sharing Today: Plans and Provisions», *Monthly Labor Review*, vol. 114, nº 4, avril 1991, p. 19-25; JEFFREY GANDZ et CAROL BEATTY, «Changing Union-Management Relationships» dans *Collective Bargaining in Canada*, sous la direction de AMARJIT S. SETHI, Scarborough, Nelson Canada, 1989 (545 p.), p. 371-397.

sinon du Code Napoléon: ils sont légalistes par atavisme.

Il ne faut pas oublier, par contre, la contribution permanente et positive de la convention collective, dans la poursuite d'un véritable mieux-vivre au travail, dans le cadre d'une démocratie industrielle toujours recherchée.

* * *

Toute la discussion du présent chapitre montre les liens étroits qui existent entre la négociation collective et la convention qui en résulte. Après avoir étudié cette dernière, il faut passer à l'analyse de la négociation collective proprement dite. Ce sera l'objet de la seconde partie de l'ouvrage.

Bibliographie

Négociation de bonne foi

BEMMELS, BRIAN, FISHER, E.G. et NYLAND, BARBARA. «Canadian-American Jurisprudence on "Good Faith" Bargaining», *Relations industrielles*, vol. 41, n° 3, 1986, p. 596-621.

CARTER, D.D. «The Duty to Bargain in Good Faith: Does it Affect the Content of Bargaining» dans *Studies in Labour Law*, sous la direction de K.P. SWAN et K.E. SWINTON, Toronto, Butterworths, 1983, p. 35 et ss.

COX, ARCHIBALD. «The Duty to Bargain in Good Faith», *Harvard Law Review*, 71, 1958, p. 1401-1433.

GAGNON, ROBERT, LEBEL, LOUIS et VERGE, PIERRE. *Droit du travail*, 2e édition, Québec, Les Presses de l'Université Laval, 1987 (933 p.), p. 429-439.

MCMORROW, WILLIAM. «Good-Faith Bargaining by the Numbers», *Labor Law Journal*, vol. 18, n° 12, décembre 1967, p. 756-761.

MORIN, FERNAND. «La négociation de bonne foi: une illustration des limites du droit» dans *La négociation collective en question*, 11e Colloque de l'École de relations industrielles, 1980, Montréal, Université de Montréal, École de relations industrielles, 1980, p. 124-153.

TROTTA, MAURICE S. *Collective Bargaining: Principles, Practices, Issues*, New York, Simmons-Boardman Publishing Corp., 1961, ch. 2, p. 18-24.

ZIMAROWSKI, JAMES B. «Employer Evasion of the Collective Bargaining Agreement: Policy Directions and the Reagan NLRB», *Labor Law Journal*, vol. 37, n° 1, janvier 1986, p. 50-59.

Contraintes

BEAUDRY, RENÉ. «Le dédale des instances quasi judiciaires en matière de travail» dans *La réforme des lois du travail*, 9e Colloque de l'École de relations industrielles, 1978, Montréal, Université de Montréal, École de relations industrielles, 1979, p. 58-61.

CÔTÉ, ANDRÉ C. «Les recours en exécution: accessibilité et réalisme?» dans *La détermination des conditions minimales de travail par l'État*. 35e Congrès du Département des relations industrielles de l'Université Laval, 1980, Québec, Les Presses de l'Université Laval, 1980, p. 81-109.

MORIN, LOUIS. «La multiplicité des recours» dans *La négociation collective en question*. 11e Colloque de l'École de relations industrielles, 1980, Montréal, Université de Montréal, École de relations industrielles, 1981, p. 72-76.

RACINE, GILLES L. «La loi 101: une loi du travail» dans *La Réforme des lois du travail*, 9e Colloque de l'École de relations industrielles, 1978, Montréal, Université de Montréal, École de relations industrielles, 1979, p. 58-61.

Université de Montréal. *Les relations de travail en période de crise économique*, 13e Colloque de relations industrielles, novembre 1982, Université de Montréal, École de relations industrielles, 1983, 185 p.

Perspectives et orientations

Commissariat général du plan, France. *Négociation collective. Quels enjeux?*, rapport de la commission présidée par M. YVES CHAIGNEAU, Paris, La documentation française, 1988, 347 p.

HÉBERT, GÉRARD. «Les relations du travail au Québec: Bilan des années 1970», *Relations industrielles*, vol. 36, n° 4, 1981, p. 715-744.

HÉBERT, GÉRARD. «Positive Industrial Relations: Perspective and Guidelines» dans *Positive Industrial Relations: The Search Continues*, 35th Annual Conference, Industrial Relations Centre, McGill University, 1987, Montréal, McGill University, Industrial Relations Centre, 1987 (169 p.), p. 2-15.

HÉBERT, GÉRARD. «La négociation collective: Bilan des années 1960-1990» dans *Perspective sur le Québec 1960-1990*, sous la direction de GÉRARD DAIGLE, Montréal, Presses de l'Université de Montréal, 1992.

THOMPSON, MARK et SWIMMER, GENE. *Conflict or Compromise? The Future of Public Sector Industrial Relations*, Ottawa, L'Institut de recherche politique, 1984, 476 p.

Partie

II

Processus de négociation

Chapitre

17

Éléments du processus de négociation

PLAN

Une négociation collective est un événement vécu par un ensemble de personnes – les représentants de l'employeur et ceux de ses employés – et a pour but d'établir les conditions de travail qui s'appliqueront à un groupe de salariés. Comme tout événement, la négociation se déroule dans le temps et, à ce titre, comporte des étapes dont doit tenir compte l'analyse du processus de négociation. C'est de ce processus, ou événement, qu'il est question dans la définition de la négociation collective proposée au chapitre 1 (voir section 1.1.5).

> La négociation collective peut être considérée comme le processus de libre discussion entre deux agents économiques, en vue d'une entente collective relative aux conditions de travail.

À la différence des clauses de convention collective, qu'il faut examiner l'une après l'autre, le processus de négociation forme un tout, beaucoup plus homogène, mais plus difficile à saisir d'un seul coup d'œil. Les liens entre les éléments du processus sont omniprésents. Afin de bien comprendre le phénomène, on doit évidemment le subdiviser et en analyser successivement les différents aspects. La perception ne sera toutefois globale qu'une fois accompli le tour de l'édifice, car toutes ses parties sont étroitement interreliées. Pour aplanir cette difficulté et permettre d'approfondir chaque élément en relation avec les autres, le présent chapitre donne une vue d'ensemble de toutes les composantes de la négociation. Il fournit en quelque sorte un résumé du reste de l'ouvrage.

Ce chapitre porte donc sur les principaux éléments du processus de négociation et leur interrelations. Certains cas particuliers de négociation montrent de telles différences par rapport au modèle général qu'ils doivent faire l'objet d'une étude distincte ; nous décrirons les plus importants de ces cas particuliers. Enfin, la dernière section introduit la troisième partie de l'ouvrage, consacrée à différentes questions d'ensemble, telles que les théories et les modèles, les régimes de négociation d'autres pays, quelques problèmes touchant à la fois le processus de négociation et la convention collective. Le tableau 17-1 résume l'ensemble de ces questions.

17.1 Éléments du processus de négociation

Les deux principaux éléments d'une négociation collective sont les acteurs et leur manière de négocier, c'est-à-dire le processus lui-même. Ces deux éléments doivent toutefois être subdivisés. À la table de négociation, on trouve les acteurs immédiats, les représentants patronaux et syndicaux. Malgré leur absence physique, il y a aussi les salariés, qui seront régis par la future convention collective et qui jouent un rôle essentiel dans le processus. Il faut donc poser deux questions distinctes : qui négocie ? Pour qui négocient-ils ? Entre les divers intervenants s'établissent des rapports d'une importance décisive, même s'ils ne sont pas nécessairement permanents. C'est le problème des structures de négociation : elles englobent les acteurs et les salariés visés.

Au cours du processus de négociation, les acteurs doivent suivre les règles du jeu et se plier à de multiples contraintes comme le cadre légal et les données du contexte économique, politique et social. Enfin, si la négociation directe entre les parties ne produit pas l'entente recherchée, comment s'y prend-on pour résoudre l'impasse ?

17.1.1 Acteurs

On parle généralement de deux acteurs : l'employeur et le syndicat qui représente les salariés. Afin de mieux cerner qui sont ces deux acteurs, partons de la table de négociation, c'est-à-dire du lieu où se rencontrent les représentants de l'employeur et ceux du syndicat. La réalité se révèle beaucoup plus complexe que ne le laisse croire l'image qu'on se fait généralement de deux acteurs en face l'un de l'autre. (Voir la figure 17-1, d'abord en partant du centre vers la gauche, puis vers la droite.)

Du côté syndical, le comité de négociation, habituellement formé de cinq ou six personnes, représente l'ensemble des salariés qui seront ultérieurement régis par la convention collective. Le comité de négociation est souvent formé des membres du comité de direction local. Les membres du comité de négociation sont choisis et désignés par l'assemblée générale des salariés syndiqués de l'établissement. Cette assemblée

TABLEAU 17-1

Les éléments du processus de négociation

Questions	Objet	Chapitres
Qui négocie?	Les acteurs	17 Processus de négociation
Pour qui?	Les salariés visés (unité de négociation)	18 Structures internes 19 Structures externes
Quelles relations s'établissent?	Les structures de négociation	20 Négociation sectorielle
Comment on négocie?	Le cadre légal	21 Techniques et méthodes
	Les autres contraintes	22 Coûts de la négociation et de la convention
Comment on résout les impasses?	La solution des impasses	23 Règlement des conflits 24 Grèves et lock-out
Comment on adapte le régime aux cas spéciaux?	Le secteur public	25 Secteur public fédéral 26 Secteur public et parapublic au Québec 27 Cadres et professionnels du secteur public
	Les autres secteurs particuliers	28 Autres secteurs particuliers
Comment on explique le régime?	Principes et facteurs de base	29 Théories et modèles
Comment il fonctionne ailleurs?	La négociation en Europe	30 Trois régimes européens
Quel impact ont les contraintes?	Contraintes particulières	31 Changements, incertitudes et négociation
Comment on cherche à résoudre les problèmes permanents?	Les problèmes permanents	32 Expériences diverses 33 Vers un modèle nouveau?

N.B. Les trois premières questions, indissociables, sont abordées simultanément dans les chapitres 18, 19 et 20.

générale constitue l'autorité suprême par rapport à toute activité syndicale, y compris le déroulement de la négociation. Elle délègue son pouvoir au comité de direction et au comité de négociation; celui-ci doit discuter des éléments de la future convention collective avec les représentants de l'employeur. L'assemblée générale donne au comité de négociation son statut et son mandat. Il y a aussi, souvent, pour appuyer le comité de négociation, des comités de soutien: comité de stratégie, d'information, de mobilisation ou de grève.

À la table de négociation, du côté syndical, il y a généralement une autre personne dont on peut dire, en un sens, qu'elle vient de l'extérieur[1]. Qu'elle porte le nom de permanent syndical, de conseiller, de représentant ou d'agent d'affaires, cette personne, issue

1. Sur les structures syndicales, qui fondent en quelque sorte les structures de négociation, voir GÉRARD HÉBERT, *L'ABC des relations du travail au Québec et au Canada*, Montréal, s. éd., 1990 (52 p.), p. 10-30.

FIGURE 17-1

Quelques organismes et comités engagés dans une négociation collective

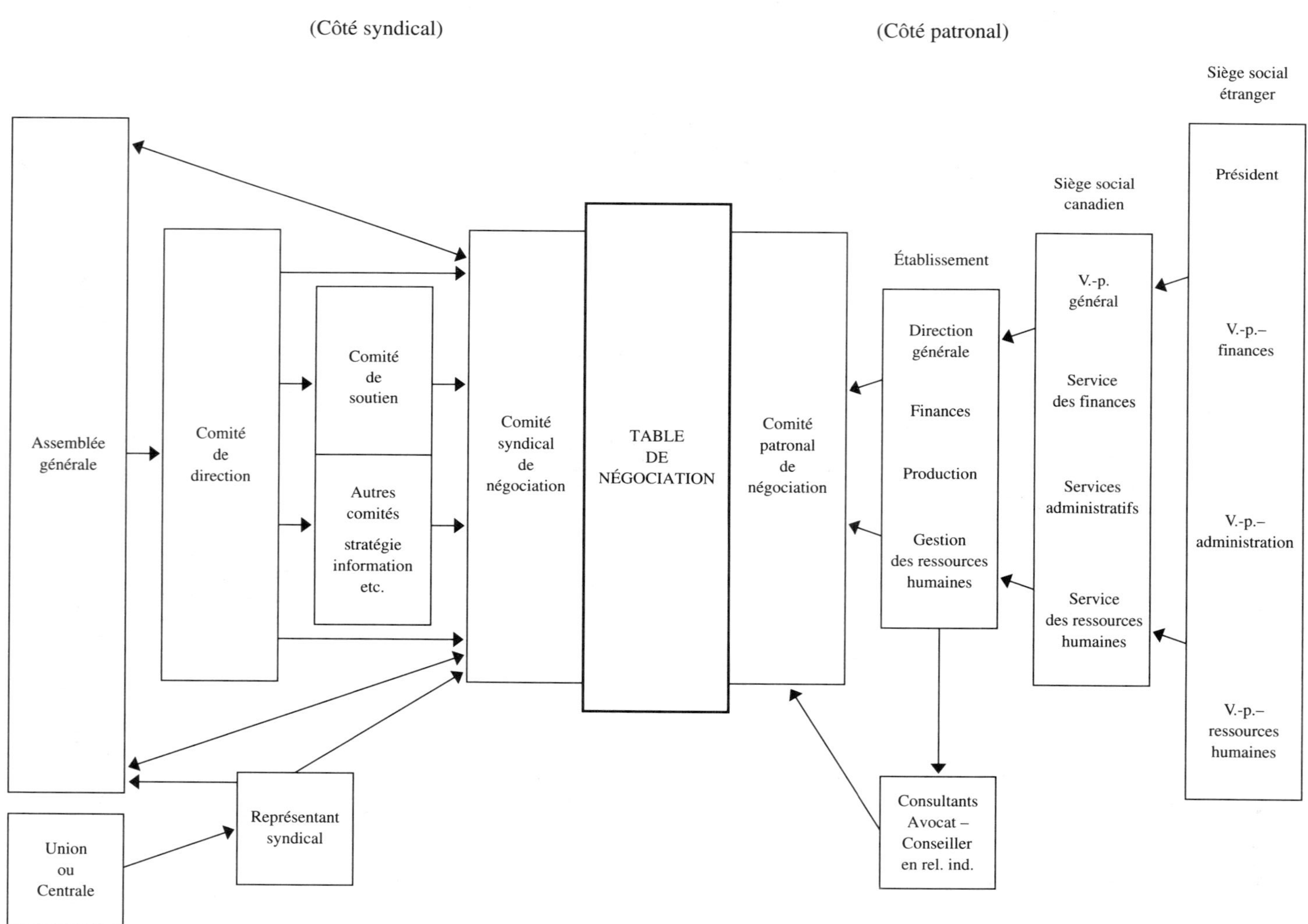

d'une instance supérieure du mouvement, joue un rôle capital. Le plus souvent, elle travaille pour le syndicat, plus précisément pour le bureau régional de l'union, ou encore pour la fédération à laquelle est affilié le syndicat local. Dans le secteur privé, cette personne n'est à peu près jamais déléguée par la centrale elle-même, comme la CSN ou la FTQ. En tant qu'institutions, les centrales ne participent directement à aucune négociation du secteur privé, sauf dans quelques cas particuliers sur lesquels nous reviendrons.

Le rôle du représentant syndical peut être considérable ou minime. Dans certains cas, c'est lui qui fait fonctionner le syndicat. Pour les besoins de la négociation, il rencontre les membres du comité de direction, puis l'assemblée générale, pour leur expliquer la situation économique en général et celle de leur industrie en particulier. Le représentant syndical recommande les demandes à soumettre à l'employeur et l'assemblée générale vote normalement selon ses recommandations. À la table de négociation, il est le maître d'œuvre incontesté; des représentants locaux siègent avec lui, mais il dirige tout. Par contre, ailleurs, les choses se passent autrement: le syndicat local est pleinement actif et dirige lui-même, par le biais de son comité de direction ou de son comité de négociation, la négociation qui va se dérouler. Le représentant syndical agit alors comme conseiller auprès des instances locales, parfois il joue le rôle de porte-parole. Le nombre de situations possibles reflète une distribution variable du pouvoir.

Derrière le représentant syndical se profile l'union ou la centrale qu'il représente. Cela se produit quand l'union ou la centrale ont déterminé des objectifs de négociation communs à tous leurs syndicats affiliés. À titre d'exemple, la CSN a toujours favorisé la clause de l'ancienneté stricte dans les déplacements de personnel. Les représentants des différentes fédérations affiliées à la CSN, par conviction ou par devoir, demandent généralement la signature d'une clause de cette nature, ou essaient au moins de faire progresser la clause dans cette direction. Dans un tout autre domaine, les centrales canadiennes ont exercé d'importantes pressions sur les représentants de leurs affiliés pour qu'ils refusent toute concession salariale au début des années 1980. Cela explique pourquoi on ne retrouve pas ce genre de clause dans les conventions collectives canadiennes, contrairement à ce qui s'est passé aux États-Unis.

À la table de négociation, l'employeur est représenté, comme le syndicat, par un comité de négociation. Les instances qui régissent et appuient ce comité sont toutefois bien différentes des instances syndicales. Le syndicat est un organisme démocratique où la décision vient de la base. Du côté patronal, les directives, autant que la décision finale, viennent normalement de la haute direction: elles sont transmises de haut en bas, même s'il peut y avoir des échanges dans les deux sens. Si l'entreprise n'est constituée que d'un établissement, celui où se déroule la négociation collective, les décisions se prennent à ce niveau et sont communiquées directement aux représentants patronaux à la table de négociation. Cependant, il existe souvent toute une hiérarchie, parfois longue, avant de parvenir au dernier niveau, celui où se prennent les décisions finales. Si le siège social de l'entreprise se trouve à l'étranger, dans le cas d'une multinationale, certaines orientations majeures viennent de ce niveau; le siège social canadien peut alors donner ses propres directives et une certaine liberté sera accordée aux dirigeants locaux, par exemple pour les clauses qui n'ont pas d'incidences pécuniaires directes.

L'équilibre qui doit exister entre les représentants de la hiérarchie directe et ceux de la hiérarchie conseil, dont le service des relations du travail ou de la gestion des ressources humaines (*line and staff*), se révèle difficile à maintenir. On devine bien que le directeur des relations de travail, qui négocie constamment avec les employés et les représentants syndicaux, n'aura pas nécessairement les mêmes points de vue ni les mêmes attitudes que le directeur des finances, le directeur de la production ou le directeur général. Il doit s'établir un certain équilibre entre les deux groupes de représentants patronaux, tant dans la prise de décision que dans la représentation au sein du comité patronal de négociation. Au sein de ce comité lui-même, on verra des personnes plus préoccupées des coûts et des profits à réaliser, alors que d'autres songeront davantage aux personnes engagées dans le système de production. Un peu comme du côté syndical, où tous les salariés ne cherchent pas nécessairement à atteindre les mêmes objectifs, on trouve, du côté patronal, toute une gamme d'objectifs qui doivent être harmonisés avant qu'on se présente à la table de négociation.

Le comité patronal de négociation peut également avoir recours à une personne de l'extérieur qui a été engagée comme consultant ou même comme porte-parole. Il arrive souvent que les personnes de la direction locale préfèrent que le porte-parole patronal soit un avocat ou un conseiller en relations industrielles de l'extérieur. Comme il n'est pas constamment en contact avec les employés et les représentants syndicaux, il peut avoir une plus grande liberté de parole dans les discussions. Un tel porte-parole agit strictement au nom de l'employeur, qui l'engage pour sa compétence à mener la négociation en son nom et qui garde le dernier mot sur toutes les décisions relatives au contenu de la future convention collective.

17.1.2 Salariés visés

La question la plus importante dans les structures de négociation concerne ce qu'on appelle l'unité de négociation: quels sont les salariés visés par la discussion qui se poursuit à la table de négociation? En d'autres mots, quels employés seront régis par la future convention collective? La réponse comporte un aspect légal déterminant, celui de l'unité de négociation. Comme nous l'avons vu dans les chapitres de l'introduction, cette unité délimite avec précision le groupe d'employés que le syndicat représente.

Dans la très grande majorité des cas, le groupe de salariés visés par la discussion entre les représentants patronaux et syndicaux correspond à l'unité définie et déterminée dans le certificat d'accréditation. Généralement, le syndicat requérant propose la définition du groupe qu'il souhaite représenter et, si l'employeur ne s'objecte pas à la définition de ce groupe – en supposant que le syndicat requérant compte dans ses rangs la majorité absolue des salariés visés –, l'agent d'accréditation détermine immédiatement l'unité d'accréditation ainsi demandée.

Notons, en plus, que rien n'empêche les parties concernées de se regrouper à une même table pour discuter des conditions de travail de plusieurs unités de négociation légalement distinctes. Ce regroupement doit être volontaire, et il se fait toujours pour des raisons pratiques, par exemple pour ne pas multiplier les rondes de négociation quand les conventions collectives qui en découleront présentent des ressemblances importantes. Nous reviendrons au chapitre 18 sur cet aspect majeur des structures internes de négociation.

Les tables de négociation, c'est-à-dire les groupes qui négocient séparément, s'influencent les unes les autres. Les comparaisons salariales ont toujours constitué l'argument principal de toute négociation collective. Nous traiterons au chapitre 19 des différentes formes ou modalités que prend cette influence mutuelle d'une table à l'autre, d'un secteur à l'autre, en analysant les structures externes de négociation. Le chapitre 20, consacré à la négociation sectorielle, discute d'un projet de structures de négociation très particulières, qui a toujours hanté l'esprit des intéressés mais qui n'a jamais été réalisé.

17.1.3 Structures de négociation

Les structures de négociation englobent tous les aspects mentionnés jusqu'ici: les acteurs qui s'affrontent à la table de négociation, les salariés directement visés par les discussions en cours, les relations multiples qui s'établissent entre les représentants de chacune des parties et enfin les rapports qui peuvent se développer d'un côté à l'autre de la table. Pour ne donner qu'un exemple de ce dernier aspect, les chances sont bonnes que le responsable des ressources humaines ou des relations industrielles comprenne facilement les points de vue présentés par le président du syndicat ou du comité syndical. En un sens, ces deux personnes, assises de chaque côté de la table, ont des préoccupations qui ne manquent pas de points communs.

L'ensemble de ces rapports joue un rôle important dans le pouvoir de négociation que développe chaque partie en cause. Sans doute, le pouvoir de négociation dépend de bien d'autres facteurs, le contexte économique tout particulièrement, mais les structures de négociation n'y sont pas étrangères. À moins qu'un groupe particulier n'ait un rôle stratégique dans l'entreprise – comme les responsables de la qualité –, un petit groupe exercera très rarement le même pouvoir de négociation qu'un groupe plus considérable. Le problème du pouvoir de négociation est à la fois un des plus importants et un des plus difficiles à cerner.

17.1.4 Cadre légal

La principale loi qui régit le processus de négociation collective est le *Code du travail* du Québec, et le *Code canadien du travail* pour les entreprises qui relèvent de la compétence du gouvernement fédéral. Les deux codes visent également d'autres aspects, comme l'accréditation des syndicats, l'interdiction des pratiques déloyales et la mise sur pied des organismes nécessaires à l'application de la loi. Les codes prescrivent aussi les démarches à entreprendre et imposent diverses contraintes à respecter dans le déroulement du processus de négociation. La loi vise toutes les étapes, depuis l'avis de négocier jusqu'à la signature de l'entente, mais surtout les conflits et leur règlement.

La négociation dans certains secteurs particuliers est régie par autant de lois différentes.

Le cadre légal s'avère omniprésent. Aucun chapitre ne lui est explicitement consacré; il se retrouve dans tous les chapitres qui traitent du processus de négociation, en général et en particulier (chapitres 18 à 28).

17.1.5 Autres contraintes

Différentes lois encadrent le processus de négociation de façon contraignante. Même s'il n'agit pas du tout de la même manière que les lois, le contexte économique se révèle peut-être plus important pour la négociation collective que le contexte légal. Dans une situation de récession plus ou moins grave, la négociation ne se déroule pas de la même manière que dans un contexte de croissance et de développement. Ce fut peut-être là la grande leçon et la grande découverte de la récession du début des années 1980. Jusque-là, à peu près tout le monde avait pensé que la croissance était installée à demeure, à tout le moins dans les pays industrialisés. Des parties contractantes qui s'entendent peuvent à la rigueur contourner une disposition légale qui leur déplaît. Elles ne sauraient cependant échapper à un marché défavorable, qu'il soit local ou international. À ces contraintes économiques s'ajoutent parfois des contraintes sociales, par exemple quand une société rejette une méthode de résolution des conflits.

Moins impérieuses que les conditions économiques, moins impératives que les dispositions de la loi, mais tout aussi contraignantes sont les différentes règles du jeu qui sont admises et pratiquées par les parties, même si c'est plus par tradition que par obligation véritable. Nous analyserons certaines de ces règles au chapitre 21, consacré aux techniques et aux méthodes de négociation. Mentionnons ici, à titre d'exemple, le fait que les demandes formulées par le syndicat et les premières contrepropositions présentées par l'employeur sont toujours exagérées ou réduites selon le cas. Cette méthode, qui tient au jeu lui-même de la négociation collective, soulève la question suivante: le bluff fait-il intrinsèquement partie du processus? Nous verrons aussi au chapitre 22 comment évaluer les coûts de la convention collective.

17.1.6 Solution des impasses

La loi et la coutume ont établi des voies et des moyens pour résoudre les impasses qui peuvent survenir. Comme la quasi-totalité des moyens institués à cette fin exige l'intervention d'une personne provenant de l'extérieur, on parle souvent de l'intervention d'une tierce partie.

L'intervention des tiers dans la solution des conflits de négociation prend deux formes principales. La forme privilégiée comporte une intervention de soutien, sans contrainte quant au contenu de la décision. Les deux institutions principales de ce premier type d'intervention sont la conciliation et la médiation, que nous étudierons longuement au chapitre traitant du règlement des conflits (chapitre 23).

La deuxième forme d'intervention est contraignante. Celle-ci peut résulter d'une décision d'un tribunal d'arbitrage, obligatoire et exécutoire, ou encore des dispositions d'une loi spéciale, adoptée par l'Assemblée nationale ou la Chambre des communes pour régler un conflit majeur qui touche une partie importante du public. Ce genre d'intervention n'est guère apprécié des parties contractantes, à tout le moins de l'une ou l'autre d'entre elles. Cependant, une telle contrainte est parfois nécessaire et inévitable, dans les cas où l'intérêt public est sérieusement mis en cause.

17.1.7 Vue d'ensemble du régime

Certains auteurs ont voulu construire un modèle qui intégrerait tous les éléments essentiels du processus de négociation et qui soulignerait les relations de cause à effet qui existent entre divers facteurs. Le modèle décrit en quelque sorte le système des relations industrielles, du moins comme elles se vivent en Amérique du Nord. Il faut décrire brièvement les facteurs essentiels qui le composent. (Voir le tableau 17-2[2].)

Un certain nombre de contextes entourent la négociation collective et en déterminent le résultat avec une contrainte plus ou moins grande selon les cas. On désigne parfois ces contextes, ou causes lointaines mais impérieuses, par le terme d'intrants externes (*external inputs*). Les intrants immédiats sont évidemment les acteurs, chacun avec ses valeurs et ses objectifs propres (*internal inputs*). Dans leur interaction mutuelle, les acteurs mettent en œuvre un certain nombre de mécanismes de conversion pour tirer de l'ensemble des intrants les résultats qu'ils souhaitent atteindre et qui sont compatibles les uns avec les autres: ce sont les extrants du système (*outputs*). Ils prennent principalement la forme des clauses de la convention collective négociée. Cette façon d'envisager et d'expliquer la négociation collective sera reprise en détail dans le chapitre 29, consacré aux théories et aux modèles de négociation.

* * *

Nous avons décrit jusqu'ici le régime général de négociation collective comme il se pratique au Québec et au Canada, et même dans toute l'Amérique du Nord. Il nous reste à mentionner les cas et les aspects particuliers.

17.2 Groupes particuliers

Les cas particuliers les plus importants sont ceux du secteur public. Ils ne présentent pas tous les mêmes caractéristiques; aussi faut-il les voir séparément et successivement. Quelques cas particuliers se retrouvent également dans le secteur privé.

17.2.1 Secteur public et parapublic

Quand on l'oppose au secteur privé, le secteur public est assez bien défini, mais il se révèle en même temps extrêmement diversifié. Aussi devrons-nous y faire d'importantes subdivisions pour nous y retrouver.

Nous nous limiterons d'abord aux «salariés» du secteur public, c'est-à-dire à ceux qui répondent à la définition du *Code du travail*, donc aux employés qui n'ont pas de responsabilité de direction, ou qui en ont si peu qu'on les assimile, aux fins de la négociation collective, à ceux qui n'en ont pas du tout.

Même en nous limitant aux salariés, on doit distinguer les employés directs de l'État de ceux qu'on appelle les employés indirects, c'est-à-dire ceux qui travaillent pour des organismes juridiquement autonomes, comme les hôpitaux et les commissions scolaires, mais dont le financement provient majoritairement des fonds publics.

Les fonctionnaires constituent en quelque sorte le «secteur public» au sens strict. Leurs relations de travail sont, au fédéral, régies exclusivement par une loi de relations de travail qui les concerne directement et uniquement. Au Québec, ils sont régis à la fois par une loi spéciale et par le *Code du travail*. Cepen-

2. Le même tableau sera repris et analysé plus en détail à l'occasion de l'étude du modèle systémique qu'il représente (section 29.4.4).

TABLEAU 17-2

Les éléments du processus de négociation collective : un modèle systémique

Sous-systèmes de l'environnement	**Le système de relations industrielles**		
LES CONTEXTES OU intrants externes	**LES ACTEURS OU intrants internes**	**LES MÉCANISMES DE CONVERSION**	**LES RÉSULTATS (clauses de la conv. coll.)**
Contexte politique Répartition des pouvoirs entre le gouvernement fédéral et les gouvernements provinciaux **Contexte économique** Marché du travail Marché du produit Technologie **Contexte légal** Droit d'association Obligation de négocier Normes du travail	**Les syndicats** Objectifs pragmatiques Syndicats canadiens et syndicats internationaux **Le patronat** Objectif : l'entreprise **Les organismes gouvern.** Commission des relations du travail **Chaque acteur a ses propres** objectifs valeurs pouvoirs	**Négociation de la convention collective** Processus de négociation Conciliation obligatoire Médiation Arbitrage exécutoire **Services essentiels** Arbitrage Désignation Injonctions Lois spéciales	**organisationnels** Droits de gérance Sécurité syndicale **visant les travailleurs** Salaire et travail Droits et procédure Avantages sociaux **Grèves et lock-out**

Boucle de rétroaction

Source : ALTON W.J. CRAIG, « Les relations industrielles au Canada : aspects principaux » dans *L'état de la discipline en relations industrielles au Canada*, sous la direction de GÉRARD HÉBERT, HEM C. JAIN et NOAH M. MELTZ, Université de Montréal, École de relations industrielles, 1988 (372 p.), p. 15.

dant, en tant qu'employés fonctionnaires, ils possèdent des traits communs. Nous étudierons leurs caractéristiques communes et leurs modes respectifs de relations de travail au chapitre 25.

Il existe un autre groupe important d'employés indirects du gouvernement qu'on appelle généralement les employés du « secteur parapublic ». Le secteur parapublic est constitué de deux grandes catégories de services publics : la santé et les affaires sociales – hôpitaux, centres d'accueil, services sociaux et autres services connexes – et le secteur de l'éducation : commissions scolaires et collèges. Des services analogues de santé et d'éducation existent dans toutes les provinces canadiennes, mais le régime des relations de travail de ces deux catégories d'employés est très différent d'une province à l'autre. Au Québec, on trouve des liens importants entre les relations de travail des fonctionnaires et ceux des deux groupes du secteur parapublic. Aussi discute-t-on très souvent ensemble des relations du travail des secteurs public et parapublic (chapitre 26).

Il y a aussi un secteur qu'on appelle « péripublic », constitué essentiellement d'organismes gouvernementaux, jouissant d'une certaine autonomie administrative, comme Hydro-Québec et la Société des alcools du Québec. Le secteur péripublic compte plusieurs dizaines d'organismes particuliers. Il comporte des ressemblances avec le secteur public et parapublic, mais aussi de profondes différences. Nous en dirons quelques mots à l'occasion de notre étude des secteurs public et parapublic.

17.2.2 Cadres du secteur public

Les cadres, qui occupent des fonctions de direction, ne peuvent être syndiqués ni accrédités sous le *Code du travail*. Pourtant, ils sont assez nombreux pour se regrouper en associations, dans la fonction publique, dans le secteur des affaires sociales, dans les commissions scolaires et les collèges.

Les cadres du secteur public ne peuvent négocier au sens strict, mais ils discutent de leurs conditions de travail avec leur employeur, le gouvernement, presque comme s'ils étaient syndiqués. Les conditions de travail sur lesquelles ils finissent par tomber d'accord ne peuvent être incluses dans une convention collective; elles sont contenues dans des documents qui deviennent des directives du Conseil du trésor ou, selon le cas, des règlements adoptés par le gouvernement en vertu des lois habilitantes.

L'organisation des cadres du secteur public s'est tellement développée depuis une vingtaine d'années qu'il y a lieu de consacrer quelques pages à leurs quasi-négociations, ne serait-ce que pour bien montrer les ressemblances et les différences qu'il y a entre les discussions qu'ils mènent concernant leurs conditions de travail et des négociations au sens juridique du mot. C'est ce que nous ferons au chapitre 27.

17.2.3 Professionnels conventionnés

Une demi-douzaine de catégories de professionnels poursuivent avec le gouvernement du Québec, à intervalles irréguliers, des négociations particulières. Il ne s'agit pas de déterminer leur rémunération hebdomadaire ou annuelle, mais de décider des honoraires qu'ils vont toucher en tant que médecins, dentistes, pharmaciens ou avocats. Ils déterminent, par discussion avec le gouvernement, le montant des tarifs qui leur seront attribués pour les actes professionnels qu'ils accomplissent. On les appelle généralement les professionnels conventionnés, sans doute parce que leurs revenus dépendent des conventions qu'ils signent avec le gouvernement relativement aux tarifs qui leur sont payés.

Les médecins forment le groupe le plus important de ces professionnels conventionnés. Ils recevront, de la Régie de l'assurance-maladie du Québec, un tarif déterminé d'avance pour chaque acte médical posé. Les différentes conventions qui fixent le prix des actes professionnels posés par des médecins, des pharmaciens ou des avocats déterminent en quelque sorte le revenu que ces professionnels recevront de la Régie de l'assurance-maladie ou de tout autre organisme. Ces conventions se négocient au cours de discussions qui comportent plusieurs éléments propres à la négociation collective. Nous en traiterons brièvement au chapitre 27, de manière à en souligner les différences et les ressemblances avec la négociation collective proprement dite.

17.2.4 Autres cas particuliers

Dans le secteur privé, il faut traiter de deux cas particuliers qui visent chacun un peu plus de 100 000 salariés. Le premier cas comprend une diversité d'industries, constituées généralement de petites et de moyennes entreprises, alors que le second cas représente un groupe que la loi a unifié pour les fins de la négociation et de l'application de la convention collective.

Le premier groupe est composé d'industries qui ont choisi de se placer sous la *Loi sur les décrets de convention collective*. Le régime a ceci de particulier qu'après une négociation entre des parties contractantes privées, celles-ci peuvent, moyennant certaines conditions, demander que les principales dispositions pécuniaires de leur entente deviennent obligatoires dans toute une industrie déterminée, y compris pour les employés non syndiqués et leurs employeurs. C'est ce qu'on appelle l'extension juridique des conventions collectives.

L'autre cas particulier vise les relations du travail dans l'industrie de la construction au Québec. Jusqu'en 1968, les négociations dans cette industrie se faisaient généralement par région sous le régime des décrets de convention collective. En décembre 1968, le gouvernement a décidé d'instituer un régime de relations de travail propre à l'industrie de la construction. Ce régime est unique en Amérique du Nord; il comporte, entre autres, l'obligation pour tous les salariés de cette industrie d'appartenir à un syndicat, qu'ils ont le droit de choisir dans une liste désignée, à certains moments particuliers.

Enfin, nous ajouterons, au chapitre 28, quelques indications sur la négociation des cadres dans le secteur privé, même si, comme le syndicalisme d'ailleurs, celle-ci est encore très peu développée dans ce groupe.

17.3 Aspects généraux

Afin de bien comprendre le processus de négociation collective, il faut considérer un certain nombre de questions qui englobent à la fois le processus de négociation et la convention collective, comme les théories et les modèles proposés, les régimes qui existent dans d'autres pays – particulièrement en Europe –, l'impact de certaines contraintes de nature très générale et certaines expériences tentées pour répondre à divers problèmes particuliers.

17.3.1 Théories et modèles

Comme nous l'avons mentionné dès le premier chapitre, nous avons adopté, dans le présent ouvrage, une approche institutionnaliste et analytique. Cependant, un tel ouvrage ne saurait être complet sans un regard, au moins rapide, sur les explications théoriques, les principes et les facteurs de base qui ont été proposés et mis de l'avant pour expliquer l'ensemble du phénomène. Plusieurs théories ont été présentées et publiées, plusieurs modèles ont été construits. Nous en étudierons un certain nombre.

Le très grand nombre de théories de la négociation collective pose des problèmes. Quand il existe autant d'explications différentes du même phénomène, c'est qu'aucune n'est pleinement satisfaisante. Quelques-unes ont acquis plus d'importance que d'autres, et nous leur accorderons plus d'espace. Sans vouloir construire nous-même une nouvelle théorie de la négociation, nous essaierons de dégager quelques grandes lignes qui permettront de mieux comprendre la nature de la négociation collective[3].

Ce n'est pas par souci de rendre hommage aux théoriciens que nous avons inclus dans cet ouvrage le contenu du chapitre 29. Il n'y a rien de plus pratique qu'une bonne théorie: c'est grâce aux grandes lignes qu'elle dégage qu'on peut comprendre un phénomène complexe. Le lecteur aura un choix étendu; nous espérons que l'une ou l'autre lui sera utile.

17.3.2 Régimes européens de négociation

Rien ne vaut la comparaison du même phénomène dans un autre contexte pour en saisir les éléments fondamentaux et les mécanismes de base. Aussi avons-nous considéré essentiel de présenter les grandes lignes du régime de négociation qui a cours dans un certain nombre de pays d'Europe. Pour ne pas allonger indûment l'étude, nous avons choisi trois pays avec un système de négociation foncièrement différent: la Grande-Bretagne, la France et la Suède.

Dans chacun de ces pays, tout comme le régime syndical, le taux de syndicalisation est différent. Certains pays imposent le monopole syndical, alors que d'autres laissent toute liberté à la pluralité syndicale. En Amérique du Nord, les relations de travail, et particulièrement la négociation collective, sont conçues et structurées en partant de l'unité de base, constituée par un groupe particulier de salariés dans un établissement donné; dans plusieurs pays d'Europe, tout commence en haut de la pyramide et descend vers le bas. Dans d'autres cas, la négociation de branche, c'est-à-dire pour toute une industrie, est complétée par des accords d'entreprises, fruits d'une négociation locale, un peu comme en Amérique du Nord.

L'étude de trois régimes différents en contexte européen que nous faisons dans le chapitre 30 aidera à mieux saisir les traits propres au modèle nord-américain.

3. En général, les auteurs qui ont voulu dégager des théories existantes une théorie-synthèse n'ont rien fait d'autre que d'en ajouter une de plus à la collection déjà bien garnie.

17.3.3 Contraintes particulières

Divers phénomènes industriels ou économiques influent sur le régime de négociation en lui imposant de multiples contraintes. Mentionnons, à titre d'exemples, les changements technologiques, l'inflation, la récession, les politiques de revenus, les lois normatives et la déréglementation. Chacune de ces contraintes pourrait faire l'objet d'une étude, dans la mesure où elles affectent autant le processus que les résultats de la négociation.

Le chapitre 31 analysera certaines de ces situations, dont celle des changements technologiques. Nous avons vu, au chapitre 10, les clauses de convention collective consacrées à ce sujet. Nous étudierons comment ces changements et d'autres influent à la fois sur la négociation et sur la convention collective.

17.3.4 Problèmes et expériences diverses

Plusieurs expériences ont été tentées, au cours des dernières décennies, soit pour améliorer l'ensemble du processus de négociation, soit pour résoudre certains problèmes particuliers. Le chapitre 32 passera en revue quelques-unes de ces expériences.

Une caractéristique générale se dégage de presque toutes les expériences tentées en matière de négociation collective. Toutes cherchent à réduire l'esprit de confrontation (*adversary system*) pour accentuer les efforts de collaboration entre les parties. De tels efforts doivent exister, au moins jusqu'à un certain point, chez les partenaires économiques dans les entreprises, soit les employeurs et les représentants de leurs employés; autrement, ni la négociation collective ni l'entreprise elle-même ne pourraient survivre.

Enfin, au chapitre 33, nous nous efforcerons de dégager les orientations de l'avenir.

* * *

Tels sont les éléments principaux et les aspects particuliers du processus de négociation que nous nous proposons d'étudier dans la deuxième et la troisième partie de cet ouvrage.

Bibliographie

BARBASH, JACK. «Collective Bargaining: Contemporary American Experience – A Commentary» dans *Collective Bargaining: Contemporary American Experience*, sous la direction de GERALD G. SOMERS, Madison, Wis., Industrial Relations Research Association, 1980 (588 p.), p. 553-588.

BARBASH, JACK. *The Elements of Industrial Relations*, Madison, Wis., The University of Wisconsin Press, 1984, 153 p.

CRAIG, ALTON W.J. «Les relations industrielles au Canada: aspects principaux» dans *L'état de la discipline en relations industrielles au Canada*, sous la direction de GÉRARD HÉBERT, HEM C. JAIN et NOAH M. MELTZ, Université de Montréal, École de relations industrielles, 1988 (372 p.), p. 15.

HÉBERT, GÉRARD. *L'ABC des relations du travail au Québec et au Canada*, Montréal, s. éd., 1990, 52 p.

KOCHAN, THOMAS A. *Collective Bargaining and Industrial Relations. From Theory to Policy and Practice*, Homewood, Ill., Richard D. Irwin, 1980, 523 p.

Université Laval. *Pouvoir et «pouvoirs» en relations du travail*, 25e Congrès des relations industrielles de l'Université Laval, Québec, Presses de l'Université Laval, 1970, 178 p.

WEBER, ARNOLD R. (sous la direction de). *The Structure of Collective Bargaining – Problems and Perspectives. Proceedings of a Seminar Sponsored by Graduate School of Business, University of Chicago and the McKinsey Foundation*, New York, Free Press of Glencoe, 1961, 380 p.

WEILER, PAUL. «The Structure of Collective Bargaining» dans *Reconcilable Differences. New Directions in Canadian Labour Law*, Toronto, The Carswell Co., 1980 (335 p.), p. 151-178.

Chapitre

18

Structures internes de négociation

PLAN

Les structures de négociation constituent un problème toujours d'actualité. On en a beaucoup discuté, particulièrement au cours des années 1960. Avec la récession du début des années 1980, le problème a repris de l'importance: de grandes unités, apparemment bien établies, se sont subitement morcelées. Les structures de négociation sont en constante évolution.

Par structures internes, nous entendons celles qui existent autour d'une même table de négociation; ce sont elles qu'analyse le présent chapitre. Nous traiterons dans le chapitre suivant des rapports qui s'établissent entre différentes tables et que nous appelons les structures externes de négociation.

Dans la première section de ce chapitre-ci, nous dégagerons les éléments principaux des structures de négociation. Nous discuterons ensuite de l'unité d'accréditation, le fondement juridique de toute la structure. Enfin, nous verrons l'unité réelle de négociation, pour terminer avec les relations de pouvoir.

18.1 Définition et nature

Nous étudierons d'abord les éléments du problème, en insistant sur la base du phénomène, l'unité de négociation.

18.1.1 Structures, rapports et relations de pouvoir

Le terme «structure» désigne une multitude de rapports entre différentes personnes et différents groupes. Une négociation s'inscrit dans un ensemble de structures: structures patronales, structures syndicales, réseau de communications au sein de chacune des deux parties ainsi qu'avec une foule de groupes différents, entre autres le public.

À la base des structures de négociation, il y a l'unité de négociation, c'est-à-dire le groupe de salariés qui sera régi par la convention collective au terme de cette négociation. Cette unité peut se limiter à la vingtaine d'employés d'une petite entreprise, mais elle peut aussi s'étendre aux 70 000 enseignants du Québec ou aux 100 000 employés du secteur hospitalier. Dans chaque cas, les parties s'organiseront d'une manière bien différente et la négociation ne se déroulera pas de la même façon; les relations de pouvoir qui en découleront ne présenteront pas non plus les mêmes caractères.

Pour une foule de raisons, les structures de négociation évoluent constamment. Si on entend l'expression dans le sens restreint d'«unité de négociation», la tendance des années 1950 à 1975 semble avoir été vers une plus grande centralisation, donc vers des unités de plus en plus grandes. Pourtant, une analyse plus approfondie de la réalité permet de découvrir la présence de forces décentralisatrices également puissantes: une action locale silencieuse peut entraver sérieusement l'application d'une convention collective négociée trop loin de la base. Depuis 1980, on observe, du moins dans le secteur privé, une diminution de la taille des unités, résultat d'une décentralisation effectuée dans certaines industries.

18.1.2 Éléments principaux

Il faut en premier lieu déterminer les éléments principaux des structures de négociation[1]. Le tableau 18-1 en résume les aspects fondamentaux.

1. Plusieurs auteurs ont tenté de définir ce qu'on entend par «structures de négociation». Voir, par exemple: MATTHEW A. KELLY, «Adaptations in the Structure of Bargaining» dans *Proceedings of the Nineteenth Annual Winter Meeting, Industrial Relations Research Association, San Francisco, December 28-29, 1966*, Madison, Wis., IRRA, 1967, p. 290-291; ARNOLD R. WEBER, «Stability and Change in the Structure of Collective Bargaining» dans *Challenges to Collective Bargaining*, publié par The American Assembly, Columbia University, Englewood Cliffs, N.J., Prentice-Hall, 1967, p. 14-15; ARNOLD R. WEBER, «Introduction» dans *The Structures of Collective Bargaining – Problems and Perspectives*, Proceedings of a Seminar Sponsored by Graduate School of Business, University of Chicago and The McKinsey Foundation, publié sous la direction d'ARNOLD R. WEBER, New York, Free Press of Gloncoe, 1961, p. XV-XVII; NEIL W. CHAMBERLAIN, «Determinants of Collective Bargaining Structures» dans *The Structure of Collective Bargaining – Problems and Perspectives*, p. 3-4; THOMAS A. KOCHAN, *Collective Bargaining and Industrial Relations*, Homewood, Ill., Richard D. Irwin, 1980 (523 p.), p. 84-97; E. EDWARD HERMAN, ALFRED KUHN et RONALD L. SEEBER, *Collective Bargaining and Labor Relations*, 2e édition. Englewood Cliffs, N.J., Prentice-Hall, 1987 (621 p.), p. 146-148.

TABLEAU 18-1

Structures de négociation : éléments principaux

Questions	Objet	Problème	Aspects des structures
Qui négocie?	Les **acteurs**: corporations, associations patronales et syndicales	Les structures respectives de **prise de décision** et le jeu des pressions politiques qui en découlent	**Relations de pouvoir**
Pour qui?	Les **salariés visés**: leur nombre (grandeur) et leur diversité (contenu de l'unité)	**L'uniformité** des conditions de travail ou **l'adaptation** locale	**Unité de négociation**
Quoi?	Le **contenu** de la négociation et sa **répartition** selon l'étendue de l'unité	Les **interrelations** entre les clauses d'une convention collective et entre des normes générales et leur application	**Niveaux** ou **paliers** de **négociation**

Les structures de négociation comprennent d'abord les acteurs – comment chaque partie est elle-même structurée – et ensuite les salariés visés par la négociation: leur nombre et leur mode de regroupement. En somme, les structures de négociation renvoient aux deux questions fondamentales: qui négocie? pour qui? Elles ont aussi un rapport indirect au contenu de la négociation.

Le premier élément – les acteurs – pose le problème de la prise de décision, qui ne se fait pas de la même manière pour chaque partie. En règle générale, du côté patronal, la ligne d'autorité est déterminante: les décisions viennent d'en haut; pourtant toute décision doit tenir compte de l'opinion d'un nombre plus ou moins grand de personnes, tant celles qui devront exécuter la décision (à tous les niveaux des activités) que celles à qui l'entreprise est redevable (l'assemblée des actionnaires). Le caractère démocratique des organisations syndicales rend la participation de tous les intéressés plus évidente. Pourtant, de part et d'autre, un jeu de pressions politiques se poursuit tout au long des négociations. Une structure de relations de pouvoir en découle et exerce une influence marquée tant sur le processus que sur le résultat de la négociation.

Du côté des salariés visés – le second élément et le plus important –, le problème de l'unité de négociation occupe la première place. Un nombre plus ou moins grand de salariés seront régis par la convention collective qui résultera de la négociation. Deux séries de considérations s'opposent. D'une part, il est profitable d'étendre l'unité, à cause du pouvoir de négociation accru que cela engendre généralement et à cause de l'uniformité des conditions de travail qui en résulte pour un plus grand nombre de salariés. D'autre part, l'adaptation nécessaire aux circonstances locales joue en sens inverse. On fait face à l'éternel conflit entre la centralisation et la décentralisation. Dans ce dernier cas, on répond au besoin d'adaptation; dans le cas de la centralisation, on gagne en force et en uniformité. Toutefois, l'unité devient alors complexe, non seulement à cause du nombre des salariés visés, mais également à cause de la variété de plus en plus grande des occupations qui y seront représentées[2].

On ne peut séparer complètement le problème de l'unité de négociation du contenu de la convention collective. À cause des avantages que procurent des normes générales et, en contrepartie, des inconvénients de leur application à trop de milieux différents, on a tenté de résoudre le conflit en imaginant des négociations superposées, c'est-à-dire à différents

2. Les anglophones parlent de *size and scope of the bargaining unit*.

niveaux ou paliers. On peut répartir les clauses selon le niveau qui semble le plus approprié à chacune; on peut aussi négocier, au palier le plus élevé, des normes générales qui seront précisées, dans chaque endroit, par une négociation locale.

Les trois aspects des structures de négociation – les acteurs, l'unité de négociation, la répartition selon les niveaux – retiendront notre attention, mais de manière inégale. Nous supposons connus les problèmes fondamentaux des structures patronales et des structures syndicales[3]; nous considérons, dans la dernière section du chapitre, les relations de pouvoir que ces structures engendrent, en fonction du processus et de l'unité de négociation (section 18.4). Nous reportons au chapitre suivant la négociation à paliers multiples; nous verrons alors les problèmes qu'elle suscite, les formes qu'elle revêt et les critères auxquels on se réfère pour la répartition des clauses selon les niveaux (section 19.2). L'unité de négociation retiendra d'abord notre attention.

18.1.3 Quatre unités superposées

Les unités de négociation ne se créent pas – pas toutes, du moins – d'une manière arbitraire, par décision péremptoire d'un organisme public ou privé. Elles reposent sur une certaine communauté d'intérêts, variable selon les niveaux. Nous retiendrons quatre types d'unités superposées[4]. (Voir le tableau 18-2.)

Au premier échelon, les «unités naturelles» se constituent spontanément autour de la communauté de travail, selon l'unité de base administrative (comme le département) ou la parenté naturelle des occupations. Ces petites unités se révèlent plus ou moins cohérentes et plus ou moins actives selon les circonstances. Dans certains cas, les unités naturelles sont sanctionnées par la structure syndicale (présence d'un délégué d'atelier) ou par une disposition de la convention collective (heures de travail particulières, barèmes de salaire, etc.). Même s'ils n'ont aucune reconnaissance officielle, ces groupes sont nombreux et ils agissent parfois contre la volonté – ou à l'insu – des organismes officiels. Il se crée ainsi une négociation fragmentaire (*fractional bargaining*) qui complète ou corrige la négociation officielle; celle-ci s'exerce à un échelon plus élevé.

Le certificat d'accréditation décrit l'unité de négociation officiellement reconnue par la loi. Nous l'appellerons l'«unité d'accréditation». Elle est déterminée par l'organisme administratif approprié, c'est-à-dire par le Conseil canadien des relations du travail (CCRT) au fédéral, ou par le commissaire du travail pour les cas de compétence provinciale au Québec. L'unité d'accréditation, de caractère juridique parce que fondée sur un document officiel, dépasse rarement les frontières de l'établissement; elle est toujours limitée, en plus, soit à un métier, soit à un groupe d'occupations; elle peut englober tous les travailleurs de la production, mais elle ne réunit presque jamais les cols blancs et les cols bleus.

Il arrive que des parties décident de négocier en même temps les conditions de travail de plusieurs groupes définis par des certificats d'accréditation distincts. Les parties en cause négocient alors autour d'une même table pour plusieurs unités d'accréditation à la fois. Faute d'un meilleur terme, nous appellerons cette unité l'«unité réelle» de négociation. Cette unité réelle revêt des dimensions variables: dans certains cas, elle se confond avec l'unité d'accréditation; dans d'autres, elle peut inclure jusqu'à 100 000 salariés.

On peut également recenser un quatrième type d'unité, moins précis cependant que les trois premiers. Certaines négociations déterminent les conditions de travail qui seront reprises dans plusieurs autres contrats collectifs, avec ou sans modifications, d'une manière plus ou moins automatique. Cette zone

3. Gérard Hébert, *L'ABC des relations du travail au Québec et au Canada*, Montréal, s. éd., 1990 (52 p.), p. 10-30; Gilles Fleury, «Structures syndicales québécoises», *Le marché du travail*, vol. 11, nº 8, août 1990, p. 6-10 et 71-84; Jean Boivin et Jacques Guilbault, *Les relations patronales-syndicales au Québec*, 2e édition, Montréal, Gaëtan Morin, 1989, section 4.3, p. 111-119.

4. Arnold R. Weber, «Stability and Change in the Structures of Collective Bargaining», voir *supra*, note 1, p. 14; Arnold R. Weber, «Introduction» dans *The Structure of Collective Bargaining*..., voir *supra*, note 1, p. xviii-xix.

TABLEAU 18-2

Divers types d'unités de négociation

Type	Nature et étendue	Application
Unité naturelle	Groupes spontanés: département, occupation, etc.	Négociation fragmentaire non officielle
Unité juridique	Métier ou entreprise, selon la loi et les critères établis	Accréditation
Unité réelle	Variable (petite ou grande) selon la volonté des parties et les circonstances	Négociation effective
Unité d'influence directe	Variable, selon les circonstances	Négociation type (*pattern bargaining*) (chapitre 19)

d'influence peut être étendue ou restreinte, selon la structure du marché du produit et celle du marché du travail. En ce sens, une négociation type (*pattern bargaining*), même restreinte à une seule entreprise, équivaut dans certains cas à une négociation à l'échelle de l'industrie, dans la mesure où les autres entreprises reproduisent plus ou moins intégralement le résultat de cette négociation. Comme cette «unité d'influence» déborde le cadre d'une table de négociation et en rejoint plusieurs, nous en reportons l'étude au chapitre suivant.

Au cours du présent chapitre, nous ne traiterons guère de l'unité naturelle de négociation. Étant donné sa nature, on tient souvent à ce qu'elle passe inaperçue; bien que certaines études y aient été consacrées, ce qu'on en connaît demeure relativement limité[5]. Nous y ferons allusion lorsque la matière l'exigera. Nous traiterons spécifiquement de l'unité d'accréditation et de l'unité réelle de négociation.

18.1.4 Définition

À l'aide des divers éléments relevés jusqu'ici, nous tenterons de dégager une définition, à tout le moins provisoire, des structures de négociation. Nous proposons la formule suivante.

Il s'agit de l'ensemble des rapports entre tous les groupes intéressés à la négociation. Ces rapports déterminent le déroulement de la négociation ou s'y rattachent, en particulier ceux qui ont trait aux groupes de salariés visés (unités de négociation) et aux relations de pouvoir entre les parties (acteurs).

L'expression «l'ensemble des rapports» englobe la variété et la richesse des réalités que l'on désigne couramment par l'expression «structures». Sans exclure les autres aspects, la définition mentionne ensuite l'unité de négociation et les relations de pouvoir entre les parties intéressées.

18.2 Unité d'accréditation

L'unité de négociation déterminée par la loi – que nous appellerons l'unité d'accréditation pour éviter toute confusion avec l'unité réelle de négociation – constitue le point d'appui de tout le système. L'aspect principal est évidemment d'ordre juridique; mais avant de discuter des dispositions légales en la matière, il faut présenter les principes de base.

5. On appelle négociation fragmentaire celle qui se pratique à l'échelle de l'unité naturelle, c'est-à-dire dans un département, parmi les travailleurs d'un même métier ou dans tout groupe restreint et spontané. Sur le concept de négociation fragmentaire, voir ARNOLD R. WEBER, «Introduction» dans *The Structure of Collective Bargaining*. NEIL W. CHAMBERLAIN et JAMES W. KUHN, *Collective Bargaining*, New York, McGraw-Hill, 2e éd., 1965, p. 259-263.

18.2.1 Notion et principes de base

L'accréditation à des fins de négociation collective est une institution nord-américaine. Elle est peut-être l'instrument qui a le plus contribué à l'efficacité du syndicalisme.

Le régime des relations du travail en Amérique du Nord est fondé sur l'entreprise et, plus précisément, sur chaque établissement lorsque l'entreprise en compte plusieurs. La mentalité pratique des Américains les a poussés à centrer les relations professionnelles au lieu même du travail, afin de régler les problèmes sur place, plutôt que de les orienter vers des normes générales applicables à chaque industrie, comme cela se fait dans la plupart des pays d'Europe.

Le *Wagner Act* de 1935[6] a imposé la formule suivante, toujours en vigueur. Partant du principe qu'une entente collective entre un employeur et les représentants de ses salariés était souhaitable, le législateur a décidé d'obliger tout employeur à négocier avec les représentants de ses employés les conditions de travail qui les régiront, dans chaque établissement où la majorité des salariés ont formé une association pour parler en leur nom.

Afin que les choses se déroulent dans l'ordre, la loi impose également le monopole syndical: un seul syndicat aura le droit de représenter les salariés d'une unité de négociation appropriée[7]. Ce monopole syndical, de l'entreprise ou d'une partie de l'entreprise, constitue la seconde caractéristique des relations collectives de travail. Tout en accordant un privilège, le monopole syndical impose une obligation. Le caractère majoritaire de l'appui des salariés est la condition et, à la fois, le critère qui détermine le choix du syndicat qui les représentera. En contrepartie de cette majorité, tout autre syndicat sera exclu pendant la durée de la convention collective négociée. Le syndicat accrédité est ainsi assuré de sa liberté d'action.

Pour que l'obligation légale de négocier puisse être mise à exécution, il fallait établir un système qui permette de déterminer l'agent négociateur (ou représentant des salariés) et le groupe précis d'employés pour lequel l'association aurait le droit de parler. Le législateur a institué, à cette fin, un organisme administratif qui, d'une part, a le pouvoir de décider de manière péremptoire quelle association détient le caractère majoritaire et, d'autre part, peut désigner avec précision le groupe d'employés que l'association représentera; il détermine, par le fait même, à qui s'appliquera la future convention collective. Partout en Amérique du Nord, sauf au Québec, une commission des relations de travail[8] est cet organisme administratif. Au Québec, depuis 1969, un agent d'accréditation constate l'accord des parties à propos de l'unité visée et accorde alors l'accréditation demandée. En cas de désaccord, un commissaire du travail définit l'unité et accorde l'accréditation (C.t. art. 28 et 34).

6. On fait habituellement remonter le régime des relations de travail au *Wagner Act* de 1935. Le principe, toutefois, se trouvait déjà dans la Loi de la reprise industrielle de 1933 (*National Industrial Recovery Act*), dont un article reconnaissait explicitement le droit des travailleurs de s'associer et de négocier collectivement avec leur employeur (art. 7a). La Commission nationale du travail (*National Labor Board*), établie afin d'appliquer l'article 7a, n'avait pas assez de pouvoir. Le *Wagner Act* (*National Labor Relations Act*) reprit l'article 7a en le complétant avec les dispositions et les mécanismes requis pour en assurer une application efficace. IRVING BERNSTEIN, *The New Deal Collective Bargaining Policy*, Berkeley, University of California Press, 1950, 178 p.
7. Sur les traits essentiels du système d'accréditation, voir A.W.R. CARROTHERS *et al.*, *Collective Bargaining Law in Canada*, Toronto, Butterworths, 1986 (785 p.), ch. 11: «Certification», p. 315-331; FERNAND MORIN, «L'accréditation syndicale au Québec – Mise en relief des effets de l'accréditation», *Relations industrielles*, vol. 25, n° 3, août 1970, p. 404-407; reproduit dans *Les unités de négociation*, 1er Colloque de relations industrielles de l'Université de Montréal, 1969-1971, Montréal, Université de Montréal, Département des relations industrielles, 1970, p. 4-7.
8. Les diverses commissions de relations de travail s'appellent, dans les autres provinces canadiennes, *Labour Relations Board*; sauf en Colombie-Britannique: *Industrial Relations Council*; au Manitoba: *Labour Board*; et au Nouveau-Brunswick: *Industrial Relations Board*. L'organisme fédéral est le Conseil canadien des relations du travail (CCRT) ou *Canada Labour Relations Board* en anglais. À Washington, on l'appelle le *National Labor Relations Board* (NLRB).

18.2.2 Éléments d'histoire

La détermination de l'unité de négociation n'a pas toujours été l'apanage d'un organisme administratif. Tout comme les conditions de travail, l'unité de négociation fut établie d'abord unilatéralement, à l'époque des listes de salaires, au XIXe siècle. L'union elle-même décidait tout ce qui la concernait, y compris l'aire d'application de sa liste, puis elle tentait de l'imposer par la force économique.

En même temps que se développe un nouveau mode de détermination bilatérale des conditions de travail, on discute l'étendue de l'unité d'application: on négocie le champ d'application tout autant que le contenu du contrat, et la taille de l'unité de négociation dépend, comme tout le reste, du pouvoir de négociation de chaque partie[9]. Cette détermination bilatérale reçoit, au début du siècle, l'appui indirect des lois canadiennes, qui reconnaissaient comme désirable, sans l'imposer, la négociation collective avec les associations ouvrières.

Enfin, le *Wagner Act*, aux États-Unis, et les lois de relations ouvrières, au Canada, en imposant la négociation, ont remplacé cette détermination bilatérale de l'unité par une détermination d'autorité, inscrite dans le certificat d'accréditation lui-même. Cela ne signifie pas, comme nous le verrons, que la volonté des parties n'a pas d'importance; un amendement au *Code du travail* du Québec, en 1969, lui confère même, moyennant certaines conditions, une valeur décisive.

L'unité de négociation juridique se limite habituellement, encore aujourd'hui, à l'entreprise ou à l'établissement. Au début, cela correspondait à la pratique courante de la négociation, qui se faisait alors au niveau de l'entreprise ou de l'établissement. L'extension des unités réelles de négociation s'est ensuite effectuée par la volonté des parties elles-mêmes, sans qu'intervienne aucune obligation légale.

Était-il nécessaire de donner pareille autorité à un organisme officiel? Pourquoi n'a-t-on pas laissé les parties entièrement libres de s'entendre sur l'unité de leur choix? De fait, les commissions de relations de travail confirment presque toujours une unité que le syndicat désire et que l'employeur accepte. Le pouvoir de décision a été donné à un organisme impartial pour résoudre les cas où les parties ne s'entendent pas, de manière à ne pas frustrer les travailleurs du droit à la libre négociation que la loi leur confère. La formule assure aussi la paix industrielle, d'au moins deux manières. Le régime d'accréditation remplace les grèves de reconnaissance syndicale, désormais interdites. De plus, la détermination péremptoire du syndicat majoritaire et de l'unité de négociation évite de possibles conflits intersyndicaux, quand plusieurs syndicats cherchent à représenter le même groupe de salariés; une telle situation est souvent source d'affrontements sérieux, sinon de violence.

Plusieurs lois canadiennes accordent une certaine reconnaissance et quelques privilèges aux associations qui ne sont pas accréditées, mais qui ont négocié une convention collective de bonne foi avec un employeur. On appelle habituellement de tels syndicats des associations reconnues. L'unité de négociation se révèle alors le fruit de la négociation tout comme le contenu de la convention collective.

Un amendement au *Code du travail* du Québec a supprimé ces associations en 1969, en retranchant du Code tout ce qui les concernait et en redéfinissant la convention collective comme une convention conclue «entre une ou plusieurs associations accréditées et un ou plusieurs employeurs ou association d'employeurs» (C.t. art. 1, d). Ainsi, depuis 1969, on ne retrouve plus officiellement d'associations reconnues au Québec.

En même temps, un autre amendement obligeait l'agent d'accréditation à accepter, sans la modifier, l'unité de négociation sur laquelle les parties se sont entendues (art. 24 a). On a souligné qu'une telle obligation, formulée avec autant de rigidité, favorise les syndicats de boutique plutôt qu'elle ne leur fait obstacle: les syndicats maison s'entendent toujours très bien

9. On retrouve, aujourd'hui encore, une situation analogue dans les secteurs d'emploi exclus de l'application du *Code du travail* et du régime d'accréditation.

avec l'employeur sur la détermination de l'unité de négociation, comme sur les autres points[10]. L'accréditation immédiate par l'agent d'accréditation suppose qu'il n'y a qu'un seul syndicat en lice. Dès qu'un employeur ou un autre syndicat conteste, le cas doit être entendu et tranché par un commissaire du travail. En 1983, le législateur a imposé le «guichet fermé»: aussitôt qu'une requête en accréditation est déposée, toute autre requête – par exemple de la part d'une association possiblement formée à l'initiative de l'employeur – devient irrecevable jusqu'à ce que la procédure ait été épuisée concernant le premier dépôt (C.t. art. 27.1).

18.2.3 Critères de détermination

Sauf quelques exceptions relatives à des cas particuliers que nous relèverons plus loin, les lois de relations de travail ne fournissent pas de critères précis auxquels les commissaires et les commissions de relations de travail peuvent se référer pour déterminer l'unité d'accréditation. Le plus souvent, la loi dit simplement que l'unité doit être appropriée pour négocier collectivement, sans préciser davantage. La définition du *Code canadien du travail* paraît typique[11].

> «unité de négociation» Unité:
>
> a) soit déclarée par le Conseil habile à négocier collectivement;
>
> b) soit régie par une convention collective.

Au cours des années, les commissaires du travail et les diverses commissions de relations de travail ont élaboré un certain nombre de critères auxquels ils se réfèrent, explicitement ou implicitement, sans les considérer comme absolus ou même contraignants, en tenant compte du caractère spécifique de chaque cas. Parmi ces multiples critères, voici les principaux[12].

Dispositions de la loi

Si la loi de la province en cause précise certains critères, soit en général, soit pour des cas particuliers (comme il arrive dans le cas d'unités de métier), la commission doit évidemment en tenir compte en tout premier lieu.

La volonté des parties

La commission des relations de travail considérera ensuite le désir de la partie syndicale, puisque cette dernière demande et reçoit l'accréditation. La commission tiendra aussi compte de l'opinion de l'employeur. Si les deux parties sont d'accord, la commission intervient rarement pour modifier l'unité demandée. Au Québec, l'agent d'accréditation n'a pas le choix: il doit inscrire dans le certificat l'unité au

10. ROBERT AUCLAIR, «Rétrospective et prospective» dans *Régime nouveau d'accréditation: bilan de la première année*, 2e Colloque de relations industrielles de l'Université de Montréal, 1970-1971, Montréal, Université de Montréal, École de relations industrielles, 1970, p. 94; GÉRARD DION, «Commentaires sur l'exposé de Robert Auclair», p. 110.

11. *Code canadien du travail*, S.R.C. 1985, c. L-12, art. 3 (1) fin.

12. GEORGE W. ADAMS, *Canadian Labour Law, A Comprehensive Text*, Aurora, Canada Law Book, 1985 (983 p.), p. 311-322; ANDRÉ ROY, «L'unité de négociation en matière d'accréditation», *Relations industrielles*, vol. 28, no 2, avril 1973, p. 414-430; EDWARD E. HERMAN résume aussi ces critères dans *Détermination du cadre approprié des groupements de négociation par les commissions de relations de travail*, Ottawa, ministère du Travail, 1968, 1re partie, ch. 4: «Appréciation et nature des critères servant à déterminer le cadre de groupements de négociation», p. 47-59. Le rapport Woods énumère les critères qu'utilise le CCRT: Bureau du Conseil privé, *Les relations du travail au Canada*, Rapport de l'Équipe spécialisée en relations de travail, H.D.WOODS, président, Ottawa, Imprimeur de la Reine, 1968, paragr. 448, p. 155-156. Le juge Gérard Vaillancourt a formulé ceux de la Commission des relations de travail du Québec: *Le Syndicat national des employés de Sicard, CSN, et al.* c. *Sicard Inc.*; M. le juge GÉRARD VAILLANCOURT; Québec, le 7 juin 1965; CRT du Québec, no 2931, 1 à 7; reproduit dans *La Revue de droit du travail*, 1965, p. 362-363. Le commissaire-enquêteur NORMAND CINQ-MARS a repris quelques-uns de ces critères dans la décision *L'Union typographique Jacques-Cartier* c. *Wallace Press (1962) Ltd.*, 16 avril 1970; reproduit dans ministère du Travail, *Décisions du Bureau du commissaire-enquêteur en chef*, vol. 2, no 4, avril 1970, p. 414-415; *Imprimerie Montréal-Granby* c. *Union typographique Jacques-Cartier*, M. le juge GILLES FILION, Tribunal du travail, 29 novembre 1971, M-71-958, *Jurisprudence en droit du Travail* T.t., vol. 2, no 4, déc. 1971, p. 369-371.

sujet de laquelle les parties se sont entendues au préalable (C.t. art. 28 a).

La nature des parties

Du côté syndical, on tiendra compte de la nature de l'union et tout particulièrement de la juridiction que lui reconnaît sa propre constitution, bien que ce ne soit pas là un critère décisif: on sait que certains syndicats fondés pour regrouper un seul genre de travailleurs ont englobé peu à peu toutes sortes de salariés pour devenir de véritables syndicats généraux. Du côté de l'entreprise, on considérera sa structure interne: les divers départements et divisions, le système d'administration. Le but de l'accréditation n'est pas de bouleverser l'entreprise, mais d'assurer aux salariés le droit à une négociation ordonnée et efficace.

Unité naturelle

Le critère principal est celui qu'on désigne par l'expression unité naturelle. Qu'est-ce qui fait qu'un groupe de salariés constitue une unité naturelle? On reconnaît, en général, deux indices: la communauté d'intérêts des salariés visés et une certaine homogénéité dans leurs occupations. Ces deux éléments sont, en quelque sorte, les critères privilégiés auxquels on se réfère toujours dans les cas controversés. Leur application, cependant, demeure difficile[13].

On peut rattacher au critère d'unité naturelle le souci de préserver la paix industrielle dans une entreprise. Ainsi, on pourra refuser de reconnaître un trop grand nombre d'unités distinctes dans un même établissement afin d'éviter la balkanisation de la négociation et la multiplication possible des arrêts de travail.

Histoire

La décision tiendra compte aussi de l'histoire du syndicat, de celle de l'entreprise et de la tradition des relations du travail au sein de l'entreprise et dans l'ensemble de l'industrie dont elle fait partie.

Cas précédents et jurisprudence

Chaque commission des relations de travail respecte évidemment des décisions qu'elle a déjà rendues dans des cas semblables; elle ne rendra une décision différente que si des circonstances nouvelles le justifient.

Rappelons que seuls les salariés au sens de la loi peuvent être inclus dans l'unité d'accréditation. En sont donc exclus tous les employés de direction et un certain nombre, variable selon les provinces, de ceux qui occupent des fonctions confidentielles. Au Québec, l'exclusion pour raison de confidentialité est limitée aux fonctionnaires du gouvernement. Il existe aussi des catégories qui sont complètement exclues de l'application du *Code du travail*, comme les membres de la Sûreté du Québec et les salariés de l'industrie de la construction. La liste des exclusions est beaucoup plus longue dans la plupart des autres provinces: les membres des principales professions libérales, les enseignants, les fonctionnaires y sont presque toujours exclus de la loi générale. Si ces groupes négocient, ils le font soit en vertu de lois qui les visent spécifiquement, soit grâce au bon vouloir des employeurs ou des pressions qu'on a exercées sur eux. (Voir au document 18-1 un exemple de certificat d'accréditation.)

18.2.4 Typologie des unités d'accréditation

S'appuyant sur les critères mentionnés précédemment et sur la tradition syndicale, les diverses commissions

---

13. Le Tribunal du travail a utilisé le critère de l'homogénéité pour renverser la décision du commissaire du travail et accorder aux professeurs anglophones d'une commission scolaire à majorité francophone une accréditation distincte. Voir *East End Teachers Association (PACT)* c. *Association des enseignants de Le Royer* et *Commission scolaire régionale Le Royer*, CHARLES DEVLIN, commissaire-enquêteur, 23 juin 1970; reproduit dans ministère du Travail, *Décisions du Bureau du commissaire-enquêteur en chef*, vol. 2, n° 6, juin 1970, p. 643-648. La décision du Tribunal du travail (*East End Teachers Association*..., M. le juge en chef JEAN-PAUL GEOFFROY, Montréal, le 14 décembre 1970, Tribunal du travail, M. 70-C-2) est reproduite dans *La Revue de droit du travail*, vol. 8, n° 9, novembre 1970, p. 557-565. Voir aussi CLAUDE D'AOUST, «L'unité de négociation appropriée et la langue de travail: l'affaire de la Régionale Le Royer», *Relations industrielles*, vol. 26, n° 2, avril 1971, p. 497-501.

DOCUMENT 18-1

Certificat d'accréditation

Gouvernement du Québec
Bureau du commissaire général du travail

Dossier M-28698-01
Affaire MR-042-06-85
AG-85-07-M-093

ACCRÉDITATION

MANVILLE CANADA INCORPOREE

EMPLOYEUR

'85 JUL 12 11:09

à son établissement situé à:

3000 boul. Matte
Brossard
Québec .
J4Y 2H5

et

SYNDICAT INTENRATIONAL DES OUVRIERS
DE L'ALUMINIUM, DE LA BRIQUE ET DU
VERRE ET SA SECTION LOCALE 297
(FAT-COI, CTC-FTQ)

ASSOCIATION REQUÉRANTE

Vu la requête en accréditation déposée par l'association ci-dessus au Bureau du commissaire général du travail le 3 juin 19 85 pour représenter le groupe de salariés suivant:

"Tous les salariés au sens du Code du Travail, sauf les salariés de bureau et les vendeurs."

CONSIDÉRANT que l'employeur et l'association sont d'accord sur l'unité de négociation décrite ci-après et sur les personnes qu'elle vise;

CONSIDÉRANT que l'association représentait plus de 50% des salariés à la date du dépôt de sa requête;

CONSIDÉRANT que toutes les autres dispositions du chapitre II ont été respectées;

POUR CES MOTIFS ET EN VERTU DES POUVOIRS QUI ME SONT CONFÉRÉS PAR LE CODE DU TRAVAIL, J'ACCRÉDITE l'association requérante pour représenter le groupe de salariés suivant:

"Tous les salariés au sens du Code du Travail, sauf les salariés de bureau et les vendeurs."

COPIE CONFORME

BUREAU DU COMMISSAIRE GÉNÉRAL DU TRAVAIL

Robert Rhéaume
Agent d'accréditation

FAIT ET SIGNÉ À MONTREAL , LE 12 juillet 1985.

des relations de travail ont créé ou confirmé les principaux types d'unités juridiques de négociation. Les commissions distinguent principalement les unités de métier et les unités de type industriel, les unités regroupant les travailleurs de la production et les employés de bureau.

Unité de métier – unité industrielle

La distinction entre l'unité de métier et l'unité de type industriel correspond à deux moments de l'histoire du mouvement ouvrier et de l'organisation industrielle. Le syndicalisme a pris son essor grâce aux métiers. La négociation, quand elle a commencé, se faisait par métier. La solidarité qui unissait les travailleurs se cristallisait autour de leur occupation autant que de leur statut de salarié. Malgré l'avènement des syndicats de type industriel, plusieurs unions de métier ont survécu jusqu'à aujourd'hui, et le législateur ne pouvait ignorer ni leur existence ni leurs droits acquis.

Bien que les unités de métier aient tendance à disparaître, à cause principalement des bouleversements provoqués par les changements technologiques, on en trouve encore, par exemple chez les membres salariés des professions libérales traditionnelles, chez les salariés des nouvelles professions de la santé (physiothérapeutes, inhalothérapeutes, etc.) ou chez un certain nombre de techniciens spécialisés. Un autre secteur typique des syndicats de métier, celui de la construction, correspond à une autre situation: dans bien des cas, les unions des métiers de la construction ne se sont pas préoccupées d'obtenir l'accréditation, et leurs ententes collectives reposent entièrement sur la bonne volonté des employeurs et la force économique du syndicat; en d'autres endroits, cependant, les mêmes unions demandent l'accréditation, qu'elles obtiennent toujours séparément, par employeur, bien que les négociations s'y poursuivent effectivement à l'échelle d'une région ou d'un marché local du travail. Au Québec, les relations de travail dans la construction sont bien particulières: loi spécifique, pas d'accréditation, appartenance syndicale obligatoire, une seule négociation d'envergure industrielle et provinciale. Nous étudierons le secteur de la construction au chapitre 28.

Le phénomène de l'accréditation s'étant implanté et développé au moment de la croissance des syndicats industriels, l'unité de type industriel semble plus adaptée aux masses ouvrières des grands établissements de cette époque. On retrouve ce type d'unité dans la plupart des grandes entreprises – dans l'industrie de l'acier, dans celle de l'automobile et dans l'ensemble de l'industrie manufacturière – où la majorité des travailleurs possèdent un niveau de compétence généralement acquis sur place et exécutent souvent des travaux partiels sur une chaîne de production.

Si l'unité de métier morcelle trop la négociation, l'unité de type industriel risque quant à elle de noyer dans la masse certains groupes d'employés bien définis. C'est ainsi que le syndicat américain des ouvriers de l'automobile a fait face, il y a une trentaine d'années, à une sorte de révolte des employés spécialisés qu'il comptait dans ses rangs. Il s'agit là d'un véritable dilemme. D'un côté, l'union de métier confère à certaines catégories de salariés un pouvoir qui peut devenir exorbitant et nuire à plusieurs autres groupes de travailleurs, comme en témoignent, par exemple, certaines difficultés de l'industrie de la construction, la résistance au changement et les restrictions à l'accès aux métiers. D'un autre côté, la grande unité risque d'étouffer tout particularisme et contribue, pour sa part, à faire du travailleur un numéro pour son syndicat tout autant que pour son employeur[14].

Deux manières différentes de décrire l'unité juridique de négociation correspondent à peu près à la

---

14. Sur les problèmes relatifs à ce dilemme, voir: MARGARET K. CHANDLER, «Craft Bargaining» dans *Frontiers of Collective Bargaining*, sous la direction de JOHN T. DUNLOP et NEIL W. CHAMBERLAIN, New York, Harper & Row, 1967, p. 50-74; ARNOLD R. WEBER, «Craft Representation in Industrial Unions» dans *Proceedings of the Fourteenth Annual Meeting, Industrial Relations Research Association, New York City, December 28-29, 1961*, Madison, Wis., IRRA, 1962, p. 82-92; ARNOLD R. WEBER, «The Craft-Industrial Issue Revisited: A Study of Union Government», *Industrial and Labor Relations Review*, vol. 16, nº 3, avril 1963, p. 381-404.

distinction entre unité de métier et unité de type industriel. Dans le premier cas, la description énumère explicitement les catégories de salariés visés; l'énumération est alors restrictive. Par exemple, on dit que l'association représentera «les infirmières» ou «les mécaniciens de machines fixes au service de...». Inversement, dans le cas de l'unité de type industriel, le certificat d'accréditation stipulera que l'association représentera «tous les salariés à l'exception de...»; dans ce deuxième cas, on mentionne explicitement les exclusions[15].

Travailleurs de la production – employés de bureau

On regroupe très rarement dans une même unité les travailleurs de la production et les employés de bureau. On leur attribue des unités distinctes en vertu du principe qu'une même unité suppose une communauté d'intérêts et l'homogénéité des fonctions. De fait, les syndicats ont coutume, sauf exception, de demander des accréditations distinctes pour ces deux groupes.

Un certain nombre de commissions de relations du travail, cependant, incluent volontiers les uns et les autres dans la même unité, par exemple le CCRT, dans le cas des industries relevant de la compétence fédérale, et les commissions des provinces suivantes: Colombie-Britannique, Manitoba, Saskatchewan et Île-du-Prince-Édouard. Au Québec, on les sépare presque toujours; on regroupe plus facilement les employés de bureau et les techniciens de laboratoire.

La politique adoptée par la commission peut ainsi exercer une influence considérable sur la syndicalisation; elle peut décider de la prospérité d'une union aux dépens d'une autre. Là où la commission refusait de séparer les employés de bureau des autres, même à la demande de certains syndicats de cols blancs, elle a empêché des unions de cols blancs de se développer et a pu retarder la syndicalisation d'un secteur plus faiblement syndiqué[16].

Comme la définition des emplois hors bureau présente souvent des difficultés, on a préféré, dans certains cas, désigner les salariés qui les occupent par l'expression «employés payés à l'heure» au lieu de «travailleurs de la production et autres travailleurs connexes». La formule «employés payés à l'heure» comporte, cependant, l'inconvénient d'offrir à l'employeur un moyen facile de déjouer la loi: il n'a qu'à changer le mode de paiement d'une partie de ses employés pour les soustraire à l'unité de négociation et à l'application de la convention collective[17]. Aussi, certaines commissions, comme en Ontario et au fédéral, ont refusé de décrire une unité de cette manière; au Québec, on a longtemps procédé de cette façon, si les parties elles-mêmes la proposaient[18].

Unité uni-établissement ou multi-établissements

La quasi-totalité des certificats d'accréditation limitent l'unité à l'aire géographique d'un seul établissement. Il y a toutefois des exceptions majeures à mentionner, notamment dans le commerce de détail.

Quand elles traitent de l'unité d'accréditation, toutes les lois désignent un groupe de salariés auprès d'«un» employeur; aucune ne spécifie l'établisse-

15. Le commissaire-enquêteur Adrien Plourde examine un cas d'accréditation à partir de cette distinction: *Association professionnelle des physiothérapeutes du Québec* c. *Hôtel-Dieu de Sherbrooke*; 7 décembre 1970; reproduit dans ministère du Travail, *Décisions du Bureau du commissaire-enquêteur en chef*, vol. 2, n° 12, décembre 1970, p. 1353-1355.

16. Edward E. Herman, *op. cit.*, 2e partie, ch. 2: «Les groupements de négociation d'employés de bureau, de personnels de sécurité et salariés rémunérés à l'heure», p. 85-93. Voir aussi G.W. Reed, *White-Collar Bargaining Units Under the Ontario Labour Relations Act*. Research Series No. 8, Kingston, Ont., Queen's University, Industrial Relations Centre, 1969, 61 p.

17. Le commissaire-enquêteur en chef, Robert Auclair, a soutenu, à l'occasion d'une requête en interprétation, qu'une accréditation ainsi rédigée (*all hourly-rated employees*) s'applique également aux salariés qui sont payés selon la distance parcourue (au mille) en vertu d'une nouvelle convention collective dûment négociée: *Métallurgistes unis d'Amérique, local 5778* c. *Quebec Cartier Mining Company*, 23 décembre 1970; reproduit dans ministère du Travail, *Décisions du Bureau du commissaire-enquêteur en chef*, vol. 2, n° 12, décembre 1970, p. 1313.

18. Edward E. Herman, *op. cit.*, p. 96-98.

ment comme le point de référence principal. Si la loi suggère diverses possibilités, elle inclura l'unité d'établissement (*plant unit*) parmi d'autres. En règle générale, les commissions accréditent un syndicat pour représenter les salariés (d'un employeur) travaillant dans un établissement particulier. Le principe de base qu'on applique est celui de la communauté d'intérêts: à moins que les deux établissements ne soient très rapprochés, on estime que la communauté d'intérêts n'est pas suffisante pour justifier une seule unité.

Pour certains employeurs dans le commerce de détail, comme Steinberg et Provigo (pour les anciens magasins Dominion), les syndicats ont pu établir la communauté d'intérêts des employés de tous les magasins d'un employeur dans une même région, par exemple Montréal, parce que, notamment, ces employés sont facilement mutés d'un magasin à l'autre. La Commission des relations de travail, ou l'organisme approprié selon le cas, a alors jugé que ces différents magasins, dans une région donnée, constituaient une unité appropriée. Dans des cas analogues, cependant, on a aussi accordé l'accréditation à un seul établissement.

L'établissement se révèle souvent difficile à définir, par exemple dans le transport. La question reviendra plus loin, à propos des unités multiples.

Autres cas

La typologie des unités d'accréditation devrait inclure plusieurs autres types, qu'il serait trop long d'énumérer. Nous en mentionnerons quelques-uns. Nous avons déjà fait allusion aux unités composées d'une seule profession (elles s'apparentent alors à une unité de métier) ou de plusieurs professions regroupées. Parmi les employés hors bureau, on distingue très souvent les employés d'entretien (*maintenance*) des travailleurs de la production; d'ailleurs, ils se rattachent fréquemment à des métiers bien définis, particulièrement ceux de la construction. Pour des raisons évidentes, on reconnaît habituellement une unité distincte pour les agents de sécurité – nous ne parlons pas ici des policiers municipaux, mais des employés d'entreprises privées –, du moins quand ils ont des responsabilités comparables à celles de policiers[19]. Les gardiens et les concierges sont souvent membres d'une unité distincte à cause de leurs fonctions particulières. Nous traiterons dans la section suivante des surnuméraires et des employés à temps partiel: leur cas se rattache autant aux exclusions qu'aux types d'unités.

18.2.5 Unités particulières

Il nous reste à voir les cas qui présentent certaines particularités, à cause de dispositions dans les lois ou de situations spéciales, comme les unités de métier, les unités de profession libérale et les employés à temps partiel.

Unités de métier

Quatre provinces canadiennes ont encore une disposition qui favorise l'unité de métier[20]. En aucun cas, cependant, la loi n'oblige la commission à accorder l'accréditation, si cette dernière ne juge pas que l'unité est appropriée. Certaines provinces, comme l'Ontario et le Nouveau-Brunswick, ont modifié leur article de la loi à ce sujet: sans changer radicalement le principe, on y ajoute des précisions qui restreignent un peu la faveur antérieure[21]. Au palier fédéral, on est allé plus loin: alors que la loi de 1948 comportait un article semblable à ceux des provinces en la matière, le *Code canadien du travail* ne comporte

19. Edward E. Herman, *op. cit.*, p. 93-96.
20. Ces quatre provinces sont: l'Ontario (art. 6, 3), la Colombie-Britannique (art. 41), le Nouveau-Brunswick (art. 13, 2) et la Nouvelle-Écosse (art. 24). Voir aussi J.A. Willes, *The Craft Bargaining Unit, Ontario and U.S. Labour Board Experience*, Research Series No. 19, Kingston, Ont., Queen's University, Industrial Relations Centre, 1970, p. xiii-43; *op. cit.*, p. 63-83.
21. En Ontario, la Commission des relations de travail a eu, de 1971 à 1975, le pouvoir d'accréditer des équipes mixtes comprenant plusieurs métiers de la construction: R.S.O. 1970, c. 232, art. 6, 2 et S.O. 1975, c. 76, art. 3, 3. La Commission du Nouveau-Brunswick conserve encore ce pouvoir: R.S.N.B. 1973, c. I-4, art. 13, 2.

aucune mention des unités de métier depuis 1971 ; on leur applique tout simplement les règles générales[22].

Le Québec, l'Alberta, la Saskatchewan et l'Île-du-Prince-Édouard n'ont jamais eu de dispositions spéciales par rapport aux unités de métier. Le Manitoba et Terre-Neuve en ont déjà eues, mais les ont laissé tomber. L'avenir des unités de métier se trouve peut-être davantage du côté des professions libérales.

Professions libérales

Le *Code du travail* du Québec prévoit, depuis 1964, que les professionnels salariés (au sens du Code) peuvent obtenir l'accréditation aux mêmes conditions que tout autre groupe. Au début, il précisait que ces salariés devaient former des unités distinctes pour chaque profession (art. 21). La restriction est disparue en 1977. Les autres provinces canadiennes qui ne privent pas les professionnels du droit à l'accréditation les confinent à des unités spécifiques. Seule la Saskatchewan reconnaissait ce droit depuis longtemps aux membres des professions libérales.

La possibilité d'unité multi-professions existe, depuis 1965, chez les fonctionnaires du Québec, quoiqu'elle ait été réservée d'abord à ceux qui appartiennent à ce qu'on appelle les nouvelles professions, comme les économistes, les géographes, les psychologues, etc.[23]. Notons cependant que, pour les fonctionnaires, l'accréditation n'est pas accordée par un commissaire du travail mais par le gouvernement.

Le *Code canadien du travail* favorise des unités regroupant exclusivement des professionnels. Il permet toutefois d'inclure, si cela se révèle opportun, plusieurs professions dans une même unité et d'adjoindre aux professionnels, dans leur unité, certains employés qui accomplissent des fonctions analogues sans détenir les mêmes diplômes que les professionnels[24].

La *Loi des relations de travail dans la Fonction publique* du Canada détermine des unités de négociation qui se rapprochent énormément des unités de métier, puisque ces unités doivent respecter plus de 60 professions ou catégories d'occupations[25]. Ainsi, les unités des fonctionnaires fédéraux ne comprennent toujours que les membres d'une même profession, mais qui sont employés dans un grand nombre de ministères ou d'organismes gouvernementaux différents.

Agents de sécurité

La plupart des lois établissent un régime particulier pour les policiers provinciaux et, souvent, pour les policiers municipaux. Lorsque ces derniers tombent sous la loi générale, elle stipule presque toujours, comme dans le *Code du travail* du Québec, que leur syndicat ne peut être affilié à un regroupement syndical, mais seulement à d'autres groupes de policiers municipaux (art. 4). À cause de cette situation, ils constitueront évidemment des unités distinctes[26]. Quant aux agents privés de sécurité, le *Code du travail* du Québec n'en fait pas mention; la *Loi des relations ouvrières* de l'Ontario spécifie qu'aucun gardien de la propriété d'un employeur ne saurait être inclus dans une unité qui groupe d'autres employés (art. 12). Le *Code canadien du travail* comporte la même disposition (art. 27.6).

22. *Loi sur les relations industrielles et sur les enquêtes visant les différends du travail*, S.C. 1948, c. 54, art. 8; *Code canadien du travail*, S.R.C. 1970, c. L-1, art. 125 et S.R.C. 1985, c. L-2, art. 27.
23. *Loi de la fonction publique*, S.Q. 1965, c. 14, art. 72 et L.R.Q. c. F-3.1.1, art. 67.
24. *Code canadien du travail*, S.R.C. 1970, c. L-1, art. 125, 3 et S.R.C., 1985, c. L-2, art. 27, 3-4.
25. *Loi des relations du travail dans la Fonction publique*, S.C., 1967, c. 72, art. 27 et S.R.C. 1985, c. P-35, art. 33.
26. À propos des policiers, la Commission des relations ouvrières (CRO) a décidé que seuls les capitaines devaient être exclus de l'unité, non pas les autres officiers. *La Ville des Trois-Rivières* c. *L'Association des policiers et pompiers de la Cité des Trois-Rivières*, M. le juge A.B. Gold, Montréal, le 11 juin 1962; CRO de Québec, n° 56-2; reproduit dans *La Revue de droit du travail*, 1963, p. 67-74. Voir *Une réflexion sur la police municipale*, rapport du comité d'étude sur la police municipale, Union des municipalités du Québec, 1986, 68 p.

La loi américaine prévoit des dispositions analogues pour les trois catégories d'emplois dont nous venons de parler (art. 9 b).

Employés à temps partiel

Très peu de lois contiennent des dispositions concernant les employés à temps partiel et les employés occasionnels. Pourtant, les cas de cette nature sont fréquents. Les commissions de relations de travail se réfèrent, pour les résoudre, aux mêmes critères fondamentaux, mais elles n'arrivent pas toutes à la même conclusion.

Au Québec, l'ancien règlement n° 1 de la Commission des relations ouvrières, adopté en 1952 et devenu caduc par suite de l'entrée en vigueur du *Code du travail*, précisait que le salarié devait «occuper régulièrement un emploi» pour être reconnu membre de l'association ouvrière et par conséquent être inclus dans l'unité de négociation. L'adverbe «régulièrement» excluait les employés occasionnels. La question demeurait: à quel moment et à quelles conditions un employé cesse-t-il d'être occasionnel pour devenir régulier, puisqu'on peut être surnuméraire régulier et à temps partiel régulier?

Même aujourd'hui, par rapport aux employés à temps partiel, les solutions ne sont pas toujours identiques. La tendance, cependant, semble bien de trancher la question selon le nombre d'heures effectuées habituellement au cours d'une même semaine; ainsi, on inclura dans l'unité de négociation ceux qui travaillent 20 heures ou davantage, et on exclura les autres[27]. Autrefois, les syndicats avaient tendance à exclure les employés à temps partiel, parce qu'ils sont, en un sens, des concurrents des employés réguliers; leur nombre croissant, ces dernières années, a modifié l'attitude des syndicats à leur égard. Dans certaines provinces, il arrive que la Commission des relations de travail constitue une unité spéciale pour les employés à temps partiel et accorde l'accréditation à l'union qui veut les représenter[28].

Employés occasionnels

L'attitude à l'endroit de ce type d'employés a évolué. Jusque vers 1970 on les excluait presque toujours. Aujourd'hui, on exige que l'employeur démontre la nécessité d'exclure les employés occasionnels de l'unité générale[29]. Dans ce cas comme dans les autres, on se réfère principalement aux deux critères fondamentaux, la communauté d'intérêts et l'homogénéité du groupe.

Le cas des étudiants ne semble pas présenter de difficulté particulière. On décide alors selon les critères habituels, sans qu'on puisse observer plus de constance à leur sujet que pour les autres employés à temps partiel ou les employés occasionnels. On peut ramener à ces deux aspects – durée et régularité de l'emploi – tous les cas que l'on désigne par divers termes comme employés temporaires, supplémentaires ou surnuméraires.

Pour ce qui est des employés en période de probation, leur cas est généralement réglé par la convention collective, qui prévoit presque toujours une période d'essai plus ou moins longue (de quelques jours à quelques mois), avant que l'employé devienne membre du syndicat et acquière le droit à tous les privilèges de la convention. La condition d'âge («au moins 16 ans») qui apparaissait dans l'ancien

27. *Dominion Stores Ltd. (Belœil)* c. *Union des Commis du Détail local 486*, CRT du Québec, dossier n° D-340, 4 septembre 1962; reproduit dans *Bulletin mensuel d'information* (janvier-février 1963), p. 73; *L'Union des employés de commerce, local 500*, c. *Léopold Duplessis Ltée*, ROBERT TREMBLAY, commissaire-enquêteur, 29 juin 1970; reproduit dans ministère du Travail et de la Main-d'œuvre, *Décisions du Bureau du commissaire-enquêteur en chef*, vol. 2, n° 6, juin 1970, p. 167; *Warshaw Fruit Market Inc* c. *Union des employés de commerce, local 500*, (1976) T.t. 256.

28. EDWARD E. HERMAN, *op. cit.*, p. 106-108.

29. Voir *Décisions du Bureau du commissaire enquêteur en chef*, vol. 2, n° 1, janvier 1970, p. 151; vol. 2, n° 2, février 1970, p. 295; vol. 2, n° 11, novembre 1970, p. 1147. Ils sont inclus dans un autre cas: *ibid.*, vol. 2, n° 7, juillet 1970, p. 740. Voir aussi *Jurisprudence en droit du travail*, T.t., vol. 2, n° 2, janvier 1971, p. 153; *Syndicat canadien de la fonction publique, section locale 1113* c. *Syndicat des travailleurs et travailleuses en loisir de ville de Laval (CSN)*, D.T.E. 87T-884 (T.t.); *Rôtisserie Laurier inc.* c. *Métallurgistes unis d'Amérique, local 8470*, (1987) T.t. 363, D.T.E. 87T-929 (T.t.).

règlement n° 1 de la CRO ne se retrouve plus dans les règlements actuels.

18.2.6 Unités multiples

Nous avons tenu pour acquis jusqu'ici que l'accréditation était toujours acordée à un syndicat pour les salariés d'un employeur ou d'une partie des salariés d'un employeur. La loi fédérale et les lois de plusieurs provinces permettent une accréditation plus étendue; en pratique, toutefois, les cas d'unités multiples d'accréditation sont très peu nombreux.

Le tableau 18-3 résume la situation à partir de certaines lois canadiennes. Les différents cas se ramènent à deux types principaux, qui peuvent chacun se subdiviser en deux, selon les parties engagées dans une accréditation.

Un employeur:	un syndicat plusieurs syndicats
Plusieurs employeurs:	un syndicat plusieurs syndicats

Le *Code du travail* du Québec n'admet aucune autre forme d'accréditation que la plus élémentaire: un syndicat – un employeur. La loi de l'Ontario permet à un conseil d'unions de demander l'accréditation, mais toujours en fonction des salariés d'un seul employeur. Il en est ainsi de l'Alberta, de la Saskatchewan et de l'Île-du-Prince-Édouard. Les cinq autres provinces (Colombie-Britannique, Manitoba, Nouveau-Brunswick, Nouvelle-Écosse et Terre-Neuve) permettent à plusieurs syndicats de demander simultanément l'accréditation; elles autorisent aussi une demande d'accréditation relative à deux ou plusieurs employeurs. Dans ce dernier cas, cependant, la commission ne peut accorder l'accréditation que moyennant trois conditions, qui doivent être réalisées simultanément par rapport à chaque employeur: l'unité doit être appropriée, tous les employeurs concernés doivent consentir à l'unité multiple, et la majorité doit être acquise soit dans chacune des entreprises visées (Nouvelle-Écosse), soit dans leur ensemble (Colombie-Britannique). L'exigence simultanée de ces trois conditions limite singulièrement la possibilité d'une accréditation multiple. Le *Code canadien du travail*, même s'il s'exprime en des termes différents, se rattache au même modèle: pour qu'il y ait accréditation unique de plusieurs employeurs, chaque employeur visé doit avoir donné à l'association patronale un mandat qui lui permette d'agir comme si elle était l'employeur de tous (art. 32-33).

Deux autres dispositions touchent les conseils d'unions et les associations patronales. Le *Code du travail* du Québec et la *Loi des relations ouvrières* de l'Ontario précisent que la convention collective signée par une association patronale – et, en Ontario, par un conseil d'unions – lie tous les membres de l'association (ou du conseil); la disposition vaut quel que soit le type d'accréditation en cause[30].

La loi de certaines provinces, comme l'Ontario et la Colombie-Britannique, permet une accréditation patronale; dans le cas de l'Ontario, l'accréditation patronale est limitée à l'industrie de la construction[31]. Cette accréditation a pour effet de transférer à une association patronale l'obligation de négocier qui incombe normalement à chaque employeur; ainsi, une convention particulière déjà en vigueur entre un syndicat et un employeur ne continuera d'exister que jusqu'à sa date d'échéance; par la suite, la négociation doit se faire par l'entremise de l'association patronale et une seule convention collective doit en découler. L'ancienne *Loi des relations ouvrières* du Québec prévoyait, dans son article 6, qu'une association d'employeurs pouvait être accréditée de la même manière qu'une association de salariés. Bien que cet article, du moins en ce qui concerne les employeurs, n'ait pas été très utilisé, certains secteurs de l'industrie, en particulier la construction et le vêtement, en avaient fait bon usage[32]. Quand la loi fut révisée pour devenir,

30. *Code du travail*, art. 68; Ontario *Labour Relations Act*, art. 51.
31. Ontario *Labour Relations Act*, art. 125; Colombie-Britannique, *Industrial Relations Act,* art. 59.
32. Edward E. Herman, *op. cit.*, p. 150-152; Gérard Hébert, «L'extension juridique des conventions collectives dans l'industrie de la construction dans la province de Québec, 1934-1962», thèse de doctorat, Montréal, Université McGill, Département de science économique et politique, avril 1963, p. 647-649.

TABLEAU 18-3

Dispositions relatives à l'accréditation et à l'unité de négociation selon certaines lois canadiennes[1]

Province	Syndicat	Employeur	Dispositions particulières
Québec	«l'association de salariés» (21) (syndicat, union... ou autrement 1, a)	«un employeur» (21)	Accord des parties ou décision (28) La convention collective d'une association d'employeurs lie tous les membres (68).
Ontario	Local ou conseil Conditions: délégation de chaque local visé (1, p, 7 et 10)	Employeur, établissement ou subdivision (1, b) Priorité à certaines unités: métiers, ingénieurs, professionnels (6)	La convention collective d'une association ou d'un conseil lie tous les membres visés (51). Construction: accréditation patronale possible (125)
Colombie-Britannique	Union (locale, provinciale, ...) ou conseil (1, 39)	Un employeur (1, 39, 42) Plusieurs employeurs à trois conditions: – unité appropriée au jugement de la Commission – majorité d'employés – tous les employeurs y consentent (40)	Accréditation patronale possible (59) La Commission peut, d'elle-même, après étude demandée par le ministre, décider d'accréditer un conseil d'unions (57).
Nouvelle-Écosse	Une, deux ou plusieurs unions (1, w, x, 23, 25)	Un employeur (23, 25) Plusieurs employeurs à deux conditions: – tous les employeurs consentent – majorité d'employés de chaque employeur (25, 13) Plusieurs établissements interdépendants forment une seule unité (26).	La convention collective d'une association lie les membres qui ont accepté d'être liés (41). Construction: accréditation patronale possible (97) Dans la construction, la convention collective d'une association ou d'un conseil lie les membres visés (100).
Canada (loi fédérale)	Un syndicat (24) ou plusieurs: conseil (32)	Un employeur (27) Plusieurs employeurs de débardeurs (34) Plusieurs employeurs en association: condition: mandat de chacun (33)	La convention collective d'une association ou d'un conseil lie les membres (32, 4 et 33, 2-3).

1. Les numéros entre parenthèses renvoient aux articles des lois pertinentes. Les dispositions des lois des provinces non mentionnées dans le tableau s'apparentent à celles de l'Ontario ou de la Nouvelle-Écosse.

Sources: Québec: *Code du travail*; Ontario: *Labour Relations Act*; Colombie-Britannique: *Industrial Relations Act*; Nouvelle-Écosse: *Trade Union Act*; *Code canadien du travail*, partie I.

en 1964, le *Code du travail*, cette disposition fut supprimée; il est curieux de noter l'intérêt qu'elle suscite depuis dans les autres provinces.

Comme toutes les dispositions relatives à une unité d'accréditation multiple ne font que permettre une telle forme d'accréditation, il faut voir comment, dans les faits, elles ont été utilisées par les parties et sanctionnées par les diverses commissions de relations de travail. Les cas sont limités, mais ils ne manquent pas d'intérêt. Nous traiterons successivement des unités multi-établissements, des unités multi-employeurs et de quelques autres unités connexes.

Unités multi-établissements

Les commissions accréditent le plus souvent un syndicat pour les salariés d'un employeur travaillant dans un établissement déterminé. C'est là la pratique normale. Le principe de base que l'on applique est celui de la communauté d'intérêts: à moins que les deux établissements ne soient très rapprochés, on estime que la communauté d'intérêts n'est pas suffisante pour justifier une seule unité[33]. Dans le cas de certains commerces de détail, on a jugé que plusieurs établissements de la même entreprise (chaîne de magasins) situés dans la même région pouvaient constituer une unité appropriée[34]. Cependant, dans des cas analogues, on a accordé l'accréditation à un seul établissement[35]. Les demandes d'accréditation multi-établissements demeurent relativement peu fréquentes; on s'efforce toujours de les régler selon les principes généraux de la communauté d'intérêts et de l'homogénéité du travail en tenant compte de la mobilité du personnel entre les établissements[36].

Un cas difficile est celui des entreprises de camionnage; comme dans les autres entreprises, la plupart des unités y sont définies par rapport aux employés qui se réfèrent à un même port d'attache. La Commission des relations du travail du Québec semblait, cependant, plus disposée que celle de l'Ontario à accréditer un syndicat pour les employés d'une entreprise rattachés à plusieurs endroits différents[37]. Les unités dites nationales accréditées par le CCRT présentent des problèmes que nous mentionnerons plus loin.

Unités multi-employeurs

Dans les provinces où la loi ne reconnaît l'accréditation que pour un seul employeur, il ne peut pas y avoir d'unités d'accréditation multi-employeurs. Même dans les cas où un employeur agissait sous deux raisons sociales différentes, l'ancienne CRO du Québec a toujours refusé d'accorder une seule accréditation, parce qu'il y avait plusieurs employeurs juridiquement distincts[38].

33. EDWARD E. HERMAN, *op. cit.*, 2e partie, ch. 5: «Les regroupements de négociation inter-établissements ou inter-localisations», p. 123-138.
34. *Union des commis de détail, local 486* c. *Dominion Stores Ltd.* (pour ses 2 magasins de Trois-Rivières), CRO, 17 avril 1962; *L'Union des employés de MacFarlane-Lefaivre Mfg. Ltd. (Div. Labelle), et al.* c. *Boucher et Lefaivre Ltd.*, M. le juge A.B. GOLD, CRT, dossier nº 8471-1-2-3, R-748A (1962) et R-34 (1964), Montréal, le 18 janvier 1965; reproduit dans *Relations industrielles*, vol. 20, nº 2, avril 1965, p. 372, 386-391; *Steinberg's Ltd.* c. *Association nationale des employés de l'alimentation au détail du Québec inc.*, CRT 21 juin 1967, nº A-68-1636. (J.G. DESCÔTEAUX, *Répertoire*, p. 254-256); *Union des employés de commerce, local 502* c. *J. Pascal Inc.* T.t., 8 septembre 1984, nº 500-28-000150-847, juge LESAGE; *Distribution aux consommateurs Ltée* c. *Union des employés de commerce, local 503*, T.t. 54, D.T.E. 88T-53 (T.t.).
35. *Syndicat national des employés du Centre St-Vallier, CSN*, c. *Corporation du Centre Berthelet*, SERGE LALANDE, commissaire-enquêteur, 4 juin 1970, reproduit dans *DBCE*, vol. 2, nº 5, mai 1970, p. 572-574. Voir aussi *Relations industrielles*, vol. 26, nº 3, août 1971, p. 764-768.
36. Voir la discussion d'un cas complexe et le rappel des principes dans: *Le Syndicat national des employés de Sicard, CSN et al.* c. *Sicard Inc.*, M. le juge GÉRARD VAILLANCOURT, Québec, le 7 juin 1965, CRT du Québec, nº 2931, 1 à 7; reproduit dans *La Revue de droit du travail*, 1965, p. 353-370.
37. EDWARD E. HERMAN, *op. cit.*, p. 129-130.
38. Voir le cas suivant où deux compagnies distinctes avaient les mêmes propriétaires et occupaient le même établissement: *Beau Brummell Inc., et The Crown Royal Clothing Co., Montréal,* c. *Local 274, Montreal Joint Board, Amalgamated Clothing Workers of America, CLC-AFL/CIO*; reproduit dans *Bulletin mensuel d'information*, avril 1963, p. 72.

En fait, seuls le CCRT et le *Industrial Relations Council* de Colombie-Britannique ont accordé des certificats d'accréditation visant plusieurs employeurs; on ne trouve d'exemple dans aucune autre province, même dans celles où la loi le permet. De 1944 à 1948, la Commission des relations de travail en temps de guerre a émis une douzaine de certificats conjoints, surtout dans l'industrie du transport[39]. Par contre, de 1948 à 1960, le Conseil canadien des relations ouvrières n'a émis que huit certificats de ce genre, toujours dans le domaine du transport, et aucun, semble-t-il, depuis cette date; durant cette même période, plusieurs demandes ont été rejetées[40].

La Colombie-Britannique possède l'expérience la plus étendue en matière d'unités d'accréditation multi-employeurs; dans certains cas, particulièrement dans le domaine des hôtels et des restaurants, le certificat pouvait atteindre et même dépasser 50 entreprises. Cette expérience remonte toutefois à plusieurs décennies. Jusqu'en 1954, la Commission de cette province émettait facilement de tels certificats; les exigences légales étaient alors beaucoup moins contraignantes qu'à l'heure actuelle: il suffisait d'avoir la majorité des salariés dans l'ensemble de l'unité et le consentement de la majorité des employeurs[41]. Le système entraîna des difficultés considérables. Ainsi, même si la majorité des salariés d'une entreprise étaient d'accord avec l'employeur pour modifier un point particulier de la convention collective – par exemple afin de tenir compte de conditions géographiques spéciales –, l'arrangement se révélait impossible, par suite du vote prépondérant de la majorité des salariés dans l'unité de négociation totale. La seule manière, pour une entreprise, de sortir de cette unité, c'était qu'un nouveau syndicat fasse une demande d'accréditation pour représenter les salariés de cette entreprise. De plus, comme ce genre d'accréditation se retrouvait surtout dans les secteurs où la concurrence était vive, le certificat risquait de devenir rapidement désuet, à cause du grand nombre d'entreprises disparues et d'entreprises nouvelles.

Pour toutes ces raisons, des conditions plus sévères furent imposées. En 1954, on exigea la majorité absolue dans chaque entreprise visée et, en 1961, le consentement de chacun des employeurs concernés. Ces deux conditions, jointes à un changement de commissaires en 1954, ont renversé la situation: on n'accorda plus d'accréditation multiple. En 1974, la loi a donné à la Commission de la Colombie-Britannique, à certaines conditions, le pouvoir d'imposer des unités élargies, mais la Commission a toujours préféré que celles-ci s'établissent sur une base volontaire[42].

Unités multi-syndicats

Il est presque impossible que des syndicats différents veuillent se lier dans un même certificat d'accréditation. Si leurs intérêts actuels les rapprochent, il n'est pas sûr que, tôt ou tard, ils ne se combattront pas pour mieux défendre leurs membres respectifs.

On rencontre plutôt une demande d'accréditation faite conjointement par plusieurs succursales locales d'une union. Ainsi, dans le domaine du vêtement pour dames et du vêtement pour hommes, on trouve des conseils locaux qui regroupent les succursales d'une union dans la région. Les diverses commissions de relations de travail n'hésitent pas à accréditer ces divers conseils d'unions lorsqu'ils en font la demande, si l'unité de négociation paraît, par ailleurs, appropriée[43].

Dans le domaine de la construction, les conseils régionaux regroupant les diverses unions des métiers

39. EDWARD E. HERMAN, *op. cit.*, p. 208-210.
40. *Ibid.*, p. 144-145, 206-207.
41. *Ibid.*, p. 230-234.
42. *Ibid.*, p. 145-150; S.B.C. 1973, c. 122; *Labour Code*, art. 57; PAUL WEILER, *Reconcilable Differences. New Directions in Canadian Labour Law*, Toronto, The Carswell Company, 1980 (335 p.), p. 195-205.
43. Voir, par exemple: *Bureau conjoint de Montréal, Travailleurs amalgamés du vêtement d'Amérique, CTC-FAT-COI* c. *Pacific Pants Co. Inc.*, MICHEL A. GALIPEAU, commissaire-enquêteur, 6 mars 1970; reproduit dans ministère du Travail et de la Main-d'œuvre, *Décisions du Bureau du commissaire-enquêteur en chef*, vol. 2 nº 3, mars 1970, p. 334-335.

du bâtiment agissent souvent comme agents négociateurs; ils remplissent cette tâche en tant que mandataires des divers «locaux» qui détiennent toujours les accréditations s'il y en a. À part quelques exceptions, comme la construction d'un immense barrage, on n'accrédite pas les conseils de construction, mais les succursales locales des unions qui les composent. La situation est d'ailleurs la même dans toutes les provinces, sauf au Québec, où, depuis 1968, une loi spéciale régit les relations de travail dans l'industrie de la construction (chapitre 28).

Unités géographiques

La question des unités géographiques se pose surtout dans quelques industries, comme le commerce, le transport et la construction. Le cas le plus visible, sinon le plus considérable, est celui du commerce, particulièrement le commerce de détail, auquel nous avons déjà fait allusion à propos des unités multi-établissements dans une région donnée. Pour assurer la communauté d'intérêts entre les salariés, les établissements en cause ne doivent pas être trop éloignés. Aussi le territoire visé doit-il être défini dans le certificat. C'est ce qu'on appelle les accréditations géographiques[44].

Les unités géographiques remontent loin dans le temps. Depuis de nombreuses années, la Commission de la Colombie-Britannique indiquait, quand elle le jugeait à propos – spécialement dans l'industrie de la construction –, un territoire géographique auquel le certificat d'accréditation s'appliquait; en règle générale, ce territoire était très étendu; il atteignait souvent les dimensions mêmes de la province. Ainsi, pour les charpentiers-menuisiers, les certificats d'accréditation sont décernés soit à un groupe de succursales locales, soit au conseil provincial de l'union. En Alberta, on trouve une situation semblable, avec cette différence, toutefois, que l'étendue géographique est beaucoup plus restreinte[45].

À la suite de difficultés et de conflits sérieux, toujours dans l'industrie de la construction, l'Ontario a inscrit, en 1961, dans sa *Loi des relations ouvrières*, que les accréditations décernées dans la construction devaient obligatoirement se référer à une étendue géographique. La Commission des relations de travail de de cette province a déterminé, à cet effet, un certain nombre de régions dont l'ensemble couvre le territoire de la province. En 1977, un amendement introduisait la négociation provinciale par métier dans les projets de grande envergure, à la condition que les représentants des parties soient désignés par le ministre, tant pour les employeurs que pour les employés de ce métier, dans l'ensemble de la province[46].

Le problème géographique se pose dans l'industrie de la construction à cause de la mobilité des entreprises et des travailleurs. On le retrouve, à une plus grande échelle, pour des raisons évidentes, dans l'industrie du transport. Comme la plupart des entreprises de transport relèvent de la compétence fédérale, le CCRT a fait face à ce problème fréquemment.

Qu'il s'agisse du transport par chemin de fer, par bateau, par camion ou par avion, le CCRT a toujours favorisé des unités à la grandeur des activités mêmes de l'entreprise. Dans le cas des équipes sédentaires des compagnies aériennes, le CCRT accepte d'accréditer un syndicat pour les employés travaillant à tel aéroport, si le syndicat le demande explicitement[47].

Le CCRT applique la même politique dans le domaine des communications. Ceci entraîna, en 1967, une controverse sur le fractionnement des unités nationales de négociation. En plus des avantages et des inconvénients respectifs de la centralisation et de la décentralisation, le problème – qui se posait alors particulièrement pour les employés de Radio-Canada –

44. *Monsieur Muffler limitée* c. *Syndicat des travailleurs de Monsieur Muffler (CSN)*, (1985) T.t. 297, D.T.E. 85T-555 (T.t.); *Restaurants Scott Québec* c. *Union des employés de commerce, local 502 (TUAC)*, D.T.E. 88-T, 496 (T.t.); *Assurance Bélair* c. *Syndicat des salariés de Bélair*, (CSD), D.T.E. 88T-446 (T.t.)

45. Gérard Hébert, voir *supra*, note 32, p. 30-34.

46. *Statutes of Ontario*, 1961-1962, c. 68, art. 16, 1977, c. 31, art. 3; *Labor Relations Act*, R.S.O. 1980, c. 228, art. 119, 137 et ss.

47. Edward E. Herman, *op. cit.*, p. 125-129.

comportait des éléments émotifs. On contestait la valeur des unités nationales dans un secteur où le bilinguisme et le biculturalisme ont une importance capitale; la rivalité intersyndicale s'ajoutait à l'aspect nationaliste, puisque le fractionnement aurait permis à la CSN de pénétrer là où l'unité nationale de négociation lui avait toujours interdit l'accès. Rien dans la loi n'empêche le fractionnement de ces unités, mais le CCRT lui-même avait peu à peu établi une jurisprudence en ce sens. Pour résoudre le problème, un projet de loi fut présenté à la Chambre des communes (le projet de loi C-186) permettant explicitement au Conseil de déterminer des unités de négociation régionales. Le projet de loi suscita de vives réactions de la part de ceux qui favorisent de larges unités; d'autres problèmes plus pressants retinrent l'attention du gouvernement et du public, et l'on oublia le projet de loi C-186; il ne fut jamais adopté[48]. Des accréditations séparées furent quand même accordées par la suite.

18.2.7 Problèmes et orientations

Que retenir de cette mosaïque de prescriptions légales et de décisions administratives et judiciaires? La législation sur l'unité d'accréditation n'a guère évolué quant à ses dispositions essentielles. La forme première et fondamentale (un syndicat – un employeur) demeure toujours la même. Là où il y avait possibilité d'ouverture vers des unités plus étendues, l'expérience a été assez malheureuse, comme en Colombie-Britannique, où l'on n'a pas utilisé les mesures permissives de la législation. Le Code canadien autorise les grandes unités, mais il ne s'applique qu'à des industries particulières. Le CCRT a favorisé de grandes unités, et la principale contestation de ses décisions avait pour objet d'obtenir le fractionnement des unités d'accréditation. Les innovations les plus originales ne semblent pas de cette nature, mais semblent plutôt aller dans le sens de l'accréditation des associations patronales, comme en Ontario et en Colombie-Britannique.

48. Gérard Hébert, «Les unités de négociation et le CCRT», *Relations*, vol. 28, n° 323, janvier 1968, p. 7-8.

Toutefois, avant de discuter de l'élargissement des unités d'accréditation, il faut poser une question plus fondamentale: qui détermine et qui doit déterminer l'unité juridique de négociation?

Mode de détermination

Qui détermine l'unité de négociation: les parties contractantes ou la Commission des relations de travail? La loi, la pratique et la jurisprudence ont toujours oscillé entre ces deux pôles.

La volonté des parties est primordiale. En effet, le système d'accréditation a été conçu afin d'assurer, d'une manière efficace, l'exercice du droit de libre association. Le choix des parties revêt, à ce titre, une importance capitale. Quand les deux parties sont tombées d'accord sur une unité, la pratique courante des commissions consiste à entériner leur choix, même si, dans la plupart des cas, la loi confère à l'organisme administratif le droit d'y apporter des modifications, s'il le juge nécessaire, pour que l'unité soit vraiment appropriée. Au Québec, l'agent d'accréditation doit reconnaître l'unité que les parties acceptent; le commissaire du travail a le pouvoir de la modifier (C.t. art. 28 et 32).

Le bien public général n'exigerait-il pas une attitude plus normative de la part des commissaires et des commissions? Si les unités se déterminent au hasard des goûts de chaque groupe, à quel système hétéroclite de négociation collective aboutirons-nous? Surtout dans le secteur public, des impératifs d'ordre administratif et d'équité requièrent beaucoup plus d'ordre et de rationalité. Même dans le secteur privé, si l'on veut arriver à une certaine planification, en vue d'assurer le plein emploi et la croissance, n'est-il pas nécessaire d'assurer, là aussi, un certain ordre[49]?

49. Léo Roback, Commentaires sur l'exposé de Robert Auclair «Rétrospective et prospective» dans *Régime nouveau d'accréditation: Bilan de la première année*, 2e Colloque de relations industrielles, 1970-1971, Université de Montréal, École de relations industrielles, 1971, p. 116-117.

On fait ainsi face à un dilemme fondamental : quelle place une société veut-elle accorder respectivement à la liberté et à l'efficacité sociale ? Il n'existe peut-être pas d'autre réponse que la recherche constante d'un équilibre toujours changeant.

Élargissement des unités

Par rapport à l'étendue des unités d'accréditation, faut-il maintenir le statu quo ou favoriser l'élargissement ? Ici encore, nous retrouvons le difficile choix entre la liberté et l'efficacité.

Ceux qui réclament l'élargissement des unités d'accréditation le font d'habitude, en premier lieu, pour donner à la partie syndicale et à l'organisme qui accrédite le pouvoir de forcer les employeurs récalcitrants à se soumettre à une seule négociation et à se conformer ensuite aux normes qui en découlent. On recherche d'abord la force de la loi dans une accréditation multiple. Sous un autre aspect, l'accréditation conjointe pourrait protéger le syndicat qui la détient contre le maraudage d'une autre union ; le maraudage se trouve facilité par la multiplicité des certificats : le syndicat rival n'a pas à s'implanter d'un seul coup dans la grande unité ; il peut en déloger le syndicat rival à la pièce. Enfin, la troisième raison, peut-être la plus importante, est aussi la plus difficile à mesurer : une accréditation multiple, dit-on, stimulerait une négociation réelle plus étendue[50].

Les unités multiples d'accréditation, cependant, ne présentent pas que des avantages. La formule impose parfois des contraintes trop rigides à des entreprises où la direction et les travailleurs, conjointement, auraient de bonnes raisons de préférer un régime différent. Le problème reviendrait toujours à obliger un certain nombre d'établissements et d'entreprises qui s'y objecteraient – employeurs et (ou) travailleurs – à participer à une négociation commune. N'est-ce pas là un pouvoir trop important pour le remettre entre les mains des commissaires du travail ou d'un organisme administratif ? Finalement, en pratique, il n'y aurait guère de différence entre un tel système et un régime de négociation sectorielle, dont nous discuterons au chapitre 20.

Le système actuel n'empêche nullement la négociation réelle à un niveau plus étendu. En fait, elle existe déjà et se pratique pour une proportion considérable des employés syndiqués, comme nous le verrons dans la section suivante. À moins de vouloir passer d'un coup à la négociation sectorielle par le truchement des unités d'accréditation élargies, il est difficile de voir les avantages qu'on y trouverait. Au lieu de la souplesse actuelle, on y imposerait la rigidité propre aux structures juridiques.

Sur ce problème, le rapport de l'Équipe spécialisée en relations de travail (rapport Woods) recommande plus de souplesse encore ; il souhaite que la négociation collective soit « libérée de tout modèle rigide (...) afin d'aider le régime à atteindre son propre équilibre dans l'intérêt des parties[51] », soit qu'il faille agrandir ou fractionner les unités. Il semble toutefois que le rapport privilégie plutôt l'élargissement des unités[52]. Malheureusement, le rapport ne distingue pas clairement entre unité de négociation et unité d'accréditation ; le contexte porte à croire qu'il s'agit de l'unité d'accréditation, puisqu'on revient constamment sur le rôle du CCRT ; par contre, l'argumentation que l'on présente s'applique davantage à l'unité réelle qu'à l'unité juridique[53].

De toute manière, l'élargissement des unités d'accréditation se buterait tôt ou tard au problème de la compétence provinciale en matière de relations de travail. Il existe déjà un certain nombre de négociations qui se font à l'échelle canadienne. Quand le conflit se résout à l'étape des négociations directes, on ne remarque pas de problèmes ; ils commencent plutôt lorsqu'on veut recourir à la conciliation : qui a alors juridiction[54] ? C'est là une autre question.

50. Edward E. Herman, *op. cit.*, p. 140-144.

51. Bureau du Conseil privé, *Les relations du travail au Canada*, voir *supra*, note 12, paragr. 451, p. 156.

52. *Ibid.*, paragr. 551, p. 181.

53. Alton W.J. Craig, «The Collective Bargaining Process», *Relations industrielles*, vol. 25, nº 1, janvier 1970, p. 36-40.

54. *Ibid.*, p. 38-39; Bureau du Conseil privé, *Les relations du travail au Canada*, voir *supra*, note 12, paragr 754-756, p. 231.

18.3 Unité réelle de négociation

Une forte proportion des conventions collectives, au Canada et aux États-Unis, se négocient pour les seuls salariés de l'unité déterminée dans le certificat d'accréditation. Toutefois, une fraction importante des négociations, souvent très significatives, visent des groupes plus étendus. Dans bien des cas, l'unité de négociation réelle dépasse de beaucoup les dimensions de l'unité d'accréditation.

Nous pourrions définir l'unité réelle de négociation comme l'ensemble des salariés qui seront touchés par une négociation et dont les conditions de travail seront régies par la convention collective (ou les conventions collectives) qui en résultera. Cette unité réelle est constituée librement par un groupe d'employeurs et un ou plusieurs syndicats qui détiennent des certificats d'accréditation distincts pour représenter différents groupes des salariés desdits employeurs. Le regroupement est formé soit d'une manière purement volontaire, soit par suite de pressions économiques. Cependant, au Québec, depuis une vingtaine d'années, un certain nombre d'unités réelles de négociation, au-delà des certificats d'accréditation, ont été décrétées par des lois particulières; nous y reviendrons dans le chapitre 20, qui porte sur la négociation sectorielle.

Nous essaierons d'abord d'établir une typologie des unités de négociation, puis nous analyserons d'un peu plus près la situation telle qu'elle se présentait il y a quelques décennies et telle qu'elle se présente aujourd'hui. Enfin, nous tenterons de dégager et d'évaluer les principaux facteurs qui expliquent ou favorisent un type d'unité ainsi que les effets qui en découlent.

Afin de mieux saisir ces différents regroupements, on doit d'abord évoquer la composition d'un établissement et voir de quelles unités il peut être constitué.

18.3.1 Unités de travail d'un établissement

Pour les fins de la démonstration, nous prendrons un établissement manufacturier comptant 1000 employés. La figure 18-1 montre la répartition des salariés de cette établissement selon les différentes unités d'accréditation qu'on pourrait y trouver.

Le groupe le plus important est constitué de 600 salariés de la production. Ils sont répartis entre différents départements, dont le nombre et l'importance varient selon le type d'entreprise et le genre de produit manufacturé. À part un groupe de manœuvres, la quasi-totalité des employés sont des ouvriers spécialisés qui travaillent sur des machines de production. Une unité de négociation visant les employés de production inclurait normalement les 600 salariés, même si, dans certains cas, un département peut être exclu de l'unité pour une raison particulière: refus massif du groupe d'appartenir au syndicat ou, à l'opposé, présence d'un autre syndicat déjà accrédité.

Une centaine d'autres employés sont le plus souvent assimilés aux travailleurs de la production. Les manutentionnaires assignés à la réception et à l'expédition sont généralement regroupés avec les employés de production. La place des employés d'entretien – entretien général et entretien mécanique – est moins régulière, surtout celle des hommes de métiers et des ouvriers qualifiés. Ils peuvent se joindre aux salariés de la production, mais on constate souvent que les employés d'entretien sont membres de leur propre union de métier, avec une accréditation et une convention distinctes: mécaniciens de machines fixes, machinistes, travailleurs des métiers du bâtiment.

Les employés de bureau forment presque toujours un groupe à part. Ils sont moins souvent syndiqués que les employés de production. S'ils le sont, ils choisissent de faire partie soit du même syndicat que la production, avec une accréditation distincte, soit d'un syndicat constitué seulement de cols blancs.

Les professionnels de l'établissement sont rarement syndiqués. Ils sont généralement assignés à la recherche et au contrôle de la qualité. S'ils sont syndiqués, ils sont membres d'un groupe distinct, composé uniquement de professionnels, ou se sont joints aux employés de bureau pour former une unité de cols blancs.

FIGURE 18-1

Répartition des employés d'une usine selon des unités d'accréditation possibles

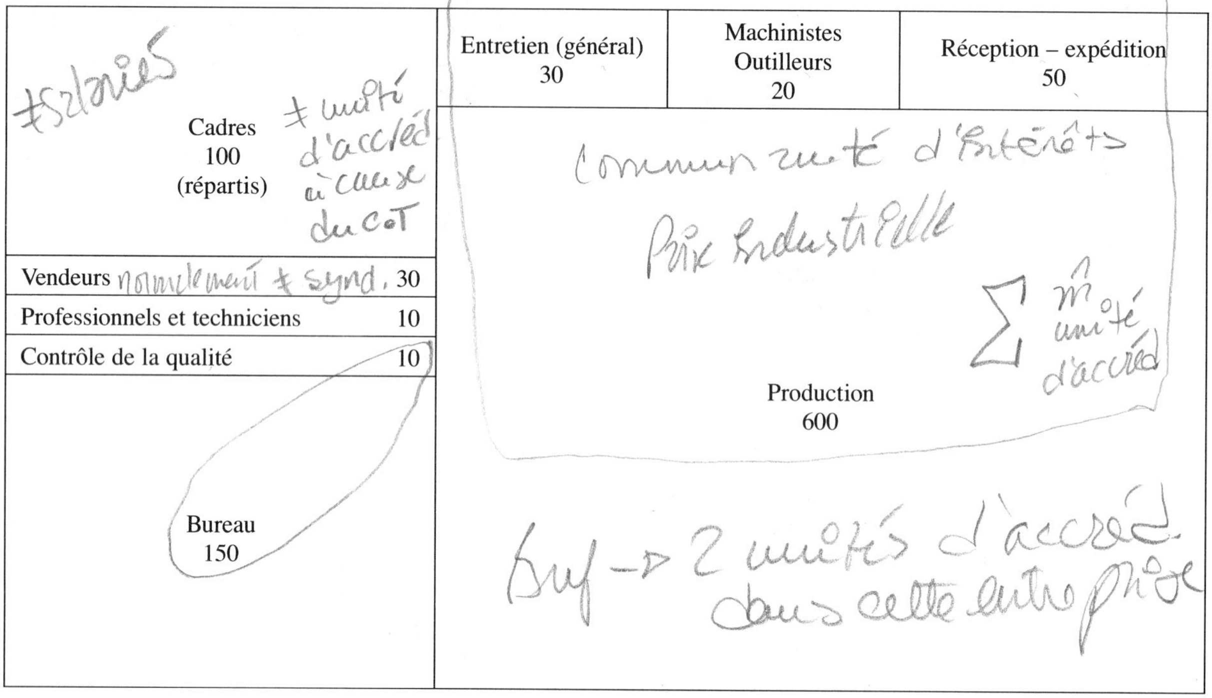

Cadres
100
(répartis)

Entretien (général)
30

Machinistes
Outilleurs
20

Réception – expédition
50

Vendeurs 30

Professionnels et techniciens 10

Contrôle de la qualité 10

Production
600

Bureau
150

Total: 1000 employés

Les vendeurs, que plusieurs appellent commis-voyageurs, sont presque toujours exclus des certificats d'accréditation. Quant aux cadres, qui se retrouvent autant dans les différents services et départements qu'au bureau de direction, ils sont automatiquement exclus par la loi.

D'autres groupes ne sont pas mentionnés dans le tableau, par exemple, les gardiens et les agents de sécurité de l'entreprise. Comme on confie régulièrement ces fonctions à des sous-traitants spécialisés dans un domaine particulier, nous considérons, dans le présent exposé, qu'ils ne font pas partie de la main-d'œuvre de l'établissement en question.

Dans un établissement de ce genre, on peut compter une ou deux unités de négociation distinctes. Le nombre d'unités peut être plus élevé, jusqu'à un maximum de 10. Cela dépend de la volonté des intéressés et de leur histoire. Le plus souvent, on trouvera deux syndicats et deux certificats d'accréditation, un pour les cols bleus (production), l'autre pour les cols blancs (bureau). Les deux groupes négocient habituellement deux conventions collectives distinctes, et à des moments différents. Les deux conventions peuvent avoir des points communs, comme elles peuvent se révéler totalement différentes.

Dans les cas où les deux groupes sont syndiqués au sein de la même union, les deux conventions auront probablement plusieurs points communs. Selon cette hypothèse, l'employeur et l'union pourraient juger pratique de négocier les deux conventions en même temps, à la même table de négociation, sauf pour quelques clauses propres à chaque groupe. On se trouve alors devant une unité réelle de négociation

TABLEAU 18-4

Classification théorique des unités de négociation

Facteurs de classification	**Principales unités possibles[1] selon la taille[2]**			
Côté patronal	1 établissement *(plant-wide)*	1 entreprise *(company-wide)*	Plusieurs entreprises *(multi-employer)*	Toute l'industrie *(industry-wide)*
Côté syndical	1 «local»	Plusieurs «locaux» *(multi-local)*	Plusieurs syndicats *(multi-union)*	Tous les syndicats d'une entreprise ou d'une industrie
Occupations visées	1 métier	Plusieurs métiers *(multi-trade)*	Tous les travailleurs de la production Employés d'entretien Employés de bureau	Tous les salariés
Étendue géographique	Négociation locale	régionale	provinciale ou d'État	nationale

1. On trouvera, entre parenthèses, les équivalents anglais, souvent utilisés, des termes français correspondants.
2. La taille s'accroît de gauche à droite.

qui vise deux unités d'accréditation distinctes. Ce n'est pas un cas fréquent, mais il se rencontre.

Pour avoir une idée globale des diverses formes de regroupement possibles, on doit établir une typologie des unités de négociation.

18.3.2 Typologie des unités de négociation

La classification des nombreux types d'unité réelle de négociation peut être établie selon au moins trois aspects; toutes les combinaisons sont possibles. Le tableau 18-4 nous guidera dans les explications suivantes. Cette classification est théorique; les regroupements de nature empirique suivront.

Comme nous l'avons vu pour l'accréditation, la négociation regroupe tous les salariés d'un employeur ou seulement une partie d'entre eux. On peut distinguer les paliers suivants. La négociation vise les salariés:

1° d'un seul établissement, que l'entreprise en compte un ou plusieurs;
2° de tous les établissements d'une entreprise;
3° de plusieurs entreprises regroupées pour fins de négociation;
4° de toutes les entreprises qui composent une industrie, que cette industrie soit définie d'une manière restreinte ou large (comme l'industrie des souliers de sport par opposition à l'industrie de la chaussure).

Le mode de regroupement le plus fréquent est aussi le plus simple. Dans la plupart des cas, il consiste à réunir un groupe de salariés (de production, par exemple) de plusieurs établissements d'une entreprise, ou encore de quelques entreprises. Ce genre de regroupement a fait l'objet de nombreuses discussions, surtout dans les années 1960. La terminologie anglaise désigne habituellement les divers échelons par les expressions: *plant-wide, company-wide* et *industry-wide bargaining*.

Du côté syndical, on retrouve une progression analogue:

– une succursale locale;
– plusieurs succursales locales d'un syndicat ou d'une union;
– plusieurs succursales locales de plusieurs unions ou syndicats différents;
– un conseil qui regroupe tous les syndicats d'une entreprise ou d'une industrie, selon le cas.

Ce dernier type de regroupement, sous forme de conseil syndical de différentes unions, est très rare. Les syndicats et les unions se regroupent volontiers afin de poursuivre des objectifs sociaux ou politiques, mais presque jamais pour négocier ensemble.

La distinction que nous avons relevée plus haut entre les unités de métier et les unités de type industriel se prête à des subdivisions ultérieures. L'unité peut comporter:

- Un seul métier;
- Plusieurs métiers apparentés;
- Un grand secteur de l'entreprise, comme les travailleurs à la production, les employés d'entretien ou les employés de bureau;
- Tous les salariés de l'établissement ou de l'entreprise.

Il existe évidemment des liens entre la présente classification et la précédente, selon le type de syndicat et son champ d'action.

Enfin, dans certaines industries ou certains services, comme les transports ou les grands services gouvernementaux, on détermine l'unité de négociation selon l'étendue géographique de son application. On dira donc que la négociation est locale si les salariés et les entreprises visés se limitent à une ville et à ses environs, qu'elle est régionale, provinciale ou nationale, si elle s'étend à une région, une province ou un pays. Cette désignation se conjugue d'habitude avec une ou plusieurs des autres classifications; ainsi, on dira que, dans une région, l'industrie de la construction pratique une négociation à l'échelle de l'industrie pour les cinq métiers de base; ceci ne signifie pas que toute l'industrie est visée, mais que la négociation se fait par un conseil qui regroupe les succursales locales des unions concernées et par l'association patronale appropriée[55].

Dans l'étude empirique qui suit (section 18.3.3), nous nous arrêterons davantage aux deux premières classifications, selon l'employeur et le syndicat, mentionnant à l'occasion certains points relatifs à la troisième ou à la quatrième.

18.3.3 Situation et évolution

Les études empiriques ou statistiques sur les unités réelles de négociation sont relativement rares. Cela explique le caractère périmé de plusieurs chiffres que nous utiliserons. Il demeure possible d'en tirer des indications valables sur la répartition et l'évolution des unités de négociation.

Unités réelles au Québec

Le certificat d'accréditation et le groupe d'employés qui y est décrit constituent la base de toutes les unités de négociation. La majorité des négociations ne visent d'ailleurs que les employés désignés dans un seul certificat d'accréditation.

Le premier regroupement possible comprend deux ou plusieurs certificats. On se retrouve ainsi avec un autre facteur de classification: le nombre de certificats visés. Les unités réelles de négociation sont donc établies par la combinaison d'au moins deux des quatre éléments suivants:

Un employeur ou Plusieurs employeurs	Un établissement ou Plusieurs établissements	Un syndicat local ou Plusieurs syndicats	Un certificat d'accréditation ou Plusieurs certificats d'accréditation

Les tableaux 18-5 et 18-6 nous donnent, pour 1984 et 1989, le nombre de conventions, de compétence provinciale, et le nombre de salariés visés pour chaque regroupement réalisé. Il n'est pas possible, en pratique, que plusieurs syndicats détiennent un seul certificat ni, selon la loi, qu'un seul certificat re-

55. Lorsque la négociation se fait ainsi par l'entremise d'une association d'employeurs, on emploie, en anglais, l'expression *association bargaining*.

TABLEAU 18-5

Répartition des conventions collectives et des salariés selon les types d'unité de négociation – 1984

Types d'unité de négociation	Conventions collectives régissant moins de 50 salariés				50 salariés et plus				tous les salariés (TOTAL)			
	C.c.	%	Salariés	%	C.c.	%	Salariés	%	C.c.	%	Salariés	%
1 emp., 1 établ., 1 synd., 1 cert.	3 721	89,3	64 366	87,4	1 436	75,7	255 402	37,0	5 157	85,0	319 768	41,9
1 emp., 1 établ., 1 synd., pl. cert.	41	1,0	947	1,3	37	2,0	8 643	1,3	78	1,3	9 590	1,3
1 emp., 1 établ., pl. synd., pl. cert.	1	—	40	0,1	11	0,6	8 196	1,2	12	0,2	8 236	1,1
1 emp., **pl. établ.**, 1 synd., 1 cert.	331	7,9	6 498	8,8	255	13,4	136 740	19,8	586	9,7	143 238	18,8
1 emp., **pl. établ.**, 1 synd., pl. cert.	33	0,8	761	1,0	41	2,2	6 244	0,9	74	1,2	7 005	0,9
1 emp., **pl. établ.**, pl. synd., pl. cert.	1	—	41	0,1	6	0,3	6 808	1,0	7	0,1	6 849	0,9
pl. emp., 1 établ., 1 synd., pl. cert.	7	0,2	158	0,2	2	0,1	428	0,1	9	0,1	586	0,1
pl. emp., pl. établ., 1 synd., pl. cert.	23	0,6	628	0,9	47	2,5	24 088	3,5	70	1,2	24 716	3,2
pl. emp., pl. établ., pl. synd., pl. cert.	1	—	16	–	8	0,4	4 037	0,6	9	0,1	4 037	0,6
Négociation provinciale, secteur de l'éducation	2	—	19	—	24	1,3	109 798	15,9	26	0,4	109 817	14,4
Négociation provinciale, secteur de la santé et des services sociaux	5	0,1	91	0,1	30	1,6	129 909	18,8	35	0,6	130 000	17,0
Autre situation	1	–	45	0,1	0	—	0	—	1	—	45	—
TOTAL	4 167	100,0	73 610	100,0	1 897	100,0	690 023	100,0	6 064	100,0	763 903	100,0

Abréviations : emp. : employeur; établ. : établissement; synd. : syndicat; cert. : certificat; pl. : plusieurs.

Source : Données mécanographiques du CRSMT, 8 mars 1991. (Variable A-14.)

TABLEAU 18-6

Répartition des conventions collectives et des salariés selon les types d'unité de négociation – 1989

Types d'unité de négociation	Conventions collectives régissant moins de 50 salariés				50 salariés et plus				tous les salariés (TOTAL)			
	C.c.	%	Salariés	%	C.c.	%	Salariés	%	C.c.	%	Salariés	%
1 emp., 1 établ., 1 synd., 1 cert.	4 842	89,9	91 565	89,0	1 993	77,2	315 889	34,3	6 835	85,8	407 454	39,8
1 emp., 1 établ., 1 synd., pl. cert.	39	0,7	901	0,9	36	1,4	7 634	0,8	75	0,9	8 535	0,8
1 emp., 1 établ., pl. synd., pl. cert.	1	—	18	—	9	0,3	4 294	0,5	10	0,1	4 312	0,4
1 emp., **pl. établ.**, 1 synd., 1 cert.	422	7,8	8 535	8,3	349	13,5	147 128	16,0	771	9,8	155 663	15,2
1 emp., **pl. établ.**, 1 synd., pl. cert.	31	0,6	764	0,7	29	1,1	5 590	0,6	60	0,8	6 354	0,6
1 emp., **pl. établ.**, pl. synd., pl. cert.	3	0,1	73	0,1	7	0,3	5 715	0,6	10	0,1	5 788	0,6
pl. emp., 1 établ., 1 synd., pl. cert.	5	0,1	105	0,1	5	0,2	311	—	10	0,1	416	—
pl. emp., pl. établ., 1 synd., pl. cert.	11	0,2	350	0,3	45	1,7	43 400	4,7	56	0,7	43 750	4,3
pl. emp., pl. établ., pl. synd., pl. cert.	2	—	57	0,1	12	0,5	8 301	0,9	14	0,2	8 358	0,8
Négociation provinciale, secteur de l'éducation	5	0,1	81	0,1	26	1,0	128 290	13,9	31	0,4	128 371	12,5
Négociation provinciale, secteur de la santé et des services sociaux	23	0,4	396	0,4	70	2,7	254 288	27,6	93	1,2	254 684	24,9
Autre situation	—	—	—	—	—	—	—	—	—	—	—	—
TOTAL	5 384	100,0	102 845	100,0	2 581	100,0	920 840	100,0	7 965	100,0	1 023 685	100,0

Abréviations : emp. : employeur ; établ. : établissement ; synd. : syndicat ; cert. : certificat ; pl. : plusieurs.

Source : Données mécanographiques du CRSMT, 8 mars 1991. (Variable A-14.)

groupe plusieurs employeurs. Les tableaux placent dans des catégories à part la négociation provinciale du secteur de l'éducation et celle du secteur de la santé et des services sociaux. Comme il s'agit de deux cas très particuliers – qui constituent ce qu'on appelle le secteur parapublic –, chacun compte peu de négociations distinctes mais de très nombreux salariés, ce qui déséquilibre la répartition des proportions d'ensemble.

On constate d'abord que 85 % de toutes les conventions collectives en vigueur durant les deux années en cause ont été négociées par un syndicat et un employeur, pour un établissement, et qu'elles ne visaient que les salariés désignés dans un seul certificat. Si on distingue les conventions régissant moins de 50 salariés et celles de 50 salariés et plus, la proportion des négociations se rapportant à un seul certificat d'accréditation est de 90 % pour les petites unités et de 75 % pour les grandes unités. Il est normal que les unités qui se regroupent pour négocier se retrouvent principalement dans des unités de grande taille : les coûts de négociation y sont plus élevés et les possibilités de regroupement plus grandes.

Dans les cas de négociations morcelées, le nombre de salariés régis est proportionnellement beaucoup plus faible que le nombre de conventions négociées. Pour l'ensemble des conventions, 85 % des négociations touchent 40 % des salariés. Toujours dans les négociations limitées à un seul groupe accrédité, 90 % des petites conventions visent près de 90 % des salariés – même dans cette catégorie, il y a quelques négociations à unités multiples –, alors que 75 % des grandes négociations à un seul certificat ne concernent que de 35 % à 40 % des salariés. La disproportion entre le nombre de conventions et de salariés joue à l'inverse dans les cas d'unités multiples, surtout dans les deux catégories du secteur parapublic (2 % des négociations y visent 20 % des salariés).

Les négociations qui rassemblent plusieurs établissements du même employeur constituent le seul autre groupe d'une certaine importance. Même dans les petites unités, 8 % de telles conventions régissent 8 % des salariés. Dans les grandes unités, 13 % des conventions régissent près de 20 % des salariés. Cela fait, dans l'ensemble, qu'environ 10 % de ces conventions régissent un peu moins de 20 % des salariés.

Les négociations regroupant plusieurs employeurs et plusieurs établissements comptent pour environ 2 % des grandes conventions et visent de 3 % à 5 % de tous les salariés régis par une convention collective. On voit par ces proportions que les unités multi-employeurs ne constituent pas une forme très répandue de négociation.

Dans tous les cas (un employeur, plusieurs établissements et plusieurs employeurs), les négociations regroupant plusieurs syndicats ne constituent pas plus que 1 % des conventions et ne concernent que de 2 % à 3 % des salariés en cause. C'est sans contredit le regroupement le plus rare.

Unités multiples en Amérique du Nord

Pour avoir une idée de la concentration des négociations, ou de leur morcellement, on retient habituellement trois catégories principales : les négociations visant un établissement, plusieurs établissements (du même employeur) et plusieurs employeurs. Les données des tableaux 18-5 et 18-6 démontrent que seules ces trois catégories présentent une forte concentration des cas recensés.

Avant de comparer les chiffres du prochain tableau, il faut noter que tous les chiffres concernant les États-Unis et le Canada se rapportent à de grandes conventions collectives, qui régissent au moins 500 travailleurs au Canada et 1000 travailleurs aux États-Unis (500 en 1988). Comme il s'agit de regroupements de grandes unités, la taille y joue un rôle prédominant ; elle explique une grande partie des différences qu'on va observer entre les trois séries de données présentées dans le tableau 18-7. Les comparaisons qu'on peut en tirer exigent de la prudence : elles sont fragiles, en raison de leurs bases différentes. Elles fournissent cependant des indications, des orientations.

Pour les grandes unités américaines, surtout en 1980, on pourrait retenir que les conventions se répar-

TABLEAU 18-7

Proportions des conventions collectives et des salariés selon les trois grands types d'unité de négociation en Amérique du Nord – 1960-1989

Pays et années	Un établissement		Plusieurs établissements		Plusieurs employeurs	
	C.c.	Sal.	C.c.	Sal.	C.c.	Sal.
États-Unis[1] (grandes unités)						
1961	28	12	36	41	36	47
1980	30	17	30	40	40	43
1988	51	24	28	38	21	38
Canada[2] (grandes unités)						
1953	59	32	23	21	18	47
1965	60	37	21	26	19	37
1973	51	36	33	48	15	16
1982	47	19	44	56	9	25
Québec[3] (toutes les unités)						
1980	92	72	6	24	2	4
1984	88	64	11	30	1	6
1989	88	66	11	26	1	8

1. Conventions collectives visant 1000 travailleurs et plus en 1961 et 1980, et 500 travailleurs et plus en 1988.
2. Conventions collectives visant 500 travailleurs et plus, à l'exclusion de l'industrie de la construction.
3. Toutes les conventions en vigueur le 31 décembre 1980, au cours de 1984 et de 1989, sauf la construction et le secteur parapublic. L'exclusion de ce dernier secteur explique la différence avec les chiffres des tableaux 18-5 et 18-6.

Sources: «Major Union Contracts in the United States, 1961», *Monthly Labor Review*, vol. 85, nº 10, octobre 1962, p. 1137; *Characteristics of Major Collective Bargaining Agreements, 1980*, BLS Bull. 2095, mai 1981, p. 19; *Characteristics of Major Private Sector Collective Bargaining Agreements, January 1, 1988*, Cleveland, Oh., Cleveland State University, Industrial Relations Center, mai 1989, tableau 1.8; ALTON W.J. CRAIG et HARRY J. WAISGLASS, «Collective Bargaining Perspectives», *Relations industrielles*, vol. 23, nº 4, octobre 1968, p. 582-583; ROBERT SWIDINSKY, *The Effect of Bargaining Structure on Negotiated Wage Settlements in Canada*, document de travail nº 139, Ottawa, Conseil économique du Canada, nov. 1979 (42 p.), p. 7; ROBERT J. DAVIES, «The Structure of Collective Bargaining in Canada» dans *Canadian Labour Relations*, sous la direction de W. CRAIG RIDDELL, Toronto, University of Toronto Press, 1986, p. 214; *Conditions de travail contenues dans les conventions collectives au Québec, 1980*, Québec, CRSMT, 1981, p. 4-5. Données mécanographiques du CRSMT, 8 mars 1991.

tissent à peu près également entre les trois catégories: un établissement, plusieurs établissements et plusieurs employeurs (un tiers chacune). En 1988, les conventions étaient réparties un peu différemment: 50 % visaient un établissement; 30 %, plusieurs établissements; 20 %, plusieurs employeurs. Cette réduction des grandes unités au cours des années 1980 s'explique de deux manières: la récession, et le fait que la base de calcul a changé, c'est-à-dire que les chiffres de 1988 incluent les conventions touchant 500 travailleurs et plus, et non plus seulement 1000 travailleurs et plus comme auparavant. Quant aux salariés, la proportion en 1988 est de 24 % pour les négociations dans un établissement et de 38 % pour chacune des deux autres catégories; auparavant l'écart était plus grand.

Au Canada, la proportion des négociations visant un seul établissement est beaucoup plus élevée qu'aux États-Unis. Pour les trois catégories, les proportions sont respectivement de 60 %, 20 % et 20 %, en ce qui a trait aux conventions, et de 35 %, 25 % et 40 % quant aux salariés, avec quelques irrégularités. Par comparaison avec les États-Unis, les unités limitées à un seul établissement sont proportionnellement plus nombreuses au Canada, et le nombre des unités visant plusieurs employeurs est moindre. La plus faible densité de la population et des industries explique la prépondérance des négociations à un seul établissement, ainsi que la taille des unités visées (500 travailleurs et plus au lieu de 1000 comme aux États-Unis).

La concentration plus grande qu'on constate au Québec dans les unités de base tient d'abord au fait que les données fournies par le CRSMT se limitent aux conventions collectives relevant de la compétence provinciale. Beaucoup d'industries susceptibles de se regrouper pour négocier dans de grandes unités sont quant à elles de compétence fédérale. Ces unités sont reflétées dans les chiffres pour le Canada, mais sont absentes des données relatives au Québec. L'autre explication s'avère tout aussi importante: l'analyse faite pour le Québec englobe toutes les conventions collectives, même les plus petites; ces conventions se négocient presque toujours séparément, à moins que dans une industrie l'organisation patronale soit très développée, et que la négociation soit alors faite par l'association patronale. On trouve également des cas de regroupements multi-employeurs, mais ils sont relativement rares.

Les chiffres du tableau 18-7 et d'autres que nous n'avons pas reproduits montrent que, de la fin des années 1940 jusqu'autour des années 1970, les unités de négociation ont eu tendance à s'agrandir. Vers 1980 cette tendance s'est inversée. Les unités de grande taille ont cessé de s'accroître; les plus petites ont légèrement augmenté en nombre[56]. En somme, les structures de négociation ont manifesté, dans l'ensemble, une relative stabilité au cours du dernier demi-siècle. Ce n'est pas le cas pour toutes les industries: certaines ont connu d'importantes modifications, généralement attribuables à des caractéristiques particulières dans chaque cas.

Regroupements principaux

La négociation dans l'industrie des pâtes et papiers au Québec présente une extraordinaire diversité: on y retrouve à peu près toutes les sortes d'unités possibles, sauf le regroupement de plusieurs syndicats. (Voir le tableau 18-8.)

Chaque compagnie négocie séparément, d'une part, avec le Syndicat canadien des travailleurs du papier (SCTP – FTQ) et, d'autre part, avec le syndicat affilié à la CSN pour les employés de ses établissements qui sont syndiqués avec l'un ou l'autre de ces syndicats. La plupart des négociations avec un syndicat CSN visent un seul établissement et correspondent à la définition du groupe inscrit dans chaque certificat. Quant aux négociations avec le SCTP, elles sont généralement du type multi-établissements, du moins pour les clauses pécuniaires. C'est ainsi que la Consolidated-Bathurst négocie à une même table les conditions pécuniaires pour ses cinq établissements syndiqués avec le SCTP, mais à trois tables différentes les autres clauses de la convention.

Une négociation multi-employeurs existe avec le SCTP. Cette négociation inclut quelques moulins du Nouveau-Brunswick en plus des trois du Québec. Les compagnies en cause se sont regroupées sous le vocable de Eastern Canada Newsprint Group, qui négocie en leur nom avec le SCTP une même convention pour les établissements intéressés. Ces regroupements sont susceptibles d'évoluer. Dans d'autres industries, ils prennent des formes différentes.

Au sein des industries à caractère oligopolistique, la formule des unités multi-établissements à l'échelle de l'entreprise est la plus fréquente. Il y a aussi des

56. Les modifications qu'on observe dans les chiffres du Québec ne sont pas significatives. Les chiffres sensiblement différents de 1980 s'expliquent par le début récent de ce genre d'analyse: l'ensemble des conventions n'avait pas encore été codifié à ce moment.

TABLEAU 18-8

Les structures de négociation dans l'industrie des pâtes et papiers au Québec – 1980

Compagnies	Établissements	Travailleurs production	Regroupement	Affiliation syndicale[1]	Négociations et conv. coll.
Consolidated-Bathurst	6	3 574		(5) SCTP (1) CSN	1 négo. cl. pécuniaires, 3 c.c. 1 négo., 1 c.c.
CIP	4	2 607		(4) SCTP	1 négo. (+ Matane)
Domtar	5	2 382	(Dolbeau)	(1) SCTP (4) CSN	1 négo., 1 c.c. 4 négo., 4 c.c.
Price	3	2 078		(2) SCTP (1) CSN (3s)	1 négo. cl. pécuniaires 1 négo. 1 c.c.
Kruger	4	1 685		(1) SCTP (3) CSN	1 négo., 1 c.c. 3 négo., 3 c.c.
Reed	1	1 125	ECNG	(4) SCTP	1 négo. cl. pécuniaires, Pl. négo. autres cl.
Quebec North Shore	1	950			
TOTAL	24	14 401		(17) SCTP (9) CSN	6 négo. cl. pécuniaires, 13 c.c. 9 négo., 9 c.c.

CIP: Compagnie canadienne internationale de papier
ECNG: Eastern Canada Newsprint Group
SCTP: Syndicat canadien des travailleurs du papier
CSN: Syndicat affilié à la Confédération des syndicats nationaux

1. Les chiffres entre parenthèses dans cette colonne indiquent le nombre d'unités syndicales locales dans chaque cas.

Sources: André Fréchette et Gérard Hébert, «Les conventions collectives dans l'industrie des pâtes et papiers au Québec», recherche non publiée; André Fréchette, «Les structures de négociation dans l'industrie des pâtes et papiers au Québec» dans *La négociation collective en question*, 11e Colloque de relations industrielles 1980, Université de Montréal, École de relations industrielles, 1981, p. 61-71.

cas de négociations multi-employeurs, comme nous l'avons vu dans le tableau 18-7. L'histoire des structures de négociation dans la sidérurgie américaine est particulièrement instructive. Jusque dans les années 1950, les négociations se poursuivaient séparément et le modèle (*pattern*) provenait tantôt des grandes compagnies, particulièrement de U.S. Steel, tantôt des petites compagnies (comme le *Little Steel Formula* de 1942). En 1956, on réalisa une négociation à l'échelle de presque toute l'industrie, quand les 12 principales compagnies acceptèrent de négocier par l'entremise d'un seul comité qui devait informer et consulter chaque compagnie concernée. Sauf une exception, Kaiser Steel, qui s'est retirée du groupe, les négociations dans l'industrie de l'acier aux États-Unis se sont poursuivies entre les Métallurgistes unis d'Amérique et les 11 principales compagnies d'acier jusqu'à la fin des années 1970. Les problèmes que l'industrie de l'acier a connus durant la décennie de 1970 et le début des années 1980 ont amené la disparition de la négociation regroupée. Depuis ce moment, les négociations se déroulent séparément dans chaque entreprise; la première qui signe, grande ou petite, entraîne les autres, mais à des degrés divers[57]. Au Canada, à part quelques regroupements généralement limités aux établissements d'une même entreprise, les négociations dans l'industrie de l'acier sont relativement morcelées.

Aux États-Unis, les négociations les plus influentes se poursuivent séparément dans quelques-unes des plus grandes entreprises, pour l'ensemble du pays: General Electric, Westinghouse, chaque grande compagnie aérienne et quelques autres. Ces négociations sont du type multi-établissements. Il en est de même au Canada dans les industries de l'automobile, des communications, des services d'utilité publique[58] et dans quelques secteurs du transport. D'autres industries négocient à l'échelle de l'entreprise, mais seulement pour une région ou une province, comme certaines brasseries et quelques grandes chaînes de commerce au détail.

Les négociations à l'échelle de l'industrie, par l'entremise d'associations patronales, existent surtout dans les industries où il y a concurrence et où certains producteurs ont réussi à établir, de gré ou de force, la prédominance d'une association patronale. Tel est le cas dans l'industrie du vêtement, non pas pour l'ensemble du vêtement, mais pour des secteurs particuliers, comme la robe, la confection pour dames et pour hommes. On retrouve la négociation par association patronale dans d'autres domaines soumis à la concurrence, comme le camionnage, les transports maritimes et certains types de mines. La négociation à l'échelle de l'industrie se réalise tantôt localement, tantôt pour la province ou l'État, selon la nature de l'industrie et de ses marchés.

Les unités de négociation qui incluent plusieurs syndicats sont rares; on les retrouvait particulièrement dans les chemins de fer, tant au Canada qu'aux États-Unis. Le fractionnement des compétences de chaque syndicat rendait ce regroupement presque nécessaire[59]. La diminution de l'importance des chemins de fer a forcé toutes ces anciennes unions distinctes à se regrouper en une ou deux unions de type industriel. Les unités multi-syndicats existent encore dans l'industrie de la construction. À l'extérieur du Québec, on remarque deux tendances qui s'opposent: d'une part, chaque métier essaie d'étendre sa compétence sur le plan géographique et de négocier pour un territoire toujours de plus en plus étendu; par contre, dans certaines régions, en particulier dans l'État de la Californie, bon nombre de syndicats des métiers de la construction se regroupent localement ou régionalement pour négocier, par l'entremise d'un conseil, pour l'ensemble de l'industrie. Dans la province d'Ontario, on retrouve les deux tendances, mais la tendance vers une négociation provinciale par métier domine, surtout dans ce qu'on appelle la grosse construction (industrielle, commerciale et institutionnelle). Nous verrons la situation du Québec dans ce domaine au chapitre 28.

En résumé, les négociations se déroulent surtout à l'échelle de l'établissement, plus précisément du groupe déterminé dans le certificat d'accréditation. C'est le cas dans des industries très importantes, comme celle des produits chimiques. Il arrive que la

---

57. Benjamin M. Selekman *et al.*, *Problems in Labor Relations*, New York, McGraw-Hill, 3e éd. 1964, p. 567-606; James J. Healy (sous la direction de), *Creative Collective Bargaining. Meeting Today's Challenges to Labor-Management Relations*, Englewood Cliffs, N.J., Prentice-Hall, 1965, ch. 7: «Continuous Study of Critical Problems», p. 197-199; George Ruben, «Collective Bargaining in 1989: Old Problems New Issues», *Monthly Labor Review*, vol. 113, no 1, janvier 1990, p. 21-22; Michael Cimini, «Collective Bargaining in 1990: Search for Solutions Continues», *Monthly Labor Review*, vol. 114, no 1, janvier 1991, p. 25-26.

58. Nous employons les mots «utilités publiques» dans leur sens anglais et statistique – eau, égouts, gaz, électricité – pour éviter l'équivoque qu'entraîne l'équivalent français beaucoup trop englobant de services publics.

59. Pour le Canada: Bureau du Conseil privé, *Les relations du travail au Canada*, voir *supra*, note 12, p. 67-69; Edward E. Herman, *op. cit.*, appendices L à V, p. 215-228. Pour les États-Unis: Neil W. Chamberlain et James W. Kuhn, *op. cit.*, p. 235-238; Leon Bornstein et Lena W. Bolton, «Calendar of Wage Increases and Negotiations for 1971», *Monthly Labor Review*, vol. 94 no 1, janvier 1971, p. 38-44; *Proceedings of the 1970 Annual Spring Meeting, Industrial Relations Research Association*, Albany, N.Y., 8-9 mai 1970, Madison, Wis., IRRA, 1970; reproduit dans *Labor Law Journal*, vol. 21, no 8, août 1970, Session II: «Effects of the Structure of Collective Bargaining in Selected Industries», p. 491-517.

négociation dans un établissement, par exemple à l'usine d'aluminium d'Arvida, établit le modèle pour la plupart des autres établissements de l'entreprise ou même de l'industrie, quelquefois d'une manière reconnue d'avance par les groupes concernés.

La variété et la mobilité, dans le temps et dans l'espace, des unités de négociation se révèlent infiniment plus riches que ne le laissent croire les catégories qu'on peut en établir. On trouve toute une gamme de situations, depuis la petite unité locale jusqu'à l'unité gigantesque, chacune constituée de mille façons différentes. Ces unités s'influencent les unes les autres, selon les liens du marché – marché du produit et marché du travail – qui les rapprochent.

18.3.4 Facteurs d'évolution

Même si les unités de négociation n'ont pas changé de façon spectaculaire, il semble bien que la taille des unités ait d'abord augmenté, à tout le moins dans plusieurs secteurs importants de l'économie, puis qu'elle ait diminué depuis la récession de 1981. Nous essaierons de voir les principaux facteurs qui expliquent cette évolution.

Quelques remarques préliminaires s'imposent. Les divers facteurs que nous énumérerons ne se retrouvent pas tous simultanément; l'un d'entre eux jouera plus fortement à un moment particulier. Certains facteurs peuvent agir simultanément en sens opposé et le plus important des deux déterminera l'orientation. De plus, ces divers facteurs s'influencent les uns les autres, parce qu'ils sont tous plus ou moins rattachés entre eux. Enfin, le choix de l'unité de négociation dépend toujours de la perception des parties et des options qu'elles prennent dans un cadre donné; en ce sens, l'évolution dépend finalement des objectifs des parties et des priorités qu'elles se donnent: certains de ces objectifs, en effet, sont plus faciles à réaliser dans de petites unités et d'autres dans de grandes unités. On peut dégager une évolution et une orientation à partir de l'ensemble de ces facteurs[60].

Structures des organisations

La structure des entreprises exerce évidemment une influence considérable sur l'unité de négociation. On présente habituellement comme une des principales causes de l'agrandissement des unités la concentration accrue des entreprises. Il faudrait, cependant, analyser un peu plus à fond cette donnée avant d'en tirer des conclusions définitives par rapport à l'unité de négociation. On doit d'abord se demander quel type de concentration tend à agrandir l'unité de négociation: la croissance de la taille des entreprises (ou des établissements) accompagnée d'une réduction du nombre d'entreprises, ou les fusions et les conglomérats? Si l'on exclut le secteur parapublic – où il y a sûrement eu concentration énorme dans la prise des décisions économiques, à cause du financement par l'État – la plupart des études semblent conclure que de 1900 à 1970 le degré de concentration, du moins dans les industries manufacturières, aurait été relativement stable. Depuis 1980, avec le développement de la microtechnologie, il aurait eu tendance à diminuer[61].

Parallèlement à la concentration des entreprises, une concentration analogue s'est produite du côté syndical, en grande partie afin de faire face à la structure patronale. Souvent, la restructuration interne du syn-

60. Arnold R. Weber, «Stability and Change in the Structure of Collective Bargaining», voir *supra*, note 1, p. 15-22; Arnold R. Weber, «Introduction» voir *supra*, note 1, p. xxiii-xxxii; Neil W. Chamberlain, «Determinants of Collective Bargaining Structures», *ibid.*, p. 3-19; Normand Cinq-Mars, «Négociation locale et négociation sectorielle», *Relations industrielles*, vol. 25, nº 3, août 1970, p. 473-480; reproduit dans *Les unités de négociation*, 1er Colloque de relations industrielles de l'Université de Montréal, École de relations industrielles, 1969, p. 73-80.

61. Gideon Rosenbluth, *Concentration in Canadian Manufacturing Industries*, National Bureau of Economic Research, General Series No. 61, Princeton, Princeton University Press, 1957, p. 20-21; G. Rosenbluth, «The Relation Between Foreign Control and Concentration in Canadian Industry», *Revue canadienne d'Économique*, vol. 3, nº 1, février 1970, p. 28; M.A. Utton, *Industrial Concentration*, Hardmondsworth, Middlesex, England, Penguin Books, 1970, p. 95; Alfred Dubuc, «Quelle nouvelle révolution industrielle?» dans *Le plein emploi à l'aube de la nouvelle révolution industrielle*, 12e Colloque de relations industrielles 1981, Université de Montréal, École de relations industrielles, 1982, p. 11-47.

dicat a coïncidé avec l'agrandissement de l'unité de négociation, en vue précisément d'y répondre. Aussi n'est-il pas facile de distinguer la cause et l'effet. D'un autre côté, depuis 1970, on a assisté à une balkanisation du monde syndical, surtout dans le secteur privé.

Il ne faudrait pas croire, toutefois, que les structures des organisations exercent toujours leur influence dans le sens de la centralisation et de l'agrandissement des unités de négociation. Si la concentration industrielle permet des économies d'échelle dans la production et une meilleure pénétration des marchés, elle comporte des risques considérables quant à l'efficacité administrative; aussi, certaines concentrations s'effectuent parfois sans qu'on centralise au même degré la prise de décision. Plus encore du côté syndical, la centralisation peut entraîner de graves difficultés: on espère quelle accroîtra le pouvoir de négociation, mais elle pose en même temps le conflit fondamental entre le caractère démocratique de l'organisation syndicale et l'influence prépondérante des technocrates qui accompagne presque infailliblement une centralisation de la prise de décision. De part et d'autre, on est à la recherche constante d'un nouvel équilibre entre pouvoir et adaptation.

Structures des marchés

Le marché du produit et le marché du travail influencent tous deux, à des degrés divers, la taille de l'unité de négociation. En général, les syndicats de type industriel – puisqu'ils recrutent tous les genres de travailleurs dans l'entreprise – se préoccupent davantage du marché du produit. Les syndicats de métier, au contraire, mettent l'accent sur l'étendue et la structure du marché du travail, souvent en vue d'y exercer un véritable contrôle.

Les syndicats des grandes industries manufacturières cherchent à englober sous l'emprise d'une seule convention collective, par voie de négociation unique ou de négociation type, toutes les entreprises d'une industrie; autrement, les entreprises à faibles salaires pourraient éliminer les entreprises à salaires élevés, par suite de la concurrence qu'elles leur feraient subir sur le marché du produit, généralement très vaste. Par contre, le commerce de détail étant un service local, dans les cas où le syndicalisme a pénétré ce secteur, la négociation s'y effectue à l'échelle régionale. Entre ces deux extrêmes, on trouve autant de variété qu'il y a de situations différentes quant au marché du produit.

Les divers syndicats des métiers de la construction reflètent davantage la structure du marché du travail. Les travailleurs très spécialisés, comme ceux de l'acier de structure et des ascenseurs, sont très mobiles; leurs négociations se font souvent à l'échelle d'un pays. Cependant, comme la majorité des charpentiers et des journaliers se recrutent à l'endroit même où s'effectue le travail, la négociation de ces métiers, et de la plupart des métiers de base, se fait plutôt à l'échelle de la ville ou de la région. Au Québec, on retrouve un phénomène correspondant dans le choix du syndicat et de son affiliation: les hommes des métiers mécaniques et spécialisés, qui doivent souvent se chercher du travail au-delà des frontières du Québec, sont, en règle générale, membres d'unions internationales, alors que les travailleurs de métiers moins spécialisés adhèrent plutôt à un syndicat de la CSN ou à la FTQ.

Objectifs

Chacune des parties en présence peut souhaiter un élargissement ou un rétrécissement de l'unité de négociation afin d'atteindre des objectifs particuliers. Ainsi, le gouvernement du Québec a imposé la négociation provinciale dans le domaine scolaire et dans celui de la santé, principalement pour des raisons de caractère administratif: il n'était pas possible de financer et de contrôler l'administration financière de plusieurs centaines d'hôpitaux et de commissions scolaires avec autant de conventions collectives différentes.

À une échelle beaucoup moins étendue, des employeurs cherchent parfois à regrouper quelques-unes de leurs négociations par souci d'économie: chaque négociation demande beaucoup d'efforts et de temps, et coûte cher. Par contre, d'autres entreprises préfèrent plusieurs négociations de moindre envergure, pour éviter de donner à la partie syndicale trop de pouvoir et, au besoin, utiliser les divisions syndicales à leur avantage.

La partie syndicale, habituellement, veut déterminer l'unité de négociation afin de répondre à ses propres objectifs. Ainsi, un syndicat qui désire uniformiser les conditions de travail de plusieurs entreprises dans une aire géographique donnée aura tout intérêt à obtenir une négociation centralisée à l'échelle de cette aire. Inversement, il peut essayer d'uniformiser le plus grand nombre possible de clauses dans diverses conventions collectives, dans le but d'obtenir tôt ou tard une négociation unique; une condition essentielle est d'arriver à la même date d'échéance pour toutes ces conventions.

La tactique joue souvent un rôle important. Si le syndicat escompte qu'une négociation d'ensemble lui donnera un pouvoir de négociation supérieur au pouvoir de résistance de la partie patronale, il tentera par tous les moyens d'agrandir l'unité de négociation. Tel semble avoir été l'objectif des syndicats d'employés d'hôpitaux, au Québec, entre 1960 et 1965. Dans certains cas, le syndicat peut toutefois sous-estimer l'effet de solidarité du côté patronal; l'agrandissement de l'unité peut aussi jouer contre lui et contre les travailleurs.

D'ailleurs, la négociation à l'échelle d'une industrie ou d'un territoire prive le syndicat d'une arme souvent très efficace, l'escalade (le *whipsawing* selon l'expression anglaise). Le syndicat frappe un employeur plus vulnérable sur un point particulier; il passe ensuite à un autre employeur, exige de lui l'équivalent de ce qu'il a gagné chez le précédent; il répète le procédé jusqu'à ce qu'il ait fait le tour complet. Le syndicat recommence alors une deuxième ronde, et ainsi de suite, indéfiniment. La négociation à grande échelle, sans supprimer la possibilité d'escalade d'une industrie à une autre, la rend impossible à l'intérieur du groupe visé.

Facteurs externes

Certains facteurs externes à la négociation exercent sur la détermination de l'unité une influence souvent décisive. Nous en retiendrons deux: les politiques gouvernementales et les structures mentales ou le contexte social général.

La législation relative à l'unité de négociation joue évidemment un rôle primordial; nous en avons longuement parlé à propos de l'unité d'accréditation. Ajoutons seulement que les politiques et les options fondamentales des commissions de relations de travail exercent une influence prépondérante. Par la préférence qu'elles accordent à un type d'unité plutôt qu'à un autre – par exemple à l'unité de type industriel plutôt qu'à l'unité de métier –, ces politiques déterminent, pour une grande part, les structures de la négociation collective dans un pays.

La politique des gouvernements dans leurs négociations avec leurs propres employés n'est pas sans exercer une influence, bien que moins directe, peut-être par simple imitation. Les ordonnances relatives au salaire minimum et aux heures de travail et, en général, toutes les dispositions normatives jouent aussi un rôle, par exemple en reconnaissant des disparités régionales ou en les supprimant. Certaines lois ont une action plus directe et plus contraignante. Ainsi, la *Loi sur les relations du travail (...) dans l'industrie de la construction* oblige les parties en cause à négocier en même temps à l'échelle de l'industrie et de la province. Il s'agit toutefois d'un cas d'exception.

Le système des décrets de convention collective, que nous expliquerons au chapitre 28, a aussi exercé une influence marquante sur l'unité de négociation dans toutes les industries qui ont choisi de recourir à cette formule pour uniformiser leurs conditions de travail. Aux États-Unis, un peu de la même manière, le *Railway Labor Act* a façonné la structure des négociations non seulement dans le secteur des chemins de fer mais aussi dans celui de l'aviation qui, en matière de relations de travail, est régie par la même loi.

D'une manière peut-être un peu plus subtile mais non moins efficace, l'influence de l'opinion du public, surtout du public directement intéressé, sur l'opportunité de négociations centralisées ou décentralisées est considérable. Cette influence joue, entre autres, de la manière suivante: elle attire toute l'attention sur les avantages d'une formule plutôt que d'une autre et en minimise les inconvénients. Elle se fait sentir tout spécialement au moment du choix des options lors de l'adoption d'une nouvelle loi. Son rôle apparaît clairement, par exemple, dans la controverse de la négociation sectorielle dont traitera le chapitre 20.

18.3.5 Implications

En nous basant sur les éléments mentionnés jusqu'ici, nous pouvons dégager les principales implications d'une négociation élargie pour les parties en cause, leurs relations mutuelles et le public.

Effets sur le syndicat

L'effet peut-être le plus obvie, mais qui ne manque pas d'importance, est l'épargne de beaucoup d'énergies, exigées par la multiplication des négociations parcellaires. Les énergies ainsi récupérées peuvent être utilisées à meilleur escient dans la préparation des négociations (demandes nouvelles et originales, argumentation plus poussée et mieux appuyée) et dans leur poursuite même (comité de négociation plus large et plus varié, assistance de conseillers et d'experts, tactiques mieux étudiées, etc.).

La question principale demeure cependant celle des implications sur le pouvoir de négociation. Ce pouvoir provient de plusieurs sources; deux paraissent ici plus pertinentes. Les avantages mentionnés au paragraphe précédent, qui proviennent de la concentration des ressources, renforcent la partie syndicale à la table de négociation; il ne faut cependant pas oublier qu'une concentration semblable des ressources permet également une meilleure préparation du côté patronal: il est difficile de dire qui en retirera le plus d'avantages.

L'autre source de pouvoir réside dans la solidarité des travailleurs et dans leur détermination plus ou moins grande à obtenir un avantage et à y mettre le prix. Une petite unité de salariés ne possède habituellement qu'un faible pouvoir de négociation, à moins que sa situation privilégiée ne la place dans une position de force exceptionnelle (par exemple, les policiers). Plus l'unité est étendue, plus la force de pression est considérable, à condition toutefois que tous les salariés soient solidaires. Cette condition se révèle tellement difficile à réaliser que de trop grandes unités risquent, dans certains cas, d'affaiblir la partie syndicale. On en a vu un exemple dans le conflit des enseignants en 1967: malgré toutes les dénonciations et les protestations des chefs syndicaux de toutes les centrales, le projet de loi 25 a été adopté et mis en application sans trop de contrecoups, pour deux raisons principales: l'appui du public et l'opinion très divisée des enseignants eux-mêmes à travers la province.

Un des aspects du problème syndical que soulève l'agrandissement des unités de négociation s'exprime dans le dilemme qui oppose technocratie syndicale et efficacité, et participation et démocratie. Au fur et à mesure que grandit l'unité, les structures de négociation doivent répondre à ce mouvement de centralisation; le problème de la participation réelle des travailleurs de la base devient de plus en plus aigu. Il se pose avec plus ou moins d'acuité selon la tradition et les circonstances propres à chaque secteur.

Pour ce qui est des résultats, c'est-à-dire de l'effet des structures de négociation sur les salaires négociés et les autres clauses de la convention, les conclusions varient. Tous les auteurs s'accordent à reconnaître l'existence d'un lien: les structures exercent une influence sur le résultat de la négociation. Les études empiriques, même si leurs conclusions divergent, semblent montrer que les négociations multi-établissements et multi-employeurs favorisent les employeurs plus que les syndicats, mais faiblement. Une étude canadienne démontre que les ententes salariales dans ces deux cas sont inférieures de 1 % à celles des autres types d'unité, particulièrement aux ententes conclues pour un seul établissement. Les regroupements multi-établissements et multi-employeurs augmenteraient donc le pouvoir patronal de négociation un peu plus que le pouvoir syndical. Par contre, les négociations avec les associations d'employeurs donneraient de meilleurs salaires aux travailleurs, sans doute à cause de l'absence de concurrence quant aux coûts, et peut-être du manque de solidarité patronale. Quant aux négociations visant un seul établissement, elles permettent la technique de l'escalade (*whipsawing*)[62].

Effets sur les entreprises

Les entreprises ont, de leur côté, à faire face à des conséquences semblables ou correspondantes. Nous avons déjà mentionné, pour la partie patronale autant que pour la partie syndicale, la possibilité qu'elles arrivent mieux préparées à la table de négociation, lorsque l'unité a été raisonnablement agrandie. Ce n'est toutefois pas l'aspect principal.

La question primordiale, et peut-être insoluble, est toujours celle du pouvoir de négociation. Le grand avantage que retirent les entreprises d'une négociation centralisée consiste à éviter l'escalade. Parce que certaines entreprises se montrent plus vulnérables que d'autres, habituellement ou à un moment particulier, les syndicats savent toujours, dans une négociation morcelée, s'attaquer à la plus faible et à la forcer à faire des concessions, qu'ils n'auront ensuite qu'à transposer dans les autres contrats avec plus ou moins de facilité. En ce sens, la négociation centralisée renforce sûrement la partie patronale.

Par contre, les différences et les divisions qui existaient entre les employeurs dans les négociations particulières se retrouvent également, bien que d'une autre façon, dans une négociation centralisée. Les entreprises qui étaient vulnérables dans l'ancien système le demeurent dans le nouveau. Les entreprises n'ont pas toutes les mêmes courbes de coût, les mêmes obligations et les mêmes réserves. La solidarité pose aux employeurs des problèmes peut-être plus sérieux et plus graves encore qu'aux travailleurs. Les divergences d'intérêts, si elles sont sérieuses, amèneront, de la part de certains employeurs, des concessions plus importantes; elles pourront même briser le front commun, comme la chose est arrivée fréquemment, et ramener des négociations parcellaires, selon le nombre et l'importance des défections dans le groupe. Ici encore, il n'est pas possible de généraliser et de conclure avec certitude si la centralisation augmente le pouvoir des employeurs.

Effets sur les négociations

On a soutenu que des unités de négociation agrandies permettaient des négociations plus «scientifiques». Une négociation scientifique évoque une négociation où les acteurs sont plus renseignés et mieux préparés, ou encore, au sens rigoureux du terme, une négociation qui se poursuivrait uniquement à partir d'informations irréfutables et de critères communément admis, en des discussions méthodiques et pleinement objectives, de manière à en arriver à une entente qui découlerait infailliblement des prémisses posées et des données considérées. S'il est indéniable que, dans les grandes négociations, l'information s'avère plus abondante et souvent plus appropriée, plusieurs soutiennent que la nature même de l'exercice ne possède aucun caractère scientifique; il n'est pas rare qu'on ne parvienne pas à s'entendre sur les données qui doivent servir de base aux comparaisons les plus simples: l'information, dit-on, n'est pas pertinente, le milieu et le contexte sont différents, sans parler des mésententes sur des options plus fondamentales, comme le profit normal, les réinvestissements nécessaires, la qualité de la gestion ou la capacité de payer ou de taxer.

Les négociations à grande échelle revêtent habituellement un certain caractère politique, c'est-à-dire qu'elles engagent l'opinion publique et appellent souvent l'intervention directe du gouvernement. Ainsi, dans les années 1950 et 1960, les négociations dans le domaine de l'acier aux États-Unis avaient tellement de répercussions sur l'économie américaine que peu de contrats s'y sont conclus sans l'intervention du président des États-Unis, soit pour forcer un règlement, par voie de persuasion autant que possible, soit pour s'opposer à un relèvement du prix de l'acier à la suite de l'entente intervenue entre les parties. Au

62. Robert Swidinski, «The Effect of Bargaining Structure on Negotiated Wage Settlements», *Relations industrielles*, vol. 36, nº 2, 1981, p. 371-385; *Id., The Effect of Bargaining Structures on Negotiated Wage Settlement in Canada*, document de travail nº 139, Ottawa, Economic Council of Canada, novembre 1979, 42 p.

Canada et au Québec, l'aspect politique apparaît clairement dans les négociations qui engagent l'État, au palier fédéral ou provincial, comme employeur ou bailleur de fonds, ou encore dans les services publics, comme les services d'utilité publique et le transport en commun. Au sein de l'industrie privée, l'aspect politique est également présent, à des degrés divers, dans les négociations de grande envergure; au Québec, l'exemple le plus clair, au cours des dernières années, est celui de la construction.

Une autre caractéristique des négociations à grande échelle réside dans leur complexité. Plus l'unité de négociation est grande, plus les structures de part et d'autre sont complexes, et plus la partie qui se jouera entre les acteurs sera serrée. Chacun utilisera toutes les techniques et toutes les ressources dont il pourra disposer: on fera appel aux procédures juridiques, à la publicité, aux pressions de toutes sortes; à la table de négociation, on utilisera autant la ruse que l'argumentation serrée; on recourra peut-être même, dans les cas extrêmes, à la force et à l'intimidation.

Effets sur le public

La taille de l'unité de négociation détermine souvent l'importance des conséquences sur le public. D'autres facteurs, cependant, entrent en ligne de compte: une négociation locale pour les policiers d'une ville peut avoir, avec ou sans arrêt de travail, des répercussions formidables.

Les conséquences ressenties par le public peuvent être de deux sortes: celles qui proviennent d'un arrêt de travail et celles qui découlent du résultat des négociations. Nous reviendrons sur les premières dans un chapitre consacré à la grève. Les secondes se traduisent habituellement par les prix et par la qualité des produits ou des services en cause. Plus l'unité de négociation est étendue et plus la possibilité de substituer le produit ou le service par un autre est réduite, plus grand est le risque que le public ait à assumer les coûts de l'entente négociée: ces deux conditions réunies rendent la collusion possible et même attrayante pour les parties en cause. L'exemple le plus souvent cité est celui de l'industrie de la construction: si l'entente s'applique à tous les employeurs et à tous les travailleurs d'un métier dans une région (par exemple une ville et ses environs), les parties sont presque libres d'imposer les conditions qu'elles veulent aux consommateurs. D'une part, il n'est pas possible d'importer de bien loin des services d'électricité ou de plomberie, d'autre part, on ne saurait se passer de courant électrique, de chauffage, d'eau et d'égouts.

L'ensemble de ces diverses implications, tant pour les parties en cause que pour le public, montre bien que l'agrandissement des unités de négociation ne saurait être considéré comme un remède à tous les problèmes de la négociation. Chaque cas doit être évalué séparément.

18.3.6 Conclusion: pour ou contre les grandes unités

Pour conclure, il faut évaluer le pour et le contre des grandes unités de négociation selon un certain nombre de facteurs.

Salaires et prix

L'effet le plus direct de la grande unité de négociation – à moins qu'elle prévoie des barèmes de salaires différents selon les régions – est d'uniformiser les taux de salaires et de les soustraire à l'effet du marché. Plusieurs considèrent souhaitable que le prix du travail ne soit pas livré à la concurrence comme les autres prix. Par contre, le salaire uniforme ne comporte pas que des avantages; toutes les entreprises n'ont pas les mêmes courbes de coûts et, à un certain niveau de salaire, on risque fort d'éliminer un certain nombre d'entreprises. La disparition d'entreprises moins efficaces peut être un bienfait social à long terme, mais, à court terme, elle crée un chômage plus ou moins grave et des bouleversements parfois considérables. Ces mauvais effets se vérifieront davantage dans des régions périphériques où il arrive qu'une population locale dépende, pour sa survie, d'une seule entreprise.

Une fois disparue la concurrence sur le plan des salaires, la concurrence entre les entreprises continuera de s'exercer et s'accroîtra sur d'autres aspects, comme le prix des produits, leur qualité, la mise en marché et le service aux clients. Le public devrait bénéficier d'une telle concurrence. Une telle situation peut cependant empêcher l'apparition de nouveaux producteurs et favoriser la concentration industrielle. En effet, si ce type de concentration peut être considéré comme un des principaux facteurs d'agrandissement des unités de négociation, inversement cet agrandissement contribue, pour une large part, à raffermir ou à provoquer la concentration.

Négociations

Les syndicats qui recherchent une unité plus grande cherchent souvent à équilibrer leur pouvoir de négociation avec celui des employeurs. Nous avons dit précédemment pourquoi il n'est pas facile de savoir d'avance si l'agrandissement de l'unité favorisera ou non un meilleur équilibre du pouvoir de négociation. Disons seulement que, en dépit des exceptions assez fréquentes, une unité plus étendue donnera aux deux parties un plus grand pouvoir, sans qu'on puisse déterminer s'il est mieux équilibré. Ce double pouvoir de négociation appellera d'une manière plus impérieuse l'intervention du gouvernement, non seulement comme médiateur, pour forcer en quelque sorte les parties à s'entendre, mais même comme arbitre, pour recommander sinon imposer un genre de solution et un contenu à la convention collective.

On peut envisager des négociations plus paisibles, parce que les parties, se sentant plus fortes, se considèrent également plus responsables vis-à-vis de la société. Cet avantage s'est retrouvé dans un certain nombre de cas, mais on ne peut garantir qu'il se réalisera à grande échelle. Une fois en possession d'une situation de monopole et d'un pouvoir correspondant, tant du côté des employeurs que des syndicats, il n'est pas sûr que les parties en cause décident d'elles-mêmes de n'user qu'avec modération du pouvoir dont elles disposent, par conscience de leurs responsabilités sociales; il n'est pas sûr, non plus, que la crainte de l'opinion publique ait plus d'effet. La multiplication des arrêts de travail et le grand nombre de lois spéciales dans les services publics démontrent qu'une telle crainte n'est pas sans fondement.

Avantages et coûts sociaux

La grande unité de négociation comporte des avantages et des coûts sociaux. Là où la «responsabilité» des parties existe, la grande unité assure une paix industrielle plus étendue, et elle diminue les coûts sociaux que peuvent représenter des arrêts de travail répétés. En effet, les petites unités risquent de multiplier les arrêts de travail. Dans les cas d'unités de métier, par exemple, un seul groupe peut, en plaçant une ligne de piquetage devant une entreprise ou un chantier, arrêter toute activité économique pour des centaines et peut-être des milliers de travailleurs. En ce sens, la grande unité procure un net avantage. D'un autre côté, lorsqu'elles se produisent, les grèves ont d'autant plus de répercussions que l'unité est plus étendue: elles concernent un plus grand nombre de travailleurs et touchent le public plus durement. On n'a pas encore réussi à démontrer qu'un système était finalement plus favorable à la paix industrielle que l'autre. Il faudrait peut-être se demander lequel de ces deux types d'arrêts de travail permet davantage le défoulement collectif qu'occasionne une grève et procure ainsi, à long terme, de meilleurs effets.

On considère qu'une négociation à grande échelle peut avoir sur l'économie un effet de stabilité relativement important, parce que les parties sont alors plus conscientes de leurs responsabilités, que l'opinion publique y joue un rôle plus actif et que l'État exerce une plus grande surveillance. Toutefois, la grande négociation peut aussi susciter l'effet contraire. Ce n'est pas pour rien que les différents gouvernements suivent de si près certaines négociations et qu'ils interviennent souvent pour recommander la modération, sinon l'imposer. L'arme de l'intervention persuasive et de la responsabilité sociale finit par s'émousser. Certains syndicats et certaines entreprises, non des moindres, disent publiquement qu'ils se moquent des répercussions de leur entente sur le reste de l'économie et qu'ils ne démordront pas de leur volonté d'obtenir le règlement le plus avantageux possible pour eux.

En somme, on se retrouve aux prises avec un certain nombre de dilemmes. D'une part, on désire maintenir la liberté des parties et les amener à s'entendre sans leur imposer une décision qu'elles n'accepteraient pas; d'autre part, l'usage de cette liberté peut, dans certains cas, entraîner des bouleversements ou des injustices que la société ne veut pas tolérer. L'équilibre nécessaire entre l'intervention gouvernementale et la liberté des individus, des groupes et des sociétés n'est sûrement pas facile à trouver; si on trouve cet équilibre pour un moment, on doit tout de suite recommencer à le chercher, car il change constamment.

Quant à la préférence à accorder aux petites ou aux grandes unités de négociation, elle implique toujours un choix entre les avantages et les inconvénients respectifs de la centralisation et de la décentralisation; on ne peut bénéficier simultanément de tous les avantages de toutes les formules. Pour ce qui est de l'élargissement des unités par la formule de la négociation cadre ou de la négociation type, nous en traitons au chapitre suivant.

18.4 Relations de pouvoir

Nous avons noté, en définissant les structures de négociation (voir section 18.1.4), que les relations de pouvoir en constituent un élément essentiel, tant à l'intérieur de chaque groupe qu'entre les deux parties contractantes. Le sujet a aussi été mentionné plus d'une fois en discutant de l'unité de négociation. Il nous reste à en traiter d'une manière systématique.

Signalons, au départ, que ce réseau de relations de pouvoir diffère sensiblement d'un cas à l'autre. En effet, les situations varient énormément, depuis les grandes négociations du secteur public et des industries privées jusqu'aux négociations parcellaires pour un métier dans une entreprise donnée. Même le plus petit groupe parvient à tirer un certain pouvoir des comparaisons plus ou moins contraignantes qu'il peut toujours invoquer.

Nous envisagerons successivement les relations de pouvoir à l'intérieur des organisations en présence, puis dans leurs rapports mutuels.

18.4.1 Relations internes

Le problème fondamental des relations de pouvoir tant du côté patronal que syndical est celui de la prise de décision. Comme il s'agit presque toujours d'organismes complexes, cette prise de décision résulte d'un processus lui-même complexe, où interviennent des pressions de toutes sortes à différents niveaux de la structure, créant ainsi un réseau de pouvoir souvent subtil et délicat. Le pouvoir, en effet, ne tient pas uniquement à l'autorité que confère un poste ou un droit juridique; il s'appuie aussi sur d'autres sources, comme le prestige, la réputation, les ressources matérielles ou intellectuelles, qui permettent toutes, selon la définition essentielle du pouvoir, d'infléchir une décision ou une action dans le sens de ses propres références.

Côté syndical

La complexité du processus de négociation apparaît clairement lorsqu'on observe simplement les syndicats[63]. Le pouvoir, en effet, se répartit différemment selon l'objet de la décision et le niveau de la structure syndicale où elle se prend. La négociation collective constitue la principale intervention économico-sociale du syndicat et le pouvoir de la base est bien plus sensible à ce moment que lorsqu'il s'agit des objectifs de transformation sociale. Ce pouvoir varie cependant beaucoup selon les cas et il s'exerce différemment selon les niveaux.

Lorsque la négociation se déroule à l'échelle locale, la décision revient à l'assemblée générale du syndicat local, bien qu'il ne faille pas sous-estimer l'influence du représentant de la fédération ou de la centrale, du conseiller juridique ou technique: en effet, celui qui possède les renseignements et les connaissances jouit d'un prestige souvent décisif. Au-delà du représentant lui-même, un certain nombre d'unions américaines prévoient qu'aucune convention collective n'est signée sans l'accord des dirigeants internationaux. Ces derniers doivent cependant respecter la volonté de la base, sous peine de créer de sérieuses difficultés. En définitive, dans le cas d'une négociation locale, l'opinion de la base est prépondérante. Inversement, quand il

63. Gérard Hébert, «Pouvoir et "Pouvoirs" dans les syndicats» dans *Pouvoir et « Pouvoirs » en relations du travail*, 25e Congrès des relations industrielles de l'Université Laval, Québec, Presses de l'Université Laval, 1970, p. 89-115; George W. Brooks, «Union and the Structure of Collective Bargaining», voir *supra*, note 1, p. 123.

s'agit de négociations centralisées, le pouvoir effectif se retrouve davantage dans les mains des technocrates et des chefs syndicaux; les membres à la base ne conservent guère qu'un droit de veto, souvent noyé dans l'immensité et la diversité de l'unité en cause. Ce droit de veto n'est quand même pas illusoire: il explique le phénomène, fréquent dans les années 1970, du rejet par la base de l'accord de principe conclu à la table par le comité de négociation; la question sera reprise au chapitre 21.

En général, dans les unions et les syndicats de métier, le pouvoir est demeuré plus près de la base. Dans les syndicats de type industriel, au contraire, particulièrement dans les grandes industries manufacturières, le pouvoir est passé du niveau local aux chefs et aux technocrates, et le processus risque le plus souvent de s'intensifier. Un important contrepoids vient du fait que le niveau de scolarité des travailleurs s'élève presque partout; les assemblées générales syndicales acquièrent ainsi de plus en plus de poids. La centralisation ne disparaît pas pour autant, et elle ne va pas sans difficulté. Nous avons déjà mentionné le problème des questions locales; il faudrait y ajouter la frustration des chefs locaux, qui risquent de devenir, dans ces circonstances, de simples courroies de transmission. Parmi ceux-ci, quelques-uns peuvent toutefois acquérir suffisamment d'influence et de pouvoir pour mettre en cause l'autorité des niveaux supérieurs et créer des dissensions internes sérieuses. Le problème des rapports entre les niveaux de la hiérarchie syndicale ne sera jamais complètement réglé.

Côté patronal

La prise de décision et la répartition du pouvoir semblent, à première vue, mieux structurées du côté patronal. Cette affirmation est peut-être vraie dans un certain nombre d'entreprises de petite et de moyenne dimension; elle doit cependant être sérieusement nuancée dans le cas des grandes entreprises[64]. Plusieurs d'entre elles cherchent à décentraliser la prise de décision et à confier aux cadres intermédiaires des responsabilités plus étendues. De plus, dans les cas où l'autorité centrale veut retenir pour elle le plus de pouvoir possible, il se crée, par la force des choses, des arrangements inévitables; si, par exemple, la convention collective a été négociée sans le concours des cadres et des agents de maîtrise et qu'ils la trouvent inapplicable sur certains points, ils feront, avec les représentants syndicaux de leur niveau ou avec les travailleurs eux-mêmes, des ententes qui permettront de contourner les prescriptions de la convention officielle; nous avons déjà mentionné ces ententes tacites, discutées et acceptées au niveau de l'unité naturelle (voir section 18.1.3, tableau 18-2) par une négociation dite fragmentaire (*fractional bargaining*).

Un aspect du problème de la prise de décision par l'employeur est celui du pouvoir à accorder et du pouvoir détenu par la direction des relations du travail, quel que soit le vocable utilisé (service du personnel ou bureau des ressources humaines); on trouve à peu près toutes les formules. En simplifiant beaucoup, on pourrait affirmer qu'il existe un double risque: celui d'accorder trop, ou trop peu, de pouvoir à la direction des relations du travail. Les deux situations comportent leurs inconvénients respectifs. Les entreprises qui accordent trop de pouvoir à leur service du personnel se créent des problèmes de direction: comme le bureau du personnel est porté à donner beaucoup d'importance aux problèmes de l'employé et moins à ceux de la production et des coûts, l'efficacité de l'entreprise risque d'en souffrir; les cadres hiérarchiques (*line managers*) se trouvent aussi sérieusement frustrés dans l'accomplissement de leurs fonctions. D'un autre côté, si l'on ignore trop facilement le point de vue du service du personnel, l'entreprise se retrouvera bientôt avec de graves problèmes de relations humaines, qui affecteront à leur tour la production et l'efficacité de l'entreprise. Même si l'application du principe demeure difficile et que l'équilibre se révèle plutôt instable, il n'y a pas d'autre solution qu'une coordination appropriée entre la direction des relations de travail et les chefs hiérarchiques.

64. HUGUES LEYDET, «Pouvoir et "Pouvoirs" dans l'entreprise privée» dans *Pouvoir et «Pouvoirs» en relations du travail*, voir *supra*, note 63, p. 33-49.

18.4.2 Relations mutuelles

Les relations de pouvoir entre les parties dépendent de plusieurs facteurs dont nous avons déjà parlé. Nous tenterons de les regrouper.

La structure et la cohésion interne de chaque partie jouent un rôle important dans le rapport de force qui existera entre les deux. Chaque partie, en effet, utilisera les faiblesses et les divisions de l'autre. Cette situation peut fournir un des éléments principaux du marchandage. Il arrive cependant qu'une partie n'exploite pas à fond le pouvoir que les difficultés internes de l'autre lui confèrent. Ainsi, les grandes entreprises de l'industrie de l'automobile ont, à un moment donné, facilité la négociation à Walter Reuther, le président des Travailleurs unis de l'automobile, qui était alors contesté par certains groupes dans sa propre union. Pour sa part, le syndicat ménage parfois un employeur en difficulté passagère. En termes économiques, une partie ne cherche pas toujours à maximiser son profit à court terme, de peur de se créer des difficultés plus graves à plus long terme. En règle générale cependant, chaque partie frappera au point le plus faible et utilisera les faiblesses et les divisions de l'autre pour accroître son propre pouvoir.

D'autres aspects, outre la structure et la cohésion, entrent en ligne de compte dans ce jeu inexorable des relations de pouvoir. L'âge du syndicat, son idéologie, sa plus ou moins grande combativité, sa concentration dans une même industrie ou sa dispersion dans plusieurs constituent autant de facteurs qui contribuent à déterminer le pouvoir du syndicat vis-à-vis de l'employeur. Inversement, la taille, la diversification des produits et la situation financière de l'entreprise établissent son pouvoir et déterminent souvent la tactique qu'emploiera le syndicat à son endroit. La personnalité des acteurs joue un rôle important: le prestige et l'habileté du négociateur peuvent souvent compenser une position objectivement plus faible.

Nous avons déjà suffisamment insisté, en particulier dans la section 18.3.4, sur la place du marché du produit et du marché du travail dans le jeu de la négociation pour qu'il suffise d'en rappeler le rôle par rapport au pouvoir des parties en présence. Dans certains cas particuliers, l'importance des biens ou des services produits peut être telle qu'elle confère à l'une des parties un pouvoir presque absolu. Certains groupes particuliers, comme les policiers et les pompiers, rendent à la population un service tellement essentiel que la grève peut devenir, entre leurs mains, un instrument de chantage; ils tiennent en quelque sorte à leur merci la population. Par contre, les percepteurs d'impôt et les archivistes ne trouveront dans le public à peu près aucun appui à leur cause; une grève de leur part laissera le public indifférent; il ne portera aucun intérêt à leur arrêt de travail.

18.4.3 Choix de l'unité

Le choix de l'unité de négociation n'est pas, lui non plus, étranger au jeu de pouvoir qui se poursuit entre les deux parties. En général, la partie syndicale prend l'initiative de la détermination de l'unité. Aussi le syndicat cherchera-t-il à savoir si, en agrandissant son unité, il augmentera son pouvoir de négociation ou s'il le diminuera. Pour répondre à cette question, il soupèsera les éléments suivants et leur valeur relative:

- Par rapport au contenu de la convention collective, quels avantages peut-il espérer d'une unité de négociation agrandie: plus d'uniformité dans l'ensemble des clauses, de meilleures conditions de travail pour un plus grand nombre de salariés syndiqués, une administration plus facile de la convention collective? Ces avantages contrebalanceront-ils les inconvénients d'un contrat collectif peut-être moins adapté aux circonstances locales et des griefs plus nombreux et plus difficiles à résoudre?
- Par rapport au pouvoir de négociation, le syndicat s'en trouvera-t-il plus fort? La partie patronale est-elle suffisamment préparée et manifestera-t-elle assez de solidarité pour acquérir ainsi une force de négociation comparable, supérieure ou inférieure à celle du syndicat?
- Quels seront, justement, les répercussions internes du côté du syndicat? Celui-ci y trouvera-t-il plus de cohésion ou risque-t-il d'éprouver des divisions sérieuses?

Les syndicats ont presque toujours cherché à agrandir l'unité de négociation. Ils l'ont fait autant pour répondre à une plus grande concentration du côté des entreprises que pour acquérir un plus grand pouvoir. Toutefois il existe aussi des indices qui révèlent des forces de décentralisation. Parmi ces indices, les principaux sont les grèves sauvages, qui se sont multipliées au cours des années 1970, et le rejet, par les syndiqués, d'ententes qui avaient été acceptées par leurs représentants et que ceux-ci ont dû renégocier à la suite du rejet[65].

18.5 Conclusion

Certains croient que les années 1970 ont produit un excès de centralisation et que, dans les années 1980, du moins dans le secteur privé, la décentralisation a été poussée trop loin. Il est difficile de tirer une conclusion définitive. En effet, le choix oppose une série d'avantages et une série d'inconvénients, de part et d'autre. De plus, les chercheurs qui analysent le phénomène ont tendance à suggérer des solutions globales. Les praticiens qui se prononcent sur la question se situent plutôt au haut de l'échelle qu'à la base: ils sont naturellement enclins à favoriser la centralisation et c'est toujours leur voix qui a le plus de chances d'être entendue. L'influence des centralisateurs ne peut être contrebalancée que par les pressions venant de la base. Quel pouvoir exerce-t-elle? le débat ne sera jamais clos.

En guise de conclusion, nous pourrions reprendre les observations formulées à la fin de la section 18.3 sur l'unité réelle de négociation. On se retrouve toujours en présence du dilemme fondamental: efficacité – participation. Nous pourrions rappeler, à ce sujet, l'observation du professeur Brooks. Compte tenu des adaptations requises dans les cas d'industries particulières et de situations singulières, il considère que la négociation par établissement demeure une formule valable, et que cette formule est beaucoup plus pratique et plus facile à mettre en pratique que celle de la participation démocratique dans de vastes unités[66]. Cette observation explique très bien la stabilité relative des structures de négociation depuis une quarantaine d'années.

65. William E. Simkin, «Refusals to Ratify Contracts», *Industrial and Labor Relations Review*, vol. 21, nº 4, juillet 1968, p. 518-540; David I. Shair, «The Mythology of Labor Contract Rejections», *Labor Law Journal*, vol. 21, nº 2, février 1970, p. 88-94; Clyde W. Summers, «Ratification of Agreements» dans *Frontiers of Collective Bargaining*, voir *supra*, note 14, p. 75; R.K. Moores, *Rejets de convention dans les industries relevant de la compétence fédérale (1974)*, Ottawa, Travail Canada, 1975, 26 p.

66. George W. Brooks, *op. cit.*, p. 125-126.

Bibliographie

Ouvrages généraux

BROWN, WILLIAM. «The Impact of High Unemployment on Bargaining Structure», *Journal of Industrial Relations*, vol. 25, n° 2, 1983, p. 132-139.

DAVIES, ROBERT J. «The Structure of Collective Bargaining in Canada» dans *Canadian Labour Relations*, sous la direction de W. CRAIG RIDDELL, Toronto, University of Toronto Press, 1986 (321 p.), p. 211-255.

HERMAN, EDWARD E. *Détermination du cadre approprié des groupements de négociation par les commissions de relations de travail*, Ottawa, ministère du Travail, 1968, 257 p.

KELLY, MATTHEW A. «Adaptations in the Structure of Bargaining» dans *Proceedings of the Nineteenth Annual Winter Meeting, Industrial Relations Research Association*, San Francisco, December 28-29, 1966, Madison, Wis., IRRA, 1967, p. 290-302.

MABRY, HERBERT H. et SCHMIDMAN, JOHN. «The Effects on Union Constituencies of New Bargaining Structures and Processes», *Labor Law Journal*, vol. 37, n° 8, août 1986, p. 575-577.

ROSE, JOSEPH B. «Mandatory Bargaining Structures: What Are The Consequences? dans *Essays in Labour Relations Law*, Don Mills, Ont., CCH Canadian Limited, 1986 (279 p.), p. 25-56.

WEBER, ARNOLD R. (sous la direction). *The Structure of Collective Bargaining. Problems and Perspectives. Proceedings of a Seminar Sponsored by the Graduate School of Business, University of Chicago and The McKinsey Foundation*, New York, Free Press of Glencoe, 1961, 380 p.

WEBER, ARNOLD, R. «Stability and Change in the Structure of Collective Bargaining» dans *Challenges to Collective Bargaining*, publié par The American Assembly, Columbia University, Englewood Cliffs, N.J., Prentice-Hall, 1967, p. 13-24.

WEILER, PAUL. «Fragmented or Centralized Bargaining?» dans *Conférence internationale sur les tendances en relations industrielles et en relations du travail, Montréal, 1976*, Montréal, McGill University, Industrial Relations Centre, juin 1977, p. 132-140.

WEILER, PAUL. «The Structure of Collective Bargaining» dans *Reconcilable Differences. New Directions in Canadian Labour Law*, Toronto, The Carswell Company, 1980 (335 p.), p. 172-178.

Unité d'accréditation

BAIN, GEORGE SAYERS. *Accréditations, premières conventions et retraits d'accréditation: cadre d'analyse*, Ottawa, Travail Canada, mars 1981, 35 p.

BRIÈRE MARC. «La détermination des unités de négociation – Recherche d'une politique», *Relations industrielles*, vol. 35, n° 3, 1980, p. 534-555.

CARROTHERS, A.W.R. *Collective Bargaining Law*, Toronto, Butterworths, 1965, 553 p., ch. 14: «Certification: The Appropriate Unit», p. 232-250.

D'AOUST, CLAUDE et LECLERC, LOUIS. «L'accréditation» dans *La gestion des relations du travail au Québec*, sous la direction de NOËL MALLETTE, Montréal, McGraw-Hill, 1980 (642 p.), p. 125-158 (voir particulièrement les pages 147-150).

MORIN, FERNAND. «L'accréditation syndicale au Québec – Mise en relief des effets de l'accréditation», *Relations industrielles*, vol. 25, n° 3, août 1970, p. 401-428; reproduit dans *Les unités de négociation*, 1er Colloque de relations industrielles de l'Université de Montréal, 1969-1970, Montréal, Université de Montréal, École de relations industrielles, 1969, p. 1-28.

NADEAU, GASTON. «L'unité d'accréditation», *Le marché du travail*, vol. 3, n° 5, mai 1982, p. 57-62.

ROY, ANDRÉ. «L'unité de négociation en matière d'accréditation», *Relations industrielles*, vol. 28, n° 2, avril 1973, p. 414-430.

STARCK, B. «Aspects juridiques du syndicalisme québécois: l'accréditation», *The Canadian Bar Review – La Revue du Barreau canadien*, vol. 44, n° 2, mai 1966, p. 173-242.

WOODS, H.D. *Labour Policy in Canada*, 2e édition, Toronto, Macmillan, 1973, p. 115-121, 362-364.

Unité réelle de négociation

Bureau du Conseil privé. *Les relations du travail au Canada*, Rapport de l'Équipe spécialisée en relations de travail, H.D. WOODS, président, Ottawa, Imprimeur de la Reine, 1969, paragr. 193-204, p. 66-70; paragr. 447-453, p. 155-157; paragr. 549-555, p. 180-182; paragr. 754-756, p. 231.

CHRISTY, ROBERT J. «The Structure of Collective Bargaining» dans *Canadian Industrial Relations. A Book of Readings*, sous la direction de S.M.A. HAMEED, Toronto, Butterworths and Co., 1975, p. 187-204.

CINQ-MARS, NORMAND. «Négociation locale et négociation sectorielle», *Relations industrielles*, vol. 25, nº 3, août 1970, p. 465-483; reproduit dans *Les unités de négociation*, 1er Colloque de relations industrielles de l'Université de Montréal, École de relations industrielles, 1969, p. 65-83.

DORSEY, JAMES. «Some Basic Principles in Broader-Based Bargaining Unit Determination» dans *Les relations industrielles au Canada: bilan et perspectives*. Association canadienne des relations industrielles, 1980, p. 211-216. Résumé français: p. 217.

DUNLOP, JOHN T. «Structure of Collective Bargaining» dans *The Next Twenty-five Years of Industrial Relations»*, sous la direction de GERALD G. SOMERS, Madison, Wis., Industrial Relations Research Association, 1973, p. 10-18.

HÉBERT, GÉRARD. *et al. Les relations de travail dans l'industrie des quotidiens*, Volume de recherche nº 5, Ottawa, Commission royale sur les quotidiens, 1982, 216 p.

HENDRICKS, WALLACE E. et KAHN, LAWRENCE M. «The Determinants of Bargaining Structure in U.S. Manufacturing Industries», *Industrial and Labor Relations Review*, vol. 35, nº 2, janvier 1982, p. 181-195.

KOCHAN, THOMAS A. *Collective Bargaining and Industrial Relations. From Theory to Policy and Practice*, Homewood, Ill., Richard D. Irwin, 1980 (523 p.), p. 93-97.

NORTHRUP, HERBERT R. et ROWAN, RICHARD L. *Multinational Collective Bargaining Attempts*, Philadelphie, The Wharton School (Industrial Research Unit), University of Pennsylvania, 1979, 580 p.

Rapport de la Commission d'enquête sur la négociation sectorielle, FRANCES BAIRSTOW, présidente, Travail Canada, décembre 1978, 252 p. (Le Rapport traite de la situation dans les aéroports, le transport aérien et la manutention des grains.)

Relations de pouvoir et impact des structures

BARBASH, JACK. «Collective Bargaining: Contemporary American Experience – A Commentary» dans *Collective Bargaining: Contemporary American Experience*, sous la direction de GERALD G. SOMERS, Madison, Wis., Industrial Relations Research Association, 1980 (588 p.), p. 581-584.

BROOKS, GEORGE W. «Unions and the Structure of Collective Bargaining» dans *The Structure of Collective Bargaining – Problems and Perspectives. Proceedings of a Seminar Sponsored by the Graduate School of Business, University of Chicago and The McKinsey Foundation*, sous la direction d'ARNOLD R. WEBER, New York, Free Press of Glencoe, 1961, p. 123-140.

FORREST, ANNE. «Bargaining Units and Bargaining Power» dans *Existe-t-il de nouvelles relations industrielles canadiennes?, Rapport du 23e Congrès annuel de l'Association canadienne des relations industrielles, Winnipeg, 1986*, Québec, Secrétariat de l'ACRI, 1987 (498 p.), p. 37-49.

MISHEL, LAWRENCE. «The Structural Determinants of Union Bargaining Power», *Industrial and Labor Relations Review*, vol. 40, nº 1, octobre 1986, p. 90-104.

PERRY, JAMES L. et ANGLE, HAROLD L. «Bargaining Unit Structure and Organization Outcomes», *Industrial Relations*, vol. 20, nº 1, 1981, p. 47-59.

SWIDINSKI, ROBERT. *The Effect of Bargaining Structure on Negotiated Wage Settlements in Canada*, document de travail nº 139, Ottawa, Conseil économique du Canada, novembre 1979, 42 p. Étude préparée pour le Centre pour l'étude de l'inflation et de la productivité.

SWIDINSKI, ROBERT. «The Effect of Bargaining Structure on Negotiated Wage Settlements», *Relations industrielles*, vol. 36, nº 2, 1981, p. 371-385.

Université Laval, Département des relations industrielles. *Pouvoir et «Pouvoirs» en relations du travail. 25e Congrès des relations industrielles de l'Université Laval*, Québec, Presses de l'Université Laval, 1970, 178 p.

Chapitre

19

Structures externes de négociation

PLAN

19.1 Contrats uniformes (*form contract*)

19.2 Contrat cadre (*master agreement*)

19.3 Négociations coordonnées

19.4 Négociation type (*pattern*)

19.5 Contrats spéciaux

Par structures externes, nous entendons les multiples rapports qui s'établissent entre différents groupes ou tables de négociation. Dans certains cas, les rapports sont déterminés à l'avance et durables. Dans d'autres cas, ils sont spontanés et changeants; les rapports sont alors le reflet des comparaisons utilisées de part et d'autre pour obtenir ou refuser certains avantages. Entre ces deux extrêmes, il y a toute une gamme de possibilités.

En tentant de regrouper les différents cas potentiels et réalisés, nous nous trouvons devant une série de situations qu'on pourrait classifier selon le degré d'influence d'une unité de négociation sur une ou plusieurs autres unités. On peut désigner cet ensemble par l'expression «unité d'influence», comme nous l'avons fait au début du chapitre précédent (voir section 18.1.3, tableau 18-2).

L'expression unité d'influence ne se prête pas à une définition stricte avec des limites précises. En effet, l'influence se révèle plus ou moins directe et plus ou moins considérable: l'étendue de l'unité varie elle aussi. Dans ce continuum, nous dégagerons certains types, en nous rappelant cependant qu'il s'agit de regroupements particuliers et qu'il est possible de retrouver plusieurs types dans une même situation et de passer insensiblement d'un groupe à un autre.

Nous distinguerons quatre types d'unité d'influence. Le premier type réunit les cas où l'influence s'exerce à cent pour cent et entraîne une série de contrats uniformes. Le second est constitué du contrat cadre. Viennent ensuite les négociations coordonnées et les négociations types. Le degré de contrainte de ces quatre formes d'influence diminue progressivement du contrat uniforme à la négociation type. Commençons par la plus rigide.

19.1 Contrats uniformes (*form contract*)

Ils découlent d'une seule et unique négociation. Nous expliquerons d'abord en quoi ils consistent, puis nous verrons quelques applications de cette formule.

19.1.1 Définition et concept

Le contrat uniforme résulte d'une négociation entre une association patronale et un ou plusieurs syndicats, ou entre un syndicat et quelques employeurs représentatifs d'une industrie ou d'un secteur. Si les salariés d'un autre employeur de cette industrie décident de former un syndicat et obtiennent un certificat d'accréditation, celui-ci n'occasionnera pas automatiquement une nouvelle négociation. Le représentant syndical se présentera chez l'employeur dont les salariés viennent d'être accrédités avec une copie de la convention déjà négociée. Il tiendra à peu près les propos suivants à l'employeur: «Voici la convention collective qui s'applique dans les entreprises déjà syndiquées de votre industrie; signez donc ici.» Théoriquement l'employeur peut refuser de signer et exiger que le syndicat amorce une nouvelle négociation avec lui. Qu'est-ce que l'exercice donnerait? Infailliblement une convention semblable sinon identique à celle des autres entreprises de l'industrie. En acceptant de signer tout de suite, l'employeur épargne du temps et évite les frais de la négociation.

L'employeur placé dans une telle situation ferait bien d'adhérer à l'association patronale, pour avoir son mot à dire lors de la prochaine ronde de négociation. Si un employeur dont les employés ne sont pas syndiqués se joint à l'association patronale – et si cette adhésion comporte obligatoirement l'acceptation de la convention négociée par l'association –, cet employeur recevra sans doute la visite du représentant syndical, qui l'invitera à signer le contrat uniforme.

D'une façon imagée, on peut dire que le contrat uniforme ne requiert simplement qu'une bonne photocopieuse. Une fois le contrat de base conclu, on le reproduit en autant d'exemplaires qu'il y a d'établissements syndiqués dans l'industrie, et l'agent syndical fait le tour de ces entreprises afin d'obtenir la signature du représentant de l'employeur de chacun des établissements. Voilà essentiellement ce qu'on entend par les contrats uniformes.

19.1.2 Application et exemples

Le contrat uniforme équivaut en quelque sorte, du moins dans ses résultats, à une négociation multiemployeurs, peut-être même à une négociation à l'échelle de l'industrie. Dans le cas de certaines industries fortement concurrentielles, le syndicat s'est acquis une force de représentation suffisante qui lui permet de s'imposer à l'ensemble. On retrouve cette situation plus souvent dans les conventions de métier que dans les conventions de type industriel visant l'ensemble des salariés de production. Les exemples de contrats uniformes sont plus rares au Québec que dans les autres provinces: la plupart des industries de concurrence et des syndicats qu'on y rencontre ont préféré utiliser un système propre au Québec, celui de l'extension juridique des conventions collectives ou décrets. La description et l'analyse qui suivent s'appliquent donc davantage aux autres provinces canadiennes et aux États-Unis.

L'industrie de la construction en constitue l'exemple classique. Vu la multiplicité des entreprises de construction, il n'arrive à peu près jamais que l'association patronale les représente toutes. La négociation se fait alors avec un nombre restreint d'employeurs, généralement les plus influents. Après avoir signé le contrat collectif ainsi négocié, le représentant syndical entreprend la tournée des autres entreprises afin de faire signer à chacune un contrat identique. Le contrat uniforme ne donne lieu à aucune discussion: l'employeur doit signer s'il veut obtenir la main-d'œuvre dont il a besoin, à la condition évidemment que le syndicat ait déjà un contrôle presque complet sur la main-d'œuvre du métier en question. Étant en situation de monopole, il peut imposer sa volonté aux employeurs qui n'ont pas signé. Cette situation est courante dans les métiers hautement spécialisés et dans les métiers dits mécaniques, comme l'électricité et la plomberie. Dans les autres cas, l'état du marché joue un rôle décisif: au cours d'une période de chômage, le syndicat éprouvera de la difficulté à obtenir la signature du contrat identique par les employeurs qui ne sont pas membres de l'association patronale et dont la main-d'œuvre, habituellement variable et flottante, n'est pas syndiquée. Dès que les conditions économiques s'amélioreront, les syndicats retrouveront toutefois leur pouvoir auprès des employeurs. En règle générale, dans la construction, les syndicats ne sont pas accrédités: la main-d'œuvre de chaque employeur change trop souvent; le temps de recevoir le certificat d'accréditation, le travail risque d'être terminé et le chantier, fermé.

Au Québec, la possibilité d'obtenir un décret remplace en quelque sorte le contrat uniforme. En effet, le décret impose à toutes les entreprises d'une même industrie les conditions de travail négociées avec quelques employeurs ou avec une association patronale; il comporte l'avantage de permettre la poursuite des employeurs récalcitrants devant les tribunaux. C'est pourquoi on retrouve des décrets dans plusieurs industries soumises à une forte concurrence, comme dans les secteurs du vêtement et du bois ouvré et dans différents services dont ceux de l'automobile. Un décret n'écarte cependant pas la possibilité d'une convention collective qui accorderait de meilleures conditions de travail. Dans quelques industries, en particulier dans le secteur du vêtement pour dames et du vêtement pour hommes, les syndicats signent des conventions collectives, qui complètent et vont plus loin que le décret, avec des employeurs dont les salariés sont membres de syndicats accrédités. Dans un tel contexte, la formule du contrat uniforme peut s'appliquer. Si un nouveau groupe d'employés obtient l'accréditation pendant que la convention collective (au-delà du décret) est en vigueur, l'employeur devra négocier une meilleure convention ou signer le contrat uniforme que l'agent syndical lui soumettra. L'employeur a sans doute intérêt à opter pour le contrat uniforme.

Une situation semblable se produit lorsque certains groupes particuliers de professionnels du secteur public décident de se syndiquer, par exemple les ergothérapeutes ou les archivistes médicaux d'un hôpital. Une nouvelle accréditation pour un de ces groupes ne signifie pas nécessairement une nouvelle négociation; le nouveau syndicat présentera à l'employeur visé le contrat alors en vigueur pour ce groupe dans d'autres institutions. L'employeur n'aura pas vraiment d'autres choix que de signer le contrat qu'on lui soumet.

Les exemples de contrats uniformes sont ainsi plus fréquents qu'il n'y paraît de prime abord. La formule du contrat cadre est plus connue, mais moins répandue. Elle se retrouve normalement dans les unités de type industriel, contrairement au contrat uniforme, qui est plus fréquent dans les cas assimilables aux métiers.

19.2 Contrat cadre (*master agreement*)

La convention de base ou le contrat cadre constitue une formule de regroupement partiel des négociations. C'est une forme rigide et complexe de regroupement: elle exige des ententes préalables entre les parties concernées. Ainsi on la retrouve très souvent dans les grandes entreprises qui comptent plusieurs établissements. Le cas le plus connu est celui des différents constructeurs d'automobiles. Le contrat cadre s'applique à chacun. Son objectif est d'assurer que les sujets de portée générale seront discutés à une table de négociation centrale et que les sujets de préoccupation locale le seront localement[1]. Le contrat cadre est toujours le résultat d'une entente volontaire entre les parties.

Nous définirons d'abord les éléments de la formule du contrat cadre et les conditions requises pour son application. Ensuite, nous nous arrêterons aux deux aspects principaux: la répartition des sujets entre les différents niveaux de négociation et les règles de procédure qui doivent être respectées. Nous tenterons enfin de cerner le caractère propre de ce type de négociation et nous discuterons des problèmes qui en découlent.

19.2.1 Définition et conditions

Le contrat cadre (*master agreement*) constitue, comme son nom l'indique, l'entente qui régit, du moins partiellement, l'ensemble des salariés d'une grande entreprise (ou d'une industrie). Il est négocié à l'échelle de toute l'entreprise et détermine les conditions qui s'appliqueront à tous les travailleurs concernés; il établit le cadre à l'intérieur duquel les ententes locales devront se maintenir. Le contrat cadre doit être complété par des ententes locales, négociées et signées dans chaque établissement visé. Ces ententes locales se rapportent à des sujets qui ne sont pas touchés par le contrat cadre ou précisent les applications locales des principes généraux établis par ce dernier. La juxtaposition du contrat cadre et de la convention locale, négociée pour un établissement, forme la convention collective en vigueur dans cet établissement. Le tableau 19-1 illustre cette réalité, de façon schématique, pour les divers établissements de la Compagnie General Motors du Canada. Sur le plan juridique, il y a autant de conventions séparées que de certificats d'accréditation, mais toutes ces conventions ont une partie commune.

La convention cadre, complétée par des ententes locales, représente une sorte de synthèse de la négociation centralisée et de la négociation décentralisée. On la trouve généralement dans une très grande entreprise dont les nombreux établissements sont disséminés sur un vaste territoire[2].

La première condition à la réalisation d'une négociation cadre est une entente explicite entre les parties contractantes sur la répartition des matières entre deux niveaux de négociation. Sans un accord ferme sur ce point, il ne saurait y avoir de négociation à deux paliers ni de contrat cadre. Un tel accord se révèle d'autant plus difficile que le nombre d'unités concernées est plus grand et que chaque unité, tant du côté patronal que syndical, jouit d'une plus grande autonomie.

Dans la pratique, une entente de ce genre n'est réalisable qu'entre une entreprise comptant plusieurs établissements et une union dont une section locale est accréditée dans chaque établissement. Ainsi, le

1. L'exposé de la présente section se fonde sur l'hypothèse d'une négociation à deux niveaux; c'est celle qui a cours à peu près partout. Certains ont imaginé une répartition des matières à trois niveaux: MICHAEL L. MOORE, DANIEL KRUGER et MARTIN GILMORE, «A Triple-Tier Collective Bargaining System for Productivity Improvement in Public Sector Employment Relations», *Journal of Collective Negotiations*, vol. 9, nº 1, 1980, p. 1-16.

2. E. ROBERT LIVERNASH, «Special and Local Negotiations» dans *Frontiers of Collective Bargaining*, sous la direction de JOHN T. DUNLOP et NEIL W. CHAMBERLAIN, New York, Harper & Row, 1967 (318 p.), p. 31-49.

TABLEAU 19-1

Contrat cadre et compléments locaux des conventions collectives

Exemple : GM Canada et TCA

Établissements de l'entreprise	Partie générale négociée à une table centrale (Toronto) et appliquée partout	Partie spécifique négociée et appliquée dans chaque usine
Oshawa, Ontario	Contrat cadre	Convention locale Section locale 222
Boisbriand, Québec (Ste-Thérèse)	Contrat cadre	Convention locale Section locale 1163
Windsor, Ontario	Contrat cadre	Convention locale Section locale 199
St. Catharines, Ontario	Contrat cadre	Convention locale Section locale 303

(Trois autres sections locales sont également régies par ce contrat-cadre.)

contrat cadre signé entre General Motors du Canada et sept sections locales des Travailleurs canadiens de l'automobile s'applique dans autant d'établissements de GM au Québec et en Ontario. (Revoir le tableau 19-1.) Rien n'empêche la conclusion d'une telle entente entre tous les employeurs d'une industrie et tous les syndicats intéressés. En pratique, cependant, il est utopique de rechercher l'accord de tous les employeurs d'une industrie et de plusieurs syndicats d'allégeance différente. L'entente entre plusieurs sections locales d'une même union est déjà difficile à réaliser sur certains points.

Le contrat cadre nécessite également un accord préalable sur la procédure à suivre. Les parties contractantes sont libres de procéder comme elles l'entendent afin d'arriver à la table de négociation centrale avec une seule série de demandes et de contrepropositions ; cette démarche peut exiger plusieurs compromis, mais elle ne contient pas d'embûches légales. D'un autre côté, les parties doivent s'entendre sur le mode de représentation à la table centrale – le nombre de délégués respectifs – la procédure, le lieu des rencontres, l'échéancier. Si la négociation cadre vise des établissements situés dans plusieurs provinces, il faut tenir compte des exigences légales différentes, surtout en matière d'exercice du droit de grève ou de lock-out. Nous reviendrons plus tard sur ce point (section 19.2.3). La convention cadre se négocie à une table centrale, mais la convention complète doit être signée dans chaque établissement par l'unité de négociation déterminée dans chaque certificat d'accréditation.

Le contrat cadre de GM Canada – un contrat cadre semblable est repris successivement par chacun des trois grands de l'auto – constitue l'exemple le plus important et le plus souvent cité, mais il n'est pas le seul. Il existe des ententes semblables dans d'autres industries, par exemple dans l'acier, mais à une échelle plus restreinte. Une forme particulière de contrat cadre s'est implantée dans le secteur public. Depuis plus de 20 ans, dans le secteur parapublic du Québec, quelques clauses négociées à l'échelle locale ou régionale s'ajoutent à celles qui se décident à l'échelle provinciale. Toutefois, cette répartition résulte d'une loi et non de l'accord des parties. On n'utilise à peu près jamais le terme de contrat cadre pour désigner la convention collective provinciale d'un groupe particulier du secteur parapublic: toutes ces conventions sont complètes en elles-mêmes. La négociation locale, dans les secteurs où elle est pratiquée, ne vise que des aspects singuliers, comme l'organisation du travail. Cela explique pourquoi on ne parle pas de négociation cadre dans le secteur parapublic du Québec.

Par contre, on en parle beaucoup dans la fonction publique fédérale. Par suite d'une loi votée en 1967, les fonctionnaires fédéraux sont répartis en plus de 80 unités d'accréditation, qui ont toujours négocié séparément[3]. Forcément, plusieurs clauses semblables se retrouvent dans les différentes conventions collectives. Après quelques tentatives infructueuses de regroupement au cours des années 1970, le Conseil du trésor a accepté, en 1985, de s'engager dans la négociation de deux contrats cadres, un avec l'Alliance de la fonction publique du Canada, l'autre avec l'Institut professionnel de la fonction publique du Canada[4]. Les deux contrats cadres, signés en 1985 et renouvelés depuis, présentent des caractéristiques dont nous reparlerons plus loin, au chapitre 25.

Enfin, il existe des regroupements moins rigides, mais dont les résultats se rapprochent de ceux du contrat cadre. Par exemple, si deux sections locales d'une même union regroupent respectivement les employés de production et les employés de bureau d'un établissement, les parties négocieront probablement à une même table les clauses dites mécaniques des deux contrats. Quoiqu'on ne parle pas dans ce cas de négociation cadre, le résultat est le même. Chaque groupe complète séparément la négociation de sa convention en discutant des clauses pécuniaires.

Même si le contrat cadre constitue le plus formaliste des regroupements de négociation, on y trouve différentes modalités qui y ont introduit une certaine souplesse.

19.2.2 Répartition des matières

On utilise principalement deux formules pour répartir les matières entre la table centrale et les tables locales. La première consiste à déterminer les clauses qui seront négociées à la table centrale et celles qui le seront aux tables locales. Dans l'autre formule, la table centrale établit des règles générales et les précisions particulières relèvent du niveau local. Si le contrat cadre fixe, par exemple, la durée normale du travail à huit heures par jour et à 40 heures par semaine, il appartiendra à la négociation locale de préciser le début et la fin de la journée de travail, tout comme les jours et les périodes de repos.

La répartition des clauses entre le niveau central et le niveau local varie d'une industrie à une autre et d'un secteur à un autre. Dans l'industrie de l'auto-

3. *Loi des relations de travail dans la fonction publique*, S.C. 1966-1967, c. 72, et S.R.C. 1985, c. P-35, art. 33.

4. L.M. Tenace, «Master Agreement in the Federal Public Service» dans *Existe-t-il de nouvelles relations industrielles canadiennes? Rapport du 23ᵉ Congrès annuel de l'Association canadienne de relations industrielles, Winnipeg, 1986*, Québec, Secrétariat de l'ACRI, 1987 (498 p.), p. 333-338.

mobile, le contrat cadre détermine les clauses générales, contractuelles et mécaniques, comme la sécurité syndicale, la procédure de règlement des griefs et d'arbitrage, le régime de retraite et d'autres bénéfices, qui gagnent à être étendus au plus grand nombre possible d'employés. Le contrat cadre fixe aussi les dispositions pécuniaires générales, comme le pourcentage moyen de croissance ou l'augmentation nominale moyenne de la rémunération pour tous les salariés de l'entreprise. Chaque établissement a un barème de salaires qui lui est propre, car tous les établissements n'effectuent pas les mêmes travaux de fabrication. Le tableau 19-2 résume la répartition des matières entre le contrat cadre et la convention locale de la section 1163 des Travailleurs canadiens de l'automobile à Boisbriand (Québec).

La convention cadre des fonctionnaires fédéraux traite de tous les aspects majeurs négociables selon la loi (voir chapitre 25): précompte syndical, non-discrimination, congés divers y compris pour affaires syndicales, primes de poste et indemnités diverses et règlement des griefs. De plus, la convention cadre a préséance sur les conventions particulières[5].

> Les parties à la présente convention cadre et aux conventions particulières des groupes conviennent que les conditions d'emploi énoncées dans la présente convention cadre feront partie intégrante des conventions particulières des groupes et que, en cas de divergence entre la présente convention et la convention particulière d'un groupe, c'est la présente convention qui primera.

L'objet des conventions particulières est de fixer les échelles de rémunération de l'unité de négociation et les autres conditions de travail qui lui sont propres. La convention cadre prévoit à cette fin la possibilité d'exceptions à diverses clauses moyennant certaines conditions.

Dans le secteur parapublic au Québec, la rémunération et les autres clauses pécuniaires ne peuvent être négociées au niveau local; elles doivent faire l'objet des discussions et des ententes à la table provinciale. Si on veut y appliquer la notion de contrat cadre, celui-ci contient alors toutes les dispositions à caractère économique. Le financement, direct ou indirect, de l'État provincial appelle en quelque sorte une négociation centralisée de toutes les clauses ayant une incidence économique.

La répartition des matières entre les deux niveaux de négociation dépend finalement des circonstances propres à chaque cas et, plus encore, de la décision des parties concernées.

19.2.3 Modalités de négociation

Le mode de négociation diffère sensiblement d'un endroit à un autre; en effet, on répartit le poids et les responsabilités aux niveaux central et local de plusieurs manières. Théoriquement, on pourrait négocier toutes les clauses à la table centrale, même les conditions locales différentes; la représentation deviendrait alors le problème principal. À l'autre extrémité, avec une coordination intégrale et sans faille (voir la section 19.3), les tables locales pourraient déterminer les conditions d'application générale. La pratique se situe généralement entre ces deux extrêmes: une négociation centrale et des négociations locales. Bien des questions se posent alors quant au déroulement du processus de négociation dans son ensemble.

La première question, et peut-être la plus difficile, concerne la ratification du contrat cadre négocié à la table centrale. Quelle sorte de majorité exigera-t-on? Tout dépend du poids qu'on veut accorder à l'ensemble et à chaque unité de l'ensemble. La majorité simple – un vote par travailleur dans toutes les unités visées – calculée uniquement pour la totalité des travailleurs concernés favorise évidemment les grosses unités. Pour accorder un certain poids à chaque établissement, même aux plus petits, on peut exiger la majorité dans chaque établissement visé. Dans ce cas cependant, une minorité d'employés, concentrée dans de petits établissements, pourrait imposer sa volonté à la majorité regroupée dans les grands. Afin de satisfaire le plus grand nombre possible, on utilise souvent le principe de la double majorité: la majorité simple

5. Convention cadre entre le Conseil du trésor et l'Alliance de la Fonction publique du Canada, 17 mai 1989, article M-1.03.

TABLEAU 19-2

Répartition des matières entre le contrat cadre et la convention locale à l'usine de Boisbriand – 1990

GM Canada et TCA section locale 1163

Partie de la convention collective	Matières
Contrat cadre	1. But de la convention 2. Définitions 3. Reconnaissance syndicale 4. Droits de la direction 5. Grèves, arrêts de travail et lock-out 6. Sécurité syndicale et retenue de la cotisation 7. Représentation syndicale 8. Règlement des griefs 9. L'ancienneté 10. Les permis d'absence 11. Les heures de travail 12. Les jours de congé 13. Les salaires 14. Les vacances 15. L'apprentissage 16. Dispositions diverses
Convention locale	1. relative à l'ancienneté 2. relative aux salaires 3. générale: accident au travail erreur dans le salaire délégués syndicaux quart de travail travail supplémentaire

Source: Convention générale entre General Motors du Canada et le syndicat des Travailleurs canadiens de l'automobile, sections locales 27, 199, 222, 303, 636, 1163 et 1973. Convention locale entre GM du Canada et section locale 1163, TCA.

de tous les travailleurs concernés et la majorité des salariés dans une majorité d'établissements. Cette dernière formule risque également de faire des mécontents.

Une question accessoire, quoique décisive dans certains cas, concerne le moment où doivent se dérouler ces diverses négociations: successivement ou en même temps? Le plus souvent, les négociations commencent par celle qui vise le contrat cadre, mais cette formule soulève le grave problème du droit de grève pour les négociations locales; nous y reviendrons. Par contre, des négociations simultanées posent un sérieux problème de coordination entre les différentes tables.

S'il y a impasse dans les négociations locales, les parties peuvent-elles recourir à l'arrêt de travail, à la grève ou au lock-out? S'il y a eu grève pour le contrat cadre, peut-il se produire une deuxième grève pour un complément au contrat? Si le contrat cadre entre en vigueur dès sa signature, une grève locale serait-elle alors illégale? Les questions qui font l'objet de la négociation locale touchent souvent de très près les travailleurs, peut-être plus que les grandes questions de la table centrale. Les salariés sont-ils prêts à commencer une deuxième grève au cours d'une même ronde de négociation? Cette situation, aux États-Unis, a provoqué la colère des travailleurs d'autres établissements. À cause de l'organisation intégrée de la production, des usines ont dû procéder à d'importantes mises à pied, faute d'obtenir les pièces et le matériel nécessaires en provenance de l'usine alors en grève pour sa négociation locale. À cette question fondamentale il n'y a pas de réponse péremptoire: dans la mesure où la loi est observée – on peut, par exemple, reporter la date d'entrée en vigueur du contrat cadre –, la réponse définitive ne peut venir que de la volonté des parties concernées, puisque aucune législation ne régit ce type de structure. Du côté syndical, la décision relève de la direction du siège social, sinon du congrès lui-même, puisque le fonds de grève est en cause. On retrouve encore ici le dilemme fondamental des avantages et des inconvénients de la centralisation.

19.2.4 Dilemme fondamental

La formule du contrat cadre et des conventions locales se veut une réponse au dilemme fondamental qui s'exprime dans les couples suivants: efficacité – participation, uniformité – adaptation, centralisation – décentralisation.

Certaines grandes industries oligopolistiques exigeaient, en quelque sorte, le contrat cadre. Ainsi, dans l'industrie de l'automobile, l'étendue du marché du produit et l'uniformité des méthodes de production imposaient une uniformité correspondante dans les relations de travail. Par contre, la taille des entreprises et la multiplicité des établissements, chacun avec sa fonction et son caractère propre, réclamaient aussi une importante diversité. On a cherché à concilier les deux au moyen du contrat cadre et des négociations locales.

La tendance a toujours été, sans doute pour des raisons d'efficacité, vers une plus grande centralisation. À cause de cette tendance, l'industrie de l'automobile a connu, particulièrement au début des années 1960, une révolte des succursales locales, surtout de celles qui représentaient une plus grande proportion de travailleurs qualifiés, parce que ceux-ci se sentaient noyés dans le grand ensemble. On a relevé une insatisfaction semblable, à la base, parmi les travailleurs de l'acier[6].

La répartition des matières selon les différents niveaux comporte de sérieuses difficultés. Nous avons relevé, plus haut, la tendance habituelle, pour bon nombre de chefs et de technocrates syndicaux, de porter au plus haut échelon le plus grand nombre possible de clauses. On fait face à un problème semblable quand il s'agit de décider de faire une grève locale; les travailleurs et les responsables syndicaux du niveau local risquent d'en éprouver une grande frustration.

Même si elle comporte des avantages marqués et s'il faut, à ce titre, la considérer très sérieusement, la formule du contrat cadre et des négociations locales ne règle pas tous les problèmes reliés au choix à faire entre la décision de centraliser ou de décentraliser le processus.

19.3 Négociations coordonnées

Les premières grandes négociations coordonnées sont apparues aux États-Unis au milieu des années 1960. La formule a toujours été utilisée: chaque fois qu'il était profitable pour un syndicat ou un employeur de procéder de concert avec un autre groupe de négociation, il l'a fait. Vers 1965 on assiste à l'utilisation de cette formule à très grande échelle, avec l'aide de tous les moyens modernes de communication.

La négociation coordonnée a surtout été pratiquée par quelques grandes unions américaines. Les exemples canadiens sont manifestement de moindre envergure. Les employeurs se sont toujours échangé les informations pertinentes quand ils croyaient que cet échange protégeait leurs intérêts, mais ils n'ont

---

6. MATTHEW A. KELLY, «Adaptations in the Structure of Bargaining», *Proceedings of the Nineteenth Annual Winter Meeting, Industrial Relations Research Association, San Francisco, December 28-29, 1966*, Madison, Wis., IRRA, 1967, p. 293-295.

jamais poussé l'organisation au même degré de développement que certains syndicats américains.

À cause d'un problème légal majeur aux États-Unis, il faut mentionner immédiatement la distinction – ou plutôt l'absence de distinction claire – entre négociation coordonnée et négociation en cartel. Nous préciserons plus loin, mais disons tout de suite que la négociation en cartel comporte des engagements stricts de la part des syndicats participants, alors que la négociation simplement coordonnée est plus souple.

Après avoir défini les termes et rappelé les conditions requises pour qu'il puisse y avoir coordination des négociations, nous présenterons les modalités d'application, en particulier un cas qui évoque le succès de la formule. Ensuite il faudra dire un mot du problème légal qui se pose aux États-Unis; l'explication nous aidera d'ailleurs à mieux comprendre la vraie nature des négociations coordonnées. Nous tirerons finalement quelques conclusions.

19.3.1 Définition et conditions

Une négociation coordonnée est généralement plus complexe qu'une négociation cadre, mais moins formaliste. La coordination se pratique plus souvent par la partie syndicale. Elle n'est régie par aucune loi ni aucune autre règle que celles que les participants se sont données. Il va de soi que la formule ne doit pas contrevenir aux lois fondamentales qui régissent la négociation collective, le *Code du travail* au Québec, le *Code canadien du travail* dans les entreprises de compétence fédérale et le *Labor-Management Relations Act* aux États-Unis.

Essentiellement, une négociation coordonnée n'est rien d'autre que la somme des négociations que mènent simultanément les syndicats participants, en y poursuivant des objectifs semblables et en s'efforçant de progresser au même rythme à toutes les tables visées pour obtenir des résultats comparables à peu près en même temps. Une des caractéristiques principales de la formule est justement le fait que chaque négociation se poursuit séparément à des tables différentes, souvent fort éloignées les unes des autres sur le plan géographique. La négociation coordonnée suppose un échange d'informations entre les nombreuses sections syndicales locales par le truchement d'un comité de coordination établi à cet effet[7].

Quelques conditions doivent être respectées pour qu'une coordination efficace puisse s'établir entre les syndicats participants.

- Les dates d'expiration des différentes conventions collectives qui arrivent à échéance doivent être suffisamment rapprochées pour que la négociation de leur renouvellement puisse commencer et se poursuivre en même temps;
- Tous les syndicats participants doivent poursuivre sensiblement les mêmes grands objectifs, sinon il n'y aurait pas de raison de se lier ainsi les uns aux autres dans leurs négociations respectives;
- Toutes les tables de négociation doivent progresser à un rythme semblable, pas nécessairement identique;
- Enfin, la condition essentielle de la coordination consiste dans un échange constant et complet de tous les progrès effectués par les participants et de toutes les difficultés auxquelles ils font face, à chaque table de négociation. Le comité central de coordination assure cet échange, car il reçoit les informations et les retransmet à tous les participants.

Si tous les syndicats participants se sont engagés à créer une impasse à chaque table où ce sera nécessaire afin de forcer l'employeur à céder – en d'autres mots, à ne pas signer la nouvelle convention tant que tous les employeurs n'auront pas concédé tous les objectifs établis au point de départ –, on désignera alors ce regroupement comme une négociation en cartel. Dans le cas de la négociation coordonnée, chaque partie progresse à son rythme et demeure libre

7. Certains donnent à l'expression un sens beaucoup plus large, englobant tout regroupement de plusieurs unités accréditées: négociation multi-employeurs, négociation cadre et négociation type. «La négociation coordonnée», numéro spécial de *L'Événement*, revue du Syndicat canadien de la fonction publique, vol. 12, n° 2, 1990, p. 1-27; voir particulièrement les pages 19-27.

de signer au moment où elle estime avoir obtenu les points qu'elle considère essentiels comme unité syndicale distincte. La marge entre la négociation coordonnée et la négociation en cartel se révèle souvent difficile à percevoir. Pourtant la différence est fondamentale: dans un cas, il s'agit bien de négociations distinctes; dans l'autre, plusieurs syndicats s'unissent afin de forcer un groupe d'employeurs à céder sur une série de points déterminés à l'avance. La négociation en cartel est une façon indirecte d'imposer une négociation multi-employeurs contre la volonté de ces derniers.

En dépit de leur sens différent, les deux expressions s'emploient souvent l'une pour l'autre[8]. La partie patronale aura tendance à parler de négociation en cartel, alors que les syndicats affirmeront qu'il s'agit simplement d'une négociation coordonnée. Une des raisons de la préférence des syndicats pour cette dernière expression est que la loi ne reconnaît aucune autre unité de négociation que l'unité de base désignée dans le certificat d'accréditation; un syndicat ou un groupe de syndicats ne sauraient donc recourir à l'impasse pour forcer un ou plusieurs employeurs à reconnaître une unité agrandie. Par conséquent, un syndicat qui s'obstinerait à ne pas négocier à moins que l'employeur ne cède sur ce point pourrait être accusé, du moins aux États-Unis, de négocier de mauvaise foi. En d'autres termes, la négociation en cartel ne peut se faire légalement que si l'employeur ou les employeurs y consentent[9].

Au sens strict, la négociation en cartel désigne une situation où deux ou plusieurs syndicats négocient conjointement une convention collective identique, même si celle-ci doit être ensuite signée séparément par les différentes parties. La négociation coordonnée désigne toute situation où l'on s'efforce de créer des liens entre des négociations effectivement distinctes sur les plans juridique et pratique[10].

19.3.2 Modalités d'application

Dans les principaux exemples de négociation coordonnée réalisés aux États-Unis, les modalités varient énormément: certaines situations ne permettent qu'une coordination fragile; en d'autres cas, la coordination est tellement forte qu'on obtient des résultats presque identiques à ceux d'une négociation en cartel.

Notons qu'il s'agit, dans les expériences auxquelles nous nous référons, de coordination entre les unions à leur plus haut échelon. La coordination et la négociation en cartel existent depuis longtemps à des niveaux inférieurs. Ainsi, certaines négociations regroupent différentes sections locales d'une union dans une région donnée; on observe aussi, depuis longtemps, des négociations effectuées par des conseils qui réunissent des sections locales de différentes unions dans une région, comme les conseils régionaux de la construction ou certains conseils des ouvriers d'un port. L'élément nouveau dans les expériences des années 1960 est que la coordination a été réalisée au plus haut échelon, entre les unions elles-mêmes.

La coordination peut prendre diverses formes, selon son envergure et les circonstances particulières. Cependant, elle comporte toujours l'institution d'un comité de coordination de la négociation (*coordinated bargaining committee* ou *committee on collective bargaining*). Ce comité est composé des représentants des unions participantes. Un comité directeur

8. William N. Chernish, *Coalition Bargaining. A Study of Union Tactics and Public Policy*, Philadelphie, University of Pennsylvania Press, 1969 (286 p.), p. 3-6; Philip J. Schwarz, *Coalition Bargaining*, Key Issues Series, No. 5, Industrial and Labor Relations Library, Ithaca, N.Y., Cornell University, New York State School of Industrial and Labor Relations, janvier 1970, p. 1-3.
9. «There is nothing illegal in the use of the *coordinated* bargaining technique, provided that the parties in a truly *voluntary* sense *mutually agree* to use it. It is an entirely different situation, however, when one of the parties tries to force the other to accept *coalition* bargaining.» (Les italiques se trouvent dans le texte original.) Earl L. Engle, «Coordinated Bargaining. A Snare – and a Delusion», *Proceedings of the 1968 Annual Spring Meeting, Industrial Relations Research Association, Columbus, Ohio, May 2-3, 1968*, Madison, Wis., IRRA, 1968. Reproduit dans *Labor Law Journal*, vol. 19, n° 8, août 1968, p. 518.
10. Philip J. Schwarz, *op. cit.*, p. 3.

(*steering committee*), plus restreint, est la cheville ouvrière de la négociation coordonnée.

Le Département des unions industrielles (*Industrial Union Department*) regroupe, à l'intérieur de la grande centrale AFL-CIO, les principales unions qui formaient autrefois le Congrès des organisations industrielles (CIO). Le Département a formé de très nombreux comités de négociation coordonnée. Pour donner une meilleure idée de leur dynamique, nous décrirons les activités du plus important d'entre eux, celui qui a coordonné les négociations à General Electric (GE) et Westinghouse depuis 1966.

19.3.3 General Electric – Westinghouse

À cause de sa mauvaise réputation en matière de négociation collective (voir au chapitre 21 les explications sur la méthode dite du *Boulwarism*) et de la fragmentation considérable de ses unités, l'entreprise General Electric constituait une cible de choix pour un effort d'envergure en matière de négociation coordonnée. De tradition, l'entente GE-IUE (*International Union of Electrical Workers*) servait de modèle à la négociation de la compagnie Westinghouse[11].

En 1966, date de la première expérience, la compagnie GE comptait 150 établissements aux États-Unis; elle y employait 300 000 personnes, dont 130 000 étaient syndiquées. De ce nombre, l'Union internationale des ouvriers de l'électricité (IUE) représentait 60 %, c'est-à-dire environ 80 000 personnes, réparties dans 70 sections locales; la majorité des 50 000 autres appartenaient à 11 autres unions. GE négociait avec 80 unions en 150 endroits différents. Onze unions différentes participèrent à la négociation coordonnée de 1966; elles regroupaient environ 200 000 salariés de GE et de Westinghouse.

GE et Westinghouse ont une structure de négociation semblable, avec un contrat cadre à l'échelle nationale, entre chaque compagnie et la principale union, IUE, complété par des négociations et des contrats particuliers dans chaque établissement. Les deux compagnies ont également une négociation générale pour un contrat cadre et des négociations locales avec deux ou trois autres unions parmi les plus importantes; dans tous les autres cas, les négociations sont strictement locales. Les principaux contrats de chacune des deux compagnies arrivaient à échéance à l'automne 1966.

Le comité de coordination se composait des présidents des 11 unions participantes et du président de l'AFL-CIO, George Meany. Le comité de direction, établi par le comité de coordination, forma plusieurs sous-comités. Les quatre principaux sous-comités avaient pour tâches respectives de déterminer les objectifs de la négociation, de fournir le soutien juridique requis, d'effectuer la recherche et l'analyse économique nécessaires et, enfin, d'organiser la publicité et l'information. Des réunions générales, groupant les représentants des quelque 200 sections locales participantes, eurent lieu de temps à autre, en particulier au début pour bien établir les objectifs communs à poursuivre. On nomma également des coordonnateurs régionaux dans 17 localités à travers le pays. Un système de communication électronique assurait la diffusion presque immédiate de l'information dans les deux sens, du bureau central de Washington à la centaine de tables de négociation, et vice versa.

La table principale se réunissait à New York; elle devait négocier le contrat cadre entre GE et IUE. À la première rencontre, le 4 mai 1966, les représentants de la compagnie refusèrent d'entamer la discussion, parce que le comité de négociation syndical incluait des représentants des 10 autres unions. La compagnie voulait affirmer son droit de limiter la négociation au contrat entre elle et l'IUE. Le syndicat obtint une injonction pour forcer la compagnie à négocier,

11. William N. Chernish, *op. cit.*, ch. VI: «Coalition Bargaining in the Electrical Equipment Industry: A "Union Victory"?», p. 75-108; Philip J. Schwarz, *op. cit.*, p. 13-20; David Lasser, «A Victory for Coordinated Bargaining», *The American Federationist*, vol. 74, n° 4, avril 1967, p. 13-19; James D. Compton, «Victory at GE: How It Was Done», *The American Federationist*, vol. 77, n° 7, juillet 1970, p. 1-8; «The Rough Road to GE's Settlement», *Business Week*, 31 janvier 1970, p. 28-29.

injonction qui fut ensuite rejetée par la Cour d'appel, puis reconfirmée par la Cour suprême. Pendant cet imbroglio juridique, en vue de permettre la poursuite des négociations, le syndicat présenta les «étrangers» comme ses propres représentants; la compagnie les ignora et ces représentants eurent la prudence de ne pas mêler la défense des intérêts de leurs commettants à l'étude du contrat cadre GE-IUE.

Les négociations furent difficiles. Après cinq mois de pourparlers, sous la menace d'une intervention présidentielle et d'une injonction qui aurait été prise en vertu de la loi Taft-Hartley, les parties finirent par s'entendre. En fait, les unions n'étaient pas prêtes à un affrontement majeur: l'expérience était nouvelle et la compagnie bien organisée; de plus, la tradition des négociations individuelles était si forte chez GE qu'il eût été prématuré de tenter, en 1966, une grève de pareille envergure. L'union présentait le règlement de 1966 comme une victoire: les conditions obtenues étaient bien supérieures au règlement des deux contrats précédents et, surtout, l'offre unique de la compagnie avait été brisée. De son côté, la compagnie soutenait que les meilleures conditions s'expliquaient par la situation du marché en 1966 et que l'offre unique avait été modifiée, comme dans les années précédentes, mais non pas substantiellement augmentée.

La coordination avait au moins permis que des règlements locaux n'interviennent pas avant la signature du contrat cadre, ce qui aurait affaibli la négociation centrale. Après l'entente du 16 octobre, les autres négociations aboutirent à des règlements relativement rapides, tant dans la négociation centrale avec Westinghouse que dans la centaine d'autres négociations. Il y eut quand même des grèves locales sur des points particuliers. On tentait soit de dépasser la norme du contrat central, soit d'obtenir une date d'expiration conforme à celle du contrat central, mais sans succès.

Les négociations de 1969 suivirent le même modèle. Le regroupement comptait cette fois 15 unions, dont 4 n'étaient pas affiliées à l'AFL-CIO, la principale étant celle des ouvriers unis de l'électricité (UE), la vieille rivale de l'IUE. L'affrontement se produisit. Du 26 octobre 1969 au début de février 1970, 150 000 syndiqués des diverses unions firent la grève. Le succès de l'expérience tient à l'organisation syndicale, mais aussi, cette fois, à des erreurs de tactique de la part de l'entreprise. Le système de communication directe entre l'entreprise et ses employés, qui avait assuré le succès de GE dans les négociations précédentes, ne fonctionna pas avec la même efficacité; on commit aussi des erreurs à la table de négociation.

L'union soutient que la victoire fut encore plus grande qu'en 1966; elle soutient en particulier que la méthode de l'offre unique (*Boulwarism*) est définitivement brisée. De son côté, la compagnie soutient qu'entre son offre unique du 7 octobre, sa nouvelle offre du 6 décembre et le règlement final, la différence est minime: l'offre initiale s'accompagnait d'une clause de réouverture sur les salaires, et cette idée a été abandonnée; le contrat devait être, selon la première offre, de 36 mois, et il a été étendu à 40 mois. Ces modifications de forme permettaient à toutes les parties de prétendre à la victoire, y compris le médiateur fédéral qui était intervenu dans le conflit à partir du 8 janvier.

Quoi qu'il en soit du résultat, la coordination semble avoir vraiment fonctionné. En ce sens, mais en ce sens seulement, la victoire ne fait pas de doute. Il n'en fut pas ainsi dans tous les cas: la négociation coordonnée a connu des échecs considérables[12].

Dans le cas de GE-Westinghouse, la négociation coordonnée se poursuit toujours (1991). Après le grand affrontement de 1969-1970, les esprits se sont calmés, les rondes suivantes furent plus paisibles, bien que toujours difficiles[13]. L'industrie a subi des transformations profondes: sa production, ses méthodes

12. William N. Chernish, *op. cit.*, ch. VII: «Union Carbide: A Case of the Failure of the Coalition Approach», p. 109-131; Earl L. Engle, *op. cit.*, p. 518-523.

13. James Kuhn, «Electrical Products» dans *Collective Bargaining: Contemporary American Experience*, sous la direction de Gerald G. Somers, Madison, Wis., IRRA, 1980 (588 p.), p. 209-262.

et sa structure organisationnelle ont changé. Sa main-d'œuvre a subi une forte réduction, encore de 10 % de 1985 à 1990. Par contre, du côté syndical, le comité de coordination des négociations continue toujours ses activités auprès de la douzaine d'unions qui le composent. Le seul changement important, c'est qu'en 1988, Westinghouse n'a pas suivi le modèle de GE comme auparavant; sa production et sa situation sur les marchés avaient évolué de façon trop différente: les objectifs des deux contrats se sont éloignés[14].

19.3.4 Problème légal aux États-Unis

Il faut dire un mot du problème légal que soulève ce genre de négociation aux États-Unis. La distinction entre négociation coordonnée et négociation en cartel prend ici toute son importance: la première est permise, la seconde ne peut être exigée.

La Commission des relations de travail américaine a déjà statué sur divers aspects du problème. Fondamentalement, la question revient à ceci: un employeur peut-il refuser de négocier avec des délégués syndicaux qui représentent d'autres unités de négociation, ou encore avec des délégués syndicaux qui se sont liés avec ceux d'autres unions? La loi oblige l'employeur à négocier avec les représentants de ses salariés. Dans le cas de GE, la compagnie a d'abord refusé de négocier parce que le comité de négociation coordonnée voulait, disait-elle, lui imposer une négociation conjointe et que, d'autre part, l'union n'était pas libre de négocier véritablement à cause de sa participation au comité de négociation coordonnée.

L'entente entre les unions peut prendre bien des formes. Si le groupe syndical veut imposer à l'employeur d'étendre le contrat collectif au-delà de son établissement, il dépasse ses droits; s'il insiste sur ce point jusqu'à créer une impasse, il négocie de mauvaise foi, selon une décision du NLRB[15]. Cela constitue une forme de négociation en cartel. Le regroupement ne serait alors ni libre ni volontaire. Si l'entente entre les unions prévoit qu'aucune d'entre elles ne signera de convention collective avec les représentants de l'employeur avant que celui-ci ait fait à toutes les unions une offre au moins égale à leur objectif commun, le résultat ressemble à une négociation en cartel, et le NLRB a statué que c'était là négocier de mauvaise foi[16].

Par contre, l'entente sera licite et permise si chaque syndicat demeure libre de signer quand l'employeur lui fait une offre correspondant à la demande générale, sans attendre les autres. On considère que la discussion par unité de négociation est alors possible, et on ne saurait dire que l'entente syndicale impose une négociation multi-établissements. Enfin, si chaque union est seulement tenue de consulter les autres, il n'y a pas de doute sur la légalité de la formule. La négociation est alors simplement coordonnée.

19.3.5 Types ou modèles de coordination

Il existe des divergences profondes entre les différentes formes de négociations coordonnées. On peut distinguer quatre catégories principales[17]. La plus contraignante et la plus efficace serait représentée par la négociation cadre en vigueur dans l'industrie de l'automobile. Ce processus de négociation existe

14. Fehmida Sleemi, Joan D. Borum et Edward J. Wasilewski, «Collective Bargaining during 1991», *Monthly Labor Review*, vol. 114, nº 1, janvier 1991, p. 16-17.

15. *AFL-CIO Joint Negotiating Committee for Phelps Dodge* v. *Phelps Dodge Corp.*, 184 NLRB, No. 106, August 19, 1970. Cette décision est commentée dans *Monthly Labor Review*, vol. 93, nº 11, novembre 1970, p. 53-54.

16. Stephen B. Goldberg, «Coordinated Bargaining: Some Unresolved Questions», *Monthly Labor Review*, vol. 92, nº 4, avril 1969, p. 56-58; Stephen B. Goldberg, «Current Decisions of the NLRB and of the Courts» *Proceedings of the Twenty-first Annual Winter Meeting, Industrial Relations Research Association, Chicago, Ill., December 29-30, 1968*, Madison, Wis., IRRA, 1969, p. 195-200.

17. David Lasser, «Coordinated Bargaining – A Union Point of View» dans *Proceedings of the 1968 Annual Spring Meeting, Industrial Relations Research Association, Columbus, Ohio, May 2-3, 1968*, Madison, Wis., IRRA, 1968. Reproduit dans *Labor Law Journal*, vol. 19, nº 8, août 1968, p. 513; George H. Hildebrand, «Coordinated Bargaining – An Economist's Point of View», *ibid.*, p. 524.

depuis longtemps. Une coordination explicite a lieu entre la convention cadre, négociée avec l'une des trois grandes entreprises, et les différentes négociations locales qui se poursuivent dans les divers établissements de la même compagnie. On remarque aussi des ententes non officielles, du côté patronal, entre les principaux producteurs et, du côté syndical, entre les travailleurs de l'automobile et d'autres unions qui représentent de plus petits groupes de travailleurs.

On pourrait classer dans la seconde catégorie les cas de coordination où l'on trouve un assez grand nombre d'unions, mais où l'une d'entre elles domine nettement les autres et a déjà réussi à établir une certaine uniformité. Tel serait le cas des ouvriers de l'électricité (IUE) avec GE et Westinghouse: ils avaient déjà une convention cadre, des bénéfices similaires et des dates d'expiration relativement rapprochées.

Dans la troisième catégorie, on trouverait encore plusieurs unions, mais sans convention cadre et avec des dates d'échéance variables. Une certaine uniformité dans les conventions rend la coordination possible, mais le succès est beaucoup plus aléatoire.

Enfin, la dernière catégorie est caractérisée par encore plus de variation, à la fois dans les produits des grandes compagnies, dans leurs systèmes de relations de travail et dans le contenu de leurs ententes, y compris les dates d'échéance. Les chances de succès d'une négociation coordonnée sont alors presque nulles.

En somme, les critères de classification reviennent aux deux suivants: le nombre et l'intégration des compagnies, compte tenu de l'uniformité ou de la diversité de leur production, d'une part, et le nombre et l'intégration des unions, d'autre part. Le degré d'unification déjà réalisé dans les ententes et dans les dates d'échéance correspond habituellement au degré d'intégration des groupes en présence de part et d'autre.

Il y a eu, au Canada et au Québec, quelques expériences de négociation coordonnée, généralement limitées à un nombre restreint d'établissements. On ne relève, du moins dans le secteur privé, aucune négociation coordonnée d'une envergure comparable à celles qui ont été menées aux États-Unis.

19.3.6 Évaluation et avenir

On peut évaluer le succès des négociations coordonnées en fonction des objectifs poursuivis, des résultats obtenus et des conséquences prévisibles.

Les objectifs de la négociation coordonnée ne diffèrent pas des objectifs de la négociation centralisée: on cherche, du côté syndical, à regrouper les forces afin d'affronter des entreprises déjà très concentrées. Plus précisément, les syndicats souhaitent en arriver à une négociation à l'échelle de ces entreprises géantes. La difficulté principale vient du fait que, là où la coordination est plus facile, elle se révèle sans doute moins nécessaire: les conditions de travail ont déjà atteint plus d'uniformité et un niveau supérieur. Plus les entreprises sont diversifiées, décentralisées et concurrentielles, plus la coordination est difficile, à cause du grand nombre d'unions et de leur dispersion. Les regroupements sont d'autant plus fragiles. Quoique l'objectif demeure valable, il apparaît plus difficile à atteindre.

Sur le plan des résultats économiques, le succès des négociations coordonnées semble relié au degré de coordination déjà réalisé au moment où l'on introduit le système de négociation. C'est peut-être que structures de négociation et résultats dépendent de facteurs plus fondamentaux, comme la structure et la nature du marché des produits et du marché du travail, ainsi que la structure de l'organisation syndicale.

Les structures syndicales peuvent aussi être influencées par les expériences de coordination. Celles-ci préparent, en quelque sorte, des fusions de syndicats. De ce point de vue, le problème pourrait s'expliquer par la tendance de tout regroupement syndical à niveler les gains et, conséquemment, la structure des salaires et des conditions de travail. Des groupes particuliers cherchent, à l'intérieur de la grande unité, à s'affirmer comme groupes distincts; faute de réussir, ils quittent l'unité et ramènent le fractionnement. Reste à savoir si les changements technologiques diminueront ou augmenteront l'importance de ces groupes distincts dans l'ensemble des travailleurs des grandes entreprises[18].

Quel est l'avenir des négociations coordonnées? Comme pour les autres regroupements, la récession de 1980, et peut-être aussi la nouvelle orientation de la technologie, les a ébranlées, du moins dans le secteur privé. Elles sont de plus en plus vigoureuses dans le secteur public. Nous y reviendrons dans les chapitres 25 et 26.

19.4 Négociation type

Il reste à considérer une quatrième formule, très contraignante ou très souple selon les circonstances. La négociation type (*pattern bargaining*) se rattache directement au concept d'unité d'influence: elle l'incarne plus spécifiquement que les autres formules. L'influence de la négociation type peut être directe ou indirecte, impérative ou spontanée.

Il faut d'abord bien définir les termes. Le *pattern* est un des mots les plus souvent employés en négociation, mais chacun lui donne le sens qu'il veut. Nous tenterons de préciser la gamme de significations que ce mot possède. Une autre difficulté vient de l'étendue, large ou restreinte, du domaine auquel on applique le concept. Il faut ensuite considérer le degré d'influence et les variations par rapport au modèle. Finalement, on doit se demander quels sont les principaux facteurs qui interviennent en matière de négociation type.

19.4.1 Définition des termes

Au sens premier des mots, la négociation type désigne les discussions menées entre un employeur et un syndicat, et dont les résultats serviront de modèles à d'autres négociations. Le contrat type qui en découlera sera transposé, avec plus ou moins de variantes, dans les conventions collectives qui le choisiront comme modèle. Pour éviter toute équivoque, certains désignent la négociation qui établit le modèle comme le «leader» du groupe qui subira son influence.

Ce n'est pas toujours la même négociation – même entreprise et même syndicat – qui joue le rôle de leader; il arrive que ce soit la même pendant plusieurs rondes de négociation, mais elle peut aussi changer à chaque ronde. On devine que la formule présente beaucoup de souplesse et qu'elle laisse une grande place à la spontanéité. En ce sens, la négociation type se situe à l'inverse du contrat cadre, qui est toujours déterminé à l'avance avec rigidité. Les deux formules s'appliquent souvent en même temps, ou plutôt l'une après l'autre, dans la même industrie.

Une première difficulté provient de la rigueur plus ou moins grande que chacun attribue au modèle. Pour certains, appliquer le *pattern* signifie reprendre la convention modèle mot à mot, ou presque. En ce sens, il n'y aurait, à la limite, qu'une seule négociation, la première. La suite ressemblerait à la situation des contrats uniformes (voir *supra*, section 19.1). Ce sens rigide prend peut-être sa source dans la situation qui a régné dans l'industrie de l'automobile pendant une trentaine d'années, de 1950 à 1980. Une fois que les travailleurs de l'automobile avaient conclu une convention collective avec un des trois grands – GM, Ford ou Chrysler, choisi pour des raisons de tactiques de négociation – les deux autres acceptaient cette convention à peu près telle quelle pour leur propre entreprise[19]. C'était devenu une véritable tradition.

L'influence d'une convention type peut toutefois s'exercer avec moins de rigueur. À l'autre bout de la gamme, on se retrouve devant le phénomène universel

18. George H. Hildebrand, *op. cit.*, p. 528-529.

19. Harry C. Katz, «The U.S. Automobile Collective Bargaining System in Transition», *British Journal of Industrial Relations*, vol. 22, nº 2, 1984, p. 205-217; Harry C. Katz, *Shifting Gears. Changing Labor Relations in the U.S. Automobile Industry,* Cambridge, Mass., The MIT Press, 1985, 230 p.; Sylvie Campbell et Marcel Pepin, *Étude sur le «pattern bargaining» ou négociation type dans l'industrie automobile nord-américaine*, monographie nº 18, Université de Montréal, École de relations industrielles, 1988, 180 p.

des comparaisons[20]. Employeurs et syndicats argumentent toujours de cette façon: ils trouvent un exemple qui les favorise et ils démontrent qu'il faut absolument s'en inspirer. Certains ont établi une sorte d'écart traditionnel: pendant longtemps, les villes autour de Montréal signaient avec leurs employés une convention semblable à celle de Montréal, avec des taux de salaires de 3 % à 5 % inférieurs à ceux de la métropole.

Entre le *pattern* rigide et la simple inspiration, on peut imaginer toutes les solutions intermédiaires. On compare souvent la négociation type au geste de lancer une roche au milieu d'un lac tranquille: la roche produit une série d'ondes, dont la première correspond à la grosseur et au poids de la roche, et dont les autres se propagent, en diminuant progressivement d'intensité, jusqu'aux berges du lac.

19.4.2 Objet de la comparaison

Une autre difficulté vient de l'objet de la convention type sur lequel porte la comparaison. Qu'est-ce qu'on considère dans le contrat? Que veut-on comparer au juste? On pourrait se référer au contrat avec toutes ses clauses, sans exception. Avec une telle définition, la zone d'influence risque d'être fort limitée. D'un autre côté, on pourrait considérer les clauses du contrat une à une et tenter de déterminer la zone d'influence de chacune d'entre elles.

Lorsqu'on parle d'un contrat type et de sa zone d'influence, on songe le plus souvent aux clauses pécuniaires et, tout particulièrement, aux salaires. Même réduite à la clause des salaires, la comparaison amène d'importantes difficultés conceptuelles. D'abord, parle-t-on du niveau absolu des salaires ou du changement intervenu entre la convention précédente et la présente? Les deux mesures ont chacune leur intérêt. La première pose la question de la parité des salaires: si le niveau absolu des salaires est le même dans deux ou plusieurs conventions collectives, on admet que la parité est atteinte entre les travailleurs régis par ces conventions. Étant donné la grande variété, au point de départ, des situations et des niveaux de salaires, sans parler des structures, on utilise moins souvent ce concept.

On parle davantage en termes de changement. Celui-ci peut se mesurer en chiffres absolus (par exemple, augmentation moyenne d'un dollar l'heure) ou en termes relatifs (par exemple, augmentation de 5 % par année). De plus, il faut déterminer si, dans cette mesure du changement, absolu ou relatif, on considère seulement le salaire proprement dit, ou si on y inclut les divers bénéfices qui constituent la rémunération globale.

Une étude de cette nature doit d'abord déterminer quelles clauses du contrat type elle inclut et quelle mesure elle utilise. Dans la suite de la présente discussion, nous supposons que l'analyse se limite au changement intervenu dans la rémunération globale (salaire et avantages sociaux), d'une convention collective à la suivante, ou plus précisément d'une année à l'autre, compte tenu de la durée différente de chaque convention collective.

19.4.3 Degré d'influence et déviations

Le contrat type exerce une influence variable; aussi trouve-t-on divers degrés d'influence qu'on pourrait classifier de la manière suivante.

Un premier niveau représenterait les cas où le modèle (*pattern*) est suivi de si près que les variations ne sont que minimes: l'ensemble du contrat passe presque automatiquement d'une entreprise à une autre. C'était la situation des trois grands fabricants d'automobiles en ce qui concerne le contrat cadre jusqu'en 1979.

L'union choisissait, à chaque négociation, l'entreprise qui lui paraissait la plus vulnérable, pour en obtenir les concessions auxquelles elle tenait davantage. Les deux autres compagnies étaient presque obligées d'accepter le même contrat. Sans qu'il y ait eu négociation en cartel à cette époque, le résultat équivalait à une négociation à l'échelle de l'industrie. Une

20. John T. Dunlop, «The Task of Contemporary Wage Theory» dans *New Concepts in Wage Determination*, sous la direction de George W. Taylor et Frank C. Pierson, New York, McGraw-Hill, 1957 (336 p.), p. 117-139.

influence aussi contraignante a disparu avec la récession de 1981-1982. Elle revient peu à peu à la fin des années 1980.

À un second niveau, on retrouve une influence marquée, mais moins étendue et moins pressante. Les déviations sont plus considérables, même si le modèle, du moins en ce qui concerne les changements de salaires, est suivi par un grand nombre, sinon par la majorité des entreprises du secteur. On pourrait placer à ce niveau le reste de l'industrie de l'automobile, c'est-à-dire les fabricants de moindre importance et tous les principaux fournisseurs de pièces, qui vendent leur production presque totalement aux fabricants d'autos et dont les employés sont presque tous membres de la même union. Dans cette catégorie, on trouve parfois une division entre les gros et les petits producteurs, le modèle étant d'habitude suivi plus rigoureusement par les gros que par les petits.

À un échelon encore plus éloigné, on placerait d'autres industries dont le lien avec le leader se révèle moins immédiat; elles présentent des ressemblances avec l'industrie principale; elle sont situées dans la même région et leurs employés sont syndiqués dans la même union. C'est le cas, par exemple, de la plupart des entreprises syndiquées par l'union des Travailleurs unis de l'automobile dans la région de Detroit. Le tableau 19-3 résume les conclusions d'une étude de l'influence du contrat des trois grands de l'automobile sur ce groupe d'entreprises[21]. Si l'on considère l'industrie de l'automobile telle qu'elle est définie dans la note 2 du tableau, et si l'on ne tient pas compte d'un simple délai d'application (voir la note 3 du tableau), on réalise que la proportion des employés régis par une convention inférieure à l'entente modèle était de moins de 15 % (55 % – 41 %); le modèle jouait donc fortement pour la quasi-totalité des salariés. Si l'on considère les entreprises non plus de l'industrie de l'automobile mais des autres industries, la proportion est différente: dans plus de la moitié des cas (55 %: 78 % – 23 %), les employés sont régis par une convention inférieure au modèle. Les cas de conventions supérieures au modèle s'expliquent par le fait qu'il s'agissait d'industries qui, au point de départ, se situaient en dessous du modèle et où l'on s'est entendu sur la nécessité d'un rattrapage; c'est pourquoi, d'ailleurs, il y en a plus dans les autres industries que dans l'industrie de l'automobile. Le degré de conformité au modèle et l'importance des déviations varient évidemment beaucoup selon les années; les chiffres du tableau 19-3 présentent la moyenne des résultats sur une période de 12 ans. Une étude des variations de salaires dans l'industrie canadienne du fer et de l'acier indique une situation semblable: le modèle est suivi de près dans l'industrie de l'acier primaire, beaucoup moins dans les autres secteurs[22].

Finalement, on peut parler de l'influence des grands contrats collectifs sur l'ensemble de l'économie. Leur règlement entraîne, d'une certaine manière, toutes les autres ententes collectives, compte tenu de la conjoncture économique; il s'agit cependant d'une influence beaucoup plus lointaine[23].

19.4.4 Facteurs d'influence

Le degré d'influence et les déviations plus ou moins grandes que l'on remarque par rapport au modèle s'expliquent par différents facteurs dont nous avons déjà indiqué les principaux. Il convient de les reprendre systématiquement[24].

21. Harold M. Levinson, «Pattern Bargaining: A Case Study of the Automobile Workers», *The Quarterly Journal of Economics*, vol. 74, nº 2, mai 1960, p. 296-317. À notre connaissance, aucune étude de ce genre n'a été reprise depuis 1960; David H. Greenberg, «Deviations from Wage-Fringe Standards», *Industrial and Labor Relations Review*, vol. 21, nº 2, janvier 1968, p. 197-209.

22. Bryan C. Williams, «Collective Bargaining and Wage Equalization in Canada's Iron & Steel Industry, 1939-1964», *Relations industrielles*, vol. 26, nº 2, avril 1971, p. 308-343.

23. John E. Maher, «The Wage Pattern in the United States, 1946-1957», *Industrial and Labor Relations Review*, vol. 15, nº 1, octobre 1961, p. 3-20.

24. Harold M. Levinson, *op. cit.*, p. 301-306; Kenneth O. Alexander, «Variations from Pattern Bargaining: A Closer Look», *Relations industrielles*, vol. 14, nº 2, avril 1959, p. 211-230.

TABLEAU 19-3

Influence de la négociation type[1] dans 79 entreprises syndiquées par les Travailleurs unis de l'automobile dans la région de Detroit – 1946-1957

Position par rapport au modèle[1]	Industrie de l'automobile[2]				Autres industries[2]			
	Entreprises		Employés		Entreprises		Employés	
	Nombre	%	Nombre	%	Nombre	%	Nombre	%
Supérieure	4	9	900	1	5	14	900	7
Identique	8	18	24 100	30	0	0	0	0
Équivalente	9	20	11 600	14	4	11	2 000	15
Inférieure[3]	23	52	44 300	55	26	75	10 700	78
	(2)	(5)	(33 000)	(41)	(2)	(6)	(3 100)	(23)
Total	44	100	80 900	100	35	100	13 600	100

1. Le modèle (*pattern*) est établi par les trois grands (GM, Ford, Chrysler), qui sont exclus de la compilation exprimée dans le tableau.
2. On a classé dans l'industrie de l'automobile les entreprises dont plus de 50 % des ventes étaient constituées par des véhicules-moteurs ou par des pièces vendues à des producteurs d'automobiles. La plupart des entreprises se situaient nettement près du sommet ou près de la base de cette échelle, c'est-à-dire clairement du côté de l'industrie de l'automobile ou d'autres industries diverses.
3. Certaines conventions, en 1955, n'étaient inférieures au modèle que par un retard dans l'application du régime supplémentaire d'assurance-chômage; ces cas sont indiqués entre parenthèses. Ces chiffres pourraient presque être transférés de la dernière à l'avant-dernière ligne.

Source: Harold M. Levinson, «Pattern Bargaining...», voir note 21, p. 305.

Le lien de l'entreprise «influencée» avec l'entreprise modèle, en ce qui a trait surtout au genre de production, constitue le facteur principal. Par exemple, dans l'industrie de l'automobile, l'influence du contrat des trois grands fabricants est plus ou moins importante sur le contrat visé selon la relation de l'entreprise avec l'industrie de l'automobile comme telle. La communauté des marchés et la similitude des méthodes de production expliquent et justifient cette influence.

La taille de l'entreprise joue aussi un rôle important. En règle générale, plus la taille de l'entreprise est considérable, plus elle peut bénéficier des économies d'échelle et se rapprocher du modèle.

À part ces deux facteurs, qu'on pourrait appeler facteurs de structure, deux autres, plutôt conjoncturels, sont également primordiaux: la situation financière de l'entreprise et la situation de l'emploi. Le syndicat ne risquera pas, en insistant trop fortement pour obtenir la parité complète, de mettre en faillite et d'obliger la fermeture d'une entreprise qui assure déjà des conditions de travail raisonnables. De la même manière, si les mises à pied ont été considérables et qu'on n'entrevoit pas de rappel dans un avenir rapproché, le syndicat se trouve dans une situation beaucoup plus difficile pour obtenir l'application de l'entente modèle. C'était le cas chez Chrysler vers 1980.

Des variables qui ne sont pas reliées à l'entreprise exercent aussi une influence réelle, comme la force de l'organisation syndicale et l'opinion courante en matière de parité absolue ou de comparaisons équitables. On explique par une pression syndicale de ce genre l'absence presque totale de concessions salariales au Canada, au début des années 1980, contrairement à ce qui s'est produit aux États-Unis. La volonté et la solidarité manifestées au Canada semblent la seule explication plausible. L'économie canadienne en subit peut-être le contrecoup au début de 1990, mais c'est là une autre question.

Un facteur de situation, qui n'intervient pas toujours mais qui possède, quand il est présent, une grande importance, est la position au départ et le rattrapage qu'on veut effectuer. Nous avons déjà signalé que ce facteur explique, dans le tableau 19-3, les cas de conventions supérieures au modèle: le modèle, en effet, est alors considéré en termes de changement, et l'augmentation consentie par l'entreprise influencée doit être supérieure à l'augmentation du modèle pour qu'elle puisse rattraper le niveau absolu de l'entreprise modèle.

19.4.5 Conclusion

L'analyse précédente ne se réfère qu'au niveau des salaires, en termes absolus ou relatifs. La négociation type exerce son influence sur bien d'autres aspects, entre autres sur la structure des salaires[25]. Il serait trop long de reprendre ici tous ces aspects.

La négociation type et l'influence qu'elle exerce constituent, en quelque sorte, la courroie de transmission par laquelle les gains obtenus dans des entreprises ou même des industries plus importantes se transposent dans le reste du secteur économique ou dans l'économie en général. Le processus manifeste beaucoup plus de souplesse qu'on ne peut en trouver dans la grande unité de négociation; il n'a pas cependant l'efficacité de cette dernière et il comporte tous les inconvénients des négociations répétées. Ici encore, on se trouve en face du choix fondamental entre centralisation et décentralisation.

Les syndicats utilisent fréquemment le contrat type comme une étape vers une unification souhaitée de la négociation. On cherche alors à rapprocher de plus en plus du contrat type chacune des clauses des différentes conventions. Une étape capitale a trait aux dates d'expiration: si l'on veut parvenir à une négociation unique, il faut d'abord obtenir que tous les contrats viennent à échéance à la même date.

Il est évident qu'on ne peut envisager une seule négociation globale pour tous les secteurs de l'économie, sauf peut-être sur les très grandes orientations de la politique salariale. Dans une région fortement syndiquée, presque la moitié des travailleurs des «autres» industries sont régis par des conventions inférieures au contrat type (tableau 19-3). Il faudra encore bien du temps pour arriver à une certaine équivalence dans l'ensemble des industries, si toutefois une telle parité est possible, voire souhaitable.

La récession du début des années 1980 a porté un dur coup à l'envergure de l'influence que la négociation type avait acquise, tout comme aux autres formes de négociations regroupées, du moins dans le secteur privé. Certaines des anciennes structures ont commencé à réapparaître, par exemple dans l'industrie de l'automobile, mais avec moins de rigueur et de contrainte. Rien ne laisse croire qu'on reviendra à la période où les négociations géantes avaient la faveur générale.

Les formules analysées dans le présent chapitre ne sont pas mutuellement exclusives. La convention cadre et la convention type se réalisent souvent ensemble, par exemple dans l'industrie de l'automobile. D'un autre côté, l'unité d'influence et la négociation type se retrouvent partout, même dans les cas de négociations morcelées; les comparaisons salariales et autres s'y pratiquent autant que n'importe où ailleurs. N'oublions pas que les négociations morcelées – visant les salariés régis par un seul certificat d'accréditation – représentent 85 % de toutes les négociations menées chaque année au Québec. La proportion est peut-être un peu plus faible en Ontario, et davantage aux États-Unis, mais pas tellement. En Amérique du Nord, la règle générale demeure celle de négociations morcelées.

19.5 Contrats spéciaux

Nous entendons par contrat spécial le résultat de négociations relatives à un point particulier qu'on a détaché de la négociation régulière, souvent à cause de sa

25. Victor J. Sheifer, «Bargaining and Wages in Local Cartage», *Monthly Labor Review*, vol. 89, nº 10, octobre 1966, p. 1076.

complexité ou de son caractère plus technique, comme ce qui concerne l'ancienneté, les régimes de retraite et les avantages sociaux. Dans bien des cas, l'unité réelle de cette négociation dépasse considérablement le champ d'application des unités courantes qui s'appliquent pour le reste de la convention collective[26].

Un exemple de contrat spécial de ce genre est intervenu entre la compagnie Domtar et un certain nombre de syndicats au sujet d'un régime de conversion industrielle (changements dus à des modifications technologiques). Grâce à des négociations spéciales, Domtar et les principaux syndicats participants en sont venus à une entente qui s'applique à toute la compagnie dans les cas particulièrement difficiles de fermeture d'usine et de conversions industrielles importantes.

Un autre exemple, relativement plus fréquent, est celui d'une convention collective séparée pour les assurances collectives ou le régime de pension. Dans ce cas, il se peut que cette convention spéciale ait une durée plus longue que la convention régulière ou qu'elle s'applique à plusieurs groupes appartenant à des syndicats différents.

Pour compléter notre étude des structures de négociation, il reste à traiter d'un projet – d'aucuns disent un «rêve» – que certains ont mis de l'avant comme la solution aux problèmes soulevés par les structures de négociation. Toutefois le projet n'a jamais été réalisé. Il fait l'objet du chapitre 20.

26. E. ROBERT LIVERNASH, «Special and Local Negotiations», voir *supra*, note 2, p. 27-31.

Bibliographie

Contrat cadre

LIVERNASH, E. ROBERT. « Special and Local Negotiations » dans *Frontiers of Collective Bargaining*, sous la direction de JOHN T. DUNLOP et NEIL W. CHAMBERLAIN, New York, Harper & Row, 1967 (318 p.), p. 31-49.

MABRY, BEVARS D. *Labor Relations and Collective Bargaining*, New York, Ronald Press, 1966 (475 p.), p. 87-90.

SLICHTER, SUMNER H., HEALY, JAMES J. et LIVERNASH, E. ROBERT. *The Impact of Collective Bargaining on Management*, Washington, The Brookings Institution, 1960 (982 p.), p. 927-930.

TENACE, L.M. « Master Agreement in the Federal Public Service » dans *Existe-t-il de nouvelles relations industrielles canadiennes? Rapport du 23e Congrès annuel de l'Association canadienne de relations industrielles, Winnipeg, 1986*, Québec, Secrétariat de l'ACRI, 1987 (498 p.), p. 333-338.

WEBER, ARNOLD R. (sous la direction de). *The Structure of Collective Bargaining. Problems and Perspectives*, New York, Free Press of Glencoe, 1961 (380 p.), p. xxi, 21-22, 157.

Négociations coordonnées

ALEXANDER, KENNETH O. « Union Structure and Bargaining Structure », *Labor Law Journal*, vol. 24, nº 3, mars 1973, p. 164-172.

CHERNISH, WILLIAM N. *Coalition Bargaining. A Study of Union Tactics and Public Policy*, Philadelphie, University of Pennsylvania Press, 1969, 286 p.

COMPTON, JAMES D. « Victory at GE: How It Was Done », *The American Federationist* (AFL-CIO), vol. 77, nº 7, juillet 1970, p. 1-8.

GOLDBERG, STEPHEN B. « Coordinated Bargaining Tactics of Union », *Cornell Law Review*, vol. 59, nº 5, mai 1969, p. 897-919.

GOLDBERG, STEPHEN B. « Current Decisions of the NLRB and of the Courts » dans *Proceedings of the Twenty-first Annual Winter Meeting, Industrial Relations Research Association, Chicago, Ill., Decembre 29-30, 1968*, Madison, Wis., IRRA, 1969, p. 195-200.

HILDEBRAND, GEORGE H. « Cloudy Future for Coalition Bargaining », *Harvard Business Review*, novembre-décembre 1968, p. 114-128. Reproduit dans *Reprint Series No. 250*, New York State School of Industrial and Labor Relations, Cornell University, Ithaca, N.Y.

JENNINGS, PAUL. « Coordinated Bargaining: The IUE Experience » dans *Trade Union Government and Collective Bargaining : Some Critical Issues*, sous la direction de JOEL SEIDMAN, New York, Praeger, 1970, p. 263-276.

KUHN, JAMES. « Electrical Products » dans *Collective Bargaining : Contemporary American Experience*, sous la direction de GERALD G. SOMERS, Madison, Wis., IRRA, 1980 (588 p.), p. 209-262.

LASSER, DAVID, ENGLE, EARL L. et HILDEBRAND, GEORGE H. « Coordinated Bargaining » dans *Proceedings of the 1968 Annual Spring Meeting, Industrial Relations Research Association, Columbus, Ohio, May 2-3, 1968*, Madison, Wis., IRRA, 1968. Reproduit dans *Labor Law Journal*, vol. 19, nº 8, août 1968, p. 512-517, 518-523, 524-531.

LEWIN, DAVID et MCCORMICK, MARY. « Coalition Bargaining in Municipal Government: The New York City Experience », *Industrial and Labor Relations Review*, vol. 34, nº 2, janvier 1981, p. 175-190.

MISHEL, LARRY. « Corporation Structure and Bargaining Power: The Coordinated Bargaining Experience », *Labor Studies Journal*, vol. 3, nº 1, hiver 1979, p. 308-322.

MCLEAN, ROBERT A. « Coalition Bargaining and Strike Activity in the Electrical Equipment Industry, 1950-1974 », *Industrial and Labor Relations Review*, vol. 30, nº 3, avril 1977, p. 356-363.

REYNOLDS, JOY K. « Steelworkers press organizing and coordinated bargaining », *Monthly Labor Review*, vol. 109, nº 11, novembre 1986, p. 48-49.

SCHWARZ, PHILIP J. *Coalition Bargaining*, Key Issues Series No. 5, Industrial and Labor Relations Library, Ithaca, N.Y., Cornell University, New York State School of Industrial and Labor Relations, janvier 1970, 39 p.

Syndicat canadien de la fonction publique. « La négociation coordonnée », numéro spécial de *L'événement* (SCFP), vol. 12, nº 2, février 1990, p. 1-27.

Négociation type

CAMPBELL, SYLVIE et PEPIN, MARCEL. *Étude sur le « pattern bargaining » ou négociation type dans l'industrie automobile nord-américaine*, monographie nº 18, Université de Montréal, École de relations industrielles, 1988, 180 p.

FREEDMAN, AUDREY et FULMER, WILLIAM E. «Last Rites for Pattern Bargaining», *Harvard Business Review*, vol. 60, nº 2, mars-avril 1982, p. 30-48.

KATZ, HARRY C. «The U.S. Automobile Collective Bargaining System in Transition», *British Journal of Industrial Relations*, vol. 22, nº 2, 1984, p. 205-217.

KATZ, HARRY C. *Shifting Gears. Changing Labor Relations in the U.S. Automobile Industry*, Cambridge, Mass., The MIT Press, 1985, 230 p.

KOCHAN, THOMAS A. *Collective Bargaining and Industrial Relations. From Theory to Policy and Practice*, Homewood, Ill., Richard D. Irwin, 1980 (523 p.), p. 113-127.

LEVINSON, HAROLD M. «Pattern Bargaining: A Case Study of the Automobile Workers», *The Quarterly Journal of Economics*, vol. 74, nº 2, mai 1960, p. 296-317.

MAHER, JOHN E. «The Wage Pattern in the United States, 1946-1957», *Industrial and Labor Relations Review*, vol. 15, nº 1, octobre 1961, p. 3-20.

READY, KATHRYN J. «Is Pattern Bargaining Dead?», *Industrial and Labor Relations Review*, vol. 43, nº 2, janvier 1990, p. 272-279.

SHEIFER, VICTOR J. «Bargaining and Wages in Local Cartage», *Monthly Labor Review*, vol. 89, nº 10, octobre 1966, p. 1076-1084.

Université de Montréal. «Le pattern-bargaining et la négociation multipatronale» (3 articles) dans *La négociation collective en question*, 11e Colloque de relations industrielles, Université de Montréal, École de relations industrielles, 1981, p. 53-71.

WILLIAMS, BRYAN C. «Collective Bargaining and Wage Equalization in Canada's Iron & Steel Industry, 1939-1964», *Relations industrielles*, vol. 26, nº 2, avril 1971, p. 308-343. Résumé français: p. 343-344.

Chapitre

20

Négociation sectorielle

PLAN

Le présent chapitre discute d'une forme de négociation dont on a beaucoup parlé au Québec au début des années 1970: la négociation sectorielle. On la désigne aussi par l'expression «accréditation multipatronale». Quel que soit le nom qu'on lui donne, cette formule n'a jamais été appliquée. La discussion portera sur les propositions formulées.

Après avoir esquissé une définition et dressé la liste des principaux objectifs de la négociation sectorielle, nous tenterons d'en décrire plus en détail les modalités. Nous analyserons ensuite quelques cas de négociation centralisée qu'on peut regarder comme des ébauches ou des tentatives de négociation sectorielle. Enfin, nous essaierons de dégager les implications et les problèmes, pour terminer par une évaluation des projets soumis.

20.1 Définition et préambules

Avant de proposer une définition de la négociation sectorielle, il faut souligner la confusion qui entoure le débat. Les projets de négociation sectorielle n'ont jamais fait l'unanimité ni chez les praticiens ni chez les universitaires. Les représentants patronaux s'y sont toujours opposés farouchement. La négociation sectorielle ne rallie pas tout le monde syndical ni tous les analystes du monde du travail. Plusieurs considéraient et considèrent encore le projet comme utopique; ses défenseurs, disent-ils, n'en présentent que les avantages; personne ne peut prévoir les risques que représente la négociation sectorielle pour l'ensemble de l'économie et du climat social. Pourtant, la plupart de ses défenseurs y croient toujours.

20.1.1 Multiplicité de termes

Devant les objections soulevées par les adversaires, les propagandistes de la négociation sectorielle inventèrent d'autres termes. Vers 1975, certains mirent de l'avant la «syndicalisation sectorielle», laissant ainsi dans l'ombre l'impact que la formule aurait sur les employeurs et les conditions de travail. Cinq ou six ans plus tard, les termes devenaient encore plus vagues: négociations élargies, négociations regroupées. Peu à peu, les défenseurs de la négociation sectorielle adoptèrent l'expression «accréditation multipatronale», peut-être parce que le premier mot n'évoque que le côté syndical et que le deuxième apparaît moins englobant et moins contraignant que le mot «sectoriel».

Dans le présent chapitre, tout en reconnaissant les nuances que comporte chacune de ces différentes expressions, nous discuterons plutôt de la proposition fondamentale qu'elles recouvrent. À moins d'indication contraire, nous considérerons ces expressions comme synonymes. Nous emploierons de préférence l'expression «négociation sectorielle», parce qu'elle fut la première utilisée et qu'elle transmet mieux l'idée à la base du projet.

20.1.2 Éléments de définition

Définir la négociation sectorielle se révèle aussi difficile que d'établir la signification du terme secteur[1]. Quand on parle de négociation sectorielle, on songe soit à une négociation qui dépasse le niveau de l'établissement ou de l'entreprise, soit à une négociation qui englobe un grand secteur industriel[2], comme la chaussure ou le textile, par exemple. Même dans ce deuxième sens, le secteur désigné peut correspondre à des réalités bien différentes. Ainsi, il est souvent difficile de déterminer précisément ce que l'on entend par l'industrie de la chaussure ou l'industrie du textile: la chaussure inclut-elle les pantoufles et tous les genres de couvre-chaussures; le textile se limite-t-il à la fabrication du tissu, ou comprend-il certains produits finis de fabrication relativement simple?

1. Normand Cinq-Mars, «Négociation locale et négociation sectorielle», *Relations industrielles*, vol. 25, n° 3, août 1970, p. 465. Reproduit dans *Les unités de négociation*, 1er Colloque de relations industrielles de l'Université de Montréal, 1969, Montréal, Université de Montréal, École de relations industrielles, 1969, p. 65; Robert Sauvé, «La négociation collective sectorielle», *Relations industrielles*, vol. 26, n° 1, janvier 1971, p. 6.
2. Cette hésitation explique peut-être la diversité des traductions anglaises. On traduit «négociation sectorielle» tantôt par l'expression générale *centralized bargaining*, tantôt par des termes plus précis comme *company-wide, industry-wide bargaining*. On traduit aussi littéralement par *sector bargaining* ou même, en changeant le sens usuel de ce mot en anglais, par *sectorial bargaining*.

Une fois le secteur défini, il faut se demander quels employés seraient touchés par la négociation sectorielle. Elle exclurait sûrement le personnel de direction; mais est-il nécessaire, pour parler de négociation sectorielle, qu'elle vise tous les autres salariés? Certains appliquent l'expression à la négociation provinciale des employés d'hôpitaux du Québec; pourtant, il n'y a pas une mais plusieurs négociations provinciales qui concernent des catégories différentes d'employés; de plus, divers groupes de personnes travaillant dans les hôpitaux en sont exclus, non seulement les médecins, mais les pharmaciens, de nombreux techniciens spécialisés, les comptables et d'autres encore. Doit-on réserver l'expression de négociation sectorielle aux seuls cas où celle-ci concerne des syndicats de type industriel? Si un métier ou une profession – les plombiers ou les médecins – négocient leurs conditions de travail à l'échelle d'une province ou d'un pays, faudra-t-il employer nécessairement une autre expression?

Bien des discussions relatives à la négociation sectorielle se sont embourbées dans des difficultés inextricables faute d'avoir défini de quel secteur ou de quel genre de secteurs on voulait parler. Dans le présent chapitre, une négociation sectorielle désignera une négociation régie, sinon imposée, par une loi spécifique, qui viserait tous les salariés d'un secteur industriel d'envergure moyenne, déterminé par le sens habituel du mot «secteur» (qui pourra être précisé selon le contexte), par exemple, l'industrie de la robe, l'industrie de la construction ou le secteur public de l'éducation. Dans chacun de ces secteurs, la négociation s'étendrait, par hypothèse, à l'ensemble des travailleurs principaux (travailleurs de la production ou travailleurs directement reliés aux services), même si certains groupes moins nombreux pourraient, pour des raisons particulières, ne pas être touchés par ladite négociation.

20.1.3 Notes d'histoire

Même si l'idée de la négociation sectorielle ne s'est jamais concrétisée, plusieurs en revendiquent la paternité. Du côté syndical, Jean Gérin-Lajoie, alors directeur des Métallos pour le Québec, et d'autres avec lui, en parlaient au moins depuis 1965: ils partaient de l'observation que seulement 30 % des travailleurs étaient alors syndiqués et réclamaient l'appui de la loi pour augmenter cette proportion. En 1967, le congrès de la FTQ votait une résolution demandant la liberté d'accès au syndicalisme pour tous les travailleurs[3]. La même année, le congrès du Centre des dirigeants d'entreprises incluait une discussion sur la négociation sectorielle; les principaux exposés en furent rapportés dans la publication du ministère du Travail[4]. À la CSN on en discutait depuis quelques années. La question fit l'objet de propositions explicites au congrès de 1970[5]. L'artisan principal et, en un sens, le prophète attitré de ce projet fut Robert Sauvé, ancien secrétaire général de la CSN, devenu sous-ministre du Travail en 1969. Il parle et écrit à propos de la négociation sectorielle, et surtout il prépare et fait adopter la *Loi sur les relations de travail dans l'industrie de la construction*, qu'il présente comme la première pierre de cet édifice à bâtir[6].

La discussion est vive au début des années 1970. L'opposition catégorique du patronat tempère un peu les ardeurs des défenseurs de la négociation sectorielle. D'un autre côté, les négociations du secteur public détournent l'attention vers des problèmes plus immédiats. On recommence à parler de la négociation sectorielle autour des années 1980, en employant cette fois les expressions «syndicalisation sectorielle» et

3. JEAN GÉRIN-LAJOIE, *La lutte syndicale chez les Métallos*, Montréal, Éditions du Jour, 1973, p. 81-102. (Extraits des rapports de congrès de 1965 et de 1972.); *Idem*, *Les Métallos 1936-1981*, Montréal, Boréal Express, 1982 (263 p.), p. 187.
4. JEAN MASSICOTTE, LOUIS LABERGE et MARCEL PEPIN, «La négociation par secteur», *Québec/Travail*, vol. 3, n° 11, novembre 1967, p. 14-19.
5. MARCEL PEPIN, «Propositions générales concernant la négociation sectorielle» dans *Rapport sur les négociations sectorielles*, 44e Congrès, CSN, 6-12 décembre 1970.
6. ROBERT SAUVÉ, «La négociation sectorielle, solution de l'avenir», *Québec/Travail*, vol. 5, n° 11, novembre 1969, p. 423-425; «La négociation sectorielle», *ibid.*, vol. 6, n° 4, septembre 1970, p. 28-30; «Vers la négociation sectorielle», *ibid.*, vol. 6, n° 5, novembre-décembre 1970, p. 16-19; «La négociation collective sectorielle», voir *supra*, note 1, p. 3-23.

« accréditation multipatronale »[7]. L'intérêt est attisé par le rapport d'un groupe de recherche formé par le ministère du Travail et de la Main-d'œuvre[8]. Il en est sorti un projet de refonte du *Code du travail* qui a circulé secrètement et dont certains journaux ont fait état à la fin d'août 1982 ; des rumeurs contradictoires attribuaient le projet soit à un groupe de recherche du ministère du Travail et de la Main-d'œuvre, soit à une source externe au gouvernement[9].

La campagne a repris devant la Commission Beaudry en 1984-1985. La Commission cherchait toutefois un consensus, évidemment impossible sur ce point. Dans son rapport final, la Commission résume la position des syndicats, dont elle dit qu'elle « a reçu l'appui général des grandes formations syndicales[10] ». Constatant l'opposition irréductible du patronat, elle n'a pas cru bon de se prononcer sur le fond du projet ; la Commission souhaite seulement que les parties s'y engagent volontairement[11]. Souhait platonique, pour ne pas dire irréalisable. Même si l'engouement pour la négociation sectorielle s'est éteint, il importe de l'étudier, car elle nous permet de prendre conscience de plusieurs problèmes très sérieux.

Pour comprendre l'ardeur des défenseurs du projet, il faut s'arrêter aux objectifs poursuivis. On peut ne pas partager leur conclusion, mais les problèmes qu'ils soulèvent sont réels.

20.2 Objectifs de la négociation sectorielle

On met habituellement de l'avant une formule de négociation sectorielle en vue de résoudre certaines difficultés que pose le régime actuel de relations de travail. On peut les regrouper autour des trois thèmes suivants : la difficulté de syndicalisation de certains secteurs, l'uniformité des conditions de travail et la solution des problèmes de main-d'œuvre.

20.2.1 Syndicalisation des secteurs difficiles

La partie non syndiquée de la main-d'œuvre hante, non sans raison, les tenants de la négociation sectorielle. Ils soulignent que de 60 % à 70 % des salariés vivent en marge du système actuel de négociation et des avantages qui en résultent.

Le syndicalisme n'a pas réussi à s'implanter vraiment dans les petites entreprises, dans les occupations qui ne requièrent que peu ou pas de qualifications ou dans les régions difficiles d'accès. Cet échec relatif tient à des facteurs souvent incontrôlables, comme la dispersion géographique des entreprises, le coût prohibitif d'une syndicalisation dans de telles circonstances, l'extrême difficulté de développer une solidarité suffisante. Dans sa forme actuelle, il n'y a guère d'espoir que notre syndicalisme rejoigne ces secteurs de l'industrie.

Pour obvier à ces inconvénients, on propose une négociation sectorielle, qui permettrait d'inclure dans le mouvement syndical non seulement les travailleurs des grandes et moyennes, mais aussi ceux des petites entreprises, et de les faire bénéficier de meilleures conditions de travail. Cela suppose évidemment des modifications profondes au système actuel d'accréditation et représente une forme de syndicalisme obligatoire. Nous y reviendrons plus loin (section 20.5.1).

20.2.2 Uniformité des conditions de travail

L'extension des fruits de la négociation aux travailleurs non syndiqués entraînerait éventuellement une certaine uniformisation des salaires. Ce ne serait cependant pas la seule conséquence. On pense aussi à toutes les autres conditions de travail qui souvent diffèrent selon les entreprises, les industries et les

7. LÉO ROBACK, *La syndicalisation sectorielle. Pour une solution à l'organisation des non-syndiqués*, Bulletin n° 10, Montréal, Institut de recherche appliquée sur le travail (IRAT), février 1977, 48 p.
8. *Rapport du groupe de travail sur l'accréditation multipatronale*, Québec, ministère du Travail et de la Main-d'œuvre, octobre 1979, 45 p.
9. « Projet explosif de refonte du *Code du travail* du Québec », *Les Affaires*, vol. 54, n° 33, 21 août 1982, p. 2, 3 et 5 ; VINCENT PRINCE, « Projet à refuser sans hésiter », *La Presse*, 23 août 1982, p. A-6.
10. *Le travail : une responsabilité collective*, rapport final de la Commission consultative sur le travail, juge RENÉ BEAUDRY, président, Québec, Direction générale des publications, 1985 (490 p.), p. 183.
11. *Ibid.*, p. 184-185.

régions et qui pourraient elles aussi être soumises à cette tendance.

Dans le cas des entreprises syndiquées, la négociation locale n'assure pas nécessairement la parité des salaires et des conditions de travail. Nous avons vu, dans le chapitre précédent, que le contrat type ne s'étend pas automatiquement à toutes les entreprises d'une industrie ; on y observe de sérieuses déviations. Celles-ci s'expliquent par la situation géographique particulière d'une entreprise ou par ses conditions propres : sa taille, ses coûts de production, son marché, etc.

La négociation sectorielle cherche à uniformiser les conditions de travail, tout particulièrement la rémunération, de manière à supprimer la concurrence qui s'exerce sur le prix du travail. Pour des raisons d'équité et de développement économique, on veut étendre la parité aux limites mêmes de la province, en prônant une négociation sectorielle à l'échelle provinciale. On souhaite obtenir ainsi ce que le marché n'a pu réaliser.

Cette uniformisation, par secteur, des conditions générales de travail semble éminemment propice, sinon indispensable, à l'application de politiques économiques générales et à une planification efficace.

20.2.3 Solution des problèmes de main-d'œuvre

Une autre série d'objectifs se rapporte à la solution de certains problèmes généraux de main-d'œuvre. La convention collective traditionnelle, limitée au niveau local, ne peut résoudre à elle seule les problèmes que posent les changements technologiques, les conversions industrielles et la mobilité correspondante des travailleurs, tant sur le plan des occupations que des entreprises et des régions.

Les problèmes considérables que soulèvent les changements technologiques dépassent le cadre des établissements et des entreprises. Il faut déplacer des travailleurs, leur apprendre de nouveaux métiers, leur trouver d'autres emplois. Au niveau de l'établissement, les parties ne peuvent apporter à ces problèmes que des palliatifs, comme le préavis et les primes de licenciement. Une négociation à l'échelle du secteur, croit-on, permettrait l'application de mesures plus efficaces et peut-être l'élaboration de politiques valables à long terme. Pour ne donner qu'un exemple, il serait possible d'assurer aux travailleurs expérimentés une sécurité d'emploi beaucoup plus grande, grâce à un système d'ancienneté qui s'étendrait, idéalement du moins, à l'échelle de l'industrie ; il va sans dire que les modalités d'application d'un tel système pourraient être elles-mêmes sources d'énormes difficultés.

L'élargissement de l'unité de négociation entraînerait un accroissement notable de la mobilité de la main-d'œuvre. Le transfert de l'ancienneté et la possibilité de profiter ainsi pleinement de ces années d'expérience, même en passant d'une entreprise à une autre, supprimeraient un des grands obstacles à la mobilité. Le maintien de tous les avantages sociaux favoriserait aussi la mobilité de la main-d'œuvre.

En effet, la négociation sectorielle permettrait l'établissement de régimes de retraite et d'assurance de tous genres transférables partout à l'intérieur du secteur. On peut également envisager d'autres formes d'assurances auxquels la base actuelle qu'est l'entreprise, ou l'établissement, nous interdit presque de songer : un salaire garanti, des prestations supplémentaires d'assurance-chômage, des congés sabbatiques à intervalles plus ou moins réguliers ou un fonds de recyclage.

La négociation sectorielle comporte évidemment des difficultés sur lesquelles nous reviendrons. Pour l'instant, il s'agissait d'entrevoir ses possibilités.

20.2.4 Autres avantages

Parmi les objectifs, on souligne aussi les avantages propres à une négociation centralisée. La négociation sectorielle assurerait des négociations plus scientifiques et plus responsables de part et d'autre. Le nombre des conflits diminuerait d'autant et le climat des relations de travail serait plus paisible.

Tels sont les principaux objectifs dont on espère la réalisation grâce à la négociation sectorielle. Avant d'en discuter plus longuement, il faut décrire un peu plus en détail le système que ses défenseurs ont souhaité voir s'implanter.

20.3 Caractéristiques principales et modalités

On doit esquisser les caractéristiques principales de la négociation sectorielle afin de s'en faire une meilleure idée et de mieux évaluer ses avantages et ses inconvénients.

20.3.1 Deux modes de négociation

En général, on insiste pour dire que la négociation sectorielle ne serait pas imposée[12]. Dans les cas où le système actuel a donné de bons résultats, il n'y aurait pas de raison de le remplacer par un nouveau; il existe déjà, pour les industries de caractère oligopolistique, une négociation multi-employeurs à l'échelle de l'industrie, ou bien une négociation type qui entraîne, par voie d'influence directe, une uniformité presque complète des conditions de travail[13]. Ce mode de négociation demeurerait inchangé.

La négociation sectorielle, dûment sanctionnée et appuyée par la loi, serait offerte aux autres secteurs de l'industrie qui voudraient en bénéficier[14]. À l'heure actuelle, dit-on, le choix se révèle impossible, puisqu'il n'y a qu'un seul système; on ne peut négocier que dans le cadre de l'entreprise, suivant les prescriptions présentement en vigueur du *Code du travail*[15]. Dans l'hypothèse d'une négociation sectorielle libre, les parties qui le désireraient pourraient y avoir recours moyennant certaines conditions. Celles-ci prendraient d'abord la forme d'une accréditation syndicale particulière et, éventuellement, d'une accréditation patronale.

20.3.2 Accréditation syndicale

On propose de transposer le principe actuel de l'accréditation syndicale du niveau de l'établissement ou de l'employeur à celui du secteur. On garderait, en particulier, la formule du monopole syndical, afin d'assurer une meilleure efficacité et d'éviter les conflits intersyndicaux, avec leur cortège de luttes et de faiblesses correspondantes[16].

L'objection de la liberté syndicale et du libre choix de l'association vient spontanément à l'esprit. Le principe de la majorité, sur lequel reposent tous les systèmes démocratiques, s'appliquerait alors au mouvement syndical. La situation existe déjà à l'intérieur de l'entreprise ou de l'établissement; on reprendrait simplement le même principe à l'échelle du secteur. L'autre formule, celle du cartel de plusieurs unions qui s'unissent en vue de la négociation, ne saurait répondre aux objectifs poursuivis: le cartel manque de stabilité et il ouvre la porte à trop de divisions pour que la négociation soit alors vraiment efficace, du moins à long terme.

Une question demeure difficile à résoudre: à quelles conditions accordera-t-on l'accréditation sectorielle envisagée? Faudra-t-il que le syndicat qui demande une telle accréditation ait déjà l'appui de la majorité des salariés visés, comme aujourd'hui selon le *Code du travail*? Certains ont proposé d'abaisser l'exigence numérique et de réduire le pourcentage à 20 %, 30 % ou 40 %[17]. On ne doit pas oublier que, dans l'esprit de ses défenseurs, la négociation sectorielle vise justement les industries où la syndicalisation est difficile. En exigeant une majorité absolue, le système serait voué à l'échec dès le départ; se contenter d'un moindre pourcentage risque d'aller

12. Robert Sauvé, «La négociation collective sectorielle», voir *supra*, note 1, p. 8 et 20-21.
13. Normand Cinq-Mars, voir *supra*, note 1, p. 481 (Colloque, p. 81).
14. Malgré l'affirmation très forte du caractère facultatif du système proposé, on a souvent l'impression qu'il devrait être imposé, vu l'importance qu'on attache aux objectifs mentionnés plus haut et les difficultés pratiques de le réaliser sur une base volontaire.
15. Robert Sauvé, «Vers la négociation sectorielle», voir *supra*, note 6, p. 17.
16. Robert Sauvé, «La négociation collective sectorielle» voir *supra*, note 1, p. 12-13.
17. Jean Gérin-Lajoie, *La lutte syndicale chez les Métallos*, voir *supra*, note 3, p. 83 (extrait du congrès de 1965); Robert Sauvé, «Vers la négociation sectorielle», voir *supra*, note 6, p. 18.

contre la volonté de la majorité: on ne pourrait pas alors savoir vraiment quelle est la volonté de la majorité.

Nous ne parlerons pas, pour l'instant, du problème complexe de déterminer cette grande unité de négociation. Il faut présumer que la requête en accréditation en esquisserait la description, mais que la décision finale reviendrait nécessairement à un organisme gouvernemental.

20.3.3 Accréditation patronale

Tout comme dans le système actuel d'accréditation, la principale volonté à respecter, compte tenu d'intérêts supérieurs, est celle des travailleurs. Par contre, on doit aussi considérer celle des employeurs.

Afin d'assurer une négociation sectorielle ordonnée, une association d'employeurs devrait normalement représenter l'ensemble des employeurs. Cette association pourrait être choisie et accréditée un peu comme l'association ouvrière. Ici encore, on doit respecter la volonté de la majorité; un ou quelques employeurs ne devraient pas pouvoir empêcher la réalisation d'un tel système si l'opinion générale y est favorable. Nous n'entrerons pas dans les difficultés particulières de mesurer la majorité chez les employeurs, à savoir si ce devrait être par le nombre d'entreprises, d'établissements, de travailleurs employés ou par le chiffre d'affaires.

Dans l'hypothèse, cependant, où les employeurs ne parviendraient pas à s'entendre, il faudrait prévoir un mécanisme par lequel un autre groupe – on a parlé du Conseil du patronat – représenterait obligatoirement les employeurs à la table de négociation sectorielle[18].

20.3.4 Négociation et résolution des impasses

Les négociations sectorielles exigeraient des modifications dans le processus de négociation, tout particulièrement dans le mode de règlement des conflits.

18. ROBERT SAUVÉ, «Vers la négociation sectorielle», voir *supra*, note 6, p. 19.

Les répercussions d'ordre économique et social d'un tel régime se révéleraient si importantes qu'elles appelleraient presque nécessairement la présence d'un représentant de l'État à un moment ou un autre du déroulement de la négociation. Si on lui garde le nom de conciliateur, son rôle sera considérablement changé: sa mission ne consistera plus seulement à amener les parties à tomber d'accord, quel que soit leur terrain d'entente, mais à faire valoir et, au besoin, à défendre les politiques générales de l'État en matière d'économie et de main-d'œuvre[19]. On remarque déjà une intervention de ce genre dans plusieurs négociations, au Canada et aux États-Unis, quand les répercussions dépassent trop largement l'unité de négociation.

La réglementation de l'exercice du droit de grève devrait aussi être modifiée, parce que l'intérêt public sera toujours en jeu. En principe, certaines dispositions touchant les conflits dans les services publics pourraient s'appliquer[20]; ces dispositions se limitent toutefois à l'imposition possible de services essentiels. Quels seraient les services essentiels dans un tel contexte? On doit établir un nouveau type de critères. Cet aspect risque de devenir lui-même source de conflits majeurs.

Telles sont, dans leurs grandes lignes, les principales modalités que l'on propose pour la négociation sectorielle au Québec. Avant d'en évaluer les implications, afin justement de faciliter cet exercice, il convient de voir rapidement les quelques exemples qui existent déjà ou qui se rapprochent, d'une certaine manière, de la négociation sectorielle envisagée.

20.4 Quelques tentatives et expériences

On considère certaines négociations géantes au Québec comme des expériences ou des réalisations de négociation sectorielle. Les négociations provinciales du secteur public viennent spontanément à l'esprit. Dans le secteur privé, les négociations menées dans

19. ROBERT SAUVÉ, «La négociation collective sectorielle», voir *supra*, note 1, p. 19-20.
20. *Ibid.*, p. 22.

les industries régies par décret de convention collective et dans l'industrie de la construction constituent de bons exemples.

20.4.1 Secteur public et parapublic

La négociation provinciale dans les secteurs public et parapublic représente en quelque sorte la plus grosse négociation sectorielle qu'on aurait pu imaginer. On a dit que c'était un cas d'hypercentralisation. Nous y reviendrons en détail dans des chapitres ultérieurs (25-27). Il suffit ici d'esquisser la structure d'ensemble de cette négociation provinciale pour souligner quelques ressemblances avec la négociation sectorielle.

La négociation du secteur public a regroupé, à certains moments, 300 000 salariés, répartis principalement entre les fonctionnaires (ou employés directs de l'État), les employés des hôpitaux et des autres institutions de santé et de services sociaux ainsi que ceux du monde de l'éducation, c'est-à-dire des commissions scolaires et des collèges. Ils ne négocient pas tous à la même table: il y a généralement une table centrale et des tables sectorielles, visant chacune un groupe particulier des secteurs concernés. En effet, pour chaque secteur, on trouve plusieurs tables, selon les catégories d'employés (professionnels de la santé, employés généraux, enseignants, employés de soutien, etc.) et selon les affiliations syndicales (syndicats CSN, FTQ, CSD, etc.)[21].

À la table de négociation centrale, on a discuté de sujets qui devaient s'appliquer également à tous les employés de l'État: taux et échelles de salaires, augmentations annuelles, indexation des salaires, pensions, primes d'éloignement, droits parentaux, etc. Ces points décidés à la table centrale étaient ensuite intégrés dans les différentes conventions collectives provinciales de chaque secteur. Les tables sectorielles se préoccupent quant à elles des problèmes propres à chaque groupe, comme la charge de travail des enseignants (ratio maître – élève) ou le salaire relatif des infirmières. Il est même possible de tenir des négociations à un troisième palier, local ou régional, sur des points très particuliers: la répartition des charges de chaque professeur dans une école, les modalités de rotation du personnel d'un hôpital.

Cette superposition de tables de négociation évoque la négociation cadre, mais la ressemblance s'arrête là. L'entente de la table centrale ne vise que des aspects très généraux; ils seront incorporés dans les conventions provinciales de chaque secteur. Par exemple, on ajuste les échelles de salaires selon les augmentations décidées pour tous; cependant le document ne saurait être appelé une convention cadre. Les conventions sectorielles se négocient aux tables de secteur et constituent des conventions collectives complètes; les compléments locaux ou régionaux se limitent à des aspects très particuliers, souvent minimes.

Il est important de retenir que cette structure de négociation a été mise en place par une série de lois. Même si au début, dans les années 1960, certains syndicats souhaitaient la centralisation, cette dernière s'est réalisée et s'est maintenue uniquement par l'effet des lois. Une seule exception: la table de négociation centrale fut toujours le résultat de pourparlers entre le gouvernement et divers fronts communs intersyndicaux; on n'en trouve aucune mention dans la loi. (Il n'y eut d'ailleurs pas de table centrale dans la ronde de 1988-1990.)

Cette brève description de la négociation provinciale du secteur public et parapublic montre qu'elle ne répond pas au projet de négociation sectorielle, même si elle en possède quelques caractéristiques, comme l'appartenance syndicale généralement obligatoire, un régime de négociation centralisé, des conditions de travail identiques à travers la province et une structure imposée par la loi. D'un autre côté, tous les employés touchés par la négociation provinciale relèvent directement ou indirectement du même employeur: l'État; pour mettre cette structure en application, il n'était pas nécessaire d'avoir recours

21. Il faut bien noter que, dans les expressions «tables sectorielles» du secteur parapublic et projet de «négociation sectorielle», le terme «sectoriel» n'a le même sens que dans la mesure où il fait référence, dans chacun des cas, à un «secteur».

à une accréditation (syndicale) multipatronale ni d'envisager les risques de la concurrence comme c'est le cas dans le secteur privé. Il a tout de même fallu forcer les employeurs individuels (hôpitaux, commissions scolaires, etc.) à se regrouper en une association propre à chaque secteur.

20.4.2 Industries régies par décret

Dans le secteur privé, les principales expériences qui peuvent se rapprocher de la négociation sectorielle ont été faites en vertu de la *Loi des décrets de convention collective*. Cette loi, qui date de 1934 – et que nous étudierons en détail plus loin (chapitre 28) – a été adoptée 10 ans avant les principales lois de relations ouvrières canadiennes. Elle s'inspire d'une approche des relations de travail foncièrement différente de l'approche nord-américaine: d'inspiration européenne, elle vise le secteur ou la branche industrielle, non pas l'établissement ou l'entreprise[22].

Après avoir signé une convention collective de caractère privé, chacune des parties peut demander que les principales dispositions de cette convention deviennent obligatoires pour tous les employeurs et tous les travailleurs, syndiqués ou non, du secteur. La condition requise pour que le gouvernement accorde l'extension juridique et que les clauses économiques de la convention collective acquièrent force de loi par un décret, c'est que ladite convention ait acquis, par suite de ses dispositions et des parties signataires, une signification et une importance prépondérantes. Le système n'exige aucune accréditation et la condition de l'importance prépondérante permet une application plus souple que la règle de la majorité stricte qu'impose l'accréditation.

Il s'agit d'une loi facultative: les parties qui le veulent peuvent y avoir recours. De fait, un certain nombre d'industries et de services, habituellement dans des secteurs fortement concurrentiels, se sont placés sous le régime de la loi depuis les premières années de son application. On retrouve ainsi une cinquantaine de décrets qui régissent, soit à l'échelle de la province, soit à l'échelle d'une région, les industries du vêtement, du meuble, du bois ouvré, de la boîte de carton, ainsi que certains services comme ceux de l'automobile, du camionnage ou des agents de sécurité.

À l'inverse des groupes du secteur public, le regroupement est toujours spontané dans le secteur privé: la variété des situations en témoigne. On trouve des décrets dans l'industrie de la confection pour dames, de la confection pour hommes et en d'autres secteurs moins considérables de l'industrie du vêtement; par contre il n'y a pas de décret dans la fabrication des sous-vêtements, des bas et des tricots de tous genres. Dans le commerce, la répartition géographique est très inégale, selon les types de commerce et selon les régions.

Entre le projet de négociation sectorielle et les décrets de convention collective, les différences se révèlent bien plus nombreuses et importantes que les ressemblances. Ainsi, en vertu d'un décret de convention collective, l'appartenance syndicale n'est pas obligatoire. Plusieurs décrets ne touchent que des secteurs fort limités d'une industrie, soit du point de vue géographique, soit du point de vue industriel ou professionnel (les groupes d'employés visés); et pourtant les conflits de juridiction entre les groupes sont nombreux et sérieux. De plus, l'ensemble de la convention collective ne s'applique pas à tous les salariés du secteur désigné: seules les conditions économiques minimales de la convention – salaires, heures de travail et avantages sociaux de base – s'appliquent obligatoirement à tous les employeurs et à tous les salariés de ce secteur. Ces conditions ne sont toutefois que minimales et elles sont souvent améliorées par une autre convention collective, au-delà du décret, négociée et conclue en vertu du *Code du travail*. La seule ressemblance véritable avec le projet de négociation

22. GÉRARD HÉBERT, «Note liminaire – Nature et histoire de la *Loi de la convention collective*» dans *Décrets et comités paritaires*, mémoire sur la *Loi de la convention collective* soumis au Conseil supérieur du travail par l'Association professionnelle des industriels, Montréal, Éditions Bellarmin (Cahiers de l'Institut social populaire, n° 6), 1964, p. 9-25; JEAN-LOUIS DUBÉ, *Décrets et comités paritaires: l'extension juridique des conventions collectives*, Sherbrooke, Éditions Revue de droit, Université de Sherbrooke, 1990, 376 p.

sectorielle réside dans le fait que la négociation menée en vue d'obtenir un décret concerne un secteur industriel, toujours limité sous plusieurs aspects.

Jusqu'à l'adoption du projet de loi 290, en décembre 1968, l'industrie de la construction avait été la plus importante de toutes les industries régies par décret. Des 200 000 travailleurs alors visés par différents décrets (soit 15 % de la main-d'œuvre du Québec), 80 000 appartenaient à l'industrie de la construction[23]. Cette industrie est maintenant régie par une loi sur les relations de travail qui lui est propre.

20.4.3 Industrie de la construction

Sous le régime de la loi des décrets, les négociations se faisaient par région, et chacune de ces négociations touchait la plupart des métiers de la construction dans cette région. Quelques métiers spécialisés négociaient séparément, au niveau régional ou provincial, selon le cas. Dans les négociations par région, la partie syndicale était constituée, selon les cas, d'un syndicat industriel affilié à la CSN, d'un conseil de plusieurs syndicats de métiers, ou même d'un cartel composé du Conseil des unions internationales de la construction de la région de Montréal et du Conseil des syndicats de la construction de la CSN[24].

La loi 290, qu'on a souvent présentée comme un premier essai de négociation sectorielle, maintenait le système de l'extension juridique et des décrets en vue de régir les conditions de travail dans l'industrie. Elle modifiait cependant la structure de la négociation, pour l'étendre jusqu'à la limite même de l'industrie et y interdire tout morcellement. L'article 13, à ce moment, aujourd'hui l'article 46, précise, en effet[25]:

> Toute convention collective conclue en vertu de la présente loi doit fixer les conditions de travail applicables à tous les métiers et emplois de l'industrie de la construction dans le territoire pour lequel cette convention est conclue; une seule convention collective peut être conclue pour ce territoire à l'égard de ces métiers et emplois.

Les négociations passèrent rapidement des régions à l'échelle de la province. Un amendement à la loi, adopté en 1973, confirma une situation de fait et imposa une seule négociation et une seule convention collective provinciale. Dès le début, la loi statuait (art. 3) qu'aucune association de salariés de la construction ne pouvait être accréditée en vertu du *Code du travail*. Le concept des associations représentatives fut introduit: celles-ci devaient négocier la convention collective selon leur degré de représentativité.

En adoptant le projet de loi 290, le législateur se proposait, entre autres, d'atténuer, sinon de faire disparaître, les nombreuses luttes intersyndicales qui ont toujours affligé l'industrie de la construction. Il voulait en particulier instituer un régime de sécurité syndicale qui imposerait aux travailleurs, par le truchement du décret, l'obligation d'appartenir à un syndicat, tout en les laissant libres de choisir le syndicat approprié de l'une ou l'autre des centrales (art. 33-46). La loi mettait en cause l'épineux problème de l'atelier fermé et des bureaux de placement syndicaux. Plusieurs règlements sur cette question du contrôle de la main-d'œuvre et sur le placement se sont succédé, sans que le problème ait jamais été vraiment réglé.

Des huit rondes de négociations provinciales qui ont eu lieu depuis l'adoption de la *Loi sur les relations du travail dans l'industrie de la construction* (1970 à 1990), aucune ne s'est terminée de façon régulière, sans l'intervention plus ou moins importante de l'État. Deux fois cette intervention fut plus discrète, mais six des huit conventions-décrets ont été, faute d'entente entre les parties, imposées par le gouvernement. Lors de l'adoption du décret de 1990, le ministre du Travail a dit souhaiter que ce soit là le dernier, promettant d'établir de nouveaux méca-

23. Ministère du Travail et de la Main-d'œuvre, *Rapport annuel 1969-70*, Québec, Éditeur officiel du Québec, 1970, p. 55-58, 208-214.
24. Gérard Hébert, «La négociation sectorielle par décision de l'État: le cas de la construction au Québec», *Relations industrielles*, vol. 26, n° 1, janvier 1971, p. 84-120.
25. *Loi sur les relations de travail dans l'industrie de la construction*, S.Q. 1968, c. 45.

nismes de négociation avant 1993[26]. Si le projet de loi 290 était un premier essai de négociation sectorielle, le résultat apparaît plutôt pauvre, du moins sous l'aspect de la libre négociation des conditions de travail.

20.5 Implications et problèmes

À partir des principes exposés au début du chapitre et des expériences rapportées, nous essaierons d'évaluer les implications principales de la négociation sectorielle et de circonscrire quelques-uns des problèmes que son application poserait.

20.5.1 Droit de libre association

En exposant les modalités de l'accréditation sectorielle (section 20.3.2), nous avons soulevé la question du libre choix de l'association par les travailleurs concernés. Nous devons y revenir. Comme le veulent la plupart des tenants de la négociation sectorielle, nous nous plaçons dans l'hypothèse du monopole syndical.

La réponse donnée généralement et rappelée plus haut – le principe de la loi de la majorité dans toute organisation démocratique – laisse en suspens une grave question: peut-on vraiment assimiler un organisme particulier, comme un syndicat, à la société civile tout entière? Le syndicat doit remplir une fonction de représentation et de défense du travailleur, non seulement aux échelons supérieurs, mais peut-être davantage au lieu même de l'emploi. Si le choix de la majorité ou de la totalité des travailleurs d'une entreprise peut être renversé par le choix d'un autre groupe plus nombreux, mais géographiquement éloigné du premier, les travailleurs n'auront-ils pas l'impression de se trouver en face, de nouveau, d'un géant qui les dépasse? Ne seront-ils pas aux prises alors avec tous les problèmes qu'entraînent des rapports avec des représentants qu'on n'a pas choisis, qu'on a peut-être rejetés en bloc? Qu'on songe, par exemple, aux implications d'un représentant unique pour tous les travailleurs d'une industrie donnée à travers la province. Comment les travailleurs d'une région comme celle du Saguenay – Lac-Saint-Jean pourraient-ils se sentir bien représentés par les chefs d'unions internationales, généralement concentrées à Montréal, si celles-ci remportaient la majorité d'un vote pris dans l'ensemble de la province? Inversement, comment les travailleurs de métiers mécaniques, surtout ceux de la région de Montréal, pourraient-ils accepter de passer du jour au lendemain à la CSN, parce que des travailleurs d'autres métiers, en d'autres régions, plus nombreux que les premiers, en auraient décidé ainsi? Étendu à de telles dimensions, le monopole syndical soulève un nombre incalculable de difficultés qui dépassent peut-être les inconvénients d'une représentation multiple par voie de cartel. C'est justement là un des choix à faire, et le risque correspondant à prendre.

Dans le cas le plus semblable au projet de négociation sectorielle, celui de la construction, le législateur a désigné dans la loi les associations représentatives. Depuis 1978, la liste est exhaustive; elle comptait alors quatre groupes[27]. Il a fallu modifier la loi pour tenir compte d'une scission survenue à l'intérieur de l'ancienne FTQ-Construction et porter ainsi à cinq le nombre total des associations représentatives actuelles[28]. La puissance et le pouvoir qu'acquièrent les associations désignées rendent la contestation de leur caractère représentatif à peu près impossible. L'accès à tout autre groupe est bloqué, à moins de faire modifier la loi. Que reste-t-il alors du droit concret de libre association? Le droit de choisir entre les syndicats existants, rien d'autre. Les

26. «Nouveau décret de la construction», *La Presse*, 23 mai 1990, p. A-6.

27. *Loi modifiant la Loi sur les relations du travail dans l'industrie de la construction*, L.Q. 1978, c. 58, art. 1, modifiant les articles 4 à 6 de la loi visée.

28. *Loi modifiant la Loi sur les relations du travail dans l'industrie de la construction et concernant la représentativité de certaines associations représentatives*, L.Q. 1980, c. 23, art. 2, modifiant l'article 28 de la loi visée. (Les articles 4 et suivants sont devenus les articles 28 et suivants dans la refonte de 1977: L.R.Q. c. R-20.)

associations désignées, tant patronales que syndicales, obtiennent un statut quasi public, sans avoir à subir par la suite la véritable épreuve d'un nouveau choix par les intéressés. Si la formule se généralisait, on se retrouverait en présence d'une sorte de syndicalisme d'État et d'une structure patronale de même nature.

Un autre inconvénient découle de la taille de l'unité de négociation sectorielle et des organismes constitués en fonction de cette unité. Pratiquement, la négociation sectorielle risquerait de faire disparaître la vie véritable des succursales locales des unions et des syndicats locaux. Dans le contexte nord-américain, les syndicats sont foncièrement des organismes économiques; comme la négociation collective constitue l'activité principale des syndicats, les organismes locaux perdraient, sinon leur raison d'être, du moins leur principal intérêt. L'application de la convention collective, qui demeurerait sans doute la première responsabilité des organismes locaux, ne présenterait plus de stimulant à une vie locale interne, parce que la convention, ayant été négociée à un niveau beaucoup trop élevé, serait probablement moins adaptée qu'une convention locale, peut-être moins bonne, mais plus près des intéressés.

La question de la représentation sectorielle – qu'on l'envisage sous la forme du monopole ou du cartel syndical, c'est-à-dire par l'accréditation d'un seul syndicat ou par la désignation de plusieurs associations – reste un problème non résolu. En effet, dans les cas où l'unité syndicale est déjà réalisée, ou presque, la négociation sectorielle imposée par une loi spéciale ne se révèle pas nécessaire. Dans les autres cas où l'on pourrait souhaiter une négociation sectorielle, il y a déjà une variété de représentation et une variété de situations; le monopole syndical imposé par la loi ne favoriserait guère alors la solidarité requise pour une négociation efficace.

Plus fondamentalement encore se pose la question de l'obligation d'appartenir au syndicat et à l'association patronale. Tous les projets de négociation sectorielle exigent l'appartenance syndicale (et patronale). Les tribunaux commencent pourtant à affirmer que le droit de libre association comporte celui de ne pas appartenir à l'association[29]. L'objectif principal du projet de négociation sectorielle vise à accroître le niveau d'appartenance syndicale; cela ne s'est toujours réalisé qu'en imposant l'obligation d'appartenir et de payer la cotisation. À une époque où l'on accorde une importance primordiale aux droits de la personne et où les tribunaux tendent à respecter le droit de ne pas appartenir à une association, il paraît difficile de prôner un régime qui imposerait l'appartenance et la cotisation à des regroupements de l'envergure envisagée par la négociation sectorielle.

En résumé, sur le point fondamental de la représentation, syndicale et patronale, il semble difficile d'assurer à la fois le maintien du libre choix des intéressés et l'obtention des avantages d'une négociation sectorielle.

20.5.2 Détermination de l'unité de négociation

La détermination du secteur – ou unité de négociation sectorielle – soulèverait des problèmes à l'échelle de l'unité envisagée. La courte expérience dans l'industrie de la construction en témoigne abondamment.

Dans le système actuel, la détermination de l'unité d'accréditation entraîne déjà des problèmes. Quand l'unité à représenter n'est réclamée que par un seul syndicat et qu'aucun conflit de frontière ne surgit avec d'autres associations, il suffit à la Commission des relations de travail ou au commissaire du travail de tenir compte du point de vue des groupes en présence pour assurer une unité qui soit appropriée pour négocier. La taille de l'unité sectorielle susciterait toujours de graves problèmes de frontières et celles-ci seraient beaucoup plus difficiles à délimiter que dans un certificat s'appliquant à une entreprise ou à un établis-

29. *Lavigne* c. *Ontario Public Service Employees Union*, Cour suprême du Canada, 27 juin 1991, 91 C.L.L.C. paragraphe 14029. Même si la décision de la Cour suprême oblige le syndiqué Lavigne à payer sa cotisation, malgré ses objections quant à son utilisation par le syndicat, la plupart des juges reconnaissent dans leurs notes que le droit d'association implique normalement le droit de refuser d'appartenir à une association.

sement. Par exemple, où s'arrête exactement l'industrie de la construction? Si l'on s'accorde pour dire que les travaux d'entretien courant, accomplis par des hommes de métier employés d'une façon permanente par une entreprise ou un commerce, ne doivent pas tomber sous la juridiction de l'industrie de la construction, à quel moment ces travaux cessent-ils d'être de l'entretien pour constituer des améliorations substantielles et se rattacher ainsi à la construction? Et que dire du problème de la sous-traitance de tous genres: l'entretien ménager, la cafétéria, la publicité et le marketing, quand ce n'est pas la comptabilité, sinon la recherche et le développement. On ne peut déterminer les frontières d'une industrie sans toucher à celles de plusieurs autres. On pourrait nommer des commissaires chargés de régler tous ces conflits; on ne ferait que donner plus d'importance à un État déjà passablement envahissant: quel espace resterait-il aux employeurs et aux syndicats pour y exercer leur droit d'association et de libre négociation?

La question de savoir qui aura la prépondérance dans la détermination de l'unité acquiert aussi de nouvelles dimensions. Si le *Code du travail* accorde le plus grand poids possible à la volonté des parties, pourra-t-il en être de même à l'échelle du secteur? Parce que l'établissement est une entité bien définie, alors que le secteur industriel ne l'est pas, le problème se pose tout autrement. Les associations patronales et syndicales d'une industrie auront toujours tendance à étendre leur emprise et à empiéter sur celle des autres: la définition du secteur industriel devrait revenir, d'une manière presque exclusive, à l'autorité gouvernementale.

20.5.3 Importance de l'enjeu

Le résultat des négociations sectorielles aurait tellement de répercussions sur l'ensemble de l'économie que le gouvernement ne pourrait s'empêcher d'intervenir, probablement dès le début. Dans l'exposé du modèle, nous avons noté cette présence nécessaire, en mentionnant le rôle nouveau du conciliateur (section 20.3.4). Ce n'est pas pour rien que la loi 290, visant la négociation dans toute l'industrie de la construction, stipule que «le ministre peut aussi, de son chef, nommer un tel conciliateur» (art. 10, aujourd'hui 43.1). De fait, lors des premières négociations de la construction, en 1970, on remarquait la présence des représentants du gouvernement. Ce fut le cas dans la plupart des négociations suivantes.

Il faudrait prendre conscience que le processus de négociation collective actuel, qui laisse chaque partie libre d'accepter ou de rejeter un règlement, selon ses goûts et les possibilités réelles du moment, serait, dans un régime de négociations sectorielles, désuet. Selon cette formule, le rôle, les droits et les devoirs de chacune des trois parties seraient à redéfinir; le poids du gouvernement se révélerait déterminant.

La désignation des associations, tant patronales que syndicales, dans un texte de loi, comme c'est le cas dans l'industrie de la construction, donnerait à celles-ci un pouvoir tel qu'elles ne seraient plus des associations au sens du *Code du travail* et qu'elles ne devraient plus avoir le droit de réclamer toutes les libertés et les privilèges qui leur sont nécessaires pour accomplir leurs fonctions dans un système morcelé. On dit bien qu'il s'agirait de deux paliers distincts, celui du *Code du travail* et celui de la négociation sectorielle, et qu'on ne permettrait pas aux parties de jouer sur les deux simultanément. Il reste qu'aucun groupe ne se priverait de faire appel à des principes acceptés pour un palier, s'il croyait que ces principes lui seraient utiles à l'autre palier. Un organisme, pas plus qu'une personne, ne peut se dédoubler au point d'agir d'une manière dans une circonstance et toujours différemment dans une autre.

20.5.4 Difficultés d'application

En plus de ces difficultés, qu'on pourrait appeler de structure, il n'est pas assuré qu'un régime de négociation sectorielle procurerait nécessairement tous les avantages qu'on en attend. Les problèmes de la sécurité d'emploi et du transfert de l'ancienneté, tiennent à la géographie humaine beaucoup plus qu'au mode de négociation. Ce n'est pas parce qu'ils feraient partie d'une même unité de négociation que les travailleurs d'une entreprise dans une région accepteraient d'être délogés par des travailleurs plus anciens venant d'une entreprise située dans une autre région. Les garanties que des travailleurs ont obtenues par des années de négociation pour protéger leur emploi, ils ne les abandonneront pas sans se battre farouchement contre tout transfert de droits de cette nature.

La négociation sectorielle ne résoudrait pas totalement non plus le problème du transfert des rentes de retraite et des autres avantages sociaux. Les travailleurs, en effet, ne se déplacent pas seulement à l'intérieur d'une industrie ou d'un secteur industriel; ils se déplacent bien davantage d'une industrie à une autre, lorsqu'ils y trouvent une occupation semblable à celle qu'ils avaient déjà, de préférence dans la même région. Le transfert à l'intérieur d'une industrie constituerait peut-être un progrès; il ne serait pas une solution définitive ni complète.

20.5.5 Intervention massive de l'État

À chaque ronde de négociation sectorielle, les conséquences pour l'économie du secteur et pour tous les travailleurs de diverses régions seraient telles que le règlement ne pourrait presque jamais se réaliser sans l'intervention de l'État. Dans une situation semblable, le pouvoir de chaque partie devient si grand que toutes les parties espèrent toujours obtenir davantage en tenant ferme jusqu'au bout et en forçant le gouvernement à intervenir, d'une manière ou d'une autre, pour imposer un règlement. Une négociation de cette ampleur ne peut pratiquement pas se régler par compromis; la solution doit être imposée de l'extérieur. Le phénomène se répète, depuis une vingtaine d'années, tant dans le secteur public que dans la construction.

On peut se demander si le régime n'est pas autodestructeur: élargie à cette mesure, la formule détruit en bonne partie la négociation elle-même. Il serait plus exact d'appeler un tel régime un système de «pressions sectorielles» que de négociation sectorielle.

Le débat sur le projet de négociation sectorielle se poursuit depuis 20 ans. Tous les participants au débat, pour ou contre, sont conscients du fait qu'il ne serait jamais possible de réaliser un tel régime autrement que par une intervention contraignante de l'État. Tel fut le cas dans le secteur public et dans la construction. Dans le reste du secteur privé, un mouvement général en faveur de la négociation sectorielle, réclamant une loi à cet effet, est inimaginable. Dans les quelques cas où elle pourrait peut-être se réaliser, elle ne serait pas nécessaire: une négociation multi-employeurs telle qu'on la connaît actuellement suffit. Il ne peut y avoir de véritable négociation sectorielle, telle que l'ont conçue ses promoteurs, sans une loi sur le sujet, qui, à la demande d'une partie intéressée, l'imposerait à toutes les autres.

20.6 Conclusion

Bien que les objectifs énumérés au début de ce chapitre demeurent importants, on peut en poursuivre la réalisation par d'autres moyens. L'urgence de certains de ces objectifs explique-t-elle à elle seule la ténacité des apôtres de la négociation sectorielle? Peut-être bien, surtout le premier, soit celui de syndiquer les secteurs difficiles et de faire bénéficier les travailleurs de ces secteurs des fruits de la négociation collective. On doit toutefois replacer cet objectif dans son contexte. Le taux global de syndicalisation est stationnaire depuis une dizaine d'années, et le nombre de syndiqués dans le secteur privé a diminué pendant quelques années. Les espoirs de redressement de la situation sont faibles. Un régime de négociation sectorielle obligerait des dizaines sinon des centaines de milliers de travailleurs à joindre les rangs des syndicats ou à tout le moins à payer leurs cotisations. Le mouvement syndical ne parviendrait jamais à recruter lui-même un tel nombre de membres.

En ce sens, la question fondamentale est peut-être la suivante: de quoi parlons-nous, de négociation sectorielle ou de syndicalisme obligatoire? Que devient alors le droit de libre association? Il s'agirait bien plutôt d'une appartenance syndicale obligatoire, imposée par l'État, comme dans le cas de l'industrie de la construction. D'un autre côté, les difficultés prévisibles d'un régime de négociation sectorielle et les risques qu'il entraîne seraient si grands qu'on s'explique mal la permanence du débat autour de ce projet. La vraie raison serait-elle différente de celles qu'on met généralement de l'avant? Il est toujours préférable de savoir quels objectifs on poursuit vraiment.

Il ne faut pas non plus ignorer la possibilité que le régime soit autodestructeur. Élargie à une telle envergure, la négociation collective ne peut plus être complètement libre: elle entraîne infailliblement l'intervention décisive et finale de l'État.

Pour toutes ces raisons, en plus de leur répugnance naturelle à toute intervention gouvernementale contraignante, les Américains ne s'orientent nullement vers une négociation sectorielle de ce genre. Des expériences de négociations élargies ont bien été tentées aux États-Unis, mais toujours à l'intérieur du cadre des lois de relations du travail et toujours à l'initiative des syndicats. Tel est le cas, par exemple, des négociations coordonnées, présentées et étudiées dans le chapitre précédent (section 19.3).

Bibliographie

BRODY, BERNARD et CARDIN, GILLES. «La négociation sectorielle: la problématique» dans *La gestion des relations du travail au Québec*, sous la direction de NOËL MALLETTE, Montréal, McGraw-Hill, 1980, p. 497-511.

CARDIN, JEAN-RÉAL. «La négociation collective par secteurs et le droit québécois du travail», *Relations industrielles*, vol. 24, n° 3, août 1969, p. 467-487.

Conseil du patronat du Québec. «Prise de position du CPQ sur la négociation sectorielle», *Bulletin sur les relations du travail*, vol. 1, n° 2, novembre 1970, p. 1-8. Résumé dans *Québec/Travail*, vol. 6, n° 5, novembre-décembre 1970, p. 32-33. Voir aussi le mémoire soumis au ministère du Travail, de la Main-d'œuvre et de la Sécurité du revenu, 1982, 12 p.

GÉRIN-LAJOIE, JEAN. *La lutte syndicale chez les Métallos*, Montréal, Éditions du Jour, 1973, p. 81-102.

HÉBERT, GÉRARD. «La négociation sectorielle par décision de l'État: le cas de la construction au Québec», *Relations industrielles*, vol. 26, n° 1, janvier 1971, p. 84-120.

HÉBERT, GÉRARD. «Les négociations collectives élargies: la Loi sur les décrets ou l'accréditation multipatronale?» dans *Les négociations élargies*, document de travail n° 5, Université de Montréal, École de relations industrielles, 1982, p. 25-54.

PEPIN, MARCEL. «Propositions générales concernant la négociation sectorielle» dans *Rapport sur les négociations sectorielles*, 44e Congrès, CSN, 6-12 décembre 1970.

PERREAULT, CHARLES. «Le bilan de la négociation sectorielle au Québec», *Bulletin des Conseillers en relations industrielles*, janvier 1974.

ROBACK, LÉO. *La syndicalisation sectorielle. Pour une solution à l'organisation des non-syndiqués*, Bulletin n° 10, Montréal, Institut de recherche appliquée sur le travail (IRAT), février 1977, 48 p.

SAUVÉ, ROBERT. «La négociation sectorielle, solution de l'avenir», *Québec/Travail*, vol. 5, n° 11, novembre 1969, p. 423-425.

SAUVÉ, ROBERT. «La négociation sectorielle», *Québec/Travail*, vol. 6, n° 4, septembre 1970, p. 28-30.

SAUVÉ, ROBERT. «Vers la négociation sectorielle», *Québec/Travail*, vol. 6, n° 5, novembre-décembre 1970, p. 16-19.

SAUVÉ, ROBERT. «La négociation collective sectorielle», *Relations industrielles*, vol. 26, n° 1, janvier 1971, p. 3-23.

Le travail: une responsabilité collective, rapport final de la Commission consultative sur le travail, juge RENÉ BEAUDRY, président, Québec, Direction générale des publications, 1985 (490 p.), p. 182-185.

Chapitre

21

Techniques et méthodes de négociation

PLAN

Le présent chapitre n'a pas pour but de former des négociateurs, ni d'offrir aux praticiens un condensé de recettes. Par contre, pour comprendre le phénomène, il est nécessaire de savoir comment se déroule une négociation et selon quelle logique[1]. Après quelques observations préliminaires, nous nous arrêterons d'abord aux préparatifs de la négociation; puis nous verrons comment se compose le comité de négociation et comment se déroulent, en règle générale, les séances. Nous dégagerons ensuite les grandes lignes de la méthode de négociation traditionnelle, après quoi nous étudierons quelques techniques différentes. Nous conclurons par une brève analyse des problèmes principaux que soulève l'ensemble du processus de négociation.

21.1 Observations préliminaires

Pour nous guider dans l'étude du processus de négociation, nous formulerons d'abord quelques réflexions sur sa nature, et nous définirons brièvement les principaux termes.

21.1.1 Nature

On a dit de la négociation collective que c'était une partie de poker, une joute oratoire, un jeu de pouvoir et un processus rationnel de prise de décision conjointe[2]. De telles comparaisons surprennent. Comment le phénomène peut-il être simultanément rationnel et si aléatoire qu'on puisse le comparer à une partie de cartes? Le résultat d'une négociation semble parfois aussi inattendu que le succès à un jeu de hasard; il est également vrai que l'habileté du négociateur a de l'importance, tout comme les pressions qu'exerce chacune des parties, selon le pouvoir dont elle dispose.

On peut ramener ces quatre comparaisons à deux conceptions principales. Certains considèrent que la négociation collective devrait toujours être un exercice rationnel qui se déroule d'une manière rigoureuse et qui ne fait appel qu'à des arguments de nature scientifique. D'autres soutiennent, au contraire, qu'une négociation scientifique n'existe que dans l'esprit de ceux qui ont intérêt à prétendre que des arguments de caractère objectif interviennent de façon décisive dans le règlement final; d'après eux, la négociation ne constitue qu'une lutte entre deux adversaires dont l'issue ne dépend que du pouvoir de chacun.

Que cherche-t-on, au juste, dans ce processus souvent fort complexe? Chacun y poursuit évidemment ses intérêts, mais le règlement qu'on espère reposera-t-il sur un certain nombre de données objectives – comme l'état de l'entreprise, la situation du marché du travail et la conjoncture – ou ne sera-t-il que le résultat d'une série de compromis, plus ou moins favorables à une partie selon son rapport de force et son habileté au cours du processus? Pour rendre cette question plus concrète, prenons le cas d'un médiateur qui intervient dans le conflit quand les parties n'ont pu réussir à s'entendre: va-t-il essayer de trouver une solution objective au problème ou ne fera-t-il, en définitive, que «couper la poire en deux»?

Les deux conceptions sont probablement trop radicales; on retrouve des éléments de chacune, bien qu'à

1. La lecture de la transcription des discussions tenues lors d'une ou de plusieurs séances de négociation constitue un exercice utile qui ne manque pas non plus d'intérêt. On trouvera de tels comptes rendus dans: NEIL W. CHAMBERLAIN, *Collective Bargaining*, 1re éd., Toronto et New York, McGraw-Hill, 1951, ch. 3: «The Agreement Conference», p. 48-68; ANN DOUGLAS, *Industrial Peacemaking*, New York et Londres, Columbia University Press, 1962, livre II: «A Case of Industrial Mediation», p. 203-668; BENJAMIN M. SELEKMAN, STEPHEN H. FULLER, THOMAS KENNEDY et JOHN M. BAITSELL, *Problems in Labor Relations*, 3e éd., Toronto et New York, McGraw-Hill, 1964, partie IV: «Institutional Relations: Problems at the Bargaining Table», p. 359-468. Il existe aussi des documents audiovisuels qui permettent de «visualiser» une négociation. Ainsi, on pourra voir *The Collective Bargaining Process*, University of Toronto Press, 1978-1979, 3 parties, 4 cassettes vidéo, 3 heures; *On négocie... à l'Université de Montréal*, négociation 1979 entre l'Université de Montréal et ses employés de soutien, Université de Montréal, Centre audiovisuel, 14 cassettes vidéo, 14 heures. De ce dernier document il existe des versions réduites d'environ une heure chacune sur «On négocie la clause d'ancienneté, la clause de perfectionnement...»

2. JOHN T. DUNLOP et JAMES J. HEALY, *Collective Bargaining – Principles and Cases*, Homewood, Ill., Richard D. Irwin, 1953 (éd. révisée), 511 p.

des degrés divers, dans toute situation concrète. En effet, il existe des contraintes que les parties ne peuvent ignorer, du moins sans entraîner des conséquences néfastes: si une entreprise accepte des conditions qui lui imposent des coûts disproportionnés par rapport à ceux de ses concurrents, elle disparaîtra fatalement; par contre, si elle n'accorde pas des conditions comparables à celles des autres entreprises, elle ne parviendra pas à recruter la main-d'œuvre dont elle a besoin. D'un autre côté, la solution du conflit n'est écrite dans aucun livre sacré ou document sibyllin et, même si les parties connaissent les limites qu'elles ne peuvent vraisemblablement pas dépasser, il reste que les rapports de force et l'habileté des négociateurs agissent, dans une zone variable de règlements possibles – que nous appellerons la zone de contrat – sur le résultat du processus.

Dans le présent chapitre, nous essaierons de faire abstraction de ces deux conceptions. Nous analyserons le processus tel qu'il se déroule dans la majorité des cas, sans préjuger de l'importance plus ou moins grande de l'une ou l'autre approche. L'analyse nous permettra peut-être de confirmer l'hypothèse exprimée dans le paragraphe précédent.

21.1.2 Objet et définitions

L'objet du chapitre, nous l'avons dit, est le processus de négociation, dans son déroulement chronologique et psychologique. Nous étudierons donc les étapes autant que les acteurs. Nous chercherons à savoir comment et pourquoi le comité de négociation est structuré de telle manière, comment et pourquoi chaque partie prépare ses demandes et ses contre-propositions comme elle le fait, comment et pourquoi elle se comporte d'une certaine façon au cours des rencontres. Nous en dégagerons certaines techniques ou méthodes de négociations, en tâchant de voir comment les acteurs s'en servent comme tactiques en vue de gagner leur point.

Les trois termes – méthode, technique et tactique – peuvent s'employer indifféremment dans certains cas. Ils expriment cependant des nuances différentes. Le terme «méthode» désigne un ensemble de démarches et de moyens, inspirés par une approche scientifique, politique ou autre, et utilisés pour obtenir les objectifs qu'une partie se propose d'atteindre dans une négociation. La technique correspond à une méthode plus particulière, bien structurée, faisant appel à des règles ou à des principes qui déterminent l'ensemble des moyens à utiliser. Le dictionnaire définit «tactique» comme tout moyen qu'on emploie pour réussir; dans le présent contexte, ce terme se rapporte à des moyens plus limités, comme les procédés, les recettes ou même les trucs dont on se sert dans le jeu de pouvoir et d'adresse qui se poursuit sans interruption autour d'une table de négociation.

En général, l'exposé suivant décrit et analyse le type de négociation qu'on retrouve le plus souvent dans des entreprises moyennes. Il faudra faire les corrections nécessaires tant pour les grandes que pour les petites négociations. Nous indiquerons habituellement les ajustements et les différences dans le cas des grandes unités; nous laisserons au lecteur le soin de faire lui-même les adaptations pour les petites entreprises. Pour les besoins du chapitre, nous nous en tiendrons à la méthode de négociation traditionnelle, à savoir que chaque partie se garde une certaine marge de manœuvre pour pouvoir se livrer à un véritable marchandage.

21.2 Préparatifs à la négociation

Il semble préférable d'analyser les préparatifs de la négociation séparément pour le côté syndical et pour le côté patronal, étant donné les structures différentes de chaque partie.

21.2.1 Côté syndical

Les préparatifs concernent principalement les demandes à formuler[3]. Comment les prépare-t-on et quelles sont leurs caractéristiques principales?

---

3. NEIL W. CHAMBERLAIN, *Collective Bargaining Procedures*, Washington, D.C. American Council on Public Affairs, 1944, ch. 1: «The Contract Proposal», p. 11-25; BRUCE MORSE, *How to Negotiate the Labor Agreement. An Outline Summary of Tested Bargaining Practice*, Detroit, Trends Publishing, 1963, 62 p. partie I: «Preparing for Bargaining», p. 1-24; Barreau du Québec, *L'art de la négociation*, Montréal, Les cours du Barreau, 1984.

Processus de préparation

À cause de la nature démocratique de l'organisation syndicale, la préparation des demandes doit commencer au bas de l'échelle, au niveau des membres et de l'assemblée générale du syndicat local. Assez longtemps d'avance – de trois à six mois avant l'expiration de la convention collective, ou davantage –, on consulte les membres sur les demandes qu'ils aimeraient formuler; cette consultation se fait dans une discussion libre au cours de l'assemblée, par un référendum, au moyen d'une boîte à suggestions, ou par tout autre procédé que l'on juge approprié. Si le syndicat local est considérable et comporte des divisions naturelles (par exemple selon les divers départements d'une usine ou selon des catégories d'occupations comme les hommes de métier, les outilleurs, les travailleurs qualifiés de la production, les journaliers, les hommes d'entretien), il peut être recommandable de procéder selon ces divisions. Les membres du comité de direction verront ensuite à coordonner les demandes et ils devront, s'il y a lieu, les soumettre à l'assemblée générale pour approbation finale.

Dans les cas de grandes négociations, par exemple à l'échelle de la province, la procédure peut devenir très complexe et demander beaucoup plus de temps; la consolidation des multiples demandes et leur harmonisation se révèlent parfois difficiles. Dans quelques cas, particulièrement dans certaines unions internationales, les demandes doivent être approuvées par la direction, au siège social de l'union, même s'il s'agit de négociations locales; cette approbation vise à assurer une uniformité relative, par rapport aux salaires et aux avantages sociaux, et aussi pour certaines règles de travail (surtout dans les métiers traditionnels) et différentes protections ou garanties en matière de sécurité syndicale.

Les chefs syndicaux et les technocrates du mouvement syndical ont un grand rôle à jouer. Ils reprennent, coordonnent et ajustent les demandes des membres; dans tous les cas, ils remplissent une fonction plus active et dynamique, celle d'orienter et de compléter les demandes qui viennent de la base. Les permanents ou les agents syndicaux sont évidemment mieux équipés que les membres pour effectuer ce travail d'imagination et de prospective. Leur rôle est d'autant plus important dans le cas d'une négociation de plus grande étendue. Plus en mesure que les membres de connaître à fond les politiques du syndicat et du mouvement ouvrier en général, plus au fait de l'évolution des entreprises et de l'industrie, ils peuvent plus facilement élaborer un projet qui corresponde aux transformations de la société et aux possibilités des entreprises. Qu'ils effectuent ce travail avant ou après que les membres aient exprimé leurs propres demandes, ils doivent expliquer à ces derniers le contenu et le pourquoi de leurs suggestions; la décision finale appartient toujours aux membres, qui demeurent libres d'accepter ou de refuser les recommandations de leurs dirigeants et permanents.

Ce processus d'acceptation ou de refus acquiert plus de complexité quand il s'agit d'une négociation fortement centralisée. Comment appliquera-t-on le principe de la majorité? Exigera-t-on la majorité simple des travailleurs syndiqués (ou plus exactement la majorité simple des votes donnés en assemblée ou par référendum), la majorité simple dans tous les syndicats ou la majorité simultanée de l'ensemble des syndiqués et du nombre des syndicats à l'échelle de la province? Exigera-t-on plutôt cette double majorité dans toutes les régions ou pour une majorité de régions? Il faut voir quelle est, dans la pratique, la formule adoptée par chacune des fédérations ou des unions, conformément à une décision habituellement prise lors d'un congrès général ou spécial.

L'approbation des demandes par les assemblées syndicales revêt différentes formes. Souvent, pour des raisons de tactique, le syndicat ne veut pas rendre publiques ses demandes précises avant de les avoir présentées à l'employeur. Il obtient alors de l'assemblée générale une approbation globale qui, dans certains cas, peut être aussi vague que de négocier les meilleures conditions de travail possibles, surtout rien de moins que ce qu'on trouve ailleurs dans la même industrie. Dans le cas d'une demande précise, dûment votée par une assemblée générale, il reste le problème de la marge de négociation: l'assemblée doit donner un mandat assez souple à ses représentants. Ces démarches soulèvent la question de la nature des demandes à formuler.

Nature des demandes

La première difficulté est la suivante : les demandes que formule le syndicat doivent-elles être réalistes ou simplement tactiques ? Cette question en rejoint une autre que nous avons posée au début du chapitre : la négociation consiste-t-elle à rechercher conjointement un point de règlement objectif ou ne serait-elle qu'un jeu de pouvoir et de compromis d'où le plus fort et le plus habile sort toujours vainqueur ? (Section 21.1.1.)

Le fait que plusieurs considèrent la négociation comme un pur jeu de force et de compromis invite les représentants syndicaux, et les membres, à majorer intentionnellement leurs demandes, sachant bien qu'ils n'obtiendront qu'une partie de ce qu'ils demanderont. Tout le monde connaît bien les règles du jeu, se dit-on, et personne n'est dupe de la validité des premières demandes. Pourtant, le recours au bluff ne va pas sans risque.

La période de préparation des demandes syndicales donne souvent lieu à des discours enflammés. Certaines circonstances s'y prêtent davantage ; cela peut se produire si les négociations précédentes ont donné de faibles résultats ou quand les travailleurs viennent de changer d'allégeance syndicale. Dans ce dernier cas, il est probable qu'il y ait eu, pendant la campagne de recrutement, surenchère de la part du syndicat qui voulait supplanter l'autre. Suivant la formule populaire, « quand on a promis la lune, il faut essayer d'aller la décrocher ». Aussi, quand arrive le moment, pour les syndiqués, d'accepter ou de refuser une offre raisonnable – peut-être déjà acceptée par les négociateurs –, beaucoup de syndiqués ne voudront pas démordre des conditions de rêve qu'on avait fait miroiter à leurs yeux. Certains conflits graves, difficiles à résoudre, semblent bien s'expliquer par un phénomène de ce genre.

Quoi qu'il en soit de ce risque, les demandes initiales contiennent toujours un peu des deux éléments, c'est-à-dire une part de réalisme et une majoration suffisante pour s'assurer une bonne marge de manœuvre. Dans la mesure où elles sont réalistes, les demandes salariales répondent habituellement aux critères suivants. Outre la volonté de compenser d'abord la simple augmentation des prix, chacun souhaite améliorer son sort et participer davantage au progrès de l'économie. La comparaison avec les conditions des travailleurs qui occupent des emplois similaires joue toujours un rôle prépondérant ; c'est l'un des critères et des arguments principaux de la négociation. Enfin, on considérera les politiques générales du syndicat, si celui-ci en a, et la conjoncture économique. Dans certains cas, les travailleurs tiendront compte de la situation financière de l'entreprise. D'autres éléments entrent parfois en ligne de compte, comme l'âge moyen des travailleurs, l'histoire du syndicat et son degré de militantisme.

Ces critères objectifs sont toutefois sujets à diverses interprétations. Comme on a tendance à toujours chercher les comparaisons les plus favorables, même les demandes dites réalistes contiennent déjà une certaine surenchère ; bien qu'on puisse les « justifier pleinement », on espère rarement – sauf les cas de campagnes enflammées et de propagande intensive – leur complète réalisation. En plus de la majoration des demandes fondamentales, on truffe souvent le premier document de demandes auxquelles on ne tient pas vraiment ou qui sont clairement irréalisables ; cela servira de monnaie d'échange au cours des négociations.

21.2.2 Côté patronal

Les mêmes aspects retiendront notre attention du côté patronal, quoiqu'il y ait moins fréquemment de véritables demandes patronales, mais plutôt des contre-propositions.

Processus de préparation

La préparation des négociations du côté patronal diffère de celle du côté syndical dans la mesure où la structure patronale se distingue de celle du syndicat. Cependant, dans le cas de négociations par l'entremise d'une association, le mode d'élaboration de la position patronale s'apparente à celui du syndicat.

Deux types de problèmes se posent à la partie patronale, comme au syndicat: la structure et le mode de préparation. La structure dépend du système d'autorité et de prise de décision dans l'entreprise. Si l'autorité est solidement établie au sommet de l'échelle, on peut confier la responsabilité des préparatifs de la négociation à une personne ou à un bureau, qui consulteront selon leur bon jugement; toutefois, l'autorité suprême prendra seule les décisions finales. On a pourtant tendance, aujourd'hui, à élargir le processus de préparation de la position patronale.

En principe, les représentants de la direction, à tous les niveaux, ainsi que les spécialistes en ressources humaines et ceux du service des relations de travail devraient participer aux préparatifs de la négociation, même si la contribution du bureau du personnel et du service des relations de travail sera vraisemblablement plus considérable. Il s'avère important d'associer à ce travail les représentants de la direction (*line managers*) jusqu'au plus bas échelon possible, et cela pour plusieurs raisons. Ce sont eux qui, en définitive, connaissent le mieux, du côté de l'entreprise, les problèmes qu'entraîne la convention collective en vigueur et c'est à eux, ultimement, que reviendra la tâche de faire appliquer la nouvelle convention. S'ils n'ont pas participé à son élaboration, surtout s'ils ont l'impression qu'elle leur est imposée par les «théoriciens» des ressources humaines ou du service des relations de travail, cela risque de créer des difficultés sérieuses. Dans certains cas, ces difficultés naissent simplement de l'aversion psychologique que les chefs de service, les contremaîtres et les agents de maîtrise ont pu développer à l'endroit du contrat collectif.

Quand l'entreprise compte plusieurs établissements, le processus de préparation dépend souvent du degré d'autonomie de chaque établissement. Des liens de coordination plus ou moins serrés existent habituellement en vue de déterminer la politique générale de l'entreprise en matière de relations de travail; pour ce qui est de la conduite des négociations, il n'y a pas deux situations semblables: la direction locale peut jouir d'une autonomie presque complète, ou des représentants du siège social peuvent venir diriger la négociation sur place.

On observe des relations analogues entre une entreprise et ses filiales. Dans le cas des filiales canadiennes de grandes entreprises américaines, la situation varie d'un extrême à l'autre: certains établissements canadiens fonctionnent en toute liberté, pourvu que les politiques locales se révèlent rentables; en d'autres cas, les décisions sont prises aux États-Unis et les responsables locaux se conforment aux directives du siège social; ils servent parfois d'intermédiaires (ou, selon une expression imagée, de «boîte à lettres»). Le plus souvent, la situation intermédiaire prévaut: les responsables locaux ont pleine liberté quant aux clauses non pécuniaires (appelées aussi «clauses mécaniques»), mais ils doivent avoir l'approbation du siège social pour le bloc pécuniaire.

Compte tenu des orientations ou des limites provenant de la haute direction et des consultations avec les directeurs et les agents de maîtrise, l'essentiel du travail de préparation revient aux techniciens des relations de travail. Ils utilisent diverses méthodes qui se rattachent finalement à l'expérience antérieure et à la situation économique du moment.

On étudie d'abord la dernière négociation, étude qui sera facilitée si l'on a gardé un procès-verbal ou un compte rendu détaillé des séances. L'analyse de la convention collective en cours et des problèmes soulevés par son application est encore plus importante. Dans certaines entreprises, on constitue un cahier des clauses où l'on inscrit tout ce qui se rapporte à chacune d'elles, de manière à préparer un jugement de valeur sur ces clauses et à amorcer des suggestions quant aux amendements requis. L'étude minutieuse des griefs et des sentences arbitrales fournit également des indications précieuses dans la mesure où l'on recherche soigneusement la cause des griefs, en analysant, par exemple, leur nature, la date et l'heure de l'incident, ainsi que les personnes ou les groupes le plus souvent mis en cause, tant du côté de la direction que des travailleurs.

L'examen des conventions collectives en vigueur dans des secteurs similaires ou comparables peut être

entrepris avec profit : on veut savoir quelles conditions s'appliquent dans des entreprises voisines ou concurrentes. On procède aussi à l'étude de l'expérience d'autres établissements par rapport à des clauses particulières.

À cette analyse des conventions et des négociations, dans l'entreprise et ailleurs, doivent s'ajouter les études économiques qui permettront d'évaluer le degré de rentabilité de l'entreprise selon la variation des coûts de production – du facteur travail autant que des autres facteurs – associés à la prochaine convention collective. Pour les petites et les moyennes entreprises, des études demeurent nécessaires, même si elles sont alors sommaires. Dans les grandes entreprises, elles nécessitent des prévisions complexes, tant par rapport au mouvement des prix et de l'économie en général que des marchés actuels et futurs de l'entreprise. Ces études permettront de juger rapidement les répercussions des demandes syndicales, au fur et à mesure que ces dernières seront présentées et modifiées. Les études serviront aussi à déterminer la concession maximale que l'entreprise peut et veut accepter.

La détermination de l'offre patronale initiale repose davantage sur des raisons de tactique, comme pour les demandes initiales du syndicat. D'ailleurs, la première question qui se posera aux négociateurs patronaux sera la suivante : la partie patronale présentera-t-elle des demandes ou simplement des contrepropositions ?

Demandes ou contrepropositions ?

Pendant longtemps, et aujourd'hui encore, dans plusieurs cas, les employeurs ont préféré attendre les demandes syndicales et se contenter d'y répondre par des contrepropositions. De plus en plus, les entreprises et les associations patronales prennent l'initiative de préparer des demandes, en proposant des modifications aux clauses qui ont occasionné des difficultés ou en suggérant l'ajout de clauses nouvelles. On a longtemps considéré la convention collective comme l'instrument par lequel le syndicat grugeait les privilèges de la direction ; selon cette hypothèse, la partie patronale attendait l'attaque et cherchait simplement à se protéger contre les coups. Une fois le système implanté et accepté, certains employeurs ont découvert l'utilité de passer à l'offensive, avec les avantages que cela comporte. Le choix d'une attitude défensive ou offensive constitue souvent une simple question de tactique : l'employeur souhaite-t-il révéler dès le début les points sur lesquels il entend faire la lutte ? Question de tactique aussi de savoir s'il formulera ses propositions par écrit ou oralement.

Pour ce qui est du niveau des offres ou des contrepropositions patronales, le même problème se pose que pour la partie syndicale : seront-elles réalistes ou de nature tactique ? Nous verrons dans une section ultérieure une expérience d'offre réaliste initiale, globale et finale, mais c'est là un cas d'exception. La majorité des employeurs offrent moins au point de départ, sachant qu'ils devront faire des concessions au cours de la négociation. On essaiera de découvrir, derrière ces premières demandes et ces premières offres, la position véritable de l'autre partie. Une bonne part des premières séances sera consacrée à cette exploration, et la négociation véritable ne commencera que lorsqu'on aura éliminé l'excédent et que des demandes modifiées et de nouvelles offres permettront de dégager une zone de négociation et, plus tard, une zone de contrat possible. Avant de nous engager dans cette étude, il faut voir comment se forme chacun des deux comités de négociation.

21.3 Comités de négociation

On peut difficilement exagérer l'importance du comité de négociation. Selon sa compétence et son habileté, il assure la victoire ou cause l'échec, quelle que soit la valeur objective de la demande qu'il défend et la situation de la partie qu'il représente. Nous étudierons la composition du comité de négociation et le rôle de certains de ses membres ; nous soulèverons le problème capital du mandat que les représentants patronaux et syndicaux reçoivent de leurs commettants respectifs[4].

4. NEIL W. CHAMBERLAIN, voir *supra*, note 3, ch. 2 : « The Negotiating Committees », p. 26-56 et ch. 3 : « Conference Organization », p. 57-65 ; National Industrial Conference

21.3.1 Membres

Selon l'importance de la négociation, le comité se compose, de part et d'autre, de trois ou quatre personnes, ou réunit parfois jusqu'à 100 personnes. Elles n'ont pas toutes le même rôle, mais leur présence dans la salle de négociation influe sur le déroulement de celle-ci. Nous décrirons d'abord le comité d'une négociation moyenne ; nous ajouterons ensuite les précisions requises pour les comités gigantesques. La composition du comité dépend toujours de la structure de l'organisation qu'il représente et de la structure de la négociation; de chaque côté de la table, le comité doit refléter cette double structure.

Du côté syndical, s'il s'agit d'une négociation au niveau de l'établissement, on retrouve, en règle générale, les dirigeants du syndicat local. Si le syndicat comporte des subdivisions et si les travailleurs visés sont membres de groupes particuliers, comme dans le cas de certains métiers spécialisés, le comité inclura souvent des représentants de ces groupes distincts; ces derniers veulent ainsi s'assurer que leurs problèmes spécifiques ne seront pas oubliés et qu'ils seront présentés avec la compétence voulue. Lorsque le comité comprend des représentants de groupes spéciaux, on doit bien déterminer d'avance quel est leur statut et surtout savoir s'ils ont un droit de veto sur tous les points de la convention collective ou seulement sur ce qui concerne leur groupe, au cas où il y aurait mésentente à l'intérieur du comité syndical.

Dans certains cas, on préfère désigner un comité de négociation qui ne se compose pas des dirigeants de la section locale afin de permettre à ceux-ci d'intervenir dans l'éventualité d'une impasse. De toute manière, il appartient à l'assemblée générale de décider, par vote, qui siégera au comité de négociation.

En plus des représentants élus, le comité compte presque toujours un ou plusieurs experts ou conseillers techniques. Si le syndicat local possède les ressources suffisantes, il peut engager son propre conseiller, que ce soit un avocat ou un conseiller en relations du travail. Que le syndicat local ait ainsi son propre expert ou non, le comité inclut très souvent un représentant de la fédération à laquelle il est affilié, si c'est un syndicat de la CSN, ou de l'union dont il constitue une section locale, dans le cas d'une union canadienne ou américaine. Ce conseiller technique ou représentant international apporte au groupe les connaissances et l'expérience que son poste lui a permis d'acquérir. Il assure le respect des politiques fondamentales établies par le groupe qu'il représente, mais aussi, à cause de l'influence qu'il peut exercer sur les demandes à formuler et sur les offres à accepter ou à rejeter, une certaine uniformité entre les divers syndicats locaux de la fédération ou de l'union. Dans bien des cas, il sera le porte-parole du groupe.

De son côté, le comité patronal se compose, le plus souvent, dans les entreprises de dimension moyenne, du responsable des ressources humaines, qui agit généralement comme porte-parole, du directeur des finances, qui évalue les questions financières, et du directeur de l'usine ou de la production; ils sont souvent assistés d'un conseiller, comme l'avocat de la compagnie ou un représentant du siège social. Le bureau du personnel ou le service des relations de travail joue habituellement le rôle principal; ce sont eux qui connaissent le mieux l'ensemble des problèmes soulevés par la convention collective et qui sont le mieux outillés pour en poursuivre la négociation. Il ne faut jamais négliger, cependant, d'y inclure, au moins d'y intéresser, des représentants de la ligne d'autorité, si l'on veut que la future convention soit bien acceptée par les divers chefs de service et contremaîtres ; à la rigueur, cette représentation doit être au moins symbolique.

Si l'entreprise compte plusieurs établissements, le comité de négociation s'agrandira de manière à inclure des représentants de la gestion des ressources humaines et de la ligne d'autorité de chaque établissement, dans la mesure où les circonstances concrètes le permettent; toutefois, le service des relations de travail du siège social dominera inévitablement une négociation à l'échelle d'une telle entreprise. Enfin, s'il s'agit d'une association patronale, le comité sera

Board, *Preparing for Collective Bargaining*, New York, NICB, 1959, vol. 1, ch. II, section 3: «Who Bargains for Management?».

élu par les employeurs membres de cette association et il comptera toujours un ou plusieurs représentants du service des relations de travail de l'association.

En général, dès qu'une entreprise atteint une certaine dimension, elle ne déléguera pas ses plus gros «canons» pour la représenter au comité de négociation; le syndicat fera de même. De part et d'autre, on se réserve la possibilité, en cas d'impasse, d'en appeler à une autorité supérieure et d'injecter du sang nouveau dans le comité et dans la négociation.

Les deux parties chercheront également à se choisir des représentants qui seront à la fois compétents et perspicaces, calmes et impassibles. S'il n'est pas besoin d'insister sur l'importance de la compétence, il faut souligner que la perspicacité est essentielle afin de deviner la position réelle de l'adversaire autant que les faiblesses dont on pourrait profiter. Par contre, on souhaite éviter que l'autre partie ne perce sa position et sa stratégie propres; dès lors, on voudra que ses propres représentants demeurent impassibles (on parle parfois de *poker face*) et, même dans les situations les plus difficiles, ne trahissent jamais leurs sentiments véritables.

Pour le bon déroulement des négociations, il faut aussi que les négociateurs, même s'ils doivent s'affronter durement, aient un respect et une confiance mutuelle indéfectibles, surtout quant à la parole donnée. Autrement, tout accord conclu pourrait être révoqué à n'importe quel moment, et les échanges ne sauraient progresser véritablement. Telles sont les qualités principales du négociateur; on doit y ajouter l'aptitude à persuader, ainsi que la facilité de tuer le temps lorsque cela se révèle nécessaire, et même de parler pour ne rien dire sans en avoir l'air.

Dans les grandes négociations, où le comité risque d'être important – disons de 10 à 20 personnes –, il importe de le former d'avance à bien travailler ensemble. Le temps passé à étudier l'ancienne négociation et la convention en vigueur, ainsi qu'à discuter des offres ou contrepropositions patronales, y contribue pour une large part. On ajoute parfois, pour bien s'assurer de l'esprit d'équipe à créer (*team building*), des exercices plus particuliers, comme des sessions de dynamique de groupe ou des simulations de négociation. En effet, la négociation fictive permet de déceler les faiblesses de l'argumentation qu'on se propose d'utiliser et de prévenir des erreurs qui pourraient être dommageables si on en prenait conscience seulement en présence de l'autre partie.

21.3.2 Fonctions

Les membres du comité de négociation et plusieurs autres personnes doivent accepter des fonctions et des responsabilités dont voici les principales.

Groupes d'appui

Pour garantir au plus grand nombre possible une certaine participation à la négociation, il arrive que les représentants syndicaux, dans le cas de très grandes négociations, invitent à la table un ou deux délégués de chaque syndicat visé par cette négociation. Il ne s'agit pas alors d'un comité de soutien proprement dit, mais plutôt d'une présence massive qui reflète la taille du groupe concerné et exprime son appui aux membres du comité. Dans une négociation à l'échelle de la province, cette représentation a déjà atteint jusqu'à 100 personnes. Les discussions risquent alors de changer de ton: les interlocuteurs ne sont plus préoccupés de chercher une solution à un problème; ils parlent autant pour la galerie que pour leurs interlocuteurs, à la table. Dans ce cas, la vraie négociation se déplacera probablement vers un groupe restreint, soit dans un sous-comité, soit dans des rencontres occasionnelles et informelles entre les deux porte-parole.

Les négociateurs patronaux, quant à eux, invitent parfois des représentants de la ligne d'autorité, chefs de service ou contremaîtres, ou encore des représentants de divers établissements, lorsque la négociation s'étend à plusieurs unités de la même entreprise. On peut faire coïncider la présence de tels groupes avec la discussion d'un point de la convention qui les concerne davantage.

Groupes de soutien

Certaines entreprises ont aussi constitué des comités de soutien, composés d'experts et de représentants de l'entreprise, au courant des problèmes particuliers. Habituellement, ces comités (*back-up committees*) n'interviennent pas d'une manière directe dans la négociation; ils servent de source d'information et d'argumentation pour les négociateurs proprement dits. On comprend, par exemple, qu'à l'occasion de la discussion d'un régime de retraite ou d'assurance collective, il faille recourir aux services d'un actuaire ou d'autres spécialistes. Les syndicats utilisent aussi des comités semblables.

Porte-parole

On conseille la plupart du temps de n'avoir qu'un seul porte-parole (*spokesperson*). En plus d'assurer une discussion mieux ordonnée, le porte-parole unique maintient au minimum le risque d'erreurs de tactique. Si les membres du comité avaient droit de parole à tous moments, surtout s'ils sont nombreux, le risque serait élevé, pour chaque partie, de trahir ses positions et de donner prise à l'adversaire.

Il arrive qu'on désigne plusieurs porte-parole, mais un seul par sujet ou par grande catégorie de sujets, comme un porte-parole pour les questions économiques, un autre pour les clauses contractuelles (comme la sécurité syndicale et les droits de gérance), un autre pour les autres clauses dites mécaniques. Comme nous l'avons déjà mentionné, on peut aussi désigner, en plus du porte-parole principal, un porte-parole pour un groupe ou un métier spécifique.

Il reste toujours possible de demander une brève intermission pour tenir un caucus. Chacune des parties peut ainsi faire le point sur un sujet inattendu ou sur une discussion qui menace de lui porter préjudice; on peut s'entendre sur une réponse appropriée ou sur une nouvelle stratégie.

Le porte-parole unique présente aussi un autre avantage: en cas de difficulté, on peut le changer et donner de cette façon un nouveau départ à la discussion. Le changement constitue, dans certains cas, une pure tactique. Une partie exige le changement du porte-parole de l'autre partie, vraisemblablement pour la désorganiser; celle-ci saisit l'occasion et réplique qu'elle accepte à condition que l'autre en fasse autant.

Le porte-parole doit évidemment posséder d'une manière éminente les qualités que nous avons mentionnées précédemment pour tous les membres du comité.

Rapporteur ou secrétaire

Il est nécessaire que chaque partie prenne note des concessions faites par l'autre et des ententes qui peuvent intervenir, soit sur la procédure, soit sur le contenu de la future convention, au fur et à mesure que les discussions progressent. On trouve souvent utile – et la chose se pratique toujours dans les grandes négociations – qu'un rapporteur ou secrétaire dresse le procès-verbal, sinon un compte rendu complet, de chaque séance de négociation.

De tels rapports s'avèrent utiles tant dans la poursuite de la négociation que dans l'analyse qu'on pourra en effectuer par la suite; on y découvrira les erreurs de stratégie comme les tactiques qui ont réussi. Cette personne (ou ce groupe de personnes) soumet, à la séance suivante, pour entente finale, un projet écrit de clause sur un point qui avait fait l'objet d'une entente verbale.

Sous-comités

Le comité de négociation, entendu cette fois dans son sens global et incluant les deux parties, peut décider de se subdiviser et de confier à des sous-comités la tâche d'amorcer les discussions sur des points particuliers. On choisit rarement cette option pour les questions difficiles et explosives, à moins que ce ne soit dans le but de désamorcer des tempéraments échauffés et de garder un bon climat à la table de négociation. On y recourt plus souvent pour des questions spéciales et plus techniques, comme l'ancienneté et les régimes de retraite. Les sous-comités doivent soumettre leurs conclusions au comité de négociation, qui peut seul effectuer une entente au nom de ceux que chaque partie représente, selon le mandat reçu de leurs commettants respectifs.

21.3.3 Mandat

Les membres du comité de négociation ne sont que les mandataires, soit de l'entreprise, soit des syndiqués. L'entente intervenue au comité de négociation doit donc être ratifiée, d'une part par l'entreprise et d'autre part par l'assemblée générale du syndicat. Comme la ligne d'autorité est habituellement plus directe du côté de l'entreprise, on entend moins parler de la ratification par l'entreprise que de la ratification par les salariés. Cependant, le problème du mandat se pose pour les deux parties.

Du côté syndical, les représentants des travailleurs doivent avoir un mandat relativement souple. L'assemblée générale approuve les demandes initiales, d'habitude d'une manière vague. Pour ce qui est de la demande réelle – c'est-à-dire les sommes ou les conditions minimales qu'on exige au point d'être prêt à faire la grève pour les appuyer –, on ne la précise pas, du moins pas à ce stade: il y aurait trop de risque que l'employeur apprenne quelles sont ces exigences minimales, que sa position s'en trouve renforcée d'autant et qu'on perde ainsi des chances d'obtenir davantage. Ces exigences minimales peuvent fort bien varier au cours de la négociation et, plus encore, au cours de la grève, si l'on doit y avoir recours. En règle générale, on donne au comité le mandat de négocier de manière à obtenir les demandes formulées, faute de quoi le comité devra revenir devant l'assemblée, soit pour lui soumettre une offre patronale qui paraît raisonnable, soit simplement pour lui faire rapport. De toute façon, l'assemblée doit laisser à ses représentants une marge de négociation et de marchandage. Si l'assemblée refusait de leur accorder une telle souplesse pour s'en tenir à un mandat rigide sur des demandes précises, elle ferait tout aussi bien de décider immédiatement de faire la grève: dans ce contexte, une négociation se révélerait inutile. Ce serait comme si l'assemblée se substituait au comité de négociation.

Pour les représentants patronaux, le problème se présente différemment. Parce que l'autorité réside habituellement dans un personnel de direction relativement restreint, le contact direct avec lui demeure plus facile. Par contre, la direction de l'entreprise peut, pour cette même raison, ne pas laisser assez de jeu à ses représentants. Ceux-ci ne jouissent plus de la liberté d'organiser leur stratégie et leur tactique et de l'adapter selon le déroulement des rencontres. Les interlocuteurs syndicaux ont alors l'impression de parler à des fantômes, qui ne possèdent pas l'autorité suffisante pour engager vraiment l'entreprise. Une telle situation peut être désastreuse et empêcher la négociation d'aboutir à un résultat valable. Les représentants de l'employeur doivent donc, eux aussi, avoir un mandat clair et précis, quitte à retourner à la direction, si nécessaire, mais uniquement dans les dernières étapes, à la veille du règlement final.

Dans la majorité des cas, les négociateurs locaux jouissent d'une grande liberté par rapport aux clauses dites mécaniques. Pour les clauses à incidence pécuniaire, ils ont, la plupart du temps, le mandat de signer l'entente collective si le coût total ne dépasse pas un pourcentage déterminé d'augmentation de la rémunération globale. S'ils ne parviennent pas à régler sans dépasser cette limite, ils doivent obtenir une autorisation expresse; l'autorisation ne leur sera accordée que s'ils peuvent en justifier la nécessité et démontrer qu'une telle entente ne risque pas d'être invoquée comme un précédent, ni d'apparaître comme un signe de faiblesse, à tout le moins de ne pas mettre en péril la position concurrentielle de l'entreprise.

La partie syndicale peut utiliser à son avantage l'absence, apparente ou réelle, d'un mandat patronal bien déterminé. La tactique est encore plus facile dans les secteurs public et parapublic, où la présence du gouvernement permet une série de recours à des échelons supérieurs: on peut toujours prétendre que les fonctionnaires qui négocient au nom du gouvernement n'ont pas l'autorité suffisante pour que la négociation soit efficace et fructueuse; le syndicat en appelle alors des porte-parole gouvernementaux au ministre, puis du ministre au cabinet. Certains politiciens se prêtent volontiers à une telle escalade. Du point de vue syndical, il semble difficile de résister à la tentation de récuser les premiers interlocuteurs puisque, de toute manière, on ne perdra pas ce qui est déjà acquis et on court la chance d'obtenir davantage. Le gouvernement qui n'accorderait pas un peu plus que l'offre initiale ou que l'accord intervenu par l'entremise des fonctionnaires risquerait fort d'être accusé de rigidité excessive. Par contre, chaque fois qu'un ministre ou que le cabinet concède plus qu'il n'avait autorisé ses mandataires à accorder, il invite en quelque sorte l'autre partie à la surenchère et il vide de leur sens toutes les négociations futures autres qu'avec le chef de l'État.

Le principe demeure certain que les mandataires doivent être munis d'un mandat souple, mais en même temps clair et précis, pour que la négociation porte des fruits. L'autorité supérieure qui concède à l'autre partie plus que ses mandataires ne pouvaient accorder dépouille les négociations à venir de leur efficacité.

21.4 Séances de négociation

Après ces longs préparatifs, on en arrive finalement aux séances de négociation. Nous verrons d'abord quelques points pratiques touchant leur organisation concrète. Nous tenterons ensuite de dégager les caractéristiques majeures des principales étapes, depuis l'échange des demandes et contrepropositions jusqu'à la signature du contrat collectif. Nous considérerons enfin les nombreux problèmes de communication qui se posent durant le processus de négociation.

21.4.1 Organisation

Un certain nombre de détails d'apparence secondaire ont quand même assez d'importance pour qu'on s'en préoccupe, comme le moment et le lieu des négociations, la libération de leurs tâches habituelles pour les employés membres du comité de négociation, et d'autres questions semblables[5].

Moment

Le moment des négociations dépend à la fois de la volonté des parties et de certaines prescriptions de la loi. Ainsi, le *Code du travail* du Québec détermine que l'association accréditée qui veut entamer des négociations avec l'employeur doit lui donner un avis écrit au moins huit jours avant la date projetée (art. 52). Le Code ajoute qu'une partie à une convention collective «peut» donner un tel avis dans les 90 jours qui précèdent l'expiration de la convention «à moins qu'un autre délai n'y soit prévu» (art. 52). Presque toutes les conventions collectives se terminent par une clause qui en fixe la durée et qui prévoit la période pendant laquelle l'avis de négociation doit être donné.

Même si la période de négociation se trouve ainsi fixée par l'échéance de la convention, les parties tentent souvent de trouver le moment qui leur convient le mieux. Si le syndicat songe sérieusement à la grève, il enverra l'avis de négocier à la date qui lui permettra de déclencher un arrêt de travail au moment le plus favorable, comme nous le verrons dans un chapitre subséquent. L'employeur, au contraire, s'efforcera d'amener le moment de crise dans la période où un arrêt de travail lui nuirait le moins, soit qu'il s'agisse pour lui d'une saison morte ou du moment où il aura accumulé des stocks suffisants pour faire face à l'arrêt de travail. Dans les petites et les moyennes entreprises, à cause justement du personnel restreint, on cherchera souvent à tenir les négociations dans une période moins occupée de l'année.

Lieu

Le choix du lieu revêt aussi, dans certains cas, quelque importance. D'habitude, on cherche simplement une salle commode et relativement tranquille. Aussi, on utilisera souvent la salle du conseil d'administration de l'entreprise. Toutefois, dans les négociations importantes, on préfère un terrain neutre; c'est pourquoi plusieurs des grandes négociations se tiennent dans des hôtels ou dans des salles louées à cette fin. Les parties partagent alors habituellement les frais. Lorsque les négociateurs se butent à une impasse, un changement de local et d'endroit favorise parfois une reprise du dialogue.

Lorsque les parties demandent la conciliation, il arrive fréquemment que le conciliateur les convoque dans les locaux du ministère du Travail. Si la négociation se poursuit déjà en terrain neutre, par exemple

5. NEIL W. CHAMBERLAIN, *op. cit.*, ch. 4: «Place and Time Factors», p. 66-73; BRUCE MORSE, *op. cit.*, partie II: «Organizing for the Negotiations», p. 27-32.

dans un hôtel, souvent le conciliateur se rendra à cet endroit. Il se peut d'ailleurs, dans ces cas, que le grand nombre de personnes qui participent à la négociation limite le choix des salles appropriées, surtout si l'on tient compte des autres salles requises pour les rencontres séparées, les équipes de soutien, les moments de repos et peut-être un secrétariat.

Heures

La question se pose également, surtout dans les petites et moyennes entreprises, de savoir si les négociations auront lieu pendant les heures de travail ou après ces heures. La tendance semble plutôt de négocier durant les heures de travail, mais il faut parfois se résoudre à des compromis.

Une question plus épineuse est celle de savoir si les représentants syndicaux, du moins les membres du comité de négociation qui travaillent dans l'entreprise, recevront leur salaire quand même. Les parties doivent débattre cette question entre elles. La convention collective antérieure contient souvent des dispositions à ce sujet. Dans le cas des grandes négociations où le syndicat convoque des représentants de sections locales éloignées, il assume lui-même les frais de déplacement sinon l'équivalent du salaire.

Base de discussion

Il est très important, mais toujours délicat, de décider quel texte servira de base à la discussion, celui de l'ancienne convention, celui des demandes syndicales ou la contreproposition patronale. La partie dont on accepte le texte comme point de référence à la discussion possède un avantage marqué sur l'autre.

Aussi préfère-t-on utiliser le texte de l'ancienne convention, mais ce n'est pas toujours possible, surtout quand les changements proposés sont substantiels. Parfois, on choisit tantôt le texte d'une partie, tantôt celui de l'autre, selon le sujet de la clause et le degré d'élaboration de chaque document.

Prénégociations

Il faut noter, enfin, que dans les grandes négociations on ajoute fréquemment une étape antérieure à celles que nous énumérerons dans la prochaine section. Elle a pour but de permettre aux parties de s'entendre sur la procédure à suivre. Des oppositions majeures se révèlent parfois dès cette étape préliminaire. Ainsi, à l'occasion des négociations du secteur public, les centrales syndicales peuvent avoir des rencontres avec le gouvernement avant l'ouverture officielle des négociations ; on a qualifié ces rencontres de prénégociations.

Négociation publique ?

On a souvent parlé, et on a même tenté l'expérience, d'inviter les journalistes à certaines séances de négociation. Il s'agissait alors de négociations du secteur public. La formule comporte des inconvénients : les membres du comité de négociation résisteront alors difficilement à la tentation de parler pour les journalistes et le public plutôt que de discuter avec l'autre partie en vue d'arriver à un règlement raisonnable et rapide.

D'un autre côté, le public est tellement concerné par certaines négociations – à cause des conséquences d'un arrêt de travail et des répercussions du règlement sur les impôts et les taxes – qu'on ne saurait écarter d'une manière définitive une telle formule. Elle entraîne sûrement beaucoup de problèmes ; les quelques expériences tentées n'ont d'ailleurs pas donné beaucoup de fruits. Un peu comme les discussions au Parlement ou à l'Assemblée nationale, la négociation comprend beaucoup d'aspects et d'éléments relativement techniques qui n'intéressent guère la presse écrite ou électronique, ni le public, du moins dans l'immédiat. Si l'on dit avec raison que les négociations du secteur public se font davantage avec toute la population qu'avec le gouvernement, il faudra peut-être donner une plus grande considération à une présence plus directe du public, même si les modalités demeurent encore difficiles à déterminer pour assurer l'efficacité de telles discussions.

Il reste un grand risque dans une négociation publique. Il se pourrait que la véritable négociation fuie alors la caméra de télévision ou l'oreille des journalistes pour se réfugier dans les coulisses et les antichambres, laissant aux séances publiques un pur jeu de façade. Dans ce cas, la mesure n'aurait servi qu'à produire l'effet contraire du but poursuivi.

21.4.2 Étapes

Le ton et l'atmosphère des séances de négociation varient énormément d'un groupe à un autre. Elles présentent des caractéristiques différentes selon qu'on est au début ou à la fin des négociations; la durée joue alors un rôle important.

Dans une entreprise, de petite ou de moyenne taille, il arrive qu'on boucle la négociation, depuis la présentation des demandes jusqu'à la signature de l'entente, en quelques jours; par contre, les négociations de grande envergure durent parfois au-delà d'une année. On peut dégager, en tenant compte des différences, certaines étapes comme l'information, l'exploration, le dégagement d'une zone de contrat, souvent un moment de crise, et finalement les concessions qui mènent à un accord de principe. À chaque étape correspondent des tactiques particulières que nous verrons plus loin (section 21.5.4). On pourrait résumer le tout, d'une manière un peu simpliste mais utile: le début, le mi-chemin, la crise et le dénouement[6].

Échange des demandes

Lors de la première rencontre, la partie syndicale dépose généralement ses demandes et les explique brièvement. Parfois, elle les a envoyées avec l'avis de négocier; la première séance sert alors à les expliquer. On dépose dès le début au moins les demandes non pécuniaires; les demandes pécuniaires viennent d'habitude plus tard. Autrefois, on déposait toutes les demandes dès le point de départ. L'avantage consistait à voir toutes les demandes d'un coup d'œil: il est difficile de négocier vraiment si l'on ne connaît pas l'ensemble de la position de l'autre partie. Par contre, la longueur de certaines conventions collectives justifie que l'on commence la discussion des autres clauses avant qu'on ait achevé de préparer les demandes pécuniaires. La décision de présenter des demandes complètes ou partielles fait souvent partie des tactiques de négociation du syndicat.

La démarche de l'employeur, lors des premières rencontres, varie selon les options qu'il a déjà prises. S'il a décidé de présenter certaines demandes, il le fait normalement, lui aussi, à la première rencontre. S'il ne présente rien d'écrit, il peut faire connaître sa position en termes généraux, ou simplement déclarer qu'il prendra les demandes syndicales en considération et qu'il présentera sa réponse à une date ultérieure.

La première rencontre revêt habituellement un certain cachet de formalité, sinon de formalisme. La plupart du temps, les parties exposent leurs positions respectives avec fermeté mais, en général, calmement; si les relations sont tendues et si l'on s'attend à des négociations difficiles, quelques accrochages peuvent se produire à ce moment.

Exploration

Dès la deuxième séance, parfois même au cours de la première, commence une période d'exploration, de part et d'autre. D'abord, il s'agit simplement de comprendre le texte des demandes, mais l'exercice a aussi pour but de chercher à découvrir la véritable position de l'autre partie. La discussion prend la forme d'explications; on peut aussi s'aventurer dans des questions plus précises, par exemple sur le fonctionnement concret que l'on entrevoit par rapport à une demande particulière.

Les deux parties demeurent habituellement, à ce stade, très fermes sur leurs positions initiales. Peu à peu, cependant, certaines concessions se dessinent. Des réponses comme «c'est négociable» ou «nous pourrons y penser» constituent des signes que chaque partie émet et que l'autre reçoit au passage.

Pendant ce temps, les négociateurs apprennent à se connaître. Ils savent qu'ils pourront utiliser l'erreur qu'un membre de l'autre équipe a pu commettre ou, à tout le moins, qu'ils pourront lire sur une figure les

6. JOHN T. DUNLOP et JAMES J. HEALY, voir *supra*, note 2, p. 60-68. Ces pages contiennent un excellent résumé du processus général, depuis l'échange des demandes jusqu'à l'entente définitive. Voir aussi BRUCE MORSE, voir *supra*, note 3, partie III: «Conducting the Negotiations», p. 37-62.

répercussions d'une demande ou, ce qui est plus important, la possibilité qu'une demande ou une contreproposition soit acceptée.

Dégagement d'une zone de contrat

On dégage ainsi peu à peu une zone ou une marge à l'intérieur de laquelle une entente pourrait être conclue. On a commencé par les clauses les plus faciles, gardant pour la fin les points où l'accord exigerait plus de concessions.

On procède de deux façons. Parfois, on avance clause par clause. On essaie de s'entendre sur chacune; lorsqu'on est tombé d'accord, chaque partie paraphe la clause en y apposant sa signature. On paraphe également, au passage, les clauses reconduites telles quelles, sans modification.

L'autre méthode est moins contraignante. On procède de façon plus globale. Dans le cas des clauses qui n'entraînent pas un accord spontané, presque immédiat, on se contente de discuter et de mesurer, chacun pour soi, le degré d'accord ou de désaccord où l'on semble se trouver. On prépare ainsi la possibilité, vers la fin de la négociation, d'une offre globale (*package deal*). Cette offre provient habituellement de l'employeur: elle essaie de tenir compte de l'ensemble des circonstances et d'accorder assez pour entraîner l'acceptation, sans évidemment concéder plus qu'il ne faut.

De façon générale, on peut synthétiser les positions de chaque partie et expliquer le dégagement de la zone de contrat par le schéma de la figure 21-1. L'exemple est donné pour l'augmentation des salaires; avec les adaptations requises, on pourrait le transposer pour à peu près toutes les clauses à négocier[7].

La clef du processus de négociation se trouve dans les préférences réelles (*sticking point*) de chaque partie. Théoriquement, il s'agit du point qu'une partie ne dépassera pas, à aucun prix, jusqu'à l'arrêt de travail inclusivement. Ces préférences réelles sont jalousement gardées secrètes. Un des objectifs principaux de l'exercice consiste à deviner la position réelle de l'autre partie derrière la déclaration formulée officiellement au départ. L'écart considérable du début – entre la première demande syndicale et la première offre patronale – représente la zone d'indétermination entre les deux positions initiales.

Si le syndicat tient absolument, par exemple, à 6 % d'augmentation et qu'il est prêt à faire la grève pour l'obtenir, et si l'employeur ne peut pas (ou ne veut absolument pas) donner plus que 4 %, il n'y a pas de zone de contrat ni de négociation qui puisse aboutir à une entente (figure 21-1, b). On est alors en présence d'une impasse complète et irréductible. Pour que l'entente intervienne un jour, il faudra que l'une ou l'autre des parties, ou les deux, modifient leur échelle de préférences.

Si le syndicat, au contraire, est prêt à accepter 4 % parce que ce pourcentage est, disons, le niveau moyen des règlements à ce moment, alors que la conjoncture permettrait à l'employeur d'aller jusqu'à 6 %, la zone de négociation et de contrat existe: elle se situe entre 4 % et 6 %. L'habileté de chaque négociateur déterminera le point exact du règlement (figure 21-1, a). Si l'une des deux connaissait la position réelle de l'autre partie, elle pourrait rafler tout l'avantage pour ses commettants et forcer le règlement à 4 % (ou à 6 %). Habituellement, l'entente se fait quelque part entre ces deux points.

Les deux positions réelles demeurent généralement invérifiables, sinon indéchiffrables. Il y a plusieurs clauses à négocier. Aussi le processus doit-il avancer.

Crise et concessions

Si l'offre globale – ou simplement l'offre sur les clauses qui, à ce moment, restent en suspens – paraît suffisante aux négociateurs pour gagner l'assentiment de leurs commettants, l'entente est conclue, sujette à ratification par l'assemblée générale du syndicat et, s'il y a lieu, par la direction de l'entreprise.

Il est rare, cependant, que l'on tombe d'accord sans passer par un certain moment de crise, plus ou

7. NEIL W. CHAMBERLAIN et JAMES W. KUHN, *Collective Bargaining*, New York, McGraw-Hill, 2e édition, 1965, p. 163-164.

FIGURE 21-1

Positions schématiques des parties lors de la négociation – Zone d'indétermination et zone de contrat

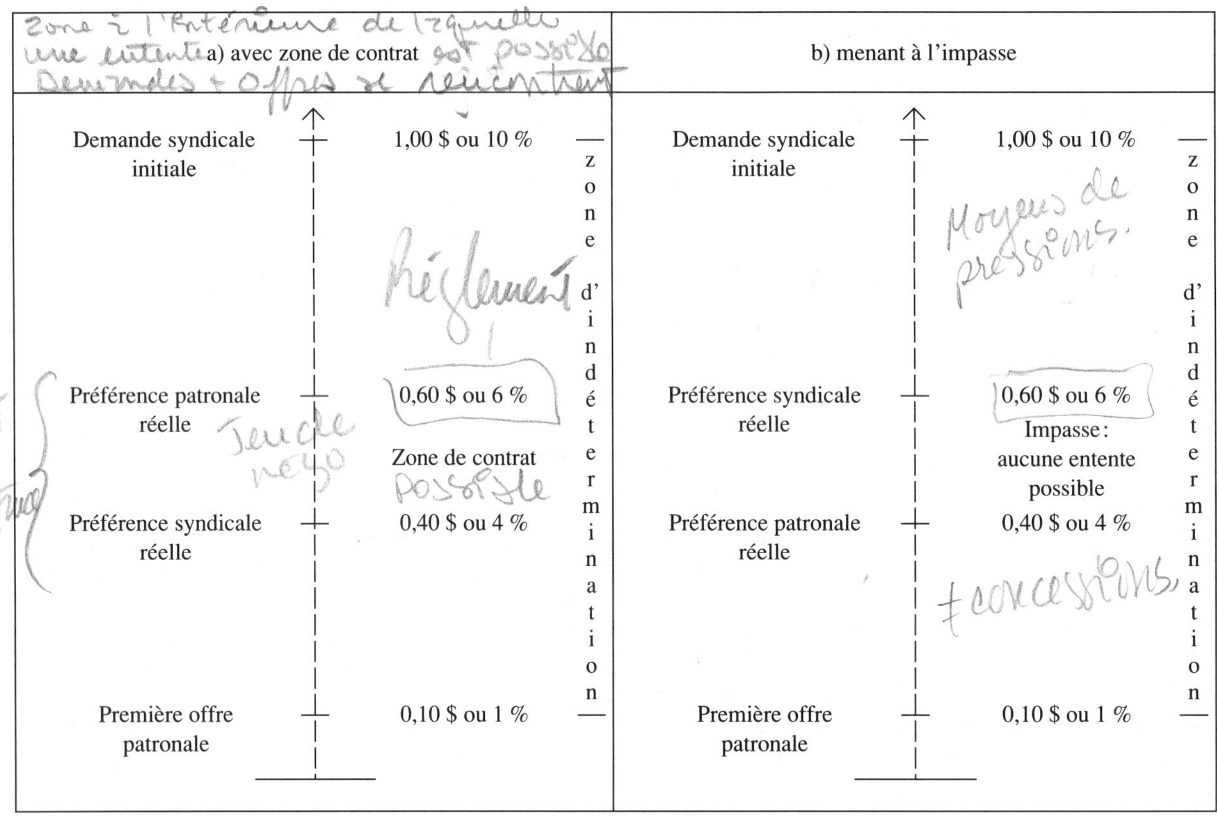

Source: D'après A.C. Pigou, *The Economics of Welfare*, Londres, Macmillan, 1920, partie III, ch. VI. Voir aussi Neil W. Chamberlain et James W. Kuhn, *Collective Bargaining*, New York, McGraw-Hill, 2e édition, 1965, p. 163-164.

moins grave selon les circonstances. Il faut presque toujours une sorte de catalyseur qui force les parties à faire les concessions requises pour s'entendre. Ce catalyseur est habituellement la date limite après laquelle les travailleurs refuseraient vraisemblablement de demeurer au travail s'il n'y avait pas d'entente. On appelle parfois ce moment le délai limite (*deadline*). Aux États-Unis, l'échéance du contrat constitue cette date limite, selon l'axiome: *no contract, no work*.

À cause de la différence dans la législation relative au règlement des conflits, la situation au Canada est différente: la coutume veut que les négociations se prolongent d'habitude longtemps après l'échéance, quitte à compenser par une application rétroactive, totale ou partielle, des dispositions de la nouvelle convention. Le délai limite devient beaucoup plus difficile à déterminer: il peut tenir à une disposition psychologique («cela a duré assez longtemps, il faut que ça finisse») ou à une circonstance particulière, comme la nécessité d'en arriver à un contrat avant une période de baisse de production, durant laquelle la partie syndicale perdrait tout rapport de force, ou le plus souvent en décembre ou en juin, à la veille des vacances de Noël ou de l'été: comme il est agréable de recevoir la paye de rétroactivité à ce moment, c'est une bonne période pour les offres alléchantes et les concessions.

Entre la première et la dernière séance de négociation, l'atmosphère a considérablement changé; elle est passée par différentes phases, que nous reprendrons dans la section suivante. Mentionnons seulement ici que les étapes relevées précédemment ne sont nullement étanches et qu'elles s'imbriquent toujours l'une dans l'autre, la discussion étant toujours plus avancée sur un point que sur un autre.

21.4.3 Problèmes de communication

Pendant que se déroule la négociation, de multiples problèmes de communication se posent, dans un chassé-croisé de rapports complexes entre les négociateurs et les parties, l'entreprise, le syndicat et le public[8].

Le comité syndical de négociation et les membres

Le comité syndical de négociation tient les membres au courant du développement des rencontres. Il transmet les informations au moyen du journal ou de la publication, si le syndicat en a un (ou une), ou par des imprimés expressément distribués pour faire le point sur les négociations. Le comité peut aussi informer les membres à l'occasion d'assemblées générales durant la période de négociation.

La difficulté vient du fait qu'il faut informer sans rien laisser deviner des préférences réelles et garder le moral des troupes sans entretenir des rêves. Le comité syndical de négociation ne peut pas tout dévoiler le contenu des discussions; sur certains points, il risquerait de compromettre des ententes possibles ou des gains ultérieurs. Donner aux membres l'impression d'une victoire trop facile affaiblirait les négociateurs, en réduisant la détermination et la solidarité des membres. D'un autre côté, laisser croire qu'aucun progrès n'a été effectué, s'il y en a eu de fait, rend ardue l'acceptation des concessions nécessaires au dernier moment, à moins que l'on n'envisage, de toute façon, d'en venir à la grève.

Le comité patronal et la direction

Si la négociation est menée par une association patronale, un problème analogue de communication existe entre le comité patronal de négociation et les entreprises membres de l'association. Comme pour le syndicat, l'information et la discrétion s'imposent également. La solidarité patronale semble plus difficile à maintenir que la solidarité syndicale; en ce sens, le comité de négociation et l'association patronale font aussi face au problème du moral de leurs troupes.

Dans le cas d'une entreprise et d'un employeur particuliers, le problème de communication entre le comité de négociation et l'entreprise se pose évidemment d'une manière différente. Comme nous l'avons souligné, il importe que tous les représentants de la direction, jusqu'aux derniers échelons de la ligne d'autorité, comprennent et acceptent la convention collective qui sera signée. On doit les informer, peut-être pas en détail, mais assez pour ne pas risquer un rejet tacite de leur part si le contrat comporte des clauses d'application difficile.

L'entreprise et ses employés

La question des communications à entretenir entre la direction de l'entreprise et ses employés est plus délicate. Toutes les circonstances doivent être sérieusement considérées, car il n'y a pas ici de recette valable pour tous les cas.

En règle générale, surtout si la négociation progresse relativement bien, l'employeur aura profit à traiter uniquement avec les représentants syndicaux à la table de négociation. Si l'employeur agit autrement, on lui reprochera d'ignorer les représentants dûment élus de ses employés et d'établir une sorte de court-circuit entre lui et ses employés. Le principe ne s'applique évidemment qu'aux questions de relations de travail; les rapports normaux doivent se poursuivre, avec peut-être un peu plus de circonspection.

8. NEIL W. CHAMBERLAIN, *op. cit.*, ch. 7: «Group Relationships», p. 99-115.

Dans certains cas particuliers, lorsque les négociations se butent à de sérieuses difficultés, les employeurs trouvent utile d'expliquer la position patronale à leurs employés. On procède souvent par l'envoi d'une lettre à la résidence. Si l'entreprise possède un réseau de communication avec ses travailleurs qui fonctionne en tout temps, c'est alors plus facile. Cependant, l'employeur ne doit utiliser aucune forme d'intimidation, ce qui lui vaudrait une accusation de pratique interdite en vertu des dispositions du Code; il doit strictement chercher à informer ses employés de sa position réelle. La démarche a plus de chances d'être efficace au moment d'une impasse, vers la fin des négociations, en période de crise.

L'entreprise, le syndicat et le public

Chacune des parties souhaite gagner l'opinion publique, surtout s'il s'agit d'une négociation dans le secteur public ou parapublic, ou si la négociation touche indirectement l'ensemble de la population, par exemple là où l'entreprise a une importance considérable dans l'économie de la région[9].

Au début des négociations, les parties s'entendent habituellement pour ne faire à la presse aucune déclaration unilatérale. Cette entente contribue à créer un climat de confiance nécessaire à une discussion fructueuse. Si les négociations se prolongent, la partie syndicale résistera difficilement à la tentation d'informer les journalistes et d'accuser la partie patronale. Dans le cas d'une négociation d'envergure, la démarche est presque nécessaire : il n'y a guère d'autre moyen d'informer efficacement les 10 000 ou les 100 000 salariés concernés.

Une sorte de guerre de l'information s'ensuit presque toujours. Chaque partie, à force de statistiques et d'appels à de grands principes, tente de s'assurer de l'appui du public. Celui-ci éprouve infailliblement de la difficulté à s'y retrouver, l'information n'étant jamais suffisante pour lui permettre de comprendre pleinement des données trop complexes, que chaque partie interprète en sa faveur. Finalement, le public ne prend parti qu'en fonction de ses sympathies ou de ses intérêts.

L'effet de cette guerre de l'information se révèle si mauvais sur les parties qu'un conciliateur ou un médiateur intervenant à ce moment dans le conflit commence toujours par exiger l'engagement strict des parties de ne faire aucune déclaration publique tant qu'il demeurera saisi du problème et s'en occupera activement. À la fin d'une longue crise durant laquelle les parties ont cherché l'appui du public par tous les moyens à leur disposition, la cessation subite des déclarations et des pages publicitaires constitue un excellent indice qu'un accord est à la veille d'intervenir.

Les parties continueront sans doute à faire appel au public chaque fois qu'ils croiront que la tactique jouera en leur faveur. De plus, dans certains cas qui le concernent directement, le public veut savoir ce qui se passe aux tables de négociations. On ne résoudra jamais complètement le dilemme entre cette nécessité et le climat de méfiance qui en résulte à la table de négociation, alors qu'une entente suppose au moins un minimum de confiance mutuelle.

Quelques autres groupes

Les deux parties ont souvent à maintenir des liens avec d'autres groupes, autant leurs alliés que leurs concurrents. Le syndicat cherchera un appui moral ou actif auprès d'autres groupes syndicaux, par exemple pour boycotter la livraison des produits, s'il y a grève, ou pour obtenir l'appui financier qui peut devenir nécessaire si la grève se prolonge. L'entreprise voudra prévenir ses clients, ses fournisseurs et ses concurrents afin de recouvrer sa part du marché quand le conflit aura cessé et que la production aura repris son cours normal. Dans les négociations importantes,

---

9. Université Laval, Département des relations industrielles, *Le public et l'information en relations du travail*, 24e Congrès des relations industrielles de l'Université Laval, Québec, Les Presses de l'Université Laval, 1969, 226 p.; Commission d'étude et de consultation sur la révision du régime des négociations collectives dans les secteurs public et parapublic, *Négociations. Rapport Martin-Bouchard*, YVES MARTIN, président, LUCIEN BOUCHARD, commissaire, Québec, Éditeur officiel, 15 février 1978 (198 p.), chapitre 10: «L'information du public», p. 163-176.

les services de relations extérieures, dans leurs rapports avec les groupes intéressés, jouent un rôle capital, tant du côté syndical que patronal.

21.5 Analyse de la méthode traditionnelle

Il existe plusieurs méthodes ou manières de négocier. Celle que la plupart des intervenants utilisent, depuis qu'on négocie collectivement, est qualifiée, pour cette raison, de méthode traditionnelle. Il importe, à ce stade, d'en classifier les principaux éléments et de résumer certains de ses aspects. Les sections précédentes ont été rédigées sur la base de cette méthode. Nous verrons plus loin d'autres techniques utilisées moins souvent.

21.5.1 Ordre des clauses à négocier

Dans quel ordre négocie-t-on les clauses à modifier? La plupart du temps, les parties s'entendent pour discuter en premier lieu des clauses non pécuniaires ou mécaniques. Deux raisons justifient ce choix. D'abord, ces clauses soulèvent généralement moins de passion et d'opposition que les clauses pécuniaires; il s'agit plutôt de problèmes que les deux parties ont profit à régler à leur satisfaction mutuelle. Pendant ce temps, les négociateurs apprennent à se connaître. Ce genre de discussion – que nous appellerons plus tard négociation «intégrative», parce qu'elle contribue à rapprocher les parties – aide à créer un climat relativement favorable, avant d'aborder les questions sur lesquelles ils sont susceptibles de s'opposer et qu'on appelle «distributives».

Certains négociateurs tiennent farouchement à cette distinction: ils refusent d'aborder les clauses à incidence pécuniaire tant que toutes les autres ne sont pas réglées. D'autres négociateurs se montrent moins rigides. Il peut être utile pour les deux parties de laisser en suspens quelques clauses non pécuniaires et communément dites normatives: celles-ci pourront faire partie des marchandages de dernière heure. Cette situation se produit souvent. Les questions non pécuniaires se règlent rarement d'une seule traite lors de la première partie de la négociation, avant de commencer à discuter des questions pécuniaires. Plutôt que de rompre les négociations ou de recourir à l'épreuve de force économique dès ce moment, on préfère laisser ces points en suspens, aborder les clauses pécuniaires et revenir aux autres plus tard, quand on cherchera des compromis d'ensemble.

21.5.2 Entente clause par clause ou entente globale

Nous avons déjà mentionné que les parties doivent choisir, dès le point de départ, entre un mode d'ententes partielles, clause par clause, ou une négociation qui s'achève par une offre globale sur l'ensemble des clauses. Même si, dans la pratique, on suit habituellement une méthode qui tient un peu des deux, on peut classer les négociations en deux catégories relativement distinctes selon cette approche.

L'entente clause par clause a pour avantage que la procédure est plus systématique: on discute une question, on trouve un terrain d'entente et on appose sa signature sur le texte dûment accepté. L'inconvénient principal, c'est que le système exclut le marchandage d'une clause à l'autre; il néglige aussi les interrelations entre les clauses. Il est alors presque impossible de revenir en arrière et d'échanger une clause contre une autre: «J'accepte telle demande, mais à condition que vous laissiez tomber telle autre.» Cela explique pourquoi les parties hésitent beaucoup à se compromettre, dès le début de la négociation, sur quelque clause que ce soit.

On commence donc par explorer l'ensemble des demandes, en abordant les plus faciles. Si certaines clauses ne présentent vraiment aucune difficulté, surtout si elles sont reprises presque textuellement du contrat précédent, on peut sans crainte les parapher immédiatement. On élimine ensuite, peu à peu, les demandes superflues; on cerne les problèmes; on entrevoit des zones de marchandage.

21.5.3 Offre finale et globale

Quand les parties ont déjà réglé tous les points mineurs, qu'elles savent relativement bien quelles sont les exigences véritables de l'autre, et que, d'autre part, la discussion piétine parce que personne n'ose bouger le premier sur les points majeurs, une des parties – généralement la partie patronale – peut se risquer à formuler ce qu'on appelle une offre finale et globale. Supposons qu'il reste, à ce moment, six points majeurs en litige. L'employeur propose un compromis qu'il croit acceptable par la partie syndicale; si tel est le cas, il y a alors entente et la négociation est terminée. Dans notre exemple, supposons que l'employeur concède deux points importants que le syndicat réclamait, qu'en retour il demande au syndicat de laisser tomber deux autres de ses exigences et qu'il propose un compromis qu'il juge raisonnable sur les deux derniers points.

Cette offre est globale en ce sens qu'elle doit être acceptée en bloc. Le syndicat ne peut pas la diviser et accepter seulement ce qui lui plaît. (On dit que c'est un *package deal*.) Il l'accepte en bloc ou il la rejette en bloc. Si le syndicat la rejette, c'est comme si l'employeur n'avait pas proposé cette offre: on reprend la négociation au point où elle était rendue avant. L'offre formulée n'existe plus, ni aucune de ses parties.

On dit aussi que cette offre est finale parce que l'employeur est censé avoir fait toutes les concessions qu'il peut et qu'il veut faire. Il n'ira pas plus loin sur aucun point. Normalement, si cette offre est rejetée, on envisage l'épreuve de force, c'est-à-dire la grève ou le lock-out.

L'offre est-elle vraiment finale? La question se pose, car il se peut que l'employeur se soit gardé une certaine marge de manœuvre pour permettre quelques ajustements de dernière minute, peut-être même pour laisser croire aux employés que le syndicat a réussi à obtenir encore une ou deux concessions. Il est important de s'arranger pour que les représentants syndicaux ne perdent pas la face devant leurs membres.

On parvient, à un moment donné, à une offre qui est vraiment finale. Un représentant syndical qui ne la reconnaîtrait pas comme telle risque gros: les conséquences peuvent être désastreuses. Une grève qui ne rapporte rien ne s'oublie pas de si tôt: elle signifie une perte de crédibilité pour le représentant syndical qui l'a recommandée. L'impact peut être encore plus grand: pour ne citer qu'un exemple, disons qu'il n'y aurait probablement pas eu de projet de loi 25, ordonnant le retour en classe des enseignants en 1967, et peut-être pas de négociation provinciale (en tout cas, pas comme celle que nous avons connue depuis), si l'Alliance des professeurs de Montréal n'avait pas exigé certains ajustements supplémentaires à l'offre finale de l'employeur en février 1967: l'offre finale de la Commission des écoles catholiques de Montréal était vraiment finale; la CECM avait même l'appui du gouvernement provincial à ce sujet. Le syndicat a méjugé l'offre finale.

Un bon négociateur doit pouvoir déceler si la position de l'autre partie est vraiment finale ou si elle ne l'est pas tout à fait. Une erreur de sa part entraîne des conséquences très graves.

21.5.4 Tactiques diverses selon les étapes

Les tactiques de part et d'autre varient considérablement selon les étapes déjà relevées (information, exploration, etc.). On n'utilise pas, en effet, les mêmes moyens pour faire connaître sa position, pour la défendre et pour arriver à s'entendre. Il ne s'agit pas, cependant, d'une compartimentation étanche, mais plutôt d'un accent placé sur une tactique plutôt que sur une autre[10]. (Voir le tableau 21-1.)

Tactiques d'information

Les premières séances visent tout particulièrement à échanger des informations. Chaque partie, mais surtout la partie syndicale, veut expliquer la nature de sa position et des demandes qu'elle formule. Elle souhaite aussi, en même temps, découvrir la véritable position de l'autre; sur les points fondamentaux, elle n'espère pas de réponse définitive, mais elle cherche

10. CARL M. STEVENS, *Strategy and Collective Bargaining Negotiation*, Toronto et New York, McGraw-Hill, 1963, ch. IV, V et VI, p. 57-121; DENIS CARRIER, *La stratégie des négociations collectives*, Paris, Presses universitaires de France, 1967, 2e partie: «L'aspect microscopique: stratégie des négociations collectives directes», p. 83-153; DENIS CARRIER, «La stratégie de la négociation collective» dans *La gestion des relations du travail au Québec*, sous la direction de NOËL MALLETTE, Montréal, McGraw-Hill, 1980, p. 479-495.

TABLEAU 21-1

Étapes et tactiques de la négociation

Stades du déroulement	Étapes et contenu	Tactiques
Première séance	Information : échange des demandes	Information
Séances subséquentes	Exploration : demande d'explications	Persuasion
Au cœur de la négociation	Dégagement d'une zone de contrat : recherche des préférences réelles	Information et persuasion
Crise prérèglement[1]	Modification des préférences réelles, si nécessaire	Coercition : moyens de pression
Entente	Concessions et accord de principe	Coopération

1. Étape cruciale, parfois inexistante, de durée et d'importance variables selon les circonstances et les positions véritables respectives.

D'après Denis Carrier, *La stratégie des négociations collectives*, Paris, Presses universitaires de France, 1967, 160 p.

à percevoir, à partir d'un indice quelconque, ce à quoi elle peut s'attendre.

Tactiques de persuasion

À l'étape de l'exploration et de la négociation elle-même, chaque partie veut d'abord convaincre l'autre de la légitimité de ses demandes (ou de son refus) et de la nécessité d'y accéder (ou de l'accepter).

On peut classer parmi les tactiques de persuasion les arguments objectifs que l'on utilise, de part et d'autre, pour prouver sa thèse. L'analyse du coût de la vie, l'étude des variations de la productivité et de la position concurrentielle de l'entreprise, les comparaisons de tous genres (interoccupations, interindustries, interrégions) tombent dans cette catégorie. La partie syndicale fera appel aux principes d'équité et de justice, alors que l'employeur se préoccupera des contraintes du marché.

Il ne faut pas minimiser l'importance de cette preuve qui constitue, en quelque sorte, la partie rationnelle de la négociation. Les critères auxquels chaque partie recourt ont un poids décisif. L'employeur ne peut ignorer ni un principe d'équité communément admis ni des comparaisons valables, pas plus que le syndicat ne peut rejeter l'argument de la rentabilité, du moins lorsque celui-ci se fonde sur des difficultés véritables et qu'on ne l'utilise pas simplement comme un paravent. Dans le premier cas, l'entreprise risquerait de perdre sa main-d'œuvre sinon sa clientèle, alors que dans l'autre les travailleurs finiraient par y perdre leur emploi. Chaque partie puisera dans cette discussion objective les arguments dont elle aura besoin pour faire accepter les concessions inévitables qu'elle devra vendre à ses propres commettants, au moment de la ratification.

Tactiques de coercition

L'argumentation objective ne suffit pas toujours et les deux parties – davantage la partie syndicale – devront probablement recourir à des arguments plus percutants. Les syndicats possèdent différents moyens de pression qu'ils peuvent utiliser pour forcer l'employeur à présenter de meilleures offres, à retirer ses demandes ou simplement à accélérer le rythme des négociations. Selon les circonstances et l'étape de la négociation, les représentants syndicaux peuvent suggérer aux travailleurs concernés de refuser de faire des heures supplémentaires, d'appliquer minutieusement tous les règlements à la lettre (*work to rule*) et de bloquer ainsi le rythme de la production, de refuser de porter l'uniforme s'ils en ont un normalement, de porter des macarons pour informer le public, de déposer sans cesse des griefs pour toutes sortes de raisons (erreur d'un contremaître, excès de chaleur, etc.), d'effectuer un ralentissement de travail (ce qui est illégal en vertu de l'article 108 du *Code du travail*), de recourir à des retards, à des pauses café prolongées, à des absences systématiques, et ainsi de suite. De son côté, l'employeur peut, entre autres, multiplier les avis disciplinaires et les suspensions.

Dans le cas d'une menace de grève par le syndicat (et inversement dans le cas de menaces patronales), la question principale revient à savoir si la menace est réelle ou stratégique. Le syndicat a-t-il vraiment l'intention de recourir à la grève ou est-ce un simple bluff de sa part ? Il n'aurait alors nullement l'intention d'exécuter sa menace ; il espérerait simplement tromper l'employeur et obtenir plus qu'il n'aurait réussi à décrocher autrement. Le bluff peut porter sur bien d'autres points que la grève, comme la menace d'organiser le boycottage des produits, voire de provoquer des actes de violence et de sabotage.

L'usage du bluff, bien que fréquent dans beaucoup de négociations, n'est pas toujours accessible à tous, du moins à un même degré ; cela dépend de la nature des relations de travail entre les parties, de leur histoire respective, de l'importance des demandes, de la durée des négociations et du tempérament des négociateurs. On doit aussi songer à l'avenir: l'usage constant du bluff lui fait perdre son effet.

Si la menace est réelle et si elle ne suffit pas à faire céder l'autre partie, il ne reste plus qu'à l'exécuter. L'issue dépend alors des forces de résistance de chaque partie. La lutte ouverte accentuera probablement l'antipathie entre les deux groupes, du moins à ses débuts.

Tactiques de coopération

À un moment de la négociation, qu'il y ait eu arrêt de travail ou non, les parties doivent finir par s'entendre et effectuer les rapprochements voulus. Cela suppose toujours des concessions de part et d'autre. Certains signes plus ou moins conventionnels servent à annoncer discrètement la possibilité de telles concessions.

Personne ne veut concéder plus que ce qu'il est absolument obligé de concéder pour obtenir l'accord. Aussi, après avoir défendu sa position première, on ne veut, ni ne peut, face à ses collègues et à ses commettants, céder complètement à l'autre partie. Un jeu de donnant donnant (*give-and-take*) commence alors: « Nous pourrions peut-être nous entendre sur telle clause, si vous cédiez sur telle autre. »

On comprend que les tactiques de coopération seront plus complexes si la lutte, le bluff et peut-être des arguments plus percutants ont placé chaque partie dans une position où il lui est politiquement impossible de céder quoi que ce soit.

Le moment de commencer à concéder des choses sérieuses – en d'autres mots, à amorcer les tactiques de coopération – est aussi difficile à reconnaître que de décider les demandes sur lesquelles on va d'abord céder. Le négociateur qui concède trop tôt va perdre ce qu'il vient d'offrir: son offre constituera un nouveau point de départ pour négocier ; sa position précédente sera tout de suite oubliée. Aussi, la plupart du temps, rien ne bouge pendant des semaines sinon des mois. Personne ne veut s'avancer tant qu'il n'est pas certain que le temps est mûr et que l'autre partie va s'engager dans le mouvement des concessions.

Une concession faite trop tôt est perdue et ne fait pas avancer la négociation. Les négociateurs doivent flairer le moment où l'autre partie est prête à répondre à une concession de leur part. Ce moment critique pourra être différent dans chaque cas ; l'approche des vacances de Noël ou des vacances d'été est souvent propice, si les deux parties souhaitent que la négociation soit terminée pour ce moment.

Pour finir une négociation, il faut des mouvements de coopération. Les tactiques à cet effet ne doivent pas être gaspillées en les utilisant hors de propos ; elles ne seront efficaces qu'au moment opportun.

21.5.5 Règles pratiques

Une brève revue de quelques règles pratiques permettra de regrouper certaines observations déjà formulées et de souligner un aspect que nous n'avons pas étudié jusqu'à maintenant: l'importance des personnalités en présence. À ce sujet, on a vu des négociations apparemment sans issue reprendre vie et arriver à une entente rapide, par suite du départ imprévu d'un représentant syndical ou patronal.

Connaissez bien votre contrat, vos demandes et celles des autres

De prime abord, la recommandation paraît superflue. Pourtant, il semble que bien des difficultés seraient aplanies si tous les membres du comité de négociation, de chaque côté de la table, connaissaient bien le contenu du contrat précédent, les demandes formulées par le syndicat et les contrepropositions patronales. Cette connaissance approfondie peut éviter, en particulier, qu'une supposée victoire sur un point soit annulée par une disposition contradictoire passée inaperçue dans une autre clause.

Connaissez bien vos gens et ceux de l'autre partie

La connaissance des personnes en présence est tout aussi importante, bien que pour d'autres raisons. Le fait de savoir qu'une personne est compétente sur un point et qu'une autre révèle facilement sa pensée si elle est provoquée par surprise sont des exemples de facteurs humains qui peuvent servir à éviter des erreurs de son côté et à profiter de celles des autres. Un aspect essentiel en cette matière est de ne pas oublier les problèmes de nature politique que l'autre partie peut avoir à envisager; il se peut que sa position présente exige une victoire difficile: si elle gagnait son point facilement, elle n'obtiendrait pas le crédit dont elle a besoin; il faut alors fournir la chance à l'autre partie de présenter une défense forte et bien étayée. On doit, en quelque sorte, lui permettre de jouer la comédie.

Parlez peu, écoutez beaucoup

Plus on parle au-delà de la mesure requise, plus on risque de trahir sa position véritable et de donner à l'autre partie des arguments valables contre soi-même. Au contraire, écouter intensément fait souvent découvrir les failles qui permettront d'ouvrir la brèche conduisant aux concessions importantes. Écouter signifie également surveiller les signes. Ces signes sont, si l'on veut, une main tendue par l'autre partie, qu'il faut saisir au passage. À un signe, il faut répondre, par exemple: «Nous pourrions accepter de reconsidérer ce point, si vous acceptiez de modifier tel autre.»

Ne vous prononcez pas à la légère

Il est toujours dangereux d'émettre une opinion sans l'avoir mûrement réfléchie et sans s'être entendu à son sujet avec ses collègues. Si l'on s'est trompé, il est presque impossible de corriger son erreur et d'en réparer les effets. On dit que le meilleur négociateur est celui qui présente une figure de sphinx (*poker face*).

Sachez ménager à l'autre une retraite honorable

Comme les règles du jeu exigent des demandes et des offres initiales qui ne correspondent pas à la position véritable de chaque partie, et comme il faut bien, dans la première partie du processus, les défendre avec une certaine fermeté, il est toujours nécessaire, pour chaque partie, de revenir en arrière par rapport à ses positions premières. La tactique est d'autant plus difficile que l'on s'est compromis plus sérieusement et plus fermement; elle apparaît aussi plus délicate, en règle générale, pour le représentant syndical. Le représentant patronal doit donc lui faciliter cette retraite, s'il veut vraiment arriver à une entente[11].

Faut-il créer des impasses?

Une tactique qui semble se faire jour consisterait à créer des impasses. Si, par exemple, il existe des retards dans le règlement des griefs, la partie syndicale, dans certains cas, a formulé l'ultimatum suivant: nous ne négocierons pas tant que tous les griefs n'auront pas été réglés. Si le nombre est vraiment très élevé, la requête peut équivaloir à une demande de reddition complète; les parties se trouvent dans une impasse avant même d'avoir commencé à négocier.

11. Clark Kerr a écrit: «Essentially, successful collective bargaining is an exercise in graceful retreat – retreat without seeming to retreat.» Voir «Bargaining Processes» dans *Unions, Management, and the Public*, 2e éd., sous la direction de E. WIGHT BAKKE, CLARK KERR et CHARLES W. ANROD, New York, Harcourt, Brace & World, 1960, p. 284.

Inversement, l'entreprise pourra poser un geste de provocation qui entraînera presque nécessairement la rupture, avant même que les parties se soient rencontrées. On peut aussi créer des impasses pendant les négociations. À moins que ce ne soit justifié par la question qui cause le désaccord, la Commission des relations de travail de Washington soutient en général que créer une impasse équivaut à négocier de mauvaise foi. Dans certains cas, le procédé peut comporter un élément de force considérable.

21.6 Conclusion de l'entente

Entre l'accord qui survient à la table de négociation et la signature de la convention collective, il peut, selon les cas et les circonstances, y avoir plusieurs étapes. Nous parcourrons les principales.

21.6.1 Accord de principe

Quand les négociateurs parviennent à un accord, il ne faut pas conclure immédiatement que la négociation est terminée. Il se peut que le texte de la future convention collective ne soit pas rédigé dans sa forme finale. Toutefois, l'accord de principe doit être ratifié, au moins par la partie syndicale.

Du côté patronal, les négociateurs ont généralement obtenu de l'autorité compétente l'autorisation de présenter leur dernière offre avant de la déposer à la table. L'offre est donc, en quelque sorte, ratifiée d'avance par la direction de l'entreprise. Si c'est une association patronale qui négocie, il faut alors un vote de ratification par les employeurs concernés autant que par les membres du syndicat.

21.6.2 Ratification

Du côté syndical, l'accord de principe doit être ratifié par l'assemblée générale de l'instance pertinente, le plus souvent l'assemblée générale du syndicat local. Si les statuts de l'union l'exigent, le représentant profitera de l'intervalle entre l'accord et le vote de ratification pour obtenir l'approbation de la convention collective par les autorités du siège social de l'union.

Le *Code du travail* oblige la tenue d'un vote de ratification parmi les membres concernés, avant que la convention collective puisse être signée. Le vote, qui doit être pris au scrutin secret, a pour but d'autoriser les représentants à signer la convention collective.

> La signature d'une convention collective ne peut avoir lieu qu'après avoir été autorisée au scrutin secret par un vote majoritaire des membres de l'association accréditée qui sont compris dans l'unité de négociation et qui exercent leur droit de vote. (C.t. art. 20.3.)

L'article suivant déclare que si cette obligation n'est pas remplie, il n'y a pas d'autre recours que l'imposition de la pénalité générale prévue par le Code à l'article 144. Ce n'est pas un redressement très efficace. De plus, seul un membre du syndicat accrédité qui fait partie de l'unité de négociation et le procureur général peuvent amorcer cette poursuite pénale. L'employeur n'est pas considéré comme partie intéressée dans un tel cas. (C.t. art. 20.4). Une injonction a déjà été obtenue pour forcer la tenue du vote: la majorité des membres l'exigeait et le syndicat refusait de les convoquer[12].

L'assemblée syndicale rejette parfois l'accord de principe conclu en son nom à la table de négociation. Le phénomène était relativement fréquent à la fin des années 1960[13]. Dans ce cas, l'assemblée doit immédiatement décider des mesures qu'elle veut prendre. Le plus souvent, elle demande à ses représentants de retourner négocier pour améliorer des points particuliers de l'entente. Il est arrivé que le comité de direction ou le comité de négociation qui avait négocié l'accord de principe ait démissionné à la suite du rejet de l'accord par l'assemblée. La situation devient alors confuse: l'assemblée devrait élire un nouveau comité

---

12. *Marinier* c. *Fraternité interprovinciale des ouvriers en électricité*, (1988) R.J.Q. 495 (C.S.).
13. DONALD R. BURKE et LESTER RUBIN, «Is Contract Rejection a Major Collective Bargaining Problem?», *Industrial and Labor Relations Review*, vol. 26, nº 2, janvier 1973, p. 820-833; R.K. MOORES, *Rejets de convention dans les industries relevant de la compétence fédérale (1974)*, Ottawa, Travail Canada, 1975, 26 p.; WILLIAM E. SIMKIN, «Refusals to Ratify Contracts», *Industrial and Labor Relations Review*, vol. 21, nº 4, juillet 1968, p. 518-540.

qui reprendra la négociation, mais l'employeur risque de n'être pas d'accord. Dans la majorité des cas, l'accord de principe est ratifié par l'assemblée générale; le pourcentage des votes favorables est cependant très variable.

L'obligation du vote de ratification repose sur le caractère démocratique du syndicat. C'est toujours l'assemblée générale des membres qui décide en dernier ressort. La même règle et la même procédure s'appliquent du côté patronal, quand une association a négocié pour plusieurs employeurs.

21.6.3 Rédaction finale, signature et dépôt

Dans les conflits sérieux, surtout si l'arrêt de travail s'est prolongé, l'accord de principe se fait souvent sur un texte qui n'est pas rédigé de façon définitive. Les parties sont pressées d'en finir: on s'entend sur une formule énoncée verbalement.

Il reste le problème de rédiger de façon adéquate le texte des clauses ainsi négociées. On confie généralement cette tâche aux deux porte-parole, avec ou sans l'aide du conciliateur. Ils se servent des notes qu'ils ont prises au cours des séances et peuvent faire appel aux autres membres du comité de négociation pour confirmer ou nuancer leur propre mémoire.

L'exercice se révèle souvent difficile. C'est une chose de s'entendre verbalement sur un principe de règlement et c'en est une autre de l'exprimer en des mots stricts, qui seront scrutés à la loupe par les représentants des deux parties – et plus tard par un arbitre – pour y voir le sens que chacun veut y trouver. Il est arrivé que les porte-parole n'aient pas réussi à s'entendre sur la formulation et qu'on ait dû convoquer de nouveau les parties à la table de négociation.

La rédaction finale des textes exige quelques jours ou quelques semaines, selon les difficultés auxquelles on a fait face et la disponibilité des personnes. Lors de la négociation de 1976-1977 dans la construction, l'exercice avait duré plus de six mois, et on avait eu recours à une commission parlementaire pour résoudre le dilemme: on ne s'entendait plus sur les «ententes» déjà conclues.

Une fois que la rédaction est terminée et que les copies requises sont préparées, les parties doivent signer. C'est généralement l'occasion d'une cérémonie d'apparat, avec photographes et journalistes si les circonstances le justifient.

Les parties doivent finalement s'entendre à savoir qui enverra – généralement le bureau du personnel – les cinq copies exigées par l'article 72 du *Code du travail* pour le dépôt auprès du commissaire général du travail ou à la Commission des relations du travail appropriée. Au Québec, ce dépôt est exigé pour que le document ait valeur légale. (Voir le chapitre 15, section 15.2.5). Une fois déposée, la convention entre en vigueur rétroactivement à la date de sa signature ou à la date prévue à cette fin dans la convention.

21.6.4 Protocole de retour au travail

S'il y a eu arrêt de travail, les parties jugent souvent utile de s'entendre sur les conditions du retour au travail, que l'on consigne généralement dans un protocole négocié et signé. Cette pratique s'est généralisée au Québec depuis 1975; elle existe aussi ailleurs, sous différents noms, mais semble moins fréquente qu'ici[14].

Comme son nom l'indique, le protocole veut d'abord déterminer les modalités de la reprise du travail. Le *Code du travail* établit que les salariés en grève ou en lock-out ont le droit de recouvrer leur emploi, dans la mesure où c'est possible (C.t. art. 110 et 110.1). Le protocole détermine quand et dans quel ordre. Les impératifs des méthodes de production ont, de toute évidence, préséance sur l'ancienneté. Le salarié convoqué qui ne se présente pas au travail au jour et à l'heure indiqués est passible de sanctions; certains protocoles prévoient des sanctions sévères pour un tel défaut de revenir au travail au moment fixé, incluant le congédiement.

14. CLAUDE D'AOUST et LOUIS LECLERC, *Les protocoles de retour au travail. Une analyse juridique*, monographie n° 6, Université de Montréal, École de relations industrielles, 1980, 81 p.

Le protocole précise aussi de façon générale ce qu'il advient, vu l'arrêt de travail, de l'ancienneté, des avantages sociaux, des vacances annuelles, des congés fériés, des autres congés (maternité, perfectionnement, activités syndicales) et des périodes de probation.

Les deux questions les plus difficiles sont cependant celles qui ont trait aux mesures disciplinaires et aux poursuites judiciaires reliées au conflit.

Les conflits de travail peuvent entraîner des gestes répréhensibles, avant ou pendant l'arrêt de travail, de la part de certains salariés, qui risquent d'être l'objet de sanctions disciplinaires. Il arrive fréquemment que le syndicat pose comme condition du retour au travail la levée de toutes les sanctions reliées au conflit. Les employeurs, pour retrouver la paix industrielle le plus tôt possible, acceptent souvent de passer l'éponge sur la période du conflit; des lois spéciales imposant le retour au travail peuvent l'avoir fait. Une telle décision a des conséquences graves: à cause de cette coutume de toujours lever les sanctions, certains pensent que tout devient permis dans un conflit de travail, sans aucune sanction au bout du compte.

Le même phénomène se produit, avec des conséquences encore plus sérieuses, quand on décide d'abandonner des poursuites judiciaires. Ces poursuites peuvent viser des dommages civils ou des actes criminels, contre des personnes ou contre la propriété. Quoiqu'il soit interdit de cacher, c'est-à-dire de ne pas dénoncer, un acte criminel (art. 129 du *Code criminel*), on trouve moyen de s'en tirer. Un tel geste accrédite encore davantage l'opinion selon laquelle tout est permis durant un conflit de travail. Un des fondements essentiels des régimes démocratiques est pourtant que tous sont égaux devant la loi. Certains protocoles font la distinction entre poursuites civiles et poursuites criminelles; les poursuites criminelles sont alors maintenues. Une plainte pénale – par exemple reliée aux mesures anti-briseurs de grève – une fois déposée, ne peut être retirée: elle appartient au procureur général.

21.7 Quelques aspects particuliers

Avant de clore l'étude de la méthode traditionnelle de négociation, il importe de souligner quelques aspects importants qui n'ont pas été mentionnés jusqu'ici ou qui risquent d'être passés inaperçus.

21.7.1 Aspects psychologiques

Même si les aspects psychologiques de la négociation ne peuvent contrebalancer, en importance, des questions objectives comme la capacité de payer de l'employeur, les contraintes imposées par la concurrence et la situation courante du marché, ces aspects psychologiques sont importants. Ils sont même, dans certains cas, déterminants[15].

Deux types de facteurs psychologiques jouent un rôle. Parmi les facteurs de situation, on peut nommer les pressions temporelles (le respect d'un délai limite), les positions initiales et l'importance qu'on leur a donnée, l'environnement physique (territoire neutre ou identifié à une partie), la présence possible d'une tierce personne (conciliateur ou médiateur) et le rôle qu'il se donne (catalyseur ou communicateur).

La part des personnalités, toutefois, est encore plus grande. Les acteurs ne se privent pas d'y avoir recours. Certains aspects qui touchent à ces questions ont un fondement objectif. Ainsi, le négociateur peut être plus ou moins représentatif du groupe au nom de qui il parle: ce degré de représentativité se répercute sur son attitude à lui et sur le comportement de ses vis-à-vis. L'image qu'on projette s'avère elle aussi primordiale, et elle en préoccupe plusieurs. On a vu des négociations enlisées débloquer rapidement à la suite d'un changement de porte-parole. Plusieurs se préoccupent aussi du langage non verbal (attitudes, gestes, position du corps) pour deviner les préférences réelles de l'autre partie ou encore pour la dérouter.

La communication véritable entre les parties – et la qualité de cette communication – permet à la négociation de progresser. Le rôle principal de la tierce personne (conciliateur ou médiateur), quand il inter-

15. GÉRARD HÉBERT et JANINE VINCENT, *L'environnement et le jeu des personnalités dans la négociation collective*, monographie n° 7, Université de Montréal, École de relations industrielles, 1980, 77 p.

vient, consiste justement à maintenir ou à rétablir la communication.

21.7.2 Accès à l'information

Une question très controversée depuis toujours est celle de l'accès du syndicat à une information privilégiée sur l'entreprise. Certains soutiennent que l'employeur doit ouvrir tous ses livres au syndicat pour que la négociation se fasse de façon adéquate et éclairée. On en a beaucoup discuté, et on en discute encore[16].

La question soulève généralement les passions des intervenants. Les employeurs eux-mêmes ne possèdent pas toujours toute l'information qu'ils souhaiteraient, par exemple sur la situation future du marché. Les projections économiques sont peut-être moins fiables – elles comportent toujours une longue liste de présupposés – que les prévisions météorologiques. La prise de décision implique toujours des risques calculés. Même avec tous les renseignements que possède l'employeur, le syndicat ne serait pas toujours beaucoup plus avancé à la table de négociation.

Nous reviendrons sur cette question à la fin du chapitre en discutant des principaux problèmes que pose la méthode de négociation traditionnelle (section 21.9.1).

Une question connexe vise le rôle de la recherche dans la négociation collective. Certains grands syndicats et quelques grandes entreprises poursuivent en tout temps des travaux de recherche en vue des prochaines négociations. De tels efforts facilitent le déroulement des rencontres et influencent positivement le résultat des discussions.

21.7.3 Usage des ordinateurs

Bien que l'usage des ordinateurs soit moins répandu dans la négociation collective qu'en d'autres domaines, il est tout de même assez avancé pour qu'on puisse esquisser les avenues qu'il ouvre et les conséquences qu'il peut entraîner[17].

C'est dans la préparation des négociations que l'on se sert davantage de l'ordinateur et qu'on entrevoit l'intensification de cet usage. L'ordinateur permet de constituer des banques d'information sur la main-d'œuvre, ses caractéristiques et ses conditions de travail, dont on peut tirer rapidement les données appropriées et utiles. Même si leur codification présente des difficultés, on peut aussi informatiser les sentences arbitrales et leur application. En plus de stocker des renseignements et de l'information, l'ordinateur peut faciliter certains choix par l'utilisation des modèles et de la simulation : l'employeur et le syndicat évaluent ainsi différents systèmes d'avantages sociaux tout autant que différentes augmentations salariales. Les parties peuvent alors présenter des demandes et des offres en meilleure connaissance de cause.

L'usage de l'ordinateur est moins avancé dans le déroulement même des négociations, quoiqu'il offre de très nombreuses possibilités. Il peut évidemment fournir les informations supplémentaires dont on a toujours besoin en cours de route. L'ordinateur peut servir à évaluer, pour l'employeur, les modifications aux demandes salariales ; il peut également servir, à l'employeur et au syndicat, pour apprécier les chan-

16. JANICE R. BELLACE et HOWARD F. GOSPEL, «Disclosure of Information: A Comparative View», *Industrial Relations Research Association Proceedings of the Thirty-fifth Annual Meeting. New York, December 28-30, 1982*, Madison, Wis., IRRA, 1983, p. 73-81, 84-85 ; LINDA DICKENS, *La divulgation de renseignements aux syndicats ouvriers en Grande-Bretagne*, Ottawa, Travail Canada, février 1980, 59 p. ; BERNARD FOLEY et KEITH MAUNDERS, *Accounting, Information Disclosure and Collective Bargaining*, New York, Holmes and Meier, 1977, 210 p. ; HEM C. JAIN, «Disclosure of Corporate Information to Trade Unions: An Overview of the Issues», *18e Congrès de l'Association canadienne des relations industrielles*, Halifax, 1981, ACRI, p. 336-341 ; RITA R. POTHIER, *L'information des travailleurs dans l'entreprise*, Québec, Centre de recherche et de statistiques sur le marché du travail, 1985, 60 p.

17. ABRAHAM J. SIEGEL (sous la direction de), *The Impact of Computers on Collective Bargaining*, Cambridge, Mass., The MIT Press, 1969, 294 p. Les principaux thèmes sont résumés p. 7-26 ; JACK ELLENBOGEN, «Costing of Contracts in the 80's. The Computer Revolution», communication présentée lors du congrès annuel de la *Eastern Economic Association*, Montréal, 8 mai 1980, 11 p.

gements à un régime de retraite ou d'assurance collective.

L'ordinateur ne porte évidemment aucun jugement ni ne fait aucun choix, à moins qu'on lui ait donné des critères quantifiés. En ce sens, le jeu de tactiques et de pressions décrit précédemment demeure intact: l'entente finale dépendra toujours des décisions de chaque partie au cours du processus.

Une fois l'entente conclue, on pourra utiliser l'ordinateur pour vérifier l'application des diverses clauses. Il a déjà rendu d'énormes services dans des industries complexes et diversifiées comme le vêtement: il permet, par exemple, un contrôle des innombrables ententes sur les taux à la pièce dans un nombre incalculable de petites entreprises, en facilitant leur comparaison rapide avec les normes établies dans la convention collective. Les informations recueillies à cette étape serviront d'ailleurs à la préparation des prochaines négociations.

L'introduction de pareilles méthodes dans les négociations ne peut manquer d'exercer une influence profonde sur les parties et sur le processus lui-même. Grâce à une information beaucoup plus complète et détaillée, les employeurs et les syndicats seront mieux en mesure d'établir leurs positions respectives. Le système assurera de meilleures communications entre les syndicats et entre les employeurs. Il garantira en même temps une meilleure information aux employés: l'utilisation de logiciels spécialisés permettra de traduire rapidement toute entente dans les termes qui préoccupent les employés; cette meilleure information des syndiqués devrait les éveiller davantage à la négociation en cours et forcer leurs représentants à en tenir un plus grand compte.

La dissémination de l'information à une très grande échelle amènera-t-elle plus d'uniformité dans les règlements? Pas nécessairement, puisqu'en définitive l'ordinateur est neutre et que seul le choix des parties peut trancher sur ce point. Cependant, à cause de la tendance à considérer l'uniformité comme souhaitable, l'ordinateur entraînera indirectement l'élimination des ententes trop éloignées de la moyenne.

L'usage de l'ordinateur assurera-t-il plus de rationalité? Il permettra des choix en meilleure connaissance de cause, même si la prise de décision dépend d'options qui ne sont pas toutes quantitatives. Les deux parties demeurent en face d'un accord à effectuer à partir de concessions mutuelles: les méthodes étudiées précédemment conservent toute leur valeur.

21.7.4 Mesure des coûts

Un aspect primordial de la négociation est la mesure des coûts (*costing*): coûts de la négociation proprement dite et coûts de la nouvelle convention qui résultera de ladite négociation. En raison de l'importance capitale de cet aspect, nous lui consacrerons l'ensemble du chapitre suivant.

21.8 Méthodes de négociation différentes

La méthode traditionnelle que nous venons de décrire et d'analyser, plusieurs la trouvent vraiment trop longue et trop coûteuse. Selon eux, il faudrait inventer une formule qui permette d'arriver aux mêmes résultats en moins de temps et avec moins de dépenses. Différentes techniques ont été essayées; nous en considérerons quelques-unes.

21.8.1 *Boulwarism*: l'offre unique

La méthode de l'offre unique n'est pas précisément nouvelle, puisqu'elle remonte à 1947, au moment où Lemuel R. Boulware, vice-président de la compagnie General Electric et responsable des relations de travail, l'imagina et la mit en pratique. Malgré son âge, cette méthode est peut-être encore la plus originale, même si elle est d'emblée la plus controversée.

Nature

Essentiellement, la méthode consiste en ceci[18]. La compagnie fait une étude sérieuse de sa position

18. HERBERT R. NORTHRUP, «Management's "New Look" in Labor Relations», *Industrial Relations*, vol. 1, nº 1, octobre 1961, p. 20-23. Reproduit dans *Readings in Labor Economics*, sous la direction de GORDON F. BLOOM, HERBERT R. NORTHRUP et RICHARD L. ROWAN, Homewood, Ill., Irwin, 1963, p. 471-474; HERBERT R. NORTHRUP, *Boulwarism: The*

financière et de la situation des marchés; à partir de ses observations, elle prépare une offre substantielle, à la limite de ce qu'elle peut et veut concéder dans la négociation à venir. C'est cette offre qu'elle formule et présente dès le début des négociations: l'offre est unique et finale. On la désigne souvent par l'expression «à prendre ou à laisser» (*take it or leave it*).

L'offre est-elle vraiment unique et finale? Oui, en ce sens que la compagnie n'acceptera d'y apporter aucune modification substantielle, à moins qu'on lui démontre une erreur dans les faits. Quels que soient les moyens de pression utilisés par le syndicat, quelle que soit la durée de la grève, le syndicat ne parviendra à arracher à la compagnie rien de plus que ce que contenait fondamentalement sa première offre. La compagnie, cependant, accepte de modifier son offre si le syndicat lui prouve qu'elle s'est trompée dans les faits auxquels elle se réfère ou sur lesquels elle se base. La compagnie acceptera également de majorer un bénéfice plutôt qu'un autre, mais sans changer la valeur de l'offre globale, à la condition encore que le syndicat lui explique le bien-fondé d'un tel changement. Des modifications ont ainsi été obtenues.

En somme, au lieu de partir de contrepropositions nettement trop faibles, que les deux parties reconnaissent d'ailleurs comme telles, la compagnie présente immédiatement la dernière offre qu'elle ferait de toute manière. Elle espère sans doute éviter ainsi des mois de discussions inutiles et, souvent, de mutuelle hypocrisie.

Labor Relations Policies of the General Electric Company. Their Implications for Public Policy and Management Action, Ann Arbor, University of Michigan, Bureau of Industrial Relations, 1964, 197 p.; DONALD E. CULLEN, *Negotiating Labor-Management Contracts*, Bulletin 56, Ithaca, N.Y., Cornell University, New York State School of Industrial and Labor Relations, septembre 1965 (2e tirage 1968), p. 21-26; MORRIS D. FORKOSCH, «"Take It or Leave It" As a Bargaining Technique», *Labor Law Journal*, vol. 18, nº 11, novembre 1967, p. 678; JAMES KUHN, «Electrical Products» dans *Collective Bargaining: Contemporary American Experience*, sous la direction de GERALD G. SOMERS, Madison, Wis., IRRA, 1980 (588 p.), p. 209-262.

Histoire

En 1946, la compagnie GE et ses employés s'étaient affrontés dans une grève particulièrement dure[19]. Afin d'éviter que ne se reproduise un événement aussi coûteux, de part et d'autre, le vice-président Boulware décida de transformer radicalement la manière de procéder de la compagnie; il présenta, dès le début de la négociation de 1947, l'offre qu'il croyait juste et raisonnable. La compagnie n'était pas seule à traverser des difficultés; le syndicat, United Electrical Workers of America (UE), connaissait de profondes divisions, qui aboutirent en 1950 à un démembrement, la plupart des employés de GE se retrouvant dans une nouvelle union: International Union of Electrical Workers (IUE).

Les contrats se succédèrent, tous les ans ou tous les deux ans, jusqu'en 1955. Celui de 1955 avait une durée de cinq ans. En 1958, James B. Carey, président de IUE, tenta de réaliser une coalition des principales unions qui représentaient divers groupes d'employés de GE. Lors de l'affrontement, durant la négociation de 1960, la coalition et la grève se révélèrent des échecs. La coalition échoua peut-être à cause de Carey lui-même, qui était devenu un personnage controversé auquel on reprochait, entre autres, d'avoir entraîné les syndiqués, au cours des années précédentes, dans des grèves infructueuses.

L'échec de 1960 ainsi que les succès relatifs des années précédentes s'expliquent en bonne partie par la structure de l'entreprise. La production de GE est extrêmement diversifiée, de même que le type de travailleurs qu'elle emploie; de plus, la proportion des employés de la production payés à l'heure a considérablement diminué au cours des années. Tous ces facteurs affaiblissent la position du syndicat. Si l'on ajoute à l'excellent système de relations entre la compagnie et ses employés le fait que l'offre initiale

19. Lemuel Boulware a raconté lui-même son expérience, surtout celle des premières années. LEMUEL R. BOULWARE, *The truth about Boulwarism: Trying to Do Right Voluntarily*, Washington, Bureau of National Affairs, 1969, 180 p. Voir aussi les références de la note précédente.

est toujours avantageuse, on comprend aisément le peu de succès de la partie syndicale.

Nous avons vu, dans un chapitre précédent (chapitre 19, section 19.3), que les tentatives de négociations coordonnées ont donné de meilleurs résultats en 1966 et en 1969. La solidarité des groupes en cause semble avoir été alors le facteur principal. Même si le syndicat soutient que, dans ces deux négociations, l'entente finale dépassait l'offre initiale, il n'est pas facile, pour les raisons mentionnées au chapitre 19, de conclure que tel était le cas.

Quoi qu'il en soit de l'efficacité de la méthode et du jugement à porter sur ses résultats lors de ces négociations, il reste un problème très important, celui de l'aspect légal et de ses implications juridiques.

Aspect légal

Après la négociation de 1960, l'union (IUE) déposa une plainte auprès de la Commission des relations de travail américaine, alléguant que la méthode de négociation de GE constituait une pratique interdite par la loi, à savoir que l'employeur ne négociait pas de bonne foi[20]. L'enquêteur (*trial examiner*) trouva que l'employeur avait montré, par l'ensemble de sa conduite, qu'il ne négociait pas de bonne foi. La compagnie s'objecta, mais la Commission, profondément divisée, confirma, dans un rapport majoritaire paru quatre ans après les faits, la décision de l'enquêteur. La compagnie en appela de nouveau et, en 1969, la Cour de circuit statua, de nouveau avec dissidence, que GE n'avait pas négocié de bonne foi en 1960.

De cette condamnation de la conduite de GE en 1960, il est difficile de conclure que l'offre unique, comme telle, doit être considérée comme une pratique de mauvaise foi. En effet, la Commission et la Cour insistent pour dire qu'elles se basent, pour conclure à la mauvaise foi, sur la conduite globale de l'employeur. D'ailleurs, dans une étude des décisions de la Commission des relations de travail américaine de 1957 à 1962, le professeur Philip Ross a trouvé que toutes les condamnations de l'offre unique se fondaient sur d'autres violations, en particulier la coercition ou la discrimination[21].

Dans le cas de GE en 1960, la Commission établit sa condamnation sur quatre observations: le refus de fournir certaines informations, les rapports directs de la compagnie avec les syndicats locaux sur des points de négociation nationale, une offre «à prendre ou à laisser» relative à un régime de pension, et la conduite générale de la compagnie à la table de négociation[22]. La décision de la Commission a d'ailleurs été fréquemment critiquée; on a relevé, par exemple, que la compagnie pouvait, à son crédit, invoquer le fait qu'elle a signé de très nombreux contrats collectifs avec un grand nombre d'unions pendant plus de 30 ans, qu'elle a négocié un nombre incalculable de fois avec IUE, que ses offres ont toujours pu se comparer favorablement aux salaires et aux conditions de travail des autres entreprises et des autres industries, qu'enfin elle aurait pu profiter bien davantage de la position favorable que lui assurait la diversification de ses produits et de ses travailleurs[23]. De plus, la loi dit explicitement que l'obligation de négocier ne force aucune des parties «à accepter une proposition ou à faire une concession[24]».

Deux aspects reviennent constamment dans la décision de la Commission et de la Cour: la compagnie

20. FRANK S. DICKERSON III, «Boulwarism and Good Faith Collective Bargaining», *Michigan Law Review*, vol. 63, nº 8, juin 1965, p. 1473-1482; MORRIS D. FORKOSCH, *op. cit.*, p. 676-698; JAMES W. KUHN, «A New View of Boulwarism: The Significance of the GE Strike», *Labor Law Journal*, vol. 21, nº 9, septembre 1970, p. 582-590.

21. L'étude de Ross n'a pas été publiée, mais ses conclusions sont résumées dans «Good Faith in Collective Bargaining: Private Sector Experience With Some Emerging Public Sector Problems», *California Public Employee Relations*, Series No. 2, août 1969, p. 10.

22. Voir *General Electric Co.* v. *International Union of Electrical, Radio and Machine Workers*, 150 NLRB No. 36, 16 décembre 1964. La décision est résumée dans *Monthly Labor Review*, vol. 8, nº 2, février 1965, p. 190-191.

23. DONALD E. CULLEN, *op. cit.*, p. 43.

24. *Labor-Management Relations Act*, art. 8(d).

refuse de modifier son offre originale et elle s'efforce de la vendre directement à ses employés au moyen d'un réseau de communications raffiné. Sur le premier aspect, deux des cinq juges se dissocient de l'opinion majoritaire : ils ne croient pas qu'on puisse exiger des concessions comme signe de bonne foi. Quant à la communication directe avec les employés, un autre juge y voit une tactique de négociation parmi d'autres. D'une manière générale, on reproche à la compagnie de vouloir briser l'union ; ainsi, par l'offre unique qu'elle fait connaître directement aux travailleurs, elle voudrait prouver à ces derniers que le syndicat ne leur a rien obtenu que la compagnie n'était pas disposée à leur accorder.

Il n'est pas facile de conclure. Si l'on considère que les décisions condamnent vraiment le système de l'offre unique, il faudrait en déduire que le facteur temps constitue un élément capital : il ne serait pas permis de faire une offre raisonnable et définitive au début des négociations ; dans une négociation, il y a toujours, à quelque moment, une offre globale et finale à laquelle l'autre partie se rallie : autrement il n'y aurait jamais d'entente.

Ce qui paraît le plus sérieux – et peut-être le plus inquiétant – est qu'une telle interprétation impose le bluff dans les positions initiales comme une condition nécessaire pour négocier de bonne foi. Si les parties doivent faire des concessions pour obéir à la loi, elles doivent, par le fait même, gonfler leurs demandes et diminuer leurs contrepropositions ; sinon elles seront accusées de négocier de mauvaise foi.

21.8.2 Prénégociations

On a cherché d'autres formules pour remédier aux inconvénients de la méthode traditionnelle ; par exemple, on s'efforce d'étendre la durée des négociations (négociations continues) ou de les devancer (prénégociations). Cependant, aucune de ces méthodes ne s'attaque au cœur du problème, comme l'offre unique du *Boulwarism* ; dans la mesure, pourtant, où ces efforts ne touchent qu'à des aspects secondaires, ils ont peut-être plus de chance de succès. Le *Boulwarism*, en effet, n'a guère connu d'imitation d'envergure, bien qu'on puisse en retrouver beaucoup d'exemples, dans les petites négociations, où les demandes et les contrepropositions sont dès le début très proches de l'entente finale.

La prénégociation consiste simplement à ne pas attendre l'échéance du contrat ou la période de crise, et à commencer à l'avance les rencontres en vue d'une entente. Il n'y a là rien de bien original et plusieurs expériences ont été tentées, sans toutefois avoir produit des résultats éclatants[25].

L'expérience ne comporte un élément vraiment nouveau que lorsque la prénégociation suscite un accord avant l'échéance du contrat, et que l'employeur accepte d'appliquer les nouvelles conditions immédiatement. Tel fut le cas, par exemple, dans le secteur de l'imprimerie commerciale de la région de New York, en 1965 ; l'ancien contrat n'expirait toutefois que 10 jours plus tard[26]. L'enjeu, dans ce cas, réside dans l'estimation que l'on fait, de part et d'autre, des pertes et des gains réalisés par une entente hâtive : le syndicat obtient peut-être un peu moins que ce qu'une négociation prolongée ou une grève lui auraient apporté, mais la différence est inférieure à ce qu'un conflit ouvert lui aurait coûté ; l'employeur fait le raisonnement inverse.

On a vu, au Québec, une tentative de prénégociation dans le secteur parapublic au printemps et à l'été de 1971. Il s'agissait là d'un cas différent : les parties désiraient établir certaines normes générales de rémunération, pour éviter d'en discuter séparément à une douzaine de tables différentes. Comme les deux parties ont donné aux termes de « normes générales » des sens différents, et que la partie syndicale a voulu, à cette occasion, discuter du problème de fond de toute la négociation – la politique salariale du gouvernement –, les rencontres n'ont pas eu de succès. Depuis 1978, des prénégociations, moins ambitieuses, ont lieu à chaque ronde de négociation des

25. Donald E. Cullen, voir *supra*, note 18, p. 29, 35-36.
26. Matthew A. Kelly, «The Application of "Pre-Activity" in the Avoidance of Crisis Bargaining», *Labor Law Journal*, vol. 18, n° 1, janvier 1967, p. 47-56.

secteurs public et parapublic: elles sont prévues dans les multiples lois qui se sont succédé sur le sujet.

La formule de prénégociation ne semble pas, comme telle, offrir des avantages marqués. Pour réussir, elle suppose que les parties ont chacune des raisons impératives qui leur font souhaiter un accord rapide; c'était le cas pour l'imprimerie commerciale dans la région de New York, en 1965: on avait connu, en d'autres secteurs de l'imprimerie dans la même région, au cours des années précédentes, des conflits et des grèves catastrophiques. Il faut un motif de cette nature pour que des prénégociations portent fruit. Les expériences de négociations continues apparaissent plus prometteuses.

21.8.3 Négociations continues

Une des grandes difficultés de la négociation réside dans le fait qu'il faut discuter d'un grand nombre de questions difficiles dans une atmosphère tendue et dans un temps, malgré tout, relativement court. Ces deux aspects – la complexité de certains problèmes et l'atmosphère de tension et d'hostilité – ont poussé les parties à désirer des rapports plus faciles et moins contraignants[27].

Ces expériences ont pris la forme de comités d'étude portant sur des questions particulières, comme les problèmes d'automation et d'avantages sociaux, ou de comités de relations humaines, susceptibles de considérer tout problème d'intérêt mutuel. En règle générale, ces comités ne jouissent d'aucun pouvoir de décision et les résultats de leurs démarches doivent être repris à la table de négociation; l'étude préalable qu'ils ont effectuée permet cependant d'arriver à une entente avec beaucoup plus de facilité. Dans certains cas, ces comités ont fait appel à l'intervention de tierces personnes, dont la neutralité permettait d'escompter une aide appréciable dans la recherche d'une entente mutuelle. D'autres comités ont préféré une base strictement paritaire. Les résultats ont varié selon les circonstances.

Nous reviendrons dans un chapitre ultérieur (chapitre 32) sur les principales expériences de collaboration patronale-ouvrière. Elles ne touchent pas directement la méthode de négociation, mais elles contribuent singulièrement à améliorer le climat général des relations de travail, et donc celui de la négociation, ainsi qu'à préparer des ententes sur des points difficiles et techniques.

On n'a pas encore trouvé, semble-t-il, la méthode de négociation idéale, encore moins la formule magique. La disposition et le désir sincère de chaque partie d'en arriver à une entente constituent peut-être encore la meilleure recette qu'on puisse imaginer. De là à négocier de bonne foi, il n'y a qu'un pas. Dans cet esprit, il devient beaucoup moins important de chercher une définition juridique de la bonne foi que de savoir bien concrètement quel accueil l'autre partie fera à des demandes réalistes et à des contrepropositions raisonnables, quelles concessions s'imposent, par qui et à quel moment.

21.9 Problèmes principaux

En guise de conclusion à ce chapitre, nous esquisserons une synthèse des principaux problèmes que soulève la méthode de négociation traditionnelle, en particulier quant à sa nature et à son caractère objectif ou subjectif.

21.9.1 Problèmes de la méthode traditionnelle

Par rapport à la méthode traditionnelle, nous discuterons principalement de quatre questions: le compromis, le bluff, le secret et le moment de crise.

Le compromis est-il essentiel?

Le compromis fait-il partie de l'essence même de la négociation? Si l'on accepte la décision de la Commission des relations de travail et de la Cour d'appel dans le cas de GE, dans la mesure où cette décision touche le système de l'offre unique, on doit conclure que certaines concessions sont nécessaires comme signes de bonne foi. Les tribunaux canadiens ne se sont pas prononcés directement sur le sujet, mais l'obligation qu'ils rappellent de discuter avec le

27. DONALD E. CULLEN, voir *supra*, note 18, p. 28-35.

syndicat et de faire de sérieux efforts pour s'entendre s'en rapproche singulièrement.

De quelle nature doivent être ces concessions? Il est presque impossible qu'une partie ait suffisamment bien analysé une situation pour qu'on ne puisse pas lui présenter des éléments qui l'amèneraient normalement à modifier sa position, donc à faire certaines concessions. La question va cependant plus loin: doit-il y avoir des concessions sur les points fondamentaux? Doivent-elles être de telle nature que le compromis se situe plus ou moins à moitié chemin entre les deux positions initiales?

Accepter le principe qu'il faut toujours «couper la poire en deux», c'est pousser chaque partie à prendre, au départ, une position exagérée, voire ridicule: si l'on doit finir par s'entendre à moitié chemin, pourquoi ne pas demander deux, trois, quatre, dix fois plus que ce qui paraît raisonnable? Il en restera toujours quelque chose! Présentée en ces termes, l'hypothèse du compromis paraît bien inacceptable. Il n'est pas sûr, toutefois, qu'un conciliateur ne cherche pas toujours la solution à mi-chemin des positions tenues par chacune des deux parties. C'est sans doute pourquoi chaque partie est tellement réticente à faire quelque concession que ce soit avant la toute dernière étape de la négociation.

Si le compromis n'exige pas qu'on se rencontre à mi-chemin, pourquoi serait-il essentiel? Pourquoi cela ne dépendrait-il pas des circonstances et donc, en définitive, de la valeur intrinsèque de la clause elle-même? Nous voilà de nouveau en face du dilemme: négociation objective ou jeu de ruse, demandes et contrepropositions réalistes ou tactiques?

Le bluff est-il inévitable?

La question du bluff n'est au fond qu'un aspect de la question précédente. Il faut distinguer deux occasions principales de bluff: les offres et les contrepropositions initiales, puis les menaces de grève, de lock-out ou d'autres moyens de pression durant la négociation.

Notons d'abord que le bluff ne se remarque pas seulement dans la négociation des conditions de travail; on le retrouve dans la plupart des transactions: si quelqu'un veut vendre sa voiture usagée, il est bien probable qu'il demandera d'abord un prix supérieur à celui qu'il espère vraiment obtenir. Dès qu'on est en présence d'une forme de monopole bilatéral, le marchandage et le bluff deviennent presque inévitables; ce n'est qu'en situation de concurrence parfaite qu'aucun acheteur ni aucun vendeur ne peuvent influencer le prix du marché mais doivent le prendre tel qu'il est.

Dans la poursuite de la négociation, l'utilisation du bluff dépend des circonstances. On s'en sert pour tenter de mesurer la résistance de l'autre partie et pour découvrir sa véritable position; sans ce genre de menace, on craindrait de ne pas obtenir tout ce que l'autre est prêt à concéder.

Dans certains cas, un autre genre de bluff est parfois nécessaire: il s'agit alors d'une façade à construire, pour ne pas dire d'une comédie à jouer (*window-dressing*). Il se peut que les deux principaux négociateurs, de part et d'autre, sachent très bien dès le début quels seront à peu près les termes de l'entente finale; ils pourraient conclure la négociation en une séance ou deux. Cependant, afin de répondre à l'attente de leurs commettants respectifs, ils vont négocier pendant plusieurs mois: ils doivent prouver que le résultat a été difficile à obtenir. Le représentant syndical, en particulier, peut avoir besoin, par exemple pour défendre son poste contre un autre candidat, de donner l'impression d'avoir mené une bataille âpre et soutenue pour obtenir un résultat convenable. Quant au représentant de l'employeur, il doit également montrer qu'il a bien mérité le montant de ses honoraires. Le plus souvent, espérons-le, les négociateurs recherchent la meilleure solution, acceptable par tous, plus qu'ils ne jouent la comédie.

Faut-il ouvrir les livres?

La question d'obliger l'employeur à ouvrir ses livres à la table de négociation est soulevée de temps à autre. Elle se rattache, en un sens, aux problèmes mentionnés précédemment, particulièrement au dilemme:

négociation objective ou jeu d'habileté et de puissance.

La question est explosive et complexe. Elle ne se pose pas non plus de la même manière dans tous les cas. Les états financiers des grandes compagnies sont publics; ils ne sont pas faciles à lire et à interpréter, mais ils sont accessibles, et d'ailleurs, les syndicats les utilisent abondamment, discutant l'augmentation des profits, rarement leur diminution (ce qu'ils laissent aux représentants de l'employeur). Certaines formules de participation aux bénéfices supposent également une connaissance au moins partielle des états financiers de la compagnie.

Le cas des petites et des moyennes entreprises est plus problématique. En effet, le problème a des implications morales, économiques et juridiques. Si l'on invoque l'obligation morale de l'employeur de faire connaître sa véritable position financière, il faudra exiger la même chose pour le syndicat et son fonds de grève. Sans y attacher une importance exagérée, la préoccupation de l'entreprise de ne pas dévoiler sa véritable position, de peur de se rendre vulnérable sur le plan de la concurrence, s'appuie sur des arguments valables. Toutefois, ces problèmes ne touchent qu'indirectement à la négociation elle-même.

Sur le plan juridique, rien dans les lois actuelles n'oblige l'employeur à révéler sa position financière. Par contre, s'il invoque l'incapacité de payer pour refuser toute concession au syndicat, et si celui-ci demande à voir les livres pour vérifier le bien-fondé de l'affirmation, l'employeur doit accéder à la demande: la Commission des relations de travail américaine a déclaré qu'en pareil cas, un refus était un signe de mauvaise foi dans la négociation[28]. La Commission des relations de travail de l'Ontario a tendance à considérer que la révélation par l'employeur de certaines décisions majeures de sa part constitue une condition essentielle pour négocier de bonne foi[29]. Devant des difficultés réelles, des syndicats ont parfois accepté une diminution de salaires afin de sauver les emplois de leurs membres et de protéger l'entreprise de la faillite.

Comme sur plusieurs autres points, il est difficile de conclure d'une manière catégorique.

Négociation et moment de crise

La négociation peut-elle aboutir à une entente sans passer par une période de crise (*crisis bargaining*[30]). Si l'on excepte le cas de certaines négociations dans des entreprises de petite ou de moyenne dimension, il semble impossible de dénouer une négociation sans passer par une certaine crise. C'est qu'il faut un stimulant pour faire les concessions voulues.

Nous avons noté, à ce sujet, la différence entre la situation aux États-Unis et au Canada. Il est très rare, au Canada, qu'une négociation importante s'achève à l'échéance du contrat; elle se poursuit habituellement longtemps après cette date; même si le retard entraîne bien des difficultés, la rétroactivité en allège les inconvénients. D'un autre côté, une fois que la date de l'échéance est passée, les négociations risquent de traîner en longueur si un événement, de source externe ou interne, ne vient inciter les négociateurs à procéder plus rapidement.

Chaque partie hésite toujours à céder sur quelque point que ce soit tant qu'elle ne sent pas qu'on approche du dénouement. En effet, toute concession, patronale ou syndicale, peut signifier la perte d'un avantage qu'on aurait pu obtenir autrement. Personne ne sait exactement comment se déroulera la suite de la négociation. Ainsi, si l'on doit demander l'intervention d'un conciliateur ou d'un médiateur, on recommencera souvent à neuf: la partie qui aurait fait des concessions importantes avant cet événement se

28. Le cas habituellement cité est celui de *Truith*, dans lequel la décision du NLRB a été confirmée par la Cour suprême des États-Unis. *NLRB* v. *Truith Mfg. Co.*, 351 U.S. 149 (1956). Voir HARRY H. WELLINGTON, *Labor and the Legal Process*, New Haven et Londres, Yale University Press, 1968, p. 61 et 323.

29. *Westinghouse Canada Ltd.*, 80 C.L.L.C. 16053; *Consolidated Bathurst Packaging Ltd.*, 83 C.L.L.C. 16066.

30. Nous entendons ici l'expression dans son sens habituel. Il arrive qu'on lui donne un autre sens, par exemple quand la négociation coïncide avec une crise financière de l'entreprise.

trouverait défavorisée, puisque le marchandage partirait alors non pas de sa position initiale mais du point qu'elle aurait concédé.

Dans cette perspective, on comprend que les progrès d'une négociation sont toujours lents et difficiles : personne ne veut bouger avant de sentir la fin toute proche. Un tel piétinement engendre facilement une atmosphère de crise ; la solution apparaît presque impossible sans cette crise.

21.9.2 Négociation «scientifique» ou jeu de puissance ?

Sommes-nous en mesure de répondre à la question posée au début du chapitre ? Il semble bien que nous retrouvions, dans la négociation collective, des éléments d'une discussion scientifique et objective, mais aussi une bonne part d'habileté et de moyens de pression.

Si l'on considère le dénouement de la négociation et le contenu de l'entente, ils reflètent d'une certaine manière les conditions qui ont cours sur le marché du produit et sur le marché du travail. Il y a bien quelques exceptions où, selon les cas, des ententes n'atteignent pas ou, au contraire, dépassent tout ce qui semblerait raisonnable et acceptable. À moins qu'il ne s'agisse alors du secteur public, où le contrôle du marché n'intervient que peu ou pas du tout, la réalité se charge de faire savoir aux partenaires, souvent avec brutalité, l'étendue de leur erreur. En ce sens, il y a, dans la négociation, une part qui peut être scientifique et objective.

Toutefois, pour arriver à ce résultat, il faut que certaines conditions existent, en particulier un équilibre entre l'habileté et le rapport de force de chacune des parties. Comme le point de départ de la négociation n'est à peu près jamais réaliste, les deux parties doivent, à un moment donné, ramener la discussion à une marge appropriée. Dans cette démarche, les tactiques et les rapports de force ont la part prépondérante ; faute d'un équilibre de pouvoir et d'habileté entre les parties, le résultat risque de présenter de sérieuses distorsions.

Bibliographie

Ouvrages généraux

BACHARACH, SAMUEL B. et LAWLER, EDWARD J. «Power and Tactics in Bargaining», *Industrial and Labor Relations Review*, vol. 34, nº 2, janvier 1981, p. 219-233.

BELLENGER, LIONEL. *Les techniques d'argumentation et de négociation*, Paris, Entreprise moderne d'édition, 1978, 144 p.

BOIVIN, JEAN et GUILBAULT, JACQUES. *Les relations patronales-syndicales*, 2e éd., Boucherville, Gaëtan Morin, 1989, 301 p. Chap. 6: «Préparation des parties en vue des négociations» et chap. 7: «Déroulement des négociations», p. 169-217.

CARRIER, DENIS. *La stratégie des négociations collectives*, Paris, Presses universitaires de France, 1967, 2e partie: «L'aspect microscopique: stratégie des négociations collectives directes», ch. III et IV, p. 87-153.

CARRIER, DENIS. «La stratégie de la négociation collective» dans *La gestion des relations du travail au Québec*, sous la direction de NOËL MALLETTE, Montréal, McGraw-Hill, 1980 (642 p.), p. 479-495.

CHAMBERLAIN, NEIL W. et KUHN, JAMES W. *Collective Bargaining*, 2e éd., New York, McGraw-Hill, 1965, 451 p., ch. 3: «The Negotiation Process», p. 51-81.

CULLEN, DONALD E. *Negotiating Labor-Management Contracts*, Bulletin 56, Ithaca, N.Y., Cornell University, New York State School of Industrial and Labor Relations, septembre 1965 (2e tirage 1968), 56 p.

DUNLOP, JOHN T. et HEALY, JAMES J. *Collective Bargaining – Principles and Cases*, Homewood, Ill., Richard D. Irwin, 1953 (éd. mise à jour), ch. IV: «The Collective Bargaining Process», p. 53-68.

DUPONT, CHRISTOPHE. *La négociation: conduite, théorie, application*, Paris, Dalloz, 1982, 276 p.

FISHER, ROGER et URY, WILLIAM. *Comment réussir une négociation*, Paris, Éditions du Seuil, 1982, 223 p. Traduction de Léon Brahem de *Getting to Yes. Negotiating Agreement Without Giving In*, Boston, Houghton Mifflin, 1981, 165 p.

HEALY, JAMES J. (sous la direction de). *Creative Collective Bargaining*, Englewood Cliffs, N.J., Prentice-Hall, 1965, ch. 1: «Traditional Collective Bargaining», p. 1-25, et ch. 2: «The Challenges to the Traditional Process of Collective Bargaining», p. 26-40.

LEBEL, PIERRE. *L'art de la négociation*, Paris, Éditions d'organisation, 200 p.

LEMIEUX, JEAN-PAUL. «Négocier autrement...», *Revue du Barreau*, vol. 41, nº 4, septembre-octobre 1981, p. 750-759.

LEWICKI, ROY J. et LITTERER, JOSEPH A. *Negotiation*, Homewood, Ill., Richard D. Irwin, 1985, 368 p.

PETERS, EDMUND. *Strategy and Tactics in Labor Negotiations*, New London, Conn., National Foremen's Institute, 1955, 233 p.

RAIFFA, HOWARD. *The Art and Science of Negotiating*, Cambridge, Harvard University Press, 1982, 373 p.

Guides et manuels

Fraternité internationale des teamsters. *Manuel de négociation de conventions collectives.* S.l., s.d. (1985?), 20 p.

Montreal Board of Trade: «Collective Bargaining», Bulletin No. 12, Employee Relations Series, 1971, 9 p.

MORSE, BRUCE. *How to Negotiate the Labor Agreement. An Outline Summary of Tested Bargaining Practice*, Detroit, Trends Publishing, 1963, 62 p.

National Industrial Conference Board. *Preparing for Collective Bargaining*, New York, NICB, 1959, 160 p.

OUELLET, JACQUES E. «La préparation au processus de la négociation collective: une approche patronale» dans *La gestion des relations du travail au Québec*, sous la direction de NOËL MALLETTE, Montréal, McGraw-Hill, 1980 (642 p.), p. 449-478.

SLIGER, RAYMOND. «Évolution des relations syndicales-patronales», texte présenté au Premier Congrès scientifique de la Corporation professionnelle des conseillers en relations industrielles (CRI), 8 mai 1981. (Document polycopié.)

Ratification et protocole de retour au travail

BURKE, DONALD R. et RUBIN, LESTER. «Is Contract Rejection a Major Collective Bargaining Problem?» *Industrial and Labor Relations Review*, vol. 26, nº 2, janvier 1973, p. 820-833.

D'AOUST, CLAUDE et LECLERC, LOUIS. *Les protocoles de retour au travail. Une analyse juridique,* monographie nº 6, Université de Montréal, École de relations industrielles, 1980, 81 p.

MOORES, R.K. *Rejets de convention dans les industries relevant de la compétence fédérale (1974)*, Ottawa, Travail Canada, 1975, 26 p.

SIMKIN, WILLIAM E. «Refusals to Ratify Contracts», *Industrial and Labor Relations Review*, vol. 21, nº 4, juillet 1968, p. 518-540.

Aspects psychologiques

HÉBERT, GÉRARD et VINCENT, JANINE. *L'environnement et le jeu des personnalités dans la négociation collective*, monographie nº 7, Université de Montréal, École de relations industrielles, 1980, 77 p.

NIERENBERG, GERARD I. *The Art of Negotiating. Psychological Strategies for Gaining Advantageous Bargains*, New York, Hawthorn Books, 1968, 195 p.

NIERENBERG, GERARD I. et CALERO, HENRY H. *How to Read a Person Like a Book*, New York, Cornerstone Library, 1971 (réimpression 1974), 184 p.

NIERENBERG, GERARD I. et CALERO, HENRY H. *Meta-Talk. Guide to Hidden Meanings in Conversations*, New York, Cornerstone Library, 1973 (réimpression 1975), 155 p.

Accès à l'information

BELLACE, JANICE R. et GOSPEL, HOWARD F. «Disclosure of Information: A Comparative View», *Industrial Relations Research Association Proceedings of the Thirty-fifth Annual Meeting. New York, December 28-30, 1982*, Madison, Wis., IRRA, 1983, p. 73-81, 84-85.

DICKENS, LINDA. *La divulgation de renseignements aux syndicats ouvriers en Grande-Bretagne*, Ottawa, Travail Canada, février 1980, 59 p.

FOLEY, BERNARD et MAUNDERS, KEITH. *Accounting, Information Disclosure and Collective Bargaining*, New York, Holmes and Meier, 1977, 210 p.

JAIN, HEM C. «Disclosure of Corporate Information to Trade Unions: an Overview of the Issues», *18e Congrès de l'Association canadienne des relations industrielles, Halifax, 1981,* ACRI, p. 336-341.

POTHIER, RITA R. *L'information des travailleurs dans l'entreprise*, Québec, Centre de recherche et de statistiques sur le marché du travail, 1985, 60 p.

Usage des ordinateurs

BALKE, WALTER MORLEY, HAMMOND, KENNETH R. et MEYER, G. DALE. «Application of Judgment Theory and Interactive Computer Graphics Technology to Labor-Management Negotiations: An Example» dans *Proceedings of the 25th Anniversary Meeting of the Industrial Relations Research Association. Toronto, Dec. 1972*, Madison, Wis. IRRA, 1973, p. 193-202.

ELLENBOGEN, JACK. «Costing of Contracts in the 80's. The Computer Revolution», document présenté lors du congrès annuel de la *Eastern Economic Association*, Montréal, 8 mai 1980, 11 p.

SIEGEL, ABRAHAM J. (sous la direction de). *The Impact of Computers on Collective Bargaining*, Cambridge, Mass. The MIT Press, 1969, 294 p.

Boulwarism

BOULWARE, LEMUEL R. *The Truth about Boulwarism: Trying to Do Right Voluntarily*, Washington, The Bureau of National Affairs, 1969, 180 p.

COMPTON, JAMES D. «Victory at GE – How it Was Done», *The American Federationist* (AFL-CIO, Washington, D.C.), juillet 1970. Article reproduit dans *Readings in Labor Economics and Labor Relations*, sous la direction de RICHARD L. ROWAN, Homewood, Ill., Richard D. Irwin et Georgetown, Ont., Irwin-Dorsey, 1972 (éd. mise à jour), p. 292-300.

DICKERSON, FRANK S. III. «Boulwarism and Good Faith Collective Bargaining», *Michigan Law Review*, vol. 63, nº 8, juin 1965, p. 1473-1482.

FORKOSCH, MORRIS D. «"Take It or Leave It" As a Bargaining Technique», *Labor Law Journal*, vol. 18, nº 11, novembre 1967, p. 678.

KUHN, JAMES. «Electrical Products» dans *Collective Bargaining: Contemporary American Experience*, sous la direction de GERALD G. SOMERS, Madison, Wis., IRRA, 1980 (588 p.), p. 226-235.

NORTHRUP, HERBERT R. *Boulwarism: The Labor Relations Policies of the General Electric Company. Their Implications for Public Policy and Management Action*, Ann Arbor, University of Michigan, Bureau of Industrial Relations, 1964, xvi-197 p.

NORTHRUP, HERBERT R. «The Case for Boulwarism», *Harvard Business Review*, vol. 41, nº 5, septembre-octobre 1963, p. 86-97.

Chapitre

22

Coûts de la négociation et de la convention

PLAN

L'étude des coûts s'avère l'élément principal de la préparation des négociations. On distingue deux principaux types de coûts. La négociation comme processus entraîne des coûts directs que nous évoquerons brièvement. Mais le coût le plus important découle des nouvelles conditions de travail acceptées par l'employeur; celles-ci se concrétiseront dans l'application de la future convention collective. Nous traitons séparément des coûts de négociation, reliés au processus lui-même (section 22.1), et des coûts des nouvelles conditions de travail (sections 22.2 à 22.6). Les coûts attribuables à la convention proprement dite constituent donc l'objet principal du présent chapitre[1].

L'employeur supporte la plus grande part des coûts de la négociation et, surtout, de la future convention. L'analyse mentionnera au passage les coûts partagés par les deux parties.

22.1 Coûts de la négociation

Les frais inhérents à la négociation proprement dite n'exigent pas de longs développements. Même si certains sont difficiles à évaluer, leur importance est facile à percevoir. Nous verrons rapidement les principaux facteurs qui engendrent ces coûts.

22.1.1 Consultants

Une première catégorie de dépenses est occasionnée par les nombreuses consultations que l'entreprise doit effectuer avant et pendant la période de négociation. Si l'employeur engage un avocat comme porte-parole, il doit lui verser les honoraires demandés pour ses services, tant pour la préparation que pour le déroulement de la négociation. Si les pensions et les avantages sociaux sont négociés cette année-là, il faudra sans doute consulter un bureau d'actuaires. De plus, l'entreprise adhère souvent à une association patronale de relations ouvrières dans le but d'obtenir l'information requise sur les conditions de travail dans l'industrie et dans la région. Les contributions versées à cette fin font partie des coûts directs de la négociation. Enfin, quelques entreprises engagent un ou des stagiaires pour faire l'analyse du contexte économique, des conditions environnantes et peut-être des principaux griefs, pour que l'équipe patronale de négociation arrive à la table mieux préparée.

Pour sa part, le syndicat peut avoir à supporter certaines dépenses de consultation. Mais le plus souvent, ce travail est assuré par les permanents de l'union ou de la fédération. Leurs services sont payés par la quote-part (*per capita*) qui est versée régulièrement à l'organisme syndical auquel le syndicat local est affilié, à même la cotisation régulière de chaque employé représenté. Il arrive qu'un syndicat local veuille avoir une meilleure expertise sur un point particulier et qu'il engage lui-même, à ses frais, un consultant.

22.1.2 Lieux et frais afférents

Quand les parties décident de tenir les séances de négociation en terrain neutre – c'est-à-dire ni dans les locaux de l'employeur ni dans ceux du syndicat –, elles doivent alors en assumer les frais. C'est généralement l'employeur qui les paie, quoique le syndicat en assume parfois une partie. Il ne s'agit pas de louer une seule salle dans un hôtel; plusieurs salles, ainsi que quelques chambres sont nécessaires. En plus de la salle de négociation proprement dite, il faut des salles où chaque partie puisse se réunir, séparément et privément, «en caucus» comme on dit alors. Dans certains cas, on voudra avoir un petit service de secrétariat attenant, ce qui signifie un autre local. Ceux qui ont l'habitude des sessions de négociation intensives, surtout vers la fin du processus, retiendront parfois une chambre ou deux pour leurs principaux représentants, où ceux-ci pourront prendre un peu de repos et laisser leur surcroît de documents. Ces longues sessions exigent un minimum de sustentation, au moins du café et des biscuits, sinon des repas complets. Aussi la facture de l'hôtel où s'est tenue la négociation peut être passablement élevée; et encore davantage si on y ajoute les coûts de la célébration du règlement.

1. Le chapitre a été préparé par Patrice Jalette, étudiant au doctorat à l'École de relations industrielles de l'Université de Montréal.

Les parties concernées ont évidemment toute liberté de décider quelle sera la répartition de ces dépenses. C'est un point dont on discute habituellement avant que débutent les négociations proprement dites. Assez souvent, l'employeur assume les frais de ce qu'on pourrait appeler les nécessités de base: les salles principales (pour la négociation et les caucus), et un minimum de sustentation: café, jus et collation. Pour le reste, chaque partie ou chaque personne assumera ses propres dépenses.

22.1.3 Personnel de la négociation

Plusieurs entreprises se sont engagées, dans la convention antérieure, à payer le salaire régulier de leurs employés qui siégeront au comité syndical de négociation, pour les heures de négociation effectuées durant les heures normales de travail. Ces employés auraient été rémunérés de toute manière, mais il y a un manque à gagner (*opportunity cost*) pour l'entreprise, puisqu'ils n'effectuent pas leur travail habituel et qu'il faut normalement les remplacer.

Il y a également un manque à gagner pour l'équipe patronale de négociation et pour le personnel de soutien qui y est affecté. Le salaire de ces personnes sera comptabilisé ou non dans les dépenses de négociation, selon que leur implication dans le processus est considérée comme exceptionnelle ou comme faisant partie de leur tâche normale. Une partie de la rémunération de ces personnes doit clairement être attribuée aux frais de négociation: les heures supplémentaires qui leur seront payées, s'il y a lieu, ainsi que le remboursement de divers frais comme des déplacements et des repas, sans parler des jours de vacances ou de congé parfois accordés à la suite de négociations longues et pénibles.

Tout ce manque à gagner et ces frais exceptionnels sont difficiles à évaluer; ils n'en sont pas moins réels. On pourrait procéder à leur sujet à une analyse coûts-bénéfices, même si l'exercice ne serait pas facile. Pour ne donner qu'un exemple, des salles plus chères mais plus confortables pourraient amener un règlement plus rapide et diminuer d'autant les frais de locaux, à moins qu'elles n'aient l'effet contraire! Il faut noter, cependant, que le salaire des délégués syndicaux à la table de négociation et celui des représentants patronaux constituent la plus importante partie des coûts de la négociation et que le bénéfice qui en découle se confond avec les avantages généraux – nullement négligeables – de bonnes relations de travail dans l'entreprise.

22.1.4 Coût des moyens de pression

Même si la proportion des arrêts de travail – grèves et lock-out – est faible par rapport au nombre total de négociations, rares sont les cas qui ne comportent pas un certain nombre de moyens de pression: ralentissement de travail, prolongation des pauses café, multiplication des griefs, etc. Il est difficile de mesurer le coût de ces moyens de pression, mais leur impact n'en est pas moins réel et peut être considérable.

Quand il y a grève ou lock-out, le coût de l'arrêt du travail devient plus évident: commandes non livrées, perte possible de matières premières, coût de remise en marche et perte de clientèle, sans parler des dommages matériels si l'affrontement devient violent, et des frais juridiques s'il y a lieu. Les pertes occasionnées par un arrêt de travail peuvent être si élevées que des employeurs préféreront céder à des demandes qu'ils considèrent par ailleurs inacceptables. C'est même une tactique syndicale fréquemment utilisée que de faire la grève contre l'employeur le plus vulnérable du groupe, pour qu'il cède devant les coûts trop élevés de la grève et que ses concessions entraînent ensuite celles des autres.

Les coûts d'une grève, tout comme ceux qui résultent d'autres moyens de pression, constituent des coûts qui découlent directement de la négociation collective. L'arrêt de travail ne va pas sans frais du côté syndical. Les employés concernés ne touchent pas de salaire et, généralement, le syndicat leur verse une indemnité de grève, au moins pendant quelques semaines. C'est souvent l'importance du fonds de grève qui décide de la longueur de l'arrêt de travail.

Tous ces coûts directs de la négociation, sauf peut-être ceux de certains arrêts de travail majeurs, sont presque négligeables à côté de ceux qui découlent de la convention elle-même. Aussi, tout le reste du chapitre sera-t-il consacré à l'analyse des coûts de la convention collective. À leur sujet, nous verrons le rôle et l'objectif de cette analyse, la terminologie utilisée et la typologie courante, les caractéristiques principales de l'exercice et les outils de base qu'on y emploie.

22.2 Rôle et objectif de l'analyse des coûts de la convention

Les parties contractantes procèdent toujours, de façon explicite ou implicite, à l'analyse des coûts de la future convention. Cet exercice constitue un élément essentiel du processus. Pendant les préparatifs de négociation une telle analyse sert à préparer les propositions et les arguments qui viendront les appuyer. Au cours de la négociation, on y a recours pour apprécier les différentes contrepropositions qui sont présentées et pour mesurer l'écart qui sépare les parties. Enfin, à l'occasion du *post mortem*, on l'utilise pour voir si les résultats escomptés ont été atteints.

De façon plus générale, l'analyse des coûts de la convention permet aux parties en présence de parler le même langage, lorsqu'elles veulent réellement échanger.

22.2.1 Langage commun

Comme données objectives, les coûts inhérents à la convention ont l'avantage de permettre d'établir un point de comparaison entre des propositions de clauses souvent disparates. L'analyse des coûts permet aux négociateurs de parler le même langage, a-t-on dit[2]. Les parties peuvent ainsi évaluer l'impact financier de ce qu'elles négocient et confronter entre elles différentes possibilités. Elles feront alors des choix éclairés en fonction des différentes modalités proposées pour une clause donnée.

L'analyse des coûts de la convention collective revêt une importance primordiale pour l'employeur. Le contrôle des coûts exige d'abord qu'on les connaisse. Pour contrôler ses frais de main-d'œuvre, la direction doit savoir quelles sont ses dépenses et dans quelle mesure elles affectent les profits[3]. La réflexion de Granof selon laquelle la négociation collective est trop importante pour être prise en charge par les seuls experts en relations de travail prend ainsi tout son sens[4]. La rentabilité générale de l'entreprise, le prix du produit et le volume de production sont autant de considérations patronales susceptibles d'être affectées par les coûts du contrat collectif de travail.

Pour le syndicat, l'analyse des coûts de la convention collective peut, à première vue, paraître incompatible avec les objectifs qu'il poursuit[5].

> Des syndicats efficaces négocieront en fonction des avantages visés, non des coûts. Ils négocieront ces avantages en fonction de leur valeur intrinsèque et des besoins de leurs membres, sans se préoccuper des estimations financières de l'employeur.

La raison d'être du syndicat étant de maximiser les avantages de ses membres, il est facile de comprendre que les syndicalistes soient réfractaires à l'analyse des coûts de la convention, si l'employeur s'y réfère toujours pour rejeter toutes leurs demandes ou propositions. Tout naturellement, ils invoqueront alors les besoins des membres et ils s'appuieront sur leur rapport de force. Pourtant, le contexte économique de la fin du XXe siècle les forcera inéluctablement à se préoccuper des coûts de la convention collective.

Le syndicat peut également tirer avantage d'une analyse des coûts. Celle-ci lui permet de présenter une argumentation quantitative valable, qu'il peut confronter à celle de l'employeur. À une époque où les demandes patronales sont en vogue, le syndicat doit pouvoir discuter des coûts avec les gestionnaires;

2. GENE DANIELS et KENNETH GAGALA, *Labor Guide to Negotiating Wages and Benefits*, Reston, Va., Reston Publishing Company, 1985 (292 p.), p. 92.

3. MICHAEL H. GRANOF, *How to Cost Your Labor Contract*, Washington, D.C., The Bureau of National Affairs, 1973 (147 p.), p. 2.

4. *Ibid.*, p. V.

5. GILBERT LEVINE, «Assessing the Costs and Benefits of Collective Bargaining», *Relations industrielles*, vol. 28, n° 4, 1973, p. 824.

l'analyse des coûts de la convention le concerne grandement.

L'importance de l'analyse des coûts de la convention collective est bien illustrée au chapitre 29 du présent ouvrage qui traite des modèles de négociation collective. Dans plusieurs de ces modèles, les coûts de la négociation sont considérés comme un facteur déterminant du déroulement et des résultats du processus.

22.2.2 État de la recherche

Il existe un certain nombre d'écrits sur l'analyse des coûts de la convention collective. L'important ouvrage de Granof, *How to Cost Your Labor Contract* (1973), a inspiré quelques auteurs, mais les publications sur le sujet demeurent rares. Les différents travaux réalisés ne vont guère plus loin que l'excellente étude du précurseur, Granof. Les ouvrages prennent la plupart du temps la forme d'un guide pratique.

Malgré que le processus soit utilisé, implicitement ou explicitement, par l'ensemble des praticiens, la recherche sur l'analyse des coûts de la convention collective demeure très fragmentaire. On a avancé les raisons suivantes pour expliquer cette carence[6]:

- La volonté des concepteurs de modèles (entreprises ou firmes de consultants) de ne pas partager leur savoir, afin de rentabiliser leurs investissements;
- L'insécurité des praticiens à l'idée d'utiliser de nouveaux modèles;
- Le fait que l'on ne peut rattacher l'analyse des coûts à une discipline en particulier fait en sorte qu'il n'y a aucun forum où l'on peut partager les découvertes en la matière;
- Le désir des experts de rester anonymes pour que leurs estimations ne puissent être remises en question par leurs supérieurs si elles comportent des écarts importants avec la réalité.

6. GORDON S. SKINNER et E. EDWARD HERMAN, «The Importance of Costing Labor Contracts», *Labor Law Journal*, vol. 32, nº 8, 1981, p. 498.

Certains auteurs ont mis de l'avant une autre explication: le peu d'attention porté à cette activité dans l'enseignement des relations du travail et de la gestion des ressources humaines[7]. D'autres se demandent si le climat de vive confrontation et de confidentialité extrême qui entoure plusieurs négociations patronales-syndicales ne pourrait pas lui aussi expliquer le retard dans l'analyse des coûts de la convention collective.

Une dernière observation. Il semble que les clauses non pécuniaires du contrat aient été «oubliées» tant par la littérature spécialisée que par les praticiens. Évaluer les coûts de clauses explicitement classifiées «non pécuniaires» semble paradoxal. Pourtant toute clause qui accorde des droits aux salariés engendre des coûts. Une analyse complète des coûts de la convention collective ne devrait exclure aucune disposition de la convention.

22.3 Définitions, typologies et impact des coûts

Il faut approfondir ce qu'on entend par les coûts de la convention collective: quels sont les coûts que l'on veut mesurer? Par qui sont-ils influencés? Quel impact exercent-ils?

22.3.1 Définition des coûts de la convention

Les coûts de la convention collective font partie des coûts de la main-d'œuvre, un concept beaucoup plus large. On a défini les coûts de la main-d'œuvre comme l'ensemble des frais occasionnés à l'employeur pour l'obtention, l'utilisation et la conservation de la main-d'œuvre requise dans le processus de production[8]. Cette notion dépasse largement les coûts rattachés à la convention collective. La rémunération globale se situe entre les deux: elle correspond au prix de la

7. FÉLIX QUINET, *L'analyse coût-bénéfice des résultats de la négociation collective*, Ottawa, 1986, p. 19. (Document miméographié.)
8. GÉRARD DION, *Dictionnaire canadien des relations du travail*, 2e éd., Québec, Presses de l'Université Laval, 1986, p. 138.

«consommation» de la force de travail. Elle se définit comme suit[9]:

> L'ensemble des avantages matériels (rémunération directe et indirecte) reçus par l'employé pour l'exécution des fonctions de son poste ainsi que l'ensemble des bénéfices psychologiques que l'employé en retire.

Cette définition vise le revenu individuel du travailleur, alors que la précédente inclut tout l'aspect administratif de la gestion de la main-d'œuvre.

Trois types d'agents interviennent pour fixer les coûts de main-d'œuvre de l'employeur. Premièrement, l'État établit certaines normes que toute entreprise doit respecter: salaire minimum, prime d'heures supplémentaires, vacances annuelles, etc. Il exige également diverses primes (un genre de taxe sur la «consommation» de main-d'œuvre) en vue de maintenir quelques régimes publics d'avantages sociaux, d'indemnisation et de sécurité du revenu: accidents de travail, assurance-chômage, assurance-maladie, régime de rentes.

Pour obtenir la main-d'œuvre dont il a besoin, l'employeur doit généralement assumer des coûts qui dépassent les minima imposés par les normes gouvernementales. Comme consommateur de main-d'œuvre, le marché lui impose des coûts qui varient selon le type et le nombre d'employés requis. Le marché est ainsi le second agent à en déterminer le prix.

Le troisième agent est le syndicat. L'action syndicale vise à améliorer les conditions de travail de ses membres en les élevant au-dessus des normes fixées par l'État et le marché[10]. Ces coûts de main-d'œuvre «ajoutés» prennent la forme de normes contraignantes, c'est-à-dire ce que l'employeur doit payer pour conserver sa main-d'œuvre selon les pratiques syndicales en vigueur.

En ce qui concerne les coûts de la convention collective, ils peuvent être envisagés comme le prix qui résulte de la détermination conjointe des conditions du travail. De façon simpliste, ils représentent des coûts dus à la présence syndicale et ils s'ajoutent aux coûts de base de la main-d'œuvre et sont consignés dans la convention collective. Les coûts de la convention collective sont multiples et se présentent sous différentes formes. (Voir le tableau 22-1.)

Il y a d'abord les coûts de la rémunération. Idéalement on devrait attribuer à la convention collective la somme versée en excédent des exigences du marché. Mais la distinction est difficile à établir concrètement et les praticiens mesurent généralement le niveau du salaire et des avantages sociaux. Nous incluons ici tous les avantages monnayables, les congés et les indemnités de toutes sortes.

Dans la mesure où ils sont quantifiables, il faudrait inclure les coûts qui découlent des clauses dites mécaniques, ou non pécuniaires. Par exemple, les règles relatives aux mises à pied et aux promotions comportent des coûts non négligeables. Le règlement des griefs aussi, tant pour la procédure à suivre, jusqu'à l'arbitrage inclusivement, que par suite de décisions arbitrales imposant des compensations financières ou des déplacements de personnel coûteux.

Il ne faut pas oublier les frais reliés à l'application et à l'administration de la convention collective. On peut mentionner enfin des coûts moins tangibles, comme les répercussions sur l'employeur ou l'entreprise qui aurait accepté des concessions, invoquées ensuite comme précédents; ces concessions vaudront éventuellement à leur auteur une perte de prestige et de pouvoir politique parmi ses pairs.

Voilà ce qui, théoriquement, constitue les coûts de la convention collective[11], même si plusieurs pra-

9. François Delorme, «Peut-on mesurer la rémunération globale?», *Travail-Québec*, vol. 14, nº 1, mars 1978, p. 15.
10. L'influence syndicale sur les conditions de travail n'est pas nécessairement toujours directe; certaines entreprises non syndiquées sont prêtes à accorder des avantages supérieurs à ce qui est offert par le marché afin d'éviter la syndicalisation.
11. Pour une réflexion exhaustive sur les coûts de la négociation collective, consulter Neil W. Chamberlain, *A General Theory of Economic Process*, New York, Harper & Brothers, 1955, chapitres 6 et 7, p. 74-127. Voir également le chapitre 29 du présent ouvrage.

TABLEAU 22-1

Répartition des différents coûts de l'entreprise

COÛTS DE PRODUCTION

- Matières premières
- Coûts du capital réel et de l'énergie
- Coûts financiers
- Transport et entreposage
- Coûts reliés au bâtiment et à son entretien

COÛTS DE MAIN-D'ŒUVRE

- Frais d'embauche et de formation
- Cotisations aux régimes étatiques
- Frais du service des ressources humaines
- Coûts de rémunération au prix du marché[1]
- Frais de déplacement et d'hébergement s'il y a lieu

COÛTS DE LA CONVENTION COLLECTIVE
(reliés au travail syndiqué)

Coûts de la négociation

Coûts de la rémunération[1]
- Salaire
- Avantages sociaux

Coûts des clauses dites mécaniques (non pécuniaires)
- Mouvements de personnel
- Comités divers

Coûts du règlement des griefs
- Coûts de la procédure
- Coûts des décisions arbitrales

Coûts administratifs
- Frais du service des relations de travail
- Publication et distribution du texte de la convention

Coûts politiques (auprès des autres employeurs)
- Précédents introduits
- Concession des droits de gérance

1. Idéalement, on devrait attribuer à la convention collective le seul excédent versé au-delà des exigences du marché. La distinction n'est pas retenue par les praticiens.

ticiens et théoriciens en limitent l'analyse aux éléments directement quantifiables. En somme, ils peuvent être considérés comme les coûts déterminés dans la négociation et consignés dans la convention collective, avec toutes les dépenses et les conséquences qui en découlent directement.

TABLEAU 22-2

Classifications diverses des coûts de la convention collective

Classifications[1]	Critères discriminants
1. Coûts totaux du contrat Coûts du renouvellement de contrat	Distinction faite entre l'ensemble des coûts du contrat et les coûts ajoutés
2. Coûts réels du contrat (*ex post*) Coûts estimés du contrat (*ex ante*)	Distinction faite selon que les coûts sont déjà défrayés ou à venir
3. Coûts fixes Coûts variables Coûts d'opportunité	Distinction faite selon le degré de liberté que l'on peut avoir d'assumer des déboursés
4. Coûts directs Coûts d'impact immédiat Coûts indirects (impact secondaire)	Distinction faite selon que l'on considère entièrement ou partiellement l'impact de la rémunération ou d'autres impacts dus à d'autres clauses
5. Coûts d'augmentation Coûts d'impact	Distinction effectuée selon que l'augmentation des coûts d'un avantage est due à son élargissement ou à une hausse du taux de salaire
6. Coûts dus à de nouveaux avantages Coûts dus à d'anciens avantages	Distinction faite selon que les sommes investies dans des avantages représentent de l'argent neuf (*new*) ou déjà acquis (*old*)
7. Coûts du contrat précédent Coûts du contrat actuel Coûts du prochain contrat (coûts «dynamiques»)	Distinction effectuée selon le contrat et la période où des déboursés sont faits

1. Tous les termes mentionnés sont définis, et illustrés par des exemples s'il y a lieu, tout au long de la présente section.

22.3.2 Typologies utilisées

Dans l'analyse des coûts de la convention, on se réfère à différentes approches qui s'expriment à travers plusieurs typologies. Toutes ces visions s'appliquent à l'ensemble des coûts de la convention, qu'on les considère tous ou qu'on ne retienne que les plus faciles à mesurer. Nous définirons et expliquerons les principaux termes utilisés. (Voir le tableau 22-2.)

Il faut d'abord distinguer les coûts totaux d'une convention des coûts attribuables à son renouvellement. Dans ce cas-ci, on s'intéresse d'habitude aux coûts nouveaux, qui s'ajoutent aux anciens, par suite des modifications ou des additions à la convention collective. Les coûts totaux visent l'ensemble, sans faire de distinction entre les coûts nouvellement ajoutés et ceux qui existaient déjà.

Selon le moment où on les examine, les dépenses peuvent être estimées, faire l'objet de prévisions, ou être évaluées réellement après qu'elles ont été engagées. L'estimation se fait généralement pendant la négociation (*ex ante*) et porte le plus souvent sur les coûts ajoutés. L'évaluation vise quant à elle les coûts déjà assumés (*ex post*). Les deux exigent des aptitudes et des outils différents[12].

> L'estimation (...) se réfère principalement à la disponibilité rapide de renseignements statistiques pour fins de projection des coûts additionnels occasionnés par le renouvellement d'une convention collective. (...)

12. Pierre-André Vachon, «Mesure des coûts d'une convention collective: quelques aspects, divers avantages», *Relations industrielles*, vol. 28, nº 4, 1973, p. 810.

L'évaluation des coûts est cette pratique qui s'identifie surtout à une analyse systématique et rationnelle effectuée à plus long terme i.e. pendant la durée d'une convention collective pour des fins de contrôle des déboursés et d'études de prospective.

Il est intéressant d'effectuer cette distinction entre les coûts réels (évaluation) et les coûts prévus (estimation), car ces activités se distinguent non seulement par l'ampleur des coûts mesurés, mais aussi par la perspective où elles sont utilisées: *ex ante* (estimation) et *ex post* (évaluation). L'évaluation permet d'effectuer un contrôle utile des estimations faites au cours des négociations.

Dans une approche inspirée de la comptabilisation des ressources humaines, Wayne Cascio[13] classifie les coûts selon le degré de liberté que l'on a de les assumer: coûts fixes, comme les salaires, coûts variables, comme les frais de consultants externes ou les heures supplémentaires, et coûts d'opportunité, comme la production perdue par suite de l'utilisation à des activités non directement productives du temps normalement productif d'un employé, ou la réallocation des ressources à d'autres fins[14].

Sous un autre aspect, on peut distinguer les coûts directs, comme une hausse du taux de salaire horaire, les coûts d'impact immédiat, comme l'augmentation du coût des vacances due à une majoration du taux horaire, et les coûts indirects, comme l'embauche d'ingénieurs industriels pour appliquer une clause d'évaluation systématique des emplois[15]. Les coûts directs se calculent à partir de la clause elle-même et de certains paramètres de production comme le nombre d'employés. Les coûts d'impact supposent qu'on a déterminé les interrelations entre les diverses clauses et la «synergie» qui existe entre elles: une hausse des salaires horaires entraîne une augmentation des payes de vacances. Pour ce qui est des coûts indirects, ils proviennent de clauses qui imposent une contrainte ou une action quelconque à l'employeur; par exemple, si la durée des vacances est allongée, l'employeur devra recourir à des travailleurs occasionnels ou aux heures supplémentaires pour maintenir la production à son niveau habituel. Il s'agit là de coûts indirects causés par l'allongement des vacances.

Quinet distingue également les coûts d'impact et les coûts d'augmentation de certains avantages. Par exemple, le coût des vacances peut s'accroître de deux manières: en haussant le taux de salaire horaire (impact) ou en ajoutant des heures de vacances (augmentation)[16]. On peut insérer ces deux types de hausse des coûts dans la classification précédente: le premier est un coût d'impact immédiat du salaire alors que le second est un coût direct des vacances[17].

On peut aussi distinguer les coûts qui exigent de nouveaux déboursés pour l'entreprise (*new money*) ou qui proviennent d'avantages négociés antérieurement et qui continuent de s'appliquer (*old money*). Très utilisé dans la pratique, le concept implique que l'employeur ne pourra avoir le «mérite» d'une augmentation d'un avantage que pour la première année où elle s'appliquera. L'année suivante, cet argent neuf sera considéré comme acquis. La distinction entre

13. WAYNE F. CASCIO, *Costing Human Resources: The Financial Impact of Behavior in Organizations*, Boston, Mass., Kent Publishing Co., 1982 (244 p.), p. 83.
14. LYLE M. SPENCER, *Calculating Human Resource Costs and Benefits: Cutting Costs and Improving Productivity*, New York, Wiley, 1986, 361 pages.
15. FÉLIX QUINET, «Évaluation des coûts-avantages de la négociation collective et banque d'expériences en relations de travail», *Relations industrielles*, vol. 28, nº 4, 1973, p. 776.
16. FÉLIX QUINET, *Notes en vue d'une allocution sur une série statistique sur les coûts de la main-d'œuvre par heure travaillée*, rapport récapitulatif sur une étude de faisabilité effectuée à la demande et à l'intention de Travail Canada, Ottawa, mai 1981, 13 p. (Annexe I: *Projet de document sur l'analyse des coûts*, 12 pages; Annexe II: *Notes en vue d'une présentation sur les techniques d'analyse des coûts et d'analyse coût-bénéfice de la convention collective*, présentée à la réunion du Comité technique des conventions collectives, Banff, 25-27 septembre 1978, 14 pages), Annexe I, p. 6.
17. Ce coût sera «direct» si l'entreprise subit un manque à gagner dans la production (sans remplacement). Par contre, il sera «indirect» si l'entreprise, en comblant les absences dues aux vacances, effectue des déboursés supplémentaires (ex.: recrutement et embauche de nouveaux employés, heures supplémentaires, etc.). S'il n'y a ni remplacement, ni perte de production, cette amélioration n'engendre pas de déboursés supplémentaires.

new money et *old money* met en relief l'importance de la perspective temporelle de l'analyse[18].

> Du côté de l'employeur, les coûts que celui-ci doit supporter à la suite du règlement ne s'appliquent pas uniquement pour la durée de la convention collective. Les salaires et avantages sociaux accordés aux employés sont rarement négociés à la baisse lors de négociations subséquentes. Les bénéfices additionnels consentis par l'entreprise sont ajoutés aux coûts de la convention collective qui vient d'expirer et, toute proportion gardée, ils peuvent aussi être interprétés comme une addition de coût pour toutes les conventions collectives subséquentes.

Les coûts d'une première convention (antérieure) se répercutent non seulement sur la seconde (convention actuelle), mais également sur toutes les conventions à venir. Il faut alors parler des coûts dynamiques du contrat, c'est-à-dire des coûts qui s'ajouteront à ceux des prochaines conventions collectives[19]. À la limite, tous les coûts sont dynamiques. Il en va de même pour les avantages qui correspondent à ces coûts. C'est la réponse patronale à l'argument de l'argent neuf mis de l'avant par la partie syndicale.

Les classifications mentionnées jusqu'ici, et résumées dans le tableau 22-2, ne sont pas mutuellement exclusives: le même coût peut se retrouver dans plusieurs classifications; c'est ainsi que les primes d'heures supplémentaires constituent à la fois un coût variable et un coût direct. La pluralité des classifications ne fait que regarder sous divers angles des coûts déterminés et limités. Il faut se garder autant du danger de la double comptabilisation que du risque d'une sous-estimation (coûts «oubliés»).

18. Jean Boivin et Jacques Guilbault, *Les relations patronales-syndicales*, 2e éd., Boucherville, Gaëtan Morin Éditeur, 1989 (301 p.) p. 227.
19. Le coût inhérent au fait d'accorder une semaine de vacances supplémentaire aux travailleurs comptant plus de 25 ans d'ancienneté ne sera pas nul même si aucun travailleur n'a présentement autant d'années de service à son actif. Tôt ou tard, cette disposition aura un coût réel. Le vieillissement et l'ancienneté du personnel influent grandement sur les coûts des vacances, du régime de pension et des salaires dans les échelles où l'accession à un échelon supérieur est déterminée par l'ancienneté.

22.3.3 Niveaux d'impact

L'impact des coûts de la convention collective se fait sentir à plusieurs niveaux, à l'intérieur et à l'extérieur de l'entreprise. (Voir le tableau 22-3.)

À l'intérieur de l'entreprise, l'effet direct et premier atteint les salariés de l'unité qui a négocié la convention collective. Ces salariés en bénéficient sous forme de meilleurs revenus et de meilleures conditions de travail.

Le second niveau rejoint les salariés des autres unités de négociation de l'entreprise. Ces autres syndiqués exigeront l'équivalent des avantages obtenus dans la première unité. Un exemple institutionnalisé de ce type de transfert se trouve dans les nombreux cas de clauses remorques, surtout dans les conventions du secteur public et parapublic du Québec. Ce genre de clause a pour effet d'appliquer automatiquement des avantages obtenus par les salariés d'une unité à ceux d'une autre unité.

L'effet d'entraînement (*spillover*) gagne ensuite un troisième groupe, celui de la main-d'œuvre non syndiquée de l'employeur, comme le personnel de supervision, l'ensemble des cadres et, s'il y a lieu, les employés de bureau.

Toujours à l'intérieur de l'entreprise qui a négocié la convention originale, une telle augmentation des coûts se répercute sur toute la gestion et la vie de l'entreprise: sa rentabilité, ses investissements, le prix de ses produits, son volume de production, éventuellement son ratio capital/travail[20].

Les autres niveaux d'impact sont externes à l'entreprise. Des firmes de la même industrie et de la même région devront accorder des conditions comparables, du seul fait des comparaisons contraignantes qui s'effectueront avec la convention collective en question. Ces firmes y seront forcées par des pressions plus politiques et morales qu'économiques. L'impact

20. Michael H. Granof, *op. cit.*, p. 69-73. Voir aussi Stephen J. Holoviak, *Costing Labor Contracts and Judging Their Financial Impact*, New York, Praeger, 1984 (194 p.), p. 95-131.

TABLEAU 22-3

Niveaux d'impact des coûts de la convention collective

	Niveaux d'impact	Nature et implications
INTERNE	1. Unité de négociation visée	Revenus directs pour les travailleurs de l'unité qui a négocié une convention avec l'employeur
	2. Autres unités de négociation de l'employeur	Généralisation des conditions de l'entente aux autres travailleurs syndiqués de l'entreprise (ex.: «clause remorque»)
	3. Personnel non syndiqué de l'entreprise	Attribution de certains bénéfices équivalents aux non syndiqués (équité interne dans les avantages pécuniaires)
	4. Gestion de l'entreprise	Impact sur la rentabilité générale, sur les investissements, sur le prix du produit, sur les coûts de production et sur d'autres considérations patronales
EXTERNE	5. Entreprises du même secteur industriel	La convention devient une base de comparaison contraignante dans l'industrie
	6. Entreprises de la même région	La convention devient une base de comparaison contraignante dans la région, selon le degré de compatibilité
	7. Entreprises dont les employés sont membres de la même union ou fédération	La convention devient une base de comparaison encore plus contraignante entre syndiqués affiliés à la même union ou fédération

sur les entreprises dont les salariés sont syndiqués avec la même union ou la même fédération sera plus grand qu'ailleurs: les syndicats affiliés à un même organisme se comparent plus régulièrement entre eux et tentent d'obtenir de leurs employeurs respectifs des conditions de travail similaires[21].

La suite de l'analyse se limitera à l'impact des coûts de la convention collective initiale, au niveau de l'unité de négociation directement visée par l'entente.

22.4 Caractéristiques et postulats de l'analyse des coûts

L'analyse des coûts de la convention collective vise essentiellement à estimer les conséquences financières des différentes propositions mises de l'avant au cours de la négociation collective[22]. L'entreprise doit évaluer si elle a la capacité d'assumer les coûts de chaque proposition avancée[23]. La gestion des coûts relève de la direction générale de l'entreprise: elle affecte la productivité, les prix, les profits; pour sa part, le comité de négociation et le service des relations du travail ne peuvent que soumettre leur meilleure estimation de l'impact de chaque proposition[24].

L'analyse des coûts doit aussi évaluer les avantages que les divers coûts apportent à ceux qui en bénéficient[25]. Le professeur Félix Quinet s'est fait le

21. JEAN BOIVIN et JACQUES GUILBAULT, *op. cit.*, p. 187-189.

22. E. EDWARD HERMAN, ALFRED KUHN et RONALD L. SEEBER, *Collective Bargaining and Labor Relations*, 2e éd., Englewood Cliffs, N.J., Prentice-Hall, 1987, p. 195.

23. Sur la notion controversée de capacité de payer, voir JOEL H. AMERNIC, «The Role of Accounting in Collective Bargaining», *Accounting, Organizations and Society*, vol. 10, no 2, 1985, p. 227-253.

24. MICHAEL H. GRANOF, *op. cit.*, p. 14-26.

25. FÉLIX QUINET, voir *supra*, note 15, p. 776.

promoteur de l'analyse des coûts-bénéfices de la négociation collective. Il définit comme suit ce type particulier d'analyse[26].

> La détermination des coûts et des diminutions de coûts pour la gestion, grâce à l'introduction, à la modification ou au retrait de clauses de la convention collective, de tels changements contractuels n'ayant eu aucun effet négatif sur le bien-être des employés.

Cette approche veut montrer que l'utilisation d'un dénominateur commun, en l'occurrence des coûts, exprimés en dollars, ne suffit pas pour juger de la véritable valeur d'une clause ; il faut y inclure d'autres aspects[27]. Le caractère moral et philosophique de l'analyse coût-bénéfice des clauses ne contredit pas la prémisse de base de l'exercice, qui demeure l'utilisation appropriée des méthodes de quantification des coûts de la convention collective[28].

L'analyse des coûts de la convention collective présente trois caractéristiques principales : elle est orientée vers l'avenir (*ex ante*), elle s'exprime sur une base économique et quantitative, et elle présente aussi des aspects politiques et tactiques.

22.4.1 Analyse prévisionnelle

L'analyse des coûts de la convention vise à déterminer l'effet probable sur l'entreprise des augmentations de salaire et de l'amélioration des autres avantages[29]. L'exercice présente un caractère avant tout prévisionnel[30].

> Le facteur clé est que le processus d'établissement des coûts est orienté vers le futur. Il permet entre autres aux parties concernées d'évaluer pour la durée de la prochaine convention l'importance des dépenses qui découleront de ses dispositions.

L'analyse des coûts de la convention relève de l'estimation *ex ante* plutôt que de l'évaluation *ex post*. C'est d'autant plus évident que les contrats de travail comportent des effets financiers qui se répercutent bien des années après leur négociation.

L'approche historique suppose que les conditions qui ont existé pendant le contrat antérieur (ex. : nombre d'heures supplémentaires) seront les mêmes pendant la durée du nouveau contrat. Le présupposé est acceptable : on peut raisonnablement croire que les mêmes conditions auront cours s'il n'y a pas de changement majeur. Toutefois, cette approche ne permet pas de prévoir les coûts futurs, comme tente de le faire l'approche prévisionnelle.

L'analyse des coûts se fonde obligatoirement sur différentes prévisions, par exemple quant aux caractéristiques futures de la main-d'œuvre (ex. : l'ancienneté). Il y a des sujets sur lesquels il est plus facile de faire des prévisions que d'autres. Malgré son caractère variable, le nombre d'employés est suffisamment lié au volume de production pour que l'employeur soit en mesure de le prévoir avec une certaine précision. Par contre, une clause d'indexation nécessite des techniques d'extrapolation de l'indice des prix à

26. FÉLIX QUINET, voir *supra*, note 7, p. 15.
27. Il existe un courant de pensée en gestion des ressources humaines qui prône une analyse avantages-coûts des activités et programmes visant les ressources humaines. À ce sujet, voir LYLE M. SPENCER, *op. cit.* Dans la même veine, il faut souligner les efforts des experts dans la comptabilisation des ressources humaines : ils les intègrent aux états financiers (bilan et état des résultats) en les assimilant aux éléments incorporels de l'actif (ex. : marques de commerce, brevets, etc.) avec tous les ajustements comptables que cela suppose (amortissement, investissement, etc.). Concernant ces recherches, consulter : LÉONTINE ROUSSEAU, *La comptabilisation des ressources humaines : des notions et une recherche empirique*, monographie nº 15, Université de Montréal, École de relations industrielles, 1983, 108 p.
28. FÉLIX QUINET, voir *supra*, note 15, p. 775.
29. JOEL H. AMERNIC, *Accounting and Collective Bargaining in the Not-for-Profit Sector*, Hamilton, Ont., Research Publication by The Society of Management Accountants of Canada, 1989, p. 38.
30. VICTOR J. SHEIFER, «L'utilisation des hypothèses dans l'établissement du coût des conventions collectives» dans *Recherches et négociations collectives dans les années 80, le besoin d'une nouvelle information et de nouvelles connaissances*, Ottawa, Bureau de recherches sur les traitements, décembre 1980, annexe B. Texte présenté à l'assemblée annuelle de la Eastern Economic Association, Montréal, 8 mai 1980, p. 1. (Traduit par F. QUINET).

la consommation relativement sophistiquées. Les régimes d'assurances doivent pour leur part considérer d'autres facteurs difficiles à prévoir (ex.: le comportement futur des assurés). De plus, il faut aussi présumer quelle sera la réaction des employés aux changements contractuels. Par exemple, combien de départs volontaires une majoration des bénéfices de préretraite entraînera-t-elle? Selon les dispositions considérées, l'information indispensable au calcul des coûts exigera des recherches et des formules de prédiction plus ou moins complexes.

22.4.2 Analyse économique et financière

Le second caractère de l'analyse des coûts de la convention est quantitatif et financier. La partie principale de la négociation vise la détermination du prix du travail. Il faut, en plus, calculer le coût approximatif des propositions qui ne sont pas directement traduisibles en termes pécuniaires.

L'information économique sert principalement trois objectifs. Premièrement, elle permet de comparer les avantages accordés par l'entreprise par rapport à ce qui est couramment offert dans l'industrie ou sur le marché du travail. Deuxièmement, elle rend possible l'évaluation des positions des parties et montre l'écart, plus ou moins grand, qui les sépare. Finalement l'employeur a besoin de connaître ses déboursés futurs et de savoir quel sera leur impact, à moyen ou à long terme, sur la rentabilité de l'entreprise.

22.4.3 Analyse politique et tactique

Le dernier caractère de l'analyse des coûts de la convention, et sans nul doute le plus important, est son côté politique. L'analyse des coûts de la convention comporte une dimension conflictuelle. Son utilisation tactique par les parties peut être incorporée à leur stratégie globale pour les aider à atteindre leurs fins.

L'analyse des coûts de la convention collective est opportuniste, c'est-à-dire que le rôle qu'elle joue est déterminé par un ensemble de facteurs (ex.: nature de l'enjeu, attitudes réciproques des parties, incertitude quant aux effets d'une disposition, etc.). L'usage de l'information issue d'une analyse des coûts varie selon les objectifs poursuivis par chaque partie. Par exemple, un partage de ces données entre les parties est susceptible d'améliorer les attitudes réciproques et de conduire à une négociation de type intégratif, qui rapproche les parties au lieu de les opposer l'une à l'autre. D'un autre côté, l'information relative aux coûts d'enjeux distributifs (ex.: les salaires) peut être utilisée comme instrument de propagande pour s'assurer du support des mandants[31]. La nature à la fois divergente et convergente des objectifs de négociation colore l'utilisation des résultats de l'analyse et lui confère un caractère politique fort important.

22.4.4 Postulats et conditions

Pour que l'analyse des coûts soit valable, la plus objective et la plus utile possible, il faut respecter certaines conditions.

La première condition est de posséder une connaissance approfondie et détaillée du contenu de la convention collective en cause[32]. Les nombreuses relations entre les clauses exigent une étude intégrée de leurs coûts. On ne peut, par exemple, isoler les coûts des vacances de ceux du salaire horaire, si ce dernier sert de base au calcul de l'indemnité de vacances. L'influence de certaines dispositions contractuelles sur d'autres est telle que des coûts importants seraient négligés si on les considéraient isolément (ex.: prime d'heures supplémentaires et taux horaire).

En second lieu, il faut savoir à quelle fréquence chaque clause s'applique. C'est ainsi que le nombre d'employés est essentiel pour calculer les coûts totaux de la clause salariale. Si une clause ne s'applique pas pendant la durée du contrat, elle ne comporte pas de déboursés. En fait, la convention collective représente

31. Joel H. Amernic, *Accounting Information and Conflict Resolution: Costing Labor Contract*, University of Toronto, Centre for Industrial Relations, juin 1990, 39 p.; Joel Amernic, voir *supra*, note 29.
32. Félix Quinet, voir *supra*, note 15, p. 774.

une liste de prix pour l'utilisation de la main-d'œuvre, soit en tout temps, soit dans des circonstances particulières. Selon les conditions dans lesquelles l'employeur veut faire travailler ses employés (ex.: le travail de nuit), la convention édicte un prix. L'ampleur du coût d'une clause reflète son degré d'application. Il importe donc de connaître la fréquence d'application de chaque clause, et personne n'est mieux placé pour cela que les membres du service des relations du travail. Par contre, pour connaître l'impact réel de certaines clauses, il faut faire appel à des représentants de divers services (ex.: la comptabilité[33]), plus qualifiés et plus expérimentés que les autres en certaines matières. C'est ce que reconnaît l'énoncé suivant[34].

> On devrait adopter une stratégie d'équipe pour négocier les conventions collectives c'est-à-dire demander le concours du personnel des services de relations industrielles, de comptabilité, de production, de mise en marché, etc., afin que la compagnie puisse profiter de l'expérience de chacun pour prendre des décisions.

La complexité croissante des contrats de travail et l'impact considérable de ceux-ci sur l'entreprise réclament l'implication de tous. Cette condition, qui veut que l'analyse des coûts se fasse de façon multidisciplinaire, nous fait mieux comprendre le commentaire de Granof selon qui la négociation collective est trop importante pour la laisser tout entière aux seuls spécialistes des relations du travail.

Troisièmement, toutes les clauses de la convention collective, pécuniaires ou non, ainsi que leur mise en application, doivent être incluses dans l'analyse des coûts[35]. La différence entre les clauses pécuniaires et non pécuniaires ne tient pas au fait que les premières entraîneraient des déboursés et les autres pas, mais repose seulement sur la facilité ou la difficulté avec laquelle on peut mesurer leurs coûts respectifs. Le coût d'application des clauses non pécuniaires ne cesse pas d'être un coût pour l'employeur du seul fait qu'on l'a écarté des calculs[36]. Il faut cependant trouver un moyen adéquat permettant de les évaluer.

Finalement, une quatrième condition pour qu'une analyse des coûts de la convention collective soit valable consiste dans l'élaboration de scénarios vraisemblables, c'est-à-dire qu'il faut écarter et le meilleur et le pire. Par exemple, on ne peut affirmer de manière absolue que l'amélioration d'une clause entraînera des déboursés additionnels: il n'est pas sûr que les syndiqués se prévaudront systématiquement de la nouvelle disposition[37]. Pour évaluer le coût d'un congé accordé lors du décès des grands-parents, il faudrait estimer réalistement combien de salariés perdront leurs grands-parents au cours du contrat et non supposer que tous les salariés perdront leurs grands-parents durant cette période[38]. Si la clause d'indemnité de vie chère prévoit un plafond, on ne suppose pas qu'il sera nécessairement atteint. On voit l'importance d'un jugement équilibré, voire d'un certain «gros bon sens» dans l'élaboration des hypothèses. Le choix de l'un ou l'autre scénario, pour fins de discussion, peut lui-même soulever bien des débats. Il s'agit d'une autre preuve, si besoin était, que l'exercice comporte un aspect politique, conflictuel et partisan.

22.5 Facteur d'incidence: les liens fondamentaux

À propos du facteur d'incidence[39], il faut aborder successivement les éléments principaux, le risque de

33. La recherche en comptabilité s'intéresse de plus en plus à l'utilisation et à l'impact de l'information comptable en négociation collective. Voir JOEL H. AMERNIC, «Accounting Disclosure and Industrial Relations: A Review Article», *British Accounting Review*, vol. 20, 1988, p. 141-157; JOEL H. AMERNIC et NISSIM ARANYA, «Accounting Information and the Outcome of Collective Bargaining: Some Exploratory Evidence», *Behavioral Research in Accounting*, vol. 2, 1990, p. 1-31.
34. CHOR T. LAU et MORTON NELSON, *Incidence comptable des conventions collectives*, Hamilton, Ont., Société des comptables en management du Canada, 1982, p. 108.
35. FÉLIX QUINET, voir *supra*, note 15, p. 775.
36. FÉLIX QUINET, voir *supra*, note 7, p. 25-26.
37. FÉLIX QUINET, voir *supra*, note 7, p. 13-14.
38. GILBERT LEVINE, voir *supra*, note 5, p. 818.
39. Les anglophones utilisent plusieurs termes pour désigner la même réalité: *roll-up, add-on, creep effect, loading, multiplying fringes*.

double compte, l'effet d'entraînement et l'impact du temps relié à l'étalement et à la fréquence des augmentations.

22.5.1 Éléments constitutifs du facteur d'incidence

Le facteur d'incidence représente l'augmentation automatique des coûts de certains avantages par suite d'une augmentation des salaires[40]. Parmi ces avantages, il y a la prime d'heures supplémentaires, les cotisations aux régimes étatiques et toutes les autres primes ou paiements effectués sur la base d'un pourcentage du salaire normal. Le fait qu'un avantage soit sensible ou non à une hausse du salaire dépend des dispositions de la convention et des termes qui y sont utilisés. Il faut donc se livrer à une lecture attentive de celle-ci pour déterminer ce facteur d'incidence.

Le facteur d'incidence s'établit en divisant la somme totale des coûts des avantages affectés par le coût du salaire direct, c'est-à-dire payé à taux normal. Exprimé en pourcentage, ce ratio constitue le facteur d'incidence. En multipliant le coût additionnel des salaires par le facteur d'incidence, on obtient le coût d'impact de l'augmentation salariale. Si les dispositions qui servent au calcul du facteur d'incidence changent, il faut le réévaluer. L'exemple du tableau 22-4 illustre la procédure à suivre.

Imaginons une entreprise où les coûts de trois avantages sociaux varient selon le taux de salaire payé et coûtent globalement 450 000 $[41]. Supposons également que la masse salariale est de 1,5 million de dollars. Le facteur d'incidence est alors de 30 % (étapes 1 et 2). Il faudra l'appliquer aux coûts additionnels résultant d'une augmentation de salaire, par exemple de 10 % (étapes 3 et 4). La somme de ces coûts (étape 5) constitue les coûts directs et les coûts d'impact d'une hausse de salaire, *ceteris paribus*, c'est-à-dire sans élargissement des avantages.

Si l'un des avantages est majoré, par exemple la rémunération des heures supplémentaires[42], il faut déterminer ce coût d'augmentation (étape 6) pour établir ensuite le nouveau facteur d'incidence (étape 7). Ce pourcentage représente le ratio des coûts des changements apportés par rapport aux coûts salariaux du dernier contrat. Il faut alors calculer à nouveau les coûts supplémentaires engendrés par l'augmentation salariale de 10 % (étape 8). On peut conclure que l'augmentation de 10 % du salaire et la hausse de la prime d'heures supplémentaires (coût direct et coût d'impact) représentent des coûts additionnels de 415 000 $[43].

Peu de praticiens utilisent cette méthode au-delà de l'étape 5[44]. Cette façon de faire traduit un des dangers de l'approche historique : on ne tente pas de prédire l'effet de l'élargissement des avantages nouvellement négocié. Il est dangereux de se servir de l'ancien facteur d'incidence, surtout parce que les salaires sont négociés à la fin du processus et que le reste de la convention est alors déterminé en termes de coûts d'augmentation des avantages liés au salaire.

Le facteur d'incidence permet de déterminer facilement les coûts d'impact d'une augmentation de salaire. Utilisé avec circonspection, il constitue un moyen simple et pratique de mesurer l'augmentation des coûts de la convention. La technique du facteur d'incidence simplifie bien des calculs au fur et à

40. Richard G. Steckel, «The Misuse of Roll-Up in Costing Contract Settlement», *The Personnel Administrator*, mars 1980, p. 33.
41. L'exemple utilise les données des années antérieures pour simplifier la démarche. On pourrait supposer que l'employeur diminuera les heures supplémentaires : il y aurait alors baisse des coûts. Mais s'il doit embaucher du personnel supplémentaire, il faudrait inclure les coûts d'embauche. L'approche prévisionnelle tient compte de nombreux scénarios possibles.
42. L'augmentation des coûts des heures supplémentaires effectuées peut entraîner des coûts additionnels pour les régimes étatiques dont les cotisations sont basées sur les gains horaires. Nous supposons, dans notre exemple, que la limite des cotisations par travailleur est atteinte avec le salaire accru. L'augmentation de la prime d'heures supplémentaires n'affecte donc pas le coût des régimes étatiques.
43. Le total s'établit comme suit : 150 000 $ pour les 10 % d'augmentation du salaire, 200 000 $ pour le nouveau tarif du surtemps et 65 000 $ comme résultat de l'action du facteur d'incidence.
44. Michael H. Granof, *op. cit.*, p. 77.

TABLEAU 22-4

Détermination du facteur d'incidence

Éléments considérés dans le facteur d'incidence[1]	Coûts totaux antérieurs[1]
Prime d'heures supplémentaires	200 000 $
Régimes étatiques[2]	100 000
Primes d'assurance (liées au salaires)[2]	150 000
1. Coûts totaux des avantages	450 000
Coûts totaux du salaire direct	1 500 000
2. Facteur d'incidence : 450 000 / 1 500 000	30 %
3. Pour une augmentation de salaire de 10 %, les coûts additionnels du salaire direct sont de	150 000
4. L'effet du facteur d'incidence sur les trois avantages (150 000 × 0,30) est de	45 000
5. Coût total de l'augmentation de salaire de 10 %	195 000
6. Si la rémunération des heures supplémentaires passe du taux majoré de moitié au taux double, le coût direct de cette augmentation est de	200 000
7. Le nouveau facteur d'incidence devient de (650 000 / 1 500 000)	43,33 %
8. Dans ce cas, l'effet du facteur d'incidence d'une augmentation de 10 % du salaire sur les trois avantages sera de	65 000
9. Les coûts additionnels attribuables à l'augmentation du salaire et à celle de la prime d'heures supplémentaires seront de	415 000[3]

1. Fondés sur les données et les coûts de l'année précédente.
2. Selon l'hypothèse que les primes se fondent uniquement sur les heures payées au taux normal (sans influence des heures supplémentaires).
3. Le total inclut les coûts d'augmentation du salaire direct, de la rémunération des heures supplémentaires à taux double et l'impact du facteur d'incidence.

mesure que sont présentées les propositions et les contrepropositions concernant les salaires, soit vers la fin du processus.

22.5.2 Risque de double compte

L'inclusion ou non de certains avantages dans le calcul du facteur d'incidence entraîne divers problèmes[45] :

> Certains incluent les coûts des congés, des vacances, des pauses, des périodes de toilette et des absences payées dans le calcul du facteur d'incidence. Cette façon de faire risque de surestimer sérieusement les coûts de l'impact salarial.

45. RICHARD G. STECKEL, *op. cit.*, p. 33.

Par exemple, il faut bien respecter les concepts quand on mesure les coûts des heures travaillées, des heures chômées et des heures payées. Supposons que, dans une année, un travailleur est payé pour les heures suivantes :

1 840 heures travaillées	(46 sem. × 40 h)
240 heures chômées et payées	(6 sem. × 40 h)
2 080 heures payées	(52 sem. × 40 h)

Si l'on oppose les heures chômées et payées (240) aux heures travaillées (1840), le coût de chaque type d'heures doit être considéré. Par contre, si l'on utilise le total des heures payées, ce qui est la pratique la plus fréquente, on ne doit pas inclure dans le facteur d'incidence la valeur des congés et autres périodes rémunérées mais non travaillées puisqu'on les a déjà comptées dans le calcul des coûts des heures payées. Autrement il y aurait double compte.

On peut donner d'autres exemples. Ainsi, on ne doit pas inclure dans les coûts de l'employeur les cotisations des travailleurs aux différents régimes, étatiques ou privés. On ne doit pas non plus compter les coûts de remplacement des absences payées si ces vacances sont comblées par des travailleurs, occasionnels ou autres, dont les salaires souvent moindres sont déjà comptabilisés dans la masse salariale. Il ne faut pas non plus compter séparément le coût des libérations syndicales si les salaires des représentants syndicaux ainsi libérés sont déjà compris dans l'ensemble des salaires de l'entreprise. S'il faut engager des remplaçants pour occuper leur poste durant leur absence, c'est le salaire des remplaçants qu'il faut ajouter aux autres coûts.

Une telle surestimation, si elle se produit, constitue l'une des principales embûches à l'analyse des coûts de la convention collective. Le double compte donne à la partie syndicale des arguments de choix pour discréditer les calculs de l'employeur. Aussi celui-ci doit-il adopter une approche intégrée et scrupuleusement exacte pour éviter à tout prix le double compte.

22.5.3 Effet d'entraînement

L'effet d'entraînement (*spillover*) constitue un autre impact de la convention collective. Le règlement négocié par une unité de négociation peut amener d'autres unités, s'il y en a, et le personnel non syndiqué de l'entreprise à réclamer de l'employeur des avantages équivalents. Dans le domaine de l'analyse des coûts, on tient compte de l'effet d'entraînement en fonction de ses effets internes, dans l'entreprise, et non de son impact à l'extérieur. Même si l'on s'en tient à l'entreprise, il existe une controverse sur le fait de considérer cet impact dans le coût global de la convention collective[46].

> Dans la mesure où une entente passée avec une unité de négociation amène à conclure des ententes plus élevées avec d'autres unités qu'elles n'auraient été autrement, il faudrait tenir compte de ces coûts additionnels dans l'augmentation des coûts de la rémunération.

Il n'existe aucune disposition qui oblige l'employeur à accorder des avantages similaires à des travailleurs non couverts par la convention; il n'en a pas moins une obligation morale de le faire, notamment en ce qui a trait au personnel de supervision. Par contre, ce n'est pas l'ensemble des coûts de la convention qui peut être appliqué dans le cas du personnel de cette catégorie, mais seulement les coûts des clauses pécuniaires. Un auteur propose de mesurer le coût de l'effet d'entraînement en multipliant les coûts totaux du contrat par le ratio non-syndiqués/syndiqués dans l'entreprise[47]. Cette méthode serait adéquate uniquement si le personnel non syndiqué avait exactement les mêmes avantages que les travailleurs syndiqués, ce qu'on ne peut supposer (ex. : libérations syndicales, procédure de règlement des griefs, etc.). Même si l'employeur doit absolument en tenir compte, il est très difficile de soutenir que l'effet d'entraînement constitue un coût de la convention collective au sens strict.

22.5.4 Étalement dans le temps

L'effet du temps joue un grand rôle dans la mesure des coûts de la convention collective. Tous les négociateurs sont conscients du fait que le moment où les augmentations de salaires et de bénéfices entreront en vigueur représente un facteur déterminant de l'ampleur des coûts qu'elles entraîneront. Si la majeure partie des augmentations sont concentrées au début du contrat de travail, en supposant un contrat qui dure plusieurs années, on dira que c'est une entente à gains immédiats (*front-loaded*). Si par contre les augmentations sont concentrées vers la fin du contrat, les gains principaux sont alors reportés (*back-loaded*).

46. Chor T. Lau et Morton Nelson, *op. cit.*, p. 64-65.

47. Charles S. Loughran, *Negotiating a Labor Contract: A Management Handbook*, Washington, D.C., The Bureau of National Affairs, 1984, p. 250-251.

TABLEAU 22-5

Entente à gains immédiats et entente à gains différés

Scénarios[1]	**Coût de la masse salariale pour l'année 1**	**Coût de la masse salariale pour l'année 2**	**Déboursés totaux (2 ans)**	**Masse salariale annuelle à la fin du contrat**
Scénario 1 (5 % immédiatement)	1 050 000 $	1 050 000 $	2 100 000 $	1 050 000 $
Scénario 2 (5 % après un an)	1 000 000 $	1 050 000 $	2 050 000 $	1 050 000 $

1. Sur la base d'une masse salariale d'un million de dollars.

Le tableau 22-5 montre qu'une entente à gains immédiats coûte plus cher à l'employeur qu'une entente à gains différés[48].

Supposons deux cas, comportant chacun une augmentation de 5 %; dans le premier cas, l'augmentation est accordée au moment de la signature; dans le second, au début de la deuxième année. Si la masse salariale au départ est de 1 million de dollars, le coût de l'augmentation dans le premier cas est de 50 000 $ dès la première année et la masse salariale est de 1,05 million de dollars; les mêmes coûts se répéteront la deuxième année. Le coût de l'augmentation pour les deux années sera donc de 100 000 $ et le coût total de 2,1 millions de dollars. Dans le second scénario, la hausse n'entre en vigueur que la deuxième année et le coût total des deux ans n'est que 2,05 millions de dollars.

Même si le niveau annuel de la masse salariale à la fin du contrat (*exit cost* ou *going out*) est le même, soit 1,05 million, les déboursés de l'employeur pour les deux ans sont plus élevés quand la hausse survient au début de la convention. Aussi, en règle générale, le syndicat préfère-t-il une entente à gains immédiats, alors que l'employeur cherchera à différer les augmentations[49].

48. GENE DANIELS et KENNETH GAGALA, *op. cit.*, p. 101.
49. Le syndicat peut aussi préférer une répartition égale des augmentations plutôt qu'une concentration en début de contrat, si cette répartition entraîne des niveaux permanents de salaires plus élevés à long terme et ce à cause de l'effet composé des augmentations, comme nous le verrons plus loin.

Nous avons déjà fait la distinction entre les nouveaux déboursés (*new money*) et les avantages qui se continuent (*old money*). Ces concepts reviennent souvent dans l'analyse des coûts. Ne sont pas considérés comme nouveaux déboursés (*new money*) des coûts additionnels qui n'élargissent pas des avantages déjà assurés, comme une simple augmentation de la prime d'assurance collective qui n'accorderait aucun avantage nouveau aux salariés. Dans l'exemple du tableau 22-5, l'augmentation de salaire de 5 % est considérée comme un nouveau déboursé la première année où elle est en vigueur seulement. Cette approche, que les syndicats privilégient, met l'accent sur les avantages nouveaux pour les employés plutôt que sur les coûts additionnels pour l'employeur.

22.5.5 Importance du temps et effet de la fréquence

Plus les augmentations sont effectuées fréquemment, plus le niveau final de la masse salariale (*exit cost* ou *going out*) est élevé[50]. Ce principe met en relief l'effet composé des hausses salariales exprimées en pourcentage. L'illustration la plus éloquente est la suivante. Une augmentation de salaire de 5 % par année durant trois ans n'équivaut pas à une hausse globale de la masse salariale de 15 %, mais bien de 15,76 % (1,05 × 1,05 = 1,1025 × 1,05 = 1,157625). En termes nominaux, avec un taux initial

50. GORDON S. SKINNER et E. EDWARD HERMAN, *op. cit.*, p. 502.

de 10 $ de l'heure, trois augmentations successives de 5 % ne donnent pas 11,50 $ mais 11,58 $. La différence peut sembler minime, mais elle augmente à chaque nouvelle hausse salariale exprimée en pourcentage et elle se répercute dans toute l'entreprise: une différence de 0,08 $ l'heure représente une somme de 160 000 $ pour une entreprise dont les salariés effectuent 2 millions d'heures annuellement.

De plus, il ne faut pas négliger un autre aspect de la question, la pondération du temps (*time weight*): les coûts additionnels payés la première année d'un contrat de trois ans se répéteront la seconde et la troisième année. De même, les coûts supplémentaires de la seconde année seront aussi défrayés lors de la dernière année du contrat. Ainsi, en reprenant l'exemple précédent de 10 $ l'heure, si on calcule l'augmentation de 5 % accordée chaque année, elle est, après trois ans, de 1,58 $ (0,50 + 0,525 + 0,55), avec un salaire horaire de 11,58 $ à la fin de cette convention collective.

22.6 Méthodes de calcul

Pour arriver à une mesure appropriée des coûts, on utilise différentes méthodes de calcul, dont nous résumerons les éléments essentiels: les méthodes comptables et économiques, les principaux outils mathématiques, les hypothèses de quantification et les unités de mesure. Un exemple de calcul des coûts, clause par clause, sera présenté en annexe.

22.6.1 Méthodes comptables et économiques

Le moment où les différents avantages entrent en vigueur exerce un impact majeur sur l'ampleur et le niveau des coûts pour l'employeur. Il y a au moins trois méthodes qui permettent d'étudier l'impact financier du choix du moment où l'on introduit une augmentation: la méthode des déboursés, la méthode de la valeur escomptée et la méthode du niveau final de la masse salariale. Ces méthodes sont particulièrement utiles pour choisir, en fonction des objectifs des négociateurs, le moment le plus propice pour l'entrée en vigueur de l'un ou l'autre des avantages accordés dans la convention.

La méthode des déboursés (*single cash flow*), aussi appelée méthode de pondération du temps (*time weighting*), considère l'ensemble des déboursés selon leur valeur nominale. Elle pondère le coût des augmentations en tenant compte de la durée pendant laquelle chacune s'appliquera. La méthode permet d'établir un total cumulatif, qui tient compte du fait que les coûts additionnels de la première année vont continuer d'être déboursés la deuxième et la troisième année, et que ceux de la deuxième année le seront également pendant la dernière année de la convention.

Cette méthode ne tient cependant pas compte des données suivantes: le fait de posséder de l'argent a une valeur financière en soi et il y a un coût d'opportunité à le dépenser immédiatement. La méthode de la valeur escomptée (*discounted cash flow*), en plus de considérer la durée pendant laquelle s'appliquent les coûts, reconnaît que l'argent non dépensé peut être investi à un certain taux d'intérêt. Étant donné les intérêts qu'on peut retirer d'un investissement, la valeur de l'argent que l'on a en main aujourd'hui est plus grande que celle du même montant dans le futur: 100 $ aujourd'hui valent plus que les mêmes 100 $ dans un an, compte tenu des intérêts qui courent pendant l'année[51]. L'application de ce concept repose sur la formule inscrite au tableau 22-6. Ce genre de calcul, utilisé régulièrement par les analystes financiers, s'applique très bien à l'analyse des coûts de la convention: lors d'une négociation, n'est-ce pas de l'investissement de l'employeur dans sa main-d'œuvre dont on discute? Granof, suivi par d'autres auteurs, a mis de l'avant un modèle d'analyse des coûts basé sur la valeur escomptée[52]. Certains ouvrages discutent la notion d'amortissement des coûts inhérents à la convention collective de longue durée[53].

Il y a une troisième et dernière méthode d'analyse des coûts de la convention collective, celle du niveau

51. E. Edward Herman, Alfred Kuhn et Ronald L. Seeber, *op. cit.*, p. 209.
52. Michael H. Granof, *op. cit.*, p. 83-126.
53. Allan M. Cartter, *Theory of Wages and Employment*, 2e éd., Homewood, Ill., Richard D. Irwin, 1972, p. 119.

TABLEAU 22-6

Détermination de la valeur présente

$$VP = \frac{S}{(1 + i)^n}$$

VP = Valeur présente d'une obligation

S = Valeur future de la même obligation

i = Taux d'intérêt

n = Nombre de périodes

Valeur présente d'une augmentation de un dollar la troisième année du contrat (donc dans deux ans) si le taux d'intérêt est de 10 % :

$$\frac{1{,}00\ \$}{(1 + 0{,}10)^2} = \frac{1{,}00\ \$}{1{,}10 \times 1{,}10} = \frac{1{,}00}{1{,}21} = 0{,}826\ \$$$

final de la masse salariale (*going out* ou *exit cost*). Cette méthode détermine quel sera le niveau des coûts à la fin du contrat, compte tenu des augmentations des avantages. Elle ne donne pas d'information sur les déboursés effectués pendant que le contrat est en vigueur ni sur la valeur présente de ces déboursés. Le niveau final de la masse salariale est particulièrement important parce qu'il sert de base aux prochaines négociations : ce genre d'analyse est avant tout orienté vers le prochain contrat.

L'une de ces trois méthodes est-elle meilleure que les autres ? L'exemple du tableau 22-7 montre que les trois approches sont complémentaires et qu'une analyse adéquate doit utiliser les trois méthodes simultanément. Le tableau présente quatre répartitions possibles d'une augmentation de salaire de 20 % dans un contrat de deux ans. L'augmentation peut être accordée en entier dès le début (option 1), ou répartie également (10 % et 10 %) ou inégalement (5 % et 15 %), ou reportée complètement à la deuxième année (option 4). Au départ, on suppose que la masse salariale de l'entreprise est de un million de dollars. Selon chacune des quatre options, le tableau donne la valeur présente ou escomptée des coûts additionnels (à des taux d'intérêt de 15 % et de 20 %), puis la masse salariale à la fin du contrat et à la fin de chaque année, et enfin les coûts salariaux totaux pour les deux années du contrat (méthode des déboursés).

Si l'on regarde la masse salariale à la fin du contrat, on constate qu'elle diffère d'une option à l'autre, même si les augmentations sont toutes, globalement, de 20 %. Deux options (1 et 4) – celles qui accordent l'augmentation d'un bloc – donnent une masse salariale identique à la fin du contrat (1,2 million), et c'est la masse salariale la moins élevée parmi les quatre options. Les deux autres options répartissent l'augmentation en deux temps ; la masse salariale à la fin du contrat est plus élevée dans ces deux cas (options 2 et 3), parce que l'effet de la première augmentation se répercute sur la seconde (effet composé). L'effet sera d'autant plus grand que les gains immédiats seront plus importants (option 2).

La masse salariale à la fin du contrat n'est toutefois par la seule mesure à considérer. Les déboursés totaux sont au moins aussi importants (dernière colonne). Les coûts totaux sont d'autant plus grands que les augmentations ont été accordées plus tôt. Le résultat final se répartit dans l'ordre des options 1 à 4, de 2 400 000 $ à 2 200 000 $. Ces différents résultats correspondent à la méthode des déboursés.

Si l'employeur se préoccupe surtout de sa situation à court terme, il préférera reporter les augmentations importantes le plus tard possible. Les économies qu'il peut ainsi réaliser apparaissent à la fois dans les données de la masse salariale non escomptée de la pre-

TABLEAU 22-7

Scénarios d'augmentations salariales illustrant l'effet du temps

Options	Valeur présente des coûts additionnels[1]		Masse sal. à la fin du c.	Coût (non escompté) de la masse salariale		Coûts totaux (2 ans)
	Int. de 15 %	**Int. de 20 %**		**Année 1**	**Année 2**	
1. 20 % au début	373 913,04 $	366 666,67 $	1 200 000	1 200 000	1 200 000	2 400 000
2. 10 % début et 10 % après 1 an	282 608,69 $	275 000,00 $	1 210 000	1 100 000	1 210 000	2 310 000
3. 5 % début et 15 % après 1 an	230 434,78 $	222 916,67 $	1 207 500	1 050 000	1 207 500	2 257 500
4. 20 % après 1 an	173 913,04 $	166 666,67 $	1 200 000	1 000 000	1 200 000	2 200 000

1. Les coûts additionnels représentent, la première année, la somme des éléments suivants: le montant déboursé pour les augmentations immédiates, le même montant escompté selon le taux d'intérêt (coût d'opportunité) et le montant escompté de l'augmentation de la deuxième année. Pour chaque option et chaque taux d'intérêt, les coûts additionnels s'établissent comme suit:

$$1.\ 15\ \%:\ 200\ 000 + \frac{200\ 000}{1{,}15} \text{ ou } 173\ 913{,}04 + 0 = 373\ 913{,}04$$

$$20\ \%:\ 200\ 000 + \frac{200\ 000}{1{,}2} \text{ ou } 166\ 666{,}67 + 0 = 366\ 666{,}67$$

$$2.\ 15\ \%:\ 100\ 000 + \frac{100\ 000}{1{,}15} \text{ ou } 86\ 956{,}52 + \frac{110\ 000}{1{,}15} \text{ ou } 95\ 652{,}17 = 282\ 608{,}69$$

$$20\ \%:\ 100\ 000 + \frac{100\ 000}{1{,}2} \text{ ou } 83\ 333{,}33 + \frac{110\ 000}{1{,}2} \text{ ou } 91\ 666{,}67 = 275\ 000{,}00$$

$$3.\ 15\ \%:\ 50\ 000 + \frac{50\ 000}{1{,}15} \text{ ou } 43\ 478{,}26 + \frac{157\ 500}{1{,}15} \text{ ou } 136\ 956{,}52 = 230\ 434{,}78$$

$$20\ \%:\ 50\ 000 + \frac{50\ 000}{1{,}2} \text{ ou } 41\ 666{,}67 + \frac{157\ 500}{1{,}2} \text{ ou } 131\ 250{,}00 = 222\ 916{,}67$$

$$4.\ 15\ \%:\ 0 + \frac{200\ 000}{1{,}15} \text{ ou } 173\ 913{,}04 = 173\ 913{,}04$$

$$20\ \%:\ 0 + \frac{200\ 000}{1{,}2} \text{ ou } 166\ 666{,}67 = 166\ 666{,}67$$

Source: D'après GORDON S. SKINNER et E. EDWARD HERMAN, *op. cit.*, p. 503.

mière année et dans la valeur présente des coûts additionnels ainsi reportés. Dans ce dernier cas, la différence d'avec le coût réel correspond à l'intérêt (ou au retour sur le capital interne) que représentent les sommes momentanément économisées. Le calcul de la valeur présente peut inciter les employeurs à offrir des avantages différés plus importants, soit pour éviter une grève, soit pour aider les leaders syndicaux à vendre le contrat à leurs membres[54]. Si l'augmentation est offerte sous forme forfaitaire, elle est encore plus avantageuse pour l'employeur[55].

54. GORDON S. SKINNER et E. EDWARD HERMAN, *op. cit.*, p. 502.
55. Une augmentation forfaitaire n'est pas intégrée à l'échelle salariale, et ne devrait pas affecter, théoriquement, le niveau des négociations suivantes.

À plus long terme, ce genre d'économies, réalisées par le report d'avantages souhaités, devient plus difficile, sinon impossible. Comme les salaires sont pratiquement toujours négociés à la hausse (*ratchet effect*), les futures hausses sont toujours basées sur les taux et la masse salariale en fin de contrat[56].

Il convient de noter que la pondération en fonction du temps est un principe qui s'applique pour les calculs à courte échéance et dont l'importance diminue à mesure que nos prévisions dépassent la durée d'une seule convention. Autrement dit, peu importe quand une augmentation entre en vigueur au cours de la durée d'une convention, puisque cette augmentation fait partie de la structure permanente de la rémunération. Elle demeurera en vigueur au cours des conventions subséquentes.

Il ne faut pas oublier que la fréquence même des augmentations exerce un impact important. Dans le tableau 22-7, l'option 2 (de 10 % et 10 %) ainsi que l'option 3 (de 5 % et 15 %) donnent une masse salariale en fin de contrat plus élevée, de 10 000 $ et de 7 500 $ respectivement, qu'une augmentation de 20 % dès le début du contrat. Cette différence est attribuable à l'effet composé.

On doit utiliser avec prudence les techniques illustrées dans le tableau 22-7. La méthode des déboursés, comme son nom l'indique, révèle les coûts additionnels requis année après année. La méthode de la valeur escomptée suggère les économies à court terme qu'apporte tout délai dans l'entrée en vigueur des augmentations accordées. Finalement, le niveau de la masse salariale en fin de contrat attire l'attention sur la situation où l'employeur se trouvera au début de la négociation suivante. Les trois méthodes insistent respectivement sur le court, le moyen puis le long terme. L'utilisation simultanée des trois méthodes offre une bonne base de décision pour effectuer des choix compatibles avec les objectifs de négociation poursuivis.

22.6.2 Outils mathématiques

Il convient de rappeler ici quelques notions de mathématiques. Il existe trois types de moyennes: la moyenne simple, la médiane et la moyenne pondérée. La moyenne simple est couramment utilisée pour synthétiser l'information concernant une variable. Par exemple, si l'on dit que le salaire moyen dans une entreprise est de 10 $ l'heure, cela signifie que si tous les employés recevaient le même salaire, chacun obtiendrait 10 $ l'heure. La moyenne permet de réduire l'ensemble de l'information sur les salaires à un seul chiffre. Le tableau 22-8 décrit la procédure suivie pour calculer la moyenne simple de plusieurs taux de salaire horaire. L'inconvénient majeur de cette méthode, c'est que les nombres très grands ou très petits influencent le résultat et donnent par conséquent une fausse image de la réalité.

Une façon de remédier à cet inconvénient est d'employer la médiane. Celle-ci représente le point milieu, c'est-à-dire que 50 % des cas sont au-dessus de ce point et l'autre 50 % au-dessous. Dans l'exemple du tableau 22-8, la classe médiane est la classe III, payée à 12,50 $ l'heure. La médiane (12,50 $) nous donne un meilleur aperçu de la répartition des salaires dans l'entreprise que la moyenne simple (17 $), étant donné les cas extrêmes (classes I et V).

Jusqu'ici le même poids a été attribué aux différentes classes, c'est-à-dire qu'on supposait que les syndiqués étaient uniformément répartis entre les classes. Le tableau 22-9 présente la distribution des salariés selon les classes et expose une méthode de calcul de la moyenne pondérée. La moyenne pondérée tient compte du nombre d'employés dans chaque classe; elle donne à chaque catégorie le poids correspondant au nombre de salariés qu'on y trouve. Dans l'exemple donné, les trois quarts des salariés se retrouvent dans les classes I et II, la classe I en regroupant à elle seule près de la moitié.

C'est pour cette raison que, dans ce cas, la valeur de la moyenne pondérée est de 10,50 $, une valeur inférieure aux deux autres moyennes calculées jusqu'ici. On peut aussi déterminer une médiane pondérée; dans l'exemple elle a une valeur de 10 $

56. Victor J. Sheifer, *op. cit.*, p. 7.

TABLEAU 22-8

Calcul d'une moyenne simple

	Salaires horaires	Indice des écarts
Classe I	7,50 $	100
Classe II	10,00	133
Classe III	12,50	166
Classe IV	15,00	200
Classe V	40,00	533
Total	85,00 $	
Divisé par le nombre de classes:	(5)	
Moyenne simple:	85/5 = 17 $/heure	

l'heure, parce que le salarié du milieu (le centième sur 200) tombe dans la classe II. La moyenne pondérée est celle dont on se sert le plus souvent: avec le nombre de salariés elle donne directement les coûts horaires totaux et, avec le nombre d'heures payées, on connaît immédiatement le coût total des salaires de l'entreprise.

Malgré leur utilité, les moyennes comportent leurs propres limites. Par exemple, pour calculer le coût des vacances, on ne peut multiplier le salaire quotidien moyen par le nombre moyen de jours accordés. Ce genre de calcul, à l'aide de deux moyennes, ne tient pas compte du fait que certains travailleurs plus âgés sont peut-être payés à des taux plus élevés et qu'ils ont droit à plus de vacances que d'autres. L'utilisation des distributions réelles des travailleurs en fonction de leur salaire et de la durée de leurs vacances permet seule d'obtenir les coûts véritables des vacances. (Voir le tableau A-9 en annexe du présent chapitre.) Si de tels calculs paraissent relativement complexes, l'informatique fournit une aide précieuse en cette matière.

La façon la plus répandue d'exprimer les coûts inhérents à une nouvelle convention collective est celle du ratio ou du pourcentage. On dira par exemple que les salariés visés bénéficient, par rapport à l'ancien contrat, d'augmentations équivalant à 10 % à la fin du nouveau contrat. Les pourcentages permettent de déterminer la relation entre une part (l'augmen-

TABLEAU 22-9

Calcul d'une moyenne pondérée

	Salaires horaires		Nombre de salariés		Coût horaire par classe
Classe I	7,50 $	×	90	=	675 $
Classe II	10,00	×	60	=	600
Classe III	12,50	×	20	=	250
Classe IV	15,00	×	25	=	375
Classe V	40,00	×	5	=	200
Total	85,00 $		200		2 100 $

$$\text{Salaire horaire moyen par salarié} = \frac{\text{Coûts horaires totaux}}{\text{Nombre de salariés}} = \frac{2\ 100}{200} = 10{,}50\ \$/\text{heure}$$

tation) et un entier (les anciennes conditions). Ils permettent aussi de placer ces nombres en perspective. Si l'on affirme que les changements apportés au contrat coûtent un million de dollars, cette information est déjà significative; elle l'est davantage si on précise que le million supplémentaire signifie une hausse de 10 % des coûts, attribuables à la nouvelle convention, par rapport à l'ancienne. L'exemple implique une forte simplification, à savoir que les 10 % d'augmentation se rapportent à la seule rémunération et représentent les seuls coûts additionnels imposés par la nouvelle convention.

Les pourcentages ont aussi leurs limites: ils peuvent faire perdre de vue l'importance des coûts en cause: ainsi, une hausse de 4 % des salaires n'implique pas les mêmes déboursés selon que l'unité de négociation compte 10 ou 1000 personnes. Les pourcentages sont utiles; mais les valeurs nominales le sont au moins autant.

Finalement, on peut aussi exprimer les rapports entre certaines données par des nombres indices. Une des données est alors déclarée égale à 100; cette base peut varier si la valeur de cette donnée change et qu'on effectue la mesure à divers moments. Les nombres indices servent par exemple à mesurer la plus ou moins grande étendue de la fourchette des salaires dans une entreprise. Dans les catégories de salaires du tableau 22-8, les nombres indices nous renseignent sur les écarts entre les différentes classes: l'écart est de 33 % entre chaque classe jusqu'à la classe IV inclusivement, alors que la classe V est hors de toute proportion par rapport à l'ensemble. On utilise aussi les nombres indices pour mesurer les écarts salariaux entre hommes et femmes. (Voir le tableau 22-10.)

Moyennes, ratios, pourcentages, nombres indices: voilà les principaux outils mathématiques dont on se sert dans l'analyse des coûts de la convention collective.

22.6.3 Paramètres et hypothèses de quantification

Le but de l'analyse des coûts de la convention collective est d'évaluer l'ampleur des dépenses qui découleront des dispositions contractuelles pendant la période où elles seront en vigueur. De multiples renseignements sont nécessaires à cet exercice. La convention définit quelques paramètres (ex.: le taux de salaire), mais d'autres données, comme celles qui concernent les conditions de production (ex.: le niveau d'emploi prévu) et les caractéristiques de la main-d'œuvre (ex.: l'âge) n'y sont pas consignées. L'absence de données ou la difficulté de les obtenir forcent les analystes à formuler des hypothèses. L'élaboration de telles hypothèses tient souvent plus de l'art que de la science. Elles n'en occupent pas moins une place importante dans le processus d'analyse[57].

> Les hypothèses sur la prochaine convention constituent des éléments essentiels dans toute méthode d'établissement des coûts et, naturellement, la validité des données de sortie dépend de la justesse de ces mêmes hypothèses.

N'étant pas un devin ou un oracle, l'analyste pose certaines hypothèses sur des événements futurs. Il doit les fonder sur un raisonnement rationnel dont voici la première règle[58]:

> Il est (...) logique d'établir le coût des nouvelles conditions en fonction de la main-d'œuvre et de l'usage probable de celle-ci pendant la durée du contrat. Fréquemment, la situation changera avec le temps, à la suite de modifications apportées aux niveaux ou aux méthodes de production; en outre, il arrivera parfois que la convention elle-même entraînera ces modifications.

L'énoncé de Sheifer met en relief le fait qu'il n'existe aucune formule unique, globale et définitive pour prévoir les coûts de la convention collective. Le contrat collectif et le contexte économique de chaque entreprise sont tellement différents de l'une à l'autre qu'on ne peut trouver une méthode d'extrapolation des coûts qui soit applicable partout. Cependant, deux facteurs, le contenu de la convention et les activités de l'entreprise, représentent les balises de l'estimation. Ainsi, si une entreprise prévoit faire appel à des

57. VICTOR J. SHEIFER, *op. cit.*, p. 1.
58. *Ibid.*, p. 2-3.

TABLEAU 22-10

Calcul d'un indice

	Salaire horaire	Indices
Hommes:	15,50 $	100,00
Femmes:	10,50 $	67,75

Calcul de l'indice: $\frac{\text{Taux de salaire des femmes}}{\text{taux de salaire des hommes}} = \frac{10,50}{15,50} = 67,75\ \%$

Le salaire horaire des femmes dans cette entreprise représente environ 68 % du salaire horaire des hommes (32 % de moins).

sous-traitants, elle s'opposera farouchement à une proposition syndicale visant à les interdire. Certaines clauses de la convention peuvent aussi amener des modifications importantes aux activités présentes ou futures de l'entreprise.

Granof range les données utilisables dans l'analyse des coûts sous trois grands titres: les données démographiques, les données comptables et les données financières[59]. Les renseignements démographiques concernent les caractéristiques générales de la main-d'œuvre: nombre d'employés, distribution selon l'âge et le sexe, nombre de dépendants, taux de salaire, années de service, etc. Quant aux informations comptables, elles sont tirées du bordereau des salaires (déboursés pour les salaires directs, les primes d'heures supplémentaires, les absences de toutes sortes, etc.). Finalement, on entend par données financières les renseignements internes non liés aux coûts du travail et que l'on trouve dans les rapports annuels et le budget de l'entreprise (prévisions de revenus, de volume de production, etc.).

Dans le cadre de son enquête, Granof a groupé les entreprises selon qu'elles se servaient du premier, des deux premiers ou des trois types de données. Cela lui a permis de montrer qu'il existait une corrélation entre les services représentés au comité de négociation, les services responsables de l'analyse et le type d'informations utilisé[60]. Si les analystes financiers participaient à la négociation, ils se servaient des trois types de données. Par contre, si la négociation était confiée exclusivement aux spécialistes de relations industrielles, ceux-ci se limitaient aux renseignements démographiques et, dans quelques cas, aux données comptables.

Les informations utilisées dans l'analyse des coûts reflètent aussi clairement l'optique choisie, qu'elle soit historique ou prévisionnelle. L'approche historique n'est pas la meilleure, même si plusieurs experts l'utilisent et qu'il n'est pas facile d'en imaginer d'autres. Dans la mesure où il s'appuie sur le passé, le modèle prévisionnel comporte lui aussi une certaine dimension historique. Par contre, il remet systématiquement en question les conditions dans lesquelles s'appliquera le contrat, compte tenu de l'environnement dynamique où évoluent les entreprises. L'approche *ceteris paribus*, quoique intéressante et pratique pour la formulation d'hypothèses, ne suffit pas.

Les firmes ébauchent des plans et des projets de développement dans des perspectives variant du très court terme (ex.: leur budget) au très long terme (les plans stratégiques). Ces documents renferment des informations qui vont du volume de production prévu aux ventes escomptées, en passant par les achats

59. Michael H. Granof, *op. cit.*, p. 20-26.

60. *Ibid.*, p. 25-26.

(investissements) que l'entreprise entend effectuer. Même si ces prévisions passent pour subjectives aux yeux de certains, dans le sens où la réalité qu'elles décrivent n'est que probable, il n'en demeure pas moins que les différents services axent leurs décisions sur ces plans. À partir de ces pronostics, les analystes des coûts de la convention collective doivent élaborer eux-mêmes des scénarios pour situer le contrat de travail dans le contexte futur de l'entreprise. Cette exigence trouve sa raison d'être dans le fait que le prix des conditions de travail influera sur les activités futures de l'entreprise, comme celles-ci affecteront le prix même de la convention.

Généralement, le coût direct, à la pièce, d'une disposition est indiqué dans le contrat; il ne reste qu'à trouver la fréquence à laquelle elle sera appliquée pour estimer les dépenses totales découlant de la clause. En règle générale, le coût d'une disposition peut être estimé si son taux d'utilisation est connu. Cette fréquence est naturellement fonction de l'utilisation qu'on entend faire de la main-d'œuvre, qui elle-même dépend des plans de l'entreprise.

Où trouver ces fréquences variables d'utilisation de clauses? Le réflexe immédiat est de se tourner vers le passé et d'examiner les tendances observées concernant chacune des clauses. On doit cependant aller plus loin. Le degré d'utilisation des clauses dépend aussi de la nouvelle convention, des caractéristiques de la main-d'œuvre et des prévisions de l'entreprise.

En plus des paramètres économiques généraux, de la convention et des plans d'entreprise, il faut aussi estimer la réaction des employés aux changements apportés aux avantages. Par exemple, l'élargissement de la définition du grief arbitrable entraînera-t-il une augmentation du nombre de griefs? Selon la nature des dispositions, l'information indispensable à la formulation d'hypothèses exige des recherches et des méthodes de prévisions plus ou moins complexes.

Un manque de données de base peut annuler les plus grands efforts de prédiction. À titre d'exemple, le syndicat propose qu'un employé qui fait des heures supplémentaires à un poste différent de celui qu'il occupe en temps normal soit rémunéré au taux de salaire le plus élevé. Si l'analyste n'a pas accès aux données relatives à cette situation particulière, qu'il ne sait pas le nombre de fois où cela s'est produit l'année précédente, comment peut-il apprécier les coûts d'une telle proposition? Il faut alors s'assurer que dorénavant des registres détaillés seront tenus à jour pour les besoins des négociations ultérieures. Les systèmes de paie ou de comptabilité ne suffisent pas toujours à répondre à ces besoins particuliers.

Une question majeure porte sur la définition du nombre d'heures à utiliser dans les calculs. Deux concepts se sont imposés: les heures payées et les heures travaillées. Les heures travaillées sont les heures productives passées sur les lieux de travail; les heures payées représentent les heures qui ont occasionné des déboursés à l'employeur. La différence entre les deux est constituée des heures chômées mais payées. Les données sur ces différents types d'heures sont généralement disponibles. Il faut utiliser le concept approprié: les heures payées pour les coûts totaux et les heures travaillées pour le coût de production; quant aux heures chômées et payées, elles représentent le coût d'un des avantages importants de la convention. Ces concepts seront repris et appliqués dans la prochaine section et dans l'annexe (tableau A-11).

22.6.4 Unités de mesure des coûts

Il existe cinq façons principales de présenter les coûts: les coûts annuels totaux, les coûts annuels par employé, les coûts additionnels en pourcentage de la masse salariale, les coûts par heure payée ou par heure travaillée et les coûts par unité produite: deux coûts d'ensemble (totaux ou additionnels) et trois coûts unitaires (par employé, par heure ou par unité produite). L'analyste pourra exprimer les écarts de coûts entre deux conventions collectives sur une base nominale, en dollars, ou procentuelle. (Voir le tableau 22-11.)

Les coûts totaux annuels constituent l'élément de base de tout exercice d'évaluation des coûts (*costing*): on doit, en premier lieu, calculer l'ensemble des déboursés de l'employeur. La difficulté d'établir certains paramètres de fréquence (ex.: le nombre d'heures payées dans les prochaines années) crée des

TABLEAU 22-11

Unités de mesure des coûts de la convention collective

Unités de mesure des coûts	**Méthodes de calcul**
Coûts totaux	Somme de tous les déboursés pour la première année de la convention: 150 000 \$ + 1 500 000 \$ = 1 650 000 \$ par an
Coûts moyens par employé	$\frac{\text{Coûts annuels totaux prévus}}{\text{Nombre prévu d'employés}}$ $\frac{1\,650\,000\ \$}{50\ \text{employés}} = 33\,000\ \$$ par employé
Coûts additionnels en pourcentage	$\frac{\text{Coûts additionnels du nouveau contrat}}{\text{Coûts annuels de l'ancien contrat}}$ $\frac{150\,000\ \$}{1\,500\,000\ \$} = 10\ \%$ d'augmentation
Coûts par heure payée ou travaillée	**Heures payées:** $\frac{\text{Coûts annuels totaux prévus}}{\text{Nombre total des heures payées}}$ $\frac{1\,650\,000\ \$}{108\,000\ \text{heures}} = 15{,}28\ \$$ par heure payée **Heures travaillées:** $\frac{\text{Coûts totaux annuels prévus}}{\text{Nombre total des heures travaillées}}$ $\frac{1\,650\,000\ \$}{95\,000\ \text{heures}} = 17{,}37\ \$$ par heure travaillée
Coûts par unité produite	$\frac{\text{Coûts totaux annuels prévus}}{\text{Nombre d'unités à produire}}$ $\frac{1\,650\,000\ \$}{500\,000\ \text{unités}} = 3{,}30\ \$$ par unité produite

Hypothèses: L'entreprise prévoit employer 50 travailleurs. Elle devra leur payer 104 000 heures normales (50 × 40 heures/semaines × 52 semaines). Elle évalue le temps non productif à 13 000 heures (4000 heures de congés statutaires + 7000 heures de vacances + 2000 heures de congés divers). Les prévisions de la production sont de 500 000 unités. On calcule que 95 000 heures productives sont nécessaires pour réaliser ce niveau de production. Sur les 104 000 heures payées, 13 000 seront improductives pour un total de 91 000 heures normales travaillées. On aura donc besoin de 4000 heures supplémentaires pour atteindre l'objectif de production de 500 000 unités qui nécessite 95 000 heures de production. Le nombre total d'heures payées s'élève ainsi à 108 000 heures. Les coûts réels de la dernière année du contrat sont de 1 500 000 \$ et l'entreprise estime à 150 000 \$ la hausse de ses coûts.

problèmes. Cette situation a favorisé l'utilisation du coût horaire, qui n'exige pas d'estimer les fréquences relatives au temps de travail.

Pour leur part, les travailleurs ne sont pas intéressés aux coûts totaux, mais à l'effet du nouveau contrat sur leur chèque de paie. L'entreprise doit quant à elle connaître ces coûts totaux pour évaluer l'ampleur de ses dépenses.

Le coût annuel moyen par employé se calcule en divisant le coût total par le nombre moyen ou le nombre réel d'employés régis par la convention. Cette définition demeure très large. Elle équivaut à attribuer les déboursés de l'entreprise à chacun des travailleurs, sans distinction. Pour certains types d'avantages, il est plus pertinent de calculer le coût réel pour chaque individu, car la situation peut varier beaucoup de l'un à l'autre (exemples: primes, taux de salaire, vacances, etc.). Des coûts tels que ceux d'une assurance-groupe sont difficilement imputables à un syndiqué en particulier; ils doivent alors être répartis parmi tous les travailleurs de l'unité. L'informatique permet de distribuer les coûts de cette nature et d'obtenir ainsi un tableau beaucoup plus exact.

Les coûts des changements sont souvent présentés sous forme de pourcentage par rapport à l'ancienne masse salariale. On divise les coûts additionnels par la masse salariale précédente. Mais que doit-on inclure dans la masse salariale ? Selon Granof, la plupart des analystes y mettent toutes les sommes payées aux employés, sauf les primes d'heures supplémentaires et de quart[61].

L'inclusion ou non de telle ou telle prime dans le dénominateur influencera naturellement le résultat, à la baisse ou à la hausse. La question fait toujours problème. Mis à part le côté tactique des choix, il semble préférable d'utiliser l'ensemble des coûts et des heures. De la sorte, l'effet des dispositions les unes sur les autres (ex.: primes, indemnités de vacances) est pris en compte et on obtient une meilleure représentation du coût global des changements. Pour ce qui est du ratio avantages – masse salariale, le fait qu'on négocie habituellement en même temps les augmentations des salaires et des avantages, fait en sorte qu'il est plus utile d'y recourir après coup pour obtenir un portrait statique de la situation et effectuer les comparaisons appropriées avec le reste de l'industrie.

61. Michael H. Granof, *op. cit.*, p. 6.

La méthode la plus fréquente d'exprimer les coûts d'un règlement collectif est de les exposer en cents par heure et par employé. À peu près tous les négociateurs, patronaux et syndicaux, pensent et négocient en ces termes. Cette popularité a atteint des sommets tels que la grande majorité des négociateurs interviewés par Granof étaient d'avis que leur objectif premier était de minimiser les augmentations salariales en termes de cents par heure[62]. On obtient le coût horaire des demandes en faisant la somme des déboursés et en la divisant par un certain nombre d'heures (réel, moyen ou arbitraire, payées ou travaillées). Quant à Granof, il calcule le coût horaire en divisant l'effet financier net des propositions contractuelles, selon certaines conditions de production, par le nombre d'heures productives anticipées[63].

La controverse se poursuit toujours quant aux heures à choisir: heures travaillées ou heures payées. Le syndicat préférera négocier en termes d'heures payées, car cela lui permet de montrer à l'employeur que ses demandes demeurent raisonnables, financièrement parlant. À l'inverse, le comité patronal pourra peut-être convaincre les représentants syndicaux qu'en termes d'heures travaillées, la demande syndicale est trop onéreuse. L'approche utilisée ne change ni les faits ni les coûts; elle n'influence que la perception qu'on en a. Il semble bien que chaque partie ne considère pas sa méthode comme exclusive et infaillible: « Après les négociations, il y a un renversement des préférences des négociateurs au sujet de la manière dont il faut mesurer les coûts[64]. » Pour prouver aux actionnaires et au public qu'elle n'a pas fait trop de concessions, la direction annonce les coûts du règlement en termes d'heures payées. De leur côté, les négociateurs syndicaux parlent d'heures travaillées parce qu'ils veulent que les augmentations négociées paraissent les plus importantes possibles, pour obtenir l'assentiment de leurs membres et pour que ceux-ci

62. Michael H. Granof, *op. cit.*, p. 33.
63. Michael H. Granof, *op. cit.*, p. 90-91.
64. Robert E. Allen et Thimothy J. Keaveny, «Costing Out a Wage and Benefits Package», *Compensation Review*, n° 2, Amacom, American Management Association, 1983, p. 35.

ratifient l'entente. À ce moment, aucune des parties ne remettra en question les évaluations de l'autre: toutes deux veulent que le contrat soit approuvé. Par contre, sur un point particulier, le coût moyen par heure travaillée reflète, s'il y a lieu, un changement dans le temps chômé et rémunéré.

L'avantage du calcul en cents par heure réside dans sa facilité d'expression et dans sa valeur du point de vue des relations publiques. La méthode permet de communiquer l'information d'une façon simple, compréhensible et significative, notamment pour les employés qui veulent savoir combien le nouveau contrat leur rapportera sur leur chèque de paie. La méthode facilite également les comparaisons entre des unités de négociation de différentes tailles; de plus, on l'obtient sans avoir à établir le nombre d'heures de travail éventuelles. Comme la plupart des autres mesures, celle-ci consolide en un seul chiffre les coûts des changements à la convention collective. Elle intègre les coûts de manière à les mettre en perspective, ce qui facilite les comparaisons notamment en matière de rémunération globale.

Mais la méthode a, comme les autres, ses inconvénients et ses limites. Toutes choses étant égales par ailleurs, le fait d'accorder un congé férié de plus à un salarié augmente-t-il sa rémunération? Sur le plan conceptuel, non. Les coûts additionnels, s'il y en a, seront dus non pas à un chèque de paie plus important pour l'employé, mais à son remplacement ou à la perte de production. Dans ce sens, le coût par heure travaillée surestime la rémunération des salariés, car on risque alors de confondre coûts de main-d'œuvre par heure travaillée et rémunération horaire. L'objectif du coût par heure travaillée est d'estimer le coût de la main-d'œuvre par heure de travail effectuée. Les coûts du contrat englobent des frais dont ne tient pas compte ce mode de mesure, par exemple certains frais relativement fixes, comme l'application de la clause de règlement des griefs et les libérations syndicales.

Avec la mesure des coûts sur une base horaire, les analystes n'apprécient pas vraiment les coûts du contrat: ils en ignorent le volume global. Par ailleurs, il s'agit d'une mesure utile et utilisée. Si l'on prévoit une augmentation du nombre d'heures travaillées, cette approche permet d'estimer directement l'augmentation du coût global.

Il existe une dernière façon d'exprimer les coûts de la convention: le coût par unité produite. Plusieurs prétendent que la considération la plus importante sera toujours l'impact financier des demandes sur le coût unitaire des biens ou des services produits. Ce type de coût se calcule en divisant les coûts par le nombre d'unités produites. Une telle analyse du coût unitaire «fournit le genre de données nécessaires pour négocier la productivité et les changements contractuels qui permettront d'épargner et de compenser les concessions économiques consenties[65] ».

En pratique, la notion de production n'est pas toujours facile à quantifier, surtout dans le cas des services; comme il peut être risqué de prévoir le niveau de production. «Le coût unitaire est difficile à déterminer puisqu'il implique l'estimation de l'impact des propositions contractuelles sur la productivité des travailleurs[66]. » Cette difficulté est susceptible d'expliquer l'utilisation limitée de cette mesure des coûts. Les coûts de la convention sont-ils proportionnels au volume de production? Doubler le nombre d'unités produites fera-t-il augmenter les coûts d'autant?

Cette valeur unitaire n'est pas une préoccupation majeure des gens de relations industrielles; elle intéresse bien davantage les responsables de la production et la direction générale. Celle-ci est la mieux placée pour évaluer l'impact des coûts accrus de la convention sur le prix du produit, compte tenu de l'élasticité de la demande. Pour mesurer l'effet final sur le prix, il faut tenir compte de la productivité de la main-d'œuvre et de l'équipement. La question de la productivité exige une expertise qui dépasse celle des négociateurs: des préoccupations telles que le ratio capital – travail et la rentabilité de certains produits par rapport à d'autres sont implicites dans l'utilisation du coût par unité produite.

---

65. Gordon S. Skinner et E. Edward Herman, *op. cit.*, p. 501.
66. *Ibid.*, p. 501.

Même si elles sont toutes relativement simples à calculer, chaque unité de mesure possède des limites conceptuelles. Leur utilisation dépend de nombreux facteurs, tels que les personnes à qui on veut communiquer l'information, l'importance qu'on veut donner à tel aspect ou le cadre dans lequel on désire effectuer l'analyse des coûts (ex.: rémunération globale ou coûts additionnels de la convention).

22.6.5 Informatique et analyse des coûts

Pour ce qui est des instruments dont on peut se servir pour effectuer le calcul des coûts, il n'en existe que trois: le calcul à la main, la calculatrice et l'ordinateur. On reconnaît l'utilité de l'ordinateur pour effectuer des calculs qui sont, la plupart du temps, longs et fastidieux.

Il semble que l'informatique a littéralement investi les entreprises et qu'elle fait des percées notables au sein des syndicats. À titre d'exemple, une enquête réalisée en 1984 a révélé une évolution significative concernant l'usage des systèmes informatiques par les services de ressources humaines. Près de 68 % de la population visée (350 entreprises) en faisait usage alors qu'en 1975, la proportion n'était que de 20 %[67].

Le fait de posséder un micro-ordinateur donne accès à de nombreuses banques de données sur des sujets divers: situation financière d'une entreprise particulière, conditions de travail que l'on peut retrouver sur le marché, renseignements sur les organisations syndicales, etc.[68]. Ces systèmes d'information sont utiles au cours de la négociation: ils permettent la cueillette, l'emmagasinage, l'analyse et la diffusion des données. L'avènement de l'informatique dans les négociations a un impact considérable, qui dépasse la simple analyse des coûts.

67. Laura Hall et Derek Torrington, «Why not Use the Computer. The Use and Lack of Use of Computers in Personnel», *Personnel Review*, vol. 15, nº 1, 1986, p. 3-4.

68. Deborah O. Cantrell, «Labor Relations: Computers Come to the Bargaining Table», *Personnel Journal*, vol. 63, nº 9, septembre 1984, p. 30.

L'objectif ultime d'un programme informatisé d'analyse des coûts de la convention collective est l'élaboration «d'une série d'offres globales pouvant comprendre un nombre infini de rajustements apportés aux taux de rémunération et aux avantages sociaux[69]». Un programme d'analyse des coûts produit de nombreuses données financières, comme les coûts totaux, les coûts par employé, le coût par clause, les coûts additionnels, le coût des propositions, etc. Il doit aussi prendre en considération de nombreux aspects de l'analyse, comme l'incidence des salaires, la valeur présente, la date d'entrée en vigueur des augmentations, etc. Par-dessus tout, un programme d'analyse des coûts doit permettre aux négociateurs de calculer rapidement l'impact financier des différentes propositions et contrepropositions. «L'accès instantané aux estimations des coûts des diverses possibilités pourrait faire la différence entre un accord et une grève[70].» Alors qu'auparavant le calcul des coûts demandait des heures d'efforts, la rapidité avec laquelle un programme peut produire des données permet aujourd'hui aux négociateurs d'élaborer et d'étudier diverses propositions ou contrepropositions en très peu de temps[71].

69. Jack Ellenbogen, «L'établissement des coûts des conventions collectives dans les années 80 – La révolution informatique», *Recherches et négociations collectives dans les années 80, le besoin d'une nouvelle information et de nouvelles connaissances*, Ottawa, Bureau de recherches sur les traitements, décembre 1980, annexe A. Texte présenté au Congrès annuel de la Eastern Economic Association, Montréal, 8 mai 1980 (traduit par F. Quinet), p. 1.

70. E. Edward Herman, Alfred Kuhn et Ronald L. Seeber, *op. cit.*, p. 212.

71. Les systèmes utilisés pour l'examen des coûts de la convention collective sont des sytèmes de gestion informatisés, qui fonctionnent selon un mode interactif permettant à l'usager d'intervenir au cours des diverses opérations de la machine par l'intermédiaire d'un terminal (Jack Ellenbogen, *op. cit.*, p. 1.) Les entreprises stockant de plus en plus les données relatives au personnel à l'intérieur de fichiers informatisés, il suffit de relier le système d'analyse des coûts à ces banques de données pour obtenir un portrait complet et à jour de la main-d'œuvre. À notre connaissance, il n'existe pas sur le marché de programmes développés spécifiquement pour l'analyse des coûts de la convention collective. La plupart du temps, les négociateurs développent eux-mêmes des programmes d'analyse des coûts à partir de logiciels permettant

Malgré tout l'enchantement qu'a pu provoquer l'introduction de l'ordinateur dans les relations de travail, on a exprimé plusieurs appréhensions à son sujet. D'abord, les négociateurs ne doivent pas s'en remettre entièrement à l'ordinateur: «La gymnastique intellectuelle peut faire découvrir des solutions ou des compromis que n'auraient pas fait surgir les seuls calculs effectués par l'ordinateur[72].» De même, la confidentialité des renseignements risque d'être compromise, premièrement à cause de la possibilité d'accéder, même sans autorisation, à la mémoire de l'ordinateur et, deuxièmement, à cause de la multiplicité des relevés informatisés produits.

Le micro-ordinateur ne demeure qu'un outil pour les parties et il ne saurait se substituer à celles-ci[73].

> La négociation collective vise à résoudre des problèmes humains. Cette dimension ne pourra jamais être complètement reconnue et analysée par un ordinateur. Un ordinateur ne pourra jamais prendre la décision cruciale à 3 h 30 du matin, qui représente la différence entre une grève et un accord.

L'ordinateur n'exécutera jamais une analyse autrement que de la façon dont on l'aura préalablement programmé, tant par rapport à la structure générale du programme qu'aux données qui y seront insérées.

22.7 Conclusion

Malgré les difficultés qu'elle comporte, l'analyse des coûts de la convention collective demeure une des tâches les plus importantes à accomplir dans une négociation. Elle exige une préparation minutieuse et soignée. Il faut aussi effectuer de nombreux choix cruciaux, entre différentes hypothèses et diverses méthodes de calcul. La multiplicité des concepts et des approches présentés dans ce chapitre démontre qu'il n'existe pas de formule unique pour procéder à l'analyse des coûts. Il faut créer celle qui convient aux circonstances où l'on est. Au cours de la négociation elle-même, les participants doivent avoir en mains les données démographiques et comptables pertinentes, ainsi que, si possible, les données financières (section 22.6.3). Même si leurs ressources sont limitées, les négociateurs doivent au minimum avoir établi le facteur d'incidence de l'ancienne convention et s'efforcer de le recalculer au fur et à mesure que la négociation apporte des modifications à ses éléments constitutifs. Autrement, quand la discussion sur les salaires arrivera, à la fin, les parties ne seront pas en mesure d'en évaluer les implications véritables.

À un chapitre de la nature de celui-ci, il n'y a peut-être pas de meilleure conclusion que la synthèse implicite qu'on trouvera en parcourant l'analyse des coûts d'une convention collective imaginaire – une sorte de problème ou d'étude de cas – qui suit.

---

la réalisation de chiffriers électroniques (ex.: Lotus 1-2-3). Le temps considérable nécessaire à l'élaboration de tels instruments fait en sorte que leur diffusion est restreinte aux entreprises, organisations syndicales ou firmes de consultants qui les ont conçus. D'ailleurs, ces programmes sont ébauchés en fonction des besoins des négociateurs dans un milieu particulier et, en conséquence, ils sont souvent difficilement applicables dans un autre contexte.

72. Charles S. Loughran, *op. cit.*, p. 231.

73. Deborah O. Cantrell, *op. cit.*, p. 30.

Annexe

Calcul des coûts d'une convention collective

TABLEAU A-1
Données de base sur les salariés de l'entreprise

Classes	Taux de salaire		Répartition des salariés selon l'ancienneté				
	Taux horaire $	Nombre de sal.	Catégories	Fin de la c.c.	Année 1	Année 2	Année 3
			Moins d'un an	4	0	0	10
1	8,25	7	1 à 3 ans	10	14	9	4
2	8,50	18	4 à 7 ans	9	9	11	13
3	8,75	10	8 à 12 ans	12	12	9	8
4	9,25	10	13 à 17 ans	7	7	11	13
5	11,25	5	18 à 20 ans[1]	6	3	2	3
			Plus de 20 ans	2	5	8	9
TOTAL		50	TOTAUX	50	50	50	60

1. À la fin de la convention, cette catégorie s'étendait de 18 à 22 ans; la disposition a été modifiée lors de la négociation.

L'analyse qui suit n'est représentative que du cas proposé. La possibilité d'appliquer la même méthode à d'autres cas dépend de leur degré de similitude avec l'exemple choisi.

Données initiales

Il s'agit d'une entreprise manufacturière qui compte 50 employés réguliers, syndiqués, travaillant à la production. Plus de la moitié d'entre eux ont moins de 12 ans d'ancienneté. Le barème des salaires compte cinq classes, avec un seul taux de salaire par classe. La distribution des salariés selon les classes se rapproche sensiblement de la courbe normale. (Voir le tableau A-1.) L'entreprise prévoit une expansion prochaine, qui l'amènerait à recruter 10 autres employés réguliers dans la troisième année de la convention.

L'entreprise vient de signer une convention collective de trois ans. Celle-ci comporte une augmentation de 4 % la première année, une augmentation uniforme de 0,25 $ l'heure la deuxième année et, au début de la troisième année, un montant forfaitaire de 500 $ non intégré à l'échelle salariale.

Calcul des salaires

Le calcul des salaires s'effectue sur la base des heures payées, soit 40 heures pendant 52 semaines ou 2080 heures par année. Le temps chômé et payé est donc inclus dans ces heures. Au total, il y aura 104 000 heures payées, pour chacune des deux premières années, et 124 800 la troisième année, à cause des 10 nouveaux employés. Il faut tenir compte du nombre d'employés dans chaque classe de salaire.

Le tableau A-2 établit les coûts salariaux de la première année de la convention, compte tenu d'une augmentation de 4 % du taux des salaires. Les coûts totaux seront de 966 950 $ pour les heures payées au taux normal; les coûts additionnels seront de 37 190 $. Ceux-ci sont attribuables à l'augmentation de 4 %.

La seconde année, l'entreprise accorde une augmentation uniforme de 0,25 $ l'heure. Rien d'autre

TABLEAU A-2

Coûts des salaires la première année de la convention

Classes	Taux fin c.c. $	Taux année 1 (+4 %) $	Nombre de sal.	Nbre d'h. payées (×2080)	Coût total	Coûts additionnels	
						par heure	totaux
1	8,25	8,58	7	14 560	124 924,80	0,33	4 804,80
2	8,50	8,84	18	37 440	330 969,60	0,34	12 729,60
3	8,75	9,10	10	20 800	189 280,00	0,35	7 280,00
4	9,25	9,62	10	20 800	200 096,00	0,37	7 696,00
5	11,25	11,70	5	10 400	121 680,00	0,45	4 680,00
TOTAUX	Mp 8,94	9,30	50	104 000	966 950,40	0,36	37 190,40

Mp: moyenne pondérée.

ne change. Les 104 000 heures normales représentent un coût additionnel de 26 000 $ et un coût total de 992 950 $. (Voir le tableau A-3.)

La troisième année, le barème de salaire demeure inchangé, mais un montant forfaitaire de 500 $ est accordé à chacun des 50 anciens salariés, soit 25 000 $ en tout. Les nouveaux embauchés se répartissent alors comme suit: 4 dans la classe 1, 3 dans la classe 2 et 3 dans la classe 3. (Voir le tableau A-4.) Pour cette raison, la moyenne pondérée des salaires passe de 9,55 $ à 9,47 $. Le salaire total de ces nouveaux employés s'élève à 188 531 $. Le total des coûts salariaux dépasse le million de dollars: 1 206 481,60 $.

TABLEAU A-3

Coûts des salaires la deuxième année

Classes	Taux année 1 $	Taux année 2 (+0,25) $	Nombre de sal.	Nbre d'h. payées (×2080)	Coût total	Coûts additionnels	
						par heure	totaux
1	8,58	8,83	7	14 560	128 564,80	—[1]	—[1]
2	8,84	9,09	18	37 440	340 329,60	—[1]	—[1]
3	9,10	9,35	10	20 800	194 480,00	—[1]	—[1]
4	9,62	9,87	10	20 800	205 296,00	—[1]	—[1]
5	11,70	11,95	5	10 400	124 280,00	—[1]	—[1]
TOTAUX	Mp 9,30	9,55	50	104 000	992 950,40	0,25	26 000,00

Mp: moyenne pondérée.

1. L'augmentation de 0,25 $ s'appliquant à tous les salariés, sans distinction de classe, il suffit de faire le calcul des coûts additionnels pour l'ensemble des employés.

TABLEAU A-4

Coûts des salaires la troisième année

Classes	Taux année 3 (inchangé) $	Nombre de salariés	Nbre d'h. payées (×2080)	Coût total	Coûts additionnels	
					par heure	totaux
1	8,83	11	22 880	202 030,40	—	—
2	9,09	21	43 680	397 051,20	—	—
3	9,35	13	27 040	252 824,00	—	—
4	9,87	10	20 800	205 296,00	—	—
5	11,95	5	10 400	124 280,00	—	—
Montant forfaitaire	500	50		25 000,00	—	25 000,00
TOTAUX	Mp 9,47[1]	60	124 800	1 206 481,60		188 531,20[2]

Mp: moyenne pondérée.

1. La moyenne de 9,47 $ exclut le montant forfaitaire. Si on l'inclut, la moyenne passe à 9,67 $.
2. Coûts additionnels attribuables aux salaires des 10 nouveaux employés.

À la fin de cette convention collective, l'employeur aura déboursé 188 571,20 $ de plus que si les taux horaires étaient demeurés au niveau en vigueur à la fin de l'ancien contrat. (Ce montant n'inclut pas les salaires des nouveaux employés.) Cet important déboursé tient au fait que les coûts additionnels de la première et de la deuxième année se répètent annuellement jusqu'à la fin du contrat. L'employeur doit donc prévoir les déboursés additionnels suivants:

Augmentation de l'année 1:
37 190,40 × 3 = 111 571,20 $
Augmentation de l'année 2:
26 000,00 × 2 = 52 000,00 $
Augmentation de l'année 3:
25 000,00 × 1 = 25 000,00 $
188 571,20 $

Cette augmentation vient de l'accroissement des salaires des anciens employés. Si on y ajoute le salaire des nouveaux employés (188 531,20), cela fait un déboursé total additionnel de 377 102,40 $.

Augmentation des primes

Dans cette entreprise, il existe deux primes: la prime d'heures supplémentaires et la prime de quart (soir). Le taux de la prime d'heures supplémentaires est d'une fois et demie le taux horaire normal pour les heures effectuées quotidiennement en sus des heures normales et de deux fois le taux horaire normal pour les heures travaillées en fin de semaine. On n'a donc qu'à multiplier les taux mentionnés précédemment par 1,5 ou par 2 selon le cas.

L'employeur estime que, la première année de la convention, il lui faudra environ 1000 heures supplémentaires à taux majoré de moitié et 200 heures à taux double. Le coût total de ces primes serait alors de 18 433 $ pour la première année. (Voir le tableau A-5.) La deuxième année, il estime qu'il devra avoir 1100 heures à taux majoré de moitié et 220 heures à taux double, ce qui représente un coût de 20 935,40 $.

Comme l'employeur compte embaucher 10 travailleurs pour la troisième année, le nombre d'heures supplémentaires devrait décroître. Il estime leur nombre à 250 heures à taux majoré de moitié et à 60 heures à taux double; la somme de ces primes s'élèvera à 4 812,80 $.

Pour les heures effectuées durant le quart de soir, la convention prévoit une prime de 0,45 $ l'heure.

TABLEAU A-5

Coûts de la prime d'heures supplémentaires

Classes	Heures supplémentaires à taux majoré de moitié			Heures supplémentaires à taux double			Coût total des heures supplémentaires $
	Nbre d'h.	Taux majoré de moitié $	Coût total $	Nbre d'h.	Taux double $	Coût total $	
PREMIÈRE ANNÉE							
1	150	12,87	1 930,50	25	17,16	429,00	2 359,50
2	300	13,26	3 978,00	60	17,68	1 060,80	5 038,80
3	200	13,65	2 730,00	20	18,20	364,00	3 094,00
4	100	14,43	1 443,00	30	19,24	589,20	2 032,20
5	250	17,55	4 387,50	65	23,40	1 521,00	5 908,50
Totaux	1 000		14 469,00	200		3 964,00	18 433,00
DEUXIÈME ANNÉE							
1	150	13,25	1 987,50	25	17,66	441,50	2 429,00
2	320	13,64	4 364,80	70	18,18	1 272,60	5 637,40
3	200	14,03	2 806,00	20	18,70	374,00	3 180,00
4	130	14,81	1 925,30	30	19,74	592,20	2 517,50
5	300	17,93	5 379,00	75	23,90	1 792,50	7 171,50
Totaux	1 100		16 462,60	220		4 472,80	20 935,40
TROISIÈME ANNÉE							
1	50	13,25	662,50	10	17,66	176,60	839,10
2	90	13,64	1 227,60	20	18,18	363,60	1 591,20
3	40	14,03	561,20	10	18,70	187,00	748,20
4	25	14,81	370,25	5	19,74	98,70	468,95
5	45	17,93	806,85	15	23,90	358,50	1 165,35
Totaux	250		3 628,40	60		1 184,40	4 812,80

Le nombre d'employés travaillant sur ce quart est de 20; on prévoit qu'il augmentera à 25 au moment où l'on embauchera de nouveaux travailleurs. En d'autres mots, la prime de quart est un montant fixe de 0,45 $ l'heure. Le coût total de cette prime pour la première et la deuxième année sera de 18 720 $, et de 23 400 $ pour la troisième année. Cet accroissement est dû exclusivement au nombre plus élevé de travailleurs recevant la prime. (Voir le tableau A- 6.)

Avantages sociaux

Même s'ils ne découlent aucunement de la convention collective, on inscrit généralement avec les avantages sociaux, à cause de leur importance considérable, les cotisations que l'employeur doit verser pour les différents régimes de sécurité sociale publique. Ces cotisations sont obligatoires, en vertu des lois, pour tous les salariés – dans certains cas pour tous les employés

TABLEAU A-6
Coûts de la prime de quart[1]

Année 1	20 salariés travaillant 2080 heures et recevant une prime de 0,45 :	18 720 $
Année 2	20 salariés travaillant 2080 heures et recevant une prime de 0,45 :	18 720 $
Année 3	25 salariés travaillant 2080 heures et recevant une prime de 0,45 :	23 400 $
		60 840 $

1. Le nombre d'heures utilisé (2080) implique que la prime de quart est versée lors des congés et des vacances. Il faut voir si la convention collective prescrit, dans ces cas, le paiement à taux normal ou selon les gains habituels. Les chiffres du tableau supposent que c'est la deuxième règle qui s'applique. Autrement il faudrait réduire les heures d'environ 240 heures dans l'année (1840 heures), à moins que les calculs visent aussi les remplaçants requis, au moins pour les vacances.

– en vue d'assurer à tous une sécurité minimale contre les principaux risques de la vie. Nous retenons uniquement la proportion du salaire que l'employeur doit verser comme cotisation patronale pour chacun de ces régimes. Des cinq régimes cités, les deux premiers exigent aussi une cotisation de la part de l'employé, que l'employeur doit déduire de la paye de chacun. Dans chaque régime, les pourcentages varient, surtout dans le cas des accidents de travail où 2,5 % représente la moyenne générale. Nous utilisons les proportions de 1990-1991.

Assurance-chômage	3,15 %
Régie des rentes du Québec	2,1 %
Régie de l'assurance-maladie du Québec	3,22 %
CSST (santé-sécurité-accidents)	2,5 %
Commission des normes du travail	0,08 %
	11,05 %

Ce pourcentage s'applique à la masse salariale de l'employeur. Pour simplifier les calculs, nous utilisons, dans l'exemple, le total des salaires normaux. En fait, la proportion s'applique au total des gains, mais avec un salaire assurable maximum qui varie de 500 $ à 700 $ par semaine selon les régimes. Presque aucun taux de salaire de l'exemple n'atteint le maximum prévu ; l'usage du total des salaires normaux paraît donc légitime. (Voir le tableau A-7.)

En plus des régimes publics, les conventions collectives prévoient des régimes complémentaires d'avantages sociaux. La convention étudiée en prescrit trois : un régime de pension, une assurance-vie et un régime d'assurance-maladie complémentaire (au régime public). La cotisation de l'employeur à la caisse de retraite est égale à 2 % des gains horaires réguliers des employés. Il suffit de calculer 2 % du total des salaires réguliers pour obtenir les coûts de ce régime pour l'employeur. (Voir le tableau A-7.)

Le régime d'assurance-vie est financé grâce à une cotisation de l'employeur égale à 0,75 $ par 100 $ assurés. Le nombre de 100 $ assurés par année s'obtient en divisant la masse salariale annuelle (incluant le montant forfaitaire) par 100. Ainsi, pour la première année de la convention, la contribution de l'employeur s'élève à 7252,13 $ (0,75 × 9669,50). On procède de la même façon pour la deuxième et la troisième année de la convention.

Pour ce qui est du régime d'assurance-maladie complémentaire, les cotisations varient en fonction de l'état civil du salarié et du nombre de personnes à sa charge, et non en fonction de son salaire ou de ses gains. (C'est la raison pour laquelle cet avantage n'apparaît pas dans le tableau A-7.) Il en coûte à l'employeur 10 $ par mois pour les employés sans personnes à charge, et 25 $ par mois pour les employés ayant des personnes à charge et ce, pour la durée de la convention. Dans l'unité de négociation étudiée, on compte 30 employés avec personnes à charge la première année de la convention ; on en prévoit 32 pour la deuxième et 37 pour la troisième compte tenu de l'arrivée des nouveaux travailleurs. La première année, ce régime d'assurance-maladie coûtera 9000 $ (25 $ × 12 × 30) pour les salariés

TABLEAU A-7

Coûts des avantages sociaux

Avantages sociaux[1]	Première année		Deuxième année		Troisième année		Total des 3 ans
	Salaires assurables $	Coûts $	Salaires assurables $	Coûts $	Salaires assurables $	Coûts $	Coûts $
Sécurité sociale publique (11,05 %)	966 950	106 848	992 950	109 721	1 206 482	133 316	349 885
Régime de pension (2 %)	966 950	19 339	992 950	19 859	1 206 482	24 130	63 328
Assurance-vie (0,0075 %)	966 950	7 252	992 950	7 447	1 206 482	9 049	23 748

1. Dont les primes varient selon le taux de salaire payé.

avec personnes à charge, et 2400 $ pour les salariés sans personnes à charge (10 $ × 12 × 20). Ainsi de suite pour les autres années. Les coûts totaux de ce régime d'assurance-maladie complémentaire sont donc de 11 400 $ la première année, de 11 760 $ la seconde et de 13 760 $ la troisième, pour un total de 36 920 $ pour la durée de la convention. La proportion des travailleurs avec ou sans personnes à charge détermine les coûts de cet important avantage.

Coûts totaux et facteur d'incidence

Nous sommes en mesure d'établir les coûts totaux de la convention, en additionnant les coûts que nous avons considérés jusqu'ici. (Voir le tableau A-12, à la fin du chapitre, qui fait la synthèse de tous les calculs.) Le coût total comprend le salaire normal, les primes, s'il y a lieu, et les cotisations patronales aux régimes d'avantages sociaux. Nous verrons plus loin pourquoi il faut y ajouter la valeur des journées de maladie inutilisées, dont les salariés peuvent demander le remboursement. Les coûts totaux dépassent légèrement le million de dollars les deux premières années du contrat; ils atteignent près d'un million et demi la troisième année, surtout à cause des 10 nouveaux employés embauchés. Même si ces salariés se trouvent dans les trois premières classes de salariés, ils représentent une augmentation de 20 % de la main-d'œuvre, ce qui constitue un accroissement considérable.

Le tableau synthèse traduit également les données en coût moyen par heure travaillée et par heure payée. À cause du grand nombre d'heures chômées et payées, que nous considérerons plus tard, la moyenne par heure travaillée est évidemment beaucoup plus élevée que la moyenne par heure payée. Deux événements se sont produits, la troisième année, qui ont grandement influencé les coûts totaux: l'engagement de nouveaux employés, dans les premières catégories salariales, et la réduction des heures supplémentaires. Pour ces deux raisons, les coûts horaires moyens n'ont guère augmenté cette année-là; dans quelques cas, ils ont même diminué. Les composantes du coût total n'évoluent pas toutes de la même manière d'une année à l'autre.

Les coûts à surveiller particulièrement sont les coûts additionnels, qu'ils soient dus à une nouvelle clause de la convention ou à une autre raison. Parmi les coûts additionnels il y a ceux qui se rattachent aux variations du salaire lui-même. On a créé un instrument pour suivre plus facilement leur évolution: le facteur d'incidence. Le facteur d'incidence exprime les coûts des divers avantages qui sont liés aux taux de salaires par rapport aux coûts de la masse salariale. Ce rapport permet de calculer les coûts d'impact d'une augmentation de salaire sur les avantages qui y sont rattachés, à l'exception du temps chômé et rémunéré. On exclut celui-ci parce qu'on l'a déjà inclus en utilisant les heures payées (plutôt que les heures travaillées). Avec la méthode que nous avons employée jusqu'ici, il n'est pas nécessaire de calculer le facteur d'incidence, parce que tous les coûts des avantages ont déjà été calculés directement. Le facteur d'incidence s'avère quand même très utile: lorsqu'il ne reste, à la fin d'une négociation, qu'à décider de l'augmentation salariale, il faut savoir que tout changement de salaire a un impact sur tous les avantages qui y sont rattachés. Le montant effectivement concédé alors est toujours plus élevé que sa valeur nominale: il faut y ajouter le facteur d'incidence.

Le tableau A-8 établit le facteur d'incidence pour les trois années de la convention. Il faut expliquer pourquoi certains éléments du coût total ne s'y trouvent pas. Les vacances annuelles ont déjà été comptées en calculant 52 semaines payées au taux normal chaque année. La prime de quart n'est pas mentionnée non plus parce qu'elle est constituée d'une somme fixe (45 cents), indépendamment du salaire payé à l'employé. Enfin, la prime d'assurance-maladie complémentaire dépend du nombre ou de l'absence de personnes à charge et non du salaire gagné. Tous les autres avantages reliés au salaire apparaissent dans le tableau. On notera que plus des deux tiers des coûts incidents proviennent de la sécurité sociale publique. Le régime de pension constitue le deuxième élément en importance. Le facteur d'incidence dans l'exemple tourne autour de 15 %. Cela signifie qu'une augmentation salariale d'un dollar équivaut à une augmentation de 1,15 $ une fois les primes visées payées.

Heures chômées et rémunérées

Les heures chômées et rémunérées ont été incluses dans les coûts des salaires parce qu'on a utilisé les heures payées comme base de calcul. Il importe quand même de s'y arrêter pour en mesurer l'importance. Nous considérerons quatre types de congés: les vacances annuelles, les congés fériés, les congés sociaux et les congés de maladie. Nous y ajouterons les pauses café et les libérations syndicales, qui constituent également une forme d'heures chômées et rémunérées.

La convention collective à l'étude comporte un élargissement du nombre d'employés ayant droit à sept semaines de vacances (ou 280 heures: 40 × 7). La convention initiale stipulait que, pour en bénéficier, il fallait avoir 22 ans d'ancienneté, alors que dans la nouvelle entente l'exigence a été ramenée à 20 années de service. C'est ainsi que, la première année, cinq travailleurs, au lieu de deux, bénéficieront de cet avantage. Il est essentiel de tenir compte de l'évolution de l'ancienneté dans le calcul du nombre d'heures de vacances payées par l'employeur. (Voir le tableau A-1.) Pour évaluer les coûts de la clause de vacances et des autres heures chômées et rémunérées, nous utiliserons la moyenne horaire pondérée du salaire dans l'unique but de simplifier les calculs. Le postulat implicite est que la répartition selon l'ancienneté et selon les classes de salaires est à peu près régulière et normale. (Voir le tableau A-9.)

Le coût total des vacances la première année de la convention est de 71 052 $. L'augmentation des coûts par rapport à l'ancienne convention est due à la hausse des salaires et à l'élargissement du droit à sept semaines de vacances à compter de 20 ans de service. La modification affectait trois employés la première année; elle a donc coûté 1116 $ (40 × 3 × 9,30).

La seconde année, le coût total des vacances sera de 80 220 $. En plus de l'augmentation générale des salaires, le vieillissement de la main-d'œuvre fait en sorte que 19 travailleurs ont obtenu une semaine additionnelle de vacances, soit un coût de 7258 $ (19 × 40 × 9,55).

La troisième année, le coût des vacances s'élève à 89 574 $. L'augmentation est causée principalement par le droit des nouveaux employés à leurs vacances, soit 3624 $: leur salaire moyen n'est que de 9,06 $ (10 × 40 × 9,06). De plus, 15 travailleurs ont droit à une semaine de vacances de plus, ce qui représente 5730 $ (15 × 40 × 9,55). L'élargissement du droit aux vacances pour les travailleurs comptant 20 ans d'ancienneté a occasionné un coût additionnel de 382 $ (1 × 40 × 9,55), compris dans les 5730 $ attribuables au vieillissement de la main-d'œuvre.

TABLEAU A-8

Calcul du facteur d'incidence

Avantages[1]	Première année	Deuxième année	Troisième année	Total des 3 ans
Prime d'heures supplémentaires	18 433 $	20 935 $	4 813 $	44 181 $
Congés de maladie payés	3 720	3 820	3 973	11 513
Séc. soc. publique	106 848	109 721	133 316	349 885
Régime de pension	19 339	19 859	24 130	63 328
Assurance-vie	7 252	7 447	9 049	23 748
Coût total des avantages sociaux	155 592	161 782	175 281	492 655
Masse salariale (salaire normal)	966 950	992 950	1 206 482	3 166 382
Facteur d'incidence	16,1 %	16,3 %	14,5 %	15,6 %

1. Les avantages sociaux exclus sont ceux qui ne sont pas rattachés au taux de salaire.

TABLEAU A-9

Coûts des vacances annuelles

Catégories	Première année			Deuxième année			Troisième année		
	Nbre de salariés	Nbre d'h.	Coût total (×9,30 $)	Nbre de salariés	Nbre d'h.	Coût total (×9,55 $)	Nbre de salariés	Nbre d'h.	Coût total (×9,55 $)
Moins d'un an	0	40	0	0	40	0	10[1]	40	3 624
1 à 3 ans	14	80	10 416	9	80	6 876	4	80	3 056
4 à 7 ans	9	120	10 044	11	120	12 606	13	120	14 898
8 à 12 ans	12	160	17 856	9	160	13 752	8	160	12 224
13 à 17 ans	7	200	13 020	11	200	21 010	13	200	24 830
18 à 20 ans	3	240	6 696	2	240	4 584	3	240	6 876
20 ans et plus	5	280	13 020	8	280	21 392	9	280	24 066
TOTAUX[2]	50	7 640	71 052	50	8 400	80 220	60	9 400	89 574

1. Pour ce groupe de nouveaux employés, concentrés dans les premières catégories, la moyenne horaire pondérée de leur salaire est de 9,06 $. Pour tous les autres, le salaire horaire est inchangé par rapport à l'année précédente.
2. Pour l'ensemble des trois années, le total est de 25 440 heures et de 240 846 $.

Pour l'ensemble des trois années, le coût des vacances est de 240 846 $. Les coûts additionnels proviennent de l'augmentation du taux horaire, du vieillissement de la main-d'œuvre et du fait d'avoir ramené à 20 ans la condition requise pour avoir droit à sept semaines de vacances. Ce dernier aspect représente une augmentation annuelle de 1116 $, 1146 $ et 382 $, pour un total de 2644 $. La grande partie de l'augmentation vient de l'avancement dans l'échelle d'ancienneté et de l'addition des 10 nouveaux employés, deux aspects qui ne découlent pas de la dernière négociation collective.

Les congés fériés sont accordés à tous les salariés, peu importe leur ancienneté. La nouvelle convention prévoit neuf congés fériés au lieu de huit, dès son entrée en vigueur. Les neuf congés représentent, par employé, 72 heures (9 × 8) payées mais non travaillées. La première et la deuxième année de la convention, le nombre total d'heures pour les jours fériés est de 3600 (72 × 50); la troisième année, il passe à 4320 à cause de l'embauche des nouveaux employés. En utilisant la moyenne pondérée des taux horaires, le coût total des jours fériés est successivement de 33 480 $, 34 480 $ et 40 910 $, soit 108 870 $ pour les trois années. Le coût additionnel dû à l'ajout d'un congé est de 3720 $ la première année, de 3820 $ la seconde et de 4546 $ la troisième année. Le coût total de cette modification est donc de 12 086 $. Toutefois, le fait d'arrêter totalement la production pour un congé férié peut entraîner des coûts de remise en marche ou de redémarrage de la production. (Voir le tableau A-10.)

Par congés sociaux, on entend les absences payées à l'occasion d'un décès, d'une naissance ou d'un mariage. L'expérience est peut-être la meilleure source pour prévoir le nombre de ces congés qui seront accordés au cours de l'année à venir. Dans l'exemple, on suppose une fréquence d'un congé de ce genre par salarié par année, soit 50 congés pour chacune des deux premières années de la convention et 60 pour la dernière. Les coûts annuels sont donc de 3720 $, 3820 $ et 4546 $. Pour les trois années, le total est de 12 086 $.

Une troisième catégorie d'heures chômées et rémunérées vise les congés de maladie. Dans l'exemple, chaque salarié a droit à cinq jours payés de congé de maladie par année. S'il ne les utilise pas, il a le droit de se faire payer ces congés par l'employeur. On doit considérer le coût des congés non utilisés comme un coût qui s'ajoute à la masse salariale, puisqu'ils sont payés en sus de celle-ci. Aussi apparaissent-ils avec les coûts distincts dans le tableau récapitulatif A-12. Quant aux congés de maladie utilisés, ils sont, tout comme les vacances, déjà inclus dans le calcul des heures payées et de la masse salariale qui en découle.

Le nombre total d'heures pour les congés de maladie est de 2000 heures pour les deux premières années (5 × 8 × 50) et de 2080 la troisième année (5 × 8 × 60). Le taux horaire moyen étant respectivement, pour chaque année, de 9,30 $, 9,55 $ et 9,47 $, on peut évaluer que les coûts annuels seront de 18 600 $, 19 100 $ et 19 698 $, pour un coût total de 57 398 $. Tous les employés n'utilisent cependant pas tous les congés de maladie auxquels ils ont droit. Dans l'exemple, on suppose que les employés profitent de 80 % des congés qui leur sont accordés. L'employeur versera donc, en plus, l'équivalent de 20 % du coût total de tous les congés de maladie, c'est-à-dire 11 479,60 $. Le coût de la «non-maladie» peut cependant être compensé par des coûts de remplacement moins élevés. Nous reprendrons cette question un peu plus loin.

Il reste à traiter des pauses café et des libérations syndicales. Dans l'exemple, les salariés ont droit à deux pauses de 15 minutes chacune par journée de travail. Pour calculer le nombre de pauses, il faut connaître le nombre de jours ou de périodes de 8 heures travaillées dans les trois années de la convention. (Voir le tableau A-11.)

Pour la première année, 104 000 heures sont payées au taux normal et 1200 au taux des heures supplémentaires, ce qui fait un total de 105 200 heures payées. De ce total, il faut enlever les heures chômées et rémunérées. En ne retenant que les quatre principaux types de congés, il y a, en heures chômées, 13 640 heures la première année, 14 400 la seconde et 16 280 la troisième. Le total des heures travaillées est donc, selon l'année, de 91 560, 90 920 et 108 830 heures.

Partant de ces heures effectivement travaillées et considérant qu'une pause est accordée à toutes les quatre heures, il y aura donc 22 890 pauses la pre-

TABLEAU A-10

Coûts des divers congés

Types de congés	Première année (Mp: 9,30 $)		Deuxième année (Mp: 9,55 $)		Troisième année (Mp: 9,47 $)		Total des 3 ans	
	Heures	Coûts $	Heures	Coûts $	Heures	Coûts $	Heures	Coûts $
Congés fériés	3 600	33 480	3 600	34 480	4 320	40 910	11 520	108 870
Congés sociaux	400	3 720	400	3 820	480	4 546	1 280	12 086
Congés de maladie	2 000	18 600	2 000	19 100	2 080	19 698	6 080	57 398
Pauses	5 722,5	53 219	5 682,5	54 268	6 804	64 434	18 209	171 921
Libér. synd.	280	2 604	280	2 674	280	2 652	840	7 930

Mp: moyenne pondérée du taux de salaire horaire. (Voir les tableaux A-2, A-3, A-4.)

TABLEAU A-11

Heures payées et heures travaillées

Heures de travail	Première année		Deuxième année		Troisième année		Total des 3 ans	
Heures payées	105 200		105 320		125 110		335 630	
Heures chômées:								
vacances		7 640		8 400		9 400		25 440
jours fériés		3 600		3 600		4 320		11 520
congés sociaux		400		400		480		1 280
congés de maladie		2 000		2 000		2 080		6 080
		13 640		14 400		16 280		44 320
Heures travaillées	91 560		90 920		108 830		291 350	

mière année. La durée d'une pause étant de 15 minutes, il y aura 5722,5 heures de pause. Le coût des pauses est donc de 53 219,25 $ pour l'année 1, de 52 268 $ pour l'année 2 et de 64 434 $ pour l'année 3. En tout, les pauses coûtent 171 921 $ à l'employeur, mais, il faut le préciser, ce montant est déjà inclus dans le coût total des heures payées.

Le dernier type d'absences payées se rapporte aux libérations pour activités syndicales. Souvent, les dispositions des conventions collectives prévoient un nombre d'heures ou de jours maximum par semaine ou par année pouvant être consacrés à ces activités. Dans la convention étudiée, il est stipulé que l'employeur paiera une demi-journée par semaine à un représentant syndical pour s'occuper d'affaires syndicales. Par ailleurs, l'employeur permet à trois dirigeants syndicaux élus de s'absenter, sans perte de salaire, pour le congrès annuel de leur union, qui dure généralement trois jours. Le nombre annuel d'heures de libérations syndicales est donc de 280 heures (0,5 × 8 × 52 ou 208 heures et 3 × 3 × 8 ou 72 heures). Ce nombre d'heures étant stable pour la durée de la convention, il suffit de le multiplier par le taux horaire moyen pondéré pour obtenir le coût pour chacune des années: 2604 $, 2674 $ et 2652 $, soit 7930 $.

Une dernière observation s'impose. Les véritables coûts des heures chômées et rémunérées sont d'une autre nature: ils consistent en coûts de remplacement, s'il y a lieu, et en un manque à gagner quant à la production. Les coûts de remplacement peuvent prendre diverses formes: prime d'heures supplémentaires, coût d'embauche, de formation et de salaire des remplaçants, et perte de production. Quant au manque à gagner, il représente la valeur de la production perdue, dans l'hypothèse où les remplaçants sont moins productifs. Normalement, les différents coûts attribuables aux heures chômées et rémunérées ne se réalisent pas simultanément, du moins pas complètement. Il reste que les heures chômées et rémunérées sont assez importantes pour se donner la peine d'en mesurer le prix le plus exactement possible.

Autres coûts

Il y a bien d'autres coûts que ceux que nous avons relevés jusqu'ici. Entre autres, il y a les coûts reliés aux employés non permanents: temporaires, à temps partiel, surnuméraires. L'étude de leur cas devrait être faite séparément: les conditions de travail de ces employés et celles des permanents diffèrent profondément et les critères utilisés ne sont pas les mêmes. Par exemple, pour un employé à temps partiel, la rémunération relative aux congés fériés est fonction des heures de travail effectuées au cours d'une période de référence donnée, tandis qu'un employé permanent a automatiquement droit à une pleine compensation. Pour faciliter les calculs, il vaut mieux transposer le temps partiel en équivalents à temps complet. Ainsi, si quatre employés à temps partiel travaillent chacun 10 heures par semaine dans l'entreprise, cela représente un équivalent à temps complet (40 heures).

Il faut se préoccuper également des dispositions non pécuniaires qui touchent les clauses pécuniaires, comme le mode de rémunération, la répartition des heures supplémentaires, le choix de la période de vacances, etc. Il convient d'analyser les effets de ces dispositions sur les coûts de la convention.

Par ailleurs, il faut considérer les aspects financiers des clauses non pécuniaires. Souvent, les comptes rendus d'analyse des coûts se limitent aux seules composantes de la rémunération; d'autres clauses, qui touchent davantage l'administration de la main-d'œuvre, n'y figurent pas; et pourtant elles ont d'importantes répercussions financières. Ainsi en est-il, entre autres, des comités patronaux – syndicaux. Ces comités comportent des coûts inhérents à la libération des personnes qui y siègent et au temps qu'elles doivent consacrer à la préparation des rencontres. Le comité peut avoir un budget de fonctionnement pour acheter les services de consultation et le matériel dont il a besoin. Une analyse coût-bénéfice permettrait de déterminer le rendement de ces comités.

Pour ce qui est de la procédure de règlement des griefs, les coûts sont semblables à ceux des comités. Cependant, il faut y ajouter les frais d'arbitrage et le coût de la décision de l'arbitre (compensations, intérêts, dommages, etc.). La décision de mener un grief jusqu'à l'arbitrage a d'importantes implications financières. Un règlement par arbitrage coûte plus cher qu'un grief réglé lors de la procédure interne. De nombreuses considérations entrent en ligne de compte pour les coûts des griefs: définition du grief arbitrable, ambiguïté des clauses, mauvaise application d'une disposition, etc.

Les clauses dont l'application est sporadique peuvent comporter des coûts. Entrent dans cette catégorie les clauses de mise à pied, de sous-traitance et de changements technologiques. Dans l'analyse des coûts, il faut prévoir si ces clauses seront appliquées au cours de la prochaine convention, car elles peuvent comporter des coûts directs, comme les indemnités de départ. Les clauses de changements technologiques peuvent avoir un impact sur les coûts de formation, les indemnités de départ et les prestations de retraite anticipée. Le coût d'une clause limitant la sous-traitance peut être mesuré par la différence entre le montant du contrat de sous-traitance et ce qu'il en aurait coûté pour faire faire le travail sur place par les salariés de l'unité de négociation. Le coût d'une clause d'atelier fermé correspond à la différence entre les économies qu'elle comporte et les dépenses qu'elle entraîne : économie des frais de recrutement et de sélection, dépenses reliées à un roulement de main-d'œuvre plus grand et à des périodes d'entraînement peut-être plus fréquentes.

Des coûts administratifs peuvent aussi être engendrés par diverses clauses. Par exemple, des employés du service du personnel doivent effectuer le précompte syndical, déterminer à qui seront accordées les heures supplémentaires, appliquer la procédure d'affichage des postes, assigner les employés en fonction de leur ancienneté, etc. Combien de postes administratifs n'existent que pour appliquer la convention collective ?

Il ne faut pas tenir pour acquis qu'une disposition qui ne touche pas la rémunération ne comporte pas de coût. Il faut plutôt s'interroger sur l'impact financier de toutes les clauses, quelles qu'elles soient.

TABLEAU A-12

Résumé des coûts de la convention collective

	Dispositions	**Année 1**		
		Coûts annuels	**C.p.h.p.**[1]	**C.p.h.t.**[1]
Coûts distincts	Salaire normal	966 950 $	9,19 $	10,56 $
	Heures supplémentaires	18 433 $	0,17 $	0,20 $
	Prime de quart	18 720 $	0,18 $	0,21 $
	Congés de maladie payés	3 720 $	0,04 $	0,04 $
	Sécurité soc. publique (État)	106 848 $	1,02 $	1,17 $
	Régime de pension	19 339 $	0,18 $	0,21 $
	Assurance-vie	7 252 $	0,07 $	0,08 $
	Ass.-mal. complém.	11 400 $	0,11 $	0,12 $
	COÛTS TOTAUX	1 152 662 $	10,96 $	12,59 $
	Coût ajouté au sal. horaire normal et facteur d'incidence	155 592 $	16,1 %	
Heures chômées et rémunérées	Vacances	71 052 $	0,67 $	0,78 $
	Congés fériés	33 480 $	0,32 $	0,37 $
	Congés de maladie utilisés	14 880 $	0,14 $	0,16 $
	Congés sociaux	3 720 $	0,04 $	0,04 $
	Pauses	53 219 $	0,50 $	0,58 $
	Libérations syndicales	2 604 $	0,02 $	0,03 $

TABLEAU A-12 (suite)

Résumé des coûts de la convention collective

	Dispositions	Année 2		
		Coûts annuels	**C.p.h.p.[2]**	**C.p.h.t.**
Coûts distincts	Salaire normal	992 950 $	9,43 $	10,92 $
	Heures supplémentaires	20 935 $	0,20 $	0,23 $
	Prime de quart	18 720 $	0,18 $	0,21 $
	Congés de maladie payés	3 820 $	0,04 $	0,04 $
	Sécurité soc. publique (État)	109 721 $	1,04 $	1,21 $
	Régime de pension	19 859 $	0,19 $	0,22 $
	Assurance-vie	7 447 $	0,07 $	0,08 $
	Ass.-mal. complém.	11 760 $	0,11 $	0,13 $
	COÛTS TOTAUX	1 185 212 $	11,25 $	13,04 $
	Coût ajouté au sal. horaire normal et facteur d'incidence	161 782 $	16,3 %	
Heures chômées et rémunérées	Vacances	80 220 $	0,76 $	0,88 $
	Congés fériés	34 480 $	0,33 $	0,38 $
	Congés de maladie utilisés	15 280 $	0,15 $	0,17 $
	Congés sociaux	3 820 $	0,04 $	0,04 $
	Pauses	54 268 $	0,52 $	0,60 $
	Libérations syndicales	2 674 $	0,03 $	0,03 $

TABLEAU A-12 (suite)

Résumé des coûts de la convention collective

	Dispositions	Année 3			Totaux 3 années
		Coûts annuels	C.p.h.p.[2]	C.p.h.t.	
Coûts distincts	Salaire normal	1 206 482 $	9,64 $	11,08 $	3 166 382 $
	Heures supplémentaires	4 813 $	0,04 $	0,04 $	44 181 $
	Prime de quart	23 400 $	0,19 $	0,21 $	60 840 $
	Congés de maladie payés	3 940 $	0,03 $	0,04 $	11 513 $
	Sécurité soc. publique (État)	133 316 $	1,07 $	1,22 $	349 885 $
	Régime de pension	24 130 $	0,19 $	0,22 $	63 328 $
	Assurance-vie	9 049 $	0,07 $	0,08 $	23 748 $
	Ass.-mal. complém.	13 760 $	0,11 $	0,13 $	36 920 $
	COÛTS TOTAUX	1 418 923 $	11,34 $	13,03 $	3 756 797 $
	Coût ajouté au sal. horaire normal et facteur d'incidence	175 280 $	14,5 %		492 655 $
Heures chômées et rémunérées	Vacances	89 574 $	0,72 $	0,82 $	240 846 $
	Congés fériés	40 910 $	0,33 $	0,38 $	108 870 $
	Congés de maladie utilisés	15 758 $	0,13 $	0,14 $	45 918 $
	Congés sociaux	4 546 $	0,04 $	0,04 $	12 086 $
	Pauses	64 434 $	0,52 $	0,59 $	171 921 $
	Libérations syndicales	2 652 $	0,02 $	0,02 $	7 930 $

1. C.p.h.p.: coût par heure payée: année 1: 105 200 h; année 2: 105 320 h; année 3: 125 100 h.
   C.p.h.t.: coût par heure travaillée: année 1: 91 560 h; année 2: 90 920 h; année 3: 108 870 h.
2. Le coût par heure payée diffère de la moyenne pondérée indiquée dans les tableaux A-2, A-3 et A-4 parce que les heures supplémentaires effectuées n'étaient pas incluses dans le calcul de ces tableaux et qu'elles le sont ici.

Bibliographie

ALLEN, ROBERT E. et KEAVENY, THIMOTHY J. «Costing Out a Wage and Benefits Package», *Compensation Review*, nº 2, Amacom, American Management Association, 1983, p. 27-39.

AMERNIC, JOEL H. «The Role of Accounting in Collective Bargaining», *Accounting, Organizations and Society*, vol. 10, nº 2, 1985, p. 227-253.

AMERNIC, JOEL H. *Accounting and Collective Bargaining in the Not-For-Profit Sector*, Hamilton, Ont., Society of Management Accountants of Canada, 1989, 130 p.

AMERNIC, JOEL H. *Accounting Information and Conflict Resolution: Costing Labor Contract*, University of Toronto, Centre for Industrial Relations, juin 1990, 39 p.

BALFOUR, A. *Union-Management Relations in a Changing Economy*, Englewood Cliffs, N.J., 1987, chap. 9: «Bargaining», p. 166-212.

CASCIO, W.F. *Costing Human Resources: The Financial Impact of Behavior in Organizations*, Boston, Mass., Kent Publishing Co., 1982, 244 p.

CHOWN, P. (sous la direction de). *How to Cost a Union Contract*, Berkeley, Center for Labor Research and Education, Institute of Industrial Relations, University of California, 1986, 132 p.

DANIELS, GENE et GAGALA, KENNETH. *Labor Guide to Negotiating Wages and Benefits*, Reston, Va., Reston Publishing Company, 1985, 292 p.

DEKEYSER, V., BEAUCHESNE-FLORIAL, H. et NOTTE, D. *Analyser les conditions de travail*, Paris, Les Éditions ESF, Librairies techniques, 1982, 110 p.

ELLENBOGEN, JACK. «L'établissement des coûts des conventions collectives dans les années 80 – La révolution informatique» dans *Recherches et négociations collectives dans les années 80, le besoin d'une nouvelle information et de nouvelles connaissances*, Ottawa, Bureau de recherches sur les traitements, décembre 1980, annexe A. Texte présenté au Congrès annuel de la Eastern Economic Association, Montréal, 8 mai 1980, 7 p. (Traduit par F. QUINET).

FORREST, A. *Collective Agreement Costing*, Ottawa, Travail Canada, 1983, 61 p.

GRANOF, MICHAEL H. *How to Cost Your Labor Contract*, Washington, D.C., The Bureau of National Affairs, 1973, 147 p.

GRANOF, MICHAEL H. «How to Cost Your Labor Contract» dans *New Techniques in Labor Dispute Resolution*, Washington, D.C., The Bureau of National Affairs, 1976, p. 45-50.

GRANOF, MICHAEL H. et LAZIMI, R. «Determining Optimum Patterns of Negotiated Wage Increases», texte présenté au 6e Congrès annuel de la Eastern Economic Association, Montréal, 1980, (non publié).

HATOMI, R. *A Management Decision Support System for Labor Contract Evaluation*, Ann Arbor, Mich., University Microfilms International, 1987, 249 p.

HAZELTON, W.A. «How to Cost Labor Settlements», *Management Accounting*, mai 1979, p. 19-23.

HEISEL, W.D. et SKINNER, G.S. *Costing Union Demands*, Chicago, International Personnel Management Association, 1976, 73 p.

HERMAN, E. EDWARD, KUHN, ALFRED et SEEBER, RONALD L. *Collective Bargaining and Labor Relations* (2e éd.), Englewood Cliffs, N.J., Prentice-Hall, 1987, chap. 8: «Costing of Labor Contract», p. 194-218; annexe A du chapitre 8: «Elementary Steps in Costing a Contract» par E.F. O'BRIEN; annexe B du chapitre 8: «Calculating Compensation Costs», p. 461-475.

HOLOVIAK, STEPHEN J. *Costing Labor Contract and Judging their Financial Impact*, New York, Praeger, 1984, 194 p.

LAU, CHOR T. et NELSON, MORTON. *Incidence comptable des conventions collectives*, Société des comptables en management, Hamilton, Ont., août 1982, 118 p. (traduction).

LEVINE, GILBERT. «Assessing the Costs and Benefits of Collective Bargaining», *Relations industrielles*, vol. 28, nº 4, 1973, p. 824.

LOUGHRAN, CHARLES S. *Negotiating a Labor Contract: A Management Handbook*, Washington, D.C., The Bureau of National Affairs, 1984, chap. 8: «Costing Contract Demands, Offers, and Settlements», p. 229-259.

MACDONALD, B.D. «The Design of a Fringe Benefits Costing Program», *Relations industrielles*, vol. 28, nº 4, 1973, p. 799-808.

MAHONEY, T.A. «The Real Cost of a Wage Increase», *Personnel*, vol. 43, nº 3, mai-juin 1967, p. 22-32.

QUINET, FÉLIX. «Évaluation des coûts-avantages de la négociation collective et banque d'expériences en relations de travail», *Relations industrielles*, vol. 28, nº 4, 1973, p. 769-798.

QUINET, FÉLIX. *Négociations collecties dans le contexte canadien*, Toronto, CCH Canada Ltd., 1974, section 2: «L'évaluation des coûts et des avantages des négociations collectives», p. 45-110.

QUINET, FÉLIX. «Élaboration d'un processus d'analyse des coûts d'une convention collective de travail» dans *Dimensions de la négociation collective canadienne*, Toronto, CCH Canada Ltd., 1983, p. 59-76.

QUINET, FÉLIX. *L'analyse coût-bénéfice des résultats de la négociation collective*, Ottawa, 1986, 40 p. (Document miméographié.)

SCHULTZ, L.L. «Ruminations on the "Benefit" Package», *Relations industrielles*, vol. 28, nº 4, 1973, p. 849-861.

SHEIFER, VICTOR J. et DAVID, L.M. «Estimating the Cost of Collective Bargaining Settlements», *Monthly Labor Review*, vol. 92, nº 5, mai 1969, p. 16-26.

SHEIFER, VICTOR J. «L'utilisation des hypothèses dans l'établissement du coût des conventions collectives» dans *Recherches et négociations collectives dans les années 80, le besoin d'une nouvelle information et de nouvelles connaissances*, Ottawa, Bureau de recherches sur les traitements, décembre 1980, annexe B. Texte présenté à l'assemblée annuelle de la Eastern Economic Association, Montréal, 8 mai 1980, 8 p. (traduit par F. QUINET).

SIEGEL, A.J. (sous la direction de). *The Impact of Computers on Collective Bargaining*, Cambridge, Mass., The MIT Press, 1969, 294 p.

SKINNER, GORDON S., et HERMAN, E. EDWARD. «The Importance of Costing Labor Contract», *Labor Law Journal*, vol. 32, nº 8, 1981, p. 497-504.

SPENCER, LYLE M. *Calculating Human Resource Costs and Benefits: Cutting Costs and Improving Productivity*, New York, Wiley, 1986, 361 p.

STECKEL, RICHARD G. «The Misuse of Roll-Up in Costing Contract Settlement», *Personnel Administrator*, mars 1980, p. 33-34.

SULLIVAN, F.L. *How to Calculate the Manufacturer's Costs in Collective Bargaining*, New York, American Management Association, 1980, 68 p.

U.S. Department of Labor, *The Use of Economic Data in Collective Bargaining*, sous la direction de MARVIN FRIEDMAN, Labor Management Services Administration, 1979, 47 p. (manuel).

U.S. Department of Labor, *The Use of Economic Data in Collective Bargaining*, sous la direction de MARVIN FRIEDMAN, Labor Management Services Administration, 1979, 33 p. (corrigé).

VACHON, PIERRE-ANDRÉ. «Mesure des coûts d'une convention collective: quelques aspects – divers avantages», *Relations industrielles*, vol. 28, nº 4, 1973, p. 809-816.

Chapitre

23

Règlement des conflits

PLAN

Nous abordons l'étape des conflits. Si la négociation directe entre les parties n'aboutit pas à la signature d'une convention collective, on dit qu'il y a conflit. Les parties étaient déjà en conflit d'intérêts; celui-ci devient plus évident. Il est plutôt rare que les parties décident de recourir immédiatement à l'arme économique, c'est-à-dire à l'arrêt de travail; elles chercheront d'habitude – que la loi les y oblige ou non – à régler leur différend à l'aide de certaines méthodes, dont les principales comportent l'intervention de tierces personnes. Tel est l'objet du présent chapitre.

Après avoir précisé quelques notions, indispensables à l'intelligence du problème en cause, et avoir rappelé le cadre légal pertinent, nous décrirons et analyserons les principaux modes de règlement des conflits de négociation. On y a normalement recours entre la négociation directe et l'arrêt de travail. Nous reportons au chapitre suivant l'étude de la grève et du lock-out, du moins dans leurs aspects plus techniques et particuliers.

23.1 Notions préliminaires

Puisqu'il est question du règlement des conflits, deux points doivent être précisés: de quels conflits s'agit-il? à quels modes de règlement recourt-on?

23.1.1 Types de conflits

Nous ne considérons, dans ce chapitre, qu'un seul type de conflit, celui qui se déclare à l'occasion d'une négociation. Pour éviter toute équivoque, il faut préciser le sens d'un certain nombre de termes.

Termes généraux

Le terme conflit est un des plus généraux parmi tous ceux que l'on utilise. On dira que les parties sont en conflit chaque fois qu'elles ne s'entendent pas, qu'il s'agisse d'un désaccord sur l'interprétation d'un point mineur de la convention collective en vigueur ou d'un désaccord profond qui peut entraîner la rupture des négociations. Dans ce dernier cas, surtout s'il y a arrêt de travail, on parlera souvent de conflit ouvert (*open conflict*). Mais en dehors de cette dernière expression, elle-même sujette à un certain flottement de sens, seul le contexte peut nous dire de quel genre de conflit il s'agit.

Deux autres termes, mésentente et désaccord, ont aussi un sens très général, mais sont beaucoup moins utilisés que le mot conflit dans leur acception la plus étendue. Le premier (mésentente – *disagreement*) s'emploie plutôt dans le sens particulier que nous indiquerons dans un moment[1].

Différend ou conflit de négociation

Le conflit de négociation, que nous voulons étudier dans ce chapitre, porte aussi le nom de «différend». Le *Code du travail* du Québec le définit de la manière suivante:

> «Différend» – une mésentente relative à la négociation ou au renouvellement d'une convention collective ou à sa révision par les parties en vertu d'une clause la permettant expressément. (Art. 1, *f.*)

Le différend (*dispute*) peut donc se retrouver dans tout genre de négociation, qu'il s'agisse de la négociation d'une première convention collective, d'un renouvellement ou d'une réouverture des négociations sur une ou plusieurs clauses de la convention[2]. Le meilleur moyen de préciser le sens du mot différend est peut-être de l'opposer aux autres types de conflits.

Le différend, ou conflit de négociation, surgit pendant qu'on négocie. Il s'oppose au grief qui porte, lui, sur l'interprétation ou l'application d'une clause de la convention collective déjà négociée et en vigueur. On peut identifier aussi un troisième genre de conflit, celui qui survient pendant la durée de la convention collective, mais qui porte sur un point qui n'est pas prévu dans la convention. Ce genre de conflit n'a pas reçu de vocable particulier et l'on parle alors, comme

1. Les trois termes ont déjà été brièvement présentés et expliqués dans le chapitre sur le règlement des griefs (voir section 6.1.3). Ils le sont plus longuement ici.
2. *Le règlement des conflits d'intérêts en relations du travail dans la province de Québec*, 13e Congrès des relations industrielles de l'Université Laval. Québec, Les Presses de l'Université Laval, 1958, 201 p.

TABLEAU 23-1

Principaux types de conflits

	Différend (*dispute*)	**Grief (*grievance*)**	**Mésentente (*disagreement*)**
Objet	Négociation (pour toute l'unité)	Convention (application à un ou plusieurs salariés)	Aucun point de référence
Moment	Pendant qu'on négocie	Pendant la durée de la convention collective	Pendant la durée de la convention collective
Nature	Conflit d'intérêts	Conflit de droit	Conflit d'intérêts

le Code de «toute mésentente autre qu'un grief» (art. 102). Il arrive souvent qu'on emploie alors simplement le mot mésentente, dont seul le contexte permet de préciser le sens. (Voir le tableau 23-1).

Conflit d'intérêts

Dans une négociation, on est toujours en présence d'un conflit d'intérêts. Les parties discutent alors précisément de questions sur lesquelles leurs intérêts divergent; elles cherchent à établir des normes qui régiront leurs rapports mutuels pendant la durée de la prochaine convention collective. Ni l'une ni l'autre, par hypothèse, ne peut faire appel à un texte qui établirait, en quelque sorte, son droit strict et positif à obtenir gain de cause. C'est un conflit d'intérêts[3].

Si des conflits surviennent pendant que la convention est en vigueur sur un point prévu dans la convention, chaque partie peut alors réclamer ce qu'elle croit être son dû eu égard à la clause en question. La convention crée alors un droit et c'est ainsi que tout grief relatif à l'application ou à l'interprétation d'un article de la convention est un conflit de droit.

D'autres conflits, cependant, surgissent pendant la durée de la convention collective sur des points qui ne sont pas prévus dans la convention, par exemple à l'occasion de l'entrée d'une nouvelle machine dans l'usine ou d'un changement substantiel dans une méthode de production. On se trouve alors en présence d'un conflit d'intérêts: les travailleurs et l'entreprise ont habituellement, sur ces questions, des intérêts divergents. Il s'agit d'une mésentente, qui ne peut être réglée que par un accord libre et volontaire entre les parties à moins que, contrairement à l'hypothèse formulée au début du paragraphe, la convention collective ne prévoie, comme il arrive parfois, un mode de règlement particulier pour de tels conflits.

Le mode de règlement du conflit dépend beaucoup, cela va de soi, de la nature du conflit. Alors qu'un conflit de droit se règle tout naturellement par un jugement ou un arbitrage – dans le cas des griefs, on a précisément conclu une convention collective pour établir des droits et régler les conflits individuels à partir de ces droits –, le conflit d'intérêts réclame un mode de règlement bien différent. Si l'on a parfois recours, comme nous le verrons, à l'arbitrage même dans certains conflits d'intérêts, l'arbitrage lui-même présente alors des caractères très différents de l'arbitrage des griefs dont il a été question au chapitre 7.

23.1.2 Modes de règlement

Au sens où nous venons de le définir, le différend, ou conflit de négociation, existe depuis le moment où les parties diffèrent d'opinion sur une clause à négocier jusqu'à l'entente finale; en pratique, le conflit dure de l'ouverture des négociations jusqu'à la signature de la convention collective. Pour les fins du présent chapitre, nous limiterons cependant le

3. Il pourrait y avoir conflit de droit soit quand l'une des parties accuse l'autre formellement de négocier de mauvaise foi, soit dans le cas très particulier où les deux parties ne s'entendraient pas sur le sens à donner à un texte de loi, dont les deux voudraient inclure la substance dans un texte de la convention.

TABLEAU 23-2

Principaux modes de règlement des différends

	Conciliation[1] **Médiation**	**Arbitrage**	**Enquête (*fact-finding*)**
Objet	Mettre les parties d'accord	Rendre une décision	Révéler les faits
Rôle	Simple intermédiaire (ou catalyseur)	Juge qui tranche un débat (critères «objectifs»)	Enquêteur qui cherche à découvrir les faits
Rapport	Constat de succès ou d'échec (avec ou sans recommandations)	Décision ou sentence	Résumé des faits
Membres	Un conciliateur (ou médiateur) Parfois un conseil de conciliation	Un seul arbitre Conseil ou tribunal d'arbitrage	Un enquêteur ou une commission d'enquête

1. La distinction, les ressemblances et les différences entre ces deux types d'intervention sont présentées dans le texte, aux sections 23.1.2, 23.2.2 et 23.3.4.

conflit à la période qui s'étend de l'échec de la négociation directe à la conclusion d'un accord ou, faute d'accord, au début du conflit ouvert. La négociation directe a fait l'objet des chapitres précédents; nous aborderons le conflit ouvert dans le suivant; celui-ci considère la période intermédiaire.

Les principaux modes d'intervention se résument aux quatre suivants: la conciliation, la médiation, l'arbitrage et l'enquête industrielle. Nous reprendrons plus en détail dans des sections ultérieures l'étude de la conciliation et de la médiation, ainsi que de l'arbitrage. Nous voudrions, cependant, donner tout de suite une brève définition de ces divers modes de règlement afin de faciliter l'explication des dispositions légales qui les concernent. À ce stade-ci, toutefois, nous ne les envisageons que par rapport à leur nature même, qu'on y ait recours volontairement, comme aux États-Unis, ou par suite d'une obligation imposée par la loi, comme dans plusieurs provinces canadiennes. (Voir le tableau 23-2.)

Conciliation

La conciliation consiste dans l'intervention d'une tierce personne, qui n'a d'autre objectif que de mettre les parties d'accord, quels que soient les termes de leur entente. Le conciliateur agit simplement comme intermédiaire ou catalyseur; de par sa fonction, il n'a aucun jugement à porter sur les dispositions de la future convention collective; il peut exprimer son opinion, s'il le veut, mais ce ne sera normalement que pour amener une des parties à faire des concessions. S'il parvient à ce que les parties s'entendent, même sur des conditions qui lui paraîtraient, à lui, inappropriées, il aura rempli sa tâche.

Conformément à cette notion, le rapport d'un conciliateur ne doit être, en principe, qu'un constat de succès ou d'échec: il a réussi, ou il n'a pas réussi à ce que les parties en viennent à un accord. Il peut arriver que, les parties ne s'étant pas entendues, il formule – par exemple à la demande du ministre qui l'a désigné – un certain nombre de recommandations où il exprime les conditions d'entente qui lui paraissent raisonnables. Il s'agit là d'une autre fonction; on peut lui demander de la remplir mais elle ne fait pas partie de son rôle de conciliateur en tant que tel. Notons, au passage, que le succès ou l'échec de la conciliation tient non seulement à la compétence et à l'habileté du conciliateur, mais aussi au désir des parties de s'entendre, ou de ne pas s'entendre, du moins à ce stade du conflit.

En règle générale, la conciliation est confiée à une seule personne. Le conciliateur possède alors toute liberté de procéder selon la méthode qui lui paraît la meilleure, soit en réunissant les deux parties pour provoquer une discussion face à face, soit en les rencontrant séparément. Il peut aussi utiliser les deux méthodes en alternance. La confiance des parties est un facteur essentiel, surtout dans le cadre de la deuxième méthode. Un conciliateur unique arrivera peut-être plus facilement à obtenir cette confiance qu'un conseil de conciliation. Il reste cependant que, dans quelques cas, habituellement plus difficiles et dont les enjeux sont importants – ou encore après l'échec du conciliateur –, certains préfèrent recourir à un conseil de conciliation. Celui-ci est généralement composé de trois personnes : une représentant la partie syndicale et une autre représentant la partie patronale ; le président est neutre. On a aussi tenté des expériences de conseils composés de deux conciliateurs.

Médiation

Le concept de la médiation ne diffère en rien de celui de la conciliation. Le médiateur, tout comme le conciliateur, cherche simplement à rapprocher les parties, à obtenir qu'elles en viennent à un accord. Le terme conciliation souligne davantage l'objectif poursuivi ; celui de médiation, le rôle d'intermédiaire entre les parties.

De fait, il arrive cependant qu'on donne un sens particulier au rôle du médiateur, par opposition à celui du conciliateur. La différence a alors généralement un caractère purement institutionnel. Dans la moitié des provinces canadiennes, tout conflit qui ne se règle pas à l'étape de la négociation directe doit être soumis à une intervention conciliatrice. Le conciliateur est alors un fonctionnaire du ministère du Travail. Si cette conciliation échoue, quelle qu'en soit la raison, les parties souhaiteront peut-être une autre intervention, par exemple à un stade ultérieur du conflit. Pour donner au personnage plus de prestige, on lui attribuera le titre de médiateur spécial plutôt que celui de conciliateur ; ce dernier terme, dans l'esprit de plusieurs personnes, désigne une intervention de routine faite par un fonctionnaire, que l'on présume moins compétent ou, dans certains cas, moins prestigieux. Tout cela, on le voit, ne tient nullement à la nature de l'intervention mais à une question de structures juridiques et mentales, à une question d'institutions. La tendance actuelle semble définir la conciliation comme la première intervention, volontaire ou obligatoire, dans le processus qui conduit au droit de faire la grève ; on réserve alors le terme médiateur à la tierce personne que les parties choisissent librement ou qui intervient d'une manière exceptionnelle vers la fin d'un conflit majeur.

Aux États-Unis, où ce recours n'est pas imposé par la loi mais seulement offert aux parties, on parle habituellement de médiation. On utilise beaucoup plus rarement le terme conciliation depuis que le service a été soustrait, en 1947, à la responsabilité du ministère du Travail et établi comme organisme indépendant : le Service fédéral de médiation et de conciliation.

Arbitrage

Par nature, l'arbitrage constitue une intervention d'un tout autre type. L'arbitre est un juge qui tranche un débat. À partir de critères qu'on espère objectifs – plus difficiles à établir dans le cas d'un conflit d'intérêts que dans un conflit de droit – il doit rendre une décision. Normalement, la sentence arbitrale tient lieu, en tout ou en partie, de convention collective, selon les clauses qui ont été soumises à l'arbitre. Voilà ce qu'on pourrait appeler l'arbitrage au sens strict, c'est-à-dire l'arbitrage avec sentence exécutoire.

Il arrive toutefois qu'on soumette à l'arbitrage un conflit de négociation sans que les parties soient nécessairement liées par la décision de l'arbitre. Celle-ci revêt alors l'aspect d'une simple recommandation. Telle a été la situation, au Québec, de 1944 à 1964, pour tous les conflits qui survenaient en dehors des services publics. Les arbitres ont alors, peu à peu, tenté d'agir comme conciliateurs et ils se sont efforcés de rendre des sentences qu'ils savaient d'avance agréées par les parties ; de toute manière, leur décision n'était acceptée que si les intéressés le voulaient bien. Aujourd'hui, ce genre d'arbitrage, avec sentence non exécutoire, a pratiquement disparu.

Dans les autres provinces canadiennes – le Québec fait exception sur ce point –, on a tendance à constituer un conseil ou un tribunal d'arbitrage plutôt que de remettre à un seul arbitre la responsabilité de résoudre un conflit de négociation. C'est qu'il s'agit alors, au fond, d'écrire la convention collective que les parties n'ont pas réussi à négocier entre elles ou avec l'aide d'un conciliateur. Aucune des deux parties n'ose, en quelque sorte, remettre ainsi son sort entre les mains d'une seule personne. Cependant, comme, en pratique, chaque arbitre nommé par une des parties favorise celle-ci, il arrive souvent que le président du conseil d'arbitrage est finalement le seul à prendre la décision. C'est pourquoi les opinions sont divisées sur le choix à faire entre l'arbitre unique ou le tribunal d'arbitrage[4]. Nous traiterons plus loin du cas particulier de la première convention collective.

Enquête

Une intervention d'un genre particulier, et qu'on ne rencontre guère au Québec, consiste dans l'enquête industrielle ou, selon l'expression anglaise très significative, le *fact-finding board*. La méthode a été davantage utilisée aux États-Unis et, au Canada, dans les conflits de compétence fédérale.

Comme son titre l'indique, l'enquêteur n'a pas d'autre tâche que de s'efforcer de dégager les faits et de les faire connaître. Cette fonction ne lui impose aucune autre responsabilité: il n'a pas à tenter de rapprocher les parties ni, sauf exceptions, à faire de recommandations. En ce sens, son rapport ne devrait être qu'un résumé des faits révélés par l'enquête.

L'opération peut quand même être considérée comme un mode de règlement des différends, du moins dans les cas qui touchent l'intérêt public. L'idée est que l'opinion publique, mieux renseignée par suite de l'enquête, poussera les parties à faire des concessions de part et d'autre et à en arriver à une entente raisonnable. Si l'une ou l'autre des parties tient une position exagérée, le simple fait de la faire connaître devrait la forcer à réviser cette position et ainsi favoriser un accord. L'enquête peut s'accompagner d'une médiation spéciale ou entraîner, par la suite, une intervention de cette nature si les parties n'arrivent pas à s'entendre sous la seule pression des révélations faites par l'enquête. Celle-ci sera menée par un seul enquêteur ou par une commission d'enquête, selon les circonstances et l'opinion courante au moment de l'événement.

Parmi tous ces types d'intervention d'une tierce personne visant à régler un conflit de négociation, certains sont mis à la disposition des parties, d'autres leur sont imposés par la loi. La situation varie beaucoup d'un endroit à l'autre. C'est ce que nous exposerons un peu plus loin (section 23.2).

23.1.3 Précisions complémentaires

Il reste à préciser le sens du terme impasse, qui est souvent utilisé et qui n'a pas toujours la même signification, et à bien établir la distinction entre conflits généraux et conflits d'intérêt public.

Impasse

Le mot impasse s'emploie dans un sens large et dans un sens strict. Au sens large, il est pour ainsi dire synonyme d'échec des négociations directes. Les parties diront que leur négociation est dans l'impasse quand, laissées à elles-mêmes, elles n'avancent plus. Il leur faut l'aide d'une tierce personne; souvent, l'une des deux parties fait alors une demande d'intervention conciliatrice.

Au sens strict, il y a impasse quand, sur l'ensemble des questions en litige ou sur un point particulier, les deux parties affirment leur volonté de ne pas démordre de leur position respective: il n'y a plus à attendre de concessions d'un côté comme de l'autre. La situation est sans issue: aussi la qualifie-t-on d'impasse (*deadlock*). Elle amène généralement le recours à l'arme économique: la grève ou le lock-out.

4. Rappelons qu'il s'agit ici uniquement des conflits de négociation. Nous avons vu, au chapitre 7, que, dans l'arbitrage des griefs, la tendance est plutôt de nommer un arbitre unique, justement parce qu'il s'agit alors, en général, de conflits de droit et que les critères de décision sont déterminés par la convention collective elle-même.

La procédure américaine attache beaucoup d'importance aux cas d'*impasse* (on utilise le mot français). Dans certaines divisions du secteur public, l'existence d'une impasse déclenche des mesures exceptionnelles de règlement des conflits. Créer une impasse sur une matière qu'il est obligatoire de négocier peut, dans certaines circonstances, entraîner une accusation de mauvaise foi. Il n'en demeure pas moins que personne n'est obligé de faire des concessions mais seulement de négocier; aussi le seul fait de refuser de bouger, surtout sur un seul point, n'est pas nécessairement un signe de mauvaise foi. Les commissions de relations du travail considèrent toute l'histoire de la négociation, dont sa durée et l'importance de l'objet en litige, avant de déclarer qu'un refus de faire une nouvelle offre équivaut à créer une impasse. Certains ont déjà reproché à différents négociateurs patronaux du secteur public de créer des impasses alors que, de leur côté, les syndiqués n'avaient pas le droit de recourir à la grève[5]. L'équilibre du pouvoir de négociation est alors rompu et la création d'une impasse par l'employeur peut être considérée comme un ultimatum.

Conflits généraux et conflits d'intérêt public

Même si la distinction entre les conflits ordinaires et les conflits d'intérêt public est difficile à établir – souvent on ne parvient même pas à s'entendre sur les critères à utiliser –, la différence demeure importante, tant du point de vue légal que dans la réalité.

Sans vouloir nous engager à fond dans la définition de ces deux concepts, notons que plusieurs cas se classent facilement dans l'une ou l'autre catégorie. Une grève, même prolongée, qui se déroule dans une entreprise de dimension moyenne, n'affecte généralement, dans l'immédiat, que les intéressés et un petit groupe de gens autour d'eux. La grève n'apparaît pas alors comme une catastrophe. La situation sera bien différente s'il est question de fermer les hôpitaux ou les écoles de la province, ou d'un grand centre urbain. Ce sera la même chose chaque fois qu'il s'agira d'un service qui ne peut être interrompu sans affecter profondément des populations considérables, comme l'électricité, le téléphone et le transport en commun dans une grande ville.

La plupart des lois distinguent les conflits d'intérêt public des autres conflits; elles proposent, pour les premiers, des modes de règlement différents, généralement plus détaillés. C'est pourquoi nous traiterons séparément de l'encadrement légal de chaque groupe.

23.2 Cadre légal du règlement des conflits

L'intervention de tierces personnes dans un conflit de négociation est une caractéristique du système canadien des relations du travail. La situation est très différente aux États-Unis. Au Canada, cette intervention remonte aux débuts mêmes de l'histoire des lois de relations de travail; il faut en évoquer les grandes lignes pour comprendre la situation actuelle. Nous analyserons ensuite les dispositions légales en vigueur au Québec, puis dans les autres provinces canadiennes et dans les secteurs de compétence fédérale, et, en dernier lieu, aux États-Unis.

23.2.1 Historique

Les premières lois de relations de travail au Canada remontent au début du XXe siècle. Elles visaient spécifiquement et uniquement le règlement des conflits de travail. Ce n'est que 20 ans plus tard qu'une loi du Québec reconnut la convention collective et, après encore 20 ans, que la *Loi des relations ouvrières* sanctionna l'obligation de négocier. Le tableau 23-3 montre bien l'antériorité historique des dispositions relatives au règlement des conflits de travail au Québec.

Au début, on ne distinguait pas les conflits généraux ou ordinaires des conflits d'intérêt public. D'ailleurs, avant 1944, les lois visaient davantage les conflits qui frappaient le public que les autres. C'était le cas tout particulièrement au niveau du gouvernement fédéral, à qui on reconnaissait volontiers pleine compétence sur les conflits ouvriers. Toutefois, le

5. WILSON R. HART, «The Impasse in Labor Relations in the Federal Civil Service», *Industrial and Labor Relations Review*, vol. 19, n° 2, janvier 1966, p. 175-189.

TABLEAU 23-3

Évolution des lois de relations de travail au Québec – 1901-1960

Lois	Champ d'application	Droit d'association	Négociation collective	Convention collective	Règlement des conflits	Droit de grève
Loi des différends ouvriers 1901	Entreprises ayant 10 employés ou plus (loi facultative)				(Médiation) Conciliation Arbitrage int. facultatives	Aucune restriction
Loi des grèves et contre-grèves municipales – 1921	Municipalités ayant 10 employés ou plus (loi obligatoire)				Arbitrage obligatoire (sentence non exécutoire)	Grève interdite avant l'arbitrage
Loi des enquêtes en matière de diff. indust. – 1932 (Loi Lemieux-1907)	Oblig. dans les mines, transp. et communic., serv. publics ayant 10 employés ou plus Facult. dans autres indust.				Conciliation et enquête (recommandation non oblig.)	Grève interdite avant la remise du rapport là où la loi est obligatoire.
Loi des syndicats profess. – 1924	Associations de 20 personnes ou plus (loi facultative)	Possibilité de se constituer en entité légale	Aucune obligation	Pleine valeur légale		
Loi de la convention collective 1934	«Importance prépondérante» (loi facultative)		Aucune obligation	Pleine valeur légale par suite de l'extension juridique		
Loi des relations ouvrières 1944	Application générale, sauf • personnel de direction • hommes de prof. libérales • domest. et empl. agricoles (loi facult. et oblig.)	Accréditation Pratiques interdites	Obligatoire si l'association est accréditée	Valeur légale imprécise	Conciliateur et Conseil d'arbitrage (sent. non exécut.)	Grève interdite avant la conciliation, l'arbitrage et certains délais
Loi des diff. entre les serv. publics et leurs salariés 1944	Tous les services publics, selon une défin. très large (loi obligatoire)			Exécutoire par le truchement d'une sentence arbitrale sur un grief	Concil. (sauf corpor. munic. et scol. 1949) Conseil d'arbitrage avec sent. exécut.	Grève toujours interdite

TABLEAU 23-3 (suite)

Évolution des lois de relations de travail au Québec – 1961-1990

Lois	Champ d'application	Droit d'association	Négociation collective	Convention collective	Règlement des conflits	Droit de grève
Loi des relations ouvrières (amendements) 1961		Pratiques interdites renforcées		Exécutoire par le truchement d'une sentence arbitrale	Conciliateur et Conseil de concil. (aucune recommand.) Dans les griefs, arbit. avec sent. exécutoire	Délais raccourcis (75 ou 90 jours) Grève interdite pendant la conv. coll.
Code du travail 1964	Application générale, sauf • personnel de direction • fonctionnaires avec emploi à caractère confidentiel (loi facult. et oblig.)	Accréditation Pratiques interdites renforcées (1961)	Obligatoire si l'association est accréditée	Exécut. par le truchement d'une sentence arbit. sur un grief Droits successoraux	Conciliateur Dans les griefs, arbit. avec sent. exécutoire.	Grève interd. avant la concil. et délai (60-90) Grève interd. pendant la conv. coll. Droit de grève généralisé
Art. 99 du Code du travail 1964	Tous les serv. publics Dispos. spéciales lorsque santé, sécurité, éducation sont en danger				Conciliateur Avis de 8 jours Enquête possible (60 jrs) Injonction poss. (20 jrs)	Grève interd. avant la concil., l'avis, peut-être l'enquête et la fin de l'injonction
PL 45 modifiant le Code du travail (modif. majeures) 1977		Retenue automat. des cotisations syndicales après accréditation	Arbitrage obligat. pour une première convention coll.	Précisions sur arb. des griefs et pouvoirs des arbitres	Conciliation désormais volontaire (à la demande d'une partie)	Délai: 90 jours après l'avis de négocier Dispositions anti-briseurs de grève
PL 37 mod. Code tr. et Loi sur régime de négociation sect. publ. et parap. 1985	Secteur public et parapublic du Québec		Réglementation des étapes de négo. Négo. des salaires: première année seulement	(Accumulation de griefs)	Détermination et surveillance des services essentiels	Pouvoir d'ordonnance au Conseil si serv. essentiels ne sont pas respectés

Québec a adopté des lois importantes en cette matière en 1901 et en 1921[6].

Les premières lois

Dès 1901, la *Loi des différends ouvriers* du Québec[7] instituait un processus de règlement des conflits dont la structure fondamentale allait demeurer plus ou moins la même jusqu'à l'adoption du *Code du travail*, en 1964. La loi prévoyait l'établissement de conseils de conciliation et de conseils d'arbitrage, que pouvait précéder une tentative de médiation. Il s'agissait donc d'une intervention facultative comportant deux ou trois étapes, selon que l'on commençait ou non par la médiation, après quoi devait suivre la conciliation et l'arbitrage. Mais personne n'était tenu de se soumettre à ce processus: y recourait qui voulait. De plus, aucune restriction légale ne réglementait l'usage du droit de grève.

La *Loi des grèves et contre-grèves municipales*, en 1921, introduisit le premier élément de contrainte réel[8]. Dans toutes les municipalités ayant un service d'incendie, de sûreté publique, d'aqueduc ou d'incinération qui employaient au moins 10 personnes, les parties ne pouvaient recourir à la grève ou à la contre-grève avant d'avoir passé par l'arbitrage; la sentence arbitrale, toutefois, n'était pas exécutoire: les parties demeuraient libres de la rejeter.

La loi Lemieux

En 1932, sept ans après que le Conseil privé eut déclaré *ultra vires* la loi fédérale concernant les enquêtes en matière de différends industriels – loi de 1907, dite loi Lemieux[9] – le législateur québécois en étendit l'application à la province de Québec[10]. La loi fédérale s'était appliquée au Québec depuis son adoption, en 1907, jusqu'à la décision du Conseil privé en 1925: jusqu'alors, personne n'avait contesté sa constitutionnalité. La décision de 1925 avait créé une sorte de vide juridique, et c'est pour remédier à cette situation que la plupart des provinces (dont le Québec, en 1932) adoptèrent des lois qui incorporaient la loi Lemieux dans leur législation respective. Certains aspects de la loi étaient obligatoires, d'autres facultatifs.

Le recours à la conciliation y était obligatoire dans les mines, les transports et les communications, et les services comptant 10 employés ou plus; dans tous ces cas, il n'était pas permis de recourir à l'arrêt de travail avant que l'enquête fût terminée et le rapport déposé. La loi ne distinguait pas clairement la conciliation de l'arbitrage et de l'enquête: s'il ne réussissait pas amener les parties à s'entendre, le conciliateur devait remettre des recommandations au ministre du Travail. Mais en dehors des industries mentionnées, aucune contrainte n'existait encore: les parties étaient libres de recourir à l'arrêt de travail et d'utiliser les services de conciliation du gouvernement si elles le désiraient.

Loi des relations ouvrières

Ce n'est que par la *Loi des relations ouvrières*, en 1944, que fut institué, au Québec, le régime que nous avons connu pendant 20 ans, c'est-à-dire l'obligation, pour les parties, de se soumettre, avant toute grève ou contre-grève, à une intervention du gouvernement, intervention qui s'effectuait en deux étapes: la conciliation et l'arbitrage[11]. Au même moment, le législateur interdisait tout arrêt de travail dans les services publics et il y rendait la sentence arbitrale exécutoire[12]. La définition qu'il adoptait des services publics était particulièrement large.

En 1961, la *Loi des relations ouvrières* subit des modifications majeures[13]. Un des principaux amendements visait le règlement des conflits. L'interven-

6. Gérard Hébert, «La genèse du présent *Code du travail*» dans *Le Code du travail du Québec (1965)*, 20e Congrès des relations industrielles de l'Université Laval, Québec, Les Presses de l'Université Laval, 1965, p. 14-18.
7. S.Q. 1 Édouard VII (1901), ch. 31.
8. S.Q. 11 George V (1921), ch. 46.
9. S.C. 6-7 Édouard VII (1907), ch. 20.
10. S.Q. 22 George V (1932), ch. 46.
11. S.Q. 8 George VI (1944), ch. 30.
12. S.Q. 8 George VI (1944), ch. 31.
13. S.Q. 9-10 Elizabeth II (1961), ch. 73.

tion gouvernementale y demeurait obligatoire et constituée de deux étapes. Toutefois, bien que l'on conservât, pour désigner la deuxième étape, l'expression «conseil d'arbitrage», il s'agissait, en fait, d'un conseil de conciliation puisque, dans son rapport, le conseil devait simplement déclarer s'il y avait eu entente ou si le désaccord persistait. On était donc passé d'une double intervention diversifiée (conciliateur et arbitrage) à une double intervention de même nature (conciliation par un conciliateur et conciliation par un conseil de trois membres).

De plus, l'amendement modifiait considérablement le calcul des délais permettant au syndicat de recourir à la grève et l'employeur au lock-out. Alors qu'auparavant les délais étaient calculés d'une étape à l'autre, avec un dernier délai de 14 jours après la remise des recommandations de l'arbitre (ce qui impliquait que tout délai de procédure retardait d'autant le recours possible à la grève), la grève ou le lock-out seraient désormais permis 75 ou 90 jours après le dépôt de la requête demandant au ministre l'intervention d'un conciliateur: 75 jours s'il s'agissait d'un renouvellement de convention collective et 90 jours s'il s'agissait d'une première convention collective. En même temps, le législateur interdisait tout arrêt de travail pendant la durée d'une convention collective: tout désaccord sur un grief devait être réglé par voie d'arbitrage, dont la sentence devenait exécutoire.

Le *Code du travail*, adopté en 1964, alla plus loin que les amendements de 1961: il conserva seulement la première étape, celle de la conciliation, comme étape obligatoire. Le Code prévoit aussi un service d'arbitrage; mais, en dehors du cas particulier des policiers et des pompiers, l'arbitrage n'est possible, en vertu du Code, que si les deux parties décident elles-mêmes d'y avoir recours; la sentence est alors exécutoire. En ce qui a trait au délai requis pour qu'un arrêt de travail soit légal, le Code a maintenu le principe établi en 1961, mais en ramenant à 60 jours la période prescrite dans le cas d'un renouvellement de convention.

Pour les services publics, on est passé d'une extrême rigueur à une extrême liberté. Sauf les policiers et les pompiers – qui n'ont d'ailleurs le droit de grève à peu près nulle part –, le Code permet à tous les autres groupes de recourir à la grève s'ils le désirent, moyennant certaines dispositions spéciales qui permettent aux autorités de prévoir les mesures indispensables.

Autre étape majeure: 1977. Le législateur décide alors que la conciliation ne sera plus obligatoire avant l'exercice légal du droit de grève. De plus, le délai requis pour que l'arrêt de travail soit légal est dissocié de la conciliation et rattaché à l'avis de négocier donné avant le début des négociations. Le délai sera de 90 jours après la réception de cet avis, plus précisément à compter de la réception par le ministre de la copie de l'avis[14]. En même temps, dans le cas d'une première convention collective, on prévoit qu'une des deux parties peut demander, en cas de conflit apparemment insoluble, l'arbitrage obligatoire et exécutoire[15]. Enfin, toujours en 1977, le législateur introduit les mesures anti-briseurs de grève[16].

Au cours des quelque 60 années qui suivirent l'adoption de la *Loi des différends ouvriers* de 1901, on s'était donc orienté vers une intervention gouvernementale de plus en plus poussée et de plus en plus étendue. D'une décennie à l'autre, les contraintes s'étaient ajoutées les unes aux autres, pour atteindre un sommet dans la loi de 1944; le contexte social de l'époque, influencé par d'importantes grèves, et la guerre, qui favorisait l'intervention des gouvernements, ne sont certes pas étrangers à cette situation.

Avec les amendements de 1961, on pouvait déceler un premier indice de virage: la suppression de la sentence arbitrale, même non exécutoire, constituait un premier pas vers une libéralisation du système. L'adoption du *Code du travail* en 1964 a fortement

14. *Loi modifiant le Code du travail et la Loi du ministère du Travail et de la Main-d'œuvre 1*, L.Q. 1977, c. 41, art. 36 modifiant les articles 42 et 46 du *Code du travail* (L.R.Q. c. C-27, art. 54 et 58 C.t.).

15. *Ibid.*, art. 45 ajoutant les articles 81a-81j (L.R.Q. c. C-27, art. 93.1-93.9).

16. *Ibid.*, art. 53 ajoutant les articles 97a-97d (L.R.Q. c. C-27, art. 109.1-109.4).

accentué cette orientation et les amendements de 1977 l'ont achevée: depuis cette date, l'intervention d'un conciliateur n'est plus obligatoire et, outre l'obligation de négocier de bonne foi, aucune autre condition n'est requise pour l'exercice légal de l'arrêt de travail que le respect du délai de 90 jours après l'avis de négocier; ainsi, si l'une des parties le veut, le droit de grève peut être acquis dès l'échéance de la convention collective, à la condition que l'avis de négocier ait été donné 90 jours avant cette date. Sauf quelques modifications mineures survenues par la suite, c'est la formule qui régit encore le règlement des conflits généraux ou ordinaires (1991).

23.2.2 Québec: règlement des conflits généraux

Dans les conflits généraux ou ordinaires, il y avait autrefois, au Québec, une intervention gouvernementale obligatoire; elle a été supprimée. Plus précisément, il n'est plus obligatoire de se soumettre à une intervention conciliatrice pour obtenir le droit de grève ou de lock-out. Il serait faux de dire qu'il n'y a plus aucun cadre légal. Au contraire, des règles strictes imposent un cheminement déterminé, depuis le début du processus jusqu'à l'acquisition du droit de grève et, en un sens, même au-delà. L'obligation fondamentale de négocier de bonne foi est encadrée par une série de dispositions. Nous verrons donc successivement ce qui concerne l'avis de négocier, les négociations directes, la possibilité de conciliation, le droit de grève, l'arbitrage facultatif et les obligations qui s'y rattachent.

La partie qui le désire, le syndicat accrédité ou l'employeur, peut donner à l'autre partie un avis écrit d'au moins huit jours quant à la date, le lieu et l'heure où elle serait prête à commencer la négociation en vue de conclure une convention collective (C.t. art. 52). Parce que la date d'acquisition du droit de grève dépend du moment où l'avis de négocier a été donné, celui-ci revêt un aspect tactique majeur. Si, pour différentes raisons, une des parties souhaite qu'un arrêt de travail ait lieu à tel moment, s'il doit y en avoir un, l'avis de négocier sera envoyé 90 jours à l'avance. Le choix du moment comporte un aspect de stratégie très important. Quant à l'avis lui-même, la loi précise que, s'il s'agit de parties contractantes qui ont déjà signé une convention collective, l'avis d'en négocier une nouvelle doit être donné dans les 90 jours qui précèdent l'expiration de la convention, à moins que les parties elles-mêmes aient prévu un autre délai. La partie qui donne cet avis doit en envoyer une copie au ministre du Travail le même jour. Le ministère accuse réception de cette copie et il informe les parties de la date à laquelle il l'a reçue (C.t. art. 52.1). C'est cette date qui constitue le point de départ du délai de 90 jours prévu pour l'obtention du droit à l'arrêt de travail (C.t. art. 58). Même s'il ne s'agit, en fait, que d'un geste administratif de routine, on en voit toute l'importance.

Pour les cas où l'avis ne serait pas donné, le législateur a déterminé à quel moment on doit présumer qu'il l'a été. Dans le cas d'un renouvellement de convention collective, l'avis qui n'a pas été donné est présumé avoir été transmis le jour même de l'expiration de la convention collective; le ministère est également présumé avoir reçu cet avis le même jour. Dans le cas d'un syndicat nouvellement accrédité, qui doit négocier sa première convention collective, l'avis est réputé avoir été donné 90 jours après la date à laquelle l'accréditation a été obtenue; le ministère est réputé avoir reçu cet avis le même jour. (C.t. art. 52.2).

Autre détail à mentionner: la loi établit qu'avec l'avis de négocier commence ce qu'on appelle la phase des négociations (C.t. art. 53). Cette précision a de l'importance pour les dispositions anti-briseurs de grève: à compter de ce moment, l'employeur ne pourra pas embaucher de nouveaux salariés pour utiliser leurs services pendant le déroulement d'une grève (C.t. 109.1,a).

Après que l'avis de négocier a été transmis, les négociations directes s'engagent au moment convenu par les parties. On les appelle négociations directes parce qu'elles se font sans l'intervention d'une tierce partie. Le législateur a prescrit que «les négociations doivent commencer et se poursuivre avec diligence et bonne foi» (C.t. art. 53). C'est là le fondement essentiel de tout le régime nord-américain et même européen de négociation collective. Si les parties réussissent à s'entendre, elles signent la convention qui fait l'objet de leur accord. Une telle négociation peut durer, selon le cas, quelques jours ou quelques mois. S'il y a accord à cette étape, le processus se termine puisque son objectif était précisément d'en arriver à conclure une convention collective. Dans environ les trois quarts des cas, les parties réussissent à s'entendre à cette première étape, celle des négociations directes. Si l'on ne considère que les grandes conventions collectives, celles qui vont servir de modèle à la plupart des autres, la proportion est évidemment plus faible; elle se situe autour de 50 %. La loi prescrit ce qu'il faudra faire s'il n'y a pas d'entente. Le tableau 23-4 résume les différentes étapes dans ces cas; il faut toujours se rappeler que nous ne discutons ici que des conflits généraux ou ordinaires et non des conflits d'intérêt public, pour lesquels les différentes lois de relations de travail prévoient des mécanismes beaucoup plus contraignants.

Depuis que la conciliation est devenue facultative, elle se pratique toujours abondamment. Le nombre d'interventions conciliatrices a diminué, mais de 30 % à 40 % seulement. Le fait de demander l'intervention d'une tierce partie, quand les négociations directes achoppent, semble être entré dans les mœurs. D'ailleurs, il est jusqu'à un certain point normal que deux parties qui cherchent à s'entendre, sans y parvenir, tentent de le faire avec l'aide d'une autre personne, qualifiée mais désintéressée quant à l'objectif poursuivi par chacune des parties. Même s'il n'est plus obligatoire de se soumettre à l'intervention conciliatrice pour obtenir le droit de grève, il ne faut pas en conclure que toute l'opération est volontaire, bien au contraire. Si l'une des parties en fait la demande, le ministre doit nommer un conciliateur et l'autre partie est obligée de se soumettre à l'intervention conciliatrice. Le ministre peut également, s'il le décide, désigner lui-même un conciliateur dans un conflit; il le fait rarement. Les parties sont alors également tenues de se soumettre à son intervention. Les dispositions du Code à cet égard se lisent comme suit (C.t. art. 54-55):

> À toute phase des négociations, l'une ou l'autre des parties peut demander au ministre de désigner un conciliateur pour les aider à effectuer une entente. Avis de cette demande doit être donné le même jour à l'autre partie.
>
> Sur réception de cette demande, le ministre doit désigner un conciliateur.
>
> À toute phase des négociations, le ministre peut, d'office, désigner un conciliateur; il doit informer les parties de cette nomination.

Le législateur n'est pas très loquace sur le conciliateur et ses fonctions. La loi ne contient que deux courtes dispositions (C.t. art. 56-57).

> Les parties sont tenues d'assister à toute réunion où le conciliateur les convoque.
>
> Le conciliateur fait rapport au ministre à la demande de ce dernier.

La brièveté des dispositions va de pair avec la conception fondamentale de la conciliation, à savoir que le seul objectif poursuivi est de réaliser l'accord entre les parties. Théoriquement du moins, le conciliateur n'a pas à se préoccuper du contenu de cet accord. Il a le pouvoir de convoquer les parties à des réunions, séparément ou ensemble, rien de plus. Tout le reste découle de son aptitude à obtenir la confiance des parties, de manière à découvrir leurs préférences réelles et à déterminer s'il y a une zone de contrat ou si l'impasse est totale. Pour obtenir la confiance des parties, celles-ci doivent être assurées de la confidentialité de leurs entretiens avec le conciliateur. Le législateur a consacré ce principe en introduisant dans le Code, en 1983, l'article suivant (C.t. 57.1[17]):

> Un conciliateur ne peut être contraint de divulguer ce qui lui a été révélé ou ce dont il a eu connaissance dans l'exercice de ses fonctions ni de produire un document fait ou obtenu dans cet exercice devant un tribunal ou un arbitre ou devant un organisme ou

---

17. *Loi modifiant le Code du travail et diverses dispositions législatives*, L.Q. 1983, c. 22, art. 27 ajoutant au *Code du travail* l'article 57.1; *Loi modifiant diverses dispositions législatives en égard à la Loi sur l'accès aux documents des organismes publics et sur la protection des renseignements personnels*, L.Q. 1987, c. 68, art. 39, ajoutant le second paragraphe à l'article 57.1 du *Code du travail*.

TABLEAU 23-4

Mode général de règlement des conflits selon le *Code du travail* du Québec

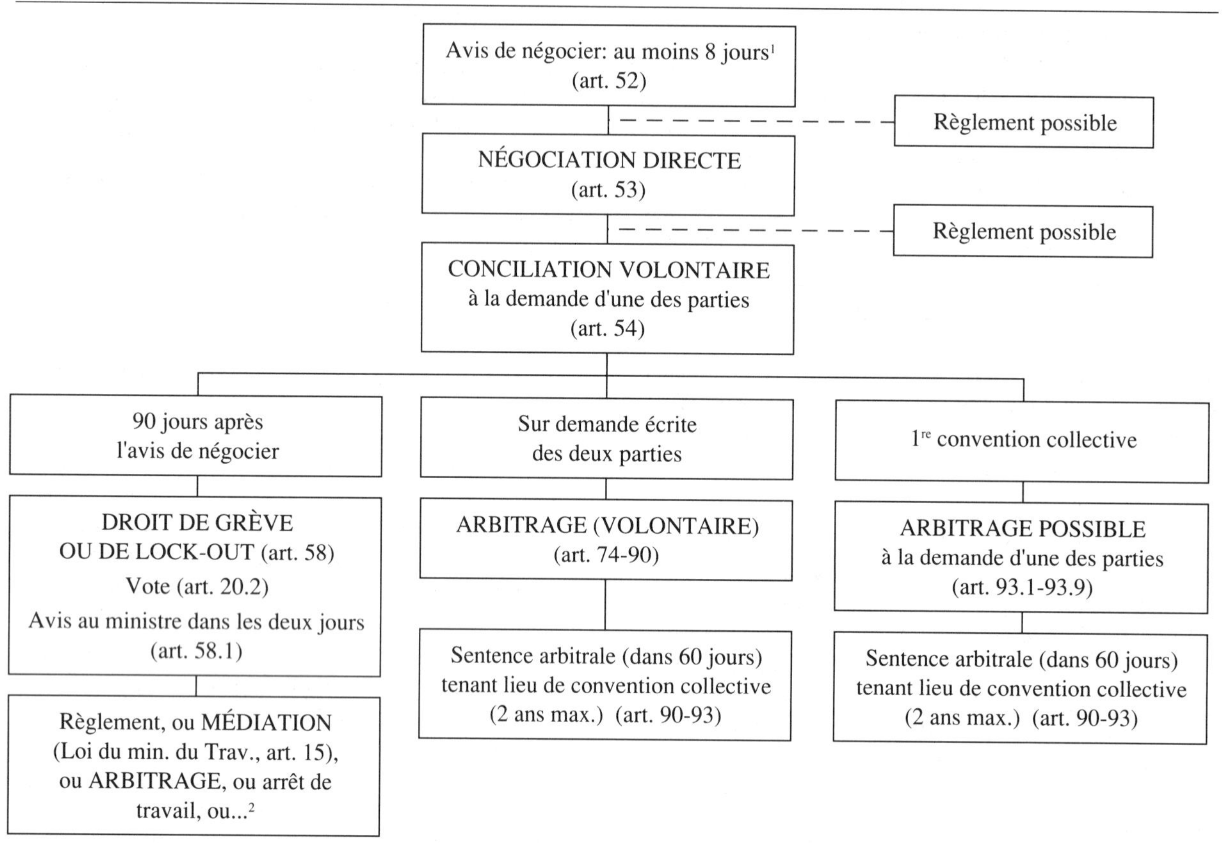

1. Les conditions de travail en vigueur sont maintenues jusqu'à l'acquisition du droit de grève ou de lock-out (C.t. art. 59), ou jusqu'à la signature d'une nouvelle convention collective, si les parties ont prévu une telle disposition dans la convention échue.
2. La loi laisse place à une situation sans solution, en pratique, au choix des parties.

Source: *Code du travail* du Québec, L.R.Q., c. C-27.

une personne exerçant des fonctions judiciaires ou quasi judiciaires.

Toujours à propos de la confidentialité, malgré l'article 9 de la *Loi sur l'accès aux documents des organismes publics* (c. A-2.1), nul n'a accès à un document relié à l'intervention d'un conciliateur dans une négociation.

Les chances du conciliateur d'obtenir un accord varient selon les circonstances. Son succès dépend principalement de la volonté des parties concernées: si, par exemple, le syndicat croit qu'il n'obtiendra pas ce à quoi il tient absolument à moins d'une grève, l'intervention conciliatrice a peu de chances de réussir. Par contre, s'il s'agit d'un simple désaccord et non d'un état de guerre entre les parties, le conciliateur obtient souvent une entente de leur part.

S'il n'obtient pas d'entente, les parties ont normalement recours à l'arme économique, c'est-à-dire à l'arrêt de travail. Il y a cependant deux autres possibilités qu'il faut mentionner, soit l'arbitrage volontaire, à la demande des deux parties, soit l'arbitrage possible à la demande d'une des parties dans le cas d'une première convention collective (voir le tableau 23-4). Dans les deux cas, la sentence qui découlera de l'arbitrage sera exécutoire et aura force de loi: elle tiendra lieu de convention collective. Nous reviendrons plus loin sur ces deux types d'arbitrage (section 23.4). Il faut compléter ici les dispositions qui concernent l'exercice du droit de grève ou de lock-out.

L'exercice légal du droit de grève ne dépend nullement de l'intervention conciliatrice, mais uniquement de la date à laquelle la copie de l'avis de négocier a été reçue au ministère du Travail. La seule exigence du Code, dans la majorité des cas, c'est que 90 jours se soient écoulés à compter de la réception de cette copie (C.t. art. 58 et 106). Le Code requiert également qu'un vote au scrutin secret soit tenu parmi les membres de l'association accréditée et qu'une majorité des membres qui exercent leur droit de vote se déclare favorable au déclenchement de la grève. On notera que seuls les membres de l'association compris dans l'unité de négociation ont droit de vote, et que la majorité simple des votants suffit pour le déclenchement légal de la grève. Les membres doivent être informés au moins 48 heures avant la tenue du scrutin, pour qu'ils puissent exercer leur droit de vote s'ils le désirent. Contrairement à ce qui existe dans d'autres provinces, aucune référence n'est inscrite dans la loi concernant l'ensemble des salariés de l'unité de négociation (C.t. art. 20.2[18]).

> Une grève ne peut être déclarée qu'après avoir été autorisée au scrutin secret par un vote majoritaire des membres de l'association accréditée qui sont compris dans l'unité de négociation et qui exercent leur droit de vote. L'association doit prendre les moyens nécessaires, compte tenu des circonstances, pour informer ses membres, au moins quarante-huit heures à l'avance de la tenue du scrutin.
>
> Si l'association est autorisée à déclarer la grève, elle doit en informer, par écrit, le ministre dans les quarante-huit heures qui suivent le scrutin.

Au moment où la grève est effectivement déclarée, le syndicat doit en aviser le ministre dans les 48 heures qui suivent le début de la grève. Il en est de même pour l'employeur s'il s'agit d'un lock-out (C.t. art. 58.1, adopté en 1977).

> La partie qui déclare une grève ou un lock-out doit informer, par écrit, le ministre dans les quarante-huit heures qui suivent la déclaration de la grève ou du lock-out, suivant le cas, et indiquer le nombre de salariés compris dans l'unité de négociation concernée.

Le *Code du travail* ne prévoit, du moins pour les conflits ordinaires, aucune autre intervention que la conciliation facultative et les dispositions administratives que nous avons relevées. Il arrive souvent, cependant, que les parties elles-mêmes souhaitent une autre intervention pour réaliser le règlement de leur conflit. Assez fréquemment, la demande de conciliation se fait pour obéir au rituel auquel on a été habitué pendant longtemps et, peut-être, pour bien montrer qu'on a vraiment essayé de régler le conflit. Mais, avant ou après un arrêt de travail, arrive un moment où tout le monde veut que le conflit se règle. C'est alors que plusieurs réclament une intervention gouvernementale, même si le *Code du travail* n'en prévoit aucune. À ce moment, le ministre utilise des pouvoirs qui lui sont accordés dans la loi constitutive du ministère du Travail. Ces pouvoirs sont très généraux et peuvent s'appliquer dans à peu près tous les cas[19].

> En tout temps, le ministre peut désigner une personne pour favoriser l'établissement ou le maintien de bonnes relations entre un employeur et ses salariés

18. *Loi modifiant le Code du travail et la Loi du ministère du Travail et de la Main-d'œuvre*, L.Q. 1977, c. 41, art. 9, ajoutant au Code du travail l'article 19 b, devenu l'article 20.2 d'après L.R.Q., c. C-27.

19. *Loi sur le ministère du Travail et modifiant d'autres dispositions législatives*, L.Q. 1982, c. 53, art. 15, et L.R.Q. c. M-32.1, art. 15.

ou l'association qui les représente. Cette personne fait rapport au ministre.

En vertu des pouvoirs que lui confère cet article, le ministre nomme généralement un médiateur qu'on qualifiera, selon les circonstances, de prestigieux ou d'extraordinaire. Son mandat n'est pas différent de celui du conciliateur: il doit chercher à ce que les parties s'entendent sur un projet de convention collective. Si lui non plus ne réussit pas, le ministre lui demandera probablement de faire des recommandations sur ce que devrait éventuellement contenir la convention collective. S'il n'y a pas entente, la partie que favorisent les recommandations du médiateur pressera l'autre partie de les accepter. S'il n'y a toujours pas d'accord, les parties pourraient théoriquement s'en remettre à un arbitrage volontaire; ce qui est toutefois peu probable, après un affrontement aussi intense et aussi long. Mais généralement, parce que le contexte est favorable à une entente, le médiateur a beaucoup plus de chances de réussir que le conciliateur n'en avait.

On constate que la loi respecte fondamentalement le principe de la libre négociation, à tout le moins dans les conflits qui n'affectent pas directement le public. En dernier ressort, si le contexte social et politique l'exigeait, l'Assemblée nationale pourrait toujours adopter une loi spéciale pour mettre fin à un conflit qui ne se résout pas. Le cas ne se produit pratiquement jamais, parce qu'il n'arrive à peu près jamais qu'un conflit privé acquière tant d'importance. Tel n'est pas le cas en ce qui regarde les services publics et, en général, ce qu'on appelle les conflits d'intérêt public.

23.2.3 Québec: règlement des conflits d'intérêt public

Le *Code du travail* s'applique à toutes les négociations, y compris celles du secteur public. Par conséquent, tout ce que nous avons dit du règlement des conflits ordinaires s'applique également aux conflits d'intérêt public. Sauf dans les secteurs public et parapublic, qui comportent certaines exceptions même quant aux premières étapes, on peut dire que les dispositions du *Code du travail* sur l'avis de négocier, la négociation directe et la conciliation volontaire s'appliquent à toutes les négociations, y compris celles qui impliquent l'intérêt public. C'est aux étapes suivantes qu'apparaissent les différences. (Voir le tableau 23-5).

Même s'il ne les classifie pas explicitement ainsi, on peut dire que le *Code du travail* reconnaît trois catégories de négociations qui touchent l'intérêt public. Il y a d'abord les policiers et les pompiers municipaux – ou ceux d'une régie intermunicipale comme la Communauté urbaine de Montréal – auxquels le Code n'accorde pas le droit de grève; à la place, en cas d'impasse dans leurs négociations, ils peuvent recourir à l'arbitrage obligatoire et exécutoire (C.t. art. 94-98). Une autre section du Code vise les conflits dans les secteurs public et parapublic, c'est-à-dire les cas qui impliquent les fonctionnaires, les employés des hôpitaux et des services sociaux, ainsi que ceux des commissions scolaires (C.t. art. 111.1-111.20). Nous traiterons de cette catégorie dans un chapitre consacré exclusivement à la négociation collective dans les secteurs public et parapublic du Québec (chapitre 26). Enfin, le Code contient des dispositions visant les services publics, entendus dans un sens très large (C.t. 111.0.16). En cas de conflit dans un service public ainsi défini, le gouvernement peut décider, par décret, que les parties devront maintenir des services essentiels. S'il y a décret de services essentiels, certaines procédures doivent être respectées et le Conseil des services essentiels interviendra (C.t. art. 111.0.17-111.0.26). Si le gouvernement ne juge pas nécessaire d'adopter un décret ordonnant le maintien de services essentiels, d'autres règles s'appliquent (C.t. art. 111.0.23). Il y a donc, outre le secteur public et parapublic, trois possibilités à envisager: les policiers et les pompiers municipaux, les services publics avec décret de services essentiels et les autres services publics. (Voir le tableau 23-5).

Selon la plupart des lois en vigueur en Amérique du Nord, les policiers et les pompiers municipaux n'ont pas le droit de faire la grève. Les quelques exemples de grèves de ces employés, légales ou non, surtout dans les grandes villes, ont montré les risques énormes qu'une telle situation fait courir aux citoyens.

TABLEAU 23-5
Mode de règlement des conflits d'intérêt public selon le *Code du travail* du Québec

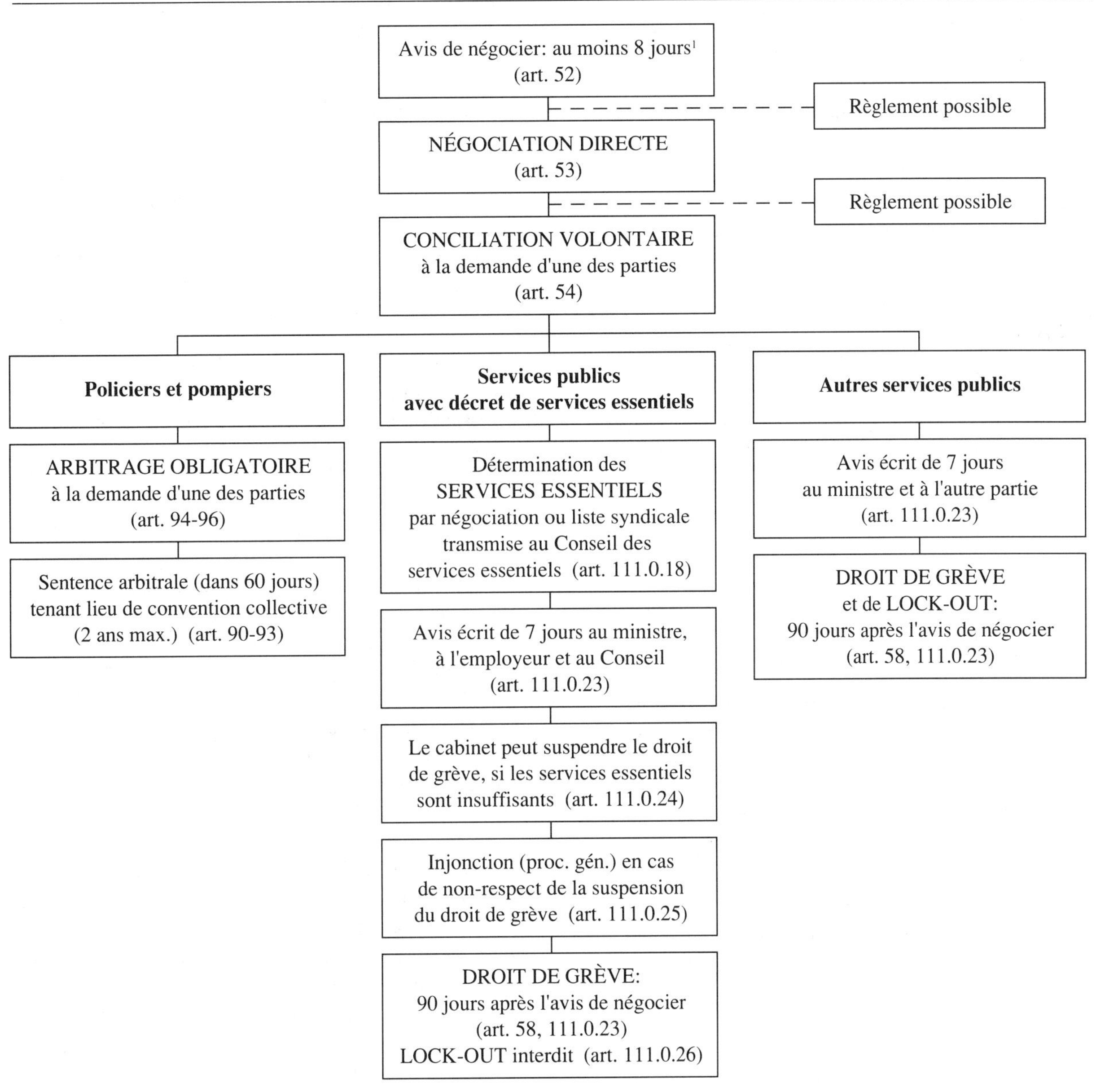

1. Dans le cas des secteurs public et parapublic, un article précise que les demandes syndicales doivent être déposées 150 jours avant l'expiration de la convention collective en cours (art. 111.8).

Sources: *Code du travail* du Québec, L.R.Q., c. C-27 et *Loi modifiant le Code du travail* (projet de loi n° 72), L.Q. 1982, ch. 37.

La loi du Québec sur ce point ne diffère pas de la plupart des autres législations nord-américaines. «À la demande des parties», dit la loi, tout différend doit être déféré par le ministre à un arbitre qui fixera le contenu de la convention collective sur laquelle les parties n'ont pu s'entendre (C.t. art. 94-96, 75-93). Parfois, les parties auront demandé l'intervention d'un conciliateur, mais elles ne sont pas tenues de le faire. Le ministre peut également, de sa propre initiative, soumettre le différend à un arbitre au moment où il le juge opportun (C.t. 94).

Le *Code du travail* précise qu'un arbitre ne doit avoir aucun intérêt pécuniaire dans le différend qui lui est soumis, qu'il doit prêter serment avant de procéder à l'arbitrage et qu'il doit procéder à l'instruction du différend en toute diligence (C.t. art. 76-81).

Comme il s'agit d'un conflit d'intérêts, l'arbitre ne peut invoquer une règle de droit pour décider du contenu de la future convention collective; il doit se référer à l'équité et à la bonne conscience. Le Code lui recommande de tenir compte des comparaisons appropriées, tant en matière de salaire que pour les autres conditions de travail (C.t. art. 79).

> L'arbitre doit avant d'agir prêter serment de rendre sa sentence selon l'équité et la bonne conscience.
>
> Pour rendre sa sentence, l'arbitre peut tenir compte, entre autres, des conditions de travail qui prévalent dans des entreprises semblables ou dans des circonstances similaires ainsi que des conditions de travail applicables aux autres salariés de l'entreprise.

L'arbitre doit rendre sa sentence dans les 60 jours suivant sa nomination, à moins que le ministre ne lui accorde un délai supplémentaire, qui ne devrait pas excéder 30 jours, à moins d'une nouvelle prolongation (C.t. art. 90). La sentence arbitrale a l'effet d'une convention collective, qui s'appliquera pendant au moins un an et au plus deux ans. En cas de refus, par la partie patronale par exemple, d'appliquer la sentence, le syndicat peut en demander l'exécution par le tribunal compétent (C.t. art. 92-93).

Conformément au principe adopté par le législateur que la grève ne saurait être tolérée de la part des policiers et des pompiers municipaux, la loi prévoit également qu'une mésentente entre une municipalité ou une régie intermunicipale et une association de policiers ou de pompiers doit être réglée, sans arrêt de travail, de façon péremptoire. En somme, alors que pour l'ensemble des salariés du secteur privé une mésentente ne peut être réglée pendant qu'une convention collective est en vigueur autrement que de la façon dont cette même convention le prévoit, toute mésentente dans le cas des policiers et des pompiers doit être soumise à l'arbitrage et résolue comme un conflit de négociation, par une sentence arbitrale finale, péremptoire et exécutoire. Normalement, il doit y avoir, antérieurement à l'arbitrage, un effort de conciliation entre les parties (C.t. art 97-98).

Chaque année, on relève au Québec une cinquantaine d'arbitrages de conflits de négociation dont la quasi-totalité concerne les policiers et les pompiers.

La définition de services publics établie par le *Code du travail* est très large; elle ressemble à la définition contenue dans l'ancienne *Loi des différends entre les services publics et leurs salariés*, adoptée en 1944[20]. Elle englobe les employés des municipalités, des établissements de santé ou de services sociaux qui ne seraient pas couverts par la négociation du secteur parapublic, les entreprises de téléphone, de transport, de distribution de gaz, d'eau ou d'électricité, les entreprises d'aqueduc ou d'égout, d'assainissement ou de traitement des eaux, d'enlèvement des ordures ménagères, de transport par ambulance et quelques autres (C.t. art. 111.0.16). On voit, par cette énumération, que certaines entreprises privées sont comprises dans la définition des services publics. On pense par exemple au service téléphonique, dans le cas des compagnies de compétence provinciale; les principaux services téléphoniques au Québec relèvent cependant de la compétence fédérale et tout conflit est alors régi par le *Code canadien du travail* et non par le *Code du travail* du Québec. Certains services d'autobus privés ne faisant affaire qu'au Québec pourraient être touchés par la définition du *Code du travail*

20. *Loi des différends entre les services publics et les salariés à leur emploi*, S.Q. 1944, 8 George VI, c. 31, art. 2, d.

du Québec. Si le service public en cause relève bien de la compétence provinciale, le gouvernement peut déclarer certains de ses services essentiels à la santé ou à la sécurité publique (C.t. art. 111.0.17).

Dans tout conflit de travail qui se produit dans un tel service, la principale décision revient au gouvernement, qui doit décider si un arrêt de travail dans ce service mettrait en danger la santé ou la sécurité publique. Si tel est le cas, il adopte un décret ordonnant aux parties en cause de maintenir des services essentiels en cas de grève.. Nous verrons que le lock-out est alors interdit. Un tel décret entre en vigueur le jour même où il est adopté, ou à une date ultérieure qui y serait précisée. Il peut être pris en tout temps avant que la nouvelle convention collective soit déposée. Il est publié dans la *Gazette officielle du Québec* et les parties doivent être avisées de son existence le plus tôt possible (C.t. art. 111.0.17).

Après l'adoption d'un tel décret, des dispositions relatives aux services essentiels semblables à celles qui ont cours dans le secteur de la santé et des services sociaux s'appliquent aux parties en cause. Nous verrons ces dispositions plus en détail au chapitre 26. Elles se résument dans les démarches suivantes. Les parties doivent négocier les services essentiels qui devraient être maintenus en cas de grève ; elles doivent transmettre une copie de leur entente au Conseil des services essentiels. À défaut d'entente entre les parties, le syndicat transmet sa propre liste au Conseil (C.t. art. 111.0.18). Le Conseil évalue les services prévus par l'entente ou dans la liste. S'il les trouve suffisants, nul ne peut y déroger (C.t. art. 111.0.19 et 111.0.22). S'il les juge insuffisants, il peut faire des recommandations aux parties pour qu'elles modifient l'entente ou la liste; il doit faire rapport au ministre si l'entente ou la liste demeure insuffisante, ou si les services ne sont pas effectivement rendus au public pendant une grève.

Le gouvernement, c'est-à-dire le cabinet des ministres, peut, s'il juge que les services essentiels sont insuffisants, adopter un autre décret, qui suspendra l'exercice du droit de grève; cette suspension s'appliquera jusqu'à ce que les services soient maintenus ou rendus de façon satisfaisante. En cas de non-respect de ce second décret, le procureur général peut demander une injonction pour faire respecter la suspension de l'exercice du droit de grève (C.t. art. 111.0.24-111.0.25).

Avant que la grève soit effectivement déclarée, le syndicat doit donner au ministre, à l'employeur et au Conseil des services essentiels un avis préalable d'au moins sept jours ouvrables. L'entente ou la liste relative aux services essentiels doit avoir été transmise au Conseil également depuis au moins sept jours. Une fois la grève commencée, si les services essentiels ne sont pas maintenus, le droit de grève peut être suspendu et une injonction demandée de la façon décrite plus haut (C.t. art. 111.0.23-111.0.24).

En plus des dispositions concernant les services essentiels, les parties doivent également respecter les règles de base, à savoir que 90 jours doivent s'être écoulés depuis l'avis de négociation. De plus, toujours dans le cas d'un service public avec décret imposant le maintien de certains services essentiels, le lock-out est explicitement interdit (C.t. art. 111.0.26). Puisque l'organisme fournit des services essentiels, la partie patronale, pas plus que la partie syndicale, ne peut interrompre la prestation de tels services.

Finalement, selon la troisième possibilité, soit le cas d'un service public où il n'y a pas eu décret de services essentiels, la partie qui veut recourir à l'arrêt de travail doit en donner avis écrit au ministre et à l'autre partie au moins sept jours ouvrables avant le moment où elle entend y recourir (C.t. art. 111.0.23). En plus de cet avis de sept jours, la seule autre restriction correspond à la condition générale, c'est-à-dire que 90 jours se soient écoulés depuis que l'avis de négocier a été donné. S'il n'y a pas de décret de services essentiels, rien n'interdit à l'employeur de recourir au lock-out s'il le juge opportun (C.t. art. 111.0.23 et 111.0.26).

Dans le cas de ces services, les modes de règlement ne sont pas légion: la conciliation est toujours accessible à l'une ou l'autre des parties qui en fait la demande. De plus, il est également possible de faire une demande de médiation, même si celle-ci s'effectue non pas en vertu du *Code du travail* mais sous la *Loi du ministère du Travail*. Dans le cas du secteur public et parapublic, comme dans un service public avec décret de services essentiels, la procédure est plus complexe afin d'assurer le maintien de tels services. Nous y reviendrons plus longuement dans le chapitre 26 portant sur le secteur public et parapublic.

23.2.4 Autres provinces canadiennes: conflits généraux

Les différentes provinces canadiennes sont loin de présenter un modèle d'intervention gouvernementale uniforme par rapport au règlement des conflits de négociation généraux. Bien au contraire, on y trouve même des tendances opposées. Partout, on voudrait favoriser l'entente volontaire entre les parties, mais les moyens que l'on prend pour ce faire varient du tout au tout. Les différences sont telles qu'on peut distinguer deux groupes de provinces qui ont des positions opposées concernant la conciliation: les provinces de l'Ouest l'ont rendue volontaire au cours des années 1970, alors que l'Ontario et les provinces maritimes en font toujours une condition nécessaire à l'exercice légal du droit de grève ou de lock-out.

Dans les provinces de l'Ouest, tout en laissant l'intervention conciliatrice volontaire, on a cherché à rendre plus efficace l'activité du conciliateur, en l'appelant médiateur – le changement de nom peut influer sur la réaction des parties – ou en permettant le remplacement du conciliateur par un médiateur. En même temps, les différentes lois de relations du travail ont insisté sur le vote de grève, en précisant les modalités qui doivent être respectées et en imposant même le vote à tous les employés de l'unité de négociation, qu'ils soient membres ou non du syndicat accrédité. Il y a suffisamment de différences d'une province à l'autre pour en traiter séparément. Notons auparavant que, sauf une exception, il peut toujours y avoir deux étapes, c'est-à-dire deux modes successifs d'intervention gouvernementale auprès des parties. (Voir le tableau 23-6.)

En Saskatchewan, la conciliation obligatoire n'a jamais existé. Le ministre, cependant, a toujours eu le pouvoir d'instituer, à sa discrétion, une commission de conciliation. Pour le ministre, établir une telle commission équivaut à imposer la conciliation, puisque tout arrêt de travail a toujours été interdit pendant qu'une telle commission exerçait ses fonctions. C'est en fait la seule restriction qui a existé dans cette province. Par contre, le vote de grève y est obligatoire et, pour permettre l'arrêt de travail, il doit être tenu au scrutin secret et révéler une majorité des employés concernés qui votent et non seulement, comme c'est le cas au Québec, une majorité des membres du syndicat exerçant leur droit de vote. En évaluant les lois de la Saskatchewan relatives aux relations du travail, il ne faut pas oublier que jusqu'à ces toutes dernières décennies, le province ne comptait pratiquement pas d'industries: c'était essentiellement une province agricole, avec évidemment plusieurs salariés dans les secteurs de l'administration et des services. La nature des industries d'une province et la proportion des salariés qu'on y trouve constituent des éléments majeurs pour expliquer les différentes dispositions des lois du travail.

C'est la loi du Manitoba qui se rapproche le plus du *Code du travail* du Québec. L'intervention conciliatrice y est facultative et peut avoir lieu à la demande d'une partie ou à la discrétion du ministre. Par contre, si les deux parties le désirent, elles peuvent réclamer du ministre la nomination d'un médiateur au lieu du conciliateur: si la demande est conjointe, le ministre est tenu de nommer un médiateur; tout comme la commission de conciliation, le médiateur doit remettre un rapport qui contiendra des recommandations. La commission de conciliation, comme deuxième étape d'intervention gouvernementale, est laissée à l'entière discrétion du ministre. Pour autoriser la grève, le vote par scrutin secret doit rassembler la majorité des employés – pas seulement des syndiqués – de l'unité de négociation qui ont effectivement voté.

En Colombie-Britannique, à la demande d'une des parties, ou à la discrétion du Conseil de relations industrielles, c'est un médiateur qui est nommé pour intervenir à la première étape. Il doit faire un rapport rapidement: 10 jours après sa première rencontre avec les parties, mais pas plus de 20 jours après sa nomination. Son rapport doit faire état de la position des parties; il peut également contenir des recommandations en vue du règlement du litige. Quand on a recours à la deuxième étape, il s'agit, en Colombie-Britannique, d'une enquête industrielle d'intérêt public dont la mise sur pied est laissée à la discrétion du Conseil. Si la commission d'enquête ne réussit pas à obtenir l'accord des parties, elle doit soumettre des recommandations. On y a le plus souvent recours dans les cas de conflits d'intérêt public. Le vote de grève se prend également à la majorité des employés qui exercent leur droit de vote; la loi exige de plus qu'un avis de trois jours soit donné à l'employeur quant à la date à laquelle on entend recourir à la grève.

De toutes les provinces canadiennes, c'est l'Alberta qui semble chercher le plus intensément des formules innovatrices. Les innovations ne vont pas nécessairement dans le sens d'une plus grande liberté: le législateur semble avoir toujours été préoccupé par l'idée de permettre à l'ensemble des salariés de s'exprimer sur les points principaux du conflit. À la première étape, et cela depuis quelques années seulement, le conciliateur a été remplacé par un médiateur. Le médiateur peut décider de ne pas faire de recommandations, mais il semble qu'on s'attend à ce qu'il en fasse. La loi prévoit que si les parties acceptent ses recommandations, celles-ci constituent leur prochaine convention collective. Si une partie les accepte et que l'autre les rejette, la partie qui les accepte peut réclamer, de la Commission, un vote ou une consultation sur ces recommandations: un vote auprès des employés de l'unité de négociation ou une consultation auprès de l'employeur. À la deuxième étape, le ministre peut instituer une commission d'enquête sur le différend; la commission présentera ses recommandations, qui pourront, comme celles du médiateur, être acceptées ou donner lieu à un vote. Si les recommandations sont rejetées et qu'on songe à la grève, il doit y avoir vote de grève, lequel sera tenu sous la surveillance de l'autorité publique dès qu'une des parties le demande. La partie qui déclare l'arrêt de travail doit en aviser l'autre au moins trois jours à l'avance.

Telles sont, résumées brièvement, les dispositions des quatre provinces de l'Ouest sur le règlement des conflits de négociation ordinaires. Même si la première étape n'est obligatoire dans aucune province, des restrictions existent partout, surtout en Alberta et, dans une moindre mesure, en Colombie-Britannique.

En Ontario et dans les provinces maritimes, la situation est un peu plus uniforme. Dans ces cinq provinces, l'intervention conciliatrice, par un conciliateur ou un médiateur (sauf à l'Île-du-Prince-Édouard où le choix n'existe pas), constitue une condition essentielle pour que l'arrêt de travail soit considéré comme légal. Même si les lois disent toutes que l'une ou l'autre des parties peut demander l'intervention d'un conciliateur ou d'un médiateur, toutes les lois disent par ailleurs que le droit à l'arrêt de travail n'existe que s'il y a eu tentative de conciliation. La deuxième étape est toujours laissée à la discrétion du ministre, sauf en Nouvelle-Écosse où les parties peuvent elles-mêmes en faire la demande; le ministre peut aussi l'imposer. Quant aux délais, ils sont exprimés en nombre de jours après le rapport de la dernière intervention, ou en nombre de jours après que le ministre a déclaré qu'il n'y aurait pas de seconde intervention. Le délai est alors respectivement de 7 ou de 14 jours, dans l'un ou l'autre cas, selon les différentes provinces. Quant au vote de grève, il est partout obligatoire; il vise partout tous les employés et non seulement les membres du syndicat. La Nouvelle-Écosse exige la majorité des employés de l'unité de négociation, alors que le Nouveau-Brunswick spécifie, en détail, comment tous les employés de cette unité doivent avoir la possibilité de voter, même si la majorité de ceux qui ont voté suffit pour la validité du vote de grève. L'Ontario se contente de spécifier que le vote doit être pris de telle sorte qu'aucune des personnes qui votent ne puisse être identifiée comme ayant voté de telle ou telle manière; de plus, tous les employés de l'unité de négociation doivent être autorisés à participer au vote s'ils le veulent. La majorité demeure celle de ceux qui ont voté.

23.2.5 Autres provinces: conflits d'intérêt public

Les divergences sont peut-être plus grandes encore, d'une province à l'autre, par rapport au règlement

TABLEAU 23-6

Intervention gouvernementale dans le règlement des conflits de négociation ordinaires dans neuf provinces canadiennes

Province	Première étape Conciliateur	Deuxième étape Commission de conciliation	Droit à l'arrêt de travail Conditions
	VOLONTAIRE		
Colombie-Britannique	Médiateur, à la demande d'une des parties ou à la discrétion du Conseil (137.3)	Enquête industrielle et rapport, à la discrétion du Conseil (137.92)	Vote de grève (majorité des employés votant) et avis de 3 jours à l'employeur (I.R.A. 55 et 81.3)
Alberta	Médiateur, à la demande d'une des parties ou à la discrétion du ministre (L.R.C. 62-65) Vote sur les recommandations s'il y a une demande à cette fin (66-68)	Commission d'enquête sur le différend, à la discrétion du ministre : recommandations acceptées ou vote (103-107)	Vote de grève (majorité des votants) public, sur demande (73-75) Délai de 10 jours après le rapport ou 3 jours après le vote (103.3) Avis de 3 jours (76-78)
Saskatchewan	Aucune disposition	Comm. de conciliation à la discrétion du ministre (22)	Interdit pendant la conciliation Vote de grève, majorité des employés votant (11, 1j; 11, 2b et d)
Manitoba	Conciliateur, à la demande d'une des parties ou à la discrétion du ministre (L.R.A. 67) Médiateur, sur demande conjointe ou nommé par le ministre (95)	Comm. de conciliation à la discrétion du ministre, avec recommandations (L.R.A. 97-111)	Expiration de la convention ou 90 jours après l'accréditation (89) Vote de grève : majorité des employés votant (93)
	OBLIGATOIRE		
Ontario	Conciliateur (L.R.A. 16, 72), ou médiateur choisi par les parties (17, 33)	À la discrétion du ministre (19)	7 jours après le rapport du médiateur ou de la commission de conciliation, ou 14 jours après l'avis qu'une telle commission ne sera pas établie (72, 2) Vote de grève (majorité des employés) : scrutin secret (72, 4-5)
Nouveau-Brunswick	Conciliateur, à la demande d'une des parties et à la discrétion du ministre (I.R.A. 36, 61 et 91), ou médiateur (70)	À la discrétion du ministre (62, 92), ou médiateur (70)	7 jours après le rapport du conciliateur, du médiateur ou de la commission de conciliation ou après l'avis que l'une ou l'autre intervention n'aura pas lieu (92) Vote de grève : majorité des employés (94)

TABLEAU 23-6 (suite)

Intervention gouvernementale dans le règlement des conflits de négociation ordinaires dans neuf provinces canadiennes

Province	Première étape Conciliateur	Deuxième étape Commission de conciliation	Droit à l'arrêt de travail Conditions
Nouvelle-Écosse	Conciliateur (ou médiateur), à la demande d'une des parties et à la discrétion du ministre (T.U.A., 37, 40, 47)	À la demande des parties, séparément ou conjointement, le ministre doit établir une comm. de conciliation (39, 61)	14 jours après le rapport du conciliateur ou du médiateur, ou 7 jours après le rapport de la commission de conciliation (47) Vote de grève (majorité des employés) et avis de 2 jours au ministre (47)
Île-du-Prince-Édouard	Conciliateur, à la demande d'une des parties et à la discrétion du ministre (25, 26)	À la discrétion du ministre (Lab. Act 27-33), ou médiateur (34)	14 jours après le rapport du conciliateur ou 7 jours après celui du médiateur ou de la commission de conciliation. Vote de grève (majorité des employés votant) après ces délais (41, 3-4)
Terre-Neuve	Conciliateur, à la demande d'une des parties et à la discrétion du ministre (79, 94, 102)	À la discrétion du ministre (103-117), ou médiateur (80)	7 jours après le rapport de la commission de conciliation ou 15 jours après l'avis qu'une telle commission ne sera pas établie (95)

Sources: Alberta, *Labour Relations Code*, S.A. 1988, c. L-12; Colombie-Britannique, *Industrial Relations Act*, R.S.B.C. 1979, c. 212; Manitoba, *Labour Relations Act*, S.M. 1987, c. L-10; Nouveau-Brunswick, *Industrial Relations Act*, R.S.N.B. 1973, c. I-4; Terre-Neuve, *Labour Relations Act*, S. Nfld. 1977, c. 64; Nouvelle-Écosse, *Trade Union Act*, R.S.N.S. 1989, c. 475; Ontario, *Labour Relations Act*, R.S.O. 1980 c. 228; Île-du-Prince-Édouard, *Labour Act*, R.S.P.E.I. 1988, c. L-1; Saskatchewan, *Trade Union Act*, R.S.S. 1978, c. T-17.

des conflits d'intérêt public. On ne retrouve pas dans ce cas d'opposition entre l'Ouest et l'Est. S'il y a une orientation quelconque, c'est peut-être la suivante: les grandes provinces – quant à la population et à la présence d'industries – ont tendance à intervenir de façon plus contraignante, dans les conflits où l'intérêt public est en cause, que les petites provinces. Il y a cependant des exceptions à cette affirmation.

C'est ainsi que les lois des provinces de la Saskatchewan et du Manitoba ne comportent aucune disposition particulière pour les conflits de cette nature: ce sont les règles générales qui s'appliquent même dans ce cas. (Voir le tableau 23-7.) En Nouvelle-Écosse, même les policiers municipaux ont le droit de faire la grève; tout ce qu'on leur demande, c'est un délai additionnel de 30 jours, après ceux qui sont déjà prévus par les dispositions générales du *Trade Union Act*. À l'inverse, les lois de la Colombie-Britannique et de l'Alberta prévoient des interventions contraignantes dans les conflits qui touchent à la santé et à la sécurité publique, au simple bien-être des citoyens ou à l'économie provinciale. La *Loi des relations du travail* de l'Ontario n'en traite pas directement, mais exclut de son application pratiquement tous les cas problèmes.

TABLEAU 23-7

Dispositions relatives aux conflits d'intérêt public dans neuf provinces canadiennes

Province	Groupes exclus de la loi générale	Groupes et cas visés	Dispositions particulières
Colombie-Britannique	Aucun	Tous les services essentiels en cas de menace à l'économie provinciale, à la santé, à la sécurité, au bien-être et à l'éducation (I.R.A. 137.8)	Services essentiels : le gouvernement peut suspendre le droit de grève pendant 40 jours Le Conseil peut « désigner » des services à maintenir (137.8, 3) Arbitrage sur demande de l'Assemblée législative ou du cabinet (*Pub. Int. Inq. Bd.*) (137.92-137.99)
Alberta	Policiers, fonctionnaires et professionnels (L.R.C. 1 et 4)	Pompiers et hôpitaux : grève interdite et arbitrage exécutoire Services de santé, d'eau, d'électricité et de gaz en cas de danger pour la vie ou la propriété Cas de souffrance déraisonnable à des tiers (L.R.C. 94, 110-111)	Le cabinet peut interdire la grève. Le ministre doit alors établir une procédure pour aider les parties à résoudre leur différend ou former un *Public Emergency Tribunal* dont les décisions sont exécutoires (96, 115-125)
Saskatchewan	(Policiers, pompiers et enseignants)	(Aucun)	(Rien de prévu, sauf en période d'élection : le cabinet peut « désigner » et interdire un arrêt de travail (L.M.D.A.))
Manitoba	Enseignants, (fonctionnaires et pompiers) (L.R.A., 4)	(Aucun)	(Rien de prévu) (De 1988 à 1991, une des parties pouvait demander l'arbitrage sur les offres finales : l'offre choisie devenait la convention (94.1-94.4, abrogés)
Ontario	Policiers et pompiers, enseignants, fonctionnaires et professionnels (1(3), 2)	Hôpitaux	Grève interdite. Arbitrage et sentence exécutoire (H.L.D.A.A., 4-11)
Nouveau-Brunswick	Fonctionnaires (I.R.A. 1(8))	Pompiers (80) et policiers (1(3) et 91(5))	Grève interdite aux pompiers et policiers : arbitrage obligatoire (80, 91, 4-5)

TABLEAU 23-7 (suite)

Dispositions relatives aux conflits d'intérêt public dans neuf provinces canadiennes

Province	Groupes exclus de la loi générale	Groupes et cas visés	Dispositions particulières
Nouvelle-Écosse	Fonctionnaires et professionnels (T.U.A., 1 et 4)	Policiers et employés des sociétés d'État nommés par la Comm. de la fonct. publ. (4 et 49)	Délai additionnel de 30 jours après les délais généraux (49(2))
Île-du-Prince-Édouard	Enseignants, professionnels et fonctionnaires (Labour Act, 7 (2))	Policiers et pompiers, et hôpitaux (4(5))	Grève interdite. Arbitrage avec sentence exécutoire (41, 5-9)
Terre-Neuve	Fonctionnaires, enseignants, pêcheurs, policiers et pompiers (L.R.A. 3)	Cas de danger sérieux pour une industrie dans la province (98)	Le ministre peut ordonner un vote secret sur le retour au travail (98).

N.B. : Les parenthèses indiquent un groupe partiellement assujetti ou exclu ; H.L.D.A.A. : (Ontario) Hospital Labour Disputes Arbitration Act, R.S.O. 1980, c. 205 ; L.M.D.A. : (Saskatchewan) Labour-Management Disputes (Temporary Provisions) Act, S.S. 1981-1982, c. L-0.1.

Sources : Voir les sources indiquées au tableau 23-6.

Il faut insister sur le point suivant. Sauf en Colombie-Britannique, où les restrictions se trouvent dans la loi générale, les lois de toutes les autres provinces canadiennes contiennent une liste d'exceptions visant des groupes qui peuvent avoir le droit de négocier, mais en vertu de lois particulières et non sous la loi générale des relations de travail. Les principales exclusions visent les fonctionnaires, les enseignants et, souvent, tous les professionnels qui exercent l'une ou l'autre des professions traditionnelles, comme la médecine ou le droit. Pour chacun de ces groupes, les relations de travail, si le concept s'applique, sont régies par des lois qui le visent spécifiquement et exclusivement. C'est ainsi qu'il existe, en Ontario, une loi sur les conflits ouvriers dans les hôpitaux[21] : la grève y est formellement interdite et les impasses doivent être résolues par l'arbitrage avec sentence exécutoire. On sait par ailleurs qu'il y a quand même des grèves dans les hôpitaux de l'Ontario. Plusieurs provinces ont aussi un système de relations de travail propre aux enseignants du secteur public. L'exclusion la plus fréquente vise cependant les policiers et les pompiers. Ou ils sont complètement exclus de la loi, ou la loi générale leur interdit tout arrêt de travail. Encore une fois, la seule exception est la Nouvelle-Écosse, où des grèves de policiers municipaux se sont produites, tantôt de façon pacifique, tantôt avec une rare violence[22].

C'est en Alberta qu'on retrouve, depuis quelques décennies, les dispositions les plus rigides en matière de conflits d'intérêt public. Dans les hôpitaux, la grève est interdite et remplacée par l'arbitrage avec sentence exécutoire. Dans le cas des services de santé, d'eau, d'électricité et de gaz, et même dans les cas de souffrances déraisonnables infligées à des tiers, le cabinet peut interdire la grève ; le ministre doit alors établir une procédure pour aider les parties à résoudre leur différend. Il peut également former un tribunal d'arbitrage, qui porte le nom de *Public Emergency*

21. *Hospital Labour Disputes Arbitration Act*, R.S.O. 1980, c. 205.

22. Nouvelle-Écosse, *The Trade Union Act*, R.S.N.S. 1989, c. 475, art. 49 (2).

Tribunal, dont la décision est exécutoire[23]. En Colombie-Britannique, c'est le Conseil des relations industrielles – l'équivalent de la Commission des relations du travail – qui peut désigner des services essentiels à maintenir en cas de menace à l'économie provinciale, à la santé ou à la sécurité publique, et dans bien d'autres cas semblables. À la demande de l'Assemblée législative ou du cabinet des ministres, si l'Assemblée ne siège pas et que le cabinet considère qu'il y a urgence, le Conseil doit établir un tribunal d'arbitrage, *Public Interest Inquiry Board*[24].

Dans les provinces où le niveau de syndicalisation est relativement élevé, les gouvernements ne peuvent pas ne pas intervenir dans les cas de conflits de travail qui touchent l'intérêt public. C'est peut-être même la fonction principale d'un gouvernement que de protéger l'ensemble de la population lorsque sa santé, sa sécurité ou même sa prospérité normale sont menacées. En dernier ressort, tout législateur est contraint de choisir l'une des deux formules suivantes. Ou il n'impose pas de restrictions générales à l'activité de négociation et de grève dans les services publics névralgiques, comme la santé et le transport en commun, auquel cas il doit intervenir à la pièce, à chaque fois qu'un conflit majeur se produit qui entraînerait des conséquences trop graves pour la population dans son ensemble. Ou bien il prévoit, dans la loi, des contraintes qui donnent au cabinet des ministres le pouvoir d'intervenir lui-même directement et d'obliger la reprise du travail dans les cas critiques. L'autorité politique doit toujours faire preuve de prudence quand vient le temps de déterminer s'il faut intervenir ou non, avec plus ou moins de vigueur. Qu'on le fasse par des lois spéciales, comme le Québec l'a fait à maintes reprises, ou qu'on donne ce pouvoir au cabinet des ministres, comme cela se fait en Alberta, le résultat est sensiblement le même. Le problème des conflits de travail dans les services publics névralgiques restera toujours délicat: il n'y a pas de règle facile et communément reçue. La diversité des solutions qu'on trouve dans les principales provinces canadiennes en est une preuve indéniable.

23.2.6 Au fédéral: le *Code canadien du travail*

Avant d'analyser les dispositions du *Code canadien du travail* en matière de règlement des conflits, deux observations préliminaires s'imposent. D'abord, signalons que la loi fédérale n'a jamais distingué les conflits généraux des conflits d'intérêt public. En fait, étant donné les champs de compétence des lois fédérales, la grande majorité des conflits dans ce secteur sont d'intérêt public. La compétence fédérale vise principalement les transports et les communications ainsi que les institutions financières fédérales. Il est par conséquent rare que le public ne soit pas touché, d'une manière ou d'une autre, par un conflit de compétence fédérale, qu'il s'agisse de la navigation, de la circulation aérienne ou du service des postes. C'est peut-être la raison qui explique que le législateur n'a pas cru bon d'inscrire cette distinction dans les lois en cause[25].

La seconde observation a pour but de rappeler qu'une refonte majeure des dispositions de la loi a eu lieu en 1971. Auparavant, que ce soit sous l'arrêté en conseil 1003, adopté en 1944 en vertu des pouvoirs spéciaux du cabinet en temps de guerre, ou sous la *Loi sur les relations industrielles et sur les enquêtes visant les différends du travail*, votée en 1948, le législateur fédéral avait établi une intervention à deux étapes, comme il en existait alors dans toutes les provinces canadiennes. La première étape, obligatoire, celle de la conciliation par un conciliateur unique, ressemblait en tout point à celle que nous avons décrite pour le Québec et les autres provinces canadiennes. La deuxième étape était constituée d'une commission de conciliation, qui avait également pour objet de tenter de réaliser l'accord des parties.

23. Alberta, *Labour Relations Code*, S.A. 1988, c. L-12, art. 94-96 et 115-125.
24. Colombie-Britannique, *Industrial Relations Act*, R.S.B.C. 1979, c. 212, art. 137.8-137.99.
25. Il existe cependant une loi particulière qui régit exclusivement les relations de travail des fonctionnaires et des employés directs de l'État: la *Loi sur les relations du travail dans la fonction publique* du Canada, que nous aborderons au chapitre 25.

Le droit à la grève était acquis sept jours après que le ministre avait reçu le rapport de la commission de conciliation ou quinze jours après qu'il eut émis l'avis déclarant qu'il n'instituerait pas de commission, parce que la loi lui en accordait le pouvoir.

En 1971, à l'occasion de la refonte des lois du Canada, on a profondément modifié l'approche du mode de règlement des conflits de compétence fédérale : depuis lors, aucune intervention obligatoire n'est déterminée dans la loi; les nouvelles dispositions accordent au ministre une liberté d'action quasi totale. (Voir le tableau 23-8.)

Le processus commence toujours par l'avis de négocier, mais la nouvelle loi comporte moins de contraintes quant au délai. Dans le cas d'un renouvellement de convention collective, l'avis doit normalement être donné au cours des trois mois précédant sa date d'expiration, ou au cours d'une période plus longue déterminée à la fin de la convention collective précédente (C.c.t. art. 48-49). Suivent les négociations directes, qui peuvent, comme dans les provinces, durer quelques semaines ou quelques mois, parfois même quelques années. Les parties doivent entamer les négociations dans un délai d'au plus 20 jours suivant l'avis, ou dans un autre délai convenu entre elles. Les négociations doivent s'engager et se poursuivre de bonne foi (C.c.t. art. 50). À la différence du Québec, parce que la suite des étapes l'exige, l'une ou l'autre des parties doit donner avis au ministre de l'échec des négociations directes, s'il y a lieu (C.c.t. art. 71-72).

Sur réception de cet avis, le ministre doit, dans les 15 jours, décider s'il interviendra et comment il le fera. Le ministre peut fort bien conclure qu'il est plus avantageux pour les parties qu'il n'intervienne pas. Les parties auront alors le droit de déclarer un arrêt de travail sept jours après que le ministre leur aura notifié sa décision (C.c.t. art. 89, 1, d, i). Il est cependant rare que les choses se passent de cette manière.

Si le ministre juge opportun d'intervenir, il peut le faire de trois manières principales. Il peut nommer un conciliateur, un commissaire-conciliateur ou établir une commission de conciliation. Dans les trois cas, les responsables ont pour mission d'amener les parties à conclure ou à réviser leur convention collective. Le conciliateur a 14 jours – avec possibilité de prolongation – pour remettre son rapport; il y déclare simplement s'il a réussi ou non (C.c.t. art. 73). Le commissaire-conciliateur, ainsi que la commission de conciliation formée de trois membres, doivent en plus, dans les 14 jours suivant leur nomination ou dans un délai plus long qui leur est imparti, formuler leurs conclusions et leurs recommandations (C.c.t. art. 76). Le ministre peut alors ordonner au commissaire-conciliateur ou à la commission de conciliation de reconsidérer et de préciser leurs rapports, en tout ou en partie (C.c.t. art. 77). Lorsqu'il a reçu le rapport d'intervention, avec les recommandations, le ministre doit en envoyer une copie aux parties et il décide s'il le rendra public ou non (C.c.t. art. 78).

Le ministre du Travail a à sa disposition une quatrième possibilité. Il peut nommer un conciliateur et, si celui-ci échoue, nommer ensuite un commissaire-conciliateur, et de nouveau, en cas d'échec du commissaire, nommer une commission de conciliation (C.c.t. art. 74). Les parties peuvent déclarer la grève ou le lock-out sept jours après que le ministre leur a notifié son intention de ne plus intervenir, ou après le rapport de la dernière intervention (C.c.t. art. 89, 1, d).

Deux autres mécanismes sont à la disposition du ministre. Il peut, à tout moment, de sa propre initiative ou sur demande, nommer un médiateur qui conférera avec les parties en vue de les aider à s'entendre ; c'est une autre forme de conciliation, disponible en tout temps, même sans l'avis d'échec requis dans l'autre cas (C.c.t. art. 105). Il peut également procéder aux enquêtes qu'il juge opportunes, sur toute question relative aux relations industrielles (C.c.t. art. 106-108.)

Tout comme dans la loi de 1948, aucun mécanisme particulier n'est prévu pour les conflits d'intérêt public, sauf une exception qui vise un cas très spécial. Dans diverses situations d'urgence créées par des conflits de travail, le Parlement a dû intervenir au

TABLEAU 23-8

Mode de règlement des conflits selon le *Code canadien du travail*

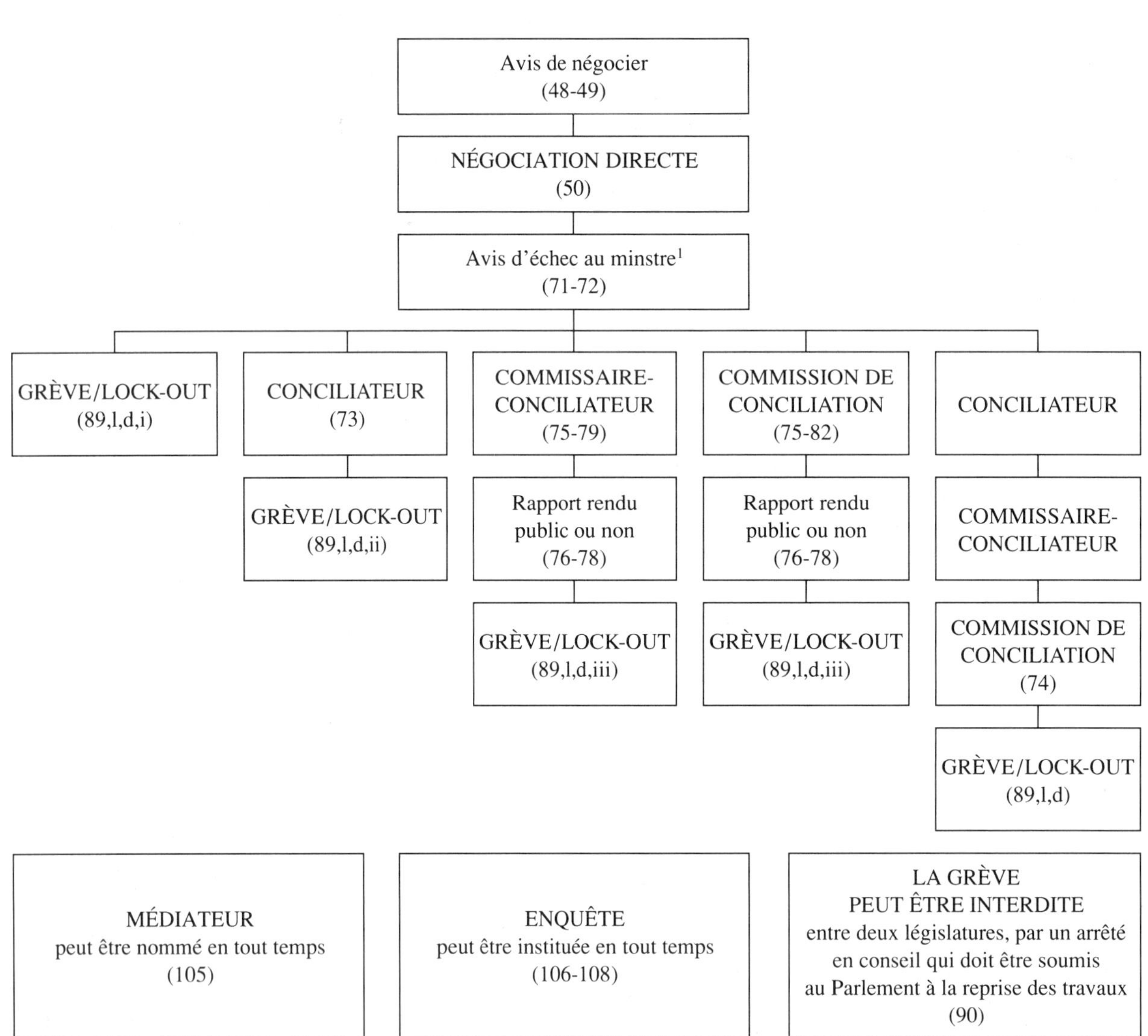

MÉDIATEUR peut être nommé en tout temps (105)	ENQUÊTE peut être instituée en tout temps (106-108)	LA GRÈVE PEUT ÊTRE INTERDITE entre deux législatures, par un arrêté en conseil qui doit être soumis au Parlement à la reprise des travaux (90)

1. Dans le cas d'une première convention collective, le ministre peut, à tout moment après que le droit de grève est acquis, ordonner au Conseil canadien des relations du travail de décider des «modalités de la première convention collective entre les parties» (article 80, introduit en 1978).

Source : Code canadien du travail, partie I. *Statuts revisés du Canada 1985*, ch. L-2. Les dispositions résumées dans ce tableau ont été introduites par la *Loi modifiant le Code canadien du travail* (projet de loi C-183), adoptée le 30 juin 1972.

moyen de lois spéciales. Le *Code canadien du travail* en vigueur à l'heure actuelle ne change rien à ce principe, mais il accorde au cabinet un pouvoir extraordinaire dans le cas exceptionnel que représente la période où le Parlement ne peut pas être convoqué, c'est-à-dire dans l'intervalle qui sépare deux législatures, entre la dissolution du Parlement à la veille d'une élection générale et le rapport qui suit cette élection. Durant ce temps, le cabinet des ministres a le pouvoir d'interdire tout arrêt de travail s'il le juge nécessaire. Mais l'interdiction ne peut s'étendre au-delà de sept jours après le rapport de l'élection. Si le cabinet a utilisé ce pouvoir, il doit déposer, dans les 10 jours qui suivent la première séance du nouveau Parlement, un rapport détaillé contenant les raisons qui ont motivé son décret (C.c.t. art. 90).

La pensée qui explique la souplesse d'intervention accordée au ministre du Travail semble être la suivante. Pour forcer les parties à négocier vraiment et à s'entendre entre elles, la loi les laisse dans l'incertitude quant à la nature de l'intervention qui leur sera imposée, si intervention il y a. Il est vrai qu'il s'est créé des traditions; par exemple, dans le cas d'un conflit entre les chemins de fer et leurs employés, on institue toujours une commission de conciliation. Mais, en théorie du moins, les parties ne savent pas la forme exacte de l'intervention qui leur sera imposée et ils ne peuvent pas, de cette façon, l'utiliser comme tactique de négociation. La mesure s'inspire sensiblement de l'esprit qui a conduit aux recommandations du rapport Woods en la matière, bien qu'elle s'en écarte sur la plupart des modalités[26].

23.2.7 Aux États-Unis

L'approche américaine en matière de règlement des conflits est en quelque sorte à l'opposé de la méthode canadienne. D'abord, on y parle de médiation plutôt que de conciliation. De plus, l'intervention du médiateur y est toujours, sauf quelques très rares exceptions, libre et volontaire. En aucun cas, le droit de faire la grève n'est assujetti à la condition d'être passé par une intervention de médiation.

La loi Taft-Hartley, en 1947, a remplacé l'ancien Service de conciliation, qui faisait alors partie du ministère du Travail, par un nouveau Service fédéral de médiation et de conciliation, constitué en organisme autonome. À la différence de la situation canadienne, les parties engagées dans un conflit de travail aux États-Unis n'ont jamais eu l'obligation de recourir à ce service. Au contraire, la loi stipule que c'est le service lui-même qui doit s'efforcer d'aider les parties à résoudre leur différend[27].

> En vue de prévenir ou de minimiser toute interruption du libre commerce par suite de conflits de travail, le Service aura le devoir d'aider les parties, dans les industries qui affectent le commerce, à régler leurs différends par la voie de la conciliation et de la médiation.

Les parties peuvent demander l'assistance d'un médiateur, et le Service lui-même peut offrir son aide. En ce cas, le Service n'a aucun pouvoir de forcer les parties à accepter son intervention. Les médiateurs fédéraux ont acquis suffisamment de prestige, cependant, pour que les refus de se rendre à une rencontre convoquée par le Service soient très rares.

Les seuls cas où une intervention de médiation peut être imposée se rencontrent dans l'industrie ferroviaire et le transport aérien. Les deux secteurs sont régis, quant aux relations de travail, par une loi particulière, antérieure à la loi Wagner, le *Railway Labor Act*. Cette loi prévoit, entre autres, l'institution d'une Commission nationale de médiation, qui peut intervenir si les parties ne se sont pas entendues à l'étape des négociations directes. Si la médiation ne réussit pas et que le conflit menace d'affecter de manière importante le commerce inter-États, la Commission devra en avertir le président des États-Unis, qui jugera des moyens à prendre. Mais on n'est plus alors dans les cas généraux; l'intérêt public est en jeu.

26. Bureau du Conseil privé, *Les relations du travail au Canada*, rapport de l'Équipe spéciale en relations de travail, H.D. Woods, président, Ottawa, Imprimeur de la Reine, 1969, n°s 568-574, p. 185-186.

27. *Labor-Management Relations Act*, 1947, art. 203 (a).

En plus du Service fédéral de médiation et de conciliation, il existe, dans la plupart des États et même dans plusieurs municipalités, un service analogue. En dehors des grands États et des grandes villes, le nombre restreint de cas dont chaque service doit s'occuper risque d'en diminuer les ressources. Presque tous fonctionnent sur le même principe que le service fédéral: les parties sont libres d'y recourir et le service lui-même, non les parties, a la responsabilité de tout mettre en œuvre pour que les différends se règlent.

Aux États-Unis, la plupart des services publics où les conflits risquent d'avoir de grandes répercussions sur le public relèvent des États plutôt que du gouvernement fédéral. Tel est le cas, par exemple, des institutions de santé. Le droit pour les employés de ces organismes de se syndiquer, de négocier collectivement et de faire la grève est beaucoup moins étendu qu'au Canada. Il est répandu dans certains États seulement. Des différences considérables existent d'un État à l'autre, qu'il serait trop long de relever ici. Contentons-nous d'un mot sur la législation nationale américaine.

Le mot clé, dans ce cas, est celui d'urgence nationale. En cas d'urgence nationale, le président des États-Unis peut instituer une commission d'enquête pour révéler les faits qui ont entraîné l'état de crise[28]. À compter de la constitution d'une telle commission d'enquête, le droit de grève ou de lock-out est suspendu. Le temps accordé à la commission pour faire son enquête est relativement court. Son rapport doit faire état de la position de chaque partie, mais il ne doit pas contenir de recommandations. Si, sur réception du rapport, le président considère qu'une grève menace la santé ou la sécurité du public, il peut demander au procureur général d'obtenir une injonction pour en retarder le déclenchement. Le président reconvoque alors la commission d'enquête et lui demande un nouveau rapport sur la position des parties; l'intervention de l'opinion publique devrait, selon l'esprit de ce mécanisme, avoir amené les parties à modifier leurs positions respectives. L'ensemble du processus ne devrait pas dépasser 60 jours. S'il n'y a toujours pas d'entente, la Commission nationale des relations du travail tiendra un scrutin secret parmi les employés pour savoir s'ils acceptent ou rejettent l'offre finale de leurs employeurs. Parce qu'ils n'avaient rien à y perdre, dans tous les cas où un tel vote a été tenu, les salariés ont toujours voté contre l'acceptation des dernières offres; la seule exception est un cas très particulier qui s'est présenté à la veille de la guerre de Corée. En cas de rejet, l'injonction doit être levée et la grève peut avoir lieu ou se poursuivre. C'est une procédure semblable à cette intervention exceptionnelle du président des États-Unis qu'on avait introduite dans le *Code du travail* du Québec en 1964; la mesure, totalement inadaptée aux circonstances, a fini par être remplacée par les dispositions sur les services essentiels.

* * *

La méthode canadienne de règlement des conflits de négociation, au-delà des négociations directes, a commencé par une intervention massive de l'État. Peut-être sous l'influence des méthodes américaines, les lois canadiennes se sont libéralisées et on a connu, dans plusieurs provinces canadiennes, dans les années 1960 et 1970, une situation beaucoup moins contraignante: la responsabilité était placée directement sur les épaules des parties contractantes. Certaines provinces ont maintenu quelques contraintes, par exemple l'Ontario, où la conciliation, qui peut être remplacée par la médiation, demeure une condition essentielle à l'exercice légal du droit de grève.

Depuis 1980, le balancier a amorcé un mouvement inverse. On l'a constaté en particulier au Québec, avec l'introduction progressive de mesures de plus en plus contraignantes visant les services essentiels, alors qu'autour de 1970, une liberté à peu près totale prévalait. C'est peut-être la raison qui, d'ailleurs, expliquerait le nombre incroyable de lois spéciales de retour au travail qui ont été votées dans les premières années de la décennie de 1970. Les restrictions en matière d'augmentations salariales vont également dans le sens d'une restriction à la liberté totale de négociation.

28. *Labor-Management Relations Act*, 1947, art. 206-210.

Même si la moitié des provinces canadiennes ont conservé la conciliation obligatoire comme condition préalable à l'exercice légal du droit de grève ou de lock-out, il ne semble pas qu'on songe à revenir en arrière là où on l'a rendue volontaire, dans le sens qui a été défini, c'est-à-dire qu'une partie peut en faire la demande et que l'autre est alors obligée de s'y soumettre. Les différentes lois visent plutôt à pousser les parties à négocier véritablement et, à cette fin, cherchent à leur fournir la meilleure assistance possible. Aucune loi n'est allée aussi loin que de refuser des services de conciliation ou de médiation, même quand seule une partie en fait la demande. Le législateur a peut-être voulu protéger la partie la plus faible. À la deuxième étape cependant, à moins que le ministre ne décide lui-même d'instituer une commission de conciliation, la mise sur pied d'une telle commission ne sera accordée que si les deux parties en font la demande, séparément ou conjointement. Il s'agit donc de trouver un équilibre entre la protection de la partie la plus faible et la responsabilisation de ceux qui, en définitive, sont les seuls artisans de la véritable négociation: les parties elles-mêmes.

Pour en quelque sorte confirmer le mouvement du balancier qui s'est inversé vers 1980, il faut mentionner également les restrictions de plus en plus fortes qui sont apparues, depuis ce moment, dans les provinces de l'Alberta et de la Colombie-Britannique, comme le droit accordé au cabinet des ministres, dans plusieurs cas, d'interdire la grève et d'imposer l'arbitrage à sentence exécutoire.

23.3 Conciliation et médiation

Sauf indication contraire, nous entendrons, dans cette section, les mots conciliation et médiation comme des synonymes. Nous verrons qu'en tant qu'institutions, les deux interventions diffèrent; mais, sur le plan conceptuel, elles correspondent à la même réalité et poursuivent le même objectif. Il nous paraît logique d'en traiter simultanément et nous emploierons indifféremment un terme ou l'autre.

Nous verrons d'abord les éléments constitutifs du processus, dont nous dégagerons les principales méthodes et approches. Nous considérerons ensuite les données empiriques, susceptibles de nous révéler l'importance du phénomène. Nous terminerons cette section par l'examen de quelques aspects particuliers, comme le rapport qui doit suivre une conciliation et, finalement, son caractère volontaire ou obligatoire.

23.3.1 Éléments constitutifs

Nous avons déjà souligné plus d'une fois que l'objectif poursuivi par le conciliateur ou le médiateur était de mettre les parties d'accord. À l'occasion, il exprimera son opinion sur l'un ou l'autre des points en litige, mais, théoriquement, il n'a pas à s'inquiéter du contenu de l'entente; il doit chercher à obtenir une entente entre les parties, quelle qu'en soit la nature et le contenu[29].

On peut esquisser les qualités du conciliateur en partant du contexte dans lequel il intervient, après l'échec des négociations directes. Les situations diffèrent beaucoup: dans certains cas, les parties peuvent recevoir le conciliateur comme une aide précieuse, presque comme un sauveur qui va leur permettre d'arriver à une entente. Pour d'autres, il ne sera qu'un casse-pieds dont il faudra subir la présence avant de pouvoir en arriver à l'épreuve de force, à l'arrêt de travail. Même si l'intervention n'est pas obligatoire, la majorité des négociateurs considèrent comme normal de passer par la conciliation avant de recourir à l'arrêt de travail: le contraire serait mal vu. Entre ces deux extrêmes, on trouve toute une gamme de situations intermédiaires. C'est l'une d'elles que nous

---

29. Claudette Ross, «La conciliation, un mode de règlement encore mal connu» dans *Vingt-cinq ans de pratique en relations industrielles au Québec*, sous la direction de Rodrigue Blouin, Cowansville, Les Éditions Yvon Blais Inc., 1990 (1164 p.), p. 397-417; Deborah M. Kolb, *The Mediators*, Cambridge, Mass., The MIT Press, 1983, 230 p.; William E. Simkin, *Mediation and the Dynamics of Collective Bargaining*, Washington, D.C., Bureau of National Affairs, 1971, 410 p.; Hubert Touzard, *La médiation et la résolution des conflits*, Paris, Presses universitaires de France, 1977, 420 p. (Coll. «Psychologie d'aujourd'hui».) L'auteur a préparé cet ouvrage lors d'un séjour d'études à Montréal; E. De Bono, *Conflits: vers une médiation constructive*, Paris, InterÉdition, 1988.

décrirons pour évoquer la raison d'être d'une intervention conciliatrice et le contexte dans lequel elle se déroule.

Ainsi, sur quelques points, jugés fort importants de part et d'autre, chacune des parties a pris une position tranchée, qu'elle a défendue fortement, devant les intéressés mais aussi devant un public environnant, peut-être la population de la région. En plus de positions tranchées, on a pu recourir à quelques mots blessants, sinon injurieux; on a peut-être de la peine à se parler et il n'est surtout pas question de revenir sur des engagements formulés publiquement.

Dans pareilles circonstances, le premier objectif du conciliateur sera de rétablir la communication, probablement de manière indirecte. Les conciliateurs ont coutume de rencontrer les parties soit simultanément, soit, plus souvent, séparément. Le conciliateur doit d'abord savoir écouter. Une des premières choses qu'il voudra savoir sur le conflit, c'est s'il se dirige vers une impasse ou s'il est possible de dégager une zone de contrat. Puisqu'on a fait appel à lui, cette zone de contrat n'est pas apparente. Pour arriver à savoir si elle existe, le conciliateur devra gagner la confiance de chacune des parties pour découvrir, probablement à mots couverts, quelles sont les préférences réelles (*sticking point*) de part et d'autre. Pour révéler au conciliateur, même indirectement, ses préférences réelles, chaque partie doit avoir une confiance absolue dans sa discrétion: elle doit être convaincue qu'il observera le plus strict mutisme relativement à tout ce qu'il aura appris. L'art d'établir cette confiance est d'emblée la principale qualité du bon conciliateur ou du bon médiateur. Autrement, la communication ne se rétablira pas et le rôle du conciliateur-médiateur sera inutile.

Comme une sorte de variation sur le même thème, on peut dire que le conciliateur et le médiateur doivent servir, aux deux parties, d'abord d'instrument de défoulement, puis de bouc émissaire. Quand les parties ont développé une forte agressivité réciproque, la première étape à franchir consiste à permettre à l'une et à l'autre de se défouler en toute liberté; le conciliateur doit accepter ce rôle, même s'il paraît, à certains moments, inutile et pénible. Ce n'est qu'après cet exercice préalable que les échanges deviendront plus positifs. Lui seul connaissant la position réelle de chaque partie, il parlera à chacune en des termes qui prépareront la reconnaissance sereine de la position de l'autre et traceront la voie vers un terrain d'entente. Aux représentants syndicaux, le conciliateur pourra dire: «Croyez-vous que l'employeur a des difficultés véritables avec ses coûts de production, ou s'il bluffe tout simplement? Tenez-vous vraiment à tel point? Assez pour que vos membres acceptent une grève longue et difficile à ce sujet? Vous savez certainement quel a été le niveau de règlement dans d'autres entreprises de votre industrie.» À l'employeur, il tiendra à peu près le même langage, mais en d'autres termes: «Considérez-vous que vos employés sont sérieux sur telle et telle demande qu'ils défendent fortement? Croyez-vous qu'ils y tiennent suffisamment pour déclencher la grève, s'ils n'obtiennent pas quelque chose sur ce point? Votre refus catégorique irait-il jusqu'au lock-out, pour ne rien céder là-dessus? D'après vous, votre offre est-elle réaliste et correspond-elle à ce qui s'est négocié ailleurs dans votre industrie?»

Si les deux parties croient que le processus va continuer encore un certain temps, aucune ne voudra révéler, même au conciliateur, ses préférences réelles et ses positions véritables. Alors, aucun progrès n'est possible et bien des conciliateurs se retirent en disant: «Vous n'êtes pas prêts à faire des concessions mutuelles; quand vous le serez, rappelez-moi et j'essaierai alors de vous aider». Après un certain nombre de rencontres séparées, les propos spontanés ou énigmatiques de chacune des parties au conciliateur ont pu lui faire comprendre qu'un accord est peut-être possible sur quelques points, à tel ou tel niveau. C'est en ce sens que nous définissons la conciliation comme un phénomène de communication indirecte entre les parties contractantes. Dans toute négociation, directe ou indirecte, il faut des compromis; c'est pour cela que la plupart des demandes initiales et des premières propositions sont gonflées ou minimisées. Mais aucun des interlocuteurs ne permettra au conciliateur de faire progresser la discussion s'il a le moindre doute sur la solution prochaine du conflit. Celui qui croit que le conflit va durer encore un certain temps et qu'il connaîtra d'autres étapes – grève, médiation ou enquête – ne révélera pas sa position véritable. Au contraire, il tentera de prouver au conciliateur le bien-fondé de sa demande ou de sa position initiale. Prévoyant que le conciliateur devra peut-être faire rapport au ministre et que ce rapport pourrait être rendu public, il tentera d'établir sa propre position le mieux possible pour que le rapport lui soit favorable. Dans cette perspective, aucun progrès n'est possible dans la conciliation. Tout le monde piétine. C'est un autre cas où le conciliateur pourra se retirer du dossier, de façon définitive ou en invitant les parties à le rappeler quand elles seront prêtes à régler et qu'elles auront vraiment besoin de son aide.

Quand vient le temps du règlement, le conciliateur peut très bien servir de bouc émissaire. Dans la mesure où les deux parties auront pris des positions publiques sur tel ou tel point et qu'elles devront accepter un règlement inférieur à ce qu'elles avaient juré d'obtenir, il faut bien trouver quelqu'un à blâmer. Le conciliateur peut jouer ce rôle. Quelles que soient leurs positions véritables, les deux parties pourront l'accuser de les avoir presque forcées à accepter les conditions de l'entente, même s'il n'en est rien. Quelqu'un a défini la médiation comme l'art de permettre à chacun de s'en tirer honorablement.

En résumé, le conciliateur sait écouter et même encaisser les coups. Il doit surtout comprendre le point de vue de chaque partie et transmettre à l'autre les messages appropriés, sans trahir aucune des confidences qu'il a reçues. On se demande s'il faut le qualifier d'acteur consommé ou de diplomate hors pair.

23.3.2 Méthodes et approches

On devine, par la description qui précède, qu'il n'y a pas de règles fixes et immuables en matière de conciliation. On peut dire, cependant, qu'il y a deux manières principales de procéder: en réunissant les parties pour qu'elles discutent face à face ou, plus souvent, en les rencontrant séparément, jusqu'au moment opportun; il faut bien, finalement, une rencontre pour constater qu'il y a accord ou non. Souvent, le conciliateur commencera par une réunion commune, où il écoutera chacune des parties présenter sa version des points en litige; il pourra apprendre beaucoup dès cette première rencontre. Si les positions sont trop éloignées l'une de l'autre, et surtout si de l'animosité s'est développée entre les parties, il procédera probablement par des rencontres séparées dans les étapes suivantes. À la fin, au moment où il croit que les parties sont prêtes à accepter les compromis requis pour en venir à une entente, il pourra les réunir à nouveau, en leur présentant lui-même les points sur lesquels il considère qu'elles s'entendent effectivement ou en demandant à chacune de présenter sa position finale sur chacun des points discutés. Chaque présentation permettra aux parties de voir si la position de l'autre est acceptable ou non. Décrire le processus, c'est montrer qu'il faut beaucoup de bonne foi de la part des deux parties, ce qui n'implique cependant ni faiblesse ni complaisance.

Quand on parle des deux approches de la conciliation, on fait généralement référence à une autre question, qui se rapporte cependant aux éléments que nous venons de discuter. La question peut se formuler comme suit: le conciliateur doit-il adopter une attitude purement neutre et «accommodative», sans se prononcer sur le contenu de l'entente, ou doit-il prendre une attitude plus normative, proposant et recommandant des solutions déterminées? Les deux positions se défendent et se pratiquent[30].

De tout ce qui a été dit auparavant, on peut conclure que nous favorisons une intervention accommodative, c'est-à-dire qui n'a d'autre but que de réaliser l'entente entre les parties, sans égard au contenu de cette entente. Toutefois, nous ne voudrions pas insister sur cette approche au point de nier tout intérêt à l'autre point de vue. D'abord, il ne faut pas oublier que nous discutons toujours de conciliation et non d'arbitrage. Le conciliateur qui adopte l'approche normative propose, suggère, insiste même sur telle solution plutôt

30. H.D. Woods, *Labour Policy in Canada*, 2e éd., Toronto, MacMillan, 1973, ch. 5: «Intervention in Negotiations», p. 155-207 (voir particulièrement les pages 158-159).

que sur telle autre, parce qu'il est convaincu qu'elle devrait donner de meilleurs résultats une fois consignée dans la convention collective. Il se trouve des cas où une approche normative peut être bénéfique pour l'une ou l'autre des parties, ou même pour les deux, surtout si celles-ci n'ont pas d'expérience de la négociation. Sous un autre aspect, le conciliateur a sans doute une sorte d'obligation envers les parties, qui est de leur signaler si telle entente envisagée comporte soit une forme d'illégalité, soit un risque sérieux de difficultés d'application. Il s'agirait là d'une attitude qu'on pourrait qualifier de normative, mais qui s'impose dans certains cas. Par contre, en présence de parties qui ont à la fois les connaissances et l'expérience requises, il faut s'attendre à ce que le conciliateur joue un rôle exclusivement d'accommodement.

Rappelons que le conciliateur-médiateur n'a aucun pouvoir pour imposer quoi que ce soit aux parties auprès desquelles il intervient. Notons, par contre, que le Service fédéral de médiation des États-Unis a établi un code de conduite professionnelle pour les médiateurs et les conciliateurs, et que les principes qu'il contient exigent que le conciliateur informe les parties de l'état de la loi et de leurs obligations respectives. Ce code énumère les responsabilités des médiateurs à l'égard des parties avec lesquelles ils traitent, de leurs collègues, de l'organisme pour lequel ils travaillent et du public en général[31].

23.3.3 Données empiriques

Quelle est, dans la pratique courante, l'importance de la conciliation et de la médiation? Peut-on en mesurer l'efficacité? En considérant les statistiques publiées par les organismes officiels, nous pouvons esquisser une réponse à ces questions, mais en tenant compte de plusieurs facteurs. Il faut d'abord comparer la proportion des cas qui se règlent par des négociations directes, par opposition à ceux qui exigent une intervention externe, quelle qu'en soit la nature.

Au Québec, environ 80 % des conventions collectives sont conclues à l'étape des négociations directes et 15 % en conciliation, alors que 5 % entraînent un arrêt de travail. (Voir le tableau 23-9.[32]) La répartition des salariés est légèrement différente. La proportion des salariés dont la négociation se règle à la première étape, lors des négociations directes, est légèrement plus faible, autour de 75 %. À l'inverse, la proportion des salariés dont la convention se règle en conciliation atteint parfois 20 %, tandis que, d'autres années, la proportion des salariés qui se retrouvent en arrêt de travail monte à 10 %[33].

En même temps que l'étape du règlement, on mesure généralement la durée des négociations collectives. Pour le même groupe de négociations, on note que le tiers des négociations se règle en trois ou quatre mois, qu'un autre tiers exige environ six mois de pourparlers et que le dernier tiers se prolonge jusqu'à plus de huit ou neuf mois. Sans qu'il y ait nécessairement de rapport, il est vraisemblable que plus la négociation dure longtemps, plus les parties demandent une ou plusieurs interventions de l'extérieur. Il arrive que le processus se prolonge tout simplement du fait que les négociations traînent en longueur.

Travail Canada publie des données semblables pour les grandes conventions collectives négociées tant en vertu de la loi fédérale que sous la compétence des

31. «Code of Professionnal Conduct for Labor Mediators», adopté par le Service fédéral de médiation et de conciliation et reproduit dans Walter A. Maggiolo, *Techniques of Mediation in Labor Disputes*, Dobbs Ferry, N.Y., Oceana Publications, 1971, p. 143-144.

32. La proportion des négociations qui en arrivent à une entente dès la première étape, celle des négociations directes, est plus élevée que 80 %. En effet, les conventions collectives visant moins de 50 salariés sont à peine représentées dans les données utilisées pour le tableau 23-9. On en trouve un indice dans le nombre total de négociations, si on le compare aux quelque 8000 conventions collectives en vigueur au Québec. Comme les petites conventions se règlent proportionnellement plus rapidement que les autres et aux premières étapes, on doit en conclure que la proportion réelle est supérieure à 80 %.

33. «Les relations du travail en 1989-1990», *Le marché du travail*, supplément au numéro de décembre 1989, p. 27 et au numéro de décembre 1990, p. 32.

TABLEAU 23-9

Proportion et nombre de conventions collectives[1] selon la durée des négociations et l'étape du règlement au Québec – 1983-1990

	Proportions (%)					Nombre[2]				
	1983	1985	1987	1989	1990	1983	1985	1987	1989	1990
Durée des négociations										
Moins d'un mois	28	2	5	—[3]	—[3]	130	57	105	n.d.[4]	—[3]
1-2 mois	27	12	11	—[3]	17	126	309	251		377
3-4 mois	16	24	22	36	24	76	631	503		538
5-7 mois	16	29	25	26	29	76	771	566		644
8 mois et plus	12	33	37	38	31	56	890	825		694
TOTAL	100	100	100	100	100	464	2 658	2 250		2 253
Étape du règlement										
Négociations directes	74	70	76	79	79	343	1 916	1 708	1 681	1 775
Conciliation	16	21	17	15	15	74	586	381	315	538
Arbitrage	1	1	1	1	1	8	26	13	8	18
Arrêt de travail	8	7	6	6	6	39	200	148	128	130
TOTAL	100	100	100	100	100	464	2 728	2 250	2 132	2 253

1. Toutes les conventions collectives sauf celles de la construction et du secteur public et parapublic. En 1983, les conventions collectives régissant 100 travailleurs et plus dans les mêmes secteurs industriels, puis 50 et plus.
2. Conventions collectives en vigueur du 1er août de l'année précédente au 31 juillet de l'année indiquée.
3. Donnée non disponible séparément, incluse dans la ligne suivante.
4. Non disponible. On donne plutôt la durée moyenne et médiane, 250 et 184 jours.

Source: *Le Marché du travail*, janvier 1984 (p. 63-64), janvier 1986 (p. 81-82), supplément au numéro de janvier 1988 (p. 27-28), au numéro de décembre 1989 (p. 27-30) et au numéro de décembre 1990 (p. 29-37).

10 provinces canadiennes. (Voir le tableau 23-10.) Comme il s'agit de conventions collectives qui visent un plus grand nombre de salariés, avec une possibilité d'un effet d'entraînement plus grand, la tendance ira vers une durée moyenne plus longue et une plus forte proportion de règlements après des interventions extérieures. On constate que de 55 % à 60 % des grandes conventions collectives se règlent à l'étape des négociations directes, environ 30 % après une ou plusieurs interventions et de 10 % à 15 % après un arrêt de travail. Quant à la durée, environ 40 % des grandes conventions collectives se règlent en moins de six mois, de 35 % à 40 % entre 7 et 12 mois, et 25 % après plus d'une année de négociation et d'interventions. Le contexte économique exerce une influence considérable sur la longueur des négociations. Le tableau 23-10 nous révèle qu'au plus fort de la récession économique, en 1982, les espoirs de règlements avantageux étaient si faibles que l'entente se réalisait beaucoup plus tôt: 60 % des négociations se réglaient en moins de six mois, de 35 % à 40 % entre 7 et 12 mois, et seulement 5 % après plus d'un an. Il ne faut pas oublier non plus que le nombre des grandes conventions collectives devant être renouvelées ne se répartit pas également entre chacune des deux ou trois années de leur durée.

TABLEAU 23-10

Tableau des conventions collectives conclues en 1990 selon le stade et la durée des négociations

Stade où l'entente a été conclue	Durée des négociations											
	1 à 3 mois		4 à 6 mois		7 à 9 mois		10 à 12 mois		13 mois et plus		TOTAL	
	C.c.	Salariés	C.c.	Salariés	C.c.	Salariés	C.c.	Salariés	C.c.	Salariés	C.c.	Salariés
Négociations directes	48	66 713	96	185 874	57	69 623	26	40 085	43	280 618	270	642 913
Conciliation[1]	3	5 490	33	75 510	16	17 875	11	12 060	15	23 135	78	134 070
Négociations postérieures à la conciliation	1	500	3	1 530	1	750	1	555	2	3 000	8	6 335
Médiation	2	10 095	12	35 173	15	33 355	7	8 130	14	17 265	50	104 098
Négociations postérieures à la médiation			1	500	3	23 690	3	3 450	1	935	8	28 575
Arbitrage			1	550	4	6 650	1	2 000	16	15 850	22	22 050
Arrêt de travail	1	13 000	4	6 010	16	41 190	3	6 180	3	2 050	27	68 430
Négociations postérieures à l'arrêt de travail[2]	1	1 550	4	68 510	3	2 600	3	2 725	7	16 825	18	92 210
TOTAL	56	97 348	154	373 737	115	195 733	55	75 185	101	359 678	481	1 101 681
Pourcentages 1990	12	9	32	34	24	18	11	7	21	33	100	100
Pourcentages 1989	7	3	27	27	25	27	15	11	26	33	100	100
Pourcentages 1982	18	21	42	35	22	27	12	14	5	3	100	100

1. Tous les chiffres reflètent l'intervention d'un agent de conciliation sauf, dans les 10-12 mois, une convention collective et 980 salariés et, dans les 13 mois et plus, sept conventions collectives et 9180 salariés où il s'agissait d'un bureau de conciliation.
2. Les chiffres de cette ligne incluent quatre cas de règlement par législation: dans les 4-6 mois, une convention collective visant 61 930 salariés et, dans les 13 mois et plus, trois conventions collectives visant 12 960 salariés (construction au Québec et Hydro-Québec).

Source: Travail Canada, *Revue de la négociation collective*, mai 1990 à février 1991, et années précédentes.

Le tableau 23-10 révèle également la multiplicité des interventions: conciliation, médiation et arbitrage. Il indique aussi les règlements qui se produisent dans des négociations qui suivent l'une ou l'autre de ces interventions. Les chiffres révèlent la multiplication des recours à la médiation. Dix ans plus tôt, la proportion était bien inférieure et surtout beaucoup plus faible que la conciliation ne pouvait l'être. Les provinces de l'Ouest ont pratiquement abandonné la conciliation pour la remplacer par la médiation. Le mouvement a été moins accentué au centre et dans l'Est du Canada, mais là aussi, il y a eu un nombre grandissant de médiations[34].

Les données d'une seule année peuvent être considérablement modifiées par quelques très grandes négociations qui viennent à échéance cette année-là. Dans le cas de 1990, la plupart des conventions collectives du secteur public et parapublic au Québec ont été conclues au cours des six premiers mois de l'année. C'est la raison pour laquelle le nombre de salariés visés par la conciliation ou par la médiation est si élevé. Quant aux négociations postérieures à un arrêt de travail, le tableau comprend deux cas où l'arrêt de travail s'est terminé par une intervention gouvernementale: celui de la construction au Québec, qui visait plus de 60 000 salariés et où une entente est intervenue après des négociations de durée moyenne – moins de 6 mois – et celui d'Hydro-Québec où les négociations visaient 12 000 salariés; celles-ci n'ont abouti à une entente qu'après plus d'une année de discussions.

Si l'on examine une perspective à plus long terme, la proportion des règlements survenus à chaque grande étape de la négociation des conventions les plus importantes, au cours des 40 dernières années, est demeurée relativement stable. Dans les grandes négociations donnant lieu à des conventions visant 500 salariés et plus, bon an mal an, 40 % à 50 % des parties arrivent à une entente à l'étape des négociations directes; les cas où un règlement intervient après une ou plusieurs interventions représentent une proportion semblable. Finalement, 10 %, parfois 12 % à 15 % des négociations entraînent un arrêt de travail[35]. Le tableau 23-11 donne les nombres et les pourcentages pour les 20 dernières années. Au cours des années 1970, la proportion des règlements par négociation directe était plus près de 40 % que de 50 % et la proportion des arrêts de travail plus près de 15 %, ou même davantage, que de 10 %. Le règlement après intervention, principalement par conciliation, représentait de 45 % à 50 % des cas. Au cours des années 1980, la proportion des règlements par négociation directe s'est accrue, alors que celle des interventions et surtout celle des arrêts de travail ont légèrement diminué, pour se situer respectivement autour de 40 % et de 10 %. N'oublions pas qu'il s'agit toujours uniquement des grandes négociations collectives, c'est-à-dire celles qui visent 500 travailleurs et plus.

Puisque les trois quarts des cas qui sont soumis à une intervention conciliatrice se règlent sans arrêt de travail, il semble qu'on puisse conclure que, de façon générale, l'intervention peut être considérée comme fructueuse. Une certaine proportion des parties contractantes s'engage dans les négociations avec la conviction qu'elles devront recourir à l'arrêt de travail. Dans ces cas, peu d'interventions ont la moindre chance de succès. Les proportions de 15 % de règlement par conciliation ou médiation pour l'ensemble de toutes les conventions collectives, de 40 % à 50 % pour toutes les grandes conventions collectives, avec une proportion de moins de 10 % des cas qui mènent à un arrêt de travail – de beaucoup moins de 10 % dans l'ensemble de toutes les négociations – permettent de conclure que le régime d'intervention

34. Les statistiques sont compilées suivant l'utilisation courante du terme conciliation ou médiation dans la région concernée. En simplifiant, on peut dire que la conciliation constitue une intervention moins normative, plus «accommodative», alors que la médiation a une forte tendance normative et qu'elle est aussi perçue comme telle.

35. Alton W.J. Craig et Harry J. Wasglass, «Collective Bargaining Perspectives», *Relations industrielles*, vol. 23, nº 4, octobre 1968, p. 584; ministère du Travail, Direction de la législation, *Les lois sur les relations du travail au Canada*, Ottawa, Imprimeur de la Reine, 1969, p. 118.

TABLEAU 23-11

Proportion et nombre de conventions collectives et de salariés selon l'étape du règlement au Canada – 1970-1990 (Conventions collectives visant 500 salariés et plus)

Années	Pourcentages						Nombres							
	Négociation		Intervention		Arrêt de travail		Négociation		Intervention		Arrêt de travail		Total	
	C.c.	Sal.	C.c.	Sal.	C.c.	Sal.	C.c.	Sal.	C.c.	Sal.	C.c.	Sal.	C.c.	Sal.
1970	35	32	52	54	13	14	116	190 220	172	316 910	42	85 425	330	592 555
1971	35	32	51	58	14	11	125	209 555	183	383 145	52	70 060	360	662 760
1972	42	29	44	34	15	37	159	232 680	168	271 595	56	291 200	383	795 475
1973	38	42	43	41	19	18	146	285 205	164	278 180	73	120 260	383	683 645
1974	42	45	42	42	16	13	174	410 380	175	384 820	68	120 720	417	915 920
1975	40	40	47	45	13	15	161	293 615	189	329 980	52	114 960	402	738 555
1976	42	49	44	41	14	9	253	650 975	262	546 900	81	111 655	599	1 330 530
1977	50	50	44	46	6	4	284	522 290	246	473 615	31	35 665	567	1 033 725
1978	42	32	52	62	6	6	285	417 980	349	807 300	42	80 695	676	1 305 975
1979	44	51	45	38	12	12	247	567 620	252	423 435	65	132 870	564	1 123 925
1980	46	40	42	38	12	22	255	483 675	232	466 930	68	261 205	555	1 211 810
1981	42	35	43	47	15	18	206	307 710	210	415 840	71	164 040	487	887 590
1982[1]	41	30	56	67	4	3	199	342 680	271	759 860	18	33 935	488	1 136 475
1983	22	14	71	79	6	7	133	204 315	424	1 118 920	38	98 245	595	1 421 480
1984	41	30	53	63	7	7	226	336 160	290	700 490	36	77 815	552	1 114 465
1985	41	35	53	58	7	7	198	283 140	257	464 150	33	53 980	488	801 270
1986	39	32	55	61	6	7	198	349 315	283	669 650	33	76 135	514	1 095 100
1987	46	30	45	63	9	8	198	314 548	196	665 460	40	83 428	434	1 063 436
1988	53	48	40	41	7	11	262	537 569	196	451 657	36	124 350	494	1 113 576
1989	53	45	39	46	8	9	229	482 601	170	497 173	33	103 015	432	1 082 789
1990	56	58	35	27	9	15	270	642 913	166	298 128	45	160 640	481	1 101 681

1. Depuis 1982, la colonne «Intervention» inclut les conventions collectives conclues sous l'empire de lois imposant des restrictions salariales (qui ont pu comporter un arrêt de travail) et quelques cas résiduels («Autres»).

Sources: Jusqu'en 1981: Travail Canada, *Évolution des salaires. Revue annuelle*. Depuis 1982: *Revue de la négociation collective*, décembre 1982, décembre 1983, avril 1985, avril 1986, mars 1987, avril 1988, 1989, 1990 et 1991.

d'une tierce partie, comme moyen de régler les conflits et de résoudre les impasses, est relativement efficace.

23.3.4 Questions diverses

Il reste à traiter de quelques questions dont chacune apporte un éclairage particulier sur la nature et l'efficacité d'une intervention conciliatrice ou médiatrice: le rapport qui fait suite à l'intervention, le caractère volontaire ou obligatoire de l'exercice et la composition de l'organe d'intervention, soit le conciliateur-médiateur ou le conseil de conciliation.

Nous avons déjà fait allusion à la nature du rapport que le conciliateur ou le médiateur doivent remettre et au lien qui existe entre la conception qu'on se fait de leur intervention et la nature de ce rapport. Nous croyons que, sauf circonstances exceptionnelles, le conciliateur pourra effectuer sa tâche de façon beaucoup plus fructueuse s'il n'est pas tenu de faire des recommandations à la fin de son mandat et que les parties sont prévenues et conscientes de cette situation. La raison d'une telle opinion est simple: si les parties prévoient que le conciliateur remettra des recommandations, elles s'efforceront de le convaincre de la justesse de leur propre position plutôt que de lui révéler leurs préférences réelles et de chercher un compromis ou un terrain d'entente. Aussi le rapport du conciliateur doit-il être bref et de nature strictement administrative: il a été nommé à telle date, il a rencontré les parties tant de fois, aux dates indiquées – en ajoutant s'il le veut que ces rencontres étaient séparées ou mixtes –, et s'il a réussi à les mettre d'accord. C'est là le rapport normal d'une intervention conciliatrice ou d'une médiation dont l'approche peut être qualifiée d'accommodative. On a généralement coutume de demander aux médiateurs de présenter des recommandations. C'est le cas en particulier au Québec, quand le ministre nomme un médiateur spécial ou extraordinaire et prestigieux, en vertu du pouvoir que lui confère la *Loi sur le ministère du Travail*. L'effet de narcose ou d'assoupissement – dont nous parlerons plus en détail à propos de l'arbitrage – se manifeste chez les parties, puisqu'elles savent alors que le médiateur devra faire des recommandations et que celles-ci pourront les favoriser. Mais comme le médiateur est généralement nommé vers la fin du conflit, au moment où les parties veulent en arriver à un règlement, cet effet de narcose est peut-être moins important qu'il ne l'est au début de la période de conflit. Le fait de devoir remettre des recommandations constitue d'ailleurs la principale différence, de caractère institutionnel, entre l'intervention conciliatrice et la médiation.

Il y a 20 ou 30 ans, les conciliateurs ne remettaient pas de recommandations. Certains, vraisemblablement par curiosité intellectuelle et défi personnel, mettaient par écrit ce qu'ils entrevoyaient comme solution du conflit, quand leur intervention avait échoué. Il y a des cas fascinants dans cette veine. Tel juge est nommé médiateur extraordinaire; pour se renseigner sur le cas qui lui est soumis, il consulte le conciliateur qui était intervenu dans le même conflit quelques mois plus tôt. Celui-ci lui remet les notes qu'il avait consignées par écrit au moment de son intervention et qu'il avait conservées dans ses dossiers personnels. Le médiateur, avec son autorisation, utilise les notes du conciliateur et en fait, ni plus ni moins, sa propre recommandation pour le règlement du conflit. Il est acclamé pour avoir proposé aussi rapidement un règlement empreint de tant de sagesse.

Peu à peu, les conciliateurs ont pris l'habitude de préparer des notes, à la fin de leur intervention. Les parties contractantes leur ont parfois demandé des suggestions sinon des recommandations. Les directives administratives en matière de rapport de conciliation se faisant moins impératives, la coutume s'est peu à peu implantée. En pratique, la distinction entre les deux types d'intervention est devenue de moins en moins claire, sauf par rapport au moment où elle se fait: la conciliation a généralement lieu vers le début d'un conflit et la médiation vers la fin. Nous favorisons nettement une approche accommodative, autant dans la conciliation que dans la médiation. Cependant, il y a des circonstances où il est souhaitable que le ministre demande expressément au médiateur de faire des recommandations et même qu'il décide de les rendre publiques. Ni la loi ni la pratique ne devraient lui enlever ce pouvoir discrétionnaire:

bien utilisé, il ne peut que favoriser un règlement volontaire venant des parties.

La controverse s'est longtemps poursuivie à savoir si la conciliation obligatoire était plus efficace que la conciliation volontaire, ou l'inverse[36]. Au Québec, elle a été particulíèrement importante au milieu des années 1970, alors que le gouvernement a finalement supprimé le caractère obligatoire de la conciliation dans tout conflit de travail. Le tableau 23-12 nous fait voir que le nombre de cas de conciliation n'a pas baissé de manière importante ni permanente à la suite de l'adoption de cette mesure en 1977[37]. Le nombre de conciliations a diminué d'environ 20 %; on peut penser que cette diminution correspond peut-être aux cas où une conciliation obligatoire aurait été inutile. Il faut noter également que le nombre de cas où le conciliateur a été nommé d'office par le ministre a diminué constamment au cours des 12 dernières années, pour se limiter à quelques cas chaque année depuis cinq ans. La conclusion la plus importante qui ressort des études faites sur cette question est que le caractère obligatoire ou volontaire de la conciliation n'exerce à peu près aucune influence. D'autres facteurs, comme la volonté et les intentions des parties, sont beaucoup plus décisifs. Il semble que le régime facultatif est légèrement plus efficace que le régime obligatoire, rien de plus[38].

Une autre controverse vise la composition du bureau de conciliation. Dans le plus grand nombre de cas, aujourd'hui, on fait appel à un conciliateur ou un médiateur unique. Il reste cependant des circonstances où l'on a recours à un bureau de conciliation, qu'on appelle alors soit conseil de conciliation, soit commission de conciliation. Le plus souvent, le bureau est constitué de trois membres, dont un est désigné ou recommandé par chacune des parties en cause, le troisième étant choisi par ces derniers ou nommé par le ministre. Nous avons vu qu'au fédéral et dans la majorité des autres provinces canadiennes, s'il y a une deuxième intervention conciliatrice, on la confie la plupart du temps à une commission de conciliation (voir la section 23.2.4 et le tableau 23-6). La conciliation stricte, sans recommandation, est plus facile à réaliser par un seul conciliateur que par un bureau de conciliation. Mais s'il doit y avoir des recommandations, le bureau devient une sorte de conseil d'arbitrage, qui n'a toutefois pas le pouvoir d'imposer une décision. Les deux commissaires représentant les parties joueront le rôle d'assesseurs auprès du président de la commission. De plus, dans certaines industries, il s'est créé une sorte de tradition selon laquelle une commission de conciliation est habituellement chargée de l'intervention; tel est le cas dans l'industrie ferroviaire au Canada.

Une commission de conciliation se transforme imperceptiblement en commission d'enquête, ce qu'elle ne peut éviter si elle veut formuler des recommandations susceptibles d'être acceptées par les parties. Également, une commission de conciliation ne peut pratiquement pas adopter une approche autre que normative, alors que le conciliateur, et parfois le médiateur, auront plutôt tendance à jouer un rôle d'accommodement entre les parties[39]. Il reste que la quasi-totalité des interventions conciliatrices se fait par l'intermédiaire d'un conciliateur ou d'un médiateur, non pas par une commission de conciliation, même s'il reste encore quelques interventions de cette nature.

23.4 Arbitrage

Après un rappel des éléments constitutifs de l'arbitrage, nous verrons successivement les trois principaux types que l'on rencontre: l'arbitrage volontaire,

36. MICHEL BROSSARD et CLAUDETTE ROSS, «Conciliation obligatoire et conciliation volontaire», *Le marché du travail*, vol. 4, nº 9, septembre 1983, p. 50-58; *Idem*, «La conciliation volontaire au Québec, dix ans plus tard», *Le marché du travail*, vol. 10, nº 7, juillet 1989, p. 60-68; CLAUDETTE ROSS et MICHEL BROSSARD, «La conciliation volontaire est-elle plus efficace que la conciliation obligatoire? Le cas du Québec», *Relations industrielles*, vol. 45, nº 1, 1990, p. 3-21.

37. *Loi modifiant le Code du travail et la Loi du ministère du Travail et de la Main-d'œuvre*, L.Q. 1977, c. 41, art. 36 modifiant l'article 46 du *Code du travail*.

38. CLAUDETTE ROSS et MICHEL BROSSARD, «La conciliation volontaire est-elle plus efficace que la conciliation obligatoire? Le cas du Québec», voir *supra*, note 36, p. 14-17.

39. H.D. WOODS, *Labour Policy in Canada*, *op. cit.*, p. 165-167.

TABLEAU 23-12

Conciliation et arbitrage des différends au Québec – 1974-1990

Années	Conciliation			Arbitrage[1]		
	Cas réglés	Établissements concernés	Employés visés	Cas réglés	Établissements concernés	Employés visés
1974-1975	1 092	1 323	116 150	22	22	601
1975-1976	1 053	1 226	130 805	16	16	666
1976-1977	1 651	1 751	194 696	34	34	783
1977-1978	1 186	1 186	138 408	49	49	2 978
1978-1979	1 442	1 442	158 342	61	61	4 312
	Nombre total	**Conciliateur demandé**	**Nommé par le ministre**	**Nombre total**	**Policiers et pompiers**	**Autres groupes**
1979-1980	806	783	23	59	54	5
1980-1981	944	927	17	46	41	5
1981-1982	1 085	1 067	18	57	46	11
1982-1983	953	913	40	51	47	4
1983-1984	1 319	1 314	5	59	54	5
1984-1985	1 113	1 075	38	55	46	9
1985-1986	972	970	2	71	58	13
1986-1987	1 104	1 095	9	42	36	6
1987-1988	816	813	3	46	37	9
1988-1989	859	856	3	30	24	6
1989-1990	682	677	5	41	36	5
1990-1991	631	626	5	40	38	2

1. Les chiffres n'incluent pas les cas d'arbitrage de premières conventions collectives qui sont analysés dans le tableau suivant.

Source : Québec, ministère du Travail, *Rapport annuel* 1974-1975 et années suivantes. Le mode de présentation des données a été modifié dans le rapport de 1979-1980. Les chiffres ne sont pas comparables d'une période à l'autre.

l'arbitrage obligatoire et exécutoire ordinaire – c'est-à-dire qui peut se répéter à chaque négociation – et le cas particulier de l'arbitrage obligatoire de la première convention collective. Rappelons qu'il s'agit ici, en négociation, d'un conflit d'intérêts, alors que l'arbitrage de griefs découle d'un conflit de droit.

23.4.1 Éléments constitutifs

Il faut examiner la nature même du processus pour en dégager les caractères principaux. Il faut également mentionner un certain nombre de modalités. Mais l'aspect le plus controversé vise les critères de décision que l'arbitre ou le tribunal d'arbitrage doit utiliser.

L'arbitrage a, par nature, une tout autre fonction et un tout autre objectif que la conciliation. Il s'apparente à un jugement. Son objectif principal est de rendre une décision, même si l'arbitre peut, en cours de route, préférer obtenir l'accord des parties sur un point plutôt que de trancher la question lui-même. Il reste qu'il s'agit d'une intervention qui doit se terminer par une décision où l'accord des parties n'est pas nécessaire. D'un autre côté, comme il ne s'agit pas d'un conflit de droit, les parties ne peuvent invoquer un droit positif pour justifier le bien-fondé de leur position. Le processus présente aussi des caractères différents d'un procès devant un tribunal. Entre autres, la procédure y sera vraisemblablement plus souple quant au type de raisons ou de motifs qu'on peut invoquer, lesquels ont un caractère moins juridique et définitif que dans un conflit de droit. Le *Code du travail* du Québec prévoit expressément que l'arbitre procède de la façon qu'il juge appropriée (C.t. art. 81).

La principale modalité qui caractérise l'arbitrage des différends au Québec, par opposition à la loi fédérale et à celles des autres provinces canadiennes, c'est que le conflit doit être présenté à un arbitre unique, et ce depuis 1983[40]. À l'opposé, la majorité des différends soumis à l'arbitrage dans les autres provinces sont déférés à un tribunal composé de trois arbitres (C.c.t. art. 57, 3). Normalement, même au Québec, l'arbitre doit procéder avec deux assesseurs, ce qui ne rétablit que partiellement l'ancien conseil d'arbitrage. La loi dit explicitement qu'il doit y avoir des assesseurs «à moins qu'il n'y ait entente à l'effet contraire entre les parties» (C.t. art. 78). Le *Code du travail* précise également que l'arbitre choisi ne doit avoir aucun intérêt dans le différend, comment il sera remplacé s'il ne peut agir, etc. (C.t. art. 76-93).

La difficulté principale de l'arbitrage des différends, c'est qu'il s'agit non pas d'un conflit de droit mais d'un conflit d'intérêts. Ceci soulève la grave question des critères que l'arbitre doit utiliser pour rendre et justifier sa décision. Depuis la première *Loi des différends ouvriers* du Québec, le législateur renvoie l'arbitre à l'équité et à la bonne conscience. En 1983, il a ajouté un paragraphe dans lequel il se réfère aux comparaisons que tous les négociateurs, et même tous les salariés et tous les employeurs, utilisent en négociation. Depuis ce moment, l'article se lit comme suit[41]:

> L'arbitre doit avant d'agir prêter serment de rendre sa sentence selon l'équité et la bonne conscience.
>
> Pour rendre sa sentence, l'arbitre peut tenir compte, entre autres, des conditions de travail qui prévalent dans des entreprises semblables ou dans des circonstances similaires ainsi que des conditions de travail applicables aux autres salariés de l'entreprise.

Deux provinces ont quelque peu précisé les critères que l'arbitre de différend doit considérer dans sa sentence[42]. Les deux textes font appel aux comparaisons salariales, mais l'Alberta ajoute le niveau et la situation de l'emploi, ainsi que les conditions économiques dans l'ensemble de la province, alors que la Colombie-Britannique mentionne expressément la capacité de payer dans la mesure où cet aspect est pertinent au débat; ce facteur peut même devenir prépondérant dans la décision arbitrale. Toute la difficulté vient du fait que l'arbitre doit, en pratique, écrire la convention collective, donc créer un droit pour les parties, et non pas interpréter un document. D'où le recours constant au principe d'équité: les conditions de travail déterminées doivent être équitables pour toutes les parties concernées. La preuve présentée à l'arbitre et les arguments qui la soutiennent se fondent sur cette affirmation. La loi québécoise oblige l'arbitre à rendre sa sentence par écrit et à en motiver le contenu (C.t. art. 86); d'où l'importance des preuves qui lui sont soumises lors des auditions[43].

40. *Loi modifiant le Code du travail et diverses dispositions législatives*, L.Q. 1983, c. 22, art. 30-47 modifiant les articles 74-92 du *Code du travail*.

41. *Ibid.*, art. 35 modifiant l'article 79 du *Code du travail*.

42. Alberta, *Labour Relations Code*, S.A. 1988, c. L-12, art. 99; Colombie-Britannique, *Industrial Relations Act*, R.S.B.C. 1979, c. 212, art. 137.96, introduit par S.B.C. 1987, c. 24, art. 60.

43. CLAUDE D'AOUST, «Réflexions sur l'arbitrage des différends», *Revue de droit de l'Université de Sherbrooke*, vol. 14, nº 2, 1984, p. 625-657.

23.4.2 Arbitrage volontaire à sentence exécutoire

Le remplacement de la *Loi des relations ouvrières* par le *Code du travail*, en 1964, comportait un changement majeur dans le mode de règlement des conflits. La deuxième étape d'intervention, qui était constituée d'une commission de conciliation depuis 1961, devenait un arbitrage totalement volontaire de la part des parties. Par contre, si les parties décidaient, conjointement, d'y recourir, elles s'engageaient par le fait même à respecter la décision rendue par l'arbitre. Sa sentence devenait obligatoirement exécutoire[44]. De 1964 à 1983, le conseil d'arbitrage était composé de trois membres, les deux premiers étant respectivement désignés par chacune des parties alors que le président était choisi par les deux premiers ou nommé d'office par le ministre du Travail. En 1983, le conseil d'arbitrage de trois membres fut remplacé par un arbitre unique[45]. Les deux membres partiaux ont été remplacés par des assesseurs, qui participent au délibéré mais pas à la décision.

Une fois que les parties ont conjointement demandé au ministre de nommer un arbitre, le règlement du différend leur échappe. L'arbitre mènera son enquête et rendra sa décision, qui constituera la convention collective entre les parties en cause, pour une durée maximale de deux ans (C.t. art. 92-93). Si les parties s'entendent sur certains points entre la nomination de l'arbitre et le prononcé de sa décision, elles peuvent lui en faire part, mais il ne semble pas qu'il soit tenu d'incorporer cette entente à sa décision. Il serait probablement bien avisé de le faire, mais il n'y est pas obligé si, par exemple, il juge qu'il y a contradiction entre cette entente particulière et d'autres aspects de sa décision.

La décision de l'arbitre équivaut à une convention collective signée entre les deux parties; à ce titre, les parties peuvent la modifier d'un commun accord, tout comme s'il s'agissait d'une convention collective. Si l'une des parties refuse de donner suite à la sentence de l'arbitre, l'autre peut en exiger l'exécution par le tribunal compétent (C.t. art. 93).

La formule a été très peu utilisée depuis son insertion dans le *Code du travail*: quelques cas à chaque année, tout au plus. (Voir le tableau 23-12.) Quand elle est utilisée, c'est généralement sur des points particuliers ou dans des circonstances tout à fait spéciales. Les deux parties s'entendent déjà sur la plupart des points, mais il n'en reste qu'un sur lequel elles ne parviennent pas à un accord. Si le sujet n'est pas vital ni pour l'une ni pour l'autre, elles peuvent s'en remettre à la décision exécutoire d'un arbitre. Quelques municipalités ont pu y avoir recours pour des raisons d'ordre politique: les élus municipaux peuvent ainsi se justifier devant leurs électeurs en disant que certaines conditions de travail n'ont jamais été acceptées par les représentants du conseil municipal, mais qu'elles ont été imposées par un arbitre dont la décision était finale et exécutoire en vertu de la loi.

23.4.3 Arbitrage obligatoire dans certains cas

Au Québec, comme presque partout ailleurs au Canada, la grève est interdite aux policiers et aux pompiers employés par des municipalités ou des régies intermunicipales. L'interdiction vise donc tous les policiers et les pompiers qui sont au service d'un corps municipal, par opposition aux policiers et aux pompiers qui peuvent être employés par une entreprise privée. À la place du droit de grève, le loi prévoit qu'un différend qui survient entre une association de pompiers ou de policiers salariés et une municipalité doit être résolu par voie d'arbitrage obligatoire et exécutoire. Il doit y avoir un peu plus de 200 unités accréditées de policiers ou de pompiers à travers la province[46]. Comme la sentence arbitrale qui les régit

44. *Code du travail*, S.Q. 1964, c. 45, art. 62-81, devenus les articles 74-93 sous L.R.Q. 1977, c. C-27.

45. *Loi modifiant le Code du travail et diverses dispositions législatives*, L.Q. 1983, c. 22, art. 30-47 modifiant les articles 74-92 du *Code du travail*.

46. *Rapport du groupe de travail sur l'arbitrage des différends chez les policiers et les pompiers*, Québec, Centre de recherche et de statistiques sur le marché du travail, décembre 1980 (101 p.), p. 83; *Une réflexion sur la police municipale*, rapport du comité d'étude sur la police municipale. Union des municipalités du Québec, 1986, 68 p.

ne peut avoir une durée de plus de deux ans (C.t. art. 92), la plupart des conventions collectives ont la même durée, même s'il est tout à fait légitime de signer une convention collective de trois années, si les parties en arrivent à un accord par négociation directe. Chaque année, environ 30 à 40 arbitrages, visant autant de groupes de policiers et de pompiers, ont lieu (voir le tableau 23-12). Même si les parties recourent parfois à la conciliation pour tenter de résoudre leur différend, elles n'y sont pas tenues. En effet, le Code dit que les différends doivent être «obligatoirement déférés (...) à un arbitre à la demande d'une partie» (C.t. art. 94). S'il est clair pour tous les intervenants que les parties ne réussiront pas à s'entendre, l'une d'elles peut immédiatement demander la constitution d'un tribunal d'arbitrage pour régler le conflit.

Même s'il y a eu des cas où une sentence arbitrale a été jugée exagérée et a provoqué des réactions de la part des municipalités en cause, les parties demeurent, dans l'ensemble, relativement satisfaites du régime. Ce qui facilite un peu les choses, c'est que le nombre d'employés engagés comme policiers et pompiers est généralement faible comparé à l'ensemble des employés municipaux, cols blancs et cols bleus. Le seul risque véritable d'une sentence arbitrale trop généreuse, par rapport aux autres règlements, c'est de créer des attentes qui ne pourront être satisfaites chez les autres employés de cette municipalité.

Pour être efficace, le régime doit répondre aux quelques conditions suivantes. D'abord, son usage doit être relativement limité. Comme l'argument majeur et le critère principal pour justifier la sentence réside dans la comparaison des conditions de travail, surtout les salaires, ces comparaisons et les points de repère deviendraient trop rares si la majorité des conventions collectives étaient réglées par arbitrage. Pour que le régime ait un sens, il faut des points de repère indépendants. Le régime doit aussi être relativement bien accepté autant par les travailleurs visés que par leurs employeurs et par le public en général qui, finalement, paie la note. Ce genre d'acceptation dépend en définitive de l'image d'impartialité qui se dégage des arbitrages effectués. Il ne doit pas y avoir trop de décisions qui dérogent de la ligne générale; autrement l'une ou l'autre des parties perdrait toute confiance, et le régime n'aurait plus de crédibilité.

On revient donc toujours à la même question fondamentale, celle des critères sur lesquels les arbitres appuieront leurs décisions. Les comparaisons salariales sont relativement faciles à défendre théoriquement, moins dans la pratique. Au moins deux questions se posent quant à la validité des comparaisons: une question géographique et une question de fonction. Il faut conserver une certaine rationalité dans la structure des salaires des différents employés du même employeur, en l'occurrence ceux d'une même municipalité. La comparaison entre les municipalités doit quant à elle tenir compte de la géographie: l'influence des conditions qui existent dans les municipalités voisines risque d'être plus grande. Également, les fonctions de policier et de pompier dans une grande ville comportent beaucoup plus de risques et d'exigences que les mêmes postes dans de plus petites agglomérations. Comment tenir compte de tout cela? C'est le problème qu'acceptent de résoudre les arbitres de différends dans les cas qui opposent les policiers, les pompiers et les municipalités du Québec. Il est relativement facile de s'entendre sur les critères à utiliser; il est plus difficile de les appliquer à tel ou tel cas particulier.

Le droit de grève étant supprimé, la négociation directe garde-t-elle son efficacité? Certains en doutent. Quelques-uns ont parlé d'un effet de narcose ou d'assoupissement que l'idée d'un arbitrage éventuel aurait sur les négociations directes[47]. La possibilité

47. JAMES R. CHELIUS et MARIAN EXTEJT, «The Narcotic Effect of Impasse Resolution Procedures», *Industrial and Labor Relations Review*, vol. 38, nº 4, juillet 1985, p. 629-638; HOYT N. WHEELER, «Compulsory Arbitration: "A Narcotic Effect"?», *Industrial Relations*, vol. 14, nº 1, février 1975, p. 117-120; RODRIGUE BLOUIN, «Y a-t-il encore place dans notre système de relations du travail pour l'arbitrage des différends?» dans *Les relations du travail au Québec: la dynamique du système*, 31e Congrès de relations industrielles de l'Université Laval, Québec, Les Presses de l'Université Laval, 1976, p. 97-119; *Interest Arbitration: Measuring Justice in Employment*, sous la direction de JOSEPH M. WEILER, Toronto, Carswell, 1981, 283 p.

d'un arbitrage, sur simple demande d'une des deux parties, peut effectivement avoir un tel effet. Mais, dans cette circonstance également, il faut compter sur la bonne foi des parties. Il y a des cas où la négociation s'effectue sans difficulté, mais de façon réelle, et d'autres où les parties ont abdiqué leurs responsabilités.

Au fond, on se trouve en présence d'un véritable dilemme. Normalement, la libre négociation des conditions de travail exige que les parties puissent au besoin recourir à l'arrêt de travail pour forcer les concessions nécessaires à une entente acceptable. Par contre, l'exercice du droit de grève est interdit à ceux qui remplissent certaines fonctions, dans le cas présent les policiers et les pompiers employés par une municipalité ou une régie intermunicipale. Les inconvénients qui découleraient du droit de grève sont tels que celui-ci ne saurait être accordé; c'est d'ailleurs ce qu'ont décidé presque tous les législateurs en Amérique du Nord. En pareille situation, comme dans plusieurs autres, il faut compter sur la bonne volonté des parties. D'ailleurs, après un recours trop fréquent à l'arbitrage exécutoire, les parties elles-mêmes finissent par se rendre compte qu'elles auraient avantage à discuter franchement de leurs problèmes et à chercher ensemble les solutions appropriées. En d'autres mots, l'arbitrage exécutoire n'est pas la meilleure solution possible; elle peut être acceptable pour de petits groupes spéciaux, comme les policiers et les pompiers municipaux.

23.4.4 Arbitrage de la première convention collective

Depuis près de 15 ans, à la demande d'une des parties, l'arbitrage de la première convention collective est devenu obligatoire et exécutoire, selon le *Code du travail* du Québec (C.t. art. 93.1-93.9). Même si certains trouvent la formule difficile et embarrassante, la majorité s'y est habituée et tend à considérer cette pratique comme allant de soi. Elle constitue cependant une dérogation importante au principe fondamental de la libre négociation des conditions de travail par les parties concernées. Le législateur qui a pris cette décision – la formule existe dans cinq provinces et au niveau fédéral – a considéré qu'il était si important d'appuyer la partie qui souhaite négocier, généralement le syndicat, qu'il a supprimé la liberté de l'autre partie; il importe cependant que l'autorité responsable, généralement le ministre du Travail, juge s'il est opportun de procéder ainsi. Le législateur a donc estimé que, pour favoriser l'organisation syndicale et la négociation d'une convention collective, il pouvait restreindre la liberté d'une partie et imposer le contenu de la première convention collective. La Colombie-Britannique, le Québec et le gouvernement fédéral ont adopté une loi en ce sens au cours des années 1970; trois autres provinces l'ont fait au cours des années 1980, soit le Manitoba, Terre-neuve et l'Ontario.

C'est la Colombie-Britannique qui, la première, a adopté une telle disposition, sous l'influence du président de la Commission des relations de travail de cette province[48]. En 1973, l'Assemblée législative de la Colombie-Britannique adoptait un article, dans ce qui s'appelait alors le *Code du travail* de la Colombie-Britannique, selon lequel une partie pouvait demander au ministre du Travail d'aviser la Commission des relations de travail d'étudier le cas d'une première négociation collective alors en discussion. La Commission pouvait, si elle le jugeait opportun, décider du contenu de la première convention collective. Les parties demeuraient libres de modifier, d'un commun accord, tout article ou même l'ensemble de la convention collective qui leur était ainsi imposée pour une durée déterminée[49].

Le Parlement du Canada adopta une loi semblable en 1977, avec un certain nombre de précisions. Ainsi, une conciliation infructueuse devait précéder toute décision du ministre quant à transmettre le dossier au Conseil canadien des relations du travail pour qu'il se

48. Paul Weiler, *Reconcilable Differences. New Directions in Canadian Labour Law*, Toronto, Carswell, 1980 (335 p.), p. 49-55.
49. *Code du travail de la Colombie-Britannique*, S.B.C. 1973, Second Session, c. 122, art. 70. En 1987, l'article 70 fut abrogé et remplacé par l'*Industrial Relations Act*, R.S.B.C. 1979, c. 212, et S.B.C. 1987, c. 24, art. 60 ajoutant l'article 137.5.

prononce sur le contenu de la convention collective. De plus, le Conseil devait tenir compte des éléments suivants: dans quelle mesure les parties avaient ou n'avaient pas négocié de bonne foi, les conditions de travail qui existaient dans des fonctions similaires et tout autre aspect considéré juste et raisonnable dans les circonstances. Finalement, la durée d'une première convention collective ainsi imposée ne devait pas être de plus d'une année[50]. À la fin de la même année 1977, l'Assemblée nationale du Québec adoptait des dispositions équivalentes, que nous étudierons dans les paragraphes suivants. Les principales dispositions de la loi fédérale allaient servir de modèle à trois autres provinces qui ont implanté une formule semblable: le Manitoba en 1982, Terre-Neuve en 1985 et l'Ontario en 1986[51]. Chacune de ces lois permet aux parties de modifier d'un commun accord toute disposition incluse dans la décision qui tient lieu de convention collective.

Au Québec, la mesure a été introduite par l'important projet de loi nº 45, qui apportait un nombre considérable de modifications à presque tous les aspects du *Code du travail*. Une des modifications visait l'arbitrage de la première convention collective[52]. Les articles s'y rapportant ont subi quelques modifications importantes en 1983[53].

Pour que le ministre accède à une demande d'arbitrage d'une première convention collective, il doit y avoir eu intervention du conciliateur et il faut que celle-ci ait été infructueuse (C.t. art. 93.1). Le ministre demeure libre de nommer ou non un arbitre. En fait, il accède à la demande un peu plus souvent qu'il ne la refuse; il la rejette dans près de la moitié des cas. (Voir le tableau 23-13.) De 1977 à 1983, la loi donnait à l'arbitre une raison précise pour décider s'il allait fixer lui-même les termes de la convention collective: il devait le faire dès qu'il jugeait qu'une des parties ne négociait pas de bonne foi (C.t. art. 81d). Depuis 1983, il décide de procéder à la rédaction de la convention collective «s'il est d'avis qu'il est improbable que les parties puissent en arriver (par elles-mêmes) à la conclusion d'une convention collective dans un délai raisonnable» (C.t. art. 93.4). Certains voient dans cet article une obligation pour l'arbitre de procéder d'abord à une médiation, c'est-à-dire d'essayer d'amener les parties à s'entendre. S'il acquiert la conviction qu'il n'y a pas d'entente possible «dans un délai raisonnable», il engage alors la procédure d'arbitrage. Il procède, de façon générale, par des auditions où les deux parties présentent leur point de vue. Puis il décide du contenu de cette première convention collective pour les parties visées.

S'il y a grève ou lock-out au moment de la demande d'arbitrage, les parties doivent immédiatement reprendre le travail et les activités normales, et il est interdit à l'employeur de modifier les conditions de travail (C.t. art. 93.5). Comme dans toutes les autres lois semblables, les parties peuvent s'entendre pour modifier un des points contenus dans la décision de l'arbitre. La convention ainsi imposée peut avoir une durée maximale de deux ans, comme le veut la règle générale pour toute sentence arbitrale (C.t. art. 92).

Quelle est, dans les faits, l'importance du phénomène des premières conventions collectives et des décisions arbitrales imposées à la place d'une entente négociée? Selon les chiffres reproduits dans le tableau 23-14, 20 % des conventions collectives signées chaque année, représentant 10 % des salariés régis par ces conventions, seraient le fruit d'une première négociation. Nous croyons que la proportion est

50. *Loi modifiant le Code canadien du travail*, S.C. 1977-1978, c. 27, art. 62, ajoutant l'article 171.1 au C.c.t. Avec la refonte de 1984, L.R.C. 1985, c. L-2, l'article 171.1 est devenu l'article 80 de la partie I du C.c.t.

51. Manitoba, *An Act to Amend the Labour Relations Act*, S.M. 1982, c. 34, art. 9 ajoutant l'article 75.1 à la loi; Terre-Neuve, *An Act to Amend the Labour Relations Act, 1977*, S. Nfld. 1985, c. 5, art. 4 ajoutant l'article 80.1 à la loi; Ontario, *An Act to Amend the Labour Relations Act*, S.O., 1986, c. 17, ajoutant l'article 40a à la loi. Cet article 40a est particulièrement long et détaillé.

52. *Loi modifiant le Code du travail et la Loi du ministère du Travail et de la Main-d'œuvre*, L.Q. 1977, c. 41, art. 45 ajoutant les articles 81a à 81i. Ces articles sont devenus, avec la refonte de 1977, L.R.Q. c. C-27, les articles 93.1-93.9.

53. *Loi modifiant le Code du travail et diverses dispositions législatives*, L.Q. 1983, c. 22, art. 48-53, modifiant les articles 93.1 à 93.9 du *Code du travail*.

TABLEAU 23-13

Demandes d'arbitrage pour une première convention collective – 1978-1990

Années	Demandes d'arbitrage			
	reçues[1]	acceptées	refusées	à l'étude à la fin de l'exercice
1978-1979	46	22	20	3
1979-1980	39	27	8	18
1980-1981	41	16	26	17
1981-1982	60	41	26	10
1982-1983	62	44	19	9
1983-1984	51	35	11	14
1984-1985	66	19	50	11
1985-1986	72	25	32	17
1986-1987	62	21	21	20
1987-1988	41	20	13	8
1988-1989	45	18	19	8
1989-1990	36	23	11	10
1990-1991	27	20	10	7

1. Le nombre de demandes reçues au cours d'une année (de mars à avril de l'année suivante) ne correspond pas nécessairement à la somme des autres chiffres, à cause des désistements (pour règlement ou autre raison) et des cas où la décision d'accepter ou de refuser la demande est prise pendant l'année d'exercice suivante.

Source: Québec, ministère du Travail, *Rapport annuel 1981-1982*, p. 48 et *Rapport annuel 1983-1984*, p. 36; *Rapport annuel 1985-1986*, p. 34; *Rapport annuel 1988-1989*, p. 37; *Rapport annuel 1989-1990*, p. 27; *Rapport annuel 1990-1991*, p. 27.

surestimée[54]. Des quelque 400 premières conventions collectives entrant en vigueur chaque année, une cinquantaine ont fait l'objet d'une demande d'arbitrage, soit de 15 % à 20 % du nombre total de premières conventions. Bien que les chiffres varient considérablement d'une année à l'autre, dans l'ensemble, à peu près la moitié des demandes d'arbitrage sont acceptées et l'autre moitié, refusées. Bon nombre de ces refus tiennent au fait que la position du syndicat est précaire – l'accréditation peut avoir été révoquée ou être en voie de l'être – ou que l'avenir de l'entreprise est lui-même problématique. N'oublions pas qu'il s'agit presque toujours de petites entreprises. Les chiffres du tableau 23-14 permettent d'estimer que la moyenne des salariés régis par une première convention collective est d'environ 30 employés.

Tous s'accordent pour dire que les délais sont très longs, surtout si on les mesure de la date d'accré-

54. Plus exactement, c'est le nombre total de conventions collectives qui semble sous-estimé, sans doute à cause du fichier des conventions utilisé pour établir ces données. Il faut bien noter qu'il s'agit du nombre de conventions collectives conclues au cours d'une année. Il faut donc multiplier ce nombre par un facteur légèrement supérieur à deux pour obtenir le nombre approximatif de conventions collectives en vigueur et de salariés qu'elles régissent. Malgré tout, à cause de l'absence de nombreuses petites conventions collectives dans le fichier, le nombre total demeure vraisemblablement sous-estimé.

TABLEAU 23-14

Nombre et proportion des premières conventions collectives – 1983-1990

Années	Nombre total		Premières conventions collectives				Demandes d'arbitrage
	C.c.	Salariés	C.c. Nombre	%	Salariés Nombre	%	
1983-1984	2 353	181 489	488	21,0	15 840	9,0	51
1984-1985	2 728	201 233	586	21,0	19 387	10,0	66
1985-1986	2 312	152 073	444	19,0	14 614	10,0	72
1986-1987	2 250	147 154	449	20,0	16 226	11,0	62
1987-1988	2 381	162 606	485	20,0	15 018	9,0	41
1988-1989	2 132	144 909	359	17,0	13 189	9,0	45
1989-1990	2 253	152 829	416	18,0	13 074	9,0	36

Source: *Le Marché du travail*, vol. 7, n° 1, janvier 1986, p. 83; supplément au numéro de février 1987, p. 18; supplément au numéro de janvier 1988, p. 26; supplément au numéro de janvier 1989, p. 28; supplément au numéro de décembre 1989, p. 25; supplément au numéro de décembre 1990, p. 30.

ditation à la date de la conclusion de la première convention ou de la décision arbitrale qui en tient lieu[55]. Le délai entre la demande d'arbitrage et la décision du ministre semble particulièrement long aux intéressés; il faut comprendre, cependant, que le ministre doit évaluer les chances de succès à long terme d'une intervention arbitrale. Si l'on veut que le mécanisme acquière une certaine crédibilité, il ne faut pas accorder l'arbitrage s'il est presque certain que l'entreprise fermera ses portes ou que le syndicat disparaîtra. En règle générale, le ministre prend sa décision de concert avec le conciliateur qui s'est occupé du dossier.

Une étude faite il y a quelques années porte à croire que le taux de survie de ces conventions collectives imposées par arbitrage est relativement élevé. Plusieurs ont craint que la deuxième ronde de négociation soit pratiquement impossible à la suite d'une première convention collective ainsi imposée. Sauf quelques exceptions, il ne semble pas que ce soit le cas. Du moins la preuve d'un tel échec n'est pas faite, bien au contraire. Autre aspect positif, on a relevé très peu de grèves lors du renouvellement de ces conventions collectives.

Somme toute, l'expérience de l'arbitrage des premières conventions collectives s'avère relativement positive.

23.5 Formules diverses

L'intervention de tiers pour régler un conflit n'a pas, nous l'avons vu, que des avantages. La conciliation ou la médiation peuvent servir à l'une ou l'autre partie pour obtenir de nouveaux arguments et, finalement, un meilleur résultat. Toute forme d'intervention qui ne comporte pas une décision exécutoire à la fin du processus peut entraîner une telle attitude. L'arbitrage, qui apporte une solution finale à un conflit, peut néanmoins avoir un effet semblable, mais pour une autre raison: les parties n'ont pas à rechercher

55. Jean Sexton, «L'arbitrage de première convention collective au Québec: 1978-1984», *Relations industrielles*, vol. 42, n° 2, printemps 1987, p. 272-291; Michelle Girard et Yvan St-Onge, *Étude sur l'arbitrage des premières conventions collectives*, Québec, Centre de recherche et de statistiques sur le marché du travail, 12 juillet 1982, 137 p.; *Idem*, «L'arbitrage des premières conventions collectives quatre ans après», *Le marché du travail*, vol. 3, n° 9, septembre 1982, p. 53-57.

une solution à leurs problèmes; elles tenteront plutôt de convaincre l'arbitre du bien-fondé de leurs positions respectives.

Le dilemme paraît d'autant plus pressant que les conflits qui font l'objet d'une telle intervention touchent souvent le secteur public où un arrêt de travail risque de mettre en danger la santé publique. Aussi, certains auteurs et praticiens se sont mis à la recherche de la quadrature du cercle, d'une formule qui permettrait à la fois d'éviter l'arrêt de travail et d'assurer une négociation véritable entre les parties. Nous verrons quatre de ces formules, parce qu'elles sont les plus connues ou les plus souvent utilisées: l'arbitrage sur les offres finales ou arbitrage à choix forcé, une formule hybride appelée «Med-Arb», la grève sans arrêt de travail et le choix diversifié de mesures d'intervention.

23.5.1 Arbitrage des propositions finales

Cette première formule vise essentiellement à utiliser l'arbitrage, à cause de son caractère décisionnel, tout en évitant l'effet de narcose ou de refroidissement (*chilling effect*) qu'il peut avoir. Pour bien décrire la nature de cette forme d'intervention, il faudrait utiliser les deux expressions françaises, à savoir l'arbitrage à choix forcé et l'arbitrage des propositions finales (*final offer selection*).

L'arbitrage à choix forcé a été proposé par un universitaire, Carl M. Stevens, en 1966[56]. Le mécanisme de la formule est relativement simple à définir. L'arbitre n'a pas à choisir les dispositions qui lui paraissent les plus aptes à constituer une convention collective pour les deux parties; on lui demande simplement de choisir, entre les propositions finales de chaque partie, celles qui semblent constituer la meilleure convention, ou la moins mauvaise. Selon la formule proposée par Stevens, l'arbitre ne peut rien changer à la position finale qu'il choisit: il la prend en bloc. En ce sens, son rôle n'est plus celui d'un arbitre, qui décide selon son bon jugement, mais plutôt celui de quelqu'un qui doit choisir entre deux positions globales et intouchables celle qui lui paraît la moins mauvaise. Aussi, les auteurs de langue anglaise l'appellent le «sélectionneur» (*selector*, le terme étant tiré de *final offer selection*) plutôt que l'arbitre.

L'idée de la proposition est la suivante: chaque partie souhaitant que sa position soit choisie, on suppose qu'elle fera toutes les concessions possibles pour que son offre finale soit la plus attrayante pour le sélectionneur. Pour enlever un peu de rigidité à la formule – ce qui toutefois risque de diminuer son efficacité comme instrument de motivation pour chaque partie –, certains ont imaginé par la suite une formule légèrement différente où l'arbitrage ne porte plus sur l'ensemble des propositions finales mais sur chacun des points qui la composent. En d'autres mots, l'arbitre ne peut modifier la position finale des parties, mais il n'est pas tenu de choisir toute la proposition syndicale ou toute la proposition patronale; il choisit l'une ou l'autre pour chacun des points en litige.

L'arbitrage à choix forcé a eu un certain succès dans plusieurs municipalités et dans quelques États américains. Les cas les plus connus sont ceux de la ville de Eugene, en Oregon, en 1971, des États du Wisconsin depuis 1972 et du Michigan depuis 1973[57].

Au Canada, l'expérience a été tentée par un employeur et une association d'employés, sur une base volontaire. Pendant quelques années, l'Université de l'Alberta et l'association regroupant ses professeurs ont eu recours à l'arbitrage sur les offres finales qui

56. Carl M. Stevens, «Is Compulsory Arbitration Compatible with Bargaining?», *Industrial Relations*, vol. 5, nº 2, 1966, p. 38-52.

57. Garry Long et Peter Feuille, «Final Offer Arbitration: "Sudden Death" in Eugene», *Industrial and Labor Relations Review*, vol. 27, nº 2, janvier 1974, p. 186-203; James L. Stern, «Final Offer Arbitration: Initial Experience in Wisconsin», *Monthly Labor Review*, vol. 97, nº 9, septembre 1974, p. 39-43; *Final Offer Arbitration: The Effects on Public Safety Employee Bargaining*, sous la direction de James L. Stern, Lexington, Mass., Lexington Books, 1975, 223 p.

alors n'était soumis à aucun cadre légal[58]. En 1987, le Parlement du Manitoba inséra dans sa loi des relations de travail un dispositif offrant aux parties la possibilité d'utiliser l'arbitrage à choix forcé, sur les offres finales de l'une ou l'autre partie, pour résoudre leurs difficultés de négociation, avant ou après le commencement d'une grève. Les dispositions étaient très détaillées, commençant par un vote des employés concernés pour déterminer s'ils voulaient véritablement que leur conflit soit réglé de cette manière. Entrée en vigueur le 1er janvier 1988, la loi devait cesser d'exister cinq ans plus tard. En fait, elle a été retirée le 31 mars 1991, après trois ans et trois mois d'existence[59]. L'expérience canadienne en matière d'arbitrage des offres finales est donc extrêmement limitée, ce qui n'empêche pas que certaines personnes en parlent abondamment et que d'aucuns ont essayé de la faire introduire dans le programme de certains partis politiques. Mais le projet n'est jamais allé plus loin.

Une première difficulté de la formule, c'est que le choix de l'une des deux positions finales impose, en définitive, une convention collective qui déplaira certainement à l'une des deux parties, peut-être même aux deux : une partie patronale expérimentée ne trouvera probablement aucune satisfaction dans le fait que sa propre position – composée d'éléments de négociation et porteuse de tensions inévitables – soit choisie, même si l'inverse lui causerait davantage de frustrations et d'inquiétude. En d'autres mots, la formule comporte, par nature, beaucoup plus de risques qu'un arbitrage régulier. En effet, un arbitre agissant selon le mode traditionnel essaiera de présenter une recommandation qui ne soit pas trop désagréable pour l'une ou l'autre des parties ; finalement, il écrira la convention collective avec laquelle il croit que les parties pourront vivre raisonnablement.

Un autre inconvénient sérieux s'est développé là où la formule a été utilisée dans plusieurs négociations successives. La partie qui a perdu la première fois s'attend à gagner la seconde, surtout si le sélectionneur est le même. Même si la fonction est remplie par des personnes différentes, le sélectionneur peut considérer comme normal que les parties gagnent à tour de rôle. Pour peu que cette idée s'installe chez les intéressés, tout le raisonnement qui soutient la proposition, en vue d'amener les parties le plus près possible d'un point d'entente, s'écroule et la méthode devient pratiquement autodestructrice[60]. Cette formule, qui s'annonçait comme la plus intéressante pour résoudre les différends, s'est avérée aussi impuissante que bien d'autres.

Tout compte fait, si l'on exclut l'attrait de la nouveauté, la différence n'est probablement pas très grande entre les résultats de l'arbitrage traditionnel et ceux de l'arbitrage sur les offres finales. Une étude sur les deux formes d'arbitrage, qui existaient parallèlement dans le cas des policiers et des pompiers de l'État du New Jersey, en donne une preuve décisive : les résultats des deux régimes sont très proches[61]. Les données de l'étude permettent aussi de constater que les dernières offres salariales différeraient de 3 % : les demandes moyennes étaient de 8,5 %, les offres de 5,5 % et la moyenne des augmentations obtenues a été de 8 %. On constate que c'est la position syndicale qui est choisie dans à peu près deux cas sur trois ou même trois cas sur quatre, ce qui explique que la moyenne des résultats de l'exercice se rapproche bien davantage de la position finale syndicale. Certains ont spéculé sur les raisons du plus grand

58. GENE SWIMMER, « Final Position Arbitration and Intertemporal Compromise : The University of Alberta Compromise », *Relations industrielles*, vol. 30, nº 3, août 1975, p. 533-536. L'auteur soutient que ce genre d'arbitrage constitue un compromis entre diverses négociations successives, mais un compromis tout de même, comme dans toute autre négociation.

59. S.M. 1990-1991, c. 8, art. 2.

60. GENE SWIMMER, « Final Offer Arbitration and Intertemporal Compromise : A Comment », *Relations industrielles*, vol. 33, nº 2, 1978, p. 290-292. C'est dans cet article que l'auteur désigne ce qu'il appelle le compromis temporel par l'expression imagée de *flip-flop theory*.

61. ORLEY ASHENFELTER et DAVID BLOOM, « The Pitfalls in Judging Arbitrator Impartiality by Win-Lost Tallies under Final Offer Arbitration », *Labor Law Journal*, vol. 34, nº 8, août 1983, p. 534-539.

nombre de « victoires » syndicales ; ils ont estimé que les arbitres étaient plus préoccupés de l'équité salariale que de la capacité de payer, qu'ils étaient surtout sensibles à la paix sociale et qu'ils estimaient qu'une victoire syndicale avait plus de chance de produire cette paix sociale qu'une victoire patronale[62]. Le raisonnement, pourtant fascinant, de l'auteur de la formule est loin de se réaliser dans les faits ; c'est plutôt un compromis d'une ronde de négociations à l'autre qui prend la relève. On n'a pas encore trouvé la formule magique.

23.5.2 Med-Arb

Le terme Med-Arb est constitué des trois premières lettres des mots médiation et arbitrage. Il décrit la formule recommandée par un certain nombre de praticiens, qui consiste à confier d'abord un mandat de médiateur au tiers qui intervient, mandat qui se transformera en celui d'un arbitre si sa médiation ne réussit pas à mettre les parties d'accord[63].

Les raisons qui motivent une telle approche sont multiples. Les personnes qui préconisent cette formule considèrent qu'un accord conclu volontairement par les parties est préférable à toute solution imposée de l'extérieur ; c'est pourquoi elles recommandent d'abord la médiation, sans aucune forme de contrainte. Dans la mesure où le médiateur s'est efforcé de résoudre le problème de son mieux, il devient celui qui est le mieux placé pour le comprendre. Aussi, si le conflit doit se terminer par un arbitrage, il devrait automatiquement être nommé arbitre de ce conflit. D'où l'expression Med-Arb.

Par contre, les deux concepts de médiation et d'arbitrage sont tellement opposés qu'il est peut-être difficile de les incarner dans une seule et même personne. Nous avons souligné plus d'une fois que l'effet de narcose existe aussitôt que les parties savent que le tiers avec qui elles discutent devra éventuellement trancher le débat qui les oppose. Logiquement, et fréquemment, c'est ce qui se produit. La partie médiation risque alors de devenir une pure perte de temps. Il n'y a pas de rapprochement possible au moyen d'un tel intermédiaire.

Pourquoi alors des praticiens chevronnés ont-ils proposé une telle formule ? Elle peut être efficace dans certaines circonstances. Sans en avoir le nom, c'est ce qui se pratique lors de l'arbitrage d'une première convention collective. Le rôle de médiateur de l'arbitre désigné est implicite dans l'article de loi qui définit son intervention (C.t. art. 93.4), et plusieurs souhaitent que les arbitres accentuent cette partie de leur fonction. C'est que lors d'une première négociation, au moins une des deux parties n'est pas familière avec l'exercice, et une intervention médiatrice de l'arbitre peut donner d'excellents résultats, qu'il obtienne finalement un accord volontaire ou même s'il doit décider du contenu de la convention sur les points les plus difficiles. Dans le cas de négociateurs expérimentés, la menace d'une décision par l'arbitre n'ébranle pas leurs positions respectives.

Un médiateur-arbitre s'est acquis une réputation de grande efficacité, par suite du pouvoir politique que son prestige lui avait valu. Dans de grands conflits mettant en cause, directement ou indirectement, l'État fédéral, il a réussi à convaincre, en coulisse, le conseil des ministres d'augmenter la contribution gouvernementale et de permettre ainsi à la partie patronale de se rapprocher davantage de la demande syndicale. Extérieurement, il s'agissait bien d'un cas de Med-Arb ; en fait, c'était son rôle de conciliateur que l'intervenant avait poursuivi auprès de la partie patronale. Il ne lui restait plus qu'à rendre sa décision d'arbitre : il était certain qu'elle serait acceptée.

La formule d'intervention Med-Arb n'a guère de chance de succès dans les cas de renouvellement des

62. RICHARD CARTER, « Pour mettre fin aux grèves. L'arbitrage par l'offre finale », *L'Analyste*, n° 8, hiver 1984-1985, p. 35-38.

63. EDWARD G. FISHER et HENRY STAREK, « Mediation-Arbitration and Vancouver Police Negotiations : 1945-1975 », Vancouver Policemen's Union, 1979, 73 p. ; « Experience with the Med-Arb Law in Wisconsin », *PERS/ALRA Information Bulletin*, vol. 4, n° 1, jan.-fév. 1981, p. 2-3, 5 ; S. KAGEL, « Combining Mediation and Arbitration » ; H. POLLAND, « Mediation-Arbitration : a Trade Union View » ; K. DUNLAP, « Mediation-Arbitration : Reactions from Rank and File », *Monthly Labor Review*, vol. 96, n° 9, septembre 1973, p. 62-63, 63-65, 65-66.

grandes conventions collectives du secteur privé. Elle peut être utile dans le cas de parties inexpérimentées, comme à l'occasion d'une première convention collective, ou dans certains conflits du secteur public fédéral; mais alors, il s'agit plus d'une médiation politique que du règlement d'un conflit de travail.

23.5.3 Grève sans arrêt de travail

L'expression peut surprendre, puisqu'une grève, par définition, est un arrêt de travail. La réalité que recouvre cette expression est aussi particulière que l'expression elle-même[64].

Cette formule a pour caractéristique de concrétiser les effets d'une grève sur les parties en cause sans affecter le public ou, de façon plus générale, sans interrompre la production. Les auteurs qui se sont arrêtés à un tel projet cherchaient à créer une situation où les salariés ne toucheraient pas leurs salaires – ou n'en toucheraient qu'une partie – et où les employeurs ne toucheraient pas leurs profits ou devraient payer, par exemple, un montant équivalant à celui du salaire perçu par les employés. Comme on considère que c'est l'absence de salaire et l'absence de production qui, dans une grève, forcent les parties à faire les concessions requises pour en arriver à une entente, on a cru que la reconstitution d'une telle situation, même de façon artificielle, pourrait produire les mêmes effets[65]. L'idée fut proposée d'abord par deux professeurs de l'Université Harvard, en 1949, et 12 ans plus tard, par un praticien de longue date[66]. Une entreprise manufacturière américaine a inscrit la formule dans sa convention collective, mais n'a pas eu à l'utiliser.

Le seul cas bien connu est celui qui opposait la compagnie d'autobus de Miami, la Miami Transit Company, à ses 675 chauffeurs. L'exemple est particulièrement approprié, parce qu'il s'agissait d'un service public et que l'effet économique pouvait toucher les deux parties sans affecter le public concerné. En effet, après trois jours de grève, les parties s'étaient mises d'accord sur la formule suivante: les autobus circuleraient, mais les usagers ne paieraient pas et les chauffeurs ne seraient pas rémunérés. Le public n'aurait donc pas à souffrir d'une grève entre une compagnie et ses employés. Malheureusement, une des règles posées – il était interdit aux chauffeurs d'accepter des pourboires – n'a pas été respectée et l'expérience s'est arrêtée brusquement.

Dans l'abstrait, on peut créer une situation idéale. Dans le concret de la vie courante, ce n'est pas aussi facile. Peu d'employés sont prêts à travailler sans compensation pour que leur « grève-sans-arrêt-de-travail » n'affecte pas les usagers du service qu'ils rendent. Certains ont souligné que la grève est un phénomène social, qui comporte bien plus qu'une perte de salaire pour les employés ; elle sert également d'exutoire à des tensions et à des frustrations, tout comme elle constitue un exercice de solidarité sociale.

Certaines modalités ont été proposées pour adapter ce modèle à diverses situations. Dans les cas où il s'agissait d'une entreprise manufacturière plutôt que d'un service, certains proposaient que la moitié de leur salaire soit versée aux employés au travail et que l'autre moitié soit déposée dans un compte en fiducie. L'employeur devait y déposer soit le même montant, soit une somme correspondant à l'estimation des pertes qu'il évitait parce qu'il n'y avait pas d'arrêt de travail. L'évaluation de ces pertes représentait alors une difficulté considérable.

De nouveau, et plus encore que dans le cas de l'arbitrage des propositions finales, une formule intellectuellement intéressante n'a jamais pu être réalisée concrètement, pour toutes sortes de raisons pratiques et psychologiques.

---

64. Les auteurs de langue anglaise utilisent l'expression *«no-strike» strike*. Quelques auteurs américains utilisent une expression encore plus énigmatique, *the statutory strike*, sans doute pour signifier qu'il s'agit alors d'une grève sur papier plutôt que réelle. DANIEL QUINN MILLS, *Labor-Management Relations*, 1re éd., New York, McGraw-Hill Books, 1978 (438 p.), p. 193-195.
65. GÉRARD DION, «La grève-sans-arrêt-de-travail», *Relations industrielles*, vol. 24, no 2, avril 1969, p. 279-297.
66. LE ROY MARCEAU et RICHARD A. MUSGRAVE, «Strikes in Essential Industries: A Way Out», *Harvard Business Review*, vol. 37, no 3, 1949, p. 286-292; DAVID B. MCCALMONT, «The Semi-Strike», *Industrial and Labor Relations Review*, vol. 15, no 2, janvier 1962, p. 191-208.

23.5.4 Choix des mesures

Toujours à la recherche d'une façon d'assurer l'efficacité de la négociation collective tout en évitant les inconvénients de l'arrêt de travail, surtout dans le secteur public, une autre formule a été proposée. Celle-ci a été au moins partiellement réalisée, même s'il n'est pas possible d'en évaluer l'efficacité avec une grande précision. Il s'agit du choix de mesures, mises à la disposition de l'organe administratif ou du ministre responsable, ou, selon l'expression imagée des anglophones, l'*arsenal of weapons*.

L'idée de fond de la formule, c'est que les parties contractantes résistent difficilement à la tentation d'utiliser les interventions à venir à leur avantage plutôt que dans le but de trouver une solution au conflit. Si les parties ne savent pas quel genre d'intervention leur sera imposé ni quand il le sera, elles peuvent difficilement s'en servir à leurs propres fins. Il leur est sans doute plus avantageux, dans ce contexte, de négocier de bonne foi, en cherchant une solution à leurs problèmes.

Nous avons vu que la loi fédérale canadienne s'inspire de cette idée puisque le ministre peut, à la suite de l'avis d'échec des négociations reçu d'une des parties en conflit, choisir d'intervenir ou de ne pas intervenir, d'intervenir en nommant un conciliateur, un commissaire-conciliateur ou une commission de conciliation. Le choix des mesures est relativement restreint, puisqu'il s'agit essentiellement de différentes formes de conciliation. On peut cependant imaginer un éventail plus vaste de possibilités. C'est le cas, par exemple, dans la loi de l'Alberta dans le cas de conflits qui entraînent une situation d'urgence provinciale (voir section 23.2.5). Aux États-Unis, la formule du Massachusetts est particulièrement célèbre[67].

Le fait d'ignorer s'il y aura intervention gouvernementale, de quelle nature elle sera et à quel moment elle se produira ne peut avoir d'autre résultat que de motiver les parties à poursuivre leur négociation avec le plus grand sérieux possible. Il peut s'agir d'une intervention non contraignante, comme la conciliation ou la médiation, d'une intervention comportant plus de restrictions, comme l'obligation de reporter l'arrêt de travail et de se soumettre à une enquête dans l'intervalle, d'une injonction interdisant de poursuivre l'arrêt de travail ou, finalement, d'une loi spéciale. Dans la mesure où les parties en cause ne souhaitent pas une intervention de l'extérieur – et nous pouvons présumer que cela se produit dans la majorité des cas –, un choix de mesures, mises à la disposition de l'autorité compétente, ne peut avoir que des effets bénéfiques.

Par contre, il ne faut pas oublier que, dans bien des cas, une des parties en cause, sinon les deux, souhaite une intervention de l'extérieur. Il arrive souvent que l'employeur et le syndicat espèrent pouvoir laisser à d'autres la responsabilité de l'entente qui leur est peut-être déjà apparue comme inévitable. Le syndicat peut se justifier devant ses membres, si la solution vient d'un médiateur ou d'un arbitre, et l'employeur peut s'expliquer devant son conseil d'administration s'il a été forcé, moralement ou légalement, d'accepter l'entente intervenue sous l'influence d'un tiers. Quand le ministre du Travail décide d'intervenir ou non, c'est à tout cet ensemble de circonstances qu'il doit se référer.

23.6 Conclusion

Au terme du présent chapitre, le lecteur peut facilement ressentir un sentiment de frustration. Le titre du chapitre lui a peut-être suggéré qu'il y trouverait des recettes qui, bien appliquées, allaient résoudre les conflits que les parties contractantes n'avaient pu surmonter en négociation directe. Il s'aperçoit que tel n'est pas le cas. Presque toutes les législations d'Amérique du Nord reposent sur le principe qu'une entente survenue entre les parties, tout imparfaite qu'elle soit, est toujours meilleure pour les parties que celle qui leur est imposée de l'extérieur.

En définitive, il n'y a que deux formules ou deux modes de règlement des conflits. Le premier recourt

67. GEORGE P. SHULTZ, «The Massachusetts Choice-of-Procedures Approach to Emergency Disputes», *Industrial and Labor Relations Review*, vol. 10, nº 3, avril 1957, p. 359-374.

à une intervention douce, non contraignante, la conciliation ou la médiation; pour que cette intervention réussisse, il faut que les parties souhaitent s'entendre. L'autre méthode consiste à rendre une décision; elle est de nature autoritaire et contraignante. Elle a l'avantage de mettre un terme à un conflit, mais l'inconvénient de causer désagréments et frustrations, probablement aux deux parties en cause. Bref, la libre négociation collective des conditions de travail n'est ni plus facile ni plus efficace que l'exercice de la liberté personnelle en démocratie politique et sociale. Il n'y a pas plus de solution parfaite et définitive dans un domaine que dans l'autre. Les intéressés doivent sans cesse rechercher l'équilibre et l'équité dans un environnement toujours changeant et généralement difficile.

Bibliographie

Ouvrages généraux

AULD, D.A.L. *et al.* «The Effect of Settlement Stage on Negotiated Wage Settlements in Canada», *Industrial and Labor Relations Review*, vol. 34, n° 2, janvier 1981, p. 234-243.

Bureau international du travail. *Conciliation and Arbitration Procedures in Labour Disputes. A Comparative Study*, Genève, BIT, 1980, 183 p.

CAIRE, GUY. «Procédures de règlement pacifique des conflits collectifs en France», *Relations industrielles*, vol. 38, n° 1, 1983, p. 3-27.

DUNLOP, JOHN T. *Dispute Resolution: Negotiation and Consensus Building*, Dover, Mass., Auburn House, 1984, 296 p.

KOCHAN, THOMAS A. *Collective Bargaining and Industrial Relations. From Theory to Policy and Practice*, Homewood, Ill., Richard D. Irwin, 1980, ch. 9: «Dispute resolution procedures», p. 272-305.

MALLETTE, NOËL. «Les différends et leurs mécanismes de règlement» dans *La gestion des relations du travail au Québec. Le cadre juridique et institutionnel*, sous la direction de Noël Mallette, Montréal, McGraw-Hill, 1980, p. 183-194.

Université Laval. *Le règlement des conflits d'intérêts en relations du travail dans la province de Québec*, 13e Congrès des relations industrielles de Laval, Québec, Les Presses de l'Université Laval, 1958, 201 p.

WOODS, H.D. *Labour Policy in Canada*, Toronto, MacMillan, 2e éd., 1973, ch. 5: «Intervention in Negotiations», p. 155-207.

Conciliation – Médiation

BROSSARD, MICHEL et ROSS, CLAUDETTE. «Conciliation obligatoire et conciliation volontaire», *Le marché du travail*, vol. 4, n° 9, septembre 1983, p. 50-58.

DE BONO, E. *Conflits: vers une médiation constructive*, Paris, InterÉdition, 1988.

HAMEED, S. et SEN JOYA. «A Power Theory of Third Party Intervention in Labour-Management Relations», *Relations industrielles*, vol. 42, n° 2, 1987, p. 243-255.

KOLB, DEBORAH M. *The Mediators*, Cambridge, Mass., The MIT Press, 1983, 230 p.

KUECHLE, DAVID. «L'art du médiateur» et «Une médiation se prépare», *La Gazette du travail*, vol. 74, n° 3, mars 1974, p. 132-138; vol. 74, n° 4, avril 1974, p. 200-208.

MAGGIOLO, WALTER A. *Techniques of Mediation*, Dobbs Ferry, N.Y., Oceana Publications, 1985, 458 p.

MOORE, CHRISTOPHER W. *The Mediation Process: Practical Strategies for Resolving Conflict*, San Francisco, Jossey-Bass, 1986, 348 p.

ROSS, CLAUDETTE. «La conciliation, un mode de réglementation encore mal connu» dans *Vingt-cinq ans de pratique en relations industrielles au Québec*, sous la direction de RODRIGUE BLOUIN (1164 p.), Cowansville, Yvon Blais Inc., 1990, p. 397-417.

ROSS, CLAUDETTE et BROSSARD, MICHEL. «La conciliation volontaire est-elle plus efficace que la conciliation obligatoire? Le cas du Québec», *Relations industrielles*, vol. 45, n° 1, 1990, p. 3-21.

SIMKIN, WILLIAM E. *Mediation and the Dynamics of Collective Bargaining*, Washington, D.C., Bureau of National Affairs, 1971, 410 p.

The Bargaining Process and Mediation, Toronto, Ontario Education Relations Commission, 1983.

TOUZARD, HUBERT. «La médiation dans les conflits de travail», *Sociologie du travail*, vol. 10, n° 1, janvier-mars 1968, p. 91-102.

TOUZARD, HUBERT. *La médiation et la résolution des conflits. Étude psychosociologique*, Paris, Presses universitaires de France, 1977, 420 p. (Coll. «Psychologie d'aujourd'hui».)

Arbitrage des différends

ADAMS, GEORGE W. «The Ontario Experience with Interest Arbitration», *Relations industrielles*, vol. 36, n° 1, 1981, p. 225-250.

ANDERSON, JOHN C. «The Impact of Arbitration: A Methodological Assessment», *Industrial Relations*, vol. 20, n° 2, printemps 1981, p. 129-148.

BLOUIN, RODRIGUE. «Y a-t-il encore place dans notre système de relations du travail pour l'arbitrage des différends?» dans *Les relations du travail au Québec: la dynamique du système*, 31e Congrès des relations industrielles de l'Université Laval, Québec, Presses de l'Université Laval, 1976, p. 97-119.

BROWN, DONALD J.M. *Interest Arbitration*, rapport n° 18 de l'Équipe spécialisée en relations du travail, Bureau du Conseil privé, Ottawa, Imprimeur de la Reine, 1970, 310 p.

CHELIUS, JAMES R. et EXTEJT, MARIAN. «The Narcotic Effect of Impasse-Resolution Procedures», *Industrial and Labor Relations Review*, vol. 38, n° 4, juillet 1985, p. 629-638.

D'AOUST, CLAUDE. «Réflexions sur l'arbitrage des différends», *Revue de droit* de l'Université de Sherbrooke, vol. 14, 1984, p. 626-657. Reproduit par l'École de relations industrielles, Université de Montréal, tiré à part n° 62 (1985).

FEUILLE, PETER et DELANY, JOHN THOMAS. «Collective Bargaining, Interest Arbitration, and Police Salaries», *Industrial and Labor Relations Review*, vol. 39, n° 2, janvier 1986, p. 228-240.

LOEWENGERG, J. JOSEPH *et al. Compulsory Arbitration: An International Comparison*, Lexington, Heath, 1976, 213 p.

NORTHRUP, HERBERT, R. *Compulsory Arbitration and Government Intervention in Labor Disputes*, Washington, D.C., Labor Policy Association, 1966, partie II: «Compulsory Arbitration», p. 9-107.

Rapport du groupe de travail sur l'arbitrage chez les policiers et pompiers, Québec, Centre de recherche et de statistiques sur le marché du travail, décembre 1980, 101 p.

TSONG, PETER Z.W. «Compulsory Arbitration in British Columbia: Bill 33», *Relations industrielles*, vol. 26, n° 3, août 1971, p. 744-763.

WEILER, JOSEPH M. (sous la direction de). *Interest Arbitration: Measuring Justice in Employment*, Toronto, Carswell, 1981, 283 p.

WHEELER, HOYT N. «Compulsory Arbitration: A "Narcotic Effect"?», *Industrial Relations*, vol. 14, n° 1, février 1975, p. 117-120.

Arbitrage de la première convention collective

BAIN, GEORGE SAYERS. *Accréditations, premières conventions et retraits d'accréditation: cadre d'analyse*, Ottawa, Travail Canada, mars 1981, 35 p.

COOKE, WILLIAM N. «The Failure to Negotiate First Contracts: Determinants and Policy Implications», *Industrial and Labor Relations Review*, vol. 38, n° 2, janvier 1985, p. 163-178.

DURAND, JEAN-YVES et GIRARD, MICHELLE. «L'arbitrage de la première convention collective» dans *La loi et les rapports collectifs du travail*, 14e Colloque de relations industrielles de l'Université de Montréal, 1983, Montréal, 1984, p. 50-65.

FORREST, ANNE. «Bargaining Units and Bargaining Power», *Relations industrielles*, vol. 41, n° 4, 1986, p. 840-850. (Étudie les unités et le pouvoir de négociation lors de premières négociations, ainsi que l'impact de l'arbitrage obligatoire.)

GIRARD, MICHELLE et ST-ONGE, YVAN. *L'arbitrage des premières conventions collectives*, Québec, Centre de recherche et de statistiques sur le marché du travail, juillet 1982, 137 p. Aussi, *Le marché du travail*, vol. 3, n° 9, septembre 1982, p. 53-56.

MACDONALD, ALASTAIR PETER. *First Contract Arbitration in Canada*, Kingston Queens University, Industrial Relations Centre, 1987, 64 p. (Research Essay Series No. 17.)

PATTERSON, DIANE L. *First Contract Arbitration in Ontario: An Evaluation of the Early Experience*, Kingston, Queen's University, Industrial Relations Centre 1990, 48 p. (Research Essay Series No. 30.)

SEXTON, JEAN. «L'arbitrage de première convention collective au Québec, 1979-1984, *Relations industrielles*, vol. 42, n° 2, 1987, p. 272-291.

SEXTON, JEAN. «First Contract Arbitration in Canada», *Labor Law Journal*, vol. 38, n° 8, août 1987, p. 508-514. Commentaires de P.B. BEAUMONT, *ibid.*, p. 515-518.

SOLOMON, NORMAN A. «The Negotiation of First Agreements under the Canada Labour Code: An Empirical Study», *Rapport du 22e Congrès de l'Association canadienne de relations industrielles, Montréal, 29-31 mai 1985*, Québec, ACRI, 1986, p. 88-102.

Arbitrage des offres finales

CARTER, RICHARD. «Pour mettre fin aux grèves. L'arbitrage par l'offre finale», *L'Analyste*, n° 8, hiver 1984-1985, p. 35-38.

FEUILLE, PETER. «Final Offer Arbitration and the Chilling Effect», *Industrial Relations*, vol. 14, n° 3, octobre 1975, p. 302-310.

FOSTER, HOWARD G. «Final Offer Selection in National Emergency Disputes», *The Arbitration Journal*, vol. 27, n° 2, juin 1972, p. 85-97.

STERN, JAMES L. «Final Offer Arbitration – Initial Experience in Wisconsin», *Monthly Labor Review*, vol. 97, n° 9, septembre 1974, p. 39-43.

STEVENS, CARL M. «Is Compulsory Arbitration Compatible With Bargaining?», *Industrial Relations* vol. 5, n° 2, février 1966, p. 38-52.

SUBBARAO, A.V. «Final-Offer-Selection vs Last-Offer-By-Issue Systems of Arbitration», *Relations industrielles*, vol. 33, n° 1, 1978, p. 38-56. Résumé français, p. 56-57.

SWIMMER, GENE. «Final Position Arbitration and Intertemporal Compromise: The University of Alberta Compromise», *Relations industrielles*, vol. 30, n° 3, août 1975, p. 533-536.

SWIMMER, GENE. «Final Offer Arbitration and Intertemporal Compromise: A Comment», *Relations industrielles*, vol. 33, n° 2, 1978, p. 290-292.

TREBLE, JOHN G. «How New is Final-Offer Arbitration», *Industrial Relations*, vol. 25, n° 1, hiver 1986, p. 92-94.

WEILER, PAUL. *Reconcilable Differences. New Directions in Canadian Labour Law*, Toronto, Carswell, 1980 (335 p.), p. 231-235.

WHEELER, HOYT N. «Closed-Offer: Alternative to Final-Offer Selection», *Industrial Relations*, vol. 16, n° 3, octobre 1977, p. 298-305.

Formules diverses

BERNSTEIN, MERTON C. «Alternatives to the Strike in Public Labor Relations», *Harvard Law Review*, vol. 85, n° 2, décembre 1971, p. 459-475.

DION, GÉRARD. «La grève-sans-arrêt-du-travail», *Relations industrielles*, vol. 24, n° 2, avril 1969, p. 279-297.

FISHER, EDWARD G. et STAREK, HENRY. «Mediation-Arbitration and Vancouver Police Negotiations: 1945-1975», Vancouver Policemen's Union, 1979, 73 p.

MILLS, DANIEL QUINN. *Labor-Management Relations*, 1re éd., New York, McGraw-Hill, 1978 (438 p.), p. 193-198.

PONAK, ALLEN et THOMPSON, MARK. «Public Sector Collective Bargaining» dans *Union-Management Relations in Canada*, 2e éd., sous la direction de JOHN C. ANDERSON, MORLEY GUNDERSON et ALLEN PONAK, Don Mills, Addison-Wesley, 1989 (498 p.), p. 395-397.

SHULTZ, GEORGE P. «The Massachusetts Choice-of-Procedures Approach to Emergency Disputes», *Industrial and Labor Relations Review*, vol. 10, n° 3, avril 1957, p. 359-374.

En collaboration (18 auteurs). «Exploring Alternatives to the Strike», *Monthly Labor Review*, vol. 96, n° 9, septembre 1973, p. 33-66.

Chapitre

24

Grèves et lock-out

PLAN

24.1 Nature et définitions

24.2 Données sur l'état de la situation

24.3 Aspects légaux

24.4 Aspects économiques

24.5 Causes et effets

24.6 Évolution générale des conflits de travail

Le présent chapitre découle du précédent, même des trois précédents. En effet, plusieurs soutiennent que l'arrêt de travail fait partie intégrante du processus de négociation, ne serait-ce que par la constante possibilité d'y avoir recours. Nous en traitons ici séparément parce que le phénomène a ses caractères propres. Pour en obtenir une meilleure compréhension, il est utile de le considérer en lui-même, mais en se rapportant fréquemment à l'ensemble du processus de négociation.

Nous considérerons d'abord la nature du phénomène et les nombreux aspects qu'il comporte, ce qui se traduit dans une terminologie abondante qu'il faut au moins parcourir rapidement. Pour mieux délimiter l'objet de l'étude, nous en décrirons la situation de fait, avec les principales statistiques et les grandes lignes de leur évolution. Il faudra ensuite aborder le cadre légal de l'exercice du droit de grève, ainsi qu'une série d'aspects et de problèmes légaux qui entourent le phénomène; suivront les aspects économiques, les causes et les effets qu'on lui attribue habituellement et, finalement, son rôle dans l'évolution de la société.

24.1 Nature et définitions

Quand nous parlerons de l'arrêt de travail, l'expression inclut la grève et le lock-out, c'est-à-dire le refus par l'employeur de permettre à ses employés d'exécuter leur travail habituel, dans le but de faire pression sur eux pour hâter la solution d'un conflit de travail. Nous parlerons davantage de la grève, parce qu'elle est généralement plus fréquente que le lock-out; mais un certain nombre de considérations relatives à la grève s'appliquent également au lock-out. Occasionnellement, nous nous référerons explicitement à ce dernier, mais le lecteur pourra généralement voir par le contexte si les observations s'appliquent strictement à la grève ou à tout genre d'arrêt de travail.

24.1.1 Nature de la grève

Le *Code du travail* définit la grève de façon descriptive: «La cessation concertée de travail par un groupe de salariés» (C.t. art. 1, g). Le mot clef est celui de cessation «concertée»: il s'agit d'un arrêt de travail qu'un groupe de travailleurs décide de faire pour forcer une autre partie, le plus souvent l'employeur, à modifier sa position dans les discussions en cours, en vue de la signature d'une convention collective. Le dictionnaire Dion parle d'utilisation de la prestation de travail plutôt que de la cessation; en effet, certaines formes de grèves, comme la grève perlée ou la grève de zèle, ne comportent pas une interruption complète de la prestation de travail mais un ralentissement. Aussi Dion définit-il la grève comme toute «utilisation concertée (...) de la prestation de travail comme moyen de pression (...)[1]».

Quelle est la nature véritable de cette cessation concertée de la prestation de travail? On peut soutenir, et on a raison de le faire, qu'il s'agit là d'un phénomène humain, historique et déterminé. Un groupe de salariés décide de recourir à cette forme d'action collective pour remédier à leur impuissance, comme individus, face à une situation qu'ils n'aiment pas, ou qu'ils considèrent injuste ou dangereuse. La grève reliée au processus de négociation n'est qu'un aspect du conflit industriel. Elle en est peut-être l'expression la plus visible, mais certainement pas la seule. Un malaise ressenti par un groupe de salariés peut s'exprimer de bien des façons: l'absentéisme, les retards, le ralentissement de la production, le sabotage, les départs volontaires, le roulement de la main-d'œuvre, et bien d'autres encore[2]. On reconnaît généralement deux formes principales de contestation ouvrière: le retrait et la protestation verbale (*exit-voice*[3]).

Qu'il y ait des conflits de travail, accompagnés de grèves et d'autres moyens de pression, ne doit pas surprendre. On a défini l'homme comme un animal social et, de ce fait, il sera fréquemment en conflit: querelles entre individus, querelles conjugales et familiales, concurrence économique souvent féroce,

1. Gérard Dion, *Le dictionnaire canadien des relations du travail*, 2e édition, Québec, Les Presses de l'Université Laval, 1986, p. 232.
2. Guy Caire, *La grève ouvrière*, Paris, Les Éditions ouvrières, 1978 (223 p.), p. 204-211. (Coll. «Relations sociales».)
3. Richard B. Freeman et James L. Medoff, *What Do Unions Do?*, New York, Basic Books Inc., 1984 (293 p.), p. 94-111.

conflits et guerres entre les nations, quand ce n'est pas à l'intérieur d'un même groupe. L'art de la guerre fait partie de l'histoire humaine autant que les grandes œuvres littéraires qui éveillent nos émotions les plus profondes. Le message unique et central de l'Évangile «Aimez-vous les uns les autres» a adouci la vie en société là où il a été reçu et pratiqué; il n'a pas réussi à faire disparaître tous les conflits. Il en est ainsi également dans le monde du travail[4].

Les conflits, tant les conflits de travail que les autres, ont fait l'objet d'études et de recherches de la part des politicologues, des économistes, des sociologues, des psychologues, des behavioristes et même des biologistes: l'étude génétique des caractéristiques des différentes espèces permet à la biologie d'expliquer la survie ou la disparition de chacune[5]. En ce qui a trait aux conflits de travail, nous avons des théories qui les expliquent par le pouvoir respectif des parties, le contrôle économique des facteurs de production, les affrontements entre personnes et entre groupes. On aura reconnu les théories politiques, économiques, psychologiques et sociologiques du conflit. Depuis une vingtaine d'années, les sciences du comportement ont contribué d'une manière importante à une meilleure compréhension du phénomène[6].

Les behavioristes ont souligné tout particulièrement l'importance de résoudre le conflit par une gestion appropriée du conflit lui-même. Un conflit qui se développe sans ordre et selon les instincts de chacun risque de tout détruire. C'est d'ailleurs une des raisons pour lesquelles les lois ont établi des cadres rigides et contraignants sur le déroulement des conflits de travail. La réglementation par l'État ne suffit pas pour que les conflits se résolvent de façon positive: les parties en cause doivent elles-mêmes gérer leurs conflits de manière à en obtenir au moins certains des résultats escomptés. Même les behavioristes ne conçoivent pas tous les conflits de la même façon. On peut y reconnaître deux courants principaux, celui des relations humaines et celui de l'approche pluraliste[7]. Les tenants du principe des relations humaines considèrent que le conflit peut être évité et qu'il reflète un manque de communication et de compréhension entre les parties. L'approche pluraliste, au contraire, soutient que le conflit doit être encouragé, réglementé, structuré, parce qu'il est inévitable; les biens désirés sont limités, et l'homme est naturellement agressif, sujet à un instinct de concurrence.

Selon la conception que l'on adopte, l'encadrement légal du conflit variera considérablement. L'évolution d'une même législation peut être l'objet d'un tel phénomène. C'est ainsi qu'au fil des ans nous avons noté, au Québec, une intervention d'abord très contraignante, puis très libérale, à laquelle on a par la suite progressivement ajouté de nouvelles contraintes, d'apparence moins catégoriques mais non moins efficaces[8]. Certains se demandent s'il existe un véritable droit de grève ou simplement une liberté de faire la grève.

Il n'est pas nécessaire d'avoir une réponse à ces questions avant d'aborder l'étude empirique du phénomène. Il faut cependant une connaissance de plusieurs concepts qui s'y rattachent.

24.1.2 Concepts connexes

Les sortes de grèves sont légion: nous en verrons plusieurs dans les sous-sections suivantes. Mention-

4. GILLES PLANTE, *Le conflit du travail: stratégie et tactique*, Québec Les Presses de l'Université Laval, Département de relations industrielles, 1984, 164 p. (Coll. «Relations du travail».) Préface de GÉRARD DION, p. v-vii; GÉRARD ADAM et JEAN-DANIEL REYNAUD, *Conflit de travail et changement social*, Paris, Presses universitaires de France, 1978, 389 p.
5. DONALD NIGHTINGALE, «Conflict and Conflict Resolution» dans *Organizational Behavior, Research and Issues*, Belmont, Cal., Wadsworth Publishing, 1976 (256 p.), p. 141.
6. GEORGE STRAUSS *et al.*, *Organizational Behavior. Research and Issues*, Belmont, Cal., Wadsworth Publishing, 1976, 256 p.
7. DONALD NIGHTINGALE, *op. cit.*, p. 142-145.
8. L'article suivant présente une analyse descriptive et analytique de la permissivité de la législation au Québec, au Canada et aux États-Unis. ANDRÉ DÉOM, «La grève et le lock-out» dans *Vingt-cinq ans de pratique en relations industrielles au Québec*, sous la direction de RODRIGUE BLOUIN. Cowansville, Les Éditions Yvon Blais inc., 1990 (1164 p.), p. 443-455.

nons ici seulement les éléments qui ne seront pas repris plus loin, particulièrement ceux qui concernent les formes atténuées de grèves. Le ralentissement de travail constitue un moyen que les salariés utilisent pour faire pression sur l'employeur, qu'ils aient ou non l'intention de recourir à la grève ultérieurement. Dans le *Code canadien du travail*, ainsi que dans les différentes lois de relations ouvrières des provinces canadiennes, le ralentissement de travail est assimilé à la grève: la grève est définie de telle sorte qu'elle inclut le ralentissement de travail[9]. Celui-ci est explicitement interdit au Québec (C.t. art. 108).

Le ralentissement de travail peut prendre plusieurs formes. Les salariés peuvent se déclarer malades et s'absenter du travail. Le Code ne traite pas des décisions individuelles. L'article qui interdit les ralentissements de travail vise l'association de salariés[10].

> Nulle association de salariés ou personne agissant dans l'intérêt d'une telle association ou d'un groupe de salariés n'ordonnera, n'encouragera ou n'appuiera un ralentissement d'activités destiné à limiter la production.

La Cour supérieure a statué qu'un refus collectif de faire des heures supplémentaires constitue une forme de ralentissement de travail interdite par l'article 108[11]. Une forme de ralentissement assez fréquemment utilisée est le prolongement de l'heure du dîner ou de la pause café, pendant lesquels on tient une assemblée syndicale, sans les autorisations requises.

Parmi les concepts connexes, il y a également ceux qui se rattachent au déroulement de la grève. À ce titre, on peut nommer tout particulièrement le piquetage, presque toujours présent lors d'une grève, et le boycottage, auquel on recourt plus rarement. Le «piquetage» désigne une manifestation à caractère collectif, qui se tient généralement à l'occasion d'un arrêt de travail et au cours de laquelle des salariés circulent en tenant des pancartes; celles-ci visent à informer les autres employés et le public du fait qu'il y a, à l'endroit où se tiennent les piquets de grève, un conflit de travail. La manifestation a pour effet, sinon pour objectif, d'entraver voire d'arrêter toutes les activités de l'entreprise en cause. Nous verrons plus loin que seul le piquetage d'information est légalement autorisé. On parle aussi de piquetage secondaire, quand il se produit non pas là où le conflit de travail a cours, mais aux abords d'une entreprise dont le propriétaire entretient des relations quelconques avec l'entreprise en conflit; ce second lieu de piquetage peut-être celui du fournisseur principal de l'entreprise en cause, de son client principal ou encore d'une entreprise qui utilise ses services; c'est ainsi que les grévistes d'un journal ont fait du piquetage devant des magasins qui continuaient d'annoncer dans le journal.

Le «boycottage», individuel ou collectif, consiste dans une sorte d'interdit appliqué à des biens, comme le refus d'acheter ou même simplement de manipuler certains produits qui ont été manufacturés dans une entreprise où existe un conflit de travail. Le boycottage peut s'effectuer au lieu même du travail ou très loin. Dans la même usine, des salariés d'une autre unité d'accréditation pourront ainsi refuser de manipuler des produits qui viennent d'un département de l'entreprise où a lieu un conflit de travail. Le plus souvent, le boycottage est dit secondaire, parce que le conflit de travail en cause se déroule dans une autre entreprise, souvent éloignée de celle où l'on se trouve. Par exemple, des employés d'une imprimerie pourront refuser de manipuler du papier ou d'utiliser de l'encre provenant d'une manufacture où un conflit de travail se déroule (c'est ce qu'on appelle le *hot cargo*). Un syndicat en conflit peut aussi tenter de convaincre le public de boycotter tel magasin ou tel produit, parce qu'un conflit de travail s'y déroule. Tout le monde a eu connaissance du boycottage des raisins de Californie, qui était recommandé par les syndicats nord-américains, à cause du refus par les employeurs d'ac-

9. *Code canadien du travail*, R.S.C. 1985, c. L-2, art. 3; Ontario, *Labour Relations Act*, R.S.O. 1980, c. 228, art. 1 (1).
10. *Code du travail* du Québec, L.R.Q., c. L-27, art. 108.
11. *Molson Outaouais ltée* c. *Union des routiers, brasseries, liqueurs douces et ouvriers de diverses industries*, local 1999, D.T.E. 89T-874 (Cour supérieure); *Fédération des infirmières et infirmiers du Québec (FIIQ)* c. *Institut de cardiologie de Montréal*, D.T.E. 89T-797 (Conseil des services essentiels).

cepter les syndicats des employés agricoles et des mauvaises conditions de travail qui y existaient.

Enfin, les grèves sont souvent l'occasion de demandes d'« injonction ». L'injonction consiste en une ordonnance de la Cour supérieure au Québec – d'une autre cour ailleurs – ordonnant à une personne ou à un groupe de personnes de ne pas faire une chose ou de faire une chose déterminée. Par exemple, si les piqueteurs bloquent les entrées d'une usine, l'employeur demandera une injonction limitant le nombre de piqueteurs à chaque entrée, de manière à ne pas empêcher la libre circulation des personnes. L'injonction est dite interlocutoire si la demande formulée paraît être nécessaire immédiatement pour éviter que ne soit causé un préjudice sérieux et irréparable à celui qui en fait la demande. Elle peut être émise d'urgence, c'est-à-dire avant que l'autre partie n'en soit informée et ne puisse s'y objecter. Elle est alors dite provisoire. Elle deviendra permanente, par exemple pour limiter le nombre de piqueteurs, une fois que le jugement final aura été rendu. Il s'agit d'une mesure prévue dans le *Code de procédure civile* (art. 751-761).

Il faut enfin rappeler la distinction entre légalité et moralité. Une grève peut être « illégale », parce qu'elle ne respecte pas telle exigence légale particulière, et ne pas être « immorale », si elle poursuit un objectif valable, conforme aux règles de l'éthique individuelle et sociale. Pour être morale, la grève doit aussi ne pas causer de tort grave à des tiers qu'elle pourrait affecter.

Tels sont les termes les plus importants qui se rattachent à l'exercice du droit de grève. Il reste à voir la longue liste des qualificatifs qui sont utilisés à propos des grèves et qui en soulignent tel ou tel aspect particulier[12].

12. Pour obtenir une définition succincte des principaux termes utilisés dans les cinq prochaines sous-sections, voir GÉRARD DION, *Le dictionnaire canadien des relations du travail*, voir *supra*, note 1.

24.1.3 Typologie selon l'ampleur

Par rapport à l'étendue de la grève, il y a principalement la grève générale et la « grève particulière ». Celle-ci vise un employeur et dans la plupart des cas elle ne touche qu'un établissement; il en est ainsi de la quasi-totalité des grèves en Amérique du Nord.

La « grève générale » met normalement en cause tous les salariés d'une région donnée; étant donné la diversité des entreprises et la pluralité des industries qu'on y trouve normalement, la grève générale a presque toujours un objectif d'ordre politique plutôt qu'économique. Dans l'histoire des conflits ouvriers au Canada, on mentionne deux cas de grève générale. Le premier s'est produit en 1919 dans la ville de Winnipeg[13]: la grève visait principalement les autorités municipales. Le second est plus récent: le 14 octobre 1976, en réponse à l'appel du Congrès du travail du Canada pour une journée de protestation contre les contrôles anti-inflation du gouvernement du Canada, plus d'un million de travailleurs ont quitté le travail[14]. Quelle est la légalité d'un tel arrêt de travail ? Il ne répond à aucune des normes établies dans les lois. On a parlé de cette journée de protestation comme d'une grève générale; pourtant elle n'a rejoint qu'environ le tiers des syndiqués de l'époque, puisque le nombre total de syndiqués au Canada à ce moment dépassait légèrement les trois millions.

Entre ces deux extrêmes que sont la grève particulière et la grève générale, il y a la « grève sectorielle », qui touche un secteur industriel déterminé. On parle de « grève généralisée » quand une grève, commencée dans un établissement, s'étend ensuite à tous les établissements de l'entreprise, et même éventuellement à l'ensemble d'une industrie ou à une part

13. DAVID J. BERCUSON, *Confrontation at Winnipeg: Labour, Industrial Relations and the General Strike*, Montréal, McGill-Queen's University Press, 1974, 227 p.; DESMOND MORTON et TERRY COPP, *Working People. An Illustrated History of the Canadian Labour Movement*, Ottawa, Deneau, 1980 (357 p.), p. 119-124.

14. « Day of Protest Keeps 1 035 445 from Work, Reports C.L.C. », *Canadian Industrial Relations and Personnel Development*, CCH, n° 42, 20 octobre 1976, p. 793-795.

importante de celle-ci. Enfin, on parlera de «grève partielle» lorsque tous les salariés de l'unité de négociation ne font pas la grève en même temps, mais que seulement certains groupes compris dans cette unité y participent; le cas est relativement rare.

24.1.4 Typologie selon la durée

En Amérique du Nord, presque toutes les grèves ont une «durée indéterminée», c'est-à-dire qu'une fois la grève déclarée, le retour au travail ne s'effectuera que lorsque le conflit sera réglé et la convention collective conclue, sinon signée. Même si, en principe, toutes les grèves en Amérique du Nord sont, une fois déclarées, continues et complètes, on rencontre parfois des cas de grèves tournantes; celles-ci durent une journée ou quelques jours dans un établissement, après quoi les employés en grève retournent au travail et la grève se poursuit ailleurs pendant quelques jours, et ainsi de suite. Il s'agit là d'une tactique – nous reviendrons sur cette typologie plus loin – plutôt que d'une question de durée proprement dite.

À la grève à durée indéterminée s'oppose la grève à durée limitée ou «grève symbolique». Contrairement à la pratique nord-américaine, on recourt habituellement à la grève symbolique, normalement d'une journée, dans certains pays d'Europe, particulièrement en France et en Italie. Il s'agit alors d'une grève de protestation ou d'avertissement qui vise l'employeur ou le gouvernement selon les cas. La «grève d'avertissement» se pratique parfois en Amérique pour faire sentir à l'employeur que le recours à la grève à durée indéterminée est possible s'il ne modifie pas sa position.

24.1.5 Typologie selon l'objectif

Le syndicat qui déclare une grève le fait dans un but ou en fonction d'un objectif déterminé. Cet objectif peut être multiple ou mixte, mais les principaux points auxquels tient le syndicat se résument généralement à deux ou trois questions de nature soit économique, soit politique, ou encore professionnelle.

La grande majorité des grèves poursuivent un objectif de nature économique. On inclut sous ce terme tous les efforts déployés pour améliorer les conditions de travail, pécuniaires ou autres. On parlera alors de «grève revendicative» si l'on cherche à obtenir de nouveaux avantages en matière de salaires ou de conditions de travail et de «grève défensive» si l'on veut plutôt empêcher un employeur de retirer des droits acquis, que ces droits résultent de la coutume ou de conventions collectives antérieures. Si elle est reliée à l'un ou l'autre de ces deux objectifs, on peut également inclure ici la grève d'avertissement, en considérant l'objectif poursuivi.

La «grève politique» vise les gouvernements et a pour but de faire modifier une politique ou une attitude sur un point donné, ou encore d'obtenir de nouveaux avantages par voie législative. La grève de protestation du 14 octobre 1976 citée plus haut était clairement une grève politique. On peut s'interroger sur la légalité de toute grève ayant un objectif politique en Amérique du Nord. Il peut arriver qu'une grève contre un employeur donné ait des connotations politiques compte tenu de l'ensemble des circonstances où elle se déroule. Mais il ne s'agit pas alors d'une grève politique au sens strict. Une grève particulière peut aussi avoir pour objectif, pas toujours dévoilé, de forcer le gouvernement à intervenir directement dans le conflit.

Une grève peut poursuivre des objectifs d'une nature autre, à caractère professionnel ou syndical. La «grève professionnelle» a pour but la reconnaissance d'un groupe professionnel ou d'un métier particulier. Dans le sens d'une reconnaissance équivalant à l'accréditation, une telle grève serait illégale, comme nous le verrons dans un moment. Mais l'objectif peut être plus modeste: un groupe particulier, représentant par exemple un métier spécialisé, dans une unité de négociation plus vaste, peut réclamer une reconnaissance qui s'exprime par des clauses et des conditions qui lui sont propres dans la convention collective; si le groupe faisait la grève dans ce but, on pourrait alors parler de grève de reconnaissance professionnelle, mais dans un sens restreint; d'ailleurs, il est peu probable que l'ensemble des salariés d'une unité de négociation accepte d'appuyer, jusqu'à l'arrêt de travail, les demandes d'un groupe restreint.

La grève à caractère professionnel peut se rapporter à ce qu'on appelle les «juridictions de métier». Dans l'industrie de la construction, les grèves de cette nature sont légion; elles sont probablement beaucoup plus nombreuses que les grèves économiques ordinaires. Les unions de métiers réclament pour leurs membres le droit exclusif d'exercer tel métier et de remplir telle fonction sur un chantier de construction; tout ouvrier qui n'est pas membre de l'union et qui, avec ou sans les connaissances requises, tente d'exercer ce métier, provoque habituellement un arrêt de travail spontané des membres de l'union en question. Il s'agit alors d'un conflit de «juridiction professionnelle» et d'une grève à caractère professionnel.

La grève peut poursuivre des objectifs strictement syndicaux. Le premier exemple est celui de la «grève de reconnaissance». Celle-ci a pour objectif de forcer l'employeur à reconnaître le syndicat comme le représentant exclusif d'un groupe de salariés déterminé. Le processus d'accréditation a remplacé la reconnaissance volontaire ou forcée de la part de l'employeur. En même temps et de ce fait, les grèves de reconnaissance syndicale sont interdites, puisqu'il existe un mécanisme légal pour obtenir cette reconnaissance syndicale. La «grève de sympathie» ou «grève de solidarité» constitue un autre exemple de grève à objectif syndical. Un tel arrêt de travail se produit parmi des salariés qui ne sont pas directement touchés par le conflit en question, mais qui recourent à l'arrêt de travail pour que leur propre employeur fasse pression sur l'autre employeur afin que celui-ci concède un avantage recherché ou retire une demande de concession. Le plus souvent, ceux qui déclenchent une grève de sympathie le font dans l'espoir d'obtenir par la suite de leur propre employeur un avantage équivalent. On peut s'interroger sur la légalité d'une telle grève.

24.1.6 Typologie selon les conditions de déclenchement

Sous cet aspect, la grève peut être «légale» ou «illégale», selon que les conditions prescrites par la loi ont toutes été respectées ou non. La légalité de l'exercice du droit de grève dépend du respect intégral des conditions posées par les lois qui s'y rapportent. Les statuts du syndicat peuvent également contenir certaines règles qui doivent aussi être respectées avant le déclenchement d'une grève. On parlera de «grève autorisée», pour signifier que la décision a été prise conformément à toutes les règles internes et, si nécessaire, qu'elle a été approuvée par les instances supérieures auxquelles le syndicat doit se référer. Si ces règles n'ont pas été suivies, on qualifiera l'arrêt de travail de «grève spontanée», si elle a été déclenchée par un groupe de salariés, sans préméditation et généralement sans avis au syndicat lui-même, ou encore de «grève sauvage» (*wildcat strike*), si elle a été déclarée contre l'avis des dirigeants syndicaux. Une grève sauvage a généralement un caractère de protestation, soit contre certains dirigeants syndicaux, soit contre l'employeur; il peut arriver qu'une grève sauvage soit permise sinon appuyée par les dirigeants syndicaux, sans qu'ils le déclarent ouvertement ou publiquement.

24.1.7 Typologie selon le déroulement et les tactiques

Selon ces deux facteurs, il y a autant de types de grèves que l'imagination peut inventer de formules nouvelles. Il faut noter d'abord l'opposition entre la grève ordinaire, ou continue, et la «grève tournante». Une grève tournante n'est possible que dans le cas où plusieurs lieux de travail sont engagés dans la grève, soit qu'il s'agisse d'une entreprise qui possède plusieurs établissements, d'un service avec plusieurs points d'attache, ou enfin d'un service public qui couvre un territoire étendu. La grève tournante consiste à organiser des cessations complètes de travail dans des lieux différents, à chaque jour ou à chaque semaine, ou encore à intervalles irréguliers, selon un calendrier déterminé ou non à l'avance. Les grèves des postiers au Canada ont souvent pris cette forme: un ou quelques jours de grève à Montréal, puis à Vancouver, puis à Toronto, et ainsi de suite. Les employés d'Hydro-Québec ont également eu recours à la grève tournante en diverses occasions. Dans des cas semblables, la grève tournante peut s'avérer avantageuse. Les jours où ils sont au travail, les employés reçoivent leur salaire; par contre ils peuvent rarement, ces journées-là, effectuer les tâches qu'ils accomplissent habituellement, parce qu'il existe des liens nécessaires entre les différents lieux de travail de l'entreprise. Pour cette raison, même les jours sans grève, le travail se fait au ralenti. Dans certains cas, la grève tournante n'a été efficace qu'au moment où elle est ainsi devenue, ni plus ni moins, complète et générale, du moins dans l'entreprise en cause.

Le ralentissement de travail est souvent désigné par le terme «grève perlée», l'adjectif évoquant probablement l'image de périodes de travail alternant avec des périodes d'oisiveté, comme les perles d'un collier. La «grève du zèle» constitue une forme de grève perlée ou de ralentissement de travail. Elle consiste dans l'exécution minutieuse et généralement exagérée de tous les ordres et de toutes les directives, dans les moindres détails, ce qui a pour effet de ralentir considérablement la production. L'exemple classique de la grève du zèle est l'action des douaniers qui décident, comme mesure de pression sur le gouvernement, de procéder à une fouille systématique de tous les voyageurs et de tous les véhicules qui traversent la frontière. La mesure produit généralement des engorgements à n'en plus finir.

La «grève d'occupation», parfois appelée grève sur le tas (*sit-down strike*), implique quant à elle que les salariés concernés occupent l'usine où ils travaillent et, plus particulièrement, demeurent au lieu habituel de leurs fonctions normales. Ce genre de grève a été très répandu au moment où le syndicalisme s'est installé dans les grandes fabriques d'automobiles aux États-Unis, au cours des années 1930. Il se pratique encore à l'occasion. Proportionnellement, il est peut-être plus fréquent dans les manifestations à caractère politique que dans les grèves normales de nature économique.

La «grève-bouchon» est une forme de grève partielle, pour laquelle on choisit de limiter l'arrêt de travail à un nombre restreint de travailleurs qui occupent des postes clés dans l'entreprise. Ainsi, toute partielle qu'elle soit, elle a pour résultat de bloquer complètement la production et son effet équivaut à une grève complète.

La «grève camouflée» est une grève normale et complète qu'on refuse d'appeler grève pour une raison de tactique; elle en possède toutes les caractéristiques, sauf le nom. On a ainsi camouflé la grève sous différentes appellations, la principale étant journée d'étude; on a aussi utilisé journées de prières, de réflexion, etc. La grève camouflée s'apparente à d'autres moyens de pression, comme les journées de maladie prises individuellement, les réunions syndicales tenues pendant les heures de travail, les pauses café prolongées indûment, et toutes sortes d'autres mesures, même de nature individuelle, lorsqu'elles sont décidées collectivement.

Voilà les principaux types de grève; il y en a d'autres, que le lecteur pourra reconnaître par les noms qu'on leur donne. Il fallait en rappeler plusieurs pour bien souligner la diversité du phénomène.

24.2 Données sur l'état de la situation

Avant d'aborder l'étude des divers problèmes que soulève l'exercice du droit de grève, il importe d'avoir une idée de l'importance numérique des arrêts de travail. Pour mieux comprendre les principales statistiques, nous considérerons quelques problèmes relatifs aux sources de renseignements sur les grèves.

24.2.1 Les sources et leurs difficultés

Une des premières difficultés est de dénombrer les grèves et de les distinguer, concrètement, des lock-out. En théorie, la différence est claire et nette: la grève est un arrêt de travail décidé par la partie syndicale et le lock-out par la partie patronale; tous deux ont pour objectif de forcer l'autre partie à faire des concessions en vue d'en arriver à un accord négocié volontairement. La difficulté vient du fait qu'un certain nombre d'arrêts de travail sont le résultat simultané d'une grève et d'un lock-out: la déclaration de lock-out peut être faite en riposte à une déclaration de grève, ou vice versa. Là où les statistiques font la distinction entre les deux, de 70 % à 80 % des arrêts de travail sont des grèves, environ 20 % des lock-out, et le reste est défini par l'une et l'autre à la fois. À moins que le contexte ne l'exige, nous ne ferons pas cette distinction qui, sur le plan statistique, est trop aléatoire.

Une autre difficulté vient de la population des arrêts de travail recensés par les organismes de statistiques. Ces organismes rencontrent deux difficultés particulières. D'abord, rien n'oblige les parties en conflit à faire rapport à Travail Canada, surtout s'il s'agit, comme dans la majorité des cas, de conflits de compétence provinciale. Travail Canada doit donc compter sur d'autres sources pour établir ses propres statistiques. De plus, généralement, on ne tiendra pas compte de conflits trop courts: certains conflits peuvent ne durer qu'une demi-journée, alors que d'autres se prolongent plusieurs mois. Travail Canada avait décidé, à un certain moment, d'inclure tous les arrêts de travail portés à sa connaissance qui équivalaient à au moins 10 jours de travail perdus; ce chiffre a ensuite été porté à 100. Les comparaisons d'une période à l'autre doivent donc être faites avec prudence. Au Québec, depuis 1977, les parties doivent faire rapport au ministre de tout arrêt de travail dans les 48 heures qui suivent sa déclaration (C.t. art. 58.1); mais rien ne nous assure que tous les arrêts de travail sont ainsi rapportés, même si l'on peut croire que la majorité le sont.

Il y a aussi la répartition des conflits et des employés visés dans les cas où le conflit franchit les frontières d'une province. Comment répartir les jours de travail perdus par une grève des postes, des chemins de fer et de toutes les autres entreprises de transport ou de communication? Souvent, on constitue une catégorie spéciale pour les conflits de cette nature.

Il y a enfin la variété des données et de leurs sources auxquelles nous avons déjà fait allusion. L'ensemble de ces difficultés fait que les statistiques concernant les grèves doivent être utilisées pour obtenir une idée générale de leur importance, mais qu'elles ne sont pas garanties à l'unité près, loin de là.

24.2.2 Les données de base

Il y a trois mesures principales dans les statistiques relatives aux arrêts de travail: le nombre d'arrêts de travail, le nombre de salariés concernés et le nombre total de jours de travail perdus. À ces trois mesures de base s'ajoutent les moyennes qu'on peut en tirer: le nombre moyen de salariés concernés par arrêt de travail, la durée moyenne des conflits et le nombre de jours de travail perdus par salarié. Finalement, la mesure la plus importante est le pourcentage que représente le nombre total de jours de travail perdus par rapport à l'estimation du nombre total de jours de travail fournis au cours de l'année, dans la région. Ce pourcentage permet des comparaisons entre plusieurs régions ou pays. Avant de regarder ces principales données, il faut ajouter quelques précisions sur les concepts de base.

Pour obtenir le nombre de conflits, on compte le nombre d'arrêts de travail des salariés d'un employeur ou d'un regroupement reconnu et structuré de plusieurs employeurs réunis dans une même négociation. Ce regroupement, là où il existe, constitue l'unité de base de la comptabilisation des conflits. Il faut noter qu'un même conflit peut donner lieu à plusieurs arrêts de travail successifs, mais séparés par un retour au travail d'une certaine importance.

Les salariés engagés dans un conflit sont ceux qui font la grève ou qui sont victimes d'un lock-out. On n'inclut pas dans ce nombre les salariés qui seront mis à pied par manque de travail. Ainsi, si les employés de production sont en grève, il faudra éventuellement mettre à pied un certain nombre d'employés de bureau, faute de pouvoir leur fournir du travail. Le nombre des salariés en arrêt de travail peut varier, au fil des semaines ou des mois, soit parce qu'un groupe faisant partie de l'unité revient au travail à un moment donné, soit parce que certains salariés se trouvent du travail ailleurs et quittent l'entreprise où il y a conflit. Dans ses statistiques, Travail Canada utilise le nombre le plus élevé au cours de la période de conflit, alors que celles du Québec sont fondées sur une moyenne établie à partir du nombre de salariés concernés au début du conflit comparativement à ceux qui retournent au travail à la fin de la grève[15].

15. Travail Canada, *Grèves et lock-out au Canada 1985*, p. 57;

La durée de l'arrêt de travail s'exprime en jours ouvrables; elle comprend la première journée et tous les jours ouvrables suivants, jusqu'à la fin de l'arrêt de travail. Nous n'avons pas retenu cette donnée, parce qu'elle est extrêmement variable et fugace: un arrêt de travail peut durer quelques jours ou, dans certains cas exceptionnels, quelques années. Pour sa part, le nombre de jours-personnes perdus s'établit en multipliant le nombre de travailleurs concernés par le nombre de jours perdus, en tenant compte à la fois des jours fériés et de la variation possible du nombre de travailleurs en grève. Quant au pourcentage du nombre de jours perdus par rapport au nombre total de jours ouvrables dans l'année, il s'obtient par le rapport entre les jours perdus par arrêt de travail et le produit du nombre de travailleurs non agricoles rémunérés multiplié par 250 jours de travail, le résultat étant multiplié par 100.

Le tableau 24-1 fournit les données de base sur les arrêts de travail au Canada et aux États-Unis au cours des 20 dernières années. Trois remarques préliminaires s'imposent. D'abord, les organismes qui établissent ces statistiques ont modifié leur façon de faire; en 1986 au Canada et quelques années plus tôt aux États-Unis, en 1982. Sans doute à cause des restrictions budgétaires, Travail Canada publie désormais seulement les données qui se rapportent aux arrêts de travail impliquant 500 travailleurs ou plus; le *Bureau of Labor Statistics* américain publie pour sa part les données visant les arrêts de travail de 1000 travailleurs ou plus. Les données, avant et après ce changement ne sont pas vraiment comparables. Ainsi, pour le Canada, avant 1986, les chiffres étaient censés inclure tous les arrêts de travail impliquant la perte de 10 jours-personnes de travail ou plus et durant une demi-journée de travail ou plus[16]. La différence dans les données causée par la modification est particulièrement visible dans le nombre d'arrêts de travail: c'est comme si on avait divisé ce nombre par 10 au Canada et par 25 aux États-Unis. Dans les autres mesures, la division se fait plutôt par deux ou par trois.

Les deux autres observations visent les arrêts de travail eux-mêmes. D'abord la variation des trois mesures est énorme d'une année à l'autre. Par exemple, au Canada, pour les jours perdus, le nombre varie de 2,5 millions à 11 millions. D'autre part, il faut insister sur le faible pourcentage de jours perdus par suite d'arrêts de travail, en proportion de l'ensemble des jours travaillés. Cette proportion se situe, pour l'ensemble du Canada, depuis une dizaine d'années, autour d'un dixième de un pour cent (0,1 %). C'est beaucoup moins que le nombre de jours perdus attribuables aux accidents de travail et infiniment moins que le nombre de jours perdus en raison du chômage. Ainsi, par rapport au taux de chômage qui s'est maintenu autour de 10 % au cours des dernières années, une proportion de 0,1 % est 100 fois plus petite.

En considérant le nombre de jours de travail perdus par suite d'un conflit de travail, on retrouve des concentrations à certaines années. Nous avons déjà donné l'exemple de la journée de protestation du 14 octobre 1976; elle se reflète dans les deuxième et troisième colonnes du tableau 24-1. Il y a eu, cette année-là, compte tenu de cette seule journée de grève, 1,5 million de salariés touchés, alors que la moyenne est d'environ 400 000, et 11,5 millions de jours de travail perdus. Les autres années où l'on trouve une assez forte concentration de jours perdus sont 1972, 1975, 1980 et 1981; ces années-là correspondent aux grands conflits du secteur public du Québec, qui ont vraisemblablement influencé les statistiques canadiennes générales.

Le tableau 24-1 révèle également que la proportion des jours perdus était plus élevée dans les années 1970 que depuis 1981-1982. La proportion était de 0,4 % à 0,5 % dans la décennie de 1970, alors qu'elle se situe à environ 0,1 % et 0,2 % depuis 10 ans.

Si l'on compare la proportion de jours perdus par suite d'arrêts de travail, on constate qu'elle est beau-

ANDRÉ DOMPIERRE, «Grèves et lock-out au Québec en 1990: bilan de l'année», *Le marché du travail*, vol. 12, nº 5, mai 1991, p. 84.

16. Travail Canada, *Grèves et lock-out au Canada 1985*, Ottawa, Approvisionnements et Services Canada, 1985, p. 56.

TABLEAU 24-1

Statistiques sur les arrêts de travail au Canada et aux États-Unis – 1971-1990

Années	Nombre			Moyenne		Pourcentage
	Arrêts de travail	Salariés concernés	Jours-personnes perdus	Salariés concernés par arrêt de travail	J-p. perdus par salarié concerné	J-p. perdus par salarié non agricole sur le total des jours de travail
CANADA						
1971	539	211 493	2 714 560	392	12,8	0,16
1972	567	686 129	7 423 140	1 210	10,8	0,41
1973	673	268 368	4 746 600	399	17,7	0,25
1974	1 218	580 912	9 221 890	477	15,9	0,46
1975	1 171	506 443	10 908 810	432	21,5	0,53
1976	1 039	1 570 940	11 609 890	1 512	7,4	0,55
1977	803	217 557	3 307 880	271	15,2	0,15
1978	1 058	401 688	7 392 820	380	18,4	0,34
1979	1 050	465 504	7 834 230	443	16,8	0,34
1980	1 028	441 025	8 975 390	429	20,4	0,38
1981	1 048	338 548	8 878 490	323	26,6	0,37
1982	677	444 302	5 795 420	656	13,0	0,25
1983	645	329 309	4 443 960	511	13,5	0,19
1984	717	184 924	3 890 480	258	21,0	0,16
1985	825	159 727	3 180 710	194	19,9	0,13
1986[1]	88	429 401	5 651 700	4 880	13,2	0,22
1987	62	530 473	2 405 092	8 557	4,5	0,09
1988	53	160 962	3 410 630	3 037	21,2	0,13
1989	67	394 171	2 177 040	5 883	5,5	0,08
1990	66	226 408	3 540 820	3 430	15,6	0,13
ÉTATS-UNIS						
1971	5 138	3 280 000	47 589 000	638	14,5	0,26
1972	5 010	1 714 000	27 066 000	342	15,8	0,15
1973	5 353	2 251 000	27 948 000	421	12,4	0,14
1974	6 074	2 778 000	47 991 000	457	17,3	0,24
1975	5 031	1 746 000	31 237 000	347	17,9	0,16
1976	5 648	2 420 000	37 859 000	428	15,6	0,19
1977	5 506	2 040 000	35 822 000	371	17,6	0,17
1978	4 230	1 624 000	36 923 000	384	22,7	0,17
1979	4 800	1 700 000	33 000 000	354	19,4	0,15
1980	3 885	1 366 000	33 289 000	351	24,4	0,14
1981	2 577	1 082 000	24 670 000	420	22,8	0,11
1982[2]	96	656 000	9 061 000	6 833	13,8	0,04
1983	81	909 000	17 461 000	11 222	19,2	0,08
1984	68	391 000	8 499 000	5 750	21,7	0,04
1985	61	584 100	7 079 100	9 575	12,1	0,03
1986	72	899 500	11 861 000	12 493	13,2	0,05
1987	51	377 700	4 480 700	7 405	11,9	0,02
1988	43	121 900	4 364 300	2 834	35,8	0,02
1989	52	454 100	16 996 300	8 733	37,4	0,07
1990	50	200 300	5 926 100	4 006	29,6	0,02

1. Depuis 1986, Travail Canada ne compte que les arrêts de travail impliquant 500 travailleurs ou plus.
2. Depuis 1982, le Bureau of Labor Statistics ne compte que les arrêts de travail impliquant 1000 travailleurs ou plus.

Sources: Canada: Travail Canada, *Arrêts de travail* et *Revue de la négociation collective*; États-Unis: Bureau of Labor Statistics, *Monthly Labor Review*.

coup plus élevée au Canada qu'aux États-Unis, presque le double. On constate également que la restriction aux arrêts de travail touchant 500 ou 1000 travailleurs a une répercussion considérable sur le nombre d'arrêts de travail et un effet bien moindre sur le nombre de salariés et de jours perdus. C'est donc dire que la très grande majorité des arrêts de travail vise des petites et des moyennes entreprises.

Le tableau 24-2 présente les données correspondantes pour le Québec et l'Ontario. Dans ces deux cas, les séries sont continues et représentent l'ensemble des conflits dans chacune des deux provinces. C'est ainsi qu'au cours des dernières années, il y a eu environ 200 arrêts de travail dans chacune des deux provinces, alors que les chiffres pour le Canada ne recensent qu'un peu plus de 60 arrêts de travail mettant en cause 500 travailleurs ou plus. L'arrêt de travail du 14 octobre 1976 est bien visible au Québec, avec 6,5 millions de jours perdus cette année-là; il est à peine perceptible en Ontario, où son effet a été négligeable. Les années où le nombre de jours de travail perdus dépasse trois millions au Québec correspondent aux années de négociation dans le secteur public et parapublic. En 1976, les grèves du secteur public, ajoutées à la journée du 14 octobre, font que le pourcentage de jours perdus dépasse 1 %: c'est la seule fois que le phénomène se produit dans les 20 années en question et seul le Québec atteint un tel sommet. Comme pour l'ensemble du Canada, la proportion des jours perdus est au moins deux fois plus élevée, dans les deux provinces, au cours de la décennie de 1970 que depuis 1980: 0,6 % au Québec et 0,3 % en Ontario dans les années 1970, et 0,2 % et 0,1 % au cours des années 1980. On voit en même temps que le phénomène des grèves est, toutes proportions gardées, deux fois plus important au Québec qu'en Ontario. Même les chiffres absolus le révèlent clairement: le nombre de grèves est presque toujours plus élevé au Québec qu'en Ontario, malgré une population moindre; sauf une ou deux exceptions, c'est la même chose pour le nombre de jours perdus. Quant au nombre de salariés touchés, il est, bon an mal an, presque deux fois plus élevé au Québec qu'en Ontario.

L'observation la plus importante demeure cependant la diminution importante du nombre et de la proportion des grèves et de leur impact au cours des années 1980. L'effet de la récession de 1981-1982 est certainement très important à ce sujet. D'autres facteurs ont pu s'y ajouter que nous considérerons plus loin.

24.2.3 Perspective historique

Le tableau 24-3 nous permet de faire remonter notre examen de l'évolution de la situation jusqu'à la fin de la Deuxième Guerre mondiale, au moment où l'on a commencé à tenir des statistiques sur les arrêts de travail. La première observation, c'est que le nombre d'arrêts de travail, le nombre de travailleurs concernés et la perte de journées de travail sont beaucoup moindres de 1945 à 1965 que par la suite. Il n'y a qu'une seule exception importante, en 1946, où 4,5 millions de jours de travail ont été perdus, ce qui représentait une proportion de 0,5 % du temps de travail présumé. Cette proportion de 0,5 % pour l'ensemble du Canada ne reviendra qu'une seule autre fois, en 1976. On notera une proportion de 0,2 % ou 0,3 % seulement trois fois de 1945 à 1965, en 1947, 1952 et 1958; ces années-là correspondent à des poussées d'inflation, où les travailleurs tentaient, par des demandes salariales plus élevées, de maintenir leur pouvoir d'achat. C'est en 1966 que l'inflation a commencé à augmenter sérieusement d'année en année; on observe, en même temps, dans l'ensemble du Canada, une augmentation importante du nombre d'arrêts de travail, de salariés touchés et de jours de travail perdus. Le nombre et la proportion des arrêts de travail augmenteront ainsi, avec quelques différences d'une année à l'autre, jusqu'en 1976. Le phénomène ralentira quelque peu entre 1977 et 1981. De 1966 à 1982, la moyenne du temps perdu a toujours été, sauf en 1971 et 1977, d'au moins 0,3 %. Depuis 1982, le calme semble revenu sur le front des grèves au Canada, avec une moyenne de temps de travail perdu de 0,1 % à 0,2 %.

Tout au long du XXe siècle, au Canada, on a pu établir trois vagues de grèves. Le premier cycle a commencé vers 1895 et il a atteint son apogée en 1919. Le second va de 1920 à 1947: il augmente peu à peu pour atteindre un sommet en 1946 et 1947. La

TABLEAU 24-2

Statistiques sur les arrêts de travail au Québec et en Ontario – 1971-1990

Années	Nombre			Moyenne		Pourcentage
	Arrêts de travail	Salariés concernés	Jours-personnes perdus	Salariés concernés par arrêt de travail	J-p. perdus par salarié concerné	J-p. perdus par salarié non agricole sur le total des jours de travail
QUÉBEC						
1971	134	48 747	603 120	364	12,4	0,12
1972	147	352 130	3 234 310	2 395	9,2	0,66
1973	199	74 372	1 604 790	374	21,6	0,30
1974	390	190 277	2 610 950	488	13,7	0,48
1975	363	185 765	3 254 930	512	17,5	0,57
1976	315	607 818	6 583 488	1 930	10,8	1,15
1977	299	61 466	1 433 421	206	23,3	0,24
1978	354	126 026	1 869 461	356	14,8	0,33
1979	384	199 714	3 658 886	520	18,3	0,60
1980	346	170 293	3 952 330	492	23,2	0,71
1981	359	60 510	1 790 420	169	29,6	0,31
1982	254	218 387	1 339 356	860	6,1	0,24
1983	253	156 760	2 384 822	619	15,2	0,42
1984	323	41 067	1 140 161	127	27,8	0,19
1985	263	42 096	1 136 947	160	27,0	0,18
1986	280	268 143	2 250 949	958	8,4	0,35
1987	291	94 478	1 605 033	324	17,0	0,22
1988	228	46 539	1 431 484	204	30,8	0,19
1989	244	297 672	1 609 763	1 220	5,4	0,21
1990	189	128 619	1 127 985	681	8,8	0,15
ONTARIO						
1971	202	80 517	1 366 750	399	17,0	0,20
1972	188	68 590	2 072 830	365	30,2	0,29
1973	204	108 469	1 694 210	532	15,6	0,22
1974	340	117 434	2 619 590	345	22,3	0,39
1975	359	124 773	3 175 270	348	25,4	0,39
1976	279	109 527	1 654 800	393	15,1	0,21
1977	245	84 208	1 111 270	344	13,2	0,14
1978	276	121 771	2 970 560	441	24,4	0,37
1979	308	106 630	2 529 050	346	23,7	0,31
1980	268	80 014	1 676 110	298	20,9	0,20
1981	243	74 731	2 258 620	308	30,2	0,26
1982	215	89 044	2 207 020	414	24,8	0,26
1983	200	29 957	760 050	150	25,4	0,09
1984	209	79 586	1 414 340	381	17,8	0,16
1985	302	77 723	1 232 170	241	16,9	0,14
1986	232	62 751	940 620	210	15,0	0,09
1987	246	64 349	1 108 870	262	17,2	0,10
1988	180	62 082	1 362 150	339	21,9	0,12
1989	190	45 679	868 630	240	19,0	0,08
1990	218	81 022	2 957 640	372	36,5	0,26

Sources : François Delorme, Gaspar Lassonde et Lucie Tremblay, *Grèves et lock-out au Québec, 1966-1976*, Québec, Éditeur officiel, 1978, 36 p. ; Québec, *Grèves et lock-out au Québec*, publication annuelle ; *Le marché du travail* ; Travail Canada, *Grèves et lock-out au Canada*, publication annuelle ; Données sur le travail, *Arrêts de travail*, publication mensuelle ; Ontario, *Collective Bargaining Review*, publication annuelle.

TABLEAU 24-3

Grèves et lock-out au Canada – 1945-1970

Années	Grèves et lock-out[1]	Travailleurs concernés	Durée en jours-personnes	Jours-personnes en pourcentage du temps de travail présumé
1945	197	96 068	1 457 420	0,19
1946	226	138 914	4 515 030	0,54
1947	234	103 370	2 366 340	0,27
1948	154	42 820	885 790	0,10
1949	135	46 867	1 036 820	0,11
1950	160	192 083	1 387 500	0,15
1951	258	102 793	901 620	0,09
1952	219	112 273	2 765 510	0,29
1953	173	54 488	1 312 720	0,14
1954	173	56 630	1 430 300	0,15
1955	159	60 090	1 875 400	0,19
1956	229	88 680	1 246 000	0,11
1957	245	80 695	1 477 100	0,13
1958	259	111 475	2 816 850	0,25
1959	216	95 120	2 226 890	0,19
1960	274	49 408	738 700	0,06
1961	287	97 959	1 335 080	0,11
1962	311	74 332	1 417 900	0,11
1963	332	83 428	917 140	0,07
1964	343	100 535	1 580 550	0,11
1965	501	171 870	2 349 870	0,17
1966	617	411 459	5 178 170	0,34
1967	522	252 018	3 974 760	0,25
1968	582	223 562	5 082 732	0,32
1969	595	306 799	7 751 880	0,46
1970	542	261 706	6 539 560	0,39

1. Grèves et lock-out en cours durant l'année considérée.

Source : Direction de l'économique et des recherches, ministère fédéral du Travail, *Grèves et lock-out au Canada*, Ottawa, Imprimeur de la Reine, publication annuelle.

troisième vague connaît un sommet qui se prolonge de 1965 à 1975[17].

17. Stuart M. Jamieson, *Times of Trouble : Labour Unrest and Industrial Conflict in Canada, 1960-1966*, étude n° 22 de l'Équipe spécialisée en relations du travail, Ottawa, Information Canada, 1971, 542 p. ; Stuart M. Jamieson, « The Third Wave of Labour Unrest and Industrial Conflict in Canada, 1900-1967 », *Relations industrielles*, vol. 25, n° 1, janvier 1970, p. 22-31. Résumé français, p. 32-33.

24.2.4 Perspective internationale

L'intensité des grèves varie considérablement d'un pays à l'autre. Au cours des années 1970, le Canada, surtout à cause du Québec, a eu le record mondial des jours de travail perdus par suite de conflits industriels. Le tableau 24-4 donne, aux cinq ans, les statistiques disponibles pour le Canada, les États-Unis et cinq pays d'Europe. Au cours des 20 dernières années, ces sept pays industrialisés se classent dans

TABLEAU 24-4
Grèves et lock-out dans le monde – Comparaisons internationales[1] – 1970-1987

Pays	Années	Nombre d'employés non agricoles[2] (en milliers)	Grèves			
			Nombre de conflits	Travailleurs touchés (en milliers)	Jours de travail perdus (en milliers)	% du temps travaillé[3]
Allemagne de l'Ouest	1970	23 907	n.d.	184,3	93,2	0,002
	1975	22 975	n.d.	35,8	68,7	0,001
	1980	23 365	n.d.	45,2	128,4	0,002
	1985	23 201	n.d.	78,2	34,4	0,001
	1987	23 537	n.d.	155,0	33,3	0,001
Canada	1970	7 196	542	261,7	6 539,6	0,364
	1975	8 720	1 171	506,4	10 908,8	0,500
	1980	9 416	1 028	441,0	8 975,4	0,381
	1985	9 886	829	162,2	3 125,5	0,126
	1987	9 514	658	582,7	3 984,5	0,152
États-Unis	1970	70 880	5 716	3 305,2	66 413,8	0,375
	1975	76 945	5 031	1 746,0	31 237,0	0,162
	1980	90 406	187	795,3	20 844,0	0,092
	1985	97 519	54	323,9	7 079,1	0,029
	1987	102 310	46	174,3	4 455,6	0,017
France	1970	15 635	2 942	1 079,8	1 742,2	0,042
	1975	16 808	3 888	1 827,1	3 868,9	0,092
	1980	17 731	2 118	500,8	1 522,9	0,034
	1985	17 605	1 901	22,8	567,6	0,013
	1987	17 718	1 391	18,6	511,5	0,012
Italie	1970	15 694	4 162	3 721,9	20 887,5	0,532
	1975	16 684	3 601	14 109,7	27 189,1	0,652
	1980	17 775	2 238	13 825,0	16 457,0	0,370
	1985	18 598	1 341	4 842,8	26 815,0	0,577
	1987	18 818	1 149	4 272,7	32 240,0	0,685
Royaume-Uni	1970	22 013	3 906	1 800,7	10 980,0	0,200
	1975	22 312	2 282	808,9	6 012,0	0,108
	1980	22 618	1 330	833,7	11 964,0	0,212
	1985	21 165	903	791,3	6 402,0	0,121
	1987	21 487	1 016	887,4	3 546,0	0,066
Suède	1970	3 540	134	26,7	155,7	0,018
	1975	3 801	86	23,6	365,5	0,038
	1980	3 995	212	746,7	4 478,5	0,448
	1985	4 090	160	124,5	504,2	0,049
	1987	4 166	72	10,5	14,7	0,001

n.d.: Données non disponibles.

1. Les définitions et les modes de compilation varient d'un pays à l'autre; elles peuvent aussi changer dans un même pays, comme aux États-Unis, au début de 1980.
2. Dans le cas de l'Allemagne, de l'Italie et de la Suède, main-d'œuvre civile employée. Pour les autres pays, travailleurs non agricoles rémunérés.
3. Les calculs se fondent sur l'hypothèse de 250 jours ouvrables par année.

Source: Bureau international du travail, *Annuaire des statistiques du travail*, 1980 et 1988, Genève, BIT, 1980, p. 205-210, 634-640; 1988, p. 495-505, 1048-1054.

l'ordre suivant pour l'importance relative des arrêts de travail qu'on y a observés:

Italie
Canada
États-Unis
Royaume-Uni
France
Suède (sauf en 1980)
Allemagne de l'Ouest

Plus d'une fois dans les années 1970, le Canada a déclassé l'Italie, qui avait toujours détenu le record des jours perdus par arrêt de travail; l'Italie a retrouvé son rang, le premier, dans les années 1980. Les États-Unis et le Royaume-Uni se classent bons seconds, avec des proportions variables mais comparables. La décision américaine de ne retenir, depuis 1980, que les conflits de 1000 travailleurs et plus fausse les comparaisons. La France a beaucoup de grèves, presque autant que l'Italie, mais elles sont de très courte durée. Viennent ensuite la Suède (sauf un écart marqué en 1980) et l'Allemagne de l'Ouest. En Allemagne de l'Ouest, on n'a perdu que un ou deux millièmes de 1 % du temps de travail, par grève ou lock-out, tout au long des 20 dernières années.

L'importance démesurée des grèves au Canada apparaît particulièrement quand on note que le nombre de jours perdus par année est relativement semblable au Canada et au Royaume-Uni, alors que le Royaume-Uni compte une main-d'œuvre de 2 à 2,5 fois plus importante que celle du Canada.

Les chiffres du tableau révèlent également la longueur moyenne des grèves. En Allemagne de l'Ouest, le nombre de jours perdus est souvent moindre que le nombre de travailleurs touchés, impliquant des grèves de moins d'une journée. Dans les autres pays d'Europe, le nombre moyen de jours perdus par travailleur concerné varie de 2 à 8, y compris en Italie. Récemment, les grèves semblent s'être allongées en France. Mais le record de jours perdus par travailleur touché appartient toujours à l'Amérique: entre 20 et 30 jours pour chaque gréviste. Cela tient entre autres au fait que, contrairement à ce qui se produit en Europe, les grèves en Amérique ont presque toujours une durée indéterminée, c'est-à-dire qu'on ne retourne pas au travail tant qu'il n'y a pas eu entente entre les parties.

Sauf quelques exceptions, l'importance et la durée des grèves ont diminué depuis 1980 dans presque tous les pays. La récession a frappé partout. Mais n'y aurait-il pas d'autres raisons?

Le nombre moins élevé de grèves et la proportion de plus en plus faible du temps perdu, au cours des années 1980, soulèvent la question de l'avenir de la grève comme instrument de pression pour les travailleurs. Certains se demandent si l'arrêt de travail n'est pas devenu un instrument désuet dans la poursuite des objectifs syndicaux[18]. La principale raison de la moindre efficacité de la grève est l'automatisation. Une grève n'est efficace que si elle perturbe la production des biens ou des services de l'entreprise. Pour ne donner que deux exemples, le raffinage du pétrole et les services téléphoniques sont devenus tellement automatisés qu'ils peuvent fonctionner assez longtemps malgré une grève des employés dans ces deux industries. Ce n'est pas à dire qu'il n'y aura pas d'arrêt de travail dans de tels secteurs, mais ils perdent certainement de leur efficacité. C'est ainsi que près de 20 000 employés de Bell Canada ont fait la grève du 24 juin au 21 octobre 1988, soit près de quatre mois, dans tout le Québec et l'Ontario. Avant que la grève ne devienne efficace, il fallait que bien des pannes de circuits téléphoniques ne soient pas réparées et que l'attente dans le cas des services qui exigent l'intervention du personnel ait exaspéré les usagers; cela a pris beaucoup plus de temps qu'il n'en aurait fallu avant l'automatisation des services téléphoniques[19].

18. A.J. RASKIN, «Making Strikes Obsolete», *The Atlantic Monthly*, vol. 217, nº 6, juin 1966, p. 47-52. Traduit en français: «Les grèves pourraient-elles tomber en désuétude?», *La Gazette du travail*, vol. 66, nº 10, novembre 1966, p. 674-675; BEN BURDETSKY et MARVIN S. KATZMAN, «La grève: une arme qui a fait son temps?», *Bulletin d'informations sociales*, BIT, nº 2, juin 1984, p. 249-253. L'article porte sur les États-Unis.

19. *Revue de la négociation collective*, décembre 1988, p. 97 et mars 1989, p. 98.

La conjoncture est un facteur qui émousse singulièrement l'efficacité de l'arme économique qu'est la grève. Dans une situation de 8 % à 10 % de chômage, comme au Canada, avec des faillites d'entreprises nombreuses et des difficultés financières considérables, un arrêt de travail risque d'empirer les choses plutôt que de les améliorer, du moins dans le secteur privé. C'est sans doute ce qui explique la chute des arrêts de travail depuis la récession de 1981-1982.

Un troisième facteur mérite d'être mentionné, celui de l'opinion publique. Les grèves du secteur public ont terni l'image des syndicats comme défenseurs des travailleurs défavorisés. Personne dans la population ne considérera les employés de l'État comme des salariés défavorisés. Si l'on ajoute, par exemple, l'expérience des contrôleurs du trafic aérien américains qui, malgré les avertissements reçus, ont fait une grève illégale qui a amené le président Reagan à les congédier en bloc, on comprend que même les syndiqués les plus convaincus soient craintifs au moment de déclencher un arrêt de travail[20].

Tout cela fait que les grèves sont de plus en plus rares et de moins en moins importantes dans le secteur privé. Dans le secteur public, les affrontements continuent, moins nombreux quand le chômage est trop élevé, mais généralement accompagnés d'un militantisme combatif, fort de sa propre sécurité. Dans les négociations avec les gouvernements, les municipalités, les sociétés d'État et les autres organismes gouvernementaux, on trouve encore souvent les caractéristiques traditionnelles de la grève, haute en couleur, avec son vocabulaire propre et les ultimatums fracassants de part et d'autre. Le phénomène n'est certainement pas étranger au fait que les gouvernements sont les seules institutions dont l'avenir est assuré. Les années 1980 ont démontré que même les plus grosses compagnies du monde pouvaient se retrouver en difficulté. Les syndicats qui représentent leurs employés doivent en tenir compte.

Quant à eux, les employés permanents des gouvernements ont la sécurité d'emploi – totale aux yeux du public, malgré ce que les représentants syndicaux peuvent déclarer – sans oublier que leur employeur ne peut pas faire faillite. C'est la situation idéale pour mener une grève traditionnelle. En contrepartie, il faudra sans doute que les gouvernements aient recours aux lois spéciales, comme dans les années 1970. L'argument de la dette publique inacceptable, et des taxes et des impôts déjà intolérables semble avoir eu un certain effet au début des années 1980. Il s'est cependant émoussé avec le temps. Pourtant, les problèmes sont toujours là. Que cela plaise ou non, les gouvernants devront probablement recourir à nouveau aux lois spéciales, comme ils l'ont fait abondamment dans les années 1970. La législation s'est raffinée, en particulier en matière de services essentiels, mais la situation fondamentale des deux parties, dans le secteur public, n'a pas foncièrement changé.

24.3 Aspects légaux

L'exercice du droit de grève soulève de nombreuses questions légales. Nous discuterons les principales, en commençant par les conditions requises pour que l'exercice de ce droit réponde aux exigences de la loi.

24.3.1 Conditions fondamentales

En expliquant les divers modes de règlement des conflits, nous avons indiqué, au chapitre précédent, les conditions requises pour exercer légalement le droit de grève ou de lock-out (chapitre 23, sections 23.2.2 et 23.2.3). Il suffira ici d'énumérer les conditions qui ont déjà fait l'objet d'explications.

La principale condition, c'est qu'il se soit écoulé 90 jours depuis la réception par le ministre de l'avis de négocier adressé à l'autre partie; l'association de salariés doit préalablement avoir été accréditée en bonne et due forme (C.t. art. 58 et 106). Le syndicat doit tenir un vote de grève au scrutin secret parmi les membres de l'association accréditée compris dans l'unité de négociation, et un avis favorable à la grève

20. Herbert R. Northrup, «The Rise and Demise of PATCO (Professional Air Traffic Controllers Organization)», *Industrial and Labor Relations Review*, vol. 37, n° 2, janvier 1984, p. 167-184.

doit être exprimé par une majorité de ceux qui exercent leur droit de vote; avis de la tenue de ce vote doit être donné au moins 48 heures à l'avance. Si le vote est majoritairement favorable à la grève, il faut en informer le ministre dans les 48 heures qui suivent le scrutin (C.t. art. 20.2). Cependant, l'omission du vote de grève n'ouvre la porte à rien d'autre qu'à une poursuite pénale (C.t. art. 20.4). La grève n'est pas illégale du fait que le vote n'a pas été tenu comme prescrit[21]. Une fois la grève déclarée, le ministre doit en être avisé dans les 48 heures qui suivent (C.t. art. 58.1).

De fortes amendes sont imposées par la loi à quiconque déclare ou provoque un arrêt de travail illégal. Pour les salariés à titre individuel, les amendes sont de 25 $ à 100 $; mais pour le syndicat elles vont de 5000 $ à 50 000 $ pour chaque jour ou partie de jour que dure cet arrêt de travail illégal (C.t. art. 142).

Dans le cas d'un service public pour lequel le gouvernement n'a pas pris de décret imposant le maintien de services essentiels, une seule autre condition s'ajoute: un avis écrit de sept jours doit être transmis au ministre et à l'autre partie précisant le moment où le syndicat, ou l'employeur, entend recourir à la grève, ou au lock-out (C.t. art. 111.0.23). S'il y a décret gouvernemental ordonnant le maintien de services essentiels, d'autres conditions sont requises: la liste des services à maintenir doit être établie par négociation et transmise au Conseil des services essentiels; faute d'entente négociée, c'est la liste syndicale qui doit être déposée auprès du Conseil (C.t. art. 111.0.18). La liste doit recevoir l'approbation du Conseil et le syndicat doit donner un avis écrit de sept jours au ministre, à l'employeur et au Conseil, de la date à laquelle il entend recourir à la grève (C.t. art. 111.0.23). Le lock-out est alors interdit (C.t. art. 111.0.26).

Rappelons que toute grève de reconnaissance syndicale est toujours interdite et que la grève est interdite aux policiers et aux pompiers, comme le lock-out l'est aux municipalités et aux régies intermunicipales qui les emploient (C.t. art. 105).

Dans les entreprises de compétence fédérale, l'avis d'échec au ministre, en cas d'impasse, est implicitement obligatoire, parce que la décision du ministre à cette occasion déterminera les conditions d'acquisition du droit de grève (C.c.t. art. 71). Une seule autre condition est imposée: il faut que sept jours se soient écoulés depuis la date où le ministre a avisé les parties de son intention de ne pas nommer de conciliateur ou d'autres organismes de conciliation, ou encore sept jours depuis le moment où le ministre a remis le rapport du dernier intervenant (C.c.t. art. 89, 1).

Voilà les principales conditions pour que l'exercice du droit de grève au Québec et dans les entreprises de compétence fédérale soit légal. Il serait trop long de reprendre les conditions dans les autres provinces; elles ressemblent, sauf en ce qui a trait au délai requis, aux dispositions fondamentales du *Code canadien du travail*.

24.3.2 Droit de grève et chartes des droits

Il faut bien souligner que les chartes canadienne et québécoise des droits et libertés de la personne garantissent la liberté d'association, mais pas le droit de grève ni même, directement, le droit à la négociation collective[22].

Même si le droit d'association est considéré comme un des plus fondamentaux dans une société libre, la Cour suprême du Canada a clairement statué, en 1987, que ce droit ne s'étendait pas à toutes les activités d'une association et qu'à ce titre, il pouvait être réglementé par l'autorité législative[23]. La Cour

21. *Syndicat des employés du Théâtre St-Denis* c. *France Film inc.*, (1981) C.S. 70; *Fisette* c. *Automobile Drainville inc.*, D.T.E. 82T-816 (T.T.).

22. *Charte canadienne des droits et libertés, Loi constitutionnelle de 1982*, art. 2; *Charte des droits et libertés de la personne*, L.R.Q. c. C-12, art. 3.

23. *Public Service Employee Relations Act (Alberta); Public Service Alliance of Canada* v. *The Queen in Right of Canada; Retail, Wholesale and Department Store Union, Locals 544, 496, 635 and 955* v. *Government of Saskatchewan*, (1987) 1 R.C.S. 313, 87 C.L.L.C. paragraphes 14021, 14022, 14023.

devait précisément décider si une restriction au droit de grève constituait une atteinte à la liberté d'association. Elle a répondu par la négative, expliquant que le droit d'association était protégé, mais qu'aucune activité particulière propre à une association ne l'était, et que l'autorité législative pouvait décider, en vue d'assurer un bien supérieur, de limiter certaines de ces activités, comme la liberté de négocier et le droit de grève. Toutes les restrictions imposées par les différentes lois de relations du travail sont donc valides et constitutionnelles.

Dans les conventions et les recommandations que l'Organisation internationale du travail a adoptées depuis ses débuts, elle a toujours souligné les liens étroits qui existaient et qui existent toujours entre le droit de libre association, le droit à la libre négociation et le droit de grève. Cette affirmation ne contredit pas la position prise par la Cour suprême du Canada, à savoir que, dans certaines circonstances, l'une ou l'autre activité d'une association ouvrière peut être restreinte à bon droit.

24.3.3 Piquetage et injonction

Nous avons rappelé que le seul piquetage légal était le piquetage d'information. La disposition se trouve à la fin de l'article suivant du *Code criminel*[24]. Après avoir défini le méfait et spécifié quelques types de méfaits avec les peines correspondantes, le Code exclut de la définition du méfait l'exercice de la grève et le piquetage d'information.

> 430. (1) Commet un méfait quiconque volontairement, selon le cas:
>
> a) détruit ou détériore un bien;
>
> b) rend un bien dangereux, inutile, inopérant ou inefficace;
>
> c) empêche, interrompt ou gêne l'emploi, la jouissance ou l'exploitation légitime d'un bien;
>
> d) empêche, interrompt ou gêne une personne dans l'emploi, la jouissance ou l'exploitation légitime d'un bien.
>
> (...)
>
> (6) Nul ne commet un méfait au sens du présent article par le seul fait que, selon le cas:
>
> a) il cesse de travailler par suite du défaut, de la part de son employeur et de lui-même, de s'entendre sur une question quelconque touchant à son emploi;
>
> b) il cesse de travailler par suite du défaut de la part de son employeur et d'un agent négociateur agissant en son nom, de s'entendre sur une question quelconque touchant son emploi;
>
> c) il cesse de travailler par suite de sa participation à une entente d'ouvriers ou d'employés pour leur propre protection raisonnable à titre d'ouvriers ou d'employés.
>
> (7) Nul ne commet un méfait au sens du présent article par le seul fait qu'il se trouve dans un lieu, notamment une maison d'habitation, ou près de ce lieu, ou qu'il s'en approche, aux seules fins d'obtenir ou de communiquer des renseignements.

C'est en vertu de cet article qu'on peut interdire aux piqueteurs de bloquer les entrées d'un lieu de travail (alinéa 1, c et d) et fixer un nombre maximal de piqueteurs aux entrées désignées qui permettent l'accès à l'entreprise.

Si le piquetage se fait aux abords d'un établissement autre que celui où a lieu le conflit, on parlera de piquetage secondaire. Celui-ci a généralement pour objectif une forme de boycottage auprès de l'autre employeur. L'appel au boycottage peut viser soit les salariés de cet employeur, soit ses clients ou fournisseurs. Si le syndicat peut démontrer un lien direct entre son propre conflit de travail et l'employeur en question, ce genre de piquetage est légitime selon la loi de la Colombie-Britannique; il peut être autorisé par le Conseil des relations industrielles (I.R.A. s. 85). La légalité du piquetage dépendra alors de l'inconvénient causé aux personnes visées, et, à ce titre, aura un caractère civil plutôt que criminel. Le piquetage qui empêche toute personne d'entrer dans un lieu est évidemment interdit, parce qu'il empêche

24. *Code criminel*, S.R.C. 1985, c. C-46, art. 430. Voir aussi l'article 52 (3-4) qui protège le droit de grève contre l'accusation de conspiration.

la libre circulation des personnes et qu'il n'est pas nécessaire de bloquer une entrée pour communiquer de l'information aux autres employés et au public qui circule[25] (*Code criminel*, art. 430, alinéas 1 et 7).

Le syndicat utilise le piquetage à différentes fins. Il lui permet, sauf exceptions, d'entretenir la solidarité nécessaire à la poursuite de la grève, de sensibiliser le public au conflit et d'exercer un contrôle sur la participation de ses membres, surtout en rapport avec l'indemnité de grève s'il y a lieu. Mais le syndicat recourt au piquetage principalement – du moins en dehors du Québec – comme moyen de bloquer toute opération de l'entreprise; il s'assure ainsi qu'aucun briseur de grève n'entre dans l'établissement. Si personne ne peut entrer, il ne peut y avoir de briseur de grève[26]. Le procédé est évidemment illégal; personne ne peut se faire justice soi-même. Mais la pratique a eu comme conséquence de multiplier les recours à l'injonction.

L'injonction est une mesure exceptionnelle appliquée par une cour en vue d'empêcher des dommages qui pourraient être irréparables. Les dispositions concernant l'injonction se trouvent dans le *Code de procédure civile*[27].

751. L'injonction est une ordonnance de la Cour supérieure ou de l'un des juges, enjoignant à une personne, à ses officiers, représentants ou employés, de ne pas faire ou de cesser de faire, ou, dans les cas qui le permettent, d'accomplir un acte ou une opération déterminés, sous les peines que de droit.

752. Outre l'injonction qu'elle peut demander par action, avec ou sans autres conclusions, une partie peut, au début ou au cours d'une instance, obtenir une injonction interlocutoire.

L'injonction interlocutoire peut être accordée lorsque celui qui la demande paraît y avoir droit et qu'elle est jugée nécessaire pour empêcher que ne lui soit causé un préjudice sérieux ou irréparable, ou que ne soit créé un état de fait ou de droit de nature à rendre le jugement final inefficace.

(753 à 760. Dispositions relatives à la procédure.)

761. Toute personne nommée ou désignée dans une ordonnance d'injonction, qui la transgresse ou refuse d'y obéir, de même que toute personne non désignée qui y contrevient sciemment, se rendent coupables d'outrage au tribunal et peuvent être condamnées à une amende n'excédant pas cinquante mille dollars, avec ou sans emprisonnement pour une durée d'au plus un an, et sans préjudice à tous recours en dommages-intérêts. Ces pénalités peuvent être infligées derechef jusqu'à ce que le contrevenant se soit conformé à l'injonction.

Le tribunal peut également ordonner que ce qui a été fait en contravention à l'injonction soit détruit ou enlevé, s'il y a lieu.

Le recours à l'injonction s'est accentué en relations de travail, surtout en réponse au piquetage, et ce pour deux raisons principales[28]. C'est un recours facile et rapide, et un moyen efficace, parce que des peines sévères accompagnent le non-respect de l'injonction. Parce qu'il n'existe pas d'autre moyen pratique que celui-là, le recours à cette mesure d'exception est

25. Paul A. Brinker, «Secondary Strikes and Picketing», *Labor Law Journal*, vol. 23, nº 11, novembre 1972, p. 681-696; Suzanne Handman et John Leopold, «The Legality of Picketing», *Relations industrielles*, vol. 34, nº 1, 1979, p. 158-183; Pierre Verge, «La solidarité syndicale d'un piquet de grève», *Relations industrielles*, vol. 34, nº 3, 1979, p. 608-613.

26. Le droit de l'employeur de continuer sa production est maintenant contrôlé au Québec, sinon rendu impossible, par les dispositions anti-briseurs de grève que nous étudierons dans la prochaine section. Par contre, il faut toujours un peu de temps avant que les mécanismes de contrôle prévus à cet effet se mettent en branle; c'est sans doute la raison pour laquelle les syndicats continuent de recourir au piquetage massif dès le début d'une grève.

27. *Code de procédure civile*, L.R.Q. c. C-25, art. 751-761.

28. Jacques Archambault, «Injonctions et conflits de travail», *Relations industrielles*, vol. 34, nº 1, 1979, p. 140-146; Henri Grondin, «L'injonction en relations du travail: recours inapproprié ou abusif?», dans *Les relations du travail au Québec: la dynamique du système*, 31e Congrès des relations industrielles de l'Université Laval, Québec, Les Presses de l'Université Laval, 1976, p. 25-35; Fernand Morin, *L'injonction en temps de grève ou une mesure normative de l'exercice du droit de grève*, Québec, ministère du Travail et de la Main-d'œuvre, mars 1977, 80 p.

devenu relativement fréquent. Il n'y a pas, dans les lois du travail du Québec, de procédure rapide pour faire déclarer une grève ou un piquetage illégal. En de telles circonstances, le *Code du travail* ne prévoit que des amendes pour les contrevenants (C.t. 142). L'injonction est la seule riposte à la pratique relativement répandue du piquetage massif, bloquant les entrées et exposant toutes les personnes concernées à des actes de violence, légère ou grave selon les cas. En somme, avant l'injonction, tout le monde semble considérer n'importe quelle forme de piquetage comme légitime. Par contre, une fois l'injonction émise, il faut bien la respecter, parce que le non-respect constitue une forme d'outrage au tribunal et est un acte passible de peines sévères, y compris l'emprisonnement. De plus, un avantage considérable de l'injonction, c'est qu'elle permet l'intervention des policiers pour la faire respecter. Comme c'est un jugement de la cour, les policiers peuvent intervenir pour en exiger l'application. En pratique, cela revient à imposer le retour au piquetage pacifique d'information, le seul qui, de toute manière, soit autorisé et permis.

En 1987, l'Assemblée nationale adopta une loi qui devait constituer une Commission des relations du travail[29]. Celle-ci aurait eu des pouvoirs semblables à ceux des commissions des autres provinces, comme par exemple de déclarer illégal un arrêt de travail ou un geste donné et de prendre les mesures appropriées. Ses ordonnances auraient pu, dans bien des cas, remplacer l'injonction, comme cela se produit dans les autres provinces canadiennes. Mais la loi n'a jamais été appliquée. Le Québec a eu, de 1944 à 1969, une Commission des relations de travail; malgré la loi de 1987, celle-ci n'a pas encore été mise sur pied (1991).

Même si l'injonction est un recours exceptionnel, elle remplit un certain rôle dans les conflits de travail. C'est peut-être un instrument inapproprié sinon démesuré; il reste que, dans certaines circonstances, par suite d'une tradition qu'on peut juger malheureuse, il n'y a pas d'autre recours pour faire respecter les principes de base en matière de piquetage.

24.3.4 Dispositions anti-briseurs de grève

Depuis que les syndicats ont réalisé que la loi pouvait les appuyer, ils ont toujours espéré que, à la suite d'une déclaration de grève, elle interdirait un jour toute production dans l'établissement visé par la grève. Dans une enquête portant sur les conflits industriels, le juge Ivan C. Rand – celui-là même qui avait rendu la sentence arbitrale dans le conflit à la compagnie Ford en 1945 – avait fait une recommandation en ce sens dans le rapport de la Commission qu'il avait présidée sur le sujet[30]. Il aurait souhaité, dit-on, établir une seconde formule Rand, concernant cette fois les arrêts de travail. En gros, il recommandait que, à la suite d'une déclaration de grève légale, l'entreprise soit tenue d'arrêter sa production et, en contrepartie, qu'on interdise aux salariés en grève de prendre un autre emploi pendant la durée de l'arrêt de travail.

Les dispositions anti-briseurs de grève du Québec, adoptées en 1977, maltré leur rigueur, ne vont pas si loin et, surtout, ne comportent aucune interdiction de cette nature pour les salariés. Ces dispositions sont uniques en Amérique du Nord: on ne trouve leur équivalent nulle part ailleurs, même si trois provinces canadiennes ont interdit les briseurs de grève professionnels. Ces trois lois définissent le briseur de grève professionnel comme une personne qui n'est pas reliée au conflit et qui s'efforce d'empêcher ou de briser une grève légale. À la fin de 1991, le nouveau gouvernement de l'Ontario annonce son intention d'adopter des dispositions anti-briseurs de grève semblables à celles du Québec[31].

29. *Loi constituant la Commission des relations du travail et modifiant diverses dispositions législatives*, L.Q. 1987, c. 85.

30. Ontario, *Report of the Royal Commission of Inquiry into Labour Disputes*, Toronto, Queen's Printer, août 1968, 263 p.

31. Colombie-Britannique, *Industrial Relations Act*, R.S.B.C. 1979, c. 212, art. 1 et 3 (3,d); Manitoba, *Labour Relations Act,* R.S.M. 1987, c. L-10, art. 1 et 14; Ontario, *Labour Relations Act*, R.S.O. 1980, c. 228, art. 71 a (2,a); CCH, *Canadian Labour Law Reports. Labour Notes*, n° 952, septembre 1991, p. 5.

Les dispositions anti-briseurs de grève ont été introduites dans le *Code du travail*, en même temps que plusieurs modifications, en décembre 1977[32]. La première moitié des années 1970 avait été marquée par de nombreux conflits, souvent violents. Même si le ministre du Travail ajoutait d'autres objectifs, comme celui de rétablir l'équilibre entre les parties – ce que contestaient fortement les employeurs –, l'objectif principal des mesures était de réduire la violence sur les piquets de grève. Les conflits du secteur public et parapublic, tout comme la longue grève à la United Aircraft, ont été le théâtre de tels événements. Un autre exemple est celui d'un conflit de compétence fédérale aux installations de la compagnie Robin Hood à Montréal, où des gardes de sécurité avaient ouvert le feu sur des grévistes et en avaient blessé plusieurs.

Les dispositions n'interdisent pas à l'employeur de poursuivre la production, mais elles lui interdisent d'utiliser certains groupes de travailleurs à cette fin. Une modification, introduite en 1983, allonge la liste des personnes qu'un employeur ne peut utiliser à l'occasion d'une grève légale dans un de ses établissements. La loi exclut ainsi les employés d'un sous-traitant qui exécuteraient le travail dans l'établissement en cause, les cadres d'un autre établissement appartenant à l'employeur, et les autres salariés de l'employeur, qu'ils soient membres d'une autre unité de négociation ou qu'ils ne soient pas syndiqués[33].

Il n'est pas interdit à l'employeur de continuer ses opérations, mais il ne peut avoir recours qu'à une seule catégorie d'employés, les cadres de l'établissement ou des établissements visés par la grève. Le texte de l'article s'exprime de façon négative, en interdisant à l'employeur d'utiliser, par exemple, les personnes qu'il aurait embauchées entre le jour où l'avis de négociation a été reçu par le ministre du Travail et la fin de la grève, les cadres d'autres établissements, ou tout autre salarié de l'entreprise. Il lui est également interdit d'embaucher des travailleurs à cette fin. En relisant attentivement ce long article, difficile à comprendre au premier abord, il ne reste que les cadres de l'établissement qui échappent à l'interdiction de l'article 109.1 du Code. Les dispositions suivantes prévoient quelques exemptions, mais elles sont très limitées. Sont exclus, évidemment, les salariés qui doivent assurer les services essentiels le cas échéant ; si le syndicat ne respecte par la liste négociée ou déposée, l'employeur est libéré de son obligation et il peut embaucher des employés pour remplir les postes déclarés services essentiels. L'employeur peut également prendre les mesures nécessaires pour éviter la destruction ou la détérioration grave de sa propriété (C.t. art. 109.2-109.3).

Le mécanisme prévu pour assurer le respect de ces dispositions est une demande d'enquête adressée au ministre, pour qu'il vérifie si des personnes travaillent à la production alors que cela leur est interdit. L'enquêteur a les pouvoirs requis pour accomplir sa tâche ; il peut se faire accompagner d'une personne désignée par le syndicat et d'une autre désignée par l'employeur. Il doit faire rapport au ministre et en envoyer une copie aux parties (C.t. art. 109.4). Le recours prévu en cas de violation est normalement de nature pénale ; la poursuite peut être intentée par le procureur général, le commissaire général du travail ou une partie intéressée au conflit (C.t. art. 148). Le Tribunal du travail a compétence exclusive pour entendre la poursuite pénale (C.t. art. 118). Le Code n'interdit pas le recours civil, même par injonction, s'il est possible de prouver que les recours de nature pénale sont concrètement inefficaces pour protéger l'employeur contre des dommages irréparables. Le syndicat peut également recourir à l'injonction si l'employeur ne respecte pas les dispositions de la loi[34].

Comment et à quelle fréquence ces mesures – souvent appelées loi anti-scabs – ont-elles été appli-

32. *Loi modifiant le Code du travail et la Loi du ministère du Travail et de la main-d'œuvre*. L.Q. 1977, art. 53 ajoutant les articles 97a à 97d.
33. *Loi modifiant le Code du travail et diverses dispositions législatives*. L.Q. 1983, c. 22, art. 88 modifiant l'article 109.1 du *Code du travail*. L.R.Q. c. C-27, art. 109.1 à 109.4.
34. *Métallurgistes unis d'Amérique, local 6833* c. *Société d'énergie de la Baie James* (1979) C.S. 738, p. 743-744.

TABLEAU 24-5

Application des mesures anti-briseurs de grève

Années	Arrêts de travail (= 100 %)	Demandes d'enquête				Enquêtes			
		reçues		acceptées		terminées		avec infraction	
		Nombre[1]	%	Nombre	%	Nombre	%	Nombre	%
1978	339	80	23,6	49	14,5	32	9,4	15	4,4
1979	358	98	27,4	76	21,2	55	15,4	27	7,5
1980	334	87	25,3	74	21,5	61	17,7	31	9,0
1981	333	106	31,8	90	27,0	76	22,8	50	15,0
1982	244	82	33,6	70	28,7	56	23,0	30	12,3
1983	246	98	39,8	93	37,8	72	29,3	38	15,4
1984	324	82	25,3	67	20,7	58	17,9	24	7,4
1985	270	136	50,4	119	44,1	89	33,0	51	18,9
1986	271	104	38,4	78	28,8	61	22,5	37	13,7
1987	273	107	39,2	92	33,7	63	23,1	38	13,9
1988	220	62	28,2	50	22,7	32	14,5	23	10,5
1989	234	81	34,6	71	30,3	43	18,4	32	13,7
TOTAL	3 456	1 123	32,5	929	26,9	698	20,2	396	11,5

1. Il peut y avoir quelques cas de double compte, quand un conflit commence et qu'une demande d'enquête est faite une année et que le processus se poursuit l'année suivante.

Source : GILLES FLEURY, «Les dispositions anti-briseurs de grève 1978-1989», *Le Marché du travail*, vol. 12, n° 8, août 1991, p. 6-8 et 71-86.

quées ? Les plaintes et les enquêtes ont-elles révélé une proportion faible ou élevée d'infractions à ces mesures sévères[35] ? Le tableau 24-5 nous révèle qu'à chaque année, depuis que les mesures ont été introduites, une centaine de demandes d'enquête sont présentées au ministre du Travail relativement à l'activité de briseurs de grève. Par rapport au nombre total d'arrêts de travail, qui tourne autour de 300, cela représente une demande d'enquête dans un cas sur trois. La demande est acceptée dans 90 % des cas. Mais ce ne sont pas toutes les enquêtes acceptées qui sont menées à terme ; dans 30 % à 40 % des cas, il y a règlement du conflit ou désistement du syndicat, ainsi que, à l'occasion, fermeture de l'établissement. Dans les enquêtes qui sont menées à terme, on trouve qu'il y a eu infraction dans un peu plus que 50 % des cas. C'est donc dans 10 % à 15 % des arrêts de travail que l'enquêteur a trouvé qu'il y avait eu infraction aux mesures anti-briseurs de grève. Les pessimistes diront que c'est une proportion troublante, alors que les optimistes soutiendront que ce n'est peut-être pas si mauvais après tout.

En fait, les mesures anti-briseurs de grève constituent une sérieuse restriction aux principes fondamentaux de la liberté du commerce généralement reconnue en Amérique du Nord. Plusieurs considèrent que le droit de poursuivre la production pendant une

35. JEAN BAZIN, CLAUDE D'AOUST et CLAUDE G. MELANÇON, «Les mesures anti-briseurs de grève» dans *La loi et les rapports collectifs du travail*, 14e Colloque de relations industrielles, 1983, Montréal, Université de Montréal, École de relations industrielles, 1984, p. 66-80; LOUIS GARANT, *Les briseurs de grève et le Code du travail*, Québec, Centre de recherche et de statistiques sur le marché du travail, mars 1982, 78 p. (Coll. «Études et recherches»). Voir aussi *Le marché du travail*, vol. 2, n° 12, décembre 1981, p. 50-57; GILLES FLEURY, «Les dispositions anti-briseurs de grève, 1978-1989», *Le marché du travail*, vol. 12, n° 8, août 1991, p. 6-8 et 71-86.

grève est aussi important pour l'employeur que le droit de se trouver un autre emploi pour le salarié en grève. Un groupe de travail sur la déréglementation a déjà recommandé que ces mesures soient abrogées, parce qu'elles créeraient une trop grande disparité entre la situation au Québec et celle qu'on trouve partout ailleurs en Amérique du Nord ; cette contrainte additionnelle pourrait, dit le rapport, éloigner du Québec plusieurs industries qui choisissent de s'implanter ailleurs au Canada[36].

La mesure a-t-elle réalisé son objectif ? C'est un fait qu'il y a, au début des années 1990, beaucoup moins de violence autour des usines et des institutions en grève qu'il y en avait dans la première moitié des années 1970. Mais est-ce uniquement à cause des mesures anti-briseurs de grève ? Certainement pas ; les mesures ont pu empêcher des provocations de la part de certains employeurs, mais le climat économique du début des années 1980 a sans doute joué un rôle au moins aussi important, sinon davantage. De plus, les difficultés économiques ont favorisé un meilleur climat de relations de travail et celui-ci a pu également jouer un rôle dans l'amélioration de la situation. En pratique, en dehors de certains services publics qui peuvent fonctionner sans leur personnel normal, à cause de la technologie qu'ils utilisent, peu d'entreprises d'une certaine importance tentent de poursuivre leur production quand leurs employés sont en grève. On voit que tel n'est pas le cas dans les autres provinces canadiennes. En ce sens, les mesures ont atteint leur objectif. On peut aussi noter que, depuis quatre ou cinq ans, le nombre de demandes d'enquête a diminué, ainsi que le nombre de cas où l'enquêteur a établi qu'il y avait eu infraction aux mesures. Après 12 ans, on s'y est sans doute habitué.

24.3.5 Droit du gréviste à son emploi

On ne met plus en doute aujourd'hui qu'à la fin d'une grève, le salarié gréviste a le droit de recouvrer son emploi. Il n'est peut-être pas sans intérêt de rappeler qu'il n'en a pas toujours été ainsi. Au Québec, la disposition fondamentale à ce sujet a été introduite en 1964 à l'occasion de l'adoption du *Code du travail*[37].

> Personne ne cesse d'être un salarié pour l'unique raison qu'il a cessé de travailler par suite de grève ou de lock-out.

La loi fédérale contenait une disposition semblable depuis 1948[38]. Deux légères différences : la loi fédérale parle d'un employé au lieu d'un salarié ; elle ajoute, ce qui a parfois été considéré comme une restriction, « au sens de la présente loi ». Aux États-Unis, la loi Wagner de 1935 contenait elle-même un texte du même genre[39].

Quelques-uns ont prétendu que la grève mettait fin au contrat de travail, ce qu'il n'est plus possible de soutenir depuis 1964. Ce qui était moins clair, c'était de savoir si l'article ne s'appliquait que dans le cas d'une grève légale. Comme le texte cité parle simplement de grève ou de lock-out, sans préciser, plusieurs ont conclu que le principe s'appliquait à toute grève, qu'elle soit légale ou non. En 1977, sans régler ce point, le législateur ajouta une précision sur le recouvrement de l'emploi à la fin de l'arrêt de travail : le salarié a le droit de recouvrer son emploi et, s'il y a mésentente avec son employeur, celle-ci doit être déférée à un arbitre comme s'il s'agissait d'un grief[40].

> À la fin d'une grève ou d'un lock-out, tout salarié qui a fait grève ou a été lock-outé a le droit de recouvrer son emploi de préférence à toute autre personne, à moins que l'employeur n'ait cause juste

36. *Réglementer moins et mieux*, rapport du groupe de travail sur la déréglementation, Reed Scowen, président. Québec, Les Publications du Québec, 1986 (292 p.), p. 115-117.

37. *Code du travail*, S.Q. 12-13 Elizabeth II, 1964, c. 45, art. 88 (devenu l'article 110 dans L.R.Q. c. C-27).

38. *Loi sur les relations industrielles et sur les enquêtes visant les différends du travail*, S.C. 1948, c. 54, art. 1 (2).

39. *National Labor Relations Act*, 1935, art. 2, alinéa 3. Voir André Rousseau et Claude D'Aoust, «L'article 98 du Code du travail et le droit du gréviste à son emploi», *Revue du Barreau*, vol. 34, n° 5, décembre 1974, p. 550-560.

40. *Loi modifiant le Code du travail et la Loi du ministère du Travail et de la Main-d'œuvre*, S.Q. 1977, c. 41, art. 54, ajoutant l'article 98a au *Code du travail*, devenu l'article 110.1 dans L.R.Q., c. C-27.

et suffisante, dont la preuve lui incombe, de ne pas rappeler ce salarié.

Une mésentente entre l'employeur et l'association accréditée relative au non-rappel au travail d'un salarié qui a fait grève ou qui a été lock-outé doit être déférée à l'arbitre comme s'il s'agissait d'un grief dans les six mois de la date où le salarié aurait dû recouvrer son emploi.

Les deux articles, 110 et 110.1, ne précisent pas plus qu'auparavant s'il s'agit seulement de la grève légale. En fait, les principes sont clairement énoncés: le lien d'emploi n'est pas rompu et le salarié a le droit de recouvrer son emploi; mais la décision doit être prise selon l'ensemble des circonstances, qui peuvent avoir changé à la suite de la grève. Par exemple, le poste peut avoir été supprimé légitimement, s'il y avait des raisons économiques de le faire. Le salarié peut être congédié, et ne pas être rappelé, si l'employeur avait des raisons de procéder à son congédiement.

La participation à une grève illégale comme cause de congédiement a été discutée dans une décision de la Cour suprême du Canada en 1980[41]. La Cour suprême confirme que toutes les (autres) règles s'appliquent et que l'instance en cause – commissaire, Tribunal du travail ou autre – a toute autorité pour se prononcer à savoir si la participation de l'employé à une grève illégale était une raison sérieuse de congédiement ou un simple prétexte. La Cour suprême a refusé de reprendre la discussion. D'un autre côté, l'instance concernée ne doit pas substituer son jugement à celui de l'employeur sur la rigueur de la sanction: elle doit se limiter à décider si c'est un prétexte ou une cause sérieuse et véritable de congédiement[42].

Il reste à déterminer (...) le sens de l'expression «autre cause juste et suffisante» (...) Dès le début il a été jugé que cette expression signifie que le commissaire-enquêteur doit être satisfait que l'autre cause invoquée par l'employeur est une cause sérieuse par opposition à un prétexte, et qu'elle constitue la cause véritable du congédiement.

Suivant cette interprétation il n'appartient pas au commissaire-enquêteur de se prononcer sur la rigueur de la sanction eu égard à la gravité de la faute reprochée, en d'autres termes de substituer son jugement à celui de l'employeur, ce en quoi il excéderait sa juridiction.

L'article 110.1 précise les modalités du recouvrement de l'emploi. Il n'empêche pas l'employeur d'exercer ses droits de gérance, par exemple de réduire son personnel s'il est justifié de le faire. Dans ce cas, le salarié non rappelé peut porter sa cause en arbitrage et l'employeur devra prouver qu'il a respecté les autres règles telles que l'ancienneté des personnes choisies et écartées[43].

En résumé, la relation d'emploi est maintenue pendant toute grève, mais l'employeur conserve tous ses droits, y compris celui de renvoyer un employé pour participation active à un arrêt de travail illégal.

24.3.6 Droits des non-grévistes

La question des droits des non-grévistes constitue en quelque sorte la contrepartie du droit de grève et du droit de piquetage. C'est aussi le terrain d'affrontement privilégié entre les droits collectifs et les droits individuels. Aussi faut-il aborder la question sous deux angles différents.

Sur le plan des droits individuels, les limites apportées au droit de grève, et surtout à l'exercice du piquetage, sont établies justement pour assurer le respect des droits des non-grévistes. L'interdiction de bloquer les entrées permet le libre accès des lieux à tous ceux qui y ont affaire ou qui veulent s'y rendre. Sauf au

41. *Lafrance* c. *Commercial Photo Service Inc.*, (1980) 1 R.C.S. 536, 80 C.L.L.C. paragraphe 14028. Voir Pierre Verge et Claude D'Aoust, «Le congédiement pour participation à une grève illégale devant la Cour suprême», *Relations industrielles*, vol. 35, n° 2, 1980, p. 328-333.

42. *Lafrance* c. *Commercial Photo Service Inc.* et al., (1980) 1 R.C.S. 536. Il reste une question: les mêmes principes s'appliquent-ils à l'arbitre sous 110.1?

43. *Johns-Manville Canada Inc.* c. *Syndicat démocratique des techniciens en fibre et employés de bureau de J.M.C., CSD*, (1982) T.A. 768 D.T.E. 82T-329.

Québec, où l'article 109.1 du *Code du travail* interdit à l'employeur de faire travailler les salariés de l'unité de négociation en grève, partout ailleurs l'accès doit être pratiquement ouvert à tous ceux qui veulent travailler, y compris les salariés membres de l'unité de négociation. Cela fait partie des règles du jeu: le syndicat doit convaincre – par des moyens de «persuasion pacifique», selon les mots du juge Rand[44] – les salariés de l'unité de négociation de respecter l'ordre de grève et de s'abstenir de rentrer au travail. Mais selon le droit actuel, tous ceux qui veulent travailler doivent pouvoir le faire, même en situation de grève. Au Québec, le législateur a dérogé à ce principe fondamental en imposant, par la loi, la volonté collective de grève. En vertu de ce droit de libre accès, la formule que certains représentants syndicaux utilisent, celle du laissez-passer syndical, pour permettre l'entrée au lieu de travail, est clairement illégale. Un juge de la Cour supérieure a déjà accordé une injonction pour interdire à un syndicat de continuer d'exiger un laissez-passer de la part des personnes qui voulaient entrer dans un hôpital où il y avait une grève[45]. Les gestes suivants sont formellement interdits:

> Exiger, solliciter ou soumettre toute personne qui désire avoir accès à l'hôpital (...) y compris patients, visiteurs et/ou médecins ou autres employés, d'une part à la formalité d'un laissez-passer et d'autre part à la formalité également de donner ses nom et but de la visite ou quelque autre information que ce soit qui pourrait alors être requise d'eux.
>
> Il est vrai (...) que cette procédure du laissez-passer (...) aurait essentiellement pour objet de prévenir que des scabs puissent remplacer les infirmières en grève légale. Le Tribunal considère qu'il n'appartient pas ici aux infirmières, pas plus qu'à personne d'autre, de tenter de se faire justice à soi-même par le mode employé (...)

Si le libre accès au travail doit être assuré à tous ceux qui le veulent, sauf exception de l'article 109.1 au Québec, à plus forte raison doit-il être assuré aux salariés qui ne sont pas syndiqués ou qui sont membres d'un syndicat étranger à la grève en cours. Dans ce dernier cas, les membres salariés ont l'obligation, en vertu de leur propre convention collective, de fournir leur prestation de travail. Refuser de franchir une ligne de piquetage qu'on peut raisonnablement franchir équivaut à se déclarer en grève illégale de sympathie. Si les autres employés ont l'obligation de se présenter au travail, l'employeur a celui de leur faciliter l'accès au lieu du travail, en leur procurant la protection requise. S'il leur fournit cette protection et que des employés n'entrent pas au travail, il est alors libéré de son obligation de leur payer leur salaire[46].

Dans l'état actuel du droit, peut-être davantage même avec l'adoption des chartes des droits et libertés de la personne, on a tendance à garantir d'abord les libertés individuelles. L'employeur qui cherche à démontrer que les revendications du syndicat sont déraisonnables utilisera la loi à fond pour établir son point de vue, comme cela se fait dans les autres provinces. C'est pour défendre les droits collectifs que le législateur québécois a édicté les mesures antibriseurs de grève: il y a sacrifié des libertés individuelles pour donner plus de poids aux libertés collectives qui s'expriment dans la négociation et l'exercice du droit de grève. Nous sommes en présence d'un dilemme parfait: ou nous respectons les droits de libre circulation de toutes les personnes, et nous minimisons par le fait même l'effet de la cessation collective du travail, ou la société appuie la décision collective que représente un arrêt de travail et elle limite d'autant les droits des individus. Comme le rappelait le juge Bernier, cité plus haut, dans une société où la règle de droit prévaut, il est impossible de permettre à chaque personne ou à chaque groupe de se faire justice à soi-même.

44. *Williams* v. *Aristocratic Restaurants Ltd.*, (1951), R.C.S. p. 762.
45. *Corporation de l'hôpital de Sept-Îles* c. *Syndicat professionnel des infirmières et infirmiers de Chicoutimi*, C.S. Mingan, 28 mai 1979, juge P.E. BERNIER, nº 650-05 – 000191-79.
46. PIERRE VERGE, «La solidarité syndicale devant un piquet de grève», *Relations industrielles*, vol. 34, nº 3, 1979, p. 608-613; ANDRÉ CÔTÉ, «Le droit de piqueter, les briseurs de grève et les tribunaux de droit commun», *Relations industrielles*, vol. 29, nº 3, 1974, p. 606-614.

24.3.7 Droit à la sécurité sociale

La question de savoir si un gréviste a le droit de retirer des prestations de sécurité sociale a soulevé plus de difficultés aux États-Unis qu'au Canada – même si le problème y existe – et, en conséquence, a donné lieu à plus d'études sur le sujet[47]. Aussi nous résumerons d'abord le problème américain avant de présenter la situation canadienne.

Sans dire que tous les grévistes, dans chaque État, recevaient une forme de sécurité sociale, plusieurs grévistes, en plusieurs endroits, pouvaient recevoir de l'aide de trois sources: les bons de nourriture (*food stamps*), l'assistance publique, qui équivaudrait à peu près au régime d'aide sociale au Canada, et même des prestations d'assurance-chômage. On a estimé que vers 1970, les montants de sécurité sociale payés à des grévistes aux États-Unis pouvaient s'élever à plus de 329 millions de dollars[48]. Même si cette somme doit être mise en perspective par rapport à la population américaine de plus de 200 millions de personnes au moment de l'étude, le montant n'était pas négligeable, et la pratique était assez répandue pour soulever de sérieuses questions[49]. Les grévistes qui retiraient des prestations d'assurance sociale n'étaient pas de pauvres employés à faibles salaires; on a recensé parmi eux des employés de Westinghouse, de General Motors, de Johns-Manville et de Kimberly-Clark.

La controverse était sérieuse et animée, avec de bons arguments pour et contre. Les partisans du droit à la sécurité sociale invoquaient le besoin des familles; grève ou autre raison, le besoin des familles constitue le seul critère valable pour prendre une décision. On ajoutait que les grévistes étaient des contribuables et qu'ils avaient des enfants dans le besoin. Il est difficile d'évaluer l'impact que l'accès aux prestations de sécurité sociale a pu avoir sur le nombre de grèves déclarées; mais la plupart de ceux qui ont étudié la question concluent que les grèves se sont prolongées. On a même noté qu'un certain nombre de salariés ont refusé de retourner au travail, une fois la grève terminée, pour continuer à vivre de la sécurité sociale. Même si ces cas sont rares, ils confirment l'opinion générale que l'accès à la sécurité sociale empêche la grève de jouer son rôle normal, c'est-à-dire d'exercer une pression économique sur les deux parties. La perte de salaire (de revenu) et de profit a toujours été considérée comme la motivation qui forçait chacune des parties à faire les concessions requises pour en arriver à une entente[50].

Au Canada, le principe selon lequel il ne faut pas donner aux grévistes une autre forme de revenu a été maintenu avec beaucoup de fermeté. En effet, depuis son adoption, la *Loi de l'assurance-chômage* a toujours exclu des prestations les salariés sans emploi par suite d'un arrêt de travail auquel ils sont partie prenante. Le texte actuel de la loi à ce sujet se lit comme suit[51]:

> Sous réserve des règlements, le prestataire qui a perdu un emploi ou qui ne peut reprendre son emploi antérieur du fait qu'un arrêt de travail dû à un conflit collectif à l'usine, à l'atelier ou en tout autre local où il exerçait un emploi n'est pas admissible au bénéfice des prestations avant, selon le cas:
>
> a) la fin de l'arrêt de travail
>
> b) le jour où il a commencé à exercer ailleurs d'une façon régulière un emploi assurable.

47. ARMAND J. THIEBLOT JR. et RONALD M. COWIN, *Welfare and Strikes. The Use of Public Funds to Support Strikers*, Philadelphie, Penn., University of Pennsylvania Press, Wharton School of Finance and Commerce, 1972, 276 p. (Labor Relations and Public Policy Series, Report No. 6.)
48. *Ibid.*, p. 193-217.
49. Pour estimer l'importance du chiffre de 329 millions de dollars, il est peut-être bon de rappeler que le salaire moyen des entreprises privées, y compris les entreprises manufacturières, était alors, aux États-Unis, de moins de 4,00 $ de l'heure. Traduit en dollars de 1991, le montant total aurait frôlé le milliard de dollars.
50. Voir par exemple le texte de GEORGE W. TAYLOR, «Is Compulsory Arbitration Inevitable?» dans *Industrial Relations Research Association. Proceedings of First Annual Meeting, 1948*, Madison, Wis., IRRA, 1949, p. 64.
51. *Loi modifiant la Loi de l'assurance-chômage*, S.C. 1990, c. 40, art. 23 modifiant l'article 31 de la *Loi sur l'assurance-chômage*.

La Commission de l'emploi et de l'immigration du Canada appliquait l'exclusion des grévistes avec beaucoup de rigueur. Un jugement de la Cour suprême du Canada a permis une certaine ouverture, tout en respectant les principes de base de l'assurance-chômage. Un foreur, employé par la compagnie International Nickel (INCO) de Sudbury tombe en grève le 15 septembre 1978. Le 9 octobre, il trouve un emploi temporaire comme manœuvre à l'hôpital général de la ville. Il quitte cet emploi le 2 avril, après 25 semaines d'emploi assurable. Le 23 avril il réclame l'assurance-chômage à laquelle lui donnent droit, croit-il, ses 25 semaines de travail à l'hôpital. La grève se poursuit toujours à l'INCO; elle ne se terminera qu'après neuf mois, en juin, et le foreur a toujours l'intention de retourner à la mine où il travaille depuis huit ans. La Commission lui refuse les prestations, parce qu'il est toujours gréviste de l'INCO. L'employé en appelle au juge-arbitre qui lui accorde les prestations. La Commission en appelle à la Cour fédérale qui refuse les prestations, parce que l'emploi était occasionnel. La Cour suprême renverse la décision de la Cour fédérale: l'employé ayant rempli les exigences requises a droit aux prestations qui lui reviennent compte tenu de son emploi occasionnel; ce second emploi suspend en quelque sorte son statut de gréviste[52].

Pour ce qui est de l'aide sociale, on applique le même principe que pour l'assurance-chômage: le gréviste n'y a donc pas droit s'il n'a pas droit à l'assurance-chômage. Il faut rappeler que le gréviste n'est pas sans emploi: le *Code du travail* établit que la grève ne supprime pas le lien d'emploi (C.t. art. 110). Jusqu'en 1988, c'et la *Loi sur l'aide sociale* qui s'appliquait; l'exclusion du gréviste était contenue dans le Règlement général (art. 4 et annexe A[53]). Depuis 1988, la *Loi sur la sécurité du revenu* considère que le gréviste a gagné son salaire habituel. Elle lui applique la règle générale, qui s'exprime dans l'opération suivante: le montant des besoins, selon les barèmes établis par le règlement, moins les revenus, de travail ou autres, réels ou imputés comme dans le cas d'une grève.

Besoins
– Revenus ou ressources
―――――――――――――
Prestation d'aide sociale

Deux articles identiques (art. 8 et 13), visant deux programmes différents, s'expriment dans les termes suivants[54]:

> La prestation accordée à l'adulte seul ou à la famille est établie, pour chaque mois, en considérant sa situation au dernier jour du mois précédent. Elle est égale au déficit des ressources sur les besoins calculé en effectuant les opérations suivantes:
>
> 1° déterminer le montant applicable selon le barème des besoins et l'augmenter, s'il y a lieu, du montant des prestations spéciales;
>
> 2° soustraire du montant obtenu en application du paragraphe 1°, sauf dans la mesure où ils sont exclus par règlement, les montants suivants:
>
> (...)
>
> c) jusqu'au moment où ils pourraient être déclarés admissibles à des prestations en vertu de cette loi (d'assurance-chômage), les revenus de travail que l'adulte seul ou les membres adultes de la famille qui ont perdu leur emploi du fait d'un arrêt de travail dû à un conflit de travail et qui, pour ce motif, ne pouvaient être ou n'ont pas été déclarés admissibles à des prestations d'assurance-chômage, auraient autrement gagnés au cours du mois précédent;
>
> (...)

Il est difficile de s'objecter à la règle qui exclut le gréviste des prestations tant de l'assurance-chômage que de l'aide sociale. Accorder ces prestations équivaudrait à annuler le mécanisme même de la grève, qui opère précisément, entre autres, par la perte de

52. *Abrahams* c. *Procureur général du Canada*, Cour suprême du Canada, 25 janvier 1983, (1983) 1 R.C.S. p. 2. C.L.L.C. 1983, paragraphe 14010.

53. Claude D'Aoust et Louis Leclerc, «Droit à la grève et droit à la sécurité sociale: perspectives nouvelles», *McGill Law Journal*, vol. 23, nº 3, automne 1977, p. 485-496.

54. *Loi sur la sécurité du revenu*, L.R.Q., c. S-3.1.1, art. 3 et 8. L.Q. 1988, c. 51. (Remplace la *Loi sur l'aide sociale*, L.R.Q., c. A-16.)

revenu des salariés. Par contre, certains jugent inapproprié que la loi du Québec en la matière soit à la remorque de la *Loi sur l'assurance-chômage*. Comme l'aide sociale vise à assurer le minimum vital dans des situations de difficulté sérieuse, la loi devrait peut-être s'appliquer dans ce contexte; la situation des familles de certains grévistes peut être pratiquement désespérée et mériter une aide spéciale.

24.3.8 Responsabilité civile du syndicat

La question quant à la responsabilité du syndicat s'exprime ainsi: en cas de grève illégale, l'employeur peut-il réclamer des dommages-intérêts du syndicat qui en est à l'origine? Peut-il le faire devant les tribunaux et devant un arbitre? Notons d'abord qu'il s'agit bien des dommages découlant de la grève elle-même et non de malversations, d'intimidations, de violence, de voies de fait ou de toute autre action considérée comme criminelle par ailleurs. Le cas échéant, c'est le *Code criminel* qu'il faut invoquer devant les tribunaux de droit commun.

Le cas le plus fréquent où la responsabilité civile du syndicat est mise en cause est celui d'une grève déclarée pendant la durée d'une convention collective, ce qui est interdit par le *Code du travail* du Québec (C.t. art. 107) et parfois par une clause explicite dans la convention où le syndicat s'engage, pendant que celle-ci est en vigueur, à n'organiser, n'appuyer, ni ne tolérer aucune grève ou ralentissement de travail; l'employeur, pour sa part, ne fera aucun lock-out, total ou partiel. Depuis 1980, il est clair que l'arbitre de grief a compétence pour accorder des dommages-intérêts, à tout le moins quand la convention collective contient une clause semblable à celle décrite ici.

Il n'en a pas toujours été ainsi. Avant 1980, la Cour d'appel du Québec a soutenu que de tels recours devaient être pris devant les tribunaux. La responsabilité civile du syndicat a été clairement établie à la suite de la grève de Murdochville, en 1958. L'affaire s'est terminée par une décision de la Cour suprême du Canada en 1970[55]. Dans une deuxième cause célèbre, on reprochait à la CSN de ne pas avoir pris de mesures préventives pour empêcher une grève illégale[56]. Dans les deux cas, l'employeur avait poursuivi non pas le syndicat local mais une instance syndicale supérieure: à Murdochville, le syndicat local n'était pas encore accrédité; l'employeur a poursuivi les Métallos; dans l'autre cas, il a poursuivi la CSN. Les poursuites avaient été prises en se fondant sur la responsabilité délictuelle des syndicats. Les entreprises réclamaient des dommages-intérêts; dans la cause de Murdochville, ils ont obtenu plusieurs millions de dollars à ce titre.

On peut aussi réclamer des dommages-intérêts par l'entremise de l'arbitre de griefs, particulièrement si la convention collective contient une clause interdisant tout arrêt de travail tant qu'elle est en vigueur. Au Québec, les arbitres avaient tendance à refuser de se prononcer sur cette question, s'appuyant principalement sur les décisions de la Cour d'appel statuant qu'une violation de la convention de cette nature ne constituait pas un grief au sens du *Code du travail* du Québec[57]. Deux arrêts de la Cour suprême allaient renverser la situation, en affirmant que toute violation de la convention constitue un grief et qu'en conséquence, il relève de la compétence de l'arbitre de griefs. Le premier cas n'eut pas trop de répercussions au Québec[58]. Le second en eut bien davantage et a, en quelque sorte, réglé la question[59].

---

55. *United Steel Workers of America* c. *Gaspé Copper Mines Ltd.*, 1970, R.C.S. p. 362. Sur les événements et l'histoire de la cause, voir *La Gazette du travail*, vol. 70, nº 6, juin 1970, p. 436-440.
56. *Société canadienne de métaux Reynolds* c. *CSN* et al., C.S. (Montréal) nº 79-144, 6 février 1979; MARCEL PEPIN, «L'évolution récente de la jurisprudence en matière de responsabilité civile des syndicats», *Revue du Barreau*, vol. 41, nº 4, septembre-octobre 1981, p. 584-600.
57. *Association des policiers de Giffard* c. *Cité de Giffard* (1968), B.R. 863; *Fraternité internationale des ouvriers en électricité, local 568* c. *Bédard-Girard Ltée*, (1969), B.R. 991; Voir CLAUDE D'AOUST et LOUISE VERSCHELDEN, *Le droit québécois de la responsabilité civile des syndicats en cas de grève illégale*, monographie nº 8, Université de Montréal, École de relations industrielles, 1980, 82 p.
58. *General Motors of Canada* c. *Brunet et UAW, local 1163*, (1977) 2 R.S.C., p. 537, 77 C.L.L.C. paragraphe 14067.
59. *Shell Canada Ltd*. c. *Travailleurs unis du pétrole du Canada*,

L'arrêt *Shell* établit clairement que l'arbitre de griefs a compétence pour décider des dommages-intérêts qui peuvent découler d'une grève illégale, si la convention collective contient une clause à cet effet. La jurisprudence de la Cour d'appel du Québec, qui allait en sens contraire, a en quelque sorte été balayée par cet arrêt. La Cour suprême ne s'est pas prononcée sur la question hypothétique à savoir si l'arbitre aurait la même compétence si la convention collective n'avait pas contenu une disposition de cette nature; il reste que de toute manière, clause ou pas, l'arrêt de travail est interdit pendant qu'une convention collective est en vigueur, en vertu d'un article du *Code du travail* (C.t. art. 107).

Six ans plus tard, la Cour suprême a en quelque sorte renchéri: contre une violation de la convention collective, y compris une grève illégale, il n'y a pas d'autre recours que le grief; même les dommages-intérêts doivent être attribués par l'arbitre. Les cours n'interviendront que pour forcer le respect de la loi en cause. Là où existe une convention collective, il n'y a pas de recours en responsabilité délictuelle; le seul recours réside dans le grief, qui est de la compétence du tribunal d'arbitrage[60].

24.4 Aspects économiques

Malgré le développement considérable des aspects légaux et juridiques de la grève, celle-ci demeure fondamentalement un phénomène économique. On la désigne d'ailleurs souvent comme l'«arme économique» dans le conflit industriel[61]. Nous rappellerons d'abord le principe fondamental du recours à l'arrêt de travail pour résoudre une impasse de négociation; nous évoquerons ensuite quelques analyses coûts-bénéfices et nous terminerons par la question des indemnités et de l'assurance-grève.

24.4.1 Principe fondamental

Même si le principe fondamental demeure sensiblement le même dans les deux cas, il y a tellement de différences entre les conflits du secteur privé et ceux du secteur public, dans leurs implications les plus profondes, que nous traiterons des deux secteurs séparément.

Dans la libre négociation des conditions de travail entre un employeur du secteur privé et le syndicat qui représente ses employés, la plupart des pays démocratiques laissent aux parties elles-mêmes le soin de trouver le compromis qui leur permettra d'arriver à une entente. S'ils aboutissent à une impasse, ils ont le droit, moyennant certaines conditions, de recourir à l'arrêt de travail, la grève ou le lock-out; cet arrêt de travail devrait amener chacune des parties à modifier ses objectifs – ou ses préférences réelles, selon l'expression de certains théoriciens – pour finalement en arriver à un accord. C'est là ce que certains appellent résoudre le conflit par le conflit; il faut organiser et gérer le conflit au meilleur avantage de chacun, dans un cadre juridique et économique donné.

La motivation de chacun à changer sa position vient de la perte de revenu de part et d'autre. Le salarié perd son salaire, tant que dure l'arrêt de travail, et l'employeur perd sa production et ses ventes, par conséquent ses profits. C'est là le mécanisme qui va

local 1, (1980) 2 R.C.S. 181, C.L.L.C. paragraphe 14063. Voir PIERRE VERGE, «L'octroi de dommages-intérêts par un tribunal d'arbitrage dans le cas d'une grève contraire à la convention collective», *Relations industrielles*, vol. 35, nº 3, 1980, p. 578-581; CLAUDE D'AOUST, «Les réclamations à l'arbitrage de dommages résultant de la violation d'une clause de renonciation à la grève», *Relations industrielles*, vol. 36, nº 1, 1981, p. 259-262.

60. *St. Anne Nackawic Pulp and Paper Ltd.* c. *Syndicat canadien des travailleurs du papier, section locale 219*, (1986) 1 R.C.S. 704; 86 C.L.L.C. paragraphe 14037.

61. ADOLF F. STURMTHAL, «La grève dans les systèmes contemporains de relations de travail» dans *La grève*, 4e Colloque de relations industrielles, 1972-1973, Université de Montréal, École de relations industrielles, 1973 (87 p.), p. 1-17; GUY CAIRE, *La grève ouvrière*, Paris, Éditions ouvrières, 1978, 223 p., ch. 4: «Interprétation économique de la grève»; DONALD NIGHTINGALE, «Conflict and Conflict Resolution» dans *Organizational Behavior*, sous la direction de GEORGE STRAUSS, *et al.*, Madison Wis., IRRA, 1974, p. 141-163. (IRRA Series.)

forcer le rapprochement entre les positions des deux parties. C'est aussi la raison pour laquelle la plupart des auteurs et des administrateurs publics s'opposent à ce que les grévistes puissent recevoir des prestations d'aide sociale, particulièrement d'assurance-chômage, quand leur perte de salaire est due à un conflit de travail.

Dans la réalité, le mécanisme ne joue pas toujours de façon aussi simple : la perte de revenu n'est pas toujours, de part et d'autre, aussi complète que la description précédente le laisse entendre. Comme un arrêt de travail peut être anticipé, les intéressés s'y seront normalement préparés. L'employeur aura vraisemblablement accumulé des stocks pour répondre le plus longtemps possible aux demandes de ses clients, même pendant l'arrêt de travail. La perte de clientèle, à l'occasion d'une grève, est peut-être la plus grave, tant pour les salariés que pour l'employeur, parce qu'elle est difficilement récupérable. Cette observation entraîne des réactions contradictoires. Dans le but de sauvegarder la clientèle, l'employeur essaiera de maintenir ses livraisons aussi longtemps que possible. D'autre part, l'entrée et la sortie des camions, même si les camionneurs n'appartiennent pas à l'unité de négociation en grève, risquent d'exaspérer les grévistes, qui s'efforceront de bloquer les accès ; même si elle est illégale, une telle forme de piquetage est facile à comprendre. Par contre, en agissant ainsi, les grévistes risquent de se punir eux-mêmes : si leur employeur perd trop de clients à cause de leur grève, ils risquent de perdre leur emploi et, à la limite, de provoquer la fermeture de l'entreprise où ils travaillent.

De leur côté, les salariés prévoyant l'arrêt de travail peuvent faire des économies en vue de la période difficile qui les attend. Ils recevront peut-être quelques indemnités de grève, dont nous parlerons plus loin. Leur perte de revenu peut ainsi être atténuée. Si l'on prévoit que l'arrêt de travail se prolongera, certains essaieront de se trouver un emploi ailleurs, pour protéger leur propre situation financière. Compte tenu de la prospérité des décennies 1950 et 1960, bien des grèves se sont prolongées parce qu'une bonne partie des salariés, du moins les plus qualifiés, se trouvaient du travail, pendant la grève, chez les concurrents de leur propre employeur.

La perte de production affecte normalement le public. Dans certains cas, celui-ci peut se procurer des biens semblables, fabriqués par des concurrents qui ne sont pas touchés par l'arrêt de travail. Sinon, les consommateurs trouvent généralement des substituts aux produits qui ne sont plus offerts sur le marché. L'impact peut être sérieux quand la grève affecte la fabrication de certains produits semi-finis, nécessaires à plusieurs entreprises pour assurer la continuité de leur production.

Cette absence de substitut au service fourni constitue l'une des caractéristiques principales du secteur public ; c'est aussi ce qui y rend l'arrêt de travail complètement différent. Un arrêt de travail dans des secteurs aussi névralgiques que l'éducation, les services de police, d'incendie ou d'enlèvement des ordures ménagères affecte moins l'employeur visé que la population elle-même. Non seulement l'employeur ne perd pas d'argent, mais on a souvent souligné qu'un arrêt de travail dans le secteur public peut faire économiser des sommes considérables au gouvernement en cause. Les responsables politiques en subiront les inconvénients à long terme, mais à si long terme que ces inconvénients n'auront que peu d'impact sur la solution du conflit. À la différence du secteur privé, un conflit du secteur public affecte beaucoup plus les tiers que les représentants de l'employeur lui-même. Aussi, la situation dégénère souvent en un affrontement politique et de ce fait s'écarte de la situation de négociation normale où l'on chercherait des compromis économiques. Le problème de la capacité de payer ne se pose pas, en tout cas pas de la même manière ; l'employeur ne peut faire faillite et il peut toujours augmenter les impôts. C'est ce qui fait dire à certains que la balance du pouvoir penche du côté syndical.

En un sens bien réel, l'employeur des grévistes est alors le public lui-même, particulièrement parce que c'est lui qui devra payer la note par ses impôts. Or, il n'est pas partie prenante aux discussions, sinon par un intermédiaire très éloigné, son député ou son conseiller municipal, qui ont peut-être bien peu à dire eux-mêmes dans la solution du conflit. Dans de telles circonstances, la négociation est-elle encore possible ? C'est une des questions que nous soulèverons en discutant des problèmes du secteur public, dans les chapitres suivants.

24.4.2 Analyse coûts-bénéfices

Une analyse coûts-bénéfices de l'arrêt de travail permet d'exprimer avec plus de précision les principes généraux que nous venons de rappeler. Il faut procéder en considérant d'abord la position des travailleurs, puis celle de l'entreprise. Les deux parties doivent considérer et comparer le coût de la concession qui leur est demandée et le coût du refus de cette concession, autrement dit du maintien de leur propre demande. Les précisions à apporter diffèrent selon les parties.

Pour le syndicat et les salariés qu'il représente, le coût d'une concession à la partie patronale équivaut, avec l'acceptation de la dernière offre patronale, à perdre une augmentation supplémentaire de salaire ou de meilleures conditions qu'une grève pourrait peut-être leur apporter. De façon positive, ce sont là les avantages que les salariés escomptent obtenir d'un arrêt de travail. Par contre, une grève comporte des coûts multiples. Il y a d'abord la perte de salaire, qui va durer aussi longtemps que la grève ; cet aspect est relativement facile à calculer. D'un autre côté, cette perte peut être adoucie par certaines compensations : les heures supplémentaires qu'ils ont peut-être accomplies, alors que l'employeur voulait accumuler des stocks en prévision de la grève, et les heures supplémentaires qu'ils devront faire pour rattraper les retards de production. Mais il y a aussi des pertes plus graves : une perte possible de clientèle pourrait amener une réduction de la production et par conséquent du nombre d'employés ; une augmentation trop considérable du coût du facteur travail pourrait provoquer le remplacement de salariés par de nouvelles machines et la perte correspondante de plusieurs emplois.

Quand les salariés votent en faveur d'un arrêt de travail, ils comparent toujours, implicitement, les coûts de la grève et les avantages qu'ils espèrent en tirer. Autrement, ils voteraient toujours contre la grève. Il faut peut-être mentionner que bien des votes de grève contiennent une part de bluff ; les salariés veulent faire peur à l'employeur, tout en espérant s'en tirer sans mettre leur menace à exécution.

Pour l'entreprise, le coût de la concession aux demandes syndicales correspond d'abord à l'augmentation de salaire, qui sera sans doute permanente, comme nous l'avons vu dans l'analyse des coûts de la convention collective. Le bénéfice qu'une entreprise compte retirer d'un arrêt de travail, c'est précisément d'éviter une augmentation de salaire dont l'impact sera récurrent. L'arrêt de travail peut forcer le syndicat et les salariés à réduire leurs demandes ; la différence par rapport aux demandes initiales représente le bénéfice de l'arrêt de travail pour l'entreprise. D'autres coûts s'ajoutent aux salaires et conditions de travail négociés : il y a les autres employés qu'il faut continuer à payer, du moins un certain temps ; il y a les coûts fixes du capital ; il y a enfin la perte probable de commandes et peut-être de clients. L'entreprise n'a pas à payer les salaires de ses employés en grève, mais il y aura probablement des coûts pour la reprise des opérations. Si les entreprises acceptent des arrêts de travail, c'est qu'elles jugent que l'économie permanente réalisée sur les conditions de travail est plus grande que les coûts inévitables associés à une grève.

Peu d'études empiriques comparent les conditions du règlement à la dernière offre patronale. Pourtant c'est bien à cette comparaison qu'il faut procéder si l'on veut établir les avantages obtenus grâce à l'arrêt de travail. Une étude de cette nature, portant sur la période de 1967 à 1970, a conclu que des bénéfices nets avaient été obtenus dans environ 10 cas sur 12, mais uniquement dans le sens que la grève avait amélioré le salaire offert précédemment[62]. Considérant un grand ensemble de négociations dans plusieurs secteurs, une autre étude empirique conclut que les ententes salariales signées après une grève ne sont

---

62. B. CURTIS EATON, «The Worker and the Profitability of the Strike», *Industrial and Labor Relations Review*, vol. 26, nº 1, octobre 1972, p. 670-679.

pas différentes de celles qui sont signées sans grève[63]. En comparant les deux affirmations, il faut conclure que, dans les cas où il y a eu grève, les syndicats ont forcé l'employeur à accorder ce que d'autres avaient donné sans recours à l'arrêt de travail.

Quant au coût des grèves pour l'ensemble de l'économie, par rapport à la valeur globale de la production, il semble relativement faible[64]. Il correspond, en partie du moins, à la faible proportion du temps perdu par suite de conflits de travail, comme nous l'avons vu dans une section précédente (section 24.2.2).

24.4.3 Indemnités et fonds de grève

La plupart des unions et des syndicats versent une indemnité à leurs membres en grève. À cette fin, la plupart ont constitué des fonds de grève ou des fonds de défense professionnelle. Mais le régime ne fonctionne pas de la même manière dans tous les cas.

L'histoire de l'aide financière aux grévistes est plus longue que l'histoire de la négociation collective elle-même. En effet, on trouve mention d'une indemnité de 0,50 $ par semaine accordée aux cordonniers de Philadelphie en 1805. Le groupe avait décidé d'accorder cet appui à ceux qui refusaient de travailler plutôt que d'accepter une réduction de salaire. On se rappellera qu'à cette époque, il n'y avait pas négociation, mais imposition d'un taux de salaire par l'union ou par l'employeur selon le cas. Une des premières préoccupations de Samuel Gompers, après la fondation de la Fédération américaine du travail en 1886, fut d'établir un fonds dans le but de venir en aide aux membres de la Fédération dans les grèves les plus importantes. Gompers n'a jamais réussi à faire constituer un fonds de grève rattaché à la Fédération. Celle-ci a aidé plusieurs groupes à l'occasion de grèves particulières, mais de ses propres deniers et non à la suite de la constitution d'un fonds de grève. Des cotisations spéciales ont aussi été recueillies pour aider certains groupes. En 1913, le congrès de la Fédération, refusant toujours d'autoriser la création d'un fonds de grève, recommanda qu'un tel fonds soit établi par les organisations nationales ou même locales. C'est ce qui explique que les fonds de grève, dans les unions internationales, dépendent toujours du siège social de l'union elle-même[65].

C'est ainsi que presque toutes les grandes unions, américaines et canadiennes, ont leur propre fonds de grève, qu'elles administrent elles-mêmes. La situation est différente pour les syndicats affiliés à la CSN. Le fonds de défense professionnelle, comme on l'appelle, est rattaché à la centrale comme telle et c'est elle seule qui peut autoriser l'utilisation de ce fonds pour indemniser les grévistes. En principe, chaque syndicat local est libre de déclarer la grève, s'il se croit justifié de le faire. Mais s'il souhaite que ses membres reçoivent des indemnités de grève, il doit obtenir l'autorisation des responsables de l'organisme qui gère le fonds. C'est dans ce sens qu'on dit que les grèves doivent être autorisées par la direction centrale de l'union ou de la confédération.

Les indemnités versées à même chacun de ces fonds supposent un certain nombre de modalités particulières. La plupart imposent un délai de carence d'environ deux semaines. La durée des paiements varie d'un cas à l'autre: la période peut être de quelques semaines ou s'étendre à toute la durée de la grève. Dans ce dernier cas, on devine qu'un seul arrêt de travail pourrait épuiser un fonds. Aussi, quand il n'y a pas de limite de temps, on impose généralement une autre limite; on dira, par exemple, que les indemnités sont payables jusqu'à ce que le fonds ne contienne plus que 50 000 $.

C'est la constitution de chaque union ou les règlements adoptés pour le fonds lui-même qui déterminent les conditions et les modalités selon lesquelles des indemnités seront versées. La question la plus impor-

63. Robert Lacroix, *Les grèves au Canada. Causes et conséquences*, Montréal, Les Presses de l'Université de Montréal, 1987 (168 p.), p. 121-125.

64. Richard B Freeman et James L. Medoff, *What Do Unions Do?*, New York, Basic Books, 1984 (293 p.), p. 219-220; Robert Lacroix, *op. cit.*, p. 133-136.

65. Sheldon M. Kline, «Strike Benefits of National Unions», *Monthly Labor Review*, vol. 98, nº 3, mars 1975, p. 17-23.

tante vise les critères utilisés. Selon certains règlements, tous les grévistes peuvent avoir droit à l'indemnité; en théorie, c'est le cas le plus fréquent. D'autres réservent l'indemnité à ceux qui en ont le plus besoin. Mais la pratique semble vouloir qu'on exige une prestation quelconque en retour de l'indemnité, comme l'obligation de faire du piquetage de la manière établie par les dirigeants syndicaux. Cela explique le grand nombre de grévistes piqueteurs qu'on rencontre généralement, malgré la prescription formelle du *Code criminel* selon lequel le piquetage d'information est le seul qui soit légal et permis. La condition de faire du piquetage pour toucher l'indemnité de grève réduit encore un peu plus la liberté du salarié syndiqué: s'il veut recevoir son indemnité de grève, il doit faire ce que les directeurs de la grève lui dictent. Les indemnités sont très variables; elles sont le plus souvent de l'ordre de 100 $ à 200 $ par semaine, ce qui est modeste. Dans certains cas, il peut y avoir une allocation de grève, qui s'ajoute à l'indemnité de base quand le besoin s'en fait sentir.

Par suite d'une entente avec les responsables de Revenu Canada – il ne s'agit ni d'un texte de loi ni même d'un règlement –, les indemnités de grève n'ont jamais été sujettes à l'impôt. À la suite d'une grève des employés de la Saskatchewan Liquor Board, que le syndicat avait faite par sympathie pour d'autres fonctionnaires, Revenu Canada a soutenu que les employés de cet organisme n'étaient pas eux-mêmes en grève et a exigé qu'ils paient de l'impôt sur leurs indemnités de grève. La Cour suprême du Canada a récemment décidé que l'entente s'applique à toutes formes de grève, et que les employés en question n'ont pas à payer d'impôt sur les indemnités qu'ils avaient reçues[66].

24.4.4 Assurance-grève

Très tôt, au cours des années 1920, des employeurs ont voulu se protéger contre les pertes qu'ils pouvaient encourir à cause d'une grève de leurs employés syndiqués. Les entreprises qui ont voulu recourir à ce genre d'assurance étaient principalement engagées dans la production de matières périssables, comme la cueillette et le traitement de produits agricoles. Leur préoccupation provenait du fait qu'un arrêt de travail à un moment critique menaçait toute une année de travail et de dépenses. Même s'il ne s'agit pas de denrées, d'autres produits présentent un caractère de consommation éphémère, comme un journal quotidien et les services d'une entreprise de transport de passagers: le journal qui a été préparé et qui ne peut être ni produit ni vendu le jour même est inutile et invendable; il en va de même pour le prix d'un passage[67].

Il y a eu quelques cas d'assurance selon le mode habituel. Par exemple, les producteurs agricoles de Californie s'assuraient contre toute forme de conflit ouvrier, pour une somme représentant jusqu'à 75 % de leurs dépenses. La prime était de 1,50 $ par 100 $ d'assurance; le producteur qui voulait inclure le transport payait 2,00 $ par 100 $ d'assurance. Cependant, la forme la plus fréquemment utilisée, surtout dans les années 1960 et 1970, a été le pacte d'aide mutuelle (*Mutual Aid Pact*). Un groupe d'employeurs s'engageaient à remettre à celui qui subirait une grève les surplus qu'ils réaliseraient par suite de cette grève. Ce genre d'assurance par voie d'aide mutuelle a existé dans l'industrie des quotidiens et du caoutchouc, mais principalement chez une douzaine de transporteurs aériens américains[68].

La formule d'aide mutuelle entre les transporteurs aériens a existé de 1958 à 1978. Il y a eu trois ententes successives, en 1958, 1962 et 1969. Selon la première entente, les transporteurs victimes d'une grève recevaient les profits imprévus perçus par les autres (*windfall benefits*); 16 millions de dollars ont été versés de

66. «Strike Pay Ruled Not Taxable», *Canadian Industrial Relations and Personnel Developments* CCH, décembre 1990, p. 899.

67. JOHN S. HIRSCH JR., «Strike Insurance and The Collective Bargaining», *Industrial and Labor Relations Review*, vol. 22, n° 3, avril 1969, p. 399-415.

68. S. HERBERT UNTERBERGER et EDOUARD C. KOZIARA, «Airline Strike Insurance: A Study in Escalation», *Industrial and Labor Relations Review*, vol. 29, n° 1, octobre 1975, p. 26-45.

1958 à 1962. La deuxième entente prévoyait que 25 % des dépenses normales seraient payés au transporteur frappé par une grève; ceux-ci ont reçu près de 90 millions de dollars entre 1962 et 1969. La troisième entente garantissait de 35 % à 50 % des frais d'exploitation; 17 grèves ont ainsi rapporté 500 millions de dollars principalement à trois compagnies plus durement frappées que les autres[69].

Les différentes unions actives dans le transport aérien, des pilotes aux machinistes, se sont toujours opposées à ce régime, qu'elles considéraient comme une violation de la liberté du commerce. Curieux renversement de situation par rapport à ce qui s'était produit 100 ans plus tôt! Les différentes grèves se prolongeaient aussi très longtemps et plusieurs se demandaient s'il n'existait pas un lien avec l'assurance-grève. Le coup de grâce fut donné au régime quand on découvrit que certaines compagnies, frappées de grève, avaient fait plus de profit ces années-là qu'en temps normal.

Le vent de déréglementation avait commencé à souffler sur les États-Unis, et ce fut l'occasion pour le Congrès américain de bannir toute forme d'entente d'aide mutuelle. Les unions ouvrières se sont toujours opposées à la déréglementation; mais les politiciens ont obtenu leur appui dans ce cas, en leur promettant une aide particulière pour les salariés qui seraient licenciés par suite de la déréglementation. Des ententes d'aide mutuelle pouvaient exister, mais à des conditions qui leur enlevaient tout attrait pour les entreprises susceptibles de s'y intéresser[70].

Au Canada, il ne semble pas qu'on ait connu d'expériences de cette nature. L'exemple américain a été présenté comme un appui supplémentaire au principe de l'arrêt de travail comme mécanisme de règlement des conflits dans un contexte d'économie libre. L'expérience de l'assurance-grève chez les transporteurs aériens des États-Unis démontre que celle-ci ne permettait pas que la négociation collective fonctionnât librement; elle prolongeait grandement et indûment les arrêts de travail.

24.5 Causes et effets

S'il est un exercice frustrant, c'est bien de parcourir les différents articles qui traitent de questions aussi fondamentales que les suivantes: qu'est-ce qui cause les grèves? Pourquoi, à un certain moment, y a-t-il eu tant de grèves au Québec? Les grèves ont-elles un impact sur le niveau des salaires? Les différentes études qui cherchent à répondre à ces questions apportent des réponses plus que nuancées, souvent contradictoires. C'est que chacune s'arrête à des aspects différents. Il n'y a là rien d'étonnant, puisque les grèves, comme tout phénomène social, comportent une multitude d'aspects, sans parler des multiples contextes dans lesquels chacune se déroule.

À cause de la diversité des études et de leurs conclusions respectives, nous parlerons de facteurs plutôt que de causes, et d'impact plutôt que d'effets. Même si les deux catégories se recoupent fréquemment, nous distinguerons les aspects économiques des autres aspects, psychologiques, sociaux et culturels.

24.5.1 Facteurs économiques

Le premier facteur dont on a reconnu l'importance a été le cycle économique. Très tôt, on a observé une recrudescence des grèves dans les périodes de prospérité et une diminution au moment où le chômage était élevé[71]. Par la suite, on a précisé que le nombre de grèves augmentait dans les périodes de prospérité, mais que le lien avec leur durée était moins évident. Le phénomène s'explique facilement: en période de prospérité, les syndicats veulent avoir leur part de la

---

69. *Ibid.*, p. 83.
70. U.S. Congress, *Airline Deregulation Act of 1978*, Public Law 95-504 (1978); S. Herbert Unterberger et Edouard C. Koziara, «The Demise of Airline Strike Insurance», *Industrial and Labor Relations Review*, vol. 34, nº 1, octobre 1980, p. 82-89.
71. Albert Rees, «Industrial Conflict and Business Fluctuations» dans *Industrial Conflict*, sous la direction de Arthur Kornhauser, Robert Dubin et Arthur M. Ross, New York, McGraw-Hill, 1954 (551 p.), ch. 15, p. 213-220; O. Ashenfelter et G.E. Johnson, «Bargaining Theory, Trade Unions, and Industrial Strike Activity», *American Economic Review*, vol. 59, nº 1, mars 1969, p. 35-49.

manne qui passe et les employeurs sont disposés à leur faire des concessions; ils peuvent en refiler le coût aux consommateurs. Quant aux grèves de longue durée, elles portent le plus souvent sur des questions de principe, sans lien avec le cycle économique.

Même si l'inflation va souvent de pair avec le cycle économique, en matière de négociation et d'arrêts de travail, l'inflation joue un rôle qui lui est propre et qui s'exerce de deux manières différentes. Après coup, les salariés veulent récupérer le pouvoir d'achat que l'inflation leur a fait perdre. Mais, pour l'avenir, ils veulent surtout se protéger contre d'autres hausses importantes du coût de la vie: si les prévisions parlent d'inflation, ils exigeront une protection de leur pouvoir d'achat, soit par une clause d'indexation, soit par des hausses additionnelles qui correspondent au moins au taux d'inflation prévu. Un simple coup d'œil sur les statistiques fondamentales des grèves, tant leur nombre que leur importance, montre qu'elles augmentent en période d'inflation. C'est particulièrement vrai au Canada et au Québec depuis 1966, où l'on a connu une hausse importante des prix jusqu'en 1982[72]. Les chercheurs auront beau faire leurs distinctions habituelles, les praticiens en appellent à leur expérience pour prouver qu'il y a des liens entre l'inflation et le taux de grève[73]. Les travailleurs tiennent à recouvrer leur pouvoir d'achat, alors que les employeurs craignent un ralentissement de l'activité économique.

D'autres facteurs économiques ont leur importance. Mentionnons, par exemple, le taux de chômage, qui ralentit certainement l'activité de grève. D'autre part, on peut considérer que le taux de chômage est une des mesures les plus importantes du cycle économique; en ce sens, il n'est pas un facteur vraiment distinct du cycle lui-même. On a considéré également un facteur comme la taille des entreprises, à laquelle sont généralement reliés le nombre et l'importance des grèves. Le lien est moins clair avec les profits de l'entreprise; des grèves difficiles et prolongées se sont déroulées au moment où l'entreprise se trouvait en sérieuse difficulté.

Les différentes études sont effectuées de plusieurs manières. Le plus grand nombre procède par données générales: nombre total de grèves et statistiques globales de l'économie. D'autres utilisent des comparaisons, le plus souvent interindustrielles. Quelques-unes font l'étude par convention collective. Plus l'étude porte sur des points particuliers, plus grands sont les risques de divergence dans les résultats.

Une étude particulière a soutenu que les études précédentes n'expliquaient pas pourquoi une grève se produit dans tel cas et ne se produit pas dans tel autre, apparemment semblable. La véritable cause des grèves résiderait, selon cet auteur, dans la perception des parties de leur rapport de force respectif et, plus précisément, dans l'erreur d'évaluation de ces rapports de force. À moins d'une telle erreur, les parties négocieraient jusqu'à l'entente qui correspondrait à leurs pouvoirs respectifs. Croyant l'employeur plus faible qu'il ne l'est réellement, le syndicat déclare la grève et en subit les coûts, parce qu'il s'est trompé sur l'évaluation de son rapport de force. De savants calculs économétriques soutiennent l'exactitude d'une telle explication[74]. En un sens, la thèse n'a même pas besoin de preuve: il est certain que les deux parties comparent les coûts de la concession demandée et les coûts de la grève envisagée, et qu'elles prennent leur décision sur la perception qu'elles ont de ces coûts et de leurs forces respectives. Si elles pensaient atteindre leur but en poursuivant la négociation, elles le feraient. On aura cependant beaucoup de difficulté à faire admettre aux praticiens que le taux de chômage, l'activité économique, l'inflation passée ou prévue, ainsi que les autres facteurs de ce

72. Gérard Hébert, «L'impact de l'inflation sur la négociation collective» dans *Inflation, indexation et conflits sociaux*, 30e Congrès des relations industrielles de l'Université Laval, Québec, Les Presses de l'Université Laval, 1975, p. 49-96.
73. Pour deux opinions contradictoires, voir Douglas A. Smith, «The Impact of Inflation on Strike Activity in Canada», *Relations industrielles*, vol. 31, no 1, 1976, p. 139-145, et Jean-Michel Cousineau et Robert Lacroix, «Activité économique, inflation et activité de grève», *Relations industrielles*, vol. 31, no 3, 1976, p. 341-358.

74. Robert Lacroix, *Les grèves au Canada. Causes et conséquences*, Montréal, Les Presses de l'Université de Montréal, 1987, 167 p.

genre, n'ont pas d'influence sur la décision de maintenir telle ou telle demande jusqu'à la grève inclusivement. Les parties peuvent se tromper sur leur pouvoir respectif; mais elles décident selon leur perception de tous les facteurs, y compris les facteurs non économiques.

24.5.2 Facteurs psychosociaux

Bien des grèves, peut-être la majorité, ne s'expliquent pas complètement par les seuls facteurs économiques. Il y a la raison donnée officiellement, la demande spécifique pour laquelle on se bat, mais il y a bien souvent une autre raison, formulée ou non, qui est peut-être beaucoup plus importante.

Plusieurs grèves ont une connotation politique. C'est le cas tout spécialement de certains conflits du secteur public. Il est tout naturel de combattre le refus d'un gouvernement en faisant appel à ses adversaires politiques. De façon plus fréquente, il y a ce qu'un auteur français appelle l'insatisfaction ouvrière; il peut s'agir d'une contestation du mode d'autorité ou du mode d'organisation de l'entreprise: les salariés n'acceptent pas la façon de commander d'un chef de service, d'un contremaître, etc.[75].

Diverses situations peuvent favoriser le recours à la grève, même si leur lien avec la négociation proprement dite est relativement ténu. C'est ainsi que des grèves peuvent être déclenchées à cause de conflits à l'intérieur de l'organisation elle-même, qu'il s'agisse de l'entreprise ou du syndicat. Du côté syndical, un manque de cohésion et, encore plus, une rivalité entre deux groupes peuvent entraîner des mésententes internes qui provoqueront le refus catégorique de toute solution raisonnable et qui précipiteront le recours à la grève, avec tous les coûts et toutes les difficultés qu'elle comporte. À la table de négociation, c'est souvent l'absence de véritable délégation de pouvoirs aux négociateurs patronaux qui entraîne de graves frustrations, susceptibles d'exaspérer les négociateurs syndicaux et les employés qu'ils représentent: comme on l'a dit parfois, ils ont l'impression de négocier avec des fantômes. Les rapports entre les parties, qu'ils soient empreints d'hostilité incontrôlable ou de franc respect, peuvent évidemment jouer un rôle considérable[76].

La personnalité même des négociateurs semble être un facteur dans certains cas: des négociations et des grèves qui n'en finissaient pas se sont réglées rapidement quand tel négociateur et porte-parole est subitement entré à l'hôpital. Plusieurs ajoutent un autre facteur qu'ils appellent le militantisme syndical; celui-ci peut recouvrir bien des situations. L'histoire des relations qu'entretiennent les parties a un rôle à jouer, même si tous ne s'entendent pas sur l'impact que cette histoire peut avoir: certains soutiennent qu'une grève en amène d'autres presque fatalement, alors que, selon une analyse différente, l'expérience traumatisante d'un arrêt de travail fait qu'on recherchera à tout prix une solution négociée au cours des rondes de négociation suivantes.

Ce qui est indéniable, c'est que le contexte social et politique joue un rôle, tout comme des facteurs d'ordre psychologique, sociologique et personnel peuvent exercer une influence décisive.

24.5.3 Impact économique

Le principal impact économique de la grève, s'il en est, devrait s'exprimer d'abord et avant tout dans le salaire. En d'autres mots, le salaire obtenu après une grève devrait être supérieur à la dernière offre salariale de l'employeur. Ici encore, les études sur cette question sont relativement peu nombreuses et leurs conclusions ne vont pas toutes dans le même sens. La plupart des études faites au cours des 20 dernières années concluent à un effet positif de la grève sur le niveau des salaires obtenus[77]. Une étude récente

75. GUY CAIRE, *op. cit.*, p. 172-176.

76. JOHN C. ANDERSON et MORLEY GUNDERSON, «Strikes and the Dispute Resolution» dans *Union-Management Relations in Canada*, 2e éd., sous la direction de JOHN C. ANDERSON, MORLEY GUNDERSON et ALLEN PONAK, Don Mills, Addison-Wesley, 1989 (498 p.), ch. 11, p. 303-307.

77. ROBERT SWIDINSKY, «Trade Unions and the Rate of Change of Money Wages in Canada, 1953-1970», *Industrial and Labor Relations Review*, vol. 25, nº 3, avril 1972, p. 363-375.

conclut au contraire que l'effet de la grève est nul[78]. Quoi qu'il en soit de l'effet de la grève elle-même, il est généralement admis que le syndicalisme a amélioré le salaire gagné par ses membres[79]. S'il est vrai que le syndicalisme améliore les salaires, les grèves y sont certainement pour quelque chose. L'employeur qui a subi une grève coûteuse sera plus enclin à faire davantage de concessions lors de la ronde de négociation suivante.

Pour les entreprises, les coûts les plus importants d'une grève consistent en des pertes de vente et des frais généraux engagés malgré l'absence de production[80]. On peut ajouter les frais de publicité auprès de la population, les amendes pour les retards de livraison, des frais d'assurance supplémentaires et la réparation des dommages s'il y a eu sabotage.

On commence à mesurer l'impact des grèves sur les actions en bourse des compagnies touchées. Jusqu'ici, les grèves semblent avoir un impact important et immédiat sur la valeur des actions[81].

24.5.4 Impact social

On peut distinguer l'effet d'une grève, une fois terminée, sur les salariés eux-mêmes, sur les rapports entre les deux parties et sur la société en général.

Chez les employés, les séquelles d'une grève le moindrement longue et difficile sont considérables, souvent dévastatrices. Dans la mesure où les salariés qui ont participé à la grève ont pris des positions tranchées, pour ou contre, qu'ils ont ou non participé au piquetage et aux manifestations, ils conserveront les mêmes attitudes une fois rentrés au travail. Les injures qu'on a proférées, les désapprobations qu'on a manifestées et répétées et les positions qu'on a prises publiquement ne s'oublient pas du jour au lendemain. On a beau défendre la liberté de pensée et d'expression, on a toujours beaucoup de difficulté à laisser les autres la pratiquer. Heureusement, toutes les grèves ne sont pas marquées par autant d'intensité et d'agressivité; mais quand on s'est heurté profondément les uns aux autres, cela peut prendre des mois avant que les blessures qui en ont découlé ne guérissent. C'est généralement cet aspect que les grévistes conservent le plus longtemps à la mémoire. C'est peut-être le souvenir de ces antagonismes qui permettra d'éviter des conflits ouverts dans les négociations suivantes.

Quand le conflit est moins dur, moins sévère, la grève peut se révéler plus positive. Elle peut avoir un effet cathartique plus ou moins grand, selon le nombre d'employés qui entretenaient des sentiments négatifs à l'égard de la direction. Selon l'adage, une bonne chicane peut aider à renouer les amitiés assombries. L'effet de catharsis sera d'autant plus grand que le conflit aura permis l'introduction, dans la convention collective, de règles de justice qu'un plus grand nombre d'employés pourront comprendre et utiliser.

Quant aux rapports entre les parties, l'effet de l'arrêt de travail dépendra des circonstances et de la dynamique qui s'installe. Un arrêt de travail rempli d'affrontements améliore difficilement les relations entre les parties. Là aussi, il faudra un certain temps pour panser les blessures. On a observé, dans quelques cas très particuliers, que les parties prennent conscience du fait que leurs relations sont tellement mauvaises que le conflit a servi de point de départ à un effort mutuel de dialogue plus ouvert et plus positif.

Finalement, l'effet sur la société dépend des circonstances. Dans la plupart des conflits privés, l'effet sera généralement minime. Au contraire, tout conflit

78. Robert Lacroix, «A Microeconometric Analysis of the Effects of Strikes on Wages», *Relations industrielles*, vol. 41, nº 1, 1986, p. 111-127.
79. H. Gregg Lewis, *Unionism and Relative Wages in the United States*, Chicago, University of Chicago Press, 1963; Richard B. Freeman et James L. Medoff, *op. cit.*, p. 20.
80. Roger Y.W. Tang et Allen Ponak, «Employer Assessment of Strike Costs», *Relations industrielles*, vol. 41, nº 3, 1986, p. 552-571.
81. Brian E. Becker et Craig A. Olson, «The Impact of Strikes on Shareholder Equity», *Industrial and Labor Relations Review*, vol. 39, nº 3, avril 1986, p. 425-438; Richard A. De Fusco et Scott M. Fuess Jr., «The Effect of Airlines Strikes on Struck and Nonstruck Carriers», *Industrial and Labor Relations Review*, vol. 44, nº 2, janvier 1991, p. 324-333.

dans le secteur public entraîne des conséquences considérables et de longue durée sur le public. Qui, au Québec, n'a pas vécu quelques histoires d'horreur lors de grèves dans les hôpitaux au cours des 20 dernières années? Telle femme se souvient des questions auxquelles des inconnus l'ont soumise avant qu'elle puisse être admise à l'hôpital. Telle autre se souvient du fait qu'on lui a donné son congé le jour même ou le lendemain de l'accouchement. Telle autre personne a été renvoyée chez elle, à cause d'une grève imminente, alors qu'elle se trouvait à l'hôpital pour subir une intervention; même si celle-ci était jugée non urgente, cela a pu lui causer des conséquences sérieuses. Que la position syndicale, dans la ronde de négociation en cause, ait été justifiée ou non, ce qui reste dans la mémoire collective, ce sont les souffrances imposées à des personnes totalement étrangères au conflit. Que cela plaise ou non, l'impact social des grèves du secteur public se mesure, entre autres, par la somme de ces souffrances individuelles[82].

D'un point de vue positif, les conflits ont valu aux employés du secteur public des conditions de travail raisonnables, sinon excellentes, et des avantages sociaux importants, comme un congé de maternité des plus intéressants et, plus récemment, un congé parental dont les implications sociales positives n'échappent à personne. Mais certains demandent: et les autres? Eux aussi, par leurs impôts, paient pour des avantages qu'ils n'ont pas, ou qu'ils n'ont pas encore.

24.6 Évolution générale des conflits de travail

Le conflit de travail a évolué au Canada comme dans les autres pays, mais pas nécessairement de la même manière. En France, on a relevé trois étapes, selon lesquelles on a considéré le conflit industriel d'abord comme une expression de la lutte des classes, ensuite comme un phénomène politique et, depuis une quarantaine d'années, comme un affrontement économique[83]. Au XIXe siècle, avec l'expansion de la pensée marxiste et la fréquence des révolutions politiques, les conflits industriels sont souvent apparus comme une expression de la lutte des classes; les dirigeants syndicaux et politiques lui donnaient volontiers cette signification. Peu à peu, le déroulement des événements et la diversité idéologique des centrales syndicales ont transformé le conflit en une sorte d'affrontement politique, incarnée principalement dans des manifestations colossales mais généralement de courte durée. Depuis la Seconde Guerre mondiale, les conflits de travail en Europe ressemblent davantage à l'affrontement économique que l'on connaît depuis toujours en Amérique du Nord.

Aux États-Unis et au Canada, quelques groupes ont tenté de transformer les conflits industriels en éléments de la lutte des classes, sans grand succès. Bien des grèves au cours du XIXe siècle, peut-être la majorité, ont été considérées comme des émeutes. Pour peu qu'elles revêtaient un certain caractère de manifestation, elles étaient rapidement étouffées. La mentalité individualiste des défricheurs et des découvreurs de l'Amérique impliquait trop de mobilité sociale pour permettre le développement d'un véritable affrontement de classes, comme on a pu en connaître en Europe.

Vers la fin du XIXe siècle et pendant les 40 premières années du XXe siècle, la majorité des grèves avaient comme objectif de faire reconnaître le syndicat par l'employeur. Le régime de l'accréditation a fait cesser les grèves de reconnaissance syndicale.

Une fois le syndicat reconnu, les arrêts de travail revêtirent le caractère d'affrontement économique qu'on leur connaît encore, du moins dans le secteur privé. En un sens, l'évolution en Amérique du Nord s'est presque faite à l'inverse de ce qu'on a pu observer en France. Dans la deuxième moitié du XXe siècle, les grèves ont acquis de plus en plus souvent un certain

82. LYSIANE GAGNON, *La ronde des bureaucrates. La société blessée*, Québec, Université Laval, Département des relations industrielles, 1980, 26 p. (tiré à part no 24.)

83. JEAN SAVATIER, «La grève dans la société contemporaine», *Études*, vol. 320, no 1, mars 1964, p. 308-325.

caractère politique, en particulier les arrêts de travail du secteur public. Comme le syndicalisme militant semble s'être réfugié là, on risque de voir le clivage s'approfondir entre les secteurs public et privé, qui poursuivront des objectifs différents, par des moyens différents.

La conception même qu'on se fait du recours à l'arme économique a de multiples implications. À cause des syndicats du secteur public et de leur militantisme très marqué, le problème risque de recevoir une solution différente de celle qu'il aurait pu connaître autrement. La grève fait-elle partie intégrante du processus de négociation collective? Le droit de libre négociation collective découle-t-il nécessairement du droit d'association? Ceux qui répondent par l'affirmative à ces deux questions ont généralement à l'esprit les relations du travail dans le secteur privé. Dans le secteur public, la réponse doit également tenir compte d'autres considérations. L'impact d'une grève dans le secteur public est tel qu'on ne peut pas lui appliquer les mêmes règles que dans le secteur privé. Ce sera l'objet des chapitres suivants.

Bibliographie

Ouvrages généraux

ADAM, GÉRARD et REYNAUD, JEAN-DANIEL. *Conflit de travail et changement social*, Paris, Presses universitaires de France, 1978, 389 p.

BARBASH, JACK. «Collective Bargaining and the Theory of Conflict», *British Journal of Industrial Relations*, vol. 18, nº 1, mars 1980.

BURDETSKY, BEN et KATZMAN, MARVIN S. «La grève: une arme qui a fait son temps?», *Bulletin d'informations sociales*, BIT, nº 2, juin 1984, p. 249-253.

CAIRE, GUY. *La grève ouvrière*, Paris, Les Éditions ouvrières, 1978, 223 p. (Coll. «Relations sociales».)

CAMIRÉ, ANDRÉ. *La stratégie du lock-out au Québec, 1970-1980*, Québec, Université Laval, Département de relations industrielles, 1983, 127 p. (Coll. «Instruments de travail».)

D'AOUST, CLAUDE et DELORME, FRANÇOIS. «The Origin of the Freedom of Association and of the Right to Strike in Canada: An Historical Perspective», *Relations industrielles*, vol. 36, nº 4, 1981, p. 894-921.

KORNHAUSER, ARTHUR, DUBIN, ROBERT et ROSS, ARTHUR M. (sous la direction de). *Industrial Conflict*, New York, McGraw-Hill, 1954, 551 p.

NIGHTINGALE, DONALD. «Conflict and Conflict Resolution» dans *Organizational Behavior*, sous la direction de GEORGE STRAUSS *et al.*, Madison, Wis., IRRA, 1974, p. 141-163, (IRRA Series.)

Ontario, The Royal Commission of Inquiry into Labour Disputes. *Report of the Royal Commission of Inquiry into Labour Disputes*, juge IVAN C. RAND, commissaire. Toronto, Queen's Printer, août 1968, 263 p.

PLANTE, GILLES. *Le conflit du travail: stratégie et tactique*, Québec, Les Presses de l'Université Laval, 1984, 164 p. (Coll. «Relations du travail».)

REYNAUD, JEAN-DANIEL. *Sociologie des conflits du travail*, Paris, Presses universitaires de France, 1982, 127 p.

SAVATIER, JEAN. «La grève dans la société contemporaine», *Études*, vol. 320, nº 1, mars 1964, p. 308-325.

STURMTHAL, ADOLF F. «La grève dans les systèmes contemporains de relations de travail» dans *La grève*, 4ᵉ Colloque de relations industrielles 1972-1973, Université de Montréal, École de relations industrielles, 1973, p. 1-17.

Université de Montréal, École de relations industrielles. *La grève*, 4ᵉ Colloque de relations industrielles 1972-1973, Montréal, École de relations industrielles de l'Université de Montréal, 1973, 87 p.

Université de Montréal, École de relations industrielles. *Les conflits en milieu de travail*, 7ᵉ Colloque de relations industrielles 1976, Montréal, École de relations industrielles de l'Université de Montréal, 1977, 99 p.

VERGE, PIERRE. «Syndicalisation de la grève», *Relations industrielles*, vol. 38, nº 3, 1983, p. 475-506.

VERGE, PIERRE. *Le droit de grève. Fondements et limites*, Cowansville, Éditions Yvon Blais inc., 1985, 229 p.

Données statistiques et analyses

DELORME, FRANÇOIS. «Grèves et lock-out», *Le Journal du travail*, septembre 1979, p. 6-7.

DELORME, FRANÇOIS, LASSONDE, GASPAR et TREMBLAY, LUCIE. *Grèves et lock-out au Québec, 1966-1976. Quelques précisions sur les modes de compilation*, Québec, ministère du Travail et de la Main-d'œuvre, Direction générale de la recherche, octobre 1977, 36 p.

JAMIESON, STUART MARSHALL. «The Third Wave of Labour Unrest and Industrial Conflict in Canada, 1900-1967», *Relations industrielles*, vol. 25, nº 1, janvier 1970, p. 22-31. Résumé français, p. 32-33.

JAMIESON, STUART MARSHALL. *Times of Trouble: Labour Unrest and Industrial Conflict in Canada, 1900-1966*, étude nº 22 de l'Équipe spécialisée en relations du travail, Ottawa, Information Canada, 1971, 542 p.

Ministère du Travail et de la Main-d'œuvre du Québec, Direction des études sur les normes et les relations du travail, Centre de recherche et de statistiques sur le marché du travail. *Grèves et lock-out au Québec*, publication annuelle de 1977 à 1982. Reprise dans *Le Marché du travail* depuis 1983.

ROSS, ARTHUR M. et HARTMAN, PAUL T. *Changing Patterns of Industrial Conflict*, New York, John Wiley, 1960, 220 p.

Travail Canada. *Grèves et lock-out au Canada*, publication annuelle parue jusqu'en 1985 inclusivement, Ottawa, Approvisionnements et Services Canada. Depuis, ces données sont incluses chaque mois dans la *Revue de la négociation collective*.

Aspects légaux

D'AOUST, CLAUDE, LECLERC, LOUIS et VERSCHELDEN, LOUISE. «Le droit du non-piqueteur à son salaire», *McGill Law Journal*, vol. 25, nº 4, 1980, p. 609-631.

D'AOUST, CLAUDE et LECLERC, LOUIS. «Droit à la grève et droit à la sécurité sociale: perspectives nouvelles», *McGill Law Journal*, vol. 23, nº 3, automne 1977, p. 485-496. Reproduit par l'École de relations industrielles de l'Université de Montréal, tiré à part nº 22, 1978.

D'AOUST, CLAUDE et VERSCHELDEN, LOUISE. *Le droit québécois de la responsabilité civile des syndicats en cas de grève illégale*, monographie nº 8, Montréal, Université de Montréal, École de relations industrielles, 1980, 82 p. Voir aussi *Relations industrielles*, vol. 35, nº 3, 1980, p. 578-581, et vol. 36, nº 1, 1981, p. 259-262.

DESMARAIS, JACQUES. «Les moyens de pression: les chartes en redéfinissent-elles les limites?» dans *Les chartes des droits et les relations industrielles*, 43e Congrès des relations industrielles, 1988, Québec, Les Presses de l'Université Laval, 1988, p. 157-195.

FLEURY, GILLES. «Les dispositions anti-briseurs de grève, 1978-1989», *Le marché du travail*, vol. 12, nº 8, août 1991, p. 6-8 et 71-86.

GARANT, LOUIS. *Les briseurs de grève et le Code du travail*, Québec, Centre de recherche et de statistiques sur le marché du travail, mars 1982, 78 p. (Coll. «Études et recherches».)

GARANT, LOUIS. «Les briseurs de grève et le Code du travail», *Le marché du travail*, vol. 2, nº 12, décembre 1981, p. 50-57.

MALLETTE, NOËL. «Les différends et leurs mécanismes de règlement» dans *La gestion des relations du travail au Québec. Le cadre juridique et institutionnel*, sous la direction de NOËL MALLETTE, Montréal, McGraw-Hill, 1980, p. 194-212.

MORIN, FERNAND. *L'injonction en temps de grève ou une mesure normative de l'exercice du droit de grève!*, analyse sommaire de 204 dossiers, Montréal, ministère du Travail et de la Main-d'œuvre, mars 1977, 80 p.

NADEAU, GASTON. *Le statut juridique du salarié-gréviste québécois*, Québec, Les Presses de l'Université Laval, 1981, 190 p.

ROUSSEAU, ANDRÉ et D'AOUST, CLAUDE. «L'article 98 du Code du travail et le droit du gréviste à son emploi», *Revue du Barreau*, vol. 34, nº 5, décembre 1974, p. 550-560. Reproduit par l'École de relations industrielles de l'Université de Montréal, tiré à part nº 18, 1977.

SCOWEN, REED (président). *Réglementer moins et mieux*, rapport du groupe de travail sur la déréglementation, Québec, Les Publications du Québec, 1986 (292 p.), p. 115-117.

THIEBLOT JR., ARMAND J. et COWIN, RONALD M. *Welfare and Strikes. The Use of Public Funds to Support Strikers*, Philadelphie, Penn., University of Pennsylvania Press, 1972, 276 p. (Labor Relations and Public Policy Series, Report No. 6.)

VERGE, PIERRE et D'AOUST, CLAUDE. «Le congédiement pour participation à une grève illégale devant la Cour suprême», *Relations industrielles*, vol. 35, nº 2, 1980, p. 328-333.

Aspects économiques

BECKER, BRIAN E. et OLSON, CRAIG A. «The Impact of Strikes on Shareholder Equity», *Industrial and Labor Relations Review*, vol. 39, nº 3, avril 1986, p. 425-438.

COUSINEAU, JEAN-MICHEL et LACROIX, ROBERT. «Activité économique, inflation et activité de grève», *Relations industrielles*, vol. 31, nº 3, 1976, p. 341-357. Reproduit par l'École de relations industrielles de l'Université de Montréal, tiré à part nº 28, 1978.

COUSINEAU, JEAN-MICHEL et LACROIX, ROBERT. «Imperfect Information and Strikes. An Analysis of Canadian Experience, 1967-1982», *Industrial and Labor Relations Review*, vol. 39, nº 3, avril 1986, p. 377-387.

EATON, B. CURTIS. «The Worker and the Profitability of the Strike», *Industrial and Labor Relations Review*, vol. 26, nº 1, octobre 1972, p. 670-679.

EISELE, C. FREDERICK. «Organization Size, Technology, and Frequency of Strikes», *Industrial and Labor Relations Review*, vol. 27, nº 4, juillet 1974, p. 560-571.

KLINE, SHELDON M. «Strike Benefits of National Unions», *Monthly Labor Review*, vol. 98, nº 3, mars 1975, p. 17-23.

LACROIX, ROBERT. *Les grèves au Canada. Causes et conséquences*, Montréal, Les Presses de l'Université de Montréal, 1987, 168 p.

LACROIX, ROBERT. «A Microeconometric Analysis of the Effects of Strikes on Wages», *Relations industrielles*, vol. 41, nº 1, 1986, p. 111-127.

MAKI, DENNIS et STRAND, KENNETH. «The Determinants of Strike Activity: An Interindustry Analysis», *Relations industrielles*, vol. 39, nº 1, 1984, p. 77-92.

MAKI, DENNIS R. «The Effect of the Cost of Strikes on the Volume of Strike Activity», *Industrial and Labor Relations Review*, vol. 39, nº 4, juillet 1986, p. 552-563.

RIDDELL, CRAIG W. «The Effect of Strikes and Strike Length of Negotiated Wage Settlements», *Relations industrielles*, vol. 35, nº 1, 1980, p. 115-120.

SMITH, DOUGLAS A. «The Impact of Inflation on Strike Activity in Canada», *Relations industrielles*, vol. 31, nº 1, 1976, p. 139-145.

SOLASSE, BERNARD. «Inflation et conflits sociaux» dans *Inflation, indexation et conflits sociaux*. 30e Congrès des relations industrielles de l'Université Laval, Québec, Les Presses de l'Université Laval, 1975, p. 97-108.

SWIDINSKY, R. «Strike Settlement and Economic Activity: An Empirical Analysis», *Relations industrielles*, vol. 31, nº 2, 1976, p. 207-223.

TANG, ROGER Y.W. et PONAK, ALLEN. «Employer Assessment of Strike Costs», *Relations industrielles*, vol. 41, nº 3, 1986, p. 552-571.

UNTERBERGER, S. HERBERT et KOZIARA, EDWARD C. «Airline Strike Insurance: A Study in Escalation», *Industrial and Labor Relations Review*, vol. 29, nº 1, octobre 1975, p. 26-45. Voir *Industrial and Labor Relations Review*, vol. 34, nº 1, octobre 1980, p. 82-89.

Grèves particulières

CHARPENTIER, ALFRED. «La grève du textile dans le Québec en 1937», *Relations industrielles*, vol. 20, nº 1, janvier 1965, p. 86-127.

COUSINEAU, JACQUES. *Réflexions en marge de «la grève de l'amiante»*, Montréal, Les Cahiers de l'Institut social populaire, nº 4, septembre 1958, 79 p.

DUMAS, EVELYNE. *Dans le sommeil de nos os. Quelques grèves au Québec de 1934 à 1944*, Montréal, Leméac, 1971, 170 p. (Coll. «Recherches sur l'homme».)

HAMELIN, JEAN, LAROCQUE, PAUL et ROUILLARD, JACQUES. *Répertoire des grèves dans la province de Québec au XIXe siècle*, Montréal, Les Presses de l'École des Hautes Études Commerciales, 1970, 168 p.

LEFEBVRE, JEAN-PAUL. *La lutte ouvrière*, Montréal, Éditions de l'Homme, 1960, 92 p.

LEFEBVRE, JEAN-PAUL. *et al. En grève!*, Montréal, Éditions du Jour, 1963, 280 p.

MEHLING, JEAN. *Analyse socio-économique d'une grève*, Montréal, Les Presses de l'École des Hautes Études Commerciales et Éditions Beauchemin, 1963, 218 p. (Coll. «Problèmes économiques contemporains», nº 1.)

PRATT, MICHEL. *La grève de la United Aircraft*, Sillery, Les Presses de l'Université du Québec, 1980, 115 p.

TAILLEFER, JEAN. «L'anatomie d'un conflit», *La Gazette du travail*, vol. 75, nº 1, janvier 1975, p. 27-33.

TRUDEAU, PIERRE ELLIOTT. *La grève de l'amiante*, Montréal, Éditions Cité libre, 1956, 430 p.

WOODS, H.D. (sous la direction de). *Patterns of Industrial Dispute Settlement in Five Canadian Industries*, Montréal, McGill University, The Industrial Relations Centre, 1958, 397 p.

Chapitre

25

Secteur public : principes généraux et régime fédéral

PLAN

25.1 Notions et concepts

25.2 Principes et caractéristiques particulières

25.3 Modèles de négociation ou typologie

25.4 Secteur public fédéral canadien

25.5 Scctcur municipal

25.6 Secteur public américain

25.7 Conclusion

Après avoir examiné les règles générales du processus de négociation, il faut considérer quelques cas particuliers qui se distinguent, sur de nombreux points, de la démarche habituelle. Le plus important de ces cas particuliers est le secteur public, auquel nous consacrerons le présent chapitre et les deux suivants; nous regrouperons les autres cas spéciaux dans le chapitre 28.

Le chapitre 25 présentera d'abord les principes généraux qui régissent la négociation dans le secteur public, les caractéristiques principales qui en découlent ainsi que les modèles fondamentaux qu'on peut en dégager. Nous expliquerons ensuite les régimes de négociation propres à trois champs différents du secteur public: le gouvernement fédéral du Canada, le secteur municipal canadien et l'infinie variété des situations aux États-Unis.

La négociation des secteurs public et parapublic au Québec retiendra notre attention dans le chapitre 26. Il s'agit d'une formule unique en Amérique du Nord, un cas d'hypercentralisation, avec ses avantages et ses inconvénients. Le régime a procuré aux employés concernés des conditions de travail fort avantageuses, mais il a par ailleurs entraîné une intervention gouvernementale constante et massive.

Le chapitre 27 traitera principalement de la situation des cadres hiérarchiques, qui négocient avec le gouvernement du Québec même si ce n'est pas sous l'égide du *Code du travail*. Les pourparlers entre le gouvernement et différentes catégories de cadres et certains groupes de professionnels ressemblent suffisamment à la négociation collective courante qu'un traité portant sur la négociation ne peut les ignorer et les passer sous silence.

Pour bien comprendre le régime de négociation collective dans tous les cas qui relèvent du secteur public, il faudra déborder un peu la négociation proprement dite et rappeler autant les structures et l'organisation des parties que l'ensemble des relations collectives de travail, pour chacun des groupes. Dans le présent chapitre, nous verrons successivement les principaux termes propres au secteur public et leur signification, les principes de base qui font de ce secteur un milieu de négociation différent des autres, puis les modèles fondamentaux que l'on peut dégager à partir des solutions choisies par les divers gouvernements pour encadrer leurs rapports avec leurs propres employés. Dans la seconde partie du chapitre, nous analyserons les trois régimes de négociation particuliers que nous avons mentionnés précédemment.

25.1 Notions et concepts

En discutant de négociation dans le secteur public, on utilise fréquemment plusieurs termes qui semblent synonymes, mais qui ne le sont pas. Nous nous efforcerons d'abord de préciser le sens de quatre expressions principales. De plus, nous devrons également préciser quels sont les différents rôles de l'État et déterminer à quel titre il intervient dans la négociation avec les représentants de ses employés.

25.1.1 Termes principaux

Quatre termes sont fréquemment utilisés en discutant du sujet qui retient notre attention: fonction publique, secteur public, service public, intérêt public. Nous les examinerons dans cet ordre, qui va du plus restreint au plus général[1].

La «fonction publique» comprend l'ensemble des employés directs de l'État. Ces employés sont ceux qui ont comme tâche et fonction principales d'assurer l'administration publique pour le gouvernement qui les emploie. Il y a ainsi la fonction publique fédérale, provinciale et municipale, selon le niveau de gouvernement dont on parle. Ces diverses fonctions publiques sont composées de cols blancs – qu'on appelle spontanément les fonctionnaires – et de cols bleus qui, par exemple, travaillent à l'entretien de la voirie provinciale ou aux travaux publics d'une municipalité.

Pour nous en tenir à la fonction publique provinciale, les fonctionnaires sont principalement les employés des différents ministères. Il s'agit explicitement des employés de l'État, qui occupent nor-

1. GÉRARD DION, *Dictionnaire canadien des relations du travail*. Québec, Les Presses de l'Université Laval, 1986, 993 p.

malement un emploi permanent, quel que soit le parti politique au pouvoir. Ministres et députés ont également un certain nombre d'employés dits politiques, c'est-à-dire qui ne sont pas des fonctionnaires et dont le maintien de l'emploi tient à la réélection du député ou du parti qui les engage. Les employés de la Chambre des communes à Ottawa et ceux des assemblées législatives provinciales ont parfois un statut un peu différent de celui des fonctionnaires proprement dits.

Il n'est pas facile de définir exactement où s'arrête la fonction publique. Il ne fait aucun doute que tous les employés des ministères – sauf le personnel politique évidemment – en font partie. Par contre, la réponse n'est ni aussi simple ni aussi claire quand il s'agit des sociétés ou des régies d'État; la loi constitutive de chaque organisme détermine si ses employés sont régis par la *Loi sur la fonction publique*; si oui, ils sont considérés comme des fonctionnaires, si non, ils ne le sont pas. La distinction a de l'importance: les règles à suivre diffèrent considérablement. Ainsi, au fédéral, les employés de l'Office national du film sont régis par la même loi que les fonctionnaires fédéraux, alors que les employés de la Société des postes sont assujettis au *Code canadien du travail*. Il faut voir chaque cas séparément.

L'expression «secteur public» comporte plusieurs sens. Les mots évoquent un rapport avec le gouvernement, que ce rapport soit étroit ou large, restreint ou étendu. Les employés de l'État font tout naturellement partie du secteur public. Dans l'expression, souvent utilisée au Québec, secteurs public et parapublic, le premier adjectif désigne la fonction publique et les organismes gouvernementaux, alors que le second vise le domaine de la santé et de l'éducation. Le terme secteur public est alors employé dans un sens limité.

L'expression sert également à distinguer les institutions ou entreprises qui relèvent directement de l'État et du gouvernement, le plus souvent par voie de propriété, de ce qu'on appelle le secteur privé, qui relève quant à lui de personnes physiques ou morales autres que l'État. En ce sens, c'est la propriété qui détermine si une entreprise fait partie du secteur public ou du secteur privé. Deux entreprises peuvent fournir le même service et appartenir l'une au secteur public, l'autre au secteur privé. C'est ainsi que la compagnie ferroviaire Canadien National, propriété du gouvernement fédéral, est classée dans le secteur public, alors que le Canadien Pacifique, qui offre à peu près les mêmes services à la population, fait partie du secteur privé parce qu'il est la propriété de ses actionnaires. Seul le contexte peut dire si l'expression secteur public est prise dans le premier ou le second des deux sens que nous venons d'expliquer.

Pour sa part, le «service public» est défini par la nature du produit ou du service fourni à la population et non par le caractère public ou privé de l'entreprise. Le *Code du travail* définit les services publics par une longue énumération, qui va de la municipalité à l'entreprise d'incinération des déchets, en passant par les entreprises de téléphone et de transport, quelles que soient l'identité et la nature du propriétaire de l'entreprise (C.t. art. 111.0.16). C'est vraiment le service lui-même qui est considéré comme public, et le fait qu'il soit offert à l'ensemble de la population, dans la province ou le pays, ou dans une région plus restreinte.

La diversité des services qu'inclut l'expression services publics est telle que les relations de travail peuvent dépendre tantôt des dispositions relatives au secteur public, tantôt des dispositions générales du *Code du travail*. Un conflit de travail visant le transport en commun à Montréal sera soumis à d'autres dispositions qu'une grève affectant le service d'autobus d'une petite municipalité. Pourtant il s'agit d'un même type de service public. Nous avons vu au chapitre 23, qui porte sur le règlement des conflits, l'importance de faire une distinction entre les conflits ordinaires et les conflits d'intérêt public. Ici encore, il faut bien déterminer, au point de départ, quelle loi et quelles dispositions de la loi s'appliquent quand la négociation a entraîné un conflit ouvert.

Finalement, une quatrième expression est souvent utilisée à propos de certains conflits: on dira qu'il s'agit d'un conflit d'«intérêt public». Le qualificatif a un sens à la fois plus large et plus restreint; les termes sont moins précis que les trois expressions précédentes, qui évoquent spécifiquement l'employeur, le propriétaire de l'entreprise ou la nature du produit. Dans le cas de l'intérêt public, c'est plutôt la répercussion sur l'ensemble d'une population qui préoccupe. En ce sens, un conflit particulier dans le secteur public ne soulève pas nécessairement un problème d'intérêt public, alors que certains conflits dans le secteur privé, dans certaines circonstances – s'ils se prolongent indûment, par exemple –, peuvent revêtir un caractère d'intérêt public.

C'est ainsi qu'une grève des archivistes fédéraux ou encore des percepteurs d'impôt n'affectera guère l'intérêt public, du moins à court terme. Par contre, une grève dans une importante manufacture qui est l'unique employeur d'une région peut, si elle se prolonge, devenir une catastrophe pour la municipalité et la région, et acquérir un caractère indéniable d'intérêt public.

Le conflit d'intérêt public a toujours préoccupé les politiciens et les analystes des rapports collectifs de travail. On a utilisé plusieurs expressions, selon l'époque, pour évoquer cette réalité et cette préoccupation. En plus du conflit d'intérêt public, on a parlé des situations d'urgence ou des cas d'urgence nationale (*national emergency*)[2].

Tels sont les quatre principaux termes qu'évoque toute discussion sur les négociations dans le secteur public. Chaque expression a une signification précise ou étendue, selon le cas, et se rapporte à divers aspects ou approches d'une même réalité. Il faut éviter de les confondre, parce que chacune soulève des questions fort différentes. Elles peuvent également se recouper partiellement.

25.1.2 Fonction publique: unité et diversité

Même entendu au sens strict, le terme fonctionnaire désigne de nombreux employés de l'État dont les fonctions sont très diversifiées. Les fonctionnaires fédéraux, dispersés d'un bout à l'autre du pays, et même à l'étranger, représentent plus de 400 000 employés. Le tiers environ est concentré dans la région d'Ottawa, mais le reste se retrouve dans différentes villes, d'un océan à l'autre. Les fonctionnaires provinciaux, proportionnellement plus nombreux dans la ville de Québec, sont environ 75 000, dont 40 000 cols blancs et 20 000 cols bleus sont syndiqués; les autres sont cadres[3].

Les fonctionnaires ont tous le même employeur, soit le gouvernement fédéral, provincial ou municipal. Mais ils occupent des fonctions nombreuses et diversifiées. La classification des emplois est complexe et régie par des règles précises et détaillées. La sélection, la dotation et les promotions, ainsi que la classification elle-même, relèvent de la compétence des différentes commissions de la fonction publique qu'on trouve aux divers niveaux de gouvernement. Ce système existait longtemps avant que la négociation soit introduite dans la fonction publique. Aussi la loi a-t-elle exclu de la négociation toutes les questions relatives au personnel lui-même. Une exception est admise par le gouvernement du Québec: les modalités et le respect des procédures établies, par l'employeur, peuvent faire l'objet d'un grief.

La dispersion géographique d'une proportion importante des fonctionnaires affecte leurs relations collectives et leur mode de négociation. Quand la moitié des membres d'un syndicat est dispersée aux quatre coins du pays, sinon du monde, plusieurs problèmes de communication et même des divergences d'intérêts peuvent surgir et affecter la négociation. De plus, en optant pour différents types d'unités de négociation, les gouvernements ont modifié considérablement le genre de relations collectives qu'on observe d'une province à l'autre et plus encore d'un niveau de gouvernement à un autre.

2. PIERRE VERGE, *Les critères des conflits créant une situation d'urgence*, étude nº 23 de l'Équipe spécialisée en relations de travail, Ottawa, Information Canada, octobre 1967, 252 p.

3. Statistique Canada, *L'emploi dans l'administration fédérale*, Catalogue 72-004, janvier-mars 1988, p. 16; Statistique Canada, *L'emploi dans les administrations provinciales et territoriales*, Catalogue 72-007, janvier-mars 1988, p. 16-18.

25.1.3 Rôles de l'État

Quel que soit le niveau de compétence du gouvernement – pensons à l'État fédéral ou à chacune des provinces canadiennes –, l'État remplit plusieurs fonctions, qui interviennent de plusieurs manières dans ses rapports avec ses propres employés. Il faut distinguer l'État législateur, l'État administrateur et l'État employeur. Dans chacune de ces fonctions, il a des obligations différentes, des moyens d'action et des instruments de nature diverse. Les rapports entre ces trois fonctions peuvent entraîner d'importantes difficultés.

L'« État législateur » est responsable de l'adoption des lois, qui doivent viser l'intérêt de toute la population, même en ce qui concerne les relations de travail. C'est l'État législateur qui établit le cadre dans lequel se dérouleront les rapports collectifs entre l'État et ses employés. À cet égard, il doit se préoccuper d'abord et avant tout du bien public. Si un conflit crée une situation d'urgence, il a le devoir d'intervenir, comme dans toute autre situation qui affecte le bien public.

L'instrument par lequel l'État législateur remplit ses obligations est, à Ottawa, la Chambre des communes et le Sénat et, à Québec, l'Assemblée nationale. On y adopte les lois, qui reçoivent ensuite la sanction royale avant d'entrer en vigueur. C'est donc la Chambre des communes ou l'Assemblée nationale qui doivent intervenir pour que l'État remplisse son rôle fondamental de protecteur du bien commun, soit par l'adoption de lois générales qui établissent le cadre approprié des rapports collectifs de travail, soit par l'adoption de lois spéciales quand les circonstances l'exigent.

L'« État administrateur » se confond avec ce qu'on appelle le gouvernement au sens propre du mot. En tant qu'administrateur, le gouvernement doit voir à l'application des lois adoptées par l'État législateur. Il exerce cette fonction par l'intervention de ce qu'on appelle le Conseil exécutif ou, plus précisément, le cabinet des ministres. C'est par différentes décisions prises aux assemblées du cabinet des ministres que sont adoptés les règlements qui visent à l'application concrète des différentes lois, dont celles qui régissent les relations collectives et la négociation. Chaque ministère est responsable d'un secteur de l'administration publique. Le budget et les principaux crédits doivent être adoptés par la Chambre des communes ou l'Assemblée nationale, mais leur répartition détaillée et les différentes décisions sont prises au cabinet des ministres, sur recommandation expresse de l'un des comités permanents du Conseil du trésor. C'est ce dernier qui, également, doit faire approuver les mandats qu'il accorde à ses négociateurs et les ententes qu'il a conclues avec les représentants de ses employés.

L'« État employeur » désigne un des aspects de l'État administrateur. C'est la fonction qu'il doit remplir pour embaucher et régir le personnel dont il a besoin pour assurer le respect et l'application courante des différentes lois en vigueur. Relativement à ses employés, l'État doit, comme tout employeur, remplir les tâches normales de la fonction. Il doit, entre autres, embaucher le personnel nécessaire, l'affecter aux emplois requis, le classifier, etc. Les tâches qui concernent ainsi la gestion des ressources humaines, les gouvernements les confient habituellement aux commissions de la fonction publique qu'ils ont instituées à cette fin.

Depuis le milieu des années 1960, le gouvernement fédéral et les différentes provinces ont établi des régimes de rapports collectifs avec les représentants de leurs employés, principalement en vue de la négociation collective. À cause de la situation qui existait déjà à ce moment, certaines matières ont été exclues des sujets qui peuvent faire l'objet de négociation; mais plusieurs points, dont les très importantes questions des salaires et des sanctions disciplinaires, peuvent être négociées et le sont effectivement. C'est une des fonctions importantes de l'État employeur. Si l'État employeur éprouve des difficultés de négociation sérieuses, il peut être tenté de faire appel à l'État législateur pour les résoudre. Il s'agit là d'un grave problème que nous discuterons plus loin.

L'État employeur agit par l'entremise de la Commission de la fonction publique, des organismes qui s'y rattachent et du Conseil du trésor pour ce qui est de la négociation collective. À ce sujet nous verrons plus loin les structures de négociation qui ont été établies aux différents paliers de gouvernement.

Auparavant, il importe de préciser les principes et les caractéristiques particulières de la négociation entre l'État et les représentants de ses employés.

25.2 Principes et caractéristiques particulières

Parce que l'État est l'État, la négociation collective à laquelle il participe ne peut pas avoir les mêmes caractères ni fonctionner de la même manière que dans le secteur privé, même s'il s'efforce de se conduire comme tout bon employeur. Fondamentalement, cela tient au fait que l'État est souverain et qu'il n'y a rien ni personne au-dessus de lui; en ce sens il ne peut pas être un employeur comme les autres. De là découlent plusieurs conséquences importantes par rapport à différents aspects de la négociation, comme son objet, les organismes de contrôle et le mode de règlement des conflits.

25.2.1 État souverain

Même si un gouvernement accepte de négocier avec les représentants de ses employés, la négociation qui s'ensuit présentera certains caractères particuliers, qui différeront des caractéristiques d'une négociation du secteur privé. La première et principale raison de ces différences découle du fait que, contrairement à tous les autres employeurs, l'État employeur n'est pas et ne peut pas être un employeur comme les autres, du seul fait de son caractère souverain. Au-dessus de toutes les compagnies ou entreprises privées, il y a l'État; au-dessus de l'État, il n'y a rien[4].

Quand on est parvenu au sommet de la pyramide, il n'est plus possible de faire appel à un niveau supérieur d'autorité. Les tenants de la négociation normale dans le secteur public ont imaginé créer, à cette fin, un organisme auquel le gouvernement et les syndicats de ses employés devraient faire appel et auquel les deux parties devraient se soumettre. Dans un tel cas, c'est cet organisme supérieur qui deviendrait l'État souverain; il remplacerait, du moins pour tout ce qui concerne la négociation, y compris le budget correspondant, l'État lui-même; il deviendrait, à son tour, l'État souverain. Le problème énoncé plus haut se poserait de la même façon quant aux relations entre ce palier supérieur et ses propres employés. On n'échappe pas au fait qu'il faut arriver, à un moment ou l'autre, au sommet de la hiérarchie.

Même si l'État constitue un employeur unique, il existe des différences importantes entre certaines catégories d'emploi. Pour donner deux exemples extrêmes, certains employés du ministère québécois de la Sécurité du revenu, entre autres responsables des programmes d'aide sociale, exercent des fonctions essentielles qui ne peuvent être interrompues sans avoir de graves conséquences. À l'opposé, un arrêt de travail des employés de la Société des alcools ne cause guère d'inconvénients qu'aux consommateurs de spiritueux. Les fonctions que remplissent les employés de l'État ne sont pas toutes aussi essentielles les unes que les autres.

Une question étroitement reliée à celle de l'État souverain, c'est le respect d'un des principes fondamentaux des gouvernements démocratiques, celui du gouvernement responsable. En droit parlementaire britannique, une des bases du régime gouvernemental est que les députés sont responsables de la levée et de la dépense des fonds publics. En d'autres mots, la Chambre des communes au fédéral et l'Assemblée nationale au Québec ne peuvent renoncer à leurs res-

4. PATRICE GARANT et CLAUDE BERLINGUETTE, «Les relations du travail des secteurs public et parapublic» dans *La gestion des relations du travail au Québec*, sous la direction de NOËL MALLETTE, Montréal, McGraw-Hill, 1980 (642 p.), p. 531-534; MILTON DERBER, «Management Organization for Collective Bargaining in the Public Sector» dans *Public-Sector Bargaining*, 2e édition, sous la direction de BENJAMIN AARON, JOYCE M. NAJITA et JAMES L. STERN, IRRA Series, Washington, D.C., Bureau of National Affairs, 1988 (334 p.), p. 90-123; E. EDWARD HERMAN, ALFRED KUHN et RONALD L. SEEBER, *Collective Bargaining and Labor Relations*, 2e édition, Englewood Cliffs, N.J., Prentice-Hall, 1987 (621 p.), p. 413.

ponsabilités par rapport à l'utilisation des fonds publics. Comme les salaires des employés des différents gouvernements représentent une proportion importante, généralement majoritaire, des dépenses publiques, les élus du peuple ne peuvent transférer à d'autres la responsabilité de décider de l'utilisation des fonds publics et du montant des impôts nécessaires pour y faire face. Ministres et députés peuvent évidemment déléguer le pouvoir de négocier à des fonctionnaires ou à d'autres représentants du gouvernement, en leur donnant des mandats précis ; mais ils doivent conserver la responsabilité de la décision finale. C'est d'ailleurs la même raison qui fait rejeter, dans tous les cas d'importance majeure, le recours à l'arbitrage des différends. En effet, l'arbitre deviendrait alors le responsable des finances publiques, à tout le moins pour ce qui concerne les salaires des employés de l'État, ce qui ne saurait se faire dans un régime de gouvernement responsable.

Si un gouvernement décide d'accorder à ses employés le droit de se syndiquer et de négocier leurs conditions de travail, ce gouvernement et ceux qui lui succéderont doivent jouer avec franchise et loyauté le jeu de la négociation, tout comme les syndicats en cause. Du côté du gouvernement, cela signifie, entre autres choses, maintenir la distinction entre le gouvernement employeur et le gouvernement législateur. Même si la distinction est généralement possible, elle n'est pas toujours facilement réalisable. Il y a des circonstances où un gouvernement peut trouver, dans l'intervention législative, une solution facile à un problème dont la négociation selon les règles habituelles et traditionnelles est ardue. Un gouvernement peut alors être tenté d'abuser de son pouvoir législatif pour régler un problème de relations de travail qu'il n'arrive pas à résoudre autrement. Par contre, compte tenu du contexte économique parfois difficile et des déficits budgétaires de plus en plus graves, le gouvernement peut en arriver à la conclusion qu'il doit absolument limiter les hausses de salaires de tous ses employés à un niveau donné. Il est évident qu'une telle décision comporte un impact sérieux sinon fatal pour la négociation collective des conventions de travail. Dans une telle situation, il n'y a guère plus de négociation possible, à tout le moins sur les aspects pécuniaires de la convention collective. Il faut aussi noter qu'en certaines circonstances, les syndicats eux-mêmes tentent d'obtenir de l'État administrateur ou même de l'État législateur ce que les représentants de l'État employeur ne peuvent pas leur accorder.

La distinction entre l'État législateur et l'État employeur n'est pas toujours réalisable. C'est une des raisons pour lesquelles la négociation avec l'État souverain ne peut jamais être tout à fait de la même nature que celle qui a cours dans le secteur privé.

25.2.2 Objet de la négociation

La seconde différence majeure entre la négociation du secteur privé et celle du secteur public tient au fait que, dans le secteur public, tout n'est pas négociable, ce qui s'explique par l'histoire. En effet, quand le droit à la syndicalisation et à la négociation collective a été accordé aux employés de l'État, au cours des années 1960 et 1970, le régime était introduit dans un milieu déjà très réglementé. Des sujets d'une importance primordiale, dont tout ce qui concerne les mouvements de personnel, déplacements et promotions, relevaient depuis de nombreuses années des différentes commissions de la fonction publique. De plus, d'autres aspects avaient été déterminés par différentes lois, comme les régimes de pension de retraite. Plutôt que de chambarder des conditions de travail bien établies, on a choisi d'écarter du champ de la négociation tout ce qui faisait l'objet d'une réglementation antérieure détaillée. En pratique, il arrive cependant qu'on négocie des amendements à une loi ou à un règlement, par exemple au régime de retraite des employés.

C'est ainsi que la *Loi sur les relations de travail dans la fonction publique*, au fédéral, et la *Loi sur la fonction publique*, au Québec, contiennent chacune une liste des matières qui ne sont pas négociables[5]. En principe, sont exclues du champ de la négociation toutes les questions qui relèvent de la compétence des commissions de la fonction publique et toute matière

5. S.R.C. 1985, c. P-35, art. 7 et 57 ; L.R.Q. c. F-3.1.1, art. 70.

susceptible d'exiger une modification à une loi existante, sauf en ce qui regarde les crédits nécessaires à l'application des dispositions pécuniaires des conventions collectives dûment négociées et signées. Nous reviendrons sur les matières exclues de la négociation en discutant des deux lois principales, au Canada et au Québec.

Malgré toutes les restrictions, plusieurs matières de grande importance restent sujettes à la négociation. Mentionnons toutes les dispositions de nature pécuniaire, y compris le salaire proprement dit, tout ce qui concerne les mesures disciplinaires et le règlement des griefs qui se rapportent aux matières négociables. Les syndicats ont souvent essayé, sans grand succès, de faire élargir le champ de la négociation collective. La réglementation parallèle offre d'ailleurs de nombreux avantages; si l'on souhaite y faire effectuer certaines modifications, on peut toujours utiliser la négociation comme moyen de pression pour amener le gouvernement à modifier les lois pertinentes. De plus, il est toujours possible de trouver de nouvelles questions à soumettre à la négociation.

25.2.3 Organismes d'application

Dans le secteur privé, les syndiqués régis par convention collective, leurs syndicats et les employeurs concernés sont soumis au contrôle, en matière de relations du travail, des commissaires du travail et du Tribunal du travail, ou des commissions de relations du travail dans les autres provinces canadiennes ainsi que dans les secteurs de compétence fédérale. Ils sont également sujets au contrôle de différents autres organismes, comme la Commission des normes du travail et la Commission de la santé et de la sécurité du travail.

Pour leur part, les employés du gouvernement relèvent toujours d'au moins deux principaux organismes. L'entière responsabilité en matière d'embauche, de sélection et de promotion revient normalement à la Commission de la fonction publique, fédérale ou provinciale selon le cas. Ni la convention collective ni les organismes qui la régissent n'ont de compétence ou d'autorité en la matière. Au Québec, l'Office des ressources humaines remplit certaines fonctions qui relevaient autrefois de la Commission de la fonction publique. Tout le domaine de la gestion du personnel échappe ainsi complètement à la convention collective et à son application.

En matière de relations du travail, il faut, pour les syndicats de fonctionnaires, une commission des relations du travail, ou l'équivalent, en vue d'accomplir les fonctions principales dans le domaine, comme l'accréditation et l'étude de certaines plaintes qui s'y rapportent. Il y a controverse quant à savoir si la Commission des relations de travail, qui s'occupe de ces questions pour le secteur privé, doit le faire aussi pour le secteur public ou s'il faut créer une commission distincte. Non seulement les deux opinions se défendent, mais l'une et l'autre formule existe dans les différentes provinces canadiennes. Au Québec, ce sont les organismes généraux, dont le Tribunal du travail, qui interviennent dans le secteur public lorsqu'il est pertinent de le faire.

Le gouvernement canadien a pour sa part jugé que certains aspects de ses relations avec les syndicats de ses employés étaient à ce point différents et particuliers, par rapport à ceux qu'on trouve dans le secteur privé, qu'il a décidé d'établir une Commission des relations du travail dans la Fonction publique (CRTFP). Son unique responsabilité est de voir à l'application et à l'administration de la *Loi sur les relations de travail dans la fonction publique*[6]. La CRTFP et le Conseil canadien des relations du travail sont complètement indépendants, le second étant responsable de l'application du *Code canadien du travail*. Comme toute commission des relations du travail, la CRTFP a pour principale fonction d'accréditer les syndicats de fonctionnaires fédéraux et d'entendre les plaintes relativement à de prétendues violations de la *Loi des relations du travail dans la fonction publique*. Elle a aussi pour tâches d'établir des conseils d'arbitrage et de remplir d'autres fonctions que la loi lui confie. Nous reviendrons sur ces différentes fonctions dans une section ultérieure.

6. S.R.C., c. P-35, art. 11-27.

25.2.4 Droit de grève

Un autre domaine où la différence entre le secteur privé et le secteur public est capitale, c'est celui du mode de règlement des conflits. Tout spécialement, le droit de grève ne saurait être exercé dans le secteur public comme dans le secteur privé, c'est-à-dire sans restriction. Aux États-Unis, l'arrêt de travail est interdit à presque toutes les unités de négociation du secteur public[7].

Au Canada, quand on a accordé le droit à la syndicalisation et à la négociation collective aux employés du secteur public, on a voulu leur donner les mêmes droits qu'aux employés du secteur privé, y compris le droit de grève, sauf pour quelques très rares exceptions comme les policiers et les pompiers municipaux. Mais on s'est vite rendu compte que le droit de grève ne pouvait pas s'exercer de la même façon dans le secteur privé et dans le secteur public. Le genre de travail n'est pas le même et, surtout, les conséquences sur le public diffèrent le plus souvent du tout au tout.

Parce que certains services du secteur public ont trait à la sécurité et à la santé publiques, et qu'à ce titre ils ne sauraient être interrompus, on cherche depuis le début un compromis entre deux objectifs apparemment contradictoires : permettre l'exercice du droit de grève et assurer un minimum de services qu'on qualifie d'essentiels[8]. La détermination des services essentiels qu'il faut maintenir en cas de grève n'est pas facile. L'objection mise de l'avant, c'est que plus la proportion de services à maintenir est élevée, moins la grève a d'effet et moins elle joue son rôle de moyen de pression pour amener un règlement rapide. Les syndicats soutiennent généralement qu'il s'agit là, en pratique, de la négation du droit de grève par ailleurs accordé dans les lois.

Nul doute que la prestation de services essentiels diminue l'effet de l'arrêt de travail. Mais une autre considération doit entrer en ligne de compte. Les « victimes » d'une grève dans un service public ne sont ni les employeurs, ni les administrateurs, ni le gouvernement lui-même ; c'est le public qui supporte les inconvénients de la grève et ces inconvénients peuvent être, dans certains cas, très graves. Les hommes politiques peuvent en subir un certain contrecoup, mais indirectement. L'équivoque fondamentale de la grève dans le secteur public, c'est que souvent elle n'affecte l'employeur qu'indirectement, alors qu'elle frappe surtout des tiers qui n'ont aucun rôle à jouer dans le conflit.

Le maintien de services essentiels est devenu une nécessité et une obligation. Que cela plaise ou non, que cela fausse le jeu de la négociation ou non, aucune société respectueuse des droits les plus fondamentaux de la personne ne peut accepter que des tiers fassent les frais d'un conflit, surtout quand la santé et la sécurité publiques sont en cause. S'il s'agissait simplement d'un certain bien-être, on pourrait juger que les avantages de la libre négociation sont plus importants et justifient un droit de grève total. Mais quand c'est la santé et la sécurité de tierces personnes qui est en jeu, il en va autrement.

En ce sens, un arrêt de travail dans le secteur public, quand une fraction importante du public est touchée, ne saurait se comparer avec un conflit du secteur privé. C'est la raison pour laquelle plusieurs gouvernements n'ont jamais accordé le droit de grève aux employés et aux syndiqués du secteur public. Là où ce droit a été concédé, il était nécessaire que certains mécanismes soient prévus pour assurer un minimum de services essentiels à la population visée. Nous verrons, dans la suite du présent chapitre et dans le chapitre suivant, comment les mesures de cette nature sont assurées. D'importants éléments du régime actuel découlent de recommandations faites il y a 25 ans[9].

7. E. Edward Herman, Alfred Kuhn et Ronald L. Seeber, *op. cit.*, p. 413-415.
8. Les anglophones utilisent parfois l'expression *controlled strike*. Paul Weiler, *Reconcilable Differences*, Toronto, Carswell, 1980 (335 p.), p. 237-248.
9. *Les relations du travail au Canada*, rapport de l'Équipe spécialisée en relations du travail, H.D. Woods, président, Ottawa, Bureau du Conseil privé, 1968 (272 p.), p. 187-191, paragr. 581-595.

25.2.5 Négociation proprement dite

La négociation des conventions collectives dans le secteur public présente des caractéristiques différentes selon les groupes en cause. Cependant, elles ont toutes quelques caractéristiques communes : elles présentent toujours un caractère politique, plus ou moins intense selon les circonstances. Les tactiques syndicales tiennent compte de cet aspect, tout comme le gouvernement en tant qu'instrument de l'État administrateur.

Toute négociation dans le secteur public comporte donc un aspect politique important. Qu'elle mette en cause le gouvernement fédéral, un gouvernement municipal ou encore une régie intermunicipale, une négociation du secteur public affecte obligatoirement un nombre considérable de citoyens et de contribuables. En cas d'arrêt ou de ralentissement de travail, c'est la population qui subit les conséquences. De plus, tous les frais occasionnés par la négociation et la nouvelle convention seront assumés soit par les usagers du service public en cause, soit par l'ensemble des contribuables. En un sens, on peut dire que, dans toute négociation du secteur public, le syndicat négocie avec le public lui-même, par personnes interposées évidemment[10].

Dans le concret, ce dernier aspect s'exprime d'abord dans la répartition de l'autorité patronale et dans le mode de prise de décision qui en découle. Par exemple, dans une municipalité, l'autorité finale appartient au conseil municipal ; mais plusieurs décisions peuvent être prises par le comité directeur de la ville, par le maire ou par le directeur général lui-même. Selon l'envergure de la ville en cause, c'est l'un ou l'autre des niveaux d'autorité qui a la responsabilité de déterminer le mandat précis qui sera confié aux négociateurs agissant au nom de la ville. S'il faut modifier le mandat, en cours de négociation, il faut remonter à un échelon plus ou moins élevé, jusqu'au conseil inclusivement si l'enjeu est suffisamment important.

10. Milton Derber, *op. cit.*, p. 93-94.

Dans ce dernier cas, il est fort probable que les responsables de la ville et les représentants syndicaux feront appel à la population, chacun de leur côté, pour expliquer le bien-fondé de leurs positions. En définitive, c'est la population qui fera les frais de toute modification importante à la convention collective, et ce de deux manières : par les impôts, mais aussi par le niveau de services déterminé par les dispositions de la convention collective et par les contraintes budgétaires. S'il y a une opposition parmi les élus concernés, les membres de cette opposition ne manqueront pas cette occasion de blâmer le maire et leurs adversaires politiques pour leur manque de prévision, leur mauvaise administration ou feront toute autre observation qu'ils estimeront politiquement rentable dans le contexte. Les parties en cause sont engagées non pas dans un affrontement économique mais dans une discussion essentiellement politique. Souvent, la discussion politique se transforme en un affrontement politique majeur.

Les syndicats en cause ont vite compris l'avantage qu'il y avait à tirer de certaines manœuvres qu'on pourrait qualifier de court-circuit (les anglophones disent *end run*). Pour reprendre l'exemple d'une municipalité, si, à la table de négociation, la discussion ne progresse pas au goût des négociateurs syndicaux, ils ne résisteront pas longtemps à la tentation de faire intervenir un conseiller qu'ils savent favorable à leur cause, un groupe de citoyens susceptibles de les appuyer, ou même le maire s'ils pensent obtenir son appui.

C'est pour la même raison que les négociations provinciales se terminent pratiquement toujours dans le bureau du premier ministre. Ce qu'on n'obtient pas à la table de négociation, il serait insensé de ne pas tenter de l'obtenir par des représentations politiques. Et pourquoi perdre son temps avec tel ou tel ministre, supposément responsable du dossier, alors que tous savent que la décision finale se prendra au cabinet des ministres, sous l'influence directe du premier ministre ? Cette façon de faire se pratique partout ; en un sens, elle est inévitable, compte tenu de la structure politique à laquelle les syndicats font face.

Par contre, une telle façon de procéder comporte de sérieux inconvénients. Elle rend les premières étapes de la négociation presque inutiles. Tout ce qu'on peut valablement y discuter, ce sont des questions techniques sans impact financier réel; en d'autres mots, des questions mineures sinon négligeables. Normalement, toute formule de court-circuit garantit des gains supplémentaires. Quel homme politique n'accordera pas un peu plus que ce que les mandataires de l'État pouvaient offrir à la table? Autrement, il aurait l'air vraiment mesquin et il se priverait d'un avantage politique important. D'un autre côté, toute planification sérieuse et toute répartition rationnelle des responsabilités deviennent pratiquement impossibles. Le résultat final dépendra entièrement du contexte politique au moment du dénouement.

À la longue, ce processus conduit à la mort de toute négociation véritable. En période de restrictions et de déficits budgétaires graves, l'inverse risque de se produire : les interventions syndicales au plus haut niveau ne sauraient faire bouger un gouvernement décidé à imposer telle politique salariale ou telle politique d'emploi. Un affrontement politique ne se résout pas par la négociation, mais selon la force politique de chacun des groupes en présence.

Le problème revient finalement à une question de pouvoir de négociation. Dans certains cas, par exemple de 1965 à 1980, la partie syndicale semblait beaucoup plus puissante que le gouvernement : le contexte économique et les circonstances politiques lui permettaient d'exercer des pressions déterminantes sur différents niveaux de gouvernement. C'est à cette époque, comme nous le verrons plus loin, que les grandes victoires syndicales du secteur public ont été gagnées. Par contre, en période de difficultés économiques, le pouvoir de négociation est probablement plus grand du côté gouvernemental.

En résumé, on est en présence d'un affrontement politique et non d'une négociation à caractère économique. Certains soutiennent qu'il n'y a déjà plus de négociation, au sens strict du mot, dans le secteur public, et cela depuis plusieurs années. On continue simplement à jouer le jeu; c'est ce que nous expliquerons dans les chapitres suivants.

25.3 Modèles de négociation ou typologie

Compte tenu des divers aspects et modalités de la négociation dans le secteur public, il est facile de deviner l'infinie variété de situations que l'on peut rencontrer. En rapport direct avec cette variété, on trouve des lois qui diffèrent profondément d'une province canadienne à l'autre, d'un État américain à un autre.

Avant d'aborder en profondeur des exemples concrets, il y a lieu d'établir quelques modèles qui nous serviront de points de repère dans l'analyse des multiples situations qu'on peut rencontrer[11]. Nous retiendrons deux formules extrêmes. Dans le premier cas, la négociation du secteur public est soumise aux mêmes règles que celles du secteur privé, même s'il doit y avoir inévitablement quelques adaptations particulières; nous appellerons cette formule le modèle général ou le modèle du secteur privé, transposé au secteur public. À l'autre extrême, on a voulu créer un modèle particulier et distinct pour la négociation du secteur public, avec ses caractéristiques propres, comme l'interdiction de recourir à la grève; cette approche constitue ce que nous appellerons le modèle de la fonction publique. Entre ces deux extrêmes, on trouve une infinie variété de solutions. Nous n'en retiendrons qu'une, à cause de son importance et de son originalité : le modèle fédéral canadien.

11. D'après HARRY W. ARTHURS, *Collective Bargaining by Public Employees in Canada : Five models*, Ann Arbor, Institute of Labor and Industrial Relations, The University of Michigan – Wayne State University, 1971, 166 p. En plus des trois modèles que nous retenons, le professeur Arthurs distingue deux types dans le modèle de la fonction publique : le premier, qu'il appelle formel, ne comporte ni droit de grève ni droit d'affiliation syndicale, et il vise les corps policiers; le second, «informel», s'applique à l'ensemble des fonctionnaires pour qui la grève n'était ni autorisée ni interdite; la loi actuelle de l'Ontario n'existait pas encore quand le livre a paru. Dans son cinquième modèle, qu'il appelle professionnel, l'auteur regroupe la négociation des enseignants, souvent régie par des lois particulières.

Nous décrirons brièvement les caractères propres à chacun des trois modèles que nous avons retenus, tout en indiquant lequel chacune des provinces a choisi. Nous préciserons ensuite une distinction fondamentale entre les différents types d'employés de l'État, pour enfin aborder quelques régimes particuliers de négociation dans le secteur public.

25.3.1 Modèle général ou privé

Dans certains cas, on a voulu transposer le plus complètement possible le régime de négociation du secteur privé dans le secteur public. Même alors, il faut nécessairement procéder à certains ajustements qui découlent du caractère spécial du secteur public. Nous avons déjà souligné que le champ d'application de la négociation ne saurait être le même, ce pourquoi on introduit des limites à la matière négociable. Le plus souvent, des dispositions particulières déterminent un mode d'accréditation et une définition des unités de négociation différents de ceux du secteur privé. Enfin, certaines restrictions sont imposées au droit de grève, parce qu'il est impensable d'arrêter totalement le fonctionnement de l'appareil d'État. Cependant, la caractéristique principale du modèle privé ou général, c'est que, sauf exceptions, le droit de grève est maintenu et peut être exercé par les employés du secteur public, même si quelques conditions supplémentaires sont imposées.

La négociation du secteur public au Québec se range dans ce premier modèle: en effet, le *Code du travail* s'applique normalement aux employés de l'État comme aux employés du secteur privé[12]. Les précisions et les exceptions se trouvent dans un chapitre de la *Loi sur la fonction publique*[13]; elles visent la procédure d'accréditation, la détermination de l'unité de négociation, le maintien de certains services essentiels et le cas particulier des préposés à des fonctions d'agents de la paix. Dans le secteur parapublic, les restrictions au modèle général visent surtout les conflits (voir les sections 26.5.3 et 26.5.4).

Une autre province qui applique le modèle général ou privé est la Saskatchewan. La Saskatchewan n'a jamais fait de distinction entre les deux secteurs, depuis l'adoption de sa loi des relations du travail[14]. La définition du mot employeur se termine comme suit: le terme «inclut Sa Majesté du chef de la province de Saskatchewan». Les employés du secteur public ont donc le droit de grève au même titre et selon les mêmes conditions que ceux du secteur privé.

Deux autres provinces se rapprochent du modèle général ou privé, mais avec quelques différences additionnelles. La Colombie-Britannique et Terre-Neuve accordent un certain droit de grève à leurs employés, mais ceux-ci sont régis par des lois particulières[15]. En Colombie-Britannique, les employés du gouvernement sont présentement soumis à l'*Industrial Relations Act*, qui prévoit une procédure propre à la solution des conflits d'intérêt public; les employés du gouvernement entrent dans cette catégorie[16]. À Terre-Neuve, c'est la loi relative à la négociation des fonctionnaires, et les règlements s'y rattachant, qui contiennent l'ensemble des dispositions à leur égard; le droit de grève est inscrit dans la loi (art. 5), la détermination des services essentiels dans le règlement (art. 19-20[17]).

Une cinquième province, le Nouveau-Brunswick, accorde le droit de grève aux employés de l'État, mais le système de négociation collective qu'on y trouve est totalement différent du régime de négociation du secteur privé; il s'apparente au régime fédéral, que

12. La définition du salarié exclut seulement les fonctionnaires dont l'emploi possède un caractère confidentiel; l'ensemble des autres fonctionnaires est donc inclus dans la définition du salarié du *Code du travail*, sauf les fonctionnaires du cabinet des ministres, qui sont également exclus. *Code du travail*, S.Q. 1964, c. 45, et L.R.Q. c. C-27, art. 1, *l*.
13. S.Q. 1965, c. 69, L.Q. 1983, c. 55 et L.R.Q., c. F-3.1.1, art. 64-76.
14. *Trade Union Act*, S.S. 1944, c. 69 et R.S.S. 1978, c. T-17, art. 2.
15. Colombie-Britannique, *Public Service Labour Relations Act*, R.S.B.C. 1979, c. 346; Terre-Neuve, *Public Service Collective Bargaining Act*, S.N. 1973, c. 318.
16. Colombie-Britannique, *Industrial Relations Act*, R.S.B.C. 1979, c. 212, art. 137.1-137.99.
17. *The Public Service (Collective Bargaining) Act,* S.N. 1973, c. 318; Terre-Neuve, Public Service Labour Relations Board, *Rules of Procedure*, Regulation 191, 1978.

nous verrons plus loin. Retenons seulement, ici, que la moitié des provinces accordent le droit de grève à leurs fonctionnaires, alors que l'autre moitié ne l'accorde pas.

25.3.2 Modèle de la fonction publique

Ce second modèle a pour caractéristique principale d'interdire la grève aux employés de l'État. L'expression que nous utilisons a des racines profondes dans le parlementarisme britannique. Les employés de l'État (*civil servants*) ont toujours bénéficié d'un respect et d'un prestige certain. Jusqu'à tout récemment, il était impensable qu'un employé de l'État puisse même songer à se syndiquer, encore moins à se révolter contre l'autorité gouvernementale, c'est-à-dire finalement contre la reine elle-même. C'est dans cette tradition que bon nombre de fonctionnaires puisent la conviction qui les amène à s'opposer à un régime de relations du travail semblable à celui du secteur privé.

L'Ontario a adopté ce type de relations de travail pour ses fonctionnaires. Après quelques expériences de consultation au cours des années 1960, la loi actuelle fut adoptée en 1972[18]. La loi institue un tribunal, l'*Ontario Public Service Labour Relations Tribunal* (art. 38-43), qui agit comme la Commission des relations du travail pour les employés de l'État en matière d'accréditation (art. 2-6), de plaintes diverses (art. 32-37), etc. Il y a une douzaine d'unités de négociation distinctes pour environ 65 000 fonctionnaires syndiqués. La grève et le lock-out sont interdits (art. 27). En cas d'impasse, le litige est soumis à la médiation (art. 9), puis à un conseil d'arbitrage dont la sentence est exécutoire (art. 12-13)[19]. En deux mots, les employés de l'État provincial, en Ontario, ont le droit de négocier collectivement leurs conditions de travail, mais pas celui de recourir à l'arrêt de travail.

Quatre autres provinces ont adopté des lois qui se rapprochent du modèle de la fonction publique : l'Alberta, le Manitoba, la Nouvelle-Écosse et l'Île-du-Prince-Édouard[20]. Toutes ont en commun d'interdire l'arrêt de travail et imposent l'arbitrage exécutoire pour remplacer le droit de grève et résoudre les impasses. On peut s'étonner du nombre élevé de provinces qui recourent finalement à l'arbitrage obligatoire et exécutoire. Le plus souvent, cela peut s'expliquer par la structure de négociation – si les unités sont nombreuses et qu'elles négocient séparément – et par le fait que la plupart de ces provinces peuvent se référer à ce qui a déjà été déterminé par le fédéral et par d'autres provinces, comme le Québec et la Colombie-Britannique. C'est dans les négociations où s'établit le *pattern* que l'arbitrage généralisé risque d'être incompatible avec le gouvernement responsable.

25.3.3 Modèle fédéral

Le modèle fédéral est particulier et jusqu'à un certain point unique au monde. Il laisse au syndicat – qu'on appelle l'agent négociateur – la liberté complète de choisir entre la conciliation et le droit de grève d'une part ou l'arbitrage exécutoire d'autre part. Cette formule que plusieurs désignent par l'expression les deux routes réunit, d'une certaine façon, le modèle privé et le modèle de la fonction publique. Nous y reviendrons en détail dans la section suivante. Une province s'est inspirée de cette formule et l'a appliquée à ses propres employés : le Nouveau-Brunswick[21].

---

18. Ontario, *Crown Employees Collective Bargaining Act*, S.O. 1972, c. 67. R.S.O. 1980, c. 108; Voir SHIRLEY B. GOLDENBERG, «Public-Sector Labor Relations in Canada» dans *Public-Sector Bargaining*, voir *supra*, note 4, p. 269, note 9.
19. Ontario, *Crown Employees Collective Bargaining Act*, R.S.O. 1980, c. 108.
20. Alberta, *Public Service Employee Relations Act*, R.S.A. 1980, c. P-33, art. 93; Manitoba, *Civil Service Act*, R.S.M. 1987, c. 110, art. 48-56; Nouvelle-Écosse, *Civil Service Collective Bargaining Act*, R.S.N.S. 1989, c. 71, art. 38-39; Île-du-Prince-Édouard, *Civil Service Act*, R.S.P.E.I. 1988, c. C-8, art. 43 (1) et *Labour Act*, R.S.P.E.I. 1988, c. L-1, art. 7, définition d'employeur.
21. Nouveau-Brunswick, *Public Service Labour Relations Act*, R.S.N.B. 1988, c. P-25.

25.3.4 Classification selon les principales occupations

Jusqu'ici nous avons parlé du secteur public comme d'une sorte d'unité quasi indivisible. Tel n'est pas le cas, loin de là. Quand on parle du secteur public, on parle d'une multitude de groupes dont les modes de syndicalisation et de négociation sont souvent très différents. Pour nous y retrouver, faisons la liste des principaux groupes, les plus facilement identifiables. Pour plusieurs de ces groupes, il faudra ajouter certaines précisions.

- Fonctionnaires fédéraux, provinciaux ou municipaux;
- Employés des sociétés d'État fédérales ou provinciales;
- Infirmières et employés d'hôpitaux;
- Enseignants et employés de soutien des organismes scolaires;
- Employés généraux des municipalités;
- Policiers et pompiers, municipaux et intermunicipaux.

Dans certaines provinces, les mêmes lois régissent l'ensemble des employés du secteur public. Il est plus fréquent d'avoir autant de lois qu'il y a de groupes distincts. Les employés municipaux sont le plus souvent régis par les mêmes lois que le secteur privé. Si on le considère séparément, le groupe des fonctionnaires se subdivise, par exemple, en cols blancs et en cols bleus. Dans d'autres cas, on les regroupe par ministère ou par profession. La plupart des autres catégories sont elles-mêmes subdivisées.

Tout cela a pour effet de créer une multitude et une variété quasi infinies de situations. Nous en choisirons quelques-unes pour les approfondir. Dans ce chapitre, nous verrons successivement le fonctionnement de la négociation collective dans le régime fédéral canadien et dans le secteur municipal, après quoi nous esquisserons la situation fort différente des États-Unis. Nous réservons pour le chapitre suivant l'étude de ce qu'on appelle, au Québec, le secteur public et parapublic, qui englobe l'ensemble des secteurs relevant de la province, mais pas celui des municipalités. Enfin, le chapitre 27 portera sur les quasi-négociations qui mettent en présence le gouvernement, ses cadres et les professionnels rémunérés, directement ou indirectement, par l'État provincial.

25.4 Secteur public fédéral canadien

Le régime de négociation propre aux employés de l'État fédéral canadien est unique. Il a fait l'objet de beaucoup d'études et de discussions: son originalité suscite l'intérêt autant des universitaires que des praticiens. Pourtant, sauf au Nouveau-Brunswick, il n'a guère été repris. À cause de ses caractéristiques, qui touchent pratiquement tous les aspects des relations du travail et de la négociation, il faut, après quelques mots d'histoire, considérer successivement toutes les étapes du processus.

25.4.1 Historique

Le regroupement des fonctionnaires en association remonte loin dans l'histoire, dès la fin du XIXe siècle. Les diverses associations comptaient dans leurs rangs des fonctionnaires de tous les niveaux, y compris les plus élevés. L'appartenance était libre; on y discutait entre autres des conditions de travail. Le gouvernement a pris l'habitude de consulter les associations, mais toute décision finale revenait à l'État.

En 1944, on établit le Comité national mixte, qui regroupait des représentants d'une douzaine d'associations de fonctionnaires, ainsi qu'un certain nombre de hauts fonctionnaires. Ceux-ci représentaient officiellement le gouvernement, mais ils n'avaient pas le pouvoir de prendre des engagements en son nom. Le Comité national mixte donnait en quelque sorte un caractère officiel au régime de consultation qui existait depuis une ou deux décennies. Pendant toute la période de l'après-guerre, les objections à la syndicalisation des employés de l'État se sont amenuisées, tant du côté des gouvernements que de leurs employés.

En 1963, durant la campagne électorale fédérale, des groupes de fonctionnaires avaient obtenu du candidat libéral Lester B. Pearson l'engagement de promouvoir la négociation collective chez les fonctionnaires fédéraux. Une fois élu, le nouveau gouvernement établit un comité, le Comité Heeney, qui devait étudier l'ensemble de la question et soumettre des propositions concrètes au gouvernement, en vue d'adopter une loi sur le sujet.

Le Comité Heeney recommanda un régime de négociation sans droit de grève mais avec arbitrage exécutoire[22]. La très grande majorité des fonctionnaires ne voulaient pas du droit de grève: cela leur paraissait incompatible avec leur statut d'employés de l'État. Entre la rédaction du rapport Heeney et l'adoption de la loi, en 1967, les employés des postes firent d'importantes grèves. Le service postal relevait alors du ministère des Postes ; il serait obligatoirement soumis à une loi qui déterminerait un mode de relations de travail pour les fonctionnaires fédéraux. Le gouvernement ne voulut pas désavouer les grèves qui avaient eu lieu, même si elles étaient clairement illégales au moment où elles avaient été faites. C'est la raison pour laquelle, même à l'encontre des recommandations du rapport Heeney, on a introduit dans le projet de loi ce qu'on appelle maintenant le choix des deux routes, la grève ou l'arbitrage. Le rapport Heeney ne recommandait que l'arbitrage comme solution aux impasses. Il le faisait parce qu'il n'envisageait, pour les employés de l'État, que de petites unités de négociation, nombreuses et morcelées. (Voir la figure 25-1.) La *Loi sur les relations de travail dans la fonction publique* du Canada fut adoptée le 23 février 1967[23].

25.4.2 Cadre juridique et structures de négociation

L'ensemble des relations de travail entre le gouvernement fédéral et ses employés est régi par la *Loi sur les relations de travail dans la fonction publique*. La loi établit une Commission des relations de travail dans la Fonction publique (CRTFP), responsable de tous les aspects de l'application de la loi: accréditation, plaintes, et le reste. La Commission ne relève ni du ministère du Travail ni, évidemment, du Conseil du trésor, mais d'un autre ministre choisi par le gouverneur en conseil pour son caractère de neutralité entre le gouvernement, ses employés et leurs syndicats. En fait, ce ministre ne sert que d'intermédiaire entre la Commission, qui jouit d'une véritable autonomie pour tout ce qui relève de sa compétence, et le Parlement lui-même, devant lequel le rapport annuel des activités de la Commission doit être déposé.

FIGURE 25-1

Catégories et groupes d'occupations de la fonction publique recommandés par le rapport Heeney

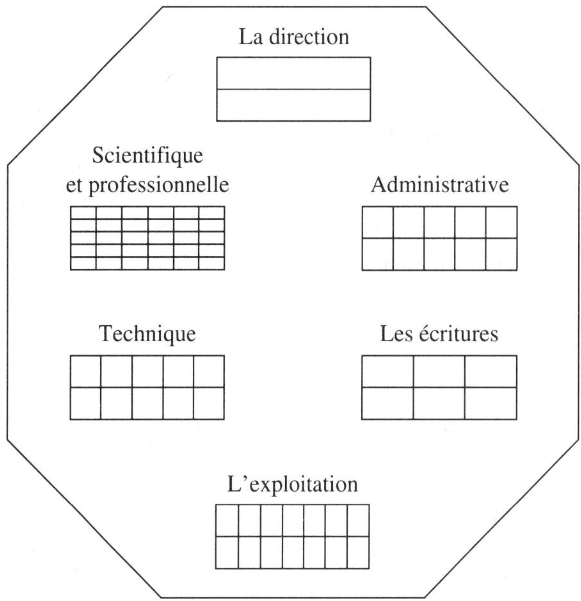

Source: *Rapport du Comité préparatoire des négociations collectives dans la fonction publique*, ARNOLD D. PATRICK HEENEY, président, Ottawa, Imprimeur de la Reine, juillet 1965 (98 p.), p. 14.

La *Loi sur les relations de travail dans la fonction publique* (LRTFP) régit les relations du travail des employés de tous les ministères, ainsi que ceux d'une centaine d'organismes gouvernementaux, aussi variés que la Commission canadienne des droits de la personne, Statistique Canada et l'Office national du

22. *Rapport du Comité préparatoire des négociations collectives dans la fonction publique*, ARNOLD D. PATRICK HEENEY, président, Ottawa, Imprimeur de la Reine, juillet 1965, 98 p.
23. S.C. 1966-1967, c. 72. S.R.C. 1985, c. P-35.

film. Par contre, la loi ne s'applique pas à des sociétés d'État comme Radio-Canada, Canadien National, Air Canada et, aujourd'hui, la Société canadienne des postes; pour toutes ces sociétés d'État, c'est le *Code canadien du travail* qui régit les relations du travail.

La LRTFP fait une distinction entre le gouvernement comme employeur, représenté par le Conseil du trésor dans la très grande majorité des cas, et un certain nombre d'employeurs distincts. Ceux-ci négocient la convention collective de leurs employés syndiqués en s'inspirant évidemment du modèle établi pour l'ensemble des fonctionnaires. C'est ainsi qu'on considère comme employeurs distincts des organismes tels que le Conseil économique du Canada et le Conseil national de recherches du Canada; il y a en tout une vingtaine de ces organismes. Ceux pour qui le Conseil du trésor assure la négociation sont beaucoup plus nombreux, plus d'une soixantaine[24].

On a par ailleurs voulu que la structure de négociation corresponde le plus possible aux catégories professionnelles. Les unités de négociation ont donc été constituées sur la base d'une unité du type métier, selon les professions et les occupations qu'on rencontre dans la fonction publique. La loi elle-même mentionne cinq catégories particulières, qui regroupent l'ensemble des emplois des fonctionnaires[25].

- Catégorie scientifique et professionnelle;
- Catégorie technique;
- Catégorie administrative et du service extérieur;
- Catégorie du soutien administratif;
- Catégorie de l'exploitation.

Ce mode de regroupement assure des unités homogènes, chacune étant composée des employés d'une même occupation. Il entraîne également un nombre considérable, une centaine, d'unités de négociation distinctes. Un tel régime d'accréditation a produit, jusqu'au milieu des années 1980, une négociation collective très morcelée.

Outre une cinquantaine d'unités non affiliées ou affiliées à des unions du secteur privé, on dénombre une centaine de syndicats de fonctionnaires fédéraux regroupés en deux centrales qui jouissent d'une prépondérance indiscutable. (Voir le tableau 25-1.) On constate que les divers syndicats affiliés à l'Alliance de la Fonction publique du Canada (AFPC) représentent 80 % de tous les syndiqués employés par le gouvernement fédéral. L'Institut professionnel de la Fonction publique du Canada (IPFP) regroupe les syndicats des divers employés professionnels; ceux-ci comptent pour environ 12 % de tous les fonctionnaires fédéraux. Les 8 % qui restent sont représentés par 23 syndicats ou agents négociateurs différents, qui recrutent leurs membres soit chez des employeurs distincts, soit dans la catégorie de l'exploitation pour ceux qui négocient avec le Conseil du trésor. Telles sont les principales structures patronales et syndicales dans la fonction publique du Canada. Il faut cependant préciser certains aspects relatifs à l'accréditation et à l'unité de négociation.

25.4.3 Accréditation et unités de négociation

L'accréditation syndicale, dans la fonction publique fédérale canadienne, s'obtient de la même manière que dans le secteur privé, par une demande adressée à la CRTFP par le syndicat qui jouit, ou croit jouir, du caractère représentatif, c'est-à-dire qu'il compte dans ses rangs la majorité absolue des employés syndicables du groupe visé[26]. Après l'adoption de la loi, en 1967, la plupart des groupes ont demandé et obtenu leur accréditation rapidement. Quelques catégories

24. *Loi sur les relations du travail dans la fonction publique*, S.R.C. c. P-35, art. 2 et Annexe I. La partie 1 de l'Annexe I énumère les secteurs de l'administration publique représentés par le Conseil du trésor et la partie 2 de la même annexe, les secteurs de l'administration considérés comme des employeurs distincts.

25. *Ibid.*, art. 1: «catégories professionnelles».

26. *Loi sur les relations du travail dans la fonction publique*, S.R.C. 1985, c. P-35, art. 28-40. Voir Jacob Finkelman et Shirley B. Goldenberg, *Collective Bargaining in the Public Service. The Federal Experience in Canada*, Montréal, Institut de recherches politiques, 1983 (824 p.), vol. 1, p. 75-84.

TABLEAU 25-1

Répartition des syndiqués de la fonction publique fédérale selon les divers agents négociateurs – 1989-1990

Agent négociateur accrédité	Employés[1]	Unités de négociation	Méthode de règlement des conflits[2]	
Alliance de la Fonction publique du Canada	162 773	78	51 C	27 A
Institut prof. de la Fonction publique du Canada	24 531	37	25 C	12 A
Fraternité intern. des ouvriers en électricité, loc. 2228	2 842	1	1 C	
Assoc. des économistes, sociologues et statisticiens	2 484	1		1 A
Assoc. des gestionnaires financiers de la fonction publique	2 209	1		1 A
Assoc. can. du contrôle du trafic aérien	1 881	1	1 C	
Assoc. des employés du Conseil de recherches	1 688	9		9 A
Guilde de la marine marchande du Canada	1 363	1		1 A
Assoc. can. des prof. de l'exploitation radio	1 111	1		1 A
Cons. des métiers et du trav. chantiers mar. du gouv. féd. (Est)	1 220	1	1 C	
Assoc. prof. des agents du service extérieur	1 080	1		1 A
Synd. can. des employés prof. et techniques	1 020	4	3 C	1 A
Cons. des Unions arts graph. de Fonct. publ. Can.	932	1	1 C	
Cons. des métiers et du trav. chant. mar. du gouv. féd. (C.-B.)	858	1	1 C	
Union trav. unis de l'aliment. et du commerce, loc. 1973	587	7		7 A
Assoc. du groupe de la navigation aérienne	555	1	1 C	
Syndicat général du cinéma et de la télévision	304	1		1 A
Synd. des trav. unis de l'aliment. et du comm., loc. 175	307	3		3 A
Synd. can. de la Fonction publique, loc. 2656	217	2	2 C	
Union trav. unis de l'aliment. et du comm., loc. 1518	152	3		3 A
Assoc. chefs équipes chant. marit. du gouv. féd. (Est)	112	1		1 A
Union trav. unis de l'aliment. et du commerce, loc. 1979	92	1	1 C	
Synd. trav. de l'aliment. et du commerce Manitoba, loc. 832	75	1		1 A
Synd. trav. unis de l'aliment. et du commerce, loc. 401	74	2		2 A
Union trav. unis de l'aliment. et du commerce, loc. 1400	24	1		1 A
TOTAL	208 491[3]	161	88 C	73 A

1. Nombre approximatif d'employés membres des unités de négociation accréditées.
2. C. : conciliation suivie du droit de grève. A. : arbitrage avec sentence exécutoire.
3. La différence avec le total de 400 000 (section 25.1.2) est constituée des cadres, des nombreuses catégories exclues à cause de la nature de leurs fonctions (planification...) et de plusieurs représentants à l'extérieur du pays.

Source: Commission des relations de travail dans la Fonction publique, *Vingt-troisième rapport annuel 1989-1990*, p. 72-73.

d'employés ont tardé à le faire, par exemple les secrétaires ainsi que les sténodactylos. Ce groupe d'employés se voyait mal négocier «contre» leur employeur; cela ne correspondait pas à l'image qu'ils s'étaient toujours faite de leur rôle dans l'appareil gouvernemental. Il a fallu une campagne discrète, de bouche à oreille, pour convaincre ces employés que leur employeur ne s'opposait pas à leur syndicalisation, bien au contraire, que c'était une étape nécessaire pour l'amélioration de leurs conditions de travail, qui se détérioraient par rapport à celles des autres groupes plus pressés de se syndiquer et de négocier. En tenant compte des exceptions prévues par la loi, on peut dire que toute la fonction publique fédérale est syndiquée et négocie ses conditions de travail.

Selon le rapport Heeney et la loi qui fut adoptée par la suite, il fut décidé que les unités de négociation correspondraient aux professions ou aux occupations remplies par les fonctionnaires. C'est ainsi qu'on a décidé, à titre d'exemple, que tous les commis aux écritures, dans les différents bureaux, à quelque ministère ou organisme représenté par le Conseil du trésor qu'ils appartiennent, constitueraient une seule unité de négociation, indépendamment des frontières administratives ou géographiques. Les responsabilités du gouvernement fédéral étant ce qu'elles sont, certaines catégories d'emplois comptent naturellement des membres à l'extérieur du Canada. Comme les professions et occupations ont été définies de façon relativement limitée et restreinte, cela a pour effet de multiplier les unités d'accréditation, comme le démontre le tableau 25-2.

TABLEAU 25-2

Les unités de négociation dans la fonction publique du Canada – 1989-1990

EMPLOYEUR et Catégorie	Groupes d'occupation	Unité de négociation (accréditation)	Méthode de règlement	Nombre d'employés	Agent négociateur (syndicat)
CONSEIL DU TRÉSOR Catégorie de l'exploitation	Chauffage, force motrice et opération de machines fixes	Surveillants	C	181	AFPC
		Non-surveillants	C	1 475	AFPC
	Équipages de navires	Surveillants	C	29	AFPC
		Non-surveillants	C	2 167	AFPC
	Gardiens de phares	Surveillants	C	83	AFPC
		Non-surveillants	C	158	AFPC
	Manœuvres et hommes de métier	Surveillants	C	1 636	AFPC
		Non-surveillants	C	13 006	AFPC
	Pompiers	Surveillants	C	218	AFPC
		Non-surveillants	C	1 065	AFPC
	Réparation des navires	Chefs d'équipe	A	112	ACECM est
		Côte est	C	1 220	CMTCME
		Côte ouest	C	858	CMTCMO
	Services correctionnels	Surveillants	C	473	AFPC
		Non-surveillants	C	4 382	AFPC
	Services d'imprimerie	Surveillants	C	76	AFPC
		Non-surveillants	C	932	CUAG
	Services divers	Surveillants	C	1 316	AFPC
		Non-surveillants	C	7 995	AFPC
	Services hospitaliers	Surveillants	C	71	AFPC
		Non-surveillants	C	1 205	AFPC
Total	10 groupes	21 unités	20 C 1 A	38 658	

C: Conciliation et droit de grève. **A**: arbitrage à sentence exécutoire.

TABLEAU 25-2 (suite)

EMPLOYEUR et Catégorie	Groupes d'occupation	Unité de négociation (accréditation)	Méthode de règlement	Nombre d'employés	Agent négociateur (syndicat)
CONSEIL DU TRÉSOR Catégorie scientifique et professionnelle	Agriculture	Tous[1]	C	261	IPFP
	Actuariat	Tous	C	3	IPFP
	Architecture et urbanisme	Tous	A	306	IPFP
	Art dentaire	Tous	C	30	IPFP
	Bibliothéconomie	Tous	C	480	AFPC
	Chimie	Tous	A	420	IPFP
	Droit	Tous	A	35	IPFP
	Économique, sociologie et statistique	Tous	A	2 484	AESS
	Enseignement	Tous	A	1 661	AFPC
	Ergothérapie et physiothérapie	Tous	C	35	IPFP
	Génie, arpentage	Tous	C	2 717	IPFP
	Mathématiques	Tous	C	213	IPFP
	Médecine	Tous	A	221	IPFP
	Médecine vétérinaire	Tous	C	590	IPFP
	Météorologie	Tous	A	602	IPFP
	Pharmacie	Tous	C	64	IPFP
	Prép. aux brevets	Tous	C	119	IPFP
	Psychologie	Tous	C	145	IPFP
	Recherche historique	Tous	C	308	IPFP
	Recherche scientifique	Tous	C	2 078	IPFP
	Réglementation scientifique	Tous	C	392	IPFP
	Sciences biologiques	Tous	C	1 151	IPFP
	Sc. domestiques	Tous	C	32	IPFP
	Sc. forestières	Tous	C	148	IPFP
	Sc. infirmières	Tous	C	1 542	IPFP
	Sc. physiques	Tous	C	886	IPFP
	Service social	Tous	C	104	IPFP
	Soutien de l'enseignement	Tous	C	21	AFPC
	Vérification	Tous	C	3 541	IPFP
Total	29 groupes	29 unités	22 C 7 A	20 589	

1. Le mot indique la présence dans l'unité de surveillants et de non-surveillants.

TABLEAU 25-2 (suite)

EMPLOYEUR et Catégorie	Groupes d'occupation	Unité de négociation (accréditation)	Méthode de règlement		Nombre d'employés	Agent négociateur (syndicat)
CONSEIL DU TRÉSOR Catégorie administrative et du service extérieur	Achat et approvisionnement	Tous	C		2 182	AFPC
	Affaires extérieures	Tous		A	1 080	APASE
	Administration des programmes	Tous	C		25 536	AFPC
	Commerce	Tous		A	1 934	IPFP
	Gestion des finances	Tous		A	2 209	AFPC
	Gestion des syst. d'ordinateurs	Tous	C		4 439	IPFP
	Programmes de bien-être social	Tous	C		1 493	AFPC
	Services administratifs	Tous	C		9 008	AFPC
	Services d'information	Tous	C		1 348	AFPC
	Traduction	Tous		A	990	SCEPT
Total	10 groupes	10 unités	6 C	4 A	50 219	
CONSEIL DU TRÉSOR Catégorie technique	Contrôle de la circul. aérienne	Tous	C		1 881	ACCTA
	Dessin et illustrations	Tous	C		1 531	AFPC
	Électronique	Tous	C		2 842	FIOE
	Inspection des prod. primaires	Tous	C		2 691	AFPC
	Inspection technique	Tous	C		1 392	AFPC
	Navigation aérienne	Tous	C		555	AGNA
	Officiers de navires	Tous		A	1 363	GMMC
	Photographie	Tous	C		130	AFPC
	Radiotélégraphie	Tous		A	1 111	ACPER
	Serv. scientifiques de la défense	Tous	C		529	IPFP
	Soutien des sciences sociales	Tous	C		2 175	AFPC
	Soutien technol. et scientifique	Tous	C		6 980	AFPC
	Techniciens div.	Tous	C		3 155	AFPC
Total	13 groupes	13 unités	11 C	2 A	26 335	
CONSEIL DU TRÉSOR Catégorie du soutien administratif	Commis aux écritures et aux règlements	Tous	C		49 470	AFPC
	Communications	Tous	C		572	AFPC
	Mécanographie	Tous	C		326	AFPC

TABLEAU 25-2 (suite)

EMPLOYEUR et Catégorie	Groupes d'occupation	Unité de négociation (accréditation)	Méthode de règlement	Nombre d'employés	Agent négociateur (syndicat)
	Secrétariat, sténographie et dactylographie	Tous	C	11 311	AFPC
	Traitement des données	Tous	C	2 535	AFPC
Total	5 groupes	5 unités	5 C	64 214	
Total, les cinq catégories (Conseil du trésor)	66 groupes	78 unités	64 C 14 A	200 015	38 AFPC 28 IPFP 12 autres
EMPLOYEURS DISTINCTS					
VÉRIFICATEUR GÉNÉRAL DU CANADA					
Adm. et serv. ext.	Certains employés	Tous	A	30	AFPC
Exploitation	Certains employés	Tous	C	0	AFPC
Scient. et prof.	Tous	Tous	A	207	AFPC
Soutien admin.	Certains employés	Tous	A	96	AFPC
Total	4 groupes	4 unités	1 C 3 A	333	
OFFICE NATIONAL DU FILM					
Adm. et serv. ext.	Tous	Tous	A	149	IPFP
Exploitation	Tous	Tous	C	45	SCFP
Scient. et prof.	Tous	Tous	A	17	IPFP
Soutien administ.	Tous	Tous	C	172	SGCT
Technique	Tous	Tous	A	304	SGCT
Total	5 groupes	5 unités	2 C 3 A	687	
CONSEIL NATIONAL DE RECHERCHE					
Adm. et serv. ext.	Achat et approvisionnement	Tous	A	26	AECR
	Gestion des syst. d'ordinateurs	Tous	A	84	AECR
	Services adm.	Tous	A	40	AECR
	Service d'information	Tous	A	44	IPFP
	Traduction	Tous	C	7	IPFP

TABLEAU 25-2 (suite)

EMPLOYEUR et Catégorie	Groupes d'occupation	Unité de négociation (accréditation)	Méthode de règlement	Nombre d'employés	Agent négociateur (syndicat)
Exploitation	Tous	Surveillants	A	24	AECR
		Non-surveillants	A	178	AECR
Scient. et prof.	Bibliothéconomie	Tous	A	61	IPFP
	Agents de rech. et agents du Conseil de rech.	Tous	A	1 185	IPFP
Soutien admin.	Commis et mécanographie	Tous	A	348	AECR
	Secrétariat, sténog., dactyl.	Tous	A	121	AECR
	Traitement des données	Tous	A	22	AECR
Technique	Tous	Tous	A	845	AECR
Total	12 groupes	13 unités	1 C 12 A	2 985	
CONSEIL DE RECH. EN SC. HUMAINES					
Adm. et serv. ext.	Serv. adm., fin., Progr. Agents de subvention	Tous	A	51	AFPC
Scient. et prof.	Écon., soc., stat.	Tous	A	–	AFPC
Soutien adm.	Courrier, secrét., traitement des données	Tous	A	43	AFPC
Total	3 groupes	3 unités	3 A	94	
CONSEIL DE RECH. MÉDICALES					
Soutien admin.	Certains employés	Tous	A	27	AFPC
CONS. CONSULT. CAN. SITUATION FEMME					
Adm. et serv. ext.	Certains employés	Tous	C	13	SCEPT
Scient. et profess.	Certains employés	Tous	C	6	SCEPT
Soutien admin.	Certains employés	Tous	C	11	SCEPT
Total	3 groupes	3 unités	3 C 0 A	30	
DÉFENSE NATIONALE TÉLÉCOMM.					
Adm. et serv. ext.	Tous	Tous	A	443	AFPC

TABLEAU 25-2 (suite)

EMPLOYEUR et Catégorie	Groupes d'occupation	Unité de négociation (accréditation)	Méthode de règlement	Nombre d'employés	Agent négociateur (syndicat)
Exploitation	Tous	Tous	A	31	AFPC
Soutien admin.	Certains employés	Opérateurs	A	1	AFPC
		Non-opérateurs	A	153	AFPC
Scient. prof. (ing.)	Tous	Tous	A	63	AFPC
Technique	Tous	Tous	A	115	AFPC
Total	5 groupes	6 unités	0 C 6 A	806	
PERSONNEL CIVIL FORCES ARMÉES CAN.					
Exploitation	BFC Bagotville	Tous	C	21	AFPC
	Borden	Tous	A	181	STUAC 175
	Calgary	Tous	A	39	STUAC 401
	Chatham	Tous	A	17	UTUAC 1973
	Chilliwack	Tous	A	53	UTUAC 1518
	Comox	Tous	A	41	UTUAC 1518
	Cornwallis	Tous	A	75	UTUAC 1973
	Edmonton	Tous	A	35	STUAC 401
	Esquimalt	Tous	A	58	UTUAC 1518
	Gagetown	Tous	A	136	UTUAC 1973
	Goose Bay	Tous	A	61	AFPC
	Greenwood	Tous	A	133	UTUAC 1973
	Kingston	Tous	A	151	UTUAC 1973
	Kingston	Tous	A	80	AFPC
	Mont Apica	Tous	C	1	AFPC
	Montréal	Tous	C	32	AFPC
	Moose Jaw	Tous	A	24	UTUAC 1400
	North Bay	Tous	A	12	STUAC 175
	Ottawa	Tous	A	114	STUAC 175
	Ottawa CMDN	Tous	A	14	AFPC
	Ottawa QGDN	Tous	A	5	AFPC
	Petawawa	Tous	C	130	AFPC
	Saint-Jean	Tous	C	52	AFPC
	Shearwater	Tous	A	39	UTUAC 1973
	Shilo	Tous	A	75	STACM 832
	Summerside	Tous	A	36	UTUAC 1973
	Toronto	Tous	C	18	AFPC
	Trenton	Tous	C	92	UTUAC 1979
	Valcartier	Tous	C	110	AFPC

TABLEAU 25-2 (suite)

EMPLOYEUR et Catégorie	Groupes d'occupation	Unité de négociation (accréditation)	Méthode de règlement	Nombre d'employés	Agent négociateur (syndicat)
Soutien administ.	BFC Bagotville	Tous	C	6	AFPC
	Gagetown	Tous	C	10	AFPC
	Goose Bay	Tous	A	6	AFPC
	Ottawa	Tous	A	27	AFPC
	Ottawa QGDN	Tous	A	27	AFPC
	Petawawa	Tous	C	12	AFPC
	Toronto	Tous	C	4	AFPC
	Trenton	Tous	A	13	AFPC
	Valcartier	Tous	C	13	AFPC
Technique	BFC Calgary	Tous	A	12	AFPC
	Ottawa QGDN	Tous	A	6	AFPC
Total	40 groupes	40 unités	13 C 27 A	1 971	
SERVICE CAN. DU RENSEIGN. DE SÉCURITÉ					
Soutien administ.	Tous	Tous	A	500	AFPC
BUREAU SURIN-TENDANT DES INSTITUTIONS FINANCIÈRES					
Actuaires	Tous	Tous	A	26	IPFP
Soutien administ.	Tous	Tous	C	80	AFPC
Adm. et serv. ext.	Tous	Tous	A	57	IPFP
Commerce	Tous	Tous	A	140	IPFP
Total	4 groupes	4 unités	1 C 3 A	303	
OPÉRATIONS DES ENQUÊTES STAT.					
Interviewers	Tous	Tous	C	230	AFPC
TOTAL : EMPLOYEURS DISTINCTS	79 groupes	81 unités	22 C 59 A	7 966	39 AFPC 9 IPFP 33 autres
GRAND TOTAL	145 groupes	159 unités	86 C 73 A	207 981	77 AFPC 37 IPFP 45 autres

N.B. La légère différence par rapport au total du tableau 25-1 peut s'expliquer par le fait d'une accréditation récente, qui ne pouvait apparaître dans le présent tableau (processus non complété).

TABLEAU 25-2 (suite)

Abréviations: A. : Arbitrage C. : Conciliation

ACCTA	Association canadienne du contrôle du trafic aérien
ACECM	Assoc. des chefs d'équipe des chantiers maritimes du gouv. fédéral
ACPER	Assoc. canadienne des professionnels de l'exploitation radio
AECR	Association des employés du Conseil de recherches
AESS	Association des économistes, sociologues et statisticien(ne)s
AFPC	Alliance de la Fonction publique du Canada
AGFFP	Assoc. des gestionnaires financiers de la Fonction publique
AGNA	Association du groupe de la navigation aérienne
APASE	Association professionnelle des agents du service extérieur
BFC	Base des forces canadiennes
CMTCM (Est)	Conseil des métiers et du travail des chantiers marit. du gouv. féd. (Est)
CMTCM (Esq.)	Conseil des métiers et du travail des chantiers marit. du g. f. (Esquimalt, C.-B.)
CUAG	Conseil des Unions des arts graphiques de la Fonction pub. du Canada
FIOE	Fraternité internationale des ouvriers en électricité
GMMC	Guilde de la marine marchande du Canada
IPFP	Institut professionnel de la fonction publique du Canada
QGDN	Quartier général de la défense nationale
SCEPT	Syndicat canadien des employés professionnels et techniques
SCFP	Syndicat canadien de la Fonction publique
SGCT	Syndicat général du cinéma et de la télévision
STACM	Syndicat des trav. de l'alimentation et du commerce du Manitoba
STUAC	Syndicat des trav. unis de l'alimentation et du commerce
UTUAC	Union des trav. unis de l'alimentation et du commerce

Source: Commission des relations de travail dans la Fonction publique, *Vingt-troisième rapport annuel*, 1989-1990, p. 80-87.

La loi précise dans les termes suivants cet aspect majeur de la détermination des unités de négociation et, en conséquence, des structures de négociation collective[27] :

> 33 (...)
>
> (2) En déterminant si un groupe de fonctionnaires constitue une unité habile à négocier collectivement, la Commission tient compte du rapport entre, d'une part, les fonctions et la classification des fonctionnaires compris dans l'unité proposée et, d'autre part, tout mode de classification qui leur est applicable.
>
> (3) Le fonctionnaire dont les fonctions de responsabilités se rattachent à une catégorie professionnelle différente de celle des fonctionnaires membres d'une unité de négociation ne peut faire partie de cette unité.

Il faut noter que le terme salarié, comme on l'entend par exemple dans le *Code du travail* du Québec, ne se retrouve pas dans la *Loi sur les relations du travail dans la fonction publique*. C'est le mot fonctionnaire qui en tient lieu. Il comporte un certain nombre d'exceptions, comme les personnes recrutées sur place à l'étranger (en dehors du Canada), les personnes engagées sur une base contractuelle et celles qui occupent un poste de direction ou de confiance. Cette dernière expression est également définie dans la loi ; elle inclut, par exemple, les conseillers juridiques au ministère de la Justice, les responsables de l'établissement et de l'application des programmes du gouvernement, les personnes désignées pour s'occuper des griefs, et quelques autres. Ces définitions n'excluent pas toutes les personnes qui ont une certaine autorité dans la hiérarchie bureaucratique. Celle-ci, en effet, est longue et complexe. C'est ainsi que les surveillants et chefs de groupe peuvent être membres du syndicat ; ils peuvent choisir de constituer une unité distincte ou d'être regroupés avec les employés dont ils ont la charge. Dans le texte

27. *Loi sur les relations du travail dans la fonction publique*, S.R.C. 1985, c. P-35, art. 33.

original de la loi, le cas était prévu dans le paragraphe suivant[28] :

> 26 (...)
>
> (4) Pendant la période d'accréditation initiale, la Commission ne peut décider qu'une unité d'employés dont Sa Majesté, représentée par le Conseil du trésor, est l'employeur constitue une unité habile à négocier collectivement que si cette unité est formée de
>
> *a)* tous les employés d'un groupe d'occupations ;
>
> *b)* tous les employés d'un groupe d'occupations autres que les employés dont les fonctions comprennent la surveillance d'autres employés de ce groupe d'occupations ; ou
>
> *c)* tous les employés d'un groupe d'occupations dont les fonctions comprennent la surveillance d'autres employés de ce groupe d'occupations.

Il y a trois cas possibles : l'unité de négociation peut regrouper tous les employés, les employés sans responsabilité de surveillance ou, finalement, les seuls surveillants du groupe. On notera, dans le tableau 25-2, que la distinction existe pratiquement toujours chez les employés de la catégorie de l'exploitation. On trouve rarement la distinction dans les autres catégories.

Le tableau 25-2 montre à quel point les unités de négociation dans la fonction publique fédérale sont parcellisées. La grande majorité des unités compte moins de 500 personnes. Les quelques groupes numériquement importants se comptent sur les doigts de la main :

– Hommes de métier	13 600
– Manœuvres et hommes de métier	13 006
– Administrateurs de programmes	25 526
– Commis aux écritures	49 470
– Secrétaires et sténodactylos	11 311

Ces cinq unités comptent à elles seules plus de 110 000 fonctionnaires, soit 55 % de tous ceux que visent les négociations menées par le Conseil du trésor. Comme ledit Conseil négocie pour 78 unités et 200 000 employés, les 73 autres unités ne regroupent, très inégalement, que 45 % de tous les fonctionnaires visés par la loi. Chez les employeurs distincts, on compte 80 unités et seulement 8000 employés. Il s'agit en majorité de petites unités, de moins de 100 employés. Une seule dépasse légèrement le millier, celle des agents de recherche au Conseil national de recherches du Canada.

Pendant près de 20 ans, la négociation s'est faite strictement selon les unités d'accréditation. On comprend pourquoi, devant une telle diversité et une telle multiplicité, la loi pouvait permettre à ceux qui le désiraient d'opter pour la solution de leurs différends par arbitrage. Même si la loi n'a pas connu de modifications substantielles depuis son adoption, en 1967, la manière de négocier a changé considérablement au cours de la dernière décennie, comme nous le verrons plus loin (section 24.4.8).

Un dernier point relatif à l'accréditation concerne les employés exclus de l'unité de négociation et par le fait même de l'appartenance syndicale. Cet aspect a fait l'objet de nombreuses critiques au cours des années 1970. On accusait le gouvernement de vouloir ainsi réduire l'effectif et la puissance des syndicats. On s'objectait en particulier à l'exclusion de ceux qui devaient, dans les différents ministères, recueillir les griefs au nom de l'employeur ; ces personnes n'avaient d'autre fonction que de recevoir le grief et de le transmettre à un niveau supérieur : elles n'étaient investies d'aucune autorité pour en discuter, encore moins pour le régler. La controverse semble s'être quelque peu apaisée. Le tableau 25-3 montre la proportion et la répartition de tous les employés exclus des unités de négociation, selon les catégories et selon les employeurs distincts. On comprend, par exemple, que dans la catégorie de l'administration et des services extérieurs, la proportion soit plus élevée que dans la catégorie technique ou dans celle de l'exploitation, où la proportion des exclusions ne dépasse pas 2 % ou 3 %. Les efforts syndicaux des dernières années ont porté davantage sur le mode de négociation que sur le nombre et la proportion des fonctionnaires exclus des unités de négociation.

28. *Loi sur les relations du travail dans la fonction publique*, S.C. 1966-1967, c. 72, art. 26.

TABLEAU 25-3

Employés exclus en tant que préposés à la gestion ou à des fonctions confidentielles – 1989-1990

Employeur et catégorie	Unités de négociation	Employés assujettis	Employés exclus	Pourcentage des employés exclus[1]
CONSEIL DU TRÉSOR				
C. scientifique et professionnelle	29	21 097	2 311	9,87
C. administration et serv. extérieur	10	50 219	7 233	12,59
C. technique	13	25 827	1 058	3,94
C. soutien administratif	5	64 714	3 890	5,67
C. exploitation	21	38 668	279	0,72
Total	78	200 525	14 771	6,86
EMPLOYEURS DISTINCTS				
Office national du film	5	687	89	11,47
Conseil national de recherches	13	2 985	123	3,96
Centre de sécurité des télécommunications – ministère de la Défense nationale	6	806	20	2,42
Bureau du vérificateur général	4	333	37	10,00
Conseil de recherches en sciences humaines	2	94	7	6,93
Conseil de recherches médicales	1	27	4	12,90
Personnel civil, forces armées	40	1 971	44	2,18
Conseil consultatif sur la situation de la femme	3	30	8	21,05
Bureau du surintendant des institutions financières	4	303	32	9,55
Opérations des enquêtes statistiques	1	230	0	0,00
Total	79	7 466	364	4,65

1. Le pourcentage est calculé par rapport à la somme des employés assujettis et exclus, soit le nombre total d'employés.

Source: Commission des relations de travail dans la fonction publique, *Vingt-troisième rapport annuel 1989-1990*, p. 74-79.

25.4.4 Objet de la négociation

Comme nous l'avons mentionné en présentant les caractéristiques générales de la négociation du secteur public (section 25.2.2), l'objet de la négociation comporte certaines restrictions importantes. Par exemple, tout ce qui concerne la sélection, l'affectation, les promotions et les mutations de personnel relève de la Commission de la fonction publique et ne saurait faire l'objet de négociation[29]. Une autre restriction interdit de négocier une disposition qui aurait pour effet d'entraîner la modification d'une loi existante[30].

> 7. La présente loi n'a pas pour effet de porter atteinte aux droits ou à l'autorité de l'employeur quant à l'organisation de la fonction publique, à l'attribution des fonctions au poste et à la classification de ces derniers.

29. *Ibid.*, art. 7.

30. *Ibid.*, art. 57 (2).

57 (2) Une convention collective ne peut avoir pour effet direct ou indirect de:

a) modifier, supprimer ou établir une condition d'emploi de manière que cela nécessiterait ou entraînerait l'adoption ou la modification d'une loi fédérale, exception faite des lois affectant les crédits nécessaires à son application;

b) modifier ou supprimer une condition d'emploi établie, ou établir une condition d'emploi pouvant l'être, en conformité avec une loi mentionnée à l'Annexe II.

Le sous-paragraphe *a)* évoque le fait que la négociation collective exige, de la part du gouvernement, l'adoption des crédits nécessaires à l'application d'une convention dûment négociée et signée par le gouvernement et un ou plusieurs syndicats de ses employés[31]. Quant aux lois auxquelles le paragraphe *b)* fait allusion, il s'agit des trois lois suivantes: la *Loi sur la pension des fonctionnaires*, la *Loi sur l'emploi dans la fonction publique* et la *Loi sur l'indemnisation des employés de l'État*. Cette dernière loi comprend diverses précisions sur le paiement des salaires, mais leur niveau fait l'objet direct et principal des négociations avec les syndicats concernés. De plus, dans certaines périodes de difficultés économiques et de sévères restrictions, certaines décisions du Parlement peuvent réduire sérieusement sinon éliminer toute possibilité de négociation sur des questions à incidence pécuniaire.

Nous verrons plus loin que, lorsque le conflit est porté en arbitrage, les matières qui peuvent y être considérées et tranchées sont encore plus limitées: la décision arbitrale ne peut porter que sur la rémunération, les heures de travail, les congés, les normes disciplinaires et ce qui s'y rapporte directement[32]. C'est d'ailleurs un des aspects qui a amené de nombreuses unités à délaisser l'arbitrage, au début favorisé par la majorité des groupes, pour la formule de la conciliation qui est assortie de la possibilité de recourir à la grève.

31. *Ibid.*, art. 57 (1).
32. *Ibid.*, art. 69 (1).

25.4.5 Règlement des conflits

Le mode de règlement des conflits prévu par la *Loi sur les relations de travail dans la fonction publique* du Canada en constitue l'élément le plus original. La loi laisse à l'agent négociateur, c'est-à-dire au syndicat, la liberté de choisir l'une des deux voies offertes pour résoudre une impasse éventuelle: soit la conciliation suivie de la possibilité de recourir à la grève, soit l'arbitrage exécutoire. Le gouvernement ne peut pas intervenir dans ce choix. Par contre, le syndicat doit respecter certaines modalités. Le principe du choix est exprimé dans l'article suivant[33]:

37 (1) Sous réserve du paragraphe 38 (2), l'agent négociateur précise, en suivant les formes réglementaires, quel mode de règlement – renvoi à l'arbitrage ou à un bureau de conciliation – doit s'appliquer dans le cas d'un différend auquel il peut être partie du fait de l'unité de négociation qu'il représente.

Ce choix doit être fait au moment de la demande d'accréditation, à tout le moins avant que l'accréditation soit accordée, puisque l'article suivant précise que «la Commission enregistre, dans le cadre de l'accréditation d'un agent négociateur, le mode de règlement des différends choisi par ce dernier conformément au paragraphe 37 (1)» (art. 38). D'un autre côté, l'agent négociateur peut modifier son choix par la suite, mais jamais pendant le déroulement d'une négociation. Le changement doit être fait et complété avant que l'avis de négocier soit envoyé en vue d'une prochaine négociation[34]. Voici ce que la loi prescrit à ce sujet:

39 (1) Un agent négociateur peut, dans les formes et circonstances prévues par règlement, demander à la Commission d'enregistrer une modification du mode de règlement des différends s'appliquant à l'unité de négociation pour laquelle il est accrédité.

(...)

(3) La modification du mode de règlement des différends prend effet à la date du premier avis de négo-

33. *Ibid.*, art. 37 (1).
34. *Ibid.*, art. 39.

cier collectivement qui la suit; elle reste en vigueur pour l'unité de négociation concernée jusqu'à la prochaine modification effectuée en conformité avec le paragraphe (2).

Le paragraphe (2) mentionne seulement que la modification du mode de règlement doit être enregistrée par la Commission de la même manière que le premier choix a été enregistré au moment de l'accréditation. L'interdiction de modifier le choix du mode de règlement d'un confit en cours de négociation vise à empêcher qu'il ne serve d'instrument de pouvoir, sinon de chantage. Le syndicat est libre de choisir la route qu'il préfère, selon l'évaluation qu'il fait de son pouvoir de négociation avant que celle-ci ne débute; mais, une fois sa décision prise et enregistrée auprès de la Commission, il ne peut plus la modifier avant la fin de la négociation en cours, c'est-à-dire en pratique avant la négociation suivante.

Avant de voir comment se déroule chacune des deux formules, il n'est pas sans intérêt d'observer l'importante modification qui s'est opérée dans les préférences concernant le choix de la route à suivre. Comme on pouvait s'y attendre, la majorité des unités a d'abord choisi la voie de l'arbitrage. Ainsi, dès la fin de la première année de fonctionnement du régime, 30 unités avaient été accréditées et seulement quatre avaient opté pour la conciliation et la possibilité de grève, les autres ayant choisi l'arbitrage; ces 26 unités représentaient 20 000 employés, alors que les quatre ayant préféré la grève en représentaient 30 000[35]. Dans ce dernier groupe, il y avait une unité d'employés des postes, parmi les plus importantes de la fonction publique. (Voir le tableau 25-4.) Avec les années, les unités constatèrent qu'on obtenait davantage par la voie de la conciliation et de la menace de grève, sinon par la grève, que par l'arbitrage. Aussi, nombre d'unités passèrent petit à petit de l'arbitrage à la conciliation – grève.

En 1980, parmi les unités qui négociaient avec le Conseil du trésor, une faible majorité choisissait encore l'arbitrage, mais près de la moitié – et toujours les plus importantes – avait déjà opté pour la conciliation et la grève. En 1985, les proportions étaient inversées, peut-être par suite de la loi de 1982 limitant les augmentations salariales à 6 % et 5 % pour les trois années suivantes. En 1990, le rapport n'avait guère changé: 64 unités avaient choisi la conciliation – grève, mais elles regroupaient 93 % de tous les fonctionnaires; les 14 autres unités, avec seulement 7 % des membres, optaient pour l'arbitrage.

Depuis le début jusqu'à aujourd'hui, les unités relevant d'employeurs distincts ont toujours préféré majoritairement l'arbitrage, sans doute à cause du petit nombre d'employés par unité. Mais cette majorité a varié suivant les périodes: très forte au début, elle s'est affaiblie avec les années, pour les mêmes raisons que dans l'autre groupe[36].

* * *

La procédure de négociation débute de la même manière que dans le secteur privé, c'est-à-dire que l'une ou l'autre des parties donne à l'autre un avis de négocier, dans les deux derniers mois d'application de la convention collective en vigueur[37]. Les négociations doivent s'engager dans les 20 jours qui suivent l'avis de négocier (art. 51). L'employeur ne doit pas modifier les conditions de travail qui s'appliquent au moment où l'avis a été donné en vue d'entreprendre les négociations (art. 52).

Si les parties n'en viennent pas à un accord à l'étape des négociations directes, toute la suite du processus est soumise, directement ou indirectement, à la Commission des relations de travail de la Fonction publique. C'est ainsi que l'une ou l'autre des parties peut demander l'intervention d'un conciliateur. Celui-ci est presque toujours un membre du personnel de la CRTFP. Il doit faire rapport au président de la Commission dans les 14 jours qui suivent sa nomi-

35. Jacob Finkelman et Shirley B. Goldenberg, *op. cit.*, vol. 2, p. 429.

36. Commission des relations de travail dans la Fonction publique, *Rapport annuel*, depuis 1968, Ottawa, Approvisionnements et Services Canada.

37. *Loi sur les relations de travail dans la fonction publique*, S.R.C. 1985, c. P-35, art. 50.

TABLEAU 25-4

Mode de règlement des différends selon l'employeur et les périodes – 1967-1990

Années	Nombre d'unités de négociation			Nombre d'employés
	Conciliation	Arbitrage	Total	
EMPLOYEUR : CONSEIL DU TRÉSOR				
1967-1968	4	23	27	50 000
______[1]				
1977-1978	34	47	81	258 570
1978-1979	34	47	81	262 823
1979-1980	30	51	81	251 101
1980-1981	38	43	81	252 562
1981-1982[2]	39	37	76	193 716
1982-1983	44	32	76	198 232
1983-1984	44	32	76	195 992
1984-1985	63	13	76	208 608
1985-1986	64	12	76	207 880
1986-1987	64	12	76	202 802
1987-1988	63	14	77	200 976
1988-1989	63	14	77	195 050
1989-1990	64	14	78	200 525
EMPLOYEURS DISTINCTS				
1967-1968	0	3	3	2 673
______[1]				
1977-1978	1	22	23	4 347
1978-1979	2	25	27	4 611
1979-1980	3	25	28	4 888
1980-1981	9	25	34	5 089
1981-1982	7	35	42	5 606
1982-1983	13	37	50	6 050
1983-1984	14	37	51	6 089
1984-1985	30	37	67	7 436
1985-1986	35	47	82	7 787
1986-1987	28	49	77	7 073
1987-1988	30	51	81	7 412
1988-1989	23	60	83	7 988
1989-1990	20	56	76	7 966

1. Les données de 1968 à 1977 ne sont pas disponibles ou ne sont pas comparables d'une année à l'autre.
2. À l'occasion de la création de la Société canadienne des postes, le 16 octobre 1981, trois unités de négociation, représentant environ 50 000 employés, ont été soustraites à la *Loi sur les relations de travail dans la fonction publique* pour être soumises au *Code canadien du travail*.

Source : Commission des relations de travail dans la Fonction publique, *Rapport annuel*, 1967-1968 à 1989-1990, Ottawa, Approvisionnements et Services Canada.

nation, à moins qu'un délai plus long ne lui soit accordé (art. 53-54). L'intervention du conciliateur est facultative si les parties ont choisi la voie de l'arbitrage ; elle est obligatoire si elles ont opté pour le bureau de conciliation, avec possibilité de grève.

La CRTFP est chargée d'administrer le processus d'« arbitrage » des différends pour les unités qui ont choisi cette voie. Elles constitue un conseil d'arbitrage, composé d'un président, d'un membre patronal et d'un membre syndical, qu'elle choisit dans des groupes constitués d'avance à cette fin (art. 61-63). L'une ou l'autre des parties peut demander à la Commission la nomination d'un conseil d'arbitrage ; la demande doit préciser les points à soumettre au conseil et inclure la proposition de solution de la partie requérante. Sur réception d'une telle demande, la Commission en transmet copie à l'autre partie, qui peut ajouter des sujets à la liste et qui doit proposer ses propres solutions (art. 64-65).

Le mandat du conseil d'arbitrage est restreint à quatre matières particulières. Le conseil peut examiner l'ensemble des conditions de travail qui se rapportent directement à l'un ou l'autre de ces points[38].

> 69 (1) Dans les limites du présent article, une décision arbitrale peut statuer sur les barèmes de rémunération, les heures de travail, les congés, les normes disciplinaires et les autres conditions d'emploi directement afférentes.
>
> (...)
>
> (3) Sont exclues du champ des décisions arbitrales les normes, procédures ou méthodes régissant la nomination, l'évaluation, l'avancement, la rétrogradation, la mutation, la mise en disponibilité ou le renvoi de fonctionnaires, ainsi que toutes conditions d'emploi n'ayant pas fait l'objet de négociations entre les parties avant que ne soit demandé l'arbitrage à son sujet.

On aura noté que le conseil d'arbitrage ne peut se prononcer sur un point, même parmi les quatre énumérés dans la loi, qui n'aurait pas fait l'objet d'une négociation directe avant la demande d'arbitrage. Le paragraphe (3) contient aussi l'exclusion habituelle des aspects qui relèvent de la Commission de la fonction publique. Les importantes restrictions au mandat du conseil d'arbitrage sont parmi les principaux motifs qui ont amené plusieurs unités à passer de la méthode de l'arbitrage à celle de la conciliation et de la grève.

La décision arbitrale est prise à la majorité des commissaires et, s'il n'y a pas de majorité, c'est l'opinion du président du conseil qui prévaut (art. 70). La durée de la convention collective qui découle de la décision arbitrale doit être d'au moins une année et d'au plus deux années ; entre ces deux limites, la Commission décide de la durée précise, qui peut correspondre à la durée de l'ancienne convention ou à celle de toute autre convention jugée pertinente (art. 70-72).

La loi établit un certain nombre de règles sur lesquels les arbitres doivent se baser pour rendre leur décision. Elle indque que le conseil d'arbitrage doit tenir compte des cinq éléments suivants, le cinquième étant d'ordre général (art. 68) :

- Les besoins de la fonction publique en personnel qualifié ;
- La comparaison avec le secteur privé pour des postes analogues, compte tenu des différences géographiques et industrielles ;
- L'équité interne ou le rapport entre les diverses professions dans la fonction publique ainsi qu'entre les échelons d'une même profession ;
- L'équité externe, compte tenu des exigences et des responsabilités de chaque poste ;
- Tout autre facteur jugé pertinent.

La question des critères utilisés dans les arbitrages de différends n'a pas encore reçu de solution définitive ; la controverse se poursuivra sans doute indéfiniment. La décision de l'arbitre repose sur le principe de l'équité et sur des choix prudents entre diverses possibilités qui comporteront toujours une part de subjectivité (voir la section 23.4.1).

Si le gouvernement fédéral a accepté l'arbitrage exécutoire quand, en 1967, il a adopté la *Loi sur les*

38. *Ibid.*, art. 69.

relations de travail dans la fonction publique (sans abdiquer ses droits et obligations en tant que gouvernement responsable), c'est qu'il avait créé un régime de négociation collective très morcelé, où aucune décision particulière ne pouvait chambarder le budget du gouvernement du Canada. Comme il y avait près d'une centaine d'unités distinctes – et que le rapport Heeney n'envisageait pas d'autre mode de règlement des impasses –, il comptait sans doute que l'influence s'exercerait progressivement d'une unité à l'autre, comme le phénomène se produit dans le secteur privé. Le regroupement des unités, qui se produira dans la seconde moitié des années 1980, changera fondamentalement les données de la situation.

* * *

La formule de la «conciliation – grève» comporte des ressemblances et des différences avec celle de l'arbitrage. L'une des parties peut demander que soit constitué un bureau de conciliation, mais seulement après que le conciliateur a remis au président de la Commission son rapport final l'informant de l'échec de sa mission (art. 76-77). De plus, les fonctionnaires qui devront maintenir les services essentiels en cas de grève doivent avoir été officiellement désignés, comme nous le verrons dans la section suivante, avant que le bureau de conciliation puisse être constitué. Chacune des parties doit proposer un candidat comme membre du bureau de conciliation et, une fois nommés, les deux doivent tenter de s'entendre sur la nomination du président. C'est le président de la CRTFP qui nomme officiellement les membres du bureau de conciliation, et il en avise les parties (art. 79-83).

Le président de la CRTFP remet en même temps au bureau de conciliation son mandat, c'est-à-dire la liste des questions sur lesquelles il doit s'efforcer d'amener les parties à s'entendre, faute de quoi il devra présenter ses conclusions et ses recommandations sur les mêmes questions (art. 84-86).

Quatorze jours après la réception de son mandat, ou dans un délai plus long que le président de la CRTFP peut lui accorder, le bureau de conciliation doit présenter son rapport. Les recommandations contenues dans ce rapport ne peuvent porter que sur les points qui faisaient partie du mandat. Le rapport ne contient que des recommandations, à moins que les parties n'aient convenu par écrit qu'elles les accepteraient comme obligatoires et exécutoires. Normalement, l'une ou l'autre des parties peut rejeter les recommandations du bureau de conciliation ou s'en servir comme argument pour reprendre la négociation. Le syndicat peut aussi recourir à la grève. Celle-ci ne peut débuter légalement qu'après un délai de sept jours suivant le dépôt du rapport du bureau de conciliation (art. 102).

Le Parlement conserve évidemment le droit d'adopter une loi spéciale, s'il juge que l'intérêt public l'exige, en vue d'ordonner le retour au travail, de suspendre la grève ou de l'interdire complètement. Dans ce cas, il indique la manière dont le conflit devra se régler.

25.4.6 Services essentiels

La *Loi sur les relations de travail dans la fonction publique* prévoit un régime particulier pour assurer certains services jugés essentiels en cas de grève. Le problème se pose uniquement quand le syndicat choisit la voie de la conciliation et de la grève. Les employés qui devront assurer les services essentiels, en cas d'arrêt de travail, sont appelés employés désignés, c'est-à-dire désignés pour maintenir les services essentiels. Ils recevront alors leur salaire habituel.

Le processus commence normalement très tôt. Comme le syndicat doit, au moment de déposer sa demande d'accréditation, indiquer le mode de règlement des conflits qu'il choisit, il a besoin, pour prendre cette décision, de savoir quelle proportion des salariés de l'unité serait possiblement désignée, en cas de grève. Aussi, sur demande écrite du syndicat, la Commission peut exiger de l'employeur qu'il lui communique, dans les 14 jours, une liste des fonctionnaires ou classes de fonctionnaires qu'il considère comme sujets à désignation (art. 37, 2).

S'il s'agit d'un renouvellement de convention collective, l'employeur doit fournir à la Commission et au syndicat, dans les 20 jours qui suivent l'avis de négocier donné par l'une ou l'autre des parties, la liste des fonctionnaires qui seraient désignés en cas de grève.

Si le syndicat ne conteste pas la liste de l'employeur, celle-ci constitue la liste des employés désignés pour la prochaine ronde de négociation. Si le syndicat s'objecte, la Commission doit étudier les documents pertinents, entendre les parties et décider quels fonctionnaires ou quelles catégories de fonctionnaires seront désignés en cas de grève. La liste acceptée par le syndicat ou établie par la Commission est sans appel jusqu'à la négociation suivante. Elle est communiquée aux parties et aux employés intéressés (art. 78).

Tant que l'opération visant à établir les employés désignés n'est pas complétée, la CRTFP ne peut pas établir de bureau de conciliation. Par contre, les négociations directes peuvent commencer et se poursuivre ; il arrive même souvent que les parties en viennent à une entente sur un projet de convention avant que le problème des employés désignés ne soit complètement réglé ; il devient alors superflu de poursuivre le litige sur le sujet[39]. Il faut bien noter que la désignation pour remplir des services essentiels pendant une grève éventuelle présente des avantages certains pour les employés concernés : ils continueront à travailler et à recevoir leur salaire, tant que la grève durera. Aussi certains fonctionnaires souhaitent-ils être désignés en cas de grève. Cela constitue une autre source de friction entre les employés qui supportent la grève et ceux qui s'y opposent, directement ou indirectement. Le tout se déroule évidemment dans le plus grand secret.

L'opération qui vise à établir la liste des employés désignés donne souvent lieu à diverses escarmouches entre l'employeur et le syndicat. Une cause célèbre a exercé une influence importante sur la question, celle de l'Association canadienne des contrôleurs du trafic aérien (ACCTA). Ce syndicat avait choisi la voie de la conciliation et de la grève dès le début de ses négociations avec le gouvernement, choix qui a conduit à quelques grèves retentissantes au début des années 1970. Dans l'ensemble on compte un peu moins de 2000 contrôleurs du trafic aérien et, la plupart du temps, les parties s'entendaient sur une liste représentant de 10 % à 15 % du nombre total d'employés. Le 26 septembre 1980, le Conseil du trésor dépose auprès de la CRTFP et du syndicat une liste de 1782 employés désignés, soit l'ensemble des contrôleurs aériens. Le 12 février 1981, l'employeur a réduit le nombre à 1462, plus 231 substituts. Le syndicat soutenait que 227 employés devraient suffire. La CRTFP a rendu une décision désignant 272 employés et 151 substituts. La divergence profonde dépendait de la réponse à la question suivante : une grève des contrôleurs du trafic aérien doit-elle entraîner l'arrêt de la circulation des lignes aériennes commerciales au Canada ? Pour la première fois, le ministère des Transports, avec l'appui du gouvernement, soutenait que le trafic aérien commercial ne devait pas être affecté par une grève des contrôleurs ; dans cette hypothèse, la présence au travail de la quasi-totalité des contrôleurs devenait essentielle pour la sécurité du public. Pour sa part, le syndicat soutenait qu'en cas de grève, les contrôleurs aériens devaient assurer uniquement la sécurité des vols suivants : les avions en situation d'urgence ou de détresse, les avions affectés à des opérations humanitaires ou d'évacuation, les avions assurant la recherche de personnes égarées ou le combat de certains incendies majeurs.

La Cour fédérale, en appel, et la Cour suprême du Canada, le 31 mai 1982, ont déclaré que l'article 78 de la loi donnait à la CRTFP le pouvoir de désigner les employés nécessaires pour assurer la sécurité du public, mais que la Commission n'avait aucune autorité pour se prononcer sur le niveau des services qui devaient être maintenus ou non en cas de grève. Le plus haut tribunal appuyait ainsi la décision du gouvernement de désigner la quasi-totalité des contrôleurs du trafic aérien, puisqu'il avait par ailleurs

39. Commission des relations de travail dans la fonction publique, *Vingt-troisième rapport annuel, 1989-1990*, Ottawa, Approvisionnements et Services Canada, 1990, p. 12-14.

décidé que la grève ne devait pas interrompre le service commercial aérien habituel[40].

La décision diminuait le pouvoir de négociation du syndicat en cause, pour ne pas dire qu'elle l'anéantissait complètement. Pourtant, il a maintenu son choix de la route conciliation – grève. De plus, la loi limitant à 6 % et 5 % la hausse des salaires avait été adoptée en 1982, diminuant elle aussi l'efficacité de la négociation collective. Nous verrons plus loin que, par la suite, l'ensemble des fonctionnaires s'est intéressé bien davantage à la négociation coordonnée qu'à la question des employés désignés.

25.4.7 Griefs

La *Loi sur les relations de travail dans la fonction publique* contient certaines particularités relatives à la solution des griefs. D'abord, c'est la CRTFP qui a la responsabilité de l'administration des griefs et de la nomination des arbitres. Mais, surtout, la loi accorde aux cadres des premiers niveaux le droit de recourir à la même procédure de griefs que les syndiqués.

La loi définit le grief comme toute plainte écrite déposée conformément à la loi. La loi est elle-même relativement restrictive. Toute plainte relative à l'interprétation ou à l'application d'une convention collective, ou encore à une mesure disciplinaire, peut faire l'objet d'un arbitrage (art. 1 et 96,3). Un fonctionnaire occupant un poste de direction ou de confiance peut demander que son grief soit entendu s'il se rapporte à une disposition de la convention collective qui lui serait applicable s'il était syndiqué ; il peut aussi soumettre à l'arbitrage une mesure disciplinaire qui lui serait imposée (art. 1, au mot grief). Le grief doit avoir été considéré à tous les échelons ou étapes internes prévus dans la convention collective avant de pouvoir être soumis à l'arbitrage (art. 96, 1). C'est le fonctionnaire lui-même qui demande à la CRTFP que son grief soit porté en arbitrage ; s'il s'agit d'un grief relatif à l'interprétation ou à l'application de la convention collective – cette restriction ne s'applique pas dans le cas d'une mesure disciplinaire –, le fonctionnaire syndiqué doit obtenir l'approbation de son syndicat ou agent négociateur (art. 92 et 95).

C'est la CRTFP qui voit à l'administration de l'arbitrage des griefs. Elle nomme l'arbitre désigné dans la convention collective, si tel est le cas. Autrement, à la demande du fonctionnaire, et si l'employeur ne s'y oppose pas, la Commission peut nommer un conseil d'arbitrage. Dans les cas ordinaires, elle désigne un arbitre de son choix, normalement parmi les commissaires. S'il s'agit d'un conseil d'arbitrage, c'est un commissaire qui en assume la présidence, alors que les deux autres membres sont choisis par l'une et l'autre partie (art. 93-95).

Dans sa décision, l'arbitre ne peut modifier la convention collective ni ordonner quoi que ce soit qui équivaudrait à modifier ladite convention (art. 96, 2). L'arbitre doit donner l'occasion aux deux parties de se faire entendre, rendre sa décision et en transmettre copie à chaque partie ainsi qu'au secrétaire de la CRTFP (art. 97). Si l'une ou l'autre partie n'exécute pas la décision rendue, une plainte peut être déposée à la Commission, qui peut rendre l'ordonnance appropriée, intimant à la personne visée d'accomplir ce qu'elle doit faire en vertu de la décision arbitrale (art. 97, 6 et 23). Les frais d'arbitrage sont normalement divisés en parts égales entre les deux parties (art. 98). Mais la pratique s'est établie selon laquelle la CRTFP assume les frais de l'arbitre et de l'arbitrage à même son propre budget; il est bien évident que chaque partie paie son représentant, dans le cas d'un conseil d'arbitrage, ainsi que ses procureurs[41].

La loi ne permet de déposer un grief que si le fonctionnaire en cause n'a aucun autre recours en vertu d'une autre loi du Parlement (art. 91, 1); la réserve vise tout spécialement les questions concernant les examens de qualification et les promotions,

40. *Association canadienne des contrôleurs du trafic aérien* c. *Sa Majesté la reine*, Cour suprême du Canada, 31 mai 1982, (1982) 1 R.C.S. p. 696-709, 82 C.L.L.C., paragraphe 14191.

41. Jacob Finkelman et Shirley B. Goldenberg, *op. cit.*, vol. 2, p. 596-597.

qui relèvent de la compétence de la Commission de la fonction publique. La CRTFP peut établir des règlements pour les étapes internes du règlement des griefs ainsi que pour l'arbitrage ; ces règlements s'appliquent dans les cas où la convention collective ne prévoit pas de disposition à ce sujet. Ils ont donc pour but de suppléer à une carence qui pourrait exister dans la convention collective (art. 100).

Le mode de règlement des griefs selon les conventions collectives et la LRTFP présente une ressemblance fondamentale avec celui qu'on trouve généralement dans les conventions du secteur privé. Par contre, il existe plusieurs différences importantes, qui tiennent aux deux caractéristiques mentionnées plus haut, à savoir le rôle prépondérant de la CRTFP dans l'ensemble du processus et le fait que des non-syndiqués peuvent présenter eux-mêmes des griefs, jusqu'à l'arbitrage inclusivement. La propriété du grief semble revenir davantage au fonctionnaire qu'au syndicat lui-même, sauf que, dans le cas d'un syndiqué, l'autorisation du syndicat est généralement requise ; c'est habituellement un représentant syndical qui agit au nom du fonctionnaire concerné. Même le fonctionnaire non syndiqué peut demander l'aide de n'importe quelle organisation syndicale, pour la poursuite de son grief, et être représenté par le syndicat de son choix (art. 91, 3).

* * *

La CRTFP est également responsable du Bureau de recherches sur les traitements (BRT). Établi en 1957, le Bureau a été transféré sous l'autorité de la CRTFP après l'adoption de la loi de 1967[42]. Son rôle est de fournir aux différentes parties contractantes ainsi qu'aux arbitres de différends les renseignements pertinents sur les taux de rémunération. Les renseignements sont toujours fournis aux deux parties. Il existe un Comité consultatif de recherches sur les traitements, qui se réunit quelques fois par année et qui a pour fonction de faire connaître au Bureau les renseignements dont les parties contractantes prévoient avoir besoin pour leurs prochaines négociations. Malgré de sérieuses difficultés découlant entre autres d'un statut juridique mal défini et sujet aux pressions des deux parties, le BRT a plusieurs réalisations à son crédit : premières recherches sur la rémunération globale, un programme rigoureux d'analyse des conventions collectives et des rapports de recherche qui ont grandement influencé des négociations importantes.

Les compressions budgétaires ont, au cours des dernières années, considérablement réduit les activités d'enquêtes et de publications du Bureau. Il semble également que le Conseil du trésor préfère faire effectuer lui-même certaines enquêtes plutôt que de s'en remettre à celles du Bureau de recherches sur les traitements. En conséquence, celui-ci a vu son effectif et ses activités diminuer considérablement.

25.4.8 Centralisation des négociations

L'exposé qui précède montre à quel point le législateur a conçu une négociation morcelée, avec environ 80 unités de négociation distinctes relevant du Conseil du trésor et autant chez les employeurs distincts. C'est sans doute ce morcellement qui rendait possible l'option de l'arbitrage obligatoire, adopté par un grand nombre d'unités pendant au moins les 10 premières années d'application de la loi, sans mettre en cause de façon aiguë la question du gouvernement responsable.

Les premiers efforts de regroupement des négociations ont commencé vers 1975. Ils ont pris deux formes principales : l'uniformisation de certaines clauses dans diverses conventions et la négociation simultanée pour quelques unités[43].

42. La loi ne contient aucune mention expresse du Bureau, mais celui-ci est clairement soumis aux pouvoirs concédés à la Commission dans ses règlements : les autres questions et sujets pouvant se rattacher ou contribuer à l'accomplissement de la mission de la Commission ainsi qu'à la réalisation des objets de la présente loi. *Loi sur les relations de travail dans la fonction publique*, S.R.C. 1985, c. P-35, art. 23 (1) k.

43. L.M. Tenace, « Master Agreement Bargaining in the Federal Public Service » dans *Existe-t-il de nouvelles relations industrielles canadiennes ?*, rapport du 23e Congrès annuel de l'Association canadienne de relations industrielles, Winnipeg, 1986, Québec, ACRI, 1987, p. 333-338; Jacob Finkelman et Shirley B. Goldenberg, *op. cit.*, vol. 1, p. 283-285.

Le premier cas de négociation simultanée regroupait, en 1974, trois unités de la catégorie technique: l'inspection, le soutien scientifique et le soutien des sciences sociales; toutes les clauses furent négociées à une même table, sauf les salaires qui furent discutés séparément. Dans la catégorie de l'exploitation, quelques unités négociaient conjointement la convention collective des surveillants et des non-surveillants, quand les deux groupes avaient des accréditations distinctes. En même temps, l'Alliance de la Fonction publique cherchait à uniformiser le texte de certaines clauses dans différentes conventions. Quelques unités s'objectaient à de tels efforts: les petits groupes craignaient de perdre des avantages en se rapprochant des groupes plus nombreux.

Peu à peu, les textes des différentes conventions se ressemblaient de plus en plus. Le phénomène venait entre autres du nouveau rôle qu'avait assumé le Comité national mixte. Les parties y discutaient de questions qui s'appliquaient à toutes les unités et qui exigeaient, par nature, une solution uniforme; un bon exemple est le tarif applicable aux déplacements que les fonctionnaires effectuaient avec leur propre voiture, c'est-à-dire le taux par kilomètre auquel ils auraient droit. Le même tarif devait normalement s'appliquer à tous, quelle que soit la fonction et l'unité de chacun. Après entente au Comité national mixte, l'accord était repris tel quel dans les multiples conventions collectives, au fur et à mesure que celles-ci arrivaient à échéance. Peu à peu, l'ensemble des conventions collectives négociées par l'Alliance de la fonction publique et l'Institut professionnel présentaient d'importantes ressemblances: la moitié des clauses étaient formulées de la même manière.

Il y eut également des tentatives de négociations coordonnées. Une condition était que les différentes unités en cause aient choisi le même mode de règlement des conflits. En 1980, 50 des 80 unités qui négociaient avec le Conseil du trésor procédaient encore par la route de l'arbitrage, soit un peu plus de 60 % de l'ensemble; dans le cas des employeurs distincts, la proportion était et est demeurée beaucoup plus élevée. Mais, en 1982, la proportion s'est renversée en faveur de la conciliation donnant droit à l'exercice de la grève. (Voir le tableau 25-4.) La *Loi sur les restrictions salariales du secteur public*[44], adoptée le 4 août 1982, allait, par ses répercussions, donner le coup de grâce à la route de l'arbitrage et ouvrir la voie à une centralisation beaucoup plus grande des négociations collectives. Selon cette loi, toute augmentation salariale prévue pour une date postérieure au 29 juin 1982 ne pouvait excéder 6 % et aucune augmentation pour l'année subséquente ne pouvait excéder 5 % (art. 9). Les contrôles des 6 % et 5 % furent levés progressivement entre juillet 1984 et juin 1985, au fur et à mesure que les conventions collectives arrivaient à échéance. Les deux centrales syndicales des fonctionnaires profitèrent de cette interruption forcée de la négociation collective pour promouvoir l'idée de négociations regroupées ou centralisées, et même pour en discuter avec le Conseil du trésor. Ces discussions se poursuivirent longtemps et les négociations regroupées ne commencèrent vraiment qu'en septembre 1985.

L'Alliance de la Fonction publique du Canada avait accepté un système de négociation à deux niveaux pour les 39 unités qu'elle représentait face au Conseil du trésor. Il s'agissait vraiment d'une négociation cadre (*master agreement bargaining*), avec certaines caractéristiques particulières. En cas d'impasse, l'Alliance et le Conseil du trésor acceptaient de considérer comme exécutoires les recommandations du bureau de conciliation qui serait alors constitué[45]. Le syndicat renonçait ainsi à son droit de grève, mais seulement pour cette première ronde de négociation centralisée. À la table centrale, on devait négocier environ 80 % des clauses, pratiquement toutes les clauses non pécuniaires, pour les 39 unités visées. Chaque unité conservait son droit de grève pour sa propre négociation. Les négociations particulières se poursuivirent en même temps que la négociation centrale pour toutes les clauses à incidence pécuniaire, comme les

44. S.C. 1982, c. 122 (projet de loi C-124).

45. La *Loi sur les relations de travail dans la fonction publique* prévoit et permet explicitement une telle entente (art. 90), même s'il est bien évident que le législateur ne prévoyait pas qu'elle pourrait s'appliquer à une convention cadre.

salaires, les heures de travail, les vacances, les congés, etc. Les dates d'expiration étaient différentes et le contrat cadre s'appliquait au moment de l'entente, si l'accord particulier visant l'unité avait été signé, ou à une date ultérieure si tel n'était pas le cas.

Pour sa part, l'Institut professionnel préféra une autre formule. Il négocia, pour 18 de ses 20 unités, à une même table, une convention collective unique, sauf, évidemment, pour les salaires. Ce processus de négociation s'est avéré particulièrement lourd, entre autres parce qu'il y avait trop de différences entre certaines conventions, par exemple quatre semaines de vacances après deux ou six ans de service continu, selon les cas. En juillet 1986, après un an de négociation, il n'y avait pas encore d'entente en vue; on dut recourir à la conciliation exécutoire, que l'Institut avait acceptée, tout comme l'Alliance de la fonction publique. La convention cadre de l'Alliance, pour ses 39 unités, se fit attendre davantage, jusqu'en novembre 1986[46].

Ces négociations regroupées se sont faites sur une base volontaire. Rien dans la loi ne prévoit de telles négociations, ni n'en précise les modalités, comme la question des diverses routes choisies par les unités, le mode de ratification et les multiples dates d'échéance.

Dans la même période, les syndicats de fonctionnaires, surtout ceux de l'Institut professionnel, ont obtenu une importante victoire en matière d'équité salariale : certaines employées du gouvernement fédéral ont reçu jusqu'à 30 000 $ à titre compensatoire, pour ajuster leurs salaires à ceux de fonctions de valeur comparable exercées par des hommes ; il s'agissait entre autres de physiothérapeutes et de spécialistes de l'économie familiale; la facture totale pour le gouvernement fédéral s'élevait à 2,3 millions de dollars[47].

Le 17 mai 1989, l'Alliance de la Fonction publique du Canada signait une nouvelle convention cadre avec le Conseil du trésor pour 30 de ses plus importantes unités, représentant environ 150 000 employés du gouvernement du Canada. La plupart des conventions locales venaient à échéance entre les mois d'avril et d'août 1991. Les négociations avaient duré 18 mois, mais les gains salariaux étaient importants: 5 %, 4,8 % et 4,6 % pour chacune des années de la convention[48]. La plupart des conventions antérieures étaient échues depuis 1988.

L'épreuve de force vint en 1991. Le discours du budget déclarait que les augmentations salariales ne pourraient pas dépasser 3 % pour les trois prochaines années[49]. L'Alliance demanda un vote de grève pour protester contre cette déclaration. Le vote fut pris au cours du printemps et 62 % des fonctionnaires fédéraux qui ont voté se sont prononcés en faveur de la grève[50].

La grève commença de façon sporadique au début de septembre. À ce moment, environ 100 000 fonctionnaires avaient acquis le droit à la grève. Celle-ci se déroula selon les caractéristiques habituelles : grève du zèle, manifestations, arrêts de travail sporadiques, accusations et menaces contre ceux qui franchissaient les piquets de grève. Le gouvernement décida d'adopter une loi spéciale imposant le retour au travail. Il la présenta à la mi-septembre, en suspendit l'entrée en vigueur pendant une reprise des négociations, mais l'appliqua finalement au début du mois d'octobre[51]. En même temps, les postiers, dont les relations de travail sont régies par le *Code canadien du travail*,

46. «Master Agreement for PSAC Members», *Canadian Industrial Relations and Personnel Developments*, n° 48, 26 novembre 1986, p. 877. Voir aussi p. 589 et 614.
47. «Former Government Employees Entitled to Pay Adjustments of Up to $30,000 under Settlement», *Canadian Industrial Relations and Personnel Developments*, n° 41, 9 octobre 1985, p. 822-823.
48. «Bargaining Briefs», *Canadian Industrial Relations and Personnel Developments*, n° 32, 9 août 1989, p. 755.
49. *Débats de la Chambre des communes*, Michael Wilson, 26 février 1991, p. 1769.
50. *La Presse*, jeudi 28 janvier 1991, p. A-1 et jeudi 2 mai 1991, p. B-1.
51. *Loi sur la rémunération du secteur public*, 2 octobre 1991, S.C. 1991, c. 30 (projet de loi C-29); *La Presse*, mardi 17 septembre 1991, p. A-1 et B-4 et jeudi 3 octobre 1991, p. B-1.

sortirent en grève et, eux aussi, firent l'objet d'une loi spéciale de retour au travail[52].

La loi spéciale ordonnait aux fonctionnaires de rentrer au travail le lendemain, 3 octobre, et fixait leurs conditions pécuniaires de travail pour la période équivalant à la convention collective: gel des salaires la première année et 3 % d'augmentation chacune des deux années suivantes. Cependant, les discussions ont repris entre l'Alliance de la Fonction publique et le Conseil du trésor. Vers la fin de novembre, l'Alliance annonçait avoir obtenu pour ses membres, grâce à la grève, une sécurité d'emploi à toute épreuve. De son côté, le président du Conseil du trésor répliquait que cette sécurité existait depuis plusieurs années, mais que certains points avaient été mis par écrit dans le document qui devait être signé le 15 décembre 1991[53]. Comme toujours, les deux parties sortaient gagnantes! Qui a raison?

Eu égard à ces événements, quel est l'avenir de la négociation collective pour les fonctionnaires fédéraux du Canada? Les réponses les plus optimistes sont permises: les fonctionnaires fédéraux ont fait la grève, qui était leur première: pareil débrayage aurait été impensable cinq ans plus tôt. Par contre, les conséquences de la grève seront nombreuses. Les menaces proférées par la direction du syndicat, ainsi que les animosités entre grévistes et «briseurs de grève» – les fonctionnaires qui sont rentrés nombreux au travail – prendront longtemps à s'effacer des mémoires. Par rapport au contenu de la négociation, le Conseil du trésor n'a pas bronché: les salaires sont restés, tout au long des discussions, identiques à l'offre initiale de 0 % – 3 % – 3 %. Après qu'un gouvernement a déclaré que sa politique salariale est essentielle à la poursuite de l'équilibre budgétaire et à la lutte contre la dette publique, il n'y a tout simplement plus de négociation possible. Les pessimistes diront qu'en portant la négociation à un niveau à ce point centralisé, employeur et dirigeants syndicaux l'ont tout simplement détruite. La sécurité d'emploi consignée dans un document ultérieur semble bien être la concession qui permet aux chefs syndicaux de sauver la face.

Dans le secteur public fédéral, les négociations se sont poursuivies normalement tant qu'elles ont été morcelées. Elles ont subi leur plus dur coup le jour où le syndicat a voulu utiliser la force de frappe que la centralisation lui accordait. Ce n'est plus alors de la négociation, mais un affrontement politique. Aussi longtemps que dureront les graves problèmes financiers de l'État fédéral, la négociation risque de demeurer en veilleuse, sauf pour les petites unités qui ne peuvent faire plus que de s'aligner sur le modèle imposé par les grandes. La négociation avec un gouvernement va bien tant que celui-ci dispose de fonds qui s'accroissent; elle s'avère impossible dès que les sources de financement se tarissent. La thèse pessimiste est sans doute la plus probable, justement parce que le contribuable canadien est déjà beaucoup trop taxé; en tout cas, c'est la perception qu'il a.

D'un autre côté, la fonction du syndicat ne se limite pas à la négociation; il peut et doit défendre ses membres, tous ses membres, en exigeant le respect des lois et des conventions, et en prenant position sur des documents controversés, comme *Fonction publique 2000* et le projet de loi C-26 de juin 1991, qui proposent une réforme en profondeur de la fonction publique fédérale. Mais ceci dépasse la négociation.

25.5 Secteur municipal

En matière de négociation collective, le secteur municipal se situe à mi-chemin entre le grand secteur public, fédéral ou provincial, et le secteur privé. Nous rappellerons brièvement les différences avec l'un et l'autre en considérant successivement les parties en présence, le cadre légal et les caractéristiques particulières du secteur.

25.5.1 Parties en présence

Le nombre et la proportion des employés municipaux régis par convention collective sont relativement

52. *Loi de 1991 sur le maintien des services postaux*, 29 octobre 1991, S.C. 1991, c. 35 (projet de loi C-40); *La Presse*, mercredi 14 août 1991, p. A-1, samedi 24 août 1991, p. A-1 et mercredi 30 octobre 1991, p. A-4.

53. «PSAC Gains Job Security Guaranty», *Canadian Industrial Relations and Personnel Developments*, nº 49, 4 décembre 1991, p. 896.

importants. Il existe environ 600 conventions collectives dans ce secteur (8 % de l'ensemble), qui régissent près de 40 000 salariés, soit 4,5 % de tous les employés régis par convention[54]. Environ 30 % des municipalités négocient au moins une convention collective, et les conventions du secteur régissent près de 60 % des employés municipaux du Québec. Fait à signaler : le nombre et la proportion des conventions et des salariés visés a augmenté de façon sensible au cours de la dernière décennie. Par contre, comme dans l'ensemble du monde syndiqué, la grande majorité des conventions du secteur municipal (environ 500) régit moins de 50 salariés ; ces petites conventions visent 7500 des quelque 40 000 salariés municipaux syndiqués.

C'est du côté patronal que s'exprime le plus l'appartenance au secteur public, avec les caractéristiques qui en découlent. L'employeur est la ville ou la municipalité, un organisme politique dont les membres sont normalement élus au suffrage universel. Comme dans tout le secteur public, l'autorité est diffuse, allant dans ce cas du conseil municipal au directeur et aux autres cadres de la ville. Derrière cette hiérarchie complexe, il y a le public à qui sont destinés les services assurés par la ville et qui doit, en dernier ressort, en payer la note. En arrière-plan, il y a les deux associations patronales, l'Union des municipalités du Québec (UMQ) et l'Union des municipalités régionales de comté (UMRCQ), qui ajoutent aux relations de travail des municipalités une couleur politique plus prononcée.

Le caractère politique de l'employeur peut avoir des conséquences plus ou moins étendues selon le contexte et l'importance de la municipalité en cause. Le recours au court-circuit politique pendant la négociation (voir la section 25.2.5) est tout aussi fréquent, sinon davantage, dans les petites municipalités que dans les grandes ; il y est peut-être plus connu, même s'il fait moins souvent l'objet de reportages dans les grands journaux.

54. Louis Garant, «Les relations du travail dans les administrations publiques locales au Québec», *Le marché du travail*, vol. 7, nº 10, octobre 1986, p. 64-70.

Du côté syndical, la représentation et l'affiliation reviennent en grande majorité à deux groupes. Le Syndicat canadien de la Fonction publique, affilié à la FTQ et au CTC, représente le plus grand nombre d'employés municipaux à travers le Québec ; c'est à lui qu'adhèrent les employés des principales villes : il compte de 35 % à 40 % de tous les syndiqués travaillant dans les villes ou pour les régies intermunicipales. Le second groupe en importance, la Fédération des employés municipaux et scolaires du Québec (FEMSQ), réunit des employés de municipalités de grandeur moyenne ; il n'est affilié à aucune centrale. Il regroupe environ 35 % des employés municipaux régis par convention collective. Vient ensuite la CSN, avec 15 %, puis la CSD[55].

La vie syndicale chez les employés municipaux ressemble considérablement à celle des syndicats du secteur privé. Par exemple, le nombre et la proportion des plaintes déposées pour mesures disciplinaires à cause d'activités syndicales sont du même ordre que dans le secteur privé ou peut-être, en proportion, un peu plus élevées. Ce sont les syndicats les plus militants qui déposent le plus souvent de telles plaintes.

Les grandes villes comptent plusieurs catégories d'employés, qui sont souvent regroupés dans des syndicats différents. De plus, leurs fonctions sont tellement diversifiées que l'absence d'intérêt commun, d'un groupe à l'autre, amène presque inévitablement la formation d'unités de négociation distinctes, sinon des affiliations à des centrales syndicales différentes. Rappelons les principales catégories d'emploi de ces travailleurs :

- Cols blancs ou fonctionnaires municipaux ;
- Cols bleus : voirie, aqueduc, égout, entretien, etc. ;
- Policiers et pompiers ;
- Employés du transport en commun, s'il y a lieu ;
- Loisirs et services communautaires.

Il peut exister d'autres groupes, travaillant par exemple à l'assainissement des eaux usées ou à la

55. *Ibid.*, p. 64-65.

cueillette sélective des ordures ménagères en vue de leur recyclage.

Un phénomène qui a beaucoup affecté les relations du travail et la négociation collective au cours de la dernière décennie, c'est la fusion de nombreuses municipalités et la création de régies intermunicipales, par exemple la Communauté urbaine de Montréal, celle de Québec, qui sont entre autres responsables du service de police. Cette complexité se reflète évidemment dans les structures et le mode de négociation.

25.5.2 Cadre légal

Il faut d'abord préciser que les municipalités et leurs employés relèvent du *Code du travail*. En ce sens, c'est le régime du secteur privé qui s'applique dans sa totalité. Cependant, il faut ajouter immédiatement que certaines dispositions particulières viennent, à tout le moins, modifier la procédure normale.

Depuis 1982, avec l'addition, dans le *Code du travail*, d'une importante section consacrée aux services publics, les municipalités et les régies intermunicipales se voient souvent imposer, en cas de conflit de travail, l'obligation de maintenir des services essentiels; elles sont alors soumises à la procédure prescrite par le Code et à l'évaluation faite par le Conseil des services essentiels[56]. Ces dispositions, présentées dans le chapitre 23 (section 23.2.3), ressemblent beaucoup à celles qui visent les services essentiels dans le secteur parapublic du Québec, que nous verrons au chapitre suivant.

La différence majeure dans le cadre légal concerne les policiers et les pompiers. Comme nous l'avons vu également dans le chapitre 23, ces employés n'ont pas le droit de recourir à la grève; leurs conflits de négociation doivent être réglés par le moyen d'un arbitrage dont la décision est exécutoire. Sauf dans le cas des policiers des trois agglomérations les plus populeuses, Montréal, Laval et Québec, le nombre d'employés visés par une telle restriction est toujours relativement faible. La sentence arbitrale lie les parties pour au moins un an, mais pour au plus deux ans (C.t. art. 92); ceci constitue une autre différence d'avec la règle générale qui veut que les conventions durent de un an à trois ans (C.t. art. 65).

Sauf l'arbitrage obligatoire pour les policiers et les pompiers, et l'obligation habituelle de maintenir des services essentiels, tout le processus de la négociation collective dans les municipalités est strictement comparable à celui du secteur privé.

25.5.3 Caractéristiques de la négociation

Comme l'employeur est un corps politique, la négociation collective soulève toujours la question du mandat à confier aux négociateurs et celle des rapports à maintenir entre l'autorité administrative et l'autorité politique. Le problème entraîne souvent des frustrations aux tables de négociation, surtout dans les cas de négociations types qui se répercuteront par la suite sur les conditions de travail des municipalités environnantes. Ces frustrations peuvent facilement faire naître des tensions importantes entre les parties. Elles peuvent être partiellement responsables du caractère militant et souvent agressif des syndicats d'employés municipaux; ceux-ci peuvent se payer ce luxe vu la sécurité d'emploi que comportent habituellement leurs conventions collectives. Outre les salaires, le sujet le plus difficile à négocier avec les municipalités est souvent celui de la sous-traitante, en particulier pour l'enlèvement de la neige et des ordures ménagères[57].

Délais et frustrations dans la négociation collective ont pour effet immédiat d'en prolonger la durée. La durée moyenne, plus précisément la durée médiane, des négociations du secteur municipal se rapproche davantage de 12 mois que des 6 à 9 mois généralement

56. *Loi modifiant le Code du travail, le Code de procédure civile et d'autres dispositions législatives*, S.Q. 1982, c. 37, art. 6, ajoutant les articles 111.0.1 à 111.0.26 au *Code du travail* du Québec.

57. Michel Godin, «La sous-traitance» (à la ville de Montréal) dans *Le défi de la gestion des emplois*, 45e Congrès des relations industrielles, Québec, Les Presses de l'Université Laval, 1990, p. 59-64.

observés pour l'ensemble des conventions collectives au Québec. De la même manière, les conflits de négociation dans les municipalités se règlent généralement à une étape plus avancée que dans l'ensemble des cas. C'est ainsi que, dans le secteur municipal, seulement 55 % des règlements surviennent à l'étape des négociations directes (70 % dans l'ensemble), 37 % à l'étape de la conciliation (27 % dans l'ensemble), alors que la proportion des arrêts de travail est sensiblement la même, soit un peu moins de 10 %[58].

Le recours aux briseurs de grève semble un peu moins fréquent dans les municipalités que dans le secteur privé, peut-être à cause des échanges qui doivent avoir lieu entre les parties quand il est question des services essentiels ; une fois les services essentiels assurés, l'employeur a sûrement moins tendance à vouloir poursuivre les activités normales, sauf dans certains cas spéciaux, comme l'enlèvement de la neige et des ordures ménagères. Les ententes ou les décisions concernant les services essentiels tiennent compte généralement de ces deux services principaux, s'ils sont assurés par les employés municipaux[59]. Ajoutons que le nombre de griefs et d'arbitrages, leur objet et le sort qui leur est fait ressemblent sensiblement aux aspects correspondants dans le secteur privé. Les délais d'arbitrage sont légèrement plus longs, sans doute à cause de toutes les approbations requises dans le processus politique de prise de décision auquel sont soumises les municipalités.

Finalement, sans qu'il y ait d'études empiriques qui puissent le prouver, il y a tout lieu de croire que le court-circuit que tous les syndicats utilisent dans le secteur public se pratique également dans les municipalités. Quel est le syndicat d'employés municipaux qui ne peut avoir accès à un conseiller municipal ou au maire lui-même ? Notons aussi que la plupart des observations précédentes valent surtout pour les employés municipaux, cols bleus et cols blancs, plutôt que pour les policiers et les pompiers. Comme ces « hommes en bleu » n'ont pas le droit de grève, mais qu'ils peuvent recourir à l'arbitrage obligatoire et exécutoire, le processus se déroule de façon différente dans leur cas. Par exemple, les demandes de conciliation sont moins fréquentes que pour les autres groupes, puisque l'une ou l'autre des parties peut réclamer l'arbitrage sans avoir passé par cette étape préalable.

En résumé, sauf l'aspect politique, les services essentiels et le cas particulier des policiers et des pompiers, la négociation collective des employés municipaux suit le modèle du secteur privé.

25.6 Secteur public américain

Le secteur public américain comporte d'innombrables facettes : les niveaux de gouvernement concernés (le gouvernement fédéral, ceux des 50 États et des milliers de municipalités), des dizaines de milliers d'organismes et d'agences de toutes sortes rattachés à tous les niveaux de gouvernement (par exemple la *New York City Port Authority* et la *Bay Area Mosquito Control Authority* de San Francisco), une législation multiple et d'inspiration diverse, un cadre de relations de travail allant d'un simple droit de consultation jusqu'au droit à la négociation incluant le droit de grève, des modes de règlement des conflits aussi nombreux que variés. Dans les pages qui suivent, nous ne pouvons qu'esquisser les grandes lignes d'une situation extrêmement complexe et diversifiée. Nous traiterons des parties en présence, du cadre légal, des modèles de négociation, puis de la grève et du règlement des conflits.

25.6.1 Parties en présence

Un indice révélateur de la diversité des situations apparaît dans les données relatives au nombre d'employés des divers niveaux de gouvernement régis par convention collective. Selon les sources, on obtient des nombres qui diffèrent les uns des autres, l'écart

58. LOUIS GARANT, *op. cit.*, p. 66-67. En 1990-1991, les pourcentages sont différents, mais les écarts sont semblables et manifestent les mêmes orientations. « Les relations du travail en 1991 », supplément au *Marché du travail*, vol. 12, nº 12, décembre 1991 (57 p.), p. 28.

59. LOUIS GARANT, *op. cit.*, p. 68-69. Voir Conseil des services essentiels, *Les services essentiels dans les municipalités et les autres services publics 1983-1989*, recueil des décisions (extraits), document polycopié, s.d., 52 p.

allant jusqu'à un million[60]. Les chiffres qui apparaissent dans les tableaux 25-5 et 25-6 fournissent une approximation de la réalité de la négociation collective dans le secteur public américain.

Le taux d'influence syndicale (salariés régis par convention collective) – et non le taux d'appartenance, qui peut être très différent – dépasse, dans le secteur public, le taux correspondant du secteur privé : il est d'environ 50 %. Au niveau du gouvernement fédéral, on distingue deux groupes principaux : celui des fonctionnaires proprement dits, qui dépasse le million, et celui des postiers, qui représente plus de 600 000 employés régis par convention collective. Les unités de négociation sont nombreuses et le taux global pour les fonctionnaires est d'environ 60 %, alors qu'il est de 90 % pour les employés des postes, ce qui donne un total d'environ 66 %. (Voir le tableau 25-5.)

Contrairement à ce qui existe dans le secteur privé, où la majorité des entreprises relèvent de la législation fédérale à cause du critère du commerce inter-États, la situation est tout autre dans le secteur public. L'enseignement, les hôpitaux, la construction et l'entretien des routes, la police et les autres services publics relèvent de la compétence de chaque État (ou des municipalités), ce qui a pour conséquence de produire au moins 50 situations différentes. Le taux d'influence syndicale varie beaucoup d'un État à l'autre et d'un groupe d'employés à l'autre : il dépasse 50 % chez les employés préposés aux routes, 40 % dans les hôpitaux et dans les différents corps de police ; il est plus faible dans les autres groupes. Dans l'ensemble, le taux de syndicalisation des employés des États est inférieur au taux fédéral : il n'atteint pas 40 %.

Le taux d'influence syndicale est élevé dans les municipalités, non pas parce que les employés de la majorité des municipalités sont syndiqués, mais du fait que la plupart des employés des grandes villes américaines le sont. Dans l'ensemble, le taux est d'environ 50 %. L'éducation relève principalement d'organismes municipaux ou régionaux, même si certains enseignants, beaucoup moins nombreux, relèvent des États. C'est ainsi que deux millions d'enseignants des écoles primaires et secondaires négocient leurs conditions de travail par voie de conventions collectives ; ils représentent environ les deux tiers de tous les enseignants du secteur public[61]. Seuls les pompiers, évidemment beaucoup moins nombreux, ont un taux d'influence syndicale semblable.

Du côté patronal, le plus grand problème vient de la difficulté, dans bien des cas, de déterminer la véritable structure hiérarchique, surtout dans les milliers d'organismes gouvernementaux, rattachés à l'un ou l'autre des 50 États ou des milliers de municipalités concernées[62]. La situation était déjà si confuse au début des années 1970 que plusieurs réclamaient une loi fédérale pour imposer un minimum de règles en matière de relations de travail et de négociation collective, applicables dans tous les États et toutes les municipalités. En 1976, une décision de la Cour suprême des États-Unis déclara inconstitutionnelles des normes minimales de travail adoptées par le gouvernement central et visant tous les États et toutes les municipalités[63]. Malgré des nuances apportées par la suite par la Cour suprême elle-même, la controverse sur la constitutionnalité d'une telle mesure se poursuit et la plupart des auteurs considèrent une telle législation comme improbable sinon indésirable[64]. En fait, cette opinion correspond à la conception fondamentale des relations ouvrières et de la négociation collective aux États-Unis, c'est-à-dire à l'idée que de telles relations doivent s'établir d'abord à l'échelle locale, dans un cadre déterminé par les autorités

60. E. Edward Herman, Alfred Kuhn et Ronald L. Seeber, *op. cit.*, p. 405-413 ; Daniel Quinn Mills, *Labor-Management Relations*, 2e édition. New York, McGraw-Hill, 1982 (595 p.), p. 503-507 ; Sar A. Levitan et Frank Gallo, «Can Employee Associations Negotiate New Growth ?», *Monthly Labor Review*, vol. 112, no 7, juillet 1989, p. 5-14.

61. Sar A. Levitan et Frank Gallo, *op. cit.*, p. 7.

62. Milton Derber, *op. cit.*, p. 90-123.

63. *National League of Cities* v. *Usery*, 426 U.S. 833, 22 W.H. Cases 1064 (1976).

64. Benjamin Aaron, «The Future of Collective Bargaining in the Public Sector» dans *Public-Sector Bargaining*, voir *supra*, note 4, p. 323-326.

TABLEAU 25-5

Répartition de la négociation collective dans le secteur public américain – 1980-1986[1]

Niveaux de gouvernement et groupes principaux	Nombre total d'employés (en milliers)	Employés régis par convention collective (en milliers)	Pourcentage d'employés régis
FÉDÉRAL			
Fonctionnaires[2]	2 148	1 244	57,9
Postiers	717	644	89,9
Total	3 865	1 888	65,8
ÉTATS			
Éducation : enseignants	290	88	30,3
autres	510	151	29,6
Hôpitaux	513	222	43,3
Assistance sociale	167	77	46,1
Routes	240	127	52,9
Policiers	75	35	46,7
Autres	1 052	366	34,8
Total	2 847	1 066	37,4
MUNICIPALITÉS			
Éducation : enseignants	2 743	1 765	64,3
autres	1 123	450	40,1
Hôpitaux	495	80	16,2
Assistance sociale	199	83	41,7
Routes	265	95	35,8
Policiers	513	266	51,9
Pompiers	228	152	66,7
Ordures ménagères	108	47	43,5
Autres	1 639	641	39,1
Total	7 314	3 579	48,9

1. Les données sont celles du début de la décennie de 1980, c'étaient les dernières qui étaient disponibles.
2. Employés de l'appareil administratif (*executive branch*).

Source: JOHN F. BURTON JR. et TERRY THOMASON, «The Extent of Collective Bargaining in the Public Sector» dans *Public-Sector Bargaining*, 2e édition, sous la direction de BENJAMIN AARON, JOYCE M. NAJITA et JAMES L. STERN, IRRA Series, Washington, D.C., Bureau of National Affairs, 1988 (334 p.), p. 28-35.

immédiates et qui respecte le plus possible la volonté des parties à la base du système.

Du côté syndical, les publications américaines font toujours la distinction entre les unions affiliées à la grande centrale et les associations d'employés du secteur public. Même si les premières lois permettant la négociation collective dans le secteur public datent seulement des années 1960, certaines associations existaient bien avant cette date. Pour répondre au désir de leurs membres et pour justifier leur existence même, la plupart de ces associations ont endossé le

TABLEAU 25-6

Principales associations d'employés du secteur public aux États-Unis – 1983

Niveaux de gouvernement, unions et associations	Nombre de membres des unions[1]	Nombre de membres des associations[1]
FÉDÉRAL		
American Federation of Government Employees	218 000	
National Treasury Employees Union		47 000
National Federation of Federal Employees		34 000
Trois autres syndicats	59 000	
Total	277 000	81 000
	358 000	
POSTES		
American Postal Workers Union	226 000	
National Association of Letter Carriers	203 000	
P.O. Mail Handlers (Laborers' Intern. Union)	40 000	
National Rural Letter Carriers' Association		40 000
Total	469 000	40 000
	509 000	
ÉTATS ET MUNICIPALITÉS		
American Federation of State, County and Municipal Employees	955 000	
International Union of Service Employees	560 000	
Assembly of Governmental Employees		340 000
International Association of Fire Fighters	157 000	
Fraternal Order of Police		150 000
International Brotherhood of Teamsters	150 000	
American Nurses' Association		25 000
Trois autres syndicats	195 000	
Total	2 017 000	515 000
	2 532 000	
ENSEIGNANTS		
National Education Association		1 444 000
American Federation of Teachers	457 000	
American Association of University Professors		58 000
Total	457 000	1 502 000
	1 959 000	
TOTAL	3 220 000	2 138 000
	5 358 000	

1. Chaque union ou association peut représenter beaucoup plus que ses membres. Ainsi l'AFGE compte 200 000 membres et représente 700 000 employés, et la NTEU regroupe 50 000 personnes et représente 150 000 employés. (*Monthly Labor Review*, juillet 1989, p. 10.)

Source: JAMES L. STERN, «Unionism in the Public Sector» dans *Public-Sector Bargaining*, 2e édition, sous la direction de BENJAMIN AARON, JOYCE M. NAJITA et JAMES L. STERN, IRRA Series, Washington, D.C., Bureau of National Affairs, p. 54.

rôle d'agent négociateur pour leurs membres. Les unions proprement dites, plus ou moins nombreuses selon les secteurs, se distinguent généralement par leur affiliation à la grande centrale américaine AFL-CIO. (Voir le tableau 25-6).

Les unions du secteur public représentent plus de trois millions de membres et les associations plus de deux millions, pour un total de 5,5 millions. Le nombre de personnes régies par les conventions collectives que signent ces divers groupes est cependant beaucoup plus élevé.

Le groupe le plus considérable est celui des enseignants. L'association principale, la *National Education Association*, compte aujourd'hui près de deux millions de membres, alors que l'*American Federation of Teachers*, affiliée à l'AFL-CIO, en compte près d'un demi-million. Vient ensuite la fédération qui regroupe la majorité des employés des États, des municipalités et de leurs divers organismes et agences, l'*American Federation of State, County and Municipal Employees*, avec près d'un million de membres. Il faut ajouter les deux grandes unions des employés des postes, avec chacune plus de 200 000 membres ; les deux sont affiliés à l'AFL-CIO. Il faut mentionner également que plusieurs unions qui regroupent principalement des employés du secteur privé ont également des membres à tous les niveaux du secteur public.

25.6.2 Historique et cadre légal

Aux États-Unis, les premières dispositions légales concernant l'organisation syndicale et la négociation collective dans le secteur public datent du début des années 1960. En 1961, un groupe de travail formé par le président Kennedy fut chargé d'étudier les relations de travail dans la fonction publique fédérale américaine. Il soumit un rapport dont les recommandations furent incluses dans l'ordonnance 10988 (*Executive Order* 10988), adoptée en janvier 1962[65].

Sauf pour les matières déjà régies par une loi ou une ordonnance et exclues du champ de la négociation, l'ordonnance 10988 accordait aux fonctionnaires fédéraux le droit de se syndiquer et de négocier collectivement, sans toutefois leur permettre de recourir à la grève. L'interdiction de la grève impliquait que les impasses seraient résolues par médiation ou par enquête sur les faits, une formule populaire aux États-Unis. En cas de conflit insoluble, la décision finale revenait au directeur du groupe patronal en cause. Chaque ministère ou organisme du gouvernement fédéral américain avait la responsabilité d'appliquer l'ordonnance.

Le président Nixon apporta un certain nombre de précisions à l'ordonnance. En fait, il en adopta une autre, sous le numéro 11491, le 28 octobre 1969 ; elle entra en vigueur le 1er janvier 1970. Outre les points de l'ordonnance précédente, elle imposait l'exclusivité de représentation – donc le monopole syndical – et elle créait une sorte de conseil qui devait tenter de résoudre les impasses (*Federal Service Impasse Panel*). Par la suite, d'autres ordonnances introduisirent la procédure de règlement des griefs et le recours contre des pratiques considérées comme antisyndicales.

Le régime actuel de négociation collective pour les fonctionnaires fédéraux fait partie de la loi qui a réformé la fonction publique américaine en 1978 (*Civil Service Reform Act*) ; elle est entrée en vigueur le 1er janvier 1979. La loi n'a pas modifié les principales mesures établies par les ordonnances 10988 et 11491, si ce n'est qu'elle institua un organisme chargé de l'application des différentes procédures de relations du travail, y compris l'arbitrage le cas échéant. Quant aux employés des postes, leurs relations de travail sont désormais régies par une loi de 1970 (*Postal Reorganization Act*), qui soustrait ces employés à l'application des ordonnances présidentielles alors en vigueur, leur confirme la plupart des droits de syndicalisation et de négociation, sauf le droit de grève ; à ce jour (1991), les employés des

---

65. B.V.H. SCHNEIDER, «Public-Sector Labor Legislation – An Evolutionary Analysis» dans *Public-Sector Bargaining*, voir *supra*, note 4, p. 189-228 ; E. EDWARD HERMAN, ALFRED KUHN et RONALD L. SEEBER, *op. cit.*, p. 413-416.

postes aux États-Unis n'ont jamais eu le droit de grève[66], ce qui ne les a pas empêchés de faire la grève.

Dès 1962, l'État du Wisconsin avait adopté une loi concernant les employés municipaux de cet État. La loi allait plus loin que l'ordonnance 10988 en ceci qu'elle créait un organisme, comparable à une Commission des relations du travail, pour assurer l'application de la loi, et un mécanisme pour résoudre les impasses, par la médiation ou l'enquête sur les faits. De 1965 à 1967, six autres États adoptèrent des lois inspirées de la loi nationale sur les relations de travail (*National Labor Relations Act*), incluant un mécanisme de médiation pour résoudre les impasses, mais n'accordant pas de droit de grève. Les six États étaient les suivants: Connecticut, Delaware, Massachusetts, Michigan, Minnesota et New York[67]. Aujourd'hui (1991), une quarantaine d'États ont leur loi régissant les relations du travail d'au moins une partie des employés du secteur public; dix États accordent un certain droit de grève. Il reste une dizaine d'États, généralement situés dans le sud des États-Unis, qui n'ont encore aucune loi permettant aux employés du secteur public de se syndiquer et de négocier collectivement leurs conditions de travail.

La loi de l'État de New York a, à juste titre, retenu l'attention de la plupart des études concernant le secteur public aux États-Unis. Elle fut adoptée en 1967 sur la recommandation d'une commission présidée par une figure bien connue du monde des relations du travail aux États-Unis, George W. Taylor (1901-1975), médiateur, arbitre et professeur émérite de l'université de Pennsylvanie. La commission a été créée par le gouverneur de l'État, Nelson Rockefeller, à la suite d'une grève retentissante des employés du métro de la ville de New York. Le rapport Taylor recommandait d'introduire, pour tous les employés du secteur public, un système de relations du travail et de négociation collective copié sur celui du secteur privé. La loi (*Public Employees' Fair Employment Act*) fut adoptée le 1er septembre 1967[68]. Connue sous le nom de *Taylor Law*, elle prévoyait la syndicalisation et la représentation syndicale exclusive, et elle interdisait les pratiques antisyndicales habituelles. Par contre, elle maintenait l'interdiction de la grève pour tous les employés des services publics; en même temps, elle établissait des formules de solution des impasses, par voie de médiation ou d'autres interventions de tierces personnes. En particulier, elle créait une commission de relations de travail pour les employés du secteur public exclusivement, le *Public Employment Relations Board* (PERB).

L'expérience de l'application de la loi Taylor et du PERB – avec ses subdivisions comme l'*Office of Collective Bargaining* (OCB), pour la ville de New York – est généralement considérée comme positive. Malgré des critiques acerbes de la part de certains groupes syndicaux, dont la *Civil Service Employees Association* (CSEA), et de représentants patronaux de l'État, on s'accorde à dire que les relations de travail dans le secteur public de New York ont relativement bien fonctionné au cours des 25 dernières années. La loi Taylor y a contribué, mais son succès dépend principalement de l'ouverture d'esprit des administrateurs du PERB et de l'attitude de deux gouverneurs de l'État, Carey et Cuomo. Même dans l'État le plus populeux de l'est des États-Unis, on retrouve l'importance des représentants politiques dans les relations de travail du secteur public.

25.6.3 Grève et règlement des conflits

Aucune loi américaine n'accorde un droit de grève étendu et illimité aux employés du secteur public, comme c'est souvent le cas au Canada. On observe plutôt une tendance inverse. Une dizaine d'États du Sud ne permettent même pas la syndicalisation et la négociation collective à leurs employés.

66. E. Edward Herman, Alfred Kuhn et Ronald L. Seeber, *op. cit.*, p. 413-415.
67. B.V.H. Schneider, *op. cit.*, p. 196.
68. Ronald Donovan, *Administering the Taylor Law: Public Employee Relations in New York*, Ithaca, N.Y., Cornell University, ILR Press, School of Industrial and Labor Relations, 1990, 251 p. (Cornell Studies in Industrial and Labor Relations, nº 23.)

Ce n'est pas à dire qu'il n'y a pas de grève dans le secteur public aux États-Unis, mais, la plupart du temps, elles sont illégales. On cite souvent la grève des policiers de Boston, dans la nuit du 9 au 10 septembre 1919, qui a causé la mort de neuf personnes et a fait 23 blessés. Le lendemain, le gouverneur de l'État, Calvin Coolidge, futur président des États-Unis, déclarait qu'aucun droit de grève ne pouvait mettre en danger la sécurité du public, pour personne, nulle part, jamais[69]. L'événement semble avoir marqué les esprits à un point tel qu'il influence encore bien des positions sur le droit de grève dans le secteur public.

Les premières lois autorisant la négociation des employés du secteur public aux États-Unis comportaient toutes l'interdiction de recourir à la grève. Le premier État à manifester une certaine ouverture fut la Pennsylvanie : en 1968, les policiers et les pompiers pouvaient faire appel à l'arbitrage obligatoire et exécutoire ; deux ans plus tard, les autres employés du secteur public obtenaient un certain droit de grève. Vers la même époque, le Vermont interdisait la grève aux employés du secteur public chaque fois que la santé, la sécurité ou le bien-être des citoyens étaient en cause, ce qui impliquait que dans les autres cas la grève était permise[70]. Aujourd'hui, une dizaine d'États accordent le droit de grève aux employés du secteur public, mais tous prévoient un mécanisme qui permet d'interdire la grève dès que la santé, la sécurité ou le bien-être des citoyens est mis en danger. Ces États sont les suivants : Alaska, Hawaï, Illinois, Minnesota, Montana, Ohio, Pennsylvanie, Vermont et Wisconsin ; l'Illinois et l'Ohio ont accordé ce droit en 1983, tous les autres l'avaient fait au cours de la décennie de 1970.

Si on inclut les 10 États qui ne permettent même pas la négociation collective, une quarantaine d'États interdisent la grève aux employés du secteur public, comme c'est d'ailleurs le cas pour les employés fédéraux. Là où le droit de grève existe, la solution des impasses prévoit généralement soit la médiation et l'enquête sur les faits – ce qui ne résout pas nécessairement le problème –, soit l'arbitrage proprement dit. En 1986, 23 États – dans 38 lois, parce que certains États ont plusieurs lois distinctes pour différentes catégories d'employés du secteur public – avaient une disposition visant l'arbitrage obligatoire, sous une forme ou sous une autre, pour au moins certains groupes d'employés. De ce nombre 22 lois prévoient un arbitrage traditionnel, 13 un arbitrage des propositions finales – cinq cas de sélection de l'offre globale et huit cas de sélection point par point – et finalement, trois lois offrent un certain choix dans le type d'arbitrage.

Quant au contenu des conventions collectives, outre les restrictions générales relatives à toute matière réglementée dans une loi ou une ordonnance, certaines lois interdisent les clauses de sécurité syndicale, parfois même la retenue des cotisations syndicales (sous la forme américaine de l'*agency shop*). Même quand la retenue n'est pas interdite, l'arrêt *Abood*, de 1977, en a limité la partie exigible, pour les non-membres, à la proportion requise pour les frais de la négociation collective[71]. Enfin, les matières négociables sont très restreintes.

25.6.4 Modèles de négociation

L'observation la plus importante sur la négociation du secteur public américain, c'est son incroyable morcellement. L'infinie variété des situations rend difficile toute classification ou typologie. Les régimes vont de l'absence totale de négociation à des régimes traditionnels qui comportent certaines restrictions, plus ou moins importantes, quant au droit de grève et plus ou moins de précisions quant à la formule de règlement des impasses.

Si on se réfère aux modèles présentés au début du chapitre (section 25.3), aucun des trois modèles décrits ne peut s'appliquer vraiment à la situation américaine. Le régime le plus fréquent correspond à

69. Daniel Quinn Mills, *op. cit.*, p. 523-524.
70. B.V.H. Schneider, *op. cit.*, p. 199-202.
71. *Abood* v. *Detroit Board of Education* 431 U.S. 209, 95 L.R.R.M. 2411 (1977).

un amalgame des deux principaux régimes dont nous avons parlé: c'est le plus souvent le régime privé qui s'applique, mais amputé du droit de grève et même souvent de toute formule comportant une solution finale des impasses. Aucun régime ne ressemble au système fédéral canadien des deux routes, si ce n'est, d'une certaine manière, celui des trois États qui offrent un certain choix, non pas entre la grève et l'arbitrage, mais entre différentes formes d'arbitrage.

25.7 Conclusion

Les principes évoqués au début du chapitre et les cas présentés par la suite montrent que les problèmes fondamentaux sont partout sensiblement les mêmes: le caractère politique et imprécis de l'employeur en cause, l'implication obligatoire du public quant aux services fournis et à leur financement, la nature particulière et souvent indispensable des services assurés, le pouvoir de négociation accordé à la partie syndicale dans l'hypothèse d'un régime copié sur le secteur privé, sans nier le recours toujours possible à l'État législateur par l'État employeur.

En des termes plus pertinents aux relations du travail, sinon plus précis, nous dirions que nous sommes en présence de négociateurs patronaux qui, du moins aux premières étapes de la négociation, n'ont pas l'autorité suffisante pour réaliser une entente, et de négociateurs syndicaux qui peuvent utiliser des arguments d'une force considérable, peut-être même destructrice. À la limite, vouloir négocier les conditions de travail des employés du secteur public, c'est pratiquement poursuivre l'impossible. Si chacun veut bien tenir compte de ses responsabilités et n'exagérer ni dans le maintien de ses droits ni dans le recours à des arguments disproportionnés, le système peut fonctionner, du moins un certain temps. Entre gens civilisés, toute entente raisonnablement négociée devient possible. Elle est d'autant plus facile que chaque unité de négociation est relativement petite par rapport à l'ensemble; c'est sans doute la raison pour laquelle, aux États-Unis, on a toujours maintenu une situation très morcelée. Au Canada, on a toujours cherché à centraliser la négociation. Au moment où l'Alliance de la Fonction publique du Canada a réalisé la centralisation qu'elle souhaitait depuis longtemps, elle ne pouvait plus négocier véritablement avec l'État fédéral: les positions étaient catégoriques et inéluctables de part et d'autre. La négociation du secteur public mène-t-elle inévitablement à sa propre destruction? Un autre cas qui présente des indices qui semblent nous conduire à répondre par l'affirmative à cette question est celui de ce qu'on appelle le secteur public et parapublic au Québec, qui fait l'objet du chapitre suivant.

Bibliographie

Ouvrages généraux

ARTHURS, HARRY W. *Collective Bargaining by Public Employees in Canada : Five Models*, Ann Arbor, Institute of Labor and Industrial Relations, The University of Michigan – Wayne State University, 1971, 166 p.

CHRISTENSEN, SANDRA. « Pay Boards Versus Collective Bargaining in the Public Sector », *Canadian Public Policy – Analyse de politiques*, vol. VI, n° 4, automne 1980, p. 605-613.

CHRISTENSEN, SANDRA. *Unions and the Public Interest. Collective Bargaining in the Government Sector*, Vancouver, The Fraser Institute, 1980, 95 p.

FINKELMAN, JACOB. « Public Sector Collective Bargaining », *Relations industrielles*, vol. 41, n° 4, 1986, p. 691-703.

FRANKEL, SAUL J. « L'État-employeur et la fonction publique » dans *Socialisation et relations industrielles*, 18e Congrès des relations industrielles de l'Université Laval, Québec, Les Presses de l'Université Laval, 1964, p. 99-119.

GARANT, PATRICE et BERLINGUETTE, CLAUDE. « Les relations du travail des secteurs public et parapublic » dans *La Gestion des relations du travail au Québec*, sous la direction de NOËL MALLETTE, Montréal, McGraw-Hill, 1980 (642 p.), p. 531-534.

GOLDENBERG, SHIRLEY B. « Public-Sector Labor Relations in Canada » dans *Public-Sector Bargaining*, 2e édition, sous la direction de BENJAMIN AARON, JOYCE M. NAJITA et JAMES L. STERN, IRRA Series, Washington, D.C., Bureau of National Affairs, 1988 (334 p.), p. 266-313.

GUNDERSON, MORLEY (sous la direction de). *Collective Bargaining in the Essential and Public Service Sectors*, Proceedings of a conference organized through the Centre for Industrial Relations, University of Toronto, Toronto and Buffalo, University of Toronto Press, 1975, 163 p.

Institut d'administration publique du Canada. *Collective Bargaining in the Public Service – Négociations collectives dans la fonction publique*, Toronto, Institut d'administration publique du Canada, 1973, 105 p.

« La négociation collective dans le secteur public », cinq articles parus dans *Relations industrielles*, vol. 29, n° 4, décembre 1974, p. 749-839.

THOMPSON, MARK et SWIMMER, GENE (sous la direction de). *Conflict or Compromise. The Future of Public Sector Industrial Relations*, Montréal, Institut de recherches politiques, 1984, 466 p.

Canada : régime fédéral

ANDERSON, JOHN C. et KOCHAN, THOMAS A. « Collective Bargaining in the Public Service of Canada », *Relations industrielles*, vol. 32, n° 2, 1977, p. 234-248. Résumé français, p. 248-249.

ANDERSON, JOHN C. et KOCHAN, THOMAS A. « Impasse Procedures in the Canadian Federal Service : Effects on the Bargaining Process », *Industrial and Labor Relations Review*, vol. 30, n° 3, avril 1977, p. 283-301.

CARTER, D.D. « Legal Regulation of Collective Bargaining in the Ontario Public Sector », *Relations industrielles*, vol. 24, n° 4, décembre 1974, p. 776-783.

EDWARDS, CLAUDE A. « L'avenir du syndicalisme dans la fonction publique fédérale du Canada », *Relations industrielles*, vol. 29, n° 4, décembre 1974, p. 804-816.

FINKELMAN, JACOB. « Report on Employer-Employee Relations in the Public Service of Canada », *Relations industrielles*, vol. 29, n° 4, décembre 1974, p. 786-801.

FINKELMAN, JACOB et GOLDENBERG, SHIRLEY B. *Collective Bargaining in the Public Service. The Federal Experience in Canada*, Montréal, Institut de recherches politiques, 1983, 2 volumes, 824 p.

FRANKEL, SAUL J. *Staff Relations in the Civil Service. The Canadian Experience*, Montréal, McGill University Press, 1962, 331 p.

GARANT, PATRICE et BERLINGUETTE, CLAUDE. « La fonction publique fédérale : le cadre juridique » dans *La gestion des relations du travail au Québec*, sous la direction de NOËL MALLETTE, Montréal, McGraw-Hill, 1980 (642 p.), p. 609-624.

GILLESPIE, A. GRAY. « The Public Service Staff Relations Board », *Relations industrielles*, vol. 30, n° 4, 1975, p. 628-640. Résumé français, p. 641-642.

HODGETTS, J.E., MCGLOSKEY, WILLIAM, WHITAKER, REGINALD et WILSON, SEYMOUR V. *The Biography of an Institution. The Civil Service Commission of Canada 1908-1967*, Montréal – London, McGill-Queen's University Press, 1972, 532 p.

LEMELIN, MAURICE. «La fonction publique fédérale: le cadre institutionnel» dans *La gestion des relations du travail au Québec*, sous la direction de NOËL MALLETTE, Montréal, McGraw-Hill, 1980 (642 p.), p. 625-642.

Rapport du comité préparatoire des négociations collectives dans la fonction publique, ARNOLD D. PATRICK HEENEY, président, Ottawa, Imprimeur de la Reine, juillet 1965, 98 p.

SAUNDERS, GEORGE. «Impact of Interest Arbitration on Canadian Federal Employees' Wages», *Relations industrielles*, vol. 25, nº 3, automne 1986, p. 320-327.

SUBBARAO, A.V. «The Impact of the Two Dispute Resolution Processes in Negotiations», *Relations industrielles*, vol. 32, nº 2, 1977, p. 216-233.

TENACE, L.M. «Master Agreement Bargaining in the Federal Public Service» dans *Existe-t-il de nouvelles relations industrielles canadiennes?*, rapport du 23e Congrès annuel de l'Association canadienne des relations industrielles, Québec, ACRI, 1987 (498 p.), p. 333-339.

Secteur municipal

BOLDUC, MICHEL *et al.* «L'arbitrage des différends chez les policiers et les pompiers du Québec», *Revue générale de droit*, vol. 17, nos 1-2, p. 259-270.

D'AOUST, CLAUDE et SAINT-JEAN, SYLVAIN. *L'arbitrage des différends chez les policiers et pompiers municipaux*, étude préparée pour la Commission consultative sur le travail, Montréal, 1985, 97 p.

DUPUY, MICHEL. «Conflits de juridiction en matière d'arbitrage de différend», *Revue du Barreau*, vol. 41, nº 4, septembre-octobre 1981, p. 735-749.

GARANT, LOUIS. «Les relations du travail dans les administrations publiques locales au Québec», *Le marché du travail*, vol. 7, nº 10, octobre 1986, p. 64-70.

GODIN, MICHEL. «La sous-traitance» (à la ville de Montréal) dans *Le défi de la gestion des emplois*, 45e Congrès des relations industrielles de l'Université Laval, 1990, Québec, Les Presses de l'Université Laval, 1990, (159 p.), p. 59-64.

LÉVESQUE, JEAN. «Étude sur les relations du travail» dans *Rapport du groupe de travail sur l'organisation et les fonctions policières* (Rapport Saulnier), Annexes, L'Éditeur officiel du Québec, janvier 1978, 278 p.

Rapport du groupe de travail sur l'arbitrage des différends chez les policiers et les pompiers, Québec, Centre de recherches et de statistiques sur le marché du travail, décembre 1980, 101 p. (Coll. «Études et recherches».)

VALETTA, ROBERT G. «The Impact of Unionism on Municipal Expenditures and Revenues», *Industrial and Labor Relations Review*, vol. 42, nº 3, avril 1989, p. 430-442.

ZAX, JEFFREY S. et ICHNIOWSKI, CASEY. «Bargaining Laws and Unionization in the Local Public Sector», *Industrial and Labor Relations Review*, vol. 43, nº 4, avril 1990, p. 447-462.

États-Unis

AARON, BENJAMIN, NAJITA, JOYCE M. et STERN, JAMES L. (sous la direction de). *Public-Sector Bargaining*, 2e édition, IRRA Series, Washington, D.C., Bureau of National Affairs, 1988, 334 p.

BENT, ALAN EDWARD et REEVES, T. ZANE. *Collective Bargaining in the Public Sector. Labor-Management Relations and Public Policy*, Don Mills, Ont., The Benjamin/Cummings Publishing Co., 1978, 355 p.

BROCK, JONATHAN. *Bargaining Beyond Impasse. Joint Resolution of Public Sector Labor Disputes*, Boston, Auburn House, 1982, 279 p.

DONOVAN, RONALD. *Administering the Taylor Law: Public Employee Relations in New York*, Ithaca, N.Y., Cornell University, ILR Press, School of Industrial and Labor Relations, 1990, 251 p. (Cornell Studies in Industrial and Labor Relations, nº 23.)

GIBBONS, MURIEL K. *et al. Portrait of a Process: Collective Negotiations in Public Employment*, Fort Washington, Pa., Labor Relations Press, 1980, 463 p.

HELBURN, I.B. et BENNETT, N.D. «Public Employee Bargaining and the Merit Principle», *Labor Law Journal*, vol. 23, nº 10, octobre 1972, p. 618-629.

HERMAN, EDWARD E., KUHN, ALFRED et SEEBER, RONALD L. *Collective Bargaining and Labor Relations*, 2e édition, Englewood Cliffs, N.J., Prentice-Hall, 1987 (621 p.), p. 405-413.

Industrial Relations Research Association: *Collective Bargaining in the Public Service*, Proceedings of the 1966

Annual Spring Meeting, Milwaukee, Wis., 6-7 mai 1966, Madison, Wis., IRRA, 1966, 140 p.

KEARNEY, RICHARD C. *Labor Relations in the Public Sector*, New York, Marcel C. Dekker, 1984, 337 p. (Public Administration and Public Policy Publication no. 21.) Voir *Industrial and Labor Relations Review*, vol. 38, nº 4, juillet 1985, p. 660.

LEVITAN, SAR A. et GALLO, FRANK. « Can Employee Associations Negotiate New Growth ? », *Monthly Labor Review*, vol. 112, nº 7, juillet 1989, p. 5-14.

MILLS, DANIEL QUINN, *Labor-Management Relations*, 2e édition, New York, McGraw-Hill, 1982, 595 p.

SINICROPI, ANTHONY W. et GILROY, THOMAS P. « The Legal Framework of Public Sector Dispute Resolution », *The Arbitration Journal*, vol. 28, nº 1, mars 1973, p. 1-13.

WARNER, KENNETH O. (sous la direction de). *Collective Bargaining in the Public Service : Theory and Practice*, Chicago, Public Personnel Association, 1967, 200 p.

Chapitre

26

Secteur public et parapublic du Québec

PLAN

26.1 Historique

26.2 Cadre légal

26.3 Fonction publique

26.4 Structures de négociation

26.5 Processus de négociation

26.6 Résultats

26.7 Secteur péripublic

26.8 Conclusion

Pendant toute la décennie de 1970-1980, les négociations qui se sont déroulées dans les secteurs public et parapublic québécois ont retenu l'attention de tout le Québec, de plusieurs Canadiens et même d'un bon nombre d'Américains. Aucune autre province canadienne n'a poussé aussi loin la transposition du régime privé dans le secteur public ; aucune autre négociation n'a porté la centralisation du processus à un tel niveau. En ce sens, le régime québécois suscite l'intérêt non seulement des résidents du Québec mais aussi de tous les observateurs de la scène nord-américaine de la négociation collective.

Le type de négociation qui s'est implanté dans les secteurs public et parapublic ne saurait se comprendre sans qu'on en fasse en détail l'histoire. Nous y consacrerons la première section du chapitre, après quoi nous rappellerons les grandes lignes du cadre légal. Le secteur public proprement dit – c'est-à-dire la négociation visant les fonctionnaires du gouvernement provincial – comporte des caractéristiques si particulières que nous lui consacrerons une section. Suivront les grands aspects de la négociation du secteur parapublic – la santé et l'éducation –, c'est-à-dire les structures de cette négociation, le processus, les conflits et les services essentiels à assurer, ainsi que les principaux résultats obtenus. Nous ajouterons quelques mots sur le secteur qu'on appelle péripublic et qui regroupe les nombreux organismes gouvernementaux. Quant au secteur universitaire, il s'aligne sur le grand secteur public, mais il n'est pas soumis à ce qu'on appelle la négociation des secteurs public et parapublic du Québec.

26.1 Historique

On fait généralement remonter à l'adoption du *Code du travail*, en 1964, – qui a simplement remplacé l'ancienne *Loi des relations ouvrières* – le début de la négociation dans le secteur public au Québec. L'affirmation n'est pas fausse, mais elle n'est pas tout à fait exacte non plus. Même avant 1964, on négociait déjà dans divers domaines du secteur qu'on appelle maintenant parapublic. À l'inverse, toutes les composantes du secteur public et parapublic n'ont pas commencé à négocier immédiatement après l'adoption du *Code du travail*. C'est ce que nous verrons en abordant la première période (1944-1969) qu'on pourrait qualifier de mise en place du régime. Les années 1970 correspondent à une période d'essor remarquable, alors qu'une certaine stabilité s'est installée depuis 1980. L'esquisse historique sera présentée selon ces trois grandes divisions.

26.1.1 Mise en place du régime

En même temps qu'il adoptait la *Loi des relations ouvrières*[1], le gouvernement du Québec en imposait une autre qui visait les services publics, la *Loi des différends entre les services publics et leurs salariés*[2]. Les fonctionnaires du gouvernement étaient exclus de l'application de ces deux lois. Par contre, rien n'empêchait les employés de tout service public, défini très largement, de se syndiquer et de négocier leurs conditions de travail. Plusieurs le firent dès la fin des années 1940. Selon la seconde loi, la grève leur était interdite et l'arbitrage exécutoire remplaçait le recours à l'arrêt de travail en cas d'impasse dans les négociations. Les services publics ainsi visés englobaient une foule d'entreprises : les transports et les communications de compétence provinciale (par exemple les services d'autobus et de camionnage local), les entreprises d'utilité publique, les employés des municipalités et des commissions scolaires, les hôpitaux et les institutions de charité. Les employés de ces services publics se sont syndiqués au gré des circonstances ; ils ont obtenu leur accréditation et ont commencé à négocier. (Voir le tableau 26-1 pour une vue d'ensemble de l'évolution de la négociation collective dans le secteur public.)

La syndicalisation s'est faite de façon progressive, assez rapidement dans les grands centres, plus lentement dans les régions éloignées. La négociation se faisait séparément dans chaque institution, hôpital par hôpital, commission scolaire par commission scolaire. Il y eut quelques regroupements, par exemple dans le secteur hospitalier, grâce à l'extension juridique des conventions collectives (que nous verrons en

1. S.Q. 1944, c. 30.
2. S.Q. 1944, c. 31.

détail dans le chapitre 28). Ainsi, un décret de convention collective visait une centaine d'institutions hospitalières réparties dans tout l'est de la province et régissait 5000 employés. Dans la région de Saint-Hyacinthe, un autre décret incluait à la fois les services hospitaliers et éducatifs, ainsi que plusieurs institutions religieuses, mais son application se limitait à la région: le décret visait 130 employeurs et près de 1000 salariés[3]. Ces décrets présupposaient des négociations regroupées. Peu à peu, peut-être à cause de l'étendue du territoire, la cohésion disparut entre les hôpitaux en cause, et l'influence du décret diminua progressivement.

Chez les enseignants du secteur public, la syndicalisation a été favorisée par une situation particulière. La loi qui instituait la Corporation des instituteurs et institutrices catholiques du Québec (CIC) faisait de l'appartenance à la corporation une condition nécessaire à l'exercice de la profession. Quand un regroupement local décidait d'assurer aussi la fonction syndicale et qu'il demandait son accréditation, il profitait du fait que tous les enseignants visés étaient déjà membres de l'unité accréditée.

Dans les hôpitaux, la syndicalisation a progressé plutôt lentement. C'est l'adoption de la *Loi de l'assurance-hospitalisation*, en décembre 1960, qui a marqué le début de la syndicalisation massive des employés d'hôpitaux[4]. La loi allait apporter de l'argent aux hôpitaux et les employés voulaient leur part, ce qui favorisait la syndicalisation. Le fait d'assurer le financement de l'hospitalisation amena le gouvernement à s'intéresser à la négociation. Chaque hôpital demeurait et demeure encore l'employeur de tous ses salariés; mais c'est finalement le gouvernement qui paye. Au début, il n'était présent à la table que comme observateur discret; on réclama bientôt qu'il se montre à découvert, ce qu'il fit volontiers. La syndicalisation et la centralisation se firent simultanément[5]. Vers 1960, il y avait une centaine de négociations dans autant d'hôpitaux du Québec pour 10 000 employés syndiqués. En 1964, pour 200 hôpitaux syndiqués et 40 000 employés, il n'y avait plus qu'une douzaine de négociations importantes. Finalement, en 1966, une seule négociation visait l'ensemble des hôpitaux de la province, plus de 200, et quelque 60 000 employés.

Du côté des commissions scolaires, l'unification exigea l'intervention de l'État par une loi spéciale. Même si tous les enseignants étaient membres de la CIC, les négociations s'étaient toujours faites localement, avec chacune des commissions scolaires locales pour le niveau élémentaire, ou régionalement, avec l'une ou l'autre des 55 commissions scolaires régionales établies vers 1965. Au début de 1967, la négociation visait environ le tiers des enseignants du Québec; 20 000 enseignants de 300 commissions scolaires s'étaient regroupés autour d'une quarantaine de tables de négociation. Des normes provinciales, adoptées le 14 octobre 1966, constituaient la pierre d'achoppement: les syndicats refusaient de les accepter sans modification; il s'ensuivit une série de grèves à travers la province, dont quelques-unes furent particulièrement graves. Le législateur y mit fin par le projet de loi 25; celui-ci ordonnait le retour au travail, appliquait les normes du 14 octobre et posait les bases d'une négociation à l'échelle provinciale[6].

L'année 1966-1967 marquait ainsi ce qu'on appela, par la suite, la «première ronde» de négociations du

3. *Rapport général du ministre du Travail, 1956-1957*, ministère du Travail du Québec, Service des publications, 1957, p. 170-171.
4. S.Q. 1960, c. 78.
5. Jean Boivin, «La négociation collective dans le secteur public québécois, une évaluation des trois premières rondes (1964-1972), *Relations industrielles*, vol. 27, nº 4, octobre 1972, p. 679-708; Gérard Hébert, «La négociation du secteur public provincial: histoire et cadre institutionnel» dans *La gestion des relations du travail*, sous la direction de Noël Mallette, Montréal, McGraw-Hill, 1980 (642 p.), p. 547-569; Maurice Lemelin, *Les négociations collectives dans les secteurs public et parapublic. Expérience québécoise et regards sur l'extérieur,* Montréal, Agence D'Arc, 1984, 372 p.
6. *Loi assurant le droit de l'enfant à l'éducation et instituant un régime de convention collective dans le secteur scolaire*, S.Q. 1966-1967, c. 63 (projet de loi nº 25).

TABLEAU 26-1

Historique de la négociation collective dans le secteur public – 1946-1990

	Lois générales	Lois spécifiques	Événements principaux
1944	Loi des relations ouvrières Loi des différends entre les sevices publics et leurs salariés (droit de grève remplacé par l'arbitrage)		
1946		Loi constituant la Corporation des instituteurs et institutrices catholiques du Québec	
			Négociation locale dans les hôpitaux et les commissions scolaires
1961		Loi de l'assurance-hospitalisation	Négociation régionale dans les hôpitaux
1964	Code du travail, art. 99 (droit de grève à tous les salariés, excepté policiers et pompiers)		
1965		Loi de la fonction publique (projet de loi 55) (négociation et droit de grève aux fonctionnaires)	
1966			1re ronde de négociations: fonctionnaires 1re grève provinciale des hôpitaux
1967		Loi assurant le droit de l'enfant à l'éducation et... (p.l. 25)	Nombreuses grèves régionales des enseignants
1968-69		Loi du ministère de la Fonction publique (p.l. 23)	2e ronde de négociations: – fonctionnaires – hôpitaux – enseignants
1971-72		Loi du régime de négoc. collectives dans les secteurs de l'éducation et des hôpitaux (p.l. 46) Loi de retour au travail (p.l. 19)	3e ronde de négociations: – secteur public et parapublic (péripublic en partie) – front commun syndical
1975-76		Loi sur les négoc. coll. dans les secteurs de l'éducation, des aff. soc. et des organismes gouv. (p.l. 95) Lois de retour au travail (p.l. 253, 23 et 61).	4e ronde de négociations: – fonctionnaires – hôpitaux – écoles et collèges

TABLEAU 26-1 (suite)

	Lois générales	Lois spécifiques	Événements principaux
1978-79	Loi modifiant le Code du travail (p.l. 45) Loi modifiant le Code du travail (p.l. 59)	Loi sur l'organisation des parties patronale et syndicale... (p.l. 55)	5e ronde de négociations Propositions majeures à la table centrale, automne 1979
1981		Loi modifiant la LFP (p.l. 22)	
1982-83	Loi modifiant le Code du travail (p.l. 72)	Loi concernant la rémunération... (p.l. 70 et 105)	6e ronde de négociations: – décrets tenant lieu de c.c. – grèves et manifestations
1985		Loi sur le régime de négociation des conventions... (p.l. 37)	
1985-87			7e ronde de négociations
1988-90			8e ronde de négociations

secteur public au Québec. En effet, le Syndicat des fonctionnaires provinciaux du Québec avait signé, le 28 mars 1966, sa première convention collective avec le gouvernement du Québec. En juillet de la même année, la province avait connu sa première grève générale des hôpitaux. Elle s'était terminée par la nomination, en vertu de la *Loi des hôpitaux* de 1962[7], d'un administrateur pour toutes les institutions hospitalières; cet administrateur avait signé la même convention collective pour chacun des hôpitaux syndiqués de la province. À l'automne de 1966 s'étaient engagées les négociations des enseignants, qui entraînèrent des grèves nombreuses et dures à travers la province. La loi 25 avait imposé le retour au travail et ordonné la mise en place des éléments requis pour une négociation collective provinciale dès la ronde suivante; celle-ci débuta à l'été de 1967. Cependant, la première entente provinciale des enseignants ne sera signée que deux ans plus tard, le 4 novembre 1969.

À ce moment-là, les deux autres groupes principaux en étaient à leur «deuxième ronde». En effet, le Syndicat des fonctionnaires provinciaux du Québec signa sa seconde convention collective le 19 juillet 1968, pendant que se déroulait la seconde négociation provinciale pour les hôpitaux. Depuis l'adoption du *Code du travail* en 1964 et la concession du droit de grève à tous les employés du secteur public, la négociation s'est rapidement mise en route pour les trois principaux groupes visés: les fonctionnaires, les employés d'hôpitaux et les enseignants du réseau public. Dans les trois cas, le passage du niveau local, là où il existait, au niveau provincial s'est fait en moins de cinq ans. De plus, la population a connu, au cours de la même période, deux grèves majeures, soit la grève générale des hôpitaux à l'été de 1966 et la grève quasi provinciale des enseignants au début de 1967. En 1969, on en était déjà à la deuxième ronde de négociations. Le processus allait s'accélérer considérablement au début des années 1970.

26.1.2 Période d'essor

Des trois rondes de négociations des années 1970, la plus importante et la plus percutante fut celle de 1971-1972. Elle fut caractérisée par le premier front commun intersyndical et une très forte centralisation.

Toutes les conventions collectives du secteur public et parapublic arrivaient à échéance au cours de l'année 1971, quoique à des dates différentes, entre mars et décembre. Les deux acteurs principaux étaient devenus le gouvernement d'une part – on avait pratiquement oublié les directions d'hôpitaux et les commissions scolaires – et les centrales syndicales

7. S.Q. 1962, c. 44, art. 17.

d'autre part, spécialement la CSN qui regroupait à ce moment plus de 100 000 des 200 000 salariés visés par les conventions collectives en cause. Ces deux acteurs principaux souhaitaient une négociation centralisée. À cet effet, le gouvernement avait adopté, le 30 juin 1971, la *Loi du régime de négociations collectives dans les secteurs de l'éducation et des hôpitaux*[8]. Il devait y avoir une vingtaine de tables dites sectorielles: trois pour les hôpitaux selon la représentation syndicale, quatre pour les commissions scolaires selon les fonctions et la représentation syndicale, une demi-douzaine pour les cégeps, selon le statut du personnel et les regroupements syndicaux, deux pour les fonctionnaires et quelques autres pour les organismes gouvernementaux. Ce fut la «troisième ronde».

Du côté des syndicats, on souhaitait une négociation fortement centralisée. Les trois centrales, CSN, FTQ et CEQ, constituèrent un front commun face au gouvernement. Lors de rencontres préalables avec les trois présidents des centrales, au printemps de 1971, le ministre de la Fonction publique avait exposé les principes de la politique salariale de l'État employeur; il répétait que cette politique n'était pas négociable. De plus, le gouvernement refusa, jusqu'en mars 1972, d'accepter une véritable table centrale de négociation. Entre temps, les négociations s'étaient engagées à la plupart des tables sectorielles et les frustrations étaient grandes; les mécanismes de grève étaient déjà en place.

Il y eut grève quasi générale du secteur public et parapublic, d'abord le 28 mars, puis du 11 au 22 avril; des grèves sporadiques se succédèrent du 9 au 12 mai, à la suite de la décision d'emprisonner les trois présidents des centrales parce qu'ils avaient recommandé à leurs membres de défier les injonctions ordonnant la reprise du travail dans certains hôpitaux particulièrement touchés par les conséquences des arrêts de travail. Le projet de loi n° 19, voté le 21 avril 1972, ordonnait la reprise du travail et des négociations[9]. Les grèves de mai firent long feu. Peu à peu la solidarité syndicale s'effrita. Les employés d'Hydro-Québec furent les premiers à se désolidariser du Front commun. Le Syndicat des fonctionnaires provinciaux du Québec fit de même le 14 août. L'une après l'autre, les différentes conventions collectives furent signées, sauf pour les enseignants: en décembre 1972, le gouvernement adopta un décret à leur égard; il contenait tous les points déjà négociés et il imposait les dernières précisions à la convention.

Au cours de ce long et douloureux épisode, les centrales n'ont pas réussi à créer une véritable solidarité parmi les syndiqués. Dans les premiers mois de 1972, on voulut motiver les 200 000 membres par un objectif politique, le seul qui puisse les rejoindre tous: «Il faut casser le système», proclamait-on bien haut. Mais les vrais objectifs de chaque groupe étaient trop différents. Les professeurs tenaient particulièrement à la sécurité d'emploi: la diminution de la natalité menaçait déjà de se traduire par une réduction du personnel enseignant. Pour les employés d'hôpitaux, moins bien payés, le point majeur était celui des salaires: on demandait un minimum de 100 $ par semaine, avec des rajustements proportionnels pour toutes les autres catégories d'emplois. Enfin, les fonctionnaires étaient préoccupés de points particuliers comme l'adhésion à leur syndicat des salariés occasionnels, la sous-traitance et les questions de notation dans le dossier disciplinaire de chacun. Avec des objectifs aussi disparates, il était difficile de maintenir une solidarité prolongée face à des difficultés majeures. Au moment de ses plus grandes manifestations, le Front commun s'effritait déjà. C'est d'ailleurs à cette époque, en juin 1972, que se produisit la scission dans les rangs de la CSN et que fut créée la Centrale des syndicats démocratiques (CSD). Vers la même époque commencèrent les désaffiliations de plusieurs syndicats, jusqu'alors rattachés à la CSN et maintenant indépendants.

8. L.Q. 1971, c. 12 (projet de loi n° 46).

9. *Loi assurant la reprise des services dans le secteur public*, L.Q. 1972, c. 7 (projet de loi n° 19).

La «quatrième ronde» de négociations (1975-1976) reproduisit jusqu'à un certain point la précédente, mais sur un mode mineur: grèves nombreuses, mais généralement plus courtes et sporadiques, lois spéciales moins contraignantes ou encore appliquées avec moins de rigueur. En aucun moment de cette quatrième ronde, le Front commun n'a eu la cohésion qu'il avait connue en 1971-1972.

Le Syndicat des fonctionnaires provinciaux du Québec (SFPQ) négocia sa propre convention collective sans lien avec les négociations du secteur parapublic; commencée en avril, la négociation aboutit à la signature d'une convention en décembre 1975. Les négociations du secteur parapublic furent beaucoup plus longues et beaucoup plus difficiles. Dans le domaine de l'éducation, à compter de février et mars 1976, grèves et lock-out se multiplièrent. Le 9 avril, une loi spéciale suspendait toute grève, arrêt ou ralentissement de travail pour une période de 80 jours, soit pratiquement, jusqu'à la fin de l'année scolaire[10]. La loi instituait des postes de commissaire aux différends scolaires. Ceux-ci devaient étudier l'état des négociations et remettre leur rapport aux parties ainsi qu'au public. Dans leur rapport remis le 13 juin, les commissaires adressèrent de sévères reproches aux deux parties, notant que l'une et l'autre semblaient plus intéressées par sa propre stratégie que par une négociation véritable pouvant mener à une entente. Les négociations reprirent. À la fin d'août, la CEQ soumit à ses membres les offres finales du gouvernement et en recommanda le rejet. Malgré cette recommandation, les membres ont accepté les propositions finales du gouvernement et l'entente fut conclue le 20 octobre.

La situation n'était guère meilleure dans les hôpitaux. Dès l'automne de 1975, les infirmières et divers employés paramédicaux multipliaient les moyens de pression, à tel point que le gouvernement adopta une loi spéciale en décembre 1975[11]. La loi créait un poste de commissaire aux services essentiels. Le commissaire ou ses adjoints devaient décider des services essentiels à maintenir si les parties ne parvenaient pas à s'entendre sur ce point. Le mécanisme, mis sur pied à la dernière minute, ne donna pas les résultats escomptés: grèves et lock-out d'une journée se multiplient dans les hôpitaux durant toute la première moitié de 1976. À l'été, les arrêts de travail reprennent de plus belle, principalement dans les hôpitaux et chez les infirmières. Le gouvernement doit avoir recours à une seconde loi spéciale pour assurer les services de santé[12]. Le projet de loi fixait en même temps les conditions de la convention collective pour les salariés visés. Peu à peu, les autres groupes signèrent les diverses conventions collectives dont la négociation s'était poursuivie jusqu'à ce moment. La quatrième ronde s'achevait dans la confusion.

Le 15 novembre 1976, un nouveau gouvernement est porté au pouvoir dont l'option souverainiste amènera le référendum du 20 mai 1980. Celui-ci exercera une influence considérable sur le dénouement de la cinquième ronde de négociation (1978-1979).

Cette «cinquième ronde» s'annonçait plus facile, ne serait-ce que parce que les dates d'échéance des conventions en vigueur s'étalaient sur deux ans. Seules les demandes pécuniaires, déposées en novembre 1978, firent l'objet d'un front commun. Mais les négociations traînèrent si longtemps que, finalement, tout le monde négocia en même temps. Misant sur le rôle de l'opinion publique, le gouvernement créa deux conseils particuliers pour suivre le déroulement du processus[13]. Un Conseil d'information sur les négociations devait faire rapport au public 30 jours après le dépôt des propositions patronales ainsi qu'à

10. *Loi concernant le maintien des services dans le domaine de l'éducation et abrogeant une disposition législative,* L.Q. 1976, c. 38 (projet de loi n° 23); ESTHER DÉOM, «La négociation collective chez les fonctionnaires et les enseignants québécois, 1975-1976», *Relations industrielles*, vol. 37, n° 1, 1982, p. 141-163.

11. *Loi visant à assurer les services de santé et les services sociaux essentiels en cas de conflit de travail*, L.Q. 1975, c. 52 (projet de loi n° 253).

12. *Loi concernant les services de santé dans certains établissements*, L.Q. 1976, c. 29 (projet de loi n° 61).

13. *Loi modifiant le Code du travail*, L.Q. 1978, c. 52 (projet de loi n° 59).

la date d'expiration des conventions collectives. Pour sa part, le Conseil sur le maintien des services de santé et des services sociaux avait aussi pour objectif d'informer le public sur l'état des services essentiels effectivement maintenus en cas de conflit. Les deux conseils devaient être formés avant le 1er janvier 1979; ils ne le furent qu'en mars et avril de la même année. Les résultats de leur intervention sont difficiles à évaluer; le Conseil d'information ne sera pas renouvelé, alors que la nature du Conseil des services essentiels sera complètement changée quelques années plus tard.

Au début de l'automne 1979, on n'était arrivé à s'entendre à aucune des tables sectorielles. Pour sa part, le gouvernement souhaitait que les négociations se terminent avant Noël afin de pouvoir se consacrer entièrement, au cours des premiers mois de 1980, à la préparation du référendum. Aussi, durant l'automne, les propositions du gouvernement tombèrent, rapides et substantielles, à la table centrale. À la fin de septembre, il offre d'importantes concessions sur les primes d'éloignement. Un peu plus tard, il présente un congé de maternité extrêmement attrayant. Enfin, il accorde la sécurité d'emploi à l'intérieur d'un rayon de 50 kilomètres: un employé mis en disponibilité ne pourra être tenu d'accepter un emploi comparable à celui qu'il occupait si cet emploi se trouve à plus de 50 kilomètres de son lieu habituel de résidence ou de travail[14]. Malgré l'intérêt que suscitaient ces offres, elles n'ont pas entraîné l'adhésion syndicale que le gouvernement espérait.

Les différentes centrales syndicales, et peut-être davantage les différentes factions à l'intérieur des groupes syndicaux, ont réagi différemment aux offres gouvernementales. Les préparatifs de grève se poursuivaient. La menace d'une grève générale se fait de plus en plus pressante. Aussi, le 12 novembre, le gouvernement adopte-t-il en vitesse la *Loi sur les propositions aux salariés des secteurs de l'éducation, des affaires sociales et de la fonction publique*[15]. La loi n'enlève pas le droit de grève, mais le suspend jusqu'au 29 novembre. Durant cette période, le gouvernement s'engage à déposer ses dernières propositions sur les principales conventions en suspens; il exige par contre que ses propositions soient soumises aux membres par voie de scrutin secret, avec un préavis d'au moins 48 heures. Un vote en faveur des propositions équivaudrait à l'autorisation de signer la convention collective. La grève eut quand même lieu. Entre le 19 et le 22 novembre, de 30 000 à 35 000 syndiqués de la Fédération des affaires sociales (CSN) firent la grève. Le nombre fut interprété à la fois comme le signe d'un succès et d'un échec, selon l'opinion de chacun. Les propositions du gouvernement furent acceptées.

Il y eut donc accord à la table centrale et aux tables sectorielles, sauf pour les enseignants, qui reportèrent leur grève en janvier. En janvier et février 1980, on observe chez les enseignants une grève générale de 11 jours, 12 grèves locales d'une certaine importance et une mise en tutelle. Mais les conventions collectives encore en suspens finirent par être signées. Le gouvernement pouvait se consacrer au référendum. Assez curieusement, ce fut la dernière grande victoire syndicale et la fin, pour un bon moment, des grèves en chaîne et des retours au travail imposés par des lois spéciales. Tout au long de cette longue négociation, la structure du Front commun intersyndical avait laissé voir de nombreuses lézardes[16].

26.1.3 Période de stabilité

Les conventions collectives signées en 1979-1980 venaient à échéance le 31 décembre 1982. Dans l'intervalle, les augmentations salariales variaient d'un groupe à l'autre afin de diminuer l'écart entre les bas salariés et les hauts salariés, et dans l'ensemble, la plupart jouissaient d'augmentations annuelles frôlant les 10 %. De telles hausses s'expliquent par la présence d'une clause d'indexation dans la convention et par le fait que l'augmentation des prix était alors

14. Maurice Lemelin, *op. cit.*, p. 192-193.
15. L.Q. 1979, c. 50 (projet de loi nº 62).
16. François Demers, *Chroniques impertinentes du 3e Front commun syndical*, Montréal, Éditions Nouvelle optique, 1982, 170 p.

très élevée[17]. Deux événements allaient bouleverser la situation.

Les années 1981 et, surtout, 1982 devaient apporter à l'Amérique du Nord la plus sérieuse récession économique observée depuis la Seconde Guerre mondiale. En même temps, à la suite de déficits budgétaires graves et répétés, les finances de tous les gouvernements étaient mal en point. À l'occasion de la conférence au sommet de Québec, les 5, 6 et 7 avril 1982, le premier ministre demande aux syndicats du secteur public de rouvrir les conventions collectives pour soulager quelque peu les finances publiques. Devant le refus des syndicats, le gouvernement fait adopter, le 23 juin 1982, la *Loi concernant la rémunération dans le secteur public*[18]. La loi prolonge les conventions de trois mois et impose à tous les employés du secteur public une réduction de près de 20 % de leur salaire pendant les trois premiers mois de l'année 1983; elle suspend également tout avancement d'échelon et prescrit quelques mesures supplémentaires qui ont toutes pour but de réaliser l'équilibre budgétaire poursuivi.

Les syndicats ayant refusé de rouvrir les conventions collectives, la négociation en vue de leur renouvellement reprend péniblement à l'automne de 1982. La décision du gouvernement d'effectuer un rattrapage budgétaire semble inébranlable. La résistance syndicale l'est tout autant. Aussi, au début de décembre, le gouvernement fait adopter la *Loi concernant les conditions de travail dans le secteur public*, qui confirme et précise la réduction de 20 % du salaire pour les trois premiers mois de 1983 et reconduit les conventions collectives jusqu'au 31 décembre 1985[19]. La loi permettait au gouvernement de modifier, par décret, la centaine de conventions collectives visées; l'ensemble des dossiers qui accompagnaient le projet de loi comportait plusieurs dizaines de milliers de pages. Jusqu'au 31 décembre 1985, ce fut la période des décrets tenant lieu de convention collective. La loi 70 permettait néanmoins de faire les ajustements jugés nécessaires, par entente entre le gouvernement et l'association accréditée (art. 4).

Le Front commun syndical s'était reformé le 11 octobre 1982 et avait commandé un arrêt de travail de 24 heures pour le 10 novembre. Les grandes manifestations se préparaient pour le début de l'année 1983. On parla même, pour le début de février, d'une grève générale illimitée de tout le secteur public et parapublic. Mais le pouvoir et la cohésion du Front commun ne sont plus ce qu'ils étaient autrefois. Deux groupes d'infirmières signent une entente avec le gouvernement le 30 janvier; même s'ils ne représentent que 30 000 membres, le geste révèle des failles dans la solidarité syndicale. Finalement, les enseignants de la CEQ et les professionnels du gouvernement se retrouveront seuls en grève, quelque temps après la grande manifestation de protestation du 29 janvier. Les autres groupes signent, l'un après l'autre, sauf la CEQ. Cela amène le gouvernement à faire adopter, le 17 février 1983, la *Loi assurant la reprise des services dans les collèges et dans les écoles du secteur public*[20]. La loi ordonne le retour immédiat au travail et rappelle que les décrets tenant lieu de convention collective sont en vigueur jusqu'au 31 décembre 1985. Les sanctions qui visent les contrevenants sont d'une sévérité jamais vue: congédiement, perte possible d'ancienneté et suppression de la retenue des cotisations syndicales (art. 7-12).

Les représentants syndicaux portent le litige devant les tribunaux. Ceux-ci, jusqu'à la Cour suprême inclusivement, déclarent les lois 70 et 105 inconstitutionnelles et inopérantes, tout comme les documents législatifs qui contiennent les décrets tenant lieu de convention collective, parce qu'ils ont été présentés et adoptés dans leur version française seulement[21]! L'article 133 de la *Loi constitutionnelle de 1867* exige

17. *Revue de la négociation collective*, Travail Canada, nº 1, janvier 1980, p. 8-14.

18. L.Q. 1982, c. 35, art. 3-6 (projet de loi nº 70). Voir *La conférence au sommet, Québec, 1982, Rapport*, Québec, Secrétariat des conférences socio-économiques, 1982, 380 p.

19. L.Q. 1982, c. 45, art. 2-4, 6-10 (projet de loi nº 105).

20. L.Q. 1983, c. 1 (projet de loi nº 111).

21. *Le procureur général du Québec* c. *Pierre Brunet, Louis Albert et Linda Collier*, (1983) C.S. 359, 366 et 1017; (1985) C.A. 559-565; (1990) R.C.S. 260-262.

que les lois du Québec soient adoptées en français et en anglais pour être valides. L'Assemblée nationale, dès juin 1983, s'est empressée de les réadopter dans les deux langues pour en assurer la validité.

L'épisode des décrets du secteur public, à la fin de 1982, a donné un coup fatal à la négociation du secteur public. Ce qui devait être la «sixième ronde» n'a été en fait qu'un affrontement majeur, sans autre discussion que sur les points secondaires que le gouvernement était prêt à discuter. Une conclusion se dégageait des événements: il fallait repenser le régime de négociation du secteur public. Le ministre Michel Clair, président du Conseil du trésor, prit le bâton du pèlerin et parcourut la province pour consulter les citoyens et les groupes intéressés à lui faire part de leurs recommandations sur le sujet. Il utilisait un document de consultation intitulé *Recherche d'un nouvel équilibre. Réforme du régime des négociations du secteur public*.

Le résultat de l'exercice prit d'abord la forme d'un avant-projet, déposé en décembre 1984, qui devint le projet de loi 37, présenté à l'Assemblée nationale le 2 mai 1985. La *Loi sur le régime de négociation des conventions collectives dans les secteurs public et parapublic* fut adoptée et sanctionnée le 19 juin 1985[22]. Cette loi est toujours en vigueur, même si certains articles, parmi les plus importants, n'ont jamais été appliqués: c'est le cas tout particulièrement du mode de négociation des salaires. Comme la loi s'applique encore, nous en verrons les principaux éléments un peu plus loin dans ce chapitre.

Selon l'échéancier prévu dans la même loi, les négociations en vue de remplacer les décrets, qui arrivaient à échéance le 31 décembre 1985, auraient dû débuter à l'été de 1985. Il y eut quelques échanges de demandes et quelques discussions, mais rien de sérieux: le gouvernement en place terminait son mandat et des élections eurent lieu le 2 décembre 1985. Ce jour-là, le Québec changea de gouvernement.

22. L.Q. 1985, c. 12.

Une des premières tâches du nouveau gouvernement fut la négociation des conventions des secteurs public et parapublic. Dès le 19 décembre 1985, la nouvelle Assemblée nationale adopta la *Loi sur la période de transmission des propositions salariales dans les secteurs de l'éducation, des affaires sociales et de la fonction publique*[23]. Le premier article de cette loi permet aux parties de transmettre leurs propositions, y compris celles relatives aux échelles de salaires, malgré l'expiration du délai prévu dans la loi 37; ces propositions devaient toutefois être soumises avant le 1er mars 1986.

La «septième ronde» de négociations, la première véritable depuis la négociation préréférendaire, se déroula sans trop de difficultés. Pour la première fois, il n'y eut pas de front commun ni de table centrale, mais 72 tables sectorielles, et des tables communes constituées sur la base de l'affiliation syndicale (CSN, CEQ, FTQ). Il y eut quelques arrêts de travail sporadiques, en particulier une journée de grève le 11 novembre 1986, à laquelle prirent part 50 000 employés du secteur des affaires sociales (santé et services sociaux). Les conventions collectives furent signées, pour la plupart, en 1987; elles avaient toutes comme date d'échéance le 31 décembre 1988[24].

Plusieurs facteurs expliquent la relative facilité avec laquelle se sont conclues les nouvelles conventions collectives. La récession de 1981-1982 a eu une influence marquée sur le comportement de tous les syndicats: elle a permis à tous de prendre conscience qu'une stabilité, sinon une stagnation, de l'économie était chose possible. Les désaffiliations de plusieurs syndicats et la création correspondante de nombreux groupes indépendants ont aussi joué un rôle: les gestes ainsi posés démontraient à la fois du mécontentement

23. L.Q. 1985, c. 40 (projet de loi nº 4).
24. «Les relations du travail en 1986», *Le marché du travail*, supplément au numéro de février 1987, vol. 8 , nº 2, (38 p.), p. 17-18; «Les relations du travail en 1987», *Le marché du travail*, supplément janvier 1988, vol. 9 , nº 1, (58 p.), p. 45-47; ANDRÉ DOMPIERRE, RÉJEAN COURCHESNE et JEANNE-MANCE MARTEL, «Grèves et lock-out au Québec en 1986», *Le marché du travail*, vol. 8 , nº 5, mai 1987, p. 69-81.

contre un certain militantisme exagéré et, surtout, les divergences d'opinion des nombreux groupes qui composent le secteur public. Enfin, le nouveau gouvernement se trouvait dans une situation quasi idéale pour négocier. La loi 37, adoptée en juin 1985 par l'ancien gouvernement, avait voulu désamorcer le point principal, la négociation des salaires: elle statuait que les augmentations salariales ne seraient négociées qu'une année à la fois et que le droit de grève ne pourrait s'exercer ni pour la deuxième ni pour la troisième année. Le nouveau gouvernement a offert une négociation salariale couvrant les trois années habituelles. Il pouvait ainsi demander des concessions sur d'autres points, ce qu'il ne manqua pas de faire. Ce geste favorisa également un règlement plus facile que d'habitude. Les principales conventions accordaient des augmentations de 3,5 %, 4 % et 4,15 %, avec un supplément de 0,10 $ l'heure, le 1er janvier 1986, 1987 et 1988, plus une indexation pouvant aller jusqu'à 1 %, si l'indice des prix à la consommation de décembre 1987 dépassait de plus de 4,25 % celui de décembre 1986[25].

Les nouvelles conventions collectives venaient à échéance le 31 décembre 1988. Les négociations de la «huitième ronde» durèrent une bonne partie de l'année 1988 et toute l'année 1989; quelques conventions ont été signées en 1989, mais la plupart le furent au début de 1990. Comme dans la septième ronde, il n'y eut ni front commun ni table centrale. En mars 1988, le gouvernement avait offert de prolonger les conventions collectives d'une année contre une augmentation de 4 %, avec une protection supplémentaire de 1 % contre l'inflation. Certains syndicats, dont quelques-uns affiliés à la FTQ, acceptèrent, mais la grande majorité, en particulier les syndicats affiliés à la CEQ et à la CSN, refusèrent. La négociation se déroula un peu comme d'habitude, mais dans une certaine confusion: les conventions de plusieurs groupes étaient échues, alors que d'autres étaient prolongées.

Le groupe qui a dominé cette huitième ronde est celui des infirmières, qui exigeaient une revalorisation de leur profession, à la fois par des mesures visant la charge de travail et par une forte amélioration salariale: les infirmières soutenaient avoir perdu leur place dans l'échelle normale des salaires des différentes professions de la santé. À l'été de 1989, les infirmières organisent divers moyens de pression dont le refus de faire des heures supplémentaires, ce qui aurait occasionné la fermeture de 2000 des 28 000 lits de courte durée dans le réseau hospitalier. À la fin de juin, une entente de principe était intervenue accordant de nombreux avantages aux infirmières; mais elle fut rejetée par 78 % de ceux et celles qui ont voté, c'est-à-dire par environ la moitié des membres concernés. Un vote de grève est pris et la grève commence au début de septembre. Le gouvernement a alors recours à une loi qui avait été adoptée en 1986 et qui demeurait toujours en vigueur[26]. La loi comportait des sanctions extrêmement sévères: perte d'ancienneté, retenue du salaire, suspension de la retenue des cotisations syndicales et des poursuites judiciaires pour outrage au tribunal. À la mi-septembre, les infirmières avaient obtenu à peu près tout ce qu'elles demandaient.

Peu à peu, les autres groupes signèrent. Les augmentations salariales étaient de 4 % en 1989, de 4,5 % en 1990 et de 4 % en 1991. Les conventions collectives expiraient toutes le 31 décembre 1991. Les infirmières obtenaient, au-delà de ces augmentations de base, des redressements substantiels qui leur redonnaient, dans l'échelle salariale, la position qu'elles réclamaient.

Quant aux sanctions de la loi 160, plusieurs ont été effectivement appliquées. La Fédération des infirmières et infirmiers du Québec a intenté une action en nullité de la loi. Dans sa décision, le juge Pierre Viau de la Cour supérieure confirme la validité de la loi dans son ensemble, mais lui trouve un manque d'équité en matière de procédure: application non

25. *Revue de la négociation collective*, Travail Canada, juin 1987, p. 35-45.

26. *Loi assurant le maintien des services essentiels dans le secteur de la santé et des services sociaux*, L.Q. 1986, c. 74 (projet de loi nº 160).

uniforme des sanctions et absence de toute discussion avant condamnation. Il considère également que la perte d'ancienneté est une sanction disproportionnée, surtout à cause de son caractère permanent. Qu'il ait prévu ou non l'orientation du jugement, le gouvernement a décidé de restaurer l'ancienneté des employés visés par la loi 160. À cette fin, il dépose un projet de loi, adopté le 19 juin 1991, qui s'inspire des recommandations contenues dans le rapport Rodrigue-Lemelin[27].

Nous verrons plus en détail certains aspects de la huitième ronde de négociations en étudiant les différents points propres à la négociation des secteurs public et parapublic au Québec. Auparavant, un rappel des principales lois qui régissent ces secteurs aidera à mieux comprendre les explications qui suivront.

26.2 Cadre légal

Nous exposerons ici les grandes lignes des dispositions légales qui s'appliquent à la négociation des secteurs public et parapublic. Le détail sera analysé dans les sections suivantes. Nous présenterons les quatre types de lois qui encadrent cette négociation: d'abord la loi de base, le *Code du travail*, dans la mesure où il s'applique aux secteurs public et parapublic; puis la *Loi sur la fonction publique*, qui contient les précisions pour le secteur public proprement dit; ensuite les différentes lois d'organisation des négociations, qui visent surtout le secteur parapublic; et enfin les nombreuses lois spéciales, adoptées principalement pour forcer le retour au travail dans des situations difficiles.

26.2.1 Code du travail

Le *Code du travail* constitue la loi fondamentale qui régit les relations du travail dans les secteurs public et parapublic. Il représente l'expression concrète du principe selon lequel les mêmes dispositions valent également pour le secteur privé et le secteur public. En d'autres mots, les employés directs et indirects de l'État sont également régis par le *Code du travail*; par employés indirects, on désigne les employés des hôpitaux et des commissions scolaires, dont la source principale de financement vient de l'État, même si l'employeur des travailleurs visés demeure l'institution ou la commission scolaire. Le *Code du travail* contient des dispositions spécifiques pour le secteur public en matière de définitions et de règlement des conflits.

L'addition, en 1964, de quatre mots à la définition d'employeur allait faire toute la différence: «quiconque, y compris Sa Majesté, fait exécuter un travail par un salarié[28]». Cette définition est toujours en vigueur (1991). Comme la définition d'employeur renvoie au mot salarié, la définition de ce dernier terme acquiert une importance décisive.

L'élargissement du champ d'application du *Code du travail* a entraîné une série de restrictions, sans forme d'exclusions, à la définition de salarié. Dans sa première version, entrée en vigueur le 1er septembre 1964, «un fonctionnaire régi par la *Loi du service civil*» était exclu de l'application du Code; l'exclusion disparaîtra dès 1965. Cependant, les employés de la Société des alcools du Québec furent assujettis au Code dès son adoption. En furent nommément exclus les membres de la Sûreté du Québec, comme ils l'étaient sous l'ancienne loi et comme ils le sont encore aujourd'hui[29].

L'adoption de la *Loi de la fonction publique*, le 5 août 1965, modifia la définition de salarié dans le *Code du travail* de manière à en exclure les fonctionnaires dont l'emploi avait un caractère confiden-

27. *Loi concernant la restauration de l'ancienneté de certains salariés du secteur de la santé et des services sociaux*, L.Q. 1991, c. 4 (projet de loi nº 157); *FIIQ* c. *le procureur général du Québec*, C.S. Montréal 500-05-003736-871, 500-05-011218-862, 500-05-004281-877 et 500-05-002341-871, 19 août 1991. Voir *La loi 160... Au-delà du légal*, rapport du comité de travail sur la loi 160, NORBERT RODRIGUE et MAURICE LEMELIN, membres, document polycopié, novembre 1990, 76 p.

28. *Code du travail*, 12-13 Elizabeth II, 1964, c. 45, art. 1.
29. *Ibid.*, art. 1, paragraphe *1*, 5°.

tiel, au jugement du Tribunal du travail[30]. Le texte précise ce qu'il entend par un emploi à caractère confidentiel en énumérant une demi-douzaine d'exemples; la liste n'a cessé de s'allonger depuis lors: avec sa trentaine de lignes, c'est le paragraphe le plus long de l'article un, sinon de tout le Code. Sans mettre en doute le caractère de confidentialité attribué à la douzaine de catégories de fonctionnaires exclus à ce titre, force est de constater que les exclusions sont nombreuses, puisque certaines visent la totalité des fonctionnaires de certains organismes, par exemple de la Commission de la fonction publique et de l'Institut de recherches et d'information sur la rémunération (C.t. art. 1, *l* 3°).

Avec le temps, d'autres groupes de fonctionnaires ont été exclus: les substituts permanents du procureur général (1969), tout membre du personnel du directeur général des élections (1982) et tout fonctionnaire du ministère du Conseil exécutif, à moins que l'un ou l'autre ne soit déclaré syndicable par décret du gouvernement[31].

Le second ajustement à faire au *Code du travail* pour l'appliquer au secteur public visait le règlement des conflits. Il fallait prévoir les mesures à prendre dans les cas où un arrêt de travail pourrait avoir des conséquences intolérables pour la santé ou la sécurité publique. Au moment de son adoption, le Code ne comptait qu'un seul article sur le sujet, l'article 99. Il faut en reproduire le texte parce qu'il a été abrogé en 1982 et remplacé par des dispositions beaucoup plus détaillées sur le maintien des services essentiels[32]. Au cours des 18 années où il a été en vigueur, cet article a joué un rôle primordial, ne serait-ce que par les carences qu'il comportait.

> La grève est interdite aux salariés à l'emploi d'un service public à moins que l'association des salariés en cause y ait acquis droit suivant l'article 46 et ait donné par écrit au ministre avis préalable d'au moins huit jours lui indiquant le moment où elle entend y recourir.
>
> Si le lieutenant-gouverneur en conseil est d'avis que dans un service public une grève appréhendée ou en cours met en danger la santé ou la sécurité publique, il peut constituer à ce sujet une commission d'enquête qui est investie des pouvoirs d'un conseil d'arbitrage pour faire enquête et rapport sur le différend, sauf qu'elle ne peut rendre une décision, ni formuler de recommandations, mais seulement constater les faits en se conformant aux articles 69 à 78.
>
> Sur la requête du procureur général après la constitution d'une commission d'enquête, un juge de la Cour supérieure peut, s'il est d'avis que la grève met en péril la santé ou la sécurité publique, décerner toute injonction jugée appropriée pour empêcher cette grève ou y mettre fin.
>
> Une injonction décernée en vertu du présent article doit prendre fin au plus tard vingt jours après l'expiration du délai de soixante jours accordé à la commission d'enquête pour la production de son rapport, lequel délai ne peut être prolongé.

Selon cet article, la seule condition ajoutée aux dispositions générales est, dans le cas d'un service public, l'obligation pour le syndicat de donner un avis écrit de huit jours au ministre du Travail, en indiquant le moment où il entend recourir à la grève. Ce délai de huit jours avait pour objectif de permettre au cabinet des ministres d'évaluer la situation et de recourir aux mesures prévues, la commission d'enquête et l'injonction, s'il le jugeait bon.

On peut voir, dans cet article, une ressemblance avec l'intervention extraordinaire du président des États-Unis dans les conflits d'urgence nationale (voir la section 23.2.7): création d'une commission d'enquête sur les faits, sans pouvoir de décision ni de recommandation, et possibilité d'une demande d'injonction par le procureur général auprès d'un juge de

30. *Loi de la fonction publique*, S.Q. 1965, c. 14 (projet de loi n° 55). Jean-Réal Cardin, «La nouvelle loi de la fonction publique au Québec», *Relations industrielles*, vol. 21, n° 2, avril 1966, p. 251-257.
31. S.Q. 1969, c. 20, art. 10; L.Q. 1982, c. 54, art. 52; L.Q. 1990, c. 69, art. 1.
32. L'article 99, devenu l'article 111 dans la refonte de 1977, a été abrogé en 1982: *Loi modifiant le Code du travail, le Code de procédure civile et d'autres dispositions législatives*, L.Q. 1982, c. 37, art. 4. L'article fut alors remplacé par une longue série de dispositions sur les services essentiels.

la Cour supérieure. Certains commentateurs, qui avaient peut-être participé à la rédaction du texte, soulignaient la distinction suivante: il devait y avoir «danger» pour la santé ou la sécurité publique pour instituer la commission d'enquête, mais il fallait qu'il y ait «péril» pour la santé ou la sécurité publique pour obtenir l'injonction. Dans l'atmosphère surchauffée d'un conflit du secteur public, il est bien difficile à l'autorité politique de percevoir et d'expliquer la différence entre les notions de danger et de péril pour la santé ou la sécurité publique.

D'un autre côté, en imitant la loi américaine, on avait oublié que les circonstances d'un conflit dans le secteur de la santé ou de l'éducation, ou dans la fonction publique, ne ressemblaient guère aux situations prévues par la loi Taft-Hartley. Dans ce cas, en effet, il s'agissait presque toujours de conflits dans le secteur privé, par exemple dans l'acier, où une enquête sur les faits pouvait être nécessaire pour bien dégager les enjeux. Dans le secteur public au Québec, si le gouvernement demandait une enquête sur les faits, on n'en voyait guère le bien-fondé: les positions étaient connues, entre autres par l'abondante couverture journalistique des débats entourant le problème. Le lecteur aura noté que les dispositions de l'article 99 ne contiennent, comme la loi américaine, aucune solution finale: l'injonction, si elle est demandée et obtenue, doit prendre fin au plus tard 20 jours après le délai maximum de 60 jours accordés à la commission d'enquête. À ce moment, les parties retrouvaient leur droit de grève ou de lock-out. C'est sans doute ce qui explique le très grand nombre de lois spéciales qui ont dû être adoptées, de 1966 à 1980, pour mettre fin à des conflits que l'article 99 ne permettait pas de résoudre de façon définitive.

Dès le début, le *Code du travail* s'appliquait aux enseignants des commissions scolaires; la preuve en est qu'un article fixait à 24 mois la durée d'une convention collective signée par une corporation scolaire (C.t. art. 53). Par contre, malgré les grèves d'enseignants qu'on avait connues au cours des années précédentes, rien de particulier ne figurait à ce sujet dans le texte de 1964. Pour remédier à cette lacune, on ajouta, en 1965, un cinquième paragraphe à l'article 99 cité plus haut[33].

> Le présent article s'applique à une grève appréhendée ou en cours qui compromet l'éducation d'un groupe d'élèves comme à une grève qui met en danger ou en péril la santé ou la sécurité publique.

Le domaine de l'éducation se trouvait ainsi assimilé à celui de la santé et de la sécurité publique. Nous verrons plus loin, en étudiant l'évolution des dispositions concernant les services essentiels, par quelles mesures l'article 99 a été remplacé.

26.2.2 Loi de la fonction publique

Il existait depuis longtemps, au Québec, une *Loi du service civil*[34]. En 1965, le gouvernement du Québec adopta une nouvelle *Loi de la fonction publique*, qui avait principalement pour but d'introduire et de permettre un régime syndical et la négociation collective des conditions de travail[35].

Le projet de loi 55 contenait une section, la section XV, qui avait pour titre «Régime syndical». Les huit articles de cette section contenaient des précisions et des particularités sur l'accréditation et les différentes unités de négociation. On y trouvait aussi certaines réserves quant à l'affiliation et à l'exercice du droit de grève. La loi modifiait également la définition de salarié pour qu'elle puisse inclure les fonctionnaires du gouvernement provincial[36].

La *Loi de la fonction publique* a subi par la suite deux refontes, en 1978 et en 1983. La refonte de 1978 était considérable; on pourrait la qualifier de majeure, mais pas sous l'aspect du régime syndical et de la négociation collective[37]; le chapitre sera désormais le chapitre 8 de la loi, mais la substance n'en a pas été changée. La refonte de 1978 accorde à la Commission

---

33. *Loi modifiant le Code du travail*, S.Q. 1965, c. 50, art. 5 (projet de loi nº 15).
34. S.R.Q. 1941, c. 11, souvent modifiée au cours des années.
35. *Loi de la fonction publique*, S.Q. 1965, c. 14 (projet de loi nº 55).
36. S.Q. 1965, c. 14, art. 68-76.
37. *Loi sur la fonction publique*, sanctionnée le 23 janvier 1978, L.Q. 1978, c. 15 (projet de loi nº 50).

de la fonction publique le pouvoir de trancher les différentes questions litigieuses; elle crée un office chargé du recrutement et de la sélection du personnel, de qui relèvera le choix des candidats à la fonction publique et aux différentes promotions. La refonte de 1983 donne à l'ancien Office de recrutement le nom d'Office des ressources humaines, alors que le Conseil du trésor se voit chargé des politiques générales en matière de gestion des ressources humaines et de programmes d'accès à l'égalité; la mesure entraîne la disparition du ministère de la Fonction publique, créé en 1969. Le régime syndical n'est pas modifié substantiellement, sauf pour ce qui concerne les agents de la paix[38]. Nous reprendrons plus loin les dispositions principales de ce régime pour en expliquer le fonctionnement et les particularités (section 26.3).

26.2.3 Lois d'organisation des négociations

Un indice supplémentaire, s'il en est besoin, du fait que la négociation du secteur public n'est pas vraiment semblable à celle du secteur privé apparaît clairement dans la succession de lois que les gouvernements ont dû adopter pour y assurer un certain ordre. Les gouvernements tenaient à cet ordre parce que l'État est le principal sinon l'unique bailleur de fonds pour toutes ces négociations et qu'il tient à s'assurer des résultats politiquement acceptables sinon rentables.

À l'occasion de la grève générale lors de la première négociation provinciale des hôpitaux, le gouvernement fit appel à une loi qui n'avait pas été adoptée en vue de résoudre des conflits de négociation, mais qu'il a utilisé à cette fin. La *Loi des hôpitaux* de 1962 a permis au gouvernement de nommer un administrateur[39] qui a signé la même convention collective pour chacun des hôpitaux syndiqués de la province. Chez les enseignants, la loi 25 a imposé la négociation provinciale[40]; laissés à eux-mêmes les enseignants auraient opté pour des négociations régionales ou locales, sinon les deux. Il a fallu une loi pour établir la négociation provinciale que le gouvernement souhaitait à ce moment-là.

Pour la troisième ronde de négociations, le gouvernement prit les devants et adopta, le 30 juin 1971, la *Loi du régime de négociations collectives dans les secteurs de l'éducation et des hôpitaux*[41]. La loi déterminait une vingtaine de tables, dites sectorielles, en fonction de la catégorie d'institutions visées et de la multiplicité des syndicats concernés (voir la section 26.1.2). Du côté du gouvernement, c'était le ministre de la Fonction publique qui agissait comme principal porte-parole.

L'organisation de la quatrième ronde releva d'une autre loi, sanctionnée le 24 décembre 1974, la *Loi sur les négociations collectives dans les secteurs de l'éducation, des affaires sociales et des organismes gouvernementaux*[42]. Le mode d'organisation ressemblait beaucoup à celui de la ronde précédente, sauf que des tables spéciales étaient prévues pour différents groupes d'employés d'hôpitaux, en particulier les infirmières et les employés paramédicaux; la loi mentionnait explicitement les organismes gouvernementaux. Pour le gouvernement, le ministre de l'Éducation et le ministre des Affaires sociales, à l'époque, participaient d'office à la négociation, alors que le ministre de la Fonction publique répondait des organismes gouvernementaux. Entre la quatrième et la cinquième ronde de négociations, le rapport Martin-Bouchard avait soumis des recommandations pour la réorganisation des négociations dans le secteur public[43].

38. *Loi sur la fonction publique*, L.Q. 1983, c. 55, art. 64-76 (projet de loi nº 51). L.R.Q. c. F-3.1.1, art. 64-76.
39. *Loi des hôpitaux*, S.Q. 1962, c. 44, art. 17.
40. *Loi assurant le droit de l'enfant à l'éducation et instituant un nouveau régime de convention collective dans le secteur scolaire*, S.Q. 1966-1967, c. 63.
41. L.Q. 1971, c. 12 (projet de loi nº 46).
42. L.Q. 1974, c. 8 (projet de loi nº 95).
43. *Rapport Martin-Bouchard*, Commission d'étude et de consultation sur la révision du régime des négociations collectives dans les secteurs public et parapublic, YVES MARTIN, président, et LUCIEN BOUCHARD, commissaire, Québec, Éditeur officiel, 15 février 1978, 198 p.

Pour la cinquième ronde, le gouvernement adopta, encore une fois, une nouvelle loi pour régir la négociation[44]. Plus précise que les précédentes, elle détermine le mode d'organisation des agents négociateurs, du côté syndical et du côté patronal. Pour ce qui est du côté patronal, le rôle des institutions et de leurs associations ainsi que celui des ministères concernés et du gouvernement lui-même est précisé. Il est également question des matières négociables aux tables provinciales ou sectorielles et aux tables locales ou régionales. Pour la première fois, le rôle du Conseil du trésor est clairement indiqué: c'est lui qui autorise les mandats de négociation et qui assure le suivi des discussions aux différentes tables. La loi 59, adoptée en même temps que la loi 55, modifie le *Code du travail*; elle introduit dans la négociation deux conseils nouveaux: le Conseil d'information sur les négociations et le Conseil sur le maintien des services de santé et des services sociaux (voir la section 26.1.2), et fixe un échéancier pour le déroulement de la négociation[45].

Avant la ronde des décrets, en 1982-1983, le gouvernement ne modifia pas la loi d'organisation des négociations collectives; c'est donc normalement la loi 55 de 1978 qui devait s'appliquer. Par contre, le gouvernement resserra considérablement les mécanismes relatifs au maintien des services essentiels. Tout spécialement, il créa le Conseil des services essentiels, à peu près dans la forme que nous lui connaissons aujourd'hui, même s'il n'avait pas les pouvoirs qui lui seront accordés en 1985[46].

La réforme majeure du régime de négociation du secteur public au Québec a eu lieu en 1985. À la suite des consultations et du rapport du ministre Michel Clair, le gouvernement adopta la *Loi sur le régime de négociation des conventions collectives dans les secteurs public et parapublic*[47]. En gros, la loi confirme les structures établies dans la loi de 1978 et ajoute deux ou trois éléments nouveaux. Entre autres, elle donne au Conseil des services essentiels des pouvoirs déterminés et efficaces; elle établit que la négociation des salaires se fera une année à la fois et limite le droit de grève à la première année seulement; elle fonde également l'Institut de recherches et d'information sur la rémunération (IRIR).

S'inspirant du Bureau fédéral de recherches sur les traitements, le gouvernement a donné pour fonction principale à l'IRIR d'informer le public sur la rémunération des différents employés du secteur public et de comparer l'évolution de cette rémunération avec celle des autres salariés québécois, en particulier ceux du secteur privé (art. 19). Au cours des négociations précédentes, les recherches avaient été effectuées principalement par un bureau de recherches sur la rémunération mis sur pied par le Conseil du trésor lui-même à compter du moment où la loi lui accordait explicitement un pouvoir d'intervention dans le domaine. Il va sans dire que des recherches antérieures avaient été effectuées. La nouveauté, dans le cas de l'IRIR, c'est qu'il s'agit d'un organisme autonome, qui fait rapport directement à l'Assemblée nationale (art. 23) et qui est dirigé, selon la loi, par un conseil où les parties sont représentées (art. 6). Les employés de l'IRIR sont exclus de la définition du salarié selon le *Code du travail* à cause du caractère confidentiel de leurs travaux.

Nous verrons en détail les principaux éléments de la loi 37 en discutant des divers aspects de la structure et du processus de négociation du secteur public (sections 26.4 à 26.6). En guise de conclusion à la présente section, et en résumé, notons que pour cinq rondes de négociation – quatre si l'on exclut la ronde des décrets – le gouvernement a adopté quatre lois différentes pour organiser et structurer la négociation des secteurs public et parapublic au Québec. Ajoutons qu'aucune de ces lois ne fait mention de la table

44. *Loi sur l'organisation des parties patronale et syndicale aux fins des négociations collectives dans les secteurs de l'éducation, des affaires sociales et des agents gouvernementaux*, L.Q. 1978, c. 14 (projet de loi nº 55).

45. *Loi modifiant le Code du travail*, L.Q. 1978, c. 52 (projet de loi nº 59).

46. *Loi modifiant le Code du travail, le Code de procédure civile et d'autres dispositions législatives*, L.Q. 1982, c. 37 (projet de loi nº 72).

47. L.Q. 1985, c. 12 (projet de loi nº 37).

centrale; pourtant, lors des trois importantes rondes des années 1970, la véritable négociation du secteur public s'est faite principalement à la table centrale, à la demande du Front commun syndical et avec l'assentiment bienveillant du gouvernement lui-même.

26.2.4 Lois spéciales de retour au travail

Les lois spéciales de retour au travail ont occupé, dans la négociation du secteur public, une place si importante qu'on ne pourrait présenter le cadre légal de ce secteur sans en traiter explicitement. Comme l'indique le titre choisi, il s'agit de lois particulières votées pour forcer le retour au travail de certains groupes d'employés. Mais l'objectif des lois spéciales n'est pas toujours aussi limité. Certaines lois de retour au travail impliquaient des aspects plus généraux ou plus permanents, comme le régime de négociation provinciale pour les enseignants qui fut imposé en même temps que le retour en classe en février 1967. Dans l'opinion publique, l'avalanche d'interventions de cette nature est apparue encore plus grande, parce qu'au travers des conflits du secteur public et parapublic, il y en eut plusieurs qui visaient des services d'une importance majeure, comme Hydro-Québec et les principales sociétés de transport en commun, la STCUM et la STRSM[48].

Dès les toutes premières rondes de négociations provinciales, le gouvernement dut recourir à des lois spéciales pour régler des conflits autrement insolubles. La grève des hôpitaux, du 15 juillet au 4 août 1966, ne s'est pas officiellement terminée par une loi de retour au travail, mais c'est tout comme. En effet, le médiateur spécial dans le conflit donne un ultimatum aux représentants des hôpitaux le 31 juillet. Le lendemain ce médiateur est nommé par le gouvernement, en vertu de la *Loi des hôpitaux* de 1962, administrateur de tous les hôpitaux du Québec[49]. À ce titre, il accorde aux employés ce que les directeurs d'hôpitaux refusaient de concéder: il accepte d'inclure dans la convention collective des règles contraignantes pour combler non seulement le premier mais les deux premiers postes de cadres au-delà de l'unité de négociation des infirmières[50]. Certains ont prétendu que la mesure avait pour but de déloger les religieuses qui occupaient encore des postes de direction dans le secteur des soins infirmiers. Quel que soit le motif, la grève s'est terminée par un ukase du gouvernement aux administrateurs d'hôpitaux.

La loi 25 de 1967 était d'abord et avant tout une loi de retour au travail: elle forçait un grand nombre d'enseignants de la province à reprendre les cours dans les 48 heures qui suivraient la sanction de la loi, le 17 février 1967[51]. En même temps, le gouvernement prolongeait les conventions collectives jusqu'au 30 juin 1968, tout en permettant aux parties qui le voudraient de poursuivre les négociations, sauf sur les salaires: à ce sujet, il imposait une grille uniforme pour la province, qui ne favorisait pas les enseignants de Montréal et de Laval, mais assurait de bonnes augmentations salariales à tous les autres professeurs de la province. En même temps, la loi mettait en route la préparation d'une négociation à l'échelle de la province.

Lors de la négociation de 1969, le gouvernement dut faire adopter la *Loi assurant le droit à l'éducation*

48. FERNAND MORIN, «Méditations politiques, commissions parlementaires et lois spéciales: nouveaux modes de gestion des conflits?» dans *Les relations du travail au Québec: la dynamique du système*, 31e Congrès de relations industrielles, Québec, Les Presses de l'Université Laval, 1976, p. 47-70; JACQUES DESMARAIS, «Le secteur public: un Code du travail particulier?» dans *La loi et les rapports collectifs du travail*, 14e Colloque de relations industrielles, Montréal, 1983, Université de Montréal, École de relations industrielles, 1984, p. 174-192; *Idem*, «De l'ouverture à l'encadrement ou l'histoire d'un goulot: l'usage de la loi dans les rapports collectifs de travail du secteur public et parapublic, 1970-1986» dans *Le droit dans tous ses états*, sous la direction de ROBERT D. BURNS et PIERRE MACKAY, Montréal, Wilson et Lafleur, 1987 (680 p.), p. 449-471.

49. *Loi des hôpitaux*, S.Q. 1962, c. 44, art. 17.

50. GÉRARD HÉBERT, «Le conflit des hôpitaux et ses implications», *Relations*, vol. 26, n° 308, août-septembre 1966, p. 244-247.

51. *Loi assurant le droit de l'enfant à l'éducation et instituant un nouveau régime de convention collective dans le secteur scolaire*, S.Q. 1966-1967, c. 63.

des élèves de la Commission scolaire régionale de Chambly[52].

À l'occasion du grand affrontement de la troisième ronde, à l'hiver et au printemps de 1972, la seule mesure légale susceptible de protéger le public se trouvait dans l'ancien article 99 du *Code du travail*. Elle s'avéra inefficace. Les injonctions ne furent que partiellement respectées. La grève générale illimitée fut déclenchée le 11 avril. Le 21, l'Assemblée nationale dut adopter la *Loi assurant la reprise des services dans le secteur public*[53]. La loi suspendait le droit de grève jusqu'au 30 juin 1972, dans l'espoir que les règlements surviendraient avant cette date. Sinon, un décret serait imposé là où la convention ne serait pas encore signée. Comme des progrès avaient été faits, le gouvernement décida de prolonger la période par une nouvelle loi spéciale[54]. Tous les groupes réussirent à signer leur convention collective au cours de l'été ou de l'automne, sauf les enseignants à qui un décret fut imposé le 15 décembre.

La quatrième ronde, pourtant moins célèbre que la troisième, exigea l'adoption de trois lois qu'on pourrait qualifier de lois spéciales. La première, sanctionnée le 19 décembre 1975, faisait suite à divers moyens de pression des infirmières et de certains employés paramédicaux[55]. La loi, la première du genre, interdisait toute grève ou lock-out dans un établissement de santé ou de services sociaux avant qu'un accord soit intervenu sur les services essentiels à maintenir ou qu'un commissaire se soit prononcé sur la question. Malgré cela, le gouvernement dut adopter, le 24 juillet 1976, une véritable loi de retour au travail, qui imposait en même temps les conditions de travail de la convention collective jusqu'au 30 juin 1978[56]. Finalement, une loi spéciale suspendit tout droit à la grève ou au lock-out dans les collèges et les commissions scolaires du 11 avril au 30 juin 1976[57]. La loi prévoyait également la nomination de commissaires aux différends scolaires, qui remirent leur rapport le 13 juin; on en vint finalement à une entente le 20 octobre suivant.

La ronde préréférendaire exigea deux lois spéciales. À la suite de sérieuses menaces de grève, surtout dans le secteur hospitalier, le gouvernement, pressé d'en finir avec la négociation à cause du référendum qui approchait, adopta, le 12 novembre 1979, la *Loi sur les propositions aux salariés des secteurs de l'éducation, des affaires sociales et de la fonction publique*[58]. La loi contenait une disposition suspendant le droit de grève du 13 au 29 novembre, période pendant laquelle les deux parties devaient échanger leurs propositions respectives. Après de nouvelles offres, on en arrive à une entente à toutes les tables, sauf à celle des enseignants. Le conflit se poursuivit donc dans le secteur de l'éducation. Il y eut grève générale de 11 jours, une douzaine de grèves locales et une mise en tutelle. Finalement, une entente intervint avec la CEQ le 26 mai 1980. Cependant, les grèves reprirent dans au moins huit commissions scolaires à la rentrée de septembre, ce qui nécessita une nouvelle loi spéciale pour ordonner la reprise de l'enseignement, le 27 octobre 1980, aux conditions établies dans l'entente du 26 mai[59].

Durant la période de discussion qui mena à l'adoption des décrets tenant lieu de convention collective, et à l'occasion des difficultés qui s'ensuivirent, en 1982-1983, l'Assemblée nationale eut à se prononcer sur trois projets de lois spéciales portant les numéros 70, 105 et 111[60]. Comme des doutes furent soulevés

52. L.Q. 1969, c. 68.
53. L.Q. 1972, c. 7 (projet de loi n° 19).
54. *Loi modifiant la Loi assurant la reprise des services dans le secteur public*, L.Q. 1972, c. 8 (projet de loi n° 53).
55. *Loi visant à assurer les services de santé et les services sociaux essentiels en cas de conflit de travail*, L.Q. 1975, c. 52 (projet de loi n° 253).
56. *Loi concernant les services de santé dans certains établissements*, L.Q. 1976, c. 29 (projet de loi n° 61).
57. *Loi concernant le maintien des services dans le domaine de l'éducation et abrogeant une disposition législative*, L.Q. 1976, c. 38 (projet de loi n° 23).
58. L.Q. c. 50 (projet de loi n° 62).
59. *Loi sur certains différends entre certains enseignants et des commissions scolaires*, L.Q. 1980, c. 22 (projet de loi n° 113).
60. *Loi concernant la rémunération dans le secteur public*, L.Q. 1982, c. 35 (projet de loi n° 70); *Loi concernant les conditions de travail dans le secteur public*, L.Q. 1982, c. 45 (projet de loi n° 105); *Loi assurant la reprise des services dans les collèges et les écoles du secteur public*, L.Q. 1983, c. 1 (projet de loi n° 111).

quant à la constitutionnalité de ces lois et des documents parlementaires joints à la loi 105, doutes confirmés par les tribunaux, une autre loi fut votée pour assurer la validité des différentes dispositions de ce groupe de lois: le gouvernement adopta, le 22 juin 1983, la *Loi concernant l'adoption des chapitres 35 et 45 des lois de 1982 et modifiant certaines conditions de travail dans le secteur public*[61].

La période des décrets ramena un certain calme dans les relations du travail en général et même dans l'adoption de lois spéciales. Dès que la négociation reprit normalement, au début de 1986, on recommença à parler de grève, surtout chez les infirmières et dans les hôpitaux. Au début de novembre 1986, il y avait déjà eu plusieurs débrayages dans plusieurs hôpitaux et la menace se faisait de plus en plus pressante. Aussi, le 11 novembre 1986, l'Assemblée nationale adoptait la *Loi assurant le maintien des services essentiels dans le secteur de la santé et des services sociaux*[62]. La loi 160 n'interdit pas la grève, mais rappelle que celle-ci est soumise à des règles détaillées contenues dans le *Code du travail*. Comme plusieurs débrayages récents ne respectaient pas les exigences du Code, des mesures extrêmement sévères étaient prévues dans la nouvelle loi: suspension de la retenue automatique des cotisations syndicales, suppression du traitement pour toute période non travaillée, perte possible d'ancienneté et amendes importantes. Un peu plus d'un an plus tard, le 22 juin 1988, le gouvernement assujettira à la même loi les services ambulanciers[63].

Au cours de la huitième ronde de négociation, le gouvernement fera appel à la loi 160 de 1986 pour contrer un important mouvement de grève, qui a duré tout l'été de 1989. Le Conseil des services essentiels a déclaré la grève illégale et, au début de septembre, le gouvernement a commencé peu à peu à appliquer quelques-unes des sanctions prévues par la loi 160. Les syndicats ayant contesté la légalité de la loi, le gouvernement a, le 22 juin 1991, accepté de restaurer l'ancienneté des salariés touchés par cette sanction[64].

Compte tenu des difficultés financières de l'État, l'Assemblée nationale adoptait, à l'été de 1991, avant que ne débute la neuvième ronde de négociation du secteur public, un projet de loi qui, en quelque sorte, gelait la rémunération de tous les employés de l'État du Québec pour les six premiers mois de l'année 1992[65]. La loi a pour effet principal de prolonger jusqu'au 30 juin 1992 les conventions collectives qui venaient à échéance le 31 décembre 1991. Il ne s'agit pas d'une loi de retour au travail, mais d'une loi qui affecte la négociation du secteur public en prolongeant de six mois les conventions collectives en vigueur. La loi précise que les délais prévus pour les accréditations, les changements d'affiliation et les autres éléments de ce genre obéissent quand même au calendrier prévu par la loi 37 de 1985, qui s'applique toujours (art. 11).

La multitude des lois spéciales – au moins une ou deux par ronde de négociation – démontre que la négociation du secteur public est difficilement comparable à celle du secteur privé. Même si certaines interventions auraient pu être évitées, l'État législateur conserve toujours l'obligation de protéger le bien public, surtout dans les périodes difficiles.

Il faut maintenant voir en détail le fonctionnement des négociations dans les secteurs public et parapublic. Avant d'aborder le secteur parapublic, plus complexe, il faut s'arrêter aux éléments propres à la fonction publique ou secteur public proprement dit.

26.3 Fonction publique

Les fonctionnaires québécois sont régis, principalement, comme tous les salariés du secteur public, par

61. L.Q. 1983, c. 17. On attribuait l'inconstitutionnalité de ces lois et des documents les accompagnant au fait qu'ils n'avaient été déposés et adoptés qu'en français.
62. L.Q. 1986, c. 74 (projet de loi nº 160).
63. *Loi modifiant la Loi assurant le maintien des services essentiels dans le secteur de la santé et des services sociaux*, L.Q. 1988, c. 40.
64. *Loi concernant la restauration de l'ancienneté de certains salariés du secteur de la santé et des services sociaux*, L.Q. 1991, c. 40.
65. *Loi sur le plafonnement provisoire de la rémunération dans le secteur public*, L.Q. 1991, c. 41 (projet de loi nº 149).

le *Code du travail*. Cependant, plusieurs précisions quant à leur régime de relations de travail sont contenues dans un chapitre de la *Loi sur la fonction publique*. On y trouve les principales modifications par rapport aux aspects suivants: l'accréditation, les unités de négociation, le champ de la négociation, les services essentiels et le règlement de certains conflits.

26.3.1 Accréditation et syndicats

L'accréditation des employés de l'État du Québec ne s'est pas effectuée de façon volontaire, comme au fédéral, par une demande d'un syndicat désirant représenter un groupe d'employés donné. Les unités de négociation sont établies par la loi et les syndicats qui les représentent sont accrédités soit par la loi elle-même, soit par une décision ministérielle. Il y a donc, dans la fonction publique du Québec, deux types d'accréditation[66].

Pour représenter les fonctionnaires, cols blancs et cols bleus, la loi désigne expressément le Syndicat des fonctionnaires provinciaux du Québec (SFPQ). Le SFPQ représente ainsi tous les salariés, au sens du *Code du travail*, au service du gouvernement du Québec, sauf ceux qui doivent appartenir à d'autres groupes, que nous indiquerons plus loin. Cette désignation dans la loi correspond à ce qu'on appelle une accréditation «statutaire». À cause du nombre de fonctionnaires, le SFPQ représente à lui seul la majorité des employés directs de l'État québécois. Affilié à la CSN depuis 1964, il s'en est désaffilié en août 1972; il est demeuré indépendant depuis.

Un certain nombre de fonctionnaires doivent former des groupes distincts. Les trois principales catégories sont les professionnels, les enseignants (salariés de l'État) et les agents de la paix. Pour ces groupes, l'accréditation doit être accordée par le cabinet des ministres, en réponse à une demande du syndicat qui veut représenter tel groupe. Un comité mixte doit être constitué par le gouvernement; la moitié des membres doivent être des représentants du groupe intéressé. Si le comité émet une recommandation favorable et que le cabinet l'endosse, le groupe visé est par le fait même accrédité. C'est ce qu'on appelle l'accréditation ministérielle (art. 66). Cette accréditation, tout comme celle du SFPQ, a le même effet qu'une accréditation accordée par un commissaire du travail en vertu du *Code du travail*.

Pour ces catégories d'employés, la détermination des groupes est un peu plus complexe. Jusqu'à 1983, les membres de chaque profession libérale traditionnelle – avocats, notaires, médecins, etc. – devaient constituer un groupe distinct. Depuis 1983, une accréditation peut inclure plus d'un groupe de professionnels; la condition requise est que le syndicat détienne la majorité dans chacune des professions[67]. Quant aux membres des professions nouvelles – économistes, géologues, biologistes, travailleurs sociaux etc. –, ils peuvent constituer une seule unité, si le syndicat représente la majorité de l'ensemble. En fait, c'est le Syndicat de professionnelles et professionnels du gouvernement du Québec (SPGQ) qui est accrédité pour tous les nouveaux professionnels. Autrefois affilié à la CSN, il est maintenant indépendant. Pour leur part, les ingénieurs sont maintenant regroupés dans leur propre syndicat, l'Association professionnelle des ingénieurs du Québec (APIQ), accréditée le 22 septembre 1988.

Le gouvernement du Québec a quelques centaines d'enseignants à son service, comme ceux qui enseignent dans les Centres d'orientation et de formation des immigrants (COFI). Selon l'article 64, ils doivent former un groupe à part. C'est le Syndicat des professeurs de l'État du Québec (SPEQ) qui les représente. Longtemps affilié à la CSN, le SPEQ est maintenant un syndicat indépendant.

Les agents de la paix ont toujours constitué un groupe un peu particulier. Au début, on y trouvait des gardiens de prison, des gardes-chasse, des inspecteurs des autoroutes et d'autres agents de la paix.

66. *Loi de la fonction publique*, S.Q. 1965, c. 14, art. 69; *Loi sur la fonction publique*, L.Q. 1983, c. 55 et L.R.Q. c. F-3.1.1, art. 64.

67. *Loi sur la fonction publique*, L.Q. 1983, c. 55, art. 67.

Comme il s'agit dans tous les cas d'un genre de policier, toute affiliation leur est interdite à moins de se joindre à une organisation qui regroupe essentiellement des agents de la paix salariés (art. 68). De plus, ils n'ont pas le droit de recourir à la grève (art. 69). Au début, la loi ne précisait pas le moyen de résoudre les impasses qui pouvaient survenir. La disposition a été introduite en même temps qu'on a procédé à certaines divisions parmi les différentes catégories d'agents de la paix. Nous y reviendrons à la section 26.3.5.

Il faut mentionner qu'au moment de l'introduction de la syndicalisation et de la négociation collective dans la fonction publique, le gouvernement craignait que les syndicats ne recourent à la politique partisane pour promouvoir leurs intérêts économiques; il tenait à garder bien séparés le syndicalisme et les partis politiques. Aussi a-t-il introduit, dans la loi de 1965, la disposition suivante, qui a été considérablement modifiée depuis[68]:

> Le droit d'affiliation est reconnu à toute association de salariés de la fonction publique à la condition que sa constitution lui interdise de faire de la politique partisane ou de participer au fonctionnement d'un parti politique et qu'elle ne puisse s'affilier à une association qui ne respecte pas ces interdictions.

La disposition avait pour effet, au moment de son adoption, d'exclure de la fonction publique tout syndicat affilié à la FTQ, puisque cette affiliation comportait une certaine adhésion au Nouveau Parti démocratique. Le président de la FTQ déclara que le gouvernement achetait la neutralité politique et offrait à la CSN, « sur un plateau d'argent », 60 000 membres du secteur public[69]. La disposition est disparue avec la refonte de la *Loi sur la fonction publique*, en 1978[70]. Dans sa nouvelle forme, l'article est toujours en vigueur: il accorde le droit d'affiliation à toute association de salariés sans restriction, sauf pour les agents de la paix qui ne peuvent se regrouper qu'avec d'autres salariés exerçant des fonctions d'agents de la paix (art. 68).

En cas de litige sur l'inclusion ou l'exclusion d'un fonctionnaire par rapport à une unité d'accréditation donnée, c'est le Tribunal du travail qui a autorité pour délimiter concrètement l'étendue précise de chaque unité. Le Tribunal du travail a également le pouvoir de révoquer une accréditation et d'en accorder une nouvelle s'il y a lieu[71]. Le Tribunal du travail ne peut intervenir que sur ces trois aspects de l'accréditation. Tout le reste est déterminé dans la *Loi sur la fonction publique*, confirmant l'observation que l'application de la loi générale comporte des limites importantes.

26.3.2 Unités de négociation

On voit par la discussion précédente que les unités de négociation ont été établies par la loi et délimitées ensuite par une décision du cabinet des ministres. Quand il s'agit du secteur public, les gouvernements laissent rarement les syndicats tout à fait libres de demander les unités de négociation de leur choix: il y va de l'efficacité de l'administration gouvernementale.

Avec l'ensemble de ses fonctionnaires, le gouvernement du Québec n'a jamais négocié plus d'une douzaine de conventions collectives distinctes. (Voir le tableau 26-2.) Le SFPQ doit négocier deux conventions collectives, une pour les fonctionnaires proprement dits, ou cols blancs, et l'autre pour les ouvriers, ou cols bleus. C'est évidemment l'unité la plus considérable, qui a toujours régi de 50 000 à 60 000 salariés.

Le deuxième groupe en importance est celui des divers professionnels, diplômés d'université de toutes les disciplines. Représentée par le SPGQ leur unité compte aujourd'hui près de 15 000 fonctionnaires.

Au début, les membres des professions libérales traditionnelles devaient former autant de groupes dis-

68. *Loi de la fonction publique*, S.Q. 1965, c. 14, art. 73 (projet de loi nº 55).
69. *Le Devoir*, samedi 31 juillet 1965, p. 3.
70. *Loi sur la fonction publique*, L.Q. 1978, c. 15, art. 114 (projet de loi nº 50).
71. *Loi sur la fonction publique*, L.R.Q. 1978, c. F-3.1.1, art. 66, 4e alinéa.

TABLEAU 26-2

Unités de négociation du secteur public (fonction publique) – 1989-1991[1]

Catégories	Affiliation	Unités d'accréditation	Nombre d'employés régis
SFPQ[2]: Cols blancs Cols bleus	Indépendant	1 1[3]	41 500 14 500
Nouvelles professions – SPGQ	Indépendant	1	14 000
Professions libérales[4]	Indépendant	3	1 150
Enseignants – SPEQ	Indépendant	1	1 000
Agents de la paix[5]	Indépendant	5	3 000
TOTAL		11	75 150

1. Toutes les conventions collectives arrivaient à échéance le 31 décembre 1991.
2. Sauf dans le cas des membres des professions libérales traditionnelles et des agents de la paix, tous les groupes ont déjà été affiliés à la CSN, surtout au début.
3. L'accréditation statutaire accordée au SFPQ vise deux groupes distincts: les fonctionnaires proprement dits et les ouvriers.
4. Parmi les professions libérales traditionnelles, outre les ingénieurs, seuls les médecins et les chirurgiens-dentistes salariés du gouvernement ont une convention collective distincte. On pourrait y ajouter les 2000 médecins résidents du Québec.
5. Les agents de la paix comptent cinq groupes: ceux rattachés aux institutions carcérales (1700 salariés) et à la conservation de la faune (500 agents de conservation), les constables du contrôle routier, les constables spéciaux (édifices du Parlement) et les gardes du corps.

Sources: «Conventions collectives visées», section «Ententes», *Le marché du travail*; Données mécanographiques du CRSMT.

tincts qu'il y avait de professions visées. Le nombre de membres dans chaque unité était restreint puisqu'il s'agissait strictement de professionnels salariés, engagés par l'État comme fonctionnaires pour remplir la fonction de médecin, de vétérinaire, de dentiste, etc. Le nombre d'unités distinctes pour les professions traditionnelles n'est aujourd'hui que de trois, les médecins, les chirurgiens-dentistes et les ingénieurs. Il y a eu des fusions, ce qui est maintenant permis par la loi, passage au SPGQ, ou même scission, comme les ingénieurs l'on fait en 1988. On devrait mentionner aussi la Fédération des médecins résidents du Québec ; dûment accréditée, elle négocie les conditions de travail de ses 2000 membres directement avec le gouvernement du Québec, même si chaque médecin résident relève de l'hôpital où il travaille et de qui il reçoit sa rémunération.

Les enseignants salariés de l'État du Québec sont membres du SPEQ. Ils sont environ 1000, régis par une convention collective qui leur est propre.

Quant aux agents de la paix, ils négocient maintenant cinq conventions collectives différentes, qui régissent 3000 salariés. Le groupe le plus nombreux, la moitié d'entre eux, est constitué par les gardiens de prison. Nous examinerons ces différents groupes dans la section consacrée aux agents de la paix (26.3.5).

26.3.3 Champ de la négociation

Selon les explications présentées au chapitre précédent, le champ de la négociation entre les fonctionnaires et le gouvernement du Québec comporte des limites, qui ressemblent beaucoup à celles qu'on rencontre dans les autres provinces canadiennes et au fédéral. Essentiellement, sont exclues du champ de la négociation collective toutes les questions qui relèvent de la compétence de la Commission de la fonction publique et des organismes qui y sont rattachés, ainsi que toute autre matière régie par une loi. L'énumération des matières exclues est particulièrement claire dans la *Loi sur la fonction publique* qui ne demande qu'à être citée[72]. L'article actuel fut introduit en 1978, mais les limites se sont appliquées depuis le début, en vertu des principes généraux selon lesquels la négociation ne pouvait porter sur des questions faisant déjà l'objet de dispositions législatives.

> 70 (...) aucune disposition d'une convention collective ne peut restreindre ni les pouvoirs de la Commission de la fonction publique ni ceux de l'Office des ressources humaines relativement à la tenue de concours de recrutement et de promotion et à la déclaration d'aptitudes des candidats ainsi qu'à la tenue des examens de changement de grade des fonctionnaires et à leur déclaration d'aptitudes. En outre, aucune disposition d'une convention collective ne peut restreindre les pouvoirs d'un sous-ministre, d'un dirigeant d'organisme, du gouvernement ou du Conseil du trésor à l'égard de l'une ou l'autre des matières suivantes:
>
> 1° la nomination des candidats à la fonction publique ou à la promotion des fonctionnaires;
>
> 2° la classification des emplois y compris la définition des conditions d'admission et la détermination du niveau des emplois en relation avec la classification;
>
> 3° l'attribution du statut de fonctionnaire permanent et la détermination de la durée d'un stage probatoire lors du recrutement ou de la promotion;
>
> 4° l'établissement des normes d'éthique et de discipline dans la fonction publique;
>
> 5° l'établissement des plans d'organisation et la détermination et la répartition des effectifs.

Exprimées en d'autres mots, les limites correspondent sensiblement à celles qui sont imposées aux syndicats d'employés du gouvernement du Canada. La raison en est la même: la Commission de la fonction publique était déjà responsable de l'organisation des ressources humaines et des mouvements de personnel. Il n'a pas semblé opportun de soumettre cet important domaine aux aléas de la négociation et des conventions collectives, influencées souvent par des motifs temporaires et des objectifs à court terme. Les questions de ressources humaines exigent une approche à plus long terme, surtout dans le cas des gouvernements.

26.3.4 Services essentiels

Dans la fonction publique, l'obligation de maintenir les services essentiels en cas d'arrêt de travail remonte à l'adoption de la *Loi de la fonction publique* de 1965. Dans le secteur parapublic, l'obligation ne viendra que beaucoup plus tard, la première fois en 1975. Après avoir interdit la grève à tous les agents de la paix, l'article se poursuit ainsi[73]:

> La grève est aussi interdite à tout autre groupe, à moins que les services essentiels et la façon de les maintenir ne soient déterminés par une entente préalable entre les parties ou par une décision du Tribunal du travail.

En quelques mots, l'article contient l'essence de ce que prescrit aujourd'hui le *Code du travail* pour le maintien des services essentiels. Les parties doivent tenter de s'entendre sur les services à maintenir. Si elles n'y parviennent pas, dans le cas des fonctionnaires, c'est le Tribunal du travail qui décide.

Pendant les premières années d'application de la loi, il y eut à ce sujet quelques divergences d'opinion entre le gouvernement et le SFPQ. Après quelques rondes de négociations, on s'entendit sur un certain nombre de services à maintenir qui, dans l'ensemble, ne dépassaient pas 3 % ou 4 % du personnel habituel. Il ne semble pas que cette question ait créé d'autres difficultés sérieuses.

Aujourd'hui, les services essentiels de la fonction publique relèvent également du *Code du travail*. En vertu des articles 111.2, 111.8 et 111.16, les dispositions du Code et les pouvoirs du Conseil des services essentiels s'appliquent au secteur public proprement dit. L'objectif poursuivi n'est pas différent,

72. *Ibid.*, art. 70.

73. *Loi de la fonction publique*, S.Q. 1965, c. 14, art. 75; *Loi sur la fonction publique*, L.R.Q. c. F-3.1.1, art. 69.

mais les modalités et les organismes responsables ne sont pas les mêmes que dans la loi initiale.

26.3.5 Agents de la paix

Deux problèmes principaux affectaient le groupe des agents de la paix. D'abord, la variété de leurs fonctions ne répondait pas au critère fondamental de toute unité de négociation, soit la communauté d'intérêts des salariés visés: il fallait donc prévoir un certain fractionnement de cette unité. L'autre problème avait trait au règlement final des conflits puisque toute grève était interdite aux agents de la paix. Les deux problèmes furent réglés par la *Loi modifiant la Loi sur la fonction publique*, adoptée le 19 décembre 1981[74].

La modification à la loi subdivise l'ancien groupe des agents de la paix en sept catégories possibles: les agents de conservation de la faune, les agents des pêcheries, les constables au Tribunal de la jeunesse[75], les gardiens constables, les inspecteurs des transports, tous les employés et préposés en établissement de détention et, finalement, tout autre groupe de préposés à des fonctions d'agents de la paix. La modification permet des regroupements, si les intéressés le souhaitent, mais la loi détermine elle-même les seules catégories possibles. En fait, cinq syndicats se sont constitués selon les catégories indiquées, moins les agents des pêcheries (peut-être regroupés avec la faune) et le groupe restant des autres préposés à des fonctions d'agents de la paix. La possibilité de regroupement est rendue possible par l'addition d'un alinéa à ce qui est aujourd'hui l'article 67; le regroupement est même favorisé en remplaçant le long délai prévu à l'article 111.3 du *Code du travail* (relatif à la demande d'accréditation dans le secteur public et parapublic) par un autre mieux adapté aux circonstances.

La principale modification consiste dans l'ajout de six articles portant sur la négociation collective; l'ancienne loi était complètement muette à ce sujet. En fait, cependant, le gouvernement s'était montré assez souple: par exemple, dans la convention collective de travail 1978-1981, il avait accepté le principe qu'un différend lors des négociations soit soumis, à la demande d'une des parties, à un arbitre choisi par elles ou par le Tribunal du travail (art. 46). La sentence, toutefois, ne constituerait qu'une recommandation au cabinet des ministres; mais les recommandations de l'arbitre ont en général été incorporées à la convention collective.

La modification de 1981 introduit un régime d'une autre nature. Un comité paritaire est constitué pour chaque association accréditée – il y en a cinq présentement – et est composé de quatre membres de l'association et de quatre représentants du gouvernement; un président est nommé par le gouvernement mais n'a pas droit de vote. Le comité est chargé de commencer et de poursuivre les négociations en vue de renouveler la convention collective. Le comité présente ses recommandations au gouvernement qui normalement les approuve; elles constituent alors l'équivalent d'une convention collective signée par les parties. En cas d'impasse, la loi dit simplement que le comité négocie un mode de règlement des différends[76].

* * *

Telles sont les particularités de la négociation des conventions collectives pour les employés de la fonction publique du Québec. Ces dispositions prévalent sur les dispositions du *Code du travail*, surtout en matière d'accréditation et d'unité de négociation. Nous abordons dans les sections suivantes l'étude du secteur parapublic, où les règles générales du *Code*

74. L.Q. 1981, c. 20 (projet de loi n° 22). La loi est entrée en vigueur par proclamation du gouvernement, le 8 janvier 1982: décret n° 20 de 1982.

75. Depuis 1988, les constables au Tribunal de la jeunesse s'appellent les constables à la Chambre de la jeunesse de la Cour du Québec. *Loi modifiant la Loi sur les tribunaux judiciaires et d'autres dispositions législatives en vue d'instituer la Cour du Québec*, L.Q. 1988, c. 21, art. 93.

76. *Loi modifiant la Loi sur la fonction publique*, S.Q. 1981, c. 20 (projet de loi n° 22), art. 6, ajoutant les articles 116.1 à 116.6. Ces articles sont aujourd'hui les articles 71 à 76 de la *Loi sur la fonction publique*, L.R.Q. c. F-3.1.1.

du travail s'appliquent plus couramment, même si de longues sections du Code visent les seuls secteurs public et parapublic. Nous verrons successivement les structures et le processus de négociation, particulièrement les règles concernant les conflits et les services essentiels. Nous terminerons cet examen par une évaluation des résultats du régime.

Les sections qui suivent se rapportent donc principalement au secteur parapublic, c'est-à-dire aux services de santé et à l'éducation. À l'occasion, nous aborderons certains points touchant au secteur public comme tel.

26.4 Structures de négociation

Après plusieurs modifications dans les années 1970, les structures de négociation n'ont guère changé au cours des dernières rondes. Elles ont été mises en place par le projet de loi 37 en 1985[77]. À cause de l'ampleur presque démesurée de la négociation du secteur parapublic, les structures de négociation y jouent un rôle capital. Elles révèlent un degré de centralisation très élevé. Les structures patronales et syndicales sont différentes mais également complexes. Les unités de négociation qui en découlent, par leur incroyable multiplicité, ne sont pas plus simples. Nous verrons successivement les principaux aspects des structures patronales, des structures syndicales et des unités de négociation.

26.4.1 Structures patronales

La partie patronale, dans le secteur parapublic, présente une particularité unique: elle constitue une sorte d'organisme à deux têtes. Le gouvernement y joue un rôle déterminant, tant par l'entremise des ministères de la Santé, de l'Éducation, de l'Enseignement supérieur, que par celle du Conseil du trésor. Les associations qui représentent les employeurs proprement dits – hôpitaux, institutions de santé et commissions scolaires – ont également un rôle et une responsabilité capitale. La réforme de 1985 a eu précisément pour objectif de trouver le meilleur équilibre possible entre ces deux pôles de l'autorité patronale. Un organisme bicéphale a toujours des problèmes de coordination. Il y a une autre distinction primordiale, qui repose sur un autre facteur. Le secteur de la santé et des services sociaux – qu'on appelait autrefois secteur des affaires sociales – est bien différent du monde de l'éducation. Non seulement il faut en traiter séparément, mais nous verrons que chaque groupe a ses caractéristiques et ses structures propres.

Dans le secteur de la santé et des services sociaux, c'est le type d'institution – ou d'établissement, selon le terme utilisé dans la loi – qui détermine la première répartition. Toutes les institutions de santé ou de services sociaux sont représentées aux tables de négociation par le Comité patronal de négociation de la santé et des services sociaux (CPNSSS). Le comité est constitué des présidents et des vice-présidents des sous-comités, lesquels correspondent aux cinq types d'institutions reconnues dans la loi (art. 36). Ces cinq types d'institutions sont les suivants[78]:

- Hôpitaux publics;
- Centres locaux de services communautaires (CLSC);
- Centres d'accueil publics;
- Centres de services sociaux;
- Établissements privés conventionnés.

Les établissements privés conventionnés sont ceux qui suivent les normes du ministère et qui reçoivent de lui certaines subventions. (Voir le tableau 26-3.)

Le CPNSSS et ses sous-comités sont constitués à la fois de représentants du ministère de la Santé et des Services sociaux et de représentants des associations patronales. L'Association des hôpitaux du Qué-

77. *Loi sur le régime de négociation des conventions collectives dans les secteurs public et parapublic*, L.Q. 1985, c. 12 (projet de loi nº 37); L.R.Q. c. R-8.2.

78. Selon la réforme des services de santé et des services sociaux qui a été annoncée, les cinq catégories seront légèrement modifiées: CLSC, hôpitaux, hébergement et soins de longue durée, protection de l'enfance et de la jeunesse, et réadaptation. *Loi sur les services de santé et les services sociaux et modifiant diverses dispositions législatives*, L.Q. 1991, c. 42 (projet de loi nº 120), art. 79.

TABLEAU 26-3

Structures patronales de négociation du secteur parapublic – 1988-1991

Organismes de représentation	Gouvernement et ministères concernés	Associations patronales et catégories d'institutions
	Santé et services sociaux (AS)	
CPNSSS (art. 36) Président et vice-président des sous-comités Sous-comités représentants de secteur Tables de négociation selon les occupations: – infirmières; – professionnels de la santé; – employés généraux...	Ministère de la Santé et des Services sociaux Président ou vice-président (art. 38)	Secteurs (sous-comités) (art. 36) 1. Centres hospitaliers publics (CHP); 2. Centres locaux de services communautaires (CLSC); 3. Centres d'accueil publics (CAP); 4. Centres de services sociaux (CSS); 5. Établissements privés conventionnés (EPC) Association des hôpitaux du Québec (AHQ) Vice-président ou président (art. 38)
	Éducation	
CPNCC (art. 30) Commissions scolaires catholiques Tables de négociation selon les occupations: – enseignants; – professionnels non enseignants; – employés de soutien.	Ministère de l'Éducation Président ou vice-président (art. 31)	Association des commissions scolaires catholiques (ACSC) Vice-président ou président (art. 31)
CPNCP (art. 30) Commissions scolaires protestantes Tables de négociation selon les occupations: – enseignants; – professionnels non enseignants; – employés de soutien.	Ministère de l'Éducation Président ou vice-président (art. 31)	Association des commissions scolaires protestantes (ACSP) Vice-président ou président (art. 31)
CPNC (art. 30) Collèges publics (cégeps) Tables de négociation selon les occupations: – enseignants; – professionnels non enseignants; – employés de soutien.	Ministère de l'Enseignement supérieur, de la Science et de la Technologie Président ou vice-président (art. 31)	Association des collèges du Québec Vice-président ou président (art. 31)

Principales abréviations:
AS: Affaires sociales
CPNC: Comité patronal de négociation pour les collèges
CPNCC: Comité patronal de négociation pour les commissions scolaires catholiques
CPNCP: Comité patronal de négociation pour les commissions scolaires protestantes
CPNSSS: Comité patronal de négociation de la santé et des services sociaux.
N.B. Les numéros d'articles renvoient à la loi indiquée dans la source.

Source: *Loi sur le régime de négociation des conventions collectives dans les secteurs public et parapublic*, L.R.Q., c. R-8.2.

bec (AHQ) est le principal porte-parole non seulement des hôpitaux publics mais également de l'ensemble des établissements, par délégation de pouvoir des associations particulières. Le CPNSSS et les sous-comités se choisissent un président et un vice-président, dont l'un doit provenir du secteur gouvernemental et l'autre des associations patronales. Le ministre et les associations nomment respectivement leurs divers représentants.

Chaque comité, de même que chaque sous-comité, détermine les modalités de son fonctionnement et son mode de financement. Ils ont pour fonction de négocier et de conclure les conventions collectives de leur secteur respectif, sous l'autorité du ministre de la Santé et des Services sociaux, et dans les limites des mandats accordés par le Conseil du trésor (art. 38-41).

Dans le secteur de l'éducation, la première division des structures de négociation s'effectue selon le niveau et la catégorie de l'enseignement dispensé. On détermine d'abord un comité de négociation pour les commissions scolaires catholiques (CPNCC) et un autre pour les commissions scolaires protestantes (CPNCP); tous deux visent le niveau primaire et secondaire. Pour les collèges, la négociation est confiée au CPNC, le Comité patronal de négociation des collèges (art. 30).

Les comités patronaux de négociation de l'éducation sont constitués selon le même principe que ceux du secteur de la santé, sauf que dans le domaine de l'éducation deux ministères interviennent: le ministère de l'Éducation pour le niveau primaire et secondaire et le ministère de l'Enseignement supérieur pour le niveau collégial. Les universités ne font pas partie du secteur public au sens strict, mais leurs conventions collectives s'inspirent grandement de ce qui est négocié dans le secteur public.

La composition des divers comités patronaux de négociation est la même que dans le cas de la santé et des services sociaux, avec un président et un vice-président choisis dans chacun des deux groupes constituant la partie patronale. Comme dans le domaine de la santé, les conventions collectives sont signées par le ministre concerné ainsi que par le président et le vice-président du comité patronal de négociation.

Les structures patronales de négociation ne correspondent qu'à un premier niveau d'organisation de la négociation dans le vaste secteur parapublic. Sous la responsabilité de chaque comité patronal de négociation, il y aura plusieurs tables de négociation établies en fonction de deux critères différents: d'abord, les métiers ou professions – les infirmières, les professionnels de la santé et les employés généraux d'un côté, et les enseignants, les professionnels non enseignants et les employés de soutien de l'autre – et ensuite la représentation syndicale des groupes concernés. Ce qui nous amène à examiner les structures syndicales.

26.4.2 Structures syndicales

La loi a voulu respecter les différentes affiliations qu'ont choisies les syndicats concernés. Les affiliations syndicales constituent le critère qui va décider du nombre de tables de négociation pour chaque catégorie de salariés. Par exemple, pour les employés de soutien des collèges, il y aura autant de tables distinctes qu'on y dénombrera d'affiliation à des centrales ou groupes syndicaux. Le principe de base, selon la loi, est le suivant: c'est l'organisme le plus élevé dans la hiérarchie syndicale qui doit représenter tous ses affiliés à la table appropriée, c'est-à-dire à la table qui concerne ses membres et pour laquelle il a des mandats de négocier (art. 26).

> Une association de salariés faisant partie d'un groupement d'associations de salariés négocie et agrée, par l'entremise d'un agent négociateur nommé par ce groupement, les stipulations visées dans l'article 44 [les matières négociables à l'échelle provinciale].
>
> Un groupement d'associations de salariés est une union, fédération, confédération, corporation, centrale ou autre organisation à laquelle adhère, appartient ou est affiliée une association de salariés représentant des personnes à l'emploi d'une commission scolaire, d'un collège ou d'un établissement [de santé ou de services sociaux].

Un syndicat affilié à une fédération, elle-même affiliée à la CSN, doit être représenté par la CSN ou la fédération concernée. Il n'a à aucun titre la possibilité de négocier directement avec la partie patronale. Par contre, une association qui ne fait pas partie d'un groupement ou regroupement de syndicats peut négocier avec le comité patronal concerné. C'est d'ailleurs ce qui explique le nombre relativement élevé de tables de négociation. Cependant, une association non affiliée, même si elle peut négocier directement avec le comité patronal qui la concerne, n'a généralement qu'un pouvoir de négociation limité, proportionnel à son importance numérique.

Le modèle ou *pattern* de négociation est établi aux tables les plus représentatives et il détermine presque infailliblement ce qui sera accordé aux autres tables. Dans chacun des grands secteurs, les tables les plus importantes seront, selon le cas, celles où négocient la CSN, la FTQ ou la CEQ. Même si les unions affiliées à la FTQ ont, du point de vue syndical, plus d'autonomie et de liberté d'action que la FTQ elle-même, c'est cette dernière qui a le mandat et le pouvoir de négocier pour toutes les sections locales d'une union qui lui est affiliée. En d'autres mots, les structures syndicales correspondent, en gros, aux principales centrales syndicales qui existent et aux autres regroupements qui ont pu se former dans le secteur parapublic au Québec.

26.4.3 Tables de négociation

Les trois éléments mentionnés jusqu'ici – catégories d'institutions, groupes d'employés et regroupements syndicaux – déterminent le nombre et l'objet des différentes tables de négociation. Par suite de la liberté accordée aux différents syndicats de se regrouper ou non (art. 26-27), il y aura, pour chaque catégorie d'institutions et chaque groupe d'employés, plusieurs tables différentes selon les affiliations syndicales. Parmi ces tables, certaines pourront être constituées d'un syndicat particulier, non affilié, et ne viser qu'un groupe restreint d'employés; par contre, d'autres négocieront les conditions de travail de 50 000 ou de 80 000 employés, répartis dans plusieurs centaines d'unités d'accréditation. (Voir le tableau 26-4.)

Pour chaque groupe d'employés, dans chaque catégorie d'institutions, il y a généralement une table principale, selon le nombre d'employés visés et la centrale qui les représente. Mais il arrive qu'à la même table on discute des conditions de travail qui s'appliqueront à plusieurs catégories d'institutions. C'est ainsi que les conditions de travail des infirmières sont fondamentalement identiques, que celles-ci travaillent dans des hôpitaux publics, des centres d'accueil ou des établissements privés conventionnés. À ce moment, les conditions de travail de tout le secteur de la santé sont négociées à la même table pour le groupe d'employés en question. C'est ainsi, par exemple, que la Fédération des infirmières et infirmiers du Québec (FIIQ) a négocié avec le Comité patronal des négociations du secteur de la santé et des services sociaux (CPNSSS) et tous les sous-comités qui y sont rattachés pour en arriver à la signature d'une seule convention collective, le 10 novembre 1989. La convention visait environ 40 000 infirmières[79].

Pour les employés généraux et les employés de soutien des hôpitaux de la province, c'est à la table de la Fédération des affaires sociales (CSN) que se négocient les principales conditions de travail. La négociation se fait entre le CPNSSS et la FAS, et elle vise les quelque 225 hôpitaux de la province et environ 65 000 salariés. La convention collective a été signée le 27 avril 1990. Le même jour – cela signifie que les négociations ont été menées de front, mais pas nécessairement à la même table –, la FAS signait une autre convention avec le CPNSSS. Cette seconde convention visait les Centres locaux de services communautaires (CLSC); elle englobe, en plus des employés de métiers et ceux affectés aux services auxiliaires, des professionnels et des techniciens[80]. Dans cette ronde de négociations, la table FTQ pour les hôpitaux était arrivée à une entente avant la table CSN. En effet, le Syndicat canadien de la fonction publique, affilié à la FTQ, a signé sa convention collective avec le CPNSSS le 21 décembre 1989,

79. *Le marché du travail*, vol. 11, n° 2, février 1990, p. 35-38.
80. *Le marché du travail*, vol. 11, n° 8, août 1990, p. 35-41.

TABLEAU 26-4

Structures syndicales et tables de négociation du secteur parapublic – 1988-1991

Catégories d'institutions	Groupes d'employés	Syndicats et affiliation	Nombre d'employés
	Infirmières et infirmiers		
Santé et services sociaux (CPNSSS)	Hôpitaux	Fédération des infirmières et infirmiers du Québec	35 206
		Fédération québécoise des infirmières et infirmiers	10 541
		Fédération des infirmières et infirmiers unis	8 649
		Fédération des infirmières et infirmiers auxiliaires du Québec	2 367
		Union québécoise des infirmières et infirmiers, CEQ	2 307
		Association professionnelle des infirmières et infirmiers auxiliaires du Québec	623
	CSS	Syndicat professionnel des infirmières et infirmiers du Québec, FIIQ	51
		Fédération des infirmières et infirmiers unis	9
	CLSC	Fédération québécoise des infirmières et infirmiers	725
		Fédération des infirmières et infirmiers unis	139
		Fédération des infirmières et infirmiers auxiliaires du Québec	8
		Union québécoise des infirmières et infirmiers, CEQ	343
		Association professionnelle des infirmières et infirmiers auxiliaires du Québec	16
		Syndicat professionnel des infirmières et infirmiers du Québec, FIIQ	2 910
	Établissements privés conventionnés	Syndicat professionnel des infirmières et infirmiers du Québec, FIIQ	864
		Fédération québécoise des infirmières et infirmiers	388
		Fédération des infirmières et infirmiers unis	125
		Fédération des infirmières et infirmiers auxiliaires du Québec	101
		Union québécoise des infirmières et infirmiers, CEQ	12
		Association professionnelle des infirmières et infirmiers auxiliaires du Québec	116
	Centres d'accueil publics	Syndicat professionnel des infirmières et infirmiers du Québec, FIIQ	1 165
		Fédération québécoise des infirmières et infirmiers	102
		Fédération des infirmières et infirmiers unis	73
		Fédération des infirmières et infirmiers auxiliaires du Québec	136
		Union québécoise des infirmières et infirmiers, CEQ	200
		Association professionnelle des infirmières et infirmiers auxiliaires du Québec	148
			67 324

TABLEAU 26-4 (suite)

Catégories d'institutions	Groupes d'employés	Syndicats et affiliation	Nombre d'employés
	Professionnels de la santé		
Santé et services sociaux (CPNSSS) (suite)	Hôpitaux	Centrale des professionnels de la santé	4 071
		Association professionnelle des inhalothérapeutes et des techniciennes et techniciens médicaux, CEQ	5 366
		Syndicat des professionnels et techniciens de la santé du Québec, CEQ	389
		Syndicat professionnel des diététistes du Québec, CEQ	567
		Syndicat des professionnels de la santé et des services sociaux (région de Québec), CEQ	44
		Fédération des professionnels et professionnelles salariés et cadres du Québec, CSN	1 291
		Association des perfusionnistes du Québec	8 211
		Syndicat des ergothérapeutes du Québec	42
	CSS	Centrale des professionnels de la santé	408
		Syndicat des professionnels des centres régionaux de la santé et des services sociaux, Trois-Rivières	15
		Syndicat des avocats des centres de services sociaux du Québec	5
		Fédération des professionnels et professionnelles salariés et cadres du Québec, CSN	609
	CSLC	Centrale des professionnels de la santé	116
		Association professionnelle des inhalothérapeutes et des techniciennes et techniciens médicaux, CEQ	56
		Syndicat des professionnels et techniciens de la santé du Québec, CEQ	86
		Syndicat professionnel des diététistes du Québec, CEQ	9
		Fédération des professionnels et professionnelles salariés et cadres du Québec, CSN	228
	Établissements privés conventionnés	Centrale des professionnels de la santé	39
		Association professionnelle des inhalothérapeutes et des techniciennes et des techniciens médicaux, CEQ	24
		Syndicat des professionnels et techniciens de la santé du Québec, CEQ	3
		Syndicat professionnel des diététistes du Québec, CEQ	2
	Centres d'accueil publics	Centrale des professionnels de la santé	226
		Association professionnelle des inhalothérapeutes et des techniciennes et des techniciens médicaux, CEQ	4
		Syndicat des professionnels et techniciens de la santé du Québec, CEQ	19
		Syndicat professionnel des diététistes du Québec, CEQ	20
		Syndicat des professionnels de la santé et des services sociaux du Québec, CEQ	30
		Fédération des professionnels et professionnelles salariés et cadres du Québec, CSN	360
			22 240

TABLEAU 26-4 (suite)

Catégories d'institutions	Groupes d'employés	Syndicats et affiliation	Nombre d'employés
	Employés généraux et de soutien		
Santé et services sociaux (CPNSSS) (suite)	Hôpitaux	Fédération des affaires sociales, CSN	64 429
		Union des employés de service, FTQ	5 503
		Syndicat canadien de la Fonction publique, FTQ	10 761
		Centrale des syndicats démocratiques	3 976
		Fédération du personnel de la santé et des services sociaux, CEQ	1 833
		Syndicat des employés d'hôpitaux Arthabaska inc.	510
		Syndicat des employés de bureau et des services de soins à domicile de St-Hyacinthe	66
		Syndicat canadien des officiers de la marine marchande	104
	CSS	Fédération des affaires sociales, CSN	4 027
		Syndicat canadien de la Fonction publique, FTQ	157
		Syndicat des employés des centres de coordination d'urgences-santé	150
		Syndicat des employés des centres régionaux de santé et de services sociaux de Trois-Rivières	20
		Syndicat des travailleurs des centres régionaux des services sociaux du Québec	50
	CLSC	Fédération des affaires sociales, CSN	9 568
		Union des employés de service, FTQ	281
		Syndicat canadien de la Fonction publique, FTQ	357
		Centrale des syndicats démocratiques	250
		Syndicat des employés de bureau et des services de soins à domicile de St-Hyacinthe	2
	Établissements privés conventionnés	Fédération des affaires sociales, CSN	1 916
		Union des employés de service, FTQ	4 251
		Syndicat canadien de la Fonction publique, FTQ	117
		Centrale des syndicats démocratiques	147
	Centres d'accueil publics	Fédération des affaires sociales, CSN	18 783
		Union des employés de service, FTQ	7 213
		Syndicat canadien de la Fonction publique, FTQ	4 914
		Centrale des syndicats démocratiques	865
		Fédération du personnel de la santé et des services sociaux, CEQ	868
		Fédération des employés municipaux et scolaires du Québec	32
		Association des employés du Relais St-François	109
		Syndicat canadien des officiers de la marine marchande	4
		Syndicat des travailleurs en réadaptation Laurentides-Lanaudière	9
			141 272

TABLEAU 26-4 (suite)

Catégories d'institutions	Groupes d'employés	Syndicats et affiliation	Nombre d'employés
Commissions scolaires catholiques (CPNCC)	Enseignants	Fédération des enseignants des commissions scolaires, CEQ	67 759
		Provincial Association of Catholic Teachers	2 908
	Professionnels non enseignants	Fédération des professionnels de l'éducation du Québec, CEQ	4 261
		Syndicat des employés professionnels de bureau, loc. 57 et 440, FTQ	923
	Employés de soutien	Fédération des professionnels de la santé, CEQ	3 931
		Syndicat canadien de la Fonction publique, FTQ	2 381
		Fédération des employés des services publics, CSN	9 084
		Fédération des employés municipaux et scolaires du Québec	2 292
		Union des employés de service, FTQ	342
		Syndicat des employés de soutien des commissions scolaires de Sept-Îles, ATQ	3
			93 884
Commissions scolaires protestantes (CPNCP)	Enseignants	Association provinciale des enseignants protestants du Québec, PAPT	6 736
	Professionnels non enseignants	Fédération des professionnels de l'éducation du Québec, CEQ	199
		Syndicat canadien de la Fonction publique, FTQ	1 130
		Syndicat des employés professionnels de bureau, FTQ	350
	Employés de soutien	Union des employés de service, FTQ	675
		Fédération des employés municipaux et scolaires du Québec	5
		Union des employés de soutien des commissions scolaires du Lakeshore	120
			9 215
Collèges (CPNC)	Enseignants	Fédération nationale des enseignants et enseignantes québécois, CSN	9 052
		Fédération des enseignants de cégeps, CEQ	2 055
		Fédération autonome du collégial	3 000
	Professionnels non enseignants	Fédération des professionnels et professionnelles salariés et cadres du Québec, CSN	908
		Fédération des professionnels des collèges et universités, CEQ	443
		Association professionnelle des non-enseignants du Collège John Abbott	25
	Employés de soutien	Fédération des employés des services publics, CSN	8 258
		Syndicat du personnel de soutien des collèges, CEQ	2 926
		Syndicat canadien de la Fonction publique, FTQ	620
		Syndicat canadien des officiers de la marine marchande	12
			27 299
		TOTAL DU SECTEUR PARAPUBLIC	361 234

TABLEAU 26-4 (suite)

RÉPARTITION PAR FÉDÉRATION ET PAR CENTRALE SYNDICALE					
Groupes affiliés à une centrale			**Groupes non affiliés à une centrale**		
Centrale	**Fédération**	**Employés**	**Catégories**	**Fédérations ou syndicats**	**Employés**
CSN	FAS	98 723	Infirmières	FIIQ[1]	35 206
	FESP	17 342		FQII	11 756
	FNEEQ	9 052		FIIU	8 995
	FPPSCQ	3 396		SPIIQ	4 990
		128 513			60 947[2]
CEQ	FECS	67 759	Perfusionnistes	APQ	8 211
	APITTM	5 450			
	FPEQ	4 460	Professionnels de la santé	CPS	4 860
	FPS	3 931			
	SPSC	2 926	Infirmières auxiliaires	FIIAQ	2 612
	UQII	2 862		APIIAQ	903
	FPSSS	2 701	Enseignants protestants	PAPT	6 736
	FEC	2 055			
	Autres (5)	1 612	Enseignants catholiques anglais	PACT	2 908
		93 756	Enseignants des collèges	FAC	3 000
FTQ	SCFP	20 437	Employés de soutien	FEMSQ	2 329
	UES	18 265	Autres (14)		1 246
	SEPB	1 273	TOTAL		93 751
		39 975			
CSD		5 238			
TOTAL		267 482			
			TOTAL GLOBAL		361 234

1. La FIIQ représente aussi les membres des trois autres fédérations qui conservent cependant leur identité.
2. Quelques milliers d'infirmières appartiennent à des syndicats affiliés à une centrale et s'ajoutent à ce nombre, comme l'UQII affiliée à la CEQ.

peut-être parce qu'il a accepté plus tôt un règlement sur la base de la proposition énoncée par le gouvernement dès le début de cette ronde, soit 4 %, 5 % et 4 %[81].

Pour ce qui est des enseignants, il y a trois séries de tables : l'une pour les commissions scolaires catholiques, l'autre pour les commissions scolaires protestantes et la dernière pour les collèges publics ou cégeps. La table principale qui détermine les conditions de travail des enseignants est évidemment celle où la CEQ fait face au CPNCC ; la CEQ y représente environ 70 000 enseignants. L'entente conclue entre la CEQ et le gouvernement du Québec, le 4 avril 1990, visait les 12 000 autres membres de la CEQ, qui regroupent principalement les professionnels non enseignants des collèges, mais aussi certains profes-

81. *Le marché du travail*, vol. 11, nº 4, avril 1990, p. 38-41.

TABLEAU 26-4 (suite)

Abréviations

APIIAQ	Association professionnelle des infirmières et infirmiers auxiliaires du Québec
APITTM	Association professionnelle des inhalothérapeutes et des techniciennes et des techniciens médicaux, CEQ
APQ	Association des perfusionnistes du Québec
CPS	Centrale des professionnels de la santé
FAC	Fédération autonome du collégial
FAS	Fédération des affaires sociales, CSN
FEC	Fédération des enseignants de cégeps, CEQ
FECS	Fédération des enseignants des commissions scolaires, CEQ
FEMSQ	Fédération des employés municipaux et scolaires du Québec
FESP	Fédération des employés des services publics, CSN
FIIAQ	Fédération des infirmières et infirmiers auxiliaires du Québec
FIIQ	Fédération des infirmières et infirmiers du Québec
FIIU	Fédération des infirmières et infirmiers unis
FNEEQ	Fédération nationale des enseignants et enseignantes québécois, CSN
FPEQ	Fédération des professionnels de l'éducation du Québec, CEQ
FPPSCQ	Fédération des professionnels et professionnelles salariés et cadres du Québec, CSN
FPS	Fédération des professionnels de la santé, CEQ
FPSSS	Fédération du personnel de la santé et des services sociaux, CEQ
FQII	Fédération québécoise des infirmières et infirmiers
PACT	Provincial Association of Catholic Teachers
PAPT	Provincial Association of Protestant Teachers
SCFP	Syndicat canadien de la Fonction publique, FTQ
SEPB	Syndicat des employés professionnels de bureau, FTQ
SPIIQ	Syndicat professionnel des infirmières et infirmiers du Québec, FIIQ
SPSC	Syndicat du personnel de soutien des collèges, CEQ
UES	Union des employés de service, FTQ
UQII	Union québécoise des infirmières et infirmiers, CEQ

Sources: Conventions collectives du secteur parapublic; Données mécanographiques du CRSMT.

sionnels et techniciens dans le réseau scolaire et collégial et même dans certains hôpitaux[82]. On voit clairement que, de tous les facteurs qui déterminent la composition et l'objet des tables de négociation, c'est le regroupement syndical qui a prépondérance.

Toujours dans le domaine de l'éducation, il ne faut pas oublier la table qui vise les enseignants des commissions scolaires protestantes; ceux-ci sont représentés par la *Provincial Association of Protestant Teachers* (PAPT); les enseignants catholiques anglophones le sont par la *Provincial Association of Catholic Teachers* (PACT). Dans les collèges, même si elle a perdu de l'importance au cours des dernières années, la Fédération nationale des enseignantes et enseignants du Québec (FNEEQ), affiliée à la CSN, joue encore un rôle qui n'est pas négligeable. Il serait trop long de voir en détail l'ensemble de tous les petits groupes.

Les quelques explications qui précèdent montrent à la fois le degré de centralisation et l'infinie complexité des négociations du secteur parapublic au Québec, du moins quant à l'organisation de leurs structures.

82. *La Presse*, mercredi 4 avril 1990, p. A-4.

26.5 Processus de négociation

Comme pour tous les autres aspects de la négociation du secteur public, le processus est normalement soumis aux règles du *Code du travail* tout comme, en théorie, dans le secteur privé. Toutefois, plusieurs modifications doivent être apportées pour tenir compte des particularités qui découlent à la fois du fait qu'il s'agit d'une négociation avec le gouvernement et de l'ampleur que celle-ci a prise avec les années. Nous verrons donc successivement la répartition des matières négociées, puisqu'il y a normalement deux niveaux de négociation, les étapes du processus et les principales interventions de tierces parties.

26.5.1 Répartition des matières à négocier

Après les trois premières rondes de négociations, où la tendance était sans cesse à la centralisation, plusieurs se sont rendu compte que bien des matières gagneraient à être discutées localement plutôt qu'à l'échelle de la province. Cependant, les efforts de décentralisation ont toujours été modestes sinon minimes. Tout le poids de la répartition des matières va vers le niveau provincial, et seules quelques précisions secondaires peuvent être faites localement. En fait, il y a même deux types de répartition. Certaines matières, limitées comme nous le verrons, peuvent être négociées et agréées à l'échelle locale ou régionale; mais beaucoup d'autres ne peuvent faire l'objet que d'arrangements locaux, à l'intérieur des normes provinciales. C'est la *Loi sur le régime de négociation des conventions collectives dans les secteurs public et parapublic* qui détermine le mode de répartition des matières, sinon la répartition elle-même[83].

Le principe de base c'est que toutes les matières doivent être négociées et agréées à l'échelle provinciale – la loi dit «à l'échelle nationale» – et les seules matières qui peuvent être discutées localement sont celles qui sont explicitement mentionnées comme telles dans la loi ou celles que les parties présentes aux tables provinciales renvoient explicitement au niveau local (art. 44-45). Les articles 57 et 58 de la loi ajoutent quelques précisions: en général, seules les matières renvoyées par une table provinciale au niveau local ou régional peuvent faire l'objet de négociations à ce niveau; pour les enseignants et les professionnels non enseignants des collèges, certains points mentionnés dans une annexe de la loi doivent faire l'objet de dispositions négociées et agréées à l'échelle locale ou régionale.

> 57. Dans le secteur des affaires sociales et, dans le secteur de l'éducation, à l'égard du personnel de soutien et du personnel professionnel non enseignant des commissions scolaires, les matières sur lesquelles portent les stipulations négociées et agréées à l'échelle locale ou régionale sont celles que définissent les parties à l'occasion de la négociation des stipulations négociées et agréées à l'échelle nationale.
>
> 58. Dans le secteur de l'éducation, à l'égard du personnel enseignant et, dans le cas des collèges, du personnel professionnel non enseignant, les matières mentionnées à l'annexe A sont l'objet de stipulations négociées et agréées à l'échelle locale ou régionale.
>
> Il en est de même, à l'égard de ces catégories de personnel, de toute autre matière définie par les parties, à l'occasion de leur négociation des stipulations négociées et agréées à l'échelle nationale.

L'annexe contient une vingtaine de points qui constituent les matières à négocier localement ou régionalement pour les enseignants et les professionnels non enseignants des collèges. Cette liste contient des points comme les cotisations syndicales, un comité des relations de travail, les mesures disciplinaires, la répartition concrète du travail, la détermination des dates de vacances (mais pas leur durée), le stationnement et la caisse d'économie. Pour tout le personnel des institutions de santé et des services sociaux, ainsi que pour tout le personnel de soutien, il n'y aura des négociations locales ou régionales que si les parties à la table provinciale le décident de façon explicite. Normalement, pour tous ces groupes, il n'y a pas de négociations locales mais seulement des arrangements locaux. Les matières dont peuvent trai-

83. L.Q. 1985, c. 12, art. 44-45 et 57-60, et annexes A et B de la loi.

TABLEAU 26-5

Chronologie théorique des négociations collectives du secteur public – 1991-1992

Délais officiels	Dates	Dispositions générales	Dispositions connexes	Tables sectorielles	Tables locales ou régionales
270e-240e jour (8e mois)	Avril 1991	Maraudage C.t. 111.3			
180e-150e jour (6e mois)	Juillet 1991			Début de la phase des négociations C.t. 111.7	
150e-120e jour (5e mois)	Août 1991			Dépôt des demandes syndicales C.t. 111.8	
60 jours plus tard (3e mois)	Octobre 1991	Négociations des services essentiels C.t. 111.10.1		Dépôt des offres patronales C.t. 111.8	Personnel enseignant; négociation en tout temps L.R.N. 58
	30 novembre 1991		Rapport de l'IRIR sur la rémunération L.R.N. 19		
	Décembre 1991		Échange des propositions sur la rémunération C.t. 111.8		
Expiration des conventions (ou des décrets)	31 décembre 1991				
	Janvier 1992 et mois suivants	Entente ou liste des services essentiels Évaluation et approbation de la liste C.t. 111.10.3	Négociation sur la rémunération L.R.N. 52 Droit de grève par secteur Si entente sectorielle sur les autres clauses, droit de grève sur les salaires 20 jours après l'entente C.t. 111.11	Négociation Possibilité de médiation Rapport après 60 jours L.R.N. 46-50 Droit de grève 20 jours après réception du rapport du médiateur et après un avis de 7 jours du moment choisi C.t. 111.11	Selon la décision aux tables provinciales, négociation possible sur matières locales ou régionales L.R.N. 57 Intervention possible d'un médiateur-arbitre Rapport après 60 jours L.R.N. 62-65 Arrêt de travail interdit C.t. 111.14

TABLEAU 26-5 (suite)

Délais officiels	Dates	Dispositions générales	Dispositions connexes	Tables sectorielles	Tables locales ou régionales
Deuxième année	30 novembre 1992		Rapport de l'IRIR sur la rémunération L.R.N. 19		
	Décembre 1992		Échange des propositions p. et s. sur rémunération C.t. 111.8		
	Janvier-février 1993		Négociations L.R.N. 59		
	Mi-mars 1993		Projet soumis à l'Assemblée nationale L.R.N. 54		
	Avril 1993		Commission parlementaire et adoption L.R.N. 54		

Sources: *Code du travail*, art. 111.7 à 111.20; *Loi sur le régime de négociation des conventions collectives dans les secteurs public et parapublic*, L.Q. 1985, c. 12, art. 44-69. Voir aussi FRANÇOIS DELORME et DENIS GAGNON, «À l'aube de la prochaine ronde de négociations dans les secteurs public et parapublic. Un nouvel encadrement, de meilleurs résultats?», *Le marché du travail*, supplément du volume 6, nº 11, novembre 1985, p. 1-26.

ter ces arrangements sont énumérées à l'annexe B de la loi et portent sur des questions telles que les éléments du dossier du salarié, la mise en place d'une équipe volante s'il y a lieu, la procédure de supplantation, le vestiaire, les salles d'habillage, etc. Les négociations provinciales peuvent ajouter d'autres sujets à la liste des arrangements locaux.

En d'autres mots, les seules véritables négociations dans le secteur parapublic sont provinciales. Les autres cas qui ont retenu l'attention étaient reliés soit à une situation locale particulièrement difficile, soit à une sorte de match revanche. Ce fut le cas, par exemple, dans la cinquième ronde de négociations où, après avoir échoué dans leur principale revendication à la table provinciale, les enseignants ont créé de l'obstruction dans les négociations locales et provoqué de multiples et difficiles arrêts de travail.

Légalement, les négociations locales, qu'il s'agisse d'une véritable négociation ou d'un simple arrangement, ne peuvent donner lieu à aucun différend; en d'autres mots, pas question d'exercer un droit de grève, puisque la loi déclare qu'il n'y a même pas de différend (art. 60 et 71). Si les parties n'arrivent pas à s'entendre, le ministre du Travail peut nommer un médiateur-arbitre qui tranchera l'objet du désaccord, si les parties acceptent cette solution; autrement il soumettra ses recommandations (art. 62-66). La loi n'indique aucun moyen de régler le problème de façon finale; elle postule que chaque partie aura intérêt à modifier sa position pour en arriver à un accord.

Voilà pour la répartition des matières selon les différents niveaux. Il faut revenir au déroulement du processus de négociation aux nombreuses tables provinciales.

26.5.2 Étapes du processus

Au cours de la dernière décennie, le législateur a tenté d'encadrer de façon relativement rigide le déroulement des négociations collectives des secteurs public et parapublic au Québec[84]. Il faut en prendre connaissance, même si les parties respectent rarement le calendrier de négociation qui y est établi. (Voir le tableau 26-5.)

Le *Code du travail* prévoit une période de maraudage et la situe dans le huitième mois qui précède l'échéance des conventions collectives (C.t. art. 111.3). Le dépôt des demandes syndicales devrait se faire au cours du cinquième mois précédant la fin des conventions (C.t. art. 111.8) et l'employeur devrait soumettre ses propositions dans les deux mois suivants. Les propositions patronales et syndicales en matière de rémunération devraient être déposées dans le dernier mois avant l'échéance des conventions (C.t. art. 111.8). Pendant cette période, la négociation des services essentiels doit également avoir lieu; nous en traiterons plus loin (26.5.4).

La loi sur le régime de négociation du secteur public prévoit la possibilité qu'un médiateur intervienne, à la demande d'une des parties; cependant, le médiateur ne peut discuter ni des salaires ni des échelles de salaires (L.R.N. art. 46). À défaut d'entente, 60 jours après sa nomination, il remet son rapport aux parties, rapport qui doit contenir ses recommandations sur le différend. Ce rapport doit être rendu public, à moins qu'une entente ne soit intervenue entre les parties (L.R.N. art. 47-50). S'il n'y a pas d'entente, la partie syndicale peut recourir à l'exercice du droit de grève, mais aux conditions que nous expliquerons dans la section suivante.

Selon les dispositions de la loi, les salaires ne font partie intégrante de la négociation que pour la première année d'application de la future convention. Pour chacune des deux années suivantes, les parties négocient entre elles, après publication du rapport de l'IRIR sur l'état de la rémunération, et cherchent à s'entendre sur les salaires et les échelles de salaires (L.R.N. art. 53). Si elles n'y parviennent pas, le président du Conseil du trésor doit déposer devant l'Assemblée nationale, au cours de la deuxième ou de la troisième semaine de mars de l'année en cours, un projet de règlement fixant les salaires et les échelles de salaires. Les parties sont invitées à se présenter devant une commission parlementaire sur le sujet. Finalement, c'est le gouvernement qui prend la décision à ce sujet (art. 53-56).

26.5.3 Droit de grève

La question du droit de grève est toujours au cœur des discussions quand on parle de syndicalisation et de négociation collective dans le secteur public. Nous l'avons vu dans les cas envisagés au chapitre précédent; il n'en va pas autrement dans le secteur public et parapublic au Québec.

Quand le droit à la syndicalisation et à la négociation collective fut accordé aux employés du secteur public, en 1964, la seule obligation supplémentaire que leur imposait le *Code du travail* quant à l'exercice du droit de grève consistait à donner un avis de huit jours au ministre du Travail quant au moment du déclenchement de l'arrêt de travail; le gouvernement avait ainsi la possibilité d'évaluer la situation et d'intervenir en instituant une commission d'enquête et, au besoin, en déposant une requête en injonction pour suspendre le droit de grève pendant un maximum de 80 jours. Il a fallu 10 ans avant qu'on introduise une première loi concernant le respect des services essentiels pour protéger le public en cas d'arrêt de travail[85].

84. *Loi modifiant le Code du travail*, L.Q. 1978, c. 52 (projet de loi n° 59), ajoutant divers articles au *Code du travail*; *Loi modifiant le Code du travail, le Code de procédure civile et d'autres dispositions législatives*, L.Q. 1982, c. 37, art. 6-16; *Loi sur le régime de négociation des conventions collectives dans les secteurs public et parapublic*, L.Q. 1985, c. 12, y compris les articles 82 à 92 modifiant le *Code du travail*.

85. *Loi visant à assurer les services de santé et les services sociaux essentiels en cas de conflit de travail*, L.Q. 1975, c. 52 (projet de loi n° 253).

Un autre 10 ans a été nécessaire pour donner à la loi assez de mordant pour lui conférer une certaine efficacité. À cause de la complexité de la question des services essentiels, nous y consacrerons la section 26.5.4. Nous verrons auparavant les conditions générales de l'exercice légal du droit de grève. (Voir le tableau 26-6.)

Les syndicats d'employés du secteur public et parapublic étant soumis au *Code du travail*, ils doivent normalement en respecter les règles fondamentales; à ce titre, ils devraient donner l'avis de négocier et n'acquérir le droit de grève que 90 jours plus tard. D'un autre côté, dans la section propre aux secteurs public et parapublic (art. 111.1 à 111.20), la loi ne mentionne pas l'obligation de transmettre l'avis de négocier. Au contraire, l'article 111.7 déclare que les négociations doivent débuter au cours du sixième mois qui précède l'échéance des conventions collectives. Dans l'article suivant, obligation est faite aux parties d'échanger leurs propositions respectives, y compris celles relatives aux salaires, dans la période qui précède l'échéance des conventions (C.t. art. 111.8). Il faut en conclure que les articles généraux sur le droit de grève (58 et 106) ne s'appliquent pas comme tels: le délai de 90 jours après l'avis de négocier est contenu dans la période plus longue prévue dans les articles spécifiques à la négociation des secteurs publics et parapublic[86].

S'il y a entente en négociation directe, les parties n'ont aucune obligation de recourir à la conciliation ou à la médiation. Cependant, s'il n'y a pas d'entente, la *Loi sur le régime de négociation des conventions collectives dans les secteurs public et parapublic* oblige les parties à recourir à un médiateur ou à un mécanisme équivalent de leur choix. Le médiateur, le conseil de médiation ou le groupe d'intérêt public qui intervient doit, s'il n'obtient pas l'accord des parties, leur faire part de ses recommandations; il a aussi l'obligation de rendre son rapport public et d'en donner avis au ministre du Travail par écrit (art. 46-50).

Pendant ce temps, les discussions concernant le maintien des services essentiels doivent se poursuivre. Nous en verrons les modalités dans la section suivante. Qu'il y ait ou non obligation de maintenir des services essentiels, la loi exige deux autres délais – qui pourraient courir simultanément puisque rien n'indique qu'ils doivent être successifs – avant qu'un syndicat puisse recourir à la grève: un délai de 20 jours après que le rapport de médiation a été rendu public, sans doute pour permettre au gouvernement d'évaluer les recommandations qu'il contient, et un autre avis d'au moins sept jours ouvrables au ministre du Travail, à la partie patronale et, s'il y a lieu, au Conseil des services essentiels, indiquant la date à laquelle le syndicat entend recourir à la grève (C.t. art. 111.11). L'avis de sept jours ne peut être renouvelé qu'après la date indiquée dans l'avis précédent; cette disposition semble avoir été introduite par suite de la tactique utilisée par un syndicat d'envoyer un avis de grève à chaque jour, aussi longtemps qu'il n'y a pas eu effectivement recours. Dans les cas où le lock-out n'est pas interdit – c'est-à-dire quand il n'y a pas d'obligation de maintenir des services essentiels –, l'acquisition du droit de lock-out est soumis aux mêmes conditions, moins l'avis indiquant la date de recours au lock-out; c'est du moins l'interprétation qu'a donné la Cour suprême du Canada de l'article 58 du *Code du travail*[87].

Il faut rappeler que la grève et le lock-out sont interdits à l'occasion des négociations effectuées à l'échelle locale ou régionale, ou encore à l'occasion de la discussion d'arrangements locaux relatifs à des sujets énoncés et agréés à l'échelle provinciale (C.t. art. 111.14). Le même article interdit la grève et le lock-out à l'occasion de la discussion des salaires

---

86. L'avis de négocier prévu à l'article 52 a été jugé incompatible avec l'article 111.7 concernant le début des négociations du secteur public et parapublic. *Fauteux* c. *Collège d'enseignement général et professionnel de Sherbrooke*, 1980, T.T. 362.

87. Il s'agit du cas d'une municipalité où il n'y avait pas eu de décret de services essentiels; conséquemment, c'est le premier paragraphe de l'article 111.0.23 qui s'appliquait. Mais la procédure est semblable. *Cité de Hull* c. *Syndicat des employés municipaux de la Cité de Hull inc.*, (1979) 1 R.C.S., p. 476, août 1979, 79 CLLC paragraphe 14191.

TABLEAU 26-6

Conditions d'exercice du droit de grève dans le secteur parapublic au Québec – 1991

Conditions générales		Services essentiels (établissements de santé et de services sociaux)	
Médiateur, à la demande d'une partie	L.R.N. 46	Proportions d'employés requises selon le type d'établissement: – 90 % hôpitaux psychiatriques et soins de longue durée – 80 % autres hôpitaux – 60 % CLSC – 55 % services sociaux	C.t. 111.10
Rapport aux parties dans les 60 jours, rendu public, et avis au ministre du Travail	L.R.N. 47-50	Précisions par entente négociée, transmise au Conseil des services essentiels	C.t. 111.10.1
Délai de 20 jours après l'avis précédent	C.t. 111.11	Ou liste syndicale transmise au Conseil des services essentiels	C.t. 111.10.3
Dans un établissement avec services essentiels, délai de 90 jours après que la liste approuvée a été transmise à l'employeur	C.t. 111.12	Évaluation par le Conseil et, s'il y a lieu, recommandations aux parties	C.t. 111.10.4
Avis de sept jours ouvrables au ministre du Travail, à l'autre partie et au Conseil des services essentiels indiquant la date de la grève	C.t. 111.11	Approbation, avec ou sans modifications, dans les 90 jours suivant le dépôt	C.t. 111.10.5 s.
Cet avis de sept jours ne peut être renouvelé qu'après la date indiquée dans l'avis précédent	C.t. 111.11	En cas de conflit, le Conseil peut émettre toute ordonnance «pour assurer au public un service auquel il a droit»	C.t. 111.17
Lock-out interdit dans un établissement de santé et de services sociaux	C.t. 111.13	Le dépôt de l'ordonnance auprès du protonotaire équivaut à un jugement de la Cour supérieure	C.t. 111.29

Sources: *Code du travail* du Québec (C.t.), articles 111.7 à 111.20; *Loi sur le régime de négociation* (L.R.N.) *des conventions collectives dans les secteurs public et parapublic*, L.Q. 1985, c. 12, art. 44 à 69. Voir aussi FRANÇOIS DELORME et DENIS GAGNON, «À l'aube de la prochaine ronde de négociations dans les secteurs public et parapublic. Un nouvel encadrement, de meilleurs résultats?», *Le marché du travail*, supplément du volume 6, nº 11, novembre 1985, p. 1-26.

pour la deuxième et la troisième année de la convention collective. Nous avons vu, cependant, que cette manière de négocier les salaires dans le secteur public n'a jamais été appliquée jusqu'ici (1991).

26.5.4 Services essentiels

La question des services essentiels préoccupe le législateur depuis longtemps, en fait depuis la première grève générale des hôpitaux en 1966, et bien davantage depuis les grèves massives de 1972. Aussi le ministre du Travail du temps a-t-il présenté, dès la fin de l'année 1972, un projet de loi qu'il avait intitulé *Loi assurant le bien-être de la population en cas de conflit de travail*[88]. Le projet de loi n'a jamais été adopté; il a dû être retiré, peut-être parce qu'il accordait au gouvernement, c'est-à-dire au cabinet des ministres, un pouvoir discrétionnaire trop important. Le contexte politique et social ne favorisait pas les restrictions à ce moment, même quand elles s'imposaient pour protéger la santé ou la sécurité publique. Ce pouvoir discrétionnaire mis à part, le projet contenait les éléments qui sont aujourd'hui en vigueur, quoique les organismes chargés de leur application ne soient pas les mêmes: il exigeait la négociation et

88. Projet de loi nº 89, 3e session de la 29e législature.

l'entente sur les services essentiels à maintenir, faute de quoi ceux-ci étaient déterminés par le Tribunal du travail. Pour résoudre le conflit, la question en litige devait être soumise à une commission parlementaire et il fallait, si nécessaire, tenir un vote au scrutin secret sur les dernières offres patronales. Vers la même époque, une autre loi impose effectivement le maintien de services essentiels; il s'agissait d'une loi spéciale ordonnant le retour au travail des employés d'Hydro-Québec[89]. Il faudra quelques années avant l'introduction d'une obligation générale de maintenir des services essentiels dans le secteur de la santé.

Lors de la quatrième ronde de négociations, en 1975, le gouvernement adopta une première loi visant les services essentiels dans les établissements de santé et de services sociaux[90]. Adoptée en vitesse, une fois les négociations commencées, la loi instituait un poste de commissaire aux services essentiels qui devait, si le désaccord entre les parties sur les services à maintenir en cas de grève persistait, décider quels services seraient maintenus. Il a fallu, en toute hâte, nommer un commissaire et des commissaires adjoints, et la loi ne fut guère respectée. Cependant, la détermination des services essentiels demeurait une condition préalable à l'exercice du droit de grève ou de lock-out. Deux ans et demi plus tard, le 23 juin 1978, le législateur modifiait le *Code du travail* pour pouvoir créer deux conseils, le Conseil d'information sur les négociations et le Conseil sur le maintien des services de santé et des services sociaux[91]. On introduit alors une mesure qui s'applique encore aujourd'hui: si les parties ne parviennent pas à s'entendre sur les services essentiels à maintenir en cas d'arrêt de travail, l'association accréditée dépose sa propre liste auprès du Conseil. D'un autre côté, à ce moment-là, le Conseil n'est pas un organisme permanent et n'a aucun pouvoir véritable. Seul le cabinet des ministres, s'il est d'avis que la grève met en danger la santé ou la sécurité publique peut en suspendre l'exercice: le procureur général demande alors une injonction à cet effet. Finalement, sauf en ce qui concerne le dépôt d'une liste devant le Conseil, cette disposition reprend essentiellement le contenu de l'ancien article 99 du *Code du travail*. Il reste que la loi impose au moins un effort d'entente ou, minimalement, le dépôt d'une liste syndicale de services essentiels à maintenir.

Le 23 juin 1982 est sanctionnée une loi créant le Conseil des services essentiels qui, cette fois, est doté d'une existence permanente[92]. Le Conseil reçoit les listes négociées ou déterminées par le syndicat. Il a de plus le pouvoir d'évaluer si les services essentiels négociés ou mentionnés dans la liste sont suffisants ou non et de faire aux parties les recommandations qu'il juge appropriées (art. 111.10.1). D'un autre côté, si, par la suite, les services effectivement rendus sont insuffisants, il n'a aucun pouvoir: c'est le gouvernement qui peut, par décret, suspendre l'exercice du droit de grève jusqu'à ce que la preuve soit faite que les services essentiels sont maintenus de façon suffisante (art. 111.13). La modification introduite dans le Code par la loi 37 de 1985 ajoutera les pouvoirs de redressement auxquels le Conseil pourra recourir lui-même (C.t. 111.16-111.20). Aucune modification majeure n'a été introduite depuis ce moment. Voici les grandes lignes du fonctionnement du régime à l'heure actuelle (1991).

Dans sa refonte de 1985, le législateur a d'abord établi le pourcentage minimum de salariés qui doit être maintenu, par quart de travail, pour assurer les services essentiels. Le pourcentage varie selon le type d'établissements de santé ou de services sociaux (C.t. art. 111.10):

89. *Loi sur les services essentiels d'Hydro-Québec*, L.Q. 1972, c. 9; RENÉ LAPERRIÈRE, «La détermination des services essentiels: un préalable nécessaire à l'exercice du droit de grève» dans *Les relations du travail au Québec: la dynamique du système*, 31e Congrès des relations industrielles, 1976, Québec, Les Presses de l'Université Laval, 1976 (217 p.), p. 121-134.

90. *Loi visant à assurer les services de santé et les services sociaux essentiels en cas de conflit de travail*, L.Q. 1975, c. 52 (projet de loi no 253).

91. *Loi modifiant le Code du travail*, L.Q. 1978, c. 52 (projet de loi no 59).

92. *Loi modifiant le Code du travail, le Code de procédure civile et d'autres dispositions législatives*, L.Q. 1982, c. 37 (projet de loi no 72), introduisant les articles 111.0.1 à 111.15 dans le *Code du travail*.

- 90 %: hôpitaux psychiatriques, centres d'accueil ou de soins de longue durée et établissements semblables;
- 80 %: hôpitaux de soins de courte durée;
- 60 %: centres locaux de services communautaires (CLSC);
- 55 %: centres de services sociaux (CSS).

Les proportions indiquées dans la loi s'appliquent à l'ensemble de l'établissement. L'article suivant ajoute que les parties doivent négocier le nombre de salariés par unité de soins et par catégorie de services. De plus, l'entente doit permettre le fonctionnement normal des unités de soins intensifs et des unités d'urgence. Elle doit aussi contenir des dispositions en vue d'assurer le libre accès à l'établissement en cause (C.t. art. 111.10.1). L'entente doit être transmise au Conseil des services essentiels pour approbation.

Faute d'entente, l'association accréditée doit transmettre au Conseil sa propre liste des salariés qui doivent assurer les services essentiels, par unité de soins et catégorie de services, et selon les mêmes précisions qu'en cas d'entente (art. 111.10.3). La loi interdit de prévoir un nombre de salariés supérieur au nombre habituellement requis dans un service donné: une telle liste est nulle et de nul effet; un syndicat avait déjà utilisé cette tactique.

Le Conseil doit évaluer si les services déterminés dans l'entente ou dans la liste déposée sont suffisants. Il a tous les pouvoirs requis à cette fin. Par exemple il peut décider dans quelle catégorie se situe l'établissement en cause – pour établir le pourcentage minimum de salariés requis – ou demander à l'employeur de lui communiquer le nombre de salariés affectés normalement à chaque unité de soins ou catégorie de service. Il peut modifier le contenu de l'entente ou de la liste, en y ajoutant des services ou en modifiant les services prévus et en faisant aux parties les recommandations qu'il juge appropriées (art. 111.10.2, 111.10.4 et 111.10.5).

Une fois approuvée par le Conseil, la liste ne peut être modifiée d'aucune manière, pas même par entente entre les parties (C.t. art. 111.10.6). La liste approuvée doit être transmise à l'employeur, et aucune grève ne peut être déclarée à moins que 90 jours ne se soient écoulés depuis cette transmission (C.t. art. 111.12). Nul ne peut déroger aux dispositions d'une telle liste (C.t. art. 111.10.8). Si le Conseil ne s'est pas prononcé dans les 90 jours qui suivent le dépôt d'une liste, la liste est alors considérée comme approuvée; mais le Conseil peut la modifier par la suite (C.t. art. 111.10.7).

La grande nouveauté des modifications de 1985 a été d'accorder au Conseil d'importants pouvoirs de redressement. Si les services essentiels ne sont pas fournis, le Conseil peut, après avoir donné aux parties l'occasion de s'expliquer, prendre une série de mesures pour corriger la situation. Il peut enjoindre à toute personne participant au conflit de faire ou de ne pas faire certaines choses, y compris obliger quelqu'un à réparer un acte commis ou omis en contravention de la loi, d'une entente ou d'une liste. Le Conseil peut exercer les mêmes pouvoirs si une action concertée autre qu'une grève ou un ralentissement d'activités porte préjudice à un service auquel le public a droit. Plutôt que de rendre une ordonnance, le Conseil peut prendre acte de l'engagement pris par une personne d'assurer tel ou tel service à fournir (C.t. art. 111.17 à 111.19). Enfin, comme toute injonction, une ordonnance du Conseil n'a qu'à être déposée au bureau de protonotaire de la Cour supérieure pour équivaloir à un jugement de cette cour (C.t. art. 111.20). L'étendue et la précision de ces pouvoirs montrent bien le chemin parcouru en 20 ans, soit depuis l'adoption de l'ancien article 99 du *Code du travail* en 1964[93].

Ajoutons que les précisions énumérées ne visent que les établissements de santé et de services sociaux. Le Conseil a sensiblement les mêmes pouvoirs dans les services publics où le gouvernement a pris un décret ordonnant le maintien de services essentiels (C.t. art. 111.0.17). Dans les autres domaines du secteur public et parapublic, par exemple dans l'édu-

93. Pour un aperçu des décisions rendues en matière de réparation, voir *Ordonnances de réparation 1985-1988*, Conseil des services essentiels, document polycopié, s.d., 37 p.

cation, les pouvoirs du Conseil se limitent à faire enquête sur un lock-out, une grève ou un ralentissement d'activités et à tenter d'amener les parties à s'entendre. Finalement, dans tous ces cas, il n'a qu'un pouvoir de médiation (C.t. art. 111.16).

Le lock-out est interdit dans tout établissement de santé et de services sociaux (C.t. art. 111.13). En cas de lock-out dans un tel établissement, le Conseil a les mêmes pouvoirs que pour une grève. À moins d'une exigence de services essentiels, le lock-out n'est pas interdit.

Après avoir vu les principes, l'histoire et le fonctionnement de la négociation dans les secteurs public et parapublic, il faut dire un mot des résultats obtenus.

26.6 Résultats

Avant l'introduction de la négociation collective dans les secteurs de l'éducation et des services de santé, les conditions de travail n'y étaient pas très bonnes. Une bonne part du travail était accomplie par des religieux et des religieuses, qui ne recevaient pas de salaire, mais seulement le gîte et le couvert. Il s'agissait d'œuvres de charité de leur part.

L'assurance-hospitalisation, le financement public et le syndicalisme ont complètement transformé les conditions de travail dans ces deux milieux. Le changement a débuté dans les années 1960, mais les succès les plus significatifs ont été obtenus au cours des années 1970. Nous distinguerons donc cette période et ses succès de la suivante, les années 1980, avec sa relative stabilité. Nous ajouterons quelques observations sur d'autres aspects que les résultats pécuniaires, soit la socialisation des rapports, la bureaucratisation et une certaine déshumanisation, peut-être attribuable à l'apparition d'un juridisme outrancier dans un secteur où la charité d'autrefois ne suffirait peut-être plus aujourd'hui, mais où elle aurait encore sa place.

26.6.1 Années 1970

À chaque ronde de négociations, une des centrales syndicales ou le Front commun, quand il existait, a voulu frapper l'imagination de ses membres et du public en mobilisant l'attention autour d'un objectif particulier. Lors de la grande ronde de 1971-1972, on réclamait un salaire minimum de 100 $ pour les employés les moins bien payés du secteur public, en particulier les employés généraux des hôpitaux. L'objectif fut réalisé la dernière année de la convention collective. On obtint également une bonne clause d'indexation des salaires, sans maximum, qui serait versée sous forme de montants forfaitaires pendant que la convention collective serait en vigueur. L'augmentation ainsi obtenue allait être intégrée dans les échelles salariales dès le début de la négociation suivante. Même si la retraite n'était pas officiellement matière négociable en 1972, les parties se sont entendues sur un réaménagement des différents régimes de retraite en vigueur et sur leur extension à tous les employés du secteur public ; le gouvernement tint promesse en adoptant une loi à cet effet dès 1973[94].

Quant aux augmentations salariales proprement dites, elles demeuraient dans un ordre de grandeur moyen : elles étaient de 5 % à 6 % par année pour quatre ans. Tout au long de cette décennie, les rondes de négociation étaient tellement longues que chaque convention visait quatre années : la première correspondait à la période de rétroactivité et les trois autres à la durée normale prévue par le *Code du travail*. (Voir le tableau 26-7).

La principale amélioration des salaires a été le fruit de l'indexation des salaires au coût de la vie. En effet, les années 1974 et 1975 ont connu une augmentation inouïe des prix, soit respectivement 10,9 % et 10,8 % ; on ne retrouvera ce phénomène d'inflation dépassant les 10 points qu'une autre fois, de 1980 à 1982. Comme l'indexation était accordée sous forme de montant forfaitaire, le calcul se faisait toujours sur la base de 1971. C'est ainsi qu'au début de la ronde de négociations suivante, en 1975, les syndicats demandèrent des augmentations de 26 % à 28 % ; le chiffre s'expliquait principalement par la demande d'intégration à l'échelle salariale de l'indexation for-

94. *Régime de retraite des employés du gouvernement et des organismes publics* (RREGOP), L.Q. 1973, c. 12.

TABLEAU 26-7

Principaux gains d'ordre pécuniaire[1] du secteur public et parapublic et augmentation des taux de base négociés – 1972-1991

Ronde de négociations	Années[2]	Secteur public				Secteur privé
		Augmentation générale	Indexation[3] des salaires	Total	Gains particuliers	Augmentation annuelle moyenne des taux de base négociés (500 trav. et +)
3e ronde	1971-72	4,8				7,0
	1972-73	5,3	1,7	7,0		8,0
	1973-74	6,0	8,0	14,0		10,4
	1974-75	6,0	17,1	23,1	Minimum de 100 $ par semaine RREGOP	
4e ronde	1975-76	26,5	–	26,5	Minimum de 165 $	17,1
	1976-77	8,0	0,0	8,0		10,5
	1977-78	6,0	2,0	8,0		7,6
	1978-79	6,0	5,0 (5,4)	11,0	Congé de maternité de 17 semaines	6,9
5e ronde[4]	1979-80	5,4	2,9	8,3[4]	Mutation dans un rayon de 50 km seulement	8,2
	1980-81	5,0	2,5	7,5	Congé de maternité de 20 semaines	10,1
	1981-82	9,0	4,7	13,7		13,3
	1982	6,7	5,0	11,7	Minimum de 265 $	10,0
6e ronde décrets tenant lieu de conventions collectives	1983[5]	0-12[6]	–	0-12[6]		5,6
	1984	–	3,0	3,0		3,5
	1985	–	3,9	3,9		3,7
7e ronde	1986	3,5	–	3,5	Conventions négociées pour trois ans	3,4
	1987	4,28	0,1	4,38		3,9
	1988	4,85	0,0	4,85		4,4
8e ronde	1989	4,0	–	4,0	Rattrapage des infirmières	5,3
	1990	4,0	1,13	5,13		6,1
	1991[7]	4,0	1,0	5,0	Équité salariale	(3,4)

1. Tous les chiffres du tableau (sauf ceux de la colonne «gains particuliers») expriment des pourcentages d'augmentation annuelle et ils ne sont qu'approximatifs. Les augmentations générales représentent des moyennes, et les augmentations reliées à l'indexation se fondent sur des calculs parfois complexes, surtout dans les conventions de la 5e ronde.
2. Jusqu'en 1982, les conventions collectives visaient des années qui s'étendaient du 1er juillet au 30 juin de l'année suivante. Depuis 1982, elles viennent à échéance le 31 décembre de l'année indiquée.
3. À l'origine, l'indexation était payée sur une base forfaitaire. Le résultat se manifeste alors de façon cumulative, jusqu'à l'intégration à l'échelle, qui se faisait normalement au début de la négociation suivante.
4. Augmentation moyenne; l'augmentation était plus importante pour les bas salariés (jusqu'à 9,9 %) et plus faible pour les hauts salariés (6,4 %).
5. En janvier, février et mars 1983, baisse de salaire de 18,85 %.
6. Ceux qui gagnaient plus de 20 000 $ par année conservent le salaire que la convention collective leur attribuait; ceux qui gagnaient moins de 20 000 $ reçoivent une augmentation qui varie de 5 % à 12 %.
7. Gel des salaires de six mois, jusqu'au 30 juin 1992.

Sources: «Conventions collectives du secteur public» Travail Canada, *Évolution des salaires, Revue de la négociation collective.*

faitaire déjà accordée. Une augmentation moyenne de 26,5 % fut concédée à l'ensemble des salariés du secteur public, en guise de rétroactivité, au moment où la négociation de la quatrième ronde se termina, au cours de 1976.

Les augmentations générales accordées pour les années suivantes correspondaient à des hausses qui atteignaient le maximum permis par les mesures anti-inflationnistes alors en vigueur. Ces augmentations devaient être approuvées par la Régie des mesures anti-inflationnistes[95]. Le Front commun obtint également une meilleure clause d'indexation, avec intégration immédiate à l'échelle de salaires. Cependant, à cause des mesures anti-inflationnistes et du fait que l'inflation avait quelque peu diminué – elle se situait autour de 8 % –, les augmentations totales demeurèrent d'environ 8 % jusqu'à la levée des contrôles. Sauf pendant les deux premières années de la décennie, les augmentations du secteur public et parapublic au Québec ont toujours largement dépassé les augmentations annuelles moyennes des taux de salaires de base négociées dans les grandes conventions collectives.

Par ailleurs, les syndicats obtiennent le minimum de 165 $ par semaine dès l'entrée en vigueur de la convention de la quatrième ronde. Ils obtiennent aussi une amélioration sensible du congé de maternité qui, même si les syndicats demandaient bien davantage, sera de 17 semaines. La convention accordait également le paiement des deux semaines d'attente prévues par la *Loi d'assurance-chômage*. Quant aux enseignants du niveau élémentaire, cette convention leur accordait un nouveau ratio d'un professeur pour 29 élèves[96].

95. *Loi concernant les mesures anti-inflationnistes*, L.Q. 1975, c. 16, art. 39, 1, d).

96. MAURICE LEMELIN, *Les négociations collectives dans les secteurs public et parapublic. Expérience québécoise et regards sur l'extérieur*, Montréal, Éditions Agence d'Arc inc. 1984, 372 p.; JEAN-LOUIS DUBÉ et PIERRE GINGRAS, «Historique et problématique du régime de négociation collective dans le secteur de la santé et des services sociaux», *Revue de droit de l'Université de Sherbrooke*, vol. 21, n° 2, 1991, p. 519-565.

Pour la cinquième ronde, la dernière de la décennie 1970, les syndicats demandaient un revenu minimum de 265 $ par semaine, qu'ils obtinrent au début ou à la fin de la convention, selon les groupes, pour les salariés les moins bien payés de diverses catégories. Du point de vue de la rémunération, les conventions collectives incorporent le principe des augmentations modulées, c'est-à-dire qu'elles sont plus élevées pour les bas salariés et plus faibles pour les hauts salariés. Mais les grandes victoires de cette ronde – certains ont parlé des cadeaux de l'État pour acheter la paix industrielle à la fin de 1979 –, ce furent la sécurité d'emploi garantie dans un rayon de 50 kilomètres et un congé parental grandement amélioré par une compensation financière importante s'ajoutant aux prestations de l'assurance-chômage.

Avec la modulation des augmentations, la moyenne générale pour le secteur public commence à diminuer et ne dépasse guère les augmentations salariales de base des grandes entreprises. Il ne faut pas oublier que de 1980 à 1982 le taux d'inflation au Canada a été respectivement de 10,1 %, 12,5 % et 10,8 %. Cela explique la montée plus considérable des salaires du secteur privé par rapport à ceux du secteur public et parapublic au Québec qui avaient été fixés à la fin de 1979, avant la grande flambée inflationniste de 1980 et le début de la récession qui allait affecter tous les salariés d'Amérique du Nord.

26.6.2 Années 1980

Du point de vue économique, la décennie commence par la grave récession des années 1981-1982 et, ce qui est peut-être plus important, par la prise de conscience de l'énormité de la dette publique compte tenu des déficits annuels accumulés par les divers gouvernements. Pour la première fois en 1982, les conventions collectives venaient à échéance le 31 décembre. Au début de 1982, le gouvernement du Québec a voulu rouvrir les conventions collectives, mais la majorité des syndicats concernés a refusé. Le gouvernement adopta alors les lois 70 et 105, par lesquelles il diminuait de près de 20 % le salaire de tous les employés du secteur public pendant les trois premiers mois de 1983. Pour 1984 et 1985 il accorde par décret une amélioration des salaires égale au taux d'inflation moins 1,5 %. Même si les augmentations négociées dans le secteur privé sont tombées sous les 4 %, il reste que pendant la période des décrets, la rémunération des employés du secteur public au Québec a régressé par rapport à celle du secteur privé.

La situation s'est quelque peu améliorée dans les années régies par la convention issue de la septième ronde, de 1986 à 1988, mais à peine. Pour sa part, la huitième ronde a entraîné un léger recul. Dans l'ensemble, on peut dire que les gains importants que les employés du secteur public ont obtenus dans les années 1970 ne se sont pas répétés au cours de la décennie suivante. Les employés visés ont cependant maintenu la position qu'ils avaient gagnée et conservé les multiples avantages dont ils bénéficiaient à la fin des années 1970. Même s'il y eut recul pendant la période des décrets, un certain rattrapage s'est effectué par la suite. On peut parler, dans l'ensemble, d'une période de stabilité.

Nous avons sur le sujet des études plus précises depuis qu'existe l'Institut de recherches et d'information sur la rémunération (IRIR) établi par la loi 37 en 1985. (Voir le tableau 26-8.) La comparaison des augmentations générales du secteur public et du secteur privé donne un léger avantage au secteur public au cours des six dernières années, c'est-à-dire depuis 1986 (sauf pour l'année 1986 elle-même). Peut-être davantage que la légère avance du secteur public, il faudrait souligner le mouvement à peu près semblable de la rémunération dans les deux secteurs, sauf pour la dernière année inscrite au tableau.

L'IRIR compare également les salaires et la rémunération d'un certain nombre d'emplois repères qui sont ensuite regroupés en quatre grandes catégories: les professionnels, les techniciens, les employés de bureau et les employés d'entretien et de service. Dans l'ensemble, du moins pour les trois dernières années, il y a presque parité entre les salaires du secteur privé et du secteur public pour ces quatre grandes catégories. Seuls les professionnels au service de l'État ont une avance notable sur le secteur privé. Cependant, l'avance de 12 % en 1991 peut résulter d'une convention collective signée assez récemment: le SPGQ a en effet été le dernier groupe à signer sa convention collective avec le gouvernement. Si on considère non plus le salaire lui-même mais la rémunération globale, alors toutes les catégories du secteur public ont un avantage d'environ 5 % par rapport au secteur privé. Dans les deux dernières années du tableau, 1989 et 1991, les techniciens et les employés de bureau on un léger retard, qui varie selon les années, sans doute à cause des dates d'échéance des conventions collectives et du moment de la signature des nouvelles conventions. L'analyse détaillée effectuée par l'Institut de recherches et d'information sur la rémunération suggère la même conclusion que celle du tableau précédent, à savoir qu'il y a, depuis la période des décrets et du recul enregistré à cette occasion, une relative stabilité dans la rémunération comparée des deux secteurs.

Outre le rattrapage salarial, les représentants syndicaux avaient, lors de la septième ronde de négociations, deux objectifs bien particuliers auxquels ils tenaient profondément: ils voulaient sortir de la période des décrets et négocier leurs conditions de travail. À cette fin, il était important de ne pas présenter des demandes péremptoires. Le second objectif se rattachait au premier: ils voulaient également négocier les salaires pour les trois années de la convention et non seulement pour la première année, comme le voulait et comme le veut encore la loi 37. Ils ont également obtenu gain de cause sur ce point, peut-être d'autant plus facilement qu'il y avait eu, entre l'adoption de la loi 37 et la septième ronde de négociations, élection et changement de gouvernement.

La huitième ronde, effectuée principalement en 1989, a mis de l'avant deux objectifs importants du point de vue financier, même s'ils ne visaient pas tous les employés du secteur public. En effet, le rattrapage salarial des infirmières et infirmiers a constitué le point majeur de cette ronde et, pour ce groupe seulement, le gouvernement a consenti une exception à la politique salariale qu'il s'était donnée et qu'il entendait respecter complètement. L'autre aspect visait l'équité salariale entre hommes et femmes; là-dessus

TABLEAU 26-8

Évolution comparée de la rémunération dans le secteur public et dans le secteur privé – 1986-1991

Pourcentage des augmentations générales			Situation salariale[1] du secteur public selon quelques catégories (secteur privé = 100)			
Années	**Secteur public**	**Secteur privé**	**Catégories**	**Indices 1986**	**Indices 1989**	**Indices 1991**
1986	3,6	4,0	Professionnels	89	103	112
1987	4,0	3,9	Techniciens	92	99	96
1988	4,8	4,5	Employés de bureau	89	98	99
1989	4,1	4,3	Employés d'entretien et de service	88	101	101
1990	6,9	4,9				
1991[2]	7,6[3]	4,9	Ensemble	89	99	101

1. Comparaison des salaires proprement dits. La comparaison de la rémunération globale donne presque toujours un avantage de 5 % au secteur public.
2. Données préliminaires.
3. L'augmentation de 7,6 % est probablement surestimée. Elle est d'ailleurs basée uniquement sur les six premiers mois de l'année. La fin de 1991 a été moins bonne et aucune convention collective, ou presque, ne prévoyait d'augmentations pour le deuxième semestre.

Source: *Rapport sur les constatations de l'IRIR. Faits saillants*, rapports n°s 5 et 7, Montréal, IRIR, novembre 1989 et novembre 1991.

on s'est entendu sur des objectifs plus que sur des réalisations immédiates.

26.6.3 Regroupements et bureaucratisation

Le mode de négociation du secteur public et parapublic au Québec a eu des effets et des conséquences qui dépassent de beaucoup la seule question des conditions de travail. Nous esquisserons quelques conséquences sociales découlant de ce mode de négociation.

L'effet premier et le plus direct a été d'imposer le regroupement des représentants patronaux. Dans le cadre de négociations provinciales, les directions locales de chaque hôpital, centre d'accueil ou commission scolaire ne peuvent plus demeurer isolées. Chaque secteur s'est regroupé, avec les avantages et les inconvénients que cela comporte. Pas besoin d'insister sur les avantages: il n'était plus possible de fonctionner chacun dans son coin, en concurrence les uns avec les autres ou même isolément. L'effet négatif a été de diminuer, sinon de supprimer, l'autorité locale sur de nombreux points. Beaucoup de questions qui pourraient être réglées localement ne le sont pas parce qu'on a peur de créer des précédents ou qu'on craint les réactions du ministère ou des syndicats. Un des indices les plus visibles de cette situation est l'accumulation incroyable des griefs: il n'est plus possible de régler le plus petit problème sans faire appel à toute la hiérarchie bureaucratique créée à cette fin.

Une bureaucratisation semblable s'est installée du côté syndical. Quel rôle peuvent avoir les membres d'un syndicat local ou les représentants des employés d'un petit centre d'hébergement dans la grande Fédération des affaires sociales affiliée à la CSN? Les syndicats locaux sont devenus des organismes très éloignés du niveau où se prennent les décisions. On les consulte, bien évidemment, mais on les informe davantage des décisions prises et on essaie de les mobiliser au besoin. Certains syndicats viennent à bout de conserver une certaine vie syndicale dans cet ensemble hiérarchique, aussi complexe que la structure patronale. Par contre, bien des syndicats ont même oublié qu'ils existaient et qu'ils sont dûment accrédités; certains représentants syndicaux doivent réapprendre les éléments du syndicalisme à plusieurs membres des syndicats du secteur public.

Cette double bureaucratie conduit inévitablement à des affrontements politiques, qui sont plus ou moins sérieux selon les circonstances et les objectifs vraiment importants poursuivis à un moment donné. La coopération et la bonne entente entre les parties sont encore possibles, mais ne sont ni fréquentes ni visibles. Il existe des institutions où des comités de coopération patronale-syndicale fonctionnent et donnent d'excellents résultats. Personne ne saurait en dire ni le nombre ni l'importance exacte. Ceux qui vivent ces expériences tiennent à ce qu'elles restent dans l'ombre, parfois par crainte de représailles de la part des niveaux supérieurs de la hiérarchie, mais aussi parce que le fait qu'elles ne soient pas trop connues leur permet de poursuivre en toute quiétude les objectifs qu'ils se sont donnés. Dans les congrès et réunions qui traitent de relations de travail positives ou de nouvelles approches, on n'entend jamais parler de ces expériences souvent très valables. On sait qu'elles existent, mais on préfère les passer sous silence; un trop grand nombre de personnes les considèrent incompatibles avec le régime général de négociation du secteur public.

Le rôle et l'importance prépondérante des lois dans le développement du régime de négociation des secteurs public et parapublic du Québec ne seront jamais trop fortement soulignés. À l'origine, on a voulu transposer le fonctionnement du secteur privé dans le secteur public, sans doute avec toute la liberté qu'il comporte généralement. On s'est vite rendu compte que, dans le secteur public, rien ne fonctionne par la libre volonté des parties, mais uniquement par suite d'une obligation inscrite dans une loi, un décret ou une ordonnance. La nécessité d'adopter, à chaque nouvelle ronde de négociations, une nouvelle structure des parties et de la négociation elle-même en est un signe révélateur, tout comme l'interminable liste de lois spéciales que le Parlement a dû adopter. Tout, dans le secteur public, ne fonctionne que par des lois et des ordonnances. Cela fait sans doute la joie et la fortune des hommes de loi, mais ne contribue guère à de bonnes relations de travail entre les parties.

Le régime de négociation a des répercussions sur les employés eux-mêmes. Alors que l'éducation et les soins de santé étaient autrefois considérés comme les fonctions les plus nobles à remplir, elles sont devenues l'objet de précisions minutieuses et détaillées dans les conventions collectives. Ceux et celles qui auraient le malheur de se laisser emporter par quelque sentiment humanitaire dans l'accomplissement de leur tâche se font vite rappeler à l'ordre: «ce n'est pas dans la convention collective». Le comportement d'une bonne proportion des employés du secteur public en est profondément affecté. Quelques rares journalistes se sont risqués à souligner les gestes inhumains posés par certains syndiqués à l'occasion de grèves dans les hôpitaux; d'autres n'ont pas manqué de leur rappeler leur manquement à la solidarité syndicale dans ces occasions[97]. Les Romains avaient inventé une maxime qu'on pourrait reprendre avec profit à propos de la négociation des secteurs public et parapublic: *maximum jus, maxima injuria*.

26.7 Secteur péripublic

Aux secteurs public et parapublic, on joint également ce qu'on appelle le secteur péripublic, qui est essentiellement constitué de la multitude des organismes gouvernementaux; ceux-ci jouissent normalement d'une autonomie plus grande que les ministères, mais qui est loin d'être complète. Aussi les relations de travail dans ces organismes présentent-elles des ressemblances avec le secteur privé, dans la mesure où l'organisme est autonome et responsable de sa propre

97. LYSIANE GAGNON, «La société blessée», *La Presse*, 8, 10, 11 et 12 septembre 1979. Reproduit dans LYSIANE GAGNON, *La ronde des bureaucrates. La société blessée*, tiré à part nº 24, Université Laval, Département des relations industrielles, 1980, 26 p.; ALICE PARIZEAU, *Une femme*, Montréal, Leméac, 1991, p. 30-31.

gestion; par contre, il est en même temps soumis à des contrôles de la part du gouvernement. Nous verrons d'abord la composition de ce secteur et ensuite les principales règles qu'on doit y suivre en matière de relations du travail.

26.7.1 Composition

On peut distinguer quatre ou cinq catégories d'organismes gouvernementaux. Il y a d'abord ceux qui fournissent des biens et des services, commerciaux et financiers, dont l'État s'est chargé pour des raisons de commodité ou d'intérêt public. Il y a d'autres organismes qui assurent des services quasi judiciaires ou quasi gouvernementaux et qui, dans un autre contexte, pourraient constituer autant de ministères, qui s'ajouteraient à ceux qui existent déjà. Il y a ensuite les organismes culturels ou sportifs. L'exploitation d'un certain nombre d'entreprises industrielles a été assumée par l'État; de ce fait, ces entreprises sont devenues des organismes gouvernementaux. Enfin, on pourrait regrouper divers autres organismes dans une catégorie générale.

Dans les organismes qui fournissent des biens et des services, les deux plus importants, dans leur domaine respectif, sont sans doute Hydro-Québec et la Caisse de dépôts et placements. Il faudrait ajouter la Société des alcools du Québec (SAQ), la Société des traversiers et, sans doute, même s'il s'agit d'un service moralement discutable, la très importante Loto-Québec. Quant à Radio-Québec, on pourrait l'inclure dans cette première catégorie ou dans les services culturels que nous verrons plus loin.

Certains organismes constituent de véritables tribunaux administratifs. C'est par exemple le cas de la Commission des affaires sociales et de la Régie du logement. Ces organismes tiennent davantage du secteur public que péripublic.

Parmi les services quasi gouvernementaux, on pourrait, à titre d'exemples, énumérer les suivants:

- Commission de la construction du Québec;
- Commissions de formation professionnelle, dans les différentes régions;
- Commission des services juridiques ou Centres communautaires juridiques en province;
- Conseils régionaux de santé et de services sociaux (CRSSS);
- Société des loteries et courses, qui administre les bingos et les loteries de toutes sortes.

Plusieurs de ces commissions ou organismes ont des bureaux dans plusieurs villes du Québec.

Dans le domaine des services culturels, les organismes gouvernementaux sont nombreux, et parfois très différents. Mentionnons d'abord Radio-Québec, ou la Société de radio-télévision du Québec de son vrai nom. Peut-être moins connus mais non moins importants sont le Musée du Québec, le Musée d'art contemporain, le Musée de la civilisation, la Société de la Place des arts de Montréal et celle du Grand Théâtre de Québec, l'Institut québécois de recherche sur la culture, l'Office franco-québécois de la jeunesse.

Parmi les entreprises industrielles constituées ou du moins exploitées par le gouvernement du Québec, il suffit de nommer les suivantes: Sidbec-Dosco, Donohue et Rexfor. Il y en a plusieurs autres.

Dans les organismes qui restent, on peut nommer la Régie des installations olympiques (RIO), la Société de développement de la Baie-James (SDBJ), les différentes sociétés de conservation constituées dans plusieurs régions de la province et la Société immobilière du Québec.

En somme, une centaine d'organismes de toute nature, dont plusieurs négocient quatre ou cinq conventions collectives. L'ensemble représente tout près de 400 unités d'accréditation. On voit par cette énumération combien le secteur péripublic est diversifié: certains de ces organismes, comme la Commission des droits de la personne, se retrouvent tout près du gouvernement ou de l'appareil judiciaire, alors que d'autres relèvent carrément du domaine de l'entreprise privée. Aussi les relations de travail risquent-elles d'être fort différentes de l'un à l'autre. Notons enfin que certaines catégories ou certains organismes, comme la Sûreté du Québec, sont expressément exclus du processus. Les relations de travail des policiers provinciaux sont régies par une loi particulière[98].

26.7.2 Règles de négociation

La *Loi sur le régime de négociation des conventions collectives dans les secteurs public et parapublic* prévoit diverses dispositions qui s'appliquent obligatoirement à certains organismes gouvernementaux énumérés en annexe de la loi. Le gouvernement a le pouvoir de modifier cette liste selon qu'il le juge bon[99] (art. 76). Voici les organismes énumérés dans la loi, regroupés selon les catégories que nous venons de mentionner.

- Hydro-Québec;
- Société des alcools du Québec;
- Société des traversiers du Québec;
- Société de radio-télévision du Québec;
- Commission des droits de la personne;
- Commissions de formation professionnelle de la main-d'œuvre;
- Commission des services juridiques;
- Corporations d'aide juridique;
- Commission de la construction du Québec;
- Conseil de la santé et des services sociaux de la région Montréal métropolitain;
- Conseil de la santé et des services sociaux de la région de Québec;
- Conseil de la santé et des services sociaux de la région de Trois-Rivières;
- Conseil de la santé et des services sociaux de la région d'Abitibi-Témiscamingue;
- Société des loteries et courses du Québec;
- Régie des installations olympiques;
- Sûreté du Québec.

Les organismes gouvernementaux qui ne sont pas mentionnés dans la liste ne sont pas régis par la loi 37. Celle-ci impose principalement aux organismes qui y sont nommés l'obligation de faire approuver les paramètres de leurs négociations et le contenu de leurs ententes par le Conseil du trésor. C'est le ministre responsable de l'organisme en cause qui soumet les paramètres généraux d'une politique de rémunération et de conditions de travail, établie par l'organisme lui-même, au Conseil du trésor pour en obtenir l'approbation. Le Conseil du trésor approuve, avec ou sans modification, la politique de rémunération de l'organisme et détermine les modalités requises pour assurer le suivi du déroulement des négociations. Une fois approuvée par le Conseil du trésor, la politique de rémunération et de conditions de travail, ainsi que les modalités du suivi des négociations, lient l'organisme: il ne peut y déroger sans obtenir une nouvelle autorisation formelle du Conseil du trésor (art. 78-79). Finalement, c'est l'organisme lui-même qui négocie la future convention collective et la signe, suivant les directives reçues du Conseil du trésor.

Quant aux organismes qui ne sont pas tenus de suivre les prescriptions de la loi 37, ils sont, en pratique, soumis aux mêmes obligations, mais en vertu de leur loi constitutive: ils doivent faire approuver, par le Conseil du trésor, les paramètres de la rémunération qu'ils se proposent de verser ou de négocier, ainsi que les principales conditions de travail. Pour ce qui est des entreprises industrielles de l'État, les relations du travail y sont menées normalement comme dans n'importe quelle entreprise privée. Occasionnellement toutefois, un représentant patronal ou syndical peut souhaiter l'intervention de l'autorité politique pour résoudre un problème pour lequel il ne réussit pas à obtenir le compromis qu'il désire. L'autorité politique ne devrait pas agir dans de telles négociations, mais l'un ou l'autre des participants peut l'amener à le faire.

Quant au contenu des conventions, il se rapproche plus ou moins des conventions du secteur public selon qu'il s'agit d'un organisme qui s'y apparente plus ou moins. Par exemple, les négociations qui concernent des organismes comme les CRSSS se rapprochent évidemment de celles du secteur de la santé.

26.8 Conclusion

En revoyant le contenu de ce chapitre et de celui qui précède, il est facile de voir pourquoi une des pre-

---

98. *Loi sur le régime syndical applicable à la Sûreté du Québec*, S.Q. 1968, c. 19 et L.R.Q. c. R-14.
99. L.Q. 1985, c. 12, art. 75-80 et annexe C.

mières caractéristiques de la négociation du secteur public est de comporter des modalités spéciales; celles-ci découlent du fait que l'État n'est pas et ne peut pas être un employeur comme les autres. Même quand la loi déclare que c'est la loi générale des relations du travail, comme le *Code du travail* au Québec, qui régit les rapports collectifs et la négociation des employés directs et indirects de l'État, il est impossible que cette négociation se déroule de la même manière que dans le secteur privé.

Un aspect qui influence de façon déterminante les relations collectives et la négociation est le degré plus ou moins prononcé de centralisation. Certains gouvernements, celui du Québec en particulier, souhaitent centraliser les négociations et on devine pourquoi: raisons politiques sinon électorales, administration simplifiée, contrôle direct sur les décisions et les activités au centre comme à la périphérie. La partie syndicale croit de son côté que la centralisation lui assure un meilleur rapport de force et va lui donner un plus grand pouvoir de négociation, ce qui n'est pas toujours vrai. Ce qu'on ne peut éviter quand on décide de centraliser, c'est la nécessité de réglementer tout le processus jusque dans les moindres détails. La multiplication des lois et des ordonnances amène inévitablement un juridisme prononcé, que plusieurs considèrent comme un élément positif du régime, alors que d'autres y voient un obstacle aux rapports humains dont on ne peut négliger la présence.

Plus la centralisation est grande, moins il y a de négociation collective au sens propre du terme. Chez les employés du gouvernement du Canada, la grève de l'automne 1991 en est la preuve flagrante. Quant aux négociations du secteur public au Québec, aucune des rondes de négociations qui se sont déroulées depuis le début ne s'est terminée sans l'adoption d'au moins une lois spéciale, un décret ou quelque chose de semblable. On a ridiculisé le premier ministre qui avait déclaré: «La reine ne négocie pas avec ses sujets». On peut constater, après 25 ans de régime de négociation collective avec l'État, que le gouvernement, pour ainsi dire, ne négocie pas vraiment avec les représentants de ses employés.

Tout ce qui a découlé des efforts sincères déployés dans les négociations du secteur public n'est pas mauvais; entre autres, les employés y ont trouvé des avantages remarquables. Mais il y a une contradiction profonde entre l'État qui administre les fonds publics – le gouvernement responsable, selon le parlementarisme britannique – et le maquignonnage qui accompagne fatalement une négociation collective. Dans le secteur privé, la présence des deux marchés, celui du travail et celui du produit, constitue un frein ou un stimulant qui contrebalance toute décision excessive et inconsidérée de la part des parties. Comme, dans le secteur public, la partie patronale est assurée de sa survie et de ses revenus – les taxes et les impôts peuvent être augmentés presque indéfiniment – et que la partie syndicale est tout aussi confiante étant donné la sécurité d'emploi inscrite dans les conventions collectives, chacune des parties peut rester sur ses positions jusqu'à ce que l'affrontement devienne insupportable pour le public et qu'il faille une solution légiférée. L'idée de transposer le mode de négociation collective du secteur privé dans le secteur public était une idée généreuse. Il n'est pas sûr qu'elle était réaliste.

Bibliographie

Ouvrages généraux

ARCHAMBAULT, JACQUES et DESROCHERS, PAUL. «La négociation collective dans les secteurs privés subventionnés par l'État», point de vue syndical et point de vue patronal dans *Socialisation et relations industrielles*, 18e Congrès des relations industrielles de l'Université Laval, Québec, Les Presses de l'Université Laval, 1963, p. 131-158.

BOIVIN, JEAN. *The Evolution of Bargaining Power in the Province of Québec Public Sector (1964-1972)*, Québec, Université Laval, Département des relations industrielles, janvier 1975, 359 p. (Document polycopié.)

BOIVIN, JEAN. «La négociation collective dans le secteur public québécois, une évaluation des trois premières rondes (1964-1972)», *Relations industrielles*, vol. 27, no 4, octobre 1972, p. 679-708.

BOIVIN, JEAN. «Règles du jeu et rapport de force dans les secteurs public et parapublic québécois», *Relations industrielles*, vol. 34, no 1, 1974, p. 3-21.

BRODY, BERNARD et ROMPRÉ, LOUISE. «La centralisation des négociations dans le secteur public» dans *La loi et les rapports collectifs du travail*, 14e Colloque de relations industrielles, 1983, Université de Montréal, École de relations industrielles, 1984, p. 137-149.

COURNOYER, JEAN. «La négociation collective dans les secteurs gouvernemental et paragouvernemental reconsidérée», *Relations industrielles*, vol. 35, no 3, 1985, p. 528-533.

DEMERS, FRANÇOIS. *Chroniques impertinentes du 3e Front commun syndical*, Montréal, Éditions Nouvelle Optique, 1982, 170 p.

DÉOM, ESTHER. «La négociation collective chez les fonctionnaires et les enseignants québécois 1975-1976», *Relations industrielles*, vol. 37, no 1, 1982, p. 141-163.

DESMARAIS, JACQUES. «Le secteur public: un Code du travail particulier?» dans *La loi et les rapports collectifs du travail*, 14e Colloque de relations industrielles, 1983, Université de Montréal, École de relations industrielles, 1984, p. 174-192.

DUBÉ, JEAN-LOUIS et GINGRAS, PIERRE. «Historique et problématique du régime de négociation collective dans le secteur de la santé et des services sociaux», *Revue de droit de l'Université de Sherbrooke*, vol. 21, no 2, 1991, p. 519-565.

GAGNON, LYSIANE. «La ronde des bureaucrates» et «La société blessée», articles parus dans *La Presse*, 1979, reproduits dans le tiré à part no 24, Université Laval, Département des relations industrielles, 1980, 26 p.

GAULIN, ROBERT. «L'expérience de la négociation du front commun des secteurs public et parapublic: une évaluation syndicale» dans *La gestion des relations du travail au Québec*, sous la direction de NOËL MALLETTE, Montréal, McGraw-Hill, 1980 (642 p.), p. 571-594.

HÉBERT, GÉRARD. «La négociation du secteur public provincial: histoire et cadre institutionnel» dans *La gestion des relations du travail au Québec*, sous la direction de NOËL MALLETTE, Montréal, McGraw-Hill, 1980 (642 p.), p. 547-569.

HÉBERT, GÉRARD. «Le régime québécois de négociation des secteurs public et parapublic. Réflexions», *Relations industrielles*, vol. 37, no 2, 1982, p. 420-429.

HÉBERT, GÉRARD. «Public Sector Bargaining in Québec: A Case of Hypercentralization» dans *Conflict or Compromise. The Future of Public Sector Industrial Relations*, Montréal, Institut de recherches politiques, 1984 (466 p.), p. 233-281.

LEMELIN, MAURICE. *Les négociations collectives dans les secteurs public et parapublic. Expérience québécoise et regards sur l'extérieur*. Montréal, Agence D'Arc, 1984, 372 p.

Les négociations dans les secteurs public et parapublic, journée d'étude de la Corporation professionnelle des conseillers en relations industrielles, Québec, 5 mars 1982, Montréal, Université de Montréal, École de relations industrielles, 1982,120 p. (Document de travail no 4; document polycopié.)

MARTIN, YVES. «Le cadre juridique de la ronde des négociations collectives de 1979 des secteurs public et parapublic: le Rapport Martin-Bouchard», dans *La gestion des relations du travail au Québec*, sous la direction de NOËL MALLETTE, Montréal, McGraw-Hill, 1980 (642 p.), p. 590-608.

MARTIN, YVES et BOUCHARD, LUCIEN. *Rapport Martin-Bouchard*, Commission d'étude et de consultation sur la révision du régime des négociations collectives dans les secteurs public et parapublic, Québec, Éditeur officiel, 15 février 1978, 198 p.

Recherche d'un nouvel équilibre. Réforme du régime de négociation du secteur public. Document de consultation, Québec, Bureau du ministre délégué à l'administration et président du Conseil du trésor, 1984, 16 p.

Aspects légaux

BOIVIN, JEAN. «La dynamique des lois spéciales de retour au travail: l'expérience du Québec de 1964 à 1983» dans *Rapport du 22e congrès annuel de l'Association canadienne des relations industrielles, Montréal, 1985*, Québec, ACRI (Université Laval), 1986, 2 volumes, 1er vol., p. 277-297.

DELORME, FRANÇOIS et GAGNON, DENIS. «À l'aube de la prochaine ronde de négociations dans les secteurs public et parapublic. Un nouvel encadrement, de meilleurs résultats?», *Le marché du travail*, vol. 6, nº 11, novembre 1985, p. 1-26. (Supplément au numéro régulier.)

GAGNON, CHANTAL et HÉBERT, GÉRARD. *Les grèves illégales dans les hôpitaux du Québec, 1977-1978*, Université de Montréal, École de relations industrielles, 1982, 80 p. (Monographie nº 14.)

MORIN, FERNAND. «Rapports collectifs du travail dans les secteurs publics québécois ou le nouvel équilibre selon la loi du 19 juin 1985», *Relations industrielles*, vol. 40, nº 3, 1985, p. 629-645.

MORIN, FERNAND. «Médiations politiques, commissions parlementaires et lois spéciales: nouveaux modes de gestion des conflits?» dans *Les relations du travail au Québec: la dynamique du système*, 31e Congrès de relations industrielles, Québec, Les Presses de l'Université Laval, 1976, p. 47-70.

Conflits et services essentiels

ARTHURS, HARRY W. *Labour Disputes in Essential Industries*, étude nº 8 de l'Équipe spécialisée en relations de travail sous l'égide du Bureau du Conseil privé, Ottawa, Imprimeur de la Reine, 1970, 305 p.

Bureau du Conseil privé. *Les relations du travail au Canada*, Rapport Woods, Ottawa, Imprimeur de la Reine, 1968, nos 575-595, p. 186-191.

CARTER, RICHARD. «Pour mettre fin aux grèves», *L'analyste*, Montréal, nº 8, hiver 1984-1985, p. 32-34.

DEWINE, LÉON. «Les services essentiels en 1982?», *Le Journal du travail*, ministère de la Main-d'œuvre, vol. 2, nº 2, avril 1980, p. 10-11.

FORGET, NICOLE. «La notion de service essentiel en droit du travail québécois ou l'impossible définition» dans *Vingt-cinq ans de pratique en relations industrielles au Québec*, sous la direction de RODRIGUE BLOUIN, Cowansville, Éditions Yvon Blais, 1990 (1164 p.), p. 477-496.

LAPERRIÈRE, RENÉ. «La détermination des services essentiels: un préalable nécessaire à l'exercice du droit de grève» dans *Les relations du travail au Québec: la dynamique du système*, 31e Congrès des relations industrielles de l'Université Laval, Québec, Les Presses de l'Université Laval, 1976 (217 p.), p. 121-134.

«Symposium: Public Sector Impasses» (6 articles), *Relations industrielles*, vol. 16, nº 3, octobre 1977, p. 264-354.

VERGE, PIERRE. *Les critères des conflits créant une situation d'urgence*, étude nº 23 de l'Équipe spécialisée en relations de travail sous l'égide du Bureau du Conseil privé, Ottawa, Information Canada, 1971, 252 p.

WEILER, PAUL. «Making a Virtue out of Necessity: Strikes by Essential Public Employees», *Reconcilable Differences. New Directions in Canadian Labour Law*, Toronto, The Carswell Company, 1980 (355 p.), chap. 7, p. 208-248.

Rémunération

BEAUCAGE, ANDRÉ. «Idéologie, solidarité et politique salariale: l'expérience des Fronts communs du secteur public québécois de 1971 à 1975», thèse de doctorat présentée à l'École de relations industrielles de l'Université de Montréal, le 28 décembre 1981, 526 p.

BEAUCAGE, ANDRÉ. *Syndicats, salaires et conjoncture économique. L'expérience des Fronts communs du secteur public québécois de 1971 à 1983*, Sillery, Les Presses de l'Université du Québec, 1989, 127 p.

BOUCHER, BIBIANE et TOURIGNY, BERTRAND. «Augmentations des traitements dans les secteurs public et parapublic», *Le marché du travail*, vol. 2, nº 9, septembre 1981, p. 55-63.

CHRISTENSEN, SANDRA. «Collective Bargaining in Provincial Public Administration», *Relations industrielles*, vol. 36, nº 3, 1981, p. 616-629.

COUSINEAU, JEAN-MICHEL et LACROIX, ROBERT. *La détermination des salaires dans le monde des grandes conventions collectives : une analyse des secteurs privé et public*, Ottawa, Conseil économique du Canada, 1978, 150 p.

FERLAND, GILLES. « La politique de rémunération dans les secteurs public et parapublic au Québec », *Relations industrielles*, vol. 36, n° 3, 1981, p. 473-498.

PROULX, PIERRE-PAUL. « Rémunération dans les secteurs public et parapublic au Québec. Éléments d'une nouvelle politique », *Relations industrielles*, vol. 37, n° 3, 1982, p. 477-497.

TAPIN, JEAN-ROBERT. « Aperçu de la dernière ronde de négociation dans les secteurs public et parapublic », *Le marché du travail*, vol. 1, n° 6, octobre 1980, p. 32-41.

Chapitre

27

Cadres et professionnels du secteur public

PLAN

Le secteur public du Québec présente un autre caractère particulier et unique: le degré d'organisation atteint par les quelque 25 000 cadres qui y travaillent. Leurs conditions de travail sont régies par une douzaine de documents qui, par leur contenu, ressemblent singulièrement aux conventions collectives. Au sens strict, leurs conditions de travail ne font l'objet ni de négociation ni de convention collective, puisque ces personnes exercent toutes une part d'autorité, qui les exclut de l'application du *Code du travail*: aucune ne répond à la définition du salarié selon le Code. Mais l'importance du phénomène tout autant que sa ressemblance avec la négociation collective font qu'on ne saurait omettre de traiter, au moins brièvement, du regroupement des cadres du secteur public et du mode de détermination de leurs conditions de travail. Après une présentation générale de la situation, nous traiterons successivement des trois principaux groupes: les cadres au service du gouvernement, les cadres du secteur de la santé et les cadres du secteur scolaire.

La dernière section du chapitre sera consacrée à une autre série de négociations du secteur public, bien différente mais non moins importante, qui vise un groupe considérable de personnes, de 20 000 à 25 000, qu'on appelle les professionnels conventionnés. Qu'il s'agisse des médecins rémunérés par la Régie de l'assurance-maladie du Québec, des pharmaciens et des dentistes qui traitent de nombreux clients aux frais de la même régie ou des avocats dont l'État utilise les services pour certains bénéficiaires de l'aide juridique, tous ces professionnels négocient avec l'État, par le truchement de leur association respective, non pas un salaire ou un traitement annuel, mais le tarif des actes professionnels qu'ils poseront et dont le coût sera assumé par l'État. L'importance et le caractère spécifique d'une telle négociation exige qu'on en traite séparément.

27.1 Situation des cadres du secteur public

Nous consacrerons la majeure partie du chapitre aux cadres hiérarchiques ou fonctionnels du secteur public. Nous verrons ce qu'on appelle habituellement le problème des cadres dans le chapitre suivant, consacré à d'autres groupes particuliers de négociation. Il ne sera donc question ici que des cadres du secteur public qui exercent une part d'autorité, ce qui les exclut de l'application du *Code du travail*. Nous verrons à leur sujet quelques définitions et concepts, le cadre légal dans lequel sont déterminées leurs conditions de travail et, finalement, les caractéristiques générales du groupe visé et du type de discussions dont il fait l'objet.

27.1.1 Définitions, concepts et regroupements

Les cadres hiérarchiques ont toujours été divisés en trois catégories désignées par les qualificatifs suivants: supérieur, intermédiaire et inférieur. Les cadres supérieurs assurent la direction générale de l'entreprise ou de l'organisme. Ils délèguent aux chefs de service, qui constituent le groupe des cadres intermédiaires, tous les pouvoirs nécessaires à l'accomplissement de leurs fonctions. Enfin, la gestion et la supervision immédiate du travail reviennent aux cadres inférieurs, qu'on a vite appelés les agents de maîtrise, sans doute parce que personne ne veut être désigné par le terme inférieur.

À partir de maintenant, nous ne parlerons que des cadres supérieurs et intermédiaires. Dans le secteur public, le contexte culturel et les habitudes bureaucratiques ont amené le décalage que l'on devine: les agents de maîtrise et les responsables de la gestion quotidienne s'appellent désormais les cadres intermédiaires, alors que ceux qu'on appelle aujourd'hui les cadres supérieurs étaient naguère les cadres intermédiaires; ils sont responsables des multiples services assurés par chaque organisme: les services au public, l'information, la recherche, l'administration financière, etc. La troisième catégorie, la plus élevée, n'a pas disparu pour autant. Dans les secteurs de la santé et de l'éducation, on retrouve ainsi la catégorie des «hors cadre» – c'est l'expression qu'on emploie fréquemment –, les directeurs généraux et leurs adjoints, et, au gouvernement, les sous-ministres et les dirigeants d'organismes gouvernementaux aussi appelés administrateurs d'État. On retrouve les trois mêmes niveaux de responsabilité, mais avec une dénomination différente. Un indice du décalage qui s'est effectué réside dans le fait qu'il y a, au gouvernement, presque autant de cadres supérieurs que de cadres intermédiaires.

Un terme équivoque, souvent utilisé, est celui d'administrateur. Dans son sens habituel, du moins dans le secteur privé, il s'agit des membres du conseil d'administration d'une entreprise. Le mot peut avoir ce sens également dans le secteur public, puisque certains organismes publics ont leur conseil d'administration. Dans les documents que ce chapitre analyse, le mot a une autre signification: il est pratiquement synonyme de cadre; il désigne les responsables des différents services, par exemple ceux d'un établissement de détention qui dirigent et supervisent les salariés affectés à la garde des résidents, à la cuisine, à la sécurité ou à l'administration. On parle également des administrateurs des commissions scolaires; le mot s'applique alors aux responsables des grands services de la commission scolaire. Dans tous les cas, le sens du mot administrateur doit être précisé pour qu'on sache si le poste appartient au plus haut niveau de direction, en dehors de la terminologie courante, à la catégorie des cadres supérieurs, ou à celle des cadres intermédiaires.

À chacune de ces trois catégories de cadres ne correspond pas un seul et unique niveau de responsabilité, auquel s'applique un seul palier de traitement. Dans chaque cas, il y a plusieurs classes. Par exemple, le barème des salaires des cadres de la santé comporte 27 classes différentes. La multiplicité des classes permet d'évaluer de façon plus équitable la nature réelle de postes dont le seul titre pourrait être source de confusion sinon d'injustice. C'est ainsi que, par exemple, le directeur général d'un centre d'accueil d'une vingtaine de lits a moins de responsabilités qu'un chef de service d'un grand hôpital urbain.

En résumé, il y a, dans le secteur public, trois catégories principales de cadres, chacune étant subdivisée selon les circonstances particulières: le niveau suprême, constitué des sous-ministres et des directeurs généraux d'organismes, les cadres dits supérieurs, ou chefs de service, et les cadres intermédiaires, appellation qui désigne généralement les agents de maîtrise ou superviseurs immédiats des salariés syndiqués. Selon le milieu, il peut s'ajouter des groupes spéciaux, comme dans le secteur scolaire où les directeurs d'école n'appartiennent pas à la hiérarchie de la commission scolaire.

On peut également examiner le cas des cadres du secteur public en les répartissant en fonction du genre de services fournis: les services gouvernementaux proprement dits, les services de santé et les services sociaux et, enfin, les services offerts dans le secteur de l'éducation. Dans ce dernier cas, on distingue le réseau public des institutions privées. Le réseau public englobe les écoles primaires et secondaires, et les collèges publics ou cégeps. Les universités sont en général considérées comme ne faisant pas partie du secteur public proprement dit. C'est en fonction de cette répartition, selon la nature des services, que le présent chapitre est organisé et divisé.

27.1.2 Cadre légal

Puisque les cadres du secteur public ne sont pas des salariés au sens du *Code du travail*, les discussions qu'ils peuvent avoir en vue de déterminer leurs conditions de travail ne sont pas régies par le Code. Pour donner une valeur officielle au contenu de leurs ententes, les parties auront recours à d'autres lois et à d'autres instruments juridiques, qui ne sont pas les mêmes pour toutes les catégories de cadres.

Les discussions s'engagent et se poursuivent sur une base volontaire. Nous verrons que le gouvernement s'est engagé à consulter les associations de cadres qu'il reconnaît comme représentatives. Si, comme il arrive parfois, le gouvernement ne veut ou ne peut acquiescer à telle demande et que l'accord global devient de ce fait impossible, le gouvernement prend lui-même la décision. En ce sens, il y a loin de la négociation collective régie par le *Code du travail* aux discussions qui peuvent avoir lieu en vue d'établir les conditions de travail des cadres du secteur public. Ceci n'empêche pas les deux parties d'y trouver de grands avantages: les associations de cadres ont, dans ces discussions, une excellente tribune où présenter le point de vue de leurs membres et le gouvernement y perçoit plus clairement le degré de satisfaction ou d'insatisfaction de ses employés les plus importants.

C'est le contenu de l'entente, ou la décision gouvernementale qui en tient lieu, qui sera inscrit dans le document légal utilisé. Dans le cas des cadres fonctionnaires de l'État, les décisions qui les concernent entrent en vigueur à la suite d'une directive – c'est le terme officiel – adoptée par le Conseil du trésor. Chaque directive est désignée par les initiales C.T., accompagnées d'un numéro et d'une date[1]. Les cadres du gouvernement, en tant que fonctionnaires, sont régis par la *Loi sur la fonction publique*, sauf le chapitre sur le régime syndical qui ne s'applique pas dans leur cas; ils peuvent exercer tous les recours admissibles devant la Commission de la fonction publique, par exemple dans un litige relatif à une mutation ou à une modification de l'emploi.

Dans le domaine des services de santé et des services sociaux, les décisions touchant les conditions de travail des cadres font l'objet de règlements que le gouvernement adopte en vertu de la *Loi sur les services de santé et les services sociaux* (art. 154[2]).

> Le gouvernement peut, par règlement, déterminer les normes et barèmes qui doivent être suivis par les conseils régionaux, les établissements publics et les établissements privés visés dans les articles 176 et 177 [établissements subventionnés] pour:
>
> 1° la sélection, la nomination, la rémunération et les autres conditions de travail applicables aux directeurs généraux et aux cadres supérieurs et intermédiaires;
>
> 2° la rémunération et les autres conditions de travail applicables aux autres membres du personnel, compte tenu des conventions collectives en vigueur.
>
> Le gouvernement peut établir, par règlement, pour les personnes visées au paragraphe 1° et 2° du premier alinéa une procédure de recours dans les cas de congédiement, de non réengagement ou de résiliation d'engagement autres que ceux résultant d'un recours en déchéance de charge. Une telle procédure peut prévoir la désignation d'un arbitre et les mesures que cet arbitre peut adopter après l'audition des parties.

Le second paragraphe de l'article équivaut au recours que les cadres du gouvernement peuvent avoir par le biais de la *Loi sur la fonction publique*. Dans le cas des établissements de santé et de services sociaux, il fallait un article de loi pour permettre d'adopter des mesures de cette nature et leur donner pleine valeur légale.

Le processus est le même pour les cadres du secteur de l'éducation. La seule différence est que la loi qui doit être invoquée n'est pas la même pour tous. Dans le réseau public des écoles primaires et secondaires, il s'agit de la *Loi sur l'instruction publique*[3]. Pour ce qui est des collèges, on se réfère à la *Loi sur les collèges d'enseignement général et professionnel*[4]. Dans tous les cas, c'est le ministère concerné qui est le maître d'œuvre du projet de règlement; il consulte les associations patronales et les associations de cadres, successivement ou conjointement, selon les circonstances. Une fois le projet de règlement rédigé, le ministre de l'Éducation ou le ministre de l'Enseignement supérieur et de la Science le soumet au Conseil des ministres. Une fois approuvé par un décret du cabinet, le règlement en question acquiert force de loi.

Dans le cas des universités, où on trouve parfois une association de cadres, la discussion et l'entente se font sur une base volontaire (*gentlemen's agreement*); aucune disposition légale obligatoire n'intervient. Certains groupes donnent à cet accord le nom de protocole d'entente[5].

---

1. Par exemple: Directive modifiant la directive concernant l'ensemble des conditions de travail des cadres supérieurs, adoptée par le C.T. 174225 du 19 juin 1990. Les directives du Conseil du trésor ne sont pas toutes publiées dans La *Gazette officielle du Québec*, mais elles sont quand même d'ordre public.
2. L.R.Q., c. S-5, art. 154, pour l'ancienne version, et L.Q. 1991 c. 42, art. 507.
3. L.R.Q., c. I-14, art. 16.
4. L.R.Q., c. C-29, art. 18.1.
5. Par exemple: Protocole entre l'Université de Montréal et l'Association des cadres et professionnels de l'Université de Montréal (ACPUM), 29 mai 1991.

27.1.3 Caractéristiques générales

Malgré des différences entre les trois secteurs, on y retrouve des caractéristiques communes. Nous les présenterons sous deux aspects: d'abord les différences par raport à la négociation régie par le *Code du travail*, puis les ressemblances considérables avec les conventions collectives visant les syndiqués.

La principale différence entre la négociation régie par le Code et les discussions entre les cadres et le gouvernement réside dans le fait que ces dernières sont volontaires. Aucun texte de loi n'oblige le gouvernement à ce genre d'échange avec les représentants de ses employés cadres. Il y trouve sans doute son profit, puisqu'il le fait depuis maintenant plus de 15 ans, bien qu'il n'y soit pas tenu par la loi.

La seconde différence découle de la première, et elle concerne le ton et les caractéristiques propres des discussions que mènent le gouvernement et les associations de cadres. Elles sont généralement moins longues que les véritables négociations et cela pour maintes raisons. Plusieurs des «clauses» des directives ou des décrets sont reprises des conventions négociées. Il en est ainsi pour plusieurs questions d'ordre pécuniaire et pour les avantages sociaux; pour les cadres, les discussions sur ces points sont plutôt courtes. De plus, le gouvernement entretient des rapports fréquents, presque des négociations continues, avec certaines de ces associations; cela facilite la discussion du document complet le moment venu. Enfin, comme le gouvernement a le dernier mot sur toute question controversée, il est inutile de discuter indéfiniment. Les périodes de discussion avec les cadres sont donc plus courtes qu'avec les syndiqués.

Même s'il ne saurait être question d'accréditation pour les associations de cadres, le gouvernement reconnaît par décret celles qui en font la demande et qui sont véritablement représentatives. En même temps qu'il les reconnaît, le gouvernement accorde à ces associations divers avantages importants, comme la consultation obligatoire et la retenue automatique des cotisations. Un exemple nous permettra d'illustrer les modalités du processus.

Avec la réorganisation de la fonction d'agent de la paix, les cadres concernés ont été répartis et se sont regroupés selon la nouvelle structure. C'est ainsi que l'Association des administrateurs des établissements de détention du Québec a demandé sa reconnaissance et l'a obtenue dans le décret 457 du 30 mars 1988, dont le dispositif se lit de la façon suivante:

> Il est ordonné en conséquence sur la proposition du ministre délégué à l'administration et président du Conseil du trésor:
>
> Que le gouvernement maintienne la reconnaissance accordée, pour fins de relations de travail, de l'Association des administrateurs des établissements de détention du Québec, comme représentante des agents de maîtrise en surveillance en établissement de détention et qui appartiennent aux classes de directeur d'établissement de détention principal, régional et secondaire;
>
> Que le gouvernement reconnaisse, en outre, pour fins de relations de travail, l'Association des administrateurs des établissements de détention du Québec, comme représentante du groupe des cadres intermédiaires œuvrant en établissement de détention dans des activités de réhabilitation, de réinsertion sociale et de garde auprès de la population carcérale à titre de directeur d'établissement de détention.

Des conditions et modalités sont annexées au décret, dont les principales visent la vérification du caractère représentatif, la consultation obligatoire en matière de conditions de travail et le prélèvement automatique de la cotisation régulière exigée par l'Association. Dans ce dernier cas, l'employé conserve le droit de cesser de cotiser: il doit alors aviser l'association et le ministère de sa décision[6]. Pour les associations qui regroupent les cadres de la santé et de l'éducation, la reconnaissance et la retenue auto-

6. Document concernant la reconnaissance, pour fins de relations de travail, de l'Association des administrateurs des établissements de détention du Québec, joint au décret 457 du 30 mars 1988.

matique de la cotisation sont consignées dans le règlement visant l'ensemble des conditions de travail.

Les ressemblances entre les conventions collectives du secteur public et les documents en tenant lieu pour les cadres sont encore plus grandes que celles qui existent entre la reconnaissance des associations et l'accréditation, et entre la négociation et les discussions avec les associations. Les directives ou règlements qui s'appliquent aux cadres contiennent l'ensemble des conditions de travail qu'on retrouve dans les conventions collectives du secteur public: les clauses à incidence pécuniaire, les régimes d'assurance, les caisses de congés de maladie, les droits parentaux, les congés à traitement différé, les recours (par le truchement de la Commission de la fonction publique ou par un autre moyen) et des mesures détaillées concernant la sécurité d'emploi qui, pour bon nombre de cadres, s'appelle la stabilité d'emploi. Ces documents contiennent en plus des dispositions qui sont propres aux cadres, comme une procédure détaillée d'évaluation du rendement, des primes rattachées aux postes occupés en milieu nordique, y compris une compensation pour un ou deux voyages par année ainsi que les conditions d'évacuation en cas d'urgence.

Directives et règlements concernant les conditions de travail des cadres et conventions collectives des employés syndiqués du secteur public se ressemblent comme des frères jumeaux. La différence réside dans leur gestation ou mode de détermination. Dans le cas des conventions, il s'agit d'une négociation officielle, soumise aux disposition du *Code du travail*, même si, comme nous l'avons vu au chapitre précédent, les négociations elles-mêmes sont souvent difficiles sinon inexistantes. Pour leur part, directives et règlements applicables aux cadres ne dépendent nullement d'une entente entre les parties; faute d'entente, il y aura, après consultation, décision de la part du gouvernement.

Après cette vue d'ensemble, il faut regarder de plus près ce qui concerne les associations, les discussions et les conditions de travail qui en découlent, pour chacun des trois grands secteurs déjà mentionnés.

27.2 Cadres au service du gouvernement

Pour chacun des trois grands secteurs, nous verrons successivement les différentes associations qui regroupent les cadres, la discussion concernant leurs conditions de travail et le résultat de cette discussion, contenue dans ce qui équivaut pour eux à une convention collective.

27.2.1 Associations et reconnaissance

Pour parcourir la pyramide du haut en bas, nous commencerons par une catégorie qui n'est pas regroupée en association et qui constitue les administrateurs d'État du plus haut niveau. Font partie de ce groupe «hors cadre» les sous-ministres, les sous-ministres adjoints et associés, et les hauts dirigeants des organismes gouvernementaux. Tous ces administrateurs sont nommés par décret du cabinet des ministres. Chacun de ces décrets confie à une personne désignée la fonction de sous-ministre ou de directeur général d'un organisme gouvernemental; il fixe en même temps les conditions de travail sur lesquelles il y a eu entente entre le gouvernement et la personne nommée. En fait, ce groupe de personnes ne fait pas partie des cadres dont le présent chapitre veut étudier les conditions de travail et comment on les détermine.

La première catégorie de cadres est regroupée dans l'*Association des cadres supérieurs* du gouvernement du Québec. L'Association a été officiellement reconnue le 22 mars 1978[7]. Le décret exclut du groupe les sous-ministres associés et les sous-ministres adjoints, les directeurs de personnel et les titulaires de tout poste que leurs fonctions placeraient en conflit d'intérêts. Le décret ajoute les dispositions habituelles: vérification du caractère représentatif, consultation obligatoire pour la détermination des conditions de travail et prélèvement automatique de la cotisation régulière exigée par l'Association. L'Association compte environ 2200 membres. Ceux-ci se recrutent parmi les directeurs des services des différents ministères, leurs adjoints et les fonctionnaires qui occupent des postes comparables. (Voir le tableau 27-1.) Pour

7. Décret 917 du 22 mars 1978.

TABLEAU 27-1

Cadres du gouvernement du Québec – 1991

Associations			Directives concernant les conditions de travail des
Nom et groupe	**Fondation / Reconnaissance**	**Nombre de membres**	
Ass. des cadres supérieurs du gouvernement du Québec	1977 / 1978	2 200	cadres supérieurs C.T. 174225 du 19 juin 1990
Ass. des cadres intermédiaires du gouvernement du Québec[1]	1969 / 1985	2 500	cadres intermédiaires C.T. 175117 du 9 octobre 1990
Ass. des administrateurs des établissements de détention du Québec	1983 / 1988	100	directeurs des établissements de détention C.T. 175121 du 9 octobre 1990
Fraternité des cadres intermédiaires des agents de la paix de la fonction publ.	1978 / 1988	300	cadres intermédiaires des établissements de détention C.T. 175120 du 9 octobre 1990
Ass. des conseillères et conseillers en gestion des ressources humaines du gouvernement du Québec[2]	1978 / 1984	400	conseillers en gestion des ressources humaines C.T. 174226 du 19 juin 1990
		5 500	

1. Autrefois le Syndicat des cadres du gouvernement du Québec, incorporé en 1969 sous la *Loi des syndicats professionnels*.
2. Autrefois le Syndicat des conseillers en gestion du personnel.

Source: Décrets du gouvernement du Québec.

fins de rémunération, les cadres supérieurs sont répartis en cinq classes d'emplois, la plus élevée étant la classe 1.

Le deuxième groupe représente les cadres intermédiaires. Fondé en 1969, il avait pris le nom de Syndicat des cadres du gouvernement du Québec. Il y avait alors dans l'air des projets de reconnaissance d'un syndicalisme de cadres et c'est sans doute la raison pour laquelle on avait choisi le nom de syndicat. Ce regroupement porte maintenant le nom d'Association des cadres intermédiaires du gouvernement du Québec. Il compte environ 2500 membres, recrutés parmi le personnel de maîtrise et de direction des ministères et des organismes soumis à la *Loi sur la fonction publique*. Le groupe comprend en particulier les agents de maîtrise responsables du personnel de bureau, des techniciens, des ouvriers et des bureaux d'enregistrement. Les pouvoirs conférés par le décret de reconnaissance sont semblables à ceux qu'on trouve dans le décret de reconnaissance de l'Association des cadres supérieurs[8].

Les deux associations suivantes visent les cadres qui travaillent dans les établissements de détention du Québec. L'Association des administrateurs des établissements de détention du Québec, reconnue en 1988[9], représente, comme son nom l'indique, des responsables d'établissements de détention. Ils ont des responsabilités de réhabilitation, de réinsertion sociale et de garde auprès de la population carcérale, à titre de directeurs ou directeurs adjoints des éta-

8. Décret 2169 du 23 octobre 1985.
9. Décret 457 du 30 mars 1988.

blissements en cause. Ils sont environ une centaine. L'autre groupe inclut tous les cadres responsables des agents de la paix et gardiens de prison. Il porte le nom de Fraternité des cadres intermédiaires des agents de la paix de la fonction publique. Au nombre d'environ 300, ils occupent des fonctions d'agents de maîtrise, reliées à la programmation des activités, à l'instruction des pensionnaires de l'institution, à leur surveillance et aux soins infirmiers; la Fraternité exclut les directeurs d'établissements[10]. Le décret reconnaît à chacune de ces deux associations les mêmes droits et responsabilités qu'aux associations précédentes.

Finalement, un Syndicat des conseillers en gestion du personnel, établi en 1978, s'appelle aujourd'hui l'Association des conseillères et conseillers en gestion des ressources humaines du gouvernement du Québec[11]. Le groupe se compose d'agentes et d'agents du personnel, de relations de travail, ou de griefs. Bon nombre de ces personnes sont exclues de la définition de salarié du *Code du travail* par suite du caractère confidentiel des activités rattachées à leur fonction. Dispersés dans les différents ministères et organismes gouvernementaux, ils sont environ 400.

À ces cinq catégories de cadres du gouvernement, il faudrait en ajouter quelques-unes dont le caractère est un peu différent. Il y a, par exemple, une association des gérants des différents établissements de la Société des alcools du Québec (SAQ). Ils sont environ 350 et leurs conditions de travail sont négociées de gré à gré avec les dirigeants de la SAQ. On pourrait mentionner aussi les cadres des différentes Commissions de formation professionnelle réparties à travers la province.

27.2.2 Discussion des conditions de travail

Les discussions entre le gouvernement et ces principales associations de cadres sont généralement moins longues que celles des cadres de la santé et des services sociaux. Peut-être parce que les cadres du gouvernement sont plus près de l'autorité gouvernementale, il leur est plus facile d'obtenir rapidement, au fur et à mesure, les modifications souhaitées à leurs conditions de travail. Les cadres du gouvernement entretiennent avec leur employeur une négociation quasi permanente. Au moment du renouvellement de la directive tenant lieu de convention collective, il est plus facile d'obtenir un consensus parce que les principales difficultés ont été réglées au fur et à mesure.

Pour les aspects pécuniaires, les cadres sont en général à la remorque des négociations des syndiqués du secteur public. Il ne reste à négocier, dans les clauses pécuniaires, que les particularités propres à chaque groupe, qu'il s'agisse des cadres supérieurs en région nordique ou des cadres intermédiaires en institution carcérale. On s'entend en général plus facilement sur le niveau de la rémunération que sur le classement des fonctions dans les différentes catégories salariales qu'imposent les directives du Conseil du trésor.

27.2.3 Directives du Conseil du trésor

Les directives du Conseil du trésor constituent en quelque sorte la convention collective des cadres du gouvernement du Québec. Toutes les quasi-conventions contiennent sensiblement les mêmes dispositions, mais la présentation diffère considérablement de l'une à l'autre. Les deux directives visant les employés en établissement de détention se ressemblent, sans doute parce qu'elles découlent d'un même modèle. Il y a également une forte ressemblance entre la directive visant les cadres supérieurs et celle qui concerne les conseillers en gestion des ressources humaines. La directive des cadres intermédiaires s'inspire à la fois de celle des cadres supérieurs et de celles des cadres en établissements de détention.

Quant au contenu proprement dit, il ressemble à celui des conventions collectives signées sous le *Code du travail*, avec cette différence que les textes sont souvent plus complexes et les dispositions toujours très détaillées. Pour donner un exemple, la directive visant les cadres intermédiaires du gouvernement du Québec contient 272 articles. En regroupant les dis-

10. Décret 458 du 30 mars 1988.
11. Décret 741 du 28 mars 1984.

positions qu'on trouve dans les cinq documents de base, on peut établir la liste suivante des principales clauses: les clauses qu'on pourrait appeler professionnelles, les clauses qui concernent la rémunération, celles qui se rapportent aux avantages sociaux, et quelques questions diverses. (Voir le tableau 27-2). Il faut approfondir certains aspects de ces principaux types de clauses.

Parmi les clauses à caractère professionnel, l'évaluation du rendement occupe, dans la directive visant les cadres supérieurs, la première place, immédiatement après le champ d'application et les définitions. Le contenu de cette clause ne diffère pas vraiment d'un groupe à l'autre. La procédure suivie est la suivante: l'évaluation doit être faite une fois par année, par le supérieur immédiat, et révisée par le supérieur hiérarchique, c'est-à-dire celui qui se trouve au deuxième échelon au-dessus du cadre évalué. L'évaluation repose sur une grille proposée par le Conseil du trésor. Le cadre doit signer sa fiche d'évaluation, pour attester qu'il en a reçu une copie. Quant aux critères, ils demeurent vagues et pourraient se résumer ainsi: le cadre a-t-il répondu aux attentes qui lui avaient été signifiées; les a-t-il dépassées? L'échelle d'évaluation comporte cinq niveaux, de A à E. Toutes les directives contiennent une disposition selon laquelle les deux meilleures cotes, A et B, ne peuvent être attribuées à plus de 30 % du personnel d'encadrement d'une même catégorie dans un ministère ou un organisme donné. Un tel mode d'évaluation n'est pas implanté partout; par contre, l'attribution d'une cote de rendement, une fois l'an, est obligatoire afin de déterminer la rémunération de chaque cadre[12].

À cause de leurs fonctions particulières, les cadres travaillant en établissements de détention jouissent, selon la directive qui les concerne, d'une protection en cas de poursuite. Le gouvernement s'engage à leur fournir l'assistance judiciaire requise: sauf en cas de faute lourde, il leur garantit les services d'un avocat et assume également les peines de nature pécuniaire s'il y a lieu[13]. L'article 32 de la *Loi sur la fonction publique* assure une protection semblable à tout fonctionnaire poursuivi pour un acte posé dans l'exercice de ses fonctions. Les quasi-conventions des autres catégories accordent des congés pour affaires judiciaires, que le cadre soit ou non directement intéressé au procès[14].

Les directives du Conseil du trésor fixent les paramètres de rémunération, les règles de progression salariale et l'attribution des bonis au rendement. Parmi les avantages sociaux, les vacances annuelles sont les mêmes pour tous les cadres, soit quatre semaines pour tout cadre ayant de 1 à 10 ans de service, avec une journée additionnelle pour chaque période de deux années par la suite jusqu'à cinq semaines après 18 ans de service continu. Quant au régime de retraite, il n'apparaît pas dans les directives, mais chacune renvoie au régime de retraite des fonctionnaires (RRF) ou à celui des employés du gouvernement et des organismes publics (RREGOP).

Seule la directive concernant les conseillers en gestion des ressources humaines contient un chapitre expressément consacré à la sécurité d'emploi. En cas de mise en disponibilité, le cadre jouit de ce qu'on appelle la stabilité d'emploi, c'est-à-dire la garantie, pendant un an, de ne pas être affecté à un poste qui soit à plus de 50 kilomètres de son lieu de travail précédent ou de son domicile. Au cours de cette période, l'Office des ressources humaines s'efforce de le replacer dans un poste équivalent dans le périmètre indiqué; l'Office peut attribuer au cadre en disponibilité d'autres postes vacants dans la fonction publique ainsi qu'un nouveau classement. Cependant, le cadre en question demeure en disponibilité – et reçoit donc sa rémunération – tant et aussi longtemps

---

12. Marcel Proulx et Michel Roy, *L'évaluation du rendement des cadres supérieurs dans la fonction publique québécoise*, Québec, ENAP, 1983, 152 p. (Coll. «Bilans et perspectives», n° 1.)

13. Directive concernant les directeurs des établisisements de détention, art. 3; Directive concernant les agents de la paix, art. 3.

14. Directive concernant les cadres supérieurs, art. 51-52; Directive concernant les cadres intermédiaires, art. 60-62; Directive concernant les conseillers en gestion des ressources humaines, art. 60-61.

TABLEAU 27-2

Contenu des directives visant les cadres

Contenu

Champ d'application et définitions
Clauses professionnelles
    Évaluation du rendement
    Assistance judiciaire
    Congés pour affaires judiciaires

Heures de travail
Rémunération
    Normes
    Révision
    Réorientation
Rémunération additionnelle
    Primes
    Isolement et milieu nordique
Frais remboursables
    Déplacements
    Bail, achat de maison

Régimes d'assurance
    Invalidité
    Maladie
    (Retraite : RRF ou RREGOP)

Congés
    Vacances
    Jours fériés
    Absences rémunérées
    Congé à traitement différé
Droits parentaux
Sécurité d'emploi

Cadres occasionnels ou occupant une fonction occasionnelle

Divers
    Costumes et uniformes
    Congés pour affaires de l'Association
    Congés pour affaires à la Commission de la fonction publique
    (Comité de relations professionnelles)

RRF: Régime de retraite des fonctionnaires
RREGOP: Régime de retraite des employés du gouvernement et des organismes publics

Source: Conseil du trésor, Directives concernant l'ensemble des conditions de travail des cadres supérieurs, intermédiaires, etc.

que l'Office ne l'a pas affecté à un nouveau poste. Dans la directive concernant les cadres intermédiaires, des dispositions comparables, mais non identiques, se trouvent dans le chapitre consacré au déplacement et à la cession d'unités administratives[15].

On aura peut-être remarqué, dans la liste du tableau 27-2, qu'on ne mentionne pas de recours qui soit comparable au règlement des griefs prévu dans les conventions collectives. Ce qu'on trouve, c'est le congé accordé à l'occasion de l'appel d'une décision devant la Commission de la fonction publique du Québec[16]. Une directive du Conseil du trésor précise les modalités des recours accessibles à tous les non-syndiqués, y compris les cadres. En cas de tels recours, les articles sur le sujet prévoient le maintien de la rémunération et le remboursement des frais engagés si le cadre doit se déplacer. On se rappellera que toutes les questions concernant l'emploi et son évaluation relèvent de la compétence de la Commission de la fonction publique. Quant aux autres aspects des directives, comme il s'agit de documents publics, il est toujours possible de réclamer son dû devant les tribunaux le cas échéant. Mais il n'y a pas de grief au sens du *Code du travail* pour des non-syndiqués.

Voilà quelques aspects particuliers des quasi-conventions qui régissent les conditions de travail des cadres. Il va sans dire qu'une foule de dispositions, comme celles qui concernent les congés parentaux, les costumes et les uniformes, et le reste, sont calquées sur les conventions collectives des employés syndiqués. Notons enfin que la directive concernant les cadres intermédiaires œuvrant à titre d'agents de la paix est la seule qui contient une disposition établissant un comité de relations professionnelles ; le comité a pour but de favoriser et de maintenir de bonnes relations entre la Fraternité des cadres intermédiaires et le gouvernement du Québec, et de discuter des problèmes d'application des conditions de travail des cadres en question[17]. De tels comités existent pour d'autres groupes, même si leurs quasi-conventions n'en traitent pas.

À propos de la rémunération, le tableau 27-3 révèle l'écart qui existe entre les différents groupes de cadres employés par le gouvernement du Québec. Il y a en fait trois barèmes de salaires : un pour les cadres supérieurs, un second pour les cadres intermédiaires et les agents de la paix, et un troisième pour les conseillers en gestion des ressources humaines. Chaque barème comporte un certain nombre de classes, elles-mêmes divisées en échelons qui correspondent à des taux de rémunération différents. Le tableau indique, pour chaque groupe, l'écart entre le traitement minimum et le traitement maximum dans la classe la moins bien rémunérée et dans la classe la mieux rémunérée. On constate ainsi que le traitement annuel des cadres supérieurs de la classe 5 se situe entre 48 000 \$ et 59 000 \$ par année, alors que celui des cadres de la classe 1 est de 70 000 \$ à 90 000 \$ par année. D'un extrême à l'autre, la rémunération varie à peu près du simple au double.

Dans la catégorie des cadres intermédiaires, l'écart total est beaucoup plus grand : le cadre situé au dernier échelon de la classe 10 gagne presque trois fois plus que le cadre du premier échelon de la classe 1. Cela tient au fait que le nombre et la variété des cadres intermédiaires au service du gouvernement sont énormes et que leur répartition en 10 classes, suppose un éventail considérable de tâches et de responsabilités.

Quant aux conseillers en gestion des ressources humaines, le groupe étant vraisemblablement plus homogène, le salaire varie de 30 000 \$ à 56 000 \$, ce qui, du moins dans les proportions, constitue une certaine ressemblance avec l'écart qu'on trouve chez les cadres supérieurs, tout comme leur deux quasi-conventions s'inspirent vraisemblablement l'une de l'autre.

15. Directive concernant les conseillers en gestion des ressources humaines, art. 60-61 ; Directive concernant les cadres intermédiaires, art. 203-218.
16. *Ibid.*, art. 80-82 ; Directive concernant les directeurs des établissements de détention, art. 175-177 ; Directive concernant les cadres intermédiaires œuvrant à titre d'agents de la paix, art. 203-205.
17. *Ibid.*, art. 203-205.

TABLEAU 27-3

Écart de la rémunération des cadres du gouvernement du Québec

Catégorie	Dernier groupe				Premier groupe			
Cadres supérieurs	Classe 5	48 259 $	–	59 730 $	Classe 1	69 700 $	–	90 652 $
Cadres intermédiaires et agents de la paix	Classe 1	25 530	–	34 039	Classe 10	54 636	–	72 848
Conseillers en gestion des ressources humaines	Grade II	30 289	–	36 363	Grade I	39 885	–	55 821

Source: Directives du Conseil du trésor.

Voilà, en résumé, les principales ressemblances et différences qu'on peut noter entre les quasi-conventions des cadres du gouvernement du Québec et les conventions collectives du secteur public syndiqué.

27.3 Cadres du secteur de la santé

À propos des cadres travaillant dans le domaine de la santé et des services sociaux, nous verrons successivement, comme pour les cadres du gouvernement, les associations qui les regroupent, la manière dont ils discutent de leurs conditions de travail et, finalement, les règlements qui sont adoptés par le gouvernement et qui déterminent ces conditions de travail.

27.3.1 Associations et reconnaissance

Tout comme ceux du gouvernement, les cadres du réseau de la santé et des services sociaux sont regroupés en cinq principales associations, qui réunissent l'ensemble des cadres du secteur de la santé selon trois niveaux. Ces trois niveaux sont: les directeurs généraux, les cadres supérieurs – qui sont en fait des cadres intermédiaires – et finalement les cadres dits intermédiaires, qu'on aurait appelés autrefois cadres inférieurs ou agents de maîtrise. Ces derniers sont compris dans trois groupes distincts, soit les infirmières, les responsables des services sociaux et tous les autres qu'on désigne sous le terme général de cadres intermédiaires des affaires sociales.

À la différence du secteur gouvernemental, où les sous-ministres et leurs adjoints ne sont pas considérés comme des cadres, les directeurs généraux des services de santé sont inclus dans le groupe des cadres de la santé et des services sociaux. Dans les documents qui les concernent, ils portent néanmoins le nom de «hors cadres». Le terme directeur général peut évoquer des réalités différentes, selon que la personne dirige un grand hôpital de la métropole et administre un budget de plusieurs millions de dollars ou qu'elle a la responsabilité d'un petit centre d'accueil dont le budget est restreint. Ils sont tous les deux directeur général d'une institution et peuvent être membres de l'Association des directeurs généraux des services de santé et des service sociaux du Québec[18]. (Voir le tableau 27-4.)

Le regroupement connu sous le nom d'Association des cadres supérieurs de la santé et des services sociaux du Québec remonte loin dans le passé. Fondé dans les années 1950 sous le nom d'Association des administrateurs d'hôpitaux, il a fonctionné sous cette appellation jusqu'en 1973, quand il a pris le nom de Fédération des administrateurs des services de santé et des services sociaux du Québec. Il regroupe aujourd'hui tous les directeurs des grands services des institutions de santé: finances, soins infirmiers,

18. Décret concernant la reconnaissance de l'Association des directeurs généraux des services de santé et des services sociaux du Québec. Décret 1079 du 15 avril 1980.

TABLEAU 27-4

Cadres de la santé et des services sociaux – 1991

Associations			Règlement sur la rémunération et les conditions de travail des
Nom et groupe	**Fondation / Reconnaissance**	**Nombre de membres**	
Ass. des directeurs généraux des services de santé et des services sociaux du Québec (groupe hors cadre)	1976 / 1980	650	directeur généraux Décret 661 du 3 mai 1989
Ass. des cadres supérieurs de la santé et des services sociaux du Québec[1]	1959 / 1980	1 550	directeurs généraux et cadres supérieurs et intermédiaires Décrets 1572-90 et 828-91 du 7 novembre 1990 et du 12 juin 1991 (vise les trois catégories[4])
Ass. des cadres intermédiaires des affaires sociales (ACIAS)	1970 / 1980	6 000	
Ass. des cadres intermédiaires de la santé et des services sociaux du Québec[2]	1973 / 1980	650	cadres Décret 988 du 10 juillet 1991
Ass. professionnelle des infirmières et infirmiers cadres du Québec[3]	— / 1980	650	
		9 500	

1. Autrefois l'Association des administrateurs d'hôpitaux, et, depuis 1973, la Fédération des administrateurs des services de santé et des services sociaux du Québec, incorporée sous la *Loi des syndicats professionnels*.
2. Autrefois l'Association des cadres intermédiaires des services sociaux du Québec, incorporée sous la *Loi des syndicats professionnels*.
3. Autrefois l'Association des cadres infirmiers unis incorporée (CIUI)
4. Les échelles salariales et les règles relatives à la rémunération font l'objet d'un seul et même règlement (indiqué ici au milieu du tableau) pour l'ensemble des cadres et des hors-cadres du réseau de la santé et des services sociaux.

Source: *Gazette officielle du Québec*.

ressources humaines, services administratifs, services communautaires, services hospitaliers, services professionnels et de réadaptation, services professionnels de santé et tous les autres services qui contribuent à la réalisation des objectifs des institutions en cause[19].

Le troisième niveau des cadres de la santé comprend trois associations distinctes regroupant les groupes de cadres intermédiaires suivants: les cadres infirmiers, les cadres des services sociaux et les autres cadres des affaires sociales en général. Ce dernier groupe, le plus considérable, réunit quelque 6000 cadres du secteur de la santé; c'est l'Association des cadres intermédiaires des affaires sociales (ACIAS[20]).

Le groupe des infirmiers et infirmières cadres, qui portait à l'origine le nom d'Association des cadres infirmiers unis incorporée (CIUI), s'appelle aujourd'hui l'Association professionnelle des infirmières et

19. Décret concernant la reconnaissance de la Fédération des administrateurs des services de santé et des services sociaux du Québec. Décret 1078 du 15 avril 1980.

20. Décret concernant la reconnaissance de l'Association des cadres intermédiaires des affaires sociales. Décret 1081 du 15 avril 1980.

infirmiers cadres du Québec. L'Association parle au nom d'environ 650 membres, occupant toutes et tous des postes de cadres dans les différentes institutions de santé du Québec.

Enfin, il y a l'Association des cadres intermédiaires de la santé et des services sociaux du Québec[21]. Autrefois désignée comme l'Association des cadres intermédiaires des services sociaux du Québec, l'organisme, comme la plupart des autres, est incorporé sous la *Loi des syndicats professionnels*. Le groupe compte environ 650 membres présents dans tous les secteurs où l'on trouve des travailleurs sociaux.

Tels sont les cinq principaux groupes avec lesquels le ministère de la Santé et des Services sociaux discute des conditions de travail des cadres du secteur de la santé. L'ensemble de ces cadres représente près de 10 000 personnes, dont plus de la moitié appartiennent à l'Association des cadres intermédiaires des affaires sociales.

27.3.2 Discussion des conditions de travail

La discussion des conditions de travail des cadres de la santé s'effectue de façon très différente de celle qui vise les cadres du gouvernement, parce que la structure des organismes en cause est beaucoup plus complexe. De plus, les cadres de la santé ne relèvent pas de la compétence de la Commission de la fonction publique ; pour cette raison, les décrets qui les concernent doivent englober tous les aspects habituellement contenus dans une convention collective, y compris les recours possibles, qui relèvent de la Commission de la fonction publique dans le cas des cadres du gouvernement.

Les discussions concernant les cadres de la santé et des services sociaux sont aussi beaucoup plus longues que celles des cadres du gouvernement, parce que beaucoup plus de groupes sont concernés, tout spécialement les employeurs et leurs associations, qui, avec le gouvernement, forment la partie patronale. Pour cette raison, les discussions visant les cadres de la santé ressemblent davantage aux négociations proprement dites que celles des cadres du gouvernement ; elles s'étendent sur une longue période même si elles ne visent généralement que certaines modifications périodiques aux règlements sur les conditions de travail. Ces règlements sont modifiés, selon les circonstances, à tous les deux ou trois ans, ce qui n'empêche pas des modifications mineures d'être introduites dans l'intervalle.

Que la modification proposée vienne des cadres eux-mêmes, du gouvernement ou des employeurs, la discussion doit inclure les trois groupes et leurs composantes concernées. Comme les discussions s'effectuent plutôt d'un groupe à l'autre et non, à proprement parler, autour d'une table de négociation, il faut reprendre souvent la ronde des consultations pour arriver à un consensus sur les points en litige. Le texte qui découle de ces discussions est d'ailleurs très détaillé : le règlement principal contient pas moins de 239 articles, bien qu'il ne traite pas de la rémunération ni des barèmes, qui font l'objet d'un règlement particulier.

À l'encontre des groupes syndiqués et accrédités, les cadres misent rarement sur les moyens de pression traditionnels. S'ils tiennent particulièrement à un point, ils auront plutôt recours à des interventions d'ordre politique. Au besoin, ils recourront à telle personne ou à tel personnage politique pour arriver à leurs fins, plutôt que d'utiliser des arguments de type syndical. D'ailleurs, l'influence qu'ils peuvent avoir leur vient plus de la position névralgique des postes qu'occupent certains d'entre eux que du poids de leur nombre. Les syndiqués ont surtout recours à des tactiques qui reposent sur le nombre de leurs membres ou sur le nombre de participants à une manifestation, alors que les cadres comptent davantage sur des influences stratégiques.

27.3.3 Règlements sur les conditions de travail

Les conditions de travail déterminées par consensus ou par décision du gouvernement sont adoptées, sous forme de règlement, par le cabinet des ministres en

21. Décret concernant la reconnaissance de l'Association des cadres intermédiaires de la santé et des services sociaux du Québec. Décret 1080 du 15 avril 1980.

vertu d'un article de la *Loi sur les services de santé et les services sociaux*[22]. Le gouvernement procède généralement en adoptant trois décrets différents. Le premier, le plus détaillé, comporte l'ensemble des conditions de travail de tous les cadres, sauf les dispositions d'ordre pécuniaire; ce décret compte actuellement 239 articles[23]. Un autre décret établit le conditions de travail des directeurs généraux. Le troisième détermine la rémunération de tous les cadres de la santé et des services sociaux[24].

Les règlements tenant lieu de conventions collectives pour les cadres de la santé contiennent, à quelques points près, les éléments qui apparaissent dans les directives visant les cadres du gouvernement (voir le tableau 27-2). Les différences sont attribuables à deux ou trois facteurs. Tout ce qui concerne l'embauche et la carrière comme telle, dans le cas des cadres du gouvernement, relève de la Commission de la fonction publique et ne saurait donc faire l'objet de discussions entre les associations de cadres et le gouvernement. Comme ce n'est pas le cas pour les cadres de la santé, ces sujets constituent un élément important du règlement qui les vise, par exemple en matière de recours possibles. Toute la question des recours – l'équivalent des griefs dans les conventions collectives – occupe donc une place importante dans les règlements visant les cadres de la santé.

Les règlements visant les cadres de la santé renferment, outre les matières contenues dans les directives concernant les cadres du gouvernement (tableau 27-2), des dispositions qui traitent d'autres questions, par exemple les trois points suivants:

– Profession ou carrière;
– Cotisations professionnelles;
– Recours relatifs aux conditions de travail.

22. L.R.Q., c. S-5, art. 154, cité à la page 994, ou article 507 dans la nouvelle loi.
23. Décret 988 du 10 juillet 1991. *Gazette officielle du Québec*, partie 2, vol. 123, n° 28, 31 juillet 1991, p. 4139 et s.
24. Décret 1572 du 7 novembre 1990, modifié par le décret 828 du 12 juin 1991.

Comme dans toutes les conventions collectives, une des premières dispositions vise la retenue automatique de la cotisation exigée par l'association à laquelle appartient normalement le cadre. En principe, l'employeur doit faire cette retenue et faire parvenir à l'association la somme globale au moins une fois par mois; une fois par année, il doit envoyer la liste des personnes pour qui il fait cette retenue, avec le poste que chacune occupe, sa classe et son lieu de travail. La retenue automatique est libre en ce sens qu'un cadre peut aviser par écrit son employeur et son association qu'il refuse de payer la cotisation mensuelle (Décret 988-91, art. 6-18).

En matière de profession et de carrière, les dispositions sont évidemment très générales compte tenu de l'infinie diversité des fonctions que remplissent les 10 000 personnes qui occupent un poste de cadre dans le secteur de la santé et des services sociaux. Le règlement dira, par exemple, que c'est l'employeur qui fixe la durée de la période de probation; mais celle-ci ne doit pas dépasser une année et le cadre concerné doit évidemment être informé de cette durée (art. 4). Il prévoit aussi la création de comités consultatifs pour les cadres (art. 5). Autre point important, chaque employeur doit mettre en place une politique de perfectionnement des cadres selon les règles établies par le ministère à ce sujet (art. 106-114 et 200).

La question des recours fait l'objet d'une attention particulière. Le règlement fait une distinction entre les recours concernant les conditions de travail et les recours relatifs au congédiement, au non-rengagement ou à la résiliation d'engagement. La procédure est différente selon le cas. Dans tous les cas cependant, il doit y avoir des rencontres entre le cadre qui a entamé un recours et son employeur pour tenter d'arriver à une entente. Si le litige persiste, il sera soumis, s'il s'agit de conditions de travail, à un tiers que le règlement désigne sous le nom de président; il sera choisi par les parties ou à partir d'une liste établie en vertu du règlement lui-même (art. 229). La décision du président est finale et exécutoire, mais seulement sur les points suivants:

– Cotisations des cadres à leur association;

– Régimes collectifs d'assurance;
– Caisse de congés de maladie;
– Régime de droits parentaux;
– Régime de congé à traitement différé;
– Mesures de stabilité d'emploi, sauf plusieurs articles expressément exclus de sa juridiction;
– Indemnité de départ.

Pour toute autre question, le président a le pouvoir de faire une recommandation et non de rendre une décision. Si l'employeur n'accepte pas la recommandation du président, il doit en aviser le cadre dans les 30 jours et assumer les frais et honoraires du président. Autrement, ces frais et honoraires sont à la charge de la partie perdante (art. 180-198). Dans les cas de congédiement ou de ses équivalents – non-rengagement ou résiliation d'engagement –, le recours s'effectue, après une tentative de règlement, devant un arbitre dont la décision est exécutoire et sans appel. L'arbitre peut maintenir la décision de l'employeur, ordonner la réintégration du cadre ou lui accorder une indemnité, ou exiger qu'on applique à son égard des mesures de stabilité d'emploi (art. 202-224). Dans le cas d'un directeur général, des dispositions légèrement différentes s'appliquent aux recours qu'il peut exercer[25].

Le même règlement exige que l'employeur se donne une politique de gestion des conditions de travail de ses cadres sur les points suivants (art. 200):

– Évaluation au rendement;
– Dossier du cadre;
– Vacances annuelles;
– Congés sociaux;
– Développement des cadres;
– Recours sur l'application de ces politiques avec pouvoir de recommandation.

L'employeur doit consulter ses cadres avant d'adopter ces différentes politiques (art. 201). On peut s'étonner de ne pas trouver dans le règlement lui-même de règles précises, par exemple sur les vacances annuelles et les congés sociaux; l'employeur s'inspirera sûrement des meilleures conditions accordées dans les conventions collectives des employés syndiqués. Mais le règlement concernant les cadres de la santé et des services sociaux s'applique à tellement de fonctions, dans des établissements si différents les uns des autres, qu'on comprend pourquoi les différents points mentionnés dans la liste des politiques de gestion incluent des données sur les vacances annuelles et les congés sociaux: le quantum de ces vacances peut être établi par règlement, mais leur répartition dépend de la fonction des différents cadres et du type d'organismes qui les emploient.

Quant au barème de rémunération, il contient 27 classes de salaires, chacune comprenant plusieurs échelons. L'écart entre la classe minimale (02) et la classe maximale (28) est considérable. La classe 28 donne dans l'ensemble une rémunération de trois à quatre fois plus élevée que la classe 02. Il faut dire que le barème de salaires vise tous les cadres du secteur de la santé, du directeur général jusqu'au contremaître des gardiens. C'est sans doute ce qui explique l'écart considérable qu'on peut noter. Le taux de salaire des différents échelons, dans chaque classe, dépend non seulement du titre du cadre mais aussi de ses responsabilités véritables. Le directeur général d'un grand hôpital de Montréal ou de Québec a infiniment plus de responsabilités que le directeur général d'un centre d'accueil de 15 ou 20 lits en région semi-urbaine. Le tableau 27-5 montre l'écart entre les deux classes extrêmes, de même que les salaires minimum et maximum de chaque classe, pour les années 1982 à 1992. Par exemple, pour l'année 1992, le cadre le moins payé du secteur de la santé et des services sociaux gagne moins de 24 000 $ par année, alors que la rémunération maximale du directeur général le mieux payé frôle les 118 000 $ par année.

Le tableau 27-5 montre également la progression qui s'est opérée au cours des 10 dernières années. L'écart entre les traitements minimum et maximum de chaque classe est demeuré sensiblement le même: le second est de 30 % à 40 % plus élevé que le premier. C'est entre les classes que l'écart a augmenté. En effet, alors que la rémunération de la classe 02

25. Décret 661 du 3 mai 1989, art. 39-55. Le règlement contient également des dispositions sur la sélection et la nomination des directeurs généraux (art. 2-37).

TABLEAU 27-5

Écart de rémunération des cadres de la santé – 1982-1992

Années	Classe minimale (02)			Classe maximale (28)		
	Minimum	Médiane	Maximum	Minimum	Médiane	Maximum
1982[1]	15 431 $	18 591 $	21 751 $	48 039 $	57 878 $	67 717 $
1983	15 730	18 952	22 174	60 404	72 776	85 148
1984	16 533	19 919	23 305	63 485	76 488	89 491
1985	17 376	20 935	24 494	66 723	80 389	94 055
1986	18 029	21 722	25 415	69 232	83 412	97 591
1987	18 786	–	25 923	72 140	–	99 543
1988	19 725	–	26 312	75 747	–	101 036
1989	21 110	–	27 443	81 062	–	105 381
1990	21 954	–	28 541	84 304	–	109 596
1991	23 052	–	29 968	88 519	–	115 076
1992	23 628	–	30 717	90 732	–	117 953
Accroissement 1992/1982	41 %		53 %	74 %		89 %

1. Rémunération jusqu'au 30 juin de l'année indiquée.

Source: *Gazette officielle du Québec.*

n'a augmenté que d'environ 50 % au cours des 10 dernières années, le traitement de la classe 28 s'est quant à lui accru d'environ 80 %. Sous un autre aspect, les cadres de la classe 28 recevaient, en 1982, une rémunération trois fois plus élevée que ceux de la classe 02; en 1992 la proportion est passée à près de quatre fois plus. Sans porter de jugement sur cet écart, on peut constater la différence de salaire considérable qui existe entre les agents de maîtrise et les directeurs généraux. Il faut dire que les fonctions de ces derniers deviennent de plus en plus complexes et difficiles: ils ont la responsabilité d'institutions souvent imposantes et essentielles à la vie du public, alors que leur pouvoir réel est restreint par les contraintes imposées d'en haut. Les grands administrateurs des organismes de santé ont peut-être le plus mauvais de deux mondes possibles: d'immenses responsabilités et une autorité limitée, particulièrement par rapport aux budgets qui sont déterminés par le ministère de la Santé lui-même. De plus, pour attirer de bons candidats à la tête de ces organismes d'une importance capitale pour notre société, il faut leur offrir une rémunération qui soit équivalente ou concurrentielle avec celle des grandes entreprises privées. Cela suppose évidemment une rémunération qui ne suit pas nécessairement celle de l'ensemble des salariés ni même celle des cadres de ce secteur.

27.4 Cadres du secteur de l'éducation

Même si les structures de l'éducation sont très différentes de celles de la santé – les commissions scolaires constituent un important palier intermédiaire – et qu'on trouve des cadres ainsi rattachés à une hiérarchie d'institutions, nous étudierons la situation et l'organisation des cadres de l'éducation selon le même schéma que les deux autres groupes: les associations en cause et leur reconnaissance, la discussion des conditions de travail et l'expression des ententes dans les règlements adoptés par le cabinet des ministres.

27.4.1 Associations et reconnaissance

Le monde de l'éducation comporte plusieurs niveaux que l'on franchit dans un ordre déterminé: on commence par l'école, primaire et secondaire, puis on passe au collège et enfin à l'université. Au premier niveau, celui de l'école publique, il y a, pour les cadres comme dans l'ensemble des relations du travail, une répartition des responsabilités et des pouvoirs entre l'école, à la base, et la commission scolaire; celle-ci assure la gestion pédagogique et administrative d'un grand nombre d'écoles, parfois quelques centaines. Aussi distinguerons-nous quatre niveaux de cadres dans le domaine de l'éducation, dont deux au niveau de la commission scolaire. (Voir le tableau 27-6.)

Dans l'enseignement public, primaire et secondaire, il y a, en haut de la pyramide, l'Association des directeurs généraux des commissions scolaires. Reconnue par décret du gouvernement le 8 avril 1982, l'Association regroupe les directeurs généraux et les directeurs généraux adjoints des commissions scolaires[26]. Comme dans le cas des associations de cadres chez les fonctionnaires, c'est le décret de reconnaissance de l'association qui confie au ministère de l'Éducation le soin de vérifier le caractère représentatif de l'association, qui oblige le ministère à consulter l'association quand il faut déterminer les conditions de travail des directeurs généraux et, enfin, qui impose la retenue automatique de la cotisation régulière exigée par l'Association des directeurs généraux.

Le deuxième niveau de cadres réunit un grand nombre de cadres ou d'administrateurs – les deux mots sont employés l'un pour l'autre – des différentes commissions scolaires. Ces administrateurs sont responsables des nombreux services fournis par les commissions scolaires: services de l'enseignement (programmes, instruments d'enseignement, formules d'évaluation, etc.), services complémentaires à l'enseignement (orientation, psychologie, pastorale, activités culturelles et sportives, etc.), direction des ressources humaines, des services financiers et des ressources matérielles. Quatre associations regroupent les quelque 3000 administrateurs responsables des services mentionnés: l'Association des cadres scolaires du Québec, l'Association des cadres de Montréal, l'Association des administrateurs des écoles catholiques du Québec et l'Association des administrateurs des écoles anglaises.

Le groupe le plus nombreux se trouve au troisième niveau: il réunit les directeurs et les directrices d'écoles du Québec. La Fédération québécoise des directeurs et directrices d'écoles a été fondée en 1961. Elle a été reconnue, dans son rôle de représentation des cadres, en même temps que les quatre associations mentionnées ci-dessus, le 8 avril 1982[27]. À cette fédération il faudrait ajouter l'Association des directeurs d'écoles anglaises. Le décret de reconnaissance de ces associations traite des mêmes points que celui qui vise les directeurs généraux des commissions scolaires: le ministère de l'Éducation doit vérifier le caractère représentatif, effectuer les consultations en vue de déterminer les conditions de travail et retenir la cotisation régulière pour les associations.

Dans le secteur des collèges, c'est l'Association des cadres des collèges du Québec, établie en 1974, qui regroupe et représente les cadres des collèges publics ou cégeps. L'Association elle-même établit certaines distinctions parmi ses membres: les directeurs généraux et les directeurs des services pédagogiques d'une part, et, de l'autre, tous les autres cadres, soit les responsables des multiples services qu'un collège doit fournir.

L'ensemble des cadres scolaires et des cadres de l'éducation supérieure compte environ 8600 personnes, dont les conditions de travail sont déterminées par arrêté ministériel ou décret du gouvernement.

26. Décret 872 du 8 avril 1982.

27. Décret 873 du 8 avril 1982.

TABLEAU 27-6

Cadres scolaires et cadres de l'éducation supérieure – 1991

Associations			Règlement sur les conditions d'emploi des
Nom et groupe	Fondation / Reconnaissance	Nombre de membres	
Ass. des directeurs généraux des commissions scolaires	— / 1982	200	directeurs généraux Décret 809 du 12 juin 1991
Ass. des cadres scolaires du Québec	1972 / 1982	2 300	administrateurs des commissions scolaires catholiques Décret 808 du 12 juin 1991
Ass. des cadres de Montréal		500	
Ass. des administrateurs des écoles catholiques		200	
Ass. des administrateurs des écoles anglaises		600	
Fédération québécoise des directeurs et directrices d'écoles du Québec	1961 / 1982	3 600	directeurs et directeurs adjoints d'écoles Décret 810 du 12 juin 1991
Association des directeurs d'écoles anglaises		600	
Ass. des cadres des collèges du Québec	1974	650	directeurs généraux et directeurs des services pédagogiques (hors cadre) A.M. 1-91 du MESS du 15 juin 1991
		8 650	autres cadres A.M. 2-91 du MESS du 15 juin 1991

A.M.: Arrêté ministériel
MESS: Ministère de l'Enseignement supérieur et de la Science.

Source: Décrets du gouvernement du Québec; JEAN PERRON, «Les associations de cadres hiérarchiques des fonctions publique et parapublique québécoises: histoire et évolution» dans *Vingt-cinq ans de pratique en relations industrielles au Québec*, publié sous la direction de RODRIGUE BLOUIN, Cowansville, Les Éditions Yvon Blais inc., 1990 (1164 p.), p. 205-232.

27.4.2 Discussion des conditions de travail

En reconnaissant chacune des associations de cadres du monde de l'éducation, le gouvernement s'est engagé à les consulter avant d'établir leurs conditions de travail. Comme dans le cas des cadres de la santé, bien des points de l'entente sont inspirés des clauses correspondantes contenues dans les conventions collectives, comme les avantages sociaux, y compris les droits parentaux, la sécurité d'emploi – qui s'appelle, dans le secteur de l'éducation, stabilité d'emploi – et les recours habituels pour les cadres non gouvernementaux. Les principaux points à discuter pour les cadres scolaires visent la classification de leurs multiples emplois et leur classement en fonction du nombre d'élèves dont ils ont la responsabilité, y compris au niveau des commissions scolaires; c'est l'épineux problème des ratios effectif – élèves.

Comme dans le cas de la santé, il s'agit de discussions triangulaires, puisque les différentes commissions scolaires y sont représentées par leur fédération. La partie patronale a donc deux composantes: le ministère de l'Éducation ou, pour les collèges, le ministère de l'Enseignement supérieur, ne peut discuter seul avec les associations de cadres; il doit faire intervenir la Fédération des commissions scolaires catholiques et la Fédération des commissions scolaires protestantes ou, selon le cas, la Fédération des collèges. Il en résulte un long processus avant d'en arriver à un consensus sur les matières qui touchent le monde de l'enseignement et qui sont susceptibles de susciter des désaccords.

Par contre, deux facteurs jouent en sens inverse. Le Comité consultatif des cadres, établi en vertu du règlement concernant les administrateurs de commissions scolaires, se réunit au moins six à huit fois par année, en une rencontre de discussions officielle (art. 3). On y règle certaines questions au fur et à mesure qu'elles se présentent. Il s'agit presque d'une négociation continue, du moins sur les sujets qui s'y prêtent. L'autre point qui soulage les discussions provinciales c'est la politique de gestion que doit se donner chaque commission scolaire (art. 270-272):

> La politique de gestion porte notamment sur la consultation et la participation, l'organisation administrative et les règles d'effectifs, la définition des fonctions et les critères d'éligibilité, le classement, l'emploi et les bénéfices de l'emploi, le versement du traitement, la politique locale de développement des administrateurs et sur un mécanisme de recours relatif à tout problème survenu entre un administrateur et une commission quant à l'application et l'interprétation de la politique de gestion.

À l'intérieur des règles imposées par le règlement général, chaque commission scolaire établit ses propres politiques sur les points énumérés, ce qui soulage d'autant les discussions au niveau provincial.

Les cadres scolaires ne recourent pratiquement jamais aux moyens de pression en usage dans les négociations des employés syndiqués. Par contre, occasionnellement ils recourront au court-circuit politique; ils le font d'autant plus facilement que les positions qu'ils occupent les rapprochent parfois singulièrement du sous-ministre ou du ministre concerné.

La discussion des salaires n'est généralement pas très compliquée. C'est le Conseil du trésor qui les fixe, après consultation. Comme pour les autres cadres, il se base sur les dispositions négociées ou imposées aux syndiqués, en y apportant au besoin les ajustements requis.

27.4.3 Règlements sur les conditions de travail

Dans le domaine scolaire, il y a trois règlements qui visent respectivement les directeurs généraux de commissions scolaires[28], les administrateurs ou cadres scolaires en général[29] et les directeurs d'écoles[30].

Outre les articles propres au monde scolaire, on y retrouve sensiblement les mêmes dispositions que dans les conventions collectives des syndiqués et dans les directives et règlements des autres cadres: assurances collectives, droits parentaux, stabilité d'emploi, allocation d'isolement et d'éloignement, etc.

En matière de rémunération, les classes salariales contiennent un maximum et un minimum qui rappellent les échelles proprement dites. (Voir le tableau 27-7). Par contre il n'existe pas vraiment d'échelon, mais ce qu'on appelle l'annualité; tant qu'il n'a pas atteint le taux maximum de sa classe, le cadre reçoit une augmentation de 6 % à 8 % le 1er juillet de chaque année; cette augmentation tient lieu d'avancement d'échelon, jusqu'à ce qu'il ait atteint le taux maximum (art. 63-70). Ensuite, il pourra recevoir un boni de rendement, souvent uniformisé autour de 1 % à 2 %.

Parmi les clauses qu'on pourrait appeler professionnelles, il faudrait mentionner les règles concernant l'effectif, les recours qui permettent d'en appeler de certaines décisions et l'évaluation du rendement. Il ne se fait guère d'évaluation du rendement. Quant aux deux autres points, ils sont largement contestés.

Les deux règlements concernant les cadres des commissions scolaires et les directeurs d'écoles commencent par des règles visant l'effectif: le nombre

28. Décret 809 du 12 juin 1991.
29. Décret 808 du 12 juin 1991.
30. Décret 810 du 12 juin 1991.

TABLEAU 27-7

Écart de rémunération des cadres scolaires – 1991

Catégories	Classe minimale	Classe maximale
Directeurs généraux des commissions scolaires	71 978 $ – 93 474 $	85 133 $ – 106 499 $
Administrateurs des commissions scolaires		
cadres des services	44 676 – 57 321	57 111 – 74 490
conseillers en gestion des ressources humaines	38 637 – 54 143	–[1] + +
gérants	33 112 – 44 120	45 277 – 56 589
Directeurs d'école	44 597 – 59 094	56 871 – 75 362
Cadres des collèges		
directeurs généraux	58 977 – 78 440	69 372 – 92 265
autres cadres	28 460 – 34 393	68 181 – 85 684

1. Cette classe n'existe pas pour la catégorie visée.

Source: *Gazette officielle du Québec*.

de postes, surtout pour les cadres scolaires, est déterminé par le nombre total d'élèves que compte la commission. On devine que certains voudraient faire augmenter le nombre de cadres et contestent les ratios actuellement en vigueur.

Par rapport aux recours, le processus commence normalement au niveau local. Si la plainte ne peut être réglée à l'école, le cadre peut demander à sa commission scolaire de former un comité paritaire local de recours, qui étudiera la plainte et fera des recommandations (art. 187-189). Faute d'accord à ce niveau, il pourra recourir, en appel, à un comité de recours provincial. Celui-ci rend une décision ou fait une recommandation, selon l'objet du litige. Le comité de recours rend une décision par exemple sur les questions de définition de tâche ou de rémunération. Il y a des recours spéciaux en cas de non-rengagement, de résiliation d'engagement ou de congédiement[31]. Dans ces cas, la décision du comité d'appel est finale et lie les parties. En tout et pour tout, il y a une trentaine de recours qui se rendent, chaque année, au niveau provincial; tous les autres cas se règlent au niveau local.

Deux règlements s'appliquent aux cadres des collèges: un qui vise les directeurs généraux et les directeurs des services pédagogiques, le deuxième régissant les conditions de travail de tous les autres cadres des cégeps[32].

Les règlements contiennent sensiblement les mêmes clauses que ceux qui régissent les cadres des commissions scolaires ou des directeurs d'écoles, selon le cas. Le traitement des directeurs généraux des collèges est un peu moins élevé (d'environ 15 000 $) que celui des directeurs généraux des

31. Décret 1325 du 6 juin 1984 pour les administrateurs, art. 223-268; Décret 1327 du 6 juin 1984 pour les directeurs d'écoles, art. 184-229.

32. Pour les directeurs généraux: arrêté ministériel 1-89 du ministre de l'Enseignement supérieur et de la Science, 7 décembre 1989, *Gazette officielle du Québec*, vol. 122, n° 9, 28 février 1990, p. 717-729, modifié par l'arrêté ministériel 1-91 du MESS du 5 juin 1991, *Gazette officielle du Québec*, vol. 123, n° 26, 26 juin 1991, p. 2937-2939. Pour les autres cadres: décret 230 du 21 février 1990, sur l'arrêté ministériel 2-89 du MESS du 7 décembre 1989, *Gazette officielle du Québec*, vol. 122, n° 9, 28 février 1990, p. 691-713, modifié par l'arrêté ministériel 2-91 du MESS du 5 juin 1991, *Gazette officielle du Québec*, vol. 123, n° 26, 26 juin 1991, p. 2933-2936.

commissions scolaires. Peut-être parce que la catégorie des autres cadres inclut des directeurs et des chefs de service ayant moins de responsabilités, la rémunération de la classe minimale chez les cadres des collèges est inférieure de 5000 $ à 10 000 $ par rapport à celle des directeurs et cadres de services des commissions scolaires, alors que la classe maximale des autres cadres des collèges dépasse d'environ 10 000 $ celle des chefs de service des commissions scolaires. La progression dans les échelles se fait par annualité, comme pour les cadres scolaires.

Chaque collège doit avoir un comité chargé d'examiner d'éventuels recours; s'il n'y a pas entente à ce niveau, le cadre peut recourir au comité d'appel provincial. La décision du comité d'appel provincial est finale et exécutoire sur l'ensemble du règlement, sauf quelques points bien définis; c'est le cas, par exemple, si le litige porte sur une fonction exceptionnelle qui n'entre pas dans les descriptions de tâches courantes (art. 16-17). Chaque collège doit également établir sa propre politique de gestion, notamment sur les mécanismes de consultation et de participation des cadres par rapport à différents aspects de l'emploi comme l'engagement, la sélection et le dossier professionnel; la politique de gestion doit aussi traiter de divers avantages, de la responsabilité civile et du perfectionnement des cadres, ainsi que d'un programme d'accès à l'égalité en emploi.

Compte tenu des différences entre un collège et une école, les dispositions concernant les cadres des collèges ressemblent davantage à celles qui régissent les grands cadres scolaires qu'à celles visant les cadres des écoles.

Nous verrons en conclusion (section 27.7) les points forts et les points faibles des divers règlements qui régissent les conditions de travail des cadres du secteur public. Auparavant, il faut dire un mot d'autres groupes et particulièrement de quelques associations de cadres dans d'autres domaines du secteur public.

27.5 Autres cadres du secteur public

On trouve des regroupements de cadres surtout dans deux autres domaines du secteur public: les universités et les municipalités.

27.5.1 Cadres des universités

Les cadres de la plupart des universités au Québec, du moins des universités de langue française, se sont regroupés en association. Les universités font partie du secteur public et les cadres y suivent la mouvance des autres cadres du secteur public. De plus, ils sont assez nombreux dans la plupart des universités pour qu'un regroupement en association soit possible et susceptible d'exercer une influence sur la haute direction de leur institution. (Voir le tableau 27-8.)

Le tableau 27-8 permet de constater que la plupart des groupes n'accueillent pas uniquement, comme dans les cas analysés jusqu'ici, des cadres hiérarchiques. En général, l'association regroupe d'abord les cadres hiérarchiques, mais elle compte aussi des professionnels sans fonction de direction; la présence de cadres hiérarchiques exclut la possibilité pour l'association d'obtenir une accréditation. Il s'agit donc d'un syndicat qu'on pourrait dire mixte. À titre d'exemple, nous présenterons quelques clauses du protocole qui régit les cadres et professionnels de l'Université de Montréal.

Le protocole d'entente signé entre l'université et l'association des cadres s'inspire à la fois des conventions collectives des professeurs et des autres employés de l'université et, jusqu'à un certain point, des dispositions des règlements visant les cadres du secteur public ou parapublic. Notons par exemple que la sécurité d'emploi est accordée après que l'employé a terminé sa période de probation, c'est-à-dire après deux ans de service. L'université peut évidemment congédier un cadre pour une cause juste et suffisante, c'est-à-dire pour une faute grave sinon lourde; autrement, aucun employé permanent ne serait congédié (art. 4.02[33]). Comme dans les autres textes, on trouve dans les protocoles un long article sur les droits parentaux et un autre sur les congés à traitement anticipé ou différé (art. 24 et 29).

33. Protocole entre l'Université de Montréal et l'Association des cadres et professionnels de l'Université de Montréal, 29 mai 1991.

TABLEAU 27-8

Autres cadres du secteur public – 1991

Associations		Ententes
Nom et groupe	**Nombre de membres**	
Universités		
Ass. des cadres et professionnels de l'Université de Montréal	600	
Ass. du personnel administratif et professionnel de l'Université Laval	675	
Ass. du personnel administratif et professionnel de l'Université de Sherbrooke	125	Ententes et protocoles particuliers
Ass. des cadres de l'UQAM	100	
Municipalités		
Ass. des contremaîtres de Montréal (1945)	340	
Ass. des cadres municipaux de Montréal	500	
Ass. des cadres de Ville de Laval	500	
Ass. des cadres financiers municipaux du Québec	100	
Autres		
Ass. des gérants de la SAQ	350	
Ass. des cadres des Commissions de formation professionnelle		

Sources: Protocoles et ententes des groupes concernés.

Dans les cas de congédiement, de suspension ou de rétrogradation, le cadre peut formuler une plainte, en discuter avec son supérieur et si, finalement, il n'est pas satisfait de la décision rendue par l'autorité locale, il peut exiger que le cas soit déféré à un tribunal d'arbitrage composé d'un président, d'un représentant de l'association et d'un représentant de l'université. Sur les trois sujets mentionnés, la décision du tribunal est finale et exécutoire: elle lie les parties, c'est-à-dire que les parties ont accepté d'être liées par cette décision (art. 6). S'il s'agit d'un autre type de mésentente, l'association n'a qu'un pouvoir de discussion et l'autorité locale prend la décision qu'elle juge appropriée (art. 7). En matière professionnelle, l'université s'engage à maintenir une assurance responsabilité professionnelle. De plus, elle reconnaît qu'elle ne pourra exiger d'un professionnel qu'il modifie un rapport qu'il a présenté et qu'il considère exact ou qu'il signe un document qu'il ne peut endosser (art. 3).

Les ententes signées dans les autres universités contiennent des dispositions comparables.

27.5.2 Cadres des municipalités

Le plus vieux syndicat de cadres connu est celui des contremaîtres de la ville de Montréal, dont l'origine remonte au milieu des années 1940. Ne pouvant être accrédité, il fonctionne sur la base de la bonne foi depuis ce moment. D'autres associations de cadres se sont formées plus récemment, comme l'Association des cadres municipaux de Montréal, l'Association des cadres de la ville de Laval et l'Association des cadres financiers municipaux du Québec. En vertu de la définition de salarié contenue dans le *Code du travail*, ces différents groupes ne sauraient être accrédités. Ils «négocient» cependant des ententes qui ressemblent singulièrement à des conventions collectives.

Il faut mentionner également le Syndicat des ingénieurs de la ville de Montréal qui, vers 1970, a compté dans ses rangs des cadres hiérarchiques et des professionnels sans responsabilité de direction. C'était aussi le cas pour les ingénieurs d'Hydro-Québec. Ce dernier exemple est devenu célèbre; il a entraîné une modification à l'article 21 du *Code du travail*. Nous en traiterons plus longuement dans le prochain chapitre, en discutant du syndicalisme des cadres en général.

Il reste à traiter d'un autre groupe, très important du point de vue du nombre et, surtout, des sommes que son cas implique. Nous le plaçons ici faute d'un meilleur endroit pour l'étudier.

27.6 Professionnels conventionnés

On désigne ainsi les professionnels qui ne sont pas des employés de l'État mais qui sont rémunérés à même les fonds publics. Comme on dit généralement, ils sont rémunérés «à l'acte»; le tarif fixé pour chaque acte professionnel posé est déterminé à la suite d'une véritable négociation entre le gouvernement et les associations concernées. Nous traiterons successivement des principaux cas: les médecins, les autres professionnels de la santé et quelques catégories supplémentaires.

27.6.1 Médecins conventionnés

On les appelle médecins conventionnés justement parce que leur rémunération est basée sur une convention négociée par leurs représentants avec le gouvernement. Ils ne constituent évidemment pas un syndicat accrédité et l'entente qui les régit n'a rien d'une convention négociée sous le *Code du travail*; il s'agit plutôt d'un accord conclu librement entre le gouvernement et l'association ou la fédération des médecins ou des autres professionnels en cause. Chez les médecins, on distingue deux groupes: les médecins spécialistes et les omnipraticiens. Pour les médecins, la négociation des tarifs professionnels repose sur un article de la *Loi sur l'assurance-maladie*, qui reconnaît de telles ententes[34].

> Le ministre peut, avec l'approbation du gouvernement, conclure avec les organismes représentatifs de toute catégorie de professionnels de la santé, toute entente aux fins de l'application de la présente loi.

Les négociations ont pour objectif l'application concrète de l'assurance-maladie, adoptée au Québec en 1969; cette loi complétait en quelque sorte la *Loi sur l'assurance-hospitalisation* entrée en vigueur le 1er janvier 1961.

Pour négocier les ententes avec le gouvernement, il existe deux fédérations de médecins: la Fédération des médecins spécialistes du Québec et la Fédération des médecins omnipraticiens du Québec. Chaque fédération représente de 7000 à 8000 médecins. Il s'agit de fédérations parce que chacune est constituée d'un certain nombre d'associations. La Fédération des médecins spécialistes du Québec (FMSQ) compte 35 associations affiliées, chacune représentant une spécialité, allant, par exemple, de la cardiologie à la pédiatrie. Pour sa part, la Fédération des médecins omnipraticiens du Québec (FMOQ) compte une vingtaine d'associations: 17 regroupent les médecins selon les régions et deux sont établies en fonction du type d'institutions, l'une représentant les médecins qui travaillent dans différents CLSC, l'autre étant porte-parole des omnipraticiens oeuvrant dans des institutions psychiatriques.

34. *Loi sur l'assurance-maladie*, L.R.Q. art. 19; qui sera remplacé par l'article 564 (très long) de la *Loi sur les services de santé et les services sociaux et modifiant diverses dispositions législatives*, L.Q. 1991, c. 42 (projet de loi n° 120).

La FMSQ donne le ton aux négociations avec le gouvernement. Fondée en 1965[35], elle a commencé immédiatement les négociations avec le gouvernement, qui préparait la mise en place du régime universel d'assurance-maladie pour 1970. Les ententes sont négociées à tous les trois ou cinq ans selon les circonstances. La FMSQ a signé, le 22 décembre 1986, une entente cadre avec le ministre de la Santé et des Services sociaux. L'entente comporte plusieurs dispositions dites normatives, qui visent le précompte ou la déduction automatique des cotisations à la Fédération, les libertés professionnelles et d'autres points de même nature. Cependant, l'objectif principal de ces ententes est de déterminer les tarifs des actes médicaux. En gros, le tarif était alors de 25 $ par visite pour les différents médecins spécialistes[36]. Les modifications à l'entente consistent le plus souvent en une augmentation procentuelle des tarifs convenus. C'est ainsi que des augmentations de 4 %, 4,15 % et 4 % ont été accordées respectivement le 1er juin 1987, le 1er juin 1988 et le 1er juin 1989. Il a été convenu, pour les années suivantes, qu'une augmentation équivalant à celle qu'obtiendraient les syndiqués du secteur public serait accordée aux médecins spécialistes[37].

La FMSQ conclut des ententes également avec la Commission de la santé et de la sécurité du travail (CSST) et avec la Société de l'assurance-automobile du Québec (SAAQ). Elle s'intéresse à tous les aspects qui touchent la rémunération, qu'il s'agisse de l'indemnité quotidienne, de la vacation ou du tarif de chaque acte. Elle a également obtenu que la Régie de l'assurance-maladie du Québec paie une portion importante de l'assurance-responsabilité professionnelle à laquelle les médecins spécialistes doivent souscrire pour pouvoir pratiquer. Le revenu brut moyen du médecin spécialiste au Québec était, en 1990, de 162 000 $[38].

Les médecins omnipraticiens ont commencé à se regrouper vers le milieu des années 1950, bien avant que ne le fassent les médecins spécialistes. La Fédération des médecins omnipraticiens du Québec (FMOQ) a été reconnue en mars 1966, quand le gouvernement a signé avec elle une entente pour introduire un régime d'assistance médicale pour les assistés sociaux. Mais la première entente de la FMOQ visant le régime universel d'assurance-maladie remonte à 1970. La suivante n'est venue qu'en 1976. Par la suite, il y eut renouvellement en 1980 et 1983. Le dernier accord cadre a été signé le 16 mai 1991[39].

Comme pour l'accord cadre avec la FMSQ, celui-ci ne traite finalement que des tarifs et des modalités qui peuvent affecter ces tarifs. C'est d'ailleurs l'objectif fondamental des négociations entre le ministère de la Santé et les fédérations de médecins. Les clauses qu'on pourrait qualifier de normatives traitent soit d'aspects particuliers de la rémunération, comme les primes d'éloignement, soit de points précis, comme le ressourcement des médecins et l'amélioration des soins de première ligne. Sur le plan de la rémunération, l'accord cadre prévoit une augmentation de 5,13 % en 1990 et une augmentation égale à l'augmentation moyenne, en pourcentage, consentie dans le secteur de la santé et des services sociaux en 1991 ainsi qu'en 1992. Le revenu brut moyen des médecins omnipraticiens du Québec est, en 1991, de 131 527 $.

Il existe un autre groupe de médecins, les médecins résidents et internes des hôpitaux. Leur situation est tout à fait différente. Les médecins résidents et internes sont des salariés au sens du *Code du travail*;

35. *Gazette officielle du Québec*, vol. 98, nº 6, 12 février 1966, p. 1070.
36. *Accord-cadre concernant la participation des médecins spécialistes au régime d'assurance-maladie*. Entente du 22 décembre 1986.
37. «Négociations», *Le Bulletin de la Fédération des médecins spécialistes du Québec*, 23 juin 1987, et 6 juin 1989.
38. *FMSQ Bulletin*, 17 décembre 1990; «Négociations», *Le Bulletin de la Fédération des médecins spécialistes du Québec*, 6 juin 1989.
39. *Accord cadre* concernant le renouvellement de l'entente générale relative à l'assurance-maladie conclu entre le ministre de la Santé et des Services sociaux et la Fédération des médecins omnipraticiens du Québec, 16 mai 1991.

ils sont accrédités et ils négocient une véritable convention collective avec le gouvernement du Québec (voir la section 26.3.2 et le tableau 26-2, note 4). Quant aux autres médecins, spécialistes et omnipraticiens, la *Loi sur l'assurance-maladie* dit explicitement que les dispositions du *Code du travail* et de la *Loi sur les normes du travail* ne s'appliquent pas à eux, dans la mesure où ils sont régis par une entente de la nature de celle dont nous traitons ici[40].

Notons enfin que le coût des différents programmes administrés par la Régie de l'assurance-maladie du Québec s'élève à environ 2,5 milliards de dollars par année. De cette somme, environ 1,5 milliard est consacré aux services médicaux, soit, concrètement, à la rétribution des actes posés par les médecins conventionnés ou sujets à l'accord entre le gouvernement et les fédérations professionnelles de médecins[41].

27.6.2 Autres professionnels de la santé

En plus des services médicaux, qui représentent plus de la moitié des frais du régime dans son ensemble, l'assurance-maladie finance plusieurs autres services. (Voir le tableau 27-9.) Le plus souvent, ces services ne sont assurés gratuitement qu'à certaines catégories de personnes. Nous en présenterons quelques-uns. La plupart des services sont assurés aux personnes qui reçoivent des prestations d'aide sociale. Quand un service est assuré, il doit y avoir un accord ou une entente entre la RAMQ et l'association professionnelle concernée. L'objectif initial du programme canadien de soins de santé était d'en assurer la gratuité totale et l'universalité complète. Par suite de graves problèmes budgétaires, plusieurs des programmes instaurés sont aujourd'hui remis en question. Les soins médicaux proprement dits demeurent universels et gratuits. Les programmes suivants ont toujours comporté des limites; on parle maintenant d'autres restrictions.

Depuis le début de l'assurance-maladie, en 1970, tous les services optométriques sont fournis gratuitement aux bénéficiaires de l'aide sociale. Les examens d'orthoptique – pour ceux qui souffrent d'une mauvaise coordination visuelle ou de strabisme – sont assurés par la Régie pour les jeunes de 16 ans ou moins depuis mars 1985. Dans le domaine des soins dentaires, les frais reliés aux services de chirurgie buccale ont toujours été assumés par la Régie depuis ses débuts, le 1er novembre 1970. Pour les prestataires de l'aide sociale, les services dentaires sont gratuits et remboursés par la Régie depuis avril 1979.

Parmi les autres professionnels de la santé, ce sont les pharmaciens qui présentent, non seulement en honoraires mais aussi pour les médicaments qu'ils fournissent, la facture la plus élevée soit près de 500 millions de dollars annuellement. La plus forte proportion du coût de l'assurance-médicaments pour la RAMQ vient du fait que, depuis 1977, les médicaments et les services pharmaceutiques sont offerts gratuitement à toutes les personnes âgées de 65 ans et plus. Comme dans tous les autres cas de sécurité sociale, le raisonnement est le suivant: les bénéficiaires qui ont des revenus suffisants pour acquitter eux-mêmes leurs frais de médicaments seront mis à contribution par le biais de l'impôt sur le revenu. Mais cette gratuité universelle pour les gens âgés est remise en question à l'heure actuelle (1991).

Les contrats que les pharmaciens propriétaires négocient avec l'État sont complexes. Il y a d'abord le remboursement du prix de chaque médicament, qui fait l'objet d'un énorme catalogue publié régulièrement par la Régie. En plus du prix des médicaments, les pharmaciens propriétaires ont un contrat, comme les autres professionnels de la santé, pour fixer le tarif des services qu'ils rendent, particulièrement le fait de remplir l'ordonnance que le client présente. En effet, la somme remboursée par l'État équivaut au prix coûtant de ces médicaments; il faut donc négocier un certain montant pour l'acte qui consiste à remplir ou à renouveler une ordonnance, avec toutes les modalités qui peuvent se présenter[42]. Le gouvernement et

40. L.R.Q. c. A-29, art. 19, dernier alinéa.

41. *Rapport des activités de la Régie de l'assurance-maladie du Québec pour l'exercice 1989-1990*, p. 1. Voir aussi *Statistiques annuelles, 1990*, Québec, RAMQ, 1991, p. 22-23.

42. Entente relative à l'assurance-maladie entre le ministre de la

TABLEAU 27-9

Programmes et coûts de l'assurance-maladie – 1990

Programmes	Groupes visés	Entrée en vigueur	Coûts (en millions $)
Services médicaux	Régime universel	1er novembre 1970	1 781
Services optométriques,	Prestataires de la sécurité du revenu	1er novembre 1970	50
examen orthoptique	16 ans et moins	1er mars 1985	
Services dentaires			
chirurgie buccale	Régime universel	1er novembre 1970	112
soins généraux	Enfants	1er avril 1974	
soins généraux	Prestataires de la sécurité du revenu	9 avril 1979	
Médicaments et services pharmaceutiques	Prestataires de la sécurité du revenu	1er août 1972	449
	65 ans et plus	1er octobre 1977	
Prothèses	Handicapés	1er juillet 1975	38
	Handicapés visuels	1er décembre 1978	
	Handicapés auditifs	2 juillet 1981	
Bourses et primes	Chercheurs	10 septembre 1975	20
Services hospitaliers	Services hors Québec et services aux non-résidents	1989-1990	118
			2 568

Sources: Régie de l'assurance-maladie du Québec, *Rapport annuel 1989-1990*, p. 12; *Statistiques annuelles 1989*, p. 13-14, 22-23.

l'Association québécoise des pharmaciens propriétaires ont convenu, le 21 février 1992, d'un tarif de sept dollars par ordonnance.

Comme les pharmaciens fournissent les médicaments gratuitement à plusieurs catégories de citoyens, outre les assistés sociaux et les gens âgés de 65 ans ou plus, ils doivent également avoir des contrats avec différentes compagnies d'assurance, comme la Croix Bleue et la SSQ (Services de santé du Québec), avec des organismes comme la Commission de la construction du Québec, avec le ministère fédéral de la Santé et du Bien-être social et le ministère des Affaires des anciens combattants.

Santé et des Services sociaux et l'Association québécoise des pharmaciens propriétaires, 2 avril 1988.

27.6.3 Avocats

Un autre groupe de professionnels a un contrat semblable avec le gouvernement du Québec, c'est celui des avocats de pratique privée qui acceptent des cas provenant de l'Aide juridique. Il ne faut pas confondre ces avocats «conventionnés» avec les avocats salariés de l'Aide juridique. En effet, celle-ci a à son service un certain nombre d'avocats qui travaillent exclusivement pour elle et, à ce titre, reçoivent un salaire, comme tout autre employé du gouvernement. Les avocats conventionnés sont quant à eux des avocats qui, en plus de leur pratique courante, acceptent des cas de bénéficiaires de l'Aide juridique.

L'entente dans leur cas est négociée par le Barreau du Québec et le ministre de la Justice. Comme tous les autres contrats de professionnels conventionnés, l'entente porte sur des questions que certains appellent normatives, comme la liberté de choix de l'avocat pour le bénéficiaire, l'autonomie professionnelle et la solution des différends si nécessaire. Mais l'entente vise d'abord et avant tout une série de tarifs qui représentent la rémunération, globale ou à la pièce, que l'avocat en question recevra.

Dans le cas des avocats, l'entente doit être approuvée par le cabinet des ministres selon une disposition de la *Loi sur l'aide juridique*[43]. L'entente devient donc un règlement, en vigueur par suite d'un décret du Conseil exécutif du Québec[44].

* * *

Le genre de négociations qui se déroulent entre le gouvernement et les différents professionnels conventionnés n'a rien à voir avec le *Code du travail*. Dans la majorité des cas, la loi qui permet de tels accords mentionne explicitement que le Code ne s'applique pas dans leur cas. D'un autre côté, à l'encontre des discussions qui visent les cadres du secteur public, la négociation des professionnels conventionnés est une véritable négociation, en ce sens qu'il n'y aurait pas d'accord si les deux parties n'acceptaient pas tel ou tel point du projet d'entente; il faudrait, à la rigueur, l'exclure pour qu'il y ait entente. Car il doit y avoir entente. On voit la différence avec le cas des cadres, pour qui il n'y a pas de véritable négociation: la décision finale revient au gouvernement lui-même. Rappelons que celui-ci cherche généralement à prendre ses décisions sur la base d'un consensus plutôt qu'unilatéralement.

27.7 Conclusion

La conclusion portera davantage sur la négociation des cadres du secteur public que sur les professionnels conventionnés. La formule actuelle semble fonctionner raisonnablement bien; en tout cas, elle n'a pas créé de difficultés majeures, comme les problèmes causés par la négociation avec les syndiqués du secteur public. Au contraire, les choses semblent se dérouler calmement, pacifiquement, même si les cadres du secteur public ressentent certaines difficultés et certains problèmes, deux en particulier, que nous évoquerons brièvement.

Les cadres éprouvent une certaine frustration du fait que les discussions avec le gouvernement ne sont que des consultations: le gouvernement s'est engagé à les consulter, sans plus. Plusieurs associations de cadres du secteur public voudraient obtenir un statut officiel pour leurs différentes organisations; en d'autres mots, ils souhaitent l'instauration d'un véritable syndicalisme de cadres. L'idée n'est pas nouvelle; elle circulait à la fin des années 1960 et au début des années 1970. La principale difficulté vient du fait qu'il n'y a à peu près pas de syndicats de cadres dans le secteur privé, comme nous le verrons dans le chapitre suivant. Si le gouvernement adoptait une loi répondant aux attentes des cadres, il ne donnerait des pouvoirs qu'aux associations de cadres du secteur public, ce qui engendrerait une disparité susceptible de causer des difficultés d'ordre politique.

Une coalition des différentes associations de cadres du secteur public s'est formée; elle voudrait que la consultation soit transformée en véritable négociation: les cadres tiennent à déterminer avec le gouvernement leurs conditions de travail. On comprend le pourquoi de leur demande: c'est ce que les syndicats des employés ont obtenu il y a plus de 25 ans. Mais un syndicalisme de cadres est-il possible? Les représentants mêmes de l'État peuvent-ils participer aux décisions qui les concernent sans faire une brèche dans le principe du gouvernement responsable? Qui défendra les droits de la population, les seuls membres du cabinet? La question ne se prête à aucune réponse facile.

La deuxième difficulté que soulèvent les associations de cadres a trait aux mécanismes de recours. Nous avons vu que le nombre de recours est restreint sinon minime. Est-ce un signe de satisfaction ou de découragement devant l'impossibilité d'obtenir de

43. L.R.Q. c. A-14, art. 81.
44. Décret 785 du 6 juin 1990. *Gazette officielle du Québec*, vol. 122, n° 25, 20 juin 1990, p. 2233-2249.

véritables résultats ? Sur plusieurs points, le recours ne mène qu'à une simple recommandation. Ici encore, c'est le type de rapport entre les deux parties qui est en cause. Ce que les représentants des associations réclament, c'est un vrai syndicalisme de cadres, comprenant une procédure de règlement des griefs, avec décision arbitrale sur toute matière faisant l'objet d'un recours. La formule n'existe que pour les cas de congédiement ou de résiliation de contrat.

Finalement, les deux questions se résument en une seule : notre société est-elle prête à accepter un vrai syndicalisme de cadres, probablement limité au seul secteur public, avec les conséquences que cela implique pour le gouvernement d'une province ou d'un pays ? Une réponse affirmative à cette question en soulève une autre : cela est-il compatible avec les principes démocratiques les plus importants, dont le concept de gouvernement responsable ?

Bibliographie

Cadres du secteur public

LEBEAU, ERNEST. «Commentaires» sur «L'actualisation du mouvement syndical» de Marcel Pepin, dans *Les chartes des droits et les relations industrielles*, 43e Congrès de relations industrielles, Québec, Les Presses de l'Université Laval, 1988 (272 p.), p. 229-232.

PERRON, JEAN. «Les associations de cadres hiérarchiques des fonctions publique et parapublique québécoises : histoire et évolution» dans *Vingt-cinq ans de pratique en relations industrielles au Québec*, sous la direction de RODRIGUE BLOUIN, Cowansville, Éditions Yvon Blais inc., 1990 (1164 p.), p. 205-232.

RAINVILLE, JEAN-MARIE. «La responsabilité fonctionnelle chez les cadres subalternes : facteur d'évolution des systèmes d'autorité», *Relations industrielles*, vol. 38, no 4, 1983, p. 831-844.

Professionnels conventionnés

BOILEAU, GEORGES et PINEAULT, JACQUELINE. «Les 25 ans de la FMOQ : événements marquants», *Le médecin du Québec*, vol. 23, no 4, avril 1988, p. 15-25.

CHAPADOS, FRANÇOIS, DAVID, ROGER et CASTONGUAY, JACQUES. «Négocier pour des médecins au Québec», *Le médecin du Québec*, vol. 20, no 11, novembre 1985, p. 57-62.

La santé, les soins de santé et l'assurance-maladie, Ottawa, Conseil national du bien-être social, automne 1990, 88 p.

TAYLOR, MALCOLM G. *Health Insurance and Canadian Public Policy*, 2e édition, Kingston et Montréal, McGill-Queen's University Press, 1987 (563 p.), p. 383-386.

Chapitre

28

Quelques secteurs particuliers de négociation

PLAN

La négociation collective du secteur public constitue le plus important des secteurs particuliers de négociation, mais il n'est pas le seul, loin de là. Nous traiterons de trois cas particuliers du secteur privé. Le premier, qu'on désigne généralement sous le nom d'extension juridique des conventions collectives, représente une forme d'élargissement des résultats de la négociation, par l'adoption d'un décret gouvernemental. Il en résulte un régime de relations du travail distinct qui convient surtout aux industries où la concurrence est forte. Le second cas vise la négociation dans l'industrie de la construction. Établie en 1969, la formule présente des caractéristiques uniques: appartenance syndicale obligatoire, réglementation de l'embauche, associations représentatives non accréditées, qui négocient une convention collective régissant l'industrie dans toute la province; on avait voulu en faire une première expérience de négociation sectorielle. Finalement, nous traiterons du cas spécial des professionnels et des cadres tel qu'il se présente dans le secteur privé. Malgré tous les efforts tentés et les succès connus dans le secteur public, le syndicalisme et la négociation collective chez les cadres et les professionnels du secteur privé n'ont jamais pris leur envol.

28.1 Extension juridique et décrets de convention collective

L'extension juridique des conventions collectives a établi une forme de relations du travail propre au Québec et unique en Amérique du Nord. Le régime a été établi 10 ans avant l'adoption de la *Loi des relations ouvrières*, soit en 1934. Après avoir expliqué la notion d'extension juridique et les concepts qui s'y rattachent, il faudra nous arrêter à l'historique de ce régime qui a connu des hauts et des bas; les opinions qu'on entretient à son sujet sont à la fois opposées et catégoriques. Nous verrons ensuite les différents éléments qui composent le régime lui-même: l'extension juridique comme telle, le contenu des décrets, le rôle des comités paritaires et la nature des industries qui ont choisi cette forme de relations du travail. Car il s'agit d'un régime volontaire: pour qu'il s'applique, il faut que les parties en fassent la demande.

28.1.1 Notions et concepts

La formule de l'extension juridique consiste à rendre obligatoires certaines clauses de la convention collective, en général les clauses de nature pécuniaire, dans des entreprises autres que celles où l'entente fut signée. Concrètement, cela signifie qu'apès avoir signé une convention collective, les parties peuvent obtenir, par une décision de l'État, que certaines clauses de leur convention deviennent obligatoires pour tous les employeurs et tous les employés d'une industrie, définie généralement de façon restrictive. L'«extension juridique» consiste essentiellement dans la décision que prend le gouvernement, en vertu des pouvoirs que lui accorde la *Loi sur les décrets de convention collective*, de rendre obligatoires pour toute une industrie des conditions de travail négociées par des parties privées. L'objectif de la loi est d'éviter que, dans les industries où la concurrence est vive, celle-ci s'exerce sur les salaires, aux dépens des plus démunis.

La décision de rendre obligatoires certaines clauses d'une convention collective fait l'objet d'un «décret» du cabinet des ministres[1]. En pratique, dans les milieux concernés, le mot décret n'évoque plus l'arrêté ministériel mais plutôt le contenu du document, c'est-à-dire les clauses obligatoires pour tous les employeurs et tous les employés d'une industrie, que les travailleurs visés soient ou non membres du syndicat en cause.

Pour surveiller l'application des conditions de travail imposées par le décret, les parties signataires de la convention source doivent établir un «comité paritaire». Composé d'un nombre égal de représentants patronaux et syndicaux, il peut inclure quelques membres, deux ou quatre, nommés par le ministre du Travail pour représenter les employeurs et les employés non syndiqués. Le comité paritaire surveille l'application du décret, exige les corrections requises s'il y a lieu et engage les poursuites judiciaires nécessaires; le comité paritaire dispose d'importants pou-

1. *Loi sur les décrets de convention collective*, L.R.Q. c. D-2, art. 2.

voirs pour assurer le respect du décret par les employeurs et les employés visés.

Tels sont les trois éléments principaux de ce régime, unique en Amérique du Nord: l'extension juridique, le décret et le comité paritaire. L'histoire de la loi ayant créé ce régime nous donnera un meilleur aperçu de son importance.

28.1.2 Historique

La *Loi relative à l'extension juridique des conventions collectives de travail*[2] fut sanctionnée le 20 avril 1934, en pleine crise économique[3]. Tout comme le *National Industrial Recovery Act* de 1933, aux États-Unis, la loi Arcand, du nom du ministre du Travail qui l'avait parrainée, représentait un effort pour tirer l'économie du Québec de la dépression économique où elle se trouvait alors. Le taux de chômage oscillait entre 20 % et 25 %; bien des journaliers gagnaient 0,15 $ de l'heure, et pourtant on payait une pinte de lait 0,10 $ et 0,25 $ une livre de beurre[4]. La meilleure explication de la loi se trouve peut-être dans l'anecdote que le sous-ministre Gérard Tremblay, à qui on attribue souvent la paternité de cette loi, se plaisait à raconter. À l'époque où il était organisateur syndical, s'il se présentait chez un employeur avec un projet de convention collective, il obtenait souvent la réponse suivante: «Les salaires que vous demandez ne sont que raisonnables, ils sont même nécessaires pour vivre décemment; je serais heureux de m'engager à respecter cette convention collective, mais à la condition que mes concurrents, de la rue d'en face ou d'en arrière, soient tenus de payer les mêmes salaires; autrement, avec leurs salaires et leurs prix inférieurs, ils m'enlèveront mes clients et mes ouvriers n'auront bientôt même plus d'emploi. Votre projet de convention collective est acceptable, mais il faudrait que tous les employeurs soient obligés d'en respecter le contenu.» C'est cette observation qui a amené le gouvernement à accepter le principe de l'extension juridique des conventions collectives. Des lois semblables existaient dans quelques pays d'Europe et certaines ont servi de modèle à la loi québécoise de 1934. En Amérique du Nord, il n'y eut jamais d'autres lois semblables.

L'année même de son adoption, la loi a connu un succès fulgurant. Cinq ans plus tard, elle régissait déjà plus de 100 000 salariés. Après encore cinq ans, à la fin de la guerre, c'est 200 000 salariés qui étaient régis par la *Loi de la convention collective* comme elle s'appelait alors. Il faut bien se rappeler qu'il s'agissait, comme aujourd'hui encore, d'une loi volontaire, c'est-à-dire que c'est à la demande des intéressés qu'elle s'appliquait, et non à l'initiative de l'État.

Son succès s'explique entre autres par le fait qu'il n'existait alors aucune autre loi contraignante, susceptible d'assurer une certaine stabilité aux relations patronales-syndicales. L'adoption de la *Loi des relations ouvrières*, en 1944, allait modifier considérablement la situation[5]. Aussitôt que le régime d'accréditation et de négociation obligatoire fut mis en place, des industries qui avaient opté pour le régime des décrets, faute d'une autre loi appropriée, se sont tournées vers la *Loi des relations ouvrières*: les industries de l'aluminium, à Arvida, à Shawinigan et à Beauharnois, de la construction des wagons de chemin de fer et des fonderies de Montréal, et l'ensemble des employés des services publics de la ville de Québec. Le régime de l'accréditation et de la négociation limitée à un établissement s'adapte beaucoup mieux aux grandes entreprises qu'aux industries faites de nombreuses entreprises de petite taille. Pour celles-ci, la *Loi des décrets de convention collective* demeure la meilleure formule de relations du travail.

De 1945 à 1960, la *Loi de la convention collective* a connu ce qu'on pourrait appeler une période d'oubli. Le sous-ministre Gérard Tremblay, qui était responsable de son application, faisait tous ses efforts pour

2. S.Q. 24 George V (1934), c. 56.
3. Gérard Hébert, «La loi sur les décrets de convention collective: cinquante ans d'histoire» dans *La loi et les rapports collectifs du travail*, 14e Colloque de relations industrielles, 1983, Montréal, Université de Montréal, École de relations industrielles, 1984 (228 p.), p. 81-107.
4. *La Gazette du travail*, vol. 34, nº 1, janvier 1934, p. 64-68, plus un supplément de 23 pages.

5. S.Q. 8 George VI (1944), c. 30.

que le premier ministre Maurice Duplessis ne pense pas à la modifier. Pourtant le nombre de salariés soumis à ce régime n'a pas fléchi: il s'est même accru jusqu'au niveau d'environ 250 000 salariés. Il a encore légèrement augmenté au cours des cinq premières années de la révolution tranquille.

Le régime a connu de sérieuses difficultés autour des années 1970. Avec l'adoption de la *Loi des relations de travail dans l'industrie de la construction*, à la fin de 1968, environ 100 000 salariés assujettis et 15 000 employeurs ont été soustraits au régime des décrets de convention collective. En effet, l'industrie de la construction avait adopté le régime des décrets dès 1934. La nouvelle loi qui visait l'industrie de la construction s'en inspirait d'ailleurs fortement, comme nous le verrons plus loin.

Des conflits internes entre les parties contractantes ont également amené la disparition du décret dans au moins trois industries importantes: la chaussure, l'imprimerie et le commerce de détail dans l'alimentation. Ces abrogations de décrets se sont produites au début des années 1970.

Depuis 1975, c'est surtout dans le secteur des services que le régime des décrets s'est développé. Il ne faudrait pas croire, d'un autre côté, que ce genre de relations de travail a perdu toute son importance dans le secteur manufacturier. Par rapport au nombre de salariés assujettis, les services représentaient, il y a vingt ans, environ 40 % du nombre total des salariés régis; ils représentent aujourd'hui un peu plus de 50 % de ce nombre. On trouve des décrets dans certains secteurs de l'industrie du vêtement, dans les services reliés à l'automobile, dans diverses industries très concurrentielles et dans quelques services. Nous verrons plus loin la répartition des décrets de convention collective selon les industries (section 28.1.6).

Depuis un certain nombre d'années, les divers décrets de convention collective régissent les conditions de travail de 140 000 à 150 000 salariés; le nombre n'est ni astronomique ni négligeable. Environ 17 000 employeurs sont régis, ce qui donne une moyenne de huit employés par employeur assujetti. Il s'agit d'une moyenne; mais elle révèle que le régime vise bien davantage les petites entreprises en concurrence les unes avec les autres que les grands établissements oligopolistiques.

28.1.3 Extension juridique et conditions de base

Pour qu'il y ait décret de convention collective, il faut trois choses: que des parties contractantes aient négocié et conclu une convention collective, qu'ils fassent au gouvernement une demande d'extension des clauses d'ordre pécuniaire et que le gouvernement, après avoir étudié la demande et jugé qu'elle répondait aux conditions requises, adopte le décret qui rendra les clauses visées obligatoires pour tout un secteur de l'industrie[6]. L'article suivant contient le principe de base du régime[7].

> Il est loisible au gouvernement de décréter qu'une convention collective relative à un métier, à une industrie, à un commerce ou à une profession, lie également tous les salariés et tous les employeurs du Québec, ou d'une région déterminée du Québec, dans le champ d'application défini dans ce décret.

Après avoir énoncé le principe de base, la loi précise la procédure que doivent suivre les parties contractantes intéressées à obtenir l'extension juridique de leur convention collective. Chacune des parties contractantes peut adresser une requête en ce sens; généralement, la demande est conjointe. D'ailleurs, le gouvernement n'accorde jamais de décret si les deux parties ne sont pas d'accord sur l'opportunité du décret; dans un tel contexte, son application serait pratiquement impossible. Sur réception de la requête, le ministre du Travail en donne avis dans la *Gazette officielle du Québec* et y fait en même temps paraître le texte de la convention soumise pour extension. Au cours des 30 jours qui suivent, il reçoit les objections de ceux qui s'opposent à la réglementation projetée (art. 5). Ensuite, il doit évaluer si les conditions requises pour l'extension juridique sont effectivement

6. Jean-Louis Dubé, *Décrets et comités paritaires. L'extension juridique des conventions collectives*, Sherbrooke, Éditions Revue de droit de l'Université de Sherbrooke, 1990, 376 p.
7. *Loi sur les décrets de convention collective*, L.R.Q. c. D-2, art. 2.

remplies. Celles-ci sont exprimées dans l'article 6 de la loi.

> (...) Le ministre, s'il juge que les dispositions de la convention ont acquis une signification et une importance prépondérantes pour l'établissement des conditions de travail, sans grave inconvénient pouvant résulter de la concurrence des pays étrangers ou des autres provinces, peut recommander l'approbation de la requête par le gouvernement, avec les modifications jugées opportunes et l'adoption d'un décret à cette fin. Il doit être tenu compte des conditions économiques particulières aux diverses régions du Québec.

L'article mentionne deux conditions essentielles pour l'obtention du décret: la signification et l'importance prépondérantes de la convention, ainsi que l'absence de graves inconvénients reliés à la concurrence des pays étrangers ou des autres provinces. Les deux conditions exigent une explication.

Pour qu'une convention collective puisse être «extensionnée», aucune restriction n'est imposée quant au statut juridique ni à la structure organisationnelle des parties contractantes. Les syndicats en cause n'ont nullement besoin d'être accrédités, bien que plusieurs le soient. Alors que la reconnaissance accordée par la *Loi des relations ouvrières* et plus tard par le *Code du travail* exige que le syndicat en cause soit représentatif, la condition de base de la *Loi sur les décrets de convention collective* est d'une tout autre nature: elle exige que «les dispositions de la convention aient acquis une signification et une importance prépondérantes». Ce sont les dispositions de la convention qui doivent être évaluées et non les parties qui l'ont signée. Les termes peuvent paraître vagues; on retrouve pourtant leur équivalent partout où existent des lois de cette nature. Une majorité mathématique est impossible à calculer: les entreprises concernées sont trop changeantes, cycliques ou saisonnières. Il reste qu'on donne aux mots «importance prépondérante» un certain sens numérique: il faut que les entreprises qui ont signé la convention collective, généralement par le moyen d'une association patronale, représentent une bonne proportion de l'ensemble de l'industrie visée, peut-être entre 25 % et 50 % du nombre d'employés.

On donne un sens tout à fait différent aux mots «signification prépondérante». Le premier sous-ministre responsable de la loi les expliquait par l'exemple suivant. Supposons une industrie constituée d'une grande entreprise, qui embaucherait à elle seule la moitié de tous les salariés de l'industrie, et d'une foule de petites entreprises. La grande entreprise pourrait demander l'extension juridique de sa convention dans le but de faire disparaître les autres. Même si cette entreprise, comptant la majorité des salariés de l'industrie, a une importance prépondérante, elle n'aurait pas une signification prépondérante pour l'établissement des conditions de travail dans l'industrie. En d'autres mots, l'expression vise une représentativité des types d'entreprises et d'établissements et non pas le nombre d'employés.

Le plus important à retenir demeure que ce sont les conditions de travail contenues dans la convention collective qui déterminent la réponse et non le statut des parties signataires de la convention. Quant à la deuxième condition, l'absence d'inconvénient par rapport à la concurrence extérieure, elle est encore plus difficile à estimer. Comment prouver que tel niveau de salaire empêcherait les entreprises québécoises de soutenir la concurrence étrangère? Finalement, c'est dans l'audition des parties intéressées, qui viennent défendre ou attaquer le projet d'extension, que les représentants du ministère trouveront les arguments susceptibles de justifier une recommandation, favorable ou non, au ministre du Travail; celui-ci transmettra la recommandation au cabinet des ministres, qui décidera. C'est le cabinet qui, en dernier ressort, se prononce sur l'opportunité d'adopter le décret ou de le refuser.

À l'inverse d'une convention collective, un décret ne peut entrer en vigueur avant le jour de sa publication dans la *Gazette officielle du Québec* ou à la date ultérieure qui y est fixée. Un décret-loi, pas plus qu'une loi, ne saurait être rétroactif. Ici, il faut distinguer la convention collective proprement dite de son extension juridique. Les parties peuvent convenir entre elles d'une rétroactivité, mais celle-ci ne peut être imposée aux employeurs qui ne sont pas signataires de la convention source.

Un autre article de la loi précise que le gouvernement peut prolonger ou abroger un décret, qu'il peut le modifier après consultation des parties contractantes ou du comité paritaire. Mais il faut rappeler que le gouvernement ne peut prendre l'initiative d'adopter un décret de convention collective. L'idée de base de cette loi est de rendre obligatoires à tout un groupe les conditions de travail contenues dans une convention collective dûment et librement négociée par des parties privées. L'initiative doit venir des parties elles-mêmes, pas du gouvernement, qui n'a aucun pouvoir en ce sens; la loi lui permet de modifier un décret après consultation, mais non d'adopter un nouveau décret (art. 8).

28.1.4 Contenu du décret

L'objectif premier de cette loi a toujours été d'empêcher la concurrence déloyale que les employeurs peuvent pratiquer sur le dos des salariés: la loi veut assurer un salaire minimal, au-delà du salaire minimum officiel, acceptable et raisonnable pour telle industrie spécifique. C'est la raison fondamentale pour laquelle toutes les clauses de la convention collective ne peuvent faire l'objet de l'extension juridique. Concrètement, seules les clauses à caractère pécuniaire peuvent ainsi être «extensionnées».

La loi dit explicitement que ce sont les salaires et la durée du travail qui deviennent obligatoires par suite de l'adoption d'un décret de convention collective. Les salaires et la durée du travail forment donc obligatoirement le cœur du décret de convention collective (art. 9). Le décret peut être plus spécifique et déterminer le début et la fin des heures de travail, ainsi que les jours ou les parties de jours ouvrables et les jours fériés. Certains syndicats ont voulu utiliser cette disposition pour contrôler les heures d'ouverture de divers établissements commerciaux; comme il s'agit d'une loi de relations de travail et non pas d'une loi visant le commerce, un paragraphe donne préséance à la *Loi sur les heures d'affaires des établissements commerciaux*[8]. Les heures supplémentaires déterminées dans le décret ne visent que les périodes de travail des salariés.

À ces deux éléments fondamentaux que sont les salaires et la durée du travail peuvent s'ajouter d'autres dispositions d'ordre pécuniaire, comme les congés payés et les avantages sociaux (art. 10). La plupart des décrets, par le biais de cette disposition, ont rendu obligatoires pour tous les salariés d'une industrie bon nombre d'avantages sociaux normalement inclus dans les conventions collectives. Le tableau 28-1 montre la variété des clauses qu'on peut trouver dans les différents décrets; il présente la liste des clauses contenues dans deux décrets choisis dans deux secteurs différents.

Curiosité à mentionner plus qu'élément essentiel du régime, l'article 10 de la loi permet également de rendre obligatoires des prix minimaux pour les services des barbiers et des coiffeurs. La question fut longuement discutée au début du régime des décrets. Le prix exigé des clients, dans leur cas, est en rapport direct avec le salaire minimum payé aux employés; c'est la raison pour laquelle on a introduit des prix dans quelques décrets. La mesure fut attaquée devant les tribunaux comme une atteinte à la liberté du commerce. La poursuite visait un autre groupe de travailleurs, les cordonniers. La Cour annula la liste de prix[9]. C'est alors que la disposition explicite visant les barbiers et les coiffeurs fut introduite dans la loi; les tribunaux en ont confirmé la validité par la suite.

Une clause fort importante, propre aux décrets, précise leur champ d'application. Le champ d'application d'une convention collective est délimité dans le certificat d'accréditation du syndicat; celui d'un

8. L.R.Q. c. H-2.

9. La décision de la Cour d'appel visait une liste de prix pour la réparation des chaussures dans le décret des cordonniers; la liste fut déclarée *ultra vires* parce que la *Loi sur les décrets de convention collective* vise les relations du travail, non le commerce lui-même. *Procureur général de Québec et Dame Lazarovitch* c. *Comité patronal des réparateurs de chaussures du district de Montréal et Cour des sessions de la paix*, (1940) 69 B.R., p. 241. La modification à la *Loi concernant les prix des barbiers et coiffeurs* a été adoptée dans S.Q. 5 George VI (1941) c. 60, art. 1 modifiant l'article 10 de la loi de 1940.

TABLEAU 28-1

Contenu des décrets de convention collective – 1990

Décret de la confection pour dames	Décret des agents de sécurité
1. Interprétation	1. Interprétation
2. Champ d'application territorial industriel professionnel (exclusions)	2. Champ d'application territorial industriel et professionnel (exclusions)
3. Durée du travail durée normale périodes interdites	3. Durée du travail durée normale pratiques interdites
4. Heures supplémentaires définition majoration de 50 %	heures supplémentaires préavis de licenciement
5. Salaires augmentations générales taux horaires minimaux	4. Salaires paiement barèmes de salaires
6. Travail à domicile	
7. Jours fériés	5. Jours fériés
8. Congés annuels payés	6. Congés annuels
	7. Congés sociaux
9. Dispositions diverses préavis de mise à pied	8. Autres dispositions uniformes
10. Durée	9. Durée

Sources: Décret de la confection pour dames et décret des agents de sécurité, 1990.

décret doit être défini dans le décret lui-même. Chaque décret doit donc indiquer avec précision le lieu mais aussi l'industrie et les groupes de travailleurs auxquels il s'applique. On parlera ainsi de la «juridiction» territoriale, industrielle et professionnelle de chaque décret. Comme un décret équivaut à une loi et impose avec rigueur certaines conditions de travail, il faut savoir où et à qui il s'applique. Par rapport au territoire où ils s'appliquent, les décrets sont régionaux ou provinciaux, selon le marché de l'industrie ou du service en cause (voir la section 28.1.6).

Les articles de la loi qui suivent la définition du contenu des décrets précisent la valeur et le degré d'obligation que comportent les divers éléments du décret. La loi dit d'abord que ses dispositions sont d'ordre public (art. 11). Le législateur déclare, par le fait même, qu'aucune entente qui irait à l'encontre de ses dispositions n'a de valeur. Même si un salarié signait, à la demande d'un employeur, une entente individuelle où il accepte des conditions de travail inférieures, il pourrait, par la suite, demander au comité paritaire de réclamer en son nom les sommes auxquelles lui donnent droit les dispositions du décret. En d'autres mots, le fait que le décret soit d'ordre public annule toute entente qui n'en respecterait pas les dispositions.

Sans doute pour qu'il n'y ait aucune équivoque, l'article 12 déclare qu'il est interdit de payer un salaire inférieur à celui que fixe le décret. Avant 1984, on parlait d'un salaire différent, ce qui pouvait exclure également, selon certains, un salaire supérieur; en 1984, on a introduit la formulation actuelle qui établit qu'aucune entente sur un salaire inférieur n'a de valeur; il n'est même pas nécessaire de demander la nullité d'une telle entente: d'emblée, le salarié a droit au salaire fixé par le décret[10]. La loi a toujours reconnu les ententes visant à assurer des conditions plus favorables. En fait, certains syndicats négocient une convention collective dont ils demandent l'extension juridique – elle devient donc obligatoire pour toute l'industrie – et ils signent ensuite avec tel ou tel employeur une convention collective en vertu du *Code du travail*; celle-ci assure à ce groupe particulier de salariés des conditions de travail supérieures à celles imposées par le décret dans les établissements non syndiqués.

Finalement, quelques dispositions visent à empêcher les employeurs de contourner le décret. Dans tous les cas de sous-traitance, l'employeur principal, le sous-traitant et tout intermédiaire sont conjointement et solidairement responsables du paiement des salaires fixés par un décret (art. 14). Dans le cas d'une vente ou d'une cession totale ou partielle de l'entreprise, l'ancien employeur et le nouveau sont conjointement et solidairement liés à l'égard de toute dette antérieure à l'aliénation ou à la cession si cette dette découle de l'application d'un décret (art. 14.1).

On voir par ces différentes dispositions l'importance que le législateur attache aux conditions de travail rendues obligatoires par l'adoption d'un décret de convention collective.

28.1.5 Rôle du comité paritaire

L'une des caractéristiques du régime réside dans l'obligation d'établir un comité paritaire auquel la loi accorde des pouvoirs considérables dans le but d'assurer l'application et le respect des dispositions contenues dans le décret.

Le principe fondamental sur lequel repose la création du comité paritaire c'est que personne mieux que les parties contractantes ne peut surveiller efficacement l'application du décret. Ce sont elles qui ont négocié les clauses de la convention et qui en ont demandé l'extension juridique; ce sont elles également qui connaissent le mieux l'industrie, y compris les différents aspects que les assujettis pourraient utiliser pour se soustraire à leurs obligations. Le régime a aussi une valeur pédagogique extraordinaire: le nombre des représentants patronaux et syndicaux qui participent ainsi aux affaires de l'industrie est élevé. Toutes ces personnes apprennent les avantages et les obligations qui découlent de ce régime, les conditions et les risques de participer à une institution économique et sociale d'importance. La formule a ses inconvénients: le comité paritaire étant constitué de représentants patronaux et syndicaux de l'industrie, les uns et les autres peuvent tirer avantage de leur influence, et même de leur pouvoir de décision, ou s'en servir pour favoriser des amis. Cette possibilité a souvent été évoquée par les ennemis du régime. Tout en reconnaissant l'existence de ce phénomène – bien que personne n'en connaisse l'ampleur réelle –, on ne peut nier les bienfaits que des centaines de milliers de travailleurs et des dizaines de milliers d'employeurs ont retirés de ce système.

Les parties qui ont signé une convention collective dont certaines clauses ont été étendues par décret doivent constituer un comité paritaire; ce n'est pas un droit, c'est une obligation que la loi leur impose. La composition du comité doit nécessairement être paritaire, pour éviter que les parties ne remettent les décisions importantes entre les mains d'un président neutre. C'est la coutume de faire alterner, à la présidence, un représentant patronal et un représentant syndical. Mais comme il s'agit de surveiller l'application d'un décret, et non d'une négociation – celle-ci a eu lieu auparavant –, le législateur souhaite que les décisions du comité soient le plus souvent possible unanimes. À moins d'unanimité, il ne peut y avoir de décision tant qu'au moins un représentant d'une

10. *Loi modifiant diverses dispositions législatives en matière de relations du travail*, L.Q. 1984, c. 45, art. 12 modifiant l'article 12 de la L.D.C.C.

des parties ne votera pas dans le même sens que les représentants de l'autre partie (art. 16).

Le ministre peut, à la suggestion d'employeurs et de salariés qui ne sont pas signataires de la convention source, ajouter deux ou quatre membres à tout comité paritaire. Ces représentants du ministre doivent normalement veiller aux intérêts des employeurs et des employés non syndiqués de l'industrie (art. 17).

Selon le cas, les comités paritaires comptent habituellement de 6 à 16 membres compte tenu de l'importance de l'industrie et du nombre des assujettis. Le comité établit ses propres règlements de régie interne : le nombre de membres et la façon de les remplacer au besoin, l'administration des fonds, l'emplacement du siège social et tout autre point susceptible d'assurer son bon fonctionnement. Ces règlements, pour être en vigueur, doivent être approuvés par le cabinet des ministres (art. 18-19). Le gouvernement peut, après consultation du Conseil consultatif du travail et de la main-d'œuvre, adopter des règlements généraux que les règlements de chaque comité paritaire doivent respecter (art. 20). Il peut, de la même manière, abroger un règlement ou une partie de règlement; celui-ci cesse d'être en vigueur après publication de cette décision dans la *Gazette officielle du Québec* (art. 20-21).

L'article 22 de la *Loi sur les décrets de convention collective* contient une longue liste des différents pouvoirs, droits et privilèges accordés aux comités paritaires pour leur permettre de remplir d'une manière adéquate le rôle qui leur est confié. Le comité paritaire, en tant que tel, ne peut faire les inspections, recueillir des fonds, engager des poursuites et s'acquitter de toutes les obligations que supposent l'administration et la surveillance du décret. Pour ce faire, le comité doit donc engager des inspecteurs, du personnel de bureau et un directeur général. Quand on parle du comité paritaire, on pense souvent à ces employés chargés des tâches quotidiennes; le comité comme tel, constitué des représentants patronaux et syndicaux, agit en quelque sorte comme le conseil d'administration de cette petite entreprise. Nous dirons quelques mots des quatre principaux pouvoirs que la loi accorde aux comités paritaires : le droit de prélèvement, pour payer les salaires des employés et les frais d'avocat, le droit de recours contre ceux qui ne respectent pas le décret, les droits reliés à l'administration de la sécurité sociale, s'il y a lieu, et les droits relatifs à un certificat de classification pour certaines catégories d'employés (art. 22).

Pour financer ses activités, particulièrement la surveillance et l'inspection, le comité paritaire peut adopter un règlement qui impose aux employeurs et aux salariés de contribuer respectivement 0,5 % de la masse salariale et 0,5 % du salaire touché (art. 22, i) ; comme tous les autres règlements du comité, celui qui vise le prélèvement est sujet à l'approbation du cabinet des ministres. Le prélèvement ne doit jamais excéder 0,5 % pour chaque partie. Quelques comités paritaires imposent un prélèvement légèrement inférieur, mais la plupart exigent le taux maximal de l'employeur et du salarié. L'employeur doit retenir, sur le salaire de chacun des employés assujettis, le montant du prélèvement et le remettre au comité paritaire avec sa propre contribution.

La fonction principale des comités paritaires est d'exercer les recours auprès des employeurs, en lieu et place de l'employé qui n'a pas reçu le salaire ou un autre avantage prévus dans le décret. Le comité paritaire peut engager des poursuites, même sans mandat ni consentement de la part des employés concernés, même après le délai habituel de 15 jours. En vertu de la loi, le comité paritaire a, entre autres, le pouvoir suivant[11] :

> Exercer les recours qui naissent de la présente loi ou d'un décret en faveur des salariés qui n'ont pas fait signifier de poursuite dans un délai de quinze jours de l'échéance, et ce, nonobstant toute loi à ce contraire, toute opposition ou toute renonciation expresse ou implicite du salarié, et sans être tenu de justifier d'une cession de créance par l'intéressé, de le mettre en demeure, de lui dénoncer la poursuite, ni d'alléguer et de prouver l'absence de poursuite

11. *Loi sur les décrets de convention collective*, L.R.Q., c. D-2, art. 22, a.

dans ce délai de quinze jours, ni de produire de certificat de qualification.

Le comité paritaire peut aussi reprendre une poursuite engagée par un employé. Comme il s'agit toujours d'industries fortement concurrentielles où plusieurs entreprises se trouvent souvent en situation précaire, la loi concède au comité paritaire un pouvoir vraiment exceptionnel qui lui permet d'en arriver, avec les employeurs qui ont enfreint le décret, à des compromis jugés convenables dans les circonstances. En d'autres mots, la loi admet implicitement que des employeurs peuvent se trouver dans l'impossibilité de remettre les sommes qu'ils doivent à leurs employés, et qu'il est plus pratique et efficace d'accepter un règlement raisonnable par compromis que d'aller de l'avant avec une plainte ou une poursuite, dont le montant de la réclamation risque de n'être jamais payé en entier, par suite de faillite ou de toute autre situation financière irréparable (art. 22, d). Le comité paritaire a même le pouvoir d'imposer à l'employeur fautif une amende égale à 20 % de la différence entre le salaire qu'il aurait dû payer et celui qu'il a effectivement versé (art. 22, c).

Le comité paritaire a également tous les pouvoirs requis pour que la surveillance qu'il doit exercer et les réclamations qu'il doit faire, au besoin sous forme de poursuite judiciaire, soient vraiment efficaces. À cette fin, les inspecteurs de chaque comité paritaire sont les artisans véritables du respect du décret. Ils pratiquent deux sortes d'inspection: l'inspection des livres, qui se fait à intervalles plus ou moins réguliers, selon les circonstances et les disponibilités, et l'inspection ponctuelle à la suite d'une plainte reçue d'employés ou même d'employeurs qui soupçonnent une pratique déloyale de la part de concurrents. Les inspecteurs ont le droit d'entrer dans les entreprises régies par le décret, d'y vérifier les listes de paye et de faire toute autre vérification requise par leur travail (art. 22, e). D'ailleurs, chaque employeur doit tenir un registre du travail effectué dans son entreprise, des salaires payés et autres avantages accordés, et de faire rapport au comité paritaire au moins une fois par mois (art. 22, g et h). À chaque année, les représentants des quelque 40 comités paritaires obtiennent, pour des milliers de travailleurs qui n'avaient pas été rémunérés selon les règles du décret, des remboursements d'environ 2,5 millions de dollars. Ce montant ne correspond pas à la somme totale qui leur était due, mais représente le meilleur arrangement possible pour eux, dans les circonstances où se trouvaient les entreprises en cause. (Voir le tableau 28-2.)

Tous ces pouvoirs, les représentants des comités paritaires peuvent les exercer, à la condition que le comité paritaire lui-même ait adopté des règlements à cette fin et que lesdits règlements aient été approuvés par le cabinet des ministres.

Si les membres du comité paritaire le jugent nécessaire, le comité peut rendre obligatoire ce qu'on appelle un certificat de classification. Ce certificat ne vise pas les hommes de métier, qui doivent avoir un certificat de qualification délivré par le ministère du Travail. Il peut être utile que les autres employés soient officiellement classifiés de manière à déterminer clairement, selon les taux prévus, quelle sera la rémunération de chacun.

Finalement, si le décret prévoit des avantages sociaux, le comité paritaire a les pouvoirs requis pour les administrer, qu'il s'agisse de congés payés, d'assurance-maladie complémentaire ou de régime de retraite. Le comité peut percevoir les contributions, vérifier les réclamations des salariés et payer les bénéfices prévus (art. 22, m et n).

28.1.6 Industries régies par décret

Ce sont principalement des industries concurrentielles, comme la construction, l'imprimerie et la chaussure qui, dès le début, se sont placées sous le régime des décrets de convention collective. Aujourd'hui, environ la moitié des salariés régis par des décrets de convention collective appartiennent à la catégorie des services, l'autre moitié travaillant dans des industries proprement dites. Dans les services, ce sont les services reliés à l'automobile qui comptent le plus grand nombre de salariés et d'employeurs assujettis; plusieurs types d'entreprise de ce secteur sont régis: les concessionnaires-vendeurs, les garages offrant des services mécaniques, les ateliers de débos-

TABLEAU 28-2

Montants des réclamations effectuées et perçues par les comités paritaires – 1990

Secteur	Montants réclamés	Nombre d'entreprises	Nombre de salariés
Automobile	700 782	437	1 253
Coiffure	26 776	18	36
Services	1 311 705	741	9 357
Vêtement	1 607 499	6 222	26 865
Industries	2 775 022	632	3 031
TOTAL	6 421 875	8 050	40 542
Secteur	**Montants perçus[1]**	**Nombre d'entreprises**	**Nombre de salariés**
Automobile	223 881	385	824
Coiffure	16 834	11	16
Services	1 244 459	409	3 877
Vêtement	516 217	2 020	8 024
Industries	402 658	440	1 600
TOTAL	2 404 049	3 265	14 341

1. La différence entre les montants réclamés et les montants perçus représente les cas en suspens ou abandonnés.

Source: Rapports annuels des comités paritaires.

selage, les vendeurs de pièces et les stations-service. Le secteur de la coiffure a déjà été entièrement régi par une quinzaine de décrets régionaux; il n'en reste que trois. On trouve également un décret dans certains autres services, comme les agences de sécurité, l'entretien des édifices publics et, dans certaines régions, le camionnage local et l'enlèvement des ordures ménagères. Dans les industries, c'est le vêtement qui domine avec six décrets, dont deux très importants qui s'appliquent à l'échelle de la province. Outre le vêtement, les décrets visant des industries se rattachent principalement aux secteurs du bois et du carton. Le tableau 28-3 donne la liste des décrets en vigueur en 1990.

Depuis une quinzaine d'années, le vêtement, les industries diverses, l'automobile et les services divers représentent chacun environ le quart du nombre total de salariés régis par décret au Québec. L'importance du secteur de la coiffure a considérablement diminué. Le nombre total de salariés assujettis est de 140 000 et le nombre d'employeurs se situe entre 16 000 et 17 000. On compte aussi de 7000 à 8000 artisans répartis de façon très inégale. (Voir le tableau 28-4.) Les diverses industries et services qui ont choisi le régime proposé par la loi des décrets sont tous et toutes composés d'un nombre considérable de petites et de moyennes entreprises, si petites que le nombre moyen de salariés par employeur est dans l'ensemble extraordinairement bas, toujours inférieur à 10.

Une seconde caractéristique, peut-être plus importante mais qui découle de la précédente, c'est que ces industries connaissent une concurrence intense. Cette concurrence sera locale dans la plupart de services ou étendue, souvent mondiale, dans les industries

TABLEAU 28-3
Liste des décrets en vigueur – 1990

Décrets	Région	Employeurs	Salariés	Artisans
Automobile				
Sherbrooke	Cantons-de-l'Est	1 182	4 679	737
Drummond	Drummondville	196	863	87
Lanaudière-Laurentides	Nord de Montréal	1 145	5 750	291
Mauricie	Mauricie	625	2 643	275
Montréal	Montréal-métro	4 033	24 166	1 223
Québec	Québec	933	7 247	342
Rimouski	Bas-St-Laurent	83	502	24
Saguenay	Saguenay–Lac-St-Jean	581	2 960	128
		8 778	48 810	3 107
Coiffure				
Hull	Outaouais	88	359	245
Mauricie	Mauricie	217	524	944
Montérégie	Sud et est de Montréal	714	1 978	988
		1 019	2 861	2 177
Services				
Agents de sécurité	Province	118	12 186	–
Camionnage (Montréal)	Montréal-métro	335	1 764	111
Camionnage (Québec)	Québec	246	1 125	–
Distributeurs de pain	Montréal-métro	87	527	141
Enlèvement déchets solides	Île de Montréal 50 km	199	1 875	3
Entretien des édifices publics (Montréal)	Montréal-métro	497	8 167	–
Entretien des édifices publics (Québec)	Québec	634	3 715	–
		2 313	37 526	255
Vêtement				
Chapellerie	Province	23	321	–
Chemise	Province	33	1 399	1
Gant de cuir	Province	10	177	–
Sac à main	Province	43	616	–
Confection pour dames	Province	926	14 373	–
Confection pour hommes	Province	308	11 576	–
		1 343	28 462	1
Industries				
Bois ouvré	Province	851	7 826	255
Boîte de carton	Province	50	1 600	–
Carton ondulé	Province	32	1 947	–
Cercueil	Province	16	422	–
Équipement pétrolier	Province	64	388	11
Matériaux de construction	Province	126	1 668	19
Menuiserie métallique	Montréal-métro	126	890	–
Métallurgie	Québec	62	599	–
Meuble	Province	928	13 128	550
Verre plat	Province	513	4 744	375
		2 768	33 212	1 210
34 décrets		16 221	150 871	6 750

Source: Rapports annuels des comités paritaires.

TABLEAU 28-4

Statistiques sur les industries régies par des décrets – 1974-1991

Industries	Décrets en vigueur	Employeurs assujettis	Salariés assujettis	Artisans assujettis	Nombre moyen de salariés par employeur
		1974-1975			
Automobile (services)	10 régionaux	5 163	30 927	2 570	6
Coiffure	15 régionaux	1 706	6 248	3 719	4
Services divers	6 prov. et rég.	929	10 280	535	11
Vêtement[1]	10 provinciaux	1 836	50 008	106	27
Industries diverses	11 provinciaux	2 266	30 738	362	14
TOTAL	52	11 900	128 201	7 292	11
		1985-1986			
Automobile (services)	9 régionaux	8 100	40 262	4 118	5
Coiffure	10 régionaux	1 960	3 670	2 281	2
Services divers	9 prov. et rég.	2 904	31 313	933	11
Vêtement	8 provinciaux	1 933	35 855	123	19
Industries diverses	8 provinciaux	2 800	31 463	545	11
TOTAL	44	17 697	142 563	8 000	8
		1990-1991			
Automobile (services)	8 régionaux	8 929	47 378	2 888	5
Coiffure	3 régionaux	972	2 373	2 100	2
Services divers	7 prov. et rég.	1 992	32 451	283	16
Vêtement	6 provinciaux	1 346	26 794	5	20
Industries diverses	10 prov. et rég.	3 006	31 222	1 402	10
TOTAL	34	16 245	140 218	6 678	9

1. Inclut les décrets suivants, qui régissaient les différents secteurs de l'industrie du vêtement: robe, confection pour hommes, confection pour dames, chemise, fourrure en gros, fourrure au détail, chapeau pour hommes, chapeau pour dames, gant de cuir, sac à main et accessoires de mode (broderie). Trois de ces décrets ont disparu et quatre ont fusionné, deux à deux (voir tableau 28-3).

Source: Québec, ministère du Travail, *Rapport annuel*, 1974-1975 (p. 92), 1985-1986 (p. 38), 1990-1991.

manufacturières, particulièrement dans le vêtement. C'est ce qui explique la «juridiction» territoriale ou géographique des différents décrets; les décrets qui s'appliquent aux industries soumises à une concurrence étendue sont généralement d'envergure provinciale, alors que les décrets relatifs à des services locaux ou régionaux sont, eux-mêmes, locaux ou régionaux.

La mobilité de la main-d'œuvre varie selon les industries concernées, mais elle est relativement élevée dans l'ensemble des secteurs. Cette situation s'explique, d'une part, par le fait que les entreprises sont nombreuses, en concurrence les unes avec les autres et, d'autre part, par l'instabilité de l'emploi et l'absence de sécurité d'emploi qui en découle.

28.1.7 Force et faiblesse du régime

Depuis ses débuts, la *Loi sur les décrets de convention collective* a toujours eu comme premier objectif d'éliminer la concurrence sur les salaires, «sur le dos des ouvriers», comme on disait à l'origine. Par la volonté des intéressés, la loi s'applique dans des industries où la possibilité de concurrence déloyale sur les salaires existe toujours, comme en font foi les réclamations et poursuites faites par les différents comités paritaires. Étant donné la nature même du régime, ce sont les salaires qui en subissent les premiers effets. Certains ont soutenu que le fait d'étendre à tout un secteur industriel un salaire minimum négocié exerçait une pression à la baisse sur le niveau général des salaires de ce secteur. Les analyses empiriques tendent à démontrer plutôt un certain effet positif sur les salaires, même s'il s'agit d'une amélioration modeste[12].

L'effet sur les salaires soulève une des objections majeures contre le régime, à savoir que les décrets empêcheraient les industries visées de faire face à la concurrence, surtout à l'échelle mondiale. Soutenir cette objection équivaut à s'opposer au principe de base de la loi, qui est de protéger les salariés contre une concurrence déloyale. En effet, les salaires ne sont qu'un facteur dans l'ensemble des coûts de production; la productivité du capital et l'efficacité de la direction en sont deux autres. Le caractère concurrentiel des entreprises ne saurait donc être relié uniquement au type de relations de travail qu'on y trouve et à l'uniformité de salaires raisonnables que le régime des décrets impose.

Par ailleurs, certains soutiennent que le régime des décrets nuirait à la syndicalisation. Dans un premier temps, il faut rappeler qu'il n'y aurait pas de décret s'il n'y avait pas une base syndicale suffisante pour négocier une convention collective source, celle dont on demandera éventuellement l'extension juridique. Ici encore, il faut voir la situation dans son ensemble. Si le syndicat ne manifeste pas sa présence d'une manière positive, il est certain que le fait de cotiser au comité paritaire et de recourir aux inspecteurs pour faire respecter les conditions établies par le décret ne suscitera pas en soi un intérêt pour le syndicat; mais cela ne lui nuira pas non plus. À l'origine, la *Loi de l'extension des conventions collectives* a favorisé la syndicalisation. Depuis lors, le régime n'a probablement pas contribué à son expansion; mais on ne peut prouver qu'il a nui à la vie syndicale comme telle. Tout dépend des efforts que les intéressés y ont mis. Surtout, pas de décret sans un syndicalisme relativement vivant à la base pour négocier la convention source.

Enfin, un des principaux objectifs du régime a toujours été de faire en sorte que le plus grand nombre de personnes possible participe à la détermination de leurs conditions de travail par voie de négociation et à leur application par le truchement du comité paritaire. La loi des décrets a permis, à chaque année depuis son adoption, à des milliers d'employeurs et de salariés de le faire. Il y a là une forme de participation à la vie économique qui est loin d'être négligeable. Elle comporte des risques, comme la tentation d'utiliser le régime à des fins personnelles. Mais ce n'est pas parce qu'une formule comporte des risques qu'on doit la mettre de côté, surtout si elle donne des résultats positifs. Or, selon les employeurs et les travailleurs régis par des décrets de convention collective, c'est une formule qu'ils estiment et qu'ils souhaitent conserver.

28.2 Industrie de la construction

Un régime de négociation et de relations de travail encore plus particulier s'applique dans l'industrie de

12. Conseil supérieur du travail, *Rapport général*, octobre 1964, p. 149-152; Gérard Hébert, «Évaluation de la réglementation gouvernementale des salaires au Québec: les décrets» dans *Politiques de salaires: exigences nouvelles*, 19e Congrès des relations industrielles de l'Université Laval, Les Presses de l'Université Laval, 1964, p. 92-97; Jean Barry et Richard Saint-Laurent, «Effet des décrets de convention collective sur les salaires», *Le marché du travail*, vol. 4, no 8, août 1983, p. 52-59.

la construction. Il est issu du régime des décrets de convention collective: il en a conservé certaines caractéristiques, mais en comporte bien d'autres, complètement différentes. Dans ce cas aussi, le régime de négociation qui a cours au Québec est unique en Amérique du Nord, sinon au monde. Comme tous les régimes particuliers, il comporte des avantages et des inconvénients.

L'industrie de la construction a des caractéristiques qui la distinguent d'à peu près toutes les autres industries. Ces caractéristiques influent directement sur les relations de travail qu'on y rencontre. Quel que soit le contexte géographique et politique, la négociation dans la construction diffère pratiquement partout de la négociation dans les autres industries. Elle diffère considérablement d'une province à l'autre et d'un État américain à l'autre[13]. Nous verrons donc le régime du Québec, en évoquant quelques différences avec les situations qu'on rencontre ailleurs en Amérique du Nord.

Il faut commencer par souligner les principales caractéristiques de l'industrie pour comprendre les régimes de relations du travail qu'on y a établis. Il faut également rappeler l'évolution historique qu'a subie le régime québécois depuis la période où l'industrie était régie par des décrets de convention collective, soit de 1934 à 1969. Le cadre légal est aussi très important: on a dit qu'aucune autre industrie n'était aussi étudiée ni aussi réglementée que la construction. Nous aborderons ensuite les différents éléments du régime: les associations représentatives, le contenu et la négociation du décret, son application par la Commission de la construction et le problème majeur vécu dans cette industrie: celui de l'insécurité d'emploi.

28.2.1 Caractéristiques de l'industrie

En quelque sorte, le fonctionnement de l'industrie de la construction est diamétralement opposé à celui des autres secteurs. Les industries manufacturières, en particulier, regroupent des facteurs de production dans un endroit donné où elles fabriquent, en grande quantité, un produit qui sera distribué largement, parfois à travers le monde, pour être vendu là où se trouvent les consommateurs. À l'inverse, dans la construction, le produit est fabriqué là où il sera consommé. Au lieu d'expédier le produit pour le vendre un peu partout, on réunira plutôt les facteurs de production à l'endroit où l'acheteur en prendra possession, qu'il l'ait commandé lui-même ou qu'il l'ait choisi une fois construit.

En conséquence, il n'y a pas de continuité dans l'industrie de la construction comme il peut y en avoir dans celle de la fabrication. Les plus grands projets de construction ne durent finalement pas plus de 5 à 10 années, ce qui est d'ailleurs très long dans l'industrie. Dans bien des cas, la construction dure plutôt de six mois à un an. Une fois le projet terminé, chacun retourne chez soi. Du point de vue de l'emploi, il n'y a donc pas de permanence dans la production. Les ouvriers de la construction changent d'employeurs selon les mises en chantier et selon les offres d'emploi qui se présentent. Le rapport entre un employeur et ses employés est toujours de courte durée; il n'est permanent que de façon exceptionnelle, uniquement pour les quelques employés de confiance que chaque entrepreneur tient à garder à son service.

Dans ces circonstances, le régime d'accréditation, sur lequel se fondent toutes les autres relations de travail en Amérique du Nord est totalement inapproprié. Aussi, très peu de syndicats ou d'unions de la construction sont accrédités, puisque tous les chantiers sont éphémères et que les salariés passent d'un employeur à l'autre au gré de l'activité de l'industrie[14]. La *Loi sur les relations du travail dans l'industrie de la construction* dit expressément qu'une

13. Gérard Hébert, *The Construction Industry in Canada. Strategic Factors in Industrial Relations Systems*, Genève, Institut international d'études sociales, 1981, 44 p. (Research Series, nº 63.)

14. Gérard Hébert, «L'extension juridique des conventions collectives dans l'industrie de la construction dans la province de Québec, 1934-1962», thèse de doctorat, Montréal, Université McGill, avril 1963 (743 et 180 p.), p. 1-56.

association de salariés de la construction ne peut pas être accréditée en vertu du *Code du travail*[15].

Les travailleurs de cette industrie n'y sont pas rattachés par l'intermédiaire de leur employeur, comme dans toutes les autres industries. Au Québec, ce lien avec l'industrie passe par la Commission de la construction du Québec, autrefois l'Office de la construction du Québec (OCQ), dont ils doivent obtenir différents permis de toute nature, y compris une sorte de permis de travail, et à qui ils paient leur contribution à un régime d'avantages sociaux établi non pas en fonction d'un employeur mais pour les travailleurs. Dans les autres provinces et dans la plupart des États américains, le rattachement à l'industrie se fait par l'entremise d'une union. Là comme ailleurs, les travailleurs de la construction changent constamment d'employeur, mais ils demeurent membres de la même union : ils exercent généralement le même métier et ils sont membres de l'union qui regroupe les travailleurs de ce métier. C'est d'ailleurs bien souvent l'union qui leur fournit les possibilités concrètes de travail : celle-ci maintient un bureau d'embauche où les travaileurs disponibles vont s'inscrire et où les employeurs demandent les travailleurs dont ils ont besoin. Le bureau d'embauche syndical est en un sens le cœur de l'industrie, du moins dans sa partie syndiquée, car, si la syndicalisation est complète au Québec parce qu'obligatoire, elle est extrêmement variable partout ailleurs[16].

Une autre caractéristique, jusqu'à un certain point reliée à la précédente, découle du fait que la grande majorité des travailleurs de la construcion exercent un métier. La proportion des journaliers, aides et ouvriers non qualifiés est extrêmement faible dans cette industrie, plus faible que dans tout autre secteur de l'économie. Les unions se sont organisées en fonction des métiers, surtout de ce qu'on appelle souvent les métiers mécaniques – électriciens, plombiers, monteurs de structures d'acier, mécaniciens d'ascenseurs –, et la vie professionnelle des travailleurs de la construction est centrée sur leur métier à eux. Selon la nature des chantiers, la majorité ou la totalité des métiers de la construction participent à la construction, dans un certain ordre qui peut varier mais qui correspond à la nature des travaux à effectuer : on ne trouve pas, sur un chantier, les mêmes métiers au début, au milieu et à la fin de la construction d'un édifice. L'interdépendance de la contribution des différents métiers rend la coordination essentielle ; quand la négociation se fait par métier, le conflit d'un seul métier peut paralyser tout un chantier ; les arrêts de travail peuvent ainsi se multiplier, à la limite autant de fois qu'il y a de métiers.

Tout cela fait de la construction une industrie à part, fortement réglementée, par la loi et les règlements au Québec, par les coutumes et les pratiques syndicales partout ailleurs en Amérique du Nord.

28.2.2 Historique

L'industrie de la construction fut une des premières à opter pour le régime des décrets dès l'adoption de la première loi d'extension juridique, en 1934. Quand la *Loi des relations ouvrières* fut adoptée, elle ne changea pratiquement rien à la situation dans la construction. Quinze ou vingt ans plus tard, certains métiers spécialisés, comme les électriciens et les plombiers, ont cherché à utiliser l'accréditation pour jouer sur les deux tableaux en même temps ; mais leur geste a entraîné des complications considérables, qui sont en bonne partie responsables de l'introduction du nouveau régime en 1969[17].

Sauf dans quelques régions éloignées des grands centres, toute l'industrie fut régie par des décrets de convention collective, tout au long de la période qui va de 1934 à 1969. Dans la plupart des cas, il y avait un décret général qui s'appliquait à l'industrie de la construction dans chaque région ; ce décret régissait

15. L.R.Q. c. R-20, art. 27.
16. Claudine Leclerc et Jean Sexton, *La sécurité d'emploi dans l'industrie de la construction au Québec : un rêve impossible?* Québec, Les Presses de l'Université Laval, 1983 (275 p.), p. 34-36. (Coll. «Relations du travail».)
17. Gérard Hébert, «La négociation sectorielle par décision de l'État: le cas de la construction au Québec», *Relations industrielles*, vol. 26, n° 1, janvier 1971, p. 84-120.

les conditions de travail de ce qu'on appelle les métiers généraux de la construction: charpentiers-menuisiers, maçons, peintres, etc. Il y avait ainsi 16 de ces décrets régionaux. Quelques groupes particuliers avaient obtenu un décret provincial comme les monteurs de structures d'acier et les mécaniciens d'ascenseurs. En fait, les décrets régionaux s'appliquaient aux métiers dont le marché était régional et les décrets provinciaux à ceux dont le marché était provincial ou national, voire même international.

Même si les travailleurs de la construction sont, en règle générale, très fiers de leur travail et de leur métier, ils n'en sont pas moins conscients des limites sérieuses que comportent leurs conditions de travail: absence d'ancienneté, de sécurité d'emploi, d'avantages sociaux et d'un régime de pension de retraite. En ajoutant à cela la rivalité qui a existé entre les syndicats de la construction affiliés à la CSN et les unions internationales du bâtiment, affiliées à la FTQ et au Congrès du travail du Canada, l'industrie de la construction a connu, dans les années 1960, sa large part de conflits et de grèves, souvent accompagnés de violence. Tout cela, plus l'utilisation, dans cette industrie, de deux lois différentes, celle de l'accréditation et celle des décrets de convention collective, en a amené plusieurs à conclure qu'il fallait établir un nouveau mode de relations de travail dans ce secteur. Cette réforme fut réalisée par l'adoption, en décembre 1968, de la *Loi sur les relations de travail dans l'industrie de la construction*. Après de nombreuses modifications, souvent majeures, cette loi, qui porte un nom différent, est toujours en vigueur (1991[18]).

Même s'il n'y a pas eu de changements quant aux principes de fond de la loi, quelques événements survenus depuis l'adoption de ce qu'on appelait alors le projet de loi 290 en ont grandement modifié certaines modalités. Rappelons le saccage de la Baie-James, en mars 1974, qui a entraîné la création de la Commission Cliche; celle-ci a fait de nombreuses recommandations qui se sont retrouvées dans la loi au cours de l'année suivante[19]. Une scission à l'intérieur des rangs des unions affiliées à la FTQ, en 1980, allait modifier l'échiquier des associations syndicales. Finalement, en 1988, la rénovation dans l'habitation fut soustraite à l'application de la loi régissant les relations du travail dans la construction[20].

28.2.3 Cadre légal

La loi 290 apportait des modifications substantielles aux relations de travail et au régime de négociation[21]. Le concept d'associations représentatives remplace ceux d'associations accréditées et d'associations reconnues. Il s'inspire du régime français de négociation. L'expression n'est définie dans la loi que de façon énumérative: la loi déclare associations représentatives celles qui sont énumérées à l'article 5 (aujourd'hui art. 28). Les associations syndicales représentatives doivent négocier et conclure une convention avec les associations patronales représentatives; comme la loi n'est pas plus précise, chacune des associations représentatives qui y est nommée obtient ainsi l'équivalent d'un droit de veto. Les difficultés qui découlèrent de ce droit de veto amenèrent le législateur à introduire, en juin 1973, le principe de la décision fondée sur un degré de représentativité de plus de 50 %, tant du côté syndical que patronal[22]; un système complexe fut institué pour tenir compte du nombre de membres, des salaires payés et des heures travaillées; il sera simplifié par la suite.

Une autre modification attribuable à la loi 290, tout aussi importante sinon davantage, c'est que toutes les clauses de la convention collective pouvaient être étendues à l'industrie dans son entier (art. 28-30 à l'origine, art. 47 aujourd'hui). Comme la convention

18. S.Q. 1968, c. 45. Aujourd'hui *Loi sur les relations du travail, la formation professionnelle et la gestion de la main-d'œuvre dans l'industrie de la construction*, L.Q. 1986, c. 89 (projet de loi nº 119) et L.R.Q. c. R-20.

19. *Rapport de la Commission d'enquête sur l'exercice de la liberté syndicale dans l'industrie de la construction*, juge ROBERT CLICHE, président, Éditeur officiel du Québec, 1975, 355 p.

20. L.Q. 1988, c. 35 (projet de loi nº 31), art. 1 et 5.

21. *Loi sur les relations du travail dans l'industrie de la construction*, L.Q. 1968, c. 45 (projet de loi nº 290).

22. L.Q. 1973, c. 28.

collective contenait une disposition de sécurité syndicale, son extension à tous les employés de l'industrie équivalait à imposer le syndicalisme obligatoire. Depuis l'adoption de cette loi, tous les salariés de l'industrie de la construction au Québec doivent appartenir à un syndicat, qu'ils choisissent avant d'occuper leur premier emploi; ils peuvent modifier leur choix au cours d'une période déterminée, à tous les deux ou trois ans. L'industrie est donc syndiquée à 100 %.

Tout en rendant l'appartenance syndicale obligatoire, le législateur a voulu garantir la liberté de choix. Il a introduit, dès le début, tout un chapitre sur le droit de tout salarié d'appartenir à l'association de son choix (art. 33-46 à l'origine, art. 94-108 aujourd'hui). L'introduction de ce chapitre n'a pas supprimé les problèmes reliés aux rivalités syndicales. En fait, le saccage de la Baie-James se rattache, comme bien d'autres conflits violents, à une question de liberté syndicale. C'est d'ailleurs à la suite d'une recommandation de la Commission Cliche que les choix se font depuis lors à l'occasion d'un vote, organisé d'abord par l'OCQ, aujourd'hui par la CCQ. La première fois le vote impliquait tous les salariés; depuis 1978 il est limité aux groupes qui veulent changer d'affiliation.

La négociation a reflété, au cours des années, non seulement les tensions constantes entre les groupes syndicaux et les groupes patronaux, mais aussi l'imprécision de la loi. Au début, les associations représentatives devaient s'entendre pour négocier avec les représentants patronaux, qui étaient eux-mêmes très divisés. Les impasses qui se sont produites ont amené le gouvernement à modifier la loi pour y introduire le principe de la décision majoritaire, de chaque côté de la table de négociation. La bataille des chiffres s'est poursuivie depuis ce moment; elle s'est même aggravée avec la scission qui s'est produite au sein des unions internationales. Auparavant, du moins du côté syndical, les salariés des unions affiliées à la FTQ représentaient la majorité, alors que, depuis la scission, il faut des alliances pour atteindre la majorité maintenant requise dans la loi. Du côté patronal, une recommandation de la Commission Cliche a réglé le problème: le gouvernement a créé une nouvelle association patronale, chargée exclusivement des relations du travail, l'Association des entrepreneurs en construction du Québec (AECQ[23]).

Telle qu'adoptée à la fin de 1968, la loi 290 prévoyait des négociations unifiées, mais à l'échelle régionale: tous les métiers de la construction devaient se regrouper pour négocier une seule convention collective, mais ils pouvaient le faire par région. Le passage à des négociations provinciales mit peu de temps à se produire. Dès 1970, toutes les négociations régionales attendaient le règlement dans la région de Montréal pour en reprendre les dispositions. Ce fut, en fait, la première négociation provinciale et industrielle dans la construction au Québec. La formule de négociation provinciale et industrielle unique a toujours été reprise jusqu'à maintenant.

Finalement, même si la loi a conservé l'idée fondamentale du comité paritaire, la forme concrète a changé du tout au tout. À l'origine, les comités paritaires régionaux devaient assurer l'application du nouveau décret comprenant toutes les clauses de la convention collective négociée. Avec l'unification des négociations à l'échelle provinciale et la réunion des décrets en un seul décret provincial de la construction, il devenait presque normal de remplacer la quinzaine de comités paritaires existants par une Commission de l'industrie de la construction (CIC), qui fut créée en 1971[24]. Les conflits de négociation se retrouvèrent devant la CIC puisque chaque association représentative détenait toujours son droit de veto. L'introduction du principe de la majorité, en 1973, avait pour objectif non seulement de débloquer le fonctionnement de la CIC, mais également de résoudre les difficultés de négociation découlant du concept mal défini d'association représentative.

La Commission Cliche recommanda de transformer la Commission de l'industrie de la construction (CIC) en un Office de la construction du Québec

23. *Loi incorporant l'Association des entrepreneurs en construction du Québec*, L.Q. 1976, c. 72 (projet de loi n° 192).
24. S.Q. 1971, c. 46, ajoutant les articles 32 *a* à 32 *l*.

(OCQ), doté de pouvoirs plus étendus et jouissant d'une autonomie plus grande par rapport aux parties contractantes. Pour conserver le principe de la participation des parties à l'administration du décret, on établissait, en même temps que l'Office, un comité mixte de la construction, qui devait agir comme comité consultatif auprès de l'Office[25].

Après l'avalanche des modifications qui ont suivi les recommandations du rapport Cliche, on a continué à modifier la loi 290, au moins à tous les deux ans. Une refonte, avec changement de nom, a été effectuée lors de l'adoption du projet de loi 119, le 7 décembre 1986; la formation professionnelle fut ajoutée aux diverses responsabilités de la Commission de la construction du Québec, qui succédait à l'OCQ[26]. Autour de 1990, la préoccupation du législateur portait surtout sur la liberté qu'il faut à la fois accorder et restreindre pour ceux qu'on appelle les entrepreneurs autonomes: les modifications se poursuivent principalement autour de ce sujet[27].

Outre la loi de base visant les relations du travail, plusieurs autres lois ont été adoptées relativement à d'autres points qui concernent l'industrie de la construction. Par exemple, il y eut la *Loi sur la qualification professionnelle des entrepreneurs de construction*, qui a établi la Régie des entreprises de construction du Québec; la Régie émet des licences d'entrepreneur, après avoir vérifié la solvabilité ainsi que la compétence technique et administrative des requérants[28]. La *Loi incorporant l'Association des entrepreneurs en construction du Québec* a établi l'Association patronale unique en matière de relations du travail[29]. En 1985, la *Loi sur le bâtiment* a regroupé sous la responsabilité d'une nouvelle Commission du bâtiment du Québec tout ce qui touche à la qualité des travaux de construction et à la sécurité des personnes qui y ont accès; cela inclut la Régie des entreprises de construction du Québec (RECQ), l'application du Code du bâtiment, les travaux d'électricité et de tuyauterie, les bouilloires et machines fixes, la protection et la promotion de la construction domiciliaire, et la création et l'administration d'un fonds d'indemnisation des victimes de défauts de construction[30].

À cette cascade de lois et de modifications à ces lois, il faut ajouter les innombrables règlements adoptés sur une série de sujets qui comprennent, entre autres: le décret lui-même, le prélèvement des cotisations, le registre et le rapport mensuel des employeurs, le champ d'application de la loi, la formation et la qualification professionnelle des salariés, la qualification professionnelle des entrepreneurs, la sécurité sur les chantiers, le contrôle quantitatif de la main-d'œuvre, le placement et les permis de travail. On réclame présentement (1991) de nouveaux règlements sur une sécurité du revenu pour les «vrais travailleurs» de la construction, une expression qui a cours depuis bientôt une vingtaine d'années, mais qui entraîne des difficultés d'application considérables: s'il faut avoir travaillé, par exemple, 500 heures dans la construction l'année précédente pour être un vrai travailleur de la construction, comment les jeunes et les immigrants pourront-ils jamais s'y trouver un emploi? L'industrie de la construction a toujours été la principale porte d'entrée au marché du travail[31].

La loi de base a été modifiée si souvent et les règlements se sont multipliés à un point tel, sans parler du décret lui-même, que la Commission de la construction du Québec – qui a remplacé l'Office en 1986 – publie, sous forme de cahier à anneaux, avec service de mise à jour, toutes les informations pertinentes pour que les intéressés puissent être au fait

25. *Loi constituant l'Office de la construction du Québec et modifiant la Loi sur les relations du travail dans l'industrie de la construction*, L.Q. 1975, c. 51 (projet de loi nº 47).
26. *Loi sur les relations du travail, la formation professionnelle et la gestion de la main-d'œuvre dans l'industrie de la construction*, L.Q. 1986, c. 89, L.R.Q. c. R-20.
27. L.Q. 1988, c. 35 (projet de loi nº 31) et le projet de loi nº 185 présenté à la fin de 1991.
28. L.Q. 1975, c. 53.
29. L.Q. 1976, c. 72.
30. *Loi sur le bâtiment*, L.Q. 1985, c. 34 (projet de loi nº 53).
31. *Rapport de la Commission sur la stabilisation du revenu et de l'emploi des travailleurs de l'industrie de la construction*, LAURENT PICARD, président, et JEAN SEXTON, commissaire, Québec, Les Publications du Québec, juin 1990, 225 p.

des modifications apportées à la législation et aux règlements qui en découlent. La construction au Québec est vraiment l'industrie la plus réglementée, surtout en ce qui a trait aux relations du travail. La principale question que cela soulève est la suivante: jusqu'à quel point la libre négociation collective est-elle possible avec un tel niveau de réglementation?

28.2.4 Associations représentatives

Pour comprendre la situation actuelle des associations représentatives qui négocient le décret de la construction, il faut voir la situation qui existait au moment de l'adoption de la loi et les principales modifications qui ont été apportées au cours des 20 dernières années. Nous verrons successivement les associations syndicales et patronales, parce que leurs histoires, malgré certains points communs, comportent surtout des divergences.

La définition que donne la loi des associations représentatives a toujours été la suivante: l'association représentative est celle que la loi reconnaît nommément comme telle. Dans sa première version, le texte se lisait comme suit (art. 5):

> Les associations suivantes sont réputées représentatives dans tout le Québec:
>
> a) la Confédération des syndicats nationaux, à l'égard de la Fédération nationale des syndicats du bâtiment et du bois, inc. (CSN) et des syndicats de la construction qui leur sont affiliés;
>
> b) la Fédération des travailleurs du Québec, à l'égard du Conseil provincial des métiers de la construction, des conseils des métiers de la construction et des syndicats qui leur sont affiliés.

On aura noté que ce sont les deux centrales syndicales qui sont déclarées associations représentatives. Ce ne sont ni les syndicats nationaux du bâtiment, ni les unions internationales des métiers de la construction. Le texte dit bien que la centrale est réputée représentative «à l'égard» de la Fédération CSN ou du Conseil provincial des unions internationales. Les centrales représenteront, à la table de négociation, les syndicats du bâtiment et les unions de la construction. Mais ce sont les centrales qui sont réputées représentatives, et qui à ce titre reçoivent la mission et le pouvoir de négocier pour leurs affiliés. Cette disposition accorde un poids et un prestige aux centrales syndicales qui, auparavant, n'étaient que des organismes de représentation. Avec les pouvoirs qui leur sont accordés dans le secteur public et dans la construction, les centrales obtiennent, pour la première fois, le droit de siéger à une table de négociation qui, de surcroît, est parmi les plus importantes.

On devine pourquoi le législateur a choisi de désigner les centrales syndicales plutôt que les syndicats ou les unions mêmes de la construction. Peu de temps avant l'adoption de la loi 290, le Québec avait été témoin de plusieurs affrontements violents entre les unions internationales et les syndicats de la CSN un peu partout en province, de Montréal à Baie-Comeau, en passsant par Tracy et d'autres lieux où il y avait de grands chantiers. Le législateur espérait sans doute que les rivalités seraient moins vives entre les représentants de la tête du mouvement qu'entre les porte-parole des groupes confrontés quotidiennement les uns aux autres. Si tel était son objectif, comme plusieurs le pensent, on peut difficilement déclarer qu'il a réussi; on n'a qu'à penser, encore une fois, au saccage de la Baie-James, relié à une question de rivalité intersyndicale, et qui devait se produire quelques années plus tard, en mars 1974.

L'inconvénient de désigner des associations dans un texte de loi, c'est que les associations elles-mêmes changent. Une part importante du groupe de syndiqués qui quitta les rangs de la CSN pour former la Centrale des syndicats démocratiques (CSD), en 1972, appartenait à divers syndicats de la construction. Aussi voulurent-ils obtenir du législateur la reconnaissance de la CSD comme association représentative, ce que le gouvernement s'empressa de faire[32].

Dès l'année suivante, en 1973, les dispositions concernant la représentativité furent modifiées, mais cette fois pour une autre raison. La plus grosse association syndicale et la plus grosse association patro-

32. L.Q. 1972, c. 63.

nale étaient d'accord sur un projet de convention collective; mais la CSN ainsi que certaines associations patronales de moindre importance s'y opposaient; grâce à leur droit de veto, elles empêchèrent la ratification de l'entente intervenue. C'est alors que le ministre du Travail décida d'introduire dans la loi le principe de la majorité et d'établir un moyen de faire constater la représentativité des associations en cause: la représentativité d'une association sera égale à la moyenne des trois pourcentages suivants: le nombre de membres (ou d'employés du côté patronal) par rapport au nombre total, les salaires, perçus ou versés, et les heures travaillées. Une représentativité de 50 % et plus sera requise, de part et d'autre, pour obliger l'autre partie représentative à négocier et pour signer la convention collective[33]. En 1975 on supprima un des trois facteurs, la somme des salaires payés, pour ne conserver que les membres et les heures travaillées[34].

À cette époque, les unions affiliées à la FTQ représentaient de 70 % à 75 % de tous les salariés de la construction: aucune question ne se posait sur le degré de représentativité de cette centrale. Conformément à une recommandation du rapport Cliche, l'OCQ devait tenir un vote de représentativité durant le mois de novembre précédant l'expiration du décret, chaque décret venant à échéance à la fin d'avril, à tous les deux ou trois ans. C'est le premier vote de l'OCQ, qui a établi la majorité incontestable de la FTQ: le décompte des cartes, comme cela se faisait au cours des années précédentes, n'avait apporté que le doute et la confusion.

Quand, en 1980, certaines unions de la FTQ se séparèrent du Conseil des unions internationales des métiers de la construction, la carte de la représentativité venait de changer considérablement: aucune centrale syndicale n'avait plus la majorité absolue. Pour forcer la partie patronale à négocier et pour signer la convention, il fallait des alliances.

À partir de ce moment il fallut compter avec le Conseil provincial du Québec des métiers de la construction (CPQMC), qui regroupait les travailleurs encore membres des unions internationales, et la nouvelle FTQ-construction constituée pour sa part des travailleurs les moins mobiles de l'industrie, qui appartenaient le plus souvent aux métiers dits généraux. Ce nouveau groupe a toujours été légèrement plus nombreux que les autres mais n'a jamais atteint la majorité absolue. Voici à peu près le degré de représentativité des cinq groupes, en incluant le Syndicat de la construction de la Côte-Nord (SCCN), tel qu'il se présentait au début et à la fin des années 1980:

Années	FTQ-const.	CPQMC	CSN	CSD	SCCN
1981-1983	46 %	23 %	19 %	9 %	1 %
1988-1990	41 %	31 %	17 %	10 %	1 %

Au cours de la décennie, plusieurs syndiqués qui avaient laissé les unions internationales pour adhérer à la FTQ-construction autonome ont rebroussé chemin et repris leur carte de l'union internationale. La proportion de la CSN a quelque peu diminué, alors que celle de la CSD a légèrement augmenté. On voit par les chiffres cités que, malgré cette légère évolution, la répartition entre les cinq associations dites représentatives est demeurée sensiblement la même. Il est également clair qu'aucun groupe n'a la majorité absolue; pour toute négociation, il faut des alliances. Au début de la décennie, la FTQ-construction s'est jointe à ses confrères de la décennie précédente, le CPQMC. En 1988, le CPQMC a fait cavalier seul; la coalition visant à obtenir la majorité a regroupé la FTQ-construction et la CSN-construction.

Du côté patronal, la loi reconnaissait, au moment de son adoption, en 1968, cinq associations représentatives: la Fédération de la construction du Québec «à l'égard des associations qui en (étaient) membres», les constructeurs d'habitations, les constructeurs de

33. L.Q. 1973, c. 28.
34. L.Q. 1975, c. 51.

routes et de grands travaux, les maîtres électriciens et les maîtres mécaniciens en tuyauterie. L'Association de la construction de Montréal devait être représentée par la Fédération de la construction du Québec. Mais la cohabitation n'a pas duré longtemps. La Fédération était plutôt identifiée aux entrepreneurs de moyenne envergure de la région de Québec et du reste de la province, alors que tous les gros entrepreneurs du Québec appartenaient à l'Association de la construction de Montréal. Aussi celle-ci s'est-elle fait reconnaître comme sixième association patronale représentative. À compter de 1973, les associations patronales étaient soumises à la même règle de représentativité que les syndicats de salariés. Cependant, en réponse à une recommandation du rapport Cliche, le Parlement a adopté une loi créant une association d'employeurs en construction à laquelle tous les employeurs étaient obligés d'appartenir. Le rôle de cette association est essentiellement de représenter tous les employeurs dans les relations de travail[35].

28.2.5 Négociation et décret

Le moment venu, la coalition d'associations de salariés représentatives à plus de 50 % donne avis à l'association d'employeurs de son intention d'engager les négociations en vue de conclure une nouvelle convention collective. Cet avis, qui devait être donné trois mois avant la date d'expiration, doit, depuis 1987, être donné le premier jour du septième mois qui précède la date d'expiration originale du décret, à ne pas confondre avec l'échéance de sa prolongation[36]. Comme les décrets viennent à échéance le 30 avril, l'avis doit être donné au plus tard le 1er octobre de l'année qui précède la date d'expiration. Un avis semblable doit être communiqué aux autres associations représentatives. Une association ayant un degré de représentativité de 15 % ou plus a le droit d'être présente aux séances de négociation et de soumettre des demandes en vue de la signature de la convention collective (art. 42-42.1).

Au cours de la négociation, l'une des parties peut demander au ministre de désigner un conciliateur, et les parties sont tenues d'assister à toute réunion à laquelle le conciliateur les convoque. Pour qu'il y ait convention collective, il doit y avoir entente entre la partie patronale, représentée par l'AECQ, et au moins deux associations syndicales représentatives solidairement à un degré de plus de 50 % (art. 43-44).

Pour devenir obligatoire en vertu de la loi, la convention collective signée doit suivre sensiblement le même cheminement que celui qui est prévu dans la *Loi sur les décrets de convention collective*. Une association représentative ou l'association d'employeurs doit en faire la demande. Il faut publier le projet dans la *Gazette officielle du Québec* et observer un délai de 30 jours, pour permettre aux opposants éventuels de formuler leurs objections. L'adoption par le cabinet des ministres et la publication dans la *Gazette officielle du Québec* rendent le décret obligatoire pour tous. En fait, c'est pratiquement une formalité, puisque les parties négocient une convention qui va devenir le décret de la construction, malgré toutes les difficultés qui peuvent surenir, comme le montre l'histoire des négociations provinciales de la construction depuis bientôt 25 ans (art. 47-50). (Voir le tableau 28-5.)

Le décret lui-même, qui correspond exactement à la convention négociée puisque toutes les clauses peuvent faire l'objet de l'extension juridique, est devenu très long: avec ses annexes, il compte plus de 150 pages. La loi établit que le décret doit contenir des dispositions sur la classification des emplois et la rémunération, la durée du travail et les congés, des clauses de sécurité sociale et même des dispositions concernant la sécurité syndicale: c'est obligatoire (art. 61). Le décret peut comporter des dispositions concernant l'ancienneté – il n'en a jamais contenu – et il doit établir un régime d'arbitrage des griefs (art. 61-80.1).

Depuis le début du régime actuel, et même dès la fin de la période des décrets de convention collective,

35. *Loi incorporant l'association des entrepreneurs en construction du Québec*, L.Q. 1976, c. 72.
36. *Loi modifiant la Loi sur les relations du travail, la formation professionnelle et la gestion de la main-d'œuvre dans l'industrie de la construction*, L.Q. 1987, c. 110 (projet de loi no 114), art. 11-12 modifiant les articles 42 et 42.1 de L.R.Q., c. R-20.

TABLEAU 28-5

Historique du régime de négociation dans la construction – 1934-1991

Années	Lois et amendements	Caractéristiques/Événements	Résultats particuliers
1934 à 1968	Loi de la convention collective Loi des décrets de convention collective	16 décrets régionaux Quelques décrets provinciaux	Variété de conditions de travail Commissions d'apprentissage
1962	Loi modifiant la Loi de la convention collective	Grèves sur les chantiers de Montréal	Régime de pensions transférables (1963)
Décembre 1968	P.l. 290 – Loi sur les relations du travail dans l'industrie de la construction	Associations représentatives, avec droit de veto à chacune Extension juridique de toute la convention collective	Droit de veto s'applique dans la négociation et dans l'application du décret Appartenance syndicale obligatoire pour tous
1970	P.l. 38 – Loi concernant l'industrie de la construction (fin de la grève)	1re **négociation** d'abord à Montréal, puis dans les autres régions	Le principe de la parité salariale provinciale est adopté ; il se réalisera par étapes Tribunal d'arbitrage sur la sécurité d'emploi
1971 et 1972		Règlement relatif au contrôle quantitatif de la main-d'œuvre dans l'industrie de la construction	Exigence d'un permis de travail pour travailler sur tout chantier de construction
1973		2e **négociation** provinciale (sa légalité est douteuse)	Entente entre les principales associations seulement
Juin 1973	P.l. 9 – Loi modifiant la Loi sur les relations de travail dans l'industrie de la construction	Principe de la décision majoritaire à l'intérieur de chaque partie	Prédominance marquée des unions internationales (FTQ)
Mars 1974		Saccage de la Baie-James Création de la Commission Cliche	
Décembre 1974	P.l. 201 – Loi modifiant la Loi sur les relations du travail dans l'industrie de la construction	La loi fait suite à la bataille de l'indexation, qui a fait rage tout au long de 1974 Le gouvernement peut modifier le décret de sa seule autorité, à condition de convoquer auparavant une Commission parlementaire	Augmentation générale de 1 $ de l'heure
1975	P.l. 29 – Loi sur la mise en tutelle de certains syndicats ouvriers P.l. 30 – Loi modifiant la LRTIC	Tenue d'un vote d'allégeance syndicale parmi tous les travailleurs de la construction	La paix revient sur les chantiers

Années	Lois et amendements	Caractéristiques/Événements	Résultats particuliers
1975	P.l. 47 – Loi constituant l'Office de la construction du Québec et modifiant de nouveau la Loi sur les relations du travail dans l'industrie de la construction P.l. 33 – Loi sur la qualification professionnelle des entrepreneurs de construction P.l. 192 – Loi incorporant l'Association des entrepreneurs en construction du Québec	Création de l'Office de la construction du Québec (OCQ)	
1976 et 1977		3e **négociation** provinciale	Grève avortée : août-septembre 1976 Les délégués de chantier seront élus conformément au règlement déjà adopté La parité provinciale des salaires est achevée Décret promulgué en avril 1977
1978	P.l. 52 – Loi modifiant la Loi sur les relations du travail dans l'industrie de la construction P.l. 110 – Loi modifiant la Loi sur la qualification professionnelle des entrepreneurs en construction	Modification au vote d'adhésion syndicale Les artisans sont exclus du décret	
Juillet 1978		Le règlement sur le placement entre en vigueur (remplace l'ancien règlement sur le contrôle quantitatif)	
1979 et 1980		4e **négociation** provinciale	Grèves sporadiques : janvier 1980 Augmentation d'environ 2 $ l'heure Prime de 5 % aux travailleurs de la Baie-James Décret promulgué le 30 décembre 1980
Décembre 1980	P.l. 109 – Loi modifiant la LRTIC	La loi reconnaît la scission entre le CPQMC et la FTQ-construction	Plus de majorité possible sans alliance du côté syndical
1982		5e **négociation** provinciale	Sur un ordre formel de négocier du gouvernement, les parties s'entendent pour 10 % d'augmentation Entente rejetée par l'APCHQ (représente la construction résidentielle)

1982		Entente imposée par le gouvernement pour deux ans	
Automne 1982		Refonte du règlement de placement	
1983 et 1984		Renouvellement automatique des certificats de placement	
1984		**6e négociation** provinciale Décret imposé par le gouvernement	Les syndicats n'arrivent pas à former une véritable coalition : il n'y a pas d'entente Le décret est imposé pour deux ans Gel des salaires en 1984-1985 Augmentation de 4,5 % (1985-1986)
1986	P.l. 106 – Loi sur la reprise des travaux de construction (17 juin 1986) P.l. 119 – Loi modifiant la Loi sur les relations du travail dans l'industrie de la construction (Le nom de la loi est modifié)	**7e négociation** provinciale Retour au travail imposé par une loi spéciale L'OCQ est remplacé par la Commission de la construction du Québec (CCQ)	Entente le 11 août : augmentation de 3 % et de 3 % ; durée de trois ans ; expiration en 1989 La formation professionnelle est confiée à la CCQ Le certificat de classification est aboli
1987	P.l. 114 – Loi modifiant la Loi sur les relations du travail, la formation professionnelle et la gestion de la main-d'œuvre dans l'industrie de la construction	La période de négociation est prolongée (avancée)	
1988	P.l. 31 – Loi modifiant la Loi sur les relations du travail, la formation professionnelle et la gestion de la main-d'œuvre dans l'industrie de la construction et la Loi sur la formation et la qualification professionnelle de la main-d'œuvre	La rénovation est exclue de la juridiction du décret	L'entrepreneur autonome remplace l'artisan dans la loi
1989		Le décret est prolongé d'un an	
1990		**8e négociation** provinciale Le décret est imposé le 21 mai	Le rapport Picard-Sexton sur la sécurité d'emploi et de revenu est rendu public
1991	P.l. 185 – Loi modifiant la Loi sur les relations du travail, la formation professionnelle et la gestion de la main-d'œuvre dans l'industrie de la construction	La loi précise la définition de l'entrepreneur autonome	La loi renforce la responsabilité solidaire de l'entrepreneur principal avec le sous-traitant

Les décrets de la construction viennent à échéance le 30 avril 1970, 1973, 1976, 1979, 1982, 1984, 1986, 1989 et 1993.

c'est-à-dire dans la seconde moitié des années 1960, tout le monde tient pour acquis qu'il y aura toujours un décret dans la construction et qu'il ne peut pas ne pas y en avoir. Les anciens comités paritaires et les organismes qui ont poursuivi leur travail – l'Office de la construction et la Commission de la construction du Québec – ont des responsabilités administratives, et des employés pour les assumer, telles qu'il est impossible d'envisager leur disparition. Une des principales raisons est le régime supplémentaire de retraite, mis en place le 1er janvier 1963[37] pour l'ensemble des travailleurs de la construction et que doit administrer la Commission de la construction du Québec. En 1990, l'avoir net du régime de retraite des ouvriers de la construction s'élevait à deux milliards de dollars[38].

En principe, s'il n'y a pas entente entre les parties et signature d'une convention collective, il ne peut y avoir d'extension de cette convention, et donc il ne peut y avoir de décret. Pourtant, avec un régime qui a sur les épaules autant d'obligations et de responsabilités, il est impensable que le décret de la construction ne soit pas adopté. Les parties en cause sont conscientes de cette situation et s'en servent pour exercer des pressions énormes en vue d'obtenir les avantages qu'elles souhaitent. Conséquence: le gouvernement doit intervenir. Il a même introduit dans la loi une disposition qui prévoit cette éventualité: le cabinet des ministres peut modifier le décret sans le consentement des parties, s'il juge que c'est là la seule solution qui corresponde vraiment à l'intérêt public; une seule condition: il doit entendre les parties devant la Commission parlementaire du travail et de la main-d'œuvre[39]. La mesure fut introduite pour résoudre l'impasse créée par ce qu'on a appelé la bataille de l'indexation, en 1974; elle a servi à plusieurs reprises depuis pour obvier à l'échec des négociations.

Pratiquement, toutes les négociations provinciales de la construction, depuis le début du régime en 1970, se sont terminées par une intervention gouvernementale, soit par une loi spéciale de retour au travail, soit par un recours à la Commission parlementaire. Deux ou trois fois les parties en étaient venues à une entente, mais pour une raison ou une autre, la convention n'a pu être signée sans l'intervention du gouvernement. Par exemple, en 1982, il y avait eu accord à la table de négociation; l'entente n'a pas été ratifiée par les employeurs. À l'AECQ, la supériorité numérique des constructeurs d'habitations – de petits entrepreneurs, en général – a fait échec à l'entente que les grands entrepreneurs avaient acceptée à la table de négociation. L'entente a finalement été imposée par le gouvernement pour deux ans. En 1986, l'Assemblée nationale avait adopté, le 17 juin, la *Loi sur la reprise des travaux de construction*, ordonnant le retour au travail et procédant à la nomination d'un médiateur. Il y eut accord finalement le 11 août 1986[40]. Le décret devait demeurer en vigueur pendant trois ans, arrivant à échéance le 30 avril 1989. Après avoir déclaré qu'elles s'opposeraient à tout prolongement, la CSN et la FTQ finirent par accepter une prolongation d'un an, dans l'espoir que le rapport Picard-Sexton, attendu pour le début de 1990, leur faciliterait la tâche par rapport à la négociation d'un régime de sécurité de revenu[41]. À la fin d'avril 1990, les négociations étaient dans une impasse; le ministre du Travail a prolongé le décret et convoqué la commission parlementaire. Le gouvernement adopta un nouveau décret, le décret 695, le 21 mai 1990. Après quelques modifications, il est devenu le décret 985 du 4 juillet 1990, en vigueur jusqu'au 30 avril 1993[42].

37. *Loi modifiant la Loi de la convention collective*, S.Q. 10-11 Elizabeth II, 1962, c. 42 et arrêté en conseil 2120 du 19 décembre 1962, *Gazette officielle du Québec*, vol. 94, nº 52, 29 décembre 1962, p. 6391-6407; GÉRARD HÉBERT, «Des pensions transférables pour 50 000 travailleurs», *Relations*, vol. 23, nº 265, mai 1963, p. 130-133.
38. *Rapport d'activités, 1990*, Commission de la construction du Québec, 1991, p. 50.
39. *Loi modifiant la Loi sur les relations du travail dans l'industrie de la construction*, sanctionnée le 24 décembre 1974, c. 38 (projet de loi nº 201), L.R.Q. c. R-20, art. 51.
40. L.Q. 1986, c. 11 (projet de loi nº 106).
41. Décret 638-89 du 28 avril 1989; *La Presse*, mercredi 12 avril 1989, p. A-23 et jeudi 27 avril 89, p. A-1.
42. *La Presse*, mardi 24 avril 1990, p. A-4; jeudi 17 mai 1990, p. A-4; mercredi 23 mai 1990, p. A-6.

Depuis que le législateur a restructuré la négociation dans l'industrie de la construction, l'étendant à toute l'industrie, sans excepter aucun groupe si particulier soit-il, les négociations sont devenues tellement difficiles et politisées qu'il n'y a eu entente entre les parties que dans quelques cas très exceptionnels et même alors, le gouvernement a dû intervenir. En résumé, dans les huit négociations provinciales qui se sont déroulées depuis l'adoption de la loi 290, aucune entente n'a été pleinement et librement négociée.

28.2.6 Organisme responsable

Après l'adoption de la loi 290, le décret de la construction fut administré pendant quelques années par les anciens comités paritaires de la construction. L'unification de la négociation à l'échelle provinciale, survenue en 1970, appelait une centralisation du processus d'application du régime. C'est la Commission du salaire minimum qui fut chargée de l'administration du décret à compter de décembre 1970[43]. Le 1er novembre suivant, en 1971, la Commission de l'industrie de la construction était constituée et fut chargée de l'application du décret[44]. La même loi instituait le Comité des avantages sociaux à qui l'on confia la gestion du régime d'assurance et de retraite (art. 32 *h*). La Commission de l'industrie de la construction (CIC) était composée de 14 membres: trois étaient désignés par la CSN et trois par la FTQ; chacune des cinq associations patronales nommait un membre et un sixième était choisi par ces cinq représentants patronaux; un président était désigné par les autres membres et une personne était nommée par le ministre.

Les difficultés découlant du droit de veto de chaque association à la table de négociation se répétèrent à la Commission; celle-ci fut paralysée et ne put fonctionner pendant plus de la moitié du temps de son existence. À la fin de 1972, le ministre du Travail dut mettre la Commission en tutelle et nommer un administrateur; celui-ci entra en fonction au mois de mars 1973 et son mandat fut prolongé jusqu'en 1974, quand le saccage de la Baie-James précipita les événements. À la suite du rapport Cliche, la CIC fut remplacée par un organisme indépendant composé de trois membres: un président, un représentant du monde patronal et un représentant du monde syndical, choisis l'un et l'autre dans des secteurs autres que la construction. L'Office de la construction du Québec reçoit son mandat et ses pouvoirs de la loi, sans intervention des parties[45]. En plus de sa responsabilité fondamentale qui est de surveiller l'application du décret, l'OCQ s'est vu confier d'autres mandats, dont celui d'administrer les avantages sociaux, le régime de retraite, l'organisation du placement et la sécurité au travail.

À l'occasion de l'importante réforme survenue lors de l'adoption du projet de loi 119, en 1986, l'OCQ fut remplacé par la Commission de la construction du Québec (CCQ)[46]. La nouvelle commission demeure un organisme autonome, comme l'OCQ, et relève d'un conseil d'administration plus représentatif de l'industrie. Le conseil est formé de 13 membres: quatre désignés à la suggestion de l'association d'employeurs et quatre à la suggestion des associations syndicales représentatives, deux nommés par le ministre du Travail, un par le ministre de la Main-d'œuvre et un douzième par le ministre de l'Éducation. Le président constitue le treizième membre du conseil. Le mandat de la CCQ est élargi pour inclure la formation professionnelle de la main-d'œuvre. Cette responsabilité, la Commission la partage avec les ministères de la Main-d'œuvre et de l'Éducation.

43. *Loi modifiant la Loi sur les relations du travail dans l'industrie de la construction*, L.Q. 1970, c. 35 (projet de loi nº 68).

44. *Loi modifiant la Loi sur les relations du travail dans l'industrie de la construction et la Loi des régimes supplémentaires de rente*, L.Q. 1971, c. 46, ajoutant les articles 32 *k* à la loi 290.

45. *Loi constituant l'Office de la construction du Québec et modifiant de nouveau la Loi sur les relations du travail dans l'industrie de la construction*, L.Q. 1975, c. 51.

46. *Loi modifiant la Loi sur les relations du travail dans la construction*, L.Q. 1986, c. 89 (projet de loi nº 119).

En même temps, le législateur supprimait le certificat de classification, l'instrument par lequel l'OCQ avait essayé de réglementer l'accès à l'industrie[47]. En effet, le certificat de classification servait à identifier les travailleurs de la construction en y indiquant le nombre d'heures qu'ils avaient effectuées dans l'industrie au cours des années précédentes. Le règlement sur le placement des salariés, dans sa version de 1982, contenait toutes les précisions à ce sujet: le certificat de classification A signifiait que son détenteur avait travaillé au moins 1000 heures au cours des deux années précédentes ou, s'il avait plus de 50 ans, 2500 heures au cours des cinq années précédentes. Les employeurs devaient donner priorité aux détenteurs d'un tel certificat de classification. L'idée n'était pas mauvaise, mais son application pratique extrêmement difficile, compte tenu des spécialités de chaque métier, du lieu de résidence des intéressés et de l'endroit où le travail devait s'effectuer. Le ministre en avait fait une promesse électorale: le certificat de classification fut abrogé le 17 décembre 1986, par le projet de loi 119. Il fut remplacé, d'une certaine manière, par différents certificats de compétence: on voulait mettre l'accent sur la compétence professionnelle plus que sur le contrôle quantitatif de la main-d'œuvre[48].

Le cas particulier de l'artisan, c'est-à-dire de l'ouvrier qui travaille seul, qui est une sorte d'entrepreneur sans être un employeur, a toujours fait problème. Dans le texte original de la loi, il n'est pas défini explicitement, mais il est inclus dans la définition de salarié. Les décrets eux-mêmes ont rapidement précisé les restrictions et les obligations imposées aux travailleurs qui exécutent seuls des ouvrages pour autrui[49]. En 1979, un article s'ajoute qui précise jusqu'à quel point l'artisan peut être exclu et sous quels aspects il doit se soumettre au décret[50]. En 1988, on remplace le terme artisan par «entrepreneur autonome»; on précise que son exclusion vise les travaux d'entretien, de réparation et de rénovations mineures, faits par des ouvriers de la construction, sans employé, et pour des particuliers[51]. Finalement le projet de loi 185 de 1991 apporte certains correctifs à la définition et aux droits octroyés à l'entrepreneur autonome[52].

L'exposé qui précède n'épuise pas toutes les responsabilités de la Commission de la construction du Québec. Il veut tout juste en donner une idée.

28.2.7 Évaluation du régime

Employeurs et salariés de la construction ont utilisé le régime des décrets de convention collective de 1934 à 1969. En procédant volontairement, ils avaient institué un système complexe, constitué de 16 décrets régionaux et de trois ou quatre décrets provinciaux. Les mécanismes grinçaient parfois, surtout en matière de rivalité intersyndicale, mais, dans l'ensemble, le régime fonctionnait. Un penseur du ministère du Travail imagina qu'une loi pourrait mettre au pas les quelques récalcitrants de l'industrie et permettre de réaliser la première expérience de négociation sectorielle, dans une industrie très importante, considérée par plusieurs comme le moteur de l'économie. Le législateur mit en place un système de négociation

47. *Loi modifiant la Loi sur les relations du travail dans la construction*, L.Q. 1986, c. 89, art. 42; *Règlement sur le placement des salariés dans l'industrie de la construction*, décret 1946 du 25 août 1982, abrogé par l'article 42 du projet de loi n° 119.
48. *Ibid.*, art. 32-42.
49. Gérard Hébert, *Les relations du travail dans la construction au Québec*, Tome I: *Régime des relations du travail*, Ottawa, Conseil économique du Canada, 1977 (206 p.), p. 91-92.
50. *Loi modifiant la Loi sur la qualification professionnelle des entrepreneurs de construction et d'autres dispositions législatives*, L.Q. 1979, c. 2, art. 18, ajoutant deux alinéas à l'article 19 de la *Loi sur les relations du travail dans la construction*.
51. *Loi modifiant la Loi sur les relations du travail, la formation professionnelle et la gestion de la main-d'œuvre dans l'industrie de la construction et la Loi sur la formation et la qualification professionnelles de la main-d'œuvre*, L.Q. 1988, c. 35, art. 1 et art. 5 modifiant les articles 1 et 19 de la loi principale.
52. *Loi modifiant la Loi sur les relations du travail, la formation professionnelle et la gestion de la main-d'œuvre dans l'industrie de la construction*; projet de loi n° 185, première session de la 34e législature, automne 1991.

obligatoire et centralisé, qui assurait à tous de très bonnes conditions de travail.

Ce résultat constitue l'aspect le plus positif de l'expérience. Les syndicats du bâtiment défendaient le principe de la parité salariale, d'un bout à l'autre de la province, soutenant qu'un bon charpentier-menuisier devait gagner le même salaire, qu'il travaille dans un grand centre ou dans une campagne éloignée. La négociation centralisée à l'échelle provinciale constituait un instrument de choix pour réaliser cet objectif. En fait, dès 1970, le principe était accepté et le rattrapage des régions à faibles salaires devait se faire progressivement. Vers 1977, il était complété: les mêmes taux de salaires s'appliquaient partout dans la province. Cela ne veut pas dire que tout était parfait: personne ne s'est jamais fait d'illusion sur le degré d'efficacité du système. Mais du moins sur les grands chantiers, où qu'ils se trouvent, de bonnes conditions de travail sont assurées aux salariés qui y ont un emploi.

La parité salariale étant réalisée, il fallait se tourner vers d'autres objectifs. Un de ces objectifs fut les primes qu'on voulut obtenir pour les salariés appelés à travailler sur les chantiers isolés ou éloignés. En clair, on cherchait à briser la parité qu'on venait tout juste d'acquérir: toutes les raisons sont bonnes pour exiger toujours davantage de salaire.

La négociation centralisée n'a cependant pas permis d'établir un régime de sécurité d'emploi et de revenu. Un tel régime n'existe pas malgré tous les efforts déployés en ce sens depuis 1970[53]; il n'existera peut-être jamais. Si l'insécurité est si grande et les revenus si faibles, pourquoi tant d'ouvriers demeurent-ils si longtemps dans cette industrie? Par amour de la liberté? Au fond, ces ouvriers aiment bien leur métier; quand il y a du travail, ils ont d'excellents revenus, ce qui leur permet de survivre dans les périodes difficiles ou encore de s'accorder du bon temps quand ils le souhaitent. Personne n'est plus mobile qu'un travailleur de la construction, dans tous les sens du mot: il aime changer de chantier, de travail et même de statut: rares sont ceux qui ne sont pas tantôt salariés, tantôt artisans, tantôt entrepreneurs. Ils passent aussi facilement de la construction à d'autres industries. C'est peut-être même une des rares constantes dans cette industrie: après y avoir travaillé un certain nombre d'années comme salariés, ou bien ils deviennent entrepreneurs et employeurs, ou bien ils se trouvent un bon emploi d'homme d'entretien dans une industrie ou un commerce, emploi qui leur offre plus de stabilité et moins d'aventures. Un ouvrier de la construction aime le plus souvent l'une et l'autre.

Les dernières considérations peuvent sembler loin des relations du travail, mais elles en sont toutes proches. Les relations du travail reflètent la personnalité des travailleurs en cause. Pourquoi alors tant de lois et de règlements dans cette industrie? Nos aïeux ont toujours eu un faible pour l'approche juridique. Les penseurs de la construction sont fidèles à leurs origines. D'un autre côté, les travailleurs de la construction sont trop pratiques pour que, d'eux-mêmes, ils aient mis sur pied une structure juridique aussi complexe et aussi considérable. Saura-t-on jamais qui est responsable du fait que cette industrie soit la plus réglementée de toutes, du moins au Québec? Mais est-ce une question vraiment importante?

28.3 Professionnels et cadres

Le chapitre précédent était consacré aux cadres et aux professionnels du secteur public. Nous traiterons ici des professionnels et des cadres du secteur privé. La distinction entre les deux groupes n'est pas aussi nette qu'elle le paraît à première vue.

On parle souvent du malaise des cadres[54]. S'il existe, il est rattaché à la situation souvent ambiguë

53. Gérard Hébert, *Les relations du travail dans la construction au Québec*, Tome II: *La main-d'œuvre et le régime de sécurité d'emploi*, Ottawa, Conseil économique du Canada, 1978, 273 p.; Claudine Leclerc et Jean Sexton, *op. cit.*

54. Centre des dirigeants d'entreprise (en collaboration avec MTMOQ et Main-d'œuvre Canada), *Le malaise des cadres: une réévaluation*, Québec, Travail Québec, novembre 1977, 69 et 14 p.; Jean-Marie Rainville, «La crise et les cadres»

dans laquelle ces employés se trouvent, entre les salariés syndiqués et la haute direction des entreprises; en outre, leur travail exige une implication personnelle plus grande que celle de la plupart des salariés de l'entreprise. Ce malaise s'exprime entre autres dans leur hésitation entre les associations professionnelles et les syndicats proprement dits.

Nous reprendrons brièvement les notions et concepts de base. L'encadrement légal qu'on a voulu donner à ce groupe d'employés a beaucoup changé autour des années 1970; il faut évoquer cette évolution. Finalement, nous présenterons brièvement la situation actuelle: les expériences de négociation dans le secteur privé sont clairsemées. Cette situation tient-elle aux dilemmes fondamentaux dans lesquels professionnels et cadres risquent de se retrouver?

28.3.1 Notions et concepts

Le sens du mot «profession» est équivoque. Plusieurs l'emploient comme synonyme d'emploi ou même de métier. En Europe, on parlera de relations professionnelles, pour désigner ce qu'on appelle en Amérique les relations industrielles. En 1924, le Québec a adopté la *Loi des syndicats professionnels*; celle-ci reconnaissait une existence légale aux groupes qui en faisaient la demande et qui avaient pour objectif de défendre les intérêts des ouvriers ou des patrons œuvrant dans un secteur donné de l'industrie ou des services. Sous un autre aspect, les statistiques parlent souvent de profession pour désigner l'emploi ou le métier de tel ou tel groupe de personnes.

Nous entendons ici le mot profession dans un autre sens, son sens général et habituel: une occupation particulière qui exige une longue préparation, généralement des études poussées, pour fournir des services reliés à un ensemble de connaissances scientifiques avancées. Le plus souvent, les membres de chacun de ces groupes appartiennent à ce qu'on appelle une corporation professionnelle[55].

On classe généralement à part les professions libérales traditionnelles, comme la médecine, le droit, le génie et les autres professions dont l'existence remonte loin dans le passé. Conséquemment, on parlera des économistes, des sociologues, des biologistes, des météorologues et d'autres comme des nouveaux professionnels. En relations du travail au Québec, on a longtemps fait la distinction entre ces deux groupes. Nous n'entrerons pas dans la controverse qui consiste à savoir où s'arrête la signification du terme; des groupes comme les enseignants, les infirmières, les journalistes tiennent à être considérés comme professionnels, alors que ce titre ne leur est pas nécessairement reconnu par d'autres personnes.

La notion de «cadres» est encore plus vague et susceptible d'une utilisation plus large. À l'origine, elle vient de l'armée, où les officiers encadrent les simples soldats et les dirigent. On appelle cadres les employés dont la fonction principale est de diriger les activités et la production d'une entreprise, soit à cause du poste qu'ils occupent, soit à cause des connaissances qu'ils possèdent et qu'ils mettent au service de l'entreprise.

En ce sens, on distingue principalement les cadres dont la responsabilité est essentiellement de diriger, du plus haut niveau jusqu'aux derniers échelons, le travail d'autres employés. On désignera ces cadres du nom de cadres autorité ou cadres hiérarchiques (*line managers*). L'autre groupe est constitué de professionnels, dont les connaissances servent à conseiller les dirigeants avant qu'ils ne prennent les décisions finales, qu'il s'agisse d'un conseiller juridique qui se prononce sur diverses questions d'ordre légal, d'un ingénieur qui traite des aspects techniques de la production ou d'un psychologue industriel qui recommande telle forme de commandement. Ces personnes, le plus souvent rattachées au secteur de la recherche

dans *Les relations de travail en période de crise économique*. 13e Colloque de relations industrielles 1982, Montréal, Université de Montréal, École de relations industrielles, 1983 (185 p.), p. 134-147.

55. Gilles Dussault, «L'évolution du professionnalisme au Québec», *Relations industrielles*, vol. 33, no 3, 1978, p. 428-469.

et du développement, peuvent avoir une influence très considérable, même s'ils n'ont aucune autorité de commandement sur les employés. On les appelle cadres conseils ou fonctionnels, ou encore cadres professionnels (*staff managers*).

La distinction entre cadres hiérarchiques et cadres conseils est essentielle, mais, dans la pratique, une même personne remplit souvent les deux fonctions. Quand il s'agit de regrouper des cadres, la question cruciale est souvent de savoir si on inclura les deux types de cadres dans la même association; on voit tout de suite qu'un groupe de cadres conseils, dont aucun membre n'aurait d'autorité sur des employés, pourrait être accrédité sous le *Code du travail*, alors qu'un groupe mixte ne le pourrait pas.

Avant de reprendre cette distinction, qui est au cœur du cadre légal, il faut rappeler la différence entre une association professionnelle et un syndicat de professionnels[56]. Non seulement une association du genre corporation professionnelle représente-t-elle les membres de la profession, mais elle doit également assurer au public qui utilise les services de ces professionnels une pratique intègre et valable. La responsabilité des corporations à l'égard du public est primordiale: seuls des médecins et des avocats, pour ne prendre que ces deux exemples, peuvent juger leurs pairs sur le plan de l'éthique et de la discipline professionnelle. C'est pourquoi les différentes corporations ont toujours un code d'éthique et des règles de discipline professionnelle; ils en assurent l'observation pratique au moyen d'un comité de discipline professionnelle. Par contre, un syndicat a comme objectif premier la défense des intérêts de ses membres, leurs intérêts économiques, sociaux et professionnels. À cause de la différence entre ces objectifs, plusieurs considèrent qu'il faut deux groupes distincts pour poursuivre des objectifs si différents, sinon opposés. Ainsi, par exemple, le Collège des médecins est, au sens strict, une corporation professionnelle, alors que la Fédération des médecins spécialistes et la Fédération des médecins omnipraticiens sont des organismes de type syndical. Pour des raisons d'ordre pratique, il peut arriver que le même groupe remplisse les deux fonctions: le Barreau du Québec est une corporation professionnelle qui, en même temps, négocie avec le gouvernement du Québec pour certains de ses membres. Il y a aussi le cas des enseignants: pendant 25 ans ils ont été regroupés au sein de la Corporation des instituteurs et institutrices catholiques (CIC); dans les années 1970, celle-ci s'est transformée en centrale syndicale, la Centrale de l'enseignement du Québec (CEQ). En relations du travail, on s'intéresse évidemment davantage à l'aspect syndical et à la défense des intérêts économiques des membres, sans pour autant négliger complètement l'autre aspect, qui est primordial pour le public.

28.3.2 Professionnels et cadre légal

La *Loi des syndicats professionnels* existe depuis 1924, mais elle n'a guère été utilisée par ceux qu'on désigne généralement du nom de professionnels. Ce sont plutôt les salariés, membres de syndicats affiliés à la CSN, et quelques groupes d'employeurs qui y ont eu recours. Nous n'insisterons pas davantage sur cet instrument juridique qui a perdu beaucoup de son mordant depuis qu'une disposition du *Code du travail* de 1964 l'a amputé de toute la section qui traitait de la convention collective et qui accordait à cette dernière pleine valeur légale[57].

Les professionnels peuvent demander l'accréditation et recourir au *Code du travail* s'ils sont des salariés au sens du Code, c'est-à-dire des employés qui n'ont aucune responsabilité de direction, à titre de directeur, de chef de service, de contremaître ou de représentant de l'employeur dans ses relations avec ses salariés. Au moment de son adoption, le Code

56. Claude D'Aoust et André Rousseau, «Le syndicalisme de cadres» dans *Formes nouvelles de syndicalisme*, 5e Colloque de relations industrielles 1973-1974, Montréal, Université de Montréal, École de relations industrielles, 1974 (66 p.), p. 37-66; Claude Rondeau, «La déontologie professionnelle et l'action syndicale», *Relations industrielles*, vol. 33, nº 1, 1978, p. 139-146; Gérard Hébert, «Les syndicats de cadres», *Relations*, vol. 28, nº 326, avril 1968, p. 117-120, et nº 327, mai 1968, p. 140-144.

57. *Code du travail*, 12-13 Elizabeth II, 1964, c. 45, art. 141 *g*.

contenait un paragraphe qui visait les professionnels et leur imposait une restriction quant à l'unité d'accréditation qu'ils pouvaient demander (C.t. art. 20).

> Les salariés membres de chacune des professions visées aux chapitres 262 à 275 des Statuts refondus 1941, ou aux lois 10 George VI, c. 47, ou 11-12 Elizabeth II, c. 53, forment obligatoirement avec les personnes admises à l'étude de cette profession un groupe distinct.

En d'autres mots, l'accréditation ne pouvait être accordée à un groupe qui aurait compté des membres de plusieurs professions; c'était la disposition en vigueur en 1964. Détail technique, les Statuts refondus de 1941 ont été à nouveau refondus en 1964 et le paragraphe que nous venons de citer s'est retrouvé, légèrement transformé, dans le texte refondu de 1965:

> Les salariés membres de chacune des professions visées aux chapitres 247 à 249, 253 à 255 et 257 à 266 des Statuts refondus, 1964, forment obligatoirement avec les personnes admises à l'étude de chaque profession un groupe distinct.

Les professions visées étaient les mêmes. Les chapitres mentionnés se rapportaient aux professions libérales traditionnelles: médecins, dentistes, avocats, notaires, comptables, architectes, etc. En d'autres mots, les membres de chacune de ces professions devaient se regrouper entre eux pour obtenir l'accréditation, à la condition, évidemment, que le groupe ne comporte que des professionnels n'exerçant pas d'autorité dans l'entreprise ou l'organisme en question.

Dans sa forme de 1965, le paragraphe est demeuré en vigueur pendant 12 ans. Il a été abrogé en 1977. En le retirant du Code, le législateur permettait à tous les professionnels de se regrouper selon leur bon plaisir; il appartiendrait au commissaire du travail et, si nécessaire, au Tribunal du travail de décider si une unité constituée de professionnels appartenant à des professions différentes constituait un groupe de négociation approprié. En pratique, en dehors des salariés du gouvernement, il ne semble pas y avoir eu de cas[58].

58. *Loi modifiant le Code du travail*, L.Q. 1977, c. 41, art. 11. Dans les lois refondues du Québec, l'article en question porte maintenant le numéro 21.

Nous avons vu au chapitre 26 que la *Loi sur la fonction publique* contenait une disposition analogue. Dans ce cas, la libéralisation des dispositions a été plus lente, du moins en ce qui concerne les professions libérales traditionnelles. Quant aux professions nouvelles, elles ont eu la liberté de choisir leur unité d'accréditation selon leur gré, et leurs membres se sont regroupés en une seule unité (voir la section 26.3.2).

28.3.3 Syndicats de cadres et législation

Vers le milieu des années 1960, la révolution tranquille qui balayait le Québec a suscité, parmi bien d'autres expériences, quelques exemples de syndicats de cadres. C'est ainsi que les ingénieurs de la Commission hydroélectrique de Québec et ceux de la ville de Montréal ont voulu se regrouper en syndicat. À la ville de Montréal, il y avait déjà l'exemple des contremaîtres dont le syndicat existait depuis près de 20 ans. Pour sa part, le cas des ingénieurs d'Hydro-Québec illustre peut-être mieux les choix que les intéressés ont dû faire; l'orientation prise alors n'était sans doute pas si mauvaise puisque le syndicat existe encore et repose à peu près sur les mêmes bases qu'au moment de sa fondation, vers le milieu des années 1960.

Il est tout naturel que les ingénieurs aient été les premiers professionnels à vouloir se regrouper: ce sont eux qu'on retrouve généralement en assez grand nombre dans une même entreprise pour qu'une action collective devienne intéressante. Disons qu'à ce moment il y avait peut-être 500 ingénieurs au service d'Hydro-Québec, en excluant de ce nombre ceux qui faisaient partie de la haute direction. Plusieurs de ces 500 ingénieurs occupaient des postes d'autorité. Le groupe était donc confronté à un dilemme. S'il tenait absolument à être accrédité, le syndicat ne comprendrait alors que des ingénieurs n'ayant aucune responsabilité de direction, compte tenu de la définition du salarié consignée dans le *Code du travail*. Cette option impliquait que le syndicat compterait un nombre restreint de membres, peut-être 250 ingénieurs. Le groupe tenait à une solidarité plus étendue. Le syndicat aurait voulu représenter les 500 ingénieurs, mais la haute direction s'y opposait catégoriquement. Le groupe prit alors la décision de ne pas se faire accréditer et de maintenir une solidarité plus étendue entre les ingénieurs, quelles que soient leurs fonctions.

Un tel choix supposait donc une convention collective négociée de bonne foi (*gentlemen's agreement*). Comme il n'existait pas – et qu'il n'existe pas encore – de règles pour résoudre la question de l'unité de négociation dans un tel contexte, les parties ont dû reprendre une pratique qui était courante dans les années 1920 et 1930: elles ont négocié la composition de l'unité de négociation. À la suite d'une série de compromis, le Syndicat des ingénieurs d'Hydro-Québec s'est retrouvé avec environ 425 membres. Depuis ce moment jusqu'en 1970, il a négocié deux ou trois conventions collectives, comme d'ailleurs le Syndicat des ingénieurs de la ville de Montréal. À compter de 1970, une nouvelle situation légale allait s'offrir à ces deux syndicats.

Un sous-ministre aux idées généreuses rêvait d'un syndicalisme de cadres. En 1970, il a obtenu de l'Assemblée législative d'alors de faire introduire, dans le *Code du travail*, le paragraphe suivant[59]:

> Les associations qui étaient reconnues par la Commission Hydroélectrique de Québec ou la ville de Montréal le 2 août 1969 pour représenter des groupes de personnes comprenant en totalité ou en partie des gérants, surintendants, contremaîtres ou représentants de leur employeur dans ses relations avec ses salariés et qui, à cette date ou dans l'année précédant cette date, étaient à leur égard parties signataires à une entente collective de travail, sont à compter du 17 juillet 1970 des associations accréditées à leur égard comme si l'accréditation leur avait été accordée par un commissaire-enquêteur; à compter du 1er janvier 1972, ces associations sont soumises aux règles générales alors applicables à l'accréditation.

L'association reconnue était alors définie comme «une association qui sans être accréditée a conclu une convention collective avec un employeur ou est autrement reconnue par lui comme représentant de l'ensemble ou d'un groupe de ses salariés». La disposition avait pour effet d'accréditer les syndicats en cause, concrètement le Syndicat des contremaîtres de la ville de Montréal, le Syndicat des ingénieurs de la ville de Montréal et le Syndicat des ingénieurs de la Commission hydroélectrique de Québec[60]. L'aspect étonnant et vraiment exceptionnel de la disposition tient dans ses deux dernières lignes. Le sous-ministre en question avait convaincu l'Assemblée législative d'annoncer qu'il y aurait un syndicalisme de cadres dans le *Code du travail* dès l'année suivante. Le style juridique ne nous a pas habitués à des annonces ou à des prophéties comme celle qu'on trouve dans ce membre de phrase. C'est d'ailleurs aussi bien; autrement, nous ne saurions trop où nous allons. Comme la prévision ne se réalisait pas, le législateur s'est rendu compte de l'incongruité de ce libellé et, dès 1971, il a supprimé les deux dernières lignes introduites par le projet de loi 36[61].

L'essentiel de la disposition est toujours en vigueur (1991), sauf qu'avec la refonte de 1977 le commissaire-enquêteur est devenu le commissaire du travail et l'article 20 est devenu l'article 21[62]. Par suite d'une sorte d'accident historique, trois syndicats mixtes, c'est-à-dire composés de salariés et de cadres hiérarchiques, jouissent d'une accréditation statutaire.

28.3.4 Réalisations et conditions requises

Les syndicats de cadres dans le secteur privé sont rares, très rares. Les quelques cas regroupent généralement des ingénieurs, le plus souvent avec des employés dits scientifiques[63]. On en trouve dans des entreprises comme Canadian Marconi, Northern Telecom ou Spaar Aerospace.

---

59. *Loi modifiant le Code du travail*, L.Q. 1970, c. 33, art. 1 (projet de loi no 36).

60. Claude D'Aoust, «Le bill 36 et le syndicalisme de cadre», *Relations industrielles*, vol. 25, no 3, août 1970, p. 617-620.
61. *Loi modifiant le Code du travail*, L.Q. 1971, c. 44, art. 1.
62. *Code du travail*, L.R.Q. c. C-27, art. 21, 6e alinéa.
63. Claude D'Aoust, «L'unité d'accréditation des professionnels», *Relations industrielles*, vol. 26, no 3, août 1971, p. 768-772.

C'est ainsi qu'il existe une association des ingénieurs et scientifiques de Northern Telecom, qui négocie avec l'entreprise pour ses établissements de la région de Montréal. L'employeur s'est même engagé à reconnaître l'association dans tout nouvel établissement ou dans tout autre établissement où il pourrait déménager ses activités dans l'île de Montréal et ses environs, c'est-à-dire dans un rayon de 80 kilomètres du centre de Montréal (art. 1.2). En conformité avec son nom, l'association compte deux groupes distincts; elle a été accréditée pour les deux le même jour, le 12 décembre 1972. Le groupe des scientifiques inclut le personnel de bureau. Les ingénieurs et les scientifiques ont chacun leur convention collective. Par contre, sauf pour l'article 1.1, consacré à la reconnaissance de l'association, les deux conventions collectives sont identiques d'un bout à l'autre, à la virgule près, même pour les barèmes de salaires. On peut cependant imaginer que les deux groupes ne sont pas classés dans les mêmes catégories salariales.

On voit immédiatement le contraste entre les cadres du secteur public et ceux du secteur privé. Une question surgit immédiatement: pourquoi si peu de syndicats de cadres dans le secteur privé? Sans doute pour plusieurs raisons, dont les suivantes. La première, c'est qu'on trouve rarement, dans le secteur privé, une concentration suffisante de professionnels ou de cadres pour que l'action collective paraisse appropriée. Sous cet aspect, la différence entre les deux secteurs suffirait à expliquer des situations complètement divergentes. La personnalité des professionnels et des cadres peut aussi jouer un rôle. Il s'agit toujours de personnes fortement autonomes, douées d'un dynamisme certain, et qui ont plus confiance en leurs propres ressources qu'en une association avec d'autres dont ils peuvent facilement craindre la concurrence. En termes populaires, on dira que cadres et professionnels sont trop individualistes pour se regrouper en association, encore moins en syndicat. Ces raisons expliquent aussi bien l'absence de syndicats accrédités chez les professionnels que d'associations reconnues de bonne foi chez les cadres hiérarchiques.

Sans formuler d'opinion sur l'opportunité d'une législation qui favoriserait le syndicalisme de cadres, on peut constater que le type de relations du travail qu'on observe en Amérique du Nord n'est pas propice au regroupement des cadres et des professionnels, généralement peu nombreux dans chaque entreprise et moins encore dans chaque établissement. On sait que les relations du travail nord-américaines commencent au lieu de travail et montent vers le haut, alors qu'en Europe elles se concentrent au plus haut niveau. Cette différence peut expliquer que, contrairement à la situation en Amérique, le syndicalisme de cadres se soit développé en Europe, surtout dans les pays où les relations de travail s'exercent principalement à l'échelle du secteur industriel, plutôt que dans l'entreprise et l'établissement.

28.3.5 Questions de base

L'exposé qui précède soulève des questions de base concernant le syndicalisme de professionnels et de cadres du secteur privé. Il y a lieu, tout d'abord, de se demander s'il serait opportun d'avoir deux régimes, avec deux cadres juridiques différents, l'un pour les cadres du secteur public, l'autre pour ceux du secteur privé. En effet, il est difficile de croire que, sans intervention de l'État, les deux groupes convergeront vers un point commun.

Par contre, un certain regroupement peut être bénéfique à chaque catégorie, si les intéressés eux-mêmes le conçoivent selon les besoins qu'ils ressentent et les objectifs qu'ils veulent se donner. Les objectifs des cadres du secteur public iront beaucoup plus naturellement dans le sens des groupes syndicaux, alors que ceux du secteur privé iront plutôt dans le sens des associations professionnelles.

La personnalité propre qu'on attribue aux cadres est-elle le fruit de leurs qualités fondamentales et distinctives, ou seulement le résultat des circonstances où leurs obligations les placent? S'ils exercent telle profession et s'ils occupent tel poste de cadre, c'est peut-être parce qu'ils avaient en eux-mêmes les ressources appropriées pour le faire. Une éventuelle loi ne devrait pas aller à l'encontre de ce qu'ils ont développé spontanément eux-mêmes.

L'observation la plus importante se rattache peut-être à la spontanéité et à la liberté que professionnels et cadres réclament et considèrent essentiels au rôle qui leur est dévolu. L'observation des relations de travail dans les différents milieux montre, elle aussi, que les meilleures solutions sont toujours celles qui viennent des intéressés, celles qu'ils ont trouvées par une recherche active des meilleurs moyens, non pas celles qui découlent de lois imposées, surtout de lois inspirées d'autres situations et d'autres contextes. Ces observations ne doivent pas être interprétées comme l'apologie du statu quo, mais plutôt comme un souhait de créativité et d'adaptation.

28.4 Conclusion

La principale conclusion qu'on peut tirer de l'étude des secteurs particuliers de négociation découle des dernières réflexions concernant les professionnels et les cadres.

Dans n'importe quel milieu, les formules qui ont donné de bons résultats, en négociation collective comme en relations du travail, sont celles qui correspondaient à la volonté et aux aspirations des parties concernées. Tel est le cas des industries concurrentielles qui ont opté pour le régime des décrets de convention collective et des fonctionnaires fédéraux qui, vers la fin des années 1960, ne souhaitaient ni droit de grève ni affrontement avec leur employeur, le gouvernement du Canada. En relations du travail, les formules qui proviennent des parties et sont volontairement acceptées par les intéressés sont celles qui ont le plus de chance de donner de bons résultats.

À l'inverse, toutes les formules de centralisation excessive semblent mener tout droit, à plus ou moins long terme, à la négation même des objectifs qu'on s'était fixés au départ. Au Québec, on en trouve la preuve autant dans l'industrie de la construction que dans le secteur public et parapublic ; maintenant c'est aussi le cas des principaux regroupements de fonctionnaires fédéraux qui, après avoir réalisé la centralisation désirée, ont constaté qu'à ce niveau il n'y a plus de négociation véritable qui soit possible.

On ne gagnerait rien non plus à regarder avec regret du côté de l'Europe, où l'approche fondamentale dans les relations du travail a créé d'autres institutions et conduit à d'autres résultats. En Amérique du Nord, les relations du travail ont été, dès leur création, centrées sur le lieu même du travail, l'usine ou l'institution. On y perd les avantages des grands ensembles, mais on y gagne dans le quotidien de la vie au travail, et c'est là ce qui affecte le plus les travailleurs, quels qu'ils soient, y compris les cadres et les professionnels.

Bibliographie

Extension juridique des conventions collectives

Association professionnelle des industriels, *Décrets et comités paritaires*, mémoire sur la loi de la convention collective soumis au Conseil supérieur du travail par l'A.P.I., Montréal, Éditions Bellarmin, 1964, 133 p.

BERNIER, JEAN. *L'extension juridique des conventions collectives au Québec*, étude préparée pour la Commission consultative sur le travail (Commission Beaudry), Québec, Direction des publications gouvernementales, 1986, 130 p.

DELATTRE, ÉTIENNE. *Les relations industrielles au Québec. Situation et perspectives*, Université de Montréal, École de relations industrielles, 1983, 79 p. (Coll. «Documents de travail», n° 8.) L'ensemble de l'étude porte sur la *Loi des décrets de convention collective*.

DUBÉ, JEAN-LOUIS. *Décrets et comités paritaires. L'extension juridique des conventions collectives*, Sherbrooke, Éditions Revue de droit de l'Université de Sherbrooke, 1990, 376 p.

HÉBERT, GÉRARD. «Évaluation de la réglementation gouvernementale des salaires au Québec: les décrets» dans *Politiques des salaires : exigences nouvelles*, 19e Congrès des relations industrielles de l'Université Laval, Québec, Les Presses de l'Université Laval, 1964, p. 57-97.

HÉBERT, GÉRARD. «La Loi sur les décrets de convention collective: cinquante ans d'histoire» dans *La loi et les rapports collectifs du travail*, 14e Colloque de relations industrielles, 1983, Montréal, Université de Montréal, École de relations industrielles, 1984 (228 p.), p. 81-107.

LATULIPPE, GÉRARD P. et O'FARRELL, KEVIN. «Le comité paritaire: anachronisme ou formule d'avenir?», *Relations industrielles*, vol. 37, n° 3, 1982, p. 634-655.

MORISSETTE, PIERRE-PAUL. «La convention collective étendue par voie de décret» dans *Vingt-cinq ans de pratique en relations industrielles au Québec*, sous la direction de RODRIGUE BLOUIN, Cowansville, Les Éditions Yvon Blais inc., 1990 (1164 p.), p. 631-645.

MORISSETTE, PIERRE-PAUL et D'AOUST, CLAUDE. «La convention collective étendue par voie de décret» dans *Les négociations élargies*, journée d'étude de la Corporation professionnelle des conseillers en relations industrielles, 18 novembre 1982, Université de Montréal, École de relations industrielles, 1982, p. 3-24.

SAINT-PIERRE, CÉLINE. «Idéologie et pratique syndicale au Québec dans les années '30: la Loi de l'extension juridique de la convention collective de travail», *Sociologie et sociétés*, vol. 3, n° 2, 1975.

Industrie de la construction

Conseil économique du Canada, *Pour une croissance plus stable de la construction*, rapport sur l'instabilité cyclique dans la construction, Ottawa, Conseil économique du Canada, 1974, 31 et 262 p.

GOLDENBERG, H. CARL et CRISPO, JOHN H.G. *Les relations de travail dans l'industrie de la construction*, édition française publiée sous la direction de GÉRARD HÉBERT, Ottawa, Association canadienne de la construction, 1969, 763 p.

HÉBERT, GÉRARD. *Les relations du travail dans la construction au Québec*, Tome I: *Régime des relations du travail*; Tome II: *Main-d'œuvre et régime de sécurité d'emploi*, Ottawa, Conseil économique du Canada, 1977 et 1978, 206 p. et 273 p.

HÉBERT, GÉRARD. «La négociation sectorielle: le régime des décrets dans l'industrie de la construction» dans *La gestion des relations du travail au Québec*, sous la direction de NOËL MALLETTE, Montréal, McGraw-Hill, 1980 (642 p.), p. 513-529.

MALLES, PAUL. *Insécurité d'emploi et relations de travail dans l'industrie canadienne de la construction*, Ottawa, Conseil économique du Canada, 1975, 121 p.

MIREAULT, RÉAL. «Témoignage sur l'évolution du régime des relations du travail dans le secteur de la construction» dans *Vingt-cinq ans de pratique en relations industrielles au Québec*, sous la direction de RODRIGUE BLOUIN, Cowansville, Les Éditions Yvon Blais inc., 1990 (1164 p.), p. 601-628.

Rapport de la Commission d'enquête sur l'exercice de la liberté syndicale dans l'industrie de la construction, juge ROBERT CLICHE, président, Québec, Éditeur officiel du Québec, 1975, 355 p.

Rapport de la Commission sur la stabilisation du revenu et de l'emploi des travailleurs de l'industrie de la construction, LAURENT PICARD, président, et JEAN SEXTON, membre, Québec, Les Publications du Québec, juin 1990, 225 p.

WEILER, PAUL. «Labour Relations in Building Construction» dans *Reconcilable Differences, New Directions in Canadian Labour Law*, Toronto, Carswell, 1980 (335 p.), chapitre 6, p. 179-208.

WEILER, PAUL *et al. Mega Projects. The Collective Bargaining Dimension*, Ottawa, Association canadienne de la construction, 1981, 595 p.

Professionnels et cadres

BLOUIN, RODRIGUE. «La qualification des cadres hiérarchiques par le Code du travail», *Relations industrielles*, vol. 30, nº 3, août 1975, p. 478-512.

Centre des dirigeants d'entreprise (en collaboration avec MTMOQ et Main-d'œuvre Canada). *Le malaise des cadres: une réévaluation*, Québec, Travail Québec, novembre 1977, 69, iv et 14 p.

CHARTIER, ROGER. «Le syndicalisme est-il la réponse au problème des "cadres"?», *Relations industrielles*, vol. 26, nº 2, avril 1971, p. 399-427.

D'AOUST, CLAUDE. «Le bill 36 et le syndicalisme de cadre», *Relations industrielles*, vol. 25, nº 3, août 1970, p. 617-620.

D'AOUST, CLAUDE et ROUSSEAU, ANDRÉ. «Le syndicalisme de cadres» dans *Formes nouvelles de syndicalisme*, 5e Colloque de relations industrielles, 1973-1974, Université de Montréal, École de relations industrielles, 1974 (66 p.), p. 37-66.

RAINVILLE, JEAN-MARIE. *Hiérarchie ethnique dans la grande entreprise: le cas des cadres*, Montréal, Éditions du Jour, 1980, 188 p.

RAINVILLE, JEAN-MARIE. «La crise et les cadres» dans *Les relations de travail en période de crise économique*, 13e Colloque de relations industrielles, 1982, Université de Montréal, École de relations industrielles, 1983 (185 p.), p. 134-147.

WHITE, SUSAN. «Où en est rendu le syndicalisme de cadre au Québec?», *Travail-Québec*, vol. 13, nº 1, janvier 1977, p. 29-40.

Partie

Aspects généraux

Chapitre

29

Théories et modèles de négociation

PLAN

Parmi les aspects d'ordre général en matière de négociation collective, nous aborderons d'abord les principales théories et les grands modèles qui ont été élaborés pour expliquer ce phénomène. Les théories et les modèles retenus s'inspirent des grandes approches généralement utilisées en relations industrielles: économique, behavioriste, politique, systémique et stratégique.

Après avoir rappelé les définitions de base, nous proposons une classification des principaux modèles suggérés, qui sont nombreux. L'essentiel du chapitre consiste dans une présentation sommaire des principales théories, établie selon trois approches: économique, mixte ou multiple et institutionnelle. Nous conclurons par quelques réflexions sur l'utilité de ces théories et de ces modèles[1].

29.1 Concepts et typologie

Il faut d'abord nous arrêter aux concepts mêmes de théorie et de modèle: comment on les définit, pourquoi on les élabore et quelle est leur utilité? Ensuite, il est essentiel de rappeler les éléments constitutifs, les caractères propres et les objectifs de la négociation collective: ce sont là les réalités fondamentales que toute théorie doit chercher à expliquer, que tout modèle doit intégrer dans un ensemble cohérent. Enfin, pour nous retrouver dans les multiples théories et modèles proposés, nous suggérerons une classification qui nous servira de guide dans notre étude.

29.1.1 Théorie ou modèle de négociation collective?

La théorie ou *le* modèle de négociation collective universellement accepté n'existe pas. Si nous parlons de «la théorie générale de la négociation collective», l'expression désigne une construction de l'esprit; elle correspondrait à la représentation parfaite et omnisciente du phénomène. Nous n'essaierons pas de construire une telle théorie.

1. Le chapitre a été préparé par Patrice Jalette, étudiant au doctorat à l'École de relations industrielles de l'Université de Montréal.

Plusieurs ne font pas la distinction entre théories et modèles. Nous en proposons une. Une théorie se définit comme un «ensemble de lois vérifiées ou vérifiables permettant de comprendre et d'expliquer un phénomène et de faire des prévisions[2]». La théorie présente une explication d'un phénomène. La compréhension qu'elle apporte apparaît globale et «péremptoire», c'est-à-dire complète et spécifique. De la théorie on tire des hypothèses qui peuvent être testées empiriquement. C'est pourquoi on dira que la théorie cherche à établir un lien entre le conceptuel et le concret[3]. Impliquant un niveau élevé d'abstraction, la théorie s'inspire de la logique du raisonnement et de l'intuition créatrice plus que de l'observation directe des faits. Par contre, l'une ne va pas sans l'autre.

À part ce rôle explicatif, on demande à une théorie de servir de base à des prédictions concernant la variable dépendante, c'est-à-dire l'élément inexpliqué de l'objet en cause. Un tel objectif paraît bien impossible à atteindre en matière de négociation collective. Si une telle théorie existait, elle aurait une influence radicale sur la pratique; elle supprimerait la raison d'être de toute négociation. De nombreux auteurs ont spéculé sur les déterminants et sur les résultats de la négociation collective; mais aucune esquisse du processus et du règlement ne fait l'unanimité, ni sur le plan des concepts ni sur celui des explications proposées. Cette impossibilité de prédire la conclusion d'une négociation constitue un autre facteur qui nous amène à penser qu'il n'existe pas de théorie unique et définitive de la négociation collective.

Pour sa part le concept de modèle évoque un «ensemble de facteurs et de variables organisés en un système général de rapports mutuels, servant d'instrument de connaissances[4].» En ce sens, le modèle

2. GÉRARD DION, *Dictionnaire canadien des relations du travail*, Québec, Les Presses de l'Université Laval, 2e édition, 1986 (993 p.), p. 481.
3. VIATEUR LAROUCHE et ESTHER DÉOM, «L'approche systémique en relations industrielles», *Relations industrielles*, vol. 39, no 1, 1984, p. 119-120.
4. GÉRARD DION, *op. cit.*, p. 304.

de négociation collective ne comporte pas de consonance normative; il n'indique pas comment devrait se dérouler une négociation collective. Le rôle essentiel du modèle est d'être un instrument de connaissances; il sert à organiser les rapports entre les éléments d'un problème, d'un phénomène, voire d'un champ d'étude. Il met en évidence certains éléments de base, ainsi que les relations qui existent entre eux. Il suggère donc des relations de cause à effet, c'est-à-dire un ordre de rapports qui confère une certaine unité à un ensemble donné. Il fait ainsi référence à une perspective unifiée et il «(...) permet de comprendre une série de faits et de situations en apparence disparates et de les expliquer provisoirement[5]».

Le modèle apparaît donc davantage comme un instrument explicatif (représentation graphique, système, etc.) que comme l'explication elle-même (lois, principes, etc.). En fait, le modèle semble décomposer la réalité, en choisissant des éléments et des relations spécifiques à un phénomène, alors que la théorie propose une explication plus complète et qui se veut permanente.

Comme dans une théorie, les éléments retenus dans un modèle servent à organiser un ensemble de faits et de situations vécues, voire à en tirer des prédictions. Par contre, le rôle prévisionnel d'un modèle demeure secondaire par rapport à celui d'instrument de connaissances. Ne serait-ce qu'à cause de leur caractère didactique, le modèle et la théorie demeurent valables en tant qu'instruments d'investigation de la réalité, même si leur application à la pratique peut être limitée.

Quelle que soit l'opinion de chacun sur l'utilité et le rôle des modèles ou des théories de la négociation collective, il n'en demeure pas moins que le nombre de publications sur le sujet et l'intérêt qu'elles ont soulevé sont impressionnants, à côté desquelles on ne peut passer si on veut étudier la négociation en profondeur. Comme la différence entre un modèle et une théorie est souvent difficile à apprécier dans les textes des auteurs, nous utiliserons plus souvent le mot modèle. Ce choix n'implique aucune prise de position dans la controverse; il ne sert qu'un objectif pratique.

5. *Ibid.*

29.1.2 Tenants et aboutissants de la négociation collective

Nous avons vu au chapitre 1 que le concept de négociation collective implique un processus d'échange et que ce processus a pour objet la conclusion d'un accord collectif de travail. Dans un sens plus large, la négociation collective désigne l'ensemble des rapports qui découlent de ce processus, soit les relations du travail. Dans cette perspective, nous qualifierons de «micro» les modèles qui s'attachent au processus lui-même, alors que les modèles «macro» incluent les autres relations entre les parties et cherchent à situer le processus dans un contexte plus global, la société en général ou un système social spécifique.

Il faut distinguer négociation collective et marchandage. Ce dernier terme évoque les compromis et les concessions qui permettent d'en arriver à un règlement. La négociation collective, elle, offre une perspective plus large, englobant l'ensemble du processus. Certains auteurs ont proposé des modèles dits «du marchandage», qui se distinguent des autres par l'accent qu'ils mettent sur le pouvoir de chaque partie et sur l'interaction stratégique entre les deux. Nous étudierons plus loin ces modèles au même titre que les autres.

Nous avons rappelé, au chapitre 1, les éléments constitutifs de la négociation collective (acteurs, règles et contextes) ainsi que les postulats de base que partagent les parties (libre concurrence, liberté des parties, divergence et convergence d'intérêts). Nous avons aussi mentionné les caractéristiques propres à l'exercice: l'égalité du pouvoir entre les parties, la décentralisation du processus (au niveau de l'établissement), le marchandage et les compromis inévitables. En ce qui concerne ses objectifs, la négociation cherche à réaliser certaines fins sociales telles que la protection des travailleurs et l'établissement d'un régime de justice sociale basé sur l'éthique professionnelle et l'équité, ainsi que des objectifs économiques comme la répartition des fruits de l'entreprise et le progrès économique de cette dernière. Ces différentes caractéristiques du processus doivent, d'une manière ou d'une autre, se retrouver en tout ou en partie, dans les modèles élaborés.

La négociation, c'est-à-dire le «processus par lequel des personnes ou des groupes possédant des intérêts divergents entrent en pourparlers, parfois accompagnés de pressions, afin d'en arriver à un accord qui leur sera mutuellement bénéfique[6]», est un phénomène universel que l'on peut observer dans divers champs de l'activité humaine: commerce, politique internationale, rapports conjugaux, etc. Malgré les nombreuses analogies que l'on peut faire avec les autres formes de négociation, la négociation collective comporte des aspects particuliers qui la distinguent de toutes les autres.

Ainsi, la négociation collective vise des groupes de personnes et non uniquement des individus. Parce qu'elle exige un consensus à l'intérieur des groupes qui se font face, la négociation collective diffère grandement de la négociation entre individus. On peut penser, de prime abord, que la négociation collective est une transaction commerciale comme une autre, dont l'objet est la force de travail. D'un autre côté, l'aspect continu des relations entre employeur et travailleurs et l'interdépendance considérable des deux groupes font que la négociation collective se différencie de tous les autres processus de vente sur un marché, malgré les enjeux économiques indéniables qu'elle comporte.

La négociation collective sert de base à tout un ensemble de rapports «extra-négociation» et «extra-commerciaux». En ce sens, l'étude de la négociation collective permet de dépeindre les relations patronales-syndicales dans leur totalité, à un moment précis dans le temps. Par l'élaboration conjointe d'une réglementation concernant l'utilisation du facteur travail dans le processus de production, la négociation institue un mode bilatéral de prises de décision relatives aux conditions d'emploi de la main-d'œuvre. Cette implication des travailleurs dans la gestion de l'entreprise met en relief le côté politique de la négociation: son résultat final dépend de la capacité de chacune des parties à faire prévaloir son point de vue et à réaliser ses objectifs. Cette lutte de pouvoir découle des objectifs divergents de chacun des acteurs.

La négociation collective, vue comme une forme économique, politique et administrative de prise de décision conjointe, demeure un lieu privilégié d'interaction stratégique[7]. En effet, les choix d'une partie sont influencés par les choix de l'autre, en fonction d'estimations semblables qui s'effectuent de part et d'autre. Les parties s'imposent chacune des limites dans la poursuite de leurs objectifs. La notion sous-jacente d'évaluation des diverses possibilités suppose différents calculs, explicites ou implicites, que les parties font avant d'arrêter leur choix d'objectifs et de tactiques. La négociation implique un certain échange d'informations (demandes et offres) et un minimum de marchandage: elle exige des acteurs qu'ils réévaluent continuellement leurs positions en fonction de ces nouvelles données. Cette interaction «informationnelle» et décisionnelle fait de la négociation un processus essentiellement dynamique.

Si cette interaction demeure privée, c'est-à-dire essentiellement l'affaire de deux groupes, la négociation collective n'est pas pour autant isolée du reste du monde. Tout un environnement l'encadre et la conditionne: contextes économique, politique, légal, technologique et social. Ces contextes produisent des contraintes de toutes sortes, qui ont des effets plus ou moins prononcés sur le processus et sur les résultats de la négociation. De même, celle-ci est susceptible d'influer à son tour sur l'environnement, en particulier sur d'autres négociations. Il existe une interaction importante entre le processus de négociation et l'environnement. Le caractère évolutif de l'environnement renforce l'idée d'une négociation collective dynamique.

6. *Ibid.*

7. ORAN R. YOUNG, «Strategic Interaction and Bargaining» dans *Bargaining Formal Theories of Negotiation*, sous la direction de O.R. YOUNG, Chicago, Ill., University of Illinois Press, 1975 (412 p.), p. 3-19.

Ce tour d'horizon des tenants et aboutissants de la négociation collective permet de relever les éléments et les caractéristiques dont doivent tenir compte les concepteurs de modèles; chacun d'eux aborde le phénomène de façon différente. Ainsi, certains se sont penchés davantage sur les acteurs, d'autres sur les résultats, d'autres enfin sur les contextes entourant la négociation. Les modèles comportent également un concept clé ou un facteur explicatif principal, qui les distingue les uns des autres: la maximisation des gains, l'utilité, le pouvoir de négociation, etc. Enfin, les modèles peuvent tenter d'intégrer plusieurs de ces éléments, ou se concentrer sur certains d'entre eux. Ces aspects distinctifs des modèles constituent autant de façons de les classifier. La perspective utilisée ici est historico-disciplinaire. Les modèles sont regroupés selon l'approche ou la discipline qui fournit à chacun son cadre de référence. Ces divisions «disciplinaires» correspondent assez bien aux étapes historiques du développement des modèles. C'est pourquoi nous qualifions notre approche d'historique et de disciplinaire.

29.1.3 Classification des modèles de négociation collective

Une multitude de modèles ont été élaborés au fil des ans en vue d'expliquer la négociation collective. Une recension exhaustive exigerait à elle seule un volume. Nous avons choisi d'esquisser un portrait concis des principaux modèles. Cette vue d'ensemble présente les modèles les plus souvent répertoriés qui, pour la plupart, sont passés dans l'histoire de la négociation collective et dans son enseignement. Nous avons omis certaines approches plus particulières, comme les modèles qui mettent l'accent sur le contexte immédiat de la négociation (approche contextuelle) et ceux qui étudient exclusivement les comportements en cours de négociation (approche socio-psychologique expérimentale[8]). Nous avons concentré nos efforts sur les modèles qui se rattachent aux trois approches principales: économique, mixte[9] et institutionnelle; dans cette troisième catégorie, nous incluons l'approche systémique et l'approche stratégique.

On peut distinguer deux époques dans l'évolution des modèles de négociation: de 1900 à 1960 et de 1960 à nos jours. Les auteurs dont les travaux se sont inspirés principalement de la science économique sont mentionnés au tableau 29-1; chronologiquement les principaux travaux de cette nature s'étendent de la fin du siècle dernier au début des années 1960. La seconde période (1960-1991) comprend deux grandes catégories de modèles: les modèles mixtes (tableau 29-2) et ceux d'une catégorie «résiduelle», qui s'inspirent des approches institutionnelle, interprétative, systémique et stratégique (tableau 29-3). Cette dernière classe regroupe en quelque sorte des modèles qui ne peuvent être placés dans les deux autres classes, tout en ayant plusieurs points communs. Par ailleurs, certains modèles auraient pu se retrouver dans plus d'une classe; par exemple, le sous-système de négociation distributive de Walton et McKersie est essentiellement de nature économique; d'un autre côté, parce que l'ensemble du modèle comporte quatre sous-systèmes, nous l'avons considéré comme mixte. Cette classification, choisie parmi d'autres, n'a pas

8. Pour un tour d'horizon des modèles de l'approche contextuelle, voir: Gérard Hébert et Janice Vincent, *L'environnement et le jeu des personnalités dans la négociation collective. Facteurs de situation et facteurs psychologiques*, Montréal, Université de Montréal, École de relations industrielles, monographie n° 7, 1980, 77 p. En ce qui concerne les modèles socio-psychologiques expérimentaux et théoriques, consulter: Jeffrey Z. Rubin et Bert R. Brown, *The Social Psychology of the Bargaining Process and Negotiation*, New York, Academic Press, 1975, 359 p.; John Kervin, «Sociologie, psychologie et relations industrielles» dans *L'état de la discipline en relations industrielles au Canada*, sous la direction de G. Hébert, H.C. Jain et N.M. Meltz, études réalisées sous les auspices de l'Association canadienne de relations industrielles, Montréal, Université de Montréal, École de relations industrielles, monographie n° 19, 1988, p. 249-264.

9. L'approche mixte regroupe des modèles qui prennent en considération des variables de diverses natures: économiques, sociologiques, psychologiques et politiques. Le terme mixte a été proposé par Richard B. Peterson et Lane Tracy, *Models of the Bargaining Process: With Special Reference to Collective Bargaining*, Seattle, Wash., University of Washington, Graduate School of Business Administration, 1977 (81 p.), p. 59. Cette publication constitue l'un des meilleurs ouvrages de référence sur les modèles de négociation.

TABLEAU 29-1

Modèles de négociation collective – Approche économique – 1900-1959

Auteurs	Nature du modèle	Discipline	Objet du modèle	Objet de l'analyse	Facteur clé
Edgeworth (1881)	Monopole bilatéral Théorie générale incluant la négociation collective	Économie	Unidimensionnel Nature des résultats indéterminée	Salaires Arbitrage emploi-salaire (courbes d'indiffé-rences)	Zone de contrat
Pigou (1905)	Monopole bilatéral Théorie générale incluant la négociation collective	Économie	Unidimensionnel Nature des résultats indéterminée	Salaires Entre les limites qui nuiraient à l'emploi	Zone de contrat
Zeuthen (1930)	Monopole bilatéral Théorie générale incluant la négociation collective	Économie	Pluridimensionnel Concessions Nature des résultats déterminée	Salaires Équilibre entre gains et risque de conflit	Appréciation du risque acceptable
Hicks (1932)	Théorie de la négociation collective	Économie	Pluridimensionnel Concessions Stratégies Nature des résultats déterminée	Salaires Choix des gains et coûts de la grève selon sa durée	Durée «anticipée» de la grève
Von Neumann Morgenstern (1944)	Théorie des jeux Théorie générale n'ex-cluant pas la négociation collective	Économie	Pluridimensionnel Stratégies Résultats indéterminés	Conditions pécuniaires Recherche des choix avantageux pour soi	Théorie des jeux Choix rationnel des stratégies
Nash (1950)	Théorie des jeux Théorie générale de la négociation collective	Économie	Pluridimensionnel Stratégies Nature des résultats déterminée	Conditions pécuniaires Recherche de l'utilité maximale	Théorie des jeux Choix rationnel des stratégies
Pen (1952 et 1959)	Théorie de la négociation collective	Économie	Pluridimensionnel Stratégies Concessions Nature des résultats déterminée	Salaires Risques de pertes et de gains, même irration-nels	Appréciation du risque acceptable et «ophéli-mités»
Shackle (1952)	Incertitudes Théorie générale incluant la négociation collective	Économie	Pluridimensionnel Stratégies Concessions Nature des résultats déterminée	Salaires Incertitudes (pertes ou gains) érigées en poli-tiques	Appréciation du risque acceptable et politiques de négociation
Chamberlain (1955)	Processus économique Théorie générale incluant la négociation collective	Économie	Pluridimensionnel Stratégies Concessions Nature du processus Résultats déterminés	Ensemble des conditions négociables Le pouvoir dépend des coûts d'accord et de désaccord	Pouvoir de négociation et coûts pour les parties
Cartter (1959)	Théorie de la négociation collective	Économie	Pluridimensionnel Concessions Stratégies Résultats indéterminés	Salaires Arbitrage emploi-salaire (zone de contrat) Coûts «anticipés» d'ac-cord et de désaccord (grève)	Propension à combattre, coûts, risque et temps

Sources: Voir les notes infrapaginales 10 à 19 dans la section 29.2.

TABLEAU 29-2

Modèles de négociation collective
Approche mixte pluridisciplinaire – 1960-1991

Auteurs	Nature du modèle	Disciplines	Objet du modèle	Objet de l'analyse	Facteur clé
Schelling (1960)	Théorie générale de la négociation	Économie Psychologie	Unidimensionnel Stratégies	Ensemble des conditions négociables	Pouvoir de négociation par l'ultimatum
Stevens (1963)	Théorie de la négociation collective et de la négociation en général	Économie Psychologie	Pluridimensionnel Nature du processus Stratégies Concessions Résultats déterminés	Ensemble des conditions négociables	Choix négatifs pour éviter des conditions unilatérales et le risque de conflit
Walton McKersie (1965)	Théorie de la négociation collective et de la négociation en général	Économie Psychologie Sociologie	Pluridimensionnel Nature du processus Stratégies Concessions Résultats indéterminés	Contenu de l'entente, rapports internes et externes	Quatre sous-systèmes: Négociation distributive Négociation intégrative Structuration des attitudes Négociation interne
Mabry (1965)	Théorie de la négociation collective	Économie Psychologie	Pluridimensionnel Nature du processus Stratégies Concessions Résultats indéterminés	Ensemble des conditions négociables	Profit net: différence entre plaisir et souffrance (gains et concessions)
Bacharach Lawler (1981)	Théorie de la négociation collective et de la négociation en général	Économie Psychologie Sociologie Science politique	Pluridimensionnel Nature du processus Stratégies Concessions Résultats indéterminés	Ensemble des conditions négociables	Pouvoir de négociation et interdépendance des parties selon la possibilité d'autres gains et l'importance de l'enjeu

Sources: Voir les notes infrapaginales 20 à 24 dans la section 29.3.

TABLEAU 29-3

Modèles de négociation collective
Approche institutionnelle – 1960-1991

Auteurs	Nature du modèle	Disciplines	Objet du modèle	Objet de l'analyse	Facteur clé
Ross (1951)	Approche institutionnelle de la négociation collective	Science politique Économie	Pluridimensionnel Nature et objet du processus Valeurs des acteurs Résultats indéterminés	Équité et salaires	Salaires et pressions politiques par le moyen des comparaisons contraignantes
Harbison Coleman (1951)	Approche institutionnelle des relations de travail	Science politique Sociologie	Pluridimensionnel Évolution et nature des relations Objectifs et attitudes des acteurs	Droits de gérance enlevés à l'employeur ou partagés avec lui	Trois types successifs de relations de travail: Trêve armée Harmonie active Collaboration
Dunlop* (1958)	Approche systémique Théorie des relations industrielles incluant la négociation collective	Relations industrielles	Pluridimensionnel Contextes Acteurs Idéologie Règles	Ensemble des conditions négociables (règles)	Détermination des règles par les contextes et les acteurs
Chamberlain Kuhn (1965)	Approche comparative Théorie interprétative de la négociation collective	Économie Science politique Gestion	Pluridimensionnel Nature et objectifs du processus Relations entre les parties Interprétation du contrat	Variable: Conditions pécuniaires Ordre et paix Production et efficacité	Analogies: Théorie du marché Théorie du gouvernement Théorie de la gestion
Craig* (1975)	Approche systémique Théorie des relations industrielles incluant la négociation collective	Relations industrielles	Pluridimensionnel Contextes Acteurs Idéologie Règles et normes Rétroaction	Ensemble des conditions négociables (extrants)	Mécanisme de conversion des intrants (contextes et acteurs) en extrants (convention) et rétroaction
Kochan McKersie Cappelli* (1984)	Approche stratégique Théorie des relations industrielles incluant la négociation collective	Relations industrielles	Pluridimensionnel Rôle des acteurs Niveaux de décision Stratégies d'affaires	Ensemble des conditions négociables	Choix stratégiques des chefs d'entreprises: stratégie d'affaires

* Les modèles marqués d'un astérisque présentent une perspective macroscopique. L'indication «relations industrielles», dans la troisième colonne, désigne une approche pluridisciplinaire (économie, sociologie, gestion, etc.) avec une insistance marquée sur les caractéristiques propres aux relations de travail. La mention ne reflète aucune prise de position dans le débat à savoir si les relations industrielles constituent une discipline ou un art.

Sources: Voir les notes infrapaginales 26 à 36 dans la section 29.4.

la prétention d'être hermétique. Elle n'a qu'un seul objectif: clarifier une matière abondante et complexe.

Avant d'aborder chacun des différentes modèles, il convient d'expliquer le cadre d'analyse que nous nous sommes donné; il est constitué de cinq éléments majeurs (voir les titres des colonnes des tableaux 29-1, 29-2 et 29-3). La première dimension, la nature du modèle, précise le cadre conceptuel dans lequel le modèle a été élaboré: a-t-il été conçu expressément pour la négociation collective ou celle-ci n'est-elle qu'une de ses applications? S'il y a lieu, nous indiquons la théorie, le concept ou l'approche qui constitue l'aspect fondamental du modèle. La seconde dimension, la contribution de disciplines spécifiques, signale les modèles dérivés d'une seule discipline (monodisciplinaires) ou de plusieurs disciplines (pluridisciplinaires) et énumère la ou les disciplines utilisées. La troisième dimension décrit les éléments de la négociation collective que le modèle tente d'expliquer. La quatrième dimension indique l'objet particulier sur lequel le modèle se concentre, dans l'analyse des résultats. Enfin, la dernière dimension, ou facteur clé, spécifie le concept central, et parfois innovateur, qui sert le plus souvent à désigner le modèle en question.

29.2 Modèles de l'approche économique

Les économistes ont été les pionniers dans l'étude théorique de la négociation collective. Ils l'ont très tôt reconnue comme un des déterminants du niveau des salaires. Ils ont d'abord élaboré des modèles à partir de théories économiques générales, comme le monopole bilatéral, qu'ils ont appliquées à la négociation collective. La plupart des recherches théoriques fondées sur la science économique adoptent un niveau d'analyse micro, qui se réfère aux négociations particulières entre un employeur et un regroupement de salariés. Les modèles économiques se sont surtout attardés aux résultats de la négociation et au mode de détermination de ces résultats. La recherche d'une solution déterminée, ou la capacité de prévision du modèle, est caractéristique de l'approche économique; on cherche, par exemple, à prédire le niveau de salaire qui correspond au règlement optimal pour les parties. Dans cette perspective, le salaire constitue l'enjeu primordial de la négociation.

Les modèles de l'approche économique sont relativement statiques: ils réduisent la négociation collective à un processus de décision, où la formulation des choix est faite en fonction de chaque groupe en cause. En posant comme postulats des niveaux de rationalité et d'information élevés, les modèles économiques supposent que les parties prévoient le règlement avant la négociation, et que leurs prévisions permettent d'en arriver au règlement souhaité. Une fois ses estimations faites, une partie n'a pas à s'ajuster à celles de l'autre, ce qui équivaut à une conception statique de la négociation.

Les principaux apports de l'approche économique à une théorie de la négociation collective résident dans le concept de zone de contrat et dans l'étude d'éléments moins tangibles, comme le pouvoir de négociation. Suivent les théories d'une dizaine d'auteurs, regroupées selon les thèmes propres à chacun: le monopole bilatéral, la zone de contrat, etc.

29.2.1 Monopole bilatéral

On définit le monopole bilatéral comme un marché où il n'y a qu'un seul acheteur et un seul vendeur. La négociation collective se déroule, de fait, entre le syndicat et un employeur, qui n'ont d'autre choix que de transiger. Il se peut que cette conception du syndicat-monopole soit reliée au fait qu'aux débuts du syndicalisme les organisations ouvrières regroupaient surtout des gens de métier et s'efforçaient de contrôler l'offre de travail. Deux auteurs, entre autres, ont adopté cette théorie, Edgeworth et Pigou.

L'analyse d'Edgeworth (1881) suggère que les parties contractantes doivent faire un choix entre le salaire et l'emploi[10]. Cet arbitrage (*trade off*) représente, pour les protagonistes, un choix entre diverses combinaisons emploi-salaire, auxquelles sont associés divers niveaux de satisfaction; le tout se présente selon l'analyse néoclassique des courbes d'indifférence.

10. Francis Y. Edgeworth, *Mathematical Psychics*, Londres, C. Kegan Paul & Co., 1881, 150 p.

FIGURE 29-1

Modèle d'Edgeworth

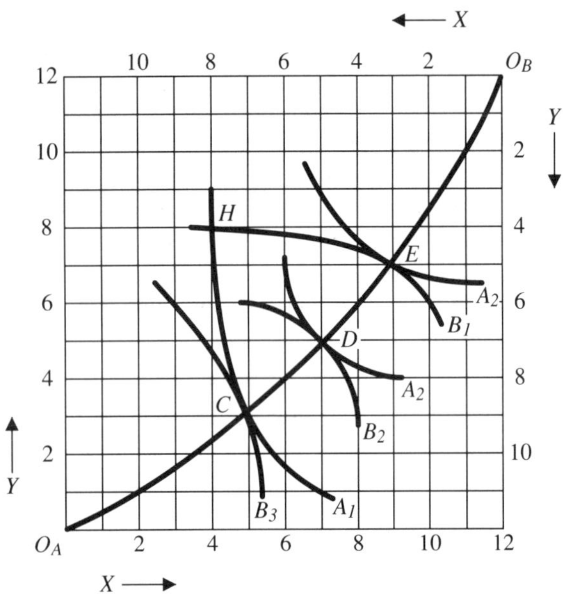

Source: Dominique Salvatore, *Microéconomique: cours et problèmes*, New York, McGraw-Hill, Série Schaum, 1974, p. 243.

Comme le montre la figure 29-1, la juxtaposition des cartes d'indifférence des acteurs en une «boîte fermée» permet de situer le règlement. Chaque point situé à l'intérieur de la boîte indique une combinaison possible constituée de quelques-unes des douze unités de salaire (X) et des douze unités d'emploi (Y). Comme les ressources (X et Y) sont limitées, un acteur doit échanger une partie de ce qu'il possède déjà avec l'autre acteur pour obtenir davantage de X ou de Y et tenter ainsi de maximiser sa satisfaction.

Selon Edgeworth, l'entente est conclue quelque part sur une courbe qui relie les points de tangence des courbes d'indifférence des deux parties (A et B). La zone où un règlement est possible se trouve comprise entre les courbes d'indifférence qui ont leur origine l'une en O_A et l'autre en O_B. Il n'y a cependant aucun échange possible en O_A et en O_B puisqu'alors l'un ou l'autre des acteurs aurait toutes les ressources X et Y. La zone de contrat réalisable s'inscrit entre C et E, soit le point de tangence de la meilleure courbe d'indifférence de B avec celle qui est tout juste acceptable par A (point C) et le point de tangence de la meilleure courbe de A avec la dernière courbe acceptable de B (point E). L'entente probable se situe au point D.

Ce modèle s'inscrit dans la même veine que celui de Pigou (1905[11]). Pigou explique, dans son modèle, que les niveaux de salaire où les parties sont indifférentes, quant à un accord ou à un désaccord, balisent l'espace où un règlement peut survenir. Si les deux parties poursuivent des objectifs opposés concernant l'emploi et le salaire, elles s'imposent tout de même des contraintes à la maximisation de leur satisfaction respective. La limite supérieure du syndicat est un niveau de salaire où les emplois de ses membres sont menacés, alors que la limite de l'employeur est un niveau de salaire si bas qu'il risquerait de perdre sa main-d'œuvre. La négociation s'effectue donc dans la zone comprise entre ces balises extrêmes.

Edgeworth et Pigou, empruntant à la théorie générale de l'échange, font de la négociation collective un exercice rationnel qui comporte une évaluation des possibilités offertes aux parties en matière de salaire et d'emploi. Leurs modèles, inspirés de l'approche du monopole bilatéral, tiennent le résultat final pour indéterminé, si ce n'est qu'il se situe à l'intérieur d'une zone de contrat. Si l'on suppose que les parties négocient d'égal à égal, dans un monopole bilatéral parfait, ils ne peuvent être plus précis puisque le règlement dépend des caractéristiques individuelles et des préférences de chaque partie.

29.2.2 Précisions sur la zone de contrat

Le premier auteur à définir cet espace où un règlement est possible fut Zeuthen (1930). Son modèle introduit

11. Arthur C. Pigou, *Principles and Methods of Industrial Peace*, Londres, Macmillan, 1905. Voir aussi la section 21.4.2 et le tableau 21.1.

un nouveau concept: l'appréciation du risque acceptable[12]. Chacune des parties effectue une estimation du risque que certaines propositions faites au cours de la négociation puissent mener à un conflit. Cette probabilité de conflit, liée à une proposition de négociation, contribue à faire varier les gains (absence de conflit) et les pertes (conflit) sous-jacents à la proposition. L'appréciation du risque acceptable permet de donner une base rationnelle à la décision de faire des concessions, puisque ces concessions, de part et d'autre, doivent nécessairement respecter les limites de la zone de contrat.

Zeuthen suppose que les parties obéissent à une certaine rationalité, basée sur les conditions économiques objectives et sur une situation de pouvoir donnée. Cette logique guide leur évaluation respective du risque «anticipé» et justifie également leurs volontés de concession. Les conditions économiques et politiques sont posées et sont des données fixes qui planent comme une menace au-dessus de leurs têtes: les parties font des concessions à tour de rôle, selon la volonté de chacune de risquer ou non un conflit. Dans cette perspective, la négociation est vue comme une suite de concessions calculées; l'information étant parfaite et la rationalité élevée, les parties savent quand concéder et quand l'autre concédera. Le règlement se produit lorsque les volontés respectives de risquer le conflit sont équivalentes.

29.2.3 Durée «anticipée» de la grève

Un des modèles économiques les plus célèbres, conçu spécifiquement en fonction de la négociation collective, est celui de Hicks (1932[13]). Sa théorie explique le niveau des salaires par l'impact de la durée «anticipée» de la grève. Selon la figure 29-2, la valeur attendue du niveau de salaire négocié varie pour chacune des parties en fonction de la durée «anticipée» de la grève. Les préférences des parties, quant au niveau de salaire, sont fonction de ce qu'elles sont

FIGURE 29-2

Modèle de Hicks

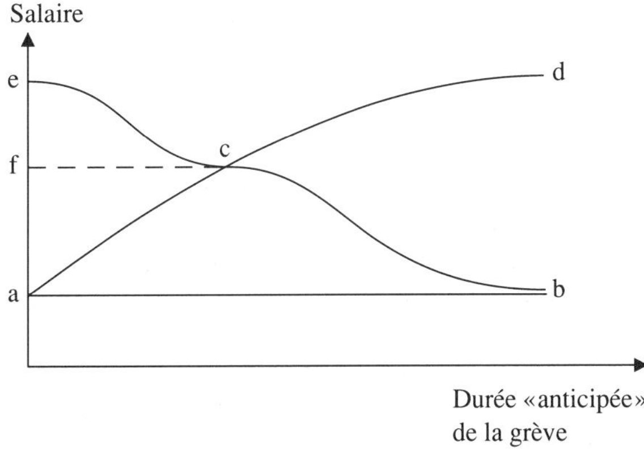

Source: Jean-Michel Cousineau, *Économie du travail*, 1re édition, Chicoutimi, Gaëtan Morin Éditeur, 1981, p. 142.

prêtes à «endurer» (coûts de la grève) pour l'obtenir. Plus le niveau de salaire demandé par le syndicat est élevé, plus l'employeur est disposé à supporter un conflit de longue durée (courbe *ad*). De même, plus l'augmentation salariale offerte par l'employeur est faible, plus le syndicat est prêt à assumer les coûts d'une longue grève (courbe *eb*). La droite *ab* représente le niveau de salaire qui aurait cours en l'absence d'un syndicat. Le règlement final est déterminé à l'intersection des courbes de concessions (point *c*): à ce point, les concessions patronales et syndicales se rejoignent face à la possibilité d'une grève de telle durée. L'aspect tactique de la négociation collective (*bluff*) fait partie de ce modèle: il consiste à faire croire à l'adversaire que la résistance à laquelle il peut s'attendre est plus grande qu'elle ne l'est en réalité.

À l'image des autres modèles économiques, celui de Hicks tient pour acquis que le syndicat et l'employeur possèdent une information parfaite et qu'ils sont rationnels; ils savent donc où le règlement se situe et la grève n'aura lieu que s'ils sont irrationnels ou s'ils n'ont pas toute l'information. En intégrant la notion de grève et l'évaluation de ses coûts dans la

12. Frederick Zeuthen, *Problems of Monopoly and Economic Welfare*, Londres, George Routledge and Sons, 1930, 152 p.
13. John Richard Hicks, *The Theory of Wages*, Londres, Macmillan, 1932, (388 p.), p. 143.

détermination des préférences des parties, Hicks contribue de façon significative à une théorie générale de la négociation collective. La réflexion de Hicks montre que la menace de grève, tout autant que la grève elle-même, peut avoir un impact sur les résultats de la négociation.

29.2.4 Théorie des jeux

Les modèles inspirés de la théorie des jeux peuvent nous éclairer sur les choix des participants à une négociation. Les notions de stratégie, au sens de réflexion avant l'action, et d'interaction stratégique sont omniprésentes dans ces modèles. Le développement d'une stratégie exige de considérer non seulement ses propres gestes mais également ceux de l'opposant, en vue de les contrer. L'enjeu est de pouvoir maximiser ses propres gains et de s'assurer que l'adversaire ne réussit pas à maximiser les siens. Les choix stratégiques dépendent de la logique du jeu, du choix de l'autre partie et des gains possibles selon le déroulement de l'exercice.

La théorie générale des jeux, telle qu'énoncée par Von Neumann et Morgenstern (1944), ne s'applique pas spécifiquement à la négociation collective; elle vise plutôt à expliquer de façon générale les choix de stratégies à partir de la rationalité du jeu[14]. Leur modèle limite les solutions à un ensemble de résultats internes, qui écartent toutes les solutions externes au jeu. Tous les comportements sont rationnels dans un tel cadre.

On peut illustrer la théorie des jeux de la façon suivante. Chaque joueur choisit une option dans un groupe restreint d'options. Son choix confronté au choix de son adversaire donnera un résultat avantageux pour l'un ou pour l'autre. Chacun est bien conscient que le résultat dépend de l'interaction entre les deux choix: une table de résultats présente les issues possibles en fonction des stratégies employées par les joueurs. Il existe deux variantes principales au jeu: une avec un point d'équilibre et l'autre sans point d'équilibre. L'équilibre est atteint lorsque le résultat n'avantage aucun des joueurs (résultat = 0). Dans la seconde variante, il y a toujours un gagnant et un perdant. Il est coûteux de dévoiler sa stratégie prématurément, car l'adversaire peut alors nous contrer, à son avantage. Tout «mathématique» qu'il soit (rationalité, information parfaite, quantification des résultats), le modèle, par rapport à la négociation, limite les solutions à un ensemble réduit de résultats, sans être plus précis.

Un autre modèle applicable à la négociation collective a été construit par Nash (1950) à partir de postulats de la théorie des jeux[15]. Selon lui, le conflit ne peut survenir que si les parties ne connaissent pas leur utilité respective. Les parties ont pour objectif de maximiser leur utilité, mais elles doivent être conscientes de la leur et de celle de l'autre (information parfaite). En supposant que les deux parties ont une logique analogue, leurs combinaisons respectives d'utilité déterminent une aire de solution qui fait en sorte que tous les autres résultats ne peuvent se produire: ils sont inacceptables pour l'une et l'autre. Toutes les combinaisons d'utilité en dehors de cette zone ne peuvent donc être considérées. D'après Nash, en suivant un certain axe de comportement rationnel, partagé par les parties, elles en arrivent obligatoirement à un accord qui maximise leurs gains respectifs. La rationalité pure guide donc tout le processus et implique une certaine formulation de stratégies. Celles-ci ne peuvent pas être vraiment originales ou surprenantes, car elles sont communes aux deux adversaires, qui possèdent une information parfaite et une même logique. La rationalité ne pouvant changer en cours de route, la dynamique du modèle est restreinte. Le modèle devient d'autant plus déterministe.

Les postulats mis de l'avant dans les modèles de la théorie des jeux, tels que la rationalité des joueurs, la maximisation des gains, l'information parfaite et

14. John Von Neumann et Oskar Morgenstern, *Theory of Games and Economic Behavior*, 1re édition, Princeton, N.J., Princeton University Press, 1944, 641 p.

15. John F. Nash, «The Bargaining Problem», *Econometrica*, vol. 18, 1950, p. 128-140.

le nombre prédéterminé de solutions, confinent la négociation à un cadre rigide dont on ne doit pas sortir si on veut que les modèles conservent leur utilité. Le caractère restrictif des hypothèses mine sérieusement l'utilité de ces modèles pour comprendre la négociation collective. L'esprit cartésien qui les sous-tend fait en sorte qu'ils rendent compte d'une situation de négociation idéale. Par contre, à l'intérieur de leurs propres limites, ils soulignent adéquatement la formulation de stratégies rationnelles et l'interdépendance des choix des parties qui négocient. Ils sont toutefois loin de représenter un processus de décision conjointe ; en fait, on semble davantage subir les choix de l'autre partie que participer à une prise de décision commune. Ces modèles, à l'image de ceux du monopole bilatéral, font comprendre assez clairement le mécanisme interne d'analyse individuelle des opportunités. Le processus interactif de décision semble cependant «étouffé» par la logique individualiste, seul point commun réel des parties.

29.2.5 Estimation du risque acceptable

Le concept d'estimation du risque acceptable, utilisé par Zeuthen en 1930, est repris par Pen (1952 et 1959[16]). Les parties comparent leur volonté de risquer le conflit en vue d'atteindre certains objectifs qu'elles poursuivent intensément. Le risque prévisible ainsi que les gains et pertes possibles sont évalués de part et d'autre. Pen considère qu'il faut soustraire de tout gain le coût qui lui est associé. L'équilibre est atteint lorsque la volonté de risquer est égale au risque correspondant. Le côté tactique de la négociation est intégré dans ce modèle qui prévoit qu'on peut toujours tenter d'influencer «tactiquement» l'opposant en jouant sur les préférences exprimées (par exemple : faire croire qu'on aime le risque) ou sur les pertes potentielles.

Pen va cependant plus loin que Zeuthen en introduisant un certain élément d'irrationalité dans les décisions des parties. Les choix des acteurs sont conceptualisés dans ce modèle par les «ophélimités». Celles-ci sont définies comme les objectifs et les préférences, rationnelles et irrationnelles, des parties ; elles répondent à une fonction dite d'utilité cardinale, comme si l'on mesurait l'utilité de façon quantitative. Ces «ophélimités» proviennent de sources aussi diverses que la volonté de se venger ou la loyauté. Comme ces choix incarnent les préférences des belligérants, nul besoin de connaître leur degré de logique. La prise en considération de facteurs moins tangibles et moins rationnels que la seule maximisation de la satisfaction économique constitue un point tournant dans le développement de la théorie générale de la négociation collective.

L'estimation du risque acceptable représente aussi un déterminant majeur dans le modèle de Shackle (1952). Il prend la forme d'une fonction d'incertitudes (*potential surprise*[17]). Celle-ci permet de montrer les gains possibles à tirer de la négociation en fonction de la probabilité attendue que ces gains ne surviennent pas : on est alors en situation de conflit. Ce modèle général de la négociation considère l'incertitude, ou la probabilité que l'accord ne survienne pas, comme la situation la plus profitable. À l'image des parieurs, il préconise de miser sur un risque élevé pour remporter gros, selon des estimations préalables à la négociation. Si un des acteurs peut calculer la carte de l'autre, le résultat devient prévisible. Pour ce faire, un minimum d'information est cependant indispensable, même s'il n'est pas nécessaire que celle-ci soit complète.

Cette fonction d'indifférence du négociateur-parieur (*gambler indifference map*) sert à déterminer la politique de négociation, soit la proposition initiale et le minimum (ou le maximum) à exiger. L'innovation principale de Shackle est d'avoir introduit le concept de politiques de négociation. Celles-ci

16. Jan Pen, «A General Theory of Bargaining», *The American Economic Review*, vol. 42, nº 1, mars 1952, p. 24-42; *Idem*, *The Wage Rate Under Collective Bargaining*, Cambridge, Harvard University Press, 1959, 216 p.

17. George L.S. Shackle, *Expectations in Economics*, Londres, St. Martin's Press, 1952, 146 p.

TABLEAU 29-4

Modèle de Chamberlain

$$\text{Pouvoir de négociation de A} = \frac{\text{Coût pour B d'être en désaccord}}{\text{Coût pour B d'être en accord}}$$

$$\text{Pouvoir de négociation de B} = \frac{\text{Coût pour A d'être en désaccord}}{\text{Coût pour A d'être en accord}}$$

Source: NEIL W. CHAMBERLAIN, *A General Theory of Economic Process*, New York, Harper and Brothers, 1955 (370 p.), p. 80.

peuvent prendre trois formes: politique de rupture possible, politique de concessions excessives ou un mélange des deux. La politique de négociation consiste à établir un minimum relatif de pertes (ou, selon le point de vue, un maximum relatif de gains) en fonction des objectifs fixés et de la probabilité de conflit vus par chaque partie. La zone de contrat est déterminée par un minimum de pertes et un maximum de gains décidés par les parties. Selon ce modèle, il faut demander plus (ou offrir moins) pour être certain de ne pas concéder (ou accorder) plus que le minimum (ou le maximum) fixé. Il va sans dire que la politique adoptée (intransigeance ou souplesse) influe grandement sur l'écart qui existe entre ce que l'on dit vouloir et ce que l'on veut réellement.

29.2.6 Pouvoir de négociation

Chamberlain a élaboré un modèle (1955) centré sur le pouvoir de négociation, qu'il définit, pour une partie, comme le rapport entre les coûts pour l'autre partie de refuser ou d'accorder les revendications formulées par elle. Pour Chamberlain, la négociation consiste essentiellement en une relation de pouvoir[18].

Le pouvoir de négociation de la partie A correspond au rapport entre ce qu'il en coûterait à la partie B d'être en désaccord avec les propositions de A (les rejeter) et ce qu'il lui en coûterait d'être en accord (les accepter). (Voir le tableau 29-4.) Ce rapport, ou ratio, s'il est plus élevé que 1, signifie qu'il est plus coûteux pour B de rejeter les propositions de A que de les accepter. Le pouvoir de négociation de A est alors considérable. Les parties sont disposées à régler lorsque les ratios de chacun sont égaux ou supérieurs à l'unité.

Ce que Chamberlain conçoit comme coûts d'accord et de désaccord comprend autant les coûts économiques, actuels et prévisibles, que les coûts sociaux, politiques et psychologiques. La notion de coûts est assez large pour englober divers déterminants intrinsèques et extrinsèques à la négociation, qui avantageront ou désavantageront les parties: l'objet de la négociation dépasse les seules conditions pécuniaires du contrat pour s'étendre à tout ce qui en découle ou s'y rattache.

Les coûts du désaccord pour les parties se résument aux coûts de la grève – pertes de revenus, de production et de prestige –, alors que les coûts de l'accord sont la différence entre ce qu'une partie demande réellement et ce qui est déjà offert par l'autre. La décision qui découle de l'évaluation de tous ces coûts dépend aussi des autres options qui s'offrent aux parties, comme l'importance du fonds de grève, le transfert possible de la production, etc., facteurs qui peuvent varier dans le temps. Cette conception de la négociation collective exige un calcul constant des coûts, tout au long du processus. Malgré la tentation que l'on peut avoir de tout quantifier, l'auteur souligne que les coûts ne peuvent pas tous se réduire à un dénominateur commun et que la partie subjective des

18. NEIL W. CHAMBERLAIN, *A General Theory of Economic Process*, New York, Harper and Brothers, 1955, 370 p.

coûts peut être évaluée selon une fonction d'indifférence. La représentation de Chamberlain prévoit la possibilité de recourir à certaines tactiques coercitives, qui augmentent les coûts de désaccord de l'autre partie, ou persuasives, qui diminuent les coûts de l'accord pour l'adversaire.

La condition du règlement, c'est-à-dire que les coûts de l'accord soient moindres que ceux du désaccord, correspond au simple bon sens. Elle ne suppose ni trop d'hypothèses ni trop de postulats restrictifs, souvent irréalistes. Les estimations des parties pouvant varier dans le temps, le modèle permet un ajustement mutuel des attentes au cours du processus. Il va plus loin que l'analyse du monopole bilatéral, qui établit simplement que le règlement se situe à l'intérieur d'une zone de contrat. L'évaluation du pouvoir de négociation tient compte des différences propres à chaque partie, ce qui permet de déterminer où un accord interviendra dans cette zone de contrat. La conception élargie des coûts demeure la principale innovation du modèle de Chamberlain. Cette conception ainsi que le caractère plus politique qu'économique du concept de pouvoir de négociation auraient pu justifier la classification de ce modèle dans l'approche mixte tout autant que dans l'approche économique.

29.2.7 Synthèse et propension à combattre

L'intérêt du modèle de Cartter (1959) réside dans son caractère composite: il a utilisé la plupart des matériaux connus pour construire un modèle distinct[19]. Il intègre plusieurs éléments proposés par d'autres, comme la zone de contrat, l'appréciation du risque acceptable, le pouvoir de négociation, la grève et le facteur temps. Il fait d'ailleurs abondamment référence aux auteurs qui l'ont précédé.

Le concept de base du modèle est la propension des parties à combattre en fonction des objectifs visés dans la négociation. Tout comme dans le cas du concept de pouvoir de négociation de Chamberlain, il mesure cette propension par le ratio des coûts de désaccord et des coûts d'un accord avec les propositions de l'autre partie. En soupesant ces coûts «anticipés», on peut déterminer, par rapport à une proposition de règlement, si un des acteurs a une attitude favorable à une entente (ratio plus grand que 1) ou non (ratio plus petit que 1).

L'arbitrage emploi-salaire exprime les préférences de l'employeur et celles du syndicat. Ces préférences délimitent la zone de contrat. Le principal incitatif au compromis, dans cet espace, demeure la grève, réelle ou éventuelle. Le coût «anticipé» de la grève, inclus dans le coût du désaccord, augmente naturellement en fonction de sa durée prévue; il contribue à diminuer d'autant la propension à combattre des parties et à les rapprocher d'un règlement. Pour Cartter, et c'est là une innovation, le facteur temps joue non seulement dans la durée «anticipée» de la grève mais aussi dans la durée du contrat, ce qui permet d'amortir certains coûts d'accord. Tout comme dans le modèle de Hicks, les acteurs doivent prévoir différentes durées de conflit par rapport aux propositions présentées. De cette façon, ils apprécient le risque que leurs positions respectives les conduisent à la grève. Les facteurs temps et risque ont un impact sur les coûts de négociation des parties. Cartter reprend ainsi à son compte d'importants éléments des modèles de Pen et de Hicks.

Même s'il est conscient que son modèle est applicable à n'importe quel objectif de négociation, Cartter a choisi d'axer son analyse sur les salaires. Il affirme que la satisfaction ne vient pas que du niveau des salaires, et que les coûts que les parties ont à subir proviennent de tous leurs objectifs, rationnels et irrationnels («ophélimités»). Les aspects tactiques comprennent la capacité d'un belligérant d'accroître le risque de conflit perçu par l'autre (*bluff*) et de diminuer le coût de l'accord (persuasion) ou d'augmenter le coût de désaccord de son opposant (coercition).

Malgré le fait qu'il n'apporte pas d'éléments vraiment nouveaux à une théorie générale de la négociation collective, Cartter n'en contribue pas moins

19. Allan M. Cartter, *Theory of Wages and Employment*, Homewood, Ill., Richard D. Irwin, 1959, 234 p.

à en présenter une vision unifiée, qui permet de remettre en place les morceaux de l'ensemble. Son modèle, plus dynamique que la plupart des autres modèles de l'approche économique, ne fait pas de l'information parfaite une condition essentielle au compromis. Celui-ci provient davantage de la menace de grève, qui met un frein aux ambitions des acteurs. Sa définition des coûts pour les parties est assez large pour que les négociations puissent y inclure les coûts associés aux négociations types : les salaires négociés ne sont pas sans rapport avec ce qui se paie sur le marché (donnée macroéconomique). Même si Cartter s'est inspiré fortement du modèle de Chamberlain – il ne s'en cache pas d'ailleurs –, il a repris systématiquement les contributions de la plupart des grands auteurs pour construire un modèle exhaustif et intégrateur. C'est peut-être le plus bel effort de l'approche économique.

29.2.8 Critique des modèles économiques

On peut surtout reprocher aux modèles de l'approche économique leur incapacité à rendre compte de la dynamique de la négociation, de tout son *modus operandi* d'ajustement mutuel entre les parties. En voulant montrer l'interdépendance des acteurs, les modèles du monopole bilatéral et de la théorie des jeux réduisent la négociation à un processus de choix individuels basés sur la maximisation des objectifs poursuivis. À l'aide d'estimations *ex ante*, chacun des acteurs visualise un règlement, sans reconsidérer ses propres estimations, en fonction des choix effectués par l'autre. Malgré tout, ces modèles illustrent adéquatement la préparation antérieure à la négociation, qui vise à déterminer des objectifs et à formuler des stratégies. Cette préparation se déroule bien ainsi, mais peut-être pas de façon aussi sophistiquée. Les estimations préalables à la négociation cherchent à en prédire l'issue, surtout par rapport au niveau des salaires. Il va de soi que l'aspect salarial de l'entente intéresse davantage les économistes, entre autres à cause de son impact sur le plan macroéconomique.

Les hypothèses qui sous-tendent les différentes analyses sont trop restrictives – par exemple une information complète et une rationalité parfaite – pour que les modèles eux-mêmes paraissent vraiment réalistes. Il est illusoire de penser que les parties font preuve d'une rationalité économique parfaite dans leurs tractations contractuelles. Que certains auteurs, notamment Pen, incluent dans leurs modèles les objectifs non rationnels des acteurs, cela montre que la logique économique ne peut à elle seule expliquer toute la négociation collective. Les modèles plus récents de Chamberlain et de Cartter ont le mérite de tenter de tenir compte des caractéristiques particulières des acteurs, ainsi que des luttes de pouvoir auxquelles donne lieu une négociation. Le plus grand apport des modèles économiques est d'avoir défini certaines balises, comme la zone de contrat, le risque de conflit et la grève « anticipée », qui encadrent et limitent les aspirations économiques des acteurs. L'inclusion de la grève dans l'approche économique souligne bien le caractère différent de la négociation collective par rapport aux autres transactions d'achat-vente dans un marché particulier. En résumé, l'utilité des modèles de l'approche économique est d'avoir établi les limites du règlement salarial, dont il faut absolument se soucier même s'il ne détermine pas à lui seul tout le processus de la négociation.

29.3 Modèles de l'approche mixte

Sans rejeter l'apport appréciable de l'économie, les concepteurs de modèles mixtes ont eu recours à d'autres disciplines, telles que la sociologie, la science politique et la psychologie, dans le but d'améliorer la compréhension du phénomène de la négociation collective. La plupart de ces modèles ont été conçus expressément pour expliquer la négociation collective. Leur cadre conceptuel est habituellement assez large pour servir à l'analyse d'autres types de négociation.

À l'instar des modèles économiques, l'approche mixte s'est intéressée aux négociations directes, celles qui se déroulent à un niveau « micro », entre un syndicat et un employeur. Par contre, en postulant des degrés de rationalité et d'information moins élevés, les modèles mixtes contrastent avec l'approche économique. De plus, en y intégrant des variables comportementales, ces modèles décrivent adéquatement le processus de décision conjointe inhérent à la négociation collective et rendent ainsi mieux compte de son caractère dynamique. Ces travaux, théoriques et empiriques dans certains cas, font généralement intervenir le concept de pouvoir, considéré comme un déterminant crucial de la négociation. Si le salaire constitue encore un objet de la négociation, les modèles mixtes ont par contre une perspective beaucoup plus large de leur objet d'étude, qui s'étend en général à l'ensemble des questions négociables.

Les modèles de l'approche mixte se sont intéressés aux comportements et aux attitudes des parties au point où nous aurions pu tout aussi bien la qualifier d'approche behavioriste ou comportementale. Le processus de négociation en tant que tel constitue leur objet d'étude privilégié.

29.3.1 Stratégie de l'ultimatum

Le modèle de Schelling (1960) est centré sur une préférence irréductible pour un résultat précis[20]. Schelling estime que la zone de contrat est déterminée et que le pouvoir de négociation fixe le résultat à l'intérieur de cette zone. Il affirme, et c'est là le *modus operandi* de son modèle, qu'il est possible d'en arriver à une entente qui réponde aux objectifs préétablis par une partie (résultats préférés), moyennant la condition suivante: la partie en question doit faire part à l'autre partie de son engagement ferme qu'aucune entente n'interviendra tant que ses propres objectifs ne seront pas atteints. L'adversaire fait face à un ultimatum: il se retrouve avec une proposition à prendre ou à laisser; il préférera l'accepter plutôt que de risquer un conflit. Une telle stratégie exige un engagement inébranlable de la part d'un des acteurs et de ses mandants, engagement fondé sur une préférence indéfectible pour un résultat particulier. Schelling ne s'arrête qu'à ce type de stratégie, assimilable au *boulwarism*.

De nombreux aspects de la négociation collective ne peuvent être pris en compte dans un modèle dont la vision est si limitée. Cette vision d'une détermination unilatérale des conditions de travail ne diffère pas tellement de la négociation individuelle qui a lieu en l'absence d'un syndicat. Si l'autre partie n'adhère pas à la proposition finale, le conflit est inévitable; cette même partie peut également décider de se retirer tout simplement. La capacité de convaincre l'autre, de gré ou de force, du bien-fondé de la proposition est une condition essentielle pour lui faire accepter une telle vision. Le pouvoir de négociation de la partie proposant l'ultimatum doit être considérable pour qu'elle gagne son pari. Le modèle de Schelling illustre le rôle prépondérant du pouvoir de négociation dans beaucoup de négociations. Si, de part et d'autre, on adopte cette stratégie, la partie qui est la plus déterminée l'emportera. Le modèle contribue également à montrer l'importance de l'engagement (*commitment*) au sein des groupes en pourparlers.

29.3.2 Choix négatifs ou formules à éviter

Contrairement à Schelling, Stevens (1963) laisse un certain choix aux acteurs[21]. Il affirme même que la stratégie de Schelling doit être rejetée. Selon lui, les parties cherchent à éviter deux pôles ou formules extrêmes: accepter un accord selon les conditions unilatérales de l'autre partie et risquer un conflit en insistant exagérément sur ses propres conditions. Ce modèle de choix négatifs ou du double évitement (*avoidance-avoidance model*) permet de considérer la négociation comme une série de précautions à prendre pour éviter ces deux résultats polarisés.

L'intensité des efforts pour éviter les deux extrêmes varie en fonction du niveau de salaire recherché. La figure 29-3 n'intègre pas les positions des deux parties; elle représente soit la position patronale, soit la position syndicale et non les deux à la fois. Chacune des parties a deux droites de choix négatifs (ligne A et ligne B). Pour l'employeur, plus le salaire exigé par le syndicat est élevé, plus il évite de conclure une entente répondant aux demandes syndicales (droite B: demandes syndicales vue par l'employeur, montrant l'intensité de sa réaction). Au contraire, plus le

20. Thomas C. Schelling, *The Strategy of Conflict*, Cambridge, Mass., Harvard University Press, 1960, 309 p.

21. Carl M. Stevens, *Strategy and Collective Bargaining Negotiations*, New York, McGraw-Hill, 1963, 192 p.

FIGURE 29-3

Modèle de Stevens

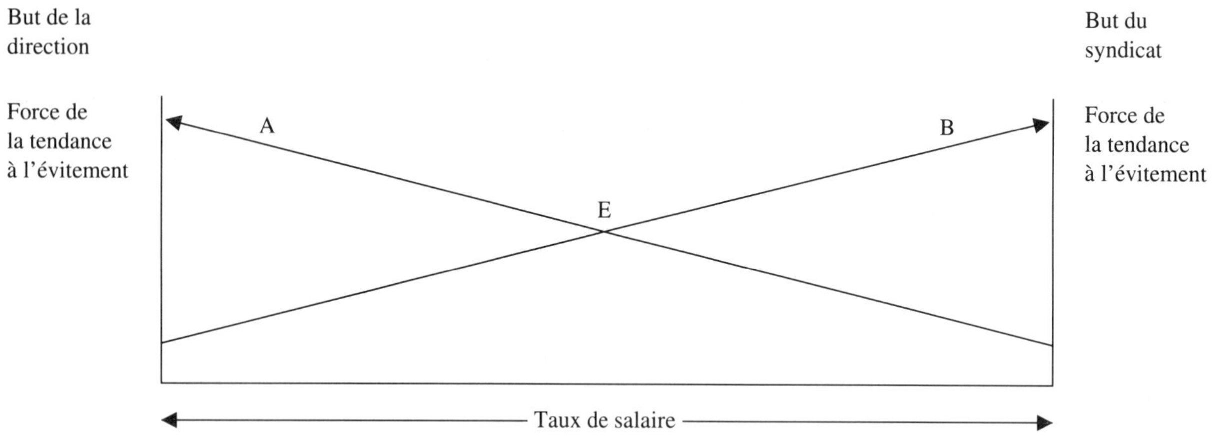

Source: Carl M. Stevens, *Strategy and Collective Bargaining Negotiations*, New York, McGraw-Hill, 1963, p. 15.

salaire demandé est bas, plus l'employeur s'abstient de signer en fonction des concessions qu'il était prêt à accorder (droite A: propositions patronales vues par l'employeur lui-même); il préfère accéder à la demande syndicale. Du côté du syndicat, plus le salaire offert par l'employeur est bas, plus fort est son refus d'accepter les offres patronales (droite A: offres patronales vues par le syndicat, montrant l'intensité de sa réaction). À l'inverse, plus le salaire proposé est considérable, plus le syndicat évite de manifester ses propres exigences minimales et plus il est disposé à se montrer favorable aux propositions patronales.

Ces droites se croisent à un niveau de salaire (point E), qui représente le point minimum du double évitement ou des choix négatifs pour une partie. En considérant que chacune des parties possède son graphique de double évitement, un accord n'est possible que si les deux points d'équilibre se superposent. Les acteurs doivent être conscients des deux graphiques de double évitement. Si ces conditions se réalisent, le résultat est déterminé. Stevens mentionne deux types de tactiques basées sur le concept de choix négatifs: augmenter la souplesse de l'autre partie relativement à ses propres conditions, par la coercition, et diminuer son refus de régler selon les propositions qui lui sont faites par la persuasion.

Au lieu de la traditionnelle approche de la maximisation de la satisfaction, le modèle de Stevens aborde la négociation collective d'une autre façon: il met l'accent sur les aspects à éviter. Cette approche négative s'harmonise avec des aspects bien réels de la négociation, comme la nécessité de ne pas perdre la face et la volonté de ne pas humilier l'adversaire. Les deux pôles de résultats à éviter expliquent aussi le phénomène des compromis et illustrent le conflit intra-organisationnel auquel peut être confrontée chaque partie en étant tiraillée entre ces deux buts opposés. Sous un autre angle, le modèle est applicable à de nombreux enjeux de la négociation, puisqu'il s'attarde davantage au processus qu'à l'objet de la négociation.

Cette conception illustre une des caractéristiques de la négociation collective: le réalisme. Autant les instances de négociation aimeraient voir leurs propositions intégralement acceptées, ce qui est impensable vu la nature du processus, autant elles ne sont pas disposées à accepter les propositions unilatérales de l'autre partie, ce qui est aussi très improbable à cause de la réaction de leurs mandants. Les objectifs de négociation proposés par Stevens sont toutefois peu réalistes si l'on analyse un à un les enjeux de la négociation, à cause du marchandage inévitable (*give and take*) dont la négociation collective fait l'objet; ainsi, un syndicat peut accepter intégralement la proposition salariale de l'employeur en échange de sa propre proposition sur la sécurité d'emploi. Les objectifs indiqués par Stevens demeurent réalistes si l'on considère le règlement dans sa totalité: chaque partie doit y trouver son compte.

29.3.3 Quatre éléments de la structure

Un des modèles de négociation les plus connus est celui des quatre sous-systèmes élaboré par Walton et McKersie (1965[22]). Ces quatre systèmes représentent quatre aspects différents, sinon divergents, de la négociation; ils ne sont pas intégrés dans un cadre global comme dans le cas des autres modèles: chacun a une existence, une logique et une dynamique propres, ainsi qu'une finalité distincte. Les quatre systèmes analysent la négociation distributive, intégrative, interne et créative d'attitudes réciproques.

Le premier sous-système décrit le processus de négociation distributive, celui qui vise à résoudre les conflits d'intérêts dans une négociation à somme fixe ou nulle: les résultats favorisent l'une ou l'autre des parties; ce que l'une gagne, l'autre le perd. L'entente intervient là où les parties ont une aire de préoccupations communes et où il n'est pas possible pour l'une d'en obtenir plus sans pénaliser l'autre outre mesure. Les résultats de cette répartition des ressources ne sont toutefois pas précisés davantage. La préférence des travailleurs pour les gains associés à une grève, la volonté de l'employeur de demeurer concurrentiel et les coûts inhérents à l'arrêt de la production ou à une substitution travail-capital sont autant de facteurs qui délimitent la zone de contrat. Cette zone de contrat n'est cependant pas précisée aussi nettement que dans les modèles précédents. Chaque partie choisit un point de résistance (niveau d'utilité le plus bas) sous lequel elle ne descendra pas (*sticking point*) et un point correspondant au maximum qu'elle estime atteignable (niveau d'utilité le plus élevé, sans être «gonflé»).

Les auteurs décrivent une fonction d'utilité subjective pour les parties. Selon les niveaux d'utilité et les probabilités d'acceptation ou de rejet d'une demande donnée, les parties définissent leurs courbes d'utilité; celles-ci peuvent être revues et corrigées au cours de la négociation. Les parties cherchent à maximiser leur utilité subjective, tout en demeurant dans les limites de la zone de contrat pour éviter qu'un conflit ne surgisse. Certaines stratégies et tactiques peuvent être utilisées pour modifier les perceptions de l'autre partie quant aux probabilités de conflit et à l'utilité recherchée. La contribution des auteurs réside dans le fait d'avoir mis en relief le processus de décision subjectif et dynamique des parties: l'ajustement mutuel est possible dans les limites de la zone de contrat, entre le point de résistance et le maximum atteignable de chacune.

Le sous-système de négociation intégrative a pour objet le potentiel d'intégration d'un problème: la solution doit alors profiter aux deux parties, ou à tout le moins n'en pénaliser aucune; il s'agit dans ce cas d'une négociation à somme variable. La démarche d'une telle négociation se divise en quatre étapes: la détermination du problème, la recherche de solutions multiples, la classification des solutions et l'adoption d'une solution particulière. Ce type de négociation est facilité par divers facteurs, comme la confiance, la motivation et l'échange d'informations. Il se distingue des autres modèles qui conçoivent toujours la négociation collective comme distributive. La négociation intégrative vise à résoudre des problèmes plutôt qu'à répartir des ressources limitées. Même si le modèle ne propose pas de résultats déterminés, ce sous-processus montre bien que le contenu d'une entente peut influer sur l'approche générale de la négociation. La solution à un problème de négociation crée une synergie des résultats qui peut être profitable

22. RICHARD E. WALTON et ROBERT B. MCKERSIE, *A Behavioral Theory of Labor Negotiations. An Analysis of a Social Interaction System*, New York, McGraw-Hill, 1965, 437 p.

aux parties. En ce sens, l'intégration comporte un côté novateur et créatif.

Le processus de structuration des attitudes réciproques, le troisième sous-système, s'attache à l'ensemble des rapports interpersonnels établis entre les parties, par exemple l'animosité, la confiance ou d'autres comportements. Les auteurs proposent cinq types de relations entre les acteurs: le conflit, la protection contre l'agression, l'accommodement, la coopération et la collusion. Chacun de ces types de relations comprend quatre caractéristiques comportementales: la motivation et la tendance à l'action en commun, la reconnaissance de la légitimité de l'autre, le niveau de confiance et le caractère amical ou hostile de la relation. Ces dimensions du comportement sont mises en rapport avec chacun des cinq types de relations pour constituer une matrice des comportements de négociation, que nous présentons dans le tableau 29-5. Les types de relations sont déterminés par l'environnement, par la personnalité des négociateurs et par les croyances des parties. On voit que le genre de relations peut avoir des effets déterminants sur les sujets, les stratégies et les résultats des négociations; par exemple, des rapports coopératifs favorisent certainement la négociation intégrative. Cette analyse souligne l'importance de certaines variables liées aux perceptions des négociateurs et ce, à un niveau très «micro» de chaque négociation.

Finalement, le dernier sous-système a trait à la négociation interne entre les négociateurs et leurs mandants. Il montre la nécessité du consensus entre les uns et les autres. Les auteurs se sont longuement attardés au rôle de charnière et de frontière que joue le chef négociateur: en plus de faire face à l'organisation adverse, il doit répondre aux attentes de ses commettants. Son attitude par rapport à ces derniers peut être de trois ordres: il peut choisir de les ignorer, de se conformer à leurs exigences ou de tenter de modifier leurs attentes; celles-ci dépendent non seulement des objectifs de la négociation mais aussi des moyens à utiliser pour les atteindre. Ce processus illustre la manière dont un changement d'attitude peut s'opérer au sein d'une organisation au cours de la négociation: les stratégies à la disposition du chef négociateur peuvent influencer les mandants et ainsi faciliter un règlement avec l'autre partie. L'évolution dynamique des objectifs de négociation est mieux expliquée dans ce sous-système que dans les autres modèles, qui sont relativement vagues sur ce sujet.

Ce modèle des sous-systèmes, bien qu'il puisse s'appliquer à d'autres formes de négociation, convient particulièrement bien à la négociation des conditions de travail. Son approche pluridisciplinaire intègre autant des concepts économiques et sociologiques que psychologiques; elle démontre à la fois la complexité de l'objet étudié et le degré d'intégration nécessaire à son étude. L'apport du modèle et de ses quatre composantes est inestimable sur le plan descriptif. Alors que le processus de négociation distributive souligne les objectifs divergents des parties, celui de la négociation intégrative montre la communauté d'intérêts des acteurs. La structuration des attitudes réciproques décrit l'évolution des rapports entre les parties. La négociation interne analyse divers problèmes politiques propres à chaque partie.

Une autre contribution du modèle de Walton et McKersie est de nuancer la conception antérieure, essentiellement distributive, de la négociation collective. L'objet de la négociation que décrivent Walton et McKersie va au-delà du contenu de la convention collective; les attitudes des parties l'une envers l'autre, les mandats de négociation et les rapports internes de chaque organisation sont également présentés comme soumis à une forme de négociation. Le processus de structuration des attitudes réciproques intègre explicitement les déterminants psychologiques et sociologiques qui expliquent le caractère des relations entre les organisations et l'influence que celles-ci peuvent avoir sur les attitudes de négociation des parties. Finalement, la négociation interne ajoute une dimension à la détermination des objectifs de négociation. Les commettants n'étant pas présents à la table de négociation, leur intégration au modèle s'avère nécessaire pour rendre compte du côté politique des tractations. Le modèle de Walton et McKersie constitue un tournant dans l'étude de la négociation collective. Sa conception multidimensionnelle et sa capacité d'intégration d'autres facteurs

TABLEAU 29-5

Structuration des attitudes réciproques
Troisième aspect du modèle Walton-McKersie

Dimensions du comportement	Types de relations entre les parties				
	Conflit	**Protection contre l'agression**	**Accommodement**	**Coopération**	**Collusion**
Motivation et tendances à l'action en commun	Tendances compétitives visant à annihiler ou à affaiblir l'autre partie		Tendances individualistes visant à ne pas s'impliquer avec l'autre partie	Tendances coopératives visant à aider et à sauvegarder l'autre partie	
Croyance dans la légitimité de l'autre partie	Dénégation de la légitimité	Acceptation à contrecœur	Acceptation du statu quo	Reconnaissance totale	Ne s'applique pas
Niveau de confiance	Méfiance extrême	Méfiance	Confiance limitée	Confiance totale	Confiance basée sur un chantage mutuel possible
Caractère amical ou hostile de la relation	Haine	Antagonisme	Courtoisie neutre	Amitié	Intimité

Source: RICHARD E. WALTON et ROBERT B. MCKERSIE, *A Behavioral Theory of Labor Negotiations. An Analysis of a Social Interaction System*, New York, McGraw-Hill, 1965, p. 189.

déterminants en font un instrument précieux dans l'étude de ce phénomène complexe et fascinant.

29.3.4 Gain net: plaisir et souffrance

Le modèle de négociation collective élaboré par Mabry (1965) fait appel aux impressions de «plaisir» et de «souffrance» (*pleasure and pain*) éprouvés par les parties[23]. L'élément clé de ce modèle est le profit net, c'est-à-dire la différence entre le plaisir et la douleur ressentis. Un acteur calcule ce profit en évaluant le plaisir qu'il peut retirer d'un gain et la douleur qu'il est prêt à endurer pour l'obtenir. Par la suite, il doit estimer le plaisir éprouvé par l'autre acteur à ne pas lui concéder cet avantage de même que la douleur qu'une concession lui causerait. La zone de contrat est délimitée par les points où, de part et d'autre, les gains nets à retirer de l'accord sont égaux ou moindres que zéro: au-delà de ces limites, chaque partie n'éprouve aucun plaisir ou seulement de la souffrance. Entre ces deux bornes, le résultat final est indéterminé.

Malgré la subjectivité que supposent les notions de plaisir et de douleur, Mabry indique clairement que l'on peut y associer une certaine valeur pécuniaire. Par exemple, la valeur du plaisir associé à un gain doit se comparer à la valeur du remboursement ou de la concession qui devra être faite à la partie qui vient d'acquiescer à une demande. Les parties négocient aussi longtemps que leurs fonctions de profit net sont positives; selon les estimations de chacune, une zone d'accord et une zone de conflit se dégageront. Si les zones d'accord ne concordent pas, les acteurs tenteront, stratégiquement, de déplacer la fonction de gains nets de la partie adverse, par la persuasion ou la coercition, de façon à créer une nouvelle zone de contrat. Le pouvoir de négociation détermine la capacité des parties à déplacer la fonction de gains nets de la partie adverse. Le modèle implique une simultanéité d'action des parties et une certaine volonté de concession, qui varie selon les gains ou les pertes possibles.

Un des apports de ce modèle est d'avoir su intégrer autant les aspects positifs que les aspects négatifs de la négociation collective, pour en arriver à une véritable analyse coût-bénéfice du processus. Une conversion possible de considérations subjectives, telles que les perceptions de plaisir et de préjudice, en considérations objectives, comme les coûts et les bénéfices, permet au modèle d'intégrer des variables économiques et comportementales. Cependant, cette conversion demeure théorique compte tenu de tous les problèmes reliés à la concrétisation des mesures qu'elle comporte. Le modèle reconnaît l'interdépendance des parties et la simultanéité de leurs actions; aussi, les protagonistes peuvent refaire leurs propres évaluations en fonction de celles de l'autre. L'accord dépend ultimement de cette interaction face à leurs perceptions de plaisir et de souffrance. Dans cette interaction, le pouvoir de négociation sert d'instrument pour en arriver à un règlement. Cet élément politique du processus explique la dynamique à l'intérieur de la zone potentielle de contrat. Le modèle démontre qu'un mélange de considérations économiques et behavioristes peut conduire à un modèle réaliste, sans trop d'hypothèses contraignantes, et ce dans un cadre très général.

29.3.5 Niveaux du pouvoir de négociation

Bacharach et Lawler (1981) ont quant à eux insisté sur la dépendance qui existe entre les parties[24]. L'importance de cette vision vient du fait que la négociation sert à résoudre des conflits d'intérêts par rapport à des objectifs qu'un acteur ne peut espérer atteindre sans tenir compte de son vis-à-vis. Cette notion recoupe plusieurs aspects de la négociation collective, allant du pouvoir de négociation aux concessions, en passant par l'argumentation et l'accord final. D'après les auteurs, le pouvoir de négociation dépend de l'état

23. Bevars N. Mabry, «The Pure Theory of Bargaining», *Industrial and Labor Relations Review*, vol. 18, nº 4, juillet 1965, p. 479-502.

24. Samuel B. Bacharach et Edward J. Lawler, *Bargaining Power, Tactics and Outcomes*, San Francisco, Cal., Jossey-Bass Inc., 1981, 234 p.

de l'environnement et des décisions stratégiques prises par les acteurs.

Selon ce modèle, le pouvoir de négociation comporte trois niveaux: le pouvoir absolu de chacun des acteurs, le pouvoir relatif que supposent leurs relations et le pouvoir total propre à la relation entre les deux. Les auteurs énoncent les propositions suivantes concernant ces trois niveaux de pouvoir: une hausse de la dépendance de A envers B accroît le pouvoir de négociation absolu de B; un accroissement de la dépendance relative de A envers B améliore le pouvoir de négociation de ce dernier; une augmentation de la dépendance de A et de B fait croître le pouvoir total inhérent à la relation.

La dépendance est déterminée par les sources possibles d'autres gains et l'importance attachée à l'enjeu de la négociation. On en tire les hypothèses suivantes: la diminution de la possibilité d'autres gains ou une importance accrue de l'enjeu pour A augmente le pouvoir absolu de B. Dans une telle situation, si les autres conditions demeurent stables pour B, son pouvoir relatif s'accroît également. De même, si la dépendance d'autres sources de gains et si l'importance de l'enjeu augmentent, le pouvoir total dans la relation s'accroît. La partie qui veut augmenter son pouvoir de négociation, absolu ou relatif, doit diminuer sa dépendance envers l'autre, autant au niveau des enjeux que des alternatives de gains.

La subjectivité, dans ce concept comme dans la majorité des autres modèles, laisse place à l'emploi de stratégies et de tactiques de négociation. Le pouvoir absolu détermine le choix des stratégies et des tactiques, tandis que le pouvoir relatif exige de prendre en compte l'autre partie pour mettre en œuvre la stratégie adoptée. Quant au pouvoir total, il dépend de l'appui des commettants et de la présence d'autres sources possibles de gains, autant que de l'insertion des tactiques appropriées dans un cadre global. Les auteurs postulent qu'en négociation, l'information n'est jamais complète; aussi le modèle suppose-t-il une cueillette d'informations constante, tout au long du processus, afin d'évaluer de façon continue les trois niveaux du pouvoir de négociation.

Ce pouvoir peut être convergent ou divergent. S'il est convergent, il augmente ou diminue les probabilités d'accord et le caractère plus ou moins désirable de cet accord. S'il est divergent, il entraîne un changement dans la nature de l'accord qui deviendra plus politique. Le contenu de l'entente se définit selon ce qui est négociable entre les parties. L'accord intervient lorsque les positions des parties quant aux possibilités d'autres sources de gains et quant à l'importance de l'enjeu sont relativement égales.

La notion de dépendance, qui diffère beaucoup dans la négociation collective et dans les autres formes de négociation, représente un aspect qui n'avait pas été si bien mis en relief dans les autres modèles. Grâce à cette notion d'interdépendance, plusieurs dimensions de la négociation collective prennent leur véritable importance: le caractère permanent de la relation, le conflit et la grève, et le pouvoir de négociation. Le concept global de pouvoir de négociation permet d'expliquer les interactions des parties tant sur le plan stratégique qu'à l'égard du contenu de l'entente. La perspective large, même subjective, dans laquelle il faut envisager ce pouvoir fait en sorte qu'il existe diverses façons de l'interpréter. En situation de maximisation des gains, le pouvoir absolu peut être considéré comme déterminant; dans un contexte de compétition entre les parties, le pouvoir relatif importe davantage. Cette perspective permet d'inclure dans l'analyse des facteurs économiques, politiques, sociologiques et psychologiques, qui peuvent tous faire l'objet d'une certaine dépendance. Cette classification du pouvoir dans une relation de négociation demeure l'innovation majeure de ce modèle.

29.3.6 Critique des modèles mixtes

La composante comportementale des modèles mixtes (valeurs, attitudes, comportements) fait que ceux-ci s'attachent davantage au processus lui-même qu'à la détermination des résultats. Ils apparaissent plus souples, en ce sens qu'il n'est pas nécessaire d'échafauder pour les formuler une multitude d'hypothèses et de préférences «supposées». Selon ces modèles, le processus d'ajustements mutuels constitue l'élément essentiel de la négociation proprement dite.

Celle-ci n'est pas vue comme une suite d'étapes prédéterminées par chaque partie, mais plutôt comme un mécanisme de prise de décision conjointe, exception faite du modèle de Schelling. L'aspect interactif de la détermination des choix de négociation montre bien que la seule rationalité ne suffit pas à expliquer les divers choix des parties et que la maximisation des gains n'est pas le seul but poursuivi par une partie, comme en témoigne la négociation intégrative. En faisant du processus et de la dynamique de la négociation les variables principales de leurs études, ces chercheurs vont plus loin que les économistes, qui s'étaient limités aux caractéristiques individuelles des parties pour déterminer les résultats de la négociation à l'intérieur de la zone de contrat.

Par contre, l'approche mixte, à l'exception du modèle de Bacharach et Lawler, ne tient pas suffisamment compte du contexte, laissant la détermination des résultats à la seule interaction des parties. Les facteurs reliés aux attitudes, pas plus que l'environnement d'ailleurs, ne peuvent à eux seuls être déterminants. Les modèles mixtes sont souvent considérés comme abstraits par ceux que préoccupe une application immédiate à la réalité. Ils n'en constituent pas moins une conceptualisation intéressante et pratique pour étudier le phénomène sous un angle autre qu'économique.

Cette approche, qui conjugue l'approche économique et l'approche behavioriste, fait du pouvoir de négociation le principal déterminant de la négociation collective. Le pouvoir de négociation paraît bien être le concept le plus adéquat pour illustrer toute la complexité du phénomène. Les variables qui peuvent agir sur lui sont assez nombreuses et diversifiées pour tenir compte de plusieurs éléments clés de la négociation. Il faudrait cependant pouvoir quantifier ce concept pour que les modèles qui y recourent puissent être vérifiés empiriquement. Que le pouvoir de négociation soit ou non mesurable, ces modèles demeurent une source d'explications valables. La subjectivité du concept constitue à la fois la plus grande force et une des principales faiblesses de cette approche. Ce concept, privilégié par l'approche mixte, doit constituer un élément majeur de toute théorie générale de la négociation collective.

29.4 Modèles d'inspiration institutionnelle

Dans l'étude des relations industrielles et de la négociation collective, il y a toujours eu des auteurs qui se sont attachés à décrire et à analyser la réalité en tant que phénomène et institution. On peut faire remonter cette approche aux travaux historico-sociologiques de John R. Commons et de son équipe de l'université du Wisconsin, au début du XXe siècle[25].

Le courant institutionnaliste a produit des travaux qui cherchent à décrire et à expliquer la réalité, particulièrement les comportements des personnes engagées dans des phénomènes complexes comme la négociation collective. Les institutionnalistes ont accumulé des faits, observé les milieux de travail et utilisé la logique du raisonnement pour tirer des conclusions générales sur les institutions en cause. Leur approche se distingue de celle des économistes et des behavioristes en ce qu'ils ne s'en remettent pas uniquement aux lois du marché et aux facteurs sociopsychologiques pour comprendre la négociation collective. Leur vision est plus large.

Alors que les économistes et les behavioristes se sont intéressés surtout aux résultats et au processus de la négociation, considérés à l'échelle «micro», les études d'inspiration institutionnelle se préoccupent davantage de situer le processus de négociation dans le contexte global qui en détermine le déroulement. L'approche est davantage macroscopique; la négociation y est perçue comme un phénomène dans un vaste ensemble.

L'apport principal de l'approche institutionnelle à une théorie générale de la négociation collective réside dans la richesse de la description du processus et en particulier celle des parties. Ces modèles évocateurs abordent la négociation sous divers aspects tels que les salaires ou les droits de gérance et l'ex-

25. JOHN R. COMMONS, *Documentary History of American Industrial Society*, Glendale, Cal., Arthur H. Clark Co., 1910-1911, 4 volumes.

pliquent généralement de manière qualitative. D'un autre côté, en se limitant aux caractéristiques institutionnelles, ces modèles offrent une vision désagrégée de la négociation collective. Ils ne seraient guère utiles pour qui s'y limiterait tout en souhaitant aborder le phénomène dans la perspective d'une étude globale et pluridimensionnelle. Par contre, les descriptions des institutions qu'on y trouve devraient intéresser tous les chercheurs, y compris les tenants d'autres approches. L'intégration des variables institutionnelles est susceptible d'améliorer grandement leurs propres modèles, sinon apporter un éclairage sur de nombreux aspects autrement inexpliqués ou même oubliés.

Les différents auteurs de ce groupe, surtout ceux que nous étudierons, ont adopté une approche pluridisciplinaire où interviennent l'économie, la sociologie, la science politique, la gestion, etc. Leur perspective est davantage macroscopique par rapport à la négociation collective. L'objet de leur étude est très large : il s'étend des contextes aux objectifs fondamentaux du processus et s'attarde aux valeurs et aux rôles des acteurs. Ces modèles, construits sur des bases théoriques et empiriques, supposent un certain niveau de rationalité et d'information : il est pratiquement impossible de décrire les acteurs et d'analyser leurs comportements sans tenir compte de ces postulats. L'accent mis sur les acteurs fait de la négociation un lieu naturel d'interactions mutuelles. Les facteurs clés ont trait aux caractéristiques des acteurs, à la place de la négociation collective dans la société, aux contraintes imposées par divers contextes. Si certains modèles et approches ont un caractère dynamique, comme l'approche systémique, d'autres, dont l'approche analogique ou comparative, sont plus statiques. Enfin, contrairement aux modèles économiques et mixtes, l'objet de la négociation, selon cette approche, va plus loin que le seul contenu du contrat collectif : des objectifs plus généraux comme les droits de gérance, l'efficacité du régime et les règles du processus sont considérés comme des résultats de la négociation.

Les différents modèles que nous étudierons dans ce troisième groupe se rattachent tous, d'une manière ou d'une autre, au courant institutionnaliste. Chacun aborde la négociation avec une approche différente. Nous avons retenu les approches suivantes : économico-politique, historico-évolutive, analogique et comparative, systémique et stratégique.

29.4.1 Approche économico-politique

Le modèle de Ross (1950) constitue une critique de l'analyse de la négociation collective faite par les économistes de cette époque. Sa critique, fondée sur des observations de nature politique, est virulente et découle principalement de certaines réalités observées dans le monde du travail[26].

Arthur M. Ross, économiste formé dans la tradition de l'économie politique, souligne d'abord que les institutions présentes, entreprises et syndicats, diminuent la mobilité des capitaux et des travailleurs ; les comportements ouvriers, à tout le moins, ne peuvent donc s'expliquer seulement par l'économie. La négociation collective constitue un exemple de ces comportements inexplicables par la seule analyse économique. Dans l'optique de Ross, la négociation collective est un jeu de pressions de nature politique sur des questions économiques.

Il insiste sur l'existence de forces particulières qui militent en faveur de l'uniformisation des taux de salaire. Ces forces reposent sur des idées de justice et d'équité, qui constituent des valeurs importantes pour les travailleurs, les employeurs, les syndicats et l'État. Concrètement elles entraînent des comparaisons salariales contraignantes, qui justifient le bien-fondé des demandes syndicales. Lorsqu'une zone de comparaisons contraignantes est cernée et qu'on y observe un écart salarial entre deux groupes de travailleurs de même type, on peut s'attendre à ce que les travailleurs défavorisés s'organisent en syndicat ; celui-ci fera pression sur l'employeur pour le contraindre à combler cet écart inéquitable, souvent dû aux seules forces du marché.

26. ARTHUR M. ROSS, *Trade Union Wage Policy*, Berkeley et Los Angeles, Cal., University of California Press, 1950, 133 p.

Selon Ross, le syndicat devient une sorte d'agent politique qui évolue dans un contexte économique. Cet instrument politique n'est pas animé par la poursuite du profit, comme le sont les entreprises, mais plutôt par des idées de justice et d'équité. L'entrée en jeu de cet acteur dans la détermination des salaires illustre le caractère politique de la négociation collective ; elle devient un lieu privilégié d'expression de valeurs plus politiques que financières, sans toutefois minimiser ces dernières.

Les deux institutions, syndicat et entreprise, ont des objectifs et des structures qui diffèrent ; il est ainsi normal que la négociation cause parfois des conflits industriels. Selon ce modèle, les négociateurs auraient la responsabilité de préserver la paix industrielle en obéissant à des principes qui maintiennent un certain ordre, nécessaire à l'activité de production, tout en garantissant l'équité et la justice exigées par les travailleurs.

29.4.2 Approche historico-évolutive

Harbison et Coleman (1951) proposent trois types de relations de travail qui, dans un continuum, dégagent trois étapes successives dans l'évolution habituelle des relations entre employeurs et syndicats[27]. Leur modèle cherche à expliquer pourquoi la négociation collective peut être envisagée tantôt comme un instrument de contestation, tantôt comme un processus conjoint de décision. Cette représentation innovatrice exprime ce que les auteurs considèrent comme l'évolution historique normale des relations patronales-syndicales. Comme la négociation constitue le temps fort de ces relations, les trois étapes s'y retrouvent tout naturellement. (Voir le tableau 29-6.)

Les auteurs appellent trêve armée le premier stade du développement des rapports entre les parties, quand les relations sont conflictuelles et que les parties se livrent une lutte permanente pour le pouvoir. L'opposition y est réciproque et inconditionnelle. La négociation collective constitue alors un moyen de contestation et la convention, un compromis entre des intérêts inconciliables ; le résultat dépend directement du rapport de force des parties. Au stade suivant, dit de l'harmonie active, les relations révèlent un commencement d'acceptation réciproque et un certain esprit de conciliation. La négociation collective y est conçue comme un instrument de travail conjoint, soit le moyen par lequel syndicat et employeur réalisent les objectifs qu'ils peuvent avoir en commun. Finalement, au stade de la collaboration étroite, le syndicat devient un outil de gestion indispensable à l'entreprise. La négociation collective y est considérée comme un processus conjoint de prise de décisions et constitue une forme organisée de coopération. Il est difficile de ne pas tracer un parallèle entre ce modèle et le sous-système de structuration des attitudes réciproques qui sera défini par Walton et McKersie quelques années plus tard. (Voir le tableau 29-5.)

Dans ce modèle, les droits de gérance de l'employeur représentent l'enjeu principal de la négociation. Les revendications syndicales viennent à l'encontre du souci de la direction de protéger la stabilité financière de l'entreprise et d'en assurer seule la direction. La volonté des dirigeants de conserver intactes leurs prérogatives s'oppose à la visée syndicale d'avoir un droit de regard sur les emplois et les conditions de travail. D'un autre côté, la négociation collective n'est pas la seule préoccupation de la direction de l'entreprise, qui doit aussi mener à bien l'activité de production ; c'est pourquoi elle tient à ses droits de gérance. Pour cette raison, l'exercice comporte un enjeu plus grand pour l'employeur.

Même s'ils reconnaissent que l'objectif syndical de bien-être humain peut aller à l'encontre de l'objectif patronal de profit, Harbison et Coleman soutiennent que les deux protagonistes poursuivent fondamentalement les mêmes objectifs. Tous les deux ont besoin de l'entreprise pour assurer leur survie. Les parties cherchent, chacune à sa façon, à atteindre leurs objectifs généraux et particuliers. Les objectifs divergents des parties et les moyens utilisés pour les

27. Frederick H. Harbison et John R. Coleman, *Goals and Strategy in Collective Bargaining*, New York, Harper, 1951. Traduit par Roger Chartier sous le titre *Négociation collective. Objectifs et tactiques*, Québec, Les Presses de l'Université Laval, 1952, 208 p.

TABLEAU 29-6

Modèle de Harbison et Coleman

Types de relations patronales-ouvrières	Relations entre les parties	Nature de la négociation collective
Trêve armée (*armed truce*)	Conflictuelles Lutte permanente pour le pouvoir Opposition inconditionnelle	Instrument de contestation Compromis sur des intérêts irréconciliables L'aboutissement dépend du rapport de force entre les parties
Harmonie active (*working harmony*)	Acceptation réciproque Attitude conciliante	Instrument de travail conjoint Moyen de réaliser les objectifs communs aux deux parties
Collaboration étroite (*union-management cooperation*)	Le syndicat devient un outil indispensable à la gestion de l'entreprise Coopération organisée	Instrument de collaboration Processus de prise de décision conjointe

Source: FREDERICK H. HARBISON et JOHN R. COLEMAN, *Goals and Strategy in Collective Bargaining*, New York, Harper, 1951, p. 21-144.

atteindre permettent de comprendre la pluralité et la succession des situations dans la pratique des relations de travail, pluralité et succession qui sont bien illustrés par les étapes du continuum exposé au tableau 29-6.

29.4.3 Approche analogique et comparative

Nous considérons ici le triple modèle analogique de Chamberlain et Kuhn (1961 et 1965) à cause de son approche comparative qui permet de l'assimiler au courant institutionnaliste[28]. Pour ces auteurs, l'idée que les parties se font de la négociation collective influe sur la manière dont elles la pratiquent. Le processus vise à déterminer des règles qui lieront les travailleurs, le syndicat et l'employeur. Cette réglementation peut se concevoir selon trois points de vue résumés au tableau 29-7. La négociation collective peut être envisagée de trois façons: sous l'aspect économique, comme une façon de déterminer les conditions de la vente de travail, sous l'aspect politique, comme une forme de gouvernement industriel, et sous l'aspect administratif, comme un système de gestion des rapports collectifs dans l'entreprise.

Dans la perspective du marché, la négociation collective correspond à une transaction sur le marché du travail, dans laquelle les parties établissent les conditions, principalement financières, de l'achat et de la vente du travail. Le caractère volontaire de la vente est consacré par le fait que les parties peuvent accepter ou rejeter le contrat proposé. Le regroupement des travailleurs en syndicat permet, en réduisant la concurrence entre ces derniers, de remédier au manque de pouvoir de négociation des individus face à l'employeur; ce faisant, la transaction présente un caractère plus libre et moins dicté par la nécessité.

Dans ce volet, la convention collective apparaît comme le contrat qui incorpore le résultat du marchandage entre les parties, un marchandage semblable à celui auquel donne lieu n'importe quelle transaction commerciale. La procédure de règlement des griefs permet d'assurer le respect des normes déterminées

28. NEIL W. CHAMBERLAIN et JAMES W. KUHN, *Collective Bargaining*, 2e édition, New York, McGraw-Hill, 1965, 451 p., chap. 5: «The Nature of Collective Bargaining», p. 108-140.

TABLEAU 29-7

Triple modèle interprétatif de Chamberlain et Kuhn

a) Données de base

Modèles (ou comparaisons)	Le processus global: un phénomène	La négociation	La convention collective	Le but
Marché	économique	une transaction sur un marché	un contrat	de meilleures conditions économiques
Gouvernement	politique	une assemblée constituante	une constitution	l'ordre et la paix
Administration	administratif	une forme de prise de décision	une série de normes administratives	production et efficacité

b) Dispositions et attitudes

Modèles (ou comparaisons)	Type de relations entre les parties	Dans la négociation, utilisation des faits et renseignements	Attitudes des parties entre elles	Moyens utilisés pour atteindre le but
Marché	accord facultatif (un marché à conclure)	cachés, utilisés comme instrument de marchandage	libres l'une par rapport à l'autre	entente économique sous forme de contrat
Gouvernement	relations continues de caractère légal: autorité, règlements	cachés, utilisés selon une tactique politique	collégialité, libres et autonomes par rapport aux autres	utilisation de normes d'éthique pour établir des lois
Administration	relations continues d'ordre administratif aux fins de la production	ouverts en vue de meilleures décisions	disposées à tout utiliser pour un meilleur rendement	recherche de l'efficacité dans le processus de production

Source: NEIL W. CHAMBERLAIN et JAMES W. KUHN, *Collective Bargaining*, 2e édition, New York, McGraw-Hill, 1965, p. 108-140.

par le contrat, comme tout recours visant un contrat commercial. L'interprétation du contrat devra être stricte et limitée aux conditions qui y sont exprimées. Cette vision de la négociation se rapproche beaucoup de celle des modèles de type économique.

Dans le second volet de ce modèle, on conçoit la convention collective comme une constitution sur la base de laquelle un gouvernement industriel sera érigé. Cette constitution sert à créer des organismes de gouvernement, à définir et à encadrer leurs tâches. De même, elle met sur pied des agences qui appliqueront et interpréteront les lois industrielles, en plus d'en assurer le respect. La négociation collective est envisagée, dans ce volet, comme une conférence où les représentants syndicaux et patronaux sont chargés d'élaborer cette constitution, véritable loi des parties.

À l'image des autres gouvernements, l'État industriel jouit de trois formes de pouvoir: législatif, exécutif et judiciaire. Le pouvoir législatif revient aux divers comités conjoints, y compris le comité de négociation, qui se réunissent pour amender ou interpréter les lois de base contenues dans l'entente collective. La direction de l'entreprise détient le pouvoir exécutif, c'est-à-dire le droit d'exercer toute initiative qu'elle juge appropriée, mais uniquement dans les limites des lois édictées dans les clauses de la convention collective. Le pouvoir judiciaire est exercé dans le cadre du processus de règlement des griefs, qui se conclut par la décision d'un tiers: l'arbitre. La notion de pouvoir exprimée dans cette vision de la négociation n'est pas sans rappeler celle que présentent les modèles mixtes et institutionnels.

L'approche du gouvernement industriel impose la nécessité d'avoir un représentant exclusif et unique pour les travailleurs. Sinon, la souveraineté dudit gouvernement pourrait être remise en cause. Cette exclusivité repose aussi sur le principe suivant, qui fonde cette approche: la souveraineté industrielle exige un partage des responsabilités entre les deux parties. Ce partage sanctionne la dépendance mutuelle et l'égalité des acteurs. Ils auront donc autorité sur leurs «sujets» et protégeront l'autonomie de leur gouvernement contre toute ingérence externe dans leurs affaires, notamment celle de l'État politique.

Dans la pratique, le principe d'autodétermination industrielle n'est pas totalement respecté puisque l'État politique, par ses lois, impose bien des contraintes. Par ailleurs, les parties reconnaissent elles-mêmes l'utilité de recourir à des tiers pour régler leurs conflits. De ces interventions naît une source de droit, distincte de la loi des parties, et qui est le droit commun. Il est fondé sur la reconnaissance mutuelle des exigences de moralité et des besoins de la production. Ce droit non écrit, issu des coutumes sociales, conduit les parties à privilégier le caractère raisonnable des interprétations de la convention plutôt qu'une interprétation stricte et littérale des textes.

Dans le troisième volet, celui des relations industrielles, la négociation collective constitue le cadre dans lequel se déroule le processus de prise de décisions conjointes sur toutes les questions se rapportant aux travailleurs. Les représentants syndicaux sont ainsi engagés dans des rôles et des fonctions à caractère administratif.

La convention collective est considérée comme un recueil de normes administratives pour la direction des activités de l'entreprise, un guide à l'intention des travailleurs, du syndicat et de l'employeur. La responsabilité d'appliquer ces normes est déléguée à la direction. Mais le syndicat peut tester les limites de la discrétion patronale en invoquant la procédure de règlement des griefs. Que l'on parle de normes écrites, dans la convention, ou non écrites, correspondant à l'intérêt des parties, elles poursuivent toutes le même objectif: fournir une base d'action et de décision acceptable pour tous, c'est-à-dire une base qui réponde aux exigences de la production et demeure en conformité avec les intérêts mutuels des parties. La convention doit faire place à suffisamment de souplesse pour qu'on puisse rencontrer ces objectifs. Les dérogations au document sont donc permises si l'atteinte des objectifs en dépend. La relation patronale-syndicale demeure très fonctionnelle.

Les auteurs insistent sur le principe de mutualité qui sous-tend le modèle des relations industrielles. Ce principe reconnaît que la propriété est le fondement de l'autorité, mais seulement de l'autorité sur les machines. L'autorité sur les personnes requiert le consentement de celles-ci et, par ricochet, une voix dans les décisions qui concernent leur travail. Ce principe de mutualité n'exige pas qu'il y ait entente avant qu'une action soit entreprise, mais qu'il y ait au minimum discussions avec l'intention d'en arriver à une entente. Enfin, il est possible de déduire de ce principe que le champ des préoccupations communes demeure vaste.

En procédant par analogie pour analyser la négociation collective, on peut tirer toute la science des disciplines qu'on lui applique. Chacune fournit des instruments d'analyse tout aussi utiles que particuliers; pour un problème donné, elles peuvent suggérer des solutions différentes. La triple vision que proposent Chamberlain et Kuhn permet de synthétiser les grands principes à la base de diverses études, sans pour autant proposer une nouvelle approche, si ce n'est peut-être celle des relations industrielles. Ces descriptions, à l'image de celles des institutionnalistes, ne fournissent pas un cadre analytique rigide, comme c'était le cas pour la plupart des modèles économiques et mixtes. L'apport de cette approche à une théorie générale de la négociation collective réside davantage dans son caractère englobant et descriptif que dans une innovation quelconque sur le plan des concepts ou de la mécanique de la négociation.

Le modèle de Chamberlain et Kuhn présente trois approches qui ne s'excluent pas; ces trois perspectives se retrouvent, à des degrés divers, dans toute négociation collective. Chacune souligne des caractéristiques spécifiques du processus. On peut aussi l'utiliser pour montrer trois étapes dans l'évolution de chaque négociation, ainsi que trois stades de reconnaissance quant à la nature du phénomène. La triple approche ou théorie de Chamberlain et Kuhn a l'incomparable mérite de nous faire réaliser que toute négociation collective constitue à la fois une transaction sur un marché du travail, un mécanisme d'adoption d'une loi des parties et, idéalement, une forme de prise de décisions conjointes de normes administratives, dans l'intérêt des parties concernées.

* * *

Les deux approches suivantes ne constituent pas, à proprement parler, des modèles de négociation collective. L'approche systémique et l'approche stratégique ont plutôt pour objet l'ensemble des phénomènes de relations industrielles, ce qui inclut évidemment la négociation collective. Leur perspective large et globale permet de situer le processus de négociation dans un cadre macroscopique et, du même coup, de déceler les éléments de ce cadre qui agissent sur le processus. Chacune de ces approches a considéré la négociation et elle l'a caractérisée, ne serait-ce que par la place qu'elle lui a accordée. Les approches systémique et stratégique ont grandement contribué à mieux faire comprendre le phénomène de la négociation.

29.4.4 Approche systémique

La notion de système n'est pas propre aux relations industrielles; on la retrouve dans diverses sciences, comme en biologie et en physique. On définit un système comme «(...) un ensemble de variables reliées les unes aux autres et représentant les facettes propres d'un objet donné[29]». La distinction entre un modèle et un système tient surtout à leur objet: l'objet d'un modèle est plus restreint que celui d'un système. Les deux se situent à un niveau d'abstraction élevé[30].

Le pionnier de l'application de l'approche systémique aux relations industrielles est John T. Dunlop (1958[31]). Il propose d'aborder les réalités du domaine dans leur globalité et non pas au niveau «micro». Son système comporte quatre éléments: les acteurs, les règles, les contextes et l'idéologie du système. Les acteurs sont les principaux intéressés aux enjeux du système: les employeurs, les syndicats et l'État. Les contextes dont il traite sont la technologie (aspect technique), le marché (aspect économique) et la distribution du pouvoir dans la société (aspect politique). Les règles se rapportent aux normes qui régissent les relations entre les parties (procédure) et les conditions de travail applicables dans l'entreprise. L'idéologie incarne l'ensemble des croyances et des idées qui confèrent une certaine unité au système et qui lui permettent de subsister dans une société donnée.

Le système de relations industrielles ne représente qu'une partie du système social global; il faut donc tenir compte des divers contextes dans lesquels il se situe. Les acteurs y interagissent dans un certain nombre de relations types, pour établir et administrer les règles qui régissent le travail humain dans l'économie. Si chacun des acteurs peut défendre sa propre idéologie, Dunlop souligne que les idéologies de base (liberté, concurrence, etc.) doivent être partagées par la grande majorité des acteurs; autrement il n'y aurait aucun système, rien que l'anarchie. La négociation

29. Viateur Larouche et Esther Déom, *op. cit.*, p. 116.
30. *Ibid.*, p. 119-120.
31. John T. Dunlop, *Industrial Relations Systems*, New York, Henry Holt, 1958, 399 p.

collective se situe au cœur du modèle de Dunlop; elle fait partie du système comme un élément central du processus dans l'établissement des règles du système.

Le modèle de Dunlop a été repris par Alton Craig quelques années plus tard[32]. Craig en précise divers éléments et il en élargit la perspective. Les composantes du système de Craig, présenté au tableau 29-8, sont les suivants: les intrants, les mécanismes de conversion, les extrants et la boucle de rétroaction. Les intrants (*inputs*) peuvent être internes ou externes au système. Les *inputs* provenant du système sont les acteurs, avec chacun ses objectifs, ses valeurs et son pouvoir propre. L'environnement externe est composé des sous-systèmes écologique, technologique, économique, politique, légal et socioculturel. Ces divers contextes représentent autant de contraintes qui agissent sur le système de relations industrielles. Les mécanismes de conversion se rapportent aux moyens qu'utilisent les acteurs pour transformer les intrants en extrants: la négociation et l'arbitrage. Les extrants sont la variable dépendante du système; concrètement, ils déterminent les conditions de travail et sont consignés dans la convention collective. Quant à la boucle de rétroaction, elle souligne l'influence des extrants du système de relations industrielles tant sur les différents contextes que sur le système lui-même. Cet élément rend le système de Craig plus dynamique que celui de Dunlop: grâce à la composante dynamique ajoutée par Craig, l'approche systémique passe d'un système structurel et statique à un système fonctionnel. La négociation collective représente un des mécanismes de conversion très important – le plus important – dans le secteur syndiqué.

L'intérêt de ces modèles vient du fait qu'ils traitent de la négociation collective dans une perspective globale tant à l'égard de la société que des relations industrielles en général. Leur approche illustre bien l'ensemble des éléments dont il faut tenir compte dans une étude de la négociation collective.

L'importance de la négociation dans la création des règles et dans la conversion des intrants nous donne à penser qu'il s'agit là de supermodèles ou de modèles à grande échelle. Plutôt que de s'en tenir à l'explication du processus, ils tentent de circonscrire toute l'étendue du champ d'étude. La conception des auteurs par rapport aux relations industrielles gravite autour de la négociation collective. La similitude qui existe entre celle-ci et l'ensemble des relations industrielles peut nous laisser supposer qu'elles ne font qu'un. Comme l'approche systémique propose un cadre général et global pour expliquer le processus de négociation, elle se rapproche du courant institutionnel. Son apport à la compréhension de la réalité et à la structuration des rapports entre les divers éléments du phénomène est loin d'être négligeable.

29.4.5 Approche stratégique

Le modèle suivant est issu d'un courant important qui s'est répandu, au cours des dernières années, dans le domaine de la gestion des ressources humaines[33]. L'approche stratégique s'inspire de la théorie de la contingence, qui s'efforce d'expliquer la prise de décision des gestionnaires par les caractéristiques technologiques et environnementales propres à l'organisation[34]. Cette théorie se rapproche de la perspective systémique parce que, comme elle, elle suppose une influence certaine de l'environnement sur son objet d'étude. La distinction entre les deux

32. ALTON W.J. CRAIG, «A Model for the Analysis of Industrial Relations Systems», texte présenté à l'assemblée annuelle de l'Association canadienne de science politique, le 7 juin 1967. Reproduit dans *Canadian Labour and Industrial Relations. Public and Private Sectors*, sous la direction de HEM C. JAIN, Toronto, McGraw-Hill Ryerson, 1975, p. 2-12. Craig a repris la présentation de son modèle dans de multiples ouvrages et articles.

33. Pour un aperçu de l'application de l'approche stratégique à la gestion des ressources humaines, voir GILLES GUÉRIN et THIERRY WILS, «L'harmonisation des pratiques de gestion des ressources humaines au contexte stratégique: une synthèse» dans *Vingt-cinq ans de pratique en relations industrielles au Québec*, sous la direction de RODRIGUE BLOUIN, Cowansville, Les Éditions Yvon Blais, 1990 (1164 p.), p. 669-715.

34. *Ibid.*, p. 674.

TABLEAU 29-8

Le système de relations industrielles selon Craig

Sous-systèmes de l'environnement	Le système de relations industrielles		
LES CONTEXTES OU intrants externes	**LES ACTEURS OU intrants internes**	**LES MÉCANISMES DE CONVERSION**	**LES RÉSULTATS (clauses de la convention collective)**
Contexte politique Répartition des pouvoirs entre le gouvernement fédéral et les gouvernements provinciaux **Contexte économique** Marché du travail Marché du produit Technologie **Contexte légal** Droit d'association Obligation de négocier Normes du travail	**Les syndicats** Objectifs pragmatiques Syndicats canadiens et syndicats internationaux **Le patronat** Objectif : l'entreprise **Les organismes gouvernementaux** Commission des relations du travail ... **Chaque acteur a ses propres** objectifs valeurs pouvoirs	**Négociation de la convention collective** Processus de négociation Conciliation obligatoire Médiation Arbitrage exécutoire **Services essentiels** Arbitrage Désignation Injonctions Lois spéciales	**organisationnels** Droits de gérance Sécurité syndicale **visant les travailleurs** Salaire et travail Droits et procédure Avantages sociaux **Grèves et lock-out**

Boucle de rétroaction

Source : ALTON W.J. CRAIG, « Les relations industrielles au Canada : aspects principaux » dans *L'état de la discipline en relations industrielles au Canada*, sous la direction de GÉRARD HÉBERT, HEM C. JAIN et NOAH M. MELTZ, Université de Montréal, École de relations industrielles, monographie nº 19, 1988, p. 15.

approches vient du fait que l'approche stratégique insiste davantage sur le caractère volontaire de la prise de décision. « Ainsi, cette approche se préoccupe (...) de l'étude des phénomènes vus sous l'angle de l'acteur-participant et de sa perspective stratégique[35]. » Même si l'environnement est un facteur crucial, la prise de décision en affaires repose, en dernier ressort, sur la volonté de l'acteur : des gestionnaires confrontés à un même problème peuvent adopter des solutions différentes. Selon l'approche stratégique, chaque situation est différente et la seule constante est la contingence.

Le principal modèle de l'approche stratégique en relations industrielles a été élaboré par une équipe de chercheurs du Massachusetts Institute of Technology composée de Thomas A. Kochan, Robert B.

35. MICHEL AUDET et VIATEUR LAROUCHE, « Paradigmes, écoles de pensée et théories en relations industrielles », *Relations industrielles*, vol. 43, nº 1, 1988, p. 20.

McKersie et Peter Cappelli (1984[36]). Ce nouveau modèle est né de l'incapacité du modèle systémique traditionnel à expliquer adéquatement les changements récents dans les relations industrielles nord-américaines. Ces zones grises, non expliquées, sont les suivantes:

- La diminution de l'effectif syndical;
- Le changement dans les valeurs des gestionnaires;
- Les expériences innovatrices de gestion des ressources humaines dans les milieux de travail;
- Les initiatives des gestionnaires;
- Le changement du rôle de l'État.

Alors que les approches traditionnelles conçoivent généralement les employeurs comme «réactifs», c'est-à-dire réagissant aux pressions syndicales, cette vision des relations industrielles cherche à faire ressortir le rôle proactif des dirigeants d'entreprises et à faire ressortir les effets des choix de gestion sur les relations de travail.

L'élément clé de ce modèle est la notion de choix stratégique. Elle se rapporte aux décisions et aux actions des gestionnaires qui concernent la planification à long terme ou la mission de l'entreprise: «La stratégie représente (...) ce vers quoi l'entreprise tend, comment elle veut utiliser ses ressources et quelles sont ses orientations[37].» La stratégie résulte donc du choix des gestionnaires. Pour répondre aux pressions de l'environnement, par exemple à un changement dans la demande pour le produit, les dirigeants d'entreprises examineront différentes stratégies d'affaires et choisiront la plus appropriée: l'expansion, le désinvestissement, la concentration, la diversification ou la rationalisation. Ce choix aura un impact sur les relations de travail: la stratégie de relations industrielles doit être cohérente avec la stratégie d'affaires: «(...) en choisissant une stratégie, l'entreprise choisit la manière dont elle entend se comporter face à ses ressources humaines et aux syndicats[38]».

Il existe deux prémisses à l'approche des choix stratégiques. Premièrement, ces choix ne peuvent être faits que dans le cas où les parties bénéficient d'une marge de manœuvre dans la détermination de solutions. Ainsi, elles doivent bénéficier d'un certain pouvoir discrétionnaire dans le processus décisionnel. Deuxièmement, dans l'éventail des décisions laissées à la discrétion des parties, les décisions stratégiques sont celles qui modifient soit le rôle d'un acteur, soit les relations qu'il entretient avec les autres acteurs du système de relations industrielles. L'analyse s'applique aux syndicats autant qu'aux employeurs, et même à l'État.

Le processus de prise de décision stratégique s'effectue à divers niveaux, tel que le décrit le tableau 29-9. Cette matrice dresse la liste des décisions prises par chacun des acteurs clés du système selon les différents niveaux où ils interviennent: le niveau institutionnel («macro»), le niveau fonctionnel (système de relations industrielles) et le niveau organisationnel («micro»). La nature des décisions prises par les employeurs, les syndicats et l'État varie selon le niveau de décision considéré.

L'approche stratégique n'en est encore qu'à ses débuts: elle n'est guère détaillée en ce qui concerne les relations entre employeurs et syndicats. Les auteurs ont concentré leurs recherches, surtout par des études de cas, sur le niveau institutionnel, notamment sur ce qui touche les marchés, les stratégies d'affaires et les stratégies de relations industrielles[39]. En ce qui a trait à la négociation collective, on constate que cette approche la situe à un niveau mitoyen; elle constitue une charnière entre les niveaux «macro» et «micro». De plus, la négociation ne représente qu'une option parmi d'autres, dont, par exemple, une politique de

36. Thomas A. Kochan, Robert B. McKersie et Peter Cappelli, «Strategic Choice and Industrial Relations Theory», *Industrial Relations*, vol. 23, nº 1, hiver 1984, p. 16-39.

37. Marcel Côté, Maurice Lemelin et Jean-Marie Toulouse, «Les liens entre le management et les relations industrielles» dans *L'état de la discipline en relations industrielles au Canada*, sous la direction de Gérard Hébert, Hem C. Jain et Noah M. Meltz, Université de Montréal, École de relations industrielles, monographie nº 19, 1988 (372 p.), p. 207.

38. *Ibid.*

39. Michel Audet et Viateur Larouche, *op. cit.*, p. 22.

TABLEAU 29-9

Niveaux des décisions stratégiques en relations industrielles selon Kochan, McKersie et Cappelli

Niveaux de décisions	**Décisions prises par les**		
	employeurs	**syndicats**	**gouvernements**
Institutionnel (entreprise, pays)	Rôle stratégique des ressources humaines Politique envers les syndicats Investissements Localisation Technologie Utilisation de facteurs extérieurs	Rôle en matière politique Campagnes d'organisation Politiques publiques (ex. : lois du travail) Politiques économiques (ex. : plein emploi)	Politiques économiques Politiques sociales Politiques industrielles (ex. : libre-échange)
Fonctionnel (système de relations industrielles : usine, unité de négociation)	Politique de ressources humaines Négociation collective Stratégies	Politique de négociation collective Stratégies de négociation (ex. : salaire ou emploi)	Normes du travail et de l'emploi Politiques de revenus Interventions dans les conflits
Organisationnel (lieu de travail des individus ou des groupes : département, unité de travail)	Approche bureaucratique ou contractuelle Participation ouvrière : individuelle ou de groupe	Politique sur la participation ouvrière Changements technologiques Organisation du travail	Règles relatives aux droits des travailleurs et à la participation ouvrière

Source: Thomas A. Kochan, Robert B. McKersie et Peter Cappelli, «Strategic Choice and Industrial Relations Theory», *Industrial Relations*, vol. 23, nº 1, hiver 1984, p. 23.

gestion des ressources humaines dans un contexte non syndiqué.

L'apport principal de cette approche réside dans le «pont» qu'elle établit entre le contexte où se situe l'entreprise, comme dans les modèles économiques, et la notion de pouvoir discrétionnaire dans les décisions, comme dans les modèles mixtes. Le rôle central attribué à l'employeur contraste avec celui qu'on lui accorde dans la plupart des autres modèles où la fonction du syndicat est prépondérante. Comme pour Harbison et Coleman, les relations de travail ne constituent ici qu'une des préoccupations des gestionnaires; elle vient d'ailleurs après les considérations qui concernent l'orientation d'affaires de l'entreprise. L'approche stratégique demeure l'un des plus intéressants efforts de recherche récents. Les possibilités qu'elle offre pour analyser la négociation collective est considérable, mais elle reste encore à approfondir. Il faudra aussi confronter contingence et négociation collective, comme dans le cas des entreprises sujettes aux aléas de la concurrence mondiale.

29.4.6 Critique des modèles et des approches de type institutionnel

À la lumière de ces différentes approches et des modèles que chacune propose, nous avons pu analyser la négociation collective de près (Ross), de loin (approches systémique et stratégique) ou même des deux points de vue en même temps (Harbison-Coleman et Chamberlain-Kuhn). On peut dire que la négociation collective est examinée par les deux bouts de la lorgnette. Inévitablement, la perspective change, même si l'on étudie le même objet.

Les approches institutionnelles, qu'elles soient interprétatives, systémiques ou stratégiques, représentent autant d'instruments de base pour étudier le processus de négociation danas une perspective large. Les deux approches précédentes, économique et mixte, se concentrent sur les éléments intrinsèques de la négociation: stratégies, concessions, tactiques, détermination des résultats et estimation des coûts et des gains. Sous cet aspect, il faut reconnaître la faiblesse générale des modèles de type institutionnel.

Par contre, la contribution de ces modèles à une théorie générale de la négociation collective, sur le plan de la description du phénomène et de son rôle dans la société, est importante. Les modèles institutionnalistes nous éclairent sur la nature, les objectifs et les attitudes des acteurs, ainsi que sur le caractère éminemment politique du processus. L'approche interprétative nous fait réaliser la nature complexe du phénomène et l'impact de la conception des acteurs sur leur façon d'agir. Quant aux approches systémique et stratégique, elles insistent sur l'importance qu'il y a à ne pas isoler la négociation collective des autres réalités du système social global. Si l'approche systémique met l'accent sur le rôle déterminant de l'environnement, l'approche stratégique nuance cette influence par la notion de choix stratégiques: ces choix montrent bien la discrétion dont jouissent les parties dans le processus décisionnel et ce, à tous les niveaux, y compris celui de la négociation.

Par le moyen du raisonnement logique, des interprétations poussées, des structurations en un tout complet des nombreux éléments de la négociation, ainsi que par la méthode d'exposés détaillés du vécu et de l'expérience, ces approches évoquent, à divers degrés, les tenants et les aboutissants de la négociation collective. Ces descriptions globales font implicitement référence aux modèles «micro» abordés plus tôt, surtout par les économistes. Cette excursion hors du mécanisme intrinsèque de la négociation permet de fermer la boucle.

29.5 Conclusion sur les modèles de négociation

Il apparaît clairement, au terme de ce chapitre, qu'il n'existe pas *une* théorie de la négociation collective, mais une foule de modèles, tous différents les uns des autres. La diversité des approches illustre bien la complexité de l'objet étudié. Malgré les risques que l'exercice comporte, nous tenterons de dégager les forces et les faiblesses des principaux modèles; le plus souvent, ils ont les défauts de leurs qualités. Nous soulignerons ensuite les composantes essentielles de toute théorie de la négociation et nous formulerons quelques souhaits pour l'avenir.

29.5.1 Forces et faiblesses des modèles

Certains reprochent aux modèles économiques de réduire la négociation collective à la détermination des salaires; pourtant c'est généralement l'aspect majeur de toute négociation et celui dont les syndiqués se préoccupent le plus. La lumière que les modèles mixtes apportent au processus lui-même, au niveau «micro», est très valable; mais plusieurs de ces modèles sont fort abstraits et, surtout, ils mettent en veilleuse l'importance des contextes. Les institutionnalistes ont bien décrit le phénomène de la négociation collective, mais sans proposer un cadre analytique précis. L'approche comparative et interprétative a les mêmes qualités et les mêmes défauts; de plus elle ne fait pas le lien entre les trois interprétations qu'elle propose. D'un autre côté, elle met bien en relief trois aspects toujours présents dans la pratique de la négociation. La large perspective proposée par les approches systémique et stratégique constitue un atout pour l'analyse de la négociation, en la situant dans le cadre des relations industrielles et de la société en général; mais l'étude de la négociation elle-même risque d'être minimisée par l'attention portée au cadre global. Si les modèles et les approches ont tous les défauts de leurs qualités, il faut les envisager comme se complétant les uns les autres et non comme s'opposant les uns aux autres. Les avantages et les inconvénients de chacun sont relatifs: chacun se préoccupe d'un aspect particulier du phénomène.

Par contre, presque tous les modèles adoptent un même schéma d'analyse; ils cherchent à répondre aux mêmes questions: la nature du processus, les variables clés, les objectifs des parties, les postulats de base et les relations entre les comportements et les résultats obtenus. On doit noter une évolution dans les modèles tant par rapport aux aspects du phénomène retenus que par rapport à la méthode de recherche utilisée. Aujourd'hui, les auteurs recourent bien davantage à l'approche multidisciplinaire qu'à une analyse fondée sur une seule discipline.

On peut formuler certaines critiques à l'endroit de quelques modèles: absence de variables mesurables, simplicité des postulats posés, logique apparemment simpliste, manque d'empirisme et difficulté d'application à la réalité. Pour être juste envers chacun, il faudrait considérer les objectifs que chaque auteur poursuivait et reconnaître la contribution qu'il a apportée à une meilleure intelligence de la négociation collective en cernant et en expliquant quelques aspects de ce phénomène complexe. Ces travaux constituent une base nécessaire non seulement pour la recherche mais aussi pour la compréhension quotidienne de la négociation collective. Sous ce dernier aspect, la distinction entre négociation distributive et négociation intégrative est infiniment précieuse, autant pour la théorie que pour la pratique.

29.5.2 Composantes essentielles des modèles

Tout modèle de négociation collective doit intégrer au moins les trois éléments suivants: l'interaction stratégique entre les acteurs, le pouvoir de négociation et l'environnement. L'interaction stratégique souligne le caractère dynamique et décentralisé, au niveau «micro», du phénomène, le mode de détermination des objectifs de négociation, le taux efficace de solidarité, ainsi que le rôle de l'information pour changer les perceptions et les comportements des parties. Le pouvoir de négociation évalue l'état de la relation entre les parties, pourquoi et jusqu'à quel point elles sont dépendantes ou indépendantes l'une de l'autre. Cette relativisation des forces respectives permet de tenir compte de la triple nature de la relation – économique, politique et administrative – et de voir la convergence et la divergence des intérêts de chacun. Pour ce qui est des contextes, ils permettent de situer les valeurs des parties dans le cadre de la société; les valeurs sociales – économie de marché, justice sociale, progrès technique – représentent autant des contraintes que des avantages pour l'employeur et les travailleurs. Quant au contexte économique, nul ne peut en ignorer l'importance primordiale en ces temps de croissance limitée et de concurrence farouche[40].

40. Pour d'autres exemples de principes fondamentaux en relations industrielles, voir Jack Barbash, «Industrial Relations Concepts in the USA», *Relations industrielles*, vol. 46, n° 1, 1991, p. 91-119.

À ces trois aspects fondamentaux, il serait utile d'ajouter quelques aspects particuliers. Une situation de négociation comporte trois dimensions, c'est-à-dire trois fronts. Selon la vision de Walton et McKersie, une partie doit d'abord négocier, à l'intérieur de ses propres rangs, une unanimité relative quant à ses objectifs et aux moyens à mettre en œuvre pour les atteindre. Ensuite, elle doit négocier avec l'autre partie. Finalement, elle doit composer avec les différents contextes, pour ne pas se retrouver à contre-courant des valeurs du reste de la société ou encore pour lui faire accepter les siennes, s'il y a lieu.

Il faut enfin souligner le rapport entre le type d'analyse utilisé et le niveau de négociation observé. Ainsi, au niveau de la négociation directe, les parties se préoccupent de leur pouvoir de négociation relatif, par exemple des coûts d'accord et de désaccord. Dans la négociation interne, l'interaction stratégique vise à déterminer les préférences des acteurs, entre autres par les courbes d'utilité. Les résultats de la négociation sont sujets à une forme de négociation contextuelle: ils sont précisés sinon déterminés par l'environnement et les valeurs que la société privilégie, comme la concurrence et la stratégie d'entreprise. Ces éléments fondamentaux représentent des prérequis à l'élaboration d'un modèle global de la négociation collective; ils rejoignent la grande majorité des concepts mis de l'avant par les différents auteurs.

Quant aux modèles eux-mêmes, en dépit de leurs dehors parfois rébarbatifs pour les praticiens, ils aident à comprendre certains aspects cruciaux du phénomène. C'est dans cette schématisation de la réalité, à des fins didactiques, que se trouve la véritable valeur des modèles de négociation collective.

29.5.3 Souhaits pour l'avenir

Si la recherche théorique en négociation collective a une obligation à satisfaire, c'est bien de recourir de plus en plus à l'approche multidisciplinaire. Cette orientation doit cependant respecter le caractère propre des relations industrielles. Les modèles les plus pertinents et les plus englobants ont été élaborés explicitement pour la négociation collective.

Un caractère particulier du phénomène de négociation collective mérite qu'on lui accorde plus d'importance dans les recherches futures: la liberté et la responsabilité des parties. Font partie de cette dimension des notions comme la bonne foi, le *fair play*, la diligence et le *gentleman's agreement*. Ces notions se rapportent à une forme d'éthique de la négociation collective, à laquelle il est souhaitable que les parties adhèrent volontairement[41]. Des valeurs morales de négociation existent indéniablement, comme l'équité et la valeur de la parole donnée, que la plupart des modèles subliment en les rationalisant. Dès lors, on peut concevoir que la négociation n'est pas seulement une question de rationalité et d'intelligence, mais aussi une question de volonté. Il importerait qu'on s'attarde à ces considérations éthiques du phénomène dans une théorie générale de la négociation collective.

S'il existe un danger et une «désutilité» à la recherche qui vise à expliquer le phénomène de la négociation collective, Myron Joseph l'a bien exprimé en citant les propos d'un de ses collègues, Herbert Simon: «(...) la négociation collective fonctionne peut-être bien seulement parce que les participants ne comprennent pas entièrement les règles du jeu[42].» Si quelqu'un les connaissait toutes, il s'en servirait à coup sûr pour déjouer l'autre partie, à moins de supposer, comme le font les modèles économiques, une connaissance parfaite de ces règles, de part et d'autre. Mais l'hypothèse manque de vraisemblance.

La négociation collective constitue peut-être bien plus un art qu'une science. Cela justifierait le fait que les modèles soient plus descriptifs qu'analytiques. Cette interprétation expliquerait également la multitude d'approches et de modèles, et l'absence d'une véritable théorie de la négociation collective. Quoi qu'il en soit, la négociation collective reste un

41. Le cadre législatif peut imposer de telles obligations, comme le fait l'article 53 du *Code du travail* du Québec, L.R.Q., c. C-27.
42. Myron L. Joseph, «The Concept of Bargaining in Industrial Relations» dans *Proceedings of the 18th Annual Winter Meeting of the Industrial Relations Research Association, 1965*, Madison, Wis., IRRA, 1966, p. 192.

domaine difficile à systématiser, notamment parce que son étude fait davantage appel à des connaissances appliquées qu'à des connaissances abstraites. Il faut quand même reconnaître que les modèles conceptuels, en dépit de toutes leurs limites, apportent des éléments de réponse au problème sans aucun doute instructifs.

Bibliographie

Ouvrages généraux

ADAMS, R.J. «Competing Paradigms in Industrial Relations», *Relations industrielles*, vol. 38, nº 3, 1983, p. 508-529.

BARBASH, J. «Collective Bargaining as an Institution: a Long View» dans *Proceedings of the 29th Annual Winter Meeting of the Industrial Relations Research Association, 1976*, Madison, Wis., IRRA, 1977, p. 303-310.

BARBASH, J. «Collective Bargaining and the Theory of Conflict», *Relations industrielles*, vol. 34, nº 4, 1979, p. 303-316.

BARBASH, J. «Industrial Relations Concepts in the USA», *Relations industrielles*, vol. 46, nº 1, 1991, p. 91-119.

CARRIER, D. *La stratégie des négociations collectives*, Paris, Presses universitaires de France, 1967, 160 p.

FELLER, D.E. *A General Theory of the Collective Bargaining Agreement*, Institute of Industrial Relations, Berkeley, University of California, mai 1973, 194 p.

FLANDERS, A. «Éléments pour une théorie de la négociation collective», *Sociologie du travail*, vol. 10, nº 1, janvier-mars 1968, p. 13-35.

HAMEED, S.M.A. «A Theory of Collective Bargaining», *Relations industrielles*, vol. 25, nº 3, août 1970, p. 531-551.

HAMEED, S.M.A. «A Theory of Responsive Bargaining», *Labor Law Journal*, vol. 24, nº 8, août 1973, p. 550-558.

HAMEED, S.M.A. «Responsive Bargaining: Freedom to Strike with Responsibility», *Relations industrielles*, vol. 29, nº 1, 1974, p. 210-217.

HÉBERT, GÉRARD, JAIN, HEM C. et MELTZ, NOAH M. (sous la direction de). *L'état de la discipline en relations industrielles au Canada*, études réalisées sous les auspices de l'Association canadienne de relations industrielles, Université de Montréal, École de relations industrielles, monographie nº 19, 1988, 372 p.

JOSEPH, M.L. «The Concept of Bargaining in Industrial Relations» dans *Proceedings of the 18th Annual Winter Meeting of the Industrial Relations Research Association, 1965*, Madison, Wis., IRRA, 1966, p. 183-193.

KOCHAN, THOMAS A. «Theory, Policy Evaluation, and Methodology in Collective Bargaining Research» dans *Proceedings of the 29th Annual Winter Meeting of the Industrial Relations Research Association, 1976*, Madison, Wis., IRRA, 1977, p. 238-248.

PETERSON, RICHARD B. et TRACY, LANE. *Models of the Bargaining Process: With Special Reference to Collective Bargaining Process*, Seattle, Wash., University of Washington, Graduate School of Business Administration, 1977, 81 p.

REED TRIPP, L. «Collective Bargaining Theory» dans *Labor, Management and Social Policy*, sous la direction de G.G. SOMERS, Madison, University of Wisconsin, 1963, p. 47-74.

SOMERS, G.G. (sous la direction de). *Essays in Industrial Relations Theory*, Ames, Ia., Iowa State University Press, 1969, chap. 3: G.G. SOMERS, «Bargaining Power and Industrial Relations Theory», p. 39-53; chap. 4: M.L. JOSEPH, «Approaches to Collective Bargaining in Industrial Relations Theory», p. 55-67.

SEN, J. et HAMEED, S. *Theories of Industrial Relations*, Littleton, Mass., Copley, 1988, 575 p.

STRAUSS, G. «The Study of Conflict: Hope for a New Synthesis between Industrial Relations and Organizational Behavior» dans *Proceedings of the 29th Annual Winter Meeting of the Industrial Relations Research Association, 1976*, Madison, Wis., IRRA, 1977, p. 329-337.

«Theories of the Future of Industrial Relations», Industrial Relations Research Association Spring Meeting, Jamaïque, 3-6 mai 1973; cinq articles parus dans *Labor Law Journal*, vol. 24, nº 8, août 1973, p. 543-575.

YOUNG, ORAN R. (sous la direction de). *Bargaining Formal Theories of Negotiation*, Chicago, Ill., University of Illinois Press, 1975, 412 p.

Approche économique

CARTTER, ALLAN. *Theory of Wages and Employment*, Homewood, Ill., Richard D. Irwin, 1959, 234 p.

CHAMBERLAIN, NEIL W. *A General Theory of Economic Process*, New York, Harper and Brothers, 1955, 370 p.

CODDINGTON, A. *Theories of the Bargaining Process*, Londres, George Allen and Unwin, 1968, 106 p.

CROSS, J.G. *The Economics of Bargaining*, New York et Londres, Basic Books, 1969, 247 p.

DE MENIL, G. *Bargaining : Monopoly Power versus Union Power*, Cambridge, Mass., et Londres, MIT Press, 1971, 123 p.

DUNLOP, JOHN T. *Wage Determination under Trade Unions*, New York, Macmillan, 1944, 231 p.

EDGEWORTH, FRANCIS Y. *Mathematical Psychics*, Londres, C. Kegan Paul & Co., 1881, 150 p.

FELLNER, W. *Competition among the Few*, New York, Knopf, 1949, 328 p.

FOLDES, L. « Determinate Model of Bilateral Monopoly », *Economics*, n° 122, 1964, p. 117-131.

HARSANYI, J.C. « Approaches to the Bargaining Problem Before and After the Theory of Games : A Critical Discussion of Zeuthen's, Hicks' and Nash's Theories », *Econometrica*, vol. 24, n° 2, avril 1956, p. 144-157.

HICKS, JOHN RICHARD. *The Theory of Wages*, Londres, Macmillan, 1932, 388 p.

JOHNSON, G.E. « Economic Analysis of Trade Unionism », *American Economic Review*, vol. 65, mai 1975, p. 23-28.

JOHNSTON, J. « A Model of Wage Determination Under Bilateral Monopoly », *The Economic Journal*, vol. 82, septembre 1972, p. 837-852.

NASH, JOHN F. « The Bargaining Problem », *Econometrica*, vol. 18, n° 2, avril 1950, p. 155-162.

PEN, JAN. « A General Theory of Bargaining », *The American Economic Review*, vol. 42, n° 1, mars 1952, p. 24-42.

PEN, JAN. *The Wage Rate Under Collective Bargaining*, traduit du hollandais par T.S. Preston, Cambridge, Mass., Harvard University Press, 1959, 216 p.

PIGOU, ARTHUR C. *Principles and Methods of Industrial Peace*, Londres, Macmillan, 1905.

RAIFFA, H. « Arbitration Schemes for Generalized Two-Person Games » dans *Contributions to the Theory of Games*, t. II, sous la direction de H.W. KUHN et A.W. TUCKER, Princeton, N.J., Princeton University Press, 1953, p. 361-387.

ROTHSCHILD, K.W. « Approaches to the Theory of Bargaining » dans *The Theory of Wage Determination*, sous la direction de J.T. DUNLOP, Londres, Macmillan, et New York, St. Martin's Press, 1957, p. 292-314.

SHACKLE, GEORGE L.S. *Expectations in Economics*, Londres, St. Martin's Press, 1952, 146 p.

SHACKLE, GEORGE L.S. « The Nature of the Bargaining Process » dans *The Theory of Wage Determination*, sous la direction de J.T. DUNLOP, Londres, Macmillan, et New York, St. Martin's Press, 1957, p. 281-291.

VON NEUMANN, JOHN et MORGENSTERN, OSKAR. *Theory of Games and Economic Behavior*, 3e édition, Princeton, N.J., Princeton University Press, 1953, 641 p. (2e édition 1947 ; 1e édition 1944.)

ZEUTHEN, FREDERICK. *Problems of Monopoly and Economic Welfare*, Londres, George Routledge and Sons, 1930, 152 p.

ZEUTHEN, FREDERICK. « Du monopole bilatéral », *Revue d'économie politique*, vol. XLVIII, 1933, p. 1651-1670.

Approche mixte

BACHARACH, SAMUEL B. et LAWLER, EDWARD J. *Bargaining. Power, Tactics and Outcomes*, San Francisco, Cal., Jossey-Bass Inc., 1981, 234 p.

LEVINSON, H.M. *Determining Forces in Collective Wage Bargaining*, New York, John Wiley & Sons Inc., 1966, 283 p.

MABRY, BEVARS N. « The Pure Theory of Bargaining », *Industrial and Labor Relations Review*, vol. 18, n° 4, 1965, p. 479-502.

SCHELLING, THOMAS C. *The Strategy of Conflict*, Cambridge, Mass., Harvard University Press, 1960, 309 p.

STEVENS, CARL M. *Strategy and Collective Bargaining Negotiations*, New York, McGraw-Hill, 1963, 192 p.

WALTON, RICHARD E. et MCKERSIE, ROBERT B. *A Behavioral Theory of Labor Negotiations. An Analysis of a Social Interaction System*, New York, McGraw-Hill, 1965, 437 p.

Approche institutionnelle

CHAMBERLAIN, NEIL W. *Collective Bargaining*, 1re édition, New York, McGraw-Hill, 1951, 534 p., chap. 6, p. 120-139.

CHAMBERLAIN, NEIL W. et KUHN, JAMES W. *Collective Bargaining*, 2e édition, New York, McGraw-Hill, 1965, 451 p., chap. 5 : « The Nature of Collective Bargaining », p. 108-140.

HARBISON, FREDERICK H. et COLEMAN, JOHN R. *Goals and Strategy in Collective Bargaining*, New York, Harper, 1951. Traduit par ROGER CHARTIER sous le titre

Négociation collective, objectifs et tactiques, Québec, Les Presses de l'Université Laval, 1952, 208 p.

ROSS, ARTHUR M. *Trade Union Wage Policy*, Berkeley et Los Angeles, Cal., University of California Press, 1950, 133 p.

Approche systémique

CRAIG, ALTON W.J. « A Model for the Analysis of Industrial Relations Systems » dans *Canadian Labour and Industrial Relations : Public and Private Sectors*, sous la direction de H.C. JAIN, Toronto, McGraw-Hill Ryerson, 1975, p. 2-12.

CRAIG, ALTON W. J. « Les relations industrielles au Canada : aspects principaux » dans *L'état de la discipline en relations industrielles au Canada*, sous la direction de GÉRARD HÉBERT, HEM C. JAIN et NOAH M. MELTZ, études réalisées sous les auspices de l'Association canadienne de relations industrielles, Montréal, Université de Montréal, École de relations industrielles, monographie n° 19, 1988 (372 p.), p. 13-54.

DUNLOP, JOHN T. *Industrial Relations Systems*, New York, Henry Holt, 1958, 399 p.

LAROUCHE, VIATEUR et DÉOM, ESTHER. « L'approche systémique en relations industrielles », *Relations industrielles*, vol. 39, n° 1, 1984, p. 114-143.

Approche stratégique

CÔTÉ, M., LEMELIN, M. et TOULOUSE, J.M. « Les liens entre le management et les relations industrielles » dans *L'état de la discipline en relations industrielles au Canada*, sous la direction de G. HÉBERT, H.C. JAIN et N.M. MELTZ, études réalisées sous les auspices de l'Association canadienne de relations industrielles, Université de Montréal, École de relations industrielles, monographie n° 19, 1988, p. 181-224.

KOCHAN, THOMAS A., MCKERSIE, ROBERT B. et CAPPELLI, PETER. « Strategic Choice and Industrial Relations Theory », *Industrial Relations*, vol. 23, n° 1, hiver 1984, p. 16-39.

KOCHAN, THOMAS A. et KATZ, HARRY C. *Collective Bargaining and Industrial Relations*, Homewood, Ill., Irwin Series in Management and Behavioral Sciences, 1988, 496 p.

KOCHAN, THOMAS A., KATZ, HARRY C. et MCKERSIE, ROBERT B. *The Transformation of American Industrial Relations*, New York, Basic Books, 1989 (287 p.), chap. 1, p. 3-20.

Approche behavioriste

HÉBERT, GÉRARD et VINCENT, JANINE. *L'environnement et le jeu des personnalités dans la négociation collective. Facteurs de situation et facteurs psychologiques*. Montréal, Université de Montréal, École de relations industrielles, monographie n° 7, 1980, 77 p.

KERVIN, JOHN. « Sociologie, psychologie et relations industrielles » dans *L'état de la discipline en relations industrielles au Canada*, sous la direction de GÉRARD HÉBERT, HEM C. JAIN et NOAH M. MELTZ, études réalisées sous les auspices de l'Association canadienne de relations industrielles, Montréal, Université de Montréal, École de relations industrielles, monographie n° 19, 1988, p. 249-264.

REID, F. « Psychological Conflict Models : Their Applicability to the Theory of Collective Bargaining », *Relations industrielles*, vol. 32, n° 3, 1977, p. 445-448.

RUBIN, JEFFREY Z. et BROWN, BERT R. *The Social Psychology of the Bargaining Process and Negotiation*, New York, Academic Press, 1975, 359 p.

TOUZARD, H. *La médiation et la résolution des conflits*, Paris, Presses universitaires de France, 1977, 420 p.

WARR, P. *Psychology and Collective Bargaining*, Londres, Hutchison, 1973, 224 p.

Chapitre

30

Négociation collective dans quelques pays d'Europe

PLAN

Un coup d'œil sur la négociation collective dans quelques pays d'Europe permettra de voir comment le processus fonctionne dans des contextes différents. On remarquera une ressemblance avec la négociation en Amérique du Nord (discussion et compromis en vue d'en arriver à une entente), mais également d'énormes différences quant au cadre légal, aux structures et aux résultats. L'exercice nous aidera à mettre en perspective le régime que nous connaissons et que nous vivons, à y déceler l'essentiel et l'accessoire[1].

Nous étudierons d'abord le régime de négociation en Grande-Bretagne, parce que c'est là où tout a commencé – révolution industrielle, syndicalisme et négociation – et que la négociation y a joué, depuis un siècle, le rôle principal, quasi unique, dans la détermination des conditions de travail. Le régime canadien lui a emprunté plusieurs de ses caractéristiques, mais pas les plus fondamentales. Nous verrons ensuite le régime de négociation français, tout à fait différent du nôtre tant par son organisation syndicale que par ses structures de négociation. Enfin, nous évoquerons le régime suédois, que plusieurs ont considéré, à tort ou à raison, comme le modèle parfait des relations du travail efficaces et harmonieuses. Beaucoup d'autres expériences pourraient être étudiées avec profit, mais il faut nous imposer des limites.

Pour comprendre la négociation collective dans un pays, il est essentiel de voir d'abord quel est le fonctionnement du syndicalisme. Nous évoquerons, pour chaque pays, l'apparition des premiers regroupements de travailleurs, le rôle des principales organisations et leur participation à la négociation collective. Les cheminements diffèrent d'un pays à l'autre, et il faut insister sur l'aspect prédominant dans chaque cas.

À propos de la négociation collective, la question centrale porte partout sur la recherche d'un équilibre entre la négociation centralisée et la négociation décentralisée. Dans tous les pays d'Europe, on pratique une forme ou l'autre de négociation à paliers multiples. La diversité des situations est souvent reliée à l'organisation de la structure syndicale.

Nous conclurons en soulignant d'abord les ressemblances et les différences entre les divers pays, pour ensuite dégager quelques grandes questions reliées aux principales caractéristiques de la négociation collective dans les pays d'Europe.

30.1 Grande-Bretagne[2]

Le régime britannique des relations du travail et de la négociation collective a toujours été qualifié de «volontariste», dans le sens de *voluntarism*. Les parties ont pu, en toute liberté, créer le régime de relations collectives de travail qui répondait à leurs aspirations, pratiquement sans contrainte de la part de l'État; en principe tout est volontaire. Pourtant, il y a beaucoup de lois du travail en Grande-Bretagne, mais leur approche est le plus souvent négative – telle pratique n'est pas interdite – ou orientée vers les travailleurs individuels à qui elles accordent certains droits. Les lois protègent donc les droits individuels, mais laissent une grande liberté dans l'exercice des droits collectifs[3] : ceux-ci ne reflètent aucun juridisme. Pour bien comprendre un tel régime, il faut d'abord en tracer un historique relativement détaillé, tant sous l'aspect syndical qu'au point de vue de la négociation collective.

Auparavant, il faut rappeler quelques données de base. La population totale de la Grande-Bretagne est d'environ 55 millions; 25 millions de personnes ont un emploi et trois millions sont en chômage. Le produit intérieur brut atteint 830 milliards de dollars US. De ce total, 30 % est attribuable à la production industrielle et 60 % aux services. Le pays importe à peu près 15 % plus de biens qu'il n'en produit. En 1986,

1. Le chapitre a été préparé par Carol Bélanger, étudiant au doctorat à l'École de relations industrielles de l'Université de Montréal.

2. Nous utilisons cette expression à cause de son usage courant et de son évocation de l'adjectif «britannique». Officiellement, le pays porte le nom de Royaume-Uni.

3. Jacques Rojot, «Droits collectifs et droits individuels. Les situations française, américaine et anglaise» dans *Les chartes des droits et les relations industrielles*, 43e Congrès de relations industrielles, Québec, Les Presses de l'Université Laval, 1988 (272 p.), p. 19-49. (Voir les pages 38-46.)

le taux de chômage était de 11 %; en 1990, il est descendu à 6 %. L'inflation est à 8 %. Le taux de syndicalisation est d'environ 45 %[4]; il s'est maintenu à ce niveau, ou un peu plus haut, depuis 1920.

30.1.1 Historique

L'ère industrielle débute en Grande-Bretagne avec le XIXe siècle[5]. Dès la fin du XVIIIe, on note la présence de quelques mouvements ouvriers; mais ils œuvrent dans la clandestinité. La *common law* les exclut déjà; de plus les *Combination Acts* de 1799 et de 1800 vont rendre illégaux touts les rapports collectifs du travail: ententes sur les salaires et sur les heures de travail, rassemblements, grèves. Ces lois seront révoquées en 1824[6]. La révocation de 1824 fut reprise et confirmée dans le *Peel Act* de 1825. Le Parlement britannique donnait ainsi sa première base au trade-unionisme anglais, même si, en fait, il lui permettait simplement d'exister[7].

Dans la première moitié du XIXe siècle, des syndicats se forment de façon sporadique et ne parviennent pas à survivre. Leur activité prend généralement la forme de manifestations, qui sont réprimées, parfois de façon sanglante, par la milice. L'abrogation des *Combination Acts*, en 1824, favorise la création de plusieurs syndicats. Comme en Amérique, les efforts de regroupements, dans la première moitié du XIXe siècle, demeurent sans lendemain.

Les Bourses du travail et les syndicats de métiers apparaissent vers 1860. Les Bourses du travail sont des regroupements de plusieurs syndicats dans un territoire géographique donné. La première est celle de Londres, son objectif est d'être le porte-parole de l'ensemble des syndicats londoniens. Quelques années plus tard, en 1867, apparaît à Londres un autre regroupement, la Conférence syndicale. Ces deux organisations cherchent à faire voter des lois qui protégeront syndicats et travailleurs. Les Bourses du travail sont les premiers syndicats multimétiers et les précurseurs des syndicats industriels. Les syndicats de métier assurent la protection de leurs membres, entre autres par différentes formes d'assurance mutuelle.

Le Parlement britannique a reconnu explicitement l'existence des syndicats en leur accordant un statut légal par le *Trade Union Act* en 1871[8]. C'est de cette loi que s'inspire la *Loi sur les syndicats ouvriers* du Canada en 1872.

Vers la même époque, un certain nombre de Bourses du travail et de syndicats de métier se regroupent pour fonder le *Trade Union Congress* (TUC), qui deviendra la centrale des travailleurs britanniques. Le TUC est né de l'initiative des Bourses du travail de Manchester et de Salford. Les Bourses du travail ont répandu l'idée que les travailleurs devaient avoir leur propre parti politique. En 1895, le TUC exclut les Bourses du travail de ses rangs parce qu'il les juge trop révolutionnaires. La même année, il présente ses propres candidats aux élections parlementaires et, en 1906, il fonde le *Labour Party*, le Parti travailliste anglais.

Pendant ces mêmes 20 ans, de 1860 à 1880, l'évolution de la structure industrielle de la Grande-Bretagne favorise l'émergence de très grandes industries qui embauchent de plus en plus de main-d'œuvre non spécialisée. En même temps, l'influence des idées socialistes augmente partout au pays. Ces deux facteurs contribuent au regroupement de syndicats en de grands ensembles et à l'admission dans leurs rangs d'ouvriers non spécialisés. C'est le début du syndicalisme dit industriel, à côté des syndicats de métier ou *trade unions*.

4. JOYANNA MOY, «An Analysis of Unemployment and Other Labor Market Indicators in 10 Countries», *Monthly Labor Review*, vol. III, nº 4, avril 1988, p. 39-50; CLARA CHANG et CONSTANCE SORRENTINO, «Union Membership Statistics in 12 Countries», *Monthly Labor Review*, vol. 114, nº 12, décembre 1991, p. 46-53.
5. GEORGES LEFRANC, *Le syndicalisme dans le monde*, 9e édition, Paris, Presses universitaires de France, 1975 (126 p.), p. 10-12, 75-80; GILLES MARTINET, *Sept syndicalismes*, Paris, Éditions du Seuil, 1979 (247 p.), p. 13-40.
6. *Combination Acts*, 39 George III, 1799, c. 81, et 39-40 George III, 1800, c. 100; *Combination Laws Repeal Act*, 5 George IV, 1824, c. 96.
7. 6 George IV, 1825, c. 129.

8. 34-35 Victoria, 1871, c. 31.

Dès cette époque, on trouve dans un même établissement plusieurs syndicats, affiliés ou non au TUC. Ils négocient tous, simultanément, conjointement ou séparément, avec l'employeur au nom des travailleurs qu'ils représentent. Les ouvriers spécialisés sont souvent regroupés dans une fédération professionnelle propre à leur métier; les ouvriers non spécialisés ont le choix entre différentes fédérations. En Grande-Bretagne le monopole syndical n'a jamais été imposé par la loi, mais il existe souvent de fait par la volonté des parties, en vertu d'une clause d'atelier fermé (*closed shop*).

Dès le début du XXe siècle, la négociation collective est solidement installée dans quelques-unes des grandes industries britanniques, comme la métallurgie et le textile. Dans ce type d'industries, la négociation est généralement centralisée et se fait entre une ou plusieurs unions et une association d'employeurs. Parallèlement à ces quelques grandes négociations, un plus grand nombre vise des groupes restreints de travailleurs, par exemple les employés d'un établissement. Le tout se déroule toujours sur une base volontaire, sans recours à l'autorité gouvernementale[9].

La guerre de 1914-1918 amena des modifications aux relations de travail; par exemple la grève et le lock-out furent interdits dans les industries de guerre et remplacés par l'arbitrage exécutoire. Un malaise existait, stimulé par le Mouvement des délégués d'atelier, qui voulaient ramener le pouvoir syndical à la base. En octobre 1916, le gouvernement institua un comité d'enquête sous la présidence du député J.H. Whitley, vice-président de la Chambre des communes. Le comité remit cinq rapports, en 1917 et 1918, qui eurent une répercussion considérable sur les relations du travail, même s'ils ne firent l'objet d'aucune loi particulière[10].

La principale recommandation visait la création de conseils industriels mixtes dans les industries déjà syndiquées (*Joint Industrial Councils* – JIC). Ils furent aussitôt appelés les *Whitley Councils*[11]. Ces conseils, composés de représentants des syndicats et des employeurs, pouvaient compter sur certains services du ministère du Travail. Ils avaient pour objectifs d'assurer le meilleur fonctionnement possible de la négociation collective, sans s'y substituer, de promouvoir l'harmonie industrielle et d'assurer au plus grand nombre de personnes possible de bonnes conditions de travail. Patrons et syndicats appuyèrent les recommandations du comité Whitley. Dès 1921, il y avait 75 JIC. Leur nombre a varié en fonction de l'activité économique. Vers 1960, il y en avait près de 200.

Les *Whitley Councils* et d'autres conseils de salaires (*wages councils*) avaient comme premier objectif d'assurer des salaires raisonnables dans toutes les industries, y compris dans les secteurs moins bien organisés. Ces conseils existent à plusieurs niveaux, y compris à l'échelle locale. Ils peuvent être créés d'autorité si nécessaire. Ils ont le droit d'imposer une sorte de salaire minimum, sectoriel ou industriel, quand les conditions de travail sont jugées inadéquates[12]. Ils soumettent alors leurs recommandations au secrétaire d'État à l'emploi, qui les fait approuver en vertu du *Trade Boards Act* de 1918, remplacé en 1945 par le *Wages Councils Act* qui fut lui-même amendé au cours des années subséquentes[13]. Ils peuvent assumer un rôle d'inspection, et faire rapport au Service d'inspection de l'État.

9. R.F. Bank, «The Pattern of Collective Bargaining» dans *Industrial Relations. Contemporary Problems and Perspectives*, sous la direction de B.C. Roberts, Londres, Methuen, 1968, 299 p., chap. 3, p. 94; Allan Flanders, *Industrial Relations: What Is Wrong with the System?* Londres, Faber and Faber, 1965 (63 p.), p. 23.

10. *Industrial Relations Handbook*, Londres, ministère du Travail, Her Majesty's Stationery Office, 1961 (234 p.), p. 20-25.

11. R.F. Bank, *op. cit.*, p. 97-98; Glyn Picton, «Whitley Councils in the Health Services», *Public Administration* (Londres), vol. 35, nº 4, 1957, p. 359-391; E. Hawtrey, «L'application de la législation britannique sur le salaire minimum», *Revue internationale du travail*, vol. 79, nº 4, 1959, p. 413-433.

12. *Industrial Relations Handbook*, voir *supra*, note 10, p. 153-163; R.F. Bank, *op. cit.*, p. 99.

13. 8-9 George V, 1918, c. 32 et 9 George VI, 1945, c. 17.

Après la Seconde Guerre mondiale, les nationalisations effectuées en Grande-Bretagne – les charbonnages en 1947, l'électricité et le gaz en 1948, pour ne nommer que celles-là – vont modifier l'économie britannique et les relations du travail[14]. Les conflits et les grèves dans les secteurs nationalisés, ainsi que leurs conséquences économiques, sont bien connus. Ils ont entraîné des réajustements à l'intérieur du mouvement syndical: le TUC a dû imposer des restrictions à des groupes particuliers, plus militants. Au milieu des années 1960, un gouvernement travailliste institua une politique des prix et des revenus et, par la suite, une commission d'enquête sur les relations du travail, présidée par Lord Donovan[15].

À la même époque, les *Whitley Councils* ont reçu une nouvelle mission. À leur objectif initial d'établir un minimum salarial par secteur, s'ajoute celui de recommander un plafond, afin de contenir l'inflation. Pour ce second rôle, cependant, aucun mécanisme de contrôle n'a été mis en place.

Avec les années 1970, les relations du travail en Grande-Bretagne entrent dans la période contemporaine.

30.1.2 Principaux organismes syndicaux

Le *Trade Union Congress* a été fondé en 1868 par un groupe de syndicats et de Bourses du travail. Dès 1871, il avait une représentativité incontestable: il regroupait déjà un demi-million de membres. Le TUC est la seule organisation syndicale nationale en Grande-Bretagne. Il n'a toutefois pas de contrôle direct sur les fédérations qui lui sont affiliées. La structure et la composition de ces fédérations sont très variables. Selon le cas, elles représentent une profession, une industrie ou une région; quelques-unes réunissent les trois types de regroupements. L'importance des composantes du TUC varie énormément. Les deux tiers de ses 12 millions de membres appartiennent à 10 des quelque 40 organisations qui lui sont affiliées[16].

À titre d'exemple, le *Transport and General Workers' Union* (TGWU) compte deux millions d'adhérents, qui sont eux-mêmes membres de 12 groupes professionnels différents, dont des travailleurs de l'automobile, du bâtiment, de la chimie, du pétrole, des transports routiers, des services publics et de nombreux travailleurs non qualifiés. Le TGWU est la plus importante composante du TUC qui compte pas moins de 350 syndicats affiliés. Le TUC est davantage un organe de communication et un lieu de concertation que de décision. Les décisions et leur application sont laissées aux grandes fédérations, qui à leur tour laissent beaucoup de liberté aux syndicats locaux. Le TUC ne négocie pas lui-même; il n'a aucun pouvoir pour déclencher une grève ou pour y mettre fin.

Les relations entre les fédérations ne sont pas toujours cordiales: on se concurrence pour obtenir le *membership*. Le TGWU défend l'idée des négociations décentralisées et celle de l'unité d'action syndicale. Son influence sur le TUC est considérable, comme celle des autres grandes fédérations. Il existe quelques syndicats qui ne sont pas affiliés au TUC: ils comptent deux millions de membres. La *National Union of Mineworkers* fait partie de ce groupe et, comme d'autres, exerce une influence considérable sur son secteur d'activité. La structure et le fonctionnement de ces organismes sont sensiblement les mêmes que ceux des fédérations affiliées au TUC.

La base, pour ne pas dire la pierre angulaire, du syndicalisme en Grande-Bretagne a toujours été le délégué d'atelier (*shop steward*). Le délégué d'atelier

14. *Industrial Relations Handbook*, voir *supra*, note 10, p. 68-98.

15. WILLIAM PICKLES, «Trade Unions in the Political Climate» dans *Industrial Relations*, voir *supra*, note 9, p. 273; ROBERT F. BANKS, «The Reform of British Industrial Relations: The Donovan Report and the Labour Government's Policy Proposals», *Relations industrielles*, vol. 24, nº 2, avril 1969, p. 333-382.

16. ALLAN FLANDERS, «Great Britain» dans *Comparative Labor Movements*, sous la direction de WALTER GALENSON, New York, Prentice-Hall, 1955 (599 p.), p. 1-103. Sur le délégué d'atelier, voir SHELDON LEADER, «Grande-Bretagne» dans *Droit du travail, démocratie et crise*, sous la direction d'ANTOINE LYON-CAEN et ANTOINE JEAMMAUD, Paris, Presses universitaires de France, 1986 (259 p.), p. 75-76, 89-90.

peut avoir différents noms selon l'industrie où il se trouve et son statut dans l'organisation. On l'appelle, par exemple, *corresponding member, work representative* ou *staff representative*.

Le délégué d'atelier assure, d'une part, le contact entre les ouvriers et le syndicat; d'autre part, il représente les travailleurs auprès de la direction de l'établissement. Il perçoit les cotisations syndicales dans les entreprises où la retenue sur la paye n'a pas été instaurée. Il recrute de nouveaux membres et tient les adhérents au courant des activités du groupe. Il négocie avec les contremaîtres pour assurer le respect des conditions convenues par entente mutuelle; c'est là sa responsabilité.

Chaque année, on procède à l'élection des délégués d'atelier. Cette élection se fait par vote secret – avant 1982, on avait recours au vote à main levée – et seuls les syndiqués ont le droit de vote. À n'importe quel moment on peut révoquer un délégué d'atelier. L'employeur n'a aucune obligation de le reconnaître. Toutefois, il le fait lorsque le délégué représente un assez grand nombre d'employés. Chaque syndicat représenté dans l'entreprise aura son ou ses délégués d'ateliers. Une fois élus, les délégués d'atelier doivent obtenir l'appui de la fédération qu'ils représentent.

Les délégués qui, dans une même entreprise, représentent plusieurs syndicats doivent s'entendre pour coordonner leurs activités. Au sein d'un comité de délégués, ils définissent les politiques syndicales dans l'entreprise. Les délégués s'efforcent de présenter une position commune; mais ce n'est pas toujours le cas.

Les délégués d'atelier sont souvent victimes de sanctions de la part de l'employeur. La loi ne les protège pas et ils ne cherchent pas une telle protection. Les travailleurs britanniques considèrent que l'arrêt de travail, exercé jusqu'à correction de l'injustice, est un meilleur moyen de défense pour leurs délégués d'atelier que le recours à une loi.

Le financement des organismes syndicaux est fondé principalement sur le paiement de la cotisation hebdomadaire. En général, il n'y a pas de frais d'adhésion et le montant de la cotisation est faible comparé à l'Amérique du Nord. Par contre, on recourt, si nécessaire, à des contributions volontaires spéciales. L'autorisation de la retenue automatique ne semble pas interdite. Les revenus tirés de fonds investis dans divers titres ont une certaine importance.

La structure complexe du syndicalisme britannique risque d'entraîner des successions de conflits. La présence de nombreuses fédérations et syndicats dans une même entreprise fait en sorte que la négociation collective est plus ardue. Par exemple, à la compagnie Ford d'Angleterre on trouve plus de 20 syndicats[17]. Lorsque des conflits de représentativité surviennent, on les confie souvent aux arbitres du TUC, quoique cela ne soit pas obligatoire. La loi n'intervient pas: elle laisse les parties s'entendre entre elles. Le volontarisme s'applique autant dans la structure syndicale que légale.

30.1.3 Organisations patronales

Les employeurs d'une même branche industrielle se regroupent, sur une base volontaire, en association. Une branche industrielle regroupe les entreprises qui fabriquent une même catégorie de produits, comme l'industrie chimique. Les organisations patronales sont les vis-à-vis des fédérations de travailleurs.

Il existe une association d'employeurs qui regroupe des employeurs issus de plusieurs branches industrielles. Il s'agit de la Confédération de l'industrie britannique (*Confederation of British Industry* – CBI), qui recommande certains dispositifs pour normaliser les négociations dans les établissements. Toutefois, son rôle est modeste quant aux questions qui touchent au travail; elle n'est pas le vis-à-vis réel du TUC en ce sens qu'elle n'a pas son autorité morale.

Ce sont les regroupements d'employeurs issus d'une même branche industrielle qui sont vraiment importants en matière de négociation collective centralisée. On peut nommer, par exemple, l'Association des employeurs des industries du métal (*Engineering and Allied Employers' Federation* – EEF) et l'Asso-

17. GILLES MARTINET, *op. cit.*, p. 34.

ciation des industries chimiques (*Chemical Industries Association* – CIA). Toutes ces associations jouent essentiellement un rôle de conseiller dans la préparation des négociations; elles font circuler l'information et ne négocient directement qu'en vue de conclure des accords à l'échelle des branches, là où ils s'appliquent encore. Tout comme dans le cas des fédérations de travailleurs, certains employeurs ont une influence plus grande que d'autres. Les plus grands employeurs dominent généralement les activités des fédérations patronales.

Avant de passer à la négociation collective comme telle, il nous faut donner un aperçu du cadre légal dans lequel elle s'inscrit: il est bien différent de celui qui existe en Amérique du Nord, mais il n'en est pas moins important, d'une autre façon.

30.1.4 Cadre légal

De multiples lois encadrent le monde du travail en Grande-Bretagne. On peut les regrouper sous les cinq thèmes suivants[18]:

- Les syndicats;
- Les salaires;
- Le règlement des conflits;
- Les conditions de travail et d'emploi;
- Les industries particulières.

Les lois qui régissent les syndicats comprennent le *Trade Union Act* de 1871; amendée une première fois en 1913, cette loi a fait l'objet d'une importante modification en 1984. Font également partie de cette catégorie certaines dispositions de l'*Employment Act* de 1990. La volonté d'assurer des salaires convenables s'est d'abord manifestée dans le *Trade Boards Act* de 1909, amendé en 1918; elle s'est à nouveau exprimée dans le *Wages Councils Act* de 1945, modifié en 1959.

Par rapport au règlement des conflits, il y a eu le *Conciliation Act* de 1896 et surtout l'*Industrial Courts Act* de 1919. Cette dernière loi permet d'instituer des tribunaux d'arbitrage, aux frais de l'État, pour les parties qui veulent y recourir. La loi de 1959 sur les conditions d'emploi (*Terms and Conditions of Employment Act*) a repris le contenu des deux lois précédentes et en a étendu la portée pour inclure les réclamations particulières pour violation des conditions de travail établies (griefs).

Avec la loi de 1959 sur les conditions d'emploi, apparaît un nouveau type de loi du travail qui touche à toutes les questions qui préoccupent l'État d'une manière ou d'une autre, que ce soit l'appartenance syndicale obligatoire ou la question d'indemnité de fin d'emploi. Entrent dans cette catégorie l'importante loi de 1971 sur les relations industrielles, l'*Industrial Relations Act*, retirée en 1974[19], et toutes les lois sur l'emploi (*Employment Act*) adoptées par le gouvernement conservateur de 1979 à 1990[20]. Enfin, plusieurs lois ont été adoptées qui visent les conditions de travail dans des industries particulières, comme le transport routier en 1938, l'électricité et le gaz en 1947 et 1948, l'aviation civile en 1949 et 1960, l'énergie atomique en 1954, etc.

Un tableau général du cadre légal dans la première moitié du XXe siècle contiendrait les éléments suivants. L'État accorde l'immunité aux syndicats; il impose son approbation avant que soit fixé un salaire minimum dans l'une ou l'autre des branches industrielles et il met à la disposition des parties des instruments pour assurer le bon déroulement des négociations. Cette dernière initiative n'aura pas connu beaucoup de succès: les Britanniques préfèrent que les questions de négociation collective soient laissées aux syndicats et aux patrons. Aucune loi ne rend la négociation collective obligatoire ni ne limite le droit de grève. L'État laisse aux parties le soin de s'entendre sur les mesures à prendre pour en arriver à un accord. Il leur offre tout de même un mécanisme d'arbitrage et de conciliation; son fonctionnement donnera satisfaction aux employeurs et aux syndicats. Toutefois, ces derniers y recourront moins souvent,

18. *Industrial Relations Handbook*, voir *supra*, note 10, p. 27-206.

19. S.C. Ghosh, «The British Trade Unions and the Labour Law. The Case of the Industrial Relations Act 1971», *Relations industrielles*, vol. 35, n° 2, 1980, p. 251-278.

20. *Bulletin d'informations sociales*, BIT, 1980 à 1991, *passim*.

au cours des dernières décennies, parce que ces organismes accordent selon eux trop d'importance à la lutte contre l'inflation.

Jusqu'en 1971, la loi reconnaît le caractère exécutoire de la convention collective négociée et signée. Elle interdit toute poursuite contre les syndicats, du moins jusqu'en 1982. La loi ne dit rien de l'élection des délégués d'atelier, du mécanisme de négociation (début, délai, durée de l'accord), du processus de négociation (étapes, participants) ni des formes d'affrontement (grève et lock-out). Le principe fondamental est de laisser aux parties l'entière liberté d'organiser à leur guise leurs relations collectives de travail. Une des conséquences est que, contrairement à la situation en Amérique du Nord, les avocats sont pratiquement absents des relations du travail en Grande-Bretagne[21].

* * *

En 1965, l'État crée la Commission Donovan, qui est chargée d'examiner le rôle des organisations patronales et syndicales, en vue d'assurer le progrès économique et social du pays. En 1968, la Commission dépose son rapport. Le Parti travailliste qui est au pouvoir présente un livre blanc qui contient plusieurs recommandations du rapport. Les syndicats protestent et, pendant qu'on discute, les conservateurs prennent le pouvoir en juin 1970. Ils présentent le projet de loi qui sera adopté en 1971; l'*Industrial Relations Act*[22] s'inspire du rapport Donovan et de la loi américaine: les unions doivent s'enregistrer et elles sont responsables de tous leurs gestes, y compris ceux que posent les délégués d'atelier; toute autre grève qu'une grève de négociation collective est interdite. Dans les cas de grèves d'intérêt public, il doit y avoir avis préalable de 28 jours et vote au scrutin secret. L'atelier fermé est interdit et la convention collective a pleine valeur légale[23].

Les syndicats, le TUC en tête, résisteront par tous les moyens à l'application de la loi. Le Parti travailliste ayant été réélu, d'abord comme gouvernement minoritaire en février 1974, puis avec une majorité en octobre, il révoque la loi avant la fin de l'année. Il rétablit ainsi l'immunité syndicale, si chère au travaillisme anglais. En même temps, il entreprend une étude sur la participation des travailleurs à la gestion des entreprises. Par ailleurs, le fort taux d'inflation de 1975 obligera le gouvernement à limiter les augmentations salariales. Les délégués d'atelier refuseront de suivre le mouvement. Ce sera la fin du tripartisme dans la détermination des salaires[24]. À la même époque, l'État crée l'*Arbitration and Conciliation Advisory Service* (ACAS), chargé d'aider à la reconnaissance (non obligatoire) des syndicats par les entreprises. En 1980, cet organisme est supprimé et la reconnaissance du syndicat par l'employeur demeure à la discrétion de ce dernier.

En 1979 le Parti conservateur, sous la direction de Margaret Thatcher, reprend le pouvoir. Les 12 ans de thatchérisme apporteront d'importantes modifications aux lois du travail. Des lois sur l'emploi (*Employment Act*) seront adoptées en 1980, 1982, 1989 et 1990; la loi sur les syndicats sera modifiée en 1984.

La loi sur la protection de l'emploi de 1980 (*Employment Act, 1980*) favorise le recours aux scrutins secrets. Des fonds publics sont disponibles à cette fin dans certaines circonstances, en particulier avant le déclenchement d'une grève et pour l'élection des représentants syndicaux[25]. En même temps sont publiés deux recueils de directives pratiques, un sur le piquetage et l'autre sur le monopole syndical, aux fins de consultation. Les principaux éléments conte-

21. Allan Flanders, voir *supra*, note 9, p. 23.
22. Bureau international du travail, «Royaume-Uni», *Série législative*, 1971, nº 4; «Code des relations professionnelles», publié en vertu de la *Loi de 1971 sur les relations professionnelles*, adopté par la Chambre des communes le 2 février 1972 et par la Chambre des lords le 10 février 1972, 133 p.
23. Joseph W. Garbarino, «The British Experiment with Industrial Relations Reform», *Industrial and Labor Relations Review*, vol. 26, nº 2, janvier 1973, p. 793-804; S.C. Ghosh, *op. cit.*, p. 254-256.
24. Sheldon Leader, *op. cit.*, p. 79.
25. *Bulletin d'informations sociales*, BIT, nº 3, 1980, p. 317-318.

* * *

La négociation décentralisée est la négociation qui a cours dans les établissements[39]. Celle-ci est apparue en Grande-Bretagne en même temps que la négociation centralisée. Toutefois, l'importance des délégués d'atelier et la longue période de prospérité économique du monde occidental ont permis aux accords décentralisés de prendre graduellement plus d'importance que les accords centralisés, par branche ou par région.

Le grand reproche qu'on a fait aux accords d'établissement, c'est de ne pas avoir établi de règles quant au processus et au contenu de la négociation. Le processus est entièrement laissé aux parties; avec le temps, un contenu relativement uniforme a fini par s'imposer.

Certains accords d'établissement sont des avenants aux accords de branche, les autres étant des ententes complètes. C'est ainsi que, dans la construction navale, après trois années de négociations infructueuses au niveau de la branche, on a décidé de laisser chaque établissement négocier son propre accord[40].

Dans un accord d'établissement, on négocie les conditions matérielles du travail, la redistribution des tâches dans l'établissement, les tableaux d'effectif, les compressions de personnel, les principaux changements dans les méthodes de production, le recrutement, le droit aux congés, la durée hebdomadaire du travail, la politique de placement des capitaux de l'entreprise et le régime de pensions. Il n'existe pas de sujets obligatoires, ni de délais, ni de durée, ni même d'obligation de négocier.

Une autre forme de rapports collectifs qui se rapproche de la négociation, c'est la consultation structurée des salariés par l'employeur. Les comités de consultation, appelés commissions paritaires consultatives, existaient déjà avant la Seconde Guerre mondiale. Elles sont nées de l'obligation de résoudre les questions qui n'étaient pas négociées au niveau de la branche. On a pensé qu'avec le développement de la négociation décentralisée, elles disparaîtraient. Il n'en est rien. La différence entre la consultation et la négociation décentralisée demeure ténue, mais elle existe. Quarante pour cent des entreprises syndiquées ont recours à ces commissions. La consultation s'apparente beaucoup à la négociation: les parties sont moralement obligées de respecter les recommandations de la commission[41].

La consultation offre une autre chance d'obtenir ce qui n'a pu faire l'objet d'un accord. Les questions les plus souvent traitées au sein de ces commissions sont les suivantes: la production, l'emploi, la rémunération, les conditions de travail, la sécurité et l'hygiène, les décisions concernant l'avenir de l'entreprise, les avantages sociaux, les questions financières et les réformes administratives[42].

Ainsi, en Grande-Bretagne, la négociation décentralisée prend de plus en plus d'importance. Auparavant, il s'agissait surtout d'avenants aux accords de branche. Aujourd'hui, les véritables accords d'établissement sont plus nombreux que les avenants. Ils ne sont régis par aucune loi: les représentants de l'employeur et les délégués d'atelier négocient librement des accords d'une durée indéterminée. Pour ce faire, ils peuvent faire appel aux conseillers des fédérations syndicales et des associations patronales.

Dans le secteur public, les accords centralisés demeurent plus importants, du moins en ce qui a trait à la fixation des salaires. Le Service de recherche sur la rémunération fournit des renseignements aux parties, pour respecter le principe que l'État doit être un bon employeur, comparable à la moyenne des employeurs. La grève n'a jamais été interdite aux fonctionnaires, mais, par tradition, ceux-ci y

39. B.C. Roberts, voir *supra*, note 26, p. 321-324.
40. *Ibid.*, p. 309-315.

41. Nancy Seear, «Relationships at Factory Level» dans *Industrial Relations. Contemporary Problems and Perspectives* sous la direction de B.C. Roberts, Londres, Methuen, 1968 (299 p.), p. 178-181.
42. Bureau international du travail, *La négociation collective dans les pays industrialisés à économie de marché: un réexamen*, Genève, BIT, 1989, 351 p.

recourent avec parcimonie ; cette tradition s'est un peu perdue depuis 1970.

30.1.6 Conclusion

Sauf pour certaines mesures introduites par les *Employment Acts* récents, comme l'interdiction de l'atelier fermé, des grèves sauvages et des grèves de sympathie, la négociation collective en Grande-Bretagne demeure libre des grandes interventions de l'État[43]. Sauf quelques interdictions, l'État ne détermine aucun mécanisme particulier de négociation ni aucun contenu spécifique aux accords à conclure, que ce soit au niveau de la branche ou de l'établissement. Ce volontarisme a pour effet de rendre difficile la conclusion d'accords de longue durée sur des points généralement retenus dans les autres pays.

Sauf de 1971 à 1974, les syndicats et les délégués d'atelier ont joui d'une immunité complète jusqu'en 1982; était aussi permis l'atelier fermé, jusqu'en 1990. Jusqu'en 1980, l'élection des délégués d'atelier n'était soumise à aucune règle déterminée, pas plus que le vote de grève. Les accords de branche étaient importants et pouvaient se compléter d'avenants négociés dans chaque établissement. La négociation centralisée n'était réglementée que par la volonté des fédérations syndicales et patronales. L'État participait, par le biais de comités tripartites, à la négociation sur les salaires et à la protection de l'emploi.

Le contenu des négociations et la durée des accords sont toujours laissés à la discrétion des parties. L'obligation de négocier n'est exprimée dans aucune loi; elle n'en existe pas moins. L'État a valorisé la négociation décentralisée, par établissement ; elle était déjà la plus importante dans les faits. En même temps, il a responsabilisé les organisations centrales. Celles-ci – TUC et ses fédérations, ainsi que les organisations patronales de branche – peuvent maintenant intervenir dans les conflits locaux et elles doivent dénoncer les accords qu'elles jugent déraisonnables. Le pouvoir moral des fédérations est grand.

Le monopole syndical n'est pas imposé par la loi. Ainsi, dans un même établissement, on peut trouver plusieurs syndicats rivaux. Cette situation encourage la surenchère lors des négociations collectives, ce qui ne facilite pas la conclusion d'accords d'établissement. De plus, rien n'oblige l'employeur à reconnaître le syndicat et, une fois qu'il l'a fait, rien ne l'oblige à négocier.

En général, le nombre de grèves dans les conflits de branche a toujours été faible. Par contre, les conflits dans les établissements sont plus fréquents. Le fait que le nombre de négociations décentralisées ait dépassé celui des accords de branche n'a pas vraiment modifié le nombre et l'importance des conflits : les données sont demeurées à peu près les mêmes si l'on compare la somme des conflits officieux et des conflits officiels[44]. La diminution du nombre de conflits est surtout attribuable à la situation économique difficile de la Grande-Bretagne, qui force les travailleurs à limiter leurs demandes.

Le problème fondamental des Britanniques, en matière de négociation collective, est qu'ils doivent choisir entre un régime de volontarisme, traditionnel chez eux, et un système plus réglementé, plus proche de ceux des pays de l'Europe continentale. L'entrée en vigueur imminente d'un système monétaire européen constituera un facteur important dans ce choix. Le TUC, qui s'est fortement opposé à la réglementation introduite dans les années 1980, commence à considérer diverses formes de réglementation qu'il pourrait admettre ; s'il propose une forme acceptable de réglementation, il risque moins de s'en faire imposer une qui lui soit plus défavorable[45].

30.2 France

La caractéristique fondamentale des relations du travail en France découle de l'organisation syndicale : les différents syndicats, qu'on qualifie de représen-

43. Sheldon Leader, *op. cit.*, p. 98-192, 105-107.

44. B.C. Roberts, voir *supra*, note 26, p. 319.

45. «Du nouveau dans le domaine de la négociation salariale au Royaume-Uni», *Bulletin d'informations sociales*, BIT, nº 2, 1991, p. 170-171.

tatifs, ont été établis sur une base idéologique, qui diffère pour chacun et dont ils se réclament encore, même si l'action quotidienne des différentes organisations se ressemble beaucoup. Nulle part ailleurs trouve-t-on un syndicalisme aussi nettement idéologique[46]. Il en résulte une multiplicité de représentation à tous les niveaux de l'activité économique. La présence syndicale aux négociations collectives dépendra du degré de représentativité de chaque mouvement; dans certains cas, une branche industrielle ou un établissement ne compte que des membres d'un seul groupe, mais, plus souvent, on est en présence d'une représentation multiple.

La législation a toujours été orientée davantage vers la convention collective que vers la négociation; celle-ci s'est surtout attardée aux aspects pécuniaires, alors que les autres aspects, qui forment la majeure partie des conventions collectives nord-américaines, sont pris en charge par la loi et l'appareil judiciaire français. Nous verrons successivement l'historique, les organismes syndicaux et patronaux, le cadre légal et la négociation proprement dite.

Rappelons d'abord les quelques données suivantes. La population de la France est semblable à celle de la Grande-Bretagne, forte de 56 millions de personnes. Vingt et un millions de Français ont un emploi et 2,5 millions sont en chômage, soit un taux d'environ 11 %[47]. Les centrales se réclament de quatre millions de membres, ce qui représenterait un taux de syndicalisation d'un peu plus de 15 %; certains observateurs sont beaucoup moins optimistes: ils estimaient ce taux à 9 % en 1987[48].

30.2.1 Historique

La révolution industrielle en France est venue un peu plus tard qu'en Angleterre. En France, le XVIIIe siècle s'était tourné plutôt vers l'agriculture: la mise en valeur des terres, le défrichement de nouvelles régions, l'amélioration des techniques agricoles. Dès le XVIIIe siècle débutent les regroupements de travailleurs dans un même lieu, regroupements qui annoncent l'essor futur des manufactures. Cet essor se produit vraiment vers le milieu du XIXe siècle[49].

Quant au statut légal des corporations et autres groupements ouvriers, il a suivi sensiblement la même évolution que dans les autres pays alors en voie d'industrialisation. Le 14 et le 17 juin 1791, deux ans après la prise de la Bastille, l'Assemblée constituante adopte ce qui sera connu comme la loi Le Chapelier. L'objectif, exprimé au premier article de la loi, est d'anéantir toute espèce de corporation de citoyens du même état ou profession; c'était d'ailleurs là un des fondements de la Constitution française. La loi défendait de les rétablir sous quelque prétexte ou quelque forme que ce soit; à cette fin, elle interdisait aux citoyens d'un même état ou profession de nommer un président, un secrétaire ou un syndic, de tenir des registres et des délibérations ou d'établir des règlements sur leurs prétendus intérêts communs. En d'autres mots, la loi ne reconnaît que des intérêts particuliers, aucun intérêt collectif. Elle prohibait les associations, les ententes sur les salaires, les coalitions et tout rapport collectif du travail[50].

En France, la classe ouvrière a connu, peut-être sur un mode mineur, les mêmes vicissitudes qu'en Grande-Bretagne: mouvements des travailleurs de la campagne attirés par la ville et entassés autour des usines, dans des maisons malsaines et surpeuplées, avec la misère comme seul apanage. La révolution de 1848 avait amené la rupture complète d'avec la conception libérale de la fin du XVIIIe et du début du XIXe siècle. Le mouvement d'opinion en faveur de la classe ouvrière, mis en veilleuse sous l'Empire, de 1852 à 1860, reprit quand l'empereur instaura une nouvelle politique envers les ouvriers. Les syndicats n'étaient plus seulement tolérés, mais encouragés.

46. JEAN-DANIEL REYNAUD, *Les syndicats en France*, Paris, Éditions du Seuil, 1975 (318 p.), p. 1-32.
47. JOYANNA MOY, *op. cit.*
48. PIERRE ROSANVALLON, *La question syndicale*. Paris, Calmann-Lévy, 1988, annexe 2, p. 265.
49. FRANÇOIS BARRET, *Histoire du travail*, Paris, Presses universitaires de France, 1948, p. 52-56. (Coll. «Que sais-je?»)
50. MARIE-LOUIS BEAULIEU, *Les conflits de droits dans les rapports collectifs du travail*, Québec, Les Presses de l'Université Laval, 1955 (540 p.), p. 6-7.

C'est dans ce climat que fut voté un amendement au Code pénal, le 25 mai 1864, qui supprimait le délit de coalition pour un arrêt de travail concerté; ce n'est pas la reconnaissance officielle du droit de grève, mais une sorte de permission implicite d'y recourir. Officiellement, le droit de grève ne sera expressément reconnu qu'en 1946, dans le préambule de la Constitution de la République française. En même temps que la suppression du délit de coalition, l'empereur proclamait diverses mesures de protection pour les enfants employés dans les usines et interdisait que les femmes travaillent dans les mines. Sous la Troisième République, le 21 mars 1884, Waldeck-Rousseau fait voter la loi qui confère une existence légale aux syndicats: en quelque sorte, elle annule la loi Le Chapelier et reconnaît aux membres d'une profession ou d'un métier le droit de s'associer pour défendre leurs intérêts[51].

Comme dans les autres pays, les premiers regroupements ouvriers se font à l'échelle locale. Ils apparaissent rapidement autour de 1870 et portent le nom de Chambres syndicales ouvrières. Vers 1875, il y en avait environ 500 à travers la France, dont 150 à Paris; les 500 chambres comptaient en tout environ 60 000 membres. Ces chambres syndicales ouvrières regroupent principalement des ouvriers spécialisés, comme les ébénistes, les cordonniers, les typographes, les orfèvres, les tailleurs de pierre, les boulangers, les menuisiers, les peintres en bâtiment, les chapeliers et autres hommes de métiers semblables[52].

En même temps que se développaient les groupements ouvriers locaux, les groupes socialistes se multipliaient et se subdivisaient selon l'orientation de tel ou tel leader. Malgré ces divisions, les idées socialistes progressaient. L'idéologie fera son apparition dans le mouvement ouvrier avec la fondation de la Confédération générale du travail en 1895.

Les chapeliers fondèrent, en 1879, la première organisation nationale ouvrière; suivirent les imprimeurs, en 1881, et les mineurs du sud de la France en 1883. Une fédération nationale des syndicats – le terme commençait à apparaître – fut créée en 1886.

Parallèlement aux syndicats de métier, des regroupements locaux surgissaient un peu partout et prenaient le nom de Bourses du travail. Les Bourses du travail poursuivaient de multiples objectifs: elles servaient de chambres de compensation en matière d'emploi, recueillant et diffusant l'information sur les postes disponibles et les travailleurs en quête d'emploi. Elles supportaient les ouvriers en déplacement, offraient des cours du soir et un service de librairie. Ensemble, elles finirent par agir comme une fédération de syndicats locaux[53].

Au moment de sa fondation, en 1895, la Confédération générale du travail (CGT) ne regroupait que des syndicats nationaux. Sept ans plus tard, en 1902, la nouvelle CGT fusionna avec les Bourses du travail pour former ce qui allait être et demeurer la plus importante centrale syndicale de France. Sa philosophie syndicaliste, au sens premier du mot – ce que les anglophones appellent encore *syndicalism* –, l'opposait à toute institution existante: les employeurs capitalistes, l'État et les partis politiques, y compris les partis socialistes. Peu à peu, l'alliance entre la CGT et le Parti communiste français allait s'affirmer[54]. Après la fusion des Bourses du travail avec la CGT, chaque syndicat local devait avoir deux affiliations: une avec son secteur industriel ou fédération de la CGT et l'autre avec la Bourse du travail locale; celles-ci disparaîtront avec le temps mais l'affiliation sera remplacée à une union départementale, qui représente le regroupement régional des différents syndicats locaux par ailleurs affiliés à la CGT.

Le 27 décembre 1892, le gouvernement adopte, à la suite d'importantes grèves et suivant l'exemple de

51. Marie-Louis Beaulieu, *op. cit.*, p. 9-10.
52. Jean-Daniel Reynaud, *op. cit.*, p. 33-139; Georges Lefranc, *Le syndicalisme en France*, 9e édition. Paris, Presses universitaires de France, 1978, 126 p.
53. Jean-Daniel Reynaud, *op. cit.*, p. 63-92.
54. Val R. Lorwin, «France» dans *Comparative Labor Movements*, sous la direction de Walter Galenson, New York, Prentice-Hall, 1955, 599 p., chap. 5, p. 317-325.

l'Angleterre, une loi relative à la conciliation et à l'arbitrage des conflits de travail; mais le recours à ces organismes est facultatif[55]. Le 25 mars 1919, le gouvernement français adopte sa première loi relative aux conventions collectives[56]. La France, peut-être à cause de sa propension à considérer les choses d'un point de vue juridique, s'est toujours davantage préoccupée de la convention que de la négociation collective. La grande innovation de la loi de 1919 était de donner à cette réalité nouvelle un statut juridique propre; jusque-là, les tribunaux avaient appliqué à la convention les règles de droit commun relatives aux contrats. La loi de 1919 lui donnait un caractère spécifique particulier: l'objet de l'entente devait être la détermination des conditions de travail; mais la conclusion de l'entente et son contenu étaient laissés à l'entière discrétion des parties. La nouvelle loi amena la conclusion d'un grand nombre de conventions collectives au cours des deux ou trois années où elle fut appliquée. Le nombre de nouveaux accords se mit à diminuer; il n'y en avait presque plus en 1927. L'hostilité du patronat, la scission du mouvement ouvrier et les conditions économiques moins favorables eurent raison de la loi de 1919[57].

Parallèlement au développement de la CGT, un mouvement de syndicats chrétiens s'était implanté en France. Les premiers syndicats locaux d'inspiration chrétienne s'étaient formés en 1887 à Paris. En 1891, l'encyclique *Rerum novarum* du pape Léon XIII leur apporta un appui de taille. En 1913, l'adhésion de nombreux cols blancs aux syndicats chrétiens était suffisant pour former une fédération nationale. En 1919, la Confédération française des travailleurs chrétiens (CFTC) fut fondée. Vers la fin des années 1920, la CFTC comptait environ 100 000 membres; la CGT en regroupait alors 600 000[58].

La dépression frappa durement la France: le nombre de chômeurs, qui atteignit les 300 000 en 1933, grimpa jusqu'à 850 000 en 1935. Les sans-travail pouvaient obtenir une maigre assistance, mais il n'était pas question alors d'assurance-chômage. Les difficultés financières de la population ouvrière eurent pour effet de provoquer un regroupement des trois grands partis de gauche, les communistes, les socialistes et les socialistes radicaux, sous le nom de Front populaire. La coalition du Front populaire obtint un succès remarquable aux élections de 1936, avec Léon Blum, le premier premier ministre socialiste dans l'histoire de France. Peu après l'élection, deux millions de travailleurs firent la grève sur le tas pour obtenir que le gouvernement tienne ses promesses et ramène la prospérité, avec du travail pour tous. Léon Blum convoqua les représentants des employeurs et des travailleurs, la Confédération générale de la production française (CGPF) et de la CGT, qui, sous la pression des grèves impressionnantes du moment, discutèrent pour la première fois – «sur un pied d'égalité», dit un document de l'époque – et conclurent ce qui sera connu sous le nom des accords Matignon[59]. Les employeurs avaient accepté de négocier des conventions collectives, de reconnaître à cette fin les syndicats comme représentants de leurs employés et de permettre l'élection des délégués d'atelier. Toujours en 1936, le gouvernement adopta, le 24 juin, la loi relative aux conventions collectives; le titre même ne manque pas de signification et de sens. La loi imposait également la conciliation et l'arbitrage des conflits de travail collectifs. L'effet de la loi, sans doute appuyé par les craintes des grèves de 1934 et de 1936, assura un essor incroyable à la convention collective. Alors qu'il n'en restait que quelques-unes au début de 1936, on en comptait 2000 à la fin de l'année et 5700 en mars 1938. Le nombre de syndiqués augmenta dans les mêmes proportions: la CGT passa de 1 à 5 millions de membres et la CFTC de 100 000 à plus de 400 000[60].

---

55. GILLES MARTINET, *op. cit.*, p. 126.
56. MICHEL BRANCIARD, *Cent cinquante ans de luttes ouvrières*, 2e édition, Paris, Éditions CSF (79 p.), p. 24. (Coll. «L'Essentiel».)
57. MARIE-LOUIS BEAULIEU, *op. cit.*, p. 11-13.
58. VAL R. LORWIN, *op. cit.*, p. 337-339.
59. GÉRARD ADAM, JEAN-DANIEL REYNAUD et JEAN-MAURICE VERDIER, *La négociation collective en France*, Paris, Éditions ouvrières, 1972 (126 p.), p. 28-36.
60. VAL R. LORWIN, *op. cit.*, p. 339-344; MARIE-LOUIS BEAULIEU, *op. cit.*, p. 13-15.

L'acceptation du régime de négociation et de convention collective n'était que superficielle. Pour maintenir les conventions collectives en vigueur, le gouvernement dut recourir à l'arbitrage obligatoire – voté le 31 décembre 1936 – et à la mise sur pied d'un groupe de «superarbitres», parce que les parties, et surtout les employeurs, refusaient de s'engager vraiment dans les dispositions des accords Matignon. De son côté, la CGT était profondément divisée face aux régimes fascistes qui prenaient de l'importance dans les pays voisins. Une grève générale, commandée pour 1938, tourna au désastre.

La Deuxième Guerre mondiale et, plus encore, la chute de la France en 1940, changèrent tout le contexte. Le gouvernement de Vichy, sous la pression de l'occupant, supprima les organisations existantes, CGT, CFTC et CGPF. La loi sur les conventions collectives est mise au rancart et remplacée par la Charte du travail, promulguée en octobre 1941. La charte bannissait la lutte des classes et interdisait toute idéologie politique ou religieuse aux organismes syndicaux; leur fonction principale était de collaborer à la création des comités sociaux qui devaient transmettre les ordres du pouvoir en matière du travail[61].

Après la guerre et la libération, les relations du travail et la négociation collective prirent en quelque sorte un nouveau départ[62]. Le nombre de membres de la CGT atteignit six millions en 1946 et celui de la CFTC 700 000. La même année fut fondée la Confédération générale des cadres (CGC). Du côté patronal, on établit le Conseil national du patronat français (CNPF) pour remplacer l'ancienne Confédération générale de la production française (CGPF). Les communistes ayant pris le pouvoir au sein de la CGT, on assista à des divisions encore plus sérieuses que les précédentes au sein de l'organisation. Les grèves de novembre et décembre 1947 donnèrent le coup de grâce à la centrale dominée par ses chefs communistes: non seulement ceux-ci appelèrent-ils en grève deux millions de travailleurs des mines, des chemins de fer, des ports, du gaz et de l'électricité, de certains secteurs manufacturiers et de la construction, mais ils attaquaient également le plan Marshall, qui n'était alors qu'à l'état de projet, et exigeaient le retour des communistes à la tête du gouvernement. Un groupe réformiste se sépara de la CGT et créa, en décembre 1947, la CGT-Force ouvrière, du nom d'un hebdomadaire qui avait succédé à *Résistance ouvrière*; Force ouvrière (FO) tint son premier congrès en avril 1948; elle avait amené en son sein environ deux millions d'anciens membres de la CGT, pas nécessairement les mêmes deux millions qui avaient fait grève en décembre 1947.

Sur le plan légal, l'adoption de la Constitution de la Quatrième République française, le 28 octobre 1946, avait consacré la reconnaissance expresse du droit de grève[63]. Trois ans plus tard, la loi du 11 février 1950, relative aux conventions collectives, à la conciliation obligatoire et à l'arbitrage facultatif des conflits collectifs, abrogeait toute législation antérieure sur la matière et établissait le régime qui, après d'importantes modifications, s'applique encore aujourd'hui. Nous reprendrons plus loin le contenu détaillé de la loi de 1950[64].

30.2.2 Principaux organismes syndicaux

La CGT fut la première confédération syndicale française. Fondée en 1895, elle admet tous les travailleurs, sur une base géographique et professionnelle. Selon le cas, la représentation géographique s'étend à tout le pays, aux régions ou départements et aux localités. L'objectif de la CGT était de réunir l'ensemble des travailleurs dans une même confédération; mais les syndicats chrétiens prirent rapidement une importance non négligeable[65].

61. Jean Rivero et Jean Savatier, *Droit du travail*, Paris, Presses universitaires de France, 1956 (502 p.), p. 29-30. (Coll. «Thémis».)
62. Antoine Lyon-Caen et Antoine Jeammaud (sous la direction de), *Droit du travail, démocratie et crise*, Paris, Presses universitaires de France, 1986 (259 p.), p. 20-21.
63. Le droit de grève ne vise alors que le secteur privé. Le secteur public obtiendra le même privilège en 1963.
64. Val R. Lorwin, *op. cit.*, p. 351-359.
65. Jean-Daniel Reynaud, *op. cit.*, p. 63-92; Georges Lefranc, voir *supra,* note 52, p. 47-101; Antoine Lyon-Caen et Antoine Jeammaud, *op. cit.*, p. 22-25.

En 1919, les syndicats chrétiens fondèrent la CFTC, dont le nombre de membres a toujours représenté de 10 % à 20 % de ceux de la CGT. La CFTC a toujours voulu s'inspirer de la doctrine sociale catholique. Elle rejette la lutte des classes et recherche la collaboration avec le patronat, mais elle est prête à défendre les intérêts des travailleurs jusqu'au conflit ouvert inclusivement, même si elle a toujours considéré la grève comme un dernier recours. Au début des années 1960, sans renier ses principes fondamentaux, elle a voulu briser ses liens directs avec l'Église catholique ; pour manifester ce changement, elle a changé son nom en Confédération française démocratique du travail (CFDT). Mais un petit groupe de ses membres s'est opposé à un tel changement et a conservé le nom de CFTC. Après des discussions parfois difficiles, les deux groupes se sont entendus pour que la nouvelle CFTC garde une partie des fonds de l'ancienne centrale mais cède l'immeuble principal de l'organisme à la CFDT.

Au début des années 1980, la CGT représentait 42 % de l'effectif syndical, et la CFDT et FO chacune 16 %[66]. (Voir le tableau 30-1.) La nouvelle CFTC et la Confédération générale des cadres regroupent chacune 4 % des syndiqués. Il existe plusieurs autres groupes qui ne sont affiliés à aucune de ces fédérations, mais qui rallient 18 % de l'effectif syndical.

Du point de vue de l'idéologie, la CGT est la plus à gauche des confédérations. Elle soutient toujours, bien que plus timidement aujourd'hui, le Parti communiste français. Dans ses activités quotidiennes, elle vise, comme les autres confédérations, un meilleur salaire et de meilleures conditions de travail pour ses membres, sinon pour l'ensemble des travailleurs français. La CFDT s'inspire toujours de principes sociaux au sens large : elle cherche à promouvoir une société où la richesse serait mieux répartie et les chances égales pour tous. Elle n'est affiliée à aucun parti politique ; jusqu'ici elle s'est contentée de s'opposer à l'élection de tout gouvernement de droite, sans pour autant appuyer un gouvernement socialiste.

66. Georges Lefranc, voir *supra*, note 52, p. 19-47, 81-87.

Force ouvrière (FO) se définit comme une centrale qui n'est pas communiste. Elle a une sympathie marquée pour les différents partis socialistes, et se situe plus à gauche que la CFDT.

La CFTC a conservé les statuts originaux de la centrale. Son objectif est donc une plus grande justice sociale ; elle se préoccupe tout particulièrement de venir en aide aux plus démunis de la société. Contrairement aux autres centrales, la CFTC ne remet nullement en cause l'existence de différences sociales reliées à un partage inégal de la richesse.

La Confédération générale des cadres (CGC) est la plus à droite des centrales syndicales françaises. Elle se contente de poursuivre, outre des salaires plus élevés et de meilleures conditions de travail, l'amélioration du statut social de ses membres en valorisant la profession de cadre en France.

* * *

La position des syndicats face au pouvoir politique a évolué au cours du XXe siècle[67]. On peut distinguer trois périodes. La première précède 1936 ; la seconde va de 1936 à 1968 et la troisième de 1968 à nos jours.

Pendant la première période, on peut dire que le syndicalisme est anarchiste ou marxiste. Même si son alliance officielle avec le Parti communiste ne viendra qu'après la Seconde Guerre mondiale, la CGT, dès ses débuts, s'inspire clairement de la pensée marxiste et particulièrement de la doctrine de la lutte des classes. D'ailleurs, à ce moment, le patronat a beaucoup plus d'influence sur l'État que n'en avaient les syndicats. L'État commence alors une certaine évolution qui le fera passer de la condamnation du mouvement syndical à une certaine tolérance, timide et limitée pendant longtemps.

La deuxième période sera beaucoup plus favorable aux syndicats que la première et ceux-ci – du moins plusieurs d'entre eux – participeront beaucoup plus

67. Antoine Lyon-Caen et Antoine Jeammaud, *op. cit.*, p. 21-31.

TABLEAU 30-1

Effectif des centrales syndicales françaises – 1980

Centrale	Année de fondation	Effectif		
		Nombre[1]	Pourcentage calculé	Pourcentage déclaré
CGT	1895	1 800 000	42	42
CFDT	1964	700 000	16	23
FO	1948	675 000	16	17
CFTC	1919	170 000	4	4
CGC	1953	165 000	4	5
Fédérations et groupes indépendants[2]	1895 à 1964	745 000	18	23
TOTAL		4 255 000	100	117

1. Les chiffres indiqués correspondent à une moyenne entre le chiffre le plus élevé et le chiffre le moins élevé des données publiées.
2. Cette dernière catégorie comprend entre autres:
   – Confédération française du travail (CFT) pour l'automobile 175 000 membres
   – Fédération de l'éducation nationale (FEN) 475 000 membres
   – Cadres techniciens 20 000 membres
   – Groupes indépendants 75 000 membres
   745 000 membres

Source: GEORGES LEFRANC, *Le syndicalisme en France*, Paris, Presses universitaires de France, 1981, p. 115 et 122. (Coll. «Que sais-je?»)

volontiers à certains mécanismes établis par l'État[68]. Plusieurs facteurs expliquent ce changement d'attitude. L'arrivée de la CFTC et d'autres confédérations moins revendicatrices que la CGT, la Seconde Guerre mondiale, la compétitivité sur les marchés mondiaux et la refonte de l'Association nationale des patrons français ont toutes contribué à l'évolution de l'attitude syndicale vis-à-vis l'État, et inversement. Bien que les gouvernements français, durant cette période, soient généralement de droite, ils accorderont de plus grands pouvoirs aux syndicats. En même temps, la plupart des confédérations de travailleurs deviennent, de leur côté, de véritables institutions. À cette époque, la négociation et les revendications ouvrières en général sont très centralisées. Les décisions importantes sont prises au sommet, entre les confédérations représentatives de chaque branche industrielle et les comités correspondants de l'Association patronale. Les syndicats locaux n'ont guère de liberté: ils doivent se conformer aux accords collectifs de branche, que ceux-ci soient régionaux ou nationaux.

La troisième période amènera une véritable décentralisation, mais celle-ci se fera très lentement. Les événements de mai 1968 conduiront à la reconnaissance légale des délégués d'usine, qui participeront davantage aux activités des comités d'entreprise. Les lois Auroux, en 1982, accorderont plus d'importance aux accords d'établissement: les entreprises demandent plus de souplesse pour faire face à la récession dont souffre la France, autant que les autres pays industrialisés.

* * *

En règle générale, les syndicats français sont pauvres. Cela vient de ce que la contribution de l'employé au

68. MICHEL BRANCIARD, *op. cit.*, p. 24-58; GILLES MARTINET, *op. cit.*, p. 137-145.

financement du mouvement se fait sur une base volontaire. Les cotisations sont perçues directement de l'employé; elles ne sont pas retenues sur son chèque de paye comme c'est le cas en Amérique du Nord et même souvent en Grande-Bretagne.

Chaque syndicat local fixe le montant de sa cotisation. Celle-ci prend la forme de timbres que l'employé syndiqué doit acheter. Une fois par mois, des militants bénévoles perçoivent les cotisations. La loi interdit que la perception se fasse sur les lieux du travail, bien que cette pratique soit largement tolérée. Sur les 12 timbres annuels, huit seulement, en moyenne, sont payés par les employés.

La confédération réclame un certain pourcentage, sur chaque timbre, pour les services qu'elle fournit. Puisque seulement 75 % des timbres sont effectivement achetés par les syndiqués, les confédérations souffrent du même manque à gagner que les syndicats locaux. Les budgets sont généralement déficitaires parce que les sommes non perçues sont toujours reportées sur l'exercice financier suivant. À l'occasion de certaines grèves, des syndicats et des confédérations émettront des timbres spéciaux pour financer les activités particulières qui y sont rattachées. Malgré tout, les confédérations peuvent venir en aide aux syndicats locaux moins bien nantis, en utilisant une partie des cotisations régulières ou en procédant à l'émission de timbres à des fins spécifiques.

* * *

Sur le plan légal et en pratique, le monopole de représentation syndicale n'existe pas en France. Dans un même établissement, l'employeur peut avoir à transiger avec trois ou quatre interlocuteurs, parfois davantage si ses employés sont nombreux et que leurs tâches sont diversifiées. Tous les syndicats déclarent représenter les intérêts de l'ensemble des salariés syndiqués.

Le pouvoir d'une confédération dépend principalement de sa représentativité, c'est-à-dire du nombre de salariés syndiqués qu'elle compte dans la branche, la profession ou l'établissement, selon le cas. La multiplicité de représentation ne favorise pas la solidité, encore moins la solidarité du mouvement syndical, sauf si on est en présence d'objectifs susceptibles de mobiliser l'ensemble du mouvement ouvrier. Les rapports entre le syndicat local, les fédérations et les confédérations sont variables. Certains syndicats locaux sont très indépendants vis-à-vis des niveaux supérieurs de la structure syndicale. Par contre, les fédérations et les confédérations ont un pouvoir moral qui n'est pas négligeable. Comme ce sont elles qui négocient les accords de branche, elles détiennent un pouvoir qui leur donne une certaine autorité et une influence sur les employés du secteur visé. À cause de ces fonctions, elles sont en possession d'informations qui échappent aux syndicats locaux et elles sont en mesure de faire circuler l'information relative aux débats qui entourent les enjeux du monde du travail. Elles sont également susceptibles d'entreprendre certaines actions concertées.

L'employé individuel est libre d'adhérer au syndicat de son choix, et par le fait même, à la centrale dont celui-ci relève[69]. Le plus souvent, le salarié choisit d'adhérer à la fédération qui correspond le mieux à son idéologie, à ses opinions politiques et à sa conception de la société. C'est d'ailleurs sur la base de telles opinions idéologiques et politiques que les différentes confédérations se sont développées. La loi garantit la liberté de choix des employés; toute autre formule porterait atteinte aux droits fondamentaux de la personne, en matière de liberté d'option.

D'un autre côté, comme les positions idéologiques des confédérations se sont amenuisées au cours des années, d'autres facteurs de choix se sont imposés. C'est ainsi que des employés d'un même métier ou de métiers semblables sont enclins à se regrouper et à choisir la confédération qui défendra le mieux leurs intérêts. Le même phénomène peut se produire à l'échelle industrielle: les employés d'une industrie auront tendance à se regrouper au sein de la fédération ou de la confédération la plus représentative des employés du secteur, en vue d'obtenir un plus grand

69. Jean-Daniel Reynaud, *op. cit.*, p. 63-92.

pouvoir de négociation. L'établissement n'échappe pas à cette règle: les employés peuvent choisir d'adhérer à un seul syndicat qui sera conséquemment très représentatif de l'entreprise où ils travaillent. Enfin, plusieurs seront guidés dans leur choix par une combinaison des facteurs qui précèdent.

30.2.3 Organisation patronale

Le Conseil national du patronat français (CNPF) fut créé en 1946 pour remplacer l'ancienne Confédération générale de la production française[70]. Le CNPF et ses fédérations sont les vis-à-vis des confédérations syndicales dans les négociations d'accords centralisés; il faut noter aussi la présence de quelques fédérations patronales indépendantes. Le CNPF est l'organisme le plus représentatif du patronat français, et le mieux organisé. Il comprend des fédérations qui représentent des industries, des régions ou de grandes localités. En principe, ce n'est pas le CNPF lui-même qui négocie les accords. Cette tâche est laissée aux fédérations qui en sont membres, à moins que l'accord ne soit d'envergure nationale. Les fédérations sont les porte-parole des intérêts du patronat français à l'occasion de la négociation des accords collectifs de branche.

Le CNPF compte 36 sous-commissions et comprend la Confédération française des petites et moyennes entreprises, qui jouit d'une grande autonomie pour défendre les intérêts des PME françaises lorsqu'ils diffèrent de ceux de la grande entreprise.

À compter de 1950, le CNPF tente d'améliorer la productivité des usines françaises. C'est la période la plus forte de l'industrialisation en France. Jusqu'en 1980, les accords collectifs sont centralisés et le CNPF représentera les intérêts du patronat français. Ses vis-à-vis ouvriers sont la CGT, la CFDT, FO, la CFTC et la CGC. Toutes ces confédérations syndicales, malgré leurs divergences idéologiques, défendent les intérêts de leurs membres et cherchent à conclure des ententes valables avec les fédérations du CNPF. La négociation centralisée demeure relativement efficace; on en arrive à des compromis acceptables de part et d'autre.

70. *Ibid.*, p. 33-62.

30.2.4 Cadre légal

En France, la négociation collective est régie principalement par la loi du 11 février 1950 relative aux conventions collectives, à la conciliation et à l'arbitrage, et au droit de grève[71]. La loi a été modifiée plusieurs fois depuis son adoption. Les principales modifications sont contenues dans les lois Auroux votées en 1982. À la suite des événements de 1968, des changements importants se sont produits dans les faits: la négociation, qui était jusque-là très centralisée, s'est progressivement décentralisée; les lois Auroux ont accentué le changement[72].

La loi du 11 février 1950 est divisée en deux grandes parties: la première traite des conventions collectives; elle est intégrée au *Code du travail* dont elle constitue le chapitre IV *bis* du livre I, titre II[73]. La deuxième partie traite du règlement des conflits collectifs de travail, plus précisément de la conciliation obligatoire et de l'arbitrage facultatif, ainsi que du droit de grève. On distingue deux types de conventions: les conventions collectives ordinaires, conclues par n'importe quelle organisation ou groupement, sans l'intervention de l'État, et les conventions collectives officielles, signées par les organisations syndicales les plus représentatives, à la suite d'une négociation en commission mixte convoquée à l'initiative du ministre ou à la demande d'une des parties. Les conventions collectives officielles sont nationales, régionales ou locales, alors que les conventions ordi-

71. GÉRARD ADAM *et al.*, *op. cit.* (note 59), p. 99-102.

72. PIERRE-D. OLLIER, *Le droit du travail*, Paris, Armand Colin, 1972 (591 p.), p. 319-439. (Coll. «U».); JEAN RIVERO et JEAN SAVATIER, *Droit du travail*, Paris, Presses universitaires de France, 1956 (502 p.), p. 227-238. (Coll. «Thémis».); MARIE-LOUIS BEAULIEU, *op. cit.*, p. 15-26.

73. Le *Code du travail* de la France n'est en rien comparable à un véritable code, comme le *Code civil*. Il est fait d'une simple compilation, d'abord réalisée par une commission, de 1901 à 1927, par quelques auteurs par la suite. Il présente une foule de questions et ne peut être utilisé sans une réforme dont on parle depuis longtemps, mais qui n'a pas eu lieu. PIERRE-D. OLLIER, *op. cit.*, p. 37-38 et 59-60.

naires sont surtout locales. Nous dirons un mot, plus loin, des conventions collectives dont l'application fait l'objet d'une extension.

Le contenu des conventions collectives ordinaires dépend entièrement de la décision des parties en cause. Par contre, les conventions nationales doivent obligatoirement traiter des trois objets suivants: les conditions de travail (salaires, congés payés, etc.), les clauses contractuelles visant les groupes signataires, y compris le mode de révision de la convention et les recours à la conciliation, et, enfin, les dispositions dites constitutionnelles que la loi oblige d'insérer dans les conventions collectives, comme les questions d'embauche et de congédiement, le choix des délégués du personnel et des membres des comités d'entreprise, et le fonctionnement des œuvres sociales[74].

Toute convention collective doit normalement préciser sa durée, qui ne peut dépasser cinq ans; les parties peuvent la laisser indéterminée si elles le désirent. Dans l'hypothèse d'une durée déterminée, la convention collective cesse de produire ses effets normalement à sa date d'échéance. En pratique, ce n'est pas vraiment le cas. On admet généralement que les salariés peuvent invoquer les dispositions de la convention échue à titre d'usage établi. De plus, la loi du 13 juillet 1971 cherche à assurer la continuité dans le régime des relations du travail; à cette fin, elle établit que la dénonciation, faite par une partie, laisse subsister les effets de l'ancienne convention jusqu'à l'entrée en vigueur de la nouvelle, à tout le moins pendant une année complète[75]. L'employeur peut évidemment continuer d'appliquer volontairement une convention collective échue.

Mais cette question de la durée ne constitue pas la principale difficulté. C'est plutôt le champ d'application des conventions qui fait problème. Il faut savoir qu'en dehors de l'hypothèse de l'extension d'une convention, dont nous parlerons dans un moment, la convention nationale s'applique aux rapports entre les groupements signataires. La principale contrainte de la convention de branche est d'imposer des conditions minimales dans toutes les conventions dites ordinaires qu'employeurs et salariés pourraient négocier localement. La confédération qui a signé l'accord ne peut rien faire «qui soit de nature à en compromettre l'exécution loyale». Elle ne peut, par exemple, suggérer à ses adhérents de contourner l'application de la convention d'une manière ou d'une autre; la grève ou le lock-out sur une question tranchée dans la convention constituerait, de la part d'un des signataires, une violation de son engagement.

La loi du 11 février 1950 prévoit expressément que les parties peuvent conclure les ententes qui leur conviennent en ce qui a trait aux accords d'établissement et aux accords sur les salaires[76]. Si l'accord d'établissement est ratifié après la convention collective nationale, il doit en respecter les dispositions, et il ne devrait pas y avoir de difficulté: un accord d'établissement peut toujours prévoir de meilleures conditions que la convention nationale. Mais si l'accord d'établissement précède la convention nationale et que celle-ci impose des conditions supérieures, on ne s'entend plus pour dire quelle entente a vraiment priorité.

Au moment de son adoption, la loi de 1950 ne visait en pratique que le secteur privé. Étaient nommément exclues de son application les entreprises dites «à statut législatif ou réglementaire», qu'on peut comparer aux sociétés d'État au Canada. Dans ce groupe des entreprises exclues, il y avait, entre autres, les charbonnages et les houillères, l'Électricité de France, le Gaz de France, la Société nationale des chemins de fer, la Régie autonome des transports parisiens, Air France, l'Organisation de la radio-télévision française et quelques autres. Nous verrons plus loin comment leur situation s'est développée[77].

Les conventions nationales visent d'abord les parties signataires. Cependant, leur application peut être

74. Pierre-D. Ollier, *op. cit.*, p. 357; Marie-Louis Beaulieu, *op. cit.*, p. 17.
75. *Ibid.*, p. 346-349.
76. Bureau international du travail, *Série législative*, 1950, «France»; Loi nº 50-205.
77. Pierre-D. Ollier, *op. cit.*, p. 329.

étendue à toute l'industrie. Dans les discussions qui ont précédé l'adoption de la loi de 1950, les parties auraient voulu que l'extension s'applique automatiquement et toujours. Le gouvernement a voulu garder sa liberté d'action dans ce domaine. L'initiative peut être prise soit par les syndicats signataires, soit par le ministre lui-même. S'il juge que les dispositions de la convention répondent aux conditions exprimées dans la loi, il peut les rendre obligatoires pour tous les employeurs et tous les travailleurs compris dans le champ d'application professionnel et territorial de la convention. Depuis 1967, le ministre peut même étendre le champ d'application territorial et professionnel de la convention de manière à inclure un autre secteur de la même branche industrielle. Une fois l'extension ainsi accordée, les dispositions qu'elle contient deviennent obligatoires pour tous. L'Inspection du travail a qualité pour en contrôler l'application au nom du gouvernement[78]. Une Commission supérieure des conventions collectives donne son avis au ministre sur l'opportunité d'étendre l'application d'une convention collective ou de révoquer une extension en vigueur.

Sur la question des conflits, la loi de 1950 rend la conciliation obligatoire[79]. Celle-ci peut être effectuée selon des procédures contractuelles, c'est-à-dire prévues par les parties dans leur entente collective, à défaut de quoi une conciliation légale doit avoir lieu. D'un autre côté, l'arbitrage est libre et conventionnel: il est complètement facultatif. La loi a institué une Cour supérieure d'arbitrage qui entend les plaintes pour excès de juridiction ou violation de la loi déposées par les parties à l'égard d'une sentence arbitrale (art. 12).

Concernant l'exercice du droit de grève, l'article 5 de la loi de 1950 déclare que «la grève ne rompt pas le contrat de travail sauf faute lourde imputable au salarié». Le préambule de la Constitution du 27 octobre 1946 énonçait que «le droit de grève s'exerce dans le cadre des lois qui le réglementent». C'est la jurisprudence qui a précisé les principales limites à l'exercice du droit de grrve. Partant du concept que la grève suppose une décision collective concernant les conditions de travail, la jurisprudence a déclaré illégales et illicites les grèves strictement politiques; elle hésite dans le cas des grèves de solidarité, qu'elle évalue généralement selon les circonstances. On a tendance à ne pas considérer comme grève un arrêt de travail spontané de courte durée; autrement, un avis préalable serait requis. La grève n'est pas interdite dans les services publics, mais une loi du 31 juillet 1963, dite *Loi sur les modalités de la grève dans les services publics*, condamne les grèves surprises, les grèves sauvages et les grèves tournantes[80]. Finalement, les tribunaux ne se sont pas prononcés de façon catégorique sur la nature d'une faute lourde susceptible de rompre le lien d'emploi; on peut déduire qu'il s'agirait, par exemple, d'atteintes graves à la propriété ou à la liberté du travail, de violence physique, de sabotage ou encore d'un refus de travailler de la part de salariés dont le travail est jugé essentiel par une réquisition particulière.

* * *

Les événements de mai 1968 ont marqué la vie de la France, comme de bien d'autres pays[81]. Les manifestations regroupaient autant des étudiants que des syndiqués de tous les secteurs. Elles témoignaient d'un mécontentement aux origines multiples. Plus que l'expression d'une demande professionnelle, il s'agissait d'une revendication de la dignité et de la responsabilité, de la part de tous les intéressés, à chacun de leur niveau d'activité, et d'une contestation de l'ordre social du temps. Dans le domaine des relations du travail et de la négociation collective, l'effet indirect, qui s'est manifesté au cours des années 1970, a été de réduire l'importance des négociations nationales au profit des accords d'entreprises et des accords locaux. Une des conséquences est que des pouvoirs plus étendus ont été confiés au patronat des industries

78. *Ibid.*, p. 355-361; JEAN RIVERO et JEAN SAVATIER, *op. cit.*, p. 233-236.
79. Loi n° 50-205 du 11 février 1950; MARIE-LOUIS BEAULIEU, *op. cit.*, p. 22-25.
80. PIERRE-D. OLLIER, *op. cit.*, p. 368-439, p. 400-401 pour la grève dans les services publics.
81. MICHEL BRANCIARD, *op. cit.*, p. 59-72.

nationalisées et des services publics, dans les grands secteurs énoncés plus haut. Les discussions qui eurent lieu entre la direction des entreprises nationalisées et les syndicats représentant leurs employés, au début des années 1970, ont révélé une véritable ouverture de la part des représentants patronaux. Les questions importantes, y compris celles portant sur les salaires, ont été réglées par la négociation et non, comme auparavant, dans les bureaux des ministres responsables de tel ou tel organisme. Le caractère nouveau de ces relations et de ces négociations a pu être un moment menacé par une décision du gouvernement français. En 1971, afin de réduire l'inflation, il décida de ne permettre aucune augmentation des prix demandés par ces organismes; la décision avait évidemment une répercussion sur les négociations salariales. Mais le climat de négociation qui avait été établi s'est maintenu[82].

D'autres décisions de 1970 dénotaient un même esprit d'ouverture. Un accord sur l'actionnariat ouvrier à la Régie nationale des usines Renault était complété par l'adoption, le 31 décembre 1970, de la *Loi relative à l'ouverture d'options de souscription ou d'achat d'actions au bénéfice du personnel des sociétés*. L'accord et la loi allaient dans le sens de la participation réclamée à l'occasion des événements de 1968. De plus, deux accords interprofessionnels importants ont été conclus, le premier visant à réaliser la mensualisation des ouvriers payés selon un taux horaire et le second, souvent appelé accord de Grenelle, sur la formation professionnelle[83].

Le 17 mars 1975, le Conseil national du patronat français (CNPF) signait un accord avec trois des cinq centrales ouvrières pour l'amélioration des conditions de travail; les deux autres, les plus importantes, la CGT et la CFDT, firent valoir qu'il s'agissait plutôt d'un catalogue de problèmes à résoudre que de mesures concrètes. En fait, les parties reconnaissaient qu'il fallait déployer des efforts importants sur cinq points particuliers: l'organisation du travail, l'aménagement du temps de travail, la rémunération au rendement, l'hygiène, la sécurité et la prévention, et le rôle du personnel d'encadrement[84].

En 1976, le Conseil économique et social (CES) français déclarait qu'une bonne part des difficultés et des insatisfactions trouvaient leur source dans le quotidien des multiples entreprises, publiques ou privées, qui concourent à la production des différents biens et services du pays. Le CES insistait sur l'importance des aspects de la vie quotidienne dans l'entreprise et sur la représentation du personnel aux différentes instances de concertation. Même si le rapport n'a pas fait l'unanimité, il soulignait l'importance des relations du travail, ce sur quoi le rapport Auroux et les lois qui en ont résulté insisteront encore davantage[85].

* * *

Le 25 mars 1982, le Conseil des ministres adoptait quatre projets de loi relatifs aux droits des travailleurs dans l'entreprise, projets largement inspirés des propositions du ministre du travail Auroux dans son rapport publié en septembre 1981[86].

La première loi Auroux vise la liberté et le droit d'expression des salariés dans l'entreprise[87]. La loi traite d'abord du règlement intérieur d'entreprise. Elle laisse à l'employeur le soin et la responsabilité de le rédiger et de le promulguer, mais elle lui impose de sévères limites: le règlement devra se limiter aux questions d'hygiène et de sécurité, de même qu'aux règles disciplinaires qui indiqueront la nature et l'échelle des sanctions que peut prendre l'employeur. Le règlement intérieur est obligatoire dans tous les

82. Paul Malles, *The Institutions of Industrial Relations in Continental Europe*, Ottawa, Travail Canada, 1973 (214 p.), p. 95-96.
83. G.H. Camerlymck, «Le bilan de l'année 1970 en droit du travail français», *Relations industrielles*, vol. 26, nº 2, avril 1971, p. 490-496.
84. *Bulletin d'informations sociales*, BIT, nº 2, juin 1975, p. 155-157.
85. *Ibid.*, nº 1, mars 1976, p. 16-18.
86. *Ibid.*, nº 4, décembre 1981, p. 440-442, et nº 2, juin 1982, p. 186.
87. *Loi relative aux libertés des travailleurs dans l'entreprise*, loi nº 82-689 du 4 août 1982, *Journal officiel*, 6 août 1982, p. 2518-2520; *Bulletin d'informations sociales*, BIT, nº 1, décembre 1982, p. 505-509.

établissements de 20 salariés et plus. Des garanties supplémentaires pour les employés sont ajoutées, par exemple le respect de certaines procédures. La loi oblige également les entreprises de 200 salariés et plus à instituer, là où ce n'est pas déjà fait, un comité d'entreprise où les salariés pourront exprimer en toute liberté leur opinion sur le contenu et l'organisation du travail; des précisions importantes sont apportées sur le fonctionnement du comité d'entreprise et sur son rôle compte tenu de la présence des syndicats.

La deuxième loi Auroux renforce les institutions représentatives du personnel[88]. La loi élargit les libertés syndicales dans l'entreprise, par exemple en permettant la collecte des cotisations sur place et pendant les heures de travail. Elle accroît la protection des représentants du personnel contre le licenciement et augmente les pouvoirs consultatifs du comité d'entreprise.

La troisième loi Auroux est consacrée à la négociation collective et au règlement des conflits collectifs du travail[89]. Le texte de la loi constitue une refonte intégrale du titre III du livre I du *Code du travail*, qui est consacré aux conventions et accords collectifs. La principale innovation de la loi est d'instituer une obligation de négocier, aussi bien au niveau des branches que des entreprises. Au niveau des branches ou des accords professionnels, il doit y avoir négociation au moins une fois par année sur les salaires et au moins une fois tous les cinq ans sur les classifications. Dans les entreprises où sont constituées une ou plusieurs sections syndicales d'organisations représentatives, l'employeur est tenu de négocier, chaque année, les salaires, la durée du travail et l'organisation du temps de travail. L'obligation de négocier est assortie de sanctions pénales. L'objectif est de répandre le plus possible la négociation collective et la convention collective comme instruments servant à déterminer les conditions de travail du plus grand nombre de travailleurs. L'ancienne Commission supérieure des conventions collectives devient la Commission nationale de la négociation collective. En matière de règlement des conflits, la conciliation sera désormais facultative, mais on insistera sur la médiation, que le ministre du Travail pourra accorder ou imposer; à la demande des parties, l'arbitrage demeure possible comme troisième étape de règlement.

La quatrième loi Auroux vise les questions de santé et de sécurité au travail[90]. Les lois Auroux, particulièrement la troisième, ont renforcé considérablement le régime de négociation collective en France, surtout au niveau local, en le complétant par différentes institutions comme le comité d'entreprise, mais sans nuire aux négociations et aux conventions de plus grande envergure, comme les conventions nationales de branche.

30.2.5 Négociation collective

Dans les faits, la négociation centralisée est stable ou en décroissance, alors que la négociation décentralisée, par établissement, est en croissance depuis 10 ans[91]. Nous aborderons l'une et l'autre successivement.

La négociation centralisée inclut les négociations nationales, régionales (par département), de branche (par industrie), de localité (pour une ville); il y a aussi les négociations professionnelles et interprofessionnelles. Les négociations centralisées peuvent être très englobantes, par exemple celles qui donnent lieu à une convention nationale de branche, et elles peuvent

88. *Loi relative au développement des institutions représentatives du personnel*, loi nº 82-915 du 28 octobre 1982, *Journal officiel*, 29 octobre 1982, p. 3255-3258; *Bulletin d'informations sociales*, BIT, nº 1, mars 1983, p. 29-33.

89. *Loi relative à la négociation collective et au règlement des conflits collectifs du travail*, loi nº 82-957 du 13 novembre 1982, *Journal officiel*, 14 novembre 1982, p. 3414-3422; *Bulletin d'informations sociales*, BIT, nº 2, juin 1983, p. 205-207.

90. *Loi relative aux comités d'hygiène, de sécurité des conditions de travail*, loi nº 82-1097 du 23 décembre 1982, *Journal officiel*, 26 décembre 1982, p. 3858; *Bulletin d'informations sociales*, BIT, nº 2, juin 1983, p. 280-282.

91. Gérard Adam *et al., op. cit.*, p. 21-27, 59-70; Yves Delamotte, «France» dans *La négociation collective...*, voir *supra*, note 34, p. 120-123; Guy Caire, «France» dans *La négociation collective...*, voir *supra*, note 42, p. 240-256, 312-320.

aussi être relativement petites, comme dans le cas d'une localité.

L'accord de branche touche un secteur d'activité économique ou industrie. La branche visée est celle que les parties signataires ont choisie et ont réussi à faire approuver. Elles cherchent à obtenir l'accord de toutes les organisations qui œuvrent dans le secteur en question. Dans les industries chimiques, le textile et l'habillement, l'accord de branche est aussi un accord national puisque ces industries se retrouvent partout dans le pays. D'autres branches peuvent être limitées à certaines régions. Quelques-unes sont très restreintes, par exemple l'amiante; d'autres sont définies très largement, au point d'inclure plusieurs secteurs particuliers d'activités. Certaines branches comprennent même des professions, pour qui des accords peuvent également être conclus.

Les accords sont négociés entre les porte-parole des associations les plus représentatives, tant du côté patronal que syndical. Les parties se réunissent au sein d'une commission mixte. Le contenu de l'accord doit obligatoirement porter sur un certain nombre de sujets déterminés à l'avance. Mais, sur chacun de ces sujets, les parties ont toute liberté, du moins au-delà des normes minimales qui peuvent être établies dans certains cas.

Si la convention aborde les points prescrits par la loi et que les parties sont représentatives, la convention peut faire l'objet d'une extension, sous réserve de l'approbation des comités professionnels concernés et de l'État; ce dernier est le seul qui peut rendre des conditions de travail obligatoires pour tous. L'extension vise soit la localité, la région, la branche, la profession ou, dans certains cas, le pays tout entier. À ce moment, toutes les entreprises et tous les salariés, qu'ils aient ou non signé la convention, sont tenus de la respecter[92].

La proclamation des lois Auroux, surtout la troisième qui visait la négociation collective, a porté des fruits remarquables. Certains entretenaient des craintes sur l'obligation de négocier et sur la manière dont elle serait respectée. Deux ans et quelques mois après la proclamation de la loi, on notait que 90 % des 180 branches régies par une convention collective nationale avaient respecté l'obligation de négocier. En 1987, huit nouvelles conventions nationales ont été négociées dans les secteurs difficiles du commerce et des services. En 1989, le nombre des accords de branche a baissé de 5 %[93].

* * *

Les négociations décentralisées sont celles qui se déroulent dans les établissements ou dans les entreprises, quand celles-ci comptent plusieurs établissements[94]. Les accords d'entreprise sont en fait des accords multiétablissements; ils ont été introduits par la Régie nationale des usines Renault en 1955. Quand la négociation locale n'est pas approuvée et signée par une confédération nationale, le recours à l'arrêt de travail est possible.

Si l'établissement ou l'entreprise fait partie d'une branche industrielle où existe une convention nationale (ou à tout autre niveau supérieur), la négociation locale doit porter sur les salaires. Elle peut porter sur des matières dont la convention nationale traite déjà, mais elle doit respecter les dispositions minimales de cette dernière. Les négociations sur les salaires comprennent généralement le salaire de base et les différentes primes: de productivité, de fin d'année, d'assiduité, de vacances et d'ancienneté. Généralement, on négocie également la durée et l'organisation du temps de travail.

Les accords d'entreprise ou d'établissement doivent être renouvelés annuellement. La partie syndicale représentative peut demander l'ouverture des négociations. L'employeur le fait souvent lui-même, à cause des contraintes de temps: il dispose de huit jours pour informer les autres syndicats et de 15 jours, à partir de la demande, pour commencer les négo-

92. Gérard Adam *et al.*, *op. cit.*, p. 103-105.

93. *Bulletin d'informations sociales*, BIT, nº 3-4, septembre-décembre 1985, p. 457; nº 2, juin 1988, p. 183-184; nº 3, septembre 1980, p. 266.

94. Jean-Daniel Reynaud, *op. cit.*, p. 122-165.

ciations. Normalement, tous les syndicats représentatifs doivent être présents aux différentes séances de négociation, puis de conciliation ou de médiation s'il y a lieu.

Pour qu'une convention ou un accord d'établissement soit valable et viable, il faut qu'il soit accepté par tous les syndicats vraiment représentatifs. On a même défini la représentativité de cette façon: un syndicat dont on ne saurait se passer pour conclure un accord viable[95].

C'est aux accords locaux d'établissement ou d'entreprise que la troisième loi Auroux a le plus profité. Deux ans après l'adoption de la loi, on notait que 42 % des entreprises avaient respecté l'obligation de négocier. Les 58 % qui n'ont pas rempli leur obligation ne l'on pas fait, dans la plupart des cas, faute d'une présence syndicale qui permette de négocier. Depuis 1987 seulement, 1,5 million de salariés additionnels jouissent de la protection d'une convention collective. Un accord parmi d'autres, visant l'aménagement du temps de travail dans l'hôtellerie et dans la restauration, couvrait à lui seul près de 500 000 salariés. En 1989, on notait un accroissement de 14 % des accords d'entreprise. Aujourd'hui, la proportion de salariés syndiqués régis par un accord d'établissement ou d'entreprise doit être d'environ 70 %. Notons cependant que ces accords d'établissement peuvent se limiter à la détermination des salaires.

La progression de la convention collective, très forte depuis l'adoption des lois Auroux, ne signifie toutefois pas un accroissement équivalent de l'appartenance syndicale. En France, les deux phénomènes sont complètement séparés. Il se peut, cependant, que l'accroissement du nombre d'accords négociés incite un plus grand nombre de salariés à joindre les rangs du syndicat de leur choix; mais cela se fera de façon libre et spontanée: il n'existe, en France, ni clause de sécurité syndicale ni clause de retenue des cotisations syndicales.

95. Michel Despax, *op. cit.*, p. 325-327.

* * *

Le mode de règlement des griefs que nous connaissons en Amérique du Nord n'existe pas en France. Mais les conflits qui donnent lieu à des griefs existent partout. En France, on a mis sur pied un système différent pour les résoudre[96]. Il faut d'abord faire une distinction entre, d'une part, les cas d'application individuelle de la convention, qui opposent un salarié à son employeur ou à un autre salarié, et, d'autre part, les cas d'interprétation de la convention, dont les répercussions peuvent être considérables et, d'une certaine façon, influer sur la grande convention collective et sur les grandes négociations. Les plaintes individuelles ont toujours été considérées comme du domaine judiciaire. La majorité des plaintes que nous appelons griefs sont portées, en France, devant un conseil de prud'hommes[97]. Il s'agit d'un tribunal paritaire, composé de juges élus pour six ans par les employeurs et les salariés. Ces conseils ont d'abord pour mission de concilier les parties, puis, en cas d'échec, de juger la cause. Chaque conseil est ainsi constitué de deux sections: un bureau de conciliation et un bureau de jugement. Toute affaire passe d'abord devant le premier et, si nécessaire, devant le second. S'il n'y a pas de décision, parce que les prud'hommes sont partagés également, on fait appel à un juge de paix qui tranche le litige. Il n'y a pas de conseil de prud'hommes dans toutes les régions ni pour tous les groupes d'employés. En leur absence, les cas vont devant le juge de paix. L'appel d'une décision devant les tribunaux civils est toujours possible[98].

S'il s'agit d'interpréter la convention collective ou de statuer sur un conflit collectif qui en découle, on s'adressera à une commission paritaire d'interprétation, qui décidera sur le contenu des conventions de branche ou des conventions professionnelles; sa décision n'est irrévocable que si les parties en ont ainsi convenu à l'avance. Il existe aussi une commission nationale de la négociation collective qui traite des

96. Jean-Daniel Reynaud, *op. cit.*, p. 188-198.
97. Gérard Adam *et al.*, *op. cit.*, p. 120-123.
98. Jean Rivero et Jean Savatier, *op. cit.*, p. 131-136; Pierre-D. Ollier, *op. cit.*, p. 54-56.

questions relevant des accords nationaux. Finalement, une question d'interprétation pourrait être déférée à ce qu'on appelle un tribunal de grande instance.

30.2.6 Conclusion

Le caractère spécifique des relations du travail en France est d'être le résultat d'un pluralisme syndical, chaque confédération ayant son idéologie et son affiliation politique propres. De cette situation découlent la liberté d'adhésion, la multiplicité de représentation, même au niveau local, et le recours à un concept assez vague, celui du caractère représentatif de tel ou tel groupe.

Dans la même perspective, la négociation s'est d'abord opérée du haut vers le bas. Les conventions collectives de branche ont été les premières à s'imposer. Ce n'est que depuis les troubles de 1968 que l'importance des groupes locaux s'est accrue, particulièrement sous l'effet des lois Auroux durant les années 1980.

Deux problèmes particuliers devront être résolus à plus ou moins brève échéance[99]. La négociation collective et la convention se développent rapidement, alors que le taux de syndicalisation est stable ou même en régression. Quel sens concret aura bientôt le concept de représentativité ? En même temps, ne saurait être évité le problème de la comparaison avec les pays voisins et la communauté européenne en général. Tout autour de la France, les taux de syndicalisme sont beaucoup plus élevés et les principales activités très différentes de celles qu'on trouve en France. Dans la mesure où la communauté européenne, de par sa seule existence, exercera des pressions dans le sens de l'uniformité, les structures du syndicalisme et de la négociation en France devront s'adapter.

30.3 Suède

Le système de relations industrielles et de négociation collective en Suède est très différent de ceux de la Grande-Bretagne et de la France. Depuis la Seconde Guerre mondiale jusque vers 1980, il a fonctionné de façon très centralisée, mais avec cette caractéristique que les décisions centrales, pratiquement sans appel, n'étaient pas prises par l'État mais par les deux grandes centrales du pays: la centrale syndicale et la centrale patronale. Pendant ces 35 années, la Suède a connu une prospérité sans égale et une paix industrielle qui a fait l'envie de tous les pays industrialisés de l'Ouest. Avec l'inflation et le ralentissement de l'économie amorcés dans les années 1970, les frustrations des salariés se sont manifestées et ont entraîné un accroissement des accords locaux. Les grèves se sont multipliées, et la négociation décentralisée a pris de plus en plus d'importance. La Suède n'est plus le modèle qu'on a longtemps présenté au monde industrialisé. Une ressemblance avec les autres pays est ce mouvement vers la décentralisation.

La Suède est un pays plus petit que les deux dont nous venons de parler. Sa population est de 8,5 millions de personnes, soit le tiers de la population canadienne, mais sur un territoire beaucoup moins étendu. Son produit intérieur brut est d'environ 190 milliards de dollars US. Le nombre total de salariés est de 4,3 millions alors que 120 000 personnes sont en chômage. En 1986, le taux de chômage était légèrement inférieur à 3 % et l'inflation de 6,5 %[100]. Le taux de syndicalisation, en 1987, était estimé à environ 70 %[101].

30.3.1 Historique

L'industrialisation en Suède s'est faite plus tard que dans la plupart des autres pays. C'est ainsi que la population agricole représentait encore 72 % de la main-d'œuvre en 1870; elle est tombée à 50 % en 1910 et à 33 % en 1940[102]. La croissance rapide des industries s'est faite dans le fer et l'acier – le sol de la Suède est riche en minerai de fer –, la machinerie

99. Guy Caire, *op. cit.*, p. 249.

100. Joyanna Moy, *op. cit.*, p. 41.
101. Pierre Rosanvallon, *op. cit.*, p. 265.
102. Walter Galenson, «Scandinavia» dans *Comparative Labor Movements*, voir *supra*, note 54, p. 106-107; Lars-Gunnar Albage et Harry Fjällström, «Suède» dans *La négociation collective...*, voir *supra*, note 42, p. 326-328.

ainsi que dans les pâtes et papiers. Le développement des ressources hydrauliques et de l'électricité s'est fait principalement de 1900 à 1914.

Les premiers syndicats sont apparus dans les années 1880. Dès 1898 est fondée la grande confédération syndicale de Suède: L.O. (*Lands Organisasjonen*). LO est rapidement devenu le porte-parole de toute la classe ouvrière. Un des principaux atouts des Suédois est peut-être leur homogénéité: tout le monde, sauf de très rares exceptions, est luthérien et pratique une sévère éthique du travail. L'effectif syndical a progressé assez régulièrement, doublant à peu près à tous les cinq ans au début: de 40 000 membres en 1900, il est passé à un peu plus d'un million en 1945[103]. Les premiers syndicats suédois étaient établis sur la base d'unions de métier, comme cela s'est produit dans la plupart des autres pays. Rapidement cependant, on est passé au syndicalisme industriel. Une grève générale en 1909 – il y avait beaucoup de conflits à cette époque – tourna au désastre. Le Congrès de la fédération recommanda, dès 1909, de s'orienter vers un syndicalisme qui regrouperait tous les employés d'un établissement ou d'une entreprise; la décision finale confirmant cette orientation fut prise au congrès de 1912. On se donnait, librement, la règle du monopole syndical.

Face à l'organisation grandissante des syndicats ouvriers, les employeurs se regroupèrent également. Fondée d'abord en 1902, l'Association des employeurs suédois SAF (*Svenska Arbetsgivareforeningen*) mit plusieurs années à recruter suffisamment de membres pour devenir représentative: c'est en 1917 et 1918, avec l'adhésion de l'industrie de la fabrication de machines et de l'industrie du bâtiment qu'elle put prétendre à un certain degré de représentativité. Vingt ans plus tard, elle devait compter environ 10 000 membres qui employaient plus de 500 000 travailleurs[104].

Du début du siècle jusqu'à la Deuxième Guerre mondiale, les grèves ont troublé le climat de la Suède. La proportion du temps de travail perdu par suite de conflits collectifs y atteint des sommets inconnus en Amérique du Nord: elle est de 7,7 % en moyenne de 1905 à 1909 et de 3,9 % de 1920 à 1924. Dans les autres périodes, elle tourne autour de 1 %, ce qui est déjà élevé en comparaison des autres pays[105]. (Voir la section 24.2.2 et les tableaux 24-1 à 24-4.) Le gouvernement légifère en 1906 et propose le règlement des conflits par arbitrage[106]. En 1920, il adopte la *Loi sur la médiation des conflits de travail*[107] et, en 1928, il établit un tribunal du travail pour voir à l'application des conventions collectives[108].

Dans ses premières années d'existence, la fédération LO n'avait qu'une autorité très limitée, pour ne pas dire inexistante. La fédération augmenta quelque peu son domaine de compétence, d'abord en s'impliquant dans des secteurs où il n'existait pas encore de syndicat et, surtout, à l'occasion de la grève générale de 1909 où elle prit la direction effective des travailleurs en grève, ce qui lui attira d'ailleurs bien des reproches de différents milieux syndicaux. La centralisation des pouvoirs de LO ne viendra véritablement que durant les années 1930, à la suite des difficultés considérables entraînées par la grande dépression, de son implication dans une grève du bâtiment à laquelle elle décida de mettre fin – ce qui lui attira de nouveau la colère des syndicats concernés – et surtout à la suite de la victoire politique du Parti social-démocrate et de la première entente générale avec l'Association patronale en 1938[109].

Il faut revenir un peu en arrière pour voir le développement des liens entre LO et le Parti socialiste ou social-démocrate. La plupart des chefs syndicaux avaient des tendances syndicalistes, au sens philosophique du terme, et même marxistes, probablement sous l'influence de collègues allemands. L'orientation vient aussi du fait que le syndicalisme de métier ne

103. Walter Galenson, *op. cit.*, p. 113 et 118.
104. *Ibid.*, p. 134-135.
105. *Ibid.*, p. 141.
106. Jacques Arnault, *Le socialisme suédois*, Paris, Éditions sociales, 1970 (79 p.), p. 28.
107. *Ibid.*, p. 29.
108. *Ibid.*, p. 32.
109. Walter Galenson, *op. cit.*, p. 130-131.

s'est jamais véritablement implanté en Suède; très tôt, c'est le syndicalisme de type industriel qui a pris le dessus. Les liens officiels entre le Parti socialiste et la centrale ouvrière ont toujours été relativement ténus. Dans ses principaux congrès, la fédération prenait fait et cause pour le Parti social-démocrate, mais n'a jamais réussi à obtenir un vote pour établir un lien explicite entre les deux. Le parti a pris le pouvoir en 1932 et l'a toujours gardé depuis, sauf pour un bref intermède de 1976 à 1982[110].

Vers la même époque, le gouvernement adopte deux lois importantes, une sur les contrats collectifs en 1928 et l'autre sur le droit d'association et de négociation en 1936[111].

En 1938, LO et SAF concluent une entente qui allait devenir historique. Il s'agit de l'accord de base qui établit la centralisation des négociations et consacre l'autorité de chacune des deux fédérations sur leurs membres: l'accord de *Saltsjöbaden*. En légalisant les dispositions de cet accord, l'État indique qu'il interviendra peu dans le processus de négociation et dans le contenu des clauses négociées. En même temps, il donne aux parties privées, concrètement à LO et SAF, le pouvoir d'obliger les parties qui négocient à des niveaux inférieurs, à l'occasion d'accords décentralisés, à respecter les accords conclus au niveau central; par le fait même, il limite d'autant les libertés des groupes visés, bien que, en fait, plusieurs accords seront signés qui vont au-delà des règles imposées par LO et SAF. Fait à souligner, les parties s'entendent pour que les accords négociés soient toujours interprétés en faveur de l'employeur[112].

C'est cet accord de *Saltsjöbaden* qui sert de base à la formule suédoise dont on a tant parlé. Deux ans plus tard, en 1940, LO et SAF négocient une nouvelle entente relative à la santé et à la sécurité dans les entreprises; elles établissent en même temps les bases d'un programme de formation continue de la main-d'œuvre. Les dispositions de ces ententes doivent se retrouver dans les accords d'industrie et les accords locaux. L'entente générale de 1938 donne aux deux centrales, patronale et syndicale, des pouvoirs de contrôle sur leurs affiliés qui équivalent à des pouvoirs de réglementation gouvernementale. La formule a réussi à cause de la période de prospérité que la Suède a connue depuis la guerre. En effet, le pays n'a pas souffert de la guerre, comme, par exemple, la France et l'Allemagne; aussitôt la guerre terminée, il était en mesure de vendre les produits dont l'Europe avait besoin pour sa reconstruction. La prospérité permettait de considérer les accords nationaux entre LO et SAF comme un minimum et d'aller au-delà dans presque tous les cas. Les avantages que les parties retiraient de la formule, avec son niveau d'emploi très élevé et des avantages pécuniaires remarquables, faisaient oublier les contraintes imposées par les fédérations centrales, LO et SAF, incluant l'interdiction de plusieurs grèves, quand elles les jugeaient inopportunes.

Nous poursuivrons cet exposé, avec la suite des événements, après avoir présenté les principaux organismes syndicaux et patronaux.

30.3.2 Principaux organismes syndicaux

LO a connu une croissance rapide et manifesté une tendance fortement centralisatrice[113]. Elle regroupe 38 fédérations, 6000 sections et autant de sous-sections qui représentent les syndicats locaux. Elle compte près de deux millions d'adhérents. Ses membres sont majoritairement des ouvriers spécialisés et des manœuvres, ainsi qu'un certain nombre d'employés qualifiés. Elle recrute des syndiqués dans tous les secteurs de l'économie, à l'exception de l'agriculture, des banques et de la navigation. Elle est propriétaire d'une vingtaine de journaux, dont un quotidien qui tire à 500 000 exemplaires. LO est aussi le plus important employeur de la construction, avec 20 000 employés; elle possède aussi 25 entreprises importantes dans le domaine de l'hôtellerie et des

110. *Ibid.*, p. 151-156.
111. Jacques Arnault, *op. cit.*, p. 33.
112. Gilles Martinet, *op. cit.*, p. 73-80; Lars-Gunnar Albage et Harry Fjällström, *op. cit.*, p. 326-328.
113. Lars-Gunnar Albage et Harry Fjällström, *op. cit.*, p. 329-330.

TABLEAU 30-2

Le secteur public suédois

Sigle	Nom	Nombre de membres ou nombre d'employés
	ORGANISMES SYNDICAUX	
LO regroupe:		
SKAF	Syndicat suédois des agents municipaux	567 000
	Syndicat des employés de l'État	220 000
– – – –		
TCO-S	Organisation centrale suédoise des cadres et employés et Fédération des fonctionnaires	260 000
KTS	Cartel du TCO dans le secteur public	215 000
PTK regroupe:	(Fédération suédoise des cadres et employés de l'industrie et des services)	
TCO	Organisation centrale suédoise des cadres et employés	240 000
SACO	Confédération suédoise des diplômés d'université	
SR	Fédération du personnel de l'État fusionné à SACO en 1975; a donné SACO-SR	260 000
		1 762 000
	ORGANISMES PATRONAUX	
SAV	Office national de négociation collective	605 000
	Association suédoise de collectivités locales	520 000
	Fédération des conseils de comté suédois	377 000
	(OASEN coordonne les activités des groupes précédents)	
SFO	Organisation de négociation des entreprises nationales	
KFO	Association des employeurs de coopératives	
		1 502 000

Source: Lars-Gunnar Albage et Harry Fjällström, «Suède» dans *La négociation collective dans les pays industrialisés à économie de marché: un réexamen*, Genève, BIT, 1989 (351 p.), p. 330-339.

lieux de villégiature. Avec ses fédérations, ses réserves atteignent un demi-milliard de dollars US.

LO s'est donné comme objectif d'établir une véritable démocratie du travail. Elle entend d'abord réduire les inégalités salariales en diminuant l'éventail des salaires et, au besoin, en éliminant les entreprises qui ne paient pas à leurs employés un salaire raisonnable. Elle veut également introduire un système de cogestion dans les entreprises. Des tentatives récentes vont en ce sens. Elle a soumis un plan selon lequel 15 % des bénéfices des entreprises seraient attribués à un fonds collectif appartenant aux salariés; ce fonds devrait servir à l'achat d'actions d'entreprises. Cette proposition, qui n'a pas été adoptée par le Parlement, a causé la défaite du Parti social-démocrate en 1976. Quand le parti a repris le pouvoir en 1982, il a fait voter la proposition en question et a obligé les employeurs à verser 2 % au fonds collectif des salariés. La mesure a provoqué de véhémentes protestations des actionnaires qui ne voient plus de raisons ni de financer ni de gérer des entreprises qui un jour ne leur appartiendront plus.

En 1976, LO a fait adopter une loi qui obligeait les administrateurs des entreprises de plus de 100 employés à nommer au conseil d'administration deux représentants syndicaux avec droit de vote. La mesure a permis une présence ouvrière au conseil de 2300 entreprises embauchant 1,5 million de salariés. L'harmonie sans faille qui a existé pendant 40 ans entre LO et SAF s'effrite aujourd'hui sérieusement.

Mais LO n'est pas le seul organisme syndical en Suède. Il faut mentionner au moins les groupes qui représentent les employés du secteur public[114]. (Voir le tableau 30-2.)

Les organismes syndicaux du secteur public négocient séparément ou par l'intermédiaire d'un regroupement désigné, comme PTK, qui a pris une grande importance: d'une part, le nombre d'employés de l'État grandit constamment et, d'autre part, ses membres, faisant partie de la technostructure de l'État, cet organisme jouit d'une influence importante sur les politiques de négociation entre l'État et ses employés. PTK souscrit discrètement aux objectifs de LO. Elle prône donc une concertation sociale où le patronat doit donner son accord avant que des modifications soient apportées. Elle désire ainsi assurer un changement social en douceur. Mais les employeurs ne partagent pas tous cette vision.

Les différents organismes syndicaux ont toujours eu comme objectif l'augmentation de la productivité et l'augmentation des salaires. De 1950 à 1970, ils ont pu assez facilement réaliser leur objectif. Mais, avec l'inflation, surtout celle qui a suivi le choc pétrolier de 1973, le pouvoir d'achat des travailleurs a commencé à décliner. Depuis ce moment, l'objectif vise d'abord le maintien du salaire réel et ensuite, seulement, l'accroissement de la productivité[115].

Toutes les grandes confédérations (LO, TCO, SACO, SR) ainsi que les fédérations indépendantes (dans les mines et l'industrie de l'automobile) jouissent d'un pouvoir considérable sur les négociations locales, non pas sur le contenu comme tel, mais sur la décision de déclencher une grève: les confédérations ont un droit de veto sur les décisions locales. Un conflit syndical particulier a eu des répercussions énormes. En 1973, les mineurs des mines de fer de Kurina ont voté en faveur de la grève. LO a désapprouvé le vote de grève parce que les salariés en cause représentaient plus de 3 % de ses membres. LO retient alors l'aide financière qu'elle apporte normalement aux grévistes. La grève a quand même lieu; au moment où LO a envoyé ses représentants sur place, les mineurs sont entrés au travail. Mais trop tard: le mouvement amorcé par les mineurs s'est étendu à tout le pays et on a assisté à plus de 6000 grèves[116]. Cet incident a marqué le début de la fin du pouvoir des confédérations sur les négociations décentralisées. Ajouté à la question des fonds collectifs pour les salariés, l'événement a contribué à la chute du Parti social-démocrate en 1976.

* * *

Les salariés du secteur privé doivent être membres d'un syndicat. Environ 65 % des professionnels et des cadres sont syndiqués et affiliés à la SACO. De leur côté, 50 % des employés de l'État sont membres de la confédération TCO, par le truchement de ses différentes sections et sous-sections. Dans l'ensemble, cela représente un taux de syndicalisation d'environ 70 % à 75 %.

Le paiement de la cotisation syndicale est obligatoire. L'obligation ne fait pas nécessairement partie de la convention collective; elle est prévue dans la loi. La cotisation est d'environ 25 $ par mois, par employé[117].

Le montant des cotisations est réparti entre les sous-sections, les sections, les fédérations et les

114. Gilles Coulombe, «Relations du travail dans le secteur public. Le modèle suédois: mythe ou réalité?», *Relations industrielles*, vol. 31, nº 3, 1976, p. 448-465.
115. Gilles Martinet, *op. cit.*, p. 81-82.
116. *Ibid.*, p. 83-84.
117. Lars-Gunnar Albage et Harry Fjällström, *op. cit.*, p. 332-333.

confédérations, la plus grande part revenant aux fédérations. La confédération en tant que telle n'est donc pas la plus riche; par ailleurs, elle a des pouvoirs considérables, comme celui de gérer les avoirs liquides de ses fédérations, environ un demi-milliard de dollars US. Elle est aussi propriétaire de grandes entreprises dans les secteurs de la construction, des communications et du tourisme.

30.3.3 Organisations patronales

SAF est le principal représentant des patrons suédois. L'organisme confédératif regroupe 25 000 entreprises privées qui embauchent environ 1,5 million de salariés dans l'industrie, le commerce et le transport[118]. Les entreprises sont regroupées en fédérations qui sont les vis-à-vis des fédérations de LO, tout comme SAF est le vis-à-vis de LO. Par exemple, la Fédération de transformation des métaux regroupe 1800 entreprises qui embauchent 300 000 salariés; c'est la plus importante fédération de SAF. Comme partout ailleurs, il y a de grandes et de petites entreprises: 7 % des entreprises affiliées à SAF embauchent 73 % des salariés suédois.

SAF a un fonds de défense professionnelle qui équivaut au fonds de grève des syndicats. Chaque entreprise verse 2 % de sa masse salariale pour constituer ce fonds de défense. Il faut noter que les patrons suédois utilisent le lock-out aussi souvent que les syndicats recourent à la grève.

Comme tout représentant d'employeurs, SAF est préoccupé par la concurrence que doivent subir ses membres sur les marchés mondiaux. Pour y faire face, le patronat suédois concentre ses efforts dans la technologie de pointe. Il a donc besoin d'une main-d'œuvre adéquatement formée et soucieuse de la qualité des produits. SAF et LO encouragent des accords d'établissement et d'industrie sur le sujet. Les deux organismes ont convenu que les industries engagées dans cette stratégie accordent à leurs employés des salaires plus élevés pour compenser les coûts de la formation requise pour l'acquisition des connaissances techniques appropriées.

À côté de SAF, il y a d'autres regroupements patronaux, réunissant par exemple les banques, les journaux et les compagnies de navigation. Un regroupement, OASEN, sert de point de rencontre et de porte-parole aux employeurs d'État, qui, en Suède, sont très nombreux: les nationalisations font partie des principes de la social-démocratie; pourtant, les entreprises privées y sont nombreuses et relativement prospères. C'est à la fois un paradoxe et une partie du succès de la Suède que d'avoir su allier de nombreux éléments du socialisme avec plusieurs caractéristiques d'un marché capitaliste.

Les différentes confédérations patronales sont aussi portées à la centralisation que les fédérations et confédérations syndicales. Dans un cas comme dans l'autre, le pouvoir centralisateur est quand même à la baisse: les groupes locaux cherchent à se dégager de l'autorité souvent pesante des confédérations, qu'elles soient syndicales ou patronales.

Sans entrer dans les différentes politiques salariales, qui ont une grande importance en Suède, rappelons seulement un aspect peut-être moins connu: l'importance de la rémunération au rendement. On dit qu'en Suède ce mode de rémunération, sous diverses formes, représente à peu près 60 % de la masse salariale totale des industries. La proportion a été calculée au cours des années 1960, et on affirmait alors qu'elle était à la hausse. Il est difficile d'obtenir le renseignement correspondant pour les années récentes[119].

Même si LO et SAF ont entre les mains beaucoup de pouvoir, qu'on pourrait qualifier d'administratif,

118. *Ibid.*, p. 339-341; Gilles Martinet, *op. cit.*, p. 85-92; Hans-Göran Myrdal, *The Hard Way from a Centralized to a Decentralized Industrial Relations System*, SAF, doc. nº 159, 1991, 18 p.

119. Bertil Bolin, «Suède: comment une organisation syndicale envisage un marché du travail actif», *Bulletin de l'Institut international d'études sociales*, nº 1, octobre 1966 (p. 24-40), p. 32. Il faut noter que l'auteur était alors directeur des affaires internationales de la Confédération des syndicats de Suède (LO).

il faut quand même voir le cadre légal dans lequel évolue l'ensemble des organisations patronales et syndicales. Depuis quelques années, la diminution du pouvoir des parties entraîne d'ailleurs un accroissement correspondant des responsabilités de l'État.

30.3.4 Cadre légal

Jusqu'à leur remplacement, en 1976, les trois principales lois concernant les rapports collectifs et la négociation collective ont été les suivantes: la *Loi sur la médiation des conflits de travail* de 1920, la *Loi des contrats collectifs* de 1928 et la *Loi sur les droits d'association et de négociation* de 1936. À cause de l'importance des accords collectifs et de leur utilisation par le gouvernement comme instruments de réglementation, il faut intégrer à ce cadre légal les principaux accords intervenus entre les grands agents économiques, LO et SAF.

Nous avons déjà fait état de l'accord de 1938 entre LO et SAF, sur la centralisation des négociations, et de l'appui qu'il a reçu de l'État pour obliger les accords particuliers à respecter les accords centraux des grandes fédérations et confédérations nationales. Nous avons également mentionné l'accord de 1940 sur la santé et la sécurité dans les entreprises. En 1941, LO a révisé ses propres règles pour pouvoir non seulement prendre part aux négociations salariales de ses affiliés, mais aussi agir de sa propre initiative en présentant des accords salariaux aux syndicats concernés. Dix ans plus tard, en 1951, le congrès de LO a établi un Conseil sur les politiques salariales qui devait, à l'origine, constituer un organisme de coordination, mais qui a, peu à peu, acquis des pouvoirs décisionnels en ce qui a trait aux propositions de négociation soumises par les syndicats locaux affiliés. L'association patronale SAF avait elle-même envisagé une approche semblable, fortement coordonnée, avec des pouvoirs considérables à la confédération patronale. Les deux grands partenaires étaient donc d'accord sur le mouvement de centralisation et de concentration de l'autorité à l'échelon le plus élevé[120].

Il faut ajouter ici les lois qui ont soumis les fonctionnaires et même leurs employeurs à la législation générale du travail. C'est la *Loi des employés de l'État*, adoptée en 1965, qui constitue le document de base en la matière. Elle stipule que les conditions d'emploi seront déterminées par contrat. D'autres dispositions déterminent les matières exclues de la négociation, comme la création et l'abolition d'emplois; les modalités de renvoi, de congédiement et les mesures disciplinaires peuvent quant à elles être négociées[121]. Du côté du gouvernement, c'est la Direction des conventions collectives de travail qui représente l'État en tant qu'employeur; la direction relève d'un des ministres du cabinet, appelé ministre des Traitements. En 1971, il y eut grève par suite d'une mésentente entre deux groupes de fonctionnaires: LO et TCO appuyaient les mesures d'égalisation de la rémunération, alors que SACO et SR s'y opposaient. Ces deux derniers groupes ont déclaré la grève et le gouvernement a riposté par un lock-out massif qui paralysa les services publics. Une loi spéciale imposa le retour au travail: en Suède, c'était une chose impensable, puisque le gouvernement n'intervenait jamais dans le règlement des conflits. Les choses se sont replacées en 1973 par un nouvel accord de base, qui excluait cependant toute grève ou arrêt de travail dans les secteurs de la défense, des forces de police, des hôpitaux et de quelques autres services essentiels. Les employés de la fonction publique allaient à nouveau faire la grève et subir un lock-out en 1985. Cette nouvelle grève, et d'autres à la même époque, en ont amené plusieurs à remettre en question le fameux modèle suédois[122].

Au fil des ans, différentes lois portant sur des points particuliers ont été adoptées. Mentionnons, par exemple, la loi sur la sécurité de l'emploi, imposant des mesures préventives, sinon correctives, à l'occasion des licenciements, adoptée en 1974, et la loi

120. Paul Malles, *op. cit.*, p. 84.

121. Gilles Coulombe, *op. cit.*

122. *Bulletin d'informations sociales*, BIT, nº 1, mars 1986, p. 71-74.

sur la promotion de l'emploi, votée la même année[123]. De son côté, LO réclame la création d'un fonds qui permettrait aux salariés d'acquérir les actions de sociétés du secteur privé. LO et SAF font des expériences de participation, dans le but de renforcer et d'améliorer l'activité des comités d'entreprise ou d'établissement, ainsi que l'information des travailleurs[124].

Mais la loi la plus importante, présentée et adoptée en 1976, concernait la démocratie au travail; d'où son nom: *Loi sur la cogestion*[125]. La loi visait également le secteur privé et les sociétés d'État. Cette nouvelle loi, entrée en vigueur le 1er janvier 1977, remplaçait les trois précédents textes de base. Elle regroupe en un seul document la réglementation contenue dans ces lois antérieures et y apporte des modifications. Elle ajoute aussi des dispositions importantes concernant la participation des travailleurs, la conclusion des conventions collectives et les droits à l'action directe (grève).

Avant toute décision concernant la gestion d'une entreprise ou l'organisation du travail, l'employeur doit négocier avec la section locale du syndicat avec lequel il a conclu une convention collective; il doit engager ces négociations chaque fois qu'il envisage d'apporter d'importants changements à l'activité de l'entreprise ou aux conditions de travail d'un salarié. Le syndicat a également le droit de négocier avant que l'employeur ne puisse conclure un accord de sous-traitance, quand le travail en question rentre dans le champ d'application de la convention collective. Dès 1978, les différents groupes de fonctionnaires concluaient une première convention collective avec l'Office national de négociation collective sur la cogestion. La cogestion peut s'exercer dans six domaines, dont la rationalisation administrative, la planification et la mobilité[126]. L'année suivante, en 1979, un premier accord sur la cogestion était conclu dans les entreprises publiques[127]. Les cadres des entreprises publiques s'habituèrent peu à peu à la cogestion et à la présence des syndicats; il semble que la participation se pratique davantage dans les entreprises et les organismes publics qui doivent affronter la concurrence[128].

Un aspect de la participation consiste dans la présence de deux représentants syndicaux au conseil d'administration des entreprises. Cette mesure fut introduite en 1972. Elle s'appliquait alors aux entreprises comptant plus de 100 employés[129]. En 1976, la loi fut modifiée et deux représentants syndicaux siègent depuis lors au conseil de presque toutes les sociétés comptant 25 salariés ou plus[130].

Comme dernier élément de ce cadre légal, il faut rappeler la participation des salariés à la propriété, par le moyen des fonds collectifs pour l'achat d'actions d'entreprises. Le programme, qui résulte de l'accord entre LO et SAF, est obligatoire pour les entreprises ayant 500 salariés ou plus, et volontaire pour les autres[131].

La centrale patronale SAF a publié une sorte de manifeste, en septembre 1990, où elle prône une libéralisation des marchés et une déréglementation des relations du travail.

123. *Act Concerning Employment Security in Sweden*, S.F.S., 1974: 12; *Act Concerning Certain Employment-Promoting Measures in Sweden*, S.F.S. 1974: 13; *Bulletin d'informations sociales*, BIT, nº 2, 1974, p. 43-46.
124. *Bulletin d'informations sociales*, BIT, nº 4, 1975, p. 395-398.
125. *Ibid.*, nº 2, 1976, p. 130-134, et nº 3, 1976, p. 245.
126. *Bulletin d'informations sociales*, BIT, nº 4, 1978, p. 372-374.
127. *Ibid.*, nº 2, 1979, p. 156-157.
128. *Ibid.*, nº 2, 1989, p. 155-156.
129. *Loi sur la représentation des travailleurs au sein des conseils des sociétés par actions*, loi nº 829 du 28 décembre 1972, modifiée en 1976; LARS-GUNNAR ALBAGE et HARRY FJÄLLSTRÖM, *op. cit.*, p. 331.
130. ADOLF STURMTHAL, «Syndicats et démocratie industrielle» dans *Participation et négociation collective*, 32e Congrès de relations industrielles, Québec, Les Presses de l'Université Laval, 1977, p. 53-59. (Voir les pages 57-58.)
131. *Bulletin d'informations sociales*, BIT, nº 4, 1975, p. 395-398, et nº 1, 1979, p. 34-35.

30.3.5 Négociation collective

Même si leur importance a diminué au cours des années 1980, les négociations centralisées sont encore importantes[132]. On y négocie particulièrement les augmentations de salaire et les autres conditions de travail. Tout se déroule entre LO et SAF. Sauf dans le secteur public où ce ne sont ni LO ni SAF qui négocient, l'État n'intervient normalement pas dans le processus. Il laisse aux parties le soin de prévoir les mécanismes adéquats pour éviter les grèves et les lock-out. Fédérations et syndicats locaux négocient ensuite, ou en même temps – le calendrier est moins rigide en Suède que dans les autres pays nordiques –, les dispositions particulières à l'égard des conditions de travail qui ne s'appliquent que dans leur secteur.

Au cours des années 1980, LO et les autres confédérations syndicales obtiendront de l'État que les autres négociations puissent inclure des suppléments de salaire pour les employés des branches et des localités sans que l'approbation des confédérations syndicales soit nécessaire. SAF s'est opposé à cette modification, considérant qu'il s'agissait d'une ingérence de l'État dans le processus des négociations collectives. La croissance zéro de l'économie suédoise, l'importance grandissante du secteur public et l'inflation élevée ont permis à LO d'obtenir cette modification.

La diminution du pouvoir central sur les accords décentralisés porte à croire que le pouvoir des confédérations a toujours été moins important qu'on ne le pensait. Le modèle centralisé a fonctionné tant et aussi longtemps que les accords d'établissement pouvaient adjoindre à l'accord central plusieurs avenants. Ceux-ci avaient systémiquement pour effet d'augmenter la rémunération et d'améliorer les conditions de travail prévues dans les grandes conventions. Les employeurs se soumettaient à ces demandes parce que les gains de productivité et la forte demande mondiale permettaient de tels accords. LO et SAF parvenaient à empêcher les conflits de travail au niveau local lorsque les demandes des travailleurs étaient nettement exagérées ou les offres patronales déraisonnables. La situation a changé: la faiblesse relative de l'économie a fait que le pouvoir d'achat des travailleurs a diminué et que les entreprises ne sont plus aussi concurrentielles qu'elles l'étaient.

On reproche également aux négociations centralisées d'avoir, en fait, fixé un minimum d'augmentation où débutaient les autres négociations. Les négociations centralisées ont eu pour effet d'exercer une pression à la hausse sur les salaires, beaucoup plus que de restreindre les augmentations. On reproche aussi aux grandes confédérations d'avoir été trop rigides et de statuer sur trop de détails rendant la négociation par établissement plus difficile. Au début des années 1980, le gouvernement a dévalué la monnaie suédoise, permettant de conserver un niveau élevé d'exportation, et améliorant d'autant la situation économique du pays.

Plus récemment, en 1989, LO et SAF ont réalisé un retour discret aux négociations centralisées. Par suite de négociations salariales vraiment déraisonnables, au cours des années précédentes – la majorité variant de 7 % à 9 %, certaines prévoyaient des hausses de 11 % à 23 % –, LO et SAF ont convenu d'augmentations salariales de 5,6 % pour 1989 et de 3,3 % pour 1990. Le gouvernement acceptait en même temps de réduire de 3 % l'impôt sur le revenu en 1989 et d'un autre 3 % en 1990, si les hausses de salaires étaient inférieures à 4 %. Le tout était assorti d'une indexation partielle. L'entente, nouvelle jusqu'à un certain point, semble avoir été bien reçue. Il est sans doute trop tôt pour conclure à un retour des négociations centralisées en Suède[133].

* * *

Une fois les paramètres nationaux et sectoriels connus, les négociations locales ou décentralisées peuvent s'engager. À ce niveau, les parties ont neuf mois pour parvenir à un accord. Après neuf mois,

132. Lars-Gunnar Albage et Harry Fjällström, *op. cit.*, p. 334-337.

133. *Bulletin d'informations sociales*, BIT, nº 2, 1989, p. 183.

les confédérations ou les fédérations envoient des médiateurs. L'exercice du droit à la grève ou au lock-out est soumis à l'approbation des fédérations et des confédérations syndicales et patronales. Si les parties locales parviennent à un accord, celui-ci doit également être approuvé par les hautes instances de part et d'autre[134].

Si l'arrêt de travail se produit, il devient un affrontement entre géants: LO et SAF y sont impliqués directement. En effet, les travailleurs reçoivent leurs salaires et l'entreprise, grâce au soutien de l'organisation patronale, fait sensiblement les mêmes profits que si elle avait continué de fonctionner. Le conflit peut donc s'éterniser; mais les organismes centraux finissent par imposer un règlement lorsque l'affrontement devient trop coûteux. D'ailleurs, l'appui des deux grandes confédérations n'est pas nécessairement acquis: certains syndicats et certaines entreprises ont déjà eu à supporter les frais de leur arrêt de travail[135].

Finalement, le grand changement en Suède, c'est la fin de la croissance économique, qui s'est maintenue jusque vers 1980. Deux inconnues demeurent: l'évolution du secteur public et l'effet à long terme des efforts de participation ouvrière à la gestion des entreprises.

* * *

Les ententes et la loi prévoient un mécanisme pour résoudre les problèmes reliés à l'application des conventions collectives. Le processus ressemble un peu à la formule nord-américaine, quoique les instances soient différentes, du moins après les premières étapes. Celles-ci consistent dans le dialogue entre les employés, leurs délégués et les premiers paliers hiérarchiques de l'entreprise. Faute d'entente à ces premiers niveaux, les plaintes sont acheminées au comité d'entreprise où siègent des représentants des employés et de la direction. Le mécanisme existe depuis 1946 et les pouvoirs du comité sont importants. S'il n'y a pas d'entente au comité d'entreprise, la plainte peut être déférée aux instances supérieures des confédérations patronales et syndicales. S'il n'y a toujours pas d'entente à ce dernier niveau, le litige est acheminé au tribunal du travail. En effet, le recours à la grève ou au lock-out est exclu en cours de convention. Le tribunal est composé de deux représentants des employeurs, de deux représentants des syndicats et de trois membres neutres. Ses décisions sont sans appel et elles lient les parties[136].

30.3.6 Conclusion

Le modèle suédois commence à s'effriter. Le dossier presque vierge des conflits de travail, de 1938 jusqu'au début des années 1970, est plus que terni: grèves des mineurs, grèves des employés du secteur public. Comme en d'autres pays, les employés de l'État semblent plus militants que les autres travailleurs. En fait, ils sont partout dans une situation privilégiée puisque leur employeur est à l'abri de toute concurrence véritable; aussi a-t-on observé des comportements légèrement différents dans les entreprises d'État dont les produits sont soumis à la concurrence mondiale.

Le pouvoir de LO et de SAF demeure important: l'accord de 1989 le montre clairement. Il est difficile de deviner si c'est un simple temps d'arrêt dans le processus de décentralisation ou le signe d'un retour à une situation qui a bien servi tous les citoyens de Suède, y compris les travailleurs. Tout compte fait, peut-être jugeront-ils préférable de conserver un régime qui leur a largement profité au cours des cinquante dernières années.

L'intervention grandissante de l'État constitue une autre modification importante du modèle suédois. Une de ses caractéristiques a toujours été que l'État laissait aux grandes confédérations, patronales et syndicales, le soin de régler presque tous les problèmes concernant les conditions et les relations de travail. À cause des difficultés éprouvées avec ses propres salariés, l'État suédois a dû intervenir; pour éviter

134. Gunnar Högberg, «Tendances récentes de la négociation collective en Suède» dans *La négociation collective...*, voir *supra*, note 34, p. 433-450.
135. *Ibid.*, p. 438-440, 82-90.

136. *Ibid.*, p. 443-444.

toute apparence de discrimination, il devra interenir autant et de la même manière dans le secteur privé[137].

30.4 Négociation collective dans quelques pays d'Europe

Pour compléter cet examen de la négociation collective dans les pays d'Europe, nous ajouterons quelques informations sur trois autres pays: l'Allemagne de l'Ouest, la Belgique et l'Italie. Avec les trois pays étudiés précédemment, nous aurons de cette manière une meilleure vue d'ensemble. Deux questions principales se posent: la négociation collective est-elle toujours un instrument approprié pour régler les conflits industriels et permettre le maintien de la concurrence internationale? Quelle forme de négociation, centralisée ou décentralisée, doit avoir la priorité?

Par rapport à cette deuxième question, le Bureau international du travail soulevait le problème au début des années 1970, en soulignant qu'un modèle décentralisé semblait inefficace dans un contexte de plein emploi et de croissance soutenue du produit intérieur brut. En 1990, le même organisme soulève la même question mais, cette fois, dans un contexte différent: la négociation centralisée est-elle efficace dans un contexte de chômage élevé et d'activités économiques ralenties, par suite d'une concurrence internationale accrue? Avant d'approfondir cette question, il convient de souligner les principales ressemblances et différences entre les divers pays d'Europe.

30.4.1 Ressemblances et différences

La description des situations tourne principalement autour des organisations syndicales et de leur fonctionnement, de la négociation collective et de son processus. Le tableau 30-3 présente quelques données très générales.

Dans les six pays retenus, il n'existe qu'une organisation patronale d'envergure nationale. Du côté syndical, la diversité est beaucoup plus grande. En Grande-Bretagne, on ne trouve qu'une seule centrale syndicale, le TUC, et, en Suède, une seule centrale de grande envergure, LO, même si plusieurs confédérations de moindre importance existent en Suède, principalement dans le secteur public. On compte trois centrales syndicales en Italie et en Belgique, quatre en France et en Allemagne.

Le niveau de syndicalisation varie énormément d'un pays à l'autre. À l'intérieur d'un même pays, les taux généralement publiés par les organisations diffèrent parfois sensiblement des estimations proposées par des observateurs neutres probablement plus réalistes. On ne remarque pas de relations entre le taux de syndicalisation et le nombre de conflits de travail. Le nombre de grèves varie d'un pays à l'autre; il faut cependant tenir compte de l'importance de la population, surtout de la population syndiquée de chacun de ces pays. Il reste qu'on peut établir une sorte d'échelle: l'Allemagne et la Suède n'ont généralement que très peu de conflits ouverts, alors que l'Italie, la France et la Belgique, compte tenu de leur population, en présentent un très grand nombre. Dans la période récente, la Grande-Bretagne se situe à peu près au milieu de la liste. Une comparaison des jours-personnes perdus donnerait sensiblement les mêmes résultats.

Les organisations syndicales ont toutes des caractéristiques différentes; celles-ci ont d'ailleurs évolué avec le temps. Notons seulement la différence majeure entre les syndicats de métier et les syndicats de type industriel. Le conflit et l'opposition entre les grandes organisations d'envergure nationale et les syndicats locaux se retrouvent partout.

L'unité et la solidarité ouvrières ont toujours été un des rêves du monde syndical. Si l'on en juge par la multiplication des différentes organisations ouvrières, il faudrait conclure que ce n'est encore qu'un rêve: en Grande-Bretagne, il existe un regroupement unique, le TUC, mais il comporte lui-même ses propres divisions. Le patronat est apparemment plus unifié, puisque il n'existe qu'une seule confédération patronale dans chacun des six pays d'Europe

137. Lars-Gunnar Albage et Harry Fjällström, *op. cit.*, p. 337, 441.

TABLEAU 30-3

Organismes patronaux et syndicaux dans six pays d'Europe – 1988

Pays	Organismes patronaux	Organismes syndicaux	Taux de syndicalisation			Nombre de grèves[2]
			publié	estimé[1]		
Allemagne	BDA	DGB, DBB, DAG, CGB	43 %	39 %	39 %	100
Belgique	FEB	CSC, FGTB, CGSBL	78 %	–	–	800
France	CNPF	CGT, CFDT, FO, CFTC	23 %	9 %	11 %	2000
Grande-Bretagne	CIB	TUC	50 %	38 %	46 %	1000
Italie	ASAP	CISL, CGIL, UIL	50 %	–	65 %	1500
Suède	SAF	LO, TCO, SACO, PKT	95 %	70 %	95 %	180

1. La première série d'estimations vient du livre de Pierre Rosanvallon, la seconde de l'article de Clara Chang et Constance Sorrentino.
2. Moyenne sur dix ans, selon une distribution de variance normale.

Sources: Bureau international du travail, *Annuaire des statistiques du travail, 1989-1990*; PIERRE ROSANVALLON, *La question syndicale*, Paris, Calmann-Lévy, 1988, p. 265; CLARA CHANG et CONSTANCE SORRENTINO, «Union Membership Statistics in 12 Countries», *Monthly Labor Review*, vol. 114, nº 12, décembre 1991, p. 46-53.

mentionnés. Pourtant, la plupart des employeurs sont en quelque sorte en concurrence les uns contre les autres. Il y a aussi d'importantes divisions entre les différentes fédérations et des conflits de compétence: à quelle fédération ou à quel groupe appartient tel secteur particulier de production ou de services? Extérieurement cependant, l'unité patronale semble plus grande.

Une autre question importante vise la multiplicité de représentation, soit pour un même type de travailleurs, soit à l'intérieur d'un même établissement ou d'une même industrie. Il y a unité de représentation en Allemagne et en Suède, même si ce n'est pas nécessairement pour la même raison. Il en ressort qu'une seule convention collective, locale ou nationale, régit les conditions de travail d'un groupe de salariés défini. Par contre, en France, en Grande-Bretagne, en Italie et en Belgique, la représentation est multiple, selon le choix individuel des salariés visés. L'employeur est alors tenu de négocier avec les divers organismes syndicaux qui représentent ses salariés. Cette situation engendre une importante question: qui décide de la représentativité de tel ou tel groupe? En Grande-Bretagne, une telle multiplicité, lorsqu'elle existe, révèle la présence de plusieurs fédérations membres du TUC. En principe, c'est le TUC qui doit régler le conflit, puisqu'il s'agit de ses affiliés, en concurrence les uns avec les autres; normalement l'État n'intervient pas dans une telle situation; la question des subsides de grève représente souvent le mécanisme qui va décider en dernier ressort. En France, en Italie et en Belgique, l'État doit souvent intervenir quand surgit un problème de cette nature. Les fonctionnaires décident sur la base de certains critères, qui ne sont pas toujours précis et qui laissent une grande place aux rapports de force.

Par rapport à la négociation collective, les discussions locales sont soumises à des formalités relativement rigides en Allemagne et en Suède: les délais, le contenu, la durée et le processus sont déterminés d'avance. En Grande-Bretagne, la négociation locale se fait de façon beaucoup moins formaliste; d'ailleurs, le tiers des conventions collectives sont à durée indéterminée. En France, en Italie et en Belgique, l'État réglemente les délais, le contenu, la durée, les mécanismes de renouvellement, le processus et les méthodes de contestation. Comme les conventions collectives dans ces trois pays peuvent être l'objet d'une extension juridique, les parties qui ne se conforment pas à ces dispositions risquent d'être tenues de respecter leurs engagements sans que leurs concurrents soient obligés d'en faire autant. Cette seule possibilité pousse fortement les parties à respecter les exigences établies.

L'intervention de l'État dans le processus de négociation collective distingue considérablement les pays étudiés. Il intervient très peu en Allemagne et en Grande-Bretagne; jusqu'à tout récemment, il intervenait très peu en Suède. En France, en Belgique et en Italie, il intervient constamment.

On peut en quelque sorte constituer la gradation suivante. En Allemagne, ce sont les différents organismes syndicaux qui réglementent le contenu et le processus de la négociation, autant la négociation centralisée que décentralisée. C'est le pays où, depuis la Seconde Guerre mondiale, l'État intervient le moins dans la négociation collective. En Suède, les organisations syndicale et patronale uniques ont complètement réglementé le contenu et le processus de la négociation collective jusque dans les années 1970; tout était prévu au niveau central et il ne restait que peu de marge de manœuvre au niveau local; LO et SAF réglaient eux-mêmes les cas d'abus s'il y en avait. Avec la venue des syndicats du secteur public et leur importance proportionnelle croissante, l'État suédois a commencé à intervenir plus fréquemment dans les négociations collectives.

En Grande-Bretagne, une seule organisation syndicale réglemente le contenu et le processus de la négociation centralisée mais n'intervient guère dans les négociations locales, où les conflits sont nombreux; par suite de son autorité morale, le TUC réussit à en régler plusieurs. L'État intervient peu; il le fait par des lois d'ordre général, comme les différentes lois sur l'emploi adoptées au cours des années 1980. Finalement, la France et la Belgique connaissent un pluralisme syndical poussé, qui a une autorité suffisante sur la négociation centralisée mais fort limitée sur les négociations décentralisées. L'État, qui intervenait modérément au départ, doit intervenir de plus en plus fréquemment. En dernier lieu, en Italie, l'État intervient constamment, parce que les organismes syndicaux ne réglementent ni la négociation centralisée ni la négociation décentralisée.

30.4.2 Centralisation ou décentralisation

Dans les divers pays d'Europe de l'Ouest, la tendance de la négociation collective semble bien s'orienter vers la décentralisation, sauf en Italie où l'intervention de l'État et la centralisation demeurent la règle générale. Le courant de décentralisation répond aux difficultés économiques de la période actuelle. Les entreprises peuvent plus facilement s'ajuster aux pressions du marché si elles sont libres de conclure les conventions qui leur conviennent. Par contre, une insistance trop considérable sur cet aspect peut faire perdre des avantages indéniables qui se rattachent aussi à la centralisation des négociations.

L'Allemagne est le seul pays où l'État n'a pas accru ses interventions dans la négociation collective. C'est aussi le seul pays où le système de négociation collective n'est pas remis en cause. Les organismes syndicaux ont eux-mêmes imposé un cadre rigide, tant au niveau central que local, et les règles ont été suivies. Le système n'est pas parfait – les grèves de 1969 en font foi –, mais le nombre de conflits demeure très bas. Des mécanismes d'examen des réclamations et de conciliation existent et sont largement utilisés.

En Suède, l'État intervient de plus en plus. Le succès quasi magique du modèle suédois s'est effrité par suite de la récession et de la concurrence mondiale, et de la montée du syndicalisme dans le secteur public. Il en est résulté une intervention de l'État de plus en plus lourde. La négociation collective en Suède semble être à un point critique: l'entente de 1989 peut laisser prévoir que l'ancien modèle centralisé retrouve de son importance, mais les facteurs de division et de décentralisation sont toujours présents. La réponse finale dépendra sans doute de la volonté des intéressés.

En Grande-Bretagne, la négociation décentralisée exige, là comme ailleurs, une plus grande intervention de l'État, même si celui-ci cherche à le faire de façon plus générale et moins ponctuelle. Dans les trois autres pays, l'État intervient à tous les niveaux.

Finalement, ce n'est pas la centralisation ou la décentralisation qui explique le succès ou l'échec de la négociation collective. Ce sont là simplement des divisions qui répondent à la répartition des niveaux de décision et des matières en cause, ainsi qu'à la conjoncture. La négociation décentralisée jouit de plus de prestige à l'heure actuelle, parce qu'elle assure une plus grande souplesse. D'un autre côté, les problèmes de chômage, de formation et de main-d'œuvre ainsi que le développement à long terme exigent une concertation à un niveau plus élevé. En dernier ressort, le succès ne dépend pas de mécanismes et de règles, mais de la volonté des acteurs eux-mêmes.

La réussite ou l'échec des régimes de négociation collective semble bien davantage relié à la réglementation volontaire et au respect, par les intéressés, des règles établies. La réglementation volontaire et le respect des règles doivent s'appliquer aussi bien aux négociations centralisées qu'aux négociations décentralisées. Somme toute, on revient au principe d'éthique fondamentale: la diligence et la bonne foi. Les pays d'Europe n'échappent pas au fondement sur lequel s'appuie la négociation collective. L'État peut intervenir, mais il ne peut insuffler aux parties la bonne foi nécessaire au bon fonctionnement des mécanismes de négociation collective. En Allemagne, il semble que les représentants des travailleurs et des employeurs désirent en arriver véritablement à des ententes raisonnables et équitables, en tenant compte autant des intérêts des parties que de ceux de toute la nation. Pour y parvenir, les parties se sont imposé un cadre rigide qui s'applique aux différents secteurs d'activités et aux multiples niveaux de prise de décision. Les parties ne recourent pas à l'État pour se faire imposer des règles de conduite qui ne sauraient être, à elles seules, garantes de la diligence et de la bonne foi.

Bibliographie

Ouvrages généraux

Bureau international du travail. *La négociation collective dans les pays industrialisés à économie de marché*, Genève, BIT, 1974, 459 p.

Bureau international du travail. *La négociation collective dans les pays industrialisés à économie de marché: un réexamen*, Genève, BIT, 1989, 351 p.

Conseil des relations du travail de la Commission autonome des pays basques. *Les systèmes de relations du travail et la solution des conflits collectifs en Occident*, traduction-synthèse du Conseil consultatif du travail et de la main-d'œuvre, Montréal, CCTM, 1985, 296 p.

DESPAX, MICHEL. *Négociations, conventions et accords collectifs*, 2e édition, Paris, Dalloz, 1989, 586 p.

CHANG, CLARA et SORRENTINO, CONSTANCE. «Union Membership Statistics in 12 Countries», *Monthly Labor Review*, vol. 114, n° 12, décembre 1991, p. 46-53.

FLANDERS, ALLAN. *Industrial Relations: What Is Wrong with the System?*, Londres, Faber and Faber, 1965, 63 p.

GALENSON, WALTER (sous la direction de). *Comparative Labor Movements*, New York, Prentice-Hall, 1955, 599 p.

KASSALOW, EVERETT M. *Trade Unions and Industrial Relations. An International Comparison*, New York, Random House, 1969, 333 p.

LEFRANC, GEORGES. *Le syndicalisme dans le monde*, 9e édition, Paris, Presses universitaires de France, 1975, 126 p.

LYON-CAEN, ANTOINE et JEAMMAUD, ANTOINE (sous la direction de). *Droit du travail, démocratie et crise*, Paris, Presses universitaires de France, 1986, 259 p.

MALLES, PAUL. *The Institutions of Industrial Relations in Continental Europe*, Ottawa, Travail Canada, 1973, 214 p.

MARTINET, GILLES. *Sept syndicalismes*, Paris, Éditions du Seuil, 1979, 247 p.

MOY, JOYANNA. «An Analysis of Unemployment and Other Labor Market Indicators in 10 Countries», *Monthly Labor Review*, vol. III, n° 4, avril 1988, p. 39-50.

ROJOT, JACQUES. «Droits collectifs et droits individuels. Les situations française, américaine et anglaise» dans *Les Chartes des droits et les relations industrielles*, 43e Congrès des relations industrielles, Québec, Les Presses de l'Université Laval, 1988 (272 p.), p. 19-49.

Grande-Bretagne

BANK, R.F. «The Pattern of Collective Bargaining» dans *Industrial Relations. Contemporary Problems and Perspectives*, sous la direction de B.C. ROBERTS. Londres, Methuen, 1968, 299 p., chap. 3, p. 92-152.

FLANDERS, ALLAN. «Great Britain» dans *Comparative Labor Movements*, sous la direction de WALTER GALENSON, New York, Prentice-Hall, 1955, 599 p.

FLANDERS, ALLAN. *Industrial Relations: What Is Wrong with the System?*, Londres, Faber and Faber, 1965, 63 p.

FLANDERS, ALLAN. *The Fawley Productivity Agreements. A Case Study of Management and Collective Bargaining*, Londres, Faber and Faber, 1964, 360 p.

GARBARINO, JOSEPH W. «The British Experiment with Industrial Relations Reform», *Industrial and Labor Relations Review*, vol. 26, n° 2, janvier 1973, p. 793-804.

GHOSH, S.C. «The British Trade Unions and the Labour Law. The Case of the Industrial Relations Act 1971», *Relations industrielles*, vol. 35, n° 2, 1980, p. 251-278.

Gouvernement du Royaume-Uni. *Industrial Relations in the 1990's*, Livre vert, Londres, Her Majesty's Stationery Office, 1991.

Institute of Personnel Management. *The Realities of Productivity Bargaining. Industrial Relations Committee Report*, sous la direction de MARJORIE HARRIS, Londres, Institute of Personnel Management, 1968, 46 p.

LEADER, SHELDON. «Grande-Bretagne» dans *Droit du travail, démocratie et crise* sous la direction d'ANTOINE LYON-CAEN et ANTOINE JEAMMAUD, Paris, Presses universitaires de France, 1986, 259 p.

Ministère du Travail du Royaume-Uni. *Industrial Relations Handbook*, Londres, Her Majesty's Stationery Office, 1961, 234 p.

PICKLES, WILLIAM. «Trade Unions in the Political Climate» dans *Industrial Relations. Contemporary*

Problems and Perspectives, sous la direction de B.C. ROBERTS, Londres, Methuen, 1968, 299 p.

ROBERTS, B.C. «Royaume-Uni» dans *La négociation collective dans les pays industrialisés à économie de marché : un réexamen*, Genève, BIT, 1989, 351 p.

ROBERTS, B.C. et ROTHWELL, SHEILA. «Grande-Bretagne» dans *La négociation collective dans les pays industrialisés à économie de marché*. Genève, BIT, 1974, 459 p.

ROBERTS, B.C. (sous la direction de). *Industrial Relations. Contemporary Problems and Perspectives*, Londres, Methuen, 1968, 299 p.

SEEAR, NANCY. «Relationships at Factory Level» dans *Industrial Relations. Contemporary Problems and Perspectives*, sous la direction de B.C. ROBERTS, Londres, Methuen, 1968, 299 p.

STETTNER, NORA. *Productivity Bargaining and Industrial Change*, Oxford, Pergamon Press, 1969, 185 p.

Trade Union Congress. *Collective Bargaining Strategy for the 1990s*, Londres, TUC, 1991.

France

ADAM, GÉRARD, REYNAUD, JEAN-DANIEL et VERDIER, JEAN-MAURICE. *La négociation collective en France*, Paris, Éditions ouvrières, 1972, 126 p.

BARRET, FRANÇOIS. *Histoire du travail*, Paris, Presses universitaires de France, 1948. (Coll. «Que sais-je ?»)

BRANCIARD, MICHEL. *Cent cinquante ans de luttes ouvrières*, 2e édition. Paris, Éditions CSF, 79 p. (Coll. «L'Essentiel».)

CAIRE, GUY. «France» dans *La négociation collective dans les pays industrialisés à économie de marché : un réexamen*, Genève, BIT, 1989, 351 p.

CAMERLYMCK, G.H. «Le bilan de l'année 1970 en droit du travail français», *Relations industrielles*, vol. 26, nº 2, avril 1971, p. 490-496.

Code du travail (de la France), Montréal, CCTM, 1983.

DELAMOTTE, YVES. «France» dans *La négociation collective dans les pays industrialisés à économie de marché*, Genève, BIT, 1974, 459 p.

LEFRANC, GEORGES. *Le syndicalisme en France*, 9e édition, Paris, Presses universitaires de France, 1978, 126 p.

LORWIN, VAL R. «France» dans *Comparative Labor Movements*, sous la direction de WALTER GALENSON, New York, Prentice-Hall, 1955, 599 p., chap. 5, p. 313-409.

REYNAUD, JEAN-DANIEL. *Les syndicats en France*, Paris, Éditions du Seuil, 1975, 318 p.

ROSANVALLON, PIERRE. *La question syndicale*, Paris, Calmann-Lévy, 1988, 268 p.

Suède

ALBAGE, LARS-GUNNAR et FJÄLLSTRÖM, HARRY. «Suède» dans *La négociation collective dans les pays industrialisés à économie de marché : un réexamen*, Genève, BIT, 1989, 351 p.

ARNAULT, JACQUES. *Le socialisme suédois*, Paris, Éditions sociales, 1970, 79 p.

BOLIN, BERTIL. «Suède : comment une organisation syndicale envisage un marché du travail actif», *Bulletin de l'Institut international d'études sociales*, nº 1, octobre 1966, p. 24-40.

COULOMBE, GILLES. «Relations du travail dans le secteur public. Le modèle suédois : mythe ou réalité ?», *Relations industrielles*, vol. 31, nº 3, 1976, p. 448-465.

HÖGBERG, GUNNAR. «Tendances récentes de la négociation collective en Suède» dans *La négociation collective dans les pays industrialisés à économie de marché*, Genève, BIT, 1974, 459 p.

MYRDAL, HANS-GÖRAN. *The Hard Way from a Centralized to a Decentralized Industrial Relations System*, SAF, doc. nº 159, 1991, 18 p.

STURMTHAL, ADOLF. «Syndicats et démocratie industrielle» dans *Participation et négociation collective*, 32e Congrès des relations industrielles, Québec, Les Presses de l'Université Laval, 1977, p. 53-59.

Chapitre

31

Négociation, changements, incertitudes

PLAN

Les praticiens de la négociation collective, dans quelque pays que ce soit, se préoccupent de tous les changements susceptibles d'avoir une incidence sur le processus et ses résultats. En un sens, la stabilité du contexte constitue un avantage: connaissant les règles du jeu et le milieu où il se pratique, ils peuvent prévoir le déroulement du processus et déterminer leurs stratégies en conséquence. Mais la stabilité n'est pas la caractéristique principale de la négociation collective, surtout dans un monde sujet à des changements de plus en plus rapides. L'incertitude qui en résulte oblige les acteurs à se tenir constamment en alerte, pour adapter leurs objectifs et leurs tactiques aux divers contextes dont l'influence joue constamment, à divers degrés.

Le présent chapitre étudie l'effet sur la négociation de trois types de changement. Nous verrons successivement l'impact des changements technologiques, des changements économiques et des changements politiques. La modification d'autres contextes, par exemple l'environnement, peut aussi être importante. Mais les trois types de changement mentionnés sont certainement parmi ceux dont l'impact sur la négociation est le plus grand. Plus précisément, nous analyserons l'effet qu'ont sur la négociation les changements technologiques, les politiques salariales, la récession, la déréglementation et le libre-échange; les quatre derniers facteurs présentent un caractère à la fois économique et politique.

31.1 Changements technologiques

Nous verrons d'abord quelques définitions et rappellerons certains concepts de base concernant les changements techniques et technologiques. Il faut rappeler le cadre légal qui régit ce phénomène, entre autres parce que les dispositions des différentes lois varient beaucoup d'une province à l'autre, même si l'objectif fondamental demeure le même. Après avoir rappelé quelques expériences qui ont marqué le développement des mesures prises à leur sujet, nous aborderons l'impact de ces changements sur la négociation collective. Enfin, nous dégagerons les conditions nécessaires pour que de tels changements aient le moins possible d'effets négatifs sur les employés concernés.

31.1.1 Définitions et concepts

Au sens propre, l'expression changement technique ou technologique – deux mots que nous considérerons comme synonymes pour l'instant – désigne une modification de la méthode de production, plus précisément des instruments utilisés pour cette production. Le changement dans la machinerie et les méthodes qui s'y rattachent peut être minime ou considérable. Le passage de la machine à écrire au traitement de texte n'implique pas un changement majeur dans la manière de travailler; il faut acquérir certaines connaissances quant au fonctionnement du nouvel appareil, mais, après comme avant, il faudra frapper des touches correspondant à des lettres pour en arriver au même résultat: un texte facile à lire, qu'il s'agisse d'une lettre, d'un rapport ou d'un autre document. Par contre, dans le cas de procédés plus complexes, comme dans la fabrication de produits industriels (ciment, peinture, produits chimiques, etc.), le passage de la commande par boutons poussoirs au contrôle automatisé par l'entremise d'écrans d'ordinateurs modifie radicalement la façon de faire. La connaissance du mode d'opération et de production demeure nécessaire, avant et après, mais les gestes à poser ne sont plus les mêmes.

Le changement technologique représente donc toujours une modification du mode de production, mais ses conséquences varient du tout au tout selon le type de changement qui est introduit et l'industrie dans laquelle il se produit. Parler du changement technologique, c'est parler d'une foule de situations et de modifications très différentes les unes des autres. Elles ont généralement certains points communs: elles exigent l'acquisition de connaissances nouvelles; elles impliquent une formation et un recyclage de la main-d'œuvre plus ou moins important selon les cas et peuvent entraîner des réductions de personnel. Elles ont aussi des aspects très positifs: le travail demande moins d'efforts physiques qu'auparavant et il est généralement plus sécuritaire; les lieux de travail sont en général plus agréables, même si le travail lui-même risque de devenir monotone.

La nature du changement technologique varie selon le degré de perfectionnement des techniques utilisées. Les progrès de la technique ont suscité une série de modifications aux processus de production, dont certaines correspondent à des étapes spécifiques. La première étape a consisté à faire exécuter par des machines des tâches qui exigeaient auparavant l'intervention manuelle de différents travailleurs. Cette première étape correspond à ce qu'on a appelé le «machinisme» ou la «mécanisation». Le second élément, qui allait de pair avec la première étape, était le remplacement de la force personnelle, humaine ou animale, par une énergie de source matérielle: combustible, électricité, vapeur. On désigne cet apport matériel à la production par le mot «motorisation». La mécanisation implique généralement l'usage d'une machine alimentée par une force motrice autre qu'humaine ou animale. L'étape suivante consiste dans la mise en place du «processus continu» selon lequel on fait fonctionner différentes machines en continuité, généralement avec l'intervention de travailleurs manuels partout où leur contribution est requise. Ce procédé est présent dans la plupart des manufactures au début du XXe siècle ou, au plus tard, avant la Deuxième Guerre mondiale[1]. L'exemple type de processus de production continu est la chaîne de montage dans l'industrie automobile: sur le châssis, qui est assemblé sur place et qui avance progressivement, on ajoute, dans un ordre préétabli, tous les éléments qui entrent dans la fabrication d'une automobile: la carrosserie, le moteur, les roues, etc. L'importance de ce mode de production est telle qu'on l'a appelé «automation de Detroit», parce que la région de Detroit est le centre de la fabrication d'automobiles en Amérique du Nord depuis le début du siècle.

Le concept d'«automation», à proprement parler, comporte généralement un aspect de plus, soit le contrôle automatique du processus par l'instrument lui-même. Ici, l'exemple classique est celui du thermostat: il contrôle automatiquement la température d'un endroit, mettant en marche ou arrêtant l'appareil de chauffage ou de climatisation selon les variations de température. De tels contrôles peuvent être installés en série pour, par exemple, faire fonctionner une boulangerie sans aucune intervention humaine, si ce n'est le travail des manœuvres qui amènent les ingrédients au début du processus et qui voient à l'expédition du pain à l'autre extrémité; l'automatisation est complète: toutes les décisions concernant la quantité d'ingrédients, leur mélange, la cuisson et l'empaquetage se prennent par une sélection automatique des machines.

La dernière phase du processus d'automatisation est celle du «robot», capable de se mouvoir et d'agir. Les contrôles automatiques ont été multipliés, grâce au perfectionnement des ordinateurs qui les guident; le robot peut choisir entre différentes possibilités celle qui est la plus appropriée aux données qu'il reçoit. Il peut de plus se mouvoir pour accomplir des opérations programmées d'avance à des endroits différents. La cybernétique est la science qui traite de ces machines capables de faire des choix et d'émettre des instructions pour réaliser certaines actions; appliquée aux robots, elle devient la «robotique[2]».

Jusqu'ici, nous avons défini le changement technologique au sens strict, c'est-à-dire les modifications touchant les instruments et les méthodes de production. Mais l'emploi et les travailleurs peuvent être également touchés par des changements autres que techniques ou technologiques, au sens propre. Une réorganisation de l'entreprise peut avoir des effets semblables, tout comme un changement dans la demande pour le produit affecte le niveau de pro-

1. Le mot manufacture implique un travail manuel; il a d'abord désigné les endroits ou on regroupait les travailleurs et les travailleuses pour leur faire exécuter les gestes requis pour la production de tel ou tel objet. Même si le travail des mains y était essentiel, dès le début on y eut recours à de l'énergie artificielle.

2. HERBERT SOLOW *et al.*, «What is Automation», partie II: «Defining the Key Terms» dans *Machines and the Man. Source Book on Automation*, sous la direction de ROBERT P. WEEKS, New York, Appleton-Century-Crofts Inc., 1961 (338 p.), p. 23-37.

duction des entreprises. Comme les conséquences et les mesures à prendre sont semblables dans les trois cas, certains auteurs et certains praticiens utilisent l'expression changement technologique pour désigner toute modification dans la production par suite de changement majeur dans le processus lui-même (sens restreint), dans le mode d'organisation de l'entreprise ou encore dans la demande pour le produit. Dans tous les cas où la signification du terme peut avoir des conséquences importantes, particulièrement dans l'application des lois, il faut bien s'assurer du sens que l'auteur ou le document donne à l'expression changement technologique, s'il le prend au sens restreint ou au sens large. Les conventions collectives qui parlent des changements technologiques précisent normalement quel est le sens de l'expression; les lois le précisent toujours. Il faut noter que les définitions juridiques ne correspondent pas nécessairement aux définitions conceptuelles; quand il s'agit d'appliquer une loi, il faut évidemment se référer à la définition donnée dans la loi.

D'autres termes sont souvent utilisés en rapport avec les changments technologiques, parce qu'ils se rapportent à des réalités qui en découlent fréquemment; certains d'entre eux ne demandent pas d'explications particulières; leur sens est évident par lui-même. C'est ainsi que de grands changements techniques peuvent entraîner des licenciements collectifs. Au Québec, la loi s'intéresse particulièrement à cet aspect. Les changements technologiques à l'échelle d'une entreprise causent parfois la fermeture d'un établissement. Enfin, on parlera de conversion ou de reconversion industrielle si une transformation majeure inclut plusieurs modifications, par exemple dans la production elle-même, la machinerie utilisée et les qualifications de la main-d'œuvre. L'expression veut alors faire ressortir l'importance et l'étendue du changement.

Par ailleurs, il faut bien faire la distinction entre le changement lui-même, les étapes selon lesquelles il sera introduit et, finalement, les effets ou les impacts qu'il aura. Cette distinction est très importante quant aux mesures à prendre face à l'introduction de changements importants; on l'a clairement établi dans le chapitre sur la protection de l'emploi (voir la section 10.2.1). Pour ce qui est de l'introduction du changement, il peut s'effectuer rapidement, en une fin de semaine, ou progressivement, sur plusieurs mois; tout dépend des impératifs techniques du changement lui-même. Un cas de modification rapide serait, par exemple, celui d'une entreprise qui quitte un établissement pour aménager dans de nouveaux locaux où les machines sont déjà en place.

31.1.2 Cadre légal

Nous ne reprendrons pas ici l'analyse des dispositions légales visant le préavis de licenciement et l'établissement d'un comité de reclassement qui peut en découler: ces dispositions ont été présentées dans le chapitre sur la protection de l'emploi (voir la section 10.2.2). Notons cependant que les lois de relations du travail de quatre provinces canadiennes contiennent des dispositions stipulant que des dispositions visant les changements technologiques doivent être incluses dans toutes les conventions collectives. Si une convention ne contient pas de telles clauses, la loi accorde un recours au syndicat pour forcer l'employeur à entreprendre des négociations à ce sujet. Ces quatre provinces sont la Colombie-Britannique, la Saskatchewan, le Manitoba et le Nouveau-Brunswick[3]. L'Ontario et le Québec ont plutôt légiféré sur la question des licenciements collectifs. Pour sa part, le *Code canadien du travail* contient une section détaillée sur les changements technologiques[4].

Le *Code canadien du travail* définit le changement technologique au sens strict, comme un changement d'équipement ou de matériel, y compris les modifications dans le mode de production qui peuvent en découler. Fidèle à l'esprit du rapport Freedman (voir la section 10.2.1), la loi oblige l'employeur à négocier l'application de mesures visant à minimiser l'effet du

3. Colombie-Britannique, *Industrial Relations Act*, R.S.B.C. 1979, c. 212, art. 74-78; Manitoba, *Labour Relations Act*, C.C.S.M. 1987, c. L-10, art. 83-86; Nouveau-Brunswick, *Industrial Relations Act*, R.S.N.B. 1973, c. I-4, art. 55.1, introduit en 1988; Saskatchewan, *Trade Union Act*, R.S.S. 1978, c. T-17, art. 43.
4. *Code canadien du travail*, S.R.C. 1985, c. L-2, art. 51-56.

changement sur les employés concernés. Les employeurs qui ont déjà négocié une clause de cette nature dans leur convention collective sont soustraits à l'application des articles 52, 54 et 55; ces articles contiennent les dispositions qui s'appliquent quand la convention collective ne comprend pas de clause correspondant aux exigences du Code. Le principe fondamental de la loi fédérale est exprimé dans le premier alinéa de l'article 52.

> L'employeur lié par une convention collective et qui se propose d'effectuer un changement technologique de nature à influer sur les conditions ou la sécurité d'emploi d'un nombre appréciable des employés régis par la convention est tenu d'en donner avis à l'agent négociateur partie à la convention au moins cent vingt jours avant la date prévue pour le changement.

La première obligation est de donner un préavis de 120 jours, soit environ quatre mois. Dans l'avis, l'employeur doit indiquer la nature du changement prévu, la date de son introduction, le nombre approximatif et la catégorie d'employés touchés, l'effet probable sur les conditions et la sécurité d'emploi ainsi que les autres renseignements qui se rattachent au changement d'équipement. Le syndicat peut exiger des renseignements additionnels sur la nature du changement proposé, les noms des employés visés et la raison du changement.

S'il y a mésentente quant à savoir si le nombre d'employés qui seront touchés par le changement est assez important pour justifier la mise en marche du processus prévu par la loi, c'est le Conseil canadien des relations du travail (CCRT) qui doit trancher la question (art. 54.2).

Pour assurer le respect de l'obligation de négocier que le Code fait à l'employeur, des recours sont prévus. Si l'employeur n'a pas donné le préavis imposé par l'article 52, le syndicat peut s'adresser au CCRT, dans les 30 jours qui suivent la date à laquelle il aurait dû recevoir cet avis. Le CCRT peut, s'il juge que la disposition s'appliquait, enjoindre à l'employeur de suspendre l'application du changement, d'indemniser les employés déjà affectés par des mises à pied et de les réintégrer dans leurs fonctions. La suspension du changement peut durer 120 jours, pendant lesquels le syndicat peut donner à l'employeur l'avis de négociation prévu à l'article 54; l'ordonnance du Conseil équivaut à l'avis de changement technologique prévu au premier paragraphe de l'article 52 (art. 53). Si l'employeur refuse d'entamer les négociations sur le changement qu'il se proposait d'introduire, le syndicat peut obtenir du Conseil une ordonnance signifiant à l'employeur l'avis de négocier avec le syndicat accrédité (art. 54).

La section du *Code canadien du travail* sur les changements technologiques a pour objet d'autoriser le CCRT à suspendre l'effet d'une convention collective en vigueur et d'obliger l'employeur à rouvrir les négociations sur la question du changement technologique en cause: il doit négocier les moyens à prendre pour minimiser les effets négatifs sur les employés qui seraient ou auraient été touchés par cette décision. C'est le seul cas où le *Code canadien du travail* autorise le Conseil à intervenir pour forcer l'employeur à négocier pendant la durée d'une convention collective; tous les moyens de pression sont alors permis au syndicat, y compris l'exercice du droit de grève (art. 55). Par cette mesure, le législateur manifeste l'importance qu'il attache à la négociation non pas du changement lui-même, mais des moyens susceptibles d'en atténuer les conséquences pour les salariés visés.

Comme nous l'avons vu au chapitre consacré à la sécurité d'emploi (chapitre 10), le législateur du Québec a choisi de traiter non pas du changement technologique en soi, mais de la conséquence que le changement entraîne souvent: le licenciement collectif (voir la section 10.2.2). L'Ontario a procédé de la même manière: la *Loi sur les normes d'emploi* stipule qu'une ordonnance particulière peut être émise quand l'employeur prévoit licencier 50 employés ou plus; l'ordonnance impose un avis de huit semaines ou deux mois si le licenciement vise de 50 à 200 personnes, de 12 semaines ou trois mois s'il vise de 200 à 500 personnes et de 16 semaines ou quatre mois s'il vise 500 personnes ou davantage[5]. La loi ontarienne

5. Ontario, *Employment Standards Act,* R.S.O. 1980, c. 137,

contient, en plus du délai de préavis, de nombreuses précisions sur les paiements à effectuer. Mais elle ne comporte aucune précision par exemple sur la création d'un comité mixte, comme le prévoit la loi du Québec. Deux provinces, l'Île-du-Prince-Édouard et l'Alberta, n'ont établi aucune disposition ni spécifiquement sur les changements technologiques, ni sur les licenciements collectifs; dans les autres provinces, on trouve l'un ou l'autre de ces deux types de dispositions, parfois les deux.

31.1.3 Mesures palliatives

La première négociation relative aux changements technologiques dont le résultat allait faire époque mettait en présence l'Association des employeurs maritimes du Pacifique (*Pacific Maritime Association* – PMA) et l'Union des débardeurs de la côte ouest américaine (*International Longshoremen's and Warehousemen's Union* – ILWU), en 1959-1960. Le différend entre les employeurs et l'Union des débardeurs portait essentiellement sur la productivité dans le travail de débardage et sur l'introduction des conteneurs (*containers*).

Les relations de travail étaient mauvaises dans tous les grands ports des États-Unis et même du Canada[6]. Il existait deux unions: l'Union internationale des débardeurs (*International Longshoremen's Association* – ILA), affiliée à l'AFL, et l'Union des débardeurs de la côte ouest, qui s'était retirée de l'ILA pour former un groupe à part et s'affilier au CIO en 1937. Les pratiques de travail restrictives étaient si nombreuses qu'elles compromettaient la productivité normale du travail dans les ports, sans compter les innombrables arrêts de travail qui se succédaient un peu partout.

Les débardeurs ne voulaient rien savoir des nouvelles méthodes proposées parce qu'elles allaient transformer le travail sur les quais et réduire considérablement le nombre d'emplois; de plus, la mécanisation leur ferait perdre tous les avantages cachés que les pratiques restrictives leur avaient apportés. Peu à peu, les porte-parole syndicaux des plus hauts niveaux comprirent qu'ils ne pourraient plus s'opposer encore longtemps à l'introduction du nouvel équipement, en particulier aux conteneurs et aux grues destinées à leur manutention. Ils voulurent obtenir en retour une compensation pour tous les employés visés, autant ceux qui perdraient leur emploi que ceux qui devraient désormais fournir un travail plus régulier. Les employeurs «achetèrent» donc l'autorisation d'introduire les changements technologiques assurant une productivité raisonnable. L'entente prévoyait la création d'un fonds de mécanisation (*Mechanization and Modernization Agreement*, 18 octobre 1960). Les employeurs s'engagèrent à déposer, dans ce fonds, cinq millions de dollars par année pendant les cinq ans et demi que devait durer l'entente; celle-ci entrait en vigueur le 1er janvier 1961. L'argent ainsi accumulé devait servir à la retraite de nombreux débardeurs, à compter de 62 ans, et à garantir 35 heures de salaire par semaine à tous ceux qui conserveraient un emploi. En retour, le syndicat renonçait à toutes les règles de travail restrictives et ne s'opposerait pas à l'élimination des emplois inutiles.

Le fonds d'automatisation des débardeurs de la côte du Pacifique, le premier du genre, servit de modèle à plusieurs reprises. Ces fonds ont été établis pour atténuer les conséquences de l'introduction massive de nouveaux équipements. Un cas souvent mentionné est celui des usines de salaison Armour aux États-Unis[7]. Le contrat, signé par la compagnie Armour et par deux unions d'employés[8], prévoyait l'accumulation graduelle d'un fonds pouvant aller jus-

---

art. 40 (2) *Termination of Employment Regulation*, R.R.O. 1980, Reg. 286, art. 1-17.

6. PAUL T. HARTMAN, *Collective Bargaining and Productivity. The Longshore Mechanization Agreement*, Berkeley et Los Angeles, University of California Press, 1969, 307 p.

7. GEORGE P. SHULTZ et ARNOLD R. WEBER, *Strategies for the Displaced Worker*, New York, Harper and Row, 1966, 221 p.; NEIL CHAMBERLAIN et DONALD E. CULLEN, *The Labor Sector*, 2e édition, New York, McGraw-Hill, 1971 (676 p.), p. 215; GORDON F. BLOOM et HERBERT NORTHRUP, *Economics of Labor Relations*, 6e édition, Homewood, Ill., Irwin, 1969 (751 p.), p. 199.

8. United Packinghouse Workers of America (UPWA) et Amalgamated Meat Cutters.

qu'à 500 000 $ pour financer les activités du comité chargé d'administrer ce fonds d'automation ; le comité a fait faire des études et a utilisé différents moyens pour trouver de nouveaux emplois aux employés licenciés ; il a insisté tout particulièrement sur la formation et le recyclage des employés.

L'idée du fonds de reclassement a provoqué la création d'autres fonds semblables qui, cependant, n'ont jamais été tellement nombreux : ils ne sont vraiment possibles que dans les très grandes entreprises. Mais l'idée est toujours présente : nous avons vu que la loi québécoise permet de créer des fonds collectifs à des fins de reclassement et d'indemnisation des salariés (voir la section 10.2.2[9]). Nous allons voir immédiatement un exemple de cette nature. Mais rappelons d'abord que d'autres mesures ont été prises, par exemple la garantie d'emploi à vie, là où une telle clause peut être valable et applicable ; c'est le cas pour les typographes au service de deux journaux de New York et pour un groupe de syndicats d'employés du Canadien National (voir la section 10.1.3).

Au Québec, la compagnie Domtar, qui compte de nombreux établissements dans plusieurs branches industrielles différentes, a instauré un fonds de cette nature appelé *Régime de conversion industrielle Domtar* (RCID[10]). Ce régime a été établi le 1er janvier 1969 par les dirigeants de la société et des syndicats représentant la majorité des employés de l'entreprise. Pour s'appliquer à un groupe de salariés, le régime exige que le syndicat qui les représente y adhère explicitement. Il est entièrement financé par la société, qui y verse 0,01 $ par heure travaillée ; les fonds non utilisés peuvent s'accumuler jusqu'à concurrence de cinq millions de dollars. L'argent peut servir au reclassement, au recyclage, à la retraite anticipée et à l'allocation de réintégration, qui est en fait une indemnité de départ. Le régime est administré par un comité conjoint composé de six dirigeants des syndicats et de six dirigeants de la société.

> Le RCID s'applique lorsque l'emploi d'un ou de plusieurs employés est touché de façon permanente à la suite d'une conversion industrielle.
>
> Celle-ci inclut non seulement l'automatisation et les changements d'ordre technologique, mais aussi tout autre changement pouvant avoir un effet défavorable permanent sur les employés. Ces changements peuvent être occasionnés par l'épuisement d'une source de matière première et la désuétude des produits.
>
> (...)
>
> En ce qui concerne l'administration du RCID, les employés réguliers comptant plus de deux années de service continu et qui sont touchés par une mise à pied indéfinie seront admissibles à recevoir une aide en vertu du Régime.
>
> (...)
>
> Tous les employés syndiqués sont protégés par le RCID sous réserve que leur syndicat local adhère au Régime.

On aura noté la portée considérable de la définition que le texte attribue à la conversion industrielle : il ne s'agit pas seulement d'un changement technologique au sens strict, mais de tout changement susceptible d'affecter défavorablement les salariés de l'entreprise. La seule condition, pour bénéficier de ce régime, est d'avoir accumulé deux ans de service continu dans l'entreprise. C'est le comité, en consultation avec les employés concernés, qui décide des mesures à appliquer et des sommes à y consacrer : la formation et le recyclage sont des mesures privilégiées pour les employés les plus jeunes, alors que la retraite anticipée semble mieux adaptée aux salariés qui ont atteint ou qui approchent la soixantaine.

Des mesures analogues, plus récentes, ont pris la forme de fonds de formation plutôt que d'automatisation. En fait, l'objectif et même la pratique sont sensiblement les mêmes. C'est ainsi que Ford et les Travailleurs unis de l'automobile ont créé, en 1982, un fonds de formation s'élevant, dès le début, à près de 10 millions de dollars par année, par suite d'une contribution de l'employeur de 0,05 $ par heure tra-

---

9. *Loi sur la formation et la qualification professionnelle de la main-d'œuvre*, L.Q. 1969, c. 51 et L.R.Q. c. F-5, art. 45, c., 2e alinéa.
10. *Régime de conversion industrielle Domtar. Livret de renseignements à l'intention des employés syndiqués de Domtar inc.*, 3e édition, juillet 1985.

vaillée. Les taux et les sommes accumulées ont augmenté avec les années, et les résultats semblent excellents. On peut mentionner également un programme semblable créé conjointement par la compagnie Boeing et l'Association internationale des machinistes, fonds qui a servi particulièrement à préparer les employés à l'utilisation des méthodes connues sous le nom de fabrication assistée par ordinateur (FAO) et de conception assistée par ordinateur (CAO)[11].

31.1.4 Impacts

Les impacts des changements technologiques sont considérables et diversifiés. Avant d'approfondir les conséquences sur la négociation collective, nous aborderons quelques effets sur d'autres aspects de la vie économique et sociale. Le plus considérable et le plus visible est sans doute l'effet sur l'emploi et le chômage; ici, il faut distinguer les effets à court terme des effets à long terme. À court terme, le risque est grand que le changement technologique diminue le nombre d'emplois disponibles et augmente le chômage. Sur une plus longue période, les prédictions sont plus difficiles. L'impact sur les salaires n'est pas non plus facile à apprécier par rapport à l'ensemble de l'économie: le changement exige souvent, dans l'immédiat, de plus grandes qualifications que les anciennes méthodes de production et de fonctionnement; par ailleurs, les fonctions qui ne subissent pas les effets des changements sont souvent celles qui demandent le moins de qualifications: qu'on pense à l'automatisation des boulangeries, où tous les métiers sont disparus; il ne reste que le travail de manœuvre, aux deux bouts de la chaîne. L'effet sur la qualification se transpose tout naturellement dans la structure des salaires et la distribution des revenus. Il arrive également que l'impact soit beaucoup moindre que prévu et de nature différente: l'apparition du traitement de texte dans les bureaux n'a diminué ni l'emploi ni les coûts; au contraire, peut-être les a-t-elle augmentés.

L'organisation et la gestion des entreprises sont aussi touchées par l'introduction de certains changements technologiques. Lorsque ceux-ci modifient considérablement le nombre d'employés requis, il risque de s'ensuivre des fusions et des reconversions majeures.

L'impact sur les syndicats est également considérable. Il passe par la transformation de la main-d'œuvre. Des compétences autrefois attribuées à certaines unions ou certains syndicats sont devenues désuètes et périmées. Ainsi, alors qu'on retrouvait naguère une demi-douzaine de métiers dans les imprimeries des grands journaux, il n'en reste vraiment qu'un seul, celui de pressier. L'introduction des ordinateurs a éliminé la demi-douzaine d'unions de métier qu'on trouvait dans chaque établissement. Leur fusion a donné lieu à la formation de deux ou trois syndicats de type industriel. Les règles traditionnelles de travail, toujours restrictives, n'ont plus de place dans une entreprise automatisée. Le contrôle syndical sur la main-d'œuvre n'y est guère plus possible. En conséquence, comme nous le verrons dans un moment, il se crée un nouvel équilibre de pouvoir entre les parties en présence.

C'est formuler une évidence que de souligner la transformation des emplois provoquée par les changements technologiques, surtout l'informatique. La formation et le recyclage, à caractère pratiquement permanent, s'imposent d'emblée comme une exigence incontournable. La mobilité de la main-d'œuvre est également affectée, augmentée pour les uns, réduite pour les autres.

Les changements technologiques influent même sur les communautés sociales et la vie en général. Sans reprendre l'utopie de l'ère des loisirs, la répartition du couple travail-loisir est modifiée, dans certains cas profondément. Les classes sociales se transforment, entre autres par suite de la répartition différente des salariés entre les industries primaires et secondaires d'une part et le secteur tertiaire d'autre part. En d'autres mots, la classe moyenne s'en trouve considérablement élargie. La vie urbaine et la vie rurale en subissent également les conséquences:

11. Thomas A. Kochan, Harry C. Katz et Robert B. McKersie, *The Transformation of American Industrial Relations*, New York, Basic Books, 1989 (287 p.), p. 120.

l'augmentation de la production a tendance à accroître l'urbanisation, alors que les nouvelles industries peuvent plus facilement s'étendre dans les banlieues ou même dans les milieux ruraux. Pour reprendre un exemple bien concret, qu'on se rappelle le problème causé par l'apparition des locomotives diesel: étant donné la plus grande autonomie de ces machines, bien des villes qu'on appelait villes de chemin de fer sont tout simplement disparues de la carte (voir la section 10.2.1).

Nous avons vu, au chapitre 10, l'effet des changements technologiques sur la convention collective, non seulement sur des clauses spécifiques, mais aussi sur un certain nombre d'autres clauses. Nous n'y reviendrons pas ici, mais considérerons plutôt l'impact sur la négociation elle-même[12].

Le premier élément à subir l'impact des changements technologiques est sans doute l'unité de négociation et les structures qui en découlent. Il suffit de rappeler les changements survenus dans les grandes imprimeries, dans les chemins de fer et sur les quais; la liste pourrait s'allonger. Les négociations autrefois fondées sur les unions de métier, dans les imprimeries des grands quotidiens par exemple, sont pratiquement disparues avec l'entrée et la prédominance des ordinateurs dans la composition typographique, dans la préparation des clichés, dans la mise en forme de la publicité et des petites annonces, et même, jusqu'à un certain point, dans la salle de rédaction. Dans bien des industries, les unités de métier ont dû céder la place aux unités de type industriel; par contre, le plus souvent, le changement a produit des unités de négociation plus petites.

Le dernier bastion des unités de métier, l'industrie de la construction, résistera-t-il encore longtemps? Au Québec, on a réglé la question autrement, par législation; ailleurs, les conflits de juridiction entre les différentes unions se font de plus en plus difficiles, parce que les démarcations sont de moins en moins claires: la vitre sert à faire bien des murs d'édifices à bureaux, et le panneau de contreplaqué remplace le mur de plâtre dans bien des constructions résidentielles. Les changements technologiques auront-ils pour effet de faire disparaître les unités de métier? Rien n'est moins sûr. En effet, les modes de production beaucoup plus perfectionnés d'aujourd'hui et l'importance accrue, proportionnellement et numériquement, des services par opposition aux autres secteurs ont amené la syndicalisation de bien des groupes de professionnels et de semi-professionnels, qui tiennent davantage, par leur composition, de l'unité de métier que de l'unité de type industriel. S'il faut risquer une affirmation en la matière, il y a tout lieu de croire que les unités de métier, sur le plan de la syndicalisation comme de la négociation, ont progressé au cours de la dernière décennie, et cela plus ou moins directement par suite des changements technologiques.

L'analyse des méthodes et des techniques de négociation, tout autant que la revue des principales théories, ont montré l'importance du pouvoir de négociation, tant dans le déroulement du processus que par rapport au contenu de la convention collective. L'équilibre du pouvoir de négociation entre les parties ne sera jamais parfait, mais il doit jusqu'à un certain point exister pour que la négociation soit simplement possible. L'introduction de changements technologiques modifie considérablement l'équilibre des forces en présence. À première vue, l'automatisation peut sembler défavoriser la partie syndicale: par exemple, comme la distribution de l'électricité et les services téléphoniques sont à peu près entièrement automatisés, on pourrait croire que les salariés de ces entreprises y ont perdu beaucoup de leur pouvoir. Le pouvoir qui vient du nombre, peut-être; mais le pouvoir vient aussi de la nature des tâches et de leur importance pour la clientèle comme pour l'ensemble de la société. De ce point de vue, certains groupes ont vu leur pouvoir de négociation s'accroître de façon considérable. En somme, leurs services sont devenus pratiquement indispensables. Un élément important de la réponse réside dans la portée nouvelle de la grève.

L'efficacité de la grève est profondément modifiée par l'introduction de nouvelles technologies. Certains

12. Benjamin S. Kirsh, *Automation and Collective Bargaining*, New York, Central Book Company, 1964, 219 p.

techniciens sont indispensables et les employeurs feront tout pour éviter un arrêt de travail de leur part. Par contre, les équipements automatiques, dans un grand nombre d'entreprises ou de services, peuvent fonctionner longtemps sous la seule surveillance des cadres de l'entreprise. Cela réduit considérablement la portée et l'effet de la grève. D'un autre côté, l'absence prolongée de réparations ou d'interventions des employés habituels finit toujours par amoindrir la qualité du produit ou du service, jusqu'à le rendre pratiquement inutilisable, ce qui augmente le pouvoir du syndicat, par suite de l'accumulation des frustrations du public.

Un autre facteur gagne de l'importance avec les années. La scolarisation du personnel s'est élevée de façon non négligeable au cours des dernières décennies, en partie à cause des lois relatives à l'éducation obligatoire, mais aussi pour combler les nouveaux types d'emplois que les changements technologiques ont fait apparaître. Cette main-d'œuvre plus instruite est peut-être plus attirée par d'autres types d'actions collectives que par l'arrêt de travail traditionnel. On verra peut-être surgir de nouveaux moyens de pression. Les syndicats qui tiennent à recourir à la grève traditionnelle font face à des difficultés grandissantes: une proportion relativement élevée de leurs membres désapprouve le recours à l'arrêt de travail, et certains syndicats utilisent les menaces, sinon les punitions, pour forcer les récalcitrants à obéir aux ordres du syndicat en temps de grève. Le phénomène va amener d'autres genres de moyens de pression. L'effet stratégique de la grève semble avoir été réduit par les changements technologiques récents; comme il est essentiel de maintenir un certain équilibre des forces entre les parties, les intéressés devront faire preuve d'imagination et trouver des modes d'intervention différents.

En somme, il n'est pratiquement aucun aspect de la négociation collective qui n'a pas été touché – pas toujours de la même façon ni avec la même intensité – par l'introduction de plus en plus importante de nouveaux équipements, surtout dans le cas de machines mettant à contribution l'informatique.

31.1.5 Conditions

Même si l'échiquier de la négociation collective a été considérablement modifié par l'introduction de plus en plus rapide de nouvelles technologies, les principaux acteurs n'ont pas cessé de chercher des solutions valables aux problèmes causés par ces nouveaux procédés. L'obligation de négocier avant d'introduire le changement, suggérée par le rapport Freedman et consacrée par plusieurs lois canadiennes, en particulier par le *Code canadien du travail*, a été dans l'ensemble assez bien acceptée. Aussi faut-il soulever la question suivante: à quelles conditions la négociation collective peut-elle aider à résoudre le problème des changements technologiques[13]?

Il y a d'abord des conditions qu'on pourrait appeler techniques, comme le préavis que doit donner l'employeur sur les changements à venir. Sans ce préavis, les employés et le syndicat se trouvent devant le fait accompli et ne peuvent que réparer le mal déjà fait; il est trop tard pour le prévenir. La recherche des meilleures solutions doit idéalement se faire de façon collective, en faisant appel autant que possible aux intéressés eux-mêmes. Ce n'est pas toujours facile: l'employé qui est avisé de son futur licenciement a rarement le cœur à chercher des solutions positives. C'est ici qu'intervient le rôle des comités mixtes, souvent établis pour rencontrer les travailleurs visés, chercher avec eux les meilleures solutions possibles et finalement les mettre en œuvre.

Quant aux solutions, elles ne sont pas légion; elles ont été mentionnées dans le chapitre sur la sécurité d'emploi (voir la section 10.2.4). On compte toujours d'abord sur l'attrition, ou réduction naturelle du personnel, à laquelle peuvent contribuer des mesures

13. *Une déclaration au sujet de l'adaptation de la main-d'œuvre aux changements technologiques et autres*, Ottawa, Conseil économique du Canada, Imprimeur de la Reine, novembre 1966, 15 p.; JEAN-RÉAL CARDIN, *Les relations du travail au Canada face aux changements technologiques*, étude spéciale n° 6 préparée pour le Conseil économique du Canada en vue du 2e Colloque national sur les relations patronales-ouvrières tenu à Ottawa les 21 et 22 mars 1967, Ottawa, Imprimeur de la Reine, 1967, 61 p.

comme la retraite anticipée. Si la réduction naturelle ne suffit pas, il faut envisager le reclassement dans d'autres postes de l'entreprise ou d'autres établissements, reclassement accompagné de formation générale ou spécifique, si nécessaire.

Il reste que la condition fondamentale et déterminante pour arriver à certains résultats réside dans l'attitude des parties face au problème. Avec les difficultés économiques du début des années 1980 et 1990, les syndicats comprennent de mieux en mieux la nécessité de rentabiliser les entreprises et, à cette fin, d'améliorer leur productivité, surtout quand la production est en concurrence, sur le marché mondial, avec des produits fabriqués dans des conditions de travail moins favorables et surtout moins coûteuses. De plus, en règle générale, les employeurs ne renvoient pas de gaieté de cœur des employés qui ont bien servi l'entreprise pendant de nombreuses années. L'expérience montre qu'une attitude positive de la part de tous les intéressés constitue la meilleure garantie de succès, au moins relatif, dans la recherche des meilleures solutions au problème qu'il faut envisager.

Une dernière observation s'impose: il est beaucoup plus facile de résoudre de tels problèmes dans un contexte de plein emploi ou, du moins, de croissance économique telle que de nouveaux problèmes ne surgiront pas au fur et à mesure que les premiers se régleront: pas facile de reclasser des employés quand les licenciements se multiplient partout.

31.2 Politiques des salaires

Un autre changement, à la fois économique et politique, peut agir singulièrement sur la négociation collective: l'introduction de politiques de revenu, c'est-à-dire, concrètement, le contrôle des prix et des salaires. Les mesures de ce genre qui ont été appliquées sont au moins de trois types, que nous verrons successivement: incitatives, obligatoires et sélectives.

31.2.1 Mesures incitatives

L'intérêt pour les politiques de salaires résulte des poussées inflationnistes observées au cours des années 1950 et au début des années 1960 alors que l'érosion du pouvoir d'achat préoccupait les différentes sociétés occidentales. Sans entrer dans la controverse qui a toujours existé entre l'inflation attribuable à l'augmentation des coûts (*cost push*) et celle due à l'accroissement de la demande pour les produits et les services (*demand pull*), tout le monde reconnaît l'existence d'un lien entre les salaires et les prix. C'est ce qui explique l'intérêt général pour les politiques de salaires au cours des années 1960.

Aux États-Unis, dans son discours sur la situation économique, au début de 1962, le président John F. Kennedy, s'appuyant sur les prévisions des experts quant à l'augmentation de la productivité américaine, recommandait fortement que les augmentations de revenu, de salaire et de profits ne dépassent pas celles de la productivité. Malgré les nuances que contenait sa présentation, tout le monde a retenu le chiffre global de 3 % d'augmentation comme étant sa recommandation pour l'année 1962. Chaque année, pendant au moins cinq ans, le président des États-Unis a proposé cette sorte de balise (*guideline*) et invité les agents économiques à s'y conformer, pour le plus grand bien de la société américaine[14].

Les balises présidentielles ne furent pas respectées. Les augmentations de salaire négociées aux États-Unis en 1966 et 1967 ont été respectivement de 4,8 % et de 5,6 %, malgré la recommandation présidentielle de 3,2 %. Elles devaient encore s'accroître dans les dernières années de la décennie. Les dirigeants des différentes unions et de l'AFL-CIO déclaraient ouvertement qu'ils ne se sentaient pas liés ou même gênés par ces balises: les restrictions de salaires ou de prix dans une société libre sont, disaient-ils, inacceptables, sinon intolérables.

En Europe, les expériences de politiques de revenus ont commencé plus tôt, presque aussitôt la Deuxième Guerre mondiale terminée, et se sont poursuivies jusque vers 1970, avec plus ou moins de succès selon les cas. Dans les pays scandinaves, les ententes étaient

14. Abraham L. Gitlow, *Labor and Manpower Economics*, 3e édition, Homewood, Ill., Richard D. Irwin, 1977 (555 p.), p. 245-260.

généralement respectées: les décisions étant prises à un niveau très centralisé et l'autorité des organismes supérieurs étant relativement forte, il était facile d'imposer des balises négociées entre les principaux représentants des employeurs et des syndicats. Le cas de la Suède, étudié dans le chapitre précédent, en est un bon exemple[15]. En France, la seule forme de politique de salaires qui fut relativement efficace a été l'adoption du salaire minimum interprofessionnel garanti (SMIG). Il s'agit d'une sorte de salaire minimum modulé selon les industries et la conjoncture. Le SMIG fut établi en 1950.

Les Britanniques ont eu recours à plusieurs formes de politiques de revenu: après des efforts de concertation avec les agents économiques, le gouvernement travailliste décida, au cours de l'été de 1966, d'imposer une procédure obligatoire. Les recommandations antérieures de 3 % et de 3,5 % n'ayant pas donné les résultats escomptés, le gouvernement établit un Office national des prix et des revenus (*National Board for Prices and Incomes* – NBPI). Pour étayer ses décisions, l'Office se préoccupait principalement des questions de productivité. Le système fonctionna jusqu'à la chute du gouvernement travailliste, remplacé par le Parti conservateur à l'été de 1970[16]. La politique des salaires de Grande-Bretagne n'a pas eu les effets escomptés: les négociations collectives les ont tout simplement contournés. Le gouvernement a conséquemment tenté de convaincre les parties de négocier uniquement au plus haut niveau. S'il était possible d'obtenir une entente entre le TUC et la CBI, il était cependant plus difficile d'imposer les restrictions et les limites acceptées à ce niveau dans les unités de négociation décentralisées. La mesure a eu pour effet d'augmenter le nombre de négociations décentralisées. On était d'ailleurs en période de difficultés graves: diminution des exportations, augmentation des grèves, institution de la Commission Donovan.

Au Canada, les premiers ministres ont voulu suggérer des mesures incitatives, en proposant, comme aux États-Unis, une estimation de la hausse de productivité que les augmentations de salaires et de prix ne devaient normalement pas dépasser. Comme aux États-Unis, le résultat a été pratiquement nul. Depuis 1965, l'inflation n'avait cessé de grimper, et de plus en plus vite; de 3,7 % en 1966, elle est passée à 4,5 % en 1969[17]. Devant la montée de l'inflation, le gouvernement canadien institue, en 1969, la Commission des prix et des revenus. Elle sera présidée par M. John H. Young, ancien doyen de la Faculté des arts de l'université de Colombie-Britannique; elle comptera parmi ses membres M. Paul Gérin-Lajoie et M. George V. Haythorne[18]. Le gouvernement avait publié, en 1968, un Livre blanc intitulé *Politiques pour la stabilisation des prix*. La création de la Commission des prix et des revenus constituait la première suite tangible aux projets énoncés dans le Livre blanc.

Dès sa formation, la Commission tenta d'obtenir un accord général sur un programme de restriction des prix et des revenus de la part des principaux agents économiques. L'effort semble être demeuré sans suite[19]. La Commission, après avoir étudié tous les

15. Gilles Beausoleil, «Politiques de salaires: expériences étrangères» dans *Politiques de salaires: exigences nouvelles*, 19e Congrès des relations industrielles, Québec, Les Presses de l'Université Laval, 1964 (164 p.), p. 27-44; Adolf Sturmthal, «Income Policies and International Experience: Further Comments», *Relations industrielles*, vol. 23, nº 2, avril 1968, p. 221-236.
16. Abraham L. Gitlow, *op. cit.*, p. 259; Lloyd Ulman, «Under Severe Restraint: British Incomes Policy», *Industrial Relations*, vol. 6, nº 3, mai 1967, p. 213-266; Robert B. McKersie, «The British Board for Prices and Incomes», *Industrial Relations*, vol. 6, nº 3, mai 1967, p. 267-284; Derek Robinson, «Implementing an Incomes Policy», *Industrial Relations*, vol. 8, nº 1, octobre 1968, p. 73-90.
17. Gérard Hébert, «L'impact de l'inflation sur la négociation collective» dans *Inflation, indexation et conflits sociaux*, 30e Congrès des relations industrielles, Québec, Les Presses de l'Université Laval, 1978, p. 49-96.
18. Arrêté en conseil, juin 1969; *La Gazette du travail*, vol. 69, nº 8, août 1969, p. 454, et vol. 69, nº 9, septembre 1969, p. 517.
19. *L'inflation, le chômage et la politique des revenus*, rapport final de la Commission des prix et des revenus, J.H. Young, président, Ottawa, Information Canada, 1972, p. iii. Rapport sommaire, p. 8.

aspects de la situation, tout en se défendant bien d'adhérer à la doctrine de l'inflation due aux coûts, en arrive à la conclusion qu'il faut envisager un progamme temporaire de contrôle direct des prix, des salaires et des autres revenus.

> Nous croyons, par conséquent, que les contrôles temporaires de prix et de revenus ne devraient être utilisés que dans le cadre d'une politique à plus long terme visant à maintenir – pendant et après la période de contrôle – des conditions sous-jacentes de demande qui soient compatibles avec les objectifs des taux de croissance des niveaux moyens des prix et des revenus[20].

31.2.2 Mesures obligatoires

Le 14 octobre 1975, le ministre des Finances d'alors, Donald S. Macdonald, déposait à la Chambre des communes le projet de loi C-73 intitulé *Loi anti-inflation*, qui entrait en vigueur immédiatement[21]. Le premier ministre du Canada, M. Trudeau, l'avait annoncée la veille, au cours d'une allocution télévisée[22].

Toutes les provinces canadiennes ont adopté leur propre loi anti-inflation; celle-ci s'appliquait aux entreprises de compétence provinciale. Le Québec a ainsi adopté la *Loi concernant les mesures anti-inflationnistes*, qui fut sanctionnée le 19 décembre 1975[23].

Chacune de ces lois instituait une Commission de lutte à l'inflation (CLI) qui devait suivre les mouvements des prix, des profits, des dividendes et de la rémunération, et évaluer la conformité ou la non-conformité des changements de revenu avec les balises générales proposées (art. 12). Un administrateur était chargé d'exercer la police de la loi; en d'autres mots, il devait assurer son application (art. 15-25). Un tribunal d'appel fut également constitué pour entendre ceux qui se sentiraient lésés par la Commission ou par l'administrateur de la loi (art. 26-38). De nombreuses ordonnances furent prises, dont la plupart visaient des secteurs particuliers de l'économie. Des bureaux régionaux furent installés pour rendre la loi et son administration accessibles à tous les citoyens. Une machine bureaucratique énorme fut mise en place à cette fin.

La CLI devait surveiller non seulement les salaires, mais aussi les prix, les profits, les dividendes et toute forme de rémunération. Le règlement général de la loi fédérale contenait des dispositions sur tous ces aspects. Par rapport à la rémunération, il établissait comme balise qu'une augmentation de 8 %, la première année, pouvait être considérée comme une protection de base contre le mouvement des prix; il permettait une augmentation de 6 % la deuxième année et de 4 % la troisième année (art. 46)[24]. La Commission pouvait autoriser certaines augmentations atteignant de 10 % à 12 % quand les circonstances et le contexte le justifiaient; la deuxième et la troisième année, les augmentations de 6 % et de 4 % pouvaient être majorées pour tenir compte du mouvement de l'indice des prix à la consommation (art. 48). Les lois des différentes provinces contenaient sensiblement les mêmes dispositions, sauf au Québec: la Commission portait le nom de Régie; l'administrateur s'appelait le commissaire et le tribunal d'appel, la Commission d'appel.

Les mesures ont eu un impact énorme sur la négociation collective: elle n'était pas la seule institution visée, mais plusieurs ont dit que c'était la seule où la loi pouvait vraiment s'appliquer. Nous avons vu, dans d'autres chapitres, comment les mesures anti-inflationnistes ont affecté la durée des conventions collectives, la réduisant dans presque tous les cas à une ou deux années. Il faut cependant noter que les clauses d'indexation déjà négociées pouvaient justifier un certain dépassement des balises. L'effet de la

20. *Ibid.*, rapport sommaire, p. 9.
21. *Loi anti-inflation*, S.C. 1975, c. 75. Même si le projet de loi ne reçut la sanction royale que le 15 décembre 1975, il entra en vigueur le 14 octobre 1975.
22. «Highlights of the Government's Guidelines for Incomes», *Canadian Industrial Relations and Personnel Developments*, n° 43, 22 octobre 1975, p. 799.
23. L.Q. 1975, c. 16 (projet de loi n° 64).
24. *Règlement établissant les balises sous la Loi anti-inflation*, arrêté en conseil, CP 1975-29-26, D.O.R.S. 76-1 du 22 décembre 1975, *Gazette du Canada*, 14 janvier 1976.

loi s'est surtout fait sentir sur les salaires négociés. Alors qu'avant les contrôles le taux moyen des augmentations des salaires négociés était de 14 %, il est tombé à 6 % après l'entrée en vigueur de la loi. Les hausses de prix, de leur côté, furent stabilisés également à 6 %, mais augmentèrent jusqu'à 9 % par année à la levée des contrôles en 1978. Les effets du programme ont donc été plus marqués sur les salaires que sur les prix[25]. Des contrôles imposés, accompagnés de mécanismes d'application aussi importants, ne pouvaient pas ne pas produire d'effets sur les salaires et sur la négociation.

Plusieurs économistes étaient préoccupés de la période qu'on a appelé le «décontrôle» des prix et des revenus: surtout par rapport aux salaires, comment le marché et les négociateurs allaient-ils réagir au moment de la levée des contrôles, à la fin de 1978? Pour certains, la crainte venait du fait que la cause la plus importante de la poussée inflationniste des années 1970 n'était pas le résultat d'un événement temporaire et passager, mais le prix du pétrole sur les marchés mondiaux. Le contrôle avait été imposé pour une période de trois ans; au moment où il serait levé, les forces internes du marché reprendraient rapidement leur influence sur les prix et les salaires. Un autre facteur allait jouer dans le même sens: un contrôle sévère des prix et des salaires a pour effet de causer une rigidité à la hausse, en supprimant pendant la période de contrôle toute raison d'être d'un mouvement à la baisse[26].

Au moment où l'on discutait des contrôles, certains ont cru y voir une sorte de menace du gouvernement à l'endroit des grandes entreprises et des grands syndicats, en ce sens que d'autres mesures plus sévères et permanentes pourraient être prises si cela s'avérait nécessaire. Ce qui est arrivé en fait est tout autre. Aussitôt les contrôles levés, l'inflation a sauté immédiatement à 10 % ou 12 % par année; les ententes collectives ont été à peu près du même ordre pendant ces quelques années. Le problème s'est réglé d'une autre façon: la dépression de 1981 et 1982 a ramené l'inflation et les augmentations de salaires sous les 4 %. Aussi les gouvernements n'ont-ils pas eu à recourir à des mesures plus sévères; ils ont opté plutôt pour des mesures sélectives.

31.2.3 Mesures sélectives

Dans la discussion qui entoura les trois années de contrôle des salaires, plusieurs considéraient que le gouvernement aurait probablement pu obtenir les mêmes résultats en limitant l'augmentation des salaires de ses propres employés. Au cours des années 1980, les gouvernements avaient une autre raison de procéder de cette manière: la croissance énorme du déficit budgétaire des deux paliers de gouvernement et l'accroissement correspondant de la dette publique, devenue tellement coûteuse qu'elle ne laissait plus aucune marge de manœuvre. Le groupe alors visé est évidemment celui des employés du secteur public.

Le gouvernement fédéral et le gouvernement du Québec ont tous les deux suspendu la négociation collective avec leurs employés de 1982 à 1985. Le gouvernement fédéral l'a fait en imposant la règle du 6 % et du 5 % pour les années 1983 et 1984[27]. Le processus qu'a suivi le gouvernement du Québec est un peu plus complexe, comme nous l'avons vu au chapitre 26: après avoir essuyé un refus de la part des syndicats auxquels il avait demandé de prolonger les conventions collectives et de renoncer à certaines augmentations prévues, il a prolongé, par loi, les

25. PAUL D. STAUDOHAR, «Effects of Wage and Price Controls in Canada, 1975-1978», *Relations industrielles*, vol. 34, nº 4, 1979, p. 674-690; RICHARD G. LIPSEY, «Wage-Price Controls: How to Do a Lot of Harm by Trying to Do a Little Good», *Analyse de politiques*, vol. 3, nº 1, hiver 1977, p. 1-13.
26. CLAUDE MONTMARQUETTE, «Le contrôle et le décontrôle des prix et des revenus: un commentaire», *Relations industrielles*, vol. 32, nº 4, 1977, p. 628-633; SYLVIA OSTRY, GÉRARD DION et PAUL WEILER, «Le décontrôle et les relations industrielles: une table ronde», *Analyse de politiques*, vol. 4, nº 4, automne 1978, p. 421-442.
27. *Loi sur les restrictions salariales du secteur public*, S.C. 1982, c. 122 (projet de loi nº C-124).

conventions collectives en vigueur depuis la fin de 1982 jusqu'en 1985[28].

L'effet sur la négociation collective est facile à décrire: les deux paliers de gouvernement ont supprimé toute négociation durant ces trois années. Il ne faudrait pas croire qu'il n'y a pas eu de pourparlers: c'est au cours de cette période que fut préparé, au fédéral, le projet de convention cadre appliqué dès la ronde de négociations suivante. Il s'agit bien dans les deux cas d'une politique salariale de l'État, mais uniquement à l'égard de ses employés. Il serait difficile de prouver que ces deux décisions gouvernementales ont eu un effet direct sur les négociations du secteur privé au cours de ces trois années et, surtout, pendant le reste de la décennie. Par contre, elles ont certainement eu un effet indirect: l'activité économique a repris légèrement, entraînant des hausses des salaires négociés légèrement plus élevées, de l'ordre de 4 % et de 5 %, occasionnellement de 6 %. Là où la politique salariale de l'État envers ses employés a joué, c'est en empêchant les salaires du secteur public d'entraîner ceux du secteur privé dans une spirale d'augmentations. Ces mesures semblent donc avoir laissé jouer les forces du marché dans le secteur privé[29].

La grève des fonctionnaires fédéraux, en septembre 1991, est reliée à une politique salariale adoptée par le gouvernement fédéral pour ses fonctionnaires: il avait décidé, peut-être plus à cause de la dette publique que des risques d'inflation, de limiter les augmentations salariales de ses employés à 3 % pour quelques années. Malgré la grève, les fonctionnaires fédéraux n'ont pas réussi à faire bouger le gouvernement: l'entente finale comprenait un gel de salaire, suivi de deux augmentations: 0 %-3 %-3 %; les fonctionnaires semblent avoir obtenu, en compensation, une sécurité d'emploi à tout le moins plus clairement exprimée dans les textes de leurs conventions collectives.

En résumé, la politique des salaires d'un gouvernement a des répercussions fondamentales sur la négociation collective, que ce soit pour les employés de l'État, dans le cas de mesures sélectives, ou pour l'ensemble des syndiqués dans les autres cas. Jusqu'à un certain point, le raisonnement est simple: l'objectif premier de la négociation est l'amélioration des salaires; en règle générale, on adopte une politique des revenus ou simplement des salaires pour en restreindre ou du moins en ralentir la croissance. Le motif d'une telle décision est toujours la menace ou la présence d'une inflation importante.

31.3 Récession et décroissance

La récession représente une baisse dans le niveau des activités économiques; elle aura des répercussions importantes sur la négociation collective. Le phénomène, inconnu depuis la Deuxième Guerre mondiale, a été vécu de façon intense aux États-Unis et au Canada, ainsi que dans quelques pays d'Europe au début des années 1980, plus précisément en 1981 et 1982. Plusieurs termes ont été utilisés pour désigner cette réalité, en se référant à différents aspects particuliers, dont la négociation de la décroissance et la négociation des concessions (*concession bargaining*). Nous verrons successivement le contexte ou la cause de cette récession, les concessions faites et les compensations demandées, l'étendue du phénomène et certains aspects particuliers[30].

28. *Loi concernant la rémunération dans le secteur public*, L.Q. 1982, c. 35 (projet de loi n° 70); *Loi concernant les conditions de travail dans le secteur public*, L.Q. 1982, c. 45 (projet de loi n° 105).

29. Gilles Ferland, «La politique de rémunération dans les secteurs public et parapublic au Québec», *Relations industrielles*, vol. 36, n° 3, 1981, p. 475-498; Pierre-Paul Proulx, «Rémunération dans les secteurs public et parapublic au Québec: éléments d'une nouvelle politique», *Relations industrielles*, vol. 37, n° 3, 1982, p. 477-497.

30. Bureau international du travail, *La négociation collective face à la récession dans les pays industrialisés à économie de marché*, Genève, BIT, 1984, 309 p.; Robert McKersie et Peter Cappelli, «Concession Bargaining» dans *Avoiding Confrontation in Labour-Management Relations*, 30e Conférence annuelle de relations industrielles, 1982, Montréal, Université McGill, Centre de relations industrielles, 1982, p. 15-31; Université de Montréal, *Les relations du travail en période de crise économique*, 13e Colloque de relations industrielles, novembre 1982, Université de Montréal, École de relations industrielles, 1983, 185 p.

31.3.1 Contexte

C'est principalement la concurrence internationale qui semble avoir provoqué la récession du début des années 1980. Rappelons seulement quelques données de base. Au cours des années 1970, il y a eu deux chocs pétroliers: la hausse de 2 $ à 10 $ US le baril en 1973-1974, et la hausse de 12 $ à 30 $ le baril en 1979; comme l'énergie représente un coût important dans la plupart des entreprises, des augmentations de cette nature pouvaient être et ont été désastreuses dans bien des cas. Les pays exportateurs étaient plus exposés; ainsi, la proportion du produit national brut attribuable aux exportations canadiennes était passée de 19 % en 1966 à 31 % en 1981; au Québec, la proportion s'était accrue de 13 % à 20 % pour les mêmes années. Parallèlement, les importations représentaient 33 % des biens manufacturés vendus au Canada alors que la proportion n'était que de 21 % en 1966. La mondialisation des marchés entraînait deux problèmes: les faibles coûts de production dans la plupart des pays du tiers-monde et la plus grande productivité dans les pays récemment industrialisés comme le Japon. En 1982, on estimait que le Japon possédait 14 000 robots contre 4000 pour les États-Unis et 200 pour le Canada; les Japonais produisaient une automobile pour 1500 $ de moins que les Américains. Les programmes sociaux canadiens ont entraîné une fiscalité si coûteuse qu'elle a réduit considérablement la marge de manœuvre des entreprises. Certains ajoutent que des entreprises ont perdu une partie de leur efficacité par une croissance exagérée du nombre de cadres intermédiaires.

À la concurrence internationale s'ajoutait la concurrence interne, parfois à l'intérieur de la même entreprise: quand divers établissements d'une entreprise ont des tâches différentes et que la mécanisation ne s'est pas poursuivie partout au même rythme, certains de ces établissements sont nettement défavorisés par rapport aux autres. Toutes les industries ont également été touchées par une décroissance de la demande. La décroissance se retrouve tant sur le marché de la consommation que dans le domaine des investissements. La diminution de la consommation tient à deux facteurs principaux: la diminution du pouvoir d'achat et l'attrait des taux de rendement élevés des placements et des prêts. La diminution de la demande, l'augmentation des taux d'intérêts et le transfert du capital de risque vers des formes plus sécuritaires et avantageuses de placements ont posé aux entreprises des problèmes de liquidité. Dans bien des cas, la façon la plus profitable de financer les dépenses courantes était de diminuer les stocks. Ceci avait pour effet d'aggraver le déclin de la production.

C'est l'ensemble de cette situation qui explique, sinon justifie, les demandes de concessions que plusieurs entreprises ont adressées aux représentants syndicaux de leurs employés.

31.3.2 Concessions et compensations

Les concessions demandées prennent plusieurs formes, allant du renouvellement avant terme de la convention collective et du relâchement de certaines règles de travail jusqu'à une diminution pure et simple des taux de salaires payés. Les employés de l'automobile, aux États-Unis, ont renoncé aux 3 % qu'ils recevaient chaque année depuis le début des années 1950 comme facteur annuel d'amélioration de la productivité. Au Canada, les travailleurs de l'automobile n'ont fait que des concessions mineures, comme renoncer à un congé ou ramener à une fois l'an plutôt qu'à tous les trois mois l'indexation des salaires au coût de la vie. Par contre, les 2000 membres de l'Association canadienne des pilotes aériens ont accepté une baisse de salaire de 30 % en vue d'éviter des mises à pied.

Une formule plus particulière de concession prend la forme de prêts consentis à l'employeur par le syndicat, au nom des employés. Ainsi, American Motors a obtenu un prêt d'environ 150 millions de dollars de ses employés contre la promesse de garder les usines ouvertes au moins jusqu'à la date d'expiration des conventions collectives. Cinq petites compagnies d'acier ont obtenu des prêts au taux d'intérêt courant. Dans l'industrie américaine du caoutchouc, certains ont même cédé la prime d'heures supplémentaires.

Une concession relativement fréquente vise le relâchement de certaines règles de travail (*work rules*).

Il s'agit de règles provenant de la coutume, de directives syndicales ou du mode d'application de la convention collective qui limitent la production en réduisant la souplesse dans l'attribution du travail. Le relâchement a pour effet d'accroître la productivité et de réduire les coûts unitaires de main-d'œuvre.

Au Québec, un certain nombre d'employés d'entreprises privées ont accepté de rouvrir les conventions collectives, alors que d'autres acceptaient un renouvellement hâtif de la convention, ce qui, dans bien des cas, donne à peu près les mêmes résultats. Les cas les plus connus de cette nature sont ceux des camionneurs et des employés de l'industrie automobile, aux États-Unis et au Canada.

* * *

Les syndicats, de toute évidence, n'acceptaient pas de gaieté de cœur les concessions que les entreprises leur demandaient. Même quand ils devaient s'y résigner, compte tenu des circonstances difficiles où l'entreprise pouvait se trouver, ils essayaient d'obtenir quelques compensations en retour, dans la meilleure tradition du marchandage et de la négociation collective.

La sécurité d'emploi a constitué la première et la plus importante forme de compensation que les syndicats ont recherchée. En effet, c'est généralement dans des situations où l'emploi d'un grand nombre sinon de tous les salariés est en jeu que se pose le problème des concessions. Par contre, plus la situation est précaire, plus il est difficile à l'entreprise de prendre des engagements. L'engagement minimal le plus souvent demandé a été de garantir que l'usine restera ouverte au moins pendant la durée de la convention collective. General Motors et Ford, aux États-Unis, ont introduit un régime de garantie d'emploi à vie pour les employés comptant 20 ans de service (*lifetime employment guarantee*). Advenant la fermeture d'un établissement, la compagnie s'engage à verser la moitié du salaire à ses employés, pour le reste de leur vie; par contre, l'engagement se limite à un montant de 45 millions de dollars qui, en fait, ne couvrirait que 3000 employés. Au Canada, GM a accepté d'appuyer la position syndicale selon laquelle la compagnie doit garder ouvertes ses usines canadiennes pour avoir le droit de vendre ses produits au Canada.

Certains employeurs n'ont pas réussi à maintenir leurs activités malgré les concessions de leurs employés. Un cas souvent cité est celui du transporteur aérien Braniff, aux États-Unis, qui a déclaré faillite le 12 mai 1982, malgré des concessions salariales antérieures de la part de ses employés.

Certains syndicats ont tenté d'obtenir pour les employés une part des avantages qui pourraient découler des concessions. Dans ces cas, les employés acceptent des coupures de salaires en échange d'un partage des profits. Uniroyal et Goodrich sont des exemples de tels arrangements. Ailleurs, on remet aux travailleurs des actions de l'entreprise dont la valeur correspond aux concessions. Certains syndicats ont exigé de la compagnie qu'elle s'engage à réinvestir dans l'entreprise une somme correspondant au montant des concessions. D'autres syndicats ont demandé et obtenu, en échange de concessions salariales, une forme de participation à la gestion de l'entreprise. Dans l'industrie des pneus, les parties ont institué des comités mixtes dotés de pouvoirs relativement étendus dans les usines concernées. Chez le constructeur d'automobiles Chrysler, le président des Travailleurs unis de l'automobile est désormais membre du conseil d'administration. Les Métallos ont également demandé de participer aux décisions qui touchent au fonctionnement des usines. Si la formule se généralisait, elle aurait évidemment des conséquences majeures sur le type de relations de travail et de négociation dans l'avenir.

Comme la capacité de payer de l'entreprise est toujours invoquée par l'employeur, les syndicats ont voulu, dans plusieurs cas, vérifier l'exactitude de cette affirmation et ils ont demandé d'avoir accès aux livres de l'entreprise. Dans le cas de United Airlines, un comité a été institué pour examiner ces documents. Enfin, plusieurs syndicats ont demandé l'égalité de sacrifice pour tous les employés de l'entreprise, sans exception. Ce n'est pas vraiment une compensation mais plutôt une question d'équité. Le principe a été accepté par plusieurs, mais d'autres entreprises, comme les magasins A & P, l'ont refusé.

* * *

Les arguments généralement invoqués par les employeurs ont trait à la situation financière difficile de l'entreprise. L'impératif de la survie constitue toujours l'argument suprême: il vaut mieux subir une baisse de revenus que de perdre son emploi. Le raisonnement s'applique tantôt à des groupes d'employés, tantôt à l'ensemble dans les cas où une fermeture totale est envisagée. L'objectif est toujours de réduire les coûts unitaires de production pour faire face à la concurrence mondiale; un accroissement de la productivité est essentiel pour demeurer concurrentiel sur les marchés mondiaux.

En réponse aux arguments des employeurs, l'argument principal des représentants syndicaux est d'inspiration keynésienne: il faut stimuler la demande globale pour faire repartir la roue de l'économie. En acceptant une diminution de la masse des salaires dans l'économie, on affaiblirait la demande, ce qui ne pourrait qu'aggraver davantage la crise alors vécue. En d'autres mots, les problèmes, selon cette ligne de pensée, sont d'ordre structurel: il appartient aux gouvernements de stimuler l'économie et d'y opérer les ajustements qui s'imposent. Ce à quoi plusieurs répondent que l'argumentation de Keynes est valable dans un contexte où les prix et les salaires peuvent varier à la hausse et à la baisse, dans un contexte sans déficits budgétaires importants.

Les représentants syndicaux utilisent également un argument qu'on pourrait qualifier d'offensif, en ce sens qu'ils s'attaquent aux causes et à ceux qu'ils considèrent comme responsables de la situation. L'argumentation soutient que les difficultés proviennent non pas des coûts salariaux, mais d'autres causes, comme de la politique énergétique du gouvernement canadien, des taux d'intérêt trop élevés et de la discrétion totale laissée aux entreprises sur les prix. Certains invoquent que le fait d'accepter des concessions salariales risque d'augmenter les inégalités sociales.

31.3.3 Étendue du phénomène

Le phénomène des concessions a été beaucoup plus répandu aux États-Unis qu'au Canada. Dans l'ensemble cependant, les industries qui ont eu à demander des concessions sont les mêmes des deux côtés de la frontière, même si les syndicats canadiens se sont montrés beaucoup plus tenaces.

C'est l'industrie de l'automobile qui a véritablement attiré l'attention sur le phénomène. Les Travailleurs unis de l'automobile, aux États-Unis, ont accepté des concessions, mêmes salariales, alors que les TUA canadiens – c'était avant la séparation des unités canadiennes de l'union américaine – ont sacrifié plusieurs congés personnels mais ont obtenu une augmentation salariale de 9 %. Dans le secteur de l'acier, les manufacturiers américains ont voulu obtenir un renouvellement de contrat près d'un an avant la date d'échéance de la convention. Au Canada, on relève des concessions par rapport aux clauses d'indexation des salaires: des entreprises ont obtenu que les ajustements en fonction de l'indice des prix à la consommation soient faits annuellement plutôt qu'à tous les trois mois; Sydney Steel en Nouvelle-Écosse et National Steel Car à Hamilton ont obtenu la suppression pure et simple de la clause d'indexation. Dans l'industrie américaine du caoutchouc, les principales compagnies ont demandé et obtenu un gel des salaires jusqu'à ce que la situation s'améliore.

Dans la coupe du bois en Colombie-Britannique, l'association patronale a demandé qu'une augmentation de salaire de 13 % déjà accordée soit ramenée à 6 %, mais les syndicats concernés ont refusé. La plus grande compagnie canadienne de bois et de papier, en Colombie-Britannique, a imposé des réductions de salaires à tous ses employés, à commencer par les cadres supérieurs.

Les camionneurs américains ont accepté un gel de salaire de trois ans. Pour obtenir l'aide gouvernementale, Maislin du Canada a accepté les limites de 6 % et 5 % imposées par le gouvernement fédéral; la compagnie avait auparavant obtenu des prêts de ses employés. À la suite de la déréglementation du transport aérien aux États-Unis, toutes les grandes compagnies américaines ont appliqué une politique de réduction des salaires et de relâchement des règles du travail. Comme l'aviation commerciale canadienne demeure régie par une réglementation toujours contraignante, la concurrence y est moins vigoureuse et il ne semble pas y avoir eu de concession.

Les exemples donnés montrent la variété des situations. Un certain nombre de constantes peuvent néanmoins être mentionnées. Ainsi, dans l'ensemble, au Canada, l'augmentation annuelle moyenne des taux de base négociés en 1981 était plus élevée qu'en 1980, soit de 12 % au lieu de 10 %. En 1982, elle a été de 10 % ; ce n'est qu'en 1983 qu'elle est tombée à environ 5 %[31]. Le nombre d'arrêts de travail et de jours perdus a diminué considérablement en 1981 et 1982.

La récession a frappé toutes les entreprises, dans tous les secteurs, mais de façon inégale. Dans la plupart des cas où la position concurrentielle mettait en danger l'existence de l'entreprise, des concessions ont été faites, allant de la réduction des taux de salaire à la création de barèmes à plusieurs paliers (les cas de clauses grand-père), la concession la plus fréquente étant l'abandon de règles de travail restrictives. Les concessions ont été importantes à certains endroits, à peine perceptibles ailleurs. Mais l'effet sur les indices généraux de négociation, tant par rapport aux salaires qu'aux arrêts de travail, a été considérable. Le retard qu'on a pu remarquer dans la diminution des augmentations annuelles des taux négociés s'explique de plusieurs manières : d'abord, l'inflation est demeurée élevée, même pendant la récession ; de plus, la durée des conventions collectives a des effets à retardement : ce ne sont pas tous les syndicats qui ont accepté des réouvertures de convention ou des négociations hâtives. Autre phénomène, la durée moyenne des conventions demeurait inférieure à ce qu'elle est habituellement : toute situation d'incertitude incite les parties à conclure des ententes de plus courte durée (voir le tableau 15-2). La longueur de la période de négociation a également été sensiblement réduite.

En d'autres mots, même si la situation a été très différente d'une industrie et d'une entreprise à l'autre, l'effet d'ensemble sur le processus et sur les résultats de la négociation a été considérable. Cette observation confirme le fait que le contexte économique constitue le facteur le plus important dans la détermination du déroulement de la négociation collective et de ses résultats.

31. *Revue de la négociation collective*, avril 1985, p. 90 et 105.

31.3.4 Solutions de rechange

Plutôt que de modifier la convention collective elle-même, les parties ont cherché, dans certains cas, des solutions différentes, comme le travail partagé et le partage d'emploi, et occasionnellement les accords de productivité.

Le travail partagé consiste, pour chaque employé, en une réduction du nombre d'heures travaillées, dans le but de partager la quantité de travail disponible et de permettre à un plus grand nombre, sinon à tous, de conserver leur emploi. Par exemple, si l'entreprise fait face à une diminution de ses activités de 20 %, elle pourrait diminuer de 20 % les heures de travail de tous ses employés plutôt que de mettre à pied 20 % de ceux-ci. À la suite d'une entente avec Emploi et Immigration Canada, tous les employés pourront recevoir, s'ils y ont droit par ailleurs, la prestation d'assurance-chômage pour la journée non travaillée : si, par exemple, personne ne travaille le vendredi, il y a réduction d'environ 20 % des heures de travail[32]. Pour que les responsables de l'assurance-chômage acceptent une telle formule, il faut des indices que la réduction des activités sera temporaire et non pas permanente ; les ententes de cette nature peuvent rarement dépasser six mois ou un an.

Le partage d'emploi se réalise quand deux ou plusieurs salariés partagent un poste qui, normalement, ne serait occupé que par une seule personne. Pour qu'un tel partage produise des effets positifs, il faut qu'il réponde à une demande ou, du moins, qu'il soit le fruit d'une acceptation volontaire d'un travail à demi-temps ; car en définitive, c'est exactement ce qu'il est. Faute d'acceptation véritable de la part des

32. Duncan R. Campbell, « Work Sharing – An Option » dans *Jobs and Labour Peace. An Agenda for Action*, 31e Conférence annuelle de relations industrielles, 1983, Montréal, Université McGill, Centre de relations industrielles, 1983 (217 p.), p. 139-151.

salariés, la formule correspond à la création de postes de travail précaires.

Le travail partagé et le partage d'emploi comportent des avantages et des inconvénients, par suite de leurs répercussions sur les coûts de la main-d'œuvre et le niveau de vie des salariés. Si les coûts fixes pour chaque employé sont relativement élevés, il n'y a pas d'avantage; au contraire, il y a augmentation des coûts unitaires de production. De plus, la répartition d'une baisse de la quantité de travail entre les employés représente finalement une substitution accélérée du loisir au travail; cette substitution ne peut faire autrement que d'amener une baisse du niveau de vie des salariés. Les formules peuvent prendre un sens plus positif si elles sont intégrées dans un cadre plus large que la seule réduction des heures de travail. Une approche qualitative de la vie au travail et d'un nouvel équilibre travail-loisir peut jouer un rôle essentiel.

L'amélioration de la productivité, objet de préoccupation depuis les années 1960, doit amener une meilleure rentabilité de l'entreprise, une amélioration correspondante des conditions de travail et, par le truchement d'une qualité accrue, un effet positif ultérieur sur la demande pour le produit. La récession du début des années 1980 a accentué la préoccupation des entreprises par rapport à un nécessaire accroissement de la productivité et a sensibilisé employés et syndicats à une telle nécessité. Il n'est guère de négociations, depuis ce moment, où la productivité ne constitue pas une préoccupation majeure. La récession et la décroissance qui l'a accompagnée dans plusieurs secteurs ont ramené, à la table de négociation et dans les conventions collectives, des sujets tels que la souplesse dans les méthodes de production, une participation accrue des employés à la gestion et parfois même leur participation financière à l'entreprise. Dans un pays comme le Japon, une récession n'entraîne pas les mêmes conséquences qu'en Amérique du Nord. En cas de difficulté pour l'entreprise, celle-ci diminue ses bénéfices et, dans une même proportion, les salaires de tous ses employés avant de procéder à des mises à pied. Le licenciement constitue la dernière mesure à laquelle on se résout. En échange de la sécurité d'emploi à vie qu'ont les employés permanents, ils acceptent de limiter leurs demandes salariales. Leur sentiment d'appartenance va à l'entreprise avant d'aller au syndicat. Plusieurs entreprises pratiquent le partage des profits avec leurs employés.

Les syndicats au Japon recrutent environ 35 % de tous les travailleurs; seuls les employés permanents font partie des syndicats, qui ne se retrouvent à peu près que dans les grandes entreprises et le gouvernement. Dans le secteur public, on ne négocie pas les salaires et il n'y a pas de droit de grève; l'action est orientée vers la politique, où les syndicats appuient le Parti socialiste d'opposition. Dans le secteur privé, la négociation se fait au niveau de l'entreprise; l'attitude en est une de coopération et les revendications salariales sont peu agressives.

La sécurité d'emploi est acquise aux employés permanents des grandes entreprises. Celles-ci ont une attitude généralement paternaliste et s'occupent de tous les aspects de la vie de leurs employés; ils sont souvent logés par elles et leur vie entière est centrée sur l'entreprise. Par contre, à côté des employés permanents, il y a les employés temporaires, engagés pour une durée limitée et, finalement, les journaliers embauchés au jour le jour dans la construction ou par les autorités locales. Ces deux groupes de salariés ne sont pas syndiqués et ne bénéficient d'aucune sécurité d'emploi. Ils sont immédiatement touchés lorsque surviennent des difficultés économiques. De plus, les grandes entreprises donnent beaucoup de contrats de sous-traitance aux PME et, en cas de baisse des affaires, mettent fin à ces contrats. Ce sont donc les PME et leurs employés qui font les frais de la récession. En somme, la sécurité d'emploi à vie des Japonais dont on parle souvent est limitée aux employés permanents des grandes entreprises dont dépendent les PME et leurs employés, qui, faiblement syndiqués, sont les premières victimes des difficultés économiques, dès que celles-ci apparaissent.

31.3.5 Des effets permanents

Il est indéniable que la récession du début des années 1980 a rapproché employeurs, syndicats et travailleurs. La négociation, qui avait toujours eu un caractère distributif, surtout dans les années de très grande inflation de 1979 et de 1980, est devenue bien davantage, avec les problèmes causés par la récession, une négociation intégrative. Quand la survie de l'entreprise est menacée, tout le monde cherche les meilleurs moyens pour lui assurer une rentabilité minimale. Au lieu d'adopter une attitude d'opposition farouche, on cherche conjointement les meilleures solutions qui soient à la fois réalisables et acceptables (*problem-solving approach*).

La grande question que la plupart se posaient à ce moment-là était la suivante: la nouvelle attitude va-t-elle durer? Certains étaient convaincus qu'une fois la crise passée, la traditionnelle opposition entre employeurs et syndicats referait rapidement surface. D'autres, voyant la transformation rapide et considérable qui s'était produite au cours des années 1981 et 1982, avaient acquis la conviction que le changement était si profond et si répandu que les choses ne pourraient jamais revenir exactement comme elles étaient avant. Était-ce possible qu'un si profond changement se soit fait si vite[33]?

L'hypothèse d'un changement d'attitudes relativement permanent semble s'être confirmée au cours de la décennie 1980. Les relations de travail ont été moins conflictuelles qu'en toute autre période. De plus, de nombreuses expériences de négociations de type coopératif ont été tentées. Si l'on entend l'expression dans un sens large, incluant toutes formes de rapports collectifs fondés sur un effort de compréhension mutuelle et de solutions communes des problèmes, on a estimé que 50 % des entreprises américaines avaient tenté, au cours des 10 dernières années, une forme ou une autre d'expérience de cette nature. Que la moitié des entreprises américaines, même s'il s'agit uniquement des grandes entreprises, ait expérimenté ainsi des formules nouvelles constitue un changement considérable, digne de mention. Au Canada, la proportion des cas semblables serait de 10 % à 15 %; les expériences de ce genre y sont donc beaucoup moins importantes qu'aux États-Unis.

L'écart peut être relié à la différence dans le taux de syndicalisation et à l'absence de bureaux de recherche et de développement dans les succursales canadiennes des grandes entreprises américaines. Les caractéristiques du secteur public canadien peuvent aussi avoir une certaine influence. Les expériences de rapports de type coopératif sont beaucoup moins connues dans le secteur public; d'ailleurs leur nombre est vraisemblablement très restreint. Les relations du travail dans le secteur public au Canada ont toujours été caractérisées par des rapports conflictuels; c'est le cas plus que jamais au début des années 1990, tant au niveau fédéral que dans plusieurs provinces[34]. En somme, la récession des premières années de la décennie 1980 a produit un impact durable dans le secteur privé, mais pas dans le secteur public où la négociation et les relations de travail demeurent encore conflictuelles.

31.4 Déréglementation

La déréglementation est un phénomène d'origine politique qui vise des objectifs économiques. Ses répercussions sur les relations du travail et la négociation collective sont considérables. La déréglementation a fait l'objet de discussions et de décisions à la fin des années 1970 et au début des années 1980. Elle a été plus importante aux États-Unis, mais elle n'a épargné ni le Canada ni le Québec. Nous verrons successivement les causes de ce phénomène, sa nature et son étendue, ainsi que ses effets sur la négociation collective.

---

33. JACK BARBASH, «The 1980's – A New Era in Industrial Relations?» dans *Les relations du travail en période de crise économique*, 13e Colloque de relations industrielles, 1982, Montréal, Université de Montréal, École de relations industrielles, 1983 (185 p.), p. 9-28.

34. GÉRARD HÉBERT, «La négociation de type coopératif» dans *L'enseignement et la recherche en relations industrielles*, rapport du 27e Congrès de l'Association canadienne des relations industrielles, Victoria, 1990, publié sous la direction de ALLEN PONAK, Québec, ACRI, 1991 (709 p.), p. 591-599; ANIL VERMA et THOMAS KOCHAN, «Two Paths to Innovation in Industrial Relations: Canada and United States» dans Industrial Relations Research Association, Proceedings of 1990 Spring Meeting, Buffalo, 1990, *Labor Law Journal*, vol. 39, no 8, août 1990, p. 601-607.

31.4.1 Causes et origine

Le mouvement en faveur de la déréglementation – ou, ce qui est la même chose, contre une réglementation excessive – s'est amorcé ou, du moins, s'est intensifié au cours des années 1970. La cause est simple: les entreprises avaient l'impression d'être étouffées par la multitude de règlements auxquels elles devaient se soumettre. Les règlements, c'est un peu comme les impôts et les taxes: tout le monde s'accorde à dire que c'est un mal nécessaire; mais la situation devient invivable quand il n'est même plus possible de connaître tous les règlements qui sont censés régir nos activités. Même avec la meilleure volonté du monde, un chef d'entreprise risque de violer des règlements parce qu'il ne peut les connaître tous.

Au Québec, au moment de la refonte des règlements en vigueur, en 1981, on en dénombrait 1800. L'ensemble représentait plus de 10 000 pages de texte, soit cinq ou six pages par règlement. Sans doute, ils ne s'appliquent pas tous à tout le monde, mais une entreprise peut facilement être régie par 15 ou 20 règlements différents, sinon davantage. Mille huit cents règlements et 10 000 pages, c'était la situation en 1981. Cinq ans plus tard, le gouvernement adoptait ou approuvait par décret, chaque semaine, une moyenne de 12 règlements ou modifications à un règlement existant. Il ne serait pas étonnant que le nombre ait doublé de 1981 à 1991: de 1971 à 1982, le nombre total des règlements avait doublé, non pas par rapport à la décennie précédente, mais par rapport à tous les règlements accumulés au cours du siècle précédent[35].

À titre d'exemple, mentionnons l'industrie de la construction: elle est régie par des règlements sur le placement (l'embauche), l'adhésion syndicale et le montant des cotisations, le décret lui-même avec sa centaine de pages, les avantages sociaux, y compris le régime de retraite, le prélèvement, la tenue du registre, les rapports mensuels, la sécurité et le Code du bâtiment avec des règles spécifiques à chaque métier, l'apprentissage et la formation professionnelle, la carte de compétence, la licence d'entrepreneur et les exigences de la Régie du bâtiment, et ceux qu'on oublie. Chacun de ces règlements a un objectif louable, et il est sans doute nécessaire que de tels règlements soient adoptés et appliqués. Mais la seule surveillance relative à l'observation de ces règlements, sans compter les rapports que la plupart exigent, représentent un fardeau qui peut facilement devenir intolérable.

La réglementation vise plusieurs aspects des relations de travail, mais elle s'applique également, dans certaines industries, à la tarification ou aux prix des produits et des services offerts au public. Les cas les plus connus sont ceux des transports publics et de l'énergie, en particulier de l'électricité, sans parler de tout ce qui entoure le prix des divers produits agricoles. La réglementation peut également viser l'existence même des entreprises: dans bien des secteurs, on ne peut se lancer en affaires sans un permis explicite. Même ces types de réglementations ont une conséquence quasi directe sur les relations du travail et la négociation collective.

Comme il arrive très souvent, le mouvement de déréglementation a commencé aux États-Unis, dans les années 1970, et il a traversé la frontière canadienne de 5 à 10 ans plus tard.

Sous la pression de l'opinion publique et de certains *lobbies*, le gouvernement américain adopta, en 1978, une loi pour déréglementer l'aviation civile et commerciale[36]. L'adoption de cette loi eut des conséquences presque immédiates sur les prix du transport aérien, les entreprises, les unions et les conventions collectives. C'est un des sujets le plus souvent étudiés aux États-Unis depuis une douzaine d'années. Au Québec, le gouvernement créa le Groupe de travail sur la déréglementation, le 18 janvier 1986[37]; deux

35. *Réglementer moins et mieux*, rapport final du groupe de travail sur la déréglementation, REED SCOWEN, président, Québec, Les Publications du Québec, juin 1986 (292 p.), p. 10.

36. *Airline Deregulation Act*, 95e Congrès, 2e session, 1978, vol. 92, 2e partie, c. 504.

37. *Réglementer moins et mieux*, voir *supra*, note 35, p. v-viii.

autres groupes de travail furent institués par la même occasion, l'un sur la privatisation et l'autre sur l'administration gouvernementale.

31.4.2 Nature et étendue

Pour bien circonscrire la déréglementation dont on discutait alors, il faut rappeler les principaux types de règlements qu'on rencontre. Le mot lui-même a plusieurs sens et s'applique à plusieurs réalités différentes.

Au sens strict, un règlement est une décision, à caractère normatif et général, prise en vertu d'une loi par le conseil des ministres; une fois en vigueur, un règlement a force de loi. À peu près toutes les lois donnent au gouvernement le droit d'adopter des règlements pour en assurer et au besoin en expliciter l'application. À titre d'exemple, la *Loi sur la mise en marché des produits agricoles* a permis l'adoption du Règlement sur les quotas des producteurs d'œufs de consommation[38]. Pour les économistes et le grand public, la réglementation représente bien davantage toute intervention de l'État qui a pour effet d'imposer des contraintes ou des limites aux activités des personnes physiques et morales; ces contraintes peuvent venir de la loi elle-même, des règlements proprement dits et des organismes responsables dont les décisions précisent le sens de la loi ou des règlements pris en vertu de cette loi.

Le groupe de travail de 1986 a distingué la réglementation sociale de la réglementation économique. Dans celle-ci il inclut, tout particulièrement, les divers cas de tarification, qu'il s'agisse des honoraires que les professionnels peuvent exiger de leurs clients ou des tarifs que les compagnies de camionnage ou de transport peuvent réclamer pour leurs services. Dans la réglementation sociale, on incluait tout ce qui concerne le travail, santé et sécurité, relations du travail, égalité de traitement, protection des personnes handicapées, mais aussi la protection du français et de l'environnement.

Il est bien évident qu'une déréglementation ne peut être absolue et totale. Il y a peut-être des cas où la société souhaiterait même des règlements plus efficaces sinon plus nombreux, par exemple en matière d'environnement comme en matière de sécurité du public dans les lieux publics. C'est sans doute la raison pour laquelle le Comité Scowen a intitulé son rapport: *Réglementer moins et mieux*[39].

En même temps qu'il établissait le groupe de travail sur la déréglementation, le gouvernement adoptait la *Loi sur les règlements*[40]. La loi impose une procédure dont le but est d'assurer le bien-fondé de chaque règlement adopté et elle affirme la suprématie de l'Assemblée nationale sur tout règlement adopté par le gouvernement, soit, concrètement, par le cabinet des ministres. Tout projet de règlement doit être étudié à l'interne, pour ainsi dire, par le ministère de la Justice, pour en assurer la légalité, l'harmonisation avec la réglementation existante et la conformité avec le but recherché (art. 4-7). Tout projet de règlement doit être publié dans la *Gazette officielle du Québec* pour que les intéressés puissent exprimer leur avis et qu'ils soient entendus; à cette fin, des délais sont imposés entre la publication dans la *Gazette officielle* et l'approbation du règlement, à moins que l'urgence de la situation n'exige une adoption immédiate (art. 8-14). Enfin, l'Assemblée nationale peut désavouer tout règlement qu'elle juge inapproprié (art. 21-24). Il s'agit peut-être là d'un pouvoir plus théorique que pratique, mais il n'est pas mauvais que le principe soit inscrit dans la loi.

Certains spécialistes de la question, surtout aux États-Unis, soutiennent que tout projet de loi, en tout cas tout règlement, devrait contenir une date d'échéance (*sunset rule*): en adoptant un règlement, l'autorité compétente devrait en même temps établir la durée de la période pendant laquelle il sera en vigueur, quitte à le renouveler si nécessaire. Autrement, on risque de se retrouver avec des règlements complètement déconnectés de la réalité, concernant

38. R.R.Q. 1981, c. M-35, r. 94.

39. Voir *supra*, note 35.

40. L.Q. 1986, c. 22 (projet de loi n° 12), L.R.Q. c. R-18.1.

par exemple les voitures à chevaux ou les tramways électriques. Mais le principe du règlement avec échéance n'est pas encore entré dans les mentalités: il n'y en a aucune mention dans la *Loi sur les règlements* de 1986. À chaque année, on abroge, au Québec, environ une dizaine de règlements; en 1985, on en a aboli plus de cent, peut-être pour effectuer un nettoyage dans des règlements devenus complètement désuets.

31.4.3 Effets sur la négociation collective

Seulement quelques-unes des 93 recommandations du rapport Scowen ont été retenues. On peut presque dire qu'il a été oublié. La réglementation au Québec a continué de progresser pratiquement à son rythme antérieur. Au Canada, sinon au Québec, les projets de privatisation ont été réalisés avec beaucoup de vigueur. Il semble, par exemple, que les relations du travail ont changé à Air Canada depuis que l'entreprise n'est plus propriété d'État.

Quant à la déréglementation, pour en connaître les effets sur les relations du travail et la négociation collective, il faut regarder du côté des États-Unis, et tout particulièrement de l'aviation commerciale.

C'est la déréglementation économique, c'est-à-dire la complète liberté dans l'établissement des tarifs et le libre accès à l'industrie pour toute nouvelle entreprise, qui a eu le plus d'effet. L'aspect économique de la déréglementation est vraiment ce qui a déstabilisé l'industrie. Des compagnies nouvelles se sont formées et ont attiré la clientèle des transporteurs connus et établis depuis longtemps. Aucune des nouvelles entreprises ne devait, au départ, faire face à des employés syndiqués: les changements sont venus trop vite. Dans l'euphorie du début, certains ont cru que les syndicats en cause conserveraient leur pouvoir de négociation[41].

41. Wallace Hendricks, Peter Feuille et Carol Szerszen, «Regulation, Deregulation and Collective Bargaining in Airlines», *Industrial and Labor Relations Review*, vol. 34, nº 1, octobre 1980, p. 67-81.

La loi de 1978 sur la déréglementation interdisait toute forme pratique d'assurance-grève (appelée *Mutual Aid Pact*). Elle comportait certaines restrictions quant aux fonds de grève, mais rien de comparable à la suppression pure et simple de l'assurance-grève, qui avait jusque-là protégé les compagnies d'aviation (voir la section 24.4.4). Les compagnies ne tardèrent pas à connaître de sérieuses difficultés, par suite de l'augmentation énorme des prix du pétrole et de la chute progressive de la demande pour le transport aérien. On eut d'abord recours aux fusions, puis à la faillite.

Les difficultés des entreprises ont eu une répercussion sur les différentes unions. Ainsi, à l'occasion d'une fusion, telle union remplaçait telle autre. Par exemple, certains agents de bord sont passés d'une association antérieure (*Association of Flight Attendants* – AFA) à l'Union des routiers (*Teamsters*). La puissante Union des machinistes dut accepter des accords différents selon la solidité de chaque entreprise; auparavant, les machinistes tenaient rigidement à la parité. L'Association des pilotes (*Air Line Pilots Association*) est celle qui a le mieux réussi à conserver son intégrité, mais elle a dû accepter de très importantes concessions salariales[42].

Les problèmes ne sont pas encore réglés en 1991. De très grandes entreprises doivent fermer leurs portes, comme Eastern et Pan American, alors que d'autres se placent sous la protection de la loi américaine des faillites. Trois grandes unions, celle des pilotes, des machinistes et des agents de bord, ont voulu acheter United Airlines, offrant quatre milliards pour la transaction, mais elles n'ont pas réussi à amasser le capital nécessaire. À cause de ces tractations, les négociations collectives avec cette entreprise ont duré quatre ans. Les négociations sont effectivement très longues partout. Plusieurs ententes ont été signées

42. Kirsten Ruth Wever, «Changing Union Structure and the Changing Structure of Unionization in the Post-Deregulation Airline Industry» dans *Proceedings of the 39th Annual Meeting of the Industrial Relations Research Association*, La Nouvelle-Orléans, 1986, Madison, Wis., IRRA, 1987, p. 129-136.

en 1991, la plupart pour des augmentations d'environ 4 % par année; mais il s'agit de contrats d'une durée de quatre ou cinq ans. D'autres entreprises, comme US Air, au bord de la faillite, demandent des concessions majeures à tous leurs employés[43].

Dans l'aviation civile américaine, la déréglementation a complètement déstabilisé l'industrie, ainsi que les relations de travail et la négociation collective par la même occasion. Les unités de négociation ont été modifiées par les fusions, les fermetures et la venue de nouvelles entreprises; les affiliations et la durée des négociations et des contrats ont changé. Toute la structure de négociation s'en est trouvée modifiée. Est-il besoin de souligner le poids des changements et des incertitudes inhérents à une opération comme celle qui s'est engagée dans cette industrie, auparavant fortement réglementée? Les conséquences ont été moins grandes dans l'industrie du camionnage, mais elles n'ont pas été sans importance.

Qu'arriverait-il si on instituait un important régime de déréglementation au Canada? Il est difficile de le dire, parce qu'il est difficile d'imaginer que la situation se produise compte tenu du tempérament des Canadiens, tant chez les hommes d'affaires que chez les représentants syndicaux, compte tenu également de l'expérience américaine. Au Canada et au Québec, des changements de même nature, mais d'un autre ordre, se sont produits à la suite de certaines difficultés découlant de la privatisation, qu'il s'agisse d'Air Canada ou de Québecair.

31.5 Libre-échange

L'Accord de libre-échange entre le Canada et les États-Unis constitue un changement de nature à la fois politique et économique, susceptible d'avoir des répercussions sur les relations du travail et la négociation collective[44]. Nous verrons successivement quelques caractéristiques de l'Accord reliées plus étroitement à la négociation; nous esquisserons ensuite le double cadre légal que cet accord met en cause, pour évoquer, à la fin, l'impact et les conséquences[45].

31.5.1 Accord de libre-échange

Négocié en 1987 et 1988, l'Accord est entré en vigueur le 1er janvier 1989. Il compte 151 articles. Dès le début, l'Accord établit comme objectifs principaux les trois suivants[46]:

a) Éliminer les obstacles au commerce des produits et des services entre les territoires des Parties (Canada et États-Unis),

b) faciliter la concurrence loyale à l'intérieur de la zone de libre-échange,

c) libéraliser de façon sensible les conditions d'investissement à l'intérieur de la zone de libre-échange.

Cet accord de libre-échange ne constitue pas le premier exemple de cette nature. En un sens, l'accord général sur les tarifs douaniers et le commerce (*General Agreement on Tariffs and Trade* – GATT) établit des zones de libre-échange à l'échelle de nombreux pays, sinon du monde entier; le premier article de l'Accord canado-américain s'y réfère explicitement, en déclarant l'accord conforme à l'article XXIV du GATT.

La véritable zone de libre-échange ne sera effective que le 1er janvier 1998, parce que les droits de douane ne seront réduits que progressivement pour plusieurs catégories de produits (art. 401)[47]. L'Accord institue la Commission mixte du commerce canado-améri-

43. Michael Simini, «Collective Bargaining in 1990», *Monthly Labor Review*, vol. 114, no 1, janvier 1991, p. 29-30; Michael Simini et Susan L. Behrmann, «Collective Bargaining in 1991», *Monthly Labor Review*, vol. 115, no 1, janvier 1992, p. 28-29.

44. *Accord de libre-échange entre le Canada et les États-Unis*, Ottawa, ministère des Affaires extérieures, 1988, 337 p.

45. *La libéralisation des échanges Canada – États-Unis et les relations industrielles au Québec. Négocier l'avenir*, 20e Colloque de relations industrielles, 1989, Université de Montréal, École de relations industrielles, 1990, 250 p.

46. *Accord de libre-échange*, art. 102.

47. L'accord compte 151 articles numérotés de façon discontinue, de 101 à 2106. Le premier chiffre (ou les deux premiers selon le cas) renvoie à l'un ou l'autre des 21 chapitres.

cain, chargée de surveiller la mise en œuvre de l'Accord et de résoudre les différends qui pourraient survenir (art. 1802). Outre les questions pratiques d'application, par exemple les mesures aux frontières, le traité vise principalement certaines catégories de produits, comme ceux de l'agriculture (art. 701-711), les vins et spiritueux (art. 801-808), et l'énergie (art. 901-909). Sauf quelques modifications, l'Accord maintient celui qui était intervenu le 16 septembre 1966 concernant les produits de l'industrie automobile (art. 1001). Sauf également quelques précisions, par exemple sur les droits d'auteur, les industries culturelles ne sont pas soumises à l'Accord (art. 2005).

Un aspect encore plus important à souligner et à retenir, c'est que, bien avant le 1er janvier 1989, de 75 % à 80 % des échanges canado-américains se faisaient déjà en franchise de droits[48]. L'Accord ne s'applique donc vraiment qu'à 20 % ou 25 % des produits qui traversent la frontière dans un sens ou dans l'autre. Même s'il n'est pas sans importance – les querelles sur le bois d'œuvre et d'autres produits canadiens le démontrent abondamment –, l'Accord ne vise finalement qu'une fraction des échanges entre le Canada et les États-Unis.

Les exportations occupent une place très importante dans l'économie canadienne; celles qui sont dirigées vers les États-Unis représentent environ 75 % de toutes les exportations canadiennes. Il s'ensuit que le taux de change entre les deux monnaies, son niveau et ses variations, exerce une influence capitale sur la rentabilité des entreprises exportatrices du Canada. Les taux d'intérêt sont également très importants, à cause de leur lien avec le taux de change.

De toute évidence, l'Accord ne traite pas directement des questions de relations du travail ni des négociations collectives. C'est par le biais des coûts de fabrication et par la concurrence sur les marchés des produits que les conditions de travail deviennent une composante majeure des problèmes reliés à la rentabilité des entreprises en cause. Il est donc nécessaire d'évoquer le cadre légal qui régit les conditions et les relations du travail des deux côtés de la frontière pour se faire une idée de leur impact sur la concurrence qu'entraîne une situation de libre-échange.

31.5.2 Cadre légal

L'expression ne vise pas le cadre légal des échanges, mais le cadre légal des deux pays en matière de travail et de relations de travail, du moins dans leurs grandes lignes. Malgré des ressemblances de fond, il y a des différences majeures[49].

Le contrat individuel de travail aux États-Unis est généralement implicite, comme au Canada et au Québec. Mais sur ce point, là s'arrête la similitude. Au Québec et au Canada, plusieurs restrictions et conditions légales régissent les cas de licenciements et même de congédiements. Aux États-Unis, un employé peut être remercié de ses services à n'importe quel moment, même sans aucune raison, et le salarié n'a aucun moyen de contester son renvoi. Le droit commun américain a établi que le contrat peut se terminer au bon plaisir de chaque partie ; c'est ce qu'on appelle l'*employment-at-will doctrine*. Les tribunaux de certains États ont apporté de légers correctifs à cette pratique, ce qui a créé une absence d'uniformité d'un État à l'autre sur ce point.

Les normes minimales américaines sont établies par le *Fair Labor Standards Act*[50], bien plus souvent que par les législations d'État. La loi américaine se résume au salaire minimum et aux heures normales de travail par semaine. Depuis longtemps le salaire minimum américain est moins élevé qu'au Canada. En 1989, il était de 3,35 $ (environ 4 $ canadiens); il est rarement modifié. Selon les États, il allait de 1,40 $ au Texas à 3,35 $ en Californie.

48. *Accord de libre-échange entre le Canada et les États-Unis*, note préalable au chapitre 4, p. 45; *La libéralisation des échanges Canada – États-Unis*, voir *supra*, note 45, p. 46.

49. Gilles Trudeau, «L'impact de l'Accord de libre-échange sur les relations du travail au Québec et leur encadrement légal» dans *La libéralisation des échanges Canada – États-Unis*, voir *supra*, note 45, p. 98-134.

50. 75e Congrès, 3e session, 1938, vol. 52, c. 676.

La loi américaine n'impose aucun jour férié ni aucunes vacances payées; les lois de certains États prévoient des jours fériés, mais n'imposent pas le paiement du salaire ces journées-là. La loi du Québec sur les normes minimales est beaucoup plus contraignante; entre autres, elle impose certains congés sociaux, le préavis de cessation d'emploi, le certificat d'emploi, le congé de maternité et la prohibition de la retraite obligatoire.

En matière de santé et de sécurité au travail, les dispositions, tant à l'égard de la prévention que de l'indemnisation, sont relativement comparables, sauf sur deux points: les comités mixtes de santé et de sécurité qui existent au Québec et le fait que les cotisations à la CSST y sont exigées des employeurs, alors que le financement du régime américain vient des fonds publics. Les mesures contre la discrimination sont plus contraignantes aux États-Unis. Par contre, les obligations qui découlent de la *Charte de la langue française* n'ont évidemment pas d'équivalent aux États-Unis, pas plus que la *Loi sur les décrets de convention collective*. Ces différences entraînent un accroissement de coûts pour les employeurs québécois et canadiens, sans compter le prélèvement pour financer la Commission des normes du travail et ses différentes activités, en plus du prélèvement pour le comité paritaire dans les cas où il y a un décret de convention collective.

Dans le domaine des relations du travail, le processus d'accréditation est beaucoup plus complexe et difficile aux États-Unis qu'au Canada. La protection des droits syndicaux et l'obligation de négocier de bonne foi sont solidement établis dans la loi américaine, autant sinon plus qu'au Canada. Chez nos voisins, la liberté de recours à l'arrêt du travail est beaucoup plus grande et comporte moins de restrictions. Cette absence de contraintes comporte le droit d'embaucher des briseurs de grève, alors que cette pratique est interdite par le *Code du travail* du Québec. Les dispositions sur la transmission d'entreprise et la sous-traitance sont beaucoup moins sévères aux États-Unis, particulièrement si on les compare à celles du Québec. Les lois américaines, même la loi fédérale, comportent d'importantes restrictions en matière de sécurité syndicale, qui n'existent pas au Canada. On peut dire que les lois américaines sont plus libérales, au sens premier du mot, que les lois canadiennes; à ce titre, elles favorisent davantage les employeurs que les syndicats.

Dans la mesure où une situation de libre-échange peut, pour motif de concurrence, amener les employeurs canadiens à réclamer des avantages semblables à ceux des employeurs américains, on comprend facilement les réactions des deux parties. Les syndicats canadiens ont fait une guerre sans relâche à l'accord de libre-échange canado-américain, comme ils combattent actuellement les projets d'accord de libre-échange qui incluraient le Mexique[51]. On comprend que les syndicats et les travailleurs dans leur ensemble ne veulent pas perdre les avantages qu'ils ont obtenus soit par législation, soit par les conventions collectives. Certains parlent d'un contrat social implicite qu'un accord de libre-échange, négocié par un gouvernement, ne doit pas ignorer.

La réaction patronale est généralement plus nuancée. Certains exigent le retrait de toute différence d'avec les États-Unis afin de pouvoir vraiment concurrencer les producteurs américains. D'autres ne veulent nullement retirer aux travailleurs les avantages qu'ils ont acquis; plusieurs sont confiants que les avantages pouvant découler de meilleures conditions de travail, par exemple une productivité accrue, leur permettront de vaincre la concurrence des producteurs américains sur leur propre terrain.

Ce qui est certain, c'est que la situation canadienne est vraiment différente: le taux de syndicalisme est beaucoup plus élevé qu'aux États-Unis, les salaires sont supérieurs dans bien des cas, les conventions collectives de certaines industries sont plus avantageuses au Canada et la sécurité sociale canadienne est beaucoup plus coûteuse pour les employeurs que la sécurité sociale aux États-Unis.

51. JANE JENSON, «Le syndicalisme et le libre-échange» dans *La libéralisation des échanges Canada – États-Unis*, voir *supra*, note 45, p. 13-23.

31.5.3 Impact et conséquences

On a dit que le traité de libre-échange était un investissement dans l'avenir[52]. La grande difficulté de l'implantation du libre-échange, c'est que les coûts se font sentir à court terme, alors que les avantages ne viendront que beaucoup plus tard. C'est presque une gageure et un acte de foi dans la bonne volonté des partenaires. En d'autres termes, le risque est grand, très grand.

Après trois années de libre-échange, on n'arrive pas à faire un bilan objectif, acceptable par une majorité d'intervenants. Ainsi, divers groupes soutiennent que l'Accord de libre-échange a coûté, aux Canadiens, 250 000 emplois dans le secteur manufacturier, alors que le gouvernement estime que 150 000 emplois ont été créés à cause du libre-échange. Qui peut établir que la perte de tel et tel groupe d'emplois est attribuable à la récession, à la TPS, à l'incertitude constitutionnelle ou au libre-échange ?

Les points de friction ne cessent de se multiplier, qu'il s'agisse de produits agricoles, du bois d'œuvre, du contreplaqué ou de telle marque d'automobile. Plusieurs accusent des groupes américains de mauvaise foi dans l'application de l'Accord[53]. Parce que les Américains ne respectent pas les conditions de l'Accord sur tel ou tel produit, et que les producteurs canadiens veulent bénéficier du grand marché américain, ces producteurs canadiens ont dû établir des succursales aux États-Unis, y fabriquer leurs produits et les distribuer à partir de cette succursale américaine. La formule profite peut-être aux propriétaires canadiens de ces entreprises, mais pas aux travailleurs. Pourtant, on avait fait miroiter le fait que l'ouverture du marché américain impliquait la possibilité de produire pour des acheteurs éventuels 10 fois plus nombreux, alors que l'avantage des Américains ne pouvait s'accroître que de 10 % par rapport à leur propre population[54].

Il est trop tôt pour analyser l'impact sur les conventions collectives en comparant l'évolution des principales clauses depuis l'entrée en vigueur de l'Accord. Ce que des auteurs ont fait, en 1989, ce fut de comparer l'écart entre les conventions collectives du Québec et des États-Unis par rapport à certaines dispositions plus importantes, soit quant à la souplesse laissée aux entreprises, soit quant au niveau des coûts. La comparaison a été faite pour le secteur manufacturier, parce que c'est lui qui risque d'être le plus sérieusement touché par les suites de l'Accord[55]. On trouve, par exemple, dans ces travaux, que 52 % des conventions américaines ont une clause qui limite l'exercice des droits de gérance, contre seulement 37 % au Québec. La proportion des conventions collectives qui apportent des limites à l'introduction de changements technologiques est plus élevée au Québec qu'aux États-Unis dans l'ensemble du secteur manufacturier, sauf dans l'habillement et le textile; il est difficile d'en tirer des conclusions certaines, à cause du très faible échantillonnage de la source américaine. Le recours à l'ancienneté pour les promotions est beaucoup plus fréquent au Québec qu'aux États-Unis. Sur bien d'autres points, la différence dans les pourcentages n'est pas vraiment significative. Pour tirer des conclusions probantes, il faudrait procéder à une analyse plus détaillée, comme le signalent les deux auteurs cités.

Même s'il est certain que la concurrence sur un même marché amènera un certain équilibre dans les conditions de travail, surtout celles qui sont prévues dans les conventions collectives, il est difficile de tirer des conclusions précises à l'heure actuelle. Non seulement la période d'application est encore trop courte,

52. Laurent Picard, «Libre-échange et relations industrielles au Québec» dans *La libéralisation des échanges Canada – États-Unis,* voir *supra*, note 45, p. 10.
53. *La Presse*, 21 décembre 1991, p. F-1 et F-2; *La Presse*, 25 juillet 1991, p. B-12.
54. Laurent Picard, *op. cit.*, p. 10-11.
55. Johanne Pès, «Les conventions collectives au Québec et aux États-Unis: comparaison de clauses normatives dans des secteurs d'activité économique choisis», *Le marché du travail*, vol. 10, nº 4, avril 1989, p. 54-65; Félix Quinet, «Le contenu des conventions collectives» dans *La libéralisation des échanges Canada – États-Unis*, voir *supra*, note 45, p. 35-42.

mais de plus, dans des secteurs critiques, plusieurs croient que l'Accord de libre-échange n'a pas été respecté[56].

Pour faire concurrence de façon efficace aux entreprises américaines, une condition essentielle, à laquelle quelques conventions collectives font allusion, c'est la nécessité d'une formation professionnelle poussée. Plus importante encore peut-être est la capacité de la main-d'œuvre de pouvoir s'adapter aux changements qu'entraînera inévitablement l'élargissement de la zone de marché. En 1990, la politique de formation de la main-d'œuvre ne rejoignait que 5 % à 6 % de sa clientèle potentielle au Québec[57]. Des efforts considérables devraient être faits dans ce sens par tous les intervenants concernés.

31.6 Conclusion

Quelle que soit la cause du changement, que ce soit dans les méthodes de production ou dans l'étendue des marchés, l'incertitude qui en découle affecte inévitablement la négociation collective et les conditions de travail qui s'ensuivent. Selon les circonstances, certaines clauses de convention collective seront plus directement touchées. Dans le cas de changements technologiques, l'obligation du préavis de licenciement collectif, la formation de comités de reclassement, le recyclage et d'autres mesures palliatives représentent les principaux moyens utilisés pour minimiser les effets négatifs des changements prévus. Dans le cas, encore beaucoup moins bien connu, du libre-échange, il semble que la formation et les conditions requises pour s'adapter à de nouvelles situations représentent les éléments les plus importants. Devant les changements économiques mieux définis, comme dans une situation de politique salariale ou même de récession, il semble que les aspects relatifs à la procédure soient les plus fréquemment modifiés, comme un changement dans le pouvoir de négociation, dans la fréquence des conflits, dans la durée de la convention et dans la durée de la négociation collective elle-même. Suivant que les risques reliés aux changements et aux incertitudes sont connus ou non, les mesures que l'on prendra pour se protéger seront différentes. La vigilance et l'imagination des parties en cause seront toujours requises.

La recherche de solutions adaptées à des situations nouvelles présente aux acteurs de la négociation collective un défi constant qu'il faut relever en s'inspirant des expériences passées, mais en cherchant à imaginer des solutions nouvelles, mieux adaptées aux exigences du temps.

---

56. *Les lois du travail, les conventions collectives et le libre-échange. Une première évaluation*, rapport du groupe de travail sur l'évaluation de l'impact de la libéralisation des échanges entre le Canada et les États-Unis sur les lois du travail et les conventions collectives, Québec, ministère du Travail, 1988, 237 p.

57. Clément Godbout et Claude Rioux, «Le libre-échange canado-américain et le marché du travail» dans *Acquisition ou fusion d'entreprises et emplois*, 44e Congrès des relations industrielles, 1989, Québec, Les Presses de l'Université Laval, 1989 (252 p.), p. 175-188; Paul-Martel Roy, «Aspects dynamiques du marché du travail au Québec», *Relations industrielles*, vol. 45, no 2, 1990, p. 283-299.

Bibliographie

Technologies nouvelles

BENSON, IAN et LLOYD, JOHN. *New Technology and Industrial Change: The Impact of the Scientific-Technical Revolution on Labour and Industry*, New York, Nichols, 1983, 224 p. (Sur les effets de la microélectronique en Grande-Bretagne.)

BETCHERMAN, GORDON et MCMULLEN, KATHRYN. *La technologie en milieu de travail. Enquête sur l'automatisation au Canada*, Ottawa, Conseil économique du Canada, 1986, 45 p.

Canada: *La microélectronique au service de la collectivité*, rapport du groupe de travail sur l'impact et les implications de la microélectronique dans le monde du travail, Dre MARGARET FULTON, présidente, Ottawa, Travail Canada, Bureau de la main-d'œuvre féminine, 1982, 104 p.

Conseil des sciences du Canada. *The Impact of the Microelectronics Revolution on Work and Working*, Proceedings of a Workshop Sponsored by the Science Council of Canada Committee on Computers and Communication, Ottawa, Conseil des sciences du Canada, 1980, 73 p.

Conseil économique du Canada. *Le recentrage technologique. Innovations, emplois, adaptations*, rapport synthèse du Conseil économique du Canada, Ottawa, Approvisionnements et Services Canada, 1987, 42 p.

DEUTSCH, STEVEN. «International Experiences with Technological Change», *Monthly Labor Review*, vol. 109, no 3, mars 1986, p. 35-39.

MORISSETTE, RÉAL et DESJARDINS, ANDRÉ. «Impact de la machine à traitement de textes sur les conditions de travail», *Le marché du travail*, vol. 7, no 4, avril 1986, p. 60-73.

OLSON, MARGRETHE, MCNEIL, JEANNINE et LAVILLE, ANTOINE. «Nouvelles technologies et comportements nouveaux» (trois présentations) dans *Les conflits générés par des environnements en évolution: aspects structurels et dynamiques*, journées d'étude et de perfectionnement (8-9 mai 1986), Université Laval, à l'occasion du 4e Congrès international de psychologie du travail de langue française, Montréal et Québec, 1986.

PROULX, PIERRE-PAUL. «Maîtriser la technologie: pourquoi, quelles technologies, comment?», *Relations industrielles*, vol. 41, no 2, 1986, p. 382-389.

Université de Montréal. *Le plein emploi à l'aube de la nouvelle révolution industrielle*, 12e Colloque de relations industrielles, 1981, Montréal, Université de Montréal, École de relations industrielles, 1982, 198 p.

Words Associated et NEWTON, KEITH. *Un avenir à employer: un aperçu des technologies de pointe*, étude préparée pour le Conseil économique du Canada, Ottawa, Approvisionnements et Services Canada, 1986, 65 p.

Adaptation aux changements technologiques

Automation and Worker Displacement. The Impact of Change Within a Company, Adopted by Third Nova Scotia Joint Labour-Management Study Conference held under auspices of Institute of Public Affairs, Dalhousie University, Halifax, Dalhousie University, Institute of Public Affairs, 1986, no 57, 34 p.

Bureau international du travail. *Travail et automation*, 7 volumes parus. Genève, BIT, 1964 et ss. Vol. 1: aspects théoriques; vol. 7: Canada.

CARDIN, JEAN-RÉAL. *Les relations du travail au Canada face aux changements technologiques*, étude spéciale no 6 préparée pour le Conseil économique du Canada en vue du 2e Colloque national sur les relations patronales-ouvrières tenu à Ottawa les 21 et 22 mars 1967, Ottawa, Imprimeur de la Reine, 1967, 61 p.

Conseil économique du Canada. *Une déclaration au sujet de l'adaptation de la main-d'œuvre aux changements technologiques et autres*, Ottawa, Imprimeur de la Reine, novembre 1966, 15 p.

DION, GÉRARD. «L'expérience d'une commission conjointe de recherche dans un cas de conversion industrielle», *Relations industrielles*, vol. 21, no 4, octobre 1966, p. 572-581.

GEORGE, ROY F. *Technological Redundancy in a Small Isolated Society*, Montréal, Université McGill, Centre de relations industrielles, 1969, 176 p.

GOLDBERG, JOSEPH P. «Les dockers et la modernisation des méthodes de manutention aux États-Unis», *Revue internationale du travail*, vol. 107, no 3, mars 1973, p. 273-303.

HARTMAN, PAUL T. *Collective Bargaining and Productivity. The Longshore Mechanization Agreement*, Berkeley et Los Angeles, University of California Press, 1969, 307 p.

HERSHFIELD, DAVID C. «The Choice between Obstruction and Control in the New York City Newspaper Industry» dans *Proceedings of the 24th Annual Winter Meeting of the Industrial Relations Research Association*, La Nouvelle-Orléans, 27-28 décembre 1971, Madison, Wis., IRRA, 1972, p. 246-253.

PEITCHINIS, STEPHEN G. «The Attitudes of Trade Unions towards Technological Change», *Relations industrielles*, vol. 38, nº 1, 1983, p. 104-119.

PORTIS, BERNARD et SUYS, MICHEL G. *The Effect of Advance Notice in a Plant Shutdown: A Study of the Closing of the Kelvinator Plant in London, Ontario*, London, Ont., The University of Western Ontario, School of Business Administration, 1970, 43 p.

«Printers Okay Automation in 11-Year Pact», *Monthly Labor Review*, vol. 97, nº 8, août 1974, p. 88-89.

Québec, *Licenciements collectifs et reclassement des travailleurs*, Québec, ministère du Travail et de la Main-d'œuvre, Direction générale de la main-d'œuvre, Éditeur officiel du Québec, 1971, 64 p.

REYNAUD, JEAN-DANIEL. «Les relations professionnelles et la négociation du changement», *Bulletin* (Institut international d'études sociales), nº 9, 1972, p. 3-18.

SEXTON, JEAN. *Fermetures d'usines et reclassement de la main-d'œuvre au Québec*, Québec, ministère du Travail et de la Main-d'œuvre, Direction générale de la recherche, 1975, 295 p.

VALLÉE, GUYLAINE. *Les changements technologiques au Québec*, étude commanditée par la Commission (Beaudry) consultative sur le travail, Québec, Direction des publications gouvernementales, 1986, 307 p. et annexes.

WALLACE, MICHAEL. «Technological Changes in Printing: Union Response in Three Countries», *Monthly Labor Review*, vol. 108, nº 8, juillet 1985, p. 41-43. Response by DAVID J. EISEN, *Monthly Labor Review*, vol. 109, nº 5, mai 1986, p. 37-38.

WEILER, PAUL C. *Labour Arbitration and Industrial Change*, étude nº 6 réalisée sous les auspices du Bureau du Conseil privé par l'Équipe spécialisée en relations du travail, Ottawa, Imprimeur de la Reine, 1970, 146 p.

Voir aussi la bibliographie mentionnée au chapitre 10.

Politique des revenus et des salaires

BEAUSOLEIL, GILLES. «Politiques de salaires: expériences étrangères» dans *Politiques de salaires: exigences nouvelles*, 19e Congrès de relations industrielles, Québec, Les Presses de l'Université Laval, 1964, 164 p.

FERLAND, GILLES. «La politique de rémunération dans les secteurs public et parapublic au Québec», *Relations industrielles*, vol. 36, nº 3, 1981, p. 475-498.

GITLOW, ABRAHAM L. *Labor and Manpower Economics*, 3e édition, Homewood, Ill., Richard D. Irwin, 1977, 555 p.

HÉBERT, GÉRARD. «L'impact de l'inflation sur la négociation collective» dans *Inflation, indexation et conflits sociaux*, 30e Congrès des relations industrielles, Québec, Les Presses de l'Université Laval, 1978, p. 49-96.

«Highlights of the Government's Guidelines for Incomes», *Canadian Industrial Relations and Personnel Developments*, nº 43, 22 octobre 1975, p. 799.

JECCHINIS, CHRIS A. «Tripartite Cooperation and Consensus in Income Policies» dans *Les relations industrielles au Canada. Bilan et perspectives*, 17e Congrès annuel de l'Association canadienne de relations industrielles, Montréal, 1980, Québec, ACRI, 1981, p. 339-409.

L'inflation, le chômage et la politique des revenus, rapport final de la Commission des prix et des revenus, J.H. YOUNG, président, Ottawa, Information Canada, 1972.

LIPSEY, RICHARD G. «Wage-Price Controls: How to Do a Lot of Harm by Trying to Do a Little Good?», *Analyse de politiques*, vol. 3, nº 1, hiver 1977, p. 1-13.

MCKERSIE, ROBERT B. «The British Board for Prices and Incomes», *Industrial Relations*, vol. 6, nº 3, mai 1967, p. 267-284.

MONTMARQUETTE, CLAUDE. «Le contrôle et le décontrôle des prix et des revenus: un commentaire», *Relations industrielles*, vol. 32, nº 4, 1977, p. 628-633.

OSTRY, SYLVIA, DION, GÉRARD et WEILER, PAUL. «Le décontrôle et les relations industrielles: une table ronde», *Analyse de politiques*, vol. 4, nº 4, automne 1978, p. 421-442.

PROULX, PIERRE-PAUL. «Rémunération dans les secteurs public et parapublic au Québec: éléments d'une nouvelle politique», *Relations industrielles*, vol. 37, nº 3, 1982, p. 477-497.

ROBINSON, DEREK. «Implementing an Incomes Policy», *Industrial Relations*, vol. 8, nº 1, octobre 1968, p. 73-90.

STAUDOHAR, PAUL D. «Effects of Wage and Price Controls in Canada, 1975-1978», *Relations industrielles*, vol. 34, nº 4, 1979, p. 674-690.

STURMTHAL, ADOLPH. «Income Policies and International Experience: Further Comments», *Relations industrielles*, vol. 23, nº 2, avril 1968, p. 221-236.

ULMAN, LLOYD. «Under Severe Restraint: British Incomes Policy», *Industrial Relations*, vol. 6, nº 3, mai 1967, p. 213-266.

Décroissance et concessions

ADAMS, GEORGE W. «The Labor Relations System in a Time of Economic Crisis», *Canadian Industrial Relations and Personnel Development* (CCH), 1983, p. 6609-6618.

BARBASH, JACK. «The 1980's – A New Era in Industrial Relations?» dans *Les relations du travail en période de crise économique*, 13e Colloque de relations industrielles, 1982, Montréal, Université de Montréal, École de relations industrielles, 1983 (185 p.), p. 9-28.

Bureau international du travail. *La négociation collective face à la récession dans les pays industrialisés à économie de marché*, Genève, BIT, 1984, 309 p.

CAMPBELL, DUNCAN R. «Work Sharing – An Option» dans *Jobs and Labour Peace. An Agenda for Action*, 31e Conférence annuelle de relations industrielles, 1983, Montréal, Université McGill, Centre de relations industrielles, 1983 (217 p.), p. 139-151.

CAPPELLI, PETER *et al.* «Concession Bargaining», quatre articles publiés dans *Industrial Relations Research Association, Proceedings of 35th Annual Meeting, 1982*, Madison, Wis., IRRA, 1983, p. 354-396. (Résumés dans *Monthly Labor Review*, mars 1983, p. 31-35.)

Déclaration sur les concessions, 14e Congrès du travail du Canada, assemblée statutaire du CTC, Winnipeg, mai 1982.

FUCHS, GEORGE H. «The Price of Concession Bargaining» dans *Jobs and Labour Peace. An Agenda for Action*, 31e Conférence annuelle de relations industrielles, Université McGill, 1983, Montréal, Université McGill, Centre de relations industrielles, 1983 (217 p.), p. 1-10.

HÉBERT, GÉRARD. «La négociation de type coopératif» dans *L'enseignement et la recherche en relations industrielles*, rapport du 27e Congrès de l'Association canadienne de relations industrielles, Victoria, 1990, publié sous la direction de ALLEN PONAK, Québec, ACRI, 1991 (709 p.), p. 591-599.

MCKERSIE, ROBERT et CAPPELLI, PETER. «Concession Bargaining» dans *Avoiding Confrontation in Labour-Management Relations*, 30e Conférence annuelle de relations industrielles, 1982, Montréal, Université McGill, Centre de relations industrielles, 1982, p. 15-31.

Université de Montréal. *Les relations de travail en période de crise économique*, 13e Colloque de relations industrielles, 1982, Université de Montréal, École de relations industrielles, 1983, 185 p.

VERMA, ANIL et KOCHAN, THOMAS. «Two Paths to Innovation in Industrial Relations: Canada and United States» dans *Industrial Relations Research Proceedings of 1990 Spring Meeting*, Buffalo, 1990. (Reproduit dans *Labor Law Journal*, vol. 39, nº 8, août 1990, p. 601-607.)

WIDICK, B.J. «Union Membership Rejection of Concession Settlements» dans *Jobs and Labour Peace. An Agenda for Action*, 31e Conférence annuelle de relations industrielles, Université McGill, 1983, Montréal, Université McGill, Centre de relations industrielles, 1983 (217 p.), p. 174-183.

Déréglementation

CAPPELLI, PETER et HARRIS, TIMOTHY H. «Airline Union Concessions in the Wake of Deregulation», *Monthly Labor Review*, vol. 108, nº 6, juin 1985, p. 37-39.

«Collective Bargaining in Deregulated Industries» dans *Proceedings of the 37th Annual Meeting of the Industrial Relations Research Association*, Dallas, 1984, Madison, Wis., IRRA, 1985, p. 425-454.

CURTIN, WILLIAM J. «Airline Deregulation and Labor Relations», *Monthly Labor Review*, vol. 109, nº 6, juin 1986, p. 29-30.

DERTHICK, MARTHA et QUIRK, PAUL J. *The Politics of Deregulation*, Washington, D.C., The Brookings Institution, 1985, 265 p.

HENDRICKS, WALLACE, FEUILLE, PETER et SZERSZEN, CAROL. «Regulation, Deregulation and Collective Bargaining in Airlines», *Industrial and Labor Relations Review*, vol. 34, nº 1, octobre 1980, p. 67-81.

Réglementer moins et mieux, rapport final du groupe de travail sur la déréglementation, REED SCOWEN, président, Québec, Les Publications du Québec, juin 1986, 292 p.

WEVER, KIRSTEN RUTH. «Changing Union Structure and the Changing Structure of Unionization in the Post-Deregulation Airline Industry» dans *Proceedings of the 39th Annual Meeting of the Industrial Relations Research Association*, La Nouvelle-Orléans, 1986, Madison, Wis., IRRA, 1987, p. 129-136.

Libre-échange

Accord de libre-échange entre le Canada et les États-Unis, Ottawa, ministère des Affaires extérieures, 1988, 337 p.

GODBOUT, CLÉMENT et RIOUX, CLAUDE. «Le libre-échange canado-américain et le marché du travail» dans *Acquisition ou fusion d'entreprises et emploi*, 44e Congrès des relations industrielles, 1989, Québec, Les Presses de l'Université Laval, 1989 (252 p.), p. 175-188.

HOLMES, JOHN et KUMAR, PRADEEP. *Divergent Paths: Restructuring Industrial Relations in the North American Automobile Industry*, Kingston, Queen's Papers in Industrial Relations, 1991-4, 52 p.

JENSON, JANE. «Le syndicalisme et le libre-échange» dans *La libéralisation des échanges Canada – États-Unis et les relations industrielles au Québec. Négocier l'avenir*, 20e Colloque de relations industrielles, 1989, Université de Montréal, École de relations industrielles, 1990 (250 p.), p. 13-23.

Les lois du travail, les conventions collectives et le libre-échange. Une première évaluation, rapport du groupe de travail sur l'évaluation de l'impact de la libéralisation des échanges entre le Canada et les États-Unis sur les lois du travail et les conventions collectives, Québec, ministère du Travail, 1988, 237 p.

PÈS, JOHANNE. «Les conventions collectives au Québec et aux États-Unis: comparaison de clauses normatives dans des secteurs d'activité économique choisis», *Le marché du travail*, vol. 10, no 4, avril 1989, p. 54-65.

PICARD, LAURENT. «Libre-échange et relations industrielles au Québec» dans *La libéralisation des échanges Canada – États-Unis et les relations industrielles au Québec. Négocier l'avenir*, 20e Colloque de relations industrielles, 1989, Université de Montréal, École de relations industrielles, 1990 (250 p.), p. 9-12.

QUINET, FÉLIX. «Le contenu des conventions collectives» dans *La libéralisation des échanges Canada – États-Unis*, 20e Colloque de relations industrielles, 1989, Montréal, Université de Montréal, École de relations industrielles, 1990 (250 p.), p. 35-42.

ROY, PAUL-MARTEL. «Aspects dynamiques du marché du travail au Québec», *Relations industrielles*, vol. 45, no 2, 1990, p. 283-299.

TRUDEAU, GILLES. «L'impact de l'Accord de libre-échange sur les relations du travail au Québec et leur encadrement légal» dans *La libéralisation des échanges Canada – États-Unis*, 20e Colloque de relations industrielles, 1989, Montréal, Université de Montréal, École de relations industrielles, 1990 (250 p.), p. 98-134.

Université de Montréal. *La libéralisation des échanges Canada – États-Unis et les relations industrielles au Québec. Négocier l'avenir*, 20e Colloque de relations industrielles, 1989, Université de Montréal, École de relations industrielles, 1990, 250 p.

Chapitre

32

Expériences de négociation intégrative

PLAN

Ce chapitre est très différent de tous les autres chapitres du traité. Le postulat de base sur lequel repose toute étude de la négociation collective est l'antagonisme des parties en présence. Au contraire, les expériences rapportées ici sont toutes le résultat d'un effort de collaboration: pour reprendre l'expression des auteurs Walton et McKersie, il s'agit de négociation intégrative plutôt que distributive. Tous les chapitres précédents traitaient d'un aspect ou d'une question particulière de la négociation collective; celui-ci ressemble davantage à une étude de cas. Après quelques considérations d'ordre général, le cœur du chapitre est constitué d'une série d'expériences qui sont présentées et brièvement discutées successivement. D'une certaine façon, on pourrait résumer tous les chapitres précédents par ces mots: la négociation sous le microscope; celui-ci présente bien davantage la négociation collective en action. Avec leurs avantages et leurs inconvénients, des études spécifiques et particulières présentent des situations vivantes; d'un autre côté, elles se recoupent souvent, abordant les mêmes aspects.

Un des écueils de ce genre d'études réside dans la terminologie. Dans bien des cas, les mots qu'on a choisis pour désigner l'expérience tentée prennent une sorte de vie autonome. Pour toutes sortes de raisons, le nom ou le terme choisi acquiert une portée et des implications qui dépassent fréquemment la nature même de l'expérience. C'est un fait bien connu qu'un organisme social, une fois institué, tend à s'agrandir et à se perpétuer. Parmi les expériences que nous rapporterons ou celles que le lecteur pourra se représenter en lisant telle ou telle page, parce qu'il les a connues, directement ou indirectement, certaines ont acquis, juridiquement ou par la simple pratique, la valeur d'une institution brevetée, que seul l'organisme qui s'en est fait le propagandiste a le droit d'utiliser. On est alors en présence d'un produit de *marketing*. L'objectif de la mention dans ce chapitre n'est évidemment pas de promouvoir un produit plutôt qu'un autre, mais d'amener le lecteur à réfléchir sur les expériences les plus connues de négociation intégrative.

Après quelques remarques introductives sur la terminologie et l'historique de la question, nous procéderons à la revue des expériences retenues, selon l'ordre du processus de négociation. Nous commencerons par la forme la plus fréquente, celle des comités mixtes, et nous poursuivrons par des cas visant l'organisation du travail, le processus puis les résultats de la négociation. Nous verrons ensuite des expériences à une échelle plus étendue, comme des comités visant la législation ou la planification générale et d'autres expériences qu'on pourrait qualifier d'approches globales, pour terminer par les cas très généraux de participation ouvrière. Nous conclurons en dégageant certaines caractéristiques générales de ces multiples expériences de négociation intégrative.

32.1 Terminologie

Toutes ces expériences ont un triple objectif: la rentabilité de l'entreprise, l'amélioration des conditions de travail, et ces deux objectifs principaux sont poursuivis par l'entremise d'un «nouvel» instrument: la coopération ou la collaboration entre les parties. Les deux mots sont sous-jacents à toutes les expériences tentées. On les utilise généralement comme synonymes, mais on peut, au sens le plus strict, faire la distinction suivante: on collabore avec quelqu'un pour réaliser son objectif à lui, alors qu'on coopère à une œuvre commune. La coopération a donc un sens plus fort, avec une participation plus intense, plus «égale» que dans le cas d'une simple collaboration: on retrouve ici les concepts de Harbison et Coleman, présentés au chapitre 29 (section 29.4.2). Coopération et collaboration ont un présupposé nécessaire, un préalable essentiel qui est la communication. Dans une entreprise qui exige l'effort et l'implication de plusieurs personnes, sinon de plusieurs groupes de personnes, la condition première est la communication entre les divers participants. Au début de la période industrielle, la communication était à sens unique: la direction donnait ses ordres aux exécutants; dans la perspective d'une coopération véritable, ou même d'une simple collaboration, la communication doit se pratiquer dans les deux directions.

Qu'il s'agisse de collaboration ou de coopération, on utilise plusieurs termes et des expressions différentes pour les désigner. On parlera ainsi de relations industrielles positives ou même harmonieuses[1]. On propose, par exemple, la coopération patronale-syndicale, les comités «conjoints», la démocratie industrielle et la participation ouvrière. Cette participation peut prendre tellement de formes qu'il est presque impossible de la définir avec précision. La modalité dans laquelle elle s'incarne le plus souvent, les comités patronaux-syndicaux, portent eux-mêmes bien des noms différents. Chacun de ces termes sera défini avec plus de précision à l'occasion des explications reliées à telle ou telle expérience particulière.

Les ouvrages publiés sur le sujet sont nombreux: il n'est pratiquement aucun numéro de revue consacrée aux relations industrielles qui ne contienne un ou plusieurs articles sur un sujet qu'on pourrait qualifier d'expérience fructueuse ou positive en négociation collective ou en relations du travail. Pourtant, c'est un des aspects les moins connus et peut-être les moins bien compris du champ d'application de la négociation collective. Cette situation découle entre autres du fait que plusieurs expériences particulières n'ont pas fait l'objet d'une grande diffusion, de par la volonté même de leurs auteurs: souvent l'expérience a besoin, pour réussir, d'un certain caractère de discrétion sinon de secret; plusieurs ont peur de compromettre le succès d'une formule nouvelle en en parlant trop ouvertement. À l'inverse, si l'expérience n'a pas réussi, on n'est guère porté à en parler, même si l'analyse d'un échec peut être aussi riche en enseignement que la présentation d'un succès.

Avant d'aborder la description de ces expériences de négociation intégrative, il faut mentionner et souligner l'aspect suivant. Il est impérieux de préciser avec soin, dans chaque cas, le niveau auquel l'expérience a été menée. S'agit-il d'un établissement, d'une entreprise à plusieurs établissements, d'une industrie, d'une région ou de l'économie entière d'une province ou d'un pays? La nature des expériences diffère profondément d'un niveau à l'autre, même si les techniques se ressemblent parfois, comme dans le cas des comités mixtes ou patronaux-syndicaux, qu'on peut retrouver à tous les niveaux de la hiérarchie. Mais les conditions de succès ne sont pas nécessairement les mêmes d'un niveau à l'autre. Il s'agit là d'une distinction capitale dans l'analyse des expériences suivantes.

1. *Positive Industrial Relations: The Search Continues*, 35e Conférence annuelle, mai 1987, Montréal, Université McGill, Centre de relations industrielles, 1987, 169 p.

32.2 Historique

Même si la coopération patronale-syndicale et la participation sont des sujets à la mode au début des années 1990[2], le sujet n'est ni nouveau ni même récent. Dès le début du XIXe siècle, des socialistes utopiques comme Charles Fourier et Pierre Proudhon en France, et Robert Owen en Angleterre, proposaient des formules selon lesquelles les travailleurs devaient être considérés comme des associés[3]. Une étape majeure dans le développement de ces idées fut la publication, en 1897, des travaux de Sidney et de Beatrice Webb sur la démocratie industrielle[4]. Leur idée principale, à savoir que le syndicalisme était fondé sur la notion du gouvernement du peuple, par le peuple, pour le peuple et que son objectif premier était d'élever le statut social de ses membres, a inspiré nombre de réformateurs sociaux du XXe siècle.

En sens inverse, le mouvement syndical américain a accentué l'aspect d'opposition entre les représentants des deux parties. Cette insistance sur la divergence des points de vue et sur les conflits qui en découlent a mis en veilleuse l'aspect coopération de la négociation collective, dans son aspect d'intégration.

2. «La coopération patronale-syndicale et la participation» dans *L'enseignement et la recherche en relations industrielles*, rapport du 27e Congrès de l'Association canadienne de relations industrielles, Victoria, 1990, Québec, ACRI, 1991, p. 589-611.
3. CHARLES FOURIER, *Le nouveau monde industriel ou invention du procédé d'industrie attrayante et combinée*, Paris, Bossange, 1830, 489 p.; ROBERT OWEN, *The Book of the New Moral World*, Londres, Effingham Wilson, Royal Exchange, 1836, 104 p.; PIERRE PROUDHON, *Philosophie de la misère*. Paris, Rivière, 1923, 363 p.
4. SIDNEY et BEATRICE WEBB, *Industrial Democracy*, Londres, Longmans Green, 1901, 929 p.

Divers épisodes de l'histoire ouvrière ont montré l'existence parallèle d'une autre attitude, sinon d'un autre mouvement. Au cours des années 1920, il s'est développé, aux États-Unis, une autre forme de représentation et de discussions locales qui limitait le choix des représentants aux employés de l'établissement. Le mouvement syndical a combattu cette forme de rapports collectifs, connue sous le nom de «formule américaine»; il en a triomphé définitivement dans les années 1930.

La préoccupation de promouvoir les aspects positifs des relations industrielles et de la négociation collective, principalement les conditions fondamentales de la justice sociale, a suscité la création, en 1918, de l'Organisation internationale du travail. L'OIT a réaffirmé solennellement sa position de principe dans la déclaration de Philadelphie en 1944[5].

Au Canada, la forme aujourd'hui la plus connue de collaboration, soit les comités patronaux-syndicaux, remonte aux années de guerre. Vu les impératifs de guerre, des comités mixtes de production furent établis dans plusieurs entreprises. Ils fonctionnèrent efficacement, entre autres raisons, à cause du sentiment patriotique dont ils se nourrissaient. Une fois la guerre terminée, ils ne tardèrent pas à devenir suspects aux yeux du mouvement syndical. Leur nombre et leur influence a diminué peu à peu. Il n'en est resté que le journal que le ministère du Travail du Canada a publié sur le sujet pendant une trentaine d'années[6].

Au début des années 1960 renaît l'intérêt pour les comités patronaux-syndicaux, particulièrement sous la pression des difficultés causées par l'introduction de changements technologiques importants dans plusieurs industries. Dans l'industrie de l'acier, on établit les comités de relations humaines dont nous parlerons dans un moment. En même temps paraît un volume complet portant sur les innovations dans la négociation collective[7].

De son côté, le Conseil économique du Canada convoque, les 9 et 10 novembre 1964, un colloque national sur les relations patronales-ouvrières. La première étude présentée à ce colloque portait sur l'état de la collaboration patronale-ouvrière au Canada. Après 30 ans, le texte de Donald Wood, de l'Université Queen's, demeure toujours actuel et pertinent[8].

Au cours des années 1970, le nombre de comités mixtes patronaux-syndicaux, tout autant que leur importance, s'est considérablement accru, tant aux États-Unis qu'au Canada. La récession du début des années 1980 a également eu une incidence positive sur les relations patronales-ouvrières et la négociation collective. Devant les menaces de faillite, il fallait, de toute nécessité, laisser tomber l'attitude d'opposition pour assurer la survie de l'entreprise et des emplois.

Un autre facteur du développement de nouvelles négociations collectives, c'est l'évolution dans la direction des entreprises. Les changements qu'on observe de ce côté reflètent, jusqu'à un certain point, les théories du management propres à certaines époques. La période où le syndicalisme s'est implanté a été marquée par l'approche dite scientifique ou le taylorisme. Même si la théorie des relations humaines est née au cours des années 1930, elle n'a fait sentir son influence de façon marquée qu'à partir de 1960. L'expression «gestion des ressources humaines», qui a remplacé l'ancienne direction du personnel, et sa généralisation depuis le début des années 1980 manifestent l'emprise de plus en plus grande de cette théorie dans la direction des entreprises. Elle constitue

5. Conférence internationale du travail, 26e session, Philadelphie, 1944, *Compte rendu des travaux*, Montréal, BIT, 1947, p. 586-588. Voir aussi John Mainwaring, *L'organisation internationale du travail: un point de vue canadien*, Ottawa, Centre d'édition du gouvernement du Canada, 1986, 218 p.

6. *Teamwork in Industry / Travail d'équipe dans l'industrie*, publication mensuelle du ministère du Travail du Canada, janvier 1944 à novembre-décembre 1975.

7. James J. Healy (sous la direction de), *Creative Collective Bargaining: Meeting Today's Challenges to Labour-Management Relations*, Englewood Cliffs, N.J., Prentice-Hall, 1965, 294 p.

8. Conseil économique du Canada, *Colloque national sur les relations patronales-ouvrières*, Ottawa, 1964, Ottawa, Imprimeur de la Reine, 1965, 378 p.

un facteur important dans le développement de la négociation intégrative.

Nous verrons maintenant les principales expériences de cette nature tentées au cours des 30 dernières années, en commençant par la formule la plus répandue, celle des comités mixtes ou patronaux-syndicaux.

32.3 Comités mixtes

Les comités patronaux-syndicaux, institués pour de nombreuses raisons différentes, constituent l'instrument par excellence de collaboration entre la direction et les syndicats qui représentent les employés concernés. Nous verrons d'abord le plus célèbre, le comité de relations humaines institué par les Métallos dans l'industrie de l'acier, qui a servi de modèle à une foule d'autres. Nous considérerons quelques cas particuliers plus importants que d'autres, au Canada et au Québec. Finalement, nous mentionnerons les comités mixtes reliés à des programmes de productivité accrue, y compris ceux qui ont été institués en rapport avec des changements technologiques[9].

9. Au cours des années 1970, le nombre de travaux et de compilations effectuées relativement à des comités patronaux-syndicaux est imposant et révélateur. En voici quelques exemples. William L. Batt Jr. et Edgar Weinberg, «Labor-Management Cooperation Today», *Harvard Business Review*, vol. 56, nº 1, janvier-février 1978, p. 96-104; J.A. Loftus et B. Walfish, *Breakthroughs in Union-Management Cooperation*, New York, Work in America Institute, 1977, 49 p.; National Center for Productivity and Quality of Working Life, *Directory of Labor-Management Committees*, Washington, D.C., National Center for Productivity and Quality of Working Life, octobre 1976, 150 p.; National Center for Productivity and Quality of Working Life, *Recent Initiatives in Labor-Management Cooperation*, Washington, National Center for Productivity and Quality of Working Life, février 1976, 90 p.; *An Inventory of Innovative Work Arrangements in Ontario*, Toronto, Ont., ministère du Travail, Direction de la recherche, septembre 1978, 111 p.; Irving H. Siegel et Edgar Weinberg, *Labor-Management Cooperation: The American Experience*, Kalamazoo, Mich., Upjohn Institute for Employment Research, 1982, 316 p.; Jack Williams, «Le comité des relations de travail de la Nouvelle-Écosse: un atout majeur en relations industrielles», *La Gazette du travail*, vol. 75, nº 12, décembre 1975, p. 850-854; Charlotte Gold, *Labor-Management Committees: Confrontation, Cooptation, or Cooperation?*, Ithaca, N.Y., New York State School of Industrial and Labor Relations, 1987, 64 p. (Key Issues 29.)

32.3.1 Comités de relations humaines

Depuis la fin de la Seconde Guerre mondiale, l'industrie américaine de l'acier avait été affligée de relations industrielles et de négociations collectives extrêmement difficiles. À tous les deux ou trois ans, le président des États-Unis devait utiliser les pouvoirs spéciaux que la loi Taft-Hartley lui conférait pour établir une commission d'enquête et, souvent, imposer la fin d'un arrêt de travail, ou empêcher qu'il ne se produise, au moyen d'une injonction prise par le procureur général des États-Unis[10]. En 1959, la grève avait duré quatre mois et s'était terminée par une injonction. Un médiateur n'avait pas réussi à mettre les parties d'accord; c'est le secrétaire au travail et le vice-président des États-Unis qui avaient fini par obtenir une entente, le 4 janvier 1960, après une session marathon de 24 heures. Mais personne n'avait vraiment l'impression que les problèmes étaient réglés; selon l'expression anglaise souvent utilisée, on les avait poussés sous le tapis avec le balai.

Aussi l'accord final prévoyait-il la création d'un comité de relations humaines pour étudier les principaux points qui faisaient toujours difficulté, comme le système de classification des tâches, les incitations salariales, l'ancienneté, l'assurance-santé. Plusieurs étaient sceptiques sur la possibilité qu'un tel comité fasse progresser la discussion sur des sujets aussi épineux. Le seul espoir, s'il y en avait un, c'était que les rapports collectifs avaient été si mauvais, depuis longtemps mais surtout lors de la négociation de 1959, qu'il fallait essayer d'arranger les choses, au moins un peu. Il n'est pas sans intérêt de noter qu'en 1960 on avait donné au comité le nom de Comité de recherche en relations humaines (*Human Relations Research Committee*); deux ans plus tard on le simplifiera en Comité de relations humaines.

Le Comité devait se composer sensiblement des mêmes personnes qui avaient négocié la dernière convention collective. Le Comité décida de procéder par le moyen de sous-comités, chacun devant étudier un aspect particulier. Le sous-comité pouvait

10. James J. Healy, *op. cit.*, p. 194-229.

s'adjoindre des membres, même du niveau local. Car c'était finalement un comité d'industrie : à ce moment-là, 12 grandes compagnies d'acier négociaient avec les plus hauts représentants des Métallurgistes unis d'Amérique. Dès le début, on décida, non sans difficulté, qu'il s'agissait de groupes d'étude, qui devaient adopter une attitude de recherche de solutions, non pas d'opposition (*problem-solving approach*). Dans cette perspective, le comité acceptait de n'être ni un comité de négociation, ni un comité de grief, ni un comité de politique salariale. Le sous-comité sur l'ancienneté commença par étudier comment l'ancienneté était appliquée dans les différents établissements ; la situation de confusion qu'ils découvrirent surprit tout le monde et ouvrit la voie à la recherche d'une véritable solution.

Le Comité de relations humaines avait trouvé la voie et il allait fonctionner efficacement. Dans la convention collective de 1962, on reconfirma son existence, on lui soumit d'autres questions encore plus difficiles, comme la sous-traitance et les heures supplémentaires ; on décida même que, lorsque tous les représentants concernés étaient d'accord sur une question, la solution proposée serait mise en application immédiatement. Autre innovation d'importance, on décida que le même type de comité de relations humaines serait établi dans chaque établissement. En fait, par le truchement des sous-comités, bien des représentants des établissements participaient déjà au processus.

On attribue le succès des comités de relations humaines au fait que les problèmes à l'étude étaient abordés non pas dans l'atmosphère de crise, de tension et de rigidité qu'on trouve à la table de négociation, mais avec la souplesse et l'ouverture d'esprit que suppose la recherche de solutions. En d'autres mots, une véritable communication s'était établie entre les parties, sans qu'aucune ne trahisse ses propres responsabilités quant à la défense des intérêts de ceux qu'ils représentaient. Comme les Métallos sont une des plus grandes unions aux États-Unis, et à ce moment-là la plus grande au Canada, des comités de relations humaines furent établis par les Métallos dans d'autres entreprises, des deux côtés de la frontière.

Au cours des années 1970, d'autres problèmes ont retenu l'attention de l'industrie de l'acier, comme nous le verrons plus loin (section 32.5.4), et les comités de relations humaines sont tombés dans l'oubli. Ils n'en continuent pas moins d'inspirer beaucoup d'autres réalisations au Canada et aux États-Unis[11].

32.3.2 Comités patronaux-syndicaux

Quels que soient leurs noms, il y eut de nombreux comités mixtes ou patronaux-syndicaux un peu partout au Canada. L'un d'entre eux a été établi pour la même raison que dans l'industrie de l'acier : les relations de travail étaient tellement mauvaises qu'il fallait absolument trouver un moyen de les améliorer. Il s'agit du comité de relations patronales-ouvrières d'Hydro-Ontario[12]. Hydro-Ontario compte 28 000 employés, dont 16 000 appartiennent à la section locale 1000 du Syndicat canadien de la Fonction publique. L'unité comprend trois groupes principaux : 5000 hommes de métier, 7000 cols blancs (employés de bureau et techniciens) et 4000 personnes employées au fonctionnement des différentes centrales électriques. C'est un groupe varié, avec toutes sortes de conditions de travail différentes.

Le comité de consultation patronal-ouvrier a commencé dans le trouble le plus complet, en 1972. Depuis la fin des années 1950, aucune négociation n'avait pu se terminer sans l'intervention d'un tiers ; les trois négociations de 1968, 1970 et 1972 avaient entraîné des grèves, tournantes ou générales, longues et pénibles, avec un lock-out en 1972. Le retour au travail, en 1972, n'avait pas réglé tous les problèmes : l'union cherchait à prendre des sanctions discipli-

---

11. On trouve une série d'autres cas américains dans le chapitre suivant: WILLIAM GOMBERG, «Special Study Committees» dans *Frontiers of Collective Bargaining*, sous la direction de JOHN T. DUNLOP et NEIL W. CHAMBERLAIN, New York, Harper and Row, 1967 (318 p.), p. 235-251.
12. RONALD BOLTON et WILLIAM VINCER, «The Joint Committee on Relationships at Ontario-Hydro» dans *Les relations industrielles au Canada. Bilan et perspectives*, rapport du 17e Congrès annuel de l'Association canadienne de relations industrielles, Montréal, 1980, Québec, ACRI, 1981, p. 503-508.

naires contre ceux de ses membres qui avaient franchi les piquets de grève ; la direction avait congédié un certain nombre d'employés pour inconduite pendant la grève. Les relations de travail étaient affreuses ; ça ne pouvait pas durer.

Le président d'Hydro-Ontario fit une première approche auprès des dirigeants syndicaux, pour voir s'il serait possible d'améliorer un peu le climat des relations de travail. La discussion porta d'abord sur les congédiements et les sanctions disciplinaires syndicales ; avant même de parler de modifications au système de relations de travail, il fallut faire des concessions pénibles de part et d'autre. Le mot magique était de trouver «un meilleur moyen» (*the better way*). Les parties nourrissaient tellement d'animosité l'une envers l'autre qu'elles se demandaient si elles pourraient discuter rationnellement des problèmes sans se sauter à la gorge. Ils retinrent les services d'une tierce personne pour agir comme témoin de leurs rencontres (*process watcher*). Après une demi-douzaine de séances, le témoin se retira de lui-même : les parties pouvaient se parler.

Parmi les sujets discutés, deux retinrent l'attention : la grève et le processus de négociation. Après de longs débats, à contrecœur ils conclurent que la grève ne pourrait être éliminée : il y aurait d'autres grèves à Hydro-Ontario. Quant au processus de négociation, qui durait de 11 à 14 mois jusqu'alors, ils le réduisirent à trois mois, avec un calendrier précis, depuis l'échange des demandes jusqu'à l'offre finale de l'employeur. L'union s'est engagée à soumettre cette offre finale à ses membres, à ce moment, pour acceptation ou rejet. Quant aux rencontres patronales-syndicales, elles se poursuivent toujours, même si le rythme a quelque peu diminué. Elles se pratiquent à tous les niveaux, jusqu'au bas de l'échelle. Aux divers échelons, elles regroupent, de part et d'autre, les personnes responsables à ce niveau : ni la direction d'Hydro ni celle du syndicat n'interviennent.

Le résultat ? Depuis 1975, toutes les conventions collectives ont été signées par négociation directe, à l'intérieur du calendrier prévu. À l'échelle canadienne et au niveau de l'industrie, il faut mentionner le Comité patronal-syndical de l'industrie canadienne des textiles, qui fonctionne depuis 1967.

Au Québec, il y a eu des expériences analogues. On pourrait mentionner, entre autres, celle qui fut menée à la compagnie Gaz Métropolitain. Comme le comité a fonctionné en relation avec une expérience de médiation préventive, nous en traiterons au moment de présenter celle-ci (section 32.7.2).

32.3.3 Comités à objectif particulier

Des comités mixtes sont souvent établis pour réaliser un objectif spécifique et particulier, ou pour aborder un problème déterminé. Ainsi, avec l'entente de modernisation et de mécanisation dans les ports du Pacifique, un comité avait été établi pour surveiller la réalisation du processus une fois les dispositions de l'accord entérinées (voir la section 31.1.3). À peu près à la même époque, un fonds d'automatisation fut créé par la salaison Armour, à la suite d'une entente avec l'Union des travailleurs de salaisons et celle des bouchers et coupeurs de viande. Armour venait de fermer six de ses plus gros établissements à travers les États-Unis, réduisant le nombre de ses employés de 25 000 à 15 000. Malgré bien des difficultés, le fonds d'automatisation a rendu de grands services et l'expérience acquise dans ce cas s'est avérée utile dans bien d'autres situations, y compris dans la préparation de la *Loi sur le développement et la formation de la main-d'œuvre* aux États-Unis[13]. Dans ce dernier cas, des tiers intervenants neutres ont joué un rôle capital.

Des comités mixtes ont fréquemment contribué à la création et à l'application de programmes de productivité auxquels, à la suite des négociations collectives, les employés des entreprises en cause devaient être associés. Le plus souvent, il s'agissait d'une participation aux bénéfices ou même d'actionnariat ouvrier (voir la section 13.2.3). Un cas célèbre de ce genre est celui de l'aciérie américaine Kaiser ;

---

13. *Manpower Development and Training Act of 1962*, Public Law 87-415, mars 1962, 87e Congrès, 2e session, 1962, vol. 76, p. 23-32.

son principal établissement, à Fontana en Californie, employait alors 7000 travailleurs. L'objectif était de faire participer les travailleurs au progrès de l'entreprise en leur faisant partager les fruits des améliorations réalisées. L'accent était mis sur les problèmes à long terme. On désignait le comité lui-même de cette façon: *Long Range Committee*. Ici encore, le rôle des tiers intervenants a été capital.

Au Canada et au Québec, les comités à objectif particulier sont nombreux et généralement bien connus. Mentionnons seulement les comités relatifs aux changements technologiques – de reclassement ou de recyclage – et les comités de santé et de sécurité au travail[14].

Il ne faut pas s'étonner que la plupart des expériences de négociation intégrative impliquent des comités mixtes, c'est-à-dire patronaux-syndicaux, s'il est vrai que la communication est une condition essentielle à toute forme de collaboration. Sans qu'il soit nécessaire de le rappeler, c'est la raison pour laquelle nous retrouvons de tels comités dans pratiquement toutes les expériences rapportées jusqu'ici ainsi que dans celles qui suivront.

32.4 Organisation du travail

Toute une série d'expériences ont été tentées pour améliorer le travail lui-même, les conditions dans lesquelles on l'exécute et la manière dont il est organisé, surtout en ce qui a trait à l'exercice de l'autorité. En un sens, les expériences de cette nature poussent beaucoup plus loin la participation des travailleurs, puisque, en règle générale, tous les membres du groupe en cause seront plus ou moins directement engagés dans le nouveau processus. La participation est vraiment plus intense. Par contre, le rôle de la négociation y est peut-être atténué. Certaines expériences de cette nature ont été tentées en milieu non syndiqué; là où un syndicat existait, l'employeur obtenait généralement son autorisation pour procéder, mais cet accord n'était souvent accordé qu'avec une certaine réticence. Quoi qu'il en soit, il y a toujours eu certaines répercussions sur la négociation collective.

32.4.1 Groupes semi-autonomes de production (GSA)

Se basant sur le modèle de certaines entreprises suédoises, plusieurs expériences ont été tentées, vers 1980, autour de ce qu'on a appelé les groupes semi-autonomes de production. Au lieu de recevoir tous les ordres du niveau hiérarchique supérieur et de les exécuter, on laisse le plus d'autonomie possible à tel groupe de travailleurs déterminé. La direction générale lui confie une responsabilité, comme de produire tant d'unités ou d'assurer le transport de telles quantités, et elle laisse au groupe lui-même le soin de décider de son mode de fonctionnement. Cela peut inclure l'horaire de travail autant que la répartition des tâches.

Un cas dont on a beaucoup parlé au Québec, c'est celui des entrepôts frigorifiques de Steinberg[15]. Il s'agit d'un groupe bien identifié parmi l'ensemble des employés de l'entrepôt de la chaîne de magasins. Une trentaine de salariés assurent l'entreposage des aliments surgelés et leur expédition aux différents magasins, selon les besoins de chacun. Le groupe d'employés se réunissait régulièrement et déterminait de façon précise les tâches qui revenaient à chacun. Chaque employé ou chaque sous-groupe d'employés assumait la charge de tel travail et l'exécutait de la manière la plus agréable pour lui et en même temps la plus efficace. Le groupe qui terminait son travail plus tôt était libre de quitter les lieux de travail plus tôt. Si cela se reproduisait trop souvent, il fallait, lors

14. JEAN-LOUIS BERTRAND *et al.*, «L'implantation des comités paritaires d'établissement de SST» dans *Normes du travail: impacts sur la gestion des ressources humaines et sur les rapports collectifs du travail*, 15e Colloque de relations industrielles, 1984, Université de Montréal, École de relations industrielles, 1985, p. 199-216.

15. MICHEL BROSSARD et MARCEL SIMARD, *Groupes semi-autonomes de travail et dynamique du pouvoir ouvrier: l'évolution du cas Steinberg*, Québec, Presses de l'Université du Québec, 1990, 138 p.; MICHEL BROSSARD et MARCEL SIMARD, «Recherche sur un groupe semi-autonome dans une entreprise de l'alimentation», *La qualité de la vie au travail. La scène canadienne*, vol. 9, no 1, 1986, p. 28-29.

des réunions où l'on discutait de l'attribution des tâches, rétablir l'équilibre si nécessaire. Dans les premières années, l'entreprise a profité d'une plus grande efficacité des salariés concernés, et ceux-ci ont bénéficié d'une très grande liberté dans l'organisation de leur travail; dans la mesure où cela était compatible avec leurs responsabilités, ils ont bénéficié d'une certaine souplesse dans l'horaire de travail. Avec le temps et les difficultés qu'a connues l'entreprise, l'expérience est disparue peu à peu, et on est revenu à la structure d'autorité traditionnelle.

Une difficulté, parmi d'autres, c'est que les organismes syndicaux sont généralement soupçonneux face à cette méthode de répartition de l'autorité et d'amélioration des conditions de travail. Un groupe d'employés qui ressent généralement un certain malaise devant la formule, ce sont les contremaîtres. Habitués à donner des ordres, ils doivent maintenant discuter avec les salariés et se ranger derrière l'opinion majoritaire, s'il y a lieu. Certains travailleurs eux-mêmes ont parfois de la difficulté à s'habituer à un tel régime, en particulier aux réunions journalières ou hebdomadaires où ils doivent décider avec les autres ce que sera leur journée ou leur semaine de travail. Habitués à exécuter les ordres qui leur étaient donnés, ils trouvent parfois difficile d'organiser eux-mêmes leur travail et d'avoir à rencontrer de cette manière les obligations que leur attribue la direction générale.

Si le régime des GSA améliore les conditions de travail de ceux qui y participent, le syndicat n'approuvera peut-être pas le régime: le syndicat tient à ce que tous les avantages que les employés reçoivent leur viennent par son entremise et que tous les salariés bénéficient des mêmes avantages[16]. Dans certains cas, le syndicat approuve l'expérience, mais il tient alors à s'assurer, d'une manière ou d'une autre, qu'il conserve les moyens voulus pour réaliser ses trois fonctions principales de survie, de vigilance et de contrôle sur les conditions de travail[17].

16. MICHEL BROSSARD, «Les syndicats nord-américains et les groupes semi-autonomes de production», *Gestion*, vol. 6, nº 1, février 1981, p. 9-13.

La plupart du temps, les GSA sont introduits à l'initiative de l'employeur. Si le groupe visé fait partie de l'unité d'accréditation, le syndicat devra être consulté. Même s'il accepte, il voudra s'assurer qu'il conserve tous ses droits et tout son pouvoir de négociation par rapport aux activités habituelles du syndicat, particulièrement en matière de négociation collective.

32.4.2 Qualité de vie au travail (QVT)

La qualité de vie au travail cherche à réaliser ce que l'expression signifie: améliorer la vie de travail et, en même temps, de manière indirecte, améliorer le rendement de l'entreprise. Mais l'expression a tôt fait de dépasser le concept pour devenir un véritable mouvement, qui se donne pour objectif de résoudre, partiellement du moins, les problèmes de travail qui se posent dans les entreprises. Certains font remonter le mouvement à une conférence internationale tenue à New York en 1972. Travail Canada a endossé le projet en 1976, créé un programme s'y rapportant et lancé un certain nombre de publications. Le programme et les publications ont pris fin en 1986, à la suite d'importantes restrictions budgétaires[18]. L'Ontario a eu également son programme et ses publications de QVT.

Une des publications officielles de l'Ontario a défini le concept de la manière suivante[19]:

> La QVT englobe une grande variété de programmes, de techniques, de théories et de styles de gestion. Par elle les organisations et les emplois sont façonnés de manière à assurer aux travailleurs plus d'autonomie, de responsabilités et d'autorité qu'ils n'en ont

17. MICHEL BROSSARD, «La stratégie syndicale face aux groupes semi-autonomes de production. Hypothèse pour l'analyse du cas Rushton», *Relations industrielles*, vol. 37, nº 3, 1982, p. 670-683.
18. *La qualité de la vie au travail. La scène canadienne*, publication trimestrielle de Travail Canada (12 à 40 p.), 1978-1986.
19. DAVID JENKINS, *QWL - Current Trends and Directions*, Issues in the Quality of Working Life, nº 3, Toronto, Ontario Quality of Working Life Center, décembre 1981 (50 p.), p. 7. La publication du Centre ontarien de QVT s'appelle *QWL Focus*.

habituellement. L'objectif est de façonner les organismes, les procédures de direction et les emplois de manière à assurer l'utilisation maximale des talents et des compétences des personnes, en vue de créer des formes de travail stimulantes et satisfaisantes et d'améliorer en même temps l'efficacité de l'organisation.

Travail Canada a publié en 1984 un volume qui relate 15 cas différents de QVT[20]. L'ouvrage contient des cas aussi divers que celui de l'usine Shell construite à Sarnia, en Ontario, en 1977, et organisée sur la base d'équipes polyvalentes pour chaque poste, et un comité de développement de la main-d'œuvre dans le Nord de la Colombie-Britannique, le long de la rivière Skeena. Les problèmes étudiés étaient tous de nature socio-technique et exigeaient une implication considérable de la part de tous les travailleurs concernés.

La plupart des cas étudiés comportaient une présence syndicale. Le syndicat y était consentant sinon favorable. Même s'il n'y a pas de lien direct entre l'organisation du travail et la négociation collective, le changement des mentalités qu'exigeaient toutes ces expériences favorisait la négociation de caractère intégratif quand venait le moment de discuter de la convention collective proprement dite.

32.4.3 Cercles de qualité

On pourrait presque dire que les cercles de qualité ont pris la relève de la QVT, mise en veilleuse sinon disparue en même temps que les fonds que certains gouvernements avaient affectés aux programmes de QVT. D'un autre côté, les cercles de qualité existaient déjà avant la popularité des groupes de QVT. On les fait remonter au début des années 1960 dans certaines industries japonaises. Ils se seraient ensuite transportés aux États-Unis et en Angleterre au cours des années 1970. On mentionne leur existence à la compagnie Rolls-Royce, reconnue pour la qualité de ses produits. Ils passent en France vers 1980[21].

Généralement, la participation à un groupe semiautonome de production est obligatoire: quand on implante cette formule, tous les travailleurs du groupe doivent y participer; c'est même une des difficultés de la formule: certains employés ont un tempérament qui leur rend cette participation pénible. Par contre, la participation à un cercle de qualité est volontaire. C'est de leur plein gré que les travailleurs concernés se réunissent, le plus souvent une heure par semaine, pour trouver des solutions à certains problèmes qui surgissent dans leur travail. Le nom donné au groupe laisse croire que la préoccupation est restreinte aux questions qui touchent à la qualité de la production; mais on y traite également de plusieurs autres problèmes. C'est de là que vient la ressemblance avec un programme de QVT.

Certaines difficultés découlent du caractère volontaire des cercles de qualité. Quand l'entreprise veut instituer un ou quelques cercles de qualité, la première démarche consiste à recruter les personnes intéressées. La seconde est d'assurer de bonnes relations entre les membres du cercle et les non-membres; ceux-ci, en effet, peuvent être méfiants vis-à-vis des membres du cercle. Le plus souvent, on cherche à les intégrer. Pour produire tous ses fruits, l'expérience doit rejoindre le plus grand nombre, idéalement la totalité, des employés.

Comme dans bien d'autres expériences, l'objectif et le résultat visés sont sans rapport avec la négociation collective comme telle. Par contre, en discutant de production et en recherchant la meilleure manière de fabriquer un produit de qualité, il se crée des rapports entre les personnes et un sentiment d'appartenance qui peut, bien canalisé, favoriser à la fois le syndicalisme et la négociation de caractère inté-

20. J. BART CUNNINGHAM et TERRY WHITE (sous la direction de), *La qualité de la vie au travail. Études de cas récents*, Ottawa, Travail Canada, 1984, 537 p.

21. MICHEL BROSSARD, «La gestion des cercles de qualité» dans *Vingt-cinq ans de pratique en relations industrielles au Québec*, sous la direction de RODRIGUE BLOUIN, Cowansville, Les Éditions Yvon Blais inc., 1990 (1164 p.), p. 763-774.

gratif. Ici encore, l'effet sur la négociation est indirect.

Parallèlement aux cercles de qualité, on trouve un autre mouvement qui a pris le nom de «la gestion par la qualité totale[22]». Le concept de la qualité totale, qu'on peut faire remonter loin dans le passé, par exemple aux premières techniques de contrôle de la qualité des produits vers 1920, s'est répandu depuis 1980. On dit que la qualité totale doit requérir et canaliser toutes les énergies de l'entreprise et les orienter vers la satisfaction du client. Un tel projet d'entreprise doit devenir la stratégie de tous ses employés. Tous les systèmes et les processus doivent être orientés vers cette fin. Toutes les ressources doivent être mobilisées en fonction de l'objectif. Pour chacun des employés, c'est au niveau du groupe de travail que la préoccupation s'applique et que les résultats se manifestent. Comme dans le cas des autres programmes, la qualité totale veut intéresser tous les travailleurs, les motiver et leur rendre la vie agréable et satisfaisante sur le plan du travail, tout en assurant le progrès continu de l'entreprise. Le progrès de l'entreprise garantit les emplois des salariés qui y travaillent.

Sans nécessairement recourir aux mots magiques associés à certains programmes, on a vu des réalisations remarquables au Canada et aux États-Unis. Pour des raisons évidentes, celles des États-Unis ont eu une plus grande répercussion. C'est ainsi qu'on a parlé de miracle dans certaines usines Ford, par exemple à Edison au New Jersey; la participation des travailleurs s'est faite avec la collaboration des Travailleurs unis de l'automobile[23]. On a pour le moins autant parlé de la gestion collective, avec la participation de l'union, dans la fabrication de la nouvelle voiture de General Motors, la Saturn[24].

22. GUY LAPIERRE, «La gestion par la qualité totale: le mode de gestion des années quatre-vingt-dix» dans *Vingt-cinq ans de pratique en relations industrielles au Québec*, voir *supra*, note 21, p. 745-759.
23. «What Is Creating an Industrial Miracle at Ford», *Business Week*, 30 juillet 1984, p. 80-81.
24. «A New Labor Era May Dawn at G.M.'s Saturn», *Business Week*, 22 juillet 1985, p. 66.

Quel que soit le terme qu'on utilise, dans nombre d'établissements et d'entreprises, on cherche à ce que les travailleurs s'engagent pleinement dans leur emploi, avec toutes leurs facultés, de manière à assurer en même temps leur propre satisfaction et la rentabilité de l'entreprise. Dans un tel contexte, la négociation intégrative peut se développer comme dans une terre fertile.

32.5 Processus de négociation

Le groupe d'expériences suivant vise explicitement la négociation en tant que processus. Il comporte certaines tentatives fascinantes mais éphémères. Il y en a peut-être plusieurs autres qui ne sont pas connues parce qu'elles n'ont pas reçu la publicité qu'elles auraient méritée. Les faibles succès et le manque de diffusion montrent la difficulté de transformer un processus qui a 100 ans d'histoire derrière lui.

32.5.1 Négociation permanente

On parle souvent de négociation permanente. L'expression a plusieurs sens, forts différents selon le contexte. Retenons deux significations: la première est stricte et contraignante, la seconde désigne plutôt une situation concrète, caractérisée par des attitudes de coopération.

Au sens strict, la négociation permanente équivaut au concept britannique de document vivant (*living document*). Dans la logique de ce concept, la convention ne doit pas comporter de durée déterminée: aussitôt qu'une des parties est insatisfaite d'une des dispositions, elle invite l'autre partie à reprendre les négociations sur ce point, ce que celle-ci s'empresse de faire. L'idée de base d'une telle formule est de régler chaque problème dès qu'il survient; de cette façon, aucun n'a le temps de devenir sérieux et d'empoisonner les rapports employeurs-employés.

En Amérique du Nord, il ne peut en être ainsi, parce que les conventions ont toujours une durée déterminée, c'est-à-dire une date d'échéance: au Canada, c'est imposé par la loi; aux États-Unis la formule est bien ancrée dans les habitudes par suite d'une coutume ininterrompue. Il existe une situation intermédiaire, celle de la réouverture possible du contrat, par exemple sur les salaires ou sur les clauses pécuniaires: une demande de renégociation par une partie entraîne alors l'obligation pour l'autre d'engager la discussion sur le point prévu. Rien n'empêche les parties qui le voudraient de procéder à la réouverture sur toute question jugée sérieuse et importante. On trouve des cas où les parties promettent d'entamer des discussions sur toutes questions sérieuses, même pendant la durée d'une convention collective. C'est généralement l'objectif des comités patronaux-syndicaux dont il a été question plus haut. Mais un engagement formel de réouverture sur toute question proposée par l'autre partie n'existe pas, et ne saurait exister. En fait, ce serait la négation même de la durée déterminée des conventions. Cette durée déterminée a été établie, par la loi ou par la coutume, parce qu'elle comporte de très grands avantages. À vouloir prôner la négociation permanente, parce qu'elle aussi apporte des bénéfices particuliers, on risquerait de ne garder que les inconvénients des deux systèmes.

En pratique, il existe de nombreux cas de négociation permanente, ou quasi permanente, de nature officieuse et volontaire. Lorsque les rapports entre les parties sont francs et loyaux, avec un bon régime de communication, celles-ci discutent spontanément de tout problème sérieux dès qu'il surgit: elles n'attendent pas la prochaine négociation pour le faire. S'il est possible de le résoudre immédiatement, elles s'y appliquent sans délai. Sinon, on en renvoie l'étude à un comité existant ou qu'on crée pour la circonstance. Le résultat final équivaut à une négociation permanente, sans le terme. Les exemples de cette nature ne manquent pas, mais ils ne font pas l'objet d'une grande publicité.

32.5.2 Négociation en équipe

Voilà peut-être l'innovation la plus étonnante, qui cherchait à résoudre le problème le plus fondamental de la négociation collective. Son auteur voulait que le groupe des négociateurs, patronaux et syndicaux, ne constitue qu'une seule équipe de travail (*single team bargaining*). Comme signe tangible de cette réalité différente, il a supprimé la table (physique) de négociation: les négociateurs s'asseyaient en rond autour de la salle, de préférence sans ordre particulier, mais de toute façon pas en deux groupes séparés et opposés[25]. Pas étonnant qu'une telle expérience n'ait pas duré très longtemps.

L'objectif de la formule était de rendre visible et efficace l'approche de problèmes à résoudre de préférence à l'attitude d'opposition entre deux groupes. Une autre règle voulait que chacun puisse prendre la parole à chaque fois qu'il croyait avoir un élément nouveau à apporter à l'étude du problème en question. Aucune opinion n'était prise comme un engagement de la part de la partie à laquelle l'intervenant appartenait. C'était vraiment l'opposé de la méthode traditionnelle, où une seule personne, de chaque côté, est porte-parole et a droit de parole, et où toute opinion formulée est irréversible. Bien au contraire, dans le cas de la négociation en équipe unique, chacun était invité à présenter son opinion, qu'elle soit profitable, à première vue, à l'employeur ou aux employés. C'est l'idée qui est étudiée et discutée, en soi, et non comme représentant la position de l'employeur ou du syndicat.

Une autre règle consistait à n'imposer aucune limite de temps. S'il fallait passer une journée ou deux, ou même davantage, sur une question, il fallait la vider et arriver à une solution quelconque. L'ordre des questions était lui-même laissé à la décision du groupe; contrairement à ce qui se fait d'habitude, il semble que les groupes de cette nature préféraient s'attaquer aux questions les plus difficiles et les plus importantes dès le début. Le rôle des porte-parole était complètement transformé. Ils devaient exprimer leur opinion, mais comme un membre du groupe, rien de plus. Par contre, ils conservaient la responsabilité d'éclairer

25. T.A. Crossman, *Single Team Bargaining. An Innovation in the Process*, document polycopié, janvier 1975, 10 p. T.A. Crossman était alors directeur des relations du travail à la compagnie Labatt ltée; Marc Vaillancourt et Georges Smith, «La négociation par équipes» dans *La négociation collective en question*, 11e Colloque de relations industrielles, 1980, Université de Montréal, École de relations industrielles, 1981, p. 88-95.

l'équipe, en apportant toute l'information requise. En ce sens, leur préparation était aussi exigeante que dans la formule traditionnelle. Il leur revenait également d'exprimer les préférences réelles, ou contraintes, que chaque partie pouvait avoir: telle formule ne peut être admise parce qu'elle serait trop coûteuse pour l'employeur, telle autre parce que les travailleurs n'accepteront jamais une disposition de cette nature.

Le document qui présente le concept de la négociation par équipe unique ne parle pas de la détermination des salaires et des autres clauses pécuniaires. En fait, il ne fait pas de distinction entre les deux types de clauses, mais présente le projet dans son ensemble. Il semble que les clauses d'ordre pécuniaire étaient négociées de façon traditionnelle. L'aspect d'opposition que leur discussion implique rend quasi impossible la négociation intégrative à ce sujet. Cela se produit cependant en situation de crise, quand la survie de l'entreprise est mise en cause. L'employeur est alors disposé à mettre toutes les cartes sur table, y compris et surtout la situation financière de l'entreprise, pour obtenir les concessions dont il considère avoir besoin. En pareilles circonstances, table de négociation ou pas, l'approche du problème à résoudre s'impose d'elle-même: pas besoin d'en recréer le décor.

Quant à l'expérience même de négociation en équipe, elle s'est prolongée durant quelques négociations successives. Sa disparition semble reliée au départ de celui qui l'avait instaurée. En fait, la personnalité du meneur de jeu est décisive dans une telle formule. Tous les participants doivent avoir une confiance absolue dans l'intégrité et dans la parole de tous les membres de l'équipe, mais particulièrement des deux porte-parole principaux.

32.5.3 Négociation des problèmes

Un autre type d'expérience, un peu semblable au précédent, moins les éléments formalistes mentionnés (pas de table et règles écrites), a été tenté, avec succès dans au moins un cas; d'autres exemples ont pu exister, mais il n'y a aucune publicité autour de cette manière de procéder.

Il s'agissait d'un groupe très scolarisé – pas des professionnels cependant –, relativement peu nombreux, qui avait connu d'importantes difficultés avec l'employeur. Les difficultés étaient réelles, mais la communication entre les parties n'avait jamais été rompue. Au début d'une négociation qui s'annonçait difficile, sinon pénible, les parties se sont entendues pour oublier les clauses de la convention collective, l'actuelle ou la future, et pour plutôt discuter des problèmes. Il semble avoir été relativement facile d'établir la liste d'une demi-douzaine de problèmes majeurs.

Les parties ont discuté longuement de chacun des problèmes soulevés, l'un après l'autre. On s'efforçait évidemment de trouver des avenues de solution, sans nécessairement chercher à les consigner par écrit. On voulait avoir des solutions relativement acceptables pour chacun des problèmes en cause. Quand l'exercice a été terminé, on s'est attelé à l'obligation de consigner le tout dans des clauses de convention collective. Il semble que l'exercice a été relativement facile: le travail de fond avait été effectué à l'occasion de la discussion en profondeur de chacune des questions majeures.

Dans le cas présent, un autre avantage a été l'absence de tout formalisme. Finalement, les différentes formules reviennent toujours à la nécessité d'une communication véritable entre les parties et d'une attitude de recherche de solutions à des problèmes, plutôt que de vouloir l'emporter sur l'autre partie. Le succès paraît plus facile à atteindre quand il s'agit de groupes relativement restreints. Il n'en allait pas ainsi dans le cas suivant.

32.5.4 Négociation sans grève

Il ne s'agit pas de négociations sans grève de fait, mais d'un engagement formel qu'il n'y aura pas d'arrêt de travail et que si on en arrive à une impasse, on recourra à un arbitrage exécutoire volontaire. Le cas s'est produit dans l'industrie américaine de l'acier au cours des années 1970[26].

26. I.W. ABEL, «Steel: Experiment in Bargaining», *The American*

Malgré l'instauration des comités de relations humaines (voir la section 32.3.1), et l'amélioration des rapports collectifs internes entre les entreprises et l'union, l'état de l'industrie américaine de l'acier ne s'est guère amélioré à la fin des années 1960. La concurrence de l'acier provenant de l'Allemagne et du Japon rendait l'industrie américaine très vulnérable. En prévision des négociations de 1971, les compagnies américaines avaient accumulé des stocks considérables; elles procédèrent à d'importantes mises à pied un mois avant l'échéance du contrat collectif. Phénomène nouveau: les États-Unis importaient cette année-là 18 millions de tonnes d'acier; on estimait qu'un million de tonnes d'acier importé représentait une perte de 6000 emplois à temps plein aux États-Unis. Finalement, les négociations se terminèrent sans arrêt de travail, mais certains travailleurs mis à pied avant l'échéance de la convention sont demeurés sans travail jusqu'à sept mois, à cause des stocks accumulés. Ce qui apparaissait clairement, c'était les effets néfastes d'une grève de l'acier, comme l'industrie en avait connu pendant près de 20 ans: à cause de la production étrangère, les commandes perdues à l'occasion d'un arrêt de travail risquaient fort d'être perdues à tout jamais. Il fallait à tout prix éviter un autre arrêt de travail.

À cette fin, les 10 plus grandes compagnies d'acier et les Métallurgistes unis d'Amérique signèrent, en mars 1973, ce qu'ils appelèrent une entente expérimentale de négociation (*experimental negotiating agreement*). En vertu de l'entente, les deux parties renonçaient à tout recours à l'arrêt de travail au moins jusqu'à l'expiration de l'entente, en 1977. Les compagnies s'engageaient à accorder une augmentation d'au moins 3 % en 1974, en 1975 et en 1976. L'union pouvait rouvrir les négociations et demander davantage, mais alors, une impasse serait réglée par un tribunal d'arbitrage établi selon les dispositions de l'entente. L'accord maintenait la formule d'indexation, sans minimum ni maximum, ainsi que tous les droits acquis au niveau local, dans chacun des établissements visés.

L'accord fut renouvelé pour trois ans en 1977. En 1980, les compagnies hésitèrent à renouveler l'entente expérimentale de négociation: elles jugeaient le plancher de 3 % élevé pour le contexte d'alors et surtout pour l'avenir. En effet, US Steel avait fermé 12 de ses établissements dans huit États, licenciant ainsi 13 000 travailleurs. Une autre compagnie de Pittsburgh en avait licencié 12 000. Mais un règlement intervint, sans arrêt de travail, avec de bonnes augmentations. Quant à l'entente expérimentale de négociation, elle ne fut ni rejetée ni renouvelée[27]. Lors de la négociation de 1983, les conditions étaient beaucoup plus mauvaises: l'union accepta une réduction de salaire de 1,31 $ de l'heure. Ce fut la fin véritable de l'entente expérimentale de négociation[28].

Occasionnellement, quelques entreprises, ici et là, signent une entente inspirée de celle de l'industrie de l'acier. Il n'existe pas de moyen de retrouver facilement la liste des dispositions de cette nature acceptées par certaines entreprises et les syndicats avec qui elles font affaire.

On pourrait mentionner ici les cas de médiation préventive qui ont connu, au Québec, un certain succès au cours des années 1980. Nous verrons plutôt cette expérience dans une section ultérieure consacrée à différentes approches globales; en effet, malgré son titre, la médiation préventive déborde considérablement le processus de négociation lui-même.

Il ne faudrait pas oublier de mentionner une façon tout à fait originale de négocier, le *boulwarism*, que nous avons vu en détail au chapitre des méthodes de négociation (section 21.8.1).

Federationist, vol. 80, nº 7, juillet 1973, p. 1-8; LARRY T. ADAMS, «Abel – Dominated Convention Endorses No-Strike Policy», *Monthly Labor Review*, vol. 99, nº 11, novembre 1976, p. 44-47. Voir aussi *Monthly Labor Review*, mai 1983, p. 47-48, et *Business Week*, 26 décembre 1983, p. 23.

27. GEORGE RUBEN, «Industrial Relations in 1980 Influenced by Inflation and Recession», *Monthly Labor Review*, vol. 104, nº 1, janvier 1981, p. 15-20.

28. *Idem*, «Steel Accord Gives Employers Cost Relief», *Monthly Labor Review*, vol. 106, nº 5, mai 1983, p. 47-48.

32.6 Résultats de la négociation

Certaines expériences tirent leur spécificité de leur objet, soit les résultats poursuivis sinon obtenus. Chaque expérience de ce type cherche à résoudre un problème particulier. Le premier cas de cette nature se rapporte aux changements technologiques et a pris la forme de l'entente de mécanisation et de modernisation dont nous avons traité au chapitre précédent (section 31.1.3). Il y eut d'autres exemples, comme le comité d'automatisation des usines de salaison Armour aux États-Unis, le régime de conversion industrielle de Domtar, et l'entente entre le CN et un groupe de syndicats représentant ses employés. Nous ne reviendrons pas sur ces cas. Nous traiterons plutôt des accords de productivité, des ententes relatives à la participation aux bénéfices et à l'actionnariat ouvrier.

32.6.1 Accords de productivité

Les négociations sur la productivité peuvent prendre toutes les formes imaginables. Elles peuvent être reliées à une foule d'autres aspects. Elles comportent généralement des avantages pécuniaires pour les travailleurs en échange d'un accroissement de la productivité pour l'employeur. Cet accroissement peut provenir de nouvelles méthodes de production – l'accord de mécanisation visant les débardeurs du Pacifique en est un bon exemple –, du relâchement de certaines règles restrictives du travail, comme il est arrivé fréquemment à l'occasion de la récession de 1981-1982, ou d'une réorganisation du travail en vue de le rendre plus productif, comme dans certains groupes semi-autonomes de production[29]. L'entente peut également viser une répartition des profits provenant d'une productivité accrue, par exemple par une formule de participation des travailleurs aux bénéfices ou d'acquisition par les travailleurs d'actions ordinaires de l'entreprise, comme nous le verrons dans les prochaines sections. Nous nous arrêterons pour l'instant à un cas remarquable par son originalité et ses répercussions[30].

La compagnie Canadair était, au moment du début de l'expérience, une société d'État, propriété du gouvernement fédéral. Elle a toujours fabriqué des avions de petite et de moyenne taille, en particulier les avions-citernes qui servent à combattre les feux de forêt et le Challenger, destiné principalement au transport des grands administrateurs de compagnies. L'entreprise peut compter de 1200 à 3000 salariés selon le carnet de commandes. Ils sont syndiqués, membres de l'Association internationale des machinistes, dont ils forment la loge n° 712. Après une grève en 1947, les relations de travail avaient été pacifiques jusqu'en 1962, où un certain mécontentement par rapport au contrat amena une forte instabilité chez les représentants syndicaux. Une nouvelle équipe, très militante, assuma la direction de la loge en 1964, ce qui entraîna des difficultés avec la direction de l'entreprise. La CSN fit alors du maraudage auprès des employés de Canadair. La compagnie cherchait un plan d'amélioration de la productivité; elle envisagea le partage des bénéfices, un plan Scanlon, le plan Kaiser et d'autres (voir les sections 13.2.3, 32.6.2 et 32.6.3). Finalement, elle proposa une formule propre à l'entreprise, que l'union accepta. On l'appela le plan d'amélioration de la productivité ou PAP.

La compagnie éprouvait d'importantes difficultés à respecter ses délais de livraison. Chaque partie de la construction d'un avion se fait comme dans des ateliers séparés et le passage d'un atelier à l'autre était toujours en retard. On calcula que, le 1er mars 1968, le retard moyen d'une étape de production à l'autre était de 22 jours. Le retard moyen était calculé en divisant le nombre total de jours de retard par le nombre de commandes en cours de production. Si le nombre de jours de retard demeurait le même, il n'y avait pas de prime de rendement; si la production

29. Institute of Personnel Management, *The Realities of Productivity Bargaining. Industrial Relations Committee Report*, sous la direction de MARJORIE HARRIS, Londres, Institute of Personnel Management, 1969, 46 p.; NORA STETTNER, *Productivity Bargaining and Industrial Change*, Oxford, Pergamon Press, 1969, 185 p.

30. DAVID A. PEACH, «The Canadair – IAM Productivity Improvement Plan», *Relations industrielles*, vol. 37, n° 1, 1982, p. 177-197.

était prête dans les délais prévus, il y avait une prime de 0,12 $ par heure de travail. Les délais normaux furent établis de la façon suivante en fonction des quatre principaux ateliers:

Atelier d'usinage	45 jours
Atelier de métal en feuilles	35 jours
Atelier d'assemblage partiel	20 jours
Atelier d'assemblage final	5 jours

Les travailleurs mirent un an ou deux à rattraper les jours de retard accumulés. La méthode pour rattraper les retards était laissée au choix de chaque ouvrier. Chacun semble avoir une assez grande liberté dans l'organisation de son travail. Par exemple, un machiniste, au lieu de faire d'abord l'ouvrage le plus facile, vérifiait quelles étaient les pièces déjà en retard ou approchant du délai de production normal. Même si le travail était plus difficile, l'ouvrier s'y adonnait pour bénéficier de la prime rattachée à l'absence de retard de production. Chaque pièce portait une date d'échéance et chacun pouvait voir quel travail était le plus urgent.

Le PAP fut modifié au cours des années, mais l'idée de base est restée la même. Un des résultats fut la diminution graduelle des heures supplémentaires, ce que la compagnie reconnut en augmentant la prime de rendement en proportion. La mesure la plus éloquente du succès de la formule s'exprime par le montant de la prime reçue au cours des années. Le PAP fut instauré en mars 1968; en juillet, les employés reçurent un bonus de 19 $ pour les quatre mois écoulés. En décembre 1968, le bonus était de 40 $ et en décembre 1980 il atteignait 700 $, toujours pour les six derniers mois.

Dans l'ensemble, il faut dire que la formule du PAP, ou concrètement du bonus de productivité, était particulièrement bien adaptée aux méthodes de production en usage dans l'entreprise. Son caractère et ses résultats étaient facilement visibles et palpables par les travailleurs visés. Les avantages obtenus par les employés leur ont été accordés sans nuire aux négociations collectives régulières, qui se sont poursuivies pendant toute la période d'application.

32.6.2 Participation aux bénéfices

La participation aux bénéfices est très répandue dans certains pays d'Europe. Même si on en parle relativement peu en Amérique, elle existe en plusieurs endroits. Le cas le plus célèbre résulte d'une entente entre American Motors et les Travailleurs unis de l'automobile en 1960. La compagnie cherchait une formule qui lui permettrait de sortir de la négociation type qui avait cours dans l'industrie de l'automobile. Elle négocia l'établissement d'un fonds à l'intention des travailleurs de la compagnie[31]. Toute augmentation des profits irait dans ce fonds et servirait à accorder une part des bénéfices et des actions aux travailleurs de l'entreprise (*progress-sharing plan*). Dix pour cent des profits sont d'abord réservés aux actionnaires de l'entreprise, et cette portion est immédiatement réduite des profits avant impôt. Quinze pour cent des profits vont dans le fonds des travailleurs; celui-ci est divisé en deux. Les deux tiers, administrés par un comité mixte, sont distribués sous forme de salaire ou d'avantages additionnels. Le troisième tiers est conservé sous forme d'actions accumulées qui seront ultérieurement réparties entre les employés; ceux-ci peuvent retirer leurs actions à l'occasion de la retraite, d'une maladie ou d'une mise à pied. Après la première année d'application du régime, 6,5 millions de dollars furent déposés dans le premier fonds et ont servi à assurer de meilleurs avantages aux salariés; 3,25 millions allèrent dans le fonds des actions destinées aux employés. Le régime continua à rapporter des bénéfices aux employés, mais de manière décroissante. La compagnie et l'union avaient annoncé cette entente comme l'aurore d'une nouvelle ère dans la négociation et les relations du travail. Quelques années plus tard, la déception était grande de part et d'autre: la nouvelle ère ressemblait fort à l'ancienne.

31. James J. Healy, *op. cit.*, p. 43-49; Robert B. McKersie, «Changing Methods of Wage Payments» dans *Frontiers of Collective Bargaining*, voir *supra*, note 11, p. 194-195; Denis Cantin, «Le partage des profits» dans *La transformation de l'entreprise et du travail*, 10e Colloque de relations industrielles, 1979, Université de Montréal, École de relations industrielles, 1980, p. 64-67.

Une autre forme de participation aux bénéfices porte le nom de régime Scanlon (*Scanlon Plan*), du nom de Joseph Scanlon, un représentant des Métallos qui a introduit cette formule en 1937[32]. Au sens strict, il ne s'agit pas d'une participation aux profits en tant que telle, mais, indirectement, c'est cela: toute réduction dans le coût du facteur travail revient, à 75 %, aux travailleurs eux-mêmes. Le calcul se fait selon le rapport, en pourcentage, entre la masse salariale de l'usine et la valeur des produits vendus. Si la même valeur et la même quantité de produits ont été fabriqués avec une masse salariale inférieure, 75 % des économies ainsi réalisées doivent retourner aux employés.

L'évaluation des régimes Scanlon est généralement positive. Pourtant, ils ne sont pas sans difficultés. Du côté syndical, on reproche au régime d'exercer une pression sur les travailleurs pour produire davantage, afin d'améliorer leurs revenus. Du côté des employeurs, il est difficile de dire si les salariés se préoccupent vraiment de leur productivité. Les employés participent-ils, par leurs suggestions ou leurs commentaires, à améliorer les méthodes de production? En période de récession, il est possible que la peur de perdre à la fois la prime et l'emploi réduise la participation véritable et personnelle au régime. En fait, comme toute institution, les régimes Scanlon comportent leurs avantages et leurs inconvénients. Ils semblent davantage utilisés dans les secteurs non syndiqués que dans les secteurs syndiqués.

32.6.3 Actionnariat ouvrier

Quand il se réalise sous forme collective, l'actionnariat ouvrier est généralement relié soit à une régime de participation aux bénéfices, comme nous l'avons vu dans la section précédente, soit à une opération de rachat d'une entreprise en difficulté par une formule coopérative. L'actionnariat ouvrier est répandu en Europe. Il est probablement plus répandu aux États-Unis qu'on ne se l'imagine. Il y prend entre autres la forme de ce qu'on appelle *Employee Stock Ownership Plan* (ESOP). Il existe même une association des entreprises qui appliquent cette formule, et elle publie un inventaire annuel des endroits où on la trouve[33].

Des cinq millions de travailleurs américains qui profitent de régimes de participation aux bénéfices, la majorité ne reçoivent pas d'avantages sous forme de paiements immédiats; les sommes auxquelles ils ont droit sont accumulées pour paiement futur. Or, la principale manière d'investir ces sommes, c'est d'acheter des actions de l'entreprise en cause. En ce sens, le nombre de cas d'actionnariat ouvrier est probablement plus élevé qu'on ne le croit à première vue[34]. La participation aux bénéfices et l'actionnariat ouvrier, là où il existe, contribuent généralement à de meilleures relations patronales-syndicales et souvent à une meilleure rentabilité de l'entreprise. Les grands fabricants d'automobiles ont eu recours à la participation aux bénéfices, au cours des années 1980, quand la situation économique ne leur permettait pas d'accorder des avantages pécuniaires immédiats à leurs salariés. Au fur et à mesure que la situation s'est améliorée, les ententes négociées ont commencé à porter fruit, à la satisfaction de toutes les parties concernées. L'effet sur le climat de la négociation collective, tout indirect qu'il soit, est appréciable[35].

32.7 Approches globales

Certaines expériences ne sauraient entrer dans aucune des catégories que nous avons considérées jusqu'ici.

32. James J. Healy, *op. cit.*, p. 49-51; Robert B. McKersie, *op. cit.* p. 186-187; Sumner H. Slichter, James J. Healy et E. Robert Livernash, *The Impact of Collective Bargaining on Management*, Washington, D.C., Brookings Institution, 1960 (982 p.), p. 864-877.

33. *Esop Survey*, Washington, Employee Stock Ownership Association, publication annuelle; Félix Vernet, «L'actionnariat ouvrier. Le cas de Normick Perron inc.» dans *La transformation de l'entreprise et du travail*, 10e Colloque de relations industrielles, 1979, Université de Montréal, École de relations industrielles, 1980, p. 61-63.

34. En 1989, on dénombrait, aux États-Unis, 440 000 régimes de participation aux bénéfices; la moitié peut-être plaçait les investissements correspondants dans les entreprises en question. Edward M. Coates III, «Profit Sharing Today: Plans and Provisions», *Monthly Labor Review*, vol. 114, no 4, avril 1991, p. 19-25.

35. *Ibid.*, p. 21.

Pourtant, elles ont leur importance, et certaines ont donné d'excellents résultats, même si, comme pour la plupart des autres formules, ces résultats sont souvent limités aux quelques entreprises ou aux quelques secteurs où elles ont été appliquées. Nous verrons successivement les relations par objectifs (RPO), la médiation préventive et la démocratie industrielle.

32.7.1 Relations par objectifs

En 1973, le Service fédéral de médiation et de conciliation, aux États-Unis, a mis sur pied une formule d'intervention qu'il a appelée les «Relations par objectifs» (*relations by objectives*). Le terme est évidemment inspiré de l'expression connue, le management par objectifs, une technique de motivation utilisée pour établir des objectifs à rencontrer et pour évaluer les résultats de l'effort. Les médiateurs du service, spécialement formés en développement organisationnel et en création d'équipes (*team-building*), agissent comme consultants auprès des syndicats et des entreprises qui manifestent le désir d'améliorer leurs relations[36].

Le Service pose deux conditions pour accéder à une demande d'intervention de cette nature. L'entreprise doit vivre une situation de crise, ou en sortir, et elle doit éprouver le besoin de changer d'une manière significative ses relations avec le syndicat et les employés; sans une motivation sérieuse en ce sens, les chances de succès sont minimes. D'un autre côté, l'entreprise et le syndicat doivent présenter une certaine stabilité organisationnelle: tout conflit de nature politique à l'intérieur de l'une ou l'autre partie pourrait compromettre sinon empêcher le changement recherché dans les attitudes mutuelles.

Le but de l'intervention est principalement d'engager le changement d'attitudes entre les parties et de déterminer certains objectifs à poursuivre conjointement. Dans une première étape, le médiateur s'efforce d'amener la direction et le syndicat à prendre conscience que les attitudes de chaque groupe peuvent être la cause d'une rupture dans les rapports collectifs entre les deux parties; il devrait en résulter une prise de conscience de l'importance de modifier les attitudes. Dans un deuxième temps, l'intervenant amène les parties à exprimer leurs objectifs respectifs, tant par rapport à leurs relations qu'en ce qui concerne les conditions de travail et de rendement. La troisième étape consiste à établir une liste d'objectifs principaux et à la réduire à quelques cibles immédiates qu'on s'efforcera d'atteindre. La dernière rencontre consiste à décider des changements auxquels on s'attaque et des moyens qu'on compte utiliser, par exemple la création d'un certain nombre de sous-comités. L'équipe d'intervenants se retire et reviendra 90 jours plus tard pour évaluer le point où les parties en sont rendues.

Le gouvernement de l'Ontario a établi un programme semblable en 1979[37]. Une étude sur les 48 cas d'intervention, de 1979 à 1985, a montré que les relations patronales-syndicales s'étaient améliorées à la suite de l'application du programme et que les intéressés en attribuent le succès à la formule de RPO[38].

32.7.2 Médiation préventive

La médiation préventive, instituée par le ministère du Travail du Québec il y a une vingtaine d'années, ressemble à la formule précédente, dans la mesure où elle cherche à stimuler la création d'une attitude d'équipe et qu'elle se fonde principalement sur la démarche des parties elles-mêmes. Les intervenants ou médiateurs préventifs agissent à titre d'animateurs

---

36. THOMAS A. KOCHAN, *Collective Bargaining and Industrial Relations. From Theory to Policy and Practice*, Homewood, Ill., Richard D. Irwin, 1980 (523 p.), p. 434-435.

37. BRYAN M. DOWNIE, «Union-Management Cooperation in the 1980s and Beyond» dans *Union-Management Relations in Canada*, sous la direction de JOHN C. ANDERSON, MORLEY GUNDERSON et ALLEN PONAK, 2e édition, Don Mills, Addison-Wesley, 1989 (498 p.), chap. 11, p. 269-270.

38. P.B. BERGMAN, «Conflict Management after RBO: From Process to Procedure», thèse de doctorat, London, University of Western Ontario, 1987.

ou de «facilitateurs». Les intervenants semblent avoir plus de souplesse que dans la formule américaine[39].

L'intervention de médiation préventive est complètement libre et ne s'effectue qu'à la demande d'au moins une des parties et avec le consentement de l'autre. L'exercice doit se faire en dehors de la période de négociation en vue du renouvellement de la convention collective. Le rôle des parties est primordial: on recherche des consensus plutôt que des compromis.

Les intervenants procèdent habituellement en cinq étapes. La première consiste à établir le diagnostic de l'état des relations de travail dans l'entreprise; elle se réalise au moyen de rencontres séparées avec divers représentants choisis parmi les délégués syndicaux et un certain nombre de contremaîtres. Dans la deuxième étape, le rapport de ce diagnostic est présenté à la haute direction et aux cadres supérieurs de l'entreprise, pour qu'ils en fassent l'analyse, qu'ils définissent leurs propres positions et qu'ils apprécient les solutions incluses dans le rapport sur le diagnostic de la situation. L'étape suivante consiste à mettre les représentants de la direction en face des contremaîtres pour les amener à s'entendre sur des solutions acceptables. La quatrième étape comprend les mêmes personnes, auxquelles s'ajoutent les délégués syndicaux. Finalement, il faudra convenir d'un plan d'action pour appliquer les consensus obtenus; il faudra également informer l'ensemble des employés de l'entreprise.

Le problème qui revient le plus souvent dans toutes les interventions de médiation préventive, c'est celui des contremaîtres[40].

Le Service de médiation préventive traite de 30 à 50 demandes par année. La principale conclusion de ces interventions montre les liens qui existent entre l'état des rapports collectifs et la gestion des ressources humaines. L'amélioration des relations patronales-syndicales passe par l'amélioration des rapports entre les employés et la direction.

Généralement, une intervention prolongée de médiation préventive, si elle est acceptée par les parties en cause, peut changer du tout au tout l'état des rapports entre les parties. L'exemple le plus éclatant des possibilités d'une telle intervention a été réalisé auprès de l'entreprise Gaz Métropolitain inc.: les relations y étaient terribles, avec des grèves difficiles à chaque négociation, et elles ont toujours été depuis excellentes ou acceptables[41].

32.7.3 Démocratie industrielle

À la différence des deux expressions précédentes, la démocratie industrielle ne se réfère à aucun programme particulier. Les mots sont utilisés pour signifier la participation, plus ou moins active, des travailleurs à la prise de décision et à la gestion dans chaque entreprise. Les termes sont utilisés pour évoquer la participation des travailleurs dans l'industrie, tout comme ils participent, au moins par leur vote, à la vie politique du pays. L'expression évoque une réalité existentielle plus qu'un programme ou une formule particulière. Même les conceptions de cette réalité diffèrent d'un cas à l'autre.

Pour certains, la négociation collective constitue, en Amérique du Nord, l'incarnation principale de la démocratie industrielle. C'est par leurs représentants syndicaux, à la table de négociation, que les travailleurs participent à la prise de décision concernant leurs conditions de travail dans l'établissement et l'entreprise où ils exercent leur métier ou leurs fonctions. Selon d'autres, la démocratie industrielle, pour se réaliser véritablement, exige une part plus active et

39. Raymond Désilets et Pierre L'Écuyer, «Une nouvelle approche: la médiation» dans *Vingt-cinq ans de pratique en relations industrielles au Québec*, voir *supra*, note 21, p. 431-434.

40. Yves Dulude, «Le conflit: la gestion au banc des accusés» dans *La mobilisation des ressources humaines. Tendances et impact*, 41e Congrès des relations industrielles, 1986, Québec, Les Presses de l'Université Laval, 1986 (189 p.), p. 111-133; Pierre L'Écuyer, «Les conditions de dialogue sur les lieux de travail» dans *Rapport du 22e Congrès de l'Association canadienne de relations industrielles*, Montréal, 1985, Québec, ACRI, 1986 (378 p.), p. 64-78.

41. Serge Lalande, «L'expérience de la compagnie Gaz Métropolitain» dans *La mobilisation des ressources humaines. Tendances et impact*, voir *supra*, note 40, p. 137-146.

plus immédiate dans les activités de l'entreprise. Cette participation s'exerce par l'une ou l'autre des méthodes rappelées jusqu'ici, mais principalement à travers les comités mixtes, où leurs représentants jouent, à intervalles réguliers, un rôle actif dans la prise de décision. Ces comités peuvent être de différente nature: consultatifs ou décisionnels, de relations industrielles ou de relations humaines, de production ou de santé et sécurité au travail. Quel que soit leur nom et leur nature, ils intègrent des travailleurs dans les activités courantes de l'entreprise; de cette façon, la démocratie industrielle est mieux réalisée que par la seule négociation de la convention collective tous les deux ou trois ans.

Pour qu'on puisse parler de véritable démocratie industrielle, faut-il que les comités auxquels participent les travailleurs ou leurs délégués aient un pouvoir décisionnel? Faut-il conclure qu'un comité consultatif ne présente aucun caractère démocratique véritable? Les esprits juridiques auront tendance à considérer que les représentants des travailleurs doivent prendre part à la décision pour que se réalise la démocratie industrielle. En fait, dans la pratique, la vraie réponse est peut-être différente, certainement plus nuancée. Tout dépend de la qualité de la communication au sein du comité et de l'attitude des divers représentants qui y siègent, surtout celle des représentants de l'employeur.

Un comité consultatif de représentants attentifs et ouverts à l'opinion des autres peut avoir plus d'influence qu'un comité décisionnel, pour une raison très simple. Dans un comité décisionnel, l'aspect politique prend vite le dessus: qui va voter, comment? On veut gagner le vote et on compte les partisans de l'opinion que l'on soutient et les partisans de l'opinion adverse, ainsi que les indécis qu'on veut gagner à sa propre cause. On ne cherche plus de solution à un problème, on poursuit une victoire politique; si l'absence d'un ou deux membres du comité laisse une majorité favorable à son opinion, on fera l'impossible pour obtenir le vote à ce moment et le gagner. Dans un comité consultatif, de tels calculs sont inutiles. Ce qui compte, c'est de bien comprendre la question, de bien expliquer les solutions qu'on propose et les avantages qui en découleraient. On recherche vraiment une solution aux problèmes auxquels on fait face.

La condition essentielle c'est évidemment que tous les membres de ce comité consultatif, tout particulièrement les représentants de l'employeur, aient une ouverture d'esprit suffisante et que la communication ne soit bloquée par aucun obstacle de nature politique ou personnelle. Si ces conditions sont remplies, un comité consultatif pourra être plus efficace qu'un comité décisionnel. Celui-ci ne peut pratiquement jamais se libérer des jeux de politique qui s'y développent infailliblement. En d'autres mots, la démocratie industrielle peut être mieux servie par un comité consultatif que par un comité mixte décisionnel.

32.7.4 Comités régionaux

La création de comités régionaux, visant le développement économique et l'harmonie sociale, est relativement fréquente depuis le début des années 1980. Quelques-uns ont un certain succès, d'autres sont un échec lamentable. Certains de ces comités sont plus proches des problèmes de relations du travail et des négociations collectives. L'un d'entre eux a connu un succès indiscutable et une renommée considérable, celui de la région de Jamestown. Nous rapporterons les points saillants de cette expérience pour souligner les difficultés d'un tel projet, mais aussi ses immenses possibilités[42].

Jamestown est une petite ville industrielle de l'État de New York, située au sud de Buffalo et du lac Érié. Au début des années 1970, Jamestown et la région environnante avaient vu la fermeture d'au moins sept établissements manufacturiers et la perte de 3500 emplois. Le maire partit à la recherche de nouvelles industries, sans grand succès: la réponse qu'on lui faisait habituellement c'était que le climat de travail

42. Christopher B. Meek, Reed Nelson et William Foote Whyte, «Cooperative Problem Solving in Jamestown» dans *Worker Participation and Ownership. Cooperative Strategy for Strengthening Local Economies*, sous la direction de William Foote Whyte, Tove Helland Hammer, Christopher B. Meek, Reed Nelson et Robert N. Stern, Ithaca, Cornell University, ILR Press, 1983 (152 p.), chap. 2, p. 6-32.

était mauvais dans sa ville et dans sa région. Il existait quelques comités patronaux-syndicaux dans l'une ou l'autre des entreprises. On eut l'idée de les regrouper avec des représentants municipaux. Les premières rencontres eurent lieu au début de 1972, dans un climat difficile. Le groupe prit le nom de *Jamestown Area Labor-Management Committee* (JALMC).

Le groupe se donna quatre objectifs: améliorer les relations de travail, qualifier la main-d'œuvre, aider le développement industriel et améliorer la productivité dans un effort de coopération. Ce dernier aspect rendait les représentants syndicaux craintifs. Devant les menaces d'autres fermetures, ils acceptèrent de collaborer. Le groupe commença par travailler à sauver les établissements menacés. Il parvint à éviter une demi-douzaine de fermetures. Le comité central, le JALMC, apportait son aide aux entreprises en difficulté pour y établir un comité patronal-syndical. Il obtint ensuite qu'une grande compagnie, installée à Jamestown, y investisse le montant requis, six millions de dollars, pour moderniser l'établissement, qui, autrement, aurait dû fermer ses portes un jour ou l'autre. Le maire parvint aussi à attirer quelques industries. La différence entre 1971 et 1976, c'est que le climat de travail avait changé.

On organisa un programme de formation, en collaboration avec le collège communautaire de l'endroit. Dans une autre industrie en difficulté, on introduisit le régime des groupes semi-autonomes de production. Vers la fin des années 1970, le JALMC agissait comme un organisme général de consultation, et non plus comme un organisme d'intervention directe.

Tout n'a pas fonctionné à la perfection. Surtout au début, plusieurs représentants, du côté syndical particulièrement, entretenaient d'importants soupçons. Des comités patronaux-syndicaux d'établissement ont tourné court: souvent implantés avec beaucoup d'éclat, ils se sont atrophiés assez rapidement. Des groupes semi-autonomes, fonctionnant très bien, se sont peu à peu isolés de l'entreprise et se sont attiré l'opposition de tous les autres travailleurs. Les difficultés ne doivent pas faire oublier les résultats: des établissements qui devaient fermer sont demeurés en activité, quelques établissements nouveaux se sont implantés, et de nombreux emplois ont été sauvés ou créés. Dans son aspect positif, la recette est relativement simple: on remet le plus de responsabilités possibles entre les mains des intéressés; les conseillers et le comité général n'agissent que comme consultants. On procède par conviction et consensus, pas de façon autoritaire[43].

32.8 Législation et planification

Dans la revue des multiples expériences de négociation intégrative, nous passons à un niveau plus vaste. Sauf le cas de Jamestown, qui comportait un élargissement au niveau régional, toutes les expériences rapportées jusqu'ici visaient un établissement, une entreprise ou une industrie. En un sens, elles demeuraient toutes à l'intérieur d'un cadre industriel. Mais le besoin de communication et de coopération existe également à d'autres niveaux. Les cas que nous examinerons maintenant visaient les relations patronales-syndicales à l'échelle d'une province ou même du Canada. Il n'était pas question de négociation directe à un tel niveau, mais les répercussions sur la négociation étaient toujours immédiates et importantes.

32.8.1 Comité de Nouvelle-Écosse

Une expérience qui a eu beaucoup de retentissement et qui a duré une vingtaine d'années a été vécue par le comité patronal-syndical de Nouvelle-Écosse. Même s'il a cessé d'exister depuis près de 10 ans, ses succès antérieurs exigent qu'on s'y arrête un moment[44].

---

43. *Idem*, «Lessons from the Jamestown Experience» dans *Worker Participation and Ownership...*, voir *supra*, note 42, p. 33-54.
44. C. Roy Brookbank, «The Nova Scotia Experiment in Labour-Management Relations», *Relations industrielles*, vol. 20, nº 3, juillet 1965, p. 478-498. Texte français intitulé «Une expérience de relations patronales-ouvrières en Nouvelle-Écosse», p. 498-513; Hem C. Jain, «The Recent Developments and Emerging Trends in Labour-Management Relations in the USA and Canada», *Relations industrielles*, vol. 20, nº 3, juillet 1965, p. 540-558, voir p. 550-552; Ken Antoft, «The Nova Scotia Experience in the JLMSC» dans

Le comité d'étude patronal-syndical de la Nouvelle-Écosse a été établi officiellement en 1962 (*Joint Labour-Management Study Committee* – JLMSC). Depuis quelques années, les relations ouvrières n'avaient pas été très bonnes dans la province. Le gouvernement avait institué, en 1960, une commission d'enquête sur la législation du travail, présidée par le juge Alexander H. MacKinnon. À la suite du rapport MacKinnon, l'Institut des affaires publiques de l'Université Dalhousie, à Halifax, plus précisément, le professeur Roy Brookbank, convoqua, à titre personnel, les principaux représentants patronaux et syndicaux de la province pour une discussion amicale de la situation. Un certain secret a entouré les premières rencontres, jusqu'à la conférence de 1962 qui réunit un certain nombre de représentants patronaux et syndicaux et qui adopta un programme en six points. Dans le premier, les représentants de chaque partie s'engageaient à respecter un moratoire dans leurs démarches auprès du ministère du Travail et du gouvernement pour faire amender le *Trade Union Act*. Le gouvernement accepta d'attendre les recommandations du comité d'étude avant de s'engager dans le processus d'amendement de la loi.

La grande réalisation du comité de la Nouvelle-Écosse a été d'obtenir l'unanimité dans toutes les représentations qui ont été faites auprès du gouvernement de la province pour les modifications à apporter au *Trade Union Act*. Le comité rencontrait régulièrement le ministre du Travail, et celui-ci soumettait à l'Assemblée législative les recommandations communes des représentants patronaux et syndicaux. Jusqu'en 1979, toutes les modifications à la loi ont fait suite à une recommandation commune des membres du comité d'étude en question.

La clé du succès du comité réside peut-être dans l'exiguïté relative de la province de Nouvelle-Écosse. Une province de cette taille ne peut se payer le luxe de conflits de travail qui éloignent l'industrie. Le caractère privé des rencontres constitue un autre aspect positif des activités du comité. Ce qui a fait le succès de l'expérience a aussi, paradoxalement, causé sa fin abrupte. L'entreprise Michelin voulait construire une troisième usine en Nouvelle-Écosse. L'Union des ouvriers du caoutchouc (*United Rubber Workers of America* – URW) essayait de syndiquer l'usine qui existait déjà à Granton. Elle n'avait pas réussi, et la compagnie exigeait du gouvernement une sorte de garantie que l'union n'entrerait pas dans ses différents établissements. Le gouvernement introduisit, en 1979, un projet d'amendement au *Trade Union Act* qui indiquait à la Commission des relations ouvrières comment interpréter le cas des établissements manufacturiers interreliés[45]. Dans une telle situation, l'employeur pouvait exiger que l'unité d'accréditation s'étende à tous les établissements[46]. De cette manière, la compagnie était pratiquement assurée qu'un syndicat ne pourrait obtenir l'accréditation pour les trois usines simultanément: deux d'entre elles sont situées dans des régions où la popularité des syndicats est faible. Le projet de loi fut adopté en décembre 1979, malgré la recommandation contraire du comité mixte. Cette défaite du comité entraîna sa disparition.

32.8.2 Conseil supérieur du travail

Le Conseil supérieur du travail, remplacé le 18 décembre 1968 par le Conseil consultatif du travail et de la main-d'œuvre, remplit auprès du ministère du Travail et de la Main-d'œuvre du Québec un rôle un peu semblable à celui du comité mixte de Nouvelle-Écosse: il conseille le ministre du Travail et de la Main-d'œuvre sur toute question que celui-ci lui soumet ou qui relève de son domaine, spécialement les lois sur le travail et les relations du travail. Mais la comparaison avec le comité de la Nouvelle-Écosse

---

Rapport du 18e Congrès de l'Association canadienne de relations industrielles, Halifax, 1981, Québec, 1982 (599 p.), p. 365-379; John H.G. Crispo, «Les ententes patronales-ouvrières de la Nouvelle-Écosse» dans *Colloque national sur les relations patronales-ouvrières*, voir *supra*, note 8, p. 365-378; Jack Williams, *op. cit.*

45. Brian Langille, «The Michelin Amendment in Context» dans *Les relations industrielles au Canada. Bilan et perspective*, voir *supra*, note 12, p. 141-186.
46. Nouvelle-Écosse, *Trade Union Act*, R.S.N.S. 1989, c. 475, art. 26 (2).

s'arrête là. Pour tout le reste, le Conseil supérieur du travail et, aujourd'hui, le Conseil consultatif du travail et de la main-d'œuvre diffèrent du tout au tout du modèle de la Nouvelle-Écosse. Au Québec, l'organisme en cause est un organisme public, établi par une loi, il y a plus de 50 ans[47]. Son fonctionnement est régi par les dispositions de la loi qui l'a établi et ensuite par celle qui l'a transformé en 1968. Il doit, en tant qu'organisme de l'État, déposer son rapport annuel et se conformer à toutes les autres exigences requises d'organismes semblables[48].

Dans sa forme initiale, le Conseil supérieur du travail était composé de 24 membres, soit huit représentants du patronat, huit représentants des syndicats et huit représentants universitaires, économistes ou sociologues, qu'on appelait alors le groupe C. Les membres réguliers demeurent en fonction pour trois ans et sont rééligibles; ils ne reçoivent aucune rémunération. Le Conseil élit un président et deux vice-présidents ainsi qu'une commission permanente de six membres, deux membres de chacune des trois catégories. La commission a pour fonction de préparer les travaux du Conseil et de le représenter auprès du ministre. L'influence du Conseil du travail a connu des hauts et des bas, selon les premiers ministres et les ministres du Travail. Certains ont amplement consulté le Conseil, d'autres l'ont pratiquement mis en veilleuse.

Il y eut des critiques relatives aux membres du groupe C, qu'on accusait d'être idéalistes ou de trop se mêler de politique, tant et si bien qu'en 1968 on décida de donner au Conseil une nouvelle structure.

Le nouveau Conseil est composé de cinq représentants patronaux et de cinq représentants syndicaux, ainsi que d'un président et d'un secrétaire, tous les deux à temps plein et officiellement neutres. La fonction principale du Conseil demeure la même, celle d'émettre son avis sur les questions que le ministre du Travail et le ministre de la Main-d'œuvre peuvent lui soumettre. Le Conseil peut aborder de lui-même l'étude de toutes questions qui relèvent du domaine du travail et de la main-d'œuvre.

Comme son prédécesseur le Conseil supérieur du travail, le Conseil consultatif a connu des périodes de grande activité et d'autres de forte somnolence. Le ministre du Travail ayant l'initiative principale par rapport au Conseil, celui-ci sera actif ou non selon la volonté et le désir de chaque ministre. Le Conseil a tout de même plusieurs réalisations à son actif. La longue section sur l'arbitrage des griefs, qui constitue la section III du chapitre IV du *Code du travail* du Québec (art. 100-100.16, 101-101.10 et 102), est pratiquement l'œuvre du Conseil consultatif. Lors de son adoption, en 1964, le *Code du travail* ne comptait que deux articles consacrés à l'arbitrage des griefs: le premier imposait un tel arbitrage et le second déclarait que la sentence était finale et liait les parties; un troisième article visait les mésententes qui n'étaient pas des griefs au sens du Code. Tous les intéressés étaient d'accord pour dire que la législation sur le sujet était insuffisante. Au début des années 1970, le Conseil s'attaqua au problème et présenta au ministre un projet qui fut d'abord soumis à l'Assemblée nationale en 1974[49], puis repris en 1977, pour être adopté le 22 décembre 1977[50]. Le Conseil a vu d'autres de ses recommandations également acceptées par le ministre et l'Assemblée nationale.

D'un autre côté, le Conseil ne parvient pas toujours à des recommandations unanimes. Sur des questions

47. *Loi instituant le Conseil supérieur du travail*, S.Q. 4 George VI, 1940, c. 47.

48. ROGER CHARTIER, «La Seconde Guerre mondiale, le Conseil supérieur du travail et les lois ouvrières de 1944», *Relations industrielles*, vol. 18, nº 3, juillet 1963, p. 347-348; ROGER HÉBERT, *Le Conseil supérieur du travail*, dissertation présentée à la Faculté des sciences sociales pour l'obtention de la maîtrise ès arts, Université de Montréal, août 1969, 128 p.; Conseil consultatif du travail et de la main-d'œuvre, *Rapport annuel*, depuis 1969; *Conseil consultatif du travail et de la main-d'œuvre, 1969-1979* et *1979-1984*, Québec, 1981 et 1986, 195 p.

49. Projet de loi modifiant le *Code du travail* et d'autres dispositions législatives, projet de loi nº 24, 1974. Ce projet de loi n'a pas été adopté.

50. *Loi modifiant le Code du travail et la Loi du ministère du Travail et de la Main-d'œuvre*, L.Q. 1977, c. 41 (projet de loi nº 45), L.R.Q. c. C-27, articles 100-102.

vraiment difficiles, il est le plus souvent impossible de faire l'unanimité au sein du Conseil. Le rapport ne peut alors que mentionner la divergence des opinions. C'est le cas sur toute question vraiment majeure où les intérêts des employeurs et des syndicats s'affrontent carrément. Mentionnons, à titre d'exemple, la législation sur les services essentiels: il est impensable que les représentants des parties aient une position commune sur le sujet. Malgré les questions sur lesquelles il n'y a pas d'entente possible, le Conseil demeure utile pour fournir des avis au gouvernement sur toute question visant le travail, quand celle-ci peut être abordée comme un problème à résoudre, non pas comme un conflit d'intérêts à débattre. Encore une fois, l'exemple des articles de loi sur l'arbitrage est approprié: ces articles sont considérés comme valables et positifs par toutes les parties intéressées.

32.8.3 Sommets économiques

Après la consultation des parties patronales et syndicales par le gouvernement, on peut imaginer une étape ultérieure où les échanges se font entre les trois grands partenaires que sont le patronat, les syndicats et l'État. Une expérience de cette nature a été menée au Québec, à très grande échelle, de 1977 à 1982. Les rencontres étaient appelées les «Conférences socio-économiques du Québec».

La première rencontre eut lieu à Pointe-au-Pic, au mois de mai 1977. Parmi les documents qui avaient été rédigés en vue de ce premier sommet économique, le premier portait sur le travail; il insistait particulièrement sur les relations du travail dans le secteur public, une politique des services de main-d'œuvre, les salariés non syndiqués et la santé et la sécurité au travail[51]. Au cours des cinq années suivantes, une cinquantaine de conférences socio-économiques se sont tenues à travers la province visant des secteurs particuliers, du textile à l'industrie du tourisme, du pouvoir municipal à l'intégration de la personne handicapée. Outre le sommet de Pointe-au-Pic, il y eut celui de Montebello, en 1979, et celui de Québec en 1982[52].

Les résultats de cet exercice de communication se sont surtout concrétisés dans le domaine économique, par exemple dans le programme Opération solidarité économique (OSE). L'impact sur la négociation collective n'est évidemment qu'indirect. Des rencontres et des échanges de cette nature ne peuvent pas ne pas influer sur les mentalités et se répercuter aux tables de négociation, d'une façon positive ou négative selon les cas. Ce genre de répercussion est difficile à mesurer. Comme l'écrivait le directeur général du Secrétariat permanent des conférences socio-économiques: «À la suite d'une conférence, forts de l'information et des nouveaux liens développés, [les agents économiques] auront souvent été amenés à poser des gestes qui, bien qu'individuels, suivent un tracé commun[53].»

32.8.4 Tripartisme

On peut définir le tripartisme comme toute forme de discussion et de coopération entre les trois grands agents ou partenaires économiques: le patronat, les syndicats et l'État[54]. Les rapports entre ces trois partenaires peuvent prendre différentes formes: l'État peut consulter les deux principaux agents économiques et ensuite prendre lui-même les décisions; il peut également, s'il le veut, établir une structure où il recherche un certain consensus entre tous les partenaires avant de prendre position. En un sens, le tripartisme tel qu'on l'entend ici correspond au sens premier du terme lui-même, et laisse aux circons-

51. *Le travail. Point de vue sur notre réalité*, Québec, Sommet économique du Québec, mai 1977, 62 p.

52. On trouvera la liste des conférences socio-économiques du Québec en annexe de l'ouvrage suivant: *La conférence au sommet. Québec 1982. Rapport*, Québec, Secrétariat des conférences socio-économiques du Québec, 1982, 380 p. (Voir les pages 355-358.)

53. *Bilan des conférences socio-économiques du Québec. De mai 1977 à décembre 1978*, Québec, Secrétariat des conférences socio-économiques, 1979 (98 p.), p.v.

54. Anthony Giles, «The Canadian Labour Congress and Tripartism», *Relations industrielles*, vol. 37, n° 1, 1982, p. 93-123; Roy J. Adams, «The Federal Government and Tripartism», *Relations industrielles*, vol. 37, n° 3, 1982, p. 606-617.

tances, à la loi ou aux partenaires eux-mêmes le soin de décider du rôle précis de chacun dans la communication qui s'engage entre eux.

En général, on a commencé à parler de tripartisme en même temps que des politiques de revenus et de salaires. C'est dans les pays scandinaves que l'expérience a été poussée le plus loin, selon des formules qui comportent quand même certaines différences d'un pays à l'autre; nous avons vu un de ces cas dans le chapitre 30. Au Canada, la centrale syndicale CTC a proposé une formule tripartite de réglementation volontaire des salaires pour remplacer les contrôles imposés en 1975. À ce sujet, le CTC a reçu l'appui de plusieurs groupes patronaux. La proposition visait particulièrement la période de retrait des contrôles, mais le gouvernement hésita à s'embarquer dans une formule contraignante où les deux autres parties auraient eu une voix décisive. La question peut sembler un peu naïve, mais il faut la poser: un gouvernement peut-il abdiquer sa responsabilité de gouverner? Le tripartisme semble avoir perdu tout intérêt au Canada après l'échec de cette proposition.

Au Québec, on retrouve diverses formules de tripartisme, entre autres dans la composition des commissions chargées de l'application de certaines lois. Prenons comme exemple la Commission de santé et de sécurité du travail, où l'on retrouve des représentants patronaux et syndicaux, ainsi que ceux du gouvernement lui-même. Les conférences socio-économiques mentionnées plus tôt sont évidemment un autre exemple important.

Au moment qu'ils jugent opportun, les organismes concernés peuvent évidemment se servir de ce genre de coopération, comme d'un instrument politique. Telle ou telle centrale syndicale a décidé, à un moment ou l'autre, de ne plus participer aux réunions d'organismes de ce genre pour protester contre telle politique qu'elle désapprouvait. Si la formule prévoit que l'organisme a le pouvoir de décider de questions relevant de sa compétence, un tel retrait peut causer l'inertie totale de l'organisme; c'est ce qui est arrivé quand la CSN s'est retirée de la Commission de l'industrie de la construction au début des années 1970.

L'impact sur la négociation est bien différent selon le mode d'application du tripartisme. Comme il se pratique au Québec, par la présence des trois partenaires sur certaines commissions d'administration, l'effet sur la négociation n'est que très indirect et éloigné. Par contre, dans une situation de tripartisme contraignant, comme il en existait dans les pays scandinaves il y a une vingtaine d'années, une entente tripartite au plus haut niveu, même si elle constituait le résultat d'une entente négociée, pouvait pratiquement rendre inutile toute négociation décentralisée ultérieure. C'est même ce qui a amené le mouvement de décentralisation que l'on observe dans plusieurs pays d'Europe.

32.9 Participation ouvrière

Les mots «participation ouvrière» n'évoquent aucune formule ou expérience particulière, mais plutôt une orientation, une réalisation de la démocratie industrielle. Plutôt que de présenter une série d'expériences, nous analyserons l'implication des travailleurs dans l'entreprise par le biais de certains aspects tels les objectifs poursuivis, les moyens utilisés et le rôle des comités d'établissement dont on parle de plus en plus souvent[55].

32.9.1 Objectifs

La participation ouvrière repose finalement sur une conviction philosophique: la dignité de la personne humaine exige que le contrat de travail respecte cette dignité. Cela implique d'abord des conditions de travail décentes, mais aussi une véritable participation du travailleur dans la détermination des conditions de

55. Les étudiants des relations de travail se sont toujours intéressés à la participation ouvrière, les Canadiens peut-être plus que les Américains. HEM C. JAIN, *Worker Participation: Success and Problems*, New York, Praeger, 1980, 358 p.; THOMAS A. KOCHAN, *Worker Participation and American Unions: Threat or Opportunity?*, Kalamazoo, Mich., Upjohn Institute for Employment Research, 1984, 202 p.; W. CRAIG RIDDELL, *Labour-Management Cooperation in Canada*, Toronto, University of Toronto Press, 1986, 205 p.; LINDA ROULEAU et HAROLD BHÉRER, *La participation des travailleurs dans l'entreprise. Un état de la question*, Québec, Direction des publications gouvernementales, 1986, 210 p.

travail et, dans la mesure du possible, dans les décisions relatives à son emploi. Le capital, financier et physique, constitue un objet: l'employeur l'achète et il est libre d'en faire ce qu'il veut. Le contrat de travail comporte une tout autre dimension: l'employeur doit considérer ses employés comme des collaborateurs à part entière.

Le régime de négociation collective devait assurer une telle participation de tous les salariés syndiqués: par l'intermédiaire de leurs représentants syndicaux, ils discutent avec leur employeur de leurs conditions de travail et les acceptent volontairement, même s'ils doivent se plier à certaines contraintes de nature économique ou autre. Mais, au Canada et plus encore aux États-Unis, moins de la moitié des salariés bénéficient de cet avantage. Pour le plus grand nombre des non-syndiqués, le travail se résume à exécuter les ordres reçus et à accepter le salaire déterminé par l'employeur. Un pays démocratique ne devrait pas accepter une situation semblable, à cause de l'importance du travail dans toute vie humaine. C'est sur la base de la démocratie industrielle qu'argumentent les partisans de la participation ouvrière dans la vie de l'entreprise. Pour certains, la démocratie politique ne saurait survivre longtemps à l'absence de démocratie industrielle.

La question des moyens à prendre pour réaliser la participation ouvrière est plus complexe, à cause des contraintes politiques, techniques et administratives.

32.9.2 Moyens

La participation ouvrière peut prendre diverses formes, les principales étant la participation à la propriété, aux résultats et à la gestion proprement dite. Le tableau 32-1 présente les principales modalités d'application de ces trois formes fondamentales de participation, en insistant sur les innovations en la matière[56]. La participation aux résultats s'exprime le plus souvent dans un salaire ou une rémunération adéquate; plusieurs souhaitent davantage, par exemple par le moyen d'une participation aux bénéfices ou en devenant actionnaire de l'entreprise elle-même. On voit par les exemples du tableau que la participation aux plus hauts organismes de direction des entreprises est plus avancée en Europe qu'en Amérique.

Aux États-Unis et au Canada, les divers comités mixtes qui peuvent exister dans un établissement sont la façon la plus répandue de participer à la gestion de l'entreprise. Outre les comités mentionnés dans le tableau, qui sont normalement des comités permanents, il y a bon nombre de comités particuliers, mis sur pied temporairement pour discuter un sujet spécifique; on peut entre autres nommer les comités de changement technologique, les comités de santé et de sécurité au travail et les comités de francisation. Il faudrait ajouter, par rapport au travail proprement dit, les cas où les travailleurs assument eux-mêmes une part de la responsabilité dans les décisions relatives au travail qu'ils exécutent, par exemple dans la formule des groupes semi-autonomes de production (voir la section 32.4.1). Les défenseurs de la participation ouvrière cherchent à introduire la participation des travailleurs jusque dans les décisions qui concernent le travail lui-même: ils insistent sur la participation à la gestion quotidienne de leurs fonctions. En fait, c'est là l'essentiel de la vie au travail.

32.9.3 Comités d'établissement

Les comités mixtes, patronaux-syndicaux, institués dans de nombreux établissements soit sur une base très large – comité de relations humaines ou de relations industrielles –, soit pour des objets particuliers et spécifiques – changement technologique, reclassement, santé et sécurité –, constituent d'emblée la forme la plus répandue de collaboration patronale-ouvrière au Canada et aux États-Unis. Pour étendre la participation ouvrière de la manière la plus adaptée au contexte canado-américain, certains proposent la multiplication des comités d'établissement. Quelques-uns voudraient les rendre obligatoires en vertu de la loi: ils considèrent que la liberté laissée à l'organisation syndicale et à la négociation collective

56. La seconde partie du tableau 32-1 porte sur l'objet de certaines innovations en matière de gestion. L'étude citée sur la participation comportait un volet important en matière d'innovation.

TABLEAU 32-1

Classification et fréquence[1] des innovations dans la gestion

A. Formes de participation ouvrière		
Participation à la propriété et aux résultats 17 %	**Participation aux organes de direction**	**Participation aux comités employeurs-employés 26 %**
Programme de répartition des profits 13 % Programme d'achat d'actions 5 % Programme de partage de réduction des coûts	Participation des employés au conseil d'administration Participation des employés au comité de direction	Comité de productivité 7 % Comité de planification 8 % Comité de qualité de vie au travail 9 % Autres comités mixctes 1 %

B. Objet des innovations de gestion			
Conditions physiques de travail	**Organisation du temps de travail**	**Tâche 57%**	**Communication**
Amélioration du poste de travail Diminution de l'effort physique Amélioration des lieux de repos, restauration Amélioration de l'environnement esthétique Programme de conditionnement physique	Heures supplémentaires volontaires Horaire comprimé Horaire variable Élimination de l'horloge poinçonneuse Programme de partage d'emploi	Enrichissement de la tâche 17 % Rotation des tâches 14 % Redesign des tâches 11 % Groupes semi-autonomes 3 % Accroissement de l'autonomie dans l'exécution des tâches 11 %	Programme d'information pour les employés Boîte à suggestions

1. Les pourcentages sont exprimés par rapport aux 330 cas d'aménagement d'innovations qui faisaient partie de l'étude. (Le total dans un groupe peut ne pas correspondre à la somme des composantes parce que les % sont arrondis.)

Source: D'après les tableaux 4 et 5 dans LINDA ROULEAU et HAROLD BHÉRER, *La participation des travailleurs dans l'entreprise*, Québec, Direction des publications gouvernementales, 1986 (210 p.), p. 19-20.

a démontré l'inefficacité d'un tel régime pour l'ensemble des travailleurs.

Le professeur Roy J. Adams, de l'Université McMaster à Hamilton, s'est fait le défenseur et le porte-parole de cette formule. Il l'a présentée à la Commission Macdonald sur l'union économique et les perspectives de développement du Canada[57]. L'auteur recommande que des comités d'établissement (*work councils*) soient mis sur pied dans tous les établissements qui comptent un certain nombre d'employés. Ces comités d'établissement devraient traiter de santé et de sécurité, de partage du travail, des

57. ROY J. ADAMS, «Two Policy Approaches to Labour-Management Decision Making at the Level of the Enterprise» dans *Labour-Management Cooperation in Canada*, publié sous la direction de W. CRAIG RIDDELL, Toronto, University of Toronto Press, 1986 (205 p.), p. 87-109, voir p. 104-105; *Idem*, «Universal Joint Regulation: A Moral Imperative» dans *Industrial Relations Research Association Series. Proceedings of the 43rd Annual Meeting*, Washington, D.C., 1990, Madison, Wis., IRRA, 1991, p. 319-327.

surplus d'employés, de la participation aux bénéfices, de la gestion des pensions, du changement technologique et de la formation professionnelle, ainsi que de l'application des droits de la personne et des normes du travail. Une impasse dans un comité d'établissement devrait être résolu par arbitrage. Sa conviction est telle qu'il prononçait, devant l'Association américaine de relations industrielles (IRRA), en décembre 1990, les paroles suivantes:

> Nous d'Amérique du Nord, nous nous conduisons d'une manière incompatible avec les valeurs que nous considérons fondamentales. Notre conduite est immorale. Notre manque de concurrence sur le plan mondial est peut-être la punition de nos péchés. Tous les citoyens dans une société démocratique ont le droit de participer aux décisions qui affectent leurs intérêts personnels de façon décisive.

Dans son rapport final, la Commission royale sur l'union économique et les perspectives de développement du Canada a fait allusion aux recommandations du professeur Adams, mais n'en a pas fait une recommandation formelle. Le rapport souligne les avantages considérables de la coopération et de la consultation; il en suggère fortement la pratique, mais ne recommande pas de l'imposer par une loi[58].

L'adoption d'une loi est un moyen efficace de mettre sur pied certaines institutions; mais cela ne donne aucune garantie qu'elles fonctionneront dans l'esprit de la loi, surtout s'il s'agit de comités à caractère décisionnel. On ne peut que souhaiter que les comités d'établissement se multiplient de façon volontaire, pour mieux atteindre l'objectif d'une participation ouvrière qui exprime une véritable démocratie industrielle.

32.10 Caractéristiques générales des expériences

De cette longue énumération d'expériences diverses de négociation intégrative, est-il possible de tirer des conclusions générales? La tentative comporte des risques, mais son utilité exige qu'on tente de le faire. Nous essaierons donc de répondre à trois questions: y a-t-il un contexte et des circonstances plus favorables ou même nécessaires à de telles expériences? Peut-on dégager quelques règles générales relativement à la méthode qu'il convient d'utiliser? Finalement, quelles sont les conditions de succès d'expériences de cette nature?

32.10.1 Contexte et circonstances

La première question est peut-être la suivante: pour réussir, une expérience de cette nature doit-elle être mise sur pied à la suite d'une période de crise? Pratiquement tous les cas que nous avons présentés faisaient suite à de très graves difficultés entre les parties; ces difficultés pouvaient provenir de leurs attitudes respectives ou d'un contexte défavorable, par exemple des changements technologiques menaçant les emplois des travailleurs en cause.

Il n'est pas nécessaire que les parties en soient venues aux coups, même si cela a pu se produire dans certains cas. La violence verbale peut être telle que la communication devienne pratiquement impossible. Le fait de réaliser qu'une telle situation ne peut durer suffit à engendrer la motivation nécessaire au succès de l'expérience.

Le succès repose d'abord sur une motivation profonde, beaucoup plus que sur la volonté de résoudre des difficultés passagères. La crise peut susciter la motivation suffisante, mais il faut que ce soit en rapport avec un problème sérieux et difficile à résoudre. Autrement, il n'y aurait guère de chance que l'expérience se prolonge au-delà d'un certain temps.

32.10.2 Règles générales

Malgré l'immense variété des cas présentés, on peut risquer l'énumération des règles générales suivantes, comme s'appliquant dans la majorité des cas.

Les rencontres requises, quel que soit le cadre qu'on adopte, doivent être clairement séparées, distinctes, du processus proprement dit de négociation. Celui-ci sera généralement amélioré; mais, pour que

58. *Rapport de la Commission royale sur l'union économique et les perspectives de développement du Canada*, DONALD S. MACDONALD, président, Ottawa, Approvisionnements et Services Canada, 1985 (912 p.), vol. 2, p. 779.

la discussion intégrative produise ses fruits, il faut éviter la pression engendrée par une situation de négociation distributive. Même si la décision de tenter l'expérience a été prise à la fin ou au cours d'une crise, les rencontres doivent avoir lieu en dehors des temps de crise.

Les rencontres doivent normalement avoir lieu sur une base régulière. Que l'on procède par le biais d'un comité unique ou de sous-comités, la régularité des réunions est essentielle. Leur périodicité peut varier, selon le nombre et l'importance des problèmes à régler, mais la planification de ces réunions ne doit pas être laissée au bon vouloir de tel ou tel président ou secrétaire. La régularité doit être le signe concret de l'importance accordée à l'expérience en cours.

Les personnes assignées aux comités et aux sous-comités, de façon permanente ou occasionnelle, doivent être choisies au niveau approprié. S'il s'agit d'un problème propre à un département, le contremaître et le délégué d'atelier nommé pour ce département seront les personnages clés d'un tel sous-comité; ils peuvent être accompagnés d'un ou deux employés susceptibles de bien expliquer la situation et, si c'est la coutume, d'un représentant du comité général pour assurer le lien avec ce dernier; mais le comité ne doit pas créer d'interférence dans le sous-comité. Les personnes en autorité, d'un côté ou de l'autre, doivent participer aux discussions elles-mêmes, le moins possible par l'intermédiaire de représentants.

Le choix des personnes habilitées à discuter de chaque type de problème et à le régler, au besoin, doit refléter la volonté des deux parties, celle de l'employeur en particulier, de donner au comité toutes les chances de succès possibles. Cette attitude révélera l'importance qu'il accorde à l'expérience et en permettra la réussite. Si l'expérience tentée n'a pas l'appui inconditionnel de la haute direction et des représentants syndicaux, elle n'a guère de chance de succès.

Quant à la question de la présence des tiers – médiateur, animateur, «facilitateur» ou témoin – elle est souvent utile, parfois nécessaire, mais pas infailliblement recommandable. Dans une situation où la communication est devenue extrêmement difficile, la présence d'un modérateur peut s'avérer nécessaire pour que le dialogue s'engage véritablement. Dans bien des cas, l'expérience commence avec des tiers; puis vient un moment où les parties sentent elles-mêmes qu'elles n'ont plus besoin d'un tel support et préfèrent continuer la discussion directement, sans intermédiaire.

32.10.3 Conditions de succès

La condition de succès fondamentale et essentielle réside dans la volonté des parties de participer pleinement à l'expérience, sans arrière-pensée, en toute honnêteté et confiance. Il doit exister une volonté commune de rechercher la meilleure solution possible au problème considéré. Les attitudes profondes des participants, dans la confiance et le respect mutuel, constituent la première et la dernière condition de succès de toute expérience de ce genre.

Pour permettre à cette attitude d'exister, il faut une sécurité institutionnelle de part et d'autre. En d'autres mots, la direction de l'entreprise doit être assurée que la partie syndicale n'utilisera pas l'expérience pour détruire l'entreprise, ou encore pour faire tomber les dirigeants alors en place. Si, dans un cas particulier, le problème réside dans la présence de tel dirigeant, il vaut mieux tenter de régler le problème ouvertement. D'un autre côté, les représentants syndicaux doivent avoir la conviction que l'employeur n'utilisera pas l'expérience tentée pour déloger le syndicat. Si le syndicat a l'impression qu'en collaborant il contribue à s'affaiblir comme institution, ses représentants n'accorderont pas leur plein concours à l'expérience. D'autre part, si l'employeur craint que les représentants syndicaux cherchent à restreindre les possibilités pour l'entreprise de grandir et de s'améliorer, il n'y apportera pas la collaboration et la franchise nécessaire.

Sécurité institutionnelle et motivation profonde représentent les deux conditions principales de succès pour n'importe quelle expérience de négociation intégrative que des parties peuvent vouloir tenter.

Dans cet esprit, il est évidemment préférable d'aborder des problèmes particuliers, dont la solution ne risque pas de mettre en cause l'existence du syndicat ou la survie de l'entreprise. Il faut d'abord apprendre à communiquer l'un avec l'autre. Il peut donc être profitable de commencer par des problèmes plus particuliers et moins difficiles à régler. Par contre, si l'obstacle principal bloque toutes les issues possibles, il faut s'y attaquer franchement et sans détour.

Les parties doivent courir le risque d'engager un dialogue véritable; elles ont au moins un intérêt à le faire, la survie de l'entreprise. Tout dialogue intense et sincère amène les participants à des conclusions auxquelles ils ne s'attendaient peut-être pas. Ces conclusions pourraient à leur tour faire l'objet de discussions franches et sérieuses. Autrement, le risque serait de passer à côté des véritables problèmes et de se retrouver en face des mêmes difficultés. Les expériences de négociation intégrative sont toujours tentées pour résoudre une situation difficile.

Bibliographie

Ouvrages généraux

CCH. *Essays in Collective Bargaining and Industrial Democracy*, textes présentés à une conférence sur la négociation collective, University of Lethbridge, School of Management, 9-11 septembre 1982, Toronto, CCH Canada Ltd., 1983, 179 p., cinq articles sur divers aspects (fondements, expériences européennes et nord-américaines), p. 103-173.

Conseil économique du Canada. *Colloque national sur les relations patronales-ouvrières*, Ottawa, les 9 et 10 novembre 1964, Ottawa, Imprimeur de la Reine, 1965, 378 p. (Colloque consacré à la collaboration patronale-ouvrière.)

Conseil économique du Canada. *Vers une amélioration de la communication entre patrons et travailleurs*, Ottawa, Imprimeur de la Reine, 1967, 10 p.

CÔTÉ, MARCEL et TEGA, VASILE. *La démocratie industrielle / The Industrial Democracy*, cadre de référence et bibliographie internationale, Montréal, Les Éditions Agence d'Arc, 1981, 518 p.

DERBER, MILTON. «Collective Bargaining, Mutuality, and Workers' Participation in Management. An International Analysis», *Relations industrielles*, vol. 35, nº 2, 1980, p. 187-200.

GUZDA, HENRY P. «Industrial Democracy: Made in USA», *Monthly Labor Review*, vol. 107, nº 5, mai 1984, p. 26-33.

HEALY, JAMES J. (sous la direction de). *Creative Collective Bargaining. Meeting Today's Challenges to Labor-Management Relations*, Englewood Cliffs, N.J., Prentice-Hall, 1965, 294 p., chap. 2 et 9.

HÉBERT, GÉRARD. «Positive Industrial Relations: Perspectives and Guidelines» dans *Positive Industrial Relations: The Search Continues*, 35e Conférence annuelle, mai 1987, Université McGill, Centre de relations industrielles, 1987 (169 p.), p. 2-15.

HÉTU, JEAN-PAUL. «Perspective d'une coopération syndicale-patronale au Québec. Une approche positive» dans *Les emplois et la paix industrielle (Jobs and Labour Peace)*, 31e Conférence annuelle, Université McGill, Centre de relations industrielles, 1983.

JAIN, HEM C. «The Recent Developments and Emerging Trends in Labour-Management Relations in the USA and Canada», *Relations industrielles*, vol. 20, nº 3, juillet 1965, p. 540-558.

KASSALOW, EVERETT M. «Collective Bargaining: In the Grip of Structural Change» dans *Proceedings of the 33rd Annual Meeting, Industrial Relations Research Association*, Denver, 5-7 septembre 1980, Madison, Wis., IRRA, 1981, p. 118-127.

Ontario Ministry of Labour, Research Branch. *An Inventory of Innovative Work Arrangements in Ontario*, Toronto, Ontario, ministère du Travail, Direction de la recherche, septembre 1978, 111 p.

RIDDELL, W. CRAIG. «Labour-Management Cooperation in Canada. An Overview» dans *Labour-Management Cooperation in Canada*, sous la direction de W. CRAIG RIDDELL, Toronto, University of Toronto Press, 1986 (205 p.), p. 1-55.

ROBERTS, B.C. et ROTHWELL, SHEILA. «Les tendances récentes de la négociation collective au Royaume-Uni», *Revue internationale du travail*, vol. 106, nº 6, décembre 1972, p. 595-628. (Voir particulièrement les pages 609-610.)

Université de Montréal. *La transformation de l'entreprise et du travail*, 10e Colloque de relations industrielles, 1979, Montréal, Université de Montréal, École de relations industrielles, 1980 (102 p.), ateliers 6 à 10, p. 61-94.

WOOD, W.D. «État actuel de la collaboration patronale-ouvrière» dans *Colloque national sur les relations patronales-ouvrières*, Ottawa, 9 et 10 novembre 1964, organisé par le Conseil économique du Canada, Ottawa, Imprimeur de la Reine, 1965, p. 15-75.

Comités patronaux-syndicaux

BATT, JR., WILLIAM L. et WEINBERG, EDGAR. «Labor-Management Cooperation Today», *Harvard Business Review*, vol. 56, nº 1, janvier-février 1978, p. 96-104.

BOLTON, RONALD et VINCER, WILLIAM. «The Joint Committee on Relationships at Ontario Hydro» dans *Les relations industrielles au Canada. Bilan et perspectives*, rapport du 17e Congrès annuel de l'Association canadienne de relations industrielles, Montréal, 1980, Québec, ACRI, 1981, p. 503-508.

GOLD, CHARLOTTE. *Labor-Management Committees: Confrontation, Cooptation, or Cooperation?*, Ithaca, N.Y.,

ILR Press, New York State School of Industrial and Labor Relations, 1986, 59 p. (Key Issues 29.)

LAWSON, ERIC W. «Labor-Management Committees in the Public Sector» dans *Selected Proceedings of the 28th Annual Conference of the Association of Labor Relations Agencies*, Madison, Wis., 1979, Fort Washington, Pa., Labor Relations Press, 1980, p. 226-231. (Remarques de JOHN R. STEPP et GEORGE C. VOGE, p. 232-235.)

LEONE, RICHARD D. et ELEEY, M.C. «The Origins and Operation of Area Labor Management Committees», *Monthly Labor Review*, vol. 106, nº 5, mai 1983, p. 37-42.

LOFTUS, J.A. et WALFISH, B. *Breakthroughs in Union-Management Cooperation*, New York, Work in America Institute, 1977, 49 p.

MCKERSIE, ROBERT B., GREENHALGH, LEONARD et TODD D. JICK.«The Continuity of Employment Committee (CEC): Labor-Management Cooperation in New York», *Industrial Relations*, vol. 20, nº 2, printemps 1981, p. 212-220.

National Center for Productivity and Quality of Working Life: *Recent Initiatives in Labor-Management Cooperation*, Washington, D.C., National Center for Productivity and Quality of Working Life, février 1976, 90 p.

National Center for Productivity and Quality of Working Life. *Directory of Labor-Management Committees*, Washington, D.C., National Center for Productivity and Quality of Working Life, octobre 1976, 150 p.

SIEGEL, IRVING H. et WEINBERG, EDGAR. *Labor-management Cooperation: The American Experience*, Kalamazoo, Mich., Upjohn Institute for Employment Research, 1982, 316 p.

SIMKIN, WILLIAM E. «Positive Approaches to Labor Peace», *Industrial Relations*, vol. 4, nº 1, octobre 1964, p. 37-44.

WHYTE, WILLIAM FOOTE *et al. Worker Participation and Ownership. Cooperative Strategies for Strengthening Local Economies*, Cornell University, ILR Press, 1983, 152 p. (Sur le comité de Jamestown.)

Participation des travailleurs

ADAMS, ROY J., FREEMAN, RICHARD B. et JACOBI, OTTO. «Statutory Works Councils» (trois articles) dans *Industrial Relations Research Association Series. Proceedings of the 43rd Annual Meeting*, Washington, 1990, Madison, Wis., IRRA, 1991, p. 319-344.

BÉLANGER, JACQUES. «La participation des travailleurs aux décisions dans l'entreprise» dans *Le statut de salarié en milieu de travail*, compte rendu du 40e Congrès des relations industrielles de l'Université Laval, avril 1985, Québec, Les Presses de l'Université Laval, 1985, 281 p., annexe, p. 245-259.

BENOÎT, CARMELLE. «La participation ouvrière à l'entreprise au Québec», *Le marché du travail*, vol. 3, nº 4, avril 1982, p. 50-60.

CANTIN, ISABELLE. «La participation des travailleurs aux décisions dans les entreprises», *Revue du Barreau*, vol. 41, nº 4, septembre-octobre 1981, p. 698-721.

DE VOS, TON. *U.S. Multinationals and Worker Participation in Management: The American Experience in the European Community*, Westport, Conn., Quorum Books, 1981, 229 p.

HAMMER, TOVE H. et STERN, ROBERT N. «A Yo-Yo Model of Cooperation: Union Participation in Management at the Rath Packing Company», *Industrial and Labor Relations Review*, vol. 39, nº 3, avril 1986, p. 337-349.

JAIN, HEM C. *Worker Participation: Success and Problems*, New York, Praeger, 1980, 358 p., expériences canadiennes, p. 127-139, 257-294.

JAIN, HEM C. «Labour Management Committees and Workers' Participation» dans *Les relations industrielles au Canada. Bilan et perspectives*, 17e Congrès annuel de l'Association canadienne de relations industrielles, Montréal, 1980, Québec, ACRI, 1981, p. 473-501.

JAIN, HEM C. et GILES, ANTHONY. «Workers' Participation in Western Europe: Implications for North America», *Relations industrielles*, vol. 40, nº 4, 1985, p. 747-772.

JECCHINIS, CHRIS A. «Employees' Participation in Management», *Relations industrielles*, vol. 34, nº 3, 1979, p. 490-515.

KOCHAN, THOMAS A. «The Dynamics of Worker Participation: Processes Under Collective Bargaining» dans *Jobs and Labor Peace. An Agenda for Action*, 31e Conférence annuelle, avril 1983, Université McGill, Centre de relations industrielles, 1983, p. 184-207.

KOCHAN, THOMAS A. *Worker Participation and American Unions: Threat or Opportunity?*, Kalamazoo, Mich., Upjohn Institute for Employment Research, 1984, 202 p.

LONG, RICHARD J. et WARNER, MALCOLM. « Organization, Participation and Recession : An Analysis of Recent Evidence », *Relations industrielles*, vol. 42, nº 1, 1987, p. 65-91.

NYAHOHO, EMMANUEL. « Automatisation et émergence de la gestion participative dans l'industrie de l'automobile », *Le marché du travail*, vol. 6, nº 8, août 1985, p. 71-75.

ROULEAU, LINDA et BHÉRER, HAROLD. *La participation des travailleurs dans l'entreprise. Un état de situation*, étude faite par le Service de la recherche de la Commission consultative sur le travail (Commission Beaudry), Québec, Direction des publications gouvernementales, 1986, 210 p. (Voir les pages 7, 19-20, 74-78.)

SIMMS, JOHN et MARES, WILLIAM. *Working Together : Employee Participation in Action*, New York, New York University Press, 1985, 319 p.

SOCKELL, DONNA. « The Legality of Employee-Participation in Unionized Firms », *Industrial and Labor Relations Review*, vol. 37, nº 4, juillet 1984, p. 541-556.

WARNER, MALCOLM. « Corporatism, Participation and Society », *Relations industrielles*, vol. 38, nº 1, 1983, p. 28-44. (Sur les pays de l'OCDE.)

WEISS, DIMITRI. « Participation aux décisions et négociation collective », *Relations industrielles*, vol. 30, nº 4, 1975, p. 571-584.

Pour les expériences particulières, voir les notes infrapaginales des sections appropriées.

Chapitre

33

L'avenir de la négociation collective

PLAN

Pour prévoir l'avenir de la négociation collective, la boule de cristal d'une voyante serait peut-être aussi utile que les 32 chapitres précédents. On peut cependant établir les principaux objectifs d'un régime de négociation et les comparer à la situation des dernières décennies. Celle-ci est tellement différente dans le secteur privé et dans le secteur public qu'il faudra considérer chacun successivement.

33.1 Critères et objectifs

Étudiants et praticiens de la négociation collective ne s'entendent même pas sur les objectifs fondamentaux du régime. Après quelques considérations générales, nous tenterons de dégager quelques paramètres généralement admis pour évaluer les résultats du régime et donc en prévoir au moins vaguement l'avenir.

33.1.1 Vue d'ensemble

Ce n'est pas d'aujourd'hui, ni même d'hier, qu'on se pose la question suivante: la négociation collective, comme moyen de fixer les conditions de travail d'un groupe de salariés, est-elle désuète ou est-ce encore un des bons instruments que l'on connaisse[1]? La controverse se poursuit toujours. Il y a les inconditionnels de la négociation, pour qui aucune autre solution n'est acceptable. L'affirmation est valable, dans la mesure où la négociation permet aux travailleurs concernés de participer, par leurs représentants, à la détermination des meilleures conditions de travail possibles dans un contexte donné. Les mésententes surgissent quand on donne aux mots importants un sens différent de leur signification véritable. Par exemple, négocier, pour tel ou tel négociateur, équivaut à concéder. Il est alors facile d'accuser l'autre partie de refuser de négocier si elle ne concède pas dans sa totalité la réclamation présentée. Négocier implique la recherche de solutions à un problème, dans une situation intégrative, et l'acceptation de compromis raisonnables dans une situation distributive.

Quels sont les objectifs d'un régime de négociation collective ? Certains diront que le premier objectif doit être la paix industrielle ou, à tout le moins, la réduction des conflits, que ceux-ci s'expriment ouvertement ou qu'ils demeurent cachés. D'autres s'objectent à une telle position: la paix industrielle n'est pas, selon eux, l'objectif primordial à poursuivre. Un conflit musclé peut être un bon moyen de régler un problème difficile et surtout d'assainir une atmosphère de tension et d'agressivité contenues. Par contre, les conflits peuvent devenir si fréquents et si importants qu'ils risquent de détruire l'entreprise et les emplois qu'elle fournit; dans ce cas, il faut évidemment chercher à diminuer leur nombre et leur importance. En ce sens, même ceux qui s'objectent à considérer la paix industrielle comme l'objectif premier d'un système de négociation concèdent que les conflits peuvent atteindre un point tel qu'il devient nécessaire d'en réduire l'impact et la portée.

Il y a moins de divergences d'opinions autour d'un second objectif, soit d'établir des conditions de travail équitables et raisonnables. On peut argumenter sur ce qui est équitable et raisonnable dans un contexte donné. Au-delà des conditions pécuniaires qui divisent toujours les parties, il faut assurer un niveau élevé de justice sociale et d'équité dans les procédures de base, comme les mouvements de personnel et le traitement des plaintes et des recours. Un élément de ce second objectif sera l'épanouissement et la satisfaction que les travailleurs devraient trouver dans leur travail.

Sous un autre aspect, un régime fructueux de négociation doit assurer un taux de rendement raisonnable et suffisant aux investissements du propriétaire ou des actionnaires. Cet objectif touchera davantage la direction des entreprises, mais il est également important pour les travailleurs eux-mêmes: si l'entreprise n'est pas rentable, elle devra disparaître, tôt ou tard, et ses travailleurs y perdront leur emploi.

En quelques mots, pour être qualifié de fructueux, un régime de négociation collective doit assurer un

1. Nathan Feinsinger, «Is the American Collective Bargaining System Obsolete?» dans *Proceedings of the 17th Annual Meeting of the Industrial Relations Research Association*, Chicago, 1964, Madison, Wis., IRRA, 1965, p. 156-159.

taux de production et des profits raisonnables, des conditions de travail équitables et un minimum de paix industrielle. La détermination concrète de chacun de ces objectifs, dans un conflit particulier, n'est pas toujours facile.

33.1.2 Paramètres des prévisions

Dans la mesure où un régime de négociation collective réalise ces principaux objectifs, il atteint son but. Dans ce cas, ses chances de se perpétuer sont excellentes; à tout le moins, il demeurera aussi longtemps que n'interviendront pas des changements majeurs dans la situation de l'entreprise et du syndicat, et dans les contextes où l'un et l'autre évoluent. À l'inverse, si le règlement de chaque conflit exige une intervention exceptionnelle de l'État, ni les intéressés ni la population ne voudront voir une telle situation se perpétuer.

Il n'y a pas que les résultats objectifs à considérer. Dans une situation de négociation, les attitudes fondamentales des parties sont aussi un aspect essentiel. Le fait de négocier peut impliquer certains affrontements; s'il n'y a rien d'autre, c'est-à-dire ni discussion, ni concession, ni compromis, il est bien difficile de donner à l'opération le nom de négociation. Sans cesser de défendre le groupe qu'il représente, un mandataire patronal ou syndical qui ne manifesterait aucune souplesse, sur aucun point, ne laisse aucune chance de succès ni d'avenir à la négociation collective.

Il faut tenter d'appliquer à la réalité d'aujourd'hui les principes et les critères fondamentaux que nous venons de rappeler. La situation est tellement différente dans les deux secteurs, qu'il faut traiter séparément du secteur privé et du secteur public.

33.2 Secteur privé

Nous entendons le secteur privé, par opposition au secteur public, comme les deux ont été définis au chapitre 25. Fondamentalement, le secteur privé est constitué des entreprises qui sont la propriété soit de particuliers, soit d'un groupe d'actionnaires. Même si la distinction est théoriquement claire et catégorique, elle l'est souvent moins dans le cas des relations de travail et de la négociation collective: certains organismes ou entreprises qui sont la propriété de l'État peuvent avoir des relations de travail et un mode de négociation qui se rapprochent sensiblement de ce qu'on trouve dans le secteur privé. Ainsi, la négociation dans certains secteurs municipaux – pas tous, loin de là – peut ressembler considérablement à celle du secteur privé. Nous entendrons donc le secteur privé comme incluant toute entreprise qui est propriété privée. Les considérations qui les visent peuvent s'appliquer, partiellement du moins, à quelques cas exceptionnels du secteur public.

33.2.1 Situation et tendances

À première vue, la négociation collective semble se porter assez bien dans le secteur privé. La proportion des arrêts de travail est clairement à la baisse depuis une dizaine d'années. Le niveau du salaire réel est à peu près stable: dans l'ensemble de la dernière décennie, les salaires ont augmenté sensiblement dans la même proportion que l'indice des prix à la consommation. C'est l'emploi qui se porte moins bien, mais pour d'autres raisons que la négociation ou les relations du travail: la récession de 1990 a commencé plus lentement, mais elle s'annonce plus longue et peut-être plus sérieuse que celle de 1981-1982.

Un aspect négatif de la situation, c'est la diminution relative du taux de syndicalisation dans le secteur privé. La stabilité du taux de syndicalisme qu'on observe au Canada et au Québec reflète la forte syndicalisation du secteur public depuis une vingtaine d'années. Certains ont estimé que le taux du secteur privé était tombé sous les 30 %. Une note positive: il semble manifester une légère hausse depuis trois ou quatre ans. Espérons que cette hausse ne reflète pas simplement une forte proportion de fermetures d'usines non syndiquées[2].

---

2. GÉRARD DION et GÉRARD HÉBERT, «L'avenir du syndicalisme au Canada», *Relations industrielles*, vol. 44, n° 1, 1989, p. 5-23. (Voir la page 7.); FRANCE RACINE, «La syndicalisation au Québec en 1991» dans *Les relations du travail en 1991*, supplément au *Marché du travail*, vol. 12, n° 12, décembre 1991, p. 19-24. (Voir la page 23.)

D'un autre côté, la négociation devra faire face à un certain nombre d'écueils importants.

33.2.2 Écueils principaux

La difficulté principale à laquelle entreprises et syndicats seront confrontés continuera d'être la concurrence sur le marché mondial. À cause du niveau de vie et des conditions de travail tellement différentes qu'on trouve dans les pays en voie de développement et dans les pays du Sud-Est asiatique, il est difficile pour les entreprises canadiennes et québécoises de faire une concurrence équitable à la production de ces pays où le revenu par travailleur est faible. Les salariés des États-Unis et du Canada n'accepteront pas une réduction substantielle de leur niveau de vie pour rencontrer la concurrence étrangère. Il n'y a donc qu'un moyen de résoudre le problème: accroître la productivité, pour diminuer les coûts unitaires de production.

Ici intervient le second écueil, celui des changements technologiques majeurs. Tout changement important implique des contrecoups sur l'emploi et sur la société en général. La négociation doit tout faire pour amenuiser les effets négatifs du changement; mais elle ne réussira jamais à les éliminer complètement. Une autre difficulté, les fusions d'entreprises et les fermetures d'établissements, découle des deux précédentes. Là aussi, la négociation ne peut que minimiser les effets négatifs; elle ne peut les faire disparaître.

Outre ces écueils qu'on pourrait qualifier d'externes, il y a ceux qui sont imputables aux parties elles-mêmes, tout spécialement les habitudes incompatibles avec une véritable négociation, susceptible de produire les fruits qu'on en attend normalement. Du côté patronal, les attitudes ouvertement négatives par rapport à la négociation se retrouvent peut-être davantage aux États-Unis qu'au Canada: les méthodes utilisées pour faire disparaître le syndicat d'une entreprise y sont multiples et largement utilisées. On en rencontre des exemples chez nous, mais le climat social a rendu le syndicalisme plus acceptable qu'au sud de nos frontières. Une attitude américaine qui risque d'avoir de graves répercussions au Canada, c'est la conduite de certains employeurs et de certains politiciens américains qui semble bien aller à l'encontre de la lettre et de l'esprit de l'Accord de libre-échange. Pourquoi conclure une entente, si on refuse de l'appliquer par la suite?

Le problème des attitudes existe également du côté syndical. L'insistance à accuser les représentants patronaux de négocier de mauvaise foi parce qu'ils n'acceptent pas la totalité des demandes formulées n'est pas de bon augure pour les négociations subséquentes. Il faut négocier ferme, mais il faut aussi savoir reconnaître les difficultés quand elles existent réellement. Un bluff inconsidéré peut compromettre des négociations ultérieures. Un juridisme effréné peut avoir le même résultat. Il existe suffisamment de problèmes réels et objectifs pour ne pas en créer d'autres par des attitudes intransigeantes.

Si la communication et le dialogue sont des conditions essentielles de négociation, tout refus de considérer des difficultés véritables, d'un côté ou de l'autre de la table de négociation, ne peut qu'entraîner des problèmes ultérieurs, peut-être plus difficiles à régler. Quand on a répété 10, 20 ou 100 fois que tout était complètement noir, il est difficile de faire comprendre à ceux qu'on représente que la situation est plutôt grise.

33.2.3 Conditions de succès

Inutile d'insister davantage sur l'importance des attitudes que les négociateurs doivent manifester, à la table de négociation comme en dehors de celle-ci. La franchise et l'ouverture d'esprit sont des conditions indispensables pour que la négociation continue de donner les fruits qu'elle a produits jusqu'ici, du moins en général, dans le secteur privé.

Il faut souhaiter que les innovations énumérées dans le chapitre précédent se poursuivent, pas nécessairement telles quelles, mais selon les exigences des circonstances et des problèmes à régler. Les nombreuses expériences rappelées – sans parler de celles qui ont été mises de côté ni de celles qui sont simplement inconnues – montrent bien leur caractère généralement éphémère. Il s'ensuit que l'innovation en relations du travail et en négociation collective ne doit jamais s'arrêter. Une avenue qui semble particulièrement prometteuse à l'heure actuelle consiste à assurer des liens étroits entre relations du travail, négociation collective comprise, et gestion des ressources humaines. Après avoir confondu les deux, on est peut-être allé trop loin en les distinguant et en les séparant, au point de créer, dans plusieurs entreprises, des services distincts. Les services peuvent bien demeurer séparés, à condition que des liens véritables existent entre les deux. Plusieurs des innovations mentionnées relèvent davantage de la gestion des ressources humaines que de la négociation proprement dite; par contre, celle-ci ne doit pas nuire aux autres expériences si elles sont bénéfiques aux travailleurs concernés.

Les tiers qui interviennent dans la négociation, le plus souvent à la veille d'un conflit ouvert, ont également un rôle important à jouer. Qu'ils s'appellent conciliateurs ou médiateurs, leur intervention peut revêtir des caractères différents selon les circonstances et les besoins des parties en cause. Cependant, comme principe général, leur intervention sera plus fructueuse, à long terme, s'ils amènent les parties à trouver elles-mêmes et à accepter une solution à leurs problèmes plutôt que de leur proposer ce qu'ils croient la meilleure solution possible, même avec les meilleurs arguments. En négociation comme dans la vie courante, le vieux proverbe de nos ancêtres est toujours valable: «un mauvais arrangement est meilleur que le meilleur des procès». C'est avec une certaine appréhension qu'on voit un certain nombre de tiers intervenants adopter une attitude de plus en plus normative; même s'ils ne formulent que des recommandations – ils ne peuvent faire rien de plus sans aller à l'encontre des pouvoirs de leurs fonctions – ils empêchent les parties de faire elles-mêmes le cheminement requis pour arriver à leurs conclusions.

On peut en dire autant de l'État. Il n'intervient pas tellement souvent dans les conflits privés, mais on devine parfois l'existence de pressions discrètes. Le même principe s'applique dans le cas des tiers intervenants: il est toujours préférable de laisser les parties résoudre elles-mêmes leurs problèmes. Un peu de pression pour les amener à trouver une solution peut être utile, voire nécessaire. De plus, l'État doit évidemment évaluer l'impact de certains conflits sur l'intérêt public, qui prime inévitablement sur les intérêts de tel groupe particulier. En principe cependant, si on croit à la libre négociation collective, il faut laisser les circonstances forcer les parties à trouver un terrain d'entente, malgré les inconvénients qui peuvent en résulter pour les tiers.

Dans l'ensemble, l'avenir de la négociation collective dans le secteur privé s'annonce prometteur. Il faudrait souhaiter que des efforts soient déployés pour que son champ d'application s'élargisse.

33.3 Secteur public

La négociation du secteur public se présente de façon bien différente. Nous l'analyserons dans un cadre semblable à celui que nous avons utilisé pour le secteur privé.

33.3.1 Situation et tendances

La situation dans le secteur public est presque à l'opposé de celle du secteur privé: le taux de syndicalisation est très élevé et la sécurité d'emploi quasi totale. Mis ensemble, ces deux facteurs risquent d'avoir un effet explosif, comme on a pu le constater fréquemment au cours des 25 ans de négociation dans le secteur public au Québec et, en 1991, lors des négociations des fonctionnaires concernant leur contrat cadre avec le gouvernement fédéral.

On comprend facilement les frustrations des employés du secteur public. Après avoir connu une amélioration notable de leurs conditions de travail au cours des années 1970, ils se sont par la suite heurtés à des gouvernements aux prises avec une situation tout à fait nouvelle: une dette publique dont le coût est devenu pratiquement insupportable. Ils s'étaient habitués à réaliser des gains substantiels, lors d'affrontements majeurs; ils ont quelque difficulté à se plier à des décisions politiques qui ont tout l'air, à leurs yeux, d'ukases.

Pour des raisons que le public a souvent de la difficulté à comprendre, bon nombre d'employés du secteur public ont une forte tendance à pratiquer un syndicalisme très militant. Ils semblent avoir eux-mêmes de la difficulté à comprendre pourquoi le public ne les appuie pas dans leurs revendications. Les difficultés réelles qu'ils peuvent éprouver dans leur travail échappent aux yeux de Monsieur et Madame Tout-le-monde, alors que leurs bonnes conditions pécuniaires de travail sont évidentes pour tous.

33.3.2 Exigences et contraintes politiques

Les difficultés de la négociation dans le secteur public sont tout autres que celles du secteur privé. On a voulu transposer une méthode, pensée et conçue pour débattre des conditions de travail dans une entreprise privée, dans un contexte complètement différent.

Nous avons rappelé au chapitre 25 que l'employeur public présentait un caractère unique: dans notre société politique, il représente le pouvoir souverain. On ne peut en appeler à un échelon supérieur, à moins de vouloir confier le gouvernement à la magistrature et au système judiciaire, ce qui modifie la situation de fond en comble: le gouvernement doit négocier avec les représentants de ses employés, mais il ne doit jamais perdre de vue le bien de toute la population, ce qu'on appelle généralement l'intérêt public. De plus, au moment où le régime de négociation a été introduit dans le secteur public, tout le monde pensait que l'économie ne pouvait que croître indéfiniment. Les années 1970 et, surtout, 1980 ont montré que ce n'était pas le cas et qu'une conséquence dramatique allait prendre la forme de déficits répétés par les gouvernements, et de l'augmentation correspondante de la dette publique. La marge de manœuvre des gouvernements, à cause des intérêts à payer sur cette dette monstrueuse, est devenue très petite. Quand un gouvernement dit: «la masse salariale ne peut s'augmenter de plus de 3 %», il a peut-être raison, et le public ne peut rien faire d'autre que de le croire. Si les dépenses augmentent davantage, c'est lui, le public, qui paiera davantage, et tout le monde s'entend pour dire que le niveau de taxation a atteint un sommet qu'il serait funeste de dépasser. Certains se demandent même si ce n'est pas déjà fait. Si tel est le cas, quelle marge reste-t-il pour négocier quelque chose?

D'un autre côté, l'organisation syndicale du secteur public est foncièrement différente de ce qu'elle est dans un syndicat local du secteur privé qui négocie avec l'employeur de ses membres. De toute nécessité, les syndicats du secteur public sont d'énormes machines, avec leurs propres bureaucraties, qui tentent d'assurer les contacts nécessaires entre la base et la direction. Malgré tous les efforts, les contacts et la communication véritables demeurent difficiles, presque impossibles. Au début, le choix pouvait exister entre une centralisation au niveau le plus élevé ou une forte décentralisation vers la base. Dès l'origine, le gouvernement du Québec a choisi la centralisation, appuyé en cela par les principales instances syndicales. Le gouvernement fédéral a d'abord choisi la décentralisation; mais 20 ans plus tard, il en est venu à une centralisation différente, mais comparable à celle du Québec.

La question principale demeure: était-il possible de transposer la formule du secteur privé dans un contexte aussi différent? Certains disent oui, et ils accusent les gouvernements de négocier de mauvaise foi. Peut-être la réponse n'est-elle pas aussi simple. Dans le secteur privé, au niveau de l'établissement ou de l'entreprise, base même du modèle nord-américain de négociation collective, il existe un important contrepoids, de chaque côté, qui pousse les parties à faire les concessions requises pour en arriver à un compromis acceptable, du moins sur le plan pratique. Si le syndicat exige des conditions que l'entreprise ne saurait rencontrer, les employés membres du syndicat perdront leur emploi; du côté de l'employeur, s'il ne donne pas les conditions de travail comparables à celles des autres entreprises de même nature, il perdra ses employés et ne pourra plus assurer sa production. Ces deux mécanismes obligent chacune des parties à prendre des décisions raisonnables et défendables. Ces contrepoids essentiels n'existent pas dans le secteur public: l'employeur ne peut faire faillite et fermer ses portes; et les employés ont pour ainsi dire une garantie d'emploi totale. Rien ne les pousse à faire des concessions. Dans de telles circonstances, il ne s'agit plus d'une négociation pour fixer des conditions acceptables de travail, mais d'un affrontement politique pur et simple.

Reste le problème incontournable de l'arrêt de travail. On considère généralement que le droit de libre négociation implique le droit de grève et le droit de lock-out. On peut bien déclarer théoriquement, même dans un texte de loi, que ce double droit existe. Dans le concret, c'est autre chose. Certains services du gouvernement peuvent être interrompus sans perturber la vie des citoyens; d'autres ne le peuvent pas. Un gouvernement ne peut pas fermer ses portes même temporairement. En fait, une grève du secteur public ne peut durer très longtemps, même avec l'assurance que les services essentiels seront maintenus. Toutes les grèves importantes du secteur public se sont terminées par une loi de retour au travail. Le droit de grève des employés du secteur public est un leurre, si on adopte leur point de vue; c'est une horreur, du point de vue du public. Si les services de la moitié des fonctionnaires ne sont pas essentiels, ils n'auraient pas dû être engagés[3].

On a choisi, semble-t-il, une solution complètement inadaptée aux circonstances. On pourrait d'ailleurs soutenir que, depuis au moins 10 ans, il n'y a plus de négociation dans le secteur public au Québec et qu'il n'y en a pas eu en 1991 entre le gouvernement fédéral et les syndicats de ses fonctionnaires. Dans ces circonstances, la négociation collective a-t-elle un avenir dans le secteur public ?

3. Au début de 1992, l'Union des municipalités du Québec a réclamé le droit de grève pour les policiers et les pompiers municipaux. C'est de l'inconscience sociale. On comprend pourquoi les représentants de l'UMQ prennent cette position. Mais ils choisissent une mauvaise solution à un problème réel. Dans une petite municipalité de quelques milliers de personnes, une grève des policiers peut être supportable: on peut alors faire appel aux policiers des municipalités environnantes ou à la Sûreté du Québec, à moins que ceux-ci ne veuillent pas remplacer les policiers en grève ou même que les dispositions anti-briseurs de grève le leur défendent. Alors, toute grève de policiers devient aussi funeste que l'a été celle des policiers de Montréal, qui a duré 12 heures, en 1969, mais a entraîné des conséquences incroyables.

33.3.3 Conditions d'efficacité

On peut reprocher aux considérations précédentes d'être théoriques: les gouvernements n'abrogeront pas les lois votées il y a 25 ans et qui accordaient aux employés du secteur public le droit de négociation et le droit de grève. En principe, les négociations du secteur public vont se continuer. Y aura-t-il alors véritable négociation, et à quelles conditions? C'est la question que les parties devraient se poser et qu'elles se poseront immanquablement. Mais rien n'est moins sûr qu'elles tiennent compte des contraintes qu'implique la réponse à cette question. Essayons quand même d'y voir un peu plus clair.

Inutile de chercher des recettes; il n'y en a pas. Certains mettent de l'avant l'arbitrage sur les offres finales, la médiation suivie de l'arbitrage ou quelque autre formule, mais aucune de ces formules ne peut supprimer l'affrontement fondamental, la position particulière unique de l'employeur et des syndicats en cause. En d'autres mots, les parties doivent, si elles veulent conserver le droit de négociation, négocier de bonne foi. Cela veut dire que le gouvernement doit accepter d'écouter les demandes des représentants de ses employés et essayer de les comprendre. Du côté syndical, cela veut dire tenir compte de la dette publique, des déficits annuels et de la capacité de taxer qui n'est pas infinie. Concrètement, cela signifie presque de renoncer à exiger une augmentation majeure de la masse salariale. Il est alors facile d'accuser le gouvernement en cause de mauvaise administration, mais encore faudrait-il avoir le moyen de le prouver. C'est peut-être vrai, mais qui peut le savoir vraiment? Là-dessus aussi, le gouvernement doit agir de bonne foi. Le public a de la difficulté à comprendre que la dette publique était insupportable il y a 10 ans et qu'elle a continué d'augmenter depuis.

La bonne foi exige une communication véritable entre les parties. Dans le cas du secteur public, cela inclut la population elle-même, puisque c'est elle qui subit le contrecoup de cette négociation. En pratique, les syndicats négocient avec les représentants du gouvernement, mais, en fait, ils négocient avec la population, parce que c'est elle qui paiera la note et qui subira les conséquences d'un éventuel arrêt de travail. C'est peut-être là demander l'impossible : que les politiciens disent toujours la vérité et expliquent les choses comme elles se présentent exactement. Si tel est le cas, il faut s'attendre à voir disparaître la négociation du secteur public.

Certains pourraient recommander la décentralisation comme un moindre mal et une façon de conserver, pour ce nombre très élevé de citoyens travaillant pour l'État, un droit considéré comme essentiel. Mais vouloir décentraliser la négociation du secteur public c'est rêver en couleur. Ceux qui ont pensé le régime fédéral de négociation avaient sans doute prévu les inconvénients d'une négociation pleinement centralisée. Malgré leurs prévisions, malgré la loi adoptée en 1967, les parties ont accepté le mouvement vers la centralisation, qui s'est terminé par l'échec des négociations de 1991. D'ailleurs, même s'il y avait une certaine décentralisation, la bonne foi des parties et le respect d'un véritable code d'éthique de la négociation serait toujours nécessaire.

33.4 Conclusion

La conclusion qu'on peut dégager des considérations précédentes est claire. La négociation collective dans le secteur privé semble avoir devant elle un avenir prometteur. Le cadre où elle se déroule force les parties en présence à agir de façon raisonnable. Dans le cas du secteur public, tout invite les parties à agir de façon catégorique et péremptoire, mais cela conduit inévitablement à la négation même de la négociation. À moins que les agents de la négociation dans le secteur public ne se donnent un code d'éthique qu'ils respecteront malgré tout, malgré les inconvénients immédiats qui peuvent en découler, la négociation du secteur public est condamnée à disparaître. Certains disent qu'il n'y en a déjà plus, depuis 1982 au Québec, et depuis 1991 au fédéral.

L'avenir de la négociation collective est entre les mains de ceux qui la pratiquent.

Bibliographie

BARBASH, JACK. «Collective Bargaining: Contemporary American Experience – A Commentary» dans *Collective Bargaining: Contemporary American Experience*, IRRA Series, Madison, Wis., IRRA, 1980, p. 553-588.

BARBASH, JACK. «Values in Industrial Relations: The Case of the Adversary Principle» dans *Proceedings of the 33rd Annual Meeting, Industrial Relations Research Association*, Denver, septembre 1980, Madison, Wis., IRRA, 1981, p. 1-7.

BROOKBANK, C.R. «The Adversary System in Canadian Industrial Relations: Blight or Blessing?», *Relations industrielles*, vol. 35, n° 1, 1980, p. 20-40.

CARROTHERS, A.W.R. «Who Wants Collective Bargaining Any Way?», *Relations industrielles*, vol. 30, n° 3, août 1975, p. 319-330.

CCH. *Essays in Labour Relations Law, The Death of Voluntarism*, textes présentés à une conférence sur l'État et les relations du travail, School of Management, University of Lethbridge, 6-8 septembre 1984, Toronto, CCH Canada Ltd., 1986, 279 p. (Quatre articles portant sur la situation et les perspectives du caractère «volontaire» des relations collectives de travail.)

CULLEN, DONALD E. «Les tendances récentes de la négociation collective aux États-Unis», *Revue internationale du travail*, vol. 124, n° 3, mai-juin 1985, p. 317-345.

DION, GÉRARD et HÉBERT, GÉRARD. «L'avenir du syndicalisme au Canada», *Relations industrielles*, vol. 44, n° 1, 1989, p. 5-23.

FEINSINGER, NATHAN. «Is the American Collective Bargaining System Obsolete?» dans *Proceedings of the 17th Annual Meeting of the Industrial Relations Research Association*, Chicago, Ill., 28-29 décembre 1964, Madison, Wis., IRRA, 1965, p. 156-159. Discussion, p. 160-169.

HÉBERT, GÉRARD. «Les relations du travail au Québec: bilan des années 1970», *Relations industrielles*, vol. 36, n° 4, 1981, p. 715-747.

KOCHAN, THOMAS A. «L'avenir de la négociation collective» dans *La mobilisation des ressources humaines. Tendances et impact*, 41e Congrès des relations industrielles, Université Laval, Québec, Les Presses de l'Université Laval, 1986, 199 p., p. 181-189.

LEMIEUX, LOUIS J. *et al.* «Les relations du travail en 1991», *Le marché du travail,* supplément, vol. 12, n° 12, décembre 1991, 57 p.

MARCHAND, JEAN. «Les rapports collectifs du travail. Rétrospective et perspectives» dans *Le statut de salarié en milieu de travail*, 40e Congrès des relations industrielles de l'Université Laval, avril 1985, Québec, Les Presses de l'Université Laval, 1985, p. 229-244.

PANKERT, ALFRED. «L'évolution récente des relations professionnelles dans les pays à économie de marché: quelques points de repères», *Revue internationale du travail,* vol. 124, n° 5, septembre-octobre 1985, p. 577-592.

QUINET, FÉLIX. «Quelques éléments positifs de la négociation collective» dans *Dimensions de la négociation collective canadienne*, Don Mills, Toronto, CCH Canada Ltée, 1983 (76 p.), p. 7-12.

QUINN MILLS, D. «Reforming the US System of Collective Bargaining», *Monthly Labor Review*, vol. 106, n° 3, mars 1983, p. 18-22.

STIEBER, JACK, MCKERSIE, R.B. et QUINN MILLS, D. (sous la direction de). *U.S. Industrial Relations 1950-1980: A Critical Assessment*. IRRA Series, Madison, Wis., IRRA, 1981, 361 p.

INDEX

A

B

C

D

E

F

G

H

I

J

K

L

M

N

O

P

Q

R

S

T

U

V

W X Y Z

Achevé d'imprimer au Canada
Imprimerie Gagné Ltée Louiseville